CÓDIGO COMERCIAL

Constituição Federal • Legislação

7
completo.

2 0 1 3

Atualização gratuita na internet: www.editorarideel.com.br
As atualizações de 2012 encontram-se destacadas em negrito e itálico

CÓDIGO COMERCIAL

Constituição Federal • Legislação

Organização **Aclibes Burgarelli**

2 0 1 3

19ª EDIÇÃO

Expediente

Presidente e Editor	Italo Amadio
Diretora Editorial	Katia F. Amadio
Equipe Técnica	Flavia G. Falcão de Oliveira
	Marcella Pâmela da Costa Silva
Projeto Gráfico	Sergio A. Pereira
Diagramação	Sheila Fahl/Projeto e Imagem
Produção Gráfica	Hélio Ramos
Impressão	RR Donnelley

Dados Internacionais de Catalogação na Publicação (CIP)
Angélica Ilacqua CRB-8/7057

Brasil
 [Código comercial]
  Código comercial / Aclibes Burgarelli, organização. – 19. ed. – São Paulo : Rideel, 2013. – (Coleção de leis Rideel. Série Compacta)

  Inclui: Constituição Federal e Legislação.
  ISBN 978-85-339-2360-7

  1. Direito comercial – Legislação – Brasil I. Burgarelli, Aclibes. II. Título. III. Série.

12-0392   CDU-347.7(81)(094.4)

Índice para catálogo sistemático:
 1. Brasil : Código comercial

Edição Atualizada até 11-1-2013

© Copyright - Todos os direitos reservados à

Av. Casa Verde, 455 – Casa Verde
CEP 02519-000 – São Paulo – SP
e-mail: sac@rideel.com.br
www.editorarideel.com.br
www.juridicorideel.com.br

Proibida qualquer reprodução, mecânica ou eletrônica,
total ou parcial, sem prévia permissão por escrito do editor.

1 3 5 7 9 8 6 4 2
0 1 1 3

Índice Geral da Obra

Apresentação.. VII

Lista de Abreviaturas... IX

Índice Cronológico da Legislação por Tipo de Ato Normativo................... XI

Constituição Federal

Índice Sistemático da Constituição da República Federativa do Brasil............... 3
Constituição da República Federativa do Brasil... 7
Ato das Disposições Constitucionais Transitórias.. 106
Índice Alfabético-Remissivo da Constituição da República Federativa do Brasil
e de suas Disposições Transitórias.. 125

Código Comercial

Índice Sistemático do Código Comercial... 153
Código Comercial... 155
Índice Alfabético-Remissivo do Código Comercial... 181

Código Civil

Índice Sistemático do Código Civil.. 189
Lei de Introdução às normas do Direito Brasileiro.. 195
Código Civil (Excertos).. 197
Índice Alfabético-Remissivo do Código Civil.. 283

Legislação Complementar.. 305

Súmulas

Vinculantes do Supremo Tribunal Federal.. 693
Supremo Tribunal Federal... 695
Tribunal Federal de Recursos.. 696
Superior Tribunal de Justiça.. 697

Índice por Assuntos da Legislação Complementar ao Código Comercial e Súmulas.............. 707

Apresentação

A Editora Rideel, reconhecida no mercado editorial pela excelência de suas publicações, oferece, em 2013, a nova Série Compacta.

Esta série contém 16 títulos:

- Constituição Federal
- Código Civil
- Código de Processo Civil
- Código Penal
- Código de Processo Penal
- Código Penal Militar e Código de Processo Penal Militar
- Código Comercial (contendo os Livros I a III do Código Civil de 2002)
- Código de Defesa do Consumidor
- Código Tributário Nacional
- Código Eleitoral
- Código de Trânsito Brasileiro
- Consolidação das Leis do Trabalho
- Legislação de Direito Previdenciário
- Legislação de Direito Administrativo
- Legislação de Direito Ambiental
- Legislação de Direito Internacional

A edição 2013 traz seu conteúdo rigorosamente revisto e atualizado, e mantém cada título organizado por conceituados nomes do cenário jurídico, preservando a tradicional qualidade Rideel.

Seu formato e projeto gráfico conjugam praticidade e comodidade e os diversos facilitadores de consulta continuam sendo um diferencial da obra, apreciados pelos profissionais, professores e acadêmicos do Direito, a saber:

- Índice Cronológico Geral, contendo todos os diplomas legais publicados na obra
- Notas remissivas a outros artigos, diplomas legais e súmulas
- Índices Sistemático e Alfabético-Remissivo para cada Código
- Índices por assuntos da legislação extravagante
- Atualizações de 2012 em destaque e apontamento especial para todas as novas normas inseridas no produto
- Tarjas laterais identificativas
- Indicação do número dos artigos no cabeçalho dos Códigos e do número das leis no cabeçalho da legislação

Todos os diplomas legais estão rigorosamente atualizados, e a Rideel oferece, gratuitamente, as atualizações publicadas até 31 de outubro de 2013, em seu *site* **www.editorarideel.com.br**, disponíveis para *download* até 31 de dezembro de 2013.

Esta Editora, sempre empenhada em oferecer o melhor, continua seguindo seus objetivos de constante aprimoramento e atualização, mantendo-se sempre receptiva às críticas e sugestões pelo *e-mail*: sac@rideel.com.br.

O Editor

Lista de Abreviaturas Utilizadas nas Notas

ADCT	Ato das Disposições Constitucionais Transitórias	IN	Instrução Normativa
ADECON	Ação Declaratória de Constitucionalidade	LC	Lei Complementar
		LCP	Lei das Contravenções Penais
ADIN	Ação Direta de Inconstitucionalidade	LEP	Lei de Execução Penal
Art.	Artigo	LICC	Lei de Introdução ao Código Civil, cuja ementa foi alterada para Lei de Introdução às normas do Direito Brasileiro pela Lei nº 12.376, de 30-12-2010
Arts.	Artigos		
CADE	Conselho Administrativo de Defesa Econômica		
c/c	combinado com	MP	Medida Provisória
CC/1916	Código Civil de 1916	OAB	Ordem dos Advogados do Brasil
CC/2002	Código Civil de 2002	Port.	Portaria
CCom.	Código Comercial	REFIS	Programa de Recuperação Fiscal
CDC	Código de Defesa do Consumidor	Res.	Resolução
CE	Código Eleitoral	Res. Adm.	Resolução Administrativa
CEF	Caixa Econômica Federal	Res. Norm.	Resolução Normativa
CF	Constituição Federal de 1988	RFB	Secretaria da Receita Federal do Brasil
CLT	Consolidação das Leis do Trabalho		
CONAMA	Conselho Nacional do Meio Ambiente	RISTF	Regimento Interno do Supremo Tribunal Federal
CONTRAN	Conselho Nacional de Trânsito	RISTJ	Regimento Interno do Superior Tribunal de Justiça
CP	Código Penal		
CPM	Código Penal Militar	SDE	Secretaria de Direito Econômico
CPP	Código de Processo Penal	SEAE	Secretaria de Acompanhamento Econômico
CPPM	Código de Processo Penal Militar		
CTB	Código de Trânsito Brasileiro	SECEX	Secretaria de Comércio Exterior
CTN	Código Tributário Nacional		
CTVV	Convenção de Viena sobre Trânsito Viário	STF	Supremo Tribunal Federal
		STJ	Superior Tribunal de Justiça
Dec.	Decreto	STM	Superior Tribunal Militar
Dec.-lei	Decreto-lei	Súm.	Súmula
Del.	Deliberação	TDA	Títulos da Dívida Agrária
DOU	Diário Oficial da União	TFR	Tribunal Federal de Recursos
EC	Emenda Constitucional	TRF	Tribunal Regional Federal
ECA	Estatuto da Criança e do Adolescente	TRT	Tribunal Regional do Trabalho
ECR	Emenda Constitucional de Revisão	TSE	Tribunal Superior Eleitoral
ER	Emenda Regimental	TST	Tribunal Superior do Trabalho

Índice Cronológico da Legislação
por Tipo de Ato Normativo

Leis Complementares

- 123, de 14 de dezembro de 2006 – Institui o Estatuto Nacional da Microempresa e da Empresa de Pequeno Porte; altera dispositivos das Leis n?s 8.212 e 8.213, ambas de 24 de julho de 1991, da Consolidação das Leis do Trabalho – CLT, aprovada pelo Decreto-Lei n? 5.452, de 1? de maio de 1943, da Lei n? 10.189, de 14 de fevereiro de 2001, da Lei Complementar n? 63, de 11 de janeiro de 1990; e revoga as Leis n?s 9.317, de 5 de dezembro de 1996, e 9.841, de 5 de outubro de 1999 621

- 126, de 15 de janeiro de 2007 – Dispõe sobre a política de resseguro, retrocessão e sua intermediação, as operações de cosseguro, as contratações de seguro no exterior e as operações em moeda estrangeira do setor securitário; altera o Decreto-Lei n? 73, de 21 de novembro de 1966, e a Lei n? 8.031, de 12 de abril de 1990; e dá outras providências 655

Decretos-Leis

- 2.627, de 26 de setembro de 1940 – Dispõe sobre as sociedades por ações (Excertos) 310
- 4.657, de 4 de setembro de 1942 – Lei de Introdução às normas do Direito Brasileiro 195
- 5.384, de 8 de abril de 1943 – Dispõe sobre os beneficiários do seguro de vida 312
- 73, de 21 de novembro de 1966 – Dispõe sobre o Sistema Nacional de Seguros Privados, regula as operações de seguros e resseguros e dá outras providências 372
- 261, de 28 de fevereiro de 1967 – Dispõe sobre as sociedades de capitalização e dá outras providências 383
- 305, de 28 de fevereiro de 1967 – Dispõe sobre a legalização dos livros de escrituração das operações mercantis 384
- 486, de 3 de março de 1969 – Dispõe sobre a escrituração e livros mercantis e dá outras providências 388
- 858, de 11 de setembro de 1969 – Dispõe sobre a cobrança e a correção monetária dos débitos fiscais nos casos de falência e dá outras providências 390
- 911, de 1? de outubro de 1969 – Altera a redação do artigo 66 da Lei n? 4.728, de 14 de julho de 1965, estabelece normas de processo sobre alienação fiduciária e dá outras providências 391
- 2.321, de 25 de fevereiro de 1987 – Institui, em defesa das finanças públicas, regime de administração especial temporária, nas instituições financeiras privadas e públicas não federais, e dá outras providências 471

Leis

- 556, de 25 de junho de 1850 – Código Comercial 155
- 4.594, de 29 de dezembro de 1964 – Regula a profissão de Corretor de Seguros 312
- 4.595, de 31 de dezembro de 1964 – Dispõe sobre a Política e as Instituições monetárias, bancárias e creditícias, cria o Conselho Monetário Nacional e dá outras providências 315
- 4.728, de 14 de julho de 1965 – Disciplina o mercado de capitais e estabelece medidas para o seu desenvolvimento 326
- 4.886, de 9 de dezembro de 1965 – Regula as atividades dos representantes comerciais autônomos 340
- 5.474, de 18 de julho de 1968 – Dispõe sobre as duplicatas e dá outras providências 385
- 6.024, de 13 de março de 1974 – Dispõe sobre a intervenção e a liquidação extrajudicial de instituições financeiras, e dá outras providências 392
- 6.194, de 19 de dezembro de 1974 – Dispõe sobre Seguro Obrigatório de Danos Pessoais causados por veículos automotores de via terrestre, ou por sua carga, a pessoas transportadas ou não (Excertos) 398
- 6.317, de 22 de dezembro de 1975 – Dispõe sobre a contratação de seguros sem exigências e restrições previstas na Lei n? 4.594, de 29 de dezembro de 1964 401
- 6.385, de 7 de dezembro de 1976 – Dispõe sobre o mercado de valores mobiliários e cria a Comissão de Valores Mobiliários 401
- 6.404, de 15 de dezembro de 1976 – Dispõe sobre as sociedades por ações 410
- 6.704, de 26 de outubro de 1979 – Dispõe sobre o seguro de crédito à exportação e dá outras providências... 465
- 7.089, de 23 de março de 1983 – Veda a cobrança de juros de mora sobre título cujo vencimento se dê em feriado, sábado ou domingo 465

- 7.357, de 2 de setembro de 1985 – Dispõe sobre o cheque e dá outras providências.................................. 466
- 8.078, de 11 de setembro de 1990 – Dispõe sobre a proteção do consumidor e dá outras providências............ 473
- 8.245, de 18 de outubro de 1991 – Dispõe sobre as locações dos imóveis urbanos e os procedimentos a elas pertinentes (Excertos)... 489
- 8.934, de 18 de novembro de 1994 – Dispõe sobre o Registro Público de Empresas Mercantis e Atividades Afins e dá outras providências.. 493
- 8.955, de 15 de dezembro de 1994 – Dispõe sobre o contrato de franquia empresarial (*franchising*) e dá outras providências... 499
- 9.069, de 29 de junho de 1995 – Dispõe sobre o Plano Real, o Sistema Monetário Nacional, estabelece as regras e condições de emissão do Real e os critérios para conversão das obrigações para o Real, e dá outras providências... 500
- 9.279, de 14 de maio de 1996 – Regula direitos e obrigações relativos à propriedade industrial................... 535
- 9.447, de 14 de março de 1997 – Dispõe sobre a responsabilidade solidária de controladores de instituições submetidas aos regimes de que tratam a Lei nº 6.024, de 13 de março de 1974, e o Decreto-Lei nº 2.321, de 25 de fevereiro de 1987; sobre a indisponibilidade de seus bens; sobre a responsabilização das empresas de auditoria contábil ou dos auditores contábeis independentes; sobre privatização de instituições cujas ações sejam desapropriadas, na forma do Decreto-Lei nº 2.321,de 1987, e dá outras providências........................ 554
- 9.482, de 13 de agosto de 1997 – Dispõe sobre a administração do Instituto de Resseguros do Brasil – IRB, sobre a transferência e a transformação de suas ações, e dá outras providências 565
- 9.492, de 10 de setembro de 1997 – Define competência, regulamenta os serviços concernentes ao protesto de títulos e outros documentos de dívida e dá outras providências... 565
- 9.656, de 3 de junho de 1998 – Dispõe sobre os planos e seguros privados de assistência à saúde (Excertos).. 570
- 10.185, de 12 de fevereiro de 2001 – Dispõe sobre a especialização das sociedades seguradoras em planos privados de assistência à saúde e dá outras providências... 581
- 10.190, de 14 de fevereiro de 2001 – Altera dispositivos do Decreto-Lei nº 73, de 21 de novembro de 1966, da Lei nº 6.435, de 15 de julho de 1977, da Lei nº 5.627, de 1º de dezembro de 1970, e dá outras providências.... 582
- 10.192, de 14 de fevereiro de 2001 – Dispõe sobre medidas complementares ao Plano Real e dá outras providências (Excertos)... 582
- 10.198, de 14 de fevereiro de 2001 – Dispõe sobre a regulação, fiscalização e supervisão dos mercados de títulos ou contratos de investimento coletivo, e dá outras providências (Excertos)..................................... 584
- 10.303, de 31 de outubro de 2001 – Altera e acrescenta dispositivos na Lei nº 6.404, de 15 de dezembro de 1976, que dispõe sobre as Sociedades por Ações, e na Lei nº 6.385, de 7 de dezembro de 1976, que dispõe sobre o mercado de valores mobiliários e cria a Comissão de Valores Mobiliários 585
- 10.406, de 10 de janeiro de 2002 – Institui o Código Civil (Excertos) 197
- 10.823, de 19 de dezembro de 2003 – Dispõe sobre a subvenção econômica ao prêmio do Seguro Rural e dá outras providências 586
- 10.962, de 11 de outubro de 2004 – Dispõe sobre a oferta e as formas de afixação de preços de produtos e serviços para o consumidor 588
- 11.076, de 30 de dezembro de 2004 – Dispõe sobre o Certificado de Depósito Agropecuário – CDA, o *Warrant* Agropecuário – WA, o Certificado de Direitos Creditórios do Agronegócio – CDCA, a Letra de Crédito do Agronegócio – LCA e o Certificado de Recebíveis do Agronegócio – CRA, dá nova redação a dispositivos das Leis nºs 9.973, de 29 de maio de 2000, que dispõe sobre o sistema de armazenagem dos produtos agropecuários, 8.427, de 27 de maio de 1992, que dispõe sobre a concessão de subvenção econômica nas operações de crédito rural, 8.929, de 22 de agosto de 1994, que institui a Cédula de Produto Rural – CPR, 9.514, de 20 de novembro de 1997, que dispõe sobre o Sistema de Financiamento Imobiliário e institui a alienação fiduciária de coisa imóvel, e altera a Taxa de Fiscalização de que trata a Lei nº 7.940, 20 de dezembro de 1989, e dá outras providências 589
- 11.101, de 9 de fevereiro de 2005 – Regula a recuperação judicial, a extrajudicial e a falência do empresário e da sociedade empresária.. 595
- 11.598, de 3 dezembro de 2007 – Estabelece diretrizes e procedimentos para a simplificação e integração do processo de registro e legalização de empresários e de pessoas jurídicas, cria a Rede Nacional para a Simplificação do Registro e da Legalização de Empresas e Negócios – REDESIM; altera a Lei nº 8.934, de 18 de novembro de 1994; revoga dispositivos do Decreto-Lei nº 1.715, de 22 de novembro de 1979, e das Leis nºs 7.711, de 22 de dezembro de 1988, 8.036, de 11 de maio de 1990, 8.212, de 24 de julho de 1991, e 8.906, de 4 de julho de 1994; e dá outras providências 658
- 11.649, de 4 de abril de 2008 – Dispõe sobre procedimento na operação de arrendamento mercantil de veículo automotivo (*leasing*), e dá outras providências.. 661

Índice Cronológico da Legislação

- 11.795, de 8 de outubro de 2008 – Dispõe sobre o Sistema de Consórcio 663
- 12.007, de 29 de julho de 2009 – Dispõe sobre a emissão de declaração de quitação anual de débitos pelas pessoas jurídicas prestadoras de serviços públicos ou privados 668
- 12.270, de 24 de junho de 2010 – Dispõe sobre medidas de suspensão de concessões ou outras obrigações do País relativas aos direitos de propriedade intelectual e outros, em casos de descumprimento de obrigações do Acordo Constitutivo da Organização Mundial do Comércio 668
- 12.291, de 20 de julho de 2010 – Torna obrigatória a manutenção de exemplar do Código de Defesa do Consumidor nos estabelecimentos comerciais e de prestação de serviços 671
- 12.353, de 28 de dezembro de 2010 – Dispõe sobre a participação de empregados nos conselhos de administração das empresas públicas e sociedades de economia mista, suas subsidiárias e controladas e demais empresas em que a União, direta ou indiretamente, detenha a maioria do capital social com direito a voto e dá outras providências 671
- 12.529, de 30 de novembro de 2011 – Estrutura o Sistema Brasileiro de Defesa da Concorrência; dispõe sobre a prevenção e repressão às infrações contra a ordem econômica; altera a Lei nº 8.137, de 27 de dezembro de 1990, o Decreto-Lei nº 3.689, de 3 de outubro de 1941 – Código de Processo Penal, e a Lei nº 7.347, de 24 de julho de 1985; revoga dispositivos da Lei nº 8.884, de 11 de junho de 1994, e a Lei nº 9.781, de 19 de janeiro de 1999; e dá outras providências 672
- 12.741, de 8 de dezembro de 2012 – Dispõe sobre as medidas de esclarecimento ao consumidor, de que trata o § 5º do artigo 150 da Constituição Federal; altera o inciso III do art. 6º e o inciso IV do art. 106 da Lei nº 8.078, de 11 de setembro de 1990 – Código de Defesa do Consumidor 690

Medida Provisória

- 2.172-32, de 23 de agosto de 2001 – Estabelece a nulidade das disposições contratuais que menciona e inverte, nas hipóteses que prevê, o ônus da prova nas ações intentadas para sua declaração 584

Decretos

- 2.044, de 31 de dezembro de 1908 – Define a letra de câmbio e a nota promissória e regula as operações cambiais 305
- 22.626, de 7 de abril de 1933 – Dispõe sobre os juros nos contratos e dá outras providências 309
- 57.595, de 7 de janeiro de 1966 – Promulga as Convenções para adoção de uma Lei Uniforme em matéria de cheques 345
- 57.663, de 24 de janeiro de 1966 – Promulga as Convenções para adoção de uma Lei Uniforme em matéria de letras de câmbio e notas promissórias 357
- 64.567, de 22 de maio de 1969 – Regulamenta dispositivos do Decreto-Lei nº 486, de 3 de março de 1969, que dispõe sobre a escrituração e livros mercantis e dá outras providências 389
- 1.240, de 15 de setembro de 1994 – Promulga a Convenção Interamericana sobre Conflitos de Leis em Matéria de Cheques, adotada em Montevidéu, em 8 de maio de 1979 491
- 1.602, de 23 de agosto de 1995 – Regulamenta as normas que disciplinam os procedimentos administrativos, relativos à aplicação de medidas *antidumping* 511
- 1.800, de 30 de janeiro de 1996 – Regulamenta a Lei nº 8.934, de 18 de novembro de 1994, que dispõe sobre o Registro Público de Empresas Mercantis e Atividades Afins e dá outras providências 523
- 2.181, de 20 de março de 1997 – Dispõe sobre a organização do Sistema Nacional de Defesa do Consumidor – SNDC, estabelece as normas gerais de aplicação das sanções administrativas previstas na Lei nº 8.078, de 11 de setembro de 1990, revoga o Decreto nº 861, de 9 de julho de 1993, e dá outras providências 556
- 2.553, de 16 de abril de 1998 – Regulamenta os artigos 75 e 88 a 93 da Lei nº 9.279, de 14 de maio de 1996, que regula direitos e obrigações relativos à propriedade industrial 569
- 6.451, de 12 de maio de 2008 – Regulamenta o art. 56 da Lei Complementar nº 123, de 14 de dezembro de 2006, que dispõe sobre a constituição do Consórcio Simples por microempresas e empresas de pequeno porte optantes pelo Simples Nacional 662

Constituição Federal

Índice Sistemático da Constituição da República Federativa do Brasil

PREÂMBULO

TÍTULO I
DOS PRINCÍPIOS FUNDAMENTAIS

Arts. 1º a 4º 7

TÍTULO II
DOS DIREITOS E GARANTIAS FUNDAMENTAIS

Arts. 5º a 17 8
Capítulo I – Dos direitos e deveres individuais e coletivos – art. 5º 8
Capítulo II – Dos direitos sociais – arts. 6º a 11 16
Capítulo III – Da nacionalidade – arts. 12 e 13 20
Capítulo IV – Dos direitos políticos – arts. 14 a 16 21
Capítulo V – Dos partidos políticos – art. 17 22

TÍTULO III
DA ORGANIZAÇÃO DO ESTADO

Arts. 18 a 43 23
Capítulo I – Da organização político-administrativa – arts. 18 e 19 23
Capítulo II – Da União – arts. 20 a 24 23
Capítulo III – Dos Estados federados – arts. 25 a 28 30
Capítulo IV – Dos Municípios – arts. 29 a 31 31
Capítulo V – Do Distrito Federal e dos Territórios – arts. 32 e 33 33
Seção I – Do Distrito Federal – art. 32 33
Seção II – Dos Territórios – art. 33 33
Capítulo VI – Da intervenção – arts. 34 a 36 34
Capítulo VII – Da administração pública – arts. 37 a 43 34
Seção I – Disposições gerais – arts. 37 e 38 35
Seção II – Dos servidores públicos – arts. 39 a 41 38
Seção III – Dos Militares dos Estados, do Distrito Federal e dos Territórios – art. 42 41
Seção IV – Das regiões – art. 43 41

TÍTULO IV
DA ORGANIZAÇÃO DOS PODERES

Arts. 44 a 135 42
Capítulo I – Do Poder Legislativo – arts. 44 a 75 42
Seção I – Do Congresso Nacional – arts. 44 a 47 42
Seção II – Das atribuições do Congresso Nacional – arts. 48 a 50 42
Seção III – Da Câmara dos Deputados – art. 51 43
Seção IV – Do Senado Federal – art. 52 44
Seção V – Dos Deputados e dos Senadores – arts. 53 a 56 44
Seção VI – Das reuniões – art. 57 45
Seção VII – Das comissões – art. 58 46
Seção VIII – Do processo legislativo – arts. 59 a 69 46
Subseção I – Disposição geral – art. 59 46
Subseção II – Da Emenda à Constituição – art. 60 47
Subseção III – Das leis – arts. 61 a 69 47
Seção IX – Da fiscalização contábil, financeira e orçamentária – arts. 70 a 75 49
Capítulo II – Do Poder Executivo – arts. 76 a 91 50
Seção I – Do Presidente e do Vice-Presidente da República – arts. 76 a 83 50
Seção II – Das atribuições do Presidente da República – art. 84 51
Seção III – Da responsabilidade do Presidente da República – arts. 85 e 86 52
Seção IV – Dos Ministros de Estado – arts. 87 e 88 52
Seção V – Do Conselho da República e do Conselho de Defesa Nacional – arts. 89 a 91 53

Subseção I – Do Conselho da República – arts. 89 e 90	53
Subseção II – Do Conselho de Defesa Nacional – art. 91	53
Capítulo III – Do Poder Judiciário – arts. 92 a 126	53
Seção I – Disposições gerais – arts. 92 a 100	53
Seção II – Do Supremo Tribunal Federal – arts. 101 a 103-B	57
Seção III – Do Superior Tribunal de Justiça – arts. 104 e 105	60
Seção IV – Dos Tribunais Regionais Federais e dos juízes federais – arts. 106 a 110	61
Seção V – Dos Tribunais e Juízes do Trabalho – arts. 111 a 117	63
Seção VI – Dos Tribunais e Juízes Eleitorais – arts. 118 a 121	64
Seção VII – Dos Tribunais e Juízes Militares – arts. 122 a 124	65
Seção VIII – Dos Tribunais e Juízes dos Estados – arts. 125 e 126	65
Capítulo IV – Das funções essenciais à justiça – arts. 127 a 135	66
Seção I – Do Ministério Público – arts. 127 a 130-A	66
Seção II – Da Advocacia Pública – arts. 131 e 132	68
Seção III – Da Advocacia e da Defensoria Pública – arts. 133 a 135	69

TÍTULO V
DA DEFESA DO ESTADO E DAS INSTITUIÇÕES DEMOCRÁTICAS

Arts. 136 a 144	69
Capítulo I – Do estado de defesa e do estado de sítio – arts. 136 a 141	69
Seção I – Do estado de defesa – art. 136	69
Seção II – Do estado de sítio – arts. 137 a 139	69
Seção III – Disposições gerais – arts. 140 e 141	70
Capítulo II – Das Forças Armadas – arts. 142 e 143	70
Capítulo III – Da segurança pública – art. 144	71

TÍTULO VI
DA TRIBUTAÇÃO E DO ORÇAMENTO

Arts. 145 a 169	72
Capítulo I – Do sistema tributário nacional – arts. 145 a 162	72
Seção I – Dos princípios gerais – arts. 145 a 149-A	72
Seção II – Das limitações do poder de tributar – arts. 150 a 152	73
Seção III – Dos impostos da União – arts. 153 e 154	74
Seção IV – Dos impostos dos Estados e do Distrito Federal – art. 155	76
Seção V – Dos impostos dos Municípios – art. 156	77
Seção VI – Da repartição das receitas tributárias – arts. 157 a 162	78
Capítulo II – Das finanças públicas – arts. 163 a 169	80
Seção I – Normas gerais – arts. 163 e 164	80
Seção II – Dos orçamentos – arts. 165 a 169	80

TÍTULO VII
DA ORDEM ECONÔMICA E FINANCEIRA

Arts. 170 a 192	83
Capítulo I – Dos princípios gerais da atividade econômica – arts. 170 a 181	83
Capítulo II – Da política urbana – arts. 182 e 183	86
Capítulo III – Da política agrícola e fundiária e da reforma agrária – arts. 184 a 191	87
Capítulo IV – Do sistema financeiro nacional – art. 192	88

TÍTULO VIII
DA ORDEM SOCIAL

Arts. 193 a 232	88
Capítulo I – Disposição geral – art. 193	88
Capítulo II – Da seguridade social – arts. 194 a 204	88
Seção I – Disposições gerais – arts. 194 e 195	88
Seção II – Da saúde – arts. 196 a 200	90
Seção III – Da previdência social – arts. 201 e 202	91
Seção IV – Da assistência social – arts. 203 e 204	93
Capítulo III – Da educação, da cultura e do desporto – arts. 205 a 217	94
Seção I – Da educação – arts. 205 a 214	94
Seção II – Da cultura – arts. 215 a 216-A	96
Seção III – Do desporto – art. 217	98

Capítulo IV – Da ciência e tecnologia – arts. 218 e 219 98
Capítulo V – Da comunicação social – arts. 220 a 224 98
Capítulo VI – Do meio ambiente – art. 225 100
Capítulo VII – Da família, da criança, do adolescente, do jovem e do idoso – arts. 226 a 230 101
Capítulo VIII – Dos índios – arts. 231 e 232 103

TÍTULO IX
DAS DISPOSIÇÕES CONSTITUCIONAIS GERAIS

Arts. 233 a 250 104

ATO DAS DISPOSIÇÕES
CONSTITUCIONAIS TRANSITÓRIAS

Arts. 1º a 97 106

CONSTITUIÇÃO DA
REPÚBLICA FEDERATIVA DO BRASIL

PREÂMBULO

Nós, representantes do povo brasileiro, reunidos em Assembleia Nacional Constituinte para instituir um Estado Democrático, destinado a assegurar o exercício dos direitos sociais e individuais, a liberdade, a segurança, o bem-estar, o desenvolvimento, a igualdade e a justiça como valores supremos de uma sociedade fraterna, pluralista e sem preconceitos, fundada na harmonia social e comprometida, na ordem interna e internacional, com a solução pacífica das controvérsias, promulgamos, sob a proteção de Deus, a seguinte CONSTITUIÇÃO DA REPÚBLICA FEDERATIVA DO BRASIL.

▶ Publicada no DOU nº 191-A, de 5-10-1988.

TÍTULO I – DOS PRINCÍPIOS FUNDAMENTAIS

Art. 1º A República Federativa do Brasil, formada pela união indissolúvel dos Estados e Municípios e do Distrito Federal, constitui-se em Estado Democrático de Direito e tem como fundamentos:

▶ No plebiscito realizado em 21-4-1993, disciplinado na EC nº 2, de 25-8-1992, foram mantidos a república e o presidencialismo, como forma e sistema de governo, respectivamente.

▶ Arts.18, *caput*, e 60, § 4º, I e II, desta Constituição.

I – a soberania;

▶ Arts. 20, VI, 21, I e III, 84, VII, VIII, XIX e XX, desta Constituição.
▶ Arts. 201, 202, 210 e 211 do CPC.
▶ Arts. 780 a 790 do CPP.
▶ Arts. 215 a 229 do RISTF.

II – a cidadania;

▶ Arts. 5º, XXXIV, LIV, LXXI, LXXIII e LXXVII, e 60, § 4º, desta Constituição.
▶ Lei nº 9.265, de 12-2-1996, estabelece a gratuidade dos atos necessários ao exercício da cidadania.
▶ Lei nº 10.835, de 8-1-2004, institui a renda básica da cidadania.

III – a dignidade da pessoa humana;

▶ Arts. 5º, XLII, XLIII, XLVIII, XLIX, L, 34, VII, *b*, 226, § 7º, 227 e 230 desta Constituição.
▶ Art. 8º, III, da Lei nº 11.340, de 7-8-2006 (Lei que Coíbe a Violência Doméstica e Familiar Contra a Mulher).
▶ Dec. nº 41.721, de 25-6-1957, promulgou a Convenção nº 29 da OIT, sobre Trabalho Forçado ou Obrigatório.
▶ Dec. nº 58.822, de 14-7-1966, promulgou a Convenção nº 105 da OIT, sobre Abolição do Trabalho Forçado.
▶ Súmulas Vinculantes nºs 6, 11 e 14 do STF.

IV – os valores sociais do trabalho e da livre iniciativa;

▶ Arts. 6º a 11 e 170 desta Constituição.

V – o pluralismo político.

▶ Art. 17 desta Constituição.

▶ Lei nº 9.096, de 19-9-1995 (Lei dos Partidos Políticos).

Parágrafo único. Todo o poder emana do povo, que o exerce por meio de representantes eleitos ou diretamente, nos termos desta Constituição.

▶ Arts. 14, 27, § 4º, 29, XIII, 60, § 4º, II, e 61, § 2º, desta Constituição.
▶ Art. 1º da Lei nº 9.709, de 19-11-1998, regulamenta a execução do disposto nos incisos I, II e III do art. 14 desta Constituição.

Art. 2º São Poderes da União, independentes e harmônicos entre si, o Legislativo, o Executivo e o Judiciário.

▶ Art. 60, § 4º, III, desta Constituição.
▶ Súm. nº 649 do STF.

Art. 3º Constituem objetivos fundamentais da República Federativa do Brasil:

I – construir uma sociedade livre, justa e solidária;

▶ Art. 29, 1, *d*, do Dec. nº 99.710, de 21-11-1990, que promulga a convenção sobre os direitos das crianças.
▶ Art. 10, 1, do Dec. nº 591, de 6-7-1992, que promulga o Pacto Internacional Sobre Direitos Econômicos, Sociais e Culturais.

II – garantir o desenvolvimento nacional;

▶ Arts. 23, parágrafo único, e 174, § 1º, desta Constituição.

III – erradicar a pobreza e a marginalização e reduzir as desigualdades sociais e regionais;

▶ Arts. 23, X, e 214 desta Constituição.
▶ Arts. 79 a 81 do ADCT.
▶ LC nº 111, de 6-7-2001, dispõe sobre o Fundo de Combate e Erradicação da Pobreza.

IV – promover o bem de todos, sem preconceitos de origem, raça, sexo, cor, idade e quaisquer outras formas de discriminação.

▶ Art. 4º, VIII, desta Constituição.
▶ Lei nº 7.716, de 5-1-1989 (Lei do Racismo).
▶ Lei nº 8.081, de 21-9-1990, dispõe sobre os crimes e penas aplicáveis aos atos discriminatórios ou de preconceito de raça, cor, religião, etnia ou procedência nacional, praticados pelos meios de comunicação ou por publicação de qualquer natureza.
▶ Lei nº 11.340, de 7-8-2006 (Lei que Coíbe a Violência Doméstica e Familiar Contra a Mulher).
▶ Lei nº 12.288, de 20-7-2010 (Estatuto da Igualdade Racial).
▶ Dec. nº 62.150, de 19-1-1968, promulga a Convenção nº 111 da OIT sobre discriminação em matéria de emprego e profissão.
▶ Dec. nº 3.956, de 8-10-2001, promulga a Convenção Interamericana para Eliminação de Todas as Formas de Discriminação contra as Pessoas Portadoras de Deficiência.
▶ Dec. nº 4.377, de 13-9-2002, promulga a Convenção sobre a Eliminação de Todas as Formas de Discriminação contra a Mulher, de 1979.
▶ Dec. nº 4.886, de 20-11-2003, dispõe sobre a Política Nacional de Promoção de Igualdade Racial – PNPIR.

► Dec. nº 5.397, de 22-3-2005, dispõe sobre a composição, competência e funcionamento do Conselho Nacional de Combate à Discriminação – CNCD.

► O STF, por unanimidade de votos, julgou procedentes a ADPF nº 132 (como ação direta de inconstitucionalidade) e a ADIN nº 4.277, com eficácia *erga omnes* e efeito vinculante, para dar ao art. 1.723 do CC interpretação conforme à CF para dele excluir qualquer significado que impeça o reconhecimento da união contínua, pública e duradoura entre pessoas do mesmo sexo como entidade familiar (*DOU* de 13-5-2011).

Art. 4º A República Federativa do Brasil rege-se nas suas relações internacionais pelos seguintes princípios:

► Arts. 21, I, e 84, VII e VIII, desta Constituição.

► Art. 39, V, da Lei nº 9.082 de 25-7-1995, que dispõe sobre a intensificação das relações internacionais do Brasil com os seus parceiros comerciais, em função de um maior apoio do Banco do Brasil S.A. ao financiamento dos setores exportador e importador.

I – independência nacional;

► Arts. 78, *caput*, e 91, § 1º, III e IV, desta Constituição.

► Lei nº 8.183, de 11-4-1991, dispõe sobre a organização e o funcionamento do Conselho de Defesa Nacional, regulamentada pelo Dec. nº 893, de 12-8-1993.

II – prevalência dos direitos humanos;

► Dec. nº 678, de 6-11-1992, promulga a Convenção Americana sobre Direitos Humanos – Pacto de São José da Costa Rica.

► Dec. nº 4.463, de 8-11-2002, dispõe sobre a declaração de reconhecimento da competência obrigatória da Corte Interamericana em todos os casos relativos à interpretação ou aplicação da Convenção Americana sobre Diretos Humanos.

► Dec. nº 6.980, de 13-10-2009, dispõe sobre a estrutura regimental da Secretaria Especial dos Direitos Humanos da Presidência da República, transformada em Secretaria de Direitos Humanos da Presidência da República pelo art. 3º, I, da Lei nº 12.314, de 19-8-2010.

III – autodeterminação dos povos;
IV – não intervenção;
V – igualdade entre os Estados;
VI – defesa da paz;
VII – solução pacífica dos conflitos;
VIII – repúdio ao terrorismo e ao racismo;

► Art. 5º, XLII e XLIII, desta Constituição.

► Lei nº 7.716, de 5-1-1989 (Lei do Racismo).

► Lei nº 8.072, de 25-7-1990 (Lei dos Crimes Hediondos).

► Dec. nº 5.639, de 26-12-2005, promulga a Convenção Interamericana contra o Terrorismo.

IX – cooperação entre os povos para o progresso da humanidade;
X – concessão de asilo político.

► Lei nº 9.474, de 22-7-1997, define mecanismos para a implementação do Estatuto dos Refugiados de 1951.

► Dec. nº 55.929, de 14-4-1965, promulgou a Convenção sobre Asilo Territorial.

► Art. 98, II, do Dec. nº 99.244, de 10-5-1990, que dispõe sobre a reorganização e o funcionamento dos órgãos da Presidência da República.

Parágrafo único. A República Federativa do Brasil buscará a integração econômica, política, social e cultural dos povos da América Latina, visando à formação de uma comunidade latino-americana de nações.

► Dec. nº 350, de 21-11-1991, promulgou o Tratado de Assunção que estabeleceu o Mercado Comum entre o Brasil, Paraguai, Argentina e Uruguai – MERCOSUL.

► Dec. nº 922, de 10-9-1993, promulga o Protocolo para Solução de Controvérsias no âmbito do Mercado Comum do Sul – MERCOSUL.

TÍTULO II – DOS DIREITOS E GARANTIAS FUNDAMENTAIS

Capítulo I

DOS DIREITOS E DEVERES INDIVIDUAIS E COLETIVOS

Art. 5º Todos são iguais perante a lei, sem distinção de qualquer natureza, garantindo-se aos brasileiros e aos estrangeiros residentes no País a inviolabilidade do direito à vida, à liberdade, à igualdade, à segurança e à propriedade, nos termos seguintes:

► Arts. 5º, §§ 1º e 2º, 14, *caput*, e 60, § 4º, IV, desta Constituição.

► Lei nº 1.542, de 5-1-1952, dispõe sobre o casamento dos funcionários da carreira de diplomata com pessoa de nacionalidade estrangeira.

► Lei nº 5.709, de 7-10-1971, regula a aquisição de imóvel rural por estrangeiro residente no país ou pessoa jurídica estrangeira autorizada a funcionar no Brasil.

► Lei nº 6.815, de 19-8-1980 (Estatuto do Estrangeiro), regulamentada pelo Dec. nº 86.715, de 10-12-1981.

► Arts. 4º e 24 do Pacto de São José da Costa Rica.

► Dec. nº 58.819, de 14-7-1966, promulgou a Convenção nº 97 da OIT, sobre Trabalhadores Migrantes.

► Súmulas Vinculantes nºˢ 6 e 11 do STF.

► Súm. nº 683 do STF.

I – homens e mulheres são iguais em direitos e obrigações, nos termos desta Constituição;

► Arts. 143, § 2º, e 226, § 5º, desta Constituição.

► Art. 372 da CLT.

► Art. 4º da Lei nº 8.159, de 8-1-1991, que dispõe sobre a política nacional de arquivos públicos e privados.

► Lei nº 9.029, de 13-4-1995, proíbe a exigência de atestado de gravidez e esterilização e outras práticas discriminatórias, para efeitos admissionais ou de permanência da relação jurídica de trabalho.

► Lei nº 12.318, de 26-8-2010 (Lei da Alienação Parental).

► Dec. nº 41.721, de 25-6-1957, promulgou a Convenção nº 100 da OIT, sobre Igualdade de Remuneração de Homens e Mulheres Trabalhadores por Trabalho de Igual Valor.

► Dec. nº 86.715, de 10-12-1981, que regulamenta a Lei nº 6.815, de 19-8-1980 (Estatuto do Estrangeiro).

► Dec. nº 678, de 6-11-1992, promulga a Convenção Americana sobre Direitos Humanos – Pacto de São José da Costa Rica.

► Dec. nº 4.377, de 13-9-2002, promulga a Convenção sobre a Eliminação de todas as Formas de Discriminação contra a Mulher, de 1979.

► Port. do MTE nº 1.246, de 28-5-2010, orienta as empresas e os trabalhadores em relação à testagem relacionada ao vírus da imunodeficiência adquirida – HIV.

II – ninguém será obrigado a fazer ou deixar de fazer alguma coisa senão em virtude de lei;

► Arts. 14, § 1º, I, e 143 desta Constituição.

Constituição Federal – Art. 5º

▶ Súmulas nºs 636 e 686 do STF.

III – ninguém será submetido a tortura nem a tratamento desumano ou degradante;

▶ Incisos XLIII, XLVII, e, XLIX, LXII, LXIII, LXV e LXVI deste artigo.
▶ Art. 4º, b, da Lei nº 4.898, de 9-12-1965 (Lei do Abuso de Autoridade).
▶ Arts. 2º e 8º da Lei nº 8.072, de 25-7-1990 (Lei dos Crimes Hediondos).
▶ Lei nº 9.455, de 7-4-1997 (Lei dos Crimes de Tortura).
▶ Dec. nº 40, de 15-2-1991, promulga a Convenção contra a Tortura e Outros Tratamentos ou Penas Cruéis, Desumanos ou Degradantes.
▶ Art. 5º, nº 2º, do Pacto de São José da Costa Rica.
▶ Súm. Vinc. nº 11 do STF.

IV – é livre a manifestação do pensamento, sendo vedado o anonimato;

▶ Art. 220, § 1º, desta Constituição.
▶ Art. 6º, XIV, e, da LC nº 75, de 20-5-1993 (Lei Orgânica do Ministério Público da União).
▶ Art. 1º da Lei nº 7.524 de 17-7-1986, que dispõe sobre a manifestação, por militar inativo, de pensamento e opinião políticos e filosóficos.
▶ Art. 2º, a, da Lei nº 8.389, de 30-12-1991, que institui o Conselho Nacional de Comunicação Social.
▶ Art. 13 do Pacto de São José da Costa Rica.

V – é assegurado o direito de resposta, proporcional ao agravo, além da indenização por dano material, moral ou à imagem;

▶ Art. 220, § 1º, desta Constituição.
▶ Lei nº 7.524, de 17-7-1986, dispõe sobre a manifestação, por militar inativo, de pensamento e opinião políticos ou filosóficos.
▶ Art. 6º da Lei nº 8.159, de 8-1-1991, que dispõe sobre a Política Nacional de arquivos públicos e privados.
▶ Dec. nº 1.171, de 22-6-1994, aprova o código de ética profissional do servidor público civil do Poder Executivo Federal.
▶ Art. 14 do Pacto de São José da Costa Rica.
▶ Súmulas nºs 37, 227, 362, 387, 388 e 403 do STJ.

VI – é inviolável a liberdade de consciência e de crença, sendo assegurado o livre exercício dos cultos religiosos e garantida, na forma da lei, a proteção aos locais de culto e a suas liturgias;

▶ Arts. 208 a 212 do CP.
▶ Art. 24 da LEP.
▶ Arts. 16, II, e 124, XIV, do ECA.
▶ Art. 3º, d, e e, da Lei nº 4.898, de 9-12-1965 (Lei do Abuso de Autoridade).
▶ Art. 39 da Lei nº 8.313, de 23-12-1991, que restabelece princípios da Lei nº 7.505, de 2-7-1986, institui o Programa Nacional de Apoio à Cultura – PRONAC.
▶ Arts. 23 a 26 da Lei nº 12.288, de 20-7-2010 (Estatuto da Igualdade Racial).
▶ Art. 12, 1, do Pacto de São José da Costa Rica.

VII – é assegurada, nos termos da lei, a prestação de assistência religiosa nas entidades civis e militares de internação coletiva;

▶ Art. 24 da LEP.
▶ Art. 124, XIV, do ECA.
▶ Lei nº 6.923, de 29-6-1981, dispõe sobre o serviço de assistência religiosa nas Forças Armadas.

▶ Lei nº 9.982, de 14-7-2000, dispõe sobre prestação de assistência religiosa nas entidades hospitalares públicas e privadas, bem como nos estabelecimentos prisionais civis e militares.

VIII – ninguém será privado de direitos por motivo de crença religiosa ou de convicção filosófica ou política, salvo se as invocar para eximir-se de obrigação legal a todos imposta e recusar-se a cumprir prestação alternativa, fixada em lei;

▶ Arts. 15, IV, e 143, §§ 1º e 2º, desta Constituição.
▶ Lei nº 7.210 de 11-7-1984 (Lei de Execução Penal).
▶ Lei nº 8.239, de 4-10-1991, dispõe sobre a prestação de serviço alternativo ao serviço militar obrigatório.
▶ Dec.-lei nº 1.002, de 21-10-1969 (Código de Processo Penal Militar).
▶ Art. 12 do Pacto de São José da Costa Rica.

IX – é livre a expressão da atividade intelectual, artística, científica e de comunicação, independentemente de censura ou licença;

▶ Art. 220, § 2º, desta Constituição.
▶ Art. 5º, d, da LC nº 75, de 20-5-1993 (Lei Orgânica do Ministério Público da União).
▶ Art. 39 da Lei nº 8.313, de 23-12-1991, que restabelece princípios da Lei nº 7.505, de 2-7-1986, institui o Programa Nacional de Apoio à Cultura – PRONAC.
▶ Lei nº 9.456, de 25-4-1997, institui a Lei de Proteção de Cultivares.
▶ Lei nº 9.609, de 19-2-1998, dispõe sobre a proteção da propriedade intelectual de programa de computador e sua comercialização no país.
▶ Lei nº 9.610, de 19-2-1998 (Lei de Direitos Autorais).
▶ O STF, ao julgar o RE nº 511.961, concluiu pela não recepção pela atual Constituição da exigência de diploma de curso superior para o exercício da profissão de jornalista.

X – são invioláveis a intimidade, a vida privada, a honra e a imagem das pessoas, assegurado o direito à indenização pelo dano material ou moral decorrente de sua violação;

▶ Art. 37, § 3º, II, desta Constituição.
▶ Arts. 4º e 6º da Lei nº 8.159, de 8-1-1981, que dispõe sobre a Política Nacional de Arquivos Públicos e Privados.
▶ Art. 30, V, da Lei nº 8.935, de 18-11-1994 (Lei dos Serviços Notariais e de Registro).
▶ Art. 101, § 1º, da Lei nº 11.101, de 9-2-2005 (Lei de Recuperação de Empresas e Falências).
▶ Art. 11, 2, do Pacto de São José da Costa Rica.
▶ Súm. Vinc. nº 11 do STF.
▶ Súm. nº 714 do STF.
▶ Súmulas nºs 227, 387, 388, 403 e 420 do STJ.

XI – a casa é asilo inviolável do indivíduo, ninguém nela podendo penetrar sem consentimento do morador, salvo em caso de flagrante delito ou desastre, ou para prestar socorro, ou, durante o dia, por determinação judicial;

▶ Art. 172, § 2º, do CPC.
▶ Art. 150, §§ 1º a 5º, do CP.
▶ Art. 283 do CPP.
▶ Art. 226, §§ 1º a 5º, do CPM.
▶ Art. 11 do Pacto de São José da Costa Rica.

XII – é inviolável o sigilo da correspondência e das comunicações telegráficas, de dados e das comunicações

telefônicas, salvo, no último caso, por ordem judicial, nas hipóteses e na forma que a lei estabelecer para fins de investigação criminal ou instrução processual penal;
- Arts.136, § 1º, I, *b* e *c*, e 139, III, desta Constituição.
- Arts. 151 a 152 do CP.
- Art. 233 do CPP.
- Art. 227 do CPM.
- Art. 6º, XVIII, *a*, da LC nº 75, de 20-5-1993 (Lei Orgânica do Ministério Público da União).
- Arts. 55 a 57 da Lei nº 4.117, de 24-8-1962 (Código Brasileiro de Telecomunicações).
- Art. 3º, *c*, da Lei nº 4.898, de 9-12-1965 (Lei do Abuso de Autoridade).
- Lei nº 6.538, de 22-6-1978, dispõe sobre os serviços postais.
- Art. 7º, II, da Lei nº 8.906, de 4-7-1994 (Estatuto da Advocacia e da OAB).
- Lei nº 9.296, de 24-7-1996 (Lei das Interceptações Telefônicas).
- Art. 11 do Pacto de São José da Costa Rica.
- Dec. nº 3.505, de 13-6-2000, institui a Política de Segurança da Informação nos órgãos e entidades da Administração Pública Federal.
- Res. do CNJ nº 59, de 9-9-2008, disciplina e uniformiza as rotinas visando ao aperfeiçoamento do procedimento de interceptação de comunicações telefônicas e de sistemas de informática e telemática nos órgãos jurisdicionais do Poder Judiciário.

XIII – é livre o exercício de qualquer trabalho, ofício ou profissão, atendidas as qualificações profissionais que a lei estabelecer;
- Arts. 170 a 220, § 1º, desta Constituição.
- Art. 6º do Pacto de São José da Costa Rica.
- O STF, a julgar o RE nº 511.961, considerou não recepcionado pela Constituição de 1988 o art. 4º, V, do Dec.-lei nº 972/1969, que exigia diploma de curso superior para o exercício da profissão de jornalista.

XIV – é assegurado a todos o acesso à informação e resguardado o sigilo da fonte, quando necessário ao exercício profissional;
- Art. 220, § 1º, desta Constituição.
- Art. 154 do CP.
- Art. 8º, § 2º, da LC nº 75, de 20-5-1993 (Lei Orgânica do Ministério Público da União).
- Art. 6º da Lei nº 8.394, de 30-12-1991, que dispõe sobre a preservação, organização e proteção dos acervos documentais privados dos Presidentes da República.
- O STF, ao julgar a ADPF nº 130, declarou como não recepcionada pela Constituição de 1988 a Lei de Imprensa (Lei nº 5.250/1967).

XV – é livre a locomoção no território nacional em tempo de paz, podendo qualquer pessoa, nos termos da lei, nele entrar, permanecer ou dele sair com seus bens;
- Arts. 109, X, e 139 desta Constituição.
- Art. 3º, *a*, da Lei nº 4.898, de 9-12-1965 (Lei do Abuso de Autoridade).
- Art. 2º, III, da Lei nº 7.685, de 2-12-1988, que dispõe sobre o registro provisório para o estrangeiro em situação ilegal em território nacional.
- Art. 22 do Pacto de São José da Costa Rica.

XVI – todos podem reunir-se pacificamente, sem armas, em locais abertos ao público, independentemente de autorização, desde que não frustrem outra reunião anteriormente convocada para o mesmo local, sendo apenas exigido prévio aviso à autoridade competente;
- Arts. 109, X, 136, § 1º, I, *a*, e 139, IV, desta Constituição.
- Art. 3º, *a*, da Lei nº 4.898, de 9-12-1965 (Lei do Abuso de Autoridade).
- Art. 2º, III, da Lei nº 7.685, de 2-12-1988, que dispõe sobre o registro provisório para o estrangeiro em situação ilegal em território nacional.
- Art. 21 do Dec. nº 592, de 6-7-1992, que promulga o Pacto Internacional sobre Direitos Civis e Políticos.
- Art. 15 do Pacto de São José da Costa Rica.

XVII – é plena a liberdade de associação para fins lícitos, vedada a de caráter paramilitar;
- Arts. 8º, 17, § 4º, e 37, VI, desta Constituição.
- Art. 199 do CP.
- Art. 3º, *f*, da Lei nº 4.898, de 9-12-1965 (Lei do Abuso de Autoridade).
- Art. 117, VII, da Lei nº 8.112, de 11-12-1990 (Estatuto dos Servidores Públicos Civis da União, Autarquias e Fundações Públicas Federais).
- Art. 16 do Pacto de São José da Costa Rica.

XVIII – a criação de associações e, na forma da lei, a de cooperativas independem de autorização, sendo vedada a interferência estatal em seu funcionamento;
- Arts. 8º, I, e 37, VI, desta Constituição.
- Lei nº 5.764, de 16-12-1971 (Lei das Cooperativas).
- Lei nº 9.867, de 10-11-1999, dispõe sobre a criação e o funcionamento de Cooperativas Sociais, visando à integração social dos cidadãos.

XIX – as associações só poderão ser compulsoriamente dissolvidas ou ter suas atividades suspensas por decisão judicial, exigindo-se, no primeiro caso, o trânsito em julgado;
XX – ninguém poderá ser compelido a associar-se ou a permanecer associado;
- Arts. 4º, II, *a*, e 5º, V, do CDC.
- Art. 117, VII, da Lei nº 8.112, de 11-12-1990 (Estatuto dos Servidores Públicos Civis da União, Autarquias e Fundações Públicas Federais).
- Art. 16 do Pacto de São José da Costa Rica.
- O STF, ao julgar a ADIN nº 3.464, declarou a inconstitucionalidade do art. 2º, IV, *a*, *b*, e *c*, da Lei nº 10.779/2003, por condicionar a habilitação ao seguro-desemprego na hipótese descrita na lei à filiação à colônia de pescadores.

XXI – as entidades associativas, quando expressamente autorizadas, têm legitimidade para representar seus filiados judicial ou extrajudicialmente;
- Art. 82, VI, do CDC.
- Art. 210, III, do ECA.
- Art. 5º da Lei nº 7.347, de 24-7-1985 (Lei da Ação Civil Pública).
- Arts. 3º e 5º, I e III, da Lei nº 7.853, de 24-10-1989 (Lei de Apoio às Pessoas Portadoras de Deficiência), regulamentada pelo Dec. nº 3.298, de 20-12-1999.
- Súm. nº 629 do STF.

XXII – é garantido o direito de propriedade;
- Art. 243 desta Constituição.
- Arts. 1.228 a 1.368 do CC.
- Lei nº 4.504, de 30-10-1964 (Estatuto da Terra).

- Arts. 1º, 4º e 15 da Lei nº 8.257, de 26-10-1991, que dispõe sobre a expropriação das glebas nas quais se localizem culturas ilegais de plantas psicotrópicas.

XXIII – a propriedade atenderá a sua função social;

- Arts.156, § 1º, 170, III, 182, § 2º, e 186 desta Constituição.
- Art. 5º do Dec.-lei nº 4.657, de 4-9-1942 (Lei de Introdução às normas do Direito Brasileiro).
- Arts. 2º, 12, 18, a, e 47, I, da Lei nº 4.504, de 30-10-1964 (Estatuto da Terra).
- Art. 2º, I, da Lei nº 8.171, de 17-1-1991 (Lei da Política Agrícola).
- Arts. 2º, § 1º, 5º, § 2º, e 9º, da Lei nº 8.629, de 25-2-1993, que regula os dispositivos constitucionais relativos à reforma agrária.
- Arts. 27 a 37 da Lei nº 12.288, de 20-7-2010 (Estatuto da Igualdade Racial).
- Art. 1º da Lei nº 12.529, de 30-11-2011 (Lei do Sistema Brasileiro de Defesa da Concorrência).

XXIV – a lei estabelecerá o procedimento para desapropriação por necessidade ou utilidade pública, ou por interesse social, mediante justa e prévia indenização em dinheiro, ressalvados os casos previstos nesta Constituição;

- Arts. 22, II, 182, § 4º, 184, caput, e 185, I e II,desta Constituição.
- Art. 1.275, V, do CC.
- LC nº 76, de 6-7-1993 (Lei de Desapropriação de Imóvel Rural para fins de Reforma Agrária).
- Lei nº 4.132, de 10-9-1962 (Lei da Desapropriação por Interesse Social).
- Arts. 17, a, 18, 19, §§ 1º a 4º, 31, IV, e 35, caput, da Lei nº 4.504, de 30-11-1964 (Estatuto da Terra).
- Lei nº 6.602, de 7-12-1978, altera a redação do art. 5º do Dec.-lei nº 3.365, de 21-6-1941 (Lei das Desapropriações).
- Arts. 28, 29 e 32 da Lei nº 6.662, de 25-6-1979, que dispõe sobre a política nacional de irrigação.
- Arts. 2º, § 1º, 5º, § 2º, e 7º, IV, da Lei nº 8.629, de 25-2-1993, que regula os dispositivos constitucionais relativos à reforma agrária.
- Art. 10 da Lei nº 9.074, de 7-7-1995, que estabelece normas para outorga e prorrogações das concessões e permissões de serviços públicos.
- Art. 34, IV, da Lei nº 9.082, de 25-7-1995, que dispõe sobre as diretrizes para a elaboração da lei orçamentária de 1996.
- Dec.-lei nº 1.075, de 22-1-1970 (Lei da Imissão de Posse).
- Dec.-lei nº 3.365, de 21-6-1941 (Lei das Desapropriações).
- Súmulas nºs 23, 111, 157, 164, 218, 345, 378, 416, 561, 618 e 652 do STF.
- Súmulas nºs 56, 69, 70, 113, 114 e 119 do STJ.

XXV – no caso de iminente perigo público, a autoridade competente poderá usar de propriedade particular, assegurada ao proprietário indenização ulterior, se houver dano;

XXVI – a pequena propriedade rural, assim definida em lei, desde que trabalhada pela família, não será objeto de penhora para pagamento de débitos decorrentes de sua atividade produtiva, dispondo a lei sobre os meios de financiar o seu desenvolvimento;

- Art. 185 desta Constituição.

- Art. 4º, I, da LC nº 76, de 6-7-1993 (Lei de Desapropriação de Imóvel Rural para fins de Reforma Agrária).
- Lei nº 4.504, de 30-11-1964 (Estatuto da Terra).
- Art. 19, IX, da Lei nº 4.595, de 31-12-1964 (Lei do Sistema Financeiro Nacional).
- Art. 4º, § 2º, da Lei nº 8.009, de 29-3-1990 (Lei da Impenhorabilidade do Bem de Família).
- Art. 4º, II, e parágrafo único, da Lei nº 8.629, de 25-2-1993, que regula os dispositivos constitucionais relativos à reforma agrária.
- Súm. nº 364 do STJ.

XXVII – aos autores pertence o direito exclusivo de utilização, publicação ou reprodução de suas obras, transmissível aos herdeiros pelo tempo que a lei fixar;

- Art. 842, § 3º, do CPC.
- Art. 184 do CP.
- Art. 30 da Lei nº 8.977, de 6-1-1995, que dispõe sobre o serviço de TV a cabo, regulamentado pelo Dec. nº 2.206, de 8-4-1997.
- Lei nº 9.456, de 25-4-1997, institui a Lei de Proteção de Cultivares.
- Lei nº 9.609, de 19-2-1998, dispõe sobre a proteção da propriedade intelectual de programa de computador e sua comercialização no país.
- Lei nº 9.610, de 19-2-1998 (Lei de Direitos Autorais).
- Súm. nº 386 do STF.

XXVIII – são assegurados, nos termos da lei:

a) a proteção às participações individuais em obras coletivas e à reprodução da imagem e voz humanas, inclusive nas atividades desportivas;

- Lei nº 6.533 de 24-5-1978, dispõe sobre a regulamentação das profissões de Artista e de Técnico em Espetáculos de Diversões.
- Lei nº 9.610, de 19-2-1998 (Lei de Direitos Autorais).
- Art. 42 da Lei nº 9.615, de 24-3-1998, que institui normas gerais sobre desporto.

b) o direito de fiscalização do aproveitamento econômico das obras que criarem ou de que participarem aos criadores, aos intérpretes e às respectivas representações sindicais e associativas;

XXIX – a lei assegurará aos autores de inventos industriais privilégio temporário para sua utilização, bem como proteção às criações industriais, à propriedade das marcas, aos nomes de empresas e a outros signos distintivos, tendo em vista o interesse social e o desenvolvimento tecnológico e econômico do País;

- Art. 4º, VI, do CDC.
- Lei nº 9.279, de 14-5-1996 (Lei da Propriedade Industrial).
- Lei nº 9.456, de 25-4-1997, institui a Lei de Proteção de Cultivares.
- Art. 48, IV, da Lei nº 11.101, de 9-2-2005 (Lei de Recuperação de Empresas e Falências).

XXX – é garantido o direito de herança;

- Arts. 1.784 a 2.027 do CC.
- Arts. 856, § 2º, 1.138 e 1.158 do CPC.
- Lei nº 6.858, de 24-11-1980, dispõe sobre o pagamento aos dependentes ou sucessores, de valores não recebidos em vida pelos respectivos titulares.
- Lei nº 8.971, de 29-12-1994, regula o direito dos companheiros a alimentos e sucessão.
- Lei nº 9.278, de 10-5-1996 (Lei da União Estável).

XXXI – a sucessão de bens de estrangeiros situados no País será regulada pela lei brasileira em benefício do cônjuge ou dos filhos brasileiros, sempre que não lhes seja mais favorável a lei pessoal do *de cujus*;

▶ Art. 10, §§ 1º e 2º, do Dec.-lei nº 4.657, de 4-9-1942 (Lei de Introdução às normas do Direito Brasileiro).

XXXII – o Estado promoverá, na forma da lei, a defesa do consumidor;

▶ Art. 48 do ADCT.
▶ Lei nº 8.078, de 11-9-1990 (Código de Defesa do Consumidor).
▶ Art. 4º da Lei nº 8.137, de 27-12-1990 (Lei dos Crimes contra a Ordem Tributária, Econômica e contra as Relações de Consumo).
▶ Lei nº 8.178, de 1º-3-1991, estabelece regras sobre preços e salários.
▶ Lei nº 12.529, de 30-11-2011 (Lei do Sistema Brasileiro de Defesa da Concorrência).

XXXIII – todos têm direito a receber dos órgãos públicos informações de seu interesse particular, ou de interesse coletivo ou geral, que serão prestadas no prazo da lei, sob pena de responsabilidade, ressalvadas aquelas cujo sigilo seja imprescindível à segurança da sociedade e do Estado;

▶ Arts. 5º, LXXII, e 37, § 3º, II, desta Constituição.
▶ Lei nº 12.527, de 18-11-2011, regula o acesso a informações previsto neste inciso.
▶ Súm. Vinc. nº 14 do STF.
▶ Súm. nº 202 do STJ.

XXXIV – são a todos assegurados, independentemente do pagamento de taxas:

a) o direito de petição aos Poderes Públicos em defesa de direitos ou contra ilegalidade ou abuso de poder;

▶ Súm. Vinc. nº 21 do STF.
▶ Súm. nº 373 do STJ.
▶ Súm. nº 424 do TST.
▶ Ao julgar a ADPF nº 156, o Plenário do STF declarou não recepcionada pela Constituição de 1988 a exigência de depósito prévio do valor correspondente à multa por infração trabalhista como condição de admissibilidade de recurso administrativo interposto junto à autoridade trabalhista, constante do § 1º do art. 636 da CLT. No mesmo sentido, o Plenário do STF, ao julgar a ADIN nº 1.976, concluiu pela inconstitucionalidade da regra constante do art. 32 da MP nº 1.699-41, convertida na Lei nº 10.522, de 19-7-2002, que exigia depósito ou arrolamento prévio de bens e direitos como condição de admissibilidade de recurso administrativo.

b) a obtenção de certidões em repartições públicas, para defesa de direitos e esclarecimento de situações de interesse pessoal;

▶ Art. 6º do Dec.-lei nº 4.657, de 4-9-1942 (Lei de Introdução às normas do Direito Brasileiro).
▶ Lei nº 9.051, de 18-5-1995, dispõe sobre a expedição de certidões para defesa de direitos e esclarecimentos de situações.
▶ Lei nº 9.307, de 23-9-1996 (Lei da Arbitragem).
▶ Art. 40 da Lei nº 11.101, de 9-2-2005 (Lei de Recuperação de Empresas e Falências).

XXXV – a lei não excluirá da apreciação do Poder Judiciário lesão ou ameaça a direito;

▶ Lei nº 9.307, de 23-9-1996 (Lei da Arbitragem).

▶ Súm. Vinc. nº 28 do STF.
▶ Súm. nº 667 do STF.
▶ OJ da SBDI-I nº 391do TST.
▶ O Plenário do STF, ao julgar as cautelares das Ações Diretas de Inconstitucionalidade nºˢ 2.139 e 2.160 deram interpretação conforme à Constituição ao art. 625-D da CLT, para declararem que a submissão do litígio à Comissão de Conciliação Prévia não constitui fase administrativa obrigatória e antecedente ao exercício do direito de ação.
▶ Ao julgar a ADC nº 4, o Plenário do STF declarou a constitucionalidade do art. 1º da Lei nº 9.494, de 10-9-1997, a restringir o poder geral de cautela do juiz nas ações contra a Fazenda Pública.

XXXVI – a lei não prejudicará o direito adquirido, o ato jurídico perfeito e a coisa julgada;

▶ Art. 6º, *caput*, do Dec.-lei nº 4.657, de 4-9-1942 (Lei de Introdução às normas do Direito Brasileiro).
▶ Súmulas Vinculantes nºˢ 1 e 9 do STF.
▶ Súmulas nºˢ 654, 667, 678 e 684 do STF.
▶ Súm. nº 315 do TST.

XXXVII – não haverá juízo ou tribunal de exceção;
XXXVIII – é reconhecida a instituição do júri, com a organização que lhe der a lei, assegurados:

▶ Arts. 406 a 432 do CPP.
▶ Arts. 18 e 19 da Lei nº 11.697, de 13-6-2008 (Lei da Organização Judiciária do Distrito Federal e dos Territórios).

a) a plenitude de defesa;

▶ Súmulas nºˢ 156 e 162 do STF.

b) o sigilo das votações;
c) a soberania dos veredictos;
d) a competência para o julgamento dos crimes dolosos contra a vida;

▶ Arts. 74, § 1º, e 406 a 502 do CPP.
▶ Súmulas nºˢ 603, 713 e 721 do STF.

XXXIX – não há crime sem lei anterior que o defina, nem pena sem prévia cominação legal;

▶ Art. 1º do CP.
▶ Art. 1º do CPM.
▶ Art. 9º do Pacto de São José da Costa Rica.

XL – a lei penal não retroagirá, salvo para beneficiar o réu;

▶ Art. 2º, parágrafo único, do CP.
▶ Art. 2º, § 1º, do CPM.
▶ Art. 66, I, da LEP.
▶ Art. 9º do Pacto de São José da Costa Rica.
▶ Súmulas Vinculantes nºˢ 3, 5, 14, 21, 24 e 28 do STF.
▶ Súmulas nºˢ 611 e 711 do STF.

XLI – a lei punirá qualquer discriminação atentatória dos direitos e liberdades fundamentais;

▶ Lei nº 7.716, de 5-1-1989 (Lei do Racismo).
▶ Lei nº 8.081, de 21-9-1990, estabelece os crimes e as penas aplicáveis aos atos discriminatórios ou de preconceito de raça, cor, religião, etnia ou procedência de qualquer natureza.
▶ Lei nº 9.029, de 13-4-95, proíbe a exigência de atestados de gravidez e esterilização e outras práticas discriminatórias, para efeitos admissionais ou de permanência da relação jurídica de trabalho.

Constituição Federal – Art. 5º

▶ Dec. nº 3.956, de 8-10-2001, promulga a Convenção Interamericana para eliminação de todas as Formas de Discriminação contra as Pessoas Portadoras de Deficiência.

▶ Dec. nº 4.377, de 13-9-2002, promulga a Convenção Sobre a Eliminação de Todas as Formas de Discriminação Contra a Mulher, de 1979.

▶ Dec. nº 4.886, de 20-11-2003, institui a Política Nacional de Promoção da Igualdade Racial – PNPIR.

▶ Dec. nº 5.397, de 22-3-2005, dispõe sobre a composição, competência e funcionamento do Conselho Nacional de Combate à Discriminação – CNCD.

XLII – a prática do racismo constitui crime inafiançável e imprescritível, sujeito à pena de reclusão, nos termos da lei;

▶ Art. 323, I, do CPP.
▶ Lei nº 7.716, de 5-1-1989 (Lei do Racismo).
▶ Lei nº 10.678, de 23-5-2003, cria a Secretaria Especial de Políticas de Promoção da Igualdade Racial, da Presidência da República.
▶ Lei nº 12.288, de 20-7-2010 (Estatuto da Igualdade Racial).

XLIII – a lei considerará crimes inafiançáveis e insuscetíveis de graça ou anistia a prática da tortura, o tráfico ilícito de entorpecentes e drogas afins, o terrorismo e os definidos como crimes hediondos, por eles respondendo os mandantes, os executores e os que, podendo evitá-los, se omitirem;

▶ Lei nº 8.072, de 25-7-1990 (Lei dos Crimes Hediondos).
▶ Lei nº 9.455, de 7-4-1997 (Lei dos Crimes de Tortura).
▶ Lei nº 11.343, de 23-8-2006 (Lei Antidrogas).
▶ Dec. nº 5.639, de 29-12-2005, promulga a Convenção Interamericana contra o Terrorismo.
▶ Súm. Vinc. nº 26 do STF.

XLIV – constitui crime inafiançável e imprescritível a ação de grupos armados, civis ou militares, contra a ordem constitucional e o Estado Democrático;

▶ Lei nº 9.034, de 3-5-1995 (Lei do Crime Organizado).

XLV – nenhuma pena passará da pessoa do condenado, podendo a obrigação de reparar o dano e a decretação do perdimento de bens ser, nos termos da lei, estendidas aos sucessores e contra eles executadas, até o limite do valor do patrimônio transferido;

▶ Arts. 932 e 935 do CC.
▶ Arts. 32 a 52 do CP.
▶ Art. 5º, nº 3, do Pacto de São José da Costa Rica.

XLVI – a lei regulará a individualização da pena e adotará, entre outras, as seguintes:

▶ Arts. 32 a 52 do CP.
▶ Súm. Vinc. nº 26 do STF.

a) privação ou restrição da liberdade;

▶ Arts. 33 a 42 do CP.

b) perda de bens;

▶ Art. 43, II, do CP.

c) multa;

▶ Art. 49 do CP.

d) prestação social alternativa;

▶ Arts. 44 e 46 do CP.

e) suspensão ou interdição de direitos;

▶ Art. 47 do CP.

XLVII – não haverá penas:

▶ Art. 60, § 4º, IV, desta Constituição.
▶ Arts. 32 a 52 do CP.
▶ Súm. Vinc. nº 26 do STF.

a) de morte, salvo em caso de guerra declarada, nos termos do artigo 84, XIX;

▶ Arts. 55 a 57 do CPM.
▶ Arts. 707 e 708 do CPPM.
▶ Art. 4º, nºs 2 a 6, do Pacto de São José da Costa Rica.

b) de caráter perpétuo;
c) de trabalhos forçados;

▶ Art. 6º, nº 2, do Pacto de São José da Costa Rica.
▶ Dec. nº 41.721, de 25-6-1957, promulga a Convenção nº 29 da OIT sobre trabalho forçado ou obrigatório.
▶ Dec. nº 58.822, de 14-7-1966, promulga a Convenção nº 105 da OIT sobre Abolição do trabalho forçado.
▶ Dec. nº 58.821, de 14-7-1966, promulga a Convenção nº 104 da OIT sobre Abolição das sanções penais (trabalhadores indígenas).

d) de banimento;
e) cruéis;

▶ Art. 7º, 7, do Pacto de São José da Costa Rica.
▶ Súmulas nºs 280, 309 e 419 do STJ.

XLVIII – a pena será cumprida em estabelecimentos distintos, de acordo com a natureza do delito, a idade e o sexo do apenado;

▶ Arts. 32 a 52 do CP.
▶ Arts. 82 a 104 da LEP.

XLIX – é assegurado aos presos o respeito à integridade física e moral;

▶ Art. 5º, III, desta Constituição.
▶ Art. 38 do CP.
▶ Art. 40 da LEP.
▶ Lei nº 8.653, de 10-5-1993, dispõe sobre o transporte de presos.
▶ Art. 5º, nº 1, do Pacto de São José da Costa Rica.
▶ Súm. Vinc. nº 11 do STF.

L – às presidiárias serão asseguradas condições para que possam permanecer com seus filhos durante o período de amamentação;

▶ Art. 89 da LEP.

LI – nenhum brasileiro será extraditado, salvo o naturalizado, em caso de crime comum, praticado antes da naturalização, ou de comprovado envolvimento em tráfico ilícito de entorpecentes e drogas afins, na forma da lei;

▶ Art. 12, II, desta Constituição.
▶ Arts. 76 a 94 da Lei nº 6.815, de 19-8-1980 (Estatuto do Estrangeiro).
▶ Lei nº 11.343, de 23-8-2006 (Lei Antidrogas).
▶ Art. 110 do Dec. nº 86.715, de 10-12-1981, que regulamenta a Lei nº 6.815, de 19-8-1980 (Estatuto do Estrangeiro).
▶ Súm. nº 421 do STF.

LII – não será concedida extradição de estrangeiro por crime político ou de opinião;

- Arts. 76 a 94 da Lei nº 6.815, de 19-8-1980 (Estatuto do Estrangeiro).
- Art. 100 do Dec. nº 86.715, de 10-12-1981, que regulamenta a Lei nº 6.815, de 19-8-1980 (Estatuto do Estrangeiro).

LIII – ninguém será processado nem sentenciado senão pela autoridade competente;

- Art. 8º, nº 1, do Pacto de São José da Costa Rica.
- Súm. nº 704 do STF.

LIV – ninguém será privado da liberdade ou de seus bens sem o devido processo legal;

- Súmulas Vinculantes nºs 3 e 14 do STF.
- Súm. nº 704 do STF.
- Súmulas nºs 255 e 347 do STJ.

LV – aos litigantes, em processo judicial ou administrativo, e aos acusados em geral são assegurados o contraditório e ampla defesa, com os meios e recursos a ela inerentes;

- Lei nº 8.112, de 11-12-1990 (Estatuto dos Servidores Públicos Civis da União, Autarquias e Fundações Públicas Federais).
- Lei nº 9.784, de 29-1-1999 (Lei do Processo Administrativo Federal).
- Súmulas Vinculantes nºs 3, 5, 14, 21, 24 e 28 do STF.
- Súmulas nºs 523, 701, 704, 705, 707, 708 e 712 do STF.
- Súmulas nºs 196, 255, 312, 347 e 373 do STJ.

LVI – são inadmissíveis, no processo, as provas obtidas por meios ilícitos;

- Arts. 332 a 443 do CPC.
- Art. 157 do CPP.
- Lei nº 9.296, de 24-7-1996 (Lei das Interceptações Telefônicas).

LVII – ninguém será considerado culpado até o trânsito em julgado de sentença penal condenatória;

- Art. 8º, nº 2, do Pacto de São José da Costa Rica.
- Súm. nº 9 do STJ.

LVIII – o civilmente identificado não será submetido à identificação criminal, salvo nas hipóteses previstas em lei;

- Lei nº 12.037, de 1º-10-2009, regulamenta este inciso.
- Art. 6º, VIII, do CPP.
- Súm. nº 568 do STF.

LIX – será admitida ação privada nos crimes de ação pública, se esta não for intentada no prazo legal;

- Art. 100, § 3º, do CP.
- Art. 29 do CPP.

LX – a lei só poderá restringir a publicidade dos atos processuais quando a defesa da intimidade ou o interesse social o exigirem;

- Art. 93, IX, desta Constituição.
- Arts. 155, caput, I e II, e 444 do CPC.
- Art. 20 do CPP.
- Art. 770 da CLT.
- Lei nº 9.800, de 26-5-1999, dispõe sobre sistemas de transmissão de dados para a prática de atos processuais.
- Art. 8º, nº 5, do Pacto de São José da Costa Rica.

- Súm. nº 708 do STF.
- Súm. nº 427 do TST.

LXI – ninguém será preso senão em flagrante delito ou por ordem escrita e fundamentada de autoridade judiciária competente, salvo nos casos de transgressão militar ou crime propriamente militar, definidos em lei;

- Art. 93, IX, desta Constituição.
- Art. 302 do CPP.
- Dec.-lei nº 1.001, de 21-10-1969 (Código Penal Militar).
- Art. 244 do CPPM.
- Lei nº 6.880, de 9-12-1980 (Estatuto dos Militares).
- Art. 7º, nº 2, do Pacto de São José da Costa Rica.
- Súmulas nºs 9 e 280 do STJ.

LXII – a prisão de qualquer pessoa e o local onde se encontre serão comunicados imediatamente ao juiz competente e à família do preso ou à pessoa por ele indicada;

- Art. 136, § 3º, IV, desta Constituição.

LXIII – o preso será informado de seus direitos, entre os quais o de permanecer calado, sendo-lhe assegurada a assistência da família e de advogado;

- Art. 289-A, § 4º, do CPP.
- Art. 8º, nº 2, g, do Pacto de São José da Costa Rica.

LXIV – o preso tem direito à identificação dos responsáveis por sua prisão ou por seu interrogatório policial;

- Art. 306, § 2º, do CPP.

LXV – a prisão ilegal será imediatamente relaxada pela autoridade judiciária;

- Art. 310, I, do CPP.
- Art. 224 do CPPM.
- Art. 7º, nº 6, do Pacto de São José da Costa Rica.
- Súm. nº 697 do STF.

LXVI – ninguém será levado à prisão ou nela mantido, quando a lei admitir a liberdade provisória, com ou sem fiança;

- Art. 310, III, do CPP.
- Arts. 270 e 271 do CPPM.

LXVII – não haverá prisão civil por dívida, salvo a do responsável pelo inadimplemento voluntário e inescusável de obrigação alimentícia e a do depositário infiel;

- Art. 652 do CC.
- Art. 733, § 1º, do CPC.
- Arts. 466 a 480 do CPPM.
- Arts. 19 e 22 da Lei nº 5.478, de 25-7-1968 (Lei da Ação de Alimentos).
- Lei nº 8.866, de 11-4-1994 (Lei do Depositário Infiel).
- Dec.-lei nº 911, de 1-10-1969 (Lei das Alienações Fiduciárias).
- Art. 7º, 7, do Pacto de São José da Costa Rica.
- Súm. Vinc. nº 25 do STF.
- Súmulas nºs 280, 309 e 419 do STJ.
- Orientações Jurisprudenciais da SBDI-II nºs 89 e 143 do TST.

LXVIII – conceder-se-á *habeas corpus* sempre que alguém sofrer ou se achar ameaçado de sofrer violência ou coação em sua liberdade de locomoção, por ilegalidade ou abuso de poder;

- Art. 142, § 2º, desta Constituição.
- Arts. 647 a 667 do CPP.

► Arts. 466 a 480 do CPPM.
► Art. 5º da Lei nº 9.289, de 4-7-1996 (Regimento de Custas da Justiça Federal).
► Súmulas nºˢ 693 a 695 do STF.
► OJ da SBDI-II nº 156 do TST.

LXIX – conceder-se-á mandado de segurança para proteger direito líquido e certo, não amparado por *habeas corpus* ou *habeas data*, quando o responsável pela ilegalidade ou abuso de poder for autoridade pública ou agente de pessoa jurídica no exercício de atribuições do Poder Público;

► Lei nº 9.507, de 12-11-1997 (Lei do *Habeas Data*).
► Lei nº 12.016, de 7-8-2009 (Lei do Mandado de Segurança Individual e Coletivo).
► Súmulas nºˢ 266, 268, 271, 510, 512, 625 e 632 do STF.
► Súmulas nºˢ 33, 414, 415, 416, 417 e 418 do TST.

LXX – o mandado de segurança coletivo pode ser impetrado por:

► Súm. nº 630 do STF.

a) partido político com representação no Congresso Nacional;
b) organização sindical, entidade de classe ou associação legalmente constituída e em funcionamento há pelo menos um ano, em defesa dos interesses de seus membros ou associados;

► Art. 5º da Lei nº 7.347, de 24-7-1985 (Lei da Ação Civil Pública).
► Súmulas nºˢ 629 e 630 do STF.

LXXI – conceder-se-á mandado de injunção sempre que a falta de norma regulamentadora torne inviável o exercício dos direitos e liberdades constitucionais e das prerrogativas inerentes à nacionalidade, à soberania e à cidadania;

► Lei nº 9.265, de 12-2-1996, estabelece a gratuidade dos atos necessários ao exercício da cidadania.

LXXII – conceder-se-á *habeas data*:

► Art. 5º da Lei nº 9.289, de 4-7-1996 (Regimento de Custas da Justiça Federal).
► Lei nº 9.507, de 12-11-1997 (Lei do *Habeas Data*).
► Súm. nº 368 do STJ.

a) para assegurar o conhecimento de informações relativas à pessoa do impetrante, constantes de registros ou bancos de dados de entidades governamentais ou de caráter público;

► Súm. nº 2 do STJ.

b) para a retificação de dados, quando não se prefira fazê-lo por processo sigiloso, judicial ou administrativo;

► Súm. nº 368 do STJ.

LXXIII – qualquer cidadão é parte legítima para propor ação popular que vise a anular ato lesivo ao patrimônio público ou de entidade de que o Estado participe, à moralidade administrativa, ao meio ambiente e ao patrimônio histórico e cultural, ficando o autor, salvo comprovada má-fé, isento de custas judiciais e do ônus da sucumbência;

► Lei nº 4.717, de 29-6-1965 (Lei da Ação Popular).
► Lei nº 6.938, de 31-8-1981 (Lei da Política Nacional do Meio Ambiente).
► Súm. nº 365 do STF.

LXXIV – o Estado prestará assistência jurídica integral e gratuita aos que comprovarem insuficiência de recursos;

► Art. 134 desta Constituição.
► LC nº 80, de 12-1-1994 (Lei da Defensoria Pública).
► Lei nº 1.060, de 5-2-1950 (Lei de Assistência Judiciária).
► Art. 8º, nº 2, *e*, do Pacto de São José da Costa Rica.
► Súm. nº 102 do STJ.

LXXV – o Estado indenizará o condenado por erro judiciário, assim como o que ficar preso além do tempo fixado na sentença;

► Art. 10 do Pacto de São José da Costa Rica.

LXXVI – são gratuitos para os reconhecidamente pobres, na forma da lei:

► Art. 30 da Lei nº 6.015, de 31-12-1973 (Lei dos Registros Públicos).
► Art. 45 da Lei nº 8.935, de 18-11-1994 (Lei dos Serviços Notariais e de Registro).
► Lei nº 9.265, de 12-2-1996, estabelece a gratuidade dos atos necessários ao exercício da cidadania.
► Dec. nº 6.190, de 20-8-2007, regulamenta o disposto no art. 1º do Decreto-Lei nº 1.876, de 15-7-1981, para dispor sobre a isenção do pagamento de foros, taxas de ocupação e laudêmios, referentes a imóveis de propriedade da União, para as pessoas consideradas carentes ou de baixa renda.

a) o registro civil de nascimento;

► Art. 46 da Lei nº 6.015, de 31-12-1973 (Lei dos Registros Públicos).

b) a certidão de óbito;

► Arts. 77 a 88 da Lei nº 6.015, de 31-12-1973 (Lei dos Registros Públicos).

LXXVII – são gratuitas as ações de *habeas corpus* e *habeas data* e, na forma da lei, os atos necessários ao exercício da cidadania.

► Lei nº 9.265, de 12-2-1996, estabelece a gratuidade dos atos necessários ao exercício da cidadania.
► Lei nº 9.507, de 12-11-1997 (Lei do *Habeas Data*).

LXXVIII – a todos, no âmbito judicial e administrativo, são assegurados a razoável duração do processo e os meios que garantam a celeridade de sua tramitação.

► Inciso LXXVIII acrescido pela EC nº 45, de 8-12-2004.
► Art. 75, parágrafo único, da Lei nº 11.101, de 9-2-2005 (Lei de Recuperação de Empresas e Falências).
► Art. 7º, nº 5º, do Pacto de São José da Costa Rica.

§ 1º As normas definidoras dos direitos e garantias fundamentais têm aplicação imediata.

§ 2º Os direitos e garantias expressos nesta Constituição não excluem outros decorrentes do regime e dos princípios por ela adotados, ou dos tratados internacionais em que a República Federativa do Brasil seja parte.

► Súm. Vinc. nº 25 do STF.

§ 3º Os tratados e convenções internacionais sobre direitos humanos que forem aprovados, em cada Casa do Congresso Nacional, em dois turnos, por três quintos dos votos dos respectivos membros, serão equivalentes às emendas constitucionais.

§ 4º O Brasil se submete à jurisdição de Tribunal Penal Internacional a cuja criação tenha manifestado adesão.

► §§ 3º e 4º acrescidos pela EC nº 45, de 8-12-2004.

▶ Dec. nº 4.388, de 25-9-2002, promulga o Estatuto de Roma do Tribunal Penal Internacional.

Capítulo II
DOS DIREITOS SOCIAIS

Art. 6º São direitos sociais a educação, a saúde, a alimentação, o trabalho, a moradia, o lazer, a segurança, a previdência social, a proteção à maternidade e à infância, a assistência aos desamparados, na forma desta Constituição.

▶ Artigo com a redação dada pela EC nº 64, de 4-2-2010.
▶ Arts. 208, 212, § 4º, e 227 desta Constituição.
▶ Lei nº 10.689, de 13-6-2003, cria o Programa Nacional de Acesso à Alimentação – PNAA.
▶ Lei nº 10.836, de 9-1-2004, cria o programa "Bolsa-Família", que tem por finalidade a unificação dos procedimentos da gestão e execução das ações de transferência de renda do Governo Federal, incluindo o "Bolsa-Alimentação".
▶ Art. 6º da Lei nº 12.288, de 20-7-2010 (Estatuto da Igualdade Racial).
▶ MP nº 2.206-1, de 6-9-2001, que até o encerramento desta edição não havia sido convertida em Lei, cria o Programa Nacional de Renda Mínima vinculado à saúde: "Bolsa-Alimentação", regulamentada pelo Dec. nº 3.934, de 30-9-2001.
▶ Dec. nº 58.820, de 14-7-1966, promulgou a Convenção nº 103 da OIT, sobre Proteção à maternidade.
▶ Dec. nº 66.467, de 27-4-1970, promulgou a Convenção nº 118, sobre Igualdade de tratamento dos nacionais e não nacionais em matéria de previdência social.
▶ Dec. nº 66.496, de 27-4-1970, promulgou a Convenção nº 117 da OIT, sobre os objetivos e as normas básicas da política social.
▶ Dec. nº 3.964, de 10-10-2001, dispõe sobre o Fundo Nacional de Saúde.
▶ Decreto Legislativo nº 269, 18-9-2008, aprova a Convenção nº 102 da OIT sobre normas mínimas da seguridade social.

Art. 7º São direitos dos trabalhadores urbanos e rurais, além de outros que visem à melhoria de sua condição social:

▶ Lei nº 9.799, de 26-5-1999, insere na CLT regras de acesso da mulher ao mercado de trabalho.
▶ Arts. 38 e 39 da Lei nº 12.288, de 20-7-2010 (Estatuto da Igualdade Racial).
▶ Declaração sobre Princípios e Direitos Fundamentais no Trabalho e seu seguimento, aprovada pela Conferência Internacional do Trabalho da OIT, em 1998.

I – relação de emprego protegida contra despedida arbitrária ou sem justa causa, nos termos de lei complementar, que preverá indenização compensatória, dentre outros direitos;

▶ Art. 10 do ADCT.

II – seguro-desemprego, em caso de desemprego involuntário;

▶ Art. 201, IV, desta Constituição.
▶ Art. 12 da CLT.
▶ Leis nºs 7.998, de 11-1-1990; 8.019, de 11-4-1990; 8.178, de 1º-3-1991; e 8.900, de 30-6-1994, dispõem sobre seguro-desemprego.
▶ Lei nº 10.779, de 25-11-2003, dispõe sobre a concessão do benefício de seguro-desemprego, durante o período de defeso, ao pescador profissional que exerce a atividade pesqueira de forma artesanal.

▶ Dec. nº 2.682, de 21-7-1998, promulga a Convenção nº 168 da OIT sobre promoção do emprego e à proteção contra o desemprego.
▶ Dec. nº 3.361, de 10-2-2000, regulamenta dispositivos da Lei nº 5.859, de 11-12-1972 (Lei do Empregado Doméstico).
▶ Súm. nº 389 do TST.

III – Fundo de Garantia do Tempo de Serviço;

▶ Arts. 7º, 477, 478 e 492 da CLT.
▶ LC nº 110, de 29-6-2001, institui contribuições sociais, autoriza créditos de complementos de atualização monetária em contas vinculadas do FGTS, regulamentada pelos Decretos nº 3.913, de 11-9-2001, e 3.914, de 11-9-2001.
▶ Lei nº 8.036, de 11-5-1990, Dec. nº 99.684, de 8-11-1990 (Regulamento), e Lei nº 8.844, de 20-1-1994, dispõem sobre o FGTS.
▶ Dec. nº 3.361, de 10-2-2000, regulamenta dispositivos da Lei nº 5.859, de 11-12-1972 (Lei do Empregado Doméstico).
▶ Súm. nº 353 do STJ.
▶ Súmulas nºs 63, 98, 206, 305, 362, 363 e 426 do TST.
▶ Orientações Jurisprudenciais da SBDI-I nºs 42, 125, 195, 232, 302, 341, 344, 362, 370 e 394 do TST.

IV – salário mínimo, fixado em lei, nacionalmente unificado, capaz de atender a suas necessidades vitais básicas e às de sua família com moradia, alimentação, educação, saúde, lazer, vestuário, higiene, transporte e previdência social, com reajustes periódicos que lhe preservem o poder aquisitivo, sendo vedada sua vinculação para qualquer fim;

▶ Art. 39, § 3º, desta Constituição.
▶ Lei nº 6.205, de 29-4-1975, estabelece a descaracterização do salário mínimo como fator de correção monetária.
▶ Dec. nº 41.721, de 25-6-1957 promulga as Convenções da OIT nº 26 sobre Instituição de métodos de fixação de salários mínimos e nº 99 sobre Métodos de fixação do salário mínimo na agricultura.
▶ Dec. nº 89.686, de 22-5-1984, promulga a Convenção nº 131 da OIT sobre Fixação de salários mínimos, com referências especial aos países em desenvolvimento.
▶ Súmulas Vinculantes nºs 4, 6, 15 e 16 do STF.
▶ Súm. nº 201 do STJ.
▶ Súm. nº 356 do TST.
▶ Orientações Jurisprudenciais da SBDI-I nºs 272, 358 e 393 do TST.
▶ Orientações Jurisprudenciais da SBDI-II nºs 2 e 71 do TST.
▶ Ao julgar a ADIN nº 4.568, o Plenário do STF declarou a constitucionalidade da Lei nº 12.382, de 25-2-2011, que estipula os parâmetros para fixação do salário mínimo, cabendo ao Presidente da República aplicar os índices definidos para reajuste e aumento e divulgá-los por meio de decreto.

V – piso salarial proporcional à extensão e à complexidade do trabalho;

▶ LC nº 103, de 14-7-2000, autoriza os Estados e o Distrito Federal a instituir o piso salarial a que se refere este inciso.
▶ OJ da SBDI-I nº 358 do TST.

VI – irredutibilidade do salário, salvo o disposto em convenção ou acordo coletivo;

▶ Súm. nº 391 do TST.

Constituição Federal – Art. 7º

► Orientações Jurisprudenciais da SBDI-I nºs 358 e 396 do TST.

VII – garantia de salário, nunca inferior ao mínimo, para os que percebem remuneração variável;

► Art. 39, § 3º, desta Constituição.
► Lei nº 8.716, de 11-10-1993, dispõe sobre a garantia do salário mínimo.
► Lei nº 9.032, de 28-4-1995, dispõe sobre o valor do salário mínimo.

VIII – décimo terceiro salário com base na remuneração integral ou no valor da aposentadoria;

► Arts. 39, § 3º, e 142, § 3º, VIII, desta Constituição.
► Leis nºs 4.090, de 13-7-1962; 4.749, de 12-8-1965; Decretos nºs 57.155, de 3-11-1965; e 63.912, de 26-12-1968, dispõem sobre o 13º salário.
► OJ da SBDI-I nº 358 do TST.
► Súm. nº 349 do STJ.

IX – remuneração do trabalho noturno superior à do diurno;

► Art. 39, § 3º, desta Constituição.
► Art. 73, §§ 1º a 5º, da CLT.
► Dec. nº 5.005, de 8-3-2004, promulga a Convenção nº 171 da OIT, sobre trabalho noturno.
► Súmulas nºs 60, 140, 265 e 354 do TST.
► Orientações Jurisprudenciais da SBDI-I nºs 97, 265 e 388 do TST.

X – proteção do salário na forma da lei, constituindo crime sua retenção dolosa;

► Dec. nº 41.721, de 25-6-1957, promulga a Convenção nº 95 da OIT, sobre proteção do salário.

XI – participação nos lucros, ou resultados, desvinculada da remuneração, e, excepcionalmente, participação na gestão da empresa, conforme definido em lei;

► Arts. 543 e 621 da CLT.
► Lei nº 10.101, de 19-12-2000 (Lei da Participação nos Lucros e Resultados).
► OJ da SBDI-I nº 390 do TST.
► OJ da SBDI-I Transitória nº 73 do TST.

XII – salário-família pago em razão do dependente do trabalhador de baixa renda nos termos da lei;

► Inciso XII com a redação dada pela EC nº 20, de 15-12-1998.
► Arts. 39, § 3º, e 142, § 3º, VIII, desta Constituição.
► Art. 12 da CLT.
► Leis nºs 4.266, de 3-10-1963; 5.559, de 11-12-1968; e Dec. nº 53.153, de 10-12-1963, dispõem sobre salário-família.
► Arts. 18, 26, 28, 65 a 70 da Lei nº 8.213, de 24-7-1991 (Lei dos Planos de Benefícios da Previdência Social).
► Arts. 5º, 25, 30 a 32, 42, 81 a 92, 173, 217, § 6º, 218, 225 e 255 do Dec. nº 3.048, de 6-5-1999 (Regulamento da Previdência Social).
► OJ da SBDI-I nº 358 do TST.

XIII – duração do trabalho normal não superior a oito horas diárias e quarenta e quatro semanais, facultada a compensação de horários e a redução da jornada, mediante acordo ou convenção coletiva de trabalho;

► Art. 39, § 3º, desta Constituição.
► Arts. 57 a 75 e 224 a 350 da CLT.
► Súmulas nºs 85 e 445 do TST.
► OJ da SBDI-I nº 323 do TST.

XIV – jornada de seis horas para o trabalho realizado em turnos ininterruptos de revezamento, salvo negociação coletiva;

► Art. 58 da CLT.
► Súm. nº 675 do STF.
► Súmulas nºs 360 e 423 do TST.
► Orientações Jurisprudenciais da SBDI-I nºs 360 e 395 do TST.

XV – repouso semanal remunerado, preferencialmente aos domingos;

► Art. 39, §§ 2º e 3º, desta Constituição.
► Art. 67 da CLT.
► Lei nº 605, de 5-1-1949 (Lei do Repouso Semanal Remunerado).
► Dec. nº 27.048, de 12-8-1949, regulamenta a Lei nº 605, de 5-1-1949 (Lei do Repouso Semanal Remunerado).
► Dec. nº 58.823, de 14-7-1966, promulga a Convenção nº 106 da OIT, sobre repouso semanal no comércio e nos escritórios.
► Súm. nº 27 do TST.
► Orientações Jurisprudenciais da SBDI-I nºs 394 e 410 do TST.

XVI – remuneração do serviço extraordinário superior, no mínimo, em cinquenta por cento à do normal;

► Art. 39, §§ 2º e 3º, desta Constituição.
► Art. 59 da CLT.

XVII – gozo de férias anuais remuneradas com, pelo menos, um terço a mais do que o salário normal;

► Art. 39, §§ 2º e 3º, desta Constituição.
► Arts. 7º e 129 a 153 da CLT.
► Dec. nº 3.168, de 14-9-1999, promulga a Convenção nº 146 da OIT sobre férias remuneradas anuais da gente do mar.
► Dec. nº 3.197, de 5-10-1999, promulgou a Convenção nº 132 da OIT sobre férias anuais remuneradas.
► Súm. nº 386 do STJ.
► Súmulas nºs 171 e 328 do TST.

XVIII – licença à gestante, sem prejuízo do emprego e do salário, com a duração de cento e vinte dias;

► O STF, por unanimidade de votos, julgou parcialmente procedente a ADIN nº 1.946-5, para dar, ao art. 14 da EC nº 20, de 15-12-1998, interpretação conforme a CF, excluindo-se sua aplicação ao salário da licença gestante, a que se refere este inciso (DJU de 16-5-2003 e DOU de 3-6-2003).
► Art. 39, §§ 2º e 3º, desta Constituição.
► Art. 10, II, b, do ADCT.
► Arts. 391 e 392 da CLT.
► Arts. 71 a 73 da Lei nº 8.213, de 24-7-1991 (Lei dos Planos de Benefícios da Previdência Social).
► Lei nº 10.421, de 15-4-2002, estende à mãe adotiva o direito à licença-maternidade e ao salário-maternidade.
► Lei nº 11.770, de 9-9-2008 (Lei do Programa Empresa Cidadã), regulamentada pelo Dec. nº 7.052, de 23-12-2009.
► Dec. nº 58.820, de 14-7-1966, promulgou a Convenção nº 103 da OIT, sobre proteção à maternidade.
► Dec. nº 4.377, de 13-9-2002, promulga a Convenção Sobre a Eliminação de Todas as Formas de Discriminação Contra a Mulher, de 1979.
► Súm. nº 244 do TST.
► OJ da SBDI-I nº 44 do TST.

XIX – licença-paternidade, nos termos fixados em lei;
- Art. 39, §§ 2º e 3º, desta Constituição.
- Art. 10, § 1º, do ADCT.

XX – proteção do mercado de trabalho da mulher, mediante incentivos específicos, nos termos da lei;
- Art. 39, §§ 2º e 3º, desta Constituição.
- Arts. 372 a 401 da CLT.
- Dec. nº 41.721, de 25-6-1957, promulga a Convenção nº 100 da OIT sobre igualdade de remuneração para a mão de obra masculina e a mão de obra feminina por um trabalho de igual valor.
- Dec. nº 4.377, de 13-9-2002, promulga a Convenção sobre a Eliminação de Todas as Formas de Discriminação contra a Mulher, de 1979.

XXI – aviso prévio proporcional ao tempo de serviço, sendo no mínimo de trinta dias, nos termos da lei;
- Arts. 7º e 487 a 491 da CLT.
- Lei nº 12.506, de 11-10-2011 (Lei do Aviso Prévio).
- Súm. nº 441 do TST.

XXII – redução dos riscos inerentes ao trabalho, por meio de normas de saúde, higiene e segurança;
- Art. 39, §§ 2º e 3º, desta Constituição.
- Arts. 154 a 159 e 192 da CLT.
- Dec. nº 62.151, de 19-1-1968, promulga a Convenção nº 115 da OIT sobre proteção contra as radiações ionizantes.
- Dec. nº 66.498, de 27-4-1970, promulga a Convenção nº 120 da OIT relativa à higiene no comércio e escritórios.
- Dec. nº 67.339, de 5-10-1970, promulga a Convenção nº 127 da OIT sobre peso máximo das cargas.
- Dec. nº 93.413, de 15-10-1986, promulga a Convenção nº 148 da OIT sobre proteção dos trabalhadores contra os riscos profissionais devidos à poluição do ar, ao ruído e às vibrações nos locais de trabalho.
- Dec. nº 99.534, de 19-9-1990, promulga a Convenção nº 152 da OIT sobre segurança e higiene (trabalho portuário).
- Dec. nº 127, de 22-5-1991, promulga a Convenção nº 161 da OIT sobre serviços de saúde do trabalho.
- Dec. nº 126, de 22-5-1991, promulga a Convenção nº 162 da OIT sobre utilização do asbesto com segurança.
- Dec. nº 157, de 2-7-1991, promulga a Convenção nº 139 da OIT sobre prevenção e controle de riscos profissionais causados pelas substâncias ou agentes cancerígenos.
- Dec. nº 1.237, de 29-9-1994, promulga a Convenção nº 133 da OIT sobre alojamento a bordo de navios (disposições complementares).
- Dec. nº 1.253, de 27-9-1994, promulga a Convenção nº 136 da OIT sobre proteção contra os riscos de intoxicação provocados pelo benzeno.
- Dec. nº 1.254, de 29-9-1994, promulga a Convenção nº 155 da OIT sobre segurança e saúde dos trabalhadores e o meio ambiente de trabalho.
- Dec. nº 2.420, de 16-12-1997, promulga a Convenção nº 126 da OIT sobre alojamento a bordo dos navios de pesca.
- Dec. nº 2.657, de 3-7-1998, promulga a Convenção nº 170 da OIT sobre segurança na utilização de produtos químicos no trabalho.
- Dec. nº 2.669, de 15-7-1998, promulga a Convenção nº 163 da OIT sobre bem-estar dos trabalhadores marítimos no mar e no porto.
- Dec. nº 2.671, de 15-7-1998, promulga a Convenção nº 164 da OIT sobre proteção à saúde e assistência médica aos trabalhadores marítimos.
- Dec. nº 3.251, de 17-11-1999, promulga a Convenção nº 134 da OIT sobre acidentes do trabalho dos marítimos.
- Dec. nº 4.085, de 15-1-2002, promulga a Convenção nº 174 da OIT sobre prevenção de acidentes industriais maiores.
- Dec. nº 6.270, de 22-11-2007, promulga a Convenção nº 176 da OIT sobre a segurança e saúde nas minas.
- Dec. nº 6.271, de 22-11-2007, promulga a Convenção nº 167 da OIT sobre segurança e saúde na construção.
- Súm. nº 736 do STF.

XXIII – adicional de remuneração para as atividades penosas, insalubres ou perigosas, na forma da lei;
- Art. 39, § 2º, desta Constituição.
- Arts. 189 a 197 da CLT.
- Súm. Vinc. nº 4 do STF.
- Orientações Jurisprudenciais nºˢ 385 e 406 do TST.

XXIV – aposentadoria;
- Art. 154 da CLT.
- Arts. 42 a 58 da Lei nº 8.213, de 24-7-1991 (Lei dos Planos de Benefícios da Previdência Social).
- Lei nº 9.477, de 24-7-1997, institui o Fundo de Aposentadoria Programa Individual – FAPI e o Plano de Incentivo à Aposentadoria Programa Individual.
- Arts. 25, 29, 30, 43 a 70, 120, 135, 167, 168, 173, 180, 181-A, 181-B, 183, 184, 187, 188, 188-A, 189, parágrafo único, e 202 do Dec. nº 3.048, de 6-5-1999 (Regulamento da Previdência Social).

XXV – assistência gratuita aos filhos e dependentes desde o nascimento até 5 (cinco) anos de idade em creches e pré-escolas;
- Inciso XXV com a redação dada pela EC nº 53, de 19-12-2006.
- Art. 208, IV, desta Constituição.

XXVI – reconhecimento das convenções e acordos coletivos de trabalho;
- Arts. 611 a 625 da CLT.
- Dec. nº 1.256, de 29-9-1994, promulga a Convenção nº 154 da OIT sobre fomento à negociação coletiva.
- Súmulas nºˢ 277 e 374 do TST.
- Orientações Jurisprudenciais da SBDI-I Transitória nºˢ 61 e 73 do TST.

XXVII – proteção em face da automação, na forma da lei;
- Dec. nº 1.255, de 16-12-1991, promulga a Convenção nº 119 da OIT sobre proteção das máquinas.

XXVIII – seguro contra acidentes de trabalho, a cargo do empregador, sem excluir a indenização a que este está obrigado, quando incorrer em dolo ou culpa;
- Art. 114, VI, desta Constituição.
- Art. 154 da CLT.
- Lei nº 6.338, de 7-6-1976, inclui as ações de indenização por acidentes do trabalho entre as que têm curso nas férias forenses.
- Lei nº 8.212, de 24-7-1991 (Lei Orgânica da Seguridade Social).
- Lei nº 8.213, de 24-7-1991 (Lei dos Planos de Benefícios da Previdência Social).

► Lei nº 9.307, de 23-9-1996 (Lei da Arbitragem).
► Art. 40 da Lei nº 11.101, de 9-2-2005 (Lei de Recuperação de Empresas e Falências).
► Dec. nº 1.361, de 12-1-1937, promulga a Convenção nº 42 da OIT sobre indenização por enfermidade profissional.
► Dec. nº 41.721, de 25-6-1957, promulga a Convenção nº 19 da OIT sobre igualdade de tratamento dos trabalhadores estrangeiros e nacionais em matéria de indenização por acidentes no trabalho.
► Dec. nº 3.048, de 6-5-1999 (Regulamento da Previdência Social).
► Súm. Vinc. nº 22 do STF.
► Súm. nº 378 do TST.

XXIX – ação, quanto aos créditos resultantes das relações de trabalho, com prazo prescricional de cinco anos para os trabalhadores urbanos e rurais, até o limite de dois anos após a extinção do contrato de trabalho;

► Inciso XXIX com a redação dada pela EC nº 28, de 25-5-2000.
► Art. 11, I e II, da CLT.
► Art. 10 da Lei nº 5.889, de 8-6-1973 (Lei do Trabalho Rural).
► Súmulas nºs 206, 294, 308, 362 e 409 do TST.
► Orientações Jurisprudenciais da SBDI-I nºs 271, 359, 399 e 417 do TST.

a e b) Revogadas. EC nº 28, de 25-5-2000.

XXX – proibição de diferença de salários, de exercício de funções e de critério de admissão por motivo de sexo, idade, cor ou estado civil;

► Art. 39, § 3º, desta Constituição.
► Lei nº 9.029, de 13-4-1995, proíbe a exigência de atestados de gravidez e esterilização, e outras praticas discriminatórias, para efeitos admissionais ou de permanência da relação jurídica de trabalho.
► Dec. nº 41.721, de 25-6-1957 promulga a Convenção nº 100 da OIT sobre igualdade de remuneração para a mão de obra masculina e a mão de obra feminina por um trabalho de igual valor.
► Dec. nº 62.150, de 19-1-1968, promulga a Convenção nº 111 da OIT sobre discriminação em matéria de emprego e ocupação.
► Dec. nº 4.377, de 13-9-2002, promulga a Convenção sobre a Eliminação de Todas as Formas de Discriminação contra a Mulher, de 1979.
► Port. do MTE nº 1.246, de 28-5-2010, orienta as empresas e os trabalhadores em relação à testagem relacionada ao vírus da imunodeficiência adquirida – HIV.
► Súm. nº 683 do STF.
► Súmulas nºs 6 e 443 do TST.
► OJ da SBDI-I nº 383 do TST.
► Orientações Jurisprudenciais da SDC nºs 25 e 26 do TST.

XXXI – proibição de qualquer discriminação no tocante a salário e critérios de admissão do trabalhador portador de deficiência;

► Dec. nº 129, de 22-5-1991, promulga a Convenção nº 159 da OIT sobre reabilitação profissional e emprego de pessoas deficientes.
► Dec. nº 3.298, de 20-12-1999, dispõe sobre a Política Nacional para Integração da Pessoa Portadora de Deficiência e consolida as normas de proteção.

XXXII – proibição de distinção entre trabalho manual, técnico e intelectual ou entre os profissionais respectivos;

► Súm. nº 84 do TST.

XXXIII – proibição de trabalho noturno, perigoso ou insalubre a menores de dezoito e de qualquer trabalho a menores de dezesseis anos, salvo na condição de aprendiz, a partir de quatorze anos;

► Inciso XXXIII com a redação dada pela EC nº 20, de 15-12-1998.
► Art. 227 desta Constituição.
► Arts. 192, 402 a 410 e 792 da CLT.
► Arts. 60 a 69 do ECA.
► Arts. 27, V, e 78, XVIII, da Lei nº 8.666, de 21-6-1993 (Lei de Licitações e Contratos Administrativos).
► Art. 13 da Lei nº 11.685, de 2-6-2008 (Estatuto do Garimpeiro).
► Dec. nº 3.597, de 12-9-2000, promulga a Convenção nº 182 da OIT sobre proibição das piores formas de trabalho infantil e ação imediata para sua eliminação.
► Dec. nº 4.134, de 15-2-2002, promulga a Convenção nº 138 e a Recomendação nº 146 da OIT sobre Idade Mínima de Admissão ao Emprego.

XXXIV – igualdade de direitos entre o trabalhador com vínculo empregatício permanente e o trabalhador avulso.

Parágrafo único. São assegurados à categoria dos trabalhadores domésticos os direitos previstos nos incisos IV, VI, VIII, XV, XVII, XVIII, XIX, XXI e XXIV, bem como a sua integração à previdência social.

► Art. 7º da CLT.
► Leis nºs 5.859, de 11-12-1972, e 7.195, de 12-6-1984; Decretos nº 71.885, de 9-3-1973, e 1.197, de 14-7-1994, dispõem sobre empregado doméstico.
► Arts. 93 a 103 do Dec. nº 3.048, de 6-5-1999 (Regulamento da Previdência Social).
► Dec. nº 3.361, de 10-2-2000, regulamenta dispositivos da Lei nº 5.859, de 11-12-1972 (Lei do Empregado Doméstico).

Art. 8º É livre a associação profissional ou sindical, observado o seguinte:

► Arts. 511 a 515, 524, 537, 543, 553, 558 e 570 da CLT.

I – a lei não poderá exigir autorização do Estado para a fundação de sindicato, ressalvado o registro no órgão competente, vedadas ao Poder Público a interferência e a intervenção na organização sindical;

► Dec. nº 1.703, de 17-11-1995, promulga a Convenção nº 141 da OIT sobre organizações de trabalhadores rurais e sua função no desenvolvimento econômico e social.
► Port. do MTE nº 186, de 10-4-2008, trata de procedimentos administrativos de registro sindical.
► Súm. nº 677 do STF.
► OJ da SDC nº 15 do TST.

II – é vedada a criação de mais de u~ sindical, em qualquer grau, repres~ profissional ou econômica, ~ que será definida pelo~ res interessados um municí~
► S~

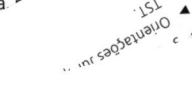

III – ao sindicato cabe a defesa dos direitos e interesses coletivos ou individuais da categoria, inclusive em questões judiciais ou administrativas;

▶ Orientações Jurisprudenciais da SBDI-I nos 359 e 365 do TST.
▶ OJ da SDC nº 22 do TST.

IV – a assembleia-geral fixará a contribuição que, em se tratando de categoria profissional, será descontada em folha, para custeio do sistema confederativo da representação sindical respectiva, independentemente da contribuição prevista em lei;

▶ Súm. nº 666 do STF.
▶ Súm. nº 396 do STJ.
▶ OJ da SDC nº 17 do TST.
▶ Precedente Normativo da SDC nº 119 do TST.
▶ Ao julgar a ADIN nº 4.033, o Plenário do STF julgou constitucional a isenção de contribuição sindical patronal das microempresas e empresas de pequeno porte, optantes do regime SIMPLES NACIONAL, constante do art. 13, § 3º, da LC nº 123, 14-12-2006.
▶ No julgamento da ADIN nº 2.522, o Plenário do STF julgou constitucional o art. 47 da Lei nº 8.906, de 4-7-1994, (Estatuto da OAB) a isentar o recolhimento da contribuição sindical obrigatória aos advogados inscritos na Ordem dos Advogados do Brasil.
▶ Súm. nº 396 do STJ.

V – ninguém será obrigado a filiar-se ou manter-se filiado a sindicato;

▶ Art. 199 do CP.
▶ Dec. nº 33.196, de 29-6-1953, promulga a Convenção nº 98 da OIT sobre direito de sindicalização e de negociação coletiva.
▶ OJ da SDC nº 20 do TST.

VI – é obrigatória a participação dos sindicatos nas negociações coletivas de trabalho;

▶ O STF, ao julgar as Ações Diretas de Inconstitucionalidade nos 1.861 e 1.361, declararam a inconstitucionalidade de regra constante da MP nº 1.698-46, de 30-6-1998 e art. 2º da MP nº 1.136, de 26-9-1995, que previam a possibilidade de negociação coletiva para instituição de participação nos lucros, por meio de comissão de trabalhadores integrada por um representante indicado pelo sindicato, em alternativa ao acordo coletivo ou convenção coletiva de trabalho.

VII – o aposentado filiado tem direito a votar e ser votado nas organizações sindicais;
VIII – é vedada a dispensa do empregado sindicalizado, a partir do registro da candidatura a cargo de direção ou representação sindical e, se eleito, ainda que suplente, até um ano após o final do mandato, salvo se cometer falta grave nos termos da lei.

▶ Art. 543 da CLT.
▶ Dec. nº 131, de 22-5-2001, promulga a Convenção nº 135 da OIT sobre proteção de representantes de trabalhadores.
▶ Súm. nº 197 do STF.
▶ ...ulas nos 369 e 379 do TST.
▶ ...denciais da SBDI-I nos 365 e 369 do

Parágrafo único. As disposições deste artigo aplicam-se à organização de sindicatos rurais e de colônias de pescadores, atendidas as condições que a lei estabelecer.

▶ Lei nº 11.699, de 13-6-2008, dispõe sobre as Colônias, Federações e Confederação Nacional dos Pescadores, regulamentando este parágrafo.

Art. 9º É assegurado o direito de greve, competindo aos trabalhadores decidir sobre a oportunidade de exercê-lo e sobre os interesses que devam por meio dele defender.

▶ Arts. 37, VII, 114, II, e 142, § 3º, IV, desta Constituição.
▶ Lei nº 7.783, de 28-6-1989 (Lei de Greve).

§ 1º A lei definirá os serviços ou atividades essenciais e disporá sobre o atendimento das necessidades inadiáveis da comunidade.

§ 2º Os abusos cometidos sujeitam os responsáveis às penas da lei.

▶ Súm. nº 316 do STF.
▶ OJ da SDC nº 10 do TST.

Art. 10. É assegurada a participação dos trabalhadores e empregadores nos colegiados dos órgãos públicos em que seus interesses profissionais ou previdenciários sejam objeto de discussão e deliberação.

Art. 11. Nas empresas de mais de duzentos empregados, é assegurada a eleição de um representante destes com a finalidade exclusiva de promover-lhes o entendimento direto com os empregadores.

▶ Art. 543 da CLT.
▶ Precedente Normativo da SDC nº 86 do TST.

Capítulo III
DA NACIONALIDADE

▶ Art. 5º, LXXI, desta Constituição.
▶ Dec. nº 4.246, de 22-5-2002, promulga a Convenção sobre o Estatuto dos Apátridas.

Art. 12. São brasileiros:

I – natos:
a) os nascidos na República Federativa do Brasil, ainda que de pais estrangeiros, desde que estes não estejam a serviço de seu país;
b) os nascidos no estrangeiro, de pai brasileiro ou mãe brasileira, desde que qualquer deles esteja a serviço da República Federativa do Brasil;
c) os nascidos no estrangeiro de pai brasileiro ou de mãe brasileira, desde que sejam registrados em repartição brasileira competente ou venham a residir na República Federativa do Brasil e optem, em qualquer tempo, depois de atingida a maioridade, pela nacionalidade brasileira;

▶ Alínea c com a redação dada pela EC nº 54, de 20-9-2007.
▶ Art. 95 do ADCT.

II – naturalizados:

▶ Lei nº 818, de 18-9-1949 (Lei da Nacionalidade Brasileira).
▶ Arts. 111 a 121 da Lei nº 6.815, de 19-8-1980 (Estatuto do Estrangeiro).
▶ Arts. 119 a 134 do Dec. nº 86.715, de 10-12-1981, que regulamenta a Lei nº 6.815, de 19-8-1980 (Estatuto do Estrangeiro).

Constituição Federal – Arts. 13 e 14

▶ Dec. nº 3.453, de 9-5-2000, delega competência ao Ministro de Estado da Justiça para declarar a perda e a reaquisição da nacionalidade Brasileira.

a) os que, na forma da lei, adquiram a nacionalidade brasileira, exigidas aos originários de países de língua portuguesa apenas residência por um ano ininterrupto e idoneidade moral;
b) os estrangeiros de qualquer nacionalidade, residentes na República Federativa do Brasil há mais de quinze anos ininterruptos e sem condenação penal, desde que requeiram a nacionalidade brasileira.

▶ Alínea *b* com a redação dada pela ECR nº 3, de 7-6-1994.

§ 1º Aos portugueses com residência permanente no País, se houver reciprocidade em favor de brasileiros, serão atribuídos os direitos inerentes ao brasileiro, salvo os casos previstos nesta Constituição.

▶ § 1º com a redação dada pela ECR nº 3, de 7-6-1994.

§ 2º A lei não poderá estabelecer distinção entre brasileiros natos e naturalizados, salvo nos casos previstos nesta Constituição.

§ 3º São privativos de brasileiro nato os cargos:

I – de Presidente e Vice-Presidente da República;
II – de Presidente da Câmara dos Deputados;
III – de Presidente do Senado Federal;
IV – de Ministro do Supremo Tribunal Federal;
V – da carreira diplomática;
VI – de oficial das Forças Armadas;

▶ LC nº 97, de 9-6-1999, dispõe sobre as normas gerais para organização, o preparo e o emprego das Forças Armadas.

VII – de Ministro de Estado da Defesa.

▶ Inciso VII acrescido pela EC nº 23, de 2-9-1999.
▶ LC nº 97, de 9-6-1999, dispõe sobre a criação do Ministério de Defesa.

§ 4º Será declarada a perda da nacionalidade do brasileiro que:

I – tiver cancelada sua naturalização, por sentença judicial, em virtude de atividade nociva ao interesse nacional;
II – adquirir outra nacionalidade, salvo nos casos:

a) de reconhecimento de nacionalidade originária pela lei estrangeira;
b) de imposição de naturalização, pela norma estrangeira, ao brasileiro residente em Estado estrangeiro, como condição para permanência em seu território ou para o exercício de direitos civis.

▶ Inciso II, alíneas *a* e *b*, com a redação dada pela ECR nº 3, de 7-6-1994.
▶ Lei nº 818, de 18-9-1949 (Lei da Nacionalidade Brasileira).
▶ Dec. nº 3.453, de 9-5-2000, delega competência ao Ministro de Estado da Justiça para declarar a perda e a reaquisição da nacionalidade Brasileira.

Art. 13. A língua portuguesa é o idioma oficial da República Federativa do Brasil.

▶ Dec. nº 5.002, de 3-3-2004, promulga a Declaração Constitutiva e os Estatutos da Comunidade dos Países de Língua Portuguesa.

§ 1º São símbolos da República Federativa do Brasil a bandeira, o hino, as armas e o selo nacionais.

▶ Lei nº 5.700, de 1º-9-1971, dispõe sobre a forma e a apresentação dos Símbolos Nacionais.
▶ Dec. nº 98.068, de 18-8-1989, dispõe sobre o hasteamento da bandeira nacional nas repartições públicas federais e nos estabelecimentos de ensino.

§ 2º Os Estados, o Distrito Federal e os Municípios poderão ter símbolos próprios.

Capítulo IV

DOS DIREITOS POLÍTICOS

▶ Art. 5º, LXXI, desta Constituição.

Art. 14. A soberania popular será exercida pelo sufrágio universal e pelo voto direto e secreto, com valor igual para todos, e, nos termos da lei, mediante:

▶ Lei nº 4.737, de 15-7-1965 (Código Eleitoral).
▶ Lei nº 9.709, de 18-11-1998, regulamenta a execução do disposto nos incisos I, II e III do artigo supratranscrito.

I – plebiscito;

▶ Arts. 18, §§ 3º e 4º, e 49, XV, desta Constituição.
▶ Art. 2º do ADCT.

II – referendo;

▶ Arts. 1º, II, 2º, § 2º, 3º, 6º, 8º e 10 a 12 da Lei nº 9.709, de 18-11-1998, que regulamenta a execução do disposto nos incisos I, II e III deste artigo.

III – iniciativa popular.

▶ Art. 61, § 2º, desta Constituição.
▶ Arts. 1º, III, 13 e 14 da Lei nº 9.709, de 18-11-1998, que regulamenta a execução do disposto nos incisos I e III deste artigo.

§ 1º O alistamento eleitoral e o voto são:

▶ Arts. 42 a 81 e 133 a 157 do CE.

I – obrigatórios para os maiores de dezoito anos;

▶ Lei nº 9.274, de 7-5-1996, dispõe sobre anistia relativamente às eleições de 3 de outubro e de 15 de novembro dos anos de 1992 e 1994.

II – facultativos para:

a) os analfabetos;
b) os maiores de setenta anos;
c) os maiores de dezesseis e menores de dezoito anos.

§ 2º Não podem alistar-se como eleitores os estrangeiros e, durante o período do serviço militar obrigatório, os conscritos.

§ 3º São condições de elegibilidade, na forma da lei:

I – a nacionalidade brasileira;
II – o pleno exercício dos direitos políticos;

▶ Art. 47, I, do CP.

III – o alistamento eleitoral;
IV – o domicílio eleitoral na circunscrição;
V – a filiação partidária;

▶ Lei nº 9.096, de 19-9-1995
▶ Res. do TSE nº 23.282 ção, organização partidos pol

VI – a i

a) trinta e cinco anos para Presidente e Vice-Presidente da República e Senador;
b) trinta anos para Governador e Vice-Governador de Estado e do Distrito Federal;
c) vinte e um anos para Deputado Federal, Deputado Estadual ou Distrital, Prefeito, Vice-Prefeito e juiz de paz;

▶ Dec.-lei nº 201, de 27-2-1967 (Lei de Responsabilidade dos Prefeitos e Vereadores).

d) dezoito anos para Vereador.

▶ Dec.-lei nº 201, de 27-2-1967 (Lei de Responsabilidade dos Prefeitos e Vereadores).

§ 4º São inelegíveis os inalistáveis e os analfabetos.

§ 5º O Presidente da República, os Governadores de Estado e do Distrito Federal, os Prefeitos e quem os houver sucedido ou substituído no curso dos mandatos poderão ser reeleitos para um único período subsequente.

▶ § 5º com a redação dada pela EC nº 16, de 4-6-1997.
▶ Súm. nº 8 do TSE.

§ 6º Para concorrerem a outros cargos, o Presidente da República, os Governadores de Estado e do Distrito Federal e os Prefeitos devem renunciar aos respectivos mandatos até seis meses antes do pleito.

§ 7º São inelegíveis, no território de jurisdição do titular, o cônjuge e os parentes consanguíneos ou afins, até o segundo grau ou por adoção, do Presidente da República, de Governador de Estado ou Território, do Distrito Federal, de Prefeito ou de quem os haja substituído dentro dos seis meses anteriores ao pleito, salvo se já titular de mandato eletivo e candidato à reeleição.

▶ Súm. Vinc. nº 18 do STF.
▶ Súmulas nºs 6 e 12 do TSE.

§ 8º O militar alistável é elegível, atendidas as seguintes condições:

I – se contar menos de dez anos de serviço, deverá afastar-se da atividade;
II – se contar mais de dez anos de serviço, será agregado pela autoridade superior e, se eleito, passará automaticamente, no ato da diplomação, para a inatividade.

▶ Art. 42, § 1º, desta Constituição.

§ 9º Lei complementar estabelecerá outros casos de inelegibilidade e os prazos de sua cessação, a fim de proteger a probidade administrativa, a moralidade para o exercício do mandato, considerada a vida pregressa do candidato, e a normalidade e legitimidade das eleições contra a influência do poder econômico ou o abuso do exercício de função, cargo ou emprego na administração direta ou indireta.

▶ § 9º com a redação dada pela ECR nº 4, de 7-6-1994.
▶ Art. 37, § 4º, desta Constituição.
▶ LC nº 64, de 18-5-1990 (Lei dos Casos de Inelegibilidade).
▶ Súm. nº 13 do TSE.

§ 10. O mandato eletivo poderá ser impugnado ante a Justiça Eleitoral no prazo de quinze dias contados da diplomação, instruída a ação com provas de abuso do poder econômico, corrupção ou fraude.

julgar as Ações Diretas de Inconstitucionalidade da Res. do TSE nº 22.610, de 25-10-2007, que disciplina o processo de perda do mandato eletivo por infidelidade partidária.

§ 11. A ação de impugnação de mandato tramitará em segredo de justiça, respondendo o autor, na forma da lei, se temerária ou de manifesta má-fé.

Art. 15. É vedada a cassação de direitos políticos, cuja perda ou suspensão só se dará nos casos de:

▶ Lei nº 9.096, de 19-9-1995 (Lei dos Partidos Políticos).

I – cancelamento da naturalização por sentença transitada em julgado;
II – incapacidade civil absoluta;
III – condenação criminal transitada em julgado, enquanto durarem seus efeitos;

▶ Art. 92, I e parágrafo único, do CP.
▶ Súm. nº 9 do TSE.

IV – recusa de cumprir obrigação a todos imposta ou prestação alternativa, nos termos do artigo 5º, VIII;

▶ Art. 143 desta Constituição.
▶ Lei nº 8.239, de 4-10-1991, dispõe sobre a prestação de serviço alternativo ao Serviço Militar Obrigatório.

V – improbidade administrativa, nos termos do artigo 37, § 4º.

Art. 16. A lei que alterar o processo eleitoral entrará em vigor na data de sua publicação, não se aplicando à eleição que ocorra até um ano da data de sua vigência.

▶ Artigo com a redação dada pela EC nº 4, de 14-9-1993.
▶ Lei nº 9.504, de 30-9-1997 (Lei das Eleições).

CAPÍTULO V

DOS PARTIDOS POLÍTICOS

Art. 17. É livre a criação, fusão, incorporação e extinção de partidos políticos, resguardados a soberania nacional, o regime democrático, o pluripartidarismo, os direitos fundamentais da pessoa humana e observados os seguintes preceitos:

▶ Lei nº 9.096, de 19-9-1995 (Lei dos Partidos Políticos).
▶ Lei nº 9.504, de 30-9-1997 (Lei das Eleições).
▶ Res. do TSE nº 23.282, de 22-6-2010, disciplina a criação, organização, fusão, incorporação e extinção de partidos políticos.

I – caráter nacional;
II – proibição de recebimento de recursos financeiros de entidade ou governo estrangeiros ou de subordinação a estes;
III – prestação de contas à Justiça Eleitoral;

▶ Lei nº 9.096, de 19-9-1995 (Lei dos Partidos Políticos).

IV – funcionamento parlamentar de acordo com a lei.

§ 1º É assegurada aos partidos políticos autonomia para definir sua estrutura interna, organização e funcionamento e para adotar os critérios de escolha e o regime de suas coligações eleitorais, sem obrigatoriedade de vinculação entre as candidaturas em âmbito nacional, estadual, distrital ou municipal, devendo seus estatutos estabelecer normas de disciplina e fidelidade partidária.

▶ § 1º com a redação dada pela EC nº 52, de 8-3-2006.
▶ O STF, por maioria de votos, julgou procedente a ADIN nº 3.685-8, para fixar que este parágrafo, com a redação dada pela EC nº 52, de 8-3-2006, não se aplica às

eleições de 2006, remanescendo aplicável a tal eleição a redação original (DOU de 31-3-2006 e DJU de 10-8-2006).

§ 2º Os partidos políticos, após adquirirem personalidade jurídica, na forma da lei civil, registrarão seus estatutos no Tribunal Superior Eleitoral.

§ 3º Os partidos políticos têm direito a recursos do fundo partidário e acesso gratuito ao rádio e à televisão, na forma da lei.

▶ Art. 241 do CE.

§ 4º É vedada a utilização pelos partidos políticos de organização paramilitar.

TÍTULO III – DA ORGANIZAÇÃO DO ESTADO

CAPÍTULO I
DA ORGANIZAÇÃO POLÍTICO-ADMINISTRATIVA

Art. 18. A organização político-administrativa da República Federativa do Brasil compreende a União, os Estados, o Distrito Federal e os Municípios, todos autônomos, nos termos desta Constituição.

§ 1º Brasília é a Capital Federal.

§ 2º Os Territórios Federais integram a União, e sua criação, transformação em Estado ou reintegração ao Estado de origem serão reguladas em lei complementar.

§ 3º Os Estados podem incorporar-se entre si, subdividir-se ou desmembrar-se para se anexarem a outros, ou formarem novos Estados ou Territórios Federais, mediante aprovação da população diretamente interessada, através de plebiscito, e do Congresso Nacional, por lei complementar.

▶ Arts. 3º e 4º da Lei nº 9.709, de 18-11-1998, que dispõe sobre a convocação do plebiscito e o referendo nas questões de relevância nacional, de competência do Poder Legislativo ou do Poder Executivo.

§ 4º A criação, a incorporação, a fusão e o desmembramento de Municípios, far-se-ão por lei estadual, dentro do período determinado por lei complementar federal, e dependerão de consulta prévia, mediante plebiscito, às populações dos Municípios envolvidos, após divulgação dos Estudos de Viabilidade Municipal, apresentados e publicados na forma da lei.

▶ § 4º com a redação dada pela EC nº 15, de 12-9-1996.
▶ Art. 5º da Lei nº 9.709, de 18-11-1998, que dispõe sobre o plebiscito destinado à criação, à incorporação, à fusão e ao desmembramento de Municípios.
▶ Lei nº 10.521, de 18-7-2002, assegura a instalação de Municípios criados por lei estadual.

Art. 19. É vedado à União, aos Estados, ao Distrito Federal e aos Municípios:

I – estabelecer cultos religiosos ou igrejas, subvencioná-los, embaraçar-lhes o funcionamento ou manter com eles ou seus representantes relações de dependência ou aliança, ressalvada, na forma da lei, a colaboração de interesse público;

II – recusar fé aos documentos públicos;

III – criar distinções entre brasileiros ou preferências entre si.

▶ Art. 325 da CLT.

CAPÍTULO II
DA UNIÃO

Art. 20. São bens da União:

▶ Art. 176, §§ 1º a 4º, desta Constituição.
▶ Art. 99 do CC.
▶ Dec.-lei nº 9.760, de 5-9-1946 (Lei dos Bens Imóveis da União).

I – os que atualmente lhe pertencem e os que lhe vierem a ser atribuídos;

▶ Súm. nº 650 do STF.

II – as terras devolutas indispensáveis à defesa das fronteiras, das fortificações e construções militares, das vias federais de comunicação e à preservação ambiental, definidas em lei;

▶ Lei nº 4.504, de 30-11-1964 (Estatuto da Terra).
▶ Lei nº 6.383, de 7-12-1976 (Lei das Ações Discriminatórias).
▶ Lei nº 6.431, de 11-7-1977, autoriza a doação de porções de terras devolutas a Municípios incluídos na região da Amazônia Legal, para os fins que especifica.
▶ Lei nº 6.634, de 2-5-1979, dispõe sobre a faixa de fronteira.
▶ Lei nº 6.938, de 31-8-1981 (Lei da Política Nacional do Meio Ambiente).
▶ Dec.-lei nº 227, de 28-2-1967 (Código de Mineração).
▶ Dec.-lei nº 1.135, de 3-12-1970, dispõe sobre a organização, a competência e o funcionamento do Conselho de Segurança Nacional.
▶ Dec.-lei nº 1.414, de 18-8-1975, dispõe sobre o processo de ratificação das concessões e alterações de terras devolutas na faixa de fronteiras.
▶ Súm. nº 477 do STF.

III – os lagos, rios e quaisquer correntes de água em terrenos de seu domínio, ou que banhem mais de um Estado, sirvam de limites com outros países, ou se estendam a território estrangeiro ou dele provenham, bem como os terrenos marginais e as praias fluviais;

▶ Dec. nº 1.265, de 11-10-1994, aprova a Política Marítima Nacional – PMN.

IV – as ilhas fluviais e lacustres nas zonas limítrofes com outros países; as praias marítimas; as ilhas oceânicas e as costeiras, excluídas, destas, as que contenham a sede de Municípios, exceto aquelas áreas afetadas ao serviço público e a unidade ambiental federal, e as referidas no art. 26, II;

▶ Inciso IV com a redação dada pela EC nº 46, de 5-5-2005.
▶ Dec. nº 1.265, de 11-10-1994, aprova a Política Marítima Nacional – PMN.

V – os recursos naturais da plataforma continental e da zona econômica exclusiva;

▶ Lei nº 8.617, de 4-1-1993, dispõe sobre o mar territorial, a zona contígua, a zona econômica exclusiva e a plataforma continental brasileiros.
▶ Dec. nº 1.265, de 11-10-1994, aprova a Política Marítima Nacional – PMN.

VI – o mar territorial;

▶ Lei nº 8.617, de 4-1-1993, dispõe sobre o mar territorial, a zona contígua, a zona econômica exclusiva e a plataforma continental brasileiros.

▶ Dec. nº 1.265, de 11-10-1994, aprova a Política Marítima Nacional – PMN.

VII – os terrenos de marinha e seus acrescidos;

▶ Súm nº 496 do STJ.

VIII – os potenciais de energia hidráulica;
IX – os recursos minerais, inclusive os do subsolo;
X – as cavidades naturais subterrâneas e os sítios arqueológicos e pré-históricos;
XI – as terras tradicionalmente ocupadas pelos índios.

▶ Súm. nº 650 do STF.

§ 1º É assegurada, nos termos da lei, aos Estados, ao Distrito Federal e aos Municípios, bem como a órgãos da administração direta da União, participação no resultado da exploração de petróleo ou gás natural, de recursos hídricos para fins de geração de energia elétrica e de outros recursos minerais no respectivo território, plataforma continental, mar territorial ou zona econômica exclusiva, ou compensação financeira por essa exploração.

▶ Art. 177 desta Constituição.
▶ Lei nº 7.990, de 28-12-1989, institui, para os Estados, Distrito Federal e Municípios, compensação financeira pelo resultado da exploração de petróleo ou gás natural, de recursos hídricos para fins de geração de energia elétrica, de recursos minerais em seus respectivos territórios, plataforma continental, mar territorial ou zona econômica exclusiva.
▶ Lei nº 8.001, de 13-3-1990, define os percentuais de distribuição da compensação financeira instituída pela Lei nº 7.990, de 28-12-1989.
▶ Lei nº 9.427, de 26-12-1996, institui a Agência Nacional de Energia Elétrica (ANEEL), e disciplina o regime de concessões de serviços públicos de energia elétrica.
▶ Lei nº 9.478, de 6-8-1997, dispõe sobre a Política Energética Nacional, as atividades relativas a o monopólio do petróleo, institui o Conselho Nacional de Política Energética e a Agência Nacional do Petróleo – ANP.
▶ Lei nº 9.984, de 17-7-2000, dispõe sobre a Agência Nacional de Águas – ANA.
▶ Dec. nº 1, de 11-1-1991, regulamenta o pagamento da compensação financeira instituída pela Lei nº 7.990, de 28-12-1989.

§ 2º A faixa de até cento e cinquenta quilômetros de largura, ao longo das fronteiras terrestres, designada como faixa de fronteira, é considerada fundamental para defesa do território nacional, e sua ocupação e utilização serão reguladas em lei.

▶ Lei nº 6.634, de 2-5-1979, dispõe sobre a faixa de fronteira.
▶ Art. 10, § 3º, da Lei nº 11.284, de 2-3-2006 (Lei de Gestão de Florestas Públicas).
▶ Dec.-lei nº 1.135, de 3-12-1970, dispõe sobre a organização, a competência e o funcionamento do Conselho de Segurança Nacional.

Art. 21. Compete à União:

I – manter relações com Estados estrangeiros e participar de organizações internacionais;
II – declarar a guerra e celebrar a paz;
III – assegurar a defesa nacional;
IV – permitir, nos casos previstos em lei complementar, que forças estrangeiras transitem pelo território nacional ou nele permaneçam temporariamente;

▶ LC nº 90, de 1º-10-1997, regulamenta este inciso e determina os casos em que forças estrangeiras possam transitar pelo território nacional ou nele permanecer temporariamente.
▶ Dec. nº 97.464, de 20-1-1989, estabelece procedimentos para a entrada no Brasil e o sobrevoo de seu território por aeronaves civis estrangeiras, que não estejam em serviço aéreo internacional regular.

V – decretar o estado de sítio, o estado de defesa e a intervenção federal;
VI – autorizar e fiscalizar a produção e o comércio de material bélico;
VII – emitir moeda;
VIII – administrar as reservas cambiais do País e fiscalizar as operações de natureza financeira, especialmente as de crédito, câmbio e capitalização, bem como as de seguros e de previdência privada;

▶ LC nº 108, de 29-5-2001, dispõe sobre a relação entre União, os Estados o Distrito Federal e os Municípios, suas autarquias, fundações, sociedades de economia mista e outras entidades públicas e suas respectivas entidades fechadas de previdência complementar.
▶ LC nº 109, de 29-5-2001 (Lei do Regime de Previdência Complementar).
▶ Lei nº 4.595, de 31-12-1964 (Lei do Sistema Financeiro Nacional).
▶ Lei nº 4.728, de 14-7-1965 (Lei do Mercado de Capitais).
▶ Dec. nº 73, de 21-11-1966, regulamentado pelo Dec. nº 60.459, de 13-3-1967, dispõe sobre o sistema nacional de seguros privados e regula as operações de seguros e resseguros.

IX – elaborar e executar planos nacionais e regionais de ordenação do território e de desenvolvimento econômico e social;

▶ Lei nº 9.491, de 9-9-1997, altera procedimentos relativos ao programa nacional de desestatização.

X – manter o serviço postal e o correio aéreo nacional;

▶ Lei nº 6.538, de 22-6-1978, dispõe sobre os serviços postais.

XI – explorar, diretamente ou mediante autorização, concessão ou permissão, os serviços de telecomunicações, nos termos da lei, que disporá sobre a organização dos serviços, a criação de um órgão regulador e outros aspectos institucionais;

▶ Inciso XI com a redação dada pela EC nº 8, de 15-8-1995.
▶ Art. 246 desta Constituição.
▶ Lei nº 8.987, de 13-2-1995 (Lei da Concessão e Permissão da Prestação de Serviços Públicos).
▶ Lei nº 9.295, de 19-7-1996, dispõe sobre serviços de telecomunicações, organizações e órgão regulador.
▶ Lei nº 9.472, de 16-7-1997, dispõe sobre a organização dos serviços de telecomunicações, a criação e funcionamento de um Órgão Regulador e outros aspectos institucionais.
▶ Lei nº 10.052, de 28-11-2000, institui o Fundo para o Desenvolvimento Tecnológico das Telecomunicações – FUNTTEL.
▶ Dec. nº 3.896, de 23-8-2001, dispõe sobre a regência dos serviços de telecomunicações.

XII – explorar, diretamente ou mediante autorização, concessão ou permissão:

▶ Lei nº 4.117, de 24-8-1962 (Código Brasileiro de Telecomunicações).
▶ Dec. nº 2.196, de 8-4-1997, aprova o Regulamento de Serviços Especiais.
▶ Dec. nº 2.197, de 8-4-1997, aprova o Regulamento de Serviços Limitados.
▶ Dec. nº 2.198, de 8-4-1997, aprova o Regulamento de Serviços Público-Restritos.

a) os serviços de radiodifusão sonora e de sons e imagens;

▶ Alínea a com a redação dada pela EC nº 8, de 15-8-1995.
▶ Art. 246 desta Constituição.
▶ Lei nº 9.472, de 16-7-1997, dispõe sobre a organização dos serviços de telecomunicações, a criação e funcionamento de um Órgão Regulador e outros aspectos institucionais.
▶ Lei nº 10.052, de 28-11-2000, institui o Fundo para o Desenvolvimento Tecnológico das Telecomunicações – FUNTTEL.

b) os serviços e instalações de energia elétrica e o aproveitamento energético dos cursos de água, em articulação com os Estados onde se situam os potenciais hidroenergéticos;

▶ Lei nº 9.427, de 26-12-1996, institui a Agência Nacional de Energia Elétrica – ANEEL e disciplina o regime de concessão de serviços públicos de energia elétrica.
▶ Lei nº 9.648, de 27-5-1998, regulamentada pelo Dec. nº 2.655, de 2-7-1998, autoriza o Poder Executivo a promover a reestruturação da Centrais Elétricas Brasileiras – ELETROBRÁS e de suas subsidiárias.
▶ Lei nº 12.111, de 9-12-2009, dispõe sobre os serviços de energia elétrica nos Sistemas Isolados.

c) a navegação aérea, aeroespacial e a infraestrutura aeroportuária;

▶ Lei nº 7.565, de 19-12-1986 (Código Brasileiro de Aeronáutica).
▶ Lei nº 9.994, de 24-7-2000, institui o Programa de Desenvolvimento Científico e Tecnológico do Setor Espacial.

d) os serviços de transporte ferroviário e aquaviário entre portos brasileiros e fronteiras nacionais, ou que transponham os limites de Estado ou Território;

▶ Lei nº 9.277, de 10-5-1996, autoriza a União a delegar aos Municípios, Estados da Federação e ao Distrito Federal a Administração e Exploração de Rodovias e Portos Federais.

e) os serviços de transporte rodoviário interestadual e internacional de passageiros;

f) os portos marítimos, fluviais e lacustres;

▶ Lei nº 10.233, de 5-6-2001, dispõe sobre a reestruturação dos transportes aquaviário e terrestre, cria o Conselho Nacional de Integração de Políticas de Transporte, a Agência Nacional de Transportes Terrestres, a Agência Nacional de Transportes Aquaviários e o Departamento Nacional de Infraestrutura de Transportes.
▶ Dec. nº 1.265, de 11-10-1994, aprova a Política Marítima Nacional – PMN.
▶ Dec. nº 1.574, de 31-7-1995, promulga a Convenção nº 137 da OIT sobre repercussões sociais dos novos métodos de manipulação de cargas nos portos.

XIII – organizar e manter o Poder Judiciário, o Ministério Público do Distrito Federal e dos Territórios e a Defensoria Pública dos Territórios;

▶ Inciso XIII com a redação dada pela EC nº 69, de 29-3-2012, em vigor na data de sua publicação, produzindo efeitos após 120 dias de sua publicação oficial (DOU de 30-3-2012).

XIV – organizar e manter a polícia civil, a polícia militar e o corpo de bombeiros militar do Distrito Federal, bem como prestar assistência financeira ao Distrito Federal para a execução de serviços públicos, por meio de fundo próprio;

▶ Inciso XIV com a redação dada pela EC nº 19, de 4-6-1998.
▶ Art. 25 da EC nº 19, de 4-6-1998 (Reforma Administrativa).
▶ Lei nº 10.633, de 27-12-2002, institui o Fundo Constitucional do Distrito Federal – FCDF, para atender o disposto neste inciso.
▶ Dec. nº 3.169, de 14-9-1999, institui Comissão de Estudo para criação do fundo de que trata este inciso.
▶ Súm. nº 647 do STF.

XV – organizar e manter os serviços oficiais de estatística, geografia, geologia e cartografia de âmbito nacional;

▶ Art. 71, § 3º, da Lei nº 11.355, de 19-10-2006, que dispõe sobre plano de carreiras e cargos do Instituto Brasileiro de Geografia e Estatística – IBGE.
▶ Dec. nº 243, de 28-2-1967, fixa as diretrizes e bases da Cartografia Brasileira.

XVI – exercer a classificação, para efeito indicativo, de diversões públicas e de programas de rádio e televisão;

▶ Art. 23 do ADCT.

XVII – conceder anistia;

XVIII – planejar e promover a defesa permanente contra as calamidades públicas, especialmente as secas e as inundações;

XIX – instituir sistema nacional de gerenciamento de recursos hídricos e definir critérios de outorga de direitos de seu uso;

▶ Lei nº 9.433, de 8-1-1997, institui a Política Nacional de Recursos Hídricos, cria o Sistema Nacional de Gerenciamento de Recursos Hídricos e regulamenta o inciso acima transcrito.

XX – instituir diretrizes para o desenvolvimento urbano, inclusive habitação, saneamento básico e transportes urbanos;

▶ Lei nº 5.318, de 26-9-1967, institui a Política Nacional de Saneamento e cria o Conselho Nacional de Saneamento.
▶ Lei nº 7.196, de 13-6-1984, institui o Plano Nacional de Moradia – PLAMO.
▶ Lei nº 10.188, de 12-2-2001, cria o Programa de Arrendamento Residencial e institui o arrendamento residencial com opção de compra.
▶ Lei nº 10.233, de 5-6-2001, dispõe sobre a reestruturação dos transportes aquaviário e terrestre, cria o Conselho Nacional de Integração de Políticas de Transporte, a Agência Nacional de Transportes Terrestres, a Agência Nacional de Transportes Aquaviários e o Departamento Nacional de Infraestrutura de Transportes.
▶ Lei nº 11.445, de 5-1-2007, estabelece diretrizes nacionais para o saneamento básico, regulamentado pelo Dec. nº 7.217, de 21-6-2010.

► Lei nº 12.587, de 3-1-2012 (Lei da Política Nacional de Mobilidade Urbana).

XXI – estabelecer princípios e diretrizes para o sistema nacional de viação;

► Lei nº 10.233, de 5-6-2001, dispõe sobre a reestruturação dos transportes aquaviário e terrestre, cria o Conselho Nacional de Integração de Políticas de Transporte, a Agência Nacional de Transportes Terrestres, a Agência Nacional de Transportes Aquaviários e o Departamento Nacional de Infraestrutura de Transportes.

XXII – executar os serviços de polícia marítima, aeroportuária e de fronteiras;

► Inciso XXII com a redação dada pela EC nº 19, de 4-6-1998.

XXIII – explorar os serviços e instalações nucleares de qualquer natureza e exercer monopólio estatal sobre a pesquisa, a lavra, o enriquecimento e reprocessamento, a industrialização e o comércio de minérios nucleares e seus derivados, atendidos os seguintes princípios e condições:

► Lei nº 10.308, de 20-11-2001, estabelece normas para o destino final dos rejeitos radioativos produzidos em território nacional, incluídos a seleção de locais, a construção, o licenciamento, a operação, a fiscalização, os custos, a indenização e a responsabilidade civil.

► Dec.-lei nº 1.982, de 28-12-1982, dispõe sobre o exercício das atividades nucleares incluídas no monopólio da União e o controle do desenvolvimento de pesquisas no campo da energia nuclear.

a) toda atividade nuclear em Território Nacional somente será admitida para fins pacíficos e mediante aprovação do Congresso Nacional;

► Dec.-lei nº 1.809, de 7-10-1980, regulamentado pelo Dec. nº 2.210, de 22-4-1997, instituiu o Sistema de Proteção ao Programa Nuclear Brasileiro – SIPRON.

b) sob regime de permissão, são autorizadas a comercialização e a utilização de radioisótopos para a pesquisa e usos médicos, agrícolas e industriais;
c) sob regime de permissão, são autorizadas a produção, comercialização e utilização de radioisótopos de meia-vida igual ou inferior a duas horas;

► Alíneas *b* e *c* com a redação dada pela EC nº 49, de 8-2-2006.

► Lei nº 10.308, de 20-11-2001, dispõe sobre a seleção de locais, a construção, o licenciamento, a operação, a fiscalização, os custos, a indenização, a responsabilidade civil e as garantias referentes aos depósitos de rejeitos radioativos.

d) a responsabilidade civil por danos nucleares independe da existência de culpa;

► Alínea *d* acrescida pela EC nº 49, de 8-2-2006.

► Lei nº 6.453, de 17-10-1977, dispõe sobre a responsabilidade civil por danos nucleares e responsabilidade criminal por atos relacionados a atividades nucleares.

► Lei nº 9.425, de 24-12-1996, dispõe sobre a concessão de pensão especial às vítimas do acidente nuclear ocorrido em Goiânia, Goiás.

► Lei nº 10.308, de 20-11-2001, estabelece normas para o destino final dos rejeitos radioativos produzidos e território nacional, incluídos a seleção de locais, a construção, o licenciamento, a operação, a fiscalização, os custos, a indenização, a responsabilidade civil.

XXIV – organizar, manter e executar a inspeção do trabalho;

► Art. 174 desta Constituição.

► Dec. nº 41.721, de 25-6-1957, promulga a Convenção nº 81 da OIT sobre Inspeção do trabalho na indústria e no comércio.

► Dec. nº 58.816, de 14-7-1966, promulga a Convenção nº 21 da OIT sobre simplificação da inspeção dos emigrantes a bordo de navios.

► Dec. nº 6.766, de 10-2-2009, promulga a Convenção nº 178 da OIT sobre inspeção das condições de vida e de trabalho dos trabalhadores marítimos.

XXV – estabelecer as áreas e as condições para o exercício da atividade de garimpagem, em forma associativa.

► Lei nº 7.805, de 18-7-1989, regulamentada pelo Dec. nº 98.812, de 9-1-1990, disciplina o regime de permissão de lavra garimpeira.

Art. 22. Compete privativamente à União legislar sobre:

I – direito civil, comercial, penal, processual, eleitoral, agrário, marítimo, aeronáutico, espacial e do trabalho;

► Lei nº 556, de 25-6-1850 (Código Comercial).
► Lei nº 4.504, de 30-11-1964 (Estatuto da Terra).
► Lei nº 4.737, de 15-7-1965 (Código Eleitoral).
► Lei nº 4.947, de 6-4-1966, fixa normas de direito agrário, dispõe sobre o sistema de organização e funcionamento do Instituto Brasileiro de Reforma Agrária – IBRA.
► Lei nº 5.869, de 11-1-1973 (Código de Processo Civil).
► Lei nº 7.565, de 19-12-1986 (Código Brasileiro de Aeronáutica).
► Lei nº 10.406, de 10-1-2002 (Código Civil).
► Dec.-lei nº 2.848, de 7-12-1940 (Código Penal).
► Dec.-lei nº 3.689, de 3-10-1941 (Código de Processo Penal).
► Dec.-lei nº 5.452, de 1-5-1943 (Consolidação das Leis do Trabalho).
► Dec.-lei nº 1.001, de 21-10-1969 (Código Penal Militar).
► Dec.-lei nº 1.002, de 21-10-1969 (Código de Processo Penal Militar).
► Dec. nº 1.265, de 11-10-1994, aprova a Política Marítima Nacional – PMN.
► Súm. nº 722 do STF.

II – desapropriação;

► Arts. 184 e 185, I e II, desta Constituição.
► Arts. 1.228, § 3º, e 1.275, V, do CC.
► LC nº 76, de 6-7-1993 (Lei de Desapropriação de Imóvel Rural para fins de Reforma Agrária).
► Leis nº 4.132, de 10-9-1962, 8.257, de 26-11-1991, e 8.629, de 25-2-1993, dispõem sobre desapropriação por interesse social.
► Dec.-lei nº 3.365, de 21-6-1941 (Lei das Desapropriações).
► Dec.-lei nº 1.075, de 22-1-1970 (Lei da Imissão de Posse).

III – requisições civis e militares, em caso de iminente perigo e em tempo de guerra;

IV – águas, energia, informática, telecomunicações e radiodifusão;

▶ Lei nº 4.117, de 24-8-1962 (Código Brasileiro de Telecomunicações).
▶ Lei nº 9.295, de 19-7-1996, dispõe sobre os serviços de telecomunicações e sua organização e sobre o órgão regulador.
▶ Lei nº 9.472, de 16-7-1997, dispõe sobre a organização dos serviços de telecomunicações, a criação e funcionamento de um Órgão Regulador e outros aspectos institucionais.
▶ Lei nº 9.984, de 17-7-2000, dispõe sobre a criação da Agência Nacional de Águas – ANA.
▶ Dec. nº 2.196, de 8-4-1997, aprova o Regulamento de Serviços Especiais.
▶ Dec. nº 2.197, de 8-4-1997, aprova o Regulamento de Serviços Limitados.
▶ Dec. nº 2.198, de 8-4-1997, aprova o regulamento de Serviços Público-Restritos.

V – serviço postal;

▶ Lei nº 6.538, de 22-6-1978, dispõe sobre serviços postais.

VI – sistema monetário e de medidas, títulos e garantias dos metais;

▶ Leis nºs 9.069, de 26-9-1995, e 10.192, de 14-2-2001, dispõem sobre o Plano Real.

VII – política de crédito, câmbio, seguros e transferência de valores;
VIII – comércio exterior e interestadual;
IX – diretrizes da política nacional de transportes;

▶ Decretos nºs 4.122, de 13-2-2002, e 4.130, de 13-2-2002, dispõem sobre o Conselho Nacional de Integração de Políticas de Transportes.

X – regime dos portos, navegação lacustre, fluvial, marítima, aérea e aeroespacial;

▶ Lei nº 9.277, de 10-5-1996, autoriza a União a delegar aos Municípios, Estados da Federação e ao Distrito Federal a Administração e Exploração de Rodovias e Portos Federais.
▶ Lei nº 9.994, de 24-7-2000, institui o Programa de Desenvolvimento Científico e Tecnológico do Setor Espacial.

XI – trânsito e transporte;

▶ Lei nº 9.503, de 23-9-1997 (Código de Trânsito Brasileiro).

XII – jazidas, minas, outros recursos minerais e metalurgia;

▶ Dec.-lei nº 227, de 28-2-1967 (Código de Mineração).

XIII – nacionalidade, cidadania e naturalização;

▶ Lei nº 6.815, de 19-8-1980 (Estatuto do Estrangeiro).
▶ Dec. nº 86.715, de 10-12-1981, cria o Conselho Nacional de Imigração.

XIV – populações indígenas;

▶ Art. 231 desta Constituição.
▶ Lei nº 6.001, de 19-12-1973 (Estatuto do Índio).

XV – emigração e imigração, entrada, extradição e expulsão de estrangeiros;

▶ Lei nº 6.815, de 19-8-1980 (Estatuto do Estrangeiro).
▶ Dec. nº 840, de 22-6-1993, dispõe sobre a organização e o funcionamento do Conselho Nacional de Imigração.

XVI – organização do sistema nacional de emprego e condições para o exercício de profissões;
XVII – organização judiciária, do Ministério Público do Distrito Federal e dos Territórios e da Defensoria Pública dos Territórios, bem como organização administrativa destes;

▶ Inciso XVII com a redação dada pela EC nº 69, de 29-3-2012, em vigor na data de sua publicação, produzindo efeitos após 120 dias de sua publicação oficial (DOU de 30-3-2012).
▶ LC nº 75, de 20-5-1993 (Lei Orgânica do Ministério Público da União).
▶ LC nº 80, de 12-1-1994 (Lei da Defensoria Pública).

XVIII – sistema estatístico, sistema cartográfico e de geologia nacionais;

▶ Art. 71, § 3º, da Lei nº 11.355, de 19-10-2006, que dispõe sobre plano de carreiras e cargos do Instituto Brasileiro de Geografia e Estatística – IBGE.

XIX – sistemas de poupança, captação e garantia da poupança popular;

▶ Leis nºs 8.177, de 1º-3-1991, 9.069, de 29-6-1995, e 10.192, de 14-2-2001, dispõem sobre regras para a remuneração das cadernetas de poupança.
▶ Dec.-lei nº 70, de 21-11-1966 (Lei de Execução de Cédula Hipotecária).

XX – sistemas de consórcios e sorteios;

▶ Lei nº 5.768, de 20-12-1971, regulamentada pelo Dec. nº 70.951, de 9-8-1972, dispõe sobre a distribuição gratuita de prêmios, mediante sorteio, vale-brinde ou concurso, a título de propaganda, e estabelece normas de proteção à poupança popular.
▶ Súm. Vinc. nº 2 do STF.

XXI – normas gerais de organização, efetivos, material bélico, garantias, convocação e mobilização das Polícias Militares e Corpos de Bombeiros Militares;
XXII – competência da Polícia Federal e das Polícias Rodoviária e Ferroviária Federais;

▶ Lei nº 9.654, de 2-6-1998, cria a carreira de Policial Rodoviário Federal.

XXIII – seguridade social;

▶ Lei nº 8.212, de 24-7-1991 (Lei Orgânica da Seguridade Social).

XXIV – diretrizes e bases da educação nacional;

▶ Lei nº 9.394, de 20-12-1996 (Lei das Diretrizes e Bases da Educação Nacional).

XXV – registros públicos;

▶ Lei nº 6.015, de 31-12-1973 (Lei dos Registros Públicos).

XXVI – atividades nucleares de qualquer natureza;

▶ Lei nº 10.308, de 20-11-2001, dispõe sobre a seleção de locais, a construção, o licenciamento, a operação, a fiscalização, os custos, a indenização, a responsabilidade civil e as garantias referentes aos depósitos de rejeitos radioativos.

XXVII – normas gerais de licitação e contratação, em todas as modalidades, para as administrações públicas

diretas, autárquicas e fundacionais da União, Estados, Distrito Federal e Municípios, obedecido o disposto no artigo 37, XXI, e para as empresas públicas e sociedades de economia mista, nos termos do artigo 173, § 1º, III;

▶ Inciso XXVII com a redação dada pela EC nº 19, de 4-6-1998.
▶ Art. 37, XXI, desta Constituição.
▶ Lei nº 8.666, de 21-6-1993 (Lei de Licitações).
▶ Lei nº 10.520, de 17-7-2002 (Lei do Pregão), regulamentada pelo Dec. nº 3.555, de 8-8-2000.

XXVIII – defesa territorial, defesa aeroespacial, defesa marítima, defesa civil e mobilização nacional;

▶ Lei nº 12.340, de 1º-12-2010, dispõe sobre o Sistema Nacional de Defesa Civil – SINDEC, sobre as transferências de recursos para ações de socorro, assistência às vítimas, restabelecimento de serviços essenciais e reconstrução nas áreas atingidas por desastre, e sobre o Fundo Especial para Calamidades Públicas.
▶ Dec. nº 5.376, de 17-2-2005, dispõe sobre o Sistema Nacional de Defesa Civil – SINDEC e o Conselho Nacional de Defesa Civil.
▶ Dec. nº 7.294, de 6-9-2010, dispõe sobre a Política de Mobilização Nacional.

XXIX – propaganda comercial.

▶ Lei nº 8.078, de 11-9-1990 (Código de Defesa do Consumidor).

Parágrafo único. Lei complementar poderá autorizar os Estados a legislar sobre questões específicas das matérias relacionadas neste artigo.

▶ LC nº 103, de 14-7-2000, autoriza os Estados e o Distrito Federal a instituir o piso salarial a que se refere o inciso V do art. 7º desta Constituição.

Art. 23. É competência comum da União, dos Estados, do Distrito Federal e dos Municípios:

I – zelar pela guarda da Constituição, das leis e das instituições democráticas e conservar o patrimônio público;
II – cuidar da saúde e assistência pública, da proteção e garantia das pessoas portadoras de deficiência;

▶ Art. 203, V, desta Constituição.
▶ Lei nº 10.436, de 24-4-2002, dispõe sobre a Língua Brasileira de Sinais – LIBRAS.
▶ Lei nº 12.319, de 1º-9-2010, regulamenta a profissão de Tradutor e Intérprete da Língua Brasileira de Sinais – LIBRAS.
▶ Dec. nº 3.956, de 8-10-2001, promulga a Convenção Interamericana para eliminação de todas as Formas de Discriminação contra as Pessoas Portadoras de Deficiência.
▶ Dec. nº 3.964, de 10-10-2001, dispõe sobre o Fundo Nacional de Saúde.

III – proteger os documentos, as obras e outros bens de valor histórico, artístico e cultural, os monumentos, as paisagens naturais notáveis e os sítios arqueológicos;

▶ LC nº 140, de 8-12-2011, fixa normas, nos termos deste inciso, para a cooperação entre a União, os Estados, o Distrito Federal e os Municípios nas ações administrativas decorrentes do exercício da competência comum relativas à proteção das paisagens naturais notáveis, à proteção do meio ambiente, ao combate à poluição em qualquer de suas formas e à preservação das florestas, da fauna e da flora.

▶ Dec.-lei nº 25, de 30-11-1937, organiza a Proteção do Patrimônio Histórico e Artístico Nacional.

IV – impedir a evasão, a destruição e a descaracterização de obras de arte e de outros bens de valor histórico, artístico ou cultural;
V – proporcionar os meios de acesso à cultura, à educação e à ciência;
VI – proteger o meio ambiente e combater a poluição em qualquer de suas formas;

▶ LC nº 140, de 8-12-2011, fixa normas, nos termos deste inciso, para a cooperação entre a União, os Estados, o Distrito Federal e os Municípios nas ações administrativas decorrentes do exercício da competência comum relativas à proteção das paisagens naturais notáveis, à proteção do meio ambiente, ao combate à poluição em qualquer de suas formas e à preservação das florestas, da fauna e da flora.
▶ Lei nº 6.938, de 31-8-1981 (Lei da Política Nacional do Meio Ambiente).
▶ Lei nº 9.605, de 12-2-1998 (Lei dos Crimes Ambientais).
▶ Lei nº 9.966, de 28-4-2000, dispõe sobre a prevenção, o controle e a fiscalização da poluição causada por lançamento de óleo e outras substâncias nocivas ou perigosas em águas sob jurisdição nacional.
▶ Lei nº 11.284, de 2-3-2006 (Lei de Gestão de Florestas Públicas).
▶ Lei nº 12.305, de 2-8-2010 (Lei da Política Nacional de Resíduos Sólidos).
▶ Dec. nº 4.297, de 10-7-2002, regulamenta o inciso II do art. 9º da Lei nº 6.938, de 31-8-1981 (Lei da Política Nacional do Meio Ambiente), estabelecendo critério para o Zoneamento Ecológico-Econômico do Brasil – ZEE.
▶ Dec. nº 6.514, de 22-7-2008, dispõe sobre as infrações e sanções administrativas ao meio ambiente e estabelece o processo administrativo federal para apuração destas infrações.

VII – preservar as florestas, a fauna e a flora;

▶ LC nº 140, de 8-12-2011, fixa normas, nos termos deste inciso, para a cooperação entre a União, os Estados, o Distrito Federal e os Municípios nas ações administrativas decorrentes do exercício da competência comum relativas à proteção das paisagens naturais notáveis, à proteção do meio ambiente, ao combate à poluição em qualquer de suas formas e à preservação das florestas, da fauna e da flora.
▶ Lei nº 5.197, de 3-1-1967 (Lei de Proteção à Fauna).
▶ Lei nº 11.284, de 2-3-2006 (Lei de Gestão de Florestas Públicas).
▶ Lei nº 12.651, de 25-5-2012 (Novo Código Florestal).
▶ Dec.-lei nº 221, de 28-2-1967 (Lei de Proteção e Estímulos à Pesca).
▶ Dec. nº 3.420, de 20-4-2000, cria o Programa Nacional de Florestas.

VIII – fomentar a produção agropecuária e organizar o abastecimento alimentar;

▶ Lei nº 10.836, de 9-1-2004, cria o programa "Bolsa-Família", que tem por finalidade a unificação dos procedimentos da gestão e execução das ações de transferência de renda do Governo Federal, incluindo o "Bolsa-Alimentação".
▶ MP nº 2.206-1, de 6-9-2001, que até o encerramento desta edição não havia sido convertida em Lei, cria o programa Nacional de Renda Mínima vinculado a saúde: "bolsa-alimentação", regulamentada pelo Dec. nº 3.934, de 30-9-2001.

IX – promover programas de construção de moradias e a melhoria das condições habitacionais e de saneamento básico;

▶ Lei nº 10.188, de 12-2-2001, cria o Programa de Arrendamento Residencial e institui o arrendamento residencial com opção de compra.
▶ Lei nº 11.445, de 5-1-2007, estabelece diretrizes nacionais para o saneamento básico, regulamentada pelo Dec. nº 7.217, de 21-6-2010.

X – combater as causas da pobreza e os fatores de marginalização, promovendo a integração social dos setores desfavorecidos;

▶ EC nº 31, de 14-12-2000, altera o ADCT, introduzindo artigos que criam o Fundo de Combate e Erradicação da Pobreza.
▶ LC nº 111, de 6-7-2001, dispõe sobre o Fundo de Combate e Erradicação da Pobreza, na forma prevista nos arts. 19, 80 e 81 do ADCT.

XI – registrar, acompanhar e fiscalizar as concessões de direitos de pesquisa e exploração de recursos hídricos e minerais em seus territórios;

▶ Lei nº 9.433, de 8-1-1997, institui a Política Nacional de Recursos Hídricos, e cria o Sistema Nacional de Gerenciamento de Recursos Hídricos.

XII – estabelecer e implantar política de educação para a segurança do trânsito.

Parágrafo único. Leis complementares fixarão normas para a cooperação entre a União e os Estados, o Distrito Federal e os Municípios, tendo em vista o equilíbrio do desenvolvimento e do bem-estar em âmbito nacional.

▶ Parágrafo único com a redação dada pela EC nº 53, de 19-12-2006.
▶ LC nº 140, de 8-12-2011, fixa normas, nos termos deste parágrafo único, para a cooperação entre a União, os Estados, o Distrito Federal e os Municípios nas ações administrativas decorrentes do exercício da competência comum relativas à proteção das paisagens naturais notáveis, à proteção do meio ambiente, ao combate à poluição em qualquer de suas formas e à preservação das florestas, da fauna e da flora.

Art. 24. Compete à União, aos Estados e ao Distrito Federal legislar concorrentemente sobre:

I – direito tributário, financeiro, penitenciário, econômico e urbanístico;

▶ Lei nº 4.320, de 17-3-1964, estatui normas gerais de direito financeiro para elaboração e controle dos orçamentos e balanços da União, dos Estados, dos Municípios e do Distrito Federal.
▶ Lei nº 5.172, de 25-10-1966 (Código Tributário Nacional).
▶ Lei nº 7.210, de 11-7-1984 (Lei de Execução Penal).

II – orçamento;
III – juntas comerciais;

▶ Lei nº 8.934, de 18-11-1994 (Lei do Registro Público de Empresas Mercantis), regulamentada pelo Dec. nº 1.800, de 30-1-1996.

IV – custas dos serviços forenses;

▶ Lei nº 9.289, de 4-7-1996 (Regimento de Custas da Justiça Federal).
▶ Súm. nº 178 do STJ.

V – produção e consumo;

VI – florestas, caça, pesca, fauna, conservação da natureza, defesa do solo e dos recursos naturais, proteção do meio ambiente e controle da poluição;

▶ Lei nº 5.197, de 3-1-1967 (Lei de Proteção à Fauna).
▶ Lei nº 9.605, de 12-2-1998 (Lei dos Crimes Ambientais).
▶ Lei nº 9.795, de 27-4-1999, dispõe sobre a educação ambiental e institui a Política Nacional de Educação Ambiental.
▶ Lei nº 9.966, de 24-4-2000, dispõe sobre a prevenção, o controle e a fiscalização da poluição causada por lançamentos de óleo e outras substâncias nocivas ou perigosas em águas sob jurisdição nacional.
▶ Lei nº 12.651, de 25-5-2012 (Novo Código Florestal).
▶ Dec.-lei nº 221, de 28-2-1967 (Lei de Proteção e Estímulos à Pesca).
▶ Dec. nº 3.420, de 20-4-2000, cria o Programa Nacional de Florestas.
▶ Dec. nº 6.514, de 22-7-2008, dispõe sobre as infrações e sanções administrativas ao meio ambiente e estabelece o processo administrativo federal para apuração destas infrações.

VII – proteção ao patrimônio histórico, cultural, artístico, turístico e paisagístico;

▶ Lei nº 5.197, de 3-1-1967 (Lei de Proteção à Fauna).
▶ Dec.-lei nº 221, de 28-2-1967 (Lei de Proteção e Estímulos à Pesca).

VIII – responsabilidade por dano ao meio ambiente, ao consumidor, a bens e direitos de valor artístico, estético, histórico, turístico e paisagístico;

▶ Arts. 6º, VII, b, e 37, II, da LC nº 75, de 20-5-1993 (Lei Orgânica do Ministério Público da União).
▶ Lei nº 7.347, de 24-7-1985 (Lei da Ação Civil Pública).
▶ Art. 25, VI, a, da Lei nº 8.625, de 12-2-1993 (Lei Orgânica Nacional do Ministério Público).
▶ Lei nº 9.605, de 12-2-1998 (Lei de Crimes Ambientais).
▶ Dec. nº 1.306, de 9-11-1994, regulamenta o Fundo de Defesa de Direitos Difusos, e seu conselho gestor.
▶ Dec nº 2.181, de 20-3-1997, dispõe sobre a organização do Sistema Nacional de Defesa do Consumidor – SNDC, e estabelece as normas gerais de aplicação das sanções administrativas previstas no CDC.
▶ Dec. nº 6.514, de 22-7-2008, dispõe sobre as infrações e sanções administrativas ao meio ambiente, estabelece o processo administrativo federal para apuração destas infrações.

IX – educação, cultura, ensino e desporto;

▶ Lei nº 9.394, de 20-12-1996 (Lei das Diretrizes e Bases da Educação Nacional).
▶ Lei nº 9.615, de 24-3-1998, institui normas gerais sobre desporto.

X – criação, funcionamento e processo do juizado de pequenas causas;

▶ Art. 98, I, desta Constituição.
▶ Lei nº 9.099, de 26-9-1995 (Lei dos Juizados Especiais).
▶ Lei nº 10.259, de 12-7-2001 (Lei dos Juizados Especiais Federais).

XI – procedimentos em matéria processual;

▶ Art. 98, I, desta Constituição.
▶ Lei nº 9.099, de 26-9-1995 (Lei dos Juizados Especiais).
▶ Lei nº 10.259, de 12-7-2001 (Lei dos Juizados Especiais Federais).

XII – previdência social, proteção e defesa da saúde;
- Lei nº 8.080, de 19-9-1990, dispõe sobre as condições para a promoção, proteção e recuperação da saúde e a organização e o funcionamento dos serviços correspondentes.
- Lei nº 8.213, de 24-7-1991 (Lei dos Planos de Benefícios da Previdência Social).
- Lei nº 9.273, de 3-5-1996, torna obrigatória a inclusão de dispositivo de segurança que impeça a reutilização das seringas descartáveis.
- Dec. nº 3.048, de 6-5-1999 (Regulamento da Previdência Social).

XIII – assistência jurídica e defensoria pública;
- LC nº 80, de 12-1-1994 (Lei da Defensoria Pública).
- Lei nº 1.060, de 5-2-1950 (Lei de Assistência Judiciária).

XIV – proteção e integração social das pessoas portadoras de deficiência;
- Art. 203, V, desta Constituição.
- Lei nº 7.853, de 24-10-1989 (Lei de Apoio às Pessoas Portadoras de Deficiência), regulamentada pelo Dec. nº 3.298, de 20-12-1999.
- Dec. nº 6.949, de 25-8-2009, promulga a Convenção Internacional sobre os Direitos das Pessoas com Deficiência.

XV – proteção à infância e à juventude;
- Lei nº 8.069, de 13-7-1990 (Estatuto da Criança e do Adolescente).
- Lei nº 10.515, de 11-7-2002, que institui o 12 de agosto como Dia Nacional da Juventude.

XVI – organização, garantias, direitos e deveres das polícias civis.

§ 1º No âmbito da legislação concorrente, a competência da União limitar-se-á a estabelecer normas gerais.

§ 2º A competência da União para legislar sobre normas gerais não exclui a competência suplementar dos Estados.

§ 3º Inexistindo lei federal sobre normas gerais, os Estados exercerão a competência legislativa plena, para atender a suas peculiaridades.

§ 4º A superveniência de lei federal sobre normas gerais suspende a eficácia da lei estadual, no que lhe for contrário.

Capítulo III
DOS ESTADOS FEDERADOS

Art. 25. Os Estados organizam-se e regem-se pelas Constituições e leis que adotarem, observados os princípios desta Constituição.
- Súm. nº 681 do STF.

§ 1º São reservadas aos Estados as competências que não lhes sejam vedadas por esta Constituição.
- Art. 19 desta Constituição.

§ 2º Cabe aos Estados explorar diretamente, ou mediante concessão, os serviços locais de gás canalizado, na forma da lei, vedada a edição de medida provisória para a sua regulamentação.
- § 2º com a redação dada pela EC nº 5, de 15-8-1995.
- Art. 246 desta Constituição.
- Lei nº 9.478, de 6-8-1997, dispõe sobre a Política Nacional, as atividades relativas ao monopólio do petróleo, institui o Conselho Nacional de Política Energética e a Agência Nacional do Petróleo – ANP.

§ 3º Os Estados poderão, mediante lei complementar, instituir regiões metropolitanas, aglomerações urbanas e microrregiões, constituídas por agrupamentos de municípios limítrofes, para integrar a organização, o planejamento e a execução de funções públicas de interesse comum.

Art. 26. Incluem-se entre os bens dos Estados:

I – as águas superficiais ou subterrâneas, fluentes, emergentes e em depósito, ressalvadas, neste caso, na forma da lei, as decorrentes de obras da União;
- Lei nº 9.984, de 17-7-2000, dispõe sobre a criação da Agência Nacional de Águas – ANA.
- Art. 29 do Dec. nº 24.643, de 10-7-1934 (Código de Águas).

II – as áreas, nas ilhas oceânicas e costeiras, que estiverem no seu domínio, excluídas aquelas sob domínio da União, Municípios ou terceiros;
- Art. 20, IV, desta Constituição.

III – as ilhas fluviais e lacustres não pertencentes à União;

IV – as terras devolutas não compreendidas entre as da União.

Art. 27. O número de Deputados à Assembleia Legislativa corresponderá ao triplo da representação do Estado na Câmara dos Deputados e, atingido o número de trinta e seis, será acrescido de tantos quantos forem os Deputados Federais acima de doze.
- Art. 32 desta Constituição.

§ 1º Será de quatro anos o mandato dos Deputados Estaduais, aplicando-se-lhes as regras desta Constituição sobre sistema eleitoral, inviolabilidade, imunidades, remuneração, perda de mandato, licença, impedimentos e incorporação às Forças Armadas.

§ 2º O subsídio dos Deputados Estaduais será fixado por lei de iniciativa da Assembleia Legislativa, na razão de, no máximo, setenta e cinco por cento daquele estabelecido, em espécie, para os Deputados Federais, observado o que dispõem os artigos 39, § 4º, 57, § 7º, 150, II, 153, III, e 153, § 2º, I.
- § 2º com a redação dada pela EC nº 19, de 4-6-1998.

§ 3º Compete às Assembleias Legislativas dispor sobre seu regimento interno, polícia e serviços administrativos de sua Secretaria, e prover os respectivos cargos.
- Art. 6º da Lei nº 9.709, de 18-11-1998, que dispõe sobre a convocação de plebiscitos e referendos pelos Estados, Distrito Federal e Municípios.

§ 4º A lei disporá sobre a iniciativa popular no processo legislativo estadual.
- Art. 6º da Lei nº 9.709, de 18-11-1998, regulamenta a execução do disposto nos incisos I, II e III do art. 14 desta Constituição.

Art. 28. A eleição do Governador e do Vice-Governador de Estado, para mandato de quatro anos, realizar-se-á no primeiro domingo de outubro, em primeiro turno, e no último domingo de outubro, em segundo turno, se houver, do ano anterior ao do término do mandato de seus antecessores, e a posse ocorrerá no dia 1º de ja-

neiro do ano subsequente, observado, quanto ao mais, o disposto no artigo 77.
▶ *Caput* com a redação dada pela EC nº 16, de 4-6-1997.
▶ Lei nº 9.504, de 30-9-1997 (Lei das Eleições).

§ 1º Perderá o mandato o Governador que assumir outro cargo ou função na administração pública direta ou indireta, ressalvada a posse em virtude de concurso público e observado o disposto no artigo 38, I, IV e V.
▶ Parágrafo único transformado em § 1º pela EC nº 19, de 4-6-1998.
▶ Art. 29, XIV, desta Constituição.

§ 2º Os subsídios do Governador, do Vice-Governador e dos Secretários de Estado serão fixados por lei de iniciativa da Assembleia Legislativa, observado o que dispõem os artigos 37, XI, 39, § 4º, 150, II, 153, III, e 153, § 2º, I.
▶ § 2º acrescido pela EC nº 19, de 4-6-1998.

CAPÍTULO IV

DOS MUNICÍPIOS

Art. 29. O Município reger-se-á por lei orgânica, votada em dois turnos, com o interstício mínimo de dez dias, e aprovada por dois terços dos membros da Câmara Municipal, que a promulgará, atendidos os princípios estabelecidos nesta Constituição, na Constituição do respectivo Estado e os seguintes preceitos:

I – eleição do Prefeito, do Vice-Prefeito e dos Vereadores, para mandato de quatro anos, mediante pleito direto e simultâneo realizado em todo o País;
▶ Lei nº 9.504, de 30-9-1997 (Lei das Eleições).

II – eleição do Prefeito e do Vice-Prefeito realizada no primeiro domingo de outubro do ano anterior ao término do mandato dos que devam suceder, aplicadas as regras do artigo 77 no caso de Municípios com mais de duzentos mil eleitores;
▶ Inciso II com a redação dada pela EC nº 16, de 4-6-1997.

III – posse do Prefeito e do Vice-Prefeito no dia 1º de janeiro do ano subsequente ao da eleição;

IV – para a composição das Câmaras Municipais, será observado o limite máximo de:
▶ *Caput* do inciso IV com a redação dada pela EC nº 58, de 23-9-2009 (*DOU* de 24-9-2009), produzindo efeitos a partir do processo eleitoral de 2008.
▶ O STF, por maioria de votos, referendou as medidas cautelares concedidas nas Ações Diretas de Inconstitucionalidade nºs 4.307 e 4.310, com eficácia *ex tunc*, para sustar os efeitos do art. 3º, I, da EC nº 58, de 23-9-2009, que altera este inciso IV (*DJE* de 8-10-2009).

a) 9 (nove) Vereadores, nos Municípios de até 15.000 (quinze mil) habitantes;
b) 11 (onze) Vereadores, nos Municípios de mais de 15.000 (quinze mil) habitantes e de até 30.000 (trinta mil) habitantes;
c) 13 (treze) Vereadores, nos Municípios com mais de 30.000 (trinta mil) habitantes e de até 50.000 (cinquenta mil) habitantes;
▶ Alíneas *a* a *c* com a redação dada pela EC nº 58, de 23-9-2009 (*DOU* de 24-9-2009), produzindo efeitos a partir do processo eleitoral de 2008.

d) 15 (quinze) Vereadores, nos Municípios de mais de 50.000 (cinquenta mil) habitantes e de até 80.000 (oitenta mil) habitantes;
e) 17 (dezessete) Vereadores, nos Municípios de mais de 80.000 (oitenta mil) habitantes e de até 120.000 (cento e vinte mil) habitantes;
f) 19 (dezenove) Vereadores, nos Municípios de mais de 120.000 (cento e vinte mil) habitantes e de até 160.000 (cento e sessenta mil) habitantes;
g) 21 (vinte e um) Vereadores, nos Municípios de mais de 160.000 (cento e sessenta mil) habitantes e de até 300.000 (trezentos mil) habitantes;
h) 23 (vinte e três) Vereadores, nos Municípios de mais de 300.000 (trezentos mil) habitantes e de até 450.000 (quatrocentos e cinquenta mil) habitantes;
i) 25 (vinte e cinco) Vereadores, nos Municípios de mais de 450.000 (quatrocentos e cinquenta mil) habitantes e de até 600.000 (seiscentos mil) habitantes;
j) 27 (vinte e sete) Vereadores, nos Municípios de mais de 600.000 (seiscentos mil) habitantes e de até 750.000 (setecentos e cinquenta mil) habitantes;
k) 29 (vinte e nove) Vereadores, nos Municípios de mais de 750.000 (setecentos e cinquenta mil) habitantes e de até 900.000 (novecentos mil) habitantes;
l) 31 (trinta e um) Vereadores, nos Municípios de mais de 900.000 (novecentos mil) habitantes e de até 1.050.000 (um milhão e cinquenta mil) habitantes;
m) 33 (trinta e três) Vereadores, nos Municípios de mais de 1.050.000 (um milhão e cinquenta mil) habitantes e de até 1.200.000 (um milhão e duzentos mil) habitantes;
n) 35 (trinta e cinco) Vereadores, nos Municípios de mais de 1.200.000 (um milhão e duzentos mil) habitantes e de até 1.350.000 (um milhão e trezentos e cinquenta mil) habitantes;
o) 37 (trinta e sete) Vereadores, nos Municípios de mais de 1.350.000 (um milhão e trezentos e cinquenta mil) habitantes e de até 1.500.000 (um milhão e quinhentos mil) habitantes;
p) 39 (trinta e nove) Vereadores, nos Municípios de mais de 1.500.000 (um milhão e quinhentos mil) habitantes e de até 1.800.000 (um milhão e oitocentos mil) habitantes;
q) 41 (quarenta e um) Vereadores, nos Municípios de mais de 1.800.000 (um milhão e oitocentos mil) habitantes e de até 2.400.000 (dois milhões e quatrocentos mil) habitantes;
r) 43 (quarenta e três) Vereadores, nos Municípios de mais de 2.400.000 (dois milhões e quatrocentos mil) habitantes e de até 3.000.000 (três milhões) de habitantes;
s) 45 (quarenta e cinco) Vereadores, nos Municípios de mais de 3.000.000 (três milhões) de habitantes e de até 4.000.000 (quatro milhões) de habitantes;
t) 47 (quarenta e sete) Vereadores, nos Municípios de mais de 4.000.000 (quatro milhões) de habitantes e de até 5.000.000 (cinco milhões) de habitantes;
u) 49 (quarenta e nove) Vereadores, nos Municípios de mais de 5.000.000 (cinco milhões) de habitantes e de até 6.000.000 (seis milhões) de habitantes;

v) 51 (cinquenta e um) Vereadores, nos Municípios de mais de 6.000.000 (seis milhões) de habitantes e de até 7.000.000 (sete milhões) de habitantes;
w) 53 (cinquenta e três) Vereadores, nos Municípios de mais de 7.000.000 (sete milhões) de habitantes e de até 8.000.000 (oito milhões) de habitantes; e
x) 55 (cinquenta e cinco) Vereadores, nos Municípios de mais de 8.000.000 (oito milhões) de habitantes;

▶ Alíneas d a x acrescidas pela EC nº 58, de 23-9-2009 (DOU de 24-9-2009), produzindo efeitos a partir do processo eleitoral de 2008.

V – subsídios do Prefeito, do Vice-Prefeito e dos Secretários municipais fixados por lei de iniciativa da Câmara Municipal, observado o que dispõem os artigos 37, XI, 39, § 4º, 150, II, 153, III, e 153, § 2º, I;

▶ Inciso V com a redação dada pela EC nº 19, de 4-6-1998.

VI – o subsídio dos Vereadores será fixado pelas respectivas Câmaras Municipais em cada legislatura para a subsequente, observado o que dispõe esta Constituição, observados os critérios estabelecidos na respectiva Lei Orgânica e os seguintes limites máximos:

a) em Municípios de até dez mil habitantes, o subsídio máximo dos Vereadores corresponderá a vinte por cento do subsídio dos Deputados Estaduais;
b) em Municípios de dez mil e um a cinquenta mil habitantes, o subsídio máximo dos Vereadores corresponderá a trinta por cento do subsídio dos Deputados Estaduais;
c) em Municípios de cinquenta mil e um a cem mil habitantes, o subsídio máximo dos Vereadores corresponderá a quarenta por cento do subsídio dos Deputados Estaduais;
d) em Municípios de cem mil e um a trezentos mil habitantes, o subsídio máximo dos Vereadores corresponderá a cinquenta por cento do subsídio dos Deputados Estaduais;
e) em Municípios de trezentos mil e um a quinhentos mil habitantes, o subsídio máximo dos Vereadores corresponderá a sessenta por cento do subsídio dos Deputados Estaduais;
f) em Municípios de mais de quinhentos mil habitantes, o subsídio máximo dos Vereadores corresponderá a setenta e cinco por cento do subsídio dos Deputados Estaduais;

▶ Inciso VI com a redação dada pela EC nº 25, de 14-2-2000.

VII – o total da despesa com a remuneração dos Vereadores não poderá ultrapassar o montante de cinco por cento da receita do Município;

▶ Inciso VII acrescido pela EC nº 1, de 31-3-1992, renumerando os demais.

VIII – inviolabilidade dos Vereadores por suas opiniões, palavras e votos no exercício do mandato e na circunscrição do Município;

▶ Inciso VIII renumerado pela EC nº 1, de 31-3-1992.

IX – proibições e incompatibilidades, no exercício da vereança, similares, no que couber, ao disposto nesta Constituição para os membros do Congresso Nacional e, na Constituição do respectivo Estado, para os membros da Assembleia Legislativa;

▶ Inciso IX renumerado pela EC nº 1, de 31-3-1992.

X – julgamento do Prefeito perante o Tribunal de Justiça;

▶ Inciso X renumerado pela EC nº 1, de 31-3-1992.
▶ Dec.-lei nº 201, de 27-2-1967 (Lei de Responsabilidade dos Prefeitos e Vereadores).
▶ Súmulas nºs 702 e 703 do STF.
▶ Súm. nº 209 do STJ.

XI – organização das funções legislativas e fiscalizadoras da Câmara Municipal;

▶ Inciso XI renumerado pela EC nº 1, de 31-3-1992.
▶ Lei nº 9.452, de 20-3-1997, determina que as Câmaras Municipais sejam obrigatoriamente notificadas da liberação de recursos federais para os respectivos Municípios.

XII – cooperação das associações representativas no planejamento municipal;

▶ Inciso XII renumerado pela EC nº 1, de 31-3-1992.

XIII – iniciativa popular de projetos de lei de interesse específico do Município, da cidade ou de bairros, através de manifestação de, pelo menos, cinco por cento do eleitorado;

▶ Inciso XIII renumerado pela EC nº 1, de 31-3-1992.

XIV – perda do mandato do Prefeito, nos termos do artigo 28, parágrafo único.

▶ Inciso XIV renumerado pela EC nº 1, de 31-3-1992.

Art. 29-A. O total da despesa do Poder Legislativo Municipal, incluídos os subsídios dos Vereadores e excluídos os gastos com inativos, não poderá ultrapassar os seguintes percentuais, relativos ao somatório da receita tributária e das transferências previstas no § 5º do artigo 153 e nos artigos 158 e 159, efetivamente realizado no exercício anterior:

▶ Artigo acrescido pela EC nº 25, de 14-2-2000.

I – 7% (sete por cento) para Municípios com população de até 100.000 (cem mil) habitantes;
II – 6% (seis por cento) para Municípios com população entre 100.000 (cem mil) e 300.000 (trezentos mil) habitantes;
III – 5% (cinco por cento) para Municípios com população entre 300.001 (trezentos mil e um) e 500.000 (quinhentos mil) habitantes;
IV – 4,5% (quatro inteiros e cinco décimos por cento) para Municípios com população entre 500.001 (quinhentos mil e um) e 3.000.000 (três milhões) de habitantes;

▶ Incisos I a IV com a redação dada pela EC nº 58, de 23-9-2009 (DOU de 24-9-2009), para vigorar na data de sua promulgação, produzindo efeitos a partir de 1º de janeiro do ano subsequente ao da promulgação desta Emenda.

V – 4% (quatro por cento) para Municípios com população entre 3.000.001 (três milhões e um) e 8.000.000 (oito milhões) de habitantes;
VI – 3,5% (três inteiros e cinco décimos por cento) para Municípios com população acima de 8.000.001 (oito milhões e um) habitantes.

▶ Incisos V e VI acrescidos pela EC nº 58, de 23-9-2009 (DOU de 24-9-2009), para vigorar na data de sua promulgação, produzindo efeitos a partir de 1º de janeiro do ano subsequente ao da promulgação desta Emenda.

§ 1º A Câmara Municipal não gastará mais de setenta por cento de sua receita com folha de pagamento, incluído o gasto com o subsídio de seus Vereadores.

§ 2º Constitui crime de responsabilidade do Prefeito Municipal:

I – efetuar repasse que supere os limites definidos neste artigo;
II – não enviar o repasse até o dia vinte de cada mês; ou
III – enviá-lo a menor em relação à proporção fixada na Lei Orçamentária.

§ 3º Constitui crime de responsabilidade do Presidente da Câmara Municipal o desrespeito ao § 1º deste artigo.

▶ §§ 1º a 3º acrescidos pela EC nº 25, de 14-2-2000.

Art. 30. Compete aos Municípios:

I – legislar sobre assuntos de interesse local;

▶ Súm. nº 645 do STF.

II – suplementar a legislação federal e a estadual no que couber;
III – instituir e arrecadar os tributos de sua competência, bem como aplicar suas rendas, sem prejuízo da obrigatoriedade de prestar contas e publicar balancetes nos prazos fixados em lei;

▶ Art. 156 desta Constituição.

IV – criar, organizar e suprimir distritos, observada a legislação estadual;
V – organizar e prestar, diretamente ou sob regime de concessão ou permissão, os serviços públicos de interesse local, incluído o de transporte coletivo, que tem caráter essencial;
VI – manter, com a cooperação técnica e financeira da União e do Estado, programas de educação infantil e de ensino fundamental;

▶ Inciso VI com a redação dada pela EC nº 53, de 19-12-2006.

VII – prestar, com a cooperação técnica e financeira da União e do Estado, serviços de atendimento à saúde da população;

▶ Dec. nº 3.964, de 10-10-2001, dispõe sobre o Fundo Nacional de Saúde.

VIII – promover, no que couber, adequado ordenamento territorial, mediante planejamento e controle do uso, do parcelamento e da ocupação do solo urbano;

▶ Art. 182 desta Constituição.

IX – promover a proteção do patrimônio histórico-cultural local, observada a legislação e a ação fiscalizadora federal e estadual.

Art. 31. A fiscalização do Município será exercida pelo Poder Legislativo Municipal, mediante controle externo, e pelos sistemas de controle interno do Poder Executivo Municipal, na forma da lei.

§ 1º O controle externo da Câmara Municipal será exercido com o auxílio dos Tribunais de Contas dos Estados ou do Município ou dos Conselhos ou Tribunais de Contas dos Municípios, onde houver.

§ 2º O parecer prévio, emitido pelo órgão competente sobre as contas que o Prefeito deve anualmente prestar, só deixará de prevalecer por decisão de dois terços dos membros da Câmara Municipal.

§ 3º As contas dos Municípios ficarão, durante sessenta dias, anualmente, à disposição de qualquer contribuinte, para exame e apreciação, o qual poderá questionar-lhes a legitimidade, nos termos da lei.

§ 4º É vedada a criação de Tribunais, Conselhos ou órgãos de Contas Municipais.

CAPÍTULO V

DO DISTRITO FEDERAL E DOS TERRITÓRIOS

SEÇÃO I

DO DISTRITO FEDERAL

Art. 32. O Distrito Federal, vedada sua divisão em Municípios, reger-se-á por lei orgânica, votada em dois turnos com interstício mínimo de dez dias, e aprovada por dois terços da Câmara Legislativa, que a promulgará, atendidos os princípios estabelecidos nesta Constituição.

§ 1º Ao Distrito Federal são atribuídas as competências legislativas reservadas aos Estados e Municípios.

▶ Súm. nº 642 do STF.

§ 2º A eleição do Governador e do Vice-Governador, observadas as regras do artigo 77, e dos Deputados Distritais coincidirá com a dos Governadores e Deputados Estaduais, para mandato de igual duração.

§ 3º Aos Deputados Distritais e à Câmara Legislativa aplica-se o disposto no artigo 27.

§ 4º Lei federal disporá sobre a utilização, pelo Governo do Distrito Federal, das Polícias Civil e Militar e do Corpo de Bombeiros Militar.

▶ Lei nº 6.450, de 14-10-1977, dispõe sobre a organização básica da Polícia Militar do Distrito Federal.
▶ Lei nº 7.289, de 18-12-1984, dispõe sobre o Estatuto dos Policiais Militares da Polícia Militar do Distrito Federal.
▶ Lei nº 7.479, de 2-6-1986, aprova o Estatuto dos Bombeiros Militares do Corpo de Bombeiros do Distrito Federal.
▶ Lei nº 12.086, de 6-11-2009, dispõe sobre os militares da Polícia Militar do Distrito Federal e do Corpo de Bombeiros Militar do Distrito Federal.
▶ Dec.-lei nº 667, de 2-7-1969, reorganiza as Polícias Militares e os Corpos de Bombeiros Militares dos Estados, dos Territórios e do Distrito Federal.

SEÇÃO II

DOS TERRITÓRIOS

Art. 33. A lei disporá sobre a organização administrativa e judiciária dos Territórios.

▶ Lei nº 8.185, de 14-5-1991 (Lei de Organização Judiciária do Distrito Federal).

§ 1º Os Territórios poderão ser divididos em Municípios, aos quais se aplicará, no que couber, o disposto no Capítulo IV deste Título.

§ 2º As contas do Governo do Território serão submetidas ao Congresso Nacional, com parecer prévio do Tribunal de Contas da União.

§ 3º Nos Territórios Federais com mais de cem mil habitantes, além do Governador nomeado na forma desta Constituição, haverá órgãos judiciários de primeira e segunda instância, membros do Ministério Público e defensores públicos federais; a lei disporá sobre as eleições para a Câmara Territorial e sua competência deliberativa.

CAPÍTULO VI

DA INTERVENÇÃO

Art. 34. A União não intervirá nos Estados nem no Distrito Federal, exceto para:

I – manter a integridade nacional;

▶ Art. 1º desta Constituição.

II – repelir invasão estrangeira ou de uma Unidade da Federação em outra;

III – pôr termo a grave comprometimento da ordem pública;

IV – garantir o livre exercício de qualquer dos Poderes nas Unidades da Federação;

▶ Art. 36, I, desta Constituição.

V – reorganizar as finanças da Unidade da Federação que:

a) suspender o pagamento da dívida fundada por mais de dois anos consecutivos, salvo motivo de força maior;

b) deixar de entregar aos Municípios receitas tributárias fixadas nesta Constituição, dentro dos prazos estabelecidos em lei;

▶ Art. 10 da LC nº 63, de 11-1-1990, que dispõe sobre critérios e prazos de crédito das parcelas do produto da arrecadação de impostos de competência dos Estados e de transferências por estes recebidas, pertencentes aos Municípios.

VI – prover a execução de lei federal, ordem ou decisão judicial;

▶ Art. 36, § 3º, desta Constituição.
▶ Súm. nº 637 do STF.

VII – assegurar a observância dos seguintes princípios constitucionais:

▶ Art. 36, III e § 3º, desta Constituição.

a) forma republicana, sistema representativo e regime democrático;

b) direitos da pessoa humana;

c) autonomia municipal;

d) prestação de contas da administração pública, direta e indireta;

e) aplicação do mínimo exigido da receita resultante de impostos estaduais, compreendida a proveniente de transferências, na manutenção e desenvolvimento do ensino e nas ações e serviços públicos de saúde.

▶ Alínea e com a redação dada pela EC nº 29, de 13-9-2000.
▶ Art. 212 desta Constituição.

Art. 35. O Estado não intervirá em seus Municípios, nem a União nos Municípios localizados em Território Federal, exceto quando:

▶ Súm. nº 637 do STF.

I – deixar de ser paga, sem motivo de força maior, por dois anos consecutivos, a dívida fundada;

II – não forem prestadas contas devidas, na forma da lei;

III – não tiver sido aplicado o mínimo exigido da receita municipal na manutenção e desenvolvimento do ensino e nas ações e serviços públicos de saúde;

▶ Inciso III com a redação dada pela EC nº 29, de 13-9-2000.
▶ Art. 212 desta Constituição.

IV – o Tribunal de Justiça der provimento a representação para assegurar a observância de princípios indicados na Constituição Estadual, ou para prover a execução de lei, de ordem ou de decisão judicial.

Art. 36. A decretação da intervenção dependerá:

I – no caso do artigo 34, IV, de solicitação do Poder Legislativo ou do Poder Executivo coacto ou impedido, ou de requisição do Supremo Tribunal Federal, se a coação for exercida contra o Poder Judiciário;

II – no caso de desobediência a ordem ou decisão judiciária, de requisição do Supremo Tribunal Federal, do Superior Tribunal de Justiça ou do Tribunal Superior Eleitoral;

▶ Arts. 19 a 22 da Lei nº 8.038, de 28-5-1990, que institui normas procedimentais para os processos que especifica, perante o STJ e o STF.

III – de provimento, pelo Supremo Tribunal Federal, de representação do Procurador-Geral da República, na hipótese do art. 34, VII, e no caso de recusa à execução de lei federal.

▶ Inciso III com a redação dada pela EC nº 45, de 8-12-2004.
▶ Lei nº 12.562, de 23-12-2011, regulamenta este inciso para dispor sobre o processo e julgamento da representação interventiva perante o STF.

IV – *Revogado*. EC nº 45, de 8-12-2004.

§ 1º O decreto de intervenção, que especificará a amplitude, o prazo e as condições de execução e que, se couber, nomeará o interventor, será submetido à apreciação do Congresso Nacional ou da Assembleia Legislativa do Estado, no prazo de vinte e quatro horas.

§ 2º Se não estiver funcionando o Congresso Nacional ou a Assembleia Legislativa, far-se-á convocação extraordinária, no mesmo prazo de vinte e quatro horas.

§ 3º Nos casos do artigo 34, VI e VII, ou do artigo 35, IV, dispensada a apreciação pelo Congresso Nacional ou pela Assembleia Legislativa, o decreto limitar-se-á a suspender a execução do ato impugnado, se essa medida bastar ao restabelecimento da normalidade.

§ 4º Cessados os motivos da intervenção, as autoridades afastadas de seus cargos a estes voltarão, salvo impedimento legal.

CAPÍTULO VII

DA ADMINISTRAÇÃO PÚBLICA

▶ Lei nº 8.112, de 11-12-1990 (Estatuto dos Servidores Públicos Civis da União, Autarquias e Fundações Públicas Federais).
▶ Lei nº 8.727, de 5-11-1993, estabelece diretrizes para consolidação e o reescalonamento pela União, de dívidas internas da administração direta e indireta dos Estados, do Distrito Federal e dos Municípios.
▶ Lei nº 9.784, de 29-1-1999 (Lei do Processo Administrativo Federal).

SEÇÃO I
DISPOSIÇÕES GERAIS

Art. 37. A administração pública direta e indireta de qualquer dos Poderes da União, dos Estados, do Distrito Federal e dos Municípios obedecerá aos princípios de legalidade, impessoalidade, moralidade, publicidade e eficiência e, também, ao seguinte:

- *Caput* com a redação dada pela EC nº 19, de 4-6-1998.
- Art. 19 do ADCT.
- Arts. 3º e 5º, I a VI, §§ 1º e 2º, da Lei nº 8.112, de 11-12-1990 (Estatuto dos Servidores Públicos Civis da União, Autarquias e Fundações Públicas Federais).
- Lei nº 8.727, de 5-11-1993, estabelece diretrizes para a consolidação e o reescalonamento, pela União, de dividas internas das administrações direta e indireta dos Estados, do Distrito Federal e dos Municípios.
- Lei nº 8.730, de 10-11-1993, estabelece a obrigatoriedade da declaração de bens e rendas para o exercício de cargos, empregos, e funções nos Poderes Executivo, Legislativo e Judiciário.
- Súm. Vinc. nº 13 do STF.
- Súmulas nºs 346 e 473 do STF.

I – os cargos, empregos e funções públicas são acessíveis aos brasileiros que preencham os requisitos estabelecidos em lei, assim como aos estrangeiros, na forma da lei;

- Inciso I com a redação dada pela EC nº 19, de 4-6-1998.
- Art. 7º da CLT.
- Arts. 3º a 5º, I a VI, §§ 1º e 2º, da Lei nº 8.112, de 11-12-1990 (Estatuto dos Servidores Públicos Civis da União, Autarquias e Fundações Públicas Federais).
- Lei nº 8.730, de 10-11-1993, estabelece a obrigatoriedade da declaração de bens e rendas para o exercício de cargos, empregos e funções nos Poderes Executivo, Legislativo e Judiciário.
- Súmulas nºs 683, 684 e 686 do STF.
- Súm. nº 266 do STJ.

II – a investidura em cargo ou emprego público depende de aprovação prévia em concurso público de provas ou de provas e títulos, de acordo com a natureza e a complexidade do cargo ou emprego, na forma prevista em lei, ressalvadas as nomeações para cargo em comissão declarado em lei de livre nomeação e exoneração;

- Inciso II com a redação dada pela EC nº 19, de 4-6-1998.
- Art. 7º da CLT.
- Arts. 11 e 12 da Lei nº 8.112, de 11-12-1990 (Estatuto dos Servidores Públicos Civis da União, Autarquias e Fundações Públicas Federais).
- Lei nº 9.962, de 22-2-2000, disciplina o regime de emprego público do pessoal da administração federal direta, autárquica e fundacional.
- Dec. nº 7.203, de 4-6-2010, dispõe sobre a vedação do nepotismo no âmbito da administração pública federal.
- Súm. nº 685 do STF.
- Súmulas nºs 331 e 363 do TST.
- Orientações Jurisprudenciais da SBDI-I nºs 321, 338 e 366 do TST.

III – o prazo de validade do concurso público será de até dois anos, prorrogável uma vez, por igual período;

- Art. 12 da Lei nº 8.112, de 11-12-1990 (Estatuto dos Servidores Públicos Civis da União, Autarquias e Fundações Públicas Federais).
- Lei nº 12.562, de 23-12-2011, regulamenta este inciso para dispor sobre o processo e julgamento da representação interventiva perante o STF.

IV – durante o prazo improrrogável previsto no edital de convocação, aquele aprovado em concurso público de provas ou de provas e títulos será convocado com prioridade sobre novos concursados para assumir cargo ou emprego, na carreira;

- Art. 7º da CLT.

V – as funções de confiança, exercidas exclusivamente por servidores ocupantes de cargo efetivo, e os cargos em comissão, a serem preenchidos por servidores de carreira nos casos, condições e percentuais mínimos previstos em lei, destinam-se apenas às atribuições de direção, chefia e assessoramento;

- Inciso V com a redação dada pela EC nº 19, de 4-6-1998.

VI – é garantido ao servidor público civil o direito à livre associação sindical;

VII – o direito de greve será exercido nos termos e nos limites definidos em lei específica;

- Inciso VII com a redação dada pela EC nº 19, de 4-6-1998.
- Dec. nº 1.480, de 3-5-1995, dispõe sobre os procedimentos a serem adotados em casos de paralisações dos serviços públicos federais.
- Ao julgar os MIs nºs 708 e 712, o Plenário do Supremo Tribunal deferiu injunção e regulamentou provisoriamente o exercício do direito de greve pelos servidores públicos, com base nas Leis nºs 7.701, de 21-12-1988 e 7.783, 28-6-1989, no que for compatível.

VIII – a lei reservará percentual dos cargos e empregos públicos para as pessoas portadoras de deficiência e definirá os critérios de sua admissão;

- Lei nº 7.853, de 24-10-1989 (Lei de Apoio às Pessoas Portadoras de Deficiência), regulamentada pelo Dec. nº 3.298, de 20-12-1999.
- Art. 5º, § 2º, da Lei nº 8.112, de 11-12-1990 (Estatuto dos Servidores Públicos Civis da União, Autarquias e Fundações Públicas Federais).
- Dec. nº 6.949, de 25-8-2009, promulga a Convenção Internacional sobre os Direitos das Pessoas com Deficiência.
- Súm. nº 377 do STJ.

IX – a lei estabelecerá os casos de contratação por tempo determinado para atender a necessidade temporária de excepcional interesse público;

- Lei nº 8.745, de 9-12-1993, dispõe sobre a contratação de servidor público por tempo determinado, para atender a necessidade temporária de excepcional interesse público.
- Art. 30 da Lei nº 10.871, de 20-5-2004, dispõe sobre a criação de carreiras e organização de cargos efetivos das autarquias especiais denominadas Agências Reguladoras.
- MP nº 2.165-36, de 23-8-2001, que até o encerramento desta edição não havia sido convertida em Lei, institui o auxílio-transporte.

X – a remuneração dos servidores públicos e o subsídio de que trata o § 4º do artigo 39 somente poderão ser fixados ou alterados por lei específica, observada a iniciativa privativa em cada caso, assegurada revisão geral anual, sempre na mesma data e sem distinção de índices;

- Inciso X com a redação dada pela EC nº 19, de 4-6-1998.
- Arts. 39, § 4º, 95, III, e 128, § 5º, I, c, desta Constituição.
- Lei nº 7.706, de 21-12-1988, dispõe sobre a revisão dos vencimentos, salários, soldos e proventos dos servidores, civis e militares, da Administração Federal Direta, das Autarquias, dos extintos Territórios Federais e das Fundações Públicas.
- Lei nº 10.331, de 18-12-2001, regulamenta este inciso.
- Súmulas nºs 672 e 679 do STF.

XI – a remuneração e o subsídio dos ocupantes de cargos, funções e empregos públicos da administração direta, autárquica e fundacional, dos membros de qualquer dos Poderes da União, dos Estados, do Distrito Federal e dos Municípios, dos detentores de mandato eletivo e dos demais agentes políticos e os proventos, pensões ou outra espécie remuneratória, percebidos cumulativamente ou não, incluídas as vantagens pessoais ou de qualquer outra natureza, não poderão exceder o subsídio mensal, em espécie, dos Ministros do Supremo Tribunal Federal, aplicando-se como limite, nos Municípios, o subsídio do Prefeito, e nos Estados e no Distrito Federal, o subsídio mensal do Governador no âmbito do Poder Executivo, o subsídio dos Deputados Estaduais e Distritais no âmbito do Poder Legislativo e o subsídio dos Desembargadores do Tribunal de Justiça, limitado a noventa inteiros e vinte e cinco centésimos por cento do subsídio mensal, em espécie, dos Ministros do Supremo Tribunal Federal, no âmbito do Poder Judiciário, aplicável este limite aos membros do Ministério Público, aos Procuradores e aos Defensores Públicos;

- Inciso XI com a redação dada pela EC nº 41, de 19-12-2003.
- O STF, por maioria de votos, concedeu a liminar na ADIN nº 3.854-1, para dar interpretação conforme a CF ao art. 37, XI e § 12, o primeiro dispositivo com a redação dada pela EC nº 41, de 19-12-2003, e o segundo introduzido pela EC nº 47, de 5-7-2005, excluindo a submissão dos membros da magistratura estadual ao subteto de remuneração (DOU de 8-3-2007).
- Arts. 27, § 2º, 28, § 2º, 29, V e VI, 39, §§ 4º e 5º, 49, VII, e VIII, 93, V, 95, III, 128, § 5º, I, c, e 142, § 3º, VIII, desta Constituição.
- Art. 3º, § 3º, da EC nº 20, de 15-12-1998 (Reforma Previdenciária).
- Arts. 7º e 8º da EC nº 41, de 19-12-2003.
- Art. 4º da EC nº 47, de 5-7-2005.
- Lei nº 8.112, de 11-12-1990 (Estatuto dos Servidores Públicos Civis da União, Autarquias e Fundações Públicas Federais).
- Leis nº 8.448, de 21-7-1992, e 8.852, de 4-2-1994, dispõem sobre este inciso.
- Art. 3º da Lei nº 10.887, de 18-6-2004, que dispõe sobre a aplicação de disposições da EC nº 41, de 19-12-2003.
- Lei nº 12.770, de 28-12-2012, dispõe sobre o subsídio do Procurador-Geral da República.

- Lei Delegada nº 13, de 27-8-1982, institui Gratificações de Atividade para os servidores civis do Poder Executivo, revê vantagens.
- OJ da SBDI-I nº 339 do TST.

XII – os vencimentos dos cargos do Poder Legislativo e do Poder Judiciário não poderão ser superiores aos pagos pelo Poder Executivo;

- Art. 135 desta Constituição.
- Art. 42 da Lei nº 8.112, de 11-12-1990 (Estatuto dos Servidores Públicos Civis da União, Autarquias e Fundações Públicas Federais).
- Lei nº 8.852, de 4-2-1994, dispõe sobre a aplicação deste inciso.

XIII – é vedada a vinculação ou equiparação de quaisquer espécies remuneratórias para o efeito de remuneração de pessoal do serviço público;

- Inciso XIII com a redação dada pela EC nº 19, de 4-6-1998.
- Art. 142, § 3º, VIII, desta Constituição.
- Orientações Jurisprudenciais da SBDI-I nºs 297 e 353 do TST.

XIV – os acréscimos pecuniários percebidos por servidor público não serão computados nem acumulados para fins de concessão de acréscimos ulteriores;

- Inciso XIV com a redação dada pela EC nº 19, de 4-6-1998.
- Art. 142, § 3º, VIII, desta Constituição.

XV – o subsídio e os vencimentos dos ocupantes de cargos e empregos públicos são irredutíveis, ressalvado o disposto nos incisos XI e XIV deste artigo e nos artigos 39, § 4º, 150, II, 153, III, e 153, § 2º, I;

- Inciso XV com a redação dada pela EC nº 19, de 4-6-1998.
- Art. 142, § 3º, VIII, desta Constituição.

XVI – é vedada a acumulação remunerada de cargos públicos, exceto, quando houver compatibilidade de horários, observado em qualquer caso o disposto no inciso XI:

- Inciso XVI com a redação dada pela EC nº 19, de 4-6-1998.

a) a de dois cargos de professor;
b) a de um cargo de professor com outro, técnico ou científico;

- Alíneas a e b com a redação dada pela EC nº 19, de 4-6-1998.

c) a de dois cargos ou empregos privativos de profissionais de saúde, com profissões regulamentadas;

- Alínea c com a redação dada pela EC nº 34, de 13-12-2001.
- Arts. 118 a 120 da Lei nº 8.112, de 11-12-1990 (Estatuto dos Servidores Públicos Civis da União, Autarquias e Fundações Públicas Federais).

XVII – a proibição de acumular estende-se a empregos e funções e abrange autarquias, fundações, empresas públicas, sociedades de economia mista, suas subsidiárias, e sociedades controladas, direta ou indiretamente, pelo Poder Público;

- Inciso XVII com a redação dada pela EC nº 19, de 4-6-1998.

▶ Art. 118, § 1º, da Lei nº 8.112, de 11-12-1990 (Estatuto dos Servidores Públicos Civis da União, Autarquias e Fundações Públicas Federais).

XVIII – a administração fazendária e seus servidores fiscais terão, dentro de suas áreas de competência e jurisdição, precedência sobre os demais setores administrativos, na forma da lei;

XIX – somente por lei específica poderá ser criada autarquia e autorizada a instituição de empresa pública, de sociedade de economia mista e de fundação, cabendo à lei complementar, neste último caso, definir as áreas de sua atuação;

▶ Inciso XIX com a redação dada pela EC nº 19, de 4-6-1998.

XX – depende de autorização legislativa, em cada caso, a criação de subsidiárias das entidades mencionadas no inciso anterior, assim como a participação de qualquer delas em empresa privada;

XXI – ressalvados os casos especificados na legislação, as obras, serviços, compras e alienações serão contratados mediante processo de licitação pública que assegure igualdade de condições a todos os concorrentes, com cláusulas que estabeleçam obrigações de pagamento, mantidas as condições efetivas da proposta, nos termos da lei, o qual somente permitirá as exigências de qualificação técnica e econômica indispensáveis à garantia do cumprimento das obrigações;

▶ Art. 22, XXVII, desta Constituição.
▶ Lei nº 8.666, de 21-6-1993 (Lei de Licitações e Contratos Administrativos).
▶ Lei nº 10.520, de 17-7-2002 (Lei do Pregão).
▶ Dec. nº 3.555, de 8-8-2000, regulamenta a modalidade de licitação denominada pregão.
▶ Súm. nº 333 do STJ.
▶ Súm. nº 331 do TST.

XXII – as administrações tributárias da União, dos Estados, do Distrito Federal e dos Municípios, atividades essenciais ao funcionamento do Estado, exercidas por servidores de carreiras específicas, terão recursos prioritários para a realização de suas atividades e atuarão de forma integrada, inclusive com o compartilhamento de cadastros e de informações fiscais, na forma da lei ou convênio.

▶ Inciso XXII acrescido pela EC nº 42, de 19-12-2003.
▶ Art. 137, IV, desta Constituição.

§ 1º A publicidade dos atos, programas, obras, serviços e campanhas dos órgãos públicos deverá ter caráter educativo, informativo ou de orientação social, dela não podendo constar nomes, símbolos ou imagens que caracterizem promoção pessoal de autoridades ou servidores públicos.

▶ Lei nº 8.389, de 30-12-1991, institui o Conselho de Comunicação Social.
▶ Dec. nº 4.799, de 4-8-2003, dispõe sobre a comunicação de Governo do Poder Executivo Federal.

§ 2º A não observância do disposto nos incisos II e III implicará a nulidade do ato e a punição da autoridade responsável, nos termos da lei.

▶ Arts. 116 a 142 da Lei nº 8.112, de 11-12-1990 (Estatuto dos Servidores Públicos Civis da União, Autarquias e Fundações Públicas Federais).
▶ Lei nº 8.429, de 2-6-1992 (Lei da Improbidade Administrativa).

▶ Súm. nº 466 do STJ.
▶ Súm. nº 363 do TST.

§ 3º A lei disciplinará as formas de participação do usuário na administração pública direta e indireta, regulando especialmente:

I – as reclamações relativas à prestação dos serviços públicos em geral, asseguradas a manutenção de serviços de atendimento ao usuário e a avaliação periódica, externa e interna, da qualidade dos serviços;

II – o acesso dos usuários a registros administrativos e a informações sobre atos de governo, observado o disposto no artigo 5º, X e XXXIII;

▶ Lei nº 12.527, de 18-11-2011, regula o acesso a informações previsto neste inciso.

III – a disciplina da representação contra o exercício negligente ou abusivo de cargo, emprego ou função na administração pública.

▶ § 3º e incisos I a III com a redação dada pela EC nº 19, de 4-6-1998.

§ 4º Os atos de improbidade administrativa importarão a suspensão dos direitos políticos, a perda da função pública, a indisponibilidade dos bens e o ressarcimento ao erário, na forma e gradação previstas em lei, sem prejuízo da ação penal cabível.

▶ Art. 15, V, desta Constituição.
▶ Arts. 312 a 327 do CP.
▶ Lei nº 8.026, de 12-4-1990, dispõe sobre a aplicação de pena de demissão a funcionário publico.
▶ Lei nº 8.027, de 12-4-1990, dispõe sobre normas de conduta dos servidores públicos civis da União, das Autarquias e das Fundações Públicas.
▶ Lei nº 8.112, de 11-12-1990 (Estatuto dos Servidores Públicos Civis da União, Autarquias e Fundações Públicas Federais).
▶ Art. 3º da Lei nº 8.137, de 27-12-1990 (Lei dos Crimes Contra a Ordem Tributária, Econômica e Contra as Relações de Consumo).
▶ Lei nº 8.429, de 2-6-1992 (Lei da Improbidade Administrativa).
▶ Dec.-lei nº 3.240, de 8-5-1941 sujeita a sequestro os bens de pessoas indiciadas por crimes de que resulta prejuízo para a Fazenda Pública.
▶ Dec. nº 4.410, de 7-10-2002, promulga a Convenção Interamericana contra a Corrupção.

§ 5º A lei estabelecerá os prazos de prescrição para ilícitos praticados por qualquer agente, servidor ou não, que causem prejuízos ao erário, ressalvadas as respectivas ações de ressarcimento.

▶ Lei nº 8.112, de 11-12-1990 (Estatuto dos Servidores Públicos Civis da União, Autarquias e Fundações Públicas Federais).
▶ Lei nº 8.429, de 2-6-1992 (Lei da Improbidade Administrativa).

§ 6º As pessoas jurídicas de direito público e as de direito privado prestadoras de serviços públicos responderão pelos danos que seus agentes, nessa qualidade, causarem a terceiros, assegurado o direito de regresso contra o responsável nos casos de dolo ou culpa.

▶ Art. 43 do CC.
▶ Lei nº 6.453, de 17-10-1977, dispõe sobre a responsabilidade civil por danos nucleares e a responsabilidade criminal por atos relacionados com atividades nucleares.

▶ Dec. nº 58.818, de 14-7-1966, promulga a Convenção nº 94 da OIT, sobre cláusulas de trabalho em contratos com órgãos públicos.

§ 7º A lei disporá sobre os requisitos e as restrições ao ocupante de cargo ou emprego da administração direta e indireta que possibilite o acesso a informações privilegiadas.

§ 8º A autonomia gerencial, orçamentária e financeira dos órgãos e entidades da administração direta e indireta poderá ser ampliada mediante contrato, a ser firmado entre seus administradores e o poder público, que tenha por objeto a fixação de metas de desempenho para o órgão ou entidade, cabendo à lei dispor sobre:
I – o prazo de duração do contrato;
II – os controles e critérios de avaliação de desempenho, direitos, obrigações e responsabilidade dos dirigentes;
III – a remuneração do pessoal.

§ 9º O disposto no inciso XI aplica-se às empresas públicas e às sociedades de economia mista, e suas subsidiárias, que receberem recursos da União, dos Estados, do Distrito Federal ou dos Municípios para pagamento de despesas de pessoal ou de custeio em geral.
▶ §§ 7º a 9º acrescidos pela EC nº 19, de 4-6-1998.

§ 10. É vedada a percepção simultânea de proventos de aposentadoria decorrentes do artigo 40 ou dos artigos 42 e 142 com a remuneração de cargo, emprego ou função pública, ressalvados os cargos acumuláveis na forma desta Constituição, os cargos eletivos e os cargos em comissão declarados em lei de livre nomeação e exoneração.
▶ § 10 acrescido pela EC nº 20, de 15-12-1998.

§ 11. Não serão computadas, para efeito dos limites remuneratórios de que trata o inciso XI do *caput* deste artigo, as parcelas de caráter indenizatório previstas em lei.
▶ Art. 4º da EC nº 47, de 5-7-2005.

§ 12. Para os fins do disposto no inciso XI do *caput* deste artigo, fica facultado aos Estados e ao Distrito Federal fixar, em seu âmbito, mediante emenda às respectivas Constituições e Lei Orgânica, como limite único, o subsídio mensal dos Desembargadores do respectivo Tribunal de Justiça, limitado a noventa inteiros e vinte e cinco centésimos por cento do subsídio mensal dos Ministros do Supremo Tribunal Federal, não se aplicando o disposto neste parágrafo aos subsídios dos Deputados Estaduais e Distritais e dos Vereadores.
▶ §§ 11 e 12 acrescidos pela EC nº 47, de 5-7-2005.
▶ O STF, por maioria de votos, concedeu a liminar na ADIN nº 3.854-1, para dar interpretação conforme a CF ao art. 37, XI e § 12, o primeiro dispositivo com a redação dada pela EC nº 41, de 19-12-2003, e o segundo introduzido pela EC nº 47, de 5-7-2005, excluindo a submissão dos membros da magistratura estadual ao subteto de remuneração (*DOU* de 8-3-2007).

Art. 38. Ao servidor público da administração direta, autárquica e fundacional, no exercício de mandato eletivo, aplicam-se as seguintes disposições:
▶ *Caput* com a redação dada pela EC nº 19, de 4-6-1998.
▶ Art. 28 desta Constituição.

▶ Lei nº 8.112, de 11-12-1990 (Estatuto dos Servidores Públicos Civis da União, Autarquias e Fundações Públicas Federais).

I – tratando-se de mandato eletivo federal, estadual ou distrital, ficará afastado de seu cargo, emprego ou função;
▶ Art. 28, § 1º, desta Constituição.

II – investido no mandato de Prefeito será afastado do cargo, emprego ou função, sendo-lhe facultado optar pela sua remuneração;
III – investido no mandato de Vereador, havendo compatibilidade de horários, perceberá as vantagens de seu cargo, emprego ou função, sem prejuízo da remuneração do cargo eletivo, e, não havendo compatibilidade, será aplicada a norma do inciso anterior;
IV – em qualquer caso que exija o afastamento para o exercício de mandato eletivo, seu tempo de serviço será contado para todos os efeitos legais, exceto para promoção por merecimento;
▶ Art. 28, § 1º, desta Constituição.

V – para efeito de benefício previdenciário, no caso de afastamento, os valores serão determinados como se no exercício estivesse.
▶ Art. 28, § 1º, desta Constituição.

Seção II

DOS SERVIDORES PÚBLICOS

▶ Denominação desta Seção dada pela EC nº 18, de 5-2-1998.
▶ Lei nº 8.026, de 12-4-1990, dispõe sobre a aplicação de pena de demissão a funcionário público.
▶ Lei nº 8.027, de 12-4-1990, dispõe sobre normas de conduta dos servidores públicos civis da União, das autarquias e das fundações públicas.
▶ Lei nº 8.112, de 11-12-1990 (Estatuto dos Servidores Públicos Civis da União, Autarquias e Fundações Públicas Federais).
▶ Súm. nº 378 do STJ.

Art. 39. A União, os Estados, o Distrito Federal e os Municípios instituirão conselho de política de administração e remuneração de pessoal, integrado por servidores designados pelos respectivos Poderes.
▶ *Caput* com a redação dada pela EC nº 19, de 4-6-1998.
▶ O STF, por maioria de votos, deferiu parcialmente a medida cautelar na ADIN nº 2.135-4, para suspender, com efeitos *ex nunc*, a eficácia do *caput* deste artigo, razão pela qual continuará em vigor a redação original: "Art. 39. A União, os Estados, o Distrito Federal e os Municípios instituirão, no âmbito de sua competência, regime jurídico único e planos de carreira para os servidores da administração pública direta, das autarquias e das fundações públicas" (*DOU* de 14-8-2007).
▶ Art. 24 do ADCT.
▶ Lei nº 8.026, de 12-4-1990, dispõe sobre a aplicação de pena de demissão a funcionário público.
▶ Lei nº 8.027, de 12-4-1990, dispõe sobre normas de conduta dos servidores públicos civis da União, das Autarquias e das Fundações Públicas.
▶ Lei nº 8.112, de 11-12-1990 (Estatuto dos Servidores Públicos Civis da União, Autarquias e Fundações Públicas Federais).
▶ Súm. Vinc. nº 4 do STF.
▶ Súm. nº 97 do STJ.

§ 1º A fixação dos padrões de vencimento e dos demais componentes do sistema remuneratório observará:

I – a natureza, o grau de responsabilidade e a complexidade dos cargos componentes de cada carreira;
II – os requisitos para a investidura;
III – as peculiaridades dos cargos.

▶ Art. 41, § 4º, da Lei nº 8.112, de 11-12-1990 (Estatuto dos Servidores Públicos Civis da União, Autarquias e Fundações Públicas Federais).
▶ Lei nº 8.448, de 21-7-1992, regulamenta este parágrafo.
▶ Lei nº 8.852, de 4-2-1994, dispõe sobre a aplicação deste parágrafo.
▶ Lei nº 9.367, de 16-12-1996, fixa critérios para a progressiva unificação das tabelas de vencimentos dos servidores.
▶ Súm. Vinc. nº 4 do STF.
▶ Súm. nº 339 do STF.

§ 2º A União, os Estados e o Distrito Federal manterão escolas de governo para a formação e o aperfeiçoamento dos servidores públicos, constituindo-se a participação nos cursos um dos requisitos para a promoção na carreira, facultada, para isso, a celebração de convênios ou contratos entre os entes federados.

▶ §§ 1º e 2º com a redação dada pela EC nº 19, de 4-6-1998.

§ 3º Aplica-se aos servidores ocupantes de cargo público o disposto no artigo 7º, IV, VII, VIII, IX, XII, XIII, XV, XVI, XVII, XVIII, XIX, XX, XXII e XXX, podendo a lei estabelecer requisitos diferenciados de admissão quando a natureza do cargo o exigir.

▶ Dec.-lei nº 5.452, de 1-5-1943 (Consolidação das Leis do Trabalho).
▶ Decreto Legislativo nº 206, de 7-4-2010, aprova a ratificação da Convenção nº 151 da OIT sobre direito de sindicalização e relações de trabalho na administração pública.
▶ Súmulas Vinculantes nºs 4, 15 e 16 do STF.
▶ Súmulas nºs 683 e 684 do STF.
▶ Súm. nº 243 do TST.

§ 4º O membro de Poder, o detentor de mandato eletivo, os Ministros de Estado e os Secretários Estaduais e Municipais serão remunerados exclusivamente por subsídio fixado em parcela única, vedado o acréscimo de qualquer gratificação, adicional, abono, prêmio, verba de representação ou outra espécie remuneratória, obedecido, em qualquer caso, o disposto no artigo 37, X e XI.

▶ Arts. 27, § 2º, 28, § 2º, 29, V, e VI, 37, XV, 48, XV, 49, VII e VIII, 93, V, 95, III, 128, § 5º, I, c, e 135 desta Constituição.
▶ Lei nº 11.144, de 26-7-2005, dispõe sobre o subsídio do Procurador-Geral da República.
▶ Lei nº 12.770, de 28-12-2012, dispõe sobre o subsídio do Procurador-Geral da República.

§ 5º Lei da União, dos Estados, do Distrito Federal e dos Municípios poderá estabelecer a relação entre a maior e a menor remuneração dos servidores públicos, obedecido, em qualquer caso, o disposto no artigo 37, XI.

§ 6º Os Poderes Executivo, Legislativo e Judiciário publicarão anualmente os valores do subsídio e da remuneração dos cargos e empregos públicos.

§ 7º Lei da União, dos Estados, do Distrito Federal e dos Municípios disciplinará a aplicação de recursos orçamentários provenientes da economia com despesas correntes em cada órgão, autarquia e fundação, para aplicação no desenvolvimento de programas de qualidade e produtividade, treinamento e desenvolvimento, modernização, reaparelhamento e racionalização do serviço público, inclusive sob a forma de adicional ou prêmio de produtividade.

§ 8º A remuneração dos servidores públicos organizados em carreira poderá ser fixada nos termos do § 4º.

▶ §§ 3º a 8º acrescidos pela EC nº 19, de 4-6-1998.

Art. 40. Aos servidores titulares de cargos efetivos da União, dos Estados, do Distrito Federal e dos Municípios, incluídas suas autarquias e fundações, é assegurado regime de previdência de caráter contributivo e solidário, mediante contribuição do respectivo ente público, dos servidores ativos e inativos e dos pensionistas, observados critérios que preservem o equilíbrio financeiro e atuarial e o disposto neste artigo.

▶ *Caput* com a redação dada pela EC nº 41, de 19-12-2003.
▶ Arts. 37, § 10, 73, § 3º, e 93, VI, desta Constituição.
▶ Arts. 4º e 6º da EC nº 41, de 19-12-2003.
▶ Art. 3º da EC nº 47, de 5-7-2005.

§ 1º Os servidores abrangidos pelo regime de previdência de que trata este artigo serão aposentados, calculados os seus proventos a partir dos valores fixados na forma dos §§ 3º e 17:

▶ § 1º com a redação dada pela EC nº 41, de 19-12-2003.
▶ Art. 2º, § 5º, da EC nº 41, de 19-12-2003.
▶ Súm. nº 726 do STF.

I – por invalidez permanente, sendo os proventos proporcionais ao tempo de contribuição, exceto se decorrente de acidente em serviço, moléstia profissional ou doença grave, contagiosa ou incurável, na forma da lei;

▶ Inciso I com a redação dada pela EC nº 41, de 19-12-2003.

II – compulsoriamente, aos setenta anos de idade, com proventos proporcionais ao tempo de contribuição;

▶ Arts. 2º, § 5º, e 3º, § 1º, da EC nº 41, de 19-12-2003.

III – voluntariamente, desde que cumprido tempo mínimo de dez anos de efetivo exercício no serviço público e cinco anos no cargo efetivo em que se dará a aposentadoria, observadas as seguintes condições:

▶ Incisos II e III acrescidos pela EC nº 20, de 15-12-1998.
▶ Arts. 2º e 6º-A da EC nº 41, de 19-12-2003.

a) sessenta anos de idade e trinta e cinco de contribuição, se homem, e cinquenta e cinco anos de idade e trinta de contribuição, se mulher;

▶ Art. 3º, III, da EC nº 47, de 5-7-2005.

b) sessenta e cinco anos de idade, se homem, e sessenta anos de idade, se mulher, com proventos proporcionais ao tempo de contribuição.

▶ Alíneas *a* e *b*, acrescidas pela EC nº 20, de 15-12-1998.

§ 2º Os proventos de aposentadoria e as pensões, por ocasião de sua concessão, não poderão exceder a remuneração do respectivo servidor, no cargo efetivo em

que se deu a aposentadoria ou que serviu de referência para a concessão da pensão.
▶ § 2º com a redação dada pela EC nº 20, de 15-12-1998.

§ 3º Para o cálculo dos proventos de aposentadoria, por ocasião da sua concessão, serão consideradas as remunerações utilizadas como base para as contribuições do servidor aos regimes de previdência de que tratam este artigo e o art. 201, na forma da lei.
▶ § 3º com a redação dada pela EC nº 41, de 19-12-2003.
▶ Art. 2º da EC nº 41, de 19-12-2003.
▶ Art. 1º da Lei nº 10.887, de 18-6-2004, que dispõe sobre a aplicação de disposições da EC nº 41, de 19-12-2003.

§ 4º É vedada a adoção de requisitos e critérios diferenciados para a concessão de aposentadoria aos abrangidos pelo regime de que trata este artigo, ressalvados, nos termos definidos em leis complementares, os casos de servidores:
▶ Caput do § 4º com a redação dada pela EC nº 47, de 5-7-2005.
▶ Súm. nº 680 do STF.

I – portadores de deficiência;
II – que exerçam atividades de risco;
III – cujas atividades sejam exercidas sob condições especiais que prejudiquem a saúde ou integridade física.
▶ Incisos I a III acrescidos pela EC nº 47, de 5-7-2005.

§ 5º Os requisitos de idade e de tempo de contribuição serão reduzidos em cinco anos, em relação ao disposto no § 1º, III, a, para o professor que comprove exclusivamente tempo de efetivo exercício das funções de magistério na educação infantil e no ensino fundamental e médio.
▶ Arts. 2º, § 1º, e 6º, caput, da EC nº 41, de 19-12-2003.
▶ Art. 67, § 2º, da Lei nº 9.394, de 20-12-1996 (Lei das Diretrizes e Bases da Educação Nacional).
▶ Súm. nº 726 do STF.

§ 6º Ressalvadas as aposentadorias decorrentes dos cargos acumuláveis na forma desta Constituição, é vedada a percepção de mais de uma aposentadoria à conta do regime de previdência previsto neste artigo.
▶ §§ 5º e 6º com a redação dada pela EC nº 20, de 15-12-1998.

§ 7º Lei disporá sobre a concessão do benefício de pensão por morte, que será igual:
▶ Art. 42, § 2º, desta Constituição.

I – ao valor da totalidade dos proventos do servidor falecido, até o limite máximo estabelecido para os benefícios do regime geral de previdência social de que trata o art. 201, acrescido de setenta por cento da parcela excedente a este limite, caso aposentado à data do óbito; ou
II – ao valor da totalidade da remuneração do servidor no cargo efetivo em que se deu o falecimento, até o limite máximo estabelecido para os benefícios do regime geral de previdência social de que trata o art. 201, acrescido de setenta por cento da parcela excedente a este limite, caso em atividade na data do óbito.
▶ § 7º com a redação dada pela EC nº 41, de 19-12-2003.

§ 8º É assegurado o reajustamento dos benefícios para preservar-lhes, em caráter permanente, o valor real, conforme critérios estabelecidos em lei.
▶ § 8º com a redação dada pela EC nº 41, de 19-12-2003.
▶ Arts. 2º, § 6º, e 6º-A da EC nº 41, de 19-12-2003.
▶ Súm. Vinc. nº 20 do STF.

§ 9º O tempo de contribuição federal, estadual ou municipal será contado para efeito de aposentadoria e o tempo de serviço correspondente para efeito de disponibilidade.
▶ Art. 42, § 1º, desta Constituição.

§ 10. A lei não poderá estabelecer qualquer forma de contagem de tempo de contribuição fictício.
▶ Art. 4º da EC nº 20, de 15-12-1998 (Reforma Previdenciária).

§ 11. Aplica-se o limite fixado no artigo 37, XI, à soma total dos proventos de inatividade, inclusive quando decorrentes da acumulação de cargos ou empregos públicos, bem como de outras atividades sujeitas a contribuição para o regime geral de previdência social, e ao montante resultante da adição de proventos de inatividade com remuneração de cargo acumulável na forma desta Constituição, cargo em comissão declarado em lei de livre nomeação e exoneração, e de cargo eletivo.

§ 12. Além do disposto neste artigo, o regime de previdência dos servidores públicos titulares de cargo efetivo observará, no que couber, os requisitos e critérios fixados para o regime geral de previdência social.

§ 13. Ao servidor ocupante, exclusivamente, de cargo em comissão declarado em lei de livre nomeação e exoneração bem como de outro cargo temporário ou de emprego público, aplica-se o regime geral de previdência social.
▶ Lei nº 9.962, de 22-2-2000, disciplina o regime de emprego público do pessoal da administração federal direta, autárquica e fundacional.

§ 14. A União, os Estados, o Distrito Federal e os Municípios, desde que instituam regime de previdência complementar para os seus respectivos servidores titulares de cargo efetivo, poderão fixar, para o valor das aposentadorias e pensões a serem concedidas pelo regime de que trata este artigo, o limite máximo estabelecido para os benefícios do regime geral de previdência social de que trata o artigo 201.
▶ §§ 9º a 14 acrescidos pela EC nº 20, de 15-12-1998.
▶ LC nº 108, de 29-5-2001, dispõe sobre a relação entre a União, e os Estados, o Distrito Federal e os Municípios, suas autarquias, fundações, sociedades de economia mista e outras entidades públicas e suas respectivas entidades fechadas de previdência complementar.
▶ Lei nº 12.618, de 30-4-2012, institui o regime de previdência complementar para os servidores públicos federais titulares de cargo efetivo.

§ 15. O regime de previdência complementar de que trata o § 14 será instituído por lei de iniciativa do respectivo Poder Executivo, observado o disposto no art. 202 e seus parágrafos, no que couber, por intermédio de entidades fechadas de previdência complementar, de natureza pública, que oferecerão aos respectivos participantes planos de benefícios somente na modalidade de contribuição definida.
▶ § 15 com a redação dada pela EC nº 41, de 19-12-2003.

► Lei nº 12.618, de 30-4-2012, institui o regime de previdência complementar para os servidores públicos federais titulares de cargo efetivo.

§ 16. Somente mediante sua prévia e expressa opção, o disposto nos §§ 14 e 15 poderá ser aplicado ao servidor que tiver ingressado no serviço público até a data da publicação do ato de instituição do correspondente regime de previdência complementar.

► § 16 acrescido pela EC nº 20, de 15-12-1998.
► Lei nº 9.717, de 27-11-1998, dispõe sobre regras gerais para a organização e o funcionamento dos regimes próprios de previdência social dos servidores públicos da União, dos Estados, do Distrito Federal e dos Municípios, bem como dos militares dos Estados e do Distrito Federal.
► Lei nº 10.887, de 18-6-2004, dispõe sobre a aplicação de disposições da EC nº 41, de 19-12-2003.
► Lei nº 12.618, de 30-4-2012, institui o regime de previdência complementar para os servidores públicos federais titulares de cargo efetivo.

§ 17. Todos os valores de remuneração considerados para o cálculo do benefício previsto no § 3º serão devidamente atualizados, na forma da lei.

► Arts. 2º e 6º-A da EC nº 41, de 19-12-2003.

§ 18. Incidirá contribuição sobre os proventos de aposentadorias e pensões concedidas pelo regime de que trata este artigo que superem o limite máximo estabelecido para os benefícios do regime geral de previdência social de que trata o art. 201, com percentual igual ao estabelecido para os servidores titulares de cargos efetivos.

► Art. 4º, I e II, da EC nº 41, de 19-12-2003.

§ 19. O servidor de que trata este artigo que tenha completado as exigências para aposentadoria voluntária estabelecidas no § 1º, III, a, e que opte por permanecer em atividade fará jus a um abono de permanência equivalente ao valor da sua contribuição previdenciária até completar as exigências para aposentadoria compulsória contidas no § 1º, II.

§ 20. Fica vedada a existência de mais de um regime próprio de previdência social para os servidores titulares de cargos efetivos, e de mais de uma unidade gestora do respectivo regime em cada ente estatal, ressalvado o disposto no art. 142, § 3º, X.

► §§ 17 a 20 acrescidos pela EC nº 41, de 19-12-2003.
► Art. 28 da EC nº 19, de 4-6-1998 (Reforma Administrativa).

§ 21. A contribuição prevista no § 18 deste artigo incidirá apenas sobre as parcelas de proventos de aposentadoria e de pensão que superem o dobro do limite máximo estabelecido para os benefícios do regime geral de previdência social de que trata o artigo 201 desta Constituição, quando o beneficiário, na forma da lei, for portador de doença incapacitante.

► § 21 acrescido pela EC nº 47, de 5-7-2005, em vigor na data de sua publicação, com efeitos retroativos à data de vigência da EC nº 41, de 19-12-2003 (DOU de 6-7-2005).

Art. 41. São estáveis após três anos de efetivo exercício os servidores nomeados para cargo de provimento efetivo em virtude de concurso público.

► Súm. nº 390 do TST.

§ 1º O servidor público estável só perderá o cargo:

I – em virtude de sentença judicial transitada em julgado;

II – mediante processo administrativo em que lhe seja assegurada ampla defesa;

► Súmulas nºs 18, 19, 20 e 21 do STF.
► OJ da SBDI-I nº 247 do TST.

III – mediante procedimento de avaliação periódica de desempenho, na forma de lei complementar, assegurada ampla defesa.

► Art. 247 desta Constituição.

§ 2º Invalidada por sentença judicial a demissão do servidor estável, será ele reintegrado, e o eventual ocupante da vaga, se estável, reconduzido ao cargo de origem, sem direito a indenização, aproveitado em outro cargo ou posto em disponibilidade com remuneração proporcional ao tempo de serviço.

§ 3º Extinto o cargo ou declarada a sua desnecessidade, o servidor estável ficará em disponibilidade, com remuneração proporcional ao tempo de serviço, até seu adequado aproveitamento em outro cargo.

► Súmulas nºs 11 e 39 do STF.

§ 4º Como condição para a aquisição da estabilidade, é obrigatória a avaliação especial de desempenho por comissão instituída para essa finalidade.

► Art. 41 com a redação dada pela EC nº 19, de 4-6-1998.
► Art. 28 da EC nº 19, de 4-6-1998 (Reforma Administrativa).

SEÇÃO III

DOS MILITARES DOS ESTADOS, DO DISTRITO FEDERAL E DOS TERRITÓRIOS

► Denominação desta Seção dada pela EC nº 18, de 5-2-1998.

Art. 42. Os membros das Polícias Militares e Corpos de Bombeiros Militares, instituições organizadas com base na hierarquia e disciplina, são militares dos Estados, do Distrito Federal e dos Territórios.

► Caput com a redação dada pela EC nº 18, de 5-2-1998.
► Art. 37, § 10, desta Constituição.
► Art. 89 do ADCT.

§ 1º Aplicam-se aos militares dos Estados, do Distrito Federal e dos Territórios, além do que vier a ser fixado em lei, as disposições do artigo 14, § 8º; do artigo 40, § 9º; e do artigo 142, §§ 2º e 3º, cabendo a lei estadual específica dispor sobre as matérias do artigo 142, § 3º, X, sendo as patentes dos oficiais conferidas pelos respectivos governadores.

► § 1º com a redação dada pela EC nº 20, de 15-12-1998.
► Súm. Vinc. nº 4 do STF.

§ 2º Aos pensionistas dos militares dos Estados, do Distrito Federal e dos Territórios aplica-se o que for fixado em lei específica do respectivo ente estatal.

► § 2º com a redação dada pela EC nº 41, de 19-12-2003.

SEÇÃO IV

DAS REGIÕES

Art. 43. Para efeitos administrativos, a União poderá articular sua ação em um mesmo complexo geoeconômico e social, visando a seu desenvolvimento e à redução das desigualdades regionais.

§ 1º Lei complementar disporá sobre:

I – as condições para integração de regiões em desenvolvimento;

II – a composição dos organismos regionais que executarão, na forma da lei, os planos regionais, integrantes dos planos nacionais de desenvolvimento econômico e social, aprovados juntamente com estes.

▶ LC nº 124, de 3-1-2007, institui a Superintendência do Desenvolvimento da Amazônia – SUDAM.

▶ LC nº 125, de 3-1-2007, institui a Superintendência do Desenvolvimento do Nordeste – SUDENE.

▶ LC nº 134, de 14-1-2010, dispõe sobre a composição do Conselho de Administração da Superintendência da Zona Franca de Manaus – SUFRAMA.

§ 2º Os incentivos regionais compreenderão, além de outros, na forma da lei:

I – igualdade de tarifas, fretes, seguros e outros itens de custos e preços de responsabilidade do Poder Público;

II – juros favorecidos para financiamento de atividades prioritárias;

III – isenções, reduções ou diferimento temporário de tributos federais devidos por pessoas físicas ou jurídicas;

IV – prioridade para o aproveitamento econômico e social dos rios e das massas de água represadas ou represáveis nas regiões de baixa renda, sujeitas a secas periódicas.

§ 3º Nas áreas a que se refere o § 2º, IV, a União incentivará a recuperação de terras áridas e cooperará com os pequenos e médios proprietários rurais para o estabelecimento, em suas glebas, de fontes de água e de pequena irrigação.

TÍTULO IV – DA ORGANIZAÇÃO DOS PODERES

CAPÍTULO I

DO PODER LEGISLATIVO

SEÇÃO I

DO CONGRESSO NACIONAL

Art. 44. O Poder Legislativo é exercido pelo Congresso Nacional, que se compõe da Câmara dos Deputados e do Senado Federal.

Parágrafo único. Cada legislatura terá a duração de quatro anos.

Art. 45. A Câmara dos Deputados compõe-se de representantes do povo, eleitos, pelo sistema proporcional, em cada Estado, em cada Território e no Distrito Federal.

§ 1º O número total de Deputados, bem como a representação por Estado e pelo Distrito Federal, será estabelecido por lei complementar, proporcionalmente à população, procedendo-se aos ajustes necessários, no ano anterior às eleições, para que nenhuma daquelas Unidades da Federação tenha menos de oito ou mais de setenta Deputados.

▶ Arts. 1º a 3º da LC nº 78, de 30-12-1993, que disciplina a fixação do número de Deputados, nos termos deste parágrafo.

§ 2º Cada Território elegerá quatro Deputados.

Art. 46. O Senado Federal compõe-se de representantes dos Estados e do Distrito Federal, eleitos segundo o princípio majoritário.

§ 1º Cada Estado e o Distrito Federal elegerão três Senadores, com mandato de oito anos.

§ 2º A representação de cada Estado e do Distrito Federal será renovada de quatro em quatro anos, alternadamente, por um e dois terços.

§ 3º Cada Senador será eleito com dois suplentes.

Art. 47. Salvo disposição constitucional em contrário, as deliberações de cada Casa e de suas Comissões serão tomadas por maioria dos votos, presente a maioria absoluta de seus membros.

SEÇÃO II

DAS ATRIBUIÇÕES DO CONGRESSO NACIONAL

Art. 48. Cabe ao Congresso Nacional, com a sanção do Presidente da República, não exigida esta para o especificado nos artigos 49, 51 e 52, dispor sobre todas as matérias de competência da União, especialmente sobre:

I – sistema tributário, arrecadação e distribuição de rendas;

II – plano plurianual, diretrizes orçamentárias, orçamento anual, operações de crédito, dívida pública e emissões de curso forçado;

III – fixação e modificação do efetivo das Forças Armadas;

IV – planos e programas nacionais, regionais e setoriais de desenvolvimento;

V – limites do território nacional, espaço aéreo e marítimo e bens do domínio da União;

VI – incorporação, subdivisão ou desmembramento de áreas de Territórios ou Estados, ouvidas as respectivas Assembleias Legislativas;

▶ Art. 4º da Lei nº 9.709, de 18-11-1998, que regulamenta o art. 14 desta Constituição.

VII – transferência temporária da sede do Governo Federal;

VIII – concessão de anistia;

▶ Art. 187 da LEP.

IX – organização administrativa, judiciária, do Ministério Público e da Defensoria Pública da União e dos Territórios e organização judiciária e do Ministério Público do Distrito Federal;

▶ Inciso IX com a redação dada pela EC nº 69, de 29-3-2012, em vigor na data de sua publicação, produzindo efeitos após 120 dias de sua publicação oficial (*DOU* de 30-3-2012).

X – criação, transformação e extinção de cargos, empregos e funções públicas, observado o que estabelece o art. 84, VI, *b*;

XI – criação e extinção de Ministérios e órgãos da administração pública;
▶ Incisos X e XI com a redação dada pela EC nº 32, de 11-9-2001.
XII – telecomunicações e radiodifusão;
▶ Lei nº 9.295, de 19-7-1996, dispõe sobre serviços de telecomunicações, organizações e órgão regulador.
▶ Lei nº 9.472, de 16-7-1997, dispõe sobre a organização dos serviços de telecomunicações, a criação e funcionamento de um órgão regulador e outros aspectos institucionais.
▶ Lei nº 9.612, de 19-2-1998, institui o serviço de radiodifusão comunitária.
XIII – matéria financeira, cambial e monetária, instituições financeiras e suas operações;
XIV – moeda, seus limites de emissão, e montante da dívida mobiliária federal;
XV – fixação do subsídio dos Ministros do Supremo Tribunal Federal, observado o que dispõem os arts. 39, § 4º; 150, II; 153, III; e 153, § 2º, I.
▶ Inciso XV com a redação dada pela EC nº 41, de 19-12-2003.
▶ Lei nº 12.771, de 28-12-2012, dispõe sobre o subsídio de Ministro do Supremo Tribunal Federal.

Art. 49. É da competência exclusiva do Congresso Nacional:
▶ Art. 48 desta Constituição.

I – resolver definitivamente sobre tratados, acordos ou atos internacionais que acarretem encargos ou compromissos gravosos ao patrimônio nacional;
II – autorizar o Presidente da República a declarar guerra, a celebrar a paz, a permitir que forças estrangeiras transitem pelo território nacional ou nele permaneçam temporariamente, ressalvados os casos previstos em lei complementar;
III – autorizar o Presidente e o Vice-Presidente da República a se ausentarem do País, quando a ausência exceder a quinze dias;
IV – aprovar o estado de defesa e a intervenção federal, autorizar o estado de sítio, ou suspender qualquer uma dessas medidas;
V – sustar os atos normativos do Poder Executivo que exorbitem do poder regulamentar ou dos limites de delegação legislativa;
VI – mudar temporariamente sua sede;
VII – fixar idêntico subsídio para os Deputados Federais e os Senadores, observado o que dispõem os artigos 37, XI, 39, § 4º, 150, II, 153, III, e 153, § 2º, I;
VIII – fixar os subsídios do Presidente e do Vice-Presidente da República e dos Ministros de Estado, observado o que dispõem os artigos 37, XI, 39, § 4º, 150, II, 153, III, e 153, § 2º, I;
▶ Incisos VII e VIII com a redação dada pela EC nº 19, de 4-6-1998.

IX – julgar anualmente as contas prestadas pelo Presidente da República e apreciar os relatórios sobre a execução dos planos de governo;
X – fiscalizar e controlar, diretamente, ou por qualquer de suas Casas, os atos do Poder Executivo, incluídos os da administração indireta;
XI – zelar pela preservação de sua competência legislativa em face da atribuição normativa dos outros Poderes;
XII – apreciar os atos de concessão e renovação de concessão de emissoras de rádio e televisão;
XIII – escolher dois terços dos membros do Tribunal de Contas da União;
▶ Dec. Legislativo nº 6, de 22-4-1993, regulamenta a escolha de Ministro do Tribunal de Contas da União pelo Congresso Nacional.

XIV – aprovar iniciativas do Poder Executivo referentes a atividades nucleares;
XV – autorizar referendo e convocar plebiscito;
▶ Arts. 1º a 12 da Lei nº 9.709, de 18-11-1998, que regulamenta o art. 14 desta Constituição.

XVI – autorizar, em terras indígenas, a exploração e o aproveitamento de recursos hídricos e a pesquisa e lavra de riquezas minerais;
XVII – aprovar, previamente, a alienação ou concessão de terras públicas com área superior a dois mil e quinhentos hectares.

Art. 50. A Câmara dos Deputados e o Senado Federal, ou qualquer de suas Comissões, poderão convocar Ministro de Estado ou quaisquer titulares de órgãos diretamente subordinados à Presidência da República para prestarem, pessoalmente, informações sobre assunto previamente determinado, importando em crime de responsabilidade a ausência sem justificação adequada.
▶ *Caput* com a redação dada pela ECR nº 2, de 7-6-1994.

§ 1º Os Ministros de Estado poderão comparecer ao Senado Federal, à Câmara dos Deputados, ou a qualquer de suas Comissões, por sua iniciativa e mediante entendimentos com a Mesa respectiva, para expor assunto de relevância de seu Ministério.

§ 2º As Mesas da Câmara dos Deputados e do Senado Federal poderão encaminhar pedidos escritos de informação a Ministros de Estado ou a qualquer das pessoas referidas no *caput* deste artigo, importando em crime de responsabilidade a recusa, ou o não atendimento, no prazo de trinta dias, bem como a prestação de informações falsas.
▶ § 2º com a redação dada pela ECR nº 2, de 7-6-1994.

SEÇÃO III

DA CÂMARA DOS DEPUTADOS

Art. 51. Compete privativamente à Câmara dos Deputados:
▶ Art. 48 desta Constituição.

I – autorizar, por dois terços de seus membros, a instauração de processo contra o Presidente e o Vice-Presidente da República e os Ministros de Estado;
II – proceder à tomada de contas do Presidente da República, quando não apresentadas ao Congresso Nacional dentro de sessenta dias após a abertura da sessão legislativa;
III – elaborar seu regimento interno;
IV – dispor sobre sua organização, funcionamento, polícia, criação, transformação ou extinção dos cargos,

empregos e funções de seus serviços, e a iniciativa de lei para fixação da respectiva remuneração, observados os parâmetros estabelecidos na lei de diretrizes orçamentárias;

▶ Inciso IV com a redação dada pela EC nº 19, de 4-6-1998.

V – eleger membros do Conselho da República, nos termos do artigo 89, VII.

Seção IV

DO SENADO FEDERAL

Art. 52. Compete privativamente ao Senado Federal:

▶ Art. 48 desta Constituição.

I – processar e julgar o Presidente e o Vice-Presidente da República nos crimes de responsabilidade, bem como os Ministros de Estado e os Comandantes da Marinha, do Exército e da Aeronáutica nos crimes da mesma natureza conexos com aqueles;

▶ Inciso I com a redação dada pela EC nº 23, de 2-9-1999.
▶ Art. 102, I, c, desta Constituição.
▶ Lei nº 1.079, de 10-4-1950 (Lei dos Crimes de Responsabilidade).

II – processar e julgar os Ministros do Supremo Tribunal Federal, os membros do Conselho Nacional de Justiça e do Conselho Nacional do Ministério Público, o Procurador-Geral da República e o Advogado-Geral da União nos crimes de responsabilidade;

▶ Inciso II com a redação dada pela EC nº 45, de 8-12-2004.
▶ Arts. 103-B, 130-A, 131 e 132 desta Constituição.
▶ Art. 5º da EC nº 45, de 8-12-2004 (Reforma do Judiciário).

III – aprovar previamente, por voto secreto, após arguição pública, a escolha de:

a) magistrados, nos casos estabelecidos nesta Constituição;
b) Ministros do Tribunal de Contas da União indicados pelo Presidente da República;
c) Governador de Território;
d) presidente e diretores do Banco Central;
e) Procurador-Geral da República;
f) titulares de outros cargos que a lei determinar;

IV – aprovar previamente, por voto secreto, após arguição em sessão secreta, a escolha dos chefes de missão diplomática de caráter permanente;

V – autorizar operações externas de natureza financeira, de interesse da União, dos Estados, do Distrito Federal, dos Territórios e dos Municípios;

VI – fixar, por proposta do Presidente da República, limites globais para o montante da dívida consolidada da União, dos Estados, do Distrito Federal e dos Municípios;

VII – dispor sobre limites globais e condições para as operações de crédito externo e interno da União, dos Estados, do Distrito Federal e dos Municípios, de suas autarquias e demais entidades controladas pelo Poder Público Federal;

VIII – dispor sobre limites e condições para a concessão de garantia da União em operações de crédito externo e interno;

IX – estabelecer limites globais e condições para o montante da dívida mobiliária dos Estados, do Distrito Federal e dos Municípios;

X – suspender a execução, no todo ou em parte, de lei declarada inconstitucional por decisão definitiva do Supremo Tribunal Federal;

XI – aprovar, por maioria absoluta e por voto secreto, a exoneração, de ofício, do Procurador-Geral da República antes do término de seu mandato;

XII – elaborar seu regimento interno;

XIII – dispor sobre sua organização, funcionamento, polícia, criação, transformação ou extinção dos cargos, empregos e funções de seus serviços, e a iniciativa de lei para fixação da respectiva remuneração, observados os parâmetros estabelecidos na lei de diretrizes orçamentárias;

▶ Inciso XIII com a redação dada pela EC nº 19, de 4-6-1998.

XIV – eleger membros do Conselho da República, nos termos do artigo 89, VII;

XV – avaliar periodicamente a funcionalidade do Sistema Tributário Nacional, em sua estrutura e seus componentes, e o desempenho das administrações tributárias da União, dos Estados e do Distrito Federal e dos Municípios.

▶ Inciso XV acrescido pela EC nº 42, de 19-12-2003.

Parágrafo único. Nos casos previstos nos incisos I e II, funcionará como Presidente o do Supremo Tribunal Federal, limitando-se a condenação, que somente será proferida por dois terços dos votos do Senado Federal, à perda do cargo, com inabilitação, por oito anos, para o exercício de função pública, sem prejuízo das demais sanções judiciais cabíveis.

Seção V

DOS DEPUTADOS E DOS SENADORES

▶ Lei nº 9.504, de 30-9-1997 (Lei das Eleições).

Art. 53. Os Deputados e Senadores são invioláveis, civil e penalmente, por quaisquer de suas opiniões, palavras e votos.

▶ Caput com a redação dada pela EC nº 35, de 20-12-2001.
▶ Súm. nº 245 do STF.

§ 1º Os Deputados e Senadores, desde a expedição do diploma, serão submetidos a julgamento perante o Supremo Tribunal Federal.

▶ Art. 102, I, b, desta Constituição.

§ 2º Desde a expedição do diploma, os membros do Congresso Nacional não poderão ser presos, salvo em flagrante de crime inafiançável. Nesse caso, os autos serão remetidos dentro de vinte e quatro horas à Casa respectiva, para que, pelo voto da maioria de seus membros, resolva sobre a prisão.

▶ Arts. 43, III, e 301 do CPP.

§ 3º Recebida a denúncia contra o Senador ou Deputado, por crime ocorrido após a diplomação, o Supremo Tribunal Federal dará ciência à Casa respectiva, que, por iniciativa de partido político nela representado e pelo voto da maioria de seus membros, poderá, até a decisão final, sustar o andamento da ação.

§ 4º O pedido de sustação será apreciado pela Casa respectiva no prazo improrrogável de quarenta e cinco dias do seu recebimento pela Mesa Diretora.

§ 5º A sustação do processo suspende a prescrição, enquanto durar o mandato.

§ 6º Os Deputados e Senadores não serão obrigados a testemunhar sobre informações recebidas ou prestadas em razão do exercício do mandato, nem sobre as pessoas que lhes confiaram ou deles receberam informações.

§ 7º A incorporação às Forças Armadas de Deputados e Senadores, embora militares e ainda que em tempo de guerra, dependerá de prévia licença da Casa respectiva.

▶ §§ 1º a 7º com a redação dada pela EC nº 35, de 20-12-2001.

§ 8º As imunidades de Deputados ou Senadores subsistirão durante o estado de sítio, só podendo ser suspensas mediante o voto de dois terços dos membros da Casa respectiva, nos casos de atos praticados fora do recinto do Congresso Nacional, que sejam incompatíveis com a execução da medida.

▶ § 8º acrescido pela EC nº 35, de 20-12-2001.
▶ Arts. 137 a 141 desta Constituição.
▶ Arts. 138 a 145 do CP.

Art. 54. Os Deputados e Senadores não poderão:

I – desde a expedição do diploma:

a) firmar ou manter contrato com pessoa jurídica de direito público, autarquia, empresa pública, sociedade de economia mista ou empresa concessionária de serviço público, salvo quando o contrato obedecer a cláusulas uniformes;

b) aceitar ou exercer cargo, função ou emprego remunerado, inclusive os de que sejam demissíveis *ad nutum*, nas entidades constantes da alínea anterior;

II – desde a posse:

a) ser proprietários, controladores ou diretores de empresa que goze de favor decorrente de contrato com pessoa jurídica de direito público, ou nela exercer função remunerada;

b) ocupar cargo ou função de que sejam demissíveis *ad nutum*, nas entidades referidas no inciso I, *a*;

c) patrocinar causa em que seja interessada qualquer das entidades a que se refere o inciso I, *a*;

d) ser titulares de mais de um cargo ou mandato público eletivo.

Art. 55. Perderá o mandato o Deputado ou Senador:

I – que infringir qualquer das proibições estabelecidas no artigo anterior;

▶ Art. 1º do Dec. Legislativo nº 16, de 24-3-1994, que submete à condição suspensiva a renúncia de parlamentar contra o qual pende procedimento fundado nos termos deste inciso.

II – cujo procedimento for declarado incompatível com o decoro parlamentar;

▶ Art. 1º do Dec. Legislativo nº 16, de 24-3-1994, que submete à condição suspensiva a renúncia de parlamentar contra o qual pende procedimento fundado nos termos deste inciso.

III – que deixar de comparecer, em cada sessão legislativa, à terça parte das sessões ordinárias da Casa a que pertencer, salvo licença ou missão por esta autorizada;

IV – que perder ou tiver suspensos os direitos políticos;

V – quando o decretar a Justiça Eleitoral, nos casos previstos nesta Constituição;

VI – que sofrer condenação criminal em sentença transitada em julgado.

▶ Art. 92, I, do CP.

§ 1º É incompatível com o decoro parlamentar, além dos casos definidos no regimento interno, o abuso das prerrogativas asseguradas a membro do Congresso Nacional ou a percepção de vantagens indevidas.

§ 2º Nos casos dos incisos I, II e VI, a perda do mandato será decidida pela Câmara dos Deputados ou pelo Senado Federal, por voto secreto e maioria absoluta, mediante provocação da respectiva Mesa ou de partido político representado no Congresso Nacional, assegurada ampla defesa.

§ 3º Nos casos previstos nos incisos III a V, a perda será declarada pela Mesa da Casa respectiva, de ofício ou mediante provocação de qualquer de seus membros, ou de partido político representado no Congresso Nacional, assegurada ampla defesa.

§ 4º A renúncia de parlamentar submetido a processo que vise ou possa levar à perda do mandato, nos termos deste artigo, terá seus efeitos suspensos até as deliberações finais de que tratam os §§ 2º e 3º.

▶ § 4º acrescido pela ECR nº 6, de 7-6-1994.

Art. 56. Não perderá o mandato o Deputado ou Senador:

I – investido no cargo de Ministro de Estado, Governador de Território, Secretário de Estado, do Distrito Federal, de Território, de Prefeitura de Capital ou chefe de missão diplomática temporária;

II – licenciado pela respectiva Casa por motivo de doença, ou para tratar, sem remuneração, de interesse particular, desde que, neste caso, o afastamento não ultrapasse cento e vinte dias por sessão legislativa.

§ 1º O suplente será convocado nos casos de vaga, de investidura em funções previstas neste artigo ou de licença superior a cento e vinte dias.

§ 2º Ocorrendo vaga e não havendo suplente, far-se-á eleição para preenchê-la se faltarem mais de quinze meses para o término do mandato.

§ 3º Na hipótese do inciso I, o Deputado ou Senador poderá optar pela remuneração do mandato.

SEÇÃO VI

DAS REUNIÕES

Art. 57. O Congresso Nacional reunir-se-á, anualmente, na Capital Federal, de 2 de fevereiro a 17 de julho e de 1º de agosto a 22 de dezembro.

▶ *Caput* com a redação dada pela EC nº 50, de 14-2-2006.

§ 1º As reuniões marcadas para essas datas serão transferidas para o primeiro dia útil subsequente, quando recaírem em sábados, domingos ou feriados.

§ 2º A sessão legislativa não será interrompida sem a aprovação do projeto de lei de diretrizes orçamentárias.

§ 3º Além de outros casos previstos nesta Constituição, a Câmara dos Deputados e o Senado Federal reunir-se-ão em sessão conjunta para:

I – inaugurar a sessão legislativa;
II – elaborar o regimento comum e regular a criação de serviços comuns às duas Casas;
III – receber o compromisso do Presidente e do Vice-Presidente da República;
IV – conhecer do veto e sobre ele deliberar.

§ 4º Cada uma das Casas reunir-se-á em sessões preparatórias, a partir de 1º de fevereiro, no primeiro ano da legislatura, para a posse de seus membros e eleição das respectivas Mesas, para mandato de 2 (dois) anos, vedada a recondução para o mesmo cargo na eleição imediatamente subsequente.

▶ § 4º com a redação dada pela EC nº 50, de 14-2-2006.

§ 5º A Mesa do Congresso Nacional será presidida pelo Presidente do Senado Federal, e os demais cargos serão exercidos, alternadamente, pelos ocupantes de cargos equivalentes na Câmara dos Deputados e no Senado Federal.

§ 6º A convocação extraordinária do Congresso Nacional far-se-á:

▶ § 6º com a redação dada pela EC nº 50, de 14-2-2006.

I – pelo Presidente do Senado Federal, em caso de decretação de estado de defesa ou de intervenção federal, de pedido de autorização para a decretação de estado de sítio e para o compromisso e a posse do Presidente e do Vice-Presidente da República;
II – pelo Presidente da República, pelos Presidentes da Câmara dos Deputados e do Senado Federal ou a requerimento da maioria dos membros de ambas as Casas, em caso de urgência ou interesse público relevante, em todas as hipóteses deste inciso com a aprovação da maioria absoluta de cada uma das Casas do Congresso Nacional.

▶ Inciso II com a redação dada pela EC nº 50, de 14-2-2006.

§ 7º Na sessão legislativa extraordinária, o Congresso Nacional somente deliberará sobre a matéria para a qual foi convocado, ressalvada a hipótese do § 8º deste artigo, vedado o pagamento de parcela indenizatória, em razão da convocação.

▶ § 7º com a redação dada pela EC nº 50, de 14-2-2006.

§ 8º Havendo medidas provisórias em vigor na data de convocação extraordinária do Congresso Nacional, serão elas automaticamente incluídas na pauta da convocação.

▶ § 8º acrescido pela EC nº 32, de 11-9-2001.

SEÇÃO VII

DAS COMISSÕES

Art. 58. O Congresso Nacional e suas Casas terão comissões permanentes e temporárias, constituídas na forma e com as atribuições previstas no respectivo regimento ou no ato de que resultar sua criação.

§ 1º Na constituição das Mesas e de cada Comissão, é assegurada, tanto quanto possível, a representação proporcional dos partidos ou dos blocos parlamentares que participem da respectiva Casa.

§ 2º Às comissões, em razão da matéria de sua competência, cabe:

I – discutir e votar projeto de lei que dispensar, na forma do regimento, a competência do Plenário, salvo se houver recurso de um décimo dos membros da Casa;
II – realizar audiências públicas com entidades da sociedade civil;
III – convocar Ministros de Estado para prestar informações sobre assuntos inerentes a suas atribuições;
IV – receber petições, reclamações, representações ou queixas de qualquer pessoa contra atos ou omissões das autoridades ou entidades públicas;
V – solicitar depoimento de qualquer autoridade ou cidadão;
VI – apreciar programas de obras, planos nacionais, regionais e setoriais de desenvolvimento e sobre eles emitir parecer.

§ 3º As comissões parlamentares de inquérito, que terão poderes de investigação próprios das autoridades judiciais, além de outros previstos nos regimentos das respectivas Casas, serão criadas pela Câmara dos Deputados e pelo Senado Federal, em conjunto ou separadamente, mediante requerimento de um terço de seus membros, para a apuração de fato determinado e por prazo certo, sendo suas conclusões, se for o caso, encaminhadas ao Ministério Público, para que promova a responsabilidade civil ou criminal dos infratores.

▶ Lei nº 1.579, de 18-3-1952 (Lei das Comissões Parlamentares de Inquérito).
▶ Lei nº 10.001, de 4-9-2000, dispõe sobre a prioridade nos procedimentos a serem adotados pelo Ministério Publico e por outros órgãos a respeito das conclusões das Comissões Parlamentares de Inquérito.

§ 4º Durante o recesso, haverá uma Comissão Representativa do Congresso Nacional, eleita por suas Casas na última sessão ordinária do período legislativo, com atribuições definidas no regimento comum, cuja composição reproduzirá, quanto possível, a proporcionalidade da representação partidária.

SEÇÃO VIII

DO PROCESSO LEGISLATIVO

SUBSEÇÃO I

DISPOSIÇÃO GERAL

Art. 59. O processo legislativo compreende a elaboração de:

I – emendas à Constituição;
II – leis complementares;
III – leis ordinárias;
IV – leis delegadas;
V – medidas provisórias;

▶ Arts. 70 e 73 do ADCT.

VI – decretos legislativos;

▶ Art. 3º da Lei nº 9.709, de 18-11-1998, que dispõe sobre a convocação do plebiscito e o referendo nas questões de relevância nacional, de competência do Poder Legislativo ou do Poder Executivo.

VII – resoluções.

Parágrafo único. Lei complementar disporá sobre a elaboração, redação, alteração e consolidação das leis.

▶ LC nº 95, de 26-2-1998, trata do disposto neste parágrafo único.

▶ Dec. nº 4.176, de 28-3-2002, estabelece normas e diretrizes para a elaboração, a redação, a alteração, a consolidação e o encaminhamento ao Presidente da República de projetos de atos normativos de competência dos órgãos do Poder Executivo Federal.

SUBSEÇÃO II

DA EMENDA À CONSTITUIÇÃO

Art. 60. A Constituição poderá ser emendada mediante proposta:

I – de um terço, no mínimo, dos membros da Câmara dos Deputados ou do Senado Federal;

II – do Presidente da República;

III – de mais da metade das Assembleias Legislativas das Unidades da Federação, manifestando-se, cada uma delas, pela maioria relativa de seus membros.

§ 1º A Constituição não poderá ser emendada na vigência de intervenção federal, de estado de defesa ou de estado de sítio.

▶ Arts. 34 a 36, e 136 a 141 desta Constituição.

§ 2º A proposta será discutida e votada em cada Casa do Congresso Nacional, em dois turnos, considerando-se aprovada se obtiver, em ambos, três quintos dos votos dos respectivos membros.

§ 3º A emenda à Constituição será promulgada pelas Mesas da Câmara dos Deputados e do Senado Federal, com o respectivo número de ordem.

§ 4º Não será objeto de deliberação a proposta de emenda tendente a abolir:

I – a forma federativa de Estado;

▶ Arts. 1º e 18 desta Constituição.

II – o voto direto, secreto, universal e periódico;

▶ Arts. 1º, 14 e 81, § 1º, desta Constituição.

▶ Lei nº 9.709, de 18-11-1998, regulamenta o art. 14 desta Constituição.

III – a separação dos Poderes;

▶ Art. 2º desta Constituição.

IV – os direitos e garantias individuais.

▶ Art. 5º desta Constituição.

§ 5º A matéria constante de proposta de emenda rejeitada ou havida por prejudicada não pode ser objeto de nova proposta na mesma sessão legislativa.

SUBSEÇÃO III

DAS LEIS

Art. 61. A iniciativa das leis complementares e ordinárias cabe a qualquer membro ou Comissão da Câmara dos Deputados, do Senado Federal ou do Congresso Nacional, ao Presidente da República, ao Supremo Tribunal Federal, aos Tribunais Superiores, ao Procurador-Geral da República e aos cidadãos, na forma e nos casos previstos nesta Constituição.

§ 1º São de iniciativa privativa do Presidente da República as leis que:

I – fixem ou modifiquem os efetivos das Forças Armadas;

II – disponham sobre:

▶ Súmulas nºs 679 e 681 do STF.

a) criação de cargos, funções ou empregos públicos na administração direta e autárquica ou aumento de sua remuneração;

▶ Súm. nº 679 do STF.

b) organização administrativa e judiciária, matéria tributária e orçamentária, serviços públicos e pessoal da administração dos Territórios;

c) servidores públicos da União e Territórios, seu regime jurídico, provimento de cargos, estabilidade e aposentadoria;

▶ Alínea c com a redação dada pela EC nº 18, de 5-2-1998.

d) organização do Ministério Público e da Defensoria Pública da União, bem como normas gerais para a organização do Ministério Público e da Defensoria Pública dos Estados, do Distrito Federal e dos Territórios;

e) criação e extinção de Ministérios e órgãos da administração pública, observado o disposto no artigo 84, VI;

▶ Alínea e com a redação dada pela EC nº 32, de 11-9-2001.

f) militares das Forças Armadas, seu regime jurídico, provimento de cargos, promoções, estabilidade, remuneração, reforma e transferência para a reserva.

▶ Alínea f acrescida pela EC nº 18, de 5-2-1998.

§ 2º A iniciativa popular pode ser exercida pela apresentação à Câmara dos Deputados de projeto de lei subscrito por, no mínimo, um por cento do eleitorado nacional, distribuído pelo menos por cinco Estados, com não menos de três décimos por cento dos eleitores de cada um deles.

▶ Arts.1º, III, 13 e 14 da Lei nº 9.709, de 18-11-1998, que regulamenta o art. 14 desta Constituição.

Art. 62. Em caso de relevância e urgência, o Presidente da República poderá adotar medidas provisórias, com força de lei, devendo submetê-las de imediato ao Congresso Nacional.

▶ Caput com a redação dada pela EC nº 32, de 11-9-2001.

▶ Arts. 167, § 3º, e 246 desta Constituição.

▶ Art. 2º da EC nº 32, de 11-9-2001.

▶ Súm. nº 651 do STF.

§ 1º É vedada a edição de medidas provisórias sobre matéria:

I – relativa a:

a) nacionalidade, cidadania, direitos políticos, partidos políticos e direito eleitoral;

b) direito penal, processual penal e processual civil;

c) organização do Poder Judiciário e do Ministério Público, a carreira e a garantia de seus membros;

d) planos plurianuais, diretrizes orçamentárias, orçamento e créditos adicionais e suplementares, ressalvado o previsto no artigo 167, § 3º;

II – que vise à detenção ou sequestro de bens, de poupança popular ou qualquer outro ativo financeiro;

III – reservada a lei complementar;

IV – já disciplinada em projeto de lei aprovado pelo Congresso Nacional e pendente de sanção ou veto do Presidente da República.

§ 2º Medida provisória que implique instituição ou majoração de impostos, exceto os previstos nos artigos 153, I, II, IV, V, e 154, II, só produzirá efeitos no exercício financeiro seguinte se houver sido convertida em lei até o último dia daquele em que foi editada.

§ 3º As medidas provisórias, ressalvado o disposto nos §§ 11 e 12 perderão eficácia, desde a edição, se não forem convertidas em lei no prazo de sessenta dias, prorrogável, nos termos do § 7º, uma vez por igual período, devendo o Congresso Nacional disciplinar, por decreto legislativo, as relações jurídicas delas decorrentes.

§ 4º O prazo a que se refere o § 3º contar-se-á da publicação da medida provisória, suspendendo-se durante os períodos de recesso do Congresso Nacional.

§ 5º A deliberação de cada uma das Casas do Congresso Nacional sobre o mérito das medidas provisórias dependerá de juízo prévio sobre o atendimento de seus pressupostos constitucionais.

§ 6º Se a medida provisória não for apreciada em até quarenta e cinco dias contados de sua publicação, entrará em regime de urgência, subsequentemente, em cada uma das Casas do Congresso Nacional, ficando sobrestadas, até que se ultime a votação, todas as demais deliberações legislativas da Casa em que estiver tramitando.

§ 7º Prorrogar-se-á uma única vez por igual período a vigência de medida provisória que, no prazo de sessenta dias, contado de sua publicação, não tiver a sua votação encerrada nas duas Casas do Congresso Nacional.

§ 8º As medidas provisórias terão sua votação iniciada na Câmara dos Deputados.

§ 9º Caberá à comissão mista de Deputados e Senadores examinar as medidas provisórias e sobre elas emitir parecer, antes de serem apreciadas, em sessão separada, pelo plenário de cada uma das Casas do Congresso Nacional.

§ 10. É vedada a reedição, na mesma sessão legislativa, de medida provisória que tenha sido rejeitada ou que tenha perdido sua eficácia por decurso de prazo.

§ 11. Não editado o decreto legislativo a que se refere o § 3º até sessenta dias após a rejeição ou perda de eficácia de medida provisória, as relações jurídicas constituídas e decorrentes de atos praticados durante sua vigência conservar-se-ão por ela regidas.

§ 12. Aprovado projeto de lei de conversão alterando o texto original da medida provisória, esta manter-se-á integralmente em vigor até que seja sancionado ou vetado o projeto.

▶ §§ 1º a 12 acrescidos pela EC nº 32, de 11-9-2001.

Art. 63. Não será admitido aumento da despesa prevista:

I – nos projetos de iniciativa exclusiva do Presidente da República, ressalvado o disposto no artigo 166, §§ 3º e 4º;

II – nos projetos sobre organização dos serviços administrativos da Câmara dos Deputados, do Senado Federal, dos Tribunais Federais e do Ministério Público.

Art. 64. A discussão e votação dos projetos de lei de iniciativa do Presidente da República, do Supremo Tribunal Federal e dos Tribunais Superiores terão início na Câmara dos Deputados.

§ 1º O Presidente da República poderá solicitar urgência para apreciação de projetos de sua iniciativa.

§ 2º Se, no caso do § 1º, a Câmara dos Deputados e o Senado Federal não se manifestarem sobre a proposição, cada qual sucessivamente, em até quarenta e cinco dias, sobrestar-se-ão todas as demais deliberações legislativas da respectiva Casa, com exceção das que tenham prazo constitucional determinado, até que se ultime a votação.

▶ § 2º com a redação dada pela EC nº 32, de 11-9-2001.

§ 3º A apreciação das emendas do Senado Federal pela Câmara dos Deputados far-se-á no prazo de dez dias, observado quanto ao mais o disposto no parágrafo anterior.

§ 4º Os prazos do § 2º não correm nos períodos de recesso do Congresso Nacional, nem se aplicam aos projetos de código.

Art. 65. O projeto de lei aprovado por uma Casa será revisto pela outra, em um só turno de discussão e votação, e enviado à sanção ou promulgação, se a Casa revisora o aprovar, ou arquivado, se o rejeitar.

Parágrafo único. Sendo o projeto emendado, voltará à Casa iniciadora.

Art. 66. A Casa na qual tenha sido concluída a votação enviará o projeto de lei ao Presidente da República, que, aquiescendo, o sancionará.

§ 1º Se o Presidente da República considerar o projeto, no todo ou em parte, inconstitucional ou contrário ao interesse público, vetá-lo-á total ou parcialmente, no prazo de quinze dias úteis, contados da data do recebimento, e comunicará, dentro de quarenta e oito horas, ao Presidente do Senado Federal os motivos do veto.

§ 2º O veto parcial somente abrangerá texto integral de artigo, de parágrafo, de inciso ou de alínea.

§ 3º Decorrido o prazo de quinze dias, o silêncio do Presidente da República importará sanção.

§ 4º O veto será apreciado em sessão conjunta, dentro de trinta dias a contar de seu recebimento, só podendo ser rejeitado pelo voto da maioria absoluta dos Deputados e Senadores, em escrutínio secreto.

§ 5º Se o veto não for mantido, será o projeto enviado, para promulgação, ao Presidente da República.

§ 6º Esgotado sem deliberação o prazo estabelecido no § 4º, o veto será colocado na ordem do dia da sessão imediata, sobrestadas as demais proposições, até sua votação final.

▶ § 6º com a redação dada pela EC nº 32, de 11-9-2001.

§ 7º Se a lei não for promulgada dentro de quarenta e oito horas pelo Presidente da República, nos casos dos §§ 3º e 5º, o Presidente do Senado a promulgará, e, se este não o fizer em igual prazo, caberá ao Vice-Presidente do Senado fazê-lo.

Art. 67. A matéria constante de projeto de lei rejeitado somente poderá constituir objeto de novo projeto, na mesma sessão legislativa, mediante proposta da maioria absoluta dos membros de qualquer das Casas do Congresso Nacional.

Art. 68. As leis delegadas serão elaboradas pelo Presidente da República, que deverá solicitar a delegação ao Congresso Nacional.

§ 1º Não serão objeto de delegação os atos de competência exclusiva do Congresso Nacional, os de competência privativa da Câmara dos Deputados ou do Senado Federal, a matéria reservada à lei complementar, nem a legislação sobre:

I – organização do Poder Judiciário e do Ministério Público, a carreira e a garantia de seus membros;
II – nacionalidade, cidadania, direitos individuais, políticos e eleitorais;
III – planos plurianuais, diretrizes orçamentárias e orçamentos.

§ 2º A delegação ao Presidente da República terá a forma de resolução do Congresso Nacional, que especificará seu conteúdo e os termos de seu exercício.

§ 3º Se a resolução determinar a apreciação do projeto pelo Congresso Nacional, este a fará em votação única, vedada qualquer emenda.

Art. 69. As leis complementares serão aprovadas por maioria absoluta.

SEÇÃO IX

DA FISCALIZAÇÃO CONTÁBIL, FINANCEIRA E ORÇAMENTÁRIA

▶ Dec. nº 3.590, de 6-9-2000, dispõe sobre o Sistema de Administração Financeira Federal.
▶ Dec. nº 3.591, de 6-9-2000, dispõe sobre o Sistema de Controle Interno do Poder Executivo Federal.
▶ Dec. nº 6.976, de 7-10-2009, dispõe sobre o Sistema de Contabilidade Federal.

Art. 70. A fiscalização contábil, financeira, orçamentária, operacional e patrimonial da União e das entidades da administração direta e indireta, quanto à legalidade, legitimidade, economicidade, aplicação das subvenções e renúncia de receitas, será exercida pelo Congresso Nacional, mediante controle externo, e pelo sistema de controle interno de cada Poder.

Parágrafo único. Prestará contas qualquer pessoa física ou jurídica, pública ou privada, que utilize, arrecade, guarde, gerencie ou administre dinheiros, bens e valores públicos ou pelos quais a União responda, ou que, em nome desta, assuma obrigações de natureza pecuniária.

▶ Parágrafo único com a redação dada pela EC nº 19, de 4-6-1998.

Art. 71. O controle externo, a cargo do Congresso Nacional, será exercido com o auxílio do Tribunal de Contas da União, ao qual compete:

▶ Lei nº 8.443, de 16-7-1992, dispõe sobre a Lei Orgânica do Tribunal de Contas da União – TCU.

I – apreciar as contas prestadas anualmente pelo Presidente da República, mediante parecer prévio que deverá ser elaborado em sessenta dias a contar de seu recebimento;
II – julgar as contas dos administradores e demais responsáveis por dinheiros, bens e valores públicos da administração direta e indireta, incluídas as fundações e sociedades instituídas e mantidas pelo Poder Público federal, e as contas daqueles que derem causa a perda, extravio ou outra irregularidade de que resulte prejuízo ao erário público;
III – apreciar, para fins de registro, a legalidade dos atos de admissão de pessoal, a qualquer título, na administração direta e indireta, incluídas as fundações instituídas e mantidas pelo Poder Público, excetuadas as nomeações para cargo de provimento em comissão, bem como a das concessões de aposentadorias, reformas e pensões, ressalvadas as melhorias posteriores que não alterem o fundamento legal do ato concessório;

▶ Súm. Vinc. nº 3 do STF.

IV – realizar, por iniciativa própria, da Câmara dos Deputados, do Senado Federal, de Comissão técnica ou de inquérito, inspeções e auditorias de natureza contábil, financeira, orçamentária, operacional e patrimonial, nas unidades administrativas dos Poderes Legislativo, Executivo e Judiciário, e demais entidades referidas no inciso II;
V – fiscalizar as contas nacionais das empresas supranacionais de cujo capital social a União participe, de forma direta ou indireta, nos termos do tratado constitutivo;
VI – fiscalizar a aplicação de quaisquer recursos repassados pela União mediante convênio, acordo, ajuste ou outros instrumentos congêneres, a Estado, ao Distrito Federal ou a Município;
VII – prestar as informações solicitadas pelo Congresso Nacional, por qualquer de suas Casas, ou por qualquer das respectivas Comissões, sobre a fiscalização contábil, financeira, orçamentária, operacional e patrimonial e sobre resultados de auditorias e inspeções realizadas;
VIII – aplicar aos responsáveis, em caso de ilegalidade de despesa ou irregularidade de contas, as sanções previstas em lei, que estabelecerá, entre outras cominações, multa proporcional ao dano causado ao erário;
IX – assinar prazo para que o órgão ou entidade adote as providências necessárias ao exato cumprimento da lei, se verificada ilegalidade;
X – sustar, se não atendido, a execução do ato impugnado, comunicando a decisão à Câmara dos Deputados e ao Senado Federal;
XI – representar ao Poder competente sobre irregularidades ou abusos apurados.

§ 1º No caso de contrato, o ato de sustação será adotado diretamente pelo Congresso Nacional, que solicitará, de imediato, ao Poder Executivo as medidas cabíveis.

§ 2º Se o Congresso Nacional ou o Poder Executivo, no prazo de noventa dias, não efetivar as medidas previstas no parágrafo anterior, o Tribunal decidirá a respeito.

§ 3º As decisões do Tribunal de que resulte imputação de débito ou multa terão eficácia de título executivo.

§ 4º O Tribunal encaminhará ao Congresso Nacional, trimestral e anualmente, relatório de suas atividades.

Art. 72. A Comissão mista permanente a que se refere o artigo 166, § 1º, diante de indícios de despesas não autorizadas, ainda que sob a forma de investimentos não programados ou de subsídios não aprovados, poderá solicitar à autoridade governamental responsável que, no prazo de cinco dias, preste os esclarecimentos necessários.

▶ Art. 16, § 2º, do ADCT.

§ 1º Não prestados os esclarecimentos, ou considerados estes insuficientes, a Comissão solicitará ao Tribunal pronunciamento conclusivo sobre a matéria, no prazo de trinta dias.

§ 2º Entendendo o Tribunal irregular a despesa, a Comissão, se julgar que o gasto possa causar dano irreparável ou grave lesão à economia pública, proporá ao Congresso Nacional sua sustação.

Art. 73. O Tribunal de Contas da União, integrado por nove Ministros, tem sede no Distrito Federal, quadro próprio de pessoal e jurisdição em todo o Território Nacional, exercendo, no que couber, as atribuições previstas no artigo 96.

▶ Art. 84, XV, desta Constituição.
▶ Lei nº 8.443, de 16-7-1992, dispõe sobre a Lei Orgânica do Tribunal de Contas da União –TCU.

§ 1º Os Ministros do Tribunal de Contas da União serão nomeados dentre brasileiros que satisfaçam os seguintes requisitos:

I – mais de trinta e cinco e menos de sessenta e cinco anos de idade;
II – idoneidade moral e reputação ilibada;
III – notórios conhecimentos jurídicos, contábeis, econômicos e financeiros ou de administração pública;
IV – mais de dez anos de exercício de função ou de efetiva atividade profissional que exija os conhecimentos mencionados no inciso anterior.

▶ Dec. Legislativo nº 6, de 22-4-1993, dispõe sobre a escolha de Ministro do Tribunal de Contas da União.

§ 2º Os Ministros do Tribunal de Contas da União serão escolhidos:

▶ Súm. nº 653 do STF.

I – um terço pelo Presidente da República, com aprovação do Senado Federal, sendo dois alternadamente dentre auditores e membros do Ministério Público junto ao Tribunal, indicados em lista tríplice pelo Tribunal, segundo os critérios de antiguidade e merecimento;
II – dois terços pelo Congresso Nacional.

▶ Dec. Legislativo nº 6, de 22-4-1993, dispõe sobre a escolha de Ministro do Tribunal de Contas da União.

§ 3º Os Ministros do Tribunal de Contas da União terão as mesmas garantias, prerrogativas, impedimentos, vencimentos e vantagens dos Ministros do Superior Tribunal de Justiça, aplicando-se-lhes, quanto à aposentadoria e pensão, as normas constantes do art. 40.

▶ § 3º com a redação dada pela EC nº 20, de 15-12-1998.

§ 4º O auditor, quando em substituição a Ministro, terá as mesmas garantias e impedimentos do titular e, quando no exercício das demais atribuições da judicatura, as de juiz de Tribunal Regional Federal.

Art. 74. Os Poderes Legislativo, Executivo e Judiciário manterão, de forma integrada, sistema de controle interno com a finalidade de:

I – avaliar o cumprimento das metas previstas no plano plurianual, a execução dos programas de governo e dos orçamentos da União;

II – comprovar a legalidade e avaliar os resultados, quanto à eficácia e eficiência, da gestão orçamentária, financeira e patrimonial nos órgãos e entidades da administração federal, bem como da aplicação de recursos públicos por entidades de direito privado;
III – exercer o controle das operações de crédito, avais e garantias, bem como dos direitos e haveres da União;
IV – apoiar o controle externo no exercício de sua missão institucional.

§ 1º Os responsáveis pelo controle interno, ao tomarem conhecimento de qualquer irregularidade ou ilegalidade, dela darão ciência ao Tribunal de Contas da União, sob pena de responsabilidade solidária.

§ 2º Qualquer cidadão, partido político, associação ou sindicato é parte legítima para, na forma da lei, denunciar irregularidades ou ilegalidades perante o Tribunal de Contas da União.

▶ Arts. 1º, XVI, e 53, da Lei nº 8.443, de 16-7-1992, que dispõe sobre a Lei Orgânica do Tribunal de Contas da União – TCU.

Art. 75. As normas estabelecidas nesta seção aplicam-se, no que couber, à organização, composição e fiscalização dos Tribunais de Contas dos Estados e do Distrito Federal, bem como dos Tribunais e Conselhos de Contas dos Municípios.

▶ Súm. nº 653 do STF.

Parágrafo único. As Constituições estaduais disporão sobre os Tribunais de Contas respectivos, que serão integrados por sete Conselheiros.

CAPÍTULO II
DO PODER EXECUTIVO

Seção I

DO PRESIDENTE E DO VICE-PRESIDENTE DA REPÚBLICA

▶ Lei nº 10.683, de 28-5-2003, dispõe sobre a organização da Presidência da República e dos Ministérios.

Art. 76. O Poder Executivo é exercido pelo Presidente da República, auxiliado pelos Ministros de Estado.

Art. 77. A eleição do Presidente e do Vice-Presidente da República realizar-se-á, simultaneamente, no primeiro domingo de outubro, em primeiro turno, e no último domingo de outubro, em segundo turno, se houver, do ano anterior ao do término do mandato presidencial vigente.

▶ *Caput* com a redação dada pela EC nº 16, de 4-6-1997.
▶ Arts. 28, 29, II, 32, § 2º, desta Constituição.
▶ Lei nº 9.504, de 30-9-1997 (Lei das Eleições).

§ 1º A eleição do Presidente da República importará a do Vice-Presidente com ele registrado.

§ 2º Será considerado eleito Presidente o candidato que, registrado por partido político, obtiver a maioria absoluta de votos, não computados os em branco e os nulos.

§ 3º Se nenhum candidato alcançar maioria absoluta na primeira votação, far-se-á nova eleição em até vinte dias após a proclamação do resultado, concorrendo os dois candidatos mais votados e considerando-se eleito aquele que obtiver a maioria dos votos válidos.

§ 4º Se, antes de realizado o segundo turno, ocorrer morte, desistência ou impedimento legal de candidato, convocar-se-á, dentre os remanescentes, o de maior votação.

§ 5º Se, na hipótese dos parágrafos anteriores, remanescer, em segundo lugar, mais de um candidato com a mesma votação, qualificar-se-á o mais idoso.

Art. 78. O Presidente e o Vice-Presidente da República tomarão posse em sessão do Congresso Nacional, prestando o compromisso de manter, defender e cumprir a Constituição, observar as leis, promover o bem geral do povo brasileiro, sustentar a união, a integridade e a independência do Brasil.

Parágrafo único. Se, decorridos dez dias da data fixada para a posse, o Presidente ou o Vice-Presidente, salvo motivo de força maior, não tiver assumido o cargo, este será declarado vago.

Art. 79. Substituirá o Presidente, no caso de impedimento, e suceder-lhe-á, no de vaga, o Vice-Presidente.

Parágrafo único. O Vice-Presidente da República, além de outras atribuições que lhe forem conferidas por lei complementar, auxiliará o Presidente, sempre que por ele convocado para missões especiais.

Art. 80. Em caso de impedimento do Presidente e do Vice-Presidente, ou vacância dos respectivos cargos, serão sucessivamente chamados ao exercício da Presidência o Presidente da Câmara dos Deputados, o do Senado Federal e o do Supremo Tribunal Federal.

Art. 81. Vagando os cargos de Presidente e Vice-Presidente da República, far-se-á eleição noventa dias depois de aberta a última vaga.

§ 1º Ocorrendo a vacância nos últimos dois anos do período presidencial, a eleição para ambos os cargos será feita trinta dias depois da última vaga, pelo Congresso Nacional, na forma da lei.

§ 2º Em qualquer dos casos, os eleitos deverão completar o período de seus antecessores.

Art. 82. O mandato do Presidente da República é de quatro anos e terá início em primeiro de janeiro do ano subsequente ao da sua eleição.

▶ Artigo com a redação dada pela EC nº 16, de 4-6-1997.

Art. 83. O Presidente e o Vice-Presidente da República não poderão, sem licença do Congresso Nacional, ausentar-se do País por período superior a quinze dias, sob pena de perda do cargo.

SEÇÃO II

DAS ATRIBUIÇÕES DO PRESIDENTE DA REPÚBLICA

Art. 84. Compete privativamente ao Presidente da República:

▶ Arts. 55 a 57 do CPM.
▶ Arts. 466 a 480 do CPPM.

I – nomear e exonerar os Ministros de Estado;
II – exercer, com o auxílio dos Ministros de Estado, a direção superior da administração federal;
III – iniciar o processo legislativo, na forma e nos casos previstos nesta Constituição;
IV – sancionar, promulgar e fazer publicar as leis, bem como expedir decretos e regulamentos para sua fiel execução;
V – vetar projetos de lei, total ou parcialmente;

▶ Art. 66, §§ 1º a 7º, desta Constituição.

VI – dispor, mediante decreto, sobre:

▶ Art. 61, § 1º, II, e, desta Constituição.

a) organização e funcionamento da administração federal, quando não implicar aumento de despesa nem criação ou extinção de órgãos públicos;
b) extinção de funções ou cargos públicos, quando vagos;

▶ Inciso VI com a redação dada pela EC nº 32, de 11-9-2001.
▶ Art. 48, X, desta Constituição.

VII – manter relações com Estados estrangeiros e acreditar seus representantes diplomáticos;
VIII – celebrar tratados, convenções e atos internacionais, sujeitos a referendo do Congresso Nacional;
IX – decretar o estado de defesa e o estado de sítio;
X – decretar e executar a intervenção federal;
XI – remeter mensagem e plano de governo ao Congresso Nacional por ocasião da abertura da sessão legislativa, expondo a situação do País e solicitando as providências que julgar necessárias;
XII – conceder indulto e comutar penas, com audiência, se necessário, dos órgãos instituídos em lei;

▶ Dec. nº 1.860, de 11-4-1996, concede indulto especial e condicional.
▶ Dec. nº 2.002, de 9-9-1996, concede indulto e comuta penas.

XIII – exercer o comando supremo das Forças Armadas, nomear os Comandantes da Marinha, do Exército e da Aeronáutica, promover seus oficiais-generais e nomeá-los para os cargos que lhes são privativos;

▶ Inciso XIII com a redação dada pela EC nº 23, de 2-9-1999.
▶ Art. 49, I, desta Constituição.
▶ LC nº 97, de 9-6-1999, dispõe sobre as normas gerais para a organização, o preparo e o emprego das Forças Armadas.

XIV – nomear, após aprovação pelo Senado Federal, os Ministros do Supremo Tribunal Federal e dos Tribunais Superiores, os Governadores de Territórios, o Procurador-Geral da República, o presidente e os diretores do Banco Central e outros servidores, quando determinado em lei;
XV – nomear, observado o disposto no artigo 73, os Ministros do Tribunal de Contas da União;
XVI – nomear os magistrados, nos casos previstos nesta Constituição, e o Advogado-Geral da União;

▶ Arts. 131 e 132 desta Constituição.
▶ Súm. nº 627 do STF.

XVII – nomear membros do Conselho da República, nos termos do artigo 89, VII;
XVIII – convocar e presidir o Conselho da República e o Conselho de Defesa Nacional;
XIX – declarar guerra, no caso de agressão estrangeira, autorizado pelo Congresso Nacional ou referendado por ele, quando ocorrida no intervalo das sessões le-

gislativas, e, nas mesmas condições, decretar, total ou parcialmente, a mobilização nacional;

▶ Art. 5º, XLVII, a, desta Constituição.
▶ Dec. nº 7.294, de 6-9-2010, dispõe sobre a Política de Mobilização Nacional.

XX – celebrar a paz, autorizado ou com o referendo do Congresso Nacional;
XXI – conferir condecorações e distinções honoríficas;
XXII – permitir, nos casos previstos em lei complementar, que forças estrangeiras transitem pelo Território Nacional ou nele permaneçam temporariamente;

▶ LC nº 90, de 1º-10-1997, regulamenta este inciso e determina os casos em que forças estrangeiras possam transitar pelo território nacional ou nele permanecer temporariamente.

XXIII – enviar ao Congresso Nacional o plano plurianual, o projeto de lei de diretrizes orçamentárias e as propostas de orçamento previstos nesta Constituição;
XXIV – prestar anualmente, ao Congresso Nacional, dentro de sessenta dias após a abertura da sessão legislativa, as contas referentes ao exercício anterior;
XXV – prover e extinguir os cargos públicos federais, na forma da lei;
XXVI – editar medidas provisórias com força de lei, nos termos do artigo 62;
XXVII – exercer outras atribuições previstas nesta Constituição.

Parágrafo único. O Presidente da República poderá delegar as atribuições mencionadas nos incisos VI, XII e XXV, primeira parte, aos Ministros de Estado, ao Procurador-Geral da República ou ao Advogado-Geral da União, que observarão os limites traçados nas respectivas delegações.

SEÇÃO III

DA RESPONSABILIDADE DO PRESIDENTE DA REPÚBLICA

Art. 85. São crimes de responsabilidade os atos do Presidente da República que atentem contra a Constituição Federal e, especialmente, contra:

▶ Lei nº 1.079, de 10-4-1950 (Lei dos Crimes de Responsabilidade).
▶ Lei nº 8.429, de 2-6-1992 (Lei da Improbidade Administrativa).

I – a existência da União;
II – o livre exercício do Poder Legislativo, do Poder Judiciário, do Ministério Público e dos Poderes Constitucionais das Unidades da Federação;
III – o exercício dos direitos políticos, individuais e sociais;
IV – a segurança interna do País;

▶ LC nº 90, de 1º-10-1997, determina os casos em que forças estrangeiras possam transitar pelo território nacional ou nele permanecer temporariamente.

V – a probidade na administração;

▶ Art. 37, § 4º, desta Constituição.

VI – a lei orçamentária;
VII – o cumprimento das leis e das decisões judiciais.

Parágrafo único. Estes crimes serão definidos em lei especial, que estabelecerá as normas de processo e julgamento.

▶ Lei nº 1.079, de 10-4-1950 (Lei dos Crimes de Responsabilidade).
▶ Súm. nº 722 do STF.

Art. 86. Admitida a acusação contra o Presidente da República, por dois terços da Câmara dos Deputados, será ele submetido a julgamento perante o Supremo Tribunal Federal, nas infrações penais comuns, ou perante o Senado Federal, nos crimes de responsabilidade.

§ 1º O Presidente ficará suspenso de suas funções:

I – nas infrações penais comuns, se recebida a denúncia ou queixa-crime pelo Supremo Tribunal Federal;
II – nos crimes de responsabilidade, após a instauração do processo pelo Senado Federal.

§ 2º Se, decorrido o prazo de cento e oitenta dias, o julgamento não estiver concluído, cessará o afastamento do Presidente, sem prejuízo do regular prosseguimento do processo.

§ 3º Enquanto não sobrevier sentença condenatória, nas infrações comuns, o Presidente da República não estará sujeito à prisão.

§ 4º O Presidente da República, na vigência de seu mandato, não pode ser responsabilizado por atos estranhos ao exercício de suas funções.

SEÇÃO IV

DOS MINISTROS DE ESTADO

▶ Lei nº 10.683, de 28-5-2003, e Dec. nº 4.118, de 7-2-2002, dispõem sobre a organização da Presidência da República e dos Ministérios.

Art. 87. Os Ministros de Estado serão escolhidos dentre brasileiros maiores de vinte e um anos e no exercício dos direitos políticos.

Parágrafo único. Compete ao Ministro de Estado, além de outras atribuições estabelecidas nesta Constituição e na lei:

I – exercer a orientação, coordenação e supervisão dos órgãos e entidades da administração federal na área de sua competência e referendar os atos e decretos assinados pelo Presidente da República;
II – expedir instruções para a execução das leis, decretos e regulamentos;
III – apresentar ao Presidente da República relatório anual de sua gestão no Ministério;
IV – praticar os atos pertinentes às atribuições que lhe forem outorgadas ou delegadas pelo Presidente da República.

Art. 88. A lei disporá sobre a criação e extinção de Ministérios e órgãos da administração pública.

▶ Artigo com a redação dada pela EC nº 32, de 11-9-2001.

SEÇÃO V

DO CONSELHO DA REPÚBLICA E DO CONSELHO DE DEFESA NACIONAL

SUBSEÇÃO I

DO CONSELHO DA REPÚBLICA

▶ Lei nº 8.041, de 5-6-1990, dispõe sobre a organização e o funcionamento do Conselho da República.
▶ Art. 14 do Dec. nº 4.118, de 7-2-2002, que dispõe sobre a organização da Presidência da República e dos Ministérios.

Art. 89. O Conselho da República é órgão superior de consulta do Presidente da República, e dele participam:

▶ Lei nº 8.041, de 5-6-1990, dispõe sobre a organização e o funcionamento do Conselho da República.

I – o Vice-Presidente da República;
II – o Presidente da Câmara dos Deputados;
III – o Presidente do Senado Federal;
IV – os líderes da maioria e da minoria na Câmara dos Deputados;
V – os líderes da maioria e da minoria no Senado Federal;
VI – o Ministro da Justiça;
VII – seis cidadãos brasileiros natos, com mais de trinta e cinco anos de idade, sendo dois nomeados pelo Presidente da República, dois eleitos pelo Senado Federal e dois eleitos pela Câmara dos Deputados, todos com mandato de três anos, vedada a recondução.

▶ Arts. 51, V, 52, XIV, e 84, XVII, desta Constituição.

Art. 90. Compete ao Conselho da República pronunciar-se sobre:

I – intervenção federal, estado de defesa e estado de sítio;
II – as questões relevantes para a estabilidade das instituições democráticas.

§ 1º O Presidente da República poderá convocar Ministro de Estado para participar da reunião do Conselho, quando constar da pauta questão relacionada com o respectivo Ministério.

§ 2º A lei regulará a organização e o funcionamento do Conselho da República.

▶ Lei nº 8.041, de 5-6-1990, dispõe sobre a organização e o funcionamento do Conselho da República.

SUBSEÇÃO II

DO CONSELHO DE DEFESA NACIONAL

▶ Lei nº 8.183, de 11-4-1991, dispõe sobre a organização e o funcionamento do Conselho de Defesa Nacional.
▶ Dec. nº 893, de 12-8-1993, aprova o regulamento do Conselho de Defesa Nacional.
▶ Art. 15 do Dec. nº 4.118, de 7-2-2002, que dispõe sobre o Conselho de Defesa Nacional.

Art. 91. O Conselho de Defesa Nacional é órgão de consulta do Presidente da República nos assuntos relacionados com a soberania nacional e a defesa do Estado democrático, e dele participam como membros natos:

▶ Lei nº 8.183, de 11-4-1991, dispõe sobre a organização e o funcionamento do Conselho de Defesa Nacional.
▶ Dec. nº 893, de 12-8-1993, aprova o regulamento do Conselho de Defesa Nacional.

I – o Vice-Presidente da República;
II – o Presidente da Câmara dos Deputados;
III – o Presidente do Senado Federal;
IV – o Ministro da Justiça;
V – o Ministro de Estado da Defesa;

▶ Inciso V com a redação dada pela EC nº 23, de 2-9-1999.

VI – o Ministro das Relações Exteriores;
VII – o Ministro do Planejamento;
VIII – os Comandantes da Marinha, do Exército e da Aeronáutica.

▶ Inciso VIII acrescido pela EC nº 23, de 2-9-1999.

§ 1º Compete ao Conselho de Defesa Nacional:

I – opinar nas hipóteses de declaração de guerra e de celebração da paz, nos termos desta Constituição;
II – opinar sobre a decretação do estado de defesa, do estado de sítio e da intervenção federal;
III – propor os critérios e condições de utilização de áreas indispensáveis à segurança do território nacional e opinar sobre seu efetivo uso, especialmente na faixa de fronteira e nas relacionadas com a preservação e a exploração dos recursos naturais de qualquer tipo;
IV – estudar, propor e acompanhar o desenvolvimento de iniciativas necessárias a garantir a independência nacional e a defesa do Estado democrático.

§ 2º A lei regulará a organização e o funcionamento do Conselho de Defesa Nacional.

▶ Lei nº 8.183, de 11-4-1991, dispõe sobre a organização e o funcionamento do Conselho de Defesa Nacional.
▶ Dec. nº 893, de 12-8-1993, aprova o Regulamento do Conselho de Defesa Nacional.

CAPÍTULO III

DO PODER JUDICIÁRIO

SEÇÃO I

DISPOSIÇÕES GERAIS

Art. 92. São órgãos do Poder Judiciário:

I – o Supremo Tribunal Federal;
I-A – O Conselho Nacional de Justiça;

▶ Inciso I-A acrescido pela EC nº 45, de 8-12-2004.
▶ Art. 103-B desta Constituição.
▶ Art. 5º da EC nº 45, de 8-12-2004 (Reforma do Judiciário).
▶ O STF, ao julgar a ADIN nº 3.367, considerou constitucional a criação do CNJ, como órgão interno de controle administrativo, financeiro e disciplinar da magistratura, inovação trazida com a EC nº 45, 8-12-2004.

II – o Superior Tribunal de Justiça;
III – os Tribunais Regionais Federais e Juízes Federais;
IV – os Tribunais e Juízes do Trabalho;
V – os Tribunais e Juízes Eleitorais;
VI – os Tribunais e Juízes Militares;
VII – os Tribunais e Juízes dos Estados e do Distrito Federal e Territórios.

§ 1º O Supremo Tribunal Federal, o Conselho Nacional de Justiça e os Tribunais Superiores têm sede na Capital Federal.

▶ Art. 103-B desta Constituição.

§ 2º O Supremo Tribunal Federal e os Tribunais Superiores têm jurisdição em todo o território nacional.
▶ §§ 1º e 2º acrescidos pela EC nº 45, de 8-12-2004.

Art. 93. Lei complementar, de iniciativa do Supremo Tribunal Federal, disporá sobre o Estatuto da Magistratura, observados os seguintes princípios:
▶ LC nº 35, de 14-3-1979 (Lei Orgânica da Magistratura Nacional).
▶ Lei nº 5.621, de 4-11-1970, dispõe sobre organização e divisão judiciária.

I – ingresso na carreira, cujo cargo inicial será o de juiz substituto, mediante concurso público de provas e títulos, com a participação da Ordem dos Advogados do Brasil em todas as fases, exigindo-se do bacharel em direito, no mínimo, três anos de atividade jurídica e obedecendo-se, nas nomeações, à ordem de classificação;
▶ Inciso I com a redação dada pela EC nº 45, de 8-12-2004.

II – promoção de entrância para entrância, alternadamente, por antiguidade e merecimento, atendidas as seguintes normas:
a) é obrigatória a promoção do juiz que figure por três vezes consecutivas ou cinco alternadas em lista de merecimento;
b) a promoção por merecimento pressupõe dois anos de exercício na respectiva entrância e integrar o juiz a primeira quinta parte da lista de antiguidade desta, salvo se não houver com tais requisitos quem aceite o lugar vago;
c) aferição do merecimento conforme o desempenho e pelos critérios objetivos de produtividade e presteza no exercício da jurisdição e pela frequência e aproveitamento em cursos oficiais ou reconhecidos de aperfeiçoamento;
d) na apuração de antiguidade, o tribunal somente poderá recusar o juiz mais antigo pelo voto fundamentado de dois terços de seus membros, conforme procedimento próprio, e assegurada ampla defesa, repetindo-se a votação até fixar-se a indicação;
▶ Alíneas c e d com a redação dada pela EC nº 45, de 8-12-2004.

e) não será promovido o juiz que, injustificadamente, retiver autos em seu poder além do prazo legal, não podendo devolvê-los ao cartório sem o devido despacho ou decisão;
▶ Alínea e acrescida pela EC nº 45, de 8-12-2004.

III – o acesso aos tribunais de segundo grau far-se-á por antiguidade e merecimento, alternadamente, apurados na última ou única entrância;
IV – previsão de cursos oficiais de preparação, aperfeiçoamento e promoção de magistrados, constituindo etapa obrigatória do processo de vitaliciamento a participação em curso oficial ou reconhecido por escola nacional de formação e aperfeiçoamento de magistrados;
▶ Incisos III e IV com a redação dada pela EC nº 45, de 8-12-2004.

V – o subsídio dos Ministros dos Tribunais Superiores corresponderá a noventa e cinco por cento do subsídio mensal fixado para os Ministros do Supremo Tribunal Federal e os subsídios dos demais magistrados serão fixados em lei e escalonados, em nível federal e estadual, conforme as respectivas categorias da estrutura judiciária nacional, não podendo a diferença entre uma e outra ser superior a dez por cento ou inferior a cinco por cento, nem exceder a noventa e cinco por cento do subsídio mensal dos Ministros dos Tribunais Superiores, obedecido, em qualquer caso, o disposto nos artigos 37, XI, e 39, § 4º;
▶ Inciso V com a redação dada pela EC nº 19, de 4-6-1998.
▶ Lei nº 9.655, de 2-6-1998, altera o percentual de diferença entre a remuneração dos cargos de Ministros do Superior Tribunal de Justiça e dos Juízes da Justiça Federal de Primeiro e Segundo Graus.

VI – a aposentadoria dos magistrados e a pensão de seus dependentes observarão o disposto no artigo 40;
▶ Inciso VI com a redação dada pela EC nº 20, de 15-12-1998.

VII – o juiz titular residirá na respectiva comarca, salvo autorização do tribunal;
VIII – o ato de remoção, disponibilidade e aposentadoria do magistrado, por interesse público, fundar-se-á em decisão por voto de maioria absoluta do respectivo tribunal ou do Conselho Nacional de Justiça, assegurada ampla defesa;
▶ Incisos VII e VIII com a redação dada pela EC nº 45, de 8-12-2004.
▶ Arts. 95, II, e 103-B desta Constituição.
▶ Art. 5º da EC nº 45, de 8-12-2004 (Reforma do Judiciário).

VIII-A – a remoção a pedido ou a permuta de magistrados de comarca de igual entrância atenderá, no que couber, ao disposto nas alíneas a, b, c e e do inciso II;
▶ Inciso VIII-A acrescido pela EC nº 45, de 8-12-2004.

IX – todos os julgamentos dos órgãos do Poder Judiciário serão públicos, e fundamentadas todas as decisões, sob pena de nulidade, podendo a lei limitar a presença, em determinados atos, às próprias partes e a seus advogados, ou somente a estes, em casos nos quais a preservação do direito à intimidade do interessado no sigilo não prejudique o interesse público à informação;
▶ Súm. nº 123 do STJ.

X – as decisões administrativas dos tribunais serão motivadas e em sessão pública, sendo as disciplinares tomadas pelo voto da maioria absoluta de seus membros;
XI – nos tribunais com número superior a vinte e cinco julgadores, poderá ser constituído órgão especial, com o mínimo de onze e o máximo de vinte e cinco membros, para o exercício das atribuições administrativas e jurisdicionais delegadas da competência do tribunal pleno, provendo-se metade das vagas por antiguidade e a outra metade por eleição pelo tribunal pleno;
▶ Incisos IX a XI com a redação dada pela EC nº 45, de 8-12-2004.

XII – a atividade jurisdicional será ininterrupta, sendo vedado férias coletivas nos juízos e tribunais de segundo grau, funcionando, nos dias em que não houver expediente forense normal, juízes em plantão permanente;

XIII – o número de juízes na unidade jurisdicional será proporcional à efetiva demanda judicial e à respectiva população;
XIV – os servidores receberão delegação para a prática de atos de administração e atos de mero expediente sem caráter decisório;
XV – a distribuição de processos será imediata, em todos os graus de jurisdição.

▶ Incisos XII a XV acrescidos pela EC nº 45, de 8-12-2004.

Art. 94. Um quinto dos lugares dos Tribunais Regionais Federais, dos Tribunais dos Estados, e do Distrito Federal e Territórios será composto de membros, do Ministério Público, com mais de dez anos de carreira, e de advogados de notório saber jurídico e de reputação ilibada, com mais de dez anos de efetiva atividade profissional, indicados em lista sêxtupla pelos órgãos de representação das respectivas classes.

▶ Arts. 104, II, e 115, II, desta Constituição.

Parágrafo único. Recebidas as indicações, o Tribunal formará lista tríplice, enviando-a ao Poder Executivo, que, nos vinte dias subsequentes, escolherá um de seus integrantes para nomeação.

Art. 95. Os juízes gozam das seguintes garantias:
I – vitaliciedade, que, no primeiro grau, só será adquirida após dois anos de exercício, dependendo a perda do cargo, nesse período, de deliberação do Tribunal a que o juiz estiver vinculado, e, nos demais casos, de sentença judicial transitada em julgado;

▶ Súm. nº 36 do STF.

II – inamovibilidade, salvo por motivo de interesse público, na forma do artigo 93, VIII;
III – irredutibilidade de subsídio, ressalvado o disposto nos artigos 37, X e XI, 39, § 4º, 150, II, 153, III, e 153, § 2º, I.

▶ Inciso III com a redação dada pela EC nº 19, de 4-6-1998.

Parágrafo único. Aos juízes é vedado:
I – exercer, ainda que em disponibilidade, outro cargo ou função, salvo uma de magistério;
II – receber, a qualquer título ou pretexto, custas ou participação em processo;
III – dedicar-se à atividade político-partidária;
IV – receber, a qualquer título ou pretexto, auxílios ou contribuições de pessoas físicas, entidades públicas ou privadas, ressalvadas as exceções previstas em lei;
V – exercer a advocacia no juízo ou tribunal do qual se afastou, antes de decorridos três anos do afastamento do cargo por aposentadoria ou exoneração.

▶ Incisos IV e V acrescidos pela EC nº 45, de 8-12-2004.
▶ Art. 128, § 6º, desta Constituição.

Art. 96. Compete privativamente:

▶ Art. 4º da EC nº 45, de 8-12-2004.

I – aos Tribunais:
a) eleger seus órgãos diretivos e elaborar seus regimentos internos, com observância das normas de processo e das garantias processuais das partes, dispondo sobre a competência e o funcionamento dos respectivos órgãos jurisdicionais e administrativos;

b) organizar suas secretarias e serviços auxiliares e os dos juízos que lhes forem vinculados, velando pelo exercício da atividade correicional respectiva;
c) prover, na forma prevista nesta Constituição, os cargos de juiz de carreira da respectiva jurisdição;
d) propor a criação de novas varas judiciárias;
e) prover, por concurso público de provas, ou de provas e títulos, obedecido o disposto no artigo 169, parágrafo único, os cargos necessários à administração da Justiça, exceto os de confiança assim definidos em lei;

▶ De acordo com a alteração processada pela EC nº 19, de 4-6-1998, a referência passa a ser ao art. 169, § 1º.

f) conceder licença, férias e outros afastamentos a seus membros e aos juízes e servidores que lhes forem imediatamente vinculados;

II – ao Supremo Tribunal Federal, aos Tribunais Superiores e aos Tribunais de Justiça propor ao Poder Legislativo respectivo, observado o disposto no artigo 169:
a) a alteração do número de membros dos Tribunais inferiores;
b) a criação e a extinção de cargos e a remuneração dos seus serviços auxiliares e dos juízos que lhes forem vinculados, bem como a fixação do subsídio de seus membros e dos juízes, inclusive dos tribunais inferiores, onde houver;

▶ Alínea b com a redação dada pela EC nº 41, de 19-12-2003.
▶ Lei nº 10.475 de 27-6-2002, reestrutura as carreiras dos servidores do Poder Judiciário da União.

c) a criação ou extinção dos Tribunais inferiores;
d) a alteração da organização e da divisão judiciárias;

III – aos Tribunais de Justiça julgar os juízes estaduais e do Distrito Federal e Territórios, bem como os membros do Ministério Público, nos crimes comuns e de responsabilidade, ressalvada a competência da Justiça Eleitoral.

Art. 97. Somente pelo voto da maioria absoluta de seus membros ou dos membros do respectivo órgão especial poderão os Tribunais declarar a inconstitucionalidade de lei ou ato normativo do Poder Público.

▶ Súm. Vinc. nº 10 do STF.

Art. 98. A União, no Distrito Federal e nos Territórios, e os Estados criarão:
I – juizados especiais, providos por juízes togados, ou togados e leigos, competentes para a conciliação, o julgamento e a execução de causas cíveis de menor complexidade e infrações penais de menor potencial ofensivo, mediante os procedimentos oral e sumaríssimo, permitidos, nas hipóteses previstas em lei, a transação e o julgamento de recursos por turmas de juízes de primeiro grau;

▶ Lei nº 9.099, de 26-9-1995 (Lei dos Juizados Especiais).
▶ Lei nº 10.259, de 12-7-2001 (Lei dos Juizados Especiais Federais).
▶ Lei nº 12.153, 22-12-2009 (Lei dos Juizados Especiais da Fazenda Pública).
▶ Súm. Vinc. nº 27 do STF.
▶ Súm. nº 376 do STJ.

II – justiça de paz, remunerada, composta de cidadãos eleitos pelo voto direto, universal e secreto, com mandato de quatro anos e competência para, na forma da lei, celebrar casamentos, verificar, de ofício ou em face de impugnação apresentada, o processo de habilitação e exercer atribuições conciliatórias, sem caráter jurisdicional, além de outras previstas na legislação.

▶ Art. 30 do ADCT.

§ 1º Lei federal disporá sobre a criação de juizados especiais no âmbito da Justiça Federal.

▶ Antigo parágrafo único renumerado para § 1º pela EC nº 45, de 8-12-2004.
▶ Lei nº 10.259, de 12-7-2001 (Lei dos Juizados Especiais Federais).
▶ Súm. nº 428 do STJ.

§ 2º As custas e emolumentos serão destinados exclusivamente ao custeio dos serviços afetos às atividades específicas da Justiça.

▶ § 2º acrescido pela EC nº 45, de 8-12-2004.

Art. 99. Ao Poder Judiciário é assegurada autonomia administrativa e financeira.

§ 1º Os Tribunais elaborarão suas propostas orçamentárias dentro dos limites estipulados conjuntamente com os demais Poderes na lei de diretrizes orçamentárias.

▶ Art. 134, § 2º, desta Constituição.

§ 2º O encaminhamento da proposta, ouvidos os outros Tribunais interessados, compete:

▶ Art. 134, § 2º, desta Constituição.

I – no âmbito da União, aos Presidentes do Supremo Tribunal Federal e dos Tribunais Superiores, com a aprovação dos respectivos Tribunais;
II – no âmbito dos Estados e no do Distrito Federal e Territórios, aos Presidentes dos Tribunais de Justiça, com a aprovação dos respectivos Tribunais.

§ 3º Se os órgãos referidos no § 2º não encaminharem as respectivas propostas orçamentárias dentro do prazo estabelecido na lei de diretrizes orçamentárias, o Poder Executivo considerará, para fins de consolidação da proposta orçamentária anual, os valores aprovados na lei orçamentária vigente, ajustados de acordo com os limites estipulados na forma do § 1º deste artigo.

§ 4º Se as propostas orçamentárias de que trata este artigo forem encaminhadas em desacordo com os limites estipulados na forma do § 1º, o Poder Executivo procederá aos ajustes necessários para fins de consolidação da proposta orçamentária anual.

§ 5º Durante a execução orçamentária do exercício, não poderá haver a realização de despesas ou a assunção de obrigações que extrapolem os limites estabelecidos na lei de diretrizes orçamentárias, exceto se previamente autorizadas, mediante a abertura de créditos suplementares ou especiais.

▶ §§ 3º a 5º acrescidos pela EC nº 45, de 8-12-2004.

Art. 100. Os pagamentos devidos pelas Fazendas Públicas Federal, Estaduais, Distrital e Municipais, em virtude de sentença judiciária, far-se-ão exclusivamente na ordem cronológica de apresentação dos precatórios e à conta dos créditos respectivos, proibida a designação de casos ou de pessoas nas dotações orçamentárias e nos créditos adicionais abertos para este fim.

▶ *Caput* com a redação dada pela EC nº 62, de 9-12-2009.
▶ Arts. 33, 78, 86, 87 e 97 do ADCT.

▶ Art. 4º da EC nº 62, de 9-12-2009.
▶ Art. 6º da Lei nº 9.469, de 10-7-1997, que regula os pagamentos devidos pela Fazenda Pública em virtude de sentença judiciária.
▶ Res. do CNJ nº 92, de 13-10-2009, dispõe sobre a Gestão de Precatórios no âmbito do Poder Judiciário.
▶ Súmulas nºs 655 e 729 do STF.
▶ Súmulas nºs 144 e 339 do STJ.
▶ Orientações Jurisprudenciais do Tribunal Pleno nºs 12 e 13 do TST.

§ 1º Os débitos de natureza alimentícia compreendem aqueles decorrentes de salários, vencimentos, proventos, pensões e suas complementações, benefícios previdenciários e indenizações por morte ou por invalidez, fundadas em responsabilidade civil, em virtude de sentença judicial transitada em julgado, e serão pagos com preferência sobre todos os demais débitos, exceto sobre aqueles referidos no § 2º deste artigo.

§ 2º Os débitos de natureza alimentícia cujos titulares tenham 60 (sessenta) anos de idade ou mais na data de expedição do precatório, ou sejam portadores de doença grave, definidos na forma da lei, serão pagos com preferência sobre todos os demais débitos, até o valor equivalente ao triplo do fixado em lei para os fins do disposto no § 3º deste artigo, admitido o fracionamento para essa finalidade, sendo que o restante será pago na ordem cronológica de apresentação do precatório.

▶ Art. 97, § 17, do ADCT.

§ 3º O disposto no *caput* deste artigo relativamente à expedição de precatórios não se aplica aos pagamentos de obrigações definidas em leis como de pequeno valor que as Fazendas referidas devam fazer em virtude de sentença judicial transitada em julgado.

▶ Art. 87 do ADCT.
▶ Lei nº 10.099, de 19-12-2000, regulamenta este parágrafo.
▶ Art. 17, § 1º, da Lei nº 10.259, de 12-7-2001 (Lei dos Juizados Especiais Federais).
▶ Art. 13 da Lei nº 12.153, de 22-12-2009 (Lei dos Juizados Especiais da Fazenda Pública).

§ 4º Para os fins do disposto no § 3º, poderão ser fixados, por leis próprias, valores distintos às entidades de direito público, segundo as diferentes capacidades econômicas, sendo o mínimo igual ao valor do maior benefício do regime geral de previdência social.

▶ Art. 97, § 12º, do ADCT.
▶ Orientações Jurisprudenciais nºs 1 e 9 do Tribunal Pleno do TST.

§ 5º É obrigatória a inclusão, no orçamento das entidades de direito público, de verba necessária ao pagamento de seus débitos, oriundos de sentenças transitadas em julgado, constantes de precatórios judiciários apresentados até 1º de julho, fazendo-se o pagamento até o final do exercício seguinte, quando terão seus valores atualizados monetariamente.

▶ Súm. Vinc. nº 17 do STF.

§ 6º As dotações orçamentárias e os créditos abertos serão consignados diretamente ao Poder Judiciário, cabendo ao Presidente do Tribunal que proferir a decisão exequenda determinar o pagamento integral e autorizar, a requerimento do credor e exclusivamente para os casos de preterimento de seu direito de precedência ou de não alocação orçamentária do valor necessário à satisfação do seu débito, o sequestro da quantia respectiva.

▶ §§ 1º a 6º com a redação dada pela EC nº 62, de 9-12-2009.
▶ Súm. nº 733 do STF.

§ 7º O Presidente do Tribunal competente que, por ato comissivo ou omissivo, retardar ou tentar frustrar a liquidação regular de precatórios incorrerá em crime de responsabilidade e responderá, também, perante o Conselho Nacional de Justiça.

▶ Lei nº 1.079, de 10-4-1950 (Lei dos Crimes de Responsabilidade).

§ 8º É vedada a expedição de precatórios complementares ou suplementares de valor pago, bem como o fracionamento, repartição ou quebra do valor da execução para fins de enquadramento de parcela do total ao que dispõe o § 3º deste artigo.

▶ Art. 87 do ADCT.

§ 9º No momento da expedição dos precatórios, independentemente de regulamentação, deles deverá ser abatido, a título de compensação, valor correspondente aos débitos líquidos e certos, inscritos ou não em dívida ativa e constituídos contra o credor original pela Fazenda Pública devedora, incluídas parcelas vincendas de parcelamentos, ressalvados aqueles cuja execução esteja suspensa em virtude de contestação administrativa ou judicial.

▶ Orient. Norm. do CJF nº 4, de 8-6-2010, estabelece regra de transição para os procedimentos de compensação previstos neste inciso.

§ 10. Antes da expedição dos precatórios, o Tribunal solicitará à Fazenda Pública devedora, para resposta em até 30 (trinta) dias, sob pena de perda do direito de abatimento, informação sobre os débitos que preencham as condições estabelecidas no § 9º, para os fins nele previstos.

▶ Orient. Norm. do CJF nº 4, de 8-6-2010, estabelece regra de transição para os procedimentos de compensação previstos neste inciso.

§ 11. É facultada ao credor, conforme estabelecido em lei da entidade federativa devedora, a entrega de créditos em precatórios para compra de imóveis públicos do respectivo ente federado.

§ 12. A partir da promulgação desta Emenda Constitucional, a atualização de valores de requisitórios, após sua expedição, até o efetivo pagamento, independentemente de sua natureza, será feita pelo índice oficial de remuneração básica da caderneta de poupança, e, para fins de compensação da mora, incidirão juros simples no mesmo percentual de juros incidentes sobre a caderneta de poupança, ficando excluída a incidência de juros compensatórios.

▶ OJ do Tribunal Pleno nº 7 do TST.
▶ OJ da SBDI-I nº 382 do TST.

§ 13. O credor poderá ceder, total ou parcialmente, seus créditos em precatórios a terceiros, independentemente da concordância do devedor, não se aplicando ao cessionário o disposto nos §§ 2º e 3º.

▶ Art. 5º da EC nº 62, de 9-12-2009, que convalida todas as cessões de precatórios efetuadas antes da sua promulgação, independentemente da concordância da entidade devedora.

▶ Arts. 286 a 298 do CC.

§ 14. A cessão de precatórios somente produzirá efeitos após comunicação, por meio de petição protocolizada, ao tribunal de origem e à entidade devedora.

§ 15. Sem prejuízo do disposto neste artigo, lei complementar a esta Constituição Federal poderá estabelecer regime especial para pagamento de crédito de precatórios de Estados, Distrito Federal e Municípios, dispondo sobre vinculações à receita corrente líquida e forma e prazo de liquidação.

▶ Art. 97, *caput*, do ADCT.

§ 16. A seu critério exclusivo e na forma de lei, a União poderá assumir débitos, oriundos de precatórios, de Estados, Distrito Federal e Municípios, refinanciando-os diretamente.

▶ §§ 7º a 16 acrescidos pela EC nº 62, de 9-12-2009.

Seção II

DO SUPREMO TRIBUNAL FEDERAL

Art. 101. O Supremo Tribunal Federal compõe-se de onze Ministros, escolhidos dentre cidadãos com mais de trinta e cinco anos e menos de sessenta e cinco anos de idade, de notável saber jurídico e reputação ilibada.

▶ Lei nº 8.038, de 28-5-1990, institui normas procedimentais para os processos que especifica, perante o STJ e o STF.

Parágrafo único. Os Ministros do Supremo Tribunal Federal serão nomeados pelo Presidente da República, depois de aprovada a escolha pela maioria absoluta do Senado Federal.

Art. 102. Compete ao Supremo Tribunal Federal, precipuamente, a guarda da Constituição, cabendo-lhe:

I – processar e julgar, originariamente:

▶ Res. do STF nº 427, de 20-4-2010, regulamenta o processo eletrônico no âmbito do Supremo Tribunal Federal.

a) a ação direta de inconstitucionalidade de lei ou ato normativo federal ou estadual e a ação declaratória de constitucionalidade de lei ou ato normativo federal;

▶ Alínea *a* com a redação dada pela EC nº 3, de 17-3-1993.
▶ Lei nº 9.868, de 10-11-1999 (Lei da ADIN e da ADECON).
▶ Dec. nº 2.346, de 10-10-1997, consolida as normas de procedimentos a serem observadas pela administração pública federal em razão de decisões judiciais.
▶ Súmulas nºs 360, 642 e 735 do STF.

b) nas infrações penais comuns, o Presidente da República, o Vice-Presidente, os membros do Congresso Nacional, seus próprios Ministros e o Procurador-Geral da República;

c) nas infrações penais comuns e nos crimes de responsabilidade, os Ministros de Estado e os Comandantes da Marinha, do Exército e da Aeronáutica, ressalvado o disposto no artigo 52, I, os membros dos Tribunais Superiores, os do Tribunal de Contas

da União e os chefes de missão diplomática de caráter permanente;
- Alínea c com a redação dada pela EC nº 23, de 2-9-1999.
- Lei nº 1.079, de 10-4-1950 (Lei dos Crimes de Responsabilidade).

d) o *habeas corpus*, sendo paciente qualquer das pessoas referidas nas alíneas anteriores; o mandado de segurança e o *habeas data* contra atos do Presidente da República, das Mesas da Câmara dos Deputados e do Senado Federal, do Tribunal de Contas da União, do Procurador-Geral da República e do próprio Supremo Tribunal Federal;
- Lei nº 9.507, de 12-11-1997 (Lei do *Habeas Data*).
- Lei nº 12.016, de 7-8-2009 (Lei do Mandado de Segurança Individual e Coletivo).
- Súm. nº 624 do STF.

e) o litígio entre Estado estrangeiro ou organismo internacional e a União, o Estado, o Distrito Federal ou o Território;

f) as causas e os conflitos entre a União e os Estados, a União e o Distrito Federal, ou entre uns e outros, inclusive as respectivas entidades da administração indireta;

g) a extradição solicitada por Estado estrangeiro;
- Súmulas nºs 367, 421 e 692 do STF.

h) *Revogada*. EC nº 45, de 8-12-2004;

i) o *habeas corpus*, quando o coator for Tribunal Superior ou quando o coator ou o paciente for autoridade ou funcionário cujos atos estejam sujeitos diretamente à jurisdição do Supremo Tribunal Federal, ou se trate de crime sujeito à mesma jurisdição em uma única instância;
- Alínea *i* com a redação dada pela EC nº 22, de 18-3-1999.
- Súmulas nºs 606, 691, 692 e 731 do STF.

j) a revisão criminal e a ação rescisória de seus julgados;
- Arts. 485 a 495 do CPC.
- Arts. 621 a 631 do CPP.

l) a reclamação para a preservação de sua competência e garantia da autoridade de suas decisões;
- Arts. 13 a 18 da Lei nº 8.038, de 28-5-1990, que institui normas procedimentais para os processos que especifica, perante o STJ e o STF.
- Súm. 734 do STF.

m) a execução de sentença nas causas de sua competência originária, facultada a delegação de atribuições para a prática de atos processuais;

n) a ação em que todos os membros da magistratura sejam direta ou indiretamente interessados, e aquela em que mais da metade dos membros do Tribunal de origem estejam impedidos ou sejam direta ou indiretamente interessados;
- Súmulas nºs 623 e 731 do STF.

o) os conflitos de competência entre o Superior Tribunal de Justiça e quaisquer Tribunais, entre Tribunais Superiores, ou entre estes e qualquer outro Tribunal;
- Arts. 105, I, *d*, 108, I, e, e 114, V, desta Constituição.

p) o pedido de medida cautelar das ações diretas de inconstitucionalidade;

q) o mandado de injunção, quando a elaboração da norma regulamentadora for atribuição do Presidente da República, do Congresso Nacional, da Câmara dos Deputados, do Senado Federal, das Mesas de uma dessas Casas Legislativas, do Tribunal de Contas da União, de um dos Tribunais Superiores, ou do próprio Supremo Tribunal Federal;

r) as ações contra o Conselho Nacional de Justiça e contra o Conselho Nacional do Ministério Público;
- Alínea *r* acrescida pela EC nº 45, de 8-12-2004.
- Arts. 103-A e 130-B desta Constituição.

II – julgar, em recurso ordinário:

a) o *habeas corpus*, o mandado de segurança, o *habeas data* e o mandado de injunção decididos em única instância pelos Tribunais Superiores, se denegatória a decisão;
- Lei nº 9.507, de 12-11-1997 (Lei do *Habeas Data*).
- Lei nº 12.016, de 7-8-2009 (Lei do Mandado de Segurança Individual e Coletivo).

b) o crime político;

III – julgar, mediante recurso extraordinário, as causas decididas em única ou última instância, quando a decisão recorrida:
- Lei nº 8.658, de 26-5-1993, dispõe sobre a aplicação, nos Tribunais de Justiça e nos Tribunais Regionais Federais, das normas da Lei nº 8038, de 28-5-1990.
- Súmulas nºs 279, 283, 634, 635, 637, 640, 727 e 733 do STF.

a) contrariar dispositivo desta Constituição;
- Súmulas nºs 400 e 735 do STF.

b) declarar a inconstitucionalidade de tratado ou lei federal;

c) julgar válida lei ou ato de governo local contestado em face desta Constituição;

d) julgar válida lei local contestada em face de lei federal.
- Alínea *d* acrescida pela EC nº 45, de 8-12-2004.

§ 1º A arguição de descumprimento de preceito fundamental decorrente desta Constituição será apreciada pelo Supremo Tribunal Federal, na forma da lei.
- Parágrafo único transformado em § 1º pela EC nº 3, de 17-3-1993.
- Lei nº 9.882, de 3-12-1999 (Lei da Ação de Descumprimento de Preceito Fundamental).

§ 2º As decisões definitivas de mérito, proferidas pelo Supremo Tribunal Federal, nas ações diretas de inconstitucionalidade e nas ações declaratórias de constitucionalidade, produzirão eficácia contra todos e efeito vinculante, relativamente aos demais órgãos do Poder Judiciário e à administração pública direta e indireta, nas esferas federal, estadual e municipal.
- § 2º com a redação dada pela EC nº 45, de 8-12-2004.
- Lei nº 9.868, de 10-11-1999 (Lei da ADIN e da ADECON).

§ 3º No recurso extraordinário o recorrente deverá demonstrar a repercussão geral das questões constitucionais discutidas no caso, nos termos da lei, a fim de que o Tribunal examine a admissão do recurso, somente

podendo recusá-lo pela manifestação de dois terços de seus membros.
▶ § 3º acrescido pela EC nº 45, de 8-12-2004.
▶ Lei nº 11.418, de 19-12-2006, regulamenta este parágrafo.
▶ Arts. 543-A e 543-B do CPC.

Art. 103. Podem propor a ação direta de inconstitucionalidade e a ação declaratória de constitucionalidade:
▶ Caput com a redação dada pela EC nº 45, de 8-12-2004.
▶ Arts. 2º, 12-A e 13 da Lei nº 9.868, de 10-11-1999 (Lei da ADIN e da ADECON).

I – o Presidente da República;
II – a Mesa do Senado Federal;
III – a Mesa da Câmara dos Deputados;
IV – a Mesa de Assembleia Legislativa ou da Câmara Legislativa do Distrito Federal;
V – o Governador de Estado ou do Distrito Federal;
▶ Incisos IV e V com a redação dada pela EC nº 45, de 8-12-2004.

VI – o Procurador-Geral da República;
VII – o Conselho Federal da Ordem dos Advogados do Brasil;
VIII – partido político com representação no Congresso Nacional;
IX – confederação sindical ou entidade de classe de âmbito nacional.

§ 1º O Procurador-Geral da República deverá ser previamente ouvido nas ações de inconstitucionalidade e em todos os processos de competência do Supremo Tribunal Federal.

§ 2º Declarada a inconstitucionalidade por omissão de medida para tornar efetiva norma constitucional, será dada ciência ao Poder competente para a adoção das providências necessárias e, em se tratando de órgão administrativo, para fazê-lo em trinta dias.
▶ Art. 12-H da Lei nº 9.868, de 10-11-1999 (Lei da ADIN e da ADECON).

§ 3º Quando o Supremo Tribunal Federal apreciar a inconstitucionalidade, em tese, de norma legal ou ato normativo, citará, previamente, o Advogado-Geral da União, que defenderá o ato ou texto impugnado.

§ 4º *Revogado*. EC nº 45, de 8-12-2004.

Art. 103-A. O Supremo Tribunal Federal poderá, de ofício ou por provocação, mediante decisão de dois terços dos seus membros, após reiteradas decisões sobre matéria constitucional, aprovar súmula que, a partir de sua publicação na imprensa oficial, terá efeito vinculante em relação aos demais órgãos do Poder Judiciário e à administração pública direta e indireta, nas esferas federal, estadual e municipal, bem como proceder à sua revisão ou cancelamento, na forma estabelecida em lei.
▶ Art. 8º da EC nº 45, de 8-12-2004 (Reforma do Judiciário).
▶ Lei nº 11.417, de 19-12-2006 (Lei da Súmula Vinculante), regulamenta este artigo.

§ 1º A súmula terá por objetivo a validade, a interpretação e a eficácia de normas determinadas, acerca das quais haja controvérsia atual entre órgãos judiciários ou entre esses e a administração pública que acarrete grave insegurança jurídica e relevante multiplicação de processos sobre questão idêntica.

§ 2º Sem prejuízo do que vier a ser estabelecido em lei, a aprovação, revisão ou cancelamento de súmula poderá ser provocada por aqueles que podem propor a ação direta de inconstitucionalidade.

§ 3º Do ato administrativo ou decisão judicial que contrariar a súmula aplicável ou que indevidamente a aplicar, caberá reclamação ao Supremo Tribunal Federal que, julgando-a procedente, anulará o ato administrativo ou cassará a decisão judicial reclamada, e determinará que outra seja proferida com ou sem a aplicação da súmula, conforme o caso.
▶ Art. 103-A acrescido pela EC nº 45, de 8-12-2004.

Art. 103-B. O Conselho Nacional de Justiça compõe-se de 15 (quinze) membros com mandato de 2 (dois) anos, admitida 1 (uma) recondução, sendo:
▶ Caput com a redação dada pela EC nº 61, de 11-11-2009.
▶ Art. 5º da EC nº 45, de 8-12-2004 (Reforma do Judiciário).
▶ Lei nº 11.364, de 26-10-2006, dispõe sobre as atividades de apoio ao Conselho Nacional de Justiça.

I – o Presidente do Supremo Tribunal Federal;
▶ Inciso I com a redação dada pela EC nº 61, de 11-11-2009.

II – um Ministro do Superior Tribunal de Justiça, indicado pelo respectivo tribunal;
III – um Ministro do Tribunal Superior do Trabalho, indicado pelo respectivo tribunal;
IV – um desembargador de Tribunal de Justiça, indicado pelo Supremo Tribunal Federal;
V – um juiz estadual, indicado pelo Supremo Tribunal Federal;
VI – um juiz de Tribunal Regional Federal, indicado pelo Superior Tribunal de Justiça;
VII – um juiz federal, indicado pelo Superior Tribunal de Justiça;
VIII – um juiz de Tribunal Regional do Trabalho, indicado pelo Tribunal Superior do Trabalho;
IX – um juiz do trabalho, indicado pelo Tribunal Superior do Trabalho;
X – um membro do Ministério Público da União, indicado pelo Procurador-Geral da República;
XI – um membro do Ministério Público estadual, escolhido pelo Procurador-Geral da República dentre os nomes indicados pelo órgão competente de cada instituição estadual;
XII – dois advogados, indicados pelo Conselho Federal da Ordem dos Advogados do Brasil;
XIII – dois cidadãos, de notável saber jurídico e reputação ilibada, indicados um pela Câmara dos Deputados e outro pelo Senado Federal.
▶ Incisos II a XIII acrescidos pela EC nº 45, de 8-12-2004.

§ 1º O Conselho será presidido pelo Presidente do Supremo Tribunal Federal e, nas suas ausências e impedimentos, pelo Vice-Presidente do Supremo Tribunal Federal.

§ 2º Os demais membros do Conselho serão nomeados pelo Presidente da República, depois de aprovada a escolha pela maioria absoluta do Senado Federal.

▶ §§ 1º e 2º com a redação dada pela EC nº 61, de 11-11-2009.

§ 3º Não efetuadas, no prazo legal, as indicações previstas neste artigo, caberá a escolha ao Supremo Tribunal Federal.

§ 4º Compete ao Conselho o controle da atuação administrativa e financeira do Poder Judiciário e do cumprimento dos deveres funcionais dos juízes, cabendo-lhe, além de outras atribuições que lhe forem conferidas pelo Estatuto da Magistratura:

I – zelar pela autonomia do Poder Judiciário e pelo cumprimento do Estatuto da Magistratura, podendo expedir atos regulamentares, no âmbito de sua competência, ou recomendar providências;
II – zelar pela observância do art. 37 e apreciar, de ofício ou mediante provocação, a legalidade dos atos administrativos praticados por membros ou órgãos do Poder Judiciário, podendo desconstituí-los, revê-los ou fixar prazo para que se adotem as providências necessárias ao exato cumprimento da lei, sem prejuízo da competência do Tribunal de Contas da União;
III – receber e conhecer das reclamações contra membros ou órgãos do Poder Judiciário, inclusive contra seus serviços auxiliares, serventias e órgãos prestadores de serviços notariais e de registro que atuem por delegação do poder público ou oficializados, sem prejuízo da competência disciplinar e correicional dos tribunais, podendo avocar processos disciplinares em curso e determinar a remoção, a disponibilidade ou a aposentadoria com subsídios ou proventos proporcionais ao tempo de serviço e aplicar outras sanções administrativas, assegurada ampla defesa;
IV – representar ao Ministério Público, no caso de crime contra a administração pública ou de abuso de autoridade;
V – rever, de ofício ou mediante provocação, os processos disciplinares de juízes e membros de tribunais julgados há menos de um ano;
VI – elaborar semestralmente relatório estatístico sobre processos e sentenças prolatadas, por unidade da Federação, nos diferentes órgãos do Poder Judiciário;
VII – elaborar relatório anual, propondo as providências que julgar necessárias, sobre a situação do Poder Judiciário no País e as atividades do Conselho, o qual deve integrar mensagem do Presidente do Supremo Tribunal Federal a ser remetida ao Congresso Nacional, por ocasião da abertura da sessão legislativa.

§ 5º O Ministro do Superior Tribunal de Justiça exercerá a função de Ministro-Corregedor e ficará excluído da distribuição de processos no Tribunal, competindo-lhe, além das atribuições que lhe forem conferidas pelo Estatuto da Magistratura, as seguintes:

I – receber as reclamações e denúncias, de qualquer interessado, relativas aos magistrados e aos serviços judiciários;
II – exercer funções executivas do Conselho, de inspeção e de correição geral;
III – requisitar e designar magistrados, delegando-lhes atribuições, e requisitar servidores de juízos ou tribunais, inclusive nos Estados, Distrito Federal e Territórios.

§ 6º Junto ao Conselho oficiarão o Procurador-Geral da República e o Presidente do Conselho Federal da Ordem dos Advogados do Brasil.

§ 7º A União, inclusive no Distrito Federal e nos Territórios, criará ouvidorias de justiça, competentes para receber reclamações e denúncias de qualquer interessado contra membros ou órgãos do Poder Judiciário, ou contra seus serviços auxiliares, representando diretamente ao Conselho Nacional de Justiça.

▶ §§ 3º a 7º acrescidos pela EC nº 45, de 8-12-2004.
▶ Res. do CNJ nº 103, de 24-2-2010, dispõe sobre as atribuições da Ouvidoria do Conselho Nacional de Justiça e determina a criação de ouvidorias no âmbito dos Tribunais.

Seção III

DO SUPERIOR TRIBUNAL DE JUSTIÇA

▶ Lei nº 8.038, de 28-5-1990, institui normas procedimentais para os processos que especifica, perante o STJ e o STF.

Art. 104. O Superior Tribunal de Justiça compõe-se de, no mínimo, trinta e três Ministros.

Parágrafo único. Os Ministros do Superior Tribunal de Justiça serão nomeados pelo Presidente da República, dentre brasileiros com mais de trinta e cinco e menos de sessenta e cinco anos, de notável saber jurídico e reputação ilibada, depois de aprovada a escolha pela maioria absoluta do Senado Federal, sendo:

▶ Parágrafo único com a redação dada pela EC nº 45, de 8-12-2004.
▶ Lei nº 8.038, de 28-5-1990, institui normas procedimentais para os processos que especifica, perante o STJ e o STF.

I – um terço dentre juízes dos Tribunais Regionais Federais e um terço dentre desembargadores dos Tribunais de Justiça, indicados em lista tríplice elaborada pelo próprio Tribunal;
II – um terço, em partes iguais, dentre advogados e membros do Ministério Público Federal, Estadual, do Distrito Federal e Territórios, alternadamente, indicados na forma do artigo 94.

Art. 105. Compete ao Superior Tribunal de Justiça:

I – processar e julgar, originariamente:

a) nos crimes comuns, os Governadores dos Estados e do Distrito Federal, e, nestes e nos de responsabilidade, os desembargadores dos Tribunais de Justiça dos Estados e do Distrito Federal, os membros dos Tribunais de Contas dos Estados e do Distrito Federal, os dos Tribunais Regionais Federais, dos Tribunais Regionais Eleitorais e do Trabalho, os membros dos Conselhos ou Tribunais de Contas dos Municípios e os do Ministério Público da União que oficiem perante tribunais;

b) os mandados de segurança e os *habeas data* contra ato de Ministro de Estado, dos Comandantes da Marinha, do Exército e da Aeronáutica ou do próprio Tribunal;

▶ Alínea b com a redação dada pela EC nº 23, de 2-9-1999.
▶ Lei nº 9.507, de 12-11-1997 (Lei do *Habeas Data*).
▶ Lei nº 12.016, de 7-8-2009 (Lei do Mandado de Segurança Individual e Coletivo).
▶ Súm. nº 41 do STJ.

c) os *habeas corpus*, quando o coator ou paciente for qualquer das pessoas mencionadas na alínea *a*, ou quando o coator for tribunal sujeito à sua jurisdição, Ministro de Estado ou Comandante da Marinha, do Exército ou da Aeronáutica, ressalvada a competência da Justiça Eleitoral;

▶ Alínea *c* com a redação dada pela EC nº 23, de 2-9-1999.

d) os conflitos de competência entre quaisquer tribunais, ressalvado o disposto no artigo 102, I, *o*, bem como entre Tribunal e juízes a ele não vinculados e entre juízes vinculados a Tribunais diversos;

▶ Súm. nº 22 do STJ.

e) as revisões criminais e as ações rescisórias de seus julgados;

▶ Arts. 485 a 495 do CPC.
▶ Arts. 621 a 631 do CPP.

f) a reclamação para a preservação de sua competência e garantia da autoridade de suas decisões;

▶ Arts. 13 a 18 da Lei nº 8.038, de 28-5-1990, que institui normas procedimentais para os processos que especifica, perante o STJ e o STF.

g) os conflitos de atribuições entre autoridades administrativas e judiciárias da União, ou entre autoridades judiciárias de um Estado e administrativas de outro ou do Distrito Federal, ou entre as deste e da União;

h) o mandado de injunção, quando a elaboração da norma regulamentadora for atribuição de órgão, entidade ou autoridade federal, da administração direta ou indireta, exceto os casos de competência do Supremo Tribunal Federal e dos órgãos da Justiça Militar, da Justiça Eleitoral, da Justiça do Trabalho e da Justiça Federal;

▶ Art. 109 desta Constituição.
▶ Arts. 483 e 484 do CPC.

i) a homologação de sentenças estrangeiras e a concessão de *exequatur* às cartas rogatórias;

▶ Alínea *i* acrescida pela EC nº 45, de 8-12-2004.
▶ Art. 109, X, desta Constituição.
▶ Arts. 483 e 484 do CPC.

II – julgar, em recurso ordinário:

a) os *habeas corpus* decididos em única ou última instância pelos Tribunais Regionais Federais ou pelos Tribunais dos Estados, do Distrito Federal e Territórios, quando a decisão for denegatória;

b) os mandados de segurança decididos em única instância pelos Tribunais Regionais Federais ou pelos Tribunais dos Estados, do Distrito Federal e Territórios, quando denegatória a decisão;

▶ Lei nº 12.016, de 7-8-2009 (Lei do Mandado de Segurança Individual e Coletivo).

c) as causas em que forem partes Estado estrangeiro ou organismo internacional, de um lado, e, do outro, Município ou pessoa residente ou domiciliada no País;

III – julgar, em recurso especial, as causas decididas, em única ou última instância, pelos Tribunais Regionais Federais ou pelos Tribunais dos Estados, do Distrito Federal e Territórios, quando a decisão recorrida:

▶ Lei nº 8.658, de 26-5-1993, dispõe sobre a aplicação, nos Tribunais de Justiça e nos Tribunais Regionais Federais, das normas da Lei nº 8038, de 28-5-1990.
▶ Súmulas nºs 5, 7, 86, 95, 203, 207, 320 e 418 do STJ.

a) contrariar tratado ou lei federal, ou negar-lhes vigência;

b) julgar válido ato de governo local contestado em face de lei federal;

▶ Alínea *b* com a redação dada pela EC nº 45, de 8-12-2004.

c) der a lei federal interpretação divergente da que lhe haja atribuído outro Tribunal.

▶ Súm. nº 13 do STJ.

Parágrafo único. Funcionarão junto ao Superior Tribunal de Justiça:

▶ Parágrafo único com a redação dada pela EC nº 45, de 8-12-2004.

I – a escola nacional de formação e aperfeiçoamento de magistrados, cabendo-lhe, dentre outras funções, regulamentar os cursos oficiais para o ingresso e promoção na carreira;

II – o Conselho da Justiça Federal, cabendo-lhe exercer, na forma da lei, a supervisão administrativa e orçamentária da Justiça Federal de primeiro e segundo graus, como órgão central do sistema e com poderes correicionais, cujas decisões terão caráter vinculante.

▶ Incisos I e II acrescidos pela EC nº 45, de 8-12-2004.

Seção IV

DOS TRIBUNAIS REGIONAIS FEDERAIS E DOS JUÍZES FEDERAIS

Art. 106. São órgãos da Justiça Federal:

▶ Lei nº 7.727, de 9-1-1989, dispõe sobre a composição inicial dos Tribunais Regionais Federais e sua instalação, cria os respectivos quadros de pessoal.

I – os Tribunais Regionais Federais;
II – os Juízes Federais.

Art. 107. Os Tribunais Regionais Federais compõem-se de, no mínimo, sete juízes, recrutados, quando possível, na respectiva região e nomeados pelo Presidente da República dentre brasileiros com mais de trinta anos e menos de sessenta e cinco anos, sendo:

I – um quinto dentre advogados com mais de dez anos de efetiva atividade profissional e membros do Ministério Público Federal com mais de dez anos de carreira;

II – os demais, mediante promoção de juízes federais com mais de cinco anos de exercício, por antiguidade e merecimento, alternadamente.

▶ Art. 27, § 9º, do ADCT.
▶ Lei nº 9.967, de 10-5-2000, dispõe sobre as reestruturações dos Tribunais Regionais Federais das cinco Regiões.

§ 1º A lei disciplinará a remoção ou a permuta de juízes dos Tribunais Regionais Federais e determinará sua jurisdição e sede.

▶ Parágrafo único transformado em § 1º pela EC nº 45, de 8-12-2004.

▶ Art. 1º da Lei nº 9.967, de 10-5-2000, que dispõe sobre as reestruturações dos Tribunais Regionais Federais das cinco regiões.

▶ Lei nº 9.968, de 10-5-2000, dispõe sobre a reestruturação do Tribunal Regional Federal da 3ª Região.

§ 2º Os Tribunais Regionais Federais instalarão a justiça itinerante, com a realização de audiências e demais funções da atividade jurisdicional, nos limites territoriais da respectiva jurisdição, servindo-se de equipamentos públicos e comunitários.

§ 3º Os Tribunais Regionais Federais poderão funcionar descentralizadamente, constituindo Câmaras regionais, a fim de assegurar o pleno acesso do jurisdicionado à justiça em todas as fases do processo.

▶ §§ 2º e 3º acrescidos pela EC nº 45, de 8-12-2004.

Art. 108. Compete aos Tribunais Regionais Federais:

I – processar e julgar, originariamente:

a) os juízes federais da área de sua jurisdição, incluídos os da Justiça Militar e da Justiça do Trabalho, nos crimes comuns e de responsabilidade, e os membros do Ministério Público da União, ressalvada a competência da Justiça Eleitoral;

b) as revisões criminais e as ações rescisórias de julgados seus ou dos juízes federais da região;

▶ Arts. 485 a 495 do CPC.
▶ Arts. 621 a 631 do CPP.

c) os mandados de segurança e os *habeas data* contra ato do próprio Tribunal ou de juiz federal;

▶ Lei nº 9.507, de 12-11-1997 (Lei do *Habeas Data*).
▶ Lei nº 12.016, de 7-8-2009 (Lei do Mandado de Segurança Individual e Coletivo).

d) os *habeas corpus*, quando a autoridade coatora for juiz federal;

e) os conflitos de competência entre juízes federais vinculados ao Tribunal;

▶ Súmulas nºˢ 3 e 428 do STJ.

II – julgar, em grau de recurso, as causas decididas pelos juízes federais e pelos juízes estaduais no exercício da competência federal da área de sua jurisdição.

▶ Súm. nº 55 do STJ.

Art. 109. Aos juízes federais compete processar e julgar:

▶ Lei nº 7.492, de 16-6-1986 (Lei dos Crimes Contra o Sistema Financeiro Nacional).
▶ Lei nº 9.469, de 9-7-1997, dispõe sobre a intervenção da União nas causas em que figurarem, como autores ou réus, entes da Administração indireta.
▶ Lei nº 10.259, de 12-7-2001 (Lei dos Juizados Especiais Federais).
▶ Art. 70 da Lei nº 11.343, de 23-8-2006 (Lei Antidrogas).
▶ Súmulas nºˢ 15, 32, 42, 66, 82, 150, 173, 324, 349 e 365 do STJ.

I – as causas em que a União, entidade autárquica ou empresa pública federal forem interessadas na condição de autoras, rés, assistentes ou oponentes, exceto as de falência, as de acidentes de trabalho e as sujeitas à Justiça Eleitoral e à Justiça do Trabalho;

▶ Súmulas Vinculantes nºˢ 22 e 27 do STF.
▶ Súmulas nºˢ 15, 32, 42, 66, 82, 150, 173, 324, 365, 374 e 489 do STJ.

II – as causas entre Estado estrangeiro ou organismo internacional e Município ou pessoa domiciliada ou residente no País;

III – as causas fundadas em tratado ou contrato da União com Estado estrangeiro ou organismo internacional;

▶ Súm. nº 689 do STF.

IV – os crimes políticos e as infrações penais praticadas em detrimento de bens, serviços ou interesse da União ou de suas entidades autárquicas ou empresas públicas, excluídas as contravenções e ressalvada a competência da Justiça Militar e da Justiça Eleitoral;

▶ Art. 9º do CPM.
▶ Súmulas nºˢ 38, 42, 62, 73, 104, 147, 165 e 208 do STJ.

V – os crimes previstos em tratado ou convenção internacional, quando, iniciada a execução no País, o resultado tenha ou devesse ter ocorrido no estrangeiro, ou reciprocamente;

V-A – as causas relativas a direitos humanos a que se refere o § 5º deste artigo;

▶ Inciso V-A acrescido pela EC nº 45, de 8-12-2004.

VI – os crimes contra a organização do trabalho e, nos casos determinados por lei, contra o sistema financeiro e a ordem econômico-financeira;

▶ Arts. 197 a 207 do CP.
▶ Lei nº 7.492, de 16-6-1986 (Lei dos Crimes contra o Sistema Financeiro Nacional).
▶ Lei nº 8.137, de 27-12-1990 (Lei dos Crimes Contra a Ordem Tributária, Econômica e contra as Relações de Consumo).
▶ Lei nº 8.176, de 8-2-1991 (Lei dos Crimes contra a Ordem Econômica).

VII – os *habeas corpus*, em matéria criminal de sua competência ou quando o constrangimento provier de autoridade cujos atos não estejam diretamente sujeitos a outra jurisdição;

VIII – os mandados de segurança e os *habeas data* contra ato de autoridade federal, excetuados os casos de competência dos Tribunais federais;

▶ Lei nº 9.507, de 12-11-1997 (Lei do *Habeas Data*).
▶ Lei nº 12.016, de 7-8-2009 (Lei do Mandado de Segurança Individual e Coletivo).

IX – os crimes cometidos a bordo de navios ou aeronaves, ressalvada a competência da Justiça Militar;

▶ Art. 125, § 4º, desta Constituição.
▶ Art. 9º do CPM.

X – os crimes de ingresso ou permanência irregular de estrangeiro, a execução de carta rogatória, após o *exequatur*, e de sentença estrangeira após a homologação, as causas referentes à nacionalidade, inclusive a respectiva opção, e à naturalização;

▶ Art. 105, I, *i*, desta Constituição.
▶ Art. 484 do CPC.

XI – a disputa sobre direitos indígenas.

▶ Súm. nº 140 do STJ.

§ 1º As causas em que a União for autora serão aforadas na seção judiciária onde tiver domicílio a outra parte.

§ 2º As causas intentadas contra a União poderão ser aforadas na seção judiciária em que for domiciliado o autor, naquela onde houver ocorrido o ato ou fato que deu origem à demanda ou onde esteja situada a coisa, ou, ainda, no Distrito Federal.

§ 3º Serão processadas e julgadas na justiça estadual, no foro do domicílio dos segurados ou beneficiários, as causas em que forem parte instituição de previdência social e segurado, sempre que a comarca não seja sede de vara do juízo federal, e, se verificada essa condição, a lei poderá permitir que outras causas sejam também processadas e julgadas pela justiça estadual.

▶ Lei nº 5.010, de 30-5-1966 (Lei de Organização da Justiça Federal).
▶ Súmulas nºs 11, 15 e 32 do STJ.

§ 4º Na hipótese do parágrafo anterior, o recurso cabível será sempre para o Tribunal Regional Federal na área de jurisdição do juiz de primeiro grau.

▶ Súm. nº 32 do STJ.

§ 5º Nas hipóteses de grave violação de direitos humanos, o Procurador-Geral da República, com a finalidade de assegurar o cumprimento de obrigações decorrentes de tratados internacionais de direitos humanos dos quais o Brasil seja parte, poderá suscitar, perante o Superior Tribunal de Justiça, em qualquer fase do inquérito ou processo, incidente de deslocamento de competência para a Justiça Federal.

▶ § 5º acrescido pela EC nº 45, de 8-12-2004.

Art. 110. Cada Estado, bem como o Distrito Federal, constituirá uma seção judiciária que terá por sede a respectiva Capital, e varas localizadas segundo o estabelecido em lei.

▶ Lei nº 5.010, de 30-5-1966 (Lei de Organização da Justiça Federal).

Parágrafo único. Nos Territórios Federais, a jurisdição e as atribuições cometidas aos juízes federais caberão aos juízes da justiça local, na forma da lei.

▶ Lei nº 9.788, de 19-2-1999, dispõe sobre a reestruturação da Justiça Federal de Primeiro Grau, nas cinco regiões, com a criação de cem Varas Federais.

SEÇÃO V

DOS TRIBUNAIS E JUÍZES DO TRABALHO

▶ Art. 743 e seguintes da CLT.
▶ Lei nº 9.957, de 12-1-2000, institui o procedimento sumaríssimo no processo trabalhista.
▶ Lei nº 9.958, de 12-1-2000, criou as Comissões de Conciliação Prévia no âmbito na Justiça do Trabalho.

Art. 111. São órgãos da Justiça do Trabalho:

I – o Tribunal Superior do Trabalho;
II – os Tribunais Regionais do Trabalho;
III – Juízes do Trabalho.

▶ Inciso III com a redação dada pela EC nº 24, de 9-12-1999.

§§ 1º a 3º Revogados. EC nº 45, de 8-12-2004.

Art. 111-A. O Tribunal Superior do Trabalho compor-se-á de vinte e sete Ministros, escolhidos dentre brasileiros com mais de trinta e cinco e menos de sessenta e cinco anos, nomeados pelo Presidente da República após aprovação pela maioria absoluta do Senado Federal, sendo:

I – um quinto dentre advogados com mais de dez anos de efetiva atividade profissional e membros do Ministério Público do Trabalho com mais de dez anos de efetivo exercício, observado o disposto no art. 94;
II – os demais dentre juízes do Trabalho dos Tribunais Regionais do Trabalho, oriundos da magistratura de carreira, indicados pelo próprio Tribunal Superior.

§ 1º A lei disporá sobre a competência do Tribunal Superior do Trabalho.

§ 2º Funcionarão junto ao Tribunal Superior do Trabalho:

I – a Escola Nacional de Formação e Aperfeiçoamento de Magistrados do Trabalho, cabendo-lhe, dentre outras funções, regulamentar os cursos oficiais para o ingresso e promoção na carreira;
II – o Conselho Superior da Justiça do Trabalho, cabendo-lhe exercer, na forma da lei, a supervisão administrativa, orçamentária, financeira e patrimonial da Justiça do Trabalho de primeiro e segundo graus, como órgão central do sistema, cujas decisões terão efeito vinculante.

▶ Art. 111-A acrescido pela EC nº 45, de 8-12-2004.
▶ Art. 6º da EC nº 45, de 8-12-2004 (Reforma do Judiciário).

Art. 112. A lei criará varas da Justiça do Trabalho, podendo, nas comarcas não abrangidas por sua jurisdição, atribuí-la aos juízes de direito, com recurso para o respectivo Tribunal Regional do Trabalho.

▶ Artigo com a redação dada pela EC nº 45, de 8-12-2004.

Art. 113. A lei disporá sobre a constituição, investidura, jurisdição, competência, garantias e condições de exercício dos órgãos da Justiça do Trabalho.

▶ Artigo com a redação dada pela EC nº 24, de 9-12-1999.
▶ Arts. 643 a 673 da CLT.
▶ LC nº 35, de 14-3-1979 (Lei Orgânica da Magistratura Nacional).

Art. 114. Compete à Justiça do Trabalho processar e julgar:

▶ Caput com a redação dada pela EC nº 45, de 8-12-2004.
▶ Art. 651 da CLT.
▶ Art. 6º, § 2º, da Lei nº 11.101, de 9-2-2005 (Lei de Recuperação de Empresas e Falências).
▶ Súm. Vinc. nº 22 do STF.
▶ Súmulas nºs 349 e 736 do STF.
▶ Súmulas nºs 57, 97, 137, 180, 222, 349 e 363 do STJ.
▶ Súmulas nºs 300, 389 e 392 do TST.

I – as ações oriundas da relação de trabalho, abrangidos os entes de direito público externo e da administração pública direta e indireta da União, dos Estados, do Distrito Federal e dos Municípios;

▶ O STF, por maioria de votos, referendou a liminar concedida na ADIN nº 3.395-6, com efeito ex tunc, para dar interpretação conforme a CF a este inciso, com a redação dada pela EC nº 45, de 8-12-2004, suspendendo toda e qualquer interpretação dada a este inciso que inclua, na competência da Justiça do Trabalho, a "(...) apreciação (...) de causas que (...) sejam instauradas entre o Poder Público e seus servidores, a ele vinculados por típica relação de ordem estatutária ou

de caráter jurídico-administrativo" (*DJU* de 4-2-2005 e 10-11-2006).
▶ OJ da SBDI-I nº 26 do TST.

II – as ações que envolvam exercício do direito de greve;
▶ Art. 9º desta Constituição.
▶ Lei nº 7.783, de 28-6-1989 (Lei de Greve).
▶ Súm. Vinc. nº 23 do STF.
▶ Súm. nº 189 do TST.

III – as ações sobre representação sindical, entre sindicatos, entre sindicatos e trabalhadores, e entre sindicatos e empregadores;
▶ Lei nº 8.984, de 7-2-1995, estende a competência da Justiça do Trabalho.

IV – os mandados de segurança, *habeas corpus* e *habeas data*, quando o ato questionado envolver matéria sujeita à sua jurisdição;
▶ Arts. 5º, LXVIII, LXIX, LXXII, 7º, XXVIII, desta Constituição.
▶ Lei nº 9.507, de 12-11-1997 (Lei do *Habeas Data*).
▶ Lei nº 12.016, de 7-8-2009 (Lei do Mandado de Segurança Individual e Coletivo).
▶ OJ da SBDI-II nº 156 do TST.

V – os conflitos de competência entre órgãos com jurisdição trabalhista, ressalvado o disposto no art. 102, I, *o*;
▶ Arts. 803 a 811 da CLT.
▶ Súm. nº 420 do TST.
▶ OJ da SBDI-II nº 149 do TST.

VI – as ações de indenização por dano moral ou patrimonial, decorrentes da relação de trabalho;
▶ Arts. 186, 927, 949 a 951 do CC.
▶ Art. 8º da CLT.
▶ Súmulas nºˢ 227, 362, 370, 376 e 387 do STJ.
▶ Súm. nº 392 do TST.

VII – as ações relativas às penalidades administrativas impostas aos empregadores pelos órgãos de fiscalização das relações de trabalho;
▶ OJ da SBDI-II nº 156 do TST.

VIII – a execução, de ofício, das contribuições sociais previstas no art. 195, I, *a*, e II, e seus acréscimos legais, decorrentes das sentenças que proferir;
▶ Súm. nº 368 do TST.
▶ Orientações Jurisprudenciais da SBDI-I nºˢ 363, 368, 398 e 400 do TST.

IX – outras controvérsias decorrentes da relação de trabalho, na forma da lei.
▶ Incisos I a IX acrescidos pela EC nº 45, de 8-12-2004.
▶ O STF, por unanimidade de votos, concedeu a liminar na ADIN nº 3.684-0, com efeito *ex tunc*, para dar interpretação conforme a CF ao art. 114, I, IV e IX, com a redação dada pela EC nº 45, de 8-12-2004, no sentido de que não se atribui à Justiça do Trabalho competência para processar e julgar ações penais (*DJU* de 3-8-2007).
▶ Súm. nº 736 do STF.
▶ Súm. nº 389 do TST.

§ 1º Frustrada a negociação coletiva, as partes poderão eleger árbitros.

§ 2º Recusando-se qualquer das partes à negociação coletiva ou à arbitragem, é facultado às mesmas, de comum acordo, ajuizar dissídio coletivo de natureza econômica, podendo a Justiça do Trabalho decidir o conflito, respeitadas as disposições mínimas legais de proteção ao trabalho, bem como as convencionadas anteriormente.

§ 3º Em caso de greve em atividade essencial, com possibilidade de lesão do interesse público, o Ministério Público do Trabalho poderá ajuizar dissídio coletivo, competindo à Justiça do Trabalho decidir o conflito.
▶ §§ 2º e 3º com a redação dada pela EC nº 45, de 8-12-2004.
▶ Art. 9º, § 1º, desta Constituição.
▶ Lei nº 7.783, de 28-6-1989 (Lei de Greve).
▶ Súm. nº 190 do TST.

Art. 115. Os Tribunais Regionais do Trabalho compõem-se de, no mínimo, sete juízes, recrutados, quando possível, na respectiva região, e nomeados pelo Presidente da República dentre brasileiros com mais de trinta e menos de sessenta e cinco anos, sendo:
▶ *Caput* com a redação dada pela EC nº 45, de 8-12-2004.
▶ Súm. nº 628 do STF.

I – um quinto dentre advogados com mais de dez anos de efetiva atividade profissional e membros do Ministério Público do Trabalho com mais de dez anos de efetivo exercício, observado o disposto no art. 94;

II – os demais, mediante promoção de juízes do trabalho por antiguidade e merecimento, alternadamente.
▶ Incisos I e II acrescidos pela EC nº 45, de 8-12-2004.

§ 1º Os Tribunais Regionais do Trabalho instalarão a justiça itinerante, com a realização de audiências e demais funções de atividade jurisdicional, nos limites territoriais da respectiva jurisdição, servindo-se de equipamentos públicos e comunitários.

§ 2º Os Tribunais Regionais do Trabalho poderão funcionar descentralizadamente, constituindo Câmaras regionais, a fim de assegurar o pleno acesso do jurisdicionado à justiça em todas as fases do processo.
▶ §§ 1º e 2º acrescidos pela EC nº 45, de 8-12-2004.

Art. 116. Nas Varas do Trabalho, a jurisdição será exercida por um juiz singular.
▶ *Caput* com a redação dada pela EC nº 24, de 9-12-1999.

Parágrafo único. *Revogado*. EC nº 24, de 9-12-1999.

Art. 117. *Revogado*. EC nº 24, de 9-12-1999.

Seção VI

DOS TRIBUNAIS E JUÍZES ELEITORAIS
▶ Arts. 12 a 41 do CE.

Art. 118. São órgãos da Justiça Eleitoral:

I – o Tribunal Superior Eleitoral;
II – os Tribunais Regionais Eleitorais;
III – os Juízes Eleitorais;
IV – as Juntas Eleitorais.

Art. 119. O Tribunal Superior Eleitoral compor-se-á, no mínimo, de sete membros, escolhidos:

I – mediante eleição, pelo voto secreto:

a) três juízes dentre os Ministros do Supremo Tribunal Federal;

b) dois juízes dentre os Ministros do Superior Tribunal de Justiça;

II – por nomeação do Presidente da República, dois juízes dentre seis advogados de notável saber jurídico e idoneidade moral, indicados pelo Supremo Tribunal Federal.

Parágrafo único. O Tribunal Superior Eleitoral elegerá seu Presidente e o Vice-Presidente dentre os Ministros do Supremo Tribunal Federal, e o Corregedor Eleitoral dentre os Ministros do Superior Tribunal de Justiça.

Art. 120. Haverá um Tribunal Regional Eleitoral na Capital de cada Estado e no Distrito Federal.

§ 1º Os Tribunais Regionais Eleitorais compor-se-ão:

I – mediante eleição, pelo voto secreto:

a) de dois juízes dentre os desembargadores do Tribunal de Justiça;

b) de dois juízes, dentre juízes de direito, escolhidos pelo Tribunal de Justiça;

II – de um juiz do Tribunal Regional Federal com sede na Capital do Estado ou no Distrito Federal, ou, não havendo, de juiz federal, escolhido, em qualquer caso, pelo Tribunal Regional Federal respectivo;

III – por nomeação, pelo Presidente da República, de dois juízes dentre seis advogados de notável saber jurídico e idoneidade moral, indicados pelo Tribunal de Justiça.

§ 2º O Tribunal Regional Eleitoral elegerá seu Presidente e o Vice-Presidente dentre os desembargadores.

Art. 121. Lei complementar disporá sobre a organização e competência dos Tribunais, dos juízes de direito e das juntas eleitorais.

▶ Arts. 22, 23, 29, 30, 34, 40 e 41 do CE.
▶ Súm. nº 368 do STJ.

§ 1º Os membros dos Tribunais, os juízes de direito e os integrantes das juntas eleitorais, no exercício de suas funções, e no que lhes for aplicável, gozarão de plenas garantias e serão inamovíveis.

§ 2º Os juízes dos Tribunais eleitorais, salvo motivo justificado, servirão por dois anos, no mínimo, e nunca por mais de dois biênios consecutivos, sendo os substitutos escolhidos na mesma ocasião e pelo mesmo processo, em número igual para cada categoria.

§ 3º São irrecorríveis as decisões do Tribunal Superior Eleitoral, salvo as que contrariarem esta Constituição e as denegatórias de *habeas corpus* ou mandado de segurança.

§ 4º Das decisões dos Tribunais Regionais Eleitorais somente caberá recurso quando:

I – forem proferidas contra disposição expressa desta Constituição ou de lei;

II – ocorrer divergência na interpretação de lei entre dois ou mais Tribunais eleitorais;

III – versarem sobre inelegibilidade ou expedição de diplomas nas eleições federais ou estaduais;

IV – anularem diplomas ou decretarem a perda de mandatos eletivos federais ou estaduais;

V – denegarem *habeas corpus*, mandado de segurança, *habeas data* ou mandado de injunção.

SEÇÃO VII
DOS TRIBUNAIS E JUÍZES MILITARES

Art. 122. São órgãos da Justiça Militar:

▶ Lei nº 8.457, de 4-9-1992, organiza a Justiça Militar da União e regula o funcionamento de seus Serviços Auxiliares.
▶ Art. 90-A da Lei nº 9.099, de 26-9-1995 (Lei dos Juizados Especiais).

I – o Superior Tribunal Militar;

II – os Tribunais e Juízes Militares instituídos por lei.

Art. 123. O Superior Tribunal Militar compor-se-á de quinze Ministros vitalícios, nomeados pelo Presidente da República, depois de aprovada a indicação pelo Senado Federal, sendo três dentre oficiais-generais da Marinha, quatro dentre oficiais-generais do Exército, três dentre oficiais-generais da Aeronáutica, todos da ativa e do posto mais elevado da carreira, e cinco dentre civis.

Parágrafo único. Os Ministros civis serão escolhidos pelo Presidente da República dentre brasileiros maiores de trinta e cinco anos, sendo:

I – três dentre advogados de notório saber jurídico e conduta ilibada, com mais de dez anos de efetiva atividade profissional;

II – dois, por escolha paritária, dentre juízes auditores e membros do Ministério Público da Justiça Militar.

Art. 124. À Justiça Militar compete processar e julgar os crimes militares definidos em lei.

▶ Dec.-lei nº 1.002, de 21-10-1969 (Código de Processo Penal Militar).
▶ Art. 90-A da Lei nº 9.099, de 26-9-1995 (Lei dos Juizados Especiais).

Parágrafo único. A lei disporá sobre a organização, o funcionamento e a competência da Justiça Militar.

▶ Lei nº 8.457, de 4-9-1992, organiza a Justiça Militar da União e regula o funcionamento de seus Serviços Auxiliares.

SEÇÃO VIII
DOS TRIBUNAIS E JUÍZES DOS ESTADOS

Art. 125. Os Estados organizarão sua Justiça, observados os princípios estabelecidos nesta Constituição.

▶ Art. 70 do ADCT.
▶ Súm. nº 721 do STF.

§ 1º A competência dos Tribunais será definida na Constituição do Estado, sendo a lei de organização judiciária de iniciativa do Tribunal de Justiça.

▶ Súm. Vinc. nº 27 do STF.
▶ Súm. nº 721 do STF.
▶ Súm. nº 238 do STJ.

§ 2º Cabe aos Estados a instituição de representação de inconstitucionalidade de leis ou atos normativos estaduais ou municipais em face da Constituição Estadual, vedada a atribuição da legitimação para agir a um único órgão.

§ 3º A lei estadual poderá criar, mediante proposta do Tribunal de Justiça, a Justiça Militar estadual, constituída, em primeiro grau, pelos juízes de direito e pelos Conselhos de Justiça e, em segundo grau, pelo próprio Tribunal de Justiça, ou por Tribunal de Justiça Militar nos Estados em que o efetivo militar seja superior a vinte mil integrantes.

§ 4º Compete à Justiça Militar estadual processar e julgar os militares dos Estados, nos crimes militares definidos em lei e as ações judiciais contra atos disciplinares militares, ressalvada a competência do júri quando a vítima for civil, cabendo ao tribunal competente decidir sobre a perda do posto e da patente dos oficiais e da graduação das praças.

▶ §§ 3º e 4º com a redação dada pela EC nº 45, de 8-12-2004.
▶ Súm. nº 673 do STF.
▶ Súmulas nºs 6, 53 e 90 do STJ.

§ 5º Compete aos juízes de direito do juízo militar processar e julgar, singularmente, os crimes militares cometidos contra civis e as ações judiciais contra atos disciplinares militares, cabendo ao Conselho de Justiça, sob a presidência de juiz de direito, processar e julgar os demais crimes militares.

§ 6º O Tribunal de Justiça poderá funcionar descentralizadamente, constituindo Câmaras regionais, a fim de assegurar o pleno acesso do jurisdicionado à justiça em todas as fases do processo.

§ 7º O Tribunal de Justiça instalará a justiça itinerante, com a realização de audiências e demais funções da atividade jurisdicional, nos limites territoriais da respectiva jurisdição, servindo-se de equipamentos públicos e comunitários.

▶ §§ 5º a 7º acrescidos pela EC nº 45, de 8-12-2004.

Art. 126. Para dirimir conflitos fundiários, o Tribunal de Justiça proporá a criação de varas especializadas, com competência exclusiva para questões agrárias.

▶ *Caput* com a redação dada pela EC nº 45, de 8-12-2004.

Parágrafo único. Sempre que necessário à eficiente prestação jurisdicional, o juiz far-se-á presente no local do litígio.

CAPÍTULO IV

DAS FUNÇÕES ESSENCIAIS À JUSTIÇA

SEÇÃO I

DO MINISTÉRIO PÚBLICO

▶ LC nº 75, de 20-5-1993 (Lei Orgânica do Ministério Público da União).
▶ Lei nº 8.625, de 12-2-1993 (Lei Orgânica do Ministério Público).

Art. 127. O Ministério Público é instituição permanente, essencial à função jurisdicional do Estado, incumbindo-lhe a defesa da ordem jurídica, do regime democrático e dos interesses sociais e individuais indisponíveis.

§ 1º São princípios institucionais do Ministério Público a unidade, a indivisibilidade e a independência funcional.

§ 2º Ao Ministério Público é assegurada autonomia funcional e administrativa, podendo, observado o disposto no artigo 169, propor ao Poder Legislativo a criação e extinção de seus cargos e serviços auxiliares, provendo-os por concurso público de provas ou de provas e títulos, a política remuneratória e os planos de carreira; a lei disporá sobre sua organização e funcionamento.

▶ § 2º com a redação dada pela EC nº 19, de 4-6-1998.
▶ Lei nº 12.770, de 28-12-2012, dispõe sobre o subsídio do Procurador-Geral da República.

§ 3º O Ministério Público elaborará sua proposta orçamentária dentro dos limites estabelecidos na lei de diretrizes orçamentárias.

§ 4º Se o Ministério Público não encaminhar a respectiva proposta orçamentária dentro do prazo estabelecido na lei de diretrizes orçamentárias, o Poder Executivo considerará, para fins de consolidação da proposta orçamentária anual, os valores aprovados na lei orçamentária vigente, ajustados de acordo com os limites estipulados na forma do § 3º.

§ 5º Se a proposta orçamentária de que trata este artigo for encaminhada em desacordo com os limites estipulados na forma do § 3º, o Poder Executivo procederá aos ajustes necessários para fins de consolidação da proposta orçamentária anual.

§ 6º Durante a execução orçamentária do exercício, não poderá haver a realização de despesas ou a assunção de obrigações que extrapolem os limites estabelecidos na lei de diretrizes orçamentárias, exceto se previamente autorizadas, mediante a abertura de créditos suplementares ou especiais.

▶ §§ 4º a 6º acrescidos pela EC nº 45, de 8-12-2004.

Art. 128. O Ministério Público abrange:

▶ LC nº 75, de 20-5-1993 (Lei Orgânica do Ministério Público da União).

I – o Ministério Público da União, que compreende:

a) o Ministério Público Federal;
b) o Ministério Público do Trabalho;
c) o Ministério Público Militar;
d) o Ministério Público do Distrito Federal e Territórios;

II – os Ministérios Públicos dos Estados.

§ 1º O Ministério Público da União tem por chefe o Procurador-Geral da República, nomeado pelo Presidente da República dentre integrantes da carreira, maiores de trinta e cinco anos, após a aprovação de seu nome pela maioria absoluta dos membros do Senado Federal, para mandato de dois anos, permitida a recondução.

§ 2º A destituição do Procurador-Geral da República, por iniciativa do Presidente da República, deverá ser precedida de autorização da maioria absoluta do Senado Federal.

§ 3º Os Ministérios Públicos dos Estados e o do Distrito Federal e Territórios formarão lista tríplice dentre integrantes da carreira, na forma da lei respectiva, para escolha de seu Procurador-Geral, que será nomeado pelo Chefe do Poder Executivo, para mandato de dois anos, permitida uma recondução.

§ 4º Os Procuradores-Gerais nos Estados e no Distrito Federal e Territórios poderão ser destituídos por deliberação da maioria absoluta do Poder Legislativo, na forma da lei complementar respectiva.

§ 5º Leis complementares da União e dos Estados, cuja iniciativa é facultada aos respectivos Procuradores-Gerais, estabelecerão a organização, as atribuições e o estatuto de cada Ministério Público, observadas, relativamente a seus membros:

I – as seguintes garantias:

a) vitaliciedade, após dois anos de exercício, não podendo perder o cargo senão por sentença judicial transitada em julgado;
b) inamovibilidade, salvo por motivo de interesse público, mediante decisão do órgão colegiado competente do Ministério Público, pelo voto da maioria absoluta de seus membros, assegurada ampla defesa;

▶ Alínea b com a redação dada pela EC nº 45, de 8-12-2004.

c) irredutibilidade de subsídio, fixado na forma do artigo 39, § 4º, e ressalvado o disposto nos artigos 37, X e XI, 150, II, 153, III, 153, § 2º, I;

▶ Alínea c com a redação dada pela EC nº 19, de 4-6-1998.
▶ Lei nº 12.770, de 28-12-2012, dispõe sobre o subsídio do Procurador-Geral da República.

II – as seguintes vedações:

a) receber, a qualquer título e sob qualquer pretexto, honorários, percentagens ou custas processuais;
b) exercer a advocacia;
c) participar de sociedade comercial, na forma da lei;
d) exercer, ainda que em disponibilidade, qualquer outra função pública, salvo uma de magistério;
e) exercer atividade político-partidária;

▶ Alínea e com a redação dada pela EC nº 45, de 8-12-2004.

f) receber, a qualquer título ou pretexto, auxílios ou contribuições de pessoas físicas, entidades públicas ou privadas, ressalvadas as exceções previstas em lei.

▶ Alínea f acrescida pela EC nº 45, de 8-12-2004.

§ 6º Aplica-se aos membros do Ministério Público o disposto no art. 95, parágrafo único, V.

▶ § 6º acrescido pela EC nº 45, de 8-12-2004.

Art. 129. São funções institucionais do Ministério Público:

I – promover, privativamente, a ação penal pública, na forma da lei;

▶ Art. 100, § 1º, do CP.
▶ Art. 24 do CPP.
▶ Lei nº 8.625, de 12-2-1993 (Lei Orgânica Nacional do Ministério Público).
▶ Súm. nº 234 do STJ.

II – zelar pelo efetivo respeito dos Poderes Públicos e dos serviços de relevância pública aos direitos assegurados nesta Constituição, promovendo as medidas necessárias a sua garantia;

III – promover o inquérito civil e a ação civil pública, para a proteção do patrimônio público e social, do meio ambiente e de outros interesses difusos e coletivos;

▶ Lei nº 7.347, de 24-7-1985 (Lei da Ação Civil Pública).
▶ Súm. nº 643 do STF.
▶ Súm. nº 329 do STJ.

IV – promover a ação de inconstitucionalidade ou representação para fins de intervenção da União e dos Estados, nos casos previstos nesta Constituição;

▶ Arts. 34 a 36 desta Constituição.

V – defender judicialmente os direitos e interesses das populações indígenas;

▶ Art. 231 desta Constituição.

VI – expedir notificações nos procedimentos administrativos de sua competência, requisitando informações e documentos para instruí-los, na forma da lei complementar respectiva;

▶ Súm. nº 234 do STJ.

VII – exercer o controle externo da atividade policial, na forma da lei complementar mencionada no artigo anterior;

▶ LC nº 75, de 20-5-1993 (Lei Orgânica do Ministério Público da União).

VIII – requisitar diligências investigatórias e a instauração de inquérito policial, indicados os fundamentos jurídicos de suas manifestações processuais;

IX – exercer outras funções que lhe forem conferidas, desde que compatíveis com sua finalidade, sendo-lhe vedada a representação judicial e a consultoria jurídica de entidades públicas.

§ 1º A legitimação do Ministério Público para as ações civis previstas neste artigo não impede a de terceiros, nas mesmas hipóteses, segundo o disposto nesta Constituição e na lei.

▶ Lei nº 7.347, de 24-7-1985 (Lei da Ação Civil Pública).

§ 2º As funções do Ministério Público só podem ser exercidas por integrantes da carreira, que deverão residir na comarca da respectiva lotação, salvo autorização do chefe da instituição.

§ 3º O ingresso na carreira do Ministério Público far-se-á mediante concurso público de provas e títulos, assegurada a participação da Ordem dos Advogados do Brasil em sua realização, exigindo-se do bacharel em direito, no mínimo, três anos de atividade jurídica e observando-se, nas nomeações, a ordem de classificação.

§ 4º Aplica-se ao Ministério Público, no que couber, o disposto no art. 93.

▶ §§ 2º a 4º com a redação dada pela EC nº 45, de 8-12-2004.

§ 5º A distribuição de processos no Ministério Público será imediata.

▶ § 5º acrescido pela EC nº 45, de 8-12-2004.

Art. 130. Aos membros do Ministério Público junto aos Tribunais de Contas aplicam-se as disposições desta seção pertinentes a direitos, vedações e forma de investidura.

Art. 130-A. O Conselho Nacional do Ministério Público compõe-se de quatorze membros nomeados pelo Presidente da República, depois de aprovada a escolha pela maioria absoluta do Senado Federal, para um mandato de dois anos, admitida uma recondução, sendo:

▶ Art. 5º da EC nº 45, de 8-12-2004 (Reforma do Judiciário).

I – o Procurador-Geral da República, que o preside;

II – quatro membros do Ministério Público da União, assegurada a representação de cada uma de suas carreiras;
III – três membros do Ministério Público dos Estados;
IV – dois juízes, indicados um pelo Supremo Tribunal Federal e outro pelo Superior Tribunal de Justiça;
V – dois advogados, indicados pelo Conselho Federal da Ordem dos Advogados do Brasil;
VI – dois cidadãos de notável saber jurídico e reputação ilibada, indicados um pela Câmara dos Deputados e outro pelo Senado Federal.

§ 1º Os membros do Conselho oriundos do Ministério Público serão indicados pelos respectivos Ministérios Públicos, na forma da lei.

▶ Lei nº 11.372, de 28-11-2006, regulamenta este parágrafo.

§ 2º Compete ao Conselho Nacional do Ministério Público o controle da atuação administrativa e financeira do Ministério Público e do cumprimento dos deveres funcionais de seus membros, cabendo-lhe:

I – zelar pela autonomia funcional e administrativa do Ministério Público, podendo expedir atos regulamentares, no âmbito de sua competência, ou recomendar providências;
II – zelar pela observância do art. 37 e apreciar, de ofício ou mediante provocação, a legalidade dos atos administrativos praticados por membros ou órgãos do Ministério Público da União e dos Estados, podendo desconstituí-los, revê-los ou fixar prazo para que se adotem as providências necessárias ao exato cumprimento da lei, sem prejuízo da competência dos Tribunais de Contas;
III – receber e conhecer das reclamações contra membros ou órgãos do Ministério Público da União ou dos Estados, inclusive contra seus serviços auxiliares, sem prejuízo da competência disciplinar e correicional da instituição, podendo avocar processos disciplinares em curso, determinar a remoção, a disponibilidade ou a aposentadoria com subsídios ou proventos proporcionais ao tempo de serviço e aplicar outras sanções administrativas, assegurada ampla defesa;
IV – rever, de ofício ou mediante provocação, os processos disciplinares de membros do Ministério Público da União ou dos Estados julgados há menos de um ano;
V – elaborar relatório anual, propondo as providências que julgar necessárias sobre a situação do Ministério Público no País e as atividades do Conselho, o qual deve integrar a mensagem prevista no art. 84, XI.

§ 3º O Conselho escolherá, em votação secreta, um Corregedor nacional, dentre os membros do Ministério Público que o integram, vedada a recondução, competindo-lhe, além das atribuições que lhe forem conferidas pela lei, as seguintes:

I – receber reclamações e denúncias, de qualquer interessado, relativas aos membros do Ministério Público e dos seus serviços auxiliares;
II – exercer funções executivas do Conselho, de inspeção e correição geral;
III – requisitar e designar membros do Ministério Público, delegando-lhes atribuições, e requisitar servidores de órgãos do Ministério Público.

§ 4º O Presidente do Conselho Federal da Ordem dos Advogados do Brasil oficiará junto ao Conselho.

§ 5º Leis da União e dos Estados criarão ouvidorias do Ministério Público, competentes para receber reclamações e denúncias de qualquer interessado contra membros ou órgãos do Ministério Público, inclusive contra seus serviços auxiliares, representando diretamente ao Conselho Nacional do Ministério Público.

▶ Art. 130-A acrescido pela EC nº 45, de 8-12-2004.

SEÇÃO II

DA ADVOCACIA PÚBLICA

▶ Denominação da Seção dada pela EC nº 19, de 4-6-1998.
▶ LC nº 73, de 10-2-1993 (Lei Orgânica da Advocacia-Geral da União).
▶ Lei nº 9.028, de 12-4-1995, dispõe sobre o exercício das atribuições institucionais da Advocacia-Geral da União, em caráter emergencial e provisório.
▶ Dec. nº 767, de 5-3-1993, dispõe sobre as atividades de controle interno da Advocacia-Geral da União.

Art. 131. A Advocacia-Geral da União é a instituição que, diretamente ou através de órgão vinculado, representa a União, judicial e extrajudicialmente, cabendo-lhe, nos termos da lei complementar que dispuser sobre sua organização e funcionamento, as atividades de consultoria e assessoramento jurídico do Poder Executivo.

▶ LC nº 73, de 10-2-1993 (Lei Orgânica da Advocacia-Geral da União).
▶ Lei nº 9.028, de 12-4-1995, dispõe sobre o exercício das atribuições institucionais da Advocacia-Geral da União, em caráter emergencial e provisório.
▶ Dec. nº 767, de 5-3-1993, dispõe sobre as atividades de controle interno da Advocacia-Geral da União.
▶ Dec. nº 7.153, de 9-4-2010, dispõe sobre a representação e a defesa extrajudicial dos órgãos e entidades da administração federal junto ao Tribunal de Contas da União, por intermédio da Advocacia-Geral da União.
▶ Súm. nº 644 do STF.

§ 1º A Advocacia-Geral da União tem por chefe o Advogado-Geral da União, de livre nomeação pelo Presidente da República dentre cidadãos maiores de trinta e cinco anos, de notável saber jurídico e reputação ilibada.

§ 2º O ingresso nas classes iniciais das carreiras da instituição de que trata este artigo far-se-á mediante concurso público de provas e títulos.

§ 3º Na execução da dívida ativa de natureza tributária, a representação da União cabe à Procuradoria-Geral da Fazenda Nacional, observado o disposto em lei.

▶ Súm. nº 139 do STJ.

Art. 132. Os Procuradores dos Estados e do Distrito Federal, organizados em carreira, na qual o ingresso dependerá de concurso público de provas e títulos, com a participação da Ordem dos Advogados do Brasil em todas as suas fases, exercerão a representação judicial e a consultoria jurídica das respectivas unidades federadas.

Parágrafo único. Aos procuradores referidos neste artigo é assegurada estabilidade após três anos de efetivo exercício, mediante avaliação de desempenho perante

os órgãos próprios, após relatório circunstanciado das corregedorias.
▶ Art. 132 com a redação dada pela EC nº 19, de 4-6-1998.

Seção III
DA ADVOCACIA E DA DEFENSORIA PÚBLICA

Art. 133. O advogado é indispensável à administração da justiça, sendo inviolável por seus atos e manifestações no exercício da profissão, nos limites da lei.
▶ Art. 791 da CLT.
▶ Lei nº 8.906, de 4-7-1994 (Estatuto da Advocacia e da OAB).
▶ Súm. Vinc. nº 14 do STF.
▶ Súm. nº 219, 329 e 425 do TST.
▶ O STF, ao julgar a ADIN nº 1.194, deu interpretação conforme à Constituição ao art. 21 e parágrafo único da Lei nº 8.906, de 4-7-1994 (Estatuto da OAB), no sentido da preservação da liberdade contratual quanto à destinação dos honorários de sucumbência fixados judicialmente.

Art. 134. A Defensoria Pública é instituição essencial à função jurisdicional do Estado, incumbindo-lhe a orientação jurídica e a defesa, em todos os graus, dos necessitados, na forma do artigo 5º, LXXIV.
▶ LC nº 80, de 12-1-1994 (Lei da Defensoria Pública).
▶ Súm. Vinc. nº 14 do STF.

§ 1º Lei complementar organizará a Defensoria Pública da União e do Distrito Federal e dos Territórios e prescreverá normas gerais para sua organização nos Estados, em cargos de carreira, providos, na classe inicial, mediante concurso público de provas e títulos, assegurada a seus integrantes a garantia da inamovibilidade e vedado o exercício da advocacia fora das atribuições institucionais.
▶ Parágrafo único transformado em § 1º pela EC nº 45, de 8-12-2004.
▶ Súm. nº 421 do STJ.

§ 2º Às Defensorias Públicas Estaduais é assegurada autonomia funcional e administrativa, e a iniciativa de sua proposta orçamentária dentro dos limites estabelecidos na lei de diretrizes orçamentárias e subordinação ao disposto no art. 99, § 2º.
▶ § 2º acrescido pela EC nº 45, de 8-12-2004.

Art. 135. Os servidores integrantes das carreiras disciplinadas nas Seções II e III deste Capítulo serão remunerados na forma do artigo 39, § 4º.
▶ Artigo com a redação dada pela EC nº 19, de 4-6-1998.
▶ Art. 132 desta Constituição.

TÍTULO V – DA DEFESA DO ESTADO E DAS INSTITUIÇÕES DEMOCRÁTICAS

Capítulo I
DO ESTADO DE DEFESA E DO ESTADO DE SÍTIO

Seção I
DO ESTADO DE DEFESA

Art. 136. O Presidente da República pode, ouvidos o Conselho da República e o Conselho de Defesa Nacional, decretar estado de defesa para preservar ou prontamente restabelecer, em locais restritos e determinados, a ordem pública ou a paz social ameaçadas por grave e iminente instabilidade institucional ou atingidas por calamidades de grandes proporções na natureza.
▶ Arts. 89 a 91 desta Constituição.
▶ Lei nº 8.041, de 5-6-1990, dispõe sobre a organização e o funcionamento do Conselho da República.
▶ Lei nº 8.183, de 11-4-1991, dispõe sobre a organização e o funcionamento do Conselho de Defesa Nacional.
▶ Dec. nº 893, de 12-8-1993, aprova o regulamento do Conselho de Defesa Nacional.

§ 1º O decreto que instituir o estado de defesa determinará o tempo de sua duração, especificará as áreas a serem abrangidas e indicará, nos termos e limites da lei, as medidas coercitivas a vigorarem, dentre as seguintes:

I – restrições aos direitos de:
a) reunião, ainda que exercida no seio das associações;
b) sigilo de correspondência;
c) sigilo de comunicação telegráfica e telefônica;

II – ocupação e uso temporário de bens e serviços públicos, na hipótese de calamidade pública, respondendo a União pelos danos e custos decorrentes.

§ 2º O tempo de duração do estado de defesa não será superior a trinta dias, podendo ser prorrogado uma vez, por igual período, se persistirem as razões que justificaram a sua decretação.

§ 3º Na vigência do estado de defesa:

I – a prisão por crime contra o Estado, determinada pelo executor da medida, será por este comunicada imediatamente ao juiz competente, que a relaxará, se não for legal, facultado ao preso requerer exame de corpo de delito à autoridade policial;
II – a comunicação será acompanhada de declaração, pela autoridade, do estado físico e mental do detido no momento de sua autuação;
III – a prisão ou detenção de qualquer pessoa não poderá ser superior a dez dias, salvo quando autorizada pelo Poder Judiciário;
IV – é vedada a incomunicabilidade do preso.

§ 4º Decretado o estado de defesa ou sua prorrogação, o Presidente da República, dentro de vinte e quatro horas, submeterá o ato com a respectiva justificação ao Congresso Nacional, que decidirá por maioria absoluta.

§ 5º Se o Congresso Nacional estiver em recesso, será convocado, extraordinariamente, no prazo de cinco dias.

§ 6º O Congresso Nacional apreciará o decreto dentro de dez dias contados de seu recebimento, devendo continuar funcionando enquanto vigorar o estado de defesa.

§ 7º Rejeitado o decreto, cessa imediatamente o estado de defesa.

Seção II
DO ESTADO DE SÍTIO

Art. 137. O Presidente da República pode, ouvidos o Conselho da República e o Conselho de Defesa Nacional, solicitar ao Congresso Nacional autorização para decretar o estado de sítio nos casos de:

I – comoção grave de repercussão nacional ou ocorrência de fatos que comprovem a ineficácia de medida tomada durante o estado de defesa;

II – declaração de estado de guerra ou resposta a agressão armada estrangeira.

Parágrafo único. O Presidente da República, ao solicitar autorização para decretar o estado de sítio ou sua prorrogação, relatará os motivos determinantes do pedido, devendo o Congresso Nacional decidir por maioria absoluta.

Art. 138. O decreto do estado de sítio indicará sua duração, as normas necessárias a sua execução e as garantias constitucionais que ficarão suspensas, e, depois de publicado, o Presidente da República designará o executor das medidas específicas e as áreas abrangidas.

§ 1º O estado de sítio, no caso do artigo 137, I, não poderá ser decretado por mais de trinta dias, nem prorrogado, de cada vez, por prazo superior; no do inciso II, poderá ser decretado por todo o tempo que perdurar a guerra ou a agressão armada estrangeira.

§ 2º Solicitada autorização para decretar o estado de sítio durante o recesso parlamentar, o Presidente do Senado Federal, de imediato, convocará extraordinariamente o Congresso Nacional para se reunir dentro de cinco dias, a fim de apreciar o ato.

§ 3º O Congresso Nacional permanecerá em funcionamento até o término das medidas coercitivas.

Art. 139. Na vigência do estado de sítio decretado com fundamento no artigo 137, I, só poderão ser tomadas contra as pessoas as seguintes medidas:

I – obrigação de permanência em localidade determinada;

II – detenção em edifício não destinado a acusados ou condenados por crimes comuns;

III – restrições relativas à inviolabilidade da correspondência, ao sigilo das comunicações, à prestação de informações e à liberdade de imprensa, radiodifusão e televisão, na forma da lei;

▶ Lei nº 9.296, de 24-7-1996 (Lei das Interceptações Telefônicas).

IV – suspensão da liberdade de reunião;

▶ Lei nº 9.296, de 24-7-1996 (Lei das Interceptações Telefônicas).

V – busca e apreensão em domicílio;

VI – intervenção nas empresas de serviços públicos;

VII – requisição de bens.

Parágrafo único. Não se inclui nas restrições do inciso III a difusão de pronunciamentos de parlamentares efetuados em suas Casas Legislativas, desde que liberada pela respectiva Mesa.

Seção III

DISPOSIÇÕES GERAIS

Art. 140. A Mesa do Congresso Nacional, ouvidos os líderes partidários, designará Comissão composta de cinco de seus membros para acompanhar e fiscalizar a execução das medidas referentes ao estado de defesa e ao estado de sítio.

Art. 141. Cessado o estado de defesa ou o estado de sítio, cessarão também seus efeitos, sem prejuízo da responsabilidade pelos ilícitos cometidos por seus executores ou agentes.

Parágrafo único. Logo que cesse o estado de defesa ou o estado de sítio, as medidas aplicadas em sua vigência serão relatadas pelo Presidente da República, em mensagem ao Congresso Nacional, com especificação e justificação das providências adotadas, com relação nominal dos atingidos, e indicação das restrições aplicadas.

Capítulo II

DAS FORÇAS ARMADAS

▶ Dec. nº 3.897, de 24-8-2001, fixa as diretrizes para o emprego das Forças Armadas na garantia da Lei e da Ordem.

Art. 142. As Forças Armadas, constituídas pela Marinha, pelo Exército e pela Aeronáutica, são instituições nacionais permanentes e regulares, organizadas com base na hierarquia e na disciplina, sob a autoridade suprema do Presidente da República, e destinam-se à defesa da Pátria, à garantia dos poderes constitucionais e, por iniciativa de qualquer destes, da lei e da ordem.

▶ Art. 37, X, desta Constituição.

▶ LC nº 69, de 23-7-1991, dispõe sobre a organização e emprego das Forças Armadas.

▶ Lei nº 8.071, de 17-7-1990, dispõe sobre os efetivos do Exército em tempo de paz.

§ 1º Lei complementar estabelecerá as normas gerais a serem adotadas na organização, no preparo e no emprego das Forças Armadas.

▶ LC nº 97, de 9-6-1999, dispõe sobre as normas gerais para a organização, o preparo e o emprego das Forças Armadas.

§ 2º Não caberá *habeas corpus* em relação a punições disciplinares militares.

▶ Art. 42, § 1º, desta Constituição.

▶ Dec.-lei nº 1.001, de 21-10-1969 (Código Penal Militar).

▶ Dec. nº 76.322, de 22-9-1975 (Regulamento Disciplinar da Aeronáutica).

▶ Dec. nº 88.545, de 26-7-1983 (Regulamento Disciplinar para a Marinha).

▶ Dec. nº 4.346, de 26-8-2002 (Regulamento Disciplinar do Exército).

§ 3º Os membros das Forças Armadas são denominados militares, aplicando-se-lhes, além das que vierem a ser fixadas em lei, as seguintes disposições:

▶ § 3º acrescido pela EC nº 18, de 5-2-1998.

▶ Art. 42, § 1º, desta Constituição.

▶ Lei nº 9.786, de 8-2-1999, dispõe sobre o ensino do Exército Brasileiro.

▶ Dec. nº 3.182, de 23-9-1999, regulamenta a Lei nº 9.786, de 8-2-1999, que dispõe sobre o ensino do Exército Brasileiro.

I – as patentes, com prerrogativas, direitos e deveres a elas inerentes, são conferidas pelo Presidente da República e asseguradas em plenitude aos oficiais da ativa, da reserva ou reformados, sendo-lhes privativos os títulos e postos militares e, juntamente com os demais membros, o uso dos uniformes das Forças Armadas;

II – o militar em atividade que tomar posse em cargo ou emprego público civil permanente será transferido para a reserva, nos termos da lei;
III – o militar da ativa que, de acordo com a lei, tomar posse em cargo, emprego ou função pública civil temporária, não eletiva, ainda que da administração indireta, ficará agregado ao respectivo quadro e somente poderá, enquanto permanecer nessa situação, ser promovido por antiguidade, contando-se-lhe o tempo de serviço apenas para aquela promoção e transferência para a reserva, sendo depois de dois anos de afastamento, contínuos ou não, transferido para a reserva, nos termos da lei;
IV – ao militar são proibidas a sindicalização e a greve;
V – o militar, enquanto em serviço ativo, não pode estar filiado a partidos políticos;
VI – o oficial só perderá o posto e a patente se for julgado indigno do oficialato ou com ele incompatível, por decisão de Tribunal militar de caráter permanente, em tempo de paz, ou de Tribunal especial, em tempo de guerra;
VII – o oficial condenado na justiça comum ou militar a pena privativa de liberdade superior a dois anos, por sentença transitada em julgado, será submetido ao julgamento previsto no inciso anterior;
VIII – aplica-se aos militares o disposto no artigo 7º, VIII, XII, XVII, XVIII, XIX e XXV e no artigo 37, XI, XIII, XIV e XV;

▶ Súm. Vinc. nº 6 do STF.

IX – *Revogado*. EC nº 41, de 19-12-2003;
X – a lei disporá sobre o ingresso nas Forças Armadas, os limites de idade, a estabilidade e outras condições de transferência do militar para a inatividade, os direitos, os deveres, a remuneração, as prerrogativas e outras situações especiais dos militares, consideradas as peculiaridades de suas atividades, inclusive aquelas cumpridas por força de compromissos internacionais e de guerra.

▶ Incisos I a X acrescidos pela EC nº 18, de 5-2-1998.
▶ Arts. 40, § 20, e 42, § 1º, desta Constituição.
▶ Súm. Vinc. nº 4 do STF.

Art. 143. O serviço militar é obrigatório nos termos da lei.

▶ Lei nº 4.375, de 17-8-1964 (Lei do Serviço Militar), regulamentada pelo Dec. nº 57.654, de 20-1-1966.
▶ Dec. nº 3.289, de 15-12-1999, aprova o Plano Geral de Convocação para o Serviço Militar Inicial nas Forças Armadas em 2001.

§ 1º Às Forças Armadas compete, na forma da lei, atribuir serviço alternativo aos que, em tempo de paz, após alistados, alegarem imperativo de consciência, entendendo-se como tal o decorrente de crença religiosa e de convicção filosófica ou política, para se eximirem de atividades de caráter essencialmente militar.

▶ Art. 5º, VIII, desta Constituição.

§ 2º As mulheres e os eclesiásticos ficam isentos do serviço militar obrigatório em tempo de paz, sujeitos, porém, a outros encargos que a lei lhes atribuir.

▶ Lei nº 8.239, de 4-10-1991, regulamenta os §§ 1º e 2º deste artigo.
▶ Súm. Vinc. nº 6 do STF.

CAPÍTULO III

DA SEGURANÇA PÚBLICA

▶ Dec. nº 5.289, de 29-11-2004, disciplina a organização e o funcionamento da administração pública federal, para o desenvolvimento do programa de cooperação federativa denominado Força Nacional de Segurança Pública.

Art. 144. A segurança pública, dever do Estado, direito e responsabilidade de todos, é exercida para a preservação da ordem pública e da incolumidade das pessoas e do patrimônio, através dos seguintes órgãos:

▶ Dec. nº 4.332, de 12-8-2002, estabelece normas para o planejamento, a coordenação e a execução de medidas de segurança a serem implementadas durante as viagens presidenciais em território nacional, ou em eventos na capital federal.

I – polícia federal;
II – polícia rodoviária federal;

▶ Dec. nº 1.655, de 3-10-1995, define a competência da Polícia Rodoviária Federal.

III – polícia ferroviária federal;
IV – polícias civis;
V – polícias militares e corpos de bombeiros militares.

§ 1º A polícia federal, instituída por lei como órgão permanente, organizado e mantido pela União e estruturado em carreira, destina-se a:

▶ § 1º com a redação dada pela EC nº 19, de 4-6-1998.

I – apurar infrações penais contra a ordem política e social ou em detrimento de bens, serviços e interesses da União ou de suas entidades autárquicas e empresas públicas, assim como outras infrações cuja prática tenha repercussão interestadual ou internacional e exija repressão uniforme, segundo se dispuser em lei;

▶ Lei nº 8.137, de 27-12-1990 (Lei dos Crimes contra a Ordem Tributária, Econômica e contra as Relações de Consumo).
▶ Lei nº 10.446, de 8-5-2002, dispõe sobre infrações penais de repercussão interestadual ou internacional que exigem repressão uniforme, para os fins de aplicação do disposto neste inciso.

II – prevenir e reprimir o tráfico ilícito de entorpecentes e drogas afins, o contrabando e o descaminho, sem prejuízo da ação fazendária e de outros órgãos públicos nas respectivas áreas de competência;

▶ Lei nº 11.343, de 23-8-2006 (Lei Antidrogas).
▶ Dec. nº 2.781, de 14-9-1998, institui o Programa Nacional de Combate ao Contrabando e o Descaminho.

III – exercer as funções de polícia marítima, aeroportuária e de fronteiras;

▶ Inciso III com a redação dada pela EC nº 19, de 4-6-1998.

IV – exercer, com exclusividade, as funções de polícia judiciária da União.

§ 2º A polícia rodoviária federal, órgão permanente, organizado e mantido pela União e estruturado em carreira, destina-se, na forma da lei, ao patrulhamento ostensivo das rodovias federais.

▶ Lei nº 9.654, de 2-3-1998, cria a carreira de Policial Rodoviário Federal.

§ 3º A polícia ferroviária federal, órgão permanente, organizado e mantido pela União e estruturado em carreira, destina-se, na forma da lei, ao patrulhamento ostensivo das ferrovias federais.

▶ §§ 2º e 3º com a redação dada pela EC nº 19, de 4-6-1998.

§ 4º Às polícias civis, dirigidas por delegados de polícia de carreira, incumbem, ressalvada a competência da União, as funções de polícia judiciária e a apuração de infrações penais, exceto as Militares.

▶ Art. 9º do CPM.
▶ Art. 7º do CPPM.

§ 5º As polícias militares cabem a polícia ostensiva e a preservação da ordem pública; aos corpos de bombeiros militares, além das atribuições definidas em lei, incumbe a execução de atividades de defesa civil.

▶ Dec.-lei nº 667, de 2-7-1969, reorganiza as Polícias Militares e os Corpos de Bombeiros Militares dos Estados, dos Territórios e do Distrito Federal.

§ 6º As polícias militares e corpos de bombeiros militares, forças auxiliares e reserva do Exército, subordinam-se, juntamente com as polícias civis, aos Governadores dos Estados, do Distrito Federal e dos Territórios.

§ 7º A lei disciplinará a organização e o funcionamento dos órgãos responsáveis pela segurança pública, de maneira a garantir a eficiência de suas atividades.

▶ Dec. nº 6.950, de 26-8-2009, dispõe sobre o Conselho Nacional de Segurança Pública – CONASP.

§ 8º Os Municípios poderão constituir guardas municipais destinadas à proteção de seus bens, serviços e instalações, conforme dispuser a lei.

§ 9º A remuneração dos servidores policiais integrantes dos órgãos relacionados neste artigo será fixada na forma do § 4º do artigo 39.

▶ § 9º acrescido pela EC nº 19, de 4-6-1998.

TÍTULO VI – DA TRIBUTAÇÃO E DO ORÇAMENTO

▶ Lei nº 5.172, de 27-12-1966 (Código Tributário Nacional).

CAPÍTULO I
DO SISTEMA TRIBUTÁRIO NACIONAL

▶ Lei nº 8.137, de 27-12-1990 (Lei de Crimes contra a Ordem Tributária, Econômica e contra as Relações de Consumo).

▶ Lei nº 8.176, de 8-2-1991, define crimes contra a ordem econômica e cria o sistema de estoque de combustíveis.

▶ Dec. nº 2.730, de 10-8-1998, dispõe sobre o encaminhamento ao Ministério Público da representação fiscal para os crimes contra a ordem tributária.

SEÇÃO I
DOS PRINCÍPIOS GERAIS

Art. 145. A União, os Estados, o Distrito Federal e os Municípios poderão instituir os seguintes tributos:

▶ Arts. 1º a 5º do CTN.
▶ Súm. nº 667 do STF.

I – impostos;

▶ Arts. 16 a 76 do CTN.

II – taxas, em razão do exercício do poder de polícia ou pela utilização, efetiva ou potencial, de serviços públicos específicos e divisíveis, prestados ao contribuinte ou postos a sua disposição;

▶ Arts. 77 a 80 do CTN.
▶ Súm. Vinc. nº 19 do STF.
▶ Súmulas nºs 665 e 670 do STF.

III – contribuição de melhoria, decorrente de obras públicas.

▶ Arts. 81 e 82 do CTN.
▶ Dec.-lei nº 195, de 24-2-1967 (Lei da Contribuição de Melhoria).

§ 1º Sempre que possível, os impostos terão caráter pessoal e serão graduados segundo a capacidade econômica do contribuinte, facultado à administração tributária, especialmente para conferir efetividade a esses objetivos, identificar, respeitados os direitos individuais e nos termos da lei, o patrimônio, os rendimentos e as atividades econômicas do contribuinte.

▶ Lei nº 8.021, de 12-4-1990, dispõe sobre a identificação dos contribuintes para fins fiscais.
▶ Súmulas nºs 656 e 668 do STF.

§ 2º As taxas não poderão ter base de cálculo própria de impostos.

▶ Art. 77, parágrafo único, do CTN.
▶ Súm. Vinc. nº 29 do STF.
▶ Súm. nº 665 do STF.

Art. 146. Cabe à lei complementar:

I – dispor sobre conflitos de competência, em matéria tributária, entre a União, os Estados, o Distrito Federal e os Municípios;

▶ Arts. 6º a 8º do CTN.

II – regular as limitações constitucionais ao poder de tributar;

▶ Arts. 9º a 15 do CTN.

III – estabelecer normas gerais em matéria de legislação tributária, especialmente sobre:

▶ Art. 149 desta Constituição.

a) definição de tributos e de suas espécies, bem como, em relação aos impostos discriminados nesta Constituição, a dos respectivos fatos geradores, bases de cálculo e contribuintes;

b) obrigação, lançamento, crédito, prescrição e decadência tributários;

▶ Súm. Vinc. nº 8 do STF.

c) adequado tratamento tributário ao ato cooperativo praticado pelas sociedades cooperativas;

d) definição de tratamento diferenciado e favorecido para as microempresas e para as empresas de pequeno porte, inclusive regimes especiais ou simplificados no caso do imposto previsto no art. 155, II, das contribuições previstas no art. 195, I e §§ 12 e 13, e da contribuição a que se refere o art. 239.

▶ Alínea d acrescida pela EC nº 42, de 19-12-2003.
▶ Art. 94 do ADCT.
▶ LC nº 123, de 14-12-2006 (Estatuto Nacional da Microempresa e da Empresa de Pequeno Porte).

Parágrafo único. A lei complementar de que trata o inciso III, d, também poderá instituir um regime único de arrecadação dos impostos e contribuições da União, dos Estados, do Distrito Federal e dos Municípios, observado que:

I – será opcional para o contribuinte;

II – poderão ser estabelecidas condições de enquadramento diferenciadas por Estado;

III – o recolhimento será unificado e centralizado e a distribuição da parcela de recursos pertencentes aos respectivos entes federados será imediata, vedada qualquer retenção ou condicionamento;

IV – a arrecadação, a fiscalização e a cobrança poderão ser compartilhadas pelos entes federados, adotado cadastro nacional único de contribuintes.

▶ Parágrafo único acrescido pela EC nº 42, de 19-12-2003.

Art. 146-A. Lei complementar poderá estabelecer critérios especiais de tributação, com o objetivo de prevenir desequilíbrios da concorrência, sem prejuízo da competência de a União, por lei, estabelecer normas de igual objetivo.

▶ Art. 146-A acrescido pela EC nº 42, de 19-12-2003.

Art. 147. Competem à União, em Território Federal, os impostos estaduais e, se o Território não for dividido em Municípios, cumulativamente, os impostos municipais; ao Distrito Federal cabem os impostos municipais.

Art. 148. A União, mediante lei complementar, poderá instituir empréstimos compulsórios:

I – para atender a despesas extraordinárias, decorrentes de calamidade pública, de guerra externa ou sua iminência;

II – no caso de investimento público de caráter urgente e de relevante interesse nacional, observado o disposto no artigo 150, III, *b*.

▶ Art. 34, § 12, do ADCT.

Parágrafo único. A aplicação dos recursos provenientes de empréstimo compulsório será vinculada à despesa que fundamentou sua instituição.

Art. 149. Compete exclusivamente à União instituir contribuições sociais, de intervenção no domínio econômico e de interesse das categorias profissionais ou econômicas, como instrumento de sua atuação nas respectivas áreas, observado o disposto nos artigos 146, III, e 150, I e III, e sem prejuízo do previsto no artigo 195, § 6º, relativamente às contribuições a que alude o dispositivo.

▶ Lei nº 10.336, de 19-12-2001, institui a Contribuição de Intervenção no Domínio Econômico incidente sobre a importação e a comercialização de petróleo e seus derivados, gás natural e seus derivados e álcool etílico combustível – CIDE a que se refere este artigo.

§ 1º Os Estados, o Distrito Federal e os Municípios instituirão contribuição, cobrada de seus servidores, para o custeio, em benefício destes, do regime previdenciário de que trata o art. 40, cuja alíquota não será inferior à da contribuição dos servidores titulares de cargos efetivos da União.

▶ § 1º com a redação dada pela EC nº 41, de 19-12-2003.

§ 2º As contribuições sociais e de intervenção no domínio econômico de que trata o *caput* deste artigo:

I – não incidirão sobre as receitas decorrentes de exportação;

II – incidirão também sobre a importação de produtos estrangeiros ou serviços;

▶ Inciso II com a redação dada pela EC nº 42, de 19-12-2003.

▶ Lei nº 10.336, de 19-12-2001, institui Contribuição de Intervenção no Domínio Econômico incidente sobre a importação e a comercialização de petróleo e seus derivados, e álcool etílico combustível – CIDE.

▶ Lei nº 10.865, de 30-4-2004, dispõe sobre o PIS/PASEP-Importação e a COFINS-Importação.

III – poderão ter alíquotas:

a) *ad valorem*, tendo por base o faturamento, a receita bruta ou o valor da operação e, no caso de importação, o valor aduaneiro;

b) específica, tendo por base a unidade de medida adotada.

§ 3º A pessoa natural destinatária das operações de importação poderá ser equiparada a pessoa jurídica, na forma da lei.

§ 4º A lei definirá as hipóteses em que as contribuições incidirão uma única vez.

▶ §§ 2º a 4º acrescidos pela EC nº 33, de 11-12-2001.

Art. 149-A. Os Municípios e o Distrito Federal poderão instituir contribuição, na forma das respectivas leis, para o custeio do serviço de iluminação pública, observado o disposto no art. 150, I e III.

Parágrafo único. É facultada a cobrança da contribuição a que se refere o *caput*, na fatura de consumo de energia elétrica.

▶ Art. 149-A acrescido pela EC nº 39, de 19-12-2002.

Seção II

DAS LIMITAÇÕES DO PODER DE TRIBUTAR

Art. 150. Sem prejuízo de outras garantias asseguradas ao contribuinte, é vedado à União, aos Estados, ao Distrito Federal e aos Municípios:

▶ Lei nº 5.172 de 25-10-1966 (Código Tributário Nacional).

I – exigir ou aumentar tributo sem lei que o estabeleça;

▶ Arts. 3º e 97, I e II, do CTN.

II – instituir tratamento desigual entre contribuintes que se encontrem em situação equivalente, proibida qualquer distinção em razão de ocupação profissional ou função por eles exercida, independentemente da denominação jurídica dos rendimentos, títulos ou direitos;

▶ Art. 5º, *caput*, desta Constituição.

▶ Súm. nº 658 do STF.

III – cobrar tributos:

a) em relação a fatos geradores ocorridos antes do início da vigência da lei que os houver instituído ou aumentado;

▶ Art. 9º, II, do CTN.

b) no mesmo exercício financeiro em que haja sido publicada a lei que os instituiu ou aumentou;

▶ Art. 195, § 6º, desta Constituição.

c) antes de decorridos noventa dias da data em que haja sido publicada a lei que os instituiu ou aumentou, observado o disposto na alínea b;

▶ Alínea c acrescida pela EC nº 42, de 19-12-2003.

IV – utilizar tributo com efeito de confisco;
V – estabelecer limitações ao tráfego de pessoas ou bens, por meio de tributos interestaduais ou intermunicipais, ressalvada a cobrança de pedágio pela utilização de vias conservadas pelo Poder Público;

▶ Art. 9º, III, do CTN.

VI – instituir impostos sobre:

a) patrimônio, renda ou serviços, uns dos outros;

▶ Art. 9º, IV, a, do CTN.

b) templos de qualquer culto;

▶ Art. 9º, IV, b, do CTN.

c) patrimônio, renda ou serviços dos partidos políticos, inclusive suas fundações, das entidades sindicais dos trabalhadores, das instituições de educação e de assistência social, sem fins lucrativos, atendidos os requisitos da lei;

▶ Art. 9º, IV, c, e 14 do CTN.
▶ Lei nº 3.193, de 4-7-1957, dispõe sobre isenção de impostos em templos de qualquer culto, bens e serviços de partidos políticos e instituições de educação e assistência social.
▶ Súmulas nºs 724 e 730 do STF.

d) livros, jornais, periódicos e o papel destinado à sua impressão.

▶ Lei nº 10.753, de 30-10-2003, institui a Política Internacional do Livro.
▶ Art. 1º, caput, I e II, da Lei nº 11.945, de 4-6-2009, que dispõe sobre o Registro Especial na Secretaria da Receita Federal do Brasil.
▶ Súm. nº 657 do STF.

§ 1º A vedação do inciso III, b, não se aplica aos tributos previstos nos arts. 148, I, 153, I, II, IV e V; e 154, II; e a vedação do inciso III, c, não se aplica aos tributos previstos nos arts. 148, I, 153, I, II, III e V; e 154, II, nem à fixação da base de cálculo dos impostos previstos nos arts. 155, III, e 156, I.

▶ § 1º com a redação dada pela EC nº 42, de 19-12-2003.

§ 2º A vedação do inciso VI, a, é extensiva às autarquias e às fundações instituídas e mantidas pelo Poder Público, no que se refere ao patrimônio, à renda e aos serviços, vinculados a suas finalidades essenciais ou às delas decorrentes.

§ 3º As vedações do inciso VI, a, e do parágrafo anterior não se aplicam ao patrimônio, à renda e aos serviços, relacionados com exploração de atividades econômicas regidas pelas normas aplicáveis a empreendimentos privados, ou em que haja contraprestação ou pagamento de preços ou tarifas pelo usuário, nem exonera o promitente comprador da obrigação de pagar imposto relativamente ao bem imóvel.

§ 4º As vedações expressas no inciso VI, alíneas b e c, compreendem somente o patrimônio, a renda e os serviços, relacionados com as finalidades essenciais das entidades nelas mencionadas.

§ 5º A lei determinará medidas para que os consumidores sejam esclarecidos acerca dos impostos que incidam sobre mercadorias e serviços.

▶ Lei nº 12.741, de 8-12-2012, dispõe sobre as medidas de esclarecimento ao consumidor, de que trata este parágrafo.

§ 6º Qualquer subsídio ou isenção, redução de base de cálculo, concessão de crédito presumido, anistia ou remissão, relativos a impostos, taxas ou contribuições, só poderá ser concedido mediante lei específica, federal, estadual ou municipal, que regule exclusivamente as matérias acima enumeradas ou o correspondente tributo ou contribuição, sem prejuízo do disposto no artigo 155, § 2º, XII, g.

§ 7º A lei poderá atribuir a sujeito passivo de obrigação tributária a condição de responsável pelo pagamento de imposto ou contribuição, cujo fato gerador deva ocorrer posteriormente, assegurada a imediata e preferencial restituição da quantia paga, caso não se realize o fato gerador presumido.

▶ §§ 6º e 7º acrescidos pela EC nº 3, de 17-3-1993.

Art. 151. É vedado à União:

I – instituir tributo que não seja uniforme em todo o Território Nacional ou que implique distinção ou preferência em relação a Estado, ao Distrito Federal ou a Município, em detrimento de outro, admitida a concessão de incentivos fiscais destinados a promover o equilíbrio do desenvolvimento socioeconômico entre as diferentes regiões do País;

▶ Art. 10 do CTN.
▶ Lei nº 9.440, de 14-3-1997, estabelece incentivos fiscais para o desenvolvimento regional.
▶ Lei nº 11.508, de 20-7-2007 (Lei das Zonas de Processamento de Exportação).

II – tributar a renda das obrigações da dívida pública dos Estados, do Distrito Federal e dos Municípios, bem como a remuneração e os proventos dos respectivos agentes públicos, em níveis superiores aos que fixar para suas obrigações e para seus agentes;

III – instituir isenções de tributos da competência dos Estados, do Distrito Federal ou dos Municípios.

▶ Súm. nº 185 do STJ.

Art. 152. É vedado aos Estados, ao Distrito Federal e aos Municípios estabelecer diferença tributária entre bens e serviços, de qualquer natureza, em razão de sua procedência ou destino.

▶ Art. 11 do CTN.

Seção III

DOS IMPOSTOS DA UNIÃO

Art. 153. Compete à União instituir impostos sobre:

I – importação de produtos estrangeiros;

▶ Arts. 60, § 2º, e 154, I, desta Constituição.
▶ Lei nº 7.810, de 30-8-1989, dispõe sobre a redução de impostos na importação.
▶ Lei nº 8.032, de 12-4-1990, dispõe sobre a isenção ou redução de imposto de importação.
▶ Lei nº 9.449, de 14-3-1997, reduz o Imposto de Importação para os produtos que especifica.

II – exportação, para o exterior, de produtos nacionais ou nacionalizados;

▶ Art. 60, § 2º, desta Constituição.

III – renda e proventos de qualquer natureza;
- Arts. 27, § 2º, 28, § 2º, 29, V e VI, 37, XV, 48, XV, 49, VII e VIII, 95, III, 128, § 5º, I, c, desta Constituição.
- Art. 34, § 2º, I, do ADCT.
- Lei nº 8.166, de 11-1-1991, dispõe sobre a não incidência do imposto de renda sobre lucros ou dividendos distribuídos a residentes ou domiciliados no exterior, doados a instituições sem fins lucrativos.
- Lei nº 9.430, de 27-12-1996, dispõe sobre a legislação tributária federal, as contribuições para a Seguridade Social, o processo administrativo de consulta.
- Dec. nº 3.000, de 26-3-1999, regulamenta a tributação, fiscalização, arrecadação e administração do Imposto sobre a Renda e proventos de qualquer natureza.
- Súmulas nᵒˢ 125, 136 e 386 do STJ.

IV – produtos industrializados;
- Art. 60, § 2º, desta Constituição.
- Art. 34, § 2º, I, do ADCT.
- Lei nº 9.363, de 13-12-1996, dispõe sobre a instituição de crédito presumido do Imposto sobre Produtos Industrializados, para ressarcimento do valor do PIS/PASEP e COFINS nos casos que especifica.
- Lei nº 9.493, de 10-9-1997, concede isenção do Imposto sobre Produtos Industrializados – IPI na aquisição de equipamentos, máquinas, aparelhos e instrumentos, dispõe sobre período de apuração e prazo de recolhimento do referido imposto para as microempresas e empresas de pequeno porte, e estabelece suspensão do IPI na saída de bebidas alcoólicas, acondicionadas para venda a granel, dos estabelecimentos produtores e dos estabelecimentos equiparados a industrial.
- Dec. nº 7.212, de 15-6-2010, regulamenta a cobrança, fiscalização, arrecadação e administração do Imposto sobre Produtos Industrializados – IPI.

V – operações de crédito, câmbio e seguro, ou relativas a títulos ou valores mobiliários;
- Art. 60, § 2º, desta Constituição.
- Arts. 63 a 67 do CTN.
- Lei nº 8.894, de 21-6-1994, dispõe sobre o Imposto sobre Operações de Crédito, Câmbio e Seguro, ou relativas a Títulos e Valores Mobiliários.
- Dec. nº 6.306, de 14-12-2007, regulamenta o imposto sobre Operações de Crédito, Câmbio e Seguro, ou relativas a Títulos e Valores Mobiliários – IOF.
- Sum. Vinc. nº 32 do STF.
- Súm. nº 664 do STF.

VI – propriedade territorial rural;
- Lei nº 8.847, de 28-1-1994, dispõe sobre o Imposto sobre a Propriedade Territorial Rural – ITR.
- Lei nº 9.393, de 19-12-1996, dispõe sobre a Propriedade Territorial Rural – ITR, e sobre o pagamento da dívida representada por Títulos da Dívida Agrária – TDA.
- Dec. nº 4.382, de 19-9-2002, regulamenta a tributação, fiscalização, arrecadação e administração do Imposto sobre a Propriedade Territorial Rural – ITR.
- Súm. nº 139 do STJ.

VII – grandes fortunas, nos termos de lei complementar.
- LC nº 111, de 6-7-2001, dispõe sobre o Fundo de Combate e Erradicação da Pobreza, na forma prevista nos arts. 79 a 81 do ADCT.

§ 1º É facultado ao Poder Executivo, atendidas as condições e os limites estabelecidos em lei, alterar as alíquotas dos impostos enumerados nos incisos I, II, IV e V.
- Art. 150, § 1º, desta Constituição.
- Lei nº 8.088, de 30-10-1990, dispõe sobre a atualização do Bônus do Tesouro Nacional e dos depósitos de poupança.

§ 2º O imposto previsto no inciso III:
I – será informado pelos critérios da generalidade, da universalidade e da progressividade, na forma da lei;
- Arts. 27, § 2º, 28, § 2º, 29, V e VI, 37, XV, 48, XV, 49, VII e VIII, 95, III, e 128, § 5º, I, c, desta Constituição.

II – Revogado. EC nº 20, de 15-12-1998.

§ 3º O imposto previsto no inciso IV:
I – será seletivo, em função da essencialidade do produto;
II – será não cumulativo, compensando-se o que for devido em cada operação com o montante cobrado nas anteriores;
III – não incidirá sobre produtos industrializados destinados ao exterior;
IV – terá reduzido seu impacto sobre a aquisição de bens de capital pelo contribuinte do imposto, na forma da lei.
- Inciso IV acrescido pela EC nº 42, de 19-12-2003.

§ 4º O imposto previsto no inciso VI do caput:
- Caput com a redação dada pela EC nº 42, de 19-12-2003.
- Lei nº 8.629, de 25-2-1993, regula os dispositivos constitucionais relativos à reforma agrária.

I – será progressivo e terá suas alíquotas fixadas de forma a desestimular a manutenção de propriedades improdutivas;
II – não incidirá sobre pequenas glebas rurais, definidas em lei, quando as explore o proprietário que não possua outro imóvel;
III – será fiscalizado e cobrado pelos Municípios que assim optarem, na forma da lei, desde que não implique redução do imposto ou qualquer outra forma de renúncia fiscal.
- Incisos I a III acrescidos pela EC nº 42, de 19-12-2003.
- Lei nº 11.250, de 27-12-2005, regulamenta este inciso.

§ 5º O ouro, quando definido em lei como ativo financeiro ou instrumento cambial, sujeita-se exclusivamente à incidência do imposto de que trata o inciso V do caput deste artigo, devido na operação de origem; a alíquota mínima será de um por cento, assegurada a transferência do montante da arrecadação nos seguintes termos:
- Art. 74, § 2º, do ADCT.
- Lei nº 7.766, de 11-5-1989, dispõe sobre o ouro, ativo financeiro e sobre seu tratamento tributário.

I – trinta por cento para o Estado, o Distrito Federal ou o Território, conforme a origem;
II – setenta por cento para o Município de origem.
- Arts. 72, § 3º, 74, § 2º, 75 e 76, § 1º, do ADCT.
- Lei nº 7.766, de 11-5-1989, dispõe sobre o ouro, ativo financeiro e sobre seu tratamento tributário.

Art. 154. A União poderá instituir:
I – mediante lei complementar, impostos não previstos no artigo anterior, desde que sejam não cumulativos e

não tenham fato gerador ou base de cálculo próprios dos discriminados nesta Constituição;
- Art. 195, § 4º, desta Constituição.
- Arts. 74, § 2º, e 75 do ADCT.

II – na iminência ou no caso de guerra externa, impostos extraordinários, compreendidos ou não em sua competência tributária, os quais serão suprimidos, gradativamente, cessadas as causas de sua criação.
- Arts. 62, § 2º, 150, § 1º, desta Constituição.

Seção IV
DOS IMPOSTOS DOS ESTADOS E DO DISTRITO FEDERAL

Art. 155. Compete aos Estados e ao Distrito Federal instituir impostos sobre:
- Caput com a redação dada pela EC nº 3, de 17-3-1993.

I – transmissão *causa mortis* e doação de quaisquer bens ou direitos;
II – operações relativas à circulação de mercadorias e sobre prestações de serviços de transporte interestadual e intermunicipal e de comunicação, ainda que as operações e as prestações se iniciem no exterior;
- Art. 60, § 2º, do ADCT.
- LC nº 24, de 7-1-1975, dispõe sobre os convênios para a concessão de isenções do imposto sobre operações relativas à circulação de mercadorias.
- LC nº 87, de 13-9-1996 (Lei Kandir – ICMS).
- Súm. nº 662 do STF.
- Súmulas nºs 334 e 457 do STJ.

III – propriedade de veículos automotores;
- Incisos I a III acrescidos pela EC nº 3, de 17-3-1993.

§ 1º O imposto previsto no inciso I:
- § 1º com a redação dada pela EC nº 3, de 17-3-1993.

I – relativamente a bens imóveis e respectivos direitos, compete ao Estado da situação do bem, ou ao Distrito Federal;
II – relativamente a bens móveis, títulos e créditos, compete ao Estado onde se processar o inventário ou arrolamento, ou tiver domicílio o doador, ou ao Distrito Federal;
III – terá a competência para sua instituição regulada por lei complementar:
a) se o doador tiver domicílio ou residência no exterior;
b) se o *de cujus* possuía bens, era residente ou domiciliado ou teve o seu inventário processado no exterior;
IV – terá suas alíquotas máximas fixadas pelo Senado Federal.

§ 2º O imposto previsto no inciso II atenderá ao seguinte:
- Caput do § 2º com a redação dada pela EC nº 3, de 17-3-1993.
- LC nº 24, de 7-1-1975, dispõe sobre os convênios para a concessão de isenções do imposto sobre operações relativas à circulação de mercadorias.
- LC nº 101, de 4-5-2000 (Lei da Responsabilidade Fiscal).
- Dec.-lei nº 406, de 31-12-1968, estabelece normas gerais de direito financeiro, aplicáveis aos Impostos sobre Operações relativas à Circulação de Mercadorias e sobre Serviços de Qualquer Natureza.

I – será não cumulativo, compensando-se o que for devido em cada operação relativa à circulação de mercadorias ou prestação de serviços com o montante cobrado nas anteriores pelo mesmo ou outro Estado ou pelo Distrito Federal;
II – a isenção ou não incidência, salvo determinação em contrário da legislação:
- LC nº 24, de 7-1-1975, dispõe sobre os convênios para concessão para isenções do Imposto sobre Obrigações Relativas a Circulação de Mercadorias.
- LC nº 87, de 13-9-1996 (Lei Kandir – ICMS).
- Súm. nº 662 do STF.

a) não implicará crédito para compensação com o montante devido nas operações ou prestações seguintes;
b) acarretará a anulação do crédito relativo às operações anteriores;

III – poderá ser seletivo, em função da essencialidade das mercadorias e dos serviços;
IV – resolução do Senado Federal, de iniciativa do Presidente da República ou de um terço dos Senadores, aprovada pela maioria absoluta de seus membros, estabelecerá as alíquotas aplicáveis às operações e prestações, interestaduais e de exportação;
V – é facultado ao Senado Federal:
a) estabelecer alíquotas mínimas nas operações internas, mediante resolução de iniciativa de um terço e aprovada pela maioria absoluta de seus membros;
b) fixar alíquotas máximas nas mesmas operações para resolver conflito específico que envolva interesse de Estados, mediante resolução de iniciativa da maioria absoluta e aprovada por dois terços de seus membros;

VI – salvo deliberação em contrário dos Estados e do Distrito Federal, nos termos do disposto no inciso XII, *g*, as alíquotas internas, nas operações relativas à circulação de mercadorias e nas prestações de serviços, não poderão ser inferiores às previstas para as operações interestaduais;
VII – em relação às operações e prestações que destinem bens e serviços a consumidor final localizado em outro Estado, adotar-se-á:
a) a alíquota interestadual, quando o destinatário for contribuinte do imposto;
b) a alíquota interna, quando o destinatário não for contribuinte dele;

VIII – na hipótese da alínea *a* do inciso anterior, caberá ao Estado da localização do destinatário o imposto correspondente à diferença entre a alíquota interna e a interestadual;
IX – incidirá também:
- Súmulas nºs 660 e 661 do STF.
- Súm. nº 155 do STJ.

a) sobre a entrada de bem ou mercadoria importados do exterior por pessoa física ou jurídica, ainda que não seja contribuinte habitual do imposto, qualquer que seja a sua finalidade, assim como sobre o serviço prestado no exterior, cabendo o imposto ao Estado onde estiver situado o domicílio ou o esta-

belecimento do destinatário da mercadoria, bem ou serviço;
▶ Alínea *a* com a redação dada pela EC nº 33, de 11-12-2001.
▶ Súmulas nºs 660 e 661 do STF.
▶ Súm. nº 198 do STJ.

b) sobre o valor total da operação, quando mercadorias forem fornecidas com serviços não compreendidos na competência tributária dos Municípios;

X – não incidirá:

a) sobre operações que destinem mercadorias para o exterior, nem sobre serviços prestados a destinatários no exterior, assegurada a manutenção e o aproveitamento do montante do imposto cobrado nas operações e prestações anteriores;
▶ Alínea *a* com a redação dada pela EC nº 42, de 19-12-2003.
▶ Súm. nº 433 do STJ.

b) sobre operações que destinem a outros Estados petróleo, inclusive lubrificantes, combustíveis líquidos e gasosos dele derivados, e energia elétrica;
c) sobre o ouro, nas hipóteses definidas no artigo 153, § 5º;
▶ Lei nº 7.766, de 11-5-1989, dispõe sobre o ouro, ativo financeiro, e sobre seu tratamento tributário.

d) nas prestações de serviço de comunicação nas modalidades de radiodifusão sonora e de sons e imagens de recepção livre e gratuita;
▶ Alínea *d* acrescida pela EC nº 42, de 19-12-2003.

XI – não compreenderá, em sua base de cálculo, o montante do imposto sobre produtos industrializados, quando a operação, realizada entre contribuintes e relativa a produto destinado à industrialização ou à comercialização, configure fato gerador dos dois impostos;

XII – cabe à lei complementar:
▶ Art. 4º da EC nº 42, de 19-12-2003.

a) definir seus contribuintes;
b) dispor sobre substituição tributária;
c) disciplinar o regime de compensação do imposto;
d) fixar, para efeito de sua cobrança e definição do estabelecimento responsável, o local das operações relativas à circulação de mercadorias e das prestações de serviços;
e) excluir da incidência do imposto, nas exportações para o exterior, serviços e outros produtos além dos mencionados no inciso X, *a*;
f) prever casos de manutenção de crédito, relativamente à remessa para outro Estado e exportação para o exterior, de serviços e de mercadorias;
g) regular a forma como, mediante deliberação dos Estados e do Distrito Federal, isenções, incentivos e benefícios fiscais serão concedidos e revogados;
▶ Art. 22, parágrafo único, da LC nº 123, de 14-12-2006 (Estatuto Nacional da Microempresa e da Empresa de Pequeno Porte).

h) definir os combustíveis e lubrificantes sobre os quais o imposto incidirá uma única vez, qualquer que seja a sua finalidade, hipótese em que não se aplicará o disposto no inciso X, *b*;
▶ Alínea *h* acrescida pela EC nº 33, de 11-12-2001.

▶ Conforme o art. 4º da EC nº 33, de 11-12-2001, enquanto não entrar em vigor a lei complementar de que trata esta alínea, os Estados e o Distrito Federal, mediante convênio celebrado nos termos do § 2º, XII, *g*, deste artigo, fixarão normas para regular provisoriamente a matéria.

i) fixar a base de cálculo, de modo que o montante do imposto a integre, também na importação do exterior de bem, mercadoria ou serviço.
▶ Alínea *i* acrescida pela EC nº 33, de 11-12-2001.
▶ Súm. nº 457 do STJ.

§ 3º À exceção dos impostos de que tratam o inciso II do *caput* deste artigo e o artigo 153, I e II, nenhum outro imposto poderá incidir sobre operações relativas a energia elétrica, serviços de telecomunicações, derivados de petróleo, combustíveis e minerais do País.
▶ § 3º com a redação dada pela EC nº 33, de 11-12-2001.
▶ Súm. nº 659 do STF.

§ 4º Na hipótese do inciso XII, *h*, observar-se-á o seguinte:

I – nas operações com os lubrificantes e combustíveis derivados de petróleo, o imposto caberá ao Estado onde ocorrer o consumo;

II – nas operações interestaduais, entre contribuintes, com gás natural e seus derivados, e lubrificantes e combustíveis não incluídos no inciso I deste parágrafo, o imposto será repartido entre os Estados de origem e de destino, mantendo-se a mesma proporcionalidade que ocorre nas operações com as demais mercadorias;

III – nas operações interestaduais com gás natural e seus derivados, e lubrificantes e combustíveis não incluídos no inciso I deste parágrafo, destinadas a não contribuinte, o imposto caberá ao Estado de origem;

IV – as alíquotas do imposto serão definidas mediante deliberação dos Estados e Distrito Federal, nos termos do § 2º, XII, *g*, observando-se o seguinte:

a) serão uniformes em todo o território nacional, podendo ser diferenciadas por produto;
b) poderão ser específicas, por unidade de medida adotada, ou *ad valorem*, incidindo sobre o valor da operação ou sobre o preço que o produto ou seu similar alcançaria em uma venda em condições de livre concorrência;
c) poderão ser reduzidas e restabelecidas, não se lhes aplicando o disposto no artigo 150, III, *b*.

§ 5º As regras necessárias à aplicação do disposto no § 4º, inclusive as relativas à apuração e à destinação do imposto, serão estabelecidas mediante deliberação dos Estados e do Distrito Federal, nos termos do § 2º, XII, *g*.
▶ §§ 4º e 5º acrescidos pela EC nº 33, de 11-12-2001.

§ 6º O imposto previsto no inciso III:

I – terá alíquotas mínimas fixadas pelo Senado Federal;
II – poderá ter alíquotas diferenciadas em função do tipo e utilização.
▶ § 6º acrescido pela EC nº 42, de 19-12-2003.

SEÇÃO V

DOS IMPOSTOS DOS MUNICÍPIOS

Art. 156. Compete aos Municípios instituir impostos sobre:
▶ Art. 167, § 4º, desta Constituição.

I – propriedade predial e territorial urbana;
- Arts. 32 a 34 do CTN.
- Súm. nº 589 do STF.
- Súm. nº 399 do STJ.

II – transmissão *inter vivos*, a qualquer título, por ato oneroso, de bens imóveis, por natureza ou acessão física, e de direitos reais sobre imóveis, exceto os de garantia, bem como cessão de direitos à sua aquisição;
- Arts. 34 a 42 do CTN.
- Súm. nº 656 do STF.

III – serviços de qualquer natureza, não compreendidos no artigo 155, II, definidos em lei complementar.
- Inciso III com a redação dada pela EC nº 3, de 17-3-1993.
- LC nº 116, de 31-4-2003 (Lei do ISS).
- Súm. Vinc. nº 31 do STF.
- Súm. nº 424 do STJ.

IV – *Revogado*. EC nº 3, de 17-3-1993.

§ 1º Sem prejuízo da progressividade no tempo a que se refere o artigo 182, § 4º, inciso II, o imposto previsto no inciso I poderá:
- Arts. 182, §§ 2º e 4º, e 186 desta Constituição.
- Súm. nº 589 do STF.

I – ser progressivo em razão do valor do imóvel; e
II – ter alíquotas diferentes de acordo com a localização e o uso do imóvel.
- § 1º com a redação dada pela EC nº 29, de 13-9-2000.
- Lei nº 10.257, de 10-7-2001 (Estatuto da Cidade).

§ 2º O imposto previsto no inciso II:

I – não incide sobre a transmissão de bens ou direitos incorporados ao patrimônio de pessoa jurídica em realização de capital, nem sobre a transmissão de bens ou direitos decorrentes de fusão, incorporação, cisão ou extinção de pessoa jurídica, salvo se, nesses casos, a atividade preponderante do adquirente for a compra e venda desses bens ou direitos, locação de bens imóveis ou arrendamento mercantil;
II – compete ao Município da situação do bem.

§ 3º Em relação ao imposto previsto no inciso III do *caput* deste artigo, cabe à lei complementar:
- § 3º com a redação dada pela EC nº 37, de 12-6-2002.

I – fixar as suas alíquotas máximas e mínimas;
- Inciso I com a redação dada pela EC nº 37, de 12-6-2002.
- Art. 88 do ADCT.

II – excluir da sua incidência exportações de serviços para o exterior;
- Inciso II com a redação dada pela EC nº 3, de 17-3-1993.

III – regular a forma e as condições como isenções, incentivos e benefícios fiscais serão concedidos e revogados.
- Inciso III acrescido pela EC nº 37, de 12-6-2002.
- Art. 88 do ADCT.

§ 4º *Revogado*. EC nº 3, de 17-3-1993.

SEÇÃO VI

DA REPARTIÇÃO DAS RECEITAS TRIBUTÁRIAS

Art. 157. Pertencem aos Estados e ao Distrito Federal:
- Art. 167, § 4º, desta Constituição.

I – o produto da arrecadação do imposto da União sobre renda e proventos de qualquer natureza, incidente na fonte, sobre rendimentos pagos, a qualquer título, por eles, suas autarquias e pelas fundações que instituírem e mantiverem;
- Art. 159, § 1º, desta Constituição.
- Art. 76, § 1º, do ADCT.
- Dec. nº 3.000, de 26-3-1999, regulamenta a tributação, fiscalização, arrecadação e administração do Imposto sobre a Renda e proventos de qualquer natureza.
- Súm. nº 447 do STJ.

II – vinte por cento do produto da arrecadação do imposto que a União instituir no exercício da competência que lhe é atribuída pelo artigo 154, I.
- Art. 72, § 3º, do ADCT.

Art. 158. Pertencem aos Municípios:
- Art. 167, IV, desta Constituição.
- LC nº 63, de 11-1-1990, dispõe sobre critérios e prazos de crédito das parcelas do produto da arrecadação de impostos de competência dos Estados e de transferências por estes recebidas, pertencentes aos Municípios.

I – o produto da arrecadação do imposto da União sobre renda e proventos de qualquer natureza, incidente na fonte, sobre rendimentos pagos, a qualquer título, por eles, suas autarquias e pelas fundações que instituírem e mantiverem;
- Art. 159, § 1º, desta Constituição.
- Art. 76, § 1º, do ADCT.

II – cinquenta por cento do produto da arrecadação do imposto da União sobre a propriedade territorial rural, relativamente aos imóveis neles situados, cabendo a totalidade na hipótese da opção a que se refere o art. 153, § 4º, III;
- Inciso II com a redação dada pela EC nº 42, de 19-12-2003.
- Arts. 72, § 4º, e 76, § 1º, do ADCT.
- Súm. nº 139 do STJ.

III – cinquenta por cento do produto da arrecadação do imposto do Estado sobre a propriedade de veículos automotores licenciados em seus territórios;
- Art. 1º da LC nº 63, de 11-1-1990, que dispõe sobre critérios e prazos de crédito das parcelas do produto da arrecadação de impostos de competência dos Estados e de transferências por estes recebidas, pertencentes aos Municípios.

IV – vinte e cinco por cento do produto da arrecadação do imposto do Estado sobre operações relativas à circulação de mercadorias e sobre prestações de serviços de transporte interestadual e intermunicipal e de comunicação.
- Arts. 60, § 2º, e 82, § 1º, do ADCT.
- Art. 1º da LC nº 63, de 11-1-1990, que dispõe sobre critérios e prazos de crédito das parcelas do produto da arrecadação de impostos de competência dos Estados e de transferências por estes recebidas, pertencentes aos Municípios.

Parágrafo único. As parcelas de receita pertencentes aos Municípios, mencionadas no inciso IV, serão creditadas conforme os seguintes critérios:

I – três quartos, no mínimo, na proporção do valor adicionado nas operações relativas à circulação de mercadorias e nas prestações de serviços, realizadas em seus territórios;

II – até um quarto, de acordo com o que dispuser lei estadual ou, no caso dos Territórios, lei federal.

Art. 159. A União entregará:

▶ Art. 167, IV, desta Constituição.
▶ Arts. 72, §§ 2º e 4º, e 80, § 1º, do ADCT.
▶ LC nº 62, de 28-12-1989, dispõe sobre normas para cálculo, entrega e controle de liberações de recursos dos Fundos de Participação.

I – do produto da arrecadação dos impostos sobre renda e proventos de qualquer natureza e sobre produtos industrializados quarenta e oito por cento na seguinte forma:

▶ Inciso I com a redação dada pela EC nº 55, de 20-9-2007.
▶ Art. 3º da EC nº 17, de 22-11-1997.
▶ Art. 2º da EC nº 55, de 20-9-2007, que determina que as alterações inseridas neste artigo somente se aplicam sobre a arrecadação dos impostos sobre renda e proventos de qualquer natureza e sobre produtos industrializados realizada a partir de 1º-9-2007.
▶ Art. 60, § 2º, do ADCT.

a) vinte e um inteiros e cinco décimos por cento ao Fundo de Participação dos Estados e do Distrito Federal;

▶ Arts. 34, § 2º, II e 60, § 2º, 76, § 1º, do ADCT.
▶ LC nº 62, de 28-12-1989, estabelece normas sobre o cálculo, a entrega e o controle das liberações dos recursos dos fundos de participação dos estados, do Distrito Federal e dos Municípios.

b) vinte e dois inteiros e cinco décimos por cento ao Fundo de Participação dos Municípios;

▶ Art. 76, § 1º, do ADCT.
▶ LC nº 62, de 28-12-1989, estabelece normas sobre o cálculo, a entrega e o controle das liberações dos recursos dos fundos de participação dos Estados, do Distrito Federal e dos Municípios.
▶ LC nº 91, de 22-12-1997, dispõe sobre a fixação dos coeficientes do Fundo de Participação dos Municípios.

c) três por cento, para aplicação em programas de financiamento ao setor produtivo das Regiões Norte, Nordeste e Centro-Oeste, através de suas instituições financeiras de caráter regional, de acordo com os planos regionais de desenvolvimento, ficando assegurada ao semiárido do Nordeste a metade dos recursos destinados à Região, na forma que a lei estabelecer;

▶ Lei nº 7.827, de 22-9-1989, regulamenta esta alínea.

d) um por cento ao Fundo de Participação dos Municípios, que será entregue no primeiro decêndio do mês de dezembro de cada ano;

▶ Alínea d acrescida pela EC nº 55, de 20-9-2007.
▶ Art. 2º da EC nº 55, de 20-9-2007, estabelece que as alterações inseridas neste artigo somente se aplicam sobre a arrecadação dos impostos sobre renda e proventos de qualquer natureza e sobre produtos industrializados realizada a partir de 1º-9-2007.

II – do produto da arrecadação do imposto sobre produtos industrializados, dez por cento aos Estados e ao Distrito Federal, proporcionalmente ao valor das respectivas exportações de produtos industrializados;

▶ Arts. 60, § 2º, e 76, § 1º, do ADCT.
▶ Art. 1º da LC nº 63, de 11-1-1990, que dispõe sobre critérios e prazos de crédito das parcelas do produto da arrecadação de impostos de competência dos Estados e de transferências por estes recebidas, pertencentes aos Municípios.
▶ Lei nº 8.016, de 8-4-1990, dispõe sobre a entrega das quotas de participação dos Estados e do Distrito Federal na arrecadação do Imposto sobre Produtos Industrializados – IPI, a que se refere este inciso.

III – do produto da arrecadação da contribuição de intervenção no domínio econômico prevista no art. 177, § 4º, 29% (vinte e nove por cento) para os Estados e o Distrito Federal, distribuídos na forma da lei, observada a destinação a que se refere o inciso II, c, do referido parágrafo.

▶ Inciso III com a redação dada pela EC nº 44, de 30-6-2004.
▶ Art. 93 do ADCT.

§ 1º Para efeito de cálculo da entrega a ser efetuada de acordo com o previsto no inciso I, excluir-se-á a parcela da arrecadação do imposto de renda e proventos de qualquer natureza pertencente aos Estados, ao Distrito Federal e aos Municípios, nos termos do disposto nos artigos 157, I, e 158, I.

§ 2º A nenhuma unidade federada poderá ser destinada parcela superior a vinte por cento do montante a que se refere o inciso II, devendo o eventual excedente ser distribuído entre os demais participantes, mantido, em relação a esses, o critério de partilha nele estabelecido.

▶ LC nº 61, de 26-12-1989, dispõe sobre normas para participação dos Estados e do Distrito Federal no produto de arrecadação do Imposto sobre Produtos Industrializados – IPI, relativamente às exportações.

§ 3º Os Estados entregarão aos respectivos Municípios vinte e cinco por cento dos recursos que receberem nos termos do inciso II, observados os critérios estabelecidos no artigo 158, parágrafo único, I e II.

▶ LC nº 63, de 11-1-1990, dispõe sobre critérios e prazos de crédito das parcelas do produto da arrecadação de impostos de competência dos Estados e de transferências por estes recebidas, pertencentes aos Municípios.

§ 4º Do montante de recursos de que trata o inciso III que cabe a cada Estado, vinte e cinco por cento serão destinados aos seus Municípios, na forma da lei a que se refere o mencionado inciso.

▶ § 4º acrescido pela EC nº 42, de 19-12-2003.
▶ Art. 93 do ADCT.

Art. 160. É vedada a retenção ou qualquer restrição à entrega e ao emprego dos recursos atribuídos, nesta seção, aos Estados, ao Distrito Federal e aos Municípios, neles compreendidos adicionais e acréscimos relativos a impostos.

▶ Art. 3º da EC nº 17, de 22-11-1997.

Parágrafo único. A vedação prevista neste artigo não impede a União e os Estados de condicionarem a entrega de recursos:

▶ *Caput* do parágrafo único com a redação dada pela EC nº 29, de 13-9-2000.

I – ao pagamento de seus créditos, inclusive de suas autarquias;

II – ao cumprimento do disposto no artigo 198, § 2º, incisos II e III.

▶ Incisos I e II acrescidos pela EC nº 29, de 13-9-2000.

Art. 161. Cabe à lei complementar:

I – definir valor adicionado para fins do disposto no artigo 158, parágrafo único, I;

▶ LC nº 63, de 11-1-1990, dispõe sobre critérios e prazos de crédito das parcelas do produto da arrecadação de impostos de competência dos Estados e de transferências por estes recebidas, pertencentes aos Municípios.

II – estabelecer normas sobre a entrega dos recursos de que trata o artigo 159, especialmente sobre os critérios de rateio dos fundos previstos em seu inciso I, objetivando promover o equilíbrio socioeconômico entre Estados e entre Municípios;

▶ Art. 34, § 2º, do ADCT.

▶ LC nº 62, de 28-12-1989, estabelece normas sobre o cálculo, a entrega e o controle das liberações dos recursos dos fundos de participação dos Estados, do Distrito Federal e dos Municípios.

III – dispor sobre o acompanhamento, pelos beneficiários, do cálculo das quotas e da liberação das participações previstas nos artigos 157, 158 e 159.

▶ LC nº 62, de 28-12-1989, estabelece normas sobre o cálculo, a entrega e o controle das liberações dos recursos dos fundos de participação dos Estados, do Distrito Federal e dos Municípios.

Parágrafo único. O Tribunal de Contas da União efetuará o cálculo das quotas referentes aos fundos de participação a que alude o inciso II.

Art. 162. A União, os Estados, o Distrito Federal e os Municípios divulgarão, até o último dia do mês subsequente ao da arrecadação, os montantes de cada um dos tributos arrecadados, os recursos recebidos, os valores de origem tributária entregues e a entregar e a expressão numérica dos critérios de rateio.

Parágrafo único. Os dados divulgados pela União serão discriminados por Estado e por Município; os dos Estados, por Município.

CAPÍTULO II

DAS FINANÇAS PÚBLICAS

SEÇÃO I

NORMAS GERAIS

Art. 163. Lei complementar disporá sobre:

▶ Art. 30 da EC nº 19, de 4-6-1998.

▶ Lei nº 4.320, de 17-3-1964, estatui normas gerais de direito financeiro para elaboração e controle dos orçamentos e balanços da União, dos Estados, dos Municípios e do Distrito Federal.

▶ Lei nº 6.830, de 22-9-1980 (Lei das Execuções Fiscais).

I – finanças públicas;

▶ LC nº 101, de 4-5-2000 (Lei de Responsabilidade Fiscal).

II – dívida pública externa e interna, incluída a das autarquias, fundações e demais entidades controladas pelo Poder Público;

▶ Lei nº 8.388, de 30-12-1991, estabelece diretrizes para que a União possa realizar a consolidação e o reescalonamento de dívidas das administrações direta e indireta dos Estados, do Distrito Federal e dos Municípios.

III – concessão de garantias pelas entidades públicas;

IV – emissão e resgate de títulos da dívida pública;

▶ Art. 34, § 2º, I, do ADCT.

V – fiscalização financeira da administração pública direta e indireta;

▶ Inciso V com a redação dada pela EC nº 40, de 29-5-2003.

▶ Lei nº 4.595, de 31-12-1964 (Lei do Sistema Financeiro Nacional).

VI – operações de câmbio realizadas por órgãos e entidades da União, dos Estados, do Distrito Federal e dos Municípios;

▶ Lei nº 4.131, de 3-9-1962, disciplina a aplicação do capital estrangeiro e as remessas de valores para o exterior.

▶ Dec.-lei nº 9.025, de 27-2-1946, dispõe sobre as operações de cambio e regulamenta o retorno de capitais estrangeiros.

▶ Dec.-lei nº 9.602, de 16-8-1946, e Lei nº 1.807, de 7-1-1953, dispõem sobre operações de câmbio.

VII – compatibilização das funções das instituições oficiais de crédito da União, resguardadas as características e condições operacionais plenas das voltadas ao desenvolvimento regional.

▶ Art. 30 da EC nº 19, de 4-6-1998 (Reforma Administrativa).

▶ LC nº 101, de 4-5-2000 (Lei da Responsabilidade Fiscal).

▶ Lei nº 4.595, de 31-12-1964 (Lei do Sistema Financeiro Nacional).

Art. 164. A competência da União para emitir moeda será exercida exclusivamente pelo Banco Central.

§ 1º É vedado ao Banco Central conceder, direta ou indiretamente, empréstimos ao Tesouro Nacional e a qualquer órgão ou entidade que não seja instituição financeira.

§ 2º O Banco Central poderá comprar e vender títulos de emissão do Tesouro Nacional, com o objetivo de regular a oferta de moeda ou a taxa de juros.

§ 3º As disponibilidades de caixa da União serão depositadas no Banco Central; as dos Estados, do Distrito Federal, dos Municípios e dos órgãos ou entidades do Poder Público e das empresas por ele controladas, em instituições financeiras oficiais, ressalvados os casos previstos em lei.

SEÇÃO II

DOS ORÇAMENTOS

Art. 165. Leis de iniciativa do Poder Executivo estabelecerão:

I – o plano plurianual;

II – as diretrizes orçamentárias;

III – os orçamentos anuais.

§ 1º A lei que instituir o plano plurianual estabelecerá, de forma regionalizada, as diretrizes, os objetivos e metas da administração pública federal para as despesas de capital e outras delas decorrentes e para as relativas aos programas de duração continuada.

§ 2º A lei de diretrizes orçamentárias compreenderá as metas e prioridades da administração pública federal, incluindo as despesas de capital para o exercício financeiro subsequente, orientará a elaboração da lei orçamentária anual, disporá sobre as alterações na legislação tributária e estabelecerá a política de aplicação das agências financeiras oficiais de fomento.

▶ Art. 4º da LC nº 101, de 4-5-2000 (Lei da Responsabilidade Fiscal).

§ 3º O Poder Executivo publicará, até trinta dias após o encerramento de cada bimestre, relatório resumido da execução orçamentária.

§ 4º Os planos e programas nacionais, regionais e setoriais previstos nesta Constituição serão elaborados em consonância com o plano plurianual e apreciados pelo Congresso Nacional.

▶ Lei nº 9.491, de 9-9-1997, altera procedimentos relativos ao Programa Nacional de Desestatização.

§ 5º A lei orçamentária anual compreenderá:

I – o orçamento fiscal referente aos Poderes da União, seus fundos, órgãos e entidades da administração direta e indireta, inclusive fundações instituídas e mantidas pelo Poder Público;

II – o orçamento de investimento das empresas em que a União, direta ou indiretamente, detenha a maioria do capital social com direito a voto;

III – o orçamento da seguridade social, abrangendo todas as entidades e órgãos a ela vinculados, da administração direta ou indireta, bem como os fundos e fundações instituídos e mantidos pelo Poder Público.

§ 6º O projeto de lei orçamentária será acompanhado de demonstrativo regionalizado do efeito, sobre as receitas e despesas, decorrente de isenções, anistias, remissões, subsídios e benefícios de natureza financeira, tributária e creditícia.

§ 7º Os orçamentos previstos no § 5º, I e II, deste artigo, compatibilizados com o plano plurianual, terão entre suas funções a de reduzir desigualdades inter-regionais, segundo critério populacional.

▶ Art. 35 do ADCT.

§ 8º A lei orçamentária anual não conterá dispositivo estranho à previsão da receita e à fixação da despesa, não se incluindo na proibição a autorização para abertura de créditos suplementares e contratação de operações de crédito, ainda que por antecipação de receita, nos termos da lei.

▶ Art. 167, IV, desta Constituição.

§ 9º Cabe à lei complementar:

▶ Art. 168 desta Constituição.
▶ Art. 35, § 2º, do ADCT.
▶ Lei nº 4.320, de 17-3-1964, estatui normas gerais de direito financeiro para elaboração e controle dos orçamentos e balanços da União, dos Estados, dos Municípios e do Distrito Federal.
▶ Dec.-lei nº 200, de 25-2-1967, dispõe sobre a organização da Administração Federal, estabelece diretrizes para a Reforma Administrativa.

I – dispor sobre o exercício financeiro, a vigência, os prazos, a elaboração e a organização do plano plurianual, da lei de diretrizes orçamentárias e da lei orçamentária anual;

II – estabelecer normas de gestão financeira e patrimonial da administração direta e indireta, bem como condições para a instituição e funcionamento de fundos.

▶ Arts. 35, § 2º, 71, § 1º, e 81, § 3º, do ADCT.
▶ LC nº 89, de 18-2-1997, institui o Fundo para Aparelhamento e Operacionalização das Atividades-fim da Polícia Federal – FUNAPOL.
▶ LC nº 101, de 4-5-2000 (Lei da Responsabilidade Fiscal).

Art. 166. Os projetos de lei relativos ao plano plurianual, às diretrizes orçamentárias, ao orçamento anual e aos créditos adicionais serão apreciados pelas duas Casas do Congresso Nacional, na forma do regimento comum.

§ 1º Caberá a uma Comissão mista permanente de Senadores e Deputados:

I – examinar e emitir parecer sobre os projetos referidos neste artigo e sobre as contas apresentadas anualmente pelo Presidente da República;

II – examinar e emitir parecer sobre os planos e programas nacionais, regionais e setoriais previstos nesta Constituição e exercer o acompanhamento e a fiscalização orçamentária, sem prejuízo da atuação das demais comissões do Congresso Nacional e de suas Casas, criadas de acordo com o artigo 58.

§ 2º As emendas serão apresentadas na Comissão mista, que sobre elas emitirá parecer, e apreciadas, na forma regimental, pelo Plenário das duas Casas do Congresso Nacional.

§ 3º As emendas ao projeto de lei do orçamento anual ou aos projetos que o modifiquem somente podem ser aprovadas caso:

I – sejam compatíveis com o plano plurianual e com a lei de diretrizes orçamentárias;

II – indiquem os recursos necessários, admitidos apenas os provenientes de anulação de despesa, excluídas as que incidam sobre:

a) dotações para pessoal e seus encargos;
b) serviço da dívida;
c) transferências tributárias constitucionais para Estados, Municípios e Distrito Federal; ou

III – sejam relacionadas:

a) com a correção de erros ou omissões; ou
b) com os dispositivos do texto do projeto de lei.

§ 4º As emendas ao projeto de lei de diretrizes orçamentárias não poderão ser aprovadas quando incompatíveis com o plano plurianual.

▶ Art. 63, I, desta Constituição.

§ 5º O Presidente da República poderá enviar mensagem ao Congresso Nacional para propor modificação nos projetos a que se refere este artigo enquanto não iniciada a votação, na Comissão mista, da parte cuja alteração é proposta.

§ 6º Os projetos de lei do plano plurianual, das diretrizes orçamentárias e do orçamento anual serão enviados pelo Presidente da República ao Congresso

Nacional, nos termos da lei complementar a que se refere o artigo 165, § 9º.

§ 7º Aplicam-se aos projetos mencionados neste artigo, no que não contrariar o disposto nesta seção, as demais normas relativas ao processo legislativo.

§ 8º Os recursos que, em decorrência de veto, emenda ou rejeição do projeto de lei orçamentária anual, ficarem sem despesas correspondentes poderão ser utilizados, conforme o caso, mediante créditos especiais ou suplementares, com prévia e específica autorização legislativa.

Art. 167. São vedados:

I – o início de programas ou projetos não incluídos na lei orçamentária anual;

II – a realização de despesas ou a assunção de obrigações diretas que excedam os créditos orçamentários ou adicionais;

III – a realização de operações de créditos que excedam o montante das despesas de capital, ressalvadas as autorizadas mediante créditos suplementares ou especiais com finalidade precisa, aprovados pelo Poder Legislativo por maioria absoluta;

▶ Art. 37 do ADCT.
▶ Art. 38, § 1º, da LC nº 101, de 4-5-2000 (Lei da Responsabilidade Fiscal).

IV – a vinculação de receita de impostos a órgão, fundo ou despesa, ressalvadas a repartição do produto da arrecadação dos impostos a que se referem os arts. 158 e 159, a destinação de recursos para as ações e serviços públicos de saúde, para manutenção e desenvolvimento do ensino e para realização de atividades da administração tributária, como determinado, respectivamente, pelos arts. 198, § 2º, 212 e 37, XXII, e a prestação de garantias às operações de crédito por antecipação de receita, previstas no art. 165, § 8º, bem como o disposto no § 4º deste artigo;

▶ Inciso IV com a redação dada pela EC nº 42, de 19-12-2003.
▶ Art. 80, § 1º, do ADCT.
▶ Art. 2º, parágrafo único, da LC nº 111, de 6-7-2001, que dispõe sobre o Fundo de Combate e Erradicação da Pobreza, na forma prevista nos arts. 79 a 81 do ADCT.

V – a abertura de crédito suplementar ou especial sem prévia autorização legislativa e sem indicação dos recursos correspondentes;

VI – a transposição, o remanejamento ou a transferência de recursos de uma categoria de programação para outra ou de um órgão para o outro, sem prévia autorização legislativa;

VII – a concessão ou utilização de créditos ilimitados;

VIII – a utilização, sem autorização legislativa específica, de recursos dos orçamentos fiscal e da seguridade social para suprir necessidade ou cobrir déficit de empresas, fundações e fundos, inclusive dos mencionados no artigo 165, § 5º;

IX – a instituição de fundos de qualquer natureza, sem prévia autorização legislativa;

X – a transferência voluntária de recursos e a concessão de empréstimos, inclusive por antecipação de receita, pelos Governos Federal e Estaduais e suas instituições financeiras, para pagamento de despesas com pessoal ativo, inativo e pensionista, dos Estados, do Distrito Federal e dos Municípios;

▶ Inciso X acrescido pela EC nº 19, de 4-6-1998.

XI – a utilização dos recursos provenientes das contribuições sociais de que trata o artigo 195, I, a, e II, para realização de despesas distintas do pagamento de benefícios do regime geral de previdência social de que trata o artigo 201.

▶ Inciso XI acrescido pela EC nº 20, de 15-12-1998.

§ 1º Nenhum investimento cuja execução ultrapasse um exercício financeiro poderá ser iniciado sem prévia inclusão no plano plurianual, ou sem lei que autorize a inclusão, sob pena de crime de responsabilidade.

§ 2º Os créditos especiais e extraordinários terão vigência no exercício financeiro em que forem autorizados, salvo se o ato de autorização for promulgado nos últimos quatro meses daquele exercício, caso em que, reabertos nos limites de seus saldos, serão incorporados ao orçamento do exercício financeiro subsequente.

§ 3º A abertura de crédito extraordinário somente será admitida para atender a despesas imprevisíveis e urgentes, como as decorrentes de guerra, comoção interna ou calamidade pública, observado o disposto no artigo 62.

§ 4º É permitida a vinculação de receitas próprias geradas pelos impostos a que se referem os artigos 155 e 156, e dos recursos de que tratam os artigos 157, 158 e 159, I, a e b, e II, para a prestação de garantia ou contra garantia à União e para pagamento de débitos para com esta.

▶ § 4º acrescido pela EC nº 3, de 17-3-1993.

Art. 168. Os recursos correspondentes às dotações orçamentárias, compreendidos os créditos suplementares e especiais, destinados aos órgãos dos Poderes Legislativo e Judiciário, do Ministério Público e da Defensoria Pública, ser-lhes-ão entregues até o dia 20 de cada mês, em duodécimos, na forma da lei complementar a que se refere o art. 165, § 9º.

▶ Artigo com a redação dada pela EC nº 45, de 8-12-2004.

Art. 169. A despesa com pessoal ativo e inativo da União, dos Estados, do Distrito Federal e dos Municípios não poderá exceder os limites estabelecidos em lei complementar.

▶ Arts. 96, II, e 127, § 2º, desta Constituição.
▶ Arts. 19 a 23 da LC nº 101, de 4-5-2000 (Lei da Responsabilidade Fiscal).
▶ Lei nº 9.801, de 14-6-1999, dispõe sobre normas gerais para a perda de cargo público por excesso de despesa.

§ 1º A concessão de qualquer vantagem ou aumento de remuneração, a criação de cargos, empregos e funções ou alteração de estrutura de carreiras, bem como a admissão ou contratação de pessoal, a qualquer título, pelos órgãos e entidades da administração direta ou indireta, inclusive fundações instituídas e mantidas pelo poder público, só poderão ser feitas:

▶ Art. 96, I, e, desta Constituição.

I – se houver prévia dotação orçamentária suficiente para atender às projeções de despesa de pessoal e aos acréscimos dela decorrentes;

II – se houver autorização específica na lei de diretrizes orçamentárias, ressalvadas as empresas públicas e as sociedades de economia mista.

▶ § 1º com a redação dada pela EC nº 19, de 4-6-1998.

§ 2º Decorrido o prazo estabelecido na lei complementar referida neste artigo para a adaptação aos parâmetros ali previstos, serão imediatamente suspensos todos os repasses de verbas federais ou estaduais aos Estados, ao Distrito Federal e aos Municípios que não observarem os referidos limites.

§ 3º Para o cumprimento dos limites estabelecidos com base neste artigo, durante o prazo fixado na lei complementar referida no *caput*, a União, os Estados, o Distrito Federal e os Municípios adotarão as seguintes providências:

I – redução em pelo menos vinte por cento das despesas com cargos em comissão e funções de confiança;
II – exoneração dos servidores não estáveis.

▶ Art. 33 da EC nº 19, de 4-6-1998 (Reforma Administrativa).

§ 4º Se as medidas adotadas com base no parágrafo anterior não forem suficientes para assegurar o cumprimento da determinação da lei complementar referida neste artigo, o servidor estável poderá perder o cargo, desde que ato normativo motivado de cada um dos Poderes especifique a atividade funcional, o órgão ou unidade administrativa objeto da redução de pessoal.

▶ Art. 198, § 6º, desta Constituição.

§ 5º O servidor que perder o cargo na forma do parágrafo anterior fará jus a indenização correspondente a um mês de remuneração por ano de serviço.

§ 6º O cargo objeto da redução prevista nos parágrafos anteriores será considerado extinto, vedada a criação de cargo, emprego ou função com atribuições iguais ou assemelhadas pelo prazo de quatro anos.

§ 7º Lei federal disporá sobre as normas gerais a serem obedecidas na efetivação do disposto no § 4º.

▶ §§ 2º a 7º acrescidos pela EC nº 19, de 4-6-1998.
▶ Art. 247 desta Constituição.
▶ Lei nº 9.801, de 14-6-1999, dispõe sobre as normas gerais para a perda de cargo público por excesso de despesa.

TÍTULO VII – DA ORDEM ECONÔMICA E FINANCEIRA

CAPÍTULO I

DOS PRINCÍPIOS GERAIS DA ATIVIDADE ECONÔMICA

▶ Lei nº 8.137, de 27-12-1990 (Lei dos Crimes contra a Ordem Tributária, Econômica e contra as Relações de Consumo).
▶ Lei nº 8.176, de 8-2-1991, define crimes contra a ordem econômica e cria o sistema de estoque de combustíveis.
▶ Lei nº 12.529, de 30-11-2011 (Lei do Sistema Brasileiro de Defesa da Concorrência).

Art. 170. A ordem econômica, fundada na valorização do trabalho humano e na livre iniciativa, tem por fim assegurar a todos existência digna, conforme os ditames da justiça social, observados os seguintes princípios:

I – soberania nacional;

▶ Art. 1º, I, desta Constituição.

II – propriedade privada;

▶ Art. 5º, XXII, desta Constituição.
▶ Arts. 1.228 a 1.368 do CC.

III – função social da propriedade;

▶ Lei nº 12.529, de 30-11-2011 (Lei do Sistema Brasileiro de Defesa da Concorrência).

IV – livre concorrência;

▶ Lei nº 12.529, de 30-11-2011 (Lei do Sistema Brasileiro de Defesa da Concorrência).
▶ Art. 52 do Dec. nº 2.594, de 15-4-1998, que dispõe sobre a defesa da concorrência na desestatização.
▶ Súm. nº 646 do STF.

V – defesa do consumidor;

▶ Lei nº 8.078, de 11-9-1990 (Código de Defesa do Consumidor).
▶ Lei nº 10.504, de 8-7-2002, instituiu o Dia Nacional do Consumidor, que é comemorado anualmente, no dia 15 de março.
▶ Dec. nº 2.181, de 20-3-1997, dispõe sobre a organização do Sistema Nacional de Defesa do Consumidor – SNDC e estabelece normas gerais de aplicação das sanções administrativas previstas no CDC.
▶ Súm. nº 646 do STF.

VI – defesa do meio ambiente, inclusive mediante tratamento diferenciado conforme o impacto ambiental dos produtos e serviços e de seus processos de elaboração e prestação;

▶ Inciso VI com a redação dada pela EC nº 42, de 19-12-2003.
▶ Art. 5º, LXXIII, desta Constituição.
▶ Lei nº 7.347, de 24-7-1985 (Lei da Ação Civil Pública).
▶ Lei nº 9.605, de 12-2-1998 (Lei dos Crimes Ambientais).
▶ Dec. nº 6.514, de 22-7-2008, dispõe sobre as infrações e sanções administrativas ao meio ambiente e estabelece o processo administrativo federal para apuração destas infrações.
▶ Res. do CONAMA nº 369, de 28-3-2006, dispõe sobre os casos excepcionais, de utilidade pública, interesse social ou baixo impacto ambiental, que possibilitam a intervenção ou supressão de vegetação em Área de Preservação Permanente – APP.

VII – redução das desigualdades regionais e sociais;

▶ Art. 3º, III, desta Constituição.

VIII – busca do pleno emprego;

▶ Arts. 6º e 7º desta Constituição.
▶ Art. 47 da Lei nº 11.101, de 9-2-2005 (Lei de Recuperação de Empresas e Falências).
▶ Dec. nº 41.721, de 25-6-1957 promulga a Convenção nº 88 da OIT sobre organização do serviço de emprego.
▶ Dec. nº 66.499, de 27-4-1970, promulga a Convenção nº 122 da OIT sobre política de emprego.

IX – tratamento favorecido para as empresas de pequeno porte constituídas sob as leis brasileiras e que tenham sua sede e administração no País.

▶ Inciso IX com a redação dada pela EC nº 6, de 15-8-1995.
▶ Art. 246 desta Constituição.

► LC nº 123, de 14-12-2006 (Estatuto Nacional da Microempresa e da Empresa de Pequeno Porte).
► Lei nº 6.174, de 1-8-2007, institui e regulamenta o Fórum Permanente das Microempresas de Pequeno Porte.

Parágrafo único. É assegurado a todos o livre exercício de qualquer atividade econômica, independentemente de autorização de órgãos públicos, salvo nos casos previstos em lei.

► Súm. nº 646 do STF.

Art. 171. *Revogado.* EC nº 6, de 15-8-1995.

Art. 172. A lei disciplinará, com base no interesse nacional, os investimentos de capital estrangeiro, incentivará os reinvestimentos e regulará a remessa de lucros.

► Lei nº 4.131, de 3-9-1962, disciplina a aplicação do capital estrangeiro e as remessas de valores para o exterior.
► Dec.-lei nº 37, de 18-11-1966 (Lei do Imposto de Importação).

Art. 173. Ressalvados os casos previstos nesta Constituição, a exploração direta de atividade econômica pelo Estado só será permitida quando necessária aos imperativos da segurança nacional ou a relevante interesse coletivo, conforme definidos em lei.

► OJ da SBDI-I nº 364 do TST.

§ 1º A lei estabelecerá o estatuto jurídico da empresa pública, da sociedade de economia mista e de suas subsidiárias que explorem atividade econômica de produção ou comercialização de bens ou de prestação de serviços, dispondo sobre:

► § 1º com a redação dada pela EC nº 19, de 4-6-1998.

I – sua função social e formas de fiscalização pelo Estado e pela sociedade;
II – a sujeição ao regime jurídico próprio das empresas privadas, inclusive quanto aos direitos e obrigações civis, comerciais, trabalhistas e tributários;

► OJ da SBDI-I nº 353 do TST.

III – licitação e contratação de obras, serviços, compras e alienações, observados os princípios da administração pública;

► Art. 22, XXVII, desta Constituição.
► Súm. nº 333 do STJ.

IV – a constituição e o funcionamento dos conselhos de administração e fiscal, com a participação de acionistas minoritários;
V – os mandatos, a avaliação de desempenho e a responsabilidade dos administradores.

► Incisos I a V com a redação dada pela EC nº 19, de 4-6-1998.

§ 2º As empresas públicas e as sociedades de economia mista não poderão gozar de privilégios fiscais não extensivos às do setor privado.

§ 3º A lei regulamentará as relações da empresa pública com o Estado e a sociedade.

§ 4º A lei reprimirá o abuso do poder econômico que vise à dominação dos mercados, à eliminação da concorrência e ao aumento arbitrário dos lucros.

► Lei nº 8.137, de 27-12-1990 (Lei dos Crimes Contra a Ordem Tributária, Econômica e Contra as Relações de Consumo).

► Lei nº 8.176, de 8-2-1991 (Lei dos Crimes Contra a Ordem Econômica).
► Lei nº 9.069, de 29-6-1995, dispõe sobre o Plano Real, o Sistema Monetário Nacional, estabelece as regras e condições de emissão do Real e os critérios para conversão das obrigações para o Real.
► Lei nº 12.529, de 30-11-2011 (Lei do Sistema Brasileiro de Defesa da Concorrência).
► Súm. nº 646 do STF.

§ 5º A lei, sem prejuízo da responsabilidade individual dos dirigentes da pessoa jurídica, estabelecerá a responsabilidade desta, sujeitando-a às punições compatíveis com sua natureza, nos atos praticados contra a ordem econômica e financeira e contra a economia popular.

► Lei Delegada nº 4, de 26-9-1962, dispõe sobre a intervenção no domínio econômico para assegurar a livre distribuição de produtos necessários ao consumo do povo.

Art. 174. Como agente normativo e regulador da atividade econômica, o Estado exercerá, na forma da lei, as funções de fiscalização, incentivo e planejamento, sendo este determinante para o setor público e indicativo para o setor privado.

§ 1º A lei estabelecerá as diretrizes e bases do planejamento do desenvolvimento nacional equilibrado, o qual incorporará e compatibilizará os planos nacionais e regionais de desenvolvimento.

§ 2º A lei apoiará e estimulará o cooperativismo e outras formas de associativismo.

► Lei nº 5.764, de 16-12-1971 (Lei das Cooperativas).
► Lei nº 9.867, de 10-11-1999, dispõe sobre a criação e o funcionamento de Cooperativas Sociais, visando à integração social dos cidadãos.

§ 3º O Estado favorecerá a organização da atividade garimpeira em cooperativas, levando em conta a proteção do meio ambiente e a promoção econômico-social dos garimpeiros.

► Dec.-lei nº 227, de 28-2-1967 (Código de Mineração).

§ 4º As cooperativas a que se refere o parágrafo anterior terão prioridade na autorização ou concessão para pesquisa e lavra dos recursos e jazidas de minerais garimpáveis, nas áreas onde estejam atuando, e naquelas fixadas de acordo com o artigo 21, XXV, na forma da lei.

Art. 175. Incumbe ao Poder Público, na forma da lei, diretamente ou sob regime de concessão ou permissão, sempre através de licitação, a prestação de serviços públicos.

► Lei nº 8.987, de 13-2-1995 (Lei da Concessão e Permissão da Prestação de Serviços Públicos).
► Lei nº 9.074, de 7-7-1995, estabelece normas para outorga e prorrogações das concessões e permissões de serviços públicos.
► Lei nº 9.427, de 26-12-1996, institui a Agência Nacional de Energia Elétrica – ANEEL e disciplina o regime das concessões de serviços públicos de energia elétrica.
► Lei nº 9.791, de 24-3-1999, dispõe sobre a obrigatoriedade de as concessionárias de serviços públicos estabelecerem ao consumidor e ao usuário datas opcionais para o vencimento de seus débitos.
► Dec. nº 2.196, de 8-4-1997, aprova o Regulamento de Serviços Especiais.

Parágrafo único. A lei disporá sobre:

I – o regime das empresas concessionárias e permissionárias de serviços públicos, o caráter especial de seu contrato e de sua prorrogação, bem como as condições de caducidade, fiscalização e rescisão da concessão ou permissão;
II – os direitos dos usuários;
III – política tarifária;

▶ Súm. nº 407 do STJ.

IV – a obrigação de manter serviço adequado.

Art. 176. As jazidas, em lavra ou não, e demais recursos minerais e os potenciais de energia hidráulica constituem propriedade distinta da do solo, para efeito de exploração ou aproveitamento, e pertencem à União, garantida ao concessionário a propriedade do produto da lavra.

§ 1º A pesquisa e a lavra de recursos minerais e o aproveitamento dos potenciais a que se refere o caput deste artigo somente poderão ser efetuados mediante autorização ou concessão da União, no interesse nacional, por brasileiros ou empresa constituída sob as leis brasileiras e que tenha sua sede e administração no País, na forma da lei, que estabelecerá as condições específicas quando essas atividades se desenvolverem em faixa de fronteira ou terras indígenas.

▶ § 1º com a redação dada pela EC nº 6, de 15-8-1995.
▶ Art. 246 desta Constituição.
▶ Dec.-lei nº 227, de 28-2-1967 (Código de Mineração).

§ 2º É assegurada participação ao proprietário do solo nos resultados da lavra, na forma e no valor que dispuser a lei.

▶ Lei nº 8.901, de 30-6-1995, regulamenta este parágrafo.
▶ Dec.-lei nº 227, de 28-2-1967 (Código de Mineração).

§ 3º A autorização de pesquisa será sempre por prazo determinado, e as autorizações e concessões previstas neste artigo não poderão ser cedidas ou transferidas, total ou parcialmente, sem prévia anuência do poder concedente.

§ 4º Não dependerá de autorização ou concessão o aproveitamento do potencial de energia renovável de capacidade reduzida.

Art. 177. Constituem monopólio da União:

▶ Lei nº 9.478, de 6-8-1997, dispõe sobre a política energética nacional, as atividades relativas ao monopólio do petróleo, institui o Conselho Nacional de Política Energética e a Agência Nacional do Petróleo – ANP.

I – a pesquisa e a lavra das jazidas de petróleo e gás natural e outros hidrocarbonetos fluidos;

▶ Lei nº 12.304, de 2-8-2010, autoriza o Poder Executivo a criar a empresa pública denominada Empresa Brasileira de Administração de Petróleo e Gás Natural S.A. – Pré-Sal Petróleo S.A. (PPSA).

II – a refinação do petróleo nacional ou estrangeiro;

▶ Art. 45 do ADCT.

III – a importação e exportação dos produtos e derivados básicos resultantes das atividades previstas nos incisos anteriores;

▶ Lei nº 11.909, de 4-3-2009, dispõe sobre as atividades relativas à importação, exportação, transporte por meio de condutos, tratamento, processamento, estocagem, liquefação, regaseificação e comercialização de gás natural.

IV – o transporte marítimo do petróleo bruto de origem nacional ou de derivados básicos de petróleo produzidos no País, bem assim o transporte, por meio de conduto, de petróleo bruto, seus derivados e gás natural de qualquer origem;

▶ Lei nº 11.909, de 4-3-2009, dispõe sobre as atividades relativas à importação, exportação, transporte por meio de condutos, tratamento, processamento, estocagem, liquefação, regaseificação e comercialização de gás natural.

V – a pesquisa, a lavra, o enriquecimento, o reprocessamento, a industrialização e o comércio de minérios e minerais nucleares e seus derivados, com exceção dos radioisótopos cuja produção, comercialização e utilização poderão ser autorizadas sob regime de permissão, conforme as alíneas b e c do inciso XXIII do caput do art. 21 desta Constituição Federal.

▶ Inciso V com a redação dada pela EC nº 49, de 8-2-2006.

§ 1º A União poderá contratar com empresas estatais ou privadas a realização das atividades previstas nos incisos I a IV deste artigo, observadas as condições estabelecidas em Lei.

▶ § 1º com a redação dada pela EC nº 9, de 9-11-1995.
▶ Lei nº 12.304, de 2-8-2010, autoriza o Poder Executivo a criar a empresa pública denominada Empresa Brasileira de Administração de Petróleo e Gás Natural S.A. – Pré-Sal Petróleo S.A. (PPSA).

§ 2º A lei a que se refere o § 1º disporá sobre:

▶ Lei nº 9.478, de 6-8-1997, dispõe sobre a Política Energética Nacional, as atividades relativas ao monopólio do petróleo, institui o Conselho Nacional de Política Energética e a Agência Nacional de Petróleo – ANP.
▶ Lei nº 9.847, de 26-10-1999, dispõe sobre a fiscalização das atividades relativas ao abastecimento nacional de combustíveis de que trata a Lei nº 9.478, de 6-8-1997, e estabelece sanções administrativas.

I – a garantia do fornecimento dos derivados de petróleo em todo o Território Nacional;
II – as condições de contratação;
III – a estrutura e atribuições do órgão regulador do monopólio da União.

▶ § 2º acrescido pela EC nº 9, de 9-11-1995.
▶ Lei nº 9.478, de 6-8-1997, dispõe sobre a política energética nacional, as atividades relativas ao monopólio do petróleo, que institui o Conselho Nacional de Política Energética e a Agência Nacional de Petróleo – ANP.

§ 3º A lei disporá sobre o transporte e a utilização de materiais radioativos no Território Nacional.

▶ Antigo § 2º transformado em § 3º pela EC nº 9, de 9-11-1995.
▶ Art. 3º da EC nº 9, de 9-11-1995.

§ 4º A lei que instituir contribuição de intervenção no domínio econômico relativa às atividades de importação ou comercialização de petróleo e seus derivados, gás natural e seus derivados e álcool combustível deverá atender aos seguintes requisitos:

I – a alíquota da contribuição poderá ser:

a) diferenciada por produto ou uso;

b) reduzida e restabelecida por ato do Poder Executivo, não se lhe aplicando o disposto no artigo 150, III, b;

II – os recursos arrecadados serão destinados:

a) ao pagamento de subsídios a preços ou transporte de álcool combustível, gás natural e seus derivados e derivados de petróleo;

▶ Lei nº 10.453, de 13-5-2002, dispõe sobre subvenções ao preço e ao transporte do álcool combustível e subsídios ao preço do gás liquefeito de petróleo – GLP.

b) ao financiamento de projetos ambientais relacionados com a indústria do petróleo e do gás;
c) ao financiamento de programas de infraestrutura de transportes.

▶ § 4º acrescido pela EC nº 33, de 11-12-2001.

▶ O STF, por maioria de votos, julgou parcialmente procedente a ADIN nº 2.925-8, para dar interpretação conforme a CF, no sentido de que a abertura de crédito suplementar deve ser destinada às três finalidades enumeradas nas alíneas a a c, deste inciso (DJ de 4-3-2005).

▶ Lei nº 10.336, de 19-12-2001, institui Contribuição de Intervenção no Domínio Econômico incidente sobre a importação e a comercialização de petróleo e seus derivados, gás natural e seus derivados, e álcool etílico combustível – CIDE.

▶ Art. 1º da Lei nº 10.453, de 13-5-2002, que dispõe sobre subvenções ao preço e ao transporte do álcool combustível e subsídios ao preço do gás liquefeito de petróleo – GLP.

Art. 178. A lei disporá sobre a ordenação dos transportes aéreo, aquático e terrestre, devendo, quanto à ordenação do transporte internacional, observar os acordos firmados pela União, atendido o princípio da reciprocidade.

▶ Art. 246 desta Constituição.
▶ Lei nº 7.565, de 19-15-1986, dispõe sobre o Código Brasileiro de Aeronáutica.
▶ Lei nº 11.442, de 5-1-2007, dispõe sobre o transporte rodoviário de cargas por conta de terceiros e mediante remuneração.
▶ Dec.-lei nº 116, de 25-1-1967, dispõe sobre as operações inerentes ao transporte de mercadorias por via d'água nos portos brasileiros, delimitando suas responsabilidades e tratando das faltas e avarias.

Parágrafo único. Na ordenação do transporte aquático, a lei estabelecerá as condições em que o transporte de mercadorias na cabotagem e a navegação interior poderão ser feitos por embarcações estrangeiras.

▶ Art. 178 com a redação dada pela EC nº 7, de 15-8-1995.
▶ Art. 246 desta Constituição.
▶ Lei nº 10.233, de 5-6-2001, dispõe sobre a reestruturação dos transportes aquaviário e terrestre, cria o Conselho Nacional de Integração de Políticas de Transporte, a Agência Nacional de Transportes Terrestres, a Agência Nacional de Transportes Aquaviários e o Departamento Nacional de Infraestrutura de Transportes.
▶ Dec. nº 4.130, de 13-2-2002, aprova o Regulamento e o Quadro Demonstrativo dos Cargos Comissionados e dos Cargos Comissionados Técnicos da Agência Nacional de Transporte Terrestre – ANTT.
▶ Dec. nº 4.244, de 22-5-2002, dispõe sobre o transporte aéreo, no País, de autoridades em aeronave do comando da aeronáutica.

Art. 179. A União, os Estados, o Distrito Federal e os Municípios dispensarão às microempresas e às empresas de pequeno porte, assim definidas em lei, tratamento jurídico diferenciado, visando a incentivá-las pela simplificação de suas obrigações administrativas, tributárias, previdenciárias e creditícias, ou pela eliminação ou redução destas por meio de lei.

▶ Art. 47, § 1º, do ADCT.
▶ LC nº 123, de 14-12-2006 (Estatuto Nacional da Microempresa e da Empresa de Pequeno Porte).

Art. 180. A União, os Estados, o Distrito Federal e os Municípios promoverão e incentivarão o turismo como fator de desenvolvimento social e econômico.

Art. 181. O atendimento de requisição de documento ou informação de natureza comercial, feita por autoridade administrativa ou judiciária estrangeira, a pessoa física ou jurídica residente ou domiciliada no País dependerá de autorização do Poder competente.

CAPÍTULO II

DA POLÍTICA URBANA

▶ Lei nº 10.257, de 10-7-2001 (Estatuto da Cidade).

Art. 182. A política de desenvolvimento urbano, executada pelo Poder Público municipal, conforme diretrizes gerais fixadas em lei, tem por objetivo ordenar o pleno desenvolvimento das funções sociais da cidade e garantir o bem-estar de seus habitantes.

▶ Lei nº 10.257, de 10-7-2001 (Estatuto da Cidade), regulamenta este artigo.
▶ Lei nº 12.587, de 3-1-2012 (Lei da Política Nacional de Mobilidade Urbana).

§ 1º O plano diretor, aprovado pela Câmara Municipal, obrigatório para cidades com mais de vinte mil habitantes, é o instrumento básico da política de desenvolvimento e de expansão urbana.

§ 2º A propriedade urbana cumpre sua função social quando atende às exigências fundamentais de ordenação da cidade expressas no plano diretor.

▶ Art. 186 desta Constituição.
▶ Súm. nº 668 do STF.

§ 3º As desapropriações de imóveis urbanos serão feitas com prévia e justa indenização em dinheiro.

▶ Art. 46 da LC nº 101, de 4-5-2000 (Lei da Responsabilidade Fiscal).
▶ Dec.-lei nº 3.365, de 21-6-1941 (Lei das Desapropriações).
▶ Súmulas nºs 113 e 114 do STJ.

§ 4º É facultado ao Poder Público municipal, mediante lei específica para área incluída no plano diretor, exigir, nos termos da lei federal, do proprietário do solo urbano não edificado, subutilizado ou não utilizado, que promova seu adequado aproveitamento, sob pena, sucessivamente, de:

I – parcelamento ou edificação compulsórios;
II – imposto sobre a propriedade predial e territorial urbana progressivo no tempo;

▶ Art. 156, § 1º, desta Constituição.
▶ Súm. nº 668 do STF.

III – desapropriação com pagamento mediante títulos da dívida pública de emissão previamente aprovada pelo Senado Federal, com prazo de resgate de até dez

anos, em parcelas anuais, iguais e sucessivas, assegurados o valor real da indenização e os juros legais.
▶ Lei nº 10.257, de 10-7-2001 (Estatuto da Cidade).
▶ Dec.-lei nº 3.365, de 21-6-1941 (Lei das Desapropriações).

Art. 183. Aquele que possuir como sua área urbana de até duzentos e cinquenta metros quadrados, por cinco anos, ininterruptamente e sem oposição, utilizando-a para sua moradia ou de sua família, adquirir-lhe-á o domínio, desde que não seja proprietário de outro imóvel urbano ou rural.
▶ Arts. 1.238 e 1.240 do CC.
▶ Lei nº 10.257, de 10-7-2001 (Estatuto da Cidade), regulamenta este artigo.

§ 1º O título de domínio e a concessão de uso serão conferidos ao homem ou à mulher, ou a ambos, independentemente do estado civil.
▶ MP nº 2.220, de 4-9-2001, que até o encerramento desta edição não havia sido convertida em Lei, dispõe sobre a concessão de uso especial de que trata este parágrafo.

§ 2º Esse direito não será reconhecido ao mesmo possuidor mais de uma vez.

§ 3º Os imóveis públicos não serão adquiridos por usucapião.
▶ Lei nº 10.257, de 10-7-2001 (Estatuto da Cidade), regulamenta este artigo.

Capítulo III
DA POLÍTICA AGRÍCOLA E FUNDIÁRIA E DA REFORMA AGRÁRIA
▶ LC nº 93, de 4-2-1998, cria o Fundo de Terras e da Reforma Agrária – Banco da Terra, e seu Dec. regulamentador nº 2.622, de 9-6-1998.
▶ Lei nº 4.504, de 30-11-1964 (Estatuto da Terra).
▶ Lei nº 8.174, de 30-1-1991, dispõe sobre princípios de política agrícola, estabelecendo atribuições ao Conselho Nacional de Política Agrícola – CNPA, tributação compensatória de produtos agrícolas, amparo ao pequeno produtor e regras de fixação e liberação dos estoques públicos.
▶ Lei nº 8.629, de 25-2-1993, regulamenta os dispositivos constitucionais relativos à reforma agrária.
▶ Lei nº 9.126, de 10-11-1995, dispõe sobre a concessão de subvenção econômica nas operações de crédito rural.
▶ Lei nº 9.138, de 29-11-1995, dispõe sobre o crédito rural.
▶ Lei nº 9.393, de 19-12-1996, dispõe sobre o ITR.

Art. 184. Compete à União desapropriar por interesse social, para fins de reforma agrária, o imóvel rural que não esteja cumprindo sua função social, mediante prévia e justa indenização em títulos da dívida agrária, com cláusula de preservação do valor real, resgatáveis no prazo de até vinte anos, a partir do segundo ano de sua emissão, e cuja utilização será definida em lei.
▶ Lei nº 8.629, de 25-2-1993, regula os dispositivos constitucionais relativos à reforma agrária.

§ 1º As benfeitorias úteis e necessárias serão indenizadas em dinheiro.

§ 2º O decreto que declarar o imóvel como de interesse social, para fins de reforma agrária, autoriza a União a propor a ação de desapropriação.

§ 3º Cabe à lei complementar estabelecer procedimento contraditório especial, de rito sumário, para o processo judicial de desapropriação.
▶ LC nº 76, de 6-7-1993 (Lei de Desapropriação de Imóvel Rural para fins de Reforma Agrária).

§ 4º O orçamento fixará anualmente o volume total de títulos da dívida agrária, assim como o montante de recursos para atender ao programa de reforma agrária no exercício.

§ 5º São isentas de impostos federais, estaduais e municipais as operações de transferência de imóveis desapropriados para fins de reforma agrária.

Art. 185. São insuscetíveis de desapropriação para fins de reforma agrária:
▶ Lei nº 8.629, de 25-2-1993, regula os dispositivos constitucionais relativos à reforma agrária.

I – a pequena e média propriedade rural, assim definida em lei, desde que seu proprietário não possua outra;
II – a propriedade produtiva.

Parágrafo único. A lei garantirá tratamento especial à propriedade produtiva e fixará normas para o cumprimento dos requisitos relativos à sua função social.

Art. 186. A função social é cumprida quando a propriedade rural atende, simultaneamente, segundo critérios e graus de exigência estabelecidos em lei, aos seguintes requisitos:
▶ Lei nº 8.629, de 25-2-1993, regula os dispositivos constitucionais relativos à reforma agrária.

I – aproveitamento racional e adequado;
II – utilização adequada dos recursos naturais disponíveis e preservação do meio ambiente;
▶ Res. do CONAMA nº 369, de 28-3-2006, dispõe sobre os casos excepcionais, de utilidade pública, interesse social ou baixo impacto ambiental, que possibilitam a intervenção ou supressão de vegetação em Área de Preservação Permanente – APP.

III – observância das disposições que regulam as relações de trabalho;
IV – exploração que favoreça o bem-estar dos proprietários e dos trabalhadores.

Art. 187. A política agrícola será planejada e executada na forma da lei, com a participação efetiva do setor de produção, envolvendo produtores e trabalhadores rurais, bem como dos setores de comercialização, de armazenamento e de transportes, levando em conta, especialmente:
▶ Lei nº 8.171, de 17-1-1991 (Lei da Política Agrícola).
▶ Lei nº 8.174, de 30-1-1991, dispõe sobre princípios de política agrícola, estabelecendo atribuições ao Conselho Nacional de Política Agrícola – CNPA, tributação compensatória de produtos agrícolas, amparo ao pequeno produtor e regras de fixação e liberação dos estoques públicos.
▶ Súm. nº 298 do STJ.

I – os instrumentos creditícios e fiscais;
II – os preços compatíveis com os custos de produção e a garantia de comercialização;
III – o incentivo à pesquisa e à tecnologia;
IV – a assistência técnica e extensão rural;
V – o seguro agrícola;
VI – o cooperativismo;

VII – a eletrificação rural e irrigação;
VIII – a habitação para o trabalhador rural.

§ 1º Incluem-se no planejamento agrícola as atividades agroindustriais, agropecuárias, pesqueiras e florestais.

§ 2º Serão compatibilizadas as ações de política agrícola e de reforma agrária.

Art. 188. A destinação de terras públicas e devolutas será compatibilizada com a política agrícola e com o plano nacional de reforma agrária.

§ 1º A alienação ou a concessão, a qualquer título, de terras públicas com área superior a dois mil e quinhentos hectares a pessoa física ou jurídica, ainda que por interposta pessoa, dependerá de prévia aprovação do Congresso Nacional.

§ 2º Excetuam-se do disposto no parágrafo anterior as alienações ou as concessões de terras públicas para fins de reforma agrária.

Art. 189. Os beneficiários da distribuição de imóveis rurais pela reforma agrária receberão títulos de domínio ou de concessão de uso, inegociáveis, pelo prazo de dez anos.

▶ Lei nº 8.629, de 25-2-1993, regula os dispositivos constitucionais relativos à reforma agrária.
▶ Art. 6º, II, da Lei nº 11.284, de 2-3-2006 (Lei de Gestão de Florestas Públicas).

Parágrafo único. O título de domínio e a concessão de uso serão conferidos ao homem ou à mulher, ou a ambos, independentemente do estado civil, nos termos e condições previstos em lei.

Art. 190. A lei regulará e limitará a aquisição ou o arrendamento de propriedade rural por pessoa física ou jurídica estrangeira e estabelecerá os casos que deperderão de autorização do Congresso Nacional.

▶ Lei nº 5.709, de 7-10-1971, regula a aquisição de imóveis rurais por estrangeiro residente no País ou pessoa jurídica estrangeira autorizada a funcionar no Brasil.
▶ Lei nº 8.629, de 25-2-1993, regula os dispositivos constitucionais relativos à reforma agrária.

Art. 191. Aquele que, não sendo proprietário de imóvel rural ou urbano, possua como seu, por cinco anos ininterruptos, sem oposição, área de terra, em zona rural, não superior a cinquenta hectares, tornando-a produtiva por seu trabalho ou de sua família, tendo nela sua moradia, adquirir-lhe-á a propriedade.

▶ Art. 1.239 do CC.
▶ Lei nº 6.969, de 10-12-1981 (Lei do Usucapião Especial).

Parágrafo único. Os imóveis públicos não serão adquiridos por usucapião.

Capítulo IV

DO SISTEMA FINANCEIRO NACIONAL

Art. 192. O sistema financeiro nacional, estruturado de forma a promover o desenvolvimento equilibrado do País e a servir aos interesses da coletividade, em todas as partes que o compõem, abrangendo as cooperativas de crédito, será regulado por leis complementares que disporão, inclusive, sobre a participação do capital estrangeiro nas instituições que o integram.

▶ *Caput* com a redação dada pela EC nº 40, de 29-5-2003.

I a VIII – *Revogados.* EC nº 40, de 29-5-2003.
§§ 1º a 3º *Revogados.* EC nº 40, de 29-5-2003.

TÍTULO VIII – DA ORDEM SOCIAL

Capítulo I

DISPOSIÇÃO GERAL

Art. 193. A ordem social tem como base o primado do trabalho, e como objetivo o bem-estar e a justiça sociais.

Capítulo II

DA SEGURIDADE SOCIAL

▶ Lei nº 8.212, de 24-7-1991 (Lei Orgânica da Seguridade Social).
▶ Lei nº 8.213, de 24-7-1991 (Lei dos Planos de Benefícios da Previdência Social).
▶ Lei nº 8.742, de 7-12-1993 (Lei Orgânica da Assistência Social).
▶ Dec. nº 3.048, de 6-5-1999 (Regulamento da Previdência Social).

Seção I

DISPOSIÇÕES GERAIS

Art. 194. A seguridade social compreende um conjunto integrado de ações de iniciativa dos Poderes Públicos e da sociedade, destinadas a assegurar os direitos relativos à saúde, à previdência e à assistência social.

▶ Lei nº 8.212, de 24-7-1991 (Lei Orgânica da Seguridade Social).
▶ Lei nº 8.213, de 24-7-1991 (Lei dos Planos de Benefícios da Previdência Social).

Parágrafo único. Compete ao Poder Público, nos termos da lei, organizar a seguridade social, com base nos seguintes objetivos:

I – universalidade da cobertura e do atendimento;
II – uniformidade e equivalência dos benefícios e serviços às populações urbanas e rurais;
III – seletividade e distributividade na prestação dos benefícios e serviços;
IV – irredutibilidade do valor dos benefícios;
V – equidade na forma de participação no custeio;
VI – diversidade da base de financiamento;
VII – caráter democrático e descentralizado da administração, mediante gestão quadripartite, com participação dos trabalhadores, dos empregadores, dos aposentados e do Governo nos órgãos colegiados.

▶ Inciso VII com a redação dada pela EC nº 20, de 15-12-1998.

Art. 195. A seguridade social será financiada por toda a sociedade, de forma direta e indireta, nos termos da lei, mediante recursos provenientes dos orçamentos da União, dos Estados, do Distrito Federal e dos Municípios, e das seguintes contribuições sociais:

▶ Art. 12 da EC nº 20, de 15-12-1998 (Reforma Previdenciária).
▶ LC nº 70, de 30-12-1991, institui contribuição para financiamento da Seguridade Social, eleva a alíquota da contribuição social sobre o lucro das instituições financeiras.
▶ Lei nº 7.689, de 15-12-1988 (Lei da Contribuição Social Sobre o Lucro das Pessoas Jurídicas).

Constituição Federal – Art. 195

▶ Lei nº 7.894, de 24-11-1989, dispõe sobre as contribuições para o Finsocial e PIS/PASEP.

▶ Lei nº 9.363, de 13-12-1996, dispõe sobre a instituição de crédito presumido do Imposto sobre Produtos Industrializados, para ressarcimento do valor do PIS/PASEP e COFINS nos casos que especifica.

▶ Lei nº 9.477, de 24-7-1997, institui o Fundo de Aposentadoria Programada Individual – FAPI e o plano de incentivo à aposentadoria programada individual.

▶ Súmulas nºs 658, 659 e 688 do STF.

▶ Súm. nº 423 do STJ.

I – do empregador, da empresa e da entidade a ela equiparada na forma da lei, incidentes sobre:

▶ Súm. nº 688 do STF.

a) a folha de salários e demais rendimentos do trabalho pagos ou creditados, a qualquer título, à pessoa física que lhe preste serviço, mesmo sem vínculo empregatício;

▶ Art. 114, VIII, desta Constituição.

b) a receita ou o faturamento;
c) o lucro;

▶ Alíneas a a c acrescidas pela EC nº 20, de 15-12-1998.

▶ Art. 195, § 9º, desta Constituição.

▶ LC nº 70, de 30-12-1991, institui contribuição para o funcionamento da Seguridade Social e eleva alíquota da contribuição social sobre o lucro das instituições financeiras.

II – do trabalhador e dos demais segurados da previdência social, não incidindo contribuição sobre aposentadoria e pensão concedidas pelo regime geral de previdência social de que trata o artigo 201;

▶ Incisos I e II com a redação dada pela EC nº 20, de 15-12-1998.

▶ Arts. 114, VIII, e 167, IX, desta Constituição.

▶ Lei nº 9.477, de 24-7-1997, institui o Fundo de Aposentadoria Programada Individual – FAPI e o Plano de Incentivo à Aposentadoria Programada Individual.

III – sobre a receita de concursos de prognósticos;

▶ Art. 4º da Lei nº 7.856, de 24-10-1989, que dispõe sobre a destinação da renda de concursos de prognósticos.

IV – do importador de bens ou serviços do exterior, ou de quem a lei a ele equiparar.

▶ Inciso IV acrescido pela EC nº 42, de 19-12-2003.

▶ Lei nº 10.865, de 30-4-2004, dispõe sobre o PIS/PASEP-Importação e a COFINS-Importação.

§ 1º As receitas dos Estados, do Distrito Federal e dos Municípios destinadas à seguridade social constarão dos respectivos orçamentos, não integrando o orçamento da União.

§ 2º A proposta de orçamento da seguridade social será elaborada de forma integrada pelos órgãos responsáveis pela saúde, previdência social e assistência social, tendo em vista as metas e prioridades estabelecidas na lei de diretrizes orçamentárias, assegurada a cada área a gestão de seus recursos.

§ 3º A pessoa jurídica em débito com o sistema da seguridade social, como estabelecido em lei, não poderá contratar com o Poder Público nem dele receber benefícios ou incentivos fiscais ou creditícios.

▶ Lei nº 8.212, de 24-7-1991 (Lei Orgânica da Seguridade Social).

§ 4º A lei poderá instituir outras fontes destinadas a garantir a manutenção ou expansão da seguridade social, obedecido o disposto no artigo 154, I.

▶ Lei nº 9.876, de 26-11-1999, dispõe sobre a contribuição previdenciária do contribuinte individual e o cálculo do benefício.

§ 5º Nenhum benefício ou serviço da seguridade social poderá ser criado, majorado ou estendido sem a correspondente fonte de custeio total.

▶ Art. 24 da LC nº 101, de 4-5-2000 (Lei da Responsabilidade Fiscal).

§ 6º As contribuições sociais de que trata este artigo só poderão ser exigidas após decorridos noventa dias da data da publicação da lei que as houver instituído ou modificado, não se lhes aplicando o disposto no artigo 150, III, b.

▶ Art. 74, § 4º, do ADCT.
▶ Súm. nº 669 do STF.

§ 7º São isentas de contribuição para a seguridade social as entidades beneficentes de assistência social que atendam às exigências estabelecidas em lei.

▶ Súm. nº 659 do STF.
▶ Súm. nº 352 do STJ.

§ 8º O produtor, o parceiro, o meeiro e o arrendatário rurais e o pescador artesanal, bem como os respectivos cônjuges, que exerçam suas atividades em regime de economia familiar, sem empregados permanentes, contribuirão para a seguridade social mediante a aplicação de uma alíquota sobre o resultado da comercialização da produção e farão jus aos benefícios nos termos da lei.

▶ § 8º com a redação dada pela EC nº 20, de 15-12-1998.
▶ Súm. nº 272 do STJ.

§ 9º As contribuições sociais previstas no inciso I do caput deste artigo poderão ter alíquotas ou bases de cálculo diferenciadas, em razão da atividade econômica, da utilização intensiva de mão de obra, do porte da empresa ou da condição estrutural do mercado de trabalho.

▶ § 9º com a redação dada pela EC nº 47, de 5-7-2005, para vigorar a partir da data de sua publicação, produzindo efeitos retroativos a partir da data de vigência da EC nº 41, de 19-12-2003 (DOU de 31-12-2003).

§ 10. A lei definirá os critérios de transferência de recursos para o sistema único de saúde e ações de assistência social da União para os Estados, o Distrito Federal e os Municípios, e dos Estados para os Municípios, observada a respectiva contrapartida de recursos.

§ 11. É vedada a concessão de remissão ou anistia das contribuições sociais de que tratam os incisos I, a, e II deste artigo, para débitos em montante superior ao fixado em lei complementar.

▶ §§ 10 e 11 acrescidos pela EC nº 20, de 15-12-1998.

§ 12. A lei definirá os setores de atividade econômica para os quais as contribuições incidentes na forma dos incisos I, b; e IV do caput, serão não cumulativas.

§ 13. Aplica-se o disposto no § 12 inclusive na hipótese de substituição gradual, total ou parcial, da contribuição incidente na forma do inciso I, a, pela incidente sobre a receita ou o faturamento.
► §§ 12 e 13 acrescidos pela EC nº 42, de 19-12-2003.

SEÇÃO II

DA SAÚDE

► Lei nº 8.147, de 28-12-1990, dispõe sobre a alíquota do Finsocial.
► Lei nº 9.790, de 23-3-1999, dispõe sobre a qualificação de pessoas jurídicas de direito privado, sem fins lucrativos, como organizações da sociedade civil de interesse público e institui e disciplina o termo de parceria.
► Lei nº 9.961, de 28-1-2000, cria a Agência Nacional de Saúde Suplementar – ANS, regulamentada pelo Dec. nº 3.327, de 5-1-2000.
► Lei nº 10.216, de 6-4-2001, dispõe sobre a proteção e os direitos das pessoas portadoras de transtornos mentais e redireciona o modelo assistencial em saúde mental.
► Dec. nº 3.964, de 10-10-2001, dispõe sobre o Fundo Nacional de Saúde.

Art. 196. A saúde é direito de todos e dever do Estado, garantido mediante políticas sociais e econômicas que visem à redução do risco de doença e de outros agravos e ao acesso universal e igualitário às ações e serviços para sua promoção, proteção e recuperação.

► Lei nº 9.273, de 3-5-1996, torna obrigatória a inclusão de dispositivo de segurança que impeça a reutilização das seringas descartáveis.
► Lei nº 9.313, de 13-11-1996, dispõe sobre a distribuição gratuita de medicamentos aos portadores do HIV e doentes de AIDS.
► Lei nº 9.797, de 5-6-1999, Dispõe sobre a obrigatoriedade da cirurgia plástica reparadora da mama pela rede de unidades integrantes do Sistema Único de Saúde – SUS nos casos de mutilação decorrentes de tratamento de câncer.

Art. 197. São de relevância pública as ações e serviços de saúde, cabendo ao Poder Público dispor, nos termos da lei, sobre sua regulamentação, fiscalização e controle, devendo sua execução ser feita diretamente ou através de terceiros e, também, por pessoa física ou jurídica de direito privado.

► Lei nº 8.080, de 19-9-1990, dispõe sobre as condições para a promoção, proteção e recuperação da saúde, a organização e o funcionamento dos serviços correspondentes.
► Lei nº 9.273, de 3-5-1996, torna obrigatória a inclusão de dispositivo de segurança que impeça a reutilização das seringas descartáveis.

Art. 198. As ações e serviços públicos de saúde integram uma rede regionalizada e hierarquizada e constituem um sistema único, organizado de acordo com as seguintes diretrizes:

I – descentralização, com direção única em cada esfera de governo;

► Lei nº 8.080, de 19-9-1990, dispõe sobre as condições para a promoção, proteção e recuperação da saúde, a organização e o funcionamento dos serviços correspondentes.

II – atendimento integral, com prioridade para as atividades preventivas, sem prejuízo dos serviços assistenciais;

III – participação da comunidade.

§ 1º O sistema único de saúde será financiado, nos termos do artigo 195, com recursos do orçamento da seguridade social, da União, dos Estados, do Distrito Federal e dos Municípios, além de outras fontes.

► Parágrafo único transformado em § 1º pela EC nº 29, de 13-9-2000.

§ 2º União, os Estados, o Distrito Federal e os Municípios aplicarão, anualmente, em ações e serviços públicos de saúde recursos mínimos derivados da aplicação de percentuais calculados sobre:

► Art. 167, IV, desta Constituição.

I – no caso da União, na forma definida nos termos da lei complementar prevista no § 3º;
II – no caso dos Estados e do Distrito Federal, o produto da arrecadação dos impostos a que se refere o artigo 155 e dos recursos de que tratam os artigos 157 e 159, inciso I, alínea a e inciso II, deduzidas as parcelas que forem transferidas aos respectivos Municípios;
III – no caso dos Municípios e do Distrito Federal, o produto da arrecadação dos impostos a que se refere o artigo 156 e dos recursos de que tratam os artigos 158 e 159, inciso I, alínea b e § 3º.

§ 3º Lei complementar, que será reavaliada pelo menos a cada cinco anos, estabelecerá:

I – os percentuais de que trata o § 2º;
II – os critérios de rateio dos recursos da União vinculados à saúde destinados aos Estados, ao Distrito Federal e aos Municípios, e dos Estados destinados a seus respectivos Municípios, objetivando a progressiva redução das disparidades regionais;
III – as normas de fiscalização, avaliação e controle das despesas com saúde nas esferas federal, estadual, distrital e municipal;
IV – as normas de cálculo do montante a ser aplicado pela União.

► §§ 2º e 3º acrescidos pela EC nº 29, de 13-9-2000.
► LC nº 141, de 13-1-2012, regulamenta este parágrafo para dispor sobre os valores mínimos a serem aplicados anualmente pela União, Estados, Distrito Federal e Municípios em ações e serviços públicos de saúde.

§ 4º Os gestores locais do sistema único de saúde poderão admitir agentes comunitários de saúde e agentes de combate às endemias por meio de processo seletivo público, de acordo com a natureza e complexidade de suas atribuições e requisitos específicos para sua atuação.

► § 4º acrescido pela EC nº 51, de 14-2-2006.
► Art. 2º da EC nº 51, de 14-2-2006, que dispõe sobre a contratação dos agentes comunitários de saúde e de combate às endemias.

§ 5º Lei federal disporá sobre o regime jurídico, o piso salarial profissional nacional, as diretrizes para os Planos de Carreira e a regulamentação das atividades de agente comunitário de saúde e agente de combate às endemias, competindo à União, nos termos da lei, prestar assistência financeira complementar aos Estados, ao Distrito Federal e aos Municípios, para o cumprimento do referido piso salarial.

► § 5º com a redação dada pela EC nº 63, de 4-2-2010.
► Lei nº 11.350, de 5-10-2006, regulamenta este parágrafo.

Constituição Federal – Arts. 199 a 201

§ 6º Além das hipóteses previstas no § 1º do art. 41 e no § 4º do art. 169 da Constituição Federal, o servidor que exerça funções equivalentes às de agente comunitário de saúde ou de agente de combate às endemias poderá perder o cargo em caso de descumprimento dos requisitos específicos, fixados em lei, para o seu exercício.

▶ § 6º acrescido pela EC nº 51, de 14-2-2006.

Art. 199. A assistência à saúde é livre à iniciativa privada.

▶ Lei nº 9.656, de 3-6-1998 (Lei dos Planos e Seguros Privados de Saúde).

§ 1º As instituições privadas poderão participar de forma complementar do sistema único de saúde, segundo diretrizes deste, mediante contrato de direito público ou convênio, tendo preferência as entidades filantrópicas e as sem fins lucrativos.

§ 2º É vedada a destinação de recursos públicos para auxílios ou subvenções às instituições privadas com fins lucrativos.

§ 3º É vedada a participação direta ou indireta de empresas ou capitais estrangeiros na assistência à saúde no País, salvo nos casos previstos em lei.

▶ Lei nº 8.080, de 19-9-1990, dispõe sobre as condições para a promoção, proteção e recuperação da saúde, a organização e o funcionamento dos serviços correspondentes.

§ 4º A lei disporá sobre as condições e os requisitos que facilitem a remoção de órgãos, tecidos e substâncias humanas para fins de transplante, pesquisa e tratamento, bem como a coleta, processamento e transfusão de sangue e seus derivados, sendo vedado todo tipo de comercialização.

▶ Lei nº 8.501, de 30-11-1992, dispõe sobre a utilização de cadáver não reclamado, para fins de estudos ou pesquisas científicas.

▶ Lei nº 9.434, de 4-2-1997 (Lei de Remoção de Órgãos e Tecidos), regulamentada pelo Dec. nº 2.268, de 30-6-1997.

▶ Lei nº 10.205, de 21-3-2001, regulamenta este parágrafo, relativo à coleta, processamento, estocagem, distribuição e aplicação do sangue, seus componentes e derivados.

▶ Lei nº 10.972, de 2-12-2004, autoriza o Poder Executivo a criar a empresa pública denominada Empresa Brasileira de Hemoderivados e Biotecnologia – HEMOBRÁS.

▶ Dec. nº 5.402, de 28-5-2005, aprova o Estatuto da Empresa Brasileira de Hemoderivados e Biotecnologia – HEMOBRÁS.

Art. 200. Ao sistema único de saúde compete, além de outras atribuições, nos termos da lei:

▶ Lei nº 8.080, de 19-9-1990, dispõe sobre as condições para a promoção, proteção e recuperação da saúde e a organização e o funcionamento dos serviços correspondentes.

▶ Lei nº 8.142, de 28-12-1990, dispõe sobre a participação da comunidade na gestão do Sistema Único de Saúde – SUS e sobre as transferências intergovernamentais de recursos financeiros na área da saúde.

I – controlar e fiscalizar procedimentos, produtos e substâncias de interesse para a saúde e participar da produção de medicamentos, equipamentos, imunobiológicos, hemoderivados e outros insumos;

▶ Lei nº 9.431, de 6-1-1997, dispõe sobre a obrigatoriedade da manutenção de programa de controle de infecções hospitalares pelos hospitais do País.

▶ Lei nº 9.677, de 2-7-1998, dispõe sobre a obrigatoriedade da cirurgia plástica reparadora da mama pela rede de unidades integrantes do Sistema Único de Saúde – SUS, nos casos de mutilação decorrente do tratamento de câncer.

▶ Lei nº 9.695, de 20-8-1998, incluíram na classificação dos delitos considerados hediondos determinados crimes contra a saúde pública.

II – executar as ações de vigilância sanitária e epidemiológica, bem como as de saúde do trabalhador;
III – ordenar a formação de recursos humanos na área de saúde;
IV – participar da formulação da política e da execução das ações de saneamento básico;
V – incrementar em sua área de atuação o desenvolvimento científico e tecnológico;
VI – fiscalizar e inspecionar alimentos, compreendido o controle de seu teor nutricional, bem como bebidas e águas para consumo humano;
VII – participar do controle e fiscalização da produção, transporte, guarda e utilização de substâncias e produtos psicoativos, tóxicos e radioativos;

▶ Lei nº 7.802, de 11-7-1989, dispõe sobre a pesquisa, a experimentação, a produção, a embalagem e rotulagem, o transporte, o armazenamento, a comercialização, a propaganda comercial, a utilização, a importação, a exportação, o destino final dos resíduos e embalagens, o registro, a classificação, o controle, a inspeção e a fiscalização, de agrotóxicos, seus componentes, e afins.

VIII – colaborar na proteção do meio ambiente, nele compreendido o do trabalho.

Seção III

DA PREVIDÊNCIA SOCIAL

▶ Lei nº 8.147, de 28-12-1990, dispõe sobre a alíquota do Finsocial.

▶ Lei nº 8.213, de 24-7-1991 (Lei dos Planos de Benefícios da Previdência Social).

▶ Lei nº 9.796, de 5-5-1999, dispõe sobre a compensação financeira entre o Regime Geral de Previdência Social e os Regimes de previdência dos servidores da União, dos Estados, do Distrito Federal e dos Municípios, nos casos de contagem recíproca de tempo de contribuição para efeito de aposentadoria.

▶ Dec. nº 3.048, de 6-5-1999 (Regulamento da Previdência Social).

Art. 201. A previdência social será organizada sob a forma de regime geral, de caráter contributivo e de filiação obrigatória, observados critérios que preservem o equilíbrio financeiro e atuarial, e atenderá, nos termos da lei, a:

▶ *Caput* com a redação dada pela EC nº 20, de 15-12-1998.

▶ Arts. 40, 167, XI e 195, II, desta Constituição.

▶ Art. 14 da EC nº 20, de 15-12-1998 (Reforma Previdenciária).

▶ Arts. 4º, parágrafo único, I e II, e 5º, da EC nº 41, de 19-12-2003.

- Lei nº 8.212, de 24-7-1991 (Lei Orgânica da Seguridade Social).
- Lei nº 8.213, de 24-7-1991 (Lei dos Planos de Benefícios da Previdência Social).
- Dec. nº 3.048, de 6-5-1999 (Regulamento da Previdência Social).

I – cobertura dos eventos de doença, invalidez, morte e idade avançada;
II – proteção à maternidade, especialmente à gestante;
III – proteção ao trabalhador em situação de desemprego involuntário;

- Lei nº 7.998, de 11-1-1990 (Lei do Seguro-Desemprego).
- Lei nº 10.779, de 25-11-2003, dispõe sobre a concessão do benefício de seguro-desemprego, durante o período de defeso, ao pescador profissional que exerce a atividade pesqueira de forma artesanal.

IV – salário-família e auxílio-reclusão para os dependentes dos segurados de baixa renda;
V – pensão por morte do segurado, homem ou mulher, ao cônjuge ou companheiro e dependentes, observado o disposto no § 2º.

- Incisos I a V com a redação dada pela EC nº 20, de 15-12-1998.

§ 1º É vedada a adoção de requisitos e critérios diferenciados para a concessão de aposentadoria aos beneficiários do regime geral de previdência social, ressalvados os casos de atividades exercidas sob condições especiais que prejudiquem a saúde ou a integridade física e quando se tratar de segurados portadores de deficiência, nos termos definidos em lei complementar.

- § 1º com a redação dada pela EC nº 47, de 5-7-2005.
- Art. 15 da EC nº 20, de 15-12-1998 (Reforma Previdenciária).

§ 2º Nenhum benefício que substitua o salário de contribuição ou o rendimento do trabalho do segurado terá valor mensal inferior ao salário mínimo.

§ 3º Todos os salários de contribuição considerados para o cálculo de benefício serão devidamente atualizados, na forma da lei.

- Súm. nº 456 do STJ.

§ 4º É assegurado o reajustamento dos benefícios para preservar-lhes, em caráter permanente, o valor real, conforme critérios definidos em lei.

§ 5º É vedada a filiação ao regime geral de previdência social, na qualidade de segurado facultativo, de pessoa participante de regime próprio de previdência.

§ 6º A gratificação natalina dos aposentados e pensionistas terá por base o valor dos proventos do mês de dezembro de cada ano.

- §§ 2º a 6º com a redação dada pela EC nº 20, de 15-12-1998.
- Leis nºs 4.090, de 13-7-1962; 4.749, de 12-8-1965; e Decretos nº 57.155, de 3-11-1965; e 63.912, de 26-12-1968, dispõem sobre o 13º salário.
- Súm. nº 688 do STF.

§ 7º É assegurada aposentadoria no regime geral de previdência social, nos termos da lei, obedecidas as seguintes condições:

- Caput com a redação dada pela EC nº 20, de 15-12-1998.

I – trinta e cinco anos de contribuição, se homem, e trinta anos de contribuição, se mulher;
II – sessenta e cinco anos de idade, se homem, e sessenta anos de idade, se mulher, reduzido em cinco anos o limite para os trabalhadores rurais de ambos os sexos e para os que exerçam suas atividades em regime de economia familiar, nestes incluídos o produtor rural, o garimpeiro e o pescador artesanal.

- Incisos I e II acrescidos pela EC nº 20, de 15-12-1998.

§ 8º Os requisitos a que se refere o inciso I do parágrafo anterior serão reduzidos em cinco anos, para o professor que comprove exclusivamente tempo de efetivo exercício das funções de magistério na educação infantil e no ensino fundamental e médio.

- § 8º com a redação dada pela EC nº 20, de 15-12-1998.
- Art. 67, § 2º, da Lei nº 9.394, de 20-12-1996 (Lei das Diretrizes e Bases da Educação Nacional).

§ 9º Para efeito de aposentadoria, é assegurada a contagem recíproca do tempo de contribuição na administração pública e na atividade privada, rural e urbana, hipótese em que os diversos regimes de previdência social se compensarão financeiramente, segundo critérios estabelecidos em lei.

- Lei nº 9.796, de 5-5-1999, dispõe sobre a compensação financeira entre o Regime Geral de Previdência Social e os Regimes de Previdência dos Servidores da União, dos Estados, do Distrito Federal e dos Municípios, nos casos de contagem recíproca de tempo de contribuição para efeito de aposentadoria.
- Dec. nº 3.112, de 6-7-1999, regulamenta a Lei nº 9.796, de 5-5-1999.

§ 10. Lei disciplinará a cobertura do risco de acidente do trabalho, a ser atendida concorrentemente pelo regime geral de previdência social e pelo setor privado.

§ 11. Os ganhos habituais do empregado, a qualquer título, serão incorporados ao salário para efeito de contribuição previdenciária e consequente repercussão em benefícios, nos casos e na forma da lei.

- §§ 9º a 11 acrescidos pela EC nº 20, de 15-12-1998.
- Art. 3º da EC nº 20, de 15-12-1998 (Reforma Previdenciária).
- Lei nº 8.213, de 24-7-1991 (Lei dos Planos de Benefícios da Previdência Social).
- Dec. nº 3.048, de 6-5-1999 (Regulamento da Previdência Social).

§ 12. Lei disporá sobre sistema especial de inclusão previdenciária para atender a trabalhadores de baixa renda e àqueles sem renda própria que se dediquem exclusivamente ao trabalho doméstico no âmbito de sua residência, desde que pertencentes a famílias de baixa renda, garantindo-lhes acesso a benefícios de valor igual a um salário mínimo.

- § 12 com a redação dada pela EC nº 47, de 5-7-2005.

§ 13. O sistema especial de inclusão previdenciária de que trata o § 12 deste artigo terá alíquotas e carências inferiores às vigentes para os demais segurados do regime geral de previdência social.

- § 13 acrescido pela EC nº 47, de 5-7-2005.

Art. 202. O regime de previdência privada, de caráter complementar e organizado de forma autônoma em relação ao regime geral de previdência social, será facultativo, baseado na constituição de reservas que garantam o benefício contratado, e regulado por lei complementar.

▶ *Caput* com a redação dada pela EC nº 20, de 15-12-1998.
▶ Art. 40, § 15, desta Constituição.
▶ Art. 7º da EC nº 20, de 15-12-1998 (Reforma Previdenciária).
▶ LC nº 109, de 29-5-2001 (Lei do Regime de Previdência Complementar), regulamentada pelo Dec. nº 4.206, de 23-4-2002.
▶ Lei nº 9.656, de 3-6-1998 (Lei dos Planos e Seguros Privados de Saúde).
▶ Lei nº 10.185, de 12-2-2001, dispõe sobre a especialização das sociedades seguradoras em planos privados de assistência à saúde.
▶ Dec. nº 3.745, de 5-2-2001, institui o Programa de Interiorização do Trabalho em Saúde.
▶ Dec. nº 7.123, de 3-3-2010, dispõe sobre o Conselho Nacional de Previdência Complementar – CNPC e sobre a Câmara de Recursos de Previdência Complementar – CRPC.
▶ Súm. nº 149 do STJ.

§ 1º A lei complementar de que trata este artigo assegurará ao participante de planos de benefícios de entidades de previdência privada o pleno acesso às informações relativas à gestão de seus respectivos planos.

§ 2º As contribuições do empregador, os benefícios e as condições contratuais previstas nos estatutos, regulamentos e planos de benefícios das entidades de previdência privada não integram o contrato de trabalho dos participantes, assim como, à exceção dos benefícios concedidos, não integram a remuneração dos participantes, nos termos da lei.

▶ §§ 1º e 2º com a redação dada pela EC nº 20, de 15-12-1998.

§ 3º É vedado o aporte de recursos a entidade de previdência privada pela União, Estados, Distrito Federal e Municípios, suas autarquias, fundações, empresas públicas, sociedades de economia mista e outras entidades públicas, salvo na qualidade de patrocinador, situação na qual, em hipótese alguma, sua contribuição normal poderá exceder a do segurado.

▶ Art. 5º da EC nº 20, de 15-12-1998 (Reforma Previdenciária).
▶ LC nº 108, de 29-5-2001, regulamenta este parágrafo.

§ 4º Lei complementar disciplinará a relação entre a União, Estados, Distrito Federal ou Municípios, inclusive suas autarquias, fundações, sociedades de economia mista e empresas controladas direta ou indiretamente, enquanto patrocinadoras de entidades fechadas de previdência privada, e suas respectivas entidades fechadas de previdência privada.

▶ Art. 40, § 14, desta Constituição.
▶ LC nº 108, de 29-5-2001, regulamenta este parágrafo.

§ 5º A lei complementar de que trata o parágrafo anterior aplicar-se-á, no que couber, às empresas privadas permissionárias ou concessionárias de prestação de serviços públicos, quando patrocinadoras de entidades fechadas de previdência privada.

▶ LC nº 108, de 29-5-2001, regulamenta este parágrafo.

§ 6º A lei complementar a que se refere o § 4º deste artigo estabelecerá os requisitos para a designação dos membros das diretorias das entidades fechadas de previdência privada e disciplinará a inserção dos participantes nos colegiados e instâncias de decisão em que seus interesses sejam objeto de discussão e deliberação.

▶ §§ 3º a 6º acrescidos pela EC nº 20, de 15-12-1998.
▶ LC nº 108, de 29-5-2001, regulamenta este parágrafo.
▶ LC nº 109, de 29-5-2001 (Lei do Regime de Previdência Complementar).

Seção IV

DA ASSISTÊNCIA SOCIAL

▶ Lei nº 8.147, de 28-12-1990, dispõe sobre a alíquota do Finsocial.
▶ Lei nº 8.742, de 7-12-1993 (Lei Orgânica da Assistência Social).
▶ Lei nº 8.909, de 6-7-1994, dispõe sobre a prestação de serviços por entidades de assistência social, entidades beneficentes de assistência social e entidades de fins filantrópicos e estabelece prazos e procedimentos para o recadastramento de entidades junto ao Conselho Nacional de Assistência Social.
▶ Lei nº 9.790, de 23-3-1999, dispõe sobre a promoção da assistência social por meio de organizações da sociedade civil de interesse público.

Art. 203. A assistência social será prestada a quem dela necessitar, independentemente de contribuição à seguridade social, e tem por objetivos:

▶ Lei nº 8.213, de 24-7-1991 (Lei dos Planos de Benefícios da Previdência Social).
▶ Lei nº 8.742, de 7-12-1993 (Lei Orgânica da Assistência Social).
▶ Lei nº 8.909, de 6-7-1994, dispõe, em caráter emergencial, sobre a prestação de serviços por entidades de assistência social, entidades beneficentes de assistência social e entidades de fins filantrópicos e estabelece prazos e procedimentos para o recadastramento de entidades junto ao Conselho Nacional de Assistência Social.
▶ Lei nº 9.429, de 26-12-1996, dispõe sobre prorrogação do prazo para renovação do Certificado de Entidades de Fins Filantrópicos e de recadastramento junto ao Conselho Nacional de Assistência Social – CNAS e anulação de atos emanados do Instituto Nacional do Seguro Social – INSS contra instituições que gozavam de isenção da contribuição social, pela não apresentação do pedido de renovação do certificado em tempo hábil.

I – a proteção à família, à maternidade, à infância, à adolescência e à velhice;
II – o amparo às crianças e adolescentes carentes;
III – a promoção da integração ao mercado de trabalho;
IV – a habilitação e reabilitação das pessoas portadoras de deficiência e a promoção de sua integração à vida comunitária;

▶ Dec. nº 6.949, de 25-8-2009, promulga a Convenção Internacional sobre os Direitos das Pessoas com Deficiência.

V – a garantia de um salário mínimo de benefício mensal à pessoa portadora de deficiência e ao idoso que comprovem não possuir meios de prover à própria manutenção ou de tê-la provida por sua família, conforme dispuser a lei.

▶ Lei nº 10.741, de 1º-10-2003 (Estatuto do Idoso).

Art. 204. As ações governamentais na área da assistência social serão realizadas com recursos do orçamento da seguridade social, previstos no artigo 195, além de outras fontes, e organizadas com base nas seguintes diretrizes:

I – descentralização político-administrativa, cabendo a coordenação e as normas gerais à esfera federal e a coordenação e a execução dos respectivos programas às esferas estadual e municipal, bem como a entidades beneficentes e de assistência social;

II – participação da população, por meio de organizações representativas, na formulação das políticas e no controle das ações em todos os níveis.

Parágrafo único. É facultado aos Estados e ao Distrito Federal vincular a programa de apoio à inclusão e promoção social até cinco décimos por cento de sua receita tributária líquida, vedada a aplicação desses recursos no pagamento de:

I – despesas com pessoal e encargos sociais;
II – serviço da dívida;
III – qualquer outra despesa corrente não vinculada diretamente aos investimentos ou ações apoiados.

▶ Parágrafo único acrescido pela EC nº 42, de 19-12-2003.

Capítulo III
DA EDUCAÇÃO, DA CULTURA E DO DESPORTO
Seção I
DA EDUCAÇÃO

▶ Lei nº 9.394, de 20-12-1996 (Lei das Diretrizes e Bases da Educação Nacional).
▶ Lei nº 9.424, de 24-12-1996, dispõe sobre o fundo de manutenção e desenvolvimento e de valorização do magistério.
▶ Lei nº 9.766, de 18-12-1998, altera a legislação que rege o salário-educação.
▶ Lei nº 10.219, de 11-4-2001, cria o Programa Nacional de Renda Mínima vinculado à educação – "Bolsa-Escola", regulamentada pelo Dec. nº 4.313, de 24-7-2002.
▶ Lei nº 10.558, de 13-11-2002, cria o Programa Diversidade na Universidade.
▶ Art. 27, X, g, da Lei nº 10.683, de 28-5-2003, que dispõe sobre a organização da Presidência da República e dos Ministérios.
▶ Lei nº 11.096, de 13-1-2005, institui o Programa Universidade para Todos – PROUNI.
▶ Lei nº 11.274, de 6-2-2006, fixa a idade de seis anos para o início do ensino fundamental obrigatório e altera para nove anos seu período de duração.
▶ Lei nº 12.089, de 11-11-2009, proíbe que uma mesma pessoa ocupe 2 (duas) vagas simultaneamente em instituições públicas de ensino superior.

Art. 205. A educação, direito de todos e dever do Estado e da família, será promovida e incentivada com a colaboração da sociedade, visando ao pleno desenvolvimento da pessoa, seu preparo para o exercício da cidadania e sua qualificação para o trabalho.

▶ Lei nº 8.147, de 28-12-1990, dispõe sobre a alíquota do Finsocial.
▶ Lei nº 9.394, de 20-12-1996 (Lei das Diretrizes e Bases da Educação Nacional).

Art. 206. O ensino será ministrado com base nos seguintes princípios:

I – igualdade de condições para o acesso e permanência na escola;

II – liberdade de aprender, ensinar, pesquisar e divulgar o pensamento, a arte e o saber;
III – pluralismo de ideias e de concepções pedagógicas, e coexistência de instituições públicas e privadas de ensino;
IV – gratuidade do ensino público em estabelecimentos oficiais;

▶ Art. 242 desta Constituição.
▶ Súm. Vinc. nº 12 do STF.

V – valorização dos profissionais da educação escolar, garantidos, na forma da lei, planos de carreira, com ingresso exclusivamente por concurso público de provas e títulos, aos das redes públicas;

▶ Inciso V com a redação dada pela EC nº 53, de 19-12-2006.
▶ Lei nº 9.424, de 24-12-1996, dispõe sobre o Fundo de Manutenção e Desenvolvimento do Ensino Fundamental e de Valorização do Magistério.

VI – gestão democrática do ensino público, na forma da lei;

▶ Lei nº 9.394, de 20-12-1996 (Lei das Diretrizes e Bases da Educação Nacional).

VII – garantia de padrão de qualidade;
VIII – piso salarial profissional nacional para os profissionais da educação escolar pública, nos termos de lei federal.

▶ Inciso VIII acrescido pela EC nº 53, de 19-12-2006.

Parágrafo único. A lei disporá sobre as categorias de trabalhadores considerados profissionais da educação básica e sobre a fixação de prazo para a elaboração ou adequação de seus planos de carreira, no âmbito da União, dos Estados, do Distrito Federal e dos Municípios.

▶ Parágrafo único acrescido pela EC nº 53, de 19-12-2006.

Art. 207. As universidades gozam de autonomia didático-científica, administrativa e de gestão financeira e patrimonial, e obedecerão ao princípio de indissociabilidade entre ensino, pesquisa e extensão.

§ 1º É facultado às universidades admitir professores, técnicos e cientistas estrangeiros, na forma da lei.

§ 2º O disposto neste artigo aplica-se às instituições de pesquisa científica e tecnológica.

▶ §§ 1º e 2º acrescidos pela EC nº 11, de 30-4-1996.

Art. 208. O dever do Estado com a educação será efetivado mediante a garantia de:

I – educação básica obrigatória e gratuita dos 4 (quatro) aos 17 (dezessete) anos de idade, assegurada inclusive sua oferta gratuita para todos os que a ela não tiveram acesso na idade própria;

▶ Inciso I com a redação dada pela EC nº 59, de 11-11-2009.
▶ Art. 6º da EC nº 59, de 11-11-2009, determina que o disposto neste inciso deverá ser implementado progressivamente, até 2016, nos termos do Plano Nacional de Educação, com apoio técnico e financeiro da União.

II – progressiva universalização do ensino médio gratuito;

▶ Inciso II com a redação dada pela EC nº 14, de 12-9-1996.

► Art. 6º da EC nº 14, de 12-9-1996.

III – atendimento educacional especializado aos portadores de deficiência, preferencialmente na rede regular de ensino;

► Lei nº 7.853, de 24-10-1989 (Lei de Apoio às Pessoas Portadoras de Deficiência), regulamentada pelo Dec. nº 3.298, de 20-12-1999.
► Lei nº 10.436, de 24-4-2002, dispõe sobre a Língua Brasileira de Sinais – LIBRA.
► Lei nº 10.845, de 5-3-2004, institui o Programa de Complementação ao Atendimento Educacional Especializado às Pessoas Portadoras de Deficiência – PAED.
► Dec. nº 3.956, de 8-10-2001, promulga a Convenção Interamericana para a Eliminação de todas as Formas de Discriminação contra as Pessoas Portadoras de Deficiências.
► Dec. nº 6.949, de 25-8-2009, promulga a Convenção Internacional sobre os Direitos das Pessoas com Deficiência.

IV – educação infantil, em creche e pré-escola, às crianças até 5 (cinco) anos de idade;

► Inciso IV com a redação dada pela EC nº 53, de 19-12-2006.
► Art. 7º, XXV, desta Constituição.

V – acesso aos níveis mais elevados do ensino, da pesquisa e da criação artística, segundo a capacidade de cada um;

► Lei nº 10.260, de 10-7-2001, dispõe sobre o Fundo de Financiamento ao Estudante do Ensino Superior.
► Lei nº 12.089, de 11-11-2009, proíbe que uma mesma pessoa ocupe 2 (duas) vagas simultaneamente em instituições públicas de ensino superior.

VI – oferta de ensino noturno regular, adequado às condições do educando;
VII – atendimento ao educando, em todas as etapas da educação básica, por meio de programas suplementares de material didático-escolar, transporte, alimentação e assistência à saúde.

► Inciso VII com a redação dada pela EC nº 59, de 11-11-2009.
► Arts. 6º e 212, § 4º, desta Constituição.

§ 1º O acesso ao ensino obrigatório e gratuito é direito público subjetivo.

§ 2º O não oferecimento do ensino obrigatório pelo Poder Público, ou sua oferta irregular, importa responsabilidade da autoridade competente.

§ 3º Compete ao Poder Público recensear os educandos no ensino fundamental, fazer-lhes a chamada e zelar, junto aos pais ou responsáveis, pela frequência à escola.

Art. 209. O ensino é livre à iniciativa privada, atendidas as seguintes condições:

I – cumprimento das normas gerais da educação nacional;
II – autorização e avaliação de qualidade pelo Poder Público.

Art. 210. Serão fixados conteúdos mínimos para o ensino fundamental, de maneira a assegurar formação básica comum e respeito aos valores culturais e artísticos, nacionais e regionais.

§ 1º O ensino religioso, de matrícula facultativa, constituirá disciplina dos horários normais das escolas públicas de ensino fundamental.

§ 2º O ensino fundamental regular será ministrado em língua portuguesa, assegurada às comunidades indígenas também a utilização de suas línguas maternas e processos próprios de aprendizagem.

Art. 211. A União, os Estados, o Distrito Federal e os Municípios organizarão em regime de colaboração seus sistemas de ensino.

► Art. 60 do ADCT.
► Art. 6º da EC nº 14, de 12-9-1996.

§ 1º A União organizará o sistema federal de ensino e o dos Territórios, financiará as instituições de ensino públicas federais e exercerá, em matéria educacional, função redistributiva e supletiva, de forma a garantir equalização de oportunidades educacionais e padrão mínimo de qualidade de ensino mediante assistência técnica e financeira aos Estados, ao Distrito Federal e aos Municípios.

§ 2º Os Municípios atuarão prioritariamente no ensino fundamental e na educação infantil.

► §§ 1º e 2º com a redação dada pela EC nº 14, de 12-9-1996.

§ 3º Os Estados e o Distrito Federal atuarão prioritariamente no ensino fundamental e médio.

► § 3º acrescido pela EC nº 14, de 12-9-1996.

§ 4º Na organização de seus sistemas de ensino, a União, os Estados, o Distrito Federal e os Municípios definirão formas de colaboração, de modo a assegurar a universalização do ensino obrigatório.

► § 4º com a redação dada pela EC nº 59, de 11-11-2009.

§ 5º A educação básica pública atenderá prioritariamente ao ensino regular.

► § 5º acrescido pela EC nº 53, de 19-12-2006.

Art. 212. A União aplicará, anualmente, nunca menos de dezoito, e os Estados, o Distrito Federal e os Municípios vinte e cinco por cento, no mínimo, da receita resultante de impostos, compreendida a proveniente de transferências, na manutenção e desenvolvimento do ensino.

► Arts. 34, VII, e 35, III, e 167, IV, desta Constituição.
► Arts. 60, caput, § 6º, 72, §§ 2º e 3º, e 76, § 3º, do ADCT.
► Lei nº 9.424, de 24-12-1996, dispõe sobre o Fundo de Manutenção e Desenvolvimento do Ensino Fundamental e de Valorização do Magistério.

§ 1º A parcela da arrecadação de impostos transferida pela União aos Estados, ao Distrito Federal e aos Municípios, ou pelos Estados aos respectivos Municípios, não é considerada, para efeito do cálculo previsto neste artigo, receita do governo que a transferir.

§ 2º Para efeito do cumprimento do disposto no caput deste artigo, serão considerados os sistemas de ensino federal, estadual e municipal e os recursos aplicados na forma do artigo 213.

§ 3º A distribuição dos recursos públicos assegurará prioridade ao atendimento das necessidades do ensino obrigatório, no que se refere a universalização, garantia de padrão de qualidade e equidade, nos termos do plano nacional de educação.

▶ § 3º com a redação dada pela EC nº 59, de 11-11-2009.

§ 4º Os programas suplementares de alimentação e assistência à saúde previstos no artigo 208, VII, serão financiados com recursos provenientes de contribuições sociais e outros recursos orçamentários.

§ 5º A educação básica pública terá como fonte adicional de financiamento a contribuição social do salário-educação, recolhida pelas empresas na forma da lei.

▶ § 5º com a redação dada pela EC nº 53, de 19-12-2006.
▶ Art. 76, § 2º, do ADCT.
▶ Lei nº 9.424, de 24-12-1996, dispõe sobre o Fundo de Manutenção e Desenvolvimento do Ensino Fundamental e de Valorização do Magistério.
▶ Lei nº 9.766, de 18-12-1998, dispõe sobre o salário-educação.
▶ Dec. nº 3.142, de 16-8-1999, regulamenta a contribuição social do salário-educação.
▶ Dec. nº 6.003, de 28-12-2006, regulamenta a arrecadação, a fiscalização e a cobrança da contribuição social do salário-educação.
▶ Súm. nº 732 do STF

§ 6º As cotas estaduais e municipais da arrecadação da contribuição social do salário-educação serão distribuídas proporcionalmente ao número de alunos matriculados na educação básica nas respectivas redes públicas de ensino.

▶ § 6º acrescido pela EC nº 53, de 19-12-2006.

Art. 213. Os recursos públicos serão destinados às escolas públicas, podendo ser dirigidos a escolas comunitárias, confessionais ou filantrópicas, definidas em lei, que:

▶ Art. 212 desta Constituição.
▶ Art. 61 do ADCT.
▶ Lei nº 9.394, de 20-12-1996 (Lei das Diretrizes e Bases da Educação Nacional).

I – comprovem finalidade não lucrativa e apliquem seus excedentes financeiros em educação;

II – assegurem a destinação de seu patrimônio à outra escola comunitária, filantrópica ou confessional, ou ao Poder Público, no caso de encerramento de suas atividades.

▶ Art. 61 do ADCT.

§ 1º Os recursos de que trata este artigo poderão ser destinados a bolsas de estudo para o ensino fundamental e médio, na forma da lei, para os que demonstrarem insuficiência de recursos, quando houver falta de vagas e cursos regulares da rede pública na localidade da residência do educando, ficando o Poder Público obrigado a investir prioritariamente na expansão de sua rede na localidade.

▶ Lei nº 9.394, de 20-12-1996 (Lei das Diretrizes e Bases da Educação Nacional).

§ 2º As atividades universitárias de pesquisa e extensão poderão receber apoio financeiro do Poder Público.

▶ Lei nº 8.436, de 25-6-1992, institucionaliza o Programa de Crédito Educativo para estudantes carentes.

Art. 214. A lei estabelecerá o plano nacional de educação, de duração decenal, com o objetivo de articular o sistema nacional de educação em regime de colaboração e definir diretrizes, objetivos, metas e estratégias de implementação para assegurar a manutenção e desenvolvimento do ensino em seus diversos níveis, etapas e modalidades por meio de ações integradas dos poderes públicos das diferentes esferas federativas que conduzam a:

▶ Caput com a redação dada pela EC nº 59, de 11-11-2009.

I – erradicação do analfabetismo;
II – universalização do atendimento escolar;
III – melhoria da qualidade do ensino;
IV – formação para o trabalho;
V – promoção humanística, científica e tecnológica do País;

▶ Lei nº 10.172, de 9-1-2001, aprova o Plano Nacional de Educação.

VI – estabelecimento de meta de aplicação de recursos públicos em educação como proporção do produto interno bruto.

▶ Inciso VI acrescido pela EC nº 59, de 11-11-2009.
▶ Lei nº 9.394, de 20-12-1996 (Lei das Diretrizes e Bases da Educação Nacional).
▶ Lei nº 10.172, de 9-1-2001, aprova o Plano Nacional de Educação.

Seção II

DA CULTURA

Art. 215. O Estado garantirá a todos o pleno exercício dos direitos culturais e acesso às fontes da cultura nacional, e apoiará e incentivará a valorização e a difusão das manifestações culturais.

▶ Lei nº 8.313, de 23-12-1991, institui o Programa Nacional de Apoio à Cultura – PRONAC, regulamentado pelo Dec. nº 5.761, de 27-4-2002.
▶ Lei nº 8.685, de 20-7-1993, cria mecanismos de fomento à atividade audiovisual.
▶ Lei nº 10.454, de 13-5-2002, dispõe sobre remissão da Contribuição para o Desenvolvimento da Indústria Cinematográfica – CONDECINE.
▶ MP nº 2.228-1, de 6-9-2001, que até o encerramento desta edição não havia sido convertida em Lei, cria a Agência Nacional do Cinema – ANCINE.
▶ Dec. nº 2.290, de 4-8-1997, regulamenta o art. 5º, VIII, da Lei nº 8.313, de 23-12-1991.

§ 1º O Estado protegerá as manifestações das culturas populares, indígenas e afro-brasileiras, e das de outros grupos participantes do processo civilizatório nacional.

§ 2º A lei disporá sobre a fixação de datas comemorativas de alta significação para os diferentes segmentos étnicos nacionais.

§ 3º A lei estabelecerá o Plano Nacional de Cultura, de duração plurianual, visando ao desenvolvimento cultural do País e à integração das ações do poder público que conduzam à:

▶ Lei nº 12.343, de 2-12-2010, institui o Plano Nacional de Cultura – PNC e cria o Sistema Nacional de Informações e Indicadores Culturais – SNIIC.

I – defesa e valorização do patrimônio cultural brasileiro;
II – produção, promoção e difusão de bens culturais;
III – formação de pessoal qualificado para a gestão da cultura em suas múltiplas dimensões;

IV – democratização do acesso aos bens de cultura;
V – valorização da diversidade étnica e regional.
▶ § 3º acrescido pela EC nº 48, de 10-8-2005.

Art. 216. Constituem patrimônio cultural brasileiro os bens de natureza material e imaterial, tomados individualmente ou em conjunto, portadores de referência à identidade, à ação, à memória dos diferentes grupos formadores da sociedade brasileira, nos quais se incluem:

I – as formas de expressão;
II – os modos de criar, fazer e viver;
III – as criações científicas, artísticas e tecnológicas;
▶ Lei nº 9.610, de 19-2-1998 (Lei de Direitos Autorais).

IV – as obras, objetos, documentos, edificações e demais espaços destinados às manifestações artístico-culturais;
V – os conjuntos urbanos e sítios de valor histórico, paisagístico, artístico, arqueológico, paleontológico, ecológico e científico.
▶ Lei nº 3.924, de 26-7-1961 (Lei dos Monumentos Arqueológicos e Pré-Históricos).
▶ Arts. 1º, 20, 28, I, II e parágrafo único, da Lei nº 7.542, de 26-9-1986, que dispõe sobre a pesquisa, exploração, remoção e demolição de coisas ou bens afundados, submersos, encalhados e perdidos em águas sob jurisdição nacional, em terreno de marinha e seus acrescidos e em terrenos marginais, em decorrência de sinistro, alijamento ou fortuna do mar.

§ 1º O Poder Público, com a colaboração da comunidade, promoverá e protegerá o patrimônio cultural brasileiro, por meio de inventários, registros, vigilância, tombamento e desapropriação, e de outras formas de acautelamento e preservação.
▶ Lei nº 7.347, de 24-7-1985 (Lei da Ação Civil Pública).
▶ Lei nº 8.394, de 30-12-1991, dispõe sobre a preservação, organização e proteção dos acervos documentais privados dos presidentes da República.
▶ Dec. nº 3.551, de 4-8-2000, institui o registro de bens culturais de natureza imaterial que constituem Patrimônio Cultural Brasileiro e cria o Programa Nacional do Patrimônio Imaterial.

§ 2º Cabem à administração pública, na forma da lei, a gestão da documentação governamental e as providências para franquear sua consulta a quantos dela necessitem.
▶ Lei nº 8.159, de 8-1-1991, dispõe sobre a Política Nacional de arquivos públicos e privados.
▶ Lei nº 12.527, de 18-11-2011, regula o acesso a informações previsto neste parágrafo.

§ 3º A lei estabelecerá incentivos para a produção e o conhecimento de bens e valores culturais.
▶ Lei nº 7.505, de 2-7-1986, dispõe sobre benefícios fiscais na área do imposto de renda concedidos a operações de caráter cultural ou artístico.
▶ Lei nº 8.313, de 23-12-1991, dispõe sobre benefícios fiscais concedidos a operações de caráter cultural ou artístico e cria o Programa Nacional de Apoio a Cultura – PRONAC.
▶ Lei nº 8.685, de 20-7-1993, cria mecanismos de fomento à atividade audiovisual.
▶ Lei nº 10.454, de 13-5-2002, dispõe sobre remissão da Contribuição para o Desenvolvimento da Indústria Cinematográfica – CONDECINE.
▶ MP nº 2.228-1, de 6-9-2001, que até o encerramento desta edição não havia sido convertida em Lei, cria a Agência Nacional do Cinema – ANCINE.

§ 4º Os danos e ameaças ao patrimônio cultural serão punidos, na forma da lei.
▶ Lei nº 3.924, de 26-7-1961 (Lei dos Monumentos Arqueológicos e Pré-Históricos).
▶ Lei nº 4.717, de 29-6-1965 (Lei da Ação Popular).
▶ Lei nº 7.347, de 24-7-1985 (Lei da Ação Civil Pública).

§ 5º Ficam tombados todos os documentos e os sítios detentores de reminiscências históricas dos antigos quilombos.

§ 6º É facultado aos Estados e ao Distrito Federal vincular a fundo estadual de fomento à cultura até cinco décimos por cento de sua receita tributária líquida, para o financiamento de programas e projetos culturais, vedada a aplicação desses recursos no pagamento de:
I – despesas com pessoal e encargos sociais;
II – serviço da dívida;
III – qualquer outra despesa corrente não vinculada diretamente aos investimentos ou ações apoiados.
▶ § 6º acrescido pela EC nº 42, de 19-12-2003.

Art. 216-A. O Sistema Nacional de Cultura, organizado em regime de colaboração, de forma descentralizada e participativa, institui um processo de gestão e promoção conjunta de políticas públicas de cultura, democráticas e permanentes, pactuadas entre os entes da Federação e a sociedade, tendo por objetivo promover o desenvolvimento humano, social e econômico com pleno exercício dos direitos culturais.

§ 1º O Sistema Nacional de Cultura fundamenta-se na política nacional de cultura e nas suas diretrizes, estabelecidas no Plano Nacional de Cultura, e rege-se pelos seguintes princípios:

I – diversidade das expressões culturais;
II – universalização do acesso aos bens e serviços culturais;
III – fomento à produção, difusão e circulação de conhecimento e bens culturais;
IV – cooperação entre os entes federados, os agentes públicos e privados atuantes na área cultural;
V – integração e interação na execução das políticas, programas, projetos e ações desenvolvidas;
VI – complementaridade nos papéis dos agentes culturais;
VII – transversalidade das políticas culturais;
VIII – autonomia dos entes federados e das instituições da sociedade civil;
IX – transparência e compartilhamento das informações;
X – democratização dos processos decisórios com participação e controle social;
XI – descentralização articulada e pactuada da gestão, dos recursos e das ações;
XII – ampliação progressiva dos recursos contidos nos orçamentos públicos para a cultura.

§ 2º Constitui a estrutura do Sistema Nacional de Cultura, nas respectivas esferas da Federação:

I – órgãos gestores da cultura;
II – conselhos de política cultural;
III – conferências de cultura;

IV – *comissões intergestores;*
V – *planos de cultura;*
VI – *sistemas de financiamento à cultura;*
VII – *sistemas de informações e indicadores culturais;*
VIII – *programas de formação na área da cultura; e*
IX – *sistemas setoriais de cultura.*

§ 3º Lei federal disporá sobre a regulamentação do Sistema Nacional de Cultura, bem como de sua articulação com os demais sistemas nacionais ou políticas setoriais de governo.

§ 4º Os Estados, o Distrito Federal e os Municípios organizarão seus respectivos sistemas de cultura em leis próprias.

► Art. 216-A acrescido pela EC nº 71, de 29-11-2012.

SEÇÃO III

DO DESPORTO

► Lei nº 9.615, de 24-3-1998, institui normas gerais sobre desportos.
► Lei nº 10.891, de 9-7-2004, institui a Bolsa-Atleta.

Art. 217. É dever do Estado fomentar práticas desportivas formais e não formais, como direito de cada um, observados:

I – a autonomia das entidades desportivas dirigentes e associações, quanto a sua organização e funcionamento;

II – a destinação de recursos públicos para a promoção prioritária do desporto educacional e, em casos específicos, para a do desporto de alto rendimento;

III – o tratamento diferenciado para o desporto profissional e o não profissional;

IV – a proteção e o incentivo às manifestações desportivas de criação nacional.

§ 1º O Poder Judiciário só admitirá ações relativas à disciplina e às competições desportivas após esgotarem-se as instâncias da justiça desportiva, regulada em lei.

§ 2º A justiça desportiva terá o prazo máximo de sessenta dias, contados da instauração do processo, para proferir decisão final.

§ 3º O Poder Público incentivará o lazer, como forma de promoção social.

CAPÍTULO IV

DA CIÊNCIA E TECNOLOGIA

► Lei nº 9.257, de 9-1-1996, dispõe sobre o Conselho Nacional de Ciência e Tecnologia.
► Lei nº 10.168, de 29-12-2000, institui Contribuição de Intervenção de Domínio Econômico destinado a financiar o Programa de Estímulo à Interação Universidade-Empresa para o apoio à inovação.
► Lei nº 10.332, de 19-12-2001, institui mecanismo de financiamento para o Programa de Ciência e Tecnologia para o Agronegócio, para o Programa de Fomento à Pesquisa em Saúde, para o Programa Biotecnologia e Recursos Genéticos, para o Programa de Ciência e Tecnologia para o Setor Aeronáutico e para o Programa de Inovação para Competitividade.

Art. 218. O Estado promoverá e incentivará o desenvolvimento científico, a pesquisa e a capacitação tecnológicas.

► Lei nº 10.973, de 2-12-2004, estabelece medidas de incentivo à inovação e à pesquisa científica e tecnológica no ambiente produtivo, com vistas à capacitação e ao alcance da autonomia tecnológica e ao desenvolvimento industrial do país, nos termos deste artigo e do art. 219.

§ 1º A pesquisa científica básica receberá tratamento prioritário do Estado, tendo em vista o bem público e o progresso das ciências.

§ 2º A pesquisa tecnológica voltar-se-á preponderantemente para a solução dos problemas brasileiros e para o desenvolvimento do sistema produtivo nacional e regional.

§ 3º O Estado apoiará a formação de recursos humanos nas áreas de ciência, pesquisa e tecnologia, e concederá aos que delas se ocupem meios e condições especiais de trabalho.

§ 4º A lei apoiará e estimulará as empresas que invistam em pesquisa, criação de tecnologia adequada ao País, formação e aperfeiçoamento de seus recursos humanos e que pratiquem sistemas de remuneração que assegurem ao empregado, desvinculada do salário, participação nos ganhos econômicos resultantes da produtividade de seu trabalho.

► Lei nº 9.257, de 9-1-1996, dispõe sobre o Conselho Nacional de Ciência e Tecnologia.

§ 5º É facultado aos Estados e ao Distrito Federal vincular parcela de sua receita orçamentária a entidades públicas de fomento ao ensino e à pesquisa científica e tecnológica.

► Lei nº 8.248, de 23-10-1991, dispõe sobre a capacitação e competitividade do setor de informática e automação.

Art. 219. O mercado interno integra o patrimônio nacional e será incentivado de modo a viabilizar o desenvolvimento cultural e socioeconômico, o bem-estar da população e a autonomia tecnológica do País, nos termos de lei federal.

► Lei nº 10.973, de 2-12-2004, estabelece medidas de incentivo à inovação e à pesquisa científica e tecnológica no ambiente produtivo, com vistas à capacitação e ao alcance da autonomia tecnológica e ao desenvolvimento industrial do país, nos termos deste artigo e do art. 218.

CAPÍTULO V

DA COMUNICAÇÃO SOCIAL

Art. 220. A manifestação do pensamento, a criação, a expressão e a informação, sob qualquer forma, processo ou veículo não sofrerão qualquer restrição, observado o disposto nesta Constituição.

► Arts. 1º, III e IV, 3º, III e IV, 4º, II, 5º, IX, XII, XIV, XXVII, XXVIII e XXIX, desta Constituição.
► Arts. 36, 37, 43 e 44 do CDC.
► Lei nº 4.117, de 24-8-1962 (Código Brasileiro de Telecomunicações).
► Art. 1º da Lei nº 7.524, de 17-7-1986, que dispõe sobre a manifestação, por militar inativo, de pensamento e opinião políticos ou filosóficos.
► Art. 2º da Lei nº 8.389, de 30-12-1991, que institui o Conselho de Comunicação Social.

► Lei nº 9.472, de 16-7-1997, dispõe sobre a organização dos serviços de telecomunicações, a criação e funcionamento de um Órgão Regulador e outros aspectos institucionais.

► Art. 7º da Lei nº 9.610, de 19-2-1998 (Lei de Direitos Autorais).

§ 1º Nenhuma lei conterá dispositivo que possa constituir embaraço à plena liberdade de informação jornalística em qualquer veículo de comunicação social, observado o disposto no artigo 5º, IV, V, X, XIII e XIV.

► Art. 45 da Lei nº 9.504, de 30-9-1997 (Lei das Eleições).

§ 2º É vedada toda e qualquer censura de natureza política, ideológica e artística.

§ 3º Compete à lei federal:

I – regular as diversões e espetáculos públicos, cabendo ao Poder Público informar sobre a natureza deles, as faixas etárias a que não se recomendem, locais e horários em que sua apresentação se mostre inadequada;

► Art. 21, XVI, desta Constituição.

► Arts. 74, 80, 247 e 258 do ECA.

II – estabelecer os meios legais que garantam à pessoa e à família a possibilidade de se defenderem de programas ou programações de rádio e televisão que contrariem o disposto no artigo 221, bem como da propaganda de produtos, práticas e serviços que possam ser nocivos à saúde e ao meio ambiente.

► Arts. 9º e 10 do CDC.

► Art. 5º da Lei nº 8.389, de 30-12-1991, que institui o Conselho de Comunicação Social.

§ 4º A propaganda comercial de tabaco, bebidas alcoólicas, agrotóxicos, medicamentos e terapias estará sujeita a restrições legais, nos termos do inciso II do parágrafo anterior, e conterá, sempre que necessário, advertência sobre os malefícios decorrentes de seu uso.

► Lei nº 9.294, de 15-7-1996, dispõe sobre as restrições ao uso e à propaganda de produtos fumígenos, bebidas alcoólicas, medicamentos, terapias e defensivos agrícolas referidos neste parágrafo.

► Lei nº 10.359, de 27-12-2001, dispõe sobre a obrigatoriedade de os novos aparelhos de televisão conterem dispositivo que possibilite o bloqueio temporário da recepção de programação inadequada.

§ 5º Os meios de comunicação social não podem, direta ou indiretamente, ser objeto de monopólio ou oligopólio.

► Arts. 36 e segs. da Lei nº 12.529, de 30-11-2011 (Lei do Sistema Brasileiro de Defesa da Concorrência).

§ 6º A publicação de veículo impresso de comunicação independe de licença de autoridade.

► Art. 114, parágrafo único, da Lei nº 6.015, de 31-12-1973 (Lei dos Registros Públicos).

Art. 221. A produção e a programação das emissoras de rádio e televisão atenderão aos seguintes princípios:

I – preferência a finalidades educativas, artísticas, culturais e informativas;

► Dec. nº 4.901, de 26-11-2003, institui o Sistema Brasileiro de Televisão Digital – SBTVD.

II – promoção da cultura nacional e regional e estímulo à produção independente que objetive sua divulgação;

► Art. 2º da MP nº 2.228-1, de 6-9-2001, cria a Agência Nacional do Cinema – ANCINE.

► Lei nº 10.454, de 13-5-2002, dispõe sobre remissão da Contribuição para o Desenvolvimento da Indústria Cinematográfica – CONDECINE.

III – regionalização da produção cultural, artística e jornalística, conforme percentuais estabelecidos em lei;

► Art. 3º, III, desta Constituição.

IV – respeito aos valores éticos e sociais da pessoa e da família.

► Arts. 1º, III, 5º, XLII, XLIII, XLVIII, XLIX, L, 34, VII, b, 225 a 227 e 230 desta Constituição.

► Art. 8º, III, da Lei nº 11.340, de 7-8-2006 (Lei que Coíbe a Violência Doméstica e Familiar Contra a Mulher).

Art. 222. A propriedade de empresa jornalística e de radiodifusão sonora e de sons e imagens é privativa de brasileiros natos ou naturalizados há mais de dez anos, ou de pessoas jurídicas constituídas sob as leis brasileiras e que tenham sede no País.

► *Caput* com a redação dada pela EC nº 36, de 28-5-2002.

§ 1º Em qualquer caso, pelo menos setenta por cento do capital total e do capital votante das empresas jornalísticas e de radiodifusão sonora e de sons e imagens deverá pertencer, direta ou indiretamente, a brasileiros natos ou naturalizados há mais de dez anos, que exercerão obrigatoriamente a gestão das atividades e estabelecerão o conteúdo da programação.

§ 2º A responsabilidade editorial e as atividades de seleção e direção da programação veiculada são privativas de brasileiros natos ou naturalizados há mais de dez anos, em qualquer meio de comunicação social.

► §§ 1º e 2º com a redação dada pela EC nº 36, de 28-5-2002.

§ 3º Os meios de comunicação social eletrônica, independentemente da tecnologia utilizada para a prestação do serviço, deverão observar os princípios enunciados no art. 221, na forma de lei específica, que também garantirá a prioridade de profissionais brasileiros na execução de produções nacionais.

§ 4º Lei disciplinará a participação de capital estrangeiro nas empresas de que trata o § 1º.

► Lei nº 10.610, de 20-12-2002, dispõe sobre a participação de capital estrangeiro nas empresas jornalísticas e de radiodifusão sonora e de sons e imagens.

§ 5º As alterações de controle societário das empresas de que trata o § 1º serão comunicadas ao Congresso Nacional.

► §§ 3º a 5º acrescidos pela EC nº 36, de 28-5-2002.

Art. 223. Compete ao Poder Executivo outorgar e renovar concessão, permissão e autorização para o serviço de radiodifusão sonora e de sons e imagens, observado o princípio da complementaridade dos sistemas privado, público e estatal.

► Lei nº 9.612, de 19-2-1998, institui o serviço de radiodifusão comunitária.

► Arts. 2º, 10 e 32 do Dec. nº 52.795, de 31-10-1963, que aprova regulamento dos serviços de radiodifusão.

§ 1º O Congresso Nacional apreciará o ato no prazo do artigo 64, §§ 2º e 4º, a contar do recebimento da mensagem.

§ 2º A não renovação da concessão ou permissão dependerá de aprovação de, no mínimo, dois quintos do Congresso Nacional, em votação nominal.

§ 3º O ato de outorga ou renovação somente produzirá efeitos legais após deliberação do Congresso Nacional, na forma dos parágrafos anteriores.

§ 4º O cancelamento da concessão ou permissão, antes de vencido o prazo, depende de decisão judicial.

§ 5º O prazo da concessão ou permissão será de dez anos para as emissoras de rádio e de quinze para as de televisão.

Art. 224. Para os efeitos do disposto neste Capítulo, o Congresso Nacional instituirá, como seu órgão auxiliar, o Conselho de Comunicação Social, na forma da lei.

► Lei nº 6.650, de 23-5-1979, dispõe sobre a criação, na Presidência da República, da Secretaria de Comunicação Social.
► Lei nº 8.389, de 30-12-1991, institui o Conselho de Comunicação Social.
► Dec. nº 4.799, de 4-8-2003, dispõe sobre a comunicação de Governo do Poder Executivo Federal.

CAPÍTULO VI
DO MEIO AMBIENTE

► Lei nº 7.802, de 11-7-1989, dispõe sobre a pesquisa, a experimentação, a produção, a embalagem e rotulagem, o transporte, o armazenamento, a comercialização, a propaganda comercial, a utilização, a importação, a exportação, o destino final dos resíduos e embalagens, o registro, a classificação, o controle, a inspeção e a fiscalização, de agrotóxicos, seus componentes, e afins.
► Lei nº 9.605, de 12-2-1998 (Lei dos Crimes Ambientais).
► Arts. 25, XV, 27, XV, e 29, XV, da Lei nº 10.683, de 28-5-2003, que dispõem sobre a organização do Ministério do Meio Ambiente.
► Dec. nº 4.339, de 22-8-2002, institui princípios e diretrizes para a implementação Política Nacional da Biodiversidade.
► Dec. nº 4.411, de 7-10-2002, dispõe sobre a atuação das Forças Armadas e da Polícia Federal nas unidades de conservação.

Art. 225. Todos têm direito ao meio ambiente ecologicamente equilibrado, bem de uso comum do povo e essencial à sadia qualidade de vida, impondo-se ao Poder Público e à coletividade o dever de defendê-lo e preservá-lo para as presentes e futuras gerações.

► Lei nº 7.735, de 22-2-1989, dispõe sobre a extinção de órgão e de entidade autárquica, cria o Instituto Brasileiro do Meio Ambiente e dos Recursos Naturais Renováveis.
► Lei nº 7.797, de 10-7-1989 (Lei do Fundo Nacional de Meio Ambiente).
► Lei nº 11.284, de 2-3-2006 (Lei de Gestão de Florestas Públicas).
► Dec. nº 4.339, de 22-8-2002, institui princípios e diretrizes para a implementação Política Nacional da Biodiversidade.

§ 1º Para assegurar a efetividade desse direito, incumbe ao Poder Público:

► Lei nº 9.985, de 18-7-2000 (Lei do Sistema Nacional de Unidades de Conservação da Natureza).

I – preservar e restaurar os processos ecológicos essenciais e prover o manejo ecológico das espécies e ecossistemas;

► Lei nº 9.985, de 18-7-2000 (Lei do Sistema Nacional de Unidades de Conservação da Natureza), regulamentada pelo Dec. nº 4.340, de 22-8-2002.

II – preservar a diversidade e a integridade do patrimônio genético do País e fiscalizar as entidades dedicadas à pesquisa e manipulação de material genético;

► Inciso regulamentado pela MP nº 2.186-16, de 23-8-2001, que até o encerramento desta edição não havia sido convertida em Lei.
► Lei nº 9.985, de 18-7-2000 (Lei do Sistema Nacional de Unidades de Conservação da Natureza), regulamentada pelo Dec. nº 4.340, de 22-8-2002.
► Lei nº 11.105, de 24-3-2005 (Lei de Biossegurança), regulamenta este inciso.
► Dec. nº 5.705, de 16-2-2006, promulga o Protocolo de Cartagena sobre Biossegurança da Convenção sobre Diversidade Biológica.

III – definir, em todas as Unidades da Federação, espaços territoriais e seus componentes a serem especialmente protegidos, sendo a alteração e a supressão permitidas somente através de lei, vedada qualquer utilização que comprometa a integridade dos atributos que justifiquem sua proteção;

► Lei nº 9.985, de 18-7-2000 (Lei do Sistema Nacional de Unidades de Conservação da Natureza), regulamentada pelo Dec. nº 4.340, de 22-8-2002.
► Res. do CONAMA nº 369, de 28-3-2006, dispõe sobre os casos excepcionais, de utilidade pública, interesse social ou baixo impacto ambiental, que possibilitam a intervenção ou supressão de vegetação em Área de Preservação Permanente – APP.

IV – exigir, na forma da lei, para instalação de obra ou atividade potencialmente causadora de significativa degradação do meio ambiente, estudo prévio de impacto ambiental, a que se dará publicidade;

► Lei nº 11.105, de 24-3-2005 (Lei de Biossegurança), regulamenta este inciso.

V – controlar a produção, a comercialização e o emprego de técnicas, métodos e substâncias que comportem risco para a vida, a qualidade de vida e o meio ambiente;

► Lei nº 7.802, de 11-7-1989, dispõe sobre a pesquisa, a experimentação, a produção, a embalagem e rotulagem, o transporte, o armazenamento, a comercialização, a propaganda comercial, a utilização, a importação, a exportação, o destino final dos resíduos e embalagens, o registro, a classificação, o controle, a inspeção e a fiscalização, de agrotóxicos, seus componentes, e afins.
► Lei nº 9.985, de 18-7-2000 (Lei do Sistema Nacional de Unidades de Conservação da Natureza), regulamentada pelo Dec. nº 4.340, de 22-8-2002.
► Lei nº 11.105, de 24-3-2005 (Lei de Biossegurança), regulamenta este inciso.

VI – promover a educação ambiental em todos os níveis de ensino e a conscientização pública para a preservação do meio ambiente;

► Lei nº 9.795, de 27-4-1999, dispõe sobre a educação ambiental e a instituição da Política Nacional de Educação Ambiental.

VII – proteger a fauna e a flora, vedadas, na forma da lei, as práticas que coloquem em risco sua função ecológica, provoquem a extinção de espécies ou submetam os animais à crueldade.

► Lei nº 5.197, de 3-1-1967 (Lei de Proteção à Fauna).
► Lei nº 7.802, de 11-7-1989, dispõe sobre a pesquisa, a experimentação, a produção, a embalagem e rotulagem, o transporte, o armazenamento, a comercialização, a propaganda comercial, a utilização, a im-

Constituição Federal – Art. 226 101

portação, a exportação, o destino final dos resíduos e embalagens, o registro, a classificação, o controle, a inspeção e a fiscalização, de agrotóxicos, seus componentes, e afins.
► Lei nº 9.605, de 12-2-1998 (Lei dos Crimes Ambientais).
► Lei nº 9.985, de 18-7-2000 (Lei do Sistema Nacional de Unidades de Conservação da Natureza), regulamentada pelo Dec. nº 4.340, de 22-8-2002.
► Lei nº 12.651, de 25-5-2012 (Novo Código Florestal).
► Dec.-lei nº 221, de 28-2-1967 (Lei de Proteção e Estímulos à Pesca).
► Lei nº 11.794, de 8-10-2008, regulamenta este inciso, estabelecendo procedimentos para o uso científico de animais.

§ 2º Aquele que explorar recursos minerais fica obrigado a recuperar o meio ambiente degradado, de acordo com solução técnica exigida pelo órgão público competente, na forma da lei.

► Dec.-lei nº 227, de 28-2-1967 (Código de Mineração).

§ 3º As condutas e atividades consideradas lesivas ao meio ambiente sujeitarão os infratores, pessoas físicas ou jurídicas, a sanções penais e administrativas, independentemente da obrigação de reparar os danos causados.

► Art. 3º, caput, e parágrafo único, da Lei nº 9.605, de 12-2-1998 (Lei dos Crimes Ambientais).
► Dec. nº 6.514, de 22-7-2008, dispõe sobre as infrações e sanções administrativas ao meio ambiente e estabelece o processo administrativo federal para apuração destas infrações.

§ 4º A Floresta Amazônica brasileira, a Mata Atlântica, a Serra do Mar, o Pantanal Mato-Grossense e a Zona Costeira são patrimônio nacional, e sua utilização far-se-á, na forma da lei, dentro de condições que assegurem a preservação do meio ambiente, inclusive quanto ao uso dos recursos naturais.

► Lei nº 6.902, de 27-4-1981 (Lei das Estações Ecológicas e das Áreas de Proteção Ambiental).
► Lei nº 6.938, de 31-8-1981 (Lei da Política Nacional do Meio Ambiente).
► Lei nº 7.347, de 24-7-1985 (Lei da Ação Civil Pública).
► Dec. nº 4.297, de 10-7-2002, regulamenta o inciso II do art. 9º da Lei nº 6.938, de 31-8-1981 (Lei da Política Nacional do Meio Ambiente), estabelecendo critério para o Zoneamento Ecológico-Econômico do Brasil – ZEE.
► Res. do CONAMA nº 369, de 28-3-2006, dispõe sobre os casos excepcionais, de utilidade pública, interesse social ou baixo impacto ambiental, que possibilitam a intervenção ou supressão de vegetação em Área de Preservação Permanente – APP.

§ 5º São indisponíveis as terras devolutas ou arrecadadas pelos Estados, por ações discriminatórias, necessárias à proteção dos ecossistemas naturais.

► Lei nº 6.383, de 7-12-1976 (Lei das Ações Discriminatórias).
► Dec.-lei nº 9.760, de 5-9-1946 (Lei dos Bens Imóveis da União).
► Dec.-lei nº 1.414, de 18-8-1975, dispõe sobre o processo de ratificação das concessões e alterações de terras devolutas na faixa de fronteiras.
► Arts. 1º, 5º e 164 do Dec. nº 87.620, de 21-9-1982, que dispõe sobre o procedimento administrativo para o reconhecimento da aquisição, por usucapião especial, de imóveis rurais compreendidos em terras devolutas.
► Res. do CONAMA nº 369, de 28-3-2006, dispõe sobre os casos excepcionais, de utilidade pública, interesse social ou baixo impacto ambiental, que possibilitam a intervenção ou supressão de vegetação em Área de Preservação Permanente – APP.

§ 6º As usinas que operem com reator nuclear deverão ter sua localização definida em lei federal, sem o que não poderão ser instaladas.

► Dec.-lei nº 1.809, de 7-10-1980, institui o Sistema de Proteção ao Programa Nuclear Brasileiro – SIPRON.

Capítulo VII
DA FAMÍLIA, DA CRIANÇA, DO ADOLESCENTE, DO JOVEM E DO IDOSO

► Capítulo VII com a denominação dada pela EC nº 65, de 13-7-2010.
► Lei nº 8.069, de 13-7-1990 (Estatuto da Criança e do Adolescente).
► Lei nº 8.842, de 4-1-1994, dispõe sobre a composição, estruturação, competência e funcionamento do Conselho Nacional dos Direitos do Idoso – CNDI.
► Lei nº 10.741, de 1º-10-2003 (Estatuto do Idoso).
► Lei nº 12.010, de 3-8-2009 (Lei da Adoção).

Art. 226. A família, base da sociedade, tem especial proteção do Estado.

► Arts. 1.533 a 1.542 do CC.
► Lei nº 6.015, de 31-12-1973 (Lei dos Registros Públicos).
► Lei nº 8.069, de 13-7-1990 (Estatuto da Criança e do Adolescente).

§ 1º O casamento é civil e gratuita a celebração.

► Arts. 1.511 a 1.570 do CC.
► Arts. 67 a 76 da Lei nº 6.015, de 31-12-1973 (Lei dos Registros Públicos).

§ 2º O casamento religioso tem efeito civil, nos termos da lei.

► Lei nº 1.110, de 23-5-1950, regula o reconhecimento dos efeitos civis ao casamento religioso.
► Arts. 71 a 75 da Lei nº 6.015, de 31-12-1973 (Lei dos Registros Públicos).
► Lei nº 9.278, de 10-5-1996 (Lei da União Estável).
► Art. 5º do Dec.-lei nº 3.200, de 19-4-1941, que dispõe sobre a organização e proteção da família.

§ 3º Para efeito da proteção do Estado, é reconhecida a união estável entre o homem e a mulher como entidade familiar, devendo a lei facilitar sua conversão em casamento.

► Arts. 1.723 a 1.727 do CC.
► Lei nº 8.971, de 29-12-1994, regula o direito dos companheiros a alimentos e sucessão.
► Lei nº 9.278, de 10-5-1996 (Lei da União Estável).
► O STF, por unanimidade de votos, julgou procedentes a ADPF nº 132 (como ação direta de inconstitucionalidade) e a ADIN nº 4.277, com eficácia erga omnes e efeito vinculante, para dar ao art. 1.723 do CC interpretação conforme a CF para dele excluir qualquer significado que impeça o reconhecimento da união contínua, pública e duradoura entre pessoas do mesmo sexo como entidade familiar (DOU de 13-5-2011).

§ 4º Entende-se, também, como entidade familiar a comunidade formada por qualquer dos pais e seus descendentes.

§ 5º Os direitos e deveres referentes à sociedade conjugal são exercidos igualmente pelo homem e pela mulher.

► Arts. 1.511 a 1.570 do CC.
► Arts. 2º a 8º da Lei nº 6.515, de 26-12-1977 (Lei do Divórcio).

§ 6º O casamento civil pode ser dissolvido pelo divórcio.
- § 6º com a redação dada pela EC nº 66, de 13-7-2010.
- Lei nº 6.515, de 26-12-1977 (Lei do Divórcio).

§ 7º Fundado nos princípios da dignidade da pessoa humana e da paternidade responsável, o planejamento familiar é livre decisão do casal, competindo ao Estado propiciar recursos educacionais e científicos para o exercício desse direito, vedada qualquer forma coercitiva por parte de instituições oficiais ou privadas.
- Lei nº 9.263, de 12-1-1996 (Lei do Planejamento Familiar), regulamenta este parágrafo.

§ 8º O Estado assegurará a assistência à família na pessoa de cada um dos que a integram, criando mecanismos para coibir a violência no âmbito de suas relações.
- Lei nº 11.340, de 7-8-2006 (Lei que Coíbe a Violência Doméstica e Familiar Contra a Mulher).

Art. 227. É dever da família, da sociedade e do Estado assegurar à criança, ao adolescente e ao jovem, com absoluta prioridade, o direito à vida, à saúde, à alimentação, à educação, ao lazer, à profissionalização, à cultura, à dignidade, ao respeito, à liberdade e à convivência familiar e comunitária, além de colocá-los a salvo de toda forma de negligência, discriminação, exploração, violência, crueldade e opressão.
- *Caput* com a redação dada pela EC nº 65, de 13-7-2010.
- Arts. 6º, 208 e 212, § 4º, desta Constituição.
- Lei nº 8.069, de 13-7-1990 (Estatuto da Criança e do Adolescente).
- Lei nº 12.318, de 26-8-2010 (Lei da Alienação Parental).
- Dec. nº 3.413, de 14-4-2000, promulga a Convenção sobre os Aspectos Civis do Sequestro Internacional de Crianças, concluída na cidade de Haia, em 25-10-1980.
- Dec. nº 3.597, de 12-9-2000, promulga a Convenção 182 e a Recomendação 190 da Organização Internacional do Trabalho – OIT sobre a proibição das piores formas de trabalho infantil e a ação imediata para sua eliminação, concluídas em Genebra em 17-6-1999.
- Dec. nº 3.951, de 4-10-2001, designa a Autoridade Central para dar cumprimento às obrigações impostas pela Convenção sobre os Aspectos Civis do Sequestro Internacional de Crianças, cria o Conselho da Autoridade Central Administrativa Federal Contra o Sequestro Internacional de Crianças e institui o Programa Nacional para Cooperação no Regresso de Crianças e Adolescentes Brasileiros Sequestrados Internacionalmente.
- Dec. Legislativo nº 79, de 15-9-1999, aprova o texto da Convenção sobre os Aspectos Civis do Sequestro Internacional de Crianças, concluída na cidade de Haia, em 25-10-1980, com vistas a adesão pelo governo brasileiro.
- Res. do CNJ nº 94, de 27-10-2009, determina a criação de Coordenadorias da Infância e da Juventude no âmbito dos Tribunais de Justiça dos Estados e do Distrito Federal.

§ 1º O Estado promoverá programas de assistência integral à saúde da criança, do adolescente e do jovem, admitida a participação de entidades não governamentais, mediante políticas específicas e obedecendo aos seguintes preceitos:
- § 1º com a redação dada pela EC nº 65, de 13-7-2010.
- Lei nº 8.642, de 31-3-1993, dispõe sobre a instituição do Programa Nacional de Atenção à Criança e ao Adolescente – PRONAICA.

I – aplicação de percentual dos recursos públicos destinados à saúde na assistência materno-infantil;

II – criação de programas de prevenção e atendimento especializado para as pessoas portadoras de deficiência física, sensorial ou mental, bem como de integração social do adolescente e do jovem portador de deficiência, mediante o treinamento para o trabalho e a convivência, e a facilitação do acesso aos bens e serviços coletivos, com a eliminação de obstáculos arquitetônicos e de todas as formas de discriminação.
- Inciso II com a redação dada pela EC nº 65, de 13-7-2010.
- Lei nº 7.853, de 24-10-1989 (Lei de Apoio às Pessoas Portadoras de Deficiência), regulamentada pelo Dec. nº 3.298, de 20-12-1999.
- Lei nº 8.069, de 13-7-1990 (Estatuto da Criança e do Adolescente).
- Lei nº 10.216, de 6-4-2001, dispõe sobre a proteção e os direitos das pessoas portadoras de transtornos mentais e redireciona o modelo assistencial em saúde mental.
- Dec. nº 3.956, de 8-10-2001, promulga a Convenção Interamericana para Eliminação de Todas as Formas de Discriminação contra as Pessoas Portadoras de Deficiência.
- Dec. nº 6.949, de 25-8-2009, promulga a Convenção Internacional sobre os Direitos das Pessoas com Deficiência.

§ 2º A lei disporá sobre normas de construção dos logradouros e dos edifícios de uso público e de fabricação de veículos de transporte coletivo, a fim de garantir acesso adequado às pessoas portadoras de deficiência.
- Art. 244 desta Constituição.
- Art. 3º da Lei nº 7.853, de 24-10-1989 (Lei de Apoio às Pessoas Portadoras de Deficiência), regulamentada pelo Dec. nº 3.298, de 20-12-1999.
- Dec. nº 6.949, de 25-8-2009, promulga a Convenção Internacional sobre os Direitos das Pessoas com Deficiência.

§ 3º O direito a proteção especial abrangerá os seguintes aspectos:

I – idade mínima de quatorze anos para admissão ao trabalho, observado o disposto no artigo 7º, XXXIII;
- O art. 7º, XXXIII, desta Constituição, foi alterado pela EC nº 20, de 15-12-1998, e agora fixa em dezesseis anos a idade mínima para admissão ao trabalho.

II – garantia de direitos previdenciários e trabalhistas;
III – garantia de acesso do trabalhador adolescente e jovem à escola;
- Inciso III com a redação dada pela EC nº 65, de 13-7-2010.

IV – garantia de pleno e formal conhecimento da atribuição de ato infracional, igualdade na relação processual e defesa técnica por profissional habilitado, segundo dispuser a legislação tutelar específica;
V – obediência aos princípios de brevidade, excepcionalidade e respeito à condição peculiar de pessoa em desenvolvimento, quando da aplicação de qualquer medida privativa da liberdade;
VI – estímulo do Poder Público, através de assistência jurídica, incentivos fiscais e subsídios, nos termos da lei, ao acolhimento, sob a forma de guarda, de criança ou adolescente órfão ou abandonado;
- Arts. 33 a 35 do ECA.

VII – programas de prevenção e atendimento especializado à criança, ao adolescente e ao jovem dependente de entorpecentes e drogas afins.
▶ Inciso VII com a redação dada pela EC nº 65, de 13-7-2010.
▶ Lei nº 11.343, de 23-8-2006 (Lei Antidrogas).

§ 4º A lei punirá severamente o abuso, a violência e a exploração sexual da criança e do adolescente.
▶ Arts. 217-A a 218-B e 224 do CP.
▶ Arts. 225 a 258 do ECA.

§ 5º A adoção será assistida pelo Poder Público, na forma da lei, que estabelecerá casos e condições de sua efetivação por parte de estrangeiros.
▶ Arts. 1.618 e 1.619 do CC.
▶ Arts. 39 a 52 do ECA.
▶ Lei nº 12.010, de 3-8-2009 (Lei da Adoção).
▶ Dec. nº 3.087, de 21-6-1999, promulga a Convenção Relativa a Proteção das Crianças e a Cooperação em Matéria de Adoção Internacional, concluída em Haia, em 29-5-1993.

§ 6º Os filhos, havidos ou não da relação do casamento, ou por adoção, terão os mesmos direitos e qualificações, proibidas quaisquer designações discriminatórias relativas à filiação.
▶ Art. 41, §§ 1º e 2º, do ECA.
▶ Lei nº 8.560, de 29-12-1992 (Lei de Investigação de Paternidade).
▶ Lei nº 10.317, de 6-12-2001, dispõe sobre a gratuidade no exame de DNA nos casos que especifica.
▶ Lei nº 12.010, de 3-8-2009 (Lei da Adoção).

§ 7º No atendimento dos direitos da criança e do adolescente levar-se-á em consideração o disposto no artigo 204.

§ 8º A lei estabelecerá:
I – o estatuto da juventude, destinado a regular os direitos dos jovens;
II – o plano nacional de juventude, de duração decenal, visando à articulação das várias esferas do poder público para a execução de políticas públicas.
▶ § 8º acrescido pela EC nº 65, de 13-7-2010.

Art. 228. São penalmente inimputáveis os menores de dezoito anos, sujeitos às normas da legislação especial.
▶ Art. 27 do CP.
▶ Arts. 101, 104 e 112 do ECA.

Art. 229. Os pais têm o dever de assistir, criar e educar os filhos menores, e os filhos maiores têm o dever de ajudar e amparar os pais na velhice, carência ou enfermidade.
▶ Art. 22 do ECA.

Art. 230. A família, a sociedade e o Estado têm o dever de amparar as pessoas idosas, assegurando sua participação na comunidade, defendendo sua dignidade e bem-estar e garantindo-lhes o direito à vida.
▶ Lei nº 8.842, de 4-1-1994, dispõe sobre a política nacional do idoso.
▶ Lei nº 10.741, de 1º-10-2003 (Estatuto do Idoso).

§ 1º Os programas de amparo aos idosos serão executados preferencialmente em seus lares.

§ 2º Aos maiores de sessenta e cinco anos é garantida a gratuidade dos transportes coletivos urbanos.

Capítulo VIII

DOS ÍNDIOS

Art. 231. São reconhecidos aos índios sua organização social, costumes, línguas, crenças e tradições, e os direitos originários sobre as terras que tradicionalmente ocupam, competindo à União demarcá-las, proteger e fazer respeitar todos os seus bens.
▶ Lei nº 6.001, de 19-12-1973 (Estatuto do Índio).
▶ Dec. nº 26, de 4-2-1991, dispõe sobre a educação indígena no Brasil.
▶ Dec. nº 1.141, de 19-5-1994, dispõe sobre ações de proteção ambiental, saúde e apoio às atividades produtivas para as comunidades indígenas.
▶ Dec. nº 1.775, de 8-1-1996, dispõe sobre o procedimento administrativo de demarcação de terras indígenas.
▶ Dec. nº 3.156, de 7-10-1999, dispõe sobre as condições para a prestação de assistência à saúde dos povos indígenas, no âmbito do Sistema Único de Saúde.
▶ Dec. nº 4.412, de 7-10-2002, dispõe sobre a atuação das Forças Armadas e da Polícia Federal nas terras indígenas.
▶ Dec. nº 5.051, de 19-4-2004, promulga a Convenção nº 169 da OIT sobre povos indígenas e tribais.
▶ Dec. nº 6.040, de 7-2-2007, institui a Política Nacional de Desenvolvimento Sustentável dos Povos e Comunidades Tradicionais.

§ 1º São terras tradicionalmente ocupadas pelos índios as por eles habitadas em caráter permanente, as utilizadas para suas atividades produtivas, as imprescindíveis à preservação dos recursos ambientais necessários a seu bem-estar e as necessárias a sua reprodução física e cultural, segundo seus usos, costumes e tradições.

§ 2º As terras tradicionalmente ocupadas pelos índios destinam-se a sua posse permanente, cabendo-lhes o usufruto exclusivo das riquezas do solo, dos rios e dos lagos nelas existentes.

§ 3º O aproveitamento dos recursos hídricos, incluídos os potenciais energéticos, a pesquisa e a lavra das riquezas minerais em terras indígenas só podem ser efetivados com autorização do Congresso Nacional, ouvidas as comunidades afetadas, ficando-lhes assegurada participação nos resultados da lavra, na forma da lei.

§ 4º As terras de que trata este artigo são inalienáveis e indisponíveis, e os direitos sobre elas, imprescritíveis.

§ 5º É vedada a remoção dos grupos indígenas de suas terras, salvo, *ad referendum* do Congresso Nacional, em caso de catástrofe ou epidemia que ponha em risco sua população, ou no interesse da soberania do País, após deliberação do Congresso Nacional, garantindo, em qualquer hipótese, o retorno imediato logo que cesse o risco.

§ 6º São nulos e extintos, não produzindo efeitos jurídicos, os atos que tenham por objeto a ocupação, o domínio e a posse das terras a que se refere este artigo, ou a exploração das riquezas naturais do solo, dos rios e dos lagos nelas existentes, ressalvado relevante interesse público da União, segundo o que dispuser lei complementar, não gerando a nulidade e a extinção direito a indenização ou ações contra a União, salvo, na forma da lei, quanto às benfeitorias derivadas da ocupação de boa-fé.

▶ Art. 62 da Lei nº 6.001, de 19-12-1973 (Estatuto do Índio).

§ 7º Não se aplica às terras indígenas o disposto no artigo 174, §§ 3º e 4º.

Art. 232. Os índios, suas comunidades e organizações são partes legítimas para ingressar em juízo em defesa de seus direitos e interesses, intervindo o Ministério Público em todos os atos do processo.

▶ Lei nº 6.001, de 19-12-1973 (Estatuto do Índio).

TÍTULO IX – DAS DISPOSIÇÕES CONSTITUCIONAIS GERAIS

Art. 233. Revogado. EC nº 28, de 25-5-2000.

§§ 1º a 3º Revogados. EC nº 28, de 25-5-2000.

Art. 234. É vedado à União, direta ou indiretamente, assumir, em decorrência da criação de Estado, encargos referentes a despesas com pessoal inativo e com encargos e amortizações da dívida interna ou externa da administração pública, inclusive da indireta.

▶ Art. 13, § 6º, do ADCT.

Art. 235. Nos dez primeiros anos da criação de Estado, serão observadas as seguintes normas básicas:

I – a Assembleia Legislativa será composta de dezessete Deputados se a população do Estado for inferior a seiscentos mil habitantes, e de vinte e quatro, se igual ou superior a esse número, até um milhão e quinhentos mil;

II – o Governo terá no máximo dez Secretarias;

III – o Tribunal de Contas terá três membros, nomeados, pelo Governador eleito, dentre brasileiros de comprovada idoneidade e notório saber;

IV – o Tribunal de Justiça terá sete Desembargadores;

V – os primeiros Desembargadores serão nomeados pelo Governador eleito, escolhidos da seguinte forma:

a) cinco dentre os magistrados com mais de trinta e cinco anos de idade, em exercício na área do novo Estado ou do Estado originário;

b) dois dentre promotores, nas mesmas condições, e advogados de comprovada idoneidade e saber jurídico, com dez anos, no mínimo, de exercício profissional, obedecido o procedimento fixado na Constituição;

VI – no caso de Estado proveniente de Território Federal, os cinco primeiros Desembargadores poderão ser escolhidos dentre juízes de direito de qualquer parte do País;

VII – em cada Comarca, o primeiro Juiz de Direito, o primeiro Promotor de Justiça e o primeiro Defensor Público serão nomeados pelo Governador eleito após concurso público de provas e títulos;

VIII – até a promulgação da Constituição Estadual, responderão pela Procuradoria-Geral, pela Advocacia-Geral e pela Defensoria-Geral do Estado advogados de notório saber, com trinta e cinco anos de idade, no mínimo, nomeados pelo Governador eleito e demissíveis ad nutum;

IX – se o novo Estado for resultado de transformação de Território Federal, a transferência de encargos financeiros da União para pagamento dos servidores optantes que pertenciam à Administração Federal ocorrerá da seguinte forma:

a) no sexto ano de instalação, o Estado assumirá vinte por cento dos encargos financeiros para fazer face ao pagamento dos servidores públicos, ficando ainda o restante sob a responsabilidade da União;

b) no sétimo ano, os encargos do Estado serão acrescidos de trinta por cento e, no oitavo, dos restantes cinquenta por cento;

X – as nomeações que se seguirem às primeiras, para os cargos mencionados neste artigo, serão disciplinadas na Constituição Estadual;

XI – as despesas orçamentárias com pessoal não poderão ultrapassar cinquenta por cento da receita do Estado.

Art. 236. Os serviços notariais e de registro são exercidos em caráter privado, por delegação do Poder Público.

▶ Art. 32 do ADCT.

▶ Lei nº 8.935, de 18-11-1994 (Lei dos Serviços Notariais e de Registro).

§ 1º Lei regulará as atividades, disciplinará a responsabilidade civil e criminal dos notários, dos oficiais de registro e de seus prepostos, e definirá a fiscalização de seus atos pelo Poder Judiciário.

§ 2º Lei federal estabelecerá normas gerais para fixação de emolumentos relativos aos atos praticados pelos serviços notariais e de registro.

▶ Lei nº 10.169, de 29-12-2000, dispõe sobre normas gerais para a fixação de emolumentos relativos aos atos praticados pelos serviços notariais e de registro.

§ 3º O ingresso na atividade notarial e de registro depende de concurso público de provas e títulos, não se permitindo que qualquer serventia fique vaga, sem abertura de concurso de provimento ou de remoção, por mais de seis meses.

Art. 237. A fiscalização e o controle sobre o comércio exterior, essenciais à defesa dos interesses fazendários nacionais, serão exercidos pelo Ministério da Fazenda.

▶ Dec. nº 2.781, de 14-9-1998, instituiu o Programa Nacional de Combate ao Contrabando e ao Descaminho.

▶ Dec. nº 4.732, de 10-6-2003, dispõe sobre a CAMEX – Câmara de Comércio Exterior, que tem por objetivo a formulação, a doação, implementação e a coordenação das políticas e atividades relativas ao comércio exterior de bens e de serviço, incluindo o turismo.

Art. 238. A lei ordenará a venda e revenda de combustíveis de petróleo, álcool carburante e outros combustíveis derivados de matérias-primas renováveis, respeitados os princípios desta Constituição.

▶ Lei nº 9.478, de 6-8-1997, dispõe sobre a Política Energética Nacional, as atividades relativas ao monopólio do petróleo, institui o Conselho Nacional de Política Energética e a Agência Nacional de Petróleo – ANP.

▶ Lei nº 9.847, de 26-10-1999, disciplina a fiscalização das atividades relativas ao abastecimento nacional de combustíveis, de que trata a Lei nº 9.478, de 6-8-1997, e estabelece sanções.

Art. 239. A arrecadação decorrente das contribuições para o Programa de Integração Social, criado pela Lei Complementar nº 7, de 7 de setembro de 1970, e para o Programa de Formação do Patrimônio do Servidor Público, criado pela Lei Complementar nº 8, de 3 de dezembro de 1970, passa, a partir da promulgação desta Constituição, a financiar, nos termos que a lei dispuser, o programa do seguro-desemprego e o abono de que trata o § 3º deste artigo.

▶ Art. 72, §§ 2º e 3º, do ADCT.

► Lei nº 7.998, de 11-1-1990 (Lei do Seguro-Desemprego).
► Lei nº 9.715, de 25-11-1998, dispõe sobre as contribuições para os Programas de Integração Social e de Formação do Patrimônio do Servidor Público – PIS/PASEP.

§ 1º Dos recursos mencionados no *caput* deste artigo, pelo menos quarenta por cento serão destinados a financiar programas de desenvolvimento econômico, através do Banco Nacional de Desenvolvimento Econômico e Social, com critérios de remuneração que lhes preservem o valor.

► Dec. nº 4.418, de 11-10-2002, aprovou novo Estatuto Social da empresa pública Banco Nacional de Desenvolvimento Econômico e Social – BNDES.

§ 2º Os patrimônios acumulados do Programa de Integração Social e do Programa de Formação do Patrimônio do Servidor Público são preservados, mantendo-se os critérios de saque nas situações previstas nas leis específicas, com exceção da retirada por motivo de casamento, ficando vedada a distribuição da arrecadação de que trata o *caput* deste artigo, para depósito nas contas individuais dos participantes.

§ 3º Aos empregados que percebam de empregadores que contribuem para o Programa de Integração Social ou para o Programa de Formação do Patrimônio do Servidor Público, até dois salários mínimos de remuneração mensal, é assegurado o pagamento de um salário mínimo anual, computado neste valor o rendimento das contas individuais, no caso daqueles que já participavam dos referidos programas, até a data da promulgação desta Constituição.

► Lei nº 7.859, de 25-10-1989, regula a concessão e o pagamento de abono previsto neste parágrafo.

§ 4º O financiamento do seguro-desemprego receberá uma contribuição adicional da empresa cujo índice de rotatividade da força de trabalho superar o índice médio da rotatividade do setor, na forma estabelecida por lei.

► Lei nº 7.998, de 11-1-1990 (Lei do Seguro-Desemprego).
► Lei nº 8.352, de 28-12-1991, dispõe sobre as disponibilidades financeiras do Fundo de Amparo ao Trabalhador – FAT.

Art. 240. Ficam ressalvadas do disposto no artigo 195 as atuais contribuições compulsórias dos empregadores sobre a folha de salários, destinadas às entidades privadas de serviço social e de formação profissional vinculadas ao sistema sindical.

► Art. 13, § 3º, da LC nº 123, de 14-12-2006 (Estatuto Nacional da Microempresa e da Empresa de Pequeno Porte).

Art. 241. A União, os Estados, o Distrito Federal e os Municípios disciplinarão por meio de lei os consórcios públicos e os convênios de cooperação entre os entes federados, autorizando a gestão associada de serviços públicos, bem como a transferência total ou parcial de encargos, serviços, pessoal e bens essenciais à continuidade dos serviços transferidos.

► Artigo com a redação dada pela EC nº 19, de 4-6-1998.
► Lei nº 11.107, de 6-4-2005 (Lei de Consórcios Públicos), regulamenta este artigo.

Art. 242. O princípio do artigo 206, IV, não se aplica às instituições educacionais oficiais criadas por lei estadual ou municipal e existentes na data da promulgação desta Constituição, que não sejam total ou preponderantemente mantidas com recursos públicos.

§ 1º O ensino da História do Brasil levará em conta as contribuições das diferentes culturas e etnias para a formação do povo brasileiro.

§ 2º O Colégio Pedro II, localizado na cidade do Rio de Janeiro, será mantido na órbita federal.

Art. 243. As glebas de qualquer região do País onde forem localizadas culturas ilegais de plantas psicotrópicas serão imediatamente expropriadas e especificamente destinadas ao assentamento de colonos, para o cultivo de produtos alimentícios e medicamentosos, sem qualquer indenização ao proprietário e sem prejuízo de outras sanções previstas em lei.

► Lei nº 8.257, de 26-11-1991, dispõe sobre a expropriação das glebas nas quais se localizem culturas ilegais de plantas psicotrópicas, regulamentada pelo Dec. nº 577, de 24-6-1992.

Parágrafo único. Todo e qualquer bem de valor econômico apreendido em decorrência do tráfico ilícito de entorpecentes e drogas afins será confiscado e reverterá em benefício de instituições e pessoal especializados no tratamento e recuperação de viciados e no aparelhamento e custeio de atividades de fiscalização, controle, prevenção e repressão do crime de tráfico dessas substâncias.

► Lei nº 11.343, de 23-8-2006 (Lei Antidrogas).

Art. 244. A lei disporá sobre a adaptação dos logradouros, dos edifícios de uso público e dos veículos de transporte coletivo atualmente existentes a fim de garantir acesso adequado às pessoas portadoras de deficiência, conforme o disposto no art. 227, § 2º.

► Lei nº 7.853, de 24-10-1989 (Lei de Apoio às Pessoas Portadoras de Deficiência), regulamentada pelo Dec. nº 3.298, de 20-12-1999.
► Lei nº 8.899, de 29-6-1994, concede passe livre às pessoas portadoras de deficiência, no sistema de transporte coletivo interestadual.
► Lei nº 10.098, de 19-12-2000, estabelece normas gerais e critérios básicos para a promoção da acessibilidade das pessoas portadoras de deficiência ou com mobilidade reduzida.
► Dec. nº 6.949, de 25-8-2009, promulga a Convenção Internacional sobre os Direitos das Pessoas com Deficiência.

Art. 245. A lei disporá sobre as hipóteses e condições em que o Poder Público dará assistência aos herdeiros e dependentes carentes de pessoas vitimadas por crime doloso, sem prejuízo da responsabilidade civil do autor do ilícito.

► LC nº 79, de 7-1-1994, cria o Fundo Penitenciário Nacional – FUNPEN.

Art. 246. É vedada a adoção de medida provisória na regulamentação de artigo da Constituição cuja redação tenha sido alterada por meio de emenda promulgada entre 1º de janeiro de 1995 até a promulgação desta emenda, inclusive.

► Artigo com a redação dada pela EC nº 32, de 11-9-2001.
► Art. 62 desta Constituição.

Art. 247. As leis previstas no inciso III do § 1º do artigo 41 e no § 7º do artigo 169 estabelecerão critérios e garantias especiais para a perda do cargo pelo servidor público estável que, em decorrência das atribuições de seu cargo efetivo, desenvolva atividades exclusivas de Estado.

Parágrafo único. Na hipótese de insuficiência de desempenho, a perda do cargo somente ocorrerá mediante processo administrativo em que lhe sejam assegurados o contraditório e a ampla defesa.

▶ Art. 247 acrescido pela EC nº 19, de 4-6-1998.

Art. 248. Os benefícios pagos, a qualquer título, pelo órgão responsável pelo regime geral de previdência social, ainda que à conta do Tesouro Nacional, e os não sujeitos ao limite máximo de valor fixado para os benefícios concedidos por esse regime observarão os limites fixados no artigo 37, XI.

Art. 249. Com o objetivo de assegurar recursos para o pagamento de proventos de aposentadoria e pensões concedidas aos respectivos servidores e seus dependentes, em adição aos recursos dos respectivos tesouros, a União, os Estados, o Distrito Federal e os Municípios poderão constituir fundos integrados pelos recursos provenientes de contribuições e por bens, direitos e ativos de qualquer natureza, mediante lei que disporá sobre a natureza e administração desses fundos.

Art. 250. Com o objetivo de assegurar recursos para o pagamento dos benefícios concedidos pelo regime geral de previdência social, em adição aos recursos de sua arrecadação, a União poderá constituir fundo integrado por bens, direitos e ativos de qualquer natureza, mediante lei que disporá sobre a natureza e administração desse fundo.

▶ Arts. 248 a 250 acrescidos pela EC nº 20, de 15-12-1998.

ATO DAS DISPOSIÇÕES CONSTITUCIONAIS TRANSITÓRIAS

Art. 1º O Presidente da República, o Presidente do Supremo Tribunal Federal e os membros do Congresso Nacional prestarão o compromisso de manter, defender e cumprir a Constituição, no ato e na data de sua promulgação.

Art. 2º No dia 7 de setembro de 1993 o eleitorado definirá, através de plebiscito, a forma (república ou monarquia constitucional) e o sistema de governo (parlamentarismo ou presidencialismo) que devem vigorar no País.

▶ EC nº 2, de 25-8-1992.

▶ Lei nº 8.624, de 4-2-1993, dispõe sobre o plebiscito que definirá a Forma e o Sistema de Governo, regulamentando este artigo.

▶ No plebiscito realizado em 21-4-1993, disciplinado pela EC nº 2, de 25-8-1992, foram mantidos a República e o Presidencialismo, como forma e sistema de Governo, respectivamente.

§ 1º Será assegurada gratuidade na livre divulgação dessas formas e sistemas, através dos meios de comunicação de massa cessionários de serviço público.

§ 2º O Tribunal Superior Eleitoral, promulgada a Constituição, expedirá as normas regulamentadoras deste artigo.

Art. 3º A revisão constitucional será realizada após cinco anos, contados da promulgação da Constituição, pelo voto da maioria absoluta dos membros do Congresso Nacional, em sessão unicameral.

▶ Emendas Constitucionais de Revisão nºs 1 a 6.

Art. 4º O mandato do atual Presidente da República terminará em 15 de março de 1990.

§ 1º A primeira eleição para Presidente da República após a promulgação da Constituição será realizada no dia 15 de novembro de 1989, não se lhe aplicando o disposto no artigo 16 da Constituição.

§ 2º É assegurada a irredutibilidade da atual representação dos Estados e do Distrito Federal na Câmara dos Deputados.

§ 3º Os mandatos dos Governadores e dos Vice-Governadores eleitos em 15 de novembro de 1986 terminarão em 15 de março de 1991.

§ 4º Os mandatos dos atuais Prefeitos, Vice-Prefeitos e Vereadores terminarão no dia 1º de janeiro de 1989, com a posse dos eleitos.

Art. 5º Não se aplicam às eleições previstas para 15 de novembro de 1988 o disposto no artigo 16 e as regras do artigo 77 da Constituição.

§ 1º Para as eleições de 15 de novembro de 1988 será exigido domicílio eleitoral na circunscrição pelo menos durante os quatro meses anteriores ao pleito, podendo os candidatos que preencham este requisito, atendidas as demais exigências da lei, ter seu registro efetivado pela Justiça Eleitoral após a promulgação da Constituição.

§ 2º Na ausência de norma legal específica, caberá ao Tribunal Superior Eleitoral editar as normas necessárias à realização das eleições de 1988, respeitada a legislação vigente.

§ 3º Os atuais parlamentares federais e estaduais eleitos Vice-Prefeitos, se convocados a exercer a função de Prefeito, não perderão o mandato parlamentar.

§ 4º O número de vereadores por município será fixado, para a representação a ser eleita em 1988, pelo respectivo Tribunal Regional Eleitoral, respeitados os limites estipulados no artigo 29, IV, da Constituição.

§ 5º Para as eleições de 15 de novembro de 1988, ressalvados os que já exercem mandato eletivo, são inelegíveis para qualquer cargo, no território de jurisdição do titular, o cônjuge e os parentes por consanguinidade ou afinidade, até o segundo grau, ou por adoção, do Presidente da República, do Governador de Estado, do Governador do Distrito Federal e do Prefeito que tenham exercido mais da metade do mandato.

Art. 6º Nos seis meses posteriores à promulgação da Constituição, parlamentares federais, reunidos em número não inferior a trinta, poderão requerer ao Tribunal Superior Eleitoral o registro de novo partido político, juntando ao requerimento o manifesto, o estatuto e o programa devidamente assinados pelos requerentes.

§ 1º O registro provisório, que será concedido de plano pelo Tribunal Superior Eleitoral, nos termos deste artigo, dará ao novo partido todos os direitos, deveres e prerrogativas dos atuais, entre eles o de participar, sob legenda própria, das eleições que vierem a ser realizadas nos doze meses seguintes à sua formação.

§ 2º O novo partido perderá automaticamente seu registro provisório se, no prazo de vinte e quatro meses, contados de sua formação, não obtiver registro definitivo no Tribunal Superior Eleitoral, na forma que a lei dispuser.

Art. 7º O Brasil propugnará pela formação de um Tribunal Internacional dos Direitos Humanos.

▶ Dec. nº 4.388, de 25-9-2002, promulga o Estatuto de Roma do Tribunal Penal Internacional.

▶ Dec. nº 4.463, de 8-11-2002, promulga a Declaração de Reconhecimento da Competência Obrigatória da Corte Interamericana em todos os casos relativos à interpretação ou aplicação da Convenção Americana sobre Direitos Humanos.

Art. 8º É concedida anistia aos que, no período de 18 de setembro de 1946 até a data da promulgação da Constituição, foram atingidos, em decorrência de motivação exclusivamente política, por atos de exceção, institucionais ou complementares, aos que foram abrangidos pelo Decreto Legislativo nº 18, de 15 de dezembro de 1961, e aos atingidos pelo Decreto-Lei nº 864, de 12 de setembro de 1969, asseguradas as promoções, na inatividade, ao cargo, emprego, posto ou graduação a que teriam direito se estivessem em serviço ativo, obedecidos os prazos de permanência em atividade previstos nas leis e regulamentos vigentes, respeitadas as características e peculiaridades das carreiras dos servidores públicos civis e militares e observados os respectivos regimes jurídicos.

▶ Lei nº 10.559, de 13-11-2002, regulamenta este artigo.
▶ Lei nº 12.528, de 18-11-2011, cria a Comissão Nacional da Verdade no âmbito da Casa Civil da Presidência da República.
▶ Súm. nº 674 do STF.

§ 1º O disposto neste artigo somente gerará efeitos financeiros a partir da promulgação da Constituição, vedada a remuneração de qualquer espécie em caráter retroativo.

§ 2º Ficam assegurados os benefícios estabelecidos neste artigo aos trabalhadores do setor privado, dirigentes e representantes sindicais que, por motivos exclusivamente políticos, tenham sido punidos, demitidos ou compelidos ao afastamento das atividades remuneradas que exerciam, bem como aos que foram impedidos de exercer atividades profissionais em virtude de pressões ostensivas ou expedientes oficiais sigilosos.

§ 3º Aos cidadãos que foram impedidos de exercer, na vida civil, atividade profissional específica, em decorrência das Portarias Reservadas do Ministério da Aeronáutica nº S-50-GM5, de 19 de junho de 1964, e nº S-285-GM5 será concedida reparação de natureza econômica, na forma que dispuser lei de iniciativa do Congresso Nacional e a entrar em vigor no prazo de doze meses a contar da promulgação da Constituição.

§ 4º Aos que, por força de atos institucionais, tenham exercido gratuitamente mandato eletivo de vereador serão computados, para efeito de aposentadoria no serviço público e Previdência Social, os respectivos períodos.

§ 5º A anistia concedida nos termos deste artigo aplica-se aos servidores públicos civis e aos empregados em todos os níveis de governo ou em suas fundações, empresas públicas ou empresas mistas sob controle estatal, exceto nos Ministérios militares, que tenham sidos punidos ou demitidos por atividades profissionais interrompidas em virtude de decisão de seus trabalhadores, bem como em decorrência do Decreto-lei nº 1.632, de 4 de agosto de 1978, ou por motivos exclusivamente políticos, assegurada a readmissão dos que foram atingidos a partir de 1979, observado o disposto no § 1º.

▶ O referido Decreto-lei foi revogado pela Lei nº 7.783, de 28-6-1989 (Lei de Greve).

Art. 9º Os que, por motivos exclusivamente políticos, foram cassados ou tiveram seus direitos políticos suspensos no período de 15 de julho a 31 de dezembro de 1969, por ato do então Presidente da República, poderão requerer ao Supremo Tribunal Federal o reconhecimento dos direitos e vantagens interrompidos pelos atos punitivos, desde que comprovem terem sido estes eivados de vício grave.

Parágrafo único. O Supremo Tribunal Federal proferirá a decisão no prazo de cento e vinte dias, a contar do pedido do interessado.

Art. 10. Até que seja promulgada a lei complementar a que se refere o artigo 7º, I, da Constituição:

I – fica limitada a proteção nele referida ao aumento, para quatro vezes, da porcentagem prevista no artigo 6º, *caput* e § 1º, da Lei nº 5.107, de 13 de setembro de 1966;

▶ A referida Lei foi revogada pela Lei nº 7.839, de 12-10-1989, e essa pela Lei nº 8.036, de 11-5-1990.
▶ Art. 18 da Lei nº 8.036, de 11-5-1990 (Lei do FGTS).

II – fica vedada a dispensa arbitrária ou sem justa causa:

a) do empregado eleito para cargo de direção de comissões internas de prevenção de acidentes, desde o registro de sua candidatura até um ano após o final de seu mandato;

▶ Súm. nº 676 do STF.
▶ Súm. nº 339 do TST.

b) da empregada gestante, desde a confirmação da gravidez até cinco meses após o parto.

▶ Súm. nº 244 do TST.
▶ OJ da SDC nº 30 do TST.

§ 1º Até que a lei venha a disciplinar o disposto no artigo 7º, XIX, da Constituição, o prazo da licença-paternidade a que se refere o inciso é de cinco dias.

§ 2º Até ulterior disposição legal, a cobrança das contribuições para o custeio das atividades dos sindicatos rurais será feita juntamente com a do imposto territorial rural, pelo mesmo órgão arrecadador.

§ 3º Na primeira comprovação do cumprimento das obrigações trabalhistas pelo empregador rural, na forma do artigo 233, após a promulgação da Constituição, será certificada perante a Justiça do Trabalho a regularidade do contrato e das atualizações das obrigações trabalhistas de todo o período.

▶ O referido art. 233 foi revogado pela EC nº 28, de 25-5-2000.

Art. 11. Cada Assembleia Legislativa, com poderes constituintes, elaborará a Constituição do Estado, no prazo de um ano, contado da promulgação da Constituição Federal, obedecidos os princípios desta.

Parágrafo único. Promulgada a Constituição do Estado, caberá à Câmara Municipal, no prazo de seis meses, votar a Lei Orgânica respectiva, em dois turnos de discussão e votação, respeitado o disposto na Constituição Federal e na Constituição Estadual.

Art. 12. Será criada, dentro de noventa dias da promulgação da Constituição, Comissão de Estudos Territoriais, com dez membros indicados pelo Congresso Nacional e cinco pelo Poder Executivo, com a finalidade de apresentar estudos sobre o território nacional e anteprojetos relativos a novas unidades territoriais, notadamente na Amazônia Legal e em áreas pendentes de solução.

§ 1º No prazo de um ano, a Comissão submeterá ao Congresso Nacional os resultados de seus estudos para, nos termos da Constituição, serem apreciados nos doze meses subsequentes, extinguindo-se logo após.

§ 2º Os Estados e os Municípios deverão, no prazo de três anos, a contar da promulgação da Constituição, promover, mediante acordo ou arbitramento, a demarcação de suas linhas divisórias atualmente litigiosas, podendo para isso fazer alterações e compensações de área que atendam aos acidentes naturais, critérios históricos, conveniências administrativas e comodidade das populações limítrofes.

§ 3º Havendo solicitação dos Estados e Municípios interessados, a União poderá encarregar-se dos trabalhos demarcatórios.

§ 4º Se, decorrido o prazo de três anos, a contar da promulgação da Constituição, os trabalhos demarcatórios não tiverem sido concluídos, caberá à União determinar os limites das áreas litigiosas.

§ 5º Ficam reconhecidos e homologados os atuais limites do Estado do Acre com os Estados do Amazonas e de Rondônia, conforme levantamentos cartográficos e geodésicos realizados pela Comissão Tripartite integrada por representantes dos Estados e dos serviços técnico-especializados do Instituto Brasileiro de Geografia e Estatística.

Art. 13. É criado o Estado do Tocantins, pelo desmembramento da área descrita neste artigo, dando-se sua instalação no quadragésimo sexto dia após a eleição prevista no § 3º, mas não antes de 1º de janeiro de 1989.

§ 1º O Estado do Tocantins integra a Região Norte e limita-se com o Estado de Goiás pelas divisas norte dos Municípios de São Miguel do Araguaia, Porangatu, Formoso, Minaçu, Cavalcante, Monte Alegre de Goiás e Campos Belos, conservando a leste, norte e oeste as divisas atuais de Goiás com os Estados da Bahia, Piauí, Maranhão, Pará e Mato Grosso.

§ 2º O Poder Executivo designará uma das cidades do Estado para sua Capital provisória até a aprovação da sede definitiva do governo pela Assembleia Constituinte.

§ 3º O Governador, o Vice-Governador, os Senadores, os Deputados Federais e os Deputados Estaduais serão eleitos, em um único turno, até setenta e cinco dias após a promulgação da Constituição, mas não antes de 15 de novembro de 1988, a critério do Tribunal Superior Eleitoral, obedecidas, entre outras, as seguintes normas:

I – o prazo de filiação partidária dos candidatos será encerrado setenta e cinco dias antes da data das eleições;

II – as datas das convenções regionais partidárias destinadas a deliberar sobre coligações e escolha de candidatos, de apresentação de requerimento de registro dos candidatos escolhidos e dos demais procedimentos legais serão fixadas em calendário especial, pela Justiça Eleitoral;

III – são inelegíveis os ocupantes de cargos estaduais ou municipais que não se tenham deles afastado, em caráter definitivo, setenta e cinco dias antes da data das eleições previstas neste parágrafo;

IV – ficam mantidos os atuais diretórios regionais dos partidos políticos do Estado de Goiás, cabendo às Comissões Executivas Nacionais designar comissões provisórias no Estado do Tocantins, nos termos e para os fins previstos na lei.

§ 4º Os mandatos do Governador, do Vice-Governador, dos Deputados Federais e Estaduais eleitos na forma do parágrafo anterior extinguir-se-ão concomitantemente aos das demais Unidades da Federação; o mandato do Senador eleito menos votado extinguir-se-á nessa mesma oportunidade, e os dos outros dois, juntamente com os dos Senadores eleitos em 1986 nos demais Estados.

§ 5º A Assembleia Estadual Constituinte será instalada no quadragésimo sexto dia da eleição de seus integrantes, mas não antes de 1º de janeiro de 1989, sob a presidência do Presidente do Tribunal Regional Eleitoral do Estado de Goiás, e dará posse, na mesma data, ao Governador e ao Vice-Governador eleitos.

§ 6º Aplicam-se à criação e instalação do Estado do Tocantins, no que couber, as normas legais disciplinadoras da divisão do Estado de Mato Grosso, observado o disposto no artigo 234 da Constituição.

§ 7º Fica o Estado de Goiás liberado dos débitos e encargos decorrentes de empreendimentos no território do novo Estado, e autorizada a União, a seu critério, a assumir os referidos débitos.

Art. 14. Os Territórios Federais de Roraima e do Amapá são transformados em Estados Federados, mantidos seus atuais limites geográficos.

§ 1º A instalação dos Estados dar-se-á com a posse dos Governadores eleitos em 1990.

§ 2º Aplicam-se à transformação e instalação dos Estados de Roraima e Amapá as normas e critérios seguidos na criação do Estado de Rondônia, respeitado o disposto na Constituição e neste Ato.

§ 3º O Presidente da República, até quarenta e cinco dias após a promulgação da Constituição, encaminhará à apreciação do Senado Federal os nomes dos Governadores dos Estados de Roraima e do Amapá que exercerão o Poder Executivo até a instalação dos novos Estados com a posse dos Governadores eleitos.

§ 4º Enquanto não concretizada a transformação em Estados, nos termos deste artigo, os Territórios Federais de Roraima e do Amapá serão beneficiados pela transferência de recursos prevista nos artigos 159, I, a, da Constituição, e 34, § 2º, II, deste Ato.

Art. 15. Fica extinto o Território Federal de Fernando de Noronha, sendo sua área reincorporada ao Estado de Pernambuco.

Art. 16. Até que se efetive o disposto no artigo 32, § 2º, da Constituição, caberá ao Presidente da República, com a aprovação do Senado Federal, indicar o Governador e o Vice-Governador do Distrito Federal.

§ 1º A competência da Câmara Legislativa do Distrito Federal, até que se instale, será exercida pelo Senado Federal.

§ 2º A fiscalização contábil, financeira, orçamentária, operacional e patrimonial do Distrito Federal, enquanto não for instalada a Câmara Legislativa, será exercida pelo Senado Federal, mediante controle externo, com o auxílio do Tribunal de Contas do Distrito Federal, observado o disposto no artigo 72 da Constituição.

§ 3º Incluem-se entre os bens do Distrito Federal aqueles que lhe vierem a ser atribuídos pela União na forma da lei.

Art. 17. Os vencimentos, a remuneração, as vantagens e os adicionais, bem como os proventos de aposentadoria que estejam sendo percebidos em desacordo com a Constituição serão imediatamente reduzidos aos limites dela decorrentes, não se admitindo, neste caso, invocação de direito adquirido ou percepção de excesso a qualquer título.

▶ Art. 9º da EC nº 41, de 19-12-2003, dispõe sobre a Reforma Previdenciária.

§ 1º É assegurado o exercício cumulativo de dois cargos ou empregos privativos de médico que estejam sendo exercidos por médico militar na administração pública direta ou indireta.

§ 2º É assegurado o exercício cumulativo de dois cargos ou empregos privativos de profissionais de saúde que estejam sendo exercidos na administração pública direta ou indireta.

Art. 18. Ficam extintos os efeitos jurídicos de qualquer ato legislativo ou administrativo, lavrado a partir da instalação da Assembleia Nacional Constituinte, que tenha por objeto a concessão de estabilidade a servidor admitido sem concurso público, da administração direta ou indireta, inclusive das fundações instituídas e mantidas pelo Poder Público.

Art. 19. Os servidores públicos civis da União, dos Estados, do Distrito Federal e dos Municípios, da administração direta, autárquica e das fundações públicas, em exercício na data da promulgação da Constituição, há pelo menos cinco anos continuados, e que não tenham sido admitidos na forma regulada no artigo 37, da Constituição, são considerados estáveis no serviço público.

▶ OJ da SBDI-I nº 364 do TST.

§ 1º O tempo de serviço dos servidores referidos neste artigo será contado como título quando se submeterem a concurso para fins de efetivação, na forma da lei.

§ 2º O disposto neste artigo não se aplica aos ocupantes de cargos, funções e empregos de confiança ou em comissão, nem aos que a lei declare de livre exoneração, cujo tempo de serviço não será computado para os fins do *caput* deste artigo, exceto se se tratar de servidor.

§ 3º O disposto neste artigo não se aplica aos professores de nível superior, nos termos da lei.

Art. 20. Dentro de cento e oitenta dias, proceder-se-á à revisão dos direitos dos servidores públicos inativos e pensionistas e à atualização dos proventos e pensões a eles devidos, a fim de ajustá-los ao disposto na Constituição.

▶ EC nº 41, de 19-12-2003, dispõe sobre a Reforma Previdenciária.
▶ Lei nº 8.112, de 11-12-1990 (Estatuto dos Servidores Públicos Civis da União, Autarquias e Fundações Públicas Federais).

Art. 21. Os juízes togados de investidura limitada no tempo, admitidos mediante concurso público de provas e títulos e que estejam em exercício na data da promulgação da Constituição, adquirem estabilidade, observado o estágio probatório, e passam a compor quadro em extinção, mantidas as competências, prerrogativas e restrições da legislação a que se achavam submetidos, salvo as inerentes à transitoriedade da investidura.

Parágrafo único. A aposentadoria dos juízes de que trata este artigo regular-se-á pelas normas fixadas para os demais juízes estaduais.

Art. 22. É assegurado aos defensores públicos investidos na função até a data de instalação da Assembleia Nacional Constituinte o direito de opção pela carreira, com a observância das garantias e vedações previstas no artigo 134, parágrafo único, da Constituição.

▶ O referido parágrafo único foi renumerado para § 1º, pela EC nº 45, de 8-12-2004.

Art. 23. Até que se edite a regulamentação do artigo 21, XVI, da Constituição, os atuais ocupantes do cargo de Censor Federal continuarão exercendo funções com este compatíveis, no Departamento de Polícia Federal, observadas as disposições constitucionais.

▶ Lei nº 9.688, de 6-7-1998, dispõe sobre a extinção dos cargos de Censor Federal e o enquadramento de seus ocupantes.

Parágrafo único. A lei referida disporá sobre o aproveitamento dos Censores Federais, nos termos deste artigo.

Art. 24. A União, os Estados, o Distrito Federal e os Municípios editarão leis que estabeleçam critérios para a compatibilização de seus quadros de pessoal ao disposto no artigo 39 da Constituição e à reforma administrativa dele decorrente, no prazo de dezoito meses, contados da sua promulgação.

Art. 25. Ficam revogados, a partir de cento e oitenta dias da promulgação da Constituição, sujeito este prazo a prorrogação por lei, todos os dispositivos legais que atribuam ou deleguem a órgão do Poder Executivo competência assinalada pela Constituição ao Congresso Nacional, especialmente no que tange à:

I – ação normativa;

II – alocação ou transferência de recursos de qualquer espécie.

§ 1º Os decretos-leis em tramitação no Congresso Nacional e por este não apreciados até a promulgação da Constituição terão seus efeitos regulados da seguinte forma:

I – se editados até 2 de setembro de 1988, serão apreciados pelo Congresso Nacional no prazo de até cento e oitenta dias a contar da promulgação da Constituição, não computado o recesso parlamentar;

II – decorrido o prazo definido no inciso anterior, e não havendo apreciação, os decretos-leis ali mencionados serão considerados rejeitados;

III – nas hipóteses definidas nos incisos I e II, terão plena validade os atos praticados na vigência dos respectivos decretos-leis, podendo o Congresso Nacional, se necessário, legislar sobre os efeitos deles remanescentes.

§ 2º Os decretos-leis editados entre 3 de setembro de 1988 e a promulgação da Constituição serão convertidos, nesta data, em medidas provisórias, aplicando-se-lhes as regras estabelecidas no artigo 62, parágrafo único.

▶ Art. 62, § 3º, desta Constituição.

Art. 26. No prazo de um ano a contar da promulgação da Constituição, o Congresso Nacional promoverá, através de Comissão Mista, exame analítico e pericial dos atos e fatos geradores do endividamento externo brasileiro.

§ 1º A Comissão terá a força legal de Comissão Parlamentar de Inquérito para os fins de requisição e convocação, e atuará com o auxílio do Tribunal de Contas da União.

§ 2º Apurada irregularidade, o Congresso Nacional proporá ao Poder Executivo a declaração de nulidade do ato e encaminhará o processo ao Ministério Público Federal, que formalizará, no prazo de sessenta dias, a ação cabível.

Art. 27. O Superior Tribunal de Justiça será instalado sob a Presidência do Supremo Tribunal Federal.

§ 1º Até que se instale o Superior Tribunal de Justiça, o Supremo Tribunal Federal exercerá as atribuições e competências definidas na ordem constitucional precedente.

§ 2º A composição inicial do Superior Tribunal de Justiça far-se-á:

I – pelo aproveitamento dos Ministros do Tribunal Federal de Recursos;

II – pela nomeação dos Ministros que sejam necessários para completar o número estabelecido na Constituição.

§ 3º Para os efeitos do disposto na Constituição, os atuais Ministros do Tribunal Federal de Recursos serão considerados pertencentes à classe de que provieram, quando de sua nomeação.

§ 4º Instalado o Tribunal, os Ministros aposentados do Tribunal Federal de Recursos tornar-se-ão, automaticamente, Ministros aposentados do Superior Tribunal de Justiça.

§ 5º Os Ministros a que se refere o § 2º, II, serão indicados em lista tríplice pelo Tribunal Federal de Recursos, observado o disposto no artigo 104, parágrafo único, da Constituição.

§ 6º Ficam criados cinco Tribunais Regionais Federais, a serem instalados no prazo de seis meses a contar da promulgação da Constituição, com a jurisdição e sede que lhes fixar o Tribunal Federal de Recursos, tendo em conta o número de processos e sua localização geográfica.

▶ Lei nº 7.727, de 9-1-1989, dispõe sobre a composição inicial dos Tribunais Regionais Federais e sua instalação, cria os respectivos quadros de pessoal.

§ 7º Até que se instalem os Tribunais Regionais Federais, o Tribunal Federal de Recursos exercerá a competência a eles atribuída em todo o território nacional, cabendo-lhe promover sua instalação e indicar os candidatos a todos os cargos da composição inicial, mediante lista tríplice, podendo desta constar juízes federais de qualquer região, observado o disposto no § 9º.

§ 8º É vedado, a partir da promulgação da Constituição, o provimento de vagas de Ministros do Tribunal Federal de Recursos.

§ 9º Quando não houver juiz federal que conte o tempo mínimo previsto no artigo 107, II, da Constituição, a promoção poderá contemplar juiz com menos de cinco anos no exercício do cargo.

§ 10. Compete à Justiça Federal julgar as ações nela propostas até a data da promulgação da Constituição, e aos Tribunais Regionais Federais bem como ao Superior Tribunal de Justiça julgar as ações rescisórias das decisões até então proferidas pela Justiça Federal, inclusive daquelas cuja matéria tenha passado à competência de outro ramo do Judiciário.

▶ Súmulas nºs 38, 104, 147 e 165 do STJ.

Art. 28. Os juízes federais de que trata o artigo 123, § 2º, da Constituição de 1967, com a redação dada pela Emenda Constitucional nº 7, de 1977, ficam investidos na titularidade de varas na Seção Judiciária para a qual tenham sido nomeados ou designados; na inexistência de vagas, proceder-se-á ao desdobramento das varas existentes.

▶ Dispunha o artigo citado: "A lei poderá atribuir a juízes federais exclusivamente funções de substituição, em uma ou mais seções judiciárias e, ainda, as de auxílio a juízes titulares de Varas, quando não se encontrarem no exercício de substituição".

Parágrafo único. Para efeito de promoção por antiguidade, o tempo de serviço desses juízes será computado a partir do dia de sua posse.

Art. 29. Enquanto não aprovadas as leis complementares relativas ao Ministério Público e à Advocacia-Geral da União, o Ministério Público Federal, a Procuradoria-Geral da Fazenda Nacional, as Consultorias Jurídicas dos Ministérios, as Procuradorias e Departamentos Jurídicos de autarquias federais com representação própria e os membros das Procuradorias das Universidades fundacionais públicas continuarão a exercer suas atividades na área das respectivas atribuições.

▶ LC nº 73, de 10-2-1993 (Lei Orgânica da Advocacia-Geral da União).

▶ LC nº 75, de 20-5-1993 (Lei Orgânica do Ministério Público da União).

▶ Dec. nº 767, de 5-3-1993, dispõe sobre as atividades de controle interno da Advocacia-Geral da União.

§ 1º O Presidente da República, no prazo de cento e vinte dias, encaminhará ao Congresso Nacional projeto de lei complementar dispondo sobre a organização e o funcionamento da Advocacia-Geral da União.

§ 2º Aos atuais Procuradores da República, nos termos da lei complementar, será facultada a opção, de forma irretratável, entre as carreiras do Ministério Público Federal e da Advocacia-Geral da União.

§ 3º Poderá optar pelo regime anterior, no que respeita às garantias e vantagens, o membro do Ministério Público admitido antes da promulgação da Constituição, observando-se, quanto às vedações, a situação jurídica na data desta.

§ 4º Os atuais integrantes do quadro suplementar dos Ministérios Públicos do Trabalho e Militar que tenham adquirido estabilidade nessas funções passam a integrar o quadro da respectiva carreira.

§ 5º Cabe à atual Procuradoria-Geral da Fazenda Nacional, diretamente ou por delegação, que pode ser ao Ministério Público Estadual, representar judicialmente a União nas causas de natureza fiscal, na área da respectiva competência, até a promulgação das leis complementares previstas neste artigo.

Art. 30. A legislação que criar a Justiça de Paz manterá os atuais juízes de paz até a posse dos novos titulares, assegurando-lhes os direitos e atribuições conferidos a estes, e designará o dia para a eleição prevista no artigo 98, II, da Constituição.

Art. 31. Serão estatizadas as serventias do foro judicial, assim definidas em lei, respeitados os direitos dos atuais titulares.

▶ Lei nº 8.935, de 18-11-1994 (Lei dos Serviços Notariais e de Registro).

Art. 32. O disposto no artigo 236 não se aplica aos serviços notariais e de registro que já tenham sido oficializados pelo Poder Público, respeitando-se o direito de seus servidores.

Art. 33. Ressalvados os créditos de natureza alimentar, o valor dos precatórios judiciais pendentes de pagamento na data da promulgação da Constituição, incluído o remanescente de juros e correção monetária, poderá ser pago em moeda corrente, com atualização, em prestações anuais, iguais e sucessivas, no prazo máximo de oito anos, a partir de 1º de julho de 1989, por decisão editada pelo Poder Executivo até cento e oitenta dias da promulgação da Constituição.

▶ Res. do CNJ nº 92, de 13-10-2009, dispõe sobre a Gestão de Precatórios no âmbito do Poder Judiciário.
▶ Art. 97, § 15, deste Ato.

Parágrafo único. Poderão as entidades devedoras, para o cumprimento do disposto neste artigo, emitir, em cada ano, no exato montante do dispêndio, títulos de dívida pública não computáveis para efeito do limite global de endividamento.

▶ Súm. nº 144 do STJ.

Art. 34. O sistema tributário nacional entrará em vigor a partir do primeiro dia do quinto mês seguinte ao da promulgação da Constituição, mantido, até então, o da Constituição de 1967, com a redação dada pela Emenda nº 1, de 1969, e pelas posteriores.

§ 1º Entrarão em vigor com a promulgação da Constituição os artigos 148, 149, 150, 154, I, 156, III, e 159, I, c, revogadas as disposições em contrário da Constituição de 1967 e das Emendas que a modificaram, especialmente de seu artigo 25, III.

§ 2º O Fundo de Participação dos Estados e do Distrito Federal e o Fundo de Participação dos Municípios obedecerão as seguintes determinações:

I – a partir da promulgação da Constituição, os percentuais serão, respectivamente, de dezoito por cento e de vinte por cento, calculados sobre o produto da arrecadação dos impostos referidos no artigo 153, III e IV, mantidos os atuais critérios de rateio até a entrada em vigor da lei complementar a que se refere o artigo 161, II;

II – o percentual relativo ao Fundo de Participação dos Estados e do Distrito Federal será acrescido de um ponto percentual no exercício financeiro de 1989 e, a partir de 1990, inclusive, à razão de meio ponto por exercício, até 1992, inclusive, atingindo em 1993 o percentual estabelecido no artigo 159, I, a;

III – o percentual relativo ao Fundo de Participação dos Municípios, a partir de 1989, inclusive, será elevado à razão de meio ponto percentual por exercício financeiro, até atingir o estabelecido no artigo 159, I, b.

§ 3º Promulgada a Constituição, a União, os Estados, o Distrito Federal e os Municípios poderão editar as leis necessárias à aplicação do sistema tributário nacional nela previsto.

§ 4º As leis editadas nos termos do parágrafo anterior produzirão efeitos a partir da entrada em vigor do sistema tributário nacional previsto na Constituição.

§ 5º Vigente o novo sistema tributário nacional, fica assegurada a aplicação da legislação anterior, no que não seja incompatível com ele e com a legislação referida nos §§ 3º e 4º.

▶ Súm. nº 663 do STF.
▶ Súm. nº 198 do STJ.

§ 6º Até 31 de dezembro de 1989, o disposto no artigo 150, III, b, não se aplica aos impostos de que tratam os artigos 155, I, a e b, e 156, II e III, que podem ser cobrados trinta dias após a publicação da lei que os tenha instituído ou aumentado.

▶ Com a alteração determinada pela EC nº 3, de 17-3-1993, a referência ao art. 155, I, b, passou a ser ao art. 155, II.

§ 7º Até que sejam fixadas em lei complementar, as alíquotas máximas do imposto municipal sobre vendas a varejo de combustíveis líquidos e gasosos não excederão a três por cento.

§ 8º Se, no prazo de sessenta dias contados da promulgação da Constituição, não for editada a lei complementar necessária à instituição do imposto de que trata o artigo 155, I, b, os Estados e o Distrito Federal, mediante convênio celebrado nos termos da Lei Complementar nº 24, de 7 de janeiro de 1975, fixarão normas para regular provisoriamente a matéria.

▶ De acordo com a nova redação dada pela EC nº 3, de 17-3-1993, a referência ao art. 155, I, b passou a ser art. 155, II.
▶ LC nº 24, de 7-1-1975, dispõe sobre os convênios para a concessão de isenções de imposto sobre operações relativas à circulação de mercadorias.
▶ LC nº 87, de 13-9-1996 (Lei Kandir – ICMS).
▶ Súm. nº 198 do STJ.

§ 9º Até que lei complementar disponha sobre a matéria, as empresas distribuidoras de energia elétrica, na condição de contribuintes ou de substitutos tributários, serão as responsáveis, por ocasião da saída do produto de seus estabelecimentos, ainda que destinado a outra Unidade da Federação, pelo pagamento do Imposto sobre Operações Relativas à Circulação de mercadorias incidente sobre energia elétrica, desde a produção ou importação até a última operação, calculado o imposto sobre o preço então praticado na operação final e assegurado seu recolhimento ao Estado ou ao Distrito Federal, conforme o local onde deva ocorrer essa operação.

§ 10. Enquanto não entrar em vigor a lei prevista no artigo 159, I, c, cuja promulgação se fará até 31 de dezembro de 1989, é assegurada a aplicação dos recursos previstos naquele dispositivo da seguinte maneira:

▶ Lei nº 7.827, de 27-9-1989, regulamenta o art. 159, inciso I, alínea c, desta Constituição, institui o Fundo Constitucional de Financiamento do Norte – FNO, o Fundo Constitucional de Financiamento do Nordeste – FNE e o Fundo Constitucional de Financiamento do Centro-Oeste – FCO.

I – seis décimos por cento na Região Norte, através do Banco da Amazônia S/A;
II – um inteiro e oito décimos por cento na Região Nordeste, através do Banco do Nordeste do Brasil S/A;
III – seis décimos por cento na Região Centro-Oeste, através do Banco do Brasil S/A.

§ 11. Fica criado, nos termos da lei, o Banco de Desenvolvimento do Centro-Oeste, para dar cumprimento, na referida região, ao que determinam os artigos 159, I, c, e 192, § 2º, da Constituição.

▶ O referido § 2º foi revogado pela EC nº 40, de 29-5-2003.

§ 12. A urgência prevista no artigo 148, II, não prejudica a cobrança do empréstimo compulsório instituído, em benefício das Centrais Elétricas Brasileiras S/A (ELETROBRÁS), pela Lei nº 4.156, de 28 de novembro de 1962, com as alterações posteriores.

Art. 35. O disposto no artigo 165, § 7º, será cumprido de forma progressiva, no prazo de até dez anos, distribuindo-se os recursos entre as regiões macroeconômicas em razão proporcional à população, a partir da situação verificada no biênio 1986/1987.

§ 1º Para aplicação dos critérios de que trata este artigo, excluem-se das despesas totais as relativas:

I – aos projetos considerados prioritários no plano plurianual;
II – à segurança e defesa nacional;
III – à manutenção dos órgãos federais no Distrito Federal;
IV – ao Congresso Nacional, ao Tribunal de Contas da União e ao Poder Judiciário;
V – ao serviço da dívida da administração direta e indireta da União, inclusive fundações instituídas e mantidas pelo Poder Público Federal.

§ 2º Até a entrada em vigor da lei complementar a que se refere o artigo 165, § 9º, I e II, serão obedecidas as seguintes normas:

I – o projeto do plano plurianual, para vigência até o final do primeiro exercício financeiro do mandato presidencial subsequente, será encaminhado até quatro meses antes do encerramento do primeiro exercício financeiro e devolvido para sanção até o encerramento da sessão legislativa;
II – o projeto de lei de diretrizes orçamentárias será encaminhado até oito meses e meio antes do encerramento do exercício financeiro e devolvido para sanção até o encerramento do primeiro período da sessão legislativa;
III – o projeto de lei orçamentária da União será encaminhado até quatro meses antes do encerramento do exercício financeiro e devolvido para sanção até o encerramento da sessão legislativa.

Art. 36. Os fundos existentes na data da promulgação da Constituição, excetuados os resultantes de isenções fiscais que passem a integrar patrimônio privado e os que interessem à defesa nacional, extinguir-se-ão, se não forem ratificados pelo Congresso Nacional no prazo de dois anos.

Art. 37. A adaptação ao que estabelece o artigo 167, III, deverá processar-se no prazo de cinco anos, reduzindo-se o excesso à base de, pelo menos, um quinto por ano.

Art. 38. Até a promulgação da lei complementar referida no artigo 169, a União, os Estados, o Distrito Federal e os Municípios não poderão despender com pessoal mais do que sessenta e cinco por cento do valor das respectivas receitas correntes.

Parágrafo único. A União, os Estados, o Distrito Federal e os Municípios, quando a respectiva despesa de pessoal exceder o limite previsto neste artigo, deverão retornar àquele limite, reduzindo o percentual excedente à razão de um quinto por ano.

Art. 39. Para efeito do cumprimento das disposições constitucionais que impliquem variações de despesas e receitas da União, após a promulgação da Constituição, o Poder Executivo deverá elaborar e o Poder Legislativo apreciar projeto de revisão da lei orçamentária referente ao exercício financeiro de 1989.

Parágrafo único. O Congresso Nacional deverá votar no prazo de doze meses a lei complementar prevista no artigo 161, II.

Art. 40. É mantida a Zona Franca de Manaus, com suas características de área livre de comércio, de exportação e importação, e de incentivos fiscais, pelo prazo de vinte e cinco anos, a partir da promulgação da Constituição.

▶ Art. 92 deste Ato.
▶ Dec. nº 205, de 5-9-1991, dispõe sobre a apresentação de guias de importação ou documento de efeito equivalente, na Zona Franca de Manaus e suspende a fixação de limites máximos globais anuais de importação, durante o prazo de que trata este artigo.

Parágrafo único. Somente por lei federal podem ser modificados os critérios que disciplinaram ou venham a disciplinar a aprovação dos projetos na Zona Franca de Manaus.

Art. 41. Os Poderes Executivos da União, dos Estados, do Distrito Federal e dos Municípios reavaliarão todos os incentivos fiscais de natureza setorial ora em vigor, propondo aos Poderes Legislativos respectivos as medidas cabíveis.

▶ Arts. 151, I, 155, XII, g, 195, § 3º, e 227, § 3º, VI, desta Constituição.
▶ Lei nº 8.402, de 8-1-1992, restabelece os incentivos fiscais que menciona.

§ 1º Considerar-se-ão revogados após dois anos, a partir da data da promulgação da Constituição, os incentivos que não forem confirmados por lei.

§ 2º A revogação não prejudicará os direitos que já tiverem sido adquiridos, àquela data, em relação a incentivos concedidos sob condição e com prazo certo.

§ 3º Os incentivos concedidos por convênio entre Estados, celebrados nos termos do artigo 23, § 6º, da Constituição de 1967, com a redação da Emenda nº 1, de 17 de outubro de 1969, também deverão ser reavaliados e reconfirmados nos prazos deste artigo.

Art. 42. Durante 25 (vinte e cinco) anos, a União aplicará, dos recursos destinados à irrigação:
▶ *Caput* com a redação dada pela EC nº 43, de 15-4-2004.

I – vinte por cento na Região Centro-Oeste;
II – cinquenta por cento na Região Nordeste, preferencialmente no semiárido.

Art. 43. Na data da promulgação da lei que disciplinar a pesquisa e a lavra de recursos e jazidas minerais, ou no prazo de um ano, a contar da promulgação da Constituição, tornar-se-ão sem efeito as autorizações, concessões e demais títulos atributivos de direitos minerários, caso os trabalhos de pesquisa ou de lavra não hajam sido comprovadamente iniciados nos prazos legais ou estejam inativos.
▶ Lei nº 7.886, de 20-11-1989, regulamenta este artigo.

Art. 44. As atuais empresas brasileiras titulares de autorização de pesquisa, concessão de lavra de recursos minerais e de aproveitamento dos potenciais de energia hidráulica em vigor terão quatro anos, a partir da promulgação da Constituição, para cumprir os requisitos do artigo 176, § 1º.

§ 1º Ressalvadas as disposições de interesse nacional previstas no texto constitucional, as empresas brasileiras ficarão dispensadas do cumprimento do disposto no artigo 176, § 1º, desde que, no prazo de até quatro anos da data da promulgação da Constituição, tenham o produto de sua lavra e beneficiamento destinado à industrialização no território nacional, em seus próprios estabelecimentos ou em empresa industrial controladora ou controlada.

§ 2º Ficarão também dispensadas do cumprimento do disposto no artigo 176, § 1º, as empresas brasileiras titulares de concessão de energia hidráulica para uso em seu processo de industrialização.

§ 3º As empresas brasileiras referidas no § 1º somente poderão ter autorizações de pesquisa e concessões de lavra ou potenciais de energia hidráulica, desde que a energia e o produto da lavra sejam utilizados nos respectivos processos industriais.

Art. 45. Ficam excluídas do monopólio estabelecido pelo artigo 177, II, da Constituição as refinarias em funcionamento no País amparadas pelo artigo 43 e nas condições do artigo 45 da Lei nº 2.004, de 3 de outubro de 1953.
▶ A referida Lei foi revogada pela Lei nº 9.478, de 6-8-1997.

Parágrafo único. Ficam ressalvados da vedação do artigo 177, § 1º, os contratos de risco feitos com a Petróleo Brasileiro S/A (PETROBRAS), para pesquisa de petróleo, que estejam em vigor na data da promulgação da Constituição.

Art. 46. São sujeitos à correção monetária desde o vencimento, até seu efetivo pagamento, sem interrupção ou suspensão, os créditos junto a entidades submetidas aos regimes de intervenção ou liquidação extrajudicial, mesmo quando esses regimes sejam convertidos em falência.
▶ Súm. nº 304 do TST.

Parágrafo único. O disposto neste artigo aplica-se também:

I – às operações realizadas posteriormente à decretação dos regimes referidos no *caput* deste artigo;

II – às operações de empréstimo, financiamento, refinanciamento, assistência financeira de liquidez, cessão ou sub-rogação de créditos ou cédulas hipotecárias, efetivação de garantia de depósitos do público ou de compra de obrigações passivas, inclusive as realizadas com recursos de fundos que tenham essas destinações;
III – aos créditos anteriores à promulgação da Constituição;
IV – aos créditos das entidades da administração pública anteriores à promulgação da Constituição, não liquidados até 1º de janeiro de 1988.

Art. 47. Na liquidação dos débitos, inclusive suas renegociações e composições posteriores, ainda que ajuizados, decorrentes de quaisquer empréstimos concedidos por bancos e por instituições financeiras, não existirá correção monetária desde que o empréstimo tenha sido concedido:

I – aos micro e pequenos empresários ou seus estabelecimentos no período de 28 de fevereiro de 1986 a 28 de fevereiro de 1987;

II – aos mini, pequenos e médios produtores rurais no período de 28 de fevereiro de 1986 a 31 de dezembro de 1987, desde que relativos a crédito rural.

§ 1º Consideram-se, para efeito deste artigo, microempresas as pessoas jurídicas e as firmas individuais com receitas anuais de até dez mil Obrigações do Tesouro Nacional, e pequenas empresas as pessoas jurídicas e as firmas individuais com receita anual de até vinte e cinco mil Obrigações do Tesouro Nacional.
▶ Art. 179 desta Constituição.

§ 2º A classificação de mini, pequeno e médio produtor rural será feita obedecendo-se às normas de crédito rural vigentes à época do contrato.

§ 3º A isenção da correção monetária a que se refere este artigo só será concedida nos seguintes casos:

I – se a liquidação do débito inicial, acrescido de juros legais e taxas judiciais, vier a ser efetivada no prazo de noventa dias, a contar da data da promulgação da Constituição;

II – se a aplicação dos recursos não contrariar a finalidade do financiamento, cabendo o ônus da prova à instituição credora;

III – se não for demonstrado pela instituição credora que o mutuário dispõe de meios para o pagamento de seu débito, excluído desta demonstração seu estabelecimento, a casa de moradia e os instrumentos de trabalho e produção;

IV – se o débito inicial não ultrapassar o limite de cinco mil Obrigações do Tesouro Nacional;

V – se o beneficiário não for proprietário de mais de cinco módulos rurais.

§ 4º Os benefícios de que trata este artigo não se estendem aos débitos já quitados e aos devedores que sejam constituintes.

§ 5º No caso de operações com prazos de vencimento posteriores à data-limite de liquidação da dívida, havendo interesse do mutuário, os bancos e as instituições financeiras promoverão, por instrumento próprio, alteração nas condições contratuais originais de forma a ajustá-las ao presente benefício.

§ 6º A concessão do presente benefício por bancos comerciais privados em nenhuma hipótese acarretará ônus para o Poder Público, ainda que através de refinanciamento e repasse de recursos pelo Banco Central.

§ 7º No caso de repasse a agentes financeiros oficiais ou cooperativas de crédito, o ônus recairá sobre a fonte de recursos originária.

Art. 48. O Congresso Nacional, dentro de cento e vinte dias da promulgação da Constituição, elaborará Código de Defesa do Consumidor.

▶ Lei nº 8.078, de 11-9-1990 (Código de Defesa do Consumidor).

Art. 49. A lei disporá sobre o instituto da enfiteuse em imóveis urbanos, sendo facultada aos foreiros, no caso de sua extinção, a remição dos aforamentos mediante aquisição do domínio direto, na conformidade do que dispuserem os respectivos contratos.

▶ Dec.-lei nº 9.760, de 5-9-1946 (Lei dos Bens Imóveis da União).

§ 1º Quando não existir cláusula contratual, serão adotados os critérios e bases hoje vigentes na legislação especial dos imóveis da União.

§ 2º Os direitos dos atuais ocupantes inscritos ficam assegurados pela aplicação de outra modalidade de contrato.

▶ Lei nº 9.636, de 15-5-1998, regulamenta este parágrafo.

§ 3º A enfiteuse continuará sendo aplicada aos terrenos de marinha e seus acrescidos, situados na faixa de segurança, a partir da orla marítima.

▶ Art. 2.038, § 2º, do CC.
▶ Dec.-lei nº 9.760, de 5-9-1946 (Lei dos Bens Imóveis da União).

§ 4º Remido o foro, o antigo titular do domínio direto deverá, no prazo de noventa dias, sob pena de responsabilidade, confiar à guarda do registro de imóveis competente toda a documentação a ele relativa.

Art. 50. Lei agrícola a ser promulgada no prazo de um ano disporá, nos termos da Constituição, sobre os objetivos e instrumentos de política agrícola, prioridades, planejamento de safras, comercialização, abastecimento interno, mercado externo e instituição de crédito fundiário.

▶ Lei nº 8.171, de 17-1-1991 (Lei da Política Agrícola).

Art. 51. Serão revistos pelo Congresso Nacional, através de Comissão Mista, nos três anos a contar da data da promulgação da Constituição, todas as doações, vendas e concessões de terras públicas com área superior a três mil hectares, realizadas no período de 1º de janeiro de 1962 a 31 de dezembro de 1987.

§ 1º No tocante às vendas, a revisão será feita com base exclusivamente no critério de legalidade da operação.

§ 2º No caso de concessões e doações, a revisão obedecerá aos critérios de legalidade e de conveniência do interesse público.

§ 3º Nas hipóteses previstas nos parágrafos anteriores, comprovada a ilegalidade, ou havendo interesse público, as terras reverterão ao patrimônio da União, dos Estados, do Distrito Federal ou dos Municípios.

Art. 52. Até que sejam fixadas as condições do art. 192, são vedados:

▶ Caput com a redação dada pela EC nº 40, de 29-5-2003.

I – a instalação, no País, de novas agências de instituições financeiras domiciliadas no exterior;

II – o aumento do percentual de participação, no capital de instituições financeiras com sede no País, de pessoas físicas ou jurídicas residentes ou domiciliadas no exterior.

Parágrafo único. A vedação a que se refere este artigo não se aplica às autorizações resultantes de acordos internacionais, de reciprocidade, ou de interesse do Governo brasileiro.

Art. 53. Ao ex-combatente que tenha efetivamente participado de operações bélicas durante a Segunda Guerra Mundial, nos termos da Lei nº 5.315, de 12 de setembro de 1967, serão assegurados os seguintes direitos:

▶ Lei nº 8.059, de 4-7-1990, dispõe sobre a pensão especial devida aos ex-combatentes da Segunda Guerra Mundial e a seus dependentes.

I – aproveitamento no serviço público, sem a exigência de concurso, com estabilidade;
II – pensão especial correspondente à deixada por segundo-tenente das Forças Armadas, que poderá ser requerida a qualquer tempo, sendo inacumulável com quaisquer rendimentos recebidos dos cofres públicos, exceto os benefícios previdenciários, ressalvado o direito de opção;
III – em caso de morte, pensão à viúva ou companheira ou dependente, de forma proporcional, de valor igual à do inciso anterior;
IV – assistência médica, hospitalar e educacional gratuita, extensiva aos dependentes;
V – aposentadoria com proventos integrais aos vinte e cinco anos de serviço efetivo, em qualquer regime jurídico;
VI – prioridade na aquisição da casa própria, para os que não a possuam ou para suas viúvas ou companheiras.

Parágrafo único. A concessão da pensão especial do inciso II substitui, para todos os efeitos legais, qualquer outra pensão já concedida ao ex-combatente.

Art. 54. Os seringueiros recrutados nos termos do Decreto-Lei nº 5.813, de 14 de setembro de 1943, e amparados pelo Decreto-Lei nº 9.882, de 16 de setembro de 1946, receberão, quando carentes, pensão mensal vitalícia no valor de dois salários mínimos.

▶ Lei nº 7.986, de 28-12-1989, dispõe sobre a concessão do benefício previsto neste artigo.
▶ Lei nº 9.882, de 3-12-1999 (Lei da Ação de Descumprimento de Preceito Fundamental).
▶ Dec.-lei nº 5.813, de 14-9-1943, aprova o acordo relativo ao recrutamento, encaminhamento e colocação de trabalhadores para a Amazônia.

§ 1º O benefício é estendido aos seringueiros que, atendendo a apelo do Governo brasileiro, contribuíram para o esforço de guerra, trabalhando na produção de borracha, na Região Amazônica, durante a Segunda Guerra Mundial.

§ 2º Os benefícios estabelecidos neste artigo são transferíveis aos dependentes reconhecidamente carentes.

§ 3º A concessão do benefício far-se-á conforme lei a ser proposta pelo Poder Executivo dentro de cento e cinquenta dias da promulgação da Constituição.

Art. 55. Até que seja aprovada a lei de diretrizes orçamentárias, trinta por cento, no mínimo, do orçamento da seguridade social, excluído o seguro-desemprego, serão destinados ao setor de saúde.

Art. 56. Até que a lei disponha sobre o artigo 195, I, a arrecadação decorrente de, no mínimo, cinco dos seis décimos percentuais correspondentes à alíquota da contribuição de que trata o Decreto-Lei nº 1.940, de 25 de maio de 1982, alterada pelo Decreto-Lei nº 2.049, de 1º de agosto de 1983, pelo Decreto nº 91.236, de 8 de maio de 1985, e pela Lei nº 7.611, de 8 de julho de 1987, passa a integrar a receita da seguridade social, ressalvados, exclusivamente no exercício de 1988, os compromissos assumidos com programas e projetos em andamento.

▶ LC nº 70, de 30-12-1991, institui contribuição para financiamento da Seguridade Social e eleva alíquota da contribuição social sobre o lucro das instituições financeiras.

▶ Dec.-lei nº 1.940, de 25-5-1982, institui contribuição social para financiamento da Seguridade Social e cria o Fundo de Investimento Social – FINSOCIAL.

▶ Súm. nº 658 do STF.

Art. 57. Os débitos dos Estados e dos Municípios relativos às contribuições previdenciárias até 30 de junho de 1988 serão liquidados, com correção monetária, em cento e vinte parcelas mensais, dispensados os juros e multas sobre eles incidentes, desde que os devedores requeiram o parcelamento e iniciem seu pagamento no prazo de cento e oitenta dias a contar da promulgação da Constituição.

§ 1º O montante a ser pago em cada um dos dois primeiros anos não será inferior a cinco por cento do total do débito consolidado e atualizado, sendo o restante dividido em parcelas mensais de igual valor.

§ 2º A liquidação poderá incluir pagamentos na forma de cessão de bens e prestação de serviços, nos termos da Lei nº 7.578, de 23 de dezembro de 1986.

§ 3º Em garantia do cumprimento do parcelamento, os Estados e os Municípios consignarão, anualmente, nos respectivos orçamentos as dotações necessárias ao pagamento de seus débitos.

§ 4º Descumprida qualquer das condições estabelecidas para concessão do parcelamento, o débito será considerado vencido em sua totalidade, sobre ele incidindo juros de mora; nesta hipótese, parcela dos recursos correspondentes aos Fundos de Participação, destinada aos Estados e Municípios devedores, será bloqueada e repassada à Previdência Social para pagamento de seus débitos.

Art. 58. Os benefícios de prestação continuada, mantidos pela Previdência Social na data da promulgação da Constituição, terão seus valores revistos, a fim de que seja restabelecido o poder aquisitivo, expresso em número de salários mínimos, que tinham na data de sua concessão, obedecendo-se a esse critério de atualização até a implantação do plano de custeio e benefícios referidos no artigo seguinte.

▶ Súm. nº 687 do STF.

Parágrafo único. As prestações mensais dos benefícios atualizadas de acordo com este artigo serão devidas e pagas a partir do sétimo mês a contar da promulgação da Constituição.

Art. 59. Os projetos de lei relativos à organização da seguridade social e aos planos de custeio e de benefício serão apresentados no prazo máximo de seis meses da promulgação da Constituição ao Congresso Nacional, que terá seis meses para apreciá-los.

Parágrafo único. Aprovados pelo Congresso Nacional, os planos serão implantados progressivamente nos dezoito meses seguintes.

▶ Lei nº 8.212, de 24-7-1991 (Lei Orgânica da Seguridade Social).

▶ Lei nº 8.213, de 24-7-1991 (Lei dos Planos de Benefícios da Previdência Social).

Art. 60. Até o 14º (décimo quarto) ano a partir da promulgação desta Emenda Constitucional, os Estados, o Distrito Federal e os Municípios destinarão parte dos recursos a que se refere o *caput* do art. 212 da Constituição Federal à manutenção e desenvolvimento da educação básica e à remuneração condigna dos trabalhadores da educação, respeitadas as seguintes disposições:

▶ *Caput* com a redação dada pela EC nº 53, de 19-12-2006.

▶ Lei nº 11.494, de 20-6-2007, regulamenta o Fundo de Manutenção e Desenvolvimento da Educação Básica e de Valorização dos Profissionais da Educação – FUNDEB, regulamentada pelo Dec. nº 6.253, de 13-11-2007.

I – a distribuição dos recursos e de responsabilidades entre o Distrito Federal, os Estados e seus Municípios é assegurada mediante a criação, no âmbito de cada Estado e do Distrito Federal, de um Fundo de Manutenção e Desenvolvimento da Educação Básica e de Valorização dos Profissionais da Educação – FUNDEB, de natureza contábil;

II – os Fundos referidos no inciso I do *caput* deste artigo serão constituídos por 20% (vinte por cento) dos recursos a que se referem os incisos I, II e III do art. 155; o inciso II do *caput* do art. 157; os incisos II, III e IV do *caput* do art. 158; e as alíneas *a* e *b* do inciso I e o inciso II do *caput* do art. 159, todos da Constituição Federal, e distribuídos entre cada Estado e seus Municípios, proporcionalmente ao número de alunos das diversas etapas e modalidades da educação básica presencial, matriculados nas respectivas redes, nos respectivos âmbitos de atuação prioritária estabelecidos nos §§ 2º e 3º do art. 211 da Constituição Federal;

III – observadas as garantias estabelecidas nos incisos I, II, III e IV do *caput* do art. 208 da Constituição Federal e as metas de universalização da educação básica estabelecidas no Plano Nacional de Educação, a lei disporá sobre:

a) a organização dos Fundos, a distribuição proporcional de seus recursos, as diferenças e as ponderações quanto ao valor anual por aluno entre etapas e modalidades da educação básica e tipos de estabelecimento de ensino;

b) a forma de cálculo do valor anual mínimo por aluno;

c) os percentuais máximos de apropriação dos recursos dos Fundos pelas diversas etapas e modalidades da educação básica, observados os arts. 208 e 214 da Constituição Federal, bem como as metas do Plano Nacional de Educação;

d) a fiscalização e o controle dos Fundos;

e) prazo para fixar, em lei específica, piso salarial profissional nacional para os profissionais do magistério público da educação básica;
► Lei nº 11.738, de 16-7-2008, regulamenta esta alínea.

IV – os recursos recebidos à conta dos Fundos instituídos nos termos do inciso I do *caput* deste artigo serão aplicados pelos Estados e Municípios exclusivamente nos respectivos âmbitos de atuação prioritária, conforme estabelecido nos §§ 2º e 3º do art. 211 da Constituição Federal;

V – a União complementará os recursos dos Fundos a que se refere o inciso II do *caput* deste artigo sempre que, no Distrito Federal e em cada Estado, o valor por aluno não alcançar o mínimo definido nacionalmente, fixado em observância ao disposto no inciso VII do *caput* deste artigo, vedada a utilização dos recursos a que se refere o § 5º do art. 212 da Constituição Federal;

VI – até 10% (dez por cento) da complementação da União prevista no inciso V do *caput* deste artigo poderá ser distribuída para os Fundos por meio de programas direcionados para a melhoria da qualidade da educação, na forma da lei a que se refere o inciso III do *caput* deste artigo;

VII – a complementação da União de que trata o inciso V do *caput* deste artigo será de, no mínimo:
a) R$ 2.000.000.000,00 (dois bilhões de reais), no primeiro ano de vigência dos Fundos;
b) R$ 3.000.000.000,00 (três bilhões de reais), no segundo ano de vigência dos Fundos;
c) R$ 4.500.000.000,00 (quatro bilhões e quinhentos milhões de reais), no terceiro ano de vigência dos Fundos;
d) 10% (dez por cento) do total dos recursos a que se refere o inciso II do *caput* deste artigo, a partir do quarto ano de vigência dos Fundos;

VIII – a vinculação de recursos à manutenção e desenvolvimento do ensino estabelecida no art. 212 da Constituição Federal suportará, no máximo, 30% (trinta por cento) da complementação da União, considerando-se para os fins deste inciso os valores previstos no inciso VII do *caput* deste artigo;

IX – os valores a que se referem as alíneas *a*, *b*, e *c* do inciso VII do *caput* deste artigo serão atualizados, anualmente, a partir da promulgação desta Emenda Constitucional, de forma a preservar, em caráter permanente, o valor real da complementação da União;

X – aplica-se à complementação da União o disposto no art. 160 da Constituição Federal;

XI – o não cumprimento do disposto nos incisos V e VII do *caput* deste artigo importará crime de responsabilidade da autoridade competente;

XII – proporção não inferior a 60% (sessenta por cento) de cada Fundo referido no inciso I do *caput* deste artigo será destinada ao pagamento dos profissionais do magistério da educação básica em efetivo exercício.
► Incisos I a XII acrescidos pela EC nº 53, de 19-12-2006.

§ 1º A União, os Estados, o Distrito Federal e os Municípios deverão assegurar, no financiamento da educação básica, a melhoria da qualidade de ensino, de forma a garantir padrão mínimo definido nacionalmente.

§ 2º O valor por aluno do ensino fundamental, no Fundo de cada Estado e do Distrito Federal, não poderá ser inferior ao praticado no âmbito do Fundo de Manutenção e Desenvolvimento do Ensino Fundamental e de Valorização do Magistério – FUNDEF, no ano anterior à vigência desta Emenda Constitucional.

§ 3º O valor anual mínimo por aluno do ensino fundamental, no âmbito do Fundo de Manutenção e Desenvolvimento da Educação Básica e de Valorização dos Profissionais da Educação – FUNDEB, não poderá ser inferior ao valor mínimo fixado nacionalmente no ano anterior ao da vigência desta Emenda Constitucional.

§ 4º Para efeito de distribuição de recursos dos Fundos a que se refere o inciso I do *caput* deste artigo, levar-se-á em conta a totalidade das matrículas no ensino fundamental e considerar-se-á para a educação infantil, para o ensino médio e para a educação de jovens e adultos 1/3 (um terço) das matrículas no primeiro ano, 2/3 (dois terços) no segundo ano e sua totalidade a partir do terceiro ano.
► §§ 1º a 4º com a redação dada pela EC nº 53, de 19-12-2006.

§ 5º A porcentagem dos recursos de constituição dos Fundos, conforme o inciso II do *caput* deste artigo, será alcançada gradativamente nos primeiros 3 (três) anos de vigência dos Fundos, da seguinte forma:
► *Caput* do § 5º com a redação dada pela EC nº 53, de 19-12-2006.

I – no caso dos impostos e transferências constantes do inciso II do *caput* do art. 155; do inciso IV do *caput* do art. 158; e das alíneas *a* e *b* do inciso I e do inciso II do *caput* do art. 159 da Constituição Federal:
a) 16,66% (dezesseis inteiros e sessenta e seis centésimos por cento), no primeiro ano;
b) 18,33% (dezoito inteiros e trinta e três centésimos por cento), no segundo ano;
c) 20% (vinte por cento), a partir do terceiro ano;

II – no caso dos impostos e transferências constantes dos incisos I e III do *caput* do art. 155; do inciso II do *caput* do art. 157; e dos incisos II e III do *caput* do art. 158 da Constituição Federal:
a) 6,66% (seis inteiros e sessenta e seis centésimos por cento), no primeiro ano;
b) 13,33% (treze inteiros e trinta e três centésimos por cento), no segundo ano;
c) 20% (vinte por cento), a partir do terceiro ano.
► Incisos I e II acrescidos pela EC nº 53, de 19-12-2006.

§§ 6º e 7º *Revogados*. EC nº 53, de 19-12-2006.

Art. 61. As entidades educacionais a que se refere o artigo 213, bem como as fundações de ensino e pesquisa cuja criação tenha sido autorizada por lei, que preencham os requisitos dos incisos I e II do referido artigo e que, nos últimos três anos, tenham recebido recursos públicos, poderão continuar a recebê-los, salvo disposição legal em contrário.

Art. 62. A lei criará o Serviço Nacional de Aprendizagem Rural (SENAR) nos moldes da legislação relativa ao Serviço Nacional de Aprendizagem Industrial (SENAI) e ao Serviço Nacional de Aprendizagem do Comércio (SENAC), sem prejuízo das atribuições dos órgãos públicos que atuam na área.
► Lei nº 8.315, de 13-12-1991, dispõe sobre a criação do Serviço Nacional de Aprendizagem Rural – SENAR.

Art. 63. É criada uma Comissão composta de nove membros, sendo três do Poder Legislativo, três do Poder Judiciário e três do Poder Executivo, para promover as comemorações do centenário da proclamação da República e da promulgação da primeira Constituição republicana do País, podendo, a seu critério, desdobrar-se em tantas subcomissões quantas forem necessárias.

Parágrafo único. No desenvolvimento de suas atribuições, a Comissão promoverá estudos, debates e avaliações sobre a evolução política, social, econômica e cultural do País, podendo articular-se com os governos estaduais e municipais e com instituições públicas e privadas que desejem participar dos eventos.

Art. 64. A Imprensa Nacional e demais gráficas da União, dos Estados, do Distrito Federal e dos Municípios, da administração direta ou indireta, inclusive fundações instituídas e mantidas pelo Poder Público, promoverão edição popular do texto integral da Constituição, que será posta à disposição das escolas e dos cartórios, dos sindicatos, dos quartéis, das igrejas e de outras instituições representativas da comunidade, gratuitamente, de modo que cada cidadão brasileiro possa receber do Estado um exemplar da Constituição do Brasil.

Art. 65. O Poder Legislativo regulamentará, no prazo de doze meses, o artigo 220, § 4º.

Art. 66. São mantidas as concessões de serviços públicos de telecomunicações atualmente em vigor, nos termos da lei.

▶ Lei nº 9.472, de 16-7-1997, dispõe sobre a organização dos serviços de telecomunicações, a criação e funcionamento de um Órgão Regulador e outros aspectos institucionais.

Art. 67. A União concluirá a demarcação das terras indígenas no prazo de cinco anos a partir da promulgação da Constituição.

Art. 68. Aos remanescentes das comunidades dos quilombos que estejam ocupando suas terras é reconhecida a propriedade definitiva, devendo o Estado emitir-lhes os títulos respectivos.

▶ Dec. nº 4.887, de 20-11-2003, regulamenta o procedimento para identificação, reconhecimento, delimitação, demarcação e titulação das terras ocupadas por remanescentes das comunidades dos quilombos de que trata este artigo.

▶ Dec. nº 6.040, de 7-2-2007, institui a Política Nacional de Desenvolvimento Sustentável dos Povos e Comunidades Tradicionais.

Art. 69. Será permitido aos Estados manter consultorias jurídicas separadas de suas Procuradorias-Gerais ou Advocacias-Gerais, desde que, na data da promulgação da Constituição, tenham órgãos distintos para as respectivas funções.

Art. 70. Fica mantida a atual competência dos tribunais estaduais até que a mesma seja definida na Constituição do Estado, nos termos do artigo 125, § 1º, da Constituição.

▶ Art. 4º da EC nº 45, de 8-12-2004 (Reforma do Judiciário).

Art. 71. É instituído, nos exercícios financeiros de 1994 e 1995, bem assim nos períodos de 1º de janeiro de 1996 a 30 de junho de 1997 e 1º de julho de 1997 a 31 de dezembro de 1999, o Fundo Social de Emergência, com o objetivo de saneamento financeiro da Fazenda Pública Federal e de estabilização econômica, cujos recursos serão aplicados prioritariamente no custeio das ações dos sistemas de saúde e educação, incluindo a complementação de recursos de que trata o § 3º do artigo 60 do Ato das Disposições Constitucionais Transitórias, benefícios previdenciários e auxílios assistenciais de prestação continuada, inclusive liquidação de passivo previdenciário, e despesas orçamentárias associadas a programas de relevante interesse econômico e social.

▶ Caput com a redação dada pela EC nº 17, de 22-11-1997.

§ 1º Ao Fundo criado por este artigo não se aplica o disposto na parte final do inciso II do § 9º do artigo 165 da Constituição.

§ 2º O Fundo criado por este artigo passa a ser denominado Fundo de Estabilização Fiscal a partir do início do exercício financeiro de 1996.

§ 3º O Poder Executivo publicará demonstrativo da execução orçamentária, de periodicidade bimestral, no qual se discriminarão as fontes e usos do Fundo criado por este artigo.

▶ §§ 1º a 3º acrescidos pela EC nº 10, de 4-3-1996.

Art. 72. Integram o Fundo Social de Emergência:

▶ Art. 72 acrescido pela ECR nº 1, de 1º-3-1994.

I – o produto da arrecadação do imposto sobre renda e proventos de qualquer natureza incidente na fonte sobre pagamentos efetuados, a qualquer título, pela União, inclusive suas autarquias e fundações;

II – a parcela do produto da arrecadação do imposto sobre renda e proventos de qualquer natureza e do imposto sobre operações de crédito, câmbio e seguro, ou relativas a títulos e valores mobiliários, decorrente das alterações produzidas pela Lei nº 8.894, de 21 de junho de 1994, e pelas Leis nºs 8.849 e 8.848, ambas de 28 de janeiro de 1994, e modificações posteriores;

III – a parcela do produto da arrecadação resultante da elevação da alíquota da contribuição social sobre o lucro dos contribuintes a que se refere o § 1º do artigo 22 da Lei nº 8.212, de 24 de julho de 1991, a qual, nos exercícios financeiros de 1994 e 1995, bem assim no período de 1º de janeiro de 1996 a 30 de junho de 1997, passa a ser de trinta por cento, sujeita à alteração por lei ordinária, mantidas as demais normas da Lei nº 7.689, de 15 de dezembro de 1988;

IV – vinte por cento do produto da arrecadação de todos os impostos e contribuições da União, já instituídos ou a serem criados, excetuado o previsto nos incisos I, II e III, observado o disposto nos §§ 3º e 4º;

▶ Incisos II a IV com a redação dada pela EC nº 10, de 4-3-1996.

V – a parcela do produto da arrecadação da contribuição de que trata a Lei Complementar nº 7, de 7 de setembro de 1970, devida pelas pessoas jurídicas a que se refere o inciso III deste artigo, a qual será calculada, nos exercícios financeiros de 1994 e 1995, bem assim nos períodos de 1º de janeiro de 1996 a 30 de junho de 1997 e 1º de julho de 1997 a 31 de dezembro de 1999, mediante a aplicação da alíquota de setenta e cinco centésimos por cento, sujeita a alteração por lei ordinária posterior, sobre a receita bruta operacional, como definida na legislação do imposto sobre renda e proventos de qualquer natureza;

▶ Inciso V com a redação dada pela EC nº 17, de 22-11-1997.

VI – outras receitas previstas em lei específica.

§ 1º As alíquotas e a base de cálculo previstas nos incisos III e IV aplicar-se-ão a partir do primeiro dia do mês seguinte aos noventa dias posteriores à promulgação desta Emenda.

§ 2º As parcelas de que tratam os incisos I, II, III e V serão previamente deduzidas da base de cálculo de qualquer vinculação ou participação constitucional ou legal, não se lhes aplicando o disposto nos artigos 159, 212 e 239 da Constituição.

§ 3º A parcela de que trata o inciso IV será previamente deduzida da base de cálculo das vinculações ou participações constitucionais previstas nos artigos 153, § 5º, 157, II, 212 e 239 da Constituição.

§ 4º O disposto no parágrafo anterior não se aplica aos recursos previstos nos artigos 158, II, e 159 da Constituição.

§ 5º A parcela dos recursos provenientes do imposto sobre renda e proventos de qualquer natureza, destinada ao Fundo Social de Emergência, nos termos do inciso II deste artigo, não poderá exceder a cinco inteiros e seis décimos por cento do total do produto da sua arrecadação.

▶ §§ 2º a 5º acrescidos pela EC nº 10, de 4-3-1996.

Art. 73. Na regulação do Fundo Social de Emergência não poderá ser utilizado o instrumento previsto no inciso V do artigo 59 da Constituição.

▶ Artigo acrescido pela ECR nº 1, de 1º-3-1994.

Art. 74. A União poderá instituir contribuição provisória sobre movimentação ou transmissão de valores e de créditos e direitos de natureza financeira.

▶ Art. 84 deste Ato.

§ 1º A alíquota da contribuição de que trata este artigo não excederá a vinte e cinco centésimos por cento, facultado ao Poder Executivo reduzi-la ou restabelecê-la, total ou parcialmente, nas condições e limites fixados em lei.

▶ Alíquota alterada pela EC nº 21, de 18-3-1999.

§ 2º À contribuição de que trata este artigo não se aplica o disposto nos artigos 153, § 5º, e 154, I, da Constituição.

§ 3º O produto da arrecadação da contribuição de que trata este artigo será destinado integralmente ao Fundo Nacional de Saúde, para financiamento das ações e serviços de saúde.

§ 4º A contribuição de que trata este artigo terá sua exigibilidade subordinada ao disposto no artigo 195, § 6º, da Constituição, e não poderá ser cobrada por prazo superior a dois anos.

▶ Art. 74 acrescido pela EC nº 12, de 15-8-1996.
▶ Lei nº 9.311 de 24-10-1996, institui a Contribuição Provisória sobre Movimentação ou Transmissão de Valores e de Créditos e Direitos de Natureza Financeira – CPMF.

Art. 75. É prorrogada, por trinta e seis meses, a cobrança da contribuição provisória sobre movimentação ou transmissão de valores e de créditos e direitos de natureza financeira de que trata o artigo 74, instituída pela Lei nº 9.311, de 24 de outubro de 1996, modificada pela Lei nº 9.539, de 12 de dezembro de 1997, cuja vigência é também prorrogada por idêntico prazo.

▶ Arts. 80, I, e 84 deste Ato.

§ 1º Observado o disposto no § 6º do artigo 195 da Constituição Federal, a alíquota da contribuição será de trinta e oito centésimos por cento, nos primeiros doze meses, e de trinta centésimos, nos meses subsequentes, facultado ao Poder Executivo reduzi-la total ou parcialmente, nos limites aqui definidos.

§ 2º O resultado do aumento da arrecadação, decorrente da alteração da alíquota, nos exercícios financeiros de 1999, 2000 e 2001, será destinado ao custeio da Previdência Social.

§ 3º É a União autorizada a emitir títulos da dívida pública interna, cujos recursos serão destinados ao custeio da saúde e da Previdência Social, em montante equivalente ao produto da arrecadação da contribuição, prevista e não realizada em 1999.

▶ Art. 75 acrescido pela EC nº 21, de 18-3-1999.
▶ O STF, por maioria de votos, julgou parcialmente procedente a ADIN nº 2.031-5, para declarar a inconstitucionalidade deste parágrafo, acrescido pela EC nº 21, de 18-3-1999 (*DOU* de 5-11-2003).
▶ LC nº 111, de 6-7-2001, dispõe sobre o Fundo de Combate e Erradicação da Pobreza, na forma prevista nos arts. 79, 80 e 81 do ADCT.

Art. 76. São desvinculados de órgão, fundo ou despesa, até 31 de dezembro de 2015, 20% (vinte por cento) da arrecadação da União de impostos, contribuições sociais e de intervenção no domínio econômico, já instituídos ou que vierem a ser criados até a referida data, seus adicionais e respectivos acréscimos legais.

§ 1º O disposto no *caput* não reduzirá a base de cálculo das transferências a Estados, Distrito Federal e Municípios, na forma do § 5º do art. 153, do inciso I do art. 157, dos incisos I e II do art. 158 e das alíneas *a*, *b* e *d* do inciso I e do inciso II do art. 159 da Constituição Federal, nem a base de cálculo das destinações a que se refere a alínea *c* do inciso I do art. 159 da Constituição Federal.

§ 2º Excetua-se da desvinculação de que trata o *caput* a arrecadação da contribuição social do salário-educação a que se refere o § 5º do art. 212 da Constituição Federal.

§ 3º Para efeito do cálculo dos recursos para manutenção e desenvolvimento do ensino de que trata o art. 212 da Constituição Federal, o percentual referido no *caput* será nulo.

▶ Art. 76 com a redação dada pela EC nº 68, de 21-12-2011.

Art. 77. Até o exercício financeiro de 2004, os recursos mínimos aplicados nas ações e serviços públicos de saúde serão equivalentes:

I – no caso da União:

a) no ano 2000, o montante empenhado em ações e serviços públicos de saúde no exercício financeiro de 1999 acrescido de, no mínimo, cinco por cento;
b) do ano de 2001 ao ano de 2004, o valor apurado no ano anterior, corrigido pela variação nominal do Produto Interno Bruto – PIB;

II – no caso dos Estados e do Distrito Federal, doze por cento do produto da arrecadação dos impostos a que se refere o artigo 155 e dos recursos de que tratam os artigos 157 e 159, inciso I, alínea *a* e inciso II, deduzidas as parcelas que forem transferidas aos respectivos Municípios; e

III – no caso dos Municípios e do Distrito Federal, quinze por cento do produto da arrecadação dos impostos a que se refere o artigo 156 e dos recursos de que tratam os artigos 158 e 159, inciso I, alínea *b* e § 3º.

§ 1º Os Estados, o Distrito Federal e os municípios que apliquem percentuais inferiores aos fixados nos incisos II e III deverão elevá-los gradualmente, até o exercício financeiro de 2004, reduzida a diferença à razão de, pelo menos, um quinto por ano, sendo que, a partir de 2000, a aplicação será de pelo menos sete por cento.

§ 2º Dos recursos da União apurados nos termos deste artigo, quinze por cento, no mínimo, serão aplicados nos Municípios, segundo o critério populacional, em ações e serviços básicos de saúde, na forma da lei.

§ 3º Os recursos dos Estados, do Distrito Federal e dos Municípios destinados às ações e serviços públicos de saúde e os transferidos pela União para a mesma finalidade serão aplicados por meio de Fundo de Saúde que será acompanhado e fiscalizado por Conselho de Saúde, sem prejuízo do disposto no artigo 74 da Constituição Federal.

§ 4º Na ausência da lei complementar a que se refere o artigo 198, § 3º, a partir do exercício financeiro de 2005, aplicar-se-á à União, aos Estados, ao Distrito Federal e aos Municípios o disposto neste artigo.

▶ Art. 77 acrescido pela EC nº 29, de 13-9-2000.

Art. 78. Ressalvados os créditos definidos em lei como de pequeno valor, os de natureza alimentícia, os de que trata o artigo 33 deste Ato das Disposições Constitucionais Transitórias e suas complementações e os que já tiverem os seus respectivos recursos liberados ou depositados em juízo, os precatórios pendentes na data da publicação desta Emenda e os que decorrem de ações iniciais ajuizadas até 31 de dezembro de 1999 serão liquidados pelo seu valor real, em moeda corrente, acrescido de juros legais, em prestações anuais, iguais e sucessivas, no prazo máximo de dez anos, permitida a cessão dos créditos.

▶ O STF, por maioria de votos, deferiu as cautelares, nas Ações Diretas de Inconstitucionalidade nºs 2.356 e 2.362, para suspender a eficácia do art. 2º da EC nº 30/2000, que introduziu este artigo ao ADCT (*DOU* de 7-12-2010).
▶ Arts. 86, 87 e 97, § 15, do ADCT.
▶ Res. do CNJ nº 92, de 13-10-2009, dispõe sobre a Gestão de Precatórios no âmbito do Poder Judiciário.

§ 1º É permitida a decomposição de parcelas, a critério do credor.

§ 2º As prestações anuais a que se refere o *caput* deste artigo terão, se não liquidadas até o final do exercício a que se referem, poder liberatório do pagamento de tributos da entidade devedora.

▶ Art. 6º da EC nº 62, de 9-12-2009, que convalida todas as compensações de precatórios com tributos vencidos até 31-10-2009 da entidade devedora, efetuadas na forma deste parágrafo, realizadas antes da promulgação desta Emenda Constitucional.

§ 3º O prazo referido no *caput* deste artigo fica reduzido para dois anos, nos casos de precatórios judiciais originários de desapropriação de imóvel residencial do credor, desde que comprovadamente único à época da imissão na posse.

§ 4º O Presidente do Tribunal competente deverá, vencido o prazo ou em caso de omissão no orçamento, ou preterição ao direito de precedência, a requerimento do credor, requisitar ou determinar o sequestro de recursos financeiros da entidade executada, suficientes à satisfação da prestação.

▶ Art. 78 acrescido pela EC nº 30, de 13-12-2000.

Art. 79. É instituído, para vigorar até o ano de 2010, no âmbito do Poder Executivo Federal, o Fundo de Combate e Erradicação da Pobreza, a ser regulado por lei complementar com o objetivo de viabilizar a todos os brasileiros acesso a níveis dignos de subsistência, cujos recursos serão aplicados em ações suplementares de nutrição, habitação, educação, saúde, reforço de renda familiar e outros programas de relevante interesse social voltados para melhoria da qualidade de vida.

▶ Art. 4º da EC nº 42, de 19-12-2003.
▶ EC nº 67, de 22-12-2010, prorroga, por tempo indeterminado, o prazo de vigência do Fundo de Combate e Erradicação da Pobreza.

Parágrafo único. O Fundo previsto neste artigo terá Conselho Consultivo e de Acompanhamento que conte com a participação de representantes da sociedade civil, nos termos da lei.

▶ Art. 79 acrescido pela EC nº 31, de 14-12-2000.
▶ LC nº 111, de 6-7-2001, dispõe sobre o Fundo de Combate e Erradicação da Pobreza, na forma prevista nos arts. 79 a 81 do ADCT.
▶ Dec. nº 3.997, de 1º-11-2001, define o órgão gestor do Fundo de Combate e Erradicação da Pobreza, e regulamenta a composição e o funcionamento do seu Conselho Consultivo e de Acompanhamento.

Art. 80. Compõem o Fundo de Combate e Erradicação da Pobreza:

▶ Art. 31, III, do Dec. nº 6.140, de 3-7-2007, que regulamenta a Contribuição Provisória sobre Movimentação ou Transmissão de Valores e de Créditos e Direitos de Natureza Financeira – CPMF.

I – a parcela do produto da arrecadação correspondente a um adicional de oito centésimos por cento, aplicável de 18 de junho de 2000 a 17 de junho de 2002, na alíquota da contribuição social de que trata o art. 75 do Ato das Disposições Constitucionais Transitórias;

▶ Art. 84 deste Ato.
▶ Art. 4º da EC nº 42, de 19-12-2003.

II – a parcela do produto da arrecadação correspondente a um adicional de cinco pontos percentuais na alíquota do Imposto sobre Produtos Industrializados – IPI, ou do imposto que vier a substituí-lo, incidente sobre produtos supérfluos e aplicável até a extinção do Fundo;
III – o produto da arrecadação do imposto de que trata o artigo 153, inciso VII, da Constituição;
IV – dotações orçamentárias;
V – doações, de qualquer natureza, de pessoas físicas ou jurídicas do País ou do exterior;
VI – outras receitas, a serem definidas na regulamentação do referido Fundo.

§ 1º Aos recursos integrantes do Fundo de que trata este artigo não se aplica o disposto nos artigos 159 e 167, inciso IV, da Constituição, assim como qualquer desvinculação de recursos orçamentários.

§ 2º A arrecadação decorrente do disposto no inciso I deste artigo, no período compreendido entre 18 de junho de 2000 e o início da vigência da lei complementar a que se refere o artigo 79, será integralmente repassada ao Fundo, preservando o seu valor real, em títulos públicos federais, progressivamente resgatáveis após 18 de junho de 2002, na forma da lei.

► Art. 80 acrescido pela EC nº 31, de 14-12-2000.

► LC nº 111, de 6-7-2001, dispõe sobre o Fundo de Combate e Erradicação da Pobreza, na forma prevista nos arts. 79 a 81 do ADCT.

Art. 81. É instituído Fundo constituído pelos recursos recebidos pela União em decorrência da desestatização de sociedades de economia mista ou empresas públicas por ela controladas, direta ou indiretamente, quando a operação envolver a alienação do respectivo controle acionário a pessoa ou entidade não integrante da Administração Pública, ou de participação societária remanescente após a alienação, cujos rendimentos, gerados a partir de 18 de junho de 2002, reverterão ao Fundo de Combate e Erradicação da Pobreza.

► Art. 31, III, do Dec. nº 6.140, de 3-7-2007, que regulamenta a Contribuição Provisória sobre Movimentação ou Transmissão de Valores e de Créditos e Direitos de Natureza Financeira – CPMF.

§ 1º Caso o montante anual previsto nos rendimentos transferidos ao Fundo de Combate e Erradicação da Pobreza, na forma deste artigo, não alcance o valor de quatro bilhões de reais, far-se-á complementação na forma do artigo 80, inciso IV, do Ato das Disposições Constitucionais Transitórias.

§ 2º Sem prejuízo do disposto no § 1º, o Poder Executivo poderá destinar o Fundo a que se refere este artigo outras receitas decorrentes da alienação de bens da União.

§ 3º A constituição do Fundo a que se refere o *caput*, a transferência de recursos ao Fundo de Combate e Erradicação da Pobreza e as demais disposições referentes ao § 1º deste artigo serão disciplinadas em lei, não se aplicando o disposto no artigo 165, § 9º, inciso II, da Constituição.

► Art. 81 acrescido pela EC nº 31, de 13-12-2000.

► LC nº 111, de 6-7-2001, dispõe sobre o Fundo de Combate e Erradicação da Pobreza, na forma prevista nos arts. 79 a 81 do ADCT.

Art. 82. Os Estados, o Distrito Federal e os Municípios devem instituir Fundos de Combate à Pobreza, com os recursos de que trata este artigo e outros que vierem a destinar, devendo os referidos Fundos ser geridos por entidades que contém com a participação da sociedade civil.

► Artigo acrescido pela EC nº 31, de 14-12-2000.

► Art. 4º da EC nº 42, de 19-12-2003.

§ 1º Para o financiamento dos Fundos Estaduais e Distrital, poderá ser criado adicional de até dois pontos percentuais na alíquota do Imposto sobre Circulação de Mercadorias e Serviços – ICMS, sobre os produtos e serviços supérfluos e nas condições definidas na lei complementar de que trata o art. 155, § 2º, XII, da Constituição, não se aplicando, sobre este percentual, o disposto no art. 158, IV, da Constituição.

► § 1º com a redação dada pela EC nº 42, de 19-12-2003.

§ 2º Para o financiamento dos Fundos Municipais, poderá ser criado adicional de até meio ponto percentual na alíquota do Imposto sobre serviços ou do imposto que vier a substituí-lo, sobre os serviços supérfluos.

► § 2º acrescido pela EC nº 31, de 14-12-2000.

Art. 83. Lei federal definirá os produtos e serviços supérfluos a que se referem os arts. 80, II, e 82, § 2º.

► Artigo com a redação dada pela EC nº 42, de 19-12-2003.

Art. 84. A contribuição provisória sobre movimentação ou transmissão de valores e de créditos e direitos de natureza financeira, prevista nos arts. 74, 75 e 80, I, deste Ato das Disposições Constitucionais Transitórias, será cobrada até 31 de dezembro de 2004.

► Art. 90 deste Ato.

► Dec. nº 6.140, de 3-7-2007, regulamenta a Contribuição Provisória sobre Movimentação ou Transmissão de Valores e de Créditos e Direitos de Natureza Financeira – CPMF.

§ 1º Fica prorrogada, até a data referida no *caput* deste artigo, a vigência da Lei nº 9.311, de 24 de outubro de 1996, e suas alterações.

§ 2º Do produto da arrecadação da contribuição social de que trata este artigo será destinada a parcela correspondente à alíquota de:

► Art. 31 do Dec. nº 6.140, de 3-7-2007, que regulamenta a Contribuição Provisória sobre Movimentação ou Transmissão de Valores e de Créditos e Direitos de Natureza Financeira – CPMF.

I – vinte centésimos por cento ao Fundo Nacional de Saúde, para financiamento das ações e serviços de saúde;

II – dez centésimos por cento ao custeio da previdência social;

III – oito centésimos por cento ao Fundo de Combate e Erradicação da Pobreza, de que tratam os arts. 80 e 81 deste Ato das Disposições Constitucionais Transitórias.

§ 3º A alíquota da contribuição de que trata este artigo será de:

I – trinta e oito centésimos por cento, nos exercícios financeiros de 2002 e 2003;

II – *Revogado*. EC nº 42, de 19-12-2003.

► Art. 84 acrescido pela EC nº 37, de 12-6-2002.

Art. 85. A contribuição a que se refere o art. 84 deste Ato das Disposições Constitucionais Transitórias não incidirá, a partir do trigésimo dia da data de publicação desta Emenda Constitucional, nos lançamentos:

► Art. 3º do Dec. nº 6.140, de 3-7-2007, que regulamenta a Contribuição Provisória sobre Movimentação ou Transmissão de Valores e de Créditos e Direitos de Natureza Financeira – CPMF.

I – em contas correntes de depósito especialmente abertas e exclusivamente utilizadas para operações de:

► Art. 2º da Lei nº 10.892, de 13-7-2004, que dispõe sobre multas nos casos de utilização diversa da prevista na legislação das contas correntes de depósitos beneficiarias da alíquota 0 (zero), bem como da inobservância de normas baixadas pelo BACEN que resultem na falta de cobrança do CPMF devida.

a) câmaras e prestadoras de serviços de compensação e de liquidação de que trata o parágrafo único do art. 2º da Lei nº 10.214, de 27 de março de 2001;

b) companhias securitizadoras de que trata a Lei nº 9.514, de 20 de novembro de 1997;

c) sociedades anônimas que tenham por objeto exclusivo a aquisição de créditos oriundos de operações praticadas no mercado financeiro;

▶ Art. 2º, § 3º, da Lei nº 10.892, de 13-7-2004, que altera os arts. 8º e 16 da Lei nº 9.311, de 24-10-1996, que institui a Contribuição Provisória sobre Movimentação ou Transmissão de Valores e de Créditos e Direitos de Natureza Financeira – CPMF.

II – em contas correntes de depósito, relativos a:

a) operações de compra e venda de ações, realizadas em recintos ou sistemas de negociação de bolsas de valores e no mercado de balcão organizado;
b) contratos referenciados em ações ou índices de ações, em suas diversas modalidades, negociados em bolsas de valores, de mercadorias e de futuros;

III – em contas de investidores estrangeiros, relativos a entradas no País e a remessas para o exterior de recursos financeiros empregados, exclusivamente, em operações e contratos referidos no inciso II deste artigo.

§ 1º O Poder Executivo disciplinará o disposto neste artigo no prazo de trinta dias da data de publicação desta Emenda Constitucional.

§ 2º O disposto no inciso I deste artigo aplica-se somente às operações relacionadas em ato do Poder Executivo, dentre aquelas que constituam o objeto social das referidas entidades.

§ 3º O disposto no inciso II deste artigo aplica-se somente a operações e contratos efetuados por intermédio de instituições financeiras, sociedades corretoras de títulos e valores mobiliários, sociedades distribuidoras de títulos e valores mobiliários e sociedades corretoras de mercadorias.

▶ Art. 85 acrescido pela EC nº 37, de 12-6-2002.

Art. 86. Serão pagos conforme disposto no art. 100 da Constituição Federal, não se lhes aplicando a regra de parcelamento estabelecida no *caput* do art. 78 deste Ato das Disposições Constitucionais Transitórias, os débitos da Fazenda Federal, Estadual, Distrital ou Municipal oriundos de sentenças transitadas em julgado, que preencham, cumulativamente, as seguintes condições:

I – ter sido objeto de emissão de precatórios judiciários;

▶ Res. do CNJ nº 92, de 13-10-2009, dispõe sobre a Gestão de Precatórios no âmbito do Poder Judiciário.

II – ter sido definidos como de pequeno valor pela lei de que trata o § 3º do art. 100 da Constituição Federal ou pelo art. 87 deste Ato das Disposições Constitucionais Transitórias;

III – estar, total ou parcialmente, pendentes de pagamento na data da publicação desta Emenda Constitucional.

§ 1º Os débitos a que se refere o *caput* deste artigo, ou os respectivos saldos, serão pagos na ordem cronológica de apresentação dos respectivos precatórios, com precedência sobre os de maior valor.

▶ Res. do CNJ nº 92, de 13-10-2009, dispõe sobre a Gestão de Precatórios no âmbito do Poder Judiciário.

§ 2º Os débitos a que se refere o *caput* deste artigo, se ainda não tiverem sido objeto de pagamento parcial, nos termos do art. 78 deste Ato das Disposições Constitucionais Transitórias, poderão ser pagos em duas parcelas anuais, se assim dispuser a lei.

§ 3º Observada a ordem cronológica de sua apresentação, os débitos de natureza alimentícia previstos neste artigo terão precedência para pagamento sobre todos os demais.

▶ Art. 86 acrescido pela EC nº 37, de 12-6-2002.

Art. 87. Para efeito do que dispõem o § 3º do art. 100 da Constituição Federal e o art. 78 deste Ato das Disposições Constitucionais Transitórias serão considerados de pequeno valor, até que se dê a publicação oficial das respectivas leis definidoras pelos entes da Federação, observado o disposto no § 4º do art. 100 da Constituição Federal, os débitos ou obrigações consignados em precatório judiciário, que tenham valor igual ou inferior a:

I – quarenta salários mínimos, perante a Fazenda dos Estados e do Distrito Federal;

II – trinta salários mínimos, perante a Fazenda dos Municípios.

Parágrafo único. Se o valor da execução ultrapassar o estabelecido neste artigo, o pagamento far-se-á, sempre, por meio de precatório, sendo facultada à parte exequente a renúncia ao crédito do valor excedente, para que possa optar pelo pagamento do saldo sem o precatório, da forma prevista no § 3º do art. 100.

▶ Art. 87 acrescido pela EC nº 37, de 12-6-2002.
▶ Res. do CNJ nº 92, de 13-10-2009, dispõe sobre a Gestão de Precatórios no âmbito do Poder Judiciário.

Art. 88. Enquanto lei complementar não disciplinar o disposto nos incisos I e III do § 3º do art. 156 da Constituição Federal, o imposto a que se refere o inciso III do *caput* do mesmo artigo:

I – terá alíquota mínima de dois por cento, exceto para os serviços a que se referem os itens 32, 33 e 34 da Lista de Serviços anexa ao Decreto-Lei nº 406, de 31 de dezembro de 1968;

II – não será objeto de concessão de isenções, incentivos e benefícios fiscais, que resulte, direta ou indiretamente, na redução da alíquota mínima estabelecida no inciso I.

▶ Art. 88 acrescido pela EC nº 37, de 12-6-2002.

Art. 89. Os integrantes da carreira policial militar e os servidores municipais do ex-Território Federal de Rondônia que, comprovadamente, se encontravam no exercício regular de suas funções prestando serviço àquele ex-Território na data em que foi transformado em Estado, bem como os servidores e os policiais militares alcançados pelo disposto no art. 36 da Lei Complementar nº 41, de 22 de dezembro de 1981, e aqueles admitidos regularmente nos quadros do Estado de Rondônia até a data de posse do primeiro Governador eleito, em 15 de março de 1987, constituirão, mediante opção, quadro em extinção da administração federal, assegurados os direitos e as vantagens a eles inerentes, vedado o pagamento, a qualquer título, de diferenças remuneratórias.

▶ *Caput* com a redação dada pela EC nº 60, de 11-11-2009.
▶ Art. 1º da EC nº 60, de 11-11-2009, que veda o pagamento, a qualquer título, em virtude da alteração pela referida Emenda, de ressarcimentos ou indenizações, de qualquer espécie, referentes a períodos anteriores à data de sua publicação (*DOU* de 12-11-2009).

§ 1º Os membros da Polícia Militar continuarão prestando serviços ao Estado de Rondônia, na condição de cedidos, submetidos às corporações da Polícia Militar, observadas as atribuições de função compatíveis com o grau hierárquico.

§ 2º Os servidores a que se refere o *caput* continuarão prestando serviços ao Estado de Rondônia na condição de cedidos, até seu aproveitamento em órgão ou entidade da administração federal direta, autárquica ou fundacional.

▶ §§ 1º e 2º acrescidos pela EC nº 60, de 11-11-2009.

Art. 90. O prazo previsto no *caput* do art. 84 deste Ato das Disposições Constitucionais Transitórias fica prorrogado até 31 de dezembro de 2007.

§ 1º Fica prorrogada, até a data referida no *caput* deste artigo, a vigência da Lei nº 9.311, de 24 de outubro de 1996, e suas alterações.

§ 2º Até a data referida no *caput* deste artigo, a alíquota da contribuição de que trata o art. 84 deste Ato das Disposições Constitucionais Transitórias será de trinta e oito centésimos por cento.

▶ Art. 90 acrescido pela EC nº 42, de 19-12-2003.

Art. 91. A União entregará aos Estados e ao Distrito Federal o montante definido em lei complementar, de acordo com critérios, prazos e condições nela determinados, podendo considerar as exportações para o exterior de produtos primários e semielaborados, a relação entre as exportações e as importações, os créditos decorrentes de aquisições destinadas ao ativo permanente e a efetiva manutenção e aproveitamento do crédito do imposto a que se refere o art. 155, § 2º, X, *a*.

§ 1º Do montante de recursos que cabe a cada Estado, setenta e cinco por cento pertencem ao próprio Estado, e vinte e cinco por cento, aos seus Municípios, distribuídos segundo os critérios a que se refere o art. 158, parágrafo único, da Constituição.

§ 2º A entrega de recursos prevista neste artigo perdurará, conforme definido em lei complementar, até que o imposto a que se refere o art. 155, II, tenha o produto de sua arrecadação destinado predominantemente, em proporção não inferior a oitenta por cento, ao Estado onde ocorrer o consumo das mercadorias, bens ou serviços.

§ 3º Enquanto não for editada a lei complementar de que trata o *caput*, em substituição ao sistema de entrega de recursos nele previsto, permanecerá vigente o sistema de entrega de recursos previsto no art. 31 e Anexo da Lei Complementar nº 87, de 13 de setembro de 1996, com a redação dada pela Lei Complementar nº 115, de 26 de dezembro de 2002.

§ 4º Os Estados e o Distrito Federal deverão apresentar à União, nos termos das instruções baixadas pelo Ministério da Fazenda, as informações relativas ao imposto de que trata o art. 155, II, declaradas pelos contribuintes que realizarem operações ou prestações com destino ao exterior.

▶ Art. 91 acrescido pela EC nº 42, de 19-12-2003.

Art. 92. São acrescidos dez anos ao prazo fixado no art. 40 deste Ato das Disposições Constitucionais Transitórias.

▶ Artigo acrescido pela EC nº 42, de 19-12-2003.

Art. 93. A vigência do disposto no art. 159, III, e § 4º, iniciará somente após a edição da lei de que trata o referido inciso III.

▶ Artigo acrescido pela EC nº 42, de 19-12-2003.

Art. 94. Os regimes especiais de tributação para microempresas e empresas de pequeno porte próprios da União, dos Estados, do Distrito Federal e dos Municípios cessarão a partir da entrada em vigor do regime previsto no art. 146, III, *d*, da Constituição.

▶ Artigo acrescido pela EC nº 42, de 19-12-2003.

Art. 95. Os nascidos no estrangeiro entre 7 de junho de 1994 e a data da promulgação desta Emenda Constitucional, filhos de pai brasileiro ou mãe brasileira, poderão ser registrados em repartição diplomática ou consular brasileira competente ou em ofício de registro, se vierem a residir na República Federativa do Brasil.

▶ Artigo acrescido pela EC nº 54, de 20-9-2007.
▶ Art. 12 desta Constituição.

Art. 96. Ficam convalidados os atos de criação, fusão, incorporação e desmembramento de Municípios, cuja lei tenha sido publicada até 31 de dezembro de 2006, atendidos os requisitos estabelecidos na legislação do respectivo Estado à época de sua criação.

▶ Artigo acrescido pela EC nº 57, de 18-12-2008.

Art. 97. Até que seja editada a Lei Complementar de que trata o § 15 do art. 100 da Constituição Federal, os Estados, o Distrito Federal e os Municípios que, na data de publicação desta Emenda Constitucional, estejam em mora na quitação de precatórios vencidos, relativos às suas administrações direta e indireta, inclusive os emitidos durante o período de vigência do regime especial instituído por este artigo, farão esses pagamentos de acordo com as normas a seguir estabelecidas, sendo inaplicável o disposto no art. 100 desta Constituição Federal, exceto em seus §§ 2º, 3º, 9º, 10, 11, 12, 13 e 14, e sem prejuízo dos acordos de juízos conciliatórios já formalizados na data de promulgação desta Emenda Constitucional.

▶ Art. 3º da EC nº 62, de 9-12-2009, estabelece que a implantação do regime de pagamento criado por este artigo deverá ocorrer no prazo de até 90 (noventa) dias), contados da data de sua publicação (*DOU* de 10-12-2009).

§ 1º Os Estados, o Distrito Federal e os Municípios sujeitos ao regime especial de que trata este artigo optarão, por meio de ato do Poder Executivo:

▶ Art. 4º da EC nº 62, de 9-12-2009, que estabelece os casos em que a entidade federativa voltará a observar somente o disposto no art. 100 da CF.

I – pelo depósito em conta especial do valor referido pelo § 2º deste artigo; ou

II – pela adoção do regime especial pelo prazo de até 15 (quinze) anos, caso em que o percentual a ser depositado na conta especial a que se refere o § 2º deste artigo corresponderá, anualmente, ao saldo total dos precatórios devidos, acrescido do índice oficial de remuneração básica da caderneta de poupança e de juros simples no mesmo percentual de juros incidentes sobre a caderneta de poupança para fins de compensação da mora, excluída a incidência de juros compensatórios, diminuído das amortizações e dividido pelo número de anos restantes no regime especial de pagamento.

§ 2º Para saldar os precatórios, vencidos e a vencer, pelo regime especial, os Estados, o Distrito Federal e os Municípios devedores depositarão mensalmente, em conta especial criada para tal fim, 1/12 (um doze avos) do valor calculado percentualmente sobre as respectivas receitas correntes líquidas, apuradas no segundo mês anterior ao mês de pagamento, sendo que esse percentual, calculado no momento de opção pelo regime e mantido fixo até o final do prazo a que se refere o § 14 deste artigo, será:

I – para os Estados e para o Distrito Federal:

a) de, no mínimo, 1,5% (um inteiro e cinco décimos por cento), para os Estados das regiões Norte, Nordeste e Centro-Oeste, além do Distrito Federal, ou cujo estoque de precatórios pendentes das suas administrações direta e indireta corresponder a até 35% (trinta e cinco por cento) do total da receita corrente líquida;

b) de, no mínimo, 2% (dois por cento), para os Estados das regiões Sul e Sudeste, cujo estoque de precatórios pendentes das suas administrações direta e indireta corresponder a mais de 35% (trinta e cinco por cento) da receita corrente líquida;

II – para Municípios:

a) de, no mínimo, 1% (um por cento), para Municípios das regiões Norte, Nordeste e Centro-Oeste, ou cujo estoque de precatórios pendentes das suas administrações direta e indireta corresponder a até 35% (trinta e cinco por cento) da receita corrente líquida;

b) de, no mínimo, 1,5% (um inteiro e cinco décimos por cento), para Municípios das regiões Sul e Sudeste, cujo estoque de precatórios pendentes das suas administrações direta e indireta corresponder a mais de 35 % (trinta e cinco por cento) da receita corrente líquida.

§ 3º Entende-se como receita corrente líquida, para os fins de que trata este artigo, o somatório das receitas tributárias, patrimoniais, industriais, agropecuárias, de contribuições e de serviços, transferências correntes e outras receitas correntes, incluindo as oriundas do § 1º do art. 20 da Constituição Federal, verificado no período compreendido pelo mês de referência e os 11 (onze) meses anteriores, excluídas as duplicidades, e deduzidas:

I – nos Estados, as parcelas entregues aos Municípios por determinação constitucional;

II – nos Estados, no Distrito Federal e nos Municípios, a contribuição dos servidores para custeio do seu sistema de previdência e assistência social e as receitas provenientes da compensação financeira referida no § 9º do art. 201 da Constituição Federal.

§ 4º As contas especiais de que tratam os §§ 1º e 2º serão administradas pelo Tribunal de Justiça local, para pagamento de precatórios expedidos pelos tribunais.

§ 5º Os recursos depositados nas contas especiais de que tratam os §§ 1º e 2º deste artigo não poderão retornar para Estados, Distrito Federal e Municípios devedores.

§ 6º Pelo menos 50% (cinquenta por cento) dos recursos de que tratam os §§ 1º e 2º deste artigo serão utilizados para pagamento de precatórios em ordem cronológica de apresentação, respeitadas as preferências definidas no § 1º, para os requisitórios do mesmo ano e no § 2º do art. 100, para requisitórios de todos os anos.

§ 7º Nos casos em que não se possa estabelecer a precedência cronológica entre 2 (dois) precatórios, pagar-se-á primeiramente o precatório de menor valor.

§ 8º A aplicação dos recursos restantes dependerá de opção a ser exercida por Estados, Distrito Federal e Municípios devedores, por ato do Poder Executivo, obedecendo à seguinte forma, que poderá ser aplicada isoladamente ou simultaneamente:

I – destinados ao pagamento dos precatórios por meio do leilão;

II – destinados a pagamento a vista de precatórios não quitados na forma do § 6º e do inciso I, em ordem única e crescente de valor por precatório;

III – destinados a pagamento por acordo direto com os credores, na forma estabelecida por lei própria da entidade devedora, que poderá prever criação e forma de funcionamento de câmara de conciliação.

§ 9º Os leilões de que trata o inciso I do § 8º deste artigo:

I – serão realizados por meio de sistema eletrônico administrado por entidade autorizada pela Comissão de Valores Mobiliários ou pelo Banco Central do Brasil;

II – admitirão a habilitação de precatórios, ou parcela de cada precatório indicada pelo seu detentor, em relação aos quais não esteja pendente, no âmbito do Poder Judiciário, recurso ou impugnação de qualquer natureza, permitida por iniciativa do Poder Executivo a compensação com débitos líquidos e certos, inscritos ou não em dívida ativa e constituídos contra devedor originário pela Fazenda Pública devedora até a data da expedição do precatório, ressalvados aqueles cuja exigibilidade esteja suspensa nos termos da legislação, ou que já tenham sido objeto de abatimento nos termos do § 9º do art. 100 da Constituição Federal;

III – ocorrerão por meio de oferta pública a todos os credores habilitados pelo respectivo ente federativo devedor;

IV – considerarão automaticamente habilitado o credor que satisfaça o que consta no inciso II;

V – serão realizados tantas vezes quanto necessário em função do valor disponível;

VI – a competição por parcela do valor total ocorrerá a critério do credor, com deságio sobre o valor desta;

VII – ocorrerão na modalidade deságio, associado ao maior volume ofertado cumulado ou não com o maior percentual de deságio, pelo maior percentual de deságio, podendo ser fixado valor máximo por credor, ou por outro critério a ser definido em edital;

VIII – o mecanismo de formação de preço constará nos editais publicados para cada leilão;

IX – a quitação parcial dos precatórios será homologada pelo respectivo Tribunal que o expediu.

§ 10. No caso de não liberação tempestiva dos recursos de que tratam o inciso II do § 1º e os §§ 2º e 6º deste artigo:

I – haverá o sequestro de quantia nas contas de Estados, Distrito Federal e Municípios devedores, por ordem do Presidente do Tribunal referido no § 4º, até o limite do valor não liberado;

II – constituir-se-á, alternativamente, por ordem do Presidente do Tribunal requerido, em favor dos credores de precatórios, contra Estados, Distrito Federal e

Municípios devedores, direito líquido e certo, autoaplicável e independentemente de regulamentação, à compensação automática com débitos líquidos lançados por esta contra aqueles, e, havendo saldo em favor do credor, o valor terá automaticamente poder liberatório do pagamento de tributos de Estados, Distrito Federal e Municípios devedores, até onde se compensarem;

III – o chefe do Poder Executivo responderá na forma da legislação de responsabilidade fiscal e de improbidade administrativa;

IV – enquanto perdurar a omissão, a entidade devedora:

a) não poderá contrair empréstimo externo ou interno;

b) ficará impedida de receber transferências voluntárias;

V – a União reterá os repasses relativos ao Fundo de Participação dos Estados e do Distrito Federal e ao Fundo de Participação dos Municípios, e os depositará nas contas especiais referidas no § 1º, devendo sua utilização obedecer ao que prescreve o § 5º, ambos deste artigo.

§ 11. No caso de precatórios relativos a diversos credores, em litisconsórcio, admite-se o desmembramento do valor, realizado pelo Tribunal de origem do precatório, por credor, e, por este, a habilitação do valor total a que tem direito, não se aplicando, neste caso, a regra do § 3º do art. 100 da Constituição Federal.

§ 12. Se a lei a que se refere o § 4º do art. 100 não estiver publicada em até 180 (cento e oitenta) dias, contados da data de publicação desta Emenda Constitucional, será considerado, para os fins referidos, em relação a Estados, Distrito Federal e Municípios devedores, omissos na regulamentação, o valor de:

I – 40 (quarenta) salários mínimos para Estados e para o Distrito Federal;

II – 30 (trinta) salários mínimos para Municípios.

§ 13. Enquanto Estados, Distrito Federal e Municípios devedores estiverem realizando pagamentos de precatórios pelo regime especial, não poderão sofrer sequestro de valores, exceto no caso de não liberação tempestiva dos recursos de que tratam o inciso II do § 1º e o § 2º deste artigo.

§ 14. O regime especial de pagamento de precatório previsto no inciso I do § 1º vigorará enquanto o valor dos precatórios devidos for superior ao valor dos recursos vinculados, nos termos do § 2º, ambos deste artigo, ou pelo prazo fixo de até 15 (quinze) anos, no caso da opção prevista no inciso II do § 1º.

§ 15. Os precatórios parcelados na forma do art. 33 ou do art. 78 deste Ato das Disposições Constitucionais Transitórias e ainda pendentes de pagamento ingressarão no regime especial com o valor atualizado das parcelas não pagas relativas a cada precatório, bem como o saldo dos acordos judiciais e extrajudiciais.

§ 16. A partir da promulgação desta Emenda Constitucional, a atualização de valores de requisitórios, até o efetivo pagamento, independentemente de sua natureza, será feita pelo índice oficial de remuneração básica da caderneta de poupança, e, para fins de compensação da mora, incidirão juros simples no mesmo percentual de juros incidentes sobre a caderneta de poupança, ficando excluída a incidência de juros compensatórios.

§ 17. O valor que exceder o limite previsto no § 2º do art. 100 da Constituição Federal será pago, durante a vigência do regime especial, na forma prevista nos §§ 6º e 7º ou nos incisos I, II e III do § 8º deste artigo, devendo os valores dispendidos para o atendimento do disposto no § 2º do art. 100 da Constituição Federal serem computados para efeito do § 6º deste artigo.

§ 18. Durante a vigência do regime especial a que se refere este artigo, gozarão também da preferência a que se refere o § 6º os titulares originais de precatórios que tenham completado 60 (sessenta) anos de idade até a data da promulgação desta Emenda Constitucional.

▶ Art. 97 acrescido pela EC nº 62, de 9-12-2009.

Brasília, 5 de outubro de 1988.

Ulysses Guimarães – Presidente,
Mauro Benevides – 1º Vice-Presidente,
Jorge Arbage – 2º Vice-Presidente,
Marcelo Cordeiro – 1º Secretário,
Mário Maia – 2º Secretário,
Arnaldo Faria de Sá – 3º Secretário,
Benedita da Silva – 1º Suplente de Secretário,
Luiz Soyer – 2º Suplente de Secretário,
Sotero Cunha – 3º Suplente de Secretário,
Bernardo Cabral – Relator Geral,
Adolfo Oliveira – Relator Adjunto,
Antônio Carlos Konder Reis – Relator Adjunto,
José Fogaça – Relator Adjunto.

Índice Alfabético-Remissivo da Constituição da República Federativa do Brasil e de suas Disposições Transitórias

A

ABASTECIMENTO ALIMENTAR: art. 23, VIII, CF

ABUSO DE PODER
- concessão de *habeas corpus*: art. 5º, LXVIII, CF; Súms. 693 a 695, STF
- concessão de mandado de segurança: art. 5º, LXIX, CF; Súm. 632, STF
- direito de petição: art. 5º, XXXIV, a, CF; Súm. Vinc. 21, STF; Súm. 373, STJ

ABUSO DE PRERROGATIVAS: art. 55, § 1º, CF

ABUSO DO DIREITO DE GREVE: art. 9º, § 2º, CF

ABUSO DO EXERCÍCIO DE FUNÇÃO: art. 14, § 9º, *in fine*, CF; Súm. 13, TSE

ABUSO DO PODER ECONÔMICO: art. 173, § 4º, CF; Súm. 646, STF

AÇÃO CIVIL PÚBLICA: art. 129, III e § 1º, CF; Súm. 643, STF; Súm. 329, STJ

AÇÃO DE GRUPOS ARMADOS CONTRA O ESTADO: art. 5º, XLIV, CF

AÇÃO DE *HABEAS CORPUS*: art. 5º, LXXVII, CF

AÇÃO DE *HABEAS DATA*: art. 5º, LXXVII, CF

AÇÃO DE IMPUGNAÇÃO DE MANDATO ELETIVO: art. 14, §§ 10 e 11, CF

AÇÃO DECLARATÓRIA DE CONSTITUCIONALIDADE (ADECON)
- eficácia de decisões definitivas de mérito proferidas pelo STF: art. 102, § 2º, CF
- legitimação ativa: art. 103, CF
- processo e julgamento: art. 102, I, a, CF; Súms. 642 e 735, STF

AÇÃO DIRETA DE INCONSTITUCIONALIDADE (ADIN)
- audiência prévia do Procurador-Geral da República: art. 103, § 1º, CF
- citação prévia do Advogado-Geral da União: art. 103, § 3º, CF
- competência do STF: art. 102, I, a, CF; Súms. 642 e 735, STF
- legitimação ativa: arts. 103 e 129, IV, CF
- omissão de medida: art. 103, § 2º, CF
- processo e julgamento l: art. 102, I, a, CF; Súms. 642 e 735, STF
- recurso extraordinário: art. 102, III, CF
- suspensão da execução de lei: art. 52, X, CF

AÇÃO PENAL: art. 37, § 4º, CF

AÇÃO PENAL PRIVADA: art. 5º, LIX, CF

AÇÃO PENAL PÚBLICA: art. 129, I, CF; Súm. 234, STJ

AÇÃO POPULAR: art. 5º, LXXIII, CF

AÇÃO PÚBLICA: art. 5º, LIX, CF

AÇÃO RESCISÓRIA
- competência originária; STF: art. 102, I, j, CF
- competência originária; STJ: art. 105, I, e, CF
- competência originária; TRF: art. 108, I, b, CF
- de decisões anteriores à promulgação da CF: art. 27, § 10, ADCT; Súms. 38, 104, 147 e 165, STJ

ACESSO À CULTURA, À EDUCAÇÃO E À CIÊNCIA: art. 23, V, CF

ACESSO À INFORMAÇÃO: art. 5º, XIV, CF

ACIDENTES DO TRABALHO
- cobertura pela previdência social: art. 201, I e § 10, CF
- seguro: art. 7º, XXVIII, CF; Súm. Vinc. 22, STF

AÇÕES TRABALHISTAS: arts. 7º, XXIX, e 114, CF; Súm. Vinc. 22, STF; Súm. 349, STF; Súms. 308, 392 e 409, TST

ACORDOS COLETIVOS DE TRABALHO: art. 7º, XXVI, CF

ACORDOS INTERNACIONAIS: arts. 49, I, e 84, VIII, CF

ACRE: art. 12, § 5º, ADCT

ADICIONAIS: art. 17, ADCT

ADICIONAL DE REMUNERAÇÃO: art. 7º, XXIII, CF; Súm. Vinc. 4, STF

ADMINISTRAÇÃO PÚBLICA: arts. 37 a 43, CF; Súm. Vinc. 13, STF
- acumulação de cargos públicos: art. 37, XVI e XVII, CF
- aposentadoria de servidor; casos: art. 40, § 1º, CF; Súm. 726, STF
- atos; fiscalização e controle: art. 49, X, CF
- cargo em comissão: art. 37, II, *in fine*, e V, CF; Súm. 685, STF; Súms. 331 e 363, TST
- cômputo de tempo de serviço: art. 40, § 9º, CF
- concurso público: art. 37, II, III e IV, CF; Súm. 685, STF; Súm. 363, TST
- contas: art. 71, CF
- contratação de servidores por prazo determinado: art. 37, IX, CF
- controle interno: art. 74, CF
- despesas com pessoal: art. 169; art. 38, par. ún., ADCT
- empresa pública: art. 37, XIX, CF
- estabilidade de servidores: art. 41, CF; Súm. 390, TST
- extinção de cargo: art. 41, § 3º, CF
- federal: arts. 84, VI, a, 87, par. ún., e 165, §§ 1º e 2º, CF
- função de confiança: art. 37, V e XVII, CF
- gestão da documentação governamental: art. 216, § 2º, CF
- gestão financeira e patrimonial: art. 165, § 9º, CF; art. 35, § 2º, ADCT
- improbidade administrativa: art. 37, § 4º, CF
- incentivos regionais: art. 43, § 2º, CF
- militares: art. 42, CF
- Ministérios e órgãos: arts. 48, XI, 61, § 1º, II, e, CF
- pessoas jurídicas; responsabilidade: art. 37, § 6º, CF
- princípios: art. 37, CF; Súm. Vinc. 13, STF
- profissionais de saúde: art. 17, § 2º, ADCT
- publicidade: art. 37, § 1º, CF
- regiões: art. 43, CF
- reintegração de servidor estável: art. 41, § 2º, CF
- remuneração de servidores: art. 37, X, CF
- servidor público: arts. 38 a 41, CF; Súm. 390, TST
- sindicalização de servidores públicos: art. 37, VI, CF
- tributárias: arts. 37, XXII, 52, XV, e 167, IV, CF
- vencimentos: art. 37, XII e XIII, CF

ADOÇÃO: art. 227, §§ 5º e 6º, CF

ADOLESCENTE: art. 227, CF
- assistência social: art. 203, I e II, CF
- imputabilidade penal: art. 228, CF
- proteção: art. 24, XV, CF

ADVOCACIA E DEFENSORIA PÚBLICA: arts. 133 a 135, CF; Súm. 421, STJ; Súms. 219 e 329, TST

ADVOCACIA-GERAL DA UNIÃO
- *vide* ADVOCACIA PÚBLICA
- defesa de ato ou texto impugnado em ação de inconstitucionalidade: art. 103, § 3º, CF
- organização e funcionamento: art. 29, § 1º, ADCT
- Procuradores da República: art. 29, § 2º, ADCT

ADVOCACIA PÚBLICA: arts. 131 e 132, CF
- *vide* ADVOGADO-GERAL DA UNIÃO
- crimes de responsabilidade: art. 52, II, CF
- organização e funcionamento: art. 29, *caput*, e § 1º, ADCT

ADVOGADO
- assistência ao preso: art. 5º, LXIII, CF
- composição STJ: art. 104, par. ún., II, CF
- composição STM: art. 123, par. ún., I, CF

- composição TREs: art. 120, § 1º, III, CF
- composição TRF: arts. 94 e 107, I, CF
- composição Tribunais do DF, dos Estados e dos Territórios: art. 94, CF
- composição TSE: art. 119, II, CF
- composição TST: art. 111-A, I, CF
- inviolabilidade de seus atos e manifestações: art. 133, CF
- necessidade na administração da Justiça: art. 133, CF
- OAB; proposição de ADIN e ADECON: art. 103, VII, CF

ADVOGADO-GERAL DA UNIÃO
- *vide* ADVOCACIA PÚBLICA
- citação prévia pelo STF: art. 103, § 3º, CF
- crimes de responsabilidade: art. 52, II, CF
- estabilidade: art. 132, par. ún., CF
- ingresso na carreira: art. 131, § 2º, CF
- nomeação: arts. 84, XVI, e 131, § 1º, CF

AEROPORTOS: art. 21, XII, c, CF

AGÊNCIAS FINANCEIRAS OFICIAIS DE FOMENTO: art. 165, § 2º, CF

AGROPECUÁRIA: art. 23, VIII, CF

AGROTÓXICOS: art. 220, § 4º, CF; e art. 65, ADCT

ÁGUAS
- *vide* RECURSOS HÍDRICOS
- bens dos Estados: art. 26, I a III, CF
- competência privativa da União: art. 22, IV, CF
- fiscalização: art. 200, VI, CF

ÁLCOOL CARBURANTE: art. 238, CF

ALIENAÇÕES: art. 37, XXI, CF

ALIMENTAÇÃO
- *vide* ALIMENTOS
- abastecimento: art. 23, VIII, CF
- direito social: art. 6º, CF
- fiscalização: art. 200, VI, CF
- programas suplementares: art. 212, § 4º, CF

ALIMENTOS
- pagamento por precatórios: art. 100, *caput*, e §§ 1º e 2º, CF; Súm. 655, STF; Súm. 144, STJ
- prisão civil: art. 5º, LXVII, CF; Súm. Vinc. 25, STF; Súms. 280 e 419, STJ

ALÍQUOTAS: art. 153, § 1º, CF

ALISTAMENTO ELEITORAL: art. 14, §§ 1º e 2º e 3º, III, CF

AMAMENTAÇÃO: art. 5º, L, CF

AMAPÁ: art. 14, ADCT

AMAZÔNIA LEGAL: art. 12, ADCT

AMEAÇA A DIREITO: art. 5º, XXXV, CF

AMÉRICA LATINA: art. 4º, par. ún., CF

AMPLA DEFESA: art. 5º, LV, CF; Súms. Vincs. 3, 5, 14, 21 e 24, STF; Súms. 701, 704, 705, 707 e 712, STF; Súms. 196, 312 e 373, STJ

ANALFABETISMO: art. 214, I, CF; e art. 60, § 6º, ADCT

ANALFABETO
- alistamento e voto: art. 14, § 1º, II, a, CF
- inelegibilidade: art. 14, § 4º, CF

ANISTIA
- competência da União: art. 21, XVII, CF
- concessão: art. 48, VIII, CF
- fiscal: art. 150, § 6º, CF
- punidos por razões políticas: arts. 8º e 9º, ADCT; Súm. 674, STF

APOSENTADO SINDICALIZADO: art. 8º, VII, CF

APOSENTADORIA
- cálculo do benefício: art. 201, CF
- contagem recíproca do tempo de contribuição: art. 201, § 9º, CF
- direito social: art. 7º, XXIV, CF
- ex-combatente: art. 53, V, ADCT
- homem e da mulher: art. 201, § 7º, CF

- juízes togados; art. 21, par. ún., ADCT
- magistrado: art. 93, VI e VIII, CF
- percepção simultânea de proventos: art. 37, § 10, CF
- professores: arts. 40, § 5º, e 201, § 8º, CF; Súm. 726, STF
- proporcional: arts. 3º e 9º da EC no 20/1998
- proventos em desacordo com a CF: art. 17, ADCT
- requisitos e critérios diferenciados; vedação: art. 40, § 4º, CF; Súm. 680, STF
- servidor público: art. 40, CF
- tempo de contribuição: art. 201, §§ 7º a 9º, CF
- trabalhadores rurais: art. 201, § 7º, II, CF

APRENDIZ: art. 7º, XXXIII, CF

ARGUIÇÃO DE DESCUMPRIMENTO DE PRECEITO FUNDAMENTAL (ADPF): art. 102, § 1º, CF

ASILO POLÍTICO: art. 4º, X, CF

ASSEMBLEIA ESTADUAL CONSTITUINTE
- elaboração da Constituição Estadual: art. 11, ADCT
- Tocantins: art. 13, §§ 2º e 5º, ADCT

ASSEMBLEIAS LEGISLATIVAS
- ADIN: art. 103, IV, CF
- competência: art. 27, § 3º, CF
- composição: arts. 27, *caput*, e 235, I, CF
- elaboração da Constituição Estadual: art. 11, ADCT
- emendas à CF Federal: art. 60, III, CF
- incorporação de Estados: art. 48, VI, CF
- intervenção estadual: art. 36, §§ 1º a 3º, CF

ASSISTÊNCIA
- desamparados: art. 6º, CF
- filhos e dependentes do trabalhador: art. 7º, XXV, CF
- gratuita dever do Estado: art. 5º, CF
- jurídica: arts. 5º, LXXIV, 24, XIII, e 227, § 3º, VI, CF
- médica; ex-combatente: art. 53, IV, ADCT
- pública: arts. 23, II, e 245, CF
- religiosa: art. 5º, VII, CF
- saúde: art. 212, § 4º, CF
- social: arts. 150, VI, c, 203 e 204, CF

ASSOCIAÇÃO
- apoio e estímulo: art. 174, § 2º, CF
- atividade garimpeira: arts. 21, XXV, e 174, §§ 3º e 4º, CF
- colônias de pescadores: art. 8º, par. ún., CF
- compulsória: art. 5º, XX, CF
- criação: art. 5º, XVIII, CF
- denúncia: art. 74, § 2º, CF
- desportiva: art. 217, I, CF
- dissolução: art. 5º, XIX, CF
- filiados: art. 5º, XXI, CF
- fiscalização: art. 5º, XXVIII, b, CF
- mandado de segurança coletivo: art. 5º, LXX, b, CF; Súm. 629, STF
- paramilitar: art. 5º, XVII, CF
- profissional: art. 8º, CF
- sindicatos rurais: art. 8º, par. ún., CF

ASSOCIAÇÃO PROFISSIONAL OU SINDICAL: art. 8º, CF; Súm. 4, STJ
- filiados: art. 5º, XXI, CF
- sindical de servidor público civil: art. 37, VI, CF
- sindical de servidor público militar: art. 142, § 3º, IV, CF

ATIVIDADE
- desportiva: art. 5º, XXVIII, a, *in fine*, CF
- econômica: arts. 170 a 181, CF
- essencial: art. 9º, § 1º, CF
- exclusiva do Estado: art. 247, CF
- garimpeira associação: arts. 21, XXV, e 174, §§ 3º e 4º, CF
- insalubre: art. 7º, XXIII, CF
- intelectual: art. 5º, IX, CF
- nociva ao interesse nacional: art. 12, § 4º, I, CF
- notarial e de registro: art. 236, CF
- nuclear: arts. 21, XXIII, 22, XXVI, 49, XIV, 177, V, e 225, § 6º, CF
- penosa: art. 7º, XXIII, CF
- perigosa: art. 7º, XXIII, CF

ATO
- administrativo: art. 103-A, § 3º, CF
- governo local: art. 105, III, b, CF
- internacional: arts. 49, I, e 84, VIII, CF
- jurídico perfeito: art. 5º, XXXVI, CF; Súms. Vincs. 1 e 9, STF; Súm. 654, STF
- mero expediente: art. 93, XIV, CF
- normativo: arts. 49, V, e 102, I, a, CF
- processual: art. 5º, LX, CF
- remoção: art. 93, VIII e VIII-A, CF

B

BANCO CENTRAL: art. 164, CF
- Presidente e diretores: arts. 52, III, d, e 84, XIV, CF

BANDEIRA NACIONAL: art. 13, § 1º, CF

BANIMENTO: art. 5º, XLVII, d, CF

BENEFÍCIOS PREVIDENCIÁRIOS
- vide PREVIDÊNCIA SOCIAL
- contribuintes: art. 201, CF
- fundos: art. 250, CF
- irredutibilidade de seu valor: art. 194, par. ún., IV, CF
- limites: art. 248, CF

BENS
- competência para legislar sobre responsabilidade por dano: art. 24, VIII, CF
- confisco: art. 243, par. ún., CF
- Distrito Federal: art. 16, § 3º, ADCT
- Estados federados: art. 26, CF
- estrangeiros: art. 5º, XXXI, CF
- indisponibilidade: art. 37, § 4º, CF
- limitações ao tráfego: art. 150, V, CF
- móveis e imóveis: arts. 155, § 1º, I e II, e 156, II e § 2º, CF; Súm. 656, STF
- ocupação e uso temporário: art. 136, § 1º, II, CF
- perda: art. 5º, XLV, e XLVI, b, CF
- privação: art. 5º, LIV, CF
- requisição: art. 139, VII, CF
- União: arts. 20, 48, V, e 176, caput, CF
- valor artístico: arts. 23, III, IV, e 24, VIII, CF
- valor: art. 24, VIII, CF

BRASILEIRO: art. 12, CF
- adoção por estrangeiros: art. 227, § 5º, CF
- cargos, empregos e funções públicas: art. 37, I, CF; Súm. 686, STF; Súm. 266, STJ
- direitos fundamentais: art. 5º, CF; Súm. 683, STF
- Ministro de Estado: art. 87, CF
- nascidos no estrangeiro: art. 12, I, b e c, CF
- recursos minerais e energia hidráulica: art. 176, § 1º, CF

BRASILEIRO NATO
- caracterização: art. 12, I, CF
- cargos privativos: art. 12, § 3º, CF
- Conselho da República: art. 89, VII, CF
- distinção: art. 12, § 2º, CF
- perda da nacionalidade: art. 12, § 4º, CF
- propriedade de empresas jornalísticas: art. 222, § 2º, CF

BRASILEIRO NATURALIZADO
- cancelamento de naturalização: art. 15, I, CF
- caracterização: art. 12, II, CF
- distinção: art. 12, § 2º, CF
- extradição: art. 5º, LI, CF
- perda da nacionalidade: art. 12, § 4º, CF
- propriedade de empresa jornalística: art. 222, § 2º, CF

C

CALAMIDADE PÚBLICA
- empréstimo compulsório: art. 148, I, CF
- estado de defesa: art. 136, § 1º, II, CF
- planejamento e promoção da defesa: art. 21, XVIII, CF

CÂMARA DOS DEPUTADOS
- acusação contra o Presidente da República: art. 86, caput, CF
- ADECON: art. 103, III, CF
- ADIN: art. 103, III, CF
- cargo privativo de brasileiro nato: art. 12, § 3º, II, CF
- CPI: art. 58, § 3º, CF
- comissões permanentes e temporárias: art. 58, CF
- competência privativa: arts. 51 e 68, § 1º, CF
- composição: art. 45, CF
- Congresso Nacional: art. 44, caput, CF
- Conselho da República: art. 89, II, IV e VII, CF
- Conselho de Defesa Nacional: art. 91, II, CF
- despesa: art. 63, II, CF
- emenda constitucional: art. 60, I, CF
- emendas em projetos de lei: art. 64, § 3º, CF
- estado de sítio: art. 53, § 8º, CF
- exercício da Presidência da República: art. 80, CF
- informações a servidores públicos: art. 50, § 2º, CF
- iniciativa de leis: art. 61, CF
- irredutibilidade da representação dos Estados e do DF na: art. 4º, § 2º, ADCT
- legislatura: art. 44, par. ún., CF
- licença prévia a Deputados: art. 53, § 7º, CF
- Mesa; CF: art. 58, § 1º, CF
- Ministros de Estado: art. 50, CF
- projetos de lei: art. 64, CF
- quorum: art. 47, CF
- reunião em sessão conjunta com o Senado Federal: art. 57, § 3º, CF

CÂMARA LEGISLATIVA: art. 32, CF; art. 16, §§ 1º e 2º, ADCT

CÂMARA MUNICIPAL
- composição: art. 29, IV, CF
- controle externo: art. 31, §§ 1º e 2º, CF
- despesas: art. 29-A, CF
- funções legislativas e fiscalizadoras: art. 29, XI, CF
- iniciativa de lei: art. 29, V, CF
- lei orgânica: art. 11, par. ún., ADCT
- plano diretor: art. 182, § 1º, CF
- quorum: art. 29, caput, CF
- subsídios dos Vereadores: art. 29, VI, CF

CAPITAL
- estrangeiro: arts. 172 e 199, § 3º, CF
- social de empresa jornalística ou de radiodifusão: art. 222, §§ 1º, 2º e 4º, CF

CAPITAL FEDERAL: art. 18, § 1º, CF

CARGOS PRIVATIVOS DE BRASILEIROS NATOS: art. 12, § 3º, CF

CARGOS PÚBLICOS
- acesso por concurso: art. 37, I a IV, e § 2º, CF; Súm. 266, STJ; Súm. 363, TST
- acumulação: art. 37, XVI e XVII, CF; art. 17, §§ 1º e 2º, ADCT
- comissão: art. 37, V, CF
- criação, transformação e extinção: arts. 48, X, 61, § 1º, II, a, e 96, II, b, CF
- deficiência física: art. 37, VIII, CF; Súm. 377, STJ
- estabilidade: art. 41, CF, art. 19, ADCT; Súm. 390, TST
- Estado: art. 235, X, CF
- extinção: art. 41, § 3º, CF
- federais: art. 84, XXV, CF
- perda: arts. 41, § 1º, e 247, CF
- Poder Judiciário: art. 96, I, c e e, CF
- subsídios: art. 37, X e XI, CF

CARTAS ROGATÓRIAS: arts. 105, I, i, e 109, X, CF
- inadmissibilidade: art. 5º, IX, CF
- proibição: art. 220, caput e § 2º, CF

CIDADANIA
- atos necessários ao exercício: art. 5º, LXXVII, CF
- competência privativa da União para legislar: arts. 22, XIII, e 68, § 1º, II, CF
- fundamento da República Federativa do Brasil: art. 1º, II, CF
- mandado de injunção: art. 5º, LXXI, CF

CIDADÃO
- direito a um exemplar da CF: art. 64, ADCT

- direito de denúncia: art. 74, § 2º, CF
- iniciativa de leis: art. 61, *caput* e § 2º, CF

COISA JULGADA: art. 5º, XXXVI, CF; Súm. 315, TST

COMANDANTES DA MARINHA, EXÉRCITO E AERONÁUTICA
- Conselho de Defesa Nacional: art. 91, VIII, CF
- crimes comuns e de responsabilidade: art. 102, I, c, CF
- crimes conexos: art. 52, I, CF
- mandados de segurança, *habeas data* e *habeas corpus*: art. 105, I, *b* e c, CF

COMBUSTÍVEIS
- imposto municipal: art. 34, § 7º, ADCT
- tributos: art. 155, XII, *h*, e §§ 3º a 5º, CF; Súm. 659, STF
- venda e revenda: art. 238, CF

COMÉRCIO EXTERIOR
- competência privativa da União: art. 22, VIII, CF
- fiscalização e controle: art. 237, CF

COMÉRCIO INTERESTADUAL: art. 22, VIII, CF

COMISSÃO DE ESTUDOS TERRITORIAIS: art. 12, ADCT

COMISSÃO DO CONGRESSO NACIONAL
- competência: art. 58, § 2º, CF
- constituição: art. 58, *caput* e § 1º, CF
- mistas: arts. 26 e 51, ADCT
- mista permanente orçamentária: arts. 72 e 166, §§ 1º a 5º, CF
- parlamentares de inquérito (CPI): art. 58, § 3º, CF
- representativa durante o recesso: art. 58, § 4º, CF

COMISSÃO ESPECIAL
- mista; instalação pelo Congresso Nacional: art. 7º, da EC nº 45/2004
- mista do Congresso Nacional: art. 72; art. 51, ADCT

COMISSÃO INTERNA DE PREVENÇÃO DE ACIDENTES: art. 10, II, *a*, ADCT

COMPENSAÇÃO DE HORÁRIOS DE TRABALHO: art. 7º, XIII, CF

COMPETÊNCIA
- comum da União, dos Estados, do DF e dos Municípios: art. 23, CF
- concorrente: art. 24, CF
- Congresso Nacional: arts. 48 e 49, CF
- Conselho da República: art. 90, CF
- Conselho de Defesa Nacional: art. 91, CF
- Conselho Nacional de Justiça: art. 103-B, § 4º, CF
- Conselho Nacional do Ministério Público: art. 130-A, § 2º, CF
- DF: art. 32, § 1º, CF; Súm. 642, STF
- Júri: art. 5º, XXXVIII, *d*, CF; Súm. 721, STF
- juízes federais: art. 109, CF; Súms. 32, 66, 82, 150, 173, 324, 349 e 365, STJ
- Justiça do Trabalho: art. 114, CF; Súm. Vinc. 22, STF; Súms. 349 e 736, STF; Súms. 57, 97, 180, STJ; Súm. 392, TST
- Justiça Federal: art. 27, § 10, ADCT; Súms. 38, 104, 147 e 165, STJ
- Justiça Militar: art. 124, CF
- Justiça Militar estadual: art. 125, § 4º, CF; Súm. 90, STJ
- Municípios: art. 30, CF
- Municípios; interesse local: art. 30, I, CF; Súm. 645, STF
- privativa da Câmara dos Deputados: art. 51, CF
- privativa da União: art. 22, CF
- privativa do Presidente da República: art. 84, CF
- privativa do Senado Federal: art. 52, CF
- privativa dos Tribunais: art. 96, CF
- STJ: art. 105, CF
- STF: art. 102, CF; art. 27, § 10, ADCT
- STF até a instalação do STJ: art. 27, § 1º, ADCT
- TCU: art. 71, CF
- Tribunais Estaduais: art. 125, § 1º, CF; art. 70, ADCT; Súms. 104 e 137, STJ
- Tribunais Federais: art. 27, § 10, ADCT; Súms. 32, 66, 147, 150 e 165, STJ
- TRE: art. 121, CF
- TRF: art. 108, CF
- União: arts. 21 e 184, CF

COMUNICAÇÃO: arts. 220 a 224, CF
- *vide* ORDEM SOCIAL
- impostos sobre prestações de serviços: art. 155, II, e § 2º, CF; Súm. 662, STF; Súm. 334, STJ
- propaganda comercial: art. 220, § 4º, CF, art. 65, ADCT
- serviço de radiodifusão: arts. 49, XII, e 223, CF
- sigilo: arts. 5º, XII, 136, § 1º, I, c, e 139, III, CF

CONCESSÃO DE ASILO POLÍTICO: art. 4º, X, CF

CONCUBINATO
- *vide* UNIÃO ESTÁVEL

CONCURSO PÚBLICO
- ingresso na atividade notarial e de registro: art. 236, § 3º, CF
- ingresso no magistério público: art. 206, V, CF
- ingresso no Poder Judiciário: art. 96, I, e, CF
- investidura em cargo ou emprego público; exigência: art. 37, II, e § 2º, CF; Súm. 685, STF; Súm. 363, TST
- prazo de convocação dos aprovados: art. 37, IV, CF
- prazo de validade: art. 37, III, CF

CONGRESSO NACIONAL: arts. 44 a 50, CF
- apresentação de estudos territoriais: art. 12, § 1º, ADCT
- CDC: art. 48, ADCT
- comissões de estudos territoriais: art. 12, ADCT
- comissões permanentes: art. 58, CF
- competência assinalada pela CF; revogação: art. 25, II, ADCT
- compromisso de seus membros: art. 1º, ADCT
- Conselho de Comunicação Social: art. 224, CF
- convocação extraordinária: arts. 57, § 6º, 136, § 5º, e 138, § 2º, CF
- CPI: art. 58, § 3º, CF
- doações: art. 51, ADCT
- estado de defesa: art. 136, § 5º, e 140, CF
- estado de sítio: art. 138, § 3º e 140, CF
- fiscalização pelo Congresso Nacional: art. 70, CF
- fundos existentes: art. 36, ADCT
- intervenção federal: art. 36, §§ 2º e 3º, CF
- irregularidades; apuração: art. 26, § 2º, ADCT
- membros: art. 102, I, *b* e 1º, ADCT
- posse de seus membros: art. 57, § 4º, CF
- presidência da mesa: art. 57, § 5º, CF
- projetos de lei: art. 59, ADCT
- recesso: art. 58, § 4º, CF
- representação partidária: art. 58, § 1º, CF
- reuniões: art. 57, CF
- revisão constitucional: art. 3º, ADCT
- Senado Federal; convocação de Ministro de estado: art. 50, §§ 1º e 2º, CF
- sessão extraordinária: art. 57, § 7º, CF

CONSELHO DA JUSTIÇA FEDERAL: art. 105, par. ún., CF

CONSELHO DA REPÚBLICA
- convocação e presidência: art. 84, XVIII, CF
- eleição de membros: arts. 51, V, e 52, XIV, CF
- estado de defesa: arts. 90, I, e 136, *caput*, CF
- estado de sítio: arts. 90, I, e 137, *caput*, CF
- intervenção federal: art. 90, I, CF
- membros: arts. 51, V, 89 e 84, XVII, CF

CONSELHO DE DEFESA NACIONAL
- convocação e presidência: art. 84, XVIII, CF
- estado de defesa: art. 91, § 1º, II, CF
- estado de sítio: arts. 91, § 1º, II, e 137, *caput*, CF
- função: art. 91, *caput*, CF
- intervenção federal: art. 91, § 1º, II, CF
- membros: art. 91, CF
- organização e funcionamento: art. 91, § 2º, CF

CONSELHO FEDERAL DA OAB: art. 103, VII, CF

CONSELHO NACIONAL DE JUSTIÇA: art. 103-B, CF
- ação contra: art. 102, I, *r*, CF
- órgãos do Poder Judiciário: art. 92, CF

CONSELHO NACIONAL DO MINISTÉRIO PÚBLICO: art. 130-A, CF

CONSELHO SUPERIOR DA JUSTIÇA DO TRABALHO: art. 111-A, § 2º, II, CF

- prazo de instalação: art. 6º, da EC nº 45/2004

CONSÓRCIOS: art. 22, XX, CF; Súm. Vinc. 2, STF

CONSULTORIA JURÍDICA DOS MINISTÉRIOS: art. 29, ADCT

CONSUMIDOR
- Código de Defesa: art. 5º, XXXII, CF; e art. 48, ADCT
- dano: art. 24, VIII, CF
- defesa da ordem econômica: art. 170, V, CF; Súm. 646, STF

CONTAS DO PRESIDENTE DA REPÚBLICA: art. 49, IX, CF

CONTRABANDO: art. 144, II, CF

CONTRADITÓRIO: art. 5º, LV, CF; Súms. Vincs. 5 e 21, STF; Súms. 701, 704 e 712, STF; Súms. 196, 312 e 373, STJ

CONTRATAÇÃO
- licitação: art. 37, XXI, CF; Súm. 333, STJ
- normas gerais: art. 22, XXVII, CF
- servidores por tempo determinado: art. 37, IX, CF

CONTRIBUIÇÃO
- compulsória: art. 240, CF
- interesse das categorias profissionais ou econômicas: art. 149, CF
- intervenção no domínio econômico: arts. 149, 159, III, e 177, § 4º, CF
- melhoria: art. 145, III, CF
- previdenciária: art. 249, CF
- provisória: art.75, ADCT
- sindical: art. 8º, IV, CF; Súm. 666, STF; Súm. 396, STJ
- sobre a movimentação ou transmissão de créditos: arts. 74, 75, 80, I, 84 e 85, ADCT
- social: arts. 114, § 3º, 149, 167, XI, 195, CF; art. 34, § 1º, ADCT
- social da União: art. 76, ADCT
- social do salário-educação: art. 212, § 5º, CF; art. 76, § 2º, ADCT; Súm. 732, STF
- subsídio: art. 150, § 6º, CF

CONTRIBUINTE
- capacidade econômica: art. 145, § 1º, CF; Súms. 656 e 668, STF
- definição: art. 155, § 2º, XII, a, CF
- exame das contas do Município: art. 31, § 3º, CF
- tratamento desigual: art. 150, II, CF

CONTROLE EXTERNO
- apoio: art. 74, IV, CF
- competência do Congresso Nacional: art. 71, CF
- Municipal: art. 31, CF

CONTROLE INTERNO
- finalidade: art. 74, CF
- Municipal: art. 31, CF

CONVENÇÕES E ACORDOS COLETIVOS DE TRABALHO: art. 7º, XXVI, CF

CONVENÇÕES INTERNACIONAIS: arts. 49, I, e 84, VIII, CF

CONVÊNIOS DE COOPERAÇÃO: art. 241, CF

CONVICÇÃO FILOSÓFICA OU POLÍTICA: arts. 5º, VIII, e 143, § 1º, CF

COOPERAÇÃO ENTRE OS POVOS: art. 4º, IX, CF

COOPERATIVAS
- atividade garimpeira: arts. 21, XXV, e 174, §§ 3º e 4º, CF
- criação na forma da lei: art. 5º, XVIII, CF
- crédito: art. 192, CF
- estímulo: art. 174, § 2º, CF
- política agrícola: art. 187, VI, CF

CORPO DE BOMBEIROS MILITAR
- competência: arts. 22, XXI, e 144, § 5º, CF
- Distrito Federal: arts. 21, XIV, e 32, § 4º, CF
- organização: art. 42, CF
- órgão da segurança pública: art. 144, V, CF
- subordinação: art. 144, § 6º, CF

CORREÇÃO MONETÁRIA: arts. 46 e 47, ADCT; Súm. 304, TST

CORREIO AÉREO NACIONAL: art. 21, X, CF

CORRESPONDÊNCIA: arts. 5º, XII, 136, § 1º, I, b, e 139, III, CF

CRECHES
- assistência gratuita: art. 7º, XXV, CF
- garantia: art. 208, IV, CF

CRÉDITO(S)
- adicionais: art. 166, caput, CF
- competência privativa da União: art. 22, VII, CF
- controle: art. 74, III, CF
- externo e interno: art. 52, VII e VIII, CF
- extraordinário: art. 167, §§ 2º e 3º, CF
- ilimitados: art. 167, VII, CF
- operações: art. 21, VIII, CF
- pagamentos por precatórios: art. 100, CF; Súm. 655, STF; Súm. 144, STJ
- suplementar ou especial: arts. 165, § 8º, 166, § 8º, 167, III, V, e § 2º, e 168, CF
- União: art. 163, VII, CF
- União e Estados: art. 160, par. ún., I, CF

CRENÇA RELIGIOSA
- liberdade: art. 5º, VI e VII, CF
- restrições de direitos: art. 5º, VIII, CF
- serviço militar: art. 143, § 1º, CF

CRIANÇA: arts. 203, 227 a 229, CF

CRIME(S)
- ação pública: art. 5º, LIX, CF
- cometidos a bordo de navios ou aeronaves: art. 109, IX, CF
- comuns: arts. 86, 105, I, a, 108, I, a, CF
- contra o Estado: art. 136, § 3º, I, CF
- contra o sistema financeiro nacional: art. 109, VI, CF
- dolosos contra a vida: art. 5º, XXXVIII, d, CF; Súm. 721, STF
- hediondos: art. 5º, XLIII, CF
- inafiançável; cometido por Senador ou Deputado: arts. 5º, XLII, XLIV, 53, §§ 2º a 4º, CF
- inexistência de: art. 5º, XXXIX, CF
- ingresso ou permanência irregular de estrangeiro: art. 109, X, CF
- militar: arts. 5º, LXI, 124 e 125, § 4º, CF
- político: arts. 5º, LII, 102, II, b, e 109, IV, CF
- previstos em tratado internacional: art. 109, V, CF
- retenção dolosa de salário: art. 7º, X, CF

CRIME DE RESPONSABILIDADE
- acusação pela Câmara dos Deputados: art. 86, caput e § 1º, II, CF
- competência privativa do Senado Federal: arts. 52, I e par. ún., e 86, CF
- definição em lei especial: art. 85, par. ún., CF; Súm. 722, STF
- desembargadores (TJ/TCE/TRF/TRE/TRT), membros (TCM/MPU): art. 105, I, a, CF
- juízes federais/MPU: art. 108, I, a, CF
- Ministros Estado, Comandantes (Mar./Exérc./Aeron.), membros (Tribunais Superiores/TCU), chefes de missão diplomática: art. 102, I, c, CF
- Ministros Estado: art. 50, CF
- Ministros do STF/PGR/AGU: art. 52, II e par. ún., CF
- Presidente da República: arts. 85 e 86, § 1º, II, CF
- Presidente do Tribunal: art. 100, § 7º, CF
- prisão: art. 86, § 3º, CF

CULTOS RELIGIOSOS
- liberdade de exercício: art. 5º, VI, CF
- limitações constitucionais: art. 19, I, CF

CULTURA(S)
- vide ORDEM SOCIAL
- acesso: art. 23, V, CF
- afro-brasileiras: art. 215, § 1º, CF
- bens de valor cultural: arts. 23, III e IV, e 30, IX, CF
- competência legislativa: art. 24, VII, VIII e IX, CF
- garantia do Estado: art. 215, CF
- ilegais: art. 243, CF
- incentivos: art. 216, § 3º, CF
- indígenas: art. 215, § 1º, CF
- patrimônio cultural: arts. 5º, LXXIII, e 216, CF
- quilombos: art. 216, § 5º, CF

CUSTAS JUDICIAIS
- competência: art. 24, IV, CF

- emolumentos: art. 98, § 2º, CF
- isenção: art. 5º, LXXIII, in fine, CF
- vedação: art. 95, par. ún., II, CF

D

DANO
- material, moral ou à imagem: art. 5º, V e X, CF; Súm. Vinc. 11, STF; Súms. 37, 227, 362 e 403, STJ
- meio ambiente: art. 225, § 3º, CF
- moral ou patrimonial: art. 114, VI, CF; Súms. 362 e 376, STJ
- nucleares: art. 21, XXIII, c, CF
- patrimônio cultural: art. 216, § 4º, CF
- reparação: art. 5º, XLV, CF
- responsabilidade: art. 37, § 6º, CF

DATAS COMEMORATIVAS: art. 215, § 2º, CF

DÉBITOS
- Fazenda Federal, Estadual ou Municipal: art. 100, CF; Súm. 655, STF; Súms. 144 e 339, STJ
- natureza alimentícia: art. 100, §§ 1º e 2º, CF
- previdenciários de Estados e Municípios: art. 57, ADCT
- seguridade social: art. 195, § 3º, CF

DÉCIMO TERCEIRO SALÁRIO: arts. 7º, VIII, e 201, § 6º, CF; Súm. 688, STF; Súm. 349, STJ

DECISÃO JUDICIAL: arts. 34, VI, 35, IV, e 36, II, e § 3º, CF; Súm. 637, STF

DECLARAÇÃO DE GUERRA: art. 21, II, CF

DECORO PARLAMENTAR: art. 55, II, e §§ 1º e 2º, CF

DECRETO
- Dec.-leis: art. 25, § 1º, ADCT
- estado de defesa: art. 136, § 1º, CF
- estado de sítio: art. 138, CF
- regulamentadores: art. 84, IV, CF
- legislativo: art. 59, VI, CF

DEFENSORES PÚBLICOS: art. 22, ADCT

DEFENSORIA PÚBLICA: arts. 133 a 135, CF; Súm. 329, TST
- competência: art. 24, XIII, CF
- dos Territórios: arts. 21, XIII, e 22, XVII, CF
- DF e dos Territórios: arts. 21, XIII, e 22, XVII, CF
- iniciativa de lei: arts. 61, § 1º, II, d, e 134, § 1º, CF; Súm. 421, STJ
- opção pela carreira: art. 22, ADCT
- organização nos Estados: art. 134, § 1º, CF; Súm. 421, STJ
- União e dos Territórios: art. 48, IX, CF

DEFESA
- ampla: art. 5º, LV, CF; Súms. Vincs. 5, 21 e 24, STF; Súms. 701, 704 e 712, STF; Súms. 196, 312 e 373, STJ
- civil: art. 144, § 5º, CF
- consumidor: arts. 5º, XXXII, 170, V, CF; e art. 48, ADCT; Súm. 646, STF
- direitos: art. 5º, XXXIV, CF
- júri: art. 5º, XXXVIII, a, CF
- Ministro de Estado: art. 12, § 3º, VII, CF
- nacional: art. 21, III, CF
- pátria: art. 142, caput, CF
- paz: art. 4º, VI, CF
- solo: art. 24, VI, CF
- territorial: art. 22, XXVIII, CF

DEFESA DO ESTADO E DAS INSTITUIÇÕES DEMOCRÁTICAS: arts. 136 a 144, CF

DEFICIENTES
- acesso a edifícios públicos e transportes coletivos: art. 227, § 2º, CF
- adaptação de logradouros e veículos de transporte coletivo: art. 244, CF
- cargos e empregos públicos: art. 37, VIII, CF; Súm. 377, STJ
- criação de programas de prevenção e atendimento: art. 227, § 1º, II, CF
- discriminação: art. 7º, XXXI, CF
- educação: art. 208, III, CF
- habilitação e reabilitação: art. 203, IV e V, CF

- integração social: art. 227, § 1º, II, CF
- proteção e garantia: art. 23, II, CF
- proteção e integração social: art. 24, XIV, CF
- salário mínimo garantido: art. 203, V, CF

DELEGAÇÃO LEGISLATIVA: art. 68, CF

DELEGADOS DE POLÍCIA: art. 144, § 4º, CF

DEMARCAÇÃO DE TERRAS: art. 12 e §§, ADCT

DENÚNCIA DE IRREGULARIDADES: art. 74, § 2º, CF

DEPARTAMENTO DE POLÍCIA FEDERAL: art. 54, § 2º, ADCT

DEPOSITÁRIO INFIEL: art. 5º, LXVII, CF; Súm. Vinc. 25, STF; Súms. 280 e 419, STJ

DEPUTADOS DISTRITAIS
- eleição: art. 32, § 2º, CF
- idade mínima: art. 14, § 3º, VI, c, CF
- número: art. 32, § 3º, CF

DEPUTADOS ESTADUAIS: art. 27, CF
- vide ASSEMBLEIAS LEGISLATIVAS
- idade mínima: art. 14, § 3º, VI, c, CF
- servidor público: art. 38, I, CF

DEPUTADOS FEDERAIS
- vide CÂMARA DOS DEPUTADOS e CONGRESSO NACIONAL
- decoro parlamentar: art. 55, II, e §§ 1º e 2º, CF
- duração do mandato: art. 44, par. ún., CF
- idade mínima: art. 14, § 3º, VI, c, CF
- imunidades: arts. 53 e 139, par. ún., CF
- incorporação às Forças Armadas: art. 53, § 7º, CF
- inviolabilidade: art. 53, CF
- julgamento perante o STF: arts. 53, § 1º, e 102, I, b, d e q, CF
- perda de mandato: arts. 55 e 56, CF
- prisão: art. 53, § 2º, CF
- restrições: art. 54, CF
- servidor público: art. 38, I, CF
- sistema eleitoral: art. 45, caput, CF
- subsídio: art. 49, VII, CF
- suplente: art. 56, § 1º, CF
- sustação do andamento da ação: art. 53, §§ 3º a 5º, CF
- testemunho: art. 53, § 6º, CF
- vacância: art. 56, § 2º, CF

DESAPROPRIAÇÃO
- competência: art. 22, II, CF
- glebas com culturas ilegais de plantas psicotrópicas: art. 243, CF
- imóveis urbanos: arts. 182, §§ 3º e 4º, III, e 183, CF
- interesse social: arts. 184 e 185, CF
- necessidade, utilidade pública ou interesse social: art. 5º, XXIV, CF
- requisitos: art. 5º, XXIV, CF

DESCUMPRIMENTO DE PRECEITO FUNDAMENTAL: art. 102, § 1º, CF

DESENVOLVIMENTO
- científico e tecnológico: arts. 200, V, e 218, CF
- cultural e socioeconômico: art. 219, CF
- econômico e social: art. 21, IX, CF
- equilíbrio: art. 23, par. ún., CF
- nacional: arts. 3º, II, 48, IV, 58, § 2º, VI, e 174, § 1º, CF
- regional: arts. 43 e 151, I, CF
- urbano: arts. 21, XX, e 182, CF

DESIGUALDADES SOCIAIS E REGIONAIS: arts. 3º, III, e 170, VII, CF

DESPEDIDA SEM JUSTA CAUSA
- vide DISPENSA SEM JUSTA CAUSA

DESPESAS
- aumento: art. 63, CF
- excedam os créditos orçamentários: art. 167, II, CF
- extraordinárias: art. 148, CF
- ilegalidade: art. 71, VIII, CF
- não autorizadas: art. 72, CF
- pessoal: arts. 167, X, 169, e § 1º, I, CF; e art. 38, ADCT
- Poder Legislativo Municipal: art. 29-A, CF
- União: art. 39, ADCT

- vinculação de receita de impostos: art. 167, IV, CF

DESPORTO
- vide ORDEM SOCIAL
- competência: art. 24, IX, CF
- fomento pelo Estado: art. 217, CF
- imagem e voz humanas: art. 5º, XXVIII, a, CF

DIPLOMATAS
- brasileiro nato: art. 12, § 3º, V, CF
- chefes de missão diplomática: art. 52, IV, CF
- infrações penais: art. 102, I, c, CF

DIREITO
- adquirido: art. 5º, XXXVI, CF; Súms. Vincs. 1 e 9, STF; Súm. 654, STF
- aeronáutico: art. 22, I, CF
- agrário: art. 22, I, CF
- associação: art. 5º, XVII a XXI, CF
- autoral: art. 5º, XXVII e XXVIII, CF; Súm. 386, STF
- civil: art. 22, I, CF
- comercial: art. 22, I, CF
- disposições transitórias: art. 10, ADCT
- econômico: art. 24, I, CF
- eleitoral: arts. 22, I, e 68, § 1º, II, CF
- espacial: art. 22, I, CF
- Estado Democrático de: art. 1º, caput, CF
- financeiro: art. 24, I, CF
- fundamentais: arts. 5º a 17, CF
- greve; arts. 9º e 37, VII, CF
- herança; garantia do direito respectivo: art. 5º, XXX, CF
- humanos: arts. 4º, II, 109, § 5º, CF; art. 7º, ADCT
- igualdade: art. 5º, caput, e I, CF
- lesão ou ameaça: art. 5º, XXXV, CF
- líquido e certo: art. 5º, LXIX, CF
- marítimo: art. 22, I, CF
- penal: art. 22, I, CF
- penitenciário: art. 24, I, CF
- petição: art. 5º, XXXIV, a, CF; Súm. Vinc. 21, STF; Súm. 373, STJ
- políticos: arts. 14 a 16, CF
- políticos; cassação; condenação criminal: art. 15, III, CF; Súm. 9, TSE
- preso: art. 5º, LXII, LXIII e LXIV, CF
- processual: art. 22, I, CF
- propriedade: art. 5º, XXII, CF; e art. 68, ADCT
- resposta: art. 5º, V, CF
- reunião: arts. 5º, XVI, e 136, § 1º, I, a, CF
- servidores públicos inativos: art. 20, ADCT
- sociais: arts. 6º a 11, CF
- suspensão ou interdição: art. 5º, XLVI, e, CF
- trabalhadores urbanos e rurais: art. 7º, CF
- trabalho: art. 22, I, CF
- tributário: art. 24, I, CF
- urbanístico: art. 24, I, CF

DIRETRIZES E BASES DA EDUCAÇÃO NACIONAL: art. 22, XXIV, CF

DIRETRIZES ORÇAMENTÁRIAS
- atribuição ao Congresso Nacional: art. 48, II, CF
- projetos de lei: art. 166, CF
- seguridade social: art. 195, § 2º, CF
- União: art. 35, § 2º, II, ADCT

DISCIPLINA PARTIDÁRIA: art. 17, § 1º, in fine, CF

DISCRIMINAÇÃO
- punição: art. 5º, XLI, CF
- vedação: art. 3º, IV, CF

DISPENSA DE EMPREGADO SINDICALIZADO: art. 8º, VIII, CF

DISPENSA SEM JUSTA CAUSA
- empregada gestante: art. 10, II, b, ADCT
- empregado eleito para cargo de CIPA: art. 10, II, a, ADCT; Súm. 339, TST
- proibição: art. 10, II, ADCT
- proteção contra: art. 7º, I, CF

DISPOSIÇÕES CONSTITUCIONAIS GERAIS: arts. 234 a 250, CF

DISSÍDIOS COLETIVOS E INDIVIDUAIS: art. 114, CF

DISTINÇÕES HONORÍFICAS: art. 84, XXI, CF

DISTRITO FEDERAL: art. 32, CF
- aposentadorias e pensões: art. 249, CF
- autonomia: art. 18, caput, CF
- bens: art. 16, § 3º, ADCT
- Câmara Legislativa: art. 16, § 1º, ADCT
- competência comum: art. 23, CF
- competência legislativa: art. 24, CF
- conflitos com a União: art. 102, I, f, CF
- contribuição: art. 149, § 1º, CF
- Defensoria Pública: arts. 22, XVII, e 48, IX, CF
- Deputados distritais: art. 45, CF
- despesa com pessoal: art. 169, CF; art. 38, ADCT
- disponibilidades de caixa: art. 164, § 3º
- dívida consolidada: art. 52, VI, CF
- dívida mobiliária: art. 52, IX, CF
- eleição: art. 32, § 2º, CF
- empresas de pequeno porte: art. 179, CF
- ensino: arts. 212 e 218, § 5º, CF
- fiscalização: arts. 75, caput, CF; e 16, § 2º, ADCT
- Fundo de Participação: art. 34, § 2º, ADCT
- fundos; aposentadorias e pensões: art. 249, CF
- Governador e Deputados distritais: art. 14, § 3º, VI, b e c, CF
- Governador e Vice-Governador: art. 16, caput, ADCT
- impostos: arts. 147 e 155, CF
- intervenção da União: art. 34, CF
- lei orgânica: art. 32, caput, CF
- limitações: art. 19, CF
- litígio com Estado estrangeiro ou organismo internacional: art. 102, I, e, CF
- microempresas: art. 179, CF
- Ministério Público: arts. 22, XVII, 48, IX, e 128, I, d, CF
- operações de crédito externo e interno: art. 52, VII, CF
- pesquisa científica e tecnológica: art. 218, § 5º, CF
- petróleo ou gás natural: art. 20, § 1º, CF
- Polícias Civil e Militar e Corpo de Bombeiros Militar: art. 32, § 4º, CF
- princípios: art. 37, CF; Súm. Vinc. 13, STF
- receitas tributárias: arts. 153, § 5º, I, e 157 a 162, CF
- representação judicial e consultoria jurídica: art. 132, CF
- representação na Câmara dos Deputados: art. 4º, § 2º, ADCT
- representação no Senado Federal: art. 46, CF
- Senadores distritais: art. 46, § 1º, CF
- símbolos: art. 13, § 2º, CF
- sistema de ensino: art. 211, CF
- sistema tributário nacional: art. 34, § 3º, ADCT
- sistema único de saúde: art. 198, §§ 1º a 3º, CF
- TCU: art. 73, caput, CF
- tributos: arts. 145, 150 e 152, CF
- turismo: art. 180, CF

DIVERSÕES E ESPETÁCULOS PÚBLICOS
- classificação: art. 21, XVI, CF
- lei federal: art. 220, § 3º, I, CF

DÍVIDA AGRÁRIA: art. 184, § 4º, CF

DÍVIDA MOBILIÁRIA
- atribuição ao Congresso Nacional: art. 48, XIV, CF
- limites globais: art. 52, IX, CF

DÍVIDA PÚBLICA
- atribuição ao Congresso Nacional: art. 48, II, CF
- externa e interna: arts. 163, II, e 234, CF
- externa do Brasil: art. 26, ADCT
- limites globais: art. 52, VI, CF
- pagamento: arts. 34, V, a, e 35, I, CF
- títulos: art. 163, IV, CF
- tributação da renda das obrigações da: art. 151, II, CF

DIVÓRCIO: art. 226, § 6º, CF

DOMICÍLIO: art. 6º, CF
- busca e apreensão: art. 139, V, CF
- eleitoral na circunscrição: art. 14, § 3º, IV, CF; art. 5º, § 1º, ADCT

E

ECLESIÁSTICOS: art. 143, § 2º, CF

ECONOMIA POPULAR: art. 173, § 5º, CF

EDUCAÇÃO
- arts. 205 a 214, CF
- *vide* ENSINO e ORDEM SOCIAL
- acesso à: art. 23, V, CF
- alimentação: art. 212, § 4º, CF
- ambiental: art. 225, § 1º, VI, CF
- atividades universitárias: art. 213, § 2º, CF
- autonomia das universidades: art. 207, CF
- bolsas de estudo: art. 213, § 1º, CF
- competência: art. 24, IX, CF
- custeio: art. 71, ADCT
- deficiente: art. 208, III, CF
- dever do Estado: arts. 205, *caput*, e 208, CF
- direito de todos: art. 205, *caput*, CF
- direito social: art. 6º, CF
- ensino obrigatório e gratuito: art. 208, §§ 1º e 2º, CF
- ensino religioso: art. 210, § 1º, CF
- escolas filantrópicas: art. 213, CF; art. 61, ADCT
- escolas públicas: art. 213, CF
- garantia de acesso do trabalhador adolescente e jovem à escola: art. 227, § 3º, III, CF
- garantias: art. 208, CF
- impostos: art. 150, VI, c, e § 4º, CF; Súm. 724, STF
- iniciativa privada: art. 209, CF
- municípios: arts. 30, VI, e 211, § 2º, CF
- nacional: art. 22, XXIV, CF
- plano nacional; distribuição de recursos: arts. 212, § 3º, e 214, CF
- princípios: art. 206, CF
- promoção e incentivo: art. 205, *caput*, CF
- recursos públicos: arts. 212 e 213, CF
- sistemas de ensino: art. 211, CF

ELEIÇÃO
- alistamento eleitoral: art. 14, §§ 1º e 2º, CF
- Câmara Territorial: art. 33, § 3º, CF
- condições de elegibilidade: art. 14, §§ 3º a 8º, CF
- Deputados Federais: art. 45, CF
- exigibilidade: art. 5º, § 1º, ADCT
- Governadores, Vice-Governadores e Deputados Estaduais e Distritais: arts. 28 e 32, § 2º, CF
- inaplicabilidades: art. 5º, ADCT
- inelegibilidade: art. 5º, § 5º, ADCT
- inelegíveis: art. 14, §§ 4º, 7º e 9º, CF; Súm. Vinc. 18, STF; Súm. 13, TSE
- Prefeito; Vice-Prefeito e Vereadores: art. 29, CF
- Presidente da República: art. 4º, § 1º, ADCT
- Presidente e Vice-Presidente da República: art. 77, CF
- processo eleitoral: art. 16, CF
- Senadores: art. 46, CF
- voto direto e secreto: art. 14, *caput*, CF

EMENDAS À CF: arts. 59, I, e 60, CF
- deliberação: art. 60, §§ 4º e 5º, CF
- iniciativa: art. 60, CF
- intervenção federal, estado de defesa ou estado de sítio: art. 60, § 1º, CF
- promulgação: art. 60, § 3º, CF
- rejeição: art. 60, § 5º, CF
- votação e requisito de aprovação: art. 60, § 2º, CF

EMIGRAÇÃO: art. 22, XV, CF

EMPREGADORES
- participação nos colegiados dos órgãos públicos: art. 10, CF
- rurais: art. 10, § 3º, ADCT

EMPREGADOS
- *vide* TRABALHADOR

EMPREGO
- gestante: art. 7º, XVIII, CF; art. 10, II, b, ADCT
- pleno: art. 170, VIII, CF
- proteção: art. 7º, I, CF
- sistema nacional de: art. 22, XVI, CF

EMPREGOS PÚBLICOS
- acumulação: art. 37, XVI e XVII, CF; art. 17, §§ 1º e 2º, ADCT
- concurso: art. 37, I a IV, e § 2º, CF; Súm. 266, STJ; Súm. 363, TST
- criação: arts. 48, X, e 61, § 1º, II, a, CF
- deficiência física: art. 37, VIII, CF; Súm. 377, STJ
- subsídios: art. 37, X e XI, CF; Súm. 672, STF

EMPRESA(S)
- apoio e estímulo: art. 218, § 4º, CF
- concessionárias e permissionárias: art. 175, par. ún., I, CF
- gestão: art. 7º, XI, CF
- mais de 200 empregados: art. 11, CF
- pequeno porte e microempresas: arts. 146, III, d, e par. ún., 170, IX, e 179, CF

EMPRESAS ESTATAIS
- exploração: art. 21, XI, CF
- orçamento de investimento: art. 165, § 5º, II, CF

EMPRESA JORNALÍSTICA E DE RADIODIFUSÃO: art. 222, CF

EMPRESAS PÚBLICAS
- compras e alienações: art. 37, XXI, CF; Súm. 333, STJ
- criação: art. 37, XIX e XX, CF
- disponibilidade de caixa: art. 164, § 3º, CF
- estatuto jurídico: art. 173, § 1º
- federais: art. 109, I, CF
- infrações penais: art. 144, § 1º, I, CF
- licitação: art. 22, XXVII, CF
- licitação e contratação de obras, serviços, compras e alienações: art. 173, § 1º, III, CF; Súm. 333, STJ
- orçamento de investimento: art. 165, § 5º, II, CF
- privilégios fiscais: art. 173, § 2º, CF
- relações com o Estado e a sociedade: art. 173, § 3º, CF
- supranacionais: art. 71, V, CF

EMPRÉSTIMO AO TESOURO NACIONAL: art. 164, § 1º, CF

EMPRÉSTIMO COMPULSÓRIO
- Eletrobrás: art. 34, § 12, ADCT
- instituição e finalidades: art. 148, CF
- vigência imediata: art. 34, § 1º, ADCT

ENERGIA
- competência privativa da União: art. 22, IV, CF
- elétrica; ICMS: art. 155, § 3º, CF; e art. 34, § 9º, ADCT
- elétrica; instalações: art. 21, XII, b, CF
- elétrica; participação no resultado da exploração: art. 20, § 1º, CF
- elétrica; terras indígenas: art. 231, § 3º, CF
- hidráulica; bens da União: art. 20, VIII, CF
- hidráulica; exploração: art. 176, CF; e art. 44, ADCT
- nuclear; competência privativa da União: art. 22, XXVI, CF
- nuclear; iniciativas do Poder Executivo: art. 49, XIV, CF
- nuclear; usinas; localização: art. 225, § 6º, CF

ENFITEUSE EM IMÓVEIS URBANOS: art. 49, ADCT

ENSINO
- *vide* EDUCAÇÃO
- acesso: arts. 206, I, 208, V, e § 1º, CF
- competência concorrente: art. 24, IX, CF
- entidades públicas de fomento: art. 218, § 5º, CF
- fundamental público; salário-educação: art. 212, § 5º, CF; Súm. 732, STF
- fundamental; competência dos Municípios: art. 30, VI, CF
- fundamental; conteúdos: art. 210, *caput*, CF
- fundamental; língua portuguesa: art. 210, § 2º, CF
- fundamental; obrigatoriedade e gratuidade: art. 208, I, CF
- fundamental; programas suplementares: arts. 208, VII, e 212, § 4º, CF
- fundamental; recenseamento dos educandos: art. 208, § 3º, CF
- gratuidade; estabelecimentos oficiais: art. 206, IV, CF; Súm. Vinc. 12, STF
- História do Brasil: art. 242, § 1º, CF
- iniciativa privada: art. 209, CF
- médio gratuito: art. 208, II, CF
- Municípios; áreas de atuação: art. 211, § 2º, CF

- noturno: art. 208, VI, CF
- obrigatório e gratuito: art. 208, §§ 1º e 2º, CF
- obrigatório; prioridade no atendimento: art. 212, § 3º, CF
- percentuais aplicados pela União: art. 212, CF
- princípios: art. 206, CF
- qualidade; melhoria: art. 214, III, CF
- religioso: art. 210, § 1º, CF
- sistemas: art. 211, CF
- superior: art. 207, CF

ENTORPECENTES E DROGAS AFINS
- dependente; criança e adolescente: art. 227, § 3º, VII, CF
- extradição: art. 5º, LI, CF
- tráfico; confisco de bens: art. 243, par. ún., CF
- tráfico; crime inafiançável: art. 5º, XLIII, CF
- tráfico; prevenção: art. 144, § 1º, II, CF

ESTADO DE DEFESA
- apreciação; Congresso Nacional: art. 136, §§ 4º a 7º, CF
- aprovação; Congresso Nacional: art. 49, IV, CF
- cabimento: art. 136, *caput*, CF
- calamidade pública: art. 136, § 1º, II, CF
- cessação dos efeitos: art. 141, CF
- Conselho da República: arts. 90, I, e 136, *caput*, CF
- Conselho de Defesa Nacional: arts. 91, § 1º, II, e 136, *caput*, CF
- decretação: arts. 21, V, e 84, IX, CF
- decreto; conteúdo: art. 136, § 1º, CF
- disposições gerais: arts. 140 e 141, CF
- duração e abrangência territorial: art. 136, §§ 1º e 2º, CF
- emendas à CF na vigência de; vedação: art. 60, § 1º, CF
- fiscalização da execução: art. 140, CF
- medidas coercitivas: art. 136, §§ 1º e 3º, CF
- prisão ou detenção: art. 136, § 3º, CF
- pronunciamento: art. 90, I, CF
- suspensão: art. 49, IV, CF

ESTADO DEMOCRÁTICO DE DIREITO: art. 1º, *caput*, CF

ESTADO DE SÍTIO: arts. 137 a 139, CF
- cabimento: art. 137, CF
- cessação dos efeitos: art. 141, CF
- Congresso Nacional; apreciação: art. 138, §§ 2º e 3º, CF
- Congresso Nacional; aprovação: art. 49, IV, CF
- Congresso Nacional; suspensão: art. 49, IV, CF
- Conselho da República e Conselho de Defesa Nacional: arts. 90, I, 91, § 1º, II, e 137, *caput*, CF
- decretação: arts. 21, V, 84, IX, e 137, *caput*, CF
- decreto; conteúdo: art. 138, CF
- disposições gerais: arts. 140 e 141, CF
- duração máxima: art. 138, § 1º, CF
- emendas à CF; vedação: art. 60, § 1º, CF
- fiscalização da execução: art. 140, CF
- imunidades; Deputados ou Senadores: art. 53, § 8º, CF
- medidas coercitivas: arts. 138, § 3º, e 139, CF
- pronunciamento de parlamentares: art. 139, par. ún., CF
- prorrogação: arts. 137, par. ún., e 138, § 1º, CF

ESTADO ESTRANGEIRO
- cartas rogatórias: arts. 105, I, *i*, e 109, X, CF
- extradição: art. 102, I, *g*, CF
- litígio com os entes federados: art. 102, I, e, CF
- litígio com pessoa residente ou domiciliada no Brasil: arts. 105, II, c, 109, II, CF
- litígio fundado em tratado ou contrato da União: art. 109, III, CF
- relações: arts. 21, I, e 84, VII, CF

ESTADOS FEDERADOS: arts. 25 a 28, CF
- aposentadorias e pensões: art. 249, CF
- autonomia: arts. 18 e 25, CF
- bens: art. 26, CF
- Câmara dos Deputados; representação: art. 4º, § 2º, ADCT
- competência comum: art. 23, CF
- competência legislativa concorrente: art. 24, CF
- competência legislativa plena: art. 24, §§ 3º e 4º, CF
- competência legislativa supletiva: art. 24, § 2º, CF
- competência legislativa; questões específicas: art. 22, par. ún., CF
- competência residual: art. 25, § 1º, CF
- competência; Assembleias Legislativas: art. 27, § 3º, CF
- competência; tribunais: art. 125, § 1º, CF
- conflitos com a União: art. 102, I, *f*, CF
- conflitos fundiários: art. 126, CF
- consultoria jurídica: art. 132, CF
- contribuição; regime previdenciário: art. 149, § 1º, CF
- criação: arts. 18, § 3º, e 235, CF
- Deputados Estaduais: art. 27, CF
- desmembramento: arts. 18, § 3º, e 48, VI, CF
- despesa; limite: art. 169, CF; art. 38, ADCT
- disponibilidades de caixa: art. 164, § 3º, CF
- dívida consolidada: art. 52, VI, CF
- dívida mobiliária: art. 52, IX, CF
- empresas de pequeno porte: art. 179, CF
- encargos com pessoal inativo: art. 234, CF
- ensino; aplicação de receita: art. 212, CF
- ensino; vinculação de receita orçamentária: art. 218, § 5º, CF
- fiscalização: art. 75, *caput*, CF
- Fundo de Participação; determinações: art. 34, § 2º, ADCT
- fundos; aposentadorias e pensões: art. 249, CF
- gás canalizado: art. 25, § 2º, CF
- Governador; eleição: art. 28, CF
- Governador; perda do mandato: art. 28, §§ 1º e 2º, CF
- Governador; posse: art. 28, *caput*, CF
- impostos: arts. 155 e 160, CF
- incentivos fiscais; reavaliação: art. 41, ADCT
- inconstitucionalidade de leis: art. 125, § 2º, CF
- incorporação: arts. 18, § 3º, e 48, VI, CF
- iniciativa popular: art. 27, § 4º, CF
- intervenção da União: art. 34, CF
- intervenção nos Municípios: art. 35, CF
- Juizados Especiais; criação: art. 98, I, CF
- Justiça de Paz; criação: art. 98, II, CF
- Justiça Militar estadual: art. 125, §§ 3º e 4º, CF
- limitações: art. 19, CF
- litígio com Estado estrangeiro ou organismo internacional: art. 102, I, e, CF
- microempresas; tratamento diferenciado: art. 179, CF
- microrregiões: art. 25, § 3º, CF
- Ministério Público: art. 128, II, CF
- normas básicas: art. 235, CF
- operações de crédito externo e interno: art. 52, VII, CF
- organização judiciária: art. 125, CF
- pesquisa científica e tecnológica: art. 218, § 5º, CF
- petróleo ou gás natural; exploração: art. 20, § 1º, CF
- precatórios; pagamento: art. 100, CF; Súm. 655, STF; Súms. 144 e 339, STJ
- princípios; administração pública: art. 37, *caput*, CF; Súm. Vinc. 13, STF
- receitas tributárias: arts. 153, § 5º, I, 157, 158, III, IV, e par. ún., e 159 a 162, CF
- reforma administrativa: art. 24, ADCT
- regiões metropolitanas: art. 25, § 3º, CF
- Senado Federal; representação: art. 46, CF
- símbolos: art. 13, § 2º, CF
- sistema de ensino: art. 211, CF
- sistema tributário nacional: art. 34, § 3º, ADCT
- sistema único de saúde (SUS): art. 198, §§ 1º a 3º, CF
- subdivisão; requisitos: arts. 18, § 3º, e 48, VI, CF
- terras em litígio: art. 12, § 2º, ADCT
- Território; reintegração: art. 18, § 2º, CF
- tributos: arts. 145, 150 e 152, CF
- turismo: art. 180, CF

ESTADO-MEMBRO
- Acre: art. 12, § 5º, ADCT
- Amapá: art. 14, ADCT
- Goiás: art. 13, § 7º, ADCT
- Roraima: art. 14, ADCT
- Tocantins: art. 13, ADCT

ESTADO; ORGANIZAÇÃO: arts. 18 a 43, CF
- administração pública: arts. 37 a 43, CF
- Distrito Federal: art. 32, CF
- estados federados: arts. 25 a 28, CF
- intervenção estadual: arts. 35 e 36, CF

- intervenção federal: arts. 34 e 36, CF
- militares: art. 42, CF
- municípios: arts. 29 a 31, CF
- organização político-administrativa: arts. 18 e 19, CF
- regiões: art. 43, CF
- servidores públicos: arts. 39 a 41, CF; Súm. Vinc. 4, STF; Súm. 390, TST
- Territórios: art. 33, CF
- União: arts. 20 a 24, CF

ESTATUTO DA MAGISTRATURA: art. 93, CF

ESTRANGEIROS
- adoção de brasileiro: art. 227, § 5º, CF
- alistamento eleitoral: art. 14, § 2º, CF
- crimes de ingresso ou permanência irregular: art. 109, X, CF
- emigração, imigração, entrada, extradição e expulsão: art. 22, XV, CF
- entrada no país: art. 22, XV, CF
- extradição: art. 5º, LII, CF
- naturalização: art. 12, II, CF
- originários de países de língua portuguesa: art. 12, II, a, CF
- propriedade rural; aquisição: art. 190, CF
- residentes no País: art. 5º, caput, CF
- sucessão de bens: art. 5º, XXXI, CF

EXPULSÃO DE ESTRANGEIROS: art. 22, XV, CF

EXTRADIÇÃO
- brasileiro nato; inadmissibilidade: art. 5º, LI, CF
- brasileiro naturalizado: art. 5º, LI, CF
- estrangeiro: art. 5º, LII, CF
- estrangeiro; competência privativa: art. 22, XV, CF
- solicitada por Estado estrangeiro; competência originária do STF: art. 102, I, g, CF

F

FAIXA DE FRONTEIRA
- vide FRONTEIRA

FAMÍLIA: arts. 226 a 230, CF
- adoção: art. 227, § 5º, CF
- assistência pelo Estado: art. 226, § 8º, CF
- caracterização: art. 226, §§ 3º, 4º e 6º, CF
- casamento: art. 226, §§ 1º e 2º, CF
- dever; criança e adolescente: art. 227, CF
- dever; filhos maiores: art. 229, CF
- dever; idosos: art. 230, CF
- dever; pais: art. 229, CF
- entidade familiar: art. 226, § 4º, CF
- planejamento familiar: art. 226, § 7º, CF
- proteção do Estado: art. 226, caput, CF
- proteção; objetivo da assistência social: art. 203, I, CF
- sociedade conjugal: art. 226, § 5º, CF
- união estável: art. 226, § 3º, CF
- violência; coibição: art. 226, § 8º, CF

FAUNA
- legislação; competência concorrente: art. 24, VI, CF
- preservação; competência comum: art. 23, VII, CF
- proteção: art. 225, § 1º, VII, CF

FAZENDA FEDERAL, ESTADUAL OU MUNICIPAL: art. 100, CF; arts. 33 e 78, ADCT; Súm. 339, STJ

FILHO
- adoção: art. 227, § 6º, CF
- havidos fora do casamento: art. 227, § 6º, CF
- maiores: art. 229, CF
- menores: art. 229, CF
- pai ou mãe brasileiros; nascimento no estrangeiro: art. 90, ADCT

FILIAÇÃO PARTIDÁRIA: arts. 14, § 3º, V, e 142, § 3º, V, CF

FINANÇAS PÚBLICAS: arts. 163 a 169, CF

FLORA
- preservação: art. 23, VII, CF
- proteção: art. 225, § 1º, VII, CF

FLORESTA
- legislação; competência concorrente: art. 24, VI, CF
- preservação; competência comum: art. 23, VII, CF

FORÇAS ARMADAS: arts. 142 e 143, CF
- cargo privativo de brasileiro nato: art. 12, § 3º, VI, CF
- comando supremo: arts. 84, XIII, e 142, caput, CF
- conceito: art. 142, CF
- Deputados e Senadores: art. 53, § 7º, CF
- Deputados Estaduais: art. 27, § 1º, CF
- eclesiásticos; isenção: art. 143, § 2º, CF
- efetivo; fixação e modificação: arts. 48, III, e 61, § 1º, I, CF
- mulheres; isenção: art. 143, § 2º, CF
- obrigatório; serviço militar: art. 143, CF
- punições disciplinares: art. 142, § 2º, CF
- serviço alternativo: art. 143, § 1º, CF

FORÇAS ESTRANGEIRAS: arts. 21, IV, 49, II, e 84, XXII, CF

FORMA DE GOVERNO: art. 1º, CF; art. 2º, ADCT

FORMA FEDERATIVA DE ESTADO: arts. 1º e 60, § 4º, I, CF

FRONTEIRA
- faixa; defesa do Território Nacional: arts. 20, § 2º, e 91, § 1º, III, CF
- pesquisa, lavra e aproveitamento de recursos minerais: art. 176, § 1º, CF

FUNÇÃO SOCIAL
- cidade; política urbana: art. 182, CF
- imóvel rural; desapropriação: arts. 184 e 185, CF
- propriedade rural: art. 186, CF
- propriedade urbana: art. 182, § 2º, CF; Súm. 668, STF
- propriedade; atendimento: art. 5º, XXIII, CF

FUNCIONÁRIOS PÚBLICOS
- vide SERVIDOR PÚBLICO

FUNÇÕES ESSENCIAIS À JUSTIÇA: arts. 127 a 135, CF

FUNÇÕES PÚBLICAS
- acesso a todos os brasileiros: art. 37, I, CF
- acumulação: art. 37, XVI e XVII, CF
- confiança: art. 37, V, CF
- criação: arts. 48, X, e 61, § 1º, II, a, CF
- perda; atos de improbidade: art. 37, § 4º, CF
- subsídios: art. 37, X e XI, CF

FUNDAÇÕES
- compras e alienações: art. 37, XXI, CF
- controle externo: art. 71, II, III e IV, CF
- criação: art. 37, XIX e XX, CF
- dívida pública externa e interna: art. 163, II, CF
- educacionais: art. 61, ADCT
- impostos sobre patrimônio; vedação: art. 150, § 2º, CF
- licitação: art. 22, XXVII, CF
- pessoal: art. 169, § 1º, CF
- pública: art. 37, XIX, CF

FUNDO DE COMBATE E ERRADICAÇÃO DA POBREZA: arts. 79 a 83, ADCT

FUNDO DE ESTABILIZAÇÃO FISCAL: art. 71, § 2º, ADCT

FUNDO DE GARANTIA DO TEMPO DE SERVIÇO: art. 7º, III, CF; e art. 3º, da EC nº 45/2004; Súm. 353, STJ

FUNDO DE PARTICIPAÇÃO DOS ESTADOS E DO DISTRITO FEDERAL
- normas: art. 34, § 2º, ADCT
- repartição das receitas tributárias: arts. 159, I, a, e 161, II, III, e par. ún., CF

FUNDO DE PARTICIPAÇÃO DOS MUNICÍPIOS
- normas: art. 34, § 2º, ADCT
- repartição das receitas tributárias: arts. 159, I, b, e 161, II, III, e par. ún., CF

FUNDO INTEGRADO: art. 250, CF

FUNDO NACIONAL DE SAÚDE: art. 74, § 3º, ADCT

FUNDO PARTIDÁRIO: art. 17, § 3º, CF

FUNDO SOCIAL DE EMERGÊNCIA: arts. 71 a 73, ADCT

G

GARANTIAS DA MAGISTRATURA: arts. 95 e 121, § 1º, CF

GARANTIAS FUNDAMENTAIS: art. 5º, § 1º, CF

GARIMPAGEM
- áreas e condições: art. 21, XXV, CF
- organização em cooperativas: art. 174, §§ 3º e 4º, CF

GÁS
- canalizado: art. 25, § 2º, CF
- importação e exportação: art. 177, III, CF
- participação; resultado da exploração: art. 20, § 1º, CF
- pesquisa e lavra: art. 177, I, e § 1º, CF
- transporte: art. 177, IV, CF

GESTANTE
- dispensa sem justa causa; proibição: art. 10, II, b, ADCT
- licença; duração: art. 7º, XVIII, CF
- proteção; previdência social: art. 201, II, CF

GOVERNADOR
- vide ESTADOS FEDERADOS e VICE-GOVERNADOR DE ESTADO
- ADIN; legitimidade: art. 103, V, CF
- crimes comuns: art. 105, I, a, CF
- eleição: art. 28, caput, CF
- habeas corpus: art. 105, I, c, CF
- idade mínima: art. 14, § 3º, VI, b, CF
- inelegibilidade; cônjuge e parentes: art. 14, § 7º, CF; art. 5º, § 5º, ADCT; Súm. Vinc. 18, STF
- mandato; duração: art. 28, caput, CF
- mandato; perda: art. 28, § 1º, CF
- mandatos; promulgação da CF: art. 4º, § 3º, ADCT
- posse: art. 28, caput, CF
- reeleição: art. 14, § 5º, CF
- subsídios: art. 28, § 2º, CF

GOVERNADOR DE TERRITÓRIO
- aprovação: art. 52, III, c, CF
- nomeação: art. 84, XIV, CF

GOVERNADOR DO DISTRITO FEDERAL
- eleição: art. 32, § 2º, CF
- idade mínima: art. 14, § 3º, VI, b, CF

GRATIFICAÇÃO NATALINA: arts. 7º, VIII, e 201, § 6º, CF

GREVE
- competência para julgar: art. 114, II, CF; Súm. Vinc. 23, STF
- direito e abusos: art. 9º, CF
- serviços ou atividades essenciais: art. 9º, § 1º, CF
- servidor público: art. 37, VII, CF
- servidor público militar: art. 142, § 3º, IV, CF

GUERRA
- Congresso Nacional; autorização: art. 49, II, CF
- Conselho de Defesa Nacional; opinião: art. 91, § 1º, CF
- declaração; competência: arts. 21, II, e 84, XIX, CF
- estado de sítio: art. 137, II, CF
- impostos extraordinários: art. 154, II, CF
- pena de morte: art. 5º, XLVII, a, CF
- requisições; tempo de guerra: art. 22, III, CF

H

HABEAS CORPUS
- competência; juízes federais: art. 109, VII, CF
- competência; STF: art. 102, I, d e i, e II, a, CF; Súm. 691, STF
- competência; STJ: art. 105, I, c e II, a, CF
- competência; TRF: art. 108, I, d, CF
- concessão: art. 5º, LXVIII, CF
- decisão denegatória proferida por TRE: art. 121, § 4º, V, CF
- gratuidade: art. 5º, LXXVII, CF
- inadmissibilidade; militar: art. 142, § 2º, CF

HABEAS DATA
- competência; juízes federais: art. 109, VIII, CF
- competência; STF: art. 102, I, d, e II, a, CF
- competência; STJ: art. 105, I, b, CF
- competência; TRF: art. 108, I, c, CF

- concessão: art. 5º, LXXII, CF
- corretivo: art. 5º, LXXII, b, CF
- decisão denegatória do TRE: art. 121, § 4º, V, CF
- direito à informação: art. 5º, XXXIII e LXXII, CF; Súm. Vinc. 14, STF
- gratuidade da ação: art. 5º, LXXVII, CF
- preventivo: art. 5º, LXXII, a, CF; Súm. 2, STJ

HABITAÇÃO
- competência comum: art. 23, IX, CF
- diretrizes: art. 21, XX, CF

HERANÇA: art. 5º, XXX, CF

HIGIENE E SEGURANÇA DO TRABALHO: art. 7º, XXII, CF

HORA EXTRA: art. 7º, XVI, CF

I

IDADE: art. 3º, IV, CF

IDENTIFICAÇÃO CRIMINAL: art. 5º, LVIII, CF; Súm. 568, STF

IDOSOS
- amparo; filhos: art. 229, CF
- assistência social: art. 203, I, CF
- direitos: art. 230, CF
- salário mínimo: art. 203, V, CF
- transportes coletivos urbanos; gratuidade: art. 230, § 2º, CF

IGUALDADE
- acesso à escola: art. 206, I, CF
- empregado e trabalhador avulso: art. 7º, XXXIV, CF
- Estados; relações internacionais: art. 4º, V, CF
- homens e mulheres: art. 5º, I, CF
- perante a lei: art. 5º, caput, CF

ILEGALIDADE OU ABUSO DE PODER: art. 5º, LXVIII, CF

ILHAS
- fluviais e lacustres: arts. 20, IV, e 26, III, CF
- oceânicas e costeiras: arts. 20, IV, e 26, II, CF

IMIGRAÇÃO: art. 22, XV, CF

IMÓVEIS PÚBLICOS: arts. 183, § 3º, e 191, par. ún., CF

IMÓVEIS RURAIS: arts. 184 e 189, CF

IMÓVEIS URBANOS
- desapropriação: art. 182, §§ 3º e 4º, III, CF
- enfiteuse: art. 49, ADCT

IMPOSTO
- anistia ou remissão: art. 150, § 6º, CF
- capacidade contributiva: art. 145, § 1º, CF; Súms. 656 e 668, STF
- caráter pessoal: art. 145, § 1º, CF
- classificação: art. 145, I, CF
- criação; vigência imediata: art. 34, § 1º, CF
- distribuição da arrecadação; regiões Norte, Nordeste e Centro-Oeste: art. 34, § 1º, ADCT
- Estadual e Distrito Federal: arts. 147 e 155, CF
- imunidades: art. 150, IV, CF
- instituição: art. 145, caput, CF
- isenção; crédito presumido: art. 150, § 6º, CF
- limitações; poder de tributar: arts. 150 a 152, CF
- mercadorias e serviços: art. 150, § 5º, CF
- Municipais: art. 156, CF; e art. 34, § 1º, ADCT
- reforma agrária: art. 184, § 5º, CF
- repartição das receitas tributárias: arts. 157 a 162, CF
- serviços; alíquota: art. 86, ADCT
- telecomunicações: art. 155, § 3º, CF; Súm. 659, STF
- União: arts. 153 e 154, CF

IMPOSTOS EXTRAORDINÁRIOS: arts. 150, § 1º, e 154, II, CF

IMPOSTO SOBRE COMBUSTÍVEIS LÍQUIDOS E GASOSOS: art. 155, §§ 3º a 5º, CF; Súm. 659, STF

IMPOSTO SOBRE DIREITOS REAIS EM IMÓVEIS: art. 156, II, CF

IMPOSTO SOBRE DOAÇÕES: art. 155, I, e § 1º, CF

IMPOSTO SOBRE EXPORTAÇÃO
- alíquotas: art. 153, § 1º, CF
- competência: art. 153, II, CF
- limitações ao poder de tributar: art. 150, § 1º, CF

IMPOSTO SOBRE GRANDES FORTUNAS: art. 153, VII, CF

IMPOSTO SOBRE IMPORTAÇÃO
- alíquotas: art. 153, § 1º, CF
- competência: art. 153, I, CF
- limitações ao poder de tributar: art. 150, § 1º, CF

IMPOSTO SOBRE LUBRIFICANTES: art. 155, §§ 3º a 5º, CF; Súm. 659, STF

IMPOSTO SOBRE MINERAIS: art. 155, § 3º, CF; Súm. 659, STF

IMPOSTO SOBRE OPERAÇÕES DE CRÉDITO, CÂMBIO E SEGURO, OU RELATIVAS A TÍTULOS OU VALORES MOBILIÁRIOS
- alíquotas: art. 153, § 1º, CF
- competência: art. 153, V, e § 5º, CF
- limitações ao poder de tributar: art. 150, § 1º, CF

IMPOSTO SOBRE OPERAÇÕES RELATIVAS À CIRCULAÇÃO DE MERCADORIAS E SOBRE PRESTAÇÕES DE SERVIÇOS DE TRANSPORTE INTERESTADUAL E INTERMUNICIPAL E DE COMUNICAÇÃO: art. 155, II, e §§ 2º a 5º, CF; Súm. 662, STF; Súms. 334 e 457, STJ

IMPOSTO SOBRE PRESTAÇÃO DE SERVIÇOS: art. 155, II, CF

IMPOSTO SOBRE PRODUTOS INDUSTRIALIZADOS
- alíquotas: art. 153, § 1º, CF
- competência: art. 153, IV, e § 3º, CF
- limitações ao poder de tributar: art. 150, § 1º, CF
- repartição das receitas tributárias: art. 159, CF

IMPOSTO SOBRE PROPRIEDADE DE VEÍCULOS AUTOMOTORES: art. 155, III e § 6º, CF

IMPOSTO SOBRE PROPRIEDADE PREDIAL E TERRITORIAL URBANA: arts. 156, I, e § 1º, 182, § 4º, II, CF; Súms. 589 e 668, STF; Súm. 399, STJ

IMPOSTO SOBRE PROPRIEDADE TERRITORIAL RURAL: art. 153, VI, e § 4º, CF; Súm. 139, STJ

IMPOSTO SOBRE RENDA E PROVENTOS DE QUALQUER NATUREZA
- competência: art. 153, III, CF; Súms. 125, 136 e 386, STJ
- critérios: art. 153, § 2º, CF
- limitações: art. 150, VI, a e c, e §§ 2º a 4º, CF; Súm. 730, STF
- repartição das receitas tributárias: arts. 157, I, 158, I, e 159, I, e § 1º, CF; Súm. 447, STJ

IMPOSTO SOBRE SERVIÇOS DE QUALQUER NATUREZA: art. 156, III, § 3º, CF; art. 88, ADCT; Súm. Vinc. 31, STF; Súm. 424, STJ

IMPOSTO SOBRE TRANSMISSÃO *CAUSA MORTIS*: art. 155, I, e § 1º, I a III, CF

IMPOSTO SOBRE TRANSMISSÃO *INTER VIVOS*: art. 156, II, e § 2º, CF; Súm. 656, STF

IMPRENSA NACIONAL: art. 64, ADCT

IMPROBIDADE ADMINISTRATIVA: arts. 15, V, e 37, § 4º, CF

IMUNIDADE: art. 53, CF

INAMOVIBILIDADE
- Defensoria Pública: art. 134, § 1º, CF
- juízes: art. 95, II, CF
- Ministério Público: art. 128, § 5º, I, *b*, CF

INCENTIVOS FISCAIS
- concessão; União: art. 151, I, CF
- Municipais: art. 156, § 3º, III, CF
- reavaliação: art. 41, ADCT
- Zona Franca de Manaus: art. 40, *caput*, ADCT

INCENTIVOS REGIONAIS: art. 43, § 2º, CF

INCONSTITUCIONALIDADE
- ação direta: arts. 102, I, a, e 103, CF; Súm. 642, STF
- declaração pelos Tribunais; *quorum*: art. 97, CF
- legitimação ativa: arts. 103 e 129, IV, CF

- recurso extraordinário: art. 102, III, CF
- representação pelo estado federado: art. 125, § 2º, CF
- suspensão da execução de lei: art. 52, X, CF

INDENIZAÇÃO
- acidente de trabalho: art. 7º, XXVIII, CF; Súm. Vinc. 22, STF
- compensatória do trabalhador: art. 7º, I, CF
- dano material, moral ou à imagem: art. 5º, V e X, CF; Súms. 227, 403 e 420, STJ
- desapropriações: arts. 5º, XXIV, 182, § 3º, 184, *caput* e § 1º, CF; Súms. 378 e 416, STF; Súms. 113, 114 e 119, STJ
- erro judiciário: art. 5º, LXXV, CF
- uso de propriedade particular por autoridade: art. 5º, XXV, CF

INDEPENDÊNCIA NACIONAL: art. 4º, I, CF

ÍNDIOS
- bens; proteção: art. 231, *caput*, CF
- capacidade processual: art. 232, CF
- culturas indígenas: art. 215, § 1º, CF
- direitos e interesses: arts. 129, V, e 231, CF
- disputa; direitos: art. 109, XI, CF; Súm. 140, STJ
- ensino: art. 210, § 2º, CF
- legislação; competência privativa: art. 22, XIV, CF
- ocupação de terras: art. 231, § 6º, CF
- processo; Ministério Público: art. 232, CF
- recursos hídricos: art. 231, § 3º, CF
- remoção: art. 231, § 5º, CF
- terras; bens da União: art. 20, XI, CF; Súm. 650, STF
- terras; especificação: art. 231, § 1º, CF
- terras; inalienabilidade, indisponibilidade e imprescritibilidade: art. 231, § 4º, CF

INDULTO: art. 84, XII, CF

INELEGIBILIDADE
- analfabetos: art. 14, § 4º, CF
- casos; lei complementar: art. 14, § 9º, CF; Súm. 13, TSE
- inalistáveis: art. 14, § 4º, CF
- parentes dos ocupantes de cargos políticos: art. 14, § 7º, CF; Súms. Vincs. 13 e 18, STF

INFÂNCIA
- *vide* ADOLESCENTE e CRIANÇA
- direitos sociais: art. 6º, CF
- legislação; competência concorrente: art. 24, XV, CF
- proteção; assistência social: art. 203, I, CF

INICIATIVA POPULAR: art. 61, *caput*, CF
- âmbito federal: art. 61, § 2º, CF
- âmbito municipal: art. 29, XIII, CF
- Estados: art. 27, § 4º, CF

INICIATIVA PRIVADA: arts. 199 e 209, CF

INICIATIVA PRIVATIVA DO PRESIDENTE DA REPÚBLICA: arts. 61, § 1º, 63, I, e 64, CF

INIMPUTABILIDADE PENAL: art. 228, CF

INQUÉRITO: art. 129, III e VIII, CF

INSALUBRIDADE: art. 7º, XXIII, CF

INSPEÇÃO DO TRABALHO: art. 21, XXIV, CF

INSTITUIÇÕES FINANCEIRAS
- aumento no capital: art. 52, II, ADCT
- Congresso Nacional; atribuição: art. 48, XIII, CF
- domiciliadas no exterior: art. 52, I, ADCT
- fiscalização: art. 163, V, CF
- oficiais: art. 164, § 3º, CF
- vedação: art. 52, par. ún., ADCT

INSTITUTO BRASILEIRO DE GEOGRAFIA E ESTATÍSTICA (IBGE): art. 12, § 5º, ADCT

INTEGRAÇÃO
- povos da América Latina: art. 4º, par. ún., CF
- social dos setores desfavorecidos: art. 23, X, CF

INTERVENÇÃO ESTADUAL: arts. 35 e 36, CF

INTERVENÇÃO FEDERAL: arts. 34 a 36, CF
- Congresso Nacional; aprovação: art. 49, IV, CF

- Congresso Nacional; suspensão: art. 49, IV, CF
- Conselho da República; pronunciamento: art. 90, I, CF
- Conselho de Defesa Nacional; opinião: art. 91, § 1º, II, CF
- decretação; competência da União: art. 21, V, CF
- emendas à Constituição: art. 60, § 1º, CF
- execução; competência privativa do Presidente da República: art. 84, X, CF
- motivos: art. 34, CF
- requisitos: art. 36, CF

INTERVENÇÃO INTERNACIONAL: art. 4º, IV, CF

INTERVENÇÃO NO DOMÍNIO ECONÔMICO
- contribuição de: art. 177, § 4º, CF
- pelo Estado: arts. 173 e 174, CF

INTIMIDADE: art. 5º, X, CF

INVALIDEZ: art. 201, I, CF

INVENTOS INDUSTRIAIS: art. 5º, XXIX, CF

INVESTIMENTOS DE CAPITAL ESTRANGEIRO: art. 172, CF

INVIOLABILIDADE
- advogados: art. 133, CF
- casa: art. 5º, XI, CF
- Deputados e Senadores: art. 53, caput, CF
- intimidade, vida privada, honra e imagem das pessoas: art. 5º, X, CF; Súms. 227 e 403, STJ
- sigilo da correspondência, comunicações telegráficas, dados e comunicações telefônicas: art. 5º, XII, CF
- Vereadores: art. 29, VIII, CF

ISENÇÕES DE CONTRIBUIÇÕES À SEGURIDADE SOCIAL: art. 195, § 7º, CF; Súm. 659, STF; Súm. 352, STJ

ISENÇÕES FISCAIS
- concessão: art. 150, § 6º, CF
- incentivos regionais: art. 43, § 2º, CF
- limitações de sua concessão pela União: art. 151, III, CF
- Municipais: art. 156, § 3º, III, CF

J

JAZIDAS
- legislação; competência privativa: art. 22, XII, CF
- minerais garimpáveis: art. 174, § 3º, CF
- pesquisa e lavra: art. 44, ADCT
- petróleo e gás natural; monopólio da União: art. 177, I, CF
- propriedade: art. 176, caput, CF

JORNADA DE TRABALHO: art. 7º, XIII e XIV, CF; Súm. 675, STF; Súm. 360, TST

JOVEM: art. 227, CF

JUIZ
- recusa pelo Tribunal; casos: art. 93, II, d, CF
- substituto; ingresso na carreira; requisitos: art. 93, I, CF
- vedação: art. 95, par. ún., CF

JUIZ DE PAZ: art. 14, § 3º, VI, c, CF

JUIZADO DE PEQUENAS CAUSAS: arts. 24, X, e 98, I, CF; Súm. 376, STJ

JUIZADOS ESPECIAIS: art. 98, I, e § 1º, CF; Súms. 376 e 428, STJ

JUIZ
- acesso aos tribunais: art. 93, III, CF
- aposentadoria: art. 93, VI e VIII, CF
- aprovação; Senado Federal: art. 52, III, a, CF
- cursos; preparação e aperfeiçoamento: art. 93, IV, CF
- disponibilidade: art. 93, VIII, CF
- eleitoral: arts. 118 a 121, CF
- estadual: arts. 125 e 126, CF
- federal: arts. 106 a 110, CF
- garantia: arts. 95 e 121, § 1º, CF
- ingresso; carreira: art. 93, I, CF
- justiça militar: art. 108, I, a, CF
- militar: arts. 122 a 124, CF
- nomeação: art. 84, XVI, e 93, I, CF

- pensão: art. 93, VI, CF
- promoção: art. 93, II, CF
- remoção: art. 93, VIII, CF
- subsídio: arts. 93, V, e 95, III, CF
- titular: art. 93, VII, CF
- togado: art. 21, ADCT
- trabalho: arts. 111 a 116, CF
- vedações: art. 95, par. ún., CF

JUÍZO DE EXCEÇÃO: art. 5º, XXXVII, CF

JUNTAS COMERCIAIS: art. 24, III, CF

JÚRI: art. 5º, XXXVIII, d, CF; Súm. 721, STF

JURISDIÇÃO: art. 93, XII, CF

JUROS
- favorecidos: art. 43, § 2º, II, CF
- taxa; controle Banco Central: art. 164, § 2º, CF

JUS SANGUINIS: art. 12, I, b e c, CF

JUS SOLI: art. 12, I, a, CF

JUSTIÇA
- desportiva: art. 217, CF
- eleitoral: arts. 118 a 121, CF
- estadual: arts. 125 e 126, CF
- federal: arts. 106 a 110, CF
- itinerante; direito do trabalho: art. 115, § 1º, CF
- itinerante; instalação: art. 107, § 2º, CF
- militar estadual: art. 125, § 3º, CF
- militar: arts. 122 a 124, CF
- paz: art. 98, II, CF
- social: art. 193, CF
- trabalho: arts. 111 a 116, CF

L

LAGOS: art. 20, III, CF

LEI: arts. 61 a 69, CF

LEI AGRÍCOLA: art. 50, ADCT

LEI COMPLEMENTAR
- aprovação; quorum: art. 69, CF
- incorporação estados federados: art. 18, § 3º, CF
- matéria reservada: art. 68, § 1º, CF
- matéria tributária: art. 146, III, CF
- normas de cooperação: art. 23, par. ún., CF
- processo legislativo: art. 59, II, CF

LEI DE DIRETRIZES ORÇAMENTÁRIAS: art. 165, II, e § 2º, CF

LEI DELEGADA: art. 68, CF
- processo legislativo: art. 59, IV, CF

LEI ESTADUAL
- ADIN: art. 102, I, a, CF; Súm. 642, STF
- suspensão de eficácia: art. 24, §§ 3º e 4º, CF

LEI FEDERAL
- ADECON: art. 102, I, a, CF; Súm. 642, STF
- ADIN: art. 102, I, a, CF; Súm. 642, STF

LEI INCONSTITUCIONAL: art. 52, X, CF

LEI ORÇAMENTÁRIA: arts. 39 e 165, CF

LEI ORÇAMENTÁRIA ANUAL
- critérios; exclusões: art. 35, § 1º, ADCT
- normas aplicáveis: art. 35, § 2º, ADCT

LEI ORDINÁRIA: art. 59, III, CF

LEI ORGÂNICA DE MUNICÍPIOS: art. 29, CF

LEI ORGÂNICA DO DISTRITO FEDERAL: art. 32, CF

LEI PENAL
- anterioridade: art. 5º, XXXIX, CF
- irretroatividade: art. 5º, XL, CF; Súm. Vinc. 24, STF

LESÃO OU AMEAÇA A DIREITO: art. 5º, XXXV, CF

LESÕES AO MEIO AMBIENTE: art. 225, § 3º, CF

LIBERDADE
- aprender, ensinar: art. 206, II, CF
- associação: arts. 5º, XVII e XX, e 8º, CF
- consciência e crença; inviolabilidade: art. 5º, VI, CF
- direito: art. 5º, *caput*, CF
- exercício de trabalho ou profissão: art. 5º, XIII, CF
- expressão da atividade intelectual: art. 5º, IX, CF
- fundamental: art. 5º, XLI, CF
- informação; proibição de censura: art. 220, CF
- iniciativa: art. 1º, IV, CF
- locomoção: arts. 5º, XV e LXVIII, e 139, I, CF
- manifestação do pensamento: art. 5º, IV, CF
- ofício: art. 5º, XIII, CF
- privação ou restrição: art. 5º, XLVI, *a*, e LIV, CF; Súm. Vinc. 14, STF; Súm. 704, STF; Súm. 347, STJ
- provisória: art. 5º, LXVI, CF
- reunião: arts. 5º, XVI, 136, § 1º, I, a, e 139, IV, CF

LICENÇA À GESTANTE: arts. 7º, XVIII, e 39, § 3º, CF

LICENÇA-PATERNIDADE: arts. 7º, XIX, e 39, § 3º, CF; art. 10, § 1º, ADCT

LICITAÇÃO: arts. 22, XXVII, 37, XXI, e 175, CF; Súm. 333, STJ

LIMITAÇÕES AO PODER DE TRIBUTAR
- Estados, DF e Municípios: art. 152, CF
- inaplicabilidade: art. 34, § 6º, ADCT
- União: art. 151, CF
- União, Estados, DF e Municípios: art. 150, CF
- vedações; livros, jornais, periódicos e o papel destinado à sua impressão: art. 150, VI, *d*, CF; Súm. 657, STF
- vigência imediata: art. 34, § 1º, ADCT

LIMITES DO TERRITÓRIO NACIONAL
- Congresso Nacional; atribuição: art. 48, V, CF
- outros países: art. 20, III e IV, CF

LÍNGUA INDÍGENA: art. 210, § 2º, CF

LÍNGUA PORTUGUESA
- emprego; ensino fundamental: art. 210, § 2º, CF
- idioma oficial: art. 13, *caput*, CF

M

MAGISTRADOS
- *vide* JUIZ

MAIORES
- 16 anos; alistamento eleitoral: art. 14, § 1º, II, *c*, CF
- 70 anos; alistamento eleitoral: art. 14, § 1º, II, *b*, CF

MANDADO DE INJUNÇÃO
- competência STF: art. 102, I, *q*, e II, *a*, CF
- competência STJ: art. 105, I, *h*, CF
- concessão: art. 5º, LXXI, CF
- decisão denegatória do TRE: art. 121, § 4º, V, CF

MANDADO DE SEGURANÇA
- competência juízes federais: art. 109, VIII, CF
- competência STF: art. 102, I, *d*, e II, *a*, CF; Súm. 624, STF
- competência STJ: art. 105, I, *b*, e II, *b*, CF; Súms. 41 e 177, STJ
- competência TRF: art. 108, I, *c*, CF
- concessão: art. 5º, LXIX, CF
- decisão denegatória do TRE: art. 121, § 4º, V, CF
- decisão denegatória do TSE: art. 121, § 3º, CF

MANDADO DE SEGURANÇA COLETIVO: art. 5º, LXX, CF; Súm. 630, STF

MANDATO
- Deputado Estadual: art. 27, § 1º, CF
- Deputado Federal: art. 44, par. ún., CF
- Deputado ou Senador; perda: arts. 55 e 56, CF
- eletivo; ação de impugnação: art. 14, §§ 10 e 11, CF
- eletivo; servidor público: art. 38, CF
- Governador e Vice-Governador Estadual: art. 28, CF; art. 4º, § 3º, ADCT
- Governador, Vice-Governador e Deputado Distrital: art. 32, §§ 2º e 3º, CF
- Prefeito e Vice-prefeito: art. 4º, § 4º, ADCT
- Prefeito, Vice-Prefeito e Vereadores: art. 29, I e II, CF
- Prefeito; perda: art. 29, XIV, CF
- Presidente da República: art. 82, CF; e art. 4º, ADCT
- Senador: art. 46, § 1º, CF
- Vereador: art. 4º, § 4º, ADCT

MANIFESTAÇÃO DO PENSAMENTO: arts. 5º, IV, e 220, CF

MARGINALIZAÇÃO
- combate aos fatores: art. 23, X, CF
- erradicação: art. 3º, III, CF

MAR TERRITORIAL: art. 20, VI, CF

MATERIAIS RADIOATIVOS: art. 177, § 3º, CF

MATERIAL BÉLICO
- fiscalização; competência da União: art. 21, VI, CF
- legislação; competência privativa: art. 22, XXI, CF

MATERNIDADE
- proteção; direito social: arts. 6º e 7º, XVIII, CF
- proteção; objetivo da assistência social: art. 203, I, CF
- proteção; previdência social: art. 201, II, CF

MEDICAMENTOS
- produção; SUS: art. 200, I, CF
- propaganda comercial: art. 220, § 4º, CF; e art. 65, ADCT

MEDIDA CAUTELAR: art. 102, I, *p*, CF

MEDIDAS PROVISÓRIAS
- Congresso Nacional; apreciação: art. 62, §§ 5º a 9º, CF
- conversão em lei: art. 62, §§ 3º, 4º e 12, CF
- convocação extraordinária: art. 57, § 8º, CF
- edição; competência privativa: art. 84, XXVI, CF
- impostos; instituição ou majoração: art. 62, § 2º, CF
- perda de eficácia: art. 62, § 3º, CF
- reedição: art. 62, § 10, CF
- rejeitadas: art. 62, §§ 3º e 11, CF
- requisitos: art. 62, *caput*, CF
- vedação: arts. 62, §§ 1º e 10, e 246, CF
- votação: art. 62, § 8º, CF

MEIO AMBIENTE
- ato lesivo; ação popular: art. 5º, LXXIII, CF
- bem de uso comum do povo: art. 225, *caput*, CF
- defesa e preservação: art. 225, *caput*, CF
- defesa; ordem econômica: art. 170, VI, CF
- exploração; responsabilidade: art. 225, § 2º, CF
- Floresta Amazônica, Mata Atlântica, Serra do Mar, Pantanal Mato-Grossense e Zona Costeira; uso: art. 225, § 4º, CF
- legislação; competência concorrente: art. 24, VI, CF
- propaganda nociva: art. 220, § 3º, II, CF
- proteção; colaboração do SUS: art. 200, VIII, CF
- proteção; competência: art. 23, VI e VII, CF
- reparação dos danos: arts. 24, VIII; e 225, § 3º, CF
- sanções penais e administrativas: art. 225, § 3º, CF
- usinas nucleares: art. 225, § 6º, CF

MEIOS DE COMUNICAÇÃO SOCIAL: art. 220, § 5º, CF

MENOR
- direitos previdenciários e trabalhistas: art. 227, § 3º, II, CF
- direitos sociais: art. 227, § 3º, CF
- idade mínima para o trabalho: art. 227, § 3º, I, CF
- inimputabilidade penal: art. 228, CF
- trabalho noturno; proibição: art. 7º, XXXIII, CF
- violência: arts. 226, § 8º, e 227, § 4º, CF

MESAS DO CONGRESSO: art. 57, § 4º, CF

MICROEMPRESAS
- débitos: art. 47, ADCT
- tratamento jurídico diferenciado: arts. 146, III, *d*, e par. ún., e 179, CF

MICRORREGIÕES: art. 25, § 3º, CF

MILITAR(ES)
- ativa: art. 142, § 3º, III, CF
- elegibilidade: arts. 14, § 8º, e 42, § 1º, CF
- estabilidade: arts. 42, § 1º, e 142, § 3º, X, CF
- Estados, do Distrito Federal e dos Territórios: art. 42, CF
- filiação a partido político: art. 142, § 3º, V, CF

Índice Alfabético-Remissivo da CF e ADCT

- Forças Armadas; disposições aplicáveis: art. 142, § 3º, CF
- Forças Armadas; regime jurídico: art. 61, § 1º, II, f, CF
- *habeas corpus*; não cabimento: art. 142, § 2º, CF
- inatividade: art. 142, § 3º, X, CF
- justiça comum ou militar; julgamento: art. 142, § 3º, VII, CF
- limites de idade: art. 142, § 3º, X, CF
- patentes: arts. 42, § 1º, e 142, § 3º, I e X, CF
- perda do posto e da patente: art. 142, 3º, VI, CF
- prisão; crime propriamente militar: art. 5º, LXI, CF
- prisão; transgressão: art. 5º, LXI, CF
- proventos e pensão: arts. 40, §§ 7º e 8º, e 42, § 2º, CF
- remuneração e subsídios: arts. 39, § 4º, 142, § 3º, X, e 144, § 9º, CF
- reserva: art. 142, § 3º, II e III, CF
- sindicalização e greve; proibição: art. 142, § 3º, IV, CF

MINÉRIOS: art. 23, XI, CF

MINÉRIOS NUCLEARES
- legislação; competência da União: art. 21, XXIII, CF
- monopólio da União: art. 177, V, CF

MINISTÉRIO PÚBLICO: arts. 127 a 130-A, CF
- abrangência: art. 128, CF
- ação civil pública: art. 129, III, CF; Súm. 643, STF; Súm. 329, STJ
- ação penal pública: art. 129, I, CF
- ADIN: art. 129, IV, CF
- atividade policial: art. 129, VII, CF
- aumento da despesa: art. 63, II, CF
- autonomia administrativa e funcional: art. 127, § 2º, CF
- carreira; ingresso: art. 129, § 3º, CF
- consultoria jurídica de entidades públicas: art. 129, IX, CF
- CPI: art. 58, § 3º, CF
- crimes comuns e de responsabilidade: art. 96, III, CF
- diligências investigatórias: art. 129, VIII, CF
- estatuto; princípios: arts. 93, II e VI, e 129, § 4º, CF
- federal; composição dos TRF: art. 107, I, CF
- funções institucionais: art. 129, CF
- funções; exercício: art. 129, § 2º, CF
- garantias: art. 128, § 5º, I, CF
- incumbência: art. 127, CF
- índios: arts. 129, V, e 232, CF
- inquérito civil: art. 129, III, CF
- inquérito policial: art. 129, VIII, CF
- interesses difusos e coletivos; proteção: art. 129, III, CF; Súm. 329, STJ
- intervenção da União e dos Estados: art. 129, IV, CF
- membros; STJ: art. 104, par. ún., II, CF
- membros; Tribunais de Contas: art. 130, CF
- membros; Tribunais: art. 94, CF
- membros; TST: art. 111-A, CF
- notificações: 129, VI, CF
- organização, atribuições e estatuto: art. 128, § 5º, CF
- organização; competência da União: art. 21, XIII, CF
- organização; vedação de delegação: art. 68, § 1º, I, CF
- órgãos: art. 128, CF
- princípios institucionais: art. 127, § 1º, CF
- Procurador-Geral da República: art. 128, § 2º, CF
- promoção: art. 129, § 4º, CF
- proposta orçamentária: art. 127, § 3º, CF
- provimento de cargos: art. 127, § 2º, CF
- União: art. 128, § 1º, CF
- vedações: arts. 128, § 5º, II, e 129, IX, CF

MINISTÉRIO PÚBLICO DA UNIÃO
- chefia: art. 128, § 1º, CF
- crimes comuns e responsabilidade: arts. 105, I, a, e 108, I, a, CF
- *habeas corpus*: art. 105, I, c, CF
- organização: arts. 48, IX, e 61, § 1º, II, d, CF
- órgãos: art. 128, I, CF

MINISTÉRIO PÚBLICO DO DISTRITO FEDERAL E TERRITÓRIOS
- organização: arts. 21, XIII, 22, XVII, 48, IX, e 61, § 1º, II, d, CF
- órgão do Ministério Público da União: art. 128, I, d, CF
- Procuradores-Gerais: art. 128, §§ 3º e 4º, CF

MINISTÉRIO PÚBLICO DOS ESTADOS: art. 128, II, e §§ 3º e 4º, CF

MINISTÉRIO PÚBLICO DO TRABALHO
- estabilidade: art. 29, § 4º, ADCT
- membros; TRT: art. 115, I e II, CF
- membros; TST: art. 111-A, CF
- organização: art. 61, § 1º, II, d, CF
- órgão do Ministério Público da União: art. 128, I, b, CF

MINISTÉRIO PÚBLICO FEDERAL
- atribuições: art. 29, § 2º, ADCT
- atuais procuradores: art. 29, § 2º, ADCT
- composição dos TRF: art. 107, I, CF
- integrantes dos Ministérios Públicos do Trabalho e Militar: art. 29, § 4º, ADCT
- opção pelo regime anterior: art. 29, § 3º, ADCT
- órgão do Ministério Público da União: art. 128, I, a, CF

MINISTÉRIO PÚBLICO MILITAR
- estabilidade: art. 29, § 4º, ADCT
- membro; Superior Tribunal Militar: art. 123, par. ún., II, CF
- órgão do Ministério Público da União: art. 128, I, c, CF

MINISTÉRIOS
- criação e extinção; disposições em lei: arts. 48, XI, 61, § 1º, II, e, e 88, CF
- Defesa: arts. 52, I, 84, XIII, e 91, I a VIII, CF

MINISTROS
- aposentados; TFR: art. 27, § 4º, ADCT
- Estado: art. 50 e §§ 1º e 2º, CF
- Ministros do TFR para o STJ: art. 27, § 2º, I, ADCT
- STJ; indicação e lista tríplice: art. 27, § 5º, ADCT
- STJ; nomeação: art. 27, § 2º, II, ADCT
- TFR; classe: art. 27, § 3º, ADCT

MINISTRO DA JUSTIÇA: arts. 89, VI, e 91, IV, CF

MINISTRO DE ESTADO: arts. 87 e 88, CF
- atribuições: art. 84, par. ún., CF
- auxílio; Presidente da República: arts. 76 e 84, II, CF
- comparecimento; Senado Federal ou Câmara dos Deputados: art. 50, §§ 1º e 2º, CF
- competência: art. 87, par. ún., CF
- Conselho da República; participação: art. 90, § 1º, CF
- crimes comuns e de responsabilidade: arts. 52, I, e 102, I, b e c, CF
- escolha: art. 87, *caput*, CF
- exoneração: art. 84, I, CF
- *habeas corpus*: art. 102, I, d, CF
- *habeas data*: art. 105, I, b, CF
- nomeação: art. 84, I, CF
- processo contra; autorização: art. 51, I, CF
- requisitos: art. 87, *caput*, CF
- subsídios: art. 49, VIII, CF

MINISTRO DO STF
- brasileiro nato: art. 12, § 3º, VI, CF
- nomeação: art. 84, XIV, CF
- processo e julgamento: art. 52, II, CF

MINISTROS DO TRIBUNAL DE CONTAS DA UNIÃO
- aprovação; Senado Federal: art. 52, III, b, CF
- nomeação: art. 84, XV, CF
- número: art. 73, *caput*, CF
- prerrogativas: art. 73, § 3º, CF
- requisitos: art. 73, §§ 1º e 2º, CF

MISSÃO DIPLOMÁTICA: arts. 52, IV, e 102, I, c, CF

MOEDA
- emissão: arts. 21, VII, e 164, *caput*, CF
- limites: art. 48, XIV, CF

MONUMENTOS: art. 23, III, CF

MORADIAS: art. 23, IX, CF

MULHER
- igualdade em direitos: art. 5º, I, CF
- proteção; mercado de trabalho: art. 7º, XX, CF
- serviço militar obrigatório; isenção: art. 143, § 2º, CF

MUNICÍPIOS: arts. 29 a 31, CF
- aposentadorias e pensões: art. 249, CF
- autonomia: art. 18, *caput*, CF
- competência: arts. 23 e 30, CF
- Conselhos de Contas: art. 31, § 4º, CF
- contas; apreciação pelos contribuintes: art. 31, § 3º, CF
- contribuição: art. 149, § 1º, CF
- controle externo: art. 31, § 1º, CF
- criação: art. 18, § 4º, CF
- desmembramento: art. 18, § 4º, CF
- despesa; limite: art. 169; art. 38, ADCT
- disponibilidades de caixa: art. 164, § 3º, CF
- Distrito Federal: art. 32, *caput*, CF
- dívida consolidada: art. 52, VI, CF
- dívida mobiliária: art. 52, IX, CF
- empresas de pequeno porte: art. 179, CF
- ensino: arts. 211, § 2º, e 212, CF
- fiscalização: arts. 31 e 75, CF
- Fundo de Participação: art. 34, § 2º, ADCT
- fusão: art. 18, § 4º, CF
- guardas municipais: art. 144, § 8º, CF
- impostos: arts. 156, 158 e 160, CF
- incentivos fiscais: art. 41, ADCT
- incorporação: art. 18, § 4º, CF
- iniciativa popular: art. 29, XIII, CF
- intervenção: art. 35, CF
- lei orgânica: art. 29, CF; art. 11, par. ún., ADCT
- limitações: art. 19, CF
- microempresas: art. 179, CF
- operações de crédito externo e interno: art. 52, VII, CF
- pensões: art. 249, CF
- petróleo ou gás natural e outros recursos: art. 20, § 1º, CF
- precatórios: art. 100, CF; Súm. 655, STF; Súm. 144, STJ
- princípios: art. 37, *caput*, CF; Súm. Vinc. 13, STF
- receita; ITR: art. 158, II, CF; Súm. 139, STJ
- reforma administrativa: art. 24, ADCT
- símbolos: art. 13, § 2º, CF
- sistema tributário nacional: art. 34, § 3º, ADCT
- sistema único de saúde: art. 198, §§ 1º a 3º, CF
- sistemas de ensino: art. 211, CF
- terras em litígio; demarcação: art. 12, § 2º, ADCT
- Tribunal de Contas: art. 31, § 4º, CF
- tributos: arts. 145, 150 e 152, CF
- turismo: art. 180, CF

N

NACIONALIDADE: arts. 12 e 13, CF
- brasileiros natos: art. 12, I, CF
- brasileiros naturalizados: art. 12, II, CF
- cargos privativos de brasileiro nato: art. 12, § 3º, CF
- causas referentes à: 109, X, CF
- delegação legislativa; vedação: art. 68, § 1º, II, CF
- distinção entre brasileiros natos e naturalizados: art. 12, § 2º, CF
- legislação; competência privativa: art. 22, XIII, CF
- perda: art. 12, § 4º, CF
- portugueses: art. 12, II, a, e § 1º, CF

NASCIMENTO
- estrangeiro: art. 95, ADCT
- registro civil: art. 5º, LXXVI, a, CF

NATURALIZAÇÃO
- direitos políticos; cancelamento: art. 15, I, CF
- foro competente: 109, X, CF
- legislação; competência privativa: art. 22, XIII, CF
- perda da nacionalidade: art. 12, § 4º, II, CF
- perda da nacionalidade; cancelamento: art. 12, § 4º, I, CF

NATUREZA
- vide MEIO AMBIENTE

NAVEGAÇÃO
- aérea e aeroespacial: arts. 21, XII, c, e 22, X, CF
- cabotagem: art. 178, par. ún., CF
- fluvial: art. 22, X, CF
- lacustre: art. 22, X, CF
- marítima: art. 22, X, CF

NEGOCIAÇÕES COLETIVAS DE TRABALHO: art. 8º, VI, CF

NOTÁRIOS
- atividades: art. 236, § 1º, CF
- carreira: art. 236, § 3º, CF

O

OBRAS
- coletivas: art. 5º, XXVIII, a, CF
- direitos autorais: art. 5º, XXVII e XXVIII, CF; Súm. 386, STF
- patrimônio cultural brasileiro: art. 216, IV, CF
- proteção: art. 23, III e IV, CF
- públicas: art. 37, XXI, CF; Súm. 333, STJ

OBRIGAÇÃO ALIMENTÍCIA: art. 5º, LXVII, CF

OFICIAL
- forças armadas: art. 12, § 3º, VI, CF
- general: art. 84, XIII, CF
- registro: art. 236, CF

OLIGOPÓLIO: art. 220, § 5º, CF

OPERAÇÃO DE CRÉDITO
- adaptação: art. 37, ADCT
- Congresso Nacional; atribuição: art. 48, II, CF
- controle: art. 74, III, CF
- externo e interno: art. 52, VII e VIII, CF

OPERAÇÃO FINANCEIRA
- externas: art. 52, V, CF
- fiscalização: art. 21, VIII, CF

ORÇAMENTO: arts. 165 a 169, CF
- anual: art. 48, II, CF
- delegação legislativa; vedação: art. 68, § 1º, III, CF
- diretrizes orçamentárias: art. 165, II, e § 2º, CF
- legislação; competência concorrente: art. 24, II, CF
- lei orçamentária anual; conteúdo: art. 165, § 5º, CF
- plano plurianual: art. 165, I, e § 1º, CF
- projetos de lei; envio, apreciação e tramitação: arts. 84, XXIII, e 166, CF
- vedações: art. 167, CF

ORDEM DOS ADVOGADOS DO BRASIL: art. 103, VII, CF

ORDEM ECONÔMICA E FINANCEIRA: arts. 170 a 192, CF
- política agrícola e fundiária e reforma agrária: arts. 184 a 191, CF
- política urbana: arts. 182 e 183, CF
- princípios gerais da atividade econômica: arts. 170 a 181, CF
- sistema financeiro nacional: art. 192, CF

ORDEM JUDICIAL: art. 5º, XIII, CF

ORDEM SOCIAL arts. 193 a 232, CF
- assistência social: arts. 203 e 204, CF
- ciência e tecnologia: arts. 218 e 219, CF
- comunicação social: arts. 220 a 224, CF
- cultura: arts. 215 e 216, CF
- desporto: art. 217, CF
- educação: arts. 205 a 214, CF
- família, criança, adolescente e idoso: arts. 226 a 230, CF
- idosos: art. 230, CF
- índios: arts. 231 e 232, CF
- meio ambiente: art. 225, CF
- objetivos: art. 193, CF
- previdência social: arts. 201 e 202, CF
- saúde: arts. 196 a 200, CF
- seguridade social: arts. 194 a 204, CF

ORGANISMOS REGIONAIS: art. 43, § 1º, II, CF

ORGANIZAÇÃO JUDICIÁRIA: art. 22, XVII, CF

ORGANIZAÇÃO POLÍTICO-ADMINISTRATIVA DO ESTADO BRASILEIRO: art. 18, CF

ORGANIZAÇÃO SINDICAL
- criação: art. 8º, II, CF
- interferência: art. 8º, I, CF; Súm. 677, STF

- mandado de segurança coletivo: art. 5º, LXX, b, CF; Súm. 629, STF

ORGANIZAÇÕES INTERNACIONAIS: art. 21, I, CF

ÓRGÃOS PÚBLICOS
- disponibilidades de caixa: art. 164, § 3º, CF
- publicidade dos atos: art. 37, § 1º, CF

OURO: art. 153, § 5º, CF

P

PAGAMENTO
- precatórios judiciais: art. 33, CF

PAÍS: art. 230, CF

PARLAMENTARISMO: art. 2º, ADCT

PARTICIPAÇÃO NOS LUCROS: art. 7º, XI, CF

PARTIDOS POLÍTICOS: art. 17, CF
- ADIN; legitimidade: art. 103, VIII, CF

PATRIMÔNIO: art. 150, VI, c, CF; Súms. 724 e 730, STF

PATRIMÔNIO CULTURAL BRASILEIRO: art. 216, CF

PATRIMÔNIO HISTÓRICO, ARTÍSTICO, CULTURAL E ARQUEOLÓGICO: art. 23, III e IV, CF

PATRIMÔNIO HISTÓRICO, CULTURAL, ARTÍSTICO, TURÍSTICO E PAISAGÍSTICO: art. 24, VII e VIII, CF

PATRIMÔNIO HISTÓRICO E CULTURAL: art. 5º, LXXIII, CF

PATRIMÔNIO NACIONAL
- encargos ou compromissos gravosos: art. 49, I, CF
- Floresta Amazônica, Mata Atlântica, Serra do Mar, Pantanal Mato-Grossense e Zona Costeira: art. 225, § 4º, CF
- mercado interno: art. 219, CF

PATRIMÔNIO PÚBLICO: art. 23, I, CF

PAZ
- Congresso Nacional; autorização: art. 49, II, CF
- Conselho de Defesa Nacional; opinião: art. 91, § 1º, I, CF
- defesa; princípio adotado pelo Brasil: art. 4º, VI, CF
- Presidente da República; competência: art. 84, XX, CF
- União; competência: art. 21, II, CF

PENA(S)
- comutação: art. 84, XII, CF
- cruéis: art. 5º, XLVII, e, CF; Súm. 280, STJ
- espécies adotadas: art. 5º, XLVI, CF
- espécies inadmissíveis: art. 5º, XLVII, CF
- estabelecimentos específicos: art. 5º, XLVIII, CF
- individualização: art. 5º, XLV e XLVI, CF; Súm. Vinc. 26, STF
- morte: art. 5º, XLVII, a, CF
- perpétua: art. 5º, XLVII, b, CF
- prévia cominação legal: art. 5º, XXXIX, CF
- reclusão: art. 5º, XLII, CF

PENSÃO
- especial para ex-combatente da 2ª Guerra Mundial: art. 53, ADCT
- gratificação natalina: art. 201, § 6º, CF
- mensal vitalícia; seringueiros: art. 54, § 3º, ADCT
- militares: art. 42, § 2º, CF
- morte do segurado: art. 201, V, CF
- revisão dos direitos: art. 20, CF
- seringueiros que contribuíram durante a 2ª Guerra Mundial: art. 54, § 1º, ADCT
- seringueiros; benefícios transferíveis: art. 54, § 2º, ADCT
- servidor público: art. 40, §§ 2º, 7º, 8º e 14, CF

PETRÓLEO
- exploração e participação nos resultados: art. 20, § 1º, CF
- pesquisa e lavra: art. 177, I, CF
- refinação; monopólio da União: art. 177, II, e § 1º, CF
- transporte marítimo: art. 177, IV, e § 1º, CF
- venda e revenda: art. 238, CF

PETRÓLEO BRASILEIRO S/A – PETROBRAS: art. 45, par. ún., ADCT

PISO SALARIAL: art. 7º, V, CF

PLANEJAMENTO AGRÍCOLA: art. 187, § 1º, CF

PLANEJAMENTO DO DESENVOLVIMENTO NACIONAL: arts. 21, IX, 48, IV, e 174, § 1º, CF

PLANEJAMENTO FAMILIAR: art. 226, § 7º, CF

PLANO DE CUSTEIO E DE BENEFÍCIO: art. 59, CF

PLANO DIRETOR: art. 182, § 1º, CF

PLANO NACIONAL DE EDUCAÇÃO: arts. 212, § 3º, e 214, CF

PLANO PLURIANUAL
- Congresso Nacional; atribuição: art. 48, II, CF
- elaboração e organização: art. 165, § 9º, I, CF
- estabelecimento em lei: art. 165, I, e § 1º, CF
- lei orçamentária: art. 35, § 1º, I, ADCT
- Presidente da República; competência privativa: art. 84, XXIII, CF
- projeto; encaminhamento: art. 35, § 2º, I, ADCT
- projetos de lei: art. 166, CF

PLANOS DA PREVIDÊNCIA SOCIAL: art. 201, CF

PLEBISCITO
- anexação de estados federados: art. 18, § 3º, CF
- Congresso Nacional; competência: art. 49, XV, CF
- criação, incorporação, fusão e desmembramento de municípios: art. 18, § 4º, CF
- escolha da forma e do regime de governo: art. 2º, ADCT
- incorporação, subdivisão ou desmembramento de estados federados: art. 18, § 3º, CF
- instrumento de exercício da soberania popular: art. 14, I, CF

PLURALISMO POLÍTICO: art. 1º, V, CF

PLURIPARTIDARISMO: art. 17, caput, CF

POBREZA
- combate às causas; competência comum: art. 23, X, CF
- erradicação: art. 3º, III, CF
- Fundo de Combate e Erradicação da Pobreza: arts. 79 a 83, ADCT

PODER DE TRIBUTAR: arts. 150 a 152, CF

PODER ECONÔMICO: art. 14, § 9º, CF; Súm. 13, TSE

PODER EXECUTIVO: arts. 76 a 91, CF
- atividades nucleares; aprovação: art. 49, XIV, CF
- atos normativos regulamentares; sustação: art. 49, V, CF
- atos; fiscalização e controle: art. 49, X, CF
- comissão de estudos territoriais; indicação: art. 12, ADCT
- Conselho da República: arts. 89 e 90, CF
- Conselho de Defesa Nacional: art. 91, CF
- controle interno: art. 74, CF
- exercício; Presidente da República: art. 76, CF
- impostos; alteração da alíquota: art. 153, § 1º, CF
- independência e harmonia com os demais poderes: art. 2º, CF
- Ministros de Estado: arts. 87 e 88, CF
- Presidente da República; atribuições: art. 84, CF
- Presidente da República; autorização de ausência: art. 49, III, CF
- Presidente da República; eleição: art. 77, CF
- Presidente da República; responsabilidade: arts. 85 e 86, CF
- radiodifusão; concessão: art. 223, caput, CF
- reavaliação de incentivos fiscais: art. 41, ADCT
- revisão da lei orçamentária de 1989: art. 39, ADCT
- vencimentos dos cargos do: art. 37, XII, CF

PODER JUDICIÁRIO: arts. 92 a 126, CF
- ações desportivas: art. 217, § 1º, CF
- atos notariais: art. 236, § 1º, CF
- autonomia administrativa e financeira: art. 99, CF
- competência privativa dos tribunais: art. 96, CF
- conflitos fundiários: art. 126, CF
- controle interno: art. 74, CF
- Distrito Federal e Territórios: art. 21, XIII, CF
- Estados federados: art. 125, CF
- Estatuto da Magistratura: art. 93, CF
- garantias da magistratura: art. 95, CF
- independência e harmonia com os demais poderes: art. 2º, CF
- juizados especiais; criação: art. 98, I, CF; Súm. 376, STJ

- juízes; proibições: art. 95, par. ún., CF
- julgamentos; publicidade: art. 93, IX, CF
- justiça de paz: art. 98, II, CF
- Justiça Eleitoral: art. 118, CF
- Justiça Militar: arts. 122 a 124, CF
- órgãos que o integram: art. 92, CF
- quinto constitucional: art. 94, CF
- seções judiciárias: art. 110, caput, CF
- STF: arts. 101 a 103-B, CF
- STJ: arts. 104 e 105, CF
- Superior Tribunal Militar; composição: art. 123, CF
- Territórios Federais: art. 110, par. ún., CF
- Tribunais e Juízes do Trabalho: arts. 111 a 116, CF
- Tribunais e Juízes Eleitorais: arts. 118 a 121, CF
- Tribunais e Juízes Estaduais: arts. 125 a 126, CF; Súm. 721, STF
- Tribunais e Juízes Militares: arts. 122 a 124, CF
- Tribunais Regionais e Juízes Federais: arts. 106 a 110, CF
- vencimentos dos cargos do: art. 37, XII, CF

PODER LEGISLATIVO: arts. 44 a 75, CF
- Câmara dos Deputados: arts. 44, 45 e 51, CF
- comissão mista; dívida externa brasileira: art. 26, ADCT
- comissões permanentes e temporárias: art. 58, CF
- competência exclusiva: art. 68, § 1º, CF
- Congresso Nacional: arts. 44, 48 e 49, CF
- controle interno: art. 74, CF
- delegação legislativa: art. 68, CF
- Deputados: arts. 54 a 56, CF
- fiscalização contábil: arts. 70 a 75, CF
- imunidades: art. 53, CF
- incentivos fiscais: art. 41, ADCT
- independência e harmonia com os demais poderes: art. 2º, CF
- legislatura: art. 44, par. ún., CF
- lei orçamentária de 1989: art. 39, ADCT
- processo legislativo: arts. 59 a 69, CF
- propaganda comercial: art. 65, ADCT
- recesso: art. 58, § 4º, CF
- reuniões: art. 57, CF
- sanção presidencial: art. 48, caput, CF
- Senado Federal: arts. 44, 46 e 52, CF
- Senador: arts. 46, 54 a 56, CF
- sessão legislativa: art. 57, CF
- Territórios: art. 45, § 2º, CF
- vencimentos dos cargos: art. 37, XII, CF

POLÍCIA AEROPORTUÁRIA
- exercício da função pela polícia federal: art. 144, § 1º, III, CF
- serviços; competência da União: art. 21, XXII, CF

POLÍCIA DE FRONTEIRA
- exercício da função pela polícia federal: ar. 144, § 1º, III, CF
- serviços; competência da União: art. 21, XXII, CF

POLÍCIA FEDERAL
- funções: art. 144, § 1º, CF
- legislação; competência privativa: art. 22, XXII, CF
- órgão da segurança pública: art. 144, I, CF

POLÍCIA FERROVIÁRIA
- federal; órgão da segurança pública: art. 144, II, e § 3º, CF
- legislação; competência privativa: art. 22, XXII, CF

POLÍCIA MARÍTIMA
- exercício da função pela polícia federal: art. 144, § 1º, III, CF
- serviços; competência da União: art. 21, XXII, CF

POLÍCIA RODOVIÁRIA
- federal; órgão da segurança pública; funções: art. 144, II, e § 2º, CF
- legislação; competência privativa: art. 22, XXII, CF

POLÍCIAS CIVIS
- Distrito Federal: arts. 21, XIV, e 32, § 4º, CF; Súm. 647, STF
- funções: art. 144, § 4º, CF
- legislação; competência concorrente: art. 24, XVI, CF
- órgão da segurança pública: art. 144, IV, CF
- subordinação: art. 144, § 6º, CF

POLÍCIAS MILITARES
- Distrito Federal: arts. 21, XIV, e 32, § 4º, CF; Súm. 647, STF

- funções: art. 144, § 5º, CF
- legislação; competência privativa: art. 22, XXI, CF
- membros: art. 42, CF
- órgão da segurança pública: art. 144, V, CF
- subordinação: art. 144, § 6º, CF

POLÍTICA AGRÍCOLA E FUNDIÁRIA: arts. 184 a 191, CF

POLÍTICA DE DESENVOLVIMENTO URBANO: art. 182, caput, CF

POLÍTICA NACIONAL DE TRANSPORTES: art. 22, IX, CF

POLÍTICA URBANA: arts. 182 e 183, CF

PORTADORES DE DEFICIÊNCIA FÍSICA: art. 37, VIII, CF; Súm. 377, STJ

PORTOS: arts. 21, XII, f, e 22, X, CF

PRAIAS
- fluviais: art. 20, III, CF
- marítimas: art. 20, IV, CF

PRECATÓRIOS
- assumidos pela união; possibilidade: art. 100, § 16, CF
- complementares ou suplementares; expedição: art. 100, § 8º, CF
- natureza alimentícia: art. 100, caput, e §§ 1º e 2º, CF; Súm. 655, STF; Súm. 144, STJ
- pagamento: art. 100, CF; Súm. 655, STF; Súm. 144, STJ
- pagamento; regime especial: art. 97, ADCT
- pendentes de pagamento: arts. 33, 78 e 86, ADCT; Súm. 144, STJ
- pequeno valor: art. 100, §§ 3º e 4º, CF
- produção de efeitos; comunicação por meio de petição protocolizada: art. 100, § 14, CF
- regime especial para pagamento: art. 100, § 15, CF

PRECONCEITOS: art. 3º, IV, CF

PRÉ-ESCOLA
- assistência gratuita: art. 7º, XXV, CF
- crianças de até seis anos de idade: art. 208, IV, CF

PREFEITO MUNICIPAL
- contas; fiscalização: art. 31, § 2º, CF
- crimes de responsabilidade: art. 29-A, § 2º, CF
- eleição: art. 29, I e II, CF
- idade mínima: art. 14, § 3º, VI, c, CF
- inelegibilidade de cônjuge e de parentes até o segundo grau: art. 14, § 7º, CF; Súm. Vinc. 18, STF
- julgamento: art. 29, X, CF; Súms. 702 e 703, STF; Súm. 209, STJ
- perda do mandato: art. 29, XIV, CF
- posse: art. 29, III, CF
- reeleição: art. 14, § 5º, CF
- servidor público: art. 38, II, CF
- subsídios: art. 29, V, CF

PRESIDENCIALISMO: art. 2º, ADCT

PRESIDENTE DA CÂMARA DOS DEPUTADOS: art. 12, § 3º, II, CF

PRESIDENTE DA REPÚBLICA E VICE-PRESIDENTE: arts. 76 a 86, CF
- ADECON e ADIN; legitimidade: art. 103, I, CF
- afastamento; cessação: art. 86, § 2º, CF
- atos estranhos ao exercício de suas funções: art. 86, § 4º, CF
- ausência do País por mais de 15 dias: arts. 49, III, e 83, CF
- cargo privativo de brasileiro nato: art. 12, § 3º, I, CF
- Chefia de Estado: art. 84, VII, VIII, XIX, XX e XXII, CF
- Chefia de Governo: art. 84, I a VI, IX a XVIII, XXI, XXIII a XXVII, CF
- competência privativa: art. 84, CF
- compromisso: art. 1º, ADCT
- Congresso Nacional; convocação extraordinária: art. 57, § 6º, CF
- Conselho da República; órgão de consulta: art. 89, caput, CF
- Conselho de Defesa Nacional; órgão de consulta: art. 91, caput, CF
- contas; apreciação: arts. 49, IX, 51, II, e 71, I, CF
- crimes de responsabilidade: arts. 52, I, e par. ún., 85 e 86, CF
- delegação legislativa: art. 68, CF
- Distrito Federal: art. 16, ADCT
- eleição: art. 77, CF; art. 4º, § 1º, ADCT

- exercício do Poder Executivo: art. 76, CF
- governadores de Roraima e do Amapá; indicação: art. 14, § 3º, ADCT
- *habeas corpus* e *habeas data*: art. 102, I, *d*, CF
- idade mínima: art. 14, § 3º, VI, *a*, CF
- impedimento: arts. 79, *caput*, e 80, CF
- inelegibilidade de cônjuge e de parentes até o segundo grau: art. 14, § 7º, CF; Súm. Vinc. 18, STF
- infrações penais comuns: arts. 86 e 102, I, *b*, CF
- iniciativa de leis: arts. 60, II, 61, § 1º, 63, I, 64, CF
- leis orçamentárias: art. 165, CF
- mandado de injunção: art. 102, I, *q*, CF
- mandado de segurança: art. 102, I, *d*, CF
- mandato: art. 82; art. 4º, ADCT
- medidas provisórias: arts. 62 e 84, XXVI, CF; Súm. 651, STF
- morte do candidato, antes de realizado o segundo turno: art. 77, § 4º, CF
- Poder Executivo; exercício: art. 76, CF
- posse: art. 78, *caput*, CF
- prisão: art. 86, § 3º, CF
- processo contra; autorização da Câmara dos Deputados: arts. 51, I, e 86, CF
- promulgação de lei: art. 66, §§ 5º e 7º, CF
- reeleição: art. 14, § 5º, CF
- responsabilidade: arts. 85 e 86, CF
- sanção: arts. 48, *caput*, 66, *caput* e § 3º, CF
- subsídios: art. 49, VIII, CF
- substituição: art. 79, CF
- sucessão: art. 79, CF
- suspensão de suas funções: art. 86, § 1º, CF
- tomada de contas: art. 51, II, CF
- vacância do cargo: arts. 78, par. ún., 79, 80 e 81, CF
- veto: art. 66, §§ 1º a 6º, CF

PRESIDENTE DO BANCO CENTRAL: art. 52, III, *d*, CF

PRESIDENTE DO SENADO FEDERAL: art. 12, § 3º, III, CF

PREVIDÊNCIA COMPLEMENTAR: art. 5º, XLVI, *d*, CF

PREVIDÊNCIA PRIVADA
- complementar: art. 202, CF
- fiscalização; competência da União: art. 21, VIII, *in fine*, CF
- planos de benefícios e serviços: art. 6º da EC no 20/1998
- subvenção oficial: art. 202, § 3º; art. 5º da EC no 20/1998

PREVIDÊNCIA SOCIAL: arts. 201 e 202, CF
- aposentadoria: art. 201, §§ 7º a 9º, CF
- aposentadoria; contagem recíproca do tempo de contribuição: art. 201, § 9º, CF
- benefício; limite: art. 248, CF; art. 14 da EC nº 20/1998
- benefício; reajustamento: art. 201, § 4º, CF
- benefício; revisão dos valores: art. 58, ADCT
- benefício; valor mínimo mensal: art. 201, § 2º, CF
- benefício; vinculação da receita ao pagamento: art. 167, XI, CF
- contribuintes: art. 201, CF
- correção monetária; salários de contribuição: art. 201, § 3º, CF; Súm. 456, STJ
- custeio: art. 149, § 1º, CF
- direito social: art. 6º, CF
- fundos: arts. 249 e 250, CF
- ganhos habituais do empregado; incorporação ao salário: art. 201, § 11, CF
- gratificação natalina de aposentados e pensionistas: art. 201, § 6º, CF
- legislação; competência concorrente: art. 24, XII, CF
- prestação continuada; revisão de valores: art. 58, ADCT; Súm. 687, STF
- prestações mensais dos benefícios atualizados: art. 58, par. ún., ADCT
- princípios: art. 201, CF
- subvenção a entidade de previdência privada: art. 202, § 3º, CF
- trabalhadores de baixa renda; inclusão previdenciária: art. 201, § 12, CF

PRINCÍPIO
- ampla defesa: art. 5º, LV, CF; Súms. Vincs. 5, 21 e 24, STF; Súms. 701, 704 e 712, STF; Súms. 196, 312 e 373, STJ
- contraditório: art. 5º, LV, CF; Súms. Vincs. 5, 21 e 24, STF; Súms. 701, 704 e 712, STF; Súms. 196, 312 e 373, STJ
- eficiência: art. 37, *caput*, CF; Súm. Vinc. 13, STF
- fundamentais: arts. 1º a 4º, CF
- impessoalidade: art. 37, *caput*, CF; Súm. Vinc. 13, STF
- legalidade: arts. 5º, II, e 37, *caput*, CF; Súm. Vinc. 13, STF; Súms. 636 e 686, STF
- livre concorrência: art. 170, IV, CF; Súm. 646, STF
- moralidade: art. 37, *caput*, CF; Súm. Vinc. 13, STF
- publicidade: art. 37, *caput*, CF

PRISÃO
- civil: art. 5º, LXVII, CF; Súm. Vinc. 25, STF; Súms. 280 e 419, STJ
- comunicação ao Judiciário e à família do preso: art. 5º, LXII, CF
- durante o estado de defesa: art. 136, § 3º, III, CF
- flagrante delito: art. 5º, LXI, CF
- ilegal: art. 5º, LXV, CF
- perpétua: art. 5º, XLVII, *b*, CF

PROCESSO
- autoridade competente: art. 5º, LIII, CF
- distribuição imediata: arts. 93, XV, e 129, § 5º, CF
- inadmissibilidade de provas ilícitas: art. 5º, LVI, CF
- judicial ou administrativo: art. 5º, LV, CF; Súms. Vincs. 5 e 21, STF; Súms. 701, 704 e 712, STF; Súms. 196, 312 e 373, STJ
- julgamento de militares do Estado: art. 125, §§ 4º e 5º, CF; Súms. 6, 53 e 90, STJ
- legislação; competência concorrente: art. 24, XI, CF
- necessidade: art. 5º, LIV, CF
- razoável duração: art. 5º, LXXVIII, CF

PROCESSO ELEITORAL: art. 16, CF

PROCESSO LEGISLATIVO: arts. 59 a 69, CF
- diplomas legais: art. 59, CF
- emenda constitucional: art. 60, CF
- iniciativa popular: art. 61, § 2º, CF
- iniciativa popular; estadual: art. 27, § 4º, CF
- iniciativa; leis complementares e ordinárias: art. 61, CF
- iniciativa; Presidente da República: arts. 61, § 1º, e 84, III, CF
- início; Câmara dos Deputados: art. 64, CF
- leis complementares; *quorum*: art. 69, CF
- leis delegadas: art. 68, CF
- medidas provisórias: art. 62, CF; Súm. 651, STF
- projetos de codificação: art. 64, § 4º, CF
- promulgação: arts. 65 e 66, §§ 5º e 7º, CF
- sanção presidencial: art. 66, CF
- veto presidencial: art. 66, CF

PROCURADORES DOS ESTADOS E DO DISTRITO FEDERAL: art. 132, CF

PROCURADOR-GERAL DA REPÚBLICA
- ADIN; legitimidade: art. 103, VI, CF
- audiência prévia: art. 103, § 1º, CF
- crimes de responsabilidade: art. 52, II, CF
- destituição: art. 128, § 2º, CF
- *habeas corpus* e *habeas data*: art. 102, I, *d*, CF
- infrações penais comuns: art. 102, I, *b*, CF
- mandado de segurança: art. 102, I, *d*, CF
- Ministério Público da União; chefe: art. 128, § 1º, CF
- nomeação; requisitos: art. 128, § 1º, CF
- opção: art. 29, § 2º, ADCT
- Presidente da República; atribuições: art. 84, par. ún., CF
- Presidente da República; nomeação: art. 84, XIV, CF
- recondução: art. 128, § 1º, CF
- Senado Federal; aprovação: art. 52, III, *e*, CF
- Senado Federal; exoneração de ofício: art. 52, XI, CF

PROCURADORIA-GERAL DA FAZENDA NACIONAL
- representação da União; causas fiscais: art. 29, § 5º, ADCT
- representação da União; execuções da dívida: art. 131, § 3º, CF; Súm. 139, STJ

PROGRAMA
- formação do patrimônio do servidor público: art. 239, *caput*, e § 3º, CF
- integração social: art. 239, CF

- nacionais, regionais e setoriais; atribuição do Congresso Nacional: art. 48, IV, CF
- nacionais, regionais e setoriais; elaboração e apreciação: art. 165, § 4º, CF

PROJETO DE LEI
- *vide* PROCESSO LEGISLATIVO

PROPRIEDADE
- direito; garantia: art. 5º, XXII, CF
- função social: arts. 5º, XXIII, e 170, III, CF
- particular: art. 5º, XXV, CF
- predial e territorial urbana; impostos: art. 156, I, CF; Súm. 589, STF; Súm. 399, STJ
- privada: art. 170, II, CF
- produtiva: art. 185, par. ún., CF
- veículos automotores; imposto: art. 155, III, CF

PROPRIEDADE RURAL
- aquisição; pessoa estrangeira: art. 190, CF
- desapropriação para fins de reforma agrária: art. 185, CF
- desapropriação por interesse social: art. 184, CF
- função social: arts. 184 e 186, CF
- média: art. 185, I, CF
- penhora: art. 5º, XXVI, CF
- pequena; definição em lei: art. 5º, XXVI, CF
- pequena; impenhorabilidade: art. 5º, XXVI, CF; Súm. 364, STJ
- usucapião: art. 191, CF

PROPRIEDADE URBANA
- aproveitamento: art. 182, § 4º, CF
- concessão de uso: art. 183, § 1º, CF
- desapropriação: art. 182, §§ 3º e 4º, III, CF; Súms. 113 e 114, STJ
- função social; art. 182, § 2º, CF; Súm. 668, STF
- título de domínio: art. 183, § 1º, CF
- usucapião: art. 183, CF

PUBLICIDADE DE ATOS PROCESSUAIS: art. 5º, LX, CF; Súm. 708, STF

Q

QUILOMBOS
- propriedade de seus remanescentes: art. 68, ADCT
- tombamento: art. 216, § 5º, CF

QUINTO CONSTITUCIONAL: arts. 94, 107, I e 111-A, I, CF

R

RAÇA: art. 3º, IV, CF

RACISMO
- crime inafiançável e imprescritível: art. 5º, XLII, CF
- repúdio: art. 4º, VIII, CF

RÁDIO
- acesso gratuito dos partidos políticos: art. 17, § 3º, CF
- concessão e renovação à emissora: art. 48, XII, CF
- produção e programação: arts. 220, § 3º, II, e 221, CF
- programas; classificação: art. 21, XVI, CF

RADIODIFUSÃO
- dispor; competência do Congresso Nacional: art. 48, XII, CF
- empresa: art. 222, CF
- exploração; competência da União: art. 21, XII, a, CF
- legislação; competência privativa: art. 22, IV, CF
- serviço de: art. 223, CF

RADIOISÓTOPOS
- meia-vida igual ou inferior a duas horas: art. 21, XXIII, b, CF
- utilização; regime de concessão ou permissão: art. 21, XXIII, b, CF

RECEITAS TRIBUTÁRIAS
- Estados e do Distrito Federal: arts. 157, 159, I, a, II, §§ 1º e 2º, CF
- Municípios: arts. 158, 159, I, b, §§ 1º e 3º, CF
- repartição: arts. 157 a 162, CF
- União; exercício 1989: art. 39, ADCT

RECURSO ESPECIAL: art. 105, III, CF

RECURSO EXTRAORDINÁRIO: art. 102, III, CF; Súm. 640, STF

RECURSO ORDINÁRIO
- competência; STJ: art. 105, II, CF
- competência; STF: art. 102, II, CF

RECURSOS HÍDRICOS
- fiscalização; competência comum: art. 23, XI, CF
- participação no resultado da exploração: art. 20, § 1º, CF
- sistema nacional de gerenciamento; competência da União: art. 21, XIX, CF

RECURSOS MINERAIS
- bens da União: art. 20, IX, CF
- exploração: art. 225, § 2º, CF
- fiscalização; competência comum: art. 23, XI, CF
- legislação; competência privativa: art. 22, XII, CF
- participação no resultado da exploração: art. 20, § 1º, CF
- pesquisa e lavra: art. 176, §§ 1º e 3º, CF; art. 43, ADCT
- terras indígenas; exploração: art. 49, XVI, CF

RECURSOS NATURAIS
- bens da União: art. 20, V, CF
- defesa; competência concorrente: art. 24, VI, CF

REELEIÇÃO: art. 14, § 5º, CF

REFERENDO
- autorização; competência do Congresso Nacional: art. 49, XV, CF
- instrumento de exercício da soberania popular: art. 14, I, CF

REFINAÇÃO DE PETRÓLEO: art. 177, II, CF

REFINARIAS: art. 45, ADCT

REFORMA AGRÁRIA
- beneficiários: art. 189, CF
- compatibilização; política agrícola: art. 187, § 2º, CF
- compatibilização; terras públicas: art. 188, CF
- desapropriação: arts. 184 e 185, CF

REGIÕES
- criação; objetivos: art. 43, CF
- metropolitanas: art. 25, § 3º, CF

REGISTRO
- civil de nascimento: art. 5º, LXXVI, a, CF
- filhos nascidos no estrangeiro: art. 90, ADCT
- públicos: art. 22, XXV, CF

RELAÇÕES EXTERIORES: art. 21, I, CF

RELAÇÕES INTERNACIONAIS DO BRASIL: art. 4º, CF

RELAXAMENTO DA PRISÃO ILEGAL: art. 5º, LXV, CF

RELIGIÃO: art. 210, § 1º, CF

RENÚNCIA A CARGOS POLÍTICOS: art. 14, § 6º, CF

REPARAÇÃO DE DANO: art. 5º, XLV, CF

REPARTIÇÃO DAS RECEITAS TRIBUTÁRIAS: arts. 157 a 162, CF

REPOUSO SEMANAL REMUNERADO: art. 7º, XV, CF

REPÚBLICA FEDERATIVA DO BRASIL
- apreciação popular mediante plebiscito: art. 2º, ADCT
- fundamentos: art. 1º, CF
- integração da América Latina: art. 4º, par. ún., CF
- objetivos fundamentais: art. 3º, CF
- organização político-administrativa: art. 18, *caput*, CF
- relações internacionais; princípios: art. 4º, *caput*, CF

RESERVAS CAMBIAIS DO PAÍS: art. 21, VIII, CF

RETROATIVIDADE DA LEI PENAL: art. 5º, XL, CF

REVISÃO CONSTITUCIONAL: art. 3º, ADCT

REVISÃO CRIMINAL
- competência; STJ: art. 105, I, e, CF
- competência; STF: art. 102, I, j, CF
- competência; TRF: art. 108, I, b, CF

S

SALÁRIO(S)
- décimo terceiro: art. 7º, VIII, CF
- de contribuição: art. 201, § 3º, CF; Súm. 456, STJ

Índice Alfabético-Remissivo da CF e ADCT   145

- diferença; proibição: art. 7º, XXX, CF
- discriminação: art. 7º, XXXI, CF
- educação: art. 212, § 5º, CF; Súm. 732, STF
- família: art. 7º, XII, CF
- irredutibilidade: art. 7º, VI, CF
- mínimo anual: art. 239, § 3º, CF
- mínimo; garantia: art. 7º, VII, CF
- mínimo; vinculação: art. 7º, IV, CF: Súms. Vincs. 4, 6 e 15, STF; Súm. 201, STJ
- proteção: art. 7º, X, CF

SANEAMENTO BÁSICO
- ações; competência do SUS: art. 200, IV, CF
- diretrizes; competência da União: art. 21, XX, CF
- promoção; competência comum: art. 23, IX, CF

SANGUE: art. 199, § 4º, CF

SAÚDE: arts. 196 a 200, CF
- aplicação de percentual do orçamento da seguridade social: art. 55, ADCT
- cuidar; competência comum: art. 23, II, CF
- custeio do sistema: art. 71, ADCT
- direito da criança e do adolescente: art. 227, § 1º, CF
- direito de todos e dever do Estado: art. 196, CF
- direito social: art. 6º, CF
- diretrizes dos serviços: art. 198, CF
- execução; Poder Público ou terceiros: art. 197, CF
- iniciativa privada: art. 199, CF
- propaganda de produtos, práticas e serviços nocivos à: art. 220, § 3º, II, CF
- proteção e defesa; competência concorrente: art. 24, XII, CF
- regulamentação, fiscalização e controle: art. 197, CF
- serviços; competência dos Municípios: art. 30, VII, CF
- serviços; relevância pública: art. 197, CF
- sistema único: arts. 198 e 200, CF

SEDE DO GOVERNO FEDERAL: art. 48, VII, CF

SEGREDO DE JUSTIÇA: art. 14, § 11, CF

SEGURANÇA
- direito social: arts. 6º e 7º, XXII, CF
- trabalho: art. 7º, XXII, CF

SEGURANÇA PÚBLICA
- corpos de bombeiros militares: art. 144, §§ 5º e 6º, CF
- dever do Estado: art. 144, caput, CF
- direito e responsabilidade de todos: art. 144, caput, CF
- guardas municipais: art. 144, § 8º, CF
- objetivos: art. 144, caput, CF
- órgãos: art. 144, I a V, e § 7º, CF
- polícia civil: art. 144, §§ 5º e 6º, CF
- polícia federal: art. 144, § 1º, CF
- polícia ferroviária federal: art. 144, § 3º, CF
- polícia militar: art. 144, §§ 5º e 6º, CF
- polícia rodoviária federal: art. 144, § 2º, CF

SEGURIDADE SOCIAL: arts. 194 a 204, CF
- arrecadação; integrar a receita: art. 56, ADCT; Súm. 658, STF
- assistência social: arts. 203 e 204, CF
- atividade em regime de economia familiar; alíquota: art. 195, § 8º, CF; Súm. 272, STJ
- benefícios: art. 248, CF
- débito; sanções: art. 195, § 3º, CF
- estrutura: art. 194, CF
- finalidade: art. 194, caput, CF
- financiamento pela sociedade: arts. 195 e 240, CF; Súms. 658 e 659, STF
- isenções de entidades beneficentes: art. 195, § 7º, CF; Súm. 352, STJ
- legislação; competência privativa: art. 22, XXIII, CF
- objetivos: art. 194, par. ún., CF
- orçamento: art. 165, § 5º, III, CF
- orçamento destinado ao financiamento de saúde: art. 55, ADCT
- organização: art. 194, par. ún., CF
- previdência social: arts. 201 e 202, CF
- projeto de lei relativo à organização: art. 59, ADCT
- proposta de orçamento: art. 195, § 2º, CF

- receitas estaduais, municipais e do Distrito Federal: art. 195, § 1º, CF
- saúde: arts. 196 a 200, CF

SEGURO
- contra acidentes do trabalho: art. 7º, XXVIII, CF
- fiscalização; competência da União: art. 21, VIII, CF
- legislação; competência privativa: art. 22, VII, CF
- seguro-desemprego: arts. 7º, II, e 239, caput, e § 4º, CF

SENADO FEDERAL: art. 52, CF
- ADECON; legitimidade: art. 103, § 4º, CF
- Câmara Legislativa do Distrito Federal; competência: art. 16, §§ 1 e 2º, CF
- comissões permanentes e temporárias: art. 58, CF
- competência privativa: art. 52, CF
- competência privativa; vedação de delegação: art. 68, § 1º, CF
- composição: art. 46, CF
- Congresso Nacional; composição: art. 44, caput, CF
- Conselho da República; participação: art. 89, III, V e VII, CF
- Conselho de Defesa Nacional; participação: art. 91, III, CF
- CPI; criação e poderes: art. 58, § 3º, CF
- crimes de responsabilidade; Presidente da República: art. 86, CF
- despesa: art. 63, II, CF
- emenda constitucional; proposta: art. 60, I, CF
- emendas em projetos de lei: art. 64, § 3º, CF
- estado de sítio: art. 53, § 8º, CF
- impostos; alíquotas: art. 155, §§ 1º, IV, e 2º, IV e V, CF
- iniciativa de leis: art. 61, CF
- legislatura: art. 44, par. ún., CF
- licença prévia a Senadores; incorporação às Forças Armadas: art. 53, § 7º, CF
- Mesa: art. 58, § 1º, CF
- Ministros de Estado: art. 50, CF
- Presidente; cargo privativo de brasileiro nato: art. 12, § 3º, III, CF
- Presidente; exercício da Presidência da República: art. 80, CF
- projetos de lei; discussão e votação: art. 64, CF
- promulgação de leis pelo Presidente: art. 66, § 7º, CF
- quorum: art. 47, CF
- reunião; sessão conjunta com a Câmara dos Deputados: art. 57, § 3º, CF

SENADORES
- vide SENADO FEDERAL e CONGRESSO NACIONAL
- decoro parlamentar: art. 55, II, e §§ 1º e 2º, CF
- duração do mandato: art. 46, § 1º, CF
- Forças Armadas; requisito: art. 53, § 7º, CF
- idade mínima: art. 14, § 3º, VI, a, CF
- impedimentos: art. 54, CF
- imunidades: arts. 53, § 8º, e 139, par. ún., CF
- inviolabilidade: art. 53, CF
- julgamento perante o STF: arts. 53, § 1º, e 102, I, b, d e q, CF
- perda de mandato: arts. 55 e 56, CF
- prisão: art. 53, § 2º, CF
- servidor público; afastamento: art. 38, I, CF
- sistema eleitoral: art. 46, caput, CF
- subsídio: art. 49, VII, CF
- suplente; convocação: arts. 46, § 3º, 56, § 1º, CF
- sustação do andamento da ação: art. 53, §§ 3º a 5º, CF
- testemunho: art. 53, § 6º, CF
- vacância: art. 56, § 2º, CF

SENTENÇA
- estrangeira; homologação: art. 105, I, i, CF
- penal condenatória; trânsito em julgado: art. 5º, LVII, CF
- perda do cargo de servidor público estável: art. 41, §§ 1º, I, e 2º, CF
- proferida pela autoridade competente: art. 5º, LIII, CF

SEPARAÇÃO DE PODERES: art. 60, § 4º, III, CF

SEPARAÇÃO JUDICIAL: art. 226, § 6º, CF

SERINGUEIROS: art. 54, ADCT

SERVENTIAS DO FORO JUDICIAL: art. 31, ADCT

SERVIÇO(S)
- energia elétrica: art. 21, XII, b, CF
- essenciais: arts. 9º, § 1º, e 30, V, CF

- forenses: art. 24, IV, CF
- gás canalizado: art. 25, § 2º, CF
- navegação aérea: art. 21, XII, c, CF
- notariais e de registro: art. 236, CF
- nucleares: art. 21, XXIII, CF
- oficiais de estatística: art. 21, XV, CF
- postal: arts. 21, X, e 22, V, CF
- públicos; de interesse local: art. 30, V, CF
- públicos; dever do Poder Público: art. 175, CF
- públicos; licitação: art. 37, XXI, CF; Súm. 333, STJ
- públicos; prestação; política tarifária: art. 175, par. ún., III, CF; Súm. 407, STJ
- públicos; reclamações: art. 37, § 3º, I, CF
- radiodifusão: arts. 21, XII, a, e 223, CF
- registro: art. 236 e §§ 1º a 3º, CF
- saúde: art. 197, CF
- telecomunicações: art. 21, XI, CF
- transporte ferroviário, aquaviário e rodoviário: art. 21, XII, d e e, CF

SERVIÇO EXTRAORDINÁRIO: art. 7º, XVI, CF

SERVIÇO MILITAR
- imperativo de consciência: art. 143, § 1º, CF
- mulheres e eclesiásticos: art. 143, § 2º, CF; Súm. Vinc. 6, STF
- obrigatoriedade: art. 143, caput, CF
- obrigatório; alistamento eleitoral dos conscritos: art. 14, § 2º, CF

SERVIDOR PÚBLICO: arts. 39 a 41, CF; Súm. Vinc. 4, STF; Súms. 683 e 684, STF; Súms. 97 e 378, STJ; Súm. 390, TST
- acréscimos pecuniários: art. 37, XIV, CF
- acumulação remunerada de cargos: art. 37, XVI e XVII, CF
- adicional noturno: art. 39, § 3º, CF
- adicional por serviço extraordinário: art. 39, § 3º, CF
- administração fazendária: art. 37, XVIII, CF
- anistia: art. 8º, § 5º, ADCT
- aposentadoria: art. 40, CF
- aposentadoria; legislação anterior à EC no 20/98: arts. 3º e 8º da EC nº 20/98
- associação sindical: art. 37, VI, CF
- ato de improbidade administrativa: art. 37, § 4º, CF
- ato ilícito: art. 37, § 5º, CF
- avaliação especial de desempenho: art. 41, § 4º, CF
- benefício; atualização: art. 37, § 17, CF
- benefício; limite máximo: art. 14 da EC no 20/98
- cargo efetivo: art. 37, V, CF
- cargo em comissão: art. 40, § 13, CF
- concorrência; prevenção de desequilíbrio: art. 146-A, CF
- contratação por tempo determinado: art. 37, IX, CF
- décimo terceiro salário: art. 39, § 3º, CF
- desnecessidade de cargo: art. 41, § 3º, CF
- direito: art. 39, § 3º, CF
- direito de greve: art. 37, VII, CF
- discriminação: art. 39, § 3º, CF
- disponibilidade remunerada: art. 41, § 3º, CF
- estabilidade: art. 41, CF; art. 19, ADCT; Súm. 390, TST
- exercício de mandato eletivo: art. 38, CF
- extinção de cargo: art. 41, § 3º, CF
- férias e adicional: art. 39, § 3º, CF
- formação e aperfeiçoamento: art. 39, § 2º, CF
- funções de confiança: art. 37, V, CF
- informações privilegiadas; acesso: art. 37, § 7º, CF
- jornada de trabalho: art. 39, § 3º, CF
- licença à gestante: art. 39, § 3º, CF
- licença-paternidade: art. 39, § 3º, CF
- microempresas: art. 146, III, d, e par. ún., CF
- pensão por morte: art. 40, §§ 7º e 8º, CF
- perda do cargo: arts. 41, § 1º, 169, § 4º, e 247, CF
- recursos orçamentários: art. 39, § 7º, CF
- regime de previdência complementar: art. 40, §§ 14, 15 e 16, CF
- regime de previdência de caráter contributivo: arts. 40 e 249, CF
- reintegração: art. 41, § 2º, CF
- remuneração: art. 37, X a XIII, CF; Súm. 672, STF
- repouso semanal remunerado: art. 39, § 3º, CF
- riscos do trabalho; redução: art. 39, § 3º, CF
- salário-família: art. 39, § 3º, CF
- salário mínimo: art. 39, § 3º, CF
- subsídios e vencimentos: art. 37, XV, CF
- subsídios: art. 37, XI, CF
- tempo de contribuição e de serviço: art. 40, § 9º, CF
- tempo de serviço: art. 4º da EC nº 20/98
- Tribunais; licenças e férias: art. 96, I, f, CF
- União e Territórios: art. 61, § 1º, II, c, CF
- vencimento; peculiaridades dos cargos: art. 39, § 1º, III, CF
- vencimento e sistema remuneratório: arts. 37, XI, XII e XIV, e 39, §§ 1º, 4º, 5º e 8º, CF

SESSÃO LEGISLATIVA DO CONGRESSO NACIONAL: art. 57, CF

SIGILO DA CORRESPONDÊNCIA E DAS COMUNICAÇÕES TELEGRÁFICAS E TELEFÔNICAS
- estado de defesa; restrições: art. 136, § 1º, I, b e c, CF
- estado de sítio; restrições: art. 139, III, CF
- inviolabilidade; ressalva: art. 5º, XII, CF

SIGILO DAS VOTAÇÕES: art. 5º, XXXVIII, b, CF

SÍMBOLOS: art. 13, §§ 1º e 2º, CF

SINDICATOS: art. 8º, CF; Súm. 4, STJ
- denúncia de irregularidades; legitimidade: art. 74, § 2º, CF
- direitos; interesses coletivos ou individuais; defesa: art. 8º, III, CF
- impostos; vedação de instituição: art. 150, VI, c, e § 4º, CF
- liberdade de filiação: art. 8º, V, CF
- rurais; normas aplicáveis: art. 8º, par. ún., CF; art. 10, § 2º, ADCT

SISTEMA CARTOGRÁFICO
- legislação; competência privativa: art. 22, XVIII, CF
- manutenção; competência da União: art. 21, XV, CF

SISTEMA DE GOVERNO: art. 2º, ADCT

SISTEMA DE MEDIDAS: art. 22, VI, CF

SISTEMA ESTATÍSTICO: art. 22, XVIII, CF

SISTEMA FEDERAL DE ENSINO: art. 22, VI, CF

SISTEMA FINANCEIRO NACIONAL: art. 192, CF

SISTEMA MONETÁRIO E DE MEDIDAS: art. 22, VI, CF

SISTEMA NACIONAL DE CULTURA: art. 216-A

SISTEMA NACIONAL DE EMPREGO: art. 22, XVI, CF

SISTEMA NACIONAL DE VIAÇÃO: art. 21, XXI, CF

SISTEMA TRIBUTÁRIO NACIONAL: arts. 145 a 162, CF
- administrações tributárias: art. 37, XXII, CF
- Congresso Nacional; atribuição: art. 48, I, CF
- impostos da União: arts. 153 e 154, CF
- impostos dos Estados federados e do Distrito Federal: art. 155, CF
- impostos municipais: art. 156, CF
- limitações do poder de tributar: arts. 150 a 152, CF
- princípios gerais: arts. 145 a 149, CF
- repartição das receitas tributárias: arts. 157 a 162, CF
- Senado Federal; avaliação: art. 52, XV, CF
- vigência; início: art. 34, ADCT

SISTEMA ÚNICO DE SAÚDE: arts. 198 a 200, CF

SÍTIOS ARQUEOLÓGICOS
- bens da União: art. 20, X, CF
- patrimônio cultural brasileiro: art. 216, V, CF
- proteção; competência comum: art. 23, III, CF

SÍTIOS PRÉ-HISTÓRICOS: art. 20, X, CF

SOBERANIA DOS VEREDICTOS DO JÚRI: art. 5º, XXXVIII, c, CF

SOBERANIA NACIONAL
- fundamento do Estado brasileiro: art. 1º, caput, I, CF
- respeitada pelos partidos políticos: art. 17, caput, CF

SOBERANIA POPULAR: art. 14, CF

SOCIEDADE CONJUGAL: art. 226, § 5º, CF

SOCIEDADE DE ECONOMIA MISTA
- criação; autorização: art. 37, XIX e XX, CF
- privilégios fiscais não admitidos: art. 173, § 2º, CF
- regime jurídico: art. 173, § 1º, CF

SOLO: art. 24, VI, CF

SORTEIOS: art. 22, XX, CF

SUBSÍDIOS
- Deputados Estaduais; fixação: art. 27, § 2º, CF
- fiscal: art. 150, § 6º, CF
- fixação; alteração por lei específica: art. 37, X, CF
- fixação; parcela única: art. 39, § 4º, CF
- Governador, Vice-Governador e Secretários de Estado; fixação: art. 28, § 2º, CF
- irredutibilidade: art. 37, XV, CF
- limite: art. 37, XI, CF
- Ministros do STF; fixação: art. 48, XV, CF
- Ministros dos Tribunais Superiores: art. 93, V, CF
- Prefeito, Vice-Prefeito e Secretários municipais; fixação: art. 29, V, CF
- publicação anual: art. 39, § 6º, CF
- revisão geral anual: art. 37, X, CF; Súm. 672, STF
- Vereadores; fixação: art. 29, VI, CF

SUCESSÃO DE BENS DE ESTRANGEIROS: art. 5º, XXXI, CF

SUCUMBÊNCIA: art. 5º, LXXIII, *in fine*, CF

SUFRÁGIO UNIVERSAL: art. 14, *caput*, CF

SÚMULAS
- efeito vinculante: art. 8º, da EC nº 45/2004
- efeito vinculante; objetivo: art. 103-A, §§ 1º e 2º, CF

SUPERIOR TRIBUNAL DE JUSTIÇA: arts. 104 e 105, CF
- ações rescisórias: art. 105, I, e, CF
- competência originária: art. 105, I, CF
- competência privativa: art. 96, I e II, CF
- composição: art. 104, CF; art. 27, § 2º, ADCT
- conflitos de atribuições: art. 105, I, g, CF
- conflitos de competência: art. 105, I, d, CF
- Conselho da Justiça Federal: art. 105, par. ún., CF
- crimes comuns e de responsabilidade: art. 105, I, a, CF
- *exequatur* às cartas rogatórias: art. 105, I, i, CF
- *habeas corpus*: art. 105, I, c, e II, a, CF
- *habeas data*: art. 105, I, b, CF
- homologação de sentenças estrangeiras: art. 105, I, i, CF
- iniciativa de leis: art. 61, *caput*, CF
- instalação: art. 27, ADCT
- jurisdição: art. 92, § 2º, CF
- lei federal; interpretação divergente: art. 105, III, c, CF;
- mandado de injunção: art. 105, I, h, CF
- mandado de segurança: art. 105, I, b, e II, b, CF; Súms. 41 e 177, STJ
- Ministros: arts. 84, XIV, e 104, par. ún., CF
- Ministros; processo e julgamento: art. 102, I, c, d e i, CF
- órgão do Poder Judiciário: art. 92, II, CF
- projetos de lei: art. 64, *caput*, CF
- reclamação: art. 105, I, f, CF
- recurso especial: art. 105, III, CF
- recurso ordinário: art. 105, II, CF
- revisões criminais: art. 105, I, e, CF
- sede: art. 92, § 1º, CF

SUPERIOR TRIBUNAL MILITAR
- competência privativa: art. 96, I e II, CF
- composição: art. 123, CF
- iniciativa de leis: art. 61, *caput*, CF
- jurisdição: art. 92, § 2º, CF
- Ministros militares e civis: art. 123, CF
- Ministros; nomeação: arts. 84, XIV, e 123, CF
- Ministros; processo e julgamento: art. 102, I, c, d e i, CF
- organização e funcionamento: art. 124, CF
- órgão da Justiça Militar: art. 122, I, CF
- projetos de lei de iniciativa: art. 64, *caput*, CF
- sede: art. 92, § 1º, CF

SUPREMO TRIBUNAL FEDERAL: arts. 101 a 103, CF
- ação rescisória: art. 102, I, j, CF
- ADECON: art. 102, I, a, e § 2º, CF
- ADIN: arts. 102, I, a, 103, CF; Súm. 642, STF
- ADPF: art. 102, § 1º, CF
- atribuições: art. 27, § 1º, ADCT
- causas e conflitos entre a União e os estados federados: art. 102, I, f, CF

- competência originária: art. 102, I, CF
- competência privativa: art. 96, I e II, CF
- composição: art. 101, CF
- conflitos de competência: art. 102, I, o, CF
- contrariedade à CF: art. 102, III, a, CF; Súm. 400, STF
- crime político: art. 102, II, b, CF
- crimes de responsabilidade: art. 102, I, c, CF
- decisões definitivas de mérito: art. 102, § 2º, CF
- Estatuto da Magistratura: art. 93, CF
- execução de sentença: art. 102, I, m, CF
- extradição: art. 102, I, g, CF
- *habeas corpus*: art. 102, I, d e i, e II, a, CF; Súm. 691, STF
- *habeas data*: art. 102, I, d, e II, a, CF
- inconstitucionalidade em tese: art. 103, § 3º, CF
- inconstitucionalidade por omissão: art. 103, § 2º, CF
- infrações penais comuns: art. 102, I, b e c, CF
- iniciativa de leis: art. 61, *caput*, CF
- jurisdição: art. 92, § 2º, CF
- litígio entre Estado estrangeiro e a União, o Estado, o DF ou Território: art. 102, I, e, CF
- mandado de injunção: art. 102, I, q, e II, a, CF
- mandado de segurança: art. 102, I, d, e II, a, CF; Súm. 624, STF
- medida cautelar na ADIN: art. 102, I, p, CF
- membros da magistratura: art. 102, I, n, CF; Súms. 623 e 731, STF
- Ministro; cargo privativo de brasileiro nato: art. 12, § 3º, IV, CF
- Ministros; crimes de responsabilidade: art. 52, II, e par. ún., CF
- Ministro; idade mínima e máxima: art. 101, CF
- Ministro; nomeação: arts. 101, par. ún., e 84, XIV, CF
- órgão do Poder Judiciário: art. 92, II, CF
- Presidente; compromisso; disposições constitucionais transitórias: art. 1º, ADCT
- Presidente; exercício da Presidência da República: art. 80, CF
- projetos de lei de iniciativa: art. 64, *caput*, CF
- reclamações: art. 102, I, l, CF
- reconhecimento dos direitos: art. 9º, ADCT
- recurso extraordinário: art. 102, III, CF
- recurso ordinário; art. 102, II, CF
- revisão criminal: art. 102, I, j, CF
- sede: art. 92, § 1º, CF
- súmula vinculante: art. 103-A, CF

SUSPENSÃO DE DIREITOS: art. 5º, XLVI, e, CF

SUSPENSÃO DE DIREITOS POLÍTICOS: art. 15, CF

T

TABACO
- propaganda comercial; competência: art. 65, ADCT
- propaganda comercial; restrições legais: art. 220, § 4º, CF

TAXAS
- inexigibilidade: art. 5º, XXXIV, a, CF
- instituição: art. 145, II, e § 2º, CF; Súm. Vinc. 29, STF; Súms. 665 e 670, STF
- subsídio: art. 150, § 6º, CF

TECNOLOGIA: arts. 218 e 219, CF
- *vide* ORDEM SOCIAL

TELECOMUNICAÇÕES
- atribuição; competência do Congresso Nacional: art. 48, XII, CF
- exploração dos serviços: art. 21, XI e XII, a, CF
- legislação; competência privativa: art. 22, IV, CF
- serviços públicos; concessões mantidas: art. 66, ADCT

TELEVISÃO
- concessão; competência exclusiva do Congresso Nacional: art. 48, XII, CF
- partidos políticos; gratuidade: art. 17, § 3º, CF
- produção e programação: arts. 220, § 3º, II, e 221, CF

TEMPLOS DE QUALQUER CULTO: art. 150, VI, b, CF

TERRAS DEVOLUTAS
- bens da União e dos Estados federados: arts. 20, II e 26, IV, CF; Súm. 477, STF
- destinação: art. 188, CF
- necessárias: art. 225, § 5º, CF

TERRAS INDÍGENAS
- bens da União: art. 20, XI, CF; Súm. 650, STF
- demarcação: art. 231, *caput*, CF; art. 67, ADCT
- exploração; autorização pelo Congresso Nacional: art. 49, XVI, CF
- inalienabilidade, indisponibilidade e imprescritibilidade: art. 231, § 4º, CF
- posse e usufruto: art. 231, §§ 2º e 6º, CF
- recursos hídricos; aproveitamento: art. 231, § 3º, CF
- remoção; grupos indígenas: art. 231, § 5º, CF

TERRAS PÚBLICAS
- alienação ou concessão: art. 188, §§ 1º e 2º, CF
- alienação ou concessão; aprovação pelo Congresso Nacional: art. 49, XVII, CF
- destinação: art. 188, CF
- doações, vendas e concessões: art. 51, ADCT

TERRENOS DE MARINHA
- bens da União: art. 20, VII, CF
- enfiteuse: art. 49, § 3º, ADCT

TERRENOS MARGINAIS: art. 20, III, CF

TERRITÓRIO NACIONAL
- liberdade de locomoção: art. 5º, XV, CF
- limites; atribuição ao Congresso Nacional: art. 48, V, CF
- trânsito ou permanência de forças estrangeiras: art. 49, II, CF

TERRITÓRIOS FEDERAIS: art. 33, CF
- Amapá; transformação em estado federado: art. 14, ADCT
- competência; Câmara Territorial: art. 33, § 3º, *in fine*, CF
- contas; apreciação pelo Congresso Nacional: art. 33, § 2º, CF
- criação; lei complementar: art. 18, § 2º, CF
- defensores públicos federais: art. 33, § 3º, CF
- deputados; número: art. 45, § 2º, CF
- divisão em municípios: art. 33, § 1º, CF
- eleições; Câmara Territorial: art. 33, § 3º, *in fine*, CF
- Fernando de Noronha; extinção: art. 15, ADCT
- Governador; escolha e nomeação: arts. 33, § 3º, 52, III, c, e 84, XIV, CF
- impostos: art. 147, CF
- incorporação; atribuição do Congresso Nacional: art. 48, VI, CF
- integram a União: art. 18, § 2º, CF
- litígio com Estado estrangeiro ou organismo internacional: art. 102, I, e, CF
- Ministério Público: art. 33, § 3º, CF
- organização administrativa e judiciária: arts. 33, *caput*, e 61, § 1º, II, b, CF
- organização administrativa; competência privativa: art. 22, XVII, CF
- órgãos judiciários: art. 33, § 3º, CF
- reintegração ao Estado de origem; lei complementar: art. 18, § 2º, CF
- Roraima: art. 14, ADCT
- sistema de ensino: art. 211, § 1º, CF
- transformação em Estado: art. 18, § 2º, CF

TERRORISMO
- crime inafiançável: art. 5º, XLIII, CF
- repúdio: art. 4º, VIII, CF

TESOURO NACIONAL: art. 164, CF

TÍTULOS
- crédito; impostos: art. 155, § 1º, II, CF
- dívida agrária; indenização; desapropriação para fins de reforma agrária: art. 184, CF
- dívida pública; emissão e resgate: art. 163, IV, CF
- dívida pública; indenização; desapropriação: art. 182, § 4º, III, CF
- domínio ou de concessão de uso: arts. 183, § 1º, e 189, CF
- emitidos pelo Tesouro Nacional: art. 164, § 2º, CF
- impostos; incidência: art. 155, I, e § 1º, II, CF
- legislação; competência privativa: art. 22, VI, CF

TOMBAMENTO: art. 216, § 5º, CF

TORTURA
- crime inafiançável: art. 5º, XLIII, CF
- proibição: art. 5º, III, CF

TRABALHADOR
- ação trabalhista; prescrição: art. 7º, XXIX, CF; Súm. 308, TST
- avulsos: art. 7º, XXXIV, CF
- baixa renda: art. 201, § 12, CF
- direitos sociais: art. 7º, CF
- domésticos: art. 7º, par. ún., CF
- participação nos colegiados de órgãos públicos: art. 10, CF
- sindicalizados: art. 8º, VIII, CF

TRABALHO
- avulso: art. 7º, XXXVI, CF
- direito social: art. 6º, CF
- duração: art. 7º, XIII, CF
- férias; remuneração: art. 7º, XVII, CF; Súm. 386, STJ; Súms. 171 e 328, TST
- forçado: art. 5º, XLVII, c, CF
- inspeção; competência da União: art. 21, XXIV, CF
- intelectual: art. 7º, XXXII, CF
- livre exercício: art. 5º, XIII, CF
- manual: art. 7º XXXII, CF
- noturno, perigoso ou insalubre: art. 7º, XXXIII, CF
- primado; objetivo da ordem social: art. 193, CF
- técnico; distinção proibitiva: art. 7º, XXXII, CF
- turnos ininterruptos de revezamento: art. 7º, XIV, CF; Súm. 675, STF; Súm. 360, TST
- valores sociais: art. 1º, IV, CF

TRÁFICO ILÍCITO DE ENTORPECENTES E DROGAS AFINS
- crime; extradição de brasileiro naturalizado: art. 5º, LI, CF
- crime inafiançável: art. 5º, XLIII, CF
- prevenção e repressão: art. 144, II, CF

TRÂNSITO
- forças estrangeiras no território nacional: art. 21, IV, CF
- legislação; competência privativa: art. 22, XI, CF
- segurança; competência: art. 23, XII, CF

TRANSMISSÃO *CAUSA MORTIS*: art. 155, I, CF

TRANSPORTE
- aéreo, aquático e terrestre: art. 178, CF
- aquaviário e ferroviário: art. 21, XII, d, CF
- coletivo: arts. 30, V , 227, § 2º, e 244, CF
- gás natural, petróleo e derivados; monopólio da União: art. 177, IV, CF
- gratuito aos maiores de 75 anos: art. 230, § 2º, CF
- internacional: art. 178, CF
- legislação; competência privativa: art. 22, IX e XI, CF
- rodoviário interestadual e internacional de passageiros: art. 21, XII, e, CF
- urbano: art. 21, XX, CF

TRATADOS INTERNACIONAIS
- celebração e referendo: arts. 49, I, e 84, VIII, CF
- direitos e garantias constitucionais: art. 5º, § 2º, CF
- equivalente às emendas constitucionais: art. 5º, § 3º, CF

TRATAMENTO DESUMANO OU DEGRADANTE: art. 5º, III, CF

TRIBUNAL DE ALÇADA: art. 4º da EC nº 45/2004

TRIBUNAL DE CONTAS DA UNIÃO
- aplicação; sanções: art. 71, VIII, CF
- auditor substituto de Ministro: art. 73, § 4º, CF
- cálculo de quotas; fundos de participação: art. 161, par. ún., CF
- competência: art. 71, CF
- competência privativa: art. 96, CF
- composição: art. 73, CF
- controle externo: arts. 70 e 71, CF
- débito ou multa; eficácia de título executivo: art. 71, § 3º, CF
- denúncias de irregularidades ou ilegalidades: art. 74, § 2º, CF
- infrações penais comuns e crimes de responsabilidade: art. 102, I, c, CF
- jurisdição: art. 73, CF
- membros; escolha de 2/3 pelo Congresso Nacional: art. 49, XIII, CF
- membros; *habeas corpus*, mandado de segurança, *habeas data* e mandado de injunção: art. 102, I, d e q, CF
- Ministros; escolha: arts. 52, III, b, e 73, § 2º, CF
- Ministros; nomeação: art. 84, XV, CF

- Ministros; número: art. 73, *caput*, CF
- Ministros; prerrogativas: art. 73, § 3º, CF
- Ministros; requisitos: art. 73, § 1º, CF
- parecer prévio: art. 33, § 2º, CF
- prestação de informações: art. 71, VII, CF
- relatório de suas atividades: art. 71, § 4º, CF
- representação: art. 71, XI, CF
- sede: art. 73, CF
- sustação de contrato: art. 71, §§ 1º e 2º, CF

TRIBUNAL DE CONTAS DOS ESTADOS E DO DISTRITO FEDERAL
- crimes comuns e de responsabilidade: art. 105, I, a, CF
- organização, composição e fiscalização: art. 75, CF; Súm. 653, STF

TRIBUNAL DE EXCEÇÃO: art. 5º, XXXVII, CF

TRIBUNAL ESTADUAL: arts. 125 e 126, CF; Súm. 721, STF
- competência anterior à CF: art. 70, ADCT
- competência privativa: art. 96, CF
- competência; definição: art. 125, § 1º, CF
- conflitos fundiários: art. 126, CF
- Justiça Militar estadual: art. 125, §§ 3º e 4º, CF; Súm. 673, STF; Súms. 53 e 90, STJ
- órgão do Poder Judiciário: art. 92, VII, CF
- quinto constitucional: art. 94, CF

TRIBUNAL INTERNACIONAL DOS DIREITOS HUMANOS: art. 7º, ADCT

TRIBUNAL MILITAR: arts. 122 a 124, CF

TRIBUNAL PENAL INTERNACIONAL: art. 5º, § 4º, CF

TRIBUNAL REGIONAL DO TRABALHO: arts. 111 a 117, CF
- competência privativa: art. 96, CF
- composição: art. 115, CF
- distribuição pelos Estados e no Distrito Federal: art. 112, CF
- órgãos da Justiça do Trabalho: art. 111, II, CF
- órgãos do Poder Judiciário: art. 92, IV, CF

TRIBUNAL REGIONAL ELEITORAL: arts. 118 a 121, CF
- competência privativa: art. 96, CF
- composição: art. 120, § 1º, CF
- distribuição pelos Estados e o Distrito Federal: art. 120, CF
- garantias de seus membros: art. 121, § 1º, CF
- órgãos da Justiça Eleitoral: art. 118, II, CF
- órgãos do Poder Judiciário: art. 92, V, CF
- prazos: art. 121, § 2º, CF
- recurso; cabimento: art. 121, § 4º, CF

TRIBUNAL REGIONAL FEDERAL: arts. 106 a 108, CF
- competência: art. 108, CF; Súms. 3 e 428, STJ
- competência privativa: art. 96, CF
- composição: art. 107, CF
- conflito de competência: art. 108, I, e, CF
- criação: art. 27, § 6º, ADCT
- órgão do Poder Judiciário: art. 92, III, CF
- órgãos da Justiça Federal: art. 106, I, CF
- quinto constitucional: arts. 94 e 107, I, CF

TRIBUNAIS SUPERIORES
- competência privativa: art. 96, CF
- conflito de competência: art. 102, I, o, CF
- *habeas corpus*, mandado de segurança, *habeas data* e mandado de injunção: art. 102, I, d, i e q, e II, a, CF; Súms. 691 e 692, STF
- infrações penais comuns e crimes de responsabilidade: art. 102, I, c, CF
- jurisdição: art. 92, § 2º, CF
- Ministros; nomeação: art. 84, XIV, CF
- sede: art. 92, § 1º, CF

TRIBUNAL SUPERIOR DO TRABALHO
- competência: art. 111, § 3º, CF
- competência privativa: art. 96, CF
- composição: art. 111, § 1º, CF
- iniciativa de leis: art. 61, *caput*, CF
- jurisdição: art. 92, § 2º, CF
- Ministro; nomeação: arts. 84, XIV, e 111, § 1º, CF
- Ministro; processo e julgamento: art. 102, I, c, d e i, CF

- órgão da Justiça do Trabalho: art. 111, I, CF
- órgão do Poder Judiciário: art. 92, IV, CF
- projetos de lei de iniciativa: art. 64, *caput*, CF
- quinto constitucional: art. 111, § 2º, CF
- sede: art. 92, § 1º, CF

TRIBUNAL SUPERIOR ELEITORAL
- competência privativa: art. 96, CF
- composição: art. 119, CF
- garantias de seus membros: art. 121, § 1º, CF
- iniciativa de leis: art. 61, *caput*, CF
- irrecorribilidade de suas decisões: art. 121, § 3º, CF
- jurisdição: art. 92, § 2º, CF
- Ministro; nomeação: arts. 84, XIV, e 119, CF
- Ministro; processo e julgamento: art. 102, I, c, d e i, CF
- órgão da Justiça Eleitoral: art. 118, I, CF
- órgão do Poder Judiciário: art. 92, V, CF
- pedido de registro de partido político: art. 6º, ADCT
- projetos de lei de iniciativa: art. 64, *caput*, CF
- sede: art. 92, § 1º, CF

TRIBUTAÇÃO E ORÇAMENTO: arts. 145 a 169, CF
- finanças públicas: arts. 163 a 169, CF
- impostos municipais: art. 156, CF
- impostos; Estados e Distrito Federal: art. 155, CF
- impostos; União: arts. 153 e 154, CF
- limitações ao poder de tributar: arts. 150 a 152, CF
- orçamentos: arts. 165 a 169, CF
- repartição das receitas tributárias: arts. 157 a 162, CF
- sistema tributário nacional: arts. 145 a 162, CF

TRIBUTOS
- efeito de confisco: art. 150, IV, CF
- cobrança vedada: art. 150, III, e § 1º, CF
- espécies que podem ser instituídas: art. 145, CF
- exigência ou aumento sem lei; vedação: art. 150, I, CF
- instituição de impostos; vedação: art. 150, VI, CF
- limitação do tráfego de pessoas ou bens: art. 150, V, CF
- limitações: art. 150, CF
- subsídio, isenção: art. 150, § 6º, CF

TURISMO: art. 180, CF

U

UNIÃO: arts. 20 a 24, CF
- AGU: arts. 131 e 132, CF
- aposentadorias e pensões: art. 249, CF
- autonomia: art. 18, CF
- bens: arts. 20 e 176, CF
- causas contra si: art. 109, § 2º, CF
- causas e conflitos com os Estados e DF: art. 102, I, f, CF
- causas em que for autora: art. 109, § 1º, CF
- competência: art. 21, CF
- competência comum: art. 23, CF
- competência concorrente: art. 24, CF
- competência privativa: art. 22, CF
- competência; emissão de moeda: art. 164, CF
- competência; instituição de contribuições sociais: art. 149, CF
- competência; proteção de terras indígenas: art. 231, CF
- despesa com pessoal: art. 38, ADCT
- disponibilidades de caixa: art. 164, § 3º, CF
- dívida consolidada: art. 52, VI, CF
- dívida mobiliária: art. 52, IX, CF
- empresas de pequeno porte: art. 179, CF
- empréstimos compulsórios: art. 148, CF
- encargos com pessoal inativo: art. 234, CF
- encargos de novos Estados federados: art. 234, CF
- ensino: arts. 211 e 212, CF
- fiscalização contábil: arts. 70 a 74, CF
- fundos, aposentadorias e pensões: art. 249, CF
- impostos estaduais e municipais dos Territórios: art. 147, CF
- impostos: arts. 153, 154 e 160, CF
- incentivos fiscais: art. 41, ADCT
- intervenção nos Estados e DF: art. 34, CF
- Juizados Especiais e Justiça de Paz: art. 98, CF
- limitações: art. 19, CF

- limitações ao poder de tributar: arts. 150 e 151, CF
- microempresas: art. 179, CF
- Ministério Público: art. 128, I, CF
- monopólio: art. 177, CF
- operações de crédito externo e interno: art. 52, VII, CF
- poderes; independência e harmonia: art. 2º, CF; Súm. 649, STF
- precatórios: art. 100, CF; Súm. 655, STF; Súm. 144, STJ
- princípios: art. 37, caput, CF; Súm. Vinc. 13, STF
- receitas tributárias: arts. 157 a 162, CF
- representação judicial e extrajudicial: art. 131, CF
- sistema tributário nacional: art. 34, § 3º, ADCT
- sistema único de saúde: art. 198, §§ 1º a 3º, CF
- tributos: arts. 145, 150 e 151, CF
- turismo: art. 180, CF

UNIVERSIDADES: art. 207, CF

USINAS NUCLEARES: art. 225, § 6º, CF

USUCAPIÃO
- imóveis públicos: arts. 183, § 3º, e 191, par. ún., CF
- imóvel rural: art. 191, CF
- imóvel urbano: art. 183, CF

V

VARAS DO TRABALHO: art. 116, CF

VEREADOR(ES)
- eleição: art. 29, I, CF
- idade mínima: art. 14, § 3º, VI, d, CF
- inviolabilidade: art. 29, VIII, CF
- mandato por força de atos institucionais: art. 8º, § 4º, ADCT
- mandatos: art. 29, I, CF; e art. 4º, § 4º, ADCT
- número proporcional à população do município: art. 29, IV, CF
- proibições e incompatibilidades: art. 29, IX, CF
- servidor público: art. 38, III, CF
- subsídios: art. 29, VI e VII, CF

VEREDICTOS: art. 5º, XXXVIII, c, CF

VERTICALIZAÇÃO: art. 17, § 1º, CF

VETO
- características: art. 66, §§ 1º a 5º, CF
- competência: art. 84, V, CF
- deliberação pelo Congresso Nacional: art. 57, § 3º, IV, CF

VICE-GOVERNADOR DE ESTADO
- eleição: art. 28, caput, CF

- idade mínima: art. 14, § 3º, VI, b, CF
- mandatos: art. 4º, § 3º, ADCT
- posse: art. 28, caput, CF

VICE-GOVERNADOR DO DISTRITO FEDERAL: art. 32, § 2º, CF

VICE-PREFEITO
- eleição: art. 29, I e II, CF
- idade mínima: art. 14, § 3º, VI, c, CF
- inelegibilidade de cônjuge e parentes até o segundo grau: art. 14, § 7º, CF; Súm. Vinc. 18, STF
- mandatos: art. 4º, § 4º, ADCT
- posse: art. 29, III, CF
- reeleição: art. 14, § 5º, CF
- subsídios: art. 29, V, CF

VICE-PRESIDENTE DA REPÚBLICA
- atribuições: art. 79, par. ún., CF
- ausência do País superior a 15 dias: arts. 49, III, e 83, CF
- cargo privativo de brasileiro nato: art. 12, § 3º, I, CF
- crimes de responsabilidade: art. 52, I, e par. ún., CF
- eleição: art. 77, caput, e § 1º, CF
- idade mínima: art. 14, § 3º, VI, a, CF
- impedimento: art. 80, CF
- inelegibilidade de cônjuge e parentes até o segundo grau: art. 14, § 7º, CF; Súm. Vinc. 18, STF
- infrações penais comuns: art. 102, I, b, CF
- missões especiais: art. 79, par. ún., CF
- posse: art. 78, CF
- processos: art. 51, I, CF
- subsídios: art. 49, VIII, CF
- substituição ou sucessão do Presidente: art. 79, CF
- vacância do cargo: arts. 78, par. ún., 80 e 81, CF

VIDA
- direito: art. 5º, caput, CF
- privada: art. 5º, X, CF

VIGILÂNCIA SANITÁRIA E EPIDEMIOLÓGICA: art. 200, II, CF

VOTO
- direto, secreto, universal e periódico: art. 60, § 4º, II, CF
- facultativo: art. 14, § 1º, II, CF
- obrigatório: art. 14, § 1º, I, CF

Z

ZONA COSTEIRA: art. 225, § 4º, CF
ZONA FRANCA DE MANAUS: art. 40, ADCT

Código Comercial

Índice Sistemático do Código Comercial

(LEI Nº 556, DE 25-6-1850)

PARTE PRIMEIRA
DO COMÉRCIO EM GERAL

Revogada. Lei nº 10.406 (Código Civil).

PARTE SEGUNDA
DO COMÉRCIO MARÍTIMO

TÍTULO I
DAS EMBARCAÇÕES

Arts. 457 a 483 155

TÍTULO II
DOS PROPRIETÁRIOS, COMPARTES E CAIXAS DE NAVIOS

Arts. 484 a 495 157

TÍTULO III
DOS CAPITÃES OU MESTRES DE NAVIO

Arts. 496 a 537 158

TÍTULO IV
DO PILOTO E CONTRAMESTRE

Arts. 538 a 542 161

TÍTULO V
DO AJUSTE E SOLDADAS DOS OFICIAIS E GENTE DA TRIPULAÇÃO, SEUS DIREITOS E OBRIGAÇÕES

Arts. 543 a 565 161

TÍTULO VI
DOS FRETAMENTOS

Capítulo I – Da natureza e forma do contrato de fretamento e das cartas-partidas – arts. 566 a 574 163
Capítulo II – Dos conhecimentos – arts. 575 a 589 164
Capítulo III – Dos direitos e obrigações do fretador e afretador – arts. 590 a 628 165
Capítulo IV – Dos passageiros – arts. 629 a 632 168

TÍTULO VII
DO CONTRATO DE DINHEIRO A RISCO OU CÂMBIO MARÍTIMO

Arts. 633 a 665 168

TÍTULO VIII
DOS SEGUROS MARÍTIMOS

Capítulo I – Da natureza e forma do contrato de seguro marítimo – arts. 666 a 684 171
Capítulo II – Das coisas que podem ser objeto de seguro marítimo – arts. 685 a 691 173
Capítulo III – Da avaliação dos objetos seguros – arts. 692 a 701 173
Capítulo IV – Do começo e fim dos riscos – arts. 702 a 709 174
Capítulo V – Das obrigações recíprocas do segurador e do segurado – arts. 710 a 730 174

TÍTULO IX
DO NAUFRÁGIO E SALVADOS

Arts. 731 a 739 (*Revogados*) 175

TÍTULO X
DAS ARRIBADAS FORÇADAS

Arts. 740 a 748 176

TÍTULO XI
DO DANO CAUSADO POR ABALROAÇÃO

Arts. 749 a 752 176

TÍTULO XII
DO ABANDONO

Arts. 753 a 760 176

TÍTULO XIII
DAS AVARIAS

Capítulo I – Da natureza e classificação das avarias – arts. 761 a 771 177
Capítulo II – Da liquidação, repartição e contribuição da avaria grossa – arts. 772 a 796 178

Parte Terceira
DAS QUEBRAS

Arts. 797 a 913 (*Revogados*) 180

TÍTULO ÚNICO
DA ADMINISTRAÇÃO DA JUSTIÇA
NOS NEGÓCIOS E CAUSAS COMERCIAIS

Arts. 1º a 30 (*Revogados*) 180

LEI Nº 556, DE 25 DE JUNHO DE 1850

Dom Pedro Segundo, por graça de Deus e unânime aclamação dos povos, Imperador Constitucional e defensor perpétuo do Brasil:

Fazemos saber a todos os súditos, que a Assembleia-Geral decretou, e nós queremos a Lei seguinte:

CÓDIGO COMERCIAL

- ▶ Art. 170 da CF.
- ▶ Arts. 757 a 761 do CPC/1939.
- ▶ Lei nº 2.180, de 5-2-1954, dispõe sobre o Tribunal Marítimo.
- ▶ Lei nº 7.573, de 23-12-1986, dispõe sobre o ensino profissional marítimo.
- ▶ Lei nº 7.652, de 3-2-1988, dispõe sobre o registro da Propriedade Marítima.
- ▶ Lei nº 8.078, de 11-9-1990 (CDC).
- ▶ Lei nº 8.935, de 18-11-1994 (Lei dos Serviços Notariais e de Registro).
- ▶ Lei nº 9.432, de 8-1-1997, dispõe sobre a ordenação do transporte aquaviário.
- ▶ Lei nº 9.966, de 28-4-2000, dispõe sobre a prevenção, o controle e a fiscalização da poluição causada por lançamento de óleo e outras substâncias nocivas ou perigosas em águas sob jurisdição nacional.
- ▶ Dec.-lei nº 666, de 2-7-1969, institui a obrigatoriedade de transporte em navio de bandeira brasileira.
- ▶ Dec.-lei nº 857, de 11-9-1969, consolida e altera a legislação sobre moeda de pagamento de obrigações exequíveis no Brasil.
- ▶ Dec. nº 2.256, de 17-6-1997, regulamenta o Registro Especial Brasileiro – REB, para embarcações de que trata a Lei nº 9.432, de 8-1-1997.
- ▶ Dec. nº 94.536, de 29-6-1987, regulamenta a Lei nº 7.573, de 23-12-1986, que dispõe sobre o Ensino Profissional Marítimo.

PARTE PRIMEIRA – DO COMÉRCIO EM GERAL

Revogada. Lei nº 10.406, de 10-1-2002 (Código Civil).

PARTE SEGUNDA – DO COMÉRCIO MARÍTIMO

TÍTULO I – DAS EMBARCAÇÕES

Art. 457. Somente podem gozar das prerrogativas e favores concedidos a embarcações brasileiras, as que verdadeiramente pertencerem a súditos do Império, sem que algum estrangeiro nelas possua parte ou interesse.

Provando-se que alguma embarcação, registrada debaixo do nome de brasileiro, pertence no todo ou em parte a estrangeiro, ou que este tem nela algum interesse, será apreendida como perdida; e metade do seu produto aplicado para o denunciante, havendo-o, e a outra metade a favor do cofre do Tribunal do Comércio respectivo.

Os súditos brasileiros domiciliados em país estrangeiro não podem possuir embarcação brasileira; salvo se nela for comparte alguma casa comercial brasileira estabelecida no Império.

Art. 458. Acontecendo que alguma embarcação brasileira passe por algum título a domínio de estrangeiro no todo ou em parte, não poderá navegar com a natureza de propriedade brasileira, enquanto não for alienada a súdito do Império.

Art. 459. É livre construir as embarcações pela forma e modo que mais conveniente parecer; nenhuma, porém, poderá aparelhar-se sem se reconhecer previamente, por vistoria feita na conformidade dos regulamentos do Governo, que se acha navegável.

O auto original da vistoria será depositado na secretaria do Tribunal do Comércio respectivo; e antes deste depósito nenhuma embarcação será admitida a registro.

Art. 460. Toda embarcação brasileira destinada à navegação do alto-mar, com exceção somente das que se empregarem exclusivamente nas pescarias das costas, deve ser registrada no Tribunal do Comércio do domicílio do seu proprietário ostensivo ou armador (artigo 484), e sem constar do registro não será admitida a despacho.

Art. 461. O registro deve conter:

1. a declaração do lugar onde a embarcação foi construída, o nome do construtor, e a qualidade das madeiras principais;
2. as dimensões da embarcação em palmos e polegadas, e a sua capacidade em toneladas, comprovadas por certidão de arqueação com referência à sua data;
3. a armação de que usa, e quantas cobertas tem;
4. o dia em que foi lançada ao mar;
5. o nome de cada um dos donos ou compartes, e os seus respectivos domicílios;
6. menção especificada do quinhão de cada comparte, se for de mais de um proprietário, e a época da sua respectiva aquisição, com referência à natureza e data do título, que deverá acompanhar a petição para o registro. O nome da embarcação registrada e do seu proprietário ostensivo ou armador serão publicados por anúncios nos periódicos do lugar.

Art. 462. Se a embarcação for de construção estrangeira, além das especificações sobreditas, deverá declarar-se no registro a nação a que pertencia, o nome que tinha e o que tomou, por si e título por que passou a ser de propriedade brasileira; podendo omitir-se, quando não conste dos documentos, o nome do construtor.

Art. 463. O proprietário armador prestará juramento por si ou por seu procurador, nas mãos do presidente do tribunal, de que a sua declaração é verídica, e de que todos os proprietários da embarcação são verdadeiramente súditos brasileiros, obrigando-se por termo a não fazer uso ilegal do registro, e a entregá-lo dentro de um ano no mesmo tribunal, no caso da embarcação ser vendida, perdida ou julgada incapaz de navegar; pena de incorrer na multa no mesmo termo declarada, que o tribunal arbitrará.

Nos lugares onde não houver Tribunal do Comércio, todas as diligências sobreditas serão praticadas perante o juiz de direito do comércio, que enviará ao tribunal competente as devidas participações, acompanhadas dos documentos respectivos.

Art. 464. Todas as vezes que qualquer embarcação mudar de proprietário ou de nome, será o seu registro apresentado no Tribunal do Comércio respectivo para as competentes anotações.

Art. 465. Sempre que a embarcação mudar de capitão, será esta alteração anotada no registro, pela autoridade que tiver a seu cargo a matrícula dos navios, no porto onde a mudança tiver lugar.

Art. 466. Toda a embarcação brasileira em viagem é obrigada a ter a bordo:

1. o seu registro (artigo 460);
2. o passaporte do navio;
3. o rol da equipagem ou matrícula;
4. a guia ou manifesto da Alfândega do porto brasileiro donde houver saído, feito na conformidade das leis, regulamentos e instruções fiscais;
5. a carta de fretamento nos casos em que este tiver lugar, e os conhecimentos da carga existente a bordo, se alguma existir;
6. os recibos das despesas dos portos donde sair, compreendidas as de pilotagem, ancoragem e mais direitos ou impostos de navegação;
7. um exemplar do Código Comercial.

Art. 467. A matrícula deve ser feita no porto do armamento da embarcação, e conter:

1. os nomes do navio, capitão, oficiais e gente da tripulação, com declaração de suas idades, estado, naturalidade e domicílio, e o emprego de cada um a bordo;
2. o porto da partida e o do destino, e a torna-viagem, se esta for determinada;
3. as soldadas ajustadas, especificando-se, se são por viagem ou ao mês, por quantia certa ou a frete, quinhão ou lucro na viagem;
4. as quantias adiantadas, que se tiverem pago ou prometido pagar por conta das soldadas;
5. a assinatura do capitão, e de todos os oficiais do navio e mais indivíduos da tripulação que souberem escrever (artigos 511 e 512).

Art. 468. As alienações ou hipotecas de embarcações brasileiras destinadas à navegação do alto-mar, só podem fazer-se por escritura pública, na qual se deverá inserir o teor do seu registro, com todas as anotações que nele houver (artigos 472 e 474); pena de nulidade.

Todos os aprestos, aparelhos e mais pertences existentes a bordo de qualquer navio ao tempo da sua venda, deverão entender-se compreendidos nesta, ainda que deles se não faça expressa menção; salvo havendo no contrato convenção em contrário.

Art. 469. Vendendo-se algum navio em viagem, pertencem ao comprador os fretes que vencerem nesta viagem; mas se na data do contrato o navio tiver chegado ao lugar do seu destino, serão do vendedor; salvo convenção em contrário.

Art. 470. No caso de venda voluntária, a propriedade da embarcação passa para o comprador com todos os seus encargos; salvo os direitos dos credores privilegiados que nela tiverem hipoteca tácita. Tais são:

1. os salários devidos por serviços prestados ao navio, compreendidos os de salvados e pilotagem;
2. todos os direitos de porto e impostos de navegação;
3. os vencimentos de depositários e despesas necessárias feitas na guarda do navio, compreendido o aluguel dos armazéns de depósito dos aprestos e aparelhos do mesmo navio;
4. todas as despesas do custeio do navio e seus pertences, que houverem sido feitas para sua guarda e conservação depois da última viagem e durante a sua estadia no porto da venda;
5. as soldadas do capitão, oficiais e gente da tripulação, vencidas na última viagem;
6. o principal e prêmio das letras de risco tomadas pelo capitão sobre o casco e aparelho ou sobre os fretes (artigo 651) durante a última viagem, sendo o contrato celebrado e assinado antes do navio partir do porto onde tais obrigações forem contraídas;
7. o principal e prêmio de letras de risco, tomadas sobre o casco e aparelhos, ou fretes, antes de começar a última viagem, no porto da carga (artigo 515);
8. as quantias emprestadas ao capitão, ou dívidas por ele contraídas para o conserto e custeio do navio, durante a última viagem, com os respectivos prêmios de seguro, quando em virtude de tais empréstimos o capitão houver evitado firmar letras de risco (artigo 515);
9. faltas na entrega da carga, prêmios de seguro sobre o navio ou fretes, e avarias ordinárias, e tudo o que respeitar à última viagem somente.

▶ Arts. 472 a 476, 479 e 627 deste Código.

Art. 471. São igualmente privilegiadas, ainda que contraídas fossem anteriormente à última viagem:

1. as dívidas provenientes do contrato da construção do navio e juros respectivos, por tempo de três anos, a contar do dia em que a construção ficar acabada;
2. as despesas do conserto do navio e seus aparelhos, e juros respectivos, por tempo dos dois últimos anos, a contar do dia em que o conserto terminou.

Art. 472. Os créditos provenientes das dívidas especificadas no artigo precedente, e nos n°s 4, 6, 7 e 8 do artigo 470, só serão considerados como privilegiados quando tiverem sido lançados no Registro do Comércio em tempo útil (artigo 10, nº 2) e as suas importâncias se acharem anotadas no registro da embarcação (artigo 468).

As mesmas dívidas, sendo contraídas fora do Império, só serão atendidas achando-se autenticadas com o – "Visto" – do respectivo cônsul.

Art. 473. Os credores contemplados nos artigos 470 e 471 preferem entre si pela ordem dos números em que estão colocados; as dívidas, contempladas debaixo do mesmo número e contraídas no mesmo porto, precederão entre si pela ordem em que ficam classificadas, e entrarão em concurso sendo de idêntica natureza; porém, se dívidas idênticas se fizerem por necessidade em outros portos, ou no mesmo porto a que voltar o navio, as posteriores preferirão às anteriores.

Art. 474. Em seguimento dos créditos mencionados nos artigos 470 e 471, são também privilegiados o preço da compra do navio não pago, e os juros respectivos, por tempo de três anos, a contar da data do instrumento do contrato; contanto, porém, que tais créditos constem de documentos inscritos lançados no Registro do Comércio em tempo útil, e a sua importância se ache anotada no registro da embarcação.

Art. 475. No caso de quebra ou insolvência do armador do navio, todos os créditos a cargo da embarcação, que se acharem nas precisas circunstâncias dos artigos 470, 471 e 474, preferirão sobre o preço do navio a outros credores da massa.

Art. 476. O vendedor de embarcação é obrigado a dar ao comprador uma nota por ele assinada de todos os créditos privilegiados a que a mesma embarcação possa achar-se obrigada (artigos 470, 471 e 474), a qual deverá ser incorporada na escritura da venda em seguimento do registro da embarcação. A falta de declaração de algum crédito privilegiado induz presunção de má-fé da parte do vendedor, contra o qual o comprador poderá intentar a ação criminal que seja competente, se for obrigado ao pagamento de algum crédito não declarado.

Art. 477. Nas vendas judiciais extingue-se toda a responsabilidade da embarcação para com todos e quaisquer credores, desde a data do termo da arrematação, e fica subsistindo somente sobre o preço, enquanto este se não levanta.

Todavia, se do registro do navio constar que este está obrigado por algum crédito privilegiado, o preço da arrematação será conservado em depósito, em tanto quanto baste para solução dos créditos privilegiados constantes do registro; e não poderá levantar-se antes de expirar o prazo da prescrição dos créditos privilegiados, ou se mostrar que estão todos pagos, ainda mesmo que o exequente seja credor privilegiado, salvo prestando fiança idônea; pena de nulidade do levantamento do depósito; competindo ao credor prejudicado ação para haver de quem indevidamente houver recebido, e de perdas e danos solidariamente contra o juiz e escrivão que tiverem passado e assinado a ordem ou mandado.

Art. 478. Ainda que as embarcações sejam reputadas bens móveis, contudo, nas vendas judiciais, se guardarão as regras que as leis prescrevem para as arrematações dos bens de raiz; devendo as ditas vendas, além da afixação dos editais nos lugares públicos, e particularmente nas praças do comércio, ser publicadas por três anúncios insertos, com o intervalo de oito dias, nos jornais do lugar, que habitualmente publicarem anúncios, e, não os havendo, nos do lugar mais vizinho.

Nas mesmas vendas, as custas judiciais do processo da execução e arrematação preferem a todos os créditos privilegiados.

Art. 479. Enquanto durar a responsabilidade da embarcação por obrigações privilegiadas, pode esta ser embargada e detida, a requerimento de credores que apresentarem títulos legais (artigos 470, 471 e 474), em qualquer porto do Império onde se achar, estando sem carga ou não tendo recebido a bordo mais da quarta parte da que corresponder à sua lotação; o embargo, porém, não será admissível achando-se a embarcação com os despachos necessários para poder ser declarada desimpedida, qualquer que seja o estado da carga; salvo se a dívida proceder de fornecimentos feitos no mesmo porto, e para a mesma viagem.

Art. 480. Nenhuma embarcação pode ser embargada ou detida por dívida não privilegiada; salvo no porto da sua matrícula; e mesmo neste, unicamente nos casos em que os devedores são por direito obrigados a prestar caução em juízo, achando-se previamente intentadas as ações competentes.

Art. 481. Nenhuma embarcação, depois de ter recebido mais da quarta parte da carga correspondente à sua lotação, pode ser embargada ou detida por dívidas particulares do armador, exceto se estas tiverem sido contraídas para aprontar o navio para a mesma viagem, e o devedor não tiver outros bens com que possa pagar; mas, mesmo neste caso, se mandará levantar o embargo, dando os mais compartes fiança pelo valor de seus respectivos quinhões, assinando o capitão termo de voltar ao mesmo lugar finda a viagem, e prestando os interessados na expedição fiança idônea à satisfação da dívida, no caso da embarcação não voltar por qualquer incidente, ainda que seja de força maior. O capitão que deixar de cumprir o referido termo responderá pessoalmente pela dívida, salvo o caso de força maior, e a sua falta será qualificada de barataria.

Art. 482. Os navios estrangeiros surtos nos portos do Brasil não podem ser embargados nem detidos, ainda mesmo que se achem sem carga, por dívidas que não forem contraídas no território brasileiro em utilidade dos mesmos navios ou da sua carga; salvo provindo a dívida de letras de risco ou de câmbio sacadas em país estrangeiro no caso do artigo 651, e vencidas em algum lugar do Império.

Art. 483. Nenhum navio pode ser detido ou embargado, nem executado na sua totalidade por dívidas particulares de um comparte; poderá, porém, ter lugar a execução no valor do quinhão do devedor, sem prejuízo da livre navegação do mesmo navio, prestando os mais compartes fiança idônea.

TÍTULO II – DOS PROPRIETÁRIOS, COMPARTES E CAIXAS DE NAVIOS

Art. 484. Todos os cidadãos brasileiros podem adquirir e possuir embarcações brasileiras; mas a sua armação e expedição só pode girar debaixo do nome e responsabilidade de um proprietário ou comparte, armador ou caixa, que tenha as qualidades requeridas para ser comerciante (artigos 1º e 4º).

Art. 485. Quando os compartes de um navio fazem dele uso comum, esta sociedade ou parceria marítima regula-se pelas disposições das sociedades comerciais (Parte I, Título XV); salvo as determinações contidas no presente Título.

Art. 486. Nas parcerias ou sociedades de navios, o parecer da maioria no valor dos interesses prevalece contra o da minoria nos mesmos interesses, ainda que esta seja representada pelo maior número de sócios e aquela por um só. Os votos computam-se na proporção dos quinhões; o menor quinhão será contado por um voto; no caso de empate decidirá a sorte, se os sócios não preferirem cometer a decisão a um terceiro.

Art. 487. Achando-se um navio necessitado de conserto, e convindo neste a maioria, os sócios dissidentes, se não quiserem anuir, serão obrigados a vender os seus quinhões aos outros compartes, estimando-se o preço antes de principiar-se o conserto; se estes não quiserem comprar, proceder-se-á à venda em hasta pública.

▶ Arts. 1.113 a 1.119 do CPC.

Art. 488. Se o menor número entender que a embarcação necessita de conserto e a maioria se opuser, a minoria tem direito para requerer que se proceda a vistoria judicial; decidindo-se que o conserto é necessário, todos os compartes são obrigados a contribuir para ele.

Art. 489. Se algum comparte na embarcação quiser vender o seu quinhão, será obrigado a afrontar os outros parceiros; estes têm direito a preferir na compra em igualdade de condições, contanto que efetuem a entrega do preço à vista, ou o consignem em juízo no caso de contestação. Resolvendo-se a venda do navio por deliberação da maioria, a minoria pode exigir que se faça em hasta pública.

Art. 490. Todos os compartes têm direito de preferir no fretamento a qualquer terceiro, em igualdade de condições; concorrendo na preferência para a mesma viagem dois ou mais compartes, preferirá o que tiver maior parte de interesses na embarcação; no caso de igualdade de interesses decidirá a sorte; todavia, esta preferência não dá direito para exigir que se varie o destino da viagem acordada pela maioria.

Art. 491. Toda a parceria ou sociedade de navio é administrada por um ou mais caixas, que representa em juízo e fora dele a todos os interessados, e os responsabiliza; salvo as restrições contidas no instrumento social, ou nos poderes do seu mandato, competentemente registrados (artigo 10, nº 2).

Art. 492. O caixa deve ser nomeado dentre os compartes; salvo se todos convierem na nomeação de pessoa estranha à parceria; em todos os casos é necessário que o caixa tenha as qualidades exigidas no artigo 484.

Art. 493. Ao caixa, não havendo estipulação em contrário, pertence nomear, ajustar e despedir o capitão e mais oficiais do navio, dar todas as ordens, e fazer todos os contratos relativos à administração, fretamento e viagens da embarcação; obrando sempre em conformidade do acordo da maioria e do seu mandato, debaixo de sua responsabilidade pessoal para com os compartes pelo que obrar contra o mesmo acordo, ou mandato.

Art. 494. Todos os proprietários e compartes são solidariamente responsáveis pelas dívidas que o capitão contrair para consertar, habilitar e aprovisionar o navio; sem que esta responsabilidade possa ser ilidida, alegando-se que o capitão excedeu os limites das suas faculdades, ou instruções, se os credores provarem que a quantia pedida foi empregada a benefício do navio (artigo 517). Os mesmos proprietários e compartes são solidariamente responsáveis pelos prejuízos que o capitão causar a terceiro por falta da diligência que é obrigado a empregar para boa guarda, acondicionamento e conservação dos efeitos recebidos a bordo (artigo 519). Esta responsabilidade cessa, fazendo aqueles abandono do navio e fretes vencidos e a vencer na respectiva viagem. Não é permitido o abandono ao proprietário ou comparte que for ao mesmo tempo capitão do navio.

Art. 495. O caixa é obrigado a dar aos proprietários ou compartes, no fim de cada viagem, uma conta da sua gestão, tanto relativa ao estado do navio e parceria, como da viagem finda, acompanhada dos documentos competentes, e a pagar sem demora o saldo líquido que a cada um couber; os proprietários ou compartes são obrigados a examinar a conta do caixa logo que lhes for apresentada, e a pagar sem demora a quota respectiva aos seus quinhões. A aprovação das contas do caixa dada pela maioria dos compartes do navio não obsta a que a minoria dos sócios intente contra eles as ações que julgar competentes.

TÍTULO III – DOS CAPITÃES OU MESTRES DE NAVIO

Art. 496. Para ser capitão ou mestre de embarcação brasileira, palavras sinônimas neste Código para todos os efeitos de direito, requer-se ser cidadão brasileiro, domiciliado no Império, com capacidade civil para poder contratar validamente.

Art. 497. O capitão é o comandante da embarcação; toda a tripulação lhe está sujeita, e é obrigada a obedecer e cumprir as suas ordens em tudo quanto for relativo ao serviço do navio.

Art. 498. O capitão tem a faculdade de impor penas correcionais aos indivíduos da tripulação que perturbarem a ordem do navio, cometerem faltas de disciplina, ou deixarem de fazer o serviço que lhes competir; e até mesmo de proceder a prisão por motivo de insubordinação, ou de qualquer outro crime cometido a bordo, ainda mesmo que o delinquente seja passageiro; formando os necessários processos, os quais é obrigado a entregar com os presos às autoridades competentes no primeiro porto do Império aonde entrar.

Art. 499. Pertence ao capitão escolher e ajustar a gente da equipagem, e despedi-la, nos casos em que a despedida possa ter lugar (artigo 555), obrando de conserto com o dono ou armador, caixa, ou consignatário do navio, nos lugares onde estes se acharem presentes. O capitão não pode ser obrigado a receber na equipagem indivíduo algum contra a sua vontade.

Art. 500. O capitão que seduzir ou desencaminhar marinheiro matriculado em outra embarcação será punido com a multa de cem mil-réis por cada indivíduo que desencaminhar, e obrigado a entregar o marinheiro seduzido, existindo a bordo do seu navio; e se a embarcação por esta falta deixar de fazer-se à vela, será responsável pelas estadias da demora.

Art. 501. O capitão é obrigado a ter escrituração regular de tudo quanto diz respeito à administração do navio, e à sua navegação; tendo para este fim três livros distintos, encadernados e rubricados pela autoridade a cargo de quem estiver a matrícula dos navios; pena de responder por perdas e danos que resultarem da sua falta de escrituração regular.

Art. 502. No primeiro, que se denominará – "*Livro da Carga*" – assentará diariamente as entradas e saídas da carga, com declaração específica das marcas e números dos volumes, nomes dos carregadores e consignatários, portos da carga e descarga, fretes ajustados, e quaisquer outras circunstâncias ocorrentes que possam servir para futuros esclarecimentos. No mesmo livro se lançarão também os nomes dos passageiros, com declaração do lugar do seu destino, preço e condições da passagem, e a relação da sua bagagem.

Art. 503. O segundo livro será da – *"Receita e Despesa da Embarcação"*; e nele, debaixo de competentes títulos, se lançará, em forma de contas correntes, tudo quanto o capitão receber e despender respectivamente à embarcação; abrindo-se assento a cada um dos indivíduos da tripulação, com declaração de seus vencimentos, e de qualquer ônus a que se achem obrigados, e a cargo do que receberem por conta de suas soldadas.

Art. 504. No terceiro livro, que será denominado – *"Diário da Navegação"* – se assentarão diariamente, enquanto o navio se achar em algum porto, os trabalhos que tiverem lugar a bordo, e os consertos ou reparos do navio. No mesmo livro se assentará também toda a derrota da viagem, notando-se diariamente as observações que os capitães e os pilotos são obrigados a fazer, todas as ocorrências interessantes à navegação, acontecimentos extraordinários que possam ter lugar a bordo, e com especialidade os temporais, e os danos ou avarias que o navio ou a carga possam sofrer, as deliberações que se tomarem por acordo dos oficiais da embarcação, e os competentes protestos.

▶ Art. 539 deste Código.

Art. 505. Todos os processos testemunháveis e protestos formados a bordo, tendentes a comprovar sinistros, avarias, ou quaisquer perdas, devem ser ratificados com juramento do capitão perante a autoridade competente do primeiro lugar onde chegar; a qual deverá interrogar o mesmo capitão, oficiais, gente da equipagem (artigo 545, nº 7) e passageiros sobre a veracidade dos fatos e suas circunstâncias, tendo presente o Diário da Navegação, se houver sido salvo.

Art. 506. Na véspera da partida do porto da carga, fará o capitão inventariar, em presença do piloto e contramestre, as amarras, âncoras, velames e mastreação, com declaração do estado em que se acharem. Este inventário será assinado pelo capitão, piloto e contramestre. Todas as alterações que durante a viagem sofrer qualquer dos sobreditos artigos serão anotadas no Diário da Navegação, e com as mesmas assinaturas.

Art. 507. O capitão é obrigado a permanecer a bordo desde o momento em que começa a viagem de mar, até a chegada do navio a surgidouro seguro e bom porto; e a tomar os pilotos e práticos necessários em todos os lugares em que os regulamentos, o uso e prudência o exigirem; pena de responder por perdas e danos que da sua falta resultarem.

Art. 508. É proibido ao capitão abandonar a embarcação, por maior perigo que se ofereça, fora do caso de naufrágio; e julgando-se indispensável o abandono, é obrigado a empregar a maior diligência possível para salvar todos os efeitos do navio e carga, e com preferência os papéis e livros da embarcação, dinheiro e mercadorias de maior valor. Se apesar de toda a diligência os objetos tirados do navio, ou os que nele ficarem se perderem ou forem roubados sem culpa sua, o capitão não será responsável.

Art. 509. Nenhuma desculpa poderá desonerar o capitão que alterar a derrota que era obrigado a seguir, ou que praticar algum ato extraordinário de que possa provir dano ao navio ou à carga, sem ter precedido deliberação tomada em junta composta de todos os oficiais da embarcação, e na presença dos interessados do navio ou na carga, se algum se achar a bordo. Em tais deliberações, e em todas as mais que for obrigado a tomar com acordo dos oficiais do navio, o capitão tem voto de qualidade, e até mesmo poderá obrar contra o vencido, debaixo de sua responsabilidade pessoal, sempre que o julgar conveniente.

▶ Arts. 539 e 770 deste Código.

Art. 510. É proibido ao capitão entrar em porto estranho ao do seu destino, se ali for levado por força maior (artigo 740), é obrigado a sair no primeiro tempo oportuno que se oferecer; pena de responder pelas perdas e danos que da demora resultarem ao navio ou à carga (artigo 748).

▶ Art. 393 do CC.

Art. 511. O capitão que entrar em porto estrangeiro é obrigado a apresentar-se ao cônsul do Império nas primeiras vinte e quatro horas úteis, e a depositar nas suas mãos a guia ou manifesto da Alfândega, indo de algum porto do Brasil, e a matrícula; e a declarar, e fazer anotar nesta pelo mesmo cônsul, no ato da apresentação, toda e qualquer alteração que tenha ocorrido sobre o mar na tripulação do navio; e antes da saída as que ocorrerem durante a sua estada no mesmo porto.

Quando a entrada for em porto do Império, o depósito do manifesto terá lugar na Alfândega respectiva, havendo-a, e o da matrícula na repartição onde esta se costuma fazer com as sobreditas declarações.

Art. 512. Na volta da embarcação ao porto donde saiu, ou naquele onde largar o seu comando, é o capitão obrigado a apresentar a matrícula original na repartição encarregada da matrícula dos navios, dentro de vinte e quatro horas úteis depois que der fundo, e a fazer as mesmas declarações ordenadas no artigo precedente.

Passados oito dias depois do referido tempo, prescreve qualquer ação de procedimento, que possa ter lugar contra o capitão por faltas por ele cometidas na matrícula durante a viagem.

O capitão que não apresentar todos os indivíduos matriculados, ou não fizer constar devidamente a razão da falta, será multado, pela autoridade encarregada da matrícula dos navios, em cem mil-réis por cada pessoa que apresentar de menos, com recurso para o Tribunal do Comércio competente.

Art. 513. Não se achando presentes os proprietários, seus mandatários ou consignatários, incumbe ao capitão ajustar fretamentos, segundo as instruções que tiver recebido (artigo 569).

Art. 514. O capitão, nos portos onde residirem os donos, seus mandatários ou consignatários, não pode, sem autorização especial destes, fazer despesa alguma extraordinária com a embarcação.

Art. 515. É permitido ao capitão em falta de fundos, durante a viagem, não se achando presente algum dos proprietários da embarcação, seus mandatários ou consignatários, e na falta deles algum interessado na carga, ou mesmo se, achando-se presentes, não providenciarem, contrair dívidas, tomar dinheiro a risco sobre o casco e pertences do navio e remanescentes dos fretes depois de pagas as soldadas, e até mesmo, na falta absoluta de outro recurso, vender mercadorias da carga, para o reparo ou provisão da embarcação; declarando nos títulos das obrigações que assinar a causa de que estas procedem (artigo 517).

As mercadorias da carga que em tais casos se venderem serão pagas aos carregadores pelo preço que outras de igual qualidade obtiverem no porto da descarga, ou pelo que por arbitradores se estimar no caso da venda ter compreendido todas as da mesma qualidade (artigo 621).

Art. 516. Para poder ter lugar alguma das providências autorizadas no artigo precedente, é indispensável:
1. que o capitão prove falta absoluta de fundos em seu poder pertencentes à embarcação;
2. que não se ache presente o proprietário da embarcação, ou mandatário seu ou consignatário, e na sua falta algum dos interessados na carga; ou que, estando presentes, se dirigiu a eles e não providenciaram;
3. que a deliberação seja tomada de acordo com os oficiais da embarcação, lavrando-se no Diário da Navegação termo da necessidade da medida tomada (artigo 504).

A justificação destes requisitos será feita perante o juiz de direito do comércio do porto onde se tomar o dinheiro a risco ou se venderem as mercadorias, e por ele julgada procedente, e nos portos estrangeiros perante os cônsules do Império.

Art. 517. O capitão que, nos títulos ou instrumentos das obrigações procedentes de despesas por ele feitas para fabrico, habilitação ou abastecimento da embarcação, deixar de declarar a causa de que procedem, ficará pessoalmente obrigado para com as pessoas com quem contratar; sem prejuízo da ação que estas possam ter contra os donos do navio provando que as quantias devidas foram efetivamente aplicadas a benefício deste (artigo 494).

Art. 518. O capitão que tomar dinheiro sobre o casco do navio e seus pertences, empenhar ou vender mercadorias, fora dos casos em que por este Código lhe é permitido, e o que for convencido de fraude em suas contas, além das indenizações de perdas e danos, ficará sujeito à ação criminal que no caso couber.

Art. 519. O capitão é considerado verdadeiro depositário da carga e de quaisquer efeitos que receber a bordo, e como tal está obrigado à sua guarda, bom acondicionamento e conservação, e à sua pronta entrega à vista dos conhecimentos (artigos 586 e 587).

A responsabilidade do capitão a respeito da carga principia a correr desde o momento em que a recebe, e continua até o ato da sua entrega no lugar que se houver convencionado, ou que estiver em uso no porto da descarga.

Art. 520. O capitão tem direito para ser indenizado pelos donos de todas as despesas necessárias que fizer em utilidade da embarcação com fundos próprios ou alheios, contanto que não tenha excedido as suas instruções, nem as faculdades que por sua natureza são inerentes à sua qualidade de capitão.

Art. 521. É proibido ao capitão pôr carga alguma no convés da embarcação sem ordem ou consentimento por escrito dos carregadores; pena de responder pessoalmente por todo o prejuízo que daí possa resultar.

Art. 522. Estando a embarcação fretada por inteiro, se o capitão receber carga de terceiro, o afretador tem direito a fazê-la desembarcar.

Art. 523. O capitão, ou qualquer outro indivíduo da tripulação, que carregar na embarcação, ainda mesmo a pretexto de ser na sua câmara ou nos seus agasalhados, mercadorias de sua conta particular, sem consentimento por escrito do dono do navio ou dos afretadores, pode ser obrigado a pagar frete dobrado.

Art. 524. O capitão que navega em parceria a lucro comum sobre a carga não pode fazer comércio algum por sua conta particular a não haver convenção em contrário; pena de correrem por conta dele todos os riscos e perdas, e de pertencerem aos demais parceiros os lucros que houver.

Art. 525. É proibido ao capitão fazer com os carregadores ajustes públicos ou secretos que revertam em benefício seu particular, debaixo de qualquer título ou pretexto que seja; pena de correr por conta dele e dos carregadores todo o risco que acontecer, e de pertencer ao dono do navio todo o lucro que houver.

Art. 526. É obrigação do capitão resistir por todos os meios que lhe ditar a sua prudência a toda e qualquer violência que possa intentar-se contra a embarcação, seus pertences e carga; e se for obrigado a fazer entrega de tudo ou de parte, deverá munir-se com os competentes protestos e justificações no mesmo porto, ou no primeiro onde chegar (artigos 504 e 505).

Art. 527. O capitão não pode reter a bordo os efeitos da carga a título de segurança do frete; mas tem direito de exigir dos donos ou consignatários, no ato da entrega da carga, que depositem ou afiancem a importância do frete, avarias grossas e despesas a seu cargo; e na falta de pronto pagamento, depósito, ou fiança, poderá requerer embargo pelos fretes, avarias e despesas sobre as mercadorias da carga, enquanto estas se acharem em poder dos donos ou consignatários, ou estejam fora das estações públicas ou dentro delas; e mesmo para requerer a sua venda imediata, se forem de fácil deterioração, ou de guarda arriscada ou dispendiosa.

A ação de embargo prescreve passados trinta dias a contar da data do último dia da descarga.

Art. 528. Quando por ausência do consignatário, ou por se não apresentar o portador do conhecimento à ordem, o capitão ignorar a quem deva competentemente fazer a entrega, solicitará do juiz de direito do comércio, e onde o não houver da autoridade local a quem competir, que nomeie depositário para receber os gêneros, e pagar os fretes devidos por conta de quem pertencer.

Art. 529. O capitão é responsável por todas as perdas e danos que, por culpa sua, omissão ou imperícia, sobrevierem ao navio ou à carga; sem prejuízo das ações criminais a que a sua malversação ou dolo possa dar lugar (artigo 608).

O capitão é também civilmente responsável pelos furtos, ou quaisquer danos praticados a bordo pelos indivíduos da tripulação nos objetos da carga, enquanto esta se achar debaixo da sua responsabilidade.

Art. 530. Serão pagas pelo capitão todas as multas que forem impostas à embarcação por falta de exata observância das leis e regulamentos das Alfândegas e polícia dos portos; e igualmente os prejuízos que resultarem de discórdias entre os indivíduos da mesma tripulação no serviço desta, se não provar que empregou todos os meios convenientes para as evitar.

Art. 531. O capitão que, fora do caso de inavegabilidade legalmente provada, vender o navio sem autorização especial dos donos, ficará responsável por perdas e danos, além da nulidade da venda, e do procedimento criminal que possa ter lugar.

Art. 532. O capitão que, sendo contratado para uma viagem certa, deixar de a concluir sem causa justificada, responderá aos proprietários, afretadores e carregadores pelas perdas e danos que dessa falta resultarem.

Em reciprocidade, o capitão, que sem justa causa for despedido antes de finda a viagem, será pago da sua soldada por inteiro, posto à custa do proprietário ou afretador no lugar onde começou a viagem, e indenizado de quaisquer vantagens que possa ter perdido pela despedida.

Pode, porém, ser despedido antes da viagem começada, sem direito a indenização, não havendo ajuste em contrário.

Art. 533. Sendo a embarcação fretada para porto determinado, só pode o capitão negar-se a fazer a viagem, sobrevindo peste, guerra, bloqueio ou impedimento legítimo da embarcação sem limitação de tempo.

Art. 534. Acontecendo falecer algum passageiro ou indivíduo da tripulação durante a viagem, o capitão procederá ao inventário de todos os bens que o falecido deixar, com assistência dos oficiais da embarcação e de duas testemunhas, que serão com preferência passageiros, pondo tudo em boa arrecadação, e logo que chegar ao porto da saída fará entrega do inventário e bens às autoridades competentes.

Art. 535. Finda a viagem, o capitão é obrigado a dar sem demora contas da sua gestão ao dono ou caixa do navio, com entrega do dinheiro que em si tiver, livros e todos os mais papéis. E o dono ou caixa é obrigado a ajustar as contas do capitão logo que as receber, e a pagar a soma que lhe for devida. Havendo contestação sobre a conta, o capitão tem direito para ser pago imediatamente das soldadas vencidas, prestando fiança de as repor, a haver lugar.

Art. 536. Sendo o capitão o único proprietário da embarcação, será simultaneamente responsável aos afretadores e carregadores por todas as obrigações impostas aos capitães e aos armadores.

Art. 537. Toda a obrigação pela qual o capitão, sendo comparte do navio, for responsável à parceria, tem privilégio sobre o quinhão e lucros que o mesmo tiver no navio e fretes.

TÍTULO IV – DO PILOTO E CONTRAMESTRE

Art. 538. A habilitação e deveres dos pilotos e contramestres são prescritos nos regulamentos de Marinha.

Art. 539. O piloto, quando julgar necessário mudar de rumo, comunicará ao capitão as razões que assim o exigem; e se este se opuser, desprezando as suas observações, que em tal caso deverá renovar-lhe na presença dos mais oficiais do navio, lançará o seu protesto no Diário da Navegação (artigo 504), o qual deverá ser por todos assinado, e obedecerá às ordens do capitão, sobre quem recairá toda a responsabilidade.

Art. 540. O piloto, que, por imperícia, omissão ou malícia, perder o navio ou lhe causar dano, será obrigado a ressarcir o prejuízo que sofrer o mesmo navio ou a carga; além de incorrer nas penas criminais que possam ter lugar; a responsabilidade do piloto não exclui a do capitão nos casos do artigo 529.

Art. 541. Por morte ou impedimento do capitão recai o comando do navio no piloto, e na falta ou impedimento deste no contramestre, com todas as prerrogativas, faculdades, obrigações e responsabilidades inerentes ao lugar de capitão.

Art. 542. O contramestre que, recebendo ou entregando fazendas, não exige entrega ao capitão as ordens, recibos, ou outros quaisquer documentos justificativos do seu ato, responde por perdas e danos daí resultantes.

TÍTULO V – DO AJUSTE E SOLDADAS DOS OFICIAIS E GENTE DA TRIPULAÇÃO, SEUS DIREITOS E OBRIGAÇÕES

Art. 543. O capitão é obrigado a dar às pessoas da tripulação, que o exigirem, uma nota por ele assinada, em que se declare a natureza do ajuste e preço da soldada, e a lançar na mesma nota as quantias que se forem pagando por conta.

As condições do ajuste entre o capitão e a gente da tripulação, na falta de outro título do contrato, provam-se pelo rol da equipagem ou matrícula; subentendendo-se sempre compreendido no ajuste o sustento da tripulação.

Não constando pela matrícula, nem por outro escrito do contrato, o tempo determinado do ajuste, entende-se sempre que foi por viagem redonda ou de ida e volta ao lugar em que teve lugar a matrícula.

Art. 544. Achando-se o Livro da Receita e Despesa do navio conforme à matrícula (artigo 467), e escriturado com regularidade (artigo 503), fará inteira fé para solução de quaisquer dúvidas que possam suscitar-se sobre as condições do contrato das soldadas; quanto, porém, às quantias entregues por conta, prevalecerão, em caso de dúvida, os assentos lançados nas notas de que trata o artigo precedente.

Art. 545. São obrigações dos oficiais e gente da tripulação:

1. ir para bordo prontos para seguir viagem no tempo ajustado; pena de poderem ser despedidos;
2. não sair do navio nem passar a noite fora sem licença do capitão; pena de perdimento de um mês de soldada;
3. não retirar os seus efeitos de bordo sem serem visitados pelo capitão, ou pelo seu segundo, debaixo da mesma pena;
4. obedecer sem contradição ao capitão e mais oficiais nas suas respectivas qualidades, e absterse de brigas; debaixo das penas declaradas nos artigos 498 e 555;
5. auxiliar o capitão, em caso de ataque do navio, ou desastre sobrevindo à embarcação ou à carga, seja qual for a natureza do sinistro; pena de perdimento das soldadas vencidas;
6. finda a viagem, fundear e desaparelhar o navio, conduzi-lo a surgidouro seguro, e amarrá-lo, sempre que o capitão o exigir; pena de perdimento das soldadas vencidas;
7. prestar os depoimentos necessários para ratificação dos processos testemunháveis, e protestos formados a bordo (artigo 505), recebendo pelos dias da demora uma indenização proporcional às soldadas que venciam; faltando a este dever não terão ação para demandar as soldadas vencidas.

Art. 546. Os oficiais e quaisquer outros indivíduos da tripulação, que, depois de matriculados, abandonarem a viagem antes de começada, ou se ausentarem antes de acabada, podem ser compelidos com prisão ao cumprimento do contrato, a repor o que se lhes houver pago adiantado, e a servir um mês sem receberem soldada.

Art. 547. Se depois de matriculada a equipagem se romper a viagem no porto da matrícula por fato do dono, capitão, ou afretador, a todos os indivíduos da tripulação justos ao mês se abonará a soldada de um mês, além da que tiverem vencido; aos que estiverem contratados por viagem abonar-se-á metade da soldada ajustada.

Se, porém, o rompimento da viagem tiver lugar depois da saída do porto da matrícula, os indivíduos justos ao mês têm direito a receber, não só pelo tempo vencido, mas também pelo que seria necessário para regressarem ao porto da saída, ou para chegarem ao do destino, fazendo-se a conta por aquele que se achar mais próximo; aos contratados por viagem redonda se pagará como se a viagem se achasse terminada.

Tanto os indivíduos da equipagem justos por viagem, como os justos ao mês, têm direito a que se lhes pague a despesa da passagem do porto da despedida para aquele onde ou fosse ajustarem, que for mais próximo. Cessa esta obrigação sempre que os indivíduos da equipagem podem encontrar soldada no porto da despedida.

Art. 548. Rompendo-se a viagem por causa de força maior, a equipagem, se a embarcação se achar no porto do ajuste, só tem direito a exigir as soldadas vencidas.

São causas de força maior:
1. declaração de guerra, ou interdito de comércio entre o porto da saída e o porto do destino da viagem;
2. declaração de bloqueio do porto, ou peste declarada nele existente;
3. proibição de admissão no mesmo porto dos gêneros carregados na embarcação;
4. detenção ou embargo da embarcação (no caso de se não admitir fiança ou não ser possível dá-la), que exceda ao tempo de noventa dias;
5. inavegabilidade da embarcação acontecida por sinistro.

Art. 549. Se o rompimento da viagem por causa de força maior acontecer achando-se a embarcação em algum porto de arribada, a equipagem contratada ao mês só tem direito a ser paga pelo tempo vencido desde a saída do porto até o dia em que for despedida, e a equipagem justa por viagem não tem direito a soldada alguma se a viagem não se conclui.

Art. 550. No caso de embargo ou detenção, os indivíduos da tripulação justos ao mês vencerão metade de suas soldadas durante o impedimento, não excedendo este de noventa dias; findo este prazo caduca o ajuste. Aqueles, porém, que forem justos por viagem redonda são obrigados a cumprir seus contratos até o fim da viagem.

Todavia, se o proprietário da embarcação vier a receber indenização pelo embargo ou detenção, será obrigado a pagar as soldadas por inteiro aos que forem justos ao mês, e aos de viagem redonda na devida proporção.

Art. 551. Quando o proprietário, antes de começada a viagem, der à embarcação destino diferente daquele que tiver sido declarado no contrato, terá lugar novo ajuste; e os que se não ajustarem só terão direito a receber o vencido, ou a reter o que tiverem recebido adiantado.

Art. 552. Se depois da chegada da embarcação ao porto do seu destino, e ultimada a descarga, o capitão, em lugar de fazer o seu retorno, fretar ou carregar a embarcação para ir a outro destino, é livre aos indivíduos da tripulação ajustarem-se de novo ou retirarem-se, não havendo no contrato estipulação em contrário.

Todavia, se o capitão, fora do Império, achar a bem navegar para outro porto livre, e nele carregar ou descarregar, a tripulação não pode despedir-se, posto que a viagem se prolongue além do ajuste; recebendo os indivíduos justos por viagem um aumento de soldada na proporção da prolongação.

Art. 553. Sendo a tripulação justa a partes ou quinhão no frete, não lhe será devida indenização alguma pelo rompimento, retardação ou prolongação da viagem causada por força maior; mas se o rompimento, retardação ou prolongação provier de fato dos carregadores, terá parte nas indenizações que se concederem ao navio; fazendo-se a divisão entre os donos do navio e a gente da tripulação, na mesma proporção em que o frete deveria ser dividido.

Se o rompimento, retardação ou prolongação provier de fato do capitão ou proprietário do navio, estes serão obrigados às indenizações proporcionais respectivas.

Quando a viagem for mudada para porto mais vizinho, ou abreviada por outra qualquer causa, os indivíduos da tripulação justos por viagem serão pagos por inteiro.

Art. 554. Se alguém da tripulação depois de matriculado for despedido sem justa causa, terá direito de haver a soldada contratada por inteiro, sendo redonda, e se for ao mês far-se-á a conta pelo termo médio do tempo que costuma gastar-se nas viagens para o porto do ajuste. Em tais casos o capitão não tem direito para exigir do dono do navio as indenizações que for obrigado a pagar; salvo tendo obrado com sua autorização.

Art. 555. São causas justas para a despedida:
1. perpetração de algum crime, ou desordem grave que perturbe a ordem da embarcação, reincidência em insubordinação, falta de disciplina ou de cumprimento de deveres (artigo 498);
2. embriaguez habitual;
3. ignorância do mister para que o despedido se tiver ajustado;
4. qualquer ocorrência que o inabilite para desempenhar as suas obrigações, com exceção do caso prevenido no artigo 560.

Art. 556. Os oficiais e gente da tripulação podem despedir-se, antes de começada a viagem, nos casos seguintes:
1. quando o capitão muda do destino ajustado (artigo 551);
2. se depois do ajuste o Império é envolvido em guerra marítima, ou há notícias certas de peste no lugar do destino;
3. se assoldadados para ir em comboio, este não tem lugar;
4. morrendo o capitão, ou sendo despedido.

Art. 557. Nenhum indivíduo da tripulação pode intentar litígio contra o navio ou capitão, antes de terminada a viagem; todavia, achando-se o navio em bom porto, os indivíduos maltratados, ou a quem o capitão houver faltado com o devido sustento, poderão demandar a rescisão do contrato.

Art. 558. Sendo a embarcação apresada, ou naufragando, a tripulação não tem direito às soldadas vencidas na viagem do sinistro, nem o dono do navio a reclamar as que tiver pago adiantadas.

Art. 559. Se a embarcação aprisionada se recuperar achando-se ainda a tripulação a bordo, será esta paga de suas soldadas por inteiro.

Salvando-se do naufrágio alguma parte do navio ou da carga, a tripulação terá direito a ser paga das soldadas vencidas na última viagem, com preferência a outra qualquer dívida anterior, até onde chegar o valor da parte do navio que se puder salvar; e não chegando esta, ou se nenhuma parte se tiver salvado, pelos fretes da carga salva.

Entende-se última viagem, o tempo decorrido desde que a embarcação principiou a receber o lastro ou carga que tiver a bordo na ocasião do apresamento, ou naufrágio.

Se a tripulação estiver justa a partes, será paga somente pelos fretes dos salvados, e em devida proporção de rateio com o capitão.

Art. 560. Não deixará de vencer a soldada ajustada qualquer indivíduo da tripulação que adoecer durante a viagem em serviço do navio, e o curativo será por conta deste; se, porém, a doença for adquirida fora do serviço do navio, cessará o vencimento da soldada enquanto ela durar, e a despesa do curativo será por conta das soldadas vencidas; e se estas não chegarem, por seus bens ou pelas soldadas que possam vir a vencer.

Art. 561. Falecendo algum indivíduo da tripulação durante a viagem, a despesa do seu enterro será paga por conta do navio; e seus herdeiros têm direito à soldada devida até o dia do falecimento, estando justo ao mês; até o porto de destino se a morte acontecer em caminho para ele, sendo o ajuste por viagem; e à de ida e volta acontecendo em torna-viagem, se o ajuste for por viagem redonda.

Art. 562. Qualquer que tenha sido o ajuste, o indivíduo da tripulação que for morto em defesa da embarcação será considerado como vivo para todos os vencimentos e quaisquer interesses que possam vir aos da sua classe, até que a mesma embarcação chegue ao porto do seu destino.

O mesmo benefício gozará o que for aprisionado em ato de defesa da embarcação, se esta chegar a salvamento.

Art. 563. Acabada a viagem, a tripulação tem ação para exigir o seu pagamento dentro de três dias depois de ultimada a descarga, com os juros da lei no caso de mora (artigo 449, nº 4).

Ajustando-se os oficiais e gente da tripulação para diversas viagens, poderão, terminada cada viagem, exigir as soldadas vencidas.

Art. 564. Todos os indivíduos da equipagem têm hipoteca tácita no navio e fretes para serem pagos das soldadas vencidas na última viagem com preferência a outras dívidas menos privilegiadas; e em nenhum caso o réu será ouvido sem depositar a quantia pedida.

Entender-se-á por equipagem ou tripulação para o dito efeito, e para todos os mais dispostos neste Título, o capitão, oficiais, marinheiros e todas as mais pessoas empregadas no serviço do navio, menos os sobrecargas.

Art. 565. O navio e frete respondem para com os donos da carga pelos danos que sofrerem por delitos, culpa ou omissão culposa do capitão ou gente da tripulação, perpetrados em serviço do navio; salvas as ações dos proprietários da embarcação contra o capitão, e deste contra a gente da tripulação.

O salário do capitão e as soldadas da equipagem são hipoteca especial nestas ações.

TÍTULO VI – DOS FRETAMENTOS

CAPÍTULO I

DA NATUREZA E FORMA DO CONTRATO DE FRETAMENTO E DAS CARTAS-PARTIDAS

Art. 566. O contrato de fretamento de qualquer embarcação, quer seja na sua totalidade ou em parte, para uma ou mais viagens, quer seja à carga, colheita ou prancha, o que tem lugar quando o capitão recebe carga de quantos se apresentam, deve provar-se por escrito. No primeiro caso o instrumento, que se chama "carta-partida" ou "carta de fretamento", deve ser assinado pelo fretador e afretador, e por quaisquer outras pessoas que intervenham no contrato, do qual se dará a cada uma das partes um exemplar; e no segundo, o instrumento chama-se "conhecimento", e basta ser assinado pelo capitão e o carregador. Entende-se por fretador o que dá, e por afretador o que toma a embarcação a frete.

Art. 567. A carta-partida deve enunciar:
1. o nome do capitão e o do navio, o porte deste, a nação a que pertence, e o porto do seu registro (artigo 460);
2. o nome do fretador e o do afretador, e seus respectivos domicílios; se o fretamento for por conta de terceiro deverá também declarar-se o seu nome e domicílio;
3. a designação da viagem, se é redonda ou ao mês, para uma ou mais viagens, e se estas são de ida e volta ou somente para ida ou volta, e finalmente se a embarcação se freta no todo ou em parte;
4. o gênero e quantidade da carga que o navio deve receber, designada por toneladas, números, peso ou volume, e por conta de quem a mesma será conduzida para bordo, e deste para terra;
5. o tempo da carga e descarga, portos de escala quando a haja, as estadias e sobre-estadias ou demoras, e a forma por que estas se hão de vencer e contar;
6. o preço do frete, quanto há de pagar-se de primagem ou gratificação, e de estadias e sobre-estadias, e a forma, tempo e lugar do pagamento;
7. se há lugares reservados no navio, além dos necessários para uso e acomodação do pessoal e material do serviço da embarcação;
8. todas as mais estipulações em que as partes se acordarem.

Art. 568. As cartas de fretamento devem ser lançadas no Registro do Comércio, dentro de quinze dias a contar da saída da embarcação nos lugares da residência dos Tribunais do Comércio, e nos outros, dentro do prazo que estes designarem (artigo 31).

Art. 569. A carta de fretamento valerá como instrumento público tendo sido feita por intervenção e com assinatura de algum corretor de navios, ou na falta de corretor por tabelião que porte por fé ter sido passada na sua presença e de duas testemunhas com ele assinadas. A carta de fretamento que não for autenticada por alguma das duas referidas formas, obrigará as próprias partes mas não dará direito contra terceiro.

As cartas de fretamento assinadas pelo capitão valem ainda que este tenha excedido as faculdades das suas instruções; salvo o direito dos donos do navio por perdas e danos contra ele pelos abusos que cometer.

Art. 570. Fretando-se o navio por inteiro, entende-se que fica somente reservada a câmara do capitão, os agasalhados da equipagem, e as acomodações necessárias para o material da embarcação.

▶ Arts. 522 e 596 deste Código.

Art. 571. Dissolve-se o contrato de fretamento, sem que haja lugar a exigência alguma de parte a parte:
1. se a saída da embarcação for impelida, antes da partida, por força maior sem limitação de tempo;
2. sobrevindo, antes de principiada a viagem, declaração de guerra, ou interdito de comércio com o país para onde a embarcação é destinada, em consequência do qual o navio e a carga conjuntamente não sejam considerados como propriedade neutra;
3. proibição de exportação de todas ou da maior parte das fazendas compreendidas na carta de fretamento do lugar donde a embarcação deva partir, ou de importação no de seu destino;
4. declaração de bloqueio do porto da carga ou do seu destino, antes da partida do navio.

Em todos os referidos casos as despesas da descarga serão por conta do afretador ou carregadores.

▶ Arts. 573 deste Código.
▶ Art. 393 do CC.

Art. 572. Se o interdito de comércio com o porto do destino do navio acontece durante a sua viagem, e se por este motivo o navio é obrigado a voltar com a carga, deve-se somente o frete pela ida, ainda que o navio tivesse sido fretado por ida e volta.

Art. 573. Achando-se um navio fretado em lastro para outro porto onde deva carregar, dissolve-se o contrato, se chegando a esse porto sobrevier algum dos impedimentos designados nos artigos 571 e 572, sem que possa ter lugar indenização alguma por nenhuma das partes, quer o impedimento venha só do navio, quer do navio e carga. Se, porém, o impedimento nascer da carga e não do navio, o afretador será obrigado a pagar metade do frete ajustado.

Art. 574. Poderá igualmente rescindir-se o contrato de fretamento a requerimento do afretador, se o capitão lhe tiver ocultado a verdadeira bandeira da embarcação; ficando este pessoalmente responsável ao mesmo afretador por todas as despesas da carga e descarga, e por perdas e danos, se o valor do navio não chegar para satisfazer o prejuízo.

CAPÍTULO II

DOS CONHECIMENTOS

Art. 575. O conhecimento deve ser datado, e declarar:
1. o nome do capitão, e o do carregador e consignatário (podendo omitir-se o nome deste se for à ordem), e o nome e porte do navio;
2. a qualidade e a quantidade dos objetos da carga, suas marcas e números, anotados à margem;
3. o lugar da partida e o do destino, com declaração das escalas, havendo-as;
4. o preço do frete e primagem, se esta for estipulada, e o lugar e forma do pagamento;
5. a assinatura do capitão (artigo 577), e a do carregador.

Art. 576. Sendo a carga tomada em virtude de carta de fretamento, o portador do conhecimento não fica responsável por alguma condição ou obrigação especial contida na mesma carta, se o conhecimento não tiver a cláusula – "segundo a carta de fretamento".

Art. 577. O capitão é obrigado a assinar todas as vias de um mesmo conhecimento que o carregador exigir, devendo ser todas do mesmo teor e da mesma data, e conter o número da via. Uma via ficará em poder do capitão, as outras pertencem ao carregador.

Se o capitão for ao mesmo tempo o carregador, os conhecimentos respectivos serão assinados por duas pessoas da tripulação a ele imediatas no comando do navio, e uma via será depositada nas mãos do armador ou do consignatário.

Art. 578. Os conhecimentos serão assinados e entregues dentro de vinte e quatro horas, depois de ultimada a carga, em resgate dos recibos provisórios; pena de serem responsáveis por todos os danos que resultarem do retardamento da viagem, tanto o capitão como os carregadores que houverem sido remissos na entrega dos mesmos conhecimentos.

Art. 579. Seja qual for a natureza do conhecimento, não poderá o carregador variar a consignação por via de novos conhecimentos, sem que faça prévia entrega ao capitão de todas as vias que este houver assinado.

O capitão que assinar novos conhecimentos sem ter recolhido todas as vias do primeiro ficará responsável aos portadores legítimos que se apresentarem com alguma das mesmas vias.

Art. 580. Alegando-se extravio dos primeiros conhecimentos, o capitão não será obrigado a assinar segundos, sem que o carregador preste fiança à sua satisfação pelo valor da carga neles declarada.

Art. 581. Falecendo o capitão da embarcação antes de fazer-se à vela, ou deixando de exercer o seu ofício, os carregadores têm direito para exigir do sucessor que revalide com a sua assinatura os conhecimentos por aquele assinados, conferindo-se a carga com os mesmos conhecimentos; o capitão que os assinar sem esta conferência responderá pelas faltas; salvo se os carregadores convierem que ele declare nos conhecimentos que não conferiu a carga.

No caso de morte do capitão ou de ter sido despedido sem justa causa, serão pagas pelo dono do navio as despesas da conferência; mas se a despedida provier de fato do capitão, serão por conta deste.

Art. 582. Se as fazendas carregadas não tiverem sido entregues por número, peso ou medida, ou no caso de haver dúvida na contagem, o capitão pode declarar nos conhecimentos, que o mesmo número, peso ou medida lhe são desconhecidos; mas se o carregador não convier nesta declaração deverá proceder-se a nova contagem, correndo a despesa por conta de quem a tiver ocasionado.

Convindo o carregador na sobredita declaração, o capitão ficará somente obrigado a entregar no porto da descarga os efeitos que se acharem dentro da embarcação pertencentes ao mesmo carregador, sem que este tenha direito para exigir mais carga; salvo se provar que houve desvio da parte do capitão ou da tripulação.

Art. 583. Constando ao capitão que há diversos portadores das diferentes vias de um conhecimento das mesmas fazendas, ou tendo-se feito sequestro, arresto ou penhora nelas, é obrigado a pedir depósito judicial, por conta de quem pertencer.

Art. 584. Nenhuma penhora ou embargo de terceiro, que não for portador de alguma das vias de conhecimento, pode, fora do caso de reivindicação segundo as disposições deste Código (artigo 874, nº 2), privar o portador do mesmo conhecimento da faculdade de requerer o depósito ou venda judicial das fazendas no caso sobredito; salvo o direito do exequente ou de terceiro oponente sobre o preço da venda.

Art. 585. O capitão pode requerer o depósito judicial todas as vezes que os portadores de conhecimentos se não apresentarem para receber a carga imediatamente que ele der princípio à descarga, e nos casos em que o consignatário esteja ausente ou seja falecido.

Art. 586. O conhecimento concebido nos termos enunciados no artigo 575 faz inteira prova entre todas as partes interessadas na carga e frete, e entre elas e os seguradores; ficando salva a estes e aos donos do navio a prova em contrário.

Art. 587. O conhecimento feito em forma regular (artigo 575) tem força e é acionável como escritura pública.

Sendo passado "à ordem" é transferível e negociável por via de endosso.

Art. 588. Contra os conhecimentos só pode opor-se falsidade, quitação, embargo, arresto ou penhora e depósito judicial, ou perdimento dos efeitos carregados por causa justificada.

Art. 589. Nenhuma ação entre o capitão e os carregadores ou seguradores será admissível em juízo se não for logo acompanhada do conhecimento original. A falta deste não pode ser suprida pelos recibos provisórios da carga; salvo provando-se que o carregador fez diligência para obtê-lo e que, fazendo-se o navio à vela sem o capitão o haver passado, interpôs competente protesto dentro dos primeiros três dias úteis, contados da saída do navio, com intimação do armador, consignatário ou outro qualquer interessado, e na falta destes por editais; ou sendo a questão de seguros sobre sinistro acontecido no porto da carga, se provar que o mesmo sinistro aconteceu antes do conhecimento poder ser assinado.

CAPÍTULO III

DOS DIREITOS E OBRIGAÇÕES DO FRETADOR E AFRETADOR

Art. 590. O fretador é obrigado a ter o navio prestes para receber a carga, e o afretador a efetuá-la no tempo marcado no contrato.

▶ Art. 566 deste Código.

Art. 591. Não se tendo determinado na carta de fretamento o tempo em que deve começar a carregar-se, entende-se que principia a correr desde o dia em que o capitão declarar que está pronto para receber a carga; se o tempo que deve durar a carga e a descarga não estiver fixado, ou quanto se há de pagar de primagem e estadias e sobre-estadias, e o tempo e modo do pagamento, será tudo regulado pelo uso do porto onde uma ou outra deva efetuar-se.

Art. 592. Vencido o prazo, e o das estadias e sobre-estadias que se tiverem ajustado, e, na falta de ajuste, as do uso no porto da carga, sem que o afretador tenha carregado efeitos alguns, terá o capitão a escolha, ou de resilir do contrato e exigir do afretador metade do frete ajustado e primagem com estadias e sobre-estadias, ou de empreender a viagem sem carga, e finda ela exigir dele o frete por inteiro e primagem, com as avarias que forem devidas, estadias e sobre-estadias.

Art. 593. Quando o afretador carrega só parte da carga no tempo aprazado, o capitão, vencido o tempo das estadias e sobre-estadias, tem direito, ou de proceder a descarga por conta do mesmo afretador e pedir meio frete, ou de empreender a viagem com a parte da carga que tiver a bordo para haver o frete por inteiro no porto do seu destino, com as mais despesas declaradas no artigo antecedente.

Art. 594. Renunciando o afretador ao contrato antes de começarem a correr os dias suplementares da carga, será obrigado a pagar metade do frete e primagem.

Art. 595. Sendo o navio fretado por inteiro, o afretador pode obrigar o fretador a que faça sair o navio logo que tiver metido a bordo carga suficiente para pagamento do frete e primagem, estadias e sobre-estadias, ou prestado fiança ao pagamento. O capitão neste caso não pode tomar carga de terceiro sem consentimento por escrito do afretador, nem recusar-se à saída; salvo por falta de prontificação do navio, que, segundo as cláusulas do fretamento, não possa ser imputável ao fretador.

Art. 596. Tendo o fretador direito de fazer sair o navio sem carga ou só com parte dela (artigos 592 e 593), poderá, para segurança do frete e de outras indenizações a que haja lugar, completar a carga por outros carregadores, independente de consentimento do afretador; mas o benefício do novo frete pertencerá a este.

Art. 597. Se o fretador houver declarado na carta-partida maior capacidade daquela que o navio na realidade tiver, não excedendo da décima parte, o afretador terá opção para anular o contrato, ou exigir correspondente abatimento no frete, com indenização de perdas e danos; salvo se a declaração estiver conforme à lotação do navio.

Art. 598. O fretador pode fazer descarregar à custa do afretador os efeitos que este introduzir no navio além da carga ajustada na carta de fretamento; salvo prestando-se aquele a pagar o frete correspondente, se o navio os puder receber.

Art. 599. Os carregadores ou afretadores respondem pelos danos que resultarem, se, sem ciência e consentimento do capitão, introduzirem no navio fazendas, cuja saída ou entrada for proibida, e de qualquer outro fato ilícito que praticarem ao tempo da carga ou descarga; e, ainda que as fazendas sejam confiscadas, serão obrigados a pagar o frete e primagem por inteiro, e a avaria grossa.

▶ Art. 764 deste Código.

Art. 600. Provando-se que o capitão consentiu na introdução das fazendas proibidas, ou que, chegando ao seu conhecimento em tempo, as não fez descarregar, ou sendo informado depois da viagem começada as não denunciar no ato da primeira visita da Alfândega que receber a bordo no porto do seu destino, ficará solidariamente obrigado para com todos os interessados por perdas e danos que resultarem ao navio ou à carga, e sem ação para haver o frete, nem indenização alguma do carregador, ainda que esta se tenha estipulado.

Art. 601. Estando o navio a frete de carga geral, não pode o capitão, depois que tiver recebido alguma parte da carga, recusar-se a receber a mais que se lhe oferecer por frete igual, não achando outro mais vantajoso; pena de poder ser compelido pelos carregadores dos efeitos recebidos a que se faça à vela com o primeiro vento favorável, e de pagar as perdas e danos que da demora resultarem.

Art. 602. Se o capitão, quando tomar frete à colheita ou à prancha, fixar o tempo durante o qual a embarcação estará à carga, findo o tempo marcado será obrigado a partir com o primeiro vento favorável; pena de responder pelas perdas e danos que resultarem do retardamento da viagem; salvo convindo na demora a maioria dos carregadores em relação ao valor do frete.

Art. 603. Não tendo o capitão fixado o tempo da partida, é obrigado a sair com o primeiro vento favorável depois que tiver recebido mais de dois terços da carga correspondente à lotação do navio, se assim o exigir a maioria dos carregadores em relação ao valor do frete, sem que nenhum dos outros possa retirar as fazendas que tiver a bordo.

Art. 604. Se o capitão, no caso do artigo antecedente, não puder obter mais de dois terços da carga dentro de um mês depois que houver posto o navio a frete geral, poderá sub-rogar outra embarcação para transporte da carga que tiver a bordo, contanto que seja igualmente apta para fazer a viagem, pagando a despesa da baldeação da carga, e o aumento de frete e do prêmio do seguro; será, porém, lícito aos carregadores retirar de bordo as suas fazendas, sem pagar frete, sendo por conta deles a despesa de desarrumação e descarga, restituindo os recibos provisórios ou conhecimentos, e dando fiança pelos que tiverem remetido. Se o capitão não puder achar navio, e os carregadores não quiserem descarregar, será obrigado a sair sessenta dias depois que houver posto o navio à carga, com a que tiver a bordo.

Art. 605. Não tendo a embarcação capacidade para receber toda a carga contratada com diversos carregadores ou afretadores, terá preferência a que se achar a bordo, e depois que tiver prioridade na data dos contratos; e se estes forem todos da mesma data haverá lugar a rateio, ficando o capitão responsável pela indenização dos danos causados.

Art. 606. Fretando-se a embarcação para ir receber carga em outro porto, logo que lá chegar, deverá o capitão apresentar-se sem demora ao consignatário, exigindo dele que lhe declare por escrito na carta de fretamento o dia, mês e ano de sua apresentação; pena de não principiar a correr o tempo do fretamento antes da sua apresentação.

Recusando o consignatário fazer na carta de fretamento a declaração requerida, deverá protestar e fazer-lhe intimar o protesto, e avisar o afretador. Se passado o tempo devido para a carga, e o da demora ou de estadias e sobre-estadias, o consignatário não tiver carregado o navio, o capitão, fazendo-o previamente intimar por via de novo protesto para efetuar a entrega da carga dentro do tempo ajustado, e não cumprindo ele, nem tendo recebido ordens do afretador, fará diligência para contratar carga por conta deste para o porto do seu destino; e com carga ou sem ela seguirá para ele, onde o afretador será obrigado a pagar-lhe o frete por inteiro com as demoras vencidas, fazendo encontro dos fretes da carga tomada por sua conta, se alguma houver tomado (artigo 596).

Art. 607. Sendo um navio embargado na partida, em viagem, ou no lugar da descarga, por fato ou negligência do afretador ou de algum dos carregadores, ficará o culpado obrigado, para com o fretador ou capitão e os mais carregadores, pelas perdas e danos que o navio ou as fazendas vierem a sofrer provenientes desse fato.

Art. 608. O capitão é responsável ao dono do navio e ao afretador e carregadores por perdas e danos, se por culpa sua o navio for embargado ou retardado na partida, durante a viagem, ou no lugar do seu destino.

Art. 609. Se antes de começada a viagem ou no curso dela, a saída da embarcação for impedida temporariamente por embargo ou força maior, subsistirá o contrato, sem haver lugar a indenizações de perdas e danos pelo retardamento. O carregador neste caso poderá descarregar os seus efeitos durante a demora, pagando a despesa, e prestando fiança de os tornar a carregar logo que cesse o impedimento, ou de pagar o frete por inteiro e estadias e sobre-estadias, não os reembarcando.

Art. 610. Se o navio não puder entrar no porto do seu destino por declaração de guerra, interdito de comércio, ou bloqueio, o capitão é obrigado a seguir imediatamente para aquele que tenha sido prevenido na sua carta de ordens. Não se achando prevenido, procurará o porto mais próximo que não estiver impedido; e daí fará os avisos competentes ao fretador e afretadores, cujas ordens deve esperar por tanto tempo quanto seja necessário para receber a resposta. Não recebendo esta, o capitão deve voltar para o porto da saída com a carga.

Art. 611. Sendo arrestado um navio no curso da viagem por ordem de uma potência, nenhum frete será devido pelo tempo da detenção sendo fretado ao mês, nem aumento de frete se for por viagem. Quando o navio for fretado para dois ou mais portos e acontecer que em um deles se saiba ter sido declarada guerra contra a potência a que pertence o navio ou a carga, o capitão, se nem esta nem aquele forem livres, quando não possa partir em comboio ou por algum outro modo seguro, deverá ficar no porto da notícia até receber ordens do dono do navio ou do afretador. Se só o navio não for livre, o fretador pode resilir do contrato, com direito ao frete vencido, estadias e sobre-estadias e avaria grossa, pagando as despesas da descarga. Se, pelo contrário, só a carga não for livre, o afretador tem direito para rescindir o contrato, pagando a despesa da descarga, e o capitão procederá na conformidade dos artigos 592 e 596.

Art. 612. Sendo o navio obrigado a voltar ao porto da saída, ou a arribar a outro qualquer por perigo de piratas ou de inimigos, podem os carregadores ou consignatários convir na sua total descarga, pagando as despesas desta e o frete da ida por inteiro, e prestando a fiança determinada no artigo 609. Se o fretamento for ao mês, o frete é devido somente pelo tempo que o navio tiver sido empregado.

Art. 613. Se o capitão for obrigado a consertar a embarcação durante a viagem, o afretador, carregadores, ou consignatários, não querendo esperar pelo conserto, podem retirar as suas fazendas pagando todo o frete, estadias e sobre-estadias e avaria grossa, havendo-a, as despesas da descarga e desarrumação.

▶ Art. 764 deste Código.

Art. 614. Não admitindo o navio conserto, o capitão é obrigado a fretar por sua conta, e sem poder exigir aumento algum do frete, uma ou mais embarcações para transportar a carga ao lugar do destino. Se o capitão não puder fretar outro ou outros navios dentro de sessenta dias depois que o navio for julgado inavegável, e quando o conserto for impraticável, deverá requerer depósito judicial da carga e interpor os competentes protestos para sua ressalva; neste caso o contrato ficará rescisio, e somente se deverá o frete vencido. Se, porém, os afretadores ou carregadores provarem que o navio condenado por incapaz estava inavegável quando se fez à vela, não serão obrigados a frete algum, e terão ação de perdas e danos contra o fretador. Esta prova é admissível não obstante e contra os certificados da visita de saída.

Art. 615. Ajustando-se os fretes por peso, sem se designar se é líquido ou bruto, deverá entender-se que é peso bruto; compreendendo-se nele qualquer espécie de capa, caixa ou vasilha em que as fazendas se acharem acondicionadas.

Art. 616. Quando o frete for justo por número, peso ou medida, e houver condição de que a carga será entregue no portaló do navio, o capitão tem direito de requerer que os efeitos sejam contados, medidos ou pesados a bordo do mesmo navio antes da descarga; e procedendo-se a esta diligência não responderá por faltas que possam aparecer em terra; se, porém, as fazendas se descarregarem sem se contarem, medirem ou pesarem, o consignatário terá direito de verificar em terra a identidade, número, medição ou peso, e o capitão será obrigado a conformar-se com o resultado desta verificação.

Art. 617. Nos gêneros que por sua natureza são suscetíveis de aumento ou diminuição, independentemente de má arrumação ou falta de estiva, ou de defeito no vasilhame, como é, por exemplo, o sal, será por conta do dono qualquer diminuição ou aumento que os mesmos gêneros tiverem dentro do navio; e em um e outro caso deve-se frete do que se numerar, medir ou pesar no ato da descarga.

Art. 618. Havendo presunção de que as fazendas foram danificadas, roubadas ou diminuídas, o capitão é obrigado, e o consignatário e quaisquer outros interessados têm direito a requerer que sejam judicialmente visitadas e examinadas, e os danos estimados a bordo antes da descarga, ou dentro em vinte e quatro horas depois; e ainda que este procedimento seja requerido pelo capitão não prejudicará os seus meios de defesa.

Se as fazendas forem entregues sem o referido exame, os consignatários têm direito de fazer proceder a exame judicial no preciso termo de quarenta e oito horas depois da descarga; e passado este prazo não haverá mais lugar a reclamação alguma.

Todavia, não sendo a avaria ou diminuição visível por fora, o exame judicial poderá validamente fazer-se dentro de dez dias depois que as fazendas passarem às mãos dos consignatários, nos termos do artigo 211.

▶ Súm. nº 261 do STF.

Art. 619. O capitão ou fretador não pode reter fazendas no navio a pretexto de falta de pagamento de frete, avaria grossa ou despesas; poderá, porém, precedendo competente protesto, requerer o depósito de fazendas equivalentes, e pedir a venda delas, ficando-lhe direito salvo pelo resto contra o carregador, no caso de insuficiência do depósito.

A mesma disposição tem lugar quando o consignatário recusa receber a carga.

Nos dois referidos casos, se a avaria grossa não puder ser regulada imediatamente, é lícito ao capitão exigir o depósito judicial da soma que se arbitrar.

Art. 620. O capitão que entregar fazendas antes de receber o frete, avaria grossa e despesas, sem pôr em prática os meios do artigo precedente, ou os que lhe facultarem as leis ou usos do lugar da descarga, não terá ação para exigir o pagamento do carregador ou afretador, provando este que carregou as fazendas por conta de terceiro.

Art. 621. Pagam frete por inteiro as fazendas que se deteriorarem por avaria, ou diminuírem por mau acondicionamento das vasilhas, caixas, capas ou outra qualquer cobertura em que forem carregadas, provando o capitão que o dano não procedeu de falta de arrumação ou de estiva (artigo 624).

Pagam igualmente frete por inteiro as fazendas que o capitão é obrigado a vender nas circunstâncias previstas no artigo 515.

O frete das fazendas alijadas para salvação comum do navio e da carga abona-se por inteiro como avaria grossa (artigo 764).

Art. 622. Não se deve frete das mercadorias perdidas por naufrágio ou varação, roubo de piratas ou presa de inimigo, e, tendo-se pago adiantado, repete-se; salvo convenção em contrário.

Todavia, resgatando-se o navio e fazendas, ou salvando-se do naufrágio, deve-se o frete correspondente até o lugar da presa, ou naufrágio; e será pago por inteiro se o capitão conduzir as fazendas salvas até o lugar do destino, contribuindo este ao fretador por avaria grossa no dano, ou resgate.

Art. 623. Salvando-se no mar ou nas praias, sem cooperação da tripulação, fazendas que fizeram parte da carga, e sendo depois de salvas entregues por pessoas estranhas, não se deve por elas frete algum.

Art. 624. O carregador não pode abandonar as fazendas ao frete. Todavia pode ter lugar o abandono dos líquidos, cujas vasilhas se achem vazias ou quase vazias.

Art. 625. A viagem para todos os efeitos do vencimento de fretes, se outra coisa se não ajustar, começa a correr desde o momento em que a carga fica debaixo da responsabilidade do capitão.

Art. 626. Os fretes e avarias grossas têm hipoteca tácita e especial nos efeitos que fazem objeto da carga, durante trinta dias depois da entrega, se antes desse termo não houverem passado para o domínio de terceiro.

Art. 627. A dívida de fretes, primagem, estadias e sobre-estadias, avarias e despesas da carga prefere a todas as outras sobre o valor dos efeitos carregados; salvo os casos de que trata o artigo 470, nº 1.

Art. 628. O contrato de fretamento de um navio estrangeiro exequível no Brasil há de ser determinado e julgado pelas regras estabelecidas neste Código, quer tenha sido ajustado dentro do Império, quer em país estrangeiro.

Capítulo IV

DOS PASSAGEIROS

Art. 629. O passageiro de um navio deve achar-se a bordo no dia e hora que o capitão designar, quer no porto da partida, quer em qualquer outro de escala ou arribada; pena de ser obrigado ao pagamento do preço da sua passagem por inteiro, se o navio se fizer de vela sem ele.

Art. 630. Nenhum passageiro pode transferir a terceiro, sem consentimento do capitão, o seu direito de passagem.

Resilindo o passageiro do contrato antes da viagem começada, o capitão tem direito à metade do preço da passagem; e ao pagamento por inteiro, se aquele a não quiser continuar depois de começada.

Se o passageiro falecer antes da viagem começada, deve-se só metade do preço da passagem.

Art. 631. Se a viagem for suspensa ou interrompida por causa de força maior, no porto da partida, rescinde-se o contrato, sem que nem o capitão nem o passageiro tenham direito a indenização alguma; tendo lugar a suspensão ou interrupção em outro qualquer porto de escala ou arribada, deve somente o preço correspondente à viagem feita.

Interrompendo-se a viagem depois de começada por demora de conserto do navio, o passageiro pode tomar passagem em outro, pagando o preço correspondente à viagem feita. Se quiser esperar pelo conserto, o capitão não é obrigado ao seu sustento; salvo se o passageiro não encontrar outro navio em que comodamente se possa transportar, ou o preço da nova passagem exceder o da primeira, na proporção da viagem andada.

Art. 632. O capitão tem hipoteca privilegiada para pagamento do preço da passagem em todos os efeitos que o passageiro tiver a bordo, e direito de os reter enquanto não for pago.

O capitão só responde pelo dano sobrevindo aos efeitos que o passageiro tiver a bordo debaixo da sua imediata guarda, quando o dano provier de fato seu ou da tripulação.

TÍTULO VII – DO CONTRATO DE DINHEIRO
A RISCO OU CÂMBIO MARÍTIMO

▶ Arts. 754 e 755 do CPC/1939.
▶ Art. 32 do Dec. nº 2.044, de 31-12-1908 (Lei da Letra de Câmbio e da Nota Promissória).
▶ Arts. 28, 43 a 54 do Dec. nº 57.663, de 24-1-1966 (Lei Uniforme em Matéria de Letras de Câmbio e Notas Promissórias).

Art. 633. O contrato de empréstimo a risco ou câmbio marítimo, pelo qual o dador estipula do tomador um prêmio certo e determinado por preço dos riscos de mar que tome sobre si, ficando com hipoteca especial no objeto sobre que recai o empréstimo, e sujeitando-se a perder o capital e prêmio se o dito objeto vier a perecer por efeito dos riscos tomados no tempo e lugar convencionados, só pode provar-se por instrumento público ou particular, o qual será registrado no Tribunal do Comércio dentro de oito dias da data da escritura ou letra. Se o contrato tiver lugar em país estrangeiro por súditos brasileiros, o instrumento deverá ser autenticado com o – "visto" – do cônsul do Império, se aí o houver, e em todo o caso anotado no verso do registro da embarcação, se versar sobre o navio ou fretes. Faltando no instrumento do contrato alguma das sobreditas formalidades, ficará este subsistindo entre as próprias partes, mas não estabelecerá direitos contra terceiro.

É permitido fazer empréstimo a risco não só em dinheiro, mas também em efeitos próprios para o serviço e consumo do navio, ou que possam ser objeto de comércio; mas em tais casos a coisa emprestada deve ser estimada em valor fixo para ser paga com dinheiro.

Art. 634. O instrumento do contrato de dinheiro a risco deve declarar:

1. a data e o lugar em que o empréstimo se faz;
2. o capital emprestado, e o preço do risco, aquele e este especificados separadamente;
3. o nome do dador e o do tomador, com o do navio e o do seu capitão;
4. o objeto ou efeito sobre que recai o empréstimo;
5. os riscos tomados, com menção específica de cada um;
6. se o empréstimo tem lugar por uma ou mais viagens, qual a viagem, e por que termo;
7. a época do pagamento por embolso, e o lugar onde deva efetuar-se;
8. qualquer outra cláusula em que as partes convenham, contanto que não seja oposta à natureza deste contrato, ou proibida por lei.

O instrumento em que faltar alguma das declarações enunciadas será considerado como simples crédito de dinheiro de empréstimo ao prêmio da lei, sem hipoteca nos efeitos sobre que tiver sido dada, nem privilégio algum.

Art. 635. A escritura ou letra de risco exarada à ordem tem força de letra de câmbio contra o tomador e garantes, e é transferível e exequível por via de endosso, com os mesmos direitos e pelas mesmas ações que as letras de câmbio.

O cessionário toma o lugar de endossador, tanto a respeito do capital como do prêmio e dos riscos, mas a garantia da solvabilidade do tomador é restrita ao capital; salvo condição em contrário quanto ao prêmio.

Art. 636. Não sendo a escritura ou letra de risco passada à ordem, só pode ser transferida por cessão, com as mesmas formalidades e efeitos das cessões civis, sem outra responsabilidade da parte do cedente, que não seja a de garantir a existência da dívida.

▶ Arts. 286 a 298 do CC.

Art. 637. Se no instrumento do contrato se não tiver feito menção específica dos riscos com reserva de algum, ou deixar de se estipular o tempo, entende-se que o dador do dinheiro tomará sobre si todos aqueles riscos marítimos, e pelo mesmo tempo que geralmente costumam receber os seguradores.

Art. 638. Não se declarando na escritura ou letra de risco que o empréstimo é só por ida ou só por volta, ou por uma e outra, o pagamento, recaindo o empréstimo sobre fazendas, é exequível no lugar do destino destas, declarado nos conhecimentos ou fretamento, e se recair sobre o navio, no fim de dois meses depois da chegada ao porto do destino, se não aparelhar de volta.

Art. 639. O empréstimo a risco pode recair:

1. sobre o casco, fretes e pertences do navio;
2. sobre a carga;
3. sobre a totalidade destes objetos, conjunta ou separadamente, ou sobre uma parte determinada de cada um deles.

Art. 640. Recaindo o empréstimo a risco sobre o casco e pertences do navio, abrange na sua responsabilidade o frete da viagem respectiva.

Quando o contrato é celebrado sobre o navio e carga, o privilégio do dador é solidário sobre uma e outra coisa.

Se o empréstimo for feito sobre a carga ou sobre um objeto determinado do navio ou da carga, os seus efeitos não se estendem além desse objeto ou da carga.

Art. 641. Para o contrato surtir o seu efeito legal, é necessário que exista dentro do navio no momento do sinistro a importância da soma dada de empréstimo a risco, em fazendas ou no seu equivalente.

Art. 642. Quando o objeto sobre que se toma dinheiro a risco não chega a pôr-se efetivamente em risco por não se efetuar a viagem, rescinde-se o contrato; e o dador neste caso tem direito para haver o capital com os juros da lei desde o dia da entrega do dinheiro ao tomador, sem outro algum prêmio, e goza do privilégio de preferência quanto ao capital somente.

Art. 643. O tomador que não carregar efeitos no valor total da soma tomada a risco é obrigado a restituir o remanescente ao dador antes da partida do navio, ou todo se nenhum empregar; e se não restituir, dá-se ação pessoal contra o tomador pela parte descoberta, ainda que a parte coberta ou empregada venha a perder-se (artigo 655).

O mesmo terá lugar quando o dinheiro a risco for tomado para habilitar o navio, se o tomador não chegar a fazer uso dele ou da coisa estimável, em todo ou em parte.

Art. 644. Quando no instrumento de risco sobre fazendas houver a faculdade de – "tocar e fazer escala" – ficam obrigados ao contrato, não só o dinheiro carregado em espécie para ser empregado na viagem, e as fazendas carregadas no lugar da partida, mas também as que forem carregadas em retorno por conta do tomador, sendo o contrato feito de ida e volta; e o tomador neste caso tem faculdade de trocá-las ou vendê-las e comprovar outras em todos os portos de escala.

Art. 645. Se ao tempo do sinistro parte dos efeitos objeto de risco já se achar em terra, a perda do dador será reduzida ao que tiver ficado dentro do navio; e se os efeitos salvos forem transportados em outro navio para o porto do destino originário (artigo 614), neste continuam os riscos do dador.

Art. 646. O dador a risco sobre efeitos carregados em navio nominativamente designado no contrato não responde pela perda desses efeitos, ainda mesmo que seja acontecida por perigo de mar, se forem transferidos ou baldeados para outro navio, salvo provando-se legalmente que a baldeação tivera lugar por força maior.

Art. 647. Em caso de sinistro, salvando-se alguns efeitos da carga objeto de risco, a obrigação do pagamento de dinheiro a risco fica reduzida ao valor dos mesmos objetos estimado pela forma determinada nos artigos 694 e seguintes. O dador neste caso tem direito para ser pago do principal e prêmio por esse mesmo valor até onde alcançar, deduzidas as despesas de salvados, e as soldadas vencidas nessa viagem.

Sendo o dinheiro dado sobre o navio, o privilégio do dador compreende não só os fragmentos náufragos do mesmo navio, mas também o frete adquirido pelas fazendas salvas, deduzidas as despesas de salvados, e as soldadas vencidas na viagem respectiva, não havendo dinheiro a risco ou seguro especial sobre esse frete.

Art. 648. Havendo sobre o mesmo navio ou sobre a mesma carga um contrato de risco e outro de seguro (artigo 650), o produto dos efeitos salvos será dividido entre o segurador e o dador a risco pelo seu capital somente na proporção de seus respectivos interesses.

Art. 649. Não precedendo ajuste em contrário, o dador conserva seus direitos íntegros contra o tomador, ainda mesmo que a perda ou dano da coisa objeto do risco provenha de alguma das causas enumeradas no artigo 711.

Art. 650. Quando alguns, mas não todos os riscos, ou uma parte somente do navio ou da carga se acham seguros, pode contrair-se empréstimo a risco pelos riscos ou parte não segura até à concorrência do seu valor por inteiro (artigo 682).

Art. 651. As letras mercantis provenientes de dinheiro recebido pelo capitão para despesas indispensáveis do navio ou da carga nos termos dos artigos 515 e 516, e os prêmios do seguro correspondente, quando a sua importância houver sido realmente segurada, têm o privilégio de letras de empréstimo a risco, se contiverem declaração expressa de que o importe foi destinado para as referidas despesas; e são exequíveis, ainda mesmo que tais objetos se percam por qualquer evento posterior, provando o dador que o dinheiro foi efetivamente empregado em benefício do navio ou da carga (artigos 515 e 517).

Art. 652. O empréstimo de dinheiro a risco sobre o navio tomado pelo capitão no lugar do domicílio do dono, sem autorização escrita deste, produz ação e privilégio somente na parte que o capitão possa ter no navio e frete; e não obriga o dono, ainda mesmo que se pretenda provar que o dinheiro foi aplicado em benefício da embarcação.

Art. 653. O empréstimo a risco sobre fazendas, contraído antes da viagem começada, deve ser mencionado nos conhecimentos e no manifesto da carga, com designação da pessoa a quem o capitão deve participar a chegada feliz no lugar do destino. Omitida aquela declaração, o consignatário, tendo aceitado letras de câmbio, ou feito adiantamento na fé dos conhecimentos, preferirá ao portador da letra de risco. Na falta de designação a quem deva participar a chegada, o

capitão pode descarregar as fazendas, sem responsabilidade alguma pessoal para com o portador da letra de risco.

Art. 654. Se entre o dador a risco e o capitão se der algum conluio por cujo meio os armadores ou carregadores sofram prejuízo, será este indenizado solidariamente pelo dador e pelo capitão, contra os quais poderá intentar-se a ação criminal que competente seja.

▶ Arts. 275 a 285 do CC.

Art. 655. Incorre no crime de estelionato o tomador que receber dinheiro a risco por valor maior que o do objeto do risco, ou quando este não tenha sido efetivamente embarcado (artigo 643); e no mesmo crime incorre também o dador que, não podendo ignorar esta circunstância, a não declarar à pessoa a quem endossar a letra de risco. No primeiro caso o tomador, e no segundo o dador respondem solidariamente pela importância da letra, ainda quando tenha perecido o objeto do risco.

▶ Art. 171 do CP.

Art. 656. É nulo o contrato de câmbio marítimo:
1. sendo o empréstimo feito a gente da tripulação;
2. tendo o empréstimo somente por objeto o frete a vencer, ou o lucro esperado de alguma negociação, ou um e outro simultânea e exclusivamente;
3. quando o dador não corre algum risco dos objetos sobre os quais se deu o dinheiro;
4. quando recai sobre objetos, cujos riscos já têm sido tomados por outrem no seu inteiro valor (artigo 650);
5. faltando o registro, ou as formalidades exigidas no artigo 516 para o caso de que aí se trata.

Em todos os referidos casos, ainda que o contrato não surta os seus efeitos legais, o tomador responde pessoalmente pelo principal mutuado e juros legais, posto que a coisa objeto do contrato tenha perecido no tempo e no lugar dos riscos.

Art. 657. O privilégio do dador a risco sobre o navio compreende proporcionalmente, não só os fragmentos náufragos do mesmo navio, mas também o frete adquirido pelas fazendas salvas, deduzidas as despesas de salvados e as soldadas devidas por essa viagem, não havendo seguro ou risco especial sobre o mesmo frete.

Art. 658. Se o contrato a risco compreender navio e carga, as fazendas conservadas são hipoteca do dador, ainda que o navio pereça; o mesmo é, *"vice-versa"*, quando o navio se salva e as fazendas se perdem.

Art. 659. É livre aos contraentes estipular o prêmio na quantidade, e o modo de pagamento que bem lhes pareça; mas uma vez concordado, a superveniência de risco não dá direito à exigência de aumento ou diminuição de prêmio; salvo se outra coisa for acordada no contrato.

Art. 660. Não estando fixada a época do pagamento, será este reputado vencido apenas tiverem cessado os riscos. Desse dia em diante correm para o dador os juros da lei sobre o capital e prêmio no caso de mora; a qual só pode provar-se pelo protesto.

Art. 661. O portador, na falta de pagamento no termo devido, é obrigado a protestar e a praticar todos os deveres dos portadores de letras de câmbio para vencimento dos juros, e conservação do direito regressivo sobre os garantes do instrumento de risco.

Art. 662. O dador de dinheiro a risco adquire hipoteca no objeto sobre que recai o empréstimo, mas fica sujeito a perder todo o direito à soma mutuada, perecendo o objeto hipotecado no tempo e lugar, e pelos riscos convencionados; e só tem direito ao embolso do principal e prêmio por inteiro no caso de chegada a salvamento.

Art. 663. Incumbe ao tomador provar a perda, e justificar que os feitos, objeto do empréstimo, existiam na embarcação na ocasião do sinistro.

Art. 664. Acontecendo presa ou desastre de mar ao navio ou fazendas sobre que recaiu o empréstimo a risco, o tomador tem obrigação de noticiar o acontecimento ao dador, apenas tal nova chegar ao seu conhecimento. Achando-se o tomador a esse tempo no navio, ou próximo aos objetos sobre que recaiu o empréstimo, é obrigado a empregar na sua reclamação e salvação as diligências próprias de um administrador exato; pena de responder por perdas e danos que da sua falta resultarem.

Art. 665. Quando sobre contrato de dinheiro a risco ocorra caso que se não ache prevenido neste Título, procurar-se-á a sua decisão por analogia, quanto seja compatível, no Título – "Dos seguros marítimos" – e "vice-versa".

TÍTULO VIII – DOS SEGUROS MARÍTIMOS

Capítulo I

DA NATUREZA E FORMA DO CONTRATO DE SEGURO MARÍTIMO

▶ Arts. 757 e 802 do CC.
▶ Lei nº 9.307, de 23-9-1996 (Lei da Arbitragem).
▶ Dec.-lei nº 73, de 21-11-1966, dispõe sobre o Sistema Nacional de Seguros Privados, regula as operações de seguros e resseguros.
▶ Dec. nº 60.459, de 13-3-1967, regulamenta o Dec.-lei nº 73, de 21-11-1966, com as modificações introduzidas pelos Decretos-leis nºs 168, de 14-2-1967, e 296, de 28-2-1967.

Art. 666. O contrato de seguro marítimo, pelo qual o segurador, tomando sobre si a fortuna e riscos do mar, se obriga a indenizar ao segurado da perda ou dano que possa sobrevir ao objeto do seguro, mediante um prêmio ou soma determinada, equivalente ao risco tomado, só pode provar-se por escrito, a cujo instrumento se chama "*apólice*"; contudo julga-se subsistente para obrigar reciprocamente ao segurador e ao segurado desde o momento em que as partes se convierem, assinando ambas a minuta, a qual deve conter todas as declarações, cláusulas e condições da apólice.

Art. 667. A apólice de seguro deve ser assinada pelos seguradores, e conter:

1. o nome e domicílio do segurador e o do segurado; declarando este se segura por sua conta ou por conta de terceiro, cujo nome pode omitir-se; omitindo-se o nome do segurado, o terceiro que faz o seguro em seu nome fica pessoal e solidariamente responsável. A apólice em nenhum caso pode ser concedida ao portador;
2. o nome, classe e bandeira do navio, e o nome do capitão; salvo não tendo o segurado certeza do navio (artigo 670);
3. a natureza e qualidade do objeto seguro e o seu valor fixo ou estimado;
4. o lugar onde as mercadorias foram, deviam ou devam ser carregadas;
5. os portos ou ancoradouros, onde o navio deve carregar ou descarregar, e aqueles onde deva tocar por escala;
6. o porto donde o navio partiu, devia ou deve partir; e a época da partida, quando esta houver sido positivamente ajustada;
7. menção especial de todos os riscos que o segurador toma sobre si;
8. o tempo e o lugar em que os riscos devem começar e acabar;
9. o prêmio do seguro, e o lugar, época e forma do pagamento;
10. o tempo, lugar e forma do pagamento no caso de sinistro;
11. declaração de que as partes se sujeitam à decisão arbitral, quando haja contestação, se elas assim o acordarem;
12. a data do dia em que se concluiu o contrato, com declaração, se antes, se depois do meio-dia;
13. e geralmente todas as outras condições em que as partes convenham.

Uma apólice pode conter dois ou mais seguros diferentes.

Art. 668. Sendo diversos os seguradores, cada um deve declarar a quantia por que se obriga, e esta declaração será datada e assinada. Na falta de declaração, a assinatura importa em responsabilidade solidária por todo o valor segurado.

Se um dos seguradores se obrigar por certa e determinada quantia, os seguradores que depois dele assinarem sem declaração da quantia por que se obrigam, ficarão responsáveis cada um por outra igual soma.

Art. 669. O seguro pode recair sobre a totalidade de um objeto ou sobre parte dele somente; e pode ser feito antes da viagem começada ou durante o curso dela, de ida e volta, ou só por ida ou só por volta, por viagem inteira ou por tempo limitado dela, e contra os riscos de viagem e transporte por mar somente, ou compreender também os riscos de transportes por canais e rios.

Art. 670. Ignorando o segurado a espécie de fazendas que hão de ser carregadas, ou não tendo certeza do navio em que o devam ser, pode efetuar validamente o seguro debaixo do nome genérico – "fazendas" – no primeiro caso, e – "sobre um ou mais navios" – no segundo; sem que o segurado seja obrigado a designar o nome do navio, uma vez que na apólice declare que o ignora, mencionando a data e assinatura da última carta de aviso ou ordens que tenha recebido.

Art. 671. Efetuando-se o seguro debaixo do nome genérico de – "fazendas" – o segurado é obrigado a provar, no caso de sinistro, que efetivamente se embarcaram as fazendas no valor declarado na apólice; e se o seguro se tiver feito – "sobre um ou mais navios" – incumbe-lhe provar que as fazendas seguras foram efetivamente embarcadas no navio que sofreu o sinistro (artigo 716).

Art. 672. A designação geral – "fazendas" – não compreende moeda de qualidade alguma, nem joias, ouro ou prata, pérolas ou pedras preciosas, nem munições de guerra; em seguros desta natureza é necessário que se declare a espécie do objeto sobre que recai o seguro.

Art. 673. Suscitando-se dúvida sobre a inteligência de alguma ou algumas das condições e cláusulas da apólice, a sua decisão será determinada pelas regras seguintes:

1. as cláusulas escritas terão mais força do que as impressas;
2. as que forem claras, e expuserem a natureza, objeto ou fim do seguro, servirão de regra para esclarecer as obscuras, e para fixar a intenção das partes na celebração do contrato;

▶ Art. 112 do CC.

3. o costume geral, observado em casos idênticos na praça onde se celebrou o contrato, prevalecerá a qualquer significação diversa que as palavras possam ter em uso vulgar;
4. em caso de ambiguidade que exija interpretação, será esta feita segundo as regras estabelecidas no artigo 131.

Art. 674. A cláusula de fazer escala compreende a faculdade de carregar e descarregar fazendas no lugar da escala, ainda que esta condição não seja expressa na apólice (artigo 667, nº 5).

Art. 675. A apólice de seguro é transferível e exequível por via de endosso, substituindo o endossado ao segurado em todas as suas obrigações, direitos e ações (artigo 363).

▶ Art. 760 do CC.

Art. 676. Mudando os efeitos segurados de proprietário durante o tempo do contrato, o seguro passa para o novo dono, independente de transferência da apólice; salvo condição em contrário.

Art. 677. O contrato de seguro é nulo:

1. sendo feito por pessoa que não tenha interesse no objeto segurado;
2. recaindo sobre algum dos objetos proibidos no artigo 686;
3. sempre que se provar fraude ou falsidade por alguma das partes;
4. quando o objeto do seguro não chega a pôr-se efetivamente em risco;
5. provando-se que o navio saiu antes da época designada na apólice, ou que se demorou além dela, sem ter sido obrigado por força maior;
6. recaindo o seguro sobre objetos já segurados no seu inteiro valor, e pelos mesmos riscos. Se, porém, o primeiro seguro não abranger o valor da coisa por inteiro, ou houver sido efetuado com exceção de algum ou alguns riscos, o seguro prevalecerá na parte, e pelos riscos executados;
7. o seguro de lucro esperado, que não fixar soma determinada sobre o valor do objeto do seguro;
8. sendo o seguro de mercadorias que se conduzirem em cima do convés, não se tendo feito na apólice declaração expressa desta circunstância;
9. sobre objetos que na data do contrato se achavam já perdidos ou salvos, havendo presunção fundada de que o segurado ou segurador podia ter notícia do evento ao tempo em que se efetuou o seguro. Existe esta presunção, provando-se por alguma forma que a notícia tinha chegado ao lugar em que se fez o seguro, ou àquele donde se expediu a ordem para ele se efetuar ao tempo da data da apólice ou da expedição da mesma ordem, e que o segurado ou o segurador a sabia.

Se, porém, a apólice contiver a cláusula – "perdido ou não perdido" – ou – "sobre boa ou má nova" – cessa a presunção; salvo provando-se fraude.

Art. 678. O seguro pode também anular-se:

1. quando o segurado oculta a verdade ou diz o que não é verdade;
2. quando faz declaração errônea, calando, falsificando ou alterando fatos ou circunstâncias, ou produzindo fatos ou circunstâncias não existentes, de tal natureza e importância que, a não se terem ocultado, falsificado ou produzido, os seguradores, ou não houveram admitido o seguro, ou o teriam efetuado debaixo de prêmio maior e mais restritas condições.

Art. 679. No caso de fraude da parte do segurado, além da nulidade do seguro, será este condenado a pagar ao segurador o prêmio estipulado em dobro. Quando a fraude estiver da parte do segurador, será este condenado a retornar o prêmio recebido, e a pagar ao segurado outra igual quantia.

Em um e outro caso pode-se intentar ação criminal contra o fraudulento.

▶ Arts. 766 e 773 do CC.

Art. 680. A desviação voluntária da derrota da viagem, e a alteração na ordem das escalas, que não for obrigada por urgente necessidade ou força maior, anulará o seguro pelo resto da viagem (artigo 509).

Art. 681. Se o navio tiver vários pontos de escala designados na apólice, é lícito ao segurado alterar a ordem das escalas; mas em tal caso só poderá escalar em um único porto dos especificados na mesma apólice.

Art. 682. Quando o seguro versar sobre dinheiro dado a risco, deve declarar-se na apólice, não só o nome do navio, do capitão, do e do tomador do dinheiro, como outrossim fazer-se menção dos riscos que este quer segurar e o dador exceptuara, ou qual o valor descoberto sobre que é permitido o seguro (artigo 650). Além desta declaração é necessário mencionar também na apólice a causa da dívida para que serviu o dinheiro.

Art. 683. Tendo-se efetuado sem fraude diversos seguros sobre o mesmo objeto, prevalecerá o mais antigo na data da apólice. Os seguradores cujas apólices forem posteriores são obrigados a restituir o prêmio recebido, retendo por indenização meio por cento do valor segurado.

Art. 684. Em todos os casos em que o seguro se anular por fato que não resulte diretamente de força maior, o segurador adquire o prêmio por inteiro, se o objeto do seguro se tiver posto em risco; e se não se tiver posto em risco, retém meio por cento do valor segurado.

Anulando-se, porém, algum seguro por viagem redonda com prêmio ligado, o segurador adquire metade (tão somente) do prêmio ajustado.

Capítulo II
DAS COISAS QUE PODEM SER OBJETO DE SEGURO MARÍTIMO

Art. 685. Toda e qualquer coisa, todo e qualquer interesse apreciável a dinheiro, que tenha sido posto ou deva pôr-se a risco de mar, pode ser objeto de seguro marítimo, não havendo proibição em contrário.

Art. 686. É proibido o seguro:
1. sobre coisas, cujo comércio não seja lícito pelas leis do Império, e sobre os navios nacionais ou estrangeiros que nesse comércio se empregarem;
2. sobre a vida de alguma pessoa livre;
3. sobre soldadas a vencer de qualquer indivíduo da tripulação.

Art. 687. O segurador pode ressegurar por outros seguradores os mesmos objetos que ele tiver segurado, com as mesmas ou diferentes condições, e por igual, maior ou menor prêmio.

O segurado pode tornar a segurar, quando o segurador ficar insolvente, antes da notícia da terminação do risco, pedindo em juízo anulação da primeira apólice; e se a esse tempo existir risco pelo qual seja devida alguma indenização ao segurado, entrará este pela sua importância na massa do segurador falido.

Art. 688. Não se declarando na apólice de seguro de dinheiro a risco, se o seguro compreende o capital e o prêmio, entende-se que compreende só o capital, o qual, no caso de sinistro, será indenizado pela forma determinada no artigo 647.

Art. 689. Pode segurar-se o navio, seu frete e fazendas na mesma apólice, mas neste caso há de determinar-se o valor de cada objeto distintamente; faltando esta especificação, o seguro ficará reduzido ao objeto definido na apólice somente.

Art. 690. Declarando-se genericamente na apólice, que se segura o navio sem outra alguma especificação, entende-se que o seguro compreende o casco e todos os pertences da embarcação, aprestos, aparelhos, mastreação e velame, lanchas, escaleres, botes, utensílios e vitualhas ou provisões; mas em nenhum caso os fretes nem o carregamento, ainda que este seja por conta do capitão, dono, ou armador do navio.

Art. 691. As apólices de seguro por ida e volta cobrem os riscos seguros que sobrevierem durante as estadias intermédias, ainda que esta cláusula seja omissa na apólice.

Capítulo III
DA AVALIAÇÃO DOS OBJETOS SEGUROS

Art. 692. O valor do objeto do seguro deve ser declarado na apólice em quantia certa, sempre que o segurado tiver dele conhecimento exato.

No seguro de navio, esta declaração é essencialmente necessária, e faltando ela o seguro julga-se improcedente.

Nos seguros sobre fazendas, não tendo o segurado conhecimento exato do seu verdadeiro importe, basta que o valor se declare por estimativa.

▶ Arts. 672, 700, 701 e 780 deste Código.

Art. 693. O valor declarado na apólice, quer tenha a cláusula – "valha mais ou valha menos" –, quer a não tenha, será considerado em juízo como ajustado e admitido entre as partes para todos os efeitos do seguro. Contudo, se o segurador alegar que a coisa segura valia ao tempo do contrato um quarto menos, ou daí para cima, do preço em que o segurado a estimou, será admitido a reclamar a avaliação; incumbindo-lhe justificar a reclamação pelos meios de prova admissíveis em comércio. Para este fim, e em ajuda de outras provas, poderá o segurador obrigar o segurado à exibição dos documentos ou das razões em que se fundara para o cálculo da avaliação que dera na apólice; e se presumirá ter havido dolo da parte do segurado se ele se negar a esta exibição.

Art. 694. Não se tendo declarado na apólice o valor certo do seguro sobre fazenda, será este determinado pelo preço da compra das mesmas fazendas, aumentado com as despesas que estas tiverem feito até o embarque, e mais o prêmio do seguro e a comissão de se efetuar, quando esta se tiver pago; por forma que, no caso de perda total, o segurado seja embolsado de todo o valor posto a risco. Na apólice de seguro sobre fretes sem valor fixo, será este determinado pela carta de fretamento, ou pelos conhecimentos, e pelo manifesto, ou livro da carga, cumulativamente em ambos os casos.

Art. 695. O valor do seguro sobre dinheiro a risco prova-se pelo contrato original, e o do seguro sobre despesas feitas com o navio ou carga durante a viagem (artigos 515 e 651) com as respectivas contas competentemente legalizadas.

▶ Art. 633 deste Código.

Art. 696. O valor de mercadorias provenientes de fábricas, lavras ou fazendas do segurado, que não for determinado na apólice, será avaliado pelo preço que outras tais mercadorias poderiam obter no lugar do desembarque, sendo aí vendidas, aumentado na forma do artigo 694.

Art. 697. As fazendas adquiridas por troca estimam-se pelo preço que poderiam obter no mercado do lugar da descarga aquelas que por elas se trocaram, aumentado na forma do artigo 694.

Art. 698. A avaliação em seguros feitos sobre moeda estrangeira faz-se, reduzindo-se esta ao valor da moeda corrente no Império pelo curso que o câmbio tinha na data da apólice.

Art. 699. O segurador em nenhum caso pode obrigar o segurado a vender os objetos do seguro para determinar o seu valor.

Art. 700. Sempre que se provar que o segurado procedeu com fraude na declaração do valor declarado na apólice, ou na que posteriormente se fizer no caso de se não ter feito no ato do contrato (artigos 692 e 694), o juiz, reduzindo a estimação do objeto segurado ao seu verdadeiro valor, condenará o segurado a pagar ao segurador o dobro do prêmio estipulado.

Art. 701. A cláusula inserta na apólice – "valha mais ou valha menos" – não releva o segurado da condenação por fraude; nem pode ser valiosa sempre que se provar que o objeto seguro valia menos de um quarto que o preço fixado na apólice (artigos 692 e 693).

Capítulo IV

DO COMEÇO E FIM DOS RISCOS

Art. 702. Não constando da apólice do seguro o tempo em que os riscos devem começar e acabar, os riscos de seguro sobre navio principiam a correr por conta do segurador desde o momento em que a embarcação suspende a sua primeira âncora para velejar, e terminam depois que tem dado fundo e amarrado dentro do porto do seu destino, no lugar que aí for designado para descarregar, se levar carga, ou no lugar em que der fundo e amarrar, indo em lastro.

Art. 703. Segurando-se o navio por ida e volta, ou por mais de uma viagem, os riscos correm sem interrupção por conta do segurador, desde o começo da primeira viagem até o fim da última (artigo 691).

Art. 704. No seguro de navios por estadia em algum porto, os riscos começam a correr desde que o navio dá fundo e se amarra no mesmo porto, e findam desde o momento em que suspende a sua primeira âncora para seguir viagem.

Art. 705. Sendo o seguro sobre mercadorias, os riscos têm princípio desde o momento em que elas se começam a embarcar nos cais ou à borda d'água do lugar da carga, e só terminam depois que são postas a salvo no lugar da descarga; ainda mesmo no caso do capitão ser obrigado a descarregá-las em algum porto de escala, ou de arribada forçada.

Art. 706. Fazendo-se seguro sobre fazendas a transportar alternadamente por mar e terra, rios ou canais, em navios, barcos, carros ou animais, os riscos começam logo que os efeitos são entregues no lugar onde devem ser carregados, e só expiram quando são descarregados a salvamento no lugar do destino.

Art. 707. Os riscos de seguro sobre frete têm o seu começo desde o momento e à medida que são recebidas a bordo as fazendas que pagam frete; e acabam logo que saem para fora do portaló do navio, e à proporção que vão saindo; salvo se por ajuste ou por uso do porto o navio for obrigado a receber a carga à beira d'água, e pô-la em terra por sua conta.

O risco do frete, neste caso, acompanha o risco das mercadorias.

Art. 708. A fortuna das somas mutuadas a risco principia e acaba para os seguradores na mesma época, e pela mesma forma que corre para o dador do dinheiro a risco; no caso, porém, de se não ter feito no instrumento do contrato a risco menção específica dos riscos tomados, ou se não houver estipulado no tempo, entende-se que os seguradores tomaram sobre si todos os riscos, e pelo mesmo tempo que geralmente costumam receber os dadores de dinheiro a risco.

Art. 709. No seguro de lucro esperado, os riscos acompanham a sorte das fazendas respectivas.

Capítulo V

DAS OBRIGAÇÕES RECÍPROCAS DO SEGURADOR E DO SEGURADO

Art. 710. São a cargo do segurador todas as perdas e danos que sobrevierem ao objeto seguro por algum dos riscos especificados na apólice.

Art. 711. O segurador não responde por dano ou avaria que aconteça por fato do segurado, ou por alguma das causas seguintes:

1. desviação voluntária da derrota ordinária e usual da viagem;
2. alteração voluntária na ordem das escalas designadas na apólice; salvo a exceção estabelecida no artigo 680;
3. prolongação voluntária da viagem, além do último porto atermado na apólice. Encurtando-se a viagem, o seguro surte pleno efeito, se o porto onde ela findar for de escala declarada na apólice; sem que o segurado tenha direito para exigir redução do prêmio estipulado;
4. separação espontânea de comboio, ou de outro navio armado, tendo-se estipulado na apólice de ir em conserva dele;
5. diminuição e derramamento de líquido (artigo 624);
6. falta de estiva, ou defeituosa arrumação da carga;
7. diminuição natural de gêneros, que por sua qualidade são suscetíveis de dissolução, diminuição ou quebra em peso ou medida entre o seu embarque e o desembarque; salvo tendo estado encalhado o navio, ou tendo sido descarregadas essas fazendas por ocasião de força maior; devendo-se, em tais casos, fazer dedução da diminuição ordinária que costuma haver em gêneros de semelhante natureza (artigo 617);
8. quando a mesma diminuição natural acontecer em cereais, açúcar, café, farinhas, tabaco, arroz, queijos, frutas secas ou verdes, livros ou papel e outros gêneros de semelhante natureza, se a avaria não exceder a dez por cento do valor seguro; salvo se a embarcação tiver estado encalhada, ou as mesmas fazendas tiverem sido descarregadas por motivo de força maior, ou o contrário se houver estipulado na apólice;
9. danificação de amarras, mastreação, velame ou outro qualquer pertence do navio, procedida do uso ordinário do seu destino;
10. vício intrínseco, má qualidade, ou mau acondicionamento do objeto seguro;
11. avaria simples ou particular, que, incluída a despesa de documentos justificativos, não exceda de três por cento do valor segurado;
12. rebeldia do capitão ou da equipagem; salvo havendo estipulação em contrário declarada na apólice. Esta estipulação é nula sendo o seguro feito pelo capitão, por conta dele ou alheia, ou por terceiro por conta do capitão.

Art. 712. Todo e qualquer ato por sua natureza criminoso praticado pelo capitão no exercício do seu emprego, ou pela tripulação, ou por um e outra conjuntamente, do qual aconteça dano grave ao navio ou à carga, em oposição à presumida vontade legal do dono do navio, é rebeldia.

Art. 713. O segurador que toma o risco de rebeldia responde pela perda ou dano procedente do ato de rebeldia do capitão ou da equipagem, ou seja por consequência imediata, ou ainda casualmente, uma vez que a perda ou dano tenha acontecido dentro do tempo dos riscos tomados, e na viagem e portos da apólice.

Art. 714. A cláusula – "livre de avaria" – desobriga os seguradores das avarias simples ou particulares; a cláusula – "livre de todas as avarias" – desonera-os também das grossas. Nenhuma destas cláusulas, porém, os isenta nos casos em que tiver lugar o abandono.

▶ Arts. 753 a 760 deste Código.

Art. 715. Nos seguros feitos com a cláusula – "livre de hostilidade" – o segurador é livre, se os efeitos segurados perecem ou se deterioram por efeito de hostilidade. O seguro, neste caso, cessa desde que foi retardada a viagem, ou mudada a derrota por causa das hostilidades.

Art. 716. Contendo o seguro sobre fazendas a cláusula – "carregadas em um ou mais navios" –, o seguro surte todos os efeitos, provando-se que as fazendas seguras foram carregadas por inteiro em um só navio, ou por partes em diversas embarcações.

Art. 717. Sendo necessário baldear-se a carga, depois de começada a viagem, para embarcação diferente da que tiver sido designada na apólice, por inavegabilidade ou força maior, os riscos continuam a correr por conta do segurador até o navio substituído chegar ao porto do destino, ainda mesmo que tal navio seja de diversa bandeira, não sendo esta inimiga.

▶ Art. 393 do CC.

Art. 718. Ainda que o segurador não responda pelos danos que resultam ao navio por falta de exata observância das leis e regulamentos das Alfândegas e polícia dos portos (artigo 530), esta falta não o desonera de responder pelos que daí sobrevierem à carga.

Art. 719. O segurado deve sem demora participar ao segurador, e, havendo mais de um, somente ao primeiro na ordem da subscrição, todas as notícias que receber de qualquer sinistro acontecido ao navio ou à carga. A omissão culposa do segurado a este respeito, pode ser qualificada de presunção de má-fé.

▶ Art. 771 do CC.

Art. 720. Se passado um ano a datar da saída do navio nas viagens para qualquer porto da América, ou dois anos para outro qualquer porto do mundo, e, tendo expirado o tempo limitado na apólice, não houver notícia alguma do navio, presume-se este perdido, e o segurado pode fazer abandono ao segurador, e exigir o pagamento da apólice; o qual, todavia, será obrigado a restituir, se o navio se não houver perdido e se vier a provar que o sinistro aconteceu depois de ter expirado o termo dos riscos.

Art. 721. Nos casos de naufrágio ou varação, presa ou arresto de inimigo, o segurado é obrigado a empregar toda a diligência possível para salvar ou reclamar os objetos seguros, sem que para tais atos se faça necessária a procuração do segurador, do qual pode o segurado exigir o adiantamento do dinheiro preciso para a reclamação intentada ou que se possa intentar, sem que o mau sucesso desta prejudique ao embolso do segurado pelas despesas ocorridas.

Art. 722. Quando o segurado não pode fazer por si as devidas reclamações, por deverem ter lugar fora do Império, ou do seu domicílio, deve nomear para esse fim competente mandatário, avisando desta nomeação ao segurador (artigo 719). Feita a nomeação e o aviso, cessa toda a sua responsabilidade, nem responde pelos atos do seu mandatário; ficando unicamente obrigado a fazer cessão ao segurador das ações que competirem, sempre que este o exigir.

Art. 723. O segurado, no caso de presa ou arresto de inimigo, só está obrigado a seguir os termos da reclamação até a promulgação da sentença da primeira instância.

Art. 724. Nos casos dos três artigos precedentes, o segurado é obrigado a obrar de acordo com os seguradores. Não havendo tempo para os consultar, obrará como melhor entender, correndo as despesas por conta dos mesmos seguradores.

Em caso de abandono admitido pelos seguradores, ou destes tomarem sobre si as diligências dos salvados ou das reclamações, cessam todas as sobreditas obrigações do capitão e do segurado.

Art. 725. O julgamento de um tribunal estrangeiro, ainda que baseado pareça em fundamentos manifestamente injustos, ou fatos notoriamente falsos ou desfigurados, não desonera o segurador, mostrando o segurado que empregou os meios ao seu alcance, e produziu as provas que lhe era possível prestar para prevenir a injustiça do julgamento.

Art. 726. Os objetos segurados que forem restituídos gratuitamente pelos apresadores voltam ao domínio de seus donos, ainda que a restituição tenha sido feita a favor do capitão ou de qualquer outra pessoa.

Art. 727. Todo o ajuste que se fizer com os apresadores no alto-mar para resgatar a coisa segura é nulo; salvo havendo para isso autorização por escrito na apólice.

Art. 728. Pagando o segurador um dano acontecido à coisa segura, ficará sub-rogado em todos os direitos e ações que ao segurado competirem contra terceiro; e o segurado não pode praticar ato algum em prejuízo do direito adquirido dos seguradores.

▶ Súmulas nºs 188 e 257 do STF.

Art. 729. O prêmio do seguro é devido por inteiro, sempre que o segurado receber a indenização do sinistro.

Art. 730. O segurador é obrigado a pagar ao segurado as indenizações a que tiver direito, dentro de quinze dias da apresentação da conta, instruída com os documentos respectivos; salvo se o prazo do pagamento tiver sido estipulado na apólice.

TÍTULO IX – DO NAUFRÁGIO E SALVADOS

Arts. 731 a 739. *Revogados.* Lei nº 7.542, de 26-9-1986.

TÍTULO X – DAS ARRIBADAS FORÇADAS

▶ A arribada forçada é disciplinada nos arts. 772 a 775 do CPC/1939, preservados pelo estatuto processual vigente.

Art. 740. Quando um navio entra por necessidade em algum porto ou lugar distinto dos determinados na viagem a que se propusera, diz-se que fez arribada forçada (artigo 510).

Art. 741. São causas justas para arribada forçada:
1. falta de víveres ou aguada;
2. qualquer acidente acontecido à equipagem, carga ou navio, que impossibilite este de continuar a navegar;
3. temor fundado de inimigo ou pirata.

Art. 742. Todavia, não será justificada a arribada:
1. se a falta de víveres ou de aguada proceder de não haver-se feito a provisão necessária segundo o costume e uso da navegação, ou de haver-se perdido e estragado por má arrumação ou descuido, ou porque o capitão vendesse alguma parte dos mesmos víveres ou aguada;
2. nascendo a inavegabilidade do navio de mau conserto, de falta de apercebimento ou esquipação, ou de má arrumação da carga;
3. se o temor de inimigo ou pirata não for fundado em fatos positivos que não deixem dúvida.

Art. 743. Dentro das primeiras vinte e quatro horas úteis da entrada no porto de arribada, deve o capitão apresentar-se à autoridade competente para lhe tomar o protesto da arribada, que justificará perante a mesma autoridade (artigos 505 e 512).

Art. 744. As despesas ocasionadas pela arribada forçada correm por conta do fretador ou do afretador, ou de ambos, segundo for a causa que as motivou, com direito regressivo contra quem pertencer.

Art. 745. Sendo a arribada justificada, nem o dono do navio nem o capitão respondem pelos prejuízos que puderem resultar à carga; se, porém, não for justificada, um e outro serão responsáveis solidariamente até a concorrência do valor do navio e frete.

▶ Arts. 275 a 285 do CC.

Art. 746. Só pode autorizar-se descarga no porto de arribada, sendo indispensavelmente necessária para conserto no navio, ou reparo de avaria da carga (artigo 614). O capitão, neste caso, é responsável pela boa guarda e conservação dos efeitos descarregados; salvo unicamente os casos de força maior, ou de tal natureza que não possam ser prevenidos.

A descarga será reputada legal em juízo quando tiver sido autorizada pelo juiz de direito do comércio. Nos países estrangeiros compete aos cônsules do Império dar a autorização necessária, e onde os não houver será requerida à autoridade local competente.

Art. 747. A carga avariada será reparada ou vendida, como parecer mais conveniente; mas em todo o caso deve preceder autorização competente.

Art. 748. O capitão não pode, debaixo de pretexto algum, diferir a partida do porto da arribada desde que cessa o motivo dela; pena de responder por perdas e danos resultantes da dilação voluntária (artigo 510).

TÍTULO XI – DO DANO CAUSADO POR ABALROAÇÃO

Art. 749. Sendo um navio abalroado por outro, o dano inteiro causado ao navio abalroado e à sua carga será pago por aquele que tiver causado a abalroação, se esta tiver acontecido por falta de observância do regulamento do porto, imperícia, ou negligência do capitão ou da tripulação; fazendo-se a estimação por árbitros.

Art. 750. Todos os casos de abalroação serão decididos, na menor dilação possível, por peritos, que julgarão qual dos navios foi o causador do dano, conformando-se com as disposições do regulamento do porto, e os usos e prática do lugar. No caso dos árbitros declararem que não podem julgar com segurança qual navio foi culpado, sofrerá cada um o dano que tiver recebido.

Art. 751. Se, acontecendo a abalroação no alto-mar, o navio abalroado for obrigado a procurar porto de arribada para poder consertar, e se perder nessa derrota, a perda do navio presume-se causada pela abalroação.

Art. 752. Todas as perdas resultantes de abalroação pertencem à classe de avarias particulares ou simples; excetua-se o único caso em que o navio, para evitar dano maior de uma abalroação iminente, pica as suas amarras, e abalroa a outro para sua própria salvação (artigo 764). Os danos que o navio ou a carga, neste caso, sofre, são repartidos pelo navio, frete e carga por avaria grossa.

TÍTULO XII – DO ABANDONO

Art. 753. É lícito ao segurado fazer abandono dos objetos seguros, e pedir ao segurador a indenização de perda total nos seguintes casos:
1. presa ou arresto por ordem de potência estrangeira, seis meses depois de sua intimação, se o arresto durar por mais deste tempo;
2. naufrágio, varação, ou outro qualquer sinistro de mar compreendido na apólice, de que resulte não poder o navio navegar, ou cujo conserto importe em três quartos ou mais do valor por que o navio foi segurado;
3. perda total do objeto seguro, ou deterioração que importe pelo menos três quartos do valor da coisa segurada (artigos 759 e 777);
4. falta de notícia do navio sobre que se fez o seguro, ou em que se embarcaram os efeitos seguros (artigo 720).

Art. 754. O segurado não é obrigado a fazer abandono; mas se o não fizer nos casos em que este Código o permite, não poderá exigir do segurador indenização maior do que teria direito a pedir se houvera acontecido perda total; exceto nos casos de letra de câmbio passada pelo capitão (artigo 515), de naufrágio, reclamação de presa, ou arresto de inimigo, e de abalroação.

Art. 755. O abandono só é admissível quando as perdas acontecem depois de começada a viagem.

Não pode ser parcial, deve compreender todos os objetos contidos na apólice. Todavia, se na mesma apólice se tiver segurado o navio e a carga, pode ter lugar o abandono de cada um dos dois objetos separadamente (artigo 689).

Art. 756. Não é admissível o abandono por título de inavegabilidade, se o navio, sendo consertado, pode ser posto em estado de continuar a viagem até o lugar do destino; salvo se à vista das avaliações legais, a que se deve proceder, se vier no conhecimento de que as despesas do conserto excederiam pelo menos a três quartos do preço estimado na apólice.

Art. 757. No caso de inavegabilidade do navio, se o capitão, carregadores, ou pessoa que os represente não puderem fretar outro navio para transportar a carga ao seu destino dentro de sessenta dias depois de julgada a inavegabilidade (artigo 614), o segurado pode fazer abandono.

Art. 758. Quando nos casos de presa constar que o navio foi retomado antes de intimado o abandono, não é este admissível; salvo se o dano sofrido por causa da presa, e a despesa com o prêmio da retomada, ou salvagem importa em três quartos, pelo menos, do valor segurado, ou se em consequência da represa os efeitos seguros tiverem passado a domínio de terceiro.

Art. 759. O abandono do navio compreende os fretes das mercadorias que se puderem salvar, os quais serão considerados como pertencentes aos seguradores; salva a preferência que sobre os mesmos possa competir à equipagem por suas soldadas vencidas na viagem (artigo 564), e a outros quaisquer credores privilegiados (artigo 738).

Art. 760. Se os fretes se acharem seguros, os que forem devidos pelas mercadorias salvas, pertencerão aos seguradores dos mesmos fretes, deduzidas as despesas dos salvados, e as soldadas devidas à tripulação pela viagem (artigo 559).

TÍTULO XIII – DAS AVARIAS

▶ Arts. 765 a 768 do CPC/1939.

CAPÍTULO I
DA NATUREZA E CLASSIFICAÇÃO DAS AVARIAS

Art. 761. Todas as despesas extraordinárias feitas a bem do navio ou da carga, conjunta ou separadamente, e todos os danos acontecidos àquele ou a esta, desde o embarque e partida até a sua volta e desembarque, são reputadas avarias.

▶ Arts. 765 a 768 do CPC/1939 sobre avarias, mantidos pelo CPC vigente.

Art. 762. Não havendo entre as partes convenção especial exarada na carta-partida ou no conhecimento, as avarias hão de qualificar-se, e regular-se pelas disposições deste Código.

Art. 763. As avarias são de duas espécies: avarias grossas ou comuns, e avarias simples ou particulares. A importância das primeiras é repartida proporcionalmente entre o navio, seu frete e a carga; e a das segundas é suportada, ou só pelo navio, ou só pela coisa que sofreu o dano ou deu causa à despesa.

Art. 764. São avarias grossas:
1. tudo o que se dá ao inimigo, corsário ou pirata por composição ou a título de resgate do navio e fazendas, conjunta ou separadamente;
2. as coisas alijadas para salvação comum;
3. os cabos, mastros, velas e outros quaisquer aparelhos deliberadamente cortados, ou partidos por força de vela para salvação do navio e carga;
4. as âncoras, amarras e quaisquer outras coisas abandonadas ao mar ou à terra em serviço do navio e da carga, e nessa ocasião aprisionada ou retida;
5. os danos causados pelo alijamento às fazendas restantes a bordo;
6. os danos feitos deliberadamente ao navio para facilitar a evacuação d'água e os danos acontecidos por esta ocasião à carga;
7. o tratamento, curativo, sustento e indenizações da gente da tripulação ferida ou mutilada defendendo o navio;
8. a indenização ou resgate da gente da tripulação mandada ao mar ou à terra em serviço do navio e da carga, e nessa ocasião aprisionada ou retida;
9. as soldadas e sustento da tripulação durante arribada forçada;
10. os direitos de pilotagem, e outros de entrada e saída num porto de arribada forçada;
11. os aluguéis de armazéns em que se depositem, em porto de arribada forçada, as fazendas que não puderem continuar a bordo durante o conserto do navio;
12. as despesas da reclamação do navio e carga feitas conjuntamente pelo capitão numa só instância, e o sustento e soldadas da gente da tripulação durante a mesma reclamação, uma vez que o navio e carga sejam relaxados e restituídos;
13. os gastos de descarga, e salários para aliviar o navio e entrar numa barra ou porto, quando o navio é obrigado a fazê-lo por borrasca, ou perseguição de inimigo, e os danos acontecidos às fazendas pela descarga e recarga do navio em perigo;
14. os danos acontecidos ao corpo e quilha do navio, que premeditadamente se faz varar para prevenir perda total, ou presa do inimigo;
15. as despesas feitas para pôr a nado o navio encalhado, e toda a recompensa por serviços extraordinários feitos para prevenir a sua perda total, ou presa;
16. as perdas ou danos sobrevindos às fazendas carregadas em barcas ou lanchas, em consequência de perigo;
17. as soldadas e sustento da tripulação, se o navio depois da viagem começada é obrigado a suspendê-la por ordem de potência estrangeira, ou por superveniência de guerra; e isto por todo o tempo que o navio e carga forem impedidos;
18. o prêmio do empréstimo a risco, tomado para fazer face a despesas que devam entrar na regra de avaria grossa;
19. o prêmio do seguro das despesas de avaria grossa, e as perdas sofridas na venda da parte da carga no porto de arribada forçada para fazer face às mesmas despesas;
20. as custas judiciais para regular as avarias, e fazer a repartição das avarias grossas;
21. as despesas de uma quarentena extraordinária.

E, em geral, os danos causados deliberadamente em caso de perigo ou desastre imprevisto, e sofridos como consequência imediata destes eventos, bem como as despesas feitas em iguais circunstâncias, depois de deliberações motivadas (artigo 509), em bem e salvamento comum do navio e mercadorias, desde a sua carga e partida até o seu retorno e descarga.

Art. 765. Não serão reputadas avarias grossas, posto que feitas voluntariamente e por deliberações motivadas para o bem do navio e carga, as despesas causadas por vício interno do navio, ou por falta ou negligência do capitão ou da gente da tripulação. Todas estas despesas são a cargo do capitão ou do navio (artigo 565).

Art. 766. São avarias simples e particulares:
1. o dano acontecido às fazendas por borrasca, presa, naufrágio, ou encalhe fortuito, durante a viagem, e as despesas feitas para as salvar;
2. a perda de cabos, amarras, âncoras, velas e mastros, causada por borrasca ou outro acidente do mar;
3. as despesas de reclamação, sendo o navio e fazendas reclamadas separadamente;
4. o conserto particular de vasilhas, e as despesas feitas para conservar os efeitos avariados;
5. o aumento de frete e despesa de carga e descarga; quando declarado o navio inavegável, se as fazendas são levadas ao lugar do destino por um ou mais navios (artigo 614).

Em geral, as despesas feitas e o dano sofrido só pelo navio, ou só pela carga, durante o tempo dos riscos.

Art. 767. Se em razão de baixios ou bancos de areia conhecidos o navio não puder dar à vela do lugar da partida com a carga inteira, nem chegar ao lugar do destino sem descarregar parte da carga em barcas, as despesas feitas para aligeirar o navio não são reputadas avarias, e correm por conta do navio somente, não havendo na carta-partida ou nos conhecimentos estipulação em contrário.

Art. 768. Não são igualmente reputadas avarias, mas simples despesas a cargo do navio, as despesas de pilotagem da costa e barras, e outras feitas por entrada e saída de abras ou rios; nem os direitos de licenças, visitas, tonelagem, marcas, ancoragem, e outros impostos de navegação.

Art. 769. Quando for indispensável lançar-se ao mar alguma parte da carga, deve começar-se pelas mercadorias e efeitos que estiverem em cima do convés; depois serão alijadas as mais pesadas e de menos valor, e dada igualdade, as que estiverem na coberta e mais à mão; fazendo-se toda a diligência possível para tomar nota das marcas e números dos volumes alijados.

Art. 770. Em seguimento da ata da deliberação que se houver tomado para o alijamento (artigo 509) se fará declaração bem especificada das fazendas lançadas ao mar; e se pelo ato do alijamento algum dano tiver resultado ao navio ou à carga remanescente, se fará também menção deste acidente.

Art. 771. As danificações que sofrerem as fazendas postas a bordo de barcos para a sua condução ordinária, ou para aligeirar o navio em caso de perigo, serão reguladas pelas disposições estabelecidas neste Capítulo que lhes forem aplicáveis, segundo as diversas causas de que o dano resultar.

Capítulo II

DA LIQUIDAÇÃO, REPARTIÇÃO E CONTRIBUIÇÃO DA AVARIA GROSSA

Art. 772. Para que o dano sofrido pelo navio ou carga possa considerar-se avaria a cargo do segurador, é necessário que ele seja examinado por dois arbitradores peritos que declarem:
1. de que procedeu o dano;
2. a parte da carga que se acha avariada, e por que causa, indicando as suas marcas, números ou volumes;
3. tratando-se do navio ou dos seus pertences, quanto valem os objetos avariados, e em quanto poderá importar o seu conserto ou reposição.

Todas estas diligências, exames e vistorias serão determinadas pelo Juiz de Direito do respectivo distrito, e praticadas com citação dos interessados, por si ou seus procuradores; podendo o juiz, no caso de ausência das partes, nomear de ofício pessoa inteligente e idônea que as represente (artigo 618).

As diligências, exames e vistorias sobre o casco do navio e seus pertences devem ser praticadas antes de dar-se princípio ao seu conserto, nos casos em que este possa ter lugar.

Art. 773. Os efeitos avariados serão sempre vendidos em público leilão a quem mais der, e pagos no ato da arrematação; e o mesmo se praticará com o navio, quando ele tenha de ser vendido segundo as disposições deste Código; em tais casos o juiz, se assim lhe parecer conveniente, ou se algum interessado o requerer, poderá determinar que o casco e cada um dos seus pertences se venda separadamente.

Art. 774. A estimação do preço para o cálculo da avaria será feita sobre a diferença entre o respectivo rendimento bruto das fazendas sãs e o das avariadas, vendidas a dinheiro no tempo da entrega; e em nenhum caso pelo seu rendimento líquido, nem por aquele que, demorada a venda ou sendo a prazo, poderiam vir a obter.

Art. 775. Se o dono ou consignatário não quiser vender a parte das mercadorias sãs, não pode ser compelido; e o preço para o cálculo será em tal caso o corrente que as mesmas fazendas, se vendidas fossem ao tempo da entrega, poderiam obter no mercado, certificado pelos preços correntes do lugar, ou, na falta destes, atestado, debaixo de juramento por dois comerciantes acreditados de fazendas do mesmo gênero.

Art. 776. O segurador não é obrigado a pagar mais de dois terços do custo do conserto das avarias que tiverem acontecido ao navio segurado por fortuna do mar, contanto que o navio fosse estimado na apólice por seu verdadeiro valor, e os consertos não excedam de três quartos desse valor no dizer de arbitradores expertos. Julgando estes, porém, que pelos consertos o valor real do navio se aumentaria além do terço da soma que custariam, o segurador pagará as despesas, abatido o excedente valor do navio.

Art. 777. Excedendo as despesas a três quartos do valor do navio, julga-se este declarado inavegável a respeito dos seguradores; os quais, neste caso, serão obrigados, não tendo havido abandono, a pagar a soma segurada, abatendo-se nesta o valor do navio danificado ou dos seus fragmentos, segundo o dizer de arbitradores expertos.

Art. 778. Tratando-se de avaria particular das mercadorias, e achando-se estas estimadas na apólice por valor certo, o cálculo do dano será feito sobre o preço que as mercadorias avariadas alcançarem no porto da entrega e o da venda das não avariadas no mesmo lugar e tempo, sendo de igual espécie e qualidade, ou se todas chegaram avariadas, sobre o preço que outras semelhantes não avariadas alcançaram ou poderiam alcançar; e a diferença, tomada a proporção entre umas e outras, será a soma devida ao segurado.

Art. 779. Se o valor das mercadorias se não tiver fixado na apólice, a regra para achar-se a soma devida será a mesma do artigo precedente, contanto que primeiro se determine o valor das mercadorias não avariadas; o que se fará acrescentando às importâncias das faturas originais as despesas subsequentes (artigo 694). E tomada a diferença proporcional entre o preço por que se venderam as não avariadas e as avariadas, se aplicará a proporção relativa à parte das fazendas avariadas pelo seu primeiro custo e despesas.

Art. 780. Contendo a apólice a cláusula de pagar-se avaria por marcas, volumes, caixas, sacas ou espécies, cada uma das partes designadas será considerada como um seguro separado para a forma da liquidação das avarias, ainda que essa parte se ache englobada no valor total do seguro (artigos 689 e 692).

Art. 781. Qualquer parte da carga, sendo objeto suscetível de avaliação separada, que se perca totalmente, ou que por algum dos riscos cobertos pela respectiva apólice fique tão danificada que não valha coisa alguma, será indenizada pelo segurador com perda total, ainda que relativamente ao todo ou à carga segura seja parcial, e o valor da parte perdida ou destruída pelo dano se ache incluído, ainda que indistintamente, no total do seguro.

Art. 782. Se a apólice contiver a cláusula de pagar avarias como perda de salvados, a diferença para menos do valor fixado na apólice, que resultar da venda líquida que os gêneros avariados produzirem no lugar onde se venderam, sem atenção alguma ao produto bruto que tenham no mercado do porto do seu destino, será a estimação da avaria.

Art. 783. A regulação, repartição ou rateio das avarias grossas serão feitos por árbitros, nomeados por ambas as partes, a instâncias do capitão.

Não se querendo as partes louvar, a nomeação de árbitros será feita pelo Tribunal do Comércio respectivo, ou pelo juiz de direito do comércio a que pertencer, nos lugares distantes do domicílio do mesmo tribunal.

Se o capitão for omisso em fazer efetuar o rateio das avarias grossas, pode a diligência ser promovida por outra qualquer pessoa que seja interessada.

▶ Arts. 764 e 765 deste Código.

Art. 784. O capitão tem direito para exigir, antes de abrir as escotilhas do navio, que os consignatários da carga prestem fiança idônea ao pagamento da avaria grossa, a que suas respectivas mercadorias forem obrigadas no rateio da contribuição comum.

Art. 785. Recusando-se os consignatários a prestar a fiança exigida, pode o capitão requerer o depósito judicial dos efeitos obrigados à contribuição, até ser pago, ficando o preço da venda sub-rogado, para se efetuar por ele o pagamento da avaria grossa, logo que o rateio tiver lugar.

Art. 786. A regulação e repartição das avarias grossas deverá fazer-se no porto da entrega da carga. Todavia, quando, por dano acontecido depois da saída, o navio for obrigado a regressar ao porto da carga, as despesas necessárias para reparar os danos da avaria grossa podem ser neste ajustadas.

Art. 787. Liquidando-se as avarias grossas ou comuns no porto da entrega da carga, hão de contribuir para a sua composição:
1. a carga, incluindo o dinheiro, prata, ouro, pedras preciosas, e todos os mais valores que se acharem a bordo;
2. o navio e seus pertences, pela sua avaliação no porto da descarga, qualquer que seja o seu estado;
3. os fretes, por metade do seu valor também.

Não entram para a contribuição o valor dos víveres que existirem a bordo para mantimento do navio, a bagagem do capitão, tripulação e passageiros, que for do seu uso pessoal, nem os objetos tirados do mar por mergulhadores à custa do dono.

Art. 788. Quando a liquidação se fizer no porto da carga, o valor da mesma será estimado pelas respectivas faturas, aumentando-se ao preço da compra os despesas até o embarque; e quanto ao navio e frete se observarão as regras estabelecidas no artigo antecedente.

Art. 789. Quer a liquidação se faça no porto da carga, quer no da descarga, contribuirão para as avarias grossas as importâncias que forem ressarcidas por via da respectiva contribuição.

Art. 790. Os objetos carregados sobre o convés (artigos 521 e 677, nº 8), e os que tiverem sido embarcados sem conhecimento assinado pelo capitão (artigo 599) e os que o proprietário ou seu representante, na ocasião do risco de mar, tiver mudado do lugar em que se achavam arrumados sem licença do capitão contribuem pelos respectivos valores, chegando a salvamento; mas o dono, no segundo caso, não tem direito para a indenização recíproca, ainda quando fiquem deteriorados, ou tenham sido alijados a benefício comum.

Art. 791. Salvando-se qualquer coisa em consequência de algum ato deliberado de que resultou avaria grossa, não pode quem sofreu o prejuízo causado por este ato exigir indenização alguma por contribuição dos objetos salvados, se estes por algum acidente não chegarem ao poder do dono ou consignatários, ou se, vindo ao seu poder, não tiverem valor algum; salvo nos casos dos artigos 651 e 764, nºˢ 12 e 19.

Art. 792. No caso de alijamento, se o navio se tiver salvado do perigo que o motivou, mas, continuando a viagem, vier a perder-se depois, as fazendas salvas do segundo perigo são obrigadas a contribuir por avaria grossa para a perda das que foram alijadas na ocasião do primeiro.

Se o navio se perder no primeiro perigo e algumas fazendas se puderem salvar, estas não contribuem para a indenização das que foram alijadas na ocasião do desastre que causou o naufrágio.

Art. 793. A sentença que homologa a repartição das avarias grossas com condenação de cada um dos contribuintes tem força definitiva, e pode executar-se logo, ainda que dela se recorra.

Art. 794. Se, depois de pago o rateio, os donos recobrarem os efeitos indenizados por avaria grossa, serão obrigados a repor *pro rata* a todos os contribuintes o valor líquido dos efeitos recobrados. Não tendo sido contemplados no rateio para a indenização, não estão obrigados a entrar para a contribuição da avaria grossa com o valor dos gêneros recobrados depois da partilha em que deixaram de ser considerados.

Art. 795. Se o segurador tiver pago uma perda total, e depois vier a provar-se que ela foi só parcial, o segurado não é obrigado a restituir o dinheiro recebido; mas neste caso o segurador fica sub-rogado em todos os direitos e ações do segurado, e faz suas todas as vantagens que puderem resultar dos efeitos salvos.

Art. 796. Se, independente de qualquer liquidação ou exame, o segurador se ajustar em preço certo de indenização, obrigando-se por escrito na apólice, ou de outra qualquer forma, a pagar dentro de certo prazo, e depois se recusar ao pagamento, exigindo que o segurado prove satisfatoriamente o valor real do dano, não será este obrigado à prova, senão no único caso em que o segurador tenha em tempo reclamado o ajuste por fraude manifesta da parte do mesmo segurado.

PARTE TERCEIRA – DAS QUEBRAS

Arts. 797 a 913. *Revogados*. Dec.-lei nº 7.661, de 21-6-1945.

▶ Lei nº 11.101, de 9-2-2005 (Lei de Recuperação de Empresas e Falências).

TÍTULO ÚNICO – DA ADMINISTRAÇÃO DA JUSTIÇA NOS NEGÓCIOS E CAUSAS COMERCIAIS

Arts. 1º a 30. *Revogados*. Dec.-lei nº 1.608, de 18-9-1939.

▶ A partir da vigência do novo Código de Processo Civil este título ficou prejudicado.

Mandamos, portanto, a todas as autoridades, a quem o conhecimento e execução da referida Lei pertencer, que a cumpram e façam cumprir, e guardar tão inteiramente, como nela se contém. O Secretário de Estado dos Negócios da Justiça a faça imprimir, publicar e correr. Dada no Palácio do Rio de Janeiro, aos vinte e cinco de junho de mil oitocentos e cinquenta, vigésimo nono da Independência e do Império. Imperador, com rubrica e guarda. EUSÉBIO DE QUEIRÓS COUTINHO MATOSO CÂMARA.

Carta de Lei, pela qual V.M.I. manda executar o Decreto da Assembleia-Geral, que houve por bem sancionar, sobre o Código Comercial do Império do Brasil, na forma acima declarada.

Para Vossa Majestade Imperial ver.
Antônio Álvares de Miranda
Varejão a fez.

**Eusébio de Queirós
Coutinho Matoso Câmara.**

Selada na Chancelaria do Império em
1º de julho de 1850.

Josino do Nascimento Silva.

Publicada na Secretaria de Estado
dos Negócios da Justiça em
1º de julho de 1850.

Josino do Nascimento Silva.

Registrada a folha 8 do Livro 1º das Leis e Resoluções,
Secretaria de Estado dos Negócios da Justiça,
1º de julho de 1850.

Manuel Antônio Ferreira da Silva.

Índice Alfabético-Remissivo do Código Comercial
(Lei nº 556, de 25-6-1850)

A

ABALROAÇÃO DE NAVIO
- decisão dos casos por peritos: art. 750
- pagamento dos danos: art. 749
- perdas resultantes: art. 752
- presunção: art. 751

ABANDONO
- admissão pelo segurador: art. 724
- admissibilidade: art. 755
- casos de presa: art. 758
- fretes dos salvados: arts. 759 e 760
- inavegabilidade: art. 757
- objetos segurados: art. 753
- pelo capitão: art. 508
- responsabilidade de proprietários e compartes: art. 494
- título de inavegabilidade: art. 756

AÇÃO(ÕES)
- capitão contra tripulante, por dano à carga: art. 565
- contra capitão, por dano à carga: art. 565
- tripulante de embarcação: art. 563

AFRETADOR
- arribada forçada; responsabilidade: art. 744
- carga e descarga, cometimento de fato ilícito: arts. 599 e 600
- carga e descarga, tempo e modo de pagamento: art. 591
- conceito: art. 566
- conserto da embarcação no transcorrer da viagem: art. 613
- declaração de capacidade do navio: art. 597
- direito de ação por perdas e danos contra o fretador: art. 614
- direitos e obrigações: arts. 590 a 628
- renúncia ao contrato: art. 594
- resilição do contrato pelo fretador: art. 592
- saída do navio: art. 595
- tomada de carga; consentimento escrito: art. 595

AJUSTE E SOLDADAS DOS OFICIAIS E TRIPULAÇÃO, DIREITOS E OBRIGAÇÕES: arts. 543 a 565
- abandono de viagem: art. 546
- delito, culpa ou omissão culposa do capitão ou tripulação: art. 565
- despedida voluntária: art. 556
- dispensa por justa causa: arts. 554 e 555
- doença de seu integrante: art. 560
- embarcação aprisionada: art. 559
- embarcação; destino diferente do previsto no contrato: art. 551
- embargo ou detenção da embarcação: art. 550
- exigência das soldadas vencidas: art. 563
- falecimento de indivíduo da tripulação durante a viagem: art. 561
- hipoteca tácita no navio e fretes: art. 564
- morte em defesa da embarcação: art. 562
- obrigações do capitão: art. 543
- obrigações dos oficiais e gente da tripulação: art. 545
- ocorrência de sinistro: art. 558
- pagamento: art. 563
- penas correcionais: art. 498
- rescisão do contrato: art. 557
- rompimento de viagem: arts. 547 a 549 e 553

ALICIAMENTO: art. 500

ALIENAÇÃO: art. 468

ALIJAMENTO DA CARGA
- critério de escolha: art. 769
- especificação de fazendas lançadas ao mar: art. 770

ALTERAÇÃO
- derrota do navio: arts. 509 e 711, 1
- ordem das escalas da embarcação: art. 680

ANALOGIA: art. 665

APÓLICE DE SEGURO
- cláusula "valha mais ou valha menos": art. 701
- cláusula de pagamento de avaria: art. 780 e 782
- conteúdo: art. 667
- declaração do valor do objeto: art. 692
- fazendas; declaração de seu valor por estimativa: art. 692
- fraude do segurado na declaração do valor: art. 700
- fretes e carregamento: art. 690
- normas para esclarecimento: art. 673
- transferência e exequibilidade mediante endosso: art. 675
- valor de mercadorias não fixado: art. 779
- valor declarado; eficácia: art. 693

ARBITRADORES
- cálculo do custo de conserto de avarias de navio: arts. 776 e 777
- dano sofrido por navio ou carga: art. 772

ARMADOR
- embargo ou detenção de embarcação: art. 481
- quebra ou insolvência: art. 475

ARREMATAÇÃO DE EMBARCAÇÃO: art. 477

ARRESTO
- carga de navio: art. 583
- contra os conhecimentos: art. 588

ARRIBADA FORÇADA: arts. 740 a 748
- apresentação à autoridade: art. 743
- carga avariada; providências: art. 747
- causas justas: art. 741
- cessação de seus motivos: art. 748
- conceito: art. 740
- descarga no porto de arribada: art. 746
- despesas: art. 744
- não justificada: art. 742
- prazo para o capitão tomar o protesto: art. 743
- reparação ou venda da carga avariada: art. 747
- responsabilidade solidária do dono do navio e do capitão: art. 745

AVALIAÇÃO
- cláusula "valha mais ou valha menos": art. 701
- declaração do valor da apólice; procedimento fraudulento: art. 700
- seguros feitos sobre moeda estrangeira: art. 698
- valor certo do seguro sobre fazenda não declarado na apólice: art. 694
- valor de mercadorias do segurado não determinado na apólice: art. 696
- valor declarado na apólice: art. 693
- valor do objeto do seguro: art. 692
- valor do seguro sobre dinheiro a risco: art. 695

AVARIA GROSSA
- alijamento: art. 792
- declaração de inavegabilidade do navio: art. 777
- despesas motivadas por vício interno do navio: art. 765
- efeitos avariados: art. 773
- entrega de fazendas pelo capitão: art. 620
- estimação de preço: arts. 774 e 775
- fiança ao pagamento da: arts. 784 e 785
- liquidação no porto da carga ou da descarga: arts. 788 ou 789
- liquidação, repartição e contribuição: arts. 772 a 796
- liquidação; composição: art. 787
- o que será considerado como tal: art. 764

- ocorrência por fortuna do mar: art. 776
- particular: art. 778
- rateio: art. 794
- regulação e repartição; local: art. 786
- regulação, repartição ou rateio das: art. 783
- repartição: art. 793
- requisitos para ser considerada: art. 772
- retenção de fazendas no navio: art. 619
- segurador: art. 776
- valor das mercadorias não fixado na apólice: art. 779

AVARIAS
- alijamento forçado da carga: art. 769
- ata de alijamento da carga: art. 770
- ausência de convenção especial: art. 762
- avarias grossas: art. 764
- avarias voluntárias: art. 765
- conceito: art. 761
- despesas de pilotagem da costa e barras: art. 768
- despesas para aligeirar o barco: art. 767
- espécies: art. 763
- natureza e classificação: arts. 761 a 771
- simples e particulares: art. 766

B

BALDEAÇÃO DE CARGA: art. 717

BRASILEIROS: art. 457

C

CAIXAS
- navios: arts. 484 a 495
- navios; tomada de contas: art. 535

CÂMBIO
- marítimo; conceito: art. 633
- marítimo; nulidade do contrato: art. 656
- marítimo; prova do contrato: art. 633

CAPITÃO DE NAVIO
- abandono de embarcação: art. 508
- ajuste de fretamentos: art. 513
- alteração da derrota: art. 509
- chefia da embarcação: art. 497
- comparte do navio: art. 537
- depositário da carga: art. 519
- despedida antes do término da viagem: art. 532
- despedida sem justa causa: art. 532
- despesa extraordinária com a embarcação: art. 514
- despesas; obrigação de declaração da causa de que procedem: art. 517
- direito de indenização: art. 520
- embarcação fretada: arts. 522 e 533
- entrada em porto estrangeiro: art. 511
- entrada em porto estranho; inadmissibilidade: art. 510
- entrega da carga: art. 528
- escolha ou despedida de gente da equipagem: art. 499
- escrituração: art. 501
- faculdade de imposição de penas correcionais à tripulação: art. 498
- falecimento de passageiro ou tripulação: art. 534
- falta de fundos durante a viagem: arts. 515 e 516
- frete: art. 527
- hipoteca privilegiada para pagamento do preço da passagem: art. 632
- impossibilidade de carregar mercadoria particular sem o consentimento: art. 523
- inventário de amarras, âncoras, velames e mastreação: art. 506
- livros de escrituração: arts. 501 a 504
- morte ou impedimento: art. 541
- multa; imposição pela falta de apresentação dos indivíduos matriculados: art. 512
- multas; sua responsabilidade: art. 530
- obrigação de defender a embarcação, pertences e carga: art. 526
- obrigações: art. 543
- parceria a lucro comum sobre a carga: art. 524
- permanência a bordo obrigatória: art. 507
- prestação de contas: art. 535
- proibição de fazer ajustes públicos ou secretos em benefício particular: art. 525
- proibida a colocação de carga no convés sem ordem ou consentimento dos carregadores: art. 521
- punição por aliciamento de marinheiros: art. 500
- ratificação com juramento em processos testemunháveis e protestos formados a bordo: art. 505
- rebeldia: art. 712
- requisitos: art. 496
- responsabilidade pela viagem inconclusa sem justificativa: art. 532
- responsabilidade por perdas e danos: art. 529
- retenção de efeitos: art. 632
- transferência do direito de passagem: art. 630
- único proprietário da embarcação: art. 536
- venda do navio sem autorização especial dos donos: art. 531
- viagem: art. 532

CARGA
- acidentada; arribada forçada: art. 741, 2
- avariada: art. 747
- colocada no convés sem consentimento dos carregadores: art. 521
- duração: art. 591
- lançamento inevitável ao mar: art. 769
- remanescente: art. 770
- reparo da avaria: art. 746

CARREGADOR
- abandono das fazendas ao frete: art. 624
- abandono de líquidos, cujas vasilhas estejam vazias ou quase: art. 624
- negligência causadora de embargo do navio na partida: art. 607
- responsabilidade por fatos ilícitos cometidos durante a carga ou descarga: art. 599

CARTA: art. 569

CESSIONÁRIO: art. 635

CLÁUSULAS
- "carregadas em um ou mais navios": art. 716
- fazer escala: art. 674
- dúvida a seu respeito: art. 673
- escritas e impressas: art. 673, 1
- "livre de avaria": art. 714
- "livre de hostilidade: art. 715
- obscuras: art. 673, 2

CÓDIGO COMERCIAL: art. 466, 7

COISA: art. 764, 2

COMPARTES DE NAVIO
- administração: arts. 491 a 493 e 495
- aquisição de navio: art. 484
- conserto da embarcação determinado por vistoria judicial: art. 488
- conserto da embarcação: art. 487
- parcerias ou sociedades de navios: art. 486
- preferência: art. 490
- responsabilidade solidária: art. 494
- uso comum; normas aplicáveis: art. 485
- venda de quinhão: art. 489

CONHECIMENTO
- assinatura pelo capitão: arts. 577 a 579
- carga tomada em virtude de carta de fretamento: art. 576
- depósito judicial: art. 585
- extravio dos: art. 580
- falecimento do capitão: art. 581
- fazendas carregadas; dúvida na contagem: art. 582

- fazendas carregadas; vários portadores ou em caso de sequestro: art. 583
- oposição ao: art. 588
- original: art. 589
- prova entre as partes interessadas na carga e frete: art. 586
- requisitos: art. 575
- transferível: art. 587

CONSIGNATÁRIO
- conserto do navio no transcurso da viagem: art. 613
- exame nas fazendas: art. 618

CONTRAMESTRE
- comandará o navio na falta ou impedimento do piloto: art. 541
- deveres: art. 538
- habilitação: art. 538
- necessidade de mudança de rumo: art. 539
- perda ou danos no navio por imperícia, omissão ou malícia: art. 540
- responsabilidade por não entregar documentos ao capitão: art. 542

CONTRATOS
- câmbio marítimo; nulidade: art. 656
- empréstimo a risco ou câmbio marítimo: art. 633
- empréstimo a risco, celebrado sobre o navio e carga: art. 640
- empréstimo a risco; abrangência: arts. 639 e 640
- empréstimo a risco; caso de sinistro: art. 647
- empréstimo a risco; condição para ter efeitos: art. 641
- empréstimo a risco; crime de estelionato: art. 655
- empréstimo a risco; inclusão de navio e carga; hipoteca: art. 658
- empréstimo a risco; instrumento; conteúdo: art. 634
- empréstimo a risco; lacunas; aplicação da analogia: art. 665
- empréstimo a risco; parte dos riscos, do navio ou da carga segurados: art. 650
- empréstimo a risco; presa ou desastre de mar ao navio ou fazendas: art. 664
- empréstimo a risco; prova: art. 633
- empréstimo a risco; rescisão: art. 642
- seguro marítimo; nulidade: arts. 677 e 678

COSTUME: art. 673, 3

CRÉDITOS
- privilegiados, embarcação: art. 476
- privilegiados; requisitos: art. 472
- quebra do armador; preferência: art. 475

CREDOR
- privilegiado, em venda de embarcação: art. 473
- privilegiado, venda de embarcação: arts. 470 a 475
- privilegiado; preferência na quebra ou insolvência de armador de navio: art. 475

CUSTAS: art. 478

D

DADOR DE DINHEIRO A RISCO
- hipoteca: art. 662
- responsabilidade pela perda de efeitos carregados no navio: art. 646
- sinistro; pagamento do prêmio e principal: art. 647
- sinistro; redução da perda: art. 645

DANOS
- causado por abalroação; peritagem: art. 750
- responsabilidade pelo dano causado em abalroação: art. 749

DINHEIRO A RISCO
- conluio entre dador e capitão: art. 654
- conservação: art. 649
- hipoteca: art. 662
- instrumento do contrato: art. 634
- privilégio sobre o navio do dador: art. 657
- prova do empréstimo: art. 633
- sobre navio tomado por capitão: art. 652

DOCUMENTOS: art. 466

E

EMBARCAÇÃO
- alienação ou hipoteca; escritura pública: art. 468
- brasileira cujo domínio passe a estrangeiro: art. 458
- brasileira destinada à navegação em alto-mar: art. 460
- brasileira; documentos que deve ter a bordo: art. 466
- construção: art. 459
- créditos privilegiados: art. 476
- dívida particular de comparte: art. 483
- embargo; caso a embarcação tenha recebido mais da quarta parte de carga: art. 481
- embargo; credores privilegiados: art. 479
- embargo; dívida não privilegiada: art. 480
- estrangeira, em porto brasileiro: art. 482
- estrangeira; registro: art. 462
- matrícula; conteúdo: art. 467
- morte em defesa da: art. 562
- mudança de capitão: art. 465
- mudança de proprietário ou de nome: art. 464
- prerrogativas: art. 457
- proprietário armador: art. 463
- registro; requisitos: art. 461
- venda; em viagem: art. 469
- venda; todos os aprestos: art. 468
- venda judicial: arts. 477 e 478
- venda voluntária; créditos privilegiados: arts. 470 a 475
- venda voluntária; encargos: art. 470
- venda voluntária; fornecimento de nota de créditos privilegiados: art. 476

EMBARGO
- de navio; dívidas particulares de comparte: art. 483
- de navio; negligência do afretador ou carregador: art. 607
- de navio; responsabilidade do capitão: art. 608
- embarcação, por dívida não privilegiada: art. 480
- embarcação: art. 479
- fretes, avarias e despesas: art. 527

EMBRIAGUEZ HABITUAL: art. 555, 2

EMPRÉSTIMO A RISCO
- aplicação da analogia: art. 665
- conceituação: art. 633
- conteúdo do contrato: art. 634
- época do pagamento: art. 660
- hipoteca no objeto sobre o qual recair: art. 662
- prova: art. 633

ENDOSSADO: art. 675

ENDOSSO
- apólice de seguro marítimo: art. 675
- conhecimento passado à ordem: art. 587

F

FAZENDAS
- prazo para exame judicial: art. 618
- salvados de naufrágio: art. 623
- valor do seguro não declarado: art. 694

FORÇA MAIOR: art. 548

FRETADOR E AFRETADOR
- ajuste do frete por peso: art. 615
- arresto de navio: art. 611
- arribada forçada; responsabilidade: arts. 612 e 744
- carga além da ajustada: art. 598
- carregamento de parte da carga dentro do prazo pelo afretador: art. 593
- carregamento; contagem do tempo: art. 591
- conceito: art. 566
- conserto de embarcação durante a viagem: arts. 613 e 614

- declaração, na carta-partida de capacidade superior à que o navio tenha: art. 597
- depósito de fazendas: art. 619
- embarcação; capacidade insuficiente para receber a carga contratada: art. 605
- embargo de navio; culpa do capitão: art. 608
- embargo de navio; negligência do afretador: art. 607
- força maior; impedimento da saída do navio: art. 609
- frete à colheita ou à prancha: art. 602
- frete de carga geral: art. 601
- frete justo: art. 616
- frete por inteiro; pagamento: art. 621
- gêneros suscetíveis de aumento ou diminuição: art. 617
- impedimento do navio de entrar no porto de destino por guerra: art. 610
- introdução de fazendas proibidas com consentimento do capitão: art. 600
- navio fretado por inteiro: art. 595
- navio sem carga: art. 596
- obrigação do: art. 590
- presunção de dano: art. 618
- recebimento de carga em outro porto: art. 606
- renúncia do contrato pelo afretador: art. 594
- responsabilidade pelos danos causados: art. 599
- retenção de fazendas: arts. 619 e 620
- tempo da partida: arts. 603 e 604
- vencimento do prazo para carregamento: art. 592

FRETAMENTO: arts. 566 a 632

FRETES
- à colheita ou à prancha: art. 602
- ajustado por peso, sem especificações: art. 615
- arresto do navio durante a viagem: art. 611
- carga geral; vedações: art. 601
- compreendidos no abandono do navio: art. 759
- devidos pelo salvamento de mercadorias: art. 760
- dívida; preferência: art. 627
- dobrado; pagamento: art. 523
- falta de pagamento: art. 619
- hipoteca: art. 626
- inteiro: art. 621
- justo: art. 616
- mercadorias perdidas em naufrágio: arts. 622 e 623
- pagamento adiantado: art. 622
- responsabilidade por danos; delito ou culpa: art. 565
- vencimento: art. 625

H

HASTA PÚBLICA
- venda de navio carente de conserto: art. 487
- venda de navio exigida pela minoria dos compartes: art. 489

HIPOTECA
- embarcação brasileira para alto-mar: art. 468
- tácita de credores privilegiados: art. 470

I

INDENIZAÇÃO
- perda total dos objetos segurados: art. 753
- solidária, a armadores ou carregadores: art. 654

INVENTÁRIO: art. 506

L

LIQUIDAÇÃO, REPARTIÇÃO E CONTRIBUIÇÃO DA AVARIA GROSSA: arts. 772 a 796

N

NAUFRÁGIO: arts. 731 a 739

NAVIO
- abalroação em alto-mar: art. 751
- abalroação: arts. 749 e 750
- arribada forçada; causas justas: art. 741
- carta partida: art. 567, 1 e 4
- compartes: art. 485
- dívidas: art. 494
- frete por inteiro: art. 570
- hipoteca: art. 564
- inavegabilidade: art. 757
- parcerias ou sociedades respectivas: art. 486
- passageiro: art. 629
- riscos de seguro: art. 633
- venda de quinhões de sócios dissidentes: art. 487

N

NULIDADE: art. 531

O

OBJETOS SALVADOS: art. 711, 10

OFICIAIS
- abandono da viagem: art. 546
- deveres: art. 545
- soldadas vencidas: art. 563

P

PARCERIA MARÍTIMA: art. 485

PASSAGEIROS: arts. 629 a 632

PERDAS E DANOS
- indenização por parte do capitão: art. 518
- responsabilidade do segurador: art. 713

PILOTO DE NAVIO: arts. 538 a 541

R

RESPONSABILIDADE
- capitão: arts. 517, 530, 531 e 600
- piloto: art. 540
- segurado: art. 720
- segurador: art. 718 e 721
- solidária: art. 494

RESTITUIÇÃO DE PAGAMENTO: art. 720

S

SEGURO MARÍTIMO
- anulação: arts. 680 e 684
- apólice: arts. 667 e 675
- cláusula de fazer escala: art. 674
- contrato: art. 666
- danos à carga: art. 718
- estadia: art. 704
- fazendas a transportar por mar e terra: art. 706
- fraude: arts. 679 e 700
- frete: art. 707
- ida e volta; apólices: arts. 691 e 703
- indenização, em caso de sinistro: art. 688
- interpretação das cláusulas da apólice: art. 673
- lucro esperado: art. 709
- mercadorias: art. 705
- nulidade do contrato: arts. 677 e 678
- objeto: art. 685
- obrigações dos seguradores: art. 668
- perdas e danos: art. 710
- prazo para pagamento: art. 730
- presunção de perda do navio: art. 720
- quando não se admite: art. 686
- resseguro: art. 687
- riscos do seguro: arts. 702 e 707
- segurador que toma o risco de rebeldia: art. 713
- segurador; avaria: art. 711

- segurador; obrigação de indenizar: art. 730
- valores: arts. 692 a 694
- vários seguros sobre o mesmo objeto: art. 683

T

TRIPULAÇÃO
- abandono de viagem: art. 546
- despedida voluntária: art. 556
- dispensa por justa causa: art. 555
- dispensa sem justa causa: art. 554
- doença de seu integrante: art. 560
- embargo ou detenção da embarcação: art. 550
- exigência das soldadas vencidas: art. 563
- falecimento de indivíduo durante a viagem: art. 561
- hipoteca tácita no navio e frete: art. 564
- morte em defesa da embarcação: art. 562
- obrigações: art. 545
- ocorrência de sinistro: art. 558
- pagamento: art. 563
- penas correcionais: art. 498
- rebeldia: art. 712
- rescisão do contrato: art. 557
- rompimento de viagem; força maior: arts. 547 a 549 e 553

V

VÍCIOS REDIBITÓRIOS: art. 711, 10

Código
Civil

Índice Sistemático do Código Civil

(LEI Nº 10.406, DE 10-1-2002)

PARTE GERAL

LIVRO I
DAS PESSOAS

TÍTULO I
DAS PESSOAS NATURAIS

Capítulo I – Da personalidade e da capacidade – arts. 1º a 10	197
Capítulo II – Dos direitos da personalidade – arts. 11 a 21	198
Capítulo III – Da ausência – arts. 22 a 39	198
Seção I – Da curadoria dos bens do ausente – arts. 22 a 25	198
Seção II – Da sucessão provisória – arts. 26 a 36	199
Seção III – Da sucessão definitiva – arts. 37 a 39	199

TÍTULO II
DAS PESSOAS JURÍDICAS

Capítulo I – Disposições gerais – arts. 40 a 52	200
Capítulo II – Das associações – arts. 53 a 61	201
Capítulo III – Das fundações – arts. 62 a 69	202

TÍTULO III
DO DOMICÍLIO

Arts. 70 a 78	202

LIVRO II
DOS BENS

TÍTULO ÚNICO
DAS DIFERENTES CLASSES DE BENS

Capítulo I – Dos bens considerados em si mesmos – arts. 79 a 91	203
Seção I – Dos bens imóveis – arts. 79 a 81	203
Seção II – Dos bens móveis – arts. 82 a 84	203
Seção III – Dos bens fungíveis e consumíveis – arts. 85 e 86	203
Seção IV – Dos bens divisíveis – arts. 87 e 88	203
Seção V – Dos bens singulares e coletivos – arts. 89 a 91	203
Capítulo II – Dos bens reciprocamente considerados – arts. 92 a 97	204
Capítulo III – Dos bens públicos – arts. 98 a 103	204

LIVRO III
DOS FATOS JURÍDICOS

TÍTULO I
DO NEGÓCIO JURÍDICO

Capítulo I – Disposições gerais – arts. 104 a 114	204
Capítulo II – Da representação – arts. 115 a 120	205
Capítulo III – Da condição, do termo e do encargo – arts. 121 a 137	205
Capítulo IV – Dos defeitos do negócio jurídico – arts. 138 a 165	206

Seção I – Do erro ou ignorância – arts. 138 a 144 206
Seção II – Do dolo – arts. 145 a 150 206
Seção III – Da coação – arts. 151 a 155 207
Seção IV – Do estado de perigo – art. 156 207
Seção V – Da lesão – art. 157 207
Seção VI – Da fraude contra credores – arts. 158 a 165 207
Capítulo V – Da invalidade do negócio jurídico – arts. 166 a 184 208

TÍTULO II
DOS ATOS JURÍDICOS LÍCITOS

Art. 185 209

TÍTULO III
DOS ATOS ILÍCITOS

Arts. 186 a 188 209

TÍTULO IV
DA PRESCRIÇÃO E DA DECADÊNCIA

Capítulo I – Da prescrição – arts. 189 a 206 209
Seção I – Disposições gerais – arts. 189 a 196 209
Seção II – Das causas que impedem ou suspendem a prescrição – arts. 197 a 201 209
Seção III – Das causas que interrompem a prescrição – arts. 202 a 204 210
Seção IV – Dos prazos da prescrição – arts. 205 e 206 210
Capítulo II – Da decadência – arts. 207 a 211 211

TÍTULO V
DA PROVA

Arts. 212 a 232 211

Parte Especial

Livro I
DO DIREITO DAS OBRIGAÇÕES

TÍTULO I
DAS MODALIDADES DAS OBRIGAÇÕES

Capítulo I – Das obrigações de dar – arts. 233 a 246 213
Seção I – Das obrigações de dar coisa certa – arts. 233 a 242 213
Seção II – Das obrigações de dar coisa incerta – arts. 243 a 246... 213
Capítulo II – Das obrigações de fazer – arts. 247 a 249 214
Capítulo III – Das obrigações de não fazer – arts. 250 e 251 214
Capítulo IV – Das obrigações alternativas – arts. 252 a 256 214
Capítulo V – Das obrigações divisíveis e indivisíveis – arts. 257 a 263 214
Capítulo VI – Das obrigações solidárias – arts. 264 a 285 215
Seção I – Disposições gerais – arts. 264 a 266 215
Seção II – Da solidariedade ativa – arts. 267 a 274 215
Seção III – Da solidariedade passiva – arts. 275 a 285 215

TÍTULO II
DA TRANSMISSÃO DAS OBRIGAÇÕES

Capítulo I – Da cessão de crédito – arts. 286 a 298 216
Capítulo II – Da assunção de dívida – arts. 299 a 303 216

TÍTULO III
DO ADIMPLEMENTO E EXTINÇÃO DAS OBRIGAÇÕES

Capítulo I – Do pagamento – arts. 304 a 333 217

Seção I – De quem deve pagar – arts. 304 a 307 217
Seção II – Daqueles a quem se deve pagar – arts. 308 a 312 217
Seção III – Do objeto do pagamento e sua prova – arts. 313 a 326 217
Seção IV – Do lugar do pagamento – arts. 327 a 330 218
Seção V – Do tempo do pagamento – arts. 331 a 333 218
Capítulo II – Do pagamento em consignação – arts. 334 a 345 218
Capítulo III – Do pagamento com sub-rogação – arts. 346 a 351 219
Capítulo IV – Da imputação do pagamento – arts. 352 a 355 219
Capítulo V – Da dação em pagamento – arts. 356 a 359 219
Capítulo VI – Da novação – arts. 360 a 367 219
Capítulo VII – Da compensação – arts. 368 a 380 220
Capítulo VIII – Da confusão – arts. 381 a 384 220
Capítulo IX – Da remissão das dívidas – arts. 385 a 388 220

TÍTULO IV
DO INADIMPLEMENTO DAS OBRIGAÇÕES

Capítulo I – Disposições gerais – arts. 389 a 393 221
Capítulo II – Da mora – arts. 394 a 401 221
Capítulo III – Das perdas e danos – arts. 402 a 405 221
Capítulo IV – Dos juros legais – arts. 406 e 407 222
Capítulo V – Da cláusula penal – arts. 408 a 416 222
Capítulo VI – Das arras ou sinal – arts. 417 a 420 222

TÍTULO V
DOS CONTRATOS EM GERAL

Capítulo I – Disposições gerais – arts. 421 a 471 223
Seção I – Preliminares – arts. 421 a 426 223
Seção II – Da formação dos contratos – arts. 427 a 435 223
Seção III – Da estipulação em favor de terceiro – arts. 436 a 438 223
Seção IV – Da promessa de fato de terceiro – arts. 439 e 440 223
Seção V – Dos vícios redibitórios – arts. 441 a 446 224
Seção VI – Da evicção – arts. 447 a 457 224
Seção VII – Dos contratos aleatórios – arts. 458 a 461 224
Seção VIII – Do contrato preliminar – arts. 462 a 466 225
Seção IX – Do contrato com pessoa a declarar – arts. 467 a 471 225
Capítulo II – Da extinção do contrato – arts. 472 a 480 225
Seção I – Do distrato – arts. 472 e 473 225
Seção II – Da cláusula resolutiva – arts. 474 e 475 225
Seção III – Da exceção de contrato não cumprido – arts. 476 e 477 225
Seção IV – Da resolução por onerosidade excessiva – arts. 478 a 480 226

TÍTULO VI
DAS VÁRIAS ESPÉCIES DE CONTRATO

Capítulo I – Da compra e venda – arts. 481 a 532 226
Seção I – Disposições gerais – arts. 481 a 504 226
Seção II – Das cláusulas especiais à compra e venda – arts. 505 a 532 227
Subseção I – Da retrovenda – arts. 505 a 508 227
Subseção II – Da venda a contento e da sujeita a prova – arts. 509 a 512 228
Subseção III – Da preempção ou preferência – arts. 513 a 520 228
Subseção IV – Da venda com reserva de domínio – arts. 521 a 528 228
Subseção V – Da venda sobre documentos – arts. 529 a 532 229
Capítulo II – Da troca ou permuta – art. 533 229
Capítulo III – Do contrato estimatório – arts. 534 a 537 229
Capítulo IV – Da doação – arts. 538 a 564 229
Seção I – Disposições gerais – arts. 538 a 554 229
Seção II – Da revogação da doação – arts. 555 a 564 230
Capítulo V – Da locação de coisas – arts. 565 a 578 230
Capítulo VI – Do empréstimo – arts. 579 a 592 231
Seção I – Do comodato – arts. 579 a 585 231
Seção II – Do mútuo – arts. 586 a 592 232
Capítulo VII – Da prestação de serviço – arts. 593 a 609 232
Capítulo VIII – Da empreitada – arts. 610 a 626 233

Capítulo IX – Do depósito – arts. 627 a 652 234
  Seção I – Do depósito voluntário – arts. 627 a 646 234
  Seção II – Do depósito necessário – arts. 647 a 652 235
Capítulo X – Do mandato – arts. 653 a 692 235
  Seção I – Disposições gerais – arts. 653 a 666 235
  Seção II – Das obrigações do mandatário – arts. 667 a 674 236
  Seção III – Das obrigações do mandante – arts. 675 a 681 237
  Seção IV – Da extinção do mandato – arts. 682 a 691 237
  Seção V – Do mandato judicial – art. 692 238
Capítulo XI – Da comissão – arts. 693 a 709 238
Capítulo XII – Da agência e distribuição – arts. 710 a 721 238
Capítulo XIII – Da corretagem – arts. 722 a 729 239
Capítulo XIV – Do transporte – arts. 730 a 756.. 240
  Seção I – Disposições gerais – arts. 730 a 733 240
  Seção II – Do transporte de pessoas – arts. 734 a 742 240
  Seção III – Do transporte de coisas – arts. 743 a 756 240
Capítulo XV – Do seguro – arts. 757 a 802 241
  Seção I – Disposições gerais – arts. 757 a 777 241
  Seção II – Do seguro de dano – arts. 778 a 788 242
  Seção III – Do seguro de pessoa – arts. 789 a 802 243
Capítulo XVI – Da constituição de renda – arts. 803 a 813 244
Capítulo XVII – Do jogo e da aposta – arts. 814 a 817 244
Capítulo XVIII – Da fiança – arts. 818 a 839 245
  Seção I – Disposições gerais – arts. 818 a 826 245
  Seção II – Dos efeitos da fiança – arts. 827 a 836 245
  Seção III – Da extinção da fiança – arts. 837 a 839 246
Capítulo XIX – Da transação – arts. 840 a 850 246
Capítulo XX – Do compromisso – arts. 851 a 853 247

TÍTULO VII
DOS ATOS UNILATERAIS

Capítulo I – Da promessa de recompensa – arts. 854 a 860 247
Capítulo II – Da gestão de negócios – arts. 861 a 875 247
Capítulo III – Do pagamento indevido – arts. 876 a 883 248
Capítulo IV – Do enriquecimento sem causa – arts. 884 a 886 248

TÍTULO VIII
DOS TÍTULOS DE CRÉDITO

Capítulo I – Disposições gerais – arts. 887 a 903... 249
Capítulo II – Do título ao portador – arts. 904 a 909 250
Capítulo III – Do título à ordem – arts. 910 a 920 250
Capítulo IV – Do título nominativo – arts. 921 a 926 250

TÍTULO IX
DA RESPONSABILIDADE CIVIL

Capítulo I – Da obrigação de indenizar – arts. 927 a 943 251
Capítulo II – Da indenização – arts. 944 a 954 252

TÍTULO X
DAS PREFERÊNCIAS E PRIVILÉGIOS CREDITÓRIOS

Arts. 955 a 965 253

Livro II
DO DIREITO DE EMPRESA

TÍTULO I
DO EMPRESÁRIO

Capítulo I – Da caracterização e da inscrição – arts. 966 a 971 254
Capítulo II – Da capacidade – arts. 972 a 980 254

TÍTULO I-A
DA EMPRESA INDIVIDUAL DE RESPONSABILIDADE LIMITADA

Art. 980-A 255

TÍTULO II
DA SOCIEDADE

Capítulo Único – Disposições gerais – arts. 981 a 985 256

SUBTÍTULO I
DA SOCIEDADE NÃO PERSONIFICADA

Capítulo I – Da sociedade em comum – arts. 986 a 990 256
Capítulo II – Da sociedade em conta de participação – arts. 991 a 996 256

SUBTÍTULO II
DA SOCIEDADE PERSONIFICADA

Capítulo I – Da sociedade simples – arts. 997 a 1.038 257
    Seção I – Do contrato social – arts. 997 a 1.000 257
    Seção II – Dos direitos e obrigações dos sócios – arts. 1.001 a 1.009 257
    Seção III – Da administração – arts. 1.010 a 1.021 258
    Seção IV – Das relações com terceiros – arts. 1.022 a 1.027 259
    Seção V – Da resolução da sociedade em relação a um sócio – arts. 1.028 a 1.032 259
    Seção VI – Da dissolução – arts. 1.033 a 1.038 259
Capítulo II – Da sociedade em nome coletivo – arts. 1.039 a 1.044 260
Capítulo III – Da sociedade em comandita simples – arts. 1.045 a 1.051 260
Capítulo IV – Da sociedade limitada – arts. 1.052 a 1.087 261
    Seção I – Disposições preliminares – arts. 1.052 a 1.054 261
    Seção II – Das quotas – arts. 1.055 a 1.059 261
    Seção III – Da administração – arts. 1.060 a 1.065 261
    Seção IV – Do conselho fiscal – arts. 1.066 a 1.070 262
    Seção V – Das deliberações dos sócios – arts. 1.071 a 1.080 262
    Seção VI – Do aumento e da redução do capital – arts. 1.081 a 1.084 264
    Seção VII – Da resolução da sociedade em relação a sócios minoritários – arts. 1.085 e 1.086 264
    Seção VIII – Da dissolução – art. 1.087 264
Capítulo V – Da sociedade anônima – arts. 1.088 e 1.089 264
    Seção Única – Da caracterização – arts. 1.088 e 1.089 264
Capítulo VI – Da sociedade em comandita por ações – arts. 1.090 a 1.092 264
Capítulo VII – Da sociedade cooperativa – arts. 1.093 a 1.096 265
Capítulo VIII – Das sociedades coligadas – arts. 1.097 a 1.101 265
Capítulo IX – Da liquidação da sociedade – arts. 1.102 a 1.112 265
Capítulo X – Da transformação, da incorporação, da fusão e da cisão das sociedades –
    arts. 1.113 a 1.122 266
Capítulo XI – Da sociedade dependente de autorização – arts. 1.123 a 1.141 267
    Seção I – Disposições gerais – arts. 1.123 a 1.125 267
    Seção II – Da sociedade nacional – arts. 1.126 a 1.133 267
    Seção III – Da sociedade estrangeira – arts. 1.134 a 1.141 267

TÍTULO III
DO ESTABELECIMENTO

Capítulo Único – Disposições gerais – arts. 1.142 a 1.149 269

TÍTULO IV
DOS INSTITUTOS COMPLEMENTARES

Capítulo I – Do registro – arts. 1.150 a 1.154 269
Capítulo II – Do nome empresarial – arts. 1.155 a 1.168 270
Capítulo III – Dos prepostos – arts. 1.169 a 1.178 270
    Seção I – Disposições gerais – arts. 1.169 a 1.171 270
    Seção II – Do gerente – arts. 1.172 a 1.176 271
    Seção III – Do contabilista e outros auxiliares – arts. 1.177 e 1.178 271
Capítulo IV – Da escrituração – arts. 1.179 a 1.195 271

Livro III
DO DIREITO DAS COISAS

TÍTULO III
DA PROPRIEDADE

Capítulo IX – Da propriedade fiduciária – arts. 1.361 a 1.368-A 273

TÍTULO X
DO PENHOR, DA HIPOTECA E DA ANTICRESE

Capítulo I –	Disposições gerais – arts. 1.419 a 1.430	273
Capítulo II –	Do penhor – arts. 1.431 a 1.472	274
Seção I –	Da constituição do penhor – arts. 1.431 e 1.432	274
Seção II –	Dos direitos do credor pignoratício – arts. 1.433 e 1.434	274
Seção III –	Das obrigações do credor pignoratício – art. 1.435	275
Seção IV –	Da extinção do penhor – arts. 1.436 e 1.437	275
Seção V –	Do penhor rural – arts. 1.438 a 1.446	275
Subseção I –	Disposições gerais – arts. 1.438 a 1.441	275
Subseção II –	Do penhor agrícola – arts. 1.442 e 1.443	276
Subseção III –	Do penhor pecuário – arts. 1.444 a 1.446	276
Seção VI –	Do penhor industrial e mercantil – arts. 1.447 a 1.450	276
Seção VII –	Do penhor de direitos e títulos de crédito – arts. 1.451 a 1.460	276
Seção VIII –	Do penhor de veículos – arts. 1.461 a 1.466	277
Seção IX –	Do penhor legal – arts. 1.467 a 1.472	277
Capítulo III –	Da hipoteca – arts. 1.473 a 1.505	277
Seção I –	Disposições gerais – arts. 1.473 a 1.488	277
Seção II –	Da hipoteca legal – arts. 1.489 a 1.491	279
Seção III –	Do registro da hipoteca – arts. 1.492 a 1.498	279
Seção IV –	Da extinção da hipoteca – arts. 1.499 a 1.501	280
Seção V –	Da hipoteca de vias férreas – arts. 1.502 a 1.505	280
Capítulo IV –	Da anticrese – arts. 1.506 a 1.510	280

Livro Complementar
DAS DISPOSIÇÕES FINAIS E TRANSITÓRIAS

Arts. 2.028 a 2.046 281

LEI DE INTRODUÇÃO ÀS NORMAS DO DIREITO BRASILEIRO
DECRETO-LEI Nº 4.657, DE 4 DE SETEMBRO DE 1942

Lei de Introdução às normas do Direito Brasileiro.

▶ Antiga Lei de Introdução ao Código Civil (LICC), cuja ementa foi alterada pela Lei nº 12.376, de 30-12-2010.
▶ Publicado no *DOU* de 9-9-1942, retificado no *DOU* de 8-10-1942 e no *DOU* de 17-6-1943.

O Presidente da República, usando da atribuição que lhe confere o artigo 180 da Constituição, decreta:

Art. 1º Salvo disposição contrária, a lei começa a vigorar em todo o País quarenta e cinco dias depois de oficialmente publicada.

▶ Art. 8º da LC nº 95, de 26-2-1998, que dispõe sobre a elaboração, a redação, a alteração e a consolidação das leis.

§ 1º Nos Estados estrangeiros, a obrigatoriedade da lei brasileira, quando admitida, se inicia três meses depois de oficialmente publicada.

§ 2º *Revogado*. Lei nº 12.036, de 1º-10-2009.

§ 3º Se, antes de entrar a lei em vigor, ocorrer nova publicação de seu texto, destinada a correção, o prazo deste artigo e dos parágrafos anteriores começará a correr da nova publicação.

§ 4º As correções a texto de lei já em vigor consideram-se lei nova.

Art. 2º Não se destinando à vigência temporária, a lei terá vigor até que outra a modifique ou revogue.

§ 1º A lei posterior revoga a anterior quando expressamente o declare, quando seja com ela incompatível ou quando regule inteiramente a matéria de que tratava a lei anterior.

§ 2º A lei nova, que estabeleça disposições gerais ou especiais a par das já existentes, não revoga nem modifica a lei anterior.

§ 3º Salvo disposição em contrário, a lei revogada não se restaura por ter a lei revogadora perdido a vigência.

Art. 3º Ninguém se escusa de cumprir a lei, alegando que não a conhece.

Art. 4º Quando a lei for omissa, o juiz decidirá o caso de acordo com a analogia, os costumes e os princípios gerais de direito.

▶ Arts. 126, 127 e 335 do CPC.

Art. 5º Na aplicação da lei, o juiz atenderá aos fins sociais a que ela se dirige e às exigências do bem comum.

Art. 6º A Lei em vigor terá efeito imediato e geral, respeitados o ato jurídico perfeito, o direito adquirido e a coisa julgada.

▶ Art. 5º, XXXVI, da CF.
▶ Súm. Vinc. nº 1 do STF.

§ 1º Reputa-se ato jurídico perfeito o já consumado segundo a lei vigente ao tempo em que se efetuou.

§ 2º Consideram-se adquiridos assim os direitos que o seu titular, ou alguém por ele, possa exercer, como aqueles cujo começo do exercício tenha termo prefixo, ou condição preestabelecida inalterável, a arbítrio de outrem.

▶ Arts. 131 e 135 do CC.

§ 3º Chama-se coisa julgada ou caso julgado a decisão judicial de que já não caiba recurso.

▶ Art. 6º com a redação dada pela Lei nº 3.238, de 1º-8-1957.
▶ Art. 467 do CPC.

Art. 7º A lei do país em que for domiciliada a pessoa determina as regras sobre o começo e o fim da personalidade, o nome, a capacidade e os direitos de família.

▶ Arts. 2º, 6º e 8º do CC.
▶ Arts. 31, 42 e segs. da Lei nº 6.815, de 19-8-1980 (Estatuto do Estrangeiro).
▶ Dec. nº 66.605, de 20-5-1970, promulgou a Convenção sobre Consentimento para Casamento.

§ 1º Realizando-se o casamento no Brasil, será aplicada a lei brasileira quanto aos impedimentos dirimentes e às formalidades da celebração.

▶ Art. 1.511 e segs. do CC.

§ 2º O casamento de estrangeiros poderá celebrar-se perante autoridades diplomáticas ou consulares do país de ambos os nubentes.

▶ § 2º com a redação dada pela Lei nº 3.238, de 1º-8-1957.

§ 3º Tendo os nubentes domicílio diverso, regerá os casos de invalidade do matrimônio a lei do primeiro domicílio conjugal.

§ 4º O regime de bens, legal ou convencional, obedece à lei do país em que tiverem os nubentes domicílio, e, se este for diverso, à do primeiro domicílio conjugal.

▶ Arts. 1.658 a 1.666 do CC.

§ 5º O estrangeiro casado, que se naturalizar brasileiro, pode, mediante expressa anuência de seu cônjuge, requerer ao juiz, no ato de entrega do decreto de naturalização, se apostile ao mesmo a adoção do regime de comunhão parcial de bens, respeitados os direitos de terceiros e dada esta adoção ao competente registro.

▶ § 5º com a redação dada pela Lei nº 6.515, de 26-12-1977 (Lei do Divórcio).
▶ Arts. 1.658 a 1.666 do CC.

§ 6º O divórcio realizado no estrangeiro, se um ou ambos os cônjuges forem brasileiros, só será reconhecido no Brasil depois de 1 (um) ano da data da sentença, salvo se houver sido antecedida de separação judicial por igual prazo, caso em que a homologação produzirá efeito imediato, obedecidas as condições estabelecidas para a eficácia das sentenças estrangeiras no país. O Superior Tribunal de Justiça, na forma de seu regimento interno, poderá reexaminar, a requerimento do interessado, decisões já proferidas em pedidos de homologação de sentenças estrangeiras de divórcio de brasileiros, a fim de que passem a produzir todos os efeitos legais.

▶ § 6º com a redação dada pela Lei nº 12.036, de 1º-10-2009.
▶ Art. 226, § 6º, da CF.

§ 7º Salvo o caso de abandono, o domicílio do chefe da família estende-se ao outro cônjuge e aos filhos não emancipados, e o do tutor ou curador aos incapazes sob sua guarda.

§ 8º Quando a pessoa não tiver domicílio, considerar-se-á domiciliada no lugar de sua residência ou naquele em que se encontre.

Art. 8º Para qualificar os bens e regular as relações a eles concernentes, aplicar-se-á a lei do país em que estiverem situados.

§ 1º Aplicar-se-á a lei do país em que for domiciliado o proprietário, quanto aos bens móveis que ele trouxer ou se destinarem a transporte para outros lugares.

§ 2º O penhor regula-se pela lei do domicílio que tiver a pessoa, em cuja posse se encontre a coisa apenhada.

Art. 9º Para qualificar e reger as obrigações, aplicar-se-á a lei do país em que se constituírem.

§ 1º Destinando-se a obrigação a ser executada no Brasil e dependendo de forma essencial, será esta observada, admitidas as peculiaridades da lei estrangeira quanto aos requisitos extrínsecos do ato.

§ 2º A obrigação resultante do contrato reputa-se constituída no lugar em que residir o proponente.

Art. 10. A sucessão por morte ou por ausência obedece à lei do país em que era domiciliado o defunto ou o desaparecido, qualquer que seja a natureza e a situação dos bens.

▶ Arts. 26 a 39, 1.784 e segs. do CC.

§ 1º A sucessão de bens de estrangeiros, situados no País, será regulada pela lei brasileira em benefício do cônjuge ou dos filhos brasileiros, ou de quem os represente, sempre que não lhes seja mais favorável a lei pessoal do *de cujus*.

▶ § 1º com a redação dada pela Lei nº 9.047, de 18-5-1995.
▶ Art. 5º, XXXI, da CF.

§ 2º A lei do domicílio do herdeiro ou legatário regula a capacidade para suceder.

▶ Arts. 1.798 a 1.803 do CC.

Art. 11. As organizações destinadas a fins de interesse coletivo, como as sociedades e as fundações, obedecem à lei do Estado em que se constituírem.

▶ Arts. 40 a 69, 981 e segs. do CC.

§ 1º Não poderão, entretanto, ter no Brasil filiais, agências ou estabelecimentos antes de serem os atos constitutivos aprovados pelo Governo brasileiro, ficando sujeitas à lei brasileira.

§ 2º Os Governos estrangeiros, bem como as organizações de qualquer natureza, que eles tenham constituído, dirijam ou hajam investido de funções públicas, não poderão adquirir no Brasil bens imóveis ou suscetíveis de desapropriação.

§ 3º Os Governos estrangeiros podem adquirir a propriedade dos prédios necessários à sede dos representantes diplomáticos ou dos agentes consulares.

Art. 12. É competente a autoridade judiciária brasileira, quando for o réu domiciliado no Brasil ou aqui tiver de ser cumprida a obrigação.

▶ Arts. 88 a 90 do CPC.

§ 1º Só à autoridade judiciária brasileira compete conhecer das ações relativas a imóveis situados no Brasil.

§ 2º A autoridade judiciária brasileira cumprirá, concedido o *exequatur* e segundo a forma estabelecida pela lei brasileira, as diligências deprecadas por autoridade estrangeira competente, observando a lei desta, quanto ao objeto das diligências.

▶ A concessão de *exequatur* às cartas rogatórias passou a ser da competência do STJ, conforme art. 105, I, *i*, da CF, com a redação dada pela EC nº 45, de 8-12-2004.

Art. 13. A prova dos fatos ocorridos em país estrangeiro rege-se pela lei que nele vigorar, quanto ao ônus e aos meios de produzir-se, não admitindo os tribunais brasileiros provas que a lei brasileira desconheça.

▶ Arts. 333 e 334 do CPC.

Art. 14. Não conhecendo a lei estrangeira, poderá o juiz exigir de quem a invoca prova do texto e da vigência.

Art. 15. Será executada no Brasil a sentença proferida no estrangeiro, que reúna os seguintes requisitos:

a) haver sido proferida por juiz competente;
b) terem sido as partes citadas ou haver-se legalmente verificado à revelia;
c) ter passado em julgado e estar revestida das formalidades necessárias para a execução no lugar em que foi proferida;
d) estar traduzida por intérprete autorizado;
e) ter sido homologada pelo Supremo Tribunal Federal.

▶ A concessão de *exequatur* às cartas rogatórias passou a ser da competência do STJ, conforme art. 105, I, *i*, da CF, com a redação dada pela EC nº 45, de 8-12-2004.

Parágrafo único. *Revogado*. Lei nº 12.036, de 1º-10-2009.

Art. 16. Quando, nos termos dos artigos precedentes, se houver de aplicar a lei estrangeira, ter-se-á em vista a disposição desta, sem considerar-se qualquer remissão por ela feita a outra lei.

Art. 17. As leis, atos e sentenças de outro país, bem como quaisquer declarações de vontade, não terão eficácia no Brasil, quando ofenderem a soberania nacional, a ordem pública e os bons costumes.

Art. 18. Tratando-se de brasileiros, são competentes as autoridades consulares brasileiras para lhes celebrar o casamento e os mais atos de registro civil e de tabelionato, inclusive o registro de nascimento e de óbito dos filhos de brasileiro ou brasileira nascidos no país da sede do consulado.

▶ Artigo com a redação dada pela Lei nº 3.238, de 1º-8-1957.

Art. 19. Reputam-se válidos todos os atos indicados no artigo anterior e celebrados pelos cônsules brasileiros na vigência do Decreto-Lei nº 4.657, de 4 de setembro de 1942, desde que satisfaçam todos os requisitos legais.

Parágrafo único. No caso em que a celebração desses atos tiver sido recusada pelas autoridades consulares, com fundamento no artigo 18 do mesmo Decreto-Lei, ao interessado é facultado renovar o pedido dentro de noventa dias contados da data da publicação desta Lei.

▶ Art. 19 acrescido pela Lei nº 3.238, de 1º-8-1957.

Rio de Janeiro, 4 de setembro de 1942;
121º da Independência e
54º da República.

Getúlio Vargas

CÓDIGO CIVIL
LEI Nº 10.406, DE 10 DE JANEIRO DE 2002

Institui o Código Civil.

(EXCERTOS)

▶ Publicada no *DOU* de 11-1-2002.

O Presidente da República

Faço saber que o Congresso Nacional decreta e eu sanciono a seguinte Lei:

PARTE GERAL

LIVRO I – DAS PESSOAS

TÍTULO I – DAS PESSOAS NATURAIS

CAPÍTULO I
DA PERSONALIDADE E DA CAPACIDADE

Art. 1º Toda pessoa é capaz de direitos e deveres na ordem civil.

▶ Arts. 3º a 5º e 972 a 980 deste Código.
▶ Art. 7º, *caput*, do Dec.-lei nº 4.657, de 4-9-1942 (Lei de Introdução às normas do Direito Brasileiro).

Art. 2º A personalidade civil da pessoa começa do nascimento com vida; mas a lei põe a salvo, desde a concepção, os direitos do nascituro.

▶ Arts. 542, 1.779, 1.798 e 1.800 deste Código.
▶ Art. 7º, *caput*, do Dec.-lei nº 4.657, de 4-9-1942 (Lei de Introdução às normas do Direito Brasileiro).
▶ Arts. 877 e 878 do CPC.

Art. 3º São absolutamente incapazes de exercer pessoalmente os atos da vida civil:

I – os menores de dezesseis anos;

▶ Arts. 1.634, V, 1.690, 1.747, I, e 1.774 deste Código.
▶ Arts. 402 a 410 da CLT.
▶ Arts. 60 a 69 do ECA.

II – os que, por enfermidade ou deficiência mental, não tiverem o necessário discernimento para a prática desses atos;

▶ Arts. 1.767, I, e 1.769, I, deste Código.

III – os que, mesmo por causa transitória, não puderem exprimir sua vontade.

▶ Arts. 104, 166, I, 198, I, e 1.767, II, deste Código.
▶ Arts. 8º, 9º, 82, I, 98, 405 e 701 do CPC.
▶ Art. 30, § 5º, do Dec.-lei nº 891, de 25-11-1938 (Lei de Fiscalização de Entorpecentes).

Art. 4º São incapazes, relativamente a certos atos, ou à maneira de os exercer:

I – os maiores de dezesseis e menores de dezoito anos;

▶ Arts. 666, 1.634, V, 1.690, 1.747, I, e 1.774 deste Código.

II – os ébrios habituais, os viciados em tóxicos, e os que, por deficiência mental, tenham o discernimento reduzido;

▶ Art. 1.767, III, deste Código.

III – os excepcionais, sem desenvolvimento mental completo;
IV – os pródigos.

▶ Arts. 104, 171 e 1.767, V, deste Código.
▶ Arts. 8º, 9º, 82, I, 98 e 701 do CPC.
▶ Art. 30, § 5º, do Dec.-lei nº 891, de 25-11-1938 (Lei de Fiscalização de Entorpecentes).

Parágrafo único. A capacidade dos índios será regulada por legislação especial.

▶ Arts. 231 e 232 da CF.
▶ Lei nº 6.001, de 19-12-1973 (Estatuto do Índio).
▶ Art. 50, § 2º, da Lei nº 6.015, de 31-12-1973 (Lei dos Registros Públicos).

Art. 5º A menoridade cessa aos dezoito anos completos, quando a pessoa fica habilitada à prática de todos os atos da vida civil.

▶ Arts.1.517 e 1.860, parágrafo único, deste Código.
▶ Art. 73 da Lei nº 4.375, de 17-8-1964 (Lei do Serviço Militar).
▶ Arts. 1º e 13 da Lei nº 9.307, de 23-9-1996 (Lei da Arbitragem).

Parágrafo único. Cessará, para os menores, a incapacidade:

I – pela concessão dos pais, ou de um deles na falta do outro, mediante instrumento público, independentemente de homologação judicial, ou por sentença do juiz, ouvido o tutor, se o menor tiver dezesseis anos completos;

▶ Art. 148, parágrafo único, e, do ECA.

II – pelo casamento;

▶ Art.1.511 e seguintes deste Código.

III – pelo exercício de emprego público efetivo;
IV – pela colação de grau em curso de ensino superior;
V – pelo estabelecimento civil ou comercial, ou pela existência de relação de emprego, desde que, em função deles, o menor com dezesseis anos completos tenha economia própria.

▶ Arts. 1.635, 1.763 e 1.778 deste Código.

Art. 6º A existência da pessoa natural termina com a morte; presume-se esta, quanto aos ausentes, nos casos em que a lei autoriza a abertura de sucessão definitiva.

▶ Arts. 22 a 39 deste Código.
▶ Arts. 1.159 e 1.169 do CPC.
▶ Arts. 77 a 88 da Lei nº 6.015, de 31-12-1973 (Lei dos Registros Públicos).
▶ Súm. nº 331 do STF.

Art. 7º Pode ser declarada a morte presumida, sem decretação de ausência:

I – se for extremamente provável a morte de quem estava em perigo de vida;
II – se alguém, desaparecido em campanha ou feito prisioneiro, não for encontrado até dois anos após o término da guerra.

Parágrafo único. A declaração da morte presumida, nesses casos, somente poderá ser requerida depois de esgotadas as buscas e averiguações, devendo a sentença fixar a data provável do falecimento.

Art. 8º Se dois ou mais indivíduos falecerem na mesma ocasião, não se podendo averiguar se algum dos comorientes precedeu aos outros, presumir-se-ão simultaneamente mortos.

Art. 9º Serão registrados em registro público:

► Lei nº 6.015, de 31-12-1973 (Lei dos Registros Públicos).

I – os nascimentos, casamentos e óbitos;

► Art. 1.511 e seguintes deste Código.

► Art. 18 do Dec.-lei nº 4.657, de 4-9-1942 (Lei de Introdução às normas do Direito Brasileiro).

II – a emancipação por outorga dos pais ou por sentença do juiz;

► Art. 5º, parágrafo único, I, deste Código.

III – a interdição por incapacidade absoluta ou relativa;

► Art. 1.767 e seguintes deste Código.

IV – a sentença declaratória de ausência e de morte presumida.

► Arts. 7º, e 22 a 39 deste Código.

Art. 10. Far-se-á averbação em registro público:

I – das sentenças que decretarem a nulidade ou anulação do casamento, o divórcio, a separação judicial e o restabelecimento da sociedade conjugal;

II – dos atos judiciais ou extrajudiciais que declararem ou reconhecerem a filiação;

III – *Revogado*. Lei nº 12.010, de 3-8-2009.

Capítulo II

DOS DIREITOS DA PERSONALIDADE

Art. 11. Com exceção dos casos previstos em lei, os direitos da personalidade são intransmissíveis e irrenunciáveis, não podendo o seu exercício sofrer limitação voluntária.

► Art. 5º da CF.

Art. 12. Pode-se exigir que cesse a ameaça, ou a lesão, a direito da personalidade, e reclamar perdas e danos, sem prejuízo de outras sanções previstas em lei.

► Arts. 20 e 402 a 405 deste Código.

Parágrafo único. Em se tratando de morto, terá legitimação para requerer a medida prevista neste artigo o cônjuge sobrevivente, ou qualquer parente em linha reta, ou colateral até o quarto grau.

Art. 13. Salvo por exigência médica, é defeso o ato de disposição do próprio corpo, quando importar diminuição permanente da integridade física, ou contrariar os bons costumes.

Parágrafo único. O ato previsto neste artigo será admitido para fins de transplante, na forma estabelecida em lei especial.

► Lei nº 9.434, de 4-2-1997 (Lei de Remoção de Órgãos e Tecidos).

Art. 14. É válida, com objetivo científico, ou altruístico, a disposição gratuita do próprio corpo, no todo ou em parte, para depois da morte.

► Lei nº 9.434, de 4-2-1997 (Lei de Remoção de Órgãos e Tecidos).

Parágrafo único. O ato de disposição pode ser livremente revogado a qualquer tempo.

Art. 15. Ninguém pode ser constrangido a submeter-se, com risco de vida, a tratamento médico ou a intervenção cirúrgica.

Art. 16. Toda pessoa tem direito ao nome, nele compreendidos o prenome e o sobrenome.

► Art. 57, § 8º, da Lei nº 6.015, de 31-12-1973 (Lei dos Registros Públicos).

Art. 17. O nome da pessoa não pode ser empregado por outrem em publicações ou representações que a exponham ao desprezo público, ainda quando não haja intenção difamatória.

Art. 18. Sem autorização, não se pode usar o nome alheio em propaganda comercial.

Art. 19. O pseudônimo adotado para atividades lícitas goza da proteção que se dá ao nome.

Art. 20. Salvo se autorizadas, ou se necessárias à administração da justiça ou à manutenção da ordem pública, a divulgação de escritos, a transmissão da palavra, ou a publicação, a exposição ou a utilização da imagem de uma pessoa poderão ser proibidas, a seu requerimento e sem prejuízo da indenização que couber, se lhe atingirem a honra, a boa fama ou a respeitabilidade, ou se se destinarem a fins comerciais.

► Art. 5º, X, da CF.

► Arts. 12 e 927 e seguintes deste Código.

► Súm. nº 403 do STJ.

Parágrafo único. Em se tratando de morto ou de ausente, são partes legítimas para requerer essa proteção o cônjuge, os ascendentes ou os descendentes.

Art. 21. A vida privada da pessoa natural é inviolável, e o juiz, a requerimento do interessado, adotará as providências necessárias para impedir ou fazer cessar ato contrário a esta norma.

► Art. 5º, X, da CF.

Capítulo III

DA AUSÊNCIA

► Art. 9º, IV, deste Código.

Seção I

DA CURADORIA DOS BENS DO AUSENTE

Art. 22. Desaparecendo uma pessoa do seu domicílio sem dela haver notícia, se não houver deixado representante ou procurador a quem caiba administrar-lhe os bens, o juiz, a requerimento de qualquer interessado ou do Ministério Público, declarará a ausência, e nomear-lhe-á curador.

► Arts. 1.159 a 1.169 do CPC.

► Art. 29, VI, da Lei nº 6.015, de 31-12-1973 (Lei dos Registros Públicos).

► Art. 94, III, *f*, da Lei nº 11.101, de 9-2-2005 (Lei de Recuperação de Empresas e Falências).

Art. 23. Também se declarará a ausência, e se nomeará curador, quando o ausente deixar mandatário que não queira ou não possa exercer ou continuar o mandato, ou se os seus poderes forem insuficientes.

Art. 24. O juiz, que nomear o curador, fixar-lhe-á os poderes e obrigações, conforme as circunstâncias, observando, no que for aplicável, o disposto a respeito dos tutores e curadores.

► Arts. 1.728 a 1.783 deste Código.

Art. 25. O cônjuge do ausente, sempre que não esteja separado judicialmente, ou de fato por mais de dois anos antes da declaração da ausência, será o seu legítimo curador.

▶ Art. 1.775 deste Código.

§ 1º Em falta do cônjuge, a curadoria dos bens do ausente incumbe aos pais ou aos descendentes, nesta ordem, não havendo impedimento que os iniba de exercer o cargo.

§ 2º Entre os descendentes, os mais próximos precedem os mais remotos.

§ 3º Na falta das pessoas mencionadas, compete ao juiz a escolha do curador.

Seção II

DA SUCESSÃO PROVISÓRIA

Art. 26. Decorrido um ano da arrecadação dos bens do ausente, ou, se ele deixou representante ou procurador, em se passando três anos, poderão os interessados requerer que se declare a ausência e se abra provisoriamente a sucessão.

▶ Art. 28, § 1º, deste Código.
▶ Art. 1.163 do CPC.

Art. 27. Para o efeito previsto no artigo anterior, somente se consideram interessados:

▶ Art. 1.163, § 1º, do CPC.

I – o cônjuge não separado judicialmente;
II – os herdeiros presumidos, legítimos ou testamentários;
III – os que tiverem sobre os bens do ausente direito dependente de sua morte;

▶ Art. 1.951 deste Código.

IV – os credores de obrigações vencidas e não pagas.

▶ Art. 1.163, § 2º, do CPC.

Art. 28. A sentença que determinar a abertura da sucessão provisória só produzirá efeito cento e oitenta dias depois de publicada pela imprensa; mas, logo que passe em julgado, proceder-se-á à abertura do testamento, se houver, e ao inventário e partilha dos bens, como se o ausente fosse falecido.

▶ Art. 1.165 do CPC.

§ 1º Findo o prazo a que se refere o art. 26, e não havendo interessados na sucessão provisória, cumpre ao Ministério Público requerê-la ao juízo competente.

§ 2º Não comparecendo herdeiro ou interessado para requerer o inventário até trinta dias depois de passar em julgado a sentença que mandar abrir a sucessão provisória, proceder-se-á à arrecadação dos bens do ausente pela forma estabelecida nos arts. 1.819 a 1.823.

Art. 29. Antes da partilha, o juiz, quando julgar conveniente, ordenará a conversão dos bens móveis, sujeitos a deterioração ou a extravio, em imóveis ou em títulos garantidos pela União.

▶ Art. 33 deste Código.
▶ Art. 1.113 do CPC.

Art. 30. Os herdeiros, para se imitirem na posse dos bens do ausente, darão garantias da restituição deles, mediante penhores ou hipotecas equivalentes aos quinhões respectivos.

▶ Art. 1.166 do CPC.

§ 1º Aquele que tiver direito à posse provisória, mas não puder prestar a garantia exigida neste artigo, será excluído, mantendo-se os bens que lhe deviam caber sob a administração do curador, ou de outro herdeiro designado pelo juiz, e que preste essa garantia.

▶ Art. 34 deste Código.

§ 2º Os ascendentes, os descendentes e o cônjuge, uma vez provada a sua qualidade de herdeiros, poderão, independentemente de garantia, entrar na posse dos bens do ausente.

Art. 31. Os imóveis do ausente só se poderão alienar, não sendo por desapropriação, ou hipotecar, quando o ordene o juiz, para lhes evitar a ruína.

Art. 32. Empossados nos bens, os sucessores provisórios ficarão representando ativa e passivamente o ausente, de modo que contra eles correrão as ações pendentes e as que de futuro àquele forem movidas.

Art. 33. O descendente, ascendente ou cônjuge que for sucessor provisório do ausente, fará seus todos os frutos e rendimentos dos bens que a este couberem; os outros sucessores, porém, deverão capitalizar metade desses frutos e rendimentos, segundo o disposto no art. 29, de acordo com o representante do Ministério Público, e prestar anualmente contas ao juiz competente.

Parágrafo único. Se o ausente aparecer, e ficar provado que a ausência foi voluntária e injustificada, perderá ele, em favor do sucessor, sua parte nos frutos e rendimentos.

Art. 34. O excluído, segundo o art. 30, da posse provisória poderá, justificando falta de meios, requerer lhe seja entregue metade dos rendimentos do quinhão que lhe tocaria.

Art. 35. Se durante a posse provisória se provar a época exata do falecimento do ausente, considerar-se-á, nessa data, aberta a sucessão em favor dos herdeiros, que o eram àquele tempo.

▶ Art. 1.784 deste Código.

Art. 36. Se o ausente aparecer, ou se lhe provar a existência, depois de estabelecida a posse provisória, cessarão para logo as vantagens dos sucessores nela imitidos, ficando, todavia, obrigados a tomar as medidas assecuratórias precisas, até a entrega dos bens a seu dono.

Seção III

DA SUCESSÃO DEFINITIVA

Art. 37. Dez anos depois de passada em julgado a sentença que concede a abertura da sucessão provisória, poderão os interessados requerer a sucessão definitiva e o levantamento das cauções prestadas.

▶ Art. 6º deste Código.
▶ Art. 1.167, II, do CPC.

Art. 38. Pode-se requerer a sucessão definitiva, também, provando-se que o ausente conta oitenta anos de idade, e que de cinco datam as últimas notícias dele.

▶ Art. 1.167, III, do CPC.

Art. 39. Regressando o ausente nos dez anos seguintes à abertura da sucessão definitiva, ou algum de seus descendentes ou ascendentes, aquele ou estes haverão só os bens existentes no estado em que se acharem, os sub-rogados em seu lugar, ou o preço que os herdeiros e demais interessados houverem recebido pelos bens alienados depois daquele tempo.

Parágrafo único. Se, nos dez anos a que se refere este artigo, o ausente não regressar, e nenhum interessado promover a sucessão definitiva, os bens arrecadados passarão ao domínio do Município ou do Distrito Federal, se localizados nas respectivas circunscrições, incorporando-se ao domínio da União, quando situados em território federal.

▶ Arts. 1.822 e 1.844 deste Código.
▶ Art. 1.168 do CPC.

TÍTULO II – DAS PESSOAS JURÍDICAS

Capítulo I

DISPOSIÇÕES GERAIS

Art. 40. As pessoas jurídicas são de direito público, interno ou externo, e de direito privado.

Art. 41. São pessoas jurídicas de direito público interno:

I – a União;
II – os Estados, o Distrito Federal e os Territórios;
III – os Municípios;
IV – as autarquias, inclusive as associações públicas;

▶ Inciso IV com a redação dada pela Lei nº 11.107, de 6-4-2005.

V – as demais entidades de caráter público criadas por lei.

▶ Art. 1.489, I, deste Código.

Parágrafo único. Salvo disposição em contrário, as pessoas jurídicas de direito público, a que se tenha dado estrutura de direito privado, regem-se, no que couber, quanto ao seu funcionamento, pelas normas deste Código.

▶ Art. 12, I e II, do CPC.
▶ Art. 20 da Lei nº 4.717, de 29-6-1965 (Lei da Ação Popular).
▶ Art. 5º do Dec.-lei nº 200, de 25-2-1967, dispõe sobre organização da Administração Federal.

Art. 42. São pessoas jurídicas de direito público externo os Estados estrangeiros e todas as pessoas que forem regidas pelo direito internacional público.

Art. 43. As pessoas jurídicas de direito público interno são civilmente responsáveis por atos dos seus agentes que nessa qualidade causem danos a terceiros, ressalvado direito regressivo contra os causadores do dano, se houver, por parte destes, culpa ou dolo.

▶ Arts. 21, XXIII, c, 37, § 6º, e 173, § 5º, da CF.
▶ Arts. 186 a 188, e 927 a 954 deste Código.
▶ Art. 70, III, do CPC.
▶ Lei nº 4.619, de 28-4-1965, dispõe sobre a ação regressiva da União sobre seus agentes.
▶ Arts. 121 a 126 da Lei nº 8.112, de 11-2-1990 (Estatuto dos Servidores Públicos Civis da União, Autarquias e Fundações Públicas Federais).

Art. 44. São pessoas jurídicas de direito privado:

I – as associações;

▶ Arts. 53 a 61 deste Código.

II – as sociedades;

▶ Arts. 981 a 1.141 deste Código.

III – as fundações;

▶ Arts. 62 a 69, 2.033 e 2.034 deste Código.
▶ Art. 11 do Dec.-lei nº 4.657, de 4-9-1942 (Lei de Introdução às normas do Direito Brasileiro).

IV – as organizações religiosas;
V – os partidos políticos;

▶ Incisos IV e V acrescidos pela Lei nº 10.825, de 22-12-2003.

VI – as empresas individuais de responsabilidade limitada.

▶ Inciso VI acrescido pela Lei nº 12.441, de 11-7-2011.
▶ Art. 980-A deste Código.

§ 1º São livres a criação, a organização, a estruturação interna e o funcionamento das organizações religiosas, sendo vedado ao poder público negar-lhes reconhecimento ou registro dos atos constitutivos e necessários ao seu funcionamento.

§ 2º As disposições concernentes às associações aplicam-se subsidiariamente às sociedades que são objeto do Livro II da Parte Especial deste Código.

§ 3º Os partidos políticos serão organizados e funcionarão conforme o disposto em lei específica.

▶ Parágrafo único transformado em § 2º e §§ 1º e 3º acrescidos pela Lei nº 10.825, de 22-12-2003.

Art. 45. Começa a existência legal das pessoas jurídicas de direito privado com a inscrição do ato constitutivo no respectivo registro, precedida, quando necessário, de autorização ou aprovação do Poder Executivo, averbando-se no registro todas as alterações por que passar o ato constitutivo.

▶ Arts. 967, 985, 986, 998 e 1.150 deste Código.
▶ Art. 114 da Lei nº 6.015, de 31-12-1973 (Lei dos Registros Públicos).
▶ Lei nº 8.934, de 18-11-1994 (Lei do Registro Público de Empresas Mercantis).

Parágrafo único. Decai em três anos o direito de anular a constituição das pessoas jurídicas de direito privado, por defeito do ato respectivo, contado o prazo da publicação de sua inscrição no registro.

Art. 46. O registro declarará:

▶ Art. 120 da Lei nº 6.015, de 31-12-1973 (Lei dos Registros Públicos).

I – a denominação, os fins, a sede, o tempo de duração e o fundo social, quando houver;

II – o nome e a individualização dos fundadores ou instituidores, e dos diretores;

III – o modo por que se administra e representa, ativa e passivamente, judicial e extrajudicialmente;

▶ Art. 1.013 deste Código.
▶ Art. 12 do CPC.

IV – se o ato constitutivo é reformável no tocante à administração, e de que modo;

Código Civil – Arts. 47 a 61   201

V – se os membros respondem, ou não, subsidiariamente, pelas obrigações sociais;
VI – as condições de extinção da pessoa jurídica e o destino do seu patrimônio, nesse caso.
► Arts. 1.029 a 1.038 deste Código.

Art. 47. Obrigam a pessoa jurídica os atos dos administradores, exercidos nos limites de seus poderes definidos no ato constitutivo.

Art. 48. Se a pessoa jurídica tiver administração coletiva, as decisões se tomarão pela maioria de votos dos presentes, salvo se o ato constitutivo dispuser de modo diverso.

Parágrafo único. Decai em três anos o direito de anular as decisões a que se refere este artigo, quando violarem a lei ou estatuto, ou forem eivadas de erro, dolo, simulação ou fraude.

Art. 49. Se a administração da pessoa jurídica vier a faltar, o juiz, a requerimento de qualquer interessado, nomear-lhe-á administrador provisório.

Art. 50. Em caso de abuso da personalidade jurídica, caracterizado pelo desvio de finalidade, ou pela confusão patrimonial, pode o juiz decidir, a requerimento da parte, ou do Ministério Público quando lhe couber intervir no processo, que os efeitos de certas e determinadas relações de obrigações sejam estendidos aos bens particulares dos administradores ou sócios da pessoa jurídica.

► Art. 1.080 deste Código.
► Art. 28 do CDC.
► Art. 34 da Lei nº 12.529, de 30-11-2011 (Lei do Sistema Brasileiro de Defesa da Concorrência).

Art. 51. Nos casos de dissolução da pessoa jurídica ou cassada a autorização para seu funcionamento, ela subsistirá para os fins de liquidação, até que esta se conclua.

► Arts. 1.033 a 1.038 e 1.102 a 1.112 deste Código.
► Súm. nº 435 do STJ.

§ 1º Far-se-á, no registro onde a pessoa jurídica estiver inscrita, a averbação de sua dissolução.

§ 2º As disposições para a liquidação das sociedades aplicam-se, no que couber, às demais pessoas jurídicas de direito privado.

§ 3º Encerrada a liquidação, promover-se-á o cancelamento da inscrição da pessoa jurídica.

Art. 52. Aplica-se às pessoas jurídicas, no que couber, a proteção dos direitos da personalidade.

► Art. 5º, V e X, da CF.
► Arts. 11 a 21 deste Código.
► Súm. nº 227 do STJ.

Capítulo II

DAS ASSOCIAÇÕES

► Arts. 44, § 2º, e 1.155, parágrafo único, deste Código.

Art. 53. Constituem-se as associações pela união de pessoas que se organizem para fins não econômicos.

Parágrafo único. Não há, entre os associados, direitos e obrigações recíprocos.

Art. 54. Sob pena de nulidade, o estatuto das associações conterá:
I – a denominação, os fins e a sede da associação;
II – os requisitos para a admissão, demissão e exclusão dos associados;
III – os direitos e deveres dos associados;
IV – as fontes de recursos para sua manutenção;
V – o modo de constituição e de funcionamento dos órgãos deliberativos;

► Inciso V com a redação dada pela Lei nº 11.127, de 28-6-2005.

VI – as condições para a alteração das disposições estatutárias e para a dissolução;
VII – a forma de gestão administrativa e de aprovação das respectivas contas.

► Inciso VII acrescido pela Lei nº 11.127, de 28-6-2005.

Art. 55. Os associados devem ter iguais direitos, mas o estatuto poderá instituir categorias com vantagens especiais.

Art. 56. A qualidade de associado é intransmissível, se o estatuto não dispuser o contrário.

Parágrafo único. Se o associado for titular de quota ou fração ideal do patrimônio da associação, a transferência daquela não importará, *de per si*, na atribuição da qualidade de associado ao adquirente ou ao herdeiro, salvo disposição diversa do estatuto.

► Art. 61 deste Código.

Art. 57. A exclusão do associado só é admissível havendo justa causa, assim reconhecida em procedimento que assegure direito de defesa e de recurso, nos termos previstos no estatuto.

► *Caput* com a redação dada pela Lei nº 11.127, de 28-6-2005.

Parágrafo único. *Revogado.* Lei nº 11.127, de 28-6-2005.

Art. 58. Nenhum associado poderá ser impedido de exercer direito ou função que lhe tenha sido legitimamente conferido, a não ser nos casos e pela forma previstos na lei ou no estatuto.

Art. 59. Compete privativamente à assembleia-geral:

► *Caput* com a redação dada pela Lei nº 11.127, de 28-6-2005.

I – destituir os administradores;
II – alterar o estatuto;

► Incisos I e II com a redação dada pela Lei nº 11.127, de 28-6-2005.

III e IV – *Suprimidos.* Lei nº 11.127, de 28-6-2005.

Parágrafo único. Para as deliberações a que se referem os incisos I e II deste artigo é exigido deliberação da assembleia especialmente convocada para esse fim, cujo *quorum* será o estabelecido no estatuto, bem como os critérios de eleição dos administradores.

► Parágrafo único com a redação dada pela Lei nº 11.127, de 28-6-2005.

Art. 60. A convocação dos órgãos deliberativos far-se-á na forma do estatuto, garantindo a um quinto dos associados o direito de promovê-la.

► Artigo com a redação dada pela Lei nº 11.127, de 28-6-2005.

Art. 61. Dissolvida a associação, o remanescente do seu patrimônio líquido, depois de deduzidas, se for o caso, as quotas ou frações ideais referidas no parágrafo único do art. 56, será destinado à entidade de fins não econômicos designada no estatuto, ou, omisso este, por deliberação dos associados, à instituição municipal, estadual ou federal, de fins idênticos ou semelhantes.

§ 1º Por cláusula do estatuto ou, no seu silêncio, por deliberação dos associados, podem estes, antes da destinação do remanescente referida neste artigo, receber em restituição, atualizado o respectivo valor, as contribuições que tiverem prestado ao patrimônio da associação.

§ 2º Não existindo no Município, no Estado, no Distrito Federal ou no Território, em que a associação tiver sede, instituição nas condições indicadas neste artigo, o que remanescer do seu patrimônio se devolverá à Fazenda do Estado, do Distrito Federal ou da União.

Capítulo III
DAS FUNDAÇÕES

▶ Arts. 1.155, parágrafo único, e 1.799, III, deste Código.
▶ Art. 11 do Dec.-lei nº 4.657, de 4-9-1942 (Lei de Introdução às normas do Direito Brasileiro).

Art. 62. Para criar uma fundação, o seu instituidor fará, por escritura pública ou testamento, dotação especial de bens livres, especificando o fim a que se destina, e declarando, se quiser, a maneira de administrá-la.

▶ Art. 65 deste Código.
▶ Arts. 114 e 120 da Lei nº 6.015, de 31-12-1973 (Lei dos Registros Públicos).

Parágrafo único. A fundação somente poderá constituir-se para fins religiosos, morais, culturais ou de assistência.

▶ Art. 2.032 deste Código.

Art. 63. Quando insuficientes para constituir a fundação, os bens a ela destinados serão, se de outro modo não dispuser o instituidor, incorporados em outra fundação que se proponha a fim igual ou semelhante.

Art. 64. Constituída a fundação por negócio jurídico entre vivos, o instituidor é obrigado a transferir-lhe a propriedade, ou outro direito real, sobre os bens dotados, e, se não o fizer, serão registrados, em nome dela, por mandado judicial.

Art. 65. Aqueles a quem o instituidor cometer a aplicação do patrimônio, em tendo ciência do encargo, formularão logo, de acordo com as suas bases (art. 62), o estatuto da fundação projetada, submetendo-o, em seguida, à aprovação da autoridade competente, com recurso ao juiz.

Parágrafo único. Se o estatuto não for elaborado no prazo assinado pelo instituidor, ou, não havendo prazo, em cento e oitenta dias, a incumbência caberá ao Ministério Público.

▶ Arts. 1.199 a 1.204 do CPC, sobre organização e fiscalização das fundações.

Art. 66. Velará pelas fundações o Ministério Público do Estado onde situadas.

§ 1º Se funcionarem no Distrito Federal, ou em Território, caberá o encargo ao Ministério Público Federal.

▶ O STF, por unanimidade de votos, julgou procedente a ADIN nº 2.794-8, para declarar a inconstitucionalidade deste parágrafo, sem prejuízo da atribuição ao Ministério Público Federal da veladura pelas fundações federais de direito público, funcionem, ou não, no Distrito Federal ou nos eventuais Territórios (*DJ* de 30-3-2007).

§ 2º Se estenderem a atividade por mais de um Estado, caberá o encargo, em cada um deles, ao respectivo Ministério Público.

▶ Lei nº 8.625, de 12-2-1993 (Lei Orgânica Nacional do Ministério Público).

Art. 67. Para que se possa alterar o estatuto da fundação é mister que a reforma:

I – seja deliberada por dois terços dos competentes para gerir e representar a fundação;
II – não contrarie ou desvirtue o fim desta;
III – seja aprovada pelo órgão do Ministério Público, e, caso este a denegue, poderá o juiz supri-la, a requerimento do interessado.

Art. 68. Quando a alteração não houver sido aprovada por votação unânime, os administradores da fundação, ao submeterem o estatuto ao órgão do Ministério Público, requererão que se dê ciência à minoria vencida para impugná-la, se quiser, em dez dias.

Art. 69. Tornando-se ilícita, impossível ou inútil a finalidade a que visa a fundação, ou vencido o prazo de sua existência, o órgão do Ministério Público, ou qualquer interessado, lhe promoverá a extinção, incorporando-se o seu patrimônio, salvo disposição em contrário no ato constitutivo, ou no estatuto, em outra fundação, designada pelo juiz, que se proponha a fim igual ou semelhante.

▶ Art. 1.204 do CPC.

TÍTULO III – DO DOMICÍLIO

Art. 70. O domicílio da pessoa natural é o lugar onde ela estabelece a sua residência com ânimo definitivo.

▶ Arts. 94 a 98, 100, I a III, e 111 do CPC.
▶ Arts. 7º, 10 e 12 do Dec.-lei nº 4.657, de 4-9-1942 (Lei de Introdução às normas do Direito Brasileiro).
▶ Art. 127 do CTN.

Art. 71. Se, porém, a pessoa natural tiver diversas residências, onde, alternadamente, viva, considerar-se-á domicílio seu qualquer delas.

▶ Art. 94, § 1º, do CPC.

Art. 72. É também domicílio da pessoa natural, quanto às relações concernentes à profissão, o lugar onde esta é exercida.

Parágrafo único. Se a pessoa exercitar profissão em lugares diversos, cada um deles constituirá domicílio para as relações que lhe corresponderem.

▶ Art. 94, § 1º, do CPC.

Art. 73. Ter-se-á por domicílio da pessoa natural, que não tenha residência habitual, o lugar onde for encontrada.

▶ Art. 94, § 2º, do CPC.
▶ Art. 7º, § 8º, do Dec.-lei nº 4.657, de 4-9-1942 (Lei de Introdução às normas do Direito Brasileiro).

Art. 74. Muda-se o domicílio, transferindo a residência, com a intenção manifesta de o mudar.

Parágrafo único. A prova da intenção resultará do que declarar a pessoa às municipalidades dos lugares, que deixa, e para onde vai, ou, se tais declarações não fizer, da própria mudança, com as circunstâncias que a acompanharem.

Art. 75. Quanto às pessoas jurídicas, o domicílio é:

I – da União, o Distrito Federal;
II – dos Estados e Territórios, as respectivas capitais;
III – do Município, o lugar onde funcione a administração municipal;
IV – das demais pessoas jurídicas, o lugar onde funcionarem as respectivas diretorias e administrações, ou onde elegerem domicílio especial no seu estatuto ou atos constitutivos.

▶ Art. 109, §§ 1º a 4º, da CF.
▶ Art. 100, IV, do CPC.

§ 1º Tendo a pessoa jurídica diversos estabelecimentos em lugares diferentes, cada um deles será considerado domicílio para os atos nele praticados.

▶ Súm. nº 363 do STF.

§ 2º Se a administração, ou diretoria, tiver a sede no estrangeiro, haver-se-á por domicílio da pessoa jurídica, no tocante às obrigações contraídas por cada uma das suas agências, o lugar do estabelecimento, sito no Brasil, a que ela corresponder.

▶ Art. 88, I, e parágrafo único, do CPC.

Art. 76. Têm domicílio necessário o incapaz, o servidor público, o militar, o marítimo e o preso.

Parágrafo único. O domicílio do incapaz é o do seu representante ou assistente; o do servidor público, o lugar em que exercer permanentemente suas funções; o do militar, onde servir, e, sendo da Marinha ou da Aeronáutica, a sede do comando a que se encontrar imediatamente subordinado; o do marítimo, onde o navio estiver matriculado; e o do preso, o lugar em que cumprir a sentença.

▶ Art. 7º, § 7º, do Dec.-lei nº 4.657, de 4-9-1942 (Lei de Introdução às normas do Direito Brasileiro).
▶ Art. 98 do CPC.

Art. 77. O agente diplomático do Brasil, que, citado no estrangeiro, alegar extraterritorialidade sem designar onde tem, no país, o seu domicílio, poderá ser demandado no Distrito Federal ou no último ponto do território brasileiro onde o teve.

Art. 78. Nos contratos escritos, poderão os contratantes especificar domicílio onde se exercitem e cumpram os direitos e obrigações deles resultantes.

▶ Arts. 95 e 111 do CPC.
▶ Súm. nº 335 do STF.

LIVRO II – DOS BENS

TÍTULO ÚNICO – DAS DIFERENTES CLASSES DE BENS

CAPÍTULO I
DOS BENS CONSIDERADOS EM SI MESMOS
SEÇÃO I
DOS BENS IMÓVEIS

Art. 79. São bens imóveis o solo e tudo quanto se lhe incorporar natural ou artificialmente.

▶ Art. 1.229 deste Código.

Art. 80. Consideram-se imóveis para os efeitos legais:

I – os direitos reais sobre imóveis e as ações que os asseguram;

▶ Art. 1.225 deste Código.

II – o direito à sucessão aberta.

▶ Arts. 1.784 e 1.804 deste Código.

Art. 81. Não perdem o caráter de imóveis:

I – as edificações que, separadas do solo, mas conservando a sua unidade, forem removidas para outro local;

II – os materiais provisoriamente separados de um prédio, para nele se reempregarem.

▶ Art. 84 deste Código.

SEÇÃO II
DOS BENS MÓVEIS

Art. 82. São móveis os bens suscetíveis de movimento próprio, ou de remoção por força alheia, sem alteração da substância ou da destinação econômico-social.

Art. 83. Consideram-se móveis para os efeitos legais:

I – as energias que tenham valor econômico;

II – os direitos reais sobre objetos móveis e as ações correspondentes;

▶ Art. 1.225 deste Código.

III – os direitos pessoais de caráter patrimonial e respectivas ações.

▶ Arts. 233 a 965 deste Código.

Art. 84. Os materiais destinados a alguma construção, enquanto não forem empregados, conservam sua qualidade de móveis; readquirem essa qualidade os provenientes da demolição de algum prédio.

▶ Art. 81, II, deste Código.

SEÇÃO III
DOS BENS FUNGÍVEIS E CONSUMÍVEIS

Art. 85. São fungíveis os móveis que podem substituir-se por outros da mesma espécie, qualidade e quantidade.

▶ Art. 579 deste Código.

Art. 86. São consumíveis os bens móveis cujo uso importa destruição imediata da própria substância, sendo também considerados tais os destinados à alienação.

SEÇÃO IV
DOS BENS DIVISÍVEIS

▶ Arts. 257 a 263, 314, 504, 1.199, 1.314 a 1.358 e 1.386 deste Código.

Art. 87. Bens divisíveis são os que se podem fracionar sem alteração na sua substância, diminuição considerável de valor, ou prejuízo do uso a que se destinam.

Art. 88. Os bens naturalmente divisíveis podem tornar-se indivisíveis por determinação da lei ou por vontade das partes.

SEÇÃO V
DOS BENS SINGULARES E COLETIVOS

Art. 89. São singulares os bens que, embora reunidos, se consideram de per si, independentemente dos demais.

Art. 90. Constitui universalidade de fato a pluralidade de bens singulares que, pertinentes à mesma pessoa, tenham destinação unitária.

Parágrafo único. Os bens que formam essa universalidade podem ser objeto de relações jurídicas próprias.

Art. 91. Constitui universalidade de direito o complexo de relações jurídicas, de uma pessoa, dotadas de valor econômico.

Capítulo II
DOS BENS RECIPROCAMENTE CONSIDERADOS

Art. 92. Principal é o bem que existe sobre si, abstrata ou concretamente; acessório, aquele cuja existência supõe a do principal.

▶ Arts. 233, 287 e 364 deste Código.

Art. 93. São pertenças os bens que, não constituindo partes integrantes, se destinam, de modo duradouro, ao uso, ao serviço ou ao aformoseamento de outro.

Art. 94. Os negócios jurídicos que dizem respeito ao bem principal não abrangem as pertenças, salvo se o contrário resultar da lei, da manifestação de vontade, ou das circunstâncias do caso.

Art. 95. Apesar de ainda não separados do bem principal, os frutos e produtos podem ser objeto de negócio jurídico.

Art. 96. As benfeitorias podem ser voluptuárias, úteis ou necessárias.

▶ Arts. 1.219 a 1.222 e 1.922, parágrafo único, deste Código.

§ 1º São voluptuárias as de mero deleite ou recreio, que não aumentam o uso habitual do bem, ainda que o tornem mais agradável ou sejam de elevado valor.

§ 2º São úteis as que aumentam ou facilitam o uso do bem.

§ 3º São necessárias as que têm por fim conservar o bem ou evitar que se deteriore.

▶ Arts. 1.253 a 1.259 deste Código.

Art. 97. Não se consideram benfeitorias os melhoramentos ou acréscimos sobrevindos ao bem sem a intervenção do proprietário, possuidor ou detentor.

▶ Arts. 1.248 a 1.252 deste Código.

Capítulo III
DOS BENS PÚBLICOS

▶ Arts. 20 e 26 da CF.
▶ Art. 1º da Lei nº 4.717, de 29-6-1965 (Lei da Ação Popular).
▶ Dec.-lei nº 25, de 30-11-1937, organiza a proteção do patrimônio histórico e artístico nacional.
▶ Dec.-lei nº 9.760, de 5-9-1946, dispõe sobre os bens imóveis da União.

Art. 98. São públicos os bens do domínio nacional pertencentes às pessoas jurídicas de direito público interno; todos os outros são particulares, seja qual for a pessoa a que pertencerem.

Art. 99. São bens públicos:

I – os de uso comum do povo, tais como rios, mares, estradas, ruas e praças;

II – os de uso especial, tais como edifícios ou terrenos destinados a serviço ou estabelecimento da administração federal, estadual, territorial ou municipal, inclusive os de suas autarquias;

III – os dominicais, que constituem o patrimônio das pessoas jurídicas de direito público, como objeto de direito pessoal, ou real, de cada uma dessas entidades.

▶ Súm. nº 496 do STJ.

Parágrafo único. Não dispondo a lei em contrário, consideram-se dominicais os bens pertencentes às pessoas jurídicas de direito público a que se tenha dado estrutura de direito privado.

Art. 100. Os bens públicos de uso comum do povo e os de uso especial são inalienáveis, enquanto conservarem a sua qualificação, na forma que a lei determinar.

Art. 101. Os bens públicos dominicais podem ser alienados, observadas as exigências da lei.

Art. 102. Os bens públicos não estão sujeitos a usucapião.

▶ Arts. 183, § 3º, e 191, parágrafo único, da CF.
▶ Arts. 1.238 a 1.244 deste Código.
▶ Art. 200 do Dec.-lei nº 9.760, de 5-9-1946, que dispõe sobre os bens imóveis da União.
▶ Súm. nº 340 do STF.

Art. 103. O uso comum dos bens públicos pode ser gratuito ou retribuído, conforme for estabelecido legalmente pela entidade a cuja administração pertencerem.

Livro III – Dos Fatos Jurídicos

TÍTULO I – DO NEGÓCIO JURÍDICO

Capítulo I
DISPOSIÇÕES GERAIS

Art. 104. A validade do negócio jurídico requer:

I – agente capaz;

▶ Arts. 3º, 4º, 166, I, e 171, I, deste Código.

II – objeto lícito, possível, determinado ou determinável;

▶ Art. 166, II e III, deste Código.

III – forma prescrita ou não defesa em lei.

▶ Art. 166, IV, deste Código.
▶ Art. 51 do CDC.

Art. 105. A incapacidade relativa de uma das partes não pode ser invocada pela outra em benefício próprio, nem aproveita aos cointeressados capazes, salvo se, neste caso, for indivisível o objeto do direito ou da obrigação comum.

▶ Arts. 87, 88, 171, I, e 889 a 895 deste Código.

Art. 106. A impossibilidade inicial do objeto não invalida o negócio jurídico se for relativa, ou se cessar antes de realizada a condição a que ele estiver subordinado.

▶ Arts. 121 a 130 deste Código.

Art. 107. A validade da declaração de vontade não dependerá de forma especial, senão quando a lei expressamente a exigir.

▶ Arts. 183 e 212 deste Código.

Art. 108. Não dispondo a lei em contrário, a escritura pública é essencial à validade dos negócios jurídicos que visem à constituição, transferência, modificação ou renúncia de direitos reais sobre imóveis de valor superior a trinta vezes o maior salário mínimo vigente no País.

▶ Arts. 114, 1.225, 1.227 e 1.275 deste Código.
▶ Art. 366 do CPC.

▶ Art. 26 da Lei nº 6.766, de 19-12-1979 (Lei do Parcelamento do Solo).

Art. 109. No negócio jurídico celebrado com a cláusula de não valer sem instrumento público, este é da substância do ato.

Art. 110. A manifestação de vontade subsiste ainda que o seu autor haja feito a reserva mental de não querer o que manifestou, salvo se dela o destinatário tinha conhecimento.

Art. 111. O silêncio importa anuência, quando as circunstâncias ou os usos o autorizarem, e não for necessária a declaração de vontade expressa.

Art. 112. Nas declarações de vontade se atenderá mais à intenção nelas consubstanciada do que ao sentido literal da linguagem.

▶ Arts. 819 e 1.899 deste Código.
▶ Arts. 46 a 48 e 51 do CDC, sobre interpretação dos contratos.
▶ Art. 4º da Lei nº 9.610, de 19-2-1998 (Lei de Direitos Autorais).

Art. 113. Os negócios jurídicos devem ser interpretados conforme a boa-fé e os usos do lugar de sua celebração.

Art. 114. Os negócios jurídicos benéficos e a renúncia interpretam-se estritamente.

▶ Arts. 392, 424 e 819 deste Código.

Capítulo II
DA REPRESENTAÇÃO

Art. 115. Os poderes de representação conferem-se por lei ou pelo interessado.

Art. 116. A manifestação de vontade pelo representante, nos limites de seus poderes, produz efeitos em relação ao representado.

▶ Art. 213, parágrafo único, deste Código.

Art. 117. Salvo se o permitir a lei ou o representado, é anulável o negócio jurídico que o representante, no seu interesse ou por conta de outrem, celebrar consigo mesmo.

▶ Arts. 171 a 184 deste Código.

Parágrafo único. Para esse efeito, tem-se como celebrado pelo representante o negócio realizado por aquele em quem os poderes houverem sido subestabelecidos.

Art. 118. O representante é obrigado a provar às pessoas, com quem tratar em nome do representado, a sua qualidade e a extensão de seus poderes, sob pena de, não o fazendo, responder pelos atos que a estes excederem.

Art. 119. É anulável o negócio concluído pelo representante em conflito de interesses com o representado, se tal fato era ou devia ser do conhecimento de quem com aquele tratou.

▶ Arts. 171 a 184 deste Código.

Parágrafo único. É de cento e oitenta dias, a contar da conclusão do negócio ou da cessação da incapacidade, o prazo de decadência para pleitear-se a anulação prevista neste artigo.

▶ Arts. 3º a 5º deste Código.

Art. 120. Os requisitos e os efeitos da representação legal são os estabelecidos nas normas respectivas; os da representação voluntária são os da Parte Especial deste Código.

Capítulo III
DA CONDIÇÃO, DO TERMO E DO ENCARGO

Art. 121. Considera-se condição a cláusula que, derivando exclusivamente da vontade das partes, subordina o efeito do negócio jurídico a evento futuro e incerto.

▶ Arts. 126, 127 e 1.359 deste Código.

Art. 122. São lícitas, em geral, todas as condições não contrárias à lei, à ordem pública ou aos bons costumes; entre as condições defesas se incluem as que privarem de todo efeito o negócio jurídico, ou o sujeitarem ao puro arbítrio de uma das partes.

▶ Art. 51 do CDC.
▶ Súm. nº 60 do STJ.

Art. 123. Invalidam os negócios jurídicos que lhes são subordinados:

I – as condições física ou juridicamente impossíveis, quando suspensivas;
II – as condições ilícitas, ou de fazer coisa ilícita;
III – as condições incompreensíveis ou contraditórias.

Art. 124. Têm-se por inexistentes as condições impossíveis, quando resolutivas, e as de não fazer coisa impossível.

Art. 125. Subordinando-se a eficácia do negócio jurídico à condição suspensiva, enquanto esta se não verificar, não se terá adquirido o direito, a que ele visa.

▶ Arts. 131, 199, I, 234, 509, 1.809 e 1.924 deste Código.
▶ Art. 6º, § 2º, do Dec.-lei nº 4.657, de 4-9-1942 (Lei de Introdução às normas do Direito Brasileiro).

Art. 126. Se alguém dispuser de uma coisa sob condição suspensiva, e, pendente esta, fizer quanto àquela novas disposições, estas não terão valor, realizada a condição, se com ela forem incompatíveis.

Art. 127. Se for resolutiva a condição, enquanto esta se não realizar, vigorará o negócio jurídico, podendo exercer-se desde a conclusão deste o direito por ele estabelecido.

▶ Art. 474 deste Código.

Art. 128. Sobrevindo a condição resolutiva, extingue-se, para todos os efeitos, o direito a que ela se opõe; mas, se aposta a um negócio de execução continuada ou periódica, a sua realização, salvo disposição em contrário, não tem eficácia quanto aos atos já praticados, desde que compatíveis com a natureza da condição pendente e conforme aos ditames de boa-fé.

Art. 129. Reputa-se verificada, quanto aos efeitos jurídicos, a condição cujo implemento for maliciosamente obstado pela parte a quem desfavorecer, considerando-se, ao contrário, não verificada a condição maliciosamente levada a efeito por aquele a quem aproveita o seu implemento.

Art. 130. Ao titular do direito eventual, nos casos de condição suspensiva ou resolutiva, é permitido praticar os atos destinados a conservá-lo.

Art. 131. O termo inicial suspende o exercício, mas não a aquisição do direito.
► Arts. 125 e 1.924 deste Código.
► Art. 6º, § 2º, do Dec.-lei nº 4.657, de 4-9-1942 (Lei de Introdução às normas do Direito Brasileiro).

Art. 132. Salvo disposição legal ou convencional em contrário, computam-se os prazos, excluído o dia do começo, e incluído o do vencimento.
► Art. 184 do CPC.
► Art. 10 do CP.
► Art. 798 do CPP.
► Art. 775 da CLT.

§ 1º Se o dia do vencimento cair em feriado, considerar-se-á prorrogado o prazo até o seguinte dia útil.
► Art. 175 do CPC.
► Leis nºs 662, de 6-4-1949, 6.802, de 30-6-1980, e 7.466, de 23-4-1986, dispõem sobre feriados nacionais.

§ 2º Meado considera-se, em qualquer mês, o seu décimo quinto dia.

§ 3º Os prazos de meses e anos expiram no dia de igual número do de início, ou no imediato, se faltar exata correspondência.
► Lei nº 810, de 6-9-1949, define o ano civil.

§ 4º Os prazos fixados por hora contar-se-ão de minuto a minuto.

Art. 133. Nos testamentos, presume-se o prazo em favor do herdeiro, e, nos contratos, em proveito do devedor, salvo, quanto a esses, se do teor do instrumento, ou das circunstâncias, resultar que se estabeleceu a benefício do credor, ou de ambos os contratantes.
► Art. 1.899 deste Código.

Art. 134. Os negócios jurídicos entre vivos, sem prazo, são exequíveis desde logo, salvo se a execução tiver de ser feita em lugar diverso ou depender de tempo.
► Arts. 331 e 939 deste Código.

Art. 135. Ao termo inicial e final aplicam-se, no que couber, as disposições relativas à condição suspensiva e resolutiva.

Art. 136. O encargo não suspende a aquisição nem o exercício do direito, salvo quando expressamente imposto no negócio jurídico, pelo disponente, como condição suspensiva.
► Arts. 125 e 131 deste Código.
► Art. 6º, § 2º, do Dec.-lei nº 4.657, de 4-9-1942 (Lei de Introdução às normas do Direito Brasileiro).

Art. 137. Considera-se não escrito o encargo ilícito ou impossível, salvo se constituir o motivo determinante da liberalidade, caso em que se invalida o negócio jurídico.

Capítulo IV
DOS DEFEITOS DO NEGÓCIO JURÍDICO
Seção I
DO ERRO OU IGNORÂNCIA
► Art. 178, II, deste Código.

Art. 138. São anuláveis os negócios jurídicos, quando as declarações de vontade emanarem de erro substancial que poderia ser percebido por pessoa de diligência normal, em face das circunstâncias do negócio.
► Art. 171, II, deste Código.
► Art. 404, II, do CPC.

Art. 139. O erro é substancial quando:
I – interessa à natureza do negócio, ao objeto principal da declaração, ou a alguma das qualidades a ele essenciais;
II – concerne à identidade ou à qualidade essencial da pessoa a quem se refira a declaração de vontade, desde que tenha influído nesta de modo relevante;
► Arts. 1.556, 1.557, 1.559 e 1.903 deste Código.
III – sendo de direito e não implicando recusa à aplicação da lei, for o motivo único ou principal do negócio jurídico.

Art. 140. O falso motivo só vicia a declaração de vontade quando expresso como razão determinante.

Art. 141. A transmissão errônea da vontade por meios interpostos é anulável nos mesmos casos em que o é a declaração direta.

Art. 142. O erro de indicação da pessoa ou da coisa, a que se referir a declaração de vontade, não viciará o negócio quando, por seu contexto e pelas circunstâncias, se puder identificar a coisa ou pessoa cogitada.
► Art. 1.903 deste Código.

Art. 143. O erro de cálculo apenas autoriza a retificação da declaração de vontade.

Art. 144. O erro não prejudica a validade do negócio jurídico quando a pessoa, a quem a manifestação de vontade se dirige, se oferecer para executá-la na conformidade da vontade real do manifestante.

Seção II
DO DOLO
► Art. 178, II, deste Código.

Art. 145. São os negócios jurídicos anuláveis por dolo, quando este for a sua causa.
► Arts. 171, II, e 180 deste Código.
► Art. 404, II, do CPC.

Art. 146. O dolo acidental só obriga à satisfação das perdas e danos, e é acidental quando, a seu despeito, o negócio seria realizado, embora por outro modo.

Art. 147. Nos negócios jurídicos bilaterais, o silêncio intencional de uma das partes a respeito de fato ou qualidade que a outra parte haja ignorado, constitui omissão dolosa, provando-se que sem ela o negócio não se teria celebrado.
► Art. 766 deste Código.

Art. 148. Pode também ser anulado o negócio jurídico por dolo de terceiro, se a parte a quem aproveite dele tivesse ou devesse ter conhecimento; em caso contrário, ainda que subsista o negócio jurídico, o terceiro responderá por todas as perdas e danos da parte a quem ludibriou.
► Arts. 402 a 405 deste Código.

Art. 149. O dolo do representante legal de uma das partes só obriga o representado a responder civilmente até a importância do proveito que teve; se, porém, o dolo for do representante convencional, o representado responderá solidariamente com ele por perdas e danos.
► Arts. 275 a 285 e 402 a 405 deste Código.

Art. 150. Se ambas as partes procederem com dolo, nenhuma pode alegá-lo para anular o negócio, ou reclamar indenização.

Seção III
DA COAÇÃO

▶ Art. 178, I, deste Código.

Art. 151. A coação, para viciar a declaração da vontade, há de ser tal que incuta ao paciente fundado temor de dano iminente e considerável à sua pessoa, à sua família, ou aos seus bens.

▶ Arts. 171, II, 1.558 e 1.559 deste Código.
▶ Art. 404, II, do CPC.
▶ Art. 146 do CP.

Parágrafo único. Se disser respeito a pessoa não pertencente à família do paciente, o juiz, com base nas circunstâncias, decidirá se houve coação.

Art. 152. No apreciar a coação, ter-se-ão em conta o sexo, a idade, a condição, a saúde, o temperamento do paciente e todas as demais circunstâncias que possam influir na gravidade dela.

Art. 153. Não se considera coação a ameaça do exercício normal de um direito, nem o simples temor reverencial.

Art. 154. Vicia o negócio jurídico a coação exercida por terceiro, se dela tivesse ou devesse ter conhecimento a parte a que aproveite, e esta responderá solidariamente com aquele por perdas e danos.

▶ Arts. 275 a 285 e 402 a 405 deste Código.

Art. 155. Subsistirá o negócio jurídico, se a coação decorrer de terceiro, sem que a parte a que aproveite dela tivesse ou devesse ter conhecimento; mas o autor da coação responderá por todas as perdas e danos que houver causado ao coacto.

▶ Arts. 402 a 405 deste Código.

Seção IV
DO ESTADO DE PERIGO

▶ Art. 178, II, deste Código.

Art. 156. Configura-se o estado de perigo quando alguém, premido da necessidade de salvar-se, ou a pessoa de sua família, de grave dano conhecido pela outra parte, assume obrigação excessivamente onerosa.

Parágrafo único. Tratando-se de pessoa não pertencente à família do declarante, o juiz decidirá segundo as circunstâncias.

▶ Art. 171, II, deste Código.

Seção V
DA LESÃO

▶ Arts. 178, II, e 884 a 886 deste Código.

Art. 157. Ocorre a lesão quando uma pessoa, sob premente necessidade, ou por inexperiência, se obriga a prestação manifestamente desproporcional ao valor da prestação oposta.

§ 1º Aprecia-se a desproporção das prestações segundo os valores vigentes ao tempo em que foi celebrado o negócio jurídico.

§ 2º Não se decretará a anulação do negócio, se for oferecido suplemento suficiente, ou se a parte favorecida concordar com a redução do proveito.

▶ Art. 171, II, deste Código.

Seção VI
DA FRAUDE CONTRA CREDORES

▶ Arts. 178, II, e 1.813 deste Código.
▶ Arts. 593 e 813, II, *b*, e III, do CPC.
▶ Art. 185 do CTN.
▶ Art. 216 da Lei nº 6.015, de 31-12-1973 (Lei dos Registros Públicos).

Art. 158. Os negócios de transmissão gratuita de bens ou remissão de dívida, se os praticar o devedor já insolvente, ou por eles reduzido à insolvência, ainda quando o ignore, poderão ser anulados pelos credores quirografários, como lesivos dos seus direitos.

▶ Arts. 161 e 171, II, deste Código.
▶ Súm. nº 195 do STJ.

§ 1º Igual direito assiste aos credores cuja garantia se tornar insuficiente.

§ 2º Só os credores que já o eram ao tempo daqueles atos podem pleitear a anulação deles.

Art. 159. Serão igualmente anuláveis os contratos onerosos do devedor insolvente, quando a insolvência for notória, ou houver motivo para ser conhecida do outro contratante.

▶ Art. 161 deste Código.

Art. 160. Se o adquirente dos bens do devedor insolvente ainda não tiver pago o preço e este for, aproximadamente, o corrente, desobrigar-se-á depositando-o em juízo, com a citação de todos os interessados.

Parágrafo único. Se inferior, o adquirente, para conservar os bens, poderá depositar o preço que lhes corresponda ao valor real.

Art. 161. A ação, nos casos dos arts. 158 e 159, poderá ser intentada contra o devedor insolvente, a pessoa que com ele celebrou a estipulação considerada fraudulenta, ou terceiros adquirentes que hajam procedido de má-fé.

Art. 162. O credor quirografário, que receber do devedor insolvente o pagamento da dívida ainda não vencida, ficará obrigado a repor, em proveito do acervo sobre que se tenha de efetuar o concurso de credores, aquilo que recebeu.

Art. 163. Presumem-se fraudatórias dos direitos dos outros credores as garantias de dívidas que o devedor insolvente tiver dado a algum credor.

▶ Art. 1.419 e seguintes deste Código.

Art. 164. Presumem-se, porém, de boa-fé e valem os negócios ordinários indispensáveis à manutenção de estabelecimento mercantil, rural, ou industrial, ou à subsistência do devedor e de sua família.

Art. 165. Anulados os negócios fraudulentos, a vantagem resultante reverterá em proveito do acervo sobre que se tenha de efetuar o concurso de credores.

Parágrafo único. Se esses negócios tinham por único objeto atribuir direitos preferenciais, mediante hipoteca, penhor ou anticrese, sua invalidade importará somente na anulação da preferência ajustada.

▶ Arts. 184 e 1.419 a 1.510 deste Código.

Capítulo V
DA INVALIDADE DO NEGÓCIO JURÍDICO

Art. 166. É nulo o negócio jurídico quando:

I – celebrado por pessoa absolutamente incapaz;

▶ Arts. 3º e 166, I, deste Código.

II – for ilícito, impossível ou indeterminável o seu objeto;

III – o motivo determinante, comum a ambas as partes, for ilícito;

▶ Arts. 104, II, e 123 deste Código.

IV – não revestir a forma prescrita em lei;

▶ Art. 104, III, deste Código.

V – for preterida alguma solenidade que a lei considere essencial para a sua validade;

VI – tiver por objetivo fraudar lei imperativa;

VII – a lei taxativamente o declarar nulo, ou proibir-lhe a prática, sem cominar sanção.

▶ Arts. 104 a 109, 489, 497, 548, 549, 762, 795, 798, parágrafo único, 808, 850, 907, 912, 1.268, § 2º, 1.365, 1.428, 1.475, 1.516, § 3º, 1.548, 1.730, 1.802, 1.860 e 1.900 deste Código.

▶ Arts. 37 e 39 da Lei nº 6.766, de 19-12-1979 (Lei do Parcelamento do Solo).

Art. 167. É nulo o negócio jurídico simulado, mas subsistirá o que se dissimulou, se válido for na substância e na forma.

§ 1º Haverá simulação nos negócios jurídicos quando:

I – aparentarem conferir ou transmitir direitos a pessoas diversas daquelas às quais realmente se conferem, ou transmitem;

II – contiverem declaração, confissão, condição ou cláusula não verdadeira;

▶ Art. 121 deste Código.

III – os instrumentos particulares forem antedatados, ou pós-datados.

▶ Art. 370 do CPC.

§ 2º Ressalvam-se os direitos de terceiros de boa-fé em face dos contraentes do negócio jurídico simulado.

Art. 168. As nulidades dos artigos antecedentes podem ser alegadas por qualquer interessado, ou pelo Ministério Público, quando lhe couber intervir.

Parágrafo único. As nulidades devem ser pronunciadas pelo juiz, quando conhecer do negócio jurídico ou dos seus efeitos e as encontrar provadas, não lhe sendo permitido supri-las, ainda que a requerimento das partes.

▶ Art. 177 deste Código.

▶ Art. 214 da Lei nº 6.015, de 31-12-1973 (Lei dos Registros Públicos).

Art. 169. O negócio jurídico nulo não é suscetível de confirmação, nem convalesce pelo decurso do tempo.

Art. 170. Se, porém, o negócio jurídico nulo contiver os requisitos de outro, subsistirá este quando o fim a que visavam as partes permitir supor que o teriam querido, se houvessem previsto a nulidade.

Art. 171. Além dos casos expressamente declarados na lei, é anulável o negócio jurídico:

▶ Arts. 117, 119, 496, 533, II, e 1.558 deste Código.

I – por incapacidade relativa do agente;

▶ Arts. 4º, 104, I, 105, 178, III, e 180 deste Código.

II – por vício resultante de erro, dolo, coação, estado de perigo, lesão ou fraude contra credores.

▶ Arts. 138 a 165 deste Código.

▶ Súm. nº 195 do STJ.

Art. 172. O negócio anulável pode ser confirmado pelas partes, salvo direito de terceiro.

▶ Arts. 151, 367, 662 e 873 deste Código.

Art. 173. O ato de confirmação deve conter a substância do negócio celebrado e a vontade expressa de mantê-lo.

▶ Art. 151 deste Código.

Art. 174. É escusada a confirmação expressa, quando o negócio já foi cumprido em parte pelo devedor, ciente do vício que o inquinava.

▶ Art. 151 deste Código.

Art. 175. A confirmação expressa, ou a execução voluntária de negócio anulável, nos termos dos arts. 172 a 174, importa a extinção de todas as ações, ou exceções, de que contra ele dispusesse o devedor.

Art. 176. Quando a anulabilidade do ato resultar da falta de autorização de terceiro, será validado se este a der posteriormente.

Art. 177. A anulabilidade não tem efeito antes de julgada por sentença, nem se pronuncia de ofício; só os interessados a podem alegar, e aproveita exclusivamente aos que a alegarem, salvo o caso de solidariedade ou indivisibilidade.

▶ Arts. 87, 88, 168 e 264 a 285 deste Código.

Art. 178. É de quatro anos o prazo de decadência para pleitear-se a anulação do negócio jurídico, contado:

I – no caso de coação, do dia em que ela cessar;

▶ Arts. 151 a 155 deste Código.

II – no de erro, dolo, fraude contra credores, estado de perigo ou lesão, do dia em que se realizou o negócio jurídico;

▶ Arts. 138 a 150 e 156 a 165 deste Código.

III – no de atos de incapazes, do dia em que cessar a incapacidade.

▶ Arts. 4º, 5º, 104, I, e 171, I, deste Código.

Art. 179. Quando a lei dispuser que determinado ato é anulável, sem estabelecer prazo para pleitear-se a anulação, será este de dois anos, a contar da data da conclusão do ato.

Art. 180. O menor, entre dezesseis e dezoito anos, não pode, para eximir-se de uma obrigação, invocar a sua idade se dolosamente a ocultou quando inquirido pela outra parte, ou se, no ato de obrigar-se, declarou-se maior.

Art. 181. Ninguém pode reclamar o que, por uma obrigação anulada, pagou a um incapaz, se não provar que reverteu em proveito dele a importância paga.

▶ Art. 310 deste Código.

Art. 182. Anulado o negócio jurídico, restituir-se-ão as partes ao estado em que antes dele se achavam, e,

não sendo possível restituí-las, serão indenizadas com o equivalente.
▶ Arts. 927 a 954 deste Código.

Art. 183. A invalidade do instrumento não induz a do negócio jurídico sempre que este puder provar-se por outro meio.
▶ Art. 107 deste Código.

Art. 184. Respeitada a intenção das partes, a invalidade parcial de um negócio jurídico não o prejudicará na parte válida, se esta for separável; a invalidade da obrigação principal implica a das obrigações acessórias, mas a destas não induz a da obrigação principal.
▶ Art. 165, parágrafo único, deste Código.

TÍTULO II – DOS ATOS JURÍDICOS LÍCITOS

Art. 185. Aos atos jurídicos lícitos, que não sejam negócios jurídicos, aplicam-se, no que couber, as disposições do Título anterior.
▶ Arts. 104 a 184 deste Código.

TÍTULO III – DOS ATOS ILÍCITOS

Art. 186. Aquele que, por ação ou omissão voluntária, negligência ou imprudência, violar direito e causar dano a outrem, ainda que exclusivamente moral, comete ato ilícito.
▶ Arts. 43, 398, 927 e seguintes deste Código.
▶ Súmulas n°s 28, 492 e 562 do STF.
▶ Súmulas n°s 37, 43, 221, 281 e 403 do STJ.

Art. 187. Também comete ato ilícito o titular de um direito que, ao exercê-lo, excede manifestamente os limites impostos pelo seu fim econômico ou social, pela boa-fé ou pelos bons costumes.
▶ Art. 927 deste Código.

Art. 188. Não constituem atos ilícitos:
I – os praticados em legítima defesa ou no exercício regular de um direito reconhecido;
II – a deterioração ou destruição da coisa alheia, ou a lesão a pessoa, a fim de remover perigo iminente.
▶ Arts. 929 e 930 deste Código.
Parágrafo único. No caso do inciso II, o ato será legítimo somente quando as circunstâncias o tornarem absolutamente necessário, não excedendo os limites do indispensável para a remoção do perigo.

TÍTULO IV – DA PRESCRIÇÃO E DA DECADÊNCIA

Capítulo I

DA PRESCRIÇÃO
▶ Arts. 1.601 e 1.606 deste Código.

Seção I

DISPOSIÇÕES GERAIS
▶ Súm. nº 150 do STF.

Art. 189. Violado o direito, nasce para o titular a pretensão, a qual se extingue, pela prescrição, nos prazos a que aludem os arts. 205 e 206.
▶ Art. 882 deste Código.
▶ Art. 269, IV, do CPC.

Art. 190. A exceção prescreve no mesmo prazo em que a pretensão.

Art. 191. A renúncia da prescrição pode ser expressa ou tácita, e só valerá, sendo feita, sem prejuízo de terceiro, depois que a prescrição se consumar; tácita é a renúncia quando se presume de fatos do interessado, incompatíveis com a prescrição.
▶ Art. 114 deste Código.

Art. 192. Os prazos de prescrição não podem ser alterados por acordo das partes.

Art. 193. A prescrição pode ser alegada em qualquer grau de jurisdição, pela parte a quem aproveita.
▶ Art. 219, § 5º, do CPC.

Art. 194. *Revogado*. Lei nº 11.280, de 16-2-2006.

Art. 195. Os relativamente incapazes e as pessoas jurídicas têm ação contra os seus assistentes ou representantes legais, que derem causa à prescrição, ou não a alegarem oportunamente.
▶ Art. 208 deste Código.

Art. 196. A prescrição iniciada contra uma pessoa continua a correr contra o seu sucessor.

Seção II

DAS CAUSAS QUE IMPEDEM OU SUSPENDEM A PRESCRIÇÃO
▶ Arts. 207 e 1.244 deste Código.

Art. 197. Não corre a prescrição:
I – entre os cônjuges, na constância da sociedade conjugal;
II – entre ascendentes e descendentes, durante o poder familiar;
▶ Arts. 1.630 a 1.638 deste Código.
III – entre tutelados ou curatelados e seus tutores ou curadores, durante a tutela ou curatela.
▶ Arts. 1.728 a 1.783 deste Código.

Art. 198. Também não corre a prescrição:
I – contra os incapazes de que trata o art. 3º;
▶ Art. 208 deste Código.
II – contra os ausentes do País em serviço público da União, dos Estados ou dos Municípios;
III – contra os que se acharem servindo nas Forças Armadas, em tempo de guerra.

Art. 199. Não corre igualmente a prescrição:
I – pendendo condição suspensiva;
▶ Arts. 125 e 126 deste Código.
▶ Arts. 6º, *caput*, 82, § 1º, e 157 da Lei nº 11.101, de 9-2-2005 (Lei de Recuperação de Empresas e Falências).
II – não estando vencido o prazo;
▶ Art. 131 deste Código.
III – pendendo ação de evicção.
▶ Arts. 447 a 457 deste Código.

Art. 200. Quando a ação se originar de fato que deva ser apurado no juízo criminal, não correrá a prescrição antes da respectiva sentença definitiva.

Art. 201. Suspensa a prescrição em favor de um dos credores solidários, só aproveitam os outros se a obrigação for indivisível.
► Arts. 267 a 274 e 257 a 263 deste Código.

SEÇÃO III
DAS CAUSAS QUE INTERROMPEM A PRESCRIÇÃO

► Arts. 207 e 1.244 deste Código.
► Art. 174, parágrafo único, do CTN.

Art. 202. A interrupção da prescrição, que somente poderá ocorrer uma vez, dar-se-á:
► Art. 777 do CPC.
► Súm. nº 154 do STF.

I – por despacho do juiz, mesmo incompetente, que ordenar a citação, se o interessado a promover no prazo e na forma da lei processual;
► Arts. 219 e 617 do CPC.
► Súm. nº 78 do TFR.

II – por protesto, nas condições do inciso antecedente;
III – por protesto cambial;
IV – pela apresentação do título de crédito em juízo de inventário ou em concurso de credores;
V – por qualquer ato judicial que constitua em mora o devedor;
► Art. 219 do CPC.

VI – por qualquer ato inequívoco, ainda que extrajudicial, que importe reconhecimento do direito pelo devedor.
► Súm. nº 154 do STF.

Parágrafo único. A prescrição interrompida recomeça a correr da data do ato que a interrompeu, ou do último ato do processo para a interromper.
► Art. 132 deste Código.
► Art. 777 do CPC.
► Súm. nº 383 do STF.

Art. 203. A prescrição pode ser interrompida por qualquer interessado.

Art. 204. A interrupção da prescrição por um credor não aproveita aos outros; semelhantemente, a interrupção operada contra o codevedor, ou seu herdeiro, não prejudica aos demais coobrigados.

§ 1º A interrupção por um dos credores solidários aproveita aos outros; assim como a interrupção efetuada contra o devedor solidário envolve os demais e seus herdeiros.

§ 2º A interrupção operada contra um dos herdeiros do devedor solidário não prejudica os outros herdeiros ou devedores, senão quando se trate de obrigações e direitos indivisíveis.
► Arts. 87, 88, e 257 a 263 deste Código.

§ 3º A interrupção produzida contra o principal devedor prejudica o fiador.
► Arts. 264 a 285 deste Código.

SEÇÃO IV
DOS PRAZOS DA PRESCRIÇÃO

Art. 205. A prescrição ocorre em dez anos, quando a lei não lhe haja fixado prazo menor.
► Arts. 189 e 1.601 deste Código.
► Súm. nº 412 do STJ.

Art. 206. Prescreve:
► Art. 189 deste Código.

§ 1º Em um ano:

I – a pretensão dos hospedeiros ou fornecedores de víveres destinados a consumo no próprio estabelecimento, para o pagamento da hospedagem ou dos alimentos;

II – a pretensão do segurado contra o segurador, ou a deste contra aquele, contado o prazo:

a) para o segurado, no caso de seguro de responsabilidade civil, da data em que é citado para responder à ação de indenização proposta pelo terceiro prejudicado, ou da data que a este indeniza, com a anuência do segurador;
b) quanto aos demais seguros, da ciência do fato gerador da pretensão;
► Art. 757 e seguintes deste Código.
► Súmulas nºs 101, 229 e 278 do STJ.

III – a pretensão dos tabeliães, auxiliares da justiça, serventuários judiciais, árbitros e peritos, pela percepção de emolumentos, custas e honorários;

IV – a pretensão contra os peritos, pela avaliação dos bens que entraram para a formação do capital de sociedade anônima, contado da publicação da ata da assembleia que aprovar o laudo;

V – a pretensão dos credores não pagos contra os sócios ou acionistas e os liquidantes, contado o prazo da publicação da ata de encerramento da liquidação da sociedade.
► Arts. 1.102 a 1.112 deste Código.

§ 2º Em dois anos, a pretensão para haver prestações alimentares, a partir da data em que se vencerem.
► Arts. 948, e 1.694 a 1.710 deste Código.

§ 3º Em três anos:

I – a pretensão relativa a aluguéis de prédios urbanos ou rústicos;
► Arts. 565 a 578 deste Código.
► Lei nº 8.245, de 18-10-1991 (Lei das Locações).

II – a pretensão para receber prestações vencidas de rendas temporárias ou vitalícias;
III – a pretensão para haver juros, dividendos ou quaisquer prestações acessórias, pagáveis, em períodos não maiores de um ano, com capitalização ou sem ela;
IV – a pretensão de ressarcimento de enriquecimento sem causa;
► Arts. 884 a 886 deste Código.

V – a pretensão de reparação civil;
► Arts. 927 a 954 deste Código.
► Art. 27 do CDC.
► Art. 1º-C da Lei nº 9.494, de 10-9-1997, que disciplina a aplicação da tutela antecipada contra a Fazenda Pública.

VI – a pretensão de restituição dos lucros ou dividendos recebidos de má-fé, correndo o prazo da data em que foi deliberada a distribuição;
VII – a pretensão contra as pessoas em seguida indicadas por violação da lei ou do estatuto, contado o prazo:

a) para os fundadores, da publicação dos atos constitutivos da sociedade anônima;
▶ Arts. 1.088 e 1.089 deste Código.
▶ Lei nº 6.404, de 15-12-1976 (Lei das Sociedades por Ações).

b) para os administradores, ou fiscais, da apresentação, aos sócios, do balanço referente ao exercício em que a violação tenha sido praticada, ou da reunião ou assembleia-geral que dela deva tomar conhecimento;
▶ Arts. 1.010 a 1.021 e 1.060 a 1.070 deste Código.

c) para os liquidantes, da primeira assembleia semestral posterior à violação;
▶ Arts. 1.038, § 2º, e 1.102 a 1.112 deste Código.

VIII – a pretensão para haver o pagamento de título de crédito, a contar do vencimento, ressalvadas as disposições de lei especial;
▶ Arts. 887 a 926 deste Código.

IX – a pretensão do beneficiário contra o segurador, e a do terceiro prejudicado, no caso de seguro de responsabilidade civil obrigatório.
▶ Arts. 757 a 802 deste Código.
▶ Lei nº 6.194, de 19-12-1974 (Lei do Seguro Obrigatório).
▶ Súm. nº 405 do STJ.

§ 4º Em quatro anos, a pretensão relativa à tutela, a contar da data da aprovação das contas.
▶ Arts. 1.728 a 1.766 deste Código.

§ 5º Em cinco anos:
I – a pretensão de cobrança de dívidas líquidas constantes de instrumento público ou particular;
II – a pretensão dos profissionais liberais em geral, procuradores judiciais, curadores e professores pelos seus honorários, contado o prazo da conclusão dos serviços, da cessação dos respectivos contratos ou mandato;
▶ Art. 25 da Lei nº 8.906, de 4-7-1994 (Estatuto da Advocacia e da OAB).

III – a pretensão do vencedor para haver do vencido o que despendeu em juízo.

Capítulo II

DA DECADÊNCIA

▶ Arts. 45, parágrafo único, 48, parágrafo único, 119, parágrafo único, 178, 179, 445, 446, 501, 504, 505, 513, 516, 550, 554, 559, 618, parágrafo único, 745, 1.078, § 4º, 1.109, parágrafo único, 1.122, 1.423, 1.555, 1.560, 1.649, 1.795, 1.815, parágrafo único, 1.859, 1.909, parágrafo único, 1.965, parágrafo único, e 2.027, parágrafo único, deste Código.

Art. 207. Salvo disposição legal em contrário, não se aplicam à decadência as normas que impedem, suspendem ou interrompem a prescrição.
▶ Arts. 197 a 204 deste Código.

Art. 208. Aplica-se à decadência o disposto nos arts. 195 e 198, inciso I.

Art. 209. É nula a renúncia à decadência fixada em lei.
▶ Art. 114 deste Código.

Art. 210. Deve o juiz, de ofício, conhecer da decadência, quando estabelecida por lei.
▶ Arts. 219, § 5º, 269, IV, e 295, IV, do CPC.

Art. 211. Se a decadência for convencional, a parte a quem aproveita pode alegá-la em qualquer grau de jurisdição, mas o juiz não pode suprir a alegação.

TÍTULO V – DA PROVA

Art. 212. Salvo o negócio a que se impõe forma especial, o fato jurídico pode ser provado mediante:
▶ Arts. 107 a 109, 183 e 221, parágrafo único, deste Código.
▶ Art. 332 do CPC.

I – confissão;
▶ Arts. 213 e 214 deste Código.
▶ Arts. 348 a 354 do CPC.

II – documento;
▶ Arts. 215 a 226 deste Código.
▶ Arts. 364 a 399 do CPC.

III – testemunha;
▶ Arts. 227 a 230 deste Código.
▶ Arts. 400 a 419 do CPC.

IV – presunção;
▶ Art. 230 deste Código.
▶ Art. 335 do CPC.

V – perícia.
▶ Arts. 420 a 443 do CPC.

Art. 213. Não tem eficácia a confissão se provém de quem não é capaz de dispor do direito a que se referem os fatos confessados.

Parágrafo único. Se feita a confissão por um representante, somente é eficaz nos limites em que este pode vincular o representado.
▶ Arts. 115 a 120 deste Código.

Art. 214. A confissão é irrevogável, mas pode ser anulada se decorreu de erro de fato ou de coação.
▶ Arts. 138 a 144, 151 a 155, 171 e seguintes deste Código.

Art. 215. A escritura pública, lavrada em notas de tabelião, é documento dotado de fé pública, fazendo prova plena.

§ 1º Salvo quando exigidos por lei outros requisitos, a escritura pública deve conter:
I – data e local de sua realização;
II – reconhecimento da identidade e capacidade das partes e de quantos hajam comparecido ao ato, por si, como representantes, intervenientes ou testemunhas;
III – nome, nacionalidade, estado civil, profissão, domicílio e residência das partes e demais comparecentes, com a indicação, quando necessário, do regime de bens do casamento, nome do outro cônjuge e filiação;
IV – manifestação clara da vontade das partes e dos intervenientes;
V – referência ao cumprimento das exigências legais e fiscais inerentes à legitimidade do ato;
VI – declaração de ter sido lida na presença das partes e demais comparecentes, ou de que todos a leram;

VII – assinatura das partes e dos demais comparecentes, bem como a do tabelião ou seu substituto legal, encerrando o ato.

▶ Lei nº 7.433, de 18-12-1985, dispõe sobre os requisitos para a lavratura de escrituras públicas.

§ 2º Se algum comparecente não puder ou não souber escrever, outra pessoa capaz assinará por ele, a seu rogo.

§ 3º A escritura será redigida na língua nacional.

§ 4º Se qualquer dos comparecentes não souber a língua nacional e o tabelião não entender o idioma em que se expressa, deverá comparecer tradutor público para servir de intérprete, ou, não o havendo na localidade, outra pessoa capaz que, a juízo do tabelião, tenha idoneidade e conhecimento bastantes.

§ 5º Se algum dos comparecentes não for conhecido do tabelião, nem puder identificar-se por documento, deverão participar do ato pelo menos duas testemunhas que o conheçam e atestem sua identidade.

Art. 216. Farão a mesma prova que os originais as certidões textuais de qualquer peça judicial, do protocolo das audiências, ou de outro qualquer livro a cargo do escrivão, sendo extraídas por ele, ou sob a sua vigilância, e por ele subscritas, assim como os traslados de autos, quando por outro escrivão consertados.

▶ Art. 365 do CPC.

Art. 217. Terão a mesma força probante os traslados e as certidões, extraídos por tabelião ou oficial de registro, de instrumentos ou documentos lançados em suas notas.

▶ Art. 365 do CPC.
▶ Art. 161 da Lei nº 6.015, de 31-12-1973 (Lei dos Registros Públicos).

Art. 218. Os traslados e as certidões considerar-se-ão instrumentos públicos, se os originais se houverem produzido em juízo como prova de algum ato.

▶ Art. 365 do CPC.

Art. 219. As declarações constantes de documentos assinados presumem-se verdadeiras em relação aos signatários.

▶ Art. 10 da MP nº 2.200-2, de 24-8-2001, que até o encerramento desta edição não havia sido convertida em Lei, institui a Infraestrutura de Chaves Públicas Brasileira – IPC-Brasil.

Parágrafo único. Não tendo relação direta, porém, com as disposições principais ou com a legitimidade das partes, as declarações enunciativas não eximem os interessados em sua veracidade do ônus de prová-las.

▶ Art. 368 do CPC.

Art. 220. A anuência ou a autorização de outrem, necessária à validade de um ato, provar-se-á do mesmo modo que este, e constará, sempre que se possa, do próprio instrumento.

▶ Art. 1.537 deste Código.

Art. 221. O instrumento particular, feito e assinado, ou somente assinado por quem esteja na livre disposição e administração de seus bens, prova as obrigações convencionais de qualquer valor; mas os seus efeitos, bem como os da cessão, não se operam, a respeito de terceiros, antes de registrado no registro público.

▶ Arts. 288 e 463, parágrafo único, deste Código.
▶ Art. 368 do CPC.
▶ Art. 127 da Lei nº 6.015, de 31-12-1973 (Lei dos Registros Públicos).

Parágrafo único. A prova do instrumento particular pode suprir-se pelas outras de caráter legal.

▶ Art. 212 deste Código.

Art. 222. O telegrama, quando lhe for contestada a autenticidade, faz prova mediante conferência com o original assinado.

Art. 223. A cópia fotográfica de documento, conferida por tabelião de notas, valerá como prova de declaração da vontade, mas, impugnada sua autenticidade, deverá ser exibido o original.

Parágrafo único. A prova não supre a ausência do título de crédito, ou do original, nos casos em que a lei ou as circunstâncias condicionarem o exercício do direito à sua exibição.

Art. 224. Os documentos redigidos em língua estrangeira serão traduzidos para o português para ter efeitos legais no País.

▶ Arts. 151, I, e 157 do CPC.
▶ Art. 148 da Lei nº 6.015, de 31-12-1973 (Lei dos Registros Públicos).

Art. 225. As reproduções fotográficas, cinematográficas, os registros fonográficos e, em geral, quaisquer outras reproduções mecânicas ou eletrônicas de fatos ou de coisas fazem prova plena destes, se a parte, contra quem forem exibidos, não lhes impugnar a exatidão.

Art. 226. Os livros e fichas dos empresários e sociedades provam contra as pessoas a que pertencem, e, em seu favor, quando, escriturados sem vício extrínseco ou intrínseco, forem confirmados por outros subsídios.

Parágrafo único. A prova resultante dos livros e fichas não é bastante nos casos em que a lei exige escritura pública, ou escrito particular revestido de requisitos especiais, e pode ser ilidida pela comprovação da falsidade ou inexatidão dos lançamentos.

Art. 227. Salvo os casos expressos, a prova exclusivamente testemunhal só se admite nos negócios jurídicos cujo valor não ultrapasse o décuplo do maior salário mínimo vigente no País ao tempo em que foram celebrados.

▶ Art. 401 do CPC.

Parágrafo único. Qualquer que seja o valor do negócio jurídico, a prova testemunhal é admissível como subsidiária ou complementar da prova por escrito.

▶ Art. 402 do CPC.

Art. 228. Não podem ser admitidos como testemunhas:

I – os menores de dezesseis anos;

II – aqueles que, por enfermidade ou retardamento mental, não tiverem discernimento para a prática dos atos da vida civil;

III – os cegos e surdos, quando a ciência do fato que se quer provar dependa dos sentidos que lhes faltam;

IV – o interessado no litígio, o amigo íntimo ou o inimigo capital das partes;

V – os cônjuges, os ascendentes, os descendentes e os colaterais, até o terceiro grau de alguma das partes, por consanguinidade, ou afinidade.
► Art. 1.525, III, deste Código.
► Art. 405 do CPC.
► Art. 42 da Lei nº 6.015, de 31-12-1973 (Lei dos Registros Públicos).

Parágrafo único. Para a prova de fatos que só elas conheçam, pode o juiz admitir o depoimento das pessoas a que se refere este artigo.

Art. 229. Ninguém pode ser obrigado a depor sobre fato:

I – a cujo respeito, por estado ou profissão, deva guardar segredo;
► Art. 5º, XIV, da CF.

II – a que não possa responder sem desonra própria, de seu cônjuge, parente em grau sucessível, ou amigo íntimo;

III – que o exponha, ou às pessoas referidas no inciso antecedente, a perigo de vida, de demanda, ou de dano patrimonial imediato.
► Arts. 347 e 406 do CPC.
► Art. 7º, XIX, da Lei nº 8.906, de 4-7-1994 (Estatuto da Advocacia e da OAB).

Art. 230. As presunções, que não as legais, não se admitem nos casos em que a lei exclui a prova testemunhal.
► Art. 212, IV, deste Código.
► Art. 334 do CPC.

Art. 231. Aquele que se nega a submeter-se a exame médico necessário não poderá aproveitar-se de sua recusa.

Art. 232. A recusa à perícia médica ordenada pelo juiz poderá suprir a prova que se pretendia obter com o exame.

PARTE ESPECIAL

LIVRO I – DO DIREITO DAS OBRIGAÇÕES

► Art. 9º do Dec.-lei nº 4.657, de 4-9-1942 (Lei de Introdução às normas do Direito Brasileiro).

TÍTULO I – DAS MODALIDADES DAS OBRIGAÇÕES

CAPÍTULO I

DAS OBRIGAÇÕES DE DAR

Seção I

DAS OBRIGAÇÕES DE DAR COISA CERTA

Art. 233. A obrigação de dar coisa certa abrange os acessórios dela embora não mencionados, salvo se o contrário resultar do título ou das circunstâncias do caso.
► Arts. 92 a 97 e 356 deste Código.
► Arts. 621 a 628 do CPC.
► Art. 35, I, do CDC.

Art. 234. Se, no caso do artigo antecedente, a coisa se perder, sem culpa do devedor, antes da tradição, ou pendente a condição suspensiva, fica resolvida a obrigação para ambas as partes; se a perda resultar de culpa do devedor, responderá este pelo equivalente e mais perdas e danos.
► Arts. 125, 239, 248, 250, 256, 389, 402 a 405, 492, 509, 611, 1.267 e 1.268 deste Código.

Art. 235. Deteriorada a coisa, não sendo o devedor culpado, poderá o credor resolver a obrigação, ou aceitar a coisa, abatido de seu preço o valor que perdeu.
► Art. 240 deste Código.

Art. 236. Sendo culpado o devedor, poderá o credor exigir o equivalente, ou aceitar a coisa no estado em que se acha, com direito a reclamar, em um ou em outro caso, indenização das perdas e danos.
► Arts. 240, 389, e 402 a 405 deste Código.

Art. 237. Até a tradição pertence ao devedor a coisa, com os seus melhoramentos e acrescidos, pelos quais poderá exigir aumento no preço; se o credor não anuir, poderá o devedor resolver a obrigação.
► Arts. 96, 97, 1.267 e 1.268 deste Código.

Parágrafo único. Os frutos percebidos são do devedor, cabendo ao credor os pendentes.
► Arts. 1.214 e 1.215 deste Código.

Art. 238. Se a obrigação for de restituir coisa certa, e esta, sem culpa do devedor, se perder antes da tradição, sofrerá o credor a perda, e a obrigação se resolverá, ressalvados os seus direitos até o dia da perda.
► Arts. 241, 1.267 e 1.268 deste Código.

Art. 239. Se a coisa se perder por culpa do devedor, responderá este pelo equivalente, mais perdas e danos.
► Arts. 234, 240, 248, 250, 256, 389, e 402 a 405 deste Código.

Art. 240. Se a coisa restituível se deteriorar sem culpa do devedor, recebê-la-á o credor, tal qual se ache, sem direito a indenização; se por culpa do devedor, observar-se-á o disposto no art. 239.
► Arts. 235 e 236 deste Código.

Art. 241. Se, no caso do art. 238, sobrevier melhoramento ou acréscimo à coisa, sem despesa ou trabalho do devedor, lucrará o credor, desobrigado de indenização.

Art. 242. Se para o melhoramento, ou aumento, empregou o devedor trabalho ou dispêndio, o caso se regulará pelas normas deste Código atinentes às benfeitorias realizadas pelo possuidor de boa-fé ou de má-fé.
► Arts. 1.219 a 1.222 deste Código.

Parágrafo único. Quanto aos frutos percebidos, observar-se-á, do mesmo modo, o disposto neste Código, acerca do possuidor de boa-fé ou de má-fé.
► Arts. 1.214 e 1.216 e 1.254 a 1.259 deste Código.

Seção II

DAS OBRIGAÇÕES DE DAR COISA INCERTA

Art. 243. A coisa incerta será indicada, ao menos, pelo gênero e pela quantidade.
► Arts. 629 a 631 do CPC.

Art. 244. Nas coisas determinadas pelo gênero e pela quantidade, a escolha pertence ao devedor, se o contrário não resultar do título da obrigação; mas não poderá dar a coisa pior, nem será obrigado a prestar a melhor.

▶ Arts. 342 e 1.929 deste Código.

Art. 245. Cientificado da escolha o credor, vigorará o disposto na Seção antecedente.

▶ Arts. 233 a 242 deste Código.

Art. 246. Antes da escolha, não poderá o devedor alegar perda ou deterioração da coisa, ainda que por força maior ou caso fortuito.

▶ Arts. 393, parágrafo único, e 492 deste Código.

Capítulo II
DAS OBRIGAÇÕES DE FAZER

Art. 247. Incorre na obrigação de indenizar perdas e danos o devedor que recusar a prestação a ele só imposta, ou só por ele exequível.

▶ Arts. 402 a 405 deste Código.
▶ Arts. 632 a 641 do CPC.

Art. 248. Se a prestação do fato tornar-se impossível sem culpa do devedor, resolver-se-á a obrigação; se por culpa dele, responderá por perdas e danos.

▶ Arts. 234, 239, 250, 256, 389 e 402 a 405 deste Código.

Art. 249. Se o fato puder ser executado por terceiro, será livre ao credor mandá-lo executar à custa do devedor, havendo recusa ou mora deste, sem prejuízo da indenização cabível.

▶ Arts. 394 a 405 deste Código.

Parágrafo único. Em caso de urgência, pode o credor, independentemente de autorização judicial, executar ou mandar executar o fato, sendo depois ressarcido.

Capítulo III
DAS OBRIGAÇÕES DE NÃO FAZER

Art. 250. Extingue-se a obrigação de não fazer, desde que, sem culpa do devedor, se lhe torne impossível abster-se do ato, que se obrigou a não praticar.

▶ Art. 248 deste Código.
▶ Arts. 642 e 643 do CPC.

Art. 251. Praticado pelo devedor o ato, a cuja abstenção se obrigara, o credor pode exigir dele que o desfaça, sob pena de se desfazer à sua custa, ressarcindo o culpado perdas e danos.

▶ Arts. 389 e 402 a 405 deste Código.

Parágrafo único. Em caso de urgência, poderá o credor desfazer ou mandar desfazer, independentemente de autorização judicial, sem prejuízo do ressarcimento devido.

Capítulo IV
DAS OBRIGAÇÕES ALTERNATIVAS

Art. 252. Nas obrigações alternativas, a escolha cabe ao devedor, se outra coisa não se estipulou.

▶ Art. 342 deste Código.
▶ Arts. 571 e 894 do CPC.

§ 1º Não pode o devedor obrigar o credor a receber parte em uma prestação e parte em outra.

▶ Art. 314 deste Código.

§ 2º Quando a obrigação for de prestações periódicas, a faculdade de opção poderá ser exercida em cada período.

§ 3º No caso de pluralidade de optantes, não havendo acordo unânime entre eles, decidirá o juiz, findo o prazo por este assinado para a deliberação.

§ 4º Se o título deferir a opção a terceiro, e este não quiser, ou não puder exercê-la, caberá ao juiz a escolha se não houver acordo entre as partes.

Art. 253. Se uma das duas prestações não puder ser objeto de obrigação ou se tornada inexequível, subsistirá o débito quanto à outra.

▶ Art. 1.940 deste Código.

Art. 254. Se, por culpa do devedor, não se puder cumprir nenhuma das prestações, não competindo ao credor a escolha, ficará aquele obrigado a pagar o valor da que por último se impossibilitou, mais as perdas e danos que o caso determinar.

▶ Arts. 389 e 402 a 405 deste Código.

Art. 255. Quando a escolha couber ao credor e uma das prestações tornar-se impossível por culpa do devedor, o credor terá direito de exigir a prestação subsistente ou o valor da outra, com perdas e danos; se, por culpa do devedor, ambas as prestações se tornarem inexequíveis, poderá o credor reclamar o valor de qualquer das duas, além da indenização por perdas e danos.

▶ Arts. 342, 389 e 402 a 405 deste Código.

Art. 256. Se todas as prestações se tornarem impossíveis sem culpa do devedor, extinguir-se-á a obrigação.

▶ Arts. 234, 239, 248 e 250 deste Código.

Capítulo V
DAS OBRIGAÇÕES DIVISÍVEIS E INDIVISÍVEIS

▶ Arts. 87 e 88 deste Código.

Art. 257. Havendo mais de um devedor ou mais de um credor em obrigação divisível, esta presume-se dividida em tantas obrigações, iguais e distintas, quantos os credores ou devedores.

Art. 258. A obrigação é indivisível quando a prestação tem por objeto uma coisa ou um fato não suscetíveis de divisão, por sua natureza, por motivo de ordem econômica, ou dada a razão determinante do negócio jurídico.

▶ Art. 414 deste Código.

Art. 259. Se, havendo dois ou mais devedores, a prestação não for divisível, cada um será obrigado pela dívida toda.

▶ Arts. 275 a 285 deste Código.

Parágrafo único. O devedor, que paga a dívida, sub-roga-se no direito do credor em relação aos outros coobrigados.

▶ Art. 346, I, deste Código.

Art. 260. Se a pluralidade for dos credores, poderá cada um destes exigir a dívida inteira; mas o devedor ou devedores se desobrigarão, pagando:

I – a todos conjuntamente;

II – a um, dando este caução de ratificação dos outros credores.

▶ Arts. 267 a 274 deste Código.

Art. 261. Se um só dos credores receber a prestação por inteiro, a cada um dos outros assistirá o direito de exigir dele em dinheiro a parte que lhe caiba no total.
▶ Art. 272 deste Código.

Art. 262. Se um dos credores remitir a dívida, a obrigação não ficará extinta para com os outros; mas estes só a poderão exigir, descontada a quota do credor remitente.
▶ Arts. 272 e 385 a 388 deste Código.

Parágrafo único. O mesmo critério se observará no caso de transação, novação, compensação ou confusão.
▶ Arts. 360 a 384 e 840 a 850 deste Código.

Art. 263. Perde a qualidade de indivisível a obrigação que se resolver em perdas e danos.

§ 1º Se, para efeito do disposto neste artigo, houver culpa de todos os devedores, responderão todos por partes iguais.

§ 2º Se for de um só a culpa, ficarão exonerados os outros, respondendo só esse pelas perdas e danos.
▶ Arts. 402 a 405 deste Código.

CAPÍTULO VI
DAS OBRIGAÇÕES SOLIDÁRIAS
SEÇÃO I
DISPOSIÇÕES GERAIS

Art. 264. Há solidariedade, quando na mesma obrigação concorre mais de um credor, ou mais de um devedor, cada um com direito, ou obrigado, à dívida toda.
▶ Arts. 257 e 942 deste Código.
▶ Art. 77 do CPC.

Art. 265. A solidariedade não se presume; resulta da lei ou da vontade das partes.

Art. 266. A obrigação solidária pode ser pura e simples para um dos co-credores ou codevedores, e condicional, ou a prazo, ou pagável em lugar diferente, para o outro.
▶ Arts. 121 a 135 deste Código.

SEÇÃO II
DA SOLIDARIEDADE ATIVA
▶ Arts. 201 e 260 deste Código.

Art. 267. Cada um dos credores solidários tem direito a exigir do devedor o cumprimento da prestação por inteiro.

Art. 268. Enquanto alguns dos credores solidários não demandarem o devedor comum, a qualquer daqueles poderá este pagar.

Art. 269. O pagamento feito a um dos credores solidários extingue a dívida até o montante do que foi pago.

Art. 270. Se um dos credores solidários falecer deixando herdeiros, cada um destes só terá direito a exigir e receber a quota do crédito que corresponder ao seu quinhão hereditário, salvo se a obrigação for indivisível.

Art. 271. Convertendo-se a prestação em perdas e danos, subsiste, para todos os efeitos, a solidariedade.
▶ Arts. 402 a 405 deste Código.

Art. 272. O credor que tiver remitido a dívida ou recebido o pagamento responderá aos outros pela parte que lhes caiba.
▶ Arts. 261, 262, 277 e 385 a 388 deste Código.

Art. 273. A um dos credores solidários não pode o devedor opor as exceções pessoais oponíveis aos outros.

Art. 274. O julgamento contrário a um dos credores solidários não atinge os demais; o julgamento favorável aproveita-lhes, a menos que se funde em exceção pessoal ao credor que o obteve.

SEÇÃO III
DA SOLIDARIEDADE PASSIVA
▶ Arts. 77 e 509, parágrafo único, do CPC.
▶ Arts. 124 e 125 do CTN.
▶ Arts. 7º, parágrafo único, 18, 19, 25, §§ 1º e 2º, 28, § 3º, e 34 do CDC.

Art. 275. O credor tem direito a exigir e receber de um ou de alguns dos devedores, parcial ou totalmente, a dívida comum; se o pagamento tiver sido parcial, todos os demais devedores continuam obrigados solidariamente pelo resto.
▶ Art. 333, parágrafo único, deste Código.
▶ Súm. nº 26 do STJ.

Parágrafo único. Não importará renúncia da solidariedade a propositura de ação pelo credor contra um ou alguns dos devedores.
▶ Art. 114 deste Código.

Art. 276. Se um dos devedores solidários falecer deixando herdeiros, nenhum destes será obrigado a pagar senão a quota que corresponder ao seu quinhão hereditário, salvo se a obrigação for indivisível; mas todos reunidos serão considerados como um devedor solidário em relação aos demais devedores.
▶ Arts. 87, 88, 257 a 263, 1.792 e 1.997 deste Código.

Art. 277. O pagamento parcial feito por um dos devedores e a remissão por ele obtida não aproveitam aos outros devedores, senão até à concorrência da quantia paga ou relevada.
▶ Arts. 272, 275 e 385 a 388 deste Código.
▶ Art. 125 do CTN.

Art. 278. Qualquer cláusula, condição ou obrigação adicional, estipulada entre um dos devedores solidários e o credor, não poderá agravar a posição dos outros sem consentimento destes.
▶ Arts. 121 a 130 deste Código.

Art. 279. Impossibilitando-se a prestação por culpa de um dos devedores solidários, subsiste para todos o encargo de pagar o equivalente; mas pelas perdas e danos só responde o culpado.
▶ Arts. 402 a 405 deste Código.

Art. 280. Todos os devedores respondem pelos juros da mora, ainda que a ação tenha sido proposta somente contra um; mas o culpado responde aos outros pela obrigação acrescida.
▶ Arts. 396, 406 e 407 deste Código.

Art. 281. O devedor demandado pode opor ao credor as exceções que lhe forem pessoais e as comuns a to-

dos; não lhe aproveitando as exceções pessoais a outro codevedor.
▶ Art. 177 deste Código.

Art. 282. O credor pode renunciar à solidariedade em favor de um, de alguns ou de todos os devedores.

Parágrafo único. Se o credor exonerar da solidariedade um ou mais devedores, subsistirá a dos demais.

Art. 283. O devedor que satisfez a dívida por inteiro tem direito a exigir de cada um dos codevedores a sua quota, dividindo-se igualmente por todos a do insolvente, se o houver, presumindo-se iguais, no débito, as partes de todos os codevedores.
▶ Art. 346, I, deste Código.

Art. 284. No caso de rateio entre os codevedores, contribuirão também os exonerados da solidariedade pelo credor, pela parte que na obrigação incumbia ao insolvente.

Art. 285. Se a dívida solidária interessar exclusivamente a um dos devedores, responderá este por toda ela para com aquele que pagar.

TÍTULO II – DA TRANSMISSÃO DAS OBRIGAÇÕES

CAPÍTULO I

DA CESSÃO DE CRÉDITO

Art. 286. O credor pode ceder o seu crédito, se a isso não se opuser a natureza da obrigação, a lei, ou a convenção com o devedor; a cláusula proibitiva da cessão não poderá ser oposta ao cessionário de boa-fé, se não constar do instrumento da obrigação.
▶ Arts. 348, 358, 377, 497, parágrafo único, 498, 919, 920, 1.707 e 1.749, III, deste Código.

Art. 287. Salvo disposição em contrário, na cessão de um crédito abrangem-se todos os seus acessórios.
▶ Arts. 92 a 97 deste Código.

Art. 288. É ineficaz, em relação a terceiros, a transmissão de um crédito, se não celebrar-se mediante instrumento público, ou instrumento particular revestido das solenidades do § 1º do art. 654.
▶ Art. 221 deste Código.
▶ Arts. 129, item 9, e 127, I, da Lei nº 6.015, de 31-12-1973 (Lei dos Registros Públicos).

Art. 289. O cessionário de crédito hipotecário tem o direito de fazer averbar a cessão no registro do imóvel.

Art. 290. A cessão do crédito não tem eficácia em relação ao devedor, senão quando a este notificada; mas por notificado se tem o devedor que, em escrito público ou particular, se declarou ciente da cessão feita.
▶ Arts. 312 e 377 deste Código.

Art. 291. Ocorrendo várias cessões do mesmo crédito, prevalece a que se completar com a tradição do título do crédito cedido.

Art. 292. Fica desobrigado o devedor que, antes de ter conhecimento da cessão, paga ao credor primitivo, ou que, no caso de mais de uma cessão notificada, paga ao cessionário que lhe apresenta, com o título de cessão, o da obrigação cedida; quando o crédito constar de escritura pública, prevalecerá a prioridade da notificação.
▶ Arts. 312, 348 e 377 deste Código.

Art. 293. Independentemente do conhecimento da cessão pelo devedor, pode o cessionário exercer os atos conservatórios do direito cedido.

Art. 294. O devedor pode opor ao cessionário as exceções que lhe competirem, bem como as que, no momento em que veio a ter conhecimento da cessão, tinha contra o cedente.
▶ Art. 302 deste Código.

Art. 295. Na cessão por título oneroso, o cedente, ainda que não se responsabilize, fica responsável ao cessionário pela existência do crédito ao tempo em que lhe cedeu; a mesma responsabilidade lhe cabe nas cessões por título gratuito, se tiver procedido de má-fé.

Art. 296. Salvo estipulação em contrário, o cedente não responde pela solvência do devedor.
▶ Art. 1.005 deste Código.

Art. 297. O cedente, responsável ao cessionário pela solvência do devedor, não responde por mais do que daquele recebeu, com os respectivos juros; mas tem de ressarcir-lhe as despesas da cessão e as que o cessionário houver feito com a cobrança.

Art. 298. O crédito, uma vez penhorado, não pode mais ser transferido pelo credor que tiver conhecimento da penhora; mas o devedor que o pagar, não tendo notificação dela, fica exonerado, subsistindo somente contra o credor os direitos de terceiro.
▶ Art. 312 deste Código.
▶ Art. 240 da Lei nº 6.015, de 31-12-1973 (Lei dos Registros Públicos).

CAPÍTULO II

DA ASSUNÇÃO DE DÍVIDA

▶ Arts. 346 a 351 deste Código.

Art. 299. É facultado a terceiro assumir a obrigação do devedor, com o consentimento expresso do credor, ficando exonerado o devedor primitivo, salvo se aquele, ao tempo da assunção, era insolvente e o credor o ignorava.

Parágrafo único. Qualquer das partes pode assinar prazo ao credor para que consinta na assunção da dívida, interpretando-se o seu silêncio como recusa.

Art. 300. Salvo assentimento expresso do devedor primitivo, consideram-se extintas, a partir da assunção da dívida, as garantias especiais por ele originariamente dadas ao credor.

Art. 301. Se a substituição do devedor vier a ser anulada, restaura-se o débito, com todas as suas garantias, salvo as garantias prestadas por terceiros, exceto se este conhecia o vício que inquinava a obrigação.

Art. 302. O novo devedor não pode opor ao credor as exceções pessoais que competiam ao devedor primitivo.
▶ Art. 294 deste Código.

Art. 303. O adquirente de imóvel hipotecado pode tomar a seu cargo o pagamento do crédito garantido; se o credor, notificado, não impugnar em trinta dias a transferência do débito, entender-se-á dado o assentimento.

▶ Art. 1.475 deste Código.

TÍTULO III – DO ADIMPLEMENTO E EXTINÇÃO DAS OBRIGAÇÕES

Capítulo I
DO PAGAMENTO

Seção I
DE QUEM DEVE PAGAR

Art. 304. Qualquer interessado na extinção da dívida pode pagá-la, usando, se o credor se opuser, dos meios conducentes à exoneração do devedor.

▶ Arts. 334 e 346, III, deste Código.

Parágrafo único. Igual direito cabe ao terceiro não interessado, se o fizer em nome e à conta do devedor, salvo oposição deste.

Art. 305. O terceiro não interessado, que paga a dívida em seu próprio nome, tem direito a reembolsar-se do que pagar; mas não se sub-roga nos direitos do credor.

▶ Arts. 347, II, 871 e 872 deste Código.

Parágrafo único. Se pagar antes de vencida a dívida, só terá direito ao reembolso no vencimento.

Art. 306. O pagamento feito por terceiro, com desconhecimento ou oposição do devedor, não obriga a reembolsar aquele que pagou, se o devedor tinha meios para ilidir a ação.

Art. 307. Só terá eficácia o pagamento que importar transmissão da propriedade, quando feito por quem possa alienar o objeto em que ele consistiu.

▶ Arts. 356 a 359 e 1.268 deste Código.

Parágrafo único. Se se der em pagamento coisa fungível, não se poderá mais reclamar do credor que, de boa-fé, a recebeu e consumiu, ainda que o solvente não tivesse o direito de aliená-la.

▶ Arts. 85 e 86 deste Código.

Seção II
DAQUELES A QUEM SE DEVE PAGAR

Art. 308. O pagamento deve ser feito ao credor ou a quem de direito o represente, sob pena de só valer depois de por ele ratificado, ou tanto quanto reverter em seu proveito.

▶ Arts. 172 a 177, 673 e 873 deste Código.

Art. 309. O pagamento feito de boa-fé ao credor putativo é válido, ainda provado depois que não era credor.

Art. 310. Não vale o pagamento cientemente feito ao credor incapaz de quitar, se o devedor não provar que em benefício dele efetivamente reverteu.

▶ Art. 181 deste Código.

Art. 311. Considera-se autorizado a receber o pagamento o portador da quitação, salvo se as circunstâncias contrariarem a presunção daí resultante.

▶ Art. 320 deste Código.

Art. 312. Se o devedor pagar ao credor, apesar de intimado da penhora feita sobre o crédito, ou da impugnação a ele oposta por terceiros, o pagamento não valerá contra estes, que poderão constranger o devedor a pagar de novo, ficando-lhe ressalvado o regresso contra o credor.

▶ Arts. 290, 292, 298, 876 e 1.460, parágrafo único, deste Código.
▶ Arts. 671, I, e 672 do CPC.

Seção III
DO OBJETO DO PAGAMENTO E SUA PROVA

Art. 313. O credor não é obrigado a receber prestação diversa da que lhe é devida, ainda que mais valiosa.

▶ Arts. 356 e 621 a 628 deste Código.
▶ Art. 35, I, do CDC.

Art. 314. Ainda que a obrigação tenha por objeto prestação divisível, não pode o credor ser obrigado a receber, nem o devedor a pagar, por partes, se assim não se ajustou.

▶ Arts. 87, 88, 257 a 263 deste Código.

Art. 315. As dívidas em dinheiro deverão ser pagas no vencimento, em moeda corrente e pelo valor nominal, salvo o disposto nos artigos subsequentes.

Art. 316. É lícito convencionar o aumento progressivo de prestações sucessivas.

Art. 317. Quando, por motivos imprevisíveis, sobrevier desproporção manifesta entre o valor da prestação devida e o do momento de sua execução, poderá o juiz corrigi-lo, a pedido da parte, de modo que assegure, quanto possível, o valor real da prestação.

▶ Arts. 478 a 480 deste Código.

Art. 318. São nulas as convenções de pagamento em ouro ou em moeda estrangeira, bem como para compensar a diferença entre o valor desta e o da moeda nacional, excetuados os casos previstos na legislação especial.

Art. 319. O devedor que paga tem direito a quitação regular, e pode reter o pagamento, enquanto não lhe seja dada.

▶ Arts. 335, I, e 396 deste Código.
▶ Lei nº 12.007, de 29-7-2009, dispõe sobre a emissão de declaração de quitação anual de débitos pelas pessoas jurídicas prestadoras de serviços públicos ou privados.

Art. 320. A quitação, que sempre poderá ser dada por instrumento particular, designará o valor e a espécie da dívida quitada, o nome do devedor, ou quem por este pagou, o tempo e o lugar do pagamento, com a assinatura do credor, ou do seu representante.

▶ Art. 311 deste Código.

Parágrafo único. Ainda sem os requisitos estabelecidos neste artigo valerá a quitação, se de seus termos ou das circunstâncias resultar haver sido paga a dívida.

Art. 321. Nos débitos, cuja quitação consista na devolução do título, perdido este, poderá o devedor exigir, retendo o pagamento, declaração do credor que inutilize o título desaparecido.

Art. 322. Quando o pagamento for em quotas periódicas, a quitação da última estabelece, até prova em contrário, a presunção de estarem solvidas as anteriores.

Art. 323. Sendo a quitação do capital sem reserva dos juros, estes presumem-se pagos.

Art. 324. A entrega do título ao devedor firma a presunção do pagamento.
▶ Art. 386 deste Código.

Parágrafo único. Ficará sem efeito a quitação assim operada se o credor provar, em sessenta dias, a falta do pagamento.

Art. 325. Presumem-se a cargo do devedor as despesas com o pagamento e a quitação; se ocorrer aumento por fato do credor, suportará este a despesa acrescida.

Art. 326. Se o pagamento se houver de fazer por medida, ou peso, entender-se-á, no silêncio das partes, que aceitaram os do lugar da execução.

Seção IV
DO LUGAR DO PAGAMENTO

Art. 327. Efetuar-se-á o pagamento no domicílio do devedor, salvo se as partes convencionarem diversamente, ou se o contrário resultar da lei, da natureza da obrigação ou das circunstâncias.
▶ Arts. 70 a 78 deste Código.
▶ Art. 159 do CTN.

Parágrafo único. Designados dois ou mais lugares, cabe ao credor escolher entre eles.

Art. 328. Se o pagamento consistir na tradição de um imóvel, ou em prestações relativas a imóvel, far-se-á no lugar onde situado o bem.
▶ Art. 341 deste Código.

Art. 329. Ocorrendo motivo grave para que se não efetue o pagamento no lugar determinado, poderá o devedor fazê-lo em outro, sem prejuízo para o credor.

Art. 330. O pagamento reiteradamente feito em outro local faz presumir renúncia do credor relativamente ao previsto no contrato.

Seção V
DO TEMPO DO PAGAMENTO

Art. 331. Salvo disposição legal em contrário, não tendo sido ajustada época para o pagamento, pode o credor exigi-lo imediatamente.
▶ Arts. 134, 397, 592 e 939 deste Código.
▶ Art. 160 do CTN.

Art. 332. As obrigações condicionais cumprem-se na data do implemento da condição, cabendo ao credor a prova de que deste teve ciência o devedor.
▶ Arts. 121 a 130 deste Código.

Art. 333. Ao credor assistirá o direito de cobrar a dívida antes de vencido o prazo estipulado no contrato ou marcado neste Código:
▶ Arts. 590, 939 e 1.425 deste Código.

I – no caso de falência do devedor, ou de concurso de credores;

II – se os bens, hipotecados ou empenhados, forem penhorados em execução por outro credor;

III – se cessarem, ou se se tornarem insuficientes, as garantias do débito, fidejussórias ou reais, e o devedor, intimado, se negar a reforçá-las.

Parágrafo único. Nos casos deste artigo, se houver, no débito, solidariedade passiva, não se reputará vencido quanto aos outros devedores solventes.
▶ Arts. 275 a 285 deste Código.

Capítulo II
DO PAGAMENTO EM CONSIGNAÇÃO
▶ Arts. 890 a 900 do CPC.
▶ Art. 164 do CTN.

Art. 334. Considera-se pagamento, e extingue a obrigação, o depósito judicial ou em estabelecimento bancário da coisa devida, nos casos e forma legais.
▶ Arts. 304 e 635 deste Código.

Art. 335. A consignação tem lugar:

I – se o credor não puder, ou, sem justa causa, recusar receber o pagamento, ou dar quitação na devida forma;
▶ Arts. 319 e 506 deste Código.

II – se o credor não for, nem mandar receber a coisa no lugar, tempo e condição devidos;
▶ Arts. 327 a 333 e 341 deste Código.

III – se o credor for incapaz de receber, for desconhecido, declarado ausente, ou residir em lugar incerto ou de acesso perigoso ou difícil;
▶ Art. 22 deste Código.

IV – se ocorrer dúvida sobre quem deva legitimamente receber o objeto do pagamento;
▶ Arts. 344, 345 e 755 deste Código.

V – se pender litígio sobre o objeto do pagamento.
▶ Arts. 344 e 345 deste Código.

Art. 336. Para que a consignação tenha força de pagamento, será mister concorram, em relação às pessoas, ao objeto, modo e tempo, todos os requisitos sem os quais não é válido o pagamento.
▶ Arts. 304 a 333 deste Código.

Art. 337. O depósito requerer-se-á no lugar do pagamento, cessando, tanto que se efetue, para o depositante, os juros da dívida e os riscos, salvo se for julgado improcedente.
▶ Arts. 327 a 330 deste Código.
▶ Art. 891 do CPC.

Art. 338. Enquanto o credor não declarar que aceita o depósito, ou não o impugnar, poderá o devedor requerer o levantamento, pagando as respectivas despesas, e subsistindo a obrigação para todas as consequências de direito.

Art. 339. Julgado procedente o depósito, o devedor já não poderá levantá-lo, embora o credor consinta, senão de acordo com os outros devedores e fiadores.

Art. 340. O credor que, depois de contestar a lide ou aceitar o depósito, aquiescer no levantamento, perderá a preferência e a garantia que lhe competiam com respeito à coisa consignada, ficando para logo desobrigados os codevedores e fiadores que não tenham anuído.

Art. 341. Se a coisa devida for imóvel ou corpo certo que deva ser entregue no mesmo lugar onde está, poderá o devedor citar o credor para vir ou mandar recebê-la, sob pena de ser depositada.
▶ Arts. 328 e 335, II, deste Código.
▶ Art. 891, parágrafo único, do CPC.

Art. 342. Se a escolha da coisa indeterminada competir ao credor, será ele citado para esse fim, sob cominação de perder o direito e de ser depositada a coisa que o devedor escolher; feita a escolha pelo devedor, proceder-se-á como no artigo antecedente.
▶ Arts. 243 a 246, 252, 255 e 1.929 deste Código.
▶ Art. 894 do CPC.

Art. 343. As despesas com o depósito, quando julgado procedente, correrão à conta do credor, e, no caso contrário, à conta do devedor.

Art. 344. O devedor de obrigação litigiosa exonerar-se-á mediante consignação, mas, se pagar a qualquer dos pretendidos credores, tendo conhecimento do litígio, assumirá o risco do pagamento.
▶ Art. 335, IV e V, deste Código.

Art. 345. Se a dívida se vencer, pendendo litígio entre credores que se pretendem mutuamente excluir, poderá qualquer deles requerer a consignação.
▶ Art. 335, IV e V, deste Código.

Capítulo III

DO PAGAMENTO COM SUB-ROGAÇÃO
▶ Arts. 299 a 303, 1.368 e 1.429 deste Código.
▶ Arts. 127, I, e 129, item 9, da Lei nº 6.015, de 31-12-1973 (Lei dos Registros Públicos).

Art. 346. A sub-rogação opera-se, de pleno direito, em favor:
▶ Art. 13, parágrafo único, do CDC.

I – do credor que paga a dívida do devedor comum;
▶ Arts. 259, parágrafo único, e 283 deste Código.

II – do adquirente do imóvel hipotecado, que paga a credor hipotecário, bem como do terceiro que efetiva o pagamento para não ser privado de direito sobre imóvel;
▶ Arts. 1.478 e 1.481 deste Código.

III – do terceiro interessado, que paga a dívida pela qual era ou podia ser obrigado, no todo ou em parte.
▶ Arts. 304, 305, 800 e 831 deste Código.

Art. 347. A sub-rogação é convencional:
▶ Art. 129, item 9, da Lei 6.015, de 31-12-1973 (Lei dos Registros Públicos).

I – quando o credor recebe o pagamento de terceiro e expressamente lhe transfere todos os seus direitos;
▶ Art. 348 deste Código.

II – quando terceira pessoa empresta ao devedor a quantia precisa para solver a dívida, sob a condição expressa de ficar o mutuante sub-rogado nos direitos do credor satisfeito.
▶ Art. 305 deste Código.

Art. 348. Na hipótese do inciso I do artigo antecedente, vigorará o disposto quanto à cessão do crédito.
▶ Arts. 286 a 298 deste Código.

Art. 349. A sub-rogação transfere ao novo credor todos os direitos, ações, privilégios e garantias do primitivo, em relação à dívida, contra o devedor principal e os fiadores.
▶ Súmulas nºs 188 e 257 do STF.

Art. 350. Na sub-rogação legal o sub-rogado não poderá exercer os direitos e as ações do credor, senão até à soma que tiver desembolsado para desobrigar o devedor.

Art. 351. O credor originário, só em parte reembolsado, terá preferência ao sub-rogado, na cobrança da dívida restante, se os bens do devedor não chegarem para saldar inteiramente o que a um e outro dever.

Capítulo IV

DA IMPUTAÇÃO DO PAGAMENTO
▶ Art. 163 do CTN.

Art. 352. A pessoa obrigada por dois ou mais débitos da mesma natureza, a um só credor, tem o direito de indicar a qual deles oferece pagamento, se todos forem líquidos e vencidos.
▶ Arts. 355 e 379 deste Código.

Art. 353. Não tendo o devedor declarado em qual das dívidas líquidas e vencidas quer imputar o pagamento, se aceitar a quitação de uma delas, não terá direito a reclamar contra a imputação feita pelo credor, salvo provando haver ele cometido violência ou dolo.
▶ Arts. 145 a 150 e 379 deste Código.

Art. 354. Havendo capital e juros, o pagamento imputar-se-á primeiro nos juros vencidos, e depois no capital, salvo estipulação em contrário, ou se o credor passar a quitação por conta do capital.
▶ Súm. nº 464 do STJ.

Art. 355. Se o devedor não fizer a indicação do art. 352, e a quitação for omissa quanto à imputação, esta se fará nas dívidas líquidas e vencidas em primeiro lugar. Se as dívidas forem todas líquidas e vencidas ao mesmo tempo, a imputação far-se-á na mais onerosa.
▶ Art. 379 deste Código.

Capítulo V

DA DAÇÃO EM PAGAMENTO
▶ Arts. 127, I, e 129, item 9, da Lei nº 6.015, de 31-12-1973 (Lei dos Registros Públicos).

Art. 356. O credor pode consentir em receber prestação diversa da que lhe é devida.
▶ Arts. 307, 313 e 838, III, deste Código.

Art. 357. Determinado o preço da coisa dada em pagamento, as relações entre as partes regular-se-ão pelas normas do contrato de compra e venda.
▶ Arts. 481 a 532 deste Código.

Art. 358. Se for título de crédito a coisa dada em pagamento, a transferência importará em cessão.
▶ Arts. 286 a 298 deste Código.

Art. 359. Se o credor for evicto da coisa recebida em pagamento, restabelecer-se-á a obrigação primitiva, ficando sem efeito a quitação dada, ressalvados os direitos de terceiros.
▶ Arts. 447 a 457 deste Código.

Capítulo VI

DA NOVAÇÃO

Art. 360. Dá-se a novação:

I – quando o devedor contrai com o credor nova dívida para extinguir e substituir a anterior;

II – quando novo devedor sucede ao antigo, ficando este quite com o credor;

III – quando, em virtude de obrigação nova, outro credor é substituído ao antigo, ficando o devedor quite com este.

Art. 361. Não havendo ânimo de novar, expresso ou tácito mas inequívoco, a segunda obrigação confirma simplesmente a primeira.

Art. 362. A novação por substituição do devedor pode ser efetuada independentemente de consentimento deste.

Art. 363. Se o novo devedor for insolvente, não tem o credor, que o aceitou, ação regressiva contra o primeiro, salvo se este obteve por má-fé a substituição.

Art. 364. A novação extingue os acessórios e garantias da dívida, sempre que não houver estipulação em contrário. Não aproveitará, contudo, ao credor ressalvar o penhor, a hipoteca ou a anticrese, se os bens dados em garantia pertencerem a terceiro que não foi parte na novação.

▶ Arts. 92 a 97 e 1.419 e seguintes deste Código.

Art. 365. Operada a novação entre o credor e um dos devedores solidários, somente sobre os bens do que contrair a nova obrigação subsistem as preferências e garantias do crédito novado. Os outros devedores solidários ficam por esse fato exonerados.

▶ Arts. 275 a 285 deste Código.

Art. 366. Importa exoneração do fiador a novação feita sem seu consenso com o devedor principal.

▶ Arts. 835 e 838, I, deste Código.

Art. 367. Salvo as obrigações simplesmente anuláveis, não podem ser objeto de novação obrigações nulas ou extintas.

▶ Arts. 166, 167, 171 e 172 deste Código.

Capítulo VII

DA COMPENSAÇÃO

▶ Art. 1.506 deste Código.

Art. 368. Se duas pessoas forem ao mesmo tempo credor e devedor uma da outra, as duas obrigações extinguem-se, até onde se compensarem.

▶ Art. 1.919 deste Código.

Art. 369. A compensação efetua-se entre dívidas líquidas, vencidas e de coisas fungíveis.

▶ Arts. 85 e 86 deste Código.

Art. 370. Embora sejam do mesmo gênero as coisas fungíveis, objeto das duas prestações, não se compensarão, verificando-se que diferem na qualidade, quando especificada no contrato.

Art. 371. O devedor somente pode compensar com o credor o que este lhe dever; mas o fiador pode compensar sua dívida com a de seu credor ao afiançado.

▶ Arts. 376 e 837 deste Código.

Art. 372. Os prazos de favor, embora consagrados pelo uso geral, não obstam a compensação.

Art. 373. A diferença de causa nas dívidas não impede a compensação, exceto:

I – se provier de esbulho, furto ou roubo;

II – se uma se originar de comodato, depósito ou alimentos;

▶ Arts. 579 a 585, 638 e 1.707 deste Código.

III – se uma for de coisa não suscetível de penhora.

▶ Art. 1.711 deste Código.
▶ Art. 649 do CPC.

Art. 374. *Revogado.* Lei nº 10.677, de 22-5-2003.

Art. 375. Não haverá compensação quando as partes, por mútuo acordo, a excluírem, ou no caso de renúncia prévia de uma delas.

▶ Arts. 114 e 385 a 388 deste Código.

Art. 376. Obrigando-se por terceiro uma pessoa, não pode compensar essa dívida com a que o credor dele lhe dever.

▶ Art. 371 deste Código.

Art. 377. O devedor que, notificado, nada opõe à cessão que o credor faz a terceiros dos seus direitos, não pode opor ao cessionário a compensação, que antes da cessão teria podido opor ao cedente. Se, porém, a cessão lhe não tiver sido notificada, poderá opor ao cessionário compensação do crédito que antes tinha contra o cedente.

▶ Arts. 286 a 298 e 312 deste Código.

Art. 378. Quando as duas dívidas não são pagáveis no mesmo lugar, não se podem compensar sem dedução das despesas necessárias à operação.

▶ Arts. 325 e 327 deste Código.

Art. 379. Sendo a mesma pessoa obrigada por várias dívidas compensáveis, serão observadas, no compensá-las, as regras estabelecidas quanto à imputação do pagamento.

▶ Arts. 352 a 355 deste Código.

Art. 380. Não se admite a compensação em prejuízo de direito de terceiro. O devedor que se torne credor do seu credor, depois de penhorado o crédito deste, não pode opor ao exequente a compensação, de que contra o próprio credor disporia.

Capítulo VIII

DA CONFUSÃO

Art. 381. Extingue-se a obrigação, desde que na mesma pessoa se confundam as qualidades de credor e devedor.

▶ Art. 1.436, IV, deste Código.

Art. 382. A confusão pode verificar-se a respeito de toda a dívida, ou só de parte dela.

Art. 383. A confusão operada na pessoa do credor ou devedor solidário só extingue a obrigação até a concorrência da respectiva parte no crédito, ou na dívida, subsistindo quanto ao mais a solidariedade.

▶ Arts. 264 a 285 deste Código.

Art. 384. Cessando a confusão, para logo se restabelece, com todos os seus acessórios, a obrigação anterior.

Capítulo IX

DA REMISSÃO DAS DÍVIDAS

▶ Arts. 262, 272, 277 e 324 deste Código.
▶ Art. 172 do CTN.

Art. 385. A remissão da dívida, aceita pelo devedor, extingue a obrigação, mas sem prejuízo de terceiro.

Art. 386. A devolução voluntária do título da obrigação, quando por escrito particular, prova desoneração do devedor e seus coobrigados, se o credor for capaz de alienar, e o devedor capaz de adquirir.

Art. 387. A restituição voluntária do objeto empenhado prova a renúncia do credor à garantia real, não a extinção da dívida.

▶ Arts. 114 e 1.436, III, e § 1º, deste Código.

Art. 388. A remissão concedida a um dos codevedores extingue a dívida na parte a ele correspondente; de modo que, ainda reservando o credor a solidariedade contra os outros, já lhes não pode cobrar o débito sem dedução da parte remitida.

▶ Arts. 277 a 282 deste Código.

TÍTULO IV – DO INADIMPLEMENTO DAS OBRIGAÇÕES

Capítulo I

DISPOSIÇÕES GERAIS

Art. 389. Não cumprida a obrigação, responde o devedor por perdas e danos, mais juros e atualização monetária segundo índices oficiais regularmente estabelecidos, e honorários de advogado.

▶ Arts. 234, 239, 250, 256, 402 a 407, 409, 418 e 475 deste Código.

Art. 390. Nas obrigações negativas o devedor é havido por inadimplente desde o dia em que executou o ato de que se devia abster.

▶ Art. 251 deste Código.

Art. 391. Pelo inadimplemento das obrigações respondem todos os bens do devedor.

▶ Art. 942 deste Código.
▶ Art. 591 do CPC.

Art. 392. Nos contratos benéficos, responde por simples culpa o contratante, a quem o contrato aproveite, e por dolo aquele a quem não favoreça. Nos contratos onerosos, responde cada uma das partes por culpa, salvo as exceções previstas em lei.

▶ Arts. 114, 186 e 475 deste Código.
▶ Súm. nº 145 do STJ.

Art. 393. O devedor não responde pelos prejuízos resultantes de caso fortuito ou força maior, se expressamente não se houver por eles responsabilizado.

▶ Arts. 399, 492, § 1º, 642, 650 e 667, § 1º, deste Código.

Parágrafo único. O caso fortuito ou de força maior verifica-se no fato necessário, cujos efeitos não era possível evitar ou impedir.

Capítulo II

DA MORA

Art. 394. Considera-se em mora o devedor que não efetuar o pagamento e o credor que não quiser recebê-lo no tempo, lugar e forma que a lei ou a convenção estabelecer.

▶ Arts. 327 a 333 e 409 deste Código.

Art. 395. Responde o devedor pelos prejuízos a que sua mora der causa, mais juros, atualização dos valores monetários segundo índices oficiais regularmente estabelecidos, e honorários de advogado.

Parágrafo único. Se a prestação, devido à mora, se tornar inútil ao credor, este poderá enjeitá-la, e exigir a satisfação das perdas e danos.

▶ Arts. 402 a 405 deste Código.

Art. 396. Não havendo fato ou omissão imputável ao devedor, não incorre este em mora.

▶ Arts. 280 e 319 deste Código.

Art. 397. O inadimplemento da obrigação, positiva e líquida, no seu termo, constitui de pleno direito em mora o devedor.

Parágrafo único. Não havendo termo, a mora se constitui mediante interpelação judicial ou extrajudicial.

▶ Arts. 408, 331, 562, 939 e 1.925 deste Código.
▶ Súm. nº 369 do STJ.

Art. 398. Nas obrigações provenientes de ato ilícito, considera-se o devedor em mora, desde que o praticou.

▶ Arts. 186 a 188 e 405 deste Código.
▶ Súmulas nºs 43 e 54 do STJ.

Art. 399. O devedor em mora responde pela impossibilidade da prestação, embora essa impossibilidade resulte de caso fortuito ou de força maior, se estes ocorrerem durante o atraso; salvo se provar isenção de culpa, ou que o dano sobreviria ainda quando a obrigação fosse oportunamente desempenhada.

▶ Art. 393 deste Código.

Art. 400. A mora do credor subtrai o devedor isento de dolo à responsabilidade pela conservação da coisa, obriga o credor a ressarcir as despesas empregadas em conservá-la, e sujeita-o a recebê-la pela estimação mais favorável ao devedor, se o seu valor oscilar entre o dia estabelecido para o pagamento e o da sua efetivação.

▶ Art. 492, § 2º, deste Código.

Art. 401. Purga-se a mora:

▶ Art. 62 da Lei nº 8.245, de 18-10-1991 (Lei das Locações).

I – por parte do devedor, oferecendo este a prestação mais a importância dos prejuízos decorrentes do dia da oferta;

II – por parte do credor, oferecendo-se este a receber o pagamento e sujeitando-se aos efeitos da mora até a mesma data.

Capítulo III

DAS PERDAS E DANOS

▶ Súmulas nºs 412 e 562 do STF.

Art. 402. Salvo as exceções expressamente previstas em lei, as perdas e danos devidas ao credor abrangem, além do que ele efetivamente perdeu, o que razoavelmente deixou de lucrar.

▶ Art. 389 deste Código.

Art. 403. Ainda que a inexecução resulte de dolo do devedor, as perdas e danos só incluem os prejuízos efetivos e os lucros cessantes por efeito dela direto e imediato, sem prejuízo do disposto na lei processual.

Art. 404. As perdas e danos, nas obrigações de pagamento em dinheiro, serão pagas com atualização monetária segundo índices oficiais regularmente estabelecidos, abrangendo juros, custas e honorários de advogado, sem prejuízo da pena convencional.

▶ Arts. 389 e 407 a 416 deste Código.

Parágrafo único. Provado que os juros da mora não cobrem o prejuízo, e não havendo pena convencional, pode o juiz conceder ao credor indenização suplementar.

Art. 405. Contam-se os juros de mora desde a citação inicial.

▶ Arts. 398, 670 e 1.762 deste Código.
▶ Súm. nº 163 do STF.
▶ Súmulas nºs 54 e 426 do STJ.

Capítulo IV
DOS JUROS LEGAIS

▶ Art. 293 do CPC.
▶ Lei nº 7.089, de 23-3-1983, veda a cobrança de juros de mora sobre título cujo vencimento se dê em feriado, sábado ou domingo.
▶ Súm. nº 54 do STJ.

Art. 406. Quando os juros moratórios não forem convencionados, ou o forem sem taxa estipulada, ou quando provierem de determinação da lei, serão fixados segundo a taxa que estiver em vigor para a mora do pagamento de impostos devidos à Fazenda Nacional.

▶ Arts. 405, 591 e 890 deste Código.
▶ Art. 161 do CTN.
▶ MP nº 2.172-32, de 23-8-2001, que até o encerramento desta edição não havia sido convertida em Lei, estabelece a nulidade das disposições contratuais que menciona e inverte, nas hipóteses que prevê, o ônus da prova nas ações intentadas para sua declaração.

Art. 407. Ainda que se não alegue prejuízo, é obrigado o devedor aos juros da mora que se contarão assim às dívidas em dinheiro, como às prestações de outra natureza, uma vez que lhes esteja fixado o valor pecuniário por sentença judicial, arbitramento, ou acordo entre as partes.

▶ Arts. 404 e 552 deste Código.

Capítulo V
DA CLÁUSULA PENAL

Art. 408. Incorre de pleno direito o devedor na cláusula penal, desde que, culposamente, deixe de cumprir a obrigação ou se constitua em mora.

▶ Arts. 397 e 404 deste Código.

Art. 409. A cláusula penal estipulada conjuntamente com a obrigação, ou em ato posterior, pode referir-se à inexecução completa da obrigação, à de alguma cláusula especial ou simplesmente à mora.

▶ Arts. 389 e 394 deste Código.

Art. 410. Quando se estipular a cláusula penal para o caso de total inadimplemento da obrigação, esta converter-se-á em alternativa a benefício do credor.

Art. 411. Quando se estipular a cláusula penal para o caso de mora, ou em segurança especial de outra cláusula determinada, terá o credor o arbítrio de exigir a satisfação da pena cominada, juntamente com o desempenho da obrigação principal.

Art. 412. O valor da cominação imposta na cláusula penal não pode exceder o da obrigação principal.

▶ Art. 52, § 1º, do CDC.

Art. 413. A penalidade deve ser reduzida equitativamente pelo juiz se a obrigação principal tiver sido cumprida em parte, ou se o montante da penalidade for manifestamente excessivo, tendo-se em vista a natureza e a finalidade do negócio.

Art. 414. Sendo indivisível a obrigação, todos os devedores, caindo em falta um deles, incorrerão na pena; mas esta só se poderá demandar integralmente do culpado, respondendo cada um dos outros somente pela sua quota.

▶ Arts. 87, 88 e 253 deste Código.

Parágrafo único. Aos não culpados fica reservada a ação regressiva contra aquele que deu causa à aplicação da pena.

▶ Art. 70, III, do CPC.

Art. 415. Quando a obrigação for divisível, só incorre na pena o devedor ou o herdeiro do devedor que a infringir, e proporcionalmente à sua parte na obrigação.

▶ Arts. 87, 88 e 257 a 263 deste Código.

Art. 416. Para exigir a pena convencional, não é necessário que o credor alegue prejuízo.

Parágrafo único. Ainda que o prejuízo exceda ao previsto na cláusula penal, não pode o credor exigir indenização suplementar se assim não foi convencionado. Se o tiver sido, a pena vale como mínimo da indenização, competindo ao credor provar o prejuízo excedente.

▶ Art. 419 deste Código.

Capítulo VI
DAS ARRAS OU SINAL

Art. 417. Se, por ocasião da conclusão do contrato, uma parte der à outra, a título de arras, dinheiro ou outro bem móvel, deverão as arras, em caso de execução, ser restituídas ou computadas na prestação devida, se do mesmo gênero da principal.

Art. 418. Se a parte que deu as arras não executar o contrato, poderá a outra tê-lo por desfeito, retendo-as; se a inexecução for de quem recebeu as arras, poderá quem as deu haver o contrato por desfeito, e exigir sua devolução mais o equivalente, com atualização monetária segundo índices oficiais regularmente estabelecidos, juros e honorários de advogado.

▶ Art. 389 deste Código.

Art. 419. A parte inocente pode pedir indenização suplementar, se provar maior prejuízo, valendo as arras como taxa mínima. Pode, também, a parte inocente exigir a execução do contrato, com as perdas e danos, valendo as arras como o mínimo da indenização.

▶ Art. 416 deste Código.

Art. 420. Se no contrato for estipulado o direito de arrependimento para qualquer das partes, as arras ou sinal terão função unicamente indenizatória. Neste caso, quem as deu perdê-las-á em benefício da outra parte; e quem as recebeu devolvê-las-á, mais o equivalente.

Em ambos os casos não haverá direito a indenização suplementar.
▶ Art. 463 deste Código.
▶ Art. 49 do CDC.
▶ Súm. nº 412 do STF.

TÍTULO V – DOS CONTRATOS EM GERAL

▶ Art. 133 deste Código.

CAPÍTULO I

DISPOSIÇÕES GERAIS

SEÇÃO I

PRELIMINARES

Art. 421. A liberdade de contratar será exercida em razão e nos limites da função social do contrato.

Art. 422. Os contratantes são obrigados a guardar, assim na conclusão do contrato, como em sua execução, os princípios de probidade e boa-fé.

Art. 423. Quando houver no contrato de adesão cláusulas ambíguas ou contraditórias, dever-se-á adotar a interpretação mais favorável ao aderente.
▶ Arts. 47 e 54 do CDC.

Art. 424. Nos contratos de adesão, são nulas as cláusulas que estipulem a renúncia antecipada do aderente a direito resultante da natureza do negócio.
▶ Art. 114 deste Código.

Art. 425. É lícito às partes estipular contratos atípicos, observadas as normas gerais fixadas neste Código.

Art. 426. Não pode ser objeto de contrato a herança de pessoa viva.
▶ Art. 2.018 deste Código.

SEÇÃO II

DA FORMAÇÃO DOS CONTRATOS

Art. 427. A proposta de contrato obriga o proponente, se o contrário não resultar dos termos dela, da natureza do negócio, ou das circunstâncias do caso.
▶ Art. 30 do CDC.

Art. 428. Deixa de ser obrigatória a proposta:

I – se, feita sem prazo a pessoa presente, não foi imediatamente aceita. Considera-se também presente a pessoa que contrata por telefone ou por meio de comunicação semelhante;
▶ Art. 49 do CDC.

II – se, feita sem prazo a pessoa ausente, tiver decorrido tempo suficiente para chegar a resposta ao conhecimento do proponente;

III – se, feita a pessoa ausente, não tiver sido expedida a resposta dentro do prazo dado;

IV – se, antes dela, ou simultaneamente, chegar ao conhecimento da outra parte a retratação do proponente.

Art. 429. A oferta ao público equivale a proposta quando encerra os requisitos essenciais ao contrato, salvo se o contrário resultar das circunstâncias ou dos usos.

Parágrafo único. Pode revogar-se a oferta pela mesma via de sua divulgação, desde que ressalvada esta faculdade na oferta realizada.

Art. 430. Se a aceitação, por circunstância imprevista, chegar tarde ao conhecimento do proponente, este comunicá-lo-á imediatamente ao aceitante, sob pena de responder por perdas e danos.
▶ Arts. 402 a 405 deste Código.

Art. 431. A aceitação fora do prazo, com adições, restrições, ou modificações, importará nova proposta.

Art. 432. Se o negócio for daqueles em que não seja costume a aceitação expressa, ou o proponente a tiver dispensado, reputar-se-á concluído o contrato, não chegando a tempo a recusa.

Art. 433. Considera-se inexistente a aceitação, se antes dela ou com ela chegar ao proponente a retratação do aceitante.

Art. 434. Os contratos entre ausentes tornam-se perfeitos desde que a aceitação é expedida, exceto:

I – no caso do artigo antecedente;
II – se o proponente se houver comprometido a esperar resposta;
III – se ela não chegar no prazo convencionado.

Art. 435. Reputar-se-á celebrado o contrato no lugar em que foi proposto.
▶ Art. 9º, § 2º, do Dec.-lei nº 4.657, de 4-9-1942 (Lei de Introdução às normas do Direito Brasileiro).

SEÇÃO III

DA ESTIPULAÇÃO EM FAVOR DE TERCEIRO

Art. 436. O que estipula em favor de terceiro pode exigir o cumprimento da obrigação.
▶ Art. 553 deste Código.

Parágrafo único. Ao terceiro, em favor de quem se estipulou a obrigação, também é permitido exigi-la, ficando, todavia, sujeito às condições e normas do contrato, se a ele anuir, e o estipulante não o inovar nos termos do art. 438.

Art. 437. Se ao terceiro, em favor de quem se fez o contrato, se deixar o direito de reclamar-lhe a execução, não poderá o estipulante exonerar o devedor.

Art. 438. O estipulante pode reservar-se o direito de substituir o terceiro designado no contrato, independentemente da sua anuência e da do outro contratante.

Parágrafo único. A substituição pode ser feita por ato entre vivos ou por disposição de última vontade.
▶ Arts. 436, parágrafo único, e 791 deste Código.

SEÇÃO IV

DA PROMESSA DE FATO DE TERCEIRO

Art. 439. Aquele que tiver prometido fato de terceiro responderá por perdas e danos, quando este o não executar.
▶ Arts. 402 a 405 deste Código.

Parágrafo único. Tal responsabilidade não existirá se o terceiro for o cônjuge do promitente, dependendo da sua anuência o ato a ser praticado, e desde que, pelo regime do casamento, a indenização, de algum modo, venha a recair sobre os seus bens.
▶ Arts. 1.639 a 1.688 deste Código.

Art. 440. Nenhuma obrigação haverá para quem se comprometer por outrem, se este, depois de se ter obrigado, faltar à prestação.

Seção V
DOS VÍCIOS REDIBITÓRIOS

Art. 441. A coisa recebida em virtude de contrato comutativo pode ser enjeitada por vícios ou defeitos ocultos, que a tornem imprópria ao uso a que é destinada, ou lhe diminuam o valor.
▶ Arts. 484, 500, 503, 567 e 568 deste Código.
▶ Arts. 18, 20, 26 e 51, II, do CDC.

Parágrafo único. É aplicável a disposição deste artigo às doações onerosas.
▶ Arts. 136, 540, 552 e 553 deste Código.

Art. 442. Em vez de rejeitar a coisa, redibindo o contrato (art. 441), pode o adquirente reclamar abatimento no preço.
▶ Art. 616 deste Código.
▶ Art. 18, § 1º, III, do CDC.

Art. 443. Se o alienante conhecia o vício ou defeito da coisa, restituirá o que recebeu com perdas e danos; se o não conhecia, tão somente restituirá o valor recebido, mais as despesas do contrato.
▶ Arts. 402 a 405 deste Código.

Art. 444. A responsabilidade do alienante subsiste ainda que a coisa pereça em poder do alienatário, se perecer por vício oculto, já existente ao tempo da tradição.
▶ Arts. 492, 1.267 e 1.268 deste Código.

Art. 445. O adquirente decai do direito de obter a redibição ou abatimento no preço no prazo de trinta dias se a coisa for móvel, e de um ano se for imóvel, contado da entrega efetiva; se já estava na posse, o prazo conta-se da alienação, reduzido à metade.
▶ Arts. 207 a 211 deste Código.

§ 1º Quando o vício, por sua natureza, só puder ser conhecido mais tarde, o prazo contar-se-á do momento em que dele tiver ciência, até o prazo máximo de cento e oitenta dias, em se tratando de bens móveis; e de um ano, para os imóveis.

§ 2º Tratando-se de venda de animais, os prazos de garantia por vícios ocultos serão os estabelecidos em lei especial, ou, na falta desta, pelos usos locais, aplicando-se o disposto no parágrafo antecedente se não houver regras disciplinando a matéria.
▶ Arts. 207 a 211 deste Código.

Art. 446. Não correrão os prazos do artigo antecedente na constância de cláusula de garantia; mas o adquirente deve denunciar o defeito ao alienante nos trinta dias seguintes ao seu descobrimento, sob pena de decadência.
▶ Arts. 207 a 211 deste Código.

Seção VI
DA EVICÇÃO
▶ Arts. 199, III, 359, 552, 845, 1.939, III, 2.024 e 2.025 deste Código.

Art. 447. Nos contratos onerosos, o alienante responde pela evicção. Subsiste esta garantia ainda que a aquisição se tenha realizado em hasta pública.
▶ Arts. 686 a 707 do CPC.

Art. 448. Podem as partes, por cláusula expressa, reforçar, diminuir ou excluir a responsabilidade pela evicção.

Art. 449. Não obstante a cláusula que exclui a garantia contra a evicção, se esta se der, tem direito o evicto a receber o preço que pagou pela coisa evicta, se não soube do risco da evicção, ou, dele informado, não o assumiu.

Art. 450. Salvo estipulação em contrário, tem direito o evicto, além da restituição integral do preço ou das quantias que pagou:
I – à indenização dos frutos que tiver sido obrigado a restituir;
II – à indenização pelas despesas dos contratos e pelos prejuízos que diretamente resultarem da evicção;
III – às custas judiciais e aos honorários do advogado por ele constituído.

Parágrafo único. O preço, seja a evicção total ou parcial, será o do valor da coisa, na época em que se venceu, e proporcional ao desfalque sofrido, no caso de evicção parcial.

Art. 451. Subsiste para o alienante esta obrigação, ainda que a coisa alienada esteja deteriorada, exceto havendo dolo do adquirente.
▶ Arts. 145 a 150 deste Código.

Art. 452. Se o adquirente tiver auferido vantagens das deteriorações, e não tiver sido condenado a indenizá-las, o valor das vantagens será deduzido da quantia que lhe houver de dar o alienante.

Art. 453. As benfeitorias necessárias ou úteis, não abonadas ao que sofreu a evicção, serão pagas pelo alienante.
▶ Arts. 96, 97, 1.219, 1.221 e 1.222 deste Código.

Art. 454. Se as benfeitorias abonadas ao que sofreu a evicção tiverem sido feitas pelo alienante, o valor delas será levado em conta na restituição devida.
▶ Art. 1.221 deste Código.

Art. 455. Se parcial, mas considerável, for a evicção, poderá o evicto optar entre a rescisão do contrato e a restituição da parte do preço correspondente ao desfalque sofrido. Se não for considerável, caberá somente direito a indenização.

Art. 456. Para poder exercer o direito que da evicção lhe resulta, o adquirente notificará do litígio o alienante imediato, ou qualquer dos anteriores, quando e como lhe determinarem as leis do processo.
▶ Arts. 70, I, 76 e 109 do CPC.

Parágrafo único. Não atendendo o alienante à denunciação da lide, e sendo manifesta a procedência da evicção, pode o adquirente deixar de oferecer contestação, ou usar de recursos.

Art. 457. Não pode o adquirente demandar pela evicção, se sabia que a coisa era alheia ou litigiosa.

Seção VII
DOS CONTRATOS ALEATÓRIOS

Art. 458. Se o contrato for aleatório, por dizer respeito a coisas ou fatos futuros, cujo risco de não virem a existir um dos contratantes assuma, terá o outro direito de receber integralmente o que lhe foi prometido, desde

que de sua parte não tenha havido dolo ou culpa, ainda que nada do avençado venha a existir.
▶ Art. 483 deste Código.

Art. 459. Se for aleatório, por serem objeto dele coisas futuras, tomando o adquirente a si o risco de virem a existir em qualquer quantidade, terá também direito o alienante a todo o preço, desde que de sua parte não tiver concorrido culpa, ainda que a coisa venha a existir em quantidade inferior à esperada.

Parágrafo único. Mas, se da coisa nada vier a existir, alienação não haverá, e o alienante restituirá o preço recebido.

Art. 460. Se for aleatório o contrato, por se referir a coisas existentes, mas expostas a risco, assumido pelo adquirente, terá igualmente direito o alienante a todo o preço, posto que a coisa já não existisse, em parte, ou de todo, no dia do contrato.

Art. 461. A alienação aleatória a que se refere o artigo antecedente poderá ser anulada como dolosa pelo prejudicado, se provar que o outro contratante não ignorava a consumação do risco, a que no contrato se considerava exposta a coisa.

Seção VIII

DO CONTRATO PRELIMINAR

Art. 462. O contrato preliminar, exceto quanto à forma, deve conter todos os requisitos essenciais ao contrato a ser celebrado.

Art. 463. Concluído o contrato preliminar, com observância do disposto no artigo antecedente, e desde que dele não conste cláusula de arrependimento, qualquer das partes terá o direito de exigir a celebração do definitivo, assinando prazo à outra para que o efetive.
▶ Art. 420 deste Código.

Parágrafo único. O contrato preliminar deverá ser levado ao registro competente.
▶ Art. 221 deste Código.

Art. 464. Esgotado o prazo, poderá o juiz, a pedido do interessado, suprir a vontade da parte inadimplente, conferindo caráter definitivo ao contrato preliminar, salvo se a isto se opuser a natureza da obrigação.

Art. 465. Se o estipulante não der execução ao contrato preliminar, poderá a outra parte considerá-lo desfeito, e pedir perdas e danos.
▶ Arts. 402 a 405 deste Código.

Art. 466. Se a promessa de contrato for unilateral, o credor, sob pena de ficar a mesma sem efeito, deverá manifestar-se no prazo nela previsto, ou, inexistindo este, no que lhe for razoavelmente assinado pelo devedor.

Seção IX

DO CONTRATO COM PESSOA A DECLARAR

Art. 467. No momento da conclusão do contrato, pode uma das partes reservar-se a faculdade de indicar a pessoa que deve adquirir os direitos e assumir as obrigações dele decorrentes.

Art. 468. Essa indicação deve ser comunicada à outra parte no prazo de cinco dias da conclusão do contrato, se outro não tiver sido estipulado.

Parágrafo único. A aceitação da pessoa nomeada não será eficaz se não se revestir da mesma forma que as partes usaram para o contrato.

Art. 469. A pessoa, nomeada de conformidade com os artigos antecedentes, adquire os direitos e assume as obrigações decorrentes do contrato, a partir do momento em que este foi celebrado.

Art. 470. O contrato será eficaz somente entre os contratantes originários:

I – se não houver indicação de pessoa, ou se o nomeado se recusar a aceitá-la;

II – se a pessoa nomeada era insolvente, e a outra pessoa o desconhecia no momento da indicação.

Art. 471. Se a pessoa a nomear era incapaz ou insolvente no momento da nomeação, o contrato produzirá seus efeitos entre os contratantes originários.
▶ Arts. 3º a 5º deste Código.

CAPÍTULO II

DA EXTINÇÃO DO CONTRATO

Seção I

DO DISTRATO

Art. 472. O distrato faz-se pela mesma forma exigida para o contrato.

Art. 473. A resilição unilateral, nos casos em que a lei expressa ou implicitamente o permita, opera mediante denúncia notificada à outra parte.

Parágrafo único. Se, porém, dada a natureza do contrato, uma das partes houver feito investimentos consideráveis para a sua execução, a denúncia unilateral só produzirá efeito depois de transcorrido prazo compatível com a natureza e o vulto dos investimentos.

Seção II

DA CLÁUSULA RESOLUTIVA

Art. 474. A cláusula resolutiva expressa opera de pleno direito; a tácita depende de interpelação judicial.
▶ Arts. 867 a 873 do CPC.

Art. 475. A parte lesada pelo inadimplemento pode pedir a resolução do contrato, se não preferir exigir-lhe o cumprimento, cabendo, em qualquer dos casos, indenização por perdas e danos.
▶ Arts. 402 a 405 deste Código.

Seção III

DA EXCEÇÃO DE CONTRATO NÃO CUMPRIDO

Art. 476. Nos contratos bilaterais, nenhum dos contratantes, antes de cumprida a sua obrigação, pode exigir o implemento da do outro.
▶ Art. 788, parágrafo único, deste Código.

Art. 477. Se, depois de concluído o contrato, sobrevier a uma das partes contratantes diminuição em seu patrimônio capaz de comprometer ou tornar duvidosa a prestação pela qual se obrigou, pode a outra recusar-se à prestação que lhe incumbe, até que aquela satisfaça a que lhe compete ou dê garantia bastante de satisfazê-la.

▶ Arts. 333, 491, 495, 590 e 810 deste Código.

SEÇÃO IV
DA RESOLUÇÃO POR ONEROSIDADE EXCESSIVA

Art. 478. Nos contratos de execução continuada ou diferida, se a prestação de uma das partes se tornar excessivamente onerosa, com extrema vantagem para a outra, em virtude de acontecimentos extraordinários e imprevisíveis, poderá o devedor pedir a resolução do contrato. Os efeitos da sentença que a decretar retroagirão à data da citação.

▶ Arts. 317 e 625, II, deste Código.

Art. 479. A resolução poderá ser evitada, oferecendo-se o réu a modificar equitativamente as condições do contrato.

Art. 480. Se no contrato as obrigações couberem a apenas uma das partes, poderá ela pleitear que a sua prestação seja reduzida, ou alterado o modo de executá-la, a fim de evitar a onerosidade excessiva.

TÍTULO VI – DAS VÁRIAS ESPÉCIES DE CONTRATO

▶ Lei nº 8.955, de 15-12-1994, dispõe sobre o contrato de franquia empresarial (*franchising*).

CAPÍTULO I
DA COMPRA E VENDA

▶ Arts. 1.417 e 1.418 deste Código.
▶ Arts. 11 a 22 do Dec.-lei nº 58, de 10-12-1937, que dispõe sobre o loteamento e a venda de terrenos para pagamento em prestações.

SEÇÃO I
DISPOSIÇÕES GERAIS

Art. 481. Pelo contrato de compra e venda, um dos contratantes se obriga a transferir o domínio de certa coisa, e o outro, a pagar-lhe certo preço em dinheiro.

▶ Arts. 81, 242 a 244, 256 e 257 do ECA.
▶ Art. 129, item 5º, da Lei nº 6.015, de 31-12-1973 (Lei dos Registros Públicos).
▶ Art. 25 e seguintes da Lei nº 6.766, de 19-12-1979 (Lei do Parcelamento do Solo).
▶ Súmulas nºs 412, 413 e 489 do STF.

Art. 482. A compra e venda, quando pura, considerar-se-á obrigatória e perfeita, desde que as partes acordarem no objeto e no preço.

Art. 483. A compra e venda pode ter por objeto coisa atual ou futura. Neste caso, ficará sem efeito o contrato se esta não vier a existir, salvo se a intenção das partes era de concluir contrato aleatório.

▶ Arts. 458 a 461 deste Código.

Art. 484. Se a venda se realizar à vista de amostras, protótipos ou modelos, entender-se-á que o vendedor assegura ter a coisa as qualidades que a elas correspondem.

Parágrafo único. Prevalece a amostra, o protótipo ou o modelo, se houver contradição ou diferença com a maneira pela qual se descreveu a coisa no contrato.

▶ Art. 441 deste Código.

Art. 485. A fixação do preço pode ser deixada ao arbítrio de terceiro, que os contratantes logo designarem ou prometerem designar. Se o terceiro não aceitar a incumbência, ficará sem efeito o contrato, salvo quando acordarem os contratantes designar outra pessoa.

▶ Art. 315 deste Código.

Art. 486. Também se poderá deixar a fixação do preço à taxa de mercado ou de bolsa, em certo e determinado dia e lugar.

Art. 487. É lícito às partes fixar o preço em função de índices ou parâmetros, desde que suscetíveis de objetiva determinação.

Art. 488. Convencionada a venda sem fixação de preço ou de critérios para a sua determinação, se não houver tabelamento oficial, entende-se que as partes se sujeitaram ao preço corrente nas vendas habituais do vendedor.

Parágrafo único. Na falta de acordo, por ter havido diversidade de preço, prevalecerá o termo médio.

Art. 489. Nulo é o contrato de compra e venda, quando se deixa ao arbítrio exclusivo de uma das partes a fixação do preço.

▶ Art. 166 deste Código.

Art. 490. Salvo cláusula em contrário, ficarão as despesas de escritura e registro a cargo do comprador, e a cargo do vendedor as da tradição.

▶ Arts. 533, I, 1.267 e 1.268 deste Código.

Art. 491. Não sendo a venda a crédito, o vendedor não é obrigado a entregar a coisa antes de receber o preço.

▶ Arts. 476 e 477 deste Código.

Art. 492. Até o momento da tradição, os riscos da coisa correm por conta do vendedor, e os do preço por conta do comprador.

▶ Arts. 234, 246, 444, 502, 524, 1.267 e 1.268 deste Código.

§ 1º Todavia, os casos fortuitos, ocorrentes no ato de contar, marcar ou assinalar coisas, que comumente se recebem, contando, pesando, medindo ou assinalando, e que já tiverem sido postas à disposição do comprador, correrão por conta deste.

▶ Art. 393 deste Código.

§ 2º Correrão também por conta do comprador os riscos das referidas coisas, se estiver em mora de as receber, quando postas à sua disposição no tempo, lugar e pelo modo ajustados.

▶ Art. 400 deste Código.

Art. 493. A tradição da coisa vendida, na falta de estipulação expressa, dar-se-á no lugar onde ela se encontrava, ao tempo da venda.

▶ Arts. 1.267 e 1.268 deste Código.

Art. 494. Se a coisa for expedida para lugar diverso, por ordem do comprador, por sua conta correrão os riscos, uma vez entregue a quem haja de transportá-la, salvo se das instruções dele se afastar o vendedor.

Art. 495. Não obstante o prazo ajustado para o pagamento, se antes da tradição o comprador cair em insolvência, poderá o vendedor sobrestar na entrega da coisa, até que o comprador lhe dê caução de pagar no tempo ajustado.
► Arts. 477, 1.267 e 1.268 deste Código.

Art. 496. É anulável a venda de ascendente a descendente, salvo se os outros descendentes e o cônjuge do alienante expressamente houverem consentido.
► Arts. 171 e 533, II, deste Código.
► Súm. nº 494 do STF.

Parágrafo único. Em ambos os casos, dispensa-se o consentimento do cônjuge se o regime de bens for o da separação obrigatória.

Art. 497. Sob pena de nulidade, não podem ser comprados, ainda que em hasta pública:

I – pelos tutores, curadores, testamenteiros e administradores, os bens confiados à sua guarda ou administração;
► Arts. 1.741, 1.749, I, 1.753, 1.754, 1.774 e 1.978 deste Código.

II – pelos servidores públicos, em geral, os bens ou direitos da pessoa jurídica a que servirem, ou que estejam sob sua administração direta ou indireta;
III – pelos juízes, secretários de tribunais, arbitradores, peritos e outros serventuários ou auxiliares da justiça, os bens ou direitos sobre que se litigar em tribunal, juízo ou conselho, no lugar onde servirem, ou a que se estender a sua autoridade;
► Art. 498 deste Código.

IV – pelos leiloeiros e seus prepostos, os bens de cuja venda estejam encarregados.

Parágrafo único. As proibições deste artigo estendem-se à cessão de crédito.
► Arts. 286 a 298 deste Código.

Art. 498. A proibição contida no inciso III do artigo antecedente, não compreende os casos de compra e venda ou cessão entre coerdeiros, ou em pagamento de dívida, ou para garantia de bens já pertencentes a pessoas designadas no referido inciso.
► Arts. 286 a 298 e 1.749, III, deste Código.

Art. 499. É lícita a compra e venda entre cônjuges, com relação a bens excluídos da comunhão.
► Arts. 1.659 e 1.668 deste Código.

Art. 500. Se, na venda de um imóvel, se estipular o preço por medida de extensão, ou se determinar a respectiva área, e esta não corresponder, em qualquer dos casos, às dimensões dadas, o comprador terá o direito de exigir o complemento da área, e, não sendo isso possível, o de reclamar a resolução do contrato ou abatimento proporcional ao preço.
► Art. 441 deste Código.

§ 1º Presume-se que a referência às dimensões foi simplesmente enunciativa, quando a diferença encontrada não exceder de um vigésimo da área total enunciada, ressalvado ao comprador o direito de provar que, em tais circunstâncias, não teria realizado o negócio.

§ 2º Se em vez de falta houver excesso, e o vendedor provar que tinha motivos para ignorar a medida exata da área vendida, caberá ao comprador, à sua escolha, completar o valor correspondente ao preço ou devolver o excesso.

§ 3º Não haverá complemento de área, nem devolução de excesso, se o imóvel for vendido como coisa certa e discriminada, tendo sido apenas enunciativa a referência às suas dimensões, ainda que não conste, de modo expresso, ter sido a venda *ad corpus*.

Art. 501. Decai do direito de propor as ações previstas no artigo antecedente o vendedor ou o comprador que não o fizer no prazo de um ano, a contar do registro do título.

Parágrafo único. Se houver atraso na imissão de posse no imóvel, atribuível ao alienante, a partir dela fluirá o prazo de decadência.
► Arts. 207 a 211 deste Código.

Art. 502. O vendedor, salvo convenção em contrário, responde por todos os débitos que gravem a coisa até o momento da tradição.
► Arts. 492, 1.267 e 1.268 deste Código.

Art. 503. Nas coisas vendidas conjuntamente, o defeito oculto de uma não autoriza a rejeição de todas.
► Art. 441 deste Código.

Art. 504. Não pode um condômino em coisa indivisível vender a sua parte a estranhos, se outro consorte a quiser, tanto por tanto. O condômino, a quem não se der conhecimento da venda, poderá, depositando o preço, haver para si a parte vendida a estranhos, se o requerer no prazo de cento e oitenta dias, sob pena de decadência.
► Arts. 87, 88, 207 a 211, 1.314 e 1.322 deste Código.

Parágrafo único. Sendo muitos os condôminos, preferirá o que tiver benfeitorias de maior valor e, na falta de benfeitorias, o de quinhão maior. Se as partes forem iguais, haverão a parte vendida os comproprietários, que a quiserem, depositando previamente o preço.

Seção II

DAS CLÁUSULAS ESPECIAIS À COMPRA E VENDA

Subseção I

DA RETROVENDA

Art. 505. O vendedor de coisa imóvel pode reservar-se o direito de recobrá-la no prazo máximo de decadência de três anos, restituindo o preço recebido e reembolsando as despesas do comprador, inclusive as que, durante o período de resgate, se efetuaram com a sua autorização escrita, ou para a realização de benfeitorias necessárias.
► Arts. 207 a 211 deste Código.

Art. 506. Se o comprador se recusar a receber as quantias a que faz jus, o vendedor, para exercer o direito de resgate, as depositará judicialmente.
► Art. 335, I, deste Código.

Parágrafo único. Verificada a insuficiência do depósito judicial, não será o vendedor restituído no domínio da coisa, até e enquanto não for integralmente pago o comprador.

Art. 507. O direito de retrato, que é cessível e transmissível a herdeiros e legatários, poderá ser exercido contra o terceiro adquirente.

Art. 508. Se a duas ou mais pessoas couber o direito de retrato sobre o mesmo imóvel, e só uma o exercer, poderá o comprador intimar as outras para nele acordarem, prevalecendo o pacto em favor de quem haja efetuado o depósito, contanto que seja integral.

▶ Art. 335 deste Código.

Subseção II

DA VENDA A CONTENTO E DA SUJEITA A PROVA

Art. 509. A venda feita a contento do comprador entende-se realizada sob condição suspensiva, ainda que a coisa lhe tenha sido entregue; e não se reputará perfeita, enquanto o adquirente não manifestar seu agrado.

▶ Arts. 125 e 234 deste Código.

Art. 510. Também a venda sujeita a prova presume-se feita sob a condição suspensiva de que a coisa tenha as qualidades asseguradas pelo vendedor e seja idônea para o fim a que se destina.

Art. 511. Em ambos os casos, as obrigações do comprador, que recebeu, sob condição suspensiva, a coisa comprada, são as de mero comodatário, enquanto não manifeste aceitá-la.

▶ Arts. 579 a 585 deste Código.

Art. 512. Não havendo prazo estipulado para a declaração do comprador, o vendedor terá direito de intimá-lo, judicial ou extrajudicialmente, para que o faça em prazo improrrogável.

Subseção III

DA PREEMPÇÃO OU PREFERÊNCIA

▶ Arts. 27 a 34 da Lei nº 8.245, de 18-10-1991 (Lei das Locações).

Art. 513. A preempção, ou preferência, impõe ao comprador a obrigação de oferecer ao vendedor a coisa que aquele vai vender, ou dar em pagamento, para que este use de seu direito de prelação na compra, tanto por tanto.

Parágrafo único. O prazo para exercer o direito de preferência não poderá exceder a cento e oitenta dias, se a coisa for móvel, ou a dois anos, se imóvel.

▶ Arts. 207 a 211 deste Código.

Art. 514. O vendedor pode também exercer o seu direito de prelação, intimando o comprador, quando lhe constar que este vai vender a coisa.

▶ Art. 1.373 deste Código.

Art. 515. Aquele que exerce a preferência está, sob pena de a perder, obrigado a pagar, em condições iguais, o preço encontrado, ou o ajustado.

Art. 516. Inexistindo prazo estipulado, o direito de preempção caducará, se a coisa for móvel, não se exercendo nos três dias, e, se for imóvel, não se exercendo nos sessenta dias subsequentes à data em que o comprador tiver notificado o vendedor.

▶ Arts. 207 a 211 deste Código.

Art. 517. Quando o direito de preempção for estipulado a favor de dois ou mais indivíduos em comum, só pode ser exercido em relação à coisa no seu todo. Se alguma das pessoas, a quem ele toque, perder ou não exercer o seu direito, poderão as demais utilizá-lo na forma sobredita.

Art. 518. Responderá por perdas e danos o comprador, se alienar a coisa sem ter dado ao vendedor ciência do preço e das vantagens que por ela lhe oferecem. Responderá solidariamente o adquirente, se tiver procedido de má-fé.

▶ Arts. 275 a 285 e 402 a 405 deste Código.

Art. 519. Se a coisa expropriada para fins de necessidade ou utilidade pública, ou por interesse social, não tiver o destino para que se desapropriou, ou não for utilizada em obras ou serviços públicos, caberá ao expropriado direito de preferência, pelo preço atual da coisa.

Art. 520. O direito de preferência não se pode ceder nem passa aos herdeiros.

Subseção IV

DA VENDA COM RESERVA DE DOMÍNIO

▶ Arts. 1.070 e 1.071 do CPC.

▶ Dec.-lei nº 1.027, de 2-1-1939, dispõe sobre o registro de contratos de compra e venda com reserva de domínio.

Art. 521. Na venda de coisa móvel, pode o vendedor reservar para si a propriedade, até que o preço esteja integralmente pago.

Art. 522. A cláusula de reserva de domínio será estipulada por escrito e depende de registro no domicílio do comprador para valer contra terceiros.

▶ Art. 129, item 5º, da Lei nº 6.015, de 31-12-1973 (Lei dos Registros Públicos).

Art. 523. Não pode ser objeto de venda com reserva de domínio a coisa insuscetível de caracterização perfeita, para estremá-la de outras congêneres. Na dúvida, decide-se a favor do terceiro adquirente de boa-fé.

Art. 524. A transferência de propriedade ao comprador dá-se no momento em que o preço esteja integralmente pago. Todavia, pelos riscos da coisa responde o comprador, a partir de quando lhe foi entregue.

▶ Arts. 492, 1.267 e 1.268 deste Código.

Art. 525. O vendedor somente poderá executar a cláusula de reserva de domínio após constituir o comprador em mora, mediante protesto do título ou interpelação judicial.

▶ Arts. 394 a 401 deste Código.

Art. 526. Verificada a mora do comprador, poderá o vendedor mover contra ele a competente ação de cobrança das prestações vencidas e vincendas e o mais que lhe for devido; ou poderá recuperar a posse da coisa vendida.

▶ Art. 1.071 do CPC.

Art. 527. Na segunda hipótese do artigo antecedente, é facultado ao vendedor reter as prestações pagas até o necessário para cobrir a depreciação da coisa, as despesas feitas e o mais que de direito lhe for devido. O excedente será devolvido ao comprador; e o que faltar lhe será cobrado, tudo na forma da lei processual.

Art. 528. Se o vendedor receber o pagamento à vista, ou, posteriormente, mediante financiamento de instituição do mercado de capitais, a esta caberá exercer os direitos e ações decorrentes do contrato, a benefício de qualquer outro. A operação financeira e a respectiva ciência do comprador constarão do registro do contrato.

▶ Art. 129, item 5º, da Lei nº 6.015, de 31-12-1973 (Lei dos Registros Públicos).

Subseção V
DA VENDA SOBRE DOCUMENTOS

Art. 529. Na venda sobre documentos, a tradição da coisa é substituída pela entrega do seu título representativo e dos outros documentos exigidos pelo contrato ou, no silêncio deste, pelos usos.

▶ Arts. 1.267 e 1.268 deste Código.

Parágrafo único. Achando-se a documentação em ordem, não pode o comprador recusar o pagamento, a pretexto de defeito de qualidade ou do estado da coisa vendida, salvo se o defeito já houver sido comprovado.

Art. 530. Não havendo estipulação em contrário, o pagamento deve ser efetuado na data e no lugar da entrega dos documentos.

Art. 531. Se entre os documentos entregues ao comprador figurar apólice de seguro que cubra os riscos do transporte, correm estes à conta do comprador, salvo se, ao ser concluído o contrato, tivesse o vendedor ciência da perda ou avaria da coisa.

Art. 532. Estipulado o pagamento por intermédio de estabelecimento bancário, caberá a este efetuá-lo contra a entrega dos documentos, sem obrigação de verificar a coisa vendida, pela qual não responde.

Parágrafo único. Nesse caso, somente após a recusa do estabelecimento bancário a efetuar o pagamento, poderá o vendedor pretendê-lo, diretamente do comprador.

Capítulo II
DA TROCA OU PERMUTA

Art. 533. Aplicam-se à troca as disposições referentes à compra e venda, com as seguintes modificações:

▶ Arts. 481 a 532 deste Código.

I – salvo disposição em contrário, cada um dos contratantes pagará por metade as despesas com o instrumento da troca;

▶ Art. 490 deste Código.

II – é anulável a troca de valores desiguais entre ascendentes e descendentes, sem consentimento dos outros descendentes e do cônjuge do alienante.

▶ Arts. 171 e 496 deste Código.

Capítulo III
DO CONTRATO ESTIMATÓRIO

Art. 534. Pelo contrato estimatório, o consignante entrega bens móveis ao consignatário, que fica autorizado a vendê-los, pagando àquele o preço ajustado, salvo se preferir, no prazo estabelecido, restituir-lhe a coisa consignada.

Art. 535. O consignatário não se exonera da obrigação de pagar o preço, se a restituição da coisa, em sua integridade, se tornar impossível, ainda que por fato a ele não imputável.

▶ Art. 393, parágrafo único, deste Código.

Art. 536. A coisa consignada não pode ser objeto de penhora ou sequestro pelos credores do consignatário, enquanto não pago integralmente o preço.

Art. 537. O consignante não pode dispor da coisa antes de lhe ser restituída ou de lhe ser comunicada a restituição.

Capítulo IV
DA DOAÇÃO

Seção I
DISPOSIÇÕES GERAIS

▶ Arts. 114, 879 e 1.647, IV, deste Código.

Art. 538. Considera-se doação o contrato em que uma pessoa, por liberalidade, transfere do seu patrimônio bens ou vantagens para o de outra.

Art. 539. O doador pode fixar prazo ao donatário, para declarar se aceita ou não a liberalidade. Desde que o donatário, ciente do prazo, não faça, dentro dele, a declaração, entender-se-á que aceitou, se a doação não for sujeita a encargo.

Art. 540. A doação feita em contemplação do merecimento do donatário não perde o caráter de liberalidade, como não o perde a doação remuneratória, ou a gravada, no excedente ao valor dos serviços remunerados ou ao encargo imposto.

▶ Arts. 136, 441, 553 e 564, I, deste Código.

Art. 541. A doação far-se-á por escritura pública ou instrumento particular.

Parágrafo único. A doação verbal será válida, se, versando sobre bens móveis e de pequeno valor, se lhe seguir incontinenti a tradição.

▶ Arts. 1.267 e 1.268 deste Código.

Art. 542. A doação feita ao nascituro valerá, sendo aceita pelo seu representante legal.

▶ Arts. 2º e 1.779 deste Código.

Art. 543. Se o donatário for absolutamente incapaz, dispensa-se a aceitação, desde que se trate de doação pura.

▶ Arts. 3º e 1.748, II, deste Código.

Art. 544. A doação de ascendentes a descendentes, ou de um cônjuge a outro, importa adiantamento do que lhes cabe por herança.

▶ Arts. 1.847, 2.002 a 2.012 deste Código.

Art. 545. A doação em forma de subvenção periódica ao beneficiado extingue-se morrendo o doador, salvo se este outra coisa dispuser, mas não poderá ultrapassar a vida do donatário.

Art. 546. A doação feita em contemplação de casamento futuro com certa e determinada pessoa, quer pelos nubentes entre si, quer por terceiro a um deles, ambos, ou aos filhos que, de futuro, houverem um do outro, não pode ser impugnada por falta de aceitação, e só ficará sem efeito se o casamento não se realizar.

▶ Art. 1.639 deste Código.

Art. 547. O doador pode estipular que os bens doados voltem ao seu patrimônio, se sobreviver ao donatário.

▶ Art. 1.359 deste Código.

Parágrafo único. Não prevalece cláusula de reversão em favor de terceiro.

Art. 548. É nula a doação de todos os bens sem reserva de parte, ou renda suficiente para a subsistência do doador.

▶ Art. 166, VII, deste Código.

Art. 549. Nula é também a doação quanto à parte que exceder à de que o doador, no momento da liberalidade, poderia dispor em testamento.

▶ Arts. 166, VII, 1.789, 1.846 e 1.847 deste Código.

Art. 550. A doação do cônjuge adúltero ao seu cúmplice pode ser anulada pelo outro cônjuge, ou por seus herdeiros necessários, até dois anos depois de dissolvida a sociedade conjugal.

▶ Arts. 207 a 211 e 1.642, V, deste Código.

Art. 551. Salvo declaração em contrário, a doação em comum a mais de uma pessoa entende-se distribuída entre elas por igual.

Parágrafo único. Se os donatários, em tal caso, forem marido e mulher, subsistirá na totalidade a doação para o cônjuge sobrevivo.

Art. 552. O doador não é obrigado a pagar juros moratórios, nem é sujeito às consequências da evicção ou do vício redibitório. Nas doações para casamento com certa e determinada pessoa, o doador ficará sujeito à evicção, salvo convenção em contrário.

▶ Arts. 407 e 441 a 457 deste Código.

Art. 553. O donatário é obrigado a cumprir os encargos da doação, caso forem a benefício do doador, de terceiro, ou do interesse geral.

▶ Arts. 136, 436, 441, 540 e 1.938 deste Código.

Parágrafo único. Se desta última espécie for o encargo, o Ministério Público poderá exigir sua execução, depois da morte do doador, se este não tiver feito.

Art. 554. A doação a entidade futura caducará se, em dois anos, esta não estiver constituída regularmente.

▶ Arts. 207 a 211 deste Código.

SEÇÃO II

DA REVOGAÇÃO DA DOAÇÃO

Art. 555. A doação pode ser revogada por ingratidão do donatário, ou por inexecução do encargo.

Art. 556. Não se pode renunciar antecipadamente o direito de revogar a liberalidade por ingratidão do donatário.

Art. 557. Podem ser revogadas por ingratidão as doações:

▶ Art. 564 deste Código.

I – se o donatário atentou contra a vida do doador ou cometeu crime de homicídio doloso contra ele;

▶ Art. 561 deste Código.

II – se cometeu contra ele ofensa física;

III – se o injuriou gravemente ou o caluniou;

IV – se, podendo ministrá-los, recusou ao doador os alimentos de que este necessitava.

▶ Arts. 1.694 a 1.710 deste Código.
▶ Súm. nº 358 do STJ.

Art. 558. Pode ocorrer também a revogação quando o ofendido, nos casos do artigo anterior, for o cônjuge, ascendente, descendente, ainda que adotivo, ou irmão do doador.

Art. 559. A revogação por qualquer desses motivos deverá ser pleiteada dentro de um ano, a contar de quando chegue ao conhecimento do doador o fato que a autorizar, e de ter sido o donatário o seu autor.

▶ Arts. 207 a 211 deste Código.

Art. 560. O direito de revogar a doação não se transmite aos herdeiros do doador, nem prejudica os do donatário. Mas aqueles podem prosseguir na ação iniciada pelo doador, continuando-a contra os herdeiros do donatário, se este falecer depois de ajuizada a lide.

Art. 561. No caso de homicídio doloso do doador, a ação caberá aos seus herdeiros, exceto se aquele houver perdoado.

▶ Art. 557, I, deste Código.

Art. 562. A doação onerosa pode ser revogada por inexecução do encargo, se o donatário incorrer em mora. Não havendo prazo para o cumprimento, o doador poderá notificar judicialmente o donatário, assinando-lhe prazo razoável para que cumpra a obrigação assumida.

▶ Art. 397 deste Código.

Art. 563. A revogação por ingratidão não prejudica os direitos adquiridos por terceiros, nem obriga o donatário a restituir os frutos percebidos antes da citação válida; mas sujeita-o a pagar os posteriores, e, quando não possa restituir em espécie as coisas doadas, a indenizá-la pelo meio termo do seu valor.

▶ Art. 1.360 deste Código.

Art. 564. Não se revogam por ingratidão:

▶ Art. 557 deste Código.

I – as doações puramente remuneratórias;

▶ Art. 540 deste Código.

II – as oneradas com encargo já cumprido;

III – as que se fizerem em cumprimento de obrigação natural;

▶ Arts. 814 e 882 deste Código.

IV – as feitas para determinado casamento.

CAPÍTULO V

DA LOCAÇÃO DE COISAS

▶ Lei nº 8.245, de 18-10-1991 (Lei das Locações).

Art. 565. Na locação de coisas, uma das partes se obriga a ceder à outra, por tempo determinado ou não, o uso e gozo de coisa não fungível, mediante certa retribuição.

Art. 566. O locador é obrigado:

I – a entregar ao locatário a coisa alugada, com suas pertenças, em estado de servir ao uso a que se destina,

e a mantê-la nesse estado, pelo tempo do contrato, salvo cláusula expressa em contrário;
II – a garantir-lhe, durante o tempo do contrato, o uso pacífico da coisa.
▶ Art. 568 deste Código.
▶ Art. 22 da Lei nº 8.245, de 18-10-1991 (Lei das Locações).

Art. 567. Se, durante a locação, se deteriorar a coisa alugada, sem culpa do locatário, a este caberá pedir redução proporcional do aluguel, ou resolver o contrato, caso já não sirva a coisa para o fim a que se destinava.
▶ Art. 441 deste Código.

Art. 568. O locador resguardará o locatário dos embaraços e turbações de terceiros, que tenham ou pretendam ter direitos sobre a coisa alugada, e responderá pelos seus vícios, ou defeitos, anteriores à locação.
▶ Arts. 441 e 566, II, deste Código.

Art. 569. O locatário é obrigado:
I – a servir-se da coisa alugada para os usos convencionados ou presumidos, conforme a natureza dela e as circunstâncias, bem como tratá-la com o mesmo cuidado como se sua fosse;
II – a pagar pontualmente o aluguel nos prazos ajustados, e, em falta de ajuste, segundo o costume do lugar;
III – a levar ao conhecimento do locador as turbações de terceiros, que se pretendam fundadas em direito;
IV – a restituir a coisa, finda a locação, no estado em que a recebeu, salvas as deteriorações naturais ao uso regular.
▶ Art. 23 da Lei nº 8.245, de 18-10-1991 (Lei das Locações).

Art. 570. Se o locatário empregar a coisa em uso diverso do ajustado, ou do a que se destina, ou se ela se danificar por abuso do locatário, poderá o locador, além de rescindir o contrato, exigir perdas e danos.
▶ Arts. 402 a 405 deste Código.
▶ Art. 9º, II, da Lei nº 8.245, de 18-10-1991 (Lei das Locações).

Art. 571. Havendo prazo estipulado à duração do contrato, antes do vencimento não poderá o locador reaver a coisa alugada, senão ressarcindo ao locatário as perdas e danos resultantes, nem o locatário devolvê-la ao locador, senão pagando, proporcionalmente, a multa prevista no contrato.
▶ Arts. 402 a 405 deste Código.
▶ Art. 4º da Lei nº 8.245, de 18-10-1991 (Lei das Locações).
Parágrafo único. O locatário gozará do direito de retenção, enquanto não for ressarcido.

Art. 572. Se a obrigação de pagar o aluguel pelo tempo que faltar constituir indenização excessiva, será facultado ao juiz fixá-la em bases razoáveis.

Art. 573. A locação por tempo determinado cessa de pleno direito findo o prazo estipulado, independentemente de notificação ou aviso.

Art. 574. Se, findo o prazo, o locatário continuar na posse da coisa alugada, sem oposição do locador, presumir-se-á prorrogada a locação pelo mesmo aluguel, mas sem prazo determinado.
▶ Art. 56 da Lei nº 8.245, de 18-10-1991 (Lei das Locações).

Art. 575. Se, notificado o locatário, não restituir a coisa, pagará, enquanto a tiver em seu poder, o aluguel que o locador arbitrar, e responderá pelo dano que ela venha a sofrer, embora proveniente de caso fortuito.
▶ Art. 393, parágrafo único, deste Código.
Parágrafo único. Se o aluguel arbitrado for manifestamente excessivo, poderá o juiz reduzi-lo, mas tendo sempre em conta o seu caráter de penalidade.

Art. 576. Se a coisa for alienada durante a locação, o adquirente não ficará obrigado a respeitar o contrato, se nele não for consignada a cláusula da sua vigência no caso de alienação, e não constar de registro.
§ 1º O registro a que se refere este artigo será o de Títulos e Documentos do domicílio do locador, quando a coisa for móvel; e será o Registro de Imóveis da respectiva circunscrição, quando imóvel.
▶ Arts. 129, item 1º, e 167, I, item 3, da Lei nº 6.015, de 31-12-1973 (Lei dos Registros Públicos).
▶ Arts. 27 e 30 da Lei nº 8.245, de 18-10-1991 (Lei das Locações).
▶ Súm. nº 442 do STF.
§ 2º Em se tratando de imóvel, e ainda no caso em que o locador não esteja obrigado a respeitar o contrato, não poderá ele despedir o locatário, senão observado o prazo de noventa dias após a notificação.

Art. 577. Morrendo o locador ou o locatário, transfere-se aos seus herdeiros a locação por tempo determinado.
▶ Arts. 10 e 11 da Lei nº 8.245, de 18-10-1991 (Lei das Locações).

Art. 578. Salvo disposição em contrário, o locatário goza do direito de retenção, no caso de benfeitorias necessárias, ou no de benfeitorias úteis, se estas houverem sido feitas com expresso consentimento do locador.

Capítulo VI
DO EMPRÉSTIMO
Seção I
DO COMODATO

▶ Arts. 373, II, e 511 deste Código.

Art. 579. O comodato é o empréstimo gratuito de coisas não fungíveis. Perfaz-se com a tradição do objeto.
▶ Art. 85 deste Código.

Art. 580. Os tutores, curadores e em geral todos os administradores de bens alheios não poderão dar em comodato, sem autorização especial, os bens confiados à sua guarda.
▶ Arts. 1.749, II, 1.753, 1.754 e 1.774 deste Código.

Art. 581. Se o comodato não tiver prazo convencional, presumir-se-lhe-á o necessário para o uso concedido; não podendo o comodante, salvo necessidade imprevista e urgente, reconhecida pelo juiz, suspender o uso e gozo da coisa emprestada, antes de findo o prazo convencional, ou o que se determine pelo uso outorgado.

Art. 582. O comodatário é obrigado a conservar, como se sua própria fora, a coisa emprestada, não podendo usá-la senão de acordo com o contrato ou a natureza dela, sob pena de responder por perdas e danos. O comodatário constituído em mora, além de por ela responder, pagará, até restituí-la, o aluguel da coisa que for arbitrado pelo comodante.

▶ Arts. 397, 399 e 402 a 405 deste Código.

Art. 583. Se, correndo risco o objeto do comodato juntamente com outros do comodatário, antepuser este a salvação dos seus abandonando o do comodante, responderá pelo dano ocorrido, ainda que se possa atribuir a caso fortuito, ou força maior.

▶ Arts. 238 a 240 e 393, parágrafo único, deste Código.

Art. 584. O comodatário não poderá jamais recobrar do comodante as despesas feitas com o uso e gozo da coisa emprestada.

Art. 585. Se duas ou mais pessoas forem simultaneamente comodatárias de uma coisa, ficarão solidariamente responsáveis para com o comodante.

▶ Arts. 275 a 285 deste Código.

Seção II
DO MÚTUO

▶ Dec. nº 22.626, de 7-4-1933 (Lei da Usura).
▶ Súm. nº 26 do STJ.

Art. 586. O mútuo é o empréstimo de coisas fungíveis. O mutuário é obrigado a restituir ao mutuante o que dele recebeu em coisa do mesmo gênero, qualidade e quantidade.

▶ Arts. 85 e 645 deste Código.

Art. 587. Este empréstimo transfere o domínio da coisa emprestada ao mutuário, por cuja conta correm todos os riscos dela desde a tradição.

▶ Arts. 1.267 e 1.268 deste Código.

Art. 588. O mútuo feito a pessoa menor, sem prévia autorização daquele sob cuja guarda estiver, não pode ser reavido nem do mutuário, nem de seus fiadores.

▶ Arts. 180, 824, parágrafo único, e 837 deste Código.

Art. 589. Cessa a disposição do artigo antecedente:

I – se a pessoa, de cuja autorização necessitava o mutuário para contrair o empréstimo, o ratificar posteriormente;

▶ Arts. 172 a 177 deste Código.

II – se o menor, estando ausente essa pessoa, se viu obrigado a contrair o empréstimo para os seus alimentos habituais;

III – se o menor tiver bens ganhos com o seu trabalho. Mas, em tal caso, a execução do credor não lhes poderá ultrapassar as forças;

IV – se o empréstimo reverteu em benefício do menor;

V – se o menor obteve o empréstimo maliciosamente.

▶ Art. 180 deste Código.

Art. 590. O mutuante pode exigir garantia da restituição, se antes do vencimento o mutuário sofrer notória mudança em sua situação econômica.

▶ Arts. 333 e 447 deste Código.

Art. 591. Destinando-se o mútuo a fins econômicos, presumem-se devidos juros, os quais, sob pena de redução, não poderão exceder a taxa a que se refere o art. 406, permitida a capitalização anual.

▶ MP nº 2.172-32, de 23-8-2001, que até o encerramento desta edição não havia sido convertida em Lei, estabelece a nulidade das disposições contratuais que mencionam e inverte, nas hipóteses que prevê, o ônus da prova nas ações intentadas para sua declaração.
▶ Súm. Vinc. nº 7 do STF.
▶ Súm. nº 596 do STF.
▶ Súmulas nºˢ 283 e 382 do STJ.

Art. 592. Não se tendo convencionado expressamente, o prazo do mútuo será:

I – até a próxima colheita, se o mútuo for de produtos agrícolas, assim para o consumo, como para semeadura;

II – de trinta dias, pelo menos, se for de dinheiro;

III – do espaço de tempo que declarar o mutuante, se for de qualquer outra coisa fungível.

▶ Arts. 331 e 939 deste Código.

Capítulo VII
DA PRESTAÇÃO DE SERVIÇO

Art. 593. A prestação de serviço, que não estiver sujeita às leis trabalhistas ou a lei especial, reger-se-á pelas disposições deste Capítulo.

▶ Art. 722 deste Código.
▶ Arts. 2º e 3º da CLT.

Art. 594. Toda a espécie de serviço ou trabalho lícito, material ou imaterial, pode ser contratada mediante retribuição.

Art. 595. No contrato de prestação de serviço, quando qualquer das partes não souber ler, nem escrever, instrumento poderá ser assinado a rogo e subscrito por duas testemunhas.

Art. 596. Não se tendo estipulado, nem chegado a acordo as partes, fixar-se-á por arbitramento a retribuição, segundo o costume do lugar, o tempo de serviço e sua qualidade.

▶ Art. 460 da CLT.

Art. 597. A retribuição pagar-se-á depois de prestado o serviço, se, por convenção, ou costume, não houver de ser adiantada, ou paga em prestações.

▶ Art. 459 da CLT.

Art. 598. A prestação de serviço não se poderá convencionar por mais de quatro anos, embora o contrato tenha por causa o pagamento de dívida de quem o presta, ou se destine à execução de certa e determinada obra. Neste caso, decorridos quatro anos, dar-se-á por findo o contrato, ainda que não concluída a obra.

▶ Art. 445 da CLT

Art. 599. Não havendo prazo estipulado, nem se podendo inferir da natureza do contrato, ou do costume do lugar, qualquer das partes, a seu arbítrio, mediante prévio aviso, pode resolver o contrato.

Parágrafo único. Dar-se-á o aviso:

I – com antecedência de oito dias, se o salário se houver fixado por tempo de um mês, ou mais;

II – com antecipação de quatro dias, se o salário se tiver ajustado por semana, ou quinzena;

III – de véspera, quando se tenha contratado por menos de sete dias.
▶ Arts. 487 a 491 da CLT.

Art. 600. Não se conta no prazo do contrato o tempo em que o prestador de serviço, por culpa sua, deixou de servir.
▶ Art. 453 da CLT.

Art. 601. Não sendo o prestador de serviço contratado para certo e determinado trabalho, entender-se-á que se obrigou a todo e qualquer serviço compatível com as suas forças e condições.

Art. 602. O prestador de serviço contratado por tempo certo, ou por obra determinada, não se pode ausentar, ou despedir, sem justa causa, antes de preenchido o tempo, ou concluída a obra.
▶ Arts. 443, § 1º, e 480 da CLT.

Parágrafo único. Se se despedir sem justa causa, terá direito à retribuição vencida, mas responderá por perdas e danos. O mesmo dar-se-á, se despedido por justa causa.
▶ Arts. 402 a 405 deste Código.

Art. 603. Se o prestador de serviço for despedido sem justa causa, a outra parte será obrigada a pagar-lhe por inteiro a retribuição vencida, e por metade a que lhe tocaria de então ao termo legal do contrato.
▶ Arts. 477 e 478 da CLT.

Art. 604. Findo o contrato, o prestador de serviço tem direito a exigir da outra parte a declaração de que o contrato está findo. Igual direito lhe cabe, se for despedido sem justa causa, ou se tiver havido motivo justo para deixar o serviço.

Art. 605. Nem aquele a quem os serviços são prestados, poderá transferir a outrem o direito aos serviços ajustados, nem o prestador de serviços, sem aprazimento da outra parte, dar substituto que os preste.

Art. 606. Se o serviço for prestado por quem não possua título de habilitação, ou não satisfaça requisitos outros estabelecidos em lei, não poderá quem os prestou cobrar a retribuição normalmente correspondente ao trabalho executado. Mas se deste resultar benefício para a outra parte, o juiz atribuirá a quem o prestou uma compensação razoável, desde que tenha agido com boa-fé.

Parágrafo único. Não se aplica a segunda parte deste artigo, quando a proibição da prestação de serviço resultar de lei de ordem pública.

Art. 607. O contrato de prestação de serviço acaba com a morte de qualquer das partes. Termina, ainda, pelo escoamento do prazo, pela conclusão da obra, pela rescisão do contrato mediante aviso prévio, por inadimplemento de qualquer das partes ou pela impossibilidade da continuação do contrato, motivada por força maior.
▶ Art. 393, parágrafo único, deste Código.

Art. 608. Aquele que aliciar pessoas obrigadas em contrato escrito a prestar serviço a outrem pagará a este a importância que ao prestador de serviço, pelo ajuste desfeito, houvesse de caber durante dois anos.

Art. 609. A alienação do prédio agrícola, onde a prestação dos serviços se opera, não importa a rescisão do contrato, salvo ao prestador opção entre continuá-lo com o adquirente da propriedade ou com o primitivo contratante.

Capítulo VIII

DA EMPREITADA

▶ Art. 964, IV, deste Código.

Art. 610. O empreiteiro de uma obra pode contribuir para ela só com seu trabalho ou com ele e os materiais.
▶ Art. 613 deste Código.

§ 1º A obrigação de fornecer os materiais não se presume; resulta da lei ou da vontade das partes.

§ 2º O contrato para elaboração de um projeto não implica a obrigação de executá-lo, ou de fiscalizar-lhe a execução.

Art. 611. Quando o empreiteiro fornece os materiais, correm por sua conta os riscos até o momento da entrega da obra, a contento de quem a encomendou, se este não estiver em mora de receber. Mas se estiver, por sua conta correrão os riscos.
▶ Arts. 234, 394 e 400 deste Código.

Art. 612. Se o empreiteiro só forneceu mão-de-obra, todos os riscos em que não tiver culpa correrão por conta do dono.

Art. 613. Sendo a empreitada unicamente de lavor (art. 610), se a coisa perecer antes de entregue, sem mora do dono nem culpa do empreiteiro, este perderá a retribuição, se não provar que a perda resultou de defeito dos materiais e que em tempo reclamara contra a sua quantidade ou qualidade.

Art. 614. Se a obra constar de partes distintas, ou for de natureza das que se determinam por medida, o empreiteiro terá direito a que também se verifique por medida, ou segundo as partes em que se dividir, podendo exigir o pagamento na proporção da obra executada.

§ 1º Tudo o que se pagou presume-se verificado.

§ 2º O que se mediu presume-se verificado se, em trinta dias, a contar da medição, não forem denunciados os vícios ou defeitos pelo dono da obra ou por quem estiver incumbido da sua fiscalização.

Art. 615. Concluída a obra de acordo com o ajuste, ou o costume do lugar, o dono é obrigado a recebê-la. Poderá, porém, rejeitá-la, se o empreiteiro se afastou das instruções recebidas e dos planos dados, ou das regras técnicas em trabalhos de tal natureza.

Art. 616. No caso da segunda parte do artigo antecedente, pode quem encomendou a obra, em vez de enjeitá-la, recebê-la com abatimento no preço.
▶ Art. 442 deste Código.

Art. 617. O empreiteiro é obrigado a pagar os materiais que recebeu, se por imperícia ou negligência os inutilizou.

Art. 618. Nos contratos de empreitada de edifícios ou outras construções consideráveis, o empreiteiro de materiais e execução responderá, durante o prazo irredutível de cinco anos, pela solidez e segurança do trabalho, assim em razão dos materiais, como do solo.

Parágrafo único. Decairá do direito assegurado neste artigo o dono da obra que não propuser a ação contra o empreiteiro, nos cento e oitenta dias seguintes ao aparecimento do vício ou defeito.

▶ Arts. 207 a 211, 622 e 937 deste Código.

Art. 619. Salvo estipulação em contrário, o empreiteiro que se incumbir de executar uma obra, segundo plano aceito por quem a encomendou, não terá direito a exigir acréscimo no preço, ainda que sejam introduzidas modificações no projeto, a não ser que estas resultem de instruções escritas do dono da obra.

Parágrafo único. Ainda que não tenha havido autorização escrita, o dono da obra é obrigado a pagar ao empreiteiro os aumentos e acréscimos, segundo o que for arbitrado, se, sempre presente à obra, por continuadas visitas, não podia ignorar o que se estava passando, e nunca protestou.

Art. 620. Se ocorrer diminuição no preço do material ou da mão-de-obra superior a um décimo do preço global convencionado, poderá este ser revisto, a pedido do dono da obra, para que se lhe assegure a diferença apurada.

Art. 621. Sem anuência de seu autor, não pode o proprietário da obra introduzir modificações no projeto por ele aprovado, ainda que a execução seja confiada a terceiros, a não ser que, por motivos supervenientes ou razões de ordem técnica, fique comprovada a inconveniência ou a excessiva onerosidade de execução do projeto em sua forma originária.

▶ Arts. 7º, X, e 29, III, da Lei nº 9.610, de 19-2-1998 (Lei de Direitos Autorais).

Parágrafo único. A proibição deste artigo não abrange alterações de pouca monta, ressalvada sempre a unidade estética da obra projetada.

Art. 622. Se a execução da obra for confiada a terceiros, a responsabilidade do autor do projeto respectivo, desde que não assuma a direção ou fiscalização daquela, ficará limitada aos danos resultantes de defeitos previstos no art. 618 e seu parágrafo único.

Art. 623. Mesmo após iniciada a construção, pode o dono da obra suspendê-la, desde que pague ao empreiteiro as despesas e lucros relativos aos serviços já feitos, mais indenização razoável, calculada em função do que ele teria ganho, se concluída a obra.

Art. 624. Suspensa a execução da empreitada sem justa causa, responde o empreiteiro por perdas e danos.

▶ Arts. 402 a 405 deste Código.

Art. 625. Poderá o empreiteiro suspender a obra:

I – por culpa do dono, ou por motivo de força maior;

▶ Art. 393, parágrafo único, deste Código.

II – quando, no decorrer dos serviços, se manifestarem dificuldades imprevisíveis de execução, resultantes de causas geológicas ou hídricas, ou outras semelhantes, de modo que torne a empreitada excessivamente onerosa, e o dono da obra se opuser ao reajuste do preço inerente ao projeto por ele elaborado, observados os preços;

▶ Arts. 478 a 480 deste Código.

III – se as modificações exigidas pelo dono da obra, por seu vulto e natureza, forem desproporcionais ao projeto aprovado, ainda que o dono se disponha a arcar com o acréscimo de preço.

Art. 626. Não se extingue o contrato de empreitada pela morte de qualquer das partes, salvo se ajustado em consideração às qualidades pessoais do empreiteiro.

Capítulo IX

DO DEPÓSITO

▶ Arts. 901 a 906 do CPC.

Seção I
DO DEPÓSITO VOLUNTÁRIO

Art. 627. Pelo contrato de depósito recebe o depositário um objeto móvel, para guardar, até que o depositante o reclame.

▶ Art. 648 deste Código.

Art. 628. O contrato de depósito é gratuito, exceto se houver convenção em contrário, se resultante de atividade negocial ou se o depositário o praticar por profissão.

Parágrafo único. Se o depósito for oneroso e a retribuição do depositário não constar de lei, nem resultar de ajuste, será determinada pelos usos do lugar, e, na falta destes, por arbitramento.

Art. 629. O depositário é obrigado a ter na guarda e conservação da coisa depositada o cuidado e diligência que costuma com o que lhe pertence, bem como a restituí-la, com todos os frutos e acrescidos, quando o exija o depositante.

Art. 630. Se o depósito se entregou fechado, colado, selado, ou lacrado, nesse mesmo estado se manterá.

Art. 631. Salvo disposição em contrário, a restituição da coisa deve dar-se no lugar em que tiver de ser guardada. As despesas de restituição correm por conta do depositante.

Art. 632. Se a coisa houver sido depositada no interesse de terceiro, e o depositário tiver sido cientificado deste fato pelo depositante, não poderá ele exonerar-se restituindo a coisa a este, sem consentimento daquele.

Art. 633. Ainda que o contrato fixe prazo à restituição, o depositário entregará o depósito logo que se lhe exija, salvo se tiver o direito de retenção a que se refere o art. 644, se o objeto for judicialmente embargado, se sobre ele pender execução, notificado ao depositário, ou se houver motivo razoável de suspeitar que a coisa foi dolosamente obtida.

▶ Art. 638 deste Código.

Art. 634. No caso do artigo antecedente, última parte, o depositário, expondo o fundamento da suspeita, requererá que se recolha o objeto ao Depósito Público.

▶ Art. 638 deste Código.

Art. 635. Ao depositário será facultado, outrossim, requerer depósito judicial da coisa, quando, por motivo plausível, não a possa guardar, e o depositante não queira recebê-la.

▶ Art. 334 deste Código.

Art. 636. O depositário, que por força maior houver perdido a coisa depositada e recebido outra em seu lugar, é obrigado a entregar a segunda ao depositante, e ceder-lhe as ações que no caso tiver contra o terceiro responsável pela restituição da primeira.

▶ Art. 393, parágrafo único, deste Código.

Art. 637. O herdeiro do depositário, que de boa-fé vendeu a coisa depositada, é obrigado a assistir o depositante na reivindicação, e a restituir ao comprador o preço recebido.
▶ Art. 879 deste Código.

Art. 638. Salvo os casos previstos nos arts. 633 e 634, não poderá o depositário furtar-se à restituição do depósito, alegando não pertencer a coisa ao depositante, ou opondo compensação, exceto se noutro depósito se fundar.
▶ Art. 373, II, deste Código.

Art. 639. Sendo dois ou mais depositantes, e divisível a coisa, a cada um só entregará o depositário a respectiva parte, salvo se houver entre eles solidariedade.
▶ Arts. 87, 88 e 267 a 274 deste Código.

Art. 640. Sob pena de responder por perdas e danos, não poderá o depositário, sem licença expressa do depositante, servir-se da coisa depositada, nem a dar em depósito a outrem.
▶ Arts. 402 a 405 deste Código.

Parágrafo único. Se o depositário, devidamente autorizado, confiar a coisa em depósito a terceiro, será responsável se agiu com culpa na escolha deste.

Art. 641. Se o depositário se tornar incapaz, a pessoa que lhe assumir a administração dos bens diligenciará imediatamente restituir a coisa depositada e, não querendo ou não podendo o depositante recebê-la, recolhê-la-á ao Depósito Público ou promoverá nomeação de outro depositário.

Art. 642. O depositário não responde pelos casos de força maior; mas, para que lhe valha a escusa, terá de prová-los.
▶ Art. 393 deste Código.

Art. 643. O depositante é obrigado a pagar ao depositário as despesas feitas com a coisa, e os prejuízos que do depósito provierem.

Art. 644. O depositário poderá reter o depósito até que se lhe pague a retribuição devida, o líquido valor das despesas, ou dos prejuízos a que se refere o artigo anterior, provando imediatamente esses prejuízos ou essas despesas.
▶ Art. 633 deste Código.
▶ Art. 66-B, § 6º, da Lei nº 4.728, de 14-7-1965 (Lei do Mercado de Capitais).

Parágrafo único. Se essas dívidas, despesas ou prejuízos não forem provados suficientemente, ou forem ilíquidos, o depositário poderá exigir caução idônea do depositante ou, na falta desta, a remoção da coisa para o Depósito Público, até que se liquidem.

Art. 645. O depósito de coisas fungíveis, em que o depositário se obrigue a restituir objetos do mesmo gênero, qualidade e quantidade, regular-se-á pelo disposto acerca do mútuo.
▶ Arts. 85 e 586 deste Código.

Art. 646. O depósito voluntário provar-se-á por escrito.

Seção II

DO DEPÓSITO NECESSÁRIO

Art. 647. É depósito necessário:

I – o que se faz em desempenho de obrigação legal;
▶ Art. 1.435, I, deste Código.

II – o que se efetua por ocasião de alguma calamidade, como o incêndio, a inundação, o naufrágio ou o saque.

Art. 648. O depósito a que se refere o inciso I do artigo antecedente, reger-se-á pela disposição da respectiva lei, e, no silêncio ou deficiência dela, pelas concernentes ao depósito voluntário.
▶ Arts. 627 a 646 deste Código.

Parágrafo único. As disposições deste artigo aplicam-se aos depósitos previstos no inciso II do artigo antecedente, podendo estes certificarem-se por qualquer meio de prova.

Art. 649. Aos depósitos previstos no artigo antecedente é equiparado o das bagagens dos viajantes ou hóspedes nas hospedarias onde estiverem.

Parágrafo único. Os hospedeiros responderão como depositários, assim como pelos furtos e roubos que perpetrarem as pessoas empregadas ou admitidas nos seus estabelecimentos.
▶ Arts. 651, 932, IV, e 1.467, I, deste Código.

Art. 650. Cessa, nos casos do artigo antecedente, a responsabilidade dos hospedeiros, se provarem que os fatos prejudiciais aos viajantes ou hóspedes não podiam ter sido evitados.
▶ Art. 393 deste Código.

Art. 651. O depósito necessário não se presume gratuito. Na hipótese do art. 649, a remuneração pelo depósito está incluída no preço da hospedagem.

Art. 652. Seja o depósito voluntário ou necessário, o depositário que não o restituir quando exigido será compelido a fazê-lo mediante prisão não excedente a um ano, e ressarcir os prejuízos.
▶ Art. 5º, LXVII, da CF.
▶ Art. 638 deste Código.
▶ Arts. 902, § 1º, e 904 do CPC.
▶ Art. 4º, §§ 1º e 2º, da Lei nº 8.866, de 11-4-1994 (Lei do Depositário Infiel).
▶ Art. 4º do Dec.-lei nº 911, de 1º-10-1969 (Lei das Alienações Fiduciárias).
▶ Art. 11 do Dec. nº 592, de 6-7-1992, que promulga o Pacto Internacional sobre Direitos Civis e Políticos.
▶ Art. 7º, 7, do Pacto de São José da Costa Rica.
▶ Súm. Vinc. nº 25 do STF.
▶ Súm. nº 619 do STF.
▶ Súmulas nºˢ 304, 305 e 419 do STJ.

Capítulo X

DO MANDATO

Seção I

DISPOSIÇÕES GERAIS

▶ Arts. 709, 721 e 917 deste Código.
▶ Arts. 37, 38, 44 e 45 do CPC.
▶ Arts. 5º, 15, § 3º, 27 a 30 e 42 da Lei nº 8.906, de 4-7-1994 (Estatuto da Advocacia e da OAB).

Art. 653. Opera-se o mandato quando alguém recebe de outrem poderes para, em seu nome, praticar atos ou

administrar interesses. A procuração é o instrumento do mandato.
▶ Art. 1.011 deste Código.

Art. 654. Todas as pessoas capazes são aptas para dar procuração mediante instrumento particular, que valerá desde que tenha a assinatura do outorgante.
▶ Arts. 3º a 5º deste Código.

§ 1º O instrumento particular deve conter a indicação do lugar onde foi passado, a qualificação do outorgante e do outorgado, a data e o objetivo da outorga com a designação e a extensão dos poderes conferidos.
▶ Art. 288 deste Código.
▶ OJ da SBDI-I nº 373 do TST.

§ 2º O terceiro com quem o mandatário tratar poderá exigir que a procuração traga a firma reconhecida.

Art. 655. Ainda quando se outorgue mandato por instrumento público, pode substabelecer-se mediante instrumento particular.

Art. 656. O mandato pode ser expresso ou tácito, verbal ou escrito.
▶ Art. 1.324 deste Código.

Art. 657. A outorga do mandato está sujeita à forma exigida por lei para o ato a ser praticado. Não se admite mandato verbal quando o ato deva ser celebrado por escrito.

Art. 658. O mandato presume-se gratuito quando não houver sido estipulada retribuição, exceto se o seu objeto corresponder ao daqueles que o mandatário trata por ofício ou profissão lucrativa.

Parágrafo único. Se o mandato for oneroso, caberá ao mandatário a retribuição prevista em lei ou no contrato. Sendo estes omissos, será ela determinada pelos usos do lugar, ou, na falta destes, por arbitramento.
▶ Art. 676 deste Código.

Art. 659. A aceitação do mandato pode ser tácita, e resulta do começo de execução.

Art. 660. O mandato pode ser especial a um ou mais negócios determinadamente, ou geral a todos os do mandante.

Art. 661. O mandato em termos gerais só confere poderes de administração.

§ 1º Para alienar, hipotecar, transigir, ou praticar outros quaisquer atos que exorbitem da administração ordinária, depende a procuração de poderes especiais e expressos.
▶ Arts. 840 a 850 e 1.542 deste Código.

§ 2º O poder de transigir não importa o de firmar compromisso.
▶ Arts. 840 a 850 e 851 a 853 deste Código.

Art. 662. Os atos praticados por quem não tenha mandato, ou o tenha sem poderes suficientes, são ineficazes em relação àquele em cujo nome foram praticados, salvo se este os ratificar.

Parágrafo único. A ratificação há de ser expressa, ou resultar de ato inequívoco, e retroagirá à data do ato.
▶ Arts. 172 a 175, 673, 679 e 873 deste Código.
▶ Art. 37, parágrafo único, do CPC.

Art. 663. Sempre que o mandatário estipular negócios expressamente em nome do mandante, será este o único responsável; ficará, porém, o mandatário pessoalmente obrigado, se agir no seu próprio nome, ainda que o negócio seja de conta do mandante.
▶ Arts. 861 a 875 deste Código.

Art. 664. O mandatário tem o direito de reter, do objeto da operação que lhe foi cometida, quanto baste para pagamento de tudo que lhe for devido em consequência do mandato.
▶ Art. 681 deste Código.

Art. 665. O mandatário que exceder os poderes do mandato, ou proceder contra eles, será considerado mero gestor de negócios, enquanto o mandante lhe não ratificar os atos.
▶ Arts. 679 e 861 a 875 deste Código.

Art. 666. O maior de dezesseis e menor de dezoito anos não emancipado pode ser mandatário, mas o mandante não tem ação contra ele senão de conformidade com as regras gerais, aplicáveis às obrigações contraídas por menores.
▶ Arts. 4º, 5º e 180 deste Código.

Seção II

DAS OBRIGAÇÕES DO MANDATÁRIO

Art. 667. O mandatário é obrigado a aplicar toda sua diligência habitual na execução do mandato, e a indenizar qualquer prejuízo causado por culpa sua ou daquele a quem substabelecer, sem autorização, poderes que devia exercer pessoalmente.

§ 1º Se, não obstante proibição do mandante, o mandatário se fizer substituir na execução do mandato, responderá ao seu constituinte pelos prejuízos ocorridos sob a gerência do substituto, embora provenientes de caso fortuito, salvo provando que o caso teria sobrevindo, ainda que não tivesse havido substabelecimento.
▶ Art. 393 deste Código.

§ 2º Havendo poderes de substabelecer, só serão imputáveis ao mandatário os danos causados pelo substabelecido, se tiver agido com culpa na escolha deste ou nas instruções dadas a ele.

§ 3º Se a proibição de substabelecer constar da procuração, os atos praticados pelo substabelecido não obrigam o mandante, salvo ratificação expressa, que retroagirá à data do ato.

§ 4º Sendo omissa a procuração quanto ao substabelecimento, o procurador será responsável se o substabelecido proceder culposamente.

Art. 668. O mandatário é obrigado a dar contas de sua gerência ao mandante, transferindo-lhe as vantagens provenientes do mandato, por qualquer título que seja.
▶ Arts. 914 a 919 do CPC.

Art. 669. O mandatário não pode compensar os prejuízos a que deu causa com os proveitos que, por outro lado, tenha granjeado ao seu constituinte.

Art. 670. Pelas somas que devia entregar ao mandante ou recebeu para despesa, mas empregou em proveito seu, pagará o mandatário juros, desde o momento em que abusou.
▶ Arts. 405 a 407 e 677 deste Código.

Art. 671. Se o mandatário, tendo fundos ou crédito do mandante, comprar, em nome próprio, algo que devera comprar para o mandante, por ter sido expressamente designado no mandato, terá este ação para obrigá-lo à entrega da coisa comprada.

Art. 672. Sendo dois ou mais os mandatários nomeados no mesmo instrumento, qualquer deles poderá exercer os poderes outorgados, se não forem expressamente declarados conjuntos, nem especificamente designados para atos diferentes, ou subordinados a atos sucessivos. Se os mandatários forem declarados conjuntos, não terá eficácia o ato praticado sem interferência de todos, salvo havendo ratificação, que retroagirá à data do ato.

Art. 673. O terceiro que, depois de conhecer os poderes do mandatário, com ele celebrar negócio jurídico exorbitante do mandato, não tem ação contra o mandatário, salvo se este lhe prometeu ratificação do mandato ou se responsabilizou pessoalmente.

▶ Arts. 662, 679 e 873 deste Código.

Art. 674. Embora ciente da morte, interdição ou mudança de estado do mandante, deve o mandatário concluir o negócio já começado, se houver perigo na demora.

▶ Arts. 682, II e III, e 689 deste Código.

Seção III

DAS OBRIGAÇÕES DO MANDANTE

Art. 675. O mandante é obrigado a satisfazer todas as obrigações contraídas pelo mandatário, na conformidade do mandato conferido, e adiantar a importância das despesas necessárias à execução dele, quando o mandatário lho pedir.

Art. 676. É obrigado o mandante a pagar ao mandatário a remuneração ajustada e as despesas da execução do mandato, ainda que o negócio não surta o esperado efeito, salvo tendo o mandatário culpa.

▶ Art. 658 deste Código.

Art. 677. As somas adiantadas pelo mandatário, para a execução do mandato, vencem juros desde a data do desembolso.

▶ Art. 670 deste Código.

Art. 678. É igualmente obrigado o mandante a ressarcir ao mandatário as perdas que este sofrer com a execução do mandato, sempre que não resultem de culpa sua ou de excesso de poderes.

Art. 679. Ainda que o mandatário contrarie as instruções do mandante, se não exceder os limites do mandato, ficará o mandante obrigado para com aqueles com quem o seu procurador contratou; mas terá contra este ação pelas perdas e danos resultantes da inobservância das instruções.

▶ Arts. 402 a 405, 662, 665, 673 e 873 deste Código.

Art. 680. Se o mandato for outorgado por duas ou mais pessoas, e para negócio comum, cada uma ficará solidariamente responsável ao mandatário por todos os compromissos e efeitos do mandato, salvo direito regressivo, pelas quantias que pagar, contra os outros mandantes.

▶ Arts. 275 a 285 deste Código.

Art. 681. O mandatário tem sobre a coisa de que tenha a posse em virtude do mandato, direito de retenção, até se reembolsar do que no desempenho do encargo despendeu.

▶ Art. 664 deste Código.

Seção IV

DA EXTINÇÃO DO MANDATO

Art. 682. Cessa o mandato:

I – pela revogação ou pela renúncia;

▶ Art. 114 deste Código.
▶ Arts. 44 e 45 do CPC.
▶ Art. 5º, § 3º, da Lei nº 8.906, de 4-7-1994 (Estatuto da Advocacia e da OAB).

II – pela morte ou interdição de uma das partes;

▶ Art. 674 deste Código.

III – pela mudança de estado que inabilite o mandante a conferir os poderes, ou o mandatário para os exercer;

▶ Art. 674 deste Código.

IV – pelo término do prazo ou pela conclusão do negócio.

Art. 683. Quando o mandato contiver a cláusula de irrevogabilidade e o mandante o revogar, pagará perdas e danos.

▶ Arts. 402 a 405 deste Código.

Art. 684. Quando a cláusula de irrevogabilidade for condição de um negócio bilateral, ou tiver sido estipulada no exclusivo interesse do mandatário, a revogação do mandato será ineficaz.

▶ Art. 51, VIII, do CDC.

Art. 685. Conferido o mandato com a cláusula "em causa própria", a sua revogação não terá eficácia, nem se extinguirá pela morte de qualquer das partes, ficando o mandatário dispensado de prestar contas, e podendo transferir para si os bens móveis ou imóveis objeto do mandato, obedecidas as formalidades legais.

Art. 686. A revogação do mandato, notificada somente ao mandatário, não se pode opor aos terceiros que, ignorando-a, de boa-fé com ele trataram; mas ficam salvas ao constituinte as ações que no caso lhe possam caber contra o procurador.

Parágrafo único. É irrevogável o mandato que contenha poderes de cumprimento ou confirmação de negócios encetados, aos quais se ache vinculado.

Art. 687. Tanto que for comunicada ao mandatário a nomeação de outro, para o mesmo negócio, considerar-se-á revogado o mandato anterior.

Art. 688. A renúncia do mandato será comunicada ao mandante, que, se for prejudicado pela sua inoportunidade, ou pela falta de tempo, a fim de prover à substituição do procurador, será indenizado pelo mandatário, salvo se este provar que não podia continuar no mandato sem prejuízo considerável, e que não lhe era dado substabelecer.

Art. 689. São válidos, a respeito dos contratantes de boa-fé, os atos com estes ajustados em nome do mandante pelo mandatário, enquanto este ignorar a morte

daquele ou a extinção do mandato, por qualquer outra causa.
▶ Arts. 674 e 682 deste Código.

Art. 690. Se falecer o mandatário, pendente o negócio a ele cometido, os herdeiros, tendo ciência do mandato, avisarão o mandante, e providenciarão a bem dele, como as circunstâncias exigirem.

Art. 691. Os herdeiros, no caso do artigo antecedente, devem limitar-se às medidas conservatórias, ou continuar os negócios pendentes que se não possam demorar sem perigo, regulando-se os seus serviços dentro desse limite, pelas mesmas normas a que os do mandatário estão sujeitos.

SEÇÃO V
DO MANDATO JUDICIAL

Art. 692. O mandato judicial fica subordinado às normas que lhe dizem respeito, constantes da legislação processual, e, supletivamente, às estabelecidas neste Código.
▶ Arts. 37, 38, 44 e 45 do CPC.
▶ Arts. 5º e 15, § 3º, da Lei nº 8.906, de 4-7-1994 (Estatuto da Advocacia e da OAB).

CAPÍTULO XI
DA COMISSÃO

▶ Art. 721 deste Código.

Art. 693. O contrato de comissão tem por objeto a aquisição ou a venda de bens pelo comissário, em seu próprio nome, à conta do comitente.

Art. 694. O comissário fica diretamente obrigado para com as pessoas com quem contratar, sem que estas tenham ação contra o comitente, nem este contra elas, salvo se o comissário ceder seus direitos a qualquer das partes.
▶ Arts. 286 a 298 deste Código.

Art. 695. O comissário é obrigado a agir de conformidade com as ordens e instruções do comitente, devendo, na falta destas, não podendo pedi-las a tempo, proceder segundo os usos em casos semelhantes.

Parágrafo único. Ter-se-ão por justificados os atos do comissário, se deles houver resultado vantagem para o comitente, e ainda no caso em que, não admitindo demora a realização do negócio, o comissário agiu de acordo com os usos.

Art. 696. No desempenho das suas incumbências o comissário é obrigado a agir com cuidado e diligência, não só para evitar qualquer prejuízo ao comitente, mas ainda para lhe proporcionar o lucro que razoavelmente se podia esperar do negócio.

Parágrafo único. Responderá o comissário, salvo motivo de força maior, por qualquer prejuízo que, por ação ou omissão, ocasionar ao comitente.
▶ Arts. 186, 393, parágrafo único, 927 e seguintes deste Código.

Art. 697. O comissário não responde pela insolvência das pessoas com quem tratar, exceto em caso de culpa e no do artigo seguinte.

Art. 698. Se do contrato de comissão constar a cláusula *del credere*, responderá o comissário solidariamente com as pessoas com quem houver tratado em nome do comitente, caso em que, salvo estipulação em contrário, o comissário tem direito a remuneração mais elevada, para compensar o ônus assumido.
▶ Arts. 275 a 285 deste Código.

Art. 699. Presume-se o comissário autorizado a conceder dilação do prazo para pagamento, na conformidade dos usos do lugar onde se realizar o negócio, se não houver instruções diversas do comitente.

Art. 700. Se houver instruções do comitente proibindo prorrogação de prazos para pagamento, ou se esta não for conforme os usos locais, poderá o comitente exigir que o comissário pague incontinenti ou responda pelas consequências da dilação concedida, procedendo de igual modo se o comissário não der ciência ao comitente dos prazos concedidos e de quem é seu beneficiário.

Art. 701. Não estipulada a remuneração devida ao comissário, será ela arbitrada segundo os usos correntes no lugar.

Art. 702. No caso de morte do comissário, ou, quando, por motivo de força maior, não puder concluir o negócio, será devida pelo comitente uma remuneração proporcional aos trabalhos realizados.
▶ Art. 393, parágrafo único, deste Código.

Art. 703. Ainda que tenha dado motivo à dispensa, terá o comissário direito a ser remunerado pelos serviços úteis prestados ao comitente, ressalvado a este o direito de exigir daquele os prejuízos sofridos.

Art. 704. Salvo disposição em contrário, pode o comitente, a qualquer tempo, alterar as instruções dadas ao comissário, entendendo-se por elas regidos também os negócios pendentes.

Art. 705. Se o comissário for despedido sem justa causa, terá direito a ser remunerado pelos trabalhos prestados, bem como a ser ressarcido pelas perdas e danos resultantes de sua dispensa.
▶ Arts. 402 a 405 deste Código.

Art. 706. O comitente e o comissário são obrigados a pagar juros um ao outro; o primeiro pelo que o comissário houver adiantado para cumprimento de suas ordens; e o segundo pela mora na entrega dos fundos que pertencerem ao comitente.

Art. 707. O crédito do comissário, relativo a comissões e despesas feitas, goza de privilégio geral, no caso de falência ou insolvência do comitente.

Art. 708. Para reembolso das despesas feitas, bem como para recebimento das comissões devidas, tem o comissário direito de retenção sobre os bens e valores em seu poder em virtude da comissão.

Art. 709. São aplicáveis à comissão, no que couber, as regras sobre mandato.
▶ Arts. 653 a 691 deste Código.

CAPÍTULO XII
DA AGÊNCIA E DISTRIBUIÇÃO

▶ Lei nº 4.886, de 9-12-1965 (Lei dos Representantes Comerciais Autônomos).

Art. 710. Pelo contrato de agência, uma pessoa assume, em caráter não eventual e sem vínculos de dependência, a obrigação de promover, à conta de outra, mediante retribuição, a realização de certos negócios, em zona determinada, caracterizando-se a distribuição quando o agente tiver à sua disposição a coisa a ser negociada.

Parágrafo único. O proponente pode conferir poderes ao agente para que este o represente na conclusão dos contratos.

▶ Art. 1º da Lei nº 4.886, de 9-12-1965 (Lei dos Representantes Comerciais Autônomos).

Art. 711. Salvo ajuste, o proponente não pode constituir, ao mesmo tempo, mais de um agente, na mesma zona, com idêntica incumbência; nem pode o agente assumir o encargo de nela tratar de negócios do mesmo gênero, à conta de outros proponentes.

▶ Art. 31 da Lei nº 4.886, de 9-12-1965 (Lei dos Representantes Comerciais Autônomos).

Art. 712. O agente, no desempenho que lhe foi cometido, deve agir com toda diligência, atendo-se às instruções recebidas do proponente.

Art. 713. Salvo estipulação diversa, todas as despesas com a agência ou distribuição correm a cargo do agente ou distribuidor.

Art. 714. Salvo ajuste, o agente ou distribuidor terá direito à remuneração correspondente aos negócios concluídos dentro de sua zona, ainda que sem a sua interferência.

▶ Art. 31 da Lei nº 4.886, de 9-12-1965 (Lei dos Representantes Comerciais Autônomos).

Art. 715. O agente ou distribuidor tem direito à indenização se o proponente, sem justa causa, cessar o atendimento das propostas ou reduzi-lo tanto que se torna antieconômica a continuação do contrato.

Art. 716. A remuneração será devida ao agente também quando o negócio deixar de ser realizado por fato imputável ao proponente.

Art. 717. Ainda que dispensado por justa causa, terá o agente direito a ser remunerado pelos serviços úteis prestados ao proponente, sem embargo de haver este perdas e danos pelos prejuízos sofridos.

▶ Arts. 402 a 405 deste Código.
▶ Art. 37 da Lei nº 4.886, de 9-12-1965 (Lei dos Representantes Comerciais Autônomos).

Art. 718. Se a dispensa se der sem culpa do agente, terá ele direito à remuneração até então devida, inclusive sobre os negócios pendentes, além das indenizações previstas em lei especial.

▶ Arts. 27 e 34 da Lei nº 4.886, de 9-12-1965 (Lei dos Representantes Comerciais Autônomos).

Art. 719. Se o agente não puder continuar o trabalho por motivo de força maior, terá direito à remuneração correspondente aos serviços realizados, cabendo esse direito aos herdeiros no caso de morte.

▶ Art. 393, parágrafo único, deste Código.

Art. 720. Se o contrato for por tempo indeterminado, qualquer das partes poderá resolvê-lo, mediante aviso prévio de noventa dias, desde que transcorrido prazo compatível com a natureza e o vulto do investimento exigido do agente.

▶ Art. 34 da Lei nº 4.886, de 9-12-1965 (Lei dos Representantes Comerciais Autônomos).

Parágrafo único. No caso de divergência entre as partes, o juiz decidirá da razoabilidade do prazo e do valor devido.

Art. 721. Aplicam-se ao contrato de agência e distribuição, no que couber, as regras concernentes ao mandato e à comissão e as constantes de lei especial.

▶ Arts. 653 a 691 e 693 a 709 deste Código.
▶ Art. 27 da Lei nº 4.886, de 9-12-1965 (Lei dos Representantes Comerciais Autônomos).

Capítulo XIII

DA CORRETAGEM

▶ Súm. nº 458 do STJ.

Art. 722. Pelo contrato de corretagem, uma pessoa, não ligada a outra em virtude de mandato, de prestação de serviços ou por qualquer relação de dependência, obriga-se a obter para a segunda um ou mais negócios, conforme as instruções recebidas.

▶ Arts. 593 a 609 e 653 a 691 deste Código.

Art. 723. O corretor é obrigado a executar a mediação com diligência e prudência, e a prestar ao cliente, espontaneamente, todas as informações sobre o andamento do negócio.

▶ *Caput* com a redação dada pela Lei nº 12.236, de 19-5-2010.

Parágrafo único. Sob pena de responder por perdas e danos, o corretor prestará ao cliente todos os esclarecimentos acerca da segurança ou do risco do negócio, das alterações de valores e de outros fatores que possam influir nos resultados da incumbência.

▶ Parágrafo único acrescido pela Lei nº 12.236, de 19-5-2010.
▶ Arts. 402 a 405 deste Código.

Art. 724. A remuneração do corretor, se não estiver fixada em lei, nem ajustada entre as partes, será arbitrada segundo a natureza do negócio e os usos locais.

Art. 725. A remuneração é devida ao corretor uma vez que tenha conseguido o resultado previsto no contrato de mediação, ou ainda que este não se efetive em virtude de arrependimento das partes.

Art. 726. Iniciado e concluído o negócio diretamente entre as partes, nenhuma remuneração será devida ao corretor; mas se, por escrito, for ajustada a corretagem com exclusividade, terá o corretor direito à remuneração integral, ainda que realizado o negócio sem a sua mediação, salvo se comprovada sua inércia ou ociosidade.

Art. 727. Se, por não haver prazo determinado, o dono do negócio dispensar o corretor, e o negócio se realizar posteriormente, como fruto da sua mediação, a corretagem lhe será devida; igual solução se adotará se o negócio se realizar após a decorrência do prazo contratual, mas por efeito dos trabalhos do corretor.

Art. 728. Se o negócio se concluir com a intermediação de mais de um corretor, a remuneração será paga a todos em partes iguais, salvo ajuste em contrário.

Art. 729. Os preceitos sobre corretagem constantes deste Código não excluem a aplicação de outras normas da legislação especial.

Capítulo XIV
DO TRANSPORTE

▶ Súm. nº 161 do STF.

Seção I
DISPOSIÇÕES GERAIS

Art. 730. Pelo contrato de transporte alguém se obriga, mediante retribuição, a transportar, de um lugar para outro, pessoas ou coisas.

Art. 731. O transporte exercido em virtude de autorização, permissão ou concessão, rege-se pelas normas regulamentares e pelo que for estabelecido naqueles atos, sem prejuízo do disposto neste Código.

Art. 732. Aos contratos de transporte, em geral, são aplicáveis, quando couber, desde que não contrariem as disposições deste Código, os preceitos constantes da legislação especial e de tratados e convenções internacionais.

Art. 733. Nos contratos de transporte cumulativo, cada transportador se obriga a cumprir o contrato relativamente ao respectivo percurso, respondendo pelos danos nele causados a pessoas e coisas.

▶ Arts. 186, 927 e seguintes deste Código.

§ 1º O dano, resultante do atraso ou da interrupção da viagem, será determinado em razão da totalidade do percurso.

§ 2º Se houver substituição de algum dos transportadores no decorrer do percurso, a responsabilidade solidária estender-se-á ao substituto.

▶ Arts. 275 a 285 deste Código.

Seção II
DO TRANSPORTE DE PESSOAS

Art. 734. O transportador responde pelos danos causados às pessoas transportadas e suas bagagens, salvo motivo de força maior, sendo nula qualquer cláusula excludente da responsabilidade.

▶ Arts. 186, 393, parágrafo único, 927 e seguintes deste Código.
▶ Súm. nº 161 do STF.

Parágrafo único. É lícito ao transportador exigir a declaração do valor da bagagem a fim de fixar o limite da indenização.

Art. 735. A responsabilidade contratual do transportador por acidente com o passageiro não é elidida por culpa de terceiro, contra o qual tem ação regressiva.

Art. 736. Não se subordina às normas do contrato de transporte o feito gratuitamente, por amizade ou cortesia.

Parágrafo único. Não se considera gratuito o transporte quando, embora feito sem remuneração, o transportador auferir vantagens indiretas.

Art. 737. O transportador está sujeito aos horários e itinerários previstos, sob pena de responder por perdas e danos, salvo motivo de força maior.

▶ Arts. 393, parágrafo único, e 402 a 405 deste Código.

Art. 738. A pessoa transportada deve sujeitar-se às normas estabelecidas pelo transportador, constantes no bilhete ou afixadas à vista dos usuários, abstendo-se de quaisquer atos que causem incômodo ou prejuízo aos passageiros, danifiquem o veículo, ou dificultem ou impeçam a execução normal do serviço.

Parágrafo único. Se o prejuízo sofrido pela pessoa transportada for atribuível à transgressão de normas e instruções regulamentares, o juiz reduzirá equitativamente a indenização, na medida em que a vítima houver concorrido para a ocorrência do dano.

Art. 739. O transportador não pode recusar passageiros, salvo os casos previstos nos regulamentos, ou se as condições de higiene ou de saúde do interessado o justificarem.

Art. 740. O passageiro tem direito a rescindir o contrato de transporte antes de iniciada a viagem, sendo-lhe devida a restituição do valor da passagem, desde que feita a comunicação ao transportador em tempo de ser renegociada.

§ 1º Ao passageiro é facultado desistir do transporte, mesmo depois de iniciada a viagem, sendo-lhe devida a restituição do valor correspondente ao trecho não utilizado, desde que provado que outra pessoa haja sido transportada em seu lugar.

§ 2º Não terá direito ao reembolso do valor da passagem o usuário que deixar de embarcar, salvo se provado que outra pessoa foi transportada em seu lugar, caso em que lhe será restituído o valor do bilhete não utilizado.

§ 3º Nas hipóteses previstas neste artigo, o transportador terá direito de reter até cinco por cento da importância a ser restituída ao passageiro, a título de multa compensatória.

Art. 741. Interrompendo-se a viagem por qualquer motivo alheio à vontade do transportador, ainda que em consequência de evento imprevisível, fica ele obrigado a concluir o transporte contratado em outro veículo da mesma categoria, ou, com a anuência do passageiro, por modalidade diferente, à sua custa, correndo também por sua conta as despesas de estada e alimentação do usuário, durante a espera de novo transporte.

▶ Art. 393, parágrafo único, deste Código.

Art. 742. O transportador, uma vez executado o transporte, tem direito de retenção sobre a bagagem de passageiro e outros objetos pessoais deste, para garantir-se do pagamento do valor da passagem que não tiver sido feito no início ou durante o percurso.

Seção III
DO TRANSPORTE DE COISAS

▶ Art. 780 deste Código.

Art. 743. A coisa, entregue ao transportador, deve estar caracterizada pela sua natureza, valor, peso e quantidade, e o mais que for necessário para que não se confunda com outras, devendo o destinatário ser indicado ao menos pelo nome e endereço.

Art. 744. Ao receber a coisa, o transportador emitirá conhecimento com a menção dos dados que a identifiquem, obedecido o disposto em lei especial.

Parágrafo único. O transportador poderá exigir que o remetente lhe entregue, devidamente assinada, a relação discriminada das coisas a serem transportadas, em duas vias, uma das quais, por ele devidamente autenticada, ficará fazendo parte integrante do conhecimento.

Art. 745. Em caso de informação inexata ou falsa descrição no documento a que se refere o artigo antecedente, será o transportador indenizado pelo prejuízo que sofrer, devendo a ação respectiva ser ajuizada no prazo de cento e vinte dias, a contar daquele ato, sob pena de decadência.

▶ Arts. 186, 207 a 211, 927 e seguintes deste Código.

Art. 746. Poderá o transportador recusar a coisa cuja embalagem seja inadequada, bem como a que possa pôr em risco a saúde das pessoas, ou danificar o veículo e outros bens.

Art. 747. O transportador deverá obrigatoriamente recusar a coisa cujo transporte ou comercialização não sejam permitidos, ou que venha desacompanhada dos documentos exigidos por lei ou regulamento.

Art. 748. Até a entrega da coisa, pode o remetente desistir do transporte e pedi-la de volta, ou ordenar seja entregue a outro destinatário, pagando, em ambos os casos, os acréscimos de despesa decorrentes da contraordem, mais as perdas e danos que houver.

▶ Arts. 402 a 405 deste Código.

Art. 749. O transportador conduzirá a coisa ao seu destino, tomando todas as cautelas necessárias para mantê-la em bom estado e entregá-la no prazo ajustado ou previsto.

Art. 750. A responsabilidade do transportador, limitada ao valor constante do conhecimento, começa no momento em que ele, ou seus prepostos, recebem a coisa; termina quando é entregue ao destinatário, ou depositada em juízo, se aquele não for encontrado.

▶ Art. 780 deste Código.
▶ Súm. nº 161 do STF.

Art. 751. A coisa, depositada ou guardada nos armazéns do transportador, em virtude de contrato de transporte, rege-se, no que couber, pelas disposições relativas a depósito.

▶ Arts. 627 a 652 deste Código.

Art. 752. Desembarcadas as mercadorias, o transportador não é obrigado a dar aviso ao destinatário, se assim não foi convencionado, dependendo também de ajuste a entrega a domicílio, e devem constar do conhecimento de embarque as cláusulas de aviso ou de entrega a domicílio.

Art. 753. Se o transporte não puder ser feito ou sofrer longa interrupção, o transportador solicitará, incontinenti, instruções ao remetente, e zelará pela coisa, por cujo perecimento ou deterioração responderá, salvo força maior.

▶ Art. 393, parágrafo único, deste Código.

§ 1º Perdurando o impedimento, sem motivo imputável ao transportador e sem manifestação do remetente, poderá aquele depositar a coisa em juízo, ou vendê-la, obedecidos os preceitos legais e regulamentares, ou os usos locais, depositando o valor.

§ 2º Se o impedimento for responsabilidade do transportador, este poderá depositar a coisa, por sua conta e risco, mas só poderá vendê-la se perecível.

§ 3º Em ambos os casos, o transportador deve informar o remetente da efetivação do depósito ou da venda.

§ 4º Se o transportador mantiver a coisa depositada em seus próprios armazéns, continuará a responder pela sua guarda e conservação, sendo-lhe devida, porém, uma remuneração pela custódia, a qual poderá ser contratualmente ajustada ou se conformará aos usos adotados em cada sistema de transporte.

Art. 754. As mercadorias devem ser entregues ao destinatário, ou a quem apresentar o conhecimento endossado, devendo aquele que as receber conferi-las e apresentar as reclamações que tiver, sob pena de decadência dos direitos.

Parágrafo único. No caso de perda parcial ou de avaria não perceptível à primeira vista, o destinatário conserva a sua ação contra o transportador, desde que denuncie o dano em dez dias a contar da entrega.

▶ Arts. 207 a 211 deste Código.

Art. 755. Havendo dúvida acerca de quem seja o destinatário, o transportador deve depositar a mercadoria em juízo, se não lhe for possível obter instruções do remetente; se a demora puder ocasionar a deterioração da coisa, o transportador deverá vendê-la, depositando o saldo em juízo.

▶ Art. 335, IV, deste Código.
▶ Arts. 890 a 900 do CPC.

Art. 756. No caso de transporte cumulativo, todos os transportadores respondem solidariamente pelo dano causado perante o remetente, ressalvada a apuração final da responsabilidade entre eles, de modo que o ressarcimento recaia, por inteiro, ou proporcionalmente, naquele ou naqueles em cujo percurso houver ocorrido o dano.

▶ Arts. 275 a 285 deste Código.

Capítulo XV
DO SEGURO

▶ Art. 206, § 1º, II, e § 3º, IX, deste Código.
▶ Arts. 666 a 730 do CCom., sobre seguro marítimo.
▶ Lei nº 6.194, de 19-12-1974 (Lei do Seguro Obrigatório).

Seção I
DISPOSIÇÕES GERAIS

▶ LC nº 126, de 15-1-2007, dispõe sobre a política de resseguro, retrocessão e sua intermediação, as operações de cosseguro, as contratações de seguro no exterior e as operações em moeda estrangeira do setor securitário.

Art. 757. Pelo contrato de seguro, o segurador se obriga, mediante o pagamento do prêmio, a garantir interesse legítimo do segurado, relativo a pessoa ou coisa, contra riscos predeterminados.

▶ Súmulas nºs 426 e 465 do STJ.

Parágrafo único. Somente pode ser parte, no contrato de seguro, como segurador, entidade para tal fim legalmente autorizada.

Art. 758. O contrato de seguro prova-se com a exibição da apólice ou do bilhete do seguro, e, na falta deles, por documento comprobatório do pagamento do respectivo prêmio.

Art. 759. A emissão da apólice deverá ser precedida de proposta escrita com a declaração dos elementos essenciais do interesse a ser garantido e do risco.

Art. 760. A apólice ou o bilhete de seguro serão nominativos, à ordem ou ao portador, e mencionarão os riscos assumidos, o início e o fim de sua validade, o limite da garantia e o prêmio devido, e, quando for o caso, o nome do segurado e o do beneficiário.

Parágrafo único. No seguro de pessoas, a apólice ou o bilhete não podem ser ao portador.

▶ Arts. 789 a 802 deste Código.

Art. 761. Quando o risco for assumido em cosseguro, a apólice indicará o segurador que administrará o contrato e representará os demais, para todos os seus efeitos.

Art. 762. Nulo será o contrato para garantia de risco proveniente de ato doloso do segurado, do beneficiário, ou de representante de um ou de outro.

▶ Art. 166, VII, deste Código.

Art. 763. Não terá direito a indenização o segurado que estiver em mora no pagamento do prêmio, se ocorrer o sinistro antes de sua purgação.

▶ Arts. 394 a 401 deste Código.

Art. 764. Salvo disposição especial, o fato de se não ter verificado o risco, em previsão do qual se faz o seguro, não exime o segurado de pagar o prêmio.

Art. 765. O segurado e o segurador são obrigados a guardar na conclusão e na execução do contrato, a mais estrita boa-fé e veracidade, tanto a respeito do objeto como das circunstâncias e declarações a ele concernentes.

▶ Súm. nº 402 do STJ.

Art. 766. Se o segurado, por si ou por seu representante, fizer declarações inexatas ou omitir circunstâncias que possam influir na aceitação da proposta ou na taxa do prêmio, perderá o direito à garantia, além de ficar obrigado ao prêmio vencido.

▶ Arts. 147 e 778 deste Código.

Parágrafo único. Se a inexatidão ou omissão nas declarações não resultar de má-fé do segurado, o segurador terá direito a resolver o contrato, ou a cobrar, mesmo após o sinistro, a diferença do prêmio.

Art. 767. No seguro à conta de outrem, o segurador pode opor ao segurado quaisquer defesas que tenha contra o estipulante, por descumprimento das normas de conclusão do contrato, ou de pagamento do prêmio.

Art. 768. O segurado perderá o direito à garantia se agravar intencionalmente o risco objeto do contrato.

Art. 769. O segurado é obrigado a comunicar ao segurador, logo que saiba, todo incidente suscetível de agravar consideravelmente o risco coberto, sob pena de perder o direito à garantia, se provar que silenciou de má-fé.

§ 1º O segurador, desde que o faça nos quinze dias seguintes ao recebimento do aviso da agravação do risco sem culpa do segurado, poderá dar-lhe ciência, por escrito, de sua decisão de resolver o contrato.

§ 2º A resolução só será eficaz trinta dias após a notificação, devendo ser restituída pelo segurador a diferença do prêmio.

Art. 770. Salvo disposição em contrário, a diminuição do risco no curso do contrato não acarreta a redução do prêmio estipulado; mas, se a redução do risco for considerável, o segurado poderá exigir a revisão do prêmio, ou a resolução do contrato.

Art. 771. Sob pena de perder o direito à indenização, o segurado participará o sinistro ao segurador, logo que o saiba, e tomará as providências imediatas para minorar-lhe as consequências.

Parágrafo único. Correm à conta do segurador, até o limite fixado no contrato, as despesas de salvamento consequente ao sinistro.

▶ Súm. Vinc. nº 32 do STF.

Art. 772. A mora do segurador em pagar o sinistro obriga à atualização monetária da indenização devida segundo índices oficiais regularmente estabelecidos, sem prejuízo dos juros moratórios.

▶ Arts. 394 a 401, 406 e 407 deste Código.

▶ Súm. nº 426 do STJ.

Art. 773. O segurador que, ao tempo do contrato, sabe estar passado o risco de que o segurado se pretende cobrir, e, não obstante, expede a apólice, pagará em dobro o prêmio estipulado.

Art. 774. A recondução tácita do contrato pelo mesmo prazo, mediante expressa cláusula contratual, não poderá operar mais de uma vez.

Art. 775. Os agentes autorizados do segurador presumem-se seus representantes para todos os atos relativos aos contratos que agenciarem.

▶ Art. 932, III, deste Código.

Art. 776. O segurador é obrigado a pagar em dinheiro o prejuízo resultante do risco assumido, salvo se convencionada a reposição da coisa.

Art. 777. O disposto no presente Capítulo aplica-se, no que couber, aos seguros regidos por leis próprias.

Seção II

DO SEGURO DE DANO

▶ Súm. nº 402 do STJ.

Art. 778. Nos seguros de dano, a garantia prometida não pode ultrapassar o valor do interesse segurado no momento da conclusão do contrato, sob pena do disposto no art. 766, e sem prejuízo da ação penal que no caso couber.

▶ Art. 782 deste Código.

▶ Súm. nº 31 do STJ.

Art. 779. O risco do seguro compreenderá todos os prejuízos resultantes ou consequentes, como sejam os estragos ocasionados para evitar o sinistro, minorar o dano, ou salvar a coisa.

Art. 780. A vigência da garantia, no seguro de coisas transportadas, começa no momento em que são pelo transportador recebidas, e cessa com a sua entrega ao destinatário.

▶ Arts. 743 a 756 deste Código.

Art. 781. A indenização não pode ultrapassar o valor do interesse segurado no momento do sinistro, e, em hipótese alguma, o limite máximo da garantia fixado na apólice, salvo em caso de mora do segurador.

▶ Arts. 394 a 401 deste Código.

Art. 782. O segurado que, na vigência do contrato, pretender obter novo seguro sobre o mesmo interesse, e contra o mesmo risco junto a outro segurador, deve previamente comunicar sua intenção por escrito ao primeiro, indicando a soma por que pretende segurar-se, a fim de se comprovar a obediência ao disposto no art. 778.
▶ Súm. nº 31 do STJ.

Art. 783. Salvo disposição em contrário, o seguro de um interesse por menos do que valha acarreta a redução proporcional da indenização, no caso de sinistro parcial.

Art. 784. Não se inclui na garantia o sinistro provocado por vício intrínseco da coisa segurada, não declarado pelo segurado.

Parágrafo único. Entende-se por vício intrínseco o defeito próprio da coisa, que se não encontra normalmente em outras da mesma espécie.

Art. 785. Salvo disposição em contrário, admite-se a transferência do contrato a terceiro com a alienação ou cessão do interesse segurado.
▶ Arts. 286 a 298 deste Código.
▶ Súm. nº 465 do STJ.

§ 1º Se o instrumento contratual é nominativo, a transferência só produz efeitos em relação ao segurador mediante aviso escrito assinado pelo cedente e pelo cessionário.

§ 2º A apólice ou o bilhete à ordem só se transfere por endosso em preto, datado e assinado pelo endossante e pelo endossatário.
▶ Arts. 910 a 920 deste Código.

Art. 786. Paga a indenização, o segurador sub-roga-se, nos limites do valor respectivo, nos direitos e ações que competirem ao segurado contra o autor do dano.
▶ Art. 800 deste Código.
▶ Súm. nº 188 do STF.

§ 1º Salvo dolo, a sub-rogação não tem lugar se o dano foi causado pelo cônjuge do segurado, seus descendentes ou ascendentes, consanguíneos ou afins.
▶ Arts. 145 a 150 deste Código.

§ 2º É ineficaz qualquer ato do segurado que diminua ou extinga, em prejuízo do segurador, os direitos a que se refere este artigo.

Art. 787. No seguro de responsabilidade civil, o segurador garante o pagamento de perdas e danos devidos pelo segurado a terceiro.
▶ Arts. 402 a 405 e 927 a 954 deste Código.

§ 1º Tão logo saiba o segurado das consequências de ato seu, suscetível de lhe acarretar a responsabilidade incluída na garantia, comunicará o fato ao segurador.

§ 2º É defeso ao segurado reconhecer sua responsabilidade ou confessar a ação, bem como transigir com o terceiro prejudicado, ou indenizá-lo diretamente, sem anuência expressa do segurador.

§ 3º Intentada a ação contra o segurado, dará este ciência da lide ao segurador.
▶ Art. 70, III, do CPC.

§ 4º Subsistirá a responsabilidade do segurado perante o terceiro, se o segurador for insolvente.

Art. 788. Nos seguros de responsabilidade legalmente obrigatórios, a indenização por sinistro será paga pelo segurador diretamente ao terceiro prejudicado.
▶ Lei nº 6.194, de 19-12-1974 (Lei do Seguro Obrigatório).

Parágrafo único. Demandado em ação direta pela vítima do dano, o segurador não poderá opor a exceção de contrato não cumprido pelo segurado, sem promover a citação deste para integrar o contraditório.
▶ Arts. 206, § 3º, IX, 476 e 477 deste Código.

Seção III
DO SEGURO DE PESSOA
▶ Art. 760, parágrafo único, deste Código.

Art. 789. Nos seguros de pessoas, o capital segurado é livremente estipulado pelo proponente, que pode contratar mais de um seguro sobre o mesmo interesse, com o mesmo ou diversos seguradores.

Art. 790. No seguro sobre a vida de outros, o proponente é obrigado a declarar, sob pena de falsidade, o seu interesse pela preservação da vida do segurado.

Parágrafo único. Até prova em contrário, presume-se o interesse, quando o segurado é cônjuge, ascendente ou descendente do proponente.

Art. 791. Se o segurado não renunciar à faculdade, ou se o seguro não tiver como causa declarada a garantia de alguma obrigação, é lícita a substituição do beneficiário, por ato entre vivos ou de última vontade.
▶ Arts. 438 e 1.857 deste Código.

Parágrafo único. O segurador, que não for cientificado oportunamente da substituição, desobrigar-se-á pagando o capital segurado ao antigo beneficiário.
▶ Art. 760, parágrafo único, deste Código.
▶ Dec.-lei nº 5.384, de 8-4-1943, dispõe sobre beneficiários do seguro de vida.

Art. 792. Na falta de indicação da pessoa ou beneficiário, ou se por qualquer motivo não prevalecer a que for feita, o capital segurado será pago por metade ao cônjuge não separado judicialmente, e o restante aos herdeiros do segurado, obedecida a ordem da vocação hereditária.
▶ Arts. 1.798 a 1.803 deste Código.
▶ Art. 4º da Lei nº 6.194, de 19-12-1974 (Lei do Seguro Obrigatório).

Parágrafo único. Na falta das pessoas indicadas neste artigo, serão beneficiários os que provarem que a morte do segurado os privou dos meios necessários à subsistência.

Art. 793. É válida a instituição do companheiro como beneficiário, se ao tempo do contrato o segurado era separado judicialmente, ou já se encontrava separado de fato.
▶ Art. 1.727 deste Código.

Art. 794. No seguro de vida ou de acidentes pessoais para o caso de morte, o capital estipulado não está sujeito às dívidas do segurado, nem se considera herança para todos os efeitos de direito.

Art. 795. É nula, no seguro de pessoa, qualquer transação para pagamento reduzido do capital segurado.
▶ Art. 166 deste Código.

Art. 796. O prêmio, no seguro de vida, será conveniado por prazo limitado, ou por toda a vida do segurado.

Parágrafo único. Em qualquer hipótese, no seguro individual, o segurador não terá ação para cobrar o prêmio vencido, cuja falta de pagamento, nos prazos previstos, acarretará, conforme se estipular, a resolução do contrato, com a restituição da reserva já formada, ou a redução do capital garantido proporcionalmente ao prêmio pago.

Art. 797. No seguro de vida para o caso de morte, é lícito estipular-se um prazo de carência, durante o qual o segurador não responde pela ocorrência do sinistro.

Parágrafo único. No caso deste artigo o segurador é obrigado a devolver ao beneficiário o montante da reserva técnica já formada.

Art. 798. O beneficiário não tem direito ao capital estipulado quando o segurado se suicida nos primeiros dois anos de vigência inicial do contrato, ou da sua recondução depois de suspenso, observado o disposto no parágrafo único do artigo antecedente.

Parágrafo único. Ressalvada a hipótese prevista neste artigo, é nula a cláusula contratual que exclui o pagamento do capital por suicídio do segurado.
▶ Art. 166 deste Código.

Art. 799. O segurador não pode eximir-se ao pagamento do seguro, ainda que da apólice conste a restrição, se a morte ou a incapacidade do segurado provier da utilização de meio de transporte mais arriscado, da prestação de serviço militar, da prática de esporte, ou de atos de humanidade em auxílio de outrem.

Art. 800. Nos seguros de pessoas, o segurador não pode sub-rogar-se nos direitos e ações do segurado, ou do beneficiário, contra o causador do sinistro.
▶ Arts. 346 a 351 e 796 deste Código.

Art. 801. O seguro de pessoas pode ser estipulado por pessoa natural ou jurídica em proveito de grupo que a ela, de qualquer modo, se vincule.

§ 1º O estipulante não representa o segurador perante o grupo segurado, e é o único responsável, para com o segurador, pelo cumprimento de todas as obrigações contratuais.

§ 2º A modificação da apólice em vigor dependerá da anuência expressa de segurados que representem três quartos do grupo.

Art. 802. Não se compreende nas disposições desta Seção a garantia do reembolso de despesas hospitalares ou de tratamento médico, nem o custeio das despesas de luto e de funeral do segurado.

Capítulo XVI

DA CONSTITUIÇÃO DE RENDA

Art. 803. Pode uma pessoa, pelo contrato de constituição de renda, obrigar-se para com outra a uma prestação periódica, a título gratuito.
▶ Art. 813 deste Código.

Art. 804. O contrato pode ser também a título oneroso, entregando-se bens móveis ou imóveis à pessoa que se obriga a satisfazer as prestações a favor do credor ou de terceiros.

Art. 805. Sendo o contrato a título oneroso, pode o credor, ao contratar, exigir que o rendeiro lhe preste garantia real, ou fidejussória.
▶ Arts. 818 a 839 e 1.419 e seguintes deste Código.

Art. 806. O contrato de constituição de renda será feito a prazo certo, ou por vida, podendo ultrapassar a vida do devedor mas não a do credor, seja ele o contratante, seja terceiro.

Art. 807. O contrato de constituição de renda requer escritura pública.
▶ Art. 167, I, item 8, da Lei nº 6.015, de 31-12-1973 (Lei dos Registros Públicos).

Art. 808. É nula a constituição de renda em favor de pessoa já falecida, ou que, nos trinta dias seguintes, vier a falecer de moléstia que já sofria, quando foi celebrado o contrato.
▶ Art. 166 deste Código.

Art. 809. Os bens dados em compensação da renda caem, desde a tradição, no domínio da pessoa que por aquela se obrigou.
▶ Arts. 1.267, 1.268 e 1.359 deste Código.

Art. 810. Se o rendeiro, ou censuário, deixar de cumprir a obrigação estipulada, poderá o credor da renda acioná-lo, tanto para que lhe pague as prestações atrasadas como para que lhe dê garantias das futuras, sob pena de rescisão do contrato.
▶ Art. 477 deste Código.

Art. 811. O credor adquire o direito à renda dia a dia, se a prestação não houver de ser paga adiantada, no começo de cada um dos períodos prefixos.

Art. 812. Quando a renda for constituída em benefício de duas ou mais pessoas, sem determinação da parte de cada uma, entende-se que os seus direitos são iguais; e, salvo estipulação diversa, não adquirirão os sobrevivos direito à parte dos que morrerem.
▶ Art. 257 deste Código.

Art. 813. A renda constituída por título gratuito pode, por ato do instituidor, ficar isenta de todas as execuções pendentes e futuras.

Parágrafo único. A isenção prevista neste artigo prevalece de pleno direito em favor dos montepios e pensões alimentícias.

Capítulo XVII

DO JOGO E DA APOSTA

Art. 814. As dívidas de jogo ou de aposta não obrigam a pagamento; mas não se pode recobrar a quantia, que voluntariamente se pagou, salvo se foi ganha por dolo, ou se o perdente é menor ou interdito.
▶ Arts. 145 a 150, 564 e 882 deste Código.

§ 1º Estende-se esta disposição a qualquer contrato que encubra ou envolva reconhecimento, novação ou fiança de dívida de jogo; mas a nulidade resultante não pode ser oposta ao terceiro de boa-fé.

§ 2º O preceito contido neste artigo tem aplicação, ainda que se trate de jogo não proibido, só se excetuando os jogos e apostas legalmente permitidos.

§ 3º Excetuam-se, igualmente, os prêmios oferecidos ou prometidos para o vencedor em competição de natureza esportiva, intelectual ou artística, desde que os interessados se submetam às prescrições legais e regulamentares.

▶ Art. 816 deste Código.

Art. 815. Não se pode exigir reembolso do que se emprestou para jogo ou aposta, no ato de apostar ou jogar.

▶ Art. 816 deste Código.

Art. 816. As disposições dos arts. 814 e 815 não se aplicam aos contratos sobre títulos de bolsa, mercadorias ou valores, em que se estipulem a liquidação exclusivamente pela diferença entre o preço ajustado e a cotação que eles tiverem no vencimento do ajuste.

Art. 817. O sorteio para dirimir questões ou dividir coisas comuns considera-se sistema de partilha ou processo de transação, conforme o caso.

▶ Arts. 840 a 850 e 2.013 a 2.022 deste Código.

CAPÍTULO XVIII

DA FIANÇA

SEÇÃO I

DISPOSIÇÕES GERAIS

▶ Arts. 333, III, 814, § 1º, 1.642, IV, 1.645 e 1.647, III, deste Código.
▶ Art. 129, 3º, da Lei nº 6.015, de 31-12-1973 (Lei dos Registros Públicos).
▶ Arts. 22, VII, 23, XI, 40 e 71, V e VI, da Lei nº 8.245, de 18-10-1991 (Lei das Locações).
▶ Súmulas nºs 214, 268 e 332 do STJ.

Art. 818. Pelo contrato de fiança, uma pessoa garante satisfazer ao credor uma obrigação assumida pelo devedor, caso este não a cumpra.

Art. 819. A fiança dar-se-á por escrito, e não admite interpretação extensiva.

▶ Arts. 112 a 114 deste Código.

Art. 819-A. VETADO. Lei nº 10.931, de 2-8-2004.

Art. 820. Pode-se estipular a fiança, ainda que sem consentimento do devedor ou contra a sua vontade.

Art. 821. As dívidas futuras podem ser objeto de fiança; mas o fiador, neste caso, não será demandado senão depois que se fizer certa e líquida a obrigação do principal devedor.

Art. 822. Não sendo limitada, a fiança compreenderá todos os acessórios da dívida principal, inclusive as despesas judiciais, desde a citação do fiador.

Art. 823. A fiança pode ser de valor inferior ao da obrigação principal e contraída em condições menos onerosas, e, quando exceder o valor da dívida, ou for mais onerosa que ela, não valerá senão até ao limite da obrigação afiançada.

Art. 824. As obrigações nulas não são suscetíveis de fiança, exceto se a nulidade resultar apenas de incapacidade pessoal do devedor.

▶ Arts. 166 a 170 deste Código.

Parágrafo único. A exceção estabelecida neste artigo não abrange o caso de mútuo feito a menor.

▶ Arts. 588 e 837 deste Código.

Art. 825. Quando alguém houver de oferecer fiador, o credor não pode ser obrigado a aceitá-lo se não for pessoa idônea, domiciliada no município onde tenha de prestar a fiança, e não possua bens suficientes para cumprir a obrigação.

Art. 826. Se o fiador se tornar insolvente ou incapaz, poderá o credor exigir que seja substituído.

▶ Art. 333, III, deste Código.

SEÇÃO II

DOS EFEITOS DA FIANÇA

Art. 827. O fiador demandado pelo pagamento da dívida tem direito a exigir, até a contestação da lide, que sejam primeiro executados os bens do devedor.

Parágrafo único. O fiador que alegar o benefício de ordem, a que se refere este artigo, deve nomear bens do devedor, sitos no mesmo município, livres e desembargados, quantos bastem para solver o débito.

▶ Art. 839 deste Código.
▶ Arts. 77 e 595 do CPC.

Art. 828. Não aproveita este benefício ao fiador:

I – se ele o renunciou expressamente;

II – se se obrigou como principal pagador, ou devedor solidário;

▶ Arts. 265 e 275 a 285 deste Código.

III – se o devedor for insolvente, ou falido.

▶ Art. 838 deste Código.

Art. 829. A fiança conjuntamente prestada a um só débito por mais de uma pessoa importa o compromisso de solidariedade entre elas, se declaradamente não se reservarem o benefício de divisão.

▶ Arts. 275 a 285 deste Código.

Parágrafo único. Estipulado este benefício, cada fiador responde unicamente pela parte que, em proporção, lhe couber no pagamento.

▶ Art. 838 deste Código.

Art. 830. Cada fiador pode fixar no contrato a parte da dívida que toma sob sua responsabilidade, caso em que não será por mais obrigado.

Art. 831. O fiador que pagar integralmente a dívida fica sub-rogado nos direitos do credor; mas só poderá demandar a cada um dos outros fiadores pela respectiva quota.

▶ Art. 346, III, deste Código.

Parágrafo único. A parte do fiador insolvente distribuir-se-á pelos outros.

▶ Arts. 283 e 284 deste Código.

Art. 832. O devedor responde também perante o fiador por todas as perdas e danos que este pagar, e pelos que sofrer em razão da fiança.

▶ Arts. 402 a 405 deste Código.
▶ Art. 595, parágrafo único, do CPC.

Art. 833. O fiador tem direito aos juros do desembolso pela taxa estipulada na obrigação principal, e, não havendo taxa convencionada, aos juros legais da mora.
▶ Arts. 406 e 407 deste Código.

Art. 834. Quando o credor, sem justa causa, demorar a execução iniciada contra o devedor, poderá o fiador promover-lhe o andamento.
▶ Art. 567, III, do CPC.

Art. 835. O fiador poderá exonerar-se da fiança que tiver assinado sem limitação de tempo, sempre que lhe convier, ficando obrigado por todos os efeitos da fiança, durante sessenta dias após a notificação do credor.
▶ Art. 366 deste Código.

Art. 836. A obrigação do fiador passa aos herdeiros; mas a responsabilidade da fiança se limita ao tempo decorrido até a morte do fiador, e não pode ultrapassar as forças da herança.
▶ Arts. 1.792 e 1.997 deste Código.

Seção III

DA EXTINÇÃO DA FIANÇA

Art. 837. O fiador pode opor ao credor as exceções que lhe forem pessoais, e as extintivas da obrigação que competem ao devedor principal, se não provierem simplesmente de incapacidade pessoal, salvo o caso do mútuo feito a pessoa menor.
▶ Arts. 204, § 3º, 366, 371, 376, 588 e 824 deste Código.

Art. 838. O fiador, ainda que solidário, ficará desobrigado:

I – se, sem consentimento seu, o credor conceder moratória ao devedor;
▶ Art. 366 deste Código.

II – se, por fato do credor, for impossível a sub-rogação nos seus direitos e preferências;

III – se o credor, em pagamento da dívida, aceitar amigavelmente do devedor objeto diverso do que este era obrigado a lhe dar, ainda que depois venha a perdê-lo por evicção.
▶ Arts. 356, 447 a 457, 828 e 829 deste Código.

Art. 839. Se for invocado o benefício da excussão e o devedor, retardando-se a execução, cair em insolvência, ficará exonerado o fiador que o invocou, se provar que os bens por ele indicados eram, ao tempo da penhora, suficientes para a solução da dívida afiançada.
▶ Art. 827 deste Código.
▶ Art. 595 do CPC.

Capítulo XIX

DA TRANSAÇÃO

▶ Art. 661, §§ 1º e 2º, deste Código.
▶ Arts. 26, § 2º, 53, 269, III, 485, VIII, 584, III, 741, VI, 746, 794, II, 820, III, e 992, II, do CPC.
▶ Art. 171 do CTN.

Art. 840. É lícito aos interessados prevenirem ou terminarem o litígio mediante concessões mútuas.

Art. 841. Só quanto a direitos patrimoniais de caráter privado se permite a transação.

Art. 842. A transação far-se-á por escritura pública, nas obrigações em que a lei o exige, ou por instrumento particular, nas em que ela o admite; se recair sobre direitos contestados em juízo, será feita por escritura pública, ou por termo nos autos, assinado pelos transigentes e homologado pelo juiz.
▶ Art. 108 deste Código.

Art. 843. A transação interpreta-se restritivamente, e por ela não se transmitem, apenas se declaram ou reconhecem direitos.

Art. 844. A transação não aproveita, nem prejudica senão aos que nela intervierem, ainda que diga respeito a coisa indivisível.
▶ Arts. 87, 88 e 257 a 263 deste Código.

§ 1º Se for concluída entre o credor e o devedor, desobrigará o fiador.

§ 2º Se entre um dos credores solidários e o devedor, extingue a obrigação deste para com os outros credores.
▶ Arts. 267 a 274 deste Código.

§ 3º Se entre um dos devedores solidários e seu credor, extingue a dívida em relação aos codevedores.
▶ Arts. 275 a 285 deste Código.

Art. 845. Dada a evicção da coisa renunciada por um dos transigentes, ou por ele transferida à outra parte, não revive a obrigação extinta pela transação; mas ao evicto cabe o direito de reclamar perdas e danos.
▶ Arts. 402 a 405 e 447 a 457 deste Código.

Parágrafo único. Se um dos transigentes adquirir, depois da transação, novo direito sobre a coisa renunciada ou transferida, a transação feita não o inibirá de exercê-lo.

Art. 846. A transação concernente a obrigações resultantes de delito não extingue a ação penal pública.

Art. 847. É admissível, na transação, a pena convencional.
▶ Arts. 408 a 416 deste Código.

Art. 848. Sendo nula qualquer das cláusulas da transação, nula será esta.

Parágrafo único. Quando a transação versar sobre diversos direitos contestados, independentes entre si, o fato de não prevalecer em relação a um não prejudicará os demais.

Art. 849. A transação só se anula por dolo, coação, ou erro essencial quanto à pessoa ou coisa controversa.
▶ Arts. 138 a 155 deste Código.
▶ Arts. 485, VIII, e 486 do CPC.

Parágrafo único. A transação não se anula por erro de direito a respeito das questões que foram objeto de controvérsia entre as partes.

Art. 850. É nula a transação a respeito do litígio decidido por sentença passada em julgado, se dela não tinha ciência algum dos transatores, ou quando, por título ulteriormente descoberto, se verificar que nenhum deles tinha direito sobre o objeto da transação.
▶ Art. 166 deste Código.

Capítulo XX
DO COMPROMISSO

▶ Art. 661, § 2º, deste Código.
▶ Lei nº 9.307, de 23-9-1996 (Lei da Arbitragem).

Art. 851. É admitido compromisso, judicial ou extrajudicial, para resolver litígios entre pessoas que podem contratar.

Art. 852. É vedado compromisso para solução de questões de estado, de direito pessoal de família e de outras que não tenham caráter estritamente patrimonial.

Art. 853. Admite-se nos contratos a cláusula compromissória, para resolver divergências mediante juízo arbitral, na forma estabelecida em lei especial.

▶ Art. 4º da Lei nº 9.307, de 23-9-1996 (Lei da Arbitragem).

TÍTULO VII – DOS ATOS UNILATERAIS

Capítulo I
DA PROMESSA DE RECOMPENSA

Art. 854. Aquele que, por anúncios públicos, se comprometer a recompensar, ou gratificar, a quem preencha certa condição, ou desempenhe certo serviço, contrai obrigação de cumprir o prometido.

▶ Art. 427 deste Código.

Art. 855. Quem quer que, nos termos do artigo antecedente, fizer o serviço, ou satisfizer a condição, ainda que não pelo interesse da promessa, poderá exigir a recompensa estipulada.

Art. 856. Antes de prestado o serviço ou preenchida a condição, pode o promitente revogar a promessa, contanto que o faça com a mesma publicidade; se houver assinado prazo à execução da tarefa, entender-se-á que renuncia o arbítrio de retirar, durante ele, a oferta.

Parágrafo único. O candidato de boa-fé, que houver feito despesas, terá direito a reembolso.

Art. 857. Se o ato contemplado na promessa for praticado por mais de um indivíduo, terá direito à recompensa o que primeiro o executou.

Art. 858. Sendo simultânea a execução, a cada um tocará quinhão igual na recompensa; se esta não for divisível, conferir-se-á por sorteio, e o que obtiver a coisa dará ao outro o valor de seu quinhão.

▶ Arts. 87 e 88 deste Código.

Art. 859. Nos concursos que se abrirem com promessa pública de recompensa, é condição essencial, para valerem, a fixação de um prazo, observadas também as disposições dos parágrafos seguintes.

§ 1º A decisão da pessoa nomeada, nos anúncios, como juiz, obriga os interessados.

§ 2º Em falta de pessoa designada para julgar o mérito dos trabalhos que se apresentarem, entender-se-á que o promitente se reservou essa função.

§ 3º Se os trabalhos tiverem mérito igual, proceder-se-á de acordo com os arts. 857 e 858.

Art. 860. As obras premiadas, nos concursos de que trata o artigo antecedente, só ficarão pertencendo ao promitente, se assim for estipulado na publicação da promessa.

Capítulo II
DA GESTÃO DE NEGÓCIOS

▶ Arts. 663 a 665 deste Código.
▶ Arts. 52, parágrafo único, e 100, V, *b*, do CPC.

Art. 861. Aquele que, sem autorização do interessado, intervém na gestão de negócio alheio, dirigi-lo-á segundo o interesse e a vontade presumível de seu dono, ficando responsável a este e às pessoas com que tratar.

Art. 862. Se a gestão foi iniciada contra a vontade manifesta ou presumível do interessado, responderá o gestor até pelos casos fortuitos, não provando que teriam sobrevindo, ainda quando se houvesse abatido.

▶ No lugar de abatido, leia-se abstido.
▶ Arts. 393, parágrafo único, e 874 deste Código.

Art. 863. No caso do artigo antecedente, se os prejuízos da gestão excederem o seu proveito, poderá o dono do negócio exigir que o gestor restitua as coisas ao estado anterior, ou o indenize da diferença.

▶ Art. 874 deste Código.

Art. 864. Tanto que se possa, comunicará o gestor ao dono do negócio a gestão que assumiu, aguardando-lhe a resposta, se da espera não resultar perigo.

Art. 865. Enquanto o dono não providenciar, velará o gestor pelo negócio, até o levar a cabo, esperando, se aquele falecer durante a gestão, as instruções dos herdeiros, sem se descuidar, entretanto, das medidas que o caso reclame.

Art. 866. O gestor envidará toda sua diligência habitual na administração do negócio, ressarcindo ao dono o prejuízo resultante de qualquer culpa na gestão.

▶ Art. 667 deste Código.

Art. 867. Se o gestor se fizer substituir por outrem, responderá pelas faltas do substituto, ainda que seja pessoa idônea, sem prejuízo da ação que a ele, ou ao dono do negócio, contra ela possa caber.

Parágrafo único. Havendo mais de um gestor, solidária será a sua responsabilidade.

▶ Arts. 275 a 285 deste Código.

Art. 868. O gestor responde pelo caso fortuito quando fizer operações arriscadas, ainda que o dono costumasse fazê-las, ou quando preterir interesse deste em proveito de interesses seus.

▶ Art. 393, parágrafo único, deste Código.

Parágrafo único. Querendo o dono aproveitar-se da gestão, será obrigado a indenizar o gestor das despesas necessárias, que tiver feito, e dos prejuízos, que por motivo da gestão, houver sofrido.

Art. 869. Se o negócio for utilmente administrado, cumprirá ao dono as obrigações contraídas em seu nome, reembolsando ao gestor as despesas necessárias ou úteis que houver feito, com os juros legais, des-

de o desembolso, respondendo ainda pelos prejuízos que este houver sofrido por causa da gestão.
▶ Arts. 406 e 407 deste Código.

§ 1º A utilidade, ou necessidade, da despesa, apreciar-se-á não pelo resultado obtido, mas segundo as circunstâncias da ocasião em que se fizerem.

§ 2º Vigora o disposto neste artigo, ainda quando o gestor, em erro quanto ao dono do negócio, der a outra pessoa as contas da gestão.
▶ Art. 874 deste Código.

Art. 870. Aplica-se a disposição do artigo antecedente, quando a gestão se proponha a acudir a prejuízos iminentes, ou redunde em proveito do dono do negócio ou da coisa; mas a indenização ao gestor não excederá, em importância, as vantagens obtidas com a gestão.
▶ Arts. 863 e 874 deste Código.

Art. 871. Quando alguém, na ausência do indivíduo obrigado a alimentos, por ele os prestar a quem se devem, poder-lhes-á reaver do devedor a importância, ainda que este não ratifique o ato.
▶ Arts. 305 e 1.694 a 1.710 deste Código.

Art. 872. Nas despesas do enterro, proporcionadas aos usos locais e à condição do falecido, feitas por terceiro, podem ser cobradas da pessoa que teria a obrigação de alimentar a que veio a falecer, ainda mesmo que esta não tenha deixado bens.
▶ Art. 1.694 deste Código.

Parágrafo único. Cessa o disposto neste artigo e no antecedente, em se provando que o gestor fez essas despesas com o simples intento de bem-fazer.

Art. 873. A ratificação pura e simples do dono do negócio retroage ao dia do começo da gestão, e produz todos os efeitos do mandato.
▶ Arts. 172, 662, 673 e 679 deste Código.

Art. 874. Se o dono do negócio, ou da coisa, desaprovar a gestão, considerando-a contrária aos seus interesses, vigorará o disposto nos arts. 862 e 863, salvo o estabelecido nos arts. 869 e 870.

Art. 875. Se os negócios alheios forem conexos ao do gestor, de tal arte que se não possam gerir separadamente, haver-se-á o gestor por sócio daquele cujos interesses agenciar de envolta com os seus.

Parágrafo único. No caso deste artigo, aquele em cujo benefício interveio o gestor só é obrigado na razão das vantagens que lograr.

Capítulo III

DO PAGAMENTO INDEVIDO

Art. 876. Todo aquele que recebeu o que lhe não era devido fica obrigado a restituir; obrigação que incumbe àquele que recebe dívida condicional antes de cumprida a condição.
▶ Arts. 121 e 312 deste Código.
▶ Arts. 165 a 169 do CTN.
▶ Súmulas nºs 71 e 546 do STF.

Art. 877. Àquele que voluntariamente pagou o indevido incumbe a prova de tê-lo feito por erro.
▶ Arts. 138 a 144 deste Código.
▶ Súm. nº 322 do STJ.

Art. 878. Aos frutos, acessões, benfeitorias e deteriorações sobrevindas à coisa dada em pagamento indevido, aplica-se o disposto neste Código sobre o possuidor de boa-fé ou de má-fé, conforme o caso.
▶ Arts. 1.214 a 1.222 deste Código.

Art. 879. Se aquele que indevidamente recebeu um imóvel o tiver alienado em boa-fé, por título oneroso, responde somente pela quantia recebida; mas, se agiu de má-fé, além do valor do imóvel, responde por perdas e danos.
▶ Arts. 402 a 405, 538 a 554 e 637 deste Código.

Parágrafo único. Se o imóvel foi alienado por título gratuito, ou se, alienado por título oneroso, o terceiro adquirente agiu de má-fé, cabe ao que pagou por erro o direito de reivindicação.

Art. 880. Fica isento de restituir pagamento indevido aquele que, recebendo-o como parte de dívida verdadeira, inutilizou o título, deixou prescrever a pretensão ou abriu mão das garantias que asseguravam seu direito; mas aquele que pagou dispõe de ação regressiva contra o verdadeiro devedor e seu fiador.

Art. 881. Se o pagamento indevido tiver consistido no desempenho de obrigação de fazer ou para eximir-se da obrigação de não fazer, aquele que recebeu a prestação fica na obrigação de indenizar o que a cumpriu, na medida do lucro obtido.

Art. 882. Não se pode repetir o que se pagou para solver dívida prescrita, ou cumprir obrigação judicialmente inexigível.
▶ Arts. 189 a 206, 564, III, e 814 deste Código.

Art. 883. Não terá direito à repetição aquele que deu alguma coisa para obter fim ilícito, imoral, ou proibido por lei.

Parágrafo único. No caso deste artigo, o que se deu reverterá em favor de estabelecimento local de beneficência, a critério do juiz.

Capítulo IV

DO ENRIQUECIMENTO SEM CAUSA

▶ Arts. 157 e 206, § 3º, IV, deste Código.

Art. 884. Aquele que, sem justa causa, se enriquecer à custa de outrem, será obrigado a restituir o indevidamente auferido, feita a atualização dos valores monetários.

Parágrafo único. Se o enriquecimento tiver por objeto coisa determinada, quem a recebeu é obrigado a restituí-la, e, se a coisa não mais subsistir, a restituição se fará pelo valor do bem na época em que foi exigido.

Art. 885. A restituição é devida, não só quando não tenha havido causa que justifique o enriquecimento, mas também se esta deixou de existir.

Art. 886. Não caberá a restituição por enriquecimento, se a lei conferir ao lesado outros meios para se ressarcir do prejuízo sofrido.

TÍTULO VIII – DOS TÍTULOS DE CRÉDITO

▶ Arts. 206, § 3º, VIII, 1.395 e 1.451 a 1.460 deste Código.
▶ Arts. 583, 585, 586 e 745 do CPC.
▶ Lei nº 492, de 30-8-1937, dispõe sobre o penhor rural e a cédula pignoratícia.
▶ Lei nº 5.474, de 18-7-1968 (Lei das Duplicatas).
▶ Arts. 52 a 74 da Lei nº 6.404, de 15-12-1976 (Lei das Sociedades por Ações).
▶ Lei nº 7.357, de 2-9-1985 (Lei do Cheque).
▶ Lei nº 8.929, de 22-8-1994, institui a cédula de produto rural.
▶ Dec.-lei nº 70, de 21-11-1966 (Lei de Excecução de Cédula Hipotecária).
▶ Dec.-lei nº 167, de 14-2-1967 (Lei de Excecução de Cédula de Crédito Rural).
▶ Dec.-lei nº 413, de 9-1-1969 (Lei de Excecução de Cédula de Crédito Industrial).
▶ Dec. nº 2.044, de 31-12-1908 (Lei da Letra de Câmbio e da Nota Promissória).
▶ Dec. nº 57.595, de 7-1-1966 (Lei Uniforme em Matéria de Cheques).
▶ Dec. nº 57.663, de 24-1-1966 (Lei Uniforme em Matéria de Letras de Câmbio e Notas Promissórias).

CAPÍTULO I
DISPOSIÇÕES GERAIS

Art. 887. O título de crédito, documento necessário ao exercício do direito literal e autônomo nele contido, somente produz efeito quando preencha os requisitos da lei.

Art. 888. A omissão de qualquer requisito legal, que tire ao escrito a sua validade como título de crédito, não implica a invalidade do negócio jurídico que lhe deu origem.

Art. 889. Deve o título de crédito conter a data da emissão, a indicação precisa dos direitos que confere, e a assinatura do emitente.

§ 1º É à vista o título de crédito que não contenha indicação de vencimento.

§ 2º Considera-se lugar de emissão e de pagamento, quando não indicado no título, o domicílio do emitente.

§ 3º O título poderá ser emitido a partir dos caracteres criados em computador ou meio técnico equivalente e que constem da escrituração do emitente, observados os requisitos mínimos previstos neste artigo.

Art. 890. Consideram-se não escritas no título a cláusula de juros, a proibitiva de endosso, a excludente de responsabilidade pelo pagamento ou por despesas, a que dispense a observância de termos e formalidade prescritas, e a que, além dos limites fixados em lei, exclua ou restrinja direitos e obrigações.

▶ Arts. 406, 407 e 910 a 920 deste Código.

Art. 891. O título de crédito, incompleto ao tempo da emissão, deve ser preenchido de conformidade com os ajustes realizados.

▶ Súm. nº 387 do STF.

Parágrafo único. O descumprimento dos ajustes previstos neste artigo pelos que deles participaram, não constitui motivo de oposição ao terceiro portador, salvo se este, ao adquirir o título, tiver agido de má-fé.

Art. 892. Aquele que, sem ter poderes, ou excedendo os que tem, lança a sua assinatura em título de crédito, como mandatário ou representante de outrem, fica pessoalmente obrigado, e, pagando o título, tem ele os mesmos direitos que teria o suposto mandante ou representado.

▶ Art. 653 e seguintes deste Código.
▶ Súm. nº 60 do STJ.

Art. 893. A transferência do título de crédito implica a de todos os direitos que lhe são inerentes.

Art. 894. O portador de título representativo de mercadoria tem o direito de transferi-lo, de conformidade com as normas que regulam a sua circulação, ou de receber aquela independentemente de quaisquer formalidades, além da entrega do título devidamente quitado.

Art. 895. Enquanto o título de crédito estiver em circulação, só ele poderá ser dado em garantia, ou ser objeto de medidas judiciais, e não, separadamente, os direitos ou mercadorias que representa.

▶ Arts. 1.451 a 1.460 deste Código.

Art. 896. O título de crédito não pode ser reivindicado do portador que o adquiriu de boa-fé e na conformidade das normas que disciplinam a sua circulação.

Art. 897. O pagamento de título de crédito, que contenha obrigação de pagar soma determinada, pode ser garantido por aval.

Parágrafo único. É vedado o aval parcial.

▶ Súm. nº 26 do STJ.

Art. 898. O aval deve ser dado no verso ou no anverso do próprio título.

§ 1º Para a validade do aval, dado no anverso do título, é suficiente a simples assinatura do avalista.

§ 2º Considera-se não escrito o aval cancelado.

Art. 899. O avalista equipara-se àquele cujo nome indicar; na falta de indicação, ao emitente ou devedor final.

§ 1º Pagando o título, tem o avalista ação de regresso contra o seu avalizado e demais coobrigados anteriores.

§ 2º Subsiste a responsabilidade do avalista, ainda que nula a obrigação daquele a quem se equipara, a menos que a nulidade decorra de vício de forma.

Art. 900. O aval posterior ao vencimento produz os mesmos efeitos do anteriormente dado.

Art. 901. Fica validamente desonerado o devedor que paga título de crédito ao legítimo portador, no vencimento, sem oposição, salvo se agiu de má-fé.

Parágrafo único. Pagando, pode o devedor exigir do credor, além da entrega do título, quitação regular.

Art. 902. Não é o credor obrigado a receber o pagamento antes do vencimento do título, e aquele que o paga, antes do vencimento, fica responsável pela validade do pagamento.

§ 1º No vencimento, não pode o credor recusar pagamento, ainda que parcial.

§ 2º No caso de pagamento parcial, em que se não opera a tradição do título, além da quitação em separado, outra deverá ser firmada no próprio título.

Art. 903. Salvo disposição diversa em lei especial, regem-se os títulos de crédito pelo disposto neste Código.

Capítulo II

DO TÍTULO AO PORTADOR

Art. 904. A transferência de título ao portador se faz por simples tradição.

▶ Arts. 1.267 e 1.268 deste Código.

Art. 905. O possuidor de título ao portador tem direito à prestação nele indicada, mediante a sua simples apresentação ao devedor.

▶ Art. 311 deste Código.

Parágrafo único. A prestação é devida ainda que o título tenha entrado em circulação contra a vontade do emitente.

Art. 906. O devedor só poderá opor ao portador exceção fundada em direito pessoal, ou em nulidade de sua obrigação.

Art. 907. É nulo o título ao portador emitido sem autorização de lei especial.

▶ Art. 166 deste Código.

Art. 908. O possuidor de título dilacerado, porém identificável, tem direito a obter do emitente a substituição do anterior, mediante a restituição do primeiro e o pagamento das despesas.

Art. 909. O proprietário, que perder ou extraviar título, ou for injustamente desapossado dele, poderá obter novo título em juízo, bem como impedir sejam pagos a outrem capital e rendimentos.

▶ Arts. 907 a 913 do CPC.

Parágrafo único. O pagamento, feito antes de ter ciência da ação referida neste artigo, exonera o devedor, salvo se provar que ele tinha conhecimento do fato.

Capítulo III

DO TÍTULO À ORDEM

▶ Arts. 785, § 2º, e 890 deste Código.

Art. 910. O endosso deve ser lançado pelo endossante no verso ou anverso do próprio título.

§ 1º Pode o endossante designar o endossatário, e para validade do endosso, dado no verso do título, é suficiente a simples assinatura do endossante.

§ 2º A transferência por endosso completa-se com a tradição do título.

▶ Arts. 1.267 e 1.268 deste Código.

§ 3º Considera-se não escrito o endosso cancelado, total ou parcialmente.

Art. 911. Considera-se legítimo possuidor o portador do título à ordem com série regular e ininterrupta de endossos, ainda que o último seja em branco.

Parágrafo único. Aquele que paga o título está obrigado a verificar a regularidade da série de endossos, mas não a autenticidade das assinaturas.

Art. 912. Considera-se não escrita no endosso qualquer condição a que se subordine o endossante.

Parágrafo único. É nulo o endosso parcial.

▶ Art. 166 deste Código.

Art. 913. O endossatário de endosso em branco pode mudá-lo para endosso em preto, completando-o com o seu nome ou de terceiro; pode endossar novamente o título, em branco ou em preto; ou pode transferi-lo sem novo endosso.

Art. 914. Ressalvada cláusula expressa em contrário, constante do endosso, não responde o endossante pelo cumprimento da prestação constante do título.

§ 1º Assumindo responsabilidade pelo pagamento, o endossante se torna devedor solidário.

▶ Arts. 275 a 285 deste Código.

§ 2º Pagando o título, tem o endossante ação de regresso contra os coobrigados anteriores.

Art. 915. O devedor, além das exceções fundadas nas relações pessoais que tiver com o portador, só poderá opor a este as exceções relativas à forma do título e ao seu conteúdo literal, à falsidade da própria assinatura, a defeito de capacidade ou de representação no momento da subscrição, e à falta de requisito necessário ao exercício da ação.

Art. 916. As exceções, fundadas em relação do devedor com os portadores precedentes, somente poderão ser por ele opostas ao portador, se este, ao adquirir o título, tiver agido de má-fé.

Art. 917. A cláusula constitutiva de mandato, lançada no endosso, confere ao endossatário o exercício dos direitos inerentes ao título, salvo restrição expressamente estatuída.

▶ Arts. 653 a 691 deste Código.

§ 1º O endossatário de endosso-mandato só pode endossar novamente o título na qualidade de procurador, com os mesmos poderes que recebeu.

§ 2º Com a morte ou a superveniente incapacidade do endossante, não perde eficácia o endosso-mandato.

§ 3º Pode o devedor opor ao endossatário de endosso-mandato somente as exceções que tiver contra o endossante.

Art. 918. A cláusula constitutiva de penhor, lançada no endosso, confere ao endossatário o exercício dos direitos inerentes ao título.

§ 1º O endossatário de endosso-penhor só pode endossar novamente o título na qualidade de procurador.

§ 2º Não pode o devedor opor ao endossatário de endosso-penhor as exceções que tinha contra o endossante, salvo se aquele tiver agido de má-fé.

Art. 919. A aquisição de título à ordem, por meio diverso do endosso, tem efeito de cessão civil.

▶ Arts. 286 a 298 deste Código.

Art. 920. O endosso posterior ao vencimento produz os mesmos efeitos do anterior.

Capítulo IV

DO TÍTULO NOMINATIVO

Art. 921. É título nominativo o emitido em favor de pessoa cujo nome conste no registro do emitente.

Art. 922. Transfere-se o título nominativo mediante termo, em registro do emitente, assinado pelo proprietário e pelo adquirente.

Art. 923. O título nominativo também pode ser transferido por endosso que contenha o nome do endossatário.

▶ Arts. 910 a 920 deste Código.

§ 1º A transferência mediante endosso só tem eficácia perante o emitente, uma vez feita a competente averbação em seu registro, podendo o emitente exigir do endossatário que comprove a autenticidade da assinatura do endossante.

§ 2º O endossatário, legitimado por série regular e ininterrupta de endossos, tem o direito de obter a averbação no registro do emitente, comprovada a autenticidade das assinaturas de todos os endossantes.

§ 3º Caso o título original contenha o nome do primitivo proprietário, tem direito o adquirente a obter do emitente novo título, em seu nome, devendo a emissão do novo título constar no registro do emitente.

Art. 924. Ressalvada proibição legal, pode o título nominativo ser transformado em à ordem ou ao portador, a pedido do proprietário e à sua custa.

▶ Arts. 904 a 920 deste Código.

Art. 925. Fica desonerado de responsabilidade o emitente que de boa-fé fizer a transferência pelos modos indicados nos artigos antecedentes.

Art. 926. Qualquer negócio ou medida judicial, que tenha por objeto o título, só produz efeito perante o emitente ou terceiros, uma vez feita a competente averbação no registro do emitente.

TÍTULO IX – DA RESPONSABILIDADE CIVIL

Capítulo I
DA OBRIGAÇÃO DE INDENIZAR

▶ Arts. 5º, V, X, LXXV, e 37, § 6º, da CF.
▶ Arts. 20, 206, § 3º, V, deste Código.
▶ Súmulas nºs 28, 161 e 229 do STF.
▶ Súmulas nºs 37, 246 e 281 do STJ.

Art. 927. Aquele que, por ato ilícito (arts. 186 e 187), causar dano a outrem, fica obrigado a repará-lo.

Parágrafo único. Haverá obrigação de reparar o dano, independentemente de culpa, nos casos especificados em lei, ou quando a atividade normalmente desenvolvida pelo autor do dano implicar, por sua natureza, risco para os direitos de outrem.

▶ Arts. 43, 182, 931 e 933 deste Código.
▶ Súmulas nºs 403 e 479 do STJ.

Art. 928. O incapaz responde pelos prejuízos que causar, se as pessoas por ele responsáveis não tiverem obrigação de fazê-lo ou não dispuserem de meios suficientes.

▶ Arts. 3º a 5º, 1.630 e 1.728 a 1.783 deste Código.
▶ Art. 116 do ECA.

Parágrafo único. A indenização prevista neste artigo, que deverá ser equitativa, não terá lugar se privar do necessário o incapaz ou as pessoas que dele dependem.

Art. 929. Se a pessoa lesada, ou o dono da coisa, no caso do inciso II do art. 188, não forem culpados do perigo, assistir-lhes-á direito à indenização do prejuízo que sofreram.

Art. 930. No caso do inciso II do art. 188, se o perigo ocorrer por culpa de terceiro, contra este terá o autor do dano ação regressiva para haver a importância que tiver ressarcido ao lesado.

Parágrafo único. A mesma ação competirá contra aquele em defesa de quem se causou o dano (art. 188, inciso I).

▶ Art. 70, III, do CPC.

Art. 931. Ressalvados outros casos previstos em lei especial, os empresários individuais e as empresas respondem independentemente de culpa pelos danos causados pelos produtos postos em circulação.

▶ Arts. 43 e 927 deste Código.
▶ Arts. 8º a 27 do CDC.

Art. 932. São também responsáveis pela reparação civil:

I – os pais, pelos filhos menores que estiverem sob sua autoridade e em sua companhia;

▶ Arts. 3º a 5º, 928 e 1.630 a 1.638 deste Código.

II – o tutor e o curador, pelos pupilos e curatelados, que se acharem nas mesmas condições;

▶ Arts. 1.728 a 1.783 deste Código.

III – o empregador ou comitente, por seus empregados, serviçais e prepostos, no exercício do trabalho que lhes competir, ou em razão dele;

▶ Arts. 149 e 775 deste Código.
▶ Súm. nº 341 do STF.

IV – os donos de hotéis, hospedarias, casas ou estabelecimentos onde se albergue por dinheiro, mesmo para fins de educação, pelos seus hóspedes, moradores e educandos;

▶ Arts. 649 e 650 deste Código.

V – os que gratuitamente houverem participado nos produtos do crime, até a concorrente quantia.

▶ Arts. 933 e 942 deste Código.
▶ Súm. nº 492 do STF.

Art. 933. As pessoas indicadas nos incisos I a V do artigo antecedente, ainda que não haja culpa de sua parte, responderão pelos atos praticados pelos terceiros ali referidos.

▶ Arts. 43, 182 e 931 deste Código.
▶ Súm. nº 341 do STF.

Art. 934. Aquele que ressarcir o dano causado por outrem pode reaver o que houver pago daquele por quem pagou, salvo se o causador do dano for descendente seu, absoluta ou relativamente incapaz.

▶ Arts. 3º a 5º deste Código.
▶ Art. 70, III, do CPC.
▶ Súm. nº 188 do STF.

Art. 935. A responsabilidade civil é independente da criminal, não se podendo questionar mais sobre a existência do fato, ou sobre quem seja o seu autor, quando estas questões se acharem decididas no juízo criminal.

▶ Arts. 110, 265, IV, a, e § 5º, e 584, II, do CPC.

► Arts. 63 a 68 e 92 a 94 do CPP.

Art. 936. O dono, ou detentor, do animal ressarcirá o dano por este causado, se não provar culpa da vítima ou força maior.

► Arts. 393, parágrafo único, e 1.297, § 3º, deste Código.

Art. 937. O dono de edifício ou construção responde pelos danos que resultarem de sua ruína, se esta provier de falta de reparos, cuja necessidade fosse manifesta.

► Arts. 618 e 1.280 deste Código.

Art. 938. Aquele que habitar prédio, ou parte dele, responde pelo dano proveniente das coisas que dele caírem ou forem lançadas em lugar indevido.

Art. 939. O credor que demandar o devedor antes de vencida a dívida, fora dos casos em que a lei o permita, ficará obrigado a esperar o tempo que faltava para o vencimento, a descontar os juros correspondentes, embora estipulados, e a pagar as custas em dobro.

► Arts. 134, 331, 397, 592 e 941 deste Código.

Art. 940. Aquele que demandar por dívida já paga, no todo ou em parte, sem ressalvar as quantias recebidas ou pedir mais do que for devido, ficará obrigado a pagar ao devedor, no primeiro caso, o dobro do que houver cobrado e, no segundo, o equivalente do que dele exigir, salvo se houver prescrição.

► Art. 941 deste Código.
► MP nº 2.172-32, de 23-8-2001, que até o encerramento desta edição não havia sido convertida em Lei, estabelece a nulidade das disposições contratuais que menciona e inverte, nas hipóteses que prevê, o ônus da prova nas ações intentadas para sua declaração.
► Súm. nº 159 do STF.

Art. 941. As penas previstas nos arts. 939 e 940 não se aplicarão quando o autor desistir da ação antes de contestada a lide, salvo ao réu o direito de haver indenização por algum prejuízo que prove ter sofrido.

Art. 942. Os bens do responsável pela ofensa ou violação do direito de outrem ficam sujeitos à reparação do dano causado; e, se a ofensa tiver mais de um autor, todos responderão solidariamente pela reparação.

► Art. 391 deste Código.
► Art. 591 do CPC.

Parágrafo único. São solidariamente responsáveis com os autores os coautores e as pessoas designadas no art. 932.

► Arts. 275 a 285 deste Código.

Art. 943. O direito de exigir reparação e a obrigação de prestá-la transmitem-se com a herança.

► Arts. 276, 1.792 e 1.997 deste Código.

CAPÍTULO II

DA INDENIZAÇÃO

► Súm. nº 362 do STJ.

Art. 944. A indenização mede-se pela extensão do dano.

► Súm. nº 387 do STJ.

Parágrafo único. Se houver excessiva desproporção entre a gravidade da culpa e o dano, poderá o juiz reduzir, equitativamente, a indenização.

Art. 945. Se a vítima tiver concorrido culposamente para o evento danoso, a sua indenização será fixada tendo-se em conta a gravidade de sua culpa em confronto com a do autor do dano.

Art. 946. Se a obrigação for indeterminada, e não houver na lei ou no contrato disposição fixando a indenização devida pelo inadimplente, apurar-se-á o valor das perdas e danos na forma que a lei processual determinar.

► Arts. 402 a 405 deste Código.
► Arts. 475-A a 475-H do CPC.

Art. 947. Se o devedor não puder cumprir a prestação na espécie ajustada, substituir-se-á pelo seu valor, em moeda corrente.

► Art. 627 do CPC.

Art. 948. No caso de homicídio, a indenização consiste, sem excluir outras reparações:

I – no pagamento das despesas com o tratamento da vítima, seu funeral e o luto da família;
II – na prestação de alimentos às pessoas a quem o morto as devia, levando-se em conta a duração provável da vida da vítima.

► Arts. 206, § 2º, 931, 1.694 a 1.710 deste Código.
► Art. 475-Q do CPC.
► Súmulas nºs 490 e 491 do STF.

Art. 949. No caso de lesão ou outra ofensa à saúde, o ofensor indenizará o ofendido das despesas do tratamento e dos lucros cessantes até ao fim da convalescença, além de algum outro prejuízo que o ofendido prove haver sofrido.

► Art. 951 deste Código.

Art. 950. Se da ofensa resultar defeito pelo qual o ofendido não possa exercer o seu ofício ou profissão, ou se lhe diminua a capacidade de trabalho, a indenização, além das despesas do tratamento e lucros cessantes até ao fim da convalescença, incluirá pensão correspondente à importância do trabalho para que se inabilitou, ou da depreciação que ele sofreu.

► Arts. 402 a 405 deste Código.
► Art. 475-Q do CPC.

Parágrafo único. O prejudicado, se preferir, poderá exigir que a indenização seja arbitrada e paga de uma só vez.

► Art. 951 deste Código.

Art. 951. O disposto nos arts. 948, 949 e 950 aplica-se ainda no caso de indenização devida por aquele que, no exercício de atividade profissional, por negligência, imprudência ou imperícia, causar a morte do paciente, agravar-lhe o mal, causar-lhe lesão, ou inabilitá-lo para o trabalho.

Art. 952. Havendo usurpação ou esbulho do alheio, além da restituição da coisa, a indenização consistirá em pagar o valor das suas deteriorações e o devido a título de lucros cessantes; faltando a coisa, dever-se-á reembolsar o seu equivalente ao prejudicado.

► Arts. 1.210 e 1.228 deste Código.
► Arts. 921, I, 922 e 926 do CPC.

Parágrafo único. Para se restituir o equivalente, quando não exista a própria coisa, estimar-se-á ela pelo seu preço ordinário e pelo de afeição, contanto que este não se avantaje àquele.

Art. 953. A indenização por injúria, difamação ou calúnia consistirá na reparação do dano que delas resulte ao ofendido.

▶ Arts. 138 a 145 do CP.

Parágrafo único. Se o ofendido não puder provar prejuízo material, caberá ao juiz fixar, equitativamente, o valor da indenização, na conformidade das circunstâncias do caso.

▶ Art. 954 deste Código.
▶ Súm. nº 362 do STJ.

Art. 954. A indenização por ofensa à liberdade pessoal consistirá no pagamento das perdas e danos que sobrevierem ao ofendido, e se este não puder provar prejuízo, tem aplicação o disposto no parágrafo único do artigo antecedente.

▶ Arts. 402 a 405 deste Código.

Parágrafo único. Consideram-se ofensivos da liberdade pessoal:

I – o cárcere privado;

▶ Art. 148 do CP.

II – a prisão por queixa ou denúncia falsa e de má-fé;

▶ Art. 339 do CP.

III – a prisão ilegal.

TÍTULO X – DAS PREFERÊNCIAS E PRIVILÉGIOS CREDITÓRIOS

▶ Art. 1.422 deste Código.

Art. 955. Procede-se à declaração de insolvência toda vez que as dívidas excedam à importância dos bens do devedor.

▶ Arts. 748 a 786-A do CPC.

Art. 956. A discussão entre os credores pode versar quer sobre a preferência entre eles disputada, quer sobre a nulidade, simulação, fraude, ou falsidade das dívidas e contratos.

▶ Arts. 158 a 170 deste Código.
▶ Art. 768 do CPC.

Art. 957. Não havendo título legal à preferência, terão os credores igual direito sobre os bens do devedor comum.

Art. 958. Os títulos legais de preferência são os privilégios e os direitos reais.

▶ Art. 1.225 deste Código.
▶ Arts. 186 a 193 do CTN.
▶ Art. 449, § 1º, da CLT.

Art. 959. Conservam seus respectivos direitos os credores, hipotecários ou privilegiados:

I – sobre o preço do seguro da coisa gravada com hipoteca ou privilégio, ou sobre a indenização devida, havendo responsável pela perda ou danificação da coisa;

II – sobre o valor da indenização, se a coisa obrigada a hipoteca ou privilégio for desapropriada.

▶ Arts. 1.419 a 1.430 e 1.473 e 1.505 deste Código.

Art. 960. Nos casos a que se refere o artigo antecedente, o devedor do seguro, ou da indenização, exonera-se pagando sem oposição dos credores hipotecários ou privilegiados.

Art. 961. O crédito real prefere ao pessoal de qualquer espécie; o crédito pessoal privilegiado, ao simples; e o privilégio especial, ao geral.

Art. 962. Quando concorrerem aos mesmos bens, e por título igual, dois ou mais credores da mesma classe especialmente privilegiados, haverá entre eles rateio proporcional ao valor dos respectivos créditos, se o produto não bastar para o pagamento integral de todos.

▶ Art. 711 do CPC.

Art. 963. O privilégio especial só compreende os bens sujeitos, por expressa disposição de lei, ao pagamento do crédito que ele favorece; e o geral, todos os bens não sujeitos a crédito real nem a privilégio especial.

Art. 964. Têm privilégio especial:

▶ Art. 83, IV, *a*, da Lei nº 11.101, de 9-2-2005 (Lei de Recuperação de Empresas e Falências).

I – sobre a coisa arrecadada e liquidada, o credor de custas e despesas judiciais feitas com a arrecadação e liquidação;

II – sobre a coisa salvada, o credor por despesas de salvamento;

▶ Art. 13 da Lei nº 7.203, de 3-7-1984, que dispõe sobre salvamento de embarcação.

III – sobre a coisa beneficiada, o credor por benfeitorias necessárias ou úteis;

▶ Arts. 96, 97 e 1.219 a 1.222 deste Código.

IV – sobre os prédios rústicos ou urbanos, fábricas, oficinas, ou quaisquer outras construções, o credor de materiais, dinheiro, ou serviços para a sua edificação, reconstrução, ou melhoramento;

▶ Art. 610 deste Código.

V – sobre os frutos agrícolas, o credor por sementes, instrumentos e serviços à cultura, ou à colheita;

VI – sobre as alfaias e utensílios de uso doméstico, nos prédios rústicos ou urbanos, o credor de aluguéis, quanto às prestações do ano corrente e do anterior;

VII – sobre os exemplares da obra existente na massa do editor, o autor dela, ou seus legítimos representantes, pelo crédito fundado contra aquele no contrato da edição;

▶ Lei nº 9.610, de 19-2-1998 (Lei de Direitos Autorais).

VIII – sobre o produto da colheita, para a qual houver concorrido com o seu trabalho, e precipuamente a quaisquer outros créditos, ainda que reais, o trabalhador agrícola, quanto à dívida dos seus salários.

▶ Art. 449, § 1º, da CLT.

Art. 965. Goza de privilégio geral, na ordem seguinte, sobre os bens do devedor:

▶ Art. 83, V, *a*, da Lei nº 11.101, de 9-2-2005 (Lei de Recuperação de Empresas e Falências).

I – o crédito por despesa de seu funeral, feito segundo a condição do morto e o costume do lugar;

▶ Art. 1.998 deste Código.

II – o crédito por custas judiciais, ou por despesas com a arrecadação e liquidação da massa;

III – o crédito por despesas com o luto do cônjuge sobrevivo e dos filhos do devedor falecido, se foram moderadas;
IV – o crédito por despesas com a doença de que faleceu o devedor, no semestre anterior à sua morte;
V – o crédito pelos gastos necessários à mantença do devedor falecido e sua família, no trimestre anterior ao falecimento;
VI – o crédito pelos impostos devidos à Fazenda Pública, no ano corrente e no anterior;

▶ Arts. 183 a 193 do CTN.

VII – o crédito pelos salários dos empregados do serviço doméstico do devedor, nos seus derradeiros seis meses de vida;
VIII – os demais créditos de privilégio geral.

LIVRO II – DO DIREITO DE EMPRESA

TÍTULO I – DO EMPRESÁRIO

▶ Art. 2.037 deste Código.

CAPÍTULO I
DA CARACTERIZAÇÃO E DA INSCRIÇÃO

▶ Lei nº 8.934, de 18-11-1994 (Lei do Registro Público de Empresas Mercantis).
▶ Lei nº 11.598, de 3-12-2007 (Lei da REDESIM).

Art. 966. Considera-se empresário quem exerce profissionalmente atividade econômica organizada para a produção ou a circulação de bens ou de serviços.

▶ Art. 981 deste Código.
▶ Arts. 3º e 18-A, § 1º, da LC nº 123, de 14-12-2006 (Estatuto Nacional da Microempresa e da Empresa de Pequeno Porte).

Parágrafo único. Não se considera empresário quem exerce profissão intelectual, de natureza científica, literária ou artística, ainda com o concurso de auxiliares ou colaboradores, salvo se o exercício da profissão constituir elemento de empresa.

Art. 967. É obrigatória a inscrição do empresário no Registro Público de Empresas Mercantis da respectiva sede, antes do início de sua atividade.

▶ Arts. 45 a 52, 982, 985, 986, 998, e 1.150 a 1.154 deste Código.
▶ Lei nº 8.934, de 18-11-1994 (Lei do Registro Público de Empresas Mercantis).

Art. 968. A inscrição do empresário far-se-á mediante requerimento que contenha:
I – o seu nome, nacionalidade, domicílio, estado civil e, se casado, o regime de bens;
II – a firma, com a respectiva assinatura autógrafa;
III – o capital;
IV – o objeto e a sede da empresa.

§ 1º Com as indicações estabelecidas neste artigo, a inscrição será tomada por termo no livro próprio do Registro Público de Empresas Mercantis, e obedecerá a número de ordem contínuo para todos os empresários inscritos.

§ 2º À margem da inscrição, e com as mesmas formalidades, serão averbadas quaisquer modificações nela ocorrentes.

▶ Arts. 971 e 984 deste Código.

§ 3º Caso venha a admitir sócios, o empresário individual poderá solicitar ao Registro Público de Empresas Mercantis a transformação de seu registro de empresário para registro de sociedade empresária, observado, no que couber, o disposto nos arts. 1.113 a 1.115 deste Código.

▶ § 3º acrescido pela LC nº 128, de 19-12-2008.

§ 4º O processo de abertura, registro, alteração e baixa do microempreendedor individual de que trata o art. 18-A da Lei Complementar nº 123, de 14 de dezembro de 2006, bem como qualquer exigência para o início de seu funcionamento deverão ter trâmite especial e simplificado, preferencialmente eletrônico, opcional para o empreendedor, na forma a ser disciplinada pelo Comitê para Gestão da Rede Nacional para a Simplificação do Registro e da Legalização de Empresas e Negócios – CGSIM, de que trata o inciso III do art. 2º da mesma Lei.

§ 5º Para fins do disposto no § 4º, poderão ser dispensados o uso da firma, com a respectiva assinatura autógrafa, o capital, requerimentos, demais assinaturas, informações relativas à nacionalidade, estado civil e regime de bens, bem como remessa de documentos, na forma estabelecida pelo CGSIM.

▶ §§ 4º e 5º acrescidos pela Lei nº 12.470, de 31-8-2011.

Art. 969. O empresário que instituir sucursal, filial ou agência, em lugar sujeito à jurisdição de outro Registro Público de Empresas Mercantis, neste deverá também inscrevê-la, com a prova da inscrição originária.

Parágrafo único. Em qualquer caso, a constituição do estabelecimento secundário deverá ser averbada no Registro Público de Empresas Mercantis da respectiva sede.

Art. 970. A lei assegurará tratamento favorecido, diferenciado e simplificado ao empresário rural e ao pequeno empresário, quanto à inscrição e aos efeitos daí decorrentes.

▶ Art. 1.179, § 2º, deste Código.
▶ Art. 68 da LC nº 123, de 14-12-2006 (Estatuto Nacional da Microempresa e da Empresa de Pequeno Porte).

Art. 971. O empresário, cuja atividade rural constitua sua principal profissão, pode, observadas as formalidades de que tratam o art. 968 e seus parágrafos, requerer inscrição no Registro Público de Empresas Mercantis da respectiva sede, caso em que, depois de inscrito, ficará equiparado, para todos os efeitos, ao empresário sujeito a registro.

▶ Art. 984 deste Código.

CAPÍTULO II
DA CAPACIDADE

Art. 972. Podem exercer a atividade de empresário os que estiverem em pleno gozo da capacidade civil e não forem legalmente impedidos.

▶ Arts. 1º a 5º deste Código.
▶ Art. 117, X, da Lei nº 8.112, de 11-12-1990 (Estatuto dos Servidores Públicos Civis da União, Autarquias e Fundações Públicas Federais).

Art. 973. A pessoa legalmente impedida de exercer atividade própria de empresário, se a exercer, responderá pelas obrigações contraídas.
► Art. 102 da Lei nº 11.101, de 9-2-2005 (Lei de Recuperação de Empresas e Falências).

Art. 974. Poderá o incapaz, por meio de representante ou devidamente assistido, continuar a empresa antes exercida por ele enquanto capaz, por seus pais ou pelo autor de herança.
► Arts. 3º a 5º, 1.634, V, 1.690, 1.747, I, deste Código.

§ 1º Nos casos deste artigo, precederá autorização judicial, após exame das circunstâncias e dos riscos da empresa, bem como da conveniência em continuá-la, podendo a autorização ser revogada pelo juiz, ouvidos os pais, tutores ou representantes legais do menor ou do interdito, sem prejuízo dos direitos adquiridos por terceiros.

§ 2º Não ficam sujeitos ao resultado da empresa os bens que o incapaz já possuía, ao tempo da sucessão ou da interdição, desde que estranhos ao acervo daquela, devendo tais fatos constar do alvará que conceder a autorização.
► Art. 976 deste Código.

§ 3º O Registro Público de Empresas Mercantis a cargo das Juntas Comerciais deverá registrar contratos ou alterações contratuais de sociedade que envolva sócio incapaz, desde que atendidos, de forma conjunta, os seguintes pressupostos:
I – o sócio incapaz não pode exercer a administração da sociedade;
II – o capital social deve ser totalmente integralizado;
III – o sócio relativamente incapaz deve ser assistido e o absolutamente incapaz deve ser representado por seus representantes legais.
► § 3º acrescido pela Lei nº 12.399, de 1º-4-2011.
► Arts. 3º, 4º, 1.150, 1.689 a 1.693, 1.728 e 1.767 deste Código.
► Lei nº 8.934, de 18-11-1994 (Lei do Registro Público de Empresas Mercantis).
► Lei nº 11.598, de 3-12-2007 (Lei da REDESIM).

Art. 975. Se o representante ou assistente do incapaz for pessoa que, por disposição de lei, não puder exercer atividade de empresário, nomeará, com a aprovação do juiz, um ou mais gerentes.

§ 1º Do mesmo modo será nomeado gerente em todos os casos em que o juiz entender ser conveniente.

§ 2º A aprovação do juiz não exime o representante ou assistente do menor ou do interdito da responsabilidade pelos atos dos gerentes nomeados.

Art. 976. A prova da emancipação e da autorização do incapaz, nos casos do art. 974, e a de eventual revogação desta, serão inscritas ou averbadas no Registro Público de Empresas Mercantis.
► Lei nº 8.934, de 18-11-1994 (Lei do Registro Público de Empresas Mercantis).

Parágrafo único. O uso da nova firma caberá, conforme o caso, ao gerente; ou ao representante do incapaz; ou a este, quando puder ser autorizado.

Art. 977. Faculta-se aos cônjuges contratar sociedade, entre si ou com terceiros, desde que não tenham casado no regime da comunhão universal de bens, ou no da separação obrigatória.
► Arts. 1.667 a 1.671, 1.687 e 1.688 deste Código.

Art. 978. O empresário casado pode, sem necessidade de outorga conjugal, qualquer que seja o regime de bens, alienar os imóveis que integrem o patrimônio da empresa ou gravá-los de ônus real.
► Art. 1.647 deste Código.

Art. 979. Além de no Registro Civil, serão arquivados e averbados, no Registro Público de Empresas Mercantis, os pactos e declarações antenupciais do empresário, o título de doação, herança, ou legado, de bens clausulados de incomunicabilidade ou inalienabilidade.
► Arts. 538, 544, 1.653 a 1.657 deste Código.

Art. 980. A sentença que decretar ou homologar a separação judicial do empresário e o ato de reconciliação não podem ser opostos a terceiros, antes de arquivados e averbados no Registro Público de Empresas Mercantis.
► Arts. 1.571 a 1.582 deste Código.
► Lei nº 8.934, de 18-11-1994 (Lei do Registro Público de Empresas Mercantis).

TÍTULO I-A – DA EMPRESA INDIVIDUAL DE RESPONSABILIDADE LIMITADA

► Título I-A acrescido pela Lei nº 12.441, de 11-7-2011 (DOU de 12-7-2011), para vigorar 180 (cento e oitenta) dias após a sua publicação.
► Art. 44, VI, deste Código.

Art. 980-A. A empresa individual de responsabilidade limitada será constituída por uma única pessoa titular da totalidade do capital social, devidamente integralizado, que não será inferior a 100 (cem) vezes o maior salário mínimo vigente no País.

§ 1º O nome empresarial deverá ser formado pela inclusão da expressão "EIRELI" após a firma ou a denominação social da empresa individual de responsabilidade limitada.
► Art. 1.155, deste Código.

§ 2º A pessoa natural que constituir empresa individual de responsabilidade limitada somente poderá figurar em uma única empresa dessa modalidade.

§ 3º A empresa individual de responsabilidade limitada também poderá resultar da concentração das quotas de outra modalidade societária num único sócio, independentemente das razões que motivaram tal concentração.

§ 4º VETADO. Lei nº 12.441, de 11-7-2011.

§ 5º Poderá ser atribuída à empresa individual de responsabilidade limitada constituída para a prestação de serviços de qualquer natureza a remuneração decorrente da cessão de direitos patrimoniais de autor ou de imagem, nome, marca ou voz de que seja detentor o titular da pessoa jurídica, vinculados à atividade profissional.

§ 6º Aplicam-se à empresa individual de responsabilidade limitada, no que couber, as regras previstas para as sociedades limitadas.

▶ Art. 980-A acrescido pela Lei nº 12.441, de 11-7-2011.
▶ Arts. 967 e 1.1150 deste Código.

TÍTULO II – DA SOCIEDADE

▶ Arts. 40 a 69 e 2.037 deste Código.

Capítulo Único
DISPOSIÇÕES GERAIS

Art. 981. Celebram contrato de sociedade as pessoas que reciprocamente se obrigam a contribuir, com bens ou serviços, para o exercício de atividade econômica e a partilha, entre si, dos resultados.

▶ Arts. 44 a 69 e 966 deste Código.

Parágrafo único. A atividade pode restringir-se à realização de um ou mais negócios determinados.

Art. 982. Salvo as exceções expressas, considera-se empresária a sociedade que tem por objeto o exercício de atividade própria de empresário sujeito a registro (art. 967); e, simples, as demais.

Parágrafo único. Independentemente de seu objeto, considera-se empresária a sociedade por ações; e, simples, a cooperativa.

▶ Arts. 997 a 1.038, 1.088 e 1.093 a 1.096 deste Código.
▶ Lei nº 5.764, de 16-12-1971 (Lei das Coopertivas).
▶ Lei nº 6.404, de 15-12-1976 (Lei das Sociedades por Ações).

Art. 983. A sociedade empresária deve constituir-se segundo um dos tipos regulados nos arts. 1.039 a 1.092; a sociedade simples pode constituir-se de conformidade com um desses tipos, e, não o fazendo, subordina-se às normas que lhe são próprias.

▶ Arts. 997 a 1.038 deste Código.

Parágrafo único. Ressalvam-se as disposições concernentes à sociedade em conta de participação e à cooperativa, bem como as constantes de leis especiais que, para o exercício de certas atividades, imponham a constituição da sociedade segundo determinado tipo.

▶ Arts. 991 a 996 e 1.093 a 1.096 deste Código.

Art. 984. A sociedade que tenha por objeto o exercício de atividade própria de empresário rural e seja constituída, ou transformada, de acordo com um dos tipos de sociedade empresária, pode, com as formalidades do art. 968, requerer inscrição no Registro Público de Empresas Mercantis da sua sede, caso em que, depois de inscrita, ficará equiparada, para todos os efeitos, à sociedade empresária.

▶ Art. 971 deste Código.
▶ Lei nº 8.934, de 18-11-1994 (Lei do Registro Público de Empresas Mercantis).

Parágrafo único. Embora já constituída a sociedade segundo um daqueles tipos, o pedido de inscrição se subordinará, no que for aplicável, às normas que regem a transformação.

▶ Arts. 1.113 a 1.115 deste Código.

Art. 985. A sociedade adquire personalidade jurídica com a inscrição, no registro próprio e na forma da lei, dos seus atos constitutivos (arts. 45 e 1.150).

▶ Art. 967 deste Código.

SUBTÍTULO I – DA SOCIEDADE NÃO PERSONIFICADA

Capítulo I
DA SOCIEDADE EM COMUM

Art. 986. Enquanto não inscritos os atos constitutivos, reger-se-á a sociedade, exceto por ações em organização, pelo disposto neste Capítulo, observadas, subsidiariamente e no que com ele forem compatíveis, as normas da sociedade simples.

▶ Arts. 45, 967, 985, 997 a 1.038 e 1.051 deste Código.
▶ Art. 12, § 2º, do CPC.

Art. 987. Os sócios, nas relações entre si ou com terceiros, somente por escrito podem provar a existência da sociedade, mas os terceiros podem prová-la de qualquer modo.

Art. 988. Os bens e dívidas sociais constituem patrimônio especial, do qual os sócios são titulares em comum.

Art. 989. Os bens sociais respondem pelos atos de gestão praticados por qualquer dos sócios, salvo pacto expresso limitativo de poderes, que somente terá eficácia contra o terceiro que o conheça ou deva conhecer.

Art. 990. Todos os sócios respondem solidária e ilimitadamente pelas obrigações sociais, excluído do benefício de ordem, previsto no art. 1.024, aquele que contratou pela sociedade.

▶ Arts. 275 a 285 e 1.016 deste Código.
▶ Arts. 592, II, e 596 do CPC.

Capítulo II
DA SOCIEDADE EM CONTA DE PARTICIPAÇÃO

▶ Arts. 983, parágrafo único, e 1.162 deste Código.

Art. 991. Na sociedade em conta de participação, a atividade constitutiva do objeto social é exercida unicamente pelo sócio ostensivo, em seu nome individual e sob sua própria e exclusiva responsabilidade, participando os demais dos resultados correspondentes.

Parágrafo único. Obriga-se perante terceiro tão somente o sócio ostensivo; e, exclusivamente perante este, o sócio participante, nos termos do contrato social.

Art. 992. A constituição da sociedade em conta de participação independe de qualquer formalidade e pode provar-se por todos os meios de direito.

▶ Art. 12, § 2º, do CPC.

Art. 993. O contrato social produz efeito somente entre os sócios, e a eventual inscrição de seu instrumento em qualquer registro não confere personalidade jurídica à sociedade.

Parágrafo único. Sem prejuízo do direito de fiscalizar a gestão dos negócios sociais, o sócio participante não pode tomar parte nas relações do sócio ostensivo com terceiros, sob pena de responder solidariamente com este pelas obrigações em que intervier.

▶ Arts. 275 a 285 deste Código.

Art. 994. A contribuição do sócio participante constitui, com a do sócio ostensivo, patrimônio especial, objeto da conta de participação relativa aos negócios sociais.

§ 1º A especialização patrimonial somente produz efeitos em relação aos sócios.

§ 2º A falência do sócio ostensivo acarreta a dissolução da sociedade e a liquidação da respectiva conta, cujo saldo constituirá crédito quirografário.

§ 3º Falindo o sócio participante, o contrato social fica sujeito às normas que regulam os efeitos da falência nos contratos bilaterais do falido.

Art. 995. Salvo estipulação em contrário, o sócio ostensivo não pode admitir novo sócio sem o consentimento expresso dos demais.

Art. 996. Aplica-se à sociedade em conta de participação, subsidiariamente e no que com ela for compatível, o disposto para a sociedade simples, e a sua liquidação rege-se pelas normas relativas à prestação de contas, na forma da lei processual.

Parágrafo único. Havendo mais de um sócio ostensivo, as respectivas contas serão prestadas e julgadas no mesmo processo.

▶ Arts. 914 a 919 do CPC.

SUBTÍTULO II – DA SOCIEDADE PERSONIFICADA

Capítulo I

DA SOCIEDADE SIMPLES

▶ Arts. 1.040 e 1.155, parágrafo único, deste Código.

Seção I

DO CONTRATO SOCIAL

Art. 997. A sociedade constitui-se mediante contrato escrito, particular ou público, que, além de cláusulas estipuladas pelas partes, mencionará:

I – nome, nacionalidade, estado civil, profissão e residência dos sócios, se pessoas naturais, e a firma ou a denominação, nacionalidade e sede dos sócios, se jurídicas;

II – denominação, objeto, sede e prazo da sociedade;

III – capital da sociedade, expresso em moeda corrente, podendo compreender qualquer espécie de bens, suscetíveis de avaliação pecuniária;

IV – a quota de cada sócio no capital social, e o modo de realizá-la;

V – as prestações a que se obriga o sócio, cuja contribuição consista em serviços;

VI – as pessoas naturais incumbidas da administração da sociedade, e seus poderes e atribuições;

VII – a participação de cada sócio nos lucros e nas perdas;

VIII – se os sócios respondem, ou não, subsidiariamente, pelas obrigações sociais.

▶ Arts. 983, 999, 1.041 e 1.054 deste Código.

Parágrafo único. É ineficaz em relação a terceiros qualquer pacto separado, contrário ao disposto no instrumento do contrato.

Art. 998. Nos trinta dias subsequentes à sua constituição, a sociedade deverá requerer a inscrição do contrato social no Registro Civil das Pessoas Jurídicas do local de sua sede.

▶ Arts. 45, 967, 985, 986 e 1.150 a 1.154 deste Código.

§ 1º O pedido de inscrição será acompanhado do instrumento autenticado do contrato, e, se algum sócio nele houver sido representado por procurador, o da respectiva procuração, bem como, se for o caso, da prova de autorização da autoridade competente.

§ 2º Com todas as indicações enumeradas no artigo antecedente, será a inscrição tomada por termo no livro de registro próprio, e obedecerá a número de ordem contínua para todas as sociedades inscritas.

Art. 999. As modificações do contrato social, que tenham por objeto matéria indicada no art. 997, dependem do consentimento de todos os sócios; as demais podem ser decididas por maioria absoluta de votos, se o contrato não determinar a necessidade de deliberação unânime.

Parágrafo único. Qualquer modificação do contrato social será averbada, cumprindo-se as formalidades previstas no artigo antecedente.

Art. 1.000. A sociedade simples que instituir sucursal, filial ou agência na circunscrição de outro Registro Civil das Pessoas Jurídicas, neste deverá também inscrevê-la, com a prova da inscrição originária.

Parágrafo único. Em qualquer caso, a constituição da sucursal, filial ou agência deverá ser averbada no Registro Civil da respectiva sede.

▶ Art. 969 deste Código.

Seção II

DOS DIREITOS E OBRIGAÇÕES DOS SÓCIOS

Art. 1.001. As obrigações dos sócios começam imediatamente com o contrato, se este não fixar outra data, e terminam quando, liquidada a sociedade, se extinguirem as responsabilidades sociais.

▶ Arts. 1.036 a 1.038 e 1.102 a 1.112 deste Código.

Art. 1.002. O sócio não pode ser substituído no exercício das suas funções, sem o consentimento dos demais sócios, expresso em modificação do contrato social.

Art. 1.003. A cessão total ou parcial de quota, sem a correspondente modificação do contrato social com o consentimento dos demais sócios, não terá eficácia quanto a estes e à sociedade.

Parágrafo único. Até dois anos depois de averbada a modificação do contrato, responde o cedente solidariamente com o cessionário, perante a sociedade e terceiros, pelas obrigações que tinha como sócio.

▶ Arts. 275 a 285 e 1.057 deste Código.

Art. 1.004. Os sócios são obrigados, na forma e prazo previstos, às contribuições estabelecidas no contrato social, e aquele que deixar de fazê-lo, nos trinta dias seguintes ao da notificação pela sociedade, responderá perante esta pelo dano emergente da mora.

Parágrafo único. Verificada a mora, poderá a maioria dos demais sócios preferir, à indenização, a exclusão do sócio remisso, ou reduzir-lhe a quota ao montante já realizado, aplicando-se, em ambos os casos, o disposto no § 1º do art. 1.031.

▶ Arts. 1.030 e 1.058 deste Código.

Art. 1.005. O sócio que, a título de quota social, transmitir domínio, posse ou uso, responde pela evicção; e pela solvência do devedor, aquele que transferir crédito.
▶ Arts. 286 a 298 e 447 a 458 deste Código.

Art. 1.006. O sócio, cuja contribuição consista em serviços, não pode, salvo convenção em contrário, empregar-se em atividade estranha à sociedade, sob pena de ser privado de seus lucros e dela excluído.

Art. 1.007. Salvo estipulação em contrário, o sócio participa dos lucros e das perdas, na proporção das respectivas quotas, mas aquele, cuja contribuição consiste em serviços, somente participa dos lucros na proporção da média do valor das quotas.

Art. 1.008. É nula a estipulação contratual que exclua qualquer sócio de participar dos lucros e das perdas.

Art. 1.009. A distribuição de lucros ilícitos ou fictícios acarreta responsabilidade solidária dos administradores que a realizarem e dos sócios que os receberem, conhecendo ou devendo conhecer-lhes a ilegitimidade.
▶ Arts. 275 a 285 deste Código.

SEÇÃO III

DA ADMINISTRAÇÃO
▶ Art. 206, § 3º, VII, b, deste Código.

Art. 1.010. Quando, por lei ou pelo contrato social, competir aos sócios decidir sobre os negócios da sociedade, as deliberações serão tomadas por maioria de votos, contados segundo o valor das quotas de cada um.

§ 1º Para formação da maioria absoluta são necessários votos correspondentes a mais de metade do capital.

§ 2º Prevalece a decisão sufragada por maior número de sócios no caso de empate, e, se este persistir, decidirá o juiz.

§ 3º Responde por perdas e danos o sócio que, tendo em alguma operação interesse contrário ao da sociedade, participar da deliberação que a aprove graças a seu voto.
▶ Arts. 402 a 405 e 1.072 deste Código.

Art. 1.011. O administrador da sociedade deverá ter, no exercício de suas funções, o cuidado e a diligência que todo homem ativo e probo costuma empregar na administração de seus próprios negócios.

§ 1º Não podem ser administradores, além das pessoas impedidas por lei especial, os condenados a pena que vede, ainda que temporariamente, o acesso a cargos públicos; ou por crime falimentar, de prevaricação, peita ou suborno, concussão, peculato; ou contra a economia popular, contra o sistema financeiro nacional, contra as normas de defesa da concorrência, contra as relações de consumo, a fé pública ou a propriedade, enquanto perdurarem os efeitos da condenação.
▶ Art. 1.066, § 1º, deste Código.

§ 2º Aplicam-se à atividade dos administradores, no que couber, as disposições concernentes ao mandato.
▶ Arts. 653 a 691 deste Código.

Art. 1.012. O administrador, nomeado por instrumento em separado, deve averbá-lo à margem da inscrição da sociedade, e, pelos atos que praticar, antes de requerer a averbação, responde pessoal e solidariamente com a sociedade.
▶ Arts. 275 a 285 deste Código.

Art. 1.013. A administração da sociedade, nada dispondo o contrato social, compete separadamente a cada um dos sócios.

§ 1º Se a administração competir separadamente a vários administradores, cada um pode impugnar operação pretendida por outro, cabendo a decisão aos sócios, por maioria de votos.

§ 2º Responde por perdas e danos perante a sociedade o administrador que realizar operações, sabendo ou devendo saber que estava agindo em desacordo com a maioria.
▶ Arts. 402 a 405 deste Código.

Art. 1.014. Nos atos de competência conjunta de vários administradores, torna-se necessário o concurso de todos, salvo nos casos urgentes, em que a omissão ou retardo das providências possa ocasionar dano irreparável ou grave.

Art. 1.015. No silêncio do contrato, os administradores podem praticar todos os atos pertinentes à gestão da sociedade; não constituindo objeto social, a oneração ou a venda de bens imóveis depende do que a maioria dos sócios decidir.

Parágrafo único. O excesso por parte dos administradores somente pode ser oposto a terceiros se ocorrer pelo menos uma das seguintes hipóteses:

I – se a limitação de poderes estiver inscrita ou averbada no registro próprio da sociedade;

II – provando-se que era conhecida do terceiro;

III – tratando-se de operação evidentemente estranha aos negócios da sociedade.

Art. 1.016. Os administradores respondem solidariamente perante a sociedade e os terceiros prejudicados, por culpa no desempenho de suas funções.
▶ Arts. 275 a 285, 990 e 1.070 deste Código.

Art. 1.017. O administrador que, sem consentimento escrito dos sócios, aplicar créditos ou bens sociais em proveito próprio ou de terceiros, terá de restituí-los à sociedade, ou pagar o equivalente, com todos os lucros resultantes, e, se houver prejuízo, por ele também responderá.

Parágrafo único. Fica sujeito às sanções o administrador que, tendo em qualquer operação interesse contrário ao da sociedade, tome parte na correspondente deliberação.

Art. 1.018. Ao administrador é vedado fazer-se substituir no exercício de suas funções, sendo-lhe facultado, nos limites de seus poderes, constituir mandatários da sociedade, especificados no instrumento os atos e operações que poderão praticar.
▶ Arts. 653 a 691 deste Código.

Art. 1.019. São irrevogáveis os poderes do sócio investido na administração por cláusula expressa do contrato social, salvo justa causa, reconhecida judicialmente, a pedido de qualquer dos sócios.

Parágrafo único. São revogáveis, a qualquer tempo, os poderes conferidos a sócio por ato separado, ou a quem não seja sócio.

Art. 1.020. Os administradores são obrigados a prestar aos sócios contas justificadas de sua administração, e apresentar-lhes o inventário anualmente, bem como o balanço patrimonial e o de resultado econômico.

Art. 1.021. Salvo estipulação que determine época própria, o sócio pode, a qualquer tempo, examinar os livros e documentos, e o estado da caixa e da carteira da sociedade.

Seção IV

DAS RELAÇÕES COM TERCEIROS

▶ Arts. 1.015, parágrafo único, e 1.016 deste Código.

Art. 1.022. A sociedade adquire direitos, assume obrigações e procede judicialmente, por meio de administradores com poderes especiais, ou, não os havendo, por intermédio de qualquer administrador.

▶ Art. 1.032 deste Código.

Art. 1.023. Se os bens da sociedade não lhe cobrirem as dívidas, respondem os sócios pelo saldo, na proporção em que participem das perdas sociais, salvo cláusula de responsabilidade solidária.

▶ Arts. 275 a 285 deste Código.
▶ Arts. 592, II, e 596 do CPC.

Art. 1.024. Os bens particulares dos sócios não podem ser executados por dívidas da sociedade, senão depois de executados os bens sociais.

▶ Art. 990 deste Código.
▶ Arts. 592, II, e 596 do CPC.

Art. 1.025. O sócio, admitido em sociedade já constituída, não se exime das dívidas sociais anteriores à admissão.

Art. 1.026. O credor particular de sócio pode, na insuficiência de outros bens do devedor, fazer recair a execução sobre o que a este couber nos lucros da sociedade, ou na parte que lhe tocar em liquidação.

Parágrafo único. Se a sociedade não estiver dissolvida, pode o credor requerer a liquidação da quota do devedor, cujo valor, apurado na forma do art. 1.031, será depositado em dinheiro, no juízo da execução, até noventa dias após aquela liquidação.

▶ Art. 1.030 deste Código.

Art. 1.027. Os herdeiros do cônjuge de sócio, ou o cônjuge do que se separou judicialmente, não podem exigir desde logo a parte que lhes couber na quota social, mas concorrer à divisão periódica dos lucros, até que se liquide a sociedade.

Seção V

DA RESOLUÇÃO DA SOCIEDADE EM RELAÇÃO A UM SÓCIO

Art. 1.028. No caso de morte de sócio, liquidar-se-á sua quota, salvo:

I – se o contrato dispuser diferentemente;
II – se os sócios remanescentes optarem pela dissolução da sociedade;

▶ Arts. 1.033 a 1.038 deste Código.

III – se, por acordo com os herdeiros, regular-se-á substituição do sócio falecido.

Art. 1.029. Além dos casos previstos na lei ou no contrato, qualquer sócio pode retirar-se da sociedade; se de prazo indeterminado, mediante notificação aos demais sócios, com antecedência mínima de sessenta dias; se de prazo determinado, provando judicialmente justa causa.

Parágrafo único. Nos trinta dias subsequentes à notificação, podem os demais sócios optar pela dissolução da sociedade.

▶ Arts. 1.033 a 1.038 deste Código.

Art. 1.030. Ressalvado o disposto no art. 1.004 e seu parágrafo único, pode o sócio ser excluído judicialmente, mediante iniciativa da maioria dos demais sócios, por falta grave no cumprimento de suas obrigações, ou, ainda, por incapacidade superveniente.

▶ Art. 1.085 deste Código.

Parágrafo único. Será de pleno direito excluído da sociedade o sócio declarado falido, ou aquele cuja quota tenha sido liquidada nos termos do parágrafo único do art. 1.026.

Art. 1.031. Nos casos em que a sociedade se resolver em relação a um sócio, o valor da sua quota, considerada pelo montante efetivamente realizado, liquidar-se-á, salvo disposição contratual em contrário, com base na situação patrimonial da sociedade, à data da resolução, verificada em balanço especialmente levantado.

▶ Arts. 1.036 a 1.038, 1.077, 1.086 e 1.114 deste Código.
▶ Súm. nº 265 do STF.

§ 1º O capital social sofrerá a correspondente redução, salvo se os demais sócios suprirem o valor da quota.

▶ Arts. 1.004, parágrafo único, e 1.026, parágrafo único, deste Código.

§ 2º A quota liquidada será paga em dinheiro, no prazo de noventa dias, a partir da liquidação, salvo acordo, ou estipulação contratual em contrário.

Art. 1.032. A retirada, exclusão ou morte do sócio, não o exime, ou a seus herdeiros, da responsabilidade pelas obrigações sociais anteriores, até dois anos após averbada a resolução da sociedade; nem nos dois primeiros casos, pelas posteriores e em igual prazo, enquanto não se requerer a averbação.

▶ Art. 1.086 deste Código.

Seção VI

DA DISSOLUÇÃO

▶ Arts. 51 e 1.028, II, deste Código.

Art. 1.033. Dissolve-se a sociedade quando ocorrer:

▶ Súm. nº 435 do STJ.

I – o vencimento do prazo de duração, salvo se, vencido este e sem oposição de sócio, não entrar a sociedade em liquidação, caso em que se prorrogará por tempo indeterminado;

▶ Arts. 127, 1.029, 1.038, § 2º, e 1.102 a 1.112 deste Código.

II – o consenso unânime dos sócios;

III – a deliberação dos sócios, por maioria absoluta, na sociedade de prazo indeterminado;

IV – a falta de pluralidade de sócios, não reconstituída no prazo de cento e oitenta dias;

V – a extinção, na forma da lei, de autorização para funcionar.

▶ Arts. 1.037 e 1.044 deste Código.

Parágrafo único. Não se aplica o disposto no inciso IV caso o sócio remanescente, inclusive na hipótese de concentração de todas as cotas da sociedade sob sua titularidade, requeira, no Registro Público de Empresas Mercantis, a transformação do registro da sociedade para empresário individual ou para empresa individual de responsabilidade limitada, observado, no que couber, o disposto nos arts. 1.113 a 1.115 deste Código.

▶ Parágrafo único com a redação dada pela Lei nº 12.441, de 11-7-2011.

Art. 1.034. A sociedade pode ser dissolvida judicialmente, a requerimento de qualquer dos sócios, quando:

I – anulada a sua constituição;

II – exaurido o fim social, ou verificada a sua inexequibilidade.

Art. 1.035. O contrato pode prever outras causas de dissolução, a serem verificadas judicialmente quando contestadas.

Art. 1.036. Ocorrida a dissolução, cumpre aos administradores providenciar imediatamente a investidura do liquidante, e restringir a gestão própria aos negócios inadiáveis, vedadas novas operações, pelas quais responderão solidária e ilimitadamente.

▶ Arts. 275 a 285 deste Código.

Parágrafo único. Dissolvida de pleno direito a sociedade, pode o sócio requerer, desde logo, a liquidação judicial.

▶ Arts. 1.102 a 1.112 deste Código.

Art. 1.037. Ocorrendo a hipótese prevista no inciso V do art. 1.033, o Ministério Público, tão logo lhe comunique a autoridade competente, promoverá a liquidação judicial da sociedade, se os administradores não o tiverem feito nos trinta dias seguintes à perda da autorização, ou se o sócio não houver exercido a faculdade assegurada no parágrafo único do artigo antecedente.

Parágrafo único. Caso o Ministério Público não promova a liquidação judicial da sociedade nos quinze dias subsequentes ao recebimento da comunicação, a autoridade competente poderá conceder a autorização nomeará interventor com poderes para requerer a medida e administrar a sociedade até que seja nomeado o liquidante.

Art. 1.038. Se não estiver designado no contrato social, o liquidante será eleito por deliberação dos sócios, podendo a escolha recair em pessoa estranha à sociedade.

§ 1º O liquidante pode ser destituído, a todo tempo:

I – se eleito pela forma prevista neste artigo, mediante deliberação dos sócios;

II – em qualquer caso, por via judicial, a requerimento de um ou mais sócios, ocorrendo justa causa.

§ 2º A liquidação da sociedade se processa de conformidade com o disposto no Capítulo IX, deste Subtítulo.

▶ Arts. 206, § 3º, VII, c, e 1.102 a 1.112 deste Código.

Capítulo II
DA SOCIEDADE EM NOME COLETIVO

▶ Art. 1.046 deste Código.

Art. 1.039. Somente pessoas físicas podem tomar parte na sociedade em nome coletivo, respondendo todos os sócios, solidária e ilimitadamente, pelas obrigações sociais.

▶ Arts. 275 a 285 e 1.157 deste Código.

Parágrafo único. Sem prejuízo da responsabilidade perante terceiros, podem os sócios, no ato constitutivo, ou por unânime convenção posterior, limitar entre si a responsabilidade de cada um.

Art. 1.040. A sociedade em nome coletivo se rege pelas normas deste Capítulo e, no que seja omisso, pelas do Capítulo antecedente.

▶ Arts. 997 a 1.038 deste Código.

Art. 1.041. O contrato deve mencionar, além das indicações referidas no art. 997, a firma social.

Art. 1.042. A administração da sociedade compete exclusivamente a sócios, sendo o uso da firma, nos limites do contrato, privativo dos que tenham os necessários poderes.

Art. 1.043. O credor particular de sócio não pode, antes de dissolver-se a sociedade, pretender a liquidação da quota do devedor.

Parágrafo único. Poderá fazê-lo quando:

I – a sociedade houver sido prorrogada tacitamente;

II – tendo ocorrido prorrogação contratual, for acolhida judicialmente oposição do credor, levantada no prazo de noventa dias, contado da publicação do ato dilatório.

Art. 1.044. A sociedade se dissolve de pleno direito por qualquer das causas enumeradas no art. 1.033 e, se empresária, também pela declaração da falência.

▶ Arts. 1.051 e 1.087 deste Código.

▶ Lei nº 11.101, de 9-2-2005 (Lei de Recuperação de Empresas e Falências).

Capítulo III
DA SOCIEDADE EM COMANDITA SIMPLES

Art. 1.045. Na sociedade em comandita simples tomam parte sócios de duas categorias: os comanditados, pessoas físicas, responsáveis solidária e ilimitadamente pelas obrigações sociais; e os comanditários, obrigados somente pelo valor de sua quota.

▶ Arts. 275 a 285 e 1.157 deste Código.

Parágrafo único. O contrato deve discriminar os comanditados e os comanditários.

Art. 1.046. Aplicam-se à sociedade em comandita simples as normas da sociedade em nome coletivo, no que forem compatíveis com as deste Capítulo.

▶ Arts. 1.039 a 1.044 deste Código.

Parágrafo único. Aos comanditados cabem os mesmos direitos e obrigações dos sócios da sociedade em nome coletivo.

Art. 1.047. Sem prejuízo da faculdade de participar das deliberações da sociedade e de lhe fiscalizar as operações, não pode o comanditário praticar qualquer ato de gestão, nem ter o nome na firma social, sob pena de ficar sujeito às responsabilidades de sócio comanditado.

Parágrafo único. Pode o comanditário ser constituído procurador da sociedade, para negócio determinado e com poderes especiais.

▶ Arts. 653 a 691 deste Código.

Art. 1.048. Somente após averbada a modificação do contrato, produz efeito, quanto a terceiros, a diminuição da quota do comanditário, em consequência de ter sido reduzido o capital social, sempre sem prejuízo dos credores preexistentes.

Art. 1.049. O sócio comanditário não é obrigado à reposição de lucros recebidos de boa-fé e de acordo com o balanço.

Parágrafo único. Diminuído o capital social por perdas supervenientes, não pode o comanditário receber quaisquer lucros, antes de reintegrado aquele.

Art. 1.050. No caso de morte de sócio comanditário, a sociedade, salvo disposição do contrato, continuará com os seus sucessores, que designarão quem os represente.

Art. 1.051. Dissolve-se de pleno direito a sociedade:

I – por qualquer das causas previstas no art. 1.044;
II – quando por mais de cento e oitenta dias perdurar a falta de uma das categorias de sócio.

Parágrafo único. Na falta de sócio comanditado, os comanditários nomearão administrador provisório para praticar, durante o período referido no inciso II e sem assumir a condição de sócio, os atos de administração.

Capítulo IV

DA SOCIEDADE LIMITADA

Seção I

DISPOSIÇÕES PRELIMINARES

Art. 1.052. Na sociedade limitada, a responsabilidade de cada sócio é restrita ao valor de suas quotas, mas todos respondem solidariamente pela integralização do capital social.

▶ Arts. 275 a 285 e 1.056, § 2º, e 1.158 deste Código.

Art. 1.053. A sociedade limitada rege-se, nas omissões deste Capítulo, pelas normas da sociedade simples.

▶ Arts. 997 a 1.038 e 1.158 deste Código.

Parágrafo único. O contrato social poderá prever a regência supletiva da sociedade limitada pelas normas da sociedade anônima.

▶ Arts. 1.088 e 1.089 deste Código.
▶ Lei nº 6.404, de 15-12-1976 (Lei das Sociedades por Ações).

Art. 1.054. O contrato mencionará, no que couber, as indicações do art. 997, e, se for o caso, a firma social.

Seção II

DAS QUOTAS

Art. 1.055. O capital social divide-se em quotas, iguais ou desiguais, cabendo uma ou diversas a cada sócio.

§ 1º Pela exata estimação de bens conferidos ao capital social respondem solidariamente todos os sócios, até o prazo de cinco anos da data do registro da sociedade.

▶ Arts. 275 a 285 deste Código.

§ 2º É vedada contribuição que consista em prestação de serviços.

Art. 1.056. A quota é indivisível em relação à sociedade, salvo para efeito de transferência, caso em que se observará o disposto no artigo seguinte.

§ 1º No caso de condomínio de quota, os direitos a ela inerentes somente podem ser exercidos pelo condômino representante, ou pelo inventariante do espólio de sócio falecido.

§ 2º Sem prejuízo do disposto no art. 1.052, os condôminos de quota indivisa respondem solidariamente pelas prestações necessárias à sua integralização.

▶ Arts. 275 a 285 deste Código.

Art. 1.057. Na omissão do contrato, o sócio pode ceder sua quota, total ou parcialmente, a quem seja sócio, independentemente de audiência dos outros, ou a estranho, se não houver oposição de titulares de mais de um quarto do capital social.

▶ Art. 1.081, § 2º, deste Código.

Parágrafo único. A cessão terá eficácia quanto à sociedade e terceiros, inclusive para os fins do parágrafo único do art. 1.003, a partir da averbação do respectivo instrumento, subscrito pelos sócios anuentes.

Art. 1.058. Não integralizada a quota de sócio remisso, os outros sócios podem, sem prejuízo do disposto no art. 1.004 e seu parágrafo único, tomá-la para si ou transferi-la a terceiros, excluindo o primitivo titular e devolvendo-lhe o que houver pago, deduzidos os juros da mora, as prestações estabelecidas no contrato mais as despesas.

▶ Arts. 406, 407 e 1.030 deste Código.

Art. 1.059. Os sócios serão obrigados à reposição dos lucros e das quantias retiradas, a qualquer título, ainda que autorizados pelo contrato, quando tais lucros ou quantia se distribuírem com prejuízo do capital.

Seção III

DA ADMINISTRAÇÃO

▶ Art. 206, § 3º, VII, b, deste Código.

Art. 1.060. A sociedade limitada é administrada por uma ou mais pessoas designadas no contrato social ou em ato separado.

Parágrafo único. A administração atribuída no contrato a todos os sócios não se estende de pleno direito aos que posteriormente adquiram essa qualidade.

Art. 1.061. A designação de administradores não sócios dependerá de aprovação da unanimidade dos sócios, enquanto o capital não estiver integralizado, e de 2/3 (dois terços), no mínimo, após a integralização.

▶ Artigo com a redação dada pela Lei nº 12.375, de 30-12-2010.
▶ Art. 1.076 deste Código.

Art. 1.062. O administrador designado em ato separado investir-se-á no cargo mediante termo de posse no livro de atas da administração.

§ 1º Se o termo não for assinado nos trinta dias seguintes à designação, esta se tornará sem efeito.

§ 2º Nos dez dias seguintes ao da investidura, deve o administrador requerer seja averbada sua nomeação no registro competente, mencionando o seu nome, nacionalidade, estado civil, residência, com exibição de documento de identidade, o ato e a data da nomeação e o prazo de gestão.

Art. 1.063. O exercício do cargo de administrador cessa pela destituição, em qualquer tempo, do titular, ou pelo término do prazo se, fixado no contrato ou em ato separado, não houver recondução.

§ 1º Tratando-se de sócio nomeado administrador no contrato, sua destituição somente se opera pela aprovação de titulares de quotas correspondentes, no mínimo, a dois terços do capital social, salvo disposição contratual diversa.

▶ Art. 1.076 deste Código.

§ 2º A cessação do exercício do cargo de administrador deve ser averbada no registro competente, mediante requerimento apresentado nos dez dias seguintes ao da ocorrência.

§ 3º A renúncia de administrador torna-se eficaz, em relação à sociedade, desde o momento em que esta toma conhecimento da comunicação escrita do renunciante; e, em relação a terceiros, após a averbação e publicação.

▶ Art. 114 deste Código.

Art. 1.064. O uso da firma ou denominação social é privativo dos administradores que tenham os necessários poderes.

Art. 1.065. Ao término de cada exercício social, proceder-se-á à elaboração do inventário, do balanço patrimonial e do balanço de resultado econômico.

Seção IV

DO CONSELHO FISCAL

▶ Art. 206, § 3º, VII, *b*, deste Código.

Art. 1.066. Sem prejuízo dos poderes da assembleia dos sócios, pode o contrato instituir conselho fiscal composto de três ou mais membros e respectivos suplentes, sócios ou não, residentes no País, eleitos na assembleia anual prevista no art. 1.078.

§ 1º Não podem fazer parte do conselho fiscal, além dos inelegíveis enumerados no § 1º do art. 1.011, os membros dos demais órgãos da sociedade ou de outra por ela controlada, os empregados de quaisquer delas ou dos respectivos administradores, o cônjuge ou parente destes até o terceiro grau.

§ 2º É assegurado aos sócios minoritários, que representarem pelo menos um quinto do capital social, o direito de eleger, separadamente, um dos membros do conselho fiscal e o respectivo suplente.

Art. 1.067. O membro ou suplente eleito, assinando termo de posse lavrado no livro de atas e pareceres do conselho fiscal, em que se mencione o seu nome, nacionalidade, estado civil, residência e a data da escolha, ficará investido nas suas funções, que exercerá, salvo cessação anterior, até a subsequente assembleia anual.

Parágrafo único. Se o termo não for assinado nos trinta dias seguintes ao da eleição, esta se tornará sem efeito.

Art. 1.068. A remuneração dos membros do conselho fiscal será fixada, anualmente, pela assembleia dos sócios que os eleger.

Art. 1.069. Além de outras atribuições determinadas na lei ou no contrato social, aos membros do conselho fiscal incumbem, individual ou conjuntamente, os deveres seguintes:

I – examinar, pelo menos trimestralmente, os livros e papéis da sociedade e o estado da caixa e da carteira, devendo os administradores ou liquidantes prestar-lhes as informações solicitadas;
II – lavrar no livro de atas e pareceres do conselho fiscal o resultado dos exames referidos no inciso I deste artigo;
III – exarar no mesmo livro e apresentar à assembleia anual dos sócios parecer sobre os negócios e as operações sociais do exercício em que servirem, tomando por base o balanço patrimonial e o de resultado econômico;
IV – denunciar os erros, fraudes ou crimes que descobrirem, sugerindo providências úteis à sociedade;
V – convocar a assembleia dos sócios se a diretoria retardar por mais de trinta dias a sua convocação anual, ou sempre que ocorram motivos graves e urgentes;

▶ Art. 1.073, II, deste Código.

VI – praticar, durante o período da liquidação da sociedade, os atos a que se refere este artigo, tendo em vista as disposições especiais reguladoras da liquidação.

▶ Arts. 1.036 a 1.038, 1.053 e 1.102 a 1.112 deste Código.

Art. 1.070. As atribuições e poderes conferidos pela lei ao conselho fiscal não podem ser outorgados a outro órgão da sociedade, e a responsabilidade de seus membros obedece à regra que define a dos administradores (art. 1.016).

Parágrafo único. O conselho fiscal poderá escolher para assisti-lo no exame dos livros, dos balanços e das contas, contabilista legalmente habilitado, mediante remuneração aprovada pela assembleia dos sócios.

Seção V

DAS DELIBERAÇÕES DOS SÓCIOS

Art. 1.071. Dependem da deliberação dos sócios, além de outras matérias indicadas na lei ou no contrato:

I – a aprovação das contas da administração;
II – a designação dos administradores, quando feita em ato separado;
III – a destituição dos administradores;
IV – o modo de sua remuneração, quando não estabelecido no contrato;
V – a modificação do contrato social;
VI – a incorporação, a fusão e a dissolução da sociedade, ou a cessação do estado de liquidação;

▶ Arts. 1.102 a 1.122 deste Código.

VII – a nomeação e destituição dos liquidantes e o julgamento das suas contas;
VIII – o pedido de concordata.

▶ Arts. 1.072, § 4º, e 1.076 deste Código.
▶ Arts. 47 e seguintes e 161 e seguintes, da Lei nº 11.101, de 9-2-2005 (Lei de Recuperação de Empresas e Falências).

Art. 1.072. As deliberações dos sócios, obedecido o disposto no art. 1.010, serão tomadas em reunião ou em assembleia, conforme previsto no contrato social, devendo ser convocadas pelos administradores nos casos previstos em lei ou no contrato.

§ 1º A deliberação em assembleia será obrigatória se o número dos sócios for superior a dez.

▶ Art. 1.079 deste Código.

§ 2º Dispensam-se as formalidades de convocação previstas no § 3º do art. 1.152, quando todos os sócios comparecerem ou se declararem, por escrito, cientes do local, data, hora e ordem do dia.

§ 3º A reunião ou a assembleia tornam-se dispensáveis quando todos os sócios decidirem, por escrito, sobre a matéria que seria objeto delas.

§ 4º No caso do inciso VIII do artigo antecedente, os administradores, se houver urgência e com autorização de titulares de mais da metade do capital social, podem requerer concordata preventiva.

▶ Lei nº 11.101, de 9-2-2005 (Lei de Recuperação de Empresas e Falências).

§ 5º As deliberações tomadas de conformidade com a lei e o contrato vinculam todos os sócios, ainda que ausentes ou dissidentes.

§ 6º Aplica-se às reuniões dos sócios, nos casos omissos no contrato, o disposto na presente Seção sobre a assembleia.

Art. 1.073. A reunião ou a assembleia podem também ser convocadas:

I – por sócio, quando os administradores retardarem a convocação, por mais de sessenta dias, nos casos previstos em lei ou no contrato, ou por titulares de mais de um quinto do capital, quando não atendido, no prazo de oito dias, pedido de convocação fundamentado, com indicação das matérias a serem tratadas;

II – pelo conselho fiscal, se houver, nos casos a que se refere o inciso V do art. 1.069.

Art. 1.074. A assembleia dos sócios instala-se com a presença, em primeira convocação, de titulares de no mínimo três quartos do capital social, e, em segunda, com qualquer número.

§ 1º O sócio pode ser representado na assembleia por outro sócio, ou por advogado, mediante outorga de mandato com especificação dos atos autorizados, devendo o instrumento ser levado a registro, juntamente com a ata.

▶ Arts. 653 a 691 deste Código.

§ 2º Nenhum sócio, por si ou na condição de mandatário, pode votar matéria que lhe diga respeito diretamente.

Art. 1.075. A assembleia será presidida e secretariada por sócios escolhidos entre os presentes.

§ 1º Dos trabalhos e deliberações será lavrada, no livro de atas da assembleia, ata assinada pelos membros da mesa e por sócios participantes da reunião, quantos bastem à validade das deliberações, mas sem prejuízo dos que queiram assiná-la.

§ 2º Cópia da ata autenticada pelos administradores, ou pela mesa, será, nos vinte dias subsequentes à reunião, apresentada ao Registro Público de Empresas Mercantis para arquivamento e averbação.

▶ Lei nº 8.934, de 18-11-1994 (Lei do Registro Público de Empresas Mercantis).

§ 3º Ao sócio, que a solicitar, será entregue cópia autenticada da ata.

Art. 1.076. Ressalvado o disposto no art. 1.061 e no § 1º do art. 1.063, as deliberações dos sócios serão tomadas:

I – pelos votos correspondentes, no mínimo, a três quartos do capital social, nos casos previstos nos incisos V e VI do art. 1.071;

II – pelos votos correspondentes a mais de metade do capital social, nos casos previstos nos incisos II, III, IV e VIII do art. 1.071;

III – pela maioria de votos dos presentes, nos demais casos previstos na lei ou no contrato, se este não exigir maioria mais elevada.

Art. 1.077. Quando houver modificação do contrato, fusão da sociedade, incorporação de outra, ou dela por outra, terá o sócio que dissentiu o direito de retirar-se da sociedade, nos trinta dias subsequentes à reunião, aplicando-se, no silêncio do contrato social antes vigente, o disposto no art. 1.031.

▶ Arts. 1.013 a 1.122 deste Código.

Art. 1.078. A assembleia dos sócios deve realizar-se ao menos uma vez por ano, nos quatro meses seguintes ao término do exercício social, com o objetivo de:

I – tomar as contas dos administradores e deliberar sobre o balanço patrimonial e o de resultado econômico;

II – designar administradores, quando for o caso;

III – tratar de qualquer outro assunto constante da ordem do dia.

▶ Art. 1.066 deste Código.

§ 1º Até trinta dias antes da data marcada para a assembleia, os documentos referidos no inciso I deste artigo devem ser postos, por escrito, e com a prova do respectivo recebimento, à disposição dos sócios que não exerçam a administração.

§ 2º Instalada a assembleia, proceder-se-á à leitura dos documentos referidos no parágrafo antecedente, os quais serão submetidos, pelo presidente, à discussão e votação, nesta não podendo tomar parte os membros da administração e, se houver, os do conselho fiscal.

§ 3º A aprovação, sem reserva, do balanço patrimonial e do de resultado econômico, salvo erro, dolo ou simulação, exonera de responsabilidade os membros da administração e, se houver, os do conselho fiscal.

▶ Arts. 138 a 150 e 167 deste Código.

§ 4º Extingue-se em dois anos o direito de anular a aprovação a que se refere o parágrafo antecedente.

▶ Arts. 207 a 211 deste Código.

Art. 1.079. Aplica-se às reuniões dos sócios, nos casos omissos no contrato, o estabelecido nesta Seção sobre a assembleia, obedecido o disposto no § 1º do art. 1.072.

Art. 1.080. As deliberações infringentes do contrato ou da lei tornam ilimitada a responsabilidade dos que expressamente as aprovaram.

▶ Art. 50 deste Código.

SEÇÃO VI
DO AUMENTO E DA REDUÇÃO DO CAPITAL

Art. 1.081. Ressalvado o disposto em lei especial, integralizadas as quotas, pode ser o capital aumentado, com a correspondente modificação do contrato.

§ 1º Até trinta dias após a deliberação, terão os sócios preferência para participar do aumento, na proporção das quotas de que sejam titulares.

§ 2º À cessão do direito de preferência, aplica-se o disposto no *caput* do art. 1.057.

§ 3º Decorrido o prazo de preferência, e assumida pelos sócios, ou por terceiros, a totalidade do aumento, haverá reunião ou assembleia dos sócios, para que seja aprovada a modificação do contrato.

Art. 1.082. Pode a sociedade reduzir o capital, mediante a correspondente modificação do contrato:

I – depois de integralizado, se houver perdas irreparáveis;

▶ Art. 1.083 deste Código.

II – se excessivo em relação ao objeto da sociedade.

▶ Art. 1.084 deste Código.

Art. 1.083. No caso do inciso I do artigo antecedente, a redução do capital será realizada com a diminuição proporcional do valor nominal das quotas, tornando-se efetiva a partir da averbação, no Registro Público de Empresas Mercantis, da ata da assembleia que a tenha aprovado.

▶ Lei nº 8.934, de 18-11-1994 (Lei do Registro Público de Empresas Mercantis).

Art. 1.084. No caso do inciso II do art. 1.082, a redução do capital será feita restituindo-se parte do valor das quotas aos sócios, ou dispensando-se as prestações ainda devidas, com diminuição proporcional, em ambos os casos, do valor nominal das quotas.

§ 1º No prazo de noventa dias, contado da data da publicação da ata da assembleia que aprovar a redução, o credor quirografário, por título líquido anterior a essa data, poderá opor-se ao deliberado.

§ 2º A redução somente se tornará eficaz se, no prazo estabelecido no parágrafo antecedente, não for impugnada, ou se provado o pagamento da dívida ou o depósito judicial do respectivo valor.

§ 3º Satisfeitas as condições estabelecidas no parágrafo antecedente, proceder-se-á à averbação, no Registro Público de Empresas Mercantis, da ata que tenha aprovado a redução.

▶ Lei nº 8.934, de 18-11-1994 (Lei do Registro Público de Empresas Mercantis).

SEÇÃO VII
DA RESOLUÇÃO DA SOCIEDADE EM RELAÇÃO A SÓCIOS MINORITÁRIOS

Art. 1.085. Ressalvado o disposto no art. 1.030, quando a maioria dos sócios, representativa de mais da metade do capital social, entender que um ou mais sócios estão pondo em risco a continuidade da empresa, em virtude de atos de inegável gravidade, poderá excluí-los da sociedade, mediante alteração do contrato social, desde que prevista neste a exclusão por justa causa.

Parágrafo único. A exclusão somente poderá ser determinada em reunião ou assembleia especialmente convocada para esse fim, ciente o acusado em tempo hábil para permitir seu comparecimento e o exercício do direito de defesa.

▶ Súm. nº 265 do STF.

Art. 1.086. Efetuado o registro da alteração contratual, aplicar-se-á o disposto nos arts. 1.031 e 1.032.

SEÇÃO VIII
DA DISSOLUÇÃO

Art. 1.087. A sociedade dissolve-se, de pleno direito, por qualquer das causas previstas no art. 1.044.

CAPÍTULO V
DA SOCIEDADE ANÔNIMA

▶ Arts. 206, § 3º, VII, *a*, 982, parágrafo único, 1.126 e 1.160 deste Código.

SEÇÃO ÚNICA
DA CARACTERIZAÇÃO

Art. 1.088. Na sociedade anônima ou companhia, o capital divide-se em ações, obrigando-se cada sócio ou acionista somente pelo preço de emissão das ações que subscrever ou adquirir.

▶ Art. 1º da Lei nº 6.404, de 15-12-1976 (Lei das Sociedades por Ações).

▶ Súm. nº 371 do STJ.

Art. 1.089. A sociedade anônima rege-se por lei especial, aplicando-se-lhe, nos casos omissos, as disposições deste Código.

▶ Lei nº 6.404, de 15-12-1976 (Lei das Sociedades por Ações).

CAPÍTULO VI
DA SOCIEDADE EM COMANDITA POR AÇÕES

▶ Art. 1.161 deste Código.

▶ Arts. 280 a 284 da Lei nº 6.404, de 15-12-1976 (Lei das Sociedades por Ações).

Art. 1.090. A sociedade em comandita por ações tem o capital dividido em ações, regendo-se pelas normas relativas à sociedade anônima, sem prejuízo das modificações constantes deste Capítulo, e opera sob firma ou denominação.

Art. 1.091. Somente o acionista tem qualidade para administrar a sociedade e, como diretor, responde subsidiária e ilimitadamente pelas obrigações da sociedade.

§ 1º Se houver mais de um diretor, serão solidariamente responsáveis, depois de esgotados os bens sociais.

▶ Arts. 275 a 285 deste Código.

§ 2º Os diretores serão nomeados no ato constitutivo da sociedade, sem limitação de tempo, e somente poderão ser destituídos por deliberação de acionistas que representem no mínimo dois terços do capital social.

§ 3º O diretor destituído ou exonerado continua, durante dois anos, responsável pelas obrigações sociais contraídas sob sua administração.

Art. 1.092. A assembleia-geral não pode, sem o consentimento dos diretores, mudar o objeto essencial da sociedade, prorrogar-lhe o prazo de duração, aumentar ou diminuir o capital social, criar debêntures, ou partes beneficiárias.

CAPÍTULO VII
DA SOCIEDADE COOPERATIVA

► Arts. 982, parágrafo único, 983, parágrafo único, e 1.159 deste Código.
► Lei nº 5.764, de 16-12-1971 (Lei das Cooperativas).
► Lei nº 9.867, de 10-11-1999, dispõe sobre a criação e o funcionamento de Cooperativas Sociais, visando à integração social dos cidadãos, conforme especifica.
► Lei nº 12.690, de 19-7-2012, dispõe sobre a organização e o funcionamento das Cooperativas de Trabalho.

Art. 1.093. A sociedade cooperativa reger-se-á pelo disposto no presente Capítulo, ressalvada a legislação especial.

Art. 1.094. São características da sociedade cooperativa:

I – variabilidade, ou dispensa do capital social;
II – concurso de sócios em número mínimo necessário a compor a administração da sociedade, sem limitação de número máximo;
III – limitação do valor da soma de quotas do capital social que cada sócio poderá tomar;
IV – intransferibilidade das quotas do capital a terceiros estranhos à sociedade, ainda que por herança;
V – *quorum*, para a assembleia-geral funcionar e deliberar, fundado no número de sócios presentes à reunião, e não no capital social representado;
VI – direito de cada sócio a um só voto nas deliberações, tenha ou não capital a sociedade, e qualquer que seja o valor de sua participação;
VII – distribuição dos resultados, proporcionalmente ao valor das operações efetuadas pelo sócio com a sociedade, podendo ser atribuído juro fixo ao capital realizado;
VIII – indivisibilidade do fundo de reserva entre os sócios, ainda que em caso de dissolução da sociedade.

► Art. 1.096 deste Código.

Art. 1.095. Na sociedade cooperativa, a responsabilidade dos sócios pode ser limitada ou ilimitada.

§ 1º É limitada a responsabilidade na cooperativa em que o sócio responde somente pelo valor de suas quotas e pelo prejuízo verificado nas operações sociais, guardada a proporção de sua participação nas mesmas operações.

§ 2º É ilimitada a responsabilidade na cooperativa em que o sócio responde solidária e ilimitadamente pelas obrigações sociais.

► Arts. 275 a 285 deste Código.

Art. 1.096. No que a lei for omissa, aplicam-se as disposições referentes à sociedade simples, resguardadas as características estabelecidas no art. 1.094.

► Arts. 997 a 1.038 deste Código.

CAPÍTULO VIII
DAS SOCIEDADES COLIGADAS

Art. 1.097. Consideram-se coligadas as sociedades que, em suas relações de capital, são controladas, filiadas, ou de simples participação, na forma dos artigos seguintes.

Art. 1.098. É controlada:

I – a sociedade de cujo capital outra sociedade possua a maioria dos votos nas deliberações dos quotistas ou da assembleia-geral e o poder de eleger a maioria dos administradores;
II – a sociedade cujo controle, referido no inciso antecedente, esteja em poder de outra, mediante ações ou quotas possuídas por sociedades ou sociedades por esta já controladas.

Art. 1.099. Diz-se coligada ou filiada a sociedade de cujo capital outra sociedade participa com dez por cento ou mais, do capital da outra, sem controlá-la.

► Art. 243 da Lei nº 6.404, de 15-12-1976 (Lei das Sociedades por Ações).

Art. 1.100. É de simples participação a sociedade de cujo capital outra sociedade possua menos de dez por cento do capital com direito de voto.

Art. 1.101. Salvo disposição especial de lei, a sociedade não pode participar de outra, que seja sua sócia, por montante superior, segundo o balanço, ao das próprias reservas, excluída a reserva legal.

Parágrafo único. Aprovado o balanço em que se verifique ter sido excedido esse limite, a sociedade não poderá exercer o direito de voto correspondente às ações ou quotas em excesso, as quais devem ser alienadas nos cento e oitenta dias seguintes àquela aprovação.

CAPÍTULO IX
DA LIQUIDAÇÃO DA SOCIEDADE

► Arts. 51, 206, § 3º, VII, c, 1.038, § 2º, e 1.155, parágrafo único, deste Código.

Art. 1.102. Dissolvida a sociedade e nomeado o liquidante na forma do disposto neste Livro, procede-se à sua liquidação, de conformidade com os preceitos deste Capítulo, ressalvado o disposto no ato constitutivo ou no instrumento da dissolução.

Parágrafo único. O liquidante, que não seja administrador da sociedade, investir-se-á nas funções, averbada a sua nomeação no registro próprio.

► Arts. 1.036 a 1.038 deste Código.

Art. 1.103. Constituem deveres do liquidante:

I – averbar e publicar a ata, sentença ou instrumento de dissolução da sociedade;
II – arrecadar os bens, livros e documentos da sociedade, onde quer que estejam;
III – proceder, nos quinze dias seguintes ao da sua investidura e com a assistência, sempre que possível, dos administradores, à elaboração do inventário e do balanço geral do ativo e do passivo;
IV – ultimar os negócios da sociedade, realizar o ativo, pagar o passivo e partilhar o remanescente entre os sócios ou acionistas;
V – exigir dos quotistas, quando insuficiente o ativo à solução do passivo, a integralização de suas quotas e, se for o caso, as quantias necessárias, nos limites da responsabilidade de cada um e proporcionalmente à respectiva participação nas perdas, repartindo-se, entre os sócios solventes e na mesma proporção, o devido pelo insolvente;

VI – convocar assembleia dos quotistas, cada seis meses, para apresentar relatório e balanço do estado da liquidação, prestando conta dos atos praticados durante o semestre, ou sempre que necessário;

VII – confessar a falência da sociedade e pedir concordata, de acordo com as formalidades prescritas para o tipo de sociedade liquidanda;

► Lei nº 11.101, de 9-2-2005 (Lei de Recuperação de Empresas e Falências).

VIII – finda a liquidação, apresentar aos sócios o relatório da liquidação e as suas contas finais;

IX – averbar a ata da reunião ou da assembleia, ou o instrumento firmado pelos sócios, que considerar encerrada a liquidação.

Parágrafo único. Em todos os atos, documentos ou publicações, o liquidante empregará a firma ou denominação social sempre seguida da cláusula "em liquidação" e de sua assinatura individual, com a declaração de sua qualidade.

Art. 1.104. As obrigações e a responsabilidade do liquidante regem-se pelos preceitos peculiares às dos administradores da sociedade liquidanda.

Art. 1.105. Compete ao liquidante representar a sociedade e praticar todos os atos necessários à sua liquidação, inclusive alienar bens móveis ou imóveis, transigir, receber e dar quitação.

Parágrafo único. Sem estar expressamente autorizado pelo contrato social, ou pelo voto da maioria dos sócios, não pode o liquidante gravar de ônus reais os móveis e imóveis, contrair empréstimos, salvo quando indispensáveis ao pagamento de obrigações inadiáveis, nem prosseguir, embora para facilitar a liquidação, na atividade social.

Art. 1.106. Respeitados os direitos dos credores preferenciais, pagará o liquidante as dívidas sociais proporcionalmente, sem distinção entre vencidas e vincendas, mas, em relação a estas, com desconto.

► Arts. 955 a 965 deste Código.

Parágrafo único. Se o ativo for superior ao passivo, pode o liquidante, sob sua responsabilidade pessoal, pagar integralmente as dívidas vencidas.

Art. 1.107. Os sócios podem resolver, por maioria de votos, antes de ultimada a liquidação, mas depois de pagos os credores, que o liquidante faça rateios por antecipação da partilha, à medida em que se apurem os haveres sociais.

Art. 1.108. Pago o passivo e partilhado o remanescente, convocará o liquidante assembleia dos sócios para a prestação final de contas.

Art. 1.109. Aprovadas as contas, encerra-se a liquidação, e a sociedade se extingue, ao ser averbada no registro próprio a ata da assembleia.

Parágrafo único. O dissidente tem o prazo de trinta dias, a contar da publicação da ata, devidamente averbada, para promover a ação que couber.

► Arts. 207 a 211 deste Código.

Art. 1.110. Encerrada a liquidação, o credor não satisfeito só terá direito a exigir dos sócios, individualmente, o pagamento do seu crédito, até o limite da soma por eles recebida em partilha, e a propor contra o liquidante ação de perdas e danos.

► Arts. 402 a 405 deste Código.

Art. 1.111. No caso de liquidação judicial, será observado o disposto na lei processual.

► Arts. 655 a 674 do CPC/1939.

Art. 1.112. No curso de liquidação judicial, o juiz convocará, se necessário, reunião ou assembleia para deliberar sobre os interesses da liquidação, e as presidirá, resolvendo sumariamente as questões suscitadas.

Parágrafo único. As atas das assembleias serão, em cópia autêntica, apensadas ao processo judicial.

CAPÍTULO X

DA TRANSFORMAÇÃO, DA INCORPORAÇÃO, DA FUSÃO E DA CISÃO DAS SOCIEDADES

► Arts. 984, parágrafo único, e 2.033 deste Código.

Art. 1.113. O ato de transformação independe de dissolução ou liquidação da sociedade, e obedecerá aos preceitos reguladores da constituição e inscrição próprios do tipo em que vai converter-se.

Art. 1.114. A transformação depende do consentimento de todos os sócios, salvo se prevista no ato constitutivo, caso em que o dissidente poderá retirar-se da sociedade, aplicando-se, no silêncio do estatuto ou do contrato social, o disposto no art. 1.031.

Art. 1.115. A transformação não modificará nem prejudicará, em qualquer caso, os direitos dos credores.

Parágrafo único. A falência da sociedade transformada somente produzirá efeitos em relação aos sócios que, no tipo anterior, a eles estariam sujeitos, se o pedirem os titulares de créditos anteriores à transformação, e somente a estes beneficiará.

Art. 1.116. Na incorporação, uma ou várias sociedades são absorvidas por outra, que lhes sucede em todos os direitos e obrigações, devendo todas aprová-la, na forma estabelecida para os respectivos tipos.

Art. 1.117. A deliberação dos sócios da sociedade incorporada deverá aprovar as bases da operação e o projeto de reforma do ato constitutivo.

§ 1º A sociedade que houver de ser incorporada tomará conhecimento desse ato, e, se o aprovar, autorizará os administradores a praticar o necessário à incorporação, inclusive a subscrição em bens pelo valor da diferença que se verificar entre o ativo e o passivo.

§ 2º A deliberação dos sócios da sociedade incorporadora compreenderá a nomeação dos peritos para a avaliação do patrimônio líquido da sociedade, que tenha de ser incorporada.

Art. 1.118. Aprovados os atos da incorporação, a incorporadora declarará extinta a incorporada, e promoverá a respectiva averbação no registro próprio.

Art. 1.119. A fusão determina a extinção das sociedades que se unem, para formar sociedade nova, que a elas sucederá nos direitos e obrigações.

Art. 1.120. A fusão será decidida, na forma estabelecida para os respectivos tipos, pelas sociedades que pretendam unir-se.

§ 1º Em reunião ou assembleia dos sócios de cada sociedade, deliberada a fusão e aprovado o projeto do ato constitutivo da nova sociedade, bem como o plano de distribuição do capital social, serão nomeados os peritos para a avaliação do patrimônio da sociedade.

§ 2º Apresentados os laudos, os administradores convocarão reunião ou assembleia dos sócios para tomar conhecimento deles, decidindo sobre a constituição definitiva da nova sociedade.

§ 3º É vedado aos sócios votar o laudo de avaliação do patrimônio da sociedade de que façam parte.

Art. 1.121. Constituída a nova sociedade, aos administradores incumbe fazer inscrever, no registro próprio da sede, os atos relativos à fusão.

Art. 1.122. Até noventa dias após publicados os atos relativos à incorporação, fusão ou cisão, o credor anterior, por ela prejudicado, poderá promover judicialmente a anulação deles.

▶ Arts. 207 a 211 deste Código.

§ 1º A consignação em pagamento prejudicará a anulação pleiteada.

▶ Arts. 334 a 345 deste Código.
▶ Arts. 890 a 900 do CPC.

§ 2º Sendo ilíquida a dívida, a sociedade poderá garantir-lhe a execução, suspendendo-se o processo de anulação.

§ 3º Ocorrendo, no prazo deste artigo, a falência da sociedade incorporadora, da sociedade nova ou da cindida, qualquer credor anterior terá direito a pedir a separação dos patrimônios, para o fim de serem os créditos pagos pelos bens das respectivas massas.

CAPÍTULO XI
DA SOCIEDADE DEPENDENTE DE AUTORIZAÇÃO
Seção I
DISPOSIÇÕES GERAIS

Art. 1.123. A sociedade que dependa de autorização do Poder Executivo para funcionar reger-se-á por este título, sem prejuízo do disposto em lei especial.

Parágrafo único. A competência para a autorização será sempre do Poder Executivo federal.

Art. 1.124. Na falta de prazo estipulado em lei ou em ato do poder público, será considerada caduca a autorização se a sociedade não entrar em funcionamento nos doze meses seguintes à respectiva publicação.

Art. 1.125. Ao Poder Executivo é facultado, a qualquer tempo, cassar a autorização concedida a sociedade nacional ou estrangeira que infringir disposição de ordem pública ou praticar atos contrários aos fins declarados no seu estatuto.

Seção II
DA SOCIEDADE NACIONAL

Art. 1.126. É nacional a sociedade organizada de conformidade com a lei brasileira e que tenha no País a sede de sua administração.

Parágrafo único. Quando a lei exigir que todos ou alguns sócios sejam brasileiros, as ações da sociedade anônima revestirão, no silêncio da lei, a forma nominativa. Qualquer que seja o tipo da sociedade, na sua sede ficará arquivada cópia autêntica do documento comprobatório da nacionalidade dos sócios.

▶ Arts. 1.088 e 1.089 deste Código.
▶ Lei nº 6.404, de 15-12-1976 (Lei das Sociedades por Ações).

Art. 1.127. Não haverá mudança de nacionalidade de sociedade brasileira sem o consentimento unânime dos sócios ou acionistas.

Art. 1.128. O requerimento de autorização de sociedade nacional deve ser acompanhado de cópia do contrato, assinada por todos os sócios, ou, tratando-se de sociedade anônima, de cópia, autenticada pelos fundadores, dos documentos exigidos pela lei especial.

▶ Lei nº 6.404, de 15-12-1976 (Lei das Sociedades por Ações).

Parágrafo único. Se a sociedade tiver sido constituída por escritura pública, bastará juntar-se ao requerimento a respectiva certidão.

▶ Art. 1.031 deste Código.

Art. 1.129. Ao Poder Executivo é facultado exigir que se procedam a alterações ou aditamento no contrato ou no estatuto, devendo os sócios, ou, tratando-se de sociedade anônima, os fundadores, cumprir as formalidades legais para revisão dos atos constitutivos, e juntar ao processo prova regular.

▶ Art. 1.031 deste Código.

Art. 1.130. Ao Poder Executivo é facultado recusar a autorização, se a sociedade não atender às condições econômicas, financeiras ou jurídicas especificadas em lei.

Art. 1.131. Expedido o decreto de autorização, cumprirá à sociedade publicar os atos referidos nos arts. 1.128 e 1.129, em trinta dias, no órgão oficial da União, cujo exemplar representará prova para inscrição, no registro próprio, dos atos constitutivos da sociedade.

Parágrafo único. A sociedade promoverá, também no órgão oficial da União e no prazo de trinta dias, a publicação do termo de inscrição.

▶ Arts. 1.135 e 1.136, § 3º, deste Código.

Art. 1.132. As sociedades anônimas nacionais, que dependam de autorização do Poder Executivo para funcionar, não se constituirão sem obtê-la, quando seus fundadores pretenderem recorrer à subscrição pública para a formação do capital.

§ 1º Os fundadores deverão juntar ao requerimento cópias autênticas do projeto do estatuto e do prospecto.

§ 2º Obtida a autorização e constituída a sociedade, proceder-se-á à inscrição dos seus atos constitutivos.

Art. 1.133. Dependem de aprovação as modificações do contrato ou do estatuto de sociedade sujeita a autorização do Poder Executivo, salvo se decorrerem de aumento do capital social, em virtude de utilização de reservas ou reavaliação do ativo.

Seção III
DA SOCIEDADE ESTRANGEIRA

Art. 1.134. A sociedade estrangeira, qualquer que seja o seu objeto, não pode, sem autorização do Poder Executivo, funcionar no País, ainda que por estabelecimentos subordinados, podendo, todavia, ressalvados os casos expressos em lei, ser acionista de sociedade anônima brasileira.

► Lei nº 6.404, de 15-12-1976 (Lei das Sociedades por Ações).

► Dec. nº 5.664, de 10-1-2006, delega competência ao Ministro de Estado do Desenvolvimento, Indústria e Comércio Exterior para autorizar o funcionamento no Brasil de sociedade estrangeira, bem como suas alterações estatutárias ou contratuais, nacionalização e cassação da autorização.

§ 1º Ao requerimento de autorização devem juntar-se:

I – prova de se achar a sociedade constituída conforme a lei de seu país;
II – inteiro teor do contrato ou do estatuto;
III – relação dos membros de todos os órgãos da administração da sociedade, com nome, nacionalidade, profissão, domicílio e, salvo quanto a ações ao portador, o valor da participação de cada um no capital da sociedade;
IV – cópia do ato que autorizou o funcionamento no Brasil e fixou o capital destinado às operações no território nacional;
V – prova de nomeação do representante no Brasil, com poderes expressos para aceitar as condições exigidas para a autorização;
VI – último balanço.

► Arts. 1.135, parágrafo único, e 1.141, § 1º, deste Código.

§ 2º Os documentos serão autenticados, de conformidade com a lei nacional da sociedade requerente, legalizados no consulado brasileiro da respectiva sede e acompanhados de tradução em vernáculo.

Art. 1.135. É facultado ao Poder Executivo, para conceder a autorização, estabelecer condições convenientes à defesa dos interesses nacionais.

Parágrafo único. Aceitas as condições, expedirá o Poder Executivo decreto de autorização, do qual constará o montante de capital destinado às operações no País, cabendo à sociedade promover a publicação dos atos referidos no art. 1.131 e no § 1º do art. 1.134.

Art. 1.136. A sociedade autorizada não pode iniciar sua atividade antes de inscrita no registro próprio do lugar em que se deva estabelecer.

§ 1º O requerimento de inscrição será instruído com exemplar da publicação exigida no parágrafo único do artigo antecedente, acompanhado de documento do depósito em dinheiro, em estabelecimento bancário oficial, do capital ali mencionado.

§ 2º Arquivados esses documentos, a inscrição será feita por termo em livro especial para as sociedades estrangeiras, com número de ordem contínuo para todas as sociedades inscritas; no termo constarão:

I – nome, objeto, duração e sede da sociedade no estrangeiro;
II – lugar da sucursal, filial ou agência, no País;
III – data e número do decreto de autorização;
IV – capital destinado às operações no País;
V – individuação do seu representante permanente.

§ 3º Inscrita a sociedade, promover-se-á a publicação determinada no parágrafo único do art. 1.131.

Art. 1.137. A sociedade estrangeira autorizada a funcionar ficará sujeita às leis e aos tribunais brasileiros, quanto aos atos ou operações praticados no Brasil.

► Art. 11 do Dec.-lei nº 4.657, de 4-9-1942 (Lei de Introdução às normas do Direito Brasileiro).

Parágrafo único. A sociedade estrangeira funcionará no território nacional com o nome que tiver em seu país de origem, podendo acrescentar as palavras "do Brasil" ou "para o Brasil".

Art. 1.138. A sociedade estrangeira autorizada a funcionar é obrigada a ter, permanentemente, representante no Brasil, com poderes para resolver quaisquer questões e receber citação judicial pela sociedade.

Parágrafo único. O representante somente pode agir perante terceiros depois de arquivado e averbado o instrumento de sua nomeação.

Art. 1.139. Qualquer modificação no contrato ou no estatuto dependerá da aprovação do Poder Executivo, para produzir efeitos no território nacional.

► Dec. nº 5.664, de 10-1-2006, delega competência ao Ministro de Estado do Desenvolvimento, Indústria e Comércio Exterior para autorizar o funcionamento no Brasil de sociedade estrangeira, bem como suas alterações estatutárias ou contratuais, nacionalização e cassação da autorização.

Art. 1.140. A sociedade estrangeira deve, sob pena de lhe ser cassada a autorização, reproduzir no órgão oficial da União, e do Estado, se for o caso, as publicações que, segundo a sua lei nacional, seja obrigada a fazer relativamente ao balanço patrimonial e ao de resultado econômico, bem como aos atos de sua administração.

Parágrafo único. Sob pena, também, de lhe ser cassada a autorização, a sociedade estrangeira deverá publicar o balanço patrimonial e o de resultado econômico das sucursais, filiais ou agências existentes no País.

Art. 1.141. Mediante autorização do Poder Executivo, a sociedade estrangeira admitida a funcionar no País pode nacionalizar-se, transferindo sua sede para o Brasil.

► Dec. nº 5.664, de 10-1-2006, delega competência ao Ministro de Estado do Desenvolvimento, Indústria e Comércio Exterior para autorizar o funcionamento no Brasil de sociedade estrangeira, bem como suas alterações estatutárias ou contratuais, nacionalização e cassação da autorização.

§ 1º Para o fim previsto neste artigo, deverá a sociedade, por seus representantes, oferecer, com o requerimento, os documentos exigidos no art. 1.134, e ainda a prova da realização do capital, pela forma declarada no contrato, ou no estatuto, e do ato em que foi deliberada a nacionalização.

§ 2º O Poder Executivo poderá impor as condições que julgar convenientes à defesa dos interesses nacionais.

§ 3º Aceitas as condições pelo representante, proceder-se-á, após a expedição do decreto de autorização, à inscrição da sociedade e publicação do respectivo termo.

TÍTULO III – DO ESTABELECIMENTO

Capítulo Único
DISPOSIÇÕES GERAIS

Art. 1.142. Considera-se estabelecimento todo complexo de bens organizado, para exercício da empresa, por empresário, ou por sociedade empresária.
► Arts. 79 a 103 deste Código.
► Súm. nº 645 do STF.
► Súm. nº 451 do STJ.

Art. 1.143. Pode o estabelecimento ser objeto unitário de direitos e de negócios jurídicos, translativos ou constitutivos, que sejam compatíveis com a sua natureza.

Art. 1.144. O contrato que tenha por objeto a alienação, o usufruto ou arrendamento do estabelecimento, só produzirá efeitos quanto a terceiros depois de averbado à margem da inscrição do empresário, ou da sociedade empresária, no Registro Público de Empresas Mercantis, e de publicado na imprensa oficial.
► Lei nº 8.934, de 18-11-1994 (Lei do Registro Público de Empresas Mercantis).

Art. 1.145. Se ao alienante não restarem bens suficientes para solver o seu passivo, a eficácia da alienação do estabelecimento depende do pagamento de todos os credores, ou do consentimento destes, de modo expresso ou tácito, em trinta dias a partir de sua notificação.

Art. 1.146. O adquirente do estabelecimento responde pelo pagamento dos débitos anteriores à transferência, desde que regularmente contabilizados, continuando o devedor primitivo solidariamente obrigado pelo prazo de um ano, a partir, quanto aos créditos vencidos, da publicação, e, quanto aos outros, da data do vencimento.
► Arts. 275 a 285 deste Código.
► Art. 133 do CTN.
► Art. 448 da CLT.

Art. 1.147. Não havendo autorização expressa, o alienante do estabelecimento não pode fazer concorrência ao adquirente, nos cinco anos subsequentes à transferência.

Parágrafo único. No caso de arrendamento ou usufruto do estabelecimento, a proibição prevista neste artigo persistirá durante o prazo do contrato.

Art. 1.148. Salvo disposição em contrário, a transferência importa a sub-rogação do adquirente nos contratos estipulados para exploração do estabelecimento, se não tiverem caráter pessoal, podendo os terceiros rescindir o contrato em noventa dias a contar da publicação da transferência, se ocorrer justa causa, ressalvada, neste caso, a responsabilidade do alienante.

Art. 1.149. A cessão dos créditos referentes ao estabelecimento transferido produzirá efeito em relação aos respectivos devedores, desde o momento da publicação da transferência, mas o devedor ficará exonerado se de boa-fé pagar ao cedente.
► Arts. 286 a 298 deste Código.

TÍTULO IV – DOS INSTITUTOS COMPLEMENTARES

Capítulo I
DO REGISTRO

► Lei nº 11.598, de 3-12-2007 (Lei da REDESIM).

Art. 1.150. O empresário e a sociedade empresária vinculam-se ao Registro Público de Empresas Mercantis a cargo das Juntas Comerciais, e a sociedade simples ao Registro Civil das Pessoas Jurídicas, o qual deverá obedecer às normas fixadas para aquele registro, se a sociedade simples adotar um dos tipos de sociedade empresária.
► Arts. 45, 967, 985, 986 e 1.166 deste Código.
► Lei nº 8.934, de 18-11-1994 (Lei do Registro Público de Empresas Mercantis).

Art. 1.151. O registro dos atos sujeitos à formalidade exigida no artigo antecedente será requerido pela pessoa obrigada em lei, e, no caso de omissão ou demora, pelo sócio ou qualquer interessado.

§ 1º Os documentos necessários ao registro deverão ser apresentados no prazo de trinta dias, contado da lavratura dos atos respectivos.

§ 2º Requerido além do prazo previsto neste artigo, o registro somente produzirá efeito a partir da data de sua concessão.

§ 3º As pessoas obrigadas a requerer o registro responderão por perdas e danos, em caso de omissão ou demora.
► Arts. 402 a 405 deste Código.

Art. 1.152. Cabe ao órgão incumbido do registro verificar a regularidade das publicações determinadas em lei, de acordo com o disposto nos parágrafos deste artigo.

§ 1º Salvo exceção expressa, as publicações ordenadas neste Livro serão feitas no órgão oficial da União ou do Estado, conforme o local da sede do empresário ou da sociedade, e em jornal de grande circulação.

§ 2º As publicações das sociedades estrangeiras serão feitas nos órgãos oficiais da União e do Estado onde tiverem sucursais, filiais ou agências.

§ 3º O anúncio de convocação da assembleia de sócios será publicado por três vezes, ao menos, devendo mediar, entre a data da primeira inserção e a da realização da assembleia, o prazo mínimo de oito dias, para a primeira convocação, e de cinco dias, para as posteriores.
► Art. 1.072, § 2º, deste Código.

Art. 1.153. Cumpre à autoridade competente, antes de efetivar o registro, verificar a autenticidade e a legitimidade do signatário do requerimento, bem como fiscalizar a observância das prescrições legais concernentes ao ato ou aos documentos apresentados.

Parágrafo único. Das irregularidades encontradas deve ser notificado o requerente, que, se for o caso, poderá saná-las, obedecendo às formalidades da lei.

Art. 1.154. O ato sujeito a registro, ressalvadas disposições especiais da lei, não pode, antes do cumprimento das respectivas formalidades, ser oposto a terceiro, salvo prova de que este o conhecia.

Parágrafo único. O terceiro não pode alegar ignorância, desde que cumpridas as referidas formalidades.

CAPÍTULO II
DO NOME EMPRESARIAL

▶ Art. 72 da LC nº 123, de 14-12-2006 (Estatuto Nacional da Microempresa e da Empresa de Pequeno Porte).

Art. 1.155. Considera-se nome empresarial a firma ou a denominação adotada, de conformidade com este Capítulo, para o exercício de empresa.

Parágrafo único. Equipara-se ao nome empresarial, para os efeitos da proteção da lei, a denominação das sociedades simples, associações e fundações.

▶ Arts. 53 a 69 e 1.102 a 1.112 deste Código.

Art. 1.156. O empresário opera sob firma constituída por seu nome, completo ou abreviado, aditando-lhe, se quiser, designação mais precisa da sua pessoa ou do gênero de atividade.

Art. 1.157. A sociedade em que houver sócios de responsabilidade ilimitada operará sob firma, na qual somente os nomes daqueles poderão figurar, bastando para formá-la aditar ao nome de um deles a expressão "e companhia" ou sua abreviatura.

▶ Arts. 1.039 e 1.045 deste Código.

Parágrafo único. Ficam solidária e ilimitadamente responsáveis pelas obrigações contraídas sob a firma social aqueles que, por seus nomes, figurarem na firma da sociedade de que trata este artigo.

▶ Arts. 275 a 285 deste Código.

Art. 1.158. Pode a sociedade limitada adotar firma ou denominação, integradas pela palavra final "limitada" ou a sua abreviatura.

▶ Art. 1.052 deste Código.

§ 1º A firma será composta com o nome de um ou mais sócios, desde que pessoas físicas, de modo indicativo da relação social.

§ 2º A denominação deve designar o objeto da sociedade, sendo permitido nela figurar o nome de um ou mais sócios.

§ 3º A omissão da palavra "limitada" determina a responsabilidade solidária e ilimitada dos administradores que assim empregarem a firma ou a denominação da sociedade.

Art. 1.159. A sociedade cooperativa funciona sob denominação integrada pelo vocábulo "cooperativa".

▶ Art. 1.093 deste Código.

Art. 1.160. A sociedade anônima opera sob denominação designativa do objeto social, integrada pelas expressões "sociedade anônima" ou "companhia", por extenso ou abreviadamente.

▶ Arts. 1.088 e 1.089 deste Código.

Parágrafo único. Pode constar da denominação o nome do fundador, acionista, ou pessoa que haja concorrido para o bom êxito da formação da empresa.

Art. 1.161. A sociedade em comandita por ações pode, em lugar de firma, adotar denominação designativa do objeto social, aditada da expressão "comandita por ações".

▶ Art. 1.090 deste Código.

Art. 1.162. A sociedade em conta de participação não pode ter firma ou denominação.

▶ Art. 991 deste Código.

Art. 1.163. O nome de empresário deve distinguir-se de qualquer outro já inscrito no mesmo registro.

Parágrafo único. Se o empresário tiver nome idêntico ao de outros já inscritos, deverá acrescentar designação que o distinga.

Art. 1.164. O nome empresarial não pode ser objeto de alienação.

Parágrafo único. O adquirente de estabelecimento, por ato entre vivos, pode, se o contrato o permitir, usar o nome do alienante, precedido do seu próprio, com a qualificação de sucessor.

Art. 1.165. O nome de sócio que vier a falecer, for excluído ou se retirar, não pode ser conservado na firma social.

Art. 1.166. A inscrição do empresário, ou dos atos constitutivos das pessoas jurídicas, ou as respectivas averbações, no registro próprio, asseguram o uso exclusivo do nome nos limites do respectivo Estado.

▶ Art. 1.150 deste Código.

Parágrafo único. O uso previsto neste artigo estender-se-á a todo o território nacional, se registrado na forma da lei especial.

▶ Lei nº 8.934, de 18-11-1994 (Lei do Registro Público de Empresas Mercantis).

Art. 1.167. Cabe ao prejudicado, a qualquer tempo, ação para anular a inscrição do nome empresarial feita com violação da lei ou do contrato.

Art. 1.168. A inscrição do nome empresarial será cancelada, a requerimento de qualquer interessado, quando cessar o exercício da atividade para que foi adotado, ou quando ultimar-se a liquidação da sociedade que o inscreveu.

CAPÍTULO III

Seção I

DOS PREPOSTOS
DISPOSIÇÕES GERAIS

Art. 1.169. O preposto não pode, sem autorização escrita, fazer-se substituir no desempenho da preposição, sob pena de responder pessoalmente pelos atos do substituto e pelas obrigações por ele contraídas.

Art. 1.170. O preposto, salvo autorização expressa, não pode negociar por conta própria ou de terceiro, nem participar, embora indiretamente, de operação do mesmo gênero da que lhe foi cometida, sob pena de responder por perdas e danos e de serem retidos pelo preponente os lucros da operação.

▶ Arts. 402 a 405 deste Código.

Art. 1.171. Considera-se perfeita a entrega de papéis, bens ou valores ao preposto, encarregado pelo preponente, se os recebeu sem protesto, salvo nos casos em que haja prazo para reclamação.

Seção II

DO GERENTE

Art. 1.172. Considera-se gerente o preposto permanente no exercício da empresa, na sede desta, ou em sucursal, filial ou agência.

Art. 1.173. Quando a lei não exigir poderes especiais, considera-se o gerente autorizado a praticar todos os atos necessários ao exercício dos poderes que lhe foram outorgados.

Parágrafo único. Na falta de estipulação diversa, consideram-se solidários os poderes conferidos a dois ou mais gerentes.

Art. 1.174. As limitações contidas na outorga de poderes, para serem opostas a terceiros, dependem do arquivamento e averbação do instrumento no Registro Público de Empresas Mercantis, salvo se provado serem conhecidas da pessoa que tratou com o gerente.

Parágrafo único. Para o mesmo efeito e com idêntica ressalva, deve a modificação ou revogação do mandato ser arquivada e averbada no Registro Público de Empresas Mercantis.

▶ Art. 1.182 deste Código.
▶ Lei nº 8.934, de 18-11-1994 (Lei do Registro Público de Empresas Mercantis).

Art. 1.175. O preponente responde com o gerente pelos atos que este pratique em seu próprio nome, mas à conta daquele.

Art. 1.176. O gerente pode estar em juízo em nome do preponente, pelas obrigações resultantes do exercício da sua função.

Seção III

DO CONTABILISTA E OUTROS AUXILIARES

Art. 1.177. Os assentos lançados nos livros ou fichas do preponente, por qualquer dos prepostos encarregados de sua escrituração, produzem, salvo se houver procedido de má-fé, os mesmos efeitos como se o fossem por aquele.

Parágrafo único. No exercício de suas funções, os prepostos são pessoalmente responsáveis, perante os preponentes, pelos atos culposos; e, perante terceiros, solidariamente com o preponente, pelos atos dolosos.

▶ Arts. 275 a 285 deste Código.
▶ Súmulas nºˢ 260, 390 e 439 do STF.

Art. 1.178. Os prepostos são responsáveis pelos atos de quaisquer prepostos, praticados nos seus estabelecimentos e relativos à atividade da empresa, ainda que não autorizados por escrito.

Parágrafo único. Quando tais atos forem praticados fora do estabelecimento, somente obrigarão o preponente nos limites dos poderes conferidos por escrito, cujo instrumento pode ser suprido pela certidão ou cópia autêntica do seu teor.

Capítulo IV

DA ESCRITURAÇÃO

Art. 1.179. O empresário e a sociedade empresária são obrigados a seguir um sistema de contabilidade, mecanizado ou não, com base na escrituração uniforme de seus livros, em correspondência com a documentação respectiva, e a levantar anualmente o balanço patrimonial e o de resultado econômico.

▶ Art. 68 da LC nº 123, de 14-12-2006 (Estatuto Nacional da Microempresa e da Empresa de Pequeno Porte).

§ 1º Salvo o disposto no art. 1.180, o número e a espécie de livros ficam a critério dos interessados.

§ 2º É dispensado das exigências deste artigo o pequeno empresário a que se refere o art. 970.

Art. 1.180. Além dos demais livros exigidos por lei, é indispensável o Diário, que pode ser substituído por fichas no caso de escrituração mecanizada ou eletrônica.

Parágrafo único. A adoção de fichas não dispensa o uso de livro apropriado para o lançamento do balanço patrimonial e do de resultado econômico.

▶ Art. 1.179, § 1º, deste Código.

Art. 1.181. Salvo disposição especial de lei, os livros obrigatórios e, se for o caso, as fichas, antes de postos em uso, devem ser autenticados no Registro Público de Empresas Mercantis.

Parágrafo único. A autenticação não se fará sem que esteja inscrito o empresário, ou a sociedade empresária, que poderá fazer autenticar livros não obrigatórios.

Art. 1.182. Sem prejuízo do disposto no art. 1.174, a escrituração ficará sob a responsabilidade de contabilista legalmente habilitado, salvo se nenhum houver na localidade.

Art. 1.183. A escrituração será feita em idioma e moeda corrente nacionais e em forma contábil, por ordem cronológica de dia, mês e ano, sem intervalos em branco, nem entrelinhas, borrões, rasuras, emendas ou transportes para as margens.

Parágrafo único. É permitido o uso de código de números ou de abreviaturas, que constem de livro próprio, regularmente autenticado.

Art. 1.184. No Diário serão lançadas, com individuação, clareza e caracterização do documento respectivo, dia a dia, por escrita direta ou reprodução, todas as operações relativas ao exercício da empresa.

§ 1º Admite-se a escrituração resumida do Diário, com totais que não excedam o período de trinta dias, relativamente a contas cujas operações sejam numerosas ou realizadas fora da sede do estabelecimento, desde que utilizados livros auxiliares regularmente autenticados, para registro individualizado, e conservados os documentos que permitam a sua perfeita verificação.

§ 2º Serão lançados no Diário o balanço patrimonial e o de resultado econômico, devendo ambos ser assinados por técnico em Ciências Contábeis legalmente habilitado e pelo empresário ou sociedade empresária.

Art. 1.185. O empresário ou sociedade empresária que adotar o sistema de fichas de lançamentos poderá substituir o livro Diário pelo livro Balancetes Diários e Balanços, observadas as mesmas formalidades extrínsecas exigidas para aquele.

Art. 1.186. O livro Balancetes Diários e Balanços será escriturado de modo que registre:

I – a posição diária de cada uma das contas ou títulos contábeis, pelo respectivo saldo, em forma de balancetes diários;

II – o balanço patrimonial e o de resultado econômico, no encerramento do exercício.

Art. 1.187. Na coleta dos elementos para o inventário serão observados os critérios de avaliação a seguir determinados:

I – os bens destinados à exploração da atividade serão avaliados pelo custo de aquisição, devendo, na avaliação dos que se desgastam ou depreciam com o uso, pela ação do tempo ou outros fatores, atender-se à desvalorização respectiva, criando-se fundos de amortização para assegurar-lhes a substituição ou a conservação do valor;

II – os valores mobiliários, matéria-prima, bens destinados à alienação, ou que constituem produtos ou artigos da indústria ou comércio da empresa, podem ser estimados pelo custo de aquisição ou de fabricação, ou pelo preço corrente, sempre que este for inferior ao preço de custo, e quando o preço corrente ou venal estiver acima do valor do custo de aquisição, ou fabricação, e os bens forem avaliados pelo preço corrente, a diferença entre este e o preço de custo não será levada em conta para a distribuição de lucros, nem para as percentagens referentes a fundos de reserva;

III – o valor das ações e dos títulos de renda fixa pode ser determinado com base na respectiva cotação da Bolsa de Valores; os não cotados e as participações não acionárias serão considerados pelo seu valor de aquisição;

IV – os créditos serão considerados de conformidade com o presumível valor de realização, não se levando em conta os prescritos ou de difícil liquidação, salvo se houver, quanto aos últimos, previsão equivalente.

Parágrafo único. Entre os valores do ativo podem figurar, desde que se preceda, anualmente, à sua amortização:

I – as despesas de instalação da sociedade, até o limite correspondente a dez por cento do capital social;

II – os juros pagos aos acionistas da sociedade anônima, no período antecedente ao início das operações sociais, à taxa não superior a doze por cento ao ano, fixada no estatuto;

III – a quantia efetivamente paga a título de aviamento de estabelecimento adquirido pelo empresário ou sociedade.

Art. 1.188. O balanço patrimonial deverá exprimir, com fidelidade e clareza, a situação real da empresa e, atendidas as peculiaridades desta, bem como as disposições das leis especiais, indicará, distintamente, o ativo e o passivo.

Parágrafo único. Lei especial disporá sobre as informações que acompanharão o balanço patrimonial, em caso de sociedades coligadas.

Art. 1.189. O balanço de resultado econômico, ou demonstração da conta de lucros e perdas, acompanhará o balanço patrimonial e dele constarão crédito e débito, na forma da lei especial.

Art. 1.190. Ressalvados os casos previstos em lei, nenhuma autoridade, juiz ou tribunal, sob qualquer pretexto, poderá fazer ou ordenar diligência para verificar se o empresário ou a sociedade empresária observam, ou não, em seus livros e fichas, as formalidades prescritas em lei.

▶ Art. 6º, I, d, da Lei nº 10.593, de 6-12-2002, que dispõe sobre as atribuições dos ocupantes de cargo de Auditor-Fiscal da Receita Federal do Brasil.
▶ Art. 11, § 4º, II, da Lei nº 11.457, de 16-3-2007 (Lei da Super-Receita).

Art. 1.191. O juiz só poderá autorizar a exibição integral dos livros e papéis de escrituração quando necessária para resolver questões relativas a sucessão, comunhão ou sociedade, administração ou gestão à conta de outrem, ou em caso de falência.

▶ Art. 6º, I, d, da Lei nº 10.593, de 6-12-2002, que dispõe sobre as atribuições dos ocupantes de cargo de Auditor-Fiscal da Receita Federal do Brasil.
▶ Art. 11, § 4º, II, da Lei nº 11.457, de 16-3-2007 (Lei da Super-Receita).

§ 1º O juiz ou tribunal que conhecer de medida cautelar ou de ação pode, a requerimento ou de ofício, ordenar que os livros de qualquer das partes, ou de ambas, sejam examinados na presença do empresário ou da sociedade empresária a que pertencerem, ou de pessoas por estes nomeadas, para deles se extrair o que interessar à questão.

§ 2º Achando-se os livros em outra jurisdição, nela se fará o exame, perante o respectivo juiz.

Art. 1.192. Recusada a apresentação dos livros, nos casos do artigo antecedente, serão apreendidos judicialmente e, no do seu § 1º, ter-se-á como verdadeiro o alegado pela parte contrária para se provar pelos livros.

▶ Art. 6º, I, d, da Lei nº 10.593, de 6-12-2002, que dispõe sobre as atribuições dos ocupantes de cargo de Auditor-Fiscal da Receita Federal do Brasil.
▶ Art. 11, § 4º, II, da Lei nº 11.457, de 16-3-2007 (Lei da Super-Receita).

Parágrafo único. A confissão resultante da recusa pode ser elidida por prova documental em contrário.

Art. 1.193. As restrições estabelecidas neste Capítulo ao exame da escrituração, em parte ou por inteiro, não se aplicam às autoridades fazendárias, no exercício da fiscalização do pagamento de impostos, nos termos estritos das respectivas leis especiais.

▶ Art. 6º, I, d, da Lei nº 10.593, de 6-12-2002, que dispõe sobre as atribuições dos ocupantes de cargo de Auditor-Fiscal da Receita Federal do Brasil.
▶ Art. 11, § 4º, II, da Lei nº 11.457, de 16-3-2007 (Lei da Super-Receita).

Art. 1.194. O empresário e a sociedade empresária são obrigados a conservar em boa guarda toda a escrituração, correspondência e mais papéis concernentes à sua atividade, enquanto não ocorrer prescrição ou decadência no tocante aos atos neles consignados.

Art. 1.195. As disposições deste Capítulo aplicam-se às sucursais, filiais ou agências, no Brasil, do empresário ou sociedade com sede em país estrangeiro.

Livro III – Do Direito das Coisas

TÍTULO III – DA PROPRIEDADE

▶ Art. 1.225, I, deste Código.

Capítulo IX

DA PROPRIEDADE FIDUCIÁRIA

▶ Art. 66-B da Lei nº 4.728, de 14-7-1965 (Lei do Mercado de Capitais).
▶ Lei nº 9.514, de 20-11-1997, dispõe sobre alienação fiduciária de coisa imóvel.
▶ Dec.-lei nº 911, de 1º-10-1969 (Lei das Alienações Fiduciárias).

Art. 1.361. Considera-se fiduciária a propriedade resolúvel de coisa móvel infungível que o devedor, com escopo de garantia, transfere ao credor.

§ 1º Constitui-se a propriedade fiduciária com o registro do contrato, celebrado por instrumento público ou particular, que lhe serve de título, no Registro de Títulos e Documentos do domicílio do devedor, ou, em se tratando de veículos, na repartição competente para o licenciamento, fazendo-se a anotação no certificado de registro.

§ 2º Com a constituição da propriedade fiduciária, dá-se o desdobramento da posse, tornando-se o devedor possuidor direto da coisa.

§ 3º A propriedade superveniente, adquirida pelo devedor, torna eficaz, desde o arquivamento, a transferência da propriedade fiduciária.

Art. 1.362. O contrato, que serve de título à propriedade fiduciária, conterá:

I – o total da dívida, ou sua estimativa;
II – o prazo, ou a época do pagamento;
III – a taxa de juros, se houver;
IV – a descrição da coisa objeto da transferência, com os elementos indispensáveis à sua identificação.

Art. 1.363. Antes de vencida a dívida, o devedor, a suas expensas e risco, pode usar a coisa segundo sua destinação, sendo obrigado, como depositário:

I – a empregar na guarda da coisa a diligência exigida por sua natureza;
II – a entregá-la ao credor, se a dívida não for paga no vencimento.

Art. 1.364. Vencida a dívida, e não paga, fica o credor obrigado a vender, judicial ou extrajudicialmente, a coisa a terceiros, a aplicar o preço no pagamento de seu crédito e das despesas de cobrança, e a entregar o saldo, se houver, ao devedor.

▶ Súm. nº 384 do STJ.

Art. 1.365. É nula a cláusula que autoriza o proprietário fiduciário a ficar com a coisa alienada em garantia, se a dívida não for paga no vencimento.

▶ Art. 166 deste Código.

Parágrafo único. O devedor pode, com a anuência do credor, dar seu direito eventual à coisa em pagamento da dívida, após o vencimento desta.

Art. 1.366. Quando, vendida a coisa, o produto não bastar para o pagamento da dívida e das despesas de cobrança, continuará o devedor obrigado pelo restante.

Art. 1.367. Aplica-se à propriedade fiduciária, no que couber, o disposto nos arts. 1.421, 1.425, 1.426, 1.427 e 1.436.

Art. 1.368. O terceiro, interessado ou não, que pagar a dívida, se sub-rogará de pleno direito no crédito e na propriedade fiduciária.

▶ Arts. 346 a 351 deste Código.

Art. 1.368-A. As demais espécies de propriedade fiduciária ou de titularidade fiduciária submetem-se à disciplina específica das respectivas leis especiais, somente se aplicando as disposições deste Código naquilo que não for incompatível com a legislação especial.

▶ Art. 1.368-A acrescido pela Lei nº 10.931, de 2-8-2004.

TÍTULO X – DO PENHOR, DA HIPOTECA E DA ANTICRESE

▶ Arts. 333, II, 364, 955 a 965 e 1.225, VIII a X, deste Código.
▶ Dec. nº 24.778, de 14-7-1934, dispõe sobre a caução de hipoteca ou de penhor.

Capítulo I

DISPOSIÇÕES GERAIS

Art. 1.419. Nas dívidas garantidas por penhor, anticrese ou hipoteca, o bem dado em garantia fica sujeito, por vínculo real, ao cumprimento da obrigação.

▶ Arts. 163 e 961 deste Código.
▶ Art. 83, II, da Lei nº 11.101, de 9-2-2005 (Lei de Recuperação de Empresas e Falências).

Art. 1.420. Só aquele que pode alienar poderá empenhar, hipotecar ou dar em anticrese; só os bens que se podem alienar poderão ser dados em penhor, anticrese ou hipoteca.

▶ Arts. 1.647, I, 1.691, 1.717 e 1.848 deste Código.
▶ Art. 167, II, item 11, da Lei nº 6.015, de 31-12-1973 (Lei dos Registros Públicos).
▶ Súm. nº 308 do STJ.

§ 1º A propriedade superveniente torna eficaz, desde o registro, as garantias reais estabelecidas por quem não era dono.

▶ Art. 1.268 deste Código.

§ 2º A coisa comum a dois ou mais proprietários não pode ser dada em garantia real, na sua totalidade, sem o consentimento de todos; mas cada um pode individualmente dar em garantia real a parte que tiver.

▶ Arts. 87 e 1.314 deste Código.

Art. 1.421. O pagamento de uma ou mais prestações da dívida não importa exoneração correspondente da garantia, ainda que esta compreenda vários bens, salvo disposição expressa no título ou na quitação.

▶ Arts. 1.367 e 1.436, I, deste Código.
▶ Art. 66-B, § 5º, da Lei nº 4.728, de 14-7-1965 (Lei do Mercado de Capitais).

Art. 1.422. O credor hipotecário e o pignoratício têm o direito de excutir a coisa hipotecada ou empenhada, e preferir, no pagamento, a outros credores, observada, quanto à hipoteca, a prioridade no registro.
► Arts. 955 a 965 e 1.493, parágrafo único, deste Código.
► Arts. 585, III, 655, § 2º, 709, II, e 712 do CPC.

Parágrafo único. Excetuam-se da regra estabelecida neste artigo as dívidas que, em virtude de outras leis, devam ser pagas precipuamente a quaisquer outros créditos.
► Arts. 186 e 187 do CTN.
► Art. 449, § 1º, da CLT.

Art. 1.423. O credor anticrético tem direito a reter em seu poder o bem, enquanto a dívida não for paga; extingue-se esse direito decorridos quinze anos da data de sua constituição.
► Arts. 207 a 211 e 1.507 deste Código.

Art. 1.424. Os contratos de penhor, anticrese ou hipoteca declararão, sob pena de não terem eficácia:
I – o valor do crédito, sua estimação, ou valor máximo;
II – o prazo fixado para pagamento;
III – a taxa dos juros, se houver;
IV – o bem dado em garantia com as suas especificações.

Art. 1.425. A dívida considera-se vencida:
► Arts. 333 e 939 deste Código.

I – se, deteriorando-se, ou depreciando-se o bem dado em segurança, desfalcar a garantia, e o devedor, intimado, não a reforçar ou substituir;
II – se o devedor cair em insolvência ou falir;
► Art. 751, I, do CPC.
► Art. 77 da Lei nº 11.101, de 9-2-2005 (Lei de Recuperação de Empresas e Falências).

III – se as prestações não forem pontualmente pagas, toda vez que deste modo se achar estipulado o pagamento. Neste caso, o recebimento posterior da prestação atrasada importa renúncia do credor ao seu direito de execução imediata;
IV – se perecer o bem dado em garantia, e não for substituído;
V – se se desapropriar o bem dado em garantia, hipótese na qual se depositará a parte do preço que for necessária para o pagamento integral do credor.
► Art. 959, II, deste Código.
► Art. 31 do Dec.-Lei nº 3.365, de 21-6-1941 (Lei das Desapropriações).

§ 1º Nos casos de perecimento da coisa dada em garantia, esta se sub-rogará na indenização do seguro, ou no ressarcimento do dano, em benefício do credor, a quem assistirá sobre ela preferência até seu completo reembolso.

§ 2º Nos casos dos incisos IV e V, só se vencerá a hipoteca antes do prazo estipulado, se o perecimento, ou a desapropriação recair sobre o bem dado em garantia, e esta não abranger outras; subsistindo, no caso contrário, a dívida reduzida, com a respectiva garantia sobre os demais bens, não desapropriados ou destruídos.
► Art. 1.367 deste Código.
► Art. 66-B, § 5º, da Lei nº 4.728, de 14-7-1965 (Lei do Mercado de Capitais).

Art. 1.426. Nas hipóteses do artigo anterior, de vencimento antecipado da dívida, não se compreendem os juros correspondentes ao tempo ainda não decorrido.
► Art. 1.367 deste Código.
► Art. 66-B, § 5º, da Lei nº 4.728, de 14-7-1965 (Lei do Mercado de Capitais).

Art. 1.427. Salvo cláusula expressa, o terceiro que presta garantia real por dívida alheia não fica obrigado a substituí-la, ou reforçá-la, quando, sem culpa sua, se perca, deteriore, ou desvalorize.
► Art. 1.367 deste Código.

Art. 1.428. É nula a cláusula que autoriza o credor pignoratício, anticrético ou hipotecário a ficar com o objeto da garantia, se a dívida não for paga no vencimento.
► Arts. 166, VII, e 1.435, V, deste Código.

Parágrafo único. Após o vencimento, poderá o devedor dar a coisa em pagamento da dívida.

Art. 1.429. Os sucessores do devedor não podem remir parcialmente o penhor ou a hipoteca na proporção dos seus quinhões; qualquer deles, porém, pode fazê-lo no todo.

Parágrafo único. O herdeiro ou sucessor que fizer a remição fica sub-rogado nos direitos do credor pelas quotas que houver satisfeito.
► Arts. 346 a 351 deste Código.

Art. 1.430. Quando, excutido o penhor, ou executada a hipoteca, o produto não bastar para pagamento da dívida e despesas judiciais, continuará o devedor obrigado pessoalmente pelo restante.
► Arts. 1.419 e 1.488, § 3º, deste Código.
► Arts. 774 a 776 do CPC.

CAPÍTULO II

DO PENHOR

► Art. 1.225, VIII, deste Código.
► Art. 585, III, do CPC.
► Art. 8º, § 2º, do Dec.-lei nº 4.657, de 4-9-1942 (Lei de Introdução às normas do Direito Brasileiro).

SEÇÃO I

DA CONSTITUIÇÃO DO PENHOR

Art. 1.431. Constitui-se o penhor pela transferência efetiva da posse que, em garantia do débito ao credor ou a quem o represente, faz o devedor, ou alguém por ele, de uma coisa móvel, suscetível de alienação.

Parágrafo único. No penhor rural, industrial, mercantil e de veículos, as coisas empenhadas continuam em poder do devedor, que as deve guardar e conservar.

Art. 1.432. O instrumento do penhor deverá ser levado a registro, por qualquer dos contratantes; o penhor comum será registrado no Cartório de Títulos e Documentos.
► Art. 221 deste Código.
► Arts. 127, II e IV, 167, I, itens 4 e 15, da Lei nº 6.015, de 31-12-1973 (Lei dos Registros Públicos).

SEÇÃO II

DOS DIREITOS DO CREDOR PIGNORATÍCIO

Art. 1.433. O credor pignoratício tem direito:
I – à posse da coisa empenhada;

II – à retenção dela, até que o indenizem das despesas devidamente justificadas, que tiver feito, não sendo ocasionadas por culpa sua;
III – ao ressarcimento do prejuízo que houver sofrido por vício da coisa empenhada;
IV – a promover a execução judicial, ou a venda amigável, se lhe permitir expressamente o contrato, ou lhe autorizar o devedor mediante procuração;

▶ Art. 1.435, V, deste Código.

V – a apropriar-se dos frutos da coisa empenhada que se encontra em seu poder;

▶ Art. 1.435, III, deste Código.

VI – a promover a venda antecipada, mediante prévia autorização judicial, sempre que haja receio fundado de que a coisa empenhada se perca ou deteriore, devendo o preço ser depositado. O dono da coisa empenhada pode impedir a venda antecipada, substituindo-a, ou oferecendo outra garantia real idônea.

Art. 1.434. O credor não pode ser constrangido a devolver a coisa empenhada, ou uma parte dela, antes de ser integralmente pago, podendo o juiz, a requerimento do proprietário, determinar que seja vendida apenas uma das coisas, ou parte da coisa empenhada, suficiente para o pagamento do credor.

Seção III

DAS OBRIGAÇÕES DO CREDOR PIGNORATÍCIO

Art. 1.435. O credor pignoratício é obrigado:

▶ Art. 647 deste Código.
▶ Art. 66-B, § 5º, da Lei nº 4.728, de 14-7-1965 (Lei do Mercado de Capitais).

I – à custódia da coisa, como depositário, e a ressarcir ao dono a perda ou deterioração de que for culpado, podendo ser compensada na dívida, até a concorrente quantia, a importância da responsabilidade;
II – à defesa da posse da coisa empenhada e a dar ciência, ao dono dela, das circunstâncias que tornarem necessário o exercício de ação possessória;
III – a imputar o valor dos frutos, de que se apropriar (art. 1.433, inciso V) nas despesas de guarda e conservação, nos juros e no capital da obrigação garantida, sucessivamente;
IV – a restituí-la, com os respectivos frutos e acessões, uma vez paga a dívida;
V – a entregar o que sobeje do preço, quando a dívida for paga, no caso do inciso IV do art. 1.433.

▶ Arts. 1.428 e 1.436, V, deste Código.
▶ Art. 710 do CPC.

Seção IV

DA EXTINÇÃO DO PENHOR

Art. 1.436. Extingue-se o penhor:

▶ Art. 66-B, § 5º, da Lei nº 4.728, de 14-7-1965 (Lei do Mercado de Capitais).

I – extinguindo-se a obrigação;
▶ Art. 1.421 deste Código.

II – perecendo a coisa;
III – renunciando o credor;
▶ Art. 387 deste Código.

IV – confundindo-se na mesma pessoa as qualidades de credor e de dono da coisa;
▶ Art. 381 deste Código.

V – dando-se a adjudicação judicial, a remissão ou a venda da coisa empenhada, feita pelo credor ou por ele autorizada.

▶ Arts. 1.435, V, e 1.445 deste Código.
▶ Consta do texto publicado no *DJU* a palavra "remissão" quando o correto seria "remição".

§ 1º Presume-se a renúncia do credor quando consentir na venda particular do penhor sem reserva de preço, quando restituir a sua posse ao devedor, ou quando anuir à sua substituição por outra garantia.

▶ Art. 387 deste Código.

§ 2º Operando-se a confusão tão somente quanto a parte da dívida pignoratícia, subsistirá inteiro o penhor quanto ao resto.

▶ Arts. 381 e 1.367 deste Código.

Art. 1.437. Produz efeitos a extinção do penhor depois de averbado o cancelamento do registro, à vista da respectiva prova.

Seção V

DO PENHOR RURAL

▶ Lei nº 492, de 30-8-1937, regula o penhor rural e a cédula pignoratícia.
▶ Lei nº 2.666, de 6-12-1955, dispõe sobre o penhor dos produtos agrícolas.

Subseção I

DISPOSIÇÕES GERAIS

Art. 1.438. Constitui-se o penhor rural mediante instrumento público ou particular, registrado no Cartório de Registro de Imóveis da circunscrição em que estiverem situadas as coisas empenhadas.

▶ Art. 1.227 deste Código.
▶ Art. 167, I, item 15, da Lei nº 6.015, de 31-12-1973 (Lei dos Registros Públicos).

Parágrafo único. Prometendo pagar em dinheiro a dívida, que garante com penhor rural, o devedor poderá emitir, em favor do credor, cédula rural pignoratícia, na forma determinada em lei especial.

▶ Lei nº 492, de 30-8-1937, regula o penhor rural e a cédula pignoratícia.

Art. 1.439. O penhor agrícola e o penhor pecuário somente podem ser convencionados, respectivamente, pelos prazos máximos de três e quatro anos, prorrogáveis, uma só vez, até o limite de igual tempo.

§ 1º Embora vencidos os prazos, permanece a garantia, enquanto subsistirem os bens que a constituem.

§ 2º A prorrogação deve ser averbada à margem do registro respectivo, mediante requerimento do credor e do devedor.

Art. 1.440. Se o prédio estiver hipotecado, o penhor rural poderá constituir-se independentemente da anuência do credor hipotecário, mas não lhe prejudica o direito de preferência, nem restringe a extensão da hipoteca, ao ser executada.

Art. 1.441. Tem o credor direito a verificar o estado das coisas empenhadas, inspecionando-as onde se acharem, por si ou por pessoa que credenciar.

SUBSEÇÃO II
DO PENHOR AGRÍCOLA

Art. 1.442. Podem ser objeto de penhor:

I – máquinas e instrumentos de agricultura;
II – colheitas pendentes, ou em via de formação;
III – frutos acondicionados ou armazenados;
IV – lenha cortada e carvão vegetal;
V – animais do serviço ordinário de estabelecimento agrícola.

Art. 1.443. O penhor agrícola que recai sobre colheita pendente, ou em via de formação, abrange a imediatamente seguinte, no caso de frustrar-se ou ser insuficiente a que se deu em garantia.

Parágrafo único. Se o credor não financiar a nova safra, poderá o devedor constituir com outrem novo penhor, em quantia máxima equivalente à do primeiro; o segundo penhor terá preferência sobre o primeiro, abrangendo este apenas o excesso apurado na colheita seguinte.

SUBSEÇÃO III
DO PENHOR PECUÁRIO

Art. 1.444. Podem ser objeto de penhor os animais que integram a atividade pastoril, agrícola ou de lacticínios.

Art. 1.445. O devedor não poderá alienar os animais empenhados sem prévio consentimento, por escrito, do credor.

▶ Art. 1.436, V, deste Código.

Parágrafo único. Quando o devedor pretende alienar o gado empenhado ou, por negligência, ameace prejudicar o credor, poderá este requerer se depositem os animais sob a guarda de terceiro, ou exigir que se lhe pague a dívida de imediato.

Art. 1.446. Os animais da mesma espécie, comprados para substituir os mortos, ficam sub-rogados no penhor.

Parágrafo único. Presume-se a substituição prevista neste artigo, mas não terá eficácia contra terceiros, se não constar de menção adicional ao respectivo contrato, a qual deverá ser averbada.

SEÇÃO VI
DO PENHOR INDUSTRIAL E MERCANTIL

Art. 1.447. Podem ser objeto de penhor máquinas, aparelhos, materiais, instrumentos, instalados e em funcionamento, com os acessórios ou sem eles; animais, utilizados na indústria; sal e bens destinados à exploração das salinas; produtos de suinocultura, animais destinados à industrialização de carnes e derivados; matérias-primas e produtos industrializados.

Parágrafo único. Regula-se pelas disposições relativas aos armazéns gerais o penhor das mercadorias neles depositadas.

Art. 1.448. Constitui-se o penhor industrial, ou o mercantil, mediante instrumento público ou particular, registrado no Cartório de Registro de Imóveis da circunscrição onde estiverem situadas as coisas empenhadas.

▶ Art. 1.227 deste Código.

Parágrafo único. Prometendo pagar em dinheiro a dívida, que garante com penhor industrial ou mercantil, o devedor poderá emitir, em favor do credor, cédula do respectivo crédito, na forma e para os fins que a lei especial determinar.

Art. 1.449. O devedor não pode, sem o consentimento por escrito do credor, alterar as coisas empenhadas ou mudar-lhes a situação, nem delas dispor. O devedor que, anuindo o credor, alienar as coisas empenhadas, deverá repor outros bens da mesma natureza, que ficarão sub-rogados no penhor.

Art. 1.450. Tem o credor direito a verificar o estado das coisas empenhadas, inspecionando-as onde se acharem, por si ou por pessoa que credenciar.

SEÇÃO VII
DO PENHOR DE DIREITOS E TÍTULOS DE CRÉDITO

▶ Arts. 887 a 926 deste Código.

Art. 1.451. Podem ser objeto de penhor direitos, suscetíveis de cessão, sobre coisas móveis.

Art. 1.452. Constitui-se o penhor de direito mediante instrumento público ou particular, registrado no Registro de Títulos e Documentos.

▶ Art. 1.227 deste Código.

Parágrafo único. O titular de direito empenhado deverá entregar ao credor pignoratício os documentos comprobatórios desse direito, salvo se tiver interesse legítimo em conservá-los.

Art. 1.453. O penhor de crédito não tem eficácia senão quando notificado ao devedor; por notificado tem-se o devedor que, em instrumento público ou particular, declarar-se ciente da existência do penhor.

Art. 1.454. O credor pignoratício deve praticar os atos necessários à conservação e defesa do direito empenhado e cobrar os juros e mais prestações acessórias compreendidas na garantia.

Art. 1.455. Deverá o credor pignoratício cobrar o crédito empenhado, assim que se torne exigível. Se este consistir numa prestação pecuniária, depositará a importância recebida, de acordo com o devedor pignoratício, ou onde o juiz determinar; se consistir na entrega da coisa, nesta se sub-rogará o penhor.

Parágrafo único. Estando vencido o crédito pignoratício, tem o credor direito a reter, da quantia recebida, o que lhe é devido, restituindo o restante ao devedor; ou a excutir a coisa a ele entregue.

Art. 1.456. Se o mesmo crédito for objeto de vários penhores, só ao credor pignoratício, cujo direito prefira aos demais, o devedor deve pagar; responde por perdas e danos aos demais credores o credor preferente que, notificado por qualquer um deles, não promover oportunamente a cobrança.

▶ Arts. 402 a 405 deste Código.

Art. 1.457. O titular do crédito empenhado só pode receber o pagamento com a anuência, por escrito, do credor pignoratício, caso em que o penhor se extinguirá.

Art. 1.458. O penhor, que recai sobre título de crédito, constitui-se mediante instrumento público ou particular ou endosso pignoratício, com a tradição do título ao credor, regendo-se pelas Disposições Gerais deste Título e, no que couber, pela presente Seção.

Art. 1.459. Ao credor, em penhor de título de crédito, compete o direito de:

I – conservar a posse do título e recuperá-la de quem quer que o detenha;

II – usar dos meios judiciais convenientes para assegurar os seus direitos, e os do credor do título empenhado;

III – fazer intimar ao devedor do título que não pague ao seu credor, enquanto durar o penhor;

▶ Art. 1.460 deste Código.

IV – receber a importância consubstanciada no título e os respectivos juros, se exigíveis, restituindo o título ao devedor, quando este solver a obrigação.

Art. 1.460. O devedor do título empenhado que receber a intimação prevista no inciso III do artigo antecedente, ou se der por ciente do penhor, não poderá pagar ao seu credor. Se o fizer, responderá solidariamente por este, por perdas e danos, perante o credor pignoratício.

▶ Arts. 275 a 284 e 402 a 405 deste Código.

Parágrafo único. Se o credor der quitação ao devedor do título empenhado, deverá saldar imediatamente a dívida, em cuja garantia se constituiu o penhor.

▶ Art. 312 deste Código.

Seção VIII

DO PENHOR DE VEÍCULOS

Art. 1.461. Podem ser objeto de penhor os veículos empregados em qualquer espécie de transporte ou condução.

Art. 1.462. Constitui-se o penhor, a que se refere o artigo antecedente, mediante instrumento público ou particular, registrado no Cartório de Títulos e Documentos do domicílio do devedor, e anotado no certificado de propriedade.

▶ Art. 1.227 deste Código.

Parágrafo único. Prometendo pagar em dinheiro a dívida garantida com o penhor, poderá o devedor emitir cédula de crédito, na forma e para os fins que a lei especial determinar.

Art. 1.463. Não se fará o penhor de veículos sem que estejam previamente segurados contra furto, avaria, perecimento e danos causados a terceiros.

Art. 1.464. Tem o credor direito a verificar o estado do veículo empenhado, inspecionando-o onde se achar, por si ou por pessoa que credenciar.

Art. 1.465. A alienação, ou a mudança, do veículo empenhado sem prévia comunicação ao credor importa no vencimento antecipado do crédito pignoratício.

Art. 1.466. O penhor de veículos só se pode convencionar pelo prazo máximo de dois anos, prorrogável até o limite de igual tempo, averbada a prorrogação à margem do registro respectivo.

Seção IX

DO PENHOR LEGAL

▶ Arts. 874 a 876 do CPC.

Art. 1.467. São credores pignoratícios, independentemente de convenção:

I – os hospedeiros, ou fornecedores de pousada ou alimento, sobre as bagagens, móveis, joias ou dinheiro que os seus consumidores ou fregueses tiverem consigo nas respectivas casas ou estabelecimentos, pelas despesas ou consumo que aí tiverem feito;

▶ Arts. 649 e 1.468 deste Código.

II – o dono do prédio rústico ou urbano, sobre os bens móveis que o rendeiro ou inquilino tiver guarnecendo o mesmo prédio, pelos aluguéis ou rendas.

▶ Arts. 1.469 e 1.472 deste Código.

Art. 1.468. A conta das dívidas enumeradas no inciso I do artigo antecedente será extraída conforme a tabela impressa, prévia e ostensivamente exposta na casa, dos preços de hospedagem, da pensão ou dos gêneros fornecidos, sob pena de nulidade do penhor.

Art. 1.469. Em cada um dos casos do art. 1.467, o credor poderá tomar em garantia um ou mais objetos até o valor da dívida.

Art. 1.470. Os credores, compreendidos no art. 1.467, podem fazer efetivo o penhor, antes de recorrerem à autoridade judiciária, sempre que haja perigo na demora, dando aos devedores comprovante dos bens de que se apossarem.

Art. 1.471. Tomado o penhor, requererá o credor, ato contínuo, a sua homologação judicial.

▶ Arts. 874 a 876 do CPC.

Art. 1.472. Pode o locatário impedir a constituição do penhor mediante caução idônea.

Capítulo III

DA HIPOTECA

▶ Arts. 1.225, IX, e 1.506, § 2º, deste Código.

▶ Dec.-lei nº 70, de 21-11-1966 (Lei de Execução de Cédula Hipotecária).

Seção I

DISPOSIÇÕES GERAIS

Art. 1.473. Podem ser objeto de hipoteca:

I – os imóveis e os acessórios dos imóveis conjuntamente com eles;

▶ Arts. 79 a 81 e 92 a 95 deste Código.

II – o domínio direto;
III – o domínio útil;
IV – as estradas de ferro;

▶ Arts. 1.502 a 1.505 deste Código.

V – os recursos naturais a que se refere o art. 1.230, independentemente do solo onde se acham;
VI – os navios;
VII – as aeronaves;
VIII – o direito de uso especial para fins de moradia;

▶ MP nº 2.220, de 4-9-2001, que até o encerramento desta edição não havia sido convertida em Lei, dispõe sobre a concessão de uso especial de que trata o § 1º do art. 183 da CF.

IX – o direito real de uso;
X – a propriedade superficiária.
▶ Incisos VIII a X acrescidos pela Lei nº 11.481, de 31-5-2007.

Parágrafo único. A hipoteca dos navios e das aeronaves reger-se-á pelo disposto em lei especial.

▶ A Lei nº 11.481, de 31-5-2007, acrescentou o § 2º abaixo, mas não dispôs sobre a renumeração deste parágrafo único para § 1º.

§ 2º Os direitos de garantia instituídos nas hipóteses dos incisos IX e X do caput deste artigo ficam limitados à duração da concessão ou direito de superfície, caso tenham sido transferidos por período determinado.

▶ § 2º acrescido pela Lei nº 11.481, de 31-5-2007.

Art. 1.474. A hipoteca abrange todas as acessões, melhoramentos ou construções do imóvel. Subsistem os ônus reais constituídos e registrados, anteriormente à hipoteca, sobre o mesmo imóvel.

▶ Arts. 96, 97 e 1.248 a 1.259 deste Código.

Art. 1.475. É nula a cláusula que proíbe ao proprietário alienar imóvel hipotecado.

▶ Arts. 166 e 303 deste Código.

Parágrafo único. Pode convencionar-se que vencerá o crédito hipotecário, se o imóvel for alienado.

Art. 1.476. O dono do imóvel hipotecado pode constituir outra hipoteca sobre ele, mediante novo título, em favor do mesmo ou de outro credor.

Art. 1.477. Salvo o caso de insolvência do devedor, o credor da segunda hipoteca, embora vencida, não poderá executar o imóvel antes de vencida a primeira.

Parágrafo único. Não se considera insolvente o devedor por faltar ao pagamento das obrigações garantidas por hipotecas posteriores à primeira.

Art. 1.478. Se o devedor da obrigação garantida pela primeira hipoteca não se oferecer, no vencimento, para pagá-la, o credor da segunda pode promover-lhe a extinção, consignando a importância e citando o primeiro credor para recebê-la e o devedor para pagá-la; se este não pagar, o segundo credor, efetuando o pagamento, se sub-rogará nos direitos da hipoteca anterior, sem prejuízo dos que lhe competirem contra o devedor comum.

▶ Art. 346, II, deste Código.
▶ Arts. 266 a 276 da Lei nº 6.015, de 31-12-1973 (Lei dos Registros Públicos).

Parágrafo único. Se o primeiro credor estiver promovendo a execução da hipoteca, o credor da segunda depositará a importância do débito e as despesas judiciais.

Art. 1.479. O adquirente do imóvel hipotecado, desde que não se tenha obrigado pessoalmente a pagar as dívidas aos credores hipotecários, poderá exonerar-se da hipoteca, abandonando-lhes o imóvel.

Art. 1.480. O adquirente notificará o vendedor e os credores hipotecários, deferindo-lhes, conjuntamente, a posse do imóvel, ou o depositará em juízo.

Parágrafo único. Poderá o adquirente exercer a faculdade de abandonar o imóvel hipotecado, até as vinte e quatro horas subsequentes à citação, com que se inicia o procedimento executivo.

Art. 1.481. Dentro em trinta dias, contados do registro do título aquisitivo, tem o adquirente do imóvel hipotecado o direito de remi-lo, citando os credores hipotecários e propondo importância não inferior ao preço por que o adquiriu.

▶ Arts. 346, II, e 1.499, V, deste Código.

§ 1º Se o credor impugnar o preço da aquisição ou a importância oferecida, realizar-se-á licitação, efetuando-se a venda judicial a quem oferecer maior preço, assegurada preferência ao adquirente do imóvel.

§ 2º Não impugnado pelo credor, o preço da aquisição ou o preço proposto pelo adquirente, haver-se-á por definitivamente fixado para a remissão do imóvel, que ficará livre da hipoteca, uma vez pago ou depositado o preço.

▶ Consta do texto publicado no DJU a palavra "remissão", quando o correto seria "remição".

§ 3º Se o adquirente deixar de remir o imóvel, sujeitando-o a execução, ficará obrigado a ressarcir os credores hipotecários da desvalorização que, por sua culpa, o mesmo vier a sofrer, além das despesas judiciais da execução.

§ 4º Disporá de ação regressiva contra o vendedor o adquirente que ficar privado do imóvel em consequência de licitação ou penhora, o que pagar a hipoteca, o que, por causa de adjudicação ou licitação, desembolsar com o pagamento da hipoteca importância excedente à da compra e o que suportar custas e despesas judiciais.

Art. 1.482. Realizada a praça, o executado poderá, até a assinatura do auto de arrematação ou até que seja publicada a sentença de adjudicação, remir o imóvel hipotecado, oferecendo preço igual ao da avaliação, se não tiver havido licitantes, ou ao do maior lance oferecido. Igual direito caberá ao cônjuge, aos descendentes ou ascendentes do executado.

Art. 1.483. No caso de falência, ou insolvência, do devedor hipotecário, o direito de remição defere-se à massa, ou aos credores em concurso, não podendo o credor recusar o preço da avaliação do imóvel.

Parágrafo único. Pode o credor hipotecário, para pagamento de seu crédito, requerer a adjudicação do imóvel avaliado em quantia inferior àquele, desde que dê quitação pela sua totalidade.

Art. 1.484. É lícito aos interessados fazer constar das escrituras o valor entre si ajustado dos imóveis hipotecados, o qual, devidamente atualizado, será a base para as arrematações, adjudicações e remições, dispensada a avaliação.

Art. 1.485. Mediante simples averbação, requerida por ambas as partes, poderá prorrogar-se a hipoteca, até trinta anos da data do contrato. Desde que perfaça esse prazo, só poderá subsistir o contrato de hipoteca reconstituindo-se por novo título e novo registro; e, nesse caso, lhe será mantida a precedência, que então lhe competir.

▶ Artigo com a redação dada pela Lei nº 10.931, de 2-8-2004.
▶ Art. 238 da Lei nº 6.015, de 31-12-1973 (Lei dos Registros Públicos).

Art. 1.486. Podem o credor e o devedor, no ato constitutivo da hipoteca, autorizar a emissão da correspondente cédula hipotecária, na forma e para os fins previstos em lei especial.

► Dec.-lei nº 70, de 21-11-1966 (Lei de Execução de Cédula Hipotecária).

Art. 1.487. A hipoteca pode ser constituída para garantia de dívida futura ou condicionada, desde que determinado o valor máximo do crédito a ser garantido.

§ 1º Nos casos deste artigo, a execução da hipoteca dependerá de prévia e expressa concordância do devedor quanto à verificação da condição, ou ao montante da dívida.

§ 2º Havendo divergência entre o credor e o devedor, caberá àquele fazer prova de seu crédito. Reconhecido este, o devedor responderá, inclusive, por perdas e danos, em razão da superveniente desvalorização do imóvel.

► Arts. 402 a 405 deste Código.

Art. 1.488. Se o imóvel, dado em garantia hipotecária, vier a ser loteado, ou se nele se constituir condomínio edilício, poderá o ônus ser dividido, gravando cada lote ou unidade autônoma, se o requererem ao juiz o credor, o devedor ou os donos, obedecida a proporção entre o valor de cada um deles e o crédito.

§ 1º O credor só poderá se opor ao pedido de desmembramento do ônus, provando que o mesmo importa em diminuição de sua garantia.

§ 2º Salvo convenção em contrário, todas as despesas judiciais ou extrajudiciais necessárias ao desmembramento do ônus correm por conta de quem o requerer.

§ 3º O desmembramento do ônus não exonera o devedor originário da responsabilidade a que se refere o art. 1.430, salvo anuência do credor.

Seção II

DA HIPOTECA LEGAL

► Arts. 466, 700, 1.136, 1.188 e 1.205 a 1.210 do CPC.

Art. 1.489. A lei confere hipoteca:

I – às pessoas de direito público interno (art. 41) sobre os imóveis pertencentes aos encarregados da cobrança, guarda ou administração dos respectivos fundos e rendas;

II – aos filhos, sobre os imóveis do pai ou da mãe que passar a outras núpcias, antes de fazer o inventário do casal anterior;

► Art. 1.523, I, deste Código.

III – ao ofendido, ou aos seus herdeiros, sobre os imóveis do delinquente, para satisfação do dano causado pelo delito e pagamento das despesas judiciais;

IV – ao coerdeiro, para garantia do seu quinhão ou torna da partilha, sobre o imóvel adjudicado ao herdeiro reponente;

► Art. 2.019 deste Código.

V – ao credor sobre o imóvel arrematado, para garantia do pagamento do restante do preço da arrematação.

► Art. 2.040 deste Código.

Art. 1.490. O credor da hipoteca legal, ou quem o represente, poderá, provando a insuficiência dos imóveis especializados, exigir do devedor que seja reforçado com outros.

Art. 1.491. A hipoteca legal pode ser substituída por caução de títulos da dívida pública federal ou estadual, recebidos pelo valor de sua cotação mínima no ano corrente; ou por outra garantia, a critério do juiz, a requerimento do devedor.

Seção III

DO REGISTRO DA HIPOTECA

► Art. 167, I, item 2, da Lei nº 6.015, de 31-12-1973 (Lei dos Registros Públicos).

Art. 1.492. As hipotecas serão registradas no cartório do lugar do imóvel, ou no de cada um deles, se o título se referir a mais de um.

Parágrafo único. Compete aos interessados, exibido o título, requerer o registro da hipoteca.

► Art. 1.227 deste Código.

Art. 1.493. Os registros e averbações seguirão a ordem em que forem requeridas, verificando-se ela pela da sua numeração sucessiva no protocolo.

► Art. 182 e seguintes da Lei nº 6.015, de 31-12-1973 (Lei dos Registros Públicos).

Parágrafo único. O número de ordem determina a prioridade, e esta a preferência entre as hipotecas.

► Art. 1.422 deste Código.

Art. 1.494. Não se registrarão no mesmo dia duas hipotecas, ou uma hipoteca e outro direito real, sobre o mesmo imóvel, em favor de pessoas diversas, salvo se as escrituras, do mesmo dia, indicarem a hora em que foram lavradas.

► Arts. 190 a 192 da Lei nº 6.015, de 31-12-1973 (Lei dos Registros Públicos).

Art. 1.495. Quando se apresentar ao oficial do registro título de hipoteca que mencione a constituição de anterior, não registrada, sobrestará ele na inscrição da nova, depois de a prenotar, até trinta dias, aguardando que o interessado inscreva a precedente; esgotado o prazo, sem que se requeira a inscrição desta, a hipoteca ulterior será registrada e obterá preferência.

► Art. 189 da Lei nº 6.015, de 31-12-1973 (Lei dos Registros Públicos).

Art. 1.496. Se tiver dúvida sobre a legalidade do registro requerido, o oficial fará, ainda assim, a prenotação do pedido. Se a dúvida, dentro em noventa dias, for julgada improcedente, o registro efetuar-se-á com o mesmo número que teria na data da prenotação; no caso contrário, cancelada esta, receberá o registro o número correspondente à data em que se tornar a requerer.

► Arts. 198 a 207 da Lei nº 6.015, de 31-12-1973 (Lei dos Registros Públicos).

Art. 1.497. As hipotecas legais, de qualquer natureza, deverão ser registradas e especializadas.

§ 1º O registro e a especialização das hipotecas legais incumbem a quem está obrigado a prestar a garantia, mas os interessados podem promover a inscrição delas, ou solicitar ao Ministério Público que o faça.

§ 2º As pessoas, as quais incumbir o registro e a especialização das hipotecas legais, estão sujeitas a perdas e danos pela omissão.

► Arts. 402 a 405 deste Código.

Art. 1.498. Vale o registro da hipoteca, enquanto a obrigação perdurar; mas a especialização, em completando vinte anos, deve ser renovada.

Seção IV

DA EXTINÇÃO DA HIPOTECA

▶ Art. 31 do Dec.-lei nº 3.365, de 21-6-1941 (Lei das Desapropriações).

Art. 1.499. A hipoteca extingue-se:

I – pela extinção da obrigação principal;
II – pelo perecimento da coisa;
III – pela resolução da propriedade;

▶ Arts. 1.359 e 1.360 deste Código.

IV – pela renúncia do credor;

▶ Art. 114 deste Código.

V – pela remição;

▶ Art. 1.481 deste Código.

VI – pela arrematação ou adjudicação.

▶ Art. 1.501 deste Código.
▶ Arts. 686 a 707, 714 e 715 do CPC.

Art. 1.500. Extingue-se ainda a hipoteca com a averbação, no Registro de Imóveis, do cancelamento do registro, à vista da respectiva prova.

▶ Arts. 251 e 259 da Lei nº 6.015, de 31-12-1973 (Lei dos Registros Públicos).

Art. 1.501. Não extinguirá a hipoteca, devidamente registrada, a arrematação ou adjudicação, sem que tenham sido notificados judicialmente os respectivos credores hipotecários, que não forem de qualquer modo partes na execução.

Seção V

DA HIPOTECA DE VIAS FÉRREAS

▶ Art. 1.473, IV, deste Código.

Art. 1.502. As hipotecas sobre as estradas de ferro serão registradas no Município da estação inicial da respectiva linha.

▶ Art. 171 da Lei nº 6.015, de 31-12-1973 (Lei dos Registros Públicos).

Art. 1.503. Os credores hipotecários não podem embaraçar a exploração da linha, nem contrariar as modificações, que a administração deliberar, no leito da estrada, em suas dependências, ou no seu material.

Art. 1.504. A hipoteca será circunscrita à linha ou às linhas especificadas na escritura e ao respectivo material de exploração, no estado em que ao tempo da execução estiverem; mas os credores hipotecários poderão opor-se à venda da estrada, à de suas linhas, de seus ramais ou de parte considerável do material de exploração; bem como à fusão com outra empresa, sempre que com isso a garantia do débito enfraquecer.

▶ Arts. 1.119 a 1.122 deste Código.

Art. 1.505. Na execução das hipotecas será intimado o representante da União ou do Estado, para, dentro em quinze dias, remir a estrada de ferro hipotecada, pagando o preço da arrematação ou da adjudicação.

Capítulo IV

DA ANTICRESE

▶ Art. 1.225, X, deste Código.

Art. 1.506. Pode o devedor ou outrem por ele, com a entrega do imóvel ao credor, ceder-lhe o direito de perceber, em compensação da dívida, os frutos e rendimentos.

▶ Arts. 368 a 380 deste Código.

§ 1º É permitido estipular que os frutos e rendimentos do imóvel sejam percebidos pelo credor à conta de juros, mas se o seu valor ultrapassar a taxa máxima permitida em lei para as operações financeiras, o remanescente será imputado ao capital.

▶ Arts. 406 e 407 deste Código.

§ 2º Quando a anticrese recair sobre bem imóvel, este poderá ser hipotecado pelo devedor ao credor anticrético, ou a terceiros, assim como o imóvel hipotecado poderá ser dado em anticrese.

▶ Art. 1.473 e seguintes deste Código.

Art. 1.507. O credor anticrético pode administrar os bens dados em anticrese e fruir seus frutos e utilidades, mas deverá apresentar anualmente balanço, exato e fiel, de sua administração.

▶ Art. 1.423 deste Código.

§ 1º Se o devedor anticrético não concordar com o que se contém no balanço, por ser inexato, ou ruinosa a administração, poderá impugná-lo, e, se o quiser, requerer a transformação em arrendamento, fixando o juiz o valor mensal do aluguel, o qual poderá ser corrigido anualmente.

§ 2º O credor anticrético pode, salvo pacto em sentido contrário, arrendar os bens dados em anticrese a terceiro, mantendo, até ser pago, direito de retenção do imóvel, embora o aluguel desse arrendamento não seja vinculativo para o devedor.

Art. 1.508. O credor anticrético responde pelas deteriorações que, por culpa sua, o imóvel vier a sofrer, e pelos frutos e rendimentos que, por sua negligência, deixar de perceber.

Art. 1.509. O credor anticrético pode vindicar os seus direitos contra o adquirente dos bens, os credores quirografários e os hipotecários posteriores ao registro da anticrese.

▶ Art. 1.227 deste Código.

§ 1º Se executar os bens por falta de pagamento da dívida, ou permitir que outro credor o execute, sem opor o seu direito de retenção ao exequente, não terá preferência sobre o preço.

§ 2º O credor anticrético não terá preferência sobre a indenização do seguro, quando o prédio seja destruído, nem, se forem desapropriados os bens, com relação à desapropriação.

▶ Arts. 83, II, e 149, caput, da Lei nº 11.101, de 9-2-2005 (Lei de Recuperação de Empresas e Falências).

Art. 1.510. O adquirente dos bens dados em anticrese poderá remi-los, antes do vencimento da dívida, pagando a sua totalidade à data do pedido de remição e imitir-se-á, se for o caso, na sua posse.

Livro Complementar –
Das Disposições Finais e Transitórias

Art. 2.028. Serão os da lei anterior os prazos, quando reduzidos por este Código, e se, na data de sua entrada em vigor, já houver transcorrido mais da metade do tempo estabelecido na lei revogada.

Art. 2.029. Até dois anos após a entrada em vigor deste Código, os prazos estabelecidos no parágrafo único do art. 1.238 e no parágrafo único do art. 1.242 serão acrescidos de dois anos, qualquer que seja o tempo transcorrido na vigência do anterior, Lei nº 3.071, de 1º de janeiro de 1916.

Art. 2.030. O acréscimo de que trata o artigo antecedente, será feito nos casos a que se refere o § 4º do art. 1.228.

Art. 2.031. As associações, sociedades e fundações, constituídas na forma das leis anteriores, bem como os empresários, deverão se adaptar às disposições deste Código até 11 de janeiro de 2007.

▶ *Caput* com a redação dada pela Lei nº 11.127, de 28-6-2005.
▶ Arts. 40 a 69 e 966 a 1.145 deste Código.

Parágrafo único. O disposto neste artigo não se aplica às organizações religiosas nem aos partidos políticos.

▶ Parágrafo único acrescido pela Lei nº 10.825, de 22-12-2003.

Art. 2.032. As fundações, instituídas segundo a legislação anterior, inclusive as de fins diversos dos previstos no parágrafo único do art. 62, subordinam-se, quanto ao seu funcionamento, ao disposto neste Código.

Art. 2.033. Salvo o disposto em lei especial, as modificações dos atos constitutivos das pessoas jurídicas referidas no art. 44, bem como a sua transformação, incorporação, cisão ou fusão, regem-se desde logo por este Código.

▶ Arts. 1.113 a 1.122 deste Código.

Art. 2.034. A dissolução e a liquidação das pessoas jurídicas referidas no artigo antecedente, quando iniciadas antes da vigência deste Código, obedecerão ao disposto nas leis anteriores.

Art. 2.035. A validade dos negócios e demais atos jurídicos, constituídos antes da entrada em vigor deste Código, obedece ao disposto nas leis anteriores, referidas no art. 2.045, mas os seus efeitos, produzidos após a vigência deste Código, aos preceitos dele se subordinam, salvo se houver sido prevista pelas partes determinada forma de execução.

Parágrafo único. Nenhuma convenção prevalecerá se contrariar preceitos de ordem pública, tais como os estabelecidos por este Código para assegurar a função social da propriedade e dos contratos.

Art. 2.036. A locação de prédio urbano, que esteja sujeita à lei especial, por esta continua a ser regida.

▶ Lei nº 8.245, de 18-10-1991 (Lei de Locações).

Art. 2.037. Salvo disposição em contrário, aplicam-se aos empresários e sociedades empresárias as disposições de lei não revogadas por este Código, referentes a comerciantes, ou a sociedades comerciais, bem como a atividades mercantis.

Art. 2.038. Fica proibida a constituição de enfiteuses e subenfiteuses, subordinando-se as existentes, até sua extinção, às disposições do Código Civil anterior, Lei nº 3.071, de 1º de janeiro de 1916, e leis posteriores.

§ 1º Nos aforamentos a que se refere este artigo é defeso:

I – cobrar laudêmio ou prestação análoga nas transmissões de bem aforado, sobre o valor das construções ou plantações;

II – constituir subenfiteuse.

§ 2º A enfiteuse dos terrenos de marinha e acrescidos regula-se por lei especial.

Art. 2.039. O regime de bens nos casamentos celebrados na vigência do Código Civil anterior, Lei nº 3.071, de 1º de janeiro de 1916, é o por ele estabelecido.

▶ Arts. 1.639 a 1.688 deste Código.

Art. 2.040. A hipoteca legal dos bens do tutor ou curador, inscrita em conformidade com o inciso IV do art. 827 do Código Civil anterior, Lei nº 3.071, de 1º de janeiro de 1916, poderá ser cancelada, obedecido o disposto no parágrafo único do art. 1.745 deste Código.

Art. 2.041. As disposições deste Código relativas à ordem da vocação hereditária (arts. 1.829 a 1.844) não se aplicam à sucessão aberta antes de sua vigência, prevalecendo o disposto na lei anterior (Lei nº 3.071, de 1º de janeiro de 1916).

Art. 2.042. Aplica-se o disposto no *caput* do art. 1.848, quando aberta a sucessão no prazo de um ano após a entrada em vigor deste Código, ainda que o testamento tenha sido feito na vigência do anterior, Lei nº 3.071, de 1º de janeiro de 1916; se, no prazo, o testador não aditar o testamento para declarar a justa causa de cláusula aposta à legítima, não subsistirá a restrição.

Art. 2.043. Até que por outra forma se disciplinem, continuam em vigor as disposições de natureza processual, administrativa ou penal, constantes de leis cujos preceitos de natureza civil hajam sido incorporados a este Código.

Art. 2.044. Este Código entrará em vigor um ano após a sua publicação.

Art. 2.045. Revogam-se a Lei nº 3.071, de 1º de janeiro de 1916 – Código Civil e a Parte Primeira do Código Comercial, Lei nº 556, de 25 de junho de 1850.

▶ Art. 2.035 deste Código.

Art. 2.046. Todas as remissões, em diplomas legislativos, aos Códigos referidos no artigo antecedente, consideram-se feitas às disposições correspondentes deste Código.

Brasília, 10 de janeiro de 2002;
181º da Independência e
114º da República.

Fernando Henrique Cardoso

Índice Alfabético-Remissivo do Código Civil
(Lei nº 10.406, de 10-1-2002)

A

ABANDONO
- objeto do comodante: art. 583

ABATIMENTO NO PREÇO
- rejeição da obra contratada; exceção: art. 616
- prazo: art. 445
- rejeição da coisa; exceção: art. 442
- venda de imóvel: art. 500

ABERTURA
- concurso: art. 859
- sucessão provisória: arts. 28, 35 e 37

ABUSO DE DIREITO: art. 187

AÇÃO
- anulação; alienações em fraude de credores: art. 161
- anulação; negócio jurídico: art. 178
- ausente; declaração: art. 32
- caução de títulos; credores: art. 1.459
- cobrança; despesas funerárias: art. 872
- devedor solidário; contra: art. 275
- evicção; suspensão da prescrição: art. 199, III
- execução hipotecária: art. 1.501
- gestores contra os substitutos: art. 867
- imóvel, declaração: art. 80, I
- incapazes contra os representantes: art. 195
- móvel, declaração: art. 83, II
- *quanti minoris*: arts. 442 e 500
- redibitória: arts. 441 a 446
- regressiva; contra o terceiro: art. 930
- regressiva; contra o vendedor: art. 1.481, § 4º
- regressiva; contra o verdadeiro devedor: art. 880
- regressiva; contra procurador: art. 686
- regressiva; pessoas jurídicas de direito público: art. 43
- relativa a direitos reais: arts. 80, I, e 83, II
- revocatória; doação: arts. 555 a 564

ACEITAÇÃO
- contrato entre ausentes: art. 434
- doação; não impugnada: art. 546
- doação; nascituro: art. 542
- doação; pessoas que não podem contratar: art. 543
- doação; prazo fixado pelo doador: art. 539
- mandato; tácita: art. 659
- proposta de contrato: arts. 430 a 434
- proposta de seguro; omissões: art. 766
- proposta inexistente: art. 433
- proposta intempestiva: art. 431

ACESSÃO
- repetição do indébito: art. 878

ACESSÓRIO
- abrangência: art. 92
- cessão de crédito: art. 287
- dívida: art. 364
- hipoteca: arts. 1.473 e 1.474
- obrigação de dar coisa certa: art. 233
- segue o principal: art. 92

ADIANTAMENTO DA LEGÍTIMA: art. 544

ADJUDICAÇÃO
- extinção da hipoteca: art. 1.499, VI
- imóvel hipotecado: art. 1.483, par. ún.

ADMINISTRAÇÃO
- pessoa jurídica: arts. 48 e 49
- sociedade; direito de voto: art. 1.010

ADMINISTRADOR
- aplicação em proveito próprio: art. 1.017
- responsabilidades: art. 1.011
- vedações à compra e empréstimo: arts. 497, I, e 580

ADQUIRENTE
- bem hipotecado: art. 1.481
- bens do insolvente: art. 160

AGÊNCIA: arts. 710 a 721
- *vide*, também, DISTRIBUIÇÃO
- agente: art. 712
- contrato; tempo indeterminado: art. 720
- definição: art. 710
- despesas: art. 713
- força maior: art. 719
- indenização: art. 715
- perdas e danos: art. 717
- regras de mandato e comissão: art. 721
- remuneração: arts. 714 e 716

ÁGUAS
- mares e rios: arts. 99, I, e 100

ALICIAMENTO DE PESSOAS CONTRATADAS: art. 608

ALIENAÇÃO
- bens públicos dominicais: art. 101
- coisa alugada: art. 576
- fraude contra credores: art. 158
- propriedade: art. 1.420
- propriedade agrícola: art. 609

ALUGUEL
- coisas: arts. 565 a 578
- pretensão quanto a prédios: art. 206, § 3º, I

AMEAÇA
- direitos da personalidade de vivos e mortos: art. 12
- exercício regular de direito: art. 153

AMOSTRAS: art. 484

ANIMAIS
- reparação dos danos causados: art. 936

ANTICRESE: arts. 1.506 a 1.510
- arrendamento do imóvel: art. 1.507, § 2º
- constituição: arts. 1.420 e 1.506
- credor; responsabilidade: art. 1.508
- declarações essenciais: art. 1.424
- direito real: art. 1.419
- fraude contra credores: art. 165, par. ún.
- imóvel; hipoteca: art. 1.506, § 2º
- novação: arts. 364 e 365
- pacto comissório; nulidade: art. 1.428
- propriedade superveniente: art. 1.420, § 1º
- remição de bens dados: art. 1.510

ANUÊNCIA
- silêncio como prova da: art. 111
- terceiro; prova: art. 220

ANULAÇÃO
- efeitos: art. 177
- obrigações contraídas por menores de 16 a 18 anos: art. 180

ANULAÇÃO DE NEGÓCIO JURÍDICO
- coação: arts. 151 e 171, II
- dolo: arts. 145 e 171, II
- erro ou ignorância: arts. 138 e 171, II
- fraude contra credores: arts. 158 e 171, II
- incapacidade relativa do agente: arts. 5º e 171, I
- restituição das partes ao estado anterior: art. 182

ANÚNCIO PÚBLICO: arts. 854 e 855
• *vide* PROMESSA

APÓLICES: arts. 757 a 777

APOSTA
• dívidas: art. 814
• empréstimos; inexigibilidade: art. 815
• sorteio: art. 817

AQUISIÇÃO
• condição resolutiva: arts. 127 e 474
• condição suspensiva: art. 125
• direitos; termo inicial: arts. 131 e 136

ARRAS
• direito de arrependimento: art. 420
• rescisão do contrato: arts. 418 e 419

ARRECADAÇÃO
• bens do ausente: arts. 26 e 28, § 2º

ARREMATAÇÃO: art. 497, I

ARREPENDIMENTO, DIREITO: art. 420

ASCENDENTES
• impedimento; testemunhas: art. 228, V
• prescrição: art. 197, II
• sucessão definitiva: arts. 26 e 27, II
• troca de bens com descendentes: art. 533, II
• venda a descendentes: art. 496

ASSOCIAÇÕES: arts. 53 a 61
• assembleia-geral; competência privativa: arts. 59 e 60
• Código de 2002; regência: arts. 2.031, 2.033 e 2.034
• dissolução: art. 61
• estatuto: art. 54
• públicas: art. 41, IV
• transmissão de quota: art. 56, par. ún.

ASSOCIADOS: arts. 55 e 58

ASSUNÇÃO DE DÍVIDA: arts. 299 a 303
• garantias especiais: art. 300
• imóvel hipotecado: art. 303
• novo devedor: art. 302
• silêncio do credor; recusa: art. 299, par. ún.
• substituição anulada: art. 301

ATO
• anulabilidade: art. 176
• anulação: art. 179
• capacidade jurídica: arts. 3º a 5º
• conservatórios do direito cedido: art. 293
• culposos e dolosos: art. 1.177, par. ún.
• lícitos: art. 185
• praticado pelo devedor; caso: art. 251
• praticados fora do estabelecimento: art. 1.178, par. ún.
• sem prazo: art. 134

ATOS ILÍCITOS: arts. 186 a 188
• liquidação do dano: arts. 948 a 954
• reparação do dano: art. 927

AUSÊNCIA: arts. 22 a 25
• morte; presunção: arts. 6º, 37 e 38
• regresso: arts. 36 e 39
• sentença declaratória; registro: art. 9º, IV
• sucessão: arts. 26, 37 e 39
• venda de bens: art. 33

AUTARQUIAS: art. 41, IV

AVAL
• pagamento de títulos de crédito: arts. 897 a 900

AVERBAÇÃO DE REGISTRO PÚBLICO: art. 10

B

BAGAGENS
• objeto de depósito necessário: art. 649

BALANCETE: art. 1.186

BALANÇO PATRIMONIAL: arts. 1.188 e 1.189

BEM
• ausentes: arts. 26 e 28
• dominicais: art. 99, par. ún.
• pertenças: art. 93
• públicos: art. 102

BEM IMÓVEL
• efeitos legais: art. 80
• separados da construção: art. 81, II

BEM MÓVEL
• definição: art. 82
• deterioração: art. 29
• efeitos legais: art. 83
• materiais; demolição: art. 84

BEM PÚBLICO
• classificação: arts. 98 e 99
• inalienabilidade: art. 100

BENEFÍCIO DE ORDEM: arts. 827 a 829

BENFEITORIAS
• causa de privilégio especial: art. 964, III
• coisa locada: art. 578
• direito de retenção: arts. 578 e 1.219
• espécies: art. 96
• evicção: arts. 453 e 454
• melhoramentos: art. 97
• reembolso; retrovenda: art. 505

BOA-FÉ
• abuso de direito: art. 187
• alienação de imóvel indevida: art. 879
• contratantes: art. 422
• negócios jurídicos: arts. 113 e 164
• presunção: art. 164
• seguro: arts. 765 e 766
• títulos ao portador: art. 906

BONS COSTUMES
• abuso de direito: art. 187
• disposição do corpo: art. 13

C

CALAMIDADE: art. 647, II

CALÚNIA
• revogação de doação: art. 557, III
• reparação de dano: art. 953

CAPACIDADE
• civil: arts. 1º e 3º a 5º

CÁRCERE PRIVADO: art. 954, par. ún., I

CASAMENTO
• efeitos jurídicos: art. 5º, par. ún., II
• registro público: art. 9º

CASO FORTUITO
• comodatário: art. 583
• comprador e a coisa adquirida: art. 492, § 1º
• dano causado por animal: art. 936
• definição: art. 393, par. ún.
• depositário: art. 642
• devedor em mora: art. 399
• gestor de negócios: arts. 862, 863 e 868
• locatário em mora: art. 575
• mandatário: art. 667, § 1º

CAUÇÃO
• herdeiros do ausente: arts. 30 e 37
• penhor; impedimento: art. 1.472
• ratificação dos demais credores: art. 260, II
• título; quitação: art. 1.460

CEGOS
- testemunhas; incapacidade: art. 228, III

CERTIDÃO
- valor probante: arts. 216 a 218

CESSÃO
- quotas social; eficácia: art. 1.003

CESSÃO DE CRÉDITO
- compensação de dívidas: art. 377
- dação em pagamento; efeito: art. 358
- desobrigação do devedor: art. 292
- formalidades: art. 288
- hipotecário: art. 289
- permissão: art. 286
- responsabilidade dos cedentes: arts. 295 a 297
- solvência do devedor: art. 296
- sub-rogação do cessionário: arts. 347 e 348

CESSIONÁRIO
- crédito hipotecário: art. 289

CITAÇÃO: art. 202, I

CLÁUSULA
- ambígua: art. 423
- auto favorecedora: art. 685
- compra e venda: arts. 505 a 532
- condição resolutiva: art. 127
- condição suspensiva: arts. 125, 126 e 136
- condições impossíveis: art. 124
- devedor solidário: art. 278
- encargo: art. 136
- ilícita: art. 122
- nula: art. 424
- nulidades: arts. 184 e 848
- preempção: arts. 513 a 520
- proibitiva de alienação de imóvel hipotecado: art. 1.475
- resolutiva: art. 474
- retrovenda: arts. 505 a 508
- venda a contento: arts. 509 a 512

CLÁUSULA PENAL
- admissibilidade: art. 409
- divisibilidade da obrigação: art. 415
- exigibilidade: art. 416
- inadimplemento: art. 410
- indivisibilidade da obrigação: art. 414
- redução pelo juiz: art. 413
- valor; limitação: arts. 412 e 416

COAÇÃO
- causa de anulação do negócio jurídico: arts. 171, II, e 177
- circunstâncias a serem apreciadas: art. 152
- exercício normal de direito: art. 153
- negócio jurídico: art. 178, I
- temor reverencial: art. 153
- vício da manifestação da vontade: arts. 151 a 155

CÓDIGO CIVIL
- revogação das leis anteriores: art. 2.045
- vigência: art. 2.044
- vigência; exceções: arts. 2.029 e 2.030

COISA ACESSÓRIA: art. 92

COISA JULGADA
- influência do julgado criminal sobre o cível: art. 935
- transação posterior: art. 850

COISA(S)
- alheia alienada: arts. 447 a 457
- coletiva; definição: arts. 90 e 91
- consumível: art. 86
- definições de: arts. 79 a 91
- devedor; acréscimo: art. 237
- divisível e indivisível: arts. 87 e 88
- divisível em depósito: art. 639
- fungível e não fungível: art. 85
- fungível em depósito: art. 645
- fungível na compensação das dívidas: arts. 369 e 370
- futura: arts. 458 e 459
- litigiosas: art. 457
- principal: arts. 92 e 94
- singulares: art. 89
- universalidades: arts. 90 e 91

COMISSÃO
- cláusula *del credere*: art. 698
- objeto: art. 693

COMISSÁRIO
- cessão de direitos: art. 694
- crédito: art. 707
- despedimento: arts. 703 e 705
- deveres: arts. 695 e 696
- força maior: art. 696, par. ún.
- insolvência: arts. 697 e 707
- juros: art. 706
- mandato: art. 709
- morte: art. 702
- obrigação com quem contrata: art. 694
- prazo para pagamento: arts. 699 e 700
- remuneração: art. 701
- responsabilidade: arts. 696 a 698

COMITENTE
- alteração de instruções: art. 704
- falência: art. 707
- responsabilidade por ato do preposto: art. 932, III

COMODATO
- administradores: art. 580
- comodatário: arts. 582 e 585
- definição: art. 579
- despesas: art. 584
- dívida originada do: art. 373, II
- obrigações do comodatário: art. 582
- prazo de duração: art. 581
- responsabilidade: art. 585

COMORIENTES: art. 8º

COMPENSAÇÃO
- alimentos: art. 373, II
- benfeitorias: art. 1.221
- casos em que não pode haver: art. 373
- causa de extinção da obrigação: art. 368
- crédito penhorado: art. 380
- depósito: arts. 373, II e 638
- despesas de dívidas pagáveis no mesmo lugar: art. 378
- diferença de causa: art. 373
- direitos de terceiros: art. 300
- esbulho: art. 373, I
- exclusão por mútuo acordo: art. 375
- fiador: art. 371
- furto: art. 373, I
- legado feito ao credor: art. 1.919
- mandatário e mandante: art. 669
- obrigações indivisíveis: art. 262, par. ún.
- obrigado por terceiro: art. 376
- prazos de favor não obstam: art. 372
- prestações; coisas fungíveis: art. 370
- remissão; dívida solidária: art. 262, par. ún.
- roubo: art. 373, I
- várias dívidas: art. 379

COMPRA E VENDA
- *ad mensuram* e *ad corpus*: art. 500
- à vista de amostras: art. 484
- à vista: art. 491
- arras: arts. 417 a 420
- cláusulas especiais: arts. 505 a 532
- coisa em condomínio: art. 504
- coisa; elemento do contrato: art. 481
- coisas conjuntas; defeito oculto: art. 503

- coisas futuras: arts. 458 a 461
- comprador insolvente: art. 495
- condômino; preferência: art. 504, par. ún.
- crédito; extensão: art. 497, par. ún.
- dação em pagamento: art. 357
- definição: art. 481
- despesas da escritura e da tradição: art. 490
- entre cônjuges: art. 499
- estrada de ferro hipotecada: art. 1.504
- evicção: arts. 447 a 457
- expedição da coisa para lugar diverso: art. 494
- hasta pública: art. 497
- nulidade: art. 496
- obrigatoriedade do contrato: art. 482
- preço; elemento do contrato: art. 481
- preço; nulidade: art. 489
- preço; riscos: arts. 492 e 494
- preço; taxa do mercado: art. 486
- preempção: arts. 513 a 520
- proibidos de comprar: arts. 497 e 498
- pura: art. 482
- retrovenda: arts. 505 a 508
- riscos das coisas e do preço: arts. 492 e 494
- venda a contento: arts. 509 a 512
- vícios redibitórios: arts. 441 a 446
- vícios redibitórios; venda em conjunto: art. 503

COMPROMISSO: arts. 851 a 853

CONCEPÇÃO: art. 2º

CONCORRÊNCIA
- quantia paga ou revelada: art. 277

CONCURSO DE CREDORES
- anulação de negócio fraudulento: art. 165
- crédito privilegiado: art. 961
- credores hipotecários: arts. 959 e 960
- objeto de discussão: art. 956
- ocorrência: art. 955
- privilégios especial e geral: arts. 963 a 965
- rateio: art. 962
- títulos de preferência inexistente: arts. 957 e 958
- vencimento antecipado da dívida: art. 333, I

CONDIÇÃO
- definição: art. 121
- implemento: arts. 129, 332 e 1.359
- impossível: art. 124
- inexistência: art. 124
- obrigações condicionais: art. 332
- proibida ou ilegal: art. 122
- resolutiva: art. 127
- resolutiva; superveniência: art. 128
- subordina o endossante: art. 912
- suspensiva: arts. 121 a 126
- suspensiva; legados condicionais: art. 1.924
- suspensiva; reputação de perfeita: arts. 509 a 512
- suspensiva; termo inicial: arts. 131 e 135

CONDOMÍNIO
- coisa indivisível: art. 504
- preferência do condômino: art. 504
- retrovenda: art. 508

CONFISSÃO
- anulável: art. 214
- eficácia: art. 213
- meio de prova: art. 212, I

CONFUSÃO
- cessação; efeito: art. 384
- dívida: arts. 382 e 383
- meio de extinção da obrigação: art. 381
- obrigação solidária: art. 383

CÔNJUGES
- divulgação de escritos: art. 20, par. ún.

- prescrição; inexistência: art. 197, I
- sociedade: art. 977
- testemunhar; impedimento: art. 228, V

CONSIGNAÇÃO EM PAGAMENTO
- despesas: art. 343
- efeitos: art. 334
- obrigação litigiosa: arts. 344 e 345
- procedimento: arts. 337 a 342
- requisitos; validade: art. 336

CONSTITUIÇÃO DE RENDA
- a título gratuito: arts. 803 e 813
- a título oneroso: arts. 804 e 805
- bens: art. 809
- credor: art. 811
- favor de falecido; nulidade: art. 808
- escritura pública; requisito obrigatório: art. 807
- prazo: art. 806

CONTABILISTA: arts. 1.177 e 1.178

CONTAS
- mandatário: art. 668

CONTRATANTES
- benefício estabelecido em testamento: art. 133
- especificação do domicílio: art. 78
- insolvência conhecida: art. 159

CONTRATO(S)
- aceitação da proposta: arts. 430 a 434
- adesão: art. 424
- agência e distribuição: arts. 710 a 721
- aleatórios: arts. 458 a 461
- arras: arts. 417 a 420
- atípicos: art. 425
- benéfico: art. 392
- bilaterais: art. 476
- boa-fé na execução: art. 422
- cláusula resolutiva: art. 474
- cláusulas ambíguas: art. 423
- comissão: arts. 693 a 709
- comodato: arts. 579 a 585
- compra e venda: arts. 481 a 532
- compromisso: arts. 851 a 853
- constituição de renda: arts. 803 a 813
- correspondência: art. 434
- corretagem: arts. 722 a 729
- depósito: arts. 627 a 652
- disposições gerais: arts. 421 a 471
- distrato: arts. 472 e 473
- doação: arts. 538 a 564
- empreitada: arts. 610 a 626
- escritura pública: art. 215
- estimatórios: arts. 534 a 537
- estipulações em favor de terceiros: arts. 436 a 438
- evicção: arts. 447 a 457
- exceção de contrato não cumprido: arts. 476 e 477
- extinção: arts. 472 a 480
- fiança: arts. 818 a 839
- forma: arts. 107 a 109
- função social: art. 2.035, par. ún.
- herança de pessoa viva: art. 426
- interpretação: arts. 112 a 114
- jogo e aposta: arts. 814 a 817
- locação de coisas: arts. 565 a 578
- locação de serviços: arts. 593 a 609
- lugar da celebração: art. 435
- mandato: arts. 653 a 692
- mútuo: arts. 586 a 592
- onerosidade excessiva: arts. 478 a 480
- onerosos; fraude contra credores: art. 159
- pessoa a declarar: arts. 467 a 471
- prazo: arts. 133 e 134
- preço: arts. 485, 487 e 488

- preliminar: arts. 462 a 466
- prestação de serviço: arts. 593 a 609
- probidade na execução: art. 422
- proposta: arts. 427 e 428
- prova testemunhal: art. 227
- resilição: art. 473
- seguro: arts. 757 a 802
- transação: arts. 840 a 850
- transporte: arts. 730 a 756
- troca: art. 533
- unilaterais: art. 389
- venda com reserva de domínio: arts. 521 a 528
- vícios redibitórios: arts. 441 a 446

COOBRIGADOS
- prescrição: art. 204
- sub-rogação no direito: art. 259, par. ún.

CORRETOR: arts. 722 a 729

CREDOR
- ausente: art. 335, III
- cessão de crédito: art. 286
- concurso de credores: arts. 955 a 965
- desconhecido ou incerto: art. 335, III
- despesas: art. 325
- fiador: art. 825
- incapacidade: arts. 310 e 335, III
- lugar do pagamento: art. 327
- mora: arts. 394, 400 e 401, II
- pagamento: art. 308
- prescrições: arts. 201 e 206, § 1º, V
- putativo: art. 309
- quirografário: art. 162
- recusa do pagamento ou quitação: art. 335, I
- remitido a dívida: art. 272
- renúncia: art. 387
- solidariedade: arts. 267 a 274

CRIME
- liquidação das obrigações resultantes: arts. 948 a 954
- reparação do dano: art. 927
- responsabilidade civil: arts. 935 e 943
- responsabilidade dos autores e coautores: art. 942

CULPA
- devedor; obrigação de dar coisa certa: arts. 234 a 244
- devedor; obrigação de dar coisa incerta: art. 246
- devedor; obrigações alternativas: arts. 254 a 263
- devedor; obrigações indivisíveis: art. 263
- gestor de negócios: art. 866
- mandatário: arts. 667, 676 e 678
- terceiro; ação de regresso: art. 930
- verificação de: arts. 927 a 943 e 948 a 954

CURADOR
- ausente: arts. 22 a 25
- juiz: art. 25, § 3º
- responsabilidade civil: art. 932, II
- vedações: arts. 497, I, e 580

CURATELA
- ausentes: arts. 22 a 25

CUSTAS
- judiciais; caso de evicção: art. 450, III
- pagamento em dobro: art. 939
- prescrição: art. 206, § 1º, III
- privilégio e preferência: arts. 964, I, e 965, II

D

DAÇÃO EM PAGAMENTO: arts. 356 a 359
- sem consentimento do fiador: art. 838, III

DANO
- ação regressiva: art. 934
- animal: art. 936
- calúnia ou injúria: art. 953
- coação: arts. 154 e 155
- cobrança antecipada de dívida: art. 939
- cobrança indevida: art. 940
- culpa de terceiro: arts. 930 a 934
- culpa profissional: art. 951
- culpa: arts. 186 e 927
- deterioração ou destruição da coisa alheia: arts. 188, II, e 929
- esbulho ou usurpação: art. 952
- ferimento: art. 949
- homicídio: art. 948
- indenização: art. 946
- inexecução de obrigação: arts. 389 e 393
- lançamento ou queda de objetos: art. 938
- moral: arts. 953 e 954
- ofensa à liberdade pessoal: art. 954
- perdas e danos: arts. 402 a 405
- possuidor de boa-fé: art. 1.217
- reparação: art. 942
- representantes de pessoas jurídicas: art. 43
- responsabilidade indireta: art. 932
- responsabilidade solidariedade: art. 942, par. ún.
- resultante de crime: arts. 948 e 949

DÉBITO
- cobrança; sem dedução da parte remitida: art. 388
- existência de solidariedade passiva: art. 333, par. ún.
- quitação: art. 321
- um ou mais da mesma natureza: art. 352

DECADÊNCIA
- conhecimento de plano: art. 210
- convencional: art. 211
- excludentes da: art. 207
- incapazes: art. 208
- renúncia: art. 209

DECLARAÇÃO
- morte presumida: art. 7º, par. ún.
- segurado: arts. 765 e 766
- vontade: arts. 107, 112, 138, 141, 145 a 155, 167, § 1º, II e 219

DEFEITOS
- construções; responsabilidade do empreiteiro: art. 618
- negócios jurídicos: arts. 138 a 165
- ocultos: arts. 441 a 446
- vendas por amostras: art. 484

DEFICIÊNCIA MENTAL
- incapacidade civil relativa: art. 4º, II

DELIBERAÇÃO
- sócios: arts. 1.071 a 1.080

DEPOSITANTE: art. 337

DEPOSITÁRIO
- despesas e prejuízos: arts. 643 e 644
- dever do seu herdeiro: art. 637
- direito de retenção: art. 644
- incapacidade sobrevinda: art. 641
- infiel; penas: art. 652
- obrigações: art. 629
- responsabilidade; exclusão: art. 642

DEPÓSITO
- direito de retenção: art. 644
- dívida: arts. 373, II, e 638
- judicial: art. 339
- necessário: arts. 647 a 651
- voluntário: arts. 627 a 646

DESAPROPRIAÇÃO
- direito de prelação: art. 519

DESCENDENTES
- colação de bens: art. 496
- curador de bens; ascendente ausente: art. 25
- prescrição: art. 197, II

- testemunhar; impedidos: art. 228, V
- troca de bens com ascendentes: art. 533, II

DESONERAÇÃO: art. 386

DESPESAS
- coisa depositada: arts. 643 e 644
- comodato: art. 584
- conservação da coisa: art. 400
- consignação: arts. 338 e 343
- doença do devedor falecido: art. 965, IV
- entrega do legado: art. 1.936
- escritura e tradição: art. 490
- feitas pelo testamenteiro: art. 1.980
- funerárias; privilégio: art. 965, III
- gestão de negócios: art. 868, par. ún.
- judiciais; concurso de credores: arts. 964, I, e 965, II
- judiciais; responsabilidade do fiador: art. 822
- mantença do devedor falecido: art. 965, V
- necessárias; compensação de dívidas: art. 378
- pagamento e quitação: art. 325
- troca: art. 533, I

DETENTOR
- benfeitorias; intervenção: art. 97
- definição: art. 1.198

DETERIORAÇÃO
- coisa alugada: arts. 567 e 569, IV
- resolução da obrigação: arts. 235, 240 e 246

DEVEDOR(ES)
- antes do vencimento da dívida: arts. 939 e 941
- caso fortuito: art. 393
- cláusula penal: art. 408
- desoneração: art. 386
- despesas: art. 325
- direito à quitação: art. 319
- dívida já paga: arts. 940 e 941
- dívida solidária: art. 285
- insolvente; fraude contra credores: arts. 158 a 165
- mora: art. 394
- novação: arts. 360 e 363
- obrigação alternativa: art. 252
- obrigação de dar coisa incerta: arts. 243 a 246
- obrigação de fazer: arts. 247 a 249
- obrigação divisível: art. 257
- obrigação litigiosa; consignação: arts. 344 e 345
- obrigação solidária: art. 283
- pagamento feito por outrem: art. 306
- perdas e danos: arts. 402 a 405
- prazo em seu favor: art. 133
- remissão das dívidas: arts. 385 a 388
- solidariedade passiva: art. 281
- solidariedade passiva: arts. 275 a 285
- solidários; desoneração pela novação: art. 365
- solidários; interrupção de prescrição: art. 204
- solidários; remissão da dívida: art. 388
- solidários; transação feita com um deles: art. 844, § 3º
- solvente; responsabilidade do cedente: art. 297
- substituição do devedor: art. 362
- transação: art. 844, §§ 1º e 3º

DIA: art. 132

DIREITO(S)
- abuso: art. 187
- acrescer: arts. 812 e 1.810
- depositário: art. 644
- empresa: arts. 966 a 1.195
- imagem da pessoa: art. 20
- inviolabilidade da vida privada: art. 21
- mandatário: art. 681
- nome: art. 16
- obrigações: arts. 233 a 965
- personalidade da pessoa jurídica: art. 52
- personalidade da pessoa natural: arts. 11 a 21

- personalidade: art. 11 a 21
- reais sobre coisas imóveis: art. 108
- retenção: arts. 319, 491, 495, 571, 578, 644, 681

DISTRATO: arts. 472 e 473

DISTRIBUIÇÃO
- *vide* AGÊNCIA

DISTRITO FEDERAL
- domicílio da União: art. 75, I
- personalidade jurídica: art. 41, II

DÍVIDA(S)
- assunção: arts. 299 a 303
- demandada; antes de vencida: art. 939
- demandada; depois de paga: art. 940
- futuras: art. 821
- jogo e aposta: art. 814
- líquidas: art. 206, § 5º, I
- obrigações solidárias: arts. 264 a 285
- paga por terceiro não interessado: art. 305
- remissão: arts. 385 a 388
- repetição do indébito: arts. 876, 882 e 883
- vencimento antecipado: art. 333

DIVISÃO
- coisas divisíveis e indivisíveis: arts. 87 e 88
- sorteio: art. 817

DOAÇÃO
- aceitação pelo donatário: arts. 539, 542 e 543
- aceitação; casamento futuro: art. 546
- cláusula de reversão: art. 547
- contemplação de merecimento do donatário: art. 540
- definição: art. 538
- doador; juros e evicção: art. 552
- encargo: art. 553
- evicção: art. 552,
- filhos; adiantamento de legítima: art. 544
- forma: art. 541
- gravada: art. 540
- homicídio doloso do autor: art. 561
- incapazes: art. 543
- inoficiosa: art. 549
- mais de um donatário: art. 551
- marido e mulher: art. 551, par. ún.
- nascituro: art. 542
- nulidade da doação: arts. 548 e 549
- remuneratória; caráter de liberalidade: art. 540
- revogação por ingratidão do donatário: arts. 557 a 564
- revogação: art. 555
- subvenção periódica: art. 545
- todos os bens: art. 548
- verbal: art. 541, par. ún.

DOCUMENTOS
- declaração dos signatários: art. 219
- língua estrangeira: art. 224
- livros da sociedade: art. 1.021
- públicos ou particulares: art. 212, II

DOLO
- acidental: art. 146
- ambas as partes; efeitos: art. 150
- anulabilidade dos negócios jurídicos: arts. 145 e 171, II
- contratos aleatórios: art. 461
- menor que oculta a idade: art. 180
- perdas e danos nas inexecuções dolosas: art. 465
- representante: art. 149
- terceiro para anular negócio: art. 148

DOMICÍLIO
- especificação pelos contratantes: art. 78
- incapazes: art. 76
- lugar da abertura da sucessão e do inventário: art. 1.785
- lugar do pagamento: art. 327
- marítimo: art. 76

- militar: art. 76
- ministro ou agente diplomático: art. 77
- mudança: art. 74
- pessoa jurídica: art. 75
- pessoa natural: art. 70
- pessoa natural; relações profissionais: art. 72
- pessoa natural; sem residência habitual: art. 73
- pluralidade de residências: art. 71
- preso: art. 76
- servidores públicos: art. 76

DOMÍNIO
- bens dados em compensação da renda: art. 809
- bens públicos: arts. 98 a 103

E

ÉBRIOS: art. 4º, II

EDIFICAÇÃO
- vide, também, CONSTRUÇÕES e EMPREITADA
- empreiteiro: art. 618

EMANCIPAÇÃO
- inscrição no registro: art. 9º, II
- ocorrência: art. 5º, par. ún.

EMPREGADOR: arts. 932, III, e 933

EMPREGADOS PÚBLICOS
- domicílio: art. 76
- responsabilidade civil: art. 932, III
- vedação a aquisição de certos bens: arts. 497 e 498

EMPREITADA
- abatimento de preço: arts. 615 e 616
- depreciação; material ou mão-de-obra: art. 620
- imperícia: art. 617
- mão-de-obra; fornecimento: art. 612
- materiais; fornecimento: art. 611
- modalidades: art. 610
- mora de receber a obra: art. 611
- morte das partes: art. 626
- mudanças no projeto: art. 621
- obras defeituosas: arts. 615 e 616
- onerosidade excessiva: art. 621
- partes distintas ou por medidas: art. 614
- perdas e danos: art. 624
- perecimento da coisa: art. 613
- prazo e garantia: art. 618
- preço; acréscimo: art. 619
- rescisão de contrato; efeitos: art. 623
- responsabilidade do empreiteiro: art. 622
- suspensão da obra: arts. 623 e 625

EMPRESA
- individual; responsabilidade limitada: art. 980-A
- nome: art. 1.155
- preposto: arts. 1.169 a 1.178

EMPRESÁRIO
- aplicação de leis mercantis: art. 2.037
- capacidade: arts. 972 a 980
- casado: art. 978
- definição: art. 966
- escrituração: arts. 1.179 a 1.195
- falecido: art. 1.165
- filial: art. 969
- incapaz: art. 974
- inscrição obrigatória: arts. 967 e 968
- inscrição; uso exclusivo do nome: art. 1.166
- pequeno: art. 970
- registro de atos: arts. 1.150 a 1.154
- registro de bens incomunicáveis e inalienáveis: art. 979
- rural: arts. 970 e 971

EMPRÉSTIMO
- vide, também, COMODATO e MÚTUO

- jogo; inexigibilidade: art. 815
- pagamento com sub-rogação: art. 347, II

ENCARGO
- doações: arts. 441, 540, 553, 555 e 564, II
- efeitos: art. 136

ENDOSSO
- título à ordem: arts. 910 a 920
- título nominativo: arts. 923 e 925

ENRIQUECIMENTO SEM CAUSA
- coisa determinada: art. 884, par. ún.
- ressarcimento: art. 206, § 3º, IV
- restituição do bem indevidamente auferido: arts. 884 e 885
- restituição: art. 886

ENTERRO
- feito por terceiros: art. 872

ERRO
- cálculo: art. 143
- causa de anulabilidade: arts. 138 e 171, II
- direito: art. 849
- essencial; na transação: art. 849
- indicação; pessoa ou coisa: art. 142
- pagamento; ônus da prova: art. 877
- prazo decadencial; anular negócio: art. 178, II
- substancial; anulabilidade de negócios jurídicos: art. 138
- substancial; definição: art. 139
- transmissão da vontade: art. 141
- validade do negócio jurídico: art. 144

ESCRITOS
- divulgação: art. 20
- presunção de veracidade: art. 219
- redigidos em língua estrangeira: art. 224

ESCRITURAÇÃO: arts. 1.179 a 1.195

ESCRITURA PÚBLICA
- compra e venda: art. 490
- constituição de renda: art. 807
- criação de fundações: art. 62
- doação; possibilidade: art. 541
- requisitos: art. 215

ESCRIVÃES
- prescrição de ação de cobrança de custas: art. 206, § 1º, III
- proibição de comprar: art. 497, III

ESCUSA
- desobrigação do depositário: art. 642

ESTABELECIMENTO
- alienação: arts. 1.144 a 1.147
- arrendamento: art. 1.144
- definição: art. 1.142
- transferência: arts. 1.148 e 1.149
- usufruto: art. 1.144

ESTADO
- necessidade: art. 188, par. ún.
- perigo: arts. 156 e 178, II

ESTADOS: art. 41, II

ESTATUTOS: arts. 65 e 67 a 69

ESTIPULAÇÕES: arts. 436 a 438

EVICÇÃO
- ação de evicção, prescrição: art. 199, III
- benfeitorias: arts. 453 e 454
- cláusula de exclusão: art. 449
- coisa deteriorada: arts. 451 e 452
- contratos onerosos: art. 447
- custas judiciais: art. 450, III
- dação em pagamento: art. 359
- direitos do evicto: art. 450
- doador: art. 552
- evicção parcial: arts. 450, par. ún., e 455

- garantia; presunção: art. 447
- garantia; reforço ou diminuição da: art. 448
- não demandar a evicção: art. 457
- notificação do litígio ao alienante: art. 456
- transação; evicção da coisa renunciada: art. 845

EXCEÇÕES
- devedor com portadores precedentes: art. 916
- devedor solidário: art. 281
- devedor, em cessão de crédito: art. 294
- devedor; inoponibilidade: art. 273
- emissor de título ao portador: art. 906
- fiador ao credor: art. 837

EXECUÇÃO
- dívida já paga: arts. 940 e 941
- dívida não vencida: arts. 939 e 941
- fiador, benefício de ordem: arts. 827 e 834
- hipoteca ou penhor: arts. 1.422 e 1.430
- obra; preço: art. 619

EXERCÍCIO DE DIREITO
- a ameaça não constitui coação: art. 153
- ato ilícito: art. 188, I
- incapacidade civil: arts. 3º e 4º
- personalidade jurídica; limites: art. 11

EXONERAÇÃO DO DEVEDOR
- inadmissibilidade: art. 437
- obrigação litigiosa: art. 344
- pagamento de dívida: art. 304
- perda ou extravio de título: art. 909, par. ún.
- seguro; indenização: art. 960
- solidário; novação: art. 365
- solidário; subsistência: art. 282, par. ún.

EXTINÇÃO
- associações: art. 61
- dívida: art. 387
- dívida; novação: arts. 360 a 367
- dívida; pagamento: art. 304
- fiança: arts. 837 a 839
- fundações: art. 69
- mandato: arts. 682 a 691

F

FALÊNCIA
- devedor: art. 828, III

FALSIDADE
- discussão admitida: art. 956

FALSO MOTIVO: art. 140

FATO
- possibilidade de execução por terceiro: art. 249
- sigiloso: art. 229

FAZENDA PÚBLICA
- ordem de preferência: art. 965, VI

FERIADOS: art. 132, § 1º

FIADOR
- abono à solvência: art. 828
- aceitação pelo credor: art. 825
- benefício de ordem: arts. 827 e 828
- compensação de dívida com o credor: art. 372
- desobrigado: arts. 838 e 839
- dívidas futuras: art. 821
- exceções que pode opor: art. 837
- execução; andamento: art. 834
- exoneração da fiança: arts. 366 e 835
- fiança conjunta: art. 829
- interrupção de prescrição: art. 204, § 3º
- juros: art. 833
- licitação em execução hipotecária: art. 1.481, § 1º
- mútuo feito a menor: arts. 588 e 589
- novação: art. 366

- obrigação dos herdeiros: art. 836
- perdas sofridas: art. 832
- sub-rogação do crédito ao terceiro: art. 349
- sub-rogação nos direitos do credor: art. 831

FIANÇA
- aceitação do fiador: art. 825
- benefício de divisão: arts. 829 e 830
- benefício de ordem: arts. 827 e 828
- compensação da dívida: art. 371
- consentimento do devedor: art. 820
- defesa do fiador: art. 837
- definição: art. 818
- desobrigado o fiador: arts. 837 e 839
- dívida de jogo ou aposta: art. 814, § 1º
- dívidas futuras: art. 821
- efeitos: arts. 827 a 836
- execução: art. 834
- exoneração da fiança: arts. 366 e 835
- extensão aos acessórios: art. 822
- extinção: arts. 837 a 839
- forma; interpretação: art. 819
- juros do desembolso: art. 833
- limite do valor: art. 823
- morte do fiador: art. 836
- mútuos feitos a menores: arts. 588, 589 e 824, par. ún.
- obrigações nulas: art. 824
- parcial: art. 830
- prestada em conjunto: arts. 829 a 831
- responsabilidade do devedor: art. 832
- substituição do fiador insolvente: art. 826
- transação; efeito: art. 844, § 1º

FILHO(S)
- hipoteca legal: art. 1.489, II
- prescrição: art. 197, II
- reconhecimento: arts. 10, II, e 1.607 a 1.617

FILIAÇÃO
- oriunda de casamento nulo: art. 1.617
- reconhecimento; averbação: art. 10, II

FORÇA MAIOR
- definição: art. 393, par. ún.
- depositário: arts. 636 e 642
- inexecução de obrigações: art. 393
- responsabilidade do devedor: arts. 246, 393 e 399
- responsabilidade dos hospedeiros: art. 650

FORMA DOS NEGÓCIOS JURÍDICOS: arts. 104 e 107 a 109 e 166, IV

FRAUDE
- concurso de credores: art. 956
- contra credores: arts. 158 a 165, 171, II, e 1.813

FRUTOS
- bens imóveis: art. 79
- coisa dada em pagamento indevido: art. 878
- depósito; restituição: art. 629
- obrigações de dar coisa certa: arts. 237, par. ún., e 242, par. ún.
- revogação da doação: art. 563

FUNDAÇÕES
- bens; disposição: art. 63
- cisão: art. 2.033
- constituição de negócios jurídicos; antes da vigência deste Código: art. 2.035
- estatutos; requisitos para sua alteração: arts. 67 e 68
- extinção: art. 69
- fiscalização: art. 66
- fusão: art. 2.033
- incorporação: art. 2.033
- instituição anteriormente a este Código: arts. 2.031 a 2.035
- instituição: art. 62
- pessoa jurídica de direito privado: art. 44, III
- propriedade: art. 64
- transformação: art. 2.033

FUNERAL
- despesas; cabimento na cobrança: art. 872
- despesas; privilégio geral: art. 965, I
- indenização: art. 948, I

FURTO
- causa impeditiva: art. 373, I

G

GADO
- alienação: art. 1.445
- mesma espécie: art. 1.446
- objeto de penhor: art. 1.444
- substituição: art. 1.446, par. ún.

GARANTIA
- cumprimento de contrato bilateral: art. 476
- débito: art. 333, III
- direitos reais: arts. 1.419 a 1.510
- fraudatória: art. 163
- mútuo: art. 590
- novação: arts. 364 e 365
- real; coisa comum: art. 1.420, § 2º
- real; cumprimento da obrigação: art. 1.419
- real; dívida alheia: art. 1.427
- renúncia: art. 387

GERENTE: arts. 1.172 a 1.176

GESTÃO DE NEGÓCIOS
- comunhão de interesses: art. 875
- definição: art. 861
- desaprovação: art. 874
- obrigação do dono: arts. 868 a 871
- responsabilidade do gestor: arts. 864 a 867
- responsabilidade: arts. 862 e 863

GOZO
- comodato; suspensão proibida: art. 581
- direito do proprietário: art. 1.228
- locação de coisas: art. 565

GRAVIDEZ
- direitos do nascituro: art. 2º

GUARDA
- bens alheios: art. 580
- bens confiados a outrem: art. 497, I
- conservação de coisa depositada: art. 629

H

HASTA PÚBLICA
- proibição de compra de bens: art. 497

HERDEIROS
- comprador: art. 520
- credor solidário: art. 270
- danos; reparar: art. 943
- depositário: art. 637
- devedor hipotecário: art. 1.429
- devedor solidário: art. 276
- direito de reparar: art. 943
- doador e donatário: arts. 560 e 561
- mandatário: arts. 690 e 691
- prescrição: art. 204

HIPOTECA
- ação regressiva: art. 1.481, § 4º
- assunção da dívida: art. 303
- bens de terceiro: art. 1.427
- cédula hipotecária: art. 1.486
- coisa comum a dois ou mais proprietários: art. 1.420, § 2º
- coisas que podem ser hipotecadas: art. 1.420
- compreensão da hipoteca: art. 1.474
- condomínio edilício: art. 1.488
- credor da segunda: art. 1.478
- credor; direito de excutir: art. 1.422
- credor; notificação na venda judicial: art. 1.501
- credor; oposição ao pagamento: arts. 958 a 963 e 1.422
- credor; renúncia à execução imediata: art. 1.425, III
- direitos de garantia: art. 1.473, § 2º
- dívida futura ou condicionada: art. 1.487
- duração da hipoteca: arts. 1.485 e 1.498
- dúvida sobre a inscrição: art. 1.496
- escritura: art. 1.424
- estradas de ferro: arts. 1.473, IV, e 1.502 a 1.505
- execução de hipoteca: art. 1.501
- exoneração: art. 1.479
- extinção: arts. 1.499 a 1.501
- falência do devedor: art. 1.483
- ficar com a coisa dada em garantia; nulidade: art. 1.428
- fraude contra credores: art. 165, par. ún.
- indivisibilidade: art. 1.420, § 2º
- insolvência do devedor: art. 1.483, par. ún.
- insuficiência do valor dos bens: art. 1.430
- legal: arts. 1.489 e 1.491
- legitimados a hipotecar: art. 1.420
- loteamento do imóvel hipotecado: art. 1.488
- navios e aeronaves: art. 1.473, par. ún.
- notificação ao credor: arts. 1.480 e 1.481
- objeto da hipoteca: art. 1.473
- pacto comissório; nulidade: art. 1.428
- pagamento de prestação: art. 1.421
- preferência ao crédito: art. 961
- prioridade na inscrição: art. 1.422
- prorrogação da hipoteca: art. 1.485
- reforço de garantia: art. 1.427
- reforço de hipoteca legal: art. 1.490
- registro: arts. 1.492 a 1.498
- registro; cancelamento: art. 1.500
- remissão; adquirente do imóvel: art. 1.481
- remissão; executado: art. 1.482
- remissão; massa falida: art. 1.483
- remissão; sucessores do devedor: art. 1.429
- segunda: arts. 1.476 e 1.477
- vencimento antecipado da dívida: arts. 333, II, 1.425 e 1.426
- venda judicial de imóvel hipotecado: art. 1.501
- vias férreas: arts. 1.502 a 1.505
- vínculo real: art. 1.419

HOMICÍDIO
- casos de indenização cabível: art. 948

HONORÁRIOS: art. 206, § 5º, II

HOSPEDEIRO
- credor pignoratício: art. 1.467, I
- depósito de bagagens: art. 649
- prescrição: art. 206, § 1º, I

I

IDADE
- ausente; presunção de morte: art. 38
- capacidade jurídica: arts. 3º a 5º

IGREJAS
- vide ORGANIZAÇÕES RELIGIOSAS

IMÓVEIS
- ausentes: art. 31
- bens: arts. 79 e 80
- hipotecados: art. 1.484
- objeto de hipoteca: art. 1.473, I

IMPENHORABILIDADE: art. 373, III

IMPERÍCIA
- empreiteiro; efeito: art. 617
- exercício da atividade profissional: art. 951

IMPOSSIBILIDADE
- condições impossíveis: art. 123, I
- mora: art. 399
- objeto do contrato: art. 166, II

- prestação: arts. 234, 238, 239, 248 e 250

IMPOSTOS
- pagamento: art. 1.193
- privilégio geral: art. 965, VI

IMPUGNAÇÃO
- doação; casamento: art. 546
- oposta por terceiro: art. 312
- redor; depósito; efeitos: art. 338

IMPUTAÇÃO DO PAGAMENTO: arts. 352 a 355 e 379

INALIENABILIDADE
- bens públicos: art. 100
- cláusula imposta pelo testador ou doador: art. 1.911
- nome empresarial: art. 1.164

INCAPACIDADE
- absoluta: art. 3º
- anulação do negócio jurídico: art. 178, III
- casos de cessação: art. 5º
- em proveito próprio: art. 105
- relativa: art. 4º

INCAPAZ(ES)
- absoluto: art. 3º
- aceitação; doações puras: art. 543
- continuidade da empresa: art. 974
- depositário: art. 641
- direito regressivo: art. 195
- domicílio necessário: art. 76
- nulidade do negócio jurídico: art. 166, I
- nulidade do negócio jurídico; prazo: art. 178, III
- prescrição; não corre: art. 198, I
- recebimento em obrigação anulada: art. 181
- responsabilidade por prejuízos causados: art. 928

INDENIZAÇÃO
- desproporção: art. 944, par. ún.
- dolo bilateral: art. 150
- esbulho: art. 952
- exercício profissional: art. 951
- ferimento à saúde: arts. 949 e 950
- fixação: art. 944
- homicídio: art. 948
- imagem; uso indevido: art. 20
- injúria ou calúnia: art. 953
- lesão; defeito: arts. 949 e 950
- obrigação indeterminada: art. 946
- ofensa à liberdade pessoal: art. 954
- perigo iminente: arts. 188, II, 929 e 930
- vítima; auxílio: art. 945

ÍNDIOS: art. 4º, par. ún.

INDIVISIBILIDADE
- anulabilidade de negócio jurídico: art. 177
- coisas que podem ser: art. 88
- objeto do direito: art. 105
- obrigação; mais de um devedor: art. 259
- obrigação; pena aos devedores: art. 414
- obrigação; solidariedade dos devedores: art. 276
- perda: art. 263

INGRATIDÃO: arts. 555 a 564

INJÚRIA
- indenização do dano: art. 953
- revogação de doação: art. 557, III

INSOLVÊNCIA
- devedor de crédito cedido: arts. 296 a 298
- devedor solidário: arts. 283 e 284
- dívida com garantia real: art. 1.425, II
- fiador: arts. 826, 828, III, 831, par. ún., e 839
- fraude contra credores: arts. 158 a 165
- hipotecária: art. 1.477

INSTRUMENTO
- em língua estrangeira: art. 224
- nulidade; efeito: art. 183
- particular; antedatado ou pós-datado: art. 167, § 1º, III
- particular; prova: art. 212
- penhor; registro: art. 1.432
- público; traslados e certidões: art. 218

INTEGRIDADE FÍSICA: art. 13

INTERDIÇÃO
- mandante: arts. 674 e 682, II
- pagamento em jogo: art. 814
- registro público: art. 9º, III

INTERDITO: art. 814, *caput*

INTERPELAÇÃO: art. 397, par. ún.

INTERPRETAÇÃO
- contratos benéficos: art. 114
- declaração de vontade: art. 112
- fiança: art. 819
- transação: art. 843

INTERRUPÇÃO DE PRESCRIÇÃO: arts. 202 a 204

INTIMAÇÃO
- comprador; direito de prelação: art. 514
- comprador; retrovenda: art. 508
- devedor; duração do penhor: art. 1.459III
- devedor; penhora de crédito: art. 312
- devedor; vencimento: art. 1.425, I
- execução de hipoteca: art. 1.505

INUTILIZAÇÃO DO TÍTULO
- desaparecido: art. 321
- direito à ação regressiva: art. 880

INVALIDADE
- negócios jurídicos: arts. 123, 124 e 184

INVENTÁRIO
- apresentação de título de crédito: art. 202, IV
- bens de ausentes: art. 28
- contábil: art. 1.187

IRREVOGABILIDADE
- mandato: arts. 683, 684 e 686, par. ún.
- poderes do sócio: art. 1.019

J

JOGO
- contratos a ele equiparados: art. 814, § 1º
- dívidas: art. 815
- sorteio: art. 817

JOIAS: art. 1.467, I

JUIZ
- competência; corrigir o valor da prestação: art. 317
- verificação em livros da sociedade: art. 1.190

JUROS
- gestão de negócios: art. 869
- legais: arts. 406 e 407
- mora: art. 280
- moratórios: arts. 405, 407 e 552
- obrigações solidárias: arts. 264 a 285
- pagamento presumido: art. 323
- perdas e danos: art. 404
- responsabilidade do fiador: arts. 822 e 833
- responsabilidade do mandatário: art. 670
- taxa: art. 591
- vencimento antecipado da dívida: art. 1.426

JUSTO TÍTULO DO POSSUIDOR
- boa-fé presumida: art. 1.201, par. ún.

L

LEGÍTIMA DEFESA
- indenização: art. 930, par. ún.
- não é ato ilícito: art. 188, I

LESÃO
- direitos da personalidade: art. 12
- quando ocorre: arts. 157 e 178, II

LICITAÇÃO
- imóvel hipotecado: art. 1.481, § 1º

LÍNGUA ESTRANGEIRA: art. 224

LIQUIDAÇÃO: art. 816

LIQUIDANTE
- sociedade; escolha: art. 1.038
- obrigações e responsabilidades: arts. 1.104 e 1.105

LIVROS
- apresentação e exibição integral: arts. 1.191 e 1.193
- documentos da sociedade: art. 1.021
- recusa na apresentação: art. 1.192

LOCAÇÃO DE COISAS
- alienação durante a locação: art. 576
- definição: art. 565
- deterioração: art. 567
- direito de retenção: arts. 571, par. ún., e 578
- emprego em uso diverso: art. 570
- obrigações do locador: arts. 566 e 568
- obrigações do locatário: art. 569
- prédios urbanos: art. 2.036
- tempo determinado: art. 577
- transmissão ao herdeiro: art. 577

LOCAÇÃO DE PRÉDIOS
- credor pignoratício: art. 1.467, II
- urbano: art. 2.036

LOCATÁRIO: art. 570

LOUCOS: art. 3º, II E III

LUCROS CESSANTES: arts. 389, 402 e 403

LUGAR DO PAGAMENTO: art. 320

LUTO
- crédito por despesas com luto: art. 965, III
- família: art. 948, I

M

MÃE
- curatela de bens: art. 25, § 1º

MÁ-FÉ
- cessão de crédito: art. 295
- novação: art. 363
- pagamento de título de crédito ao portador: art. 901
- terceiro adquirente: art. 161

MAIORIDADE
- início: art. 5º

MANDANTE
- adiantamento de despesas: art. 675
- atos que lhe são contrários: art. 679
- estado civil, mudança: art. 674
- indenização de prejuízos ao mandatário: art. 678
- juros: art. 677
- obrigações: arts. 675 a 681
- remuneração e despesas: art. 676

MANDATÁRIO
- atos contrários às instruções recebidas: art. 679
- compensação dos prejuízos: art. 669
- continuação do negócio após a morte: art. 674
- despesas e remuneração: art. 676
- direito de retenção: art. 681

- indenização: art. 667
- juros: arts. 670 e 677
- menor de 18 e maior de 16 anos: art. 666
- morte: arts. 690 e 691
- nome próprio: art. 663
- obrigações: arts. 667 a 674
- prestação de contas: art. 668
- sucessivos e solidários: art. 672

MANDATO
- casamento; extingue o mandato: art. 682, III
- causa própria: art. 685
- como se opera: art. 653
- conclusão do negócio: art. 682, IV
- conferido a duas ou mais pessoas: art. 672
- direito de retenção: art. 681
- especial: arts. 660 e 661, § 1º
- excesso de mandato: arts. 662 e 665
- excesso de poderes: art. 673
- expresso: art. 656
- extinção: arts. 682 a 691
- formas admissíveis: art. 656
- geral: arts. 660 e 661
- gestão de negócios: art. 873
- instruções: art. 679
- interdição de uma das partes: art. 682, II
- interdição do mandante: art. 674
- judicial: art. 692
- morte: art. 682, II
- mudança de estado: art. 682, III
- oneroso: art. 658
- outorga por instrumento particular: arts. 654 e 655
- poder de transigir: art. 661, § 2º
- prazo: art. 682, IV
- ratificação pelo mandante: art. 662
- tácito e verbal: arts. 656 e 659
- tácito na sociedade: art. 1.013
- verbal: art. 657

MANIFESTAÇÃO DA VONTADE: art. 151

MARES: art. 99, I

MARIDO
- doação ao cônjuge sobrevivo: art. 551, par. ún.

MATERIAIS DE CONSTRUÇÃO
- bens imóveis: art. 81, II
- bens móveis: art. 84

MATRIMÔNIO
- *Vide* CASAMENTO

MEAÇÃO
- doação excedente: art. 549

MÉDICOS
- honorários: art. 206, § 5º, II
- responsabilidade civil: art. 951

MENORES
- 16 anos: arts. 3º, I, e 228, I
- devolução de quantia paga em jogo ou aposta: art. 814
- emancipação: art. 5º, par. ún.
- entre 16 e 18 anos: arts. 4º, I, 180 e 181
- mutuários: arts. 588 e 589
- pagamento feito resultante de obrigação nula: art. 181
- responsabilidade civil dos pais e tutores: art. 932, I e II

MENORIDADE: art. 5º

MILITAR
- domicílio: art. 76
- serviço; causa suspensiva de prescrição: art. 198, III

MINAS
- objeto de hipoteca: art. 1.473, V

MINISTÉRIO PÚBLICO
- abuso da personalidade jurídica: art. 50

- fiscalização das fundações: arts. 65 a 69
- nulidades alegáveis: art. 168

MOEDA
- corrente; pagamento em dinheiro: art. 315
- corrente; substituição do cumprimento da prestação: art. 947
- estrangeira: art. 318

MONTEPIO
- isenção de execuções: art. 813, par. ún.

MORA
- cláusula penal: art. 411
- comodatário; efeitos: art. 582
- comprador: art. 492, § 2º
- credor e devedor: art. 394
- devedor; obrigação positiva e líquida: art. 397
- devedor; obrigações resultantes de delitos: art. 398
- devedor; prescrição: art. 202, V
- devedor; responsabilidade: arts. 395, 396 e 399
- empreitada: arts. 611 e 613
- entrega do legado em dinheiro: art. 1.925
- juros: art. 405
- purgação: art. 401

MORATÓRIA: art. 838, I

MORTE
- ausente: art. 35
- comorientes: art. 8º
- legitimação para requerer perdas e danos: art. 12, par. ún.
- mandante: arts. 674 e 682, II
- mandatário: arts. 682, II, 690 e 691
- presumida: arts. 6º e 7º
- presumida; requerimento: art. 7º, par. ún.
- registro do óbito: art. 9º, I
- simultânea: art. 8º

MULTA
- alternativa ao benefício do credor: art. 410
- contratual: art. 409
- exigência de prejuízo: art. 416
- incidência: art. 408
- mora: arts. 409 e 411
- obrigações divisíveis: art. 415
- obrigações indivisíveis: art. 414

MUNICÍPIO
- domicílio: art. 75, III
- pessoa jurídica: art. 41, III
- sucessão de bens vagos: art. 39, par. ún.

MÚTUO
- definição: art. 586, caput
- domínio: art. 587
- garantia de restituição: art. 590
- jogo ou aposta: art. 815
- obrigação do mutuário: art. 586
- pagamento; prazo: art. 592

N

NASCIMENTO
- início da personalidade: art. 2º
- inscrição em registro público: art. 9º, I

NASCITURO
- direitos: art. 2º
- doação; aceitação: art. 542

NAUFRÁGIO: art. 647, II

NAVIOS: art. 1.473, VI

NEGLIGÊNCIA
- constitui culpa: art. 186
- credor anticrético: art. 1.508
- representantes legais: art. 195

NEGÓCIOS JURÍDICOS
- anulados; interrupção da prescrição: art. 202
- anulados; restituição ao estado anterior: art. 182
- anuláveis parcialmente: art. 184
- anuláveis: art. 171
- anuláveis; celebrados por menores: art. 180
- anuláveis; início dos efeitos da anulação: art. 177
- anuláveis; prazo: art. 179
- anuláveis; ratificação: arts. 172 a 175
- anuláveis; representante em conflito de interesses: art. 119
- boa-fé: arts. 113 e 164
- condições de validade: art. 104
- encargos ilícitos: art. 137
- escritura pública: arts. 108 e 109
- forma: arts. 107 a 109
- impossibilidade inicial: art. 106
- invalidade: arts. 166 a 184
- motivo falso: art. 140
- nulo: arts. 169 e 170
- objeto: art. 95
- parte incapaz: art. 105
- provas: arts. 212 a 232
- representação: arts. 115 a 120
- validade: art. 104
- vontade: art. 112

NOME
- autorização de uso: arts. 17 e 18
- direito da personalidade: art. 16
- emprego: arts. 17 e 18
- empresarial: arts. 1.155 a 1.168
- pseudônimo; proteção: art. 19

NOMEAÇÃO
- bens do devedor pelo fiador: arts. 827 e 839
- herdeiros e legatários: arts. 1.801, 1.897 e 1.904

NOME EMPRESARIAL
- anulação: art. 1.167
- cancelamento: art. 1.168
- consideração para o exercício da empresa: art. 1.155
- distinção do nome do empresário no registro: art. 1.163
- inalienabilidade: art. 1.164
- nome: arts. 1.156, 1.157 e 1.158
- sociedade anônima: art. 1.160
- sociedade cooperativa: art. 1.159
- sociedade em comandita por ações: art. 1.161
- sociedade em conta de participação: art. 1.162

NOTIFICAÇÃO
- caducidade do direito de preempção: art. 516
- cessão de crédito: arts. 290 e 298

NOVAÇÃO
- dívida de jogo: art. 814, § 1º
- efeito em caso de obrigação anulável: art. 367
- exoneração do fiador: art. 366
- extinção dos acessórios: art. 364
- garantias reais: art. 364
- hipóteses: art. 360
- insolvência do novo devedor: art. 363
- obrigações indivisíveis: art. 262
- segunda: art. 361
- solidariedade passiva: art. 365
- substituição do devedor: art. 362
- substituição do devedor: art. 362

NULIDADE
- anulação de negócio jurídico; hipóteses: art. 171
- declaração judicial: art. 168
- doação: arts. 548 a 550
- instrumento: art. 183
- negócios jurídicos: art. 166
- obrigações contraídas por menores e incapazes: arts. 180 e 181
- parcial; efeito: art. 184
- relativas: arts. 171 e 177
- restituição das partes ao estado anterior: art. 182
- transação: arts. 848 a 850

O

ÓBITO: art. 9º, I

OBJETO
- hipoteca: art. 1.473
- ilícito: art. 166, II
- lícito: art. 104, II
- pagamento: arts. 313 a 326
- penhor agrícola: art. 1.442

OBRIGAÇÕES
- alternativas: arts. 252 a 256
- cessão de crédito: arts. 286 a 298
- cláusula penal: arts. 408 a 416
- compensação: arts. 368 a 380
- confusão: arts. 381 a 384
- dação em pagamento: arts. 356 a 359
- dar coisa certa: arts. 233 a 242
- dar coisa incerta: arts. 243 a 246
- divisíveis e indivisíveis: arts. 257 a 263
- divisíveis; recebimento do ajustado: art. 314
- fazer: arts. 247 a 249
- inadimplemento: art. 391
- inexecução; consequências: arts. 389 a 393
- inexequível; subsistência do débito: art. 253
- juros legais: arts. 406 e 407
- mora: arts. 394 a 401
- não fazer: arts. 250 e 251
- naturais: art. 882
- negativas: art. 390
- novação: arts. 360 a 367
- pagamento em consignação: arts. 334 a 345
- pagamento: arts. 304 a 333
- perdas e danos: arts. 402 a 405
- prestações sucessivas: art. 316
- remissão da dívida: arts. 385 a 388
- sócios: art. 1.001
- solidárias ativas: arts. 267 a 274
- solidárias passivas: arts. 275 a 285
- solidárias: arts. 264 a 266
- sub-rogação: arts. 346 a 351
- sucessivas: art. 316
- transação: arts. 840 a 850

OFENSA
- deserdação: art. 1.963, I
- motivo para revogação de doação: art. 557, II

OFERTA: art. 429

OFICIAL DE REGISTRO CIVIL
- vide REGISTRO CIVIL

OFICIAL DE REGISTRO DE IMÓVEIS
- vide REGISTRO DE IMÓVEIS

ORGANIZAÇÕES RELIGIOSAS
- pessoa jurídica: art. 44, IV e § 1º
- prazo para adaptação às regras do Código Civil: art. 2.031, par. ún.

P

PACTO
- comissório: art. 1.428

PAGAMENTO
- antes do prazo: art. 333
- coisa fungível: art. 307, par. ún.
- compensação: arts. 368 a 380
- consignação: arts. 334 a 345
- credor incapaz de quitar: art. 310
- credor putativo: art. 309
- credor representante: art. 308
- credor solidário: art. 269
- dação: arts. 356 a 359
- despesas: arts. 325 e 343
- dinheiro; espécie de moeda: art. 315
- feito após intimação de penhora: art. 312
- fraude a credores: art. 162
- imputação: arts. 352 a 355
- incapaz; efeito: art. 181
- indevido: arts. 876 a 883
- lugar: arts. 327 a 330
- medida ou peso: art. 326
- mora: arts. 394 a 401
- objeto e prova: arts. 313 a 326
- penhora sobre o crédito: art. 312
- portador de quitação: art. 311
- prestações sucessivas: art. 316
- qualquer interessado: art. 304
- quitação: arts. 310, 319, 320, 322, 324 e 325
- remissão: art. 388
- repetição do indébito: arts. 876 a 883
- sub-rogação: arts. 346 a 351
- tempo: arts. 331 a 333
- terceiro: arts. 304 a 306
- transmissão da propriedade: art. 307
- validade: art. 307

PAIS
- emancipação do filho: art. 5º, par. ún., I
- poder familiar; impeditiva de prescrição: art. 197, II
- responsável pela reparação civil por ato ilícito de filhos: art. 932, I
- testemunha; impedimento: art. 228, V

PARTIDOS POLÍTICOS
- adaptação às regras deste Código: art. 2.031, par. ún.
- pessoa jurídica: art. 44, V, e § 3º

PARTILHA DE HERANÇA
- bens do ausente; definitiva: arts. 37 a 39
- bens do ausente; provisória: arts. 26 a 36

PATRIMÔNIO
- associação extinta: art. 61
- fundação extinta: art. 69
- subsistência universal ou coletiva: art. 91
- União, Estados e Municípios: arts. 39, par. ún., e 99, III

PENA CONVENCIONAL
- combinada com perdas e danos: art. 404
- convencional: arts. 408 a 416
- transação: art. 847

PENHOR
- agrícola; colheita pendente: art. 1.443
- agrícola; objeto: art. 1.442
- agrícola; prazo: art. 1.439
- agrícola; prédio hipotecado: art. 1.440
- bens que podem ser empenhadas: art. 1.420
- coisa comum: art. 1.420, § 2º
- constituição: arts. 1.431 e 1.432
- contrato; requisitos: art. 1.424
- credor pignoratício; direitos: arts. 1.433 e 1.434
- credor pignoratício; obrigações: art. 1.435
- definição: art. 1.431
- depreciação ou deterioração: art. 1.425, I e § 1º
- desapropriação da coisa empenhada: art. 1.425, V
- direito real: art. 1.419
- direitos e títulos de crédito: arts. 1.451 a 1.460
- dívida; prazo: art. 1.425
- domínio superveniente: art. 1.420, § 1º
- excussão do penhor: art. 1.422
- excussão; produto insuficiente: art. 1.430
- extinção: arts. 1.436 e 1.437
- garantia prestada por terceiro: art. 1.427
- impontualidade: art. 1.425, III
- industrial e mercantil: arts. 1.447 a 1.450 e 1.498
- insolvência ou falência do devedor: art. 1.425, II
- juros: art. 1.426
- legal: arts. 1.467 a 1.471
- novação: arts. 364 e 365

- objetos: arts. 1.451 a 1.460
- pacto comissório; proibição: art. 1.428
- pagamento de prestação: art. 1.421
- pecuário: arts. 1.444 a 1.446
- preferência em concurso de credores: art. 1.422
- prejuízo do credor: art. 1.433, III
- quem pode empenhar: art. 1.420, *caput*
- remissão pelos sucessores do devedor: art. 1.429
- renúncia do credor: art. 1.436, § 1º
- retenção: arts. 1.433, II, e 1.434
- rural: arts. 1.438 a 1.441
- veículos: arts. 1.461 a 1.466

PENHORA
- caso de compensação: art. 373, III
- crédito: art. 312
- devedor que se torna credor: art. 380
- isenção sobre rendas: art. 813
- título de crédito notificado: art. 298

PERDÃO: arts. 385 a 388

PERDAS E DANOS
- ameaça ou lesão; direito da personalidade: art. 12
- coação exercida por terceiros: arts. 154 e 155
- contratos bilaterais: art. 475
- dano causado por coisas: art. 938
- dolo acidental: art. 146
- evicção: art. 845
- extensão; o que abrangem: arts. 402 a 404
- gestão de negócios: arts. 862 a 868 e 870
- inexecução dolosa: art. 403
- juros: art. 405
- lucros cessantes: arts. 402 e 403
- obrigação de dar coisa certa: arts. 234 a 236
- obrigação de fazer: arts. 247 a 249
- obrigação de não fazer: art. 251
- obrigações convencionais: art. 389
- responsabilidade do comprador, preempção: art. 518
- responsabilidade do depositante: arts. 643 e 644
- responsabilidade do depositário: arts. 640, 642, 649, 650 e 652
- responsabilidade do devedor: art. 832
- responsabilidade do mandante: art. 678
- responsabilidade do proponente: art. 430
- solidariedade ativa: art. 271
- solidariedade passiva: art. 279

PERECIMENTO
- coisa empenhada: art. 1.436, II
- coisa; por vício oculto: art. 444

PERÍCIA: art. 212, V

PERIGO IMINENTE
- destruição da coisa alheia: art. 188, II
- satisfação do dano: arts. 929 e 930

PERITOS
- prescrição de honorários: art. 206, § 1º, III
- proibição de comprar: art. 497, III

PERMUTA: art. 533

PERSONALIDADE
- abuso: art. 50
- civil: arts. 2º e 6º
- direitos da pessoa jurídica: art. 52
- direitos inerentes a pessoa natural: arts. 11 a 21
- intransmissibilidade e irrenunciabilidade dos direitos à: art. 11
- jurídica; abuso: art. 50

PESSOA JURÍDICA
- abuso: art. 50
- administração e voto: art. 48
- administrador provisório: art. 49
- associações: arts. 53 a 61
- atos dos administradores: art. 47
- direito privado: arts. 44, 45 e 46
- direito público: arts. 41, 42, 43 e 75
- direitos da personalidade: art. 52
- dissolução: art. 51
- espécies: art. 40
- fundações: arts. 62 a 69
- registro: art. 46
- representação: art. 17
- sucessão testamentária: art. 1.799, II e III

PESSOA NATURAL
- capacidade jurídica: art. 1º
- comoriência: art. 8º
- domicílio civil: arts. 70 a 74
- impedida de exercer atividade empresarial: art. 973
- incapacidade absoluta: art. 3º
- incapacidade de menores: art. 5º, par. ún.
- incapacidade relativa: art. 4º
- morte presumida: art. 6º
- morte: art. 6º
- nascituros: art. 2º
- personalidade civil: art. 2º
- registro público: art. 9º
- término da menoridade: art. 5º

PETIÇÃO
- *vide*, também, AÇÃO

PRAÇA
- bem público de uso comum: art. 99, I
- inalienabilidade: art. 100
- uso gratuito: art. 103

PRAZOS
- aceitar a doação: art. 539
- anulação dos negócios jurídicos: arts. 178 e 179
- anular casamento sem autorização: art. 1.555
- atos sem prazo: art. 134
- como se contam: art. 132
- comodato: art. 581
- concursos com promessas de recompensa: art. 859
- contratos: art. 133
- direito de preempção: art. 516
- disposições deste Código em que implicar redução: art. 2.028
- execução de tarefa com promessa de recompensa: art. 856
- favor; não obstam a compensação: art. 372
- fixação por hora: art. 132, § 4º
- habilitação para casamento: art. 1.532
- hipoteca: arts. 1.485 e 1.498
- locação de coisas: art. 574
- meses e anos: art. 132, § 3º
- penhor agrícola e pecuário: art. 1.439
- prescrição: arts. 205 e 206
- prestação de serviços: arts. 598 a 600
- prisão do depositário: art. 652
- propositura de ação de complemento de área de imóvel: art. 501
- restituição do depósito: art. 633
- testamentos: art. 133
- vacância da herança: arts. 1.820 e 1.822
- vencimento em feriado: art. 132, § 1º

PREÇO
- *vide*, também, COMPRA E VENDA
- bem imóvel: art. 500
- certo: art. 481
- esbulho ou turbação alheia: art. 952

PREEMPÇÃO: arts. 513 a 520

PRÊMIO
- *vide* SEGURO

PREPOSTO: arts. 1.169 a 1.171
- assentos lançados: art. 1.177
- atos relativos à atividade da empresa: art. 1.178
- responsabilidade: art. 1.177, par. ún.
- responsabilidade; limite: art. 1.178, par. ún.

PRESCRIÇÃO: arts. 189 a 206
- alegação em qualquer instância: art. 193

- causada pelos representantes de incapazes: art. 195
- causas interruptivas: arts. 202 e 204
- causas suspensivas: arts. 197 a 201
- continuidade contra o herdeiro: art. 196
- contra os que não correm: arts. 197 e 198
- exceção: arts. 190 e 200
- interrupção: art. 202 a 204
- prazos especiais: arts. 205 e 206
- prazos; inalterabilidade: art. 192
- renúncia: art. 191
- suspensão; favor dos credores solidários: art. 201

PRESTAÇÃO DE SERVIÇOS
- agrícolas: art. 609
- aviso prévio de rescisão: art. 599
- cessação: art. 607
- contrato escrito: art. 595
- despedida injusta: art. 603
- legislação trabalhista; não sujeição: art. 593
- por tempo certo: art. 602
- prazos: arts. 598 e 600
- privilégio dos domésticos: art. 965, VII
- retribuição: arts. 596 e 597
- substituição de partes: art. 605
- trabalhos compatíveis: arts. 594 e 601
- transferência pelo prestador: art. 605

PRESUNÇÃO
- dívida solidária: art. 283
- meio de prova: art. 212, IV
- morte simultânea: art. 8º
- pagamento de juros: art. 323
- pagamento pela entrega do título ao devedor: art. 324
- solidariedade das obrigações: art. 265

PRISÃO
- depositário: art. 652
- injusta ou ilegal: art. 954

PROCURAÇÃO
- *vide* MANDATO

PROCURADOR
- honorários: art. 206, § 5º, II

PRÓDIGOS
- incapacidade relativa: art. 4º, IV
- interdição: art. 9º, III

PRODUTOS
- coisas acessórias: art. 92
- frutos agrícolas: art. 964, V

PROFESSORES
- prescrição; cobrança de honorários: art. 206, § 5º, II
- responsabilidade civil: art. 932, IV

PROMESSA
- fato de terceiro; efeito: arts. 439 e 440
- recompensa: arts. 854 a 860

PROPOSTA
- contrato; obrigação: arts. 427 e 432
- desobrigatoriedade: art. 428
- impedimento de aceitação: art. 430
- lugar feito: art. 435
- nova: art. 431
- obrigações resultantes: art. 427
- oferta ao público: art. 429
- retratação do aceitante: arts. 433 e 434

PROPRIEDADE
- desapropriação: art. 2.030
- função social: art. 2.035, par. ún.

PROPRIETÁRIO
- imóvel; direitos: art. 1.420
- intervenção nas benfeitorias: art. 97
- prédio; credor pignoratício: art. 1.467, II

PROTESTO
- causa de interrupção de prescrição: art. 202, II e III
- constituir a mora: art. 397

PROVA
- autenticidade contestada: arts. 222 e 223
- certidões textuais: arts. 216 e 217
- depósito voluntário: art. 646
- emancipação; registro: art. 976
- erro no pagamento de indevido: art. 877
- exame médico necessário: art. 231
- fatos jurídicos: arts. 212 a 232
- fiança: art. 819
- livros empresariais: art. 226
- pagamento: arts. 319 e 326
- perícia médica: art. 232
- presunções não legais: art. 230
- reproduções mecânicas ou eletrônicas: art. 225
- testemunhal: arts. 227 a 230

PURGAÇÃO DA MORA: art. 401

Q

QUINHÕES
- hereditários; hipoteca legal: art. 1.489, II

QUITAÇÃO
- capital: art. 323
- declarações necessárias: art. 320
- despesas com a: art. 325
- devolução de título perdido: art. 321
- direito do devedor que paga: art. 319
- entrega do título; presunção: art. 324
- imputação de pagamento: arts. 352 a 355
- portador: art. 311
- quotas periódicas: art. 322
- título caucionado: art. 1.460

QUOTAS SOCIAIS
- transferência de domínio: art. 1.005
- valor; consideração: art. 1.031

R

RATEIO
- entre codevedores: arts. 283 e 284

RATIFICAÇÃO
- ato: art. 173
- negócio anulável: arts. 172 a 176

RECLAMAÇÃO
- credor de coisa fungível: art. 307, par. ún.
- direito do evicto: art. 845

RECOMPENSA
- promessa: arts. 854 a 860

RECONHECIMENTO
- dívida: art. 202, VI
- firma em instrumento particular: art. 221

RECURSOS NATURAIS: art. 1.473, V

RECUSA
- doador de alimentos: art. 557, IV
- recebimento do pagamento: art. 335, I

REDUÇÃO
- aluguel; causa: art. 567
- penalidade: art. 413

REEMBOLSO
- direito do mandatário: art. 681
- inexigibilidade: art. 815
- terceiro não interessado: arts. 305 e 306

REFORÇO
- exigência do credor: art. 1.490
- negativa do devedor: art. 333, III
- negativa do devedor; vencimento da dívida: art. 1.425, I

REGISTRO DE IMÓVEIS
- hipoteca: arts. 1.492 a 1.498
- via férrea: art. 1.502

REGISTRO PÚBLICO
- atos sujeitos ao registro público das pessoas naturais: art. 9º
- ausência judicialmente declarada: art. 9º, IV
- averbação: art. 10
- casamento: art. 9º, I
- emancipação: art. 9º, II
- interdição: art. 9º, III
- nascimento: art. 9º, I
- óbito: art. 9º, I
- pessoas jurídicas: arts. 45 e 46

REGRESSO
- ausente: art.39
- contra o credor: art. 312

REIVINDICAÇÃO
- assistência do depositante: art. 637

REMIÇÃO
- diplomas legislativos aos Códigos Civil de 1916: art. 2.046
- efeito na solidariedade passiva: art. 277
- hipoteca pela massa falida: art. 1.483
- hipoteca pelo credor da segunda: art. 1.478
- hipoteca pelo herdeiro: art. 1.429
- penhor pelo herdeiro: art. 1.429
- prejuízo dos credores: art. 158

REMISSÃO DE DÍVIDAS: arts. 385 a 388

RENÚNCIA
- ações: art. 175
- prescrição: art. 191

REPARAÇÃO
- civil: art. 932
- dano causado: arts. 942 e 953
- prescrição; prazo: art. 206, § 3º, V

REPETIÇÃO DO PAGAMENTO INDEVIDO: art. 878

REPRESENTAÇÃO
- anulação do negócio jurídico: arts. 117 a 119
- efeitos: art. 120
- incapaz; responsabilidade: art. 975
- obrigações: art. 118
- poderes: art. 115
- requisitos: art. 120

REPRESENTANTE
- pagamento: art. 308.
- relativamente capazes: art. 195
- União ou Estado: art. 1.505

RESCISÃO DO CONTRATO: art. 455

RESERVA
- domínio: arts. 521 a 528
- usufruto: art. 1.400, par. ún.

RESIDÊNCIA
- diversas: art. 71
- mudança: art. 74
- não habitual: art. 73
- pessoa natural: art. 70

RESPONSABILIDADE CIVIL
- atos de terceiros: art. 933
- bens do responsável pela ofensa: art. 942
- concorrência da vítima no dano: art. 945
- culpa de terceiro: art. 930
- dano causado por ato ilícito: art. 927
- direito de exigir reparação: art. 943
- dono de estabelecimento de educação: art. 932, IV
- dono do animal: art. 936
- dono do hotel: art. 932, IV
- empregador: arts. 932, III, e 933
- empresas: art. 931
- incapaz: art. 928
- independe da criminal: art. 935
- independe de culpa: art. 927, par. ún.
- obrigação de reparar o dano: art. 943
- pais; filhos menores: arts. 932, I, e 933
- participarem de crime: art. 932, V
- pessoas jurídicas de direito público: art. 43
- reparação civil: art. 206, § 3º, V
- ressarcimento de dano causado por outrem: art. 934
- solidária: art. 942
- tutor e curador: arts. 932, II, e 933

RESSARCIMENTO
- *vide*, também, PERDAS E DANOS
- dano; ação regressiva: art. 930
- dano; credor pignoratício: art. 1.435, I
- danos: art. 934
- danos; gestor: art. 866
- mandatário: art. 678

RESTABELECIMENTO
- cessação da confusão: art. 384

RESTITUIÇÃO
- caso de usurpação ou esbulho do alheio: arts. 952, 1.210, § 1º, e 1.436, § 1º
- coisa certa: art. 238
- coisas doadas; revogação; ingratidão: art. 563
- depósito: arts. 633, 638 e 652
- mutuante: art. 586
- pagamento indevido: arts. 876 a 883
- valor das benfeitorias: arts. 454 e 455

RETENÇÃO
- coisa empenhada: art. 1.433, II

RETRATAÇÃO
- aceitante de contrato: art. 433
- proponente de contrato: art. 428, IV

RETROATIVIDADE DE NEGÓCIO ANULÁVEL: art. 172

RETROVENDA: arts. 505 a 508

REVOGAÇÃO
- legislação anterior a este Código: art. 2.045

RIOS
- bens públicos de uso comum: art. 99, I

RISCOS
- vida; vedação: art. 15

RUÍNA
- imóveis do ausente: art. 31
- responsabilidade do dono do prédio: art. 937

S

SALÁRIO: art. 965, VII

SAQUE: art. 647, II

SEGREDO PROFISSIONAL: art. 229, I

SEGURO
- agentes autorizados: art. 775
- apólices: arts. 759 e 760
- carência: art. 797
- coisa dada em garantia real: art. 1.425, § 1º
- coisas transportadas: art. 780
- companheiro: art. 793
- contrato sobre risco passado: art. 773
- contrato; boa-fé: art. 765
- contrato; declarações falsas: art. 766
- contrato; definição: art. 757
- contrato; meio de prova: art. 758
- dano; garantia: art. 778
- dano; indenização: art. 781
- dano; prejuízos: art. 779
- despesas não abrangidas: art. 802

- exceção de contrato não cumprido: art. 788, par. ún.
- falta de pagamento: art. 796, par. ún.
- mora do segurador: art. 772
- obrigações do segurador: art. 776
- obrigatório: art. 788
- obrigatório; prescrição: art. 206, § 3º, IX
- pagamento do seguro; arts. 795 e 799
- prêmio; revisão: art. 770
- prescrição do segurado contra o segurador: art. 206, § 1º, II
- regras gerais ao seguro: art. 777
- responsabilidade civil: art. 787
- risco assumido em cosseguro: art. 761
- risco; diminuição no curso do contrato: art. 770
- segurador: art. 757
- sinistro: art. 784
- sub-rogação do segurador: art. 786
- sub-rogação do segurador: art. 800
- suicídio; cláusula que exclua o pagamento nesse caso: art. 798, par. ún.
- transferência do contrato a terceiro: art. 785
- troca de segurador: art. 782
- valor menor que o do bem segurado: art. 783
- veracidade das informações: art. 765
- vida; a soma estipulada: art. 794
- vida; apólice; vedação: art. 760, par. ún., e 795
- vida; mais de um sobre o mesmo objeto: art. 789
- vida; prazo: art. 796
- vida; substituição de beneficiário: arts. 791 e 792

SENTENÇA
- abertura de sucessão provisória: art. 28
- anulação ou nulidade de casamento: art. 10, I
- declaratória de ausência: art. 9º, IV
- declaratória de nulidade de negócio jurídico: art. 177
- divórcio: art. 10, I
- julgamento da partilha: arts. 2.023 e 2.027
- separação judicial; averbação no registro público: art. 10, I

SEPARAÇÃO JUDICIAL
- empresário: art. 980

SERVIDOR PÚBLICO
- domicílio necessário: art. 76
- responsabilidade civil: art. 43

SILÊNCIO
- contrato: art. 1.015
- intencional: art. 147
- negócios jurídicos; anuência: art. 111
- partes; objeto da obrigação: art. 326
- renúncia tácita da prescrição: art. 191

SILVÍCOLAS: art. 4º

SIMULAÇÃO
- concurso de credores: art. 956
- negócios jurídicos: art. 167, § 1º
- nulidade dos negócios jurídicos: arts. 167 e 168
- quem pode demandar a nulidade: art. 168
- terceiros de boa-fé: art. 167, § 2º

SOCIEDADE ANÔNIMA
- aplicação deste código: art. 1.089
- avaliação dos bens: art. 206, § 1º, IV
- capital social: art. 1.088
- sócios; responsabilidade: art. 1.088

SOCIEDADE COOPERATIVA
- legislação aplicável: art. 1.093
- peculiaridades: art. 1.094
- sociedade simples: art. 1.096
- sócios: art. 1.095

SOCIEDADE EM COMANDITA POR AÇÕES
- administração: art. 1.091
- assembleia-geral: art. 1.092
- capital social: art. 1.090
- denominação ou firma: art. 1.090

- diretoria: art. 1.091
- legislação aplicável: art. 1.090

SOCIEDADE EM COMANDITA SIMPLES
- administrador provisório; cabimento: art. 1.051, par. ún.
- comanditados; direitos, obrigações: arts. 1.045 e 1.046
- comanditários; direitos, obrigações: arts. 1.045, 1.047 e 1.048
- dissolução: art. 1.051
- lucros percebidos de boa-fé: art. 1.049
- morte de comanditários: art. 1.050
- normas aplicáveis: art. 1.046

SOCIEDADE EM COMUM
- atos constitutivos: art. 986
- atos de gestão dos sócios: art. 989
- bens e dívidas sociais: art. 988
- existência: art. 987
- sócios: art. 990

SOCIEDADE EM CONTA DE PARTICIPAÇÃO
- constituição: art. 992
- contas: art. 996, par. ún.
- contrato social: art. 993
- exercício da atividade: art. 991
- falência dos sócios: art. 994, §§ 2º e 3º
- ingresso de novo sócio: art. 995
- liquidação: art. 996
- normas aplicáveis subsidiariamente: art. 996, caput
- patrimônio: art. 994
- sócio ostensivo: art. 991, par. ún.
- sócio participante: arts. 991 e 993

SOCIEDADE EM NOME COLETIVO
- administração: art. 1.042
- dissolução: art. 1.044
- firma social: art. 1.041
- habilitados a ingressar: art. 1.039, caput
- normas: art. 1.040
- quem pode dela fazer parte: art. 1.039, caput
- sócios: art. 1.039

SOCIEDADE EMPRESÁRIA
- vide, também, EMPRESA, NOME EMPRESARIAL e EMPRESÁRIO
- considerações: art. 982
- escrituração: arts. 1.179 a 1.195
- estabelecimento: arts. 1.142 a 1.149
- registro: arts. 1.150 a 1.154
- sistema de contabilização: art. 1.179

SOCIEDADE LIMITADA
- administração: arts. 1.060 a 1.065
- capital social; aumento: art. 1.081
- capital social; divisão: art. 1.055
- cessão de quota: art. 1.057
- conselho fiscal; composição: art. 1.066
- conselho fiscal; deveres: art. 1.069
- conselho fiscal; exercício: art. 1.067
- conselho fiscal; remuneração: art. 1.068
- conselho fiscal; responsabilidade: art. 1.070
- contrato social: art. 1.054
- dissolução: art. 1.087
- exclusão de sócios: arts. 1.085 e 1.086
- normas aplicáveis: art. 1.053
- quota: art. 1.056
- redução do capital social: arts. 1.082 a 1.084
- sócio remisso: art. 1.058
- sócios minoritários: arts. 1.085 e 1.086
- sócios; obrigações: art. 1.059
- sócios; responsabilidade: art. 1.052

SOCIEDADES COLIGADAS
- controle: art. 1.098
- definição: art. 1.097
- participação superior às próprias reservas: art. 1.101
- sociedade de simples participação: art. 1.100
- sociedade filiada: art. 1.099

SOCIEDADE SIMPLES
- administração: art. 1.013
- administração; poderes revogáveis: art. 1.019
- administrador que malversa crédito: art. 1.012
- administrador: art. 1.018
- administrador; constituição de mandatários: art. 1.018
- administrador; culpa: art. 1.016
- administrador; excesso no exercício da função: art. 1.011
- cessão total ou parcial da quota: art. 1.003
- concurso de vários administradores: art. 1.014
- constituição: art. 997
- contas: art. 1.020
- contrato social; conteúdo: art. 997
- contrato social; inscrição: art. 998
- contrato social; modificações: art. 999
- dissolução: arts. 1.033 a 1.035
- dissolução; eleição: arts. 1.036 e 1.038
- dívidas da sociedade: arts. 1.023 e 1.024
- exclusão de sócio remisso: arts. 1.004, par. ún., 1.030 e 1.032
- filial: art. 1.000
- lucros e perdas; nulidade da cláusula que exclua sócio de sua participação: art. 1.008
- lucros e perdas; proporção: art. 1.007
- lucros ilícitos; distribuição: art. 1.009
- morte de sócio; liquidação da quota: arts. 1.028 e 1.032
- perdas e danos; responsabilidade do administrador: art. 1.013, § 2º
- perdas e danos; responsabilidade do sócio: art. 1.010, § 3º
- sócio; direito de retirada: arts. 1.029 e 1.032
- sócios; contribuição em serviços: art. 1.006
- sócios; contribuições: art. 1.004
- sócios; obrigações: art. 1.001
- substituição de sócio sem consentimento dos demais: art. 1.002

SOLIDARIEDADE
- ativa; conversão de prestação em perdas e danos: art. 271
- ativa; direito de cada credor: art. 267
- ativa; morte de um dos credores: art. 270
- ativa; pagamento a qualquer dos credores: art. 268
- ativa; pagamento feito a um dos credores: art. 269
- condicional: art. 266
- definição: art. 264
- efeito da novação: art. 365
- efeito na confusão de dívidas: art. 383
- não se presume: art. 265
- nulidade dos negócios jurídicos: art. 177
- passiva; ação proposta contra um dos devedores: art. 275, par. ún.
- passiva; devedor insolvente: art. 284
- passiva; direito do credor: art. 275, *caput*
- passiva; direito do devedor que saldou a dívida integralmente: art. 283
- passiva; impossibilidade da prestação: art. 279
- passiva; morte de um dos devedores: art. 276
- passiva; recebimento total ou parcial de um dos devedores: art. 275, *caput*
- passiva; remissão obtida por um dos devedores: art. 277
- passiva; renúncia da solidariedade: art. 282
- pura, simples e condicional ou a prazo: art. 266
- remissão da dívida: art. 288
- resultante da lei ou da vontade das partes: art. 265

SOLO
- abrangência: art. 1.229
- considerado como bem: art. 79

SOLVÊNCIA DO DEVEDOR: arts. 296 e 297

SORTEIO
- dirimir questões: art. 817
- quinhão na recompensa: art. 858

SUBENFITEUSE: art. 2.038

SUB-ROGAÇÃO
- convencional; ocorrência: art. 347
- devedor que paga a dívida: art. 259, par. ún.
- efeitos do pagamento com sub-rogação: art. 350
- garantia real: art. 1.425, § 1º
- legal; ocorrência: art. 346
- pagamento com: arts. 346 a 351
- preferência; exclusão; casos: art. 351

SUBSOLO
- *vide* SOLO

SUBSTABELECIMENTO: arts. 655 e 667

SUCESSÃO
- aberta na vigência do Código de 1916: art. 2.041

SUCESSOR
- provisório: art. 32

SURDO-MUDO
- incapacidade civil: art. 3º, III

SUSPENSÃO
- prescrição: arts. 197 a 201

T

TABELIÃES: art. 206, § 1º, III

TAXA: art. 406

TELEFONE: art. 428, I

TENTATIVA DE MORTE
- *vide*, também, HOMICÍDIO

TERCEIRO(S)
- cessão de crédito: art. 288
- coação exercida por: arts. 154 e 155
- contratos de penhor: art. 1.424
- dolo do terceiro: art. 148
- estipulação em favor: arts. 436 a 438
- interessado na interrupção da prescrição: art. 203
- má-fé na fraude contra credores: art. 161
- pagamento feito por terceiro: arts. 304 a 306
- prescrição; interrupção: art. 203
- prescrição; renúncia: art. 191
- promessa de fato de terceiros: arts. 439 e 440
- registro de instrumento particular: art. 221

TERMO
- contagem dos prazos: art. 132
- inicial; final; regulamentação: art. 135
- inicial; suspensão do exercício do direito: art. 131

TERRENO
- *vide*, também, SOLO
- bem público: art. 99, II

TESTAMENTO
- cláusula de inalienabilidade: art. 2.042
- cláusula de incomunicabilidade: art. 2.042
- instituição de fundações: art. 62
- prazos estabelecidos: art. 133

TESTEMUNHAS
- impedidas de depor: art. 228
- prova dos fatos jurídicos: art. 212, III
- segredo profissional: art. 299, I

TITULAR
- direito empenhado; obrigações: art. 1.452, par. ún.
- direito eventual; práticas permitidas: art. 130

TÍTULO DE CRÉDITO
- à ordem: arts. 910 a 920
- assinatura; ausência de poderes: art. 892
- aval posterior ao vencimento; efeitos: art. 900
- aval: arts. 897 e 898
- avalista; equivalência: art. 899
- cláusulas consideradas não escritas: art. 890
- direito do devedor: art. 321
- disposições aplicáveis: art. 903
- efeitos: art. 887

- em circulação; efeitos: art. 895
- incompleto ao tempo da emissão: art. 891
- nominativo: arts. 921 a 926
- omissão de requisitos legais no título: arts. 888 e 889
- pagamento antecipado: art. 902
- pagamento ao legítimo portador: art. 901
- penhor: arts. 1.451 a 1.460
- portador de boa-fé; defesa do devedor: arts. 904 a 909
- portador de título representativo de mercadoria: art. 894
- prescrição: art. 206, § 3º, VIII
- prescrição; interrupção: art. 202, III e IV
- reivindicação: art. 896
- tradição: art. 291
- transferência: art. 893

TÓXICOS: art. 4º, II

TRADIÇÃO
- bem imóvel; pagamento no lugar onde se situa: art. 328
- cessão de crédito: art. 291
- coisa empenhada: art. 1.431
- coisa vendida: art. 493
- obrigação de dar coisa certa: art. 237

TRANSAÇÃO
- declara direitos: art. 843
- definição: art. 840
- efeito entre as partes e terceiros: art. 844
- escritura pública ou particular: art. 842
- evicção da coisa renunciada na transação: art. 845
- forma: art. 842
- interpretação restritiva: art. 843
- nulidade de cláusula: arts. 848 e 850
- objeto da transação: art. 841
- obrigação oriunda de delito: art. 846
- pena convencional: art. 847
- termo nos autos: art. 842

TRANSFERÊNCIA
- direitos aos serviços ajustados; vedação: art. 605
- locação: art. 577
- sub-rogação: art. 349
- vantagens provenientes de mandato: art. 668

TRANSPLANTE: art. 13, par. ún.

TRANSPORTE DE COISAS
- aplicação de legislação especial: art. 732
- avaria: art. 754, par. ún.
- cláusula de aviso: art. 752
- coisa depositada ou guardada: art. 751
- comercialização ou transporte proibidos: art. 747
- cumulativo: art. 756
- definição: art. 730
- depósito da coisa: art. 753
- desistência do remetente: art. 748
- destinatário; dúvida: art. 755
- embalagem inadequada: art. 746
- entrega da coisa: art. 754
- entrega em domicílio: art. 752
- interrupção do transporte: art. 753
- necessidade de caracterização: art. 743
- perda parcial da coisa: art. 754, par. ún.
- perdas e danos: art. 748
- transportador; cautelas necessárias: art. 749
- transportador; responsabilidade: art. 750

TRANSPORTE DE PESSOAS
- ação regressiva: art. 735
- acidente com passageiro: art. 735
- aplicação de legislação especial: art. 732
- cumulativo: art. 733
- dano por atraso ou interrupção de viagem: art. 733, § 1º
- dano: art. 738, par. ún.
- definição: art. 730
- desistência do transporte pelo passageiro: art. 740, § 1º
- direito de retenção: arts. 740, § 3º, e 742
- exercido em razão de autorização: art. 731
- gratuito por amizade ou cortesia: art. 736
- interrupção da viagem: art. 741
- pessoa transportada: art. 738
- reembolso do valor da passagem: art. 740
- rescisão do contrato antes do início da viagem: art. 740
- transportador; recusa de passageiro: art. 739
- transportador; responsabilidade: arts. 734, 735 e 737
- transportador; substituição durante o percurso: art. 733, § 2º

TRASLADO DE AUTOS: arts. 216 a 218

TRATAMENTO
- médico: art.15
- vítima: art. 948, I

TUTELA
- prescrição: art. 206, § 4º
- prescrição; suspensão durante a tutela: art. 197, III

TUTOR
- prescrição; interrupção: art. 203
- prescrição; não corre entre tutor e tutelado: art. 197, III
- prescrição; responsabilidade do tutor: art. 195
- responsabilidade pela prescrição a que derem causa: art. 195

U

UNIÃO
- bens de ausentes; domínio: art. 39, par. ún.
- bens de ausentes; títulos garantidos: art. 29, par. ún.
- personalidade jurídica: art. 41, I
- pessoa jurídica de direito público interno: art. 41
- pessoas jurídicas: art. 75, I

USO
- comum dos bens públicos: art. 103
- local da celebração do negócio jurídico: art. 113

USUCAPIÃO
- bens públicos; proibição: art. 102

USURPAÇÃO DA COISA: art. 952

V

VALIDADE
- atos dos contratantes de boa-fé: art. 689
- concurso com promessa de recompensa: art. 859
- declaração de vontade: art. 107
- escusa do depositário: art. 642
- mandato: art. 654
- pagamento: art. 310

VALOR
- desigual: art. 533, II
- devolução: art. 443
- pecuniário declarado por sentença judicial: art. 407
- requisito da quitação: art. 320

VANTAGEM
- auferida com deterioração: art. 452
- perda: art. 1.564, I

VENCIMENTO
- antecipado de dívida: arts. 333 e 939
- dívida em litígio: art. 345
- dívidas; pagamento: art. 315
- inclusão do último dia: art. 132
- legado em dinheiro: art. 1.925
- primeira penhora: art. 1.477

VENDA
- a contento: arts. 509 a 512
- gado empenhado: art. 1.445
- hasta pública; de bens de menor sob tutela: art. 1.750
- hasta pública; de imóvel que não caiba no quinhão: art. 2.019
- judicial; imóvel hipotecado: art. 1.501

VENDEDOR
- intimação judicial do comprador: art. 512
- responsabilidade: art. 502

VIAJANTE: art. 649

VIAS FÉRREAS
- credor hipotecário: arts. 1.503 e 1.504
- hipoteca: art. 1.504

VÍCIOS
- coisa empenhada: art. 1.433, III
- conhecido pelo devedor: arts. 174 e 175
- intrínseco; exclusão: art. 784
- locação: art. 568
- negócios jurídicos: arts. 138 a 165 e 171, II
- possibilidade de conhecimento posterior: arts. 445 e 446
- redibitórios: arts. 441 a 446
- requisito essencial de invalidade: art. 2.027

VIDA
- civil; atos: art. 5º
- preservação: art. 790
- privada: art. 21

VIOLAÇÃO DE DIREITO DE OUTREM: art. 942

VIOLÊNCIA
- *vide*, também, COAÇÃO e ESBULHO
- imputação de pagamento: art. 353

VOLUPTUÁRIAS, BENFEITORIAS: art. 96

VONTADE
- manifestação nos negócios jurídicos: art. 110
- partes; solidariedade: art. 265
- silêncio; anuência: art. 111

VOTO: art. 1.010

Legislação Complementar

DECRETO Nº 2.044,
DE 31 DE DEZEMBRO DE 1908

Define a letra de câmbio e a nota promissória e regula as operações cambiais.

► Dec. nº 57.663, de 24-1-1966 (Lei Uniforme em Matéria de Letras de Câmbio e Notas Promissórias).

TÍTULO I – DA LETRA DE CÂMBIO

Capítulo I
DO SAQUE

Art. 1º A letra de câmbio é uma ordem de pagamento e deve conter estes requisitos, lançados, por extenso, no contexto:

I – a denominação "letra de câmbio" ou a denominação equivalente na língua em que for emitida;
II – a soma de dinheiro a pagar e a espécie de moeda;
III – o nome da pessoa que deve pagá-la. Esta indicação pode ser inserida abaixo do contexto;
IV – o nome da pessoa a quem deve ser paga. A letra pode ser ao portador e também pode ser emitida por ordem e conta de terceiro. O sacador pode designar-se como tomador;
V – a assinatura do próprio punho do sacador ou do mandatário especial. A assinatura deve ser firmada abaixo do contexto.

Art. 2º Não será letra de câmbio o escrito a que faltar qualquer dos requisitos acima enumerados.

► Súm. nº 387 do STF.

Art. 3º Esses requisitos são considerados lançados ao tempo da emissão da letra. A prova em contrário será admitida no caso de má-fé do portador.

Art. 4º Presume-se mandato ao portador para inserir a data e o lugar do saque, na letra que não os contiver.

Art. 5º Havendo diferença entre o valor lançado por algarismo e o que se achar por extenso no corpo da letra, este último será sempre considerado verdadeiro e a diferença não prejudicará a letra. Diversificando as indicações da soma de dinheiro no contexto, o título não será letra de câmbio.

Art. 6º A letra pode ser passada:

I – à vista;
II – a dia certo;
III – a tempo certo da data;
IV – a tempo certo da vista.

Art. 7º A época do pagamento deve ser precisa, uma e única para a totalidade da soma cambial.

Capítulo II
DO ENDOSSO

Art. 8º O endosso transmite a propriedade da letra de câmbio.

Para a validade do endosso, é suficiente a simples assinatura do próprio punho do endossador ou do mandatário especial, no verso da letra. O endossatário pode completar este endosso.

§ 1º A cláusula "por procuração", lançada no endosso, indica o mandato com todos os poderes, salvo o caso de restrição, que deve ser expressa no mesmo endosso.

§ 2º O endosso posterior ao vencimento da letra tem o efeito de cessão civil.

§ 3º É vedado o endosso parcial.

Capítulo III
DO ACEITE

Art. 9º A apresentação da letra ao aceite é facultativa quando certa a data do vencimento. A letra a tempo certo da vista deve ser apresentada ao aceite do sacado, dentro do prazo nela marcado; na falta de designação, dentro de seis meses contados da data da emissão do título, sob pena de perder o portador o direito regressivo contra o sacador, endossadores e avalistas.

Parágrafo único. O aceite da letra, a tempo certo da vista, deve ser datado, presumindo-se, na falta de data, o mandado ao portador para inseri-la.

Art. 10. Sendo dois ou mais os sacados, o portador deve apresentar a letra ao primeiro nomeado; na falta ou recusa do aceite, ao segundo, se estiver domiciliado na mesma praça; assim, sucessivamente, sem embargo da forma da indicação na letra dos nomes dos sacados.

Art. 11. Para a validade do aceite é suficiente a simples assinatura do próprio punho do sacado ou do mandatário especial, no anverso da letra.

Vale, como aceite puro, a declaração que não traduzir inequivocamente a recusa, limitação ou modificação.

Parágrafo único. Para os efeitos cambiais, a limitação ou modificação do aceite equivale à recusa, ficando, porém, o aceitante cambialmente vinculado, nos termos da limitação ou modificação.

Art. 12. O aceite, uma vez firmado, não pode ser cancelado nem retirado.

Art. 13. A falta ou recusa do aceite prova-se pelo protesto.

Capítulo IV
DO AVAL

Art. 14. O pagamento de uma letra de câmbio, independente do aceite e do endosso, pode ser garantido por aval. Para a validade do aval, é suficiente a simples assinatura do próprio punho do avalista ou do mandatário especial, no verso ou no anverso da letra.

Art. 15. O avalista é equiparado àquele cujo nome indicar; na falta de indicação, àquele abaixo de cuja assinatura lançar a sua; fora destes casos, ao aceitante e, não estando aceita a letra, ao sacador.

Capítulo V
DA MULTIPLICAÇÃO DA LETRA DE CÂMBIO

Seção Única

DAS DUPLICATAS

Art. 16. O sacador, sob pena de responder por perdas e interesses, é obrigado a dar, ao portador, as vias de letra que este reclamar antes do vencimento, diferençadas, no contexto, por números de ordem ou pela ressalva, das que se extraviaram. Na falta da diferenciação ou da ressalva, que torne inequívoca a unicidade da obrigação, cada exemplar valerá como letra distinta.

§ 1º O endossador e o avalista, sob pena de responderem por perdas e interesses, são obrigados a repetir, na duplicata, o endosso e o aval firmados no original.

§ 2º O sacado fica cambialmente obrigado por cada um dos exemplares em que firmar o aceite.

§ 3º O endossador de dois ou mais exemplares da mesma letra a pessoas diferentes, e os sucessivos endossadores e avalistas ficam cambialmente obrigados.

§ 4º O detentor da letra expedida para o aceite é obrigado a entregá-la ao legítimo portador da duplicata, sob pena de responder por perdas e interesses.

Capítulo VI

DO VENCIMENTO

Art. 17. A letra à vista vence-se no ato da apresentação ao sacado.

A letra, a dia certo, vence-se nesse dia. A letra, a dias da data ou da vista, vence-se no último dia do prazo; não se conta, para a primeira, o dia do saque, e, para a segunda, o dia do aceite.

A letra a semanas, meses ou anos da data ou da vista vence no dia da semana, mês ou ano do pagamento, correspondente ao dia do saque ou dia do aceite. Na falta do dia correspondente, vence-se no último dia do mês do pagamento.

Art. 18. Sacada a letra em país onde vigorar outro calendário, sem a declaração do adotado, verifica-se o termo do vencimento contando-se do dia do calendário gregoriano, correspondente ao da emissão da letra pelo outro calendário.

Art. 19. A letra é considerada vencida, quando protestada:

I – pela falta ou recusa do aceite;
II – pela falência do aceitante.

O pagamento, nestes casos, continua diferido até o dia do vencimento ordinário da letra, ocorrendo o aceite de outro sacado nomeado ou, na falta, a aquiescência do portador expressa no ato do protesto, ao aceite na letra, pelo interveniente voluntário.

Capítulo VII

DO PAGAMENTO

Art. 20. A letra deve ser apresentada ao sacado ou ao aceitante para o pagamento, no lugar designado e no dia do vencimento ou, sendo este dia feriado por lei, no primeiro dia útil imediato, sob pena de perder o portador o direito de regresso contra o sacador, endossadores e avalistas.

§ 1º Será pagável à vista a letra que não indicar a época do vencimento. Será pagável, no lugar mencionado ao pé do nome do sacado, a letra que não indicar o lugar do pagamento.

É facultada a indicação alternativa de lugares de pagamento, tendo o portador direito de opção. A letra pode ser sacada sobre uma pessoa, para ser paga no domicílio de outra, indicada pelo sacador ou pelo aceitante.

§ 2º No caso de recusa ou falta de pagamento pelo aceitante, sendo dois ou mais os sacados, o portador deve apresentar a letra ao primeiro nomeado, se estiver domiciliado na mesma praça; assim sucessivamente, sem embargo da forma da indicação na letra dos nomes dos sacados.

§ 3º Sobrevindo caso fortuito ou força maior, a apresentação deve ser feita, logo que cessar o impedimento.

Art. 21. A letra à vista deve ser apresentada ao pagamento dentro do prazo nela marcado; na falta desta designação, dentro de doze meses, contados da data da emissão do título, sob pena de perder o portador o direito de regresso contra o sacador, endossadores e avalistas.

Art. 22. O portador não é obrigado a receber o pagamento antes do vencimento da letra. Aquele que paga uma letra, antes do respectivo vencimento, fica responsável pela validade desse pagamento.

§ 1º O portador é obrigado a receber o pagamento parcial, ao tempo do vencimento.

§ 2º O portador é obrigado a entregar a letra com a quitação àquele que efetua o pagamento; no caso do pagamento parcial, em que se não opera a tradição do título, além da quitação em separado, outra deve ser firmada na própria letra.

Art. 23. Presume-se validamente desonerado aquele que paga a letra no vencimento, sem oposição.

Parágrafo único. A oposição ao pagamento é somente admissível no caso de extravio da letra, de falência ou incapacidade do portador para recebê-lo.

Art. 24. O pagamento feito pelo aceitante ou pelos respectivos avalistas desonera da responsabilidade cambial todos os coobrigados.

O pagamento feito pelo sacador, pelos endossadores ou respectivos avalistas desonera da responsabilidade cambial os coobrigados posteriores.

Parágrafo único. O endossador ou avalista, que paga ao endossatário ou ao avalista posterior, pode riscar o próprio endosso ou aval e os dos endossadores ou avalistas posteriores.

Art. 25. A letra de câmbio deve ser paga na moeda indicada. Designada moeda estrangeira, o pagamento, salvo determinação em contrário, expressa na letra, deve ser efetuado em moeda nacional, ao câmbio à vista do dia do vencimento e do lugar do pagamento; não havendo no lugar curso de câmbio, pelo da praça mais próxima.

Art. 26. Se o pagamento de uma letra de câmbio não for exigido no vencimento, o aceitante pode, depois de expirado o prazo para o protesto por falta de pagamento, depositar o valor da mesma, por conta e risco do portador, independente de qualquer citação.

Art. 27. A falta ou recusa, total ou parcial, de pagamento, prova-se pelo protesto.

Capítulo VIII

DO PROTESTO

Art. 28. A letra que houver de ser protestada por falta de aceite ou de pagamento deve ser entregue ao oficial competente, no primeiro dia útil que se seguir ao da recusa do aceite ou ao do vencimento, e o respectivo protesto tirado dentro de três dias úteis.

Parágrafo único. O protesto deve ser tirado do lugar indicado na letra para o aceite ou para o pagamento.

Sacada ou aceita a letra para ser paga em outro domicílio que não o do sacado, naquele domicílio deve ser tirado o protesto.

Art. 29. O instrumento de protesto deve conter:

I – a data;

II – a transcrição literal da letra e das declarações nela inseridas pela ordem respectiva;

III – a certidão da intimação ao sacado ou ao aceitante ou aos outros sacados, nomeados na letra para aceitar ou pagar, a resposta dada ou a declaração da falta da resposta.

A intimação é dispensada no caso do sacado ou aceitante firmar na letra a declaração da recusa do aceite ou do pagamento e, na hipótese de protesto, por causa da falência do aceitante;

IV – a certidão de não haver sido encontrada ou de ser desconhecida a pessoa indicada para aceitar ou para pagar. Nesta hipótese, o oficial afixará a intimação nos lugares do estilo e, se possível, a publicará pela imprensa;

V – a indicação dos intervenientes voluntários e das firmas por eles honradas;

VI – a aquiescência do portador ao aceite por honra;

VII – a assinatura, com o sinal público, do oficial do protesto.

Parágrafo único. Este instrumento, depois de registrado no livro de protesto, deverá ser entregue ao detentor ou portador da letra ou àquele que houver efetuado o pagamento.

Art. 30. O portador é obrigado a dar aviso do protesto ao último endossador, dentro de dois dias, contados da data do instrumento do protesto e cada endossatário, dentro de dois dias, contados do recebimento do aviso, deve transmiti-lo ao seu endossador, sob pena de responder por perdas e interesses.

Não constando o endosso o domicílio ou a residência do endossador, o aviso deve ser transmitido ao endossador anterior, que houver satisfeito aquela formalidade.

Parágrafo único. O aviso pode ser dado em carta registrada. Para esse fim, a carta será levada aberta ao Correio, onde, verificada a existência do aviso, se declarará o conteúdo da carta registrada no conhecimento e talão respectivo.

Art. 31. Recusada a entrega da letra por aquele que a recebeu para firmar o aceite ou para efetuar o pagamento, o protesto pode ser tirado por outro exemplar ou, na falta, pelas indicações do protestante.

Parágrafo único. Pela prova do fato, pode ser decretada a prisão do detentor da letra, salvo depositando este a soma cambial e a importância das despesas feitas.

Art. 32. O portador que não tira, em tempo útil e forma regular, o instrumento do protesto da letra, perde o direito de regresso contra o sacador, endossadores e avalistas.

Art. 33. O oficial que não lavra, em tempo útil e forma regular, o instrumento do protesto, além da pena em que incorrer, segundo o Código Penal, responde por perdas e interesses.

Capítulo IX

DA INTERVENÇÃO

Art. 34. No ato do protesto pela falta ou recusa do aceite, a letra pode ser aceita por terceiro, mediante a aquiescência do detentor ou portador.

A responsabilidade cambial deste interveniente é equiparada à do sacado que aceita.

Art. 35. No ato do protesto, excetuada apenas a hipótese do artigo anterior, qualquer pessoa tem o direito de intervir para efetuar o pagamento da letra, por honra de qualquer das firmas.

§ 1º O pagamento, por honra da firma do aceitante ou dos respectivos avalistas, desonera da responsabilidade cambial todos os coobrigados.

O pagamento, por honra da firma do sacador, do endossador ou dos respectivos avalistas, desonera da responsabilidade cambial todos os coobrigados posteriores.

§ 2º Não indicada a firma, entende-se ter sido honrada a do sacador; quando aceita a letra, a do aceitante.

§ 3º Sendo múltiplas as intervenções, concorram ou não coobrigados, deve ser preferido o interveniente que desonerar maior número de firmas.

Múltiplas as intervenções pela mesma firma, deve ser preferido o interveniente coobrigado; na falta deste, o sacado; na falta de ambos, o detentor ou portador tem a opção. É vedada a intervenção ao aceitante ou ao respectivo avalista.

Capítulo X

DA ANULAÇÃO DA LETRA

Art. 36. Justificando a propriedade e o extravio ou a destruição total ou parcial da letra, descrita com clareza e precisão, o proprietário pode requerer ao juiz competente do lugar do pagamento, na hipótese de extravio, a intimação do sacado ou do aceitante e dos coobrigados, para não pagarem a aludida letra, e a citação do detentor para apresentá-la em juízo, dentro do prazo de três meses, e, nos casos de extravio e de destruição, a citação dos coobrigados para, dentro do referido prazo, oporem contestação firmada em defeito de forma do título ou, na falta de requisito essencial, ao exercício da ação cambial.

Estas citações e intimações devem ser feitas pela imprensa, publicadas no jornal oficial do Estado e no *Diário Oficial* para o Distrito Federal e nos periódicos indicados pelo juiz, além de afixadas nos lugares do estilo e na bolsa da praça do pagamento.

§ 1º O prazo de três meses corre da data do vencimento; estando vencida a letra, da data da publicação no jornal oficial.

§ 2º Durante o curso desse prazo, munido da certidão do requerimento e do despacho favorável do juiz, fica o proprietário autorizado a praticar todos os atos necessários à garantia do direito creditório, podendo, vencida a letra, reclamar do aceitante o depósito judicial da soma devida.

§ 3º Decorrido o prazo, sem se apresentar o portador legitimado (artigo 39) da letra, ou sem a contestação do coobrigado (artigo 36), o juiz decretará a nulidade do título extraviado ou destruído e ordenará, em benefício do proprietário, o levantamento do depósito da soma, caso tenha sido feito.

§ 4º Por esta sentença, fica o proprietário habilitado, para o exercício da ação executiva, contra o aceitante e os outros coobrigados.

§ 5º Apresentada a letra pelo portador legitimado (artigo 39) ou oferecida a contestação (artigo 36) pelo coobrigado, o juiz julgará prejudicado o pedido de anulação da letra, deixando, salvo à parte, o recurso aos meios ordinários.

§ 6º Da sentença proferida no processo cabe o recurso de agravo com efeito suspensivo.

§ 7º Este processo não impede o recurso à duplicata e nem para os efeitos da responsabilidade civil do coobrigado dispensa o aviso imediato do extravio, por cartas registradas endereçadas ao sacado, ao aceitante e aos outros coobrigados, pela forma indicada no parágrafo único do artigo 30.

CAPÍTULO XI

DO RESSAQUE

Art. 37. O portador da letra protestada pode haver o embolso da soma devida, pelo ressaque de nova letra de câmbio, à vista, sobre qualquer dos obrigados.

O ressacado que paga pode, por seu turno, ressacar sobre qualquer dos coobrigados a ele anteriores.

Parágrafo único. O ressaque deve ser acompanhado da letra protestada, do instrumento do protesto e da conta de retorno.

Art. 38. A conta de retorno deve indicar:

I – a soma cambial e a dos juros legais, desde o dia do vencimento;
II – a soma das despesas legais: protesto, comissão, porte de cartas, selos, e dos juros legais, desde o dia em que foram feitas;
III – o nome do ressacado;
IV – o preço do câmbio, certificado por corretor ou, na falta, por dois comerciantes.

§ 1º O recâmbio é regulado pelo curso do câmbio da praça de pagamento, sobre a praça do domicílio ou da residência do ressacado; o recâmbio, devido ao endossador ou ao avalista que ressaca, é regulado pelo curso do câmbio da praça do ressaque, sobre a praça da residência ou do domicílio do ressacado.

Não havendo curso de câmbio na praça do ressaque, o recâmbio é regulado pelo curso do câmbio da praça mais próxima.

§ 2º É facultado o cúmulo dos recâmbios nos sucessivos ressaques.

CAPÍTULO XII

DOS DIREITOS E DAS OBRIGAÇÕES CAMBIAIS

SEÇÃO I

DOS DIREITOS

Art. 39. O possuidor é considerado legítimo proprietário da letra ao portador e da letra endossada em branco.

O último endossatário é considerado legítimo proprietário da letra endossada em preto, se o primeiro endosso estiver assinado pelo tomador e cada um dos outros, pelo endossatário do endosso, imediatamente anterior.

Seguindo-se ao endosso em branco outro endosso presume-se haver o endossador deste adquirido por aquele a propriedade da letra.

§ 1º No caso de pluralidade de tomadores ou de endossatários, conjuntos ou disjuntos, o tomador ou o endossatário possuidor da letra é considerado, para os efeitos cambiais, o credor único da obrigação.

§ 2º O possuidor, legitimado de acordo com este artigo, somente no caso de má-fé na aquisição, pode ser obrigado a abrir mão da letra de câmbio.

Art. 40. Quem paga não está obrigado a verificar a autenticidade dos endossos.

Parágrafo único. O interveniente voluntário que paga fica sub-rogado em todos os direitos daquele, cuja firma foi por ele honrada.

Art. 41. O detentor, embora sem título algum, está autorizado a praticar as diligências necessárias à garantia do crédito, a reclamar o aceite, a tirar os protestos, a exigir, ao tempo do vencimento, o depósito da soma cambial.

SEÇÃO II

DAS OBRIGAÇÕES

Art. 42. Pode obrigar-se, por letra de câmbio, quem tem a capacidade civil ou comercial.

Parágrafo único. Tendo a capacidade pela lei brasileira, o estrangeiro fica obrigado pela declaração que firmar, sem embargo da sua incapacidade, pela lei do Estado a que pertencer.

Art. 43. As obrigações cambiais são autônomas e independentes umas das outras. O signatário da declaração cambial fica, por ela, vinculado e solidariamente responsável pelo aceite e pelo pagamento da letra, sem embargo da falsidade, da falsificação ou da nulidade de qualquer outra assinatura.

▶ Súm. nº 60 do STJ.

Art. 44. Para os efeitos cambiais, são consideradas não escritas:

I – a cláusula de juros;
II – a cláusula proibitiva do endosso ou do protesto, a excludente da responsabilidade pelas despesas e qualquer outra, dispensando a observância dos termos ou das formalidades prescritas por esta Lei;
III – a cláusula proibitiva da apresentação da letra ao aceite do sacado;
IV – a cláusula excludente ou restritiva da responsabilidade e qualquer outra beneficiando o devedor ou o credor, além dos limites fixados por esta Lei.

§ 1º Para os efeitos cambiais, o endosso ou aval cancelado é considerado não escrito.

§ 2º Não é letra de câmbio o título em que o emitente exclui ou restringe a sua responsabilidade cambial.

Art. 45. Pelo aceite, o sacado fica cambialmente obrigado para com o sacador e respectivos avalistas.

§ 1º A letra endossada ao aceitante pode ser por este reendossada, antes do vencimento.

§ 2º Pelo reendosso da letra, endossada ao sacador, ao endossado ou ao avalista, continuam cambialmente obrigados os codevedores intermédios.

Art. 46. Aquele que assina a declaração cambial, como mandatário ou representante legal de outrem, sem estar devidamente autorizado, fica, por ela, pessoalmente obrigado.

Art. 47. A substância, os efeitos, a forma extrínseca e os meios de prova da obrigação cambial são regulados pela lei do lugar onde a obrigação foi firmada.

Art. 48. Sem embargo da desoneração da responsabilidade cambial, o sacador ou aceitante fica obrigado a restituir ao portador com os juros legais, a soma com a qual se locupletou à custa deste.

A ação do portador, para este fim, é ordinária.

Capítulo XIII
DA AÇÃO CAMBIAL

Art. 49. A ação cambial é a executiva. Por ela tem também o credor o direito de reclamar a importância que receberia pelo ressaque (artigo 38).

Art. 50. A ação cambial pode ser proposta contra um, alguns ou todos os coobrigados, sem estar o credor adstrito à observância da ordem dos endossos.

Art. 51. Na ação cambial, somente é admissível defesa fundada no direito pessoal do réu contra o autor, em defeito de forma do título e na falta de requisito necessário ao exercício da ação.

Capítulo XIV
DA PRESCRIÇÃO DA AÇÃO CAMBIAL

Art. 52. A ação cambial, contra o sacador, aceitante e respectivos avalistas, prescreve em cinco anos.

A ação cambial contra o endossador e respectivo avalista prescreve em doze meses.

Art. 53. O prazo da prescrição é contado do dia em que a ação pode ser proposta; para o endossador ou respectivo avalista que paga, do dia desse pagamento.

TÍTULO II – DA NOTA PROMISSÓRIA

Capítulo I
DA EMISSÃO

Art. 54. A nota promissória é uma promessa de pagamento e deve conter estes requisitos essenciais, lançados, por extenso, no contexto:

I – a denominação de "nota promissória" ou termo correspondente, na língua em que for emitida;
II – a soma de dinheiro a pagar;
III – o nome da pessoa a quem deve ser paga;
IV – a assinatura do próprio punho do emitente ou do mandatário especial.

§ 1º Presume-se ter o portador o mandato para inserir a data e lugar da emissão da nota promissória, que não contiver estes requisitos.

§ 2º Será pagável à vista a nota promissória que não indicar a época do vencimento. Será pagável no domicílio do emitente a nota promissória que não indicar o lugar do pagamento.

É facultada a indicação alternativa de lugar de pagamento, tendo o portador direito de opção.

§ 3º Diversificando as indicações da soma do dinheiro, será considerada verdadeira a que se achar lançada por extenso no contexto.

Diversificando no contexto as indicações da soma de dinheiro, o título não será nota promissória.

§ 4º Não será nota promissória o escrito ao qual faltar qualquer dos requisitos acima enumerados. Os requisitos essenciais são considerados lançados ao tempo da emissão da nota promissória. No caso de má-fé do portador, será admitida prova em contrário.

Art. 55. A nota promissória pode ser passada:

I – à vista;
II – a dia certo;
III – a tempo certo da data.

Parágrafo único. A época do pagamento deve ser precisa e única para toda a soma devida.

Capítulo II
DISPOSIÇÕES GERAIS

Art. 56. São aplicáveis à nota promissória, com as modificações necessárias, todos os dispositivos do Título I desta Lei, exceto os que se referem ao aceite e às duplicatas.

Para o efeito da aplicação de tais dispositivos, o emitente da nota promissória é equiparado ao aceitante da letra de câmbio.

Art. 57. Ficam revogados todos os artigos do Título XVI do Código Comercial e mais disposições em contrário.

Rio de Janeiro, 31 de dezembro de 1908;
20º da República.

Afonso Augusto Moreira Pena

DECRETO Nº 22.626,
DE 7 DE ABRIL DE 1933

Dispõe sobre os juros nos contratos e dá outras providências.

▶ Publicado no *DOU* de 8-4-1933 e retificado no *DOU* de 17-4-1933.

▶ MP nº 2.172-32, de 23-8-2001, que até o encerramento desta edição não havia sido convertida em Lei, estabelece a nulidade das disposições contratuais que menciona e inverte, nas hipóteses que prevê, o ônus da prova nas ações intentadas para sua declaração.

Art. 1º É vedado, e será punido nos termos desta Lei, estipular em quaisquer contratos taxas de juros superiores ao dobro da taxa legal.

▶ Arts. 406, 591 e 890 do CC.
▶ Súm. nº 596 do STF.
▶ Súm. nº 283 do STJ.

§§ 1º e 2º *Revogados.* Dec.-lei nº 182, de 5-1-1938.

§ 3º A taxa de juros deve ser estipulada em escritura pública ou escrito particular, e, não o sendo, entender-se-á que as partes acordaram nos juros de seis por cento ao ano, a contar da data da propositura da respectiva ação ou do protesto cambial.

Art. 2º É vedado, a pretexto de comissão, receber taxas maiores do que as permitidas por esta Lei.

Art. 3º As taxas de juros estabelecidas nesta Lei entrarão em vigor com a sua publicação e a partir desta data serão aplicáveis aos contratos existentes ou já ajuizados.

Art. 4º É proibido contar juros dos juros; esta proibição não compreende a acumulação de juros vencidos aos saldos líquidos em conta corrente de ano a ano.

▶ Art. 591 do CC.
▶ Súm. nº 121 do STF.
▶ Súm. nº 93 do STJ.

Art. 5º Admite-se que pela mora dos juros contratados estes sejam elevados de um por cento e não mais.

Art. 6º Tratando-se de operações a prazo superior a seis meses, quando os juros ajustados forem pagos por antecipação, o cálculo deve ser feito de modo que a importância desses juros não exceda a que produziria a importância líquida da operação no prazo convencionado, às taxas máximas que esta Lei permite.

Art. 7º O devedor poderá sempre liquidar ou amortizar a dívida quando hipotecária ou pignoratícia antes do vencimento, sem sofrer imposição de multa, gravame ou encargo de qualquer natureza por motivo dessa antecipação.

▶ Art. 52, § 2º, do CDC.

§ 1º O credor poderá exigir que a amortização não seja inferior a vinte e cinco por cento do valor inicial da dívida.

§ 2º Em caso de amortização, os juros só serão devidos sobre o saldo devedor.

Art. 8º As multas ou cláusulas penais, quando convencionadas, reputam-se estabelecidas para atender a despesas judiciais e honorários de advogados, e não poderão ser exigidas quando não for intentada ação judicial para cobrança da respectiva obrigação.

▶ Arts. 408 a 416 do CC.

Parágrafo único. Quando se tratar de empréstimo até cem mil cruzeiros e com garantia hipotecária, as multas ou cláusulas penais convencionadas reputam-se estabelecidas para atender, apenas, a honorários de advogados, sendo as despesas judiciais pagas de acordo com a conta feita nos autos da ação judicial para cobrança da respectiva obrigação.

Art. 9º Não é válida cláusula penal superior à importância de dez por cento do valor da dívida.

▶ Art. 412 do CC.

Art. 10. As dívidas a que se refere o artigo 1º, §§ 1º, *in fine*, e 2º, se existentes ao tempo da publicação desta Lei, quando efetivamente cobertas, poderão ser pagas em dez prestações anuais iguais e continuadas, se assim entender o devedor.

Parágrafo único. A falta de pagamento de uma prestação, decorrido um ano da publicação desta Lei, determina o vencimento da dívida e dá ao credor o direito da excussão.

Art. 11. O contrato celebrado com infração desta Lei é nulo de pleno direito, ficando assegurada ao devedor a repetição do que houver pago a mais.

Art. 12. Os corretores e intermediários, que aceitarem negócios contrários ao texto da presente Lei, incorrerão em multa de cinco a vinte contos de réis, aplicada pelo Ministro da Fazenda e, em caso de reincidência, serão demitidos, sem prejuízo de outras penalidades aplicáveis.

Art. 13. É considerada delito de usura, toda a simulação ou prática tendente a ocultar a verdadeira taxa do juro ou a fraudar os dispositivos desta Lei, para o fim de sujeitar o devedor a maiores prestações ou encargos, além dos estabelecidos no respectivo título ou instrumento.

Penas: Prisão de seis meses a um ano e multas de cinco contos a cinquenta contos de réis.

No caso de reincidência, tais penas serão elevadas ao dobro.

Parágrafo único. Serão responsáveis como coautores o agente e o intermediário, e em se tratando de pessoa jurídica, os que tiverem qualidade para representá-la.

▶ Lei nº 1.521, de 26-12-1951 (Lei dos Crimes Contra a Economia Popular).

Art. 14. A tentativa deste crime é punível nos termos da lei penal vigente.

Art. 15. São consideradas circunstâncias agravantes o fato de, para conseguir aceitação de exigências contrárias a esta Lei, valer-se o credor da inexperiência ou das paixões do menor, ou da deficiência ou doença mental de alguém, ainda que não esteja interdito, ou de circunstâncias aflitivas em que se encontre o devedor.

Art. 16. Continuam em vigor os artigos 24, parágrafo único, nº 4, e 27 do Decreto nº 5.746, de 9 de dezembro de 1929, e artigo 44, nº 1, do Decreto nº 2.044, de 17 de dezembro de 1908, e as disposições do Código Comercial no que não contravierem com esta Lei.

Art. 17. O governo federal baixará uma lei especial, dispondo sobre as casas de empréstimos sobre penhores e congêneres.

Art. 18. O teor desta Lei será transmitido por telegrama a todos os interventores federais, para que a façam publicar incontinenti.

Art. 19. Revogam-se as disposições em contrário.

Rio de Janeiro, 7 de abril de 1933;
112º da Independência e
45º da República.

Getúlio Vargas

DECRETO-LEI Nº 2.627, DE 26 DE SETEMBRO DE 1940

Dispõe sobre as sociedades por ações.

(EXCERTOS)

▶ Publicado no *DOU* de 1º-10-1940.
▶ Arts. 1.123 a 1.141 do CC.
▶ A Lei nº 6.404, de 15-12-1976 (Lei das Sociedades por Ações), manteve em vigor os arts. 59 a 73 do Dec.-lei nº 2.627, de 26-9-1940 (antiga Lei de Sociedades por Ações).
▶ Dec. nº 5.664, de 10-1-2006, delega competência ao Ministro de Estado do Desenvolvimento, Indústria e Comércio Exterior para autorizar o funcionamento no Bra-

sil de sociedade estrangeira, bem como suas alterações estatutárias ou contratuais, nacionalização e cassação da autorização.

Capítulo VIII
DA SOCIEDADE ANÔNIMA OU COMPANHIA CUJO FUNCIONAMENTO DEPENDE DE AUTORIZAÇÃO DO GOVERNO, SOCIEDADES ANÔNIMAS OU COMPANHIAS NACIONAIS E ESTRANGEIRAS

Art. 59. A sociedade anônima ou companhia, que dependa de autorização do Governo para funcionar, reger-se-á por esta Lei, sem prejuízo do que estabelecer a lei especial.

Parágrafo único. A competência para autorização é sempre do Governo Federal.

Art. 60. São nacionais as sociedades organizadas na conformidade da lei brasileira e que têm no país a sede de sua administração.

Parágrafo único. Quando a lei exigir que todos os acionistas ou certo número deles sejam brasileiros, as ações da companhia ou sociedade anônima revestirão a forma nominativa. Na sede da sociedade ficará arquivada uma cópia autêntica do documento comprobatório da nacionalidade.

Art. 61. O requerimento ou pedido de autorização das sociedades nacionais deve ser acompanhado:

a) do projeto dos estatutos;
b) da lista dos subscritores, organizada como se prescreve em o artigo 42;
c) do documento comprobatório do depósito, em dinheiro, da décima parte do capital, se maior percentagem não for exigida pela lei especial (artigo 38);
d) de cópia autêntica da ata da assembleia de constituição ou certidão da escritura pública, se por essa forma se houver constituído a sociedade.

§ 1º O Governo poderá determinar alterações ou aditamentos nos estatutos da sociedade. Verificada tal hipótese, os fundadores convocarão os subscritores, a fim de que deliberem, em assembleia, que funcionará na forma prevista no artigo 44, sobre as alterações ou aditamentos exigidos pelo Governo; aprovadas as alterações ou aditamentos, os fundadores juntarão ao processo de autorização cópia autêntica da ata.

§ 2º O Governo poderá ordenar que a sociedade, cumpridas as formalidades legais para o seu funcionamento, promova, na Bolsa de Valores da Capital da República, a cotação de seus títulos. Essa determinação é obrigatória para as sociedades que gozem, ou venham a gozar, de favores do Governo Federal.

§ 3º Concedida a autorização, o respectivo decreto e os demais atos a que alude este artigo deverão, mediante certidões passadas pela repartição competente e dentro de trinta dias, depois de pagos os emolumentos e impostos devidos, ser publicados no órgão oficial da União, do qual se arquivará um exemplar no Registro do Comércio da sede da sociedade.

§ 4º A certidão do arquivamento será publicada no referido órgão oficial.

§ 5º Qualquer alteração ou modificação dos estatutos sociais dependerá de aprovação do Governo Federal.

Art. 62. O Governo Federal poderá recusar a autorização pedida, se a sociedade anônima ou companhia não satisfizer as condições econômicas, financeiras ou jurídicas especificadas na lei, ou quando sua criação contrariar os interesses da economia nacional.

Art. 63. As sociedades anônimas ou companhias nacionais, que dependem de autorização do Governo para funcionar, não poderão constituir-se sem prévia autorização, quando seus fundadores pretenderem recorrer à subscrição pública para a formação do capital.

Parágrafo único. Os fundadores deverão juntar ao seu requerimento cópias autênticas do projeto dos estatutos e do prospecto (artigo 40, I e II), observando-se o disposto nos §§ 1º e 2º do artigo 61. Obtida a autorização e constituída a sociedade, serão os respectivos atos arquivados e publicados, como dispõem os artigos 51 a 54.

Art. 64. As sociedades anônimas ou companhias estrangeiras, qualquer que seja o seu objeto, não podem, sem autorização do Governo Federal, funcionar no País, por si mesmas, ou por filiais, sucursais, agências, ou estabelecimentos que as representem, podendo, todavia, ressalvados os casos expressos em lei, ser acionistas de sociedade anônima brasileira (artigo 60).

Parágrafo único. O pedido ou requerimento de autorização deve ser instruído com:

a) prova de achar-se a sociedade constituída conforme a lei de seu país;
b) o inteiro teor dos estatutos;
c) a lista dos acionistas, com os nomes, profissões, domicílios e número de ações de cada um, salvo quando, por serem as ações ao portador, for impossível cumprir tal exigência;
d) cópia da ata da assembleia-geral que autorizou o funcionamento no Brasil e fixou o capital destinado às operações no território nacional;
e) prova de nomeação do representante no Brasil, ao qual devem ser concedidos poderes para aceitar as condições com que é dada a autorização;
f) o último balanço.

Todos os documentos devem estar autenticados, na conformidade da lei nacional da sociedade anônima requerente, e legalizados no Consulado Brasileiro da sede respectiva.

Com os documentos originais, serão oferecidas as respectivas traduções em vernáculo, feitas por tradutor público juramentado.

Art. 65. O Governo Federal, na autorização, poderá estabelecer as condições que julgar convenientes à defesa dos interesses nacionais, além das exigidas por lei especial, inclusive a constante do artigo 61, § 2º.

Aceitas as condições pelo representante da sociedade anônima requerente, o Governo expedirá o decreto de autorização, observando-se, em seguida, as prescrições dos §§ 3º e 4º do artigo 61.

Parágrafo único. Será também arquivado o documento comprobatório do depósito, em dinheiro, da parte do capital destinado às operações no País, capital que o Governo fixará no decreto de autorização.

Art. 66. As sociedades anônimas estrangeiras funcionarão no território nacional com a mesma denominação que tiverem no seu país de origem, podendo, entretanto, acrescentar as palavras – "do Brasil" ou "para o Brasil".

Art. 67. As sociedades anônimas estrangeiras, autorizadas a funcionar, são obrigadas a ter, permanentemente, representante no Brasil, com plenos poderes para tratar de quaisquer questões e resolvê-las definitivamente, podendo ser demandado e receber citação inicial pela sociedade.

Parágrafo único. Só depois de arquivado no Registro do Comércio o instrumento de sua nomeação poderá o representante entrar em relação com terceiros.

Art. 68. As sociedades anônimas estrangeiras autorizadas a funcionar ficarão sujeitas às leis e aos tribunais brasileiros quanto aos atos ou operações que praticarem no Brasil.

Art. 69. Qualquer alteração que a sociedade anônima estrangeira fizer nos seus estatutos dependerá de aprovação do Governo Federal para produzir efeitos em Território Brasileiro.

Art. 70. As sociedades anônimas estrangeiras devem, sob pena de ser-lhes cassada a autorização para funcionar no País, reproduzir no órgão oficial da União, e do Estado, se for o caso (artigo 173), as publicações que, segundo a sua lei nacional ou de origem, sejam obrigadas a fazer relativamente ao balanço, conta de lucros e perdas e atos de sua administração.

Parágrafo único. Sob a mesma pena, deverão as referidas sociedades publicar o balanço anual e a conta de lucros e perdas das sucursais, filiais ou agências existentes no País.

Art. 71. A sociedade anônima estrangeira, autorizada a funcionar no País, pode, mediante autorização do Governo Federal, nacionalizar-se, transferindo sua sede para o Brasil.

§ 1º Para esse fim, deverá, por seus representantes habilitados, oferecer, com o requerimento, os documentos exigidos no artigo 64, parágrafo único, *a*, *b* e *c*, sem a exceção admitida nesta letra, e *f*, a prova de realização do capital, pela forma declarada nos estatutos, e a ata da assembleia-geral em que foi resolvida a nacionalização.

§ 2º O Governo Federal poderá impor as condições que julgar convenientes à defesa dos interesses nacionais.

§ 3º Aceitas pelo representante habilitado as condições, expedirá o Governo Federal o decreto de nacionalização, observando-se, em seguida, o disposto nos §§ 3º e 4º do artigo 61.

Art. 72. A sociedade anônima ou companhia brasileira somente poderá mudar de nacionalidade mediante o consentimento unânime dos acionistas.

Art. 73. O Governo Federal poderá, a qualquer tempo, e sem prejuízo da responsabilidade penal que couber, cassar a autorização concedida às sociedades anônimas, nacionais ou estrangeiras, quando infringirem disposições de ordem pública ou praticarem atos contrários aos fins declarados nos estatutos ou nocivos à economia nacional.

Rio de Janeiro, 26 de setembro de 1940;
119º da Independência e
52º da República.

Getúlio Vargas

DECRETO-LEI Nº 5.384, DE 8 DE ABRIL DE 1943

Dispõe sobre os beneficiários do seguro de vida.

▶ Publicado no *DOU* de 10-4-1943.

Art. 1º Na falta de beneficiário nomeado, o seguro de vida será pago metade à mulher e metade aos herdeiros do segurado.

Parágrafo único. Na falta das pessoas acima indicadas, serão beneficiários os que dentro de seis meses reclamarem o pagamento do seguro o provarem que a morte do segurado os privou de meios para proverem sua subsistência. Fora desses casos, será beneficiária a União.

Art. 2º Esta lei entrará em vigor na data de sua publicação e se aplicará a todos os seguros ainda não pagos até essa data.

Rio de Janeiro, 8 de abril de 1943;
122º da Independência e
55º da República.

Getúlio Vargas

LEI Nº 4.594, DE 29 DE DEZEMBRO DE 1964

Regula a profissão de Corretor de Seguros.

▶ Publicada no *DOU* de 5-1-1965.
▶ Dec. nº 56.900, de 23-9-1965, dispõe sobre o Regime de Corretagem de Seguros.

CAPÍTULO I

DO CORRETOR DE SEGUROS E DA SUA HABILITAÇÃO PROFISSIONAL

Art. 1º O corretor de seguros, seja pessoa física ou jurídica, é o intermediário legalmente autorizado a angariar e a promover contratos de seguros, admitidos pela legislação vigente, entre as sociedades de seguros e as pessoas físicas ou jurídicas, de direito público ou privado.

Art. 2º O exercício da profissão de corretor de seguros depende da prévia obtenção do título de habilitação, o qual será concedido pelo Departamento Nacional de Seguros Privados e Capitalização, nos temos desta Lei.

Parágrafo único. O número de corretores de seguro é ilimitado.

Art. 3º O interessado na obtenção do título a que se refere o artigo anterior, o requererá ao Departamento Nacional de Seguros Privados e Capitalização, indicando o ramo de seguro a que se pretenda dedicar, provando documentalmente:

a) ser brasileiro ou estrangeiro com residência permanente;
b) estar quite com o serviço militar, quando se tratar de brasileiro ou naturalizado;
c) não haver sido condenado por crimes a que se referem as Seções II, III e IV do Capítulo VI do Título I; os Capítulos I, II, III, IV, V, VI e VII do Título II; o Capítulo V do Título VI; Capítulos I, II e III do Título

VIII; os Capítulos I, II, III e IV do Título X e o Capítulo I do Título XI, parte especial do Código Penal;
d) não ser falido;
e) ter habilitação técnico-profissional referente aos ramos requeridos.

§ 1º Se se tratar de pessoa jurídica deverá a requerente provar que está organizada segundo as leis brasileiras, ter sede no País, e que seus diretores, gerentes ou administradores preencham as condições deste artigo.

§ 2º Satisfeitos pelo requerente os requisitos deste artigo terá ele direito a imediata obtenção do título.

Art. 4º O cumprimento da exigência da alínea e do artigo anterior poderá consistir na observância comprovada de qualquer das seguintes condições:

a) haver concluído curso técnico profissional de seguros, oficial ou reconhecido;
b) apresentar atestado de exercício profissional anterior a esta Lei, fornecido pelo sindicato de classe ou pelo Departamento Nacional de Seguros Privados e Capitalização.

▶ Alíneas a e b, com a redação dada pela Lei nº 7.278, de 10-12-1984.

c) apresentar atestado de exercício profissional anterior a esta Lei, fornecido pelo sindicato de classe ou pelo Departamento Nacional de Seguros Privados e Capitalização.

Art. 5º O corretor, seja pessoa física ou jurídica, antes de entrar no exercício da profissão deverá:
a) Revogada. LC nº 137, de 26-8-2010;
b) estar quite com o imposto sindical;
c) inscrever-se para o pagamento do Imposto de Indústrias e Profissões.

Art. 6º Não se poderá habilitar novamente como corretor aquele cujo título de habilitação profissional houver sido cassado, nos termos do artigo 24.

Art. 7º O título de habilitação de corretor de seguros será expedido pelo Departamento Nacional de Seguros Privados e Capitalização e publicado no Diário Oficial da República.

Art. 8º O atestado, a que se refere a alínea c do art. 4º, será concedido na conformidade das informações e documentos colhidos pela Diretoria do Sindicato, e dele deverão constar os dados de identidade do pretendente, bem como as indicações relativas ao tempo de exercício nos diversos ramos de seguro e as empresas a que tiver servido.

§ 1º Da recusa do Sindicato em fornecer o atestado acima referido, cabe recurso, no prazo de 60 dias, para o Departamento Nacional de Seguros Privados e Capitalização.

§ 2º Os motivos da recusa do atestado, quando se fundarem em razões que atentem à honra do interessado, terão caráter sigiloso e somente poderão ser certificados a pedido de terceiros por ordem judicial ou mediante requisição do Departamento Nacional de Seguros Privados e Capitalização.

Art. 9º Nos municípios onde não houver sindicatos da respectiva categoria, delegacias ou seções desses sindicatos, poderá o atestado ser fornecido pelo sindicato da localidade mais próxima.

Art. 10. Os sindicatos organizarão e manterão registro dos corretores e respectivos prepostos, habilitados na forma desta lei, com os assentamentos essenciais sobre a habilitação legal e o *curriculum vitae* profissional de cada um.

Parágrafo único. Para os efeitos deste artigo, o Departamento Nacional de Seguros Privados e Capitalização fornecerá aos interessados os dados necessários.

Art. 11. Os sindicatos farão publicar semestralmente, no Diário Oficial da União e dos Estados, a relação devidamente atualizada dos corretores e respectivos prepostos habilitados.

CAPÍTULO II

DOS PREPOSTOS DOS CORRETORES

Art. 12. O corretor de seguros poderá ter prepostos de sua livre escolha bem como designar, entre eles, o que o substitua nos impedimentos ou faltas.

Parágrafo único. Os prepostos serão registrados no Departamento Nacional de Seguros Privados e Capitalização, mediante requerimento do corretor e preenchimento dos requisitos exigidos pelo art. 3º.

CAPÍTULO III

DOS DIREITOS E DEVERES

Art. 13. Só ao corretor de seguros devidamente habilitado nos termos desta lei e que houver assinado a proposta, deverão ser pagas as corretagens admitidas para cada modalidade de seguro, pelas respectivas tarifas, inclusive em caso de ajustamento de prêmios.

§ 1º Nos casos de alterações de prêmios por erro de cálculo na proposta ou por ajustamentos negativos, deverá o corretor restituir a diferença da corretagem.

§ 2º Nos seguros efetuados diretamente entre o segurador e o segurado, sem interveniência de corretor, não haverá corretagem a pagar.

Art. 14. O corretor deverá ter o registro devidamente autenticado pelo Departamento Nacional de Seguros Privados e Capitalização das propostas que encaminhar às sociedades de seguros, com todos os assentamentos necessários à elucidação completa dos negócios em que intervier.

Art. 15. O corretor deverá recolher incontinente à caixa da seguradora o prêmio que porventura tiver recebido do segurado para pagamento de seguro realizado por seu intermédio.

Art. 16. Sempre que for exigido pelo Departamento Nacional de Seguros Privados e Capitalização e no prazo por ele determinado, os corretores e prepostos deverão exibir os seus registros bem como os documentos nos quais se baseiam os lançamentos feitos.

Art. 17. É vedado aos corretores e aos prepostos:

a) aceitarem ou exercerem empregos de pessoa jurídica de direito público, inclusive de entidade paraestatal;
b) serem sócios, administradores, procuradores, despachantes ou empregados de empresa de seguros.

Parágrafo único. O impedimento previsto neste artigo é extensivo aos sócios e diretores de empresa de corretagem.

Capítulo IV
DA ACEITAÇÃO DAS PROPOSTAS DE SEGUROS

Art. 18. As sociedades de seguros, por suas matrizes, filiais, sucursais, agências ou representantes, só poderão receber proposta de contrato de seguros:
a) por intermédio de corretor de seguros devidamente habilitado;
b) diretamente dos proponentes ou seus legítimos representantes.

Art. 19. Nos casos de aceitação de propostas pela forma a que se refere a alínea b do artigo anterior, a importância habitualmente cobrada a título de comissão e calculada de acordo com a tarifa respectiva será recolhida ao Fundo de Desenvolvimento Educacional do Seguro, administrado pela Fundação Escola Nacional de Seguros – FUNENSEG, que se destinará à criação e manutenção de:

▶ Caput com a redação dada pela Lei nº 6.317, de 22-12-1975.

a) escolas e cursos de formação e aperfeiçoamento profissional de corretores de seguros e prepostos;
b) bibliotecas especializadas.

▶ Alíneas a e b acrescidas pela Lei nº 6.317, de 22-12-1975.

§ 1º As empresas de seguros escriturarão essa importância em livro devidamente autenticado pela Superintendência de Seguros Privados – SUSEP, e recolherão diretamente à FUNENSEG as importâncias arrecadadas, no prazo de 30 (trinta) dias de seu efetivo recebimento, cabendo à SUSEP fiscalizar a regularidade de tais créditos.

▶ § 1º com a redação dada pela Lei nº 6.317, de 22-12-1975.

§ 2º A criação e funcionamento dessas instituições ficarão a cargo do Instituto de Resseguros do Brasil, que arrecadará essas importâncias diretamente das entidades seguradoras.

▶ A alteração que seria introduzida no § 2º pela Lei 6.317, de 22-12-1975, foi vetada, razão pela qual mantivemos a sua redação.

Capítulo V
DAS PENALIDADES

▶ Dec. nº 70.076, de 28-1-1972, autoriza a Superintendência de Seguros Privados - SUSEP, a expedir normas regulamentares pertinentes à fiscalização de entidades que operam em seguros.

Art. 20. O corretor responderá profissional e civilmente pelas declarações inexatas contidas em propostas por ele assinadas, independentemente das sanções que forem cabíveis a outros responsáveis pela infração.

Art. 21. Os corretores de seguros, independentemente de responsabilidade penal e civil em que possam incorrer no exercício de suas funções, são passíveis das penas disciplinares de multa, suspensão e destituição.

Art. 22. Incorrerá na pena de multa de Cr$5.000,00 a Cr$10.000,00 e, na reincidência, em suspensão pelo tempo que durar a infração, o corretor que deixar de cumprir o disposto nos arts. 16 e 17.

Art. 23. Incorrerá em pena de suspensão das funções, de 30 a 180 dias, o corretor que infringir as disposições desta Lei, quando não foi cominada pena de multa ou destituição.

Art. 24. Incorrerá em pena de destituição o corretor que sofrer condenação penal por motivo de ato praticado no exercício da profissão.

Art. 25. Ficam sujeitos à multa correspondente a 25% do prêmio anual da respectiva apólice, e ao dobro no caso de reincidência, as empresas de seguro e corretores que, transgredindo o art. 14 desta lei e as disposições do Decreto-Lei nº 2.063, de 7 de março de 1940, concederem, sob qualquer forma, vantagens que importem no tratamento desigual dos segurados.

Art. 26. O processo para cominação das penalidades previstas nesta lei reger-se-á, no que for aplicável, pelos arts. 167, 168, 169, 170 e 171 do Decreto-Lei nº 2.063, de 7 de março de 1940.

Capítulo VI
DA REPARTIÇÃO FISCALIZADORA

Art. 27. Compete ao Departamento Nacional de Seguros Privados e Capitalização aplicar as penalidades previstas nesta lei e fazer cumprir as suas disposições.

Capítulo VII
DISPOSIÇÕES GERAIS

Art. 28. A presente Lei é aplicável aos territórios estaduais nos quais existem Sindicatos de Corretores de Seguros legalmente constituídos.

Art. 29. Não se enquadram nos efeitos desta Lei as operações de cosseguro e de resseguro entre as empresas seguradoras.

Art. 30. Nos Municípios onde não houver corretor legalmente habilitado, as propostas de contratos de seguro relativos a bens e interesses de pessoas físicas ou jurídicas nele domiciliadas continuarão a ser encaminhadas às empresas seguradoras por corretor de seguros ou por qualquer cidadão, indiferentemente, mantido o regime de livre concorrência na mediação do contrato de seguro em vigor na data da publicação desta lei.

§ 1º As comissões, devidas pela mediação de contratos de seguro de pessoa física ou jurídica, domiciliada nos Municípios a que se refere este artigo e neles agenciados e assinados, continuarão também a ser pagas ao intermediário da proposta, seja corretor habilitado ou não.

§ 2º As companhias seguradoras deverão encaminhar instruções, nos termos da presente Lei, a fim de os referidos corretores possam se habilitar e se registrar, dando ciência dessa providência ao sindicato de classe mais próximo.

Capítulo VIII
DISPOSIÇÕES TRANSITÓRIAS

Art. 31. Os corretores, já em atividade de sua profissão quando da vigência desta Lei, poderão continuar a exercê-la desde que apresentem ao Departamento Nacional de Seguros Privados e Capitalização seus requerimentos, acompanhados dos documentos exigidos pelas alíneas a, c e d do art. 3º, c, do art. 4º, e prova da observância do disposto no art. 5º.

Art. 32. Dentro de noventa dias, a contar da vigência desta lei, o Poder Executivo regulamentará as profissões de corretor de seguro de vida e de capitalização, obedecidos os princípios estabelecidos na presente Lei.
▶ Dec. nº 56.903, de 24-9-1965, regulamenta este artigo.

Art. 33. Esta Lei entra em vigor na data de sua publicação.

Art. 34. Revogam-se as disposições em contrário.

Brasília, 29 de dezembro de 1964;
143º da Independência e
76º da República.

H. Castello Branco

LEI Nº 4.595, DE 31 DE DEZEMBRO DE 1964

Dispõe sobre a Política e as Instituições monetárias, bancárias e creditícias, cria o Conselho Monetário Nacional e dá outras providências.

▶ Publicada no *DOU* de 31-12-1964, Edição Extra e retificada no *DOU* de 3-2-1965.

Capítulo I
DO SISTEMA FINANCEIRO NACIONAL

Art. 1º O Sistema Financeiro Nacional, estruturado e regulado pela presente Lei, será constituído:

I – do Conselho Monetário Nacional;
II – do Banco Central do Brasil;
▶ Dec.-lei nº 278, de 28-2-1967, alterou a denominação de Banco Central da República do Brasil para Banco Central do Brasil.

III – do Banco do Brasil S.A.;
IV – do Banco Nacional do Desenvolvimento Econômico;
▶ O Banco Nacional do Desenvolvimento Econômico teve sua denominação alterada para Banco Nacional do Desenvolvimento Econômico e Social (BNDES).

V – das demais instituições financeiras públicas e privadas.

Capítulo II
DO CONSELHO MONETÁRIO NACIONAL

Art. 2º Fica extinto o Conselho da atual Superintendência da Moeda e do Crédito, e criado, em substituição, o Conselho Monetário Nacional, com a finalidade de formular a política da moeda e do crédito, como previsto nesta Lei, objetivando o progresso econômico e social do País.

Art. 3º A política do Conselho Monetário Nacional objetivará:

I – adaptar o volume dos meios de pagamento às reais necessidades da economia nacional e seu processo de desenvolvimento;
II – regular o valor interno da moeda, para tanto prevenindo ou corrigindo os surtos inflacionários ou deflacionários de origem interna ou externa, as depressões econômicas e outros desequilíbrios oriundos de fenômenos conjunturais;
III – regular o valor externo da moeda e o equilíbrio no balanço de pagamento do País, tendo em vista a melhor utilização dos recursos em moeda estrangeira;

IV – orientar a aplicação dos recursos das instituições financeiras, quer públicas, quer privadas; tendo em vista propiciar, nas diferentes regiões do País, condições favoráveis ao desenvolvimento harmônico da economia nacional;
V – propiciar o aperfeiçoamento das instituições e dos instrumentos financeiros, com vistas à maior eficiência do sistema de pagamentos e de mobilização de recursos;
VI – zelar pela liquidez e solvência das instituições financeiras;
VII – coordenar as políticas monetária, creditícia, orçamentária, fiscal e da dívida pública, interna e externa.

Art. 4º Compete ao Conselho Monetário Nacional, segundo diretrizes estabelecidas pelo Presidente da República:

▶ *Caput* com a redação dada pela Lei nº 6.045, de 15-5-1974.
▶ Dec. nº 3.088, de 21-6-1999, estabelece a sistemática de "metas para a inflação" como diretriz para fixação do regime de política monetária.

I – Autorizar as emissões de papel-moeda (VETADO) as quais ficarão na prévia dependência de autorização legislativa, quando se destinarem ao financiamento direto, pelo Banco Central do Brasil, das operações de crédito com o Tesouro Nacional, nos termos do artigo 49 desta Lei:

O Conselho Monetário Nacional pode, ainda, autorizar o Banco Central do Brasil a emitir, anualmente, até o limite de dez por cento dos meios de pagamento existentes a 31 de dezembro do ano anterior, para atender às exigências das atividades produtivas e da circulação da riqueza do País, devendo, porém, solicitar autorização do Poder Legislativo, mediante mensagem do Presidente da República, para as emissões que, justificadamente, se tornarem necessárias além daquele limite.

Quando necessidades urgentes e imprevistas para o financiamento dessas atividades o determinarem, pode o Conselho Monetário Nacional autorizar as emissões que se fizerem indispensáveis, solicitando imediatamente, através de mensagem do Presidente da República, homologação do Poder Legislativo para as emissões assim realizadas.

II – Estabelecer condições para que o Banco Central do Brasil emita papel-moeda (VETADO) de curso forçado, nos termos e limites decorrentes desta Lei, bem como as normas reguladoras do meio circulante;
III – Aprovar os orçamentos monetários, preparados pelo Banco Central do Brasil, por meio dos quais se estimarão as necessidades globais de moeda e crédito;
IV – Determinar as características gerais (VETADO) das cédulas e das moedas;
V – Fixar as diretrizes e normas da política cambial, inclusive quanto à compra e venda de ouro e quaisquer operações em Direitos Especiais de Saque e em moeda estrangeira;

▶ Inciso V com a redação dada pelo Dec.-lei nº 581, de 14-5-1969.

VI – Disciplinar o crédito em todas as suas modalidades e as operações creditícias em todas as suas formas, inclusive aceites, avais e prestações de quaisquer garantias por parte das instituições financeiras;

VII – Coordenar a política de que trata o artigo 3º desta Lei com a de investimentos do Governo Federal;
VIII – Regular a constituição, funcionamento e fiscalização dos que exercerem atividades subordinadas a esta Lei, bem como a aplicação das penalidades previstas;

▶ Súm. nº 19 do STJ.

IX – Limitar, sempre que necessário, as taxas de juros, descontos, comissões e qualquer outra forma de remuneração de operações e serviços bancários ou financeiros, inclusive os prestados pelo Banco Central do Brasil, assegurando taxas favorecidas aos financiamentos que se destinem a promover:
- recuperação e fertilização do solo;
- reflorestamento;
- combate a epizootias e pragas, nas atividades rurais;
- eletrificação rural;
- mecanização;
- irrigação;
- investimentos indispensáveis às atividades agropecuárias.

X – Determinar a percentagem máxima dos recursos que as instituições financeiras poderão emprestar a um mesmo cliente ou grupo de empresas;
XI – Estipular índices e outras condições técnicas sobre encaixes, mobilizações e outras relações patrimoniais, a serem observadas pelas instituições financeiras;
XII – Expedir normas gerais de contabilidade e estatística a serem observadas pelas instituições financeiras;
XIII – Delimitar, com periodicidade não inferior a dois anos, o capital mínimo das instituições financeiras privadas, levando em conta sua natureza, bem como a localização de suas sedes e agências ou filiais;
XIV – Determinar recolhimento de até sessenta por cento do total dos depósitos e/ou outros títulos contábeis das instituições financeiras, seja na forma de subscrição de letras ou Obrigações do Tesouro Nacional ou compra de títulos da Dívida Pública Federal, seja através de recolhimento em espécie, em ambos os casos entregues ao Banco Central do Brasil, na forma e condições que o Conselho Monetário Nacional determinar, podendo este:
a) adotar percentagens diferentes em função: – das regiões geoeconômicas; – das prioridades que atribuir às aplicações; – da natureza das instituições financeiras;
b) determinar percentuais que não serão recolhidos, desde que tenham sido reaplicados em financiamentos à agricultura, sob juros favorecidos e outras condições fixadas pelo Conselho Monetário Nacional.

▶ Inciso XIV com a redação dada pelo Dec.-lei nº 1.959, de 14-9-1982.

XV – Estabelecer para as instituições financeiras públicas a dedução dos depósitos de pessoas jurídicas de direito público que lhes detenham o controle acionário, bem como dos das respectivas autarquias e sociedades de economia mista, no cálculo a que se refere o inciso anterior;
XVI – Enviar obrigatoriamente ao Congresso Nacional, até o último dia do mês subsequente, relatório e mapa demonstrativos da aplicação dos recolhimentos compulsórios (VETADO);
XVII – Regulamentar, fixando limites, prazos e outras condições, as operações de redescontos e de empréstimo, efetuadas com quaisquer instituições financeiras públicas e privadas de natureza bancária;
XVIII – Outorgar ao Banco Central do Brasil o monopólio das operações de câmbio quando ocorrer grave desequilíbrio no balanço de pagamentos ou houver sérias razões para prever a iminência de tal situação;
XIX – Estabelecer normas a serem observadas pelo Banco Central do Brasil em suas transações com títulos públicos e de entidades de que participe o Estado;
XX – Autorizar o Banco Central do Brasil e as instituições financeiras públicas federais a efetuar a subscrição, compra e venda de ações e outros papéis emitidos ou de responsabilidade das sociedades de economia mista e empresas do Estado;
XXI – Disciplinar as atividades das bolsas de valores e dos corretores de fundos públicos;

▶ Art. 1º, III, da Lei nº 6.385, de 7-12-1976 (Lei do Mercado de Valores Mobiliários).

XXII – Estatuir normas para as operações das instituições financeiras públicas, para preservar sua solidez e adequar seu funcionamento aos objetivos desta Lei;
XXIII – Fixar, até quinze vezes a soma do capital realizado e reservas livres, o limite além do qual os excedentes dos depósitos das instituições financeiras serão recolhidos ao Banco Central do Brasil ou aplicados de acordo com as normas que o Conselho estabelecer;
XXIV – Decidir de sua própria organização, elaborando seu regimento interno no prazo máximo de trinta dias;
XXV – Decidir da estrutura técnica e administrativa do Banco Central do Brasil e fixar seu quadro de pessoal, bem como estabelecer os vencimentos e vantagens de seus funcionários, servidores e diretores, cabendo ao presidente deste apresentar as respectivas propostas;
XXVI – Conhecer dos recursos de decisões do Banco Central do Brasil;
XXVII – Aprovar o regimento interno e as contas do Banco Central do Brasil e decidir sobre o seu orçamento e sobre seus sistemas de contabilidade, bem como sobre a forma e prazo de transferência de seus resultados para o Tesouro Nacional, sem prejuízo da competência do Tribunal de Contas da União;

▶ Inciso XXVII com a redação dada pelo Dec.-lei nº 2.376, de 25-11-1987.

XXVIII – Aplicar aos bancos estrangeiros que funcionem no País as mesmas vedações ou restrições equivalentes, que vigorem, nas praças de suas matrizes, em relação a bancos brasileiros ali instalados ou que nelas desejem estabelecer-se;
XXIX – Colaborar com o Senado Federal, na instrução dos processos de empréstimos externos dos Estados, do Distrito Federal e dos Municípios, para cumprimento do disposto no artigo 63, II, da Constituição Federal;

▶ Refere-se à CF/1946.

XXX – Expedir normas e regulamentação para as designações e demais efeitos do artigo 7º desta Lei;
XXXI – Baixar normas que regulem as operações de câmbio, inclusive "swaps", fixando limites, taxas, prazos e outras condições;
XXXII – Regular os depósitos a prazo de instituições financeiras e demais sociedades autorizadas a funcionar

pelo Banco Central do Brasil, inclusive entre aquelas sujeitas ao mesmo controle acionário ou coligadas

▶ Inciso XXXII com a redação dada pelo Dec.-lei nº 2.290, de 21-11-1986.

§ 1º O Conselho Monetário Nacional, no exercício das atribuições previstas no inciso VIII deste artigo, poderá determinar que o Banco Central do Brasil recuse autorização para o funcionamento de novas instituições financeiras, em função de conveniências de ordem geral.

§ 2º Competirá ao Banco Central do Brasil acompanhar a execução dos orçamentos monetários e relatar a matéria ao Conselho Monetário Nacional, apresentando as sugestões que considerar convenientes.

§ 3º As emissões de moeda metálica serão feitas sempre contra recolhimento (VETADO) de igual montante em cédulas.

§ 4º O Conselho Monetário Nacional poderá convidar autoridades, pessoas ou entidades para prestar esclarecimentos considerados necessários.

§ 5º Nas hipóteses do artigo 4º, I, e do § 6º do artigo 49 desta Lei, se o Congresso Nacional negar homologação à emissão extraordinária efetuada, as autoridades responsáveis serão responsabilizadas nos termos da Lei nº 1.079, de 10 de abril de 1950.

§ 6º O Conselho Monetário Nacional encaminhará ao Congresso Nacional, até 31 de março de cada ano, relatório da evolução da situação monetária e creditícia do País no ano anterior, no qual descreverá, minudentemente, as providências adotadas para cumprimento dos objetivos estabelecidos nesta Lei, justificando, destacadamente, os montantes das emissões de papel-moeda que tenham sido feitas para atendimento das atividades produtivas.

§ 7º O Banco Nacional da Habitação é o principal instrumento de execução da política habitacional do Governo Federal e integra o sistema financeiro nacional, juntamente com as sociedades de crédito imobiliário, sob orientação, autorização, coordenação e fiscalização do Conselho Monetário Nacional e do Banco Central do Brasil, quanto à execução, nos termos desta Lei, revogadas as disposições especiais em contrário.

Art. 5º As deliberações do Conselho Monetário Nacional entendem-se de responsabilidade de seu presidente para os efeitos do artigo 104, I, b, da Constituição Federal e obrigarão também os órgãos oficiais, inclusive autarquias e sociedades de economia mista, nas atividades que afetem o mercado financeiro e o de capitais.

▶ Refere-se à CF/1946.

Art. 6º O Conselho Monetário Nacional será integrado pelos seguintes membros:

▶ Caput com a redação dada pela Lei nº 5.362, de 30-11-1967.

I – Ministro da Fazenda, que será o presidente;
II – presidente do Banco do Brasil S.A.;
III – presidente do Banco Nacional do Desenvolvimento Econômico;
IV – sete membros nomeados pelo Presidente da República, após aprovação do Senado Federal, escolhidos entre brasileiros de ilibada reputação e notória capacidade em assuntos econômico-financeiros, com mandato de sete anos, podendo ser reconduzidos.

§ 1º O Conselho Monetário Nacional deliberará por maioria de votos, com a presença, no mínimo, de seis membros, cabendo ao presidente também o voto de qualidade.

§ 2º Poderão participar das reuniões do Conselho Monetário Nacional (VETADO) o Ministro da Indústria e do Comércio e o Ministro para Assuntos de Planejamento e Economia, cujos pronunciamentos constarão obrigatoriamente da ata das reuniões.

§ 3º Em suas faltas ou impedimentos, o Ministro da Fazenda será substituído, na presidência do Conselho Monetário Nacional, pelo Ministro da Indústria e do Comércio, ou, na falta deste, pelo Ministro para Assuntos de Planejamento e Economia.

§ 4º Exclusivamente motivos relevantes, expostos em representação fundamentada do Conselho Monetário Nacional, poderão determinar a exoneração de seus membros referidos no inciso IV deste artigo.

§ 5º Vagando-se cargo com mandato o substituto será nomeado com observância do disposto no inciso IV deste artigo, para complementar o tempo do substituído.

§ 6º Os membros do Conselho Monetário Nacional, a que se refere o inciso IV deste artigo, devem ser escolhidos levando-se em atenção, o quanto possível, as diferentes regiões geoeconômicas do País.

Art. 7º Junto ao Conselho Monetário Nacional funcionarão as seguintes Comissões Consultivas:

I – bancária, constituída de representantes:

1. do Conselho Nacional de Economia;
2. do Banco Central do Brasil;
3. do Banco do Brasil S.A.;
4. do Banco Nacional do Desenvolvimento Econômico;
5. do Conselho Superior das Caixas Econômicas Federais;
6. do Banco Nacional de Crédito Cooperativo;

▶ A Lei nº 8.029, de 12-4-1990, e o Dec. nº 99.226, de 27-4-1990, tratam da extinção e da dissolução desta sociedade de economia mista.

7. do Banco do Nordeste do Brasil S.A.;
8. do Banco de Crédito da Amazônia S.A.;
9. dos Bancos e Caixas Econômicas Estaduais;
10. dos bancos privados;
11. das sociedades de crédito, financiamento e investimentos;
12. das bolsas de valores;
13. do comércio;
14. da indústria;
15. da agropecuária;
16. das cooperativas que operam em crédito.

II – de mercado de capitais, constituída de representantes:

1. do Ministério da Indústria e do Comércio;
2. do Conselho Nacional de Economia;
3. do Banco Central do Brasil;
4. do Banco Nacional do Desenvolvimento Econômico;
5. dos bancos privados;

6. das sociedades de crédito, financiamento e investimentos;
7. das bolsas de valores;
8. das companhias de seguros privados e capitalização;
9. da Caixa de Amortização.

III – de crédito rural, constituída de representantes:

1. do Ministério da Agricultura;
2. da Superintendência da Reforma Agrária;
3. da Superintendência Nacional de Abastecimento;
4. do Banco Central do Brasil;
5. da Carteira de Crédito Agrícola e Industrial do Banco do Brasil S.A.;
6. da Carteira de Colonização do Banco do Brasil S.A.;
7. do Banco Nacional de Crédito Cooperativo;
8. do Banco do Nordeste do Brasil S.A.;
9. do Banco de Crédito da Amazônia S.A.;
10. do Instituto Brasileiro do Café;

▶ A Lei nº 8.029, de 12-4-1990, trata da extinção desta autarquia.

11. do Instituto do Açúcar e do Álcool;

▶ A Lei nº 8.029, de 12-4-1990, trata da extinção desta autarquia.

12. dos bancos privados;
13. da Confederação Rural Brasileira;
14. das instituições financeiras públicas estaduais ou municipais, que operem em crédito rural;
15. das cooperativas de crédito agrícola.

IV – VETADO.

1 a 15. VETADOS.

V – de crédito industrial, constituída de representantes:

1. do Ministério da Indústria e do Comércio;
2. do Ministério Extraordinário para os Assuntos de Planejamento e Economia;
3. do Banco Central do Brasil;
4. do Banco Nacional do Desenvolvimento Econômico;
5. da Carteira de Crédito Agrícola e Industrial do Banco do Brasil S.A.;
6. dos bancos privados;
7. das sociedades de crédito, financiamento e investimentos;
8. da indústria.

§ 1º A organização e o funcionamento das Comissões Consultivas serão regulados pelo Conselho Monetário Nacional, inclusive prescrevendo normas que:

a) lhes concedam iniciativa própria junto ao mesmo Conselho;
b) estabeleçam prazos para o obrigatório preenchimento dos cargos nas referidas Comissões;
c) tornem obrigatória a audiência das Comissões Consultivas, pelo Conselho Monetário Nacional, no trato das matérias atinentes às finalidades específicas das referidas Comissões, ressalvados os casos em que se impuser sigilo.

§ 2º Os representantes a que se refere este artigo serão indicados pelas entidades nele referidas e designados pelo Conselho Monetário Nacional.

§ 3º O Conselho Monetário Nacional, pelo voto de dois terços de seus membros, poderá ampliar a competência das Comissões Consultivas, bem como admitir a participação de representantes de entidades não mencionadas neste artigo, desde que tenham funções diretamente relacionadas com suas atribuições.

Capítulo III

DO BANCO CENTRAL DO BRASIL

Art. 8º A atual Superintendência da Moeda e do Crédito é transformada em autarquia federal, tendo sede e foro na Capital da República, sob a denominação de Banco Central do Brasil, com personalidade jurídica e patrimônio próprios, este constituído dos bens, direitos e valores que lhe são transferidos na forma desta Lei e ainda da apropriação dos juros e rendas resultantes, na data da vigência desta Lei, do disposto no artigo 9º do Decreto-Lei nº 8.495, de 28 de dezembro de 1945, dispositivo que ora é expressamente revogado.

Parágrafo único. Os resultados obtidos pelo Banco Central do Brasil, consideradas as receitas e despesas de todas as suas operações, serão, a partir de 1º de janeiro de 1988, apurados pelo regime de competência e transferidos para o Tesouro Nacional, após compensados eventuais prejuízos de exercícios anteriores.

▶ Parágrafo único com redação dada pelo Dec.-lei nº 2.376, de 25-11-1987.

Art. 9º Compete ao Banco Central do Brasil cumprir e fazer cumprir as disposições que lhe são atribuídas pela legislação em vigor e as normas expedidas pelo Conselho Monetário Nacional.

▶ Súm. nº 23 do STJ.

Art. 10. Compete privativamente ao Banco Central do Brasil:

I – emitir moeda-papel e moeda metálica, nas condições e limites autorizados pelo Conselho Monetário Nacional (VETADO);

▶ Arts. 21, VII, 48, XIV, e 164 da CF.

II – executar os serviços do meio circulante;

III – determinar o recolhimento de até cem por cento do total dos depósitos à vista e de até sessenta por cento de outros títulos contábeis das instituições financeiras, seja na forma de subscrição de Letras ou Obrigações do Tesouro Nacional ou compra de títulos da Dívida Pública Federal, seja através de recolhimento em espécie, em ambos os casos entregues ao Banco Central do Brasil, a forma e condições por ele determinadas, podendo:

a) adotar percentagens diferentes em função:

1. das regiões geoeconômicas;
2. das prioridades que atribuir às aplicações;
3. da natureza das instituições financeiras;

b) determinar percentuais que não serão recolhidos, desde que tenham sido reaplicados em financiamentos à agricultura, sob juros favorecidos e outras condições por ele fixadas.

▶ Inciso III acrescido pela Lei nº 7.730, de 31-1-1989.

IV – receber os recolhimentos compulsórios de que trata o inciso anterior e, ainda, os depósitos voluntários à vista das instituições financeiras, nos termos do inciso III e § 2º do artigo 19;

V – realizar operações de redesconto e empréstimo a instituições financeiras bancárias e as referidas no artigo 4º, XIV, b, e no § 4º do artigo 49 desta Lei;

VI – exercer o controle do crédito sob todas as suas formas;
VII – efetuar o controle dos capitais estrangeiros, nos termos da lei;
VIII – ser depositário das reservas oficiais de ouro de moeda estrangeira e de Direitos Especiais de Saque e fazer com estas últimas todas e quaisquer operações previstas no Convênio Constitutivo do Fundo Monetário Internacional;
IX – exercer a fiscalização das instituições financeiras e aplicar as penalidades previstas;
X – conceder autorização às instituições financeiras, a fim de que possam:
a) funcionar no País;
b) instalar ou transferir suas sedes, ou dependências, inclusive no Exterior;
c) ser transformadas, fundidas, incorporadas ou encampadas;
d) praticar operações de câmbio, crédito real e venda habitual de títulos da dívida pública federal, estadual ou municipal, ações, debêntures, letras hipotecárias e outros títulos de crédito ou imobiliários;
e) ter prorrogados os prazos concedidos para funcionamento;
f) alterar seus estatutos;
g) alienar ou, por qualquer outra forma, transferir o seu controle acionário;
XI – estabelecer condições para a posse e para o exercício de quaisquer cargos de administração de instituições financeiras privadas, assim como para o exercício de quaisquer funções em órgãos consultivos, fiscais e semelhantes, segundo normas que forem expedidas pelo Conselho Monetário Nacional;
XII – efetuar, como instrumento de política monetária, operações de compra e venda de títulos públicos federais;
XIII – determinar que as matrizes das instituições financeiras registrem os cadastros das firmas que operam com suas agências há mais de um ano.

§ 1º No exercício das atribuições a que se refere o inciso IX deste artigo, com base nas normas estabelecidas pelo Conselho Monetário Nacional, o Banco Central do Brasil estudará os pedidos que lhe sejam formulados e resolverá conceder ou recusar a autorização pleiteada, podendo (VETADO) incluir as cláusulas que reputar convenientes ao interesse público.

§ 2º Observado o disposto no parágrafo anterior, as instituições financeiras estrangeiras dependem de autorização do Poder Executivo, mediante decreto, para que possam funcionar no País (VETADO).

Art. 11. Compete ao Banco Central do Brasil:
I – entender-se, em nome do Governo brasileiro, com as instituições financeiras estrangeiras e internacionais;
II – promover, como agente do Governo Federal, a colocação de empréstimos internos ou externos, podendo, também, encarregar-se dos respectivos serviços;
III – atuar no sentido de funcionamento regular do mercado cambial, da estabilidade relativa das taxas de câmbio e do equilíbrio no balanço de pagamentos, podendo para esse fim comprar e vender ouro e moeda estrangeira, bem como realizar operações de crédito no exterior, inclusive as referentes aos Direitos Especiais de Saque e separar os mercados de câmbio financeiro e comercial;

▶ Inciso III com a redação dada pelo Dec.-lei nº 581, de 14-5-1969.

IV – efetuar compra e venda de títulos de sociedades de economia mista e empresas do Estado;
V – emitir títulos de responsabilidade própria, de acordo com as condições estabelecidas pelo Conselho Monetário Nacional;
VI – regular a execução dos serviços de compensação de cheques e outros papéis;
VII – exercer permanente vigilância nos mercados financeiros e de capitais sobre empresas que, direta, ou indiretamente, interfiram nesses mercados e em relação às modalidades ou processos operacionais que utilizem;
VIII – prover, sob controle do Conselho Monetário Nacional, os serviços de sua Secretaria.

§ 1º No exercício das atribuições a que se refere o inciso VIII do artigo 10 desta Lei, o Banco Central do Brasil poderá examinar os livros e documentos das pessoas naturais ou jurídicas que detenham o controle acionário de instituição financeira, ficando essas pessoas sujeitas ao disposto no artigo 44, § 8º, desta Lei.

▶ § 1º acrescido pelo Dec.-lei nº 2.321, de 25-2-1987.

§ 2º O Banco Central do Brasil instalará delegacias, com autorização do Conselho Monetário Nacional, nas diferentes regiões geoeconômicas do País, tendo em vista a descentralização administrativa para distribuição e recolhimento da moeda e o cumprimento das decisões adotadas pelo mesmo Conselho ou prescritas em lei.

▶ Antigo § 1º renumerado para § 2º pelo Dec.-lei nº 2.321, de 25-2-1987.

Art. 12. O Banco Central do Brasil operará exclusivamente com instituições financeiras públicas e privadas, vedadas operações bancárias de qualquer natureza com outras pessoas de direito público ou privado, salvo as expressamente autorizadas por lei.

Art. 13. Os encargos e serviços de competência do Banco Central, quando por ele não executados diretamente, serão contratados de preferência com o Banco do Brasil S.A., exceto nos casos especialmente autorizados pelo Conselho Monetário Nacional.

▶ Artigo com a redação dada pelo Dec.-lei nº 278, de 28-2-1967.

Art. 14. O Banco Central do Brasil será administrado por uma diretoria de cinco membros, um dos quais será o presidente, escolhidos pelo Conselho Monetário Nacional dentre seus membros mencionados no inciso IV do artigo 6º desta Lei.

▶ Artigo com a redação dada pela Lei nº 5.362, de 30-11-1967.
▶ Arts. 52, III, d, e 84, XIV, da CF.
▶ O art. 1º do Dec. nº 91.961, de 19-11-1985, dispõe sobre a diretoria do Banco Central do Brasil.

§ 1º O presidente do Banco Central do Brasil será substituído pelo diretor que o Conselho Monetário Nacional designar.

§ 2º O término do mandato, a renúncia ou a perda da qualidade de membro do Conselho Monetário Nacional determinam, igualmente, a perda da função de diretor do Banco Central do Brasil.

Art. 15. O regimento interno do Banco Central do Brasil, a que se refere o inciso XXVII do artigo 4º desta Lei, prescreverá as atribuições do presidente e dos diretores e especificará os casos que dependerão de deliberação da diretoria, a qual será tomada por maioria de votos, presentes no mínimo o presidente ou seu substituto eventual e dois outros diretores, cabendo ao presidente também o voto de qualidade.

Parágrafo único. A diretoria se reunirá, ordinariamente, uma vez por semana, e, extraordinariamente, sempre que necessário, por convocação do presidente ou a requerimento de, pelo menos, dois de seus membros.

Art. 16. Constituem receita do Banco Central do Brasil as rendas:
▶ *Caput* com a redação dada pelo Dec.-lei nº 2.376, de 25-11-1987.

I – de operações financeiras e de outras aplicações de seus recursos;
II – das suas operações de câmbio, da compra e venda de ouro e de quaisquer outras operações em moeda estrangeira;
III – eventuais, inclusive as derivadas de multas e de juros de mora aplicados por força do disposto na legislação em vigor.
▶ Incisos I a III com a redação dada pelo Dec.-lei nº 2.376, de 25-11-1987.

§ 1º Do resultado das operações de câmbio de que trata o inciso II deste artigo, ocorrido a partir da data de entrada em vigor desta Lei, setenta e cinco por cento da parte referente ao lucro realizado na compra e venda de moeda estrangeira destinar-se-á à formação de reserva monetária do Banco Central do Brasil, que registrará esses recursos em conta específica, na forma que for estabelecida pelo Conselho Monetário Nacional.
▶ § 1º com a redação dada pelo Dec.-lei nº 2.076, de 20-12-1983.

§ 2º A critério do Conselho Monetário Nacional, poderão também ser destinados à reserva monetária de que trata o § 1º os recursos provenientes de rendimentos gerados por:
a) suprimentos específicos do Banco Central do Brasil ao Banco do Brasil S.A., concedidos nos termos do § 1º, do artigo 19, desta Lei;
b) suprimentos especiais do Banco Central do Brasil aos fundos e programas que administra.

§ 3º O Conselho Monetário Nacional estabelecerá, observado o disposto no § 1º do artigo 19 desta Lei, a cada exercício, as bases da remuneração das operações referidas no § 2º e as condições para incorporação desses rendimentos à referida reserva monetária.
▶ §§ 2º e 3º acrescidos pelo Dec.-lei nº 2.076, de 20-12-1983.

CAPÍTULO IV

DAS INSTITUIÇÕES FINANCEIRAS

SEÇÃO I

DA CARACTERIZAÇÃO E SUBORDINAÇÃO

Art. 17. Consideram-se instituições financeiras, para os efeitos da legislação em vigor, as pessoas jurídicas públicas ou privadas, que tenham como atividade principal ou acessória a coleta, intermediação ou aplicação de recursos financeiros próprios ou de terceiros, em moeda nacional ou estrangeira, e a custódia de valor de propriedade de terceiros.

Parágrafo único. Para os efeitos desta Lei e da legislação em vigor, equiparam-se às instituições financeiras as pessoas físicas que exerçam qualquer das atividades referidas neste artigo, de forma permanente ou eventual.
▶ Art. 163, V, da CF.
▶ Lei nº 7.492, de 16-6-1986 (Lei dos Crimes Contra o Sistema Financeiro Nacional).
▶ Súm. nº 96 do TFR.

Art. 18. As instituições financeiras somente poderão funcionar no País mediante prévia autorização do Banco Central do Brasil ou decreto do Poder Executivo, quando forem estrangeiras.

§ 1º Além dos estabelecimentos bancários oficiais ou privados, das sociedades de crédito, financiamento e investimentos, das caixas econômicas e das cooperativas de crédito ou a seção de crédito das cooperativas que a tenham, também se subordinam às disposições e disciplinas desta Lei no que for aplicável, as bolsas de valores, companhias de seguros e de capitalização, as sociedades que efetuam distribuição de prêmios em imóveis, mercadoria ou dinheiro, mediante sorteio de títulos de sua emissão ou por qualquer forma, e as pessoas físicas ou jurídicas que exerçam, por conta própria ou de terceiros, atividade relacionada com a compra e venda de ações e outros quaisquer títulos, realizando, nos mercados financeiros e de capitais, operações ou serviços de natureza dos executados pelas instituições financeiras.

§ 2º O Banco Central do Brasil, no exercício da fiscalização que lhe compete, regulará as condições de concorrência entre instituições financeiras, coibindo-lhes os abusos com a aplicação da pena (VETADO) nos termos desta Lei.

§ 3º Dependerão de prévia autorização do Banco Central do Brasil as campanhas destinadas à coleta de recursos do público, praticadas por pessoas físicas ou jurídicas abrangidas neste artigo, salvo para subscrição pública de ações, nos termos da lei das sociedades por ações.

SEÇÃO II

DO BANCO DO BRASIL S.A.

Art. 19. Ao Banco do Brasil S.A. competirá, precipuamente, sob a supervisão do Conselho Monetário Nacional e como instrumento de execução da política creditícia e financeira do Governo Federal:

I – na qualidade de Agente Financeiro do Tesouro Nacional, sem prejuízo de outras funções que lhe venham a ser atribuídas e ressalvado o disposto no artigo 8º da Lei nº 1.628, de 20 de junho de 1952:
a) receber, a crédito do Tesouro Nacional, as importâncias provenientes da arrecadação de tributos ou rendas federais e ainda o produto das operações de que trata o artigo 49 desta Lei;
b) realizar os pagamentos e suprimentos necessários à execução do Orçamento Geral da União e leis complementares que lhe forem transmitidas pelo

Ministério da Fazenda, as quais não poderão exceder o montante global dos recursos a que se refere a letra anterior, vedada a concessão, pelo Banco, de créditos de qualquer natureza ao Tesouro Nacional;
c) conceder aval, fiança e outras garantias, consoante expressa autorização legal;
d) adquirir e financiar estoques de produção exportável;
e) executar a política de preços mínimos dos produtos agropastoris;
f) ser agente pagador e receber fora do País;
g) executar o serviço da dívida pública consolidada;

II – como principal executor dos serviços bancários de interesse do Governo Federal, inclusive suas autarquias, receber em depósito, com exclusividade, as disponibilidades de quaisquer entidades federais, compreendendo as repartições de todos os ministérios civis e militares, instituições de previdência e outras autarquias, comissões, departamentos, entidades em regime especial de administração e quaisquer pessoas físicas ou jurídicas responsáveis por adiantamentos, ressalvados o disposto no § 5º deste artigo, as exceções previstas em lei ou casos especiais, expressamente autorizadas pelo Conselho Monetário Nacional, por proposta do Banco Central do Brasil;
III – arrecadar os depósitos voluntários, à vista, das instituições de que trata o inciso III, do artigo 10, desta Lei, escriturando as respectivas contas;

▶ Inciso III com a redação dada pelo Dec.-lei nº 2.284, de 10-3-1986.

IV – executar os serviços de compensação de cheques e outros papéis;
V – receber, com exclusividade, os depósitos de que tratam os artigos 38, item 3º, do Decreto-Lei nº 2.627, de 26 de setembro de 1940, e 1º do Decreto-Lei nº 5.956, de 1º de novembro de 1943, ressalvado o disposto no artigo 27 desta Lei;

▶ Art. 80, III, da Lei nº 6.404, de 15-12-1976 (Lei das Sociedades por Ações).

VI – realizar, por conta própria, operações de compra e venda de moeda estrangeira e, por conta do Banco Central do Brasil, nas condições estabelecidas pelo Conselho Monetário Nacional;
VII – realizar recebimentos ou pagamentos e outros serviços de interesse do Banco Central do Brasil, mediante contratação na forma do artigo 13 desta Lei;
VIII – dar execução à política de comércio exterior (VETADO);
IX – financiar a aquisição e instalação da pequena e média propriedade rural, nos termos da legislação que regular a matéria;
X – financiar as atividades industriais e rurais, estas com o favorecimento referido no artigo 4º, IX, e artigo 53 desta Lei;
XI – difundir e orientar o crédito, inclusive as atividades comerciais suplementando a ação da rede bancária:

a) no financiamento das atividades econômicas, atendendo às necessidades creditícias das diferentes regiões do País;
b) no financiamento das exportações e importações.

§ 1º O Conselho Monetário Nacional assegurará recursos específicos que possibilitem ao Banco do Brasil S.A., sob adequada remuneração, o atendimento dos encargos previstos nesta Lei.

§ 2º Do montante global dos depósitos arrecadados, na forma do inciso III deste artigo, o Banco do Brasil S.A. colocará à disposição do Banco Central do Brasil, observadas as normas que forem estabelecidas pelo Conselho Monetário Nacional, a parcela que exceder as necessidades normais de movimentação das contas respectivas, em função dos serviços aludidos no inciso IV deste artigo.

§ 3º Os encargos referidos no inciso I deste artigo serão objeto de contratação entre o Banco do Brasil S.A. e a União Federal, esta representada pelo Ministro da Fazenda.

§ 4º O Banco do Brasil S.A. prestará ao Banco Central do Brasil todas as informações por este julgadas necessárias para a exata execução desta Lei.

§ 5º Os depósitos de que trata o inciso II deste artigo também poderão ser feitos nas Caixas Econômicas Federais, nos limites e condições fixados pelo Conselho Monetário Nacional.

Art. 20. O Banco do Brasil S.A. e o Banco Central do Brasil elaborarão, em conjunto, o programa global de aplicações e recursos do primeiro, para fins de inclusão nos orçamentos monetários de que trata o inciso III do artigo 4º desta Lei.

Art. 21. O presidente e os diretores do Banco do Brasil S.A. deverão ser pessoas de reputação ilibada e notória capacidade.

§ 1º A nomeação do presidente do Banco do Brasil S.A. será feita pelo Presidente da República, após aprovação do Senado Federal.

§ 2º As substituições eventuais do presidente do Banco do Brasil S.A. não poderão exceder o prazo de trinta dias consecutivos, sem que o Presidente da República submeta ao Senado Federal o nome do substituto.

§§ 3º e 4º VETADOS.

Seção III

DAS INSTITUIÇÕES FINANCEIRAS PÚBLICAS

Art. 22. As instituições financeiras públicas são órgãos auxiliares da execução da política de crédito do Governo Federal.

§ 1º O Conselho Monetário Nacional regulará as atividades, capacidade e modalidade operacionais das instituições financeiras públicas federais, que deverão submeter à aprovação daquele órgão, com a prioridade por ele prescrita, seus programas de recursos e aplicações, de forma que se ajustem à política de crédito do Governo Federal.

§ 2º A escolha dos diretores ou administradores das instituições financeiras públicas federais e a nomeação dos respectivos presidentes e designação dos substitutos observarão o disposto no artigo 21, §§ 1º e 2º, desta Lei.

§ 3º A atuação das instituições financeiras públicas será coordenada nos termos do artigo 4º desta Lei.

Art. 23. O Banco Nacional do Desenvolvimento Econômico é o principal instrumento de execução de política de investimentos do Governo Federal, nos termos das

Leis nºˢ 1.628, de 20 de junho de 1952, e 2.973, de 26 de novembro de 1956.

► O Banco Nacional do Desenvolvimento Econômico teve sua denominação alterada para Banco Nacional do Desenvolvimento Econômico e Social (BNDES).

Art. 24. As instituições financeiras públicas não federais ficam sujeitas às disposições relativas às instituições financeiras privadas, assegurada a forma de constituição das existentes na data da publicação desta Lei.

Parágrafo único. As Caixas Econômicas Estaduais equiparam-se, no que couber, às Caixas Econômicas Federais, para os efeitos␣da␣legislação em vigor, estando isentas do recolhimento a que se refere o artigo 4º, XIV, e à taxa de fiscalização, mencionada no artigo 16 desta Lei.

Seção IV
DAS INSTITUIÇÕES FINANCEIRAS PRIVADAS

Art. 25. As instituições financeiras privadas, exceto as cooperativas de crédito, constituir-se-ão unicamente sob a forma de sociedade anônima, devendo a totalidade de seu capital com direito a voto ser representada por ações nominativas.

► *Caput* com a redação dada pela Lei nº 5.710, de 7-10-1971.

§ 1º Observadas as normas fixadas pelo Conselho Monetário Nacional as instituições a que se refere este artigo poderão emitir até o limite de 50% de seu capital social em ações preferenciais, nas formas nominativas e ao portador, sem direito a voto, às quais não se aplicará o disposto no parágrafo único do art. 81 do Decreto-Lei nº 2.627, de 26 de setembro de 1940.

§ 2º A emissão de ações preferenciais ao portador, que poderá ser feita em virtude de aumento de capital, conversão de ações ordinárias ou de ações preferenciais nominativas, ficará sujeita a alterações prévias dos estatutos das sociedades, a fim de que sejam neles incluídas as declarações sobre:

I – as vantagens, preferenciais e restrições atribuídas a cada classe de ações preferenciais, de acordo com o Decreto-lei nº 2.627, de 26 de setembro de 1940;

II – as formas e prazos em que poderá ser autorizada a conversão das ações, vedada a conversão das ações preferenciais em outro tipo de ações com direito a voto.

§ 3º Os títulos e cautelas representativas das ações preferenciais, emitidos nos termos dos parágrafos anteriores, deverão conter expressamente as restrições ali especificadas.

► §§ 1º a 3 acrescidos pela Lei nº 5.710, de 7-10-1971.

Art. 26. O capital inicial das instituições financeiras públicas e privadas será sempre realizado em moeda corrente.

Art. 27. Na subscrição do capital inicial e na de seus aumentos em moeda corrente, será exigida no ato a realização de, pelo menos, cinquenta por cento do montante subscrito.

§ 1º As quantias recebidas dos subscritores de ações serão recolhidas no prazo de cinco dias, contados do recebimento, ao Banco Central do Brasil, permanecendo indisponíveis até a solução do respectivo processo.

§ 2º O remanescente do capital subscrito, inicial ou aumentado, em moeda corrente, deverá ser integralizado dentro de um ano da data da solução do respectivo processo.

Art. 28. Os aumentos de capital, que não forem realizados em moeda corrente, poderão decorrer da incorporação de reservas, segundo normas expedidas pelo Conselho Monetário Nacional, e da reavaliação da parcela dos bens do ativo imobilizado, representado por imóveis de uso e instalações, aplicados no caso, como limite máximo, os índices fixados pelo Conselho Nacional de Economia.

Art. 29. As instituições financeiras privadas deverão aplicar, de preferência, não menos de cinquenta por cento dos depósitos do público que recolherem, na respectiva Unidade Federada ou Território.

§ 1º O Conselho Monetário Nacional poderá, em casos especiais, admitir que o percentual referido neste artigo seja aplicado em cada Estado e Território isoladamente ou por grupos de Estados e Territórios componentes da mesma região geoeconômica.

§ 2º *Revogado*. Dec.-lei nº 48, de 18-11-1966.

Art. 30. As instituições financeiras de direito privado, exceto as de investimento, só poderão participar de capital de quaisquer sociedades com prévia autorização do Banco Central do Brasil, solicitada justificadamente e concedida expressamente, ressalvados os casos de garantia de subscrição, nas condições que forem estabelecidas, em caráter geral, pelo Conselho Monetário Nacional.

Parágrafo único. VETADO.

Art. 31. As instituições financeiras levantarão balanços gerais a 30 de junho e 31 de dezembro de cada ano, obrigatoriamente, com observância das regras contábeis estabelecidas pelo Conselho Monetário Nacional.

Art. 32. As instituições financeiras públicas deverão comunicar ao Banco Central do Brasil a nomeação ou a eleição de diretores e membros de órgãos consultivos, fiscais e semelhantes, no prazo de quinze dias da data de sua ocorrência.

Art. 33. As instituições financeiras privadas deverão comunicar ao Banco Central do Brasil os atos relativos à eleição de diretores e membros de órgãos consultivos, fiscais e semelhantes, no prazo de quinze dias de sua ocorrência, de acordo com o estabelecido no artigo 10, X, desta Lei.

§ 1º O Banco Central do Brasil, no prazo máximo de sessenta dias, decidirá aceitar ou recusar o nome do eleito, que não atender às condições a que se refere o artigo 10, X, desta Lei.

§ 2º A posse do eleito dependerá da aceitação a que se refere o parágrafo anterior.

§ 3º Oferecida integralmente a documentação prevista nas normas referidas no artigo 10, X, desta Lei, e decorrido, sem manifestações do Banco Central do Brasil, o prazo mencionado no § 1º deste artigo, entender-se-á não ter havido recusa à posse.

Art. 34. É vedado às instituições financeiras conceder empréstimos ou adiantamentos:

I – a seus diretores e membros dos conselhos consultivo ou administrativo, fiscais e semelhantes, bem como aos respectivos cônjuges;

II – aos parentes, até segundo grau, das pessoas a que se refere o inciso anterior;

III – às pessoas físicas ou jurídicas que participem de seu capital, com mais de dez por cento, salvo autorização específica do Banco Central do Brasil, em cada caso, quando se tratar de operações lastreadas por efeitos comerciais resultantes de transações de compra e venda ou penhor de mercadorias, em limites que forem fixados pelo Conselho Monetário Nacional, em caráter geral;

IV – às pessoas jurídicas de cujo capital participem, com mais de dez por cento;

V – às pessoas jurídicas de cujo capital participem com mais de dez por cento, quaisquer dos diretores ou administradores da própria instituição financeira, bem como seus cônjuges e respectivos parentes, até o segundo grau.

§ 1º A infração ao disposto no inciso I deste artigo constitui crime e sujeitará os responsáveis pela transgressão à pena de reclusão de um a quatro anos, aplicando-se, no que couber, o Código Penal e o Código de Processo Penal.

§ 2º O disposto no inciso IV deste artigo não se aplica às instituições financeiras públicas.

Art. 35. É vedado ainda às instituições financeiras:

I – emitir debêntures a partes beneficiárias;

II – adquirir bens imóveis não destinados ao próprio uso, salvo os recebidos em liquidação de empréstimos de difícil ou duvidosa solução, caso em que deverão vendê-los dentro do prazo de um ano, a contar do recebimento, prorrogável até duas vezes, a critério do Banco Central do Brasil.

Parágrafo único. As instituições financeiras que não recebem depósitos do público poderão emitir debêntures, desde que previamente autorizadas pelo Banco Central do Brasil, em cada caso.

▶ Parágrafo único com a redação dada pelo Dec.-lei nº 2.290, de 21-11-1986.

Art. 36. As instituições financeiras não poderão manter aplicações em imóveis de uso próprio, que, somadas ao seu ativo em instalações, excedam o valor de seu capital realizado e reservas livres.

Art. 37. As instituições financeiras, entidades e pessoas referidas nos artigos 17 e 18 desta Lei, bem como os corretores de fundos públicos, ficam obrigados a fornecer ao Banco Central do Brasil, na forma por ele determinada, os dados ou informes julgados necessários para o fiel desempenho de suas atribuições.

Art. 38. *Revogado.* LC nº 105, de 10-1-2001.

Art. 39. Aplicam-se às instituições financeiras estrangeiras, em funcionamento ou que venham a se instalar no País, as disposições da presente Lei, sem prejuízo das que se contêm na legislação vigente.

Arts. 40 e 41. *Revogados.* LC nº 130, de 17-4-2009.

CAPÍTULO V

DAS PENALIDADES

Art. 42. O artigo 2º da Lei nº 1.808, de 7 de janeiro de 1953, terá a seguinte redação:

▶ A Lei nº 1.808, de 7-1-1953, foi revogada pela Lei nº 6.024, de 13-3-1974.

"Art. 2º Os diretores e gerentes das instituições financeiras respondem solidariamente pelas obrigações assumidas pelas mesmas durante sua gestão, até que elas se cumpram.

Parágrafo único. Havendo prejuízos, a responsabilidade solidária se circunscreverá ao respectivo montante."

Art. 43. O responsável pela instituição financeira que autorizar a concessão de empréstimo ou adiantamento vedado nesta Lei, se o fato não constituir crime, ficará sujeito, sem prejuízo das sanções administrativas ou civis cabíveis, à multa igual ao dobro do valor do empréstimo ou adiantamento concedido, cujo processamento obedecerá, no que couber, ao disposto no artigo 44 desta Lei.

Art. 44. As infrações aos dispositivos desta Lei sujeitam as instituições financeiras, seus diretores, membros de conselhos administrativos, fiscais e semelhantes, e gerentes, às seguintes penalidades, sem prejuízo de outras estabelecidas na legislação vigente:

I – advertência;
II – multa pecuniária variável;
III – suspensão do exercício de cargos;
IV – inabilitação temporária ou permanente para o exercício de cargos de direção na administração ou gerência em instituições financeiras;
V – cassação da autorização de funcionamento das instituições financeiras públicas, exceto as federais ou privadas;
VI – detenção, nos termos do § 7º deste artigo;
VII – reclusão, nos termos dos artigos 34 e 38 desta Lei.

§ 1º A pena de advertência será aplicada pela inobservância das disposições constantes da legislação em vigor, ressalvadas as sanções nela previstas, sendo cabível também nos casos de fornecimento de informações inexatas, de escrituração mantida em atraso ou processada em desacordo com as normas expedidas de conformidade com o artigo 4º, XII, desta Lei.

§ 2º As multas serão aplicadas até duzentas vezes o maior salário mínimo vigente no País, sempre que as instituições financeiras, por negligência ou dolo:

a) advertidas por irregularidades que tenham sido praticadas, deixarem de saná-las no prazo que lhes for assinalado pelo Banco Central do Brasil;
b) infringirem as disposições desta Lei relativas ao capital, fundos de reserva, encaixe, recolhimentos compulsórios, taxa de fiscalização, serviços e operações, não atendimento ao disposto nos artigos 27 e 33, inclusive as vedadas nos artigos 34 (incisos II a V), 35 a 40 desta Lei, e abusos de concorrência (artigo 18, § 2º);
c) opuserem embaraço à fiscalização do Banco Central do Brasil.

§ 3º As multas cominadas neste artigo serão pagas mediante recolhimento ao Banco Central do Brasil, dentro do prazo de quinze dias, contados do recebimento da respectiva notificação, ressalvado o disposto no § 5º deste artigo e serão cobradas judicialmente, com o acréscimo da mora de um por cento ao mês, contada da data da aplicação da multa, quando não forem liquidadas naquele prazo.

§ 4º As penas referidas nos incisos III e IV deste artigo serão aplicadas quando forem verificadas infrações graves na condução dos interesses da instituição financeira ou quando da reincidência específica, devidamente caracterizada transgressões anteriormente punidas com multa.

§ 5º As penas referidas nos incisos II, III e IV, deste artigo, serão aplicadas pelo Banco Central do Brasil admitido recurso, com efeito suspensivo, ao Conselho Monetário Nacional, interposto dentro de quinze dias, contados do recebimento da notificação.

§ 6º É vedada qualquer participação em multas, as quais serão recolhidas integralmente ao Banco Central do Brasil.

§ 7º Quaisquer pessoas físicas ou jurídicas que atuem como instituição financeira, sem estar devidamente autorizadas pelo Banco Central do Brasil, ficam sujeitas à multa referida neste artigo e detenção de um a dois anos, ficando a esta sujeitos, quando pessoa jurídica, seus diretores e administradores.

§ 8º No exercício da fiscalização prevista no artigo 10, VIII, desta Lei, o Banco Central do Brasil poderá exigir das instituições financeiras ou das pessoas físicas ou jurídicas, inclusive as referidas no parágrafo anterior, a exibição a funcionários seus, expressamente credenciados, de documentos, papéis e livros de escrituração, considerando-se a negativa de atendimento como embaraço à fiscalização, sujeitos à pena de multa, prevista no § 2º deste artigo, sem prejuízo de outras medidas e sanções cabíveis.

§ 9º A pena de cassação, referida no inciso V deste artigo, será aplicada pelo Conselho Monetário Nacional, por proposta do Banco Central do Brasil, nos casos de reincidência específica de infrações anteriormente punidas com as penas previstas nos incisos III e IV deste artigo.

Art. 45. As instituições financeiras públicas não federais e as privadas estão sujeitas, nos termos da legislação vigente, à intervenção efetuada pelo Banco Central do Brasil ou à liquidação extrajudicial.

Parágrafo único. A partir da vigência desta Lei, as instituições de que trata este artigo não poderão impetrar concordata.

▶ Lei nº 7.492, de 16-6-1986 (Lei dos Crimes Contra o Sistema Financeiro Nacional).

Capítulo VI
DISPOSIÇÕES GERAIS

Art. 46. Ficam transferidas as atribuições legais e regulamentares do Ministério da Fazenda relativamente ao meio circulante, inclusive as exercidas pela Caixa de Amortização para o Conselho Monetário Nacional, e (VETADO) para o Banco Central do Brasil.

Art. 47. Será transferido à responsabilidade do Tesouro Nacional, mediante encampação, sendo definitivamente incorporado ao meio circulante, o montante das emissões feitas por solicitação da Carteira de Redesconto do Banco do Brasil S.A., e da Caixa de Mobilização Bancária.

§ 1º O valor correspondente à encampação será destinado à liquidação das responsabilidades financeiras do Tesouro Nacional no Banco do Brasil S.A., inclusive as decorrentes de operações de câmbio concluídas até a data da vigência desta Lei, mediante aprovação específica do Poder Legislativo, ao qual será submetida a lista completa dos débitos assim amortizados.

§ 2º Para a liquidação do saldo remanescente das responsabilidades do Tesouro Nacional, após a encampação das emissões atuais por solicitação da Carteira de Redescontos do Banco do Brasil S.A., e da Caixa de Mobilização Bancária, o Poder Executivo submeterá ao Poder Legislativo proposta específica, indicando os recursos e os meios necessários a esse fim.

Art. 48. Concluídos os acertos financeiros previstos no artigo anterior, a responsabilidade da moeda em circulação passará a ser do Banco Central do Brasil.

Art. 49. As operações de crédito da União, por antecipação de receita orçamentária ou a qualquer outro título dentro dos limites legalmente autorizados, somente serão realizadas mediante colocação de obrigações, apólices ou letras do Tesouro Nacional.

§ 1º A lei de orçamento, nos termos do artigo 73, § 1º, II, da Constituição Federal, determinará, quando for o caso, a parcela do *deficit* que poderá ser coberta pela venda de títulos do Tesouro Nacional diretamente ao Banco Central do Brasil.

▶ Refere-se à CF/1946.

§ 2º O Banco Central do Brasil, mediante autorização do Conselho Monetário Nacional baseada na lei orçamentária do exercício, poderá adquirir diretamente letras do Tesouro Nacional, com emissão de papel-moeda.

§ 3º O Conselho Monetário Nacional decidirá, a seu exclusivo critério, a política de sustentação em bolsa da cotação dos títulos de emissão do Tesouro Nacional.

§ 4º No caso de despesas urgentes e inadiáveis do Governo Federal, a serem atendidas mediante critérios suplementares ou especiais, autorizados após a lei do orçamento, o Congresso Nacional determinará, especificamente, os recursos a serem utilizados na cobertura de tais despesas, estabelecendo, quando a situação do Tesouro Nacional for deficitária, a discriminação prevista neste artigo.

§ 5º Na ocorrência das hipóteses citadas no parágrafo único do artigo 75 da Constituição Federal, o Presidente da República poderá determinar que o Conselho Monetário Nacional, através do Banco Central do Brasil, faça aquisição de letras do Tesouro Nacional com a emissão de papel-moeda até o montante do crédito extraordinário que tiver sido decretado.

▶ Refere-se à CF/1946.

§ 6º O Presidente da República fará acompanhar a determinação ao Conselho Monetário Nacional, mencionada no parágrafo anterior, de cópia da mensagem que deverá dirigir ao Congresso Nacional, indicando os motivos que tornaram indispensável a emissão e solicitando a sua homologação.

§ 7º As letras do Tesouro Nacional, colocadas por antecipação de receita, não poderão ter vencimentos posteriores a cento e vinte dias do encerramento do exercício respectivo.

§ 8º Até 15 de março do ano seguinte, o Poder Executivo enviará mensagem ao Poder Legislativo, propondo a forma de liquidação das letras do Tesouro Nacional emitidas no exercício anterior e não resgatadas.

§ 9º É vedada a aquisição dos títulos mencionados neste artigo pelo Banco do Brasil S.A., e pelas instituições bancárias de que a União detenha a maioria das ações.

Art. 50. O Conselho Monetário Nacional, o Banco Central do Brasil, o Banco Nacional do Desenvolvimento Econômico, o Banco do Brasil S.A., o Banco do Nordeste do Brasil S.A. e o Banco de Crédito da Amazônia S.A. gozarão dos favores, isenções e privilégios, inclusive fiscais, que são próprios da Fazenda Nacional, ressalvado quanto aos três últimos o regime especial de tributação do Imposto de Renda a que estão sujeitos na forma da legislação em vigor.

Parágrafo único. São mantidos os favores, isenções e privilégios de que atualmente gozam as instituições financeiras.

Art. 51. Ficam abolidas, após três meses da data da vigência desta Lei, as exigências de "visto" em "pedidos de licença" para efeito de exportação, excetuadas as referentes às armas, munições, entorpecentes, materiais estratégicos, objetos e obras de valor artístico, cultural ou histórico.

Parágrafo único. Quando o interesse nacional exigir, o Conselho Monetário Nacional criará o "visto" ou exigência equivalente.

Art. 52. O quadro de pessoal do Banco Central do Brasil será constituído de:

I – pessoal próprio, admitido mediante concurso público de provas ou de títulos e provas, sujeita à pena de nulidade a admissão que se processar com inobservância destas exigências;

II – pessoal requisitado ao Banco do Brasil S.A. e a outras instituições financeiras federais, de comum acordo com as respectivas administrações;

III – pessoal requisitado a outras instituições e que venham prestando serviços à Superintendência da Moeda e do Crédito há mais de um ano, contado da data da publicação desta Lei.

§ 1º O Banco Central do Brasil baixará, dentro de noventa dias da vigência desta Lei, o estatuto de seus funcionários e servidores, no qual serão garantidos os direitos legalmente atribuídos a seus atuais servidores e mantidos deveres e obrigações que lhes são inerentes.

§ 2º Aos funcionários e servidores requisitados, na forma deste artigo, as instituições de origem lhes assegurarão os direitos e vantagens que lhes cabem ou lhes venham a ser atribuídos, como se em efetivo exercício nelas estivessem.

§ 3º Correrão por conta do Banco Central do Brasil todas as despesas decorrentes do cumprimento do disposto no parágrafo anterior, inclusive as de aposentadoria e pensão que sejam de responsabilidade das instituições de origem ali mencionadas, estas últimas rateadas proporcionalmente em função dos prazos de vigência da requisição.

§ 4º Os funcionários do quadro pessoal próprio permanecerão com seus direitos e garantias regidos pela legislação de proteção ao trabalho e de previdência social, incluídos na categoria profissional de bancários.

§ 5º Durante o prazo de dez anos, contados da data da vigência desta Lei, é facultado aos funcionários de que tratam os incisos II e III deste artigo, manifestarem opção para transferência para o quadro do pessoal próprio do Banco Central do Brasil, desde que:

a) tenham sido admitidos nas respectivas instituições de origem, consoante determina o inciso I deste artigo;
b) estejam em exercício (VETADO) há mais de dois anos;
c) seja a opção feita pela diretoria do Banco Central do Brasil, que sobre ela deverá pronunciar-se conclusivamente no prazo máximo de três meses, contados da entrega do respectivo requerimento.

Art. 53. *Revogado.* Lei nº 4.829, de 5-11-1965.

Capítulo VII

DISPOSIÇÕES TRANSITÓRIAS

Art. 54. O Poder Executivo, com base em proposta do Conselho Monetário Nacional, que deverá ser apresentada dentro de noventa dias de sua instalação, submeterá ao Poder Legislativo projeto de lei que institucionalize o crédito rural, regule seu campo específico e caracterize as modalidades de aplicação, indicando as respectivas fontes de recursos.

Parágrafo único. A Comissão Consultiva do Crédito Rural dará assessoramento ao Conselho Monetário Nacional, na elaboração da proposta que estabelecerá a coordenação das instituições existentes ou que venham a ser criadas, com o objetivo de garantir sua melhor utilização e da rede bancária privada na difusão do crédito rural, inclusive com redução de seu custo.

Art. 55. Ficam transferidas ao Banco Central do Brasil as atribuições cometidas por lei ao Ministério da Agricultura, no que concerne à autorização de funcionamento e fiscalização de cooperativas de crédito de qualquer tipo, bem assim da seção de crédito das cooperativas que a tenham.

Art. 56. Ficam extintas a Carteira de Redescontos do Banco do Brasil S.A. e a Caixa de Mobilização Bancária, incorporando-se seus bens, direitos e obrigações ao Banco Central do Brasil.

Parágrafo único. As atribuições e prerrogativas legais da Caixa de Mobilização Bancária passam a ser exercidas pelo Banco Central do Brasil, sem solução de continuidade.

Art. 57. Passam à competência do Conselho Monetário Nacional as atribuições de caráter normativo da legislação cambial vigente e as executivas ao Banco Central do Brasil e ao Banco do Brasil S.A., nos termos desta Lei.

Parágrafo único. Fica extinta a Fiscalização Bancária do Banco do Brasil S.A., passando suas atribuições e prerrogativas legais ao Banco Central do Brasil.

Art. 58. Os prejuízos decorrentes das operações de câmbio concluídas e eventualmente não regularizadas nos termos desta Lei, bem como os das operações de câmbio contratadas e não concluídas até a data de vigência desta Lei, pelo Banco do Brasil S.A., como mandatário do Governo Federal, serão, na medida em que se efetivarem, transferidos ao Banco Central do Brasil, sendo neste registrados como responsabilidade do Tesouro Nacional.

§ 1º Os débitos do Tesouro Nacional perante o Banco Central do Brasil, provenientes das transferências de que trata este artigo, serão regularizados com recursos orçamentários da União.

§ 2º O disposto neste artigo se aplica também aos prejuízos decorrentes de operações de câmbio que outras instituições financeiras federais, de natureza bancária, tenham realizado como mandatárias do Governo Federal.

Art. 59. É mantida, no Banco do Brasil S.A., a Carteira de Comércio Exterior, criada nos termos da Lei nº 2.145, de 29 de dezembro de 1953, e regulamentada pelo Decreto nº 42.820, de 16 de dezembro de 1957, como órgão executor da política de comércio exterior (VETADO).

Art. 60. O valor equivalente aos recursos financeiros que, nos termos desta Lei, passarem à responsabilidade do Banco Central do Brasil, e estejam, na data de sua vigência, em poder do Banco do Brasil S.A., será neste escriturado em conta e em nome do primeiro, considerando-se como suprimento de recursos, nos termos do § 1º do artigo 19 desta Lei.

Art. 61. Para cumprir as disposições desta Lei, o Banco do Brasil S.A. tomará providências no sentido de que seja remodelada sua estrutura administrativa, a fim de que possa eficazmente exercer os encargos e executar os serviços que lhe estão reservados, como principal instrumento de execução da política de crédito do Governo Federal.

Art. 62. O Conselho Monetário Nacional determinará providências no sentido de que a transferência de atribuições dos órgãos existentes para o Banco Central do Brasil se processe sem solução de continuidade dos serviços atingidos por esta Lei.

Art. 63. Os mandatos dos primeiros membros do Conselho Monetário Nacional, a que alude o inciso IV do artigo 6º desta Lei, serão respectivamente de seis, cinco, quatro, três, dois e um anos.

Art. 64. O Conselho Monetário Nacional fixará prazo de até um ano de vigência desta Lei para a adaptação das instituições financeiras às disposições desta Lei.

§ 1º Em casos excepcionais o Conselho Monetário Nacional poderá prorrogar até mais de um ano o prazo para que seja complementada a adaptação a que se refere este artigo.

§ 2º Será de um ano, prorrogável, nos termos do parágrafo anterior, o prazo para cumprimento do estabelecido por força do artigo 30 desta Lei.

Art. 65. Esta Lei entrará em vigor noventa dias após a data de sua publicação, revogadas as disposições em contrário.

Brasília, 31 de dezembro de 1964;
143º da Independência e
76º da República.

H. Castello Branco

LEI Nº 4.728,
DE 14 DE JULHO DE 1965

Disciplina o mercado de capitais e estabelece medidas para o seu desenvolvimento.

▶ Publicada no DOU de 16-7-1965 e retificada no DOU de 16-8-1965.
▶ Arts. 1.361 a 1.368-A do CC.
▶ Lei nº 9.514, de 20-11-1997, dispõe sobre alienação fiduciária de coisa imóvel.
▶ Dec.-lei nº 911, de 1º-10-1969 (Lei das Alienações Fiduciárias).

Seção I
ATRIBUIÇÕES DOS ÓRGÃOS ADMINISTRATIVOS

Art. 1º Os mercados financeiro e de capitais serão disciplinados pelo Conselho Monetário Nacional e fiscalizados pelo Banco Central da República do Brasil.

Art. 2º O Conselho Monetário Nacional e o Banco Central exercerão as suas atribuições legais relativas aos mercados financeiro e de capitais com a finalidade de:

I – facilitar o acesso do público a informações sobre os títulos ou valores mobiliários distribuídos no mercado e sobre as sociedades que os emitirem;

II – proteger os investidores contra emissões ilegais ou fraudulentas de títulos ou valores mobiliários;

III – evitar modalidades de fraude e manipulação destinadas a criar condições artificiais da demanda, oferta ou preço de títulos ou valores mobiliários distribuídos no mercado;

IV – assegurar a observância de práticas comerciais equitativas por todos aqueles que exerçam, profissionalmente, funções de intermediação na distribuição ou negociação de títulos ou valores mobiliários;

V – disciplinar a utilização do crédito no mercado de títulos ou valores mobiliários;

VI – regular o exercício da atividade corretora de títulos mobiliários e de câmbio.

Art. 3º Compete ao Banco Central:

I – autorizar a constituição e fiscalizar o funcionamento das Bolsas de Valores;

II – autorizar o funcionamento e fiscalizar as operações das sociedades corretoras membros das Bolsas de Valores (artigos 8º e 9º) e das sociedades de investimento;

III – autorizar o funcionamento e fiscalizar as operações das instituições financeiras, sociedades ou firmas individuais que tenham por objeto a subscrição para revenda e a distribuição de títulos ou valores mobiliários;

IV – manter registro e fiscalizar as operações das sociedades e firmas individuais que exerçam as atividades de intermediação na distribuição de títulos ou valores mobiliários, ou que efetuem, com qualquer propósito, a captação de poupança popular no mercado de capitais;

V – registrar títulos e valores mobiliários para efeito de sua negociação nas Bolsas de Valores;

VI – registrar as emissões de títulos ou valores mobiliários a serem distribuídos no mercado de capitais;

VII – fiscalizar a observância, pelas sociedades emissoras de títulos ou valores mobiliários negociados na Bolsa, das disposições legais e regulamentares relativas a:
a) publicidade da situação econômica e financeira da sociedade, sua administração e aplicação dos seus resultados;
b) proteção dos interesses dos portadores de títulos e valores mobiliários distribuídos nos mercados financeiro e de capitais.

VIII – fiscalizar a observância das normas legais e regulamentares relativas à emissão, ao lançamento, à subscrição e à distribuição de títulos ou valores mobiliários colocados no mercado de capitais;
IX – manter e divulgar as estatísticas relativas ao mercado de capitais, em coordenação com o sistema estatístico nacional;
X – fiscalizar a utilização de informações não divulgadas ao público em benefício próprio ou de terceiros, por acionistas ou pessoas que, por força de cargos que exerçam, a elas tenham acesso.

Art. 4º No exercício de suas atribuições, o Banco Central poderá examinar os livros e documentos das instituições financeiras, sociedades, empresas e pessoas referidas no artigo anterior, as quais serão obrigadas a prestar as informações e os esclarecimentos solicitados pelo Banco Central.

§ 1º Nenhuma sanção será imposta pelo Banco Central, sem antes ter assinado prazo, não inferior a trinta dias, ao interessado, para se manifestar, ressalvado o disposto no § 3º do artigo 16 desta Lei.

§ 2º Quando, no exercício das suas atribuições, o Banco Central tomar conhecimento de crime definido em lei como de ação pública, oficiará ao Ministério Público para instalação de inquérito policial.

§ 3º Os pedidos de registro submetidos ao Banco Central, nos termos dos artigos 19 e 20 desta Lei, consideram-se deferidos dentro de trinta dias da sua apresentação, se nesse prazo não forem indeferidos.

§ 4º A fluência do prazo referido no parágrafo anterior poderá ser interrompida uma única vez, se o Banco Central pedir informações ou documentos suplementares, em cumprimento das normas legais ou regulamentares em vigor.

§ 5º Ressalvado o disposto no § 3º, o Conselho Monetário Nacional fixará os prazos em que o Banco Central deverá processar os pedidos de autorização, registro ou aprovação previstos nesta Lei.

§ 6º O Banco Central fará aplicar aos infratores do disposto na presente Lei as penalidades previstas no capítulo V da Lei nº 4.595, de 31 de dezembro de 1964.

SEÇÃO II

SISTEMA DE DISTRIBUIÇÃO NO MERCADO DE CAPITAIS

Art. 5º O sistema de distribuição de títulos ou valores mobiliários no mercado de capitais será constituído:

I – das Bolsas de Valores e das sociedades corretoras que sejam seus membros;
II – das instituições financeiras autorizadas a operar no mercado de capitais;
III – das sociedades ou empresas que tenham por objeto a subscrição de títulos para revenda, ou sua distribuição no mercado, e que sejam autorizadas a funcionar nos termos do artigo 11;
IV – das sociedades ou empresas que tenham por objeto atividades de intermediação na distribuição de títulos ou valores mobiliários, e que estejam registradas nos termos do artigo 12.

Art. 6º As Bolsas de Valores terão autonomia administrativa, financeira e patrimonial, e operarão sob a supervisão do Banco Central, de acordo com a regulamentação expedida pelo Conselho Monetário Nacional.

Art. 7º Compete ao Conselho Monetário Nacional fixar as normas gerais a serem observadas na constituição, organização e funcionamento das Bolsas de Valores, e relativas a:

I – condições de constituição e extinção; forma jurídica; órgãos de administração e seu preenchimento; exercício de poder disciplinar sobre os membros da Bolsa, imposição de penas e condições de exclusão;
II – número de sociedades corretoras membros da Bolsa, requisitos ou condições de admissão quanto à idoneidade, capacidade financeira, habilitação técnica dos seus administradores e forma de representação nas Bolsas;
III – espécies de operações admitidas nas Bolsas; normas, métodos e práticas a serem observados nessas operações; responsabilidade das sociedades corretoras nas operações;
IV – administração financeira das Bolsas; emolumentos, comissões e quaisquer outros custos cobrados pelas Bolsas ou seus membros;
V – normas destinadas a evitar ou reprimir manipulações de preços e operações fraudulentas; condições a serem observadas nas operações autorizadas de sustentação de preços;
VI – registro das operações a ser mantido pelas Bolsas e seus membros; dados estatísticos a serem apurados pelas Bolsas e fornecidos ao Banco Central;
VII – fiscalização do cumprimento de obrigações legais pelas sociedades cujos títulos sejam negociados na Bolsa;
VIII – percentagem mínima do preço dos títulos negociados a termo, que deverá ser obrigatoriamente liquidada à vista;
IX – crédito para aquisição de títulos e valores mobiliários no mercado de capitais.

§ 1º Exceto na matéria prevista no inciso VIII, as normas a que se refere este artigo somente poderão ser aprovadas pelo Conselho Monetário Nacional depois de publicadas para receber sugestões durante trinta dias.

§ 2º As sugestões referidas no parágrafo anterior serão feitas por escrito, por intermédio do Banco Central.

Art. 8º A intermediação dos negócios nas Bolsas de Valores será exercida por sociedades corretoras membros da Bolsa, cujo capital mínimo será fixado pelo Conselho Monetário Nacional.

§ 1º *Revogado.* Dec.-lei nº 2.313, de 23-12-1986.

§ 2º As sociedades referidas neste artigo somente poderão funcionar depois de autorizadas pelo Banco Central, e a investidura dos seus dirigentes estará sujeita às condições legais vigentes para os administradores de instituições financeiras.

§ 3º Nas condições fixadas pelo Conselho Monetário Nacional, a sociedade corretora poderá ser membro de mais de uma Bolsa de Valores.

§ 4º Os administradores das sociedades corretoras não poderão exercer qualquer cargo administrativo, consultivo, fiscal ou deliberativo em outras empresas cujos títulos ou valores mobiliários sejam negociados em Bolsa.

§ 5º As sociedades referidas neste artigo, ainda que não revistam a forma anônima, são obrigadas a observar as normas de que trata o artigo 20, § 1º, alíneas a e b.

§ 6º O Conselho Monetário Nacional assegurará aos atuais Corretores de Fundos Públicos a faculdade de se registrarem no Banco Central, para intermediar a negociação nas Bolsas de Valores, sob a forma da firma individual, observados os mesmos requisitos estabelecidos para as sociedades corretoras previstas neste artigo, e sob a condição de extinção da firma, por morte do respectivo titular, ou pela participação deste em sociedade corretora.

Art. 9º O Conselho Monetário Nacional fixará as normas gerais a serem observadas em matéria de organização, disciplina e fiscalização das atribuições e atividades das sociedades corretoras membros das Bolsas e dos corretores de câmbio.

§ 1º A partir de um ano, a contar da vigência desta Lei, prorrogável, no máximo, por mais 3 (três) meses, a critério do Conselho Monetário Nacional, será facultativa a intervenção de corretores nas operações de câmbio e negociações das respectivas letras, quando realizadas fora das Bolsas.

§ 2º Para efeito da fixação do curso de câmbio, todas as operações serão obrigatoriamente comunicadas ao Banco Central.

§ 3º Aos atuais corretores inscritos nas Bolsas de Valores será permitido o exercício simultâneo da profissão de corretor de câmbio com a de membro da sociedade corretora ou de titular de firma individual organizada de acordo com o § 6º do artigo 8º desta Lei.

§ 4º O Conselho Monetário Nacional fixará o prazo de até um ano, prorrogável, a seu critério, por mais um ano, para que as Bolsas de Valores existentes e os atuais corretores de fundos públicos se adaptem aos dispositivos desta Lei.

§ 5º A facultatividade a que se refere o § 1º deste artigo entrará em vigor na data da vigência desta Lei, para as transações de compra e venda de câmbio por parte da União, dos Estados, dos Municípios, das sociedades de economia mista, das autarquias e das entidades paraestatais excetuadas as operações de câmbio dos bancos oficiais com pessoas físicas ou jurídicas não estatais.

§ 6º O Banco Central é autorizado, durante o prazo de dois anos, a contar da vigência desta Lei, a prestar assistência financeira às Bolsas de Valores, quando, a seu critério, se fizer necessário para que se adaptem aos dispositivos desta Lei.

Art. 10. Compete ao Conselho Monetário Nacional fixar as normas gerais a serem observadas no exercício das atividades de subscrição para revenda, distribuição, ou intermediação na colocação, no mercado, de títulos ou valores mobiliários, e relativos a:

I – capital mínimo das sociedades que tenham por objeto a subscrição para revenda e a distribuição de títulos no mercado;

II – condições de registro das sociedades ou firmas individuais que tenham por objeto atividades de intermediação na distribuição de títulos no mercado;

III – condições de idoneidade, capacidade financeira e habilitação técnica a que deverão satisfazer os administradores ou responsáveis pelas sociedades ou firmas individuais referidas nos incisos anteriores;

IV – procedimento administrativo de autorização para funcionar das sociedades referidas no inciso I e do registro das sociedades e firmas individuais referidas no inciso II;

V – espécies de operações das sociedades referidas nos incisos anteriores; normas, métodos e práticas a serem observados nessas operações;

VI – comissões, ágios, descontos ou quaisquer outros custos cobrados pelas sociedades de empresas referidas nos incisos anteriores;

VII – normas destinadas a evitar manipulações de preço e operações fraudulentas;

VIII – registro das operações a serem mantidas pelas sociedades e empresas referidas nos incisos anteriores, e dados estatísticos a serem apurados e fornecidos ao Banco Central;

IX – condições de pagamento a prazo dos títulos negociados.

Art. 11. Depende de prévia autorização do Banco Central o funcionamento de sociedades ou firmas individuais que tenham por objeto a subscrição para revenda e a distribuição no mercado de títulos ou valores mobiliários.

Parágrafo único. Depende igualmente de aprovação pelo Banco Central:

a) a modificação de contratos ou estatutos sociais das sociedades referidas neste artigo;
b) a investidura de administradores, responsáveis ou prepostos das sociedades e empresas referidas neste artigo.

Art. 12. Depende de prévio registro no Banco Central o funcionamento de sociedades que tenham por objeto qualquer atividade de intermediação na distribuição, ou colocação no mercado, de títulos ou valores mobiliários.

Art. 13. A autorização para funcionar e o registro referidos nos artigos 11 e 12 observarão o disposto no § 1º do artigo 10 da Lei nº 4.595, de 31 de dezembro de 1964, e somente poderão ser cassados nos casos previstos em normas gerais aprovadas pelo Conselho Monetário Nacional.

Art. 14. Compete ao Conselho Monetário Nacional fixar as normas gerais a serem observadas nas operações das instituições financeiras autorizadas a operar em aceite ou coobrigação em títulos cambiais a serem distribuídos no mercado, e relativas a:

I – capital mínimo;

II – limites de riscos, prazo mínimo e máximo dos títulos, espécie das garantias recebidas; relação entre o valor das garantias e o valor dos títulos objeto do aceite ou coobrigação;
III – disciplina ou proibição de redesconto de papéis;
IV – fiscalização das operações pelo Banco Central;
V – organização e funcionamento de consórcios (art. 15).

Art. 15. As instituições financeiras autorizadas a operar no mercado financeiro e de capitais poderão organizar consórcio para o fim especial de colocar títulos ou valores mobiliários no mercado.

§ 1º Quando o consórcio tiver por objetivo aceite ou coobrigação em títulos cambiais, a responsabilidade poderá ser distribuída entre os membros do consórcio.

§ 2º O consórcio será regulado por contrato que só entrará em vigor depois de registrado no Banco Central e do qual constarão, obrigatoriamente, as condições e os limites de coobrigação de cada instituição participante, a designação da instituição líder do consórcio e a outorga, a esta, de poderes de representação das demais participantes.

§ 3º A responsabilidade de cada uma das instituições participantes do consórcio formado nos termos deste artigo será limitada ao montante do risco que assumir no instrumento de contrato de que trata o parágrafo anterior.

§ 4º Os contratos previstos no presente artigo são isentos do Imposto do Selo.

▶ O Imposto do Selo foi extinto pela reforma tributária de 1965, tendo sido substituído pelo Imposto sobre Operações de Crédito, Câmbio e Seguro ou relativas a Títulos ou Valores Mobiliários.

SEÇÃO III

ACESSO AOS MERCADOS FINANCEIRO E DE CAPITAIS

Art. 16. As emissões de títulos ou valores mobiliários somente poderão ser feitas nos mercados financeiro e de capitais através do sistema de distribuição previsto no artigo 5º.

§ 1º Para os efeitos deste artigo considera-se emissão a oferta ou negociação de títulos ou valores mobiliários:
a) pela sociedade emissora ou coobrigada;
b) por sociedades ou empresas que exerçam habitualmente as atividades de subscrição, distribuição ou intermediação na colocação no mercado de títulos ou valores mobiliários;
c) pela pessoa natural ou jurídica que mantém o controle da sociedade emissora dos títulos ou valores mobiliários oferecidos ou negociados.

§ 2º Entende-se por colocação ou distribuição de títulos ou valores mobiliários nos mercados financeiro e de capitais a negociação, oferta ou aceitação de oferta para negociação:
a) mediante qualquer modalidade de oferta pública;
b) mediante a utilização de serviços públicos de comunicação;
c) em lojas, escritórios ou quaisquer outros estabelecimentos acessíveis ao público;
d) através de corretores ou intermediários que procurem tomadores para os títulos.

§ 3º As sociedades que infringirem o disposto neste artigo ficarão sujeitas à cessação imediata de suas atividades de colocação de títulos ou valores mobiliários no mercado, mediante intimação do Banco Central, que requisitará, se necessário, a intervenção da autoridade policial.

Art. 17. Os títulos cambiais deverão ter a coobrigação de instituição financeira para sua colocação no mercado, salvo os casos regulamentados pelo Conselho Monetário Nacional em caráter geral e de modo a assegurar garantia adequada aos que os adquirirem.

§ 1º As empresas que, a partir da publicação desta Lei, colocarem papéis no mercado de capitais em desobediência ao disposto neste Capítulo, não terão acesso aos bancos oficiais e os títulos de sua emissão ou aceite não terão curso na Carteira de Redescontos, ressalvado o disposto no parágrafo seguinte.

§ 2º As empresas que, na data da publicação desta Lei, tiverem em circulação títulos cambiais com sua responsabilidade em condições proibidas por esta Lei, poderão ser autorizadas pelo Banco Central a continuar a colocação com a redução gradativa do total dos papéis em circulação, desde que dentro de sessenta dias o requeiram, com a indicação do valor total dos títulos em circulação e apresentação da proposta de sua liquidação no prazo de até doze meses, prorrogável, pelo Banco Central, no caso de comprovada necessidade, no máximo, por mais seis meses.

§ 3º As empresas que utilizarem a faculdade indicada no parágrafo anterior poderão realizar assembleia-geral ou alterar seus contratos sociais, no prazo de sessenta dias da vigência desta Lei, de modo a assegurar opção aos tomadores para converter seus créditos em ações ou cotas de capital da empresa devedora, opção válida até a data do vencimento dos respectivos títulos.

§ 4º A infração ao disposto neste artigo sujeitará os emitentes, coobrigados e tomadores de títulos de crédito à multa de até 50% (cinquenta por cento) do valor do título.

Art. 18. São isentas do Imposto do Selo quaisquer conversões, livremente pactuadas, em ações ou cotas do capital das empresas obrigadas em títulos de dívida em circulação na data da presente Lei, sem a coobrigação de instituições financeiras, concretizadas no prazo de cento e oitenta dias da vigência desta Lei.

▶ O Imposto do Selo foi extinto pela reforma tributária de 1965, tendo sido substituído pelo Imposto sobre Operações de Crédito, Câmbio e Seguro ou relativas a Títulos ou Valores Mobiliários.

Art. 19. Somente poderão ser negociados nas Bolsas de Valores os títulos ou valores mobiliários de emissão:

I – de pessoas jurídicas de direito público;
II – de pessoas jurídicas de direito privado registradas no Banco Central.

§ 1º O disposto neste artigo não se aplica aos títulos cambiais colocados no mercado de acordo com o artigo 17.

§ 2º Para as sociedades que já tenham requerido a cotação de suas ações nas Bolsas de Valores, o disposto neste artigo entrará em vigor a partir de 1º de janeiro de 1966, quando ficará revogado o Decreto-lei nº 9.783, de 6 de setembro de 1946.

Art. 20. Compete ao Conselho Monetário Nacional expedir normas gerais sobre o registro referido no inciso II do artigo anterior, e relativas a:

I – informações e documentos a serem apresentados para obtenção do registro inicial;
II – informações e documentos a serem apresentados periodicamente para a manutenção do registro;
III – casos em que o Banco Central poderá recusar, suspender ou cancelar o registro.

§ 1º Caberá ainda ao Conselho Monetário Nacional expedir normas a serem observadas pelas pessoas jurídicas referidas neste artigo, e relativas a:

a) natureza, detalhe e periodicidade da publicação de informações sobre a situação econômica e financeira da pessoa jurídica, suas operações, administração e acionistas que controlam a maioria do seu capital votante;
b) organização do balanço e das demonstrações de resultado, padrões de organização contábil, relatórios e pareceres de auditores independentes registrados no Banco Central;
c) manutenção de mandatários para a prática dos atos relativos ao registro de ações e obrigações nominativas, ou nominativas endossáveis.

§ 2º As normas referidas neste artigo não poderão ser aprovadas antes de decorridos trinta dias de sua publicação para receber sugestões.

Art. 21. Nenhuma emissão de títulos ou valores mobiliários poderá ser lançada, oferecida publicamente, ou ter iniciada a sua distribuição no mercado, sem estar registrada no Banco Central.

§ 1º Caberá ao Conselho Monetário Nacional estabelecer normas gerais relativas às informações que deverão ser prestadas no pedido de registro previsto neste artigo em matéria de:

a) pessoa jurídica emitente ou coobrigada, sua situação econômica e financeira, administração e acionistas que controlam a maioria de seu capital votante;
b) características e condições dos títulos ou valores mobiliários a serem distribuídos;
c) pessoas que participarão da distribuição.

§ 2º O pedido de registro será acompanhado dos prospectos e quaisquer outros documentos a serem publicados, ou distribuídos, para oferta, anúncio ou promoção de lançamento da emissão.

§ 3º O Banco Central poderá suspender ou proibir a distribuição de títulos ou valores:

a) cuja oferta, lançamento, promoção ou anúncio esteja sendo feito em condições diversas das constantes do registro da emissão, ou com a divulgação de informações falsas ou manifestamente tendenciosas ou imprecisas;
b) cuja emissão tenha sido julgada ilegal ou fraudulenta, ainda que em data posterior ao respectivo registro.

§ 4º O disposto neste artigo não se aplica aos títulos cambiais colocados no mercado com a coobrigação de instituições financeiras.

SEÇÃO IV

ACESSO DE EMPRESAS DE CAPITAL ESTRANGEIRO AO SISTEMA FINANCEIRO NACIONAL

Art. 22. Em períodos de desequilíbrio do balanço de pagamentos, reconhecidos pelo Conselho Monetário Nacional, o Banco Central, ao adotar medidas de contenção do crédito, poderá limitar o recurso ao sistema financeiro do País, no caso das empresas que tenham acesso ao mercado financeiro internacional.

§ 1º Para os efeitos deste artigo considera-se que têm acesso ao mercado financeiro internacional:

a) filiais de empresas estrangeiras;
b) empresas com sede no País cujo capital pertença integralmente a residentes ou domiciliados no exterior;
c) sociedades com sede no País controladas por pessoas residentes ou domiciliadas no exterior.

§ 2º Considera-se empresa controlada por pessoas residentes ou domiciliadas no exterior, quando estas detenham direta ou indiretamente a maioria do capital com direito a voto.

Art. 23. O limite de acesso ao sistema financeiro referido no artigo 22 não poderá ser fixado em nível inferior:

a) cento e cinquenta por cento dos recursos próprios pertencentes a residentes ou domiciliados no exterior;
b) duzentos e cinquenta por cento dos recursos próprios pertencentes a residentes ou domiciliados no País.

§ 1º O limite previsto no presente artigo será apurado pela média mensal em cada exercício social da empresa.

§ 2º Para efeito deste artigo, os recursos próprios compreendem:

a) o capital declarado para a filial, ou o capital da empresa com sede no País;
b) o resultado das correções monetárias de ativo fixo ou de manutenção de capital de giro próprio;
c) os saldos credores de acionistas, matriz ou empresas associadas, sempre que não vencerem juros e tiverem a natureza de capital adicional, avaliados, em moeda estrangeira, à taxa de câmbio, em vigor para a amortização de empréstimos externos;
d) as reservas e os lucros suspensos ou pendentes.

§ 3º As reservas referidas na alínea d do parágrafo anterior compreendem as facultativas ou obrigatoriamente formadas com lucros acumulados, excluídas as contas passivas de regularização do ativo, tais como depreciação, amortização ou exaustão, e as provisões para quaisquer riscos, inclusive contas de liquidação duvidosa e técnicas de seguro de capitalização.

§ 4º O sistema financeiro nacional, para os efeitos deste artigo, compreende o mercado de capitais e todas as instituições financeiras, públicas ou privadas, com sede ou autorizadas a funcionar no País.

§ 5º O saldo devedor da empresa no sistema financeiro corresponderá à soma de todos os empréstimos desse sistema, seja qual for a forma do contrato, inclusive abertura de créditos e emissão ou desconto, de efeitos

comerciais, títulos cambiais ou debêntures, não computados os seguintes valores:
a) empréstimos realizados nos termos da Lei nº 2.300, de 23 de agosto de 1954;
b) empréstimos sob a forma de debêntures conversíveis em ações;
c) depósitos em moeda em instituições financeiras;
d) créditos contra quaisquer pessoas de direito público interno, autarquias federais e sociedades de economia mista controladas pelos Governos Federal, Estadual ou Municipal;
e) adiantamentos sobre venda de câmbio resultantes de exportações.

§ 6º O disposto neste artigo e no artigo seguinte não se aplica às instituições financeiras, cujos limites serão fixados de acordo com a Lei nº 4.595, de 31 de dezembro de 1964.

Art. 24. Dentro de quatro meses do encerramento de cada exercício social seguinte ao da decisão prevista no artigo 22, as empresas referidas no artigo 23 apresentarão ao Banco Central quadro demonstrativo da observância, no exercício, encerrado, dos limites de dívidas no sistema financeiro nacional.

Parágrafo único. A empresa que deixar de observar, em algum exercício social, o limite previsto no artigo 23, ficará sujeita à multa imposta pelo Banco Central, de até trinta por cento do excesso da dívida no sistema financeiro nacional, multa que será duplicada no caso de reincidência.

Art. 25. O Banco Central, ao aplicar a norma prevista no artigo 22, fixará as condições seguintes:

I – se a média mensal das dívidas da empresa no sistema financeiro nacional, durante os doze meses anteriores, não tiver excedido os limites previstos no artigo 23, esses limites serão obrigatórios inclusive para o exercício social em curso;
II – se a média mensal das dívidas da empresa no sistema financeiro nacional, durante os doze meses anteriores, tiver excedido os limites previstos no artigo 23, a empresas deverá aumentar os recursos próprios ou reduzir progressivamente o total das suas dívidas no sistema financeiro nacional, de modo a alcançar os limites do artigo 23, no prazo máximo de dois anos, a contar da data da resolução do Banco Central.

Seção V

OBRIGAÇÕES COM CLÁUSULA DE CORREÇÃO MONETÁRIA

Art. 26. As sociedades por ações poderão emitir debêntures ou obrigações ao portador ou nominativas endossáveis, com cláusula de correção monetária, desde que observadas as seguintes condições:

I – prazo de vencimento igual ou superior a um ano;
II – correção efetuada em períodos não inferiores a três meses, em bases idênticas às aplicáveis às Obrigações do Tesouro Nacional;

▶ Inciso II com a redação dada pelo Dec.-lei nº 614, de 6-6-1969.

III – subscrição por instituições financeiras especialmente autorizadas pelo Banco Central, ou colocação no mercado de capitais com a intermediação dessas instituições.

§ 1º A emissão de debêntures nos termos deste artigo terá por limite máximo a importância do patrimônio líquido da companhia, apurado nos termos fixados pelo Conselho Monetário Nacional.

§ 2º O Conselho Monetário Nacional expedirá, para cada tipo de atividade, normas relativas a:

a) limite da emissão de debêntures observado o máximo estabelecido no parágrafo anterior;
b) análise técnica e econômico-financeira da empresa emissora e do projeto a ser financiado com os recursos da emissão, que deverá ser procedida pela instituição financeira que subscrever ou colocar a emissão;
c) coeficientes ou índices mínimos de rentabilidade, solvabilidade ou liquidez a que deverá satisfazer a empresa emissora;
d) sustentação das debêntures no mercado pelas instituições financeiras que participem da colocação.

§ 3º As diferenças nominais resultantes da correção do principal das debêntures emitidas nos termos deste artigo não constituem rendimento tributável para efeitos do Imposto de Renda, nem obrigarão a complementação do Imposto do Selo pago na emissão das debêntures.

§ 4º Será assegurado às instituições financeiras intermediárias no lançamento das debêntures a que se refere este artigo, enquanto obrigadas à sustentação prevista na alínea *d* do § 2º, o direito de indicar um representante como membro do Conselho Fiscal da empresa emissora, até o final resgate de todas as obrigações emitidas.

§ 5º A instituição financeira intermediária na colocação representa os portadores de debêntures ausentes das assembleias de debenturistas.

§ 6º As condições de correção monetária estabelecidas no inciso II deste artigo poderão ser aplicadas às operações previstas nos artigos 5º, 15 e 52, § 2º, da Lei nº 4.380, de 21 de agosto de 1964.

Art. 27. As sociedades de fins econômicos poderão sacar, emitir ou aceitar letras de câmbio ou notas promissórias cujo principal fique sujeito à correção monetária, desde que observadas as seguintes condições:

I – prazo de vencimento igual ou superior a um ano, e dentro do limite máximo fixado pelo Conselho Monetário Nacional;
II – correção segundo os coeficientes aprovados pelo Conselho Nacional de Economia para a correção atribuída às Obrigações do Tesouro;
III – sejam destinadas a colocação no mercado de capitais com o aceite ou coobrigação de instituições financeiras autorizadas pelo Banco Central.

§ 1º O disposto no artigo 26, § 3º, aplica-se à correção monetária dos títulos referidos neste artigo.

§ 2º As letras de câmbio e as promissórias a que se refere este artigo deverão conter, no seu contexto, a cláusula de correção monetária.

Art. 28. As instituições financeiras que satisfizerem as condições gerais fixadas pelo Banco Central, para esse tipo de operações, poderão assegurar a correção monetária a depósitos a prazo fixo não inferior a um ano e não movimentáveis durante todo seu prazo.

§ 1º Observadas as normas aprovadas pelo Conselho Monetário Nacional, as instituições financeiras a que se refere este artigo poderão contratar empréstimos com as mesmas condições de correção, desde que:

a) tenham prazo mínimo de um ano;
b) o total dos empréstimos corrigidos não exceda o montante dos depósitos corrigidos referidos neste artigo;
c) o total da remuneração da instituição financeira, nessas transações, não exceda os limites fixados pelo Conselho Monetário Nacional.

§ 2º Os depósitos e empréstimos referidos neste artigo não poderão ser corrigidos além dos coeficientes fixados pelo Conselho Nacional de Economia para a correção das Obrigações do Tesouro.

§ 3º As diferenças nominais resultantes da correção, nos termos deste artigo, do principal de depósitos, não constituem rendimento tributável para os efeitos do Imposto de Renda.

Art. 29. Compete ao Banco Central autorizar a constituição de bancos de investimento de natureza privada cujas operações e condições de funcionamento serão reguladas pelo Conselho Monetário Nacional, prevendo:

I – o capital mínimo;
II – a proibição de receber depósitos à vista ou movimentáveis por cheque;
III – a permissão para receber depósitos a prazo não inferior a um ano, não movimentáveis e com cláusula de correção monetária do seu valor;
IV – a permissão para conceder empréstimos a prazo não inferior a um ano, com cláusula de correção monetária;
V – a permissão para administração dos fundos em condomínio de que trata o artigo 50;
VI – os juros e taxas máximas admitidos nas operações indicadas nos incisos III e VI;
VII – as condições operacionais, de modo geral, inclusive garantias exigíveis, montantes e prazos máximos.

§ 1º O Conselho Monetário Nacional fixará ainda as normas a serem observadas pelos bancos de investimento e relativas a:

a) espécies de operações ativas e passivas, inclusive as condições para concessão de aval em moeda nacional ou estrangeira;
b) análise econômico-financeira e técnica do mutuário e do projeto a ser financiado; coeficientes ou índices mínimos de rentabilidade, solvabilidade e liquidez a que deverá satisfazer o mutuário;
c) condições de diversificação de riscos.

§ 2º Os bancos de investimentos adotarão em suas operações ativas e passivas sujeitas à correção monetária as mesmas regras ditadas no artigo 28.

§ 3º Os bancos de que trata este artigo ficarão sujeitos à disciplina ditada pela Lei nº 4.595, de 31 de dezembro de 1964, para as instituições financeiras privadas.

§ 4º Atendidas as exigências que forem estabelecidas em caráter geral pelo Conselho Monetário Nacional, o Banco Central autorizará a transformação, em bancos de investimentos, de instituições financeiras que pratiquem operações relacionadas com a concessão de crédito a médio e longo prazos, por conta própria ou de terceiros, a subscrição para revenda e a distribuição no mercado de títulos ou valores mobiliários.

Art. 30. Os bancos referidos no artigo anterior, para os depósitos com prazo superior a 18 meses, poderão emitir em favor dos respectivos depositantes certificados de depósito bancário, dos quais constarão:

I – o local e a data da emissão;
II – o nome do banco emitente e as assinaturas dos seus representantes;
III – a denominação "certificado de depósito bancário";
IV – a indicação da importância depositada e a data da sua exigibilidade;
V – o nome e a qualificação do depositante;
VI – a taxa de juros convencionada e a época do seu pagamento;
VII – o lugar do pagamento do depósito e dos juros;
VIII – a cláusula de correção monetária, se for o caso.

§ 1º O certificado de depósito bancário é promessa de pagamento à ordem da importância do depósito, acrescida do valor da correção e dos juros convencionados.

§ 2º Os certificados de depósito bancário podem ser transferidos mediante endosso em branco, datado e assinado pelo seu titular, ou por mandatário especial.

▶ § 2º com a redação dada pelo Dec.-lei nº 1.338, de 23-7-1974.

§ 3º Emitido pelo banco o certificado de depósito bancário, o crédito contra o banco emissor, pelo principal e pelos juros, não poderá ser objeto de penhora, arresto, sequestro, busca ou apreensão, ou qualquer outro embaraço que impeça o pagamento da importância depositada e dos seus juros, mas o certificado de depósito poderá ser penhorado por obrigação do seu titular.

§ 4º O endossante do certificado de depósito bancário responde pela existência do crédito, mas não pelo seu pagamento.

§ 5º Aplicam-se ao certificado de depósito bancário, no que couber, as disposições legais relativas à nota promissória.

§ 6º O pagamento dos juros relativos aos depósitos, em relação aos quais tenha sido emitido o certificado previsto neste artigo, somente poderá ser feito mediante anotação no próprio certificado e recibo do seu titular à época do pagamento dos juros.

§ 7º Os depósitos previstos neste artigo não poderão ser prorrogados, mas poderão, quando do seu vencimento, ser renovados, havendo comum ajuste, mediante contratação nova e por prazo não inferior a um ano.

Art. 31. Os bancos referidos no artigo 29, quando previamente autorizados pelo Banco Central e nas condições estabelecidas pelo Conselho Monetário Nacional, poderão emitir "certificados de depósitos em garantia", relativos a ações preferenciais, obrigações, debêntures ou títulos cambiais emitidos por sociedades interessadas em negociá-las em mercados externos, ou no País.

§ 1º Os títulos depositados nestas condições permanecerão custodiados no estabelecimento emitente do certificado até a devolução deste.

§ 2º O certificado poderá ser desdobrado por conveniências do seu proprietário.

§ 3º O capital, ingressado do Exterior na forma deste artigo, será registrado no Banco Central, mediante comprovação da efetiva negociação das divisas no País.

§ 4º A emissão de "certificados de depósitos em garantia" e respectivas inscrições, ou averbações, não estão sujeitas ao Imposto do Selo.

▶ O Imposto do Selo foi extinto pela reforma tributária de 1965, tendo sido substituído pelo Imposto sobre Operações de Crédito, Câmbio e Seguro ou relativas a Títulos ou Valores Mobiliários.

SEÇÃO VI
AÇÕES E OBRIGAÇÕES ENDOSSÁVEIS

Art. 32. As ações de sociedades anônimas, além das formas nominativas e ao portador, poderão ser endossáveis.

§ 1º As sociedades por ações, além do "Livro de Registro de Ações Nominativas" deverão ter o "Livro de Registro de Ações Endossáveis".

§ 2º No livro de registro de ações endossáveis será inscrita a propriedade das ações endossáveis e averbadas as transferências de propriedade e os direitos sobre elas constituídos.

§ 3º Os registros referidos neste artigo poderão ser mantidos em livros ou em diários copiativos, nos quais serão copiados cronologicamente os atos sujeitos a registro.

Art. 33. O certificado de ação endossável conterá, além dos demais requisitos da Lei:

I – a declaração de sua transferibilidade mediante endosso;
II – o nome e a qualificação do proprietário da ação inscrito no "Livro de Registro das Ações Endossáveis";
III – se a ação não estiver integralizada, o débito do acionista e a época e lugar de seu pagamento, de acordo com o estatuto ou as condições da subscrição.

Art. 34. A transferência das ações endossáveis opera-se:

I – pela averbação do nome do adquirente no livro de registro e no próprio certificado efetuado pela sociedade emitente ou pela emissão de novo certificado em nome do adquirente;
II – no caso de ação integralizada, mediante endosso no próprio certificado, datado e assinado pelo proprietário da ação, ou por mandatário especial, com a indicação do nome e a qualificação do endossatário;
III – no caso de ação não integralizada, mediante endosso nas condições do inciso anterior e assinatura do endossatário no próprio certificado.

§ 1º Aquele que pedir averbação da ação endossável em favor de terceiro, ou a emissão de novo certificado em nome de terceiro, deverá provar perante a sociedade emitente sua identidade e o poder de dispor da ação.

§ 2º O adquirente que pedir a averbação da transferência ou a emissão de novo certificado em seu nome deve apresentar à sociedade emitente o instrumento de aquisição, que será por esta arquivado.

§ 3º Se a ação não estiver integralizada, a sociedade somente procederá à averbação da transferência para terceiro, ou à emissão de novo certificado em nome de terceiro, se o adquirente assinar o certificado averbado ou cancelado.

§ 4º A transferência mediante endosso não terá eficácia perante a sociedade emitente, enquanto não for feita a averbação no livro de registro e no próprio certificado, mas o endossatário que demonstrar ser possuidor do título, com base em série contínua de endossos, tem direito a obter a averbação da transferência ou a emissão de novo certificado em seu nome, ou no nome que indicar.

§ 5º O adquirente da ação não integralizada responde pela sua integralização.

§ 6º Aqueles que transferirem ação endossável antes de sua integralização responderão subsidiariamente pelo pagamento devido à sociedade, se esta não conseguir receber o seu crédito em ação executiva contra o proprietário da ação, ou mediante a venda da ação.

§ 7º As sociedades por ações deverão completar, dentro de quinze dias do pedido do acionista ou interessado, os atos de registro, averbação, conversão ou transferência de ações.

§ 8º A falta de cumprimento, do disposto no parágrafo anterior, autorizará o acionista a exigir indenização correspondente a um por cento sobre o valor nominal das ações objeto do pedido de registro, averbação ou transferência.

§ 9º Se o estatuto social admite mais de uma forma de ação não poderá limitar a conversibilidade de uma forma em outra, ressalvada a cobrança do custo de substituição dos certificados.

§ 10. As sociedades cujas ações sejam admitidas à cotação das Bolsas de Valores deverão colocar à disposição dos acionistas, no prazo máximo de sessenta dias, a contar da data da publicação da Ata da Assembleia-Geral, os dividendos e as bonificações em dinheiro distribuídos, assim como as ações correspondentes ao aumento de capital mediante incorporação de reservas e correção monetária.

▶ § 10 com a redação dada pela Lei nº 5.589, de 3-7-1970.

§ 11. As sociedades por ações são obrigadas a comunicar, às Bolsas nas quais os seus títulos são negociados, a suspensão transitória de transferência de ações no livro competente, com quinze dias de antecedência, aceitando o registro das transferências que lhes forem apresentadas com data anterior.

§ 12. É facultado as sociedades por ações o direito de suspender os serviços de conversão, transferência e desdobramento de ações, para atender a determinações de assembleia-geral, não podendo fazê-lo, porém, por mais de noventa dias intercalados durante o ano, nem por mais de quinze dias consecutivos.

Art. 35. Os direitos constituídos sobre ações endossáveis somente produzem efeitos perante a sociedade emitente e terceiros, depois de anotada a sua constituição no livro de registro.

Parágrafo único. As ações endossáveis poderão, entretanto, ser dadas em penhor ou caução mediante endosso com a expressa indicação dessa finalidade e, a requerimento de credor pignoratício ou do proprietário da ação, a sociedade emitente averbará o penhor no "Livro de Registro".

Art. 36. A sociedade emitente fiscalizará, por ocasião da averbação ou emissão do novo certificado, a regularidade das transferências e dos direitos constituídos sobre a ação.

§ 1º As dúvidas suscitadas entre a sociedade emitente e o titular da ação ou qualquer interessado, a respeito das emissões ou averbações previstas nos artigos anteriores, serão dirimidas pelo juiz competente para solucionar as dúvidas levantadas pelos oficiais dos registros públicos, excetuadas as questões atinentes à substância do direito.

§ 2º A autenticidade do endosso não poderá ser posta em dúvida pela sociedade emitente da ação, quando atestada por sociedade corretora membro de Bolsa de Valores, reconhecida por cartório de ofício de notas, ou abonada por estabelecimento bancário.

§ 3º Nas transferências feitas por procurador ou representante legal do cedente, a sociedade emitente fiscalizará a regularidade da representação e arquivará o respectivo instrumento.

Art. 37. No caso de perda ou extravio do certificado das ações endossáveis, cabe ao respectivo titular, ou a seus sucessores, a ação de recuperação prevista nos artigos 336 e 341 do Código do Processo Civil, para obter a expedição de novo certificado em substituição ao extraviado.

▶ Refere-se ao CPC/1939. No Código vigente, tratam da matéria os arts. 907 a 913.

Parágrafo único. Até que os certificados sejam recuperados ou substituídos, as transferências serão averbadas sob condição e a sociedade emitente poderá exigir do titular ou cessionário, para o pagamento dos dividendos, garantia de sua eventual restituição, mediante fiança idônea.

Art. 38. A sociedade anônima somente poderá pagar dividendos, bonificações em dinheiro, amortizações, reembolso ou resgate às ações endossáveis, contra recibo da pessoa registrada como proprietária da ação, no Livro do Registro das Ações Endossáveis, ou mediante cheque nominativo a favor dessa pessoa.

§ 1º Se a ação tiver sido transferida desde a época do último pagamento do dividendo, bonificação ou amortização, a transferência deverá ser obrigatoriamente averbada no livro de registro e no certificado da ação antes do novo pagamento.

§ 2º O recibo do dividendo, bonificação, amortização, reembolso ou resgate poderá ser assinado por sociedade corretora de Bolsa de Valores, ou instituição financeira que tenha o título em custódia, depósito ou penhor, e que certifique continuar o mesmo de propriedade da pessoa em cujo nome se acha inscrito ou averbado no Livro do Registro das Ações Endossáveis.

Art. 39. O certificado, ação ou respectiva cautela, deverá conter a assinatura de um diretor ou de um procurador especialmente designado pela Diretoria para esse fim.

§ 1º A sociedade anônima poderá constituir instituição financeira, ou sociedade corretora membro de Bolsa de Valores, como mandatária para a prática dos atos relativos ao registro e averbação de transferência das ações endossáveis e a constituição de direitos sobre as mesmas.

§ 2º *Revogado*. Lei nº 5.589, de 3-7-1970.

Art. 40. As debêntures ou obrigações emitidas por sociedades anônimas poderão ser ao portador ou endossáveis.

Parágrafo único. As sociedades que emitirem obrigações nominativas endossáveis manterão um "Livro de Registro de Obrigações Endossáveis", ao qual se aplicarão, no que couber, os dispositivos relativos aos livros das ações endossáveis de sociedades anônimas.

Art. 41. Aplicam-se às obrigações endossáveis o disposto no § 3º do artigo 32 e nos artigos 33 a 37 e 39.

Art. 42. As sociedades anônimas somente poderão pagar juros amortização ou resgate de obrigações endossáveis, contra recibo da pessoa registrada como proprietária do respectivo título no Livro do Registro de Obrigações Endossáveis, ou mediante cheque nominativo a favor dessa pessoa.

§ 1º Se a obrigação tiver sido transferida desde a época do último pagamento de juros ou amortizações, a transferência deverá ser obrigatoriamente averbada no livro de registro e no certificado, antes do novo pagamento.

§ 2º Aplica-se às obrigações endossáveis o disposto no artigo 38, § 2º.

Art. 43. O Imposto do Selo não incide nos negócios de transferência, promessa de transferência, opção, ou constituição de direitos sobre ações, obrigações endossáveis, quotas de fundos em condomínios, e respectivos contratos, inscrições ou averbações.

▶ O Imposto do Selo foi extinto pela reforma tributária de 1965, tendo sido substituído pelo Imposto sobre Operações de Crédito, Câmbio e Seguro ou relativas a Títulos ou Valores Mobiliários.

Seção VII

DEBÊNTURES CONVERSÍVEIS EM AÇÕES

Art. 44. As sociedades anônimas poderão emitir debêntures ou obrigações, assegurando aos respectivos titulares o direito de convertê-las em ações do capital da sociedade emissora.

§ 1º Constarão obrigatoriamente da ata da assembleia-geral, que terá força de escritura autorizando a emissão de debêntures ou obrigações ao portador, as condições para conversão em ações relativas a:

a) prazo ou épocas para exercício do direito à conversão;

b) bases da conversão, com relação ao número de ações a serem emitidas por debêntures ou obrigações endossáveis ou entre o valor do principal das debêntures e das ações em que forem convertidas.

§ 2º As condições de conversão deverão constar também dos certificados ou cautelas das debêntures.

§ 3º As condições da emissão de debêntures ou obrigações conversíveis em ações deverão ser aprovadas pela assembleia de acionistas, observado o *quorum* previsto nos artigos 94 e 104 do Decreto-Lei nº 2.627, de 26 de setembro de 1940.

§ 4º A conversão de debêntures ou obrigações em ações, nas condições da emissão aprovada pela assembleia-geral independerá de nova assembleia de acionistas e será efetivada pela Diretoria da sociedade, à vista da quitação da obrigação o pedido escrito do seu titular, no caso de obrigações endossáveis ou mediante tradição do certificado da debênture, no caso de obrigação ao portador.

§ 5º Dentro de trinta dias de cada aumento de capital efetuado nos termos do parágrafo anterior a Diretoria da sociedade registrará mediante requerimento ao registro do Comércio.

§ 6º Os acionistas da sociedade por ações do capital subscrito terão preferência para aquisição das debêntures e obrigações conversíveis em ações, nos termos do artigo 111, do Decreto-Lei nº 2.627, de 26 de setembro de 1940.

§ 7º Nas sociedades anônimas de capital autorizado, a preferência dos acionistas à aquisição das debêntures e das obrigações conversíveis em ação obedecerá às mesmas normas de preferência para subscrição das emissões de capital autorizado.

§ 8º O direito à subscrição de capital poderá ser negociado ou transferido separadamente da debênture conversível em ação, desde que seja objeto de cupão destacável ou sua transferência seja averbada pela sociedade emissora, no próprio título e no livro de registro, se for o caso.

§ 9º O Imposto do Selo não incide na conversão de debêntures ou obrigações em ações e, assim, no aumento do capital pela incorporação dos respectivos valores.

Seção VIII

SOCIEDADES ANÔNIMAS DE CAPITAL AUTORIZADO

Art. 45. As sociedades anônimas cujas ações sejam nominativas, ou endossáveis, poderão ser constituídas com capital subscrito inferior ao autorizado pelo estatuto social.

§ 1º As sociedades referidas neste artigo poderão, outrossim, aumentar o seu capital autorizado, independentemente de subscrição, ou com a subscrição imediata, de apenas parte do aumento.

§ 2º Em todas as publicações e documentos em que declarar o seu capital, a sociedade com capital autorizado deverá indicar o montante do seu capital subscrito e integralizado.

§ 3º A emissão de ações dentro dos limites do capital autorizado não importa modificação do estatuto social.

§ 4º Dentro de trinta dias de cada emissão de ações do capital autorizado, a Diretoria da sociedade registrará o aumento do capital subscrito, mediante requerimento ao Registro do Comércio.

§ 5º Na subscrição de ações de sociedade de capital autorizado, o mínimo de integralização inicial será fixado pelo Conselho Monetário Nacional, e as importâncias correspondentes poderão ser recebidas pela sociedade, independentemente de depósito bancário.

§ 6º As sociedades referidas neste artigo não poderão emitir ações (vetado) de gozo ou fruição, ou partes beneficiárias.

Art. 46. O estatuto da sociedade com capital autorizado regulará obrigatoriamente:

I – a emissão e colocação das ações com prévia aprovação da assembleia-geral ou por deliberação da diretoria;

II – as condições de subscrição e integralização a serem observadas pela assembleia-geral ou pela Diretoria, na emissão e colocação das ações de capital autorizado;

III – a emissão e colocação das ações, com ou sem preferência para os acionistas da sociedade, e as condições do exercício do direito de preferência, quando houver.

§ 1º As ações do capital autorizado não podem ser colocadas por valor inferior ao nominal.

§ 2º Salvo disposição expressa no estatuto social, a emissão de ações para integralização em bens ou créditos, dependerá de prévia aprovação pela assembleia-geral.

§ 3º Nem o estatuto social nem a assembleia-geral poderão negar a preferência dos acionistas à subscrição das ações emitidas que se destinem à colocação:

a) por valor inferior ao de sua cotação em Bolsa, se as ações da sociedade forem negociáveis nas Bolsas de Valores; ou

b) por valor inferior ao do patrimônio líquido, se as ações da sociedade não tiverem cotação nas Bolsas de Valores.

§ 4º Quando a emissão de ações se processar por deliberação da Diretoria, será obrigatória a prévia audiência do Conselho Fiscal.

Art. 47. As sociedades anônimas de capital autorizado somente poderão adquirir as próprias ações mediante a aplicação de lucros acumulados ou capital excedente, e sem redução do capital subscrito, ou por doação.

§ 1º O capital em circulação da sociedade corresponde ao subscrito menos as ações adquiridas e em tesouraria.

§ 2º As ações em tesouraria na sociedade não terão direito de voto enquanto não forem novamente colocadas no mercado.

Art. 48. Nas condições previstas no estatuto, ou aprovadas pela assembleia-geral, a sociedade poderá assegurar opções para a subscrição futura de ações do capital autorizado.

Seção IX

SOCIEDADES E FUNDOS DE INVESTIMENTO

Art. 49. Depende de prévia autorização do Banco Central o funcionamento das sociedades de investimento que tenham por objeto:

I – a aplicação de capital em Carteira diversificada de títulos ou valores mobiliários; ou

II – a administração de fundos em condomínio ou de terceiros, para aplicação nos termos do inciso anterior.

§ 1º Compete ao Conselho Monetário Nacional fixar as normas a serem observadas pelas sociedades referidas neste artigo, e relativas a:

a) diversificação mínima da carteira segundo empresas, grupos de empresas associadas, e espécie de atividade;
b) limites máximos de aplicação em títulos de crédito;
c) condições de reembolso ou aquisição de suas ações pelas sociedades de investimento, ou de resgate das quotas de participação do fundo em condomínio;
d) normas e práticas na administração da carteira de títulos e limites máximos de custos de administração.

§ 2º As sociedades de investimento terão sempre a forma anônima, e suas ações serão nominativas, ou endossáveis.

§ 3º Compete ao Banco Central, de acordo com as normas fixadas pelo Conselho Monetário Nacional, fiscalizar as sociedades de investimento e os fundos por elas administrados.

§ 4º A alteração do estatuto social e a investidura de administradores das sociedades de investimentos dependerão de prévia aprovação do Banco Central.

Art. 50. Os fundos em condomínios de títulos ou valores mobiliários poderão converter-se em sociedades anônimas de capital autorizado, a que se refere a Seção VIII, ficando isentos de encargos fiscais os atos relativos à transformação.

§ 1º A administração da carteira de investimentos dos fundos, a que se refere este artigo, será sempre contratada com companhia de investimentos, com observância das normas gerais que serão traçadas pelo Conselho Monetário Nacional.

§ 2º Anualmente os administradores dos fundos em condomínios farão realizar assembleia-geral dos condôminos, com a finalidade de tomar as contas aos administradores e deliberar sobre o balanço por eles apresentado.

§ 3º Será obrigatório aos fundos em condomínio a auditoria realizada por auditor independente, registrado no Banco Central.

§ 4º As quotas de Fundos Mútuos de Investimentos constituídos em condomínio, observadas as condições estabelecidas pelo Conselho Monetário Nacional, poderão ser emitidas sob a forma nominativa, endossável ou ao portador, podendo assumir a forma escritural.

▶ § 4º com a redação dada pelo Decreto-Lei nº 2.287, de 23-7-1986.

§§ 5º a 7º VETADOS.

SEÇÃO X

CONTAS CORRENTES BANCÁRIAS

Art. 51. Os bancos e casas bancárias que devolvem aos seus depositantes os cheques por estes sacados, depois de liquidados, poderão fazer prova da movimentação das respectivas contas de depósito mediante cópia fotográfica ou microfotográfica dos cheques devolvidos, desde que mantenham esse serviço de acordo com as normas de segurança aprovadas pelo Banco Central.

Art. 52. O endosso no cheque nominativo, pago pelo banco contra o qual foi sacado, prova o recebimento da respectiva importância pela pessoa a favor da qual foi emitido, e pelos endossantes subsequentes.

Parágrafo único. Se o cheque indica a nota, fatura, conta, cambial, imposto lançado ou declarado a cujo pagamento se destina, ou outra causa da sua emissão, o endosso do cheque pela pessoa a favor da qual foi emitido e a sua liquidação pelo banco sacado provam o pagamento da obrigação indicada no cheque.

SEÇÃO XI

TRIBUTAÇÃO DE RENDIMENTOS DE TÍTULOS DE CRÉDITO E AÇÕES

Art. 53. Está sujeito ao desconto do Imposto de Renda na fonte, à razão de quinze por cento o deságio concedido na venda, ou colocação no mercado por pessoa jurídica a pessoa física, de debêntures ou obrigações ao portador, letras de câmbio ou outros quaisquer títulos de crédito.

§ 1º Considera-se deságio a diferença para menos entre o valor nominal do título e o preço de sua venda ou colocação no mercado.

§ 2º Na circulação dos títulos referidos no presente artigo, o imposto não incidirá na fonte nos deságios concedidos entre pessoas jurídicas, mas a primeira pessoa jurídica que vender ou revender o título a pessoa física deverá:
a) reter o imposto previsto neste artigo, calculado sobre o deságio referido ao valor nominal do título;
b) exigir a identificação do adquirente e o recibo correspondente ao deságio;
c) declarar no próprio título a retenção do imposto nos termos da alínea a, e o montante do deságio sobre o qual incidiu;
d) fornecer ao beneficiário do deságio declaração da retenção do imposto, da qual deverão constar a identificação do título e as datas de sua negociação e do seu vencimento.

§ 3º Os títulos dos quais constar a anotação de retenção do imposto previsto no § 2º, alínea c, deste artigo, poderão circular entre pessoas jurídicas e físicas sem nova incidência do imposto, salvo se uma pessoa jurídica revendê-lo a pessoa física com deságio superior ao que serviu de base à incidência do imposto pago, caso em que o imposto incidirá sobre a diferença entre o novo deságio e o já tributado, observado o disposto no § 2º.

§ 4º O deságio percebido por pessoas físicas na aquisição das obrigações ou títulos cambiais referidos neste artigo será obrigatoriamente incluído pelo beneficiário na sua declaração anual de rendimentos, classificado como juros compensando-se o imposto retido na fonte com o devido, de acordo com a declaração anual de rendimentos.

§ 5º Se o prazo entre a aquisição e o vencimento do título tiver sido superior a doze meses, a pessoa física beneficiária do primeiro deságio poderá deduzir do respectivo rendimento bruto, na sua declaração anual do Imposto de Renda, a importância correspondente à correção monetária do capital aplicado na obrigação ou letra de câmbio, observadas as seguintes normas:
a) a correção será procedida entre as datas de aquisição e liquidação do título, segundo os coeficientes de correção monetária fixados pelo Conselho Nacional de Economia, para a correção das Obrigações do Tesouro;

b) a data e o valor de aquisição serão comprovados através da declaração de retenção do imposto (§ 2º, alínea *d*) anexada à declaração.

§ 6º Os lucros obtidos por pessoas jurídicas na aquisição e revenda, ou liquidação de obrigações e títulos cambiais, integrarão o respectivo lucro real sem compensação de imposto na fonte referido neste artigo, se tiver sido pago, e com a dedução da correção monetária nos casos e nos termos previstos no § 5º.

§ 7º Para efeito da declaração anual de renda, o rendimento dos títulos, a que se refere o § 5º, considera-se percebido no ano da sua liquidação.

§ 8º O disposto no presente artigo entrará em vigor a 1º de janeiro de 1967, quando ficarão revogadas as disposições vigentes relativas à tributação de deságio, inclusive a opção pela não identificação do respectivo beneficiário; salvo em relação ao disposto nos §§ 5º e 7º, que será aplicável desde a publicação desta Lei, nos rasos em que o beneficiário do deságio optar pela sua identificação.

Art. 54. Os juros de debêntures ou obrigações ao portador e a remuneração das partes beneficiárias estão sujeitos à incidência do imposto de renda na fonte:

I – à razão de quinze por cento, no caso de identificação do beneficiário nos termos do artigo 3º, da Lei nº 4.154, de 28 de novembro de 1962;

II – à razão de sessenta por cento, se o beneficiário optar pela não identificação.

Parágrafo único. No caso do inciso I deste artigo o imposto retido na fonte será compensado com o imposto devido com base na declaração anual de renda, na qual serão obrigatoriamente incluídos os juros percebidos.

Art. 55. A incidência do Imposto de Renda na fonte, a que se refere o artigo 16 da Lei nº 4.357, de 16 de julho de 1964, sobre rendimentos de ações ao portador, quando o beneficiário não se identifica, fica reduzida para vinte e cinco por cento, quando se tratar de sociedade anônima de capital aberto definida nos termos do artigo 59 desta Lei, e quarenta por cento para as demais sociedades.

§ 1º O Imposto de Renda não incidirá na fonte sobre os rendimentos distribuídos por sociedades anônimas de capital aberto aos seus acionistas titulares de ações nominativas, endossáveis ou ao portador, se optarem pela identificação, bem como sobre os juros dos títulos da dívida pública federal, estadual ou municipal, subscritos voluntariamente.

§§ 2º e 3º *Revogados*. Dec.-lei nº 1.338, de 23-7-1974.

Art. 56. *Revogado*. Dec.-lei nº 1.338, de 23-7-1974.

§ 1º *Revogado*. Dec.-lei nº 1.338, de 23-7-1974.

§ 2º VETADO.

Art. 57. *Revogado*. Dec.-lei nº 1.338, de 23-7-1974.

Art. 58. Na emissão de ações, as importâncias recebidas dos subscritores a título de ágio não serão consideradas como rendimento tributável da pessoa jurídica, constituindo obrigatoriamente reserva específica, enquanto não forem incorporadas ao capital da sociedade.

§ 1º Não sofrerão nova tributação na declaração de pessoa física, ou na fonte, os aumentos de capital das pessoas jurídicas mediante a utilização das importâncias recebidas a título de ágio, quando realizados, nos termos deste artigo, por sociedades das quais sejam as referidas pessoas físicas acionistas, bem como as novas ações distribuídas em virtude daqueles aumentos de capital.

§ 2º As quantias relativas aos aumentos de capital das pessoas jurídicas, mediante a utilização de acréscimos do valor do ativo decorrentes de aumentos de capital realizados nos termos deste artigo por sociedades das quais sejam acionistas, não sofrerão nova tributação.

▶ Art. 58 com a redação dada pela Lei nº 4.862, de 29-11-1965.

Art. 59. Caberá ao Conselho Monetário Nacional fixar periodicamente as condições em que, para efeitos legais, a sociedade anônima é considerada de capital aberto.

§ 1º A deliberação do Conselho Monetário Nacional aumentando as exigências para a conceituação das sociedades de capital aberto somente entrará em vigor no exercício financeiro que se inicie, no mínimo, seis meses depois da data em que for publicada a deliberação.

§ 2º Para efeito do cálculo da percentagem mínima do capital com direito a voto, representado por ações efetivamente cotadas nas Bolsas de Valores, o Conselho Monetário Nacional levará em conta a participação acionária da União, dos Estados, dos Municípios, das autarquias, bem como das instituições de educação e de assistência social, das fundações e das ordens religiosas de qualquer culto.

SEÇÃO XII

DA ALIENAÇÃO DE AÇÕES DAS SOCIEDADES DE ECONOMIA MISTA

▶ Os arts. 60 e 61 têm a redação dada pela Lei nº 5.710, de 7-10-1971, que foi expressamente revogada pela Lei nº 7.565, de 19-12-1986, sem ressalvar a vigência destes artigos.

Art. 60. O Poder Executivo poderá promover a alienação de ações de propriedade da União, representativas do capital social de sociedades anônimas de economia mista, mantendo-se cinquenta e um por cento, no mínimo, das ações com direito a voto, das empresas, nas quais deva assegurar o controle estatal.

Parágrafo único. As transferências de ações de propriedade da União, representativas do capital social da Petróleo Brasileiro S.A. – PETROBRAS, e de suas subsidiárias em território nacional, reger-se-ão pelo disposto no artigo 11 da Lei nº 2.004, de 3 de outubro de 1953.

▶ Artigo com a redação dada pela Lei nº 5.710, de 7-10-1971.

Art. 61. O Conselho Monetário Nacional fixará a participação da União nas diferentes sociedades referidas no artigo anterior, ouvido o Conselho de Segurança Nacional, nos casos de sua competência e nos das empresas cujo controle estatal é determinada em lei especial.

▶ *Caput* com a redação dada Lei nº 5.710, de 7-10-1971.

§ 1º As ações de que tratam este artigo e o anterior, serão negociadas através do sistema de distribuição instituído no art. 5º desta Lei, com a participação do Banco Central do Brasil, na forma do inciso IV do artigo 11 da Lei nº 4.595, de 31 de dezembro de 1964.

§ 2º O Poder Executivo, através do Ministério da Fazenda, poderá manter no Banco Central do Brasil, em conta especial de depósitos, os recursos originários da alienação de ações de propriedade da União, representativas do capital social de sociedades referidas no artigo 60.

▶ §§ 1º e 2º acrescidos pela Lei nº 5.710, de 7-10-1971.

SEÇÃO XIII

DAS SOCIEDADES IMOBILIÁRIAS

Art. 62. As sociedades que tenham por objeto a compra e venda de imóveis construídos ou em construção, a construção e venda de unidades habitacionais, a incorporação de edificações ou conjunto de edificações em condomínio e a venda de terrenos loteados e construídos ou com a construção contratada, quando revestirem a forma anônima, poderão ter o seu capital dividido em ações nominativas ou nominativas endossáveis.

Art. 63. Na alienação, promessa de alienação ou transferência de direito à aquisição de imóveis, quando o adquirente for sociedade que tenha por objeto alguma das atividades referidas no artigo anterior, a pessoa física que alienar ou prometer alienar o imóvel, ceder ou prometer ceder o direito à sua aquisição, ficará sujeita ao Imposto sobre Lucro Imobiliário, à taxa de cinco por cento.

§ 1º Nos casos previstos neste artigo, o contribuinte poderá optar pela subscrição de Obrigações do Tesouro, nos termos do artigo 3º, § 8º, da Lei nº 4.357, de 16 de julho de 1964.

§ 2º Nos casos previstos neste artigo, se a sociedade adquirente vier, a qualquer tempo, a alienar o terreno ou transferir o direito à sua aquisição sem construí-lo ou sem a simultânea contratação de sua construção, responderá pela diferença do imposto da pessoa física, entre as taxas normais e a prevista neste artigo, diferença que será atualizada nos termos do artigo 7º, da Lei nº 4.357, de 16 de julho de 1964.

Art. 64. As sociedades que tenham por objeto alguma das atividades referidas no artigo 62 poderão corrigir, nos termos do artigo 3º da Lei nº 4.357, de 16 de julho de 1964, o custo do terreno e da construção objeto de suas transações.

§ 1º Para efeito de determinar o lucro auferido pelas sociedades mencionadas neste artigo, o custo do terreno e da construção poderá ser atualizado, em cada operação, com base nos coeficientes a que se refere o artigo 7º, § 1º, da Lei nº 4.357, de 16 de julho de 1964, e as diferenças nominais resultantes dessa atualização terão o mesmo tratamento fiscal previsto na lei para o resultado da correções a que se refere o artigo 3º da referida Lei (VETADO).

§ 2º Nas operações a prazo, das sociedades referidas neste artigo, a apuração do lucro obedecerá ao disposto no parágrafo anterior, até o final do pagamento.

Art. 65. Por proposta do Banco Nacional de Habitação, o Conselho Monetário Nacional poderá autorizar a emissão de Letras Imobiliárias, com prazo superior a um ano.

Parágrafo único. O Banco Nacional de Habitação deverá regulamentar, adaptando-as ao disposto nesta Lei, as condições e características das Letras Imobiliárias previstas no artigo 44 da Lei nº 4.380, de 21 de agosto de 1964.

SEÇÃO XIV

ALIENAÇÃO FIDUCIÁRIA EM GARANTIA NO ÂMBITO DO MERCADO FINANCEIRO E DE CAPITAIS

▶ Denominação da Seção XIV dada pela Lei nº 10.931, de 2-8-2004.

Arts. 66 e 66-A. *Revogados.* Lei nº 10.931, de 2-8-2004.

Art. 66-B. O contrato de alienação fiduciária celebrado no âmbito do mercado financeiro e de capitais, bem como em garantia de créditos fiscais e previdenciários, deverá conter, além dos requisitos definidos na Lei nº 10.406, de 10 de janeiro de 2002 - Código Civil, a taxa de juros, a cláusula penal, o índice de atualização monetária, se houver, e as demais comissões e encargos.

§ 1º Se a coisa objeto de propriedade fiduciária não se identifica por números, marcas e sinais no contrato de alienação fiduciária, cabe ao proprietário fiduciário o ônus da prova, contra terceiros, da identificação dos bens do seu domínio que se encontram em poder do devedor.

§ 2º O devedor que alienar, ou der em garantia a terceiros, coisa que já alienara fiduciariamente em garantia, ficará sujeito à pena prevista no art. 171, § 2º, I, do Código Penal.

§ 3º É admitida a alienação fiduciária de coisa fungível e a cessão fiduciária de direitos sobre coisas móveis, bem como de títulos de crédito, hipóteses em que, salvo disposição em contrário, a posse direta e indireta do bem objeto da propriedade fiduciária ou do título representativo do direito ou do crédito é atribuída ao credor, que, em caso de inadimplemento ou mora da obrigação garantida, poderá vender a terceiros o bem objeto da propriedade fiduciária independente de leilão, hasta pública ou qualquer outra medida judicial ou extrajudicial, devendo aplicar o preço da venda no pagamento do seu crédito e das despesas decorrentes da realização da garantia, entregando ao devedor o saldo, se houver, acompanhado do demonstrativo da operação realizada.

§ 4º No tocante à cessão fiduciária de direitos sobre coisas móveis ou sobre títulos de crédito aplica-se, também, o disposto nos arts. 18 a 20 da Lei nº 9.514, de 20 de novembro de 1997.

▶ Lei nº 9.514, de 20-11-1997, dispõe sobre o Sistema de Financiamento Imobiliário e institui a alienação fiduciária de coisa imóvel.

§ 5º Aplicam-se à alienação fiduciária e à cessão fiduciária de que trata esta Lei os arts. 1.421, 1.425, 1.426, 1.435 e 1.436 da Lei nº 10.406, de 10 de janeiro de 2002.

§ 6º Não se aplica à alienação fiduciária e à cessão fiduciária de que trata esta Lei o disposto no art. 644 da Lei nº 10.406, de 10 de janeiro de 2002.

▶ Art. 66-B acrescido pela Lei nº 10.931, de 2-8-2004.

Seção XV
DISPOSIÇÕES DIVERSAS

Art. 67. O Conselho Monetário Nacional poderá autorizar emissões de Obrigações do Tesouro a que se refere a Lei nº 4.357, de 16 de julho de 1964, com prazos inferiores a três anos.

Art. 68. O resultado líquido das correções monetárias do ativo imobilizado e do capital de giro próprio, efetuadas nos termos da legislação em vigor, poderão, à opção da pessoa jurídica, ser incorporados ao capital social ou a reservas.

§ 1º No caso de correção monetária, do ativo imobilizado, o imposto devido, sem prejuízo do disposto no artigo 76 da Lei nº 4.506, de 30 de novembro de 1964, incidirá sobre o aumento líquido do ativo resultante da correção, independentemente da sua incorporação ao capital.

§§ 2º e 3º *Revogados*. Dec.-lei nº 1.283, de 20-8-1973.

§ 4º As sociedades que no corrente exercício, e em virtude de correção monetária, tenham aprovado aumento de capital ainda não registrado pelo Registro de Comércio, poderão usar da opção prevista neste artigo, desde que paguem imposto nos termos do § 1º.

Art. 69. Os fundos contábeis de natureza financeira, em estabelecimentos oficiais de crédito, para aplicação de doações, dotações ou financiamentos, obtidos de entidades nacionais ou estrangeiras, não incluídos no orçamento, dependem de decreto do Presidente da República.

§ 1º Os fundos contábeis consistirão de contas gráficas abertas e serão exclusivamente para os objetivos designados pelo decreto do Poder Executivo, admitidas apenas as deduções necessárias ao custeio das operações.

§ 2º O decreto executivo de constituição de fundo deverá indicar:

I – origem dos recursos que o constituirão;
II – objetivo das aplicações explicitando a natureza das operações, o setor de aplicação e demais condições;
III – mecanismo geral das operações;
IV – a gestão do fundo, podendo atribuí-la ao próprio estabelecimento de crédito no qual será aberta a conta, ou a um administrador ou órgão colegiado;
V – a representação ativa e passiva, do órgão gestor do fundo.

Art. 70. O Imposto de Consumo, relativo a produto industrializado saído do estabelecimento produtor diretamente para depósito em armazém geral, poderá ser recolhido, mediante guia especial, na quinzena imediatamente subsequente à sua saída do armazém geral.

§ 1º Para o transporte do produto até o armazém geral a que se destinar, o estabelecimento produtor remetente emitirá guia de trânsito, na forma do artigo 54 da Lei nº 4.502, de 30 de novembro de 1964.

§ 2º A empresa de armazém geral fica obrigada a manter escrituração que permita à repartição fiscal competente o controle da movimentação de produtos feita na forma supra, da qual constarão os tipos, quantidades, lotes, valores, destinos e notas fiscais respectivas.

§ 3º No verso do recibo de depósito, do *warrant* e da guia de trânsito emitidos para estes fins, constará expressa referência ao presente artigo de lei e seus parágrafos.

§ 4º Não terá aplicação este artigo de lei nos casos do artigo 26, incisos I e II, da Lei nº 4.502, de 30 de novembro de 1964.

§ 5º O Departamento de Rendas Internas do Ministério da Fazenda expedirá as instruções e promoverá os formulários necessários ao cumprimento do presente dispositivo.

Art. 71. Não se aplicam aos títulos da Dívida Pública Federal, Estadual ou Municipal, as disposições do artigo 1.509 e seu parágrafo único, do Código Civil ficando, consequentemente, a Fazenda Pública da União, dos Estados e dos Municípios, excluídas da formalidade de intimação prevista neste ou em quaisquer outros dispositivos legais reguladores do processo de recuperação de títulos ao portador, extraviados.

§ 1º Os juros e as amortizações ou resgates dos títulos a que se refere este artigo serão pagos, nas épocas próprias, pelas repartições competentes, à vista dos cupões respectivos, verificada a autenticidade destes e independentemente de outras formalidades.

§ 2º Fica dispensada, para a caução de títulos ao portador, a certidão a que se refere a primeira parte da alínea *a* do § 1º do artigo 860 do Regulamento Geral de Contabilidade Pública, ou outros documentos semelhantes.

Art. 72. Ninguém poderá gravar ou produzir clichês, compor tipograficamente, imprimir, fazer, reproduzir ou fabricar de qualquer forma, papéis representativos de ações ou cautelas, que os representem, ou títulos negociáveis de sociedades, sem autorização escrita e assinada pelos respectivos representantes legais, na quantidade autorizada.

Art. 73. Ninguém poderá fazer, imprimir ou fabricar ações de sociedades anônimas, ou cautelas que as representem, sem autorização escrita e assinada pela respectiva representação legal da sociedade, com firmas reconhecidas.

§ 1º Ninguém poderá fazer, imprimir ou fabricar prospectos ou qualquer material de propaganda para venda de ações de sociedade anônima, sem autorização dada pela respectiva representação legal da sociedade.

§ 2º A violação de qualquer dos dispositivos constituirá crime de ação pública, punido com pena de 1 a 3 anos de detenção, recaindo a responsabilidade, quando se tratar de pessoa jurídica, em todos os seus diretores.

Art. 74. Quem colocar no mercado ações de sociedade anônima, ou cautelas que a representem, falsas ou falsificadas, responderá por delito de ação pública, e será punido com pena de um a quatro anos de reclusão.

Parágrafo único. Incorrerá nas penas previstas neste artigo quem falsificar ou concorrer para a falsificação ou uso indevido de assinatura autenticada mediante chancela mecânica.

▶ Artigo com a redação dada pela Lei nº 5.589, de 3-7-1970.

Art. 75. O contrato de câmbio, desde que protestado por oficial competente para o protesto de títulos, constitui instrumento bastante para requerer a ação executiva.

§ 1º Por esta via, o credor haverá a diferença entre a taxa de câmbio do contrato e a data em que se efetuar o pagamento, conforme cotação fornecida pelo Banco Central, acrescida dos juros de mora.

§ 2º Pelo mesmo rito, serão processadas as ações para cobrança dos adiantamentos feitos pelas instituições financeiras aos exportadores, por conta do valor do contrato de câmbio, desde que as importâncias correspondentes estejam averbadas no contrato, com anuência do vendedor.

§ 3º No caso de falência ou concordata, o credor poderá pedir a restituição das importâncias adiantadas, a que se refere o parágrafo anterior.

▶ Lei nº 11.101, de 9-2-2005 (Lei de Recuperação de Empresas e Falências).

§ 4º As importâncias adiantadas na forma do § 2º deste artigo serão destinadas, na hipótese de falência, liquidação extrajudicial ou intervenção em instituição financeira, ao pagamento das linhas de crédito comercial que lhes deram origem, nos termos e condições estabelecidas pelo Banco Central do Brasil.

▶ § 4º acrescido pela Lei nº 9.450, de 14-3-1997.

Art. 76. O Conselho Monetário Nacional, quando entender aconselhável, em face de situação conjuntural da economia, poderá autorizar as companhias de seguro a aplicarem, em percentagens por ele fixadas, parte de suas reservas técnicas em letras de câmbio, ações de sociedades anônimas de capital aberto, e em quotas de fundos em condomínio de títulos ou valores mobiliários.

Art. 77. Os contribuintes em débito para com a Fazenda Nacional, em decorrência do não pagamento do Imposto do Selo federal, incidente sobre contratos ou quaisquer outros atos jurídicos em que tenham sido parte ou interveniente a União, os Estados, os Municípios, o Distrito Federal, os Territórios, e suas autarquias, levados a efeito anteriormente à Lei nº 4.388, de 28 de agosto de 1964, poderão, dentro do prazo de trinta dias, a contar da publicação desta Lei, recolher aos cofres federais o imposto devido, isentos de qualquer penalidade ou correção monetária.

Art. 78. A alínea *i* do artigo 20 do Decreto-Lei nº 2.627, de 26 de setembro de 1940, passa a vigorar com a seguinte redação:

▶ O referido art. 20 foi revogado pela Lei nº 6.404, de 15-12-1976 (Lei das Sociedades por Ações).

Art. 79. O artigo 21 do Decreto-Lei nº 2.627, de 26 de setembro de 1940, é acrescido do seguinte parágrafo:

▶ O referido art. 21 foi revogado pela Lei nº 6.404, de 15-12-1976 (Lei das Sociedades por Ações).

Art. 80. É fixado o prazo máximo de doze meses, a contar da data da publicação desta Lei, para que as companhias ou sociedades anônimas cujas ações ou títulos que as representem tenham o valor nominal inferior a um mil cruzeiros providenciem o reajustamento delas para este valor, através da necessária modificação estatutária, sob pena de não terem os seus títulos admitidos à cotação nas Bolsas de Valores.

Art. 81. Os Membros dos Conselhos Administrativos das Caixas Econômicas Federais nos Estados serão nomeados pelo Presidente da República, escolhidos entre brasileiros de ilibada reputação e notória capacidade em assuntos administrativos ou econômico-financeiros, com o mandato de cinco anos, podendo ser reconduzidos.

Parágrafo único. As nomeações de que trata o artigo anterior, bem como as designações dos Presidentes dos respectivos Conselhos, também pelo Presidente da República, independerão da aprovação do Senado Federal, prevista no § 2º do artigo 22 da Lei nº 4.595, de 31 de dezembro de 1964.

Art. 82. Até que sejam expedidos os Títulos da Dívida Agrária, criados pelo artigo 105 da Lei nº 4.504, de 30 de novembro de 1964, poderá o Poder Executivo, para os fins previstos naquela Lei, se utilizar das Obrigações do Tesouro Nacional – Tipo Reajustável, criadas pela Lei nº 4.357, de 16 de julho de 1964.

Parágrafo único. As condições e vantagens asseguradas aos Títulos da Dívida Agrária serão atribuídas às Obrigações do Tesouro Nacional – Tipo Reajustável, emitidas na forma deste artigo, e constarão obrigatoriamente dos respectivos certificados.

Art. 83. A presente Lei entra em vigor na data de sua publicação.

Art. 84. Revogam-se as disposições em contrário.

Brasília, 14 de julho de 1965;
144º da Independência e
77º da República.

H. Castello Branco

LEI Nº 4.886,
DE 9 DE DEZEMBRO DE 1965

Regula as atividades dos representantes comerciais autônomos.

▶ Publicada no *DOU* de 10-12-1965.

Art. 1º Exerce a representação comercial autônoma a pessoa jurídica ou a pessoa física, sem relação de emprego, que desempenha, em caráter não eventual por conta de uma ou mais pessoas, a mediação para a realização de negócios mercantis, agenciando propostas ou pedidos, para transmiti-los aos representados, praticando ou não atos relacionados com a execução dos negócios.

Parágrafo único. Quando a representação comercial incluir poderes atinentes ao mandato mercantil, serão aplicáveis, quanto ao exercício deste, os preceitos próprios da legislação comercial.

Art. 2º É obrigatório o registro dos que exerçam a representação comercial autônoma nos Conselhos Regionais criados pelo artigo 6º desta Lei.

Parágrafo único. As pessoas que, na data da publicação da presente Lei, estiverem no exercício da atividade, deverão registrar-se nos Conselhos Regionais, no prazo de noventa dias a contar da data em que estes forem instalados.

Art. 3º O candidato a registro, como representante comercial, deverá apresentar:

a) prova de identidade;
b) prova de quitação com o serviço militar, quando a ele obrigado;

c) prova de estar em dia com as exigências da legislação eleitoral;
d) folha corrida de antecedentes, expedida pelos cartórios criminais das comarcas em que o registrado houver sido domiciliado nos últimos dez anos;
e) quitação com o Imposto Sindical.

§ 1º O estrangeiro é desobrigado da apresentação dos documentos constantes das alíneas *b* e *c* deste artigo.

§ 2º Nos casos de transferência ou de exercício simultâneo da profissão, em mais de uma região, serão feitas as devidas anotações na carteira profissional do interessado, pelos respectivos Conselhos Regionais.

§ 3º As pessoas jurídicas deverão fazer prova de sua existência legal.

Art. 4º Não pode ser representante comercial:
a) o que não pode ser comerciante;
b) o falido não reabilitado;
c) o que tenha sido condenado por infração penal de natureza infamante, tais como falsidade, estelionato, apropriação indébita, contrabando, roubo, furto, lenocínio ou crimes também punidos com a perda de cargo público;
d) o que estiver com seu registro comercial cancelado como penalidade.

Art. 5º Somente será devida remuneração, como mediador de negócios comerciais, a representante comercial devidamente registrado.

Art. 6º São criados o Conselho Federal e os Conselhos Regionais dos Representantes Comerciais, aos quais incumbirá a fiscalização do exercício da profissão, na forma desta Lei.

Parágrafo único. É vedado, aos Conselhos Federal e Regionais dos Representantes Comerciais, desenvolverem quaisquer atividades não compreendidas em suas finalidades previstas nesta Lei, inclusive as de caráter político e partidárias.

Art. 7º O Conselho Federal instalar-se-á dentro de noventa dias, a contar da vigência da presente Lei, no Estado da Guanabara, onde funcionará provisoriamente, transferindo-se para a Capital da República, quando estiver em condições de fazê-lo, a juízo da maioria dos Conselhos Regionais.

§ 1º O Conselho Federal será presidido por um dos seus membros, na forma que dispuser o Regimento Interno do Conselho, cabendo-lhe, além do próprio voto, o de qualidade, no caso de empate.

§ 2º A renda do Conselho Federal será constituída de vinte por cento da renda bruta dos Conselhos Regionais.

Art. 8º O Conselho Federal será composto de representantes comerciais de cada Estado, eleitos pelos Conselhos Regionais, dentre seus membros, cabendo a cada Conselho Regional a escolha de dois delegados.

Art. 9º Compete ao Conselho Federal determinar o número dos Conselhos Regionais, o qual não poderá ser superior a um por Estado, Território Federal e Distrito Federal e estabelecer-lhes as bases territoriais.

Art. 10. Compete, privativamente, ao Conselho Federal:
I – elaborar o seu regimento interno;

II – dirimir as dúvidas suscitadas pelos Conselhos Regionais;
III – aprovar os regimentos internos dos Conselhos Regionais;
IV – julgar quaisquer recursos relativos às decisões dos Conselhos Regionais;
V – baixar instruções para a fiel observância da presente Lei;
VI – elaborar o Código de Ética Profissional;
VII – resolver os casos omissos;

▶ Antigas alíneas *a* a *g* renumeradas para incisos I a VII pela Lei nº 12.246, de 27-5-2010.

VIII – fixar, mediante resolução, os valores das anuidades e emolumentos devidos pelos representantes comerciais, pessoas físicas e jurídicas, aos Conselhos Regionais dos Representantes Comerciais nos quais estejam registrados, observadas as peculiaridades regionais e demais situações inerentes à capacidade contributiva da categoria profissional nos respectivos Estados e necessidades de cada entidade, e respeitados os seguintes limites máximos:
a) anuidade para pessoas físicas – até R$ 300,00 (trezentos reais);
b) VETADA. Lei nº 12.246, de 27-5-2010;
c) anuidade para pessoas jurídicas, de acordo com as seguintes classes de capital social:
  1. de R$ 1,00 (um real) a R$ 10.000,00 (dez mil reais) – até R$ 350,00 (trezentos e cinquenta reais);
  2. de R$ 10.000,01 (dez mil reais e um centavo) a R$ 50.000,00 (cinquenta mil reais) – até R$ 420,00 (quatrocentos e vinte reais);
  3. de R$ 50.000,01 (cinquenta mil reais e um centavo) a R$ 100.000,00 (cem mil reais) – até R$ 504,00 (quinhentos e quatro reais);
  4. de R$ 100.000,01 (cem mil reais e um centavo) a R$ 300.000,00 (trezentos mil reais) – até R$ 604,00 (seiscentos e quatro reais);
  5. de R$ 300.000,01 (trezentos mil reais e um centavo) a R$ 500.000,00 (quinhentos mil reais) – até R$ 920,00 (novecentos e vinte reais);
  6. acima de R$ 500.000,00 (quinhentos mil reais) – até R$ 1.370,00 (mil, trezentos e setenta reais);

d e *e*) VETADAS. Lei nº 12.246, de 27-5-2010.

▶ Inciso VIII acrescido pela Lei nº 12.246, de 27-5-2010.

§ 1º *Suprimido*. Lei nº 12.246, de 27-5-2010.

▶ Antigo parágrafo único renumerado para § 1º pela Lei nº 12.246, de 27-5-2010.

§ 2º Os valores correspondentes aos limites máximos estabelecidos neste artigo serão corrigidos anualmente pelo índice oficial de preços ao consumidor.

§ 3º O pagamento da anuidade será efetuado pelo representante comercial, pessoa física ou jurídica, até o dia 31 de março de cada ano, com desconto de 10% (dez por cento), ou em até 3 (três) parcelas, sem descontos, vencendo-se a primeira em 30 de abril, a segunda em 31 de agosto e a terceira em 31 de dezembro de cada ano.

§ 4º Ao pagamento antecipado será concedido desconto de 20% (vinte por cento) até 31 de janeiro e 15% (quinze por cento) até 28 de fevereiro de cada ano.

§ 5º As anuidades que forem pagas após o vencimento serão acrescidas de 2% (dois por cento) de multa, 1% (um por cento) de juros de mora por mês de atraso e atualização monetária pelo índice oficial de preços ao consumidor.

§ 6º A filial ou representação de pessoa jurídica instalada em jurisdição de outro Conselho Regional que não o da sua sede pagará anuidade em valor que não exceda a 50% (cinquenta por cento) do que for pago pela matriz.

▶ §§ 2º a 6º acrescidos pela Lei nº 12.246, de 27-5-2010.

§§ 7º e 8º VETADOS. Lei nº 12.246, de 27-5-2010.

§ 9º O representante comercial pessoa física, como responsável técnico de pessoa jurídica devidamente registrada no Conselho Regional dos Representantes Comerciais, pagará anuidade em valor correspondente a 50% (cinquenta por cento) da anuidade devida pelos demais profissionais autônomos registrados no mesmo Conselho.

▶ § 9º acrescido pela Lei nº 12.246, de 27-5-2010.

Parágrafo único. *Suprimido*. Lei nº 8.420, de 8-5-1992.

Art. 11. Dentro de sessenta dias, contados da vigência da presente Lei, serão instalados os Conselhos Regionais correspondentes aos Estados onde existirem órgãos sindicais de representação da classe dos representantes comerciais, atualmente reconhecidos pelo Ministério do Trabalho e Previdência Social.

Art. 12. Os Conselhos Regionais terão a seguinte composição:

a) dois terços de seus membros serão constituídos pelo presidente do mais antigo sindicato da classe do respectivo Estado e por diretores de sindicatos da classe, do mesmo Estado, eleitos estes em assembleia-geral;
b) um terço formado de representantes comerciais no exercício efetivo da profissão, eleitos em assembleia-geral realizada no sindicato da classe.

§ 1º A secretaria do sindicato incumbido da realização das eleições organizará cédula única, por ordem alfabética dos candidatos, destinada à votação.

§ 2º Se os órgãos sindicais de representação da classe não tomarem as providências previstas quanto à instalação dos Conselhos Regionais, o Conselho Federal determinará, imediatamente, a sua constituição, mediante eleições em assembleia-geral, com a participação dos representantes comerciais no exercício efetivo da profissão no respectivo Estado.

§ 3º Havendo, num mesmo Estado, mais de um sindicato de representantes comerciais, as eleições a que se refere este artigo se processarão na sede do sindicato da classe situado na Capital e, na sua falta, na sede do mais antigo.

§ 4º O Conselho Regional será presidido por um dos seus membros, na forma que dispuser o seu Regimento Interno, cabendo-lhe, além do próprio voto, o de qualidade, no caso de empate.

§ 5º Os Conselhos Regionais terão no máximo trinta membros, e no mínimo, o número que for fixado pelo Conselho Federal.

Art. 13. Os mandatos dos membros do Conselho Federal e dos Conselhos Regionais serão de três anos.

§ 1º Todos os mandatos serão exercidos gratuitamente.

§ 2º A aceitação do cargo de presidente, secretário ou tesoureiro importará na obrigação de residir na localidade em que estiver sediado o respectivo Conselho.

Art. 14. O Conselho Federal e os Conselhos Regionais serão administrados por uma diretoria que não poderá exceder a um terço dos seus integrantes.

Art. 15. Os presidentes dos Conselhos Federal e Regionais completarão o prazo do seu mandato, caso sejam substituídos na presidência do sindicato.

Art. 16. Constituem renda dos Conselhos Regionais as contribuições e multas devidas pelos representantes comerciais, pessoas físicas ou jurídicas, neles registrados.

Art. 17. Compete aos Conselhos Regionais:

a) elaborar o seu regimento interno, submetendo-o à apreciação do Conselho Federal;
b) decidir sobre os pedidos de registros de representantes comerciais, pessoas físicas ou jurídicas, na conformidade desta Lei;
c) manter o cadastro profissional;
d) expedir as carteiras profissionais e anotá-las, quando necessário;
e) impor as sanções disciplinares previstas nesta Lei, mediante a feitura de processo adequado, de acordo com o disposto no artigo 18;
f) arrecadar, cobrar e executar as anuidades e emolumentos devidos pelos representantes comerciais, pessoas físicas e jurídicas, registrados, servindo como título executivo extrajudicial a certidão relativa aos seus créditos.

▶ Alínea *f* com a redação dada pela Lei nº 12.246, de 27-5-2010.

Parágrafo único. *Suprimido*. Leis nºs 8.420, de 8-5-1992, e 12.246, de 27-5-2010.

Art. 18. Compete aos Conselhos Regionais aplicar, ao representante comercial faltoso, as seguintes penas disciplinares:

a) advertência, sempre sem publicidade;
b) multa até a importância equivalente ao maior salário mínimo vigente no País;
c) suspensão do exercício profissional, até um ano;
d) cancelamento do registro, com apreensão da carteira profissional.

§ 1º No caso de reincidência ou de falta manifestamente grave, o representante comercial poderá ser suspenso do exercício de sua atividade ou ter cancelado o seu registro.

§ 2º As penas disciplinares serão aplicadas após processo regular, sem prejuízo, quando couber, da responsabilidade civil ou criminal.

§ 3º O acusado deverá ser citado, inicialmente, dando-se-lhe ciência do inteiro teor da denúncia ou queixa, sendo-lhe assegurado, sempre, o amplo direito de defesa, por si ou por procurador regularmente constituído.

§ 4º O processo disciplinar será presidido por um dos membros do Conselho Regional, ao qual incumbirá coligir as provas necessárias.

§ 5º Encerradas as provas de iniciativa da autoridade processante, ao acusado será dado requerer e produzir as suas próprias provas, após o que lhe será assegurado o direito de apresentar, por escrito, defesa final e o de sustentar, oralmente, suas razões, na sessão do julgamento.

§ 6º Da decisão dos Conselhos Regionais caberá recurso voluntário, com efeito suspensivo, para o Conselho Federal.

Art. 19. Constituem faltas no exercício da profissão de representante comercial:

a) prejudicar, por dolo ou culpa, os interesses confiados aos seus cuidados;
b) auxiliar ou facilitar, por qualquer meio, o exercício da profissão aos que estiverem proibidos, impedidos ou não habilitados a exercê-la;
c) promover ou facilitar negócios ilícitos, bem como quaisquer transações que prejudiquem interesse da Fazenda Pública;
d) violar o sigilo profissional;
e) negar ao representado as competentes prestações de conta, recibos de quantias ou documentos que lhe tiverem sido entregues, para qualquer fim;
f) recusar a apresentação da carteira profissional, quando solicitada por quem de direito.

Art. 20. Observados os princípios desta Lei, o Conselho Federal dos Representantes Comerciais expedirá instruções relativas à aplicação das penalidades em geral e, em particular, aos casos em que couber imposições da pena de multa.

Art. 21. As repartições federais, estaduais e municipais, ao receberem tributos relativos à atividade do representante comercial, pessoa física ou jurídica, exigirão prova de seu registro no Conselho Regional da respectiva região.

Art. 22. Da propaganda deverá constar, obrigatoriamente, o número da carteira profissional.

Parágrafo único. As pessoas jurídicas farão constar, também, da propaganda, além do número da carteira do representante comercial responsável, o seu próprio número de registro no Conselho Regional.

Art. 23. O exercício financeiro dos Conselhos Federal e Regionais coincidirá com o ano civil.

Art. 24. As diretorias dos Conselhos Regionais prestarão contas da sua gestão ao próprio Conselho, até o dia 15 de fevereiro de cada ano.

▶ Artigo com a redação dada pela Lei nº 8.420, de 8-5-1992.

Art. 25. Os Conselhos Regionais prestarão contas até o último dia do mês de fevereiro de cada ano ao Conselho Federal.

Parágrafo único. A diretoria do Conselho Federal prestará contas ao respectivo plenário até o último dia do mês de março de cada ano.

▶ Art. 25 com a redação dada pela Lei nº 8.420, de 8-5-1992.

Art. 26. Os sindicatos incumbidos do processamento das eleições, a que se refere o artigo 12, deverão tomar, dentro do prazo de trinta dias, a contar da publicação desta Lei, as providências necessárias à instalação dos Conselhos Regionais dentro do prazo previsto no artigo 11.

Art. 27. Do contrato de representação comercial, além dos elementos comuns e outros, a juízo dos interessados, constarão, obrigatoriamente:

▶ *Caput* com a redação dada pela Lei nº 8.420, de 8-5-1992.

a) condições e requisitos gerais da representação;
b) indicação genérica ou específica dos produtos ou artigos objeto da representação;
c) prazo certo ou indeterminado da representação;
d) indicação da zona ou zonas em que será exercida a representação;

▶ Alínea d com a redação dada pela Lei nº 8.420, de 8-5-1992.

e) garantia ou não, parcial ou total, ou por certo prazo, da exclusividade de zona ou setor de zona;
f) retribuição e época do pagamento, pelo exercício da representação, dependente da efetiva realização dos negócios, e recebimento, ou não, pelo representado, dos valores respectivos;
g) os casos em que se justifique a restrição de zona concedida com exclusividade;
h) obrigações e responsabilidades das partes contratantes;
i) exercício exclusivo ou não da representação a favor do representado;
j) indenização devida ao representante, pela rescisão do contrato fora dos casos previstos no artigo 35, cujo montante não poderá ser inferior a um doze avos do total da retribuição auferida durante o tempo em que exerceu a representação.

▶ Alínea j com a redação dada pela Lei nº 8.420, de 8-5-1992.

§ 1º Na hipótese de contrato a prazo certo, a indenização corresponderá à importância equivalente à média mensal da retribuição auferida até a data da rescisão, multiplicada pela metade dos meses resultantes do prazo contratual.

§ 2º O contrato com prazo determinado, uma vez prorrogado o prazo inicial, tácita ou expressamente, torna-se a prazo indeterminado.

§ 3º Considera-se por prazo indeterminado todo contrato que suceder, dentro de seis meses, a outro contrato, com ou sem determinação de prazo.

▶ §§ 1º a 3º acrescidos pela Lei nº 8.420, de 8-5-1992.

Art. 28. O representante comercial fica obrigado a fornecer ao representado, segundo as disposições do contrato ou, sendo este omisso, quando lhe for solicitado, informações detalhadas sobre o andamento dos negócios a seu cargo, devendo dedicar-se à representação, de modo a expandir os negócios do representado e promover os seus produtos.

Art. 29. Salvo autorização expressa, não poderá o representante conceder abatimentos, descontos ou dilações, nem agir em desacordo com as instruções do representado.

Art. 30. Para que o representante possa exercer a representação em juízo, em nome do representado, requer-se mandato expresso. Incumbir-lhe-á, porém, tomar conhecimento das reclamações atinentes aos negócios, transmitindo-as ao representado e sugerindo as providências acauteladoras do interesse deste.

Parágrafo único. O representante, quanto aos atos que praticar, responde segundo as normas do contrato e, sendo este omisso, na conformidade do direito comum.

Art. 31. Prevendo o contrato de representação a exclusividade de zona ou zonas, ou quando este for omisso, fará jus o representante à comissão pelos negócios aí realizados, ainda que diretamente pelo representado ou por intermédio de terceiros.

Parágrafo único. A exclusividade de representação não se presume na ausência de ajustes expressos.

▶ Art. 31 com a redação dada pela Lei nº 8.420, de 8-5-1992.
▶ Arts. 711 e 714 do CC.

Art. 32. O representante comercial adquire o direito às comissões quando do pagamento dos pedidos ou propostas.

▶ *Caput* com a redação dada pela Lei nº 8.420, de 8-5-1992.

§ 1º O pagamento das comissões deverá ser efetuado até o dia quinze do mês subsequente ao da liquidação da fatura, acompanhada das respectivas cópias das notas fiscais.

§ 2º As comissões pagas fora do prazo previsto no parágrafo anterior deverão ser corrigidas monetariamente.

§ 3º É facultado ao representante comercial emitir títulos de créditos para cobrança de comissões.

§ 4º As comissões deverão ser calculadas pelo valor total das mercadorias.

§ 5º Em caso de rescisão injusta do contrato por parte do representado, a eventual retribuição pendente, gerada por pedidos em carteira ou em fase de execução e recebimento, terá vencimento na data da rescisão.

§ 6º VETADO.

§ 7º São vedadas na representação comercial alterações que impliquem, direta ou indiretamente, a diminuição da média dos resultados auferidos pelo representante nos últimos seis meses de vigência.

▶ §§ 1º a 7º acrescidos pela Lei nº 8.420, de 8-5-1992.

Art. 33. Não sendo previstos, no contrato de representação, os prazos para recusa das propostas ou pedidos, que hajam sido entregues pelo representante, acompanhados dos requisitos exigíveis, ficará o representado obrigado a creditar-lhe a respectiva comissão, se não manifestar a recusa, por escrito, nos prazos de quinze, trinta, sessenta ou cento e vinte dias, conforme se trate de comprador domiciliado, respectivamente, na mesma praça, em outra do mesmo Estado, em outro Estado ou no estrangeiro.

▶ Art. 42, § 4º, desta Lei.

§ 1º Nenhuma retribuição será devida ao representante comercial, se a falta de pagamento resultar de insolvência do comprador, bem como se o negócio vier a ser por ele desfeito ou for sustada a entrega de mercadorias devido à situação comercial do comprador, capaz de comprometer ou tornar duvidosa a liquidação.

§ 2º Salvo ajuste em contrário, as comissões devidas serão pagas mensalmente, expedindo o representado a conta respectiva, conforme cópias das faturas remetidas aos compradores, no respectivo período.

§ 3º Os valores das comissões para efeito tanto do pré-aviso como da indenização, prevista nesta Lei, deverão ser corrigidos monetariamente.

▶ § 3º acrescido pela Lei nº 8.420, de 8-5-1992.

Art. 34. A denúncia, por qualquer das partes, sem causa justificada, do contrato de representação, ajustado por tempo indeterminado e que haja vigorado por mais de seis meses, obriga o denunciante, salvo outra garantia prevista no contrato, à concessão de pré-aviso, com antecedência mínima de trinta dias, ou ao pagamento de importância igual a um terço das comissões auferidas pelo representante, nos três meses anteriores.

▶ Art. 720 do CC.

Art. 35. Constituem motivos justos para rescisão do contrato de representação comercial, pelo representado:

a) a desídia do representante no cumprimento das obrigações decorrentes do contrato;
b) a prática de atos que importem em descrédito comercial do representado;
c) a falta de cumprimento de quaisquer obrigações inerentes ao contrato de representação comercial;
d) a condenação definitiva por crime considerado infamante;
e) força maior.

Art. 36. Constituem motivos justos para rescisão do contrato de representação comercial, pelo representante:

a) redução de esfera de atividade do representante em desacordo com as cláusulas do contrato;
b) a quebra, direta ou indireta, da exclusividade, se prevista no contrato;
c) a fixação abusiva de preços em relação à zona do representante, com o exclusivo escopo de impossibilitar-lhe ação regular;
d) o não pagamento de sua retribuição na época devida;
e) força maior.

Art. 37. Somente ocorrendo motivo justo para rescisão do contrato, poderá o representado reter comissões devidas ao representante, com o fim de ressarcir-se de danos por este causados e, bem assim, nas hipóteses previstas no artigo 35, a título de compensação.

Art. 38. Não serão prejudicados os direitos dos representantes comerciais quando, a título de cooperação, desempenhem, temporariamente, a pedido do representado, encargos ou atribuições diversos dos previstos no contrato de representação.

Art. 39. Para julgamento das controvérsias que surgirem entre representante e representado é competente a Justiça Comum e o Foro do domicílio do representante, aplicando-se o procedimento sumário previsto no artigo 275 do Código de Processo Civil, ressalvada a competência do Juizado de Pequenas Causas.

▶ Artigo com a redação dada pela Lei nº 8.420, de 8-5-1992.

Art. 40. Dentro de cento e oitenta dias da publicação da presente Lei, serão formalizadas, entre representado e representantes, em documento escrito, as condições das representações comerciais vigentes.

Parágrafo único. A indenização devida pela rescisão dos contratos de representação comercial vigentes na data desta Lei, fora dos casos previstos no artigo 35, e quando as partes não tenham usado da faculdade prevista neste artigo, será calculada, sobre a retribuição percebida, pelo representante, nos últimos cinco anos anteriores à vigência desta Lei.

Art. 41. Ressalvada expressa vedação contratual, o representante comercial poderá exercer sua atividade para mais de uma empresa e empregá-la em outros misteres ou ramos de negócios.

Art. 42. Observadas as disposições constantes do artigo anterior, é facultado ao representante contratar com outros representantes comerciais a execução dos serviços relacionados com a representação.

§ 1º Na hipótese deste artigo, o pagamento das comissões a representante comercial contratado dependerá da liquidação da conta de comissão devida pelo representando ao representante contratante.

§ 2º Ao representante contratado, no caso de rescisão de representação, será devida pelo representante contratante a participação no que houver recebido da representada a título de indenização e aviso prévio, proporcionalmente às retribuições auferidas pelo representante contratado na vigência do contrato.

§ 3º Se o contrato referido no *caput* deste artigo for rescindido sem motivo justo pelo representante contratante, o representante contratado fará jus ao aviso prévio e indenização na forma da lei.

§ 4º Os prazos de que trata o artigo 33 desta Lei são aumentados em dez dias quando se tratar de contrato realizado entre representantes comerciais.

Art. 43. É vedada no contrato de representação comercial a inclusão de cláusulas *del credere*.

Art. 44. No caso de falência do representado as importâncias por ele devidas ao representante comercial, relacionadas com a representação, inclusive comissões vencidas e vincendas, indenização e aviso prévio, serão consideradas créditos da mesma natureza dos créditos trabalhistas.

Parágrafo único. Prescreve em cinco anos a ação do representante comercial para pleitear a retribuição que lhe é devida e os demais direitos que lhe são garantidos por esta Lei.

Art. 45. Não constitui motivo justo para rescisão do contrato de representação comercial o impedimento temporário do representante comercial que estiver em gozo do benefício de auxílio-doença concedido pela Previdência Social.

Art. 46. Os valores a que se referem a alínea *j* do artigo 27, o § 5º do artigo 32 e o artigo 34 desta Lei serão corrigidos monetariamente com base na variação dos BTNs ou por outro indexador que venha a substituí-los e legislação ulterior aplicável à matéria.

Art. 47. Compete ao Conselho Federal dos Representantes Comerciais fiscalizar a execução da presente Lei.

Parágrafo único. Em caso de inobservância das prescrições legais, caberá intervenção do Conselho Federal nos Conselhos Regionais, por decisão da Diretoria do primeiro, *ad referendum* da reunião plenária, assegurado, em qualquer caso, o direito de defesa. A intervenção cessará quando do cumprimento da Lei.

▶ Arts. 41 a 47 acrescidos pela Lei nº 8.420, de 8-5-1992.

Art. 48. Esta Lei entra em vigor na data de sua publicação.

Art. 49. Revogam-se as disposições em contrário.

▶ Arts. 48 e 49 renumerados em virtude dos acréscimos promovidos pela Lei nº 8.420, de 8-5-1992.

Brasília, 9 de dezembro de 1965;
144º da Independência e
77º da República.

H. Castello Branco

DECRETO Nº 57.595, DE 7 DE JANEIRO DE 1966

Promulga as Convenções para adoção de uma Lei Uniforme em matéria de cheques.

▶ Publicado no *DOU* de 17-1-1966.
▶ Lei nº 7.357, de 2-9-1985 (Lei do Cheque).
▶ Dec. nº 1.240, de 15-9-1994, aprova a Convenção Interamericana sobre conflitos de leis em matéria de cheques.

O Presidente da República:

Havendo o Governo brasileiro, por nota da Legação em Berna, datada de 26 de agosto de 1942, ao Secretário-Geral da Liga das Nações, aderido às seguintes Convenções assinadas em Genebra, a 19 de março de 1931:

1ª) Convenção para adoção de uma Lei Uniforme sobre cheques, Anexos e Protocolo, com reservas aos artigos 2, 3, 4, 5, 6, 7, 8, 9, 10, 11, 12, 14, 15, 16, 17, 18, 19, 20, 21, 23, 25, 26, 29 e 30 do Anexo II;

2ª) Convenção destinada a regular certos conflitos de leis em matéria de cheques e Protocolo;

3ª) Convenção relativa ao Imposto de Selo em matéria de cheques e Protocolo;

Havendo as referidas Convenções entrado em vigor para o Brasil noventa dias após a data do registro pela Secretaria-Geral da Liga das Nações, isto é, a 26 de novembro de 1942;

E havendo o Congresso Nacional aprovado pelo Decreto Legislativo nº 54, de 1964, as referidas Convenções:

Decreta que as mesmas, apensas por cópia ao presente Decreto, sejam executadas e cumpridas tão inteiramente como nelas se contém, observadas as reservas feitas à Convenção relativa à Lei Uniforme sobre cheques.

Brasília, 7 de janeiro de 1966;
145º da Independência e
78º da República.

H. Castello Branco

CONVENÇÃO PARA ADOÇÃO DE UMA LEI UNIFORME EM MATÉRIA DE CHEQUES

O Presidente do Reich Alemão; O Presidente Federal da República Austríaca; Sua Majestade o Rei dos Belgas; Sua Majestade o Rei da Dinamarca e da Islândia; O Presidente da República da Polônia pela Cidade Livre de Dantzig; O Presidente da República do Equador; Sua Majestade o Rei da Espanha; O Presidente da República da Finlândia; O Presidente da República Francesa; O Presidente da República Helênica; Sua Alteza Sereníssima o Regente do Reino da Hungria; Sua Majestade o Rei da Itália; Sua Majestade o Imperador do Japão; Sua Alteza Real a Grã-Duquesa do Luxemburgo; O Presidente dos Estados Unidos do México; Sua Alteza Sereníssima o Príncipe de Mônaco; Sua Majestade o Rei da Noruega; Sua Majestade a Rainha da Holanda; O Presidente da República da Polônia; O Presidente da República Portuguesa; Sua Majestade o Rei da Rumânia; Sua Majestade o Rei da Suécia; O Conselho Federal Suíço; O Presidente da República Tchecoslovaca; O Presidente da República Turca; Sua Majestade o Rei da Iugoslávia,

Desejando evitar as dificuldades originadas pela diversidade de legislação nos vários países em que os cheques circulam e aumentar assim a segurança e rapidez das relações do comércio internacional,

Designaram como seus plenipotenciários,

Os quais, depois de terem apresentado os seus plenos poderes, achados em boa e devida forma, acordaram nas disposições seguintes:

Artigo 1º

As Altas Partes Contratantes obrigam-se a adotar nos territórios respectivos, quer num dos textos originais, quer nas suas línguas nacionais, a Lei Uniforme que constitui o Anexo I da presente Convenção.

Esta obrigação poderá ficar subordinada a certas reservas, que deverão eventualmente ser formuladas por cada uma das Altas Partes Contratantes no momento da sua ratificação ou adesão. Estas reservas deverão ser escolhidas entre as mencionadas no Anexo II da presente Convenção.

Todavia, as reservas a que se referem os artigos 9º, 22, 27 e 30 do citado Anexo II poderão ser feitas posteriormente à ratificação ou adesão, desde que sejam notificadas ao Secretário-Geral da Sociedade das Nações, o qual imediatamente comunicará o seu texto aos membros da Sociedade das Nações e aos Estados não membros em cujo nome tenha sido ratificada a presente Convenção ou que a ela tenham aderido. Essas reservas só produzirão efeitos noventa dias depois de o Secretário-Geral ter recebido a referida notificação.

Qualquer das Altas Partes Contratantes poderá, em caso de urgência, fazer uso, depois da ratificação ou da adesão, das reservas indicadas nos artigos 17 e 28 do referido Anexo II. Neste caso deverá comunicar essas reservas direta e imediatamente a todas as outras Altas Partes Contratantes e ao Secretário-Geral da Sociedade das Nações. Esta notificação produzirá os seus efeitos dois dias depois de recebida a dita comunicação pelas Altas Partes Contratantes.

Artigo 2º

A Lei Uniforme não será aplicável no território de cada uma das Altas Partes Contratantes aos cheques já passados à data da entrada em vigor da presente Convenção.

Artigo 3º

A presente Convenção, cujos textos em francês e inglês farão ambos igualmente fé, terá a data de hoje.

Poderá ser ulteriormente assinada, até 15 de julho de 1931, em nome de qualquer membro da Sociedade das Nações e qualquer Estado não membro.

Artigo 4º

A presente Convenção será ratificada.

Os instrumentos de ratificação serão transmitidos, antes de 1º de setembro de 1933, ao Secretário-Geral da Sociedade das Nações, que notificará imediatamente do seu depósito todos os membros da Sociedade das Nações e os Estados não membros em nome dos quais a presente Convenção tenha sido assinada ou que a ela tenham aderido.

Artigo 5º

A partir de 15 de julho de 1931, qualquer membro da Sociedade das Nações e qualquer Estado não membro poderá aderir à presente Convenção.

Esta adesão efetuar-se-á por meio de notificação ao Secretário-Geral da Sociedade das Nações, que será depositada nos Arquivos do Secretariado.

O Secretário-Geral notificará imediatamente desse depósito todos os membros da Sociedade das Nações e os Estados não membros em nome dos quais a presente Convenção tenha sido assinada ou que a ela tenham aderido.

Artigo 6º

A presente Convenção somente entrará em vigor depois de ter sido ratificada ou de a ela terem aderido sete membros da Sociedade das Nações ou Estados não membros, entre os quais deverão figurar três dos membros da Sociedade das Nações com representação permanente no Conselho.

Começará a vigorar noventa dias depois de recebida pelo Secretário-Geral da Sociedade das Nações a sétima ratificação ou adesão, em conformidade com o disposto na alínea primeira do presente artigo.

O Secretário-Geral da Sociedade das Nações, nas notificações previstas nos artigos 4º e 5º, fará menção especial de terem sido recebidas as ratificações ou adesões a que se refere a alínea primeira do presente artigo.

Artigo 7º

As ratificações ou adesões, após a entrada em vigor da presente Convenção, em conformidade com o disposto no artigo 6º, produzirão os seus efeitos noventa dias depois da data da sua recepção pelo Secretário-Geral da Sociedade das Nações.

Artigo 8º

Exceto nos casos de urgência, a presente Convenção não poderá ser denunciada antes de decorrido um prazo de dois anos a contar da data em que tiver começado a vigorar para o membro da Sociedade das Nações ou para o Estado não membro que a denuncia; esta denúncia produzirá os seus efeitos noventa dias depois de recebida pelo Secretário-Geral a respectiva notificação.

Qualquer denúncia será imediatamente comunicada pelo Secretário-Geral da Sociedade das Nações a todas as Altas Partes Contratantes.

Nos casos de urgência a Alta Parte Contratante que efetuar a denúncia comunicará esse fato direta e imediatamente a todas as outras Altas Partes Contratantes, e a denúncia produzirá os seus efeitos dois dias depois de recebida a dita comunicação pelas respectivas Altas Partes Contratantes. A Alta Parte Contratante que fizer a denúncia nestas condições dará igualmente conhecimento da sua decisão ao Secretário-Geral da Sociedade das Nações.

Qualquer denúncia só produzirá efeitos em relação à Alta Parte Contratante em nome da qual ela tenha sido feita.

Artigo 9º

Decorrido um prazo de quatro anos da entrada em vigor da presente Convenção, qualquer membro da Sociedade das Nações ou Estado não membro a ela ligado poderá formular ao Secretário-Geral da Sociedade das Nações um pedido de revisão de algumas ou de todas as disposições da Convenção.

Se este pedido, comunicado aos outros membros ou Estados não membros para os quais a Convenção estiver então em vigor, for apoiado dentro do prazo de um ano por seis, pelo menos, dentre eles, o Conselho da Sociedade das Nações decidirá se deve ser convocada uma Conferência para aquele fim.

Artigo 10

Qualquer das Altas Partes Contratantes poderá declarar no momento da assinatura, da ratificação ou da adesão que, aceitando a presente Convenção, não assume nenhuma obrigação pelo que respeita a todas ou parte das suas colônias, protetorados ou territórios sob a sua soberania ou mandato, caso em que a presente Convenção se não aplicará aos territórios mencionados nessa declaração. Qualquer das Altas Partes Contratantes poderá, posteriormente, comunicar ao Secretário-Geral da Sociedade das Nações o seu desejo de que a presente Convenção se aplique a todos ou parte dos seus territórios que tenham sido objeto da declaração prevista na alínea precedente, e nesse caso a presente Convenção aplicar-se-á aos territórios mencionados nessa comunicação noventa dias depois desta ter sido recebida pelo Secretário-Geral da Sociedade das Nações.

As Altas Partes Contratantes reservam-se igualmente o direito, nos termos do artigo 8º, de denunciar a presente Convenção pelo que se refere a todas ou parte das suas colônias, protetorados ou territórios sob a sua soberania ou mandato.

Artigo 11

A presente Convenção será registrada pelo Secretário-Geral da Sociedade das Nações desde que entre em vigor.

Em fé do que os plenipotenciários acima designados assinaram a presente Convenção.

Feito em Genebra, aos dezenove de março de mil novecentos e trinta e um, num só exemplar, que será depositado nos arquivos do Secretariado da Sociedade das Nações. Será transmitida cópia autêntica a todos os membros da Sociedade das Nações e a todos os Estados não membros representados na Conferência.

Alemanha: L. Quassowski, Doutor Albrecht, Erwin Patzold; Áustria: Dr. Guido Strobele; Bélgica: De La Vallée Poussin; Dinamarca: Helper, V. Efgtved; Cidade Livre de Dantzig: Jósef Sulkowski; Equador: Alej. Gastelú; Espanha: Francisco Bernis; Finlândia: F. Gruvall; França: Percerou; Grécia: R. Raphael, A. Contoumas; Hungria: Pelénvi; Itália: Amedeo, Giannini, Giovanni Zappala; Japão: N. Kawashima, Ukitsu Tanaka; Luxemburgo: Ch. G. Vermaire; México: Antonio Castro-Leal; Mônaco: C. Hentsch, Ad referendum; Noruega: Stub Holmboe; Holanda: J. Kosters; Polônia: Jósef Sulkowski; Portugal: José Caieiro da Mata; Rumânia: C. Antoniade; Suécia: E. Marks von Wurtemberg, Birger Ekeberg, K. Dahlberg; Sob reserva de ratificação por S. M. o Rei da Suécia, com a aprovação do Riksdag; Suíça: Vischer Hulftegger; Tchecoslováquia: Dr. Karel Hermann-Otavsky; Turquia: Cemal Husnu; Iugoslávia: I. Choumenkovitch.

ANEXO I
LEI UNIFORME RELATIVA AO CHEQUE

Capítulo I

DA EMISSÃO E FORMA DO CHEQUE

Artigo 1º

O cheque contém:

1º) A palavra "cheque" inserta no próprio texto do título e expressa na língua empregada para a redação deste título;
2º) O mandato puro e simples de pagar uma quantia determinada;
3º) O nome de quem deve pagar (sacado);
4º) A indicação do lugar em que o pagamento se deve efetuar;
5º) A indicação da data em que e do lugar onde o cheque é passado;
6º) A assinatura de quem passa o cheque (sacador).

Artigo 2º

O título a que faltar qualquer dos requisitos enumerados no artigo precedente não produz efeito como cheque, salvo nos casos determinados nas alíneas seguintes:

Na falta de indicação especial, o lugar designado ao lado do nome do sacado considera-se como sendo o lugar de pagamento. Se forem indicados vários lugares ao lado do nome do sacado, o cheque é pagável no primeiro lugar indicado.

Na ausência destas indicações ou de qualquer outra indicação, o cheque é pagável no lugar em que o sacado tem o seu estabelecimento principal.

O cheque sem indicação do lugar da sua emissão considera-se passado no lugar designado ao lado do nome do sacador.

Artigo 3º

O cheque é sacado sobre um banqueiro que tenha fundos à disposição do sacador e em harmonia com uma convenção expressa ou tácita, segundo a qual o sacador tem o direito de dispor desses fundos por meio de cheque. A validade do título como cheque não fica, todavia, prejudicada no caso de inobservância destas prescrições.

Artigo 4º

O cheque não pode ser aceito. A menção de aceite lançada no cheque considera-se como não escrita.

Artigo 5º

O cheque pode ser feito pagável:

A uma determinada pessoa, com ou sem cláusula expressa "à ordem";

A uma determinada pessoa, com a cláusula "não à ordem" ou outra equivalente;

Ao portador.

O cheque passado a favor duma determinada pessoa, mas que contenha a menção "ou ao portador", ou outra equivalente, é considerado como cheque ao portador.

O cheque sem indicação do beneficiário é considerado como cheque ao portador.

Artigo 6º

O cheque pode ser passado à ordem do próprio sacador.

O cheque pode ser sacado por conta de terceiro.

O cheque não pode ser passado sobre o próprio sacador, salvo no caso em que se trate dum cheque sacado por um estabelecimento sobre outro estabelecimento, ambos pertencentes ao mesmo sacador.

Artigo 7º

Considera-se como não escrita qualquer estipulação de juros inserta no cheque.

Artigo 8º

O cheque pode ser pagável no domicílio de terceiro, quer na localidade onde o sacado tem o seu domicílio, quer numa outra localidade, sob a condição no entanto de que o terceiro seja banqueiro.

Artigo 9º

O cheque cuja importância for expressa por extenso e em algarismos vale, em caso de divergência, pela quantia designada por extenso.

O cheque cuja importância for expressa várias vezes, quer por extenso, quer em algarismos, vale, em caso de divergência, pela menor quantia indicada.

Artigo 10

Se o cheque contém assinaturas de pessoas incapazes de se obrigarem por cheque, assinaturas falsas, assinaturas de pessoas fictícias, ou assinaturas que por qualquer outra razão não poderiam obrigar as pessoas que assinarem o cheque, ou em nome das quais ele foi assinado, as obrigações dos outros signatários não deixam por esse fato de ser válidas.

Artigo 11

Todo aquele que apuser a sua assinatura num cheque, como representante duma pessoa, para representar a qual não tinha de fato poderes, fica obrigado em virtude do cheque e, se o pagar, tem os mesmos direitos que o pretendido representado. A mesma regra se aplica ao representante que tenha excedido os seus poderes.

Artigo 12

O sacador garante o pagamento. Considera-se como não escrita qualquer declaração pela qual o sacador se exima a esta garantia.

Artigo 13

Se um cheque incompleto no momento de ser passado tiver sido completado contrariamente aos acordos realizados, não pode a inobservância desses acordos ser motivo de oposição ao portador, salvo se este tiver adquirido o cheque de má-fé ou, adquirindo-o, tenha cometido uma falta grave.

Capítulo II

DA TRANSMISSÃO

Artigo 14

O cheque estipulado pagável a favor duma determinada pessoa, com ou sem cláusula expressa "à ordem", é transmissível por via de endosso.

O cheque estipulado pagável a favor duma determinada pessoa, com a cláusula "não à ordem" ou outra equivalente, só é transmissível pela forma e com os efeitos duma cessão ordinária.

O endosso deve ser puro e simples, a favor do sacador ou de qualquer outro coobrigado. Essas pessoas podem endossar novamente o cheque.

Artigo 15

O endosso deve ser puro e simples. Considera-se como não escrita qualquer condição a que ele esteja subordinado.

É nulo o endosso parcial.

É nulo igualmente o endosso feito pelo sacado.

O endosso ao portador vale como endosso em branco.

O endosso ao sacado só vale como quitação, salvo no caso de o sacado ter vários estabelecimentos e de o endosso ser feito em benefício de um estabelecimento diferente daquele sobre o qual o cheque foi sacado.

Artigo 16

O endosso deve ser escrito no cheque ou numa folha ligada a este (Anexo). Deve ser assinado pelo endossante.

O endosso pode não designar o beneficiário ou consistir simplesmente na assinatura do endossante (endosso em branco). Neste último caso o endosso, para ser válido, deve ser escrito no verso do cheque ou na folha anexa.

Artigo 17

O endosso transmite todos os direitos resultantes do cheque.

Se o endosso é em branco, o portador pode:

1º) Preencher o espaço em branco, quer com o seu nome, quer com o nome de outra pessoa;
2º) Endossar o cheque de novo em branco ou a outra pessoa;
3º) Transferir o cheque a um terceiro sem preencher o espaço em branco nem o endossar.

Artigo 18

Salvo estipulação em contrário, o endossante garante o pagamento.

O endossante pode proibir um novo endosso, e neste caso não garante o pagamento às pessoas a quem o cheque for posteriormente endossado.

Artigo 19

O detentor de um cheque endossável é considerado portador legítimo se justifica o seu direito por uma série ininterrupta de endossos, mesmo se o último for em branco. Os endossos riscados são, para este efeito, considerados como não escritos. Quando o endosso em branco é seguido de um outro endosso, presume-se que o signatário deste adquiriu o cheque pelo endosso em branco.

Artigo 20

Um endosso num cheque passado ao portador torna o endossante responsável nos termos das disposições que regulam o direito de ação, mas nem por isso converte o título num cheque à ordem.

Artigo 21

Quando uma pessoa foi por qualquer maneira desapossada de um cheque, o detentor a cujas mãos ele foi parar – quer se trate de um cheque ao portador, quer se trate de um cheque endossável em relação ao qual o detentor justifique o seu direito pela forma indicada no artigo 19 – não é obrigado a restituí-lo, a não ser que o tenha adquirido de má-fé, ou que, adquirindo-o, tenha cometido uma falta grave.

Artigo 22

As pessoas acionadas em virtude de um cheque não podem opor ao portador as exceções fundadas sobre as relações pessoais delas com o sacador, ou com os portadores anteriores, salvo se o portador ao adquirir o cheque tiver procedido conscientemente em detrimento do devedor.

Artigo 23

Quando um endosso contém a menção "valor a cobrar" (valeur en recouvrement), "para cobrança" (pour encaissement), "por procuração" (par procuration), ou qualquer outra menção que implique um simples mandato, o portador pode exercer todos os direitos resultantes do cheque, mas só pode endossá-lo na qualidade de procurador.

Os coobrigados neste caso só podem invocar contra o portador as exceções que eram oponíveis ao endossante.

O mandato que resulta de um endosso por procuração não se extingue por morte ou pela superveniência de incapacidade legal do mandatário.

Artigo 24

O endosso feito depois de protesto ou uma declaração equivalente, ou depois de ter terminado o prazo para apresentação, produz apenas os efeitos de uma cessão ordinária.

Salvo prova em contrário, presume-se que um endosso sem data haja sido feito antes do protesto ou das declarações equivalentes ou antes de findo o prazo indicado na alínea precedente.

Capítulo III

DO AVAL

Artigo 25

O pagamento de um cheque pode ser garantido no todo ou em parte do seu valor por um aval.

Esta garantia pode ser dada por um terceiro, excetuado o sacado, ou mesmo por um signatário do cheque.

Artigo 26

O aval é dado sobre o cheque ou sobre a folha anexa.

Exprime-se pelas palavras "bom para aval", ou por qualquer outra fórmula equivalente; é assinado pelo avalista.

Considera-se como resultante da simples aposição da assinatura do avalista na face do cheque, exceto quando se trate da assinatura do sacador.

O aval deve indicar a quem é prestado. Na falta desta indicação considera-se prestado ao sacador.

Artigo 27

O avalista é obrigado da mesma forma que a pessoa que ele garante.

A sua responsabilidade subsiste ainda mesmo que a obrigação que ele garantiu fosse nula por qualquer razão que não seja um vício de forma.

Pagando o cheque, o avalista adquire os direitos resultantes dele contra o garantido e contra os obrigados para com este em virtude do cheque.

Capítulo IV

DA APRESENTAÇÃO E DO PAGAMENTO

Artigo 28

O cheque é pagável à vista. Considera-se como não escrita qualquer menção em contrário.

O cheque apresentado a pagamento antes do dia indicado como data da emissão é pagável no dia da apresentação.

Artigo 29

O cheque pagável no país onde foi passado deve ser apresentado a pagamento no prazo de oito dias.

O cheque passado num país diferente daquele em que é pagável deve ser apresentado respectivamente num prazo de vinte dias ou de setenta dias, conforme o lugar de emissão e o lugar de pagamento se encontrem situados na mesma ou em diferentes partes do mundo.

Para este efeito os cheques passados num país europeu e pagáveis num país à beira do Mediterrâneo, ou vice-versa, são considerados como passados e pagáveis na mesma parte do mundo.

Os prazos acima indicados começam a contar-se do dia indicado no cheque como data da emissão.

Artigo 30

Quando o cheque for passado num lugar e pagável noutro em que se adote um calendário diferente, a data da emissão será o dia correspondente no calendário do lugar do pagamento.

Artigo 31

A apresentação do cheque a uma câmara de compensação equivale à apresentação a pagamento.

Artigo 32

A revogação do cheque só produz efeito depois de findo o prazo de apresentação.

Se o cheque não tiver sido revogado, o sacado pode pagá-lo mesmo depois de findo o prazo.

Artigo 33

A morte do sacador ou a sua incapacidade posterior à emissão do cheque não invalidam os efeitos deste.

Artigo 34

O sacador pode exigir, ao pagar o cheque, que este lhe seja entregue munido de recibo passado pelo portador.

O portador não pode recusar um pagamento parcial.

No caso de pagamento parcial, o sacado pode exigir que desse pagamento se faça menção no cheque e que lhe seja entregue o respectivo recibo.

Artigo 35

O sacado que paga um cheque endossável é obrigado a verificar a regularidade da sucessão dos endossos, mas não a assinatura dos endossantes.

Artigo 36

Quando um cheque é pagável numa moeda que não tem curso no lugar do pagamento, a sua importância pode ser paga, dentro do prazo da apresentação do cheque, na moeda do país em que é apresentado, segundo o seu valor no dia do pagamento. Se o pagamento não foi efetuado à apresentação, o portador pode, à sua escolha, pedir que o pagamento da importância do cheque na moeda do país em que é apresentado seja efetuado ao câmbio, quer do dia da apresentação, quer do dia do pagamento.

A determinação do valor da moeda estrangeira será feita segundo os usos do lugar de pagamento. O sacador pode, todavia, estipular que a soma a pagar seja calculada segundo uma taxa indicada no cheque.

As regras acima indicadas não se aplicam ao caso em que o sacador tenha estipulado que o pagamento deverá ser efetuado numa certa moeda especificada (cláusula de pagamento efetivo em moeda estrangeira).

Se a importância do cheque for indicada numa moeda que tenha a mesma denominação mas valor diferente no país de emissão e no de pagamento, presume-se que se fez referência à moeda do lugar de pagamento.

Capítulo V

DOS CHEQUES CRUZADOS E CHEQUES A LEVAR EM CONTA

Artigo 37

O sacador ou o portador dum cheque pode cruzá-lo, produzindo assim os efeitos indicados no artigo seguinte.

O cruzamento efetua-se por meio de duas linhas paralelas traçadas na face do cheque e pode ser geral ou especial.

O cruzamento é geral quando consiste apenas nos dois traçados paralelos, ou se entre eles está escrita a palavra "banqueiro" ou outra equivalente; é especial quando tem escrito entre os dois traços o nome dum banqueiro.

O cruzamento geral pode ser convertido em cruzamento especial, mas este não pode ser convertido em cruzamento geral.

A inutilização do cruzamento ou do nome do banqueiro indicado considera-se como não feita.

Artigo 38

Um cheque com cruzamento geral só pode ser pago pelo sacado a um banqueiro ou a um cliente do sacado.

Um cheque com cruzamento especial só pode ser pago pelo sacado ao banqueiro designado, ou, se este é o sacado, ao seu cliente. O banqueiro designado pode, contudo, recorrer a outro banqueiro para liquidar o cheque.

Um banqueiro só pode adquirir um cheque cruzado a um dos seus clientes ou a outro banqueiro. Não pode cobrá-lo por conta doutras pessoas que não sejam as acima indicadas.

Um cheque que contenha vários cruzamentos especiais só poderá ser pago pelo sacado no caso de se tratar de dois cruzamentos, dos quais um para liquidação por uma câmara de compensação.

O sacado ou o banqueiro que deixar de observar as disposições acima referidas é responsável pelo prejuízo que daí possa resultar até uma importância igual ao valor do cheque.

Artigo 39

O sacador ou o portador dum cheque podem proibir o seu pagamento em numerário inserindo na face do cheque transversalmente a menção "para levar em conta", ou outra equivalente.

Neste caso o sacado só pode fazer a liquidação do cheque por lançamento de escrita (crédito em conta, transferência duma conta para outra ou compensação). A liquidação por lançamento de escrita vale como pagamento.

A inutilização da menção "para levar em conta" considera-se como não feita.

O sacado que deixar de observar as disposições acima referidas é responsável pelo prejuízo que daí possa resultar até uma importância igual ao valor do cheque.

Capítulo VI
DA AÇÃO POR FALTA DE PAGAMENTO

Artigo 40

O portador pode exercer os seus direitos de ação contra os endossantes, sacador e outros coobrigados, se o cheque, apresentado em tempo útil, não for pago e se a recusa de pagamento for verificada:

1º) quer por um ato formal (protesto);
2º) quer por uma declaração do sacado, datada e escrita sobre o cheque, com a indicação do dia em que este foi apresentado;
3º) quer por uma declaração datada duma câmara de compensação, constatando que o cheque foi apresentado em tempo útil e não foi pago.

Artigo 41

O protesto ou declaração equivalente devem ser feitos antes de expirar o prazo para a apresentação.

Se o cheque for apresentado no último dia do prazo, o protesto ou a declaração equivalente podem ser feitos no primeiro dia útil seguinte.

Artigo 42

O portador deve avisar da falta de pagamento o seu endossante e o sacador, dentro dos quatro dias úteis que se seguirem ao dia do protesto, ou da declaração equivalente, ou que contiver a cláusula "sem despesas". Cada um dos endossantes deve por sua vez, dentro de dois dias úteis que se seguirem ao da recepção do aviso, informar o seu endossante do aviso que recebeu, indicando os nomes e endereços dos que enviaram os avisos precedentes, e assim contam-se a partir da recepção do aviso precedente.

Quando, em conformidade com o disposto na alínea anterior, se avisou um signatário do cheque, deve avisar-se igualmente o seu avalista dentro do mesmo prazo de tempo.

No caso de um endossante não ter indicado o seu endereço, ou de o ter feito de maneira ilegível, basta que o aviso seja enviado ao endossante que o precede.

A pessoa que tenha de enviar um aviso pode fazê-lo por qualquer forma, mesmo pela simples devolução do cheque.

Essa pessoa deverá provar que o aviso foi enviado dentro do prazo prescrito. O prazo considerar-se-á como tendo sido observado desde que a carta que contém o aviso tenha sido posta no correio dentro dele.

A pessoa que não der o aviso dentro do prazo acima indicado não perde os seus direitos. Será responsável pelo prejuízo, se o houver, motivado pela sua negligência, sem que a responsabilidade possa exceder o valor do cheque.

Artigo 43

O sacador, um endossante ou um avalista, pode, pela cláusula "sem despesas", "sem protesto", ou outra cláusula equivalente, dispensar o portador de estabelecer um protesto ou outra declaração equivalente para exercer os seus direitos de ação.

Essa cláusula não dispensa o portador da apresentação do cheque dentro do prazo prescrito nem tampouco dos avisos a dar. A prova da inobservância do prazo incumbe àquele que dela se prevaleça contra o portador.

Se a cláusula foi escrita pelo sacador, produz os seus efeitos em relação a todos os signatários do cheque; se for inserida por um endossante ou por um avalista, só produz efeito em relação a esse endossante ou avalista. Se, apesar da cláusula escrita pelo sacador, o portador faz o protesto ou a declaração equivalente, as respectivas despesas serão por conta dele. Quando a cláusula emanar de um endossante ou de um avalista, as despesas do protesto, ou da declaração equivalente, se for feito, podem ser cobradas de todos os signatários do cheque.

Artigo 44

Todas as pessoas obrigadas em virtude de um cheque são solidariamente responsáveis para com o portador.

O portador tem o direito de proceder contra essas pessoas, individual ou coletivamente, sem necessidade de observar a ordem segundo a qual elas se obrigaram.

O mesmo direito tem todo o signatário dum cheque que o tenha pago.

A ação intentada contra um dos coobrigados não obsta ao procedimento contra os outros, embora esses se tivessem obrigado posteriormente àquele que foi acionado em primeiro lugar.

Artigo 45

O portador pode reclamar daquele contra o qual exerceu o seu direito de ação:

1º) A importância do cheque não pago;
2º) Os juros à taxa de seis por cento desde o dia da apresentação;
3º) As despesas do protesto ou da declaração equivalente, as dos avisos feitos e as outras despesas.

Artigo 46

A pessoa que tenha pago o cheque pode reclamar daqueles que são responsáveis para com ele:

1º) A importância integral que pagou;
2º) Os juros da mesma importância, à taxa de seis por cento, desde o dia em que a pagou;
3º) As despesas por ela feitas.

Artigo 47

Qualquer dos coobrigados, contra o qual se intentou ou pode ser intentada uma ação, pode exigir, desde que reembolse o cheque, a sua entrega com o protesto ou declaração equivalente e um recibo.

Qualquer endossante que tenha pago o cheque pode inutilizar o seu endosso e os endossos dos endossantes subsequentes.

Artigo 48

Quando a apresentação do cheque, o seu protesto ou a declaração equivalente não puder efetuar-se dentro dos prazos indicados por motivo de obstáculo insuperável (prescrição legal declarada por um Estado qualquer ou caso de força maior), esses prazos serão prorrogados.

O portador deverá avisar imediatamente do caso de força maior o seu endossante e fazer menção datada e assinada desse aviso no cheque ou na folha anexa; para os demais aplicar-se-ão as disposições do artigo 42.

Desde que tenha cessado o caso de força maior, o portador deve apresentar imediatamente o cheque a pagamento, e, caso haja motivo para tal, fazer o protesto ou uma declaração equivalente.

Se o caso de força maior se prolongar além de quinze dias a contar da data em que o portador, mesmo antes de expirado o prazo para a apresentação, avisou o endossante do dito caso de força maior, podem promover-se ações sem que haja necessidade de apresentação, de protesto ou de declaração equivalente.

Não são considerados casos de força maior os fatos que sejam de interesse puramente pessoal do portador ou da pessoa por ele encarregada da apresentação do cheque ou de efetivar o protesto ou a declaração equivalente.

Capítulo VII

DA PLURALIDADE DE EXEMPLARES

Artigo 49

Excetuado o cheque ao portador, qualquer outro cheque emitido num país e pagável noutro país ou numa possessão ultramarina desse país, e vice-versa, ou ainda emitido e pagável na mesma possessão ou em diversas possessões ultramarinas do mesmo país, pode ser passado em vários exemplares idênticos. Quando um cheque é passado em vários exemplares, esses exemplares devem ser numerados no texto do próprio título, pois do contrário cada um será considerado como sendo um cheque distinto.

Artigo 50

O pagamento efetuado contra um dos exemplares é liberatório, mesmo quando não esteja estipulado que este pagamento anula o efeito dos outros.

O endossante que transmitiu os exemplares do cheque a várias pessoas, bem como os endossantes subsequentes, são responsáveis por todos os exemplares por eles assinados que não forem restituídos.

Capítulo VIII

DAS ALTERAÇÕES

Artigo 51

No caso de alteração do texto dum cheque, os signatários posteriores a essa alteração ficam obrigados nos termos do texto alterado; os signatários anteriores são obrigados nos termos do original.

Capítulo IX

DA PRESCRIÇÃO

Artigo 52

Toda a ação do portador contra os endossantes, contra o sacador ou contra os demais coobrigados prescreve decorridos que sejam seis meses, contados do termo do prazo de apresentação.

Toda a ação de um dos coobrigados no pagamento de um cheque contra os demais prescreve no prazo de seis meses, contados do dia em que ele tenha pago o cheque ou do dia em que ele próprio foi acionado.

Artigo 53

A interrupção da prescrição só produz efeito em relação à pessoa para a qual a interrupção foi feita.

Capítulo X

DISPOSIÇÕES GERAIS

Artigo 54

Na presente Lei a palavra "banqueiro" compreende também as pessoas ou instituições assimiladas por lei aos banqueiros.

Artigo 55

A apresentação e o protesto dum cheque só podem efetuar-se em dia útil.

Quando o último dia do prazo prescrito na lei para a realização dos atos relativos ao cheque, e principalmente para a sua apresentação ou estabelecimento do protesto ou dum ato equivalente, for feriado legal, esse prazo é prorrogado até ao primeiro dia útil que se seguir ao termo do mesmo. Os dias feriados intermédios são compreendidos na contagem do prazo.

Artigo 56

Os prazos previstos na presente Lei não compreendem o dia que marca o seu início.

Artigo 57

Não são admitidos dias de perdão, quer legal quer judicial.

ANEXO II

Artigo 1º

Qualquer das Altas Partes Contratantes pode prescrever que a obrigação de inserir nos cheques passados no seu território a palavra "cheque" prevista no artigo 1º, nº 1, da Lei Uniforme, e bem assim a obrigação, a que se refere o nº 5 do mesmo artigo, de indicar o lugar onde o cheque é passado, só se aplicarão seis meses após a entrada em vigor da presente Convenção.

Artigo 2º

Qualquer das Altas Partes Contratantes tem, pelo que respeita às obrigações contraídas em matéria de cheques no seu território, a faculdade de determinar de que maneira pode ser suprida a falta da assinatura, desde que por uma declaração autêntica escrita no cheque se possa constatar a vontade daquele que deveria ter assinado.

Artigo 3º

Por derrogação da alínea 3 do artigo 2º da Lei Uniforme qualquer das Altas Partes Contratantes tem a faculdade de prescrever que um cheque sem indicação do lugar de pagamento é considerado pagável no lugar onde foi passado.

Artigo 4º

Qualquer das Altas Partes Contratantes reserva-se a faculdade, quanto aos cheques passados e pagáveis no seu território, de decidir que os cheques sacados sobre pessoas que não sejam banqueiros ou entidades ou instituições assimiladas por lei aos banqueiros não são válidos como cheques.

Qualquer das Altas Partes Contratantes reserva-se igualmente a faculdade de inserir na sua lei nacional o artigo 3º da Lei Uniforme na forma e termos que melhor se adaptem ao uso que ela fizer das disposições da alínea precedente.

Artigo 5º

Qualquer das Altas Partes Contratantes tem a faculdade de determinar em que momento deve o sacador ter fundos disponíveis em poder do sacado.

Artigo 6º

Qualquer das Altas Partes Contratantes tem a faculdade de admitir que o sacado inscreva sobre o cheque uma menção de certificação, confirmação, visto ou outra declaração equivalente e de regular os seus efeitos jurídicos; tal menção não deve ter, porém, o efeito dum aceite.

Artigo 7º

Por derrogação dos artigos 5º e 14 da Lei Uniforme, qualquer das Altas Partes Contratantes reserva-se a faculdade de determinar, no que respeita aos cheques pagáveis no seu território que contenham a cláusula "não transmissível", que eles só podem ser pagos aos portadores que os tenham recebido com essa cláusula.

Artigo 8º

Qualquer das Altas Partes Contratantes reserva-se a faculdade de decidir se, fora dos casos previstos no artigo 6º da Lei Uniforme, um cheque pode ser sacado sobre o próprio sacador.

Artigo 9º

Por derrogação do artigo 6º da Lei Uniforme, qualquer das Altas Partes Contratantes, quer admita de uma maneira geral o cheque sacado sobre o próprio sacador (artigo 8º do presente Anexo), quer o admita somente no caso de múltiplos estabelecimentos (artigo 6º da Lei Uniforme), reserva-se o direito de proibir a emissão ao portador de cheques deste gênero.

Artigo 10

Qualquer das Altas Partes Contratantes, por derrogação do artigo 8º da Lei Uniforme, reserva-se a faculdade de admitir que um cheque possa ser pago no domicílio de terceiro que não seja banqueiro.

Artigo 11

Qualquer das Altas Partes Contratantes reserva-se a faculdade de não inserir na sua lei nacional o artigo 13 da Lei Uniforme.

Artigo 12

Qualquer das Altas Partes Contratantes reserva-se a faculdade de não aplicar o artigo 21 da Lei Uniforme pelo que respeita a cheques ao portador.

Artigo 13

Por derrogação do artigo 26 da Lei Uniforme qualquer das Altas Partes Contratantes tem a faculdade de admitir a possibilidade de ser dado um aval no seu território por ato separado em que se indique o lugar onde foi feito.

Artigo 14

Qualquer das Altas Partes Contratantes reserva-se a faculdade de prolongar o prazo fixado na alínea 1 do artigo 29 da Lei Uniforme e de determinar os prazos da apresentação pelo que respeita aos territórios submetidos à sua soberania ou autoridade.

Qualquer das Altas Partes Contratantes, por derrogação da alínea 2 do artigo 29 da Lei Uniforme, reserva-se a faculdade de prolongar os prazos previstos na referida alínea para os cheques emitidos e pagáveis em diferentes partes do mundo ou em diferentes países de outra parte do mundo que não seja a Europa.

Duas ou mais das Altas Partes Contratantes têm a faculdade, pelo que respeita aos cheques passados e pagáveis nos seus respectivos territórios, de acordarem entre si uma modificação dos prazos a que se refere a alínea 2 do artigo 29 da Lei Uniforme.

Artigo 15

Para os efeitos da aplicação do artigo 31 da Lei Uniforme, qualquer das Altas Partes Contratantes tem a faculdade de determinar as instituições que, segundo a lei nacional, devam ser consideradas câmaras de compensação.

Artigo 16

Qualquer das Altas Partes Contratantes, por derrogação do artigo 32 da Lei Uniforme, reserva-se a faculdade de, no que respeita aos cheques pagáveis no seu território:

a) Admitir a revogação do cheque mesmo antes de expirado o prazo de apresentação;
b) Proibir a revogação do cheque mesmo depois de expirado o prazo de apresentação.

Qualquer das Altas Partes Contratantes tem, além disso, a faculdade de determinar as medidas a tomar em caso de perda ou roubo dum cheque e de regular os seus efeitos jurídicos.

Artigo 17

Pelo que se refere aos cheques pagáveis no seu território, qualquer das Altas Partes Contratantes tem a faculdade de sustar, se o julgar necessário em circunstâncias excepcionais relacionadas com a taxa de câmbio da moeda nacional, os efeitos da cláusula prevista no artigo 36 da Lei Uniforme, relativa ao pagamento efetivo em moeda estrangeira. A mesma regra se aplica no que respeita à emissão no Território Nacional de cheques em moedas estrangeiras.

Artigo 18

Por derrogação dos artigos 37, 38 e 39 da Lei Uniforme, qualquer das Altas Partes Contratantes reserva-se a faculdade de só admitir na sua lei nacional os cheques cruzados ou os cheques para levar em conta. Todavia, os cheques cruzados e para levar em conta emitidos no estrangeiro e pagáveis no território de uma dessas Altas Partes Contratantes serão respectivamente considerados como cheques para levar em conta e como cheques cruzados.

Artigo 19

A Lei Uniforme não abrange a questão de saber se o portador tem direitos especiais sobre a provisão e quais são as consequências desses direitos.

O mesmo sucede relativamente a qualquer outra questão que diz respeito às relações jurídicas que serviram de base à emissão do cheque.

Artigo 20

Qualquer das Altas Partes Contratantes reserva-se a faculdade de não subordinar à apresentação do cheque e ao estabelecimento do protesto ou duma declaração equivalente em tempo útil a conservação do direito de ação contra o sacador, bem como a faculdade de determinar os efeitos dessa ação.

Artigo 21

Qualquer das Altas Partes Contratantes reserva-se a faculdade de determinar, pelo que respeita aos cheques pagáveis no seu território, que a verificação da recusa de pagamento prevista nos artigos 40 e 41 da Lei Uniforme, para a conservação do direito de ação deve ser obrigatoriamente feita por meio de protesto, com exclusão de qualquer outro ato equivalente.

Qualquer das Altas Partes Contratantes tem igualmente a faculdade de determinar que as declarações previstas nos nºs 2º e 3º do artigo 40 da Lei Uniforme sejam transcritas num registro público dentro do prazo fixado para o protesto.

Artigo 22

Por derrogação do artigo 42 da Lei Uniforme, qualquer das Altas Partes Contratantes tem a faculdade de manter ou de introduzir o sistema de aviso por intermédio de um agente público, que consiste no seguinte: ao fazer o protesto, o notário ou o funcionário incumbido desse serviço, em conformidade com a lei nacional, é obrigado a dar comunicação por escrito desse protesto às pessoas obrigadas pelo cheque, cujos endereços figurem nele, ou sejam conhecidos do agente que faz o protesto, ou sejam indicados pelas pessoas que exigiram o protesto. As despesas originadas por esses avisos serão adicionadas às despesas do protesto.

Artigo 23

Qualquer das Altas Partes Contratantes tem a faculdade de determinar, quanto aos cheques passados e pagáveis no seu território, que a taxa de juro a que se refere o artigo 45, nº 2º, e o artigo 46, nº 2º, da Lei Uniforme poderá ser substituída pela taxa legal em vigor no seu território.

Artigo 24

Por derrogação do artigo 45 da Lei Uniforme, qualquer das Altas Partes Contratantes reserva-se a faculdade de inserir na lei nacional uma disposição determinando que o portador pode reclamar daquele contra o qual exerce o seu direito de ação uma comissão cuja importância será fixada pela mesma lei nacional.

Por derrogação do artigo 46 da Lei Uniforme, a mesma regra é aplicável à pessoa que, tendo pago o cheque, reclama o seu valor aos que para com ele são responsáveis.

Artigo 25

Qualquer das Altas Partes Contratantes tem liberdade de decidir que, no caso de perda de direitos ou de prescrição, no seu território subsistirá o direito de procedimento contra o sacador que não constituir provisão ou contra um sacador ou endossante que tenha feito lucros ilegítimos.

Artigo 26

A cada uma das Altas Partes Contratantes compete determinar na sua legislação nacional as causas de interrupção e de suspensão da prescrição das ações relativas a cheques que os seus tribunais são chamados a conhecer.

As outras Altas Partes Contratantes têm a faculdade de determinar as condições a que subordinarão o conhecimento de tais causas. O mesmo sucede quanto ao efeito de uma ação como meio de indicação do início do prazo de prescrição, a que se refere a alínea 2 do artigo 52 da Lei Uniforme.

Artigo 27

Qualquer das Altas Partes Contratantes tem a faculdade de determinar que certos dias úteis sejam assimilados aos dias feriados legais, pelo que respeita ao prazo de apresentação e a todos os atos relativos a cheques.

Artigo 28

Qualquer das Altas Partes Contratantes tem a faculdade de tomar medidas excepcionais de ordem geral relativas ao adiantamento do pagamento e aos prazos de tempo que dizem respeito a atos tendentes à conservação de direitos.

Artigo 29

Compete a cada uma das Altas Partes Contratantes, para os efeitos da aplicação da Lei Uniforme, determinar as pessoas que devem ser consideradas banqueiros e as entidades ou instituições que, em virtude da natureza das suas funções, devem ser assimiladas a banqueiros.

Artigo 30

Qualquer das Altas Partes Contratantes reserva-se o direito de excluir, no todo ou em parte, da aplicação da Lei Uniforme os cheques postais e os cheques especiais, quer dos Bancos emissores, quer das caixas do Tesouro, quer das instituições públicas de crédito, na medida em que os instrumentos acima mencionados estejam submetidos a uma legislação especial.

Artigo 31

Qualquer das Altas Partes Contratantes compromete-se a reconhecer as disposições adotadas por outra das Altas Partes Contratantes em virtude dos artigos 1º a 13, 14, alíneas 1 e 2, 15 e 16, 18 a 25, 27, 29 e 30 do presente Anexo.

PROTOCOLO

Ao assinar a Convenção datada de hoje, estabelecendo uma Lei Uniforme em matéria de cheques, os abaixo-assinados, devidamente autorizados, acordaram nas disposições seguintes:

A

Os membros da Sociedade das Nações e os Estados não membros que não tenham podido efetuar, antes de 1º de setembro de 1933, o depósito da ratificação da referida Convenção obrigam-se a enviar, dentro de quinze dias, a contar daquela data, uma comunicação ao secretário-geral da Sociedade das Nações, dando-lhe a conhecer a situação em que se encontram no que diz respeito à ratificação.

B

Se em 1º de novembro de 1933 não se tiverem verificado as condições previstas na alínea 1 do artigo 6º para a entrada em vigor da Convenção, o secretário-geral da Sociedade das Nações convocará uma reunião dos membros da Sociedade das Nações e Estados não membros que tenham assinado a Convenção ou a ela tenham aderido, a fim de ser examinada a situação e as medidas que devam porventura ser tomadas para a resolver.

C

As Altas Partes Contratantes comunicar-se-ão, reciprocamente, a partir da sua entrada em vigor, as disposições legislativas promulgadas nos respectivos territórios para tornar efetiva a Convenção.

Em fé do que os plenipotenciários acima mencionados assinaram o presente Protocolo.

Feito em Genebra, aos dezenove de março de mil novecentos e trinta e um, num só exemplar que será depositado nos arquivos do Secretariado da Sociedade das Nações. Será transmitida cópia autêntica a todos os membros da Sociedade das Nações e a todos os Estados não membros representados na Conferência.

CONVENÇÃO DESTINADA A REGULAR CERTOS CONFLITOS DE LEIS EM MATÉRIA DE CHEQUES E PROTOCOLO

O Presidente do Reich Alemão; o Presidente Federal da República Austríaca; Sua Majestade o Rei dos Belgas; Sua Majestade o Rei da Dinamarca e da Islândia; o Presidente da República da Polônia, pela Cidade Livre de Dantzig; o Presidente da República do Equador; Sua Majestade o Rei da Espanha; o Presidente da República da Finlândia; o Presidente da República Francesa; o Presidente da República Helênica; Sua Alteza Sereníssima o Regente do Reino da Hungria; Sua Majestade o Rei da Itália; Sua Majestade o Imperador do Japão; Sua Alteza Real a Grã-Duquesa do Luxemburgo; o Presidente dos Estados Unidos do México; Sua Alteza Sereníssima o Príncipe de Mônaco; Sua Majestade o Rei da Noruega; Sua Majestade a Rainha da Holanda; o Presidente da República da Polônia; o Presidente da República Portuguesa; Sua Majestade o Rei da Rumânia; Sua Majestade o Rei da Suécia; o Conselho Federal Suíço; o Presidente da República Tchecoslovaca; o Presidente da República Turca; Sua Majestade o Rei da Iugoslávia.

Desejando adotar disposições para regular certos conflitos de leis em matéria de cheques, designaram seus plenipotenciários.

Os quais, depois de terem apresentado os seus plenos poderes, achados em boa e devida forma, acordaram nas disposições seguintes:

Artigo 1º

As Altas Partes Contratantes obrigam-se mutuamente a aplicar para a solução dos conflitos de leis em matéria de cheques, a seguir enumerados, as disposições constantes dos artigos seguintes:

Artigo 2º

A capacidade de uma pessoa para se obrigar por virtude de um cheque é regulada pela respectiva lei nacional. Se a lei nacional declarar competente a lei de um outro país, será aplicada esta última.

A pessoa incapaz, segundo a lei indicada na alínea precedente, é contudo havida como validamente obrigada se tiver aposto a sua assinatura em território de um país segundo cuja legislação teria sido considerada capaz.

Qualquer das Altas Partes Contratantes tem a faculdade de não reconhecer como válida a obrigação contraída em matéria de cheques por um dos seus nacionais, desde que para essa obrigação ser válida no território das outras Altas Partes Contratantes seja necessária a aplicação da alínea precedente deste artigo.

Artigo 3º

A lei do país em que o cheque é pagável determina quais as pessoas sobre as quais pode ser sacado um cheque.

Se, em conformidade com esta Lei, o título não for válido como cheque por causa da pessoa sobre quem é sacado, nem por isso deixam de ser válidas as assinaturas nele apostas em outros países cujas leis não contenham tal disposição.

Artigo 4º

A forma das obrigações contraídas em matéria de cheques é regulada pela lei do país em cujo território essas obrigações tenham sido assumidas. Será, todavia, suficiente o cumprimento das formas prescritas pela lei do lugar do pagamento.

No entanto, se as obrigações contraídas por virtude de um cheque não forem válidas nos termos da alínea precedente, mas o forem em face da legislação do país em que tenha posteriormente sido contraída uma outra obrigação, o fato de as primeiras obrigações serem irregulares quanto à forma não afeta a validade da obrigação posterior.

Qualquer das Altas Partes Contratantes tem a faculdade de determinar que as obrigações contraídas no estrangeiro por um dos seus nacionais, em matéria de cheques, serão válidas no seu próprio território em relação a qualquer outro dos seus nacionais desde que tenham sido contraídas na forma estabelecida na lei nacional.

Artigo 5º

A lei do país em cujo território as obrigações emergentes do cheque forem contraídas regula os efeitos dessas obrigações.

Artigo 6º

Os prazos para o exercício do direito de ação são regulados por todos os signatários pela lei do lugar da criação do título.

Artigo 7º

A lei do país em que o cheque é pagável regula:

1º) Se o cheque é necessariamente à vista ou se pode ser sacado a um determinado prazo de vis-

ta, e também quais os efeitos de o cheque ser pós-datado;
2º) O prazo da apresentação;
3º) Se o cheque pode ser aceito, certificado, confirmado ou visado, e quais os efeitos destas menções;
4º) Se o portador pode exigir e se é obrigado a receber um pagamento parcial;
5º) Se o cheque pode ser cruzado ou conter a cláusula "para levar em conta", ou outra expressão equivalente, e quais os efeitos desse cruzamento, dessa cláusula ou da expressão equivalente;
6º) Se o portador tem direitos especiais sobre a provisão e qual a natureza desses direitos;
7º) Se o sacador pode revogar o cheque ou opor-se ao seu pagamento;
8º) As medidas a tomar em caso de perda ou roubo do cheque;
9º) Se é necessário um protesto, ou uma declaração equivalente para conservar o direito de ação contra o endossante, o sacador e os outros coobrigados.

Artigo 8º

A forma e os prazos do protesto, assim como a forma dos outros atos necessários ao exercício ou à conservação dos direitos em matéria de cheques são regulados pela lei do país em cujo território se deva fazer o protesto ou praticar os referidos atos.

Artigo 9º

Qualquer das Altas Partes Contratantes reserva-se a faculdade de não aplicar os princípios de direito internacional privado consignado na presente Convenção pelo que respeita:
1º) A uma obrigação contraída fora do território de uma das Altas Partes Contratantes;
2º) A uma lei que seria aplicável em conformidade com estes princípios, mas que não seja lei em vigor no território de uma das Altas Partes Contratantes.

Artigo 10

As disposições da presente Convenção não serão aplicáveis no território de cada uma das Altas Partes Contratantes, aos cheques já emitidos à data da entrada em vigor da Convenção.

Artigo 11

A presente Convenção, cujos textos francês e inglês farão, ambos, igualmente fé, terá a data de hoje.

Poderá ser ulteriormente assinada, até 15 de julho de 1931, em nome de qualquer membro da Liga das Nações e qualquer Estado não membro.

Artigo 12

A presente Convenção será ratificada.

Os instrumentos de ratificação serão transmitidos, antes de 1º de setembro de 1933, ao secretário-geral da Liga das Nações, que notificará imediatamente do seu depósito todos os membros da Liga das Nações e os Estados não membros em nome dos quais a presente Convenção tenha sido assinada ou que a ela tenham aderido.

Artigo 13

A partir de 15 de julho de 1931 qualquer membro da Liga das Nações e qualquer Estado não membro poderá aderir à presente Convenção.

Esta adesão efetuar-se-á por meio de notificação ao secretário-geral da Liga das Nações que será depositada nos arquivos do Secretariado.

O secretário-geral notificará imediatamente desse depósito todos os Membros da Liga das Nações e os Estados não membros em nome dos quais a presente Convenção tenha sido assinada ou que a ela tenham aderido.

Artigo 14

A presente Convenção somente entrará em vigor depois de ter sido ratificada ou de a ela terem aderido sete membros da Liga das Nações ou Estados não membros, entre os quais deverão figurar três dos membros da Liga das Nações com representação permanente no Conselho.

Começará vigorar noventa dias depois de recebida pelo secretário-geral da Liga das Nações a sétima ratificação ou adesão, em conformidade com o disposto na alínea 1ª do presente artigo.

O secretário-geral da Liga das Nações, nas notificações previstas nos artigos 12 e 13, fará menção especial de terem sido recebidas as ratificações ou adesões a que se refere a alínea 1ª do presente artigo.

Artigo 15

As ratificações ou adesões após a entrada em vigor da presente Convenção em conformidade com o disposto no artigo 14 produzirão os seus efeito noventa dias depois da data da sua recepção pelo secretário-geral da Liga das Nações.

Artigo 16

A presente Convenção não poderá ser denunciada antes de decorrido um prazo de dois anos a contar da data em que ela tiver começado a vigorar para o membro da Liga das Nações ou para o Estado não membro que a denuncia; esta denúncia produzirá os seus efeitos noventa dias depois de recebida pelo secretário-geral a respectiva notificação.

Qualquer denúncia será imediatamente comunicada pelo secretário-geral da Liga das Nações, a todos os membros da Liga das Nações e aos Estados não membros em nome dos quais a presente Convenção tenha sido assinada ou que a ela tenham aderido.

A denúncia só produzirá efeito em relação ao membro da Liga das Nações ou ao Estado não membro em nome do qual ela tenha sido feita.

Artigo 17

Decorrido um prazo de quatro anos da entrada em vigor da presente Convenção, qualquer membro da Liga das Nações ou Estado não membro ligado à Convenção poderá formular ao secretário-geral da Liga das Nações um pedido de revisão de algumas ou de todas as suas disposições.

Se este pedido, comunicado aos outros membros ou Estados não membros para os quais a Convenção estiver então em vigor, for apoiado dentro do prazo de um ano por seis, pelo menos, dentre eles, o Conselho da Liga das Nações decidirá se deve ser convocada uma Conferência para aquele fim.

ARTIGO 18

Qualquer das Altas Partes Contratantes poderá declarar no momento da assinatura, da ratificação ou da adesão, que ao aceitar a presente Convenção não assume nenhuma obrigação pelo que respeita, a todas ou parte das suas colônias, protetorados ou territórios sob a sua soberania ou mandato, caso em que a presente Convenção se não aplicará aos territórios mencionados nessa declaração.

Qualquer das Altas Partes Contratantes poderá, posteriormente, comunicar ao secretário-geral da Liga das Nações o seu desejo de que a presente Convenção se aplique a todos ou parte dos seus territórios que tenham sido objeto da declaração prevista na alínea precedente, e nesse caso a presente Convenção aplicar-se-á aos territórios mencionados nessa comunicação noventa dias depois de esta ter sido recebida pelo secretário-geral da Liga das Nações.

Qualquer das Altas Partes Contratantes poderá, a todo o tempo, declarar que deseja que a presente Convenção cesse de se aplicar a todas ou parte das suas colônias, protetorados ou territórios sob a sua soberania ou mandato, caso em que a Convenção deixará de se aplicar aos territórios mencionados nessa declaração um ano após esta ter sido recebida pelo secretário-geral da Liga das Nações.

ARTIGO 19

A presente Convenção será registrada pelo secretário-geral da Liga das Nações desde que entre em vigor.

Em fé do que os plenipotenciários acima designados assinaram a presente Convenção.

Feito em Genebra, aos dezenove de março de mil novecentos e trinta e um, num só exemplar, que será depositado nos arquivos do Secretariado da Liga das Nações. Será transmitida cópia autêntica a todos os membros da Liga das Nações e a todos os Estados não membros representados na Conferência.

PROTOCOLO

Ao assinar a Convenção datada de hoje, destinada a regular certos conflitos de leis em matéria de cheques, os abaixo-assinados, devidamente autorizados, acordaram nas disposições seguintes:

A

Os membros da Liga das Nações e os Estados não membros que não tenham podido efetuar, antes de 1º de setembro de 1933, o depósito da ratificação da referida Convenção obrigam-se a enviar, dentro de quinze dias a partir daquela data, uma comunicação ao secretário-geral da Liga das Nações, dando-lhe a conhecer a situação em que se encontram no que diz respeito à ratificação.

B

Se, em 1º de novembro de 1933, não se tiverem verificado as condições previstas na alínea 1 do artigo 14 para a entrada em vigor da Convenção, o secretário-geral da Liga das Nações convocará uma reunião dos membros da Liga das Nações e Estados não membros que tenham assinado a Convenção ou a ela tenham aderido, a fim de ser examinada a situação e as medidas que devam porventura ser tomadas para a resolver.

C

As Altas Partes Contratantes comunicar-se-ão, reciprocamente a partir da sua entrada em vigor, as disposições legislativas promulgadas nos respectivos territórios para tornar efetiva a Convenção.

Em fé do que os plenipotenciários acima designados assinaram a presente Convenção.

Feito em Genebra, aos dezenove de março de mil novecentos e trinta e um, num só exemplar, que será depositado nos arquivos do Secretariado da Liga das Nações. Será transmitida cópia autêntica a todos os membros da Liga das Nações e a todos os Estados não membros representados na Conferência.

▶ Seguem-se as mesmas assinaturas colocadas após o art. 11 da Convenção para adoção de uma Lei Uniforme em matéria de cheques.

DECRETO Nº 57.663, DE 24 DE JANEIRO DE 1966

Promulga as Convenções para adoção de uma Lei Uniforme em matéria de letras de câmbio e notas promissórias.

▶ Publicado no *DOU* de 31-1-1966 e retificado no *DOU* de 2-3-1966.
▶ Dec. nº 2.044, de 31-12-1908 (Lei da Letra de Câmbio e da Nota Promissória).

O Presidente da República:

Havendo o Governo brasileiro, por nota da Legação em Berna, datada de 26 de agosto de 1942, ao secretário-geral da Liga das Nações, aderido às seguintes Convenções assinadas em Genebra, a 7 de junho de 1930:

1ª) Convenção para adoção de uma Lei Uniforme sobre letras de câmbio e notas promissórias, anexos e protocolo, com reservas aos artigos 2, 3, 5, 6, 7, 9, 10, 13, 15, 16, 17, 19 e 20 do Anexo II;
2ª) Convenção destinada a regular conflitos de leis em matéria de letras de câmbio e notas promissórias, com Protocolo;
3ª) Convenção relativa ao Imposto do Selo, em matéria de letras de câmbio e de notas promissórias, com Protocolo;

Havendo as referidas Convenções entrado em vigor para o Brasil noventa dias após a data do registro pela Secretaria-Geral da Liga das Nações, isto é, a 26 de novembro de 1942;

E havendo o Congresso Nacional aprovado pelo Decreto Legislativo nº 54, de 1964, as referidas Convenções;

Decreta que as mesmas, apensas por cópia ao presente Decreto, sejam executadas e cumpridas tão inteiramente como nelas se contém, observadas as reservas feitas à Convenção relativa à Lei Uniforme sobre letras de câmbio e notas promissórias.

Brasília, 24 de janeiro de 1966;
145º da Independência e
78º da República.

H. Castello Branco

CONVENÇÃO PARA A ADOÇÃO DE UMA LEI UNIFORME SOBRE LETRAS DE CÂMBIO E NOTAS PROMISSÓRIAS

O Presidente do Reich Alemão; o Presidente Federal da República Austríaca; Sua Majestade o Rei dos Belgas; o Presidente da República dos Estados Unidos do Brasil; o Presidente da República da Colômbia; Sua Majestade o Rei da Dinamarca; o Presidente da República da Polônia pela Cidade Livre de Dantzig; o Presidente da República do Equador; Sua Majestade o Rei da Espanha; o Presidente da República da Finlândia; o Presidente da República Francesa; o Presidente da República Helênica; Sua Alteza Sereníssima o Regente do Reino da Hungria; Sua Majestade o Rei da Itália; Sua Majestade o Imperador do Japão; Sua Alteza Real a Grã-Duquesa do Luxemburgo; Sua Majestade o Rei da Noruega; Sua Majestade a Rainha da Holanda; o Presidente da República da Polônia; o Presidente da República Portuguesa; Sua Majestade o Rei da Suécia; o Conselho Federal Suíço; o Presidente da República da Tchecoslováquia; o Presidente da República da Turquia; Sua Majestade o Rei da Iugoslávia.

Desejando evitar as dificuldades originadas pela diversidade de legislação nos vários países em que as letras circulam e aumentar assim a segurança e rapidez das relações do comércio internacional;

Designaram como seus plenipotenciários:

Os quais, depois de terem apresentado os seus plenos poderes, achados em boa e devida forma, acordaram nas disposições seguintes:

Artigo 1º

As Altas Partes Contratantes obrigam-se a adotar nos territórios respectivos, quer num dos textos originais, quer nas suas línguas nacionais, a Lei Uniforme que constitui o Anexo I da presente Convenção.

Esta obrigação poderá ficar subordinada a certas reservas que deverão eventualmente ser formuladas por cada uma das Altas Partes Contratantes no momento da sua ratificação ou adesão. Estas reservas deverão ser recolhidas entre as mencionadas no Anexo II da presente Convenção.

Todavia, as reservas a que se referem os artigos 8º, 12 e 18 do citado Anexo II poderão ser feitas posteriormente à ratificação ou adesão, desde que sejam notificadas ao secretário-geral da Sociedade das Nações, o qual imediatamente comunicará o seu texto aos membros da Sociedade das Nações e aos Estados não membros em cujo nome tenha sido ratificada a presente Convenção ou que a ela tenham aderido. Essas reservas só produzirão efeitos noventa dias depois de o secretário-geral ter recebido a referida notificação.

Qualquer das Altas Partes Contratantes poderá, em caso de urgência, fazer uso, depois da ratificação ou da adesão, das reservas indicadas nos artigos 7º e 22 do referido Anexo II. Neste caso deverá comunicar essas reservas direta e imediatamente a todas as outras Altas Partes Contratantes e ao secretário-geral da Sociedade das Nações. Esta notificação produzirá os seus efeitos dois dias depois de recebida a dita comunicação pelas Altas Partes Contratantes.

Artigo 2º

A Lei Uniforme não será aplicável no território de cada uma das Altas Partes Contratantes às letras e notas promissórias já passadas à data da entrada em vigor da presente Convenção.

Artigo 3º

A presente Convenção, cujos textos francês e inglês farão, ambos, igualmente fé, terá a data de hoje.

Poderá ser ulteriormente assinada, até 6 de setembro de 1930, em nome de qualquer membro da Sociedade das Nações e de qualquer Estado não membro.

Artigo 4º

A presente Convenção será ratificada.

Os instrumentos de ratificação serão transmitidos, antes de 1º de setembro de 1932, ao secretário-geral da Sociedade das Nações, que notificará imediatamente do seu depósito todos os membros da Sociedade das Nações e os Estados não membros que sejam Partes na presente Convenção.

Artigo 5º

A partir de 6 de setembro de 1930, qualquer membro da Sociedade das Nações e qualquer Estado não membro poderá aderir à presente Convenção.

Esta adesão efetuar-se-á por meio de notificação ao secretário-geral da Sociedade das Nações, que será depositada nos arquivos do Secretariado.

O secretário-geral notificará imediatamente desse depósito todos os Estados que tenham assinado ou aderido à presente Convenção.

Artigo 6º

A presente Convenção somente entrará em vigor depois de ter sido ratificada ou de a ela terem aderido sete membros da Sociedade das Nações ou Estados não membros, entre os quais deverão figurar três dos membros da Sociedade das Nações com representação permanente no Conselho.

Começará a vigorar noventa dias depois de recebida pelo secretário-geral da Sociedade das Nações a sétima ratificação ou adesão, em conformidade com o disposto na alínea primeira do presente artigo.

O secretário-geral da Sociedade das Nações, nas notificações previstas nos artigos 4º e 5º, fará menção especial de terem sido recebidas as ratificações ou adesões a que se refere a alínea primeira do presente artigo.

Artigo 7º

As ratificações ou adesões após a entrada em vigor da presente Convenção em conformidade com o disposto no artigo 6º produzirão os seus efeitos noventa dias depois da data da sua recepção pelo secretário-geral da Sociedade das Nações.

Artigo 8º

Exceto nos casos de urgência, a presente Convenção não poderá ser denunciada antes de decorrido um prazo de dois anos a contar da data em que tiver começado a vigorar para o membro da Sociedade das Nações ou para o Estado não membro que a denuncia; esta denúncia produzirá os seus efeitos noventa dias depois de recebida pelo secretário-geral a respectiva notificação.

Qualquer denúncia será imediatamente comunicada pelo secretário-geral da Sociedade das Nações a todas as outras Altas Partes Contratantes.

Nos casos de urgência, a Alta Parte Contratante que efetuar a denúncia comunicará esse fato direta e imediatamente a todas as outras Altas Partes Contratantes, e a denúncia produzirá os seus efeitos dois dias depois de recebida a dita comunicação pelas respectivas Altas Partes Contratantes. A Alta Parte Contratante que fizer a denúncia nestas condições dará igualmente conhecimento da sua decisão ao secretário-geral da Sociedade das Nações.

Qualquer denúncia só produzirá efeitos em relação à Alta Parte Contratante em nome da qual ela tenha sido feita.

Artigo 9º

Decorrido um prazo de quatro anos da entrada em vigor da presente Convenção, qualquer membro da Sociedade das Nações ou Estado não membro ligado à Convenção poderá formular ao secretário-geral da Sociedade das Nações um pedido de revisão de algumas ou de todas as suas disposições.

Se este pedido, comunicado aos outros membros ou Estados não membros para os quais a Convenção estiver em vigor, for apoiado dentro do prazo de um ano por seis, pelo menos, dentre eles, o Conselho da Sociedade das Nações decidirá se deve ser convocada uma conferência para aquele fim.

Artigo 10

As Altas Partes Contratantes poderão declarar no momento da assinatura da ratificação ou da adesão que, aceitando a presente Convenção, não assumem nenhuma obrigação pelo que respeita a todas ou partes das suas colônias, protetorados ou territórios sob a sua soberania ou mandato, caso em que a presente Convenção se não aplicará aos territórios mencionados nessa declaração.

As Altas Partes Contratantes poderão a todo o tempo mais tarde notificar o secretário-geral da Sociedade das Nações de que desejam que a presente Convenção se aplique a todos ou parte dos territórios que tenham sido objeto da declaração prevista na alínea precedente, e nesse caso a Convenção aplicar-se-á aos territórios mencionados na comunicação noventa dias depois de esta ter sido recebida pelo secretário-geral da Sociedade das Nações.

Da mesma forma, as Altas Partes Contratantes podem, nos termos do artigo 8º, denunciar a presente Convenção para todas ou parte das suas colônias, protetorados ou territórios sob a sua soberania ou mandato.

Artigo 11

A presente Convenção será registrada pelo secretário-geral da Sociedade das Nações desde que entre em vigor. Será publicada, logo que for possível, na "Coleção de Tratados" da Sociedade das Nações.

Em fé do que os plenipotenciários acima designados assinaram a presente Convenção.

Feito em Genebra, aos sete de junho de mil novecentos e trinta, num só exemplar, que será depositado nos arquivos do Secretariado da Sociedade das Nações. Será transmitida cópia autêntica a todos os membros da Sociedade das Nações e a todos os Estados não membros representados na Conferência.

Alemanha: Leo Quassowski, Dr. Albrecht, Dr. Ullmann; Áustria: Dr. Strobele; Bélgica: Vte. P. Poullert de la Vallée Poussin; Brasil: Deoclécio de Campos; Colômbia: A. J. Restrepo; Dinamarca: A. Helper, V. Eigtved; Cidade Livre de Dantzig: Sulkowski; Equador: Alej. Gastolú; Espanha: Juan Gómez Monteio; Finlândia: F. Gronvall; França: J. Percerou; Grécia: R. Raphael; Hungria: Dr. Baranyai, Zoltán; Itália: Amedeo Giannini; Japão: M. Ohno, T. Shimada; Luxemburgo: Ch. G. Vermaire; Noruega: Stub Holmboe; Holanda: Molengraaff; Peru: J. M. Barreto; Polônia: Sulkowski; Portugal: José Caieiro da Matta; Suécia: E. Marks von Wurtemberg, Birger Ekeberg; Suíça: Vischer; Tchecoslováquia: Prof. Dr. Karel Hermann-Otavsky; Turquia: Ad referendum, Mehmed Munir; Iugoslávia: I. Choumenkovitch.

ANEXO I
LEI UNIFORME RELATIVA ÀS LETRAS DE CÂMBIO E NOTAS PROMISSÓRIAS

TÍTULO I – DAS LETRAS

Capítulo I

DA EMISSÃO E FORMA DA LETRA

Artigo 1º

A letra contém:
1. a palavra "letra" inserta no próprio texto do título e expressa na língua empregada para a redação desse título;
2. o mandato puro e simples de pagar uma quantia determinada;
3. o nome daquele que deve pagar (sacado);
4. a época do pagamento;
5. a indicação do lugar em que se deve efetuar o pagamento;
6. o nome da pessoa a quem ou à ordem de quem deve ser paga;
7. a indicação da data em que, e do lugar onde a letra é passada;
8. a assinatura de quem passa a letra (sacador).

Artigo 2º

O escrito em que faltar algum dos requisitos indicados no artigo anterior não produzirá efeito como letra, salvo nos casos determinados nas alíneas seguintes:

A letra em que se não indique a época do pagamento entende-se pagável à vista.

Na falta de indicação especial, o lugar designado ao lado do nome do sacado considera-se como sendo o lugar do pagamento, e, ao mesmo tempo, o lugar do domicílio do sacado.

A letra sem indicação do lugar onde foi passada considera-se como tendo-o sido no lugar designado, ao lado do nome do sacador.

▶ Súm. nº 387 do STF.

Artigo 3º

A letra pode ser à ordem do próprio sacador.

Pode ser sacada sobre o próprio sacador.

Pode ser sacada por ordem e conta de terceiro.

Artigo 4º

A letra pode ser pagável no domicílio de terceiro, quer na localidade onde o sacado tem o seu domicílio, quer noutra localidade.

Artigo 5º

Numa letra pagável à vista ou a um certo termo de vista, pode o sacador estipular que a sua importância vencerá juros. Em qualquer outra espécie de letra a estipulação de juros será considerada como não escrita.

A taxa de juros deve ser indicada na letra; na falta de indicação, a cláusula de juros é considerada como não escrita.

Os juros contam-se da data da letra, se outra data não for indicada.

Artigo 6º

Se na letra a indicação da quantia a satisfazer se achar feita por extenso e em algarismos, e houver divergência entre uma e outra, prevalece a que estiver feita por extenso.

Se na letra a indicação da quantia a satisfazer se achar feita por mais de uma vez, quer por extenso, quer em algarismos, e houver divergências entre as diversas indicações, prevalecerá a que se achar feita pela quantia inferior.

Artigo 7º

Se a letra contém assinaturas de pessoas incapazes de se obrigarem por letras, assinaturas falsas, assinaturas de pessoas fictícias, ou assinaturas que por qualquer outra razão não poderiam obrigar as pessoas que assinaram a letra, ou em nome das quais ela foi assinada, as obrigações dos outros signatários nem por isso deixam de ser válidas.

Artigo 8º

Todo aquele que apuser a sua assinatura numa letra, como representante de uma pessoa, para representar a qual não tinha de fato poderes, fica obrigado em virtude da letra e, se a pagar, tem os mesmos direitos que o pretendido representado. A mesma regra se aplica ao representante que tenha excedido os seus poderes.

Artigo 9º

O sacador é garante tanto da aceitação como do pagamento de letra.

O sacador pode exonerar-se da garantia da aceitação; toda e qualquer cláusula pela qual ele se exonere da garantia do pagamento considera-se como não escrita.

Artigo 10

Se uma letra incompleta no momento de ser passada tiver sido completada contrariamente aos acordos realizados, não pode a inobservância desses acordos ser motivo de oposição ao portador, salvo se este tiver adquirido a letra de má-fé ou, adquirindo-a, tenha cometido uma falta grave.

Capítulo II

DO ENDOSSO

Artigo 11

Toda letra de câmbio, mesmo que não envolva expressamente a cláusula à ordem, é transmissível por via de endosso.

Quando o sacador tiver inserido na letra as palavras "não à ordem", ou uma expressão equivalente, a letra só é transmissível pela forma e com os efeitos de uma cessão ordinária de créditos.

O endosso pode ser feito mesmo a favor do sacado, aceitante ou não, do sacador, ou de qualquer outro coobrigado. Estas pessoas podem endossar novamente a letra.

Artigo 12

O endosso deve ser puro e simples. Qualquer condição a que ele seja subordinado considera-se como não escrita.

O endosso parcial é nulo.

O endosso ao portador vale como endosso em branco.

Artigo 13

O endosso deve ser escrito na letra ou numa folha ligada a esta (anexo). Deve ser assinado pelo endossante.

O endosso pode não designar o benefício, ou consistir simplesmente na assinatura do endossante (endosso em branco). Neste último caso, o endosso para ser válido deve ser escrito no verso da letra ou na folha anexa.

Artigo 14

O endosso transmite todos os direitos emergentes da letra.

Se o endosso for em branco, o portador pode:

1º) preencher o espaço em branco, quer com o seu nome, quer com o nome de outra pessoa;
2º) endossar de novo a letra em branco ou a favor de outra pessoa;
3º) remeter a letra a um terceiro, sem preencher o espaço em branco e sem a endossar.

Artigo 15

O endossante, salvo cláusula em contrário, é garante tanto da aceitação como do pagamento da letra.

O endossante pode proibir um novo endosso, e, neste caso, não garante o pagamento às pessoas a quem a letra for posteriormente endossada.

Artigo 16

O detentor de uma letra é considerado portador legítimo se justifica o seu direito por uma série ininterrupta de endossos, mesmo se o último for em branco. Os endossos riscados consideram-se, para este efeito, como não escritos. Quando um endosso em branco é seguido de um outro endosso, presume-se que o signatário deste adquiriu a letra pelo endosso em branco.

Se uma pessoa foi por qualquer maneira desapossada de uma letra, o portador dela, desde que justifique o seu direito pela maneira indicada na alínea precedente, não é obrigado a restituí-la, salvo se a adquiriu de má-fé ou se, adquirindo-a, cometeu uma falta grave.

Artigo 17

As pessoas acionadas em virtude de uma letra não podem opor ao portador exceções fundadas sobre as relações pessoais delas com o sacador ou com os portadores anteriores, a menos que o portador ao adquirir a letra tenha procedido conscientemente em detrimento do devedor.

Artigo 18

Quando o endosso contém a menção "valor a cobrar" (*valeur en recouvrement*), "para cobrança" (*pour encaissement*), "por procuração" (*par procuration*), ou qualquer outra menção que implique um simples mandato, o portador pode exercer todos os direitos emergentes da letra, mas só pode endossá-la na qualidade de procurador.

Os coobrigados, neste caso, só podem invocar contra o portador as exceções que eram oponíveis ao endossante.

O mandato que resulta de um endosso por procuração não se extingue por morte ou sobrevinda incapacidade legal do mandatário.

▶ Súm. nº 476 do STJ.

Artigo 19

Quando o endosso contém a menção "valor em garantia", "valor em penhor" ou qualquer outra menção que implique uma caução, o portador pode exercer todos os direitos emergentes da letra, mas um endosso feito por ele só vale como endosso a título de procuração.

Os coobrigados não podem invocar contra o portador as exceções fundadas sobre as relações pessoais deles com o endossante, a menos que o portador, ao receber a letra, tenha procedido conscientemente em detrimento do devedor.

Artigo 20

O endosso posterior ao vencimento tem os mesmos efeitos que o endosso anterior. Todavia, o endosso posterior ao protesto por falta de pagamento, ou feito depois de expirado o prazo fixado para se fazer o protesto, produz apenas os efeitos de uma cessão ordinária de créditos.

Salvo prova em contrário, presume-se que um endosso sem data foi feito antes de expirado o prazo fixado para se fazer o protesto.

Capítulo III

DO ACEITE

Artigo 21

A letra pode ser apresentada, até o vencimento, ao aceite do sacado, no seu domicílio, pelo portador ou até por um simples detentor.

Artigo 22

O sacador pode, em qualquer letra, estipular que ela será apresentada ao aceite, com ou sem fixação de prazo.

Pode proibir na própria letra a sua apresentação ao aceite, salvo se se tratar de uma letra pagável em domicílio de terceiro, ou de uma letra pagável em localidade diferente da do domicílio do sacado, ou de uma letra sacada a certo termo de vista.

O sacador pode também estipular que a apresentação ao aceite não poderá efetuar-se antes de determinada data.

Todo endossante pode estipular que a letra deve ser apresentada ao aceite, com ou sem fixação de prazo, salvo se ela tiver sido declarada não aceitável pelo sacador.

Artigo 23

As letras a certo termo de vista devem ser apresentadas ao aceite dentro do prazo de um ano das suas datas.

O sacador pode reduzir este prazo ou estipular um prazo maior.

Esses prazos podem ser reduzidos pelos endossantes.

Artigo 24

O sacado pode pedir que a letra lhe seja apresentada uma segunda vez no dia seguinte ao da primeira apresentação. Os interessados somente podem ser admitidos a pretender que não foi dada satisfação a este pedido no caso de ele figurar no protesto.

O portador não é obrigado a deixar nas mãos do aceitante a letra apresentada ao aceite.

Artigo 25

O aceite é escrito na própria letra. Exprime-se pela palavra "aceite" ou qualquer outra palavra equivalente; o aceite é assinado pelo sacado. Vale como aceite a simples assinatura do sacado aposta na parte anterior da letra.

Quando se trate de uma letra pagável a certo termo de vista, ou que deva ser apresentada ao aceite dentro de um prazo determinado por estipulação especial, o aceite deve ser datado do dia em que foi dado, salvo se o portador exigir que a data seja a da apresentação. À falta de data, o portador, para conservar os seus direitos de recurso contra os endossantes e contra o sacador, deve fazer constar essa omissão por um protesto, feito em tempo útil.

Artigo 26

O aceite é puro e simples, mas o sacado pode limitá-lo a uma parte da importância sacada.

Qualquer outra modificação introduzida pelo aceite no enunciado da letra equivale a uma recusa de aceite. O aceitante fica, todavia, obrigado nos termos do seu aceite.

Artigo 27

Quando o sacador tiver indicado na letra um lugar de pagamento diverso do domicílio do sacado, sem designar um terceiro em cujo domicílio o pagamento se deva efetuar, o sacado pode designar no ato do aceite a pessoa que deve pagar a letra. Na falta dessa indicação, considera-se que o aceitante se obriga, ele próprio, a efetuar o pagamento no lugar indicado na letra.

Se a letra é pagável no domicílio do sacado, este pode, no ato do aceite, indicar, para ser efetuado o pagamento, um outro domicílio no mesmo lugar.

Artigo 28

O sacado obriga-se pelo aceite pagar a letra à data do vencimento.

Na falta de pagamento, o portador, mesmo no caso de ser ele o sacador, tem contra o aceitante um direito de ação resultante da letra, em relação a tudo que pode ser exigido nos termos dos artigos 48 e 49.

Artigo 29

Se o sacado, antes da restituição da letra, riscar o aceite que tiver dado, tal aceite é considerado como recusado. Salvo prova em contrário, a anulação do aceite considera-se feita antes da restituição da letra.

Se, porém, o sacado tiver informado por escrito o portador ou qualquer outro signatário da letra de que aceita, fica obrigado para com estes, nos termos do seu aceite.

Capítulo IV

DO AVAL

Artigo 30

O pagamento de uma letra pode ser no todo ou em parte garantido por aval.

Esta garantia é dada por um terceiro ou mesmo por um signatário da letra.

Artigo 31

O aval é escrito na própria letra ou numa folha anexa.

Exprime-se pelas palavras "bom para aval" ou por qualquer fórmula equivalente; e assinado pelo dador do aval.

O aval considera-se como resultante da simples assinatura do dador aposta na face anterior da letra, salvo se se trata das assinaturas do sacado ou do sacador.

O aval deve indicar a pessoa por quem se dá. Na falta de indicação, entender-se-á pelo sacador.

Artigo 32

O dador de aval é responsável da mesma maneira que a pessoa por ele afiançada.

A sua obrigação mantém-se, mesmo no caso de a obrigação que ele garantiu ser nula por qualquer razão que não seja um vício de forma.

Se o dador de aval paga a letra, fica sub-rogado nos direitos emergentes da letra contra a pessoa a favor de quem foi dado o aval e contra os obrigados para com esta em virtude da letra.

Capítulo V

DO VENCIMENTO

Artigo 33

Uma letra pode ser sacada:

à vista;

a um certo termo de vista;

a um certo termo de data;

pagável num dia fixado.

As letras, quer com vencimentos diferentes, quer com vencimentos sucessivos, são nulas.

Artigo 34

A letra à vista é pagável à apresentação. Deve ser apresentada a pagamento dentro do prazo de um ano, a contar da sua data. O sacador pode reduzir este prazo ou estipular um outro mais longo. Estes prazos podem ser encurtados pelos endossantes.

O sacador pode estipular que uma letra pagável à vista não deverá ser apresentada a pagamento antes de uma certa data. Nesse caso, o prazo para a apresentação conta-se dessa data.

Artigo 35

O vencimento de uma letra a certo termo de vista determina-se, quer pela data do aceite, quer pela data do protesto. Na falta de protesto, o aceite não datado entende-se, no que respeita ao aceitante, como tendo sido dado no último dia do prazo para a apresentação ao aceite.

Artigo 36

O vencimento de uma letra sacada a um ou mais meses de data ou de vista será na data correspondente do mês em que o pagamento se deve efetuar. Na falta de data correspondente, o vencimento será no último dia desse mês.

Quando a letra é sacada a um ou mais meses e meio de data ou de vista, contam-se primeiro os meses inteiros.

Se o vencimento for fixado para o princípio, meado ou fim do mês, entende-se que a letra será vencível no primeiro, no dia quinze, ou no último dia desse mês.

As expressões "oito dias" ou "quinze dias" entendem-se não como uma ou duas semanas, mas como um prazo de oito ou quinze dias efetivos.

A expressão "meio mês" indica um prazo de quinze dias.

Artigo 37

Quando uma letra é pagável num dia fixo num lugar em que o calendário é diferente do do lugar de emissão, a data do vencimento é considerada como fixada segundo o calendário do lugar de pagamento.

Quando uma letra sacada entre duas praças que em calendários diferentes é pagável a certo termo de vista, o dia da emissão é referido ao dia correspondente do calendário do lugar de pagamento, para o efeito da determinação da data do vencimento.

Os prazos de apresentação das letras são calculados segundo as regras da alínea precedente.

Estas regras não se aplicam se uma cláusula da letra, ou até o simples enunciado do título, indicar que houve intenção de adotar regras diferentes.

Capítulo VI

DO PAGAMENTO

Artigo 38

O portador de uma letra pagável em dia fixo ou a certo termo de data ou de vista deve apresentá-la a pagamento no dia em que ela é pagável ou num dos dois dias úteis seguintes.

A apresentação da letra a uma câmara de compensação equivale a apresentação a pagamento.

Artigo 39

O sacado que paga uma letra pode exigir que ela lhe seja entregue com a respectiva quitação.

O portador não pode recusar qualquer pagamento parcial.

No caso de pagamento parcial, o sacado pode exigir que desse pagamento se faça menção na letra e que dele lhe seja dada quitação.

Artigo 40

O portador de uma letra não pode ser obrigado a receber o pagamento dela antes do vencimento.

O sacado que paga uma letra antes do vencimento fá-lo sob sua responsabilidade.

Aquele que paga uma letra no vencimento fica validamente desobrigado, salvo se da sua parte tiver havido fraude ou falta grave. É obrigado a verificar a regularidade da sucessão dos endossos mas não a assinatura dos endossantes.

Artigo 41

Se numa letra se estipular o pagamento em moeda que não tenha curso legal no lugar do pagamento, pode a sua importância ser paga na moeda do país, segundo o seu valor no dia do vencimento. Se o devedor está em atraso, o portador pode, à sua escolha, pedir que o pagamento da importância da letra seja feito na moeda do país ao câmbio do dia do vencimento ou ao câmbio do dia do pagamento.

A determinação do valor da moeda estrangeira será feita segundo os usos do lugar de pagamento. O sacador pode, todavia, estipular que a soma a pagar seja calculada segundo um câmbio fixado na letra.

As regras acima indicadas não se aplicam ao caso em que o sacador tenha estipulado que o pagamento deverá ser efetuado numa certa moeda especificada (cláusula de pagamento efetivo numa moeda estrangeira).

Se a importância da letra for indicada numa moeda que tenha a mesma denominação mas o valor diferente no país de emissão e no de pagamento, presume-se que se fez referência à moeda do lugar de pagamento.

Artigo 42

Se a letra não for apresentada a pagamento dentro do prazo fixado no artigo 38, qualquer devedor tem a faculdade de depositar a sua importância junto da autoridade competente à custa do portador e sob a responsabilidade deste.

Capítulo VII

DA AÇÃO POR FALTA DE ACEITE E FALTA DE PAGAMENTO

Artigo 43

O portador de uma letra pode exercer os seus direitos de ação contra os endossantes, sacador e outros coobrigados:

no vencimento;

se o pagamento não foi efetuado;

mesmo antes do vencimento:

1º) se houve recusa total ou parcial de aceite;
2º) nos casos de falência do sacado, quer ele tenha aceite, quer não, de suspensão de pagamentos do mesmo, ainda que não constatada por sentença, ou de ter sido promovida, sem resultado, execução dos seus bens;
3º) nos casos de falência do sacador de uma letra não aceitável.

Artigo 44

A recusa de aceite ou de pagamento deve ser comprovada por um ato formal (protesto por falta de aceite ou falta de pagamento).

O protesto por falta de aceite deve ser feito nos prazos fixados para a apresentação ao aceite. Se, no caso previsto na alínea 1ª do artigo 24, a primeira apresentação da letra tiver sido feita no último dia do prazo, pode fazer-se ainda o protesto no dia seguinte.

O protesto por falta de pagamento de uma letra pagável em dia fixo ou a certo termo de data ou de vista deve ser feito num dos dois dias úteis seguintes àquele em que a letra é pagável. Se se trata de uma letra pagável à vista, o protesto deve ser feito nas condições indicadas na alínea precedente para o protesto por falta de aceite.

O protesto por falta de aceite dispensa a apresentação a pagamento e o protesto por falta de pagamento.

No caso de suspensão de pagamentos do sacado, quer seja aceitante, quer não, ou no caso de lhe ter sido promovida, sem resultado, execução dos bens, o portador da letra só pode exercer o seu direito de ação após a apresentação da mesma ao sacado para pagamento e depois de feito o protesto.

No caso de falência declarada do sacado, quer seja aceitante, quer não, bem como no caso de falência declarada do sacador de uma letra não aceitável, a apresentação da sentença de declaração de falência é suficiente para que o portador da letra possa exercer o seu direito de ação.

▶ Súm. nº 27 do STJ.

Artigo 45

O portador deve avisar da falta de aceite ou de pagamento o seu endossante e o sacador dentro dos quatro dias úteis que se seguirem ao dia do protesto ou da apresentação, no caso de a letra conter a cláusula "sem despesas". Cada um dos endossantes deve, por sua vez, dentro dos dois dias úteis que se seguirem ao da recepção do aviso, informar o seu endossante do aviso que recebeu, indicando os nomes e endereços dos que enviaram os avisos precedentes, e assim sucessivamente até se chegar ao sacador. Os prazos acima indicados contam-se a partir da recepção do aviso precedente.

Quando, em conformidade com o disposto na alínea anterior, se avisou um signatário da letra, deve avisar-se também o seu avalista dentro do mesmo prazo de tempo.

No caso de um endossante não ter indicado o seu endereço, ou de o ter feito de maneira ilegível, basta que o aviso seja enviado ao endossante que o precede.

A pessoa que tenha de enviar um aviso pode fazê-lo por qualquer forma, mesmo pela simples devolução da letra.

Essa pessoa deverá provar que o aviso foi enviado dentro do prazo prescrito. O prazo considerar-se-á como tendo sido observado desde que a carta contendo o aviso tenha sido posta no Correio dentro dele.

A pessoa que não der o aviso dentro do prazo acima indicado não perde os seus direitos; será responsável pelo prejuízo, se o houver, motivado pela sua negligência, sem que a responsabilidade possa exceder a importância da letra.

Artigo 46

O sacador, um endossante ou um avalista pode, pela cláusula "sem despesas", "sem protesto", ou outra cláusula equivalente, dispensar o portador de fazer um protesto por falta de aceite ou falta de pagamento, para poder exercer os seus direitos de ação.

Essa cláusula não dispensa o portador da apresentação da letra dentro do prazo prescrito nem tampouco dos avisos a dar. A prova da inobservância do prazo incumbe àquele que dela se prevaleça contra o portador.

Se a cláusula foi escrita pelo sacador produz os seus efeitos em relação a todos os signatários da letra; se for inserida por um endossante ou por avalista, só produz efeito em relação a esse endossante ou avalista. Se, apesar da cláusula escrita pelo sacador, o portador faz o protesto, as respectivas despesas serão de conta dele. Quando a cláusula emanar de um endossante ou de um avalista, as despesas do protesto, se for feito, podem ser cobradas de todos os signatários da letra.

Artigo 47

Os sacadores, aceitantes, endossantes ou avalistas de uma letra são todos solidariamente responsáveis para com o portador.

O portador tem o direito de acionar todas estas pessoas individualmente, sem estar adstrito a observar a ordem por que elas se obrigaram.

O mesmo direito possui qualquer dos signatários de uma letra quando a tenha pago.

A ação intentada contra um dos coobrigados não impede acionar os outros, mesmo os posteriores àquele que foi acionado em primeiro lugar.

Artigo 48

O portador pode reclamar daquele contra quem exerce o seu direito de ação:

1º) o pagamento da letra não aceita, não paga, com juros se assim foi estipulado;
2º) os juros à taxa de seis por cento desde a data do vencimento;
3º) as despesas do protesto, as dos avisos dados e as outras despesas.

Se a ação for interposta antes do vencimento da letra, a sua importância será reduzida de um desconto. Esse desconto será calculado de acordo com a taxa oficial de desconto (taxa de Banco) em vigor no lugar do domicílio do portador à data da ação.

Artigo 49

A pessoa que pagou uma letra pode reclamar dos seus garantes:

1º) a soma integral que pagou;
2º) os juros da dita soma, calculados à taxa de seis por cento, desde a data em que a pagou;
3º) as despesas que tiver feito.

Artigo 50

Qualquer dos coobrigados, contra o qual se intentou ou pode ser intentada uma ação, pode exigir, desde que pague a letra, que ela lhe seja entregue com o protesto e um recibo.

Qualquer dos endossantes que tenha pago uma letra pode riscar o seu endosso e os dos endossantes subsequentes.

Artigo 51

No caso de ação intentada depois de um aceite parcial, a pessoa que pagar a importância pela qual a letra não foi aceita pode exigir que esse pagamento seja mencionado na letra e que dele lhe seja dada quitação. O portador deve, além disso, entregar a essa pessoa uma cópia autêntica da letra e o protesto, de maneira a permitir o exercício de ulteriores direitos de ação.

Artigo 52

Qualquer pessoa que goze do direito de ação pode, salvo estipulação em contrário, embolsar-se por meio de uma nova letra (ressaque) à vista, sacada sobre um dos coobrigados e pagável no domicílio deste.

O ressaque inclui, além das importâncias indicadas nos artigos 48 e 49, um direito de corretagem e a importância do selo do ressaque.

Se o ressaque é sacado pelo portador, a sua importância é fixada segundo a taxa para uma letra à vista, sacada do lugar onde a primitiva letra era pagável sobre o lugar do domicílio do coobrigado. Se o ressaque é sacado por um endossante a sua importância é fixada segundo a taxa para uma letra à vista, sacada do lugar onde o sacador do ressaque tem o seu domicílio sobre o lugar do domicílio do coobrigado.

Artigo 53

Depois de expirados os prazos fixados:

– para a apresentação de uma letra à vista ou a certo termo de vista;

– para se fazer o protesto por falta de aceite ou por falta de pagamento;

– para a apresentação a pagamento no caso de cláusula "sem despesas".

O portador perdeu os seus direitos de ação contra os endossantes, contra o sacador e contra os outros coobrigados, à exceção do aceitante.

Na falta de apresentação ao aceite no prazo estipulado pelo sacador, o portador perdeu os seus direitos de ação, tanto por falta de pagamento como por falta de aceite, a não ser que dos termos da estipulação se conclua que o sacador apenas teve em vista exonerar-se da garantia do aceite.

Se a estipulação de um prazo para a apresentação constar de um endosso, somente aproveita ao respectivo endossante.

ARTIGO 54

Quando a apresentação da letra ou o seu protesto não puder fazer-se dentro dos prazos indicados por motivo insuperável (prescrição legal declarada por um Estado qualquer ou outro caso de força maior), esses prazos serão prorrogados.

O portador deverá avisar imediatamente o seu endossante do caso de força maior e fazer menção desse aviso, datada e assinada, na letra ou numa folha anexa; para os demais são aplicáveis as disposições do artigo 45.

Desde que tenha cessado o caso de força maior, o portador deve apresentar sem demora a letra ao aceite ou a pagamento, e, caso haja motivo para tal, fazer o protesto.

Se o caso de força maior se prolongar além de trinta dias a contar da data do vencimento, podem promover-se ações sem que haja necessidade de apresentação ou protesto.

Para as letras à vista ou a certo termo de vista, o prazo de trinta dias conta-se da data em que o portador, mesmo antes de expirado o prazo para a apresentação, deu o aviso do caso de força maior ao seu endossante; para as letras a certo termo de vista, o prazo de trinta dias fica acrescido do prazo de vista indicado na letra.

Não são considerados casos de força maior os fatos que sejam de interesse puramente pessoal do portador ou da pessoa por ele encarregada da apresentação da letra ou de fazer o protesto.

CAPÍTULO VIII

DA INTERVENÇÃO

1 – Disposições Gerais

ARTIGO 55

O sacador, um endossante ou um avalista, podem indicar uma pessoa para em caso de necessidade aceitar ou pagar.

A letra pode, nas condições a seguir indicadas, ser aceita ou paga por uma pessoa que intervenha por um devedor qualquer contra quem existe direito de ação.

O interveniente pode ser um terceiro, ou mesmo o sacado, ou uma pessoa já obrigada em virtude da letra, exceto o aceitante.

O interveniente é obrigado a participar, no prazo de dois dias úteis, a sua intervenção à pessoa por quem interveio. Em caso de inobservância deste prazo, o interveniente é responsável pelo prejuízo, se o houver, resultante da sua negligência, sem que as perdas e danos possam exceder a importância da letra.

2 – Aceite por Intervenção

ARTIGO 56

O aceite por intervenção pode realizar-se em todos os casos em que o portador de uma letra aceitável tem direito de ação antes do vencimento.

Quando na letra se indica uma pessoa para em caso de necessidade a aceitar ou a pagar no lugar do pagamento, o portador não pode exercer o seu direito de ação antes do vencimento contra aquele que indicou essa pessoa e contra os signatários subsequentes a não ser que tenha apresentado a letra à pessoa designada e que, tendo esta recusado o aceite, se tenha feito o protesto.

Nos outros casos de intervenção, o portador pode recusar o aceite por intervenção. Se, porém, o admitir, perde o direito de ação antes do vencimento contra aquele por quem a aceitação foi dada e contra os signatários subsequentes.

ARTIGO 57

O aceite por intervenção será mencionado na letra e assinado pelo interveniente. Deverá indicar por honra de quem se fez a intervenção; na falta desta indicação, presume-se que interveio pelo sacador.

ARTIGO 58

O aceitante por intervenção fica obrigado para com o portador e para com os endossantes posteriores àquele por honra de quem interveio da mesma forma que este.

Não obstante o aceite por intervenção, aquele por honra de quem ele foi feito e os seus garantes podem exigir do portador, contra o pagamento da importância indicada, no artigo 48, a entrega da letra, do instrumento do protesto e, havendo lugar, de uma conta com a respectiva quitação.

3 – Pagamento por Intervenção

ARTIGO 59

O pagamento por intervenção pode realizar-se em todos os casos em que o portador de uma letra tem direito de ação à data do vencimento ou antes dessa data.

O pagamento deve abranger a totalidade da importância que teria a pagar àquele por honra de quem a intervenção se realizou.

O pagamento deve ser feito o mais tardar no dia seguinte ao último em que é permitido fazer o protesto por falta de pagamento.

ARTIGO 60

Se a letra foi aceita por intervenientes tendo o seu domicílio no lugar do pagamento, ou se foram indicadas pessoas tendo o seu domicílio no mesmo lugar para, em caso de necessidade, pagarem a letra, o portador deve apresentá-la a todas essas pessoas e, se houver lugar, fazer o protesto por falta de pagamento o mais tardar no dia seguinte e ao último em que era permitido fazer o protesto.

Na falta de protesto dentro deste prazo, aquele que tiver indicado pessoas para pagarem em caso de necessidade, ou por conta de quem a letra tiver sido aceita, bem como os endossantes posteriores, ficam desonerados.

Artigo 61

O portador que recusar o pagamento por intervenção perde o seu direito de ação contra aqueles que teriam ficado desonerados.

Artigo 62

O pagamento por intervenção deve ficar constatado por um recibo passado na letra, contendo a indicação da pessoa por honra de quem foi feito. Na falta desta indicação presume-se que o pagamento foi feito por honra do sacador.

A letra e o instrumento do protesto, se o houve, devem ser entregues à pessoa que pagou por intervenção.

Artigo 63

O que paga por intervenção fica sub-rogado nos direitos emergentes da letra contra aquele por honra de quem pagou e contra os que são obrigados para com este em virtude da letra. Não pode, todavia, endossar de novo a letra.

Os endossantes posteriores ao signatário por honra de quem foi feito o pagamento ficam desonerados.

Quando se apresentarem várias pessoas para pagar uma letra por intervenção, será preferida aquela que desonerar maior número de obrigados. Aquele que, com conhecimento de causa, intervir contrariamente a esta regra, perde os seus direitos de ação contra os que teriam sido desonerados.

Capítulo IX
DA PLURALIDADE DE EXEMPLARES E DAS CÓPIAS
1 – Pluralidade de Exemplares

Artigo 64

A letra pode ser sacada por várias vias.

Essas vias devem ser numeradas no próprio texto, na falta do que, cada via será considerada como uma letra distinta.

O portador de uma letra que não contenha a indicação de ter sido sacada numa única via pode exigir à sua custa a entrega de várias vias. Para este efeito o portador deve dirigir-se ao seu endossante imediato, para que este o auxilie a proceder contra o seu próprio endossante e assim sucessivamente até se chegar ao sacador. Os endossantes são obrigados a reproduzir os endossos nas novas vias.

Artigo 65

O pagamento de uma das vias é liberatório, mesmo que não esteja estipulado que esse pagamento anula o efeito das outras. O sacado fica, porém, responsável por cada uma das vias que tenham o seu aceite e lhe não hajam sido restituídas.

O endossante que transferiu vias da mesma letra a várias pessoas e os endossantes subsequentes são responsáveis por todas as vias que contenham as suas assinaturas e que não hajam sido restituídas.

Artigo 66

Aquele que enviar ao aceite uma das vias da letra deve indicar nas outras o nome da pessoa em cujas mãos aquela se encontra. Essa pessoa é obrigada a entregar essa via ao portador legítimo doutro exemplar.

Se se recusar a fazê-lo, o portador só pode exercer seu direito de ação depois de ter feito constatar por um protesto:

1º) que a via enviada ao aceite lhe não foi restituída a seu pedido;

2º) que não foi possível conseguir o aceite ou o pagamento de uma outra via.

2 – Cópias

Artigo 67

O portador de uma letra tem o direito de tirar cópias dela.

A cópia deve reproduzir exatamente o original, com os endossos e todas as outras menções que nela figurem. Deve mencionar onde acaba a cópia.

A cópia pode ser endossada e avalizada da mesma maneira e produzindo os mesmos efeitos que o original.

Artigo 68

A cópia deve indicar a pessoa em cuja posse se encontra o título original. Esta é obrigada a remeter o dito título ao portador legítimo da cópia.

Se se recusar a fazê-lo, o portador só pode exercer o seu direito de ação contra as pessoas que tenham endossado ou avalizado a cópia, depois de ter feito constatar por um protesto que o original lhe não foi entregue a seu pedido.

Se o título original, em seguida ao último endosso feito antes de tirada a cópia, contiver a cláusula "daqui em diante só é válido o endosso na cópia" ou qualquer outra fórmula equivalente, é nulo qualquer endosso assinado ulteriormente no original.

Capítulo X
DAS ALTERAÇÕES

Artigo 69

No caso de alteração do texto de uma letra, os signatários posteriores a essa alteração ficam obrigados nos termos do texto alterado; os signatários anteriores são obrigados nos termos do texto original.

Capítulo XI
DA PRESCRIÇÃO

Artigo 70

Todas as ações contra o aceitante relativas a letras prescrevem em três anos a contar do seu vencimento.

As ações do portador contra os endossantes e contra o sacador prescrevem num ano, a contar da data do protesto feito em tempo útil, ou da data do vencimento, se se trata de letra que contenha cláusula "sem despesas".

As ações dos endossantes uns contra os outros e contra o sacador prescrevem em seis meses a contar do dia em que o endossante pagou a letra ou em que ele próprio foi acionado.

Artigo 71

A interrupção da prescrição só produz efeito em relação à pessoa para quem a interrupção foi feita.

Capítulo XII
DISPOSIÇÕES GERAIS

Artigo 72

O pagamento de uma letra cujo vencimento recai em dia feriado legal só pode ser exigido no primeiro dia útil seguinte. Da mesma maneira, todos os atos relativos a letras, especialmente a apresentação ao aceite e o protesto, somente podem ser feitos em dia útil.

Quando um desses atos tem de ser realizado num determinado prazo, e o último dia desse prazo é feriado legal, fica o dito prazo prorrogado até ao primeiro dia útil que se seguir ao seu termo.

Artigo 73

Os prazos legais ou convencionais não compreendem o dia que marca o seu início.

Artigo 74

Não são admitidos dias de perdão quer legal, quer judicial.

TÍTULO II – DA NOTA PROMISSÓRIA

Artigo 75

A nota promissória contém:

1. denominação "nota promissória" inserta no próprio texto do título e expressa na língua empregada para a redação desse título;
2. a promessa pura e simples de pagar uma quantia determinada;
3. a época do pagamento;
4. a indicação do lugar em que se efetuar o pagamento;
5. o nome da pessoa a quem ou à ordem de quem deve ser paga;
6. a indicação da data em que e do lugar onde a nota promissória é passada;
7. a assinatura de quem passa a nota promissória (subscritor).

Artigo 76

O título em que faltar algum dos requisitos indicados no artigo anterior não produzirá efeito como nota promissória, salvo nos casos determinados das alíneas seguintes.

A nota promissória em que se não indique a época do pagamento será considerada à vista.

Na falta de indicação especial, o lugar onde o título foi passado considera-se como sendo o lugar do pagamento e, ao mesmo tempo, o lugar do domicílio do subscritor da nota promissória.

A nota promissória que não contenha indicação do lugar onde foi passada considera-se como tendo-o sido no lugar designado ao lado do nome do subscritor.

Artigo 77

São aplicáveis às notas promissórias, na parte em que não sejam contrárias à natureza deste título, as disposições relativas às letras e concernentes:

Endosso (artigos 11 a 20);

Vencimento (artigos 33 a 37);

Pagamento (artigos 38 a 42);

Direito de ação por falta de pagamento (artigos 43 a 50 e 52 a 54);

Pagamento por intervenção (artigos 55 e 59 a 63);

Cópias (artigos 67 e 68);

Alterações (artigo 69);

Prescrição (artigos 70 e 71);

Dias feriados, contagem de prazos e interdição de dias de perdão (artigos 72 a 74).

São igualmente aplicáveis às notas promissórias as disposições relativas às letras pagáveis no domicílio de terceiro ou numa localidade diversa da do domicílio do sacado (artigos 4° e 27), a estipulação de juros (artigo 5°), as divergências das indicações da quantia a pagar (artigo 6°), as consequências da aposição de uma assinatura nas condições indicadas no artigo 7°, as da assinatura de uma pessoa que age sem poderes ou excedendo os seus poderes (artigo 8°) e a letra em branco (artigo 10).

São também aplicáveis às notas promissórias as disposições relativas ao aval (artigos 30 a 32); no caso previsto na última alínea do artigo 31, se o aval não indicar a pessoa por quem é dado, entender-se-á ser pelo subscritor da nota promissória.

Artigo 78

O subscritor de uma nota promissória é responsável da mesma forma que o aceitante de uma letra.

As notas promissórias pagáveis a certo termo de vista devem ser presentes ao visto dos subscritores nos prazos fixados no artigo 23. O termo de vista conta-se da data do visto dado pelo subscritor. A recusa do subscritor a dar o seu visto é comprovada por um protesto (artigo 25), cuja data serve de início ao termo de vista.

ANEXO II

Artigo 1º

Qualquer das Altas Partes Contratantes pode prescrever que a obrigação de inserir nas letras passadas no seu território a palavra "letra", prevista no artigo 1º, nº 1, da Lei Uniforme, só se aplicará seis meses após a entrada em vigor da presente Convenção.

Artigo 2º

Qualquer das Altas Partes Contratantes tem, pelo que respeita às obrigações contraídas em matéria de letras no seu território, a faculdade de determinar de que maneira pode ser suprida a falta de assinatura, desde que por uma declaração autêntica escrita na letra se possa constatar a vontade daquele que deveria ter assinado.

Artigo 3º

Qualquer das Altas Partes Contratantes reserva-se a faculdade de não inserir o artigo 10 da Lei Uniforme na sua lei nacional.

Artigo 4º

Por derrogação da alínea primeira do artigo 31 da Lei Uniforme, qualquer das Altas Partes Contratantes tem a faculdade de admitir a possibilidade de ser dado um aval no seu território por ato separado em que se indique o lugar onde foi feito.

Artigo 5º

Qualquer das Altas Partes Contratantes pode completar o artigo 38 da Lei Uniforme dispondo que, em relação às letras pagáveis no seu território, o portador deverá fazer a apresentação no próprio dia do vencimento; a inobservância desta obrigação só acarreta responsabilidade por perdas e danos.

As outras Altas Partes Contratantes terão a faculdade de fixar as condições em que reconhecerão uma tal obrigação.

Artigo 6º

A cada uma das Altas Partes Contratantes incumbe determinar, para os efeitos da aplicação da última alínea do artigo 38, quais as instituições que, segundo a lei nacional, devam ser consideradas câmaras de compensação.

Artigo 7º

Pelo que se refere às letras pagáveis no seu território, qualquer das Altas Partes Contratantes tem a faculdade de sustar, se o julgar necessário, em circunstâncias excepcionais relacionadas com a taxa de câmbio da moeda nacional, os efeitos da cláusula prevista no artigo 41 relativa ao pagamento efetivo em moeda estrangeira. A mesma regra se aplica no que respeita à emissão no território nacional de letras em moedas estrangeiras.

Artigo 8º

Qualquer das Altas Partes Contratantes tem a faculdade de determinar que os protestos a fazer no seu território possam ser substituídos por uma declaração datada, escrita na própria letra e assinada pelo sacado, exceto no caso de o sacador exigir no texto da letra que se faça um protesto com as formalidades devidas.

Qualquer das Altas Partes Contratantes tem igualmente a faculdade de determinar que a dita declaração seja transcrita num registro público no prazo fixado para os protestos.

No caso previsto nas alíneas precedentes o endosso sem data presume-se ter sido feito anteriormente ao protesto.

Artigo 9º

Por derrogação da alínea terceira do artigo 44 da Lei Uniforme, qualquer das Altas Partes Contratantes tem a faculdade de determinar que o protesto por falta de pagamento deve ser feito no dia em que a letra é pagável ou num dos dois dias úteis seguintes.

Artigo 10

Fica reservada para a legislação de cada uma das Altas Partes Contratantes a determinação precisa das situações jurídicas a que se referem os n°s 2 e 3 do artigo 43 e n°s 5 e 6 do artigo 44 da Lei Uniforme.

Artigo 11

Por derrogação dos n°s 2 e 3 do artigo 43 e do artigo 74 da Lei Uniforme, qualquer das Altas Partes Contratantes reserva-se a faculdade de admitir na sua legislação a possibilidade, para os garantes de uma letra que tenham sido acionados, de ser concedido um alongamento de prazos, os quais não poderão em caso algum ir além da data do vencimento da letra.

Artigo 12

Por derrogação do artigo 45 da Lei Uniforme, qualquer das Altas Partes Contratantes tem a faculdade de manter ou de introduzir o sistema de aviso por intermédio de um agente público, que consiste no seguinte: ao fazer o protesto por falta de aceite ou por falta de pagamento, o notário ou funcionário público incumbido desse serviço, segundo a lei nacional, é obrigado a dar comunicação por escrito desse protesto às pessoas obrigadas pela letra, cujos endereços figuram nela, ou que sejam conhecidos do agente que faz o protesto, ou sejam indicados pelas pessoas que exigiram o protesto. As despesas originadas por esses avisos serão adicionadas às despesas do protesto.

Artigo 13

Qualquer das Altas Partes Contratantes tem a faculdade de determinar, no que respeita às letras passadas e pagáveis no seu território, que a taxa de juro a que se referem os n°s 2 dos artigos 48 e 49 da Lei Uniforme poderá ser substituída pela taxa legal em vigor no território da respectiva Alta Parte Contratante.

Artigo 14

Por derrogação do artigo 48 da Lei Uniforme, qualquer das Altas Partes Contratantes reserva-se a faculdade de inserir na lei nacional uma disposição pela qual o portador pode reclamar daquele contra quem exerce o seu direito de ação uma comissão cujo quantitativo será fixado pela mesma lei nacional.

A mesma doutrina se aplica, por derrogação do artigo 49 da Lei Uniforme, no que se refere à pessoa que, tendo pago uma letra, reclama a sua importância aos seus garantes.

Artigo 15

Qualquer das Altas Partes Contratantes tem a liberdade de decidir que, no caso de perda de direitos ou de prescrição, no seu território subsistirá o direito de proceder contra o sacador que não constituir provisão ou contra um sacador ou endossante que tenha feito lucros ilegítimos. A mesma faculdade existe, em caso de prescrição, pelo que respeita ao aceitante que recebeu provisão ou tenha realizado lucros ilegítimos.

Artigo 16

A questão de saber se o sacador é obrigado a constituir provisão à data do vencimento e se o portador tem direitos especiais sobre essa provisão está fora do âmbito da Lei Uniforme.

O mesmo sucede relativamente a qualquer outra questão respeitante às relações jurídicas que serviram de base à emissão da letra.

Artigo 17

A cada uma das Altas Partes Contratantes compete determinar na sua legislação nacional as causas de interrupção e de suspensão da prescrição das ações relativas a letras que os seus tribunais são chamados a conhecer.

As outras Altas Partes Contratantes têm a faculdade de determinar as condições a que subordinarão o conhecimento de tais causas. O mesmo sucede quanto ao efeito de uma ação como meio de indicação do início do prazo de prescrição, a que se refere a alínea terceira do artigo 70 da Lei Uniforme.

Artigo 18

Qualquer das Altas Partes Contratantes tem a faculdade de determinar que certos dias úteis sejam assimilados aos dias feriados legais, pelo que respeita à apresentação ao aceite ou ao pagamento e demais atos relativos às letras.

Artigo 19

Qualquer das Altas Partes Contratantes pode determinar o nome a dar nas leis nacionais aos títulos a que se refere o artigo 75 da Lei Uniforme ou dispensar esses títulos de qualquer denominação especial, uma vez que contenham a indicação expressa de que são à ordem.

Artigo 20

As disposições dos artigos 1º a 18 do presente Anexo, relativas às letras, aplicam-se igualmente às notas promissórias.

Artigo 21

Qualquer das Altas Partes Contratantes reserva-se a faculdade de limitar a obrigação assumida, em virtude do artigo 1º da Convenção, exclusivamente às disposições relativas às letras, não introduzindo no seu território as disposições sobre notas promissórias constantes do Título II da Lei Uniforme. Neste caso, a Alta Parte Contratante que fizer uso desta reserva será considerada Parte Contratante apenas pelo que respeita às letras.

Qualquer das Altas Partes Contratantes reserva-se igualmente a faculdade de compilar num regulamento especial as disposições relativas às notas promissórias, regulamento que será inteiramente conforme com as estipulações do Título II da Lei Uniforme e que deverá reproduzir as disposições sobre letras referidas no mesmo título sujeitas apenas às modificações resultantes dos artigos 75, 76, 77 e 78 da Lei Uniforme e dos artigos 19 e 20 do presente Anexo.

Artigo 22

Qualquer das Altas Partes Contratantes tem a faculdade de tomar medidas excepcionais de ordem geral relativas à prorrogação dos prazos relativos a atos tendentes à conservação de direitos e à prorrogação do vencimento das letras.

Artigo 23

Cada uma das Altas Partes Contratantes obriga-se a reconhecer as disposições adotadas por qualquer das outras Altas Partes Contratantes em virtude dos artigos 1º a 4º, 6º, 8º a 16 e 18 e 21 do presente Anexo.

PROTOCOLO

Ao assinar a Convenção datada de hoje, estabelecendo uma Lei Uniforme em matéria de letras e notas promissórias, os abaixo-assinados, devidamente autorizados, acordaram nas disposições seguintes:

A

Os membros da Sociedade das Nações e os Estados não membros que não tenham podido efetuar antes de 1º de setembro de 1932 o depósito da ratificação da referida Convenção obrigam-se a enviar, dentro de quinze dias, a contar daquela data, uma comunicação ao secretário-geral da Sociedade das Nações, dando-lhe a conhecer a situação em que se encontram no que diz respeito à ratificação.

B

Se, em 1º de novembro de 1932, não se tiverem verificado as condições previstas na alínea primeira do artigo 6º para a entrada em vigor da Convenção, o secretário-geral da Sociedade das Nações convocará uma reunião dos membros da Sociedade das Nações e dos Estados não membros que tenham assinado a Convenção ou a ela tenham aderido, a fim de serem examinadas a situação e as medidas que porventura devam ser tomadas para a resolver.

C

As Altas Partes Contratantes comunicar-se-ão reciprocamente, a partir da sua entrada em vigor, as disposições legislativas promulgadas nos respectivos territórios para tornar efetiva a Convenção.

Em fé do que os plenipotenciários acima mencionados assinaram o presente Protocolo.

Feito em Genebra, aos sete de junho de mil novecentos e trinta, num só exemplar, que será depositado nos arquivos do Secretariado da Sociedade das Nações, será transmitida cópia autêntica a todos os membros da Sociedade das Nações e a todos os Estados não membros representados na Conferência.

CONVENÇÃO DESTINADA A REGULAR CERTOS CONFLITOS DE LEIS EM MATÉRIA DAS LETRAS DE CÂMBIO E NOTAS PROMISSÓRIAS E PROTOCOLO

O Presidente do Reich Alemão...

Desejando adotar disposições para resolver certos conflitos de leis em matéria de letras e de notas promissórias, designaram como seus plenipotenciários:

Os quais depois de terem apresentado os seus plenos poderes, achados em boa e devida forma, acordaram nas disposições seguintes:

Artigo 1º

As Altas Partes Contratantes obrigam-se mutuamente a aplicar para a solução dos conflitos de leis em matéria de letras e de notas promissórias, a seguir enumerados, as disposições constantes dos artigos seguintes:

Artigo 2º

A capacidade de uma pessoa para se obrigar por letra ou nota promissória é regulada pela respectiva lei nacional. Se a lei nacional declarar competente a lei de um outro país, será aplicada esta última.

A pessoa incapaz, segundo a lei indicada na alínea precedente, é contudo havida como validamente obrigada se tiver aposto a sua assinatura em território de um país segundo cuja legislação teria sido considerada capaz.

Qualquer das Altas Partes Contratantes tem a faculdade de não reconhecer a validade da obrigação contraída em matéria de letras ou notas promissórias por um dos seus nacionais, quando essa obrigação só seja válida no território das outras Altas Partes Contratantes pela aplicação da alínea anterior do presente artigo.

Artigo 3º

A forma das obrigações contraídas em matéria de letras e notas promissórias é regulada pela lei do país em cujo território essas obrigações tenham sido assumidas.

No entanto, se as obrigações assumidas em virtude de uma letra ou nota promissória não forem válidas nos termos da alínea precedente, mas o forem em face da legislação do país em que tenha posteriormente sido contraída uma outra obrigação, o fato de as primeiras obrigações serem irregulares quanto à forma não afeta a validade da obrigação posterior.

Qualquer das Altas Partes Contratantes tem a faculdade de determinar que as obrigações contraídas no estrangeiro por algum dos seus nacionais, em matéria de letras e notas promissórias, serão válidas no seu próprio território, em relação a qualquer outro dos seus nacionais, desde que tenham sido contraídas pela forma estabelecida na lei nacional.

Artigo 4º

Os efeitos das obrigações do aceitante de uma letra e do subscritor de uma nota promissória são determinados pela lei do lugar onde esses títulos sejam pagáveis.

Os efeitos provenientes das assinaturas dos outros coobrigados por letra ou nota promissória são determinados pela lei do país em cujo território as assinaturas forem apostas.

Artigo 5º

Os prazos para o exercício do direito de ação são determinados para todos os signatários pela lei do lugar de emissão do título.

Artigo 6º

A lei do lugar de emissão do título determina se o portador de uma letra adquire o crédito que originou a emissão do título.

Artigo 7º

A lei do país em que a letra é pagável determina se o aceite pode ser restrito a uma parte da importância a pagar ou se o portador é ou não obrigado a receber um pagamento parcial.

A mesma regra é aplicável a pagamento de notas promissórias.

Artigo 8º

A forma e os prazos do protesto, assim como a forma dos outros atos necessários ao exercício ou à conservação dos direitos em matéria de letras e notas promissórias, são regulados pelas leis do país em cujo território se deva fazer o protesto ou praticar os referidos atos.

Artigo 9º

As medidas a tomar em caso de perda ou de roubo de uma letra ou de uma nota promissória são determinadas pela lei do país em que esses títulos sejam pagáveis.

Artigo 10

Qualquer das Altas Partes Contratantes reserva-se a faculdade de não aplicar os princípios de Direito Internacional privado consignados na presente Convenção, pelo que respeita:

1º) uma obrigação contraída fora do território de uma das Altas Partes Contratantes;
2º) a uma lei que seria aplicável em conformidade com estes princípios, mas que não seja lei em vigor no território de uma das Altas Partes Contratantes.

Artigo 11

As disposições da presente Convenção não serão aplicáveis, no território de cada uma das Altas Partes Contratantes, às letras e notas promissórias já criadas à data de entrada em vigor da Convenção.

Artigo 12

A presente Convenção, cujos textos francês e inglês farão, ambos, igualmente fé, terá a data de hoje.

Poderá ser ulteriormente assinada até 6 de setembro de 1930 em nome de qualquer membro da Sociedade das Nações e de qualquer Estado não membro.

Artigo 13

A presente Convenção será ratificada.

Os instrumentos de ratificação serão transmitidos, antes de 1º de setembro de 1932, ao secretário-geral da Sociedade das Nações, que notificará imediatamente do seu depósito todos os membros da Sociedade das Nações e os Estados não membros que sejam partes na presente Convenção.

Artigo 14

A partir de 6 de setembro de 1930, qualquer membro da Sociedade das Nações e qualquer Estado não membro poderá aderir à presente Convenção.

Esta adesão efetuar-se-á por meio de notificação ao secretário-geral da Sociedade das Nações, que será depositada nos Arquivos do Secretariado.

O secretário-geral notificará imediatamente desse depósito todos os Estados que tenham assinado a presente Convenção ou a ela tenham aderido.

Artigo 15

A presente Convenção somente entrará em vigor depois de ter sido ratificada ou de a ela terem aderido sete membros da Sociedade das Nações ou Estados não membros, entre os quais deverão figurar três dos membros da Sociedade das Nações com representação no Conselho.

Começará a vigorar noventa dias depois de recebida pelo secretário-geral da Sociedade das Nações a sétima ratificação ou adesão, em conformidade com o disposto na alínea primeira do presente artigo.

O secretário-geral da Sociedade das Nações, nas notificações previstas nos artigos 13 e 14, fará menção especial de terem sido recebidas as ratificações ou adesões a que se refere a alínea primeira do presente artigo.

Artigo 16

As ratificações ou adesões após a entrada em vigor da presente Convenção, em conformidade com o disposto no artigo 15 produzirão os seus efeitos noventa dias depois da data da sua recepção pelo secretário-geral da Sociedade das Nações.

Artigo 17

A presente Convenção não poderá ser denunciada antes de decorrido um prazo de dois anos a contar da data em que ela tiver começado a vigorar para o membro da Sociedade das Nações ou para o Estado não membro que a denuncia; esta denúncia produzirá os seus efeitos noventa dias depois de recebida pelo secretário-geral a respectiva notificação.

Qualquer denúncia será imediatamente comunicada pelo secretário-geral da Sociedade das Nações a todas as outras Altas Partes Contratantes.

A denúncia só produzirá efeito em relação à Alta Parte Contratante em nome da qual ela tenha sido feita.

Artigo 18

Decorrido um prazo de quatro anos da entrada em vigor da presente Convenção, qualquer membro da Sociedade das Nações, ou Estado não membro ligado à Convenção poderá formular ao secretário-geral da Sociedade das Nações um pedido de revisão de algumas ou de todas as suas disposições.

Se este pedido, comunicado aos outros membros da Sociedade das Nações ou Estados não membros para os quais a Convenção estiver então em vigor, for apoiado dentro do prazo de um ano por seis, pelo menos, dentre eles, o Conselho da Sociedade das Nações decidirá se deve ser convocada uma conferência para aquele fim.

Artigo 19

As Altas Partes Contratantes podem declarar no momento da assinatura da ratificação ou da adesão que, aceitando a presente Convenção, não assumem nenhuma obrigação pelo que respeita a todas ou parte das suas colônias, protetorados ou territórios sob a sua soberania ou mandato, caso em que a presente Convenção se não aplicará aos territórios mencionados nessa declaração.

As Altas Partes Contratantes poderão mais tarde notificar o secretário-geral da Sociedade das Nações de que desejam que a presente Convenção se aplique a todos ou parte dos territórios que tenham sido objeto da declaração prevista na alínea precedente, e nesse caso a Convenção aplicar-se-á aos territórios mencionados na comunicação, noventa dias depois de esta ter sido recebida pelo secretário-geral da Sociedade das Nações.

As Altas Partes Contratantes podem a todo o tempo declarar que desejam que a presente Convenção cesse de se aplicar a todas ou parte das suas colônias, protetorados ou territórios sob a sua soberania ou mandato, caso em que a Convenção deixará de se aplicar aos territórios mencionados nessa declaração um ano após esta ter sido recebida pelo secretário-geral da Sociedade das Nações.

Artigo 20

A presente Convenção será registrada pelo secretário-geral da Sociedade das Nações desde que entre em vigor. Será publicada, logo que for possível, na "Coleção de Tratados" da Sociedade das Nações.

Em fé do que os plenipotenciários acima designados assinaram a presente Convenção.

Feito em Genebra, aos sete de junho de mil novecentos e trinta, num só exemplar, que será depositado nos arquivos do Secretariado da Sociedade das Nações. Será transmitida cópia autêntica a todos os membros da Sociedade das Nações e a todos os Estados não membros representados na Conferência.

▶ Seguem-se as mesmas assinaturas colocadas após o art. 11 da Convenção para a adoção de uma Lei Uniforme sobre letras de câmbio e notas promissórias.

PROTOCOLO

Ao assinar a Convenção datada de hoje, destinada a regular certos conflitos de leis em matéria de letras e de notas promissórias, os abaixo-assinados, devidamente autorizados, acordaram nas disposições seguintes:

A

Os membros da Sociedade das Nações e os Estados não membros que não tenham podido efetuar, antes de 1º de setembro de 1932, o depósito da ratificação da referida Convenção, obrigam-se a enviar, dentro de quinze dias a contar daquela data, uma comunicação ao secretário-geral da Sociedade das Nações dando-lhe a conhecer a situação em que se encontram no que diz respeito à ratificação.

B

Se, em 1º de novembro de 1932, não se tiverem verificado as condições previstas na alínea primeira do artigo 15 para a entrada em vigor da Convenção, o secretário-geral da Sociedade das Nações convocará uma reunião dos membros da Sociedade das Nações e dos Estados não membros que tenham assinado a Convenção ou a ela tenham aderido, a fim de ser examinada a situação e as medidas que porventura devem ser tomadas para a resolver.

C

As Altas Partes Contratantes comunicar-se-ão, reciprocamente, a partir da sua entrada em vigor, as disposições legislativas promulgadas nos respectivos territórios para tornar efetiva a Convenção.

Em fé do que os plenipotenciários acima mencionados assinaram o presente Protocolo.

Feito em Genebra, aos sete de junho de mil novecentos e trinta, num só exemplar, que será depositado nos arquivos do Secretariado da Sociedade das Nações, será transmitida cópia autêntica a todos os membros da Sociedade das Nações e a todos os Estados não membros representados na Conferência.

DECRETO-LEI Nº 73, DE 21 DE NOVEMBRO DE 1966

Dispõe sobre o Sistema Nacional de Seguros Privados, regula as operações de seguros e resseguros e dá outras providências.

▶ Publicado no *DOU* de 22-11-1966.

▶ Dec. nº 60.459, de 13-3-1967, regulamenta este Decreto-Lei.

Capítulo I

INTRODUÇÃO

Art. 1º Todas as operações de seguros privados realizados no País ficarão subordinadas às disposições do presente Decreto-Lei.

Art 2º O controle do Estado se exercerá pelos órgãos instituídos neste Decreto-Lei, no interesse dos segurados e beneficiários dos contratos de seguro.

Art. 3º Consideram-se operações de seguros privados os seguros de coisas, pessoas, bens, responsabilidades, obrigações, direitos e garantias.

Parágrafo único. Ficam excluídos das disposições deste Decreto-Lei os seguros do âmbito da Previdência Social, regidos pela legislação especial pertinente.

Art. 4º Integra-se nas operações de seguros privados o sistema de cosseguro, resseguro e retrocessão, por forma a pulverizar os riscos e fortalecer as relações econômicas do mercado.

Parágrafo único. Aplicam-se aos estabelecimentos autorizados a operar em resseguro e retrocessão, no que couber, as regras estabelecidas para as sociedades seguradoras.

▶ Parágrafo único acrescido pela Lei nº 9.932, de 20-12-1999.

Art. 5º A política de seguros privados objetivará:

I – Promover a expansão do mercado de seguros e propiciar condições operacionais necessárias para sua integração no processo econômico e social do País;

II – Evitar evasão de divisas, pelo equilíbrio do balanço dos resultados do intercâmbio, de negócios com o exterior;

III – Firmar o princípio da reciprocidade em operações de seguro, condicionando a autorização para o funcionamento de empresas e firmas estrangeiras a igualdade de condições no País de origem;

▶ Inciso III com a redação retificada pelo Dec.-lei nº 296, de 28-2-1967.

IV – Promover o aperfeiçoamento das Sociedades Seguradoras;

V – Preservar a liquidez e a solvência das Sociedades Seguradoras;

VI – Coordenar a política de seguros com a política de investimentos do Governo Federal, observados os critérios estabelecidos para as políticas monetária, creditícia e fiscal.

Art. 6º *Revogado.* LC nº 126, de 15-1-2007.

Capítulo II

DO SISTEMA NACIONAL DE SEGUROS PRIVADOS

Art. 7º Compete privativamente ao Governo Federal formular a política de seguros privados, legislar sobre suas normas gerais e fiscalizar as operações no mercado nacional.

▶ Artigo com a redação retificada pelo Decreto-Lei nº 296, de 28-2-1967.

Art. 8º Fica instituído o Sistema Nacional de Seguros Privados, regulado pelo presente Decreto-Lei e constituído:

a) do Conselho Nacional de Seguros Privados – CNSP;
b) da Superintendência de Seguros Privados – SUSEP;
c) dos resseguradores;

▶ Alínea c com a redação dada pela LC nº 126, de 15-1-2007.

d) das Sociedades autorizadas a operar em seguros privados;

e) dos corretores habilitados.

Capítulo III

DISPOSIÇÕES ESPECIAIS AO SISTEMA

Art. 9º Os seguros serão contratados mediante propostas assinadas pelo segurado, seu representante legal ou por corretor habilitado, com emissão das respectivas apólices, ressalvado o disposto no artigo seguinte.

Art. 10. É autorizada a contratação de seguros por simples emissão de bilhete de seguro, mediante solicitação verbal do interessado.

§ 1º O CNSP regulamentará os casos previstos neste artigo, padronizando as cláusulas e os impressos necessários.

§ 2º Não se aplicam a tais seguros as disposições do artigo 1.433 do Código Civil.

Art. 11. Quando o seguro for contratado na forma estabelecida no artigo anterior, a boa-fé da Sociedade Seguradora, em sua aceitação, constitui presunção *juris tantum*.

1º Sobrevindo o sinistro, a prova da ocorrência do risco coberto pelo seguro e a justificação de seu valor competirão ao segurado ou beneficiário.

§ 2º Será lícito à Sociedade Seguradora arguir a existência de circunstância relativa ao objeto ou interesse segurado cujo conhecimento prévio influiria na sua aceitação ou na taxa de seguro, para exonerar-se da responsabilidade assumida, até no caso de sinistro. Nessa hipótese, competirá ao segurado ou beneficiário provar que a Sociedade Seguradora teve ciência prévia da circunstância arguida.

§ 3º A violação ou inobservância, pelo segurado, seu preposto ou beneficiário, de qualquer das condições estabelecidas para a contratação de seguros na forma do disposto no artigo 10 exonera a Sociedade Seguradora da responsabilidade assumida.

▶ § 3º com a redação retificada pelo Dec.-lei nº 296, de 28-2-1967.

§ 4º É vedada a realização de mais de um seguro cobrindo o mesmo objeto ou interesse, desde que qualquer deles seja contratado mediante a emissão de simples certificado, salvo nos casos de seguros de pessoas.

Art. 12. A obrigação do pagamento do prêmio pelo segurado vigerá a partir do dia previsto na apólice ou bilhete de seguro, ficando suspensa a cobertura do seguro até o pagamento do prêmio e demais encargos.

Parágrafo único. Qualquer indenização decorrente do contrato de seguros dependerá de prova de pagamento do prêmio devido, antes da ocorrência do sinistro.

Art. 13. As apólices não poderão conter cláusula que permita rescisão unilateral dos contratos de seguro ou por qualquer modo subtraia sua eficácia e validade além das situações previstas em Lei.

Art. 14. Fica autorizada a contratação de seguros com a cláusula de correção monetária para capitais e valores, observadas equivalência atuarial dos compromissos futuros assumidos pelas partes contratantes, na forma das instruções do Conselho Nacional de Seguros Privados.

Art. 15. *Revogado.* Lei nº 9.932, de 20-12-1999.

Art. 16. É criado o Fundo de Estabilidade do Seguro Rural, com a finalidade de garantir a estabilidade dessas operações e atender à cobertura suplementar dos riscos de catástrofe.

▶ *Revogado* a partir da data da extinção do Fundo de Estabilidade do Seguro Rural, conforme arts. 18 e 22, IV, da LC nº 137, de 26-8-2010, que autoriza a participação da União em fundo destinado à cobertura suplementar dos riscos do seguro rural.

Parágrafo único. O Fundo será administrado pelo IRB e seus recursos aplicados segundo o estabelecido pelo CNSP.

▶ A alteração que seria introduzida neste parágrafo único pela LC nº 126, de 15-1-2007, foi vetada, razão pela qual mantivemos a redação.

▶ Art. 59 da Lei nº 9.649, de 27-5-1998, que altera a denominação do IRB para IRB – Brasil Resseguros S.A., com a abreviatura IRB-Brasil RE.

Art. 17. O Fundo de Estabilidade do Seguro Rural será constituído:

▶ *Revogado* a partir da data da extinção do Fundo de Estabilidade do Seguro Rural, conforme arts. 18 e 22, IV, da LC nº 137, de 26-8-2010, que autoriza a participação da União em fundo destinado à cobertura suplementar dos riscos do seguro rural.

a) dos excedentes do máximo admissível tecnicamente como lucro nas operações dos seguros de crédito rural, seus resseguros e suas retrocessões, segundo os limites fixados pelo CNSP;
b) dos recursos previstos no artigo 23, parágrafo 3º, deste Decreto-Lei;
c) por dotações orçamentárias anuais, durante dez anos, a partir do presente Decreto-Lei ou mediante o crédito especial necessário para cobrir a deficiência operacional do exercício anterior.

▶ Alíneas *b* e *c* com a redação retificada pelo Dec.-lei nº 296, de 28-2-1967.

Art. 18. *Revogado.* LC nº 126, de 15-1-2007.

Art. 19. As operações de Seguro Rural gozam de isenção tributária irrestrita, de quaisquer impostos ou tributos federais.

▶ *Revogado* a partir de 1º de julho do ano seguinte ao do início de operação do Fundo, conforme art. 22, III, da LC nº 137, de 26-8-2010, que autoriza a participação da União em fundo destinado à cobertura suplementar dos riscos do seguro rural.

Art. 20. Sem prejuízo do disposto em leis especiais, são obrigatórios os seguros de:

▶ Dec. nº 61.867, de 7-12-1967, regulamenta os seguros obrigatórios previstos neste artigo.

a) danos pessoais a passageiros de aeronaves comerciais;
b) responsabilidade civil do proprietário de aeronaves e do transportador aéreo;

▶ Alínea *b* com a redação dada pela Lei nº 8.374, de 30-12-1991.

c) responsabilidade civil do construtor de imóveis em zonas urbanas por danos a pessoas ou coisas;
d) bens dados em garantia de empréstimos ou financiamentos de instituições financeiras públicas;
e) garantia do cumprimento das obrigações do incorporador e construtor de imóveis;
f) garantia do pagamento a cargo de mutuário da construção civil, inclusive obrigação imobiliária;
g) edifícios divididos em unidades autônomas;
h) incêndio e transporte de bens pertencentes a pessoas jurídicas, situados no País ou nele transportados;
i) *Revogada.* LC nº 126, de 15-1-2007;
j) crédito à exportação, quando julgado conveniente pelo CNSP, ouvido o Conselho Nacional do Comércio Exterior (CONCEX);

▶ Alínea *j* com a redação dada pelo Dec.-lei nº 826, de 5-9-1969.

l) danos pessoais causados por veículos automotores de vias terrestres e por embarcações, ou por sua carga, a pessoas transportadas ou não;

▶ Alínea *l* com a redação dada pela Lei nº 8.374, de 30-12-1991.

m) responsabilidade civil dos transportadores terrestres, marítimos, fluviais e lacustres, por danos à carga transportada.

▶ Alínea *m* acrescida pela Lei nº 8.374, de 30-12-1991.

Parágrafo único. Não se aplica à União a obrigatoriedade estatuída na alínea *h* deste artigo.

▶ Parágrafo único acrescido pela Lei nº 10.190, de 14-2-2001.

Art. 21. Nos casos de seguros legalmente obrigatórios, o estipulante equipara-se ao segurado para os efeitos de contratação e manutenção do seguro.

§ 1º Para os efeitos deste Decreto-Lei, estipulante é a pessoa que contrata seguro por conta de terceiros, podendo acumular a condição de beneficiário.

§ 2º Nos seguros facultativos o estipulante é mandatário dos segurados.

§ 3º O CNSP estabelecerá os direitos e obrigações do estipulante, quando for o caso, na regulamentação de cada ramo ou modalidade de seguro.

§ 4º O não recolhimento dos prêmios recebidos de segurados, nos prazos devidos, sujeita o estipulante à multa, imposta pela SUSEP, de importância igual ao dobro do valor dos prêmios por ele retidos, sem prejuízo da ação penal que couber.

▶ § 4º acrescido pela Lei nº 5.627, de 1º-12-1970.

Art. 22. As instituições financeiras públicas não poderão realizar operações ativas de crédito com as pessoas jurídicas e firmas individuais que não tenham em dia os seguros obrigatórios por lei, salvo mediante aplicação da parcela do crédito, que for concedido, no pagamento dos prêmios em atraso.

▶ *Caput* com a redação retificada pelo Dec.-lei nº 296, de 28-2-1967.

Parágrafo único. Para participar de concorrências abertas pelo Poder Público, é indispensável comprovar o pagamento dos prêmios dos seguros legalmente obrigatórios.

Art. 23. *Revogado.* LC nº 126, de 15-1-2007.

Art. 24. Poderão operar em seguros privados apenas Sociedades Anônimas ou Cooperativas, devidamente autorizadas.

Parágrafo único. As Sociedades Cooperativas operarão unicamente em seguros agrícolas, de saúde e de acidentes do trabalho.

Art. 25. As ações das Sociedades Seguradoras serão sempre nominativas.

Art. 26. As sociedades seguradoras não poderão requerer concordata e não estão sujeitas à falência, salvo, neste último caso, se decretada a liquidação extrajudicial, o ativo não for suficiente para o pagamento de pelo menos a metade dos credores quirografários, ou quando houver fundados indícios da ocorrência de crime falimentar.

▶ Artigo com a redação dada pela Lei nº 10.190, de 14-2-2001.

▶ Lei nº 11.101, de 9-2-2005 (Lei de Recuperação de Empresas e Falências).

Art. 27. Serão processadas pela forma executiva as ações de cobrança dos prêmios dos contratos de seguro.

Art. 28. A partir da vigência deste Decreto-Lei, a aplicação das reservas técnicas das Sociedades Seguradoras será feita conforme as diretrizes do Conselho Monetário Nacional.

Art. 29. Os investimentos compulsórios das Sociedades Seguradoras obedecerão a critérios que garantam remuneração adequada, segurança e liquidez.

Parágrafo único. Nos casos de seguros contratados com a cláusula de correção monetária é obrigatório o investimento das respectivas reservas nas condições estabelecidas neste artigo.

Art. 30. As Sociedades Seguradoras não poderão conceder aos segurados comissões ou bonificações de qualquer espécie, nem vantagens especiais que importem dispensa ou redução de prêmio.

Art. 31. É assegurada ampla defesa em qualquer processo instaurado por infração ao presente Decreto-Lei, sendo nulas as decisões proferidas com inobservância deste preceito.

▶ Artigo com a redação retificada pelo Dec.-lei nº 296, de 28-2-1967.

CAPÍTULO IV

DO CONSELHO NACIONAL DE SEGUROS PRIVADOS

Art. 32. É criado o Conselho Nacional de Seguros Privados – CNSP, ao qual compete privativamente:

▶ *Caput* com a redação retificada pelo Dec.-lei nº 296, de 28-2-1967.

I – Fixar as diretrizes e normas da política de seguros privados;

II – Regular a constituição, organização, funcionamento e fiscalização dos que exercerem atividades subordinadas a este Decreto-Lei, bem como a aplicação das penalidades previstas;

III – Estipular índices e demais condições técnicas sobre tarifas, investimentos e outras relações patrimoniais a serem observadas pelas Sociedades Seguradoras;

IV – Fixar as características gerais dos contratos de seguros;

V – Fixar normas gerais de contabilidade e estatística a serem observadas pelas Sociedades Seguradoras;

VI – delimitar o capital das sociedades seguradoras e dos resseguradores;

▶ Inciso VI com a redação dada pela LC nº 126, de 15-1-2007.

VII – Estabelecer as diretrizes gerais das operações de resseguro;

VIII – disciplinar as operações de cosseguro;

▶ Inciso VIII com a redação dada pela LC nº 126, de 15-1-2007.

IX – *Revogado.* LC nº 126, de 15-1-2007;

X – Aplicar às Sociedades Seguradoras estrangeiras autorizadas a funcionar no País as mesmas vedações ou restrições equivalentes às que vigorarem nos países da matriz, em relação às Sociedades Seguradoras brasileiras ali instaladas ou que neles desejem estabelecer-se;

XI – Prescrever os critérios de constituição das Sociedades Seguradoras, com fixação dos limites legais e técnicos das respectivas operações de seguro;

XII – Disciplinar a corretagem de seguros e a profissão de corretor;

XIII – *Revogado.* LC nº 126, de 15-1-2007;

XIV – Decidir sobre sua própria organização, elaborando o respectivo Regimento Interno;

XV – Regular a organização, a composição e o funcionamento de suas Comissões Consultivas;

XVI – Regular a instalação e o funcionamento das Bolsas de Seguro;

XVII – fixar as condições de constituição e extinção de entidades autorreguladoras do mercado de corretagem, sua forma jurídica, seus órgãos de administração e a forma de preenchimento de cargos administrativos;

XVIII – regular o exercício do poder disciplinar das entidades autorreguladoras do mercado de corretagem sobre seus membros, inclusive do poder de impor penalidades e de excluir membros;

XIX – disciplinar a administração das entidades autorreguladoras do mercado de corretagem e a fixação de emolumentos, comissões e quaisquer outras despesas cobradas por tais entidades, quando for o caso.

▶ Incisos XVII a XIX acrescidos pela LC nº 137, de 26-8-2010.

Art. 33. O CNSP será integrado pelos seguintes membros:

I – Ministro de Estado da Fazenda, ou seu representante;
II – representante do Ministério da Justiça;
III – representante do Ministério da Previdência e Assistência Social;
IV – Superintendente da Superintendência de Seguros Privados – SUSEP;
V – representante do Banco Central do Brasil;
VI – representante da Comissão de Valores Mobiliários – CVM.

§ 1º O CNSP será presidido pelo Ministro de Estado da Fazenda e, na sua ausência, pelo Superintendente da SUSEP.

§ 2º O CNSP terá seu funcionamento regulado em regimento interno.

▶ Art. 33 restabelecido e com a redação dada pela Lei nº 10.190, de 14-2-2001.

Art. 34. Com audiência obrigatória nas deliberações relativas às respectivas finalidades específicas, funcionarão junto ao CNSP as seguintes Comissões Consultivas:

I – de Saúde;
II – do Trabalho;
III – de Transporte;
IV – Mobiliária e de Habitação;
V – Rural;
VI – Aeronáutica;
VII – de Crédito;
VIII – de Corretores.

§ 1º O CNSP poderá criar outras Comissões Consultivas, desde que ocorra justificada necessidade.

§ 2º A organização, a composição e o funcionamento das Comissões Consultivas serão regulados pelo CNSP, cabendo ao seu Presidente designar os representantes que as integrarão, mediante indicação das entidades participantes delas.

▶ § 2º com a redação retificada pelo Dec.-lei nº 296, de 28-2-1967.

CAPÍTULO V
DA SUPERINTENDÊNCIA DE SEGUROS PRIVADOS

Seção I

Art. 35. Fica criada a Superintendência de Seguros Privados (SUSEP), entidade autárquica, jurisdicionada ao Ministério da Indústria e do Comércio, dotada de personalidade jurídica de Direito Público, com autonomia administrativa e financeira.

Parágrafo único. A sede da SUSEP será na cidade do Rio de Janeiro, Estado da Guanabara, até que o Poder Executivo a fixe, em definitivo, em Brasília.

Art. 36. Compete à SUSEP, na qualidade de executora da política traçada pelo CNSP, como órgão fiscalizador da constituição, organização, funcionamento e operações das Sociedades Seguradoras:

a) processar os pedidos de autorização, para constituição, organização, funcionamento, fusão, encampação, grupamento, transferência de controle acionário e reforma dos Estatutos das Sociedades Seguradoras, opinar sobre os mesmos e encaminhá-los ao CNSP;
b) baixar instruções e expedir circulares relativas à regulamentação das operações de seguro, de acordo com as diretrizes do CNSP;
c) fixar condições de apólices, planos de operações e tarifas a serem utilizadas obrigatoriamente pelo mercado segurador nacional;
d) aprovar os limites de operações das Sociedades Seguradoras, de conformidade com o critério fixado pelo CNSP;
e) examinar e aprovar as condições de coberturas especiais, bem como fixar as taxas aplicáveis;

▶ Alínea *e* com a redação retificada pelo Dec.-lei nº 296, de 28-2-1967.

f) autorizar a movimentação e liberação dos bens e valores obrigatoriamente inscritos em garantia das reservas técnicas e do capital vinculado;
g) fiscalizar a execução das normas gerais de contabilidade e estatística fixadas pelo CNSP para as Sociedades Seguradoras;
h) fiscalizar as operações das Sociedades Seguradoras, inclusive o exato cumprimento deste Decreto-Lei, de outras leis pertinentes, disposições regulamentares em geral, resoluções do CNSP e aplicar as penalidades cabíveis;
i) proceder à liquidação das Sociedades Seguradoras que tiverem cassada a autorização para funcionar no País;
j) organizar seus serviços, elaborar e executar seu orçamento;
k) fiscalizar as operações das entidades autorreguladoras do mercado de corretagem, inclusive o exato cumprimento deste Decreto-Lei, de outras leis pertinentes, de disposições regulamentares em geral e de resoluções do Conselho Nacional de Seguros Privados (CNSP), e aplicar as penalidades cabíveis; e
l) celebrar convênios para a execução dos serviços de sua competência em qualquer parte do território nacional, observadas as normas da legislação em vigor.

▶ Alíneas *k* e *l* acrescidas pela LC nº 137, de 26-8-2010.

Seção II

DA ADMINISTRAÇÃO DA SUSEP

Art. 37. A administração da SUSEP será exercida por um Superintendente, nomeado pelo Presidente da República, mediante indicação do Ministro da Indústria e do Comércio, que terá as suas atribuições definidas no Regulamento deste Decreto-Lei e seus vencimentos fixados em Portaria do mesmo Ministro.

Parágrafo único. A organização interna da SUSEP constará de seu Regimento, que será aprovado pelo CNSP.

▶ Art. 37 com a redação dada pelo Dec.-lei nº 168, de 14-2-1967.

Seção III

Art. 38. Os cargos da SUSEP somente poderão ser preenchidos mediante concurso público de provas, ou de provas e títulos, salvo os da direção e os casos de contratação, por prazo determinado, de prestação de serviços técnicos ou de natureza especializada.

Parágrafo único. O pessoal da SUSEP reger-se-á pela legislação trabalhista e os seus níveis salariais serão fixados pelo Superintendente, com observância do mercado de trabalho, ouvido o CNSP.

▶ Art. 38 com a redação dada pelo Dec.-lei nº 168, de 14-2-1967.

Seção IV
DOS RECURSOS FINANCEIROS

Art. 39. Do produto da arrecadação do imposto sobre operações financeiras a que se refere a Lei nº 5.143, de 20-10-66, será destacada a parcela necessária ao custeio das atividades da SUSEP.

Art. 40. Constituem ainda recursos da SUSEP:

I – o produto das multas aplicadas pela SUSEP;
II – dotação orçamentária específica ou créditos especiais;
III – juros de depósitos bancários;
IV – a participação que lhe for atribuída pelo CNSP no fundo previsto no art. 16;
V – outras receitas ou valores adventícios, resultantes de suas atividades.

Capítulo VI
DO INSTITUTO DE RESSEGUROS DO BRASIL

Seção I
DA NATUREZA JURÍDICA, FINALIDADE, CONSTITUIÇÃO E COMPETÊNCIA

Art. 41. O IRB é uma sociedade de economia mista, dotada de personalidade jurídica própria de Direito Privado e gozando de autonomia administrativa e financeira.

▶ Art. 59 da Lei nº 9.649, de 27-5-1998, que altera a denominação do IRB para IRB – Brasil Resseguros S.A., com a abreviatura IRB-Brasil RE.

Parágrafo único. O IRB será representado em juízo ou fora dele por seu Presidente e responderá no foro comum.

Art. 42. *Revogado.* LC nº 126, de 15-1-2007.

Art. 43. O capital social do IRB é representado por ações escriturais, ordinárias e preferenciais, todas sem valor nominal.

▶ Art. 59 da Lei nº 9.649, de 27-5-1998, que altera a denominação do IRB para IRB – Brasil Resseguros S.A., com a abreviatura IRB-Brasil RE.

Parágrafo único. As ações ordinárias, com direito a voto, representam, no mínimo, cinquenta por cento do capital social.

▶ Art. 43 com a redação dada pela Lei nº 9.482, de 13-8-1997.

Art. 44. *Revogado.* LC nº 126, de 15-1-2007.

Art. 45. *Revogado.* Lei nº 9.932, de 20-12-1999.

Seção II
DA ADMINISTRAÇÃO E DO CONSELHO FISCAL

Art. 46. São órgãos de administração do IRB o Conselho de Administração e a Diretoria.

▶ Art. 59 da Lei nº 9.649, de 27-5-1998, que altera a denominação do IRB para IRB – Brasil Resseguros S.A., com a abreviatura IRB-Brasil RE.

§ 1º O Conselho de Administração é composto por seis membros, eleitos pela Assembleia-Geral, sendo:

I – três membros indicados pelo Ministro de Estado da Fazenda, dentre eles:

a) o Presidente do Conselho;
b) o Presidente do IRB, que será o Vice-Presidente do Conselho;

II – um membro indicado pelo Ministro de Estado do Planejamento e Orçamento;
III – um membro indicado pelos acionistas detentores de ações preferenciais;
IV – um membro indicado pelos acionistas minoritários, detentores de ações ordinárias.

§ 2º A Diretoria do IRB é composta por seis membros, sendo o Presidente e o Vice-Presidente Executivo nomeados pelo Presidente da República, por indicação do Ministro de Estado da Fazenda, e os demais eleitos pelo Conselho de Administração.

§ 3º Enquanto a totalidade das ações ordinárias permanecer com a União, aos acionistas detentores de ações preferenciais será facultado o direito de indicar até dois membros para o Conselho de Administração do IRB.

§ 4º Os membros do Conselho de Administração e da Diretoria do IRB terão mandato de três anos, observado o disposto na Lei nº 6.404, de 15 de dezembro de 1976.

▶ Art. 46 com a redação dada pela Lei nº 9.482, de 13-8-1997.

Art. 47. O Conselho Fiscal do IRB é composto por cinco membros efetivos e respectivos suplentes, eleitos pela Assembleia-Geral, sendo:

▶ Art. 59 da Lei nº 9.649, de 27-5-1998, que altera a denominação do IRB para IRB – Brasil Resseguros S.A., com a abreviatura IRB-Brasil RE.

I – três membros e respectivos suplentes indicados pelo Ministro de Estado da Fazenda, dentre os quais um representante do Tesouro Nacional;
II – um membro e respectivo suplente eleitos, em votação em separado, pelos acionistas minoritários detentores de ações ordinárias;
III – um membro e respectivo suplente eleitos pelos acionistas detentores de ações preferenciais sem direito a voto ou com voto restrito, excluído o acionista controlador, se detentor dessa espécie de ação.

Parágrafo único. Enquanto a totalidade das ações ordinárias permanecer com a União, aos acionistas detentores de ações preferenciais será facultado o direito de indicar até dois membros para o Conselho Fiscal do IRB.

▶ Art. 47 com a redação dada pela Lei nº 9.482, de 13-8-1997.

Art. 48. Os estatutos fixarão a competência do Conselho de Administração e da Diretoria do IRB.
▶ Artigo com a redação dada pela Lei nº 9.482, de 13-8-1997.
▶ Art. 59 da Lei nº 9.649, de 27-5-1998, que altera a denominação do IRB para IRB – Brasil Resseguros S.A., com a abreviatura IRB-Brasil RE.

Arts. 49 a 54. *Revogados.* Lei nº 9.482, de 13-8-1997.

Seção III

DO PESSOAL

Art. 55. Os serviços do IRB serão executados por pessoal admitido mediante concurso público de provas ou de provas e títulos, cabendo aos Estatutos regular suas condições de realização, bem como os direitos, vantagens e deveres dos servidores, inclusive as punições aplicáveis.
▶ Art. 59 da Lei nº 9.649, de 27-5-1998, que altera a denominação do IRB para IRB – Brasil Resseguros S.A., com a abreviatura IRB-Brasil RE.

§ 1º A nomeação para cargo em comissão será feita pelo Presidente, depois de aprovada sua criação pelo Conselho Técnico.

§ 2º É permitida a contratação de pessoal destinado a funções técnicas especializadas ou para serviços auxiliares de manutenção, transporte, higiene e limpeza.

§ 3º Ficam assegurados aos servidores do IRB os direitos decorrentes de normas legais em vigor no que digam respeito à participação nos lucros, aposentadoria, enquadramento sindical, estabilidade e aplicação da legislação do trabalho.
▶ § 3º com a redação retificada pelo Decreto-Lei nº 296, de 28-2-1967.

§ 4º *Revogado.* LC nº 126, de 15-1-2007.

Seção IV

DAS OPERAÇÕES

Arts. 56 a 64. *Revogados.* Lei nº 9.932, de 20-12-1999.

Seção V

DAS LIQUIDAÇÕES DE SINISTROS

Arts. 65 a 69. *Revogados.* Lei nº 9.932, de 20-12-1999.

Seção VI

DO BALANÇO E DISTRIBUIÇÃO DE LUCROS

Arts. 70 e 71. *Revogados.* Lei nº 9.932, de 20-12-1999.

Capítulo VII

DAS SOCIEDADES SEGURADORAS

Seção I

LEGISLAÇÃO APLICÁVEL

Art. 72. As Sociedades Seguradoras serão reguladas pela legislação geral no que lhes for aplicável e, em especial, pelas disposições do presente Decreto-Lei.

Parágrafo único. Aplicam-se às sociedades seguradoras o disposto no art. 25 da Lei nº 4.595, de 31 de dezembro de 1964, com a redação que lhe dá o art. 1º desta lei.
▶ Parágrafo único acrescido pela Lei nº 5.710, de 7-10-1971.

Art. 73. As Sociedades Seguradoras não poderão explorar qualquer outro ramo de comércio ou indústria.
▶ Súm. Vinc. nº 32 do STF.

Seção II

DA AUTORIZAÇÃO PARA FUNCIONAMENTO

Art. 74. A autorização para funcionamento será concedida através de Portaria do Ministro da Indústria e do Comércio, mediante requerimento firmado pelos incorporadores, dirigido ao CNSP e apresentado por intermédio da SUSEP.

Art. 75. Concedida a autorização para funcionamento, a Sociedade terá o prazo de noventa dias para comprovar perante a SUSEP, o cumprimento de todas as formalidades legais ou exigências feitas no ato da autorização.

Art. 76. Feita a comprovação referida no artigo anterior, será expedida a carta-patente pelo Ministro da Indústria e do Comércio.

Art. 77. As alterações dos Estatutos das Sociedades Seguradoras dependerão de prévia autorização do Ministro da Indústria e do Comércio, ouvidos a SUSEP e o CNSP.

Seção III

DAS OPERAÇÕES DAS SOCIEDADES SEGURADORAS

Art. 78. As Sociedades Seguradoras só poderão operar em seguros para os quais tenham a necessária autorização, segundo os planos, tarifas e normas aprovadas pelo CNSP.

Art. 79. É vedado às Sociedades Seguradoras reter responsabilidades cujo valor ultrapasse os limites técnicos, fixados pela SUSEP de acordo com as normas aprovadas pelo CNSP, e que levarão em conta:

a) a situação econômico-financeira das Sociedades Seguradoras;
b) as condições técnicas das respectivas carteiras;
c) *Revogada.* LC nº 126, de 15-1-2007.

§ 1º *Revogado.* LC nº 126, de 15-1-2007.

§ 2º Não haverá cobertura de resseguro para as responsabilidades assumidas pelas Sociedades Seguradoras em desacordo com as normas e instruções em vigor.

Art. 80. As operações de cosseguro obedecerão a critérios fixados pelo CNSP, quanto à obrigatoriedade e normas técnicas.

Arts. 81 e 82. *Revogados.* LC nº 126, de 15-1-2007.

Art. 83. As apólices, certificados e bilhetes de seguro mencionarão a responsabilidade máxima da Sociedade Seguradora, expressa em moeda nacional para cobertura dos riscos neles descritos e caracterizados.

Art. 84. Para garantia de todas as suas obrigações, as Sociedades Seguradoras constituirão reservas técnicas, fundos especiais e provisões, de conformidade com os critérios fixados pelo CNSP, além das reservas e fundos determinados em leis especiais.

§§ 1º a 3º *Revogados.* Lei nº 11.941, de 27-5-2009.

Art. 85. Os bens garantidores das reservas técnicas, fundos e previsões serão registrados na SUSEP e não poderão ser alienados, prometidos alienar ou de qualquer forma gravados em sua previa e expressa autorização, sendo nulas de pleno direito, as alienações realizadas ou os gravames constituídos com violação deste artigo.

▶ *Caput* com a redação retificada pelo Dec.-Lei nº 296, de 28-2-1967.

Parágrafo único. Quando a garantia recair em bem imóvel, será obrigatoriamente inscrita no competente Cartório do Registro Geral de Imóveis, mediante simples requerimento firmado pela Sociedade Seguradora e pela SUSEP.

Art. 86. Os segurados e beneficiários que sejam credores por indenização ajustada ou por ajustar têm privilégio especial sobre reservas técnicas, fundos especiais ou provisões garantidoras das operações de seguro, de resseguro e de retrocessão.

Parágrafo único. Após o pagamento aos segurados e beneficiários mencionados no *caput* deste artigo, o privilégio citado será conferido, relativamente aos fundos especiais, reservas técnicas ou provisões garantidoras das operações de resseguro e de retrocessão, às sociedades seguradoras e, posteriormente, aos resseguradores.

▶ Art. 86 com a redação dada pela LC nº 126, de 15-1-2007.

Art. 87. As Sociedades Seguradoras não poderão distribuir lucros ou quaisquer fundos correspondentes às reservas patrimoniais, desde que essa distribuição possa prejudicar o investimento obrigatório do capital e reserva, de conformidade com os critérios estabelecidos neste Decreto-Lei.

Art. 88. As sociedades seguradoras e os resseguradores obedecerão às normas e instruções dos órgãos regulador e fiscalizador de seguros sobre operações de seguro, cosseguro, resseguro e retrocessão, bem como lhes fornecerão dados e informações atinentes a quaisquer aspectos de suas atividades.

Parágrafo único. Os inspetores e funcionários credenciados do órgão fiscalizador de seguros terão livre acesso às sociedades seguradoras e aos resseguradores, deles podendo requisitar e apreender livros, notas técnicas e documentos, caracterizando-se como embaraço à fiscalização, sujeito às penas previstas neste Decreto-Lei, qualquer dificuldade oposta aos objetivos deste artigo.

▶ Art. 88 com a redação dada pela LC nº 126, de 15-1-2007.

Capítulo VIII

DO REGIME ESPECIAL DE FISCALIZAÇÃO

▶ Capítulo VIII com a numeração retificada pelo Dec.-lei nº 296, de 28-2-1967.

Art. 89. Em caso de insuficiência de cobertura das reservas técnicas ou de má situação econômico-financeira da Sociedade Seguradora, a critério da SUSEP, poderá esta, além de outras providências cabíveis, inclusive fiscalização especial, nomear, por tempo indeterminado, às expensas da Sociedade Seguradora, um diretor-fiscal com as atribuições e vantagens que lhe forem indicadas pelo CNSP.

§ 1º Sempre que julgar necessário ou conveniente à defesa dos interesses dos segurados, a SUSEP verificará, nas indenizações, o fiel cumprimento do contrato, inclusive a exatidão do cálculo da reserva técnica e se as causas protelatórias do pagamento, porventura existentes, decorrem de dificuldades econômico-financeira da empresa.

▶ Parágrafo único transformado em § 1º pelo Dec.-lei nº 1.115, de 24-7-1970.

§ 2º *Revogado*. LC nº 126, de 15-1-2007.

Art. 90. Não surtindo efeito as medidas especiais ou a intervenção, a SUSEP encaminhará ao CNSP proposta de cassação da autorização para funcionamento da Sociedade Seguradora.

Parágrafo único. Aplica-se à intervenção a que se refere este artigo o disposto nos arts. 55 a 62 da Lei nº 6.435, de 15 de julho de 1977.

▶ Parágrafo único acrescido pela Lei nº 10.190, de 14-2-2001.

Art. 91. O descumprimento de qualquer determinação do Diretor-Fiscal por Diretores, administradores, gerentes, fiscais ou funcionários da Sociedade Seguradora em regime especial de fiscalização acarretará o afastamento do infrator, sem prejuízo das sanções penais cabíveis.

Art. 92. Os administradores das Sociedades Seguradoras ficarão suspensos do exercício de suas funções desde que instaurado processo-crime por atos ou fatos relativos à respectiva gestão, perdendo imediatamente seu mandato na hipótese de condenação.

▶ Artigo com a redação retificada pelo Dec.-Lei nº 296, de 28-2-1967.

Art. 93. Cassada a autorização de uma Sociedade Seguradora para funcionar, a alienação ou o gravame de qualquer de seus bens dependerá de autorização da SUSEP, que, para salvaguarda dessa inalienabilidade, terá poderes para controlar o movimento de contas bancárias e promover o levantamento do respectivo ônus junto às Autoridades ou Registros Públicos.

Capítulo IX

DA LIQUIDAÇÃO DAS SOCIEDADES SEGURADORAS

▶ Capítulo IX com a numeração retificada pelo Dec.-lei nº 296, de 28-2-1967.

Art. 94. A cessação das operações das Sociedades Seguradoras poderá ser:

a) voluntária, por deliberação dos sócios em Assembleia-Geral;

b) compulsória, por ato do Ministro da Indústria e do Comércio, nos termos deste Decreto-Lei.

Art. 95. Nos casos de cessação voluntária das operações, os Diretores requererão ao Ministro da Indústria e do Comércio o cancelamento da autorização para funcionamento da Sociedade Seguradora, no prazo de cinco dias da respectiva Assembleia-Geral.

Parágrafo único. Devidamente instruído, o requerimento será encaminhado por intermédio da SUSEP, que opinará sobre a cessação deliberada.

Art. 96. Além dos casos previstos neste Decreto-Lei ou em outras leis, ocorrerá a cessação compulsória das operações da Sociedade Seguradora que:

a) praticar atos nocivos à política de seguros determinada pelo CNSP;
b) não formar as reservas, fundos e provisões a que esteja obrigada ou deixar de aplicá-las pela forma prescrita neste Decreto-Lei;
c) acumular obrigações vultosas devidas aos resseguradores, a juízo do órgão fiscalizador de seguros, observadas as determinações do órgão regulador de seguros;

▶ Alínea c com a redação dada pela LC nº 126, de 15-1-2007.

d) configurar a insolvência econômico-financeira.

Art. 97. A liquidação voluntária ou compulsória das Sociedades Seguradoras será processada pela SUSEP.

▶ Artigo com a redação retificada pelo Dec.-lei nº 296, de 28-2-1967.

Art. 98. O ato da cassação será publicado no *Diário Oficial da União*, produzindo imediatamente os seguintes efeitos:
a) suspensão das ações e execuções judiciais, excetuadas as que tiveram início anteriormente, quando intentadas por credores com privilégio sobre determinados bens da Sociedade Seguradora;
b) vencimento de todas as obrigações civis ou comerciais da Sociedade Seguradora liquidanda, incluídas as cláusulas penais dos contratos;
c) suspensão da incidência de juros, ainda que estipulados, se a massa liquidanda não bastar para o pagamento do principal;
d) cancelamento dos poderes de todos os órgãos de administração da Sociedade liquidanda.

§ 1º Durante a liquidação, fica interrompida a prescrição extintiva contra ou a favor da massa liquidanda.

▶ Parágrafo único transformado em § 1º pelo Dec.-lei nº 296, de 28-2-1967.

§ 2º Quando a sociedade tiver credores por salários ou indenizações trabalhistas, também ficarão suspensas as ações e execuções a que se refere a parte final da alínea *a* deste artigo.

§ 3º Poderá ser arguida em qualquer fase processual, inclusive quanto às questões trabalhistas, a nulidade dos despachos ou decisões que contravenham o disposto na alínea *a* deste artigo ou em seu § 2º. Nos processos sujeitos à suspensão, caberá à sociedade liquidanda, para realização do ativo, requerer o levantamento de penhoras, arrestos e quaisquer outras medidas de apreensão ou reserva de bens, sem prejuízo do estatuído adiante no parágrafo único do artigo 103.

§ 4º A massa liquidanda não estará obrigada a reajustamentos salariais sobrevindos durante a liquidação, nem responderá pelo pagamento de multas, custas, honorários e demais despesas feitas pelos credores em interesse próprio, assim como não se aplicará correção monetária aos créditos pela mora resultante de liquidação.

▶ §§ 2º a 4º acrescidos pelo Dec.-lei nº 296, de 28-2-1967.

Art. 99. Além dos poderes gerais de administração, a SUSEP ficará investida de poderes especiais para representar a Sociedade Seguradora liquidanda ativa e passivamente, em juízo ou fora dele, podendo:

a) propor e contestar ações, inclusive para integralização de capital pelos acionistas;
b) nomear e demitir funcionários;
c) fixar os vencimentos de funcionários;
d) outorgar ou revogar mandatos;
e) transigir;
f) vender valores móveis e bens imóveis.

Art. 100. Dentro de 90 (noventa) dias da cassação para funcionamento, a SUSEP levantará o balanço do ativo e do passivo da Sociedade Seguradora liquidanda e organizará:
a) o arrolamento pormenorizado dos bens do ativo, com as respectivas avaliações, especificando os garantidores das reservas técnicas ou do capital;
b) a lista dos credores por dívida de indenização de sinistro, capital garantidor de reservas técnicas ou restituição de prêmios, com a indicação das respectivas importâncias;
c) a relação dos créditos da Fazenda Pública e da Previdência Social;

▶ Alínea c com a redação dada pela LC nº 126, de 15-1-2007.

d) a relação dos demais credores, com indicação das importâncias e procedências dos créditos, bem como sua classificação, de acordo com a legislação de falências.

Parágrafo único. *Revogado.* Lei nº 9.932, de 20-12-1999.

Art. 101. Os interessados poderão impugnar o quadro geral de credores, mas decairão desse direito se não o exercerem no prazo de quinze dias.

Art. 102. A SUSEP examinará as impugnações e fará publicar no *Diário Oficial da União*, sua decisão, dela notificando os recorrentes por via postal, sob AR.

Parágrafo único. Da decisão da SUSEP caberá recurso para o Ministro da Indústria e do Comércio, no prazo de quinze dias.

Art. 103. Depois da decisão relativa a seus créditos ou aos créditos contra os quais tenham reclamado, os credores não incluídos nas relações a que se refere o art. 100, os delas excluídos, os incluídos sem os privilégios a que se julguem com direito, inclusive por atribuição de importância inferior à reclamada, poderão prosseguir na ação já iniciada ou propor a que lhes competir.

Parágrafo único. Até que sejam julgadas as ações, a SUSEP reservará cota proporcional do ativo para garantia dos credores de que trata este artigo.

Art. 104. A SUSEP promoverá a realização do ativo e efetuará o pagamento dos credores pelo crédito apurado e aprovado, no prazo de seis meses, observados os respectivos privilégios e classificação, de acordo com a cota apurada em rateio.

Art. 105. Ultimada a liquidação e levantado e balanço final, será o mesmo submetido à aprovação do Ministro da Indústria e do Comércio, com relatório da SUSEP.

Art. 106. A SUSEP terá direito à comissão de cinco por cento sobre o ativo apurado nos trabalhos de liquidação, competindo ao Superintendente arbitrar a gratificação a ser paga aos inspetores e funcionários encarregados de executá-los.

Art. 107. Nos casos omissos, são aplicáveis as disposições da legislação de falências, desde que não contrariem as disposições do presente Decreto-lei.

Parágrafo único. Nos casos de cessação parcial, restrita às operações de um ramo, serão observadas as disposições deste Capítulo, na parte aplicável.

CAPÍTULO X

DO REGIME REPRESSIVO

▶ Capítulo X com a numeração retificada pelo Dec.-lei nº 296, de 28-2-1967.

Art. 108. A infração às normas referentes às atividades de seguro, cosseguro, resseguro, retrocessão e capitalização sujeita, na forma definida pelo órgão regulador de seguros, a pessoa natural ou jurídica responsável às seguintes penalidades administrativas, aplicadas pelo órgão fiscalizador de seguros:

▶ *Caput* com a redação dada pela LC nº 137, de 26-8-2010.

▶ Art. 127-A deste Decreto-lei.

I – advertência;
II – suspensão do exercício das atividades ou profissão abrangidas por este Decreto-Lei pelo prazo de até 180 (cento e oitenta) dias;
III – inabilitação, pelo prazo de 2 (dois) anos a 10 (dez) anos, para o exercício de cargo ou função no serviço público e em empresas públicas, sociedades de economia mista e respectivas subsidiárias, entidades de previdência complementar, sociedades de capitalização, instituições financeiras, sociedades seguradoras e resseguradoras;
IV – multa de R$ 10.000,00 (dez mil reais) a R$ 1.000.000,00 (um milhão de reais); e
V – suspensão para atuação em 1 (um) ou mais ramos de seguro ou resseguro.

▶ Incisos I a V com a redação dada pela LC nº 126, de 15-1-2007.

VI a IX – *Revogados*. LC nº 126, de 15-1-2007.

§ 1º A penalidade prevista no inciso IV do *caput* deste artigo será imputada ao agente responsável, respondendo solidariamente o ressegurador ou a sociedade seguradora ou de capitalização, assegurado o direito de regresso, e poderá ser aplicada cumulativamente com as penalidades constantes dos incisos I, II, III ou V do *caput* deste artigo.

§ 2º Das decisões do órgão fiscalizador de seguros caberá recurso, no prazo de 30 (trinta) dias, com efeito suspensivo, ao órgão competente.

§ 3º O recurso a que se refere o § 2º deste artigo, na hipótese do inciso IV do *caput* deste artigo, somente será conhecido se for comprovado pelo requerente o pagamento antecipado, em favor do órgão fiscalizador de seguros, de 30% (trinta por cento) do valor da multa aplicada.

§ 4º Julgada improcedente a aplicação da penalidade de multa, o órgão fiscalizador de seguros devolverá, no prazo máximo de 90 (noventa) dias a partir de requerimento da parte interessada, o valor depositado.

§ 5º Em caso de reincidência, a multa será agravada até o dobro em relação à multa anterior, conforme critérios estipulados pelo órgão regulador de seguros.

▶ §§ 1º a 5º acrescidos pela LC nº 126, de 15-1-2007.

Art. 109. Os Diretores, administradores, gerentes e fiscais das Sociedades Seguradoras responderão solidariamente com a mesma pelos prejuízos causados a terceiros, inclusive aos seus acionistas, em consequência do descumprimento de leis, normas e instruções referentes às operações de seguro, cosseguro, resseguro ou retrosseguro, e em especial, pela falta de constituição das reservas obrigatórias.

Art. 110. Constitui crime contra a economia popular, punível de acordo com a legislação respectiva, a ação ou omissão, pessoal ou coletiva, de que decorra a insuficiência das reservas e de sua cobertura, vinculadas à garantia das obrigações das Sociedades Seguradoras.

Art. 111. Compete ao órgão fiscalizador de seguros expedir normas sobre relatórios e pareceres de prestadores de serviços de auditoria independente aos resseguradores, às sociedades seguradoras, às sociedades de capitalização e às entidades abertas de previdência complementar.

▶ *Caput* com a redação dada pela LC nº 126, de 15-1-2007.

a a *e*) *Revogadas*. LC nº 126, de 15-1-2007;
f) *Revogada*. Lei nº 9.932, de 20-12-1999;
g a *i*) *Revogadas*. LC nº 126, de 15-1-2007.

§ 1º Os prestadores de serviços de auditoria independente aos resseguradores, às sociedades seguradoras, às sociedades de capitalização e às entidades abertas de previdência complementar responderão, civilmente, pelos prejuízos que causarem a terceiros em virtude de culpa ou dolo no exercício das funções previstas neste artigo.

§ 2º Sem prejuízo do disposto no *caput* deste artigo, os prestadores de serviços de auditoria independente responderão administrativamente perante o órgão fiscalizador de seguros pelos atos praticados ou omissões em que houverem incorrido no desempenho das atividades de auditoria independente aos resseguradores, às sociedades seguradoras, às sociedades de capitalização e às entidades abertas de previdência complementar.

§ 3º Instaurado processo administrativo contra resseguradores, sociedades seguradoras, sociedades de capitalização e entidades abertas de previdência complementar, o órgão fiscalizador poderá, considerada a gravidade da infração, cautelarmente, determinar a essas empresas a substituição do prestador de serviços de auditoria independente.

§ 4º Apurada a existência de irregularidade cometida pelo prestador de serviços de auditoria independente mencionado no *caput* deste artigo, serão a ele aplicadas as penalidades previstas no art. 108 deste Decreto-Lei.

§ 5º Quando as entidades auditadas relacionadas no *caput* deste artigo forem reguladas ou fiscalizadas pela Comissão de Valores Mobiliários ou pelos demais órgãos reguladores e fiscalizadores, o disposto neste artigo não afastará a competência desses órgãos para disciplinar e fiscalizar a atuação dos respectivos prestadores de serviço de auditoria independente e para aplicar, inclusive a esses auditores, as penalidades previstas na legislação própria.

▶ §§ 1º a 5º acrescidos pela LC nº 126, de 15-1-2007.

Art. 112. Às pessoas que deixarem de contratar os seguros legalmente obrigatórios, sem prejuízo de outras sanções legais, será aplicada multa de:

I – o dobro do valor do prêmio, quando este for definido na legislação aplicável; e

II – nos demais casos, o que for maior entre 10% (dez por cento) da importância segurável ou R$ 1.000,00 (mil reais).

▶ Art. 112 com a redação dada pela LC nº 126, de 15-1-2007.

Art. 113. As pessoas físicas ou jurídicas que realizarem operações de seguro, cosseguro ou resseguro sem a devida autorização, no País ou no exterior, ficam sujeitas à pena de multa igual ao valor da importância segurada ou ressegurada.

Art. 114. Revogado. LC nº 126, de 15-1-2007.

Art. 115. A suspensão de autorização para operar em determinado ramo de seguro será aplicada quando verificada má condução técnica ou financeira dos respectivos negócios.

Art. 116. Revogado. LC nº 126, de 15-1-2007.

Art. 117. A cassação da carta patente se fará nas hipóteses de infringência dos artigos 81 e 82, nos casos previstos no artigo 96 ou de reincidência na proibição estabelecida nas letras c e i do artigo 111, todos do presente Decreto-lei.

Art. 118. As infrações serão apuradas mediante processo administrativo que tenha por base o auto, a representação ou a denúncia positivando fatos irregulares, e o CNSP disporá sobre as respectivas instaurações, recursos e seus efeitos, instâncias, prazos, perempção e outros atos processualísticos.

Art. 119. As multas aplicadas de conformidade com o disposto neste Capítulo e seguinte serão recolhidas aos cofres da SUSEP.

Art. 120. Os valores monetários das penalidades previstas nos artigos precedentes ficam sujeitos à correção monetária pelo CNSP.

Art. 121. Provada qualquer infração penal a SUSEP remeterá cópia do processo ao Ministério Público para fins de direito.

CAPÍTULO XI

DOS CORRETORES DE SEGUROS

▶ Capítulo XI com a numeração retificada pelo Dec.-lei nº 296, de 28-2-1967.

Art. 122. O corretor de seguros, pessoa física ou jurídica, é o intermediário legalmente autorizado a angariar e promover contratos de seguro entre as Sociedades Seguradoras e as pessoas físicas ou jurídicas de Direito Privado.

Art. 123. O exercício da profissão, de corretor de seguros depende de prévia habilitação e registro.

§ 1º A habilitação será feita perante a SUSEP, mediante prova de capacidade técnico-profissional, na forma das instruções baixadas pelo CNSP.

§ 2º O corretor de seguros poderá ter prepostos de sua livre escolha e designará, dentre eles, o que o substituirá.

§ 3º Os corretores e prepostos serão registrados na SUSEP, com obediência aos requisitos estabelecidos pelo CNSP.

Art. 124. As comissões de corretagem só poderão ser pagas a corretor de seguros devidamente habilitado.

Art. 125. É vedado aos corretores e seus prepostos:

a) aceitar ou exercer emprego de pessoa jurídica de Direito Público;

b) manter relação de emprego ou de direção com Sociedade Seguradora.

Parágrafo único. Os impedimentos deste artigo aplicam-se também aos Sócios e Diretores de Empresas de corretagem.

Art. 126. O corretor de seguros responderá civilmente perante os segurados e as Sociedades Seguradoras pelos prejuízos que causar, por omissão, imperícia ou negligência no exercício da profissão.

Art. 127. Caberá responsabilidade profissional, perante a SUSEP, ao corretor que deixar de cumprir as leis, regulamentos e resoluções em vigor, ou que der causa dolosa ou culposa a prejuízos às Sociedades Seguradoras ou aos segurados.

Art. 127-A. As entidades autorreguladoras do mercado de corretagem terão autonomia administrativa, financeira e patrimonial, operando sob a supervisão da Superintendência de Seguros Privados (SUSEP), aplicando-se a elas, inclusive, o disposto no art. 108 deste Decreto-Lei.

Parágrafo único. Incumbe às entidades autorreguladoras do mercado de corretagem, na condição de órgãos auxiliares da SUSEP, fiscalizar os respectivos membros e as operações de corretagem que estes realizarem.

▶ Art. 127-A acrescido pela LC nº 137, de 26-8-2010.

▶ Res. do CNSP nº 233, de 1º-4-2011, dispõe sobre as condições de constituição, organização, funcionamento e extinção de entidades autorreguladoras do mercado de corretagem de seguros, resseguros, de capitalização e de previdência complementar aberta, na condição de auxiliares da SUSEP.

Art. 128. O corretor de seguros estará sujeito às penalidades seguintes:

a) multa;

b) suspensão temporária do exercício da profissão;

c) cancelamento do registro.

Parágrafo único. As penalidades serão aplicadas pela SUSEP, em processo regular, na forma prevista no art. 119 desta Lei.

▶ Parágrafo único com a redação retificada pelo Dec.-lei nº 296, de 28-2-1967.

CAPÍTULO XII

DISPOSIÇÕES GERAIS E TRANSITÓRIAS

▶ Capítulo XII com a numeração retificada pelo Dec.-lei nº 296, de 28-2-1967.

SEÇÃO I

DO SEGURO-SAÚDE

Art. 129. Fica instituído o Seguro-Saúde para dar cobertura aos riscos de assistência médica e hospitalar.

Art. 130. A garantia do Seguro-Saúde consistirá no pagamento em dinheiro, efetuado pela Sociedade

Seguradora, à pessoa física ou jurídica prestante da assistência médico-hospitalar ao segurado.

§ 1º A cobertura do Seguro-Saúde ficará sujeita ao regime de franquia, de acordo com os critérios fixados pelo CNSP.

§ 2º A livre escolha do médico e do hospital é condição obrigatória nos contratos referidos no artigo anterior.

Art. 131. Para os efeitos do artigo 130 deste Decreto-Lei, o CNSP estabelecerá tabelas de honorários médico-hospitalares e fixará percentuais de participação obrigatória dos segurados nos sinistros.

§ 1º Na elaboração das tabelas, o CNSP observará a média regional dos honorários e a renda média dos pacientes, incluindo a possibilidade da ampliação voluntária da cobertura pelo acréscimo do prêmio.

§ 2º Na fixação das percentagens de participação, o CNSP levará em conta os índices salariais dos segurados e seus encargos familiares.

Art. 132. O pagamento das despesas cobertas pelo Seguro-Saúde dependerá de apresentação da documentação médico hospitalar que possibilite a identificação do sinistro.

▶ Artigo com a redação retificada pelo Dec.-lei nº 296, de 28-2-1967.

Art. 133. É vedado às Sociedades Seguradoras acumular assistência financeira com assistência médico-hospitalar.

Art. 134. As sociedades civis ou comerciais que, na data deste Decreto-Lei, tenham vendido títulos, contratos, garantias de saúde, segurança de saúde, benefícios de saúde, títulos de saúde ou seguros sob qualquer outra denominação, para atendimento médico, farmacêutico e hospitalar, integral ou parcial, ficam proibidas de efetuar novas transações do mesmo gênero, ressalvado o disposto no art. 135, parágrafo 1º.

▶ *Caput* com a redação retificada pelo Dec.-lei nº 296, de 28-2-1967.

§ 1º As Sociedades civis e comerciais que se enquadrem no disposto neste artigo poderão continuar prestando os serviços nele referidos exclusivamente às pessoas físicas ou jurídicas com as quais os tenham ajustado antes da promulgação deste Decreto-Lei, facultada opção bilateral pelo regime do Seguro-Saúde.

§ 2º No caso da opção prevista no parágrafo anterior, as pessoas jurídicas prestantes da assistência médica, farmacêutica e hospitalar, ora regulada, ficarão responsáveis pela contribuição do Seguro-Saúde devida pelas pessoas físicas optantes.

§ 3º Ficam excluídas das obrigações previstas neste artigo as Sociedades Beneficentes que estiverem em funcionamento na data da promulgação desse Decreto-Lei, as quais poderão preferir o regime do Seguro-Saúde a qualquer tempo.

Art. 135. As entidades organizadas sem objetivo de lucro, por profissionais médicos e paramédicos ou por estabelecimentos hospitalares, visando a institucionalizar suas atividades para a prática da medicina social e para a melhoria das condições técnicas e econômicas dos serviços assistenciais, isoladamente ou em regime de associação, poderão operar sistemas próprios de pré-pagamento de serviços médicos e/ou hospitalares, sujeitas ao que dispuser a Regulamentação desta Lei, às resoluções do CNSP e à fiscalização dos órgãos competentes.

Seção II

Art. 136. Fica extinto o Departamento Nacional de Seguros Privados e Capitalização (DNSPC), da Secretaria do Comércio, do Ministério da Indústria e do Comércio, cujo acervo e documentação passarão para a Superintendência de Seguros Privados (SUSEP).

§ 1º Até que entre em funcionamento a SUSEP, as atribuições a ela conferidas pelo presente Decreto-Lei continuarão a ser desempenhadas pelo DNSPC.

§ 2º Fica extinto, no Quadro de Pessoal do Ministério da Indústria e do Comércio, o cargo em comissão de Diretor-Geral do Departamento Nacional de Seguros Privados e Capitalização, símbolo 2-C.

§ 3º Serão considerados extintos, no Quadro de Pessoal do Ministério da Indústria e do Comércio, a partir da criação dos cargos correspondentes nos quadros da SUSEP, os 8 (oito) cargos em comissão do Delegado Regional de Seguros, símbolo 5-C.

Art. 137. Os funcionários atualmente em exercício do DNSPC continuarão a integrar o Quadro de Pessoal do Ministério da Indústria e do Comércio.

Art. 138. Poderá a SUSEP requisitar servidores da administração pública federal, centralizada e descentralizada, sem prejuízo dos vencimentos e vantagens relativos aos cargos que ocuparem.

Art. 139. Os servidores requisitados antes da aprovação, pelo CNSP, do Quadro de Pessoal da SUSEP, poderão nele ser aproveitado, desde que consultados os interesses da Autarquia e dos Servidores.

Parágrafo único. O aproveitamento de que trata este artigo implica na aceitação do regime de pessoal da SUSEP devendo ser contado o tempo de serviço, no órgão de origem, para todos os efeitos legais.

▶ Arts. 136 a 139 com a redação dada pelo Dec.-lei nº 168, de 14-2-1967.

Art. 140. As dotações consignadas no Orçamento da União, para o exercício de 1967, à conta do DNSPC, serão transferidas para a SUSEP excluídas as relativas às despesas decorrentes de vencimentos e vantagens de Pessoal Permanente.

Art. 141. Fica dissolvida a Companhia Nacional de Seguro Agrícola, competindo ao Ministério da Agricultura promover sua liquidação e aproveitamento de seu pessoal.

Art. 142. Ficam incorporadas ao Fundo de Estabilidade do Seguro Rural:

a) Fundo de Estabilidade do seguro Agrário, a que se refere o artigo 3º da Lei nº 2.168, de 11 de janeiro de 1954;

▶ Alínea a com a redação retificada pelo Dec.-lei nº 296, de 28-2-1967.

b) O Fundo de Estabilização previsto no artigo 3º da Lei nº 4.430, de 20 de outubro de 1964.

Art. 143. Os órgãos do Poder Público que operam em seguros privados enquadrarão suas atividades ao regime deste Decreto-Lei no prazo de cento e oitenta dias, ficando autorizados a constituir a necessária Sociedade Anônima ou Cooperativa.

§ 1º As Associações de Classe, de Beneficência e de Socorros mútuos e os Montepios que instituem pensões ou pecúlios, atualmente em funcionamento, ficam excluídos do regime estabelecido neste Decreto-Lei, facultado ao CNSP mandar fiscalizá-los se e quando julgar conveniente.

§ 2º As Sociedades Seguradoras estrangeiras que operam no País adaptarão suas organizações às novas exigências legais, no prazo deste artigo e nas condições determinadas pelo CNSP.

▶ § 2º com a redação retificada pelo Dec.-lei nº 296, de 28-2-1967.

Art. 144. O CNSP proporá ao Poder Executivo, no prazo de cento e oitenta dias, as normas de regulamentação dos seguros obrigatórios previstos no artigo 20 deste Decreto-Lei.

▶ Artigo com a redação retificada pelo Dec.-lei nº 296, de 28-2-1967.

Art. 145. Até a instalação do CNSP e da SUSEP, será mantida a jurisdição e a competência do DNSPC, conservadas em vigor as disposições legais e regulamentares, inclusive as baixadas pelo IRB, no que forem cabíveis.

▶ Art. 59 da Lei nº 9.649, de 27-5-1998, que altera a denominação do IRB para IRB – Brasil Resseguros S.A., com a abreviatura IRB-Brasil RE.

Art. 146. O Poder Executivo fica autorizado a abrir o crédito especial de Cr$ 500.000.000 (quinhentos milhões de cruzeiros), no exercício de 1967, destinado à instalação do CNSP e da SUSEP.

Art. 147. *Revogado.* Dec.-lei nº 261, de 28-2-1967.

Art. 148. As resoluções do Conselho Nacional de Seguros Privados *vigorarão imediatamente e serão publicadas no Diário Oficial da União.*

Art. 149. O Poder Executivo regulamentará este Decreto-Lei no prazo de 120 (cento e vinte) dias, vigendo idêntico prazo para a aprovação dos Estatutos do IRB.

▶ Artigo com a redação dada pelo Dec.-lei nº 168, de 14-2-1967.

▶ Art. 59 da Lei nº 9.649, de 27-5-1998, que altera a denominação do IRB para IRB – Brasil Resseguros S.A., com a abreviatura IRB-Brasil RE.

Art. 150. *Revogado.* Dec.-lei nº 261, de 28-2-1967.

Art. 151. Para efeito do artigo precedente ficam suprimidos os cargos e funções de Delegado do Governo Federal e de liquidante designado pela sociedade, a que se referem os artigos 24 e 25 do Decreto nº 22.456, de 10 de fevereiro de 1933, ressalvadas as liquidações decretadas até dezembro de 1965.

Art. 152. O risco de acidente de trabalho continua a ser regido pela legislação específica, devendo ser objeto de nova legislação dentro de 90 dias.

Art. 153. Este Decreto-Lei entrará em vigor na data de sua publicação, ficando revogadas expressamente todas as disposições de leis, decretos e regulamentos que dispuserem em sentido contrário.

Brasília, 21 de novembro de 1966;
145º da Independência e
78º da República.

H. Castello Branco

DECRETO-LEI Nº 261,
DE 28 DE FEVEREIRO DE 1967

Dispõe sobre as sociedades de capitalização e dá outras providências.

▶ Publicado no *DOU* de 28-2-1967.
▶ Dec.-lei nº 2.420, de 18-3-1988, dispõe sobre correção monetária nos casos de liquidação extrajudicial de sociedades seguradoras, de capitalização e de previdência privada.
▶ Dec. nº 74.062, de 14-5-1974, dispõe sobre a reorganização da Superintendência de Seguros Privados – SUSEP.

Art. 1º Todas as operações das sociedades de capitalização ficam subordinadas às disposições do presente Decreto-Lei.

Parágrafo único. Consideram-se sociedades de capitalização as que tiverem por objetivo fornecer ao público, de acordo com planos aprovados pelo Governo Federal, a constituição de um capital mínimo perfeitamente determinado em cada plano e pago moeda corrente em um prazo máximo indicado no mesmo plano à pessoa que possuir um título segundo cláusulas e regras aprovadas e mencionadas no próprio título.

Art. 2º O Controle do Estado se exercerá pelos órgãos referidos neste Decreto-Lei, no interesse dos portadores de títulos de capitalização, e objetivando:

I – Promover a expansão do mercado de capitalização e propiciar as condições operacionais necessárias à sua integração no progresso econômico e social do País.
II – Promover o aperfeiçoamento do sistema de capitalização e das sociedades que nele operam.
III – Preservar a liquidez e a solvência das sociedades de capitalização.
IV – Coordenar a política de capitalização com a política de investimentos do Governo Federal, observados os critérios estabelecidos para as políticas monetária, creditícia e fiscal, bem como as características a que devem obedecer as aplicações de cobertura das reservas técnicas.

Art. 3º Fica instituído o Sistema Nacional de Capitalização, regulado pelo presente Decreto-Lei e constituído:

I – Do Conselho Nacional de Seguros Privados (CNSP).
II – Da Superintendência de Seguros Privados (SUSEP).
III – Das sociedades autorizadas a operar em capitalização.

§ 1º Compete privativamente ao Conselho Nacional de Seguros Privados (CNSP) fixar as diretrizes e normas da política de capitalização e regulamentar as operações das sociedades do ramo, relativamente às quais exercerá atribuições idênticas às estabelecidas para as sociedades de seguros, nos termos dos incisos I a VI, X a XII e XVII a XIX do art. 32 do Decreto-Lei nº 73, de 21 de novembro de 1966.

§ 2º A SUSEP é o órgão executor da política de capitalização traçada pelo CNSP, cabendo-lhe fiscalizar a constituição, organização, funcionamento e operações das sociedades do ramo, relativamente às quais exercerá atribuições idênticas às estabelecidas para as sociedades de seguros, nos termos das alíneas *a*, *b*, *c*, *g*, *h*, *i*, *k* e *l* do art. 36 do Decreto-Lei nº 73, de 1966.

▶ §§ 1º e 2º com a redação dada pela LC nº 137, de 26-8-2010.

Art. 4º As sociedades de capitalização estão sujeitas à disposições idênticas às estabelecidas nos seguintes artigos do Decreto-Lei nº 73, de 21 de novembro de 1966, e, quando for o caso, seus incisos, alíneas e parágrafos: 7º, 25 a 31, 74 a 77, 84, 87 a 111, 113, 114, 116 a 121.

Art. 5º O presente Decreto-Lei entra em vigor na data de sua publicação.

Art. 6º Revogam-se o Decreto número 22.456, de 10 de fevereiro de 1933, os artigos 147 e 150 do Decreto-Lei nº 73, de 21 de novembro de 1966, e as demais disposições em contrário.

Brasília, 28 de fevereiro de 1967;
146º da Independência e
79º da República.

H. Castello Branco

DECRETO-LEI Nº 305, DE 28 DE FEVEREIRO DE 1967

Dispõe sobre a legalização dos livros de escrituração das operações mercantis.

▶ Publicado no *DOU* de 28-2-1967 e retificado no *DOU* de 10-3-1967 e de 24-4-1967.

Art. 1º São obrigatórios para qualquer comerciante com firma em nome individual e para as sociedades mercantis em geral os livros "Diário" e "Copiador", além dos que forem exigidos em lei especial.

▶ O art. 11 do Dec.-lei nº 486, de 3-3-1969, extinguiu o uso obrigatório do copiador de cartas.

§ 1º Além dos livros a que se refere o artigo anterior, as sociedades por ações deverão possuir:

I – o livro de "Registro de Ações Nominativas";
II – o livro de "Transferência de Ações Nominativas";
III – o livro de "Registro de Partes Beneficiárias Nominativas";
IV – o livro de "Transferência de Partes Beneficiárias Nominativas";
V – o livro de "Atas de Assembleias-Gerais";
VI – o livro de "Presença dos Acionistas";
VII – o livro de "Atas das Reuniões da Diretoria";
VIII – o livro de "Atas e Pareceres do Conselho Fiscal".

§ 2º Os livros a que se referem os nºˢ III e IV do parágrafo anterior só serão obrigatórios para as sociedades que emitirem partes beneficiárias nominativas.

§ 3º As sociedades por cotas de responsabilidade limitada poderão possuir facultativamente os livros a que se referem os nºˢ V a VIII do § 1º deste artigo.

Art. 2º Efetuado o pagamento da taxa cobrada pelo órgão do Registro do Comércio local, pelo menos será procedida a legalização dos livros, onde receberá, na furação própria ao longo do dorso e no sentido vertical, um fio e selo metálicos, conforme figura anexa, ficando suprimida a rubrica de folhas.

Parágrafo único. A furação de que trata este artigo será feita mecanicamente pelos respectivos fabricantes dos livros, entre as sobrecapas que ficam junto à primeira e à última folha útil do livro.

Art. 3º Os livros deverão ser encadernados e suas folhas numeradas, devendo conter na primeira e na última páginas úteis, respectivamente, termos de abertura e encerramento com indicação de firma individual ou do nome comercial da sociedade a que pertencem, do local da sede ou estabelecimento, do número e data do registro da firma ou do arquivamento dos atos constitutivos da sociedade no Registro do Comércio, do fim a que se destinam os livros, dos respectivos números de ordem e do número de suas páginas.

§ 1º Os termos de abertura e de encerramento deverão ser datados e assinados pelo comerciante e pelo responsável por sua escrituração.

§ 2º Os termos de abertura e de encerramento serão ainda assinados pelo funcionário competente do Registro do Comércio.

§ 3º O mesmo funcionário aplicará o fio e selo metálicos de inviolabilidade.

§ 4º Fora do Distrito Federal e das sedes das Juntas Comerciais ou de suas delegacias, as formalidades de que trata este artigo poderão ser preenchidas pelo juiz de direito, a cuja jurisdição estiver sujeito o comerciante ou sociedade mercantil.

Art. 4º Quando o comerciante adotar fichas, ao invés de livros, para os casos de escrituração mecânica, serão as mesmas numeradas seguidamente e autenticadas mecanicamente no Registro do Comércio, recebendo a de número um no anverso, o termo de abertura e a última, no verso, o termo de encerramento a que se refere o artigo anterior.

Parágrafo único. A série de fichas abrange as fichas guias onde deverão ser anotadas as eventualmente inutilizadas em consequência de erro, borradura ou qualquer outro motivo que deverá ser registrado na ficha guia.

Art. 5º É facultado a qualquer comerciante, em nome individual, ou sociedade, solicitar a legalização de livros não obrigatórios.

Art. 6º É facultado a qualquer comerciante, em nome individual, ou sociedade, solicitar a transferência de livros para seus sucessores, desde que conste expressamente do instrumento próprio, devidamente arquivado, que a sucessão foi realizada assumindo o sucessor a responsabilidade do ativo e passivo do sucedido.

Art. 7º Revogam-se as disposições em contrário.

Brasília, 28 de fevereiro de 1967;
146º da Independência e
79º da República.

H. Castello Branco

LEI Nº 5.474, DE 18 DE JULHO DE 1968

Dispõe sobre as duplicatas e dá outras providências.

▶ Publicada no *DOU* de 19-7-1968 e retificada no *DOU* de 25-7-1968.

Capítulo I
DA FATURA E DA DUPLICATA

Art. 1º Em todo o contrato de compra e venda mercantil entre partes domiciliadas no território brasileiro, com prazo não inferior a trinta dias, contado da data da entrega ou despacho das mercadorias, o vendedor extrairá a respectiva fatura para apresentação ao comprador.

§ 1º A fatura discriminará as mercadorias vendidas ou, quando convier ao vendedor, indicará somente os números e valores das notas parciais expedidas por ocasião das vendas, despachos ou entregas das mercadorias.

§ 2º *Revogado.* Dec.-lei nº 436, de 27-1-1969.

Art. 2º No ato da emissão da fatura, dela poderá ser extraída uma duplicata para circulação como efeito comercial, não sendo admitida qualquer outra espécie de título de crédito para documentar o saque do vendedor pela importância faturada ao comprador.

§ 1º A duplicata conterá:

I – a denominação "duplicata", a data de sua emissão e o número de ordem;
II – o número da fatura;
III – a data certa do vencimento ou a declaração de ser a duplicata à vista;
IV – o nome e domicílio do vendedor e do comprador;
V – a importância a pagar, em algarismos e por extenso;
VI – a praça de pagamento;
VII – a cláusula à ordem;
VIII – a declaração do reconhecimento de sua exatidão e da obrigação de pagá-la, a ser assinada pelo comprador, como aceite cambial;
IX – a assinatura do emitente.

§ 2º Uma só duplicata não pode corresponder a mais de uma fatura.

§ 3º Nos casos de venda para pagamento em parcelas, poderá ser emitida duplicata única, em que se discriminarão todas as prestações e seus vencimentos, ou série de duplicatas, uma para cada prestação, distinguindo-se a numeração a que se refere o item I do § 1º deste artigo, pelo acréscimo de letra do alfabeto, em sequência.

Art. 3º A duplicata indicará sempre o valor total da fatura, ainda que o comprador tenha direito a qualquer rebate, mencionando o vendedor o valor líquido que o comprador deverá reconhecer como obrigação de pagar.

§ 1º Não se incluirão no valor total da duplicata os abatimentos de preços das mercadorias feitos pelo vendedor até o ato do faturamento, desde que constem da fatura.

§ 2º A venda mercantil para pagamento contra a entrega da mercadoria ou do conhecimento de transporte, sejam ou não da mesma praça vendedor e comprador, ou para pagamento em prazo inferior a trinta dias, contado da entrega ou despacho das mercadorias, poderá representar-se, também, por duplicata, em que se declarará que o pagamento será feito nessas condições.

Art. 4º Nas vendas realizadas por consignatários ou comissários e faturadas em nome e por conta do consignante ou comitente, caberá àqueles cumprir os dispositivos desta Lei.

Art. 5º Quando a mercadoria for vendida por conta do consignatário, este é obrigado, na ocasião de expedir a fatura e a duplicata, a comunicar a venda ao consignante.

§ 1º Por sua vez, o consignatário expedirá fatura e duplicata correspondente à mesma venda, a fim de ser esta assinada pelo consignatário, mencionando-se o prazo estipulado para a liquidação do saldo da conta.

§ 2º Fica o consignatário dispensado de emitir duplicata quando na comunicação a que se refere o § 1º declarar que o produto líquido apurado está à disposição do consignante.

Capítulo II
DA REMESSA E DA DEVOLUÇÃO DA DUPLICATA

Art. 6º A remessa de duplicata poderá ser feita diretamente pelo vendedor ou por seus representantes, por intermédio de instituições financeiras, procuradores ou correspondentes que se incumbam de apresentá-la ao comprador na praça ou no lugar de seu estabelecimento, podendo os intermediários devolvê-la, depois de assinada, ou conservá-la em seu poder até o momento do resgate, segundo as instruções de quem lhes cometeu o encargo.

§ 1º O prazo para remessa da duplicata será de trinta dias, contado da data de sua emissão.

§ 2º Se a remessa for feita por intermédio de representantes, instituições financeiras, procuradores ou correspondentes, estes deverão apresentar o título ao comprador dentro de dez dias, contados da data de seu recebimento na praça de pagamento.

Art. 7º A duplicata, quando não for à vista, deverá ser devolvida pelo comprador ao apresentante dentro do prazo de dez dias, contados da data de sua apresentação, devidamente assinada ou acompanhada de declaração, por escrito, contendo as razões da falta do aceite.

§ 1º Havendo expressa concordância da instituição financeira cobradora, o sacado poderá reter a duplicata em seu poder até a data do vencimento, desde que comunique, por escrito, à apresentante, o aceite e a retenção.

§ 2º A comunicação de que trata o parágrafo anterior substituirá, quando necessário, no ato do protesto ou na execução judicial, a duplicata a que se refere.

▶ § 2º com a redação dada pela Lei nº 6.458, de 1º-11-1977.

Art. 8º O comprador só poderá deixar de aceitar a duplicata por motivo de:

I – avaria ou não recebimento das mercadorias, quando não expedidas ou não entregues por sua conta e risco;
II – vícios, defeitos e diferenças na qualidade ou na quantidade das mercadorias, devidamente comprovados;
III – divergência nos prazos ou nos preços ajustados.

CAPÍTULO III
DO PAGAMENTO DAS DUPLICATAS

Art. 9º É lícito ao comprador resgatar a duplicata antes de aceitá-la ou antes da data do vencimento.

§ 1º A prova do pagamento é o recibo, passado pelo legítimo portador ou por seu representante com poderes especiais, no verso do próprio título ou em documento, em separado, com referência expressa à duplicata.

§ 2º Constituirá, igualmente, prova de pagamento, total ou parcial, da duplicata, a liquidação de cheque, a favor do estabelecimento endossatário, no qual conste, no verso, que seu valor se destina à amortização ou liquidação da duplicata nele caracterizada.

Art. 10. No pagamento da duplicata poderão ser deduzidos quaisquer créditos a favor do devedor, resultantes de devolução de mercadorias, diferenças de preço, enganos verificados, pagamentos por conta e outros motivos assemelhados, desde que devidamente autorizados.

Art. 11. A duplicata admite reforma ou prorrogação do prazo de vencimento, mediante declaração em separado ou nela escrita, assinada pelo vendedor ou endossatário, ou por representante com poderes especiais.

Parágrafo único. A reforma ou prorrogação de que trata este artigo, para manter a coobrigação dos demais intervenientes por endosso ou aval, requer a anuência expressa destes.

Art. 12. O pagamento da duplicata poderá ser assegurado por aval, sendo o avalista equiparado àquele cujo nome indicar; na falta da indicação, àquele abaixo de cuja firma lançar a sua; fora desses casos, ao comprador.

Parágrafo único. O aval dado posteriormente ao vencimento do título produzirá os mesmos efeitos que o prestado anteriormente àquela ocorrência.

CAPÍTULO IV
DO PROTESTO

Art. 13. A duplicata é protestável por falta de aceite, de devolução ou de pagamento.

§ 1º Por falta de aceite, de devolução ou de pagamento, o protesto será tirado, conforme o caso, mediante apresentação da duplicata, da triplicata, ou, ainda, por simples indicações do portador, na falta de devolução do título.

§ 2º O fato de não ter sido exercida a faculdade de protestar o título, por falta de aceite ou de devolução, não elide a possibilidade de protesto por falta de pagamento.

§ 3º O protesto será tirado na praça de pagamento constante do título.

§ 4º O portador que não tirar o protesto da duplicata, em forma regular e dentro do prazo de trinta dias, contado da data de seu vencimento, perderá o direito de regresso contra os endossantes e respectivos avalistas.

▶ Súm. nº 475 do STJ.

Art. 14. Nos casos de protesto, por falta de aceite, de devolução ou de pagamento, ou feitos por indicações do portador o instrumento de protesto deverá conter os requisitos enumerados no artigo 29 do Decreto nº 2.044, de 31 de dezembro de 1908, exceto a transcrição mencionada no inciso II, que será substituída pela reprodução das indicações feitas pelo portador do título.

▶ Artigo com a redação dada pelo Dec.-lei nº 436, de 27-1-1969.
▶ Súm. nº 475 do STJ.

CAPÍTULO V
DO PROCESSO PARA COBRANÇA DA DUPLICATA

▶ Capítulo V com a redação dada redação dada pela Lei nº 6.458, de 1º-11-1977.

Art. 15. A cobrança judicial de duplicata ou triplicata será efetuada de conformidade com o processo aplicável aos títulos executivos extrajudiciais, de que cogita o Livro II do Código de Processo Civil, quando se tratar:

▶ Súm. nº 27 do STJ.

I – de duplicata ou triplicata aceita, protestada ou não;
II – de duplicata ou triplicata não aceita, contanto que, cumulativamente:

a) haja sido protestada;
b) esteja acompanhada de documento hábil comprobatório da entrega e recebimento da mercadoria; e
c) o sacado não tenha, comprovadamente, recusado o aceite, no prazo, nas condições e pelos motivos previstos nos artigos 7º e 8º desta Lei.

§ 1º Contra o sacador, os endossantes e respectivos avalistas caberá o processo de execução referido neste artigo, quaisquer que sejam a forma e as condições do protesto.

§ 2º Processar-se-á também da mesma maneira a execução de duplicata ou triplicata não aceita e não devolvida, desde que haja sido protestada mediante indicações do credor ou do apresentante do título, nos termos do artigo 14, preenchidas as condições do inciso II deste artigo.

Art. 16. Aplica-se o procedimento ordinário previsto no Código de Processo Civil à ação do credor contra o devedor, por duplicata ou triplicata que não preencha os requisitos do artigo 15, I e II, e §§ 1º e 2º, bem como à ação para ilidir as razões invocadas pelo devedor para o não aceite do título, nos casos previstos no artigo 8º.

Art. 17. O foro competente para cobrança judicial da duplicata ou da triplicata é o da praça de pagamento constante do título, ou outra de domicílio do comprador e, no caso de ação regressiva, a dos sacadores, dos endossantes e respectivos avalistas.

Art. 18. A pretensão à execução da duplicata prescreve:

I – contra o sacado e respectivos avalistas, em três anos, contados da data do vencimento do título;
II – contra endossante e seus avalistas, em um ano, contado da data do protesto;

III – de qualquer dos coobrigados, contra os demais, em um ano, contado da data em que haja sido efetuado o pagamento do título.

§ 1º A cobrança judicial poderá ser proposta contra um ou contra todos os coobrigados, sem observância da ordem em que figurem no título.

§ 2º Os coobrigados da duplicata respondem solidariamente pelo aceite e pelo pagamento.

CAPÍTULO VI

DA ESCRITA ESPECIAL

Art. 19. A adoção do regime de vendas de que trata o artigo 2º desta Lei obriga o vendedor a ter e a escriturar o Livro de Registro de Duplicatas.

§ 1º No Registro de Duplicatas serão escrituradas, cronologicamente, todas as duplicatas emitidas, com o número de ordem, data e valor das faturas originárias e data de sua expedição; nome e domicílio do comprador; anotações das reformas; prorrogações e outras circunstâncias necessárias.

§ 2º Os Registros de Duplicatas, que não poderão conter emendas, borrões, rasuras ou entrelinhas, deverão ser conservados nos próprios estabelecimentos.

§ 3º O Registro de Duplicatas poderá ser substituído por qualquer sistema mecanizado, desde que os requisitos deste artigo sejam observados.

CAPÍTULO VII

DAS DUPLICATAS DE PRESTAÇÃO DE SERVIÇOS

Art. 20. As empresas, individuais ou coletivas, fundações ou sociedades civis, que se dediquem à prestação de serviços, poderão, também, na forma desta Lei, emitir fatura e duplicata.

§ 1º A fatura deverá discriminar a natureza dos serviços prestados.

§ 2º A soma a pagar em dinheiro corresponderá ao preço dos serviços prestados.

§ 3º Aplicam-se à fatura e à duplicata ou triplicata de prestação de serviços, com as adaptações cabíveis, as disposições referentes à fatura e à duplicata ou triplicata de venda mercantil, constituindo documento hábil, para transcrição do instrumento de protesto, qualquer documento que comprove a efetiva prestação dos serviços e o vínculo contratual que a autorizou.

▶ § 3º acrescido pelo Dec.-lei nº 436, de 27-1-1969.

Art. 21. O sacado poderá deixar de aceitar a duplicata de prestação de serviços por motivo de:

I – não correspondência com os serviços efetivamente contratados;

II – vícios ou defeitos na qualidade dos serviços prestados, devidamente comprovados;

III – divergências nos prazos ou nos preços ajustados.

Art. 22. Equiparam-se às entidades constantes do artigo 20, para os efeitos da presente Lei, ressalvado o disposto no Capítulo VI, os profissionais liberais e os que prestam serviço de natureza eventual, desde que o valor do serviço ultrapasse a cem cruzeiros novos.

§ 1º Nos casos deste artigo, o credor enviará ao devedor fatura ou conta que mencione a natureza e valor dos serviços prestados, data e local do pagamento e o vínculo contratual que deu origem aos serviços executados.

§ 2º Registrada a fatura ou conta no Cartório de Títulos e Documentos, será ela remetida ao devedor, com as cautelas constantes do artigo 6º.

§ 3º O não pagamento da fatura ou conta no prazo nela fixado autorizará o credor a levá-la a protesto, valendo, na ausência do original, certidão do cartório competente.

§ 4º O instrumento do protesto, elaborado com as cautelas do artigo 14, discriminando a fatura ou conta original ou a certidão do Cartório de Títulos e Documentos, autorizará o ajuizamento do competente processo de execução na forma prescrita nesta Lei.

▶ § 4º com a redação dada redação dada pela Lei nº 6.458, de 1º-11-1977.

CAPÍTULO VIII

DAS DISPOSIÇÕES GERAIS

Art. 23. A perda ou extravio da duplicata obrigará o vendedor a extrair triplicata, que terá os mesmos efeitos e requisitos e obedecerá às mesmas formalidades daquela.

Art. 24. Da duplicata poderão constar outras indicações, desde que não alterem sua feição característica.

Art. 25. Aplicam-se à duplicata e à triplicata, no que couber, os dispositivos da legislação sobre emissão, circulação e pagamento das Letras de Câmbio.

Art. 26. O artigo 172 do Código Penal (Decreto-Lei nº 2.848, de 7 de dezembro de 1940) passa a vigorar com a seguinte redação:

"Art. 172. Expedir ou aceitar duplicata que não corresponda, juntamente com a fatura respectiva, a uma venda efetiva de bens ou a uma real prestação de serviço:

Pena – detenção, de um a cinco anos, e multa equivalente a vinte por cento sobre o valor da duplicata.

Parágrafo único. Nas mesmas penas incorrerá aquele que falsificar ou adulterar a escrituração do Livro de Registro de Duplicatas".

Art. 27. O Conselho Monetário Nacional, por proposta do Ministério da Indústria e do Comércio, baixará, dentro de cento e vinte dias da data da publicação desta Lei, normas para padronização formal dos títulos e documentos nela referidos fixando prazo para sua adoção obrigatória.

Art. 28. Esta Lei entrará em vigor trinta dias após a data de sua publicação, revogando-se a Lei nº 187, de 15 de janeiro de 1936, a Lei nº 4.068, de 9 de junho de 1962, os Decretos-Lei nºs 265, de 28 de fevereiro de 1967; 320, de 29 de março de 1967; 331, de 21 de setembro de 1967 e 345, de 28 de dezembro de 1967, na parte referente às duplicatas e todas as demais disposições em contrário.

Brasília, 18 de julho de 1968;
147º da Independência e
80º da República.

A. Costa e Silva

DECRETO-LEI Nº 486, DE 3 DE MARÇO DE 1969

Dispõe sobre a escrituração e livros mercantis e dá outras providências.

▶ Publicado no *DOU* de 4-3-1969.

Art. 1º Todo comerciante é obrigado a seguir ordem uniforme de escrituração, mecanizada ou não, utilizando os livros e papéis adequados, cujo número e espécie ficam a seu critério.

Parágrafo único. Fica dispensado desta obrigação o pequeno comerciante, tal como definido em regulamento, à vista dos seguintes elementos, considerados isoladamente ou em conjunto:

a) natureza artesanal da atividade;
b) predominância do trabalho próprio e de familiares, ainda que organizada a atividade;
c) capital efetivamente empregado;
d) renda bruta anual;
e) condições peculiares da atividade, reveladoras da exiguidade do comércio exercido.

Art. 2º A escrituração será completa, em idioma e moeda corrente nacionais, em forma mercantil, com individuação e clareza, por ordem cronológica de dia, mês e ano, sem intervalos em branco, nem entrelinhas, borraduras, rasuras, emendas e transportes para as margens.

§ 1º É permitido o uso do código de números ou de abreviaturas desde que estes constem de livro próprio, revestido das formalidades estabelecidas neste Decreto-Lei.

§ 2º Os erros cometidos serão corrigidos por meio de lançamentos de estorno.

Art. 3º A escrituração ficará sob a responsabilidade de profissional qualificado, nos termos da legislação específica, exceto nas localidades em que não haja elemento nessas condições.

Art. 4º O comerciante é ainda obrigado a conservar em ordem, enquanto não prescritas, eventuais ações que lhe sejam pertinentes, a escrituração, correspondência e demais papéis relativos à atividade, ou que se refiram a atos ou operações que modifiquem ou possam vir a modificar sua situação patrimonial.

Art. 5º Sem prejuízo de exigências especiais da lei, é obrigatório o uso de livro Diário, encadernado com folhas numeradas seguidamente, em que serão lançados, dia a dia, diretamente ou por reprodução, os atos ou operações da atividade mercantil, ou que modifiquem ou possam vir a modificar a situação patrimonial do comerciante.

§ 1º O comerciante que empregar escrituração mecanizada poderá substituir o Diário e os livros facultativos ou auxiliares por fichas seguidamente numeradas, mecânica ou tipograficamente.

§ 2º Os livros ou fichas do Diário deverão conter termos de abertura e de encerramento, e ser submetidos à autenticação do órgão competente do Registro do Comércio.

§ 3º Admite-se a escrituração resumida do Diário, por totais que não excedam o período de um mês, relativamente a contas cujas operações sejam numerosas ou realizadas fora da sede do estabelecimento, desde que utilizados livros auxiliares para registro individuado e conservados os documentos que permitam sua perfeita verificação.

Art. 6º Os órgãos do Registro do Comércio, fora de suas sedes, atendidas as conveniências do serviço, poderão delegar competência a outra autoridade pública para o preenchimento das formalidades de autenticação previstas neste Decreto-Lei.

Art. 7º Observadas as exigências relativas ao Diário, o comerciante poderá submeter à autenticação de que trata o artigo 5º, § 2º, qualquer livro de escrituração que julgue conveniente adotar, segundo a natureza e o volume de seus negócios.

Art. 8º Os livros e fichas de escrituração mercantil somente provam a favor do comerciante quando mantidos com observância das formalidades legais.

Art. 9º Nas hipóteses de sucessão, em que o ativo e o passivo do sucedido sejam assumidos pelo sucessor, poderá este ser autorizado a continuar a escriturar os livros e fichas do estabelecimento, observadas as devidas formalidades.

Art. 10. Ocorrendo extravio, deterioração ou destruição de livros, fichas, documentos ou papéis de interesse da escrituração, o comerciante fará publicar em jornal de grande circulação do local de seu estabelecimento aviso concernente ao fato e deste dará minuciosa informação, dentro de quarenta e oito horas ao órgão competente do Registro do Comércio.

Parágrafo único. A legalização de novos livros ou fichas só será providenciada depois de observado o disposto neste artigo.

Art. 11. Fica abolido o uso obrigatório do copiador de cartas.

Art. 12. As disposições deste Decreto-Lei não prejudicarão exigências específicas de escrituração e livros, a que estejam submetidas quaisquer instituições ou estabelecimentos.

Art. 13. Os órgãos do Registro do Comércio manterão livro de assinaturas e rubricas de autenticadores e organizarão o registro de livros e fichas autenticadas.

Art. 14. Compete ao Departamento Nacional de Registro do Comércio baixar as normas necessárias à perfeita aplicação deste Decreto-Lei e de seu Regulamento, podendo, quando for o caso, resguardadas a segurança e inviolabilidade da escrituração, estender a autenticação prevista no artigo 5º, § 2º, a impressos de escrituração mercantil que o aperfeiçoamento tecnológico venha a recomendar.

Art. 15. Os livros autenticados por qualquer processo anterior permanecerão em uso até que se esgotem.

Art. 16. Este Decreto-Lei entrará em vigor, revogadas as disposições em contrário, na data da publicação do respectivo Regulamento, que será expedido dentro do prazo de sessenta dias.

Brasília, 3 de março de 1969;
148º da Independência e
81º da República.

A. Costa e Silva

DECRETO Nº 64.567, DE 22 DE MAIO DE 1969

Regulamenta dispositivos do Decreto-Lei nº 486, de 3 de março de 1969, que dispõe sobre a escrituração e livros mercantis e dá outras providências.

▶ Publicado no *DOU* de 26-5-1969.

Art. 1º Considera-se pequeno comerciante, para os efeitos do parágrafo único do artigo 1º do Decreto-Lei nº 486, de 3 de março de 1969, a pessoa natural inscrita no Registro do Comércio:

I – que exercer em um só estabelecimento atividade artesanal ou outra atividade em que predomine o seu próprio trabalho ou de pessoas da família, respeitados os limites estabelecidos no inciso seguinte;

II – que auferir receita bruta anual não superior a cem vezes o maior salário mínimo mensal vigente no País e cujo capital efetivamente empregado no negócio não ultrapassar vinte vezes o valor daquele salário mínimo.

§ 1º Poderá o Ministro da Indústria e do Comércio, *ex officio* ou mediante requerimento do interessado, incluir na categoria de pequeno comerciante o executante de atividade cujas condições peculiares recomendem tal inclusão, respeitados os critérios previstos neste artigo.

§ 2º Decidida a inclusão a que se refere o parágrafo anterior, o interessado encerrará, por termo, a escrituração dos livros que mantiver, submetendo-os à autenticação do órgão competente do Registro do Comércio.

§ 3º As obrigações decorrentes deste Decreto serão imediatamente exigíveis do pequeno comerciante que perder esta qualidade, admitida, se for o caso, a reabertura de livros encerrados de acordo com o parágrafo anterior.

Art. 2º A individuação da escrituração a que se refere o artigo 2º do Decreto-Lei nº 486, de 3 de março de 1969, compreende, como elemento integrante, a consignação expressa, no lançamento, das caraterísticas principais dos documentos ou papéis que derem origem à própria escrituração.

Art. 3º Nas localidades onde não houver contabilista legalmente habilitado, a escrituração ficará a cargo do comerciante ou de pessoa pelo mesmo designada.

§ 1º A designação de pessoa não habilitada profissionalmente não eximirá o comerciante da responsabilidade pela escrituração.

§ 2º Para efeito deste artigo, caberá aos Conselhos Regionais de Contabilidade informar aos órgãos de Registro do Comércio da existência ou não de profissional habilitado naquelas localidades.

Art. 4º Só poderão ser usados, nos lançamentos, processos de reprodução que não prejudiquem a clareza e nitidez da escrituração, sem borrões, emendas ou rasuras.

Art. 5º Todo comerciante é obrigado a conservar em ordem os livros, documentos e papéis relativos à escrituração, até a prescrição pertinente aos atos mercantis.

Parágrafo único. O disposto neste artigo aplica-se ao pequeno comerciante no que se refere a documentos e papéis.

Art. 6º Os livros deverão conter, respectivamente, na primeira e na última páginas, tipograficamente numeradas, os termos de abertura e de encerramento.

§ 1º Do termo de abertura constará a finalidade a que se destina o livro, o número de ordem, o número de folhas, a firma individual ou o nome da sociedade a que pertença, o local da sede ou estabelecimento, o número e data do arquivamento dos atos constitutivos no órgão de Registro do Comércio e o número de registro no Cadastro Geral de Contribuintes do Ministério da Fazenda.

§ 2º O termo de encerramento indicará o fim a que se destinou o livro, o número de ordem, o número de folhas e a respectiva firma individual ou sociedade mercantil.

Art. 7º Os termos de abertura e encerramento serão datados e assinados pelo comerciante ou por seu procurador e por contabilista legalmente habilitado.

Parágrafo único. Nas localidades em que não haja profissional habilitado, os termos de abertura e de encerramento serão assinados, apenas, pelo comerciante ou seu procurador.

Art. 8º As fichas que substituírem os livros, para o caso de escrituração mecanizada, poderão ser contínuas, em forma de sanfona, em blocos, com subdivisões numeradas mecânica ou tipograficamente por dobras, sendo vedado o destaque ou ruptura das mesmas.

Parágrafo único. Quando o comerciante adotar as fichas a que se refere este artigo, os termos de abertura e de encerramento serão apostos, respectivamente, no anverso da primeira e no verso da última dobra de cada bloco que receberá número de ordem.

Art. 9º No caso de escrituração mecanizada por fichas soltas ou avulsas, estas serão numeradas tipograficamente, e os termos de abertura e de encerramento serão apostos na primeira e última fichas de cada conjunto e todas as demais serão obrigatoriamente autenticadas com o sinete do órgão de Registro do Comércio.

Art. 10. Os lançamentos registrados nas fichas deverão satisfazer todos os requisitos e normas de escrituração exigidos com relação aos livros mercantis.

Art. 11. Na escrituração por processos de fichas, o comerciante adotará livro próprio para inscrição do balanço, de balancetes e demonstrativos dos resultados do exercício social, o qual será autenticado no órgão de Registro do Comércio.

Art. 12. Efetuado o pagamento da taxa cobrada pelo órgão de Registro do Comércio, este procederá às autenticações previstas neste Decreto, por termo, do seguinte modo:

a) nos livros, o termo de autenticação será aposto na primeira página tipograficamente numerada e conterá declaração expressa da exatidão dos termos de abertura e de encerramento, bem como o número e a data da autenticação;

b) nas fichas, a autenticação será aposta no anverso da primeira dobra de cada bloco, ou na primeira ficha de cada conjunto, mediante lançamento do respectivo termo, com declaração expressa na exatidão dos termos de abertura e do encerramento, bem como o número e a data da autenticação.

Art. 13. Os órgãos de Registro do Comércio deverão possuir livro de registro das assinaturas dos autenticadores, para eventuais averiguações ou confrontos, bem como controle do registro dos livros e das fichas devidamente legalizadas, inclusive dos que forem autenticados mediante delegação de competência.

Art. 14. Quando do encerramento, ainda que temporário, das atividades de comerciante ou dos agentes auxiliares do comércio, dos armazéns gerais e dos trapiches e, consequentemente, de sua escrituração, será consignada a ocorrência mediante termo aposto na primeira folha ou ficha útil não escriturada, datado e assinado pelo comerciante ou seu procurador e pelo contabilista legalmente habilitado, ressalvado o disposto no artigo 3º deste Decreto e autenticado pelo órgão de Registro do Comércio.

Art. 15. Para os efeitos do artigo 9º do Decreto-Lei nº 486, de 3 de março de 1969, será aposto, após o último lançamento, o termo de transferência datado e assinado pelo comerciante ou por seu procurador e por contabilista legalmente habilitado, ressalvado o disposto no artigo 3º deste Decreto, e autenticado pelo órgão de Registro do Comércio.

Parágrafo único. O termo de transferência conterá, além de todos os requisitos exigidos para os termos de abertura, indicação da sucessora e o número e data de arquivamento no órgão de Registro do Comércio do instrumento de sucessão.

Art. 16. Estão sujeitos às normas deste Decreto todos os livros mercantis obrigatórios, bem como os de uso dos agentes auxiliares do comércio, armazéns gerais e trapiches.

Art. 17. O disposto neste Decreto não prejudicará exigências específicas referentes a escrituração de livros ou fichas, a que estejam submetidos quaisquer instituições ou estabelecimentos.

Art. 18. As disposições deste Decreto aplicam-se também às sucursais, filiais e agências instaladas no Brasil de sociedades mercantis, com sede no Exterior.

Art. 19. Os casos omissos serão resolvidos pelo Departamento Nacional de Registro do Comércio, ouvidos, quando necessário, os órgãos dos Poderes Públicos Federais que, por força de suas atribuições, tenham relação com a matéria.

Art. 20. O presente Decreto entrará em vigor na data de sua publicação, revogadas as disposições em contrário.

Brasília, 22 de maio de 1969;
148º da Independência e
81º da República.

A. Costa e Silva

DECRETO-LEI Nº 858, DE 11 DE SETEMBRO DE 1969

Dispõe sobre a cobrança e a correção monetária dos débitos fiscais nos casos de falência e dá outras providências.

▶ Publicado no *DOU* de 12-9-1969 e retificado no *DOU* de 16-9-1969.

Art. 1º A correção monetária dos débitos fiscais do falido será feita até a data da sentença declaratória da falência, ficando suspensa, por um ano, a partir dessa data.

§ 1º Se esses débitos não forem liquidados até trinta dias após o término do prazo previsto neste artigo, a correção monetária será calculada até a data do pagamento, incluindo o período em que esteve suspensa.

§ 2º Nas falências decretadas há mais de cento e oitenta dias, o prazo para a liquidação dos débitos fiscais, com os benefícios de que trata este artigo, será de cento e oitenta dias, a contar da data de publicação deste Decreto-Lei.

§ 3º O pedido de concordata suspensiva não interferirá na fluência dos prazos fixados neste artigo.

▶ Lei nº 11.101, de 9-2-2005 (Lei de Recuperação de Empresas e Falências).

Art. 2º A concordata preventiva ou suspensiva, a liquidação judicial ou a falência não suspenderão o curso dos executivos fiscais, nem impedirão o ajuizamento de novos processos para a cobrança de créditos fiscais apurados posteriormente.

▶ Lei nº 11.101, de 9-2-2005 (Lei de Recuperação de Empresas e Falências).

Art. 3º Não será distribuído requerimento de concordata preventiva ou liquidação judicial de sociedade sem a prova negativa de Executivo Fiscal proposto pela Fazenda Pública, fornecida pelo competente ofício distribuidor.

▶ Lei nº 11.101, de 9-2-2005 (Lei de Recuperação de Empresas e Falências).

Parágrafo único. Terá efeito de certidão negativa aquela que, mesmo acusando executivo fiscal proposto, vier acompanhada de prova da existência de penhora aceita, mediante certidão expedida pelo cartório ou secretaria do juízo respectivo.

Art. 4º As normas deste Decreto-Lei aplicam-se aos processos em curso.

Art. 5º Este Decreto-Lei entrará em vigor na data de sua publicação, revogadas as disposições em contrário.

Brasília, 11 se setembro de 1969;
148º da Independência e
81º da República.

Augusto Hamann Rademaker Grunewald
Aurélio de Lyra Tavares
Márcio de Souza e Mello

DECRETO-LEI Nº 911, DE 1º DE OUTUBRO DE 1969

Altera a redação do artigo 66 da Lei nº 4.728, de 14 de julho de 1965, estabelece normas de processo sobre alienação fiduciária e dá outras providências.

▶ Publicado no *DOU* de 3-10-1969.
▶ Arts. 1.361 a 1.368-A do CC.
▶ Art. 66-B da Lei nº 4.728, de 14-7-1965 (Lei do Mercado de Capitais).
▶ Lei nº 9.514, de 20-11-1997, dispõe sobre alienação fiduciária de coisa imóvel.

Art. 1º O artigo 66, da Lei nº 4.728, de 14 de julho de 1965, passa a ter a seguinte redação:

▶ Art. 66 revogado pela Lei nº 10.931, de 2-8-2004.

Art. 2º No caso de inadimplemento ou mora nas obrigações contratuais garantidas mediante alienação fiduciária, o proprietário fiduciário ou credor poderá vender a coisa a terceiros independentemente de leilão, hasta pública, avaliação prévia ou qualquer outra medida judicial ou extrajudicial, salvo disposição expressa em contrário prevista no contrato, devendo aplicar o preço da venda no pagamento de seu crédito e das despesas decorrentes e entregar ao devedor o saldo apurado, se houver.

▶ Súmulas nºs 28, 72, 284 e 384 do STJ.

§ 1º O crédito a que se refere o presente artigo abrange o principal, juros e comissões, além das taxas, cláusula penal e correção monetária, quando expressamente convencionados pelas partes.

§ 2º A mora decorrerá do simples vencimento do prazo para pagamento e poderá ser comprovada por carta registrada expedida por intermédio de Cartório de Títulos e Documentos ou pelo protesto do título, a critério do credor.

▶ Art. 882 do CPC.
▶ Súmulas nºs 72 e 245 do STJ.

§ 3º A mora e o inadimplemento de obrigações contratuais garantidas por alienação fiduciária, ou a ocorrência legal ou convencional de algum dos casos de antecipação de vencimento da dívida facultarão ao credor considerar, de pleno direito, vencidas todas as obrigações contratuais, independentemente de aviso ou notificação judicial ou extrajudicial.

▶ Súmulas nºs 72 e 245 do STJ.

Art. 3º O proprietário, fiduciário ou credor, poderá requerer contra o devedor ou terceiro a busca e apreensão do bem alienado fiduciariamente, a qual será concedida liminarmente, desde que comprovada a mora ou o inadimplemento do devedor.

§ 1º Cinco dias após executada a liminar mencionada no *caput*, consolidar-se-ão a propriedade e a posse plena e exclusiva do bem no patrimônio do credor fiduciário, cabendo às repartições competentes, quando for o caso, expedir novo certificado de registro de propriedade em nome do credor, ou de terceiro por ele indicado, livre do ônus da propriedade fiduciária.

§ 2º No prazo do § 1º, o devedor fiduciante poderá pagar a integralidade da dívida pendente, segundo os valores apresentados pelo credor fiduciário na inicial, hipótese na qual o bem lhe será restituído livre do ônus.

▶ Súm. nº 284 do STJ.

§ 3º O devedor fiduciante apresentará resposta no prazo de quinze dias da execução da liminar.

§ 4º A resposta poderá ser apresentada ainda que o devedor tenha se utilizado da faculdade do § 2º, caso entenda ter havido pagamento a maior e deseje restituição.

§ 5º Da sentença cabe apelação apenas no efeito devolutivo.

§ 6º Na sentença que decretar a improcedência da ação de busca e apreensão, o juiz condenará o credor fiduciário ao pagamento de multa, em favor do devedor fiduciante, equivalente a cinquenta por cento do valor originariamente financiado, devidamente atualizado, caso o bem já tenha sido alienado.

▶ §§ 1º a 6º com a redação dada pela Lei nº 10.931, de 2-8-2004.

§ 7º A multa mencionada no § 6º não exclui a responsabilidade do credor fiduciário por perdas e danos.

▶ Arts. 85 a 93 da Lei nº 11.101, de 9-2-2005 (Lei de Falências).

§ 8º A busca e apreensão prevista no presente artigo constitui processo autônomo e independente de qualquer procedimento posterior.

▶ §§ 7º e 8º acrescidos pela Lei nº 10.931, de 2-8-2004.

Art. 4º Se o bem alienado fiduciariamente não for encontrado ou não se achar na posse do devedor, o credor poderá requerer a conversão do pedido de busca e apreensão, nos mesmos autos, em ação de depósito, na forma prevista no Capítulo II do Título I do Livro IV do Código de Processo Civil.

▶ Artigo com a redação dada pela Lei nº 6.071, de 3-7-1974.
▶ Arts. 901 a 906 do CPC.
▶ Súm. Vinc. nº 25 do STF.
▶ Súmulas nºs 304, 305 e 419 do STJ.

Art. 5º Se o credor preferir recorrer à ação executiva, ou, se for o caso, ao executivo fiscal, serão penhorados, a critério do autor da ação, bens do devedor quantos bastem para assegurar a execução.

Parágrafo único. Não se aplica à alienação fiduciária o disposto nos incisos VI e VIII do artigo 649 do Código de Processo Civil.

▶ Parágrafo único com a redação dada pela Lei nº 6.071, de 3-7-1974.

Art. 6º O avalista, fiador ou terceiro interessado, que pagar a dívida do alienante ou devedor, se sub-rogará, de pleno direito, no crédito e na garantia constituída pela alienação fiduciária.

Art. 7º Na falência do devedor alienante, fica assegurado ao credor ou proprietário fiduciário o direito de pedir, na forma prevista na lei, a restituição do bem alienado fiduciariamente.

▶ Arts. 85 a 93 da Lei nº 11.101, de 9-2-2005 (Lei de Recuperação de Empresas e Falências).

Parágrafo único. Efetivada a restituição o proprietário fiduciário agirá na forma prevista neste Decreto-Lei.

Art. 8º O Conselho Nacional de Trânsito, no prazo máximo de sessenta dias, a contar da vigência do presente Decreto-lei, expedirá normas regulamentares relativas à alienação fiduciária de veículos automotores.

Art. 8º-A. O procedimento judicial disposto neste Decreto-Lei aplica-se exclusivamente às hipóteses da Seção XIV da Lei nº 4.728, de 14 de julho de 1965, ou quando o ônus da propriedade fiduciária tiver sido constituído para fins de garantia de débito fiscal ou previdenciário.

▶ Art. 8º-A acrescido pela Lei nº 10.931, de 2-8-2004.

Art. 9º O presente Decreto-Lei entrará em vigor na data de sua publicação, aplicando-se, desde logo, aos processos em curso, revogadas as disposições em contrário.

Brasília, 1º de outubro de 1969;
148º da Independência e
81º da República.

Augusto Hamann Rademaker Grunewald
Aurélio de Lyra Tavares
Márcio de Souza Mello

LEI Nº 6.024, DE 13 DE MARÇO DE 1974

Dispõe sobre a intervenção e a liquidação extrajudicial de instituições financeiras, e dá outras providências.

▶ Publicada no *DOU* de 14-3-1974.
▶ Lei nº 9.447, de 14-3-1997, dispõe sobre a responsabilidade solidária de controladores de instituições submetidas à intervenção, liquidação extrajudicial e regime de administração especial temporária.
▶ Dec.-lei nº 2.321, de 25-2-1987, institui, em defesa das finanças públicas, regime de administração especial temporária, nas instituições financeiras privadas e públicas não federais.

CAPÍTULO I

DISPOSIÇÃO PRELIMINAR

Art. 1º As instituições financeiras privadas e as públicas não federais, assim como as cooperativas de crédito, estão sujeitas, nos termos desta Lei, à intervenção ou à liquidação extrajudicial, em ambos os casos efetuada e decretada pelo Banco Central do Brasil, sem prejuízo do disposto nos artigos 137 e 138 do Decreto-Lei nº 2.627, de 26 de setembro de 1940, ou à falência, nos termos da legislação vigente.

CAPÍTULO II

DA INTERVENÇÃO E SEU PROCESSO

SEÇÃO I

DA INTERVENÇÃO

Art. 2º Far-se-á a intervenção quando se verificarem as seguintes anormalidades nos negócios sociais da instituição:

I – a entidade sofrer prejuízo, decorrente da má administração, que sujeite a riscos os seus credores;

II – forem verificadas reiteradas infrações a dispositivos da legislação bancária não regularizadas após as determinações do Banco Central do Brasil, no uso das suas atribuições de fiscalização;

III – na hipótese de ocorrer qualquer dos fatos mencionados nos artigos 1º e 2º, do Decreto-Lei nº 7.661, de 21 de junho de 1945 (Lei de Falências), houver possibilidade de evitar-se, a liquidação extrajudicial.

Art. 3º A intervenção será decretada *ex officio* pelo Banco Central do Brasil, ou por solicitação dos administradores da instituição – se o respectivo estatuto lhes conferir esta competência – com indicação das causas do pedido, sem prejuízo da responsabilidade civil e criminal em que incorrerem os mesmos administradores, pela indicação falsa ou dolosa.

Art. 4º O período da intervenção não excederá a 6 (seis) meses o qual, por decisão do Banco Central do Brasil, poderá ser prorrogado uma única vez, até o máximo de outros 6 (seis) meses.

Art. 5º A intervenção será executada por interventor nomeado pelo Banco Central do Brasil, com plenos poderes de gestão.

Parágrafo único. Dependerão de prévia e expressa autorização do Banco Central do Brasil os atos do interventor que impliquem em disposição ou oneração do patrimônio da sociedade, admissão e demissão de pessoal.

Art. 6º A intervenção produzirá, desde sua decretação, os seguintes efeitos:

a) suspensão da exigibilidade das obrigações vencidas;
b) suspensão da fluência do prazo das obrigações vincendas anteriormente contraídas;
c) inexigibilidade dos depósitos já existentes à data de sua decretação.

Art. 7º A intervenção cessará:

a) se os interessados, apresentando as necessárias condições de garantia, julgados a critério do Banco Central do Brasil, tomarem a si o prosseguimento das atividades econômicas da empresa;
b) quando, a critério do Banco Central do Brasil, a situação da entidade se houver normalizado;
c) se decretada a liquidação extrajudicial, ou a falência da entidade.

SEÇÃO II

DO PROCESSO DA INTERVENÇÃO

Art. 8º Independentemente da publicação do ato de sua nomeação, o interventor será investido, de imediato, em suas funções, mediante termo de posse lavrado no "Diário" da entidade, ou, na falta deste, no livro que o substituir, com a transcrição do ato que houver decretado a medida e que o tenha nomeado.

Art. 9º Ao assumir suas funções, o interventor:

a) arrecadará, mediante termo, todos os livros da entidade e os documentos de interesse da administração;
b) levantará o balanço geral e o inventário de todos os livros, documentos, dinheiro e demais bens da entidade, ainda que em poder de terceiros, a qualquer título.

Parágrafo único. O termo de arrecadação, o balanço geral e o inventário, deverão ser assinados também pelos administradores em exercício no dia anterior ao da posse do interventor, os quais poderão apresentar, em separado, as declarações e observações que julgarem a bem dos seus interesses.

Art. 10. Os ex-administradores da entidade deverão entregar ao interventor, dentro de cinco dias, contados da posse deste, declaração, assinada em conjunto por todos eles, de que conste a indicação:

a) do nome, nacionalidade, estado civil e endereço dos administradores e membros do Conselho Fiscal que estiverem em exercício nos últimos 12 meses anteriores à decretação da medida;
b) dos mandatos que, porventura, tenham outorgado em nome da instituição, indicando o seu objeto, nome e endereço do mandatário;
c) dos bens imóveis, assim como dos móveis, que não se encontrem no estabelecimento;
d) da participação que, porventura, cada administrador ou membro do Conselho Fiscal tenha em outras sociedades, com a respectiva indicação.

Art. 11. O interventor, dentro em sessenta dias, contados de sua posse, prorrogável se necessário, apresentará ao Banco Central do Brasil relatório, que conterá:

a) exame da escrituração, da aplicação dos fundos e disponibilidades, e da situação econômico-financeira da instituição;
b) indicação, devidamente comprovada, dos atos e omissões danosos que eventualmente tenha verificado;
c) proposta justificada da adoção das providências que lhe pareçam convenientes à instituição.

Parágrafo único. As disposições deste artigo não impedem que o interventor, antes da apresentação do relatório, proponha ao Banco Central do Brasil a adoção de qualquer providência que lhe pareça necessária e urgente.

Art. 12. À vista do relatório ou da proposta do interventor, o Banco Central do Brasil poderá:

a) determinar a cessação da intervenção, hipótese em que o interventor será autorizado a promover os atos que, nesse sentido, se tornaram necessários;
b) manter a instituição sob intervenção, até serem eliminadas as irregularidades que a motivaram, observado o disposto no artigo 4º;
c) decretar a liquidação extrajudicial da entidade;
d) autorizar o interventor a requerer a falência da entidade, quando o seu ativo não for suficiente para cobrir sequer metade do valor dos créditos quirografários, ou quando julgada inconveniente a liquidação extrajudicial, ou quando a complexidade dos negócios da instituição ou a gravidade dos fatos apurados aconselharem a medida.

Art. 13. Das decisões do interventor caberá recurso, sem efeito suspensivo, dentro de dez dias da respectiva ciência, para o Banco Central do Brasil, em única instância.

§ 1º Findo o prazo sem a interposição de recurso, a decisão assumirá caráter definitivo.

§ 2º O recurso será entregue, mediante protocolo, ao interventor que o informará e o encaminhará dentro em cinco dias, ao Banco Central do Brasil.

Art. 14. O interventor prestará contas ao Banco Central do Brasil, independentemente de qualquer exigência, no momento em que deixar suas funções, ou a qualquer tempo, quando solicitado, e responderá, civil e criminalmente, por seus atos.

CAPÍTULO III

DA LIQUIDAÇÃO EXTRAJUDICIAL

SEÇÃO I

DA APLICAÇÃO E DOS EFEITOS DA MEDIDA

Art. 15. Decretar-se-á a liquidação extrajudicial da instituição financeira:

I – ex officio:

a) em razão de ocorrências que comprometam sua situação econômica ou financeira especialmente quando deixar de satisfazer, com pontualidade, seus compromissos ou quando se caracterizar qualquer dos motivos que autorizem a declararão de falência;
b) quando a administração violar gravemente as normas legais e estatutárias que disciplinam a atividade da instituição bem como as determinações do Conselho Monetário Nacional ou do Banco Central do Brasil, no uso de suas atribuições legais;
c) quando a instituição sofrer prejuízo que sujeite a risco anormal seus credores quirografários;
d) quando, cassada a autorização para funcionar, a instituição não iniciar, nos 90 (noventa) dias seguintes, sua liquidação ordinária, ou quando, iniciada esta, verificar o Banco Central do Brasil que a morosidade de sua administração pode acarretar prejuízo para os credores;

II – a requerimento dos administradores da instituição – se o respectivo estatuto social lhes conferir esta competência – ou por proposta do interventor, expostos circunstanciadamente os motivos justificadores da medida.

§ 1º O Banco Central do Brasil decidirá sobre a gravidade dos fatos determinantes da liquidação extrajudicial, considerando as repercussões deste sobre os interesses dos mercados financeiro e de capitais, e, poderá, em lugar da liquidação, efetuar a intervenção, se julgar esta medida suficiente para a normalização dos negócios da instituição e preservação daqueles interesses.

§ 2º O ato do Banco Central do Brasil, que decretar a liquidação extrajudicial, indicará a data em que se tenha caracterizado o estado que a determinou, fixando o termo legal da liquidação que não poderá ser superior a 60 (sessenta) dias contados do primeiro protesto por falta de pagamento ou, na falta deste do ato que haja decretado a intervenção ou a liquidação.

Art. 16. A liquidação extrajudicial será executada por liquidante nomeado pelo Banco Central do Brasil, com amplos poderes de administração e liquidação, especialmente os de verificação e classificação dos créditos, podendo nomear e demitir funcionários, fixando-lhes os vencimentos, outorgar e cassar mandatos, propor ações e representar a massa em Juízo ou fora dele.

§ 1º Com prévia e expressa autorização do Banco Central do Brasil, poderá o liquidante, em benefício da massa, ultimar os negócios pendentes e, a qualquer tempo, onerar ou alienar seus bens, neste último caso através de licitações.

§ 2º Os honorários do liquidante, a serem pagos por conta da liquidanda, serão fixados pelo Banco Central do Brasil.

Art. 17. Em todos os atos, documentos e publicações de interesse da liquidação, será usada obrigatoriamente, a expressão "Em liquidação extrajudicial", em seguida à denominação da entidade.

Art. 18. A decretação da liquidação extrajudicial produzirá, de imediato, os seguintes efeitos:

a) suspensão das ações e execuções iniciadas sobre direitos e interesses relativos ao acervo da entidade liquidanda, não podendo ser intentadas quaisquer outras, enquanto durar a liquidação;
b) vencimento antecipado das obrigações da liquidanda;
c) não atendimento das cláusulas penais dos contratos unilaterais vencidos em virtude da decretação da liquidação extrajudicial;
d) não fluência de juros, mesmo que estipulados, contra a massa, enquanto não integralmente pago o passivo;
e) interrupção da prescrição relativa a obrigações de responsabilidade da instituição;
f) não reclamação de correção monetária de quaisquer dívidas passivas, nem de penas pecuniárias por infração de leis penais ou administrativas.

Art. 19. A liquidação extrajudicial cessará:

a) se os interessados, apresentando as necessárias condições de garantia, julgadas a critério do Banco Central do Brasil, tomarem a si o prosseguimento das atividades econômicas da empresa;
b) por transformação em liquidação ordinária;
c) com a aprovação das contas finais do liquidante e baixa no registro público competente;
d) se decretada a falência da entidade.

SEÇÃO II

DO PROCESSO DA LIQUIDAÇÃO EXTRAJUDICIAL

Art. 20. Aplicam-se, ao processo da liquidação extrajudicial, as disposições relativas ao processo da intervenção, constantes dos artigos 8º, 9º, 10 e 11, desta Lei.

Art. 21. À vista do relatório ou da proposta previstos no artigo 11, apresentados pelo liquidante na conformidade do artigo anterior, o Banco Central do Brasil poderá autorizá-lo a:

a) prosseguir na liquidação extrajudicial;
b) requerer a falência da entidade, quando o seu ativo não for suficiente para cobrir pelo menos a metade do valor dos créditos quirografários, ou quando houver fundados indícios de crimes falimentares.

Parágrafo único. Sem prejuízo do disposto neste artigo, em qualquer tempo, o Banco Central do Brasil poderá estudar pedidos de cessação da liquidação extrajudicial, formulados pelos interessados, concedendo ou recusando a medida pleiteada, segundo as garantias oferecidas e as conveniências de ordem geral.

Art. 22. Se determinado o prosseguimento da liquidação extrajudicial o liquidante fará publicar, no *Diário Oficial da União* e em jornal de grande circulação do local da sede da entidade, aviso aos credores para que declarem os respectivos créditos, dispensados desta formalidade os credores por depósitos ou por letras de câmbio de aceite da instituição financeira liquidanda.

§ 1º No aviso de que trata este artigo, o liquidante fixará o prazo para a declaração dos créditos, o qual não será inferior a vinte, nem superior a quarenta dias, conforme a importância da liquidação e os interesses nela envolvidos.

§ 2º Relativamente aos créditos dispensados de habilitação, o liquidante manterá, na sede da liquidanda, relação nominal dos depositantes e respectivos saldos, bem como relação das letras de câmbio de seu aceite.

§ 3º Aos credores obrigados à declaração assegurar-se-á o direito de obterem do liquidante as informações, extratos de contas, saldos e outros elementos necessários à defesa dos seus interesses e à prova dos respectivos créditos.

§ 4º O liquidante dará sempre recibo das declarações de crédito e dos documentos recebidos.

Art. 23. O liquidante juntará a cada declaração a informação completa a respeito do resultado das averiguações a que procedeu nos livros, papéis e assentamentos da entidade, relativos ao crédito declarado, bem como sua decisão quanto à legitimidade, valor e classificação.

Parágrafo único. O liquidante poderá exigir dos ex-administradores da instituição que prestem informações sobre qualquer dos créditos declarados.

Art. 24. Os credores serão notificados, por escrito, da decisão do liquidante, os quais, a contar da data do recebimento da notificação, terão o prazo de dez dias para recorrer, ao Banco Central do Brasil, do ato que lhes pareça desfavorável.

Art. 25. Esgotado o prazo para a declaração de créditos e julgados estes, o liquidante organizará o quadro geral de credores e publicará, na forma prevista no artigo 22, aviso de que dito quadro, juntamente com o balanço geral, se acha fixado na sede e demais dependências da entidade, para conhecimento dos interessados.

Parágrafo único. Após a publicação mencionada neste artigo, qualquer interessado poderá impugnar a legitimidade, valor, ou a classificação dos créditos constantes do referido quadro.

Art. 26. A impugnação será apresentada por escrito, devidamente justificada com os documentos julgados convenientes, dentro de dez dias, contados da data da publicação de que trata o artigo anterior.

§ 1º A entrega da impugnação será feita contra recibo, passado pelo liquidante, com cópia que será juntada ao processo.

§ 2º O titular do crédito impugnado será notificado pelo liquidante e, a contar da data do recebimento da notificação, terá o prazo de cinco dias para oferecer as alegações e provas que julgar convenientes à defesa dos seus direitos.

§ 3º O liquidante encaminhará as impugnações com o seu parecer, juntando os elementos probatórios, à decisão do Banco Central do Brasil.

§ 4º Julgadas todas as impugnações, o liquidante fará publicar avisos na forma do artigo 22, sobre as eventuais modificações no quadro geral de credores que, a partir desse momento, será considerado definitivo.

Art. 27. Os credores que se julgarem prejudicados pelo não provimento do recurso interposto, ou pela decisão proferida na impugnação poderão prosseguir nas ações que tenham sido suspensas por força do artigo 18, ou propor as que couberem, dando ciência do fato ao liquidante para que este reserve fundos suficientes à eventual satisfação dos respectivos pedidos.

Parágrafo único. Decairão do direito assegurado neste artigo os interessados que não o exercitarem dentro do prazo de trinta dias, contados da data em que for considerado definitivo o quadro geral dos credores, com a publicação a que alude o § 4º do artigo anterior.

Art. 28. Nos casos de descoberta de falsidade, dolo, simulação, fraude, erro essencial, ou de documentos ignorados na época do julgamento dos créditos, o liquidante ou qualquer credor admitido pode pedir ao Banco Central do Brasil, até ao encerramento da liquidação, a exclusão, ou outra classificação, ou a simples retificação de qualquer crédito.

Parágrafo único. O titular desse crédito será notificado do pedido e, a contar da data do recebimento da notificação, terá o prazo de cinco dias para oferecer as alegações e provas que julgar convenientes, sendo-lhe assegurado o direito a que se refere o artigo anterior, se se julgar prejudicado pela decisão proferida, que lhe será notificada por escrito, contando-se da data do recebimento da notificação o prazo de decadência fixado no parágrafo único do mesmo artigo.

Art. 29. Incluem-se, entre os encargos da massa, as quantias a ela fornecidas pelos credores, pelo liquidante ou pelo Banco Central do Brasil.

Art. 30. Salvo expressa disposição em contrário desta Lei, das decisões do liquidante caberá recurso sem efeito suspensivo, dentro em dez dias da respectiva ciência, para o Banco Central do Brasil, em única instância.

§ 1º Findo o prazo, sem a interposição de recurso, a decisão assumirá caráter definitivo.

§ 2º O recurso será entregue, mediante protocolo, ao liquidante, que o informará e o encaminhará, dentro de cinco dias, ao Banco Central do Brasil.

Art. 31. No resguardo da economia pública, da poupança privada e da segurança nacional, sempre que a atividade da entidade liquidanda colidir com os interesses daquelas áreas, poderá o liquidante, prévia e expressamente autorizado pelo Banco Central do Brasil, adotar qualquer forma especial ou qualificada de realização do ativo e liquidação do passivo, ceder o ativo a terceiros, organizar ou reorganizar sociedade para continuação geral ou parcial do negócio ou atividade da liquidanda.

§ 1º Os atos referidos neste artigo produzem efeitos jurídicos imediatos, independentemente de formalidades e registros.

§ 2º Os registros correspondentes serão procedidos no prazo de quinze dias, pelos Oficiais dos Registros de Imóveis e pelos Registros do Comércio, bem como pelos demais órgãos da administração pública, quando for o caso, à vista da comunicação formal, que lhes tenha sido feita pelo liquidante.

Art. 32. Apurados, no curso da liquidação, seguros elementos de prova, mesmo indiciária, da prática de contravenções penais ou crimes por parte de qualquer dos antigos administradores e membros do Conselho Fiscal, o liquidante os encaminhará ao órgão do Ministério Público para que este promova a ação penal.

Art. 33. O liquidante prestará contas ao Banco Central do Brasil, independentemente de qualquer exigência, no momento em que deixar suas funções, ou a qualquer tempo, quando solicitado, e responderá, civil e criminalmente, por seus atos.

Art. 34. Aplicam-se à liquidação extrajudicial no que couberem e não colidirem com os preceitos desta Lei, as disposições da Lei de Falências (Decreto-Lei nº 7.661, de 21 de junho de 1945), equiparando-se ao síndico, o liquidante, ao juiz da falência, o Banco Central do Brasil, sendo competente para conhecer da ação revocatória prevista no artigo 55 daquele Decreto-lei, o juiz a quem caberia processar e julgar a falência da instituição liquidanda.

▶ Arts. 21 a 25 da Lei nº 11.101, de 9-2-2005 (Lei de Recuperação de Empresas e Falências), que dispõem sobre o administrador judicial.

Art. 35. Os atos indicados nos artigos 52 e 53, da Lei de Falências (Decreto-Lei nº 7.661, de 1945) praticados pelos administradores da liquidanda poderão ser declarados nulos ou revogados, cumprindo o disposto nos artigos 54 e 58 da mesma Lei.

Parágrafo único. A ação revocatória será proposta pelo liquidante, observado o disposto nos artigos 55, 56 e 57, da Lei de Falências.

Capítulo IV

DOS ADMINISTRADORES E MEMBROS DO CONSELHO FISCAL

Seção I

DA INDISPONIBILIDADE DOS BENS

Art. 36. Os administradores das instituições financeiras em intervenção, em liquidação extrajudicial ou em falência, ficarão com todos os seus bens indisponíveis não podendo, por qualquer forma, direta ou indireta, aliená-los ou onerá-los, até apuração e liquidação final de suas responsabilidades.

§ 1º A indisponibilidade prevista neste artigo decorre do ato que decretar a intervenção, a liquidação extrajudicial ou a falência, e atinge a todos aqueles que tenham estado no exercício das funções nos doze meses anteriores ao mesmo ato.

§ 2º Por proposta do Banco Central do Brasil, aprovada pelo Conselho Monetário Nacional, a indisponibilidade prevista neste artigo poderá ser estendida:

a) aos bens de gerentes, conselheiros fiscais e aos de todos aqueles que, até o limite da responsabilidade estimada de cada um, tenham concorrido, nos últimos doze meses, para a decretação da intervenção ou da liquidação extrajudicial;

b) aos bens de pessoas que, nos últimos doze meses, os tenham a qualquer título, adquirido de administradores da instituição, ou das pessoas referidas na alínea anterior desde que haja seguros elementos de convicção de que se trata de simulada transferência com o fim de evitar os efeitos desta Lei.

§ 3º Não se incluem nas disposições deste artigo os bens considerados inalienáveis ou impenhoráveis pela legislação em vigor.

§ 4º Não são igualmente atingidos pela indisponibilidade os bens objeto de contrato de alienação, de promessa de compra e venda, de cessão ou promessa de cessão de direitos, desde que os respectivos instrumentos tenham sido levados ao competente registro público, anteriormente à data da decretação da intervenção, da liquidação extrajudicial ou da falência.

Art. 37. Os abrangidos pela indisponibilidade de bens de que trata o artigo anterior, não poderão ausentar-se do foro, da intervenção, da liquidação extrajudicial ou da falência, sem prévia e expressa autorização do Banco Central do Brasil ou do juiz da falência.

Art. 38. Decretada a intervenção, a liquidação extrajudicial ou a falência, o interventor, o liquidante ou escrivão da falência comunicará ao registro público competente e às Bolsas de Valores a indisponibilidade de bens imposta no artigo 36.

Parágrafo único. Recebida a comunicação, a autoridade competente ficará relativamente a esses bens impedida de:

a) fazer transcrições, incrições, ou averbações de documentos públicos ou particulares;
b) arquivar atos ou contratos que importem em transferência de cotas sociais, ações ou partes beneficiárias;
c) realizar ou registrar operações e títulos de qualquer natureza;
d) processar a transferência de propriedade de veículos automotores.

Seção II

DA RESPONSABILIDADE DOS ADMINISTRADORES E MEMBROS DO CONSELHO FISCAL

Art. 39. Os administradores e membros do Conselho Fiscal de instituições financeiras responderão, a qualquer tempo salvo prescrição extintiva, pelos que tiverem praticado ou omissões em que houverem incorrido.

Art. 40. Os administradores de instituições financeiras respondem solidariamente pelas obrigações por elas assumidas durante sua gestão até que se cumpram.

Parágrafo único. A responsabilidade solidária se circunscreverá ao montante dos prejuízos causados.

Art. 41. Decretada a intervenção, a liquidação extrajudicial ou a falência de instituição financeira, o Banco Central do Brasil procederá a inquérito, a fim de apurar as causas que levaram a sociedade àquela situação e a responsabilidade de seus administradores e membros do Conselho Fiscal.

§ 1º Para os efeitos deste artigo, decretada a falência, o escrivão do feito a comunicará, dentro em vinte e quatro horas, ao Banco Central do Brasil.

§ 2º O inquérito será aberto imediatamente à decretação da intervenção ou da liquidação extrajudicial, ou ao recebimento da comunicação da falência, e concluído dentro em cento e vinte dias, prorrogáveis, se absolutamente necessário, por igual prazo.

§ 3º No inquérito, o Banco Central do Brasil poderá:

a) examinar, quando e quantas vezes julgar necessário, a contabilidade, os arquivos, os documentos, os valores e mais elementos das instituições;
b) tomar depoimentos solicitando para isso, se necessário, o auxílio da polícia;
c) solicitar informações a qualquer autoridade ou repartição pública, ao juiz da falência, ao órgão do Ministério Público, ao síndico, ao liquidante ou ao interventor;
d) examinar, por pessoa que designar, os autos da falência e obter, mediante solicitação escrita, cópias ou certidões de peças desses autos;
e) examinar a contabilidade e os arquivos de terceiros com os quais a instituição financeira tiver negociado e no que entender com esses negócios, bem como a contabilidade e os arquivos dos ex-administradores, se comerciantes ou industriais sob firma individual, e as respectivas contas junto a outras instituições financeiras.

§ 4º Os ex-administradores poderão acompanhar o inquérito, oferecer documentos e indicar diligências.

Art. 42. Concluída a apuração, os ex-administradores serão convidados por carta, a apresentar, por escrito, suas alegações e explicações dentro em cinco dias comuns para todos.

Art. 43. Transcorrido o prazo do artigo anterior, com ou sem a defesa, será o inquérito encerrado com um relatório, do qual constarão, em síntese, a situação da entidade examinada, as causas de sua queda, o nome, a qualificação e a relação dos bens particulares dos que, nos últirnos cinco anos, geriram a sociedade, bem como o montante ou a estimativa dos prejuízos apurados em cada gestão.

Art. 44. Se o inquérito concluir pela inexistência de prejuízo, será, no caso de intervenção e de liquidação extrajudicial, arquivado no próprio Banco Central do Brasil, ou, no caso de falência, será remetido ao competente juiz, que o mandará apensar aos respectivos autos.

Parágrafo único. Na hipótese prevista neste artigo, o Banco Central do Brasil, nos casos de intervenção e de liquidação extrajudicial ou o juiz, no caso de falência, de ofício ou a requerimento de qualquer interessado, determinará o levantamento da indisponibilidade de que trata o artigo 36.

Art. 45. Concluindo o inquérito pela existência de prejuízos será ele, com o respectivo relatório, remetido pelo Banco Central do Brasil ao juiz da falência, ou ao que for competente para decretá-la, o qual o fará com vista ao órgão do Ministério Público, que, em oito dias, sob pena de responsabilidade, requererá o sequestro dos bens dos ex-administradores, que não tinham sido atingidos pela indisponibilidade prevista no artigo 36, quantos bastem para a efetivação da responsabilidade.

§ 1º Em caso de intervenção ou liquidação extrajudicial, a distribuição do inquérito ao juízo competente na forma deste artigo, previne a jurisdição do mesmo juízo, na hipótese de vir a ser decretada a falência.

§ 2º Feito o arresto, os bens serão depositados em mãos do interventor, do liquidante ou do síndico, conforme a hipótese, cumprindo ao depositário administrá-los, receber os respectivos rendimentos e prestar contas a final.

▶ Arts. 21 a 25 da Lei nº 11.101, de 9-2-2005 (Lei de Recuperação de Empresas e Falências), que dispõem sobre o administrador judicial.

Art. 46. A responsabilidade dos ex-administradores, definida nesta Lei, será apurada em ação própria, proposta no juízo da falência ou no que for para ela competente.

Parágrafo único. O órgão do Ministério Público, nos casos de intervenção e liquidação extrajudicial proporá a ação obrigatoriamente dentro em trinta dias, a contar da realização do arresto, sob pena de responsabilidade e preclusão da sua iniciativa. Findo esse prazo ficarão os autos em cartório, à disposição de qualquer credor, que poderá iniciar a ação, nos quinze dias seguintes. Se neste último prazo ninguém o fizer, levantar-se-ão o arresto e a indisponibilidade, apensando-se os autos aos da falência, se for o caso.

Art. 47. Se, decretado o arresto ou proposta a ação, sobrevier a falência da entidade, competirá ao síndico tomar, daí por diante as providências necessárias ao efetivo cumprimento das determinações desta Lei, cabendo-lhe promover a devida substituição processual, no prazo de trinta dias, contados da data do seu compromisso.

▶ Arts. 21 a 25 da Lei nº 11.101, de 9-2-2005 (Lei de Recuperação de Empresas e Falências), que dispõem sobre o administrador judicial.

Art. 48. Independentemente do inquérito e do arresto, qualquer das partes, a que se refere o parágrafo único do artigo 46, no prazo nele previsto, poderá propor a ação de responsabilidade dos ex-administradores, na forma desta Lei.

Art. 49. Passada em julgado a sentença que declarar a responsabilidade dos ex-administradores, o arresto e a indisponibilidade de bens se convolarão em penhora, seguindo-se o processo de execução.

§ 1º Apurados os bens penhorados e pagas as custas judiciais, o líquido será entregue ao interventor, ao liquidante ou ao síndico, conforme o caso, para rateio entre os credores da instituição.

▶ Arts. 21 a 25 da Lei nº 11.101, de 9-2-2005 (Lei de Recuperação de Empresas e Falências), que dispõem sobre o administrador judicial.

§ 2º Se, no curso da ação ou da execução, encerrar-se a intervenção ou a liquidação extrajudicial, o interventor ou o liquidante, por ofício, dará conhecimento da ocorrência ao juiz, solicitando sua substituição como depositário dos bens arrestados ou penhorados, e fornecendo a relação nominal e respectivos saldos dos credores a serem, nesta hipótese diretamente contemplados com o rateio previsto no parágrafo anterior.

CAPÍTULO V

DISPOSIÇÕES GERAIS

Art. 50. A intervenção determina a suspensão, e, a liquidação extrajudicial, a perda do mandato respectivamente, dos administradores e membros do Conselho Fiscal e de quaisquer outros órgãos criados pelo estatuto, competindo, exclusivamente, ao interventor e ao liquidante a convocação da assembleia-geral nos casos em que julgarem conveniente.

Art. 51. Com o objetivo de preservar os interesses da poupança popular e a integridade do acervo das entidades submetidas a intervenção ou a liquidação extrajudicial o Banco Central do Brasil poderá estabelecer idêntico regime para as pessoas jurídicas que com elas tenham integração de atividade ou vínculo de interesse, ficando os seus administradores sujeitos aos preceitos desta Lei.

Parágrafo único. Verifica-se integração de atividade ou vínculo de interesse, quando as pessoas jurídicas referidas neste artigo, forem devedoras da sociedade sob intervenção ou submetida a liquidação extrajudicial, ou quando seus sócios ou acionistas participarem do capital desta importância superior a 10% (dez por cento) ou sejam cônjuges, ou parentes até o segundo grau, consanguíneos ou afins, de seus diretores ou membros dos conselhos consultivo, administrativo, fiscal ou semelhantes.

Art. 52. Aplicam-se as disposições da presente Lei às sociedades ou empresas que integram o sistema de distribuição de títulos ou valores mobiliários no mercado de capitais (artigo 5º, da Lei nº 4.728, de 14 de julho de 1965), assim como às sociedades ou empresas corretoras de câmbio.

§ 1º A intervenção nessas sociedades ou empresas, ou sua liquidação extrajudicial, poderá ser decretada pelo Banco Central do Brasil por iniciativa própria ou por solicitação das Bolsas de Valores quanto às corretoras a elas associadas, mediante representação fundamentada.

§ 2º Por delegação de competência do Banco Central do Brasil e sem prejuízo de suas atribuições a intervenção ou a liquidação extrajudicial, das sociedades corretoras, membros das Bolsas de Valores, poderá ser processada por estas, sendo competente no caso, aquela da área em que sociedade tiver sede.

Art. 53. As sociedades ou empresas que integram o sistema de distribuição de títulos ou valores mobiliários no mercado de capitais, assim como as sociedades ou empresas corretoras do câmbio, não poderão com as instituições financeiras, impetrar concordata.

▶ Arts. 21 a 25 da Lei nº 11.101, de 9-2-2005 (Lei de Recuperação de Empresas e Falências), que dispõem sobre o administrador judicial.

Art. 54. As disposições da presente Lei estendem-se às intervenções e liquidações extrajudiciais em curso, no que couberem.

Art. 55. O Banco Central do Brasil é autorizado a prestar assistência financeira às Bolsas de Valores, nas condições fixadas pelo Conselho Nacional, quando, a seu critério, se fizer necessária para que elas se adaptem, inteiramente, às exigências do mercado de capitais.

Parágrafo único. A assistência financeira prevista neste artigo poderá ser estendida às Bolsas de Valores nos casos de intervenção ou liquidação extrajudicial em sociedades corretoras de valores mobiliários e de câmbio, com vistas a resguardar legítimos interesses de investidores.

Art. 56. Ao artigo 129, do Decreto-Lei nº 2.627, de 26 de setembro de 1940, é acrescentado o seguinte parágrafo, além do que já lhe fora aditado pela Lei nº 5.589, de 3 de junho de 1970:

▶ O Dec.-lei nº 2.627, de 26-9-1940, foi revogado pela Lei nº 6.404, de 15-12-1976 (Lei das Sociedades por Ações).

Art. 57. Esta Lei entrará em vigor na data de sua publicação, revogada a Lei nº 1.808, de 7 de janeiro de 1953, os Decretos-Leis nºs 9.228, de 3 de maio de 1946; 9.328, de 10 de junho de 1946; 9.346, de 10 de junho de 1946; 48, de 18 de novembro de 1966; 462, de 11 de fevereiro de 1969; e 685, de 17 de julho de 1969, e demais disposições gerais e especiais em contrário.

Brasília, 13 de março de 1974;
153º da Independência e
86º da República.
Emílio G. Médici

LEI Nº 6.194, DE 19 DE DEZEMBRO DE 1974

Dispõe sobre Seguro Obrigatório de Danos Pessoais causados por veículos automotores de via terrestre, ou por sua carga, a pessoas transportadas ou não.

(EXCERTOS)

▶ Publicada no DOU de 20-12-1974 e retificada no DOU de 31-12-1974.

▶ Súmulas nºs 246, 426 e 470 do STJ.

Art. 3º Os danos pessoais cobertos pelo seguro estabelecido no art. 2º desta Lei compreendem as indenizações por morte, por invalidez permanente, total ou parcial, e por despesas de assistência médica e suplementares, nos valores e conforme as regras que se seguem, por pessoa vitimada:

▶ Caput com a redação dada pela Lei nº 11.945, de 4-6-2009.

▶ O art. 2º refere-se à obrigatoriedade do seguro por danos pessoais causados por veículos automotores de via terrestre, ou por sua carga, a pessoas transportadas ou não.

▶ Súm. nº 474 do STJ.

a a c) Revogadas. Lei nº 11.482, de 31-5-2007.

I – R$ 13.500,00 (treze mil e quinhentos reais) – no caso de morte;
II – até R$ 13.500,00 (treze mil e quinhentos reais) – no caso de invalidez permanente; e
III – até R$ 2.700,00 (dois mil e setecentos reais) – como reembolso à vítima – no caso de despesas de assistência médica e suplementares devidamente comprovadas.

▶ Incisos I a III acrescidos pela Lei nº 11.482, de 31-5-2007.

§ 1º No caso da cobertura de que trata o inciso II do caput deste artigo, deverão ser enquadradas na tabela anexa a esta Lei as lesões diretamente decorrentes de acidente e que não sejam suscetíveis de amenização proporcionada por qualquer medida terapêutica, classificando-se a invalidez permanente como total ou parcial, subdividindo-se a invalidez permanente parcial em completa e incompleta, conforme a extensão das perdas anatômicas ou funcionais, observado o disposto abaixo:

I – quando se tratar de invalidez permanente parcial completa, a perda anatômica ou funcional será diretamente enquadrada em um dos segmentos orgânicos ou corporais previstos na tabela anexa, correspondendo a indenização ao valor resultante da aplicação do percentual ali estabelecido ao valor máximo da cobertura; e

II – quando se tratar de invalidez permanente parcial incompleta, será efetuado o enquadramento da perda anatômica ou funcional na forma prevista no inciso I deste parágrafo, procedendo-se, em seguida, à redução proporcional da indenização que corresponderá a 75% (setenta e cinco por cento) para as perdas de repercussão intensa, 50% (cinquenta por cento) para as de média repercussão, 25% (vinte e cinco por cento) para as de leve repercussão, adotando-se ainda o percentual de 10% (dez por cento), nos casos de sequelas residuais.

§ 2º Assegura-se à vítima o reembolso, no valor de até R$ 2.700,00 (dois mil e setecentos reais), previsto no inciso III do caput deste artigo, de despesas médico-hospitalares, desde que devidamente comprovadas, efetuadas pela rede credenciada junto ao Sistema Único de Saúde, quando em caráter privado, vedada a cessão de direitos.

▶ §§ 1º e 2º com a redação dada pela Lei nº 11.945, de 4-6-2009.

§ 3º As despesas de que trata o § 2º deste artigo em nenhuma hipótese poderão ser reembolsadas quando o atendimento for realizado pelo SUS, sob pena de descredenciamento do estabelecimento de saúde do SUS, sem prejuízo das demais penalidades previstas em lei.

▶ § 3º acrescido pela Lei nº 11.945, de 4-6-2009.

Art. 4º A indenização no caso de morte será paga de acordo com o disposto no art. 792 da Lei nº 10.406, de 10 de janeiro de 2002 – Código Civil.

▶ Caput com a redação dada pela Lei nº 11.482, de 31-5-2007.

§§ 1º e 2º *Revogados.* Lei nº 11.482, de 31-5-2007.

§ 3º Nos demais casos, o pagamento será feito diretamente à vítima na forma que dispuser o Conselho Nacional de Seguros Privados – CNSP.

▶ § 3º acrescido pela Lei nº 11.482, de 31-5-2007.

Art. 5º O pagamento da indenização será efetuado mediante simples prova do acidente e do dano decorrente, independentemente da existência de culpa, haja ou não resseguro, abolida qualquer franquia de responsabilidade do segurado.

▶ Súm. nº 257 do STJ.

§ 1º A indenização referida neste artigo será paga com base no valor vigente na época da ocorrência do sinistro, em cheque nominal aos beneficiários, descontável no dia e na praça da sucursal que fizer a liquidação, no prazo de 30 (trinta) dias da entrega dos seguintes documentos:

▶ § 1º com a redação dada pela Lei nº 11.482, de 31-5-2007.

a) certidão de óbito, registro da ocorrência no órgão policial competente e a prova da qualidade de beneficiários – no caso de morte;
▶ Alínea a com a redação dada pela Lei nº 8.441, de 13-7-1992.

b) prova das despesas efetuadas pela vítima com o seu atendimento por hospital, ambulatório ou médico assistente e registro da ocorrência no órgão policial competente – no caso de danos pessoais.

§ 2º Os documentos referidos no § 1º serão entregues à Sociedade Seguradora, mediante recibo, que os especificará.

§ 3º Não se concluindo na certidão de óbito o nexo de causa e efeito entre a morte e o acidente, será acrescentada à certidão de auto de necropsia, fornecida diretamente pelo Instituto Médico Legal, independentemente de requisição ou autorização da autoridade policial ou da jurisdição do acidente.

§ 4º Havendo dúvida quanto ao nexo de causa e efeito entre o acidente e as lesões, em caso de despesas médicas suplementares e invalidez permanente, poderá ser acrescentado ao boletim de atendimento hospitalar relatório de internamento ou tratamento, se houver, fornecido pela rede hospitalar e previdenciária, mediante pedido verbal ou escrito, pelos interessados, em formulário próprio da entidade fornecedora.

▶ §§ 3º e 4º acrescidos pela Lei nº 8.441, de 13-7-1992.

§ 5º O Instituto Médico Legal da jurisdição do acidente ou da residência da vítima deverá fornecer, no prazo de até 90 (noventa) dias, laudo à vítima com a verificação da existência e quantificação das lesões permanentes, totais ou parciais.

▶ § 5º com a redação dada pela Lei nº 11.945, de 4-6-2009.
▶ Súm. nº 474 do STJ.

§ 6º O pagamento da indenização também poderá ser realizado por intermédio de depósito ou Transferência Eletrônica de Dados – TED para a conta corrente ou conta de poupança do beneficiário, observada a legislação do Sistema de Pagamentos Brasileiro.

§ 7º Os valores correspondentes às indenizações, na hipótese de não cumprimento do prazo para o pagamento da respectiva obrigação pecuniária, sujeitam-se à correção monetária segundo índice oficial regularmente estabelecido e juros moratórios com base em critérios fixados na regulamentação específica de seguro privado.

▶ §§ 6º e 7º acrescidos pela Lei nº 11.482, de 31-5-2007.

Art. 6º No caso de ocorrência do sinistro do qual participem dois ou mais veículos, a indenização será paga pela Sociedade Seguradora do respectivo veículo em que cada pessoa vitimada era transportada.

§ 1º Resultando do acidente vítimas não transportadas, as indenizações a elas correspondentes serão pagas, em partes iguais, pelas Sociedades Seguradoras dos veículos envolvidos.

§ 2º Havendo veículos não identificados e identificados, a indenização será paga pelas Sociedades Seguradoras destes últimos.

Art. 7º A indenização por pessoa vitimada por veículo não identificado, com seguradora não identificada, seguro não realizado ou vencido, será paga nos mesmos valores, condições e prazos dos demais casos por um consórcio constituído, obrigatoriamente, por todas as sociedades seguradoras que operem no seguro objeto desta lei.

▶ *Caput* com a redação dada pela Lei nº 8.441, de 13-7-1992.
▶ Súmulas nºs 257 e 405 do STJ.

§ 1º O consórcio de que trata este artigo poderá haver regressivamente do proprietário do veículo os valores que desembolsar, ficando o veículo, desde logo, como garantia da obrigação, ainda que vinculada a contrato de alienação fiduciária, reserva de domínio, *leasing* ou qualquer outro.

▶ § 1º com a redação dada pela Lei nº 8.441, de 13-7-1992.

§ 2º O Conselho Nacional de Seguros Privados (CNSP) estabelecerá normas para atender ao pagamento das indenizações previstas neste artigo, bem como a forma de sua distribuição pelas Seguradoras participantes do Consórcio.

Art. 8º Comprovado o pagamento, a Sociedade Seguradora que houver pago a indenização poderá, mediante ação própria, haver do responsável a importância efetivamente indenizada.

▶ Súm. nº 405 do STJ.

Art. 9º Nos seguros facultativos de responsabilidade civil dos proprietários de veículos automotores de via terrestre, as indenizações por danos materiais causados a terceiros serão pagas independentemente da responsabilidade que for apurada em ação judicial contra o causador do dano, cabendo à Seguradora o direito de regresso contra o responsável.

Art. 10. Observar-se-á o procedimento sumaríssimo do Código de Processo Civil nas causas relativas aos danos pessoais mencionados na presente lei.

Art. 11. A sociedade seguradora que infringir as disposições desta Lei estará sujeita às penalidades previstas no art. 108 do Decreto-Lei nº 73, de 21 de novembro de 1966, de acordo com a gravidade da irregularidade, observado o disposto no art. 118 do referido Decreto-Lei.

▶ Artigo com a redação dada pela Lei nº 11.482, de 31-5-2007.

Art. 12. O Conselho Nacional de Seguros Privados expedirá normas disciplinadoras e tarifas que atendam ao disposto nesta Lei.

§ 1º O Conselho Nacional de Trânsito implantará e fiscalizará as medidas de sua competência, garantidoras do não licenciamento e não circulação de veículos automotores de vias terrestres, em via pública ou fora dela, a descoberto do seguro previsto nesta Lei.

§ 2º Para efeito do parágrafo anterior, o Conselho Nacional de Trânsito expedirá normas para o vencimento do seguro coincidir com o do IPVA, arquivando-se cópia do bilhete ou apólice no prontuário respectivo, bem como fazer constar no registro de ocorrências nome, qualificação, endereço residencial e profissional completos do proprietário do veículo, além do nome da seguradora, número e vencimento do bilhete ou apólice de seguro.

▶ §§ 1º e 2º acrescidos pela Lei nº 8.441, de 13-7-1992.

§ 3º O CNSP estabelecerá anualmente o valor correspondente ao custo da emissão e da cobrança da apólice ou do bilhete do Seguro Obrigatório de Danos Pessoais causados por veículos automotores de vias terrestres.

§ 4º O disposto no parágrafo único do art. 27 da Lei nº 8.212, de 24 de julho de 1991, não se aplica ao produto da arrecadação do ressarcimento do custo descrito no § 3º deste artigo.

▶ §§ 3º e 4º com a redação dada pela Lei nº 11.945, de 4-6-2009.

Art. 13. Esta Lei entrará em vigor na data de sua publicação, revogados o Decreto-Lei nº 814, de 4 de setembro de 1969, e demais disposições em contrário.

Brasília, 19 de dezembro de 1974;
153º da Independência e
86º da República.

Ernesto Geisel

ANEXO
(ART. 3º DA LEI Nº 6.194, DE 19 DE DEZEMBRO DE 1974)

▶ Anexo com a redação dada pela Lei nº 11.945, de 4-6-2009, e retificado no DOU de 24-6-2009.

Danos Corporais Totais Repercussão na Íntegra do Patrimônio Físico	Percentual da Perda
Perda anatômica e/ou funcional completa de ambos os membros superiores ou inferiores	100
Perda anatômica e/ou funcional completa de ambas as mãos ou de ambos os pés	
Perda anatômica e/ou funcional completa de um membro superior e de um membro inferior	
Perda completa da visão em ambos os olhos (cegueira bilateral) ou cegueira legal bilateral	
Lesões neurológicas que cursem com: (a) dano cognitivo-comportamental alienante; (b) impedimento do senso de orientação espacial e/ou do livre deslocamento corporal; (c) perda completa do controle esfincteriano; (d) comprometimento de função vital ou autonômica	
Lesões de órgãos e estruturas cranio-faciais, cervicais, torácicos, abdominais, pélvicos ou retroperitoneais cursando com prejuízos funcionais não compensáveis de ordem autonômica, respiratória, cardiovascular, digestiva, excretora ou de qualquer outra espécie, desde que haja comprometimento de função vital	
Danos Corporais Segmentares (Parciais) **Repercussões em Partes de Membros Superiores e Inferiores**	**Percentuais das Perdas**
Perda anatômica e/ou funcional completa de um dos membros superiores e/ou de uma das mãos	70
Perda anatômica e/ou funcional completa de um dos membros inferiores	
Perda anatômica e/ou funcional completa de um dos pés	50
Perda completa da mobilidade de um dos ombros, cotovelos, punhos ou dedo polegar	25
Perda completa da mobilidade de um quadril, joelho ou tornozelo	
Perda anatômica e/ou funcional completa de qualquer um dentre os outros dedos da mão	10
Perda anatômica e/ou funcional completa de qualquer um dos dedos do pé	
Danos Corporais Segmentares (Parciais) **Outras Repercussões em Órgãos e Estruturas Corporais**	**Percentuais das Perdas**
Perda auditiva total bilateral (surdez completa) ou da fonação (mudez completa) ou da visão de um olho	50
Perda completa da mobilidade de um segmento da coluna vertebral exceto o sacral	25
Perda integral (retirada cirúrgica) do baço	10

LEI Nº 6.317, DE 22 DE DEZEMBRO DE 1975

Dispõe sobre a contratação de seguros sem exigências e restrições previstas na Lei nº 4.594, de 29 de dezembro de 1964.

▶ Publicada no *DOU* de 23-12-1975.

Art. 1º O Art. 19 da Lei nº 4.594, de 29 de dezembro de 1964, e seus respectivos parágrafos passam a ter a seguinte redação:

▶ Alterações inseridas no texto da referida Lei.

Art. 2º Nos seguros classificados como vultosos pelo Instituto de Resseguros do Brasil e por iniciativa do mesmo Instituto, o Conselho Nacional de Seguros Privados poderá fixar comissões de corretagem inversamente proporcionais ao prêmio devido.

Art. 3º Esta Lei entrará em vigor na data de sua publicação, revogadas as disposições em contrário.

Brasília, 22 de dezembro de 1975;
154º da Independência e
87º da República.

Ernesto Geisel

LEI Nº 6.385, DE 7 DE DEZEMBRO DE 1976

Dispõe sobre o mercado de valores mobiliários e cria a Comissão de Valores Mobiliários.

▶ Publicada no *DOU* de 9-12-1976.
▶ Lei nº 10.198, de 14-2-2001, dispõe sobre a regulação, fiscalização e supervisão dos mercados de títulos ou contratos de investimentos coletivo, e dá outras providências.

CAPÍTULO I

DAS DISPOSIÇÕES GERAIS

Art. 1º Serão disciplinadas e fiscalizadas de acordo com esta Lei as seguintes atividades:
I – a emissão e distribuição de valores mobiliários no mercado;
II – a negociação e intermediação no mercado de valores mobiliários;
III – a negociação e intermediação no mercado de derivativos;
IV – a organização, o funcionamento e as operações das Bolsas de Valores;
V – a organização, o funcionamento e as operações das Bolsas de Mercadorias e Futuros;
VI – a administração de carteiras e a custódia de valores mobiliários;

▶ *Caput* e incisos I a VI com a redação dada pela Lei nº 10.303, de 31-10-2001.

VII – a auditoria das companhias abertas;
VIII – os serviços de consultor e analista de valores mobiliários.

▶ Incisos VII e VIII acrescidos pela Lei nº 10.303, de 31-10-2001.

Art. 2º São valores mobiliários sujeitos ao regime desta Lei:

▶ *Caput* com a redação dada pela Lei nº 10.303, de 31-10-2001.

I – as ações, debêntures e bônus de subscrição;
II – os cupons, direitos, recibos de subscrição e certificados de desdobramento relativos aos valores mobiliários referidos no inciso II;
III – os certificados de depósito de valores mobiliários;

▶ Incisos I a III com a redação dada pela Lei nº 10.303, de 31-10-2001.

IV – as cédulas de debêntures;
V – as cotas de fundos de investimento em valores mobiliários ou de clubes de investimento em quaisquer ativos;

▶ Instr. da CVM nº 494, de 20-4-2011, dispõe sobre a constituição, a administração, o funcionamento, a divulgação de informações e a distribuição de cotas dos Clubes de Investimento.

VI – as notas comerciais;
VII – os contratos futuros, de opções e outros derivativos, cujos ativos subjacentes sejam valores mobiliários;
VIII – outros contratos derivativos, independentemente dos ativos subjacentes; e
IX – quando ofertados publicamente, quaisquer outros títulos ou contratos de investimento coletivo, que gerem direito de participação, de parceria ou de remuneração, inclusive resultante de prestação de serviços, cujos rendimentos advêm do esforço do empreendedor ou de terceiros.

▶ Incisos IV a IX acrescidos pela Lei nº 10.303, de 31-10-2001.

§ 1º Excluem-se do regime desta Lei:
I – os títulos da dívida pública federal, estadual ou municipal;
II – os títulos cambiais de responsabilidade de instituição financeira, exceto as debêntures.

▶ Parágrafo único transformado em § 1º pela Lei nº 10.303, de 31-10-2001.
▶ Art. 1º, § 1º, da Lei nº 10.198, de 14-2-2001, que dispõe sobre a regulação, fiscalização e supervisão dos mercados de títulos ou contratos de investimentos coletivo.

§ 2º Os emissores dos valores mobiliários referidos neste artigo, bem como seus administradores e controladores, sujeitam-se à disciplina prevista nesta Lei, para as companhias abertas.

§ 3º Compete à Comissão de Valores Mobiliários expedir normas para a execução do disposto neste artigo, podendo:
I – exigir que os emissores se constituam sob a forma de sociedade anônima;
II – exigir que as demonstrações financeiras dos emissores, ou que as informações sobre o empreendimento ou projeto, sejam auditadas por auditor independente nela registrado;
III – dispensar, na distribuição pública dos valores mobiliários referidos neste artigo, a participação de sociedade integrante do sistema previsto no artigo 15 desta Lei;
IV – estabelecer padrões de cláusulas e condições que devam ser adotados nos títulos ou contratos de inves-

timento, destinados à negociação em bolsa ou balcão, organizado ou não, e recusar a admissão ao mercado da emissão que não satisfaça a esses padrões.

▶ §§ 2º e 3º acrescidos pela Lei nº 10.303, de 31-10-2001.

§ 4º É condição de validade dos contratos derivativos, de que tratam os incisos VII e VIII do *caput*, celebrados a partir da entrada em vigor da Medida Provisória nº 539, de 26 de julho de 2011, o registro em câmaras ou prestadores de serviço de compensação, de liquidação e de registro autorizados pelo Banco Central do Brasil ou pela Comissão de Valores Mobiliários.

▶ § 4º acrescido pela Lei nº 12.543, de 8-12-2011.

Art. 3º Compete ao Conselho Monetário Nacional:

I – definir a política a ser observada na organização e no funcionamento do mercado de valores mobiliários;
II – regular a utilização do crédito nesse mercado;
III – fixar, a orientação geral a ser observada pela Comissão de Valores Mobiliários no exercício de suas atribuições;
IV – definir as atividades da Comissão de Valores Mobiliários que devem ser exercidas em coordenação com o Banco Central do Brasil;
V – aprovar o Quadro e o Regulamento de Pessoal da Comissão de Valores Mobiliários, bem como fixar a retribuição do presidente, diretores, ocupantes de funções de confiança e demais servidores.

▶ Inciso V acrescido pela Lei nº 6.422, de 8-6-1977.

VI – estabelecer, para fins da política monetária e cambial, condições específicas para negociação de contratos derivativos, independentemente da natureza do investidor, podendo, inclusive:

a) determinar depósitos sobre os valores nocionais dos contratos; e
b) fixar limites, prazos e outras condições sobre as negociações dos contratos derivativos.

▶ Inciso VI acrescido pela Lei nº 12.543, de 8-12-2011.

§ 1º Ressalvado o disposto nesta Lei, a fiscalização do mercado financeiro e de capitais continuará a ser exercida, nos termos da legislação em vigor, pelo Banco Central do Brasil.

▶ Antigo parágrafo único transformado em § 1º pela Lei nº 12.543, de 8-12-2011.

§ 2º As condições específicas de que trata o inciso VI do *caput* deste artigo não poderão ser exigidas para as operações em aberto na data de publicação do ato que as estabelecer.

▶ § 2º acrescido pela Lei nº 12.543, de 8-12-2011.

Art. 4º O Conselho Monetário Nacional e a Comissão de Valores Mobiliários exercerão as atribuições previstas na Lei para o fim de:

I – estimular a formação de poupança e a sua aplicação em valores mobiliários;
II – promover a expansão e o funcionamento eficiente e regular do mercado de ações, e estimular as aplicações permanentes em ações do capital social de companhias abertas sob controle de capitais privados nacionais;
III – assegurar o funcionamento eficiente e regular dos mercados da Bolsa e do balcão;
IV – proteger os titulares de valores mobiliários e os investidores do mercado contra:

a) emissões irregulares de valores mobiliários;
b) atos ilegais de administradores e acionistas controladores das companhias abertas, ou de administradores de carteira de valores mobiliários;
c) o uso de informação relevante não divulgada no mercado de valores mobiliários.

▶ Alínea c acrescida pela Lei nº 10.303, de 31-10-2001.

V – evitar ou coibir modalidades de fraude ou manipulação destinada a criar condições artificiais de demanda, oferta ou preço dos valores mobiliários negociados no mercado;
VI – assegurar o acesso do público a informações sobre os valores mobiliários negociados e as companhias que os tenham emitido;
VII – assegurar a observância de práticas comerciais equitativas no mercado de valores mobiliários;
VIII – assegurar a observância, no mercado, das condições de utilização de crédito fixadas pelo Conselho Monetário Nacional.

CAPÍTULO II

DA COMISSÃO DE VALORES MOBILIÁRIOS

Art. 5º É instituída a Comissão de Valores Mobiliários, entidade autárquica em regime especial, vinculada ao Ministério da Fazenda, com personalidade jurídica e patrimônio próprios, dotada de autoridade administrativa independente, ausência de subordinação hierárquica, mandato fixo e estabilidade de seus dirigentes, e autonomia financeira e orçamentária.

▶ Artigo com a redação dada pela Lei nº 10.411, de 26-2-2002.

Art. 6º A Comissão de Valores Mobiliários será administrada por um Presidente e quatro Diretores, nomeados pelo Presidente da República, depois de aprovados pelo Senado Federal, dentre pessoas de ilibada reputação e reconhecida competência em matéria de mercado de capitais.

▶ *Caput* com a redação dada pela Lei nº 10.411, de 26-2-2002.

§ 1º O mandato dos dirigentes da Comissão será de cinco anos, vedada a recondução, devendo ser renovado a cada ano um quinto dos membros do Colegiado.

§ 2º Os dirigentes da Comissão somente perderão o mandato em virtude de renúncia, de condenação judicial transitada em julgado ou de processo administrativo disciplinar.

§ 3º Sem prejuízo do que preveem a lei penal e a lei de improbidade administrativa, será causa da perda do mandato a inobservância, pelo Presidente ou Diretor, dos deveres e das proibições inerentes ao cargo.

§ 4º Cabe ao Ministro de Estado da Fazenda instaurar o processo administrativo disciplinar, que será conduzido por comissão especial, competindo ao Presidente da República determinar o afastamento preventivo, quando for o caso, e proferir o julgamento.

§ 5º No caso de renúncia, morte ou perda de mandato do Presidente da Comissão de Valores Mobiliários, assumirá o Diretor mais antigo ou o mais idoso, nessa ordem, até nova nomeação, sem prejuízo de suas atribuições.

§ 6º No caso de renúncia, morte ou perda de mandato de Diretor, proceder-se-á à nova nomeação pela forma disposta nesta Lei, para completar o mandato do substituído.

▶ §§ 1º a 6º com a redação dada pela Lei nº 10.411, de 26-2-2002.

§ 7º A Comissão funcionará como órgão de deliberação colegiada de acordo com o seu regimento interno, e no qual serão fixadas as atribuições do Presidente, dos Diretores e do Colegiado.

▶ § 7º acrescido pelo Dec. nº 3.995, de 31-10-2001.
▶ Dec. nº 4.300, de 12-7-2002, regulamenta este artigo.

Art. 7º A Comissão custeará as despesas necessárias ao seu funcionamento com os recursos provenientes de:

▶ Caput com a redação dada pela Lei nº 10.303, de 31-10-2001.

I – dotações das reservas monetárias a que se refere o artigo 12 da Lei nº 5.143, de 20 de outubro de 1966, alterado pelo Decreto-Lei nº 1.342, de 28 de agosto de 1974, que lhe forem atribuídas pelo Conselho Monetário Nacional;
II – dotações que lhe forem consignadas no orçamento federal;
III – receitas provenientes da prestação de serviços pela Comissão, observada a tabela aprovada pelo Conselho Monetário Nacional;
IV – renda de bens patrimoniais e receitas eventuais;
V – receitas de taxas decorrentes do exercício de seu poder de polícia, nos termos da lei.

▶ Inciso V acrescido pela Lei nº 10.303, de 31-10-2001.

Art. 8º Compete à Comissão de Valores Mobiliários:

▶ Caput com a redação dada pela Lei nº 10.303, de 31-10-2001.

I – regulamentar, com observância da política definida pelo Conselho Monetário Nacional, as matérias expressamente previstas nesta Lei e na Lei de Sociedades por Ações;
II – administrar os registros instituídos por esta Lei;
III – fiscalizar permanentemente as atividades e os serviços do mercado de valores mobiliários, de que trata o artigo 1º, bem como a veiculação de informações relativas ao mercado, às pessoas que dele participem, e aos valores nele negociados;
IV – propor ao Conselho Monetário Nacional a eventual fixação de limites máximos de preço, comissões, emolumentos e quaisquer outras vantagens cobradas pelos intermediários de mercado;
V – fiscalizar e inspecionar as companhias abertas, dada prioridade às que não apresentem lucro em balanço ou às que deixem de pagar o dividendo mínimo obrigatório.

§ 1º O disposto neste artigo não exclui a competência das Bolsas de Valores, das Bolsas de Mercadorias e Futuros, e das entidades de compensação e liquidação com relação aos seus membros e aos valores mobiliários nelas negociados.
§ 2º Serão de acesso público todos os documentos e autos de processos administrativos, ressalvados aqueles cujo sigilo seja imprescindível para a defesa da intimidade ou do interesse social, ou cujo sigilo esteja assegurado por expressa disposição legal.

▶ §§ 1º e 2º com a redação dada pelo Dec. nº 3.995, de 31-10-2001.

§ 3º Em conformidade com o que dispuser o seu Regimento, a Comissão de Valores Mobiliários poderá:

I – publicar projeto de ato normativo para receber sugestões de interessados;
II – convocar, a seu juízo, qualquer pessoa que possa contribuir com informações ou opiniões para o aperfeiçoamento das normas a serem promulgadas.

Art. 9º A Comissão de Valores Mobiliários, observado o disposto no § 2º do artigo 15, poderá:

▶ Caput com a redação dada pelo Dec. nº 3.995, de 31-10-2001.

I – examinar e extrair cópias de registros contábeis, livros ou documentos, inclusive programas eletrônicos e arquivos magnéticos, ópticos ou de qualquer outra natureza, bem como papéis de trabalho de auditores independentes, devendo tais documentos ser mantidos em perfeita ordem e estado de conservação pelo prazo mínimo de cinco anos:

▶ Inciso I com a redação dada pelo Dec. nº 3.995, de 31-10-2001.

a) das pessoas naturais e jurídicas que integram o sistema de distribuição de valores mobiliários (artigo 15);
b) das companhias abertas e demais emissoras de valores mobiliários e, quando houver suspeita fundada de atos ilegais, das respectivas sociedades controladoras, controladas, coligadas e sociedades sob controle comum;

▶ Alínea b com a redação dada pelo Dec. nº 10.303, de 31-10-2001.

c) dos fundos e sociedades de investimento;
d) das carteiras e depósitos de valores mobiliários (artigos 23 e 24);
e) dos auditores independentes;
f) dos consultores e analistas de valores mobiliários;
g) de outras pessoas quaisquer, naturais ou jurídicas, quando da ocorrência de qualquer irregularidade a ser apurada nos termos do inciso V deste artigo, para efeito de verificação de ocorrência de atos ilegais ou práticas não equitativas;

▶ Alínea g com a redação dada pelo Dec. nº 3.995, de 31-10-2001.

II – intimar as pessoas referidas no inciso I a prestar informações, ou esclarecimentos, sob cominação de multa, sem prejuízo da aplicação das penalidades previstas no artigo 11;

▶ Inciso II com a redação dada pela Lei nº 10.303, de 31-10-2001.

III – requisitar informações de qualquer órgão público, autarquia ou empresa pública;
IV – determinar às companhias abertas que republiquem, com correções ou aditamentos, demonstrações financeiras, relatórios ou informações divulgadas;
V – apurar, mediante processo administrativo, atos ilegais e práticas não equitativas de administradores, membros do conselho fiscal e acionistas de companhias abertas, dos intermediários e dos demais participantes do mercado;

▶ Inciso V com a redação dada pela Lei nº 10.303, de 31-10-2001.

VI – aplicar aos autores das infrações indicadas no inciso anterior as penalidades previstas no artigo 11, sem prejuízo da responsabilidade civil ou penal.

§ 1º Com o fim de prevenir ou corrigir situações anormais do mercado, a Comissão poderá:

▶ § 1º com a redação dada pelo Dec. nº 3.995, de 31-10-2001.

I – suspender a negociação de determinado valor mobiliário ou decretar o recesso de Bolsa de Valores;
II – suspender ou cancelar os registros de que trata esta Lei;
III – divulgar informações ou recomendações com o fim de esclarecer ou orientar os participantes do mercado;
IV – proibir aos participantes do mercado, sob cominação de multa, a prática de atos que especificar, prejudiciais ao seu funcionamento regular.

§ 2º O processo, nos casos do inciso V deste artigo, poderá ser precedido de etapa investigativa, em que será assegurado o sigilo necessário à elucidação dos fatos ou exigido pelo interesse público, e observará o procedimento fixado pela Comissão.

§ 3º Quando o interesse público exigir, a Comissão poderá divulgar a instauração do procedimento investigativo a que se refere o § 2º.

§ 4º Na apuração de infrações da legislação do mercado de valores mobiliários, a Comissão deverá dar prioridade às infrações de natureza grave, cuja apenação proporcione maior efeito educativo e preventivo para os participantes do mercado.

§ 5º As sessões de julgamento do Colegiado, no processo administrativo de que trata o inciso V deste artigo, serão públicas, podendo ser restringido o acesso de terceiros em função do interesse público envolvido.

§ 6º A Comissão será competente para apurar e punir condutas fraudulentas no mercado de valores mobiliários sempre que:

I – seus efeitos ocasionem danos a pessoas residentes no território nacional, independentemente do local em que tenham ocorrido; e
II – os atos ou omissões relevantes tenham sido praticados em território nacional.

▶ §§ 2º a 6º com a redação dada pelo Dec. nº 3.995, de 31-10-2001.

Art. 10. A Comissão de Valores Mobiliários poderá celebrar convênios com órgãos similares de outros países, ou com entidades internacionais, para assistência e cooperação na condução de investigações para apurar transgressões às normas atinentes ao mercado de valores mobiliários ocorridas no País e no exterior.

▶ Caput com a redação dada pela Lei nº 10.303, de 31-10-2001.

§ 1º A Comissão de Valores Mobiliários poderá se recusar a prestar a assistência referida no caput deste artigo quando houver interesse público a ser resguardado.

§ 2º O disposto neste artigo aplica-se, inclusive, às informações que, por disposição legal, estejam submetidas a sigilo.

▶ §§ 1º e 2º acrescidos pela Lei nº 10.303, de 31-10-2001.

Art. 10-A. A Comissão de Valores Mobiliários, o Banco Central do Brasil e demais órgãos e agências reguladoras poderão celebrar convênio com entidade que tenha por objeto o estudo e a divulgação de princípios, normas e padrões de contabilidade e de auditoria, podendo, no exercício de suas atribuições regulamentares, adotar, no todo ou em parte, os pronunciamentos e demais orientações técnicas emitidas.

Parágrafo único. A entidade referida no caput deste artigo deverá ser majoritariamente composta por contadores, dela fazendo parte, paritariamente, representantes de entidades representativas de sociedades submetidas ao regime de elaboração de demonstrações financeiras previstas nesta Lei, de sociedades que auditam e analisam as demonstrações financeiras, do órgão federal de fiscalização do exercício da profissão contábil e de universidade ou instituto de pesquisa com reconhecida atuação na área contábil e de mercado de capitais.

▶ Art. 10-A acrescido pela Lei nº 11.638, de 28-12-2007.

Art. 11. A Comissão de Valores Mobiliários poderá impor aos infratores das normas desta Lei, da Lei de Sociedades por Ações, das suas resoluções, bem como de outras normas legais cujo cumprimento lhe incumba fiscalizar, as seguintes penalidades:

I – advertência;
II – multa;
III – suspensão do exercício do cargo de administrador ou de conselheiro fiscal de companhia aberta, de entidade do sistema de distribuição ou de outras entidades que dependam de autorização ou registro na Comissão de Valores Mobiliários;

▶ Inciso III com a redação dada pela Lei nº 9.457, de 5-5-1997.

IV – inabilitação temporária, até o máximo de vinte anos, para o exercício dos cargos referidos no inciso anterior;

▶ Inciso IV com a redação dada pela Lei nº 9.457, de 5-5-1997.

V – suspensão da autorização ou registro para o exercício das atividades de que trata esta Lei;
VI – cassação de autorização ou registro, para o exercício das atividades de que trata esta Lei;

▶ Inciso VI com a redação dada pela Lei nº 9.457, de 5-5-1997.

VII – proibição temporária, até o máximo de vinte anos, de praticar determinadas atividades ou operações, para os integrantes do sistema de distribuição ou de outras entidades que dependam de autorização ou registro na Comissão de Valores Mobiliários;
VIII – proibição temporária, até o máximo de dez anos, de atuar, direta ou indiretamente, em uma ou mais modalidades de operação no mercado de valores mobiliários.

▶ Incisos VII e VIII acrescidos pela Lei nº 9.457, de 5-5-1997.

§ 1º A multa não excederá o maior destes valores:

I – R$ 500.000,00 (quinhentos mil reais);
II – cinquenta por cento do valor da emissão ou operação irregular; ou
III – três vezes o montante da vantagem econômica obtida ou da perda evitada em decorrência do ilícito.

▶ Incisos I a III com a redação dada pela Lei nº 9.457, de 5-5-1997.

§ 2º Nos casos de reincidência serão aplicadas, alternativamente, multa nos termos do parágrafo anterior, até o triplo dos valores fixados, ou penalidade prevista nos incisos III a VIII do caput deste artigo.

§ 3º Ressalvado o disposto no parágrafo anterior, as penalidades previstas nos incisos III a VIII do *caput* deste artigo somente serão aplicadas nos casos de infração grave, assim definidas em normas da Comissão de Valores Mobiliários.

▶ Instr. da CVM nº 491, de 22-2-2011, dispõe sobre hipóteses de infração grave nos termos deste parágrafo.

§ 4º As penalidades somente serão impostas com observância do procedimento previsto no § 2º do artigo 9º desta Lei, cabendo recurso para o Conselho de Recursos do Sistema Financeiro Nacional.

▶ §§ 1º a 4º com a redação dada pela Lei nº 9.457, de 5-5-1997.

▶ A alteração que seria introduzida no § 4º pela Lei nº 10.303, de 31-10-2001, foi vetada, razão pela qual mantivemos a sua redação.

§ 5º A Comissão de Valores Mobiliários poderá, a seu exclusivo critério, se o interesse público permitir, suspender, em qualquer fase, o procedimento administrativo instaurado para a apuração de infrações da legislação do mercado de valores mobiliários, se o investigado ou acusado assinar termo de compromisso, obrigando-se a:

▶ § 5º com a redação dada pelo Dec. nº 3.995, de 31-10-2001.

▶ Art. 3º da Lei nº 9.873, de 23-11-1999, que estabelece prazo de prescrição para o exercício de ação preventiva pela Administração Pública, direta e indireta.

I – cessar a prática de atividades ou atos considerados ilícitos pela Comissão de Valores Mobiliários; e
II – corrigir as irregularidades apontadas, inclusive indenizando os prejuízos.

§ 6º O compromisso a que se refere o parágrafo anterior não importará confissão quanto à matéria de fato, nem reconhecimento de ilicitude da conduta analisada.

▶ § 6º acrescido pela Lei nº 9.457, de 5-5-1997.

§ 7º O termo de compromisso deverá ser publicado no *Diário Oficial da União*, discriminando o prazo para cumprimento das obrigações eventualmente assumidas, e constituirá título executivo extrajudicial.

▶ § 7º com a redação dada pela Lei nº 10.303, de 31-10-2001.

§ 8º Não cumpridas as obrigações no prazo, a Comissão de Valores Mobiliários dará continuidade ao procedimento administrativo anteriormente suspenso, para a aplicação das penalidades cabíveis.

§ 9º Serão considerados, na aplicação de penalidades previstas na lei, o arrependimento posterior ou a circunstância de qualquer pessoa, espontaneamente, confessar ilícito ou prestar informações relativas à sua materialidade.

▶ §§ 8º e 9º acrescidos pela Lei nº 9.457, de 5-5-1997.

§ 10. A Comissão de Valores Mobiliários regulamentará a aplicação do disposto nos §§ 5º a 9º deste artigo aos procedimentos conduzidos pelas Bolsas de Valores, Bolsas de Mercadorias e Futuros, entidades do mercado de balcão organizado e entidades de compensação e liquidação de operações com valores mobiliários.

§ 11. A multa cominada pela inexecução de ordem da Comissão de Valores Mobiliários, nos termos do inciso II do *caput* do artigo 9º e do inciso IV de seu § 1º não excederá a R$ 5.000,00 (cinco mil reais) por dia de atraso no seu cumprimento e sua aplicação independe do processo administrativo previsto no inciso V do *caput* do mesmo artigo.

▶ §§ 10 e 11 com a redação dada pelo Dec. nº 3.995, de 31-10-2001.

§ 12. Da decisão que aplicar a multa prevista no parágrafo anterior caberá recurso voluntário, no prazo de dez dias, ao Colegiado da Comissão de Valores Mobiliários, sem efeito suspensivo.

▶ § 12 acrescido pela Lei nº 9.457, de 5-5-1997.

Art. 12. Quando o inquérito, instaurado de acordo com o § 2º do artigo 9º, concluir pela ocorrência de crime de ação pública, a Comissão de Valores Mobiliários oficiará ao Ministério Público, para a propositura da ação penal.

Art. 13. A Comissão de Valores Mobiliários manterá serviço para exercer atividade consultiva ou de orientação junto aos agentes do mercado de valores mobiliários ou a qualquer investidor.

Parágrafo único. Fica a critério da Comissão de Valores Mobiliários divulgar ou não as respostas às consultas ou aos critérios de orientação.

Art. 14. A Comissão de Valores Mobiliários poderá prever, em seu orçamento, dotações de verbas às Bolsas de Valores e às Bolsas de Mercadorias e Futuros.

▶ Artigo com a redação dada pela Lei nº 10.303, de 31-10-2001.

Capítulo III
DO SISTEMA DE DISTRIBUIÇÃO

Art. 15. O sistema de distribuição de valores mobiliários compreende:

I – as instituições financeiras e demais sociedades que tenham por objeto distribuir emissão de valores mobiliários:
  a) como agentes da companhia emissora;
  b) por conta própria, subscrevendo ou comprando a emissão para a colocar no mercado;

II – as sociedades que tenham por objeto a compra de valores mobiliários em circulação no mercado, para os revender por conta própria;
III – as sociedades e os agentes autônomos que exercem atividades de mediação na negociação de valores mobiliários, em Bolsas de Valores ou no mercado de balcão;
IV – as Bolsas de Valores;
V – entidades de mercado de balcão organizado;

▶ Inciso V acrescido pela Lei nº 9.457, de 5-5-1997.

VI – as corretoras de mercadorias, os operadores especiais e as Bolsas de Mercadorias e Futuros; e

▶ Inciso VI com a redação dada pela Lei nº 10.303, de 31-10-2001.

VII – as entidades de compensação e liquidação de operações com valores mobiliários.

▶ Inciso VII acrescido pela Lei nº 10.303, de 31-10-2001.

§ 1º Compete à Comissão de Valores Mobiliários definir:

▶ § 1º com a redação dada pelo Dec. nº 3.995, de 31-10-2001.

I – os tipos de instituição financeira que poderão exercer atividades no mercado de valores mobiliários, bem como as espécies de operação que poderão realizar e de serviços que poderão prestar nesse mercado;

II – a especialização de operações ou serviços a ser observada pelas sociedades do mercado, e as condições em que poderão cumular espécies de operação ou serviços.

§ 2º Em relação às instituições financeiras e demais sociedades autorizadas a explorar simultaneamente operações ou serviços no mercado de valores mobiliários e nos mercados sujeitos à fiscalização do Banco Central do Brasil, as atribuições da Comissão de Valores Mobiliários serão limitadas às atividades submetidas ao regime da presente Lei, e serão exercidas sem prejuízo das atribuições daquele.

§ 3º Compete ao Conselho Monetário Nacional regulamentar o disposto no parágrafo anterior, assegurando a coordenação de serviços entre o Banco Central do Brasil e a Comissão de Valores Mobiliários.

Art. 16. Depende de prévia autorização da Comissão de Valores Mobiliários o exercício das seguintes atividades:

▶ *Caput* com a redação dada pela Lei nº 10.303, de 31-10-2001.

I – distribuição de emissão no mercado (artigo 15, I);
II – compra de valores mobiliários para revendê-los por conta própria (artigo 15, II);
III – mediação ou corretagem de operações com valores mobiliários; e
IV – compensação e liquidação de operações com valores mobiliários.

▶ Incisos III e IV com a redação dada pela Lei nº 10.411, de 26-2-2002.

Parágrafo único. Só os agentes autônomos e as sociedades com registro na Comissão poderão exercer a atividade de mediação ou corretagem de valores mobiliários fora da Bolsa.

Art. 17. As Bolsas de Valores, as Bolsas de Mercadorias e Futuros, as entidades do mercado de balcão organizado e as entidades de compensação e liquidação de operações com valores mobiliários terão autonomia administrativa, financeira e patrimonial, operando sob a supervisão da Comissão de Valores Mobiliários.

▶ *Caput* com a redação dada pela Lei nº 10.303, de 31-10-2001.

§ 1º Às Bolsas de Valores, às Bolsas de Mercadorias e Futuros, às entidades do mercado de balcão organizado e às entidades de compensação e liquidação de operações com valores mobiliários incumbe, como órgãos auxiliares da Comissão de Valores Mobiliários, fiscalizar os respectivos membros e as operações com valores mobiliários nelas realizadas.

▶ Parágrafo único transformado em § 1º e com a redação dada pela Lei nº 10.303, de 31-10-2001.

§ 2º VETADO. Lei nº 10.303, de 31-10-2001.

Art. 17-A. VETADO. Lei nº 10.303, de 31-10-2001.

Art. 18. Compete à Comissão de Valores Mobiliários:

▶ *Caput* com a redação dada pela Lei nº 10.411, de 26-2-2002.

I – editar normas gerais sobre:

▶ *Caput* do Inciso I com a redação dada pela Lei nº 10.411, de 26-2-2002.

a) condições para obter autorização ou registro necessário ao exercício das atividades indicadas no artigo 16, e respectivos procedimentos administrativos;
b) requisitos de idoneidade, habilitação técnica e capacidade financeira a que deverão satisfazer os administradores de sociedades e demais pessoas que atuem no mercado de valores mobiliários;
c) condições de constituição e extinção das Bolsas de Valores, entidades do mercado de balcão organizado e das entidades de compensação e liquidação de operações com valores mobiliários, forma jurídica, órgãos de administração e seu preenchimento;
d) exercício do poder disciplinar pelas Bolsas e pelas entidades do mercado de balcão organizado, no que se refere às negociações com valores mobiliários, e pelas entidades de compensação e liquidação de operações com valores mobiliários, sobre os seus membros, imposição de penas e casos de exclusão;

▶ Alíneas *a* a *d* com a redação dada pela Lei nº 10.411, de 26-2-2002.

e) número de sociedades corretoras, membros da Bolsa; requisitos ou condições de admissão quanto à idoneidade, capacidade financeira e habilitação técnica dos seus administradores; e representação no recinto da Bolsa;
f) administração das Bolsas, das entidades do mercado de balcão organizado e das entidades de compensação e liquidação de operações com valores mobiliários; emolumentos, comissões e quaisquer outros custos cobrados pelas Bolsas e pelas entidades de compensação e liquidação de operações com valores mobiliários ou seus membros, quando for o caso;

▶ Alínea *f* com a redação dada pela Lei nº 10.411, de 26-2-2002.

g) condições de realização das operações a termo;
h) condições de constituição e extinção das Bolsas de Mercadorias e Futuros, forma jurídica, órgãos de administração e seu preenchimento.

▶ Alínea *h* com a redação dada pela Lei nº 10.411, de 26-2-2002.

II – definir:

a) as espécies de operação autorizadas na Bolsa e no mercado de balcão; métodos e práticas que devem ser observados no mercado; e responsabilidade dos intermediários nas operações;
b) a configuração de condições artificiais de demanda, oferta ou preço de valores mobiliários, ou de manipulação de preço; operações fraudulentas e práticas não equitativas na distribuição ou intermediação de valores;
c) normas aplicáveis ao registro de operações a ser mantido pelas entidades do sistema de distribuição (artigo 15).

CAPÍTULO IV

DA NEGOCIAÇÃO NO MERCADO

Seção I

EMISSÃO E DISTRIBUIÇÃO

Art. 19. Nenhuma emissão pública de valores mobiliários será distribuída no mercado sem prévio registro na Comissão.

§ 1º São atos de distribuição, sujeitos à norma deste artigo, a venda, promessa de venda, oferta à venda ou subscrição, assim como a aceitação de pedido de venda ou subscrição de valores mobiliários, quando os pratiquem a companhia emissora, seus fundadores ou as pessoas a ela equiparadas.

§ 2º Equiparam-se à companhia emissora para os fins deste artigo:

I – o seu acionista controlador e as pessoas por ela controladas;

II – o coobrigado nos títulos;

III – as instituições financeiras e demais sociedades a que se refere o artigo 15, inciso I;

IV – quem quer que tenha subscrito valores da emissão, ou os tenha adquirido à companhia emissora, com o fim de os colocar no mercado.

§ 3º Caracterizam a emissão pública:

I – a utilização de listas ou boletins de venda ou subscrição, folhetos, prospectos ou anúncios destinados ao público;

II – a procura de subscritores ou adquirentes para os títulos por meio de empregados, agentes ou corretores;

III – a negociação feita em loja, escritório ou estabelecimento aberto ao público, ou com a utilização dos serviços públicos de comunicação.

§ 4º A emissão pública só poderá ser colocada no mercado através do sistema previsto no artigo 15, podendo a Comissão exigir a participação de instituição financeira.

§ 5º Compete à Comissão expedir normas para a execução do disposto neste artigo, podendo:

I – definir outras situações que configurem emissão pública, para fins de registro, assim como os casos em que este poderá ser dispensado, tendo em vista o interesse do público investidor;

II – fixar o procedimento do registro e especificar as informações que devam instruir o seu pedido, inclusive sobre:

a) a companhia emissora, os empreendimentos ou atividades que explora ou pretende explorar, sua situação econômica e financeira, administração e principais acionistas;

b) as características da emissão e a aplicação a ser dada aos recursos dela provenientes;

c) o vendedor dos valores mobiliários, se for o caso;

d) os participantes na distribuição, sua remuneração e seu relacionamento com a companhia emissora ou com o vendedor.

§ 6º A Comissão poderá subordinar o registro a capital mínimo da companhia emissora e a valor mínimo da emissão, bem como a que sejam divulgadas as informações que julgar necessárias para proteger os interesses do público investidor.

§ 7º O pedido de registro será acompanhado dos prospectos e outros documentos quaisquer a serem publicados ou distribuídos, para oferta, anúncio ou promoção do lançamento.

Art. 20. A Comissão mandará suspender a emissão ou a distribuição que se esteja processando em desacordo com o artigo anterior, particularmente quando:

I – a emissão tenha sido julgada fraudulenta ou ilegal, ainda que após efetuado o registro;

II – a oferta, o lançamento, a promoção ou o anúncio dos valores se esteja fazendo em condições diversas das constantes do registro, ou com informações falsas, dolosas ou substancialmente imprecisas.

Seção II

NEGOCIAÇÃO NA BOLSA E NO MERCADO DE BALCÃO

Art. 21. A Comissão de Valores Mobiliários manterá, além do registro de que trata o artigo 19:

I – o registro para negociação na Bolsa;

II – o registro para negociação no mercado de balcão, organizado ou não.

▶ Inciso II com a redação dada pela Lei nº 9.457, de 5-5-1997.

§ 1º Somente os valores mobiliários emitidos por companhia registrada nos termos deste artigo podem ser negociados na Bolsa e no mercado de balcão.

§ 2º O registro do artigo 19 importa registro para o mercado de balcão, mas não para a Bolsa ou entidade de mercado de balcão organizado.

§ 3º São atividades do mercado de balcão não organizado as realizadas com a participação das empresas ou profissionais indicados no artigo 15, incisos I, II e III, ou nos seus estabelecimentos, excluídas as operações efetuadas em Bolsas ou em sistemas administrados por entidades de balcão organizado.

§ 4º Cada Bolsa de Valores ou entidade de mercado de balcão organizado poderá estabelecer requisitos próprios para que os valores sejam admitidos à negociação no seu recinto ou sistema, mediante prévia aprovação da Comissão de Valores Mobiliários.

§ 5º O mercado de balcão organizado será administrado por entidades cujo funcionamento dependerá de autorização da Comissão de Valores Mobiliários, que expedirá normas gerais sobre:

I – condições de constituição e extinção, forma jurídica, órgãos de administração e seu preenchimento;

II – exercício do poder disciplinar pelas entidades, sobre os seus participantes ou membros, imposição de penas e casos de exclusão;

III – requisitos ou condições de admissão quanto à idoneidade, capacidade financeira e habilitação técnica dos administradores e representantes das sociedades participantes ou membros;

IV – administração das entidades, emolumentos, comissões e quaisquer outros custos cobrados pelas entidades ou seus participantes ou membros, quando for o caso.

▶ §§ 2º a 5º com a redação dada pela Lei nº 9.457, de 5-5-1997.

§ 6º Compete à Comissão expedir normas para a execução do disposto neste artigo, especificando:

I – casos em que os registros podem ser dispensados, recusados, suspensos ou cancelados;

II – informações e documentos que devam ser apresentados pela companhia para a obtenção do registro, e seu procedimento;

III – casos em que os valores mobiliários poderão ser negociados simultaneamente nos mercados de bolsa e de balcão, organizado ou não.

▶ Inciso III acrescido pela Lei nº 9.457, de 5-5-1997.

Art. 21-A. A Comissão de Valores Mobiliários poderá expedir normas aplicáveis à natureza das informações mínimas e à periodicidade de sua apresentação por qualquer pessoa que tenha acesso à informação relevante.

▶ Artigo com a redação dada pelo Decreto nº 3.995, de 31-10-2001.

CAPÍTULO V
DAS COMPANHIAS ABERTAS

Art. 22. Considera-se aberta a companhia cujos valores mobiliários estejam admitidos à negociação na Bolsa ou no mercado de balcão.

▶ Art. 1º, § 2º, da Lei nº 10.198, de 14-2-2001, que dispõe sobre a regulação, fiscalização e supervisão dos mercados de títulos ou contratos de investimentos coletivo.

§ 1º Compete à Comissão de Valores Mobiliários expedir normas aplicáveis às companhias abertas sobre:

I – a natureza das informações que devam divulgar e a periodicidade da divulgação;
II – relatório da administração e demonstrações financeiras;
III – a compra de ações emitidas pela própria companhia e a alienação das ações em tesouraria;
IV – padrões de contabilidade, relatórios e pareceres de auditores independentes;
V – informações que devam ser prestadas por administradores, membros do conselho fiscal, acionistas controladores e minoritários, relativas à compra, permuta ou venda de valores mobiliários emitidos pela companhia e por sociedades controladas ou controladoras;
VI – a divulgação de deliberações da assembleia-geral e dos órgãos de administração da companhia, ou de fatos relevantes ocorridos nos seus negócios, que possam influir, de modo ponderável, na decisão dos investidores do mercado, de vender ou comprar valores mobiliários emitidos pela companhia;
VII – a realização, pelas companhias abertas com ações admitidas à negociação em bolsa ou no mercado de balcão organizado, de reuniões anuais com seus acionistas e agentes do mercado de valores mobiliários, no local de maior negociação dos títulos da companhia no ano anterior, para a divulgação de informações quanto à respectiva situação econômico-financeira, projeções de resultados e resposta aos esclarecimentos que lhes forem solicitados;
VIII – as demais matérias previstas em lei.

§ 2º As normas editadas pela Comissão de Valores Mobiliários em relação ao disposto nos incisos II e IV do § 1º aplicam-se às instituições financeiras e demais entidades autorizadas a funcionar pelo Banco Central do Brasil, no que não forem conflitantes com as normas por ele baixadas.

▶ §§ 1º e 2º com a redação dada pelo Dec. nº 3.995, de 31-10-2001.

CAPÍTULO VI
DA ADMINISTRAÇÃO DE CARTEIRAS E CUSTÓDIA DE VALORES MOBILIÁRIOS

Art. 23. O exercício profissional da administração de carteiras de valores mobiliários de outras pessoas está sujeito à autorização prévia da Comissão.

§ 1º O disposto neste artigo se aplica à gestão profissional e recursos ou valores mobiliários entregues ao administrador, com autorização para que este compre ou venda valores mobiliários por conta do comitente.

§ 2º Compete à Comissão estabelecer as normas a serem observadas pelos administradores na gestão de carteiras e sua remuneração, observado o disposto no artigo 8º, IV.

Art. 24. Compete à Comissão autorizar a atividade de custódia de valores mobiliários, cujo exercício será privativo das instituições financeiras e das entidades de compensação e liquidação.

▶ Caput com a redação dada pelo Dec. nº 3.995, de 31-10-2001.

Parágrafo único. Considera-se custódia de valores mobiliários o depósito para guarda, recebimento de dividendos e bonificações, resgate, amortização ou reembolso, e exercício de direitos de subscrição, sem que o depositário, tenha poderes, salvo autorização expressa do depositante em cada caso, para alienar os valores mobiliários depositados ou reaplicar as importâncias recebidas.

Art. 25. Salvo mandato expresso com prazo não superior a um ano, o administrador de carteira e o depositário de valores mobiliários não podem exercer o direito de voto que couber às ações sob sua administração ou custódia.

CAPÍTULO VII
DOS AUDITORES INDEPENDENTES, CONSULTORES E ANALISTAS DE VALORES MOBILIÁRIOS

Art. 26. Somente as empresas de auditoria contábil ou auditores contábeis independentes, registrados na Comissão de Valores Mobiliários, poderão auditar, para os efeitos desta Lei, as demonstrações financeiras de companhias abertas e das instituições, sociedades ou empresas que integram o sistema de distribuição e intermediação de valores mobiliários.

§ 1º A Comissão estabelecerá as condições para o registro e o seu procedimento, e definirá os casos em que poderá ser recusado, suspenso ou cancelado.

§ 2º As empresas de auditoria contábil ou auditores contábeis independentes responderão, civilmente, pelos prejuízos que causarem a terceiros em virtude de culpa ou dolo no exercício das funções previstas neste artigo.

§ 3º Sem prejuízo do disposto no parágrafo precedente, as empresas de auditoria contábil ou os auditores contábeis independentes responderão administrativamente, perante o Banco Central do Brasil, pelos atos praticados ou omissões em que houverem incorrido no desempenho das atividades de auditoria de instituições financeiras e demais instituições autorizadas a funcionar pelo Banco Central do Brasil.

§ 4º Na hipótese do parágrafo anterior, o Banco Central do Brasil aplicará aos infratores as penalidades previstas no artigo 11 desta Lei.

▶ §§ 3º e 4º acrescidos pela Lei nº 9.447, de 14-3-1997.

§ 5º VETADO. Lei nº 10.303, de 31-10-2001.

Art. 27. A Comissão poderá fixar normas sobre o exercício das atividades de consultor e analista de valores mobiliários.

Capítulo VII-A
DO COMITÊ DE PADRÕES CONTÁBEIS

▶ Capítulo VII-A acrescido pela Lei nº 10.303, de 31-10-2001.

Arts. 27-A e 27-B. VETADOS. Lei nº 10.303, de 31-10-2001.

Capítulo VII-B
DOS CRIMES CONTRA O MERCADO DE CAPITAIS

▶ Capítulo VII-B acrescido pela Lei nº 10.303, de 31-10-2001.

Manipulação do Mercado

Art. 27-C. Realizar operações simuladas ou executar outras manobras fraudulentas, com a finalidade de alterar artificialmente o regular funcionamento dos mercados de valores mobiliários em Bolsa de Valores, de mercadorias e de futuros, no mercado de balcão ou no mercado de balcão organizado, com o fim de obter vantagem indevida ou lucro, para si ou para outrem, ou causar dano a terceiros:

Pena – reclusão, de um a oito anos, e multa de até três vezes o montante da vantagem ilícita obtida em decorrência do crime.

Uso Indevido de Informação Privilegiada

Art. 27-D. Utilizar informação relevante ainda não divulgada ao mercado, de que tenha conhecimento e da qual deva manter sigilo, capaz de propiciar, para si ou para outrem, vantagem indevida, mediante negociação, em nome próprio ou de terceiro, com valores mobiliários:

Pena – reclusão, de um a cinco anos, e multa de até três vezes o montante da vantagem ilícita obtida em decorrência do crime.

Exercício Irregular de Cargo, Profissão, Atividade ou Função

Art. 27-E. Atuar, ainda que a título gratuito, no mercado de valores mobiliários, como instituição integrante do sistema de distribuição, administrador de carteira coletiva ou individual, agente autônomo de investimento, auditor independente, analista de valores mobiliários, agente fiduciário ou exercer qualquer cargo, profissão, atividade ou função, sem estar, para esse fim, autorizado ou registrado junto à autoridade administrativa competente, quando exigido por lei ou regulamento:

Pena – detenção de seis meses a dois anos, e multa.

Art. 27-F. As multas cominadas para os crimes previstos nos artigos 27-C e 27-D deverão ser aplicadas em razão do dano provocado ou da vantagem ilícita auferida pelo agente.

Parágrafo único. Nos casos de reincidência, a multa pode ser de até o triplo dos valores fixados neste artigo.

▶ Arts. 27-C a 27-F acrescidos pela Lei nº 10.303, de 31-10-2001.

Capítulo VIII
DAS DISPOSIÇÕES FINAIS E TRANSITÓRIAS

Art. 28. O Banco Central do Brasil, a Comissão de Valores Mobiliários, a Secretaria de Previdência Complementar, a Secretaria da Receita Federal e Superintendência de Seguros Privados manterão um sistema de intercâmbio de informações, relativas à fiscalização que exerçam, nas áreas de suas respectivas competências, no mercado de valores mobiliários.

▶ *Caput* com a redação dada pela Lei nº 10.303, de 31-10-2001.

Parágrafo único. O dever de guardar sigilo de informações obtidas através do exercício do poder de fiscalização pelas entidades referidas no *caput* não poderá ser invocado como impedimento para o intercâmbio de que trata este artigo.

▶ Parágrafo único acrescido pela Lei nº 10.303, de 31-10-2001.

Arts. 29 e 30. *Revogados.* Lei nº 10.303, de 31-10-2001.

Art. 31. Nos processos judiciários que tenham por objeto matéria incluída na competência da Comissão de Valores Mobiliários, será esta sempre intimada para, querendo, oferecer parecer ou prestar esclarecimentos, no prazo de quinze dias a contar da intimação.

§ 1º A intimação far-se-á, logo após a contestação, por mandado ou por carta com aviso de recebimento, conforme a Comissão tenha, ou não, sede ou representação na comarca em que tenha sido proposta a ação.

§ 2º Se a Comissão oferecer parecer ou prestar esclarecimentos, será intimada de todos os atos processuais subsequentes, pelo jornal oficial que publica expedientes forense ou por carta com aviso de recebimento, nos termos do parágrafo anterior.

§ 3º À Comissão é atribuída legitimidade para interpor recursos, quando as partes não o fizerem.

§ 4º O prazo para os efeitos do parágrafo anterior começará a correr, independentemente de nova intimação, no dia imediato àquele em que findar o das partes.

▶ Art. 31 com a redação dada pela Lei nº 6.616, de 16-12-1978.

Art. 32. As multas impostas pela Comissão de Valores Mobiliários, após a decisão final que as impôs na esfera administrativa, terão eficácia de título executivo e serão cobradas judicialmente, de acordo com o rito estabelecido pelo Código de Processo Civil para o processo de execução.

▶ Artigo acrescido pela Lei nº 9.457, de 5-5-1997.

Art. 33. *Revogado.* Lei nº 9.873, de 23-11-1999.

Art. 34. Esta Lei entrará em vigor na data de sua publicação.

▶ Art. 31 renumerado para art. 33 pela Lei nº 6.616, de 16-12-1978, e posteriormente renumerado para art. 34 pela Lei nº 9.457, de 5-5-1997.

Art. 35. Revogam-se as disposições em contrário.

▶ Art. 32 renumerado para art. 34 Lei nº 6.616, de 16-12-1978, e posteriormente renumerado para art. 35 pela Lei nº 9.457, de 5-5-1997.

Brasília, 7 de dezembro de 1976;
155º da Independência e
88º da República.
Ernesto Geisel

LEI Nº 6.404, DE 15 DE DEZEMBRO DE 1976

Dispõe sobre as sociedades por ações.

▶ Publicada no *DOU* de 17-12-1976.

▶ Lei nº 12.353, de 28-12-2010, dispõe sobre a participação de empregados nos conselhos de administração das empresas públicas e sociedades de economia mista, suas subsidiárias e controladas e demais empresas em que a União, direta ou indiretamente, detenha a maioria do capital social com direito a voto.

▶ Art. 22, § 2º, da MP nº 2.192-70, de 24-8-2001, que até o encerramento desta edição não havia sido convertida em Lei, que incentiva a redução da presença do setor público estadual na atividade financeira bancária.

Capítulo I
CARACTERÍSTICAS E NATUREZA DA COMPANHIA OU SOCIEDADE ANÔNIMA

Características

Art. 1º A companhia ou sociedade anônima terá o capital dividido em ações, e a responsabilidade dos sócios ou acionistas será limitada ao preço de emissão das ações subscritas ou adquiridas.

▶ Arts. 1.088 e 1.089 do CC.

Objetivo Social

Art. 2º Pode ser objeto da companhia qualquer empresa de fim lucrativo, não contrário à lei, à ordem pública e aos bons costumes.

▶ Art. 237 desta Lei.

§ 1º Qualquer que seja o objeto, a companhia é mercantil e se rege pelas leis e usos do comércio.

▶ Art. 982, parágrafo único, do CC.

§ 2º O estatuto social definirá o objeto de modo preciso e completo.

▶ Arts. 5º, 11, 17, §§ 4º e 5º, 18, 19, 22, 35, § 3º, 47 e 48, § 2º, 51, 135 e 296 desta Lei.

§ 3º A companhia pode ter por objeto participar de outras sociedades; ainda que não prevista no estatuto, a participação é facultada como meio de realizar o objeto social, ou para beneficiar-se de incentivos fiscais.

Denominação

Art. 3º A sociedade será designada por denominação acompanhada das expressões "companhia" ou "sociedade anônima", expressas por extenso ou abreviadamente mas vedada a utilização da primeira ao final.

▶ Art. 281, parágrafo único, desta Lei.

§ 1º O nome do fundador, acionista, ou pessoa que, por qualquer outro modo, tenha concorrido para o êxito da empresa, poderá figurar na denominação.

§ 2º Se a denominação for idêntica ou semelhante a de companhia já existente assistirá à prejudicada o direito de requerer a modificação, por via administrativa (artigo 97) ou em juízo, e demandar as perdas e danos resultantes.

Companhia Aberta e Fechada

Art. 4º Para os efeitos desta Lei, a companhia é aberta ou fechada conforme os valores mobiliários de sua emissão estejam ou não admitidos à negociação no mercado de valores mobiliários.

▶ *Caput* com a redação dada pela Lei nº 10.303, de 31-10-2001.
▶ Art. 158, § 3º, desta Lei.
▶ Arts. 19 e 21 da Lei nº 6.385, de 7-12-1976 (Lei do Mercado de Valores Mobiliários).

§ 1º Somente os valores mobiliários de emissão de companhia registrada na Comissão de Valores Mobiliários podem ser negociados no mercado de valores mobiliários.

▶ Parágrafo único transformado em § 1º e com a redação dada pela Lei nº 10.303, de 31-10-2001.

§ 2º Nenhuma distribuição pública de valores mobiliários será efetivada no mercado sem prévio registro na Comissão de Valores Mobiliários.

§ 3º A Comissão de Valores Mobiliários poderá classificar as companhias abertas em categorias, segundo as espécies e classes dos valores mobiliários por ela emitidos negociados no mercado, e especificará as normas sobre companhias abertas aplicáveis a cada categoria.

§ 4º O registro de companhia aberta para negociação de ações no mercado somente poderá ser cancelado se a companhia emissora de ações, o acionista controlador ou a sociedade que a controle, direta ou indiretamente, formular oferta pública para adquirir a totalidade das ações em circulação no mercado, por preço justo, ao menos igual ao valor de avaliação da companhia, apurado com base nos critérios, adotados de forma isolada ou combinada, de patrimônio líquido contábil, de patrimônio líquido avaliado a preço de mercado, de fluxo de caixa descontado, de comparação por múltiplos, de cotação das ações no mercado de valores mobiliários, ou com base em outro critério aceito pela Comissão de Valores Mobiliários, assegurada a revisão do valor da oferta, em conformidade com o disposto no artigo 4º-A.

§ 5º Terminado o prazo da oferta pública fixado na regulamentação expedida pela Comissão de Valores Mobiliários, se remanescerem em circulação menos de cinco por cento do total das ações emitidas pela companhia, a assembleia-geral poderá deliberar o resgate dessas ações pelo valor da oferta de que trata o § 4º, desde que deposite em estabelecimento bancário autorizado pela Comissão de Valores Mobiliários, à disposição dos seus titulares, o valor de resgate, não se aplicando, nesse caso, o disposto no § 6º do artigo 44.

§ 6º O acionista controlador ou a sociedade controladora que adquirir ações da companhia aberta sob seu controle que elevem sua participação, direta ou indireta, em determinada espécie e classe de ações à porcentagem que, segundo normas gerais expedidas pela Comissão de Valores Mobiliários, impeça a liquidez de mercado das ações remanescentes, será obrigado a fazer oferta pública, por preço determinado nos termos do § 4º, para aquisição da totalidade das ações remanescentes no mercado.

▶ §§ 2º a 6º acrescidos pela Lei nº 10.303, de 31-10-2001.

Art. 4º-A. Na companhia aberta, os titulares de, no mínimo, dez por cento das ações em circulação no mercado poderão requerer aos administradores da companhia que convoquem assembleia especial dos acionistas titulares de ações em circulação no mercado, para deliberar sobre a realização de nova avaliação pelo mesmo ou por outro critério, para efeito de determinação do valor de avaliação da companhia, referido no § 4º do artigo 4º.

§ 1º O requerimento deverá ser apresentado no prazo de quinze dias da divulgação do valor da oferta pública, devidamente fundamentado e acompanhado de elementos de convicção que demonstrem a falha ou imprecisão no emprego da metodologia de cálculo ou no critério de avaliação adotado, podendo os acionistas referidos no *caput* convocar a assembleia quando os administradores não atenderem, no prazo de oito dias, ao pedido de convocação.

§ 2º Consideram-se ações em circulação no mercado todas as ações do capital da companhia aberta menos as de propriedade do acionista controlador, de diretores, de conselheiros de administração e as em tesouraria.

§ 3º Os acionistas que requererem a realização de nova avaliação e aqueles que votarem a seu favor deverão ressarcir a companhia pelos custos incorridos, caso o novo valor seja inferior ou igual ao valor inicial da oferta pública.

§ 4º Caberá à Comissão de Valores Mobiliários disciplinar o disposto no artigo 4º e neste artigo, e fixar prazos para a eficácia desta revisão.

▶ Art. 4º-A acrescido pela Lei nº 10.303, de 31-10-2001.

CAPÍTULO II

CAPITAL SOCIAL

SEÇÃO I

VALOR

Fixação no Estatuto e Moeda

Art. 5º O estatuto da companhia fixará o valor do capital social, expresso em moeda nacional.

▶ Art. 2º, § 2º, desta Lei.

Parágrafo único. A expressão monetária do valor do capital social realizado será corrigida anualmente (artigo 167).

▶ Art. 132, IV, desta Lei.

Alteração

Art. 6º O capital social somente poderá ser modificado com observância dos preceitos desta Lei e do estatuto social (artigos 166 a 174).

SEÇÃO II

FORMAÇÃO

Dinheiro e Bens

Art. 7º O capital social poderá ser formado com contribuições em dinheiro ou em qualquer espécie de bens suscetíveis de avaliação em dinheiro.

▶ Arts. 9º, 89, 106 a 108, 166 a 174 desta Lei.

Avaliação

Art. 8º A avaliação dos bens será feita por três peritos ou por empresa especializada, nomeados em assembleia-geral dos subscritores, convocada pela imprensa e presidida por um dos fundadores, instalando-se em primeira convocação com a presença de subscritores que representem metade, pelo menos, do capital social, e em segunda convocação com qualquer número.

▶ Arts. 86, I, 88, § 2º, e, 95, IV, 170, § 3º, e 182, § 3º, desta Lei.

§ 1º Os peritos ou a empresa avaliadora deverão apresentar laudo fundamentado, com a indicação dos critérios de avaliação e dos elementos de comparação adotados e instruído com os documentos relativos aos bens avaliados, e estarão presentes à assembleia que conhecer do laudo, a fim de prestarem as informações que lhes forem solicitadas.

§ 2º Se o subscritor aceitar o valor aprovado pela assembleia, os bens incorporar-se-ão ao patrimônio da companhia, competindo aos primeiros diretores cumprir as formalidades necessárias à respectiva transmissão.

▶ Art. 98, § 2º, desta Lei.

§ 3º Se a assembleia não aprovar a avaliação, ou o subscritor não aceitar a avaliação aprovada, ficará sem efeito o projeto de constituição da companhia.

§ 4º Os bens não poderão ser incorporados ao patrimônio da companhia por valor acima do que lhes tiver dado o subscritor.

§ 5º Aplica-se à assembleia referida neste artigo o disposto nos §§ 1º e 2º do artigo 115.

§ 6º Os avaliadores e o subscritor responderão perante a companhia, os acionistas e terceiros, pelos danos que lhes causarem por culpa ou dolo na avaliação dos bens, sem prejuízo da responsabilidade penal em que tenham incorrido. No caso de bens em condomínio, a responsabilidade dos subscritores é solidária.

▶ Art. 256, § 1º, desta Lei.

Transferência dos Bens

Art. 9º Na falta de declaração expressa em contrário, os bens transferem-se à companhia a título de propriedade.

▶ Arts. 7º e 89 desta Lei.

Responsabilidade do Subscritor

Art. 10. A responsabilidade civil dos subscritores ou acionistas que contribuírem com bens para a formação do capital social será idêntica à do vendedor.

▶ Art. 447 do CC.

Parágrafo único. Quando a entrada consistir em crédito, o subscritor ou acionista responderá pela solvência do devedor.

CAPÍTULO III

AÇÕES

SEÇÃO I

NÚMERO E VALOR NOMINAL

Fixação no Estatuto

Art. 11. O estatuto fixará o número das ações em que se divide o capital social e estabelecerá se as ações terão ou não valor nominal.

▶ Art. 1.088 do CC.

§ 1º Na companhia com ações sem valor nominal, o estatuto poderá criar uma ou mais classes de ações preferenciais com valor nominal.

§ 2º O valor nominal será o mesmo para todas as ações da companhia.

§ 3º O valor nominal das ações de companhia aberta não poderá ser inferior ao mínimo fixado pela Comissão de Valores Mobiliários.

▶ Lei nº 6.385, de 7-12-1976 (Lei do Mercado de Valores Mobiliários).

Alteração
Art. 12. O número e o valor nominal das ações somente poderão ser alterados nos casos de modificação do valor do capital social ou da sua expressão monetária, de desdobramento ou grupamento de ações, ou de cancelamento de ações autorizado nesta Lei.

▶ Art. 6º desta Lei.

SEÇÃO II
PREÇO DE EMISSÃO

Ações com Valor Nominal
Art. 13. É vedada a emissão de ações por preço inferior ao seu valor nominal.

§ 1º A infração do disposto neste artigo importará nulidade do ato ou operação e responsabilidade dos infratores, sem prejuízo da ação penal que no caso couber.

▶ Art. 177 do CP.

§ 2º A contribuição do subscritor que ultrapassar o valor nominal constituirá reserva de capital (artigo 182, § 1º).

Ações sem Valor Nominal
Art. 14. O preço de emissão das ações sem valor nominal será fixado, na constituição da companhia, pelos fundadores, e no aumento de capital, pela assembleia-geral ou pelo conselho de administração (artigos 166 e 170, § 2º).

Parágrafo único. O preço de emissão pode ser fixado com parte destinada à formação de reserva de capital; na emissão de ações preferenciais com prioridade no reembolso do capital, somente a parcela que ultrapassar o valor de reembolso poderá ter essa destinação.

SEÇÃO III
ESPÉCIES E CLASSES

Espécies
Art. 15. As ações, conforme a natureza dos direitos ou vantagens que confiram a seus titulares, são ordinárias, preferenciais ou de fruição.

▶ Arts. 17, 40, parágrafo único, 44, §§ 5º e 6º; 48, § 3º, e 57, § 2º, desta Lei.

§ 1º As ações ordinárias da companhia fechada e as ações preferenciais da companhia aberta e fechada poderão ser de uma ou mais classes.

§ 2º O número de ações preferenciais sem direito a voto, ou sujeitas a restrição no exercício desse direito, não pode ultrapassar cinquenta por cento do total das ações emitidas.

▶ § 2º com a redação dada pela Lei nº 10.303, de 31-10-2001.
▶ Art. 8º da Lei nº 10.303, de 31-10-2001, que dispõe sobre o direito de recesso.

Ações Ordinárias
Art. 16. As ações ordinárias de companhia fechada poderão ser de classes diversas, em função de:

I – conversibilidade em ações preferenciais;
II – exigência de nacionalidade brasileira do acionista; ou
III – direito de voto em separado para o preenchimento de determinados cargos de órgãos administrativos.

▶ Incisos I a III com a redação dada pela Lei nº 9.457, de 5-5-1997.

Parágrafo único. A alteração do estatuto na parte em que regula a diversidade de classes, se não for expressamente prevista e regulada, requererá a concordância de todos os titulares das ações atingidas.

Ações Preferenciais
Art. 17. As preferências ou vantagens das ações preferenciais podem consistir:

▶ Caput com a redação dada pela Lei nº 10.303, de 31-10-2001.

I – em prioridade na distribuição de dividendo, fixo ou mínimo;
II – em prioridade no reembolso do capital, com prêmio ou sem ele; ou
III – na acumulação das preferências e vantagens de que tratam os incisos I e II.

▶ Incisos I a III com a redação dada pela Lei nº 10.303, de 31-10-2001.

§ 1º Independentemente do direito de receber ou não o valor de reembolso do capital com prêmio ou sem ele, as ações preferenciais sem direito de voto ou com restrição ao exercício deste direito, somente serão admitidas à negociação no mercado de valores mobiliários se a elas for atribuída pelo menos uma das seguintes preferências ou vantagens:

I – direito de participar do dividendo a ser distribuído, correspondente a, pelo menos, vinte e cinco por cento do lucro líquido do exercício, calculado na forma do artigo 202, de acordo com o seguinte critério:

a) prioridade no recebimento dos dividendos mencionados neste inciso correspondente a, no mínimo, três por cento do valor do patrimônio líquido da ação; e
b) direito de participar dos lucros distribuídos em igualdade de condições com as ordinárias, depois de a estas assegurado dividendo igual ao mínimo prioritário estabelecido em conformidade com a alínea a; ou

II – direito ao recebimento de dividendo, por ação preferencial, pelo menos dez por cento maior do que o atribuído a cada ação ordinária; ou
III – direito de serem incluídas na oferta pública de alienação de controle, nas condições previstas no artigo 254-A, assegurado o dividendo pelo menos igual ao das ações ordinárias.

§ 2º Deverão constar do estatuto, com precisão e minúcia, outras preferências ou vantagens que sejam atribuídas aos acionistas sem direito a voto, ou com voto restrito, além das previstas neste artigo.

§ 3º Os dividendos, ainda que fixos ou cumulativos, não poderão ser distribuídos em prejuízo do capital social, salvo quando, em caso de liquidação da companhia, essa vantagem tiver sido expressamente assegurada.

§ 4º Salvo disposição em contrário no estatuto, o dividendo prioritário não é cumulativo, a ação com dividendo fixo não participa dos lucros remanescentes e a ação com dividendo mínimo participa dos lucros distribuídos em igualdade de condições com as ordinárias, depois de a estas assegurado dividendo igual ao mínimo.

§ 5º Salvo no caso de ações com dividendo fixo, o estatuto não pode excluir ou restringir o direito das ações preferenciais de participar dos aumentos de capital decorrentes da capitalização de reservas ou lucros (artigo 169).

§ 6º O estatuto pode conferir às ações preferenciais com prioridade na distribuição de dividendo cumulativo, o direito de recebê-lo, no exercício em que o lucro for insuficiente, à conta das reservas de capital de que trata o § 1º do artigo 182.

▶ §§ 1º a 6º com a redação dada pela Lei nº 10.303, de 31-10-2001.

§ 7º Nas companhias objeto de desestatização poderá ser criada ação preferencial de classe especial, de propriedade exclusiva do ente desestatizante, à qual o estatuto social poderá conferir os poderes que especificar, inclusive o poder de veto às deliberações da assembleia-geral nas matérias que especificar.

▶ § 7º acrescido pela Lei nº 10.303, de 31-10-2001.

Vantagens Políticas

Art. 18. O estatuto pode assegurar a uma ou mais classes de ações preferenciais o direito de eleger, em votação em separado, um ou mais membros dos órgãos da administração.

▶ Art. 15 desta Lei.

Parágrafo único. O estatuto pode subordinar as alterações estatutárias que especificar à aprovação, em assembleia especial, dos titulares de uma ou mais classes de ações preferenciais.

Regulação no Estatuto

Art. 19. O estatuto da companhia com ações preferenciais declarará as vantagens ou preferências atribuídas a cada classe dessas ações e as restrições a que ficarão sujeitas, e poderá prever o resgate ou a amortização, a conversão de ações de uma classe em ações de outra e em ações ordinárias, e destas em preferenciais, fixando as respectivas condições.

Seção IV

FORMA

Art. 20. As ações devem ser nominativas.

▶ Artigo com a redação dada pela Lei nº 8.021, de 12-4-1990.
▶ Arts. 34 e 36 desta Lei.

Ações não Integralizadas

Art. 21. Além dos casos regulados em lei especial, as ações terão obrigatoriamente forma nominativa ou endossável até o integral pagamento do preço de emissão.

Determinação no Estatuto

Art. 22. O estatuto determinará a forma das ações e a conversibilidade de uma em outra forma.

Parágrafo único. As ações ordinárias da companhia aberta e ao menos uma das classes de ações ordinárias da companhia fechada, quando tiverem a forma ao portador, serão obrigatoriamente conversíveis, à vontade do acionista, em nominativas ou endossáveis.

Seção V

CERTIFICADOS

Emissão

Art. 23. A emissão de certificado de ação somente será permitida depois de cumpridas as formalidades necessárias ao funcionamento legal da companhia.

§ 1º A infração do disposto neste artigo importa nulidade do certificado e responsabilidade dos infratores.

§ 2º Os certificados das ações, cujas entradas não consistirem em dinheiro, só poderão ser emitidos depois de cumpridas as formalidades necessárias à transmissão de bens, ou de realizados os créditos.

§ 3º A companhia poderá cobrar o custo da substituição dos certificados, quando pedida pelo acionista.

Requisitos

Art. 24. Os certificados das ações serão escritos em vernáculo e conterão as seguintes declarações:

▶ Arts. 4º, parágrafo único, 25, 27 e 65 desta Lei.

I – denominação da companhia, sua sede e prazo de duração;

▶ Art. 79, I, desta Lei.

II – o valor do capital social, a data do ato que o tiver fixado, o número de ações em que se divide e o valor nominal das ações, ou a declaração de que não têm valor nominal;

▶ Art. 79, I, desta Lei.

III – nas companhias com capital autorizado, o limite da autorização, em número de ações ou valor do capital social;

▶ Arts. 79, I, e 142, VII, desta Lei.

IV – o número de ações ordinárias e preferenciais das diversas classes, se houver, as vantagens ou preferências conferidas a cada classe e as limitações ou restrições a que as ações estiverem sujeitas;

▶ Art. 79, I, desta Lei.

V – o número de ordem do certificado e da ação, e a espécie e classe a que pertence;

VI – os direitos conferidos às partes beneficiárias, se houver;

VII – a época e o lugar da reunião da assembleia-geral ordinária;

VIII – a data da constituição da companhia e do arquivamento e publicação de seus atos constitutivos;

IX – o nome do acionista;

X – o débito do acionista e a época e o lugar de seu pagamento, se a ação não estiver integralizada;

XI – a data da emissão do certificado e as assinaturas de dois diretores, ou do agente emissor de certificados (artigo 27).

▶ Incisos IX a XI com a redação dada pela Lei nº 9.457, de 5-5-1997.

§ 1º A omissão de qualquer dessas declarações dá ao acionista direito a indenização por perdas e danos contra a companhia e os diretores na gestão dos quais os certificados tenham sido emitidos.

§ 2º Os certificados de ações emitidas por companhias abertas podem ser assinados por dois mandatários com poderes especiais, ou autenticados por chancela mecânica, observadas as normas expedidas pela Comissão de Valores Mobiliários.

▶ § 2º com a redação dada pela Lei nº 10.303, de 31-10-2001.

Títulos Múltiplos e Cautelas

Art. 25. A companhia poderá, satisfeitos os requisitos do artigo 24, emitir certificados de múltiplos de ações e, provisoriamente, cautelas que as representem.

Parágrafo único. Os títulos múltiplos das companhias abertas obedecerão à padronização de número de ações fixada pela Comissão de Valores Mobiliários.

Cupões

Art. 26. Aos certificados das ações ao portador podem ser anexados cupões relativos a dividendos ou outros direitos.

Parágrafo único. Os cupões conterão a denominação da companhia, a indicação do lugar da sede, o número de ordem do certificado, a classe da ação e o número de ordem do cupão.

Agente Emissor de Certificados

Art. 27. A companhia pode contratar a escrituração e a guarda dos livros de registro e transferência de ações e a emissão dos certificados com instituição financeira autorizada pela Comissão de Valores Mobiliários a manter esse serviço.

▶ Arts. 24, XI, 43, 101, 103 e 293 desta Lei.

§ 1º Contratado o serviço, somente o agente emissor poderá praticar os atos relativos aos registros e emitir certificados.

§ 2º O nome do agente emissor constará das publicações e ofertas públicas de valores mobiliários feitas pela companhia.

§ 3º Os certificados de ações emitidos pelo agente emissor da companhia deverão ser numerados seguidamente, mas a numeração das ações será facultativa.

SEÇÃO VI

PROPRIEDADE E CIRCULAÇÃO

Indivisibilidade

Art. 28. A ação é indivisível em relação à companhia.

Parágrafo único. Quando a ação pertencer a mais de uma pessoa, os direitos por ela conferidos serão exercidos pelo representante do condomínio.

Negociabilidade

Art. 29. As ações da companhia aberta somente poderão ser negociadas depois de realizados trinta por cento do preço de emissão.

Parágrafo único. A infração do disposto neste artigo importa na nulidade do ato.

Negociação com as Próprias Ações

Art. 30. A companhia não poderá negociar com as próprias ações.

§ 1º Nessa proibição não se compreendem:
a) as operações de resgate, reembolso ou amortização previstas em lei;
b) a aquisição, para permanência em tesouraria ou cancelamento, desde que até o valor do saldo de lucros ou reservas, exceto a legal, e sem diminuição do capital social ou por doação;

▶ Art. 244, § 1º, desta Lei.

c) a alienação das ações adquiridas nos termos da alínea b e mantidas em tesouraria;
d) a compra quando, resolvida a redução do capital mediante restituição, em dinheiro, de parte do valor das ações, o preço destas em bolsa for inferior ou igual à importância que deve ser restituída.

▶ Art. 244, § 3º, desta Lei.

§ 2º A aquisição das próprias ações pela companhia aberta obedecerá, sob pena de nulidade, às normas expedidas pela Comissão de Valores Mobiliários, que poderá subordiná-la à prévia autorização em cada caso.

▶ Art. 244, § 3º, desta Lei.

§ 3º A companhia não poderá receber em garantia as próprias ações, salvo para assegurar a gestão dos seus administradores.

§ 4º As ações adquiridas nos termos da alínea b do § 1º, enquanto mantidas em tesouraria, não terão direito a dividendo nem a voto.

§ 5º No caso da alínea d do § 1º, as ações adquiridas serão retiradas definitivamente de circulação.

Ações Nominativas

Art. 31. A propriedade das ações nominativas presume-se pela inscrição do nome do acionista no livro de "Registro de Ações Nominativas" ou pelo extrato que seja fornecido pela instituição custodiante, na qualidade de proprietária fiduciária das ações.

▶ Caput com a redação dada pela Lei nº 10.303, de 31-10-2001.

§ 1º A transferência das ações nominativas opera-se por termo lavrado no livro de "Transferência de Ações Nominativas", datado e assinado pelo cedente e pelo cessionário, ou seus legítimos representantes.

§ 2º A transferência das ações nominativas em virtude de transmissão por sucessão universal ou legado, de arrematação, adjudicação ou outro ato judicial, ou por qualquer outro título, somente se fará mediante averbação no livro de "Registro de Ações Nominativas", à vista de documento hábil, que ficará em poder da companhia.

§ 3º Na transferência das ações nominativas adquiridas em Bolsa de Valores, o cessionário será representado, independentemente de instrumento de procuração, pela sociedade corretora, ou pela caixa de liquidação da Bolsa de Valores.

Ações Endossáveis

Art. 32. Revogado. Lei nº 8.021, de 12-4-1990.

Ações ao Portador

Art. 33. Revogado. Lei nº 8.021, de 12-4-1990.

Ações Escriturais

Art. 34. O estatuto da companhia pode autorizar ou estabelecer que todas as ações da companhia, ou uma ou mais classes delas, sejam mantidas em contas de depósito, em nome de seus titulares, na instituição que designar, sem emissão de certificados.

▶ Art. 103 desta Lei.

§ 1º No caso de alteração estatutária, a conversão em ação escritural depende da apresentação e do cancelamento do respectivo certificado em circulação.

§ 2º Somente as instituições financeiras autorizadas pela Comissão de Valores Mobiliários podem manter serviços de ações escriturais.

▶ Art. 293 desta Lei.

§ 3º A companhia responde pelas perdas e danos causados aos interessados por erros ou irregularidades no serviço de ações escriturais, sem prejuízo do eventual direito de regresso contra a instituição depositária.

Art. 35. A propriedade da ação escritural presume-se pelo registro na conta de depósito das ações, aberta em nome do acionista nos livros da instituição depositária.

§ 1º A transferência da ação escritural opera-se pelo lançamento efetuado pela instituição depositária em seus livros, a débito da conta de ações do alienante e a crédito da conta de ações do adquirente, à vista de ordem escrita do alienante, ou de autorização ou ordem judicial, em documento hábil que ficará em poder da instituição.

§ 2º A instituição depositária fornecerá ao acionista extrato da conta de depósito das ações escriturais, sempre que solicitado, ao término de todo mês em que for movimentada e, ainda que não haja movimentação, ao menos uma vez por ano.

§ 3º O estatuto pode autorizar a instituição depositária a cobrar do acionista o custo do serviço de transferência da propriedade das ações escriturais, observados os limites máximos fixados pela Comissão de Valores Mobiliários.

Limitações à Circulação

Art. 36. O estatuto da companhia fechada pode impor limitações à circulação das ações nominativas, contanto que regule minuciosamente tais limitações e não impeça a negociação, nem sujeite o acionista ao arbítrio dos órgãos de administração da companhia ou da maioria dos acionistas.

Parágrafo único. A limitação à circulação criada por alteração estatutária somente se aplicará às ações cujos titulares com ela expressamente concordarem, mediante pedido de averbação no livro de "*Registro de Ações Nominativas*".

Suspensão dos Serviços de Certificados

Art. 37. A companhia aberta pode, mediante comunicação às Bolsas de Valores em que suas ações forem negociadas e publicação de anúncio, suspender, por períodos que não ultrapassem, cada um, quinze dias, nem o total de noventa dias durante o ano, os serviços de transferência, conversão e desdobramento de certificados.

Parágrafo único. O disposto neste artigo não prejudicará o registro da transferência das ações negociadas em bolsa anteriormente ao início do período de suspensão.

Perda ou Extravio

Art. 38. O titular de certificado perdido ou extraviado de ação ao portador ou endossável poderá, justificando a propriedade e a perda ou extravio, promover, na forma da lei processual, o procedimento de anulação e substituição para obter a expedição de novo certificado.

▶ Dec. nº 2.044, de 31-12-1908 (Lei da Letra de Câmbio e da Nota Promissória).

▶ Dec. nº 57.663, de 24-1-1966 (Lei Uniforme em Matéria de Letras de Câmbio e Notas Promissórias).

§ 1º Somente será admitida a anulação e substituição de certificado ao portador ou endossado em branco à vista da prova, produzida pelo titular, da destruição ou inutilização do certificado a ser substituído.

§ 2º Até que o certificado seja recuperado ou substituído, as transferências poderão ser averbadas sob condição, cabendo à companhia exigir do titular, para satisfazer dividendo e demais direitos, garantia idônea de sua eventual restituição.

Seção VII

CONSTITUIÇÃO DE DIREITOS REAIS E OUTROS ÔNUS

Penhor

Art. 39. O penhor ou caução de ações se constitui pela averbação do respectivo instrumento no livro de "*Registro de Ações Nominativas*".

▶ *Caput* com a redação dada pela Lei nº 9.457, de 5-5-1997.

§ 1º O penhor da ação escritural se constitui pela averbação do respectivo instrumento nos livros da instituição financeira, a qual será anotado no extrato da conta de depósito fornecido ao acionista.

▶ Art. 293 desta Lei.

§ 2º Em qualquer caso, a companhia, ou a instituição financeira, tem o direito de exigir, para seu arquivo, um exemplar do instrumento de penhor.

Outros Direitos e Ônus

Art. 40. O usufruto, o fideicomisso, a alienação fiduciária em garantia e quaisquer cláusulas ou ônus que gravarem a ação deverão ser averbados:

▶ Arts. 113, 114, 205 e 293 desta Lei.

I – se nominativa, no livro de "Registro de Ações Nominativas";

II – se escritural, nos livros da instituição financeira, que os anotará no extrato da conta de depósito fornecida ao acionista.

▶ Inciso II com a redação dada pela Lei nº 9.457, de 5-5-1997.

Parágrafo único. Mediante averbação nos termos deste artigo, a promessa de venda da ação e o direito de preferência à sua aquisição são oponíveis a terceiros.

Seção VIII

CUSTÓDIA DE AÇÕES FUNGÍVEIS

Art. 41. A instituição autorizada pela Comissão de Valores Mobiliários a prestar serviços de custódia de ações fungíveis pode contratar custódia em que as ações de cada espécie e classe da companhia sejam recebidas em depósito como valores fungíveis, adquirindo a instituição depositária a propriedade fiduciária das ações.

▶ Caput com a redação dada pela Lei nº 10.303, de 31-10-2001.

§ 1º A instituição depositária não pode dispor das ações e fica obrigada a devolver ao depositante a quantidade de ações recebidas, com as modificações resultantes de alterações no capital social ou no número de ações da companhia emissora, independentemente do número de ordem das ações ou dos certificados recebidos em depósito.

▶ Parágrafo único transformado em § 1º e com a redação dada pela Lei nº 10.303, de 31-10-2001.

§ 2º Aplica-se o disposto neste artigo, no que couber, aos demais valores mobiliários.

§ 3º A instituição depositária ficará obrigada a comunicar à companhia emissora:

I – imediatamente, o nome do proprietário efetivo quando houver qualquer evento societário que exija a sua identificação; e

II – no prazo de até dez dias, a contratação da custódia e a criação de ônus ou gravames sobre as ações.

§ 4º A propriedade das ações em custódia fungível será provada pelo contrato firmado entre o proprietário das ações e a instituição depositária.

§ 5º A instituição tem as obrigações de depositária e responde perante o acionista e terceiros pelo descumprimento de suas obrigações.

▶ §§ 2º a 5º acrescidos pela Lei nº 10.303, de 31-10-2001.

Representação e Responsabilidade

Art. 42. A instituição financeira representa, perante a companhia, os titulares das ações recebidas em custódia nos termos do artigo 41, para receber dividendos e ações bonificadas e exercer direito de preferência para subscrição de ações.

▶ Art. 293 desta Lei.

§ 1º Sempre que houver distribuição de dividendos ou bonificação de ações e, em qualquer caso, ao menos uma vez por ano, a instituição financeira fornecerá à companhia a lista dos depositantes de ações recebidas nos termos deste artigo, assim como a quantidade de ações de cada um.

▶ § 1º com a redação dada pela Lei nº 9.457, de 5-5-1997.

§ 2º O depositante pode, a qualquer tempo, extinguir a custódia e pedir a devolução dos certificados de suas ações.

§ 3º A companhia não responde perante o acionista nem terceiros pelos atos da instituição depositária das ações.

Seção IX
CERTIFICADO DE DEPÓSITO DE AÇÕES

Art. 43. A instituição financeira autorizada a funcionar como agente emissor de certificados (artigo 27) pode emitir título representativo das ações que receber em depósito, do qual constarão:

▶ Caput com a redação dada pela Lei nº 9.457, de 5-5-1997.

I – o local e a data da emissão;
II – o nome da instituição emitente e as assinaturas de seus representantes;
III – a denominação "Certificado de Depósito de Ações";
IV – a especificação das ações depositadas;
V – a declaração de que as ações depositadas, seus rendimentos e o valor recebido nos casos de resgate ou amortização somente serão entregues ao titular do certificado de depósito, contra apresentação deste;
VI – o nome e a qualificação do depositante;
VII – o preço do depósito cobrado pelo banco, se devido na entrega das ações depositadas;
VIII – o lugar da entrega do objeto do depósito.

§ 1º A instituição financeira responde pela origem e autenticidade dos certificados das ações depositadas.

§ 2º Emitido o certificado de depósito, as ações depositadas, seus rendimentos, o valor de resgate ou de amortização não poderão ser objeto de penhora, arresto, sequestro, busca ou apreensão, ou qualquer outro embaraço que impeça sua entrega ao titular do certificado, mas este poderá ser objeto de penhora ou de qualquer medida cautelar por obrigação do seu titular.

§ 3º Os certificados de depósito de ações serão nominativos, podendo ser mantidos sob o sistema escritural.

▶ § 3º com a redação dada pela Lei nº 9.457, de 5-5-1997.

§ 4º Os certificados de depósitos de ações poderão, a pedido do seu titular, e por sua conta, ser desdobrados ou grupados.

§ 5º Aplicam-se ao endosso do certificado, no que couber, as normas que regulam o endosso de títulos cambiários.

Seção X
RESGATE, AMORTIZAÇÃO E REEMBOLSO
Resgate e Amortização

Art. 44. O estatuto ou assembleia-geral extraordinária pode autorizar a aplicação de lucros ou reservas no resgate ou na amortização de ações, determinando as condições e o modo de proceder-se à operação.

▶ Art. 293 desta Lei.

§ 1º O resgate consiste no pagamento do valor das ações para retirá-las definitivamente de circulação, com redução ou não do capital social; mantido o mesmo capital, será atribuído, quando for o caso, novo valor nominal às ações remanescentes.

§ 2º A amortização consiste na distribuição aos acionistas, a título de antecipação e sem redução do capital social, de quantias que lhes poderiam tocar em caso de liquidação da companhia.

§ 3º A amortização pode ser integral ou parcial e abranger todas as classes de ações ou só uma delas.

§ 4º O resgate e a amortização que não abrangerem a totalidade das ações de uma mesma classe serão feitos mediante sorteio; sorteadas ações custodiadas nos termos do artigo 41, a instituição financeira especificará, mediante rateio, as resgatadas ou amortizadas, se outra forma não estiver prevista no contrato de custódia.

§ 5º As ações integralmente amortizadas poderão ser substituídas por ações de fruição, com as restrições fixadas pelo estatuto ou pela assembleia-geral que deliberar a amortização; em qualquer caso, ocorrendo liquidação da companhia, as ações amortizadas só concorrerão ao acervo líquido depois de assegurado às ações não amortizadas valor igual ao da amortização, corrigido monetariamente.

▶ Arts. 206 a 219 desta Lei.

§ 6º Salvo disposição em contrário do estatuto social, o resgate de ações de uma ou mais classes só será efetuado se, em assembleia especial convocada para deliberar essa matéria específica, for aprovado por acionistas que representem, no mínimo, a metade das ações da(s) classe(s) atingida(s).

▶ § 6º acrescido pela Lei nº 10.303, de 31-10-2001.

Reembolso

Art. 45. O reembolso é a operação pela qual, nos casos previstos em lei, a companhia paga aos acionistas dissidentes de deliberação da assembleia-geral o valor de suas ações.

▶ Arts. 137, 174, 264, § 3º, 296, § 4º, e 298, III, desta Lei.

§ 1º O Estatuto pode estabelecer normas para a determinação do valor de reembolso, que, entretanto, somente poderá ser inferior ao valor de patrimônio líquido constante do último balanço aprovado pela assembleia-geral, observado o disposto no § 2º, se estipulado com base no valor econômico da companhia, a ser apurado em avaliação (§§ 3º e 4º).

▶ § 1º com a redação dada pela Lei nº 9.457, de 5-5-1997.
▶ Art. 137 desta Lei.

§ 2º Se a deliberação da assembleia-geral ocorrer mais de sessenta dias depois da data do último balanço aprovado, será facultado ao acionista dissidente pedir, juntamente com o reembolso, levantamento de balanço especial em data que atenda àquele prazo. Nesse caso, a companhia pagará imediatamente oitenta por cento do valor de reembolso calculado com base no último balanço e, levantado o balanço especial, pagará o saldo no prazo de cento e vinte dias, a contar da data da deliberação da assembleia-geral.

§ 3º Se o Estatuto determinar a avaliação da ação para efeito de reembolso, o valor será o determinado por três peritos ou empresa especializada, mediante laudo que satisfaça os requisitos do § 1º, do artigo 8º e com a responsabilidade prevista no § 6º do mesmo artigo.

§ 4º Os peritos ou empresa especializada serão indicados em lista sêxtupla ou tríplice, respectivamente, pelo Conselho de Administração ou, se não houver, pela Diretoria, e escolhidos pela Assembleia-Geral em deliberação tomada por maioria absoluta de votos, não se computando os votos em branco, cabendo a cada ação, independentemente de sua espécie ou classe, o direito a um voto.

§ 5º O valor de reembolso poderá ser pago à conta de lucros ou reservas, exceto a legal, e nesse caso as ações reembolsadas ficarão em tesouraria.

§ 6º Se, no prazo de cento e vinte dias, a contar da data da publicação da ata da assembleia, não forem substituídos os acionistas cujas ações tenham sido reembolsadas à conta do capital social, este considerar-se-á reduzido no montante correspondente, cumprindo aos órgãos da administração convocar a assembleia-geral, dentro de cinco dias, para tomar conhecimento daquela redução.

§ 7º Se sobrevier a falência da sociedade, os acionistas dissidentes, credores pelo reembolso de suas ações, serão classificados como quirografários em quadro separado, e os rateios que lhes couberem serão imputados no pagamento dos créditos constituídos anteriormente à data da publicação da ata da assembleia. As quantias assim atribuídas aos créditos mais antigos não se deduzirão do créditos dos ex-acionistas que subsistirão integralmente para serem satisfeitos pelos bens da massa, depois de pagos os primeiros.

§ 8º Se, quando ocorrer a falência, já se houver efetuado, à conta do capital social, o reembolso dos ex-acionistas, estes não tiverem sido substituídos, e a massa não bastar para o pagamento dos créditos mais antigos, caberá ação revocatória para restituição do reembolso pago com redução do capital social, até a concorrência do que remanescer dessa parte do passivo. A restituição será havida, na mesma proporção, de todos os acionistas cujas ações tenham sido reembolsadas.

▶ §§ 3º a 8º com a redação dada pela Lei nº 9.457, de 5-5-1997.

CAPÍTULO IV

PARTES BENEFICIÁRIAS

Características

Art. 46. A companhia pode criar, a qualquer tempo, títulos negociáveis, sem valor nominal e estranhos ao capital social, denominados "partes beneficiárias".

§ 1º As partes beneficiárias conferirão aos seus titulares direito de crédito eventual contra a companhia, consistente na participação nos lucros anuais (artigo 190).

§ 2º A participação atribuída às partes beneficiárias, inclusive para formação de reserva para resgate, se houver, não ultrapassará um décimo dos lucros.

§ 3º É vedado conferir às partes beneficiárias qualquer direito privativo de acionista, salvo o de fiscalizar, nos termos desta Lei, os atos dos administradores.

§ 4º É proibida a criação de mais de uma classe ou série de partes beneficiárias.

Emissão

Art. 47. As partes beneficiárias poderão ser alienadas pela companhia, nas condições determinadas pelo estatuto ou pela assembleia-geral, ou atribuídas a fundadores, acionistas ou terceiros, como remuneração de serviços prestados à companhia.

Parágrafo único. É vedado às companhias abertas emitir partes beneficiárias.

▶ Parágrafo único com a redação dada pela Lei nº 10.303, de 31-10-2001.

Resgate e Conversão

Art. 48. O estatuto fixará o prazo de duração das partes beneficiárias e, sempre que estipular resgate, deverá criar reserva especial para esse fim.

§ 1º O prazo de duração das partes beneficiárias atribuídas gratuitamente, salvo as destinadas a sociedades ou fundações beneficentes dos empregados da companhia, não poderá ultrapassar dez anos.

§ 2º O estatuto poderá prever a conversão das partes beneficiárias em ações, mediante capitalização de reserva criada para esse fim.

§ 3º No caso de liquidação da companhia, solvido o passivo exigível, os titulares das partes beneficiárias terão direito de preferência sobre o que restar do ativo até a importância da reserva para resgate ou conversão.

Certificados

Art. 49. Os certificados das partes beneficiárias conterão:

I – a denominação "Parte Beneficiária";
II – a denominação da companhia, sua sede e prazo de duração;
III – o valor do capital social, a data do ato que o fixou e o número de ações em que se divide;
IV – o número de partes beneficiárias criadas pela companhia e o respectivo número de ordem;
V – os direitos que lhes são atribuídos pelo estatuto, o prazo de duração e as condições de resgate, se houver;
VI – a data da constituição da companhia e do arquivamento e publicação dos seus atos constitutivos;
VII – o nome do beneficiário;

▶ Inciso VII com a redação dada pela Lei nº 9.457, de 5-5-1997.

VIII – a data da emissão do certificado e as assinaturas de dois diretores.

▶ Inciso VIII com a redação dada pela Lei nº 9.457, de 5-5-1997.

Forma, Propriedade, Circulação e Ônus

Art. 50. As partes beneficiárias serão nominativas e a elas se aplica, no que couber, o disposto nas Seções V a VII do Capítulo III.

▶ *Caput* com a redação dada pela Lei nº 9.457, de 5-5-1997.

§ 1º As partes beneficiárias serão registradas em livros próprios, mantidos pela companhia.

▶ § 1º com a redação dada pela Lei nº 9.457, de 5-5-1997.

§ 2º As partes beneficiárias podem ser objeto de depósito com emissão de certificado, nos termos do artigo 43.

Modificação dos Direitos

Art. 51. A reforma do estatuto que modificar ou reduzir as vantagens conferidas às partes beneficiárias só terá eficácia quando aprovada pela metade, no mínimo, dos seus titulares, reunidos em assembleia-geral especial.

▶ Art. 296, § 2º, desta Lei.

§ 1º A assembleia será convocada, através da imprensa, de acordo com as exigências para convocação das assembleias de acionistas, com um mês de antecedência, no mínimo. Se, após duas convocações, deixar de instalar-se por falta de número, somente seis meses depois outra poderá ser convocada.

▶ Arts. 123 e 124 desta Lei.

§ 2º Cada parte beneficiária dá direito a um voto, não podendo a companhia votar com os títulos que possuir em tesouraria.

§ 3º A emissão de partes beneficiárias poderá ser feita com a nomeação de agente fiduciário dos seus titulares, observado, no que couber, o disposto nos artigos 66 a 71.

Capítulo V

DEBÊNTURES

Características

Art. 52. A companhia poderá emitir debêntures que conferirão aos seus titulares direito de crédito contra ela, nas condições constantes da escritura de emissão e, se houver, do certificado.

▶ Artigo com a redação dada pela Lei nº 10.303, de 31-10-2001.

Seção I

DIREITO DOS DEBENTURISTAS

Emissões e Séries

Art. 53. A companhia poderá efetuar mais de uma emissão de debêntures, e cada emissão pode ser dividida em séries.

Parágrafo único. As debêntures da mesma série terão igual valor nominal e conferirão a seus titulares os mesmos direitos.

Valor Nominal

Art. 54. A debênture terá valor nominal expresso em moeda nacional, salvo nos casos de obrigação que, nos termos da legislação em vigor, possa ter o pagamento estipulado em moeda estrangeira.

§ 1º A debênture poderá conter cláusula de correção monetária, com base nos coeficientes fixados para correção de títulos da dívida pública, na variação da taxa cambial ou em outros referenciais não expressamente vedados em lei.

▶ Parágrafo único transformado em § 1º e com a redação dada pela Lei nº 10.303, de 31-10-2001.

§ 2º A escritura de debênture poderá assegurar ao debenturista a opção de escolher receber o pagamento do principal e acessórios, quando do vencimento, amortização ou resgate, em moeda ou em bens avaliados nos termos do artigo 8º.

▶ § 2º acrescido pela Lei nº 10.303, de 31-10-2001.

Vencimento, Amortização e Resgate

Art. 55. A época do vencimento da debênture deverá constar da escritura de emissão e do certificado, podendo a companhia estipular amortizações parciais de cada série, criar fundos de amortização e reservar-se o direito de resgate antecipado, parcial ou total, dos títulos da mesma série.

§ 1º A amortização de debêntures da mesma série deve ser feita mediante rateio.

▶ § 1º com a redação dada pela Lei nº 12.431, de 24-6-2011.

§ 2º O resgate parcial de debêntures da mesma série deve ser feito:

▶ *Caput* do § 2º com a redação dada pela Lei nº 12.431, de 24-6-2011.

I – mediante sorteio; ou
II – se as debêntures estiverem cotadas por preço inferior ao valor nominal, por compra no mercado organizado de valores mobiliários, observadas as regras expedidas pela Comissão de Valores Mobiliários.
▶ Incisos I e II acrescidos pela Lei nº 12.431, de 24-6-2011.

§ 3º É facultado à companhia adquirir debêntures de sua emissão:
▶ Caput do § 2º com a redação dada pela Lei nº 12.431, de 24-6-2011.

I – por valor igual ou inferior ao nominal, devendo o fato constar do relatório da administração e das demonstrações financeiras; ou
II – por valor superior ao nominal, desde que observe as regras expedidas pela Comissão de Valores Mobiliários.
▶ Incisos I e II acrescidos pela Lei nº 12.431, de 24-6-2011.

§ 4º A companhia poderá emitir debêntures cujo vencimento somente ocorra nos casos de inadimplência da obrigação de pagar juros e dissolução da companhia, ou de outras condições previstas no título.
▶ § 4º acrescido pela Lei nº 12.431, de 24-6-2011.

Juros e Outros Direitos

Art. 56. A debênture poderá assegurar ao seu titular juros, fixos ou variáveis, participação no lucro da companhia e prêmio de reembolso.

Conversibilidade em Ações

Art. 57. A debênture poderá ser conversível em ações nas condições constantes da escritura de emissão, que especificará:
I – as bases da conversão, seja em número de ações em que poderá ser convertida cada debênture, seja como relação entre o valor nominal da debênture e o preço de emissão das ações;
II – a espécie e a classe das ações em que poderá ser convertida;
III – o prazo ou época para o exercício do direito à conversão;
IV – as demais condições a que a conversão acaso fique sujeita.

§ 1º Os acionistas terão direito de preferência para subscrever a emissão de debêntures com cláusula de conversibilidade em ações, observado o disposto nos artigos 171 e 172.

§ 2º Enquanto puder ser exercido o direito à conversão, dependerá de prévia aprovação dos debenturistas, em assembleia especial, ou de seu agente fiduciário, a alteração do estatuto para:
a) mudar o objeto da companhia;
b) criar ações preferenciais ou modificar as vantagens das existentes, em prejuízo das ações em que são conversíveis as debêntures.

SEÇÃO II

ESPÉCIES

Art. 58. A debênture poderá, conforme dispuser a escritura de emissão, ter garantia real ou garantia flutuante, não gozar de preferência ou ser subordinada aos demais credores da companhia.
▶ Art. 83, II, da Lei nº 11.101, de 9-2-2005 (Lei de Recuperação de Empresas e Falências).

§ 1º A garantia flutuante assegura à debênture privilégio geral sobre o ativo da companhia, mas não impede a negociação dos bens que compõem esse ativo.
▶ Art. 83, V, da Lei nº 11.101, de 9-2-2005 (Lei de Recuperação de Empresas e Falências).

§ 2º As garantias poderão ser constituídas cumulativamente.

§ 3º As debêntures com garantia flutuante de nova emissão são preferidas pelas de emissão ou emissões anteriores, e a prioridade se estabelece pela data da inscrição da escritura de emissão; mas dentro da mesma emissão, as séries concorrem em igualdade.

§ 4º A debênture que não gozar de garantia poderá conter cláusula de subordinação aos credores quirografários, preferindo apenas os acionistas no ativo remanescente, se houver, em caso de liquidação da companhia.
▶ Art. 83, VIII, a, da Lei nº 11.101, de 9-2-2005 (Lei de Recuperação de Empresas e Falências).

§ 5º A obrigação de não alienar ou onerar bem imóvel ou outro bem sujeito a registro de propriedade, assumida pela companhia na escritura de emissão, é oponível a terceiros, desde que averbada no competente registro.

§ 6º As debêntures emitidas por companhia integrante de grupo de sociedades (artigo 265) poderão ter garantia flutuante do ativo de duas ou mais sociedades do grupo.

SEÇÃO III

CRIAÇÃO E EMISSÃO

Competência

Art. 59. A deliberação sobre emissão de debêntures é da competência privativa da assembleia-geral, que deverá fixar, observado o que a respeito dispuser o estatuto:
I – o valor da emissão ou os critérios de determinação do seu limite, e a sua divisão em séries, se for o caso;
II – o número e o valor nominal das debêntures;
III – as garantias reais ou a garantia flutuante, se houver;
IV – as condições de correção monetária, se houver;
V – a conversibilidade ou não em ações e as condições a serem observadas na conversão;
VI – a época e as condições de vencimento, amortização ou resgate;
VII – a época e as condições do pagamento dos juros, da participação nos lucros e do prêmio de reembolso, se houver;
VIII – o modo de subscrição ou colocação, e o tipo das debêntures.

§ 1º Na companhia aberta, o conselho de administração pode deliberar sobre a emissão de debêntures não conversíveis em ações, salvo disposição estatutária em contrário.

§ 2º O estatuto da companhia aberta poderá autorizar o conselho de administração a, dentro dos limites do capital autorizado, deliberar sobre a emissão de debêntures conversíveis em ações, especificando o limite do aumento de capital decorrente da conversão das debêntures, em valor do capital social ou em número de ações, e as espécies e classes das ações que poderão ser emitidas.

§ 3º A assembleia-geral pode deliberar que a emissão terá valor e número de série indeterminados, dentro dos limites por ela fixados.

▶ §§ 1º a 3º com a redação dada pela Lei nº 12.431, de 24-6-2011.

§ 4º Nos casos não previstos nos §§ 1º e 2º, a assembleia-geral pode delegar ao conselho de administração a deliberação sobre as condições de que tratam os incisos VI a VIII do caput e sobre a oportunidade da emissão.

▶ § 4º acrescido pela Lei nº 12.431, de 24-6-2011.

Limite de Emissão
Art. 60. Revogado. Lei nº 12.431, de 24-6-2011.

Escritura de Emissão
Art. 61. A companhia fará constar da escritura de emissão os direitos conferidos pelas debêntures, suas garantias e demais cláusulas ou condições.

§ 1º A escritura de emissão, por instrumento público ou particular, de debêntures distribuídas ou admitidas à negociação no mercado, terá obrigatoriamente a intervenção de agente fiduciário dos debenturistas (artigos 66 a 70).

§ 2º Cada nova série da mesma emissão será objeto de aditamento à respectiva escritura.

§ 3º A Comissão de Valores Mobiliários poderá aprovar padrões de cláusulas e condições que devam ser adotados nas escrituras de emissão de debêntures destinadas à negociação em bolsa ou no mercado de balcão, e recusar a admissão ao mercado da emissão que não satisfaça a esses padrões.

Registro
Art. 62. Nenhuma emissão de debêntures será feita sem que tenham sido satisfeitos os seguintes requisitos:

▶ Caput com a redação dada pela Lei nº 10.303, de 31-10-2001.

I – arquivamento, no registro do comércio, e publicação da ata da assembleia-geral, ou do conselho de administração, que deliberou sobre a emissão;
II – inscrição da escritura de emissão no registro do comércio;

▶ Incisos I e II com a redação dada pela Lei nº 10.303, de 31-10-2001.

III – constituição das garantias reais, se for o caso.

§ 1º Os administradores da companhia respondem pelas perdas e danos causados à companhia ou a terceiros por infração deste artigo.

§ 2º O agente fiduciário e qualquer debenturista poderão promover os registros requeridos neste artigo e sanar as lacunas e irregularidades porventura existentes nos registros promovidos pelos administradores da companhia; neste caso, o oficial do registro notificará a administração da companhia para que lhe forneça as indicações e documentos necessários.

§ 3º Os aditamentos à escritura de emissão serão averbados nos mesmos registros.

§ 4º Os registros do comércio manterão livro especial para inscrição das emissões de debêntures, no qual serão anotadas as condições essenciais de cada emissão.

▶ § 4º com a redação dada pela Lei nº 10.303, de 31-10-2001.

SEÇÃO IV

FORMA, PROPRIEDADE, CIRCULAÇÃO E ÔNUS

Art. 63. As debêntures serão nominativas, aplicando-se, no que couber, o disposto nas Seções V a VII do Capítulo III.

▶ Caput com a redação dada pela Lei nº 9.457, de 5-5-1997.
▶ Arts. 34 e 74 desta Lei.

§ 1º As debêntures podem ser objeto de depósito com emissão de certificado, nos termos do artigo 43.

▶ Parágrafo único transformado em § 1º pela Lei nº 10.303, de 31-10-2001.

§ 2º A escritura de emissão pode estabelecer que as debêntures sejam mantidas em contas de custódia, em nome de seus titulares, na instituição que designar, sem emissão de certificados, aplicando-se, no que couber, o disposto no artigo 41.

▶ § 2º acrescido pela Lei nº 10.303, de 31-10-2001.

SEÇÃO V

CERTIFICADOS

Requisitos
Art. 64. Os certificados das debêntures conterão:

I – a denominação, sede, prazo de duração e objeto da companhia;
II – a data da constituição da companhia e do arquivamento e publicação dos seus atos constitutivos;
III – a data da publicação da ata da assembleia-geral que deliberou sobre a emissão;
IV – a data e ofício do registro de imóveis em que foi inscrita a emissão;
V – a denominação "Debênture" e a indicação da sua espécie, pelas palavras "com garantia real", "com garantia flutuante", "sem preferência" ou "subordinada";
VI – a designação da emissão e da série;
VII – o número de ordem;
VIII – o valor nominal e a cláusula de correção monetária, se houver, as condições de vencimento, amortização, resgate, juros, participação no lucro ou prêmio de reembolso, e a época em que serão devidos;
IX – as condições de conversibilidade em ações, se for o caso;
X – o nome do debenturista;
XI – o nome do agente fiduciário dos debenturistas, se houver;
XII – a data da emissão do certificado e a assinatura de dois diretores da companhia;
XIII – a autenticação do agente fiduciário, se for o caso.

▶ Incisos X a XIII com a redação dada pela Lei nº 9.457, de 5-5-1997.

Títulos Múltiplos e Cautelas
Art. 65. A companhia poderá emitir certificados de múltiplos de debêntures e, provisoriamente, cautelas que as representem, satisfeitos os requisitos do artigo 64.

§ 1º Os títulos múltiplos de debêntures das companhias abertas obedecerão à padronização de quantidade fixada pela Comissão de Valores Mobiliários.

§ 2º Nas condições previstas na escritura de emissão com nomeação de agente fiduciário, os certificados poderão ser substituídos, desdobrados ou grupados.

Seção VI
AGENTE FIDUCIÁRIO DOS DEBENTURISTAS
Requisitos e Incompatibilidades

Art. 66. O agente fiduciário será nomeado e deverá aceitar a função na escritura de emissão das debêntures.

▶ Arts. 51, § 3º, e 61, § 1º, desta Lei.

§ 1º Somente podem ser nomeados agentes fiduciários as pessoas naturais que satisfaçam aos requisitos para o exercício de cargo em órgão de administração da companhia e as instituições financeiras que, especialmente autorizadas pelo Banco Central do Brasil, tenham por objeto a administração ou a custódia de bens de terceiros.

§ 2º A Comissão de Valores Mobiliários poderá estabelecer que nas emissões de debêntures negociadas no mercado o agente fiduciário, ou um dos agentes fiduciários, seja instituição financeira.

§ 3º Não pode ser agente fiduciário:
a) pessoa que já exerça a função em outra emissão da mesma companhia, a menos que autorizado, nos termos das normas expedidas pela Comissão de Valores Mobiliários;

▶ Alínea a com a redação dada pela Lei nº 12.431, de 24-6-2011.

b) instituição financeira coligada à companhia emissora ou à entidade que subscreva a emissão para distribuí-la no mercado, e qualquer sociedade por elas controlada;
c) credor, por qualquer título, da sociedade emissora, ou sociedade por ele controlada;
d) instituição financeira cujos administradores tenham interesse na companhia emissora;
e) pessoa que, de qualquer outro modo, se coloque em situação de conflito de interesse pelo exercício da função.

§ 4º O agente fiduciário que, por circunstâncias posteriores à emissão, ficar impedido de continuar a exercer a função deverá comunicar imediatamente o fato aos debenturistas e pedir sua substituição.

Substituição, Remuneração e Fiscalização

Art. 67. A escritura de emissão estabelecerá as condições de substituição e remuneração do agente fiduciário, observadas as normas expedidas pela Comissão de Valores Mobiliários.

▶ Arts. 51, § 3º, e 61, § 1º, desta Lei.

Parágrafo único. A Comissão de Valores Mobiliários fiscalizará o exercício da função de agente fiduciário das emissões distribuídas no mercado, ou de debêntures negociadas em bolsa ou no mercado de balcão, podendo:
a) nomear substituto provisório, nos casos de vacância;
b) suspender o agente fiduciário de suas funções e dar-lhe substituto, se deixar de cumprir os seus deveres.

Deveres e Atribuições

Art. 68. O agente fiduciário representa, nos termos desta Lei e da escritura de emissão, a comunhão dos debenturistas perante a companhia emissora.

▶ Arts. 51, § 3º, e 61, § 1º, desta Lei.

§ 1º São deveres do agente fiduciário:
a) proteger os direitos e interesses dos debenturistas, empregando no exercício da função o cuidado e a diligência que todo homem ativo e probo costuma empregar na administração de seus próprios bens;
b) elaborar relatório e colocá-lo anualmente à disposição dos debenturistas, dentro de quatro meses do encerramento do exercício social da companhia, informando os fatos relevantes ocorridos durante o exercício, relativos à execução das obrigações assumidas pela companhia, aos bens garantidores das debêntures e à constituição e aplicação do fundo de amortização, se houver; do relatório constará, ainda, declaração do agente sobre sua aptidão para continuar no exercício da função;
c) notificar os debenturistas, no prazo máximo de sessenta dias, de qualquer inadimplemento, pela companhia, de obrigações assumidas na escritura da emissão.

▶ Alínea c com a redação dada pela Lei nº 10.303, de 31-10-2001.

§ 2º A escritura de emissão disporá sobre o modo de cumprimento dos deveres de que tratam as alíneas b e c do parágrafo anterior.

§ 3º O agente fiduciário pode usar de qualquer ação para proteger direitos ou defender interesses dos debenturistas, sendo-lhe especialmente facultado, no caso de inadimplemento da companhia:
a) declarar, observadas as condições da escritura de emissão, antecipadamente vencidas as debêntures e cobrar o seu principal e acessórios;
b) executar garantias reais, receber o produto da cobrança e aplicá-lo no pagamento, integral ou proporcional, dos debenturistas;
c) requerer a falência da companhia emissora, se não existirem garantias reais;
d) representar os debenturistas em processos de falência, concordata, intervenção ou liquidação extrajudicial da companhia emissora, salvo deliberação em contrário da assembleia dos debenturistas;
e) tomar qualquer providência necessária para que os debenturistas realizem os seus créditos.

▶ Lei nº 11.101, de 9-2-2005 (Lei de Recuperação de Empresas e Falências).

§ 4º O agente fiduciário responde perante os debenturistas pelos prejuízos que lhes causar por culpa ou dolo no exercício das suas funções.

§ 5º O crédito do agente fiduciário por despesas que tenha feito para proteger direitos e interesses ou realizar créditos dos debenturistas será acrescido à dívida da companhia emissora, gozará das mesmas garantias das debêntures e preferirá a estas na ordem de pagamento.

§ 6º Serão reputadas não escritas as cláusulas da escritura de emissão que restringirem os deveres, atribuições e responsabilidade do agente fiduciário previstos neste artigo.

Outras Funções

Art. 69. A escritura de emissão poderá ainda atribuir ao agente fiduciário as funções de autenticar os certificados de debêntures, administrar o fundo de amortização, manter em custódia bens dados em garantia e efetuar os pagamentos de juros, amortização e resgate.

▶ Arts. 51, § 3º, e 61, § 1º, desta Lei.

Substituição de Garantias e Modificação da Escritura

Art. 70. A substituição de bens dados em garantia, quando autorizada na escritura de emissão, dependerá da concordância do agente fiduciário.

▶ Arts. 51, § 3º, e 61, §§ 1º e 3º, desta Lei.

Parágrafo único. O agente fiduciário não tem poderes para acordar na modificação das cláusulas e condições da emissão.

Seção VII

ASSEMBLEIA DE DEBENTURISTAS

Art. 71. Os titulares de debêntures da mesma emissão ou série podem, a qualquer tempo, reunir-se em assembleia a fim de deliberar sobre matéria de interesse da comunhão dos debenturistas.

▶ Arts. 51, § 3º, e 61, § 1º, e 231 desta Lei.

§ 1º A assembleia de debenturistas pode ser convocada pelo agente fiduciário, pela companhia emissora, por debenturistas que representem dez por cento, no mínimo, dos títulos em circulação, e pela Comissão de Valores Mobiliários.

§ 2º Aplica-se à assembleia de debenturistas, no que couber, o disposto nesta Lei sobre a assembleia-geral de acionistas.

§ 3º A assembleia se instalará, em primeira convocação, com a presença de debenturistas que representem metade, no mínimo, das debêntures em circulação, e, em segunda convocação, com qualquer número.

§ 4º O agente fiduciário deverá comparecer à assembleia e prestar aos debenturistas as informações que lhe forem solicitadas.

§ 5º A escritura de emissão estabelecerá a maioria necessária, que não será inferior à metade das debêntures em circulação, para aprovar modificação nas condições das debêntures.

▶ Art. 293, § 2º, desta Lei.

§ 6º Nas deliberações da assembleia, a cada debênture caberá um voto.

Seção VIII

CÉDULA DE DEBÊNTURES

▶ Denominação da Seção dada pela Lei nº 9.457, de 5-5-1997.

Art. 72. As instituições financeiras autorizadas pelo Banco Central do Brasil a efetuar esse tipo de operação poderão emitir cédulas lastreadas em debêntures, com garantia própria, que conferirão a seus titulares direito de crédito contra o emitente, pelo valor nominal e os juros nela estipulados.

▶ *Caput* com a redação dada pela Lei nº 9.457, de 5-5-1997.
▶ Art. 293 desta Lei.

§ 1º A cédula será nominativa, escritural ou não.

▶ § 1º com a redação dada pela Lei nº 9.457, de 5-5-1997.

§ 2º O certificado da cédula conterá as seguintes declarações:

a) o nome da instituição financeira emitente e as assinaturas dos seus representantes;
b) o número de ordem, o local e a data da emissão;
c) a denominação Cédula de Debêntures;

▶ Alínea c com a redação dada pela Lei nº 9.457, de 5-5-1997.

d) o valor nominal e a data do vencimento;
e) os juros, que poderão ser fixos ou variáveis, e as épocas do seu pagamento;
f) o lugar do pagamento do principal e dos juros;
g) a identificação das debêntures-lastro, do seu valor e da garantia constituída;

▶ Alínea g com a redação dada pela Lei nº 9.457, de 5-5-1997.

h) o nome do agente fiduciário dos debenturistas;
i) a cláusula de correção monetária, se houver;
j) o nome do titular.

▶ Alínea j com a redação dada pela Lei nº 9.457, de 5-5-1997.

Seção IX

EMISSÃO DE DEBÊNTURES NO ESTRANGEIRO

Art. 73. Somente com a prévia aprovação do Banco Central do Brasil as companhias brasileiras poderão emitir debêntures no Exterior com garantia real ou flutuante de bens situados no País.

§ 1º Os credores por obrigações contraídas no Brasil terão preferência sobre os créditos por debêntures emitidas no Exterior por companhias estrangeiras autorizadas a funcionar no país, salvo se a emissão tiver sido previamente autorizada pelo Banco Central do Brasil e o seu produto aplicado em estabelecimento situado no território nacional.

§ 2º Em qualquer caso, somente poderão ser remetidos para o exterior o principal e os encargos de debêntures registradas no Banco Central do Brasil.

§ 3º A emissão de debêntures no estrangeiro, além de observar os requisitos do artigo 62, requer a inscrição, no Registro de Imóveis, do local da sede ou do estabelecimento, dos demais documentos exigidos pelas leis do lugar da emissão, autenticadas de acordo com a lei aplicável, legalizadas pelo consulado brasileiro no exterior e acompanhadas de tradução em vernáculo, feita por tradutor público juramentado; e, no caso de companhia estrangeira, o arquivamento no registro do comércio e publicação do ato que, de acordo com o estatuto social e a lei do local da sede, tenha autorizado a emissão.

§ 4º A negociação, no mercado de capitais do Brasil, de debêntures emitidas no estrangeiro, depende de prévia autorização da Comissão de Valores Mobiliários.

SEÇÃO X

EXTINÇÃO

Art. 74. A companhia emissora fará, nos livros próprios, as anotações referentes à extinção das debêntures, e manterá arquivados, pelo prazo de cinco anos, juntamente com os documentos relativos à extinção, os certificados cancelados ou os recibos dos titulares das contas das debêntures escriturais.

§ 1º Se a emissão tiver agente fiduciário, caberá a este fiscalizar o cancelamento dos certificados.

§ 2º Os administradores da companhia responderão solidariamente pelas perdas e danos decorrentes da infração do disposto neste artigo.

CAPÍTULO VI

BÔNUS DE SUBSCRIÇÃO

Características

Art. 75. A companhia poderá emitir, dentro do limite de aumento do capital autorizado no estatuto (artigo 168), títulos negociáveis denominados "bônus de subscrição".

Parágrafo único. Os bônus de subscrição conferirão aos seus titulares, nas condições constantes do certificado, direito de subscrever ações do capital social, que será exercido mediante apresentação do título à companhia e pagamento do preço de emissão das ações.

Competência

Art. 76. A deliberação sobre emissão de bônus de subscrição compete à assembleia-geral, se o estatuto não a atribuir ao Conselho de Administração.

Emissão

Art. 77. Os bônus de subscrição serão alienados pela companhia ou por ela atribuídos, como vantagem adicional, aos subscritores de emissões de suas ações ou debêntures.

Parágrafo único. Os acionistas da companhia gozarão, nos termos dos artigos 171 e 172, de preferência para subscrever a emissão de bônus.

Forma, Propriedade e Circulação

Art. 78. Os bônus de subscrição terão a forma nominativa.

▶ *Caput* com a redação dada pela Lei nº 9.457, de 5-5-1997.

Parágrafo único. Aplica-se aos bônus de subscrição, no que couber, o disposto nas Seções V a VII do Capítulo III.

Certificados

Art. 79. O certificado de bônus de subscrição conterá as seguintes declarações:

I – as previstas nos nºs I a IV do artigo 24;
II – a denominação "Bônus de Subscrição";
III – o número de ordem;
IV – o número, a espécie e a classe das ações que poderão ser subscritas, o preço de emissão ou os critérios para sua determinação;

V – a época em que o direito de subscrição poderá ser exercido e a data do término do prazo para esse exercício;
VI – o nome do titular;

▶ Inciso VI com a redação dada pela Lei nº 9.457, de 5-5-1997.

VII – a data da emissão do certificado e as assinaturas de dois diretores.

▶ Inciso VII com a redação dada pela Lei nº 9.457, de 5-5-1997.

CAPÍTULO VII

CONSTITUIÇÃO DA COMPANHIA

SEÇÃO I

REQUISITOS PRELIMINARES

Art. 80. A constituição da companhia depende do cumprimento dos seguintes requisitos preliminares:

▶ Art. 177 do CP.

I – subscrição, pelo menos por duas pessoas, de todas as ações em que se divide o capital social fixado no estatuto;

▶ Art. 27 da Lei nº 4.595, de 31-12-1964 (Lei do Sistema Financeiro Nacional).

II – realização, como entrada, de dez por cento, no mínimo, do preço de emissão das ações subscritas em dinheiro;

▶ Art. 95, III, desta Lei.

III – depósito, no Banco do Brasil S.A., ou em outro estabelecimento bancário autorizado pela Comissão de Valores Mobiliários, da parte do capital realizado em dinheiro.

▶ Arts. 87, § 1º, 88, § 2º, *d*, desta Lei.

Parágrafo único. O disposto no nº II não se aplica às companhias para as quais a lei exige realização inicial de parte maior do capital social.

Depósito da Entrada

Art. 81. O depósito referido no nº III do artigo 80 deverá ser feito pelo fundador no prazo de cinco dias contados do recebimento das quantias, em nome do subscritor e a favor da sociedade em organização, que só poderá levantá-lo após haver adquirido personalidade jurídica.

Parágrafo único. Caso a companhia não se constitua dentro de seis meses da data do depósito, o banco restituirá as quantias depositadas diretamente aos subscritores.

SEÇÃO II

CONSTITUIÇÃO POR SUBSCRIÇÃO PÚBLICA

Registro da Emissão

Art. 82. A constituição de companhia por subscrição pública depende do prévio registro da emissão na Comissão de Valores Mobiliários, e a subscrição somente poderá ser efetuada com a intermediação de instituição financeira.

▶ Art. 170, § 5º, desta Lei.
▶ Art. 19, § 3º, da Lei nº 6.385, de 7-12-1976 (Lei do Mercado de Valores Mobiliários).

§ 1º O pedido de registro de emissão obedecerá às normas expedidas pela Comissão de Valores Mobiliários e será instruído com:
a) o estudo de viabilidade econômica e financeira do empreendimento;
b) o projeto do estatuto social;
c) o prospecto, organizado e assinado pelos fundadores e pela instituição financeira intermediária.

§ 2º A Comissão de Valores Mobiliários poderá condicionar o registro a modificações no estatuto ou no prospecto e denegá-lo por inviabilidade ou temeridade do empreendimento, ou inidoneidade dos fundadores.

▶ Art. 170, § 6º, desta Lei.

Projeto do Estatuto

Art. 83. O projeto de estatuto deverá satisfazer a todos os requisitos exigidos para os contratos das sociedades mercantis em geral e aos peculiares às companhias, e conterá as normas pelas quais se regerá a companhia.

▶ Art. 997 do CC.

Prospecto

Art. 84. O prospecto deverá mencionar, com precisão e clareza, as bases da companhia e os motivos que justifiquem a expectativa de bom êxito do empreendimento, e em especial:

I – o valor do capital social a ser subscrito, o modo de sua realização e a existência ou não de autorização para aumento futuro;
II – a parte do capital a ser formada com bens, a discriminação desses bens e o valor a eles atribuído pelos fundadores;
III – o número, as espécies e classes de ações em que se dividirá o capital; o valor nominal das ações, e o preço da emissão das ações;
IV – a importância da entrada a ser realizada no ato da subscrição;
V – as obrigações assumidas pelos fundadores, os contratos assinados no interesse da futura companhia e as quantias já despendidas e por despender;
VI – as vantagens particulares, a que terão direito os fundadores ou terceiros, e o dispositivo do projeto do estatuto que as regula;
VII – a autorização governamental para constituir-se a companhia, se necessária;
VIII – as datas de início e término da subscrição e as instituições autorizadas a receber as entradas;
IX – a solução prevista para o caso de excesso de subscrição;
X – o prazo dentro do qual deverá realizar-se a assembleia de constituição da companhia, ou a preliminar para avaliação dos bens, se for o caso;
XI – o nome, nacionalidade, estado civil, profissão e residência dos fundadores, ou, se pessoa jurídica, a firma ou denominação, nacionalidade e sede, bem como o número e espécie de ações que cada um houver subscrito;
XII – a instituição financeira intermediária do lançamento, em cujo poder ficarão depositados os originais do prospecto e do projeto de estatuto, com os documentos a que fizerem menção, para exame de qualquer interessado.

Lista, Boletim de Entrada

Art. 85. No ato da subscrição das ações a serem realizadas em dinheiro, o subscritor pagará a entrada e assinará a lista ou o boletim individual autenticados pela instituição autorizada a receber as entradas, qualificando-se pelo nome, nacionalidade, residência, estado civil, profissão e documento de identidade, ou, se pessoa jurídica, pela firma ou denominação, nacionalidade e sede, devendo especificar o número das ações subscritas, a sua espécie e classe, se houver mais de uma, e o total da entrada.

▶ Arts. 88, § 2º, a, e 94, II, desta Lei.

Parágrafo único. A subscrição poderá ser feita, nas condições previstas no prospecto, por carta à instituição, com as declarações prescritas neste artigo e o pagamento da entrada.

▶ Art. 434 do CC.

Convocação de Assembleia

Art. 86. Encerrada a subscrição e havendo sido subscrito todo o capital social, os fundadores convocarão a assembleia-geral, que deverá:

▶ Art. 124, § 1º, desta Lei.

I – promover a avaliação dos bens, se for o caso (artigo 8º);
II – deliberar sobre a constituição da companhia.

▶ Art. 88, § 1º, desta Lei.

Parágrafo único. Os anúncios de convocação mencionarão hora, dia e local da reunião e serão inseridos nos jornais em que houver sido feita a publicidade da oferta de subscrição.

Assembleia de Constituição

Art. 87. A assembleia de constituição instalar-se-á, em primeira convocação, com a presença de subscritores que representem, no mínimo, metade do capital social, e, em segunda convocação, com qualquer número.

▶ Arts. 88, § 1º, 95, V, e 97, § 1º, desta Lei.

§ 1º Na assembleia, presidida por um dos fundadores e secretariada por subscritor, será lido o recibo de depósito de que trata o nº III do artigo 80, bem como discutido e votado o projeto de estatuto.

§ 2º Cada ação, independentemente de sua espécie ou classe, dá direito a um voto; a maioria não tem poder para alterar o projeto de estatuto.

§ 3º Verificando-se que foram observadas as formalidades legais e não havendo oposição de subscritores que representem mais da metade do capital social, o presidente declarará constituída a companhia, procedendo-se, a seguir, à eleição dos administradores e fiscais.

§ 4º A ata da reunião, lavrada em duplicata, depois de lida e aprovada pela assembleia, será assinada por todos os subscritores presentes, ou por quantos bastem à validade das deliberações; um exemplar ficará em poder da companhia e o outro será destinado ao registro do comércio.

SEÇÃO III

CONSTITUIÇÃO POR SUBSCRIÇÃO PARTICULAR

Art. 88. A constituição da companhia por subscrição particular do capital pode fazer-se por deliberação dos subscritores em assembleia-geral ou por escritura pública, considerando-se fundadores todos os subscritores.

§ 1º Se a forma escolhida for a de assembleia-geral, observar-se-á o disposto nos artigos 86 e 87, devendo ser entregues à assembleia o projeto do estatuto, assinado em duplicata por todos os subscritores do capital, e as listas ou boletins de subscrição de todas as ações.

▶ Art. 95, I, desta Lei.

§ 2º Preferida a escritura pública, será ela assinada por todos os subscritores, e conterá:

a) a qualificação dos subscritores, nos termos do artigo 85;
b) o estatuto da companhia;
c) a relação das ações tomadas pelos subscritores e a importância das entradas pagas;
d) a transcrição do recibo do depósito referido no nº III do artigo 80;
e) a transcrição do laudo de avaliação dos peritos, caso tenha havido subscrição do capital social em bens (artigo 8º);
f) a nomeação dos primeiros administradores e, quando for o caso, dos fiscais.

Seção IV

DISPOSIÇÕES GERAIS

Art. 89. A incorporação de imóveis para formação do capital social não exige escritura pública.

Art. 90. O subscritor pode fazer-se representar na assembleia-geral ou na escritura pública por procurador com poderes especiais.

Art. 91. Nos atos e publicações referentes a companhia em constituição, sua denominação deverá ser aditada da cláusula "em organização".

Art. 92. Os fundadores e as instituições financeiras que participarem da constituição por subscrição pública responderão, no âmbito das respectivas atribuições, pelos prejuízos resultantes da inobservância de preceitos legais.

▶ Art. 97, § 1º, desta Lei.

Parágrafo único. Os fundadores responderão, solidariamente, pelo prejuízo decorrente de culpa ou dolo em atos ou operações anteriores à constituição.

Art. 93. Os fundadores entregarão aos primeiros administradores eleitos todos os documentos, livros ou papéis relativos à constituição da companhia ou a esta pertencentes.

Capítulo VIII

FORMALIDADES COMPLEMENTARES DA CONSTITUIÇÃO

Arquivamento e Publicação

Art. 94. Nenhuma companhia poderá funcionar sem que sejam arquivados e publicados seus atos constitutivos.

Companhia Constituída por Assembleia

Art. 95. Se a companhia houver sido constituída por deliberação em assembleia-geral, deverão ser arquivados no Registro do Comércio do lugar da sede:

I – um exemplar do estatuto social, assinado por todos os subscritores (artigo 88, § 1º) ou, se a subscrição houver sido pública, os originais do estatuto e do prospecto, assinados pelos fundadores, bem como do jornal em que tiverem sido publicados;
II – a relação completa, autenticada pelos fundadores ou pelo presidente da assembleia, dos subscritores do capital social, com a qualificação, número das ações e o total da entrada de cada subscritor (artigo 85);
III – o recibo do depósito a que se refere o nº III do artigo 80;
IV – duplicata das atas das assembleias realizadas para a avaliação de bens, quando for o caso (artigo 8º);
V – duplicata da ata da assembleia-geral dos subscritores que houver deliberado a constituição da companhia (artigo 87).

Companhia Constituída por Escritura Pública

Art. 96. Se a companhia tiver sido constituída por escritura pública, bastará o arquivamento de certidão do instrumento.

Registro do Comércio

Art. 97. Cumpre ao Registro do Comércio examinar se as prescrições legais foram observadas na constituição da companhia, bem como se no estatuto existem cláusulas contrárias à lei, à ordem pública e aos bons costumes.

▶ Art. 3º, § 2º, desta Lei.
▶ Arts. 32, II, e 36 a 38 da Lei nº 8.934, de 18-11-1994 (Lei do Registro Público de Empresas Mercantis).

§ 1º Se o arquivamento for negado, por inobservância de prescrição ou exigência legal ou por irregularidade verificada na constituição da companhia, os primeiros administradores deverão convocar imediatamente a assembleia-geral para sanar a falta ou irregularidade, ou autorizar as providências que se fizerem necessárias. A instalação e funcionamento da assembleia obedecerão ao disposto no artigo 87, devendo a deliberação ser tomada por acionistas que representem, no mínimo, metade do capital social. Se a falta for do estatuto, poderá ser sanada na mesma assembleia, a qual deliberará, ainda, sobre se a companhia deve promover a responsabilidade civil dos fundadores (artigo 92).

▶ Art. 135, § 2º, desta Lei.

§ 2º Com a segunda via da ata da assembleia e a prova de ter sido sanada a falta ou irregularidade, o Registro do Comércio procederá ao arquivamento dos atos constitutivos da companhia.

▶ Art. 135, § 2º, desta Lei.

§ 3º A criação de sucursais, filiais ou agências, observado o disposto no estatuto, será arquivada no Registro do Comércio.

Publicação e Transferência de Bens

Art. 98. Arquivados os documentos relativos à constituição da companhia, os seus administradores providenciarão, nos trinta dias subsequentes, a publicação deles, bem como a de certidão do arquivamento, em órgão oficial do local de sua sede.

▶ Art. 135, § 2º, desta Lei.

§ 1º Um exemplar do órgão oficial deverá ser arquivado no Registro do Comércio.
► Art. 135, § 2º, desta Lei.

§ 2º A certidão dos atos constitutivos da companhia, passada pelo Registro do Comércio em que foram arquivados, será o documento hábil para a transferência, por transcrição no registro público competente, dos bens com que o subscritor tiver contribuído para a formação do capital social (artigo 8º, § 2º).
► Art. 170, § 3º, desta Lei.

§ 3º A ata da assembleia-geral que aprovar a incorporação deverá identificar o bem com precisão, mas poderá descrevê-lo sumariamente, desde que seja suplementada por declaração, assinada pelo subscritor, contendo todos os elementos necessários para a transcrição no registro público.
► Art. 170, § 3º, desta Lei.

Responsabilidade dos Primeiros Administradores

Art. 99. Os primeiros administradores são solidariamente responsáveis perante a companhia pelos prejuízos causados pela demora no cumprimento das formalidades complementares à sua constituição.

Parágrafo único. A companhia não responde pelos atos ou operações praticados pelos primeiros administradores antes de cumpridas as formalidades de constituição, mas a assembleia-geral poderá deliberar em contrário.

CAPÍTULO IX

LIVROS SOCIAIS

Art. 100. A companhia deve ter, além dos livros obrigatórios para qualquer comerciante, os seguintes, revestidos das mesmas formalidades legais:
► Arts. 101 a 104 desta Lei.
► Arts. 1.179 a 1.195 do CC.

I – o livro de "Registro de Ações Nominativas", para inscrição, anotação ou averbação:
► Inciso I com a redação dada pela Lei nº 9.457, de 5-5-1997.
► Art. 101 desta Lei.

a) do nome do acionista e do número das suas ações;
b) das entradas ou prestações de capital realizado;
c) das conversões de ações, de uma em outra espécie ou classe;
► Alínea c com a redação dada pela Lei nº 9.457, de 5-5-1997.

d) do resgate, reembolso e amortização das ações, ou de sua aquisição pela companhia;
e) das mutações operadas pela alienação ou transferência de ações;
f) do penhor, usufruto, fideicomisso, da alienação fiduciária em garantia ou de qualquer ônus que grave as ações ou obste sua negociação;

II – o livro de "Transferência de Ações Nominativas", para lançamento dos termos de transferência, que deverão ser assinados pelo cedente e pelo cessionário ou seus legítimos representantes;
► Art. 101 desta Lei.

III – o livro de "Registro de Partes Beneficiárias Nominativas" e o de "Transferência de Partes Beneficiárias Nominativas", se tiverem sido emitidos, observando-se, em ambos, no que couber, o disposto nos nºs I e II deste artigo;
IV – o livro de "Atas das Assembleias-Gerais";
V – o livro de "Presença dos Acionistas";
VI – os livros de "Atas das Reuniões do Conselho de Administração", se houver, e de Ata das Reuniões da Diretoria;
VII – o livro de "Atas e Pareceres do Conselho Fiscal".
► Incisos IV a VII com a redação dada pela Lei nº 9.457, de 5-5-1997.

§ 1º A qualquer pessoa, desde que se destinem à defesa de direitos e esclarecimento de situações de interesse pessoal ou dos acionistas ou do mercado de valores mobiliários, serão dadas certidões dos assentamentos constantes dos livros mencionados nos incisos I a III, e por elas a companhia poderá cobrar o custo do serviço, cabendo, do indeferimento do pedido por parte da companhia, recurso à Comissão de Valores Mobiliários.
► § 1º com a redação dada pela Lei nº 9.457, de 5-5-1997.
► Súm. nº 389 do STJ.

§ 2º Nas companhias abertas, os livros referidos nos incisos I a V do caput deste artigo poderão ser substituídos, observadas as normas expedidas pela Comissão de Valores Mobiliários, por registros mecanizados ou eletrônicos.
► § 2º com a redação dada pela Lei nº 12.431, de 24-6-2011.

Escrituração do Agente Emissor

Art. 101. O agente emissor de certificados (artigo 27) poderá substituir os livros referidos nos incisos I a III do artigo 100 pela sua escrituração e manter, mediante sistemas adequados, aprovados pela Comissão de Valores Mobiliários, os registros de propriedade das ações, partes beneficiárias, debêntures e bônus de subscrição, devendo uma vez por ano preparar lista dos seus titulares, com o número dos títulos de cada um, a qual será encadernada, autenticada no registro do comércio e arquivada na companhia.
► Caput com a redação dada pela Lei nº 9.457, de 5-5-1997.
► Art. 1.180 do CC.

§ 1º Os termos de transferência de ações nominativas perante o agente emissor poderão ser lavrados em folhas soltas, à vista do certificado da ação, no qual serão averbadas a transferência e o nome e qualificação do adquirente.

§ 2º Os termos de transferência em folhas soltas serão encadernados em ordem cronológica, em livros autenticados no Registro do Comércio e arquivados no agente emissor.

Ações Escriturais

Art. 102. A instituição financeira depositária de ações escriturais deverá fornecer à companhia, ao menos uma vez por ano, cópia dos extratos das contas de depósito das ações e a lista dos acionistas com a quantidade das respectivas ações, que serão encadernadas em livros autenticados no Registro do Comércio e arquivados na instituição financeira.
► Art. 293 desta Lei.

▶ Art. 1.180 do CC.

Fiscalização e Dúvidas no Registro

Art. 103. Cabe à companhia verificar a regularidade das transferências e da constituição de direitos ou ônus sobre os valores mobiliários de sua emissão; nos casos dos artigos 27 e 34, essa atribuição compete, respectivamente, ao agente emissor de certificados e à instituição financeira depositária das ações escriturais.

▶ Arts. 291 e 293 desta Lei.
▶ Arts. 1.180 e 1.191 do CC.

Parágrafo único. As dúvidas suscitadas entre o acionista, ou qualquer interessado, e a companhia, o agente emissor de certificados ou a instituição financeira depositária das ações escriturais, a respeito das averbações ordenadas por esta Lei, ou sobre anotações, lançamentos ou transferências de ações, partes beneficiárias, debêntures, ou bônus de subscrição, nos livros de registro ou transferência, serão dirimidas pelo juiz competente para solucionar as dúvidas levantadas pelos oficiais dos registros públicos, excetuadas as questões atinentes à substância do direito.

Responsabilidade da Companhia

Art. 104. A companhia é responsável pelos prejuízos que causar aos interessados por vícios ou irregularidades verificadas nos livros de que tratam os incisos I a III do artigo 100.

▶ *Caput* com a redação dada pela Lei nº 9.457, de 5-5-1997.
▶ Art. 1.180 do CC.

Parágrafo único. A companhia deverá diligenciar para que os atos de emissão e substituição de certificados, e de transferências e averbações nos livros sociais, sejam praticados ao menor prazo possível, não excedente do fixado pela Comissão de Valores Mobiliários, respondendo perante acionistas e terceiros pelos prejuízos decorrentes de atrasos culposos.

Exibição dos Livros

Art. 105. A exibição por inteiro dos livros da companhia pode ser ordenada judicialmente sempre que, a requerimento de acionistas que representem, pelo menos, cinco por cento do capital social, sejam apontados atos violadores da lei ou do estatuto, ou haja fundada suspeita de graves irregularidades praticadas por qualquer dos órgãos da companhia.

▶ Art. 291 desta Lei.
▶ Arts. 1.180 e 1.191 do CC.
▶ Súm. nº 260 do STF.

Capítulo X

ACIONISTAS

Seção I

OBRIGAÇÃO DE REALIZAR O CAPITAL

Condições e Mora

Art. 106. O acionista é obrigado a realizar, nas condições previstas no estatuto ou no boletim de subscrição, a prestação correspondente às ações subscritas ou adquiridas.

§ 1º Se o estatuto e o boletim forem omissos quanto ao montante da prestação e ao prazo ou data do pagamento, caberá aos órgãos da administração efetuar chamada, mediante avisos publicados na imprensa, por três vezes, no mínimo, fixando prazo, não inferior a trinta dias, para o pagamento.

§ 2º O acionista que não fizer o pagamento nas condições previstas no estatuto ou boletim, ou na chamada, ficará de pleno direito constituído em mora, sujeitando-se ao pagamento dos juros, da correção monetária e da multa que o estatuto determinar, esta não superior a dez por cento do valor da prestação.

Acionista Remisso

Art. 107. Verificada a mora do acionista, a companhia pode, à sua escolha:

▶ Arts. 120 e 174 desta Lei.

I – promover contra o acionista, e os que com ele forem solidariamente responsáveis (artigo 108), processo de execução para cobrar as importâncias devidas, servindo o boletim de subscrição e o aviso de chamada como título extrajudicial nos termos do Código de Processo Civil; ou

II – mandar vender as ações em Bolsa de Valores, por conta e risco do acionista.

§ 1º Será havida como não escrita, relativamente à companhia, qualquer estipulação do estatuto ou do boletim de subscrição que exclua ou limite o exercício da opção prevista neste artigo, mas o subscritor de boa-fé terá ação, contra os responsáveis pela estipulação, para haver perdas e danos sofridos, sem prejuízo da responsabilidade penal que no caso couber.

§ 2º A venda será feita em leilão especial na Bolsa de Valores do lugar da sede social, ou, se não houver, na mais próxima, depois de publicado aviso, por três vezes, com antecedência mínima de três dias. Do produto da venda serão deduzidas as despesas com a operação e, se previsto no estatuto, os juros, correção monetária e multa, ficando o saldo à disposição do ex-acionista, na sede da sociedade.

§ 3º É facultado à companhia, mesmo após iniciada a cobrança judicial, mandar vender a ação em bolsa de valores; a companhia poderá também promover a cobrança judicial se as ações oferecidas em bolsa não encontrarem tomador, ou se o preço apurado não bastar para pagar os débitos do acionista.

§ 4º Se a companhia não conseguir, por qualquer dos meios previstos neste artigo, a integralização das ações, poderá declará-las caducas e fazer suas as entradas realizadas, integralizando-as com lucros ou reservas, exceto a legal; se não tiver lucros e reservas suficientes, terá o prazo de um ano para colocar as ações caídas em comisso, findo o qual, não tendo sido encontrado comprador, a assembleia-geral deliberará sobre a redução do capital em importância correspondente.

Responsabilidade dos Alienantes

Art. 108. Ainda quando negociadas as ações, os alienantes continuarão responsáveis, solidariamente com os adquirentes, pelo pagamento das prestações que faltarem para integralizar as ações transferidas.

Parágrafo único. Tal responsabilidade cessará em relação a cada alienante, no fim de dois anos a contar da data da transferência das ações.

SEÇÃO II
DIREITOS ESSENCIAIS

Art. 109. Nem o estatuto social nem a assembleia-geral poderão privar o acionista dos direitos de:

I – participar dos lucros sociais;
► Art. 202 desta Lei.

II – participar do acervo da companhia, em caso de liquidação;
III – fiscalizar, na forma prevista nesta Lei, a gestão dos negócios sociais;
IV – preferência para subscrição de ações, partes beneficiárias conversíveis em ações, debêntures conversíveis em ações e bônus de subscrição, observado o disposto nos artigos 171 e 172;
V – retirar-se da sociedade nos casos previstos nesta Lei.

► Arts. 111, 136, I, II, IV, V e VII, 137, 221, 230, 236, parágrafo único, 252, § 2º, 256, § 2º, 264, § 3º, 270, parágrafo único, 296, § 4º, e 298, III, desta Lei.

§ 1º As ações de cada classe conferirão iguais direitos aos seus titulares.

§ 2º Os meios, processos ou ações que a lei confere ao acionista para assegurar os seus direitos não podem ser elididos pelo estatuto ou pela assembleia-geral.

§ 3º O estatuto da sociedade pode estabelecer que as divergências entre os acionistas e a companhia, ou entre os acionistas controladores e os acionistas minoritários, poderão ser solucionadas mediante arbitragem, nos termos em que especificar.

► § 3º acrescido pela Lei nº 10.303, de 31-10-2001.

SEÇÃO III
DIREITO DE VOTO

Disposições Gerais

Art. 110. A cada ação ordinária corresponde um voto nas deliberações da assembleia-geral.

§ 1º O estatuto pode estabelecer limitação ao número de votos de cada acionista.

§ 2º É vedado atribuir voto plural a qualquer classe de ações.
► Art. 177, § 2º, do CP.

Ações Preferenciais

Art. 111. O estatuto poderá deixar de conferir às ações preferenciais algum ou alguns dos direitos reconhecidos às ações ordinárias, inclusive o de voto, ou conferi-lo com restrições, observado o disposto no artigo 109.

§ 1º As ações preferenciais sem direito de voto adquirirão o exercício desse direito se a companhia, pelo prazo previsto no estatuto, não superior a três exercícios consecutivos, deixar de pagar os dividendos fixos ou mínimos a que fizerem jus, direito que conservarão até o pagamento, se tais dividendos não forem cumulativos, ou até que sejam pagos os cumulativos em atraso.

► Art. 112, parágrafo único, desta Lei.

§ 2º Na mesma hipótese e sob a mesma condição do § 1º, as ações preferenciais com direito de voto restrito terão suspensas as limitações ao exercício desse direito.

§ 3º O estatuto poderá estipular que o disposto nos §§ 1º e 2º vigorará a partir do término da implantação do empreendimento inicial da companhia.

Não Exercício de Voto pelas Ações ao Portador

Art. 112. Somente os titulares de ações nominativas, endossáveis e escriturais poderão exercer o direito de voto.
► Art. 295, § 3º, desta Lei.

Parágrafo único. Os titulares de ações preferenciais ao portador que adquirirem direito de voto de acordo com o disposto nos §§ 1º e 2º do artigo 111, e enquanto dele gozarem, poderão converter as ações em nominativas ou endossáveis, independentemente de autorização estatutária.

Voto das Ações Empenhadas e Alienadas Fiduciariamente

Art. 113. O penhor da ação não impede o acionista de exercer o direito de voto; será lícito, todavia, estabelecer, no contrato, que o acionista não poderá, sem consentimento do credor pignoratício, votar em certas deliberações.

Parágrafo único. O credor garantido por alienação fiduciária da ação não poderá exercer o direito de voto; o devedor somente poderá exercê-lo nos termos do contrato.

Voto das Ações Gravadas com Usufruto

Art. 114. O direito de voto da ação gravada com usufruto, se não for regulado no ato de constituição do gravame, somente poderá ser exercido mediante prévio acordo entre o proprietário e o usufrutuário.

Abuso do Direito de Voto e Conflito de Interesses

Art. 115. O acionista deve exercer o direito a voto no interesse da companhia; considerar-se-á abusivo o voto exercido com o fim de causar dano à companhia ou a outros acionistas, ou de obter, para si ou para outrem, vantagem a que não faz jus e de que resulte, ou possa resultar, prejuízo para a companhia ou para outros acionistas.

► *Caput* com a redação dada pela Lei nº 10.303, de 31-10-2001.

§ 1º O acionista não poderá votar nas deliberações da assembleia-geral relativas ao laudo de avaliação de bens com que concorrer para a formação do capital social e à aprovação de suas contas como administrador, nem em quaisquer outras que puderem beneficiá-lo de modo particular, ou em que tiver interesse conflitante com o da companhia.

§ 2º Se todos os subscritores forem condôminos de bem com que concorreram para a formação do capital social, poderão aprovar o laudo, sem prejuízo da responsabilidade de que trata o § 6º do artigo 8º.
► Art. 8º, § 5º, desta Lei.

§ 3º O acionista responde pelos danos causados pelo exercício abusivo do direito de voto, ainda que seu voto não haja prevalecido.

§ 4º A deliberação tomada em decorrência do voto de acionista que tem interesse conflitante com o da companhia é anulável; o acionista responderá pelos danos causados e será obrigado a transferir para a companhia as vantagens que tiver auferido.

§§ 5º a 10. VETADOS. Lei nº 10.303, de 31-10-2001.

Seção IV
ACIONISTA CONTROLADOR
Deveres

Art. 116. Entende-se por acionista controlador a pessoa, natural ou jurídica, ou o grupo de pessoas vinculadas por acordo de voto, ou sob controle comum, que:

▶ Arts. 118, § 2º, 238, 243, § 2º, e 246 desta Lei.

a) é titular de direitos de sócio que lhe assegurem, de modo permanente, a maioria dos votos nas deliberações da assembleia-geral e o poder de eleger a maioria dos administradores da companhia; e

b) usa efetivamente seu poder para dirigir as atividades sociais e orientar o funcionamento dos órgãos da companhia.

▶ Art. 118, § 2º, desta Lei.

Parágrafo único. O acionista controlador deve usar o poder com o fim de fazer a companhia realizar o seu objeto e cumprir sua função social, e tem deveres e responsabilidades para com os demais acionistas da empresa, os que nela trabalham e para com a comunidade em que atua, cujos direitos e interesses deve lealmente respeitar e atender.

▶ Art. 82 da Lei nº 9.069, de 29-6-1995, que dispõe sobre o Plano Real e o Sistema Monetário Nacional.

Art. 116-A. O acionista controlador da companhia aberta e os acionistas, ou grupo de acionistas, que elegerem membro do conselho de administração ou membro do conselho fiscal, deverão informar imediatamente as modificações em sua posição acionária na companhia à Comissão de Valores Mobiliários e às Bolsas de Valores ou entidades do mercado de balcão organizado nas quais os valores mobiliários de emissão da companhia estejam admitidos à negociação, nas condições e na forma determinadas pela Comissão de Valores Mobiliários.

▶ Art. 116-A acrescido pela Lei nº 10.303, de 31-10-2001.

Responsabilidade

Art. 117. O acionista controlador responde pelos danos causados por atos praticados com abuso de poder.

▶ Arts. 118, § 2º, 238 e 246 desta Lei.

§ 1º São modalidades de exercício abusivo de poder:

a) orientar a companhia para fim estranho ao objeto social ou lesivo ao interesse nacional, ou levá-la a favorecer outra sociedade, brasileira ou estrangeira, em prejuízo da participação dos acionistas minoritários nos lucros ou no acervo da companhia, ou da economia nacional;

b) promover a liquidação de companhia próspera, ou a transformação, incorporação, fusão ou cisão da companhia, com o fim de obter, para si ou para outrem, vantagem indevida, em prejuízo dos demais acionistas, dos que trabalham na empresa ou dos investidores em valores mobiliários emitidos pela companhia;

c) promover alteração estatutária, emissão de valores mobiliários ou adoção de políticas ou decisões que não tenham por fim o interesse da companhia e visem a causar prejuízo a acionistas minoritários, aos que trabalham na empresa ou aos investidores em valores mobiliários emitidos pela companhia;

d) eleger administrador ou fiscal que sabe inapto, moral ou tecnicamente;

e) induzir, ou tentar induzir, administrador ou fiscal a praticar ato ilegal, ou, descumprindo seus deveres definidos nesta Lei e no estatuto, promover, contra o interesse da companhia, sua ratificação pela assembleia-geral;

f) contratar com a companhia, diretamente ou através de outrem, ou de sociedade na qual tenha interesse, em condições de favorecimento ou não equitativas;

g) aprovar ou fazer aprovar contas irregulares de administradores, por favorecimento pessoal, ou deixar de apurar denúncia que saiba ou devesse saber procedente, ou que justifique fundada suspeita de irregularidade;

h) subscrever ações, para os fins do disposto no artigo 170, com a realização em bens estranhos ao objeto social da companhia.

▶ Alínea h acrescida pela Lei nº 9.457, de 5-5-1997.

§ 2º No caso da alínea e do § 1º, o administrador ou fiscal que praticar o ato ilegal responde solidariamente com o acionista controlador.

§ 3º O acionista controlador que exerce cargo de administrador ou fiscal tem também os deveres e responsabilidades próprios do cargo.

Seção V
ACORDO DE ACIONISTAS

Art. 118. Os acordos de acionistas, sobre a compra e venda de suas ações, preferência para adquiri-las, exercício do direito a voto, ou do poder de controle deverão ser observados pela companhia quando arquivados na sua sede.

▶ Caput com a redação dada pela Lei nº 10.303, de 31-10-2001.

§ 1º As obrigações ou ônus decorrentes desses acordos somente serão oponíveis a terceiros, depois de averbados nos livros de registro e nos certificados das ações, se emitidos.

§ 2º Esses acordos não poderão ser invocados para eximir o acionista de responsabilidade no exercício do direito de voto (artigo 115) ou do poder de controle (artigos 116 e 117).

§ 3º Nas condições previstas no acordo, os acionistas podem promover a execução específica das obrigações assumidas.

▶ A alteração que seria introduzida no § 3º pela Lei nº 10.303, de 31-10-2001, foi vetada, razão pela qual mantivemos a sua redação.

§ 4º As ações averbadas nos termos deste artigo não poderão ser negociadas em bolsa ou no mercado de balcão.

§ 5º No relatório anual, os órgãos da administração da companhia aberta informarão à assembleia-geral as disposições sobre política de reinvestimento de lucros e distribuição de dividendos, constantes de acordos de acionistas arquivados na companhia.

§ 6º O acordo de acionistas cujo prazo for fixado em função de termo ou condição resolutiva somente pode ser denunciado segundo suas estipulações.

§ 7º O mandato outorgado nos termos de acordo de acionistas para proferir, em assembleia-geral ou especial, voto contra ou a favor de determinada deliberação, poderá prever prazo superior ao constante do § 1º do artigo 126 desta Lei.

§ 8º O presidente da assembleia ou do órgão colegiado de deliberação da companhia não computará o voto proferido com infração de acordo de acionistas devidamente arquivado.

§ 9º O não comparecimento à assembleia ou às reuniões dos órgãos de administração da companhia, bem como as abstenções de voto de qualquer parte de acordo de acionistas ou de membros do conselho de administração eleitos nos termos de acordo de acionistas, assegura à parte prejudicada o direito de votar com as ações pertencentes ao acionista ausente ou omisso e, no caso de membro do conselho de administração, pelo conselheiro eleito com os votos da parte prejudicada.

§ 10. Os acionistas vinculados a acordo de acionistas deverão indicar, no ato de arquivamento, representante para comunicar-se com a companhia, para prestar ou receber informações, quando solicitadas.

§ 11. A companhia poderá solicitar aos membros do acordo esclarecimento sobre suas cláusulas.

▶ §§ 6º a 11 acrescidos pela Lei nº 10.303, de 31-10-2001.

Seção VI

REPRESENTAÇÃO DE ACIONISTA RESIDENTE OU DOMICILIADO NO EXTERIOR

Art. 119. O acionista residente ou domiciliado no Exterior deverá manter, no País, representante com poderes para receber citação em ações contra ele, propostas com fundamento nos preceitos desta Lei.

Parágrafo único. O exercício, no Brasil, de qualquer dos direitos de acionista, confere ao mandatário ou representante legal qualidade para receber citação judicial.

Seção VII

SUSPENSÃO DO EXERCÍCIO DE DIREITOS

Art. 120. A assembleia-geral poderá suspender o exercício dos direitos do acionista que deixar de cumprir obrigação imposta pela lei ou pelo estatuto, cessando a suspensão logo que cumprida a obrigação.

▶ Arts. 109 e 122, V, desta Lei.

Capítulo XI

ASSEMBLEIA-GERAL

Seção I

DISPOSIÇÕES GERAIS

Art. 121. A assembleia-geral, convocada e instalada de acordo com a lei e o estatuto, tem poderes para decidir todos os negócios relativos ao objeto da companhia e tomar as resoluções que julgar convenientes à sua defesa e desenvolvimento.

▶ Art. 59 desta Lei.

Parágrafo único. Nas companhias abertas, o acionista poderá participar e votar a distância em assembleia-geral, nos termos da regulamentação da Comissão de Valores Mobiliários.

▶ Parágrafo único acrescido pela Lei nº 12.431, de 24-6-2011.

Competência Privativa

Art. 122. Compete privativamente à assembleia-geral:

▶ Caput com a redação dada pela Lei nº 12.431, de 24-6-2011.

I – reformar o estatuto social;
II – eleger ou destituir, a qualquer tempo, os administradores e fiscais da companhia, ressalvado o disposto no inciso II do artigo 142;
III – tomar, anualmente, as contas dos administradores e deliberar sobre as demonstrações financeiras por eles apresentadas;

▶ Incisos I a III com a redação dada pela Lei nº 10.303, de 31-10-2001.

IV – autorizar a emissão de debêntures, ressalvado o disposto nos §§ 1º, 2º e 4º do art. 59;

▶ Inciso IV com a redação dada pela Lei nº 12.431, de 24-6-2011.

V – suspender o exercício dos direitos do acionista (artigo 120);
VI – deliberar sobre a avaliação de bens com que o acionista concorrer para a formação do capital social;
VII – autorizar a emissão de partes beneficiárias;
VIII – deliberar sobre transformação, fusão, incorporação e cisão da companhia, sua dissolução e liquidação, eleger e destituir liquidantes e julgar-lhes as contas; e
IX – autorizar os administradores a confessar falência e pedir concordata.

▶ Incisos V a IX com a redação dada pela Lei nº 10.303, de 31-10-2001.
▶ A concordata foi substituída pela recuperação judicial, conforme a Lei nº 11.101, de 9-2-2005 (Lei de Recuperação de Empresas e Falências).

Parágrafo único. Em caso de urgência, a confissão de falência ou o pedido de concordata poderá ser formulado pelos administradores, com a concordância do acionista controlador, se houver, convocando-se imediatamente a assembleia-geral, para manifestar-se sobre a matéria.

▶ Parágrafo único com a redação dada pela Lei nº 10.303, de 31-10-2001.
▶ Lei nº 11.101, de 9-2-2005 (Lei de Recuperação de Empresas e Falências).

Competência para Convocação

Art. 123. Compete ao Conselho de Administração, se houver, ou aos diretores, observado o disposto no estatuto, convocar a assembleia-geral.

Parágrafo único. A assembleia-geral pode também ser convocada:

a) pelo Conselho Fiscal, nos casos previstos no nº V do artigo 163;
b) por qualquer acionista, quando os administradores retardarem, por mais de sessenta dias, a convocação, nos casos previstos em lei ou no estatuto;
c) por acionistas que representem cinco por cento, no mínimo, do capital social, quando os administrado-

res não atenderem, no prazo de oito dias, a pedido de convocação que apresentarem, devidamente fundamentado, com indicação das matérias a serem tratadas;

▶ Alínea c com a redação dada pela Lei nº 9.457, de 5-5-1997.

d) por acionistas que representem cinco por cento, no mínimo, do capital votante, ou cinco por cento, no mínimo, dos acionistas sem direito a voto, quando os administradores não atenderem, no prazo de oito dias, a pedido de convocação de assembleia para instalação do Conselho Fiscal.

▶ Alínea d acrescida pela Lei nº 9.457, de 5-5-1997.

Modo de Convocação e Local

Art. 124. A convocação far-se-á mediante anúncio publicado por três vezes, no mínimo, contendo, além do local, data e hora da assembleia, a ordem do dia, e, no caso de reforma do estatuto, a indicação da matéria.

§ 1º A primeira convocação da assembleia-geral deverá ser feita:

I – na companhia fechada, com oito dias de antecedência, no mínimo, contado o prazo da publicação do primeiro anúncio; não se realizando a assembleia, será publicado novo anúncio, de segunda convocação, com antecedência mínima de cinco dias;
II – na companhia aberta, o prazo de antecedência da primeira convocação será de quinze dias e o da segunda convocação de oito dias.

▶ § 1º com a redação dada pela Lei nº 10.303, de 31-10-2001.

§ 2º Salvo motivo de força maior, a assembleia-geral realizar-se-á no edifício onde a companhia tiver a sede; quando houver de efetuar-se em outro, os anúncios indicarão, com clareza, o lugar da reunião, que em nenhum caso poderá realizar-se fora da localidade da sede.

§ 3º Nas companhias fechadas, o acionista que representar cinco por cento, ou mais, do capital social, será convocado por telegrama ou carta registrada, expedidos com a antecedência prevista no § 1º, desde que o tenha solicitado, por escrito, à companhia, com a indicação do endereço completo e do prazo de vigência do pedido, não superior a dois exercícios sociais, e renovável; essa convocação não dispensa a publicação do aviso previsto no § 1º, e sua inobservância dará ao acionista direito de haver, dos administradores da companhia, indenização pelos prejuízos sofridos.

§ 4º Independentemente das formalidades previstas neste artigo, será considerada regular a assembleia-geral a que comparecerem todos os acionistas.

§ 5º A Comissão de Valores Mobiliários poderá, a seu exclusivo critério, mediante decisão fundamentada de seu Colegiado, a pedido de qualquer acionista, e ouvida a companhia:

I – aumentar, para até trinta dias, a contar da data em que os documentos relativos às matérias a serem deliberadas forem colocados à disposição dos acionistas, o prazo de antecedência de publicação do primeiro anúncio de convocação da assembleia-geral de companhia aberta, quando esta tiver por objeto operações que, por sua complexidade, exijam maior prazo para que possam ser conhecidas e analisadas pelos acionistas;
II – interromper, por até quinze dias, o curso do prazo de antecedência da convocação de assembleia-geral extraordinária de companhia aberta, a fim de conhecer e analisar as propostas a serem submetidas à assembleia e, se for o caso, informar à companhia, até o término da interrupção, as razões pelas quais entende que a deliberação proposta à assembleia viola dispositivos legais ou regulamentares.

§ 6º As companhias abertas com ações admitidas à negociação em bolsa de valores deverão remeter, na data da publicação do anúncio de convocação da assembleia, à bolsa de valores em que suas ações forem mais negociadas, os documentos postos à disposição dos acionistas para deliberação na assembleia-geral.

▶ §§ 5º e 6º acrescidos pela Lei nº 10.303, de 31-10-2001.

Quorum de Instalação

Art. 125. Ressalvadas as exceções previstas em lei, a assembleia-geral instalar-se-á, em primeira convocação, com a presença de acionistas que representem, no mínimo, um quarto do capital social com direito de voto; em segunda convocação, instalar-se-á com qualquer número.

▶ Art. 1.074 do CC.

Parágrafo único. Os acionistas sem direito de voto podem comparecer à assembleia-geral e discutir a matéria submetida à deliberação.

Legitimação e Representação

Art. 126. As pessoas presentes à assembleia deverão provar a sua qualidade de acionista, observadas as seguintes normas:

I – os titulares de ações nominativas exibirão, se exigido, documento hábil de sua identidade;
II – os titulares de ações escriturais ou em custódia nos termos do artigo 41, além do documento de identidade, exibirão, ou depositarão na companhia, se o estatuto o exigir, comprovante expedido pela instituição financeira depositária.

▶ Inciso II com a redação dada pela Lei nº 9.457, de 5-5-1997.

III – os titulares de ações ao portador exibirão os respectivos certificados ou documento de depósito nos termos do nº II;
IV – os titulares de ações escriturais ou em custódia nos termos do artigo 41, além do documento de identidade, exibirão, ou depositarão na companhia, se o estatuto o exigir, comprovante expedido pela instituição financeira depositária.

§ 1º O acionista pode ser representado na assembleia-geral por procurador constituído há menos de um ano, que seja acionista, administrador da companhia ou advogado; na companhia aberta, o procurador pode, ainda, ser instituição financeira, cabendo ao administrador de fundos de investimento representar os condôminos.

▶ Arts. 133 e 134, § 1º, desta Lei.
▶ Art. 1.074, § 1º, do CC.

§ 2º O pedido de procuração mediante correspondência, ou anúncio publicado, sem prejuízo da regulamentação que sobre o assunto vier a baixar a Comissão de Valores Mobiliários, deverá satisfazer aos seguintes requisitos:

a) conter todos os elementos informativos necessários ao exercício do voto pedido;
b) facultar ao acionista o exercício de voto contrário à decisão com indicação de outro procurador para o exercício desse voto;
c) ser dirigido a todos os titulares de ações cujos endereços constem da companhia.

► Alínea c com a redação dada pela Lei nº 9.457, de 5-5-1997.

§ 3º É facultado a qualquer acionista, detentor de ações, com ou sem voto, que represente meio por cento, no mínimo, do capital social, solicitar relação de endereços dos acionistas, para os fins previstos no § 1º, obedecidos sempre os requisitos do parágrafo anterior.

► § 3º com a redação dada pela Lei nº 9.457, de 5-5-1997.

§ 4º Têm a qualidade para comparecer à assembleia os representantes legais dos acionistas.

Livro de Presença

Art. 127. Antes de abrir-se a assembleia, os acionistas assinarão o "Livro de Presença", indicando o seu nome, nacionalidade e residência, bem como a quantidade, espécie e classe das ações de que forem titulares.

Parágrafo único. Considera-se presente em assembleia-geral, para todos os efeitos desta Lei, o acionista que registrar a distância sua presença, na forma prevista em regulamento da Comissão de Valores Mobiliários.

► Parágrafo único acrescido pela Lei nº 12.431, de 24-6-2011.

Mesa

Art. 128. Os trabalhos da assembleia serão dirigidos por mesa composta, salvo disposição diversa do estatuto, de presidente e secretário, escolhidos pelos acionistas presentes.

Quorum das Deliberações

Art. 129. As deliberações da assembleia-geral, ressalvadas as exceções previstas em lei, serão tomadas por maioria absoluta de votos, não se computando os votos em branco.

§ 1º O estatuto da companhia fechada pode aumentar o *quorum* exigido para certas deliberações, desde que especifique as matérias.

§ 2º No caso de empate, se o estatuto não estabelecer procedimento de arbitragem e não contiver norma diversa, a assembleia será convocada, com intervalo mínimo de dois meses, para votar a deliberação; se permanecer o empate e os acionistas não concordarem em cometer a decisão a um terceiro, caberá ao Poder Judiciário decidir, no interesse da companhia.

Ata da Assembleia

Art. 130. Dos trabalhos e deliberações da assembleia será lavrada, em livro próprio, ata assinada pelos membros da mesa e pelos acionistas presentes. Para validade da ata é suficiente a assinatura de quantos bastem para constituir a maioria necessária para as deliberações tomadas na assembleia. Da ata tirar-se-ão certidões ou cópias autênticas para os fins legais.

► Art. 1.075 do CC.

§ 1º A ata poderá ser lavrada na forma de sumário dos fatos ocorridos, inclusive dissidências e protestos, e conter a transcrição apenas das deliberações tomadas, desde que:

a) os documentos ou propostas submetidos à assembleia, assim como as declarações de voto ou dissidência, referidos na ata, sejam numerados seguidamente, autenticados pela mesa e por qualquer acionista que o solicitar, e arquivados na companhia;
b) a mesa, a pedido de acionista interessado, autentique exemplar ou cópia de proposta, declaração de voto ou dissidência, ou protesto apresentado.

§ 2º A assembleia-geral da companhia aberta pode autorizar a publicação de ata com omissão das assinaturas dos acionistas.

§ 3º Se a ata não for lavrada na forma permitida pelo § 1º, poderá ser publicado apenas o seu extrato, com o sumário dos fatos ocorridos e a transcrição das deliberações tomadas.

Espécies de Assembleia

Art. 131. A assembleia-geral é ordinária quando tem por objeto as matérias previstas no artigo 132, e extraordinária nos demais casos.

Parágrafo único. A assembleia-geral ordinária e a assembleia-geral extraordinária poderão ser, cumulativamente, convocadas e realizadas no mesmo local, data e hora, instrumentadas em ata única.

Seção II

ASSEMBLEIA-GERAL ORDINÁRIA

Objeto

Art. 132. Anualmente, nos quatro primeiros meses seguintes ao término do exercício social, deverá haver uma assembleia-geral para:

► Arts. 131, 142, IV, 158, § 2º, e 165, § 2º, desta Lei.
► Art. 1.078, *caput*, do CC.

I – tomar as contas dos administradores, examinar, discutir e votar as demonstrações financeiras;

II – deliberar sobre a destinação do lucro líquido do exercício e a distribuição de dividendos;

III – eleger os administradores e os membros do Conselho Fiscal, quando for o caso;

IV – aprovar a correção da expressão monetária do capital social (artigo 167).

Documentos da Administração

Art. 133. Os administradores devem comunicar, até um mês antes da data marcada para a realização da assembleia-geral ordinária, por anúncios publicados na forma prevista no artigo 124, que se acham à disposição dos acionistas:

► Art. 1.078, § 1º, do CC.
► Art. 134 desta Lei.

I – o relatório da administração sobre os negócios sociais e os principais fatos administrativos do exercício findo;

II – a cópia das demonstrações financeiras;

III – o parecer dos auditores independentes, se houver;

IV – o parecer do conselho fiscal, inclusive votos dissidentes, se houver; e
V – demais documentos pertinentes a assuntos incluídos na ordem do dia.

▶ Incisos IV e V acrescidos pela Lei nº 10.303, de 31-10-2001.

§ 1º Os anúncios indicarão o local ou locais onde os acionistas poderão obter cópias desses documentos.

§ 2º A companhia remeterá cópia desses documentos aos acionistas que o pedirem por escrito, nas condições previstas no § 3º do artigo 124.

§ 3º Os documentos referidos neste artigo, à exceção dos constantes dos incisos IV e V, serão publicados até cinco dias, pelo menos, antes da data marcada para a realização da assembleia-geral.

▶ § 3º com a redação dada pela Lei nº 10.303, de 31-10-2001.

§ 4º A assembleia-geral que reunir a totalidade dos acionistas poderá considerar sanada a falta de publicação dos anúncios ou a inobservância dos prazos referidos neste artigo; mas é obrigatória a publicação dos documentos antes da realização da assembleia.

§ 5º A publicação dos anúncios é dispensada quando os documentos a que se refere este artigo são publicados até um mês antes da data marcada para a realização da assembleia-geral ordinária.

Procedimento

Art. 134. Instalada a assembleia-geral, proceder-se-á, se requerida por qualquer acionista, à leitura dos documentos referidos no artigo 133 e do parecer do Conselho Fiscal, se houver, os quais serão submetidos pela mesa à discussão e votação.

▶ Art. 1.078, § 2º, do CC.

§ 1º Os administradores da companhia, ou ao menos um deles, e o auditor independente, se houver, deverão estar presentes à assembleia para atender a pedidos de esclarecimentos de acionistas, mas os administradores não poderão votar, como acionistas ou procuradores, os documentos referidos neste artigo.

§ 2º Se a assembleia tiver necessidade de outros esclarecimentos, poderá adiar a deliberação e ordenar diligências; também será adiada a deliberação, salvo dispensa dos acionistas presentes, na hipótese de não comparecimento de administrador, membro do Conselho Fiscal ou auditor independente.

§ 3º A aprovação, sem reserva, das demonstrações financeiras e das contas, exonera de responsabilidade os administradores e fiscais, salvo erro, dolo, fraude ou simulação (artigo 286).

§ 4º Se a assembleia aprovar as demonstrações financeiras com modificação no montante do lucro do exercício ou no valor das obrigações da companhia, os administradores promoverão, dentro de trinta dias, a republicação das demonstrações, com as retificações deliberadas pela assembleia; se a destinação dos lucros proposta pelos órgãos de administração não lograr aprovação (artigo 176, § 3º), as modificações introduzidas constarão da ata da assembleia.

§ 5º A ata da assembleia-geral ordinária será arquivada no Registro do Comércio e publicada.

§ 6º As disposições do § 1º, segunda parte, não se aplicam quando, nas sociedades fechadas, os diretores forem os únicos acionistas.

SEÇÃO III
ASSEMBLEIA-GERAL EXTRAORDINÁRIA

Reforma do Estatuto

Art. 135. A assembleia-geral extraordinária que tiver por objeto a reforma do estatuto somente se instalará em primeira convocação com a presença de acionistas que representem dois terços, no mínimo, do capital com direito a voto, mas poderá instalar-se em segunda com qualquer número.

▶ Art. 271, § 4º, desta Lei.

§ 1º Os atos relativos a reformas do estatuto, para valerem contra terceiros, ficam sujeitos às formalidades de arquivamento e publicação, não podendo, todavia, a falta de cumprimento dessas formalidades ser oposta, pela companhia ou por seus acionistas, a terceiros de boa-fé.

§ 2º Aplica-se aos atos de reforma do estatuto o disposto no artigo 97 e seus §§ 1º e 2º e no artigo 98 e seu § 1º.

§ 3º Os documentos pertinentes à matéria a ser debatida na assembleia-geral extraordinária deverão ser postos à disposição dos acionistas, na sede da companhia, por ocasião da publicação do primeiro anúncio de convocação da assembleia-geral.

▶ § 3º acrescido pela Lei nº 10.303, de 31-10-2001.

Quorum Qualificado

Art. 136. É necessária a aprovação de acionistas que representem metade, no mínimo, das ações com direito a voto, se maior *quorum* não for exigido pelo estatuto da companhia cujas ações não estejam admitidas à negociação em bolsa ou no mercado de balcão, para deliberação sobre:

▶ *Caput* com a redação dada pela Lei nº 9.457, de 5-5-1997.

I – criação de ações preferenciais ou aumento de classe de ações preferenciais existentes, sem guardar proporção com as demais classes de ações preferenciais, salvo se já previstos ou autorizados pelo estatuto;

▶ Inciso I com a redação dada pela Lei nº 10.303, de 31-10-2001.

II – alteração nas preferências, vantagens e condições de resgate ou amortização de uma ou mais classes de ações preferenciais, ou criação de nova classe mais favorecida;

III – redução do dividendo obrigatório;
IV – fusão da companhia, ou sua incorporação em outra;
V – participação em grupo de sociedades (artigo 265);
VI – mudança do objeto da companhia;
VII – cessação do estado de liquidação da companhia;
VIII – criação de partes beneficiárias;

▶ Incisos II a VIII com a redação dada pela Lei nº 9.457, de 5-5-1997.

IX – cisão de companhia;
X – dissolução da companhia.

▶ Incisos IX e X acrescidos pela Lei nº 9.457, de 5-5-1997.

§ 1º Nos casos dos incisos I e II, a eficácia da deliberação depende de prévia aprovação ou da ratificação, em prazo improrrogável de um ano, por titulares de mais da metade de cada classe de ações preferenciais prejudicadas, reunidos em assembleia especial convocada pelos administradores e instalada com as formalidades desta Lei.
▶ § 1º com a redação dada pela Lei nº 9.457, de 5-5-1997.

§ 2º A Comissão de Valores Mobiliários pode autorizar a redução do *quorum* previsto neste artigo no caso de companhia aberta com a propriedade das ações dispersa no mercado, e cujas três últimas assembleias tenham sido realizadas com a presença de acionistas representando menos da metade das ações com direito a voto. Neste caso, a autorização da Comissão de Valores Mobiliários será mencionada nos avisos de convocação e a deliberação com *quorum* reduzido somente poderá ser adotada em terceira convocação.

§ 3º O disposto no § 2º deste artigo aplica-se também às assembleias especiais de acionistas preferenciais de que trata o § 1º.
▶ § 3º com a redação dada pela Lei nº 10.303, de 31-10-2001.

§ 4º Deverá constar da ata da assembleia-geral que deliberar sobre as matérias dos incisos I e II, se não houver prévia aprovação, que a deliberação só terá eficácia após a sua ratificação pela assembleia especial prevista no § 1º.
▶ § 4º acrescido pela Lei nº 9.457, de 5-5-1997.

Direito de Retirada

Art. 137. A aprovação das matérias previstas nos incisos I a VI e IX do artigo 136 dá ao acionista dissidente o direito de retirar-se da companhia, mediante reembolso do valor das suas ações (artigo 45), observadas as seguintes normas:
▶ *Caput* com a redação dada pela Lei nº 10.303, de 31-10-2001.
▶ Art. 8º da Lei nº 10.303, de 31-10-2001, que dispõe sobre o direito de recesso de que trata este artigo.

I – nos casos dos incisos I e II do artigo 136, somente terá direito de retirada o titular de ações de espécie ou classe prejudicadas;
▶ Inciso I com a redação dada pela Lei nº 9.457, de 5-5-1997.

II – nos casos dos incisos IV e V do artigo 136, não terá direito de retirada o titular de ação de espécie ou classe que tenha liquidez e dispersão no mercado, considerando-se haver:

a) liquidez, quando a espécie ou classe de ação, ou certificado que a represente, integre índice geral representativo de carteira de valores mobiliários admitido à negociação no mercado de valores mobiliários, no Brasil ou no exterior, definido pela Comissão de Valores Mobiliários; e
b) dispersão, quando o acionista controlador, a sociedade controladora ou outras sociedades sob seu controle detiverem menos da metade da espécie ou classe de ação;

III – no caso do inciso IX do artigo 136, somente haverá direito de retirada se a cisão implicar:

a) mudança do objeto social, salvo quando o patrimônio cindido for vertido para sociedade cuja atividade preponderante coincida com a decorrente do objeto social da sociedade cindida;
b) redução do dividendo obrigatório; ou
c) participação em grupo de sociedades;

IV – o reembolso da ação deve ser reclamado à companhia no prazo de trinta dias contado da publicação da ata da assembleia-geral;

V – o prazo para o dissidente de deliberação de assembleia especial (artigo 136, § 1º) será contado da publicação da respectiva ata;
▶ Incisos II a V com a redação dada pela Lei nº 10.303, de 31-10-2001.

VI – o pagamento do reembolso somente poderá ser exigido após a observância do disposto no § 3º e, se for o caso, da ratificação da deliberação pela assembleia-geral.
▶ Inciso VI acrescido pela Lei nº 10.303, de 31-10-2001.

§ 1º O acionista dissidente de deliberação da assembleia, inclusive o titular de ações preferenciais sem direito de voto, poderá exercer o direito de reembolso das ações de que, comprovadamente, era titular na data da primeira publicação do edital de convocação da assembleia, ou na data da comunicação do fato relevante objeto da deliberação, se anterior.
▶ § 1º com a redação dada pela Lei nº 9.457, de 5-5-1997.

§ 2º O direito de reembolso poderá ser exercido no prazo previsto nos incisos IV ou V do *caput* deste artigo, conforme o caso, ainda que o titular das ações tenha se abstido de votar contra a deliberação ou não tenha comparecido à assembleia.

§ 3º Nos dez dias subsequentes ao término do prazo de que tratam os incisos IV e V do *caput* deste artigo, conforme o caso, contado da publicação da ata da assembleia-geral ou da assembleia especial que ratificar a deliberação, é facultado aos órgãos da administração convocar a assembleia-geral para ratificar ou reconsiderar a deliberação, se entenderem que o pagamento do preço do reembolso das ações aos acionistas dissidentes que exerceram o direito de retirada porá em risco a estabilidade financeira da empresa.
▶ §§ 2º e 3º com a redação dada pela Lei nº 10.303, de 31-10-2001.

§ 4º Decairá do direito de retirada o acionista que não o exercer no prazo fixado.
▶ § 4º acrescido pela Lei nº 9.457, de 5-5-1997.

CAPÍTULO XII
CONSELHO DE ADMINISTRAÇÃO E DIRETORIA
Administração da Companhia

Art. 138. A administração da companhia competirá, conforme dispuser o estatuto, ao Conselho de Administração e à diretoria, ou somente à diretoria.

§ 1º O Conselho de Administração é órgão de deliberação colegiada, sendo a representação da companhia privativa dos diretores.

§ 2º As companhias abertas e as de capital autorizado terão, obrigatoriamente, Conselho de Administração.

Art. 139. As atribuições e poderes conferidos por lei aos órgãos de administração não podem ser outorgados a outro órgão, criado por lei ou pelo estatuto.

Seção I

CONSELHO DE ADMINISTRAÇÃO

Composição

Art. 140. O Conselho de Administração será composto por, no mínimo, três membros, eleitos pela assembleia-geral e por ela destituíveis a qualquer tempo, devendo o estatuto estabelecer:

I – o número de conselheiros, ou o máximo e mínimo permitidos, e o processo de escolha e substituição do presidente do conselho pela assembleia ou pelo próprio conselho;

▶ Inciso I com a redação dada pela Lei nº 10.303, de 31-10-2001.

II – o modo de substituição dos conselheiros;
III – o prazo de gestão, que não poderá ser superior a três anos, permitida a reeleição;
IV – as normas sobre convocação, instalação e funcionamento do conselho, que deliberará por maioria de votos, podendo o estatuto estabelecer *quorum* qualificado para certas deliberações, desde que especifique as matérias.

▶ Inciso IV com a redação dada pela Lei nº 10.303, de 31-10-2001.

Parágrafo único. O estatuto poderá prever a participação no conselho de representantes dos empregados, escolhidos pelo voto destes, em eleição direta, organizada pela empresa, em conjunto com as entidades sindicais que os representem.

▶ Parágrafo único acrescido pela Lei nº 10.303, de 31-10-2001.

Voto Múltiplo

Art. 141. Na eleição dos conselheiros, é facultado aos acionistas que representem, no mínimo, um décimo do capital social com direito a voto, esteja ou não previsto no estatuto, requerer a adoção do processo de voto múltiplo, atribuindo-se a cada ação tantos votos quantos sejam os membros do Conselho, e reconhecido ao acionista o direito de cumular os votos num só candidato ou distribuí-los entre vários.

▶ Art. 291 desta Lei.

§ 1º A faculdade prevista neste artigo deverá ser exercida pelos acionistas até quarenta e oito horas antes da assembleia-geral, cabendo à mesa que dirigir os trabalhos da assembleia informar previamente aos acionistas, à vista do "Livro de Presença", o número de votos necessários para a eleição de cada membro do Conselho.

§ 2º Os cargos que, em virtude de empate, não forem preenchidos, serão objeto de nova votação, pelo mesmo processo, observado o disposto no § 1º, *in fine*.

§ 3º Sempre que a eleição tiver sido realizada por esse processo, a destituição de qualquer membro do Conselho de Administração pela assembleia-geral importará destituição dos demais membros, procedendo-se a nova eleição; nos demais casos de vaga, não havendo suplente, a primeira assembleia-geral procederá à nova eleição de todo o Conselho.

§ 4º Terão direito de eleger e destituir um membro e seu suplente do conselho de administração, em votação em separado na assembleia-geral, excluído o acionista controlador, a maioria dos titulares, respectivamente:

I – de ações de emissão de companhia aberta com direito a voto, que representem, pelo menos, quinze por cento do total das ações com direito a voto; e
II – de ações preferenciais sem direito a voto ou com voto restrito de emissão de companhia aberta, que representem, no mínimo, dez por cento do capital social, que não houverem exercido o direito previsto no estatuto, em conformidade com o artigo 18.

▶ § 4º com a redação dada pela Lei nº 10.303, de 31-10-2001.

§ 5º Verificando-se que nem os titulares de ações com direito a voto e nem os titulares de ações preferenciais sem direito a voto ou com voto restrito perfizeram, respectivamente, o *quorum* exigido nos incisos I e II do § 4º, ser-lhes-á facultado agregar suas ações para elegerem em conjunto um membro e seu suplente para o conselho de administração, observando-se, nessa hipótese, o *quorum* exigido pelo inciso II do § 4º.

§ 6º Somente poderão exercer o direito previsto no § 4º os acionistas que comprovarem a titularidade ininterrupta da participação acionária ali exigida durante o período de três meses, no mínimo, imediatamente anterior à realização da assembleia-geral.

§ 7º Sempre que, cumulativamente, a eleição do conselho de administração se der pelo sistema do voto múltiplo e os titulares de ações ordinárias ou preferenciais exercerem a prerrogativa de eleger conselheiro, será assegurada a acionista ou grupo de acionistas vinculados por acordo de votos que detenham mais do que cinquenta por cento das ações com direito de voto o direito de eleger conselheiros em número igual ao dos eleitos pelos demais acionistas, mais um, independentemente do número de conselheiros que, segundo o estatuto, componha o órgão.

§ 8º A companhia deverá manter registro com a identificação dos acionistas que exercerem a prerrogativa a que se refere o § 4º.

▶ §§ 5º a 8º acrescidos pela Lei nº 10.303, de 31-10-2001.

§ 9º VETADO. Lei nº 10.303, de 31-10-2001.

Competência

Art. 142. Compete ao conselho de administração:

▶ *Caput* com a redação dada pela Lei nº 10.303, de 31-10-2001.

I – fixar a orientação geral dos negócios da companhia;
II – eleger e destituir os diretores da companhia e fixar-lhes as atribuições, observado o que a respeito dispuser o estatuto;
III – fiscalizar a gestão dos diretores, examinar, a qualquer tempo, os livros e papéis da companhia, solicitar informações sobre contratos celebrados ou em via de celebração, e quaisquer outros atos;
IV – convocar a assembleia-geral quando julgar conveniente, ou no caso do artigo 132;
V – manifestar-se sobre o relatório da administração e as contas da diretoria;
VI – manifestar-se previamente sobre atos ou contratos, quando o estatuto assim o exigir;
VII – deliberar, quando autorizado pelo estatuto, sobre a emissão de ações ou de bônus de subscrição;

VIII – autorizar, se o estatuto não dispuser em contrário, a alienação de bens do ativo não circulante, a constituição de ônus reais e a prestação de garantias a obrigações de terceiros;

▶ Inciso VIII com a redação dada pela Lei nº 11.941, de 27-5-2009.

IX – escolher e destituir os auditores independentes, se houver.

§ 1º Serão arquivadas no registro do comércio e publicadas as atas das reuniões do conselho de administração que contiverem deliberação destinada a produzir efeitos perante terceiros.

▶ Parágrafo único transformado em § 1º pela Lei nº 10.303, de 31-10-2001.

§ 2º A escolha e a destituição do auditor independente ficará sujeita a veto, devidamente fundamentado, dos conselheiros eleitos na forma do artigo 141, § 4º, se houver.

▶ § 2º acrescido pela Lei nº 10.303, de 31-10-2001.

SEÇÃO II

DIRETORIA

Composição

Art. 143. A diretoria será composta por dois ou mais diretores, eleitos e destituíveis a qualquer tempo pelo Conselho de Administração, ou, se inexistente, pela assembleia-geral, devendo o estatuto estabelecer:

I – o número de diretores, ou o máximo e o mínimo permitidos;
II – o modo de sua substituição;
III – o prazo de gestão, que não será superior a três anos, permitida a reeleição;
IV – as atribuições e poderes de cada diretor.

§ 1º Os membros do Conselho de Administração, até o máximo de um terço, poderão ser eleitos para cargos de diretores.

§ 2º O estatuto pode estabelecer que determinadas decisões, de competência dos diretores, sejam tomadas em reunião da diretoria.

▶ A alteração que seria introduzida no art. 143 pela Lei nº 10.303, de 31-10-2001, foi vetada, razão pela qual mantivemos a sua redação.

Representação

Art. 144. No silêncio do estatuto e inexistindo deliberação do Conselho de Administração (artigo 142, II e parágrafo único), competirão a qualquer diretor a representação da companhia e a prática dos atos necessários ao seu funcionamento regular.

Parágrafo único. Nos limites de suas atribuições e poderes, é lícito aos diretores constituir mandatários da companhia, devendo ser especificados no instrumento os atos ou operações que poderão praticar e a duração do mandato, que, no caso de mandato judicial, poderá ser por prazo indeterminado.

SEÇÃO III

ADMINISTRADORES

Normas Comuns

Art. 145. As normas relativas a requisitos, impedimentos, investidura, remuneração, deveres e responsabilidades dos administradores aplicam-se a conselheiros e diretores.

Requisitos e Impedimentos

Art. 146. Poderão ser eleitas para membros dos órgãos de administração pessoas naturais, devendo os diretores ser residentes no País.

▶ Caput com a redação dada pela Lei nº 12.431, de 24-6-2011.

§ 1º A ata da assembleia-geral ou da reunião do conselho de administração que eleger administradores deverá conter a qualificação e o prazo de gestão de cada um dos eleitos, devendo ser arquivada no registro do comércio e publicada.

§ 2º A posse do conselheiro residente ou domiciliado no exterior fica condicionada à constituição de representante residente no País, com poderes para receber citação em ações contra ele propostas com base na legislação societária, mediante procuração com prazo de validade que deverá estender-se por, no mínimo, três anos após o término do prazo de gestão do conselheiro.

▶ §§ 1º e 2º com a redação dada pela Lei nº 10.303, de 31-10-2001.

Art. 147. Quando a lei exigir certos requisitos para a investidura em cargo de administração da companhia, a assembleia-geral somente poderá eleger quem tenha exibido os necessários comprovantes, dos quais se arquivará cópia autêntica na sede social.

▶ Art. 162 desta Lei.

§ 1º São inelegíveis para os cargos de administração da companhia as pessoas impedidas por lei especial, ou condenadas por crime falimentar, de prevaricação, peita ou suborno, concussão, peculato, contra a economia popular, a fé pública ou a propriedade ou a pena criminal que vede, ainda que temporariamente, o acesso a cargos públicos.

▶ Art. 162, § 2º, desta Lei.

§ 2º São ainda inelegíveis para os cargos de administração de companhia aberta as pessoas declaradas inabilitadas por ato da Comissão de Valores Mobiliários.

▶ Art. 162, § 2º, desta Lei.

§ 3º O conselheiro deve ter reputação ilibada, não podendo ser eleito, salvo dispensa da assembleia-geral, aquele que:

I – ocupar cargos em sociedades que possam ser consideradas concorrentes no mercado, em especial, em conselhos consultivos, de administração ou fiscal; e
II – tiver interesse conflitante com a sociedade.

§ 4º A comprovação do cumprimento das condições previstas no § 3º será efetuada por meio de declaração firmada pelo conselheiro eleito nos termos definidos pela Comissão de Valores Mobiliários, com vistas ao disposto nos artigos 145 e 159, sob as penas da lei.

▶ §§ 3º e 4º acrescidos pela Lei nº 10.303, de 31-10-2001.

Garantia da Gestão

Art. 148. O estatuto pode estabelecer que o exercício do cargo de administrador deva ser assegurado, pelo titular ou por terceiro, mediante penhor de ações da companhia ou outra garantia.

Parágrafo único. A garantia só será levantada após aprovação das últimas contas apresentadas pelo administrador que houver deixado o cargo.

Investidura

Art. 149. Os conselheiros e diretores serão investidos nos seus cargos mediante assinatura de termo de posse no livro de atas do Conselho de Administração ou da diretoria, conforme o caso.

▶ Arts. 1.062 e 1.067 do CC.

§ 1º Se o termo não for assinado nos trinta dias seguintes à nomeação, esta tornar-se-á sem efeito, salvo justificativa aceita pelo órgão da administração para o qual tiver sido eleito.

▶ Parágrafo único transformado em § 1º pela Lei nº 10.303, de 31-10-2001.

§ 2º O termo de posse deverá conter, sob pena de nulidade, a indicação de pelo menos um domicílio no qual o administrador receberá as citações e intimações em processos administrativos e judiciais relativos a atos de sua gestão, as quais reputar-se-ão cumpridas mediante entrega no domicílio indicado, o qual somente poderá ser alterado mediante comunicação por escrito à companhia.

▶ § 2º acrescido pela Lei nº 10.303, de 31-10-2001.

Substituição e Término da Gestão

Art. 150. No caso de vacância do cargo de conselheiro, salvo disposição em contrário do estatuto, o substituto será nomeado pelos conselheiros remanescentes e servirá até a primeira assembleia-geral. Se ocorrer vacância da maioria dos cargos, a assembleia-geral será convocada para proceder a nova eleição.

§ 1º No caso de vacância de todos os cargos do Conselho de Administração, compete à diretoria convocar a assembleia-geral.

§ 2º No caso de vacância de todos os cargos da diretoria, se a companhia não tiver Conselho de Administração, compete ao Conselho Fiscal, se em funcionamento, ou a qualquer acionista, convocar a assembleia-geral, devendo o representante de maior número de ações praticar, até a realização da assembleia, os atos urgentes de administração da companhia.

§ 3º O substituto eleito para preencher cargo vago completará o prazo de gestão do substituído.

§ 4º O prazo de gestão do Conselho de Administração ou da diretoria se estende até a investidura dos novos administradores eleitos.

Renúncia

Art. 151. A renúncia do administrador torna-se eficaz, em relação à companhia, desde o momento em que lhe for entregue a comunicação escrita do renunciante, e em relação a terceiros de boa-fé, após arquivamento no Registro do Comércio e publicação, que poderão ser promovidos pelo renunciante.

Remuneração

Art. 152. A assembleia-geral fixará o montante global ou individual da remuneração dos administradores, inclusive benefícios de qualquer natureza e verbas de representação, tendo em conta suas responsabilidades, o tempo dedicado às suas funções, sua competência e reputação profissional e o valor dos seus serviços no mercado.

▶ Caput com a redação dada pela Lei nº 9.457, de 5-5-1997.

§ 1º O estatuto da companhia que fixar o dividendo obrigatório em vinte e cinco por cento ou mais do lucro líquido, pode atribuir aos administradores participação no lucro da companhia, desde que o seu total não ultrapasse a remuneração anual dos administradores nem um décimo dos lucros (artigo 190), prevalecendo o limite que for menor.

§ 2º Os administradores somente farão jus à participação nos lucros do exercício social em relação ao qual for atribuído aos acionistas o dividendo obrigatório, de que trata o artigo 202.

Seção IV

DEVERES E RESPONSABILIDADES

Dever de Diligência

Art. 153. O administrador da companhia deve empregar, no exercício de suas funções, o cuidado e diligência que todo homem ativo e probo costuma empregar na administração dos seus próprios negócios.

▶ Art. 1.011, *caput*, do CC.

Finalidade das Atribuições e Desvio de Poder

Art. 154. O administrador deve exercer as atribuições que a lei e o estatuto lhe conferem para lograr os fins e no interesse da companhia, satisfeitas as exigências do bem público e da função social da empresa.

§ 1º O administrador eleito por grupo ou classe de acionistas tem, para com a companhia, os mesmos deveres que os demais, não podendo, ainda que para defesa do interesse dos que o elegeram, faltar a esses deveres.

§ 2º É vedado ao administrador:

a) praticar ato de liberdade à custa da companhia;
b) sem prévia autorização da assembleia-geral ou do Conselho de Administração, tomar por empréstimo recursos ou bens da companhia, ou usar, em proveito próprio, de sociedade em que tenha interesse, ou de terceiros, os seus bens, serviços ou crédito;
c) receber de terceiros sem autorização estatutária ou da assembleia-geral, qualquer modalidade de vantagem pessoal, direta ou indireta, em razão do exercício de seu cargo.

§ 3º As importâncias recebidas com infração ao disposto na alínea c do § 2º pertencerão à companhia.

§ 4º O Conselho de Administração ou a diretoria podem autorizar a prática de atos gratuitos razoáveis em benefício dos empregados ou da comunidade de que participe a empresa, tendo em vista suas responsabilidades sociais.

Dever de Lealdade

Art. 155. O administrador deve servir com lealdade à companhia e manter reserva sobre os seus negócios, sendo-lhe vedado:

I – usar, em benefício próprio ou de outrem, com ou sem prejuízo para a companhia, as oportunidades comerciais de que tenha conhecimento em razão do exercício de seu cargo;

II – omitir-se no exercício ou proteção de direitos da companhia ou, visando à obtenção de vantagens, para si ou para outrem, deixar de aproveitar oportunidades de negócio de interesse da companhia;

III – adquirir, para revender com lucro, bem ou direito que sabe necessário à companhia, ou que esta tencione adquirir.

§ 1º Cumpre, ademais, ao administrador de companhia aberta, guardar sigilo sobre qualquer informação que ainda não tenha sido divulgada para conhecimento do mercado, obtida em razão do cargo e capaz de influir de modo ponderável na cotação de valores mobiliários, sendo-lhe vedado valer-se da informação para obter, para si ou para outrem, vantagem mediante compra ou venda de valores mobiliários.

§ 2º O administrador deve zelar para que a violação do disposto no § 1º não possa ocorrer através de subordinados ou terceiros de sua confiança.

§ 3º A pessoa prejudicada em compra e venda de valores mobiliários, contratada com infração do disposto nos §§ 1º e 2º, tem direito de haver do infrator indenização por perdas e danos, a menos que ao contratar já conhecesse a informação.

§ 4º É vedada a utilização de informação relevante ainda não divulgada, por qualquer pessoa que a ela tenha tido acesso, com a finalidade de auferir vantagem, para si ou para outrem, no mercado de valores mobiliários.

▶ § 4º acrescido pela Lei nº 10.303, de 31-10-2001.

Conflito de Interesses

Art. 156. É vedado ao administrador intervir em qualquer operação social em que tiver interesse conflitante com o da companhia, bem como na deliberação que a respeito tomarem os demais administradores, cumprindo-lhe cientificá-los do seu impedimento e fazer consignar, em ata de reunião do Conselho de Administração ou da diretoria, a natureza e extensão do seu interesse.

§ 1º Ainda que observado o disposto neste artigo, o administrador somente pode contratar com a companhia em condições razoáveis ou equitativas, idênticas às que prevalecem no mercado ou em que a companhia contrataria com terceiros.

§ 2º O negócio contratado com infração do disposto no § 1º é anulável, e o administrador interessado será obrigado a transferir para a companhia as vantagens que dele tiver auferido.

Dever de Informar

Art. 157. O administrador de companhia aberta deve declarar, ao firmar o termo de posse, o número de ações, bônus de subscrição, opções de compra de ações e debêntures conversíveis em ações, de emissão da companhia e de sociedades controladas ou do mesmo grupo, de que seja titular.

§ 1º O administrador de companhia aberta é obrigado a revelar à assembleia-geral ordinária, a pedido de acionistas que representem cinco por cento ou mais do capital social:

a) o número dos valores mobiliários de emissão da companhia ou de sociedades controladas, ou do mesmo grupo, que tiver adquirido ou alienado, diretamente ou através de outras pessoas, no exercício anterior;

b) as opções de compra de ações que tiver contratado ou exercido no exercício anterior;

c) os benefícios ou vantagens, indiretas ou complementares, que tenha recebido ou esteja recebendo da companhia e de sociedades coligadas, controladas ou do mesmo grupo;

d) as condições dos contratos de trabalho que tenham sido firmados pela companhia com os diretores e empregados de alto nível;

e) quaisquer atos ou fatos relevantes nas atividades da companhia.

§ 2º Os esclarecimentos prestados pelo administrador poderão, a pedido de qualquer acionista, ser reduzidos a escrito, autenticados pela mesa da assembleia, e fornecidos por cópia aos solicitantes.

§ 3º A revelação dos atos ou fatos de que trata este artigo só poderá ser utilizada no legítimo interesse da companhia ou do acionista, respondendo os solicitantes pelos abusos que praticarem.

§ 4º Os administradores da companhia aberta são obrigados a comunicar imediatamente à Bolsa de Valores e a divulgar pela imprensa qualquer deliberação da assembleia-geral ou dos órgãos de administração da companhia, ou fato relevante ocorrido nos seus negócios, que possa influir, de modo ponderável, na decisão dos investidores do mercado de vender ou comprar valores mobiliários emitidos pela companhia.

§ 5º Os administradores poderão recusar-se a prestar a informação (§ 1º, e), ou deixar de divulgá-la (§ 4º), se entenderem que sua revelação porá em risco interesse legítimo da companhia, cabendo à Comissão de Valores Mobiliários, a pedido dos administradores, de qualquer acionista, ou por iniciativa própria, decidir sobre a prestação de informação e responsabilizar os administradores, se for o caso.

§ 6º Os administradores da companhia aberta deverão informar imediatamente, nos termos e na forma determinados pela Comissão de Valores Mobiliários, a esta e às bolsas de valores ou entidades do mercado de balcão organizado nas quais os valores mobiliários de emissão da companhia estejam admitidos à negociação, as modificações em suas posições acionárias na companhia.

▶ § 6º acrescido pela Lei nº 10.303, de 31-10-2001.

Responsabilidade dos Administradores

▶ Arts. 1.010 e segs. e 1.060 e segs. do CC.

Art. 158. O administrador não é pessoalmente responsável pelas obrigações que contrair em nome da sociedade e em virtude de ato regular de gestão; responde, porém, civilmente, pelos prejuízos que causar, quando proceder:

▶ Súm. nº 430 do STJ.

I – dentro de suas atribuições ou poderes, com culpa ou dolo;

II – com violação da lei ou do estatuto.

§ 1º O administrador não é responsável por atos ilícitos de outros administradores, salvo se com eles for conivente, se negligenciar em descobri-los ou se, deles tendo conhecimento, deixar de agir para impedir a sua prática. Exime-se de responsabilidade o administrador dissidente que faça consignar sua divergência em ata de reunião do órgão de administração ou, não sendo possível, dela dê ciência imediata e por escrito ao órgão da administração, ao Conselho Fiscal, se em funcionamento, ou à assembleia-geral.

§ 2º Os administradores são solidariamente responsáveis pelos prejuízos causados em virtude do não cumprimento dos deveres impostos por lei para assegurar o funcionamento normal da companhia, ainda que, pelo estatuto, tais deveres não caibam a todos eles.

§ 3º Nas companhias abertas, a responsabilidade de que trata o § 2º ficará restrita, ressalvado o disposto no § 4º, aos administradores que, por disposição do estatuto, tenham atribuição específica de dar cumprimento àqueles deveres.

§ 4º O administrador que, tendo conhecimento do não cumprimento desses deveres por seu predecessor, ou pelo administrador competente nos termos do § 3º, deixar de comunicar o fato à assembleia-geral, tornar-se-á por ele solidariamente responsável.

§ 5º Responderá solidariamente com o administrador quem, com o fim de obter vantagem para si ou para outrem, concorrer para a prática de ato com violação da lei ou do estatuto.

Ação de Responsabilidade

Art. 159. Compete à companhia, mediante prévia deliberação da assembleia-geral, a ação de responsabilidade civil contra o administrador, pelos prejuízos causados ao seu patrimônio.

§ 1º A deliberação poderá ser tomada em assembleia-geral ordinária e, se prevista na ordem do dia, ou for consequência direta de assunto nela incluído, em assembleia-geral extraordinária.

§ 2º O administrador ou administradores contra os quais deva ser proposta a ação ficarão impedidos e deverão ser substituídos na mesma assembleia.

§ 3º Qualquer acionista poderá promover a ação, se não for proposta no prazo de três meses da deliberação da assembleia-geral.

§ 4º Se a assembleia deliberar não promover a ação, poderá ela ser proposta por acionistas que representem cinco por cento, pelo menos, do capital social.

§ 5º Os resultados da ação promovida por acionista deferem-se à companhia, mas esta deverá indenizá-lo, até o limite daqueles resultados, de todas as despesas em que tiver incorrido, inclusive correção monetária e juros dos dispêndios realizados.

§ 6º O juiz poderá reconhecer a exclusão da responsabilidade do administrador, se convencido de que este agiu de boa-fé e visando ao interesse da companhia.

§ 7º A ação prevista neste artigo não exclui a que couber ao acionista ou terceiro diretamente prejudicado por ato de administrador.

Órgãos Técnicos e Consultivos

Art. 160. As normas desta Seção aplicam-se aos membros de quaisquer órgãos, criados pelo estatuto, com funções técnicas ou destinados a aconselhar os administradores.

Capítulo XIII

CONSELHO FISCAL

Composição e Funcionamento

Art. 161. A companhia terá um Conselho Fiscal e o estatuto disporá sobre seu funcionamento, de modo permanente ou nos exercícios sociais em que for instalado a pedido de acionistas.

§ 1º O Conselho Fiscal será composto de, no mínimo, três e no máximo, cinco membros, e suplentes em igual número, acionistas ou não, eleitos pela assembleia-geral.

§ 2º O Conselho Fiscal, quando o funcionamento não for permanente, será instalado pela assembleia-geral a pedido de acionistas que representem, no mínimo, um décimo das ações com direito a voto, ou cinco por cento das ações sem direito a voto, e cada período de seu funcionamento terminará na primeira assembleia-geral ordinária após a sua instalação.

§ 3º O pedido de funcionamento do Conselho Fiscal, ainda que a matéria não conste do anúncio de convocação, poderá ser formulado em qualquer assembleia-geral, que elegerá os seus membros.

§ 4º Na constituição do Conselho Fiscal serão observadas as seguintes normas:

a) os titulares de ações preferenciais sem direito a voto, ou com voto restrito, terão direito de eleger, em votação em separado, um membro e respectivo suplente; igual direito terão os acionistas minoritários, desde que representem, em conjunto, dez por cento ou mais das ações com direito a voto;

b) ressalvado o disposto na alínea anterior, os demais acionistas com direito a voto poderão eleger os membros efetivos e suplentes que, em qualquer caso, serão em número igual ao dos eleitos nos termos da alínea a, mais um.

§ 5º Os membros do Conselho Fiscal e seus suplentes exercerão seus cargos até a primeira assembleia-geral ordinária que se realizar após a sua eleição, e poderão ser reeleitos.

▶ A alteração que seria introduzida no § 5º pela Lei nº 10.303, de 31-10-2001, foi vetada, razão pela qual mantivemos a sua redação.

§ 6º Os membros do conselho fiscal e seus suplentes exercerão seus cargos até a primeira assembleia-geral ordinária que se realizar após a sua eleição, e poderão ser reeleitos.

▶ § 6º acrescido pela Lei nº 10.303, de 31-10-2001.

§ 7º A função de membro do conselho fiscal é indelegável.

▶ § 6º transformado em § 7º pela Lei nº 10.303, de 31-10-2001.

Requisitos, Impedimentos e Remuneração

Art. 162. Somente podem ser eleitas para o Conselho Fiscal pessoas naturais, residentes no País, diplomadas em curso de nível universitário, ou que tenham exercido, por prazo mínimo de três anos, cargo de administrador de empresa ou de conselheiro fiscal.

§ 1º Nas localidades em que não houver pessoas habilitadas, em número suficiente, para o exercício da função, caberá ao juiz dispensar a companhia da satisfação dos requisitos estabelecidos neste artigo.

§ 2º Não podem ser eleitos para o Conselho Fiscal, além das pessoas enumeradas nos parágrafos do artigo 147, membros de órgãos de administração e empregados da companhia ou de sociedade controlada ou do mesmo grupo, e o cônjuge ou parente, até terceiro grau, de administrador da companhia.

§ 3º A remuneração dos membros do Conselho Fiscal, além do reembolso, obrigatório, das despesas de locomoção e estada necessárias ao desempenho da função será fixada pela assembleia-geral que os eleger, e não poderá ser inferior, para cada membro em exercício, a dez por cento da que, em média, for atribuída a cada diretor, não computados benefícios, verbas da representação e participação nos lucros.

▶ § 3º com a redação dada pela Lei nº 9.457, de 5-5-1997.

Competência

Art. 163. Compete ao conselho fiscal:

▶ Caput com a redação dada pela Lei nº 10.303, de 31-10-2001.

▶ Arts. 47, 50 e 75 da Lei nº 11.101, de 9-2-2005 (Lei de Recuperação de Empresas e Falências).

I – fiscalizar, por qualquer de seus membros, os atos dos administradores e verificar o cumprimento dos seus deveres legais e estatutários;

▶ Inciso I com a redação dada pela Lei nº 10.303, de 31-10-2001.

II – opinar sobre o relatório anual da administração, fazendo constar do seu parecer as informações complementares que julgar necessárias ou úteis à deliberação da assembleia-geral;

III – opinar sobre as propostas dos órgãos da administração, a serem submetidas à assembleia-geral, relativas a modificação do capital social, emissão de debêntures ou bônus de subscrição, planos de investimento ou orçamentos de capital, distribuição de dividendos, transformação, incorporação, fusão ou cisão;

IV – denunciar, por qualquer de seus membros, aos órgãos de administração e, se estes não tomarem as providências necessárias para a proteção dos interesses da companhia, à assembleia-geral, os erros, fraudes ou crimes que descobrirem, e sugerir providências úteis à companhia;

▶ Inciso IV com a redação dada pela Lei nº 10.303, de 31-10-2001.

V – convocar a assembleia-geral ordinária, se os órgãos da administração retardarem por mais de um mês essa convocação, e a extraordinária, sempre que ocorrerem motivos graves ou urgentes, incluindo na agenda das assembleias as matérias que considerarem necessárias;

VI – analisar, ao menos trimestralmente, o balancete e demais demonstrações financeiras elaboradas periodicamente pela companhia;

VII – examinar as demonstrações financeiras de exercício social e sobre elas opinar;

VIII – exercer essas atribuições, durante a liquidação, tendo em vista as disposições especiais que a regulam.

§ 1º Os órgãos de administração são obrigados, através de comunicação por escrito, a colocar à disposição dos membros em exercício do Conselho Fiscal, dentro de dez dias, cópias das atas de suas reuniões e, dentro de quinze dias do seu recebimento, cópias dos balancetes e demais demonstrações financeiras elaboradas periodicamente e, quando houver, dos relatórios de execução de orçamentos.

§ 2º O conselho fiscal, a pedido de qualquer dos seus membros, solicitará aos órgãos de administração esclarecimentos ou informações, desde que relativas à sua função fiscalizadora, assim como a elaboração de demonstrações financeiras ou contábeis especiais.

▶ § 2º com a redação dada pela Lei nº 10.303, de 31-10-2001.

§ 3º Os membros do Conselho Fiscal assistirão às reuniões do Conselho de Administração, se houver, ou da diretoria, em que se deliberar sobre os assuntos em que devam opinar (nºs II, III e VII).

§ 4º Se a companhia tiver auditores independentes, o Conselho Fiscal, a pedido de qualquer de seus membros, poderá solicitar-lhes esclarecimentos ou informações, e a apuração de fatos específicos.

▶ § 4º com a redação dada pela Lei nº 9.457, de 5-5-1997.

§ 5º Se a companhia não tiver auditores independentes, o Conselho Fiscal poderá, para melhor desempenho das suas funções, escolher contador ou firma de auditoria e fixar-lhes os honorários, dentro de níveis razoáveis, vigentes na praça e compatíveis com a dimensão econômica da companhia, os quais serão pagos por esta.

§ 6º O Conselho Fiscal deverá fornecer ao acionista, ou grupo de acionistas que representem, no mínimo, cinco por cento do capital social, sempre que solicitadas, informações sobre matérias de sua competência.

§ 7º As atribuições e poderes conferidos pela lei ao Conselho Fiscal não podem ser outorgados a outro órgão da companhia.

§ 8º O conselho fiscal poderá, para apurar fato cujo esclarecimento seja necessário ao desempenho de suas funções, formular, com justificativa, questões a serem respondidas por perito e solicitar à diretoria que indique, para esse fim, no prazo máximo de trinta dias, três peritos, que podem ser pessoas físicas ou jurídicas, de notório conhecimento na área em questão, entre os quais o Conselho Fiscal escolherá um, cujos honorários serão pagos pela companhia.

▶ § 8º acrescido pela Lei nº 9.457, de 5-5-1997.

Pareceres e Representações

Art. 164. Os membros do Conselho Fiscal, ou ao menos um deles, deverão comparecer às reuniões da assembleia-geral e responder aos pedidos de informações formulados pelos acionistas.

Parágrafo único. Os pareceres e representações do conselho fiscal, ou de qualquer um de seus membros, poderão ser apresentados e lidos na assembleia-geral, independentemente de publicação e ainda que a matéria não conste da ordem do dia.

▶ Parágrafo único com a redação dada pela Lei nº 10.303, de 31-10-2001.

Deveres e Responsabilidades

Art. 165. Os membros do conselho fiscal têm os mesmos deveres dos administradores de que tratam os artigos 153 a 156 e respondem pelos danos resultantes de omissão no cumprimento de seus deveres e de atos praticados com culpa ou dolo, ou com violação da lei ou do estatuto.

▶ *Caput* com a redação dada pela Lei nº 10.303, de 31-10-2001.

▶ Arts. 22, II, *d*, e 72 da Lei nº 11.101, de 9-2-2005 (Lei de Recuperação de Empresas e Falências).

§ 1º Os membros do conselho fiscal deverão exercer suas funções no exclusivo interesse da companhia; considerar-se-á abusivo o exercício da função com o fim de causar dano à companhia, ou aos seus acionistas ou administradores, ou de obter, para si ou para outrem, vantagem a que não faz jus e de que resulte, ou possa resultar, prejuízo para a companhia, seus acionistas ou administradores.

§ 2º O membro do conselho fiscal não é responsável pelos atos ilícitos de outros membros, salvo se com eles foi conivente, ou se concorrer para a prática do ato.

▶ §§ 1º e 2º com a redação dada pela Lei nº 10.303, de 31-10-2001.

§ 3º A responsabilidade dos membros do conselho fiscal por omissão no cumprimento de seus deveres é solidária, mas dela se exime o membro dissidente que fizer consignar sua divergência em ata da reunião do órgão e a comunicar aos órgãos da administração e à assembleia-geral.

▶ § 3º acrescido pela Lei nº 10.303, de 31-10-2001.

Art. 165-A. Os membros do conselho fiscal da companhia aberta deverão informar imediatamente as modificações em suas posições acionárias na companhia à Comissão de Valores Mobiliários e às Bolsas de Valores ou entidades do mercado de balcão organizado nas quais os valores mobiliários de emissão da companhia estejam admitidos à negociação, nas condições e na forma determinadas pela Comissão de Valores Mobiliários.

▶ Art. 165-A acrescido pela Lei nº 10.303, de 31-10-2001.

Capítulo XIV
MODIFICAÇÃO DO CAPITAL SOCIAL
Seção I
AUMENTO

Competência

Art. 166. O capital social pode ser aumentado:

▶ Art. 1.081 do CC.

I – por deliberação da assembleia-geral ordinária, para correção da expressão monetária do seu valor (artigo 167);

▶ Arts. 6º e 14 desta Lei.

II – por deliberação da assembleia-geral ou do Conselho de Administração, observado o que a respeito dispuser o estatuto, nos casos de emissão de ações dentro do limite autorizado no estatuto (artigo 168);

III – por conversão, em ações, de debêntures ou partes beneficiárias e pelo exercício de direitos conferidos por bônus de subscrição, ou de opção de compra de ações;

IV – por deliberação da assembleia-geral extraordinária convocada para decidir sobre reforma do estatuto social, no caso de inexistir autorização de aumento, ou de estar a mesma esgotada.

▶ Art. 4º desta Lei.

§ 1º Dentro dos trinta dias subsequentes à efetivação do aumento, a companhia requererá ao Registro do Comércio a sua averbação, nos casos dos nºs I a III, ou o arquivamento da ata da assembleia de reforma do estatuto, no caso do nº IV.

§ 2º O Conselho Fiscal, se em funcionamento, deverá, salvo nos casos do nº III, ser obrigatoriamente ouvido antes da deliberação sobre o aumento de capital.

Correção Monetária Anual

Art. 167. A reserva de capital constituída por ocasião do balanço de encerramento do exercício social e resultante da correção monetária do capital realizado (artigo 182, § 2º) será capitalizada por deliberação da assembleia-geral ordinária que aprovar o balanço.

▶ Arts. 5º, parágrafo único, 6º, 17, § 4º, 132, 166, I, e 297 desta Lei.

§ 1º Na companhia aberta, a capitalização prevista neste artigo será feita sem modificação do número de ações emitidas e com aumento do valor nominal das ações, se for o caso.

▶ Art. 297 desta Lei.

§ 2º A companhia poderá deixar de capitalizar o saldo da reserva correspondente às frações de centavo do valor nominal das ações, ou, se não tiverem valor nominal, à fração inferior a um por cento do capital social.

§ 3º Se a companhia tiver ações com e sem valor nominal, a correção do capital correspondente às ações com valor nominal será feita separadamente, sendo a reserva resultante capitalizada em benefício dessas ações.

Capital Autorizado

Art. 168. O estatuto pode conter autorização para aumento do capital social independentemente de reforma estatutária.

§ 1º A autorização deverá especificar:

a) o limite de aumento, em valor do capital ou em número de ações, e as espécies e classes das ações que poderão ser emitidas;

b) o órgão competente para deliberar sobre as emissões, que poderá ser a assembleia-geral ou o Conselho de Administração;

c) as condições a que estiverem sujeitas as emissões;

d) os casos ou as condições em que os acionistas terão direito de preferência para subscrição, ou de inexistência desse direito (artigo 172).

§ 2º O limite de autorização, quando fixado em valor do capital social, será anualmente corrigido pela assembleia-geral ordinária, com base nos mesmos índices adotados na correção do capital social.

§ 3º O estatuto pode prever que a companhia, dentro do limite de capital autorizado, e de acordo com plano aprovado pela assembleia-geral, outorgue opção de compra de ações a seus administradores ou empregados, ou a pessoas naturais que prestem serviços à companhia ou a sociedade sob seu controle.

Capitalização de Lucros e Reservas

Art. 169. O aumento mediante capitalização de lucros ou de reservas importará alteração do valor nominal das ações ou distribuição das ações novas, correspondentes ao aumento, entre acionistas, na proporção do número de ações que possuírem.

▶ Arts. 6º e 17, § 4º, desta Lei.

§ 1º Na companhia com ações sem valor nominal, a capitalização de lucros ou de reservas poderá ser efetivada sem modificação do número de ações.

§ 2º Às ações distribuídas de acordo com este artigo se estenderão, salvo cláusula em contrário dos instrumentos que os tenham constituído, o usufruto, o fideicomisso, a inalienabilidade e a incomunicabilidade que porventura gravarem as ações de que elas forem derivadas.

§ 3º As ações que não puderem ser atribuídas por inteiro a cada acionista serão vendidas em Bolsa, dividindo-se o produto da venda, proporcionalmente, pelos titulares das frações; antes da venda, a companhia fixará prazo, não inferior a trinta dias, durante o qual os acionistas poderão transferir as frações de ação.

Aumento Mediante Subscrição de Ações

Art. 170. Depois de realizados três quartos, no mínimo, do capital social, a companhia pode aumentá-lo mediante subscrição pública ou particular de ações.

▶ Art. 6º desta Lei.

§ 1º O preço de emissão deverá ser fixado, sem diluição injustificada da participação dos antigos acionistas, ainda que tenham direito de preferência para subscrevê-las, tendo em vista, alternativa ou conjuntamente:

I – a perspectiva de rentabilidade da companhia;
II – o valor do patrimônio líquido da ação;

▶ Súm. nº 371 do STJ.

III – a cotação de suas ações em Bolsa de Valores ou no mercado de balcão organizado, admitido ágio ou deságio em função das condições de mercado.

▶ § 1º com a redação dada pela Lei nº 9.457, de 5-5-1997.

▶ Súm. nº 371 do STJ.

§ 2º A assembleia-geral, quando for de sua competência deliberar sobre o aumento, poderá delegar ao Conselho de Administração a fixação do preço de emissão de ações a serem distribuídas no mercado.

▶ Art. 14 desta Lei.

§ 3º A subscrição de ações para realização em bens será sempre procedida com observância do disposto no artigo 8º, e a ela se aplicará o disposto nos §§ 2º e 3º do artigo 98.

§ 4º As entradas e as prestações da realização das ações poderão ser recebidas pela companhia independentemente de depósito bancário.

§ 5º No aumento de capital observar-se-á, se mediante subscrição pública, o disposto no artigo 82, e se mediante subscrição particular, o que a respeito for deliberado pela assembleia-geral ou pelo Conselho de Administração, conforme dispuser o estatuto.

§ 6º Ao aumento de capital aplica-se, no que couber, o disposto sobre a constituição da companhia, exceto na parte final do § 2º do artigo 82.

§ 7º A proposta de aumento do capital deverá esclarecer qual o critério adotado, nos termos do § 1º deste artigo, justificando pormenorizadamente os aspectos econômicos que determinaram a sua escolha.

▶ § 7º acrescido pela Lei nº 9.457, de 5-5-1997.

Direito de Preferência

Art. 171. Na proporção do número de ações que possuírem, os acionistas terão preferência para a subscrição do aumento de capital.

▶ Arts. 6º, 57, § 1º, 77, parágrafo único, 109, IV, e 253, parágrafo único, desta Lei.

▶ Art. 1.081, § 1º, do CC.

§ 1º Se o capital for dividido em ações de diversas espécies ou classes e o aumento for feito por emissão de mais de uma espécie ou classe, observar-se-ão as seguintes normas:

a) no caso de aumento, na mesma proporção, do número de ações de todas as espécies e classes existentes, cada acionista exercerá o direito de preferência sobre ações idênticas às de que for possuidor;

b) se as ações emitidas forem de espécies e classes existentes, mas importarem alteração das respectivas proporções no capital social, a preferência será exercida sobre ações de espécies e classes idênticas às de que forem possuidores os acionistas, somente se estendendo às demais se aquelas forem insuficientes para lhes assegurar, no capital aumentado, a mesma proporção que tinham no capital antes do aumento;

c) se houver emissão de ações de espécie ou classe diversa das existentes, cada acionista exercerá a preferência, na proporção do número de ações que possuir, sobre ações de todas as espécies e classes do aumento.

§ 2º No aumento mediante capitalização de créditos ou subscrição em bens, será sempre assegurado aos acionistas o direito de preferência e, se for o caso, as importâncias por eles pagas serão entregues ao titular do crédito a ser capitalizado ou do bem a ser incorporado.

§ 3º Os acionistas terão direito de preferência para subscrição das emissões de debêntures conversíveis em ações, bônus de subscrição e partes beneficiárias conversíveis em ações emitidas para alienação onerosa; mas na conversão desses títulos em ações, ou na outorga e no exercício de opção de compra de ações, não haverá direito de preferência.

§ 4º O estatuto ou a assembleia-geral fixará prazo de decadência, não inferior a trinta dias, para o exercício do direito de preferência.

§ 5º No usufruto e no fideicomisso, o direito de preferência, quando não exercido pelo acionista até dez dias antes do vencimento do prazo, poderá sê-lo pelo usufrutuário ou fideicomissário.

§ 6º O acionista poderá ceder seu direito de preferência.

§ 7º Na companhia aberta, o órgão que deliberar sobre a emissão mediante subscrição particular deverá dispor sobre as sobras de valores mobiliários não subscritos, podendo:

a) mandar vendê-las em Bolsa, em benefício da companhia; ou
b) rateá-las, na proporção dos valores subscritos, entre os acionistas que tiverem pedido, no boletim ou lista de subscrição, reserva de sobras; nesse caso, a condição constará dos boletins e listas de subscrição e o saldo não rateado será vendido em Bolsa, nos termos da alínea anterior.

§ 8º Na companhia fechada, será obrigatório o rateio previsto na alínea *b* do § 7º, podendo o saldo, se houver, ser subscrito por terceiros, de acordo com os critérios estabelecidos pela assembleia-geral ou pelos órgãos da administração.

Exclusão do Direito de Preferência

Art. 172. O estatuto da companhia aberta que contiver autorização para o aumento do capital pode prever a emissão, sem direito de preferência para os antigos acionistas, ou com redução do prazo de que trata o § 4º do artigo 171, de ações e debêntures conversíveis em ações, ou bônus de subscrição, cuja colocação seja feita mediante:

▶ *Caput* com a redação dada pela Lei nº 10.303, de 31-10-2001.

I – venda em Bolsa de Valores ou subscrição pública; ou

▶ A alteração que seria introduzida no inciso I pela Lei nº 10.303, de 31-10-2001, foi vetada, razão pela qual mantivemos a sua redação.

II – permuta por ações, em oferta pública de aquisição de controle, nos termos dos artigos 257 e 263.

▶ Inciso II com a redação dada pela Lei nº 10.303, de 31-10-2001.

Parágrafo único. O estatuto da companhia, ainda que fechada, pode excluir o direito de preferência para subscrição de ações nos termos de lei especial sobre incentivos fiscais.

SEÇÃO II

REDUÇÃO

Art. 173. A assembleia-geral poderá deliberar a redução do capital social se houver perda, até o montante dos prejuízos acumulados, ou se julgá-lo excessivo.

▶ Art. 6º desta Lei.
▶ Art. 1.082 do CC.

§ 1º A proposta de redução do capital social, quando de iniciativa dos administradores, não poderá ser submetida à deliberação da assembleia-geral sem o parecer do Conselho Fiscal, se em funcionamento.

§ 2º A partir da deliberação de redução ficarão suspensos os direitos correspondentes às ações cujos certificados tenham sido emitidos, até que sejam apresentados à companhia para substituição.

Oposição dos Credores

Art. 174. Ressalvado o disposto nos artigos 45 e 107, a redução do capital social com restituição aos acionistas de parte do valor das ações, ou pela diminuição do valor destas, quando não integralizadas, à importância das entradas, só se tornará efetiva sessenta dias após a publicação da ata da assembleia-geral que a tiver deliberado.

▶ Art. 6º desta Lei.
▶ Art. 1.084 do CC.

§ 1º Durante o prazo previsto neste artigo, os credores quirografários por títulos anteriores à data da publicação da ata poderão, mediante notificação, de que se dará ciência ao Registro do Comércio da sede da companhia, opor-se à redução do capital; decairão desse direito os credores que o não exercerem dentro do prazo.

§ 2º Findo o prazo, a ata da assembleia-geral que houver deliberado a redução poderá ser arquivada se não tiver havido oposição ou, se tiver havido oposição de algum credor, desde que feita a prova do pagamento do seu crédito ou do depósito judicial da importância respectiva.

§ 3º Se houver em circulação debêntures emitidas pela companhia, a redução do capital, nos casos previstos neste artigo, não poderá ser efetivada sem prévia aprovação pela maioria dos debenturistas, reunidos em assembleia especial.

CAPÍTULO XV
EXERCÍCIO SOCIAL E DEMONSTRAÇÕES FINANCEIRAS

SEÇÃO I

EXERCÍCIO SOCIAL

Art. 175. O exercício social terá duração de um ano e a data do término será fixada no estatuto.

Parágrafo único. Na constituição da companhia e nos casos de alteração estatutária o exercício social poderá ter duração diversa.

SEÇÃO II

DEMONSTRAÇÕES FINANCEIRAS

Disposições Gerais

Art. 176. Ao fim de cada exercício social, a diretoria fará elaborar, com base na escrituração mercantil da companhia, as seguintes demonstrações financeiras, que deverão exprimir com clareza a situação do patrimônio da companhia e as mutações ocorridas no exercício:

I – balanço patrimonial;
II – demonstração dos lucros ou prejuízos acumulados;
III – demonstração do resultado do exercício; e
IV – demonstração dos fluxos de caixa; e

▶ Inciso IV com a redação dada pela Lei nº 11.638, de 28-12-2007.
▶ Art. 188 desta Lei.
▶ Art. 7º da Lei nº 11.638, de 28-12-2007, que altera e revoga dispositivos da Lei nº 6.404, de 15-12-1976, e da Lei nº 6.385, de 7-12-1976, e estende às sociedades de grande porte disposições relativas à elaboração e divulgação de demonstrações financeiras.

V – se companhia aberta, demonstração do valor adicionado.

▶ Inciso V acrescido pela Lei nº 11.638, de 28-12-2007.
▶ Art. 188 desta Lei.
▶ Art. 7º da Lei nº 11.638, de 28-12-2007, que altera e revoga dispositivos da Lei nº 6.404, de 15-12-1976, e da Lei nº 6.385, de 7-12-1976, e estende às sociedades de grande porte disposições relativas à elaboração e divulgação de demonstrações financeiras.

§ 1º As demonstrações de cada exercício serão publicadas com a indicação dos valores correspondentes das demonstrações do exercício anterior.

▶ Art. 295, § 1º, b, desta Lei.

§ 2º Nas demonstrações, as contas semelhantes poderão ser agrupadas; os pequenos saldos poderão ser agregados, desde que indicada a sua natureza e não ultrapassem um décimo do valor do respectivo grupo de contas; mas é vedada a utilização de designações genéricas, como "diversas contas" ou "contas correntes".

§ 3º As demonstrações financeiras registrarão a destinação dos lucros segundo a proposta dos órgãos da administração, no pressuposto de sua aprovação pela assembleia-geral.

▶ Art. 134, § 4º, desta Lei.

§ 4º As demonstrações serão complementadas por notas explicativas e outros quadros analíticos ou demonstrações contábeis necessários para esclarecimento da situação patrimonial e dos resultados do exercício.

§ 5º As notas explicativas devem:

I – apresentar informações sobre a base de preparação das demonstrações financeiras e das práticas contábeis específicas selecionadas e aplicadas para negócios e eventos significativos;

II – divulgar as informações exigidas pelas práticas contábeis adotadas no Brasil que não estejam apresentadas em nenhuma outra parte das demonstrações financeiras;

III – fornecer informações adicionais não indicadas nas próprias demonstrações financeiras e consideradas necessárias para uma apresentação adequada; e

IV – indicar:

a) os principais critérios de avaliação dos elementos patrimoniais, especialmente estoques, dos cálculos de depreciação, amortização e exaustão, de constituição de provisões para encargos ou riscos, e dos ajustes para atender a perdas prováveis na realização de elementos do ativo;
b) os investimentos em outras sociedades, quando relevantes (art. 247, parágrafo único);
c) o aumento de valor de elementos do ativo resultante de novas avaliações (art. 182, § 3º);
d) os ônus reais constituídos sobre elementos do ativo, as garantias prestadas a terceiros e outras responsabilidades eventuais ou contingentes;
e) a taxa de juros, as datas de vencimento e as garantias das obrigações a longo prazo;
f) o número, espécies e classes das ações do capital social;
g) as opções de compra de ações outorgadas e exercidas no exercício;
h) os ajustes de exercícios anteriores (art. 186, § 1º); e
i) os eventos subsequentes à data de encerramento do exercício que tenham, ou possam vir a ter, efeito relevante sobre a situação financeira e os resultados futuros da companhia.

▶ § 5º com a redação dada pela Lei nº 11.941, de 27-5-2009.

§ 6º A companhia fechada com patrimônio líquido, na data do balanço, inferior a R$ 2.000.000,00 (dois milhões de reais) não será obrigada à elaboração e publicação da demonstração dos fluxos de caixa.

▶ § 6º com a redação dada pela Lei nº 11.638, de 28-12-2007.

§ 7º A Comissão de Valores Mobiliários poderá, a seu critério, disciplinar de forma diversa o registro de que trata o § 3º deste artigo.

▶ § 7º com a redação dada pela Lei nº 11.941, de 27-5-2009.

Escrituração

Art. 177. A escrituração da companhia será mantida em registros permanentes, com obediência aos preceitos da legislação comercial e desta Lei e aos princípios de contabilidade geralmente aceitos, devendo observar métodos ou critérios contábeis uniformes no tempo e registrar as mutações patrimoniais segundo o regime de competência.

▶ Art. 61 da Lei nº 11.941, de 27-5-2009, que altera a legislação tributária federal relativa ao parcelamento ordinário de débitos tributários.

§ 1º As demonstrações financeiras do exercício em que houver modificação de métodos ou critérios contábeis, de efeitos relevantes, deverão indicá-la em nota e ressaltar esses efeitos.

§ 2º A companhia observará exclusivamente em livros ou registros auxiliares, sem qualquer modificação da escrituração mercantil e das demonstrações reguladas nesta Lei, as disposições da lei tributária, ou de legislação especial sobre a atividade que constitui seu objeto, que prescrevam, conduzam ou incentivem a utilização de métodos ou critérios contábeis diferentes ou que determinem registros, lançamentos ou ajustes ou a elaboração de outras demonstrações financeiras.

▶ Caput do § 2º com a redação dada pela Lei nº 11.941, de 27-5-2009.

I e II – Revogados. Lei nº 11.941, de 27-5-2009.

§ 3º As demonstrações financeiras das companhias abertas observarão, ainda, as normas expedidas pela Comissão de Valores Mobiliários e serão obrigatoriamente submetidas a auditoria por auditores independentes nela registrados.

▶ § 3º com a redação dada pela Lei nº 11.941, de 27-5-2009.
▶ Art. 22, § 1º, II e IV, da Lei nº 6.385, de 7-12-1976 (Lei do Mercado de Valores Mobiliários).

§ 4º As demonstrações financeiras serão assinadas pelos administradores e por contabilistas legalmente habilitados.

§ 5º As normas expedidas pela Comissão de Valores Mobiliários a que se refere o § 3º deste artigo deverão ser elaboradas em consonância com os padrões internacionais de contabilidade adotados nos principais mercados de valores mobiliários.

§ 6º As companhias fechadas poderão optar por observar as normas sobre demonstrações financeiras expedidas pela Comissão de Valores Mobiliários para as companhias abertas.

▶ §§ 5º e 6º acrescidos pela Lei nº 11.638, de 28-12-2007.

§ 7º Revogado. Lei nº 11.941, de 27-5-2009.

Seção III

BALANÇO PATRIMONIAL

Grupo de Contas

Art. 178. No balanço, as contas serão classificadas segundo os elementos do patrimônio que registrem, e agrupadas de modo a facilitar o conhecimento e a análise da situação financeira da companhia.

▶ Art. 1.179 do CC.

§ 1º No ativo, as contas serão dispostas em ordem decrescente de grau de liquidez dos elementos nelas registrados, nos seguintes grupos:

I – ativo circulante; e
II – ativo não circulante, composto por ativo realizável a longo prazo, investimentos, imobilizado e intangível.

▶ Incisos I e II com a redação dada pela Lei nº 11.941, de 27-5-2009.

§ 2º No passivo, as contas serão classificadas nos seguintes grupos:

I – passivo circulante;
II – passivo não circulante; e
III – patrimônio líquido, dividido em capital social, reservas de capital, ajustes de avaliação patrimonial, reservas de lucros, ações em tesouraria e prejuízos acumulados.

▶ Incisos I a III com a redação dada pela Lei nº 11.941, de 27-5-2009.

§ 3º Os saldos devedores e credores que a companhia não tiver direito de compensar serão classificados separadamente.

Ativo

Art. 179. As contas serão classificadas do seguinte modo:

I – no ativo circulante: as disponibilidades, os direitos realizáveis no curso do exercício social subsequente e as aplicações de recursos em despesas do exercício seguinte;
II – no ativo realizável a longo prazo: os direitos realizáveis após o término do exercício seguinte, assim como os derivados de vendas, adiantamentos ou empréstimos a sociedades coligadas ou controladas (artigo 243), diretores, acionistas ou participantes no lucro da companhia, que não constituírem negócios usuais na exploração do objeto da companhia;
III – em investimentos: as participações permanentes em outras sociedades e os direitos de qualquer natureza, não classificáveis no ativo circulante, e que não se destinem à manutenção da atividade da companhia ou da empresa;
IV – no ativo imobilizado: os direitos que tenham por objeto bens corpóreos destinados à manutenção das atividades da companhia ou da empresa ou exercidos com essa finalidade, inclusive os decorrentes de operações que transfiram à companhia os benefícios, riscos e controle desses bens;

▶ Inciso IV com a redação dada pela Lei nº 11.638, de 28-12-2007.

V – *Revogado*. Lei nº 11.941, de 27-5-2009.

▶ Inciso VI acrescido pela Lei nº 11.638, de 28-12-2007.

Parágrafo único. Na companhia em que o ciclo operacional da empresa tiver duração maior que o exercício social, a classificação no circulante ou longo prazo terá por base o prazo desse ciclo.

Passivo Exigível

Art. 180. As obrigações da companhia, inclusive financiamentos para aquisição de direitos do ativo não circulante, serão classificadas no passivo circulante, quando se vencerem no exercício seguinte, e no passivo não circulante, se tiverem vencimento em prazo maior, observado o disposto no parágrafo único do art. 179 desta Lei.

▶ Artigo com a redação dada pela Lei nº 11.941, de 27-5-2009.

Resultados de Exercícios Futuros

Art. 181. *Revogado*. Lei nº 11.941, de 27-5-2009.

Patrimônio Líquido

Art. 182. A conta do capital social discriminará o montante subscrito e, por dedução, a parcela ainda não realizada.

▶ Arts. 13, § 2º, 17, § 5º, 193, § 1º, e 204, § 1º, desta Lei.

§ 1º Serão classificadas como reservas de capital as contas que registrarem:

a) a contribuição do subscritor de ações que ultrapassar o valor nominal e a parte do preço de emissão das ações, sem valor nominal, que ultrapassar a importância destinada à formação do capital social, inclusive nos casos de conversão em ações de debêntures ou partes beneficiárias;
b) o produto da alienação de partes beneficiárias e bônus de subscrição;

c e d) *Revogadas*. Lei nº 11.638, de 28-12-2007.

§ 2º Será ainda registrado como reserva de capital o resultado da correção monetária do capital realizado, enquanto não capitalizado.

▶ Art. 167 desta Lei.

§ 3º Serão classificadas como ajustes de avaliação patrimonial, enquanto não computadas no resultado do exercício em obediência ao regime de competência, as contrapartidas de aumentos ou diminuições de valor atribuídos a elementos do ativo e do passivo, em decorrência da sua avaliação a valor justo, nos casos previstos nesta Lei ou, em normas expedidas pela Comissão de Valores Mobiliários, com base na competência conferida pelo § 3º do art. 177 desta Lei.

▶ § 3º com a redação dada pela Lei nº 11.941, de 27-5-2009.

§ 4º Serão classificadas como reservas de lucros as contas constituídas pela apropriação de lucros da companhia.

§ 5º As ações em tesouraria deverão ser destacadas no balanço como dedução da conta do patrimônio líquido que registrar a origem dos recursos aplicados na sua aquisição.

Critérios de Avaliação do Ativo

Art. 183. No balanço, os elementos do ativo serão avaliados segundo os seguintes critérios:

I – as aplicações em instrumentos financeiros, inclusive derivativos, e em direitos e títulos de créditos, classificados no ativo circulante ou no realizável a longo prazo:

▶ *Caput* do Inciso I com a redação dada pela Lei nº 11.638, de 28-12-2007.

a) pelo seu valor justo, quando se tratar de aplicações destinadas à negociação ou disponíveis para venda; e

▶ Alínea *a* com a redação dada pela Lei nº 11.941, de 27-5-2009.

b) pelo valor de custo de aquisição ou valor de emissão, atualizado conforme disposições legais ou contratuais, ajustado ao valor provável de realização, quando este for inferior, no caso das demais aplicações e os direitos e títulos de crédito;

▶ Alínea *b* acrescida pela Lei nº 11.638, de 28-12-2007.

II – os direitos que tiverem por objeto mercadorias e produtos do comércio da companhia, assim como matérias-primas, produtos em fabricação e bens em almoxarifado, pelo custo de aquisição ou produção, deduzido de provisão para ajustá-lo ao valor de mercado, quando este for inferior;
III – os investimentos em participação no capital social de outras sociedades, ressalvado o disposto nos artigos 248 a 250, pelo custo de aquisição, deduzido de provisão para perdas prováveis na realização do seu valor, quando essa perda estiver comprovada como permanente, e que não será modificado em razão do recebimento, sem custo para a companhia, de ações ou quotas bonificadas;
IV – os demais investimentos, pelo custo de aquisição, deduzido de provisão para atender às perdas prováveis na realização do seu valor, ou para redução do custo de aquisição ao valor de mercado, quando este for inferior;
V – os direitos classificados no imobilizado, pelo custo de aquisição, deduzido do saldo da respectiva conta de depreciação, amortização ou exaustão;
VI – *Revogado*. Lei nº 11.941, de 27-5-2009;
VII – os direitos classificados no intangível, pelo custo incorrido na aquisição deduzido do saldo da respectiva conta de amortização;
VIII – os elementos do ativo decorrentes de operações de longo prazo serão ajustados a valor presente, sendo os demais ajustados quando houver efeito relevante.

▶ Incisos VII e VIII acrescidos pela Lei nº 11.638, de 28-12-2007.

§ 1º Para efeitos do disposto neste artigo, considera-se valor justo:

▶ *Caput* do § 1º com a redação dada pela Lei nº 11.941, de 27-5-2009.

▶ Art. 256, II, *b*, desta Lei.

a) das matérias-primas e dos bens em almoxarifado, o preço pelo qual possam ser repostos, mediante compra no mercado;
b) dos bens ou direitos destinados à venda, o preço líquido de realização mediante venda no mercado, deduzidos os impostos e demais despesas necessárias para a venda, e a margem de lucro;
c) dos investimentos, o valor líquido pelo qual possam ser alienados a terceiros;
d) dos instrumentos financeiros, o valor que pode se obter em um mercado ativo, decorrente de transação não compulsória realizada entre partes independentes; e, na ausência de um mercado ativo para um determinado instrumento financeiro:

1) o valor que se pode obter em um mercado ativo com a negociação de outro instrumento financeiro de natureza, prazo e risco similares;
2) o valor presente líquido dos fluxos de caixa futuros para instrumentos financeiros de natureza, prazo e risco similares; ou
3) o valor obtido por meio de modelos matemático-estatísticos de precificação de instrumentos financeiros.

▶ Alínea *d* acrescida pela Lei nº 11.638, de 28-12-2007.

§ 2º A diminuição do valor dos elementos dos ativos imobilizado e intangível será registrada periodicamente nas contas de:

▶ *Caput* do § 2º com a redação dada pela Lei nº 11.941, de 27-5-2009.

a) depreciação, quando corresponder à perda do valor dos direitos que têm por objeto bens físicos sujeitos a desgaste ou perda de utilidade por uso, ação da natureza ou obsolescência;
b) amortização, quando corresponder à perda do valor do capital aplicado na aquisição de direitos da propriedade industrial ou comercial e quaisquer outros com existência ou exercício de duração limitada, ou cujo objeto sejam bens de utilização por prazo legal ou contratualmente limitado;
c) exaustão, quando corresponder à perda do valor, decorrente da sua exploração, de direitos cujo objeto sejam recursos minerais ou florestais, ou bens aplicados nessa exploração.

§ 3º A companhia deverá efetuar, periodicamente, análise sobre a recuperação dos valores registrados no imobilizado e no intangível, a fim de que sejam:

▶ *Caput* do § 3º com a redação dada pela Lei nº 11.941, de 27-5-2009.

I – registradas as perdas de valor do capital aplicado quando houver decisão de interromper os empreendimentos ou atividades a que se destinavam ou quando comprovado que não poderão produzir resultados suficientes para recuperação desse valor; ou
II – revisados e ajustados os critérios utilizados para determinação da vida útil econômica estimada e para cálculo da depreciação, exaustão e amortização.

▶ Incisos I e II acrescidos pela Lei nº 11.638, de 28-12-2007.

§ 4º Os estoques de mercadorias fungíveis destinadas à venda poderão ser avaliados pelo valor de mercado, quando esse for o costume mercantil aceito pela técnica contábil.

Critérios de Avaliação do Passivo

Art. 184. No balanço, os elementos do passivo serão avaliados de acordo com os seguintes critérios:

▶ Art. 1.179 do CC.

I – as obrigações, encargos e riscos, conhecidos ou calculáveis, inclusive Imposto de Renda a pagar com base no resultado do exercício, serão computados pelo valor atualizado até a data do balanço;
II – as obrigações em moeda estrangeira, com cláusula de paridade cambial, serão convertidas em moeda nacional à taxa de câmbio em vigor na data do balanço;

III – as obrigações, os encargos e os riscos classificados no passivo não circulante serão ajustados ao seu valor presente, sendo os demais ajustados quando houver efeito relevante.

▶ Inciso III com a redação dada pela Lei nº 11.941, de 27-5-2009.

Critérios de Avaliação em Operações Societárias

▶ Denominação com a redação dada pela Lei nº 11.941, de 27-5-2009.

Art. 184-A. A Comissão de Valores Mobiliários estabelecerá, com base na competência conferida pelo § 3º do art. 177 desta Lei, normas especiais de avaliação e contabilização aplicáveis à aquisição de controle, participações societárias ou negócios.

▶ Art. 184-A acrescido pela Lei nº 11.941, de 27-5-2009.

Correção Monetária

Art. 185. *Revogado.* Lei nº 7.730, de 31-1-1989.

SEÇÃO IV

DEMONSTRAÇÃO DE LUCROS OU PREJUÍZOS ACUMULADOS

Art. 186. A demonstração dos lucros ou prejuízos acumulados discriminará:

I – o saldo do início do período, os ajustes de exercícios anteriores e a correção monetária do saldo inicial;
II – as reversões de reservas e o lucro líquido do exercício;
III – as transferências para reservas, os dividendos, a parcela dos lucros incorporada ao capital e o saldo ao fim do período.

§ 1º Como ajustes de exercícios anteriores serão considerados apenas os decorrentes de efeitos da mudança de critério contábil, ou da retificação de erro imputável a determinado exercício anterior, e que não possam ser atribuídos a fatos subsequentes.

§ 2º A demonstração de lucros ou prejuízos acumulados deverá indicar o montante do dividendo por ação do capital social e poderá ser incluída na demonstração das mutações do patrimônio líquido, se elaborada e publicada pela companhia.

SEÇÃO V

DEMONSTRAÇÃO DO RESULTADO DO EXERCÍCIO

Demonstração do Resultado do Exercício

Art. 187. A demonstração do resultado do exercício discriminará:

I – a receita bruta das vendas e serviços, as deduções das vendas, os abatimentos e os impostos;
II – a receita líquida das vendas e serviços, o custo das mercadorias e serviços vendidos e o lucro bruto;
III – as despesas com as vendas, as despesas financeiras, deduzidas das receitas, as despesas gerais e administrativas, e outras despesas operacionais;
IV – o lucro ou prejuízo operacional, as outras receitas e as outras despesas;

▶ Inciso IV com a redação dada pela Lei nº 11.941, de 27-5-2009.
▶ Art. 60 da Lei nº 11.941, de 27-5-2009, que altera a legislação tributária federal relativa ao parcelamento ordinário de débitos tributários.

V – o resultado do exercício antes do Imposto de Renda e a provisão para o imposto;

VI – as participações de debêntures, empregados, administradores e partes beneficiárias, mesmo na forma de instrumentos financeiros, e de instituições ou fundos de assistência ou previdência de empregados, que não se caracterizem como despesa;

▶ Inciso VI com a redação dada pela Lei nº 11.941, de 27-5-2009.

VII – o lucro ou prejuízo líquido do exercício e o seu montante por ação do capital social.

▶ Art. 256, II, c, desta Lei.

§ 1º Na determinação do resultado do exercício serão computados:

a) as receitas e os rendimentos ganhos no período, independentemente da sua realização em moeda; e
b) os custos, despesas, encargos e perdas, pagos ou incorridos, correspondentes a essas receitas e rendimentos.

§ 2º *Revogado.* Lei nº 11.638, de 28-12-2007.

SEÇÃO VI

DEMONSTRAÇÃO DAS ORIGENS E APLICAÇÕES DE RECURSOS

▶ Seção VI com a denominação dada pela Lei nº 11.638, de 28-12-2007.

Demonstrações dos Fluxos de Caixa e do Valor Adicionado

Art. 188. As demonstrações referidas nos incisos IV e V do *caput* do art. 176 desta Lei indicarão, no mínimo:

▶ *Caput* com a redação dada pela Lei nº 11.638, de 28-12-2007.

I – demonstração dos fluxos de caixa – as alterações ocorridas, durante o exercício, no saldo de caixa e equivalentes de caixa, segregando-se essas alterações em, no mínimo, 3 (três) fluxos:

a) das operações;
b) dos financiamentos; e
c) dos investimentos;

II – demonstração do valor adicionado – o valor da riqueza gerada pela companhia, a sua distribuição entre os elementos que contribuíram para a geração dessa riqueza, tais como empregados, financiadores, acionistas, governo e outros, bem como a parcela da riqueza não distribuída.

▶ Incisos I e II com a redação dada pela Lei nº 11.638, de 28-12-2007.

III e IV – *Revogados.* Lei nº 11.941, de 27-5-2009.

CAPÍTULO XVI

LUCROS, RESERVAS E DIVIDENDOS

SEÇÃO I

LUCRO

Dedução de Prejuízos e Imposto sobre a Renda

Art. 189. Do resultado do exercício serão deduzidos, antes de qualquer participação, os prejuízos acumulados e a provisão para o Imposto sobre a Renda.

Parágrafo único. O prejuízo do exercício será obrigatoriamente absorvido pelos lucros acumulados, pelas reservas de lucros e pela reserva legal, nessa ordem.

Participações

Art. 190. As participações estatutárias de empregados, administradores e partes beneficiárias serão determinadas, sucessivamente e nessa ordem, com base nos lucros que remanescerem depois de deduzida a participação anteriormente calculada.

▶ Arts. 46, § 1º, 152 e 191 desta Lei.

Parágrafo único. Aplica-se ao pagamento das participações dos administradores e das partes beneficiárias o disposto nos parágrafos do artigo 201.

Lucro Líquido

Art. 191. Lucro líquido do exercício é o resultado do exercício que remanescer depois de deduzidas as participações de que trata o artigo 190.

Proposta de Destinação do Lucro

Art. 192. Juntamente com as demonstrações financeiras do exercício, os órgãos da administração da companhia apresentarão à assembleia-geral ordinária, observado o disposto nos artigos 193 a 203 e no estatuto, proposta sobre a destinação a ser dada ao lucro líquido do exercício.

SEÇÃO II

RESERVAS E RETENÇÃO DE LUCROS

Reserva Legal

Art. 193. Do lucro líquido do exercício, cinco por cento serão aplicados, antes de qualquer outra destinação, na constituição da reserva legal, que não excederá de vinte por cento do capital social.

▶ Arts. 192, 197 e 202, I, desta Lei.

§ 1º A companhia poderá deixar de constituir a reserva legal no exercício em que o saldo dessa reserva, acrescido do montante das reservas de capital de que trata o § 1º do artigo 182, exceder de trinta por cento do capital social.

§ 2º A reserva legal tem por fim assegurar a integridade do capital social e somente poderá ser utilizada para compensar prejuízos ou aumentar o capital.

Reservas Estatutárias

Art. 194. O estatuto poderá criar reservas desde que, para cada uma:

▶ Arts. 192, 193, 197, 198 e 203 desta Lei.

I – indique, de modo preciso e completo, a sua finalidade;

II – fixe os critérios para determinar a parcela anual dos lucros líquidos que serão destinados à sua constituição; e

III – estabeleça o limite máximo da reserva.

Reservas para Contingências

Art. 195. A assembleia-geral poderá, por proposta dos órgãos da administração, destinar parte do lucro líquido à formação de reserva com a finalidade de compensar, em exercício futuro, a diminuição do lucro decorrente de perda julgada provável, cujo valor possa ser estimado.

▶ Arts. 192, 197, 202, II, e 203 desta Lei.

§ 1º A proposta dos órgãos da administração deverá indicar a causa da perda prevista e justificar, com as razões de prudência que a recomendem, a constituição da reserva.

§ 2º A reserva será revertida no exercício em que deixarem de existir as razões que justificarem a sua constituição ou em que ocorrer a perda.

Reserva de Incentivos Fiscais

Art. 195-A. A assembleia-geral poderá, por proposta dos órgãos de administração, destinar para a reserva de incentivos fiscais a parcela do lucro líquido decorrente de doações ou subvenções governamentais para investimentos, que poderá ser excluída da base de cálculo do dividendo obrigatório (inciso I do *caput* do art. 202 desta Lei).

▶ Artigo acrescido pela Lei nº 11.638, de 28-12-2007.

Retenção de Lucros

Art. 196. A assembleia-geral poderá, por proposta dos órgãos da administração, deliberar reter parcela do lucro líquido do exercício prevista em orçamento de capital por ela previamente aprovado.

▶ Arts. 192, 197, 198 e 203 desta Lei.

§ 1º O orçamento, submetido pelos órgãos da administração com a justificativa da retenção de lucros proposta, deverá compreender todas as fontes de recursos e aplicações de capital, fixo ou circulante, e poderá ter a duração de até cinco exercícios, salvo no caso de execução, por prazo maior, de projeto de investimento.

§ 2º O orçamento poderá ser aprovado pela assembleia-geral ordinária que deliberar sobre o balanço do exercício e revisado anualmente, quando tiver duração superior a um exercício social.

▶ § 2º com a redação dada pela Lei nº 10.303, de 31-10-2001.

Reservas de Lucros a Realizar

Art. 197. No exercício em que o montante do dividendo obrigatório, calculado nos termos do estatuto ou do artigo 202, ultrapassar a parcela realizada do lucro líquido do exercício, a assembleia-geral poderá, por proposta dos órgãos de administração, destinar o excesso à constituição de reserva de lucros a realizar.

▶ *Caput* com a redação dada pela Lei nº 10.303, de 31-10-2001.

§ 1º Para os efeitos deste artigo, considera-se realizada a parcela do lucro líquido do exercício que exceder da soma dos seguintes valores:

▶ *Caput* do § 1º acrescido pela Lei nº 10.303, de 31-10-2001.

I – o resultado líquido positivo da equivalência patrimonial (artigo 248); e

▶ Inciso I acrescido pela Lei nº 10.303, de 31-10-2001.

II – o lucro, rendimento ou ganho líquidos em operações ou contabilização de ativo e passivo pelo valor de mercado, cujo prazo de realização financeira ocorra após o término do exercício social seguinte.

▶ Inciso II com a redação dada pela Lei nº 11.638, de 28-12-2007.

§ 2º A reserva de lucros a realizar somente poderá ser utilizada para pagamento do dividendo obrigatório e, para efeito do inciso III do artigo 202, serão considerados como integrantes da reserva os lucros a realizar de cada exercício que forem os primeiros a serem realizados em dinheiro.

▶ § 2º acrescido pela Lei nº 10.303, de 31-10-2001.

Limite da Constituição de Reservas e Retenção de Lucros

Art. 198. A destinação dos lucros para constituição das reservas de que trata o artigo 194 e a retenção nos termos do artigo 196 não poderão ser aprovadas, em cada exercício, em prejuízo da distribuição do dividendo obrigatório (artigo 202).

Limite do Saldo das Reservas de Lucros

Art. 199. O saldo das reservas de lucros, exceto as para contingências, de incentivos fiscais e de lucros a realizar, não poderá ultrapassar o capital social. Atingindo esse limite, a assembleia deliberará sobre aplicação do excesso na integralização ou no aumento do capital social ou na distribuição de dividendos.

▶ Artigo com a redação dada pela Lei nº 11.638, de 28-12-2007.
▶ Arts. 192 e 296, § 5º, desta Lei.

Reservas de Capital

Art. 200. As reservas de capital somente poderão ser utilizadas para:

▶ Art. 192 desta Lei.

I – absorção de prejuízos que ultrapassarem os lucros acumulados e as reservas de lucros (artigo 189, parágrafo único);
II – resgate, reembolso ou compra de ações;
III – resgate de partes beneficiárias;
IV – incorporação ao capital social;
V – pagamento de dividendo a ações preferenciais, quando essa vantagem lhes for assegurada (artigo 17, § 5º).

Parágrafo único. A reserva constituída com o produto da venda de partes beneficiárias poderá ser destinada ao resgate desses títulos.

SEÇÃO III

DIVIDENDOS

Origem

Art. 201. A companhia somente pode pagar dividendos à conta de lucro líquido do exercício, de lucros acumulados e de reserva de lucros; e à conta de reserva de capital, no caso das ações preferenciais de que trata o § 5º do artigo 17.

▶ Arts. 190, parágrafo único, e 192 desta Lei.
▶ Art. 177, § 1º, VI, do CP.

§ 1º A distribuição de dividendos com inobservância do disposto neste artigo implica responsabilidade solidária dos administradores e fiscais, que deverão repor à caixa social a importância distribuída, sem prejuízo da ação penal que no caso couber.

▶ Art. 1.107 do CC.

§ 2º Os acionistas não são obrigados a restituir os dividendos que em boa-fé tenham recebido. Presume-se a má-fé quando os dividendos forem distribuídos sem o levantamento do balanço ou em desacordo com os resultados deste.

Dividendo Obrigatório

Art. 202. Os acionistas têm direito de receber como dividendo obrigatório, em cada exercício, a parcela dos lucros estabelecida no estatuto ou, se este for omisso, a importância determinada de acordo com as seguintes normas:

▶ *Caput* com a redação dada pela Lei nº 10.303, de 31-10-2001.

I – metade do lucro líquido do exercício diminuído ou acrescido dos seguintes valores:
a) importância destinada à constituição da reserva legal (artigo 193); e
b) importância destinada à formação da reserva para contingências (artigo 195) e reversão da mesma reserva formada em exercícios anteriores;

II – o pagamento do dividendo determinado nos termos do inciso I poderá ser limitado ao montante do lucro líquido do exercício que tiver sido realizado, desde que a diferença seja registrada como reserva de lucros a realizar (artigo 197);

III – os lucros registrados na reserva de lucros a realizar, quando realizados e se não tiverem sido absorvidos por prejuízos em exercícios subsequentes, deverão ser acrescidos ao primeiro dividendo declarado após a realização.

▶ Incisos I a III com a redação dada pela Lei nº 10.303, de 31-10-2001.

§ 1º O estatuto poderá estabelecer o dividendo como porcentagem do lucro ou do capital social, ou fixar outros critérios para determiná-lo, desde que sejam regulados com precisão e minúcia e não sujeitem os acionistas minoritários ao arbítrio dos órgãos de administração ou da maioria.

▶ Art. 296, § 4º, desta Lei.

§ 2º Quando o estatuto for omisso e a assembleia-geral deliberar alterá-lo para introduzir norma sobre a matéria, o dividendo obrigatório não poderá ser inferior a vinte e cinco por cento do lucro líquido ajustado nos termos do inciso I deste artigo.

§ 3º A assembleia-geral pode, desde que não haja oposição de qualquer acionista presente, deliberar a distribuição de dividendo inferior ao obrigatório, nos termos deste artigo, ou a retenção de todo o lucro líquido, nas seguintes sociedades:

I – companhias abertas exclusivamente para a captação de recursos por debêntures não conversíveis em ações;
II – companhias fechadas, exceto nas controladas por companhias abertas que não se enquadrem na condição prevista no inciso I.

▶ §§ 2º e 3º com a redação dada pela Lei nº 10.303, de 31-10-2001.

§ 4º O dividendo previsto neste artigo não será obrigatório no exercício social em que os órgãos da administração informarem à assembleia-geral ordinária ser ele incompatível com a situação financeira da companhia. O Conselho Fiscal, se em funcionamento, deverá dar parecer sobre essa informação e, na companhia aberta, seus administradores encaminharão à Comissão de Valores Mobiliários, dentro de cinco dias da realização da assembleia-geral, exposição justificativa da informação transmitida à assembleia.

§ 5º Os lucros que deixarem de ser distribuídos nos termos do § 4º serão registrados como reserva especial e, se não absorvidos por prejuízos em exercícios subsequentes, deverão ser pagos como dividendo assim que o permitir a situação financeira da companhia.

§ 6º Os lucros não destinados nos termos dos artigos 193 a 197 deverão ser distribuídos como dividendos.

▶ § 6º acrescido pela Lei nº 10.303, de 31-10-2001.

Dividendos de Ações Preferenciais

Art. 203. O disposto nos artigos 194 a 197, e 202, não prejudicará o direito dos acionistas preferenciais de receber os dividendos fixos ou mínimos a que tenham prioridade, inclusive os atrasados, se cumulativos.

▶ Art. 192 desta Lei.

▶ Art. 2º da Lei nº 8.920, de 20-7-1994, que veda o pagamento de dividendos e de participações nos lucros, com base em saldo credor da conta de correção monetária, apurado por empresas controladas pelo Poder Público.

Dividendos Intermediários

Art. 204. A companhia que, por força de lei ou de disposição estatutária, levantar balanço semestral, poderá declarar, por deliberação dos órgãos de administração, se autorizados pelo estatuto, dividendo à conta do lucro apurado nesse balanço.

▶ Art. 31 da Lei nº 4.595, de 31-12-1964 (Lei do Sistema Financeiro Nacional).

§ 1º A companhia poderá, nos termos de disposição estatutária, levantar balanço e distribuir dividendos em períodos menores, desde que o total dos dividendos pagos em cada semestre do exercício social não exceda o montante das reservas de capital de que trata o § 1º do artigo 182.

§ 2º O estatuto poderá autorizar os órgãos de administração a declarar dividendos intermediários, à conta de lucros acumulados ou de reservas de lucros existentes no último balanço anual ou semestral.

Pagamento de Dividendos

Art. 205. A companhia pagará o dividendo de ações nominativas à pessoa que, na data do ato de declaração do dividendo, estiver inscrita como proprietária ou usufrutuária da ação.

§ 1º Os dividendos poderão ser pagos por cheque nominativo remetido por via postal para o endereço comunicado pelo acionista à companhia, ou mediante crédito em conta corrente bancária aberta em nome do acionista.

§ 2º Os dividendos das ações em custódia bancária ou em depósito nos termos dos artigos 41 e 43 serão pagos pela companhia à instituição financeira depositária, que será responsável pela sua entrega aos titulares das ações depositadas.

§ 3º O dividendo deverá ser pago, salvo deliberação em contrário da assembleia-geral, no prazo de sessenta dias da data em que for declarado e, em qualquer caso, dentro do exercício social.

Capítulo XVII
DISSOLUÇÃO, LIQUIDAÇÃO E EXTINÇÃO

Seção I

DISSOLUÇÃO

Art. 206. Dissolve-se a companhia:

▶ Art. 209, I e II, desta Lei.
▶ Súm. nº 435 do STJ.

I – de pleno direito:

a) pelo término do prazo de duração;
b) nos casos previstos no estatuto;
c) por deliberação da assembleia-geral (artigo 136, X);

▶ Alínea c com a redação dada pela Lei nº 9.457, de 5-5-1997.

d) pela existência de um único acionista, verificada em assembleia-geral ordinária, se o mínimo de dois não for reconstituído até à do ano seguinte, ressalvado o disposto no artigo 251;
e) pela extinção, na forma da lei, da autorização para funcionar;

II – por decisão judicial:

▶ Art. 209 desta Lei.

a) quando anulada a sua constituição, em ação proposta por qualquer acionista;
b) quando provado que não pode preencher o seu fim, em ação proposta por acionistas que representem cinco por cento ou mais do capital social;
c) em caso de falência, na forma prevista na respectiva lei;

III – por decisão de autoridade administrativa competente, nos casos e na forma previstos em lei especial.

Efeitos

Art. 207. A companhia dissolvida conserva a personalidade jurídica, até a extinção, com o fim de proceder à liquidação.

Seção II

LIQUIDAÇÃO

Liquidação pelos Órgãos da Companhia

Art. 208. Silenciando o estatuto, compete à assembleia-geral, nos casos do nº I do artigo 206, determinar o modo de liquidação e nomear o liquidante e o Conselho Fiscal que devam funcionar durante o período de liquidação.

▶ Arts. 1.102 e 1.103 do CC.

§ 1º A companhia que tiver Conselho de Administração poderá mantê-lo, competindo-lhe nomear o liquidante; o funcionamento do Conselho Fiscal será permanente ou a pedido de acionistas, conforme dispuser o estatuto.

§ 2º O liquidante poderá ser destituído, a qualquer tempo, pelo órgão que o tiver nomeado.

Liquidação Judicial

Art. 209. Além dos casos previstos no nº II do artigo 206, a liquidação será processada judicialmente:

▶ Arts. 1.102 e 1.103 do CC.

I – a pedido de qualquer acionista, se os administradores ou a maioria de acionistas deixarem de promover a liquidação, ou a ela se opuserem, nos casos do nº I do artigo 206;

II – a requerimento do Ministério Público, à vista de comunicação da autoridade competente, se a companhia, nos trinta dias subsequentes à dissolução, não iniciar a liquidação ou se, após iniciá-la, interrompê-la por mais de quinze dias, no caso da alínea e do nº I do artigo 206.

Parágrafo único. Na liquidação judicial será observado o disposto na lei processual, devendo o liquidante ser nomeado pelo juiz.

▶ Art. 1.111 do CC.

Deveres do Liquidante

Art. 210. São deveres do liquidante:

▶ Arts. 1.102 e 1.103 do CC.

I – arquivar e publicar a ata da assembleia-geral, ou certidão de sentença, que tiver deliberado ou decidido a liquidação;
II – arrecadar os bens, livros e documentos da companhia, onde quer que estejam;
III – fazer levantar, de imediato, em prazo não superior ao fixado pela assembleia-geral ou pelo juiz, o balanço patrimonial da companhia;
IV – ultimar os negócios da companhia, realizar o ativo, pagar o passivo, e partilhar o remanescente entre os acionistas;
V – exigir dos acionistas, quando o ativo não bastar para a solução do passivo, a integralização de suas ações;
VI – convocar a assembleia-geral, nos casos previstos em lei ou quando julgar necessário;
VII – confessar a falência da companhia e pedir concordata, nos casos previstos em lei;

▶ Lei nº 11.101, de 9-2-2005 (Lei de Recuperação de Empresas e Falências).

VIII – finda a liquidação, submeter à assembleia-geral relatório dos atos e operações da liquidação e suas contas finais;
IX – arquivar e publicar a ata da assembleia-geral que houver encerrado a liquidação.

Poderes do Liquidante

▶ Lei nº 8.639, de 31-3-1993, disciplina o uso de caracteres nas publicações obrigatórias.

Art. 211. Compete ao liquidante representar a companhia e praticar todos os atos necessários à liquidação, inclusive alienar bens móveis ou imóveis, transigir, receber e dar quitação.

▶ Arts. 1.102, 1.103 e 1.105 do CC.

Parágrafo único. Sem expressa autorização da assembleia-geral o liquidante não poderá gravar bens e contrair empréstimos, salvo quando indispensáveis ao pagamento de obrigações inadiáveis, nem prosseguir, ainda que para facilitar a liquidação, na atividade social.

▶ Art. 1.105 do CC.

Denominação da Companhia

Art. 212. Em todos os atos ou operações, o liquidante deverá usar a denominação social seguida das palavras "em liquidação".

▶ Arts. 1.102 e 1.103 do CC.

Assembleia-Geral

Art. 213. O liquidante convocará a assembleia-geral cada seis meses, para prestar-lhe contas dos atos e operações praticados no semestre e apresentar-lhe o relatório e o balanço do estado da liquidação; a assembleia-geral pode fixar, para essas prestações de contas, períodos menores ou maiores que, em qualquer caso, não serão inferiores a três nem superiores a doze meses.

▶ Arts. 1.102 e 1.103 do CC.

§ 1º Nas assembleias-gerais da companhia em liquidação todas as ações gozam de igual direito de voto, tornando-se ineficazes as restrições ou limitações porventura existentes em relação às ações ordinárias ou preferenciais; cessando o estado de liquidação, restaura-se a eficácia das restrições ou limitações relativas ao direito de voto.

§ 2º No curso da liquidação judicial, as assembleias-gerais necessárias para deliberar sobre os interesses da liquidação serão convocadas por ordem do juiz, a quem compete presidi-las e resolver, sumariamente, as dúvidas e litígios que forem suscitados. As atas das assembleias-gerais serão, por cópias autênticas, apensadas ao processo judicial.

▶ Art. 1.112 do CC.

Pagamento do Passivo

Art. 214. Respeitados os direitos dos credores preferenciais, o liquidante pagará as dívidas sociais proporcionalmente e sem distinção entre vencidas e vincendas, mas, em relação a estas, com desconto às taxas bancárias.

▶ Arts. 1.102, 1.103 e 1.106 do CC.

Parágrafo único. Se o ativo for superior ao passivo, o liquidante poderá, sob sua responsabilidade pessoal, pagar integralmente as dívidas vencidas.

Partilha do Ativo

Art. 215. A assembleia-geral pode deliberar que antes de ultimada a liquidação, e depois de pagos todos os credores, se façam rateios entre os acionistas, à proporção que se forem apurando os haveres sociais.

▶ Arts. 1.102, 1.103 e 1.107 do CC.

§ 1º É facultado à assembleia-geral aprovar, pelo voto de acionistas que representem noventa por cento, no mínimo, das ações depois de pagos ou garantidos os credores, condições especiais para a partilha do ativo remanescente, com a atribuição de bens aos sócios, pelo valor contábil ou outro por ela fixado.

§ 2º Provado pelo acionista dissidente (artigo 216, § 2º) que as condições especiais de partilha visaram a favorecer a maioria, em detrimento da parcela que lhe tocaria, se inexistissem tais condições, será a partilha suspensa, se não consumada, ou, se já consumada, os acionistas majoritários indenizarão os minoritários pelos prejuízos apurados.

Prestação de Contas

Art. 216. Pago o passivo e rateado o ativo remanescente, o liquidante convocará a assembleia-geral para a prestação final das contas.

▶ Arts. 1.102, 1.103, 1.108 e 1.109 do CC.

§ 1º Aprovadas as contas, encerra-se a liquidação e a companhia se extingue.

§ 2º O acionista dissidente terá o prazo de trinta dias, a contar da publicação da ata, para promover a ação que lhe couber.

▶ Art. 215, § 2º, desta Lei.

Responsabilidade na Liquidação

Art. 217. O liquidante terá as mesmas responsabilidades do administrador, e os deveres e responsabilidades dos administradores, fiscais e acionistas subsistirão até a extinção da companhia.

▶ Art. 1.104 do CC.

Direito do Credor não Satisfeito

Art. 218. Encerrada a liquidação, o credor não satisfeito só terá direto de exigir dos acionistas, individualmente, o pagamento de seu crédito, até o limite da soma, por eles recebida, e de propor contra o liquidante, se for o caso, ação de perdas e danos. O acionista executado terá direito de haver dos demais a parcela que lhes couber no crédito pago.

▶ Art. 1.110 do CC.

SEÇÃO III
EXTINÇÃO

Art. 219. Extingue-se a companhia:

I – pelo encerramento da liquidação;
II – pela incorporação ou fusão, e pela cisão com versão de todo o patrimônio em outras sociedades.

CAPÍTULO XVIII
TRANSFORMAÇÃO, INCORPORAÇÃO, FUSÃO E CISÃO

SEÇÃO I
TRANSFORMAÇÃO

Conceito e Forma

Art. 220. A transformação é a operação pela qual a sociedade passa, independentemente de dissolução e liquidação, de um tipo para outro.

▶ Arts. 80, I, 86, 87 e 124, § 4º, desta Lei.
▶ Art. 1.113 do CC.

Parágrafo único. A transformação obedecerá aos preceitos que regulam a constituição e o registro do tipo a ser adotado pela sociedade.

Deliberação

Art. 221. A transformação exige o consentimento unânime dos sócios ou acionistas, salvo se prevista no estatuto ou no contrato social, caso em que o sócio dissidente terá o direito de retirar-se da sociedade.

▶ Art. 1.114 do CC.

Parágrafo único. Os sócios podem renunciar, no contrato social, ao direito da retirada no caso de transformação em companhia.

Direito dos Credores

Art. 222. A transformação não prejudicará, em caso algum, os direitos dos credores, que continuarão, até o pagamento integral dos seus créditos, com as mesmas garantias que o tipo anterior de sociedade lhes oferecia.

▶ Art. 1.115 do CC.

Parágrafo único. A falência da sociedade transformada somente produzirá efeitos em relação aos sócios que, no tipo anterior, a eles estariam sujeitos, se o pedirem os titulares de créditos anteriores à transformação, e somente a estes beneficiará.

SEÇÃO II
INCORPORAÇÃO FUSÃO E CISÃO

Competência e Processo

Art. 223. A incorporação, fusão e cisão podem ser operadas entre sociedades de tipos iguais ou diferentes e deverão ser deliberadas na forma prevista para a alteração dos respectivos estatutos ou contratos sociais.

§ 1º Nas operações em que houver criação de sociedade serão observadas as normas reguladoras da constituição das sociedades do seu tipo.

§ 2º Os sócios ou acionistas das sociedades incorporadas, fundidas ou cindidas receberão, diretamente da companhia emissora, as ações que lhes couberem.

§ 3º Se a incorporação, fusão ou cisão envolverem companhia aberta, as sociedades que a sucederem serão também abertas, devendo obter o respectivo registro e, se for o caso, promover a admissão de negociação das novas ações no mercado secundário, no prazo máximo de cento e vinte dias, contados da data da assembleia-geral que aprovou a operação, observando as normas pertinentes baixadas pela Comissão de Valores Mobiliários.

§ 4º O descumprimento do previsto no parágrafo anterior dará ao acionista direito de retirar-se da companhia, mediante reembolso do valor das suas ações (artigo 45), nos trinta dias seguintes ao término do prazo nele referido, observado o disposto nos §§ 1º e 4º do artigo 137.

▶ §§ 3º e 4º acrescidos pela Lei nº 9.457, de 5-5-1997.

Protocolo

Art. 224. As condições da incorporação, fusão ou cisão com incorporação em sociedade existente constarão de protocolo firmado pelos órgãos de administração ou sócios das sociedades interessadas, que incluirá:

▶ Arts. 229, § 2º, 252 e 264 desta Lei.

I – o número, espécie e classe das ações que serão atribuídas em substituição dos direitos de sócios que se extinguirão e os critérios utilizados para determinar as relações de substituição;
II – os elementos ativos e passivos que formarão cada parcela do patrimônio, no caso de cisão;
III – os critérios de avaliação do patrimônio líquido, a data a que será referida a avaliação, e o tratamento das variações patrimoniais posteriores;
IV – a solução a ser adotada quanto às ações ou quotas do capital de uma das sociedades possuídas por outra;
V – o valor do capital das sociedades a serem criadas ou do aumento ou redução do capital das sociedades que forem parte na operação;
VI – o projeto ou projetos de estatuto, ou de alterações estatutárias, que deverão ser aprovados para efetivar a operação;
VII – todas as demais condições a que estiver sujeita a operação.

▶ Art. 229, § 2º, desta Lei.

Parágrafo único. Os valores sujeitos a determinação serão indicados por estimativa.

Justificação

Art. 225. As operações de incorporação, fusão e cisão serão submetidas à deliberação da assembleia-geral das companhias interessadas mediante justificação, na qual serão expostos:

▶ Arts. 252 e 264 desta Lei.

I – os motivos ou fins da operação, e o interesse da companhia na sua realização;
II – as ações que os acionistas preferenciais receberão e as razões para a modificação dos seus direitos, se prevista;
III – a composição, após a operação, segundo espécies e classes das ações, do capital das companhias que deverão emitir ações em substituição às que se deverão extinguir;
IV – o valor de reembolso das ações a que terão direito os acionistas dissidentes.

Transformação, Incorporação, Fusão e Cisão

▶ Denominação do artigo com a redação dada pela Lei nº 11.638, de 28-12-2007.

Art. 226. As operações de incorporação, fusão e cisão somente poderão ser efetivadas nas condições aprovadas se os peritos nomeados determinarem que o valor do patrimônio ou patrimônios líquidos a serem vertidos para a formação de capital social é, ao menos, igual ao montante do capital a realizar.

§ 1º As ações ou quotas do capital da sociedade a ser incorporada que forem de propriedade da companhia incorporadora poderão, conforme dispuser o protocolo de incorporação, ser extintas, ou substituídas por ações em tesouraria da incorporadora, até o limite dos lucros acumulados e reservas, exceto a legal.

§ 2º O disposto no § 1º aplicar-se-á aos casos de fusão, quando uma das sociedades fundidas for proprietária de ações ou quotas de outra, e de cisão com incorporação, quando a companhia que incorporar parcela do patrimônio da cindida for proprietária de ações ou quotas do capital desta.

§ 3º A Comissão de Valores Mobiliários estabelecerá normas especiais de avaliação e contabilização aplicáveis às operações de fusão, incorporação e cisão que envolvam companhia aberta.

▶ § 3º com a redação dada pela Lei nº 11.941, de 27-5-2009.

Incorporação

Art. 227. A incorporação é a operação pela qual uma ou mais sociedades são absorvidas por outra, que lhes sucede em todos os direitos e obrigações.

▶ Arts. 135 e 229, § 3º, desta Lei.
▶ Art. 1.116 do CC.

§ 1º A assembleia-geral da companhia incorporadora, se aprovar o protocolo da operação, deverá autorizar o aumento de capital a ser subscrito e realizado pela incorporada mediante versão do seu patrimônio líquido, e nomear os peritos que o avaliarão.

▶ Art. 1.117 do CC.

§ 2º A sociedade que houver de ser incorporada, se aprovar o protocolo da operação, autorizará seus administradores a praticarem os atos necessários à incorporação, inclusive a subscrição do aumento de capital da incorporadora.

▶ Art. 1.117 do CC.

§ 3º Aprovados pela assembleia-geral da incorporadora o laudo de avaliação e a incorporação, extingue-se a incorporada, competindo à primeira promover o arquivamento e a publicação dos atos da incorporação.

▶ Art. 1.118 do CC.

Fusão

Art. 228. A fusão é a operação pela qual se unem duas ou mais sociedades para formar sociedade nova, que lhes sucederá em todos os direitos e obrigações.

▶ Art. 1.119 do CC.

§ 1º A assembleia-geral de cada companhia, se aprovar o protocolo de fusão, deverá nomear os peritos que avaliarão os patrimônios líquidos das demais sociedades.

▶ Art. 1.120 do CC.

§ 2º Apresentados os laudos, os administradores convocarão os sócios ou acionistas das sociedades para uma assembleia-geral, que deles tomará conhecimento e resolverá sobre a constituição definitiva da nova sociedade, vedado aos sócios ou acionistas votar o laudo de avaliação do patrimônio líquido da sociedade de que fazem parte.

▶ Art. 1.120 do CC.

§ 3º Constituída a nova companhia, incumbirá aos primeiros administradores promover o arquivamento e a publicação da fusão.

▶ Art. 1.121 do CC.

Cisão

Art. 229. A cisão é a operação pela qual a companhia transfere parcelas do seu patrimônio para uma ou mais sociedades, constituídas para esse fim ou já existentes, extinguindo-se a companhia cindida, se houver versão de todo o seu patrimônio, ou dividindo-se o seu capital, se parcial a versão.

§ 1º Sem prejuízo do disposto no artigo 233, a sociedade que absorver parcela do patrimônio da companhia cindida sucede a esta nos direitos e obrigações relacionados no ato da cisão; no caso de cisão com extinção, as sociedades que absorverem parcelas do patrimônio da companhia cindida sucederão a esta, na proporção dos patrimônios líquidos transferidos, nos direitos e obrigações não relacionados.

§ 2º Na cisão com versão de parcela do patrimônio em sociedade nova, a operação será deliberada pela assembleia-geral da companhia à vista de justificação que incluirá as informações de que tratam os números do artigo 224; a assembleia, se a aprovar, nomeará os peritos que avaliarão a parcela do patrimônio a ser transferida, e funcionará como assembleia de constituição da nova companhia.

§ 3º A cisão com versão de parcela de patrimônio em sociedade já existente obedecerá às disposições sobre incorporação (artigo 227).

§ 4º Efetivada a cisão com extinção da companhia cindida, caberá aos administradores das sociedades que tiverem absorvido parcelas do seu patrimônio promover o arquivamento e publicação dos atos da operação; na cisão com versão parcial do patrimônio, esse dever caberá aos administradores da companhia cindida e da que absorver parcela do seu patrimônio.

§ 5º As ações integralizadas com parcelas de patrimônio da companhia cindida serão atribuídas a seus titulares, em substituição às extintas, na proporção das que possuíam; a atribuição em proporção diferente requer aprovação de todos os titulares, inclusive das ações sem direito a voto.

▶ § 5º com a redação dada pela Lei nº 9.457, de 5-5-1997.

Direito da Retirada

Art. 230. Nos casos de incorporação ou fusão, o prazo para exercício do direito de retirada, previsto no artigo 137, inciso II, será contado a partir da publicação da ata que aprovar o protocolo ou justificação, mas o pagamento do preço de reembolso somente será devido se a operação vier a efetivar-se.

▶ Artigo com a redação dada pela Lei nº 9.457, de 5-5-1997.
▶ Arts. 252, §§ 1º e 2º, e 264, § 3º, desta Lei.

Direitos dos Debenturistas

Art. 231. A incorporação, fusão ou cisão da companhia emissora de debêntures em circulação dependerá da prévia aprovação dos debenturistas, reunidos em assembleia especialmente convocada com esse fim.

§ 1º Será dispensada a aprovação pela assembleia se for assegurado aos debenturistas que o desejarem, durante o prazo mínimo de seis meses a contar da data da publicação das atas das assembleias relativas à operação, o resgate das debêntures de que forem titulares.

§ 2º No caso do § 1º, a sociedade cindida e as sociedades que absorverem parcelas do seu patrimônio responderão solidariamente pelo resgate das debêntures.

Direitos dos Credores na Incorporação ou Fusão

Art. 232. Até sessenta dias depois de publicados os atos relativos à incorporação ou à fusão, o credor anterior por ela prejudicado poderá pleitear judicialmente a anulação da operação; findo o prazo, decairá do direito o credor que não o tiver exercido.

▶ Art. 1.122 do CC.
▶ Arts 10 e 448 da CLT.

§ 1º A consignação da importância em pagamento prejudicará a anulação pleiteada.

§ 2º Sendo ilíquida a dívida, a sociedade poderá garantir-lhe a execução, suspendendo-se o processo de anulação.

§ 3º Ocorrendo, no prazo deste artigo, a falência da sociedade incorporadora ou da sociedade nova, qualquer credor anterior terá o direito de pedir a separação dos patrimônios, para o fim de serem os créditos pagos pelos bens das respectivas massas.

Direitos dos Credores na Cisão

Art. 233. Na cisão com extinção da companhia cindida, as sociedades que absorverem parcelas do seu patrimônio responderão solidariamente pelas obrigações da companhia extinta. A companhia cindida que subsistir e as que absorverem parcelas do seu patrimônio responderão solidariamente pelas obrigações da primeira anteriores à cisão.

▶ Art. 229, § 1º, desta Lei.
▶ Arts. 10 e 448 da CLT.

Parágrafo único. O ato de cisão parcial poderá estipular que as sociedades que absorverem parcelas do patrimônio da companhia cindida serão responsáveis apenas pelas obrigações que lhes forem transferidas, sem solidariedade entre si ou com a companhia cindida, mas, nesse caso, qualquer credor anterior poderá se opor à estipulação, em relação ao seu crédito, desde que notifique a sociedade no prazo de noventa dias a contar da data da publicação dos atos da cisão.

Averbação da Sucessão

Art. 234. A certidão, passada pelo Registro do Comércio, da incorporação, fusão ou cisão, é documento hábil para averbação, nos registros públicos competentes, da sucessão, decorrente da operação, em bens, direitos e obrigações.

▶ Art. 88, § 8º, da Lei nº 12.529, de 30-11-2011 (Lei do Sistema Brasileiro de Defesa da Concorrência).

Capítulo XIX
SOCIEDADES DE ECONOMIA MISTA

▶ Lei nº 12.353, de 28-12-2010, dispõe sobre a participação de empregados nos conselhos de administração das empresas públicas e sociedades de economia mista, suas subsidiárias e controladas e demais empresas em que a União, direta ou indiretamente, detenha a maioria do capital social com direito a voto.

Legislação Aplicável

Art. 235. As sociedades anônimas de economia mista estão sujeitas a esta Lei, sem prejuízo das disposições especiais de lei federal.

▶ Arts. 37, XIX, e 173, §§ 1º e 2º, da CF.
▶ Arts. 208 e 210 a 218 desta Lei.
▶ Art. 82 da Lei nº 9.069, de 29-6-1995, que dispõe sobre o Plano Real.
▶ Dec.-lei nº 2.023, de 18-5-1983, autoriza a conversão dos créditos que especifica em ações de sociedades de economia mista ou empresas públicas.
▶ Dec. nº 88.323, de 23-5-1983, dispõe sobre a representação do Tesouro Nacional em Assembleias-Gerais de empresas estatais.
▶ Dec. nº 89.309, de 18-1-1984, dispõe sobre a competência da Procuradoria-Geral da Fazenda Nacional para exercer a representação da União nas Assembleias-Gerais e promover a defesa e o controle dos interesses da Fazenda Nacional junto às empresas estatais.
▶ Súm. nº 517 do STF.
▶ Súm. nº 42 do STJ.

§ 1º As companhias abertas de economia mista estão também sujeitas às normas expedidas pela Comissão de Valores Mobiliários.

§ 2º As companhias de que participarem, majoritária ou minoritariamente, as sociedades de economia mista, estão sujeitas ao disposto nesta Lei, sem as exceções previstas neste Capítulo.

Constituição e Aquisição de Controle

Art. 236. A constituição de companhia de economia mista depende de prévia autorização legislativa.

▶ Súm. nº 476 do STF.

Parágrafo único. Sempre que pessoa jurídica de direito público adquirir, por desapropriação, o controle de companhia em funcionamento, os acionistas terão direito de pedir, dentro de sessenta dias da publicação da primeira ata da assembleia-geral, realizada após a aquisição do controle, o reembolso das suas ações, salvo se a companhia já se achava sob o controle, direto ou indireto, de outra pessoa jurídica de direito público, ou no caso de concessionária de serviço público.

Objeto

Art. 237. A companhia de economia mista somente poderá explorar os empreendimentos ou exercer as atividades previstas na lei que autorizou a sua constituição.

§ 1º A companhia de economia mista somente poderá participar de outras sociedades quando autorizada por lei ou no exercício de opção legal para aplicar Imposto de Renda em investimentos para o desenvolvimento regional ou setorial.

▶ Art. 296, § 6º, desta Lei.

§ 2º As instituições financeiras de economia mista poderão participar de outras sociedades, observadas as normas estabelecidas pelo Banco Central do Brasil.

▶ Art. 296, § 6º, desta Lei.

Acionista Controlador

Art. 238. A pessoa jurídica que controla a companhia de economia mista tem os deveres e responsabilidades do acionista controlador (artigos 116 e 117), mas poderá orientar as atividades da companhia de modo a atender ao interesse público que justificou a sua criação.

Administração

Art. 239. As companhias de economia mista terão obrigatoriamente Conselho de Administração, assegurado à minoria o direito de eleger um dos conselheiros, se maior número não lhes couber pelo processo de voto múltiplo.

▶ Art. 146, *caput*, desta Lei.
▶ Súm. nº 8 do STF.

Parágrafo único. Os deveres e responsabilidades dos administradores das companhias de economia mista são os mesmos dos administradores das companhias abertas.

Conselho Fiscal

Art. 240. O funcionamento do Conselho Fiscal será permanente nas companhias de economia mista; um dos seus membros, e respectivo suplente, será eleito pelas ações ordinárias minoritárias e outro pelas ações preferenciais, se houver.

Correção Monetária

Art. 241. *Revogado.* Dec.-Lei nº 2.287, de 23-7-1986.

Falência e Responsabilidade Subsidiária

Art. 242. *Revogado.* Lei nº 10.303, de 31-10-2001.

Capítulo XX
SOCIEDADES COLIGADAS, CONTROLADORAS E CONTROLADAS

▶ Arts. 1.097 a 1.101 do CC.

Seção I

INFORMAÇÕES NO RELATÓRIO DA ADMINISTRAÇÃO

Art. 243. O relatório anual da administração deve relacionar os investimentos da companhia em sociedades coligadas e controladas e mencionar as modificações ocorridas durante o exercício.

▶ Art. 179, III, desta Lei.

§ 1º São coligadas as sociedades nas quais a investidora tenha influência significativa.

▶ § 1º com a redação dada pela Lei nº 11.941, de 27-5-2009.
▶ Art. 1.097 do CC.
▶ Art. 46 da Lei nº 11.941, de 27-5-2009, que altera a legislação tributária federal.

§ 2º Considera-se controlada a sociedade na qual a controladora, diretamente ou através de outras controladas, é titular de direitos de sócio que lhe assegurem, de modo permanente, preponderância nas deliberações sociais e o poder de eleger a maioria dos administradores.

▶ Arts. 1.097 e 1.098 do CC.
▶ Art. 2º da Lei nº 9.779, de 19-1-1999, que altera a legislação do Imposto sobre a Renda, relativamente à tributação dos Fundos de Investimento Imobiliário e dos rendimentos auferidos em aplicação ou operação financeira de renda fixa ou variável, ao Sistema Integrado de Pagamento de Impostos e Contribuições das Microempresas e das Empresas de Pequeno Porte – SIMPLES, à incidência sobre rendimentos de beneficiários no exterior, bem assim à legislação do Imposto sobre Produtos Industrializados – IPI, relativamente ao aproveitamento de créditos e à equiparação de atacadista a estabelecimento industrial, do Imposto sobre Operações de Crédito, Câmbio e Seguros ou Relativas a Títulos e Valores Mobiliários – IOF, relativamente às operações de mútuo, e da Contribuição Social sobre o Lucro Líquido, relativamente às despesas financeiras.

§ 3º A companhia aberta divulgará as informações adicionais, sobre coligadas e controladas, que forem exigidas pela Comissão de Valores Mobiliários.

§ 4º Considera-se que há influência significativa quando a investidora detém ou exerce o poder de participar nas decisões das políticas financeira ou operacional da investida, sem controlá-la.

§ 5º É presumida influência significativa quando a investidora for titular de 20% (vinte por cento) ou mais do capital votante da investida, sem controlá-la.

▶ §§ 4º e 5º com a redação dada pela Lei nº 11.941, de 27-5-2009.

Seção II

PARTICIPAÇÃO RECÍPROCA

Art. 244. É vedada a participação recíproca entre a companhia e suas coligadas ou controladas.

▶ Arts. 265, § 2º, e 296, § 3º, desta Lei.
▶ Art. 1.101 do CC.

§ 1º O disposto neste artigo não se aplica ao caso em que ao menos uma das sociedades participa de outra com observância das condições em que a lei autoriza a aquisição das próprias ações (artigo 30, § 1º, *b*).

▶ Art. 296, § 3º, desta Lei.

§ 2º As ações do capital da controladora, de propriedade da controlada, terão suspenso o direito de voto.

▶ Art. 296, § 3º, desta Lei.

§ 3º O disposto no § 2º do artigo 30 aplica-se à aquisição de ações da companhia aberta por suas coligadas e controladas.

▶ Art. 296, § 3º, desta Lei.

§ 4º No caso do § 1º, a sociedade deverá alienar, dentro de seis meses, as ações ou quotas que excederem do valor dos lucros ou reservas, sempre que esses sofrerem redução.

▶ Art. 296, § 3º, desta Lei.

§ 5º A participação recíproca, quando ocorrer em virtude de incorporação, fusão ou cisão, ou da aquisição, pela companhia, do controle de sociedade, deverá ser mencionada nos relatórios e demonstrações financeiras de ambas as sociedades e será eliminada no prazo máximo de um ano; no caso de coligada, salvo acordo em contrário, deverão ser alienadas as ações ou quotas de aquisição mais recente ou, se da mesma data, que representem menor porcentagem do capital social.

▶ Art. 296, § 3º, desta Lei.

§ 6º A aquisição de ações ou quotas de que resulte participação recíproca com violação ao disposto neste artigo importa responsabilidade civil solidária dos administradores da sociedade, equiparando-se, para efeitos penais, à compra ilegal das próprias ações.

▶ Art. 296, § 3º, desta Lei.

Seção III
RESPONSABILIDADE DOS ADMINISTRADORES E DAS SOCIEDADES CONTROLADORAS

Administradores

Art. 245. Os administradores não podem, em prejuízo da companhia, favorecer sociedade coligada, controladora ou controlada, cumprindo-lhes zelar para que as operações entre as sociedades, se houver, observem condições estritamente comutativas, ou com pagamento compensatório adequado; e respondem perante a companhia pelas perdas e danos resultantes de atos praticados com infração disposto neste artigo.

Sociedade Controladora

Art. 246. A sociedade controladora será obrigada a reparar os danos que causar à companhia por atos praticados com infração ao disposto nos artigos 116 e 117.

▶ Art. 276, § 3º, desta Lei.

§ 1º A ação para haver reparação cabe:

a) a acionistas que representem cinco por cento ou mais do capital social;

▶ Art. 291 desta Lei.

b) a qualquer acionista, desde que preste caução pelas custas e honorários de advogado devidos no caso de vir a ação ser julgada improcedente.

§ 2º A sociedade controladora, se condenada, além de reparar o dano e arcar com as custas, pagará honorários de advogado de vinte por cento e prêmio de cinco por cento ao autor da ação, calculados sobre o valor da indenização.

▶ Art. 276, § 3º, desta Lei.

Seção IV
DEMONSTRAÇÕES FINANCEIRAS

Notas Explicativas

Art. 247. As notas explicativas dos investimentos a que se refere o art. 248 desta Lei devem conter informações precisas sobre as sociedades coligadas e controladas e suas relações com a companhia, indicando:

▶ *Caput* com a redação dada pela Lei nº 11.941, de 27-5-2009.

I – a denominação da sociedade, seu capital social e patrimônio líquido;
II – o número, espécies e classes das ações ou quotas de propriedade da companhia, e o preço de mercado das ações, se houver;
III – o lucro líquido do exercício;
IV – os créditos e obrigações entre a companhia e as sociedades coligadas e controladas;
V – o montante das receitas e despesas em operações entre a companhia e as sociedades coligadas e controladas.

▶ Arts. 248 e 256, I, desta Lei.

Parágrafo único. Considera-se relevante o investimento:

a) em cada sociedade coligada ou controlada, se o valor contábil é igual ou superior a dez por cento do valor do patrimônio líquido da companhia;
b) no conjunto das sociedades coligadas e controladas, se o valor contábil é igual ou superior a quinze por cento do valor do patrimônio líquido da companhia.

Avaliação do Investimento em Coligadas e Controladas

Art. 248. No balanço patrimonial da companhia, os investimentos em coligadas ou em controladas e em outras sociedades que façam parte de um mesmo grupo ou estejam sob controle comum serão avaliados pelo método da equivalência patrimonial, de acordo com as seguintes normas:

▶ *Caput* com a redação dada pela Lei nº 11.941, de 27-5-2009.

▶ Arts. 183, III, 197, § 1º, I, e 256, II, *b*, desta Lei.

I – o valor do patrimônio líquido da coligada ou da controlada será determinado com base em balanço patrimonial ou balancete de verificação levantado, com observância das normas desta Lei, na mesma data, ou até sessenta dias, no máximo, antes da data do balanço da companhia; no valor de patrimônio líquido não serão computados os resultados não realizados decorrentes de negócios com a companhia, ou com outras sociedades coligadas à companhia, ou por ela controladas;

▶ Art. 248, § 2º, desta Lei.

II – o valor do investimento será determinado mediante a aplicação, sobre o valor de patrimônio líquido referido no número anterior, da porcentagem de participação no capital da coligada ou controlada;
III – a diferença entre o valor do investimento, de acordo com o nº II, e o custo de aquisição corrigido monetariamente, somente será registrada como resultado do exercício:

a) se decorrer de lucro ou prejuízo apurado na coligada ou controlada;
b) se corresponder, comprovadamente, a ganhos ou perdas efetivos;

c) no caso de companhia aberta, com observância das normas expedidas pela Comissão de Valores Mobiliários.

§ 1º Para efeito de determinar a relevância do investimento, nos casos deste artigo, serão computados como parte do custo de aquisição os saldos de créditos da companhia contra as coligadas e controladas.

§ 2º A sociedade coligada, sempre que solicitada pela companhia, deverá elaborar e fornecer o balanço ou balancete de verificação previsto no nº I.

Demonstrações Consolidadas

Art. 249. A companhia aberta que tiver mais de trinta por cento do valor do seu patrimônio líquido representado por investimentos em sociedades controladas deverá elaborar e divulgar, juntamente com suas demonstrações financeiras, demonstrações consolidadas nos termos do artigo 250.

▶ Arts. 183, III, e 291, parágrafo único, desta Lei.

Parágrafo único. A Comissão de Valores Mobiliários poderá expedir normas sobre as sociedades cujas demonstrações devam ser abrangidas na consolidação, e:

a) determinar a inclusão de sociedades que, embora não controladas, sejam financeira ou administrativamente dependentes da companhia;

b) autorizar, em casos especiais, a exclusão de uma ou mais sociedades controladas.

Normas sobre Consolidação

Art. 250. Das demonstrações financeiras consolidadas serão excluídas:

▶ Arts. 183, III, e 275 desta Lei.

I – as participações de uma sociedade em outra;

II – os saldos de quaisquer contas entre as sociedades;

III – as parcelas dos resultados do exercício, dos lucros ou prejuízos acumulados e do custo de estoques ou do ativo não circulante que corresponderem a resultados, ainda não realizados, de negócios entre as sociedades.

▶ Inciso III com a redação dada pela Lei nº 11.941, de 27-5-2009.

§ 1º A participação dos acionistas não controladores no patrimônio líquido e no lucro do exercício será destacada, respectivamente, no balanço patrimonial e na demonstração do resultado do exercício.

▶ § 1º com a redação dada pela Lei nº 9.457, de 5-5-1997.

§ 2º A parcela do custo de aquisição do investimento em controlada, que não for absorvida na consolidação, deverá ser mantida no ativo não circulante, com dedução da provisão adequada para perdas já comprovadas, e será objeto de nota explicativa.

▶ § 2º com a redação dada pela Lei nº 11.941, de 27-5-2009.

§ 3º O valor da participação que exceder do custo de aquisição constituirá parcela destacada dos resultados de exercícios futuros até que fique comprovada a existência de ganho efetivo.

§ 4º Para fins deste artigo, as sociedades controladas, cujo exercício social termine mais de sessenta dias antes da data do encerramento do exercício da companhia, elaborarão, com observância das normas desta Lei, demonstrações financeiras extraordinárias em data compreendida nesse prazo.

Seção V

SUBSIDIÁRIA INTEGRAL

Subsidiária Integral

Art. 251. A companhia pode ser constituída, mediante escritura pública, tendo como único acionista sociedade brasileira.

▶ Art. 206, I, d, desta Lei.

§ 1º A sociedade que subscrever em bens o capital de subsidiária integral deverá aprovar o laudo de avaliação de que trata o artigo 8º, respondendo nos termos do § 6º do artigo 8º e do artigo 10 e seu parágrafo único.

§ 2º A companhia pode ser convertida em subsidiária integral mediante aquisição, por sociedade brasileira, de todas as suas ações, ou nos termos do artigo 252.

Incorporação de Ações

Art. 252. A incorporação de todas as ações do capital social ao patrimônio de outra companhia brasileira, para convertê-la em subsidiária integral, será submetida à deliberação da assembleia-geral das duas companhias mediante protocolo e justificação, nos termos dos artigos 224 e 225.

§ 1º A assembleia-geral da companhia incorporadora, se aprovar a operação, deverá autorizar o aumento de capital, a ser realizado com as ações a serem incorporadas e nomear peritos que as avaliarão; os acionistas não terão direito de preferência para subscrever o aumento de capital, mas os dissidentes poderão retirar-se da companhia, observado o disposto no artigo 137, II, mediante o reembolso do valor de suas ações, nos termos do artigo 230.

§ 2º A assembleia-geral da companhia cujas ações houverem de ser incorporadas somente poderá aprovar a operação pelo voto da metade, no mínimo, das ações com direito a voto, e se a aprovar, autorizará a diretoria a subscrever o aumento do capital da incorporadora, por conta dos seus acionistas; os dissidentes terão direito de retirar-se da companhia, observado o disposto no artigo 137, II, mediante o reembolso do valor de suas ações, nos termos do artigo 230.

▶ §§ 1º e 2º com a redação dada pela Lei nº 9.457, de 5-5-1997.

§ 3º Aprovado o laudo de avaliação pela assembleia-geral da incorporadora, efetivar-se-á a incorporação e os titulares das ações incorporadas receberão diretamente da incorporadora as ações que lhes couberem.

§ 4º A Comissão de Valores Mobiliários estabelecerá normas especiais de avaliação e contabilização aplicáveis às operações de incorporação de ações que envolvam companhia aberta.

▶ § 4º com a redação dada pela Lei nº 11.941, de 27-5-2009.

Admissão de Acionistas em Subsidiária Integral

Art. 253. Na proporção das ações que possuírem no capital da companhia, os acionistas terão direito de preferência para:

I – adquirir ações do capital da subsidiária integral, se a companhia decidir aliená-las no todo ou em parte; e
II – subscrever aumento de capital da subsidiária integral, se a companhia decidir admitir outros acionistas.

Parágrafo único. As ações ou o aumento de capital de subsidiária integral serão oferecidos aos acionistas da companhia em assembleia-geral convocada para esse fim, aplicando-se à hipótese, no que couber, o disposto no artigo 171.

Seção VI

ALIENAÇÃO DE CONTROLE

Divulgação

Art. 254. *Revogado.* Lei nº 9.457, de 5-5-1997.

Art. 254-A. A alienação, direta ou indireta, do controle de companhia aberta somente poderá ser contratada sob a condição, suspensiva ou resolutiva, de que o adquirente se obrigue a fazer oferta pública de aquisição das ações com direito a voto de propriedade dos demais acionistas da companhia, de modo a lhes assegurar o preço no mínimo igual a oitenta por cento do valor pago por ação com direito a voto, integrante do bloco de controle.

▶ Art. 7º da Lei nº 10.303, de 31-10-2001, que dispõe sobre a aplicabilidade do disposto neste artigo.

§ 1º Entende-se como alienação de controle a transferência, de forma direta ou indireta, de ações integrantes do bloco de controle, de ações vinculadas a acordos de acionistas e de valores mobiliários conversíveis em ações com direito a voto, cessão de direitos de subscrição de ações e de outros títulos ou direitos relativos a valores mobiliários conversíveis em ações que venham a resultar na alienação de controle acionário da sociedade.

§ 2º A Comissão de Valores Mobiliários autorizará a alienação de controle de que trata o *caput*, desde que verificado que as condições da oferta pública atendem aos requisitos legais.

§ 3º Compete à Comissão de Valores Mobiliários estabelecer normas a serem observadas na oferta pública de que trata o *caput*.

§ 4º O adquirente do controle acionário de companhia aberta poderá oferecer aos acionistas minoritários a opção de permanecer na companhia, mediante o pagamento de um prêmio equivalente à diferença entre o valor de mercado das ações e o valor pago por ação integrante do bloco de controle.

§ 5º VETADO.

▶ Art. 254-A acrescido pela Lei nº 10.303, de 31-10-2001.

Companhia Aberta Sujeita à Autorização

Art. 255. A alienação do controle de companhia aberta que dependa de autorização do governo para funcionar está sujeita à prévia autorização do órgão competente para aprovar a alteração do seu Estatuto.

▶ *Caput* com a redação dada pela Lei nº 9.457, de 5-5-1997.

§§ 1º e 2º *Revogados.* Lei nº 9.457, de 5-5-1997.

Aprovação pela Assembleia-Geral da Compradora

Art. 256. A compra, por companhia aberta, do controle de qualquer sociedade mercantil, dependerá de deliberação da assembleia-geral da compradora, especialmente convocada para conhecer da operação, sempre que:

I – o preço de compra constituir, para a compradora, investimento relevante (artigo 247, parágrafo único); ou
II – o preço médio de cada ação ou quota ultrapassar uma vez e meia o maior dos três valores a seguir indicados:

a) cotação média das ações em bolsa ou no mercado de balcão organizado, durante os noventa dias anteriores à data da contratação;

▶ Alínea *a* com a redação dada pela Lei nº 9.457, de 5-5-1997.

b) valor de patrimônio líquido (artigo 248) da ação ou quota, avaliado o patrimônio a preços de mercado (artigo 183, § 1º);
c) valor do lucro líquido da ação ou quota, que não poderá ser superior a quinze vezes o lucro líquido anual por ação (artigo 187, VII) nos dois últimos exercícios sociais, atualizado monetariamente.

§ 1º A proposta ou o contrato de compra, acompanhado de laudo de avaliação, observado o disposto no artigo 8º, §§ 1º e 6º, será submetido à prévia autorização da assembleia-geral, ou à sua ratificação, sob pena de responsabilidade dos administradores, instruído com todos os elementos necessários à deliberação.

§ 2º Se o preço da aquisição ultrapassar uma vez e meia o maior dos três valores de que trata o inciso II do *caput*, o acionista dissidente da deliberação da assembleia que a aprovar terá o direito de retirar-se da companhia mediante reembolso do valor de suas ações, nos termos do artigo 137, observado o disposto em seu inciso II.

▶ §§ 1º e 2º com a redação dada pela Lei nº 9.457, de 5-5-1997.

Seção VII

AQUISIÇÃO DE CONTROLE MEDIANTE OFERTA PÚBLICA

Requisitos

Art. 257. A oferta pública para aquisição de controle de companhia aberta somente poderá ser feita com a participação de instituição financeira que garanta o cumprimento das obrigações assumidas pelo ofertante.

▶ Arts. 172, II, e 264, § 5º, desta Lei.

§ 1º Se a oferta contiver permuta, total ou parcial, dos valores mobiliários, somente poderá ser efetuada após prévio registro na Comissão de Valores Mobiliários.

§ 2º A oferta deverá ter por objeto ações com direito a voto em número suficiente para assegurar o controle da companhia e será irrevogável.

§ 3º Se o ofertante já for titular de ações votantes do capital da companhia, a oferta poderá ter por objeto o número de ações necessário para completar o controle, mas o ofertante deverá fazer prova, perante a Comissão de Valores Mobiliários, das ações de sua propriedade.

§ 4º A Comissão de Valores Mobiliários poderá expedir normas sobre oferta pública de aquisição de controle.

Instrumento da Oferta de Compra

Art. 258. O instrumento de oferta de compra, firmado pelo ofertante e pela instituição financeira que garante o pagamento, será publicado na imprensa e deverá indicar:

▶ Arts. 172, II, e 264, § 5º, desta Lei.

I – o número mínimo de ações que o ofertante se propõe a adquirir e, se for o caso, o número máximo;
II – o preço e as condições de pagamento;
III – a subordinação da oferta ao número mínimo de aceitantes e a forma de rateio entre os aceitantes, se o número deles ultrapassar o máximo fixado;
IV – o procedimento que deverá ser adotado pelos acionistas aceitantes para manifestar a sua aceitação e efetivar a transferência das ações;
V – o prazo de validade da oferta, que não poderá ser inferior a vinte dias;
VI – informações sobre o ofertante.

Parágrafo único. A oferta será comunicada à Comissão de Valores Mobiliários dentro de vinte e quatro horas da primeira publicação.

Instrumento de Oferta de Permuta

Art. 259. O projeto do instrumento de oferta de permuta será submetido à Comissão de Valores Mobiliários com o pedido de registro prévio da oferta e deverá conter, além das referidas no artigo 258, informações sobre os valores mobiliários oferecidos em permuta e as companhias emissoras desses valores.

▶ Arts. 172, II, e 264, § 5º, desta Lei.

Parágrafo único. A Comissão de Valores Mobiliários poderá fixar normas sobre o instrumento de oferta de permuta e o seu registro prévio.

Sigilo

Art. 260. Até a publicação da oferta, o ofertante, a instituição financeira intermediária e a Comissão de Valores Mobiliários devem manter sigilo sobre a oferta projetada, respondendo o infrator pelos danos que causar.

▶ Arts. 172, II, 255, 264, § 5º, e 287, II, *f*, desta Lei.

Processamento da Oferta

Art. 261. A aceitação da oferta deverá ser feita nas instituições financeiras ou no mercado de valores mobiliários indicadas no instrumento de oferta e os aceitantes deverão firmar ordens irrevogáveis de venda ou permuta, nas condições ofertadas, ressalvado o disposto no § 1º do artigo 262.

▶ Arts. 172, II, e 264, § 5º, desta Lei.

§ 1º É facultado ao ofertante melhorar, uma vez, as condições de preço ou forma de pagamento, desde que em porcentagem igual ou superior a cinco por cento e até dez dias antes do término do prazo da oferta; as novas condições se estenderão aos acionistas que já tiverem aceito a oferta.

§ 2º Findo o prazo da oferta, a instituição financeira intermediária comunicará o resultado à Comissão de Valores Mobiliários e, mediante publicação pela imprensa, aos aceitantes.

§ 3º Se o número de aceitantes ultrapassar o máximo, será obrigatório o rateio, na forma prevista no instrumento da oferta.

Oferta Concorrente

Art. 262. A existência de oferta pública em curso não impede oferta concorrente, desde que observadas as normas desta Seção.

▶ Arts. 172, II, e 264, § 5º, desta Lei.

§ 1º A publicação de oferta concorrente torna nulas as ordens de venda que já tenham sido firmadas em aceitação de oferta anterior.

§ 2º É facultado ao primeiro ofertante prorrogar o prazo de sua oferta até fazê-lo coincidir com o da oferta concorrente.

Negociação Durante a Oferta

Art. 263. A Comissão de Valores Mobiliários poderá expedir normas que disciplinem a negociação das ações objeto da oferta durante o seu prazo.

▶ Arts. 172, II, e 264, § 5º, desta Lei.

Seção VIII

INCORPORAÇÃO DE COMPANHIA CONTROLADA

Art. 264. Na incorporação, pela controladora, de companhia controlada, a justificação, apresentada à assembleia-geral da controlada, deverá conter, além das informações previstas nos artigos 224 e 225, o cálculo das relações de substituição das ações dos acionistas não controladores da controlada com base no valor do patrimônio líquido das ações da controladora e da controlada, avaliados os dois patrimônios segundo os mesmos critérios e na mesma data, a preços de mercado, ou com base em outro critério aceito pela Comissão de Valores Mobiliários, no caso de companhias abertas.

▶ *Caput* com a redação dada pela Lei nº 10.303, de 31-10-2001.

§ 1º A avaliação dos dois patrimônios será feita por três peritos ou empresa especializada e, no caso de companhias abertas, por empresa especializada.

§ 2º Para efeito da comparação referida neste artigo, as ações do capital da controlada de propriedade da controladora serão avaliadas, no patrimônio desta, em conformidade com o disposto no *caput*.

§ 3º Se as relações de substituição das ações dos acionistas não controladores, previstas no protocolo da incorporação, forem menos vantajosas que as resultantes da comparação prevista neste artigo, os acionistas dissidentes da deliberação da assembleia-geral da controlada que aprovar a operação, poderão optar, no prazo previsto no artigo 230, entre o valor de reembolso fixado nos termos do artigo 45 e o valor apurado em conformidade com o disposto no *caput*, observado o disposto no artigo 137, inciso II.

§ 4º Aplicam-se as normas previstas neste artigo à incorporação de controladora por sua controlada, à fusão de companhia controladora com a controlada, à incorporação de ações de companhia controlada ou controladora, à incorporação, fusão e incorporação de ações de sociedades sob controle comum.

▶ §§ 1º a 4º com a redação dada pela Lei nº 10.303, de 31-10-2001.

§ 5º O disposto neste artigo não se aplica no caso de as ações do capital da controlada terem sido adquiridas no pregão da Bolsa de Valores ou mediante oferta pública nos termos dos artigos 257 e 263.

CAPÍTULO XXI

GRUPO DE SOCIEDADES

Seção I

CARACTERÍSTICAS E NATUREZA

Características

Art. 265. A sociedade controladora e suas controladas podem constituir, nos termos deste Capítulo, grupo de sociedades, mediante convenção pela qual se obriguem a combinar recursos ou esforços para a realização dos respectivos objetos, ou a participar de atividades ou empreendimentos comuns.

▶ Arts. 58, § 6º, e 136, VIII, desta Lei.

§ 1º A sociedade controladora, ou de comando do grupo, deve ser brasileira e exercer, direta ou indiretamente, e de modo permanente, o controle das sociedades filiadas, como titular de direitos de sócio ou acionista, ou mediante acordo com outros sócios ou acionistas.

§ 2º A participação recíproca das sociedades do grupo obedecerá ao disposto no artigo 244.

Natureza

Art. 266. As relações entre as sociedades, a estrutura administrativa do grupo e a coordenação ou subordinação dos administradores das sociedades filiadas serão estabelecidas na convenção do grupo, mas cada sociedade conservará personalidade e patrimônios distintos.

Designação

Art. 267. O grupo de sociedades terá designação de que constarão as palavras "grupo de sociedades" ou "grupo".

Parágrafo único. Somente os grupos organizados de acordo com este Capítulo poderão usar designação com as palavras "grupo" ou "grupo de sociedades".

Companhia Sujeita a Autorização para Funcionar

Art. 268. A companhia que, por seu objeto, depende de autorização para funcionar, somente poderá participar de grupo de sociedades após a aprovação da convenção do grupo pela autoridade competente para aprovar suas alterações estatutárias.

Seção II

CONSTITUIÇÃO, REGISTRO E PUBLICIDADE

Art. 269. O grupo de sociedades será constituído por convenção aprovada pelas sociedades que o componham, a qual deverá conter:

▶ Art. 32, II, b, da Lei nº 8.934, de 18-11-1994 (Lei do Registro Público de Empresas Mercantis).

I – a designação do grupo;
II – a indicação da sociedade de comando e das filiadas;
III – as condições de participação das diversas sociedades;
IV – o prazo de duração, se houver, e as condições de extinção;
V – as condições para admissão de outras sociedades e para a retirada das que o componham;
VI – os órgãos e cargos da administração do grupo, suas atribuições e as relações entre a estrutura administrativa do grupo e as das sociedades que o componham;
VII – a declaração da nacionalidade do controle do grupo;
VIII – as condições para alteração da convenção.

Parágrafo único. Para os efeitos do nº VII, o grupo de sociedades considera-se sob controle brasileiro se a sua sociedade de comando está sob o controle de:

a) pessoas naturais residentes ou domiciliadas no Brasil;
b) pessoas jurídicas de direito público interno; ou
c) sociedade ou sociedades brasileiras que, direta ou indiretamente, estejam sob controle das pessoas referidas nas alíneas *a* e *b*.

Aprovação pelos Sócios das Sociedades

Art. 270. A convenção de grupo deve ser aprovada com observância das normas para alteração do contrato social ou do estatuto (artigo 136, V).

▶ *Caput* com a redação dada pela Lei nº 9.457, de 5-5-1997.
▶ Art. 32, II, b, da Lei nº 8.934, de 18-11-1994 (Lei do Registro Público de Empresas Mercantis).

Parágrafo único. Os sócios ou acionistas dissidentes da deliberação de se associar a grupo têm direito, nos termos do artigo 137, ao reembolso de suas ações ou quotas.

Registro e Publicidade

Art. 271. Considera-se constituído o grupo a partir da data do arquivamento, no Registro do Comércio da sede da sociedade de comando, dos seguintes documentos:

▶ Art. 32, II, b, da Lei nº 8.934, de 18-11-1994 (Lei do Registro Público de Empresas Mercantis).

I – convenção de constituição do grupo;
II – atas das assembleias-gerais, ou instrumentos de alteração contratual, de todas as sociedades que tiverem aprovado a constituição do grupo;
III – declaração autenticada do número das ações ou quotas de que a sociedade de comando e as demais sociedades integrantes do grupo são titulares em cada sociedade filiada, ou exemplar de acordo de acionistas que assegura o controle da sociedade filiada.

§ 1º Quando as sociedades filiadas tiverem sede em locais diferentes, deverão ser arquivadas no Registro do Comércio das respectivas sedes as atas de assembleia ou alterações contratuais que tiverem aprovado a convenção, sem prejuízo do registro na sede da sociedade de comando.

§ 2º As certidões de arquivamento no Registro do Comércio serão publicadas.

§ 3º A partir da data do arquivamento, a sociedade de comando e as filiadas passarão a usar as respectivas denominações acrescidas da designação do grupo.

§ 4º As alterações da convenção do grupo serão arquivadas e publicadas nos termos deste artigo, observando-se o disposto no § 1º do artigo 135.

Seção III
ADMINISTRAÇÃO
Administradores do Grupo

Art. 272. A convenção deve definir a estrutura administrativa do grupo de sociedades, podendo criar órgãos de deliberação colegiada e cargos de direção-geral.

Parágrafo único. A representação das sociedades perante terceiros, salvo disposição expressa na convenção do grupo, arquivada no Registro do Comércio e publicada, caberá exclusivamente aos administradores de cada sociedade, de acordo com os respectivos estatutos ou contratos sociais.

Administradores das Sociedades Filiadas

Art. 273. Aos administradores das sociedades filiadas, sem prejuízo de suas atribuições, poderes e responsabilidades, de acordo com os respectivos estatutos ou contratos sociais, compete observar a orientação geral estabelecida e as instruções expedidas pelos administradores do grupo que não importem violação da lei ou da convenção do grupo.

Remuneração

Art. 274. Os administradores do grupo e os investidos em cargos de mais de uma sociedade poderão ter a sua remuneração rateada entre as diversas sociedades, e a gratificação dos administradores, se houver, poderá ser fixada, dentro dos limites do § 1º do artigo 152 com base nos resultados apurados nas demonstrações financeiras consolidadas do grupo.

Seção IV
DEMONSTRAÇÕES FINANCEIRAS

Art. 275. O grupo de sociedades publicará, além das demonstrações financeiras referentes a cada uma das companhias que o compõem, demonstrações consolidadas, compreendendo todas as sociedades do grupo, elaboradas com observância do disposto no artigo 250.

§ 1º As demonstrações consolidadas do grupo serão publicadas juntamente com as da sociedade de comando.

§ 2º A sociedade de comando deverá publicar demonstrações financeiras nos termos desta Lei, ainda que não tenha a forma de companhia.

§ 3º As companhias filiadas indicarão, em nota às suas demonstrações financeiras publicadas, o órgão que publicou a última demonstração consolidada do grupo a que pertencer.

§ 4º As demonstrações consolidadas de grupo de sociedades que inclua companhia aberta serão obrigatoriamente auditadas por auditores independentes registrados na Comissão de Valores Mobiliários, e observarão as normas expedidas por essa Comissão.

Seção V
PREJUÍZOS RESULTANTES DE ATOS CONTRÁRIOS À CONVENÇÃO

Art. 276. A combinação de recursos e esforços, a subordinação dos interesses de uma sociedade aos de outra, ou do grupo, e a participação em custos, receitas ou resultados de atividades ou empreendimentos, somente poderão ser opostos aos sócios minoritários das sociedades filiadas nos termos da convenção do grupo.

§ 1º Consideram-se minoritários, para os efeitos deste artigo, todos os sócios da filiada, com exceção da sociedade de comando e das demais filiadas do grupo.

§ 2º A distribuição de custos, receitas e resultados e as compensações entre sociedades, previstas na convenção do grupo, deverão ser determinadas e registradas no balanço de cada exercício social das sociedades interessadas.

§ 3º Os sócios minoritários da filiada terão ação contra os seus administradores e contra a sociedade de comando do grupo para haver reparação de prejuízos resultantes de atos praticados com infração das normas deste artigo, observado o disposto nos parágrafos do artigo 246.

Conselho Fiscal das Filiadas

Art. 277. O funcionamento do Conselho Fiscal da companhia filiada a grupo, quando não for permanente, poderá ser pedido por acionistas não controladores que representem, no mínimo, cinco por cento das ações ordinárias, ou das ações preferenciais sem direito de voto.

▶ Art. 291 desta Lei.

§ 1º Na constituição do Conselho Fiscal da filiada serão observadas as seguintes normas:

a) os acionistas não controladores votarão em separado, cabendo às ações com direito a voto o direito de eleger um membro e respectivo suplente e às ações sem direito a voto, ou com voto restrito, o de eleger outro;

b) a sociedade de comando e as filiadas poderão eleger número de membros, e respectivos suplentes, igual ao dos eleitos nos termos da alínea a, mais um.

§ 2º O Conselho Fiscal da sociedade filiada poderá solicitar aos órgãos de administração da sociedade de comando, ou de outras filiadas, os esclarecimentos ou informações que julgar necessários para fiscalizar a observância da convenção do grupo.

Capítulo XXII
CONSÓRCIO

Art. 278. As companhias e quaisquer outras sociedades, sob o mesmo controle ou não, podem constituir consórcio para executar determinado empreendimento, observado o disposto neste Capítulo.

▶ Art. 2º, II, da Lei nº 11.101, de 9-2-2005 (Lei de Recuperação de Empresas e Falências).

§ 1º O consórcio não tem personalidade jurídica e as consorciadas somente se obrigam nas condições previstas no respectivo contrato, respondendo cada uma por suas obrigações, sem presunção de solidariedade.

§ 2º A falência de uma consorciada não se estende às demais, subsistindo o consórcio com as outras contratantes; os créditos que porventura tiver a falida serão apurados e pagos na forma prevista no contrato de consórcio.

Art. 279. O consórcio será constituído mediante contrato aprovado pelo órgão da sociedade competente para autorizar a alienação de bens do ativo não circulante, do qual constarão:

▶ Caput com a redação dada pela Lei nº 11.941, de 27-5-2009.

I – a designação do consórcio, se houver;
II – o empreendimento que constitua o objeto do consórcio;
III – a duração, endereço e foro;
IV – a definição das obrigações e responsabilidade de cada sociedade consorciada, e das prestações específicas;
V – normas sobre recebimento de receitas e partilha de resultados;
VI – normas sobre administração do consórcio, contabilização, representação das sociedades consorciadas e taxa de administração, se houver;
VII – forma de deliberação sobre assuntos de interesse comum, com o número de votos que cabe a cada consorciado;
VIII – contribuição de cada consorciado para as despesas comuns, se houver.

Parágrafo único. O contrato de consórcio e suas alterações serão arquivados no Registro do Comércio do lugar da sua sede, devendo a certidão do arquivamento ser publicada.

Capítulo XXIII
SOCIEDADES EM COMANDITA POR AÇÕES

Art. 280. A sociedade em comandita por ações terá o capital dividido em ações e reger-se-á pelas normas relativas às companhias ou sociedades anônimas, sem prejuízo das modificações constantes deste Capítulo.
▶ Arts. 1.045 e 1.090 do CC.

Art. 281. A sociedade poderá comerciar sob firma ou razão social, da qual só farão parte os nomes dos sócios diretores ou gerentes. Ficam ilimitada e solidariamente responsáveis, nos termos desta Lei, pelas obrigações sociais, os que, por seus nomes, figurarem na firma ou razão social.
▶ Arts. 1.045, 1.046 e 1.049 do CC.
▶ Arts. 20, 77 e 190 da Lei nº 11.101, de 9-2-2005 (Lei de Recuperação de Empresas e Falências).

Parágrafo único. A denominação ou a firma deve ser seguida das palavras "Comandita por Ações", por extenso ou abreviadamente.

Art. 282. Apenas o sócio ou acionista tem qualidade para administrar ou gerir a sociedade e, como diretor ou gerente, responder subsidiária, mas ilimitada e solidariamente, pelas obrigações da sociedade.
▶ Arts. 1.045, 1.046, 1.049 e 1.091 do CC.

§ 1º Os diretores ou gerentes serão nomeados, sem limitação de tempo, no estatuto da sociedade, e somente poderão ser destituídos por deliberação de acionistas que representem dois terços, no mínimo, do capital social.

§ 2º O diretor ou gerente que for destituído ou se exonerar continuará responsável pelas obrigações sociais contraídas sob sua administração.

Art. 283. A assembleia-geral não pode, sem o consentimento dos diretores ou gerentes, mudar o objeto essencial da sociedade, prorrogar-lhe o prazo de duração, aumentar ou diminuir o capital social, emitir debêntures ou criar partes beneficiárias nem aprovar a participação em grupo de sociedade.
▶ Artigo com a redação dada pela Lei nº 9.457, de 5-5-1997.
▶ Arts. 1.045 e 1.092 do CC.

Art. 284. Não se aplica à sociedade em comandita por ações o disposto nesta Lei sobre Conselho de Administração, autorização estatutária de aumento de capital e emissão de bônus de subscrição.
▶ Art. 1.045 do CC.

Capítulo XXIV
PRAZOS DE PRESCRIÇÃO

Art. 285. A ação para anular a constituição da companhia, por vício ou defeito, prescreve em um ano, contado da publicação dos atos constitutivos.
▶ Art. 1.179 do CC.

Parágrafo único. Ainda depois de proposta a ação, é lícito à companhia, por deliberação da assembleia-geral, providenciar para que seja sanado o vício ou defeito.

Art. 286. A ação para anular as deliberações tomadas em assembleia-geral ou especial, irregularmente convocada ou instalada, violadoras da lei ou do estatuto, ou eivadas de erro, dolo, fraude ou simulação prescreve em dois anos, contados da deliberação.
▶ Art. 134, § 3º, desta Lei.
▶ Art. 1.179 do CC.

Art. 287. Prescreve:
▶ Arts. 699, 700 e 1.179 do CC.

I – em um ano:
a) a ação contra peritos e subscritores do capital, para deles haver reparação civil pela avaliação de bens, contado o prazo da publicação da ata da assembleia-geral que aprovar o laudo;
b) a ação dos credores não pagos contra os acionistas e os liquidantes, contado o prazo da publicação da ata de encerramento da liquidação da companhia;

II – em três anos:
a) a ação para haver dividendos, contado o prazo da data em que tenham sido postos à disposição do acionista;
b) a ação contra os fundadores, acionistas, administradores, liquidantes, fiscais ou sociedade de comando, para deles haver reparação civil por atos culposos ou dolosos, no caso de violação da lei, do estatuto ou da convenção do grupo, contado o prazo:
1) para os fundadores, da data da publicação dos atos constitutivos da companhia;
2) para os acionistas, administradores, fiscais e sociedades de comando, da data da publicação da ata que aprovar o balanço referente ao exercício em que a violação tenha ocorrido;
3) para os liquidantes, da data da publicação da ata da primeira assembleia-geral posterior à violação;
c) a ação contra acionistas para restituição de dividendos recebidos de má-fé, contado o prazo da data da publicação da ata de assembleia-geral ordinária do exercício em que os dividendos tenham sido declarados;
d) a ação contra os administradores ou titulares de partes beneficiárias para restituição das participações no lucro recebidas de má-fé, contado o prazo da data da publicação da ata da assembleia-geral ordinária do exercício em que as participações tenham sido pagas;

e) a ação contra o agente fiduciário de debenturistas ou titulares de partes beneficiárias para dele haver reparação civil por atos culposos ou dolosos, no caso de violação da lei ou da escritura de emissão, a contar da publicação da ata da assembleia-geral em que tiver tomado conhecimento da violação;

f) a ação contra o violador do dever de sigilo de que trata o artigo 260 para dele haver reparação civil, a contar da data da publicação da oferta;

g) a ação movida pelo acionista contra a companhia, qualquer que seja o seu fundamento.

▶ Alínea g acrescida pela Lei nº 10.303, de 31-10-2001.

Art. 288. Quando a ação se originar de fato que deva ser apurado no juízo criminal, não ocorrerá a prescrição antes da respectiva sentença definitiva, ou da prescrição da ação penal.

▶ Art. 1.179 do CC.

Capítulo XXV
DISPOSIÇÕES GERAIS

Art. 289. As publicações ordenadas pelas presente Lei serão feitas no órgão oficial da União ou do Estado ou do Distrito Federal, conforme o lugar em que esteja situada a sede da companhia, e em outro jornal de grande circulação editado na localidade em que está situada a sede da companhia.

▶ Caput com a redação dada pela Lei nº 9.457, de 5-5-1997.

▶ Lei nº 8.639, de 31-3-1993, disciplina o uso de caracteres nas publicações obrigatórias.

▶ A alteração que seria introduzida no caput pela Lei nº 12.431, de 24-6-2011, foi vetada, razão pela qual mantivemos a sua redação.

§ 1º A Comissão de Valores Mobiliários poderá determinar que as publicações ordenadas por esta Lei sejam feitas, também, em jornal de grande circulação nas localidades em que os valores mobiliários da companhia sejam negociados em bolsa ou em mercado de balcão, ou disseminadas por algum outro meio que assegure sua ampla divulgação e imediato acesso às informações.

▶ § 1º com a redação dada pela Lei nº 9.457, de 5-5-1997.

§ 2º Se no lugar em que estiver situada a sede da companhia não for editado jornal, a publicação se fará em órgão de grande circulação local.

§ 3º A companhia deve fazer as publicações previstas nesta Lei sempre no mesmo jornal, e qualquer mudança deverá ser precedida de aviso aos acionistas no extrato da ata da assembleia-geral ordinária.

§ 4º O disposto no final do § 3º não se aplica a eventual publicação de atas ou balanços em outros jornais.

§ 5º Todas as publicações ordenadas nesta Lei deverão ser arquivadas no Registro do Comércio.

§ 6º As publicações do balanço e da demonstração de lucros e perdas poderão ser feitas adotando-se como expressão monetária o milhar de reais.

▶ § 6º com a redação dada pela Lei nº 9.457, de 5-5-1997.

§ 7º Sem prejuízo do disposto no caput deste artigo, as companhias abertas poderão, ainda, disponibilizar as referidas publicações pela rede mundial de computadores.

▶ § 7º acrescido pela Lei nº 10.303, de 31-10-2001.

▶ O art. 289-A, que seria acrescido pela Lei nº 12.431, de 24-6-2011, teve seu texto vetado.

Art. 290. A indenização por perdas e danos em ações com fundamento nesta Lei será corrigida monetariamente até o trimestre civil em que for efetivamente liquidada.

▶ Lei nº 6.899, de 8-4-1981, determina a aplicação da correção monetária nos débitos oriundos de decisão judicial.

Art. 291. A Comissão de Valores Mobiliários poderá reduzir, mediante fixação de escala em função do valor do capital social, a porcentagem mínima aplicável às companhias abertas, estabelecida no artigo 105; na alínea e do parágrafo único do artigo 123; no caput do artigo 141; no § 1º do artigo 157; no § 4º do artigo 159; no § 2º do artigo 161; no § 6º do artigo 163; na alínea a do § 1º do artigo 246; e no artigo 277.

▶ Caput com a redação dada pela Lei nº 10.303, de 31-10-2001.

▶ Art. 2º da Lei nº 8.021, de 12-4-1990, que dispõe sobre a identificação dos contribuintes para fins fiscais.

Parágrafo único. A Comissão de Valores Mobiliários poderá reduzir a porcentagem de que trata o artigo 249.

Art. 292. As sociedades de que trata o artigo 62 da Lei nº 4.728, de 14 de julho de 1965, podem ter suas ações ao portador.

Art. 293. A Comissão de Valores Mobiliários autorizará as Bolsas de Valores a prestar os serviços previstos nos artigos 27; 34, § 2º; 39, § 1º; 40; 41; 42; 43; 44; 72; 102 e 103.

Parágrafo único. As instituições financeiras não poderão ser acionistas das companhias a que prestarem os serviços referidos nos artigos 27; 34, § 2º; 41; 42; 43 e 72.

Art. 294. A companhia fechada que tiver menos de vinte acionistas, com patrimônio líquido inferior a R$ 1.000.000,00 (um milhão de reais), poderá:

▶ Caput com a redação dada pela Lei nº 10.303, de 31-10-2001.

I – convocar assembleia-geral por anúncio entregue a todos os acionistas, contra recibo, com a antecedência prevista no artigo 124; e

II – deixar de publicar os documentos de que trata o artigo 133, desde que sejam, por cópias autenticadas, arquivados no Registro do Comércio juntamente com a ata da assembleia que sobre eles deliberar.

§ 1º A companhia deverá guardar os recibos de entrega dos anúncios de convocação e arquivar no Registro do Comércio, juntamente com a ata da assembleia, cópia autenticada dos mesmos.

§ 2º Nas companhias de que trata este artigo, o pagamento da participação dos administradores poderá ser feito sem observância do disposto no § 2º do artigo 152, desde que aprovada pela unanimidade dos acionistas.

§ 3º O disposto neste artigo não se aplica a companhia controladora de grupo de sociedades, ou a ela filiadas.

Capítulo XXVI
DISPOSIÇÕES TRANSITÓRIAS

Art. 295. A presente Lei entrará em vigor sessenta dias após a sua publicação, aplicando-se, todavia, a partir da data da publicação, às companhias que se constituírem.

§ 1º O disposto neste artigo não se aplica às disposições sobre:
a) elaboração das demonstrações financeiras, que serão observadas pelas companhias existentes a partir do exercício social que se iniciar após 1º de janeiro de 1978;
b) a apresentação, nas demonstrações financeiras, de valores do exercício anterior (artigo 176, § 1º), que será obrigatória a partir do balanço do exercício social subsequente ao referido na alínea anterior;
c) elaboração e publicação de demonstrações financeiras consolidadas, que somente serão obrigatórias para os exercícios iniciados a partir de 1º de janeiro de 1978.

§ 2º A participação dos administradores nos lucros sociais continuará a regular-se pelas disposições legais e estatutárias, em vigor, aplicando-se o disposto nos §§ 1º e 2º do artigo 152 a partir do exercício social que se iniciar no curso do ano de 1977.

§ 3º A restrição ao direito de voto das ações ao portador (artigo 112) só vigorará a partir de um ano a contar da data em que esta Lei entrar em vigor.

▶ Art. 2º da Lei nº 8.021, de 12-4-1990, que dispõe sobre a identificação dos contribuintes para fins fiscais.

Art. 296. As companhias existentes deverão proceder à adaptação do seu estatuto aos preceitos desta Lei no prazo de um ano a contar da data em que ela entrar em vigor, devendo para esse fim ser convocada assembleia-geral dos acionistas.

▶ Arts. 297 e 298 desta Lei.

§ 1º Os administradores e membros do Conselho Fiscal respondem pelos prejuízos que causarem pela inobservância do disposto neste artigo.

§ 2º O disposto neste artigo não prejudicará os direitos pecuniários conferidos por partes beneficiárias e debêntures em circulação na data da publicação desta Lei, que somente poderão ser modificados ou reduzidos com observância do disposto no artigo 51 e no § 5º do artigo 71.

§ 3º As companhias existentes deverão eliminar, no prazo de cinco anos, a contar da data da entrada em vigor desta Lei, as participações recíprocas vedadas pelo artigo 244 e seus parágrafos.

§ 4º As companhias existentes, cujo estatuto for omisso quanto à fixação de dividendo, ou que o estabelecer em condições que não satisfaçam aos requisitos do § 1º do artigo 202 poderão, dentro do prazo previsto neste artigo, fixá-lo em porcentagem inferior à prevista no § 2º do artigo 202, mas os acionistas dissidentes dessa deliberação terão direito de retirar-se da companhia, mediante reembolso do valor de suas ações, com observância do disposto nos artigos 45 e 137.

§ 5º O disposto no artigo 199 não se aplica às reservas constituídas e aos lucros acumulados em balanços levantados antes de 1º de janeiro de 1977.

§ 6º O disposto nos §§ 1º e 2º do artigo 237 não se aplica às participações existentes na data da publicação desta Lei.

Art. 297. As companhias existentes que tiverem ações preferenciais com prioridade na distribuição de dividendo fixo ou mínimo ficarão dispensadas do disposto no artigo 167 e seu § 1º, desde que no prazo de que trata o artigo 296 regulem no estatuto a participação das ações preferenciais na correção anual do capital social, com observância das seguintes normas:

▶ Art. 167 desta Lei.

I – o aumento de capital poderá ficar na dependência de deliberação da assembleia-geral, mas será obrigatório quando o saldo da conta de que trata o § 3º do artigo 182 ultrapassar cinquenta por cento do capital social;

II – a capitalização da reserva poderá ser procedida mediante aumento do valor nominal das ações ou emissões de novas ações bonificadas, cabendo à assembleia-geral escolher, em cada aumento de capital, o modo a ser adotado;

III – em qualquer caso, será observado o disposto no § 4º do artigo 17;

IV – as condições estatutárias de participação serão transcritas nos certificados das ações da companhia.

Art. 298. As companhias existentes, com capital inferior a cinco milhões de cruzeiros, poderão, no prazo de que trata o artigo 296, deliberar, pelo voto de acionistas que representem dois terços do capital social, a sua transformação em sociedade por quotas, de responsabilidade limitada, observadas as seguintes normas:

I – na deliberação da assembleia a cada ação caberá um voto, independentemente de espécie ou classe;

II – a sociedade por quotas resultante da transformação deverá ter o seu capital integralizado e o seu contrato social assegurará aos sócios a livre transferência das quotas, entre si ou para terceiros;

III – o acionista dissidente da deliberação da assembleia poderá pedir o reembolso das ações pelo valor do patrimônio líquido a preços de mercado, observado o disposto nos artigos 45 e 137.

IV – o prazo para o pedido de reembolso será de noventa dias a partir da data da publicação da ata da assembleia, salvo para os titulares de ações nominativas, que será contado da data do recebimento de aviso por escrito da companhia.

Art. 299. Ficam mantidas as disposições sobre sociedades por ações, constantes de legislação especial sobre a aplicação de incentivos fiscais nas áreas da SUDENE, SUDAM, SUDEPE, EMBRATUR, e REFLORESTAMENTO, bem como todos os dispositivos das Leis nos 4.131, de 3 de setembro de 1962, e 4.390, de 29 de agosto de 1964.

▶ Dec. nº 55.762, de 17-2-1965, regulamenta a Lei nº 4.131, de 3-9-1952, modificada pela Lei nº 4.390, de 29-8-1964.

Art. 299-A. O saldo existente em 31 de dezembro de 2008 no ativo diferido que, pela sua natureza, não puder ser alocado a outro grupo de contas, poderá permanecer no ativo sob essa classificação até sua completa amortização, sujeito à análise sobre a recuperação de que trata o § 3º do art. 183 desta Lei.

Art. 299-B. O saldo existente no resultado de exercício futuro em 31 de dezembro de 2008 deverá ser reclassificado para o passivo não circulante em conta representativa de receita diferida.

Parágrafo único. O registro do saldo de que trata o *caput* deste artigo deverá evidenciar a receita diferida e o respectivo custo diferido.

▶ Arts. 299-A e 299-B com a redação dada pela Lei nº 11.941, de 27-5-2009.

Art. 300. Ficam revogados o Decreto-Lei nº 2.627, de 26 de setembro de 1940, com exceção dos artigos 59 a 73, e demais disposições em contrário.

Brasília, 15 de dezembro de 1976;
155º da Independência e
88º da República.

Ernesto Geisel

LEI Nº 6.704, DE 26 DE OUTUBRO DE 1979

Dispõe sobre o seguro de crédito à exportação e dá outras providências.

▶ Publicada no *DOU* de 29-10-1979.
▶ Dec. nº 3.937, de 25-9-2001, regulamenta esta Lei.

Art. 1º O Seguro de Crédito à Exportação tem a finalidade de garantir as operações de crédito à exportação contra os riscos comerciais, políticos e extraordinários que possam afetar:

I – a produção de bens e a prestação de serviços destinados à exportação brasileira;
II – as exportações brasileiras de bens e serviços.

Parágrafo único. O Seguro de Crédito à Exportação poderá ser utilizado por exportadores, instituições financeiras e agências de crédito à exportação que financiarem, refinanciarem ou garantirem a produção de bens e a prestação de serviços destinados à exportação brasileira, bem como as exportações brasileiras de bens e serviços.

▶ Art. 1º com a redação dada pela Lei nº 11.786, de 25-9-2008.

Art. 2º *Revogado*. Lei nº 12.249, de 11-6-2010.

Art. 3º *Revogado*. Lei nº 11.281, de 20-2-2006.

Art. 4º A União poderá:

I – conceder garantia da cobertura dos riscos comerciais e dos riscos políticos e extraordinários assumidos em virtude do Seguro de Crédito à Exportação – SCE, conforme dispuser o Regulamento desta Lei; e
II – contratar instituição habilitada a operar no SCE para a execução de todos os serviços a ele relacionados, inclusive análise, acompanhamento, gestão das operações de prestação de garantia e de recuperação de créditos sinistrados;
III – contratar a Agência Brasileira Gestora de Fundos Garantidores e Garantias S.A. – ABGF *para a execução de todos os serviços relacionados ao seguro de crédito à exportação, inclusive análise, acompanhamento, gestão das operações de prestação de garantia e de recuperação de créditos sinistrados.*

▶ Inciso III acrescido pela Lei nº 12.712, de 30-8-2012.

Parágrafo único. As competências previstas neste artigo serão exercidas por intermédio do Ministério da Fazenda.

▶ Art. 4º com a redação dada pela Lei nº 11.281, de 20-2-2006.

Art. 5º Para atender à responsabilidade assumida pelo Ministério da Fazenda, na forma do art. 4º desta Lei, o Orçamento Geral da União consignará, anualmente, dotação específica àquele Ministério.

▶ Art. 5º com a redação dada pela Lei nº 11.281, de 20-2-2006.

Art. 6º Às operações de Seguro de Crédito à Exportação, bem como à empresa especializada nesse ramo, não se aplicam as limitações contidas no Art. 9º da Lei nº 5.627, de 1º de dezembro de 1970, nem as disposições do Decreto-Lei nº 73, de 21 de novembro de 1966, exceto quanto à competência do Conselho Nacional de Seguros Privados – CNSP, da Superintendência de Seguros Privados – SUSEP e do Instituto de Resseguros do Brasil – IRB.

▶ Art. 59 da Lei nº 9.649, de 27-5-1998, que altera a denominação do IRB para IRB – Brasil Resseguros S.A., com a abreviatura IRB-Brasil RE.

Art. 7º Nas operações do Seguro de Crédito à Exportação, garantidas pela União, não serão devidas comissões de corretagem.

▶ Artigo com a redação dada pela Lei nº 9.818, de 23-8-1999.

Art. 8º O Presidente da República poderá autorizar a subscrição de ações, por entidades da Administração Indireta da União, no capital de empresa que se constituir para os fins previstos no Art. 2º desta Lei, não podendo essa participação acionária, no seu conjunto, ultrapassar de 49% (quarenta e nove por cento) do respectivo capital social.

Art. 9º O Poder Executivo baixará o regulamento desta Lei, o qual poderá definir as condições de obrigatoriedade do Seguro de Crédito à Exportação.

Art. 10. A presente Lei entrará em vigor na data de sua publicação, revogada, a partir da expedição do seu regulamento, a Lei nº 4.678, de 16 de junho de 1965, bem assim quaisquer outros preceitos relativos ao Seguro de Crédito à Exportação, e demais disposições em contrário.

Brasília, 26 de outubro de 1979;
158º da Independência e
91º da República.

João Figueiredo

LEI Nº 7.089, DE 23 DE MARÇO DE 1983

Veda a cobrança de juros de mora sobre título cujo vencimento se dê em feriado, sábado ou domingo.

▶ Publicada no *DOU* de 24-3-1983.

Art. 1º Fica proibida a cobrança de juros de mora, por estabelecimentos bancários e instituições financeiras, sobre título de qualquer natureza, cujo vencimento se dê em sábado, domingo ou feriado, desde que seja quitado no primeiro dia útil subsequente.

Art. 2º VETADO.

Art. 3º A inobservância do disposto nos artigos anteriores sujeitará os infratores à aplicação das penalidades previstas no artigo 44 da Lei nº 4.595, de 31 de dezembro de 1964.

Art. 4º Esta Lei entra em vigor na data de sua publicação.

Art. 5º Revogam-se as disposições em contrário.

Brasília, 23 de março de 1983;
162º da Independência e
95º da República.

João Figueiredo

LEI Nº 7.357, DE 2 DE SETEMBRO DE 1985

Dispõe sobre o cheque e dá outras providências.

▶ Publicada no *DOU* de 3-9-1985.

CAPÍTULO I

DA EMISSÃO E DA FORMA DO CHEQUE

Art. 1º O cheque contém:

I – a denominação "cheque" inscrita no contexto do título e expressa na língua em que este é redigido;
II – a ordem incondicional de pagar quantia determinada;
III – o nome do banco ou da instituição financeira que deve pagar (sacado);
IV – a indicação do lugar de pagamento;
V – a indicação da data e do lugar de emissão;
VI – a assinatura do emitente (sacador), ou de seu mandatário com poderes especiais.

▶ Dec. nº 1.240, de 15-9-1994, promulga a Convenção Interamericana sobre Conflitos de Leis em Matéria de Cheques.

Parágrafo único. A assinatura do emitente ou a de seu mandatário com poderes especiais pode ser constituída, na forma de legislação específica, por chancela mecânica ou processo equivalente.

Art. 2º O título a que falte qualquer dos requisitos enumerados no artigo precedente não vale como cheque, salvo nos casos determinados a seguir:

I – na falta de indicação especial, é considerado lugar de pagamento o lugar designado junto ao nome do sacado; se designados vários lugares, o cheque é pagável no primeiro deles; não existindo qualquer indicação, o cheque é pagável no lugar de sua emissão;
II – não indicado o lugar de emissão, considera-se emitido o cheque no lugar indicado junto ao nome do emitente.

Art. 3º O cheque é emitido contra banco, ou instituição financeira que lhe seja equiparada, sob pena de não valer como cheque.

Art. 4º O emitente deve ter fundos disponíveis em poder do sacado e estar autorizado a sobre eles emitir cheque, em virtude de contrato expresso ou tácito. A infração desses preceitos não prejudica a validade do título como cheque.

§ 1º A existência de fundos disponíveis é verificada no momento da apresentação do cheque para pagamento.

§ 2º Consideram-se fundos disponíveis:

a) os créditos constantes de conta corrente bancária não subordinados a termo;
b) o saldo exigível de conta corrente contratual;
c) a soma proveniente de abertura de crédito.

Art. 5º VETADO.

Art. 6º O cheque não admite aceite, considerando-se não escrita qualquer declaração com esse sentido.

Art. 7º Pode o sacado, a pedido do emitente ou do portador legitimado, lançar e assinar, no verso do cheque não ao portador e ainda não endossado, visto, certificação ou outra declaração equivalente, datada e por quantia igual à indicada no título.

§ 1º A aposição de visto, certificação ou outra declaração equivalente obriga o sacado a debitar à conta do emitente a quantia indicada no cheque e a reservá-la em benefício do portador legitimado, durante o prazo de apresentação, sem que fiquem exonerados o emitente, endossantes e demais coobrigados.

§ 2º O sacado creditará à conta do emitente a quantia reservada, uma vez vencido o prazo de apresentação; e, antes disso, se o cheque lhe for entregue para inutilização.

Art. 8º Pode-se estipular no cheque que seu pagamento seja feito:

I – a pessoa nomeada, com ou sem cláusula expressa "*à ordem*";
II – a pessoa nomeada, com a cláusula "*não à ordem*", ou outra equivalente;
III – ao portador.

Parágrafo único. Vale como cheque ao portador o que não contém indicação do beneficiário e o emitido em favor de pessoa nomeada com a cláusula "*ou ao portador*", ou expressão equivalente.

Art. 9º O cheque pode ser emitido:

I – à ordem do próprio sacador;
II – por conta de terceiro;
III – contra o próprio banco sacador, desde que não ao portador.

Art. 10. Considera-se não escrita a estipulação de juros inserida no cheque.

Art. 11. O cheque pode ser pagável no domicílio de terceiro, quer na localidade em que o sacado tenha domicílio, quer em outra, desde que o terceiro seja banco.

Art. 12. Feita a indicação da quantia em algarismos e por extenso, prevalece esta no caso de divergência. Indicada a quantia mais de uma vez, quer por extenso, quer por algarismos, prevalece, no caso de divergência, a indicação da menor quantia.

Art. 13. As obrigações contraídas no cheque são autônomas e independentes.

Parágrafo único. A assinatura de pessoa capaz cria obrigações para o signatário, mesmo que o cheque contenha assinatura de pessoas incapazes de se obrigar por cheque, ou assinaturas falsas, ou assinaturas de pessoas fictícias, ou assinaturas que, por qualquer outra razão, não poderiam obrigar as pessoas que assinaram o cheque, ou em nome das quais ele foi assinado.

Art. 14. Obriga-se pessoalmente quem assina cheque como mandatário ou representante, sem ter poderes para tal, ou excedendo os que foram conferidos. Pagando o cheque, tem os mesmos direitos daquele em cujo nome assinou.

Art. 15. O emitente garante o pagamento, considerando-se não escrita a declaração pela qual se exima dessa garantia.

Art. 16. Se o cheque, incompleto no ato da emissão, for completado com inobservância do convencionado com o emitente, tal fato não pode ser oposto ao portador, a não ser que este tenha adquirido o cheque de má-fé.

Capítulo II

DA TRANSMISSÃO

Art. 17. O cheque pagável a pessoa nomeada, com ou sem cláusula expressa "à ordem", é transmissível por via de endosso.

§ 1º O cheque pagável a pessoa nomeada, com a cláusula "não à ordem", ou outra equivalente, só é transmissível pela forma e com os efeitos de cessão.

§ 2º O endosso pode ser feito ao emitente, ou a outro obrigado, que podem novamente endossar o cheque.

Art. 18. O endosso deve ser puro e simples, reputando-se não escrita qualquer condição a que seja subordinado.

§ 1º São nulos o endosso parcial e o do sacado.

§ 2º Vale como em branco o endosso ao portador. O endosso ao sacado vale apenas como quitação, salvo no caso de o sacado ter vários estabelecimentos e o endosso ser feito em favor de estabelecimento diverso daquele contra o qual o cheque foi emitido.

Art. 19. O endosso deve ser lançado no cheque ou na folha de alongamento e assinado pelo endossante, ou seu mandatário com poderes especiais.

§ 1º O endosso pode não designar o endossatário. Consistindo apenas na assinatura do endossante (endosso em branco), só é válido quando lançado no verso do cheque ou na folha de alongamento.

§ 2º A assinatura do endossante, ou a de seu mandatário com poderes especiais, pode ser constituída, na forma de legislação específica, por chancela mecânica, ou processo equivalente.

Art. 20. O endosso transmite todos os direitos resultantes do cheque. Se o endosso é em branco, pode o portador:

I – completá-lo com o seu nome ou com o de outra pessoa;
II – endossar novamente o cheque, em branco ou a outra pessoa;
III – transferir o cheque a um terceiro, sem completar o endosso e sem endossar.

Art. 21. Salvo estipulação em contrário, o endossante garante o pagamento.

Parágrafo único. Pode o endossante proibir novo endosso; neste caso, não garante o pagamento a quem seja o cheque posteriormente endossado.

Art. 22. O detentor de cheque "à ordem" é considerado portador legitimado, se provar seu direito por uma série ininterrupta de endossos, mesmo que o último seja em branco. Para esse efeito, os endossos cancelados são considerados não escritos.

Parágrafo único. Quando um endosso em branco for seguido de outro, entende-se que o signatário deste adquiriu o cheque pelo endosso em branco.

Art. 23. O endosso num cheque passado ao portador torna o endossante responsável, nos termos das disposições que regulam o direito de ação, mas nem por isso converte o título num cheque "à ordem".

Art. 24. Desapossado alguém de um cheque, em virtude de qualquer evento, novo portador legitimado por está obrigado a restituí-lo, se não o adquiriu de má-fé.

Parágrafo único. Sem prejuízo do disposto neste artigo, serão observadas, nos casos de perda, extravio, furto, roubo ou apropriação indébita do cheque, as disposições legais relativas à anulação e substituição de títulos ao portador, no que for aplicável.

Art. 25. Quem for demandado por obrigação resultante de cheque não pode opor ao portador exceções fundadas em relações pessoais com o emitente, ou com os portadores anteriores, salvo se o portador o adquiriu conscientemente em detrimento do devedor.

Art. 26. Quando o endosso contiver a cláusula "valor em cobrança", "para cobrança", "por procuração", ou qualquer outra que implique apenas mandato, o portador pode exercer todos os direitos resultantes do cheque, mas só pode lançar no cheque endosso-mandato. Neste caso, os obrigados somente podem invocar contra o portador as exceções oponíveis ao endossante.

Parágrafo único. O mandato contido no endosso não se extingue por morte do endossante ou por superveniência de sua incapacidade.

Art. 27. O endosso posterior ao protesto, ou declaração equivalente, ou à expiração do prazo de apresentação produz apenas os efeitos de cessão. Salvo prova em contrário, o endosso sem data presume-se anterior ao protesto, ou declaração equivalente, ou à expiração do prazo de apresentação.

Art. 28. O endosso no cheque nominativo, pago pelo banco contra o qual foi sacado, prova o recebimento da respectiva importância pela pessoa a favor da qual foi emitido, e pelos endossantes subsequentes.

Parágrafo único. Se o cheque indica a nota, fatura, conta cambial, imposto lançado ou declarado a cujo pagamento se destina, ou outra causa da sua emissão, o endosso pela pessoa a favor da qual foi emitido e a sua liquidação pelo banco sacado provam a extinção da obrigação indicada.

Capítulo III

DO AVAL

Art. 29. O pagamento do cheque pode ser garantido, no todo ou em parte, por aval prestado por terceiro, exceto o sacado, ou mesmo por signatário do título.

Art. 30. O aval é lançado no cheque ou na folha de alongamento. Exprime-se pelas palavras "por aval", ou fórmula equivalente, com a assinatura do avalista. Considera-se como resultante da simples assinatura do avalista, aposta no anverso do cheque, salvo quando se tratar da assinatura do emitente.

Parágrafo único. O aval deve indicar o avalizado. Na falta de indicação, considera-se avalizado o emitente.

Art. 31. O avalista se obriga da mesma maneira que o avalizado. Subsiste sua obrigação, ainda que nula a por ele garantida, salvo se a nulidade resultar de vício de forma.

Parágrafo único. O avalista que paga o cheque adquire todos os direitos dele resultantes contra o avalizado e contra os obrigados para com este em virtude do cheque.

Capítulo IV
DA APRESENTAÇÃO E DO PAGAMENTO

Art. 32. O cheque é pagável à vista. Considera-se não escrita qualquer menção em contrário.

Parágrafo único. O cheque apresentado para pagamento antes do dia indicado como data de emissão é pagável no dia da apresentação.

▶ Súm. nº 370 do STJ.

Art. 33. O cheque deve ser apresentado para pagamento, a contar do dia da emissão, no prazo de trinta dias, quando emitido no lugar onde houver de ser pago; e de sessenta dias, quando emitido em outro lugar do País ou no exterior.

Parágrafo único. Quando o cheque é emitido entre lugares com calendários diferentes, considera-se como de emissão o dia correspondente do calendário do lugar de pagamento.

Art. 34. A apresentação do cheque à câmara de compensação equivale à apresentação a pagamento.

Art. 35. O emitente do cheque pagável no Brasil pode revogá-lo, mercê de contraordem dada por aviso epistolar, ou por via judicial ou extrajudicial, com as razões motivadoras do ato.

Parágrafo único. A revogação ou contraordem só produz efeito depois de expirado o prazo de apresentação e, não sendo promovida, pode o sacado pagar o cheque até que decorra o prazo de prescrição, nos termos do artigo 59 desta Lei.

Art. 36. Mesmo durante o prazo de apresentação, o emitente e o portador legitimado podem fazer sustar o pagamento, manifestando ao sacado, por escrito, oposição fundada em relevante razão de direito.

§ 1º A oposição do emitente e a revogação ou contraordem se excluem reciprocamente.

§ 2º Não cabe ao sacado julgar da relevância da razão invocada pelo oponente.

Art. 37. A morte do emitente ou sua incapacidade superveniente à emissão não invalidam os efeitos do cheque.

Art. 38. O sacado pode exigir, ao pagar o cheque, que este lhe seja entregue quitado pelo portador.

Parágrafo único. O portador não pode recusar pagamento parcial, e, nesse caso, o sacado pode exigir que esse pagamento conste do cheque e que o portador lhe dê a respectiva quitação.

Art. 39. O sacado que paga cheque "à ordem" é obrigado a verificar a regularidade da série de endossos, mas não a autenticidade das assinaturas dos endossantes. A mesma obrigação incumbe ao banco apresentante do cheque a câmara de compensação.

Parágrafo único. Ressalvada a responsabilidade do apresentante, no caso da parte final deste artigo, o banco sacado responde pelo pagamento do cheque falso, falsificado ou alterado, salvo dolo ou culpa do correntista, do endossante ou do beneficiário, dos quais poderá o sacado, no todo ou em parte, reaver o que pagou.

▶ Súm. nº 28 do STF.

Art. 40. O pagamento se fará à medida em que forem apresentados os cheques e se dois ou mais forem apresentados simultaneamente, sem que os fundos disponíveis bastem para o pagamento de todos, terão preferência os de emissão mais antiga e, se da mesma data, os de número inferior.

Art. 41. O sacado pode pedir explicações ou garantia para pagar cheque mutilado, rasgado ou partido, ou que contenha borrões, emendas e dizeres que não pareçam formalmente normais.

Art. 42. O cheque em moeda estrangeira é pago, no prazo de apresentação, em moeda nacional ao câmbio do dia do pagamento, obedecida a legislação especial.

Parágrafo único. Se o cheque não for pago no ato da apresentação, pode o portador optar entre o câmbio do dia da apresentação e o do dia do pagamento para efeito de conversão em moeda nacional.

Art. 43. VETADO.

§§ 1º e 2º VETADOS.

Capítulo V
DO CHEQUE CRUZADO

Art. 44. O emitente ou o portador podem cruzar o cheque, mediante a aposição de dois traços paralelos no anverso do título.

§ 1º O cruzamento é geral se entre os dois traços não houver nenhuma indicação ou existir apenas a indicação "banco", ou outra equivalente. O cruzamento é especial se entre os dois traços existir a indicação do nome do banco.

§ 2º O cruzamento geral pode ser convertido em especial, mas este não pode converter-se naquele.

§ 3º A inutilização do cruzamento ou a do nome do banco é reputada como não existente.

Art. 45. O cheque com cruzamento geral só pode ser pago pelo sacado a banco ou a cliente do sacado, mediante crédito em conta. O cheque com cruzamento especial só pode ser pago pelo sacado ao banco indicado, ou, se este for o sacado, a cliente seu, mediante crédito em conta. Pode, entretanto, o banco designado incumbir outro da cobrança.

§ 1º O banco só pode adquirir cheque cruzado de cliente seu ou de outro banco. Só pode cobrá-lo por conta de tais pessoas.

§ 2º O cheque com vários cruzamentos especiais só pode ser pago pelo sacado no caso de dois cruzamentos, um dos quais para cobrança por câmara de compensação.

§ 3º Responde pelo dano, até a concorrência do montante do cheque, o sacado ou o banco portador que não observar as disposições precedentes.

Capítulo VI
DO CHEQUE PARA SER CREDITADO EM CONTA

Art. 46. O emitente ou o portador podem proibir que o cheque seja pago em dinheiro mediante a inscrição transversal, no anverso do título, da cláusula "*para ser creditado em conta*", ou outra equivalente. Nesse caso, o sacado só pode proceder a lançamento contábil (crédito em conta, transferência ou compensação), que vale como pagamento. O depósito do cheque em conta de seu beneficiário dispensa o respectivo endosso.

§ 1º A inutilização da cláusula é considerada como não existente.

§ 2º Responde pelo dano, até a concorrência do montante do cheque, o sacado que não observar as disposições precedentes.

Capítulo VII
DA AÇÃO POR FALTA DE PAGAMENTO

Art. 47. Pode o portador promover a execução do cheque:

▶ Art. 585, I, do CPC.
▶ Súm. nº 600 do STF.
▶ Súm. nº 27 do STJ.

I – contra o emitente e seu avalista;
II – contra os endossantes e seus avalistas, se o cheque apresentado em tempo hábil e a recusa de pagamento é comprovada pelo protesto ou por declaração do sacado, escrita e datada sobre o cheque, com indicação do dia de apresentação, ou, ainda, por declaração escrita e datada por câmara de compensação.

§ 1º Qualquer das declarações previstas neste artigo dispensa o protesto e produz os efeitos deste.

§ 2º Os signatários respondem pelos danos causados por declarações inexatas.

§ 3º O portador que não apresentar o cheque em tempo hábil, ou não comprovar a recusa de pagamento pela forma indicada neste artigo, perde o direito de execução contra o emitente, se este tinha fundos disponíveis durante o prazo de apresentação e os deixou de ter, em razão de fato que não lhe seja imputável.

§ 4º A execução independe do protesto e das declarações previstas neste artigo, se a apresentação ou o pagamento do cheque são obstados pelo fato de o sacado ter sido submetido a intervenção, liquidação extrajudicial ou falência.

Art. 48. O protesto ou as declarações do artigo anterior devem fazer-se no lugar de pagamento ou do domicílio do emitente, antes da expiração do prazo de apresentação. Se esta ocorrer no último dia do prazo, o protesto ou as declarações podem fazer-se no primeiro dia útil seguinte.

§ 1º A entrega do cheque para protesto deve ser prenotada em livro especial e o protesto tirado no prazo de três dias úteis a contar do recebimento do título.

§ 2º O instrumento do protesto, datado e assinado pelo oficial público competente, contém:

a) a transcrição literal do cheque, com todas as declarações nele inseridas, na ordem em que se acham lançadas;
b) a certidão da intimação do emitente, de seu mandatário especial ou representante legal, e as demais pessoas obrigadas no cheque;
c) a resposta dada pelos intimados ou a declaração da falta de resposta;
d) a certidão de não haverem sido encontrados ou de serem desconhecidos o emitente ou os demais obrigados, realizada a intimação, nesse caso, pela imprensa.

§ 3º O instrumento de protesto, depois de registrado em livro próprio, será entregue ao portador legitimado ou àquele que houver efetuado o pagamento.

§ 4º Pago o cheque depois do protesto, pode este ser cancelado, a pedido de qualquer interessado, mediante arquivamento de cópia autenticada da quitação que contenha perfeita identificação do título.

Art. 49. O portador deve dar aviso da falta de pagamento a seu endossante e ao emitente, nos quatro dias úteis seguintes ao do protesto ou das declarações previstas no artigo 47 desta Lei ou, havendo cláusula "*sem despesa*", ao da apresentação.

§ 1º Cada endossante deve, nos dois dias úteis seguintes ao do recebimento do aviso, comunicar seu teor ao endossante precedente, indicando os nomes e endereços dos que deram os avisos anteriores, e assim por diante, até o emitente, contando-se os prazos do recebimento do aviso precedente.

§ 2º O aviso dado a um obrigado deve estender-se, no mesmo prazo, a seu avalista.

§ 3º Se o endossante não houver indicado seu endereço, ou o tiver feito de forma ilegível, basta o aviso ao endossante que o preceder.

§ 4º O aviso pode ser dado por qualquer forma, até pela simples devolução do cheque.

§ 5º Aquele que estiver obrigado a aviso deverá provar que o deu no prazo estipulado. Considera-se observado o prazo se, dentro dele, houver sido posta no correio a carta de aviso.

§ 6º Não decai do direito de regresso o que deixa de dar o aviso no prazo estabelecido. Responde, porém, pelo dano causado por sua negligência, sem que a indenização exceda o valor do cheque.

Art. 50. O emitente, o endossante e o avalista podem, pela cláusula "*sem despesa*", "*sem protesto*", ou outra equivalente, lançada no título e assinada, dispensar o portador, para promover a execução do título, do protesto ou da declaração equivalente.

§ 1º A cláusula não dispensa o portador da apresentação do cheque no prazo estabelecido, nem dos avisos. Incumbe a quem alega a inobservância de prazo a prova respectiva.

§ 2º A cláusula lançada pelo emitente produz efeito em relação a todos os obrigados; a lançada por endossante ou avalista produz efeito somente em relação ao que lançar.

§ 3º Se, apesar da cláusula lançada pelo emitente, o portador promove o protesto, as despesas correm por sua conta. Por elas respondem todos os obrigados, se a cláusula é lançada por endossante ou avalista.

Art. 51. Todos os obrigados respondem solidariamente para com o portador do cheque.

§ 1º O portador tem o direito de demandar todos os obrigados, individual ou coletivamente, sem estar sujeito a observar a ordem em que se obrigaram. O mesmo direito cabe ao obrigado que pagar o cheque.

§ 2º A ação contra um dos obrigados não impede sejam os outros demandados, mesmo que se tenham obrigado posteriormente àquele.

§ 3º Regem-se pelas normas das obrigações solidárias as relações entre obrigados do mesmo grau.

Art. 52. O portador pode exigir do demandado:

I – a importância do cheque não pago;
II – os juros legais desde o dia da apresentação;
III – as despesas que fez;
IV – a compensação pela perda do valor aquisitivo da moeda, até o embolso das importâncias mencionadas nos itens antecedentes.

Art. 53. Quem paga o cheque pode exigir de seus garantes:

I – a importância integral que pagou;
II – os juros legais, a contar do dia do pagamento;
III – as despesas que fez;
IV – a compensação pela perda do valor aquisitivo da moeda, até o embolso das importâncias mencionadas nos itens antecedentes.

Art. 54. O obrigado contra o qual se promova execução, ou que a esta esteja sujeito, pode exigir, contra pagamento, a entrega do cheque, com o instrumento de protesto ou da declaração equivalente e a conta de juros e despesas quitada.

Parágrafo único. O endossante que pagou o cheque pode cancelar seu endosso e os dos endossantes posteriores.

Art. 55. Quando disposição legal ou caso de força maior impedir a apresentação do cheque, o protesto ou a declaração equivalente nos prazos estabelecidos, consideram-se estes prorrogados.

§ 1º O portador é obrigado a dar aviso imediato da ocorrência de força maior a seu endossante e a fazer menção do aviso dado mediante declaração datada e assinada por ele no cheque ou folha de alongamento. São aplicáveis, quanto ao mais, as disposições do artigo 49 e seus parágrafos desta Lei.

§ 2º Cessado o impedimento, deve o portador, imediatamente, apresentar o cheque para pagamento e, se couber, promover o protesto ou a declaração equivalente.

§ 3º Se o impedimento durar por mais de quinze dias, contados do dia em que o portador, mesmo antes de findo o prazo de apresentação, comunicou a ocorrência de força maior a seu endossante, poderá ser promovida a execução, sem necessidade da apresentação do protesto ou da declaração equivalente.

§ 4º Não constituem casos de força maior os fatos puramente pessoais relativos ao portador ou à pessoa por ele incumbida da apresentação do cheque, do protesto ou da obtenção da declaração equivalente.

CAPÍTULO VIII

DA PLURALIDADE DE EXEMPLARES

Art. 56. Excetuado o cheque ao portador, qualquer cheque emitido em um país e pagável em outro pode ser feito em vários exemplares idênticos, que devem ser numerados no próprio texto do título, sob pena de cada exemplar ser considerado cheque distinto.

Art. 57. O pagamento feito contra a apresentação de um exemplar é liberatório, ainda que não estipulado que o pagamento torna sem efeito os outros exemplares.

Parágrafo único. O endossante que transferir os exemplares a diferentes pessoas e os endossantes posteriores respondem por todos os exemplares que assinarem e que não forem restituídos.

CAPÍTULO IX

DAS ALTERAÇÕES

Art. 58. No caso de alteração do texto do cheque, os signatários posteriores à alteração respondem nos termos do texto alterado e os signatários anteriores, nos do texto original.

Parágrafo único. Não sendo possível determinar se a firma foi aposta no título antes ou depois de sua alteração, presume-se que o tenha sido antes.

CAPÍTULO X

DA PRESCRIÇÃO

Art. 59. Prescreve em seis meses, contados da expiração do prazo de apresentação, a ação que o artigo 47 desta Lei assegura ao portador.

Parágrafo único. A ação de regresso de um obrigado ao pagamento do cheque contra outro prescreve em seis meses, contados do dia em que o obrigado pagou o cheque ou do dia em que foi demandado.

Art. 60. A interrupção da prescrição produz efeito somente contra o obrigado em relação ao qual foi promovido o ato interruptivo.

Art. 61. A ação de enriquecimento contra o emitente ou outros obrigados, que se locupletaram injustamente com o não pagamento do cheque, prescreve em dois anos, contados do dia em que se consumar a prescrição prevista no artigo 59 e seu parágrafo desta Lei.

Art. 62. Salvo prova de novação, a emissão ou a transferência do cheque não exclui a ação fundada na relação causal, feita a prova do não pagamento.

CAPÍTULO XI

DOS CONFLITOS DE LEIS EM MATÉRIA DE CHEQUES

Art. 63. Os conflitos de leis em matéria de cheques serão resolvidos de acordo com as normas constantes das Convenções aprovadas, promulgadas e mandadas aplicar no Brasil, na forma prevista pela Constituição Federal.

CAPÍTULO XII

DAS DISPOSIÇÕES GERAIS

Art. 64. A apresentação do cheque, o protesto ou a declaração equivalente só podem ser feitos ou exigidos em dia útil, durante o expediente dos estabelecimentos de crédito, câmaras de compensação e cartórios de protestos.

Parágrafo único. O cômputo dos prazos estabelecidos nesta Lei obedece às disposições do direito comum.

Art. 65. Os efeitos penais da emissão do cheque sem suficiente provisão de fundos, da frustração do pagamento do cheque, da falsidade, da falsificação e da alteração do cheque continuam regidos pela legislação criminal.

▶ Art. 171, *caput*, e VI, do CP.
▶ Súmulas n°s 246, 521 e 554 do STF.

Art. 66. Os vales ou cheques postais, os cheques de poupança ou assemelhados, e os cheques de viagem regem-se pelas disposições especiais a eles referentes.

Art. 67. A palavra "banco", para os fins desta Lei, designa também a instituição financeira contra a qual a lei admita a emissão de cheque.

Art. 68. Os bancos e casas bancárias poderão fazer prova aos seus depositantes dos cheques por estes sacados, mediante apresentação de cópia fotográfica ou microfotográfica.

Art. 69. Fica ressalvada a competência do Conselho Monetário Nacional, nos termos e nos limites da legislação específica, para expedir normas relativas à matéria bancária relacionada com o cheque.

Parágrafo único. É da competência do Conselho Monetário Nacional:

a) a determinação das normas a que devem obedecer as contas de depósito para que possam ser fornecidos os talões de cheques aos depositantes;
b) a determinação das consequências do uso indevido do cheque, relativamente à conta do depositante;
c) a disciplina das relações entre o sacado e o opoente, na hipótese do artigo 36 desta Lei.

Art. 70. Esta Lei entra em vigor na data de sua publicação.

Art. 71. Revogam-se as disposições em contrário.

Brasília, 2 de setembro de 1985;
164º da Independência e
97º da República.

José Sarney

DECRETO-LEI Nº 2.321, DE 25 DE FEVEREIRO DE 1987

Institui, em defesa das finanças públicas, regime de administração especial temporária, nas instituições financeiras privadas e públicas não federais, e dá outras providências.

▶ Publicado no *DOU* de 26-2-1987 e republicado no *DOU* de 27-4-1987.
▶ Lei nº 6.024, de 13-3-1974 (Lei das Intervenções e Liquidações Extrajudiciais de Instituições Financeiras).
▶ Lei nº 9.447, de 14-3-1997, dispõe sobre a responsabilidade solidária de controladores de instituições submetidas à intervenção, liquidação extrajudicial e regime de administração especial temporária.

Art. 1º O Banco Central do Brasil poderá decretar regime de administração especial temporária, na forma regulada por este decreto-lei, nas instituições financeiras privadas e públicas não federais, autorizadas a funcionar nos termos da Lei nº 4.595, de 31 de dezembro de 1964, quando nelas verificar:

a) prática reiterada de operações contrárias às diretrizes de política econômica ou financeira traçadas em lei federal;
b) existência de passivo a descoberto;
c) descumprimento das normas referentes à conta de Reservas Bancárias mantida no Banco Central do Brasil;
d) gestão temerária ou fraudulenta de seus administradores;
e) ocorrência de qualquer das situações descritas no artigo 2º da Lei nº 6.024, de 13 de março de 1974.

Parágrafo único. A duração da administração especial será fixada no ato que a decretar, podendo ser prorrogada, se absolutamente necessário, por período não superior ao primeiro.

Art. 2º A decretação da administração especial temporária não afetará o curso regular dos negócios da entidade nem seu normal funcionamento e produzirá, de imediato, a perda do mandato dos administradores e membros do Conselho Fiscal da instituição.

Art. 3º A administração especial temporária será executada por um conselho diretor, nomeado pelo Banco Central do Brasil, com plenos poderes de gestão, constituído de tantos membros quantos julgados necessários para a condução dos negócios sociais.

§ 1º Ao conselho diretor competirá, com exclusividade, a convocação da assembleia-geral.

§ 2º Os membros do conselho diretor poderão ser destituídos a qualquer tempo pelo Banco Central do Brasil.

§ 3º Dependerão de prévia e expressa autorização do Banco Central do Brasil os atos que, não caracterizados como de gestão ordinária, impliquem disposição ou oneração do patrimônio da sociedade.

Art. 4º Os membros do conselho diretor assumirão, de imediato, as respectivas funções, independentemente da publicação do ato de nomeação, mediante termo lavrado no livro de atas da Diretoria, com a transcrição do ato que houver decretado o regime de administração especial temporária e do que os tenha nomeado.

Art. 5º Ao assumir suas funções, incumbirá ao conselho diretor:

a) eleger, dentre seus membros, o Presidente;
b) estabelecer as atribuições e poderes de cada um de seus membros, bem como as matérias que serão objeto de deliberação colegiada; e
c) adotar as providências constantes dos artigos 9º, 10 e 11 da Lei nº 6.024, de 13 de março de 1974.

Art. 6º Das decisões do conselho diretor caberá recurso, sem efeito suspensivo, dentro de 10 (dez) dias da respectiva ciência, para o Banco Central do Brasil, em única instância.

Parágrafo único. O recurso, entregue mediante protocolo, será dirigido ao conselho diretor, que o informará e o encaminhará dentro de 5 (cinco) dias ao Banco Central do Brasil.

Art. 7º O conselho diretor prestará contas ao Banco Central do Brasil, independentemente de qualquer exigência, no momento em que cessar o regime especial, ou, a qualquer tempo, quando solicitado.

Art. 8º Poderá o Banco Central do Brasil atribuir, a pessoas jurídicas com especialização na área, a administração especial temporária de que trata este decreto-lei.

Art. 9º Uma vez decretado o regime de que trata este decreto-lei, fica o Banco Central do Brasil autorizado a utilizar recursos da Reserva Monetária visando ao saneamento econômico-financeiro da instituição.

Parágrafo único. Não havendo recursos suficientes na conta da Reserva Monetária, o Banco Central do Brasil os adiantará, devendo o valor de tais adiantamentos constar obrigatoriamente da proposta da lei orçamentária do exercício subsequente.

Art. 10. Os valores sacados à conta da Reserva Monetária serão aplicados no pagamento de obrigações das instituições submetidas ao regime deste decreto-lei, mediante cessão e transferência dos correspondentes créditos, direitos e ações, a serem efetivadas pelos respectivos titulares ao Banco Central do Brasil, e serão garantidos, nos termos de contrato a ser firmado, com a instituição beneficiária:

a) pela caução de notas promissórias, letras de câmbio, duplicatas, ações, debêntures, créditos hipotecários e pignoratícios, contratos de contas correntes devedoras com saldo devidamente reconhecido e títulos da dívida pública federal;
b) pela hipoteca legal, independentemente de especialização, que este decreto-lei concede ao Banco Central do Brasil, dos imóveis pertencentes às instituições beneficiárias e por elas destinados à instalação de suas sedes e filiais;
c) pela hipoteca convencional de outros imóveis pertencentes às instituições beneficiárias ou a terceiros.

§ 1º Os títulos, documentos e valores dados em caução considerar-se-ão transferidos, por tradição simbólica, à posse do Banco Central do Brasil, desde que estejam relacionados e descritos em termo de tradição lavrado em instrumento avulso assinado pelas partes e copiado em livro especial para esse fim aberto e rubricado pela autoridade competente do Banco Central do Brasil.

§ 2º O Banco Central do Brasil, quando entender necessário, poderá exigir a entrega dos títulos, documentos e valores caucionados e, quando recusada, mediante simples petição, acompanhada de certidão do termo de tradição, promover judicialmente a sua apreensão total ou parcial.

Art. 11. À vista de relatório ou de proposta do conselho diretor, o Banco Central do Brasil poderá:

a) autorizar a transformação, a incorporação, a fusão, a cisão ou a transferência do controle acionário da instituição, em face das condições de garantia apresentadas pelos interessados;
b) propor a desapropriação, por necessidade ou utilidade pública ou por interesse social, das ações do capital social da instituição;
c) decretar a liquidação extrajudicial da instituição.

▶ Alínea c acrescida pelo Dec.-lei nº 2.327, de 24-4-1987.

Art. 12. Na hipótese da letra b do artigo anterior, fica o Poder Executivo autorizado a promover a desapropriação ali referida.

§ 1º A União Federal será, desde logo, imitida na posse das ações desapropriadas, mediante depósito de seu valor patrimonial, apurado em balanço levantado pelo conselho diretor, que terá por data-base o dia da decretação da administração especial temporária.

§ 2º Na instituição em que o patrimônio líquido for negativo, o valor do depósito previsto no parágrafo anterior será simbólico e fixado no decreto expropriatório.

Art. 13. A União Federal, uma vez imitida na posse das ações, exercerá todos os direitos inerentes à condição de acionista, inclusive o de preferência, que poderá ceder, para subscrição de aumento de capital e o de votar, em assembleia-geral, a redução ou elevação do capital social, o agrupamento ou o desdobramento de ações, a transformação, incorporação, fusão ou cisão da sociedade, e quaisquer outras medidas julgadas necessárias ao saneamento financeiro da sociedade e ao seu regular funcionamento.

Art. 14. O regime de que trata este decreto-lei cessará:

a) se a União Federal assumir o controle acionário da instituição, na forma do artigo 11, letra b;
b) nos casos de transformação, incorporação, fusão, cisão ou de transferência do controle acionário da instituição;
c) quando, a critério do Banco Central do Brasil, a situação da instituição se houver normalizado;
d) pela decretação da liquidação extrajudicial da instituição.

▶ Alínea d acrescida pelo Dec.-lei nº 2.327, de 24-4-1987.

§ 1º Para os fins previstos neste decreto-lei, a União Federal será representada, nos atos que lhe competir, pelo Banco Central do Brasil.

§ 2º O Banco Central do Brasil adotará as medidas necessárias à recuperação integral dos recursos aplicados na instituição, com base no artigo 9º deste decreto-lei, e estabelecerá, se for o caso, a forma, prazo e demais condições para o seu resgate.

§ 3º Decretada a liquidação extrajudicial da instituição, tomar-se-á como data-base, para todos os efeitos, inclusive a apuração da responsabilidade dos ex-administradores, a data de decretação do regime de administração especial temporária.

▶ § 3º acrescido pelo Dec.-lei nº 2.327, de 24-4-1987.

Art. 15. Decretado o regime de administração especial temporária, respondem solidariamente com os ex-administradores da instituição pelas obrigações por esta assumidas, as pessoas naturais ou jurídicas que com ela mantenham vínculo de controle, independentemente da apuração de dolo ou culpa.

§ 1º Há vínculo de controle quando, alternativa ou cumulativamente, a instituição e as pessoas jurídicas mencionadas neste artigo estão sob controle comum; quando sejam, entre si, controladoras ou controladas, ou quando qualquer delas, diretamente ou através de sociedades por ela controladas, é titular de direitos de sócio que lhe assegurem, de modo permanente, preponderância nas deliberações sociais e o poder de eleger a maioria dos administradores da instituição.

§ 2º A responsabilidade solidária decorrente do vínculo de controle se circunscreve ao montante do passivo a descoberto da instituição, apurado em balanço que terá por data-base o dia da decretação do regime de que trata este decreto-lei.

Art. 16. O inciso IX, do artigo 10, da Lei nº 4.595, de 31 de dezembro de 1964, fica acrescido da alínea *g*, com a seguinte redação:

▶ Alterações inseridas no texto da referida lei.

Art. 17. O artigo 11 da Lei nº 4.595, de 31 de dezembro de 1964, fica acrescido de § 1º com a seguinte redação, renumerado para 2º o atual parágrafo único.

▶ Alterações inseridas no texto da referida lei.

Art. 18. O Banco Central promoverá a responsabilidade, com pena de demissão, do funcionário ou Diretor que permitir o descumprimento das normas referentes à conta de Reservas Bancárias.

Art. 19. Aplicam-se à administração especial temporária regulada por este decreto-lei as disposições da Lei nº 6.024, de 13 de março de 1974, que com ele não colidirem e, em especial, as medidas acautelatórias e promotoras da responsabilidade dos ex-administradores.

Art. 20. Este decreto-lei entra em vigor na data de sua publicação.

Art. 21. Revogam-se as disposições em contrário.

Brasília, 25 de fevereiro de 1987;
166º da Independência e
99º da República.

José Sarney

LEI Nº 8.078,
DE 11 DE SETEMBRO DE 1990

Dispõe sobre a proteção do consumidor e dá outras providências.

▶ Publicada no *DOU* de 12-9-1990, edição extra, e retificada no *DOU* de 10-1-2007.

▶ Esta Lei é conhecida como Código de Defesa do Consumidor – CDC.

▶ Lei nº 12.291, de 20-7-2010, torna obrigatória a manutenção de exemplar deste Código nos estabelecimentos comerciais e de prestação de serviços.

▶ Lei nº 12.529, de 30-11-2011 (Lei do Sistema Brasileiro de Defesa da Concorrência).

▶ Dec. nº 2.181, de 20-3-1997, dispõe sobre a organização do Sistema Nacional de Defesa do Consumidor – SNDC, e estabelece normas gerais de aplicação das sanções administrativas previstas nesta Lei.

▶ Dec. nº 5.903, de 20-9-2006, regulamenta este Código, no que se refere às formas de afixação de preços de produtos e serviços para o consumidor.

▶ Dec. nº 6.523, de 31-7-2008, regulamenta este Código para fixar normas gerais sobre o Serviço de Atendimento ao Consumidor – SAC por telefone, no âmbito dos fornecedores de serviços regulados pelo Poder Público Federal.

▶ Port. do MJ nº 2.014, de 13-10-2008, estabelece o tempo máximo para o contato direto com o atendente e o horário de funcionamento no Serviço de Atendimento ao Consumidor – SAC.

▶ Súm. nº 469 do STJ.

▶ Súm. nº 2/2011 do CF-OAB.

TÍTULO I – DOS DIREITOS DO CONSUMIDOR

Capítulo I
DISPOSIÇÕES GERAIS

Art. 1º O presente Código estabelece normas de proteção e defesa do consumidor, de ordem pública e interesse social, nos termos dos artigos 5º, inciso XXXII, 170, inciso V, da Constituição Federal e artigo 48 de suas Disposições Transitórias.

▶ Arts. 24, VIII, 150, § 5º, 170, V, da CF.

Art. 2º Consumidor é toda pessoa física ou jurídica que adquire ou utiliza produto ou serviço como destinatário final.

▶ Arts. 17 e 29 deste Código.
▶ Súm. nº 321 do STJ.

Parágrafo único. Equipara-se a consumidor a coletividade de pessoas, ainda que indetermináveis, que haja intervindo nas relações de consumo.

▶ Art. 81, parágrafo único, deste Código.
▶ Súm. nº 643 do STF.

Art. 3º Fornecedor é toda pessoa física ou jurídica, pública ou privada, nacional ou estrangeira, bem como os entes despersonalizados, que desenvolvem atividades de produção, montagem, criação, construção, transformação, importação, exportação, distribuição ou comercialização de produtos ou prestações de serviços.

▶ Art. 28 deste Código.
▶ Art. 3º da Lei nº 10.671, de 15-5-2003 (Estatuto de Defesa do Torcedor).
▶ Súm. nº 297 do STJ.

§ 1º Produto é qualquer bem, móvel ou imóvel, material ou imaterial.

§ 2º Serviço é qualquer atividade fornecida no mercado de consumo, mediante remuneração, inclusive as de natureza bancária, financeira, de crédito e securitária, salvo as decorrentes das relações de caráter trabalhista.

▶ Súm. nºs 297 e 321 do STJ.

Capítulo II
DA POLÍTICA NACIONAL DE RELAÇÕES DE CONSUMO

Art. 4º A Política Nacional das Relações de Consumo tem por objetivo o atendimento das necessidades dos consumidores, o respeito à sua dignidade, saúde e segurança, a proteção de seus interesses econômicos, a melhoria da sua qualidade de vida, bem como a transparência e harmonia das relações de consumo, atendidos os seguintes princípios:

▶ *Caput* com a redação dada pela Lei nº 9.008, de 21-3-1995.

I – reconhecimento da vulnerabilidade do consumidor no mercado de consumo;

II – ação governamental no sentido de proteger efetivamente o consumidor:

a) por iniciativa direta;
b) por incentivos à criação e desenvolvimento de associações representativas;
c) pela presença do Estado no mercado de consumo;

d) pela garantia dos produtos e serviços com padrões adequados de qualidade, segurança, durabilidade e desempenho;

III – harmonização dos interesses dos participantes das relações de consumo e compatibilização da proteção do consumidor com a necessidade de desenvolvimento econômico e tecnológico, de modo a viabilizar os princípios nos quais se funda a ordem econômica (artigo 170, da Constituição Federal), sempre com base na boa-fé e equilíbrio nas relações entre consumidores e fornecedores;

IV – educação e informação de fornecedores e consumidores, quanto aos seus direitos e deveres, com vistas à melhoria do mercado de consumo;

V – incentivo à criação pelos fornecedores de meios eficientes de controle de qualidade e segurança de produtos e serviços, assim como de mecanismos alternativos de solução de conflitos de consumo;

VI – coibição e repressão eficientes de todos os abusos praticados no mercado de consumo, inclusive a concorrência desleal e utilização indevida de inventos e criações industriais, das marcas e nomes comerciais e signos distintivos, que possam causar prejuízos aos consumidores;

▶ Lei nº 9.279, de 14-5-1996 (Lei da Propriedade Industrial).
▶ Lei nº 12.529, de 30-11-2011 (Lei do Sistema Brasileiro de Defesa da Concorrência).

VII – racionalização e melhoria dos serviços públicos;
VIII – estudo constante das modificações do mercado de consumo.

Art. 5º Para a execução da Política Nacional das Relações de Consumo, contará o Poder Público com os seguintes instrumentos, entre outros:

I – manutenção de assistência jurídica, integral e gratuita, para o consumidor carente;

▶ Art. 5º, LXXIV, da CF.
▶ Lei nº 1.060, de 5-2-1950 (Lei de Assistência Judiciária).

II – instituição de Promotorias de Justiça de Defesa do Consumidor, no âmbito do Ministério Público;
III – criação de delegacias de polícia especializadas no atendimento de consumidores vítimas de infrações penais de consumo;
IV – criação de Juizados Especiais de Pequenas Causas e Varas Especializadas para a solução de litígios de consumo;

▶ Arts. 98, I, da CF.
▶ Lei nº 9.099, de 26-9-1995 (Lei dos Juizados Especiais).

V – concessão de estímulos à criação e desenvolvimento das Associações de Defesa do Consumidor.

§§ 1º e 2º VETADOS.

CAPÍTULO III

DOS DIREITOS BÁSICOS DO CONSUMIDOR

Art. 6º São direitos básicos do consumidor:

I – a proteção da vida, saúde e segurança contra os riscos provocados por práticas no fornecimento de produtos e serviços considerados perigosos ou nocivos;
II – a educação e divulgação sobre o consumo adequado dos produtos e serviços, asseguradas a liberdade de escolha e a igualdade nas contratações;
III – a informação adequada e clara sobre os diferentes produtos e serviços, com especificação correta de quantidade, características, composição, qualidade, tributos incidentes e preço, bem como sobre os riscos que apresentem;

▶ Inciso III com a redação dada pela Lei nº 12.741, de 8-12-2012, para vigorar 6 meses após a sua publicação.
▶ Arts. 31 e 66 deste Código.
▶ Lei nº 10.962, de 11-10-2004, dispõe sobre a oferta e as formas de afixação de preços de produtos e serviços para o consumidor.
▶ Dec. nº 4.680, de 24-4-2003, regulamenta o direito à informação quanto aos alimentos e ingredientes alimentares destinados ao consumo humano ou animal que contenham ou sejam produzidos a partir de organismos geneticamente modificados.
▶ Dec. nº 5.903, de 20-9-2006, regulamenta a Lei nº 10.962, de 11-10-2004, e dispõe sobre as práticas infracionais que atentam contra o direito básico do consumidor de obter informação clara e adequada sobre produtos e serviços.

IV – a proteção contra a publicidade enganosa e abusiva, métodos comerciais coercitivos ou desleais, bem como contra práticas e cláusulas abusivas ou impostas no fornecimento de produtos e serviços;

▶ Arts. 37, 39 a 41, 51 a 53 e 67 deste Código.

V – a modificação das cláusulas contratuais que estabeleçam prestações desproporcionais ou sua revisão em razão de fatos supervenientes que as tornem excessivamente onerosas;

▶ Arts. 478 a 480 do CC.

VI – a efetiva prevenção e reparação de danos patrimoniais e morais, individuais, coletivos e difusos;

▶ Art. 25 deste Código.
▶ Súm. nº 37 do STJ.

VII – o acesso aos órgãos judiciários e administrativos, com vistas à prevenção ou reparação de danos patrimoniais e morais, individuais, coletivos ou difusos, assegurada a proteção jurídica, administrativa e técnica aos necessitados;

▶ Lei nº 1.060, de 5-2-1950 (Lei da Assistência Judiciária).

VIII – a facilitação da defesa de seus direitos, inclusive com a inversão do ônus da prova, a seu favor, no processo civil, quando, a critério do juiz, for verossímil a alegação ou quando for ele hipossuficiente, segundo as regras ordinárias de experiências;

▶ Arts. 38 e 51, VI, deste Código.

IX – VETADO;
X – a adequada e eficaz prestação dos serviços públicos em geral.

Art. 7º Os direitos previstos neste Código não excluem outros decorrentes de tratados ou convenções internacionais de que o Brasil seja signatário, da legislação interna ordinária, de regulamentos expedidos pelas autoridades administrativas competentes, bem como dos que derivem dos princípios gerais do direito, analogia, costumes e equidade.

▶ Art. 4º do Dec.-lei nº 4.657, de 4-9-1942 (Lei de Introdução às normas do Direito Brasileiro).

Parágrafo único. Tendo mais de um autor a ofensa, todos responderão solidariamente pela reparação dos danos previstos nas normas de consumo.

▶ Arts. 12, 18, 19, 25, §§ 1º e 2º , 28, § 3º, e 34 deste Código.
▶ Arts. 275 a 285 do CC.

Capítulo IV
DA QUALIDADE DE PRODUTOS E SERVIÇOS, DA PREVENÇÃO E DA REPARAÇÃO DOS DANOS

Seção I
DA PROTEÇÃO À SAÚDE E SEGURANÇA

Art. 8º Os produtos e serviços colocados no mercado de consumo não acarretarão riscos à saúde ou segurança dos consumidores, exceto os considerados normais e previsíveis em decorrência de sua natureza e fruição, obrigando-se os fornecedores, em qualquer hipótese, a dar as informações necessárias e adequadas a seu respeito.

Parágrafo único. Em se tratando de produto industrial, ao fabricante cabe prestar as informações a que se refere este artigo, através de impressos apropriados que devam acompanhar o produto.

Art. 9º O fornecedor de produtos e serviços potencialmente nocivos ou perigosos à saúde ou segurança deverá informar, de maneira ostensiva e adequada, a respeito da sua nocividade ou periculosidade, sem prejuízo da adoção de outras medidas cabíveis em cada caso concreto.

▶ Art. 63 deste Código.

Art. 10. O fornecedor não poderá colocar no mercado de consumo produto ou serviço que sabe ou deveria saber apresentar alto grau de nocividade ou periculosidade à saúde ou segurança.

▶ Art. 13, II e III, do Dec. nº 2.181, de 20-3-1997, que dispõe sobre a organização do Sistema Nacional de Defesa do Consumidor – SNDC, e estabelece normas gerais de aplicação das sanções administrativas previstas nesta Lei.

§ 1º O fornecedor de produtos e serviços que, posteriormente à sua introdução no mercado de consumo, tiver conhecimento da periculosidade que apresentem, deverá comunicar o fato imediatamente às autoridades competentes e aos consumidores, mediante anúncios publicitários.

▶ Art. 64 deste Código.

§ 2º Os anúncios publicitários a que se refere o parágrafo anterior serão veiculados na imprensa, rádio e televisão, às expensas do fornecedor do produto ou serviço.

§ 3º Sempre que tiverem conhecimento de periculosidade de produtos ou serviços à saúde ou segurança dos consumidores, a União, os Estados, o Distrito Federal e os Municípios deverão informá-los a respeito.

Art. 11. VETADO.

Seção II
DA RESPONSABILIDADE PELO FATO DO PRODUTO E DO SERVIÇO

▶ Art. 14 da Lei nº 10.671, de 15-5-2001 (Estatuto de Defesa do Torcedor).

Art. 12. O fabricante, o produtor, o construtor, nacional ou estrangeiro, e o importador respondem, independentemente da existência de culpa, pela reparação dos danos causados aos consumidores por defeitos decorrentes de projeto, fabricação, construção, montagem, fórmulas, manipulação, apresentação ou acondicionamento de seus produtos, bem como por informações insuficientes ou inadequadas sobre sua utilização e riscos.

▶ Arts. 7º, parágrafo único, 25, 27, 34 e 51, III, deste Código.

▶ Art. 13, IV, do Dec. nº 2.181, de 20-3-1997, que dispõe sobre a organização do Sistema Nacional de Defesa do Consumidor – SNDC, e estabelece normas gerais de aplicação das sanções administrativas previstas nesta Lei.

§ 1º O produto é defeituoso quando não oferece a segurança que dele legitimamente se espera, levando-se em consideração as circunstâncias relevantes, entre as quais:

I – sua apresentação;
II – o uso e os riscos que razoavelmente dele se esperam;
III – a época em que foi colocado em circulação.

§ 2º O produto não é considerado defeituoso pelo fato de outro de melhor qualidade ter sido colocado no mercado.

§ 3º O fabricante, o construtor, o produtor ou importador só não será responsabilizado quando provar:

I – que não colocou o produto no mercado;
II – que, embora haja colocado o produto no mercado, o defeito inexiste;
III – a culpa exclusiva do consumidor ou de terceiro.

Art. 13. O comerciante é igualmente responsável, nos termos do artigo anterior, quando:

I – o fabricante, o construtor, o produtor ou o importador não puderem ser identificados;
II – o produto for fornecido sem identificação clara do seu fabricante, produtor, construtor ou importador;
III – não conservar adequadamente os produtos perecíveis.

Parágrafo único. Aquele que efetivar o pagamento ao prejudicado poderá exercer o direito de regresso contra os demais responsáveis, segundo sua participação na causação do evento danoso.

▶ Art. 88 deste Código.
▶ Art. 283 do CC.

Art. 14. O fornecedor de serviços responde, independentemente da existência de culpa, pela reparação dos danos causados aos consumidores por defeitos relativos à prestação dos serviços, bem como por informações insuficientes ou inadequadas sobre sua fruição e riscos.

▶ Arts. 7º, parágrafo único, 25, 27, 34 e 51, III, deste Código.

▶ Art. 13, IV, do Dec. nº 2.181, de 20-3-1997, que dispõe sobre a organização do Sistema Nacional de Defesa do Consumidor – SNDC, e estabelece normas gerais de aplicação das sanções administrativas previstas nesta Lei.

▶ Súmulas nºs 139 e 387 do STJ.

§ 1º O serviço é defeituoso quando não fornece a segurança que o consumidor dele pode esperar, levando-se em consideração as circunstâncias relevantes, entre as quais:

I – o modo de seu fornecimento;
II – o resultado e os riscos que razoavelmente dele se esperam;

III – a época em que foi fornecido.
▶ Art. 63, § 1º, deste Código.

§ 2º O serviço não é considerado defeituoso pela adoção de novas técnicas.

§ 3º O fornecedor de serviços só não será responsabilizado quando provar:

I – que, tendo prestado o serviço, o defeito inexiste;
II – a culpa exclusiva do consumidor ou de terceiro.

▶ Súm. nº 479 do STJ.

§ 4º A responsabilidade pessoal dos profissionais liberais será apurada mediante a verificação de culpa.

Art. 15 e 16. VETADOS.

Art. 17. Para os efeitos desta Seção, equiparam-se aos consumidores todas as vítimas do evento.

▶ Art. 2º deste Código.
▶ Súm. nº 479 do STJ.

Seção III
DA RESPONSABILIDADE POR VÍCIO DO PRODUTO E DO SERVIÇO

Art. 18. Os fornecedores de produtos de consumo duráveis ou não duráveis respondem solidariamente pelos vícios de qualidade ou quantidade que os tornem impróprios ou inadequados ao consumo a que se destinam ou lhes diminuam o valor, assim como por aqueles decorrentes da disparidade, com as indicações constantes do recipiente, da embalagem, rotulagem ou mensagem publicitária, respeitadas as variações decorrentes de sua natureza, podendo o consumidor exigir a substituição das partes viciadas.

▶ Arts. 7º, parágrafo único, 19, *caput*, 25, 26, 34 e 51, III, deste Código.
▶ Arts. 275 a 285 do CC.

§ 1º Não sendo o vício sanado no prazo máximo de trinta dias, pode o consumidor exigir, alternativamente e à sua escolha:

I – a substituição do produto por outro da mesma espécie, em perfeitas condições de uso;
II – a restituição imediata da quantia paga, monetariamente atualizada, sem prejuízo de eventuais perdas e danos;
III – o abatimento proporcional do preço.

▶ Arts. 13, XXIV, e 22, XXIII, do Dec. nº 2.181, de 20-3-1997, que dispõe sobre a organização do Sistema Nacional de Defesa do Consumidor – SNDC, e estabelece normas gerais de aplicação das sanções administrativas previstas nesta Lei.

§ 2º Poderão as partes convencionar a redução ou ampliação do prazo previsto no parágrafo anterior, não podendo ser inferior a 7 (sete) nem superior a 180 (cento e oitenta) dias. Nos contratos de adesão, a cláusula de prazo deverá ser convencionada em separado, por meio de manifestação expressa do consumidor.

§ 3º O consumidor poderá fazer uso imediato das alternativas do § 1º deste artigo sempre que, em razão da extensão do vício, a substituição das partes viciadas puder comprometer a qualidade ou características do produto, diminuir-lhe o valor ou se tratar de produto essencial.

§ 4º Tendo o consumidor optado pela alternativa do inciso I do § 1º deste artigo, e não sendo possível a substituição do bem, poderá haver substituição por outro de espécie, marca ou modelo diversos, mediante complementação ou restituição de eventual diferença de preço, sem prejuízo do disposto nos incisos II e III do § 1º deste artigo.

§ 5º No caso de fornecimento de produtos *in natura*, será responsável perante o consumidor o fornecedor imediato, exceto quando identificado claramente seu produtor.

§ 6º São impróprios ao uso e consumo:

I – os produtos cujos prazos de validade estejam vencidos;
II – os produtos deteriorados, alterados, adulterados, avariados, falsificados, corrompidos, fraudados, nocivos à vida ou à saúde, perigosos ou, ainda, aqueles em desacordo com as normas regulamentares de fabricação, distribuição ou apresentação;
III – os produtos que, por qualquer motivo, se revelem inadequados ao fim a que se destinam.

Art. 19. Os fornecedores respondem solidariamente pelos vícios de quantidade do produto sempre que, respeitadas as variações decorrentes de sua natureza, seu conteúdo líquido for inferior às indicações constantes do recipiente, da embalagem, rotulagem ou mensagem publicitária, podendo o consumidor exigir, alternativamente e à sua escolha:

▶ Arts. 7º, parágrafo único, 25, § 1º, 26 e 58 deste Código.
▶ Arts. 275 a 285 do CC.

I – o abatimento proporcional do preço;
II – complementação do peso ou medida;
III – a substituição do produto por outro da mesma espécie, marca ou modelo, sem os aludidos vícios;
IV – a restituição imediata da quantia paga, monetariamente atualizada, sem prejuízo de eventuais perdas e danos.

§ 1º Aplica-se a este artigo o disposto no § 4º do artigo anterior.

§ 2º O fornecedor imediato será responsável quando fizer a pesagem ou a medição e o instrumento utilizado não estiver aferido segundo os padrões oficiais.

Art. 20. O fornecedor de serviços responde pelos vícios de qualidade que os tornem impróprios ao consumo ou lhes diminuam o valor, assim como por aqueles decorrentes da disparidade com as indicações constantes da oferta ou mensagem publicitária, podendo o consumidor exigir, alternativamente e à sua escolha:

▶ Arts. 7º, parágrafo único, 25, § 1º, 26 e 58 deste Código.

I – a reexecução dos serviços, sem custo adicional e quando cabível;
II – a restituição imediata da quantia paga, monetariamente atualizada, sem prejuízo de eventuais perdas e danos;
III – o abatimento proporcional do preço.

§ 1º A reexecução dos serviços poderá ser confiada a terceiros devidamente capacitados, por conta e risco do fornecedor.

§ 2º São impróprios os serviços que se mostrem inadequados para os fins que razoavelmente deles se esperam, bem como aqueles que não atendam as normas regulamentares de prestabilidade.

Art. 21. No fornecimento de serviços que tenham por objetivo a reparação de qualquer produto considerar-se-á implícita a obrigação do fornecedor de empregar componentes de reposição originais adequados e novos, ou que mantenham as especificações técnicas do fabricante, salvo, quanto a estes últimos, autorização em contrário do consumidor.

▶ Arts. 32 e 70 deste Código.
▶ Art. 13, V, do Dec. nº 2.181, de 20-3-1997, que dispõe sobre a organização do Sistema Nacional de Defesa do Consumidor – SNDC, e estabelece normas gerais de aplicação das sanções administrativas previstas nesta Lei.

Art. 22. Os órgãos públicos, por si ou suas empresas, concessionárias, permissionárias ou sob qualquer outra forma de empreendimento, são obrigados a fornecer serviços adequados, eficientes, seguros e, quanto aos essenciais, contínuos.

Parágrafo único. Nos casos de descumprimento, total ou parcial, das obrigações referidas neste artigo, serão as pessoas jurídicas compelidas a cumpri-las e a reparar os danos causados, na forma prevista neste Código.

▶ Art. 44, § 2º, deste Código.
▶ Art. 20 do Dec. nº 2.181, de 20-3-1997, que dispõe sobre a organização do Sistema Nacional de Defesa do Consumidor – SNDC, e estabelece normas gerais de aplicação das sanções administrativas previstas nesta Lei.

Art. 23. A ignorância do fornecedor sobre os vícios de qualidade por inadequação dos produtos e serviços não o exime de responsabilidade.

Art. 24. A garantia legal de adequação do produto ou serviço independe de termo expresso, vedada a exoneração contratual do fornecedor.

▶ Arts. 50 e 74 deste Código.

Art. 25. É vedada a estipulação contratual de cláusula que impossibilite, exonere ou atenue a obrigação de indenizar prevista nesta e nas Seções anteriores.

§ 1º Havendo mais de um responsável pela causação do dano, todos responderão solidariamente pela reparação prevista nesta e nas Seções anteriores.

§ 2º Sendo o dano causado por componente ou peça incorporada ao produto ou serviço, são responsáveis solidários seu fabricante, construtor ou importador e o que realizou a incorporação.

▶ Art. 7º, parágrafo único, deste Código.

Seção IV

DA DECADÊNCIA E DA PRESCRIÇÃO

Art. 26. O direito de reclamar pelos vícios aparentes ou de fácil constatação caduca em:

I – trinta dias, tratando-se de fornecimento de serviço e de produto não duráveis;
II – noventa dias, tratando-se de fornecimento de serviço e de produto duráveis.

▶ Arts. 18 a 20 deste Código.

§ 1º Inicia-se a contagem do prazo decadencial a partir da entrega efetiva do produto ou do término da execução dos serviços.

§ 2º Obstam a decadência:

I – a reclamação comprovadamente formulada pelo consumidor perante o fornecedor de produtos e serviços até a resposta negativa correspondente, que deve ser transmitida de forma inequívoca;
II – VETADO;
III – a instauração de inquérito civil, até seu encerramento.

▶ Art. 90 deste Código.
▶ Arts. 8º, § 1º, e 9º, da Lei nº 7.347, de 24-7-1985 (Lei da Ação Civil Pública).
▶ Súm. nº 477 do STJ.

§ 3º Tratando-se de vício oculto, o prazo decadencial inicia-se no momento em que ficar evidenciado o defeito.

Art. 27. Prescreve em cinco anos a pretensão à reparação pelos danos causados por fato do produto ou do serviço prevista na Seção II deste Capítulo, iniciando-se a contagem do prazo a partir do conhecimento do dano e de sua autoria.

▶ Arts. 101 e 102 deste Código.
▶ Art. 1º-C da Lei nº 9.494, de 10-9-1997, que disciplina a aplicação da tutela antecipada contra a Fazenda Pública.

Parágrafo único. VETADO.

Seção V

DA DESCONSIDERAÇÃO DA PERSONALIDADE JURÍDICA

Art. 28. O juiz poderá desconsiderar a personalidade jurídica da sociedade quando, em detrimento do consumidor, houver abuso de direito, excesso de poder, infração da lei, fato ou ato ilícito ou violação dos estatutos ou contrato social. A desconsideração também será efetivada quando houver falência, estado de insolvência, encerramento ou inatividade da pessoa jurídica provocados por má administração.

▶ Art. 50 do CC.
▶ Art. 34 da Lei nº 12.529, de 30-11-2011 (Lei do Sistema Brasileiro de Defesa da Concorrência).

§ 1º VETADO.

§ 2º As sociedades integrantes dos grupos societários e as sociedades controladas, são subsidiariamente responsáveis pelas obrigações decorrentes deste Código.

▶ Art. 1.098 do CC.

§ 3º As sociedades consorciadas são solidariamente responsáveis pelas obrigações decorrentes deste Código.

▶ Arts. 275 a 285 do CC.

§ 4º As sociedades coligadas só responderão por culpa.

▶ Art. 1.099 do CC.

§ 5º Também poderá ser desconsiderada a pessoa jurídica sempre que sua personalidade for, de alguma forma, obstáculo ao ressarcimento de prejuízos causados aos consumidores.

CAPÍTULO V

DAS PRÁTICAS COMERCIAIS

Seção I

DAS DISPOSIÇÕES GERAIS

Art. 29. Para os fins deste Capítulo e do seguinte, equiparam-se aos consumidores todas as pessoas determináveis ou não, expostas às práticas nele previstas.

▶ Art. 2º deste Código.

SEÇÃO II

DA OFERTA

Art. 30. Toda informação ou publicidade, suficientemente precisa, veiculada por qualquer forma ou meio de comunicação com relação a produtos e serviços oferecidos ou apresentados, obriga o fornecedor que a fizer veicular ou dela se utilizar e integra o contrato que vier a ser celebrado.

► Art. 427 do CC.
► Art. 13, VI, do Dec. nº 2.181, de 20-3-1997, que dispõe sobre a organização do Sistema Nacional de Defesa do Consumidor – SNDC, e estabelece normas gerais de aplicação das sanções administrativas previstas nesta Lei.

Art. 31. A oferta e apresentação de produtos ou serviços devem assegurar informações corretas, claras, precisas, ostensivas e em língua portuguesa sobre suas características, qualidades, quantidade, composição, preço, garantia, prazos de validade e origem, entre outros dados, bem como sobre os riscos que apresentam à saúde e segurança dos consumidores.

► Arts. 6º, III, e 66 deste Código.
► Lei nº 10.962, de 11-10-2004, que dispõe sobre a oferta e as formas de afixação de preços de produtos e serviços para o consumidor.
► Art. 13, I, do Dec. nº 2.181, de 20-3-1997, que dispõe sobre a organização do Sistema Nacional de Defesa do Consumidor – SNDC, e estabelece normas gerais de aplicação das sanções administrativas previstas nesta Lei.
► Dec. nº 5.903, de 20-9-2006, regulamenta a Lei nº 10.962, de 11-10-2004, e dispõe sobre as práticas infracionais que atentam contra o direito básico do consumidor de obter informação clara e adequada sobre produtos e serviços.

Parágrafo único. As informações de que trata este artigo, nos produtos refrigerados oferecidos ao consumidor, serão gravadas de forma indelével.

► Parágrafo único acrescido pela Lei nº 11.989, de 27-7-2009.

Art. 32. Os fabricantes e importadores deverão assegurar a oferta de componentes e peças de reposição enquanto não cessar a fabricação ou importação do produto.

► Arts. 21 e 70 deste Código.
► Art. 13, V e XXI, do Dec. nº 2.181, de 20-3-1997, que dispõe sobre a organização do Sistema Nacional de Defesa do Consumidor – SNDC, e estabelece normas gerais de aplicação das sanções administrativas previstas nesta Lei.

Parágrafo único. Cessadas a produção ou importação, a oferta deverá ser mantida por período razoável de tempo, na forma da lei.

Art. 33. Em caso de oferta ou venda por telefone ou reembolso postal, deve constar o nome do fabricante e endereço na embalagem, publicidade e em todos os impressos utilizados na transação comercial.

► Art. 49 deste Código.
► Art. 13, VII, do Dec. nº 2.181, de 20-3-1997, que dispõe sobre a organização do Sistema Nacional de Defesa do Consumidor – SNDC, e estabelece normas gerais de aplicação das sanções administrativas previstas nesta Lei.

Parágrafo único. É proibida a publicidade de bens e serviços por telefone, quando a chamada for onerosa ao consumidor que a origina.

► Parágrafo único acrescido pela Lei nº 11.800, de 29-10-2008.

Art. 34. O fornecedor do produto ou serviço é solidariamente responsável pelos atos de seus prepostos ou representantes autônomos.

► Arts. 7º, parágrafo único, e 25, § 1º, deste Código.

Art. 35. Se o fornecedor de produtos ou serviços recusar cumprimento à oferta, apresentação ou publicidade, o consumidor poderá, alternativamente e à sua livre escolha:

I – exigir o cumprimento forçado da obrigação, nos termos da oferta, apresentação ou publicidade;

► Arts. 48 e 84 deste Código.

II – aceitar outro produto ou prestação de serviço equivalente;

III – rescindir o contrato, com direito à restituição de quantia eventualmente antecipada, monetariamente atualizada, e a perdas e danos.

► Art. 13, VI, do Dec. nº 2.181, de 20-3-1997, que dispõe sobre a organização do Sistema Nacional de Defesa do Consumidor – SNDC, e estabelece normas gerais de aplicação das sanções administrativas previstas nesta Lei.

SEÇÃO III

DA PUBLICIDADE

Art. 36. A publicidade deve ser veiculada de tal forma que o consumidor, fácil e imediatamente, a identifique como tal.

Parágrafo único. O fornecedor, na publicidade de seus produtos ou serviços, manterá, em seu poder, para informação dos legítimos interessados, os dados fáticos, técnicos e científicos que dão sustentação à mensagem.

► Art. 69 deste Código.
► Art. 19, parágrafo único, do Dec. nº 2.181, de 20-3-1997, que dispõe sobre a organização do Sistema Nacional de Defesa do Consumidor – SNDC, e estabelece normas gerais de aplicação das sanções administrativas previstas nesta Lei.

Art. 37. É proibida toda publicidade enganosa ou abusiva.

► Arts. 60, 66 e 67 deste Código.

§ 1º É enganosa qualquer modalidade de informação ou comunicação de caráter publicitário, inteira ou parcialmente falsa, ou, por qualquer outro modo, mesmo por omissão, capaz de induzir em erro o consumidor a respeito da natureza, características, qualidade, quantidade, propriedades, origem, preço e quaisquer outros dados sobre produtos e serviços.

§ 2º É abusiva, dentre outras, a publicidade discriminatória de qualquer natureza, a que incite à violência, explore o medo ou a superstição, se aproveite da deficiência de julgamento e experiência da criança, desrespeite valores ambientais, ou que seja capaz de induzir o consumidor a se comportar de forma prejudicial ou perigosa à sua saúde ou segurança.

► Art. 39, IV, deste Código.

§ 3º Para os efeitos deste Código, a publicidade é enganosa por omissão quando deixar de informar sobre dado essencial do produto ou serviço.
▶ Art. 66 deste Código.
▶ Arts. 14 e 19 do Dec. nº 2.181, de 20-3-1997, que dispõe sobre a organização do Sistema Nacional de Defesa do Consumidor – SNDC, e estabelece normas gerais de aplicação das sanções administrativas previstas nesta Lei.

§ 4º VETADO.

Art. 38. O ônus da prova da veracidade e correção da informação ou comunicação publicitária cabe a quem as patrocina.
▶ Arts. 6º, VIII, 51, VI, e 69 deste Código.
▶ Art. 333 do CPC.
▶ Art. 14, § 3º, do Dec. nº 2.181, de 20-3-1997, que dispõe sobre a organização do Sistema Nacional de Defesa do Consumidor – SNDC, e estabelece normas gerais de aplicação das sanções administrativas previstas nesta Lei.

Seção IV

DAS PRÁTICAS ABUSIVAS

Art. 39. É vedado ao fornecedor de produtos ou serviços, dentre outras práticas abusivas:
▶ *Caput* com a redação dada pela Lei nº 8.884, de 11-6-1994.
▶ Art. 12 do Dec. nº 2.181, de 20-3-1997, que dispõe sobre a organização do Sistema Nacional de Defesa do Consumidor – SNDC, e estabelece normas gerais de aplicação das sanções administrativas previstas nesta Lei.
▶ Port. da SDE nº 49, de 12-3-2009, considera abusiva, no âmbito dos serviços regulados pelo Poder Público Federal, recusar ou dificultar a entrega da gravação das chamadas efetuadas para o SAC, no prazo de dez dias.

I – condicionar o fornecimento de produto ou de serviço ao fornecimento de outro produto ou serviço, bem como, sem justa causa, a limites quantitativos;
▶ Súm. nº 473 do STJ.

II – recusar atendimento às demandas dos consumidores, na exata medida de suas disponibilidades de estoque, e, ainda, de conformidade com os usos e costumes;
▶ Art. 2º, I, da Lei nº 1.521, de 26-12-1951 (Lei dos Crimes Contra a Economia Popular);

III – enviar ou entregar ao consumidor, sem solicitação prévia, qualquer produto ou fornecer qualquer serviço;
IV – prevalecer-se da fraqueza ou ignorância do consumidor, tendo em vista sua idade, saúde, conhecimento ou condição social, para impingir-lhe seus produtos ou serviços;
V – exigir do consumidor vantagem manifestamente excessiva;
▶ Port. da SDE nº 7, de 3-9-2003, considera abusiva, nos termos deste inciso V, para efeitos de fiscalização pelos órgãos públicos de defesa do consumidor, a interrupção da internação hospitalar em leito clínico, cirúrgico ou em centro de terapia intensiva ou similar, por motivos alheios às prescrições médicas.

VI – executar serviços sem a prévia elaboração de orçamento e autorização expressa do consumidor, ressalvadas as decorrentes de práticas anteriores entre as partes;
▶ Art. 40 deste Código.

VII – repassar informação depreciativa, referente a ato praticado pelo consumidor no exercício de seus direitos;
VIII – colocar, no mercado de consumo, qualquer produto ou serviço em desacordo com as normas expedidas pelos órgãos oficiais competentes ou, se normas específicas não existirem, pela Associação Brasileira de Normas Técnicas ou outra entidade credenciada pelo Conselho Nacional de Metrologia, Normalização e Qualidade Industrial – CONMETRO;
▶ Art. 2º, III, da Lei nº 1.521, de 26-12-1951 (Lei dos Crimes Contra a Economia Popular).

IX – recusar a venda de bens ou a prestação de serviços, diretamente a quem se disponha a adquiri-los mediante pronto pagamento, ressalvados os casos de intermediação regulados em leis especiais;
▶ Inciso XI acrescido pela MP nº 1.890-67, de 22-10-1999, convertida na Lei nº 9.870, de 23-11-1999, que dispõe sobre o valor total das anuidades escolares. Todavia, a referida Lei, em vez de convalidar a redação deste inciso, acrescentou o inciso XIII com a mesma redação. Como até o encerramento desta edição a falha ainda não havia sido corrigida, transcrevemos ambos os incisos.
▶ Art. 122 do CC.
▶ Art. 2º, I, da Lei nº 1.521, de 26-12-1951 (Lei dos Crimes Contra a Economia Popular).
▶ Art. 13, XXIII, do Dec. nº 2.181, de 20-3-1997, que dispõe sobre a organização do Sistema Nacional de Defesa do Consumidor – SNDC, e estabelece normas gerais de aplicação das sanções administrativas previstas nesta Lei.

X – elevar sem justa causa o preço de produtos ou serviços.
▶ Inciso X acrescido pela Lei nº 8.884, de 11-6-1994.

XI – aplicar fórmula ou índice de reajuste diverso do legal ou contratualmente estabelecido;
▶ Este inciso foi acrescido pela MP nº 1.890-67, de 22-10-1999, que foi convertida na Lei nº 9.870, de 23-11-1999, que dispõe sobre o valor total das anuidades escolares. Todavia, certamente por um lapso, a referida Lei, ao invés de convalidar o inciso XI deste artigo, terminou acrescentando o inciso XIII, exatamente com a mesma redação. Como até o encerramento desta edição a falha ainda não havia sido corrigida, transcrevemos ambos os incisos, muito embora sejam idênticos.
▶ Art. 6º da Lei nº 8.137, de 27-12-1990 (Lei dos Crimes Contra a Ordem Tributária, Econômica e Contra as Relações de Consumo).
▶ Art. 2º da Lei nº 10.192, de 14-2-2000, que dispõe sobre medidas complementares ao Plano Real.
▶ Art. 13, XXII, do Dec. nº 2.181, de 20-3-1997, que dispõe sobre a organização do Sistema Nacional de Defesa do Consumidor – SNDC, e estabelece normas gerais de aplicação das sanções administrativas previstas nesta Lei.

XII – deixar de estipular prazo para o cumprimento de sua obrigação ou deixar a fixação de seu termo inicial a seu exclusivo critério;
▶ Inciso XII acrescido pela Lei nº 9.008, de 21-3-1995.

XIII – aplicar fórmula ou índice de reajuste diverso do valor legal ou contratualmente estabelecido.

▶ Inciso XIII acrescido pela Lei nº 9.870, de 23-11-1999.

Parágrafo único. Os serviços prestados e os produtos remetidos ou entregues ao consumidor, na hipótese prevista no inciso III, equiparam-se às amostras grátis, inexistindo obrigação de pagamento.

▶ Art. 23 do Dec. nº 2.181, de 20-3-1997, que dispõe sobre a organização do Sistema Nacional de Defesa do Consumidor – SNDC, e estabelece normas gerais de aplicação das sanções administrativas previstas nesta Lei.

Art. 40. O fornecedor de serviço será obrigado a entregar ao consumidor orçamento prévio discriminando o valor da mão-de-obra, dos materiais e equipamentos a serem empregados, as condições de pagamento, bem como as datas de início e término dos serviços.

▶ Art. 39, VI, deste Código.
▶ Art. 427 do CC.

§ 1º Salvo estipulação em contrário, o valor orçado terá validade pelo prazo de dez dias, contado de seu recebimento pelo consumidor.

§ 2º Uma vez aprovado pelo consumidor, o orçamento obriga os contraentes e somente pode ser alterado mediante livre negociação das partes.

§ 3º O consumidor não responde por quaisquer ônus ou acréscimos decorrentes da contratação de serviços de terceiros, não previstos no orçamento prévio.

Art. 41. No caso de fornecimento de produtos ou de serviços sujeitos ao regime de controle ou de tabelamento de preços, os fornecedores deverão respeitar os limites oficiais sob pena de, não o fazendo, responderem pela restituição da quantia recebida em excesso, monetariamente atualizada, podendo o consumidor exigir, à sua escolha, o desfazimento do negócio, sem prejuízo de outras sanções cabíveis.

▶ Art. 2º, VI, da Lei nº 1.521, de 26-12-1951 (Lei dos Crimes Contra a Economia Popular).
▶ Art. 13, VIII, do Dec. nº 2.181, de 20-3-1997, que dispõe sobre a organização do Sistema Nacional de Defesa do Consumidor – SNDC, e estabelece normas gerais de aplicação das sanções administrativas previstas nesta Lei.

Seção V
DA COBRANÇA DE DÍVIDAS

Art. 42. Na cobrança de débitos, o consumidor inadimplente não será exposto a ridículo, nem será submetido a qualquer tipo de constrangimento ou ameaça.

▶ Art. 71 deste Código.
▶ Art. 13, IX, do Dec. nº 2.181, de 20-3-1997, que dispõe sobre a organização do Sistema Nacional de Defesa do Consumidor – SNDC, e estabelece normas gerais de aplicação das sanções administrativas previstas nesta Lei.

Parágrafo único. O consumidor cobrado em quantia indevida tem direito à repetição do indébito, por valor igual ao dobro do que pagou em excesso, acrescido de correção monetária e juros legais, salvo hipótese de engano justificável.

Art. 42-A. Em todos os documentos de cobrança de débitos apresentados ao consumidor, deverão constar o nome, o endereço e o número de inscrição no Cadastro de Pessoas Físicas – CPF ou no Cadastro Nacional de Pessoa Jurídica – CNPJ do fornecedor do produto ou serviço correspondente.

▶ Artigo acrescido pela Lei nº 12.039, de 1º-10-2009.

Seção VI
DOS BANCOS DE DADOS E CADASTROS DE CONSUMIDORES

▶ Lei nº 12.414, de 9-6-2011 (Lei do Cadastro Positivo).

Art. 43. O consumidor, sem prejuízo do disposto no artigo 86, terá acesso às informações existentes em cadastros, fichas, registros e dados pessoais e de consumo arquivados sobre ele, bem como sobre as suas respectivas fontes.

▶ O referido art. 86 foi vetado.
▶ Art. 72 deste Código.
▶ Art. 13, X, do Dec. nº 2.181, de 20-3-1997, que dispõe sobre a organização do Sistema Nacional de Defesa do Consumidor – SNDC, e estabelece normas gerais de aplicação das sanções administrativas previstas nesta Lei.

§ 1º Os cadastros e dados de consumidores devem ser objetivos, claros, verdadeiros e em linguagem de fácil compreensão, não podendo conter informações negativas referentes a período superior a cinco anos.

▶ Súm. nº 323 do STJ.

§ 2º A abertura de cadastro, ficha, registro e dados pessoais e de consumo deverá ser comunicada por escrito ao consumidor, quando não solicitada por ele.

▶ Art. 13, XIII, do Dec. nº 2.181, de 20-3-1997, que dispõe sobre a organização do Sistema Nacional de Defesa do Consumidor – SNDC, e estabelece normas gerais de aplicação das sanções administrativas previstas nesta Lei.
▶ Súmulas nºs 359, 385 e 404 do STJ.

§ 3º O consumidor, sempre que encontrar inexatidão nos seus dados e cadastros, poderá exigir sua imediata correção, devendo o arquivista, no prazo de cinco dias úteis, comunicar a alteração aos eventuais destinatários das informações incorretas.

▶ Art. 73 deste Código.
▶ Art. 13, XIV e XV, do Dec. nº 2.181, de 20-3-1997, que dispõe sobre a organização do Sistema Nacional de Defesa do Consumidor – SNDC, e estabelece normas gerais de aplicação das sanções administrativas previstas nesta Lei.

§ 4º Os bancos de dados e cadastros relativos a consumidores, os serviços de proteção ao crédito e congêneres são considerados entidades de caráter público.

§ 5º Consumada a prescrição relativa à cobrança de débitos do consumidor, não serão fornecidas, pelos respectivos Sistemas de Proteção ao Crédito, quaisquer informações que possam impedir ou dificultar novo acesso ao crédito junto aos fornecedores.

▶ Art. 5º, LXXII, da CF.
▶ Lei nº 9.507, de 12-11-1997 (Lei do Habeas Data).
▶ Súm. nº 323 do STJ.

Art. 44. Os órgãos públicos de defesa do consumidor manterão cadastros atualizados de reclamações fundamentadas contra fornecedores de produtos e serviços, devendo divulgá-lo pública e anualmente. A divulgação indicará se a reclamação foi atendida ou não pelo fornecedor.

▶ Arts. 3º, XIII, 4º, V, e 57 a 61 do Dec. nº 2.181, de 20-3-1997, que dispõe sobre a organização do Sistema Nacional de Defesa do Consumidor – SNDC, e estabelece normas gerais de aplicação das sanções administrativas previstas nesta Lei.

§ 1º É facultado o acesso às informações lá constantes para orientação e consulta por qualquer interessado.

§ 2º Aplicam-se a este artigo, no que couber, as mesmas regras enunciadas no artigo anterior e as do parágrafo único do artigo 22 deste Código.

Art. 45. VETADO.

CAPÍTULO VI

DA PROTEÇÃO CONTRATUAL

SEÇÃO I

DISPOSIÇÕES GERAIS

Art. 46. Os contratos que regulam as relações de consumo não obrigarão os consumidores, se não lhes for dada a oportunidade de tomar conhecimento prévio de seu conteúdo, ou se os respectivos instrumentos forem redigidos de modo a dificultar a compreensão de seu sentido e alcance.

Art. 47. As cláusulas contratuais serão interpretadas de maneira mais favorável ao consumidor.

▶ Art. 423 do CC.
▶ Súm. nº 181 do STJ.

Art. 48. As declarações de vontade constantes de escritos particulares, recibos e pré-contratos relativos às relações de consumo vinculam o fornecedor, ensejando inclusive execução específica, nos termos do artigo 84 e parágrafos.

▶ Art. 35, I, deste Código.
▶ Art. 13, XVI, do Dec. nº 2.181, de 20-3-1997, que dispõe sobre a organização do Sistema Nacional de Defesa do Consumidor – SNDC, e estabelece normas gerais de aplicação das sanções administrativas previstas nesta Lei.

Art. 49. O consumidor pode desistir do contrato, no prazo de 7 (sete) dias a contar de sua assinatura ou do ato de recebimento do produto ou serviço, sempre que a contratação de fornecimento de produtos e serviços ocorrer fora do estabelecimento comercial, especialmente por telefone ou a domicílio.

▶ Art. 33 deste Código.

Parágrafo único. Se o consumidor exercitar o direito de arrependimento previsto neste artigo, os valores eventualmente pagos, a qualquer título, durante o prazo de reflexão, serão devolvidos, de imediato, monetariamente atualizados.

▶ Art. 13, XVII e XVIII, do Dec. nº 2.181, de 20-3-1997, que dispõe sobre a organização do Sistema Nacional de Defesa do Consumidor – SNDC, e estabelece normas gerais de aplicação das sanções administrativas previstas nesta Lei.

Art. 50. A garantia contratual é complementar à legal e será conferida mediante termo escrito.

▶ Arts. 24, 66 e 74 deste Código.

Parágrafo único. O termo de garantia ou equivalente deve ser padronizado e esclarecer, de maneira adequada, em que consiste a mesma garantia, bem como a forma, o prazo e o lugar em que pode ser exercitada e os ônus a cargo do consumidor, devendo ser-lhe entregue, devidamente preenchido pelo fornecedor, no ato do fornecimento, acompanhado de manual de instrução, de instalação e uso de produto em linguagem didática, com ilustrações.

▶ Art. 13, XIX, do Dec. nº 2.181, de 20-3-1997, que dispõe sobre a organização do Sistema Nacional de Defesa do Consumidor – SNDC, e estabelece normas gerais de aplicação das sanções administrativas previstas nesta Lei.

SEÇÃO II

DAS CLÁUSULAS ABUSIVAS

Art. 51. São nulas de pleno direito, entre outras, as cláusulas contratuais relativas ao fornecimento de produtos e serviços que:

▶ Art. 6º, IV, deste Código.
▶ Art. 166 do CC.
▶ MP nº 2.172-32, de 23-8-2001, que até o encerramento desta edição, não havia sido convertida em Lei, estabelece a nulidade das disposições contratuais que mencionam e inverte, nas hipóteses que prevê, o ônus da prova nas ações intentadas para sua declaração.
▶ Arts. 22 e 56 do Dec. nº 2.181, de 20-3-1997, que dispõe sobre a organização do Sistema Nacional de Defesa do Consumidor – SNDC, e estabelece normas gerais de aplicação das sanções administrativas previstas nesta Lei.
▶ Este elenco de cláusulas consideradas abusivas foi complementado pelas Portarias da SDE nº 4, de 13-3-1998, nº 3, de 19-3-1999, nº 3, de 15-3-2001, e nº 5, de 27-8-2002.
▶ Súm. nº 381 do STJ.

I – impossibilitem, exonerem ou atenuem a responsabilidade do fornecedor por vícios de qualquer natureza dos produtos e serviços ou impliquem renúncia ou disposição de direitos. Nas relações de consumo entre o fornecedor e o consumidor-pessoa jurídica, a indenização poderá ser limitada, em situações justificáveis;
II – subtraiam ao consumidor a opção de reembolso da quantia já paga, nos casos previstos neste Código;

▶ Arts. 18, § 1º, II, 19, IV, 20, II, e 49, parágrafo único, deste Código.

III – transfiram responsabilidades a terceiros;
IV – estabeleçam obrigações consideradas iníquas, abusivas, que coloquem o consumidor em desvantagem exagerada, ou sejam incompatíveis com a boa-fé ou a equidade;

▶ Arts. 4º, III, e 53 deste Código.
▶ Arts. 22, IV, e 56 do Dec. nº 2.181, de 20-3-1997, que dispõe sobre a organização do Sistema Nacional de Defesa do Consumidor – SNDC, e estabelece normas gerais de aplicação das sanções administrativas previstas nesta Lei.
▶ Súmulas nºs 302 e 381 do STJ.

V – VETADO;
VI – estabeleçam inversão do ônus da prova em prejuízo do consumidor;

▶ Arts. 6º, VIII, e 38 deste Código.

VII – determinem a utilização compulsória de arbitragem;

▶ Lei nº 9.307, de 23-9-1996 (Lei da Arbitragem).

VIII – imponham representante para concluir ou realizar outro negócio jurídico pelo consumidor;

▶ Súm. nº 60 do STJ.

IX – deixem ao fornecedor a opção de concluir ou não o contrato, embora obrigando o consumidor;

▶ Art. 122 do CC.

X – permitam ao fornecedor, direta ou indiretamente, variação do preço de maneira unilateral;
XI – autorizem o fornecedor a cancelar o contrato unilateralmente, sem que igual direito seja conferido ao consumidor;
XII – obriguem o consumidor a ressarcir os custos de cobrança de sua obrigação, sem que igual direito lhe seja conferido contra o fornecedor;
XIII – autorizem o fornecedor a modificar unilateralmente o conteúdo ou a qualidade do contrato, após sua celebração;
XIV – infrinjam ou possibilitem a violação de normas ambientais;
XV – estejam em desacordo com o sistema de proteção ao consumidor;
XVI – possibilitem a renúncia do direito de indenização por benfeitorias necessárias.

§ 1º Presume-se exagerada, entre outros casos, a vantagem que:

I – ofende os princípios fundamentais do sistema jurídico a que pertence;
II – restringe direitos ou obrigações fundamentais inerentes à natureza do contrato, de tal modo a ameaçar seu objeto ou o equilíbrio contratual;
III – se mostra excessivamente onerosa para o consumidor, considerando-se a natureza e conteúdo do contrato, o interesse das partes e outras circunstâncias peculiares ao caso.

§ 2º A nulidade de uma cláusula contratual abusiva não invalida o contrato, exceto quando de sua ausência, apesar dos esforços de integração, decorrer ônus excessivo a qualquer das partes.

▶ Art. 184 do CC.

§ 3º VETADO.

§ 4º É facultado a qualquer consumidor ou entidade que o represente requerer ao Ministério Público que ajuíze a competente ação para ser declarada a nulidade de cláusula contratual que contrarie o disposto neste Código ou de qualquer forma não assegure o justo equilíbrio entre direitos e obrigações das partes.

▶ Art. 82, I, deste Código.
▶ Art. 3º, VI, do Dec. nº 2.181, de 20-3-1997, que dispõe sobre a organização do Sistema Nacional de Defesa do Consumidor – SNDC, e estabelece normas gerais de aplicação das sanções administrativas previstas nesta Lei.

Art. 52. No fornecimento de produtos ou serviços que envolva outorga de crédito ou concessão de financiamento ao consumidor, o fornecedor deverá, entre outros requisitos, informá-lo prévia e adequadamente sobre:

▶ Art. 66 deste Código.
▶ Lei nº 10.962, de 11-10-2004, dispõe sobre a oferta e as formas de afixação de preços de produtos e serviços para o consumidor.

▶ Art. 3º do Dec. nº 5.903, de 20-9-2006, que regulamenta a Lei nº 10.962, de 11-10-2004, e dispõe sobre as práticas infracionais que atentam contra o direito básico do consumidor de obter informação clara e adequada sobre produtos e serviços.

I – preço do produto ou serviço em moeda corrente nacional;
II – montante dos juros de mora e da taxa efetiva anual de juros;
III – acréscimos legalmente previstos;
IV – número e periodicidade das prestações;
V – soma total a pagar, com e sem financiamento.

▶ Art. 13, XX, do Dec. nº 2.181, de 20-3-1997, que dispõe sobre a organização do Sistema Nacional de Defesa do Consumidor – SNDC, e estabelece normas gerais de aplicação das sanções administrativas previstas nesta Lei.

§ 1º As multas de mora decorrentes do inadimplemento de obrigações no seu termo não poderão ser superiores a 2% (dois por cento) do valor da prestação.

▶ § 1º com a redação dada pela Lei nº 9.298, de 1º-8-1996.
▶ Art. 22, XIX, do Dec. nº 2.181, de 20-3-1997, que dispõe sobre a organização do Sistema Nacional de Defesa do Consumidor – SNDC, e estabelece normas gerais de aplicação das sanções administrativas previstas nesta Lei.
▶ Súm. nº 285 do STJ.

§ 2º É assegurada ao consumidor a liquidação antecipada do débito, total ou parcialmente, mediante redução proporcional dos juros e demais acréscimos.

▶ Art. 7º do Dec. nº 22.626, de 7-4-1933 (Lei da Usura).
▶ Art. 22, XX, do Dec. nº 2.181, de 20-3-1997, que dispõe sobre a organização do Sistema Nacional de Defesa do Consumidor – SNDC, e estabelece normas gerais de aplicação das sanções administrativas previstas nesta Lei.

§ 3º VETADO.

Art. 53. Nos contratos de compra e venda de móveis ou imóveis mediante pagamento em prestações, bem como nas alienações fiduciárias em garantia, consideram-se nulas de pleno direito as cláusulas que estabeleçam a perda total das prestações pagas em benefício do credor que, em razão do inadimplemento, pleitear a resolução do contrato e a retomada do produto alienado.

▶ Art. 51, IV, deste Código.
▶ Art. 22, XVII, do Dec. nº 2.181, de 20-3-1997, que dispõe sobre a organização do Sistema Nacional de Defesa do Consumidor – SNDC, e estabelece normas gerais de aplicação das sanções administrativas previstas nesta Lei.
▶ Súm. nº 284 do STJ.

§ 1º VETADO.

§ 2º Nos contratos do sistema de consórcio de produtos duráveis, a compensação ou a restituição das parcelas quitadas, na forma deste artigo, terá descontada, além da vantagem econômica auferida com a fruição, os prejuízos que o desistente ou inadimplente causar ao grupo.

▶ Art. 54, § 2º, deste Código.
▶ Lei nº 11.795, de 8-10-2008 (Lei do Sistema de Consórcios).

§ 3º Os contratos de que trata o *caput* deste artigo serão expressos em moeda corrente nacional.
▶ Art. 1º da Lei nº 10.192, de 14-2-2001, que dispõe sobre medidas complementares ao Plano Real.

Seção III
DOS CONTRATOS DE ADESÃO

Art. 54. Contrato de adesão é aquele cujas cláusulas tenham sido aprovadas pela autoridade competente ou estabelecidas unilateralmente pelo fornecedor de produtos ou serviços, sem que o consumidor possa discutir ou modificar substancialmente seu conteúdo.

▶ Arts. 423 e 424 do CC.
▶ Art. 22, XXII, do Dec. nº 2.181, de 20-3-1997, que dispõe sobre a organização do Sistema Nacional de Defesa do Consumidor – SNDC, e estabelece normas gerais de aplicação das sanções administrativas previstas nesta Lei.

§ 1º A inserção de cláusula no formulário não desfigura a natureza de adesão do contrato.

§ 2º Nos contratos de adesão admite-se cláusula resolutória, desde que alternativa, cabendo a escolha ao consumidor, ressalvando-se o disposto no § 2º do artigo anterior.

▶ Lei nº 11.795, de 8-10-2008 (Lei do Sistema de Consórcios).

§ 3º Os contratos de adesão escritos serão redigidos em termos claros e com caracteres ostensivos e legíveis, cujo tamanho da fonte não será inferior ao corpo doze, de modo a facilitar sua compreensão pelo consumidor.

▶ § 3º com a redação dada pela Lei nº 11.785, de 22-9-2008.
▶ Art. 46 deste Código.

§ 4º As cláusulas que implicarem limitação de direito do consumidor deverão ser redigidas com destaque, permitindo sua imediata e fácil compreensão.

§ 5º VETADO.

Capítulo VII
DAS SANÇÕES ADMINISTRATIVAS

▶ Dec. nº 2.181, de 20-3-1997, dispõe sobre a organização do Sistema Nacional de Defesa do Consumidor – SNDC, e estabelece normas gerais de aplicação das sanções administrativas previstas nesta Lei.

Art. 55. A União, os Estados e o Distrito Federal, em caráter concorrente e nas suas respectivas áreas de atuação administrativa, baixarão normas relativas à produção, industrialização, distribuição e consumo de produtos e serviços.

§ 1º A União, os Estados, o Distrito Federal e os Municípios fiscalizarão e controlarão a produção, industrialização, distribuição, a publicidade de produtos e serviços e o mercado de consumo, no interesse da preservação da vida, da saúde, da segurança, da informação e do bem-estar do consumidor, baixando as normas que se fizerem necessárias.

§ 2º VETADO.

§ 3º Os órgãos federais, estaduais, do Distrito Federal e municipais com atribuições para fiscalizar e controlar o mercado de consumo manterão comissões permanentes para elaboração, revisão e atualização das normas referidas no § 1º, sendo obrigatória a participação dos consumidores e fornecedores.

§ 4º Os órgãos oficiais poderão expedir notificações aos fornecedores para que, sob pena de desobediência, prestem informações sobre questões de interesse do consumidor, resguardado o segredo industrial.

▶ Art. 33, § 1º, do Dec. nº 2.181, de 20-3-1997, que dispõe sobre a organização do Sistema Nacional de Defesa do Consumidor – SNDC, e estabelece normas gerais de aplicação das sanções administrativas previstas nesta Lei.

Art. 56. As infrações das normas de defesa do consumidor ficam sujeitas, conforme o caso, às seguintes sanções administrativas, sem prejuízo das de natureza civil, penal e das definidas em normas específicas:

I – multa;
II – apreensão do produto;
III – inutilização do produto;
IV – cassação do registro do produto junto ao órgão competente;
V – proibição de fabricação do produto;
VI – suspensão de fornecimento de produtos ou serviço;
VII – suspensão temporária de atividade;
VIII – revogação de concessão ou permissão de uso;
IX – cassação de licença do estabelecimento ou de atividade;
X – interdição, total ou parcial, de estabelecimento, de obra ou de atividade;
XI – intervenção administrativa;
XII – imposição de contrapropaganda.

▶ Arts. 18 e 21 do Dec. nº 2.181, de 20-3-1997, que dispõe sobre a organização do Sistema Nacional de Defesa do Consumidor – SNDC, e estabelece normas gerais de aplicação das sanções administrativas previstas nesta Lei.

Parágrafo único. As sanções previstas neste artigo serão aplicadas pela autoridade administrativa, no âmbito de sua atribuição, podendo ser aplicadas cumulativamente, inclusive por medida cautelar antecedente ou incidente de procedimento administrativo.

Art. 57. A pena de multa, graduada de acordo com a gravidade da infração, a vantagem auferida e a condição econômica do fornecedor, será aplicada mediante procedimento administrativo, revertendo para o Fundo de que trata a Lei nº 7.347, de 24 de julho de 1985, os valores cabíveis à União, ou para os fundos estaduais ou municipais de proteção ao consumidor nos demais casos.

▶ *Caput* com a redação dada pela Lei nº 8.656, de 21-5-1993.
▶ Arts. 28 e 29 do Dec. nº 2.181, de 20-3-1997, que dispõe sobre a organização do Sistema Nacional de Defesa do Consumidor – SNDC, e estabelece normas gerais de aplicação das sanções administrativas previstas nesta Lei.

Parágrafo único. A multa será em montante nunca inferior a duzentas e não superior a três milhões de vezes o valor da Unidade Fiscal de Referência (UFIR), ou índice equivalente que venha substituí-lo.

▶ Parágrafo único acrescido pela Lei nº 8.703, de 6-9-1993.

► O art. 29, § 3º, da Lei nº 10.522, de 19-7-2002, que dispõe sobre o Cadastro Informativo dos créditos não quitados de órgãos e entidades federais, extinguiu a UFIR.

► Art. 2º, III, do Dec. nº 1.306, de 9-11-1994, que regulamenta o Fundo de Defesa de Direitos Difusos.

Art. 58. As penas de apreensão, de inutilização de produtos, de proibição de fabricação de produtos, de suspensão do fornecimento de produto ou serviço, de cassação do registro do produto e revogação da concessão ou permissão de uso serão aplicadas pela administração, mediante procedimento administrativo, assegurada ampla defesa, quando forem constatados vícios de quantidade ou de qualidade por inadequação ou insegurança do produto ou serviço.

Art. 59. As penas de cassação de alvará de licença, de interdição e de suspensão temporária da atividade, bem como a de intervenção administrativa serão aplicadas mediante procedimento administrativo, assegurada ampla defesa, quando o fornecedor reincidir na prática das infrações de maior gravidade previstas neste Código e na legislação de consumo.

§ 1º A pena de cassação da concessão será aplicada à concessionária de serviço público, quando violar obrigação legal ou contratual.

§ 2º A pena de intervenção administrativa será aplicada sempre que as circunstâncias de fato desaconselharem a cassação de licença, a interdição ou suspensão da atividade.

§ 3º Pendendo ação judicial na qual se discuta a imposição de penalidade administrativa, não haverá reincidência até o trânsito em julgado da sentença.

Art. 60. A imposição de contrapropaganda será cominada quando o fornecedor incorrer na prática de publicidade enganosa ou abusiva, nos termos do artigo 36 e seus parágrafos, sempre às expensas do infrator.

► A referência deste dispositivo ao art. 36 deve ser entendida como feita ao art. 37 e seus parágrafos, que tratam exatamente da publicidade enganosa, da publicidade abusiva e da publicidade enganosa por omissão, enquanto o art. 36 e seu parágrafo único tratam, respectivamente, da veiculação da publicidade e da disponibilidade dos dados que sustentam a mensagem publicitária.

§ 1º A contrapropaganda será divulgada pelo responsável da mesma forma, frequência e dimensão e, preferencialmente no mesmo veículo, local, espaço e horário, de forma capaz de desfazer o malefício da publicidade enganosa ou abusiva.

► Art. 47 do Dec. nº 2.181, de 20-3-1997, que dispõe sobre a organização do Sistema Nacional de Defesa do Consumidor – SNDC, e estabelece normas gerais de aplicação das sanções administrativas previstas nesta Lei.

§§ 2º e 3º VETADOS.

TÍTULO II – DAS INFRAÇÕES PENAIS

Art. 61. Constituem crimes contra as relações de consumo previstas neste Código, sem prejuízo do disposto no Código Penal e leis especiais, as condutas tipificadas nos artigos seguintes.

► Art. 7º da Lei nº 8.137, de 27-12-1990 (Lei dos Crimes Contra a Ordem Tributária, Econômica e Contra as Relações de Consumo).

Art. 62. VETADO.

Art. 63. Omitir dizeres ou sinais ostensivos sobre a nocividade ou periculosidade de produtos, nas embalagens, nos invólucros, recipientes ou publicidade:

Pena – Detenção de seis meses a dois anos e multa.

► Art. 9º deste Código.

§ 1º Incorrerá nas mesmas penas quem deixar de alertar, mediante recomendações escritas ostensivas, sobre a periculosidade do serviço a ser prestado.

§ 2º Se o crime é culposo:

Pena – Detenção de um a seis meses ou multa.

Art. 64. Deixar de comunicar à autoridade competente e aos consumidores a nocividade ou periculosidade de produtos cujo conhecimento seja posterior à sua colocação no mercado:

Pena – Detenção de seis meses a dois anos e multa.

► Art. 10, § 1º, deste Código.
► Art. 13, II e III, do Dec. nº 2.181, de 20-3-1997, que dispõe sobre a organização do Sistema Nacional de Defesa do Consumidor – SNDC, e estabelece normas gerais de aplicação das sanções administrativas previstas nesta Lei.

Parágrafo único. Incorrerá nas mesmas penas quem deixar de retirar do mercado, imediatamente quando determinado pela autoridade competente, os produtos nocivos ou perigosos, na forma deste artigo.

Art. 65. Executar serviço de alto grau de periculosidade, contrariando determinação de autoridade competente:

Pena – Detenção de seis meses a dois anos e multa.

► Art. 10 deste Código.

Parágrafo único. As penas deste artigo são aplicáveis sem prejuízo das correspondentes à lesão corporal e à morte.

Art. 66. Fazer afirmação falsa ou enganosa, ou omitir informação relevante sobre a natureza, característica, qualidade, quantidade, segurança, desempenho, durabilidade, preço ou garantia de produtos ou serviços:

Pena – Detenção de três meses a um ano e multa.

► Arts. 31, 37 e 52 deste Código.
► Art. 13, I, do Dec. nº 2.181, de 20-3-1997, que dispõe sobre a organização do Sistema Nacional de Defesa do Consumidor – SNDC, e estabelece normas gerais de aplicação das sanções administrativas previstas nesta Lei.

§ 1º Incorrerá nas mesmas penas quem patrocinar a oferta.

§ 2º Se o crime é culposo:

Pena – Detenção de um a seis meses ou multa.

Art. 67. Fazer ou promover publicidade que sabe ou deveria saber ser enganosa ou abusiva:

Pena – Detenção de três meses a um ano e multa.

► Arts. 6º, IV, e 37 deste Código.
► Arts. 14 e 19 do Dec. nº 2.181, de 20-3-1997, que dispõe sobre a organização do Sistema Nacional de Defesa do Consumidor – SNDC, e estabelece normas gerais de aplicação das sanções administrativas previstas nesta Lei.

Parágrafo único. VETADO.

Art. 68. Fazer ou promover publicidade que sabe ou deveria saber ser capaz de induzir o consumidor a se comportar de forma prejudicial ou perigosa a sua saúde ou segurança:

Pena – Detenção de seis meses a dois anos e multa.

▶ Art. 37, § 2º, deste Código.
▶ Arts. 14 e 19 do Dec. nº 2.181, de 20-3-1997, que dispõe sobre a organização do Sistema Nacional de Defesa do Consumidor – SNDC, e estabelece normas gerais de aplicação das sanções administrativas previstas nesta Lei.

Parágrafo único. VETADO.

Art. 69. Deixar de organizar dados fáticos, técnicos e científicos que dão base à publicidade:

Pena – Detenção de um a seis meses ou multa.

▶ Arts. 36, parágrafo único, e 38 deste Código.

Art. 70. Empregar, na reparação de produtos, peças ou componentes de reposição usados, sem autorização do consumidor:

Pena – Detenção de três meses a um ano e multa.

▶ Arts. 21 e 32 deste Código.

Art. 71. Utilizar, na cobrança de dívidas, de ameaça, coação, constrangimento físico ou moral, afirmações falsas, incorretas ou enganosas ou de qualquer outro procedimento que exponha o consumidor, injustificadamente, a ridículo ou interfira com seu trabalho, descanso ou lazer:

▶ Arts. 146 e 147 do CP.

Pena – Detenção de três meses a um ano e multa.

▶ Art. 42 deste Código.

Art. 72. Impedir ou dificultar o acesso do consumidor às informações que sobre ele constem em cadastros, banco de dados, fichas e registros:

Pena – Detenção de seis meses a um ano ou multa.

▶ Art. 43 deste Código.
▶ Lei nº 12.414, de 9-6-2011 (Lei do Cadastro Positivo).

Art. 73. Deixar de corrigir imediatamente informação sobre consumidor constante de cadastro, banco de dados, fichas ou registros que sabe ou deveria saber ser inexata:

Pena – Detenção de um a seis meses ou multa.

Art. 74. Deixar de entregar ao consumidor o termo de garantia adequadamente preenchido e com especificação clara de seu conteúdo:

Pena – Detenção de um a seis meses ou multa.

▶ Arts. 24 e 50 deste Código.

Art. 75. Quem, de qualquer forma, concorrer para os crimes referidos neste Código incide nas penas a esses cominadas na medida de sua culpabilidade, bem como o diretor, administrador ou gerente da pessoa jurídica que promover, permitir ou por qualquer modo aprovar o fornecimento, oferta, exposição à venda ou manutenção em depósito de produtos ou a oferta e prestação de serviços nas condições por ele proibidas.

▶ Art. 29 do CP.

Art. 76. São circunstâncias agravantes dos crimes tipificados neste Código:

▶ Art. 61 do CP.

I – serem cometidos em época de grave crise econômica ou por ocasião de calamidade;
II – ocasionarem grave dano individual ou coletivo;
III – dissimular-se a natureza ilícita do procedimento;
IV – quando cometidos:

a) por servidor público, ou por pessoa cuja condição econômico-social seja manifestamente superior à da vítima;
b) em detrimento de operário ou rurícola; de menor de 18 (dezoito) ou maior de 60 (sessenta) anos ou de pessoas portadoras de deficiência mental, interditadas ou não;

V – serem praticados em operações que envolvam alimentos, medicamentos ou quaisquer outros produtos ou serviços essenciais.

Art. 77. A pena pecuniária prevista nesta Seção será fixada em dias-multa, correspondente ao mínimo e ao máximo de dias de duração da pena privativa da liberdade cominada ao crime. Na individualização desta multa, o juiz observará o disposto no artigo 60, § 1º, do Código Penal.

Art. 78. Além das penas privativas de liberdade e de multa, podem ser impostas, cumulativa ou alternadamente, observado o disposto nos artigos 44 a 47, do Código Penal:

I – a interdição temporária de direitos;
II – a publicação em órgãos de comunicação de grande circulação ou audiência, às expensas do condenado, de notícia sobre os fatos e a condenação;
III – a prestação de serviços à comunidade.

Art. 79. O valor da fiança, nas infrações de que trata este Código, será fixado pelo juiz, ou pela autoridade que presidir o inquérito, entre 100 (cem) e 200 (duzentas) mil vezes o valor do Bônus do Tesouro Nacional – BTN, ou índice equivalente que venha substituí-lo.

Parágrafo único. Se assim recomendar a situação econômica do indiciado ou réu, a fiança poderá ser:

a) reduzida até a metade de seu valor mínimo;
b) aumentada pelo juiz até vinte vezes.

Art. 80. No processo penal atinente aos crimes previstos neste Código, bem como a outros crimes e contravenções que envolvam relações de consumo, poderão intervir, como assistentes do Ministério Público, os legitimados indicados no artigo 82, incisos III e IV, aos quais também é facultado propor ação penal subsidiária, se a denúncia não for oferecida no prazo legal.

▶ Art. 5º, LIX, da CF.

TÍTULO III – DA DEFESA DO CONSUMIDOR EM JUÍZO

CAPÍTULO I

DISPOSIÇÕES GERAIS

▶ Lei nº 7.347, de 24-7-1985 (Lei da Ação Civil Pública).

Art. 81. A defesa dos interesses e direitos dos consumidores e das vítimas poderá ser exercida em juízo individualmente, ou a título coletivo.

Parágrafo único. A defesa coletiva será exercida quando se tratar de:

I – interesses ou direitos difusos, assim entendidos, para efeitos deste Código, os transindividuais, de natureza indivisível, de que sejam titulares pessoas indeterminadas e ligadas por circunstâncias de fato;

▶ Arts. 103, I, § 1º, e 104 deste Código.

II – interesses ou direitos coletivos, assim entendidos, para efeitos deste Código, os transindividuais de natureza indivisível de que seja titular grupo, categoria ou classe de pessoas ligadas entre si ou com a parte contrária por uma relação jurídica base;

▶ Arts. 103, II, § 1º, e 104 deste Código.

III – interesses ou direitos individuais homogêneos, assim entendidos os decorrentes de origem comum.

▶ Art. 103, III, e § 2º, deste Código.

Art. 82. Para os fins do artigo 81, parágrafo único, são legitimados concorrentemente:

▶ *Caput* com a redação dada pela Lei nº 9.008, de 21-3-1995.
▶ Arts. 91 e 98 deste Código.

I – o Ministério Público;

▶ Art. 129, III, da CF.
▶ Arts. 5º, § 4º, 80 e 92 deste Código.
▶ Arts. 3º, VI, e 56, § 3º, do Dec. nº 2.181, de 20-3-1997, que dispõe sobre a organização do Sistema Nacional de Defesa do Consumidor – SNDC, e estabelece normas gerais de aplicação das sanções administrativas previstas nesta Lei.

II – a União, os Estados, os Municípios e o Distrito Federal;

III – as entidades e órgãos da administração pública, direta ou indireta, ainda que sem personalidade jurídica, especificamente destinados à defesa dos interesses e direitos protegidos por este Código;

▶ Art. 80 deste Código.

IV – as associações legalmente constituídas há pelo menos um ano e que incluam entre seus fins institucionais a defesa dos interesses e direitos protegidos por este Código, dispensada a autorização assemblear.

▶ Art. 5º, XXI e LXX, da CF.
▶ Art. 80 deste Código.
▶ Arts. 45 e 53 do CC.
▶ Art. 5º da Lei nº 7.347, de 24-7-1985 (Lei da Ação Civil Pública).
▶ Art. 7º da Lei nº 9.870, de 23-11-1999, que dispõe sobre o valor total das anuidades escolares.
▶ Art. 8º do Dec. nº 2.181, de 20-3-1997, que dispõe sobre a organização do Sistema Nacional de Defesa do Consumidor – SNDC, e estabelece normas gerais de aplicação das sanções administrativas previstas nesta Lei.

§ 1º O requisito da pré-constituição pode ser dispensado pelo juiz, nas ações previstas no artigo 91 e seguintes, quando haja manifesto interesse social evidenciado pela dimensão ou característica do dano, ou pela relevância do bem jurídico a ser protegido.

§§ 2º e 3º VETADOS.

Art. 83. Para a defesa dos direitos e interesses protegidos por este Código são admissíveis todas as espécies de ações capazes de propiciar sua adequada e efetiva tutela.

Parágrafo único. VETADO.

Art. 84. Na ação que tenha por objeto o cumprimento da obrigação de fazer ou não fazer, o juiz concederá a tutela específica da obrigação ou determinará providências que assegurem o resultado prático equivalente ao do adimplemento.

▶ Arts. 35, I, e 48 deste Código.
▶ Art. 461 do CPC.

§ 1º A conversão da obrigação em perdas e danos somente será admissível se por elas optar o autor ou se impossível a tutela específica ou a obtenção do resultado prático correspondente.

§ 2º A indenização por perdas e danos se fará sem prejuízo da multa (artigo 287, do Código de Processo Civil).

§ 3º Sendo relevante o fundamento da demanda e havendo justificado receio de ineficácia do provimento final, é lícito ao juiz conceder a tutela liminarmente ou após justificação prévia, citado o réu.

§ 4º O juiz poderá, na hipótese do § 3º ou na sentença, impor multa diária ao réu, independentemente de pedido do autor, se for suficiente ou compatível com a obrigação, fixando prazo razoável para o cumprimento do preceito.

§ 5º Para a tutela específica ou para a obtenção do resultado prático equivalente, poderá o juiz determinar as medidas necessárias, tais como busca e apreensão, remoção de coisas e pessoas, desfazimento de obra, impedimento de atividade nociva, além de requisição de força policial.

Arts. 85 e 86. VETADOS.

Art. 87. Nas ações coletivas de que trata este Código não haverá adiantamento de custas, emolumentos, honorários periciais e quaisquer outras despesas, nem condenação da associação autora, salvo comprovada má-fé, em honorários de advogados, custas e despesas processuais.

▶ Art. 18 da Lei nº 7.347, de 24-7-1985 (Lei da Ação Civil Pública).

Parágrafo único. Em caso de litigância de má-fé, a associação autora e os diretores responsáveis pela propositura da ação serão solidariamente condenados em honorários advocatícios e ao décuplo das custas, sem prejuízo da responsabilidade por perdas e danos.

▶ Arts. 402 a 405 do CC.
▶ Arts. 16 a 18 e 20 do CPC.

Art. 88. Na hipótese do artigo 13, parágrafo único deste Código, a ação de regresso poderá ser ajuizada em processo autônomo, facultada a possibilidade de prosseguir-se nos mesmos autos, vedada a denunciação da lide.

▶ Arts. 70 a 76 do CPC.

Art. 89. VETADO.

Art. 90. Aplicam-se às ações previstas neste Título as normas do Código de Processo Civil e da Lei nº 7.347, de 24 de julho de 1985, inclusive no que respeita ao inquérito civil, naquilo que não contrariar suas disposições.

▶ Art. 26, § 2º, III, deste Código.
▶ Arts. 8º, § 1º, e 9º da Lei nº 7.347, de 24-7-1985 (Lei da Ação Civil Pública).

Capítulo II

DAS AÇÕES COLETIVAS PARA A DEFESA DE INTERESSES INDIVIDUAIS HOMOGÊNEOS

Art. 91. Os legitimados de que trata o artigo 82 poderão propor, em nome próprio e no interesse das vítimas ou seus sucessores, ação civil coletiva de responsabilidade pelos danos individualmente sofridos, de acordo com o disposto nos artigos seguintes.

▶ Artigo com a redação dada pela Lei nº 9.008, de 21-3-1995.
▶ Art. 82, § 1º, deste Código.

Art. 92. O Ministério Público, se não ajuizar a ação, atuará sempre como fiscal da lei.

▶ Art. 82, I, deste Código.
▶ Art. 82, III, do CPC.

Parágrafo único. VETADO.

Art. 93. Ressalvada a competência da justiça federal, é competente para a causa a justiça local:

▶ Art. 109, I, e § 2º, da CF.
▶ Art. 99 do CPC.

I – no foro do lugar onde ocorreu ou deva ocorrer o dano, quando de âmbito local;

▶ Art. 100, V, a, do CPC.

II – no foro da Capital do Estado ou no do Distrito Federal, para os danos de âmbito nacional ou regional, aplicando-se as regras do Código de Processo Civil aos casos de competência concorrente.

▶ Arts. 105 e 106 do CPC.
▶ Art. 2º da Lei nº 7.347, de 24-7-1985 (Lei da Ação Civil Pública).

Art. 94. Proposta a ação, será publicado edital no órgão oficial, a fim de que os interessados possam intervir no processo como litisconsortes, sem prejuízo de ampla divulgação pelos meios de comunicação social por parte dos órgãos de defesa do consumidor.

▶ Arts. 46 a 49 do CPC.
▶ Art. 5º, § 2º, da Lei nº 7.347, de 24-7-1985 (Lei da Ação Civil Pública).

Art. 95. Em caso de procedência do pedido, a condenação será genérica, fixando a responsabilidade do réu pelos danos causados.

▶ Art. 475-A do CPC.

Art. 96. VETADO.

Art. 97. A liquidação e a execução de sentença poderão ser promovidas pela vítima e seus sucessores, assim como pelos legitimados de que trata o artigo 82.

▶ Art. 103, § 3º, deste Código.
▶ Arts. 475-A a 475-R do CPC.

Parágrafo único. VETADO.

Art. 98. A execução poderá ser coletiva, sendo promovida pelos legitimados de que trata o artigo 82, abrangendo as vítimas cujas indenizações já tiverem sido fixadas em sentença de liquidação, sem prejuízo do ajuizamento de outras execuções.

▶ Caput com a redação dada pela Lei nº 9.008, de 21-3-1995.
▶ Art. 103, § 3º, deste Código.

§ 1º A execução coletiva far-se-á com base em certidão das sentenças de liquidação, da qual deverá constar a ocorrência ou não do trânsito em julgado.

§ 2º É competente para a execução o juízo:

I – da liquidação da sentença ou da ação condenatória, no caso de execução individual;

II – da ação condenatória, quando coletiva a execução.

Art. 99. Em caso de concurso de créditos decorrentes de condenação prevista na Lei nº 7.347, de 24 de julho de 1985, e de indenizações pelos prejuízos individuais resultantes do mesmo evento danoso, estas terão preferência no pagamento.

▶ Art. 103, § 3º, deste Código.
▶ Lei nº 7.347, de 24-7-1985 (Lei da Ação Civil Pública).

Parágrafo único. Para efeito do disposto neste artigo, a destinação da importância recolhida ao Fundo criado pela Lei nº 7.347, de 24 de julho de 1985, ficará sustada enquanto pendentes de decisão de segundo grau os ações de indenização pelos danos individuais, salvo na hipótese de o patrimônio do devedor ser manifestamente suficiente para responder pela integralidade das dívidas.

▶ Art. 13 da Lei nº 7.347, de 24-7-1985 (Lei da Ação Civil Pública), regulamentado pelo Dec. nº 1.306, de 9-11-1994.

Art. 100. Decorrido o prazo de um ano sem habilitação de interessados em número compatível com a gravidade do dano, poderão os legitimados do artigo 82 promover a liquidação e execução da indenização devida.

Parágrafo único. O produto da indenização devida reverterá para o Fundo criado pela Lei nº 7.347, de 24 de julho de 1985.

▶ Art. 13 da Lei nº 7.347, de 24-7-1985 (Lei da Ação Civil Pública).
▶ Art. 2º, III, do Dec. nº 1.306, de 9-11-1994, que regulamenta o Fundo de Defesa de Direitos Difusos.

Capítulo III

DAS AÇÕES DE RESPONSABILIDADE DO FORNECEDOR DE PRODUTOS E SERVIÇOS

Art. 101. Na ação de responsabilidade civil do fornecedor de produtos e serviços, sem prejuízo do disposto nos Capítulos I e II deste Título, serão observadas as seguintes normas:

▶ Arts. 27 e 81 a 100 deste Código.

I – a ação pode ser proposta no domicílio do autor;

II – o réu que houver contratado seguro de responsabilidade poderá chamar ao processo o segurador, vedada a integração do contraditório pelo Instituto de Resseguros do Brasil. Nesta hipótese, a sentença que julgar procedente o pedido condenará o réu nos termos do artigo 80 do Código de Processo Civil. Se o réu houver sido declarado falido, o síndico será intimado a informar a existência de seguro de responsabilidade, facultando-se, em caso afirmativo, o ajuizamento de ação de indenização diretamente contra o segurador, vedada a denunciação da lide ao Instituto de Resseguros do Brasil e dispensado o litisconsórcio obrigatório com este.

▶ Arts. 21 a 25 da Lei nº 11.101, de 9-2-2005 (Lei de Recuperação de Empresas e Falências), que dispõem sobre o administrador judicial.
▶ Arts. 77 a 80 do CPC.

Art. 102. Os legitimados a agir na forma deste Código poderão propor ação visando compelir o Poder Público competente a proibir, em todo o território nacional, a produção, divulgação, distribuição ou venda, ou a determinar alteração na composição, estrutura, fórmula ou acondicionamento de produto, cujo uso ou consumo regular se revele nocivo ou perigoso à saúde pública e à incolumidade pessoal.

▶ Art. 82 deste Código.

§§ 1º e 2º VETADOS.

Capítulo IV
DA COISA JULGADA

Art. 103. Nas ações coletivas de que trata este Código, a sentença fará coisa julgada:

▶ Arts. 467 a 475 do CPC.

I – *erga omnes*, exceto se o pedido for julgado improcedente por insuficiência de provas, hipótese em que qualquer legitimado poderá intentar outra ação, com idêntico fundamento, valendo-se de nova prova, na hipótese do inciso I do parágrafo único do artigo 81;
II – *ultra partes*, mas limitadamente ao grupo, categoria ou classe, salvo improcedência por insuficiência de provas, nos termos do inciso anterior, quando se tratar da hipótese prevista no inciso II do parágrafo único do artigo 81;

▶ Art. 104 deste Código.

III – *erga omnes*, apenas no caso de procedência do pedido, para beneficiar todas as vítimas e seus sucessores, na hipótese do inciso III do parágrafo único do artigo 81.

▶ Art. 104 deste Código.

§ 1º Os efeitos da coisa julgada previstos nos incisos I e II não prejudicarão interesses e direitos individuais dos integrantes da coletividade, do grupo, categoria ou classe.

§ 2º Na hipótese prevista no inciso III, em caso de improcedência do pedido, os interessados que não tiverem intervindo no processo como litisconsortes poderão propor ação de indenização a título individual.

§ 3º Os efeitos da coisa julgada de que cuida o artigo 16, combinado com o artigo 13 da Lei nº 7.347, de 24 de julho de 1985, não prejudicarão as ações de indenização por danos pessoalmente sofridos, propostas individualmente na forma prevista neste Código, mas, se procedente o pedido, beneficiarão as vítimas e seus sucessores, que poderão proceder à liquidação e à execução, nos termos dos artigos 96 a 99.

▶ O referido art. 96 foi vetado.
▶ Lei nº 7.347, de 24-7-1985 (Lei da Ação Civil Pública).

§ 4º Aplica-se o disposto no parágrafo anterior à sentença penal condenatória.

Art. 104. As ações coletivas, previstas nos incisos I e II do parágrafo único do artigo 81, não induzem litispendência para as ações individuais, mas os efeitos da coisa julgada *erga omnes* ou *ultra partes* a que aludem os incisos II e III do artigo anterior não beneficiarão os autores das ações individuais, se não for requerida sua suspensão no prazo de trinta dias, a contar da ciência nos autos do ajuizamento da ação coletiva.

▶ Art. 301, §§ 1º a 3º, do CPC.

TÍTULO IV – DO SISTEMA NACIONAL DA DEFESA DO CONSUMIDOR

Art. 105. Integram o Sistema Nacional de Defesa do Consumidor – SNDC os órgãos federais, estaduais, do Distrito Federal e municipais e as entidades privadas de defesa do consumidor.

▶ Art. 2º do Dec. nº 2.181, de 20-3-1997, que dispõe sobre a organização do Sistema Nacional de Defesa do Consumidor – SNDC, e estabelece normas gerais de aplicação das sanções administrativas previstas nesta Lei.

Art. 106. O Departamento Nacional de Defesa do Consumidor, da Secretaria Nacional de Direito Econômico-MJ, ou órgão federal que venha substituí-lo, é organismo de coordenação da política do Sistema Nacional de Defesa do Consumidor, cabendo-lhe:

▶ Art. 3º do Dec. nº 2.181, de 20-3-1997, que dispõe sobre a organização do Sistema Nacional de Defesa do Consumidor – SNDC, e estabelece normas gerais de aplicação das sanções administrativas previstas nesta Lei.

I – planejar, elaborar, propor, coordenar e executar a política nacional de proteção ao consumidor;
II – receber, analisar, avaliar e encaminhar consultas, denúncias ou sugestões apresentadas por entidades representativas ou pessoas jurídicas de direito público ou privado;
III – prestar aos consumidores orientação permanente sobre seus direitos e garantias;
IV – informar, conscientizar e motivar o consumidor através dos diferentes meios de comunicação;
V – solicitar à polícia judiciária a instauração de inquérito policial para a apreciação de delito contra os consumidores, nos termos da legislação vigente;
VI – representar ao Ministério Público competente para fins de adoção de medidas processuais no âmbito de suas atribuições;
VII – levar ao conhecimento dos órgãos competentes as infrações de ordem administrativa que violarem os interesses difusos, coletivos, ou individuais dos consumidores;
VIII – solicitar o concurso de órgãos e entidades da União, Estados, do Distrito Federal e Municípios, bem como auxiliar a fiscalização de preços, abastecimento, quantidade e segurança de bens e serviços;
IX – incentivar, inclusive com recursos financeiros e outros programas especiais, a formação de entidades de defesa do consumidor pela população e pelos órgãos públicos estaduais e municipais;
X a XII – VETADOS;
XIII – desenvolver outras atividades compatíveis com suas finalidades.

Parágrafo único. Para a consecução de seus objetivos, o Departamento Nacional de Defesa do Consumidor poderá solicitar o concurso de órgãos e entidades de notória especialização técnico-científica.

TÍTULO V – DA CONVENÇÃO COLETIVA DE CONSUMO

Art. 107. As entidades civis de consumidores e as associações de fornecedores ou sindicatos de categoria econômica podem regular, por convenção escrita, relações de consumo que tenham por objeto estabelecer condições relativas ao preço, à qualidade, à quantidade, à garantia e características de produtos e serviços, bem como à reclamação e composição do conflito de consumo.

§ 1º A convenção tornar-se-á obrigatória a partir do registro do instrumento no cartório de títulos e documentos.

§ 2º A convenção somente obrigará os filiados às entidades signatárias.

§ 3º Não se exime de cumprir a convenção o fornecedor que se desligar da entidade em data posterior ao registro do instrumento.

Art. 108. VETADO.

TÍTULO VI – DISPOSIÇÕES FINAIS

Art. 109. VETADO.

Art. 110. Acrescente-se o seguinte inciso IV ao artigo 1º da Lei nº 7.347, de 24 de julho de 1985:

▶ Alteração inserida no texto da referida Lei.

Art. 111. O inciso II do artigo 5º da Lei nº 7.347, de 24 de julho de 1985, passa a ter a seguinte redação:

▶ Alteração inserida no texto da referida Lei.

Art. 112. O § 3º do artigo 5º da Lei nº 7.347, de 24 de julho de 1985, passa a ter a seguinte redação:

▶ Alteração inserida no texto da referida Lei.

Art. 113. Acrescente-se os seguintes §§ 4º, 5º e 6º ao artigo 5º da Lei nº 7.347, de 24 de julho de 1985:

▶ Alteração inserida no texto da referida Lei.

Art. 114. O artigo 15 da Lei nº 7.347, de 24 de julho de 1985, passa a ter a seguinte redação:

▶ Alteração inserida no texto da referida Lei.

Art. 115. Suprima-se o *caput* do artigo 17 da Lei nº 7.347, de 24 de julho de 1985, passando o parágrafo único a constituir o *caput*, com a seguinte redação:

> "Art. 17. Em caso de litigância de má-fé, a associação autora e os diretores responsáveis pela propositura da ação serão solidariamente condenados em honorários advocatícios e ao décuplo das custas, sem prejuízo da responsabilidade por perdas e danos"

▶ Artigo com a redação retificada no *DOU* de 10-1-2007.

Art. 116. Dê-se a seguinte redação ao artigo 18 da Lei nº 7.347, de 24 de julho de 1985:

▶ Alteração inserida no texto da referida Lei.

Art. 117. Acrescente-se à Lei nº 7.347, de 24 de julho de 1985, o seguinte dispositivo, renumerando-se os seguintes:

▶ Alteração inserida no texto da referida Lei.

Art. 118. Este Código entrará em vigor dentro de cento e oitenta dias a contar de sua publicação.

Art. 119. Revogam-se as disposições em contrário.

Brasília, 11 de setembro de 1990;
169º da Independência e
102º da República.

Fernando Collor

LEI Nº 8.245, DE 18 DE OUTUBRO DE 1991

Dispõe sobre as locações dos imóveis urbanos e os procedimentos a elas pertinentes.

(EXCERTOS)

▶ Publicada no *DOU* de 21-10-1991.
▶ Arts. 565 a 578 do CC.

TÍTULO I – DA LOCAÇÃO

....

Capítulo II

DAS DISPOSIÇÕES ESPECIAIS

....

Seção III

DA LOCAÇÃO NÃO RESIDENCIAL

Art. 51. Nas locações de imóveis destinados ao comércio, o locatário terá direito a renovação do contrato, por igual prazo, desde que, cumulativamente:

▶ Arts. 45 e 71 a 75 desta Lei.

I – o contrato a renovar tenha sido celebrado por escrito e com prazo determinado;

II – o prazo mínimo do contrato a renovar ou a soma dos prazos ininterruptos dos contratos escritos seja de cinco anos;

III – o locatário esteja explorando seu comércio, no mesmo ramo, pelo prazo mínimo e ininterrupto de três anos.

§ 1º O direito assegurado neste artigo poderá ser exercido pelos cessionários ou sucessores da locação; no caso de sublocação total do imóvel, o direito a renovação somente poderá ser exercido pelo sublocatário.

§ 2º Quando o contrato autorizar que o locatário utilize o imóvel para as atividades de sociedade de que faça parte e que a esta passe a pertencer o fundo de comércio, o direito a renovação poderá ser exercido pelo locatário ou pela sociedade.

§ 3º Dissolvida a sociedade comercial por morte de um dos sócios, o sócio sobrevivente fica sub-rogado no direito à renovação, desde que continue no mesmo ramo.

§ 4º O direito à renovação do contrato estende-se às locações celebradas por indústrias e sociedades civis com fim lucrativo, regularmente constituídas, desde que ocorrentes os pressupostos previstos neste artigo.

§ 5º Do direito a renovação decai aquele que não propuser a ação no interregno de um ano, no máximo, até seis meses, no mínimo, anteriores à data da finalização do prazo do contrato em vigor.

▶ Súm. nº 482 do STF.

Art. 52. O locador não estará obrigado a renovar o contrato se:

I – por determinação do Poder Público, tiver que realizar no imóvel obras que importarem na sua radical transformação; ou para fazer modificação de tal natureza que aumente o valor do negócio ou da propriedade;

▶ Art. 44, III, desta Lei.

II – o imóvel vier a ser utilizado por ele próprio ou para transferência de fundo de comércio existente há mais de um ano, sendo detentor da maioria do capital o locador, seu cônjuge, ascendente ou descendente.

▶ Súm. nº 485 do STF.

§ 1º Na hipótese do inciso II, o imóvel não poderá ser destinado ao uso do mesmo ramo do locatário, salvo se a locação também envolvia o fundo de comércio, com as instalações e pertences.

▶ Súm. nº 481 do STF.

§ 2º Nas locações de espaço em *shopping centers*, o locador não poderá recusar a renovação do contrato com fundamento no inciso II deste artigo.

§ 3º O locatário terá direito a indenização para ressarcimento dos prejuízos e dos lucros cessantes que tiver que arcar com a mudança, perda do lugar e desvalorização do fundo de comércio, se a renovação não ocorrer em razão de proposta de terceiro, em melhores condições, ou se o locador, no prazo de três meses da entrega do imóvel, não der o destino alegado ou não iniciar as obras determinadas pelo Poder Público ou que declarou pretender realizar.

▶ A alteração que seria introduzida neste § 3º pela Lei nº 12.112, de 9-12-2009, foi vetada, razão pela qual mantivemos a sua redação.

Art. 53. Nas locações de imóveis utilizados por hospitais, unidades sanitárias oficiais, asilos, estabelecimentos de saúde e de ensino autorizados e fiscalizados pelo Poder Público, bem como entidades religiosas devidamente registradas, o contrato somente poderá ser rescindido:

▶ *Caput* com a redação dada pela Lei nº 9.256, de 9-1-1996.

I – nas hipóteses do artigo 9º;

II – se o proprietário, promissário comprador ou promissário cessionário, em caráter irrevogável e imitido na posse, com título registrado, que haja quitado o preço da promessa ou que, não o tendo feito, seja autorizado pelo proprietário, pedir o imóvel para demolição, edificação licenciada ou reforma que venha a resultar em aumento mínimo de cinquenta por cento da área útil.

▶ Arts. 44, III, e 63, § 3º, desta Lei.

Art. 54. Nas relações entre lojistas e empreendedores de *shopping center*, prevalecerão as condições livremente pactuadas nos contratos de locação respectivos e as disposições procedimentais previstas nesta Lei.

§ 1º O empreendedor não poderá cobrar do locatário em *shopping center*:

a) as despesas referidas nas alíneas *a*, *b* e *d* do parágrafo único do artigo 22; e

b) as despesas com obras ou substituições de equipamentos, que impliquem modificar o projeto ou o memorial descritivo da data do "habite-se" e obras de paisagismo nas partes de uso comum.

§ 2º As despesas cobradas do locatário devem ser previstas em orçamento, salvo casos de urgência ou força maior, devidamente demonstradas, podendo o locatário, a cada sessenta dias, por si ou entidade de classe exigir a comprovação das mesmas.

Art. 54-A. *Na locação não residencial de imóvel urbano na qual o locador procede à prévia aquisição, construção ou substancial reforma, por si mesmo ou por terceiros, do imóvel então especificado pelo pretendente à locação, a fim de que seja a este locado por prazo determinado, prevalecerão as condições livremente pactuadas no contrato respectivo e as disposições procedimentais previstas nesta Lei.*

§ 1º Poderá ser convencionada a renúncia ao direito de revisão do valor dos aluguéis durante o prazo de vigência do contrato de locação.

§ 2º Em caso de denúncia antecipada do vínculo locatício pelo locatário, compromete-se este a cumprir a multa convencionada, que não excederá, porém, a soma dos valores dos aluguéis a receber até o termo final da locação.

§ 3º VETADO. Lei nº 12.744, de 19-12-2012.

▶ Art. 54-A acrescido pela Lei nº 12.744, de 19-12-2012.

Art. 55. Considera-se locação não residencial quando o locatário for pessoa jurídica e o imóvel destinar-se ao uso de seus titulares, diretores, sócios, gerentes, executivos ou empregados.

Art. 56. Nos demais casos de locação não residencial, o contrato por prazo determinado cessa, de pleno direito, findo o prazo estipulado, independentemente de notificação ou aviso.

Parágrafo único. Findo o prazo estipulado, se o locatário permanecer no imóvel por mais de trinta dias sem oposição do locador, presumir-se-á prorrogada a locação nas condições ajustadas, mas sem prazo determinado.

Art. 57. O contrato de locação por prazo indeterminado pode ser denunciado por escrito, pelo locador, concedidos ao locatário trinta dias para a desocupação.

TÍTULO II – DOS PROCEDIMENTOS

Capítulo I

DAS DISPOSIÇÕES GERAIS

Art. 58. Ressalvados os casos previstos no parágrafo único do artigo 1º, nas ações de despejo, consignação em pagamento de aluguel e acessório da locação, revisionais de aluguel e renovatórias de locação, observar-se-á o seguinte:

I – os processos tramitam durante as férias forenses e não se suspendem pela superveniência delas;

II – é competente para conhecer e julgar tais ações o foro do lugar da situação do imóvel, salvo se outro houver sido eleito no contrato;

III – o valor da causa corresponderá a doze meses de aluguel, ou, na hipótese do inciso II do artigo 47, a três salários vigentes por ocasião do ajuizamento;

IV – desde que autorizado no contrato, a citação, intimação ou notificação far-se-á mediante correspondência com aviso de recebimento, ou, tratando-se de pessoa jurídica ou firma individual, também mediante telex ou fac-símile, ou, ainda, sendo necessário, pelas demais formas previstas no Código de Processo Civil;
V – os recursos interpostos contra as sentenças terão efeito somente devolutivo.

....

CAPÍTULO V

DA AÇÃO RENOVATÓRIA

▶ Arts. 48 a 57 desta Lei.

Art. 71. Além dos demais requisitos exigidos no artigo 282 do Código de Processo Civil, a petição inicial da ação renovatória deverá ser instruída com:

I – prova do preenchimento dos requisitos dos incisos I, II e III do artigo 51;
II – prova do exato cumprimento do contrato em curso;
III – prova da quitação dos impostos e taxas que incidiram sobre o imóvel e cujo pagamento lhe incumbia;
IV – indicação clara e precisa das condições oferecidas para a renovação da locação;
V – indicação do fiador quando houver no contrato a renovar e, quando não for o mesmo, com indicação do nome ou denominação completa, número de sua inscrição no Ministério da Fazenda, endereço e, tratando-se de pessoa natural, a nacionalidade, o estado civil, a profissão e o número da carteira de identidade, comprovando, desde logo, mesmo que não haja alteração do fiador, a atual idoneidade financeira;

▶ Inciso V com a redação dada pela Lei nº 12.112, de 9-12-2009.

VI – prova de que o fiador do contrato ou o que o substituir na renovação, aceita os encargos da fiança, autorizado por seu cônjuge, se casado for;
VII – prova, quando for o caso, de ser cessionário ou sucessor, em virtude de título oponível ao proprietário.

Parágrafo único. Proposta a ação pelo sublocatário do imóvel ou de parte dele, serão citados o sublocador e o locador, como litisconsortes, salvo se, em virtude de locação originária ou renovada, o sublocador dispuser de prazo que admita renovar a sublocação; na primeira hipótese, procedente a ação, o proprietário ficará diretamente obrigado à renovação.

Art. 72. A contestação do locador, além da defesa de direito que possa caber, ficará adstrita, quanto à matéria de fato, ao seguinte:

I – não preencher o autor os requisitos estabelecidos nesta Lei;
II – não atender, a proposta do locatário, o valor locativo real do imóvel na época da renovação, excluída a valorização trazida por aquele ao ponto ou lugar;
III – ter proposta de terceiro para a locação, em condições melhores;
IV – não estar obrigado a renovar a locação (incisos I e II do artigo 52).

§ 1º No caso do inciso II, o locador deverá apresentar, em contraproposta, as condições de locação que repute compatíveis com o valor locativo real e atual do imóvel.

§ 2º No caso do inciso III, o locador deverá juntar prova documental da proposta do terceiro, subscrita por este e por duas testemunhas, com clara indicação do ramo a ser explorado, que não poderá ser o mesmo do locatário. Nessa hipótese, o locatário poderá, em réplica, aceitar tais condições para obter a renovação pretendida.

§ 3º No caso do inciso I do artigo 52, a contestação deverá trazer prova da determinação do Poder Público ou relatório pormenorizado das obras a serem realizadas e da estimativa de valorização que sofrerá o imóvel, assinado por engenheiro devidamente habilitado.

§ 4º Na contestação, o locador, ou sublocador, poderá pedir, ainda, a fixação de aluguel provisório, para vigorar a partir do primeiro mês do prazo do contrato a ser renovado, não excedente a oitenta por cento do pedido, desde que apresentados elementos hábeis para aferição do justo valor do aluguel.

§ 5º Se pedido pelo locador, ou sublocador, a sentença poderá estabelecer periodicidade de reajustamento do aluguel diversa daquela prevista no contrato renovando, bem como adotar outro indexador para reajustamento do aluguel.

Art. 73. Renovada a locação, as diferenças dos aluguéis vencidos serão executadas nos próprios autos da ação e pagas de uma só vez.

Art. 74. Não sendo renovada a locação, o juiz determinará a expedição de mandado de despejo, que conterá o prazo de 30 (trinta) dias para a desocupação voluntária, se houver pedido na contestação.

▶ *Caput* com a redação dada pela Lei nº 12.112, de 9-12-2009.

§§ 1º a 3º VETADOS. Lei nº 12.112, de 9-12-2009.

Art. 75. Na hipótese do inciso III do artigo 72, a sentença fixará desde logo a indenização devida ao locatário em consequência da não prorrogação da locação, solidariamente devida pelo locador e o proponente.

▶ A alteração que seria introduzida no art. 75 pela Lei nº 12.112, de 9-12-2009, foi vetada, razão pela qual mantivemos a sua redação.

....

Brasília, 18 de outubro de 1991;
170º da Independência e
103º da República.

Fernando Collor

DECRETO Nº 1.240, DE 15 DE SETEMBRO DE 1994

Promulga a Convenção Interamericana sobre Conflitos de Leis em Matéria de Cheques, adotada em Montevidéu, em 8 de maio de 1979.

▶ Publicado no *DOU* de 16-9-1994.

O Presidente da República, no uso das atribuições que lhe confere o artigo 84, inciso VIII, da Constituição, e considerando que a Convenção Interamericana sobre Conflitos de Leis em Matéria de Cheques foi adotada no âmbito da Segunda Conferência Especializada Interamericana sobre Direito Internacional Privado (II CIDIP), em Montevidéu, em 8 de maio de 1979; considerando que a Convenção ora promulgada foi oportunamente submetida à apreciação do Congresso Nacional, que a aprovou por meio do Decreto Legislativo nº 9, de 7 de fevereiro de 1994, publicado no *Diário Oficial da União* nº 27, de 8 de fevereiro de 1994; considerando que o Governo brasileiro depositou o instrumento de ratificação do ato multilateral em epígrafe em 3 de maio de 1994 e que o mesmo passou a vigorar, para o Brasil, em 1º de junho de 1994, na forma de seu artigo 14, decreta:

Art. 1º A Convenção Interamericana sobre Conflitos de Leis em Matéria de Cheques, concluída em Montevidéu, em 8 de maio de 1979, apensa por cópia a este Decreto, deverá ser cumprida tão inteiramente como nela se contém.

Art. 2º O presente Decreto entra em vigor na data de sua publicação.

Brasília, 15 de setembro de 1994;
173º da Independência e
106º da República.

Itamar Franco

ANEXO AO DECRETO QUE PROMULGA A CONVENÇÃO INTERAMERICANA SOBRE CONFLITOS DE LEIS EM MATÉRIA DE CHEQUES, ADOTADA EM MONTEVIDÉU, EM 8 DE MAIO DE 1979/MRE

CONVENÇÃO INTERAMERICANA SOBRE CONFLITOS DE LEIS EM MATÉRIA DE CHEQUES

(Adotada em Montevidéu, em 8 de maio de 1979)

Os Governos dos Estados Membros da Organização dos Estados Americanos,

Considerando que é necessário adotar, no Sistema Interamericano, normas que permitam a solução dos conflitos de leis em matéria de cheques, convierem no seguinte:

ARTIGO 1º

A capacidade para obrigar-se por meio de cheque rege-se pela lei do lugar onde a obrigação tiver sido contraída.

Entretanto, se a obrigação tiver sido contraída por quem for incapaz segundo a referida lei, tal incapacidade não prevalecerá no território de qualquer outro Estado Parte nesta Convenção cuja lei considere válida a obrigação.

ARTIGO 2º

A forma de emissão, endosso, aval, protesto e demais atos jurídicos que possam materializar-se no cheque fica sujeita à lei do lugar em que cada um dos referidos atos for praticado.

ARTIGO 3º

Todas as obrigações resultantes de um cheque regem-se pela lei do lugar onde forem contraídas.

ARTIGO 4º

Se uma ou mais obrigações contraídas num cheque não forem válidas perante a lei aplicável segundo os artigos anteriores, a invalidade não se estenderá às outras obrigações validamente assumidas de acordo com a lei do lugar onde tiverem sido contraídas.

ARTIGO 5º

Para os efeitos desta Convenção, quando não for indicado no cheque o lugar em que tiver sido contraída a obrigação respectiva ou praticado o ato jurídico materializado no documento, entender-se-á que a referida obrigação ou ato teve origem no lugar em que o cheque deva ser pago e, se este constar, no lugar de sua emissão.

ARTIGO 6º

Os procedimentos e prazos para o protesto de um cheque ou outro ato equivalente para preservar os direitos contra os endossantes, o emitente ou outros obrigados ficam sujeitos à lei do lugar em que o protesto ou esse outro ato equivalente for praticado ou deva ser praticado.

ARTIGO 7º

A lei do lugar em que o cheque deva ser pago determina:

a) sua natureza;
b) as modalidades e seus efeitos;
c) o prazo de apresentação;
d) as pessoas contra as quais pode ser emitido;
e) se pode ser emitido para depósito em conta, cruzado, visado ou confirmado, e os efeitos dessas operações;
f) os direitos do portador sobre a provisão de fundos e a natureza de tais direitos;
g) se o portador pode exigir ou se está obrigado a receber um pagamento parcial;
h) os direitos do emitente de cancelar o cheque ou opor-se ao pagamento;
i) a necessidade do protesto ou outro ato equivalente para preservar os direitos contra os endossantes, o emitente ou outros obrigados;
j) as medidas que devem ser adotadas em caso de roubo, furto, falsificação, extravio, destruição ou inutilização material do documento; e
k) em geral, todas as situações referentes ao pagamento do cheque.

ARTIGO 8º

Os cheques que forem apresentados a uma câmara de compensação intrarregional reger-se-ão, no que for aplicável, por esta Convenção.

ARTIGO 9º

A lei declarada aplicável por esta Convenção poderá não ser aplicada no território do Estado Parte que a considere manifestamente contrária à sua ordem pública.

ARTIGO 10

Esta Convenção ficará aberta à assinatura dos Estados Membros da Organização dos Estados Americanos.

ARTIGO 11

Esta Convenção está sujeita a ratificação. Os instrumentos de ratificação serão depositados na Secretaria-Geral da Organização dos Estados Americanos.

ARTIGO 12

Esta Convenção ficará aberta à adesão de qualquer outro Estado. Os instrumentos de adesão serão depositados na Secretaria-Geral da Organização dos Estados Americanos.

ARTIGO 13

Cada Estado poderá formular reservas a esta Convenção no momento de assiná-la, ratificá-la ou de aderir, desde que a reserva verse sobre uma ou mais disposições específicas e que não seja incompatível com o objeto e fim da Convenção.

ARTIGO 14

Esta Convenção entrará em vigor no trigésimo dia a partir da data em que haja sido depositado o segundo instrumento de ratificação. Para cada Estado que ratificar a Convenção ou a ela aderir depois de haver sido depositado o segundo instrumento de ratificação, a Convenção entrará em vigor no trigésimo dia a partir da data em que tal Estado haja depositado seu instrumento de ratificação ou de adesão.

À medida que os Estados Partes na Convenção Interamericana sobre Conflitos de Leis em Matéria de Cheques, assinada em 30 de janeiro de 1975 na cidade do Panamá, República do Panamá, ratificam esta Convenção ou a ela aderirem, cessarão para os referidos Estados Partes os efeitos da mencionada Convenção do Panamá.

ARTIGO 15

Os Estados Partes que tenham duas ou mais unidades territoriais em que vigorem sistemas jurídicos diferentes com relação a questões de que trata esta Convenção poderão declarar, no momento da assinatura, ratificação ou adesão, que a Convenção se aplicará a todas as suas unidades territoriais ou somente a uma ou mais delas.

Tais declarações poderão ser modificadas mediante declarações ulteriores, que especificarão expressamente a ou as unidades territoriais a que se aplicará esta Convenção. Tais declarações ulteriores serão transmitidas à Secretaria-Geral da Organização dos Estados Americanos e surtirão efeito trinta dias depois de recebidas.

ARTIGO 16

Esta Convenção vigorará por prazo indefinido, mas qualquer dos Estados Partes poderá denunciá-la. O instrumento de denúncia será depositado na Secretaria-Geral da Organização dos Estados Americanos. Transcorrido um ano, contado a partir da data de depósito do instrumento de denúncia, cessarão os efeitos da Convenção para o Estado denunciante, continuando ela subsistente para os demais Estados Partes.

ARTIGO 17

O instrumento original desta Convenção, cujos textos em português, espanhol, francês e inglês são igualmente autênticos, será depositado na Secretaria-Geral da Organização dos Estados Americanos, que enviará cópia autenticada do seu texto para seu registro e publicação à Secretaria das Nações Unidas, de conformidade com o artigo 102 da sua Carta constitutiva. A Secretaria-Geral da Organização dos Estados Americanos notificará aos Estados Membros da referida Organização, e aos Estados que tenham aderido à Convenção, as assinaturas e os depósitos de instrumentos de ratificação, de adesão e de denúncia, bem como as reservas que houver. Outrossim, transmi-

tirá aos mesmos as declarações previstas no artigo 15 desta Convenção.

Em fé do que, os plenipotenciários infra-assinados, devidamente autorizados por seus respectivos Governos, firmam esta Convenção.

Feita na Cidade de Montevidéu, República Oriental do Uruguai, no dia oito de maio de mil novecentos e setenta e nove.

LEI Nº 8.934, DE 18 DE NOVEMBRO DE 1994

Dispõe sobre o Registro Público de Empresas Mercantis e Atividades Afins e dá outras providências.

▶ Publicada no *DOU* de 21-11-1994.
▶ LC nº 123, de 14-12-2006 (Estatuto Nacional da Microempresa e da Empresa de Pequeno Porte).
▶ Lei nº 11.598, de 3-12-2007 (Lei da REDESIM).

TÍTULO I – DO REGISTRO PÚBLICO DE EMPRESAS MERCANTIS E ATIVIDADES AFINS

CAPÍTULO I

DAS FINALIDADES E DA ORGANIZAÇÃO

SEÇÃO I

DAS FINALIDADES

Art. 1º O Registro Público de Empresas Mercantis e Atividades Afins, subordinado às normas gerais prescritas nesta Lei, será exercido em todo o território nacional, de forma sistêmica, por órgãos federais e estaduais, com as seguintes finalidades:

I – dar garantia, publicidade, autenticidade, segurança e eficácia aos atos jurídicos das empresas mercantis, submetidos a registro na forma desta Lei;

II – cadastrar as empresas nacionais e estrangeiras em funcionamento no País e manter atualizadas as informações pertinentes;

III – proceder à matrícula dos agentes auxiliares do comércio, bem como ao seu cancelamento.

Art. 2º Os atos das firmas mercantis individuais e das sociedades mercantis serão arquivados no Registro Público de Empresas Mercantis e Atividades Afins, independentemente de seu objeto, salvo as exceções previstas em lei.

Parágrafo único. Fica instituído o Número de Identificação do Registro de Empresas – NIRE, o qual será atribuído a todo ato constitutivo de empresa, devendo ser compatibilizado com os números adotados pelos demais cadastros federais, na forma de regulamentação do Poder Executivo.

SEÇÃO II

DA ORGANIZAÇÃO

Art. 3º Os serviços do Registro Público de Empresas Mercantis e Atividades Afins serão exercidos, em todo o território nacional, de maneira uniforme, harmônica e interdependente, pelo Sistema Nacional de Registro de Empresas Mercantis – SINREM, composto pelos seguintes órgãos:

I – o Departamento Nacional de Registro do Comércio, órgão central do SINREM, com funções supervisora, orientadora, coordenadora e normativa, no plano técnico; e supletiva, no plano administrativo;
II – as Juntas Comerciais, como órgãos locais, com funções executora e administradora dos serviços de registro.

Subseção I
DO DEPARTAMENTO NACIONAL DE REGISTRO DO COMÉRCIO

Art. 4º O Departamento Nacional de Registro do Comércio – DNRC, criado pelos artigos 17, II, e 20 da Lei nº 4.048, de 29 de dezembro de 1961, órgão integrante do Ministério da Indústria, do Comércio e do Turismo, tem por finalidade:

I – supervisionar e coordenar, no plano técnico, os órgãos incumbidos da execução dos serviços de Registro Público de Empresas Mercantis e Atividades Afins;
II – estabelecer e consolidar, com exclusividade, as normas e diretrizes gerais do Registro Público de Empresas Mercantis e Atividades Afins;
III – solucionar dúvidas ocorrentes na interpretação das leis, regulamentos e demais normas relacionadas com o registro de empresas mercantis, baixando instruções para esse fim;
IV – prestar orientação às Juntas Comerciais, com vistas à solução de consultas e à observância das normas legais e regulamentares do Registro Público de Empresas Mercantis e Atividades Afins;
V – exercer ampla fiscalização jurídica sobre os órgãos incumbidos do Registro Público de Empresas Mercantis e Atividades Afins, representando para os devidos fins às autoridades administrativas contra abusos e infrações das respectivas normas, e requerendo tudo o que se afigurar necessário ao cumprimento dessas normas;
VI – estabelecer normas procedimentais de arquivamento de atos de firmas mercantis individuais e sociedades mercantis de qualquer natureza;
VII – promover ou providenciar, supletivamente, as medidas tendentes a suprir ou corrigir as ausências, falhas ou deficiências dos serviços de Registro Público de Empresas Mercantis e Atividades Afins;
VIII – prestar colaboração técnica e financeira às Juntas Comerciais para a melhoria dos serviços pertinentes ao Registro Público de Empresas Mercantis e Atividades Afins;
IX – organizar e manter atualizado o cadastro nacional das empresas mercantis em funcionamento no País, com a cooperação das Juntas Comerciais;
X – instruir, examinar e encaminhar os processos e recursos a serem decididos pelo Ministro de Estado da Indústria, do Comércio e do Turismo, inclusive os pedidos de autorização para nacionalização ou instalação de filial, agência, sucursal ou estabelecimento no País, por sociedade estrangeira, sem prejuízo da competência de outros órgãos federais;
XI – promover e efetuar estudos, reuniões e publicações sobre assuntos pertinentes ao Registro Público de Empresas Mercantis e Atividades Afins.

Subseção II
DAS JUNTAS COMERCIAIS

Art. 5º Haverá uma Junta Comercial em cada unidade federativa, com sede na capital e jurisdição na área da circunscrição territorial respectiva.

Art. 6º As Juntas Comerciais subordinam-se administrativamente ao governo da unidade federativa de sua jurisdição e, tecnicamente, ao DNRC, nos termos desta Lei.

Parágrafo único. A Junta Comercial do Distrito Federal é subordinada administrativa e tecnicamente ao DNRC.

Art. 7º As Juntas Comerciais poderão desconcentrar os seus serviços, mediante convênios com órgãos públicos e entidades privadas sem fins lucrativos, preservada a competência das atuais Delegacias.

Art. 8º Às Juntas Comerciais incumbe:

I – executar os serviços previstos no artigo 32 desta Lei;
II – elaborar a tabela de preços de seus serviços, observadas as normas legais pertinentes;
III – processar a habilitação e a nomeação dos tradutores públicos e intérpretes comerciais;
IV – elaborar os respectivos Regimentos Internos e suas alterações, bem como as resoluções de caráter administrativo necessárias ao fiel cumprimento das normas legais, regulamentares e regimentais;
V – expedir carteiras de exercício profissional de pessoas legalmente inscritas no Registro Público de Empresas Mercantis e Atividades Afins;
VI – o assentamento dos usos e práticas mercantis.

Art. 9º A estrutura básica das Juntas Comerciais será integrada pelos seguintes órgãos:

I – a Presidência, como órgão diretivo e representativo;
II – o Plenário, como órgão deliberativo superior;
III – as Turmas, como órgãos deliberativos inferiores;
IV – a Secretaria-Geral, como órgão administrativo;
V – a Procuradoria, como órgão de fiscalização e de consulta jurídica.

§ 1º As Juntas Comerciais poderão ter uma Assessoria Técnica, com a competência de preparar e relatar os documentos a serem submetidos à sua deliberação, cujos membros deverão ser bacharéis em Direito, Economistas, Contadores ou Administradores.

§ 2º As Juntas Comerciais, por seu Plenário, poderão resolver pela criação de Delegacias, órgãos locais do registro do comércio, nos termos da legislação estadual respectiva.

Art. 10. O Plenário, composto de Vogais e respectivos suplentes, será constituído pelo mínimo de onze e no máximo de vinte e três Vogais.

▶ Artigo com a redação dada pela Lei nº 10.194, de 14-2-2001.

Art. 11. Os Vogais e respectivos suplentes serão nomeados, no Distrito Federal, pelo Ministro de Estado do Desenvolvimento, Indústria e Comércio Exterior, e nos Estados, salvo disposição em contrário, pelos governos dessas circunscrições, dentre brasileiros que satisfaçam as seguintes condições:

▶ Caput com a redação dada pela Lei nº 10.194, de 14-2-2001.

I – estejam em pleno gozo dos direitos civis e políticos;

II – não estejam condenados por crime cuja pena vede o acesso a cargo, emprego e funções públicas, ou por crime de prevaricação, falência fraudulenta, peita ou suborno, concussão, peculato, contra a propriedade, a fé pública e a economia popular;
III – sejam, ou tenham sido, por mais de cinco anos, titulares de firma mercantil individual, sócios ou administradores de sociedade mercantil, valendo como prova, para esse fim, certidão expedida pela Junta Comercial;
IV – estejam quites com o serviço militar e o serviço eleitoral.

Parágrafo único. Qualquer pessoa poderá representar fundadamente à autoridade competente contra a nomeação de Vogal ou suplente, contrária aos preceitos desta Lei, no prazo de quinze dias, contados da data da posse.

Art. 12. Os Vogais e respectivos suplentes serão escolhidos da seguinte forma:

I – a metade do número de Vogais e suplentes será designada mediante indicação de nomes, em listas tríplices, pelas entidades patronais de grau superior e pelas Associações Comerciais, com sede na jurisdição da Junta;
II – um Vogal e respectivo suplente, representando a União, por nomeação do Ministro de Estado do Desenvolvimento, Indústria e Comércio Exterior;

▶ Inciso II com a redação dada pela Lei nº 10.194, de 14-2-2001.

III – quatro Vogais e respectivos suplentes, representando, respectivamente, a classe dos advogados, a dos economistas e a dos contadores, todos mediante indicação, em lista tríplice, do Conselho Seccional ou Regional do órgão corporativo destas categorias profissionais;

▶ Inciso III com a redação dada pela Lei nº 9.829, de 2-9-1999.

IV – os demais Vogais e suplentes serão designados, no Distrito Federal, por livre escolha do Ministro de Estado da Indústria, do Comércio e do Turismo; e, nos Estados, pelos respectivos Governadores.

§ 1º Os Vogais e respectivos suplentes de que tratam os incisos II e III deste artigo ficam dispensados da prova do requisito previsto no inciso III do artigo 11, mas exigir-se-á a prova de mais de cinco anos de efetivo exercício da profissão em relação aos Vogais e suplentes de que trata o inciso III.

§ 2º As listas referidas neste artigo devem ser remetidas até sessenta dias antes do término do mandato, caso contrário será considerada, com relação a cada entidade que se omitir na remessa, a última lista que não inclua pessoa que exerça ou tenha exercido mandato de Vogal.

Art. 13. Os Vogais serão remunerados por presença, nos termos da legislação da unidade federativa a que pertencer a Junta Comercial.

Art. 14. O Vogal será substituído por seu suplente durante os impedimentos e, no caso de vaga, até o final do mandato.

Art. 15. São incompatíveis para a participação no Colégio de Vogais da mesma Junta Comercial os parentes consanguíneos e afins até o segundo grau e os sócios da mesma empresa.

Parágrafo único. Em caso de incompatibilidade, serão seguidos, para a escolha dos membros, sucessivamente, os critérios da precedência na nomeação, da precedência na posse, ou do membro mais idoso.

Art. 16. O mandato de Vogal e respectivo suplente será de quatro anos, permitida apenas uma recondução.

Art. 17. O Vogal ou seu suplente perderá o mandato nos seguintes casos:
I – mais de três faltas consecutivas às sessões, ou doze alternadas no mesmo ano, sem justo motivo;
II – por conduta incompatível com a dignidade do cargo.

Art. 18. Na sessão inaugural do Plenário das Juntas Comerciais, que iniciará cada período de mandato, serão distribuídos os Vogais por Turmas de três membros cada uma, com exclusão do Presidente e do Vice-Presidente.

Art. 19. Ao Plenário compete o julgamento dos processos em grau de recurso, nos termos previstos no Regulamento desta Lei.

Art. 20. As sessões ordinárias do Plenário e das Turmas efetuar-se-ão com a periodicidade e do modo determinado no Regimento da Junta Comercial; e as extraordinárias, sempre justificadas, por convocação do Presidente ou de dois terços dos seus membros.

Art. 21. Compete às Turmas julgar, originariamente, os pedidos relativos à execução dos atos de registro.

Art. 22. O Presidente e o Vice-Presidente serão nomeados, em comissão, no Distrito Federal, pelo Ministro de Estado da Indústria, do Comércio e do Turismo e, nos Estados, pelos Governadores dessas circunscrições, dentre os membros do Colégio de Vogais.

Art. 23. Compete ao Presidente:
I – a direção e representação geral da Junta;
II – dar posse aos Vogais, convocar e dirigir as sessões do Plenário, superintender todos os serviços e velar pelo fiel cumprimento das normas legais e regulamentares.

Art. 24. Ao Vice-Presidente incumbe substituir o Presidente em suas faltas ou impedimentos e efetuar a correição permanente dos serviços, na forma do regulamento desta Lei.

Art. 25. O Secretário-Geral será nomeado, em comissão, no Distrito Federal, pelo Ministro de Estado da Indústria, do Comércio e do Turismo e, nos Estados, pelos respectivos Governadores, dentre brasileiros de notória idoneidade moral e especializados em Direito Comercial.

Art. 26. À Secretaria-Geral compete a execução dos serviços de registro e de administração da Junta.

Art. 27. As Procuradorias serão compostas de um ou mais Procuradores e chefiadas pelo Procurador que for designado pelo Governador do Estado.

Art. 28. A Procuradoria tem por atribuição fiscalizar e promover o fiel cumprimento das normas legais e executivas, oficiando, internamente, por sua iniciativa ou mediante solicitação da Presidência, do Plenário e das Turmas; externamente, em atos ou feitos de natureza jurídica, inclusive os judiciais, que envolvam matéria do interesse da Junta.

CAPÍTULO II
DA PUBLICIDADE DO REGISTRO PÚBLICO DE EMPRESAS MERCANTIS E ATIVIDADES AFINS

Seção I
DAS DISPOSIÇÕES GERAIS

Art. 29. Qualquer pessoa, sem necessidade de provar interesse, poderá consultar os assentamentos existentes nas Juntas Comerciais e obter certidões, mediante pagamento do preço devido.

Art. 30. A forma, prazo e procedimento de expedição de certidões serão definidos no Regulamento desta Lei.

Seção II
DA PUBLICAÇÃO DOS ATOS

Art. 31. Os atos decisórios da Junta Comercial serão publicados no órgão de divulgação determinado em Portaria do Presidente, publicada no *Diário Oficial do Estado* e, no caso da Junta Comercial do Distrito Federal, no *Diário Oficial da União*.

CAPÍTULO III
DOS ATOS PERTINENTES AO REGISTRO PÚBLICO DE EMPRESAS MERCANTIS E ATIVIDADES AFINS

Seção I
DA COMPREENSÃO DOS ATOS

Art. 32. O Registro compreende:

I – a Matrícula e seu Cancelamento: dos leiloeiros, tradutores públicos e intérpretes comerciais, trapicheiros e administradores de armazéns-gerais;

II – o Arquivamento:

a) dos documentos relativos à constituição, alteração, dissolução e extinção de firmas mercantis individuais, sociedades mercantis e cooperativas;
b) dos atos relativos a consórcio e grupo de sociedade de que trata a Lei nº 6.404, de 15 de dezembro de 1976;
c) dos atos concernentes a empresas mercantis estrangeiras autorizadas a funcionar no Brasil;
d) das declarações de microempresa;
e) de atos ou documentos que, por determinação legal, sejam atribuídos ao Registro Público de Empresas Mercantis e Atividades Afins ou daqueles que possam interessar ao empresário e às empresas mercantis;

III – a autenticação dos instrumentos de escrituração das empresas mercantis registradas e dos agentes auxiliares do comércio, na forma de lei própria.

Art. 33. A proteção ao nome empresarial decorre automaticamente do arquivamento dos atos constitutivos de firma individual e de sociedades, ou de suas alterações.

§§ 1º e 2º VETADOS.

Art. 34. O nome empresarial obedecerá aos princípios da veracidade e da novidade.

Seção II
DAS PROIBIÇÕES DE ARQUIVAMENTO

Art. 35. Não podem ser arquivados:

I – os documentos que não obedecerem às prescrições legais ou regulamentares ou que contiverem matéria contrária aos bons costumes ou à ordem pública, bem como os que colidirem com o respectivo estatuto ou contrato não modificado anteriormente;

II – os documentos de constituição ou alteração de empresas mercantis de qualquer espécie ou modalidade em que figure como titular ou administrador pessoa que esteja condenada pela prática de crime cuja pena vede o acesso à atividade mercantil;

III – os atos constitutivos de empresas mercantis que, além das cláusulas exigidas em lei, não designarem o respectivo capital, bem como a declaração precisa de seu objeto, cuja indicação no nome empresarial é facultativa;

IV – a prorrogação do contrato social, depois de findo o prazo nele fixado;

V – os atos de empresas mercantis com nome idêntico ou semelhante a outro já existente;

VI – a alteração contratual, por deliberação majoritária do capital social, quando houver cláusula restritiva;

VII – os contratos sociais ou suas alterações em que haja incorporação de imóveis à sociedade, por instrumento particular, quando do instrumento não constar:

a) a descrição e identificação do imóvel, sua área, dados relativos à sua titulação, bem como o número da matrícula no Registro Imobiliário;
b) a outorga uxória ou marital, quando necessária;

VIII – os contratos ou estatutos de sociedades mercantis, ainda não aprovados pelo Governo, nos casos em que for necessária essa aprovação, bem como as posteriores alterações, antes de igualmente aprovadas.

Parágrafo único. A Junta não dará andamento a qualquer documento de alteração de firmas individuais ou sociedades, sem que dos respectivos requerimentos e instrumentos conste o Número de Identificação de Registro de Empresas – NIRE.

Seção III
DA ORDEM DOS SERVIÇOS

Subseção I
DA APRESENTAÇÃO DOS ATOS E ARQUIVAMENTO

Art. 36. Os documentos referidos no inciso II do artigo 32 deverão ser apresentados a arquivamento na Junta, dentro de trinta dias contados de sua assinatura, a cuja data retroagirão os efeitos do arquivamento; fora desse prazo, o arquivamento só terá eficácia a partir do despacho que o conceder.

Art. 37. Instruirão obrigatoriamente os pedidos de arquivamento:

I – o instrumento original de constituição, modificação ou extinção de empresas mercantis, assinado pelo titular, pelos administradores, sócios ou seus procuradores;

II – declaração do titular ou administrador, firmada sob as penas da lei, de não estar impedido de exercer o comércio ou a administração de sociedade mercantil, em virtude de condenação criminal;

▶ Inciso II com a redação do dada pela Lei nº 10.194, de 14-2-2001.

III – a ficha cadastral segundo modelo aprovado pelo DNRC;

IV – os comprovantes de pagamento dos preços dos serviços correspondentes;

V – a prova de identidade dos titulares e dos administradores da empresa mercantil.

Parágrafo único. Além dos referidos neste artigo, nenhum outro documento será exigido das firmas individuais e sociedades referidas nas alíneas a, b e d do inciso II do artigo 32.

Art. 38. Para cada empresa mercantil, a Junta Comercial organizará um prontuário com os respectivos documentos.

Subseção II

DAS AUTENTICAÇÕES

Art. 39. As Juntas Comerciais autenticarão:

I – os instrumentos de escrituração das empresas mercantis e dos agentes auxiliares do comércio;

II – as cópias dos documentos assentados.

Parágrafo único. Os instrumentos autenticados, não retirados no prazo de trinta dias, contados da sua apresentação, poderão ser eliminados.

Subseção III

DO EXAME DAS FORMALIDADES

Art. 40. Todo ato, documento ou instrumento apresentado a arquivamento será objeto de exame do cumprimento das formalidades legais pela Junta Comercial.

§ 1º Verificada a existência de vício insanável, o requerimento será indeferido; quando for sanável, o processo será colocado em exigência.

§ 2º As exigências formuladas pela Junta Comercial deverão ser cumpridas em até trinta dias, contados da data da ciência pelo interessado ou da publicação do despacho.

§ 3º O processo em exigência será entregue completo ao interessado; não devolvido no prazo previsto no parágrafo anterior, será considerado como novo pedido de arquivamento, sujeito ao pagamento dos preços dos serviços correspondentes.

Subseção IV

DO PROCESSO DECISÓRIO

Art. 41. Estão sujeitos ao regime de decisão colegiada pelas Juntas Comerciais, na forma desta Lei:

I – o arquivamento:

a) dos atos de constituição de sociedades anônimas, bem como das atas de assembleias-gerais e demais atos, relativos a essas sociedades, sujeitos ao Registro Público de Empresas Mercantis e Atividades Afins;

b) dos atos referentes à transformação, incorporação, fusão e cisão de empresas mercantis;

c) dos atos de constituição e alterações de consórcio e de grupo de sociedades, conforme previsto na Lei nº 6.404, de 15 de dezembro de 1976;

II – o julgamento do recurso previsto nesta Lei.

Art. 42. Os atos próprios do Registro Público de Empresas Mercantis e Atividades Afins, não previstos no artigo anterior, serão objeto de decisão singular proferida pelo Presidente da Junta Comercial, por Vogal ou servidor que possua comprovados conhecimentos de Direito Comercial e de Registro de Empresas Mercantis.

Parágrafo único. Os Vogais e servidores habilitados a proferir decisões singulares serão designados pelo Presidente da Junta Comercial.

Art. 43. Os pedidos de arquivamento constantes do art. 41 desta Lei serão decididos no prazo máximo de 5 (cinco) dias úteis, contados do seu recebimento; e os pedidos constantes do art. 42 desta Lei serão decididos no prazo máximo de 2 (dois) dias úteis, sob pena de ter-se com arquivados os atos respectivos, mediante provocação dos interessados, sem prejuízo do exame das formalidades legais pela procuradoria.

▶ Artigo com a redação dada pela Lei nº 11.598, de 3-12-2007.

Subseção V

DO PROCESSO REVISIONAL

Art. 44. O processo revisional pertinente ao Registro Público de Empresas Mercantis e Atividades Afins dar-se-á mediante:

I – Pedido de Reconsideração;

II – Recurso ao Plenário;

III – Recurso ao Ministro de Estado da Indústria, do Comércio e do Turismo.

Art. 45. O Pedido de Reconsideração terá por objeto obter a revisão de despachos singulares ou de Turmas que formulem exigências para o deferimento do arquivamento e será apresentado no prazo para cumprimento da exigência para apreciação pela autoridade recorrida em 3 (três) dias úteis ou 5 (cinco) dias úteis, respectivamente.

▶ Artigo com a redação dada pela Lei nº 11.598, de 3-12-2007.

Art. 46. Das decisões definitivas, singulares ou de Turmas, cabe recurso ao Plenário, que deverá ser decidido no prazo máximo de trinta dias, a contar da data do recebimento da peça recursal, ouvida a Procuradoria, no prazo de dez dias, quando a mesma não for a recorrente.

Art. 47. Das decisões do Plenário cabe recurso ao Ministro de Estado da Indústria, do Comércio e do Turismo, como última instância administrativa.

Parágrafo único. A capacidade decisória poderá ser delegada, no todo ou em parte.

Art. 48. Os recursos serão indeferidos liminarmente pelo Presidente da Junta quando assinados por procurador sem mandato ou, ainda, quando interpostos fora do prazo ou antes da decisão definitiva, devendo ser, em qualquer caso, anexados ao processo.

Art. 49. Os recursos de que trata esta Lei não têm efeito suspensivo.

Art. 50. Todos os recursos previstos nesta Lei deverão ser interpostos no prazo de dez dias úteis, cuja fluência começa na data da intimação da parte ou da publicação do ato no órgão oficial de publicidade da Junta Comercial.

Art. 51. A Procuradoria e as partes interessadas, quando for o caso, serão intimadas para, no mesmo prazo de dez dias, oferecerem contrarrazões.

TÍTULO II – DAS DISPOSIÇÕES FINAIS E TRANSITÓRIAS

Capítulo I

DAS DISPOSIÇÕES FINAIS

Art. 52. VETADO.

Art. 53. As alterações contratuais ou estatutárias poderão ser efetivadas por escritura pública ou particular, independentemente da forma adotada no ato constitutivo.

Art. 54. A prova da publicidade de atos societários, quando exigida em lei, será feita mediante anotação nos registros da Junta Comercial à vista da apresentação da folha do *Diário Oficial*, ou do jornal onde foi feita a publicação, dispensada a juntada da mencionada folha.

Art. 55. Compete ao DNRC propor a elaboração da Tabela de Preços dos Serviços pertinentes ao Registro Público de Empresas Mercantis, na parte relativa aos atos de natureza federal, bem como especificar os atos a serem observados pelas Juntas Comerciais na elaboração de suas tabelas locais.

Parágrafo único. As isenções de preços de serviços restringem-se aos casos previstos em lei.

Art. 56. Os documentos arquivados pelas Juntas Comerciais não serão retirados, em qualquer hipótese, de suas dependências, ressalvado o previsto no artigo 58 desta Lei.

Art. 57. Os atos de empresas, após microfilmados ou preservada a sua imagem por meios tecnológicos mais avançados, poderão ser devolvidos pelas Juntas Comerciais, conforme dispuser o Regulamento.

Art. 58. Os processos em exigência e os documentos deferidos e com a imagem preservada postos à disposição dos interessados e não retirados em sessenta dias da publicação do respectivo despacho poderão ser eliminados pelas Juntas Comerciais, exceto os contratos e suas alterações, que serão devolvidos aos interessados mediante recibo.

Art. 59. Expirado o prazo da sociedade celebrada por tempo determinado, esta perderá a proteção do seu nome empresarial.

Art. 60. A firma individual ou a sociedade que não proceder a qualquer arquivamento no período de dez anos consecutivos deverá comunicar à Junta Comercial que deseja manter-se em funcionamento.

§ 1º Na ausência dessa comunicação, a empresa mercantil será considerada inativa, promovendo a Junta Comercial o cancelamento do registro, com a perda automática da proteção ao nome empresarial.

§ 2º A empresa mercantil deverá ser notificada previamente pela Junta Comercial, mediante comunicação direta ou por edital, para os fins deste artigo.

§ 3º A Junta Comercial fará comunicação do cancelamento às autoridades arrecadadoras, no prazo de até dez dias.

§ 4º A reativação da empresa obedecerá aos mesmos procedimentos requeridos para sua constituição.

Art. 61. O fornecimento de informações cadastrais aos órgãos executores do Registro Público de Empresas Mercantis e Atividades Afins desobriga as firmas individuais e sociedades de prestarem idênticas informações a outros órgãos ou entidades das Administrações Federal, Estadual ou Municipal.

Parágrafo único. O Departamento Nacional de Registro do Comércio manterá à disposição dos órgãos ou entidades referidos neste artigo os seus serviços de cadastramento de empresas mercantis.

Art. 62. As atribuições conferidas às Procuradorias pelo artigo 28 desta Lei serão exercidas, no caso da Junta Comercial do Distrito Federal, pelos Assistentes Jurídicos em exercício no Departamento Nacional de Registro do Comércio.

Art. 63. Os atos levados a arquivamento nas Juntas Comerciais são dispensados de reconhecimento de firma, exceto quando se tratar de procuração.

Parágrafo único. A cópia do documento, autenticada na forma da lei, dispensa nova conferência com o original; poderá, também, a autenticação ser feita pelo cotejo da cópia com o original por servidor a quem o documento seja apresentado.

Art. 64. A certidão dos atos de constituição e de alteração de sociedades mercantis, passada pelas Juntas Comerciais em que foram arquivados, será o documento hábil para a transferência, por transcrição no registro público competente, dos bens com que o subscritor tiver contribuído para a formação ou aumento do capital social.

Capítulo II

DAS DISPOSIÇÕES TRANSITÓRIAS

Art. 65. As Juntas Comerciais adaptarão os respectivos regimentos ou regulamentos às disposições desta Lei no prazo de cento e oitenta dias.

Art. 66. VETADO.

Art. 67. Esta Lei será regulamentada pelo Poder Executivo no prazo de noventa dias e entrará em vigor na data da sua publicação, revogadas as Leis nos 4.726, de 13 de julho de 1965, 6.939, de 9 de setembro de 1981, 6.054, de 12 de junho de 1974, o § 4º do artigo 71 da Lei nº 4.215, de 27 de abril de 1963, acrescentado pela Lei nº 6.884, de 9 de dezembro de 1980, e a Lei nº 8.209, de 18 de julho de 1991.

Brasília, 18 de novembro de 1994;
173º da Independência e
106º da República.

Itamar Franco

LEI Nº 8.955, DE 15 DE DEZEMBRO DE 1994

Dispõe sobre o contrato de franquia empresarial (franchising) e dá outras providências.

► Publicada no *DOU* de 16-12-1994.

Art. 1º Os contratos de franquia empresarial são disciplinados por esta Lei.

Art. 2º Franquia empresarial é o sistema pelo qual um franqueador cede ao franqueado o direito de uso de marca ou patente, associado ao direito de distribuição exclusiva ou semiexclusiva de produtos ou serviços e, eventualmente, também ao direito de uso de tecnologia de implantação e administração de negócio ou sistema operacional desenvolvidos ou detidos pelo franqueador, mediante remuneração direta ou indireta, sem que, no entanto, fique caracterizado vínculo empregatício.

Art. 3º Sempre que o franqueador tiver interesse na implantação de sistema de franquia empresarial, deverá fornecer ao interessado em tornar-se franqueado uma Circular de Oferta de Franquia, por escrito e em linguagem clara e acessível, contendo obrigatoriamente as seguintes informações:

I – histórico resumido, forma societária e nome completo ou razão social do franqueador e de todas as empresas a que esteja diretamente ligado, bem como os respectivos nomes de fantasia e endereços;
II – balanços e demonstrações financeiras da empresa franqueadora relativos aos dois últimos exercícios;
III – indicação precisa de todas as pendências judiciais em que estejam envolvidos o franqueador, as empresas controladoras e titulares de marcas, patentes e direitos autorais relativos à operação, e seus subfranqueadores, questionando especificamente o sistema da franquia ou que possam diretamente vir a impossibilitar o funcionamento da franquia;
IV – descrição detalhada da franquia, descrição geral do negócio e das atividades que serão desempenhadas pelo franqueado;
V – perfil do "franqueado ideal" no que se refere a experiência anterior, nível de escolaridade e outras características que deve ter, obrigatória ou preferencialmente;
VI – requisitos quanto ao envolvimento direto do franqueado na operação e na administração do negócio;
VII – especificações quanto ao:

a) total estimado do investimento inicial necessário à aquisição, implantação e entrada em operação da franquia;
b) valor da taxa inicial de filiação ou taxa de franquia e de caução; e
c) valor estimado das instalações, equipamentos e do estoque inicial e suas condições de pagamento;

VIII – informações claras quanto a taxas periódicas e outros valores a serem pagos pelo franqueado ao franqueador ou a terceiros por este indicados, detalhando as respectivas bases de cálculo e o que as mesmas remuneram ou o fim a que se destinam, indicando, especificamente, o seguinte:

a) remuneração periódica pelo uso do sistema, da marca ou em troca dos serviços efetivamente prestados pelo franqueador ao franqueado (*royalties*);
b) aluguel de equipamentos ou ponto comercial;
c) taxa de publicidade ou semelhante;
d) seguro mínimo; e
e) outros valores devidos ao franqueador ou a terceiros que a ele sejam ligados;

IX – relação completa de todos os franqueados, subfranqueados e subfranqueadores da rede, bem como dos que se desligaram nos últimos doze meses, com nome, endereço e telefone;
X – em relação ao território, deve ser especificado o seguinte:

a) se é garantida ao franqueado exclusividade ou preferência sobre determinado território de atuação e, caso positivo, em que condições o faz; e
b) possibilidade de o franqueado realizar vendas ou prestar serviços fora de seu território ou realizar exportações;

XI – informações claras e detalhadas quanto à obrigação do franqueado de adquirir quaisquer bens, serviços ou insumos necessários à implantação, operação ou administração de sua franquia, apenas de fornecedores indicados e aprovados pelo franqueador, oferecendo ao franqueado relação completa desses fornecedores;
XII – indicação do que é efetivamente oferecido ao franqueado pelo franqueador, no que se refere a:

a) supervisão de rede;
b) serviços de orientação e outros prestados ao franqueado;
c) treinamento do franqueado, especificando duração, conteúdo e custos;
d) treinamento dos funcionários do franqueado;
e) manuais de franquia;
f) auxílio na análise e escolha do ponto onde será instalada a franquia; e
g) *layout* e padrões arquitetônicos nas instalações do franqueado;

XIII – situação perante o Instituto Nacional de Propriedade Industrial – INPI das marcas ou patentes cujo uso estará sendo autorizado pelo franqueador;
XIV – situação do franqueado, após a expiração do contrato de franquia, em relação a:

a) *know-how* ou segredo de indústria a que venha a ter acesso em função da franquia; e
b) implantação de atividade concorrente da atividade do franqueador;

XV – modelo do contrato-padrão e, se for o caso, também do pré-contrato-padrão de franquia adotado pelo franqueador, com texto completo, inclusive dos respectivos anexos e prazo de validade.

Art. 4º A Circular de Oferta de Franquia deverá ser entregue ao candidato a franqueado no mínimo dez dias antes da assinatura do contrato ou pré-contrato de franquia ou ainda do pagamento de qualquer tipo de taxa pelo franqueado ao franqueador ou a empresa ou pessoa ligada a este.

Parágrafo único. Na hipótese do não cumprimento do disposto no *caput* deste artigo, o franqueado poderá arguir a anulabilidade do contrato e exigir devolução de todas as quantias que já houver pago ao franqueador ou a terceiros por ele indicados, a título de taxa de filiação e *royalties*, devidamente corrigidas, pela variação da remuneração básica dos depósitos de poupança mais perdas e danos.

Art. 5º VETADO.

Art. 6º O contrato de franquia deve ser sempre escrito e assinado na presença de duas testemunhas e terá validade independentemente de ser levado a registro perante cartório ou órgão público.

Art. 7º A sanção prevista no parágrafo único do artigo 4º desta Lei aplica-se, também, ao franqueador que veicular informações falsas na sua Circular de Oferta de Franquia, sem prejuízo das sanções penais cabíveis.

Art. 8º O disposto nesta Lei aplica-se aos sistemas de franquia instalados e operados no Território Nacional.

Art. 9º Para os fins desta Lei, o termo franqueador, quando utilizado em qualquer de seus dispositivos, serve também para designar o subfranqueador, da mesma forma que as disposições que se refiram ao franqueado aplicam-se ao subfranqueado.

Art. 10. Esta Lei entra em vigor sessenta dias após sua publicação.

Art. 11. Revogam-se as disposições em contrário.

Brasília, 15 de dezembro de 1994;
173º da Independência e
106º da República.

Itamar Franco

LEI Nº 9.069, DE 29 DE JUNHO DE 1995

Dispõe sobre o Plano Real, o Sistema Monetário Nacional, estabelece as regras e condições de emissão do Real e os critérios para conversão das obrigações para o Real, e dá outras providências.

▶ Publicada no *DOU* de 30-6-1995.
▶ OJ da SBDI-I nº 224 do TST.

CAPÍTULO I
DO SISTEMA MONETÁRIO NACIONAL

Art. 1º A partir de 1º de julho de 1994, a unidade do Sistema Monetário Nacional passa a ser o Real (Artigo 2º da Lei nº 8.880, de 27 de maio de 1994), que terá curso legal em todo o território nacional.

§ 1º As importâncias em dinheiro serão grafadas precedidas do símbolo R$.

§ 2º A centésima parte do Real, denominada "centavo", será escrita sob a forma decimal, precedida da vírgula que segue a unidade.

§ 3º A paridade entre o Real e o Cruzeiro Real, a partir de 1º de julho de 1994, será igual à paridade entre a Unidade Real de Valor – URV e o Cruzeiro Real fixada pelo Banco Central do Brasil para o dia 30 de junho de 1994.

§ 4º A paridade de que trata o parágrafo anterior permanecerá fixa para os fins previstos no artigo 3º, § 3º, da Lei nº 8.880, de 27 de maio de 1994, e no artigo 2º desta Lei.

§ 5º Admitir-se-á fracionamento especial da unidade monetária nos mercados de valores mobiliários e de títulos da dívida pública, na cotação de moedas estrangeiras, na Unidade Fiscal de Referência – UFIR e na determinação da expressão monetária de outros valores que necessitem da avaliação de grandezas inferiores ao centavo, sendo as frações resultantes desprezadas ao final dos cálculos.

Art. 2º O Cruzeiro Real, a partir de 1º de julho de 1994, deixa de integrar o Sistema Monetário Nacional, permanecendo em circulação como meio de pagamento as cédulas e moedas dele representativas, pelo prazo de trinta dias, na forma prevista nos §§ 3º e 4º do artigo 3º da Lei nº 8.880, de 1994.

§ 1º Até o último dia útil de julho de 1994, os cheques ainda emitidos com indicação de valor em Cruzeiros Reais serão acolhidos pelas instituições financeiras e pelos serviços de compensação, sem prejuízo do direito ao crédito, nos termos da legislação pertinente.

§ 2º Os prazos previstos neste artigo poderão ser prorrogados pelo Banco Central do Brasil.

§ 3º Os documentos de que trata o § 1º serão acolhidos e contabilizados com a paridade fixada, na forma do § 3º do artigo 1º, para o dia 1º de julho de 1994.

Art. 3º O Banco Central do Brasil emitirá o Real mediante a prévia vinculação de reservas internacionais em valor equivalente, observado o disposto no artigo 4º desta Lei.

§ 1º As reservas internacionais passíveis de utilização para composição do lastro para emissão do Real são os ativos de liquidez internacional denominados ou conversíveis em dólares dos Estados Unidos da América.

§ 2º A paridade a ser obedecida, para fins da equivalência a que se refere o *caput* deste artigo, será de um dólar dos Estados Unidos da América para cada Real emitido.

§ 3º Os rendimentos resultantes das aplicações das reservas vinculadas não se incorporarão a estas, sendo incorporadas às reservas não vinculadas administradas pelo Banco Central do Brasil.

§ 4º O Conselho Monetário Nacional, segundo critérios aprovados pelo Presidente da República:

I – regulamentará o lastreamento do Real;

II – definirá a forma como o Banco Central do Brasil administrará as reservas internacionais vinculadas;

III – poderá modificar a paridade a que se refere o § 2º deste artigo.

§ 5º O Ministro da Fazenda submeterá ao Presidente da República os critérios de que trata o parágrafo anterior.

Art. 4º Observado o disposto nos artigos anteriores, o Banco Central do Brasil deverá obedecer, no tocante às emissões de Real, o seguinte:

I – limite de crescimento para o trimestre outubro-dezembro/94 de treze vírgula trinta e três por cento, para as emissões de Real sobre o saldo de 30 de setembro de 1994;

II – limite de crescimento percentual nulo no quarto trimestre de 1994, para as emissões de Real no conceito ampliado;

III – nos trimestres seguintes, obedecido o objetivo de assegurar a estabilidade da moeda, a programação monetária de que trata o artigo 6º desta Lei estimará os percentuais de alteração das emissões de Real em ambos os conceitos mencionados acima.

§ 1º Para os propósitos do contido no *caput* deste artigo, o Conselho Monetário Nacional, tendo presente o objetivo de assegurar a estabilidade da moeda, definirá os componentes do conceito ampliado de emissão, nele incluídas as emissões lastreadas de que trata o artigo 3º desta Lei.

§ 2º O Conselho Monetário Nacional, para atender a situações extraordinárias, poderá autorizar o Banco Central do Brasil a exceder em até vinte por cento os valores resultantes dos percentuais previstos no *caput* deste artigo.

§ 3º O Conselho Monetário Nacional, por intermédio do Ministro de Estado da Fazenda, submeterá ao Presidente da República os critérios referentes a alteração de que trata o § 2º deste artigo.

§ 4º O Conselho Monetário Nacional, de acordo com diretrizes do Presidente da República, regulamentará o disposto neste artigo, inclusive no que diz respeito à apuração dos valores das emissões autorizadas e em circulação e à definição de emissões no conceito ampliado.

Art. 5º Serão grafadas em Real, a partir de 1º de julho de 1994, as demonstrações contábeis e financeiras, os balanços, os cheques, os títulos, os preços, os precatórios, os valores de contratos e todas as demais expressões pecuniárias que se possam traduzir em moeda nacional.

Capítulo II

DA AUTORIDADE MONETÁRIA

Art. 6º O Presidente do Banco Central do Brasil submeterá ao Conselho Monetário Nacional, no início de cada trimestre, programação monetária para o trimestre, da qual constarão, no mínimo:

I – estimativas das faixas de variação dos principais agregados monetários compatíveis com o objetivo de assegurar a estabilidade da moeda; e

II – análise da evolução da economia nacional prevista para o trimestre, e justificativa da programação monetária.

§ 1º Após aprovação do Conselho Monetário Nacional, a programação monetária será encaminhada à Comissão de Assuntos Econômicos do Senado Federal.

§ 2º O Congresso Nacional poderá, com base em parecer da Comissão de Assuntos Econômicos do Senado Federal, rejeitar a programação monetária a que se refere o *caput* deste artigo, mediante decreto legislativo, no prazo de dez dias a contar do seu recebimento.

§ 3º O Decreto Legislativo referido no parágrafo anterior limitar-se-á à aprovação ou rejeição *in totum* da programação monetária, vedada a introdução de qualquer alteração.

§ 4º Decorrido o prazo a que se refere o § 2º deste artigo, sem apreciação da matéria pelo Plenário do Congresso Nacional, a programação monetária será considerada aprovada.

§ 5º Rejeitada a programação monetária, nova programação deverá ser encaminhada, nos termos deste artigo, no prazo de dez dias, a contar da data de rejeição.

§ 6º Caso o Congresso Nacional não aprove a programação monetária até o final do primeiro mês do trimestre a que se destina, fica o Banco Central do Brasil autorizado a executá-la até sua aprovação.

Art. 7º O Presidente do Banco Central do Brasil enviará, através do Ministro da Fazenda, ao Presidente da República e aos Presidentes das duas Casas do Congresso Nacional:

I – relatório trimestral sobre a execução da programação monetária; e

II – demonstrativo mensal das emissões de Real, as razões delas determinantes e a posição das reservas internacionais a elas vinculadas.

Art. 8º O Conselho Monetário Nacional, criado pela Lei nº 4.595, de 31 de dezembro de 1964, passa a ser integrado pelos seguintes membros:

I – Ministro de Estado da Fazenda, na qualidade de Presidente;

II – Ministro de Estado do Planejamento, Orçamento e Gestão;

▶ Inciso II com a redação dada pela MP nº 2.216-37 de 31-8-2001, que até o encerramento desta edição não havia sido convertida em Lei.

III – Presidente do Banco Central do Brasil.

§ 1º O Conselho deliberará mediante resoluções, por maioria de votos, cabendo ao Presidente a prerrogativa de deliberar, nos casos de urgência e relevante interesse, *ad referendum* dos demais membros.

§ 2º Quando deliberar *ad referendum* do Conselho, o Presidente submeterá a decisão ao colegiado na primeira reunião que se seguir àquela deliberação.

§ 3º O Presidente do Conselho poderá convidar Ministros de Estado, bem como representantes de entidades públicas ou privadas, para participar das reuniões, não lhes sendo permitido o direito de voto.

§ 4º O Conselho reunir-se-á, ordinariamente, uma vez por mês, e, extraordinariamente, sempre que for convocado por seu Presidente.

§ 5º O Banco Central do Brasil funcionará como secretaria-executiva do Conselho.

§ 6º O regimento interno do Conselho Monetário Nacional será aprovado por decreto do Presidente da República, no prazo máximo de trinta dias, contados da publicação desta Lei.

§ 7º A partir de 30 de junho de 1994, ficam extintos os mandatos de membros do Conselho Monetário Nacional nomeados até aquela data.

Art. 9º É criada junto ao Conselho Monetário Nacional a Comissão Técnica da Moeda e do Crédito, composta dos seguintes membros:

I – Presidente e quatro Diretores do Banco Central do Brasil;

II – Presidente da Comissão de Valores Mobiliários;

III – Secretário-Executivo do Ministério do Planejamento, Orçamento e Gestão;

▶ Inciso III com a redação dada pela MP nº 2.216-37 de 31-8-2001, que até o encerramento desta edição não havia sido convertida em Lei.

IV – Secretário-Executivo e Secretários do Tesouro Nacional e de Política Econômica do Ministério da Fazenda.

§ 1º A Comissão será coordenada pelo Presidente do Banco Central do Brasil.

§ 2º O regimento interno da Comissão Técnica da Moeda e do Crédito será aprovado por decreto do Presidente da República.

Art. 10. Compete à Comissão Técnica da Moeda e do Crédito:

I – propor a regulamentação das matérias tratadas na presente Lei, de competência do Conselho Monetário Nacional;

II – manifestar-se, na forma prevista em seu regimento interno, previamente, sobre as matérias de competência do Conselho Monetário Nacional, especialmente aquelas constantes da Lei nº 4.595, de 31 de dezembro de 1964;

III – outras atribuições que lhe forem cometidas pelo Conselho Monetário Nacional.

Art. 11. Funcionarão, também, junto ao Conselho Monetário Nacional, as seguintes Comissões Consultivas:

I – de Normas e Organização do Sistema Financeiro;
II – de Mercado de Valores Mobiliários e de Futuros;
III – de Crédito Rural;
IV – de Crédito Industrial;
V – de Crédito Habitacional, e para Saneamento e Infraestrutura Urbana;
VI – de Endividamento Público;
VII – de Política Monetária e Cambial.

§ 1º A organização, a composição e o funcionamento das Comissões Consultivas serão objeto de regimento interno, a ser aprovado por Decreto do Presidente da República.

§ 2º Ficam extintos, a partir de 30 de junho de 1994, os mandatos dos membros das Comissões Consultivas.

CAPÍTULO III

DAS CONVERSÕES PARA REAL

Art. 12. Na operação de conversão de Cruzeiros Reais para Real, serão adotadas quatro casas decimais no quociente da divisão.

§ 1º Em todos os pagamentos ou liquidações de soma a receber ou a pagar e registros contábeis, serão desprezados, para todos os efeitos legais, os valores inferiores ao correspondente a um centavo de Real.

§ 2º Nas instituições financeiras e nas demais entidades autorizadas a funcionar pelo Banco Central do Brasil a soma das parcelas desprezadas, na forma do parágrafo anterior, será recolhida e creditada ao Tesouro Nacional, no prazo a ser fixado pelo Poder Executivo, para ser utilizada em programas emergenciais contra a fome e a miséria, conforme regulamentação a ser baixada pelo Poder Executivo.

Art. 13. A partir de 1º de julho de 1994, todos os valores expressos em URV passam a ser expressos, de pleno direito, em igual número de Reais.

Art. 14. As obrigações pecuniárias expressas em Cruzeiros Reais que não tenham sido convertidas em URV até 30 de junho de 1994, inclusive, serão, em 1º de julho de 1994, obrigatoriamente convertidas em Real, de acordo com as normas desta Lei.

Parágrafo único. O disposto no *caput* deste artigo aplica-se às obrigações que tenham sido mantidas em Cruzeiros Reais por força do contido na Lei nº 8.880, de 27 de maio de 1994, inclusive em seu artigo 16.

Art. 15. Serão convertidos em Real, em 1º de julho de 1994, segundo a paridade fixada para aquela data:

I – as contas correntes;
II – os depósitos à vista nas instituições financeiras;
III – os depósitos compulsórios em espécie sobre depósitos à vista, mantidos pelo sistema bancário junto ao Banco Central do Brasil.

Art. 16. Observado o disposto nos parágrafos deste artigo, serão igualmente convertidos em Real, em 1º de julho de 1994, de acordo com a paridade fixada para aquela data:

I – os saldos das cadernetas de poupança;
II – os depósitos compulsórios e voluntários mantidos junto ao Banco Central do Brasil, com recursos originários da captação de cadernetas de poupança;
III – os saldos das contas do Fundo de Garantia do Tempo de Serviço – FGTS, do Fundo de Participação PIS/PASEP e do Fundo de Amparo ao Trabalhador – FAT;
IV – as operações de crédito rural;
V – as operações ativas e passivas dos Sistemas Financeiro da Habitação e do Saneamento (SFH e SFS), observado o disposto nos artigos 20 e 21 desta Lei;
VI – as operações de seguro, de previdência privada e de capitalização;
VII – as demais operações contratadas com base na Taxa Referencial – TR ou no índice de remuneração básica dos depósitos de poupança; e
VIII – as demais operações da mesma natureza, não compreendidas nos incisos anteriores.

§ 1º A conversão de que trata este artigo será precedida da atualização *pro rata tempore*, desde a data do último aniversário até 30 de junho de 1994, inclusive, mediante a aplicação da Taxa Referencial – TR ou do referencial legal ou contratual pertinente, na forma da legislação vigente.

§ 2º Na data de aniversário no mês de julho, incidirá, *pro rata tempore*, desde a data de conversão, sobre o valor convertido, a Taxa Referencial – TR ou o referencial legal ou contratual pertinente e juros, na forma da legislação vigente.

§ 3º O crédito da remuneração básica e dos juros, no que diz respeito às cadernetas de poupança, ocorrerá somente nas datas de aniversário, que são mantidas para todos os efeitos.

§ 4º Observadas as diretrizes estabelecidas pelo Presidente da República, o Ministro de Estado da Fazenda, o Conselho Monetário Nacional, o Conselho de Gestão da Previdência Complementar e o Conselho Nacional de Seguros Privados, dentro de suas respectivas competências, regulamentarão o disposto neste artigo.

Art. 17. Os valores das prestações de financiamentos habitacionais firmados com entidades integrantes do Sistema Financeiro da Habitação – SFH, e entidades de previdência privada, quando em condições análogas às utilizadas no Sistema Financeiro da Habitação, expressos em Cruzeiros Reais, no mês de junho de 1994, serão convertidos em Real, no dia 1º de julho de 1994, observada a paridade entre o Cruzeiro Real e o Real fixada para aquela data.

Parágrafo único. São mantidos o índice de reajuste e a periodicidade contratualmente estabelecidos para atualização das prestações de que trata este artigo.

Art. 18. Os depósitos da União no Banco Central do Brasil e nas instituições financeiras terão seu saldo atualizado, pela taxa média referencial do Sistema Especial de Liquidação e de Custódia – SELIC, até 30 de junho de 1994, e convertidos para Real, em 1º de julho de 1994, observada a paridade fixada para aquela data.

Art. 19. As obrigações pecuniárias em Cruzeiros Reais, sem cláusula de correção monetária ou com cláusula de correção monetária prefixada, serão convertidas em Real, no dia 1º de julho de 1994, observada a paridade entre o Cruzeiro Real e o Real fixada para aquela data.

Art. 20. As obrigações pecuniárias em Cruzeiros Reais, com cláusula de correção monetária baseada em índices de preços, em que a periodicidade de reajuste pleno é igual ou menor que a periodicidade de pagamento, serão convertidas em Real, no dia 1º de julho de 1994, observada a paridade fixada para aquela data, reajustando-se *pro rata tempore* os valores contratuais expressos em Cruzeiros Reais desde o último aniversário até o dia 30 de junho de 1994, inclusive, de acordo com o índice constante do contrato.

Art. 21. As obrigações pecuniárias em Cruzeiros Reais, com cláusula de correção monetária baseada em índices de preços, em que a periodicidade de reajuste pleno é maior que a periodicidade de pagamento, serão convertidas em Real, no dia 1º de julho de 1994, de acordo com as disposições abaixo:

I – dividindo-se o valor em Cruzeiros Reais da obrigação vigente no dia do aniversário em cada um dos meses imediatamente anteriores, em número igual aos do último período de reajuste pleno, pelo valor em Cruzeiros Reais do equivalente em URV nesses mesmos dias;
II – extraindo-se a média aritmética dos valores resultantes do inciso anterior;
III – reconvertendo-se, em Cruzeiros Reais, o valor encontrado pela URV do dia do aniversário em junho de 1994;
IV – aplicando-se, *pro rata tempore*, sobre o valor em Cruzeiros Reais de que trata o inciso anterior, o índice contratual ou legal até 30 de junho de 1994; e
V – convertendo-se em Real o valor corrigido na forma do inciso anterior pela paridade fixada para aquela data.

§ 1º O cálculo da média a que se refere este artigo será feito com base nos preços unitários, nos casos dos contratos para aquisição ou produção de bens para entrega futura, execução de obras, prestação de serviços, locação, uso e arrendamento, quando as quantidades de bens e serviços, a cada mês, forem variáveis.

§ 2º No caso de obrigações em que tenha transcorrido um número de meses menor que o da periodicidade de reajuste pleno, a conversão será feita, na forma do *caput* deste artigo, levando-se em conta apenas os valores referentes aos meses a partir da contratação.

§ 3º No caso dos contratos de locação residencial com cláusula de reajuste superior a seis meses, as disposições do *caput* deste artigo serão aplicadas tomando em conta apenas os aluguéis dos primeiros seis meses do último período de reajuste pleno.

§ 4º Em caso de desequilíbrio econômico-financeiro, os contratos de locação residencial, inclusive os convertidos anteriormente, poderão ser revistos, a partir de 1º de janeiro de 1995, através de livre negociação entre as partes, ou judicialmente, a fim de adequá-los aos preços de mercado, sem prejuízo do direito à ação revisional prevista na Lei nº 8.245, de 1991.

§ 5º Efetivada a revisão, o novo valor do aluguel residencial vigorará pelo prazo mínimo de um ano.

Art. 22. Para os efeitos desta Lei, "dia de aniversário", "data de aniversário" e "aniversário" correspondem:

I – no caso de obrigações pecuniárias em Cruzeiros Reais com cláusula de correção monetária por índice de preço, ao dia do vencimento; na falta deste, ao dia do último reajuste; e, na falta deste, ao dia do surgimento, em qualquer mês, da obrigação, do título, do contrato ou da parcela contratual;
II – no caso de contratos que tenham por objeto a aquisição ou produção de bens para entrega futura, a execução de obras ou a prestação de serviços, e que tenham cláusulas de reajuste de preços por índices de preços setoriais, regionais ou específicos, ou, ainda, que reflitam a variação ponderada dos custos dos insumos utilizados, ao último dia de validade dos preços contratuais em cada período de reajuste.

Art. 23. As disposições desta Lei, sobre conversões, aplicam-se aos contratos de que trata o artigo 15 da Lei nº 8.880, de 27 de maio de 1994, e sua regulamentação.

§ 1º Na conversão para Real dos contratos que não contiverem cláusula de atualização monetária entre a data final do período de adimplemento da obrigação e a data da exigibilidade do pagamento, será deduzida a expectativa de inflação considerada no contrato relativamente a este prazo, devendo, quando o contrato não mencionar explicitamente a expectativa inflacionária, ser adotado, para a dedução a variação do Índice Geral de Preços – Disponibilidade Interna – IGP/DI, da Fundação Getúlio Vargas – FGV, no mês de apresentação da proposta ou do orçamento a que esta se referir, aplicado *pro rata tempore* relativamente ao prazo previsto para o pagamento.

§ 2º Nos casos em que houver cláusula de atualização monetária decorrente de atraso de pagamento, corrigido também o período decorrido entre a data do adimplemento da obrigação e da exigibilidade do pagamento, aplica-se a este período a dedução referida no parágrafo anterior, segundo os critérios nele estabelecidos.

§ 3º O Poder Executivo regulamentará o disposto neste artigo.

Art. 24. Nas obrigações convertidas em Real na forma dos artigos 20 e 21, o cálculo da correção monetária, a partir de 1º de julho de 1994, somente é válido quando baseado em índice de preços calculado na forma do artigo 38 da Lei nº 8.880, de 27 de maio 1994.

§ 1º O cálculo dos índices de correção monetária de obrigações a que se refere o *caput* deste artigo tomará por base preços em Real, o equivalente em URV dos preços em Cruzeiros Reais, e os preços nominados ou convertidos em URV dos meses anteriores.

§ 2º Observado o disposto no artigo 28, sobre os valores convertidos em Real, na forma dos artigos 20 e 21, serão aplicados *pro rata tempore*, da data da conversão até a data do aniversário, os índices de correção monetária a que estiverem sujeitos, calculados de conformidade com o artigo 38 da Lei nº 8.880, 27 de maio de 1994, de acordo com as respectivas disposições legais, regulamentares, contratuais, ou decisões judiciais com base nas quais tiverem sido constituídos.

§ 3º No cálculo dos índices de que trata este artigo, os preços em Cruzeiros Reais deverão ser convertidos em URV do dia de sua coleta.

§ 4º Caso o índice de preços constante do contrato não esteja disponível na forma do *caput* deste artigo, será utilizado, para os fins do disposto no artigo 38 da Lei nº 8.880, de 27 de maio de 1994, e nesta Lei, índice equivalente substituto, na forma da regulamentação a ser baixada pelo Poder Executivo.

§ 5º É nula de pleno direito e não surtirá nenhum efeito a aplicação de índice, para fins de correção monetária, calculado de forma diferente da estabelecida neste artigo.

Art. 25. As dotações constantes da proposta de Orçamento Geral da União enviada ao Congresso Nacional, com as modificações propostas nos termos do artigo 166, § 5º, da Constituição Federal, serão corrigidas para preços médios de 1994, mediante a aplicação, sobre os valores expressos a preços de abril de 1993, do multiplicador de 66,8402, sendo então convertidos em 1º de julho de 1994 em Reais pela paridade fixada para aquela data.

§ 1º Serão também convertidos em Real em 1º de julho de 1994, pela paridade fixada para aquela data, todos os valores expressos em Cruzeiros Reais em 30 de junho de 1994, constantes de balanços e de todos os atos e fatos relacionados com a gestão orçamentária, financeira, patrimonial e contábil.

§ 2º No caso do parágrafo anterior, se resultarem valores inferiores a um centavo de Real, os mesmos serão representados por este valor (R$ 0,01).

Art. 26. Como forma de garantir o equilíbrio econômico-financeiro na conversão dos contratos relativos à atividade agrícola, ficam asseguradas as condições de equivalência constantes nos contratos de financiamento de custeio e de comercialização para produtos contemplados na safra 1993/94 e na safra 1994 com "preços mínimos de garantia" dentro da Política de Garantia de Preços Mínimos – PGPM.

Capítulo IV

DA CORREÇÃO MONETÁRIA

Art. 27. A correção, em virtude de disposição legal ou estipulação de negócio jurídico, da expressão monetária de obrigação pecuniária contraída a partir de 1º de julho de 1994, inclusive, somente poderá dar-se pela variação acumulada do Índice de Preços ao Consumidor, Série r – IPC-r.

§ 1º O disposto neste artigo não se aplica:

I – às operações e contratos de que tratam o Decreto-Lei nº 857, de 11 de setembro de 1969, e o artigo 6º da Lei nº 8.880, de 27 de maio de 1994;

II – aos contratos pelos quais a empresa se obrigue a vender bens para entrega futura, prestar ou fornecer serviços a serem produzidos, cujo preço poderá ser reajustado em função do custo de produção ou da variação de índice que reflita a variação ponderada dos custos dos insumos utilizados;

III – às hipóteses tratadas em lei especial.

§ 2º Considerar-se-á de nenhum efeito a estipulação, a partir de 1º de julho de 1994, de correção monetária em desacordo com o estabelecido neste artigo.

§ 3º Nos contratos celebrados ou convertidos em URV, em que haja cláusula de correção monetária por índice de preços ou por índice que reflita a variação ponderada dos custos dos insumos utilizados, o cálculo desses índices, para efeitos de reajuste, deverá ser realizada até a emissão do Real e, daí em diante, em Real, observado o artigo 38 da Lei nº 8.880, de 27 de maio de 1994.

§ 4º A correção monetária dos contratos convertidos na forma do artigo 21 desta Lei será apurada somente a partir do primeiro aniversário da obrigação, posterior à sua conversão em Reais.

§ 5º A Taxa Referencial – TR somente poderá ser utilizada nas operações realizadas nos mercados financeiros, de valores mobiliários, de seguros, de previdência privada, de capitalização e de futuros.

▶ Lei nº 10.192, de 14-2-2001, dispõe sobre medidas complementares ao Plano Real.

§ 6º Continua aplicável aos débitos trabalhistas o disposto no artigo 39 da Lei nº 8.177, de 1º de março de 1991.

Art. 28. Nos contratos celebrados ou convertidos em Real com cláusula de correção monetária por índices de preço ou por índice que reflita a variação ponderada dos custos dos insumos utilizados, a periodicidade de aplicação dessas cláusulas será anual.

§ 1º É nula de pleno direito e não surtirá nenhum efeito cláusula de correção monetária cuja periodicidade seja inferior a um ano.

§ 2º O disposto neste artigo aplica-se às obrigações convertidas ou contratadas em URV até 27 de maio de 1994 e às convertidas em Real.

§ 3º A periodicidade de que trata o *caput* deste artigo será contada a partir:

I – da conversão em Real, no caso das obrigações ainda expressas em Cruzeiros Reais;

II – da conversão ou contratação em URV, no caso das obrigações expressas em URV contratadas até 27 de maio de 1994;
III – da contratação, no caso de obrigações contraídas após 1º de julho de 1994; e
IV – do último reajuste no caso de contratos de locação residencial.

§ 4º O disposto neste artigo não se aplica:

I – às operações realizadas no mercado financeiro e no Sistema Financeiro de Habitação – SFH, por instituições financeiras e demais entidades autorizadas a funcionar pelo Banco Central do Brasil, bem assim no Sistema Brasileiro de Poupança e Empréstimo – SBPE e aos financiamentos habitacionais de entidades de previdência privada;
II – às operações e contratos de que tratam o Decreto-Lei nº 857, de 1969, e o artigo 6º da Lei nº 8.880, de 27 de maio de 1994.

§ 5º O Poder Executivo poderá reduzir a periodicidade de que trata esse artigo.

§ 6º O devedor, nos contratos com prazo superior a um ano, poderá amortizar, total ou parcialmente, antecipadamente, o saldo devedor, desde que o faça com o seu valor atualizado pela variação acumulada do índice contratual ou do IPC-r até a data do pagamento.

§ 7º Nas obrigações em Cruzeiros Reais, contraídas antes de 15 de março de 1994 e não convertidas em URV, o credor poderá exigir, decorrido um ano da conversão para o Real, ou no seu vencimento final, se anterior, sua atualização na forma contratada, observadas as disposições desta Lei, abatidos os pagamentos, também atualizados, eventualmente efetuados no período.

► Lei nº 10.192, de 14-2-2001, dispõe sobre medidas complementares ao Plano Real.

CAPÍTULO V

DA AMORTIZAÇÃO DA DÍVIDA MOBILIÁRIA FEDERAL

Art. 29. É criado o Fundo de Amortização da Dívida Pública Mobiliária Federal, com a finalidade de amortizar a dívida mobiliária interna do Tesouro Nacional, que será regulamentado pelo Poder Executivo.

► Art. 2º da MP nº 2.161-35, de 23-8-2001, que até o encerramento desta edição não havia sido convertida em Lei, dispõe sobre procedimentos relativos ao Programa Nacional de Desestatização.

Art. 30. O Fundo, de natureza contábil, será constituído através de vinculação, mediante prévia e expressa autorização do Presidente da República, a título de depósito:

► Dec. nº 3.082, de 10-6-1999, autoriza o depósito de ações de propriedade da União no Fundo de Amortização da Dívida Pública Mobiliária Federal.

I – de ações preferenciais sem direito de voto pertencentes à União;
II – de ações ordinárias ou preferenciais com direito de voto, excedentes ao número necessário à manutenção, pela União, do controle acionário das empresas por ela controladas por disposição legal;
III – de ações ordinárias ou preferenciais com direito de voto das empresas controladas pela União em que não haja disposição legal determinando a manutenção desse controle;
IV – de ações ordinárias ou preferenciais com direito ou sem direito a voto pertencentes à União, em que esta é minoritária.

Parágrafo único. O percentual das ações a ser depositado no Fundo será fixado em decreto do Poder Executivo.

Art. 31. O Fundo será gerido pelo Banco Nacional de Desenvolvimento Econômico e Social – BNDES, que promoverá as alienações, mediante delegação da União, observado o disposto no artigo 32 desta Lei.

Parágrafo único. O BNDES, na qualidade de gestor do Fundo, poderá praticar, em nome e por conta da União, todos os atos necessários à consecução da venda em bolsa, inclusive firmar os termos de transferência das ações alienadas, garantindo ampla divulgação, com a publicação da justificativa e das condições de cada alienação.

Art. 32. As ordens de alienação de ações serão expedidas mediante Portaria conjunta dos Ministros de Estado da Fazenda e do Planejamento e Orçamento, que deverá conter o número, espécie e classe de ações a serem alienadas.

§ 1º As despesas, encargos e emolumentos relacionados com a alienação das ações serão abatidas do produto da alienação, devendo os valores líquidos ser repassados pelo gestor do Fundo ao Tesouro Nacional, juntamente com o demonstrativo da prestação de contas.

§ 2º O produto líquido das alienações deverá ser utilizado, especificamente, na amortização de principal atualizado de dívida pública mobiliária interna do Tesouro Nacional e dos respectivos juros, devendo o Ministério da Fazenda publicar quadro resumo, no qual constará a origem dos recursos e a dívida quitada.

§ 3º Os demonstrativos de prestação de contas relativas a cada alienação de ações, na forma da presente Lei, serão enviados pelo gestor do Fundo ao Tribunal de Contas da União, para apreciação.

Art. 33. A amortização da dívida mobiliária interna do Tesouro Nacional, a que se refere o artigo 29, poderá, por acordo entre as partes, se dar mediante dação em pagamento de ações depositadas no Fundo.

Art. 34. A ordem de dação em pagamento prevista no artigo 33 será expedida mediante portaria conjunta dos Ministros de Estado da Fazenda e do Planejamento e Orçamento, a qual estabelecerá o número, espécie e classe das ações, bem assim os critérios de fixação do respectivo preço, levando em conta o valor em bolsa.

Art. 35. Ficam excluídas das disposições deste capítulo as empresas incluídas no Programa Nacional de Desestatização, de que trata a Lei nº 8.031, de 12 de abril de 1990.

CAPÍTULO VI

DAS DISPOSIÇÕES TRIBUTÁRIAS

Art. 36. A partir de 1º de julho de 1994, ficará interrompida, até 31 de dezembro de 1994, a aplicação da Unidade Fiscal de Referência – UFIR, exclusivamente para efeito de atualização dos tributos, contribuições federais e receitas patrimoniais, desde que os respectivos créditos sejam pagos nos prazos originais previstos na legislação.

§ 1º No caso de tributos e contribuições apurados em declaração de rendimentos, a interrupção da UFIR abrangerá o período compreendido entre a data de encerramento do período de apuração e a data de vencimento.

§ 2º Para os efeitos da interrupção de que trata o *caput* deste artigo, a reconversão para Real será efetuada com base no valor da UFIR utilizada para a respectiva conversão.

§ 3º Aos créditos tributários não pagos nos prazos previstos na legislação tributária aplica-se a atualização monetária pela variação da UFIR, a partir do mês de ocorrência do fato gerador, ou, quando for o caso, a partir do mês correspondente ao término do período de apuração, nos termos da legislação pertinente, sem prejuízo da multa e de acréscimos legais pertinentes.

§ 4º Aos débitos para com o patrimônio imobiliário da União não pagos nos prazos previstos na legislação patrimonial, ou à diferença de valor recolhido a menor, aplica-se a atualização monetária pela variação da UFIR entre o mês do vencimento, ou da ocorrência do fato gerador, e o mês do efetivo pagamento, além da multa de que trata o artigo 59 da Lei nº 8.383, de 30 de dezembro de 1991, e de acréscimos legais pertinentes.

§ 5º Às contribuições sociais arrecadadas pelo Instituto Nacional do Seguro Social – INSS, quando não recolhidas nos prazos previstos na legislação específica, aplica-se a atualização monetária pela variação da UFIR entre o mês subsequente ao de competência e o mês do efetivo recolhimento, sem prejuízo da multa e de acréscimos legais pertinentes.

§ 6º O disposto no *caput* deste artigo não se aplica aos débitos incluídos em parcelamento.

Art. 37. No caso de tributos, contribuições e outros débitos para com a Fazenda Nacional pagos indevidamente, dentro do prazo previsto no artigo 36 desta Lei, a compensação ou restituição será efetuada com base na variação da UFIR calculada a partir do mês seguinte ao pagamento.

Art. 38. Nas situações de que tratam os §§ 3º, 4º e 5º do artigo 36 desta Lei, os juros de mora serão equivalentes, a partir de 1º de julho de 1994, ao excedente da variação acumulada da Taxa Referencial – TR em relação à variação da UFIR no mesmo período.

§ 1º Em nenhuma hipótese os juros de mora previstos no *caput* deste artigo poderão ser inferiores à taxa de juros estabelecida no artigo 161, § 1º, da Lei nº 5.172, de 25 de outubro de 1966, no artigo 59 da Lei nº 8.383, de 1991, e no artigo 3º da Lei nº 8.620, de 5 de janeiro de 1993.

§ 2º O disposto no *caput* deste artigo não se aplica aos débitos incluídos em parcelamento concedido anteriormente à data de entrada em vigor desta Lei.

Art. 39. O imposto sobre rendimentos de que trata o artigo 8º da Lei nº 7.713, de 22 de dezembro de 1988, pago na forma do artigo 36 desta Lei, será, para efeito de redução do imposto devido na declaração de ajuste anual, convertido em quantidade de UFIR pelo valor desta no mês em que os rendimentos forem recebidos.

Art. 40. O produto da arrecadação dos juros de mora de que trata o artigo 38 desta Lei, no que diz respeito aos tributos e contribuições, exceto as contribuições sociais arrecadadas pelo INSS, integra os recursos referidos nos artigos 3º, parágrafo único, 4º e 5º, § 1º, da Lei nº 7.711, de 22 de dezembro de 1988, e no artigo 69 da Lei nº 8.383, de 1991, até o limite de juros previsto no artigo 161, § 1º, da Lei nº 5.172, de 25 de outubro de 1966.

Art. 41. A restituição do imposto de renda da pessoa física, apurada na declaração de rendimentos relativa ao exercício financeiro de 1995, será reconvertida em Real com base no valor da UFIR no mês do recebimento.

Art. 42. As pessoas jurídicas farão levantamento de demonstrações contábeis e financeiras extraordinárias, com vistas à adaptação dos respectivos lançamentos aos preceitos desta Lei.

Parágrafo único. O Poder Executivo regulamentará o disposto neste artigo.

Art. 43. Fica extinta, a partir de 1º de setembro de 1994, a UFIR diária de que trata a Lei nº 8.383, de 30 de dezembro de 1991.

Art. 44. A correção monetária das unidades fiscais estaduais e municipais será feita pelos mesmos índices e com a mesma periodicidade com que será corrigida a Unidade Fiscal de Referência – UFIR, de que trata a Lei nº 8.383, de 30 de dezembro de 1991.

▶ Lei nº 10.192, de 14-2-2001, dispõe sobre medidas complementares ao Plano Real.

Art. 45. As alíquotas previstas no artigo 5º da Lei nº 8.033, de 12 de abril de 1990, ficam reduzidas para:

I – zero, nas hipóteses de que tratam os incisos I, III e IV; e

II – quinze por cento, nas hipóteses de que trata o inciso II.

Parágrafo único. Tendo em vista os objetivos das políticas monetária e fiscal, o Poder Executivo poderá reduzir a alíquota de que trata o inciso II deste artigo.

Art. 46. Os valores constantes da legislação tributária, expressos ou com referencial em UFIR diária serão, a partir de 1º de setembro de 1994, expressos ou referenciados em UFIR.

Parágrafo único. Para efeito de aplicação dos limites previstos na legislação tributária federal, a conversão dos valores em Real para UFIR será efetuada com base na UFIR vigente no mês de referência.

Art. 47. A partir de 1º de setembro de 1994, a correção monetária das demonstrações financeiras será efetuada com base na UFIR.

Parágrafo único. O período da correção será compreendido entre o último balanço corrigido e o primeiro dia do mês seguinte àquele em que o balanço deverá ser corrigido.

Art. 48. A partir de 1º de setembro de 1994, a base de cálculo do imposto de renda das pessoas jurídicas será convertida em quantidade de UFIR, mediante a divisão do valor do lucro real, presumido ou arbitrado, pelo valor da UFIR vigente no mês subsequente ao de encerramento do período-base de sua apuração.

§ 1º O disposto neste artigo aplica-se também à base de cálculo do imposto de renda mensal determinada com base nas regras de estimativa e à tributação dos demais resultados e ganhos de capital (artigo 17 da Lei nº 8.541, de 23 de dezembro de 1992).

§ 2º Na hipótese de incorporação, fusão, cisão ou extinção da pessoa jurídica, no curso do período-base, a base de cálculo do imposto será convertida em quantidade de UFIR, com base no valor desta vigente no mês de encerramento do período-base.

Art. 49. O imposto de renda da pessoa jurídica será calculado mediante a aplicação da alíquota sobre a base de cálculo expressa em UFIR.

Art. 50. Aplicam-se à Contribuição Social sobre o Lucro (Lei nº 7.689, de 15 de dezembro de 1988) as mesmas normas de conversão em UFIR da base de cálculo e de pagamento estabelecidas por esta Lei para o imposto de renda das pessoas jurídicas.

Art. 51. O imposto de renda retido na fonte ou pago pelo contribuinte relativo a fatos geradores ocorridos a partir de 1º de setembro de 1994, incidente sobre receitas computadas na base de cálculo do imposto de renda da pessoa jurídica será, para efeito de compensação, convertido em quantidade de UFIR, tomando por base o valor desta no mês subsequente ao da retenção.

Parágrafo único. A conversão em quantidade de UFIR prevista neste artigo aplica-se, também, aos incentivos fiscais de dedução do imposto e de redução e isenção calculados com base no lucro da exploração.

Art. 52. São dedutíveis, na determinação do lucro real e da base de cálculo da Contribuição Social sobre o Lucro, segundo o regime de competência, as contrapartidas de variação monetária de obrigações, inclusive de tributos e contribuições, ainda que não pagos, e perdas cambiais e monetárias na realização de créditos.

Art. 53. Os rendimentos das aplicações financeiras de renda fixa e os ganhos líquidos nos mercados de renda variável continuam apurados e tributados na forma da legislação vigente, com as seguintes alterações:

I – a partir de 1º de setembro de 1994, o valor aplicado e o custo de aquisição serão convertidos em UFIR pelo valor desta no mês da aplicação ou aquisição, e reconvertidos em Real pelo valor da UFIR do mês do resgate ou da liquidação da operação;

II – o valor das aplicações financeiras e do custo dos ativos existentes em 31 de agosto de 1994, expresso em quantidade de UFIR, será reconvertido em Real na forma prevista na alínea anterior.

§ 1º O disposto neste artigo aplica-se também aos rendimentos auferidos no resgate de quotas de fundos e clubes de investimento, excetuados os rendimentos do fundo de que trata o § 4º do artigo 21 da Lei nº 8.383, de 30 de dezembro de 1991.

§ 2º São isentos do imposto de renda os rendimentos auferidos nos resgates de quotas de fundos de investimento, de titularidade de fundos cujos recursos sejam aplicados na aquisição de quotas de fundos de investimento.

§ 3º Fica mantido, em relação ao Fundo de Investimento em Quotas de Fundos de Aplicação Financeira, o disposto no artigo 22, inciso I, da Lei nº 8.383, de 30 de dezembro de 1991.

Art. 54. Constituem aplicações financeiras de renda fixa, para os efeitos da legislação tributária, as operações de transferência de dívidas realizadas com instituições financeiras e demais instituições autorizadas a funcionar pelo Banco Central do Brasil.

Parágrafo único. Para os efeitos do artigo 18 da Lei Complementar nº 77, de 13 de julho de 1993, o cedente da dívida é titular da aplicação e beneficiário da liquidação da operação.

Art. 55. Em relação aos fatos geradores que vierem a ocorrer a partir de 1º de setembro de 1994, os tributos e contribuições arrecadados pela Secretaria da Receita Federal serão convertidos em quantidade de UFIR com base no valor desta no mês em que ocorrer o fato gerador ou no mês em que se encerrar o período de apuração.

§ 1º Para efeito de pagamento, a reconversão para Real far-se-á mediante a multiplicação da respectiva quantidade de UFIR pelo valor desta vigente no mês do pagamento, observado o disposto no artigo 36 desta Lei.

§ 2º A reconversão para Real, nos termos do parágrafo anterior, aplica-se, inclusive, aos tributos e contribuições relativos a fatos geradores anteriores a 1º de setembro de 1994, expressos em UFIR, diária ou mensal, conforme a legislação de regência.

Art. 56. A partir da competência setembro de 1994, as contribuições sociais arrecadadas pelo INSS serão convertidas em UFIR com base no valor desta no mês subsequente ao de competência.

Parágrafo único. Aplica-se às contribuições de que trata este artigo o disposto nos §§ 1º e 2º do artigo anterior.

Art. 57. Em relação aos fatos geradores cuja ocorrência se verifique a partir de 1º de agosto de 1994, o pagamento da Contribuição para o Financiamento da Seguridade Social – COFINS, instituída pela Lei Complementar nº 70, de 30 de dezembro de 1991, e das contribuições para o Programa de Integração Social e para o Programa de Formação do Patrimônio do Servidor Público – PIS/PASEP deverá ser efetuado até o último dia útil do primeiro decêndio subsequente ao mês de ocorrência dos fatos geradores.

Art. 58. O inciso III do artigo 10 e o artigo 66 da Lei nº 8.383, de 30 de dezembro de 1991, passam a vigorar com a seguinte redação:

"Art. 10..
III – a quantia equivalente a cem UFIR por dependente;
....".

"Art. 66. Nos casos de pagamento indevido ou a maior de tributos, contribuições federais, inclusive previdenciárias, e receitas patrimoniais, mesmo quando resultante de reforma, anulação, revogação ou rescisão de decisão condenatória, o contribuinte poderá efetuar a compensação desse valor no recolhimento de importância correspondente a período subsequente.

§ 1º A compensação só poderá ser efetuada entre tributos, contribuições e receitas da mesma espécie.

§ 2º É facultado ao contribuinte optar pelo pedido de restituição.

§ 3º A compensação ou restituição será efetuada pelo valor do tributo ou contribuição ou receita corrigido monetariamente com base na variação da UFIR.

§ 4º As Secretarias da Receita Federal e do Patrimônio da União e o Instituto Nacional do Seguro Social – INSS expedirão as instruções necessárias ao cumprimento do disposto neste artigo."

Art. 59. A prática de atos que configurem crimes contra a ordem tributária (Lei nº 8.137, de 27 de dezembro de 1990), bem assim a falta de emissão de notas fiscais, nos termos da Lei nº 8.846, de 21 de janeiro de 1994, acarretarão à pessoa jurídica infratora a perda, no ano-calendário correspondente, dos incentivos e benefícios de redução ou isenção previstos na legislação tributária.

Art. 60. A concessão ou reconhecimento de qualquer incentivo ou benefício fiscal, relativos a tributos e contribuições administrados pela Secretaria da Receita Federal fica condicionada à comprovação pelo contribuinte, pessoa física ou jurídica, da quitação de tributos e contribuições federais.

Art. 61. A partir de 1º de setembro de 1994, os débitos de qualquer natureza para com a Fazenda Nacional e os decorrentes de contribuições arrecadadas pela União, constituídos ou não, cujos fatos geradores ocorrerem até 31 de agosto de 1994, expressos em UFIR, serão convertidos para Real com base no valor desta no mês do pagamento.

Art. 62. Os débitos de qualquer natureza para com a Fazenda Nacional e os decorrentes de contribuições arrecadadas pela União, constituídos ou não, cujos fatos geradores ocorram a partir de 1º de setembro de 1994, serão convertidos em quantidade de UFIR, com base no valor desta no mês da ocorrência do fato gerador, e reconvertidos para Real mediante a multiplicação da quantidade de UFIR pelo valor desta vigente no mês do pagamento.

Parágrafo único. No caso das contribuições sociais arrecadadas pelo INSS, a conversão dos débitos para UFIR terá por base o valor desta no mês subsequente ao de competência da contribuição.

Art. 63. No caso de parcelamento concedido administrativamente até o dia 31 de agosto de 1994, o valor do débito ou da parcela a pagar será determinado mediante a multiplicação da respectiva quantidade de UFIR pelo valor desta no mês do pagamento.

Art. 64. No caso de parcelamento concedido administrativamente a partir de 1º de setembro de 1994, o valor do débito será consolidado em UFIR, conforme a legislação aplicável, e reconvertido para Real mediante a multiplicação da quantidade de UFIR pelo valor desta vigente no mês do pagamento.

CAPÍTULO VII

DISPOSIÇÕES ESPECIAIS

Art. 65. O ingresso no País e a saída do País, de moeda nacional e estrangeira serão processados exclusivamente através de transferência bancária, cabendo ao estabelecimento bancário a perfeita identificação do cliente ou do beneficiário.

§ 1º Excetua-se do disposto no caput deste artigo o porte, em espécie, dos valores:
I – quando em moeda nacional, até dez mil reais;
II – quando em moeda estrangeira, o equipamento a dez mil reais;
III – quando comprovada a sua entrada no País ou sua saída do País, na forma prevista na regulamentação pertinente.

§ 2º O Conselho Monetário Nacional, segundo diretrizes do Presidente da República, regulamentará o disposto neste artigo, dispondo, inclusive, sobre os limites e as condições de ingresso no País e saída do País da moeda nacional.

§ 3º A não observância do contido neste artigo, além das sanções penais previstas na legislação específica, e após o devido processo legal, acarretará a perda do valor excedente dos limites referidos no § 1º deste artigo, em favor do Tesouro Nacional.

Art. 66. As instituições financeiras e as demais instituições autorizadas a funcionar pelo Banco Central do Brasil, que apresentem insuficiência nos recolhimentos compulsórios ou efetuem saques a descoberto na Conta "Reservas Bancárias", ficam sujeitas aos custos financeiros estabelecidos pelo Banco Central do Brasil, sem prejuízo das cominações legais previstas no artigo 44 da Lei nº 4.595, de 31 de dezembro de 1964.

Parágrafo único. Os custos financeiros corresponderão, no mínimo, aos da linha de empréstimo de liquidez.

Art. 67. As multas aplicadas pelo Banco Central do Brasil, no exercício de sua competência legal, às instituições financeiras e às demais entidades por ele autorizadas a funcionar, bem assim aos administradores dessas instituições e entidades, terão o valor máximo de cem mil reais.

▶ O valor máximo das multas previstas neste artigo foi alterado para R$ 250.000, 00 (duzentos e cinquenta mil reais) pela MP nº 2.224, de 4-9-2001, que até o encerramento desta edição não havia sido convertida em Lei, e estabelece multa relativa a informações sobre capitais brasileiros no exterior.

§ 1º O disposto no caput deste artigo não se aplica às infrações de natureza cambial.

§ 2º O Conselho Monetário Nacional regulamentará a gradação das multas a que se refere o caput deste artigo.

Art. 68. Os depósitos das instituições financeiras bancárias mantidos no Banco Central do Brasil e contabilizados na conta "Reservas Bancárias" são impenhoráveis e não responderão por qualquer tipo de dívida civil, comercial, fiscal, previdenciária, trabalhista ou de outra natureza, contraída por essas instituições ou quaisquer outras a elas ligadas.

▶ Súm. nº 328 do STJ.

Parágrafo único. A impenhorabilidade de que trata o caput deste artigo não se aplica aos débitos contratuais efetuados pelo Banco Central do Brasil e aos decorrentes das relações das instituições financeiras com o Banco Central do Brasil.

Art. 69. A partir de 1º de julho de 1994, fica vedada a emissão, pagamento e compensação de cheque de valor superior a cem reais, sem identificação do beneficiário.

Parágrafo único. O Conselho Monetário Nacional regulamentará o disposto neste artigo.

Art. 70. A partir de 1º de julho de 1994, o reajuste e a revisão dos preços públicos e das tarifas de serviços públicos far-se-ão:

I – conforme atos, normas e critérios a serem fixados pelo Ministro da Fazenda; e
II – anualmente.

§ 1º O Poder Executivo poderá reduzir o prazo previsto no inciso II deste artigo.

§ 2º O disposto neste artigo aplica-se, inclusive, à fixação dos níveis das tarifas para o serviço público de energia elétrica, reajustes e revisões de que trata a Lei nº 8.631, de 4 de março de 1993.

Art. 71. Ficam suspensas, até 30 de junho de 1995:

I – a concessão de avais e quaisquer outras garantias, para qualquer fim, pelo Tesouro Nacional ou em seu nome;
II – a abertura de créditos especiais no Orçamento Geral da União;
III – a colocação, por parte dos Órgãos Autônomos, Autarquias, Empresas Públicas, Sociedades de Economia Mista e Fundações da União, e demais entidades, controladas direta ou indiretamente pela União, de qualquer título ou obrigação no exterior, exceto quando vinculado à amortização de principal corrigido de dívida interna ou externa;
IV – a contratação, por parte dos órgãos e entidades mencionados no inciso anterior, de novas operações de crédito interno ou externo, exceto quando vinculada à amortização de principal corrigido de dívida interna ou externa, quando referente a operações mercantis ou quando relativa a créditos externos de entidades oficiais de financiamentos de projetos públicos;
V – a conversão, em títulos públicos federais, de créditos oriundos da Conta de Resultados a Compensar – CRC, objeto da Lei nº 8.631, de 1993, com as alterações da Lei nº 8.724, de 28 de outubro de 1993.

§ 1º O Poder Executivo poderá prorrogar o prazo de que trata o *caput* deste artigo.

§ 2º Durante o prazo de que trata o *caput* deste artigo, qualquer pedido de crédito adicional suplementar ao Orçamento Geral da União deverá ser previamente apreciado pela Junta de Conciliação Orçamentária e Financeira de que trata o Decreto de 19 de março de 1993, para fins de compatibilização com os recursos orçamentários.

§ 3º O disposto nos incisos I, IV e V deste artigo não se aplica ao Banco Central do Brasil e às instituições financeiras públicas federais.

§ 4º Em casos excepcionais, e desde que de acordo com as metas de emissão de moeda constantes desta Lei, o Presidente da República, por proposta do Ministro de Estado da Fazenda, poderá afastar a suspensão de que trata este artigo.

Art. 72. Os §§ 2º e 3º do artigo 23 e o artigo 58 da Lei nº 4.131, de 3 de setembro de 1962, passam a vigorar com a seguinte redação:

"Art. 23...

§ 2º Constitui infração imputável ao estabelecimento bancário, ao corretor e ao cliente, punível com multa de cinquenta a trezentos por cento do valor da operação para cada um dos infratores, a declaração de falsa identidade no formulário que, em número de vias e segundo o modelo determinado pelo Banco Central do Brasil, será exigido em cada operação, assinado pelo cliente e visado pelo estabelecimento bancário e pelo corretor que nela intervierem.

§ 3º Constitui infração, de responsabilidade exclusiva do cliente, punível com multa de cinco a cem por cento do valor da operação, a declaração de informações falsas no formulário a que se refere o § 2º.

Art. 58. As infrações à presente Lei, ressalvadas as penalidades específicas constantes de seu texto, ficam sujeitas a multas de até cem mil reais, a serem aplicadas pelo Banco Central do Brasil, na forma prescrita em regulamento a ser baixado pelo Conselho Monetário Nacional."

Art. 73. O artigo 1º da Lei nº 8.392, de 30 de dezembro de 1991, passa a vigorar com a seguinte redação:

"Art. 1º É prorrogado até a data da promulgação da lei complementar de que trata o artigo 192 da Constituição Federal o prazo a que se refere o artigo 1º das Leis nº 8.056, de 28 de junho de 1990, nº 8.127, de 20 de dezembro de 1990 e nº 8.201, de 29 de junho de 1991, exceto no que se refere ao disposto nos artigos 4º, inciso I, 6º e 7º, todos da Lei nº 4.595, de 31 de dezembro de 1964."

Art. 74. Os artigos 4º e 19 da Lei nº 5.991, de 17 de dezembro de 1973, passam a vigorar com as seguintes alterações:

"Art. 4º ....
XVIII – Supermercado – estabelecimento que comercializa, mediante autosserviço, grande variedade de mercadorias, em especial produtos alimentícios em geral e produtos de higiene e limpeza;
XIX – Armazém e empório – estabelecimento que comercializa, no atacado ou no varejo, grande variedade de mercadorias, de modo especial, gêneros alimentícios e produtos de higiene e limpeza;
XX – Loja de conveniência e "drugstore" – estabelecimento que, mediante autosserviço ou não, comercializa diversas mercadorias, com ênfase para aquelas de primeira necessidade, dentre as quais alimentos em geral, produtos de higiene e limpeza e apetrechos domésticos, podendo funcionar em qualquer período do dia e da noite, inclusive nos domingos e feriados;

....

Art. 19. Não dependerão de assistência técnica e responsabilidade profissional o posto de medicamentos, a unidade volante e o supermercado, o armazém e o empório, a loja de conveniência e a "drugstore"."

Art. 75. O artigo 4º da Lei nº 7.862, de 30 de outubro de 1989, passa a vigorar com a seguinte redação:

"Art. 4º Os resultados positivos do Banco Central do Brasil, apurados em seus balanços semestrais, serão recolhidos ao Tesouro Nacional, até o dia dez do mês subsequente ao da apuração.

§ 1º Os recursos a que se refere o *caput* deste artigo serão destinados à amortização da dívida pública do Tesouro Nacional, devendo ser amortizado, prioritariamente, o principal atualizado e os respectivos juros da Dívida Pública Mobiliária Federal interna de responsabilidade do Tesouro Nacional em poder do Banco Central do Brasil.

§ 2º Excepcionalmente, os resultados positivos do segundo semestre de 1994 serão transferidos mensalmente ao Tesouro Nacional, até o dia dez do mês subsequente ao da apuração.

§ 3º Os recursos transferidos ao Tesouro Nacional nos termos do parágrafo anterior serão utilizados, exclusivamente, para amortização do principal atualizado e dos respectivos encargos da Dívida Pública Mobiliária Federal interna de responsabilidade do Tesouro Nacional em poder do Banco Central do Brasil.

§ 4º O disposto no parágrafo anterior não se aplica ao resultado referente ao primeiro semestre de 1994."

Art. 76. O artigo 17 da Lei nº 8.880, de 1994, passa a vigorar acrescido dos seguintes parágrafos renumerados os atuais §§ 2º e 3º para §§ 4º e 5º:

"Art. 17. ....

§ 1º. ....

§ 2º Interrompida a apuração ou divulgação do IPC-r, caberá ao Ministro de Estado da Fazenda fixá-lo com base nos indicadores disponíveis, observada precedência em relação àqueles apurados por instituições oficiais de pesquisa.

§ 3º No caso do parágrafo anterior, o Ministro da Fazenda divulgará a metodologia adotada para a determinação do IPC-r.

................."

Art. 77. O § 2º do artigo 36 da Lei nº 8.880, de 1994, passa a vigorar com a seguinte redação:

"Art. 36. ....

§ 2º A justificação a que se refere o *caput* deste artigo far-se-á perante a Secretaria de Acompanhamento Econômico do Ministério da Fazenda, que dará conhecimento total dos fatos e medidas adotadas à Secretaria de Direito Econômico do Ministério da Justiça."

Art. 78. Os artigos 7º, 11, 20, 23, 42, 47 e 54 da Lei nº 8.884, de 11 de junho de 1994, passam a vigorar com as seguintes alterações:

▶ A Lei nº 8.884, de 11-6-1994, foi revogada pela Lei nº 12.529, de 30-11-2011 (Lei do Sistema Brasileiro de Defesa da Concorrência).

Art. 79. Na aplicação do disposto no § 2º do artigo 29 da Lei nº 8.880, de 1994, serão deduzidas as antecipações concedidas a qualquer título no período compreendido entre a conversão dos salários para URV e a data-base.

Parágrafo único. As disposições deste artigo aplicam-se imediatamente, independentemente de regulamentação.

Art. 80. Será aplicado ao salário dos trabalhadores em geral, quando a conversão de seus salários em URV tiver sido efetuada mediante a utilização de URV diversa daquela do efetivo pagamento, o maior dos valores resultantes da aplicação do disposto no artigo 27, *caput*, e em seu § 3º, da Lei nº 8.880, de 1994.

Art. 81. Fica transferida para o Conselho de Recursos do Sistema Financeiro Nacional, criado pelo Decreto nº 91.152, de 15 de março de 1985, a competência do Conselho Monetário Nacional para julgar recursos contra decisões do Banco Central do Brasil, relativas à aplicação de penalidades por infrações à legislação cambial, de capitais estrangeiros e de crédito rural e industrial.

Parágrafo único. Para atendimento ao disposto no *caput* deste artigo, o Poder Executivo disporá sobre a organização, reorganização e funcionamento do Conselho de Recursos do Sistema Financeiro Nacional, podendo, inclusive, modificar sua composição.

Art. 82. Nas sociedades de economia mista em que a União é obrigada a deter o controle do capital votante, a União manterá um mínimo de cinquenta por cento, mais uma ação, do referido capital, ficando revogados os dispositivos de leis especiais que estabeleçam participação superior a esse limite, aplicando-se, para fins de controle acionário, o disposto no artigo 116 da Lei nº 6.404, de 15 de dezembro de 1976.

Capítulo VIII
DAS DISPOSIÇÕES FINAIS

Art. 83. Observado o disposto no § 3º do artigo 23 desta Lei, ficam revogadas as Leis nº 5.601, de 26 de agosto de 1970 e nº 8.646, de 7 de abril de 1993, o inciso III do artigo 2º da Lei nº 8.021, de 12 de abril de 1990, o parágrafo único do artigo 10 da Lei nº 8.177, de 1º de março de 1991, acrescentado pelo artigo 27 da Lei nº 8.178, de 1º de março de 1991, o artigo 16 da Lei nº 8.178, de 1º de março de 1991, o § 5º do artigo 2º da Lei nº 8.383, de 30 de dezembro de 1991, a alínea *a* do artigo 24 da Lei nº 8.541, de 23 de dezembro de 1992, o artigo 11 da Lei nº 8.631, de 4 de março de 1993, o § 1º do artigo 65 da Lei nº 8.694, de 12 de agosto de 1993, o artigo 11 da Lei nº 8.880, de 27 de maio de 1994, o artigo 59 da Lei nº 8.884, de 11 de junho de 1994, e demais disposições em contrário.

▶ A Lei nº 8.884, de 11-6-1994, foi revogada pela Lei nº 12.529, de 30-11-2011 (Lei do Sistema Brasileiro de Defesa da Concorrência).

Parágrafo único. Aplicam-se somente aos fatos geradores ocorridos até 31 de dezembro de 1994 os seguintes dispositivos:

I – artigo 10, inciso III, da Lei nº 8.383, de 1991, com a redação dada pelo artigo 58 desta Lei;

II – artigos 38, 48 a 51, 53, 55 a 57 desta Lei, este último no que diz respeito apenas às Contribuições para o Programa de Integração Social e para o Programa de Formação do Patrimônio do Servidor Público – PIS/PASEP.

Art. 84. Ficam convalidados os atos praticados com base nas Medidas Provisórias nº 542, de 30 de junho de 1994; nº 566, de 29 de julho de 1994; nº 596, de 26 de agosto de 1994; nº 635, de 27 de setembro de 1994; nº 681, de 27 de outubro de 1994; nº 731, de 25 de novembro de 1994; nº 785, de 23 de dezembro de 1994; nº 851, de 20 de janeiro de 1995; nº 911, de 21 de fevereiro de 1995; nº 953, de 23 de março de 1995; nº 978, de 20 de abril de 1995; nº 1.004, de 19 de maio de 1995; e nº 1.027, de 20 de junho de 1995.

Art. 85. Esta Lei entra em vigor na data de sua publicação.

Brasília, 29 de junho de 1995;
174º da Independência e
107º da República.
Fernando Henrique Cardoso

DECRETO Nº 1.602, DE 23 DE AGOSTO DE 1995

Regulamenta as normas que disciplinam os procedimentos administrativos, relativos à aplicação de medidas antidumping.

▶ Publicado no *DOU* de 24-8-1995.

TÍTULO I – DOS PROCEDIMENTOS

Capítulo I

DOS PRINCÍPIOS

Art. 1º Poderão ser aplicados direitos "antidumping" quando a importação de produtos primários e não primários objeto de "dumping" cause dano à indústria doméstica.

§ 1º Os direitos "antidumping" serão aplicados de acordo com as investigações abertas e conduzidas segundo o disposto neste Decreto.

§ 2º Em cumprimento ao disposto no § 5º do Artigo VI do GATT/1994, a importação de um produto não poderá estar sujeita, simultaneamente, à aplicação de direito "antidumping" e de direito compensatório, de que trata o Acordo sobre Subsídios e Medidas Compensatórias do GATT/1994.

Art. 2º Compete aos Ministros de Estado da Indústria, do Comércio e do Turismo e da Fazenda a decisão de aplicar, mediante ato conjunto, medidas "antidumping" provisórias ou direitos definitivos e homologar compromissos de preços, com base em parecer da Secretaria de Comércio Exterior – SECEX, do Ministério da Indústria, do Comércio e do Turismo, que comprove a existência de "dumping" e de dano dele decorrente.

Art. 3º Compete à SECEX promover o processo administrativo disciplinado por este Decreto.

Capítulo II

DA DETERMINAÇÃO DO "DUMPING"

Art. 4º Para os efeitos deste Decreto, considera-se prática de "dumping" a introdução de um bem no mercado doméstico, inclusive, sob as modalidades de "drawback", a preço de exportação inferior ao valor normal.

Seção I

DO VALOR NORMAL

Art. 5º Considera-se valor normal o preço efetivamente praticado para o produto similar nas operações mercantis normais, que o destinem a consumo interno no país exportador.

§ 1º O termo "produto similar" será entendido como produto idêntico, igual sob todos os aspectos ao produto que se está examinando, ou, na ausência de tal produto, outro produto que, embora não exatamente igual sob todos os aspectos, apresente características muito próximas às do produto que se está considerando.

§ 2º O termo "país exportador" será entendido como país de origem e de exportação, exceto na hipótese prevista no artigo 10.

§ 3º Serão normalmente consideradas como em quantidade suficiente para a determinação do valor normal as vendas do produto similar destinadas ao consumo do mercado interno do país exportador, que constituam cinco por cento ou mais das vendas do produto em questão ao Brasil, admitindo-se percentual menor quando for demonstrado que vendas internas nesse percentual inferior ocorrem, ainda assim, em quantidade suficiente que permita comparação adequada.

Art. 6º Caso inexistam vendas do produto similar nas operações mercantis normais no mercado interno ou quando, em razão das condições especiais de mercado ou do baixo volume de vendas, não for possível comparação adequada, o valor normal será baseado:

I – no preço do produto similar praticado nas operações de exportação para um terceiro país, desde que esse preço seja representativo; ou
II – no valor construído no país de origem, como tal considerado o custo de produção no país de origem acrescido de razoável montante a Título de custos administrativos e de comercialização, além da margem de lucro.

§ 1º Poderão ser consideradas, por motivo de preço, como operações mercantis anormais e desprezadas na determinação do valor normal, as vendas do produto similar no mercado interno do país exportador ou as vendas a terceiros países, a preços inferiores aos custos unitários do produto similar, neles computados os custos de produção, fixos e variáveis, mais os administrativos e de comercialização.

§ 2º O disposto no parágrafo anterior aplicar-se-á somente quando se apurar que as vendas são realizadas:
a) ao longo de um período dilatado, normalmente de um ano, mas nunca inferior a seis meses;
b) em quantidades substanciais, como tal consideradas as transações levadas em conta para a determinação do valor normal, realizadas a preço médio ponderado de vendas inferior ao custo unitário médio ponderado, ou um volume de vendas abaixo do custo unitário correspondente a vinte por cento ou mais do volume vendido nas transações consideradas para a determinação do valor normal; e
c) a preços que não permitam cobrir todos os custos dentro de período razoável.

§ 3º O disposto na alínea c do parágrafo anterior não se aplica quando se apurar que os preços abaixo do custo unitário, no momento da venda, superam o custo unitário médio ponderado obtido no período de investigação.

§ 4º Poderão ser consideradas como operações mercantis anormais e desprezadas na determinação do valor normal as transações entre partes consideradas associadas ou que tenham celebrado entre si acordo compensatório, salvo se comprovado que os preços e custos a elas relacionados, sejam comparáveis aos das operações efetuadas entre partes que não tenham tais vínculos.

§ 5º Os custos, de que trata o inciso II deste artigo, serão calculados com base em registros mantidos pelo exportador ou pelo produtor objeto de investigação, desde que tais registros estejam de acordo com os princípios contábeis aceitos no país exportador e reflitam os custos relacionados com a produção e a venda do produto em causa.

§ 6º Serão levados em consideração os elementos de prova disponíveis sobre a correta distribuição de custos, inclusive aqueles fornecidos pelo exportador ou produtor durante os procedimentos da investigação, desde que tal distribuição tenha sido tradicionalmente utilizada pelo exportador ou produtor, particularmente na determinação dos períodos adequados de amortização e depreciação e das deduções decorrentes de despesas de capital e outros custos de desenvolvimento.

§ 7º Será efetuado ajuste adequado em função daqueles itens de custos não recorrentes que beneficiem a produção futura, atual, ou ambas, ou de circunstâncias nas quais os custos, observados durante o período de investigação, sejam afetados por operações de entrada em funcionamento, a menos que já se tenham refletido na distribuição contemplada no parágrafo anterior.

§ 8º Os ajustes efetuados em razão da entrada em funcionamento devem refletir os custos verificados ao final do período de entrada ou, caso tal período se estenda além daquele coberto pelas investigações, os custos mais recentes que se possam levar em conta durante a investigação.

§ 9º O cálculo do montante, referido no inciso II deste artigo, será baseado em dados efetivos de produção e de venda do produto similar, efetuadas pelo produtor ou pelo exportador sob investigação, no curso de operações mercantis normais.

§ 10. Quando o cálculo do montante não puder ser feito com base nos dados previstos no parágrafo anterior, será feito por meio de:

a) quantias efetivamente despendidas e auferidas pelo exportador ou produtor em questão, relativas à produção e à venda de produtos da mesma categoria, no mercado interno no país exportador;
b) média ponderada das quantias efetivamente despendidas e auferidas por outros exportadores ou produtores sob investigação, em relação à produção e à comercialização do produto similar no mercado interno do país exportador; ou
c) qualquer outro método razoável, desde que o montante estipulado para o lucro não exceda o lucro normalmente realizado por outros exportadores ou produtores com as vendas de produtos da mesma categoria geral, no mercado interno do país exportador.

Art. 7º Encontrando-se dificuldades na determinação do preço comparável no caso de importações originárias de país que não seja predominantemente de economia de mercado, onde os preços domésticos sejam em sua maioria fixados pelo Estado, o valor normal poderá ser determinado com base no preço praticado ou no valor construído do produto similar, em um terceiro país de economia de mercado, ou no preço praticado por este país na exportação para outros países, exclusive o Brasil, ou, sempre que isto não seja possível, com base em qualquer outro preço razoável, inclusive o preço pago ou a pagar pelo produto similar no mercado brasileiro, devidamente ajustado, se necessário, a fim de incluir margem de lucro razoável.

§ 1º A escolha do terceiro país de economia de mercado adequado levará em conta quaisquer informações fiáveis apresentadas no momento da seleção.

§ 2º Serão levados em conta os prazos da investigação e, sempre que adequado, recorrer-se-á a um terceiro país de economia de mercado que seja objeto da mesma investigação.

§ 3º As partes interessadas serão informadas, imediatamente após a abertura da investigação, do terceiro país de economia de mercado que se pretende utilizar, e poderão se manifestar no prazo fixado para a restituição dos respectivos questionários, de que trata o *caput* do artigo 27.

SEÇÃO II

DO PREÇO DE EXPORTAÇÃO

Art. 8º O preço de exportação será o preço efetivamente pago ou a pagar pelo produto exportado ao Brasil, livre de impostos, descontos e reduções efetivamente concedidos e diretamente relacionados com as vendas de que se trate.

Parágrafo único. Nos casos em que não exista preço de exportação ou que este pareça duvidoso, por motivo de associação ou acordo compensatório entre o exportador e o importador ou uma terceira parte, o preço de exportação poderá ser construído a partir:

a) do preço pelo qual os produtos importados foram revendidos pela primeira vez a um comprador independente; ou
b) de uma base razoável, no caso de os produtos não serem revendidos a comprador independente, ou não serem revendidos na mesma condição em que foram importados.

SEÇÃO III

DA COMPARAÇÃO ENTRE VALOR NORMAL E O PREÇO DE EXPORTAÇÃO

Art. 9º Será efetuada comparação justa entre o preço de exportação e o valor normal, no mesmo nível de comércio, normalmente o *ex fabrica*, considerando as vendas realizadas tão simultaneamente quanto possível. As partes interessadas, como definidas no § 3º do artigo 21, serão comunicadas do tipo de informação necessária para assegurar comparação justa, não lhes sendo exigido excessivo ônus de prova.

§ 1º Serão examinadas, para fins de ajuste, caso a caso, de acordo com sua especificidade, diferenças que afetem comparação de preços, entre elas diferenças nas condições e nos termos de vendas, tributação, níveis de comércio, quantidades, características físicas e quaisquer outras que comprovadamente afetem a comparação de preços. Quando alguns desses fatores incidirem, cumulativamente, evitar-se-á a duplicação de ajustes que já tenham sido efetuados.

§ 2º Para fins de aplicação do parágrafo único do artigo 8º, serão também admitidos ajustes em função dos custos incorridos entre a importação e a revenda, incluídos o imposto de importação, demais tributos e lucros auferidos.

§ 3º Nas hipóteses do parágrafo anterior, se a comparação tiver sido afetada, estabelecer-se-á o valor normal em nível de comércio equivalente àquele do preço de exportação construído, ou poderão ser feitos os ajustes previstos no § 1º deste artigo.

§ 4º O valor do ajuste será calculado com base nos dados pertinentes correspondentes ao período de investigação de existência de "dumping", referido no § 1º do artigo 25, ou nos dados do último exercício econômico disponível.

§ 5º Na hipótese de a comparação de preços, prevista no *caput* deste artigo, exigir conversão cambial, será utilizada a taxa de câmbio em vigor no dia da venda, a menos que ocorra venda de moeda estrangeira em mercados futuros diretamente ligada à exportação em causa, quando então a taxa de câmbio adotada na venda futura será aplicada.

§ 6º Em situações normais, o dia da venda será o da data do contrato, da ordem de compra ou da confirmação de encomenda ou da fatura, utilizando-se, dentre esses documentos, aquele que estabeleça as condições de venda.

§ 7º Flutuações na taxa de câmbio serão ignoradas e, para fins da investigação, será considerado um período de pelo menos sessenta dias como necessário para o ajuste, pelos exportadores, de seus preços de exportação, de forma a refletir alterações relevantes ocorridas durante o período da investigação de "dumping".

Art. 10. Na hipótese de um produto não ser importado diretamente de seu país de origem, mas exportado ao Brasil a partir de terceiro país intermediário, as disposições deste Decreto serão também aplicáveis e o preço pelo qual o produto é vendido a partir do país de exportação ao Brasil será comparado com o preço comparável praticado no país de exportação.

Parágrafo único. Poder-se-á efetuar a comparação com o preço praticado no país de origem se:

a) ocorrer mero trânsito do produto no país exportador;
b) o produto não for produzido no país exportador; ou
c) não houver preço comparável para o produto no país exportador.

SEÇÃO IV

DA MARGEM DE "DUMPING"

Art. 11. A margem de "dumping" será a diferença entre o valor normal e o preço de exportação.

Art. 12. A existência de margens de "dumping" será determinada com base em comparação entre:

I – o valor normal médio ponderado e a média ponderada dos preços de todas as transações comparáveis de exportação; ou
II – o valor normal e os preços de exportação apurados em cada transação.

§ 1º Um valor normal, estabelecido por meio de média ponderada, poderá ser comparado com os preços de transações específicas de exportação, no caso de se encontrar um padrão de preços de exportação que difira significativamente entre diversos compradores, regiões ou períodos de tempo e se for apresentada explicação sobre a razão de tais diferenças não poderem ser consideradas adequadamente, por meio de comparação entre médias ponderadas ou transação a transação.

§ 2º Poderão ser aplicadas técnicas de amostragem para estabelecer o valor normal e os preços de exportação, mediante a utilização dos preços que apareçam com maior frequência ou que sejam os mais representativos, desde que compreendam volume significativo das transações sob exame.

Art. 13. Constituirá regra geral a determinação de margem individual de "dumping" para cada um dos conhecidos exportadores ou produtores do produto sob investigação.

§ 1º No caso em que o número de exportadores, produtores, importadores conhecidos ou tipos de produtos sob investigação seja de tal sorte expressivo que torne impraticável a determinação referida no parágrafo anterior, o exame poderá se limitar:

a) a um número razoável de partes interessadas ou produtos, por meio de amostragem estatisticamente válida com base nas informações disponíveis no momento da seleção; ou
b) ao maior percentual razoavelmente investigável do volume de exportações do país em questão.

§ 2º Qualquer seleção de exportadores, produtores, importadores ou tipos de produtos, que se faça conforme o disposto no parágrafo anterior, será efetuada após terem sido consultados os exportadores, produtores ou importadores e obtida a sua anuência, desde que tenham fornecido informações necessárias para seleção de amostra representativa.

§ 3º Caso uma ou várias das empresas selecionadas não forneçam as informações solicitadas, uma outra seleção será feita. Caso não haja tempo hábil para uma nova seleção ou as novas empresas selecionadas igualmente não forneçam as informações solicitadas, as determinações ou decisões se basearão na melhor informação disponível, conforme o disposto no artigo 66.

§ 4º Será, também, determinada a margem individual de "dumping" para cada exportador ou produtor que não tenha sido incluído na seleção, mas que venha a apresentar a necessária informação a tempo de que esta seja considerada durante o processo de investigação, com exceção das situações em que o número de exportadores ou produtores seja de tal sorte expressivo que a análise de casos individuais resulte em sobrecarga despropositada e impeça a conclusão da investigação dentro dos prazos prescritos. Não serão desencorajadas as respostas voluntárias.

CAPÍTULO III

DA DETERMINAÇÃO DO DANO

Art. 14. Para os efeitos deste Decreto, o termo *"dano"* será entendido como dano material ou ameaça de dano material à indústria doméstica já estabelecida ou retardamento sensível na implantação de tal indústria.

§ 1º A determinação de dano será baseada em provas positivas e incluirá exame objetivo de:

a) volume das importações objeto de "dumping";
b) seu efeito sobre os preços do produto similar no Brasil; e
c) consequente impacto de tais importações sobre a indústria doméstica.

§ 2º No tocante ao volume das importações objeto de "dumping", levar-se-á em conta se este não é insignificante e se houve aumento substancial das importações nessas condições, tanto em termos absolutos, quanto em relação à produção ou ao consumo no Brasil.

§ 3º Para efeito de investigação, entender-se-á, normalmente, por insignificante volume de importações, provenientes de determinado país, inferior a três por cento das importações pelo Brasil de produto similar, a não ser que os países que, individualmente, respondam por menos de três por cento das importações do produto similar pelo Brasil sejam, coletivamente, responsáveis por mais de sete por cento das importações do produto.

§ 4º No que respeita ao efeito das importações objeto de "dumping", sobre os preços, levar-se-á em conta se houve subcotação expressiva dos preços dos produtos importados a preços de "dumping" em relação ao preço do produto similar no Brasil, ou ainda se tais importações tiveram por efeito rebaixar significativamente os preços ou impedir de forma relevante aumentos de preços que teriam ocorrido na ausência de tais importações.

§ 5º Nenhum desses fatores, isoladamente ou vários deles em conjunto, será necessariamente considerado como indicação decisiva.

§ 6º Quando as importações de um produto provenientes de mais de um país forem objeto de investigações simultâneas, serão determinados cumulativamente os efeitos de tais importações se for verificado que:

a) a margem de "dumping" determinada em relação às importações de cada um dos países não é de minimis e que o volume de importações de cada país não é insignificante; e

b) a avaliação cumulativa dos efeitos daquelas importações é apropriada em vista das condições de concorrência entre os produtos importados e das condições de concorrência entre estes produtos e o produto similar doméstico.

§ 7º A margem de "dumping" será considerada como de minimis quando, expressa como um percentual do preço de exportação, for inferior a dois por cento.

§ 8º O exame do impacto das importações objeto de "dumping" sobre a indústria doméstica incluirá avaliação de todos os fatores e índices econômicos pertinentes, que tenham relação com a situação da referida indústria, inclusive queda real ou potencial das vendas, dos lucros, da produção, da participação no mercado, da produtividade, do retorno dos investimentos ou da ocupação da capacidade instalada, além de fatores que afetem os preços domésticos, a amplitude da margem de "dumping" e os efeitos negativos reais ou potenciais sobre fluxo de caixa, estoques, emprego, salários, crescimento, capacidade de captar recursos ou investimentos.

§ 9º A enumeração dos fatores constantes do parágrafo anterior não é exaustiva e nenhum desses fatores, isoladamente ou vários deles em conjunto, será necessariamente considerado como indicação decisiva.

Art. 15. É necessária a demonstração de nexo causal entre as importações objeto de "dumping" e o dano à indústria doméstica baseada no exame de:

I – elementos de prova pertinentes; e
II – outros fatores conhecidos, além das importações objeto de "dumping", que possam estar causando dano à indústria doméstica na mesma ocasião, e tais danos, provocados por motivos alheios às importações objeto de "dumping", não serão imputados àquelas importações.

§ 1º Os fatores relevantes nessas condições incluem, entre outros, volume e preço de importação que não se vendam a preços de "dumping", impacto do processo de liberalização das importações sobre os preços domésticos, contração na demanda ou mudanças nos padrões de consumo, práticas restritivas ao comércio pelos produtores domésticos e estrangeiros, e a concorrência entre eles, progresso tecnológico, desempenho exportador e produtividade da indústria doméstica.

§ 2º O efeito das importações objeto de "dumping" será avaliado, com relação à produção da indústria doméstica, quando os dados disponíveis permitirem a identificação individualizada daquela produção, a partir de critérios como o processo produtivo, as vendas e os lucros dos produtores.

§ 3º Não sendo possível a identificação individualizada da produção, os efeitos das importações objeto de "dumping" serão determinados pelo exame da produção daquele grupo ou gama de produtos mais semelhante possível, que inclua o produto similar, para o qual se possam obter os dados necessários.

Art. 16. A determinação de existência de ameaça de dano material basear-se-á em fatos e em motivo convincente. A alteração de condições vigentes, que possa criar uma situação em que o "dumping" causaria dano, deve ser claramente previsível e iminente.

§ 1º Na determinação de existência de ameaça de dano material, serão considerados, entre outros, os seguintes fatores:

a) significativa taxa de crescimento das importações objeto de "dumping", indicativa de provável aumento substancial destas importações;

b) suficiente capacidade ociosa ou iminente aumento substancial na capacidade produtiva do produtor, que indiquem a probabilidade de significativo aumento das exportações objeto de "dumping" para o Brasil, considerando-se a existência de terceiros mercados que possam absorver o possível aumento das exportações;

c) importações realizadas a preços que terão efeito significativo em reduzir preços domésticos ou impedir o aumento dos mesmos e que, provavelmente, aumentarão a demanda por novas importações;

d) estoques do produto sob investigação.

§ 2º Nenhum dos fatores, constantes do parágrafo anterior, tomados isoladamente fornecerá orientação decisiva, mas a existência da totalidade desses fatores levará, necessariamente, à conclusão de que mais importações objeto de "dumping" são iminentes e que, se não forem tomadas medidas de proteção, ocorrerá dano material.

CAPÍTULO IV

DA DEFINIÇÃO DE INDÚSTRIA DOMÉSTICA

Art. 17. Para os efeitos deste Decreto, o termo "indústria doméstica" será entendido como a totalidade dos produtores nacionais do produto similar, ou como aqueles, dentre eles, cuja produção conjunta constitua parcela significativa da produção nacional total do produto, salvo se:

I – os produtores estejam vinculados aos exportadores ou aos importadores, ou sejam, eles próprios, importadores do produto alegadamente importado a preços de "dumping", situação em que a expressão "indústria doméstica" poderá ser interpretada como alusiva ao restante dos produtores;

II – em circunstâncias excepcionais, como no § 4º deste artigo, o território brasileiro puder ser dividido em dois ou mais mercados competidores, quando então o termo "indústria doméstica" será interpretado como o conjunto de produtores de um daqueles mercados.

§ 1º Para os efeitos deste artigo, os produtores serão considerados vinculados aos exportadores ou aos importadores somente no caso de:
a) um deles controlar, direta ou indiretamente, o outro;
b) ambos serem controlados, direta ou indiretamente, por um terceiro;
c) juntos controlarem, direta ou indiretamente, um terceiro.

§ 2º As hipóteses do parágrafo anterior só serão consideradas se houver motivos para crer ou suspeitar que essas relações podem levar o produtor em causa a agir diferentemente dos não integrantes de tal tipo de relação.

§ 3º Considera-se controle, para os efeitos deste artigo, quando o primeiro está em condições legais ou operacionais de restringir ou influir nas decisões do segundo.

§ 4º Para fins de aplicação no disposto no inciso II deste artigo, os produtores em cada um dos mercados poderão ser considerados como indústria doméstica distinta se:
a) os produtores, em atividade nesse mercado, vendem toda ou quase toda sua produção do produto similar em questão neste mesmo mercado; e
b) a demanda nesse mercado não é suprida, em proporção substancial, por produtores do produto similar estabelecidos em outro ponto do território.

§ 5º Na hipótese do § 4º deste artigo, o dano poderá ser encontrado, mesmo quando parcela significativa da produção nacional não esteja sendo prejudicada, desde que haja concentração naquele mercado das importações objeto de "dumping" e que estas estejam causando dano aos produtores de toda ou quase toda produção daquele mercado.

CAPÍTULO V

DA INVESTIGAÇÃO

SEÇÃO I

DA PETIÇÃO

Art. 18. Com exceção do disposto no artigo 24, a investigação, para determinar a existência, o grau e o efeito de qualquer alegação de "dumping", será solicitada pela indústria doméstica ou em seu nome por meio de petição, formulada por escrito, de acordo com roteiro elaborado pela SECEX.

§ 1º A petição, mencionada no *caput* deste artigo, deverá incluir elementos de prova de "dumping", de dano e de nexo causal entre as importações objeto de "dumping" e o dano alegado e os seguintes dados:
a) qualificação do peticionário, indicação do volume e do valor da produção da indústria doméstica que lhe corresponda. No caso de a petição ter sido feita em nome da indústria doméstica, o documento deverá indicar a indústria em nome da qual foi feita a petição e o nome das empresas representadas, bem como o volume e o valor da produção que lhes corresponda;
b) estimativa do volume e do valor da produção nacional do produto similar;
c) lista dos conhecidos produtores domésticos do produto similar que não estejam representados na petição e, na medida do possível, indicação do volume e do valor da produção doméstica do produto similar correspondente àqueles produtores, bem como sua manifestação quanto ao apoio à petição;
d) descrição completa do produto alegadamente importado a preços de "dumping", nome do respectivo país ou dos países de origem e de exportação, identidade de cada exportador ou produtor estrangeiro conhecidos e lista dos conhecidos importadores do produto em questão;
e) descrição completa do produto fabricado pela indústria doméstica;
f) informação sobre preço representativo pelo qual o produto em questão é vendido, quando destinado ao consumo no mercado interno do país ou países exportadores, ou, nas hipóteses previstas no artigo 6º, a informação sobre preço representativo pelo qual o produto é vendido, pelo país ou países exportadores a um terceiro país ou países, ou sobre o valor construído do produto;
g) informação sobre preço de exportação representativo ou, nas hipóteses previstas no artigo 8º, sobre preço representativo pelo qual o produto é vendido, pela primeira vez, a um comprador independente situado no território brasileiro;
h) informação sobre a evolução do volume das importações, alegadamente objeto de "dumping", os efeitos de tais importações sobre os preços do produto similar no mercado doméstico e o consequente impacto dessas importações sobre a indústria doméstica, demonstrado por fatores e índices pertinentes, que tenham relação com o estado dessa indústria.

§ 2º Caso a petição contenha informações sigilosas, aplica-se o disposto no artigo 28.

Art. 19. A petição será preliminarmente examinada com o objetivo de se verificar se está devidamente instruída ou se são necessárias informações complementares. O peticionário será comunicado do resultado deste exame no prazo de vinte dias contados a partir da data de entrega da petição.

§ 1º Quando forem solicitadas informações complementares, novo exame será realizado a fim de se verificar se são necessárias novas informações ou se a petição está devidamente instruída. O peticionário será comunicado do resultado deste exame no prazo de vinte dias contados a partir da data de entrega das informações complementares.

§ 2º A partir da data de entrega das novas informações o peticionário será comunicado, no prazo de vinte dias, se a petição está devidamente instruída ou se foi considerada definitivamente inepta.

§ 3º O prazo para atendimento às informações complementares ou às novas informações solicitadas será determinado pela SECEX, de acordo com a natureza, e comunicado ao peticionário.

§ 4º O peticionário terá o prazo de dez dias contados a partir da data de expedição da comunicação que informar que a petição está devidamente instruída, para apresentar tantas vias do texto completo da petição, inclusive o resumo não sigiloso da mesma, quando for o caso, nos termos do § 1º do artigo 28, quantos forem os produtores e exportadores conhecidos e os governos de países exportadores arrolados.

§ 5º No caso do número de produtores e exportadores, referidos no § 4º, ser especialmente alto, poderão ser fornecidas cópias da petição apenas para remessa aos governos dos países exportadores arrolados e entidades de classe correspondentes.

SEÇÃO II

DA ABERTURA

Art. 20. Os elementos de prova da existência de "dumping" e de dano por ele causado serão considerados, simultaneamente, na análise para fins de determinação da abertura da investigação.

§ 1º Serão examinadas, com base nas informações de outras fontes prontamente disponíveis, a correção e a adequação dos elementos de prova oferecidos na petição, com vistas a determinar a existência de motivos suficientes que justifiquem a abertura da investigação.

§ 2º A SECEX procederá a exame do grau de apoio ou rejeição à petição, expresso pelos demais produtores nacionais do produto similar, com objetivo de verificar se a petição foi feita pela indústria doméstica ou em seu nome. No caso de indústria fragmentária, que envolva um número especialmente alto de produtores, poderá se confirmar apoio ou rejeição mediante a utilização de técnicas de amostragem estatisticamente válidas.

§ 3º Considerar-se-á como feita "pela indústria doméstica ou em seu nome" a petição que for apoiada por aqueles produtores cuja produção conjunta constitua mais de cinquenta por cento da produção total do produto similar produzido por aquela parcela da indústria doméstica que tenha expressado apoio ou rejeição à petição.

Art. 21. O peticionário será notificado da determinação, positiva ou negativa, quanto à abertura da investigação, no prazo de trinta dias contados a partir da data de expedição da comunicação de que a petição está devidamente instruída.

§ 1º A petição será indeferida e o processo consequentemente arquivado, quando:

a) não houver elementos de prova suficientes da existência de "dumping" ou de dano por ele causado, que justifiquem a abertura da investigação;
b) a petição não tiver sido feita pela indústria doméstica ou em seu nome; ou
c) os produtores domésticos, que expressamente apoiam a petição, reúnam menos de vinte e cinco por cento da produção total do produto similar realizada pela indústria doméstica.

§ 2º Caso haja determinação positiva, a investigação será aberta e deverá ser publicado ato que contenha tal determinação no *Diário Oficial da União*. As partes interessadas conhecidas serão notificadas, e será concedido prazo de vinte dias contados a partir da data da publicação da determinação, para pedido de habilitação de outras partes que se considerem interessadas, com a respectiva indicação de representantes legais, segundo o disposto na legislação pertinente.

§ 3º Para efeito deste Decreto, são consideradas partes interessadas:

a) os produtores domésticos do produto similar e a entidade de classe que os represente;
b) os importadores ou consignatários dos bens objeto da prática sob investigação e a entidade de classe que os represente;
c) os exportadores ou produtores estrangeiros do referido bem e entidades de classe que os representem;
d) o governo do país exportador do referido bem;
e) outras partes, nacionais ou estrangeiras, consideradas pela SECEX como interessadas.

§ 4º Tão logo aberta a investigação, o texto completo da petição que lhe deu origem, reservado o direito de requerer sigilo, será fornecido aos produtores estrangeiros e exportadores conhecidos e às autoridades do país exportador e deverá, caso requerido, ser colocado à disposição das outras partes interessadas. No caso de o número de produtores e exportadores envolvidos ser especialmente alto, o texto completo da petição será fornecido apenas às autoridades do país exportador e à entidade de classe correspondente.

Art. 22. Aberta a investigação, a SECEX comunicará à Secretaria da Receita Federal, do Ministério da Fazenda, para que adote as providências cabíveis que possibilitem, se for o caso, a posterior aplicação de direitos "antidumping" definitivos sobre as importações objeto de investigação, de que trata o artigo 54.

Parágrafo único. As providências adotadas pela Secretaria da Receita Federal, na forma deste artigo, não constituirão entrave ao desembaraço aduaneiro.

Art. 23. Antes da determinação de abertura da investigação, não será divulgada a existência de petição que a solicitou, salvo em relação ao governo do país exportador interessado, que deverá ser notificado da existência de petição devidamente instruída.

Art. 24. Em circunstâncias expecionais, o Governo Federal, *ex officio*, poderá abrir a investigação, desde que haja elementos de prova suficientes da existência de "dumping", de dano e do nexo causal entre eles, que justifiquem a abertura. O governo do país interessado será notificado da existência desses elementos de prova, antes da abertura da investigação.

SEÇÃO III

DA INSTRUÇÃO

Art. 25. Durante a investigação os elementos de prova da existência de "dumping" e de dano por ele causado serão considerados simultaneamente.

§ 1º O período objeto da investigação de existência de "dumping" deverá compreender os doze meses mais próximos possíveis anteriores à data da abertura da investigação, podendo, em circunstâncias excepcionais, ser inferior a doze meses, mas nunca inferior a seis meses.

§ 2º O período objeto da investigação da existência de dano deverá ser suficientemente representativo a fim de permitir a análise de que dispõe o Capítulo III, não será inferior a três anos e incluirá, necessariamente, o período de investigação de "dumping".

SUBSEÇÃO I

DAS INFORMAÇÕES

Art. 26. As partes interessadas conhecidas em uma investigação de "dumping" serão comunicadas sobre as informações requeridas e terão ampla oportunidade de apresentar, por escrito, os elementos de prova que considerem pertinentes com respeito à investigação em apreço.

Parágrafo único. Serão levadas na devida conta quaisquer dificuldades encontradas pelas partes interessadas, em especial às microempresas e empresas de pequeno porte, no fornecimento das informações solicitadas, e lhes será proporcionada a assistência possível.

Art. 27. As partes interessadas conhecidas, à exceção dos governos dos países exportadores, receberão questionários destinados à investigação e disporão de quarenta dias para restituí-los. Este prazo será contado a partir da data de expedição dos referidos questionários.

§ 1º Serão devidamente considerados pedidos de prorrogação do prazo de quarenta dias e, caso demonstrada sua necessidade, tal prorrogação poderá ser autorizada sempre que praticável, por um prazo de até trinta dias, tendo em conta os prazos da investigação.

§ 2º Poderão ser solicitadas ou aceitas por escrito, informações adicionais ou complementares, ao longo de uma investigação. O prazo para o fornecimento das informações solicitadas será estipulado em função de sua natureza e poderá ser prorrogado a partir de solicitação devidamente justificada. Deverão ser levados em conta dos prazos da investigação, tanto para as informações solicitadas quanto para consideração daquelas informações adicionais apresentadas.

§ 3º Caso qualquer das partes interessadas negue acesso à informação necessária, não a forneça no prazo que lhe for determinado ou, ainda, crie obstáculos à investigação, o parecer, com vistas às determinações preliminares ou finais, será elaborado com base na melhor informação disponível, de acordo com o disposto no artigo 66.

Art. 28. Informação que seja sigilosa por sua própria natureza ou seja fornecida em base sigilosa pelas partes de uma investigação será, desde que bem fundamentada, tratada como tal e não será revelada sem autorização expressa da parte que a forneceu. As informações classificadas como sigilosas constituirão processo em separado.

§ 1º As partes interessadas, que forneçam informações sigilosas, deverão apresentar resumo não sigiloso das mesmas, que permita compreensão razoável da informação fornecida. Nos casos em que não seja possível a apresentação do resumo, as partes justificarão por escrito tal circunstância.

§ 2º Caso se considere que uma informação sigilosa não traz plenamente justificado esse caráter, e se o fornecedor da informação recusar-se a torná-la pública na totalidade ou sob forma resumida, poderá ser desconsiderada tal informação, salvo se demonstrado, de forma convincente, e por fonte apropriada, que tal informação é correta.

Art. 29. Será dada oportunidade aos setores produtivos usuários do produto sob investigação e representantes de organizações de consumidores, caso o produto seja habitualmente comercializado no varejo, para que forneçam informações importantes para a investigação.

Art. 30. Procurar-se-á, no curso das investigações, verificar a correção das informações fornecidas pelas partes interessadas.

§ 1º Caso necessário e factível, poderão ser realizadas investigações no território de outros países, desde que se obtenha autorização das empresas envolvidas, notifiquem-se os representantes do governo do país em questão e que estes não apresentem objeção à investigação. Serão aplicados às investigações realizadas no território de outro país os procedimentos descritos no artigo 65.

§ 2º Caso necessário e factível, poderão ser realizadas investigações nas empresas envolvidas localizadas em território nacional, desde que previamente por elas autorizadas.

§ 3º Os resultados de investigações, realizadas na forma dos parágrafos anteriores, serão juntados ao processo, reservado o direito de sigilo.

SUBSEÇÃO II

DA DEFESA

Art. 31. Ao longo da investigação, as partes interessadas disporão de ampla oportunidade de defesa de seus interesses. Para essa finalidade, caso haja solicitação, dentro do prazo indicado no ato que contenha a determinação de abertura, serão realizadas audiências onde será dada oportunidade para que as partes interessadas possam encontrar-se com aquelas que tenham interesses antagônicos, de forma a que interpretações opostas e argumentação contrária possam ser expressas.

§ 1º A parte que tenha solicitado a realização da audiência deverá fornecer, junto com a solicitação, a relação de aspectos específicos a serem tratados.

§ 2º As partes interessadas conhecidas serão informadas da realização da audiência e dos aspectos a serem nela tratados, com antecedência mínima de trinta dias.

§ 3º Não existirá qualquer obrigatoriedade de comparecimento a tais audiências e a ausência de qualquer parte não poderá ser usada em prejuízo de seus interesses.

§ 4º As partes interessadas deverão indicar os representantes legais, que estarão presentes à audiência, até cinco dias antes de sua realização, e enviar, por escrito, até dez dias antes da sua realização, os argumentos a serem apresentados na mesma. As partes interessadas poderão, se devidamente justificado, apresentar informações adicionais oralmente.

§ 5º Somente serão levadas em consideração as informações fornecidas oralmente, caso sejam reproduzidas por escrito e colocadas à disposição das outras partes interessadas, no prazo de dez dias após a realização da audiência.

§ 6º Será levada em consideração, porém, quando couber, a necessidade de ser preservado o sigilo e a conveniência das partes.

§ 7º A realização de audiências não impedirá que a SECEX chegue a uma determinação preliminar ou final.

Art. 32. As partes interessadas poderão solicitar, por escrito, vistas das informações constantes do processo, as quais serão prontamente colocadas à disposição das partes que tenham feito tal solicitação, excetuadas as informações sigilosas e os documentos internos de governo. Será dada oportunidade para que estas defendam seus interesses, por escrito, com base em tais informações.

SUBSEÇÃO III

DO FINAL DA INSTRUÇÃO

Art. 33. Antes de ser formulado o parecer com vistas à determinação final, será realizada audiência, convocada pela SECEX, onde as partes interessadas serão informadas sobre os fatos essenciais sob julgamento que formam a base para seu parecer, deferindo-se às partes interessadas o prazo de quinze dias contados a partir da realização da audiência, para se manifestarem a respeito.

§ 1º A Confederação Nacional da Agricultura (CNA), a Confederação Nacional da Indústria (CNI), a Confederação Nacional do Comércio (CNC) e a Associação do Comércio Exterior Brasileiro (AEB) serão igualmente informadas sobre os fatos essenciais sob julgamento que formam a base para o parecer da SECEX.

§ 2º Findo o prazo previsto no *caput*, será considerada encerrada a instrução do processo e informações recebidas posteriormente não serão consideradas para fins de determinação final.

§ 3º Também se aplicam a este artigo as disposições previstas nos §§ 3º, 4º, 5º e 6º do artigo 31.

SEÇÃO IV

DAS MEDIDAS "ANTIDUMPING" PROVISÓRIAS

Art. 34. Medidas "antidumping" provisórias somente poderão ser aplicadas se:

I – uma investigação tiver sido aberta de acordo com o disposto na Seção II do Capítulo V, o ato que contenha a determinação de abertura tiver sido publicado e às partes interessadas tiver sido oferecida oportunidade adequada de se manifestarem;
II – uma determinação preliminar positiva da existência de "dumping" e consequente dano à indústria doméstica tiver sido alcançada;
III – as autoridades referidas no artigo 2º decidirem que tais medidas são necessárias para impedir que ocorra dano durante a investigação; e
IV – houver decorrido pelo menos sessenta dias da data da abertura da investigação.

§ 1º O valor da medida "antidumping" provisória não poderá exceder a margem de "dumping".

§ 2º Medidas "antidumping" provisórias serão aplicadas na forma de direito provisório ou de garantia, cujo valor será equivalente ao provisoriamente determinado do direito "antidumping".

§ 3º No caso de direito provisório, este será recolhido e no caso de garantia, esta será prestada mediante depósito em dinheiro ou fiança bancária, juntamente com termo de responsabilidade.

§ 4º A exigibilidade dos direitos provisórios poderá ficar suspensa até a decisão final, desde que o importador ofereça garantia equivalente ao valor integral da obrigação.

§ 5º As partes interessadas serão notificadas da decisão de aplicar medidas "antidumping" provisórias, e será publicado ato que contenha tal decisão, no *Diário Oficial da União*.

§ 6º A Secretaria da Receita Federal disporá sobre a forma de prestação da garantia de que trata o § 2º.

§ 7º O desembaraço aduaneiro dos bens objeto de medidas "antidumping" provisórias dependerá do pagamento do direito ou da prestação da garantia.

§ 8º A vigência das medidas "antidumping" provisórias será limitada a um período não superior a quatro meses, exceto nos casos em que, por decisão das autoridades referidas no artigo 2º e a pedido de exportadores que representem percentual significativo do comércio em questão, poderá ser de até seis meses. Os exportadores que desejarem a extensão do prazo de aplicação da medida "antidumping" provisória a solicitarão por escrito, no prazo de trinta dias antes do término do período de vigência da medida.

§ 9º Na hipótese de se decidir, no curso da investigação, que uma medida "antidumping" provisória inferior à margem de "dumping" é suficiente para extinguir o dano, os períodos previstos do parágrafo anterior passam a ser de seis e nove meses, respectivamente.

SEÇÃO V

DOS COMPROMISSOS DE PREÇOS

Art. 35. Poderão ser suspensos os procedimentos sem prosseguimento de investigação e sem aplicação de medidas "antidumping" provisórias ou direitos "antidumping", se o exportador assumir voluntariamente compromissos satisfatórios de revisão dos preços ou de cessação das exportações a preços de "dumping", destinados ao Brasil, desde que as autoridades referidas no artigo 2º fiquem convencidas de que o mencionado compromisso elimina o efeito prejudicial decorrente do "dumping".

§ 1º O aumento de preço, ao amparo desses compromissos, não será superior ao necessário para eliminar a margem de "dumping" podendo ser limitado ao necessário para cessar o dano causado à produção doméstica.

§ 2º Os exportadores somente proporão compromissos de preços ou aceitarão aqueles propostos pela SECEX, após se haver chegado a uma determinação preliminar positiva de "dumping" e dano por ele causado.

§ 3º Os exportadores não estão obrigados a propor compromisso de preços, nem serão forçados a aceitar os oferecidos. Estes fatos não prejudicarão a consideração do caso, nem alterarão a determinação preliminar a que se tiver chegado.

§ 4º É facultado à SECEX o direito de recusar ofertas de compromissos de preços, se sua aceitação for considerada ineficaz.

§ 5º No caso de recusa, e se possível, serão fornecidas ao exportador as razões pelas quais foi julgada inadequada a aceitação do compromisso, sendo-lhe oferecida oportunidade de manifestar-se.

Art. 36. Aceito o compromisso de preços, o ato que contenha a decisão de homologação de tal compromisso será publicado no *Diário Oficial da União* e conterá, conforme o caso, decisão quanto ao prosseguimento ou suspensão da investigação, notificando-se às partes interessadas.

Parágrafo único. A investigação sobre "dumping" e dano deverá prosseguir, caso o exportador o deseje, ou assim decidam as autoridades referidas no artigo 2º.

Art. 37. O exportador com o qual se estabeleceu um compromisso de preços deverá fornecer, periodicamente, caso solicitado, informação relativa ao cumprimento do compromisso, e permitir verificação dos dados pertinentes.

Parágrafo único. O descumprimento do disposto neste artigo será considerado como violação do compromisso.

Art. 38. No caso de violação do compromisso, sem que a investigação tenha prosseguido, poderão ser adotadas providências com vistas à imediata aplicação, pelas autoridades referidas no artigo 2º, de medidas "antidumping" provisórias, apoiadas na melhor informação disponível, e a investigação será retomada.

Parágrafo único. As partes interessadas serão notificadas sobre o término do compromisso e sobre as medidas "antidumping" provisórias aplicadas. O ato que contenha tal decisão será publicado no *Diário Oficial da União*.

Seção VI
DO ENCERRAMENTO DA INVESTIGAÇÃO

Art. 39. As investigações serão concluídas no prazo de um ano após sua abertura, exceto em circunstâncias excepcionais quando o prazo poderá ser de até dezoito meses.

Art. 40. O peticionário poderá, a qualquer momento, solicitar o arquivamento do processo. Na hipótese de deferimento, a investigação será encerrada. Caso a SECEX determine o prosseguimento da investigação, esta será comunicada, por escrito, ao peticionário.

Art. 41. Será encerrada a investigação, sem aplicação de direitos "antidumping", nos casos em que:

I – não houver comprovação suficiente da existência de "dumping" ou de dano dele decorrente;
II – a margem de "dumping for *de minimis*", conforme disposto no § 7º do artigo 14; ou
III – o volume de importações objeto de "dumping" real ou potencial, ou o dano causado for insignificante, conforme disposto no § 3º do artigo 14.

Art. 42. A investigação será encerrada com aplicação de direitos, quando a SECEX chegar a uma determinação final da existência de "dumping", de dano e de nexo causal entre eles.

Parágrafo único. O valor do direito "antidumping" não poderá exceder a margem de "dumping".

Art. 43. Na hipótese de ter sido aceito um compromisso de preços, com subsequente prosseguimento da investigação:

I – se a SECEX chegar a uma determinação negativa de "dumping" ou de dano dele decorrente, a investigação será encerrada e o compromisso automaticamente extinto, exceto quando a determinação negativa resulte, em grande parte, da própria existência do compromisso de preços, caso em que poderá ser requerida sua manutenção por período razoável, conforme as disposições deste Decreto;
II – se as autoridades referidas no artigo 2º concluírem, com base em parecer da SECEX, que houve "dumping" e dano dele decorrente, a investigação será encerrada e a aplicação do direito definitivo será suspensa enquanto vigorar o compromisso, observados os termos em que tiver sido estabelecido e as disposições deste Decreto.

§ 1º Para os efeitos deste artigo, aplica-se o disposto no artigo 37.

§ 2º No caso de violação do compromisso, poderão ser adotadas providências com vistas à imediata aplicação, pelas autoridades referidas no artigo 2º, de direitos "antidumping", tendo como base a determinação da investigação realizada.

§ 3º As partes interessadas serão notificadas sobre o término do compromisso e sobre o direito "antidumping" aplicado. O ato que contenha tal decisão será publicado no *Diário Oficial da União*.

Art. 44. O ato que contenha a determinação ou a decisão de encerrar a investigação, nos casos previstos nesta Seção, será publicado no *Diário Oficial da União*. As partes interessadas serão notificadas sobre o encerramento da investigação.

Parágrafo único. No caso de decisão de encerramento com aplicação de direitos "antidumping", o ato que contenha tal decisão deverá indicar o fornecedor ou fornecedores do produto em questão, com os direitos que lhes correspondam. No caso de um número de fornecedores ser especialmente alto, o ato conterá o nome dos países fornecedores envolvidos, com os respectivos direitos.

Capítulo VI
DA APLICAÇÃO E COBRANÇA DOS DIREITOS "ANTIDUMPING"

Seção I

DA APLICAÇÃO

Art. 45. Para os efeitos deste Decreto, a expressão "direito antidumping" significa um montante em dinheiro igual ou inferior à margem de "dumping" apurada, calculado e aplicado em conformidade com este artigo, com o fim exclusivo de neutralizar os efeitos danosos das importações objeto de "dumping".

§ 1º O direito "antidumping" será calculado mediante a aplicação de alíquotas *ad valorem* ou específicas, fixas ou variáveis, ou pela conjugação de ambas.

§ 2º A alíquota *ad valorem* será aplicada sobre o valor aduaneiro da mercadoria, em base CIF, apurado nos termos da legislação pertinente.

§ 3º A alíquota específica será fixada em dólares dos Estados Unidos da América e convertida em moeda nacional, nos termos da legislação pertinente.

Art. 46. Os direitos "antidumping", aplicados às importações originárias dos exportadores ou produtores conhecidos, que não tenham sido incluídos na seleção de que trata o artigo 13, mas que tenham fornecido as informações solicitadas, não poderão exceder a média ponderada da margem de "dumping" estabelecida para o grupo selecionado de exportadores ou produtores.

§ 1º Para fins do disposto neste artigo, não serão levados em conta margens zero ou de *minimis* ou, ainda, as margens estabelecidas nas circunstâncias a que faz referência o § 3º do artigo 27.

§ 2º As autoridades referidas no artigo 2º aplicarão direitos calculados individualmente às importações originárias de qualquer exportador ou produtor não incluído na seleção, que tenha fornecido as informações solicitadas durante a investigação, conforme estabelecido no § 4º do artigo 13.

Art. 47. Para aplicação do disposto no inciso II do artigo 17, direitos "antidumping" serão devidos apenas sobre os produtos em causa destinados ao consumo final naquele mercado que tenha sido considerado indústria doméstica distinta, para fins da investigação, nos termos do § 4º do artigo 17.

SEÇÃO II

DA COBRANÇA

Art. 48. Quando um direito "antidumping" for aplicado sobre um produto, este será cobrado, independentemente de quaisquer obrigações de natureza tributária relativas à sua importação, nos valores adequados a cada caso, sem discriminação, sobre todas as importações do produto que tenham sido consideradas como efetuadas a preços de "dumping" e danosas à indústria doméstica, qualquer que seja sua procedência.

Parágrafo único. Não serão cobrados direitos sobre aquelas importações procedentes de exportadores com os quais tenham sido acordados compromissos de preços.

SEÇÃO III

DOS PRODUTOS SUJEITOS ÀS MEDIDAS "ANTIDUMPING" PROVISÓRIAS

Art. 49. Exceto nos casos previstos nesta Seção, somente poderão ser aplicadas medidas "antidumping" provisórias e direitos "antidumping" a produtos importados que tenham sido despachados para consumo após a data de publicação do ato que contenha as decisões previstas nos artigos 34 e 42.

Art. 50. Caso a determinação final seja pela não existência de "dumping" ou de dano dele decorrente, o valor das medidas "antidumping" provisórias, se recolhido será restituído, se garantido por depósito será devolvido ou, no caso de fiança bancária, esta será extinta.

Art. 51. Caso a determinação final seja pela existência de ameaça de dano material ou de retardamento sensível no estabelecimento de uma indústria, sem que tenha ocorrido dano material, o valor das medidas "antidumping" provisórias, se recolhido será restituído, se garantido por depósito será devolvido ou no caso de fiança bancária, esta será extinta, salvo se for verificado que as importações objeto de "dumping", na ausência de medidas "antidumping" provisórias, teriam levado à determinação de dano material, quando então se aplica o disposto nos artigos seguintes.

Art. 52. Caso a determinação final seja pela existência de "dumping" e de dano dele decorrente, observar-se-á:

I – quando o valor do direito aplicado pela decisão final for inferior ao valor do direito provisoriamente recolhido ou garantido por depósito, o excedente será restituído ou devolvido, respectivamente;

II – quando o valor do direito aplicado pela decisão final for superior ao valor do direito provisoriamente recolhido ou garantido por depósito, a diferença não será exigida;

III – quando o valor do direito aplicado pela decisão final for igual ao valor do direito provisoriamente recolhido ou garantido por depósito, estas importâncias serão automaticamente convertidas em direito definitivo.

Art. 53. Caso a determinação final seja pela existência de "dumping" e de dano dele decorrente quando o valor do direito aplicado pela decisão final, no caso de garantia por fiança bancária, for superior ou igual ao valor do direito provisoriamente determinado, a importância correspondente ao valor garantido deverá ser imediatamente recolhida. Quando esse valor for inferior ao valor do direito provisoriamente determinado, somente será recolhida a importância equivalente ao valor determinado pela decisão final.

Parágrafo único. O recolhimento das importâncias referidas no *caput* ensejará a consequente extinção da fiança. Na hipótese de inadimplemento, a fiança será automaticamente executada, independentemente de aviso judicial ou extrajudicial, nos termos da legislação pertinente.

Art. 54. Direitos "antidumping" definitivos poderão ser cobrados sobre produtos importados, objeto de "dumping", que tenham sido despachados para consumo, até noventa dias antes da data de aplicação das medidas "antidumping" provisórias, sempre que se determine, com relação ao produto em questão, que:

I – há antecedentes de "dumping" causador de dano, ou que o importador estava ou deveria estar ciente, de que o produtor ou exportador pratica "dumping" e de que este causaria dano; e

II – o dano é causado por volumosas importações de um produto a preços de "dumping" em período relativamente curto, o que, levando em conta o período em que foram efetuadas e o volume das importações objeto de "dumping" e também o rápido crescimento dos estoques do produto importado, levará provavelmente a prejudicar seriamente o efeito corretivo dos direitos "antidumping" definitivos aplicáveis, desde que tenha sido dada aos importadores envolvidos a oportunidade de se manifestar sobre a medida.

Parágrafo único. Não serão cobrados direitos sobre produtos que tenham sido despachados para consumo antes da data de abertura da investigação.

Art. 55. No caso de violação de compromissos de preços, direitos "antidumping" definitivos poderão ser cobrados sobre produtos importados despachados para consumo, até noventa dias antes da aplicação de medidas "antidumping" provisórias, previstas no artigo 38, ressalvados aqueles que tenham sido despachados antes da violação do compromisso.

CAPÍTULO VII
DA DURAÇÃO E REVISÃO DOS DIREITOS "ANTIDUMPING" E COMPROMISSOS DE PREÇOS

Art. 56. Direitos "antidumping" e compromissos de preços somente permanecerão em vigor enquanto perdurar a necessidade de neutralizar o "dumping" causador de dano.

Art. 57. Todo direito "antidumping" definitivo será extinto no máximo em cinco anos após a sua aplicação, ou cinco anos a contar da data da conclusão da mais recente revisão, que tenha abrangido "dumping" e dano dele decorrente.

§ 1º O prazo de aplicação que trata o *caput* deste artigo poderá ser prorrogado mediante requerimento, devidamente fundamentado, formulado pela indústria doméstica ou em seu nome, por iniciativa de órgãos ou entidades da Administração Pública Federal, ou da SECEX, desde que demonstrado que a extinção dos direitos levaria muito provavelmente à continuação ou retomada do "dumping" e do dano dele decorrente.

§ 2º As partes interessadas terão prazo de cinco meses antes da data do término da vigência de que trata o *caput*, para se manifestarem, por escrito, sobre a conveniência de uma revisão e para solicitarem audiência se necessário.

§ 3º A revisão seguirá o disposto na Seção III do Capítulo V e deverá ser concluída no prazo de doze meses contados a partir da data de sua abertura. Os atos que contenham a determinação de abertura e de encerramento da revisão serão publicados no *Diário Oficial da União* e as partes interessadas conhecidas notificadas.

§ 4º Os direitos serão mantidos em vigor, enquanto perdurar a revisão.

§ 5º O disposto neste artigo aplica-se aos compromissos de preços aceitos na forma do artigo 35.

Art. 58. Proceder-se-á a revisão, no todo ou em parte, das decisões relativas à aplicação de direito "antidumping", a pedido de parte interessada ou por iniciativa de órgão ou entidade da Administração Pública Federal, ou da SECEX, desde que haja decorrido, no mínimo, um ano da imposição de direitos "antidumping" definitivos e que sejam apresentados elementos de prova suficientes de que:

I – a aplicação do direito deixou de ser necessária para neutralizar o "dumping";

II – seria improvável que o dano subsistisse ou se reproduzisse caso o direito fosse revogado ou alterado; ou

III – o direito existente não é ou deixou de ser suficiente para neutralizar o "dumping" causador de dano.

§ 1º Em casos excepcionais de mudanças substanciais das circunstâncias, ou quando for de interesse nacional, poderão ser efetuadas revisões em intervalo menor, por requerimento de parte interessada ou de órgãos ou entidades da Administração Pública Federal, ou por iniciativa do órgão investigador.

§ 2º Constatada a existência de elementos de prova que justifiquem a revisão, esta será aberta e o ato que contenha tal determinação será publicado no *Diário Oficial da União* e as partes interessadas conhecidas notificadas.

§ 3º A revisão deverá ser concluída no prazo de doze meses contados a partir de sua abertura e seguirá o disposto na Seção III do Capítulo V.

§ 4º Enquanto não for concluída a revisão, os direitos não serão alterados e permanecerão em vigor até o final da revisão.

§ 5º As autoridades referidas no artigo 2º, com base no resultado e de conformidade com as provas colhidas no curso da revisão, poderão extinguir, manter ou alterar o direito "antidumping". Caso se constate que o direito em vigor é superior ao necessário para neutralizar o dano à indústria doméstica ou não mais se justifica, será determinada a devida restituição.

§ 6º O ato que contenha a decisão de encerramento da revisão será publicado no *Diário Oficial da União* e as partes interessadas conhecidas notificadas.

§ 7º O disposto neste artigo aplica-se aos compromissos de preço aceitos na forma do artigo 35.

Art. 59. Quando um produto estiver sujeito a direitos "antidumping", proceder-se-á, caso solicitado, de imediato, revisão sumária com vistas a determinar, de forma acelerada, margens individuais de "dumping" para quaisquer exportadores ou produtores do país exportador em questão, que não tenham exportado o produto para o Brasil durante o período da investigação, desde que esses exportadores ou produtores possam demonstrar não ter relação com os exportadores ou produtores no país exportador sujeitos aos direitos "antidumping" aplicados sobre seu produto.

§ 1º Não serão cobrados direitos "antidumping" sobre as importações originárias de exportadores ou produtores referidos no *caput* deste artigo, durante a realização da revisão sumária.

§ 2º Iniciada a revisão, a SECEX comunicará à Secretaria da Receita Federal que adote as providências cabíveis que possibilitem, no caso de determinação positiva de "dumping", a cobrança de direitos "antidumping" sobre as importações originárias dos produtores ou exportadores em questão, a partir da data em que se iniciou a revisão sumária.

Art. 60. Os direitos "antidumping" poderão ser suspensos por período de um ano, prorrogável por igual período, caso ocorram alterações temporárias nas condições de mercado, e desde que o dano não se reproduza ou subsista em função da suspensão e que a indústria doméstica seja ouvida.

Parágrafo único. Os direitos poderão ser reaplicados, a qualquer momento, se a suspensão não mais se justificar.

CAPÍTULO VIII
DA PUBLICIDADE

Art. 61. Os atos decorrentes das decisões das autoridades referidas no artigo 2º e das determinações da SECEX serão publicados no *Diário Oficial da União* e conterão informação detalhada das conclusões estabelecidas sobre cada matéria de fato e de direito considerada pertinente.

Parágrafo único. Para fins de notificação, cópia dos atos mencionados no *caput* deste artigo será encaminhada ao governo do país ou países exportadores dos produtos que tenham sido objeto de investigação e, também, às outras partes interessadas conhecidas.

Capítulo IX
DAS MEDIDAS "ANTIDUMPING" EM NOME DE TERCEIRO PAÍS

Art. 62. Terceiro país, por suas autoridades, poderá apresentar petição para aplicação de medidas "antidumping".

§ 1º A petição deverá ser instruída com informações sobre preços que permitam demonstrar que as importações estão sendo realizadas a preços de "dumping" e que o "dumping" alegado está causando dano à indústria nacional daquele país.

§ 2º A análise da petição levará em consideração os efeitos do alegado "dumping" sobre a indústria em apreço como um todo no território do terceiro país. O dano não será avaliado apenas em relação ao efeito do alegado "dumping" sobre as exportações da produção destinadas ao Brasil, nem tampouco em relação às exportações totais do produto.

§ 3º No caso de abertura de investigação, o Governo brasileiro solicitará aprovação ao Conselho para o Comércio de Bens da Organização Mundial de Comércio – OMC.

Capítulo X
DA FORMA DOS ATOS E TERMOS PROCESSUAIS

Art. 63. Os atos e termos processuais não dependem de forma especial e as partes interessadas deverão observar as instruções deste Decreto e da SECEX na elaboração de petições e documentos em geral, caso contrário os mesmos não serão juntados ao processo.

§ 1º Só se exigirá a observância das instruções tornadas públicas antes do início do prazo processual, ou que tiverem sido especificadas na comunicação dirigida à parte.

§ 2º Os atos e termos processuais serão escritos, e as audiências, reduzidas a termo, sendo obrigatório o uso do idioma português, devendo vir aos autos, por tradução feita por tradutor público, os escritos em outro idioma.

§ 3º Os atos processuais são públicos e o direito de consultar os autos e de pedir certidão sobre o andamento da investigação é restrito às partes e seus procuradores, sob reserva do disposto no artigo 32 com respeito a sigilo da informação e de documentos internos de governo.

§ 4º Os pedidos de certidão somente serão aceitos após decorridos trinta dias da abertura da investigação ou da apresentação do último pedido de certidão por uma mesma parte.

Capítulo XI
DO PROCESSO DECISÓRIO

Art. 64. As determinações ou decisões, preliminares ou finais, relativas à investigação, serão adotadas com base em parecer da SECEX.

§ 1º No prazo de vinte dias contados da data do recebimento do parecer pelo Secretário de Comércio Exterior, a SECEX publicará ato que contenha a determinação de abertura de investigação, prorrogação de prazo de investigação, arquivamento do processo a pedido do peticionário, início do processo de revisão do direito definitivo ou de compromissos de preços ou encerramento da investigação sem aplicação de medidas.

§ 2º No prazo de dez dias contados da data do recebimento do parecer, pelos Ministros de Estado da Indústria, do Comércio e do Turismo e da Fazenda será publicado ato que contenha a decisão de aplicação de medidas "antidumping" provisórias, prorrogação das medidas, aceitação ou término de compromissos de preços, encerramento da investigação com aplicação de direitos, suspensão do direito definitivo, ou o resultado da revisão dos direitos definitivos ou compromissos de preços.

§ 3º Em circunstâncias excepcionais, mesmo havendo comprovação de "dumping" e de dano dele decorrente, as autoridades referidas no artigo 2º poderão decidir, por razões de interesse nacional, pela suspensão da aplicação do direito ou pela não homologação de compromissos de preços, ou, ainda, respeitado o disposto no parágrafo único do artigo 42, pela aplicação de direito em valor diferente do que o recomendado, e, neste caso, o ato deverá conter as razões que fundamentaram tal decisão.

TÍTULO II – DOS PROCEDIMENTOS ESPECIAIS

Capítulo I
DAS INVESTIGAÇÕES *IN LOCO*

Art. 65. Aberta a investigação, as autoridades do país exportador e as empresas interessadas serão informadas da intenção de realizar investigações *in loco*.

§ 1º Em circunstâncias excepcionais, havendo intenção de incluir peritos não governamentais na equipe de investigação, as empresas e autoridades do país exportador serão informadas a respeito, e esses peritos, em caso de quebra de sigilo, serão passíveis das sanções previstas no artigo 325 do Código Penal Brasileiro.

§ 2º Deverá ser previamente obtida a anuência expressa das empresas envolvidas no país exportador, antes da realização da visita.

§ 3º Obtida a anuência de que trata o parágrafo anterior, as autoridades do país exportador serão informadas de imediato, por nota, dos nomes e endereços das empresas que serão visitadas, bem como as datas previstas para as visitas.

§ 4º As empresas envolvidas serão informadas com suficiente antecedência sobre a visita.

§ 5º Visitas destinadas a explicar o questionário, de que trata o *caput* do artigo 27, poderão ser realizadas apenas a pedido da empresa produtora ou exportadora e só poderão ocorrer se a SECEX notificar representante do país em questão e este não fizer objeção à visita.

§ 6º A visita será realizada após a restituição do questionário, a menos que a empresa concorde com o contrário e que o governo do país exportador esteja informado da visita antecipada e não faça objeção.

§ 7º Antes da visita, será levada ao conhecimento das empresas envolvidas a natureza geral da informação pretendida, e poderão ser formulados, durante a visita, pedidos de esclarecimentos suplementares em consequência da informação obtida.

§ 8º As respostas aos pedidos de informação ou às perguntas formuladas pelas autoridades ou empresas do país exportador essenciais ao bom resultado da investigação *in loco* deverão, sempre que possível, ser fornecidas antes que se realize a visita.

Capítulo II

DA MELHOR INFORMAÇÃO DISPONÍVEL

Art. 66. Tão logo aberta a investigação, serão especificadas, pormenorizadamente, as informações requeridas às partes envolvidas e a forma pela qual tais informações deverão estar estruturadas na resposta da parte interessada, bem como os prazos de entrega.

§ 1º A parte será notificada de que o não fornecimento da informação, dentro do prazo fixado, permitirá estabelecer determinações com base nos fatos disponíveis, entre eles os contidos na petição de abertura da investigação.

§ 2º Ao se formular as determinações, levar-se-ão em conta as informações verificáveis que tenham sido adequadamente apresentadas e que, portanto, possam ser utilizadas na investigação sem dificuldades e tenham sido apresentadas tempestivamente.

§ 3º Caso a SECEX não aceite uma informação, esta comunicará, imediatamente, à parte o motivo da recusa, a fim de que a mesma possa fornecer novas explicações, dentro de prazos estabelecidos, respeitados os limites de duração da investigação. Caso as explicações não sejam satisfatórias, as razões da recusa deverão constar dos atos que contenham qualquer decisão ou determinação.

§ 4º Caso uma parte interessada não forneça informação solicitada ou fornecê-la parcialmente e esta informação relevante não seja trazida ao conhecimento das autoridades investigadoras, o resultado poderá ser menos favorável àquela parte do que seria caso a mesma tivesse cooperado.

§ 5º Caso na formulação das determinações sejam utilizadas informações de fontes secundárias, inclusive aquelas fornecidas na petição, buscar-se-á compará-las com informações de fontes independentes ou com aquelas provenientes de outras partes interessadas.

§ 6º A SECEX poderá solicitar que uma parte interessada forneça suas respostas em linguagem de computador.

§ 7º A parte interessada, que não mantiver contabilidade informatizada ou a entrega de resposta neste sistema lhe representar sobrecarga adicional, com o acréscimo injustificado de custos e dificuldades, ficará desobrigada de apresentá-la na forma do parágrafo anterior.

§ 8º Sempre que a SECEX não dispuser de meios específicos para processar a informação, por tê-la recebido em linguagem de computador, não compatível com o seu sistema operacional, a informação deverá ser fornecida sob a forma de documento escrito.

Capítulo III

DAS DISPOSIÇÕES GERAIS

Art. 67. Os prazos previstos no presente Decreto serão contados de forma corrida.

Art. 68. Os prazos de que trata este Decreto poderão ser prorrogados uma única vez e por igual período, exceto aqueles em que a prorrogação já se encontre estabelecida.

Art. 69. Os atos praticados em desacordo com as disposições deste Decreto serão nulos de pleno direito.

Art. 70. Os procedimentos estabelecidos neste Decreto não impedirão as autoridades competentes de agir com presteza em relação a quaisquer decisões ou determinações e não constituirão entrave ao desembaraço aduaneiro.

Art. 71. Para os efeitos deste Decreto, o termo "indústria" inclui também as atividades ligadas à agricultura.

Art. 72. Os Ministros de Estado da Indústria, do Comércio e do Turismo e da Fazenda expedirão as normas complementares à execução deste Decreto.

Art. 73. Este Decreto entra em vigor na data de sua publicação.

Brasília, 23 de agosto de 1995;
174º da Independência e
107º da República.

Fernando Henrique Cardoso

DECRETO Nº 1.800, DE 30 DE JANEIRO DE 1996

Regulamenta a Lei nº 8.934, de 18 de novembro de 1994, que dispõe sobre o Registro úblico de Empresas Mercantis e Atividades Afins e dá outras providências.

▶ Publicado no *DOU* de 31-1-1996 e retificado no *DOU* de 20-5-1996.

TÍTULO I – DAS FINALIDADES E DA ORGANIZAÇÃO DO REGISTRO PÚBLICO DE EMPRESAS MERCANTIS E ATIVIDADES AFINS

Capítulo I

DAS FINALIDADES

Art. 1º O Registro Público de Empresas Mercantis e Atividades Afins será exercido em todo o território nacional, de forma sistêmica, por órgãos federais e estaduais, com as seguintes finalidades:

I – dar garantia, publicidade, autenticidade, segurança e eficácia aos atos jurídicos das empresas mercantis, submetidos a registro na forma da lei;

II – cadastrar as empresas mercantis nacionais e estrangeiras em funcionamento no País e manter atualizadas as informações pertinentes;

III – proceder à matrícula dos agentes auxiliares do comércio, bem como ao seu cancelamento.

Art. 2º Os atos das organizações destinadas à exploração de qualquer atividade econômica com fins lucrativos, compreendidas as firmas mercantis individuais e as sociedades mercantis, independentemente de seu objeto, serão arquivados no Registro Público de Empresas Mercantis e Atividades Afins, salvo as exceções previstas em lei.

CAPÍTULO II

DA ORGANIZAÇÃO

SEÇÃO I

DAS DISPOSIÇÕES GERAIS

Art. 3º Os serviços do Registro Público de Empresas Mercantis e Atividades Afins serão exercidos, em todo o território nacional, de maneira uniforme, harmônica e interdependente, pelo Sistema Nacional de Registro de Empresas Mercantis – SINREM, composto pelos seguintes órgãos:

I – Departamento Nacional de Registro do Comércio – DNRC, órgão central do SINREM, com funções supervisora, orientadora, coordenadora e normativa, no plano técnico; e supletiva, no plano administrativo;
II – Juntas Comerciais, com funções executora e administradora dos serviços de Registro Público de Empresas Mercantis e Atividades Afins.

SEÇÃO II

DO DEPARTAMENTO NACIONAL DE REGISTRO DO COMÉRCIO

Art. 4º O Departamento Nacional de Registro do Comércio – DNRC, criado pela Lei nº 4.048, de 29 de dezembro de 1961, órgão integrante do Ministério da Indústria, do Comércio e do Turismo, tem por finalidade:

I – supervisionar e coordenar, no plano técnico, os órgãos incumbidos da execução dos serviços do Registro Público de Empresas Mercantis e Atividades Afins;
II – estabelecer e consolidar, com exclusividade, as normas e diretrizes gerais do Registro Público de Empresas Mercantis e Atividades Afins;
III – solucionar dúvidas ocorrentes na interpretação das leis, regulamentos e demais normas relacionadas com os serviços do Registro Público de Empresas Mercantis e Atividades Afins, baixando instruções para esse fim;
IV – prestar orientações às Juntas Comerciais, com vistas à solução de consultas e à observância das normas legais e regulamentares do Registro Público de Empresas Mercantis e Atividades Afins;
V – exercer ampla fiscalização jurídica sobre os órgãos incumbidos do Registro Público de Empresas Mercantis e Atividades Afins, representando para os devidos fins às autoridades administrativas contra abusos e infrações das respectivas normas e requerendo o que for necessário ao seu cumprimento;
VI – estabelecer normas procedimentais de arquivamento de atos de firmas mercantis individuais e de sociedades mercantis de qualquer natureza;
VII – promover ou providenciar, supletivamente, no plano administrativo, medidas tendentes a suprir ou corrigir ausências, falhas ou deficiências dos serviços de Registro Público de Empresas Mercantis e Atividades Afins;
VIII – prestar apoio técnico e financeiro às Juntas Comerciais para a melhoria dos serviços de Registro Público de Empresas Mercantis e Atividades Afins;
IX – organizar e manter atualizado o Cadastro Nacional de Empresas Mercantis – CNE, mediante colaboração mútua com as Juntas Comerciais;
X – instruir, examinar e encaminhar os processos e recursos a serem decididos pelo Ministro de Estado da Indústria, do Comércio e do Turismo, inclusive os pedidos de autorização para nacionalização ou instalação de filial, agência, sucursal ou estabelecimento no País, por sociedade mercantil estrangeira, sem prejuízo da competência de outros órgãos federais;
XI – promover e efetuar estudos, reuniões e publicações sobre assuntos pertinentes ao Registro Público de Empresas Mercantis e Atividades Afins.

Parágrafo único. Para o cumprimento do disposto neste artigo, o Departamento Nacional de Registro do Comércio – DNRC, considerando as suas finalidades, poderá constituir comissões integradas por servidores dos órgãos que compõem o SINREM.

SEÇÃO III

DAS JUNTAS COMERCIAIS

Art. 5º A Junta Comercial de cada unidade federativa, com jurisdição na área da circunscrição territorial respectiva e sede na capital, subordina-se, administrativamente, ao governo de sua unidade federativa e, tecnicamente, ao Departamento de Registro do Comércio – DNRC.

Parágrafo único. A Junta Comercial do Distrito Federal é subordinada administrativa e tecnicamente ao Departamento Nacional de Registro do Comércio – DNRC.

Art. 6º As Juntas Comerciais poderão desconcentrar seus serviços mediante convênios com órgãos da Administração direta, autarquias e fundações públicas e entidades privadas sem fins lucrativos.

Parágrafo único. O Departamento Nacional de Registro do Comércio – DNRC expedirá instrução normativa necessária à execução do disposto neste artigo.

Art. 7º Compete às Juntas Comerciais:

I – executar os serviços de registro de empresas mercantis, neles compreendidos:

a) o arquivamento dos atos relativos à constituição, alteração, dissolução e extinção de empresas mercantis, de cooperativas, das declarações de microempresas e empresas de pequeno porte, bem como dos atos relativos a consórcios e grupo de sociedades de que trata a lei de sociedade por ações;
b) o arquivamento dos atos concernentes a sociedades mercantis estrangeiras autorizadas a funcionar no País;
c) o arquivamento de atos ou documentos que, por determinação legal, seja atribuído ao Registro Público de Empresas Mercantis e Atividades Afins e daqueles que possam interessar ao empresário ou às empresas mercantis;
d) a autenticação dos instrumentos de escrituração das empresas mercantis registradas e dos agentes auxiliares do comércio, nos termos de lei própria;
e) a emissão de certidões dos documentos arquivados;

II – elaborar a tabela de preços de seus serviços, observados os atos especificados em instrução normativa do Departamento Nacional de Registro do Comércio – DNRC;
III – processar, em relação aos agentes auxiliares do comércio:

a) a habilitação, nomeação, matrícula e seu cancelamento dos tradutores públicos e intérpretes comerciais;
b) a matrícula e seu cancelamento de leiloeiros, trapicheiros e administradores de armazéns-gerais;

IV – elaborar os respectivos Regimentos Internos e suas alterações, bem como as resoluções de caráter administrativo necessárias ao fiel cumprimento das normas legais, regulamentares e regimentais;
V – expedir carteiras de exercício profissional para agentes auxiliares do comércio, titular de firma mercantil individual e para administradores de sociedades mercantis e cooperativas, registradas no Registro Público de Empresas Mercantis e Atividades Afins, conforme instrução normativa do Departamento Nacional de Registro do Comércio – DNRC;
VI – proceder ao assentamento dos usos e práticas mercantis;
VII – prestar ao Departamento Nacional de Registro do Comércio – DNRC as informações necessárias:

a) à organização, formação e atualização do cadastro nacional das empresas mercantis em funcionamento no País;
b) à realização de estudos para o aperfeiçoamento dos serviços de Registro Público de Empresas Mercantis e Atividades Afins;
c) ao acompanhamento e à avaliação da execução dos serviços de Registro Público de Empresas Mercantis e Atividades Afins;
d) à catalogação dos assentamentos de usos e práticas mercantis procedidos;

VIII – organizar, formar, atualizar e auditar, observadas as instruções normativas do Departamento Nacional de Registro do Comércio – DNRC, o Cadastro Estadual de Empresas Mercantis – CEE, integrante do Cadastro Nacional de Empresas Mercantis – CNE.

Parágrafo único. As competências das Juntas Comerciais referentes aos agentes auxiliares do comércio, trapiches e armazéns-gerais serão exercidas com a observância deste Regulamento, da legislação própria e de instruções normativas do Departamento Nacional de Registro do Comércio – DNRC.

Art. 8º A estrutura básica das Juntas Comerciais será integrada pelos seguintes órgãos:

I – Presidência, como órgão diretivo e representativo;
II – Plenário, como órgão deliberativo superior;
III – Turmas, como órgãos deliberativos inferiores;
IV – Secretaria-Geral, como órgão administrativo;
V – Procuradoria, como órgão de fiscalização e de consulta jurídica.

§ 1º As Juntas Comerciais poderão ter uma Assessoria Técnica, com a competência de examinar e relatar os processos de Registro Público de Empresas Mercantis e Atividades Afins a serem submetidos à sua deliberação, cujos membros deverão ser bacharéis em Direito, Economistas, Contadores ou Administradores.

§ 2º As Juntas Comerciais, por seu Plenário, nos termos da legislação estadual respectiva, poderão resolver pela criação de Delegacias, órgãos subordinados, para exercerem, nas zonas de suas respectivas jurisdições, as atribuições de autenticar instrumentos de escrituração das empresas mercantis e dos agentes auxiliares do comércio e de decidir sobre os atos submetidos ao regime de decisão singular, proferida por servidor que possua comprovados conhecimentos de Direito Comercial e dos serviços de Registro Público de Empresas Mercantis e Atividades Afins.

§ 3º Ficam preservadas as competências das atuais Delegacias.

Art. 9º O Plenário poderá ser constituído por onze, quatorze, dezessete, vinte ou vinte e três Vogais e igual número de suplentes, conforme determinar a legislação da unidade federativa a que pertencer a Junta Comercial.

▶ Caput com a redação dada pelo Dec. nº 3.395, de 29-3-2000.

Parágrafo único. A proposta de alteração do número de Vogais e respectivos suplentes será devidamente fundamentada, ouvida a Junta Comercial.

Art. 10. Os Vogais e respectivos suplentes serão nomeados dentre brasileiros que satisfaçam as seguintes condições:

I – estejam em pleno gozo dos direitos civis e políticos;
II – não estejam condenados por crime cuja pena vede o acesso a cargo, emprego e funções públicas, ou por crime de prevaricação, falência fraudulenta, peita ou suborno, concussão, peculato, contra a propriedade, a fé pública e a economia popular;
III – sejam, ou tenham sido, por mais de cinco anos, titulares de firma mercantil individual, sócios ou administradores de sociedade mercantil, valendo como prova, para esse fim, certidão expedida pela Junta Comercial, dispensados dessa condição os representantes da União e os das classes dos advogados, dos economistas e dos contadores;
IV – tenham mais de cinco anos de efetivo exercício da profissão, quando se tratar de representantes das classes dos advogados, dos economistas, dos contadores ou dos administradores;

▶ Inciso IV com a redação dada pelo Dec. nº 3.395, de 29-3-2000.

V – estejam quites com o serviço militar e o serviço eleitoral.

Art. 11. Os Vogais e respectivos suplentes serão escolhidos da seguinte forma:

I – a metade, quando par, ou o primeiro número inteiro superior à metade, quando ímpar, dos Vogais e respectivos suplentes, dentre os nomes indicados, em listas tríplices, pelas entidades patronais de grau superior e pelas Associações Comerciais com sede na jurisdição da Junta Comercial;
II – um Vogal e respectivo suplente, representando a União;
III – quatro Vogais e respectivos suplentes, representando, respectivamente, a classe dos advogados, a dos economistas, a dos contadores e a dos administradores, todos mediante indicação, em lista tríplice, do

Conselho Seccional ou Regional do órgão corporativo destas categorias profissionais;

IV – os demais Vogais e suplentes, nos casos em que o Plenário for constituído por número superior a onze, por livre escolha, nos Estados, dos respectivos Governadores e, no Distrito Federal, do Ministro de Estado do Desenvolvimento, Indústria e Comércio Exterior.

► Incisos III e IV com a redação dada pelo Dec. nº 3.395, de 29-3-2000.

Parágrafo único. As listas referidas neste artigo, contendo, cada uma, proposta de três nomes para Vogal e de três para suplente, deverão ser remetidas até sessenta dias antes do término do mandato, sendo considerada, com relação a cada entidade omissa, a última lista que inclua pessoa que não exerça ou tenha exercido mandato de Vogal.

Art. 12. Serão nomeados:

I – pelo Governador do Estado, salvo disposição em contrário, os Vogais e respectivos suplentes referidos nos incisos I e III do artigo anterior, e os de sua livre escolha referidos no inciso IV do mesmo artigo;

II – pelo Ministro de Estado do Desenvolvimento, Indústria e Comércio Exterior, os Vogais e respectivos suplentes referidos no inciso II do artigo anterior, assim como, no Distrito Federal, os mencionados nos incisos I, III e IV do mesmo artigo.

► Inciso II com a redação dada pelo Dec. nº 3.395, de 29-3-2000.

§ 1º Qualquer pessoa poderá representar fundamentadamente à autoridade competente contra a nomeação de Vogal ou de suplente contrária aos preceitos deste Regulamento, no prazo de quinze dias, contados da data da posse.

§ 2º Julgada procedente a representação:

a) fundamentada na falta de preenchimento de condições ou na incompatibilidade de Vogal ou suplente para a participação no Colégio de Vogais, ocorrerá a vaga da função respectiva;

b) fundamentada em ato contrário à forma de escolha da representatividade do Colégio de Vogais, será efetuada nova nomeação de Vogal e suplente, observadas as disposições deste Regulamento.

Art. 13. A posse dos Vogais e respectivos suplentes ocorrerá dentro de trinta dias, contados da publicação do ato de nomeação, prorrogável por mais trinta dias, a requerimento do interessado.

§ 1º A posse poderá se dar mediante procuração específica.

§ 2º Será tornado sem efeito o ato de nomeação se a posse não ocorrer nos prazos previstos no *caput* deste artigo.

Art. 14. Os Vogais serão remunerados por presença, nos termos da legislação da unidade federativa a que pertencer a Junta Comercial.

Art. 15. O Vogal será substituído por seu respectivo suplente durante os impedimentos e, no caso de vaga, até o final do mandato.

Parágrafo único. A vaga de suplente implica, necessariamente, nova nomeação, observadas as disposições deste Regulamento.

Art. 16. São incompatíveis para a participação no Colégio de Vogais da mesma Junta Comercial os parentes consanguíneos ou afins da linha ascendente ou descendente, e na colateral, até o segundo grau, bem como os sócios da mesma sociedade mercantil.

Parágrafo único. Em caso de incompatibilidade, serão seguidos, para a escolha dos membros, sucessivamente os critérios de precedência na nomeação, da precedência na posse, ou do mais idoso.

Art. 17. O mandato dos Vogais e respectivos suplentes será de quatro anos, permitida apenas uma recondução.

Art. 18. O Vogal ou seu suplente perderá o exercício do mandato na forma deste artigo e do Regimento Interno da Junta Comercial, nos seguintes casos:

I – mais de três faltas consecutivas às sessões do Plenário ou das Turmas, ou doze alternadas no mesmo ano, sem justo motivo;

II – por conduta incompatível com a dignidade do cargo.

§ 1º A justificativa de falta deverá ser entregue à Junta Comercial até a primeira sessão plenária seguinte à sua ocorrência.

§ 2º Na hipótese do inciso I, à vista de representação fundamentada, ou de ofício pelo Presidente, o Plenário, se julgar insatisfatórias, por decisão tomada pelo primeiro número inteiro superior à metade dos membros presentes, as justificativas ou se estas não tiverem sido apresentadas, assegurados o contraditório e a ampla defesa, comunicará às autoridades ou entidades competentes a perda do mandato.

§ 3º Na hipótese do inciso II, à vista de representação fundamentada, ou de ofício pelo Presidente, o Plenário, assegurados o contraditório e a ampla defesa, se julgá-la procedente, por decisão tomada pelo primeiro número inteiro superior à metade dos membros do Colégio de Vogais, comunicará às autoridades ou entidades competentes a perda do mandato.

§ 4º A deliberação pela perda do mandato afasta o Vogal ou suplente do exercício de suas funções, de imediato, com perda da remuneração correspondente, tornando-se definitiva a perda do mandato, após a publicação da declaração de vacância no *Diário Oficial* do Estado ou da União, conforme o caso.

Art. 19. O Vogal ou suplente no exercício do mandato poderá, a qualquer tempo, ser substituído mediante nomeação de novo titular para a respectiva função.

Parágrafo único. No caso de entidade ou órgão corporativo, a decisão de nova indicação de nomes em lista tríplice deverá ser fundamentada por seu dirigente ou colegiado, conforme dispuser o respectivo estatuto.

Art. 20. Na sessão inaugural do Plenário das Juntas Comerciais, que iniciará cada período de mandato, serão distribuídos os Vogais por Turmas de três membros cada uma, com exclusão do Presidente e do Vice-Presidente.

Art. 21. Compete ao Plenário:

I – julgar os recursos interpostos das decisões definitivas, singulares ou colegiadas;

II – deliberar sobre a tabela de preços dos serviços da Junta Comercial, submetendo-a, quando for o caso, à autoridade superior;
III – deliberar sobre o assentamento dos usos e práticas mercantis;
IV – aprovar o Regimento Interno e suas alterações, submetendo-o, quando for o caso, à autoridade superior;
V – decidir sobre matérias de relevância, conforme previsto no Regimento Interno;
VI – deliberar, por proposta do Presidente, sobre a criação de Delegacias;
VII – deliberar sobre as proposições de perda de mandato de Vogal ou suplente;
VIII – manifestar-se sobre proposta de alteração do número de Vogais e respectivos suplentes;
IX – exercer as demais atribuições e praticar os atos que estiverem implícitos em sua competência, ou que vierem a ser atribuídos em leis ou em outras normas federais ou estaduais.

Art. 22. As sessões ordinárias do Plenário e das Turmas efetuar-se-ão com a periodicidade e do modo determinado no Regimento Interno, e as extraordinárias, sempre justificadas, por convocação do Presidente ou de dois terços dos seus membros.

Parágrafo único. A presidência de sessão plenária, ausentes o Presidente e o Vice-Presidente, será exercida pelo Vogal mais idoso.

Art. 23. Compete às Turmas:
I – julgar, originariamente, os pedidos de arquivamento dos atos sujeitos ao regime de decisão colegiada;
II – julgar os pedidos de reconsideração de seus despachos;
III – exercer as demais atribuições que forem fixadas pelo Regimento Interno da Junta Comercial.

Art. 24. O Presidente e o Vice-Presidente serão nomeados, em comissão, no Distrito Federal, pelo Ministro de Estado da Indústria, do Comércio e do Turismo e, nos Estados, pelos Governadores dessas circunscrições, dentre os membros do Colégio de Vogais.

Art. 25. Ao Presidente incumbe:
I – dirigir e representar extrajudicialmente a Junta Comercial e, judicialmente, quando for o caso;
II – dar posse aos Vogais e suplentes, convocando-os nas hipóteses previstas neste Regulamento e no Regimento Interno;
III – convocar e presidir as sessões plenárias;
IV – encaminhar à deliberação do Plenário, os casos de que trata o artigo 18;
V – superintender os serviços da Junta Comercial;
VI – julgar, originariamente, os atos de Registro Público de Empresas Mercantis e Atividades Afins, sujeitos ao regime de decisão singular;
VII – determinar o arquivamento de atos, mediante provocação dos interessados, nos pedidos não decididos nos prazos previstos neste Regulamento;
VIII – assinar deliberações e resoluções aprovadas pelo Plenário;
IX – designar Vogal ou servidor habilitado para proferir decisões singulares;
X – velar pelo fiel cumprimento das normas legais e executivas;
XI – cumprir e fazer cumprir as deliberações do Plenário;
XII – orientar e coordenar os serviços da Junta Comercial através da Secretaria-Geral;
XIII – abrir vista à parte interessada e à Procuradoria e designar Vogal Relator nos processos de recurso ao Plenário;
XIV – propor ao Plenário a criação de Delegacias;
XV – submeter a tabela de preços dos serviços da Junta Comercial à deliberação do Plenário;
XVI – encaminhar à Procuradoria os processos e matérias que tiverem de ser submetidos ao seu exame e parecer;
XVII – baixar Portarias e exarar despachos, observada a legislação aplicável;
XVIII – apresentar, anualmente, à autoridade superior, relatório do exercício anterior, enviando cópia ao Departamento Nacional de Registro do Comércio – DNRC;
XIX – despachar os recursos, indeferindo-os liminarmente nos casos previstos neste Regulamento;
XX – submeter o Regimento Interno e suas alterações à deliberação do Plenário;
XXI – submeter o assentamento de usos e práticas mercantis à deliberação do Plenário;
XXII – assinar carteiras de exercício profissional;
XXIII – exercer as demais atribuições e praticar os atos que estiverem implícitos em sua competência, ou que vierem a ser atribuídos em leis ou em outras normas federais ou estaduais.

Art. 26. Ao Vice-Presidente da Junta Comercial incumbe:
I – auxiliar e substituir o Presidente em suas faltas ou impedimentos;
II – efetuar correição permanente dos serviços da Junta Comercial;
III – exercer as demais atribuições que forem fixadas pelo Regimento Interno.

Art. 27. O Secretário-Geral será nomeado, em comissão, no Distrito Federal, pelo Ministro de Estado da Indústria, do Comércio e do Turismo e, nos Estados, pelos respectivos Governadores, dentre brasileiros de notória idoneidade moral e especializados em Direito Comercial.

Art. 28. Ao Secretário-Geral incumbe:
I – supervisionar, coordenar e fiscalizar a execução dos serviços de registro e de administração da Junta Comercial;
II – exercer o controle sobre os prazos recursais e fazer incluir na pauta das sessões os processos de recursos a serem apreciados pelo Plenário, solicitando ao Presidente a convocação de sessão extraordinária, quando necessário;
III – despachar com o Presidente e participar das sessões do Plenário;
IV – baixar ordens de serviço, instruções e recomendações bem como exarar despachos para execução e funcionamento dos serviços a cargo da Secretaria-Geral;
V – assinar as certidões expedidas ou designar servidor para esse fim;
VI – elaborar estudos de viabilidade de criação de Delegacias;
VII – elaborar estudos sobre a tabela de preços dos serviços da Junta Comercial;

VIII – visar e controlar os atos e documentos enviados para publicação no órgão de divulgação determinado em portaria do Presidente;

IX – colaborar na elaboração de trabalhos técnicos promovidos pelo Departamento Nacional de Registro do Comércio – DNRC;

X – exercer as demais atribuições e praticar os atos que estiverem implícitos em sua competência, ou que vierem a ser atribuídos em leis ou em outras normas federais ou estaduais.

Art. 29. A Procuradoria será composta de um ou mais Procuradores e chefiada pelo Procurador que for designado pelo Governador do Estado ou autoridade competente.

Art. 30. Ao Procurador incumbe:

I – internamente:

a) fiscalizar o fiel cumprimento das normas legais e executivas em matéria de Registro Público de Empresas Mercantis e Atividades Afins;
b) emitir parecer nos recursos dirigidos ao Plenário e nas demais matérias de sua competência;
c) promover estudos para assentamento de usos e práticas mercantis;
d) participar das sessões do Plenário e das Turmas, conforme disposto no Regimento Interno;
e) requerer diligências e promover responsabilidades perante os órgãos e poderes competentes;
f) recorrer ao Plenário de decisão singular ou de Turma, em matéria de Registro Público de Empresas Mercantis e Atividades Afins;
g) exercer as demais atribuições e praticar os atos que estiverem implícitos em sua competência ou que vierem a ser atribuídos em leis ou em outras normas federais ou estaduais;

II – externamente:

a) oficiar junto aos órgãos do Poder Judiciário, nas matérias e questões relacionadas com a prática dos atos de Registro Público de Empresas Mercantis e Atividades Afins;
b) recorrer ao Ministro de Estado da Indústria, do Comércio e do Turismo das decisões do Plenário, em matéria de Registro Público de Empresas Mercantis e Atividades Afins;
c) colaborar na elaboração de trabalhos técnicos promovidos pelo Departamento Nacional de Registro do Comércio – DNRC.

Art. 31. As atribuições conferidas à Procuradoria, no caso da Junta Comercial do Distrito Federal, serão exercidas pelos Assistentes Jurídicos em exercício no Departamento Nacional de Registro do Comércio – DNRC.

TÍTULO II – DOS ATOS E DA ORDEM DOS SERVIÇOS DE REGISTRO PÚBLICO DE EMPRESAS MERCANTIS E ATIVIDADES AFINS

CAPÍTULO I

DA COMPREENSÃO DOS ATOS

Art. 32. O Registro Público de Empresas Mercantis e Atividades Afins compreende:

I – a matrícula e seu cancelamento, de:

a) leiloeiros oficiais;
b) tradutores públicos e intérpretes comerciais;
c) administradores de armazéns-gerais;
d) trapicheiros;

II – o arquivamento:

a) dos atos constitutivos, alterações e extinções de firmas mercantis individuais;
b) das declarações de microempresas e de empresas de pequeno porte;
c) dos atos constitutivos e das atas das sociedades anônimas, bem como os de sua dissolução e extinção;
d) dos atos constitutivos e respectivas alterações das demais pessoas jurídicas organizadas sob a forma empresarial mercantil, bem como de sua dissolução e extinção;
e) dos documentos relativos à constituição, alteração, dissolução e extinção de cooperativas;
f) dos atos relativos a consórcios e grupos de sociedades;
g) dos atos relativos à incoporação, cisão, fusão e transformação de sociedades mercantis;
h) de comunicação, segundo modelos aprovados pelo Departamento Nacional de Registro do Comércio – DNRC, de paralisação temporária das atividades e de empresa mercantil que deseja manter-se em funcionamento, no caso de, nessa última hipótese, não ter procedido a qualquer arquivamento na Junta Comercial no período de dez anos consecutivos;
i) dos atos relativos a sociedades mercantis estrangeiras autorizadas a funcionar no País;
j) das decisões judiciais referentes a empresas mercantis registradas;
l) dos atos de nomeação de trapicheiros, administradores e fiéis de armazéns-gerais;
m) dos demais documentos que, por determinação legal, sejam atribuídos ao Registro Público de Empresas Mercantis e Atividades Afins ou daqueles que possam interessar ao empresário ou à empresa mercantil;

III – a autenticação dos instrumentos de escrituração das empresas mercantis registradas e dos agentes auxiliares do comércio, na forma da lei própria.

CAPÍTULO II

DA ORDEM DOS SERVIÇOS

SEÇÃO I

DA APRESENTAÇÃO DOS ATOS A ARQUIVAMENTO

Art. 33. Os documentos referidos no inciso II do artigo 32 deverão ser apresentados a arquivamento na Junta Comercial, mediante requerimento dirigido ao seu Presidente, dentro dos trinta dias contados de sua assinatura, a cuja data retroagirão os efeitos do arquivamento.

Parágrafo único. Protocolados fora desse prazo, os efeitos a que se refere este artigo só se produzirão a partir da data do despacho que deferir o arquivamento.

Art. 34. Instruirão obrigatoriamente os pedidos de arquivamento:

I – instrumento original, particular, certidão ou publicação de autorização legal, de constituição, alteração, dissolução ou extinção de firma mercantil individual, de sociedade mercantil, de cooperativa, de ato de consórcio e de grupo de sociedades, bem como de declaração de microempresa e de empresa de pequeno porte, datado e assinado, quando for o caso, pelo titular, sócios, administradores, consorciados ou seus procuradores e testemunhas;

II – declaração do titular ou administrador, firmada sob as penas da lei, de não estar impedido de exercer o comércio ou a administração de sociedade mercantil, em virtude de condenação criminal;

► Inciso II com a redação dada pelo Dec. nº 3.395, de 29-3-2000.

III – ficha do Cadastro Nacional de Empresas Mercantis – CNE, segundo modelo aprovado pelo Departamento Nacional de Registro do Comércio – DNRC;

IV – comprovantes de pagamento dos preços dos serviços correspondentes;

V – prova de identidade do titular da firma mercantil individual e do administrador de sociedade mercantil e de cooperativa:

a) poderão servir como prova de identidade, mesmo por cópia regularmente autenticada, a cédula de identidade, o certificado de reservista, a carteira de identidade profissional, a carteira de identidade de estrangeiro e a carteira nacional de habilitação;

► Alínea a com a redação dada pelo Dec. nº 3.395, de 29-3-2000.

b) para o estrangeiro residente no País, titular de firma mercantil individual ou administrador de sociedade mercantil ou cooperativa, a identidade deverá conter a prova de visto permanente;

c) o documento comprobatório de identidade, ou sua cópia autenticada, será devolvido ao interessado logo após exame, vedada a sua retenção;

d) fica dispensada nova apresentação de prova de identidade no caso de já constar anotada, em processo anteriormente arquivado, e desde que indicado o número do registro daquele processo.

Parágrafo único. Nenhum outro documento, além dos referidos neste Regulamento, será exigido das firmas mercantis individuais e sociedades mercantis, salvo expressa determinação legal, reputando-se como verdadeiras, até prova em contrário, as declarações feitas perante os órgãos do Registro Público de Empresas Mercantis e Atividades Afins.

Art. 35. O instrumento particular ou a certidão apresentada à Junta Comercial não poderá conter emendas, rasuras e entrelinhas, admitida a ressalva expressa no próprio instrumento ou certidão, com a assinatura das partes ou do tabelião, conforme o caso.

Art. 36. O ato constitutivo de sociedade mercantil e de cooperativa somente poderá ser arquivado se visado por advogado, com a indicação do nome e número de inscrição na respectiva Seccional da Ordem dos Advogados do Brasil.

Art. 37. O arquivamento de ato de empresa mercantil sujeita a controle de órgão de fiscalização de exercício profissional não dependerá de aprovação prévia desse órgão.

Art. 38. A cópia do documento apresentado a arquivamento, autenticada na forma da lei, dispensa nova conferência com o original, podendo, também, a autenticação ser feita pelo cotejo com o original por servidor a quem o documento seja apresentado.

Art. 39. Os atos levados a arquivamento são dispensados de reconhecimento de firma, exceto quando se tratar de procuração por instrumento particular ou de documentos oriundos do exterior, se, neste caso, tal formalidade não tiver sido cumprida no consulado brasileiro.

Art. 40. As assinaturas nos requerimentos, instrumentos ou documentos particulares serão lançadas com a indicação do nome do signatário, por extenso, datilografado ou em letra de forma e do número de identidade e órgão expedidor, quando se tratar de testemunha.

§ 1º Verificada, a qualquer tempo, a falsificação em instrumento ou documento público ou particular, o órgão do Registro Público de Empresas Mercantis e Atividades Afins dará conhecimento do fato à autoridade competente, para as providências legais cabíveis, sustando-se os efeitos do ato na esfera administrativa, até que seja resolvido o incidente de falsidade documental.

§ 2º Comprovada, a qualquer tempo, falsificação em instrumento ou documento arquivado na Junta Comercial, por iniciativa de parte ou de terceiro interessado, em petição instruída com a decisão judicial pertinente, o arquivamento do ato será cancelado administrativamente.

Art. 41. Os atos das firmas mercantis individuais, para fins de arquivamento, obedecerão a formulário próprio, aprovado pelo Departamento Nacional de Registro do Comércio – DNRC.

Art. 42. Os atos constitutivos de sociedades mercantis poderão ser efetivados por instrumento particular ou por escritura pública, podendo as respectivas alterações serem realizadas independentemente da forma adotada na constituição.

Art. 43. Qualquer modificação dos atos constitutivos arquivados na Junta Comercial dependerá de instrumento específico de:

I – alteração de firma mercantil individual;

II – ata de assembleia, para as sociedades por ações cooperativas;

III – alteração contratual, para as demais sociedades mercantis.

Art. 44. As alterações contratuais deverão, obrigatoriamente, conter a qualificação completa dos sócios e da sociedade mercantil no preâmbulo do instrumento.

Art. 45. Havendo alteração do objeto social, este deverá ser transcrito na sua totalidade.

Art. 46. Os documentos de interesse do empresário ou da empresa mercantil serão levados a arquivamento mediante requerimento do titular, sócio, administrador ou representante legal.

Art. 47. Nos casos de decisão judicial, a comunicação do juízo alusiva ao ato será, para conhecimento de terceiros, arquivada pela Junta Comercial, mas os interessados, quando a decisão alterar dados da empresa mercantil, deverão providenciar também o arquivamento de instrumento próprio, acompanhado de certidão de inteiro teor da sentença que o motivou, transitada em julgado.

§ 1º Tratando-se de sentença dissolutória extintiva de empresa mercantil, é suficiente o arquivamento do inteiro teor da sentença transitada em julgado.

§ 2º Tratando-se de penhora, sequestro ou arresto de quotas ou de ações, à Junta Comercial competirá, tão somente, para conhecimento de terceiros, proceder à anotação correspondente, não lhe cabendo a condição de depositária fiel.

Art. 48. A empresa mercantil que não proceder a qualquer arquivamento no período de dez anos, contados da data do último arquivamento, deverá comunicar à Junta Comercial que deseja manter-se em funcionamento, sob pena de ser considerada inativa, ter seu registro cancelado e perder, automaticamente, a proteção de seu nome empresarial.

§ 1º A empresa mercantil deverá ser notificada previamente pela Junta Comercial, mediante comunicação direta ou por edital, para os fins deste artigo.

§ 2º A comunicação de que trata o *caput* deste artigo, quando não tiver ocorrido modificação de dados no período, será efetuada em formulário próprio, assinada, conforme o caso, pelo titular, sócios ou representante legal; e, na hipótese de ter ocorrido modificação nos dados, a empresa deverá arquivar a competente alteração.

§ 3º A Junta Comercial fará comunicação do cancelamento às autoridades arrecadadoras no prazo de até dez dias.

§ 4º A reativação da empresa mercantil obedecerá aos mesmos procedimentos requeridos para sua constituição.

§ 5º O Departamento Nacional de Registro do Comércio – DNRC disciplinará, em instrução normativa, o disposto neste artigo.

Seção II

DO PROCESSO DECISÓRIO

Art. 49. Os atos submetidos ao Registro Público de Empresas Mercantis e Atividades Afins estão sujeitos a dois regimes de julgamento:

I – decisão colegiada;
II – decisão singular.

Art. 50. Subordinam-se ao regime de decisão colegiada:

I – do Plenário, o julgamento dos recursos interpostos das decisões definitivas, singulares ou de Turmas;
II – das Turmas, o arquivamento dos atos de:

a) constituição de sociedades anônimas, bem como das atas de assembleias-gerais e demais atos relativos a essas sociedades, sujeitos ao Registro Público de Empresas Mercantis e Atividades Afins;
b) transformação, incorporação, fusão e cisão de sociedades mercantis;
c) constituição e alterações de consórcio e de grupo de sociedades, conforme previsto na lei de sociedades por ações.

Art. 51. Os atos próprios do Registro Público de Empresas Mercantis e Atividades Afins não previstos no artigo anterior serão objeto de decisão singular proferida pelo Presidente, Vogal ou servidor que possua comprovados conhecimentos de Direito Comercial e do Registro Público de Empresas Mercantis e Atividades Afins.

Parágrafo único. Os Vogais e servidores habilitados a proferir decisões singulares serão designados pelo Presidente da Junta Comercial.

Art. 52. Os pedidos de arquivamento sujeitos ao regime de decisão colegiada serão decididos no prazo máximo de dez dias úteis contados do seu recebimento e, os submetidos à decisão singular, no prazo máximo de três dias úteis, sob pena de ter-se como arquivados os atos respectivos, mediante provocação dos interessados, sem prejuízo do exame das formalidades legais pela Procuradoria.

§ 1º Quando os pedidos forem apresentados em protocolo descentralizado, contar-se-á o prazo a partir do recebimento da documentação no local onde haja Vogal ou servidor habilitado para decisão do ato respectivo.

§ 2º Os pedidos não decididos nos prazos previstos no *caput* deste artigo e para os quais haja provocação pela parte interessada serão arquivados por determinação do Presidente da Junta Comercial, que dará ciência à Procuradoria para exame das formalidades legais, a qual, se for o caso, interporá o recurso ao Plenário.

Seção III

DAS PROIBIÇÕES DE ARQUIVAMENTO

Art. 53. Não podem ser arquivados:

I – os documentos que não obedecerem às prescrições legais ou regulamentares ou que contiverem matéria contrária à lei, à ordem pública ou aos bons costumes, bem como os que colidirem com o respectivo estatuto ou contrato não modificado anteriormente;
II – os documentos de constituição ou alteração de empresas mercantis em que figure como titular ou administrador pessoa que esteja condenada pela prática de crime cuja pena vede o acesso à atividade mercantil;
III – os atos constitutivos e os de transformação de sociedades mercantis, se deles não constarem os seguintes requisitos, além de outros exigidos em lei:

a) o tipo de sociedade mercantil adotado;
b) a declaração precisa e detalhada do objeto social;
c) o capital da sociedade mercantil, a forma e o prazo de sua integralização, o quinhão de cada sócio, bem como a responsabilidade dos sócios;
d) o nome por extenso e qualificação dos sócios, procuradores, representantes e administradores, compreendendo para a pessoa física, a nacionalidade, estado civil, profissão, domicílio e residência, documento de identidade, seu número e órgão expedidor e número de inscrição no Cadastro de Pessoas Físicas – CPF, dispensada a indicação desse último no caso de brasileiro ou estrangeiro domiciliado no exterior, e para a pessoa jurídica, o nome empresarial, endereço completo e, se sediada no País, o Número de Identificação do Registro de Empresas – NIRE ou do Cartório competente e o número de inscrição no Cadastro Geral de Contribuintes – CGC;
e) o nome empresarial, o município da sede, com endereço completo, e foro, bem como os endereços completos das filiais declaradas;

f) o prazo de duração da sociedade mercantil e a data de encerramento de seu exercício social, quando não coincidente com o ano civil;

IV – os documentos de constituição de firmas mercantis individuais e os de constituição ou alteração de sociedades mercantis, para ingresso de administrador, se deles não constar, ou não for juntada a declaração, sob as penas da lei, datada e assinada pelo titular, administrador, exceto de sociedade anônima, ou por procurador de qualquer desses, com poderes específicos, de que não está condenado por nenhum crime cuja pena vede o acesso à atividade mercantil;

V – a prorrogação do contrato social, depois de findo o prazo nele fixado;

VI – os atos de empresas mercantis com nome idêntico ou semelhante a outro já existente ou que inclua ou reproduza em sua composição siglas ou denominações de órgãos públicos da administração direta ou indireta, bem como de organismos internacionais e aquelas consagradas em lei e atos regulamentares emanados pelo Poder Público;

▶ Inciso VI com a redação dada pelo Dec. nº 3.344, de 26-1-2000.

VII – a alteração contratual produzida e assinada por sócios titulares de maioria do capital social, quando houver, em ato anterior, cláusula restritiva;

VIII – o contrato social, ou sua alteração, em que haja, por instrumento particular, incorporação de imóveis à sociedade, quando dele não constar:

a) a descrição e identificação do imóvel, sua área, dados relativos à sua titulação e seu número de matrícula no Registro Imobiliário;

b) a outorga uxória ou marital, quando necessária;

IX – os instrumentos, ainda não aprovados pelo Governo, nos casos em que for necessária essa prévia aprovação;

X – o distrato social sem a declaração da importância repartida entre os sócios, a referência à pessoa ou às pessoas que assumirem o ativo e passivo da sociedade mercantil, supervenientes ou não à liquidação, a guarda dos livros e os motivos da dissolução, se não for por mútuo consenso.

§ 1º A Junta Comercial não dará andamento a qualquer documento de alteração ou de extinção de firma individual ou sociedade mercantil sem que dos respectivos requerimentos e instrumentos conste o Número de Identificação do Registro de Empresas – NIRE.

§ 2º Entende-se como preciso e detalhadamente declarado o objeto da empresa mercantil quando indicado o seu gênero e espécie.

Art. 54. A deliberação majoritária, não havendo cláusula restritiva, abrange também as hipóteses de destituição da gerência, exclusão de sócio, dissolução e extinção de sociedade.

Parágrafo único. Os instrumentos de exclusão de sócio deverão indicar, obrigatoriamente, o motivo da exclusão e a destinação da respectiva participação no capital social.

Art. 55. O Departamento Nacional de Registro do Comércio – DNRC, através de instruções normativas, consolidará:

I – as hipóteses de restrição legal da participação de estrangeiros em empresas mercantis brasileiras;

II – os casos em que é necessária a aprovação prévia de órgão governamental para o arquivamento de atos de empresas mercantis, bem como as formas dessa aprovação;

III – os procedimentos para a autorização de funcionamento ou nacionalização de sociedade mercantil estrangeira no País.

Art. 56. Os órgãos e autoridades federais deverão coordenar-se com o Departamento Nacional de Registro do Comércio – DNRC, com a finalidade de harmonizar entendimentos e fixar normas destinadas a regular o arquivamento, no Registro Público de Empresas Mercantis e Atividades Afins, de atos, contratos ou estatutos de empresas mercantis, que dependam, por força de lei, de prévia aprovação governamental.

Seção IV

DO EXAME DAS FORMALIDADES

Art. 57. Todo ato, documento ou instrumento apresentado a arquivamento será objeto de exame, pela Junta Comercial, do cumprimento das formalidades legais.

§ 1º Verificada a existência de vício insanável, o requerimento será indeferido; quando for sanável, o processo será colocado em exigência.

§ 2º O indeferimento ou a formulação de exigência pela Junta Comercial deverá ser fundamentada com o respectivo dispositivo legal ou regulamentar.

§ 3º As exigências formuladas pela Junta Comercial deverão ser cumpridas em até trinta dias, contados do dia subsequente à data da ciência pelo interessado ou da publicação do despacho.

§ 4º O processo em exigência será entregue completo ao interessado; devolvido após o prazo previsto no parágrafo anterior, será considerado como novo pedido de arquivamento, sujeito ao pagamento dos preços dos serviços correspondentes, salvo devolução do prazo, no curso do mesmo, em razão de ato dependente de órgão da administração pública.

§ 5º O processo em exigência não retirado no prazo para seu cumprimento e posto à disposição dos interessados por edital e não retirado em sessenta dias da data da publicação deste poderá ser eliminado pela Junta Comercial, exceto os contratos, alterações, atos constitutivos de sociedades por ações e de cooperativas, que serão devolvidos aos interessados mediante recibo, conforme dispuser instrução normativa do Departamento Nacional de Registro do Comércio – DNRC.

Art. 58. As assinaturas em despachos, decisões e outros atos relativos aos serviços de Registro Público de Empresas Mercantis e Atividades Afins deverão ser expressamente identificadas, com indicação dos nomes completos dos signatários, em letra de forma legível, ou com a aposição de carimbo.

Seção V

Subseção I

DO ARQUIVAMENTO

DAS DISPOSIÇÕES GERAIS

Art. 59. A todo ato constitutivo de empresa mercantil e de cooperativa será atribuído o Número de Identificação do Registro de Empresas – NIRE, o qual será regulamentado pelo Poder Executivo, compatibilizando-o com os números adotados pelos demais cadastros federais.

Art. 60. A Junta Comercial organizará um prontuário para cada empresa mercantil.

Parágrafo único. A organização do prontuário e os procedimentos em relação a esse, inclusive no caso de transferência de sede de empresa mercantil para outra unidade federativa, serão disciplinados em instrução normativa do Departamento Nacional de Registro do Comércio – DNRC.

Subseção II
DA PROTEÇÃO AO NOME EMPRESARIAL

Art. 61. A proteção ao nome empresarial, a cargo das Juntas Comerciais, decorre, automaticamente, do arquivamento da declaração de firma mercantil individual, do ato constitutivo de sociedade mercantil ou de alterações desses atos que impliquem mudança de nome.

§ 1º A proteção ao nome empresarial circunscreve-se à unidade federativa de jurisdição da Junta Comercial que procedeu ao arquivamento de que trata o *caput* deste artigo.

§ 2º A proteção ao nome empresarial poderá ser estendida a outras unidades da federação, a requerimento da empresa interessada, observada instrução normativa do Departamento Nacional de Registro do Comércio – DNRC.

§ 3º Expirado o prazo da sociedade celebrada por tempo determinado, esta perderá a proteção do seu nome empresarial.

Art. 62. O nome empresarial atenderá aos princípios da veracidade e da novidade e identificará, quando assim o exigir a lei, o tipo jurídico da sociedade.

§ 1º Havendo indicação de atividades econômicas no nome empresarial, essas deverão estar contidas no objeto da firma mercantil individual ou sociedade mercantil.

§ 2º Não poderá haver colidência por identidade ou semelhança do nome empresarial com outro já protegido.

§ 3º O Departamento Nacional de Registro do Comércio – DNRC, através de instruções normativas, disciplinará a composição do nome empresarial e estabelecerá critérios para verificação da existência de identidade ou semelhança entre nomes empresariais.

Seção VI
DA MATRÍCULA E SEU CANCELAMENTO

Art. 63. A matrícula e seu cancelamento, de leiloeiros, tradutores e intérpretes comerciais, trapicheiros e administradores de armazéns-gerais, serão disciplinados através de instruções normativas do Departamento Nacional do Registro do Comércio – DNRC.

Seção VII
DO PROCESSO REVISIONAL

Subseção I
DAS DISPOSIÇÕES GERAIS

Art. 64. O processo revisional pertinente ao Registro Público de Empresas Mercantis e Atividades Afins dar-se-á mediante:

I – pedido de reconsideração;
II – recurso ao Plenário;
III – recurso ao Ministro de Estado do Desenvolvimento, Indústria e Comércio Exterior.

▶ Inciso III com a redação dada pelo Dec. nº 3.395, de 29-3-2000.

Subseção II
DO PROCEDIMENTO

Art. 65. O pedido de reconsideração terá por objeto obter a revisão de despachos singulares ou de Turmas que formulem exigências para o deferimento do arquivamento e o seu procedimento iniciar-se-á com a protocolização de petição dirigida ao Presidente da Junta Comercial dentro do prazo de trinta dias concedidos para cumprimento da exigência.

§ 1º O pedido de reconsideração será apreciado pela mesma autoridade que prolatou o despacho, no prazo de cinco dias úteis contados da data da sua protocolização, sendo indeferido de plano quando assinado por terceiro ou procurador sem instrumento de mandato ou interposto fora do prazo, devendo ser, em qualquer caso, anexado ao processo a que se referir.

§ 2º A protocolização do pedido de reconsideração suspende o prazo para cumprimento de exigências formuladas, recomeçando a contagem a partir do dia subsequente à data da ciência, pelo interessado ou da publicação, do despacho que mantiver a exigência no todo ou em parte.

Art. 66. Das decisões definitivas, singulares ou de Turmas, cabe recurso ao Plenário da Junta Comercial, cujo procedimento compreenderá as fases de instrução e julgamento.

Art. 67. A fase de instrução iniciar-se-á com a protocolização da petição do recurso dirigida ao Presidente da Junta Comercial, a qual será enviada à Secretaria-Geral que, no prazo de três dias úteis, expedirá notificação às partes interessadas, na forma que dispuser o Regimento Interno, para se manifestarem, no prazo de dez dias úteis, contados a partir do dia subsequente à data da ciência.

§ 1º Decorrido o prazo para contrarrazões, a Secretaria-Geral dará vista do processo à Procuradoria, quando a mesma não for a recorrente, para manifestar-se e restituí-lo, no prazo de dez dias úteis, àquela unidade, que o fará concluso ao Presidente.

§ 2º No prazo de três dias úteis, o Presidente deverá manifestar-se quanto ao recebimento do recurso e designar, quando for o caso, Vogal Relator, notificando-o.

Art. 68. Admitido o recurso, pelo Presidente, iniciar-se-á a fase de julgamento, que deverá ser concluída no prazo de trinta dias úteis.

§ 1º O decurso do prazo de que trata o *caput* deste artigo fica suspenso da data da sua admissão até a data da ciência pelo Vogal Relator, reiniciando-se no dia subsequente a esta ciência.

§ 2º O Vogal Relator, no prazo de dez dias úteis, elaborará o relatório e o depositará na Secretaria-Geral, para distribuição e conhecimento dos demais Vogais, nos cinco dias úteis subsequentes, os quais poderão requerer cópia de peças do processo a que se referir.

§ 3º Nos dez dias úteis que se seguirem ao encerramento do prazo a que alude o parágrafo anterior, a Secretaria-Geral fará incluí-lo em pauta de sessão do Plenário para julgamento, solicitando ao Presidente a convocação de sessão extraordinária, quando necessário, observado, em qualquer caso, o prazo fixado no *caput* deste artigo.

§ 4º Na sessão plenária é admitida vista do processo aos Vogais, que será concedida por período fixado pelo Presidente e compatível com a conclusão do julgamento, no prazo previsto no *caput* deste artigo.

§ 5º No caso de inobservância do prazo previsto no *caput* deste artigo, a parte interessada poderá requerer ao Departamento Nacional de Registro do Comércio – DNRC tudo o que se afigurar necessário para a conclusão do julgamento do recurso.

Art. 69. Das decisões do Plenário cabe recurso ao Ministro de Estado do Desenvolvimento, Indústria e Comércio Exterior, como última instância administrativa.

► *Caput* com a redação dada pelo Dec. nº 3.395, de 29-3-2000.

§ 1º A petição do recurso, dirigida ao Presidente da Junta Comercial, após protocolizada, será enviada à Secretaria-Geral que, no prazo de três dias úteis, expedirá notificação às partes interessadas, na forma que dispuser o Regimento Interno, para se manifestarem no prazo de dez dias úteis, contados a partir do dia subsequente à data da ciência.

§ 2º Decorrido o prazo para contrarrazões, a Secretaria-Geral fará o processo concluso ao Presidente.

§ 3º No prazo de três dias úteis, o Presidente deverá manifestar-se quanto ao recebimento do recurso, encaminhando-o, quando for o caso, ao Departamento Nacional de Registro do Comércio – DNRC que, em dez dias úteis, deverá manifestar-se e submetê-lo à decisão final do Ministro de Estado do Desenvolvimento, Indústria e Comércio Exterior.

► § 3º com a redação dada pelo Dec. nº 3.395, de 29-3-2000.

§ 4º Os pedidos de diligência, após encaminhado o processo ao Departamento Nacional de Registro do Comércio – DNRC, suspenderão os prazos previstos no parágrafo anterior.

§ 5º A capacidade decisória poderá ser delegada, no todo ou em parte.

Art. 70. Os recursos previstos neste Regulamento serão indeferidos de plano pelo Presidente da Junta Comercial, se assinados por terceiros ou procurador sem instrumento de mandato, ou interpostos fora do prazo ou antes da decisão definitiva, devendo ser, em qualquer caso, anexados aos processos a que se referirem.

Art. 71. No pedido de reconsideração ou nos recursos previstos neste Regulamento, subscritos por advogado sem o devido instrumento de mandato, deverá o mesmo exibi-lo no prazo de cinco dias úteis.

Art. 72. A firma mercantil individual ou sociedade mercantil cujo ato tenha sido objeto de decisão de cancelamento do registro providenciará, no prazo de trinta dias, a sua retificação, se o vício for sanável, sob pena de desarquivamento do ato pela Junta Comercial no dia seguinte ao do vencimento do prazo.

Art. 73. Os recursos previstos neste Regulamento não suspendem os efeitos da decisão a que se referem.

Art. 74. O prazo para a interposição dos recursos é de dez dias úteis, cuja fluência se inicia no primeiro dia útil subsequente ao da data da ciência pelo interessado ou da publicação do despacho.

Parágrafo único. A ciência poderá ser feita por via postal, com aviso de recebimento.

Seção VIII

DA PUBLICAÇÃO DOS ATOS

Art. 75. Os atos decisórios da Junta Comercial serão publicados na forma e no órgão de divulgação determinados em Portaria de seu Presidente, publicada no *Diário Oficial do Estado* e, no caso da Junta Comercial do Distrito Federal, no *Diário Oficial da União*.

Art. 76. As publicações ordenadas na lei de sociedades por ações serão feitas no órgão oficial da União, do Estado ou do Distrito Federal, conforme o lugar em que esteja situada a sede da companhia, e em outro jornal de grande circulação editado regularmente na mesma localidade.

Parágrafo único. Se no lugar em que estiver situada a sede da companhia não for editado jornal, a publicação se fará em órgão de grande circulação local.

Art. 77. A prova da publicidade de atos societários, quando exigida em lei, será feita mediante anotação nos registros da Junta Comercial, à vista de apresentação da folha do órgão oficial e, quando for o caso, do jornal particular onde foi feita a publicação, dispensada a juntada da mencionada folha.

Parágrafo único. É facultado, ainda, às sociedades por ações mencionar, na ata apresentada a arquivamento, a data, o número da folha ou da página do órgão oficial e do jornal particular onde foram feitas as publicações preliminares à realização da assembleia a que se referem, dispensada a sua apresentação.

Seção IX

DAS AUTENTICAÇÕES

Art. 78. As Juntas Comerciais autenticarão, segundo instruções normativas do Departamento Nacional de Registro do Comércio – DNRC:

I – os instrumentos de escrituração das empresas mercantis e dos agentes auxiliares do comércio;
II – os documentos arquivados e suas cópias;
III – as certidões dos documentos arquivados.

Parágrafo único. Os instrumentos autenticados na forma deste artigo, referidos nos incisos I e III e as cópias dos documentos referidas no inciso II não retirados no prazo de trinta dias, contados do seu deferimento, poderão ser eliminados.

Seção X

DAS CERTIDÕES

Art. 79. É público o registro de empresas mercantis e atividades afins a cargo das Juntas Comerciais.

Art. 80. Qualquer pessoa, sem necessidade de provar interesse, poderá consultar os documentos arquivados nas Juntas Comerciais e obter certidões, mediante pagamento do preço devido.

Art. 81. O pedido de certidão, assinado pelo interessado e acompanhado do comprovante de pagamento do preço devido, indicará uma das seguintes modalidades:

I – simplificada;
II – específica, consoante quesitos formulados no pedido;
III – inteiro teor, mediante reprografia.

Art. 82. Sempre que houver qualquer alteração posterior ao ato cuja certidão for requerida, deverá ela, obrigatoriamente, ser mencionada, não obstante as especificações do pedido.

Art. 83. A certidão deverá ser entregue no prazo de até quatro dias úteis da protocolização do pedido na sede da Junta Comercial e, no prazo de até oito dias úteis, se em protocolo descentralizado.

Parágrafo único. Em caso de recusa ou demora na expedição da certidão, o requerente poderá reclamar à autoridade competente, que deverá providenciar, com presteza, sua expedição.

Art. 84. Os modelos e a expedição de certidões serão disciplinados por instrução normativa do Departamento Nacional de Registro do Comércio – DNRC.

Art. 85. A certidão dos atos de constituição e de alteração de sociedades mercantis, passada pelas Juntas Comerciais em que foram arquivados, será o documento hábil para a transferência, no registro público competente, dos bens com que o subscritor tiver contribuído para a formação ou aumento do capital social.

Art. 86. Os documentos arquivados pelas Juntas Comerciais não serão, em qualquer hipótese, retirados de suas dependências, ressalvado o disposto no artigo 90.

Seção XI

DO ASSENTAMENTO DOS USOS OU PRÁTICAS MERCANTIS

Art. 87. O assentamento de usos ou práticas mercantis é efetuado pela Junta Comercial.

§ 1º Os usos ou práticas mercantis devem ser devidamente coligidos e assentados em livro próprio, pela Junta Comercial, ex officio, por provocação da Procuradoria ou de entidade de classe interessada.

§ 2º Verificada, pela Procuradoria, a inexistência de disposição legal contrária ao uso ou prática mercantil a ser assentada, o Presidente da Junta Comercial solicitará o pronunciamento escrito das entidades diretamente interessadas, que deverão manifestar-se dentro do prazo de noventa dias, e fará publicar convite a todos os interessados para que se manifestem no mesmo prazo.

§ 3º Executadas as diligências previstas no parágrafo anterior, a Junta Comercial decidirá se é verdadeiro e registrável o uso ou prática mercantil, em sessão a que compareçam, no mínimo, dois terços dos respectivos vogais, dependendo a respectiva aprovação do voto de, pelo menos, metade mais um dos Vogais presentes.

§ 4º Proferida a decisão, anotar-se-á o uso ou prática mercantil em livro especial, com a devida justificação, efetuando-se a respectiva publicação no órgão oficial da União, do Estado ou do Distrito Federal, conforme a sede da Junta Comercial.

Art. 88. Quinquenalmente, as Juntas Comerciais processarão a revisão e publicação da coleção dos usos ou práticas mercantis assentados na forma do artigo anterior.

Seção XII

DA RETRIBUIÇÃO DOS SERVIÇOS

Art. 89. Compete ao Departamento Nacional de Registro do Comércio – DNRC propor a elaboração da Tabela de Preços dos Serviços pertinentes ao Registro Público de Empresas Mercantis, na parte relativa aos atos de natureza federal, bem como especificar os atos a serem observados pelas Juntas Comerciais na elaboração de suas tabelas locais.

Parágrafo único. As isenções de preços de serviços restringem-se aos casos previstos em lei.

TÍTULO III – DAS DISPOSIÇÕES FINAIS E TRANSITÓRIAS

Capítulo I

DAS DISPOSIÇÕES FINAIS

Art. 90. Os atos de empresas mercantis, após preservada a sua imagem através de microfilmagem ou por meios tecnológicos mais avançados, poderão ser devolvidos pelas Juntas Comerciais, conforme dispuser instrução normativa do Departamento Nacional de Registro do Comércio – DNRC.

Art. 91. O fornecimento de informações cadastrais ao Departamento Nacional de Registro do Comércio – DNRC, ou às Juntas Comerciais, conforme for o caso, desobriga as firmas mercantis individuais e sociedades mercantis de prestarem idênticas informações a outros órgãos ou entidades da Administração Federal, Estadual ou Municipal.

Parágrafo único. O Departamento Nacional de Registro do Comércio – DNRC estabelecerá as normas necessárias para a utilização dos cadastros sob jurisdição do Sistema Nacional de Registro de Empresas Mercantis – SINREM pelos órgãos ou entidades públicas a que se refere este artigo, mediante a celebração de acordos ou convênios de cooperação.

Capítulo II

DAS DISPOSIÇÕES TRANSITÓRIAS

Art. 92. As Juntas Comerciais adaptarão seus regimentos internos ou regulamentos às disposições deste Regulamento no prazo de cento e oitenta dias, a contar da data da sua publicação.

Art. 93. Este Decreto entra em vigor na data de sua publicação.

Art. 94. Revogam-se os Decretos nº 57.651, de 19 de janeiro de 1966, 86.764, de 22 de dezembro de 1981, 93.410, de 14 de outubro de 1986 e o Decreto s/nº de 10 de maio de 1991, que dispõe sobre a autorização para microfilmagem de documentos levados a registro nas Juntas Comerciais.

Brasília, 30 de janeiro de 1996;
175º da Independência e
108º da República.

Fernando Henrique Cardoso

LEI Nº 9.279, DE 14 DE MAIO DE 1996

Regula direitos e obrigações relativos à propriedade industrial.

► Publicada no *DOU* de 15-5-1996.

DISPOSIÇÕES PRELIMINARES

Art. 1º Esta Lei regula direitos e obrigações relativos à propriedade industrial.

Art. 2º A proteção dos direitos relativos à propriedade industrial, considerado o seu interesse social e o desenvolvimento tecnológico e econômico do País, efetua-se mediante:

I – concessão de patentes de invenção e de modelo de utilidade;
II – concessão de registro de desenho industrial;
III – concessão de registro de marca;
IV – repressão às falsas indicações geográficas; e
V – repressão à concorrência desleal.

Art. 3º Aplica-se também o disposto nesta Lei:

I – ao pedido de patente ou de registro proveniente do exterior e depositado no País por quem tenha proteção assegurada por tratado ou convenção em vigor no Brasil; e
II – aos nacionais ou pessoas domiciliadas em país que assegure aos brasileiros ou pessoas domiciliadas no Brasil a reciprocidade de direitos iguais ou equivalentes.

Art. 4º As disposições dos tratados em vigor no Brasil são aplicáveis, em igualdade de condições, às pessoas físicas e jurídicas nacionais ou domiciliadas no País.

Art. 5º Consideram-se bens móveis, para os efeitos legais, os direitos de propriedade industrial.

TÍTULO I – DAS PATENTES

CAPÍTULO I

DA TITULARIDADE

Art. 6º Ao autor de invenção ou modelo de utilidade será assegurado o direito de obter a patente que lhe garanta a propriedade, nas condições estabelecidas nesta Lei.

§ 1º Salvo prova em contrário, presume-se o requerente legitimado a obter a patente.

§ 2º A patente poderá ser requerida em nome próprio, pelos herdeiros ou sucessores do autor, pelo cessionário ou por aquele a quem a lei ou o contrato de trabalho ou de prestação de serviços determinar que pertença a titularidade.

§ 3º Quando se tratar de invenção ou de modelo de utilidade realizado conjuntamente por duas ou mais pessoas, a patente poderá ser requerida por todas ou qualquer delas, mediante nomeação e qualificação das demais, para ressalva dos respectivos direitos.

§ 4º O inventor será nomeado e qualificado, podendo requerer a não divulgação de sua nomeação.

Art. 7º Se dois ou mais autores tiverem realizado a mesma invenção ou modelo de utilidade, de forma independente, o direito de obter patente será assegurado àquele que provar o depósito mais antigo, independentemente das datas de invenção ou criação.

Parágrafo único. A retirada de depósito anterior sem produção de qualquer efeito dará prioridade ao depósito imediatamente posterior.

CAPÍTULO II

DA PATENTEABILIDADE

SEÇÃO I

DAS INVENÇÕES E DOS MODELOS DE UTILIDADE PATENTEÁVEIS

Art. 8º É patenteável a invenção que atenda aos requisitos de novidade, atividade inventiva e aplicação industrial.

Art. 9º É patenteável como modelo de utilidade o objeto de uso prático, ou parte deste, suscetível de aplicação industrial, que apresente nova forma ou disposição, envolvendo ato inventivo, que resulte em melhoria funcional no seu uso ou em sua fabricação.

Art. 10. Não se considera invenção nem modelo de utilidade:

I – descobertas, teorias científicas e métodos matemáticos;
II – concepções puramente abstratas;
III – esquemas, planos, princípios ou métodos comerciais, contábeis, financeiros, educativos, publicitários, de sorteio e de fiscalização;
IV – as obras literárias, arquitetônicas, artísticas e científicas ou qualquer criação estética;
V – programas de computador em si;
VI – apresentação de informações;
VII – regras de jogo;
VIII – técnicas e métodos operatórios ou cirúrgicos, bem como métodos terapêuticos ou de diagnóstico, para aplicação no corpo humano ou animal; e
IX – o todo ou parte de seres vivos naturais e materiais biológicos encontrados na natureza, ou ainda que dela isolados, inclusive o genoma ou germoplasma de qualquer ser vivo natural e os processos biológicos naturais.

Art. 11. A invenção e o modelo de utilidade são considerados novos quando não compreendidos no estado da técnica.

§ 1º O estado da técnica é constituído por tudo aquilo tornado acessível ao público antes da data de depósito do pedido de patente, por descrição escrita ou oral, por uso ou qualquer outro meio, no Brasil ou no exterior, ressalvado o disposto nos artigos 12, 16 e 17.

§ 2º Para fins de aferição da novidade, o conteúdo completo de pedido depositado no Brasil, e ainda não publicado, será considerado estado da técnica a partir da data de depósito, ou da prioridade reivindicada, desde que venha a ser publicado, mesmo que subsequentemente.

§ 3º O disposto no parágrafo anterior será aplicado ao pedido internacional de patente depositado segundo tratado ou convenção em vigor no Brasil, desde que haja processamento nacional.

Art. 12. Não será considerada como estado da técnica a divulgação de invenção ou modelo de utilidade, quando ocorrida durante os doze meses que precederem a data de depósito ou a da prioridade do pedido de patente, se promovida:

I – pelo inventor;

II – pelo Instituto Nacional da Propriedade Industrial – INPI, através de publicação oficial do pedido de patente depositado sem o consentimento do inventor, baseado em informações deste obtidas ou em decorrência de atos por ele realizados; ou

III – por terceiros, com base em informações obtidas direta ou indiretamente do inventor ou em decorrência de atos por este realizados.

Parágrafo único. O INPI poderá exigir do inventor declaração relativa à divulgação, acompanhada ou não de provas, nas condições estabelecidas em regulamento.

Art. 13. A invenção é dotada de atividade inventiva sempre que, para um técnico no assunto, não decorra de maneira evidente ou óbvia do estado da técnica.

Art. 14. O modelo de utilidade é dotado de ato inventivo sempre que, para um técnico no assunto, não decorra de maneira comum ou vulgar do estado da técnica.

Art. 15. A invenção e o modelo de utilidade são considerados suscetíveis de aplicação industrial quando possam ser utilizados ou produzidos em qualquer tipo de indústria.

Seção II

DA PRIORIDADE

Art. 16. Ao pedido de patente depositado em país que mantenha acordo com o Brasil, ou em organização internacional, que produza efeito de depósito nacional, será assegurado direito de prioridade, nos prazos estabelecidos no acordo, não sendo o depósito invalidado nem prejudicado por fatos ocorridos nesses prazos.

§ 1º A reivindicação de prioridade será feita no ato de depósito, podendo ser suplementada dentro de sessenta dias por outras prioridades anteriores à data do depósito no Brasil.

§ 2º A reivindicação de prioridade será comprovada por documento hábil da origem, contendo número, data, título, relatório descritivo, e, se for o caso, reivindicações e desenhos, acompanhado de tradução simples da certidão de depósito ou documento equivalente, contendo dados identificadores do pedido, cujo teor será de inteira responsabilidade do depositante.

§ 3º Se não efetuada por ocasião do depósito, a comprovação deverá ocorrer em até cento e oitenta dias contados do depósito.

§ 4º Para os pedidos internacionais depositados em virtude de tratado em vigor no Brasil, a tradução prevista no § 2º deverá ser apresentada no prazo de sessenta dias contados da data da entrada no processamento nacional.

§ 5º No caso de o pedido depositado no Brasil estar fielmente contido no documento da origem, será suficiente uma declaração do depositante a este respeito para substituir a tradução simples.

§ 6º Tratando-se de prioridade obtida por cessão, o documento correspondente deverá ser apresentado dentro de cento e oitenta dias contados do depósito, ou, se for o caso, em até sessenta dias da data da entrada no processamento nacional, dispensada a legalização consular no país de origem.

§ 7º A falta de comprovação nos prazos estabelecidos neste artigo acarretará a perda da prioridade.

§ 8º Em caso de pedido depositado com reivindicação de prioridade, o requerimento para antecipação de publicação deverá ser instruído com a comprovação da prioridade.

Art. 17. O pedido de patente de invenção ou de modelo de utilidade depositado originalmente no Brasil, sem reivindicação de prioridade e não publicado, assegurará o direito de prioridade ao pedido posterior sobre a mesma matéria depositado no Brasil pelo mesmo requerente ou sucessores, dentro do prazo de um ano.

§ 1º A prioridade será admitida apenas para a matéria revelada no pedido anterior, não se estendendo a matéria nova introduzida.

§ 2º O pedido anterior ainda pendente será considerado definitivamente arquivado.

§ 3º O pedido de patente originário de divisão de pedido anterior não poderá servir de base a reivindicação de prioridade.

Seção III

DAS INVENÇÕES E DOS MODELOS DE UTILIDADE NÃO PATENTEÁVEIS

Art. 18. Não são patenteáveis:

I – o que for contrário à moral, aos bons costumes e à segurança, à ordem e à saúde públicas;

II – as substâncias, matérias, misturas, elementos ou produtos de qualquer espécie, bem como a modificação de suas propriedades físico-químicas e os respectivos processos de obtenção ou modificação, quando resultantes de transformação do núcleo atômico; e

III – o todo ou parte dos seres vivos, exceto os micro-organismos transgênicos que atendam aos três requisitos de patenteabilidade – novidade, atividade inventiva e aplicação industrial – previstos no artigo 8º e que não sejam mera descoberta.

Parágrafo único. Para os fins desta Lei, micro-organismos transgênicos são organismos, exceto o todo ou parte de plantas ou de animais, que expressem, mediante intervenção humana direta em sua composição genética, uma característica normalmente não alcançável pela espécie em condições naturais.

Capítulo III

DO PEDIDO DE PATENTE

Seção I

DO DEPÓSITO DO PEDIDO

Art. 19. O pedido de patente, nas condições estabelecidas pelo INPI, conterá:

I – requerimento;

II – relatório descritivo;

III – reivindicações;

IV – desenhos, se for o caso;

V – resumo; e

VI – comprovante do pagamento da retribuição relativa ao depósito.

Art. 20. Apresentado o pedido, será ele submetido a exame formal preliminar e, se devidamente instruído, será protocolizado, considerada a data de depósito a da sua apresentação.

Art. 21. O pedido que não atender formalmente ao disposto no artigo 19, mas que contiver dados relativos ao objeto, ao depositante e ao inventor, poderá ser entregue, mediante recibo datado, ao INPI, que estabelecerá as exigências a serem cumpridas, no prazo de trinta dias, sob pena de devolução ou arquivamento da documentação.

Parágrafo único. Cumpridas as exigências, o depósito será considerado como efetuado na data do recibo.

Seção II

DAS CONDIÇÕES DO PEDIDO

Art. 22. O pedido de patente de invenção terá de se referir a uma única invenção ou a um grupo de invenções inter-relacionadas de maneira a compreenderem um único conceito inventivo.

Art. 23. O pedido de patente de modelo de utilidade terá de se referir a um único modelo principal, que poderá incluir uma pluralidade de elementos distintos, adicionais ou variantes construtivas ou configurativas, desde que mantida a unidade técnico-funcional e corporal do objeto.

Art. 24. O relatório deverá descrever clara e suficientemente o objeto, de modo a possibilitar sua realização por técnico no assunto e indicar, quando for o caso, a melhor forma de execução.

Parágrafo único. No caso de material biológico essencial à realização prática do objeto do pedido, que não possa ser descrito na forma deste artigo e que não estiver acessível ao público, o relatório será suplementado por depósito do material em instituição autorizada pelo INPI ou indicada em acordo internacional.

Art. 25. As reivindicações deverão ser fundamentadas no relatório descritivo, caracterizando as particularidades do pedido e definindo, de modo claro e preciso, a matéria objeto da proteção.

Art. 26. O pedido de patente poderá ser dividido em dois ou mais, de ofício ou a requerimento do depositante, até o final do exame, desde que o pedido dividido:

I – faça referência específica ao pedido original; e
II – não exceda à matéria revelada constante do pedido original.

Parágrafo único. O requerimento de divisão em desacordo com o disposto neste artigo será arquivado.

Art. 27. Os pedidos divididos terão a data de depósito do pedido original e o benefício de prioridade deste, se for o caso.

Art. 28. Cada pedido dividido estará sujeito a pagamento das retribuições correspondentes.

Art. 29. O pedido de patente retirado ou abandonado será obrigatoriamente publicado.

§ 1º O pedido de retirada deverá ser apresentado em até dezesseis meses, contados da data do depósito ou da prioridade mais antiga.

§ 2º A retirada de um depósito anterior sem produção de qualquer efeito dará prioridade ao depósito imediatamente posterior.

Seção III

DO PROCESSO E DO EXAME DO PEDIDO

Art. 30. O pedido de patente será mantido em sigilo durante dezoito meses contados da data de depósito ou da prioridade mais antiga, quando houver, após o que será publicado, à exceção do caso previsto no artigo 75.

§ 1º A publicação do pedido poderá ser antecipada a requerimento do depositante.

§ 2º Da publicação deverão constar dados identificadores do pedido de patente, ficando cópia do relatório descritivo, das reivindicações, do resumo e dos desenhos à disposição do público no INPI.

§ 3º No caso previsto no parágrafo único do artigo 24, o material biológico tornar-se-á acessível ao público com a publicação de que trata este artigo.

Art. 31. Publicado o pedido de patente e até o final do exame, será facultada a apresentação, pelos interessados, de documentos e informações para subsidiarem o exame.

Parágrafo único. O exame não será iniciado antes de decorridos sessenta dias da publicação do pedido.

Art. 32. Para melhor esclarecer ou definir o pedido de patente, o depositante poderá efetuar alterações até o requerimento do exame, desde que estas se limitem à matéria inicialmente revelada no pedido.

Art. 33. O exame do pedido de patente deverá ser requerido pelo depositante ou por qualquer interessado, no prazo de trinta e seis meses contados da data do depósito, sob pena do arquivamento do pedido.

Parágrafo único. O pedido de patente poderá ser desarquivado, se o depositante assim o requerer, dentro de sessenta dias contados do arquivamento, mediante pagamento de uma retribuição específica, sob pena de arquivamento definitivo.

Art. 34. Requerido o exame, deverão ser apresentados, no prazo de sessenta dias, sempre que solicitado, sob pena de arquivamento do pedido:

I – objeções, buscas de anterioridade e resultados de exame para concessão de pedido correspondente em outros países, quando houver reivindicação de prioridade;
II – documentos necessários à regularização do processo e exame do pedido; e
III – tradução simples do documento hábil referido no § 2º do artigo 16, caso esta tenha sido substituída pela declaração prevista no § 5º do mesmo artigo.

Art. 35. Por ocasião do exame técnico, será elaborado o relatório de busca e parecer relativo a:

I – patenteabilidade do pedido;
II – adaptação do pedido à natureza reivindicada;
III – reformulação do pedido ou divisão; ou
IV – exigências técnicas.

Art. 36. Quando o parecer for pela não patenteabilidade ou pelo não enquadramento do pedido na natureza reivindicada ou formular qualquer exigência, o depositante será intimado para manifestar-se no prazo de noventa dias.

§ 1º Não respondida a exigência, o pedido será definitivamente arquivado.

§ 2º Respondida a exigência, ainda que não cumprida, ou contestada sua formulação, e havendo ou não manifestação sobre a patenteabilidade ou o enquadramento, dar-se-á prosseguimento ao exame.

Art. 37. Concluído o exame, será proferida decisão, deferindo ou indeferindo o pedido de patente.

Capítulo IV
DA CONCESSÃO E DA VIGÊNCIA DA PATENTE
Seção I
DA CONCESSÃO DA PATENTE

Art. 38. A patente será concedida depois de deferido o pedido, e comprovado o pagamento da retribuição correspondente, expedindo-se a respectiva carta-patente.

§ 1º O pagamento da retribuição e respectiva comprovação deverão ser efetuados no prazo de sessenta dias contados do deferimento.

§ 2º A retribuição prevista neste artigo poderá ainda ser paga e comprovada dentro de trinta dias após o prazo previsto no parágrafo anterior, independentemente de notificação, mediante pagamento de retribuição específica, sob pena de arquivamento definitivo do pedido.

§ 3º Reputa-se concedida a patente na data de publicação do respectivo ato.

Art. 39. Da carta-patente deverão constar o número, o título e a natureza respectivos, o nome do inventor, observado o disposto no § 4º do artigo 6º, a qualificação e o domicílio do titular, o prazo de vigência, o relatório descritivo, as reivindicações e os desenhos, bem como os dados relativos à prioridade.

Seção II
DA VIGÊNCIA DA PATENTE

Art. 40. A patente de invenção vigorará pelo prazo de vinte anos e a de modelo de utilidade pelo prazo quinze anos contados da data de depósito.

Parágrafo único. O prazo de vigência não será inferior a dez anos para a patente de invenção e a sete anos para a patente de modelo de utilidade, a contar da data de concessão, ressalvada a hipótese de o INPI estar impedido de proceder ao exame de mérito do pedido, por pendência judicial comprovada ou por motivo de força maior.

Capítulo V
DA PROTEÇÃO CONFERIDA PELA PATENTE
Seção I
DOS DIREITOS

Art. 41. A extensão da proteção conferida pela patente será determinada pelo teor das reivindicações, interpretado com base no relatório descritivo e nos desenhos.

Art. 42. A patente confere ao seu titular o direito de impedir terceiro, sem o seu consentimento, de produzir, usar, colocar à venda, vender ou importar com estes propósitos:

I – produto objeto de patente;
II – processo ou produto obtido diretamente por processo patenteado.

§ 1º Ao titular da patente é assegurado ainda o direito de impedir que terceiros contribuam para que outros pratiquem os atos referidos neste artigo.

§ 2º Ocorrerá violação de direito da patente de processo, a que se refere o inciso II, quando o possuidor ou proprietário não comprovar, mediante determinação judicial específica, que o seu produto foi obtido por processo de fabricação diverso daquele protegido pela patente.

Art. 43. O disposto no artigo anterior não se aplica:

I – aos atos praticados por terceiros não autorizados, em caráter privado e sem finalidade comercial, desde que não acarretem prejuízo ao interesse econômico do titular da patente;

II – aos atos praticados por terceiros não autorizados, com finalidade experimental, relacionados a estudos ou pesquisas científicas ou tecnológicas;

III – à preparação de medicamento de acordo com prescrição médica para casos individuais, executada por profissional habilitado, bem como ao medicamento assim preparado;

IV – a produto fabricado de acordo com patente de processo ou de produto que tiver sido colocado no mercado interno diretamente pelo titular da patente ou com seu consentimento;

V – a terceiros que, no caso de patentes relacionadas com matéria viva, utilizem, sem finalidade econômica, o produto patenteado como fonte inicial de variação ou propagação para obter outros produtos; e

VI – a terceiros que, no caso de patentes relacionadas com matéria viva, utilizem, ponham em circulação ou comercializem um produto patenteado que haja sido introduzido licitamente no comércio pelo detentor da patente ou por detentor de licença, desde que o produto patenteado não seja utilizado para multiplicação ou propagação comercial da matéria viva em causa;

VII – aos atos praticados por terceiros não autorizados, relacionados à invenção protegida por patente, destinados exclusivamente à produção de informações, dados e resultados de testes, visando à obtenção do registro de comercialização, no Brasil ou em outro país, para a exploração e comercialização do produto objeto da patente, após a expiração dos prazos estipulados no artigo 40.

▶ Inciso VII acrescido pela Lei nº 10.196, de 14-2-2001.

Art. 44. Ao titular da patente é assegurado o direito de obter indenização pela exploração indevida de seu objeto, inclusive em relação à exploração ocorrida entre a data da publicação do pedido e a da concessão da patente.

§ 1º Se o infrator obteve, por qualquer meio, conhecimento do conteúdo do pedido depositado, anteriormente à publicação, contar-se-á o período da exploração indevida para efeito da indenização a partir da data de início da exploração.

§ 2º Quando o objeto do pedido de patente se referir a material biológico, depositado na forma do parágrafo único do art. 24, o direito à indenização será somente conferido quando o material biológico se tiver tornado acessível ao público.

§ 3º O direito de obter indenização por exploração indevida, inclusive com relação ao período anterior à concessão da patente, está limitado ao conteúdo do seu objeto, na forma do artigo 41.

SEÇÃO II

DO USUÁRIO ANTERIOR

Art. 45. À pessoa de boa-fé que, antes da data de depósito ou de prioridade de pedido de patente, explorava seu objeto no País, será assegurado o direito de continuar a exploração, sem ônus, na forma e condição anteriores.

§ 1º O direito conferido na forma deste artigo só poderá ser cedido juntamente com o negócio ou empresa, ou parte desta que tenha direta relação com a exploração do objeto da patente, por alienação ou arrendamento.

§ 2º O direito de que trata este artigo não será assegurado a pessoa que tenha tido conhecimento do objeto da patente através de divulgação na forma do artigo 12, desde que o pedido tenha sido depositado no prazo de um ano, contado da divulgação.

CAPÍTULO VI

DA NULIDADE DA PATENTE

SEÇÃO I

DAS DISPOSIÇÕES GERAIS

Art. 46. É nula a patente concedida contrariando as disposições desta Lei.

Art. 47. A nulidade poderá não incidir sobre todas as reivindicações, sendo condição para a nulidade parcial o fato de as reivindicações subsistentes constituírem matéria patenteável por si mesmas.

Art. 48. A nulidade da patente produzirá efeitos a partir da data do depósito do pedido.

Art. 49. No caso de inobservância do disposto no artigo 6º, o inventor poderá, alternativamente, reivindicar, em ação judicial, a adjudicação da patente.

SEÇÃO II

DO PROCESSO ADMINISTRATIVO DE NULIDADE

Art. 50. A nulidade da patente será declarada administrativamente quando:

I – não tiver sido atendido qualquer dos requisitos legais;
II – o relatório e as reivindicações não atenderem ao disposto nos artigos 24 e 25, respectivamente;
III – o objeto da patente se estenda além do conteúdo do pedido originalmente depositado; ou
IV – no seu processamento, tiver sido omitida qualquer das formalidades essenciais, indispensáveis à concessão.

Art. 51. O processo de nulidade poderá ser instaurado de ofício ou mediante requerimento de qualquer pessoa com legítimo interesse, no prazo de seis meses contados da concessão da patente.

Parágrafo único. O processo de nulidade prosseguirá ainda que extinta a patente.

Art. 52. O titular será intimado para se manifestar no prazo de sessenta dias.

Art. 53. Havendo ou não manifestação, decorrido o prazo fixado no artigo anterior, o INPI emitirá parecer, intimando o titular e o requerente para se manifestarem no prazo comum de sessenta dias.

Art. 54. Decorrido o prazo fixado no artigo anterior, mesmo que não apresentadas as manifestações, o processo será decidido pelo Presidente do INPI, encerrando-se a instância administrativa.

Art. 55. Aplicam-se, no que couber, aos certificados de adição, as disposições desta Seção.

SEÇÃO III

DA AÇÃO DE NULIDADE

Art. 56. A ação de nulidade poderá ser proposta a qualquer tempo da vigência da patente, pelo INPI ou por qualquer pessoa com legítimo interesse.

§ 1º A nulidade da patente poderá ser arguida, a qualquer tempo, como matéria de defesa.

§ 2º O juiz poderá, preventiva ou incidentalmente, determinar a suspensão dos efeitos da patente, atendidos os requisitos processuais próprios.

Art. 57. A ação de nulidade de patente será ajuizada no foro da Justiça Federal e o INPI, quando não for autor, intervirá no feito.

§ 1º O prazo para resposta do réu titular da patente será de sessenta dias.

§ 2º Transitada em julgado a decisão da ação de nulidade, o INPI publicará anotação, para ciência de terceiros.

CAPÍTULO VII

DA CESSÃO E DAS ANOTAÇÕES

Art. 58. O pedido de patente ou a patente, ambos de conteúdo indivisível, poderão ser cedidos, total ou parcialmente.

Art. 59. O INPI fará as seguintes anotações:

I – da cessão, fazendo constar a qualificação completa do cessionário;
II – de qualquer limitação ou ônus que recaia sobre o pedido ou a patente; e
III – das alterações de nome, sede ou endereço do depositante ou titular.

Art. 60. As anotações produzirão efeito em relação a terceiros a partir da data de sua publicação.

CAPÍTULO VIII

DAS LICENÇAS

SEÇÃO I

DA LICENÇA VOLUNTÁRIA

Art. 61. O titular de patente ou o depositante poderá celebrar contrato de licença para exploração.

Parágrafo único. O licenciado poderá ser investido pelo titular de todos os poderes para agir em defesa da patente.

Art. 62. O contrato de licença deverá ser averbado no INPI para que produza efeitos em relação a terceiros.

§ 1º A averbação produzirá efeitos em relação a terceiros a partir da data de sua publicação.

§ 2º Para efeito de validade de prova de uso, o contrato de licença não precisará estar averbado no INPI.

Art. 63. O aperfeiçoamento introduzido em patente licenciada pertence a quem o fizer, sendo assegurado à outra parte contratante o direito de preferência para seu licenciamento.

Seção II

DA OFERTA DE LICENÇA

Art. 64. O titular da patente poderá solicitar ao INPI que a coloque em oferta para fins de exploração.

§ 1º O INPI promoverá a publicação da oferta.

§ 2º Nenhum contrato de licença voluntária de caráter exclusivo será averbado no INPI sem que o titular tenha desistido da oferta.

§ 3º A patente sob licença voluntária, com caráter de exclusividade, não poderá ser objeto de oferta.

§ 4º O titular poderá, a qualquer momento, antes da expressa aceitação de seus termos pelo interessado, desistir da oferta, não se aplicando o disposto no artigo 66.

Art. 65. Na falta de acordo entre o titular e o licenciado, as partes poderão requerer ao INPI o arbitramento da remuneração.

§ 1º Para efeito deste artigo, o INPI observará o disposto no § 4º do artigo 73.

§ 2º A remuneração poderá ser revista decorrido um ano de sua fixação.

Art. 66. A patente em oferta terá sua anuidade reduzida à metade no período compreendido entre o oferecimento e a concessão da primeira licença, a qualquer título.

Art. 67. O titular da patente poderá requerer o cancelamento da licença se o licenciado não der início à exploração efetiva dentro de um ano da concessão, interromper a exploração por prazo superior a um ano, ou, ainda, se não forem obedecidas as condições para a exploração.

Seção III

DA LICENÇA COMPULSÓRIA

Art. 68. O titular ficará sujeito a ter a patente licenciada compulsoriamente se exercer os direitos dela decorrentes de forma abusiva, ou por meio dela praticar abuso de poder econômico, comprovado nos termos da lei, por decisão administrativa ou judicial.

§ 1º Ensejam, igualmente, licença compulsória:

I – a não exploração do objeto da patente no território brasileiro por falta de fabricação ou fabricação incompleta do produto, ou, ainda, a falta de uso integral do processo patenteado, ressalvados os casos de inviabilidade econômica, quando será admitida a importação; ou

II – a comercialização que não satisfizer às necessidades do mercado.

§ 2º A licença só poderá ser requerida por pessoa com legítimo interesse e que tenha capacidade técnica e econômica para realizar a exploração eficiente do objeto da patente, que deverá destinar-se, predominantemente, ao mercado interno, extinguindo-se nesse caso a excepcionalidade prevista no inciso I do parágrafo anterior.

§ 3º No caso de a licença compulsória ser concedida em razão de abuso de poder econômico, ao licenciado, que propõe fabricação local, será garantido um prazo, limitado ao estabelecido no artigo 74, para proceder à importação do objeto da licença, desde que tenha sido colocado no mercado diretamente pelo titular ou com o seu consentimento.

§ 4º No caso de importação para exploração de patente e no caso da importação prevista no parágrafo anterior, será igualmente admitida a importação por terceiros de produto fabricado de acordo com patente de processo ou de produto, desde que tenha sido colocado no mercado diretamente pelo titular ou com o seu consentimento.

§ 5º A licença compulsória de que trata o § 1º somente será requerida após decorridos três anos da concessão da patente.

Art. 69. A licença compulsória não será concedida se, à data do requerimento, o titular:

I – justificar o desuso por razões legítimas;
II – comprovar a realização de sérios e efetivos preparativos para a exploração; ou
III – justificar a falta de fabricação ou comercialização por obstáculo de ordem legal.

Art. 70. A licença compulsória será ainda concedida quando, cumulativamente, se verificarem as seguintes hipóteses:

I – ficar caracterizada situação de dependência de uma patente em relação a outra;
II – o objeto da patente dependente constituir substancial progresso técnico em relação à patente anterior; e
III – o titular não realizar acordo com o titular da patente dependente para exploração da patente anterior.

§ 1º Para os fins deste artigo considera-se patente dependente aquela cuja exploração depende obrigatoriamente da utilização do objeto de patente anterior.

§ 2º Para efeito deste artigo, uma patente de processo poderá ser considerada dependente de patente do produto respectivo, bem como uma patente de produto poderá ser dependente de patente de processo.

§ 3º O titular da patente licenciada na forma deste artigo terá direito a licença compulsória cruzada da patente dependente.

Art. 71. Nos casos de emergência nacional ou interesse público, declarados em ato do Poder Executivo Federal, desde que o titular da patente ou seu licenciado não atenda a essa necessidade, poderá ser concedida, de ofício, licença compulsória, temporária e não exclusiva, para a exploração da patente, sem prejuízo dos direitos do respectivo titular.

Parágrafo único. O ato de concessão da licença estabelecerá seu prazo de vigência e a possibilidade de prorrogação.

Art. 72. As licenças compulsórias serão sempre concedidas sem exclusividade, não se admitindo o sublicenciamento.

Art. 73. O pedido de licença compulsória deverá ser formulado mediante indicação das condições oferecidas ao titular da patente.

§ 1º Apresentado o pedido de licença, o titular será intimado para manifestar-se no prazo de sessenta dias, findo o qual, sem manifestação do titular, será considerada aceita a proposta nas condições oferecidas.

§ 2º O requerente de licença que invocar abuso de direitos patentários ou abuso de poder econômico deverá juntar documentação que o comprove.

§ 3º No caso de a licença compulsória ser requerida com fundamento na falta de exploração, caberá ao titular da patente comprovar a exploração.

§ 4º Havendo contestação, o INPI poderá realizar as necessárias diligências, bem como designar comissão, que poderá incluir especialistas não integrantes dos quadros da autarquia, visando arbitrar a remuneração que será paga ao titular.

§ 5º Os órgãos e entidades da administração pública direta ou indireta, federal, estadual e municipal, prestarão ao INPI as informações solicitadas com o objetivo de subsidiar o arbitramento da remuneração.

§ 6º No arbitramento da remuneração, serão consideradas as circunstâncias de cada caso, levando-se em conta, obrigatoriamente, o valor econômico da licença concedida.

§ 7º Instruído o processo, o INPI decidirá sobre a concessão e condições da licença compulsória no prazo de sessenta dias.

§ 8º O recurso da decisão que conceder a licença compulsória não terá efeito suspensivo.

Art. 74. Salvo razões legítimas, o licenciado deverá iniciar a exploração do objeto da patente no prazo de um ano da concessão da licença, admitida a interrupção por igual prazo.

§ 1º O titular poderá requerer a cassação da licença quando não cumprido o disposto neste artigo.

§ 2º O licenciado ficará investido de todos os poderes para agir em defesa da patente.

§ 3º Após a concessão da licença compulsória, somente será admitida a sua cessão quando realizada conjuntamente com a cessão, alienação ou arrendamento da parte do empreendimento que a explore.

Capítulo IX

DA PATENTE DE INTERESSE DA DEFESA NACIONAL

Art. 75. O pedido de patente originário do Brasil cujo objeto interesse à defesa nacional será processado em caráter sigiloso e não estará sujeito às publicações previstas nesta Lei.

§ 1º O INPI encaminhará o pedido, de imediato, ao órgão competente do Poder Executivo para, no prazo de sessenta dias, manifestar-se sobre o caráter sigiloso. Decorrido o prazo sem a manifestação do órgão competente, o pedido será processado normalmente.

§ 2º É vedado o depósito no exterior de pedido de patente cujo objeto tenha sido considerado de interesse da defesa nacional, bem como qualquer divulgação do mesmo, salvo expressa autorização do órgão competente.

§ 3º A exploração e a cessão do pedido ou da patente de interesse da defesa nacional estão condicionadas à prévia autorização do órgão competente, assegurada indenização sempre que houver restrição dos direitos do depositante ou do titular.

▶ Dec. nº 2.553, de 16-4-1998, regulamenta este artigo.

Capítulo X

DO CERTIFICADO DE ADIÇÃO DE INVENÇÃO

Art. 76. O depositante do pedido ou titular de patente de invenção poderá requerer, mediante pagamento de retribuição específica, certificado de adição para proteger aperfeiçoamento ou desenvolvimento introduzido no objeto da invenção, mesmo que destituído de atividade inventiva, desde que a matéria se inclua no mesmo conceito inventivo.

§ 1º Quando tiver ocorrido a publicação do pedido principal, o pedido de certificado de adição será imediatamente publicado.

§ 2º O exame do pedido de certificado de adição obedecerá ao disposto nos artigos 30 a 37, ressalvado o disposto no parágrafo anterior.

§ 3º O pedido de certificado de adição será indeferido se o seu objeto não apresentar o mesmo conceito inventivo.

§ 4º O depositante poderá, no prazo do recurso, requerer a transformação do pedido de certificado de adição em pedido de patente, beneficiando-se da data de depósito do pedido de certificado, mediante pagamento das retribuições cabíveis.

Art. 77. O certificado de adição é acessório da patente, tem a data final de vigência desta e acompanha-a para todos os efeitos legais.

Parágrafo único. No processo de nulidade, o titular poderá requerer que a matéria contida no certificado de adição seja analisada para se verificar a possibilidade de sua subsistência, sem prejuízo do prazo de vigência da patente.

Capítulo XI

DA EXTINÇÃO DA PATENTE

Art. 78. A patente extingue-se:

I – pela expiração do prazo de vigência;
II – pela renúncia de seu titular, ressalvado o direito de terceiros;
III – pela caducidade;
IV – pela falta de pagamento da retribuição anual, nos prazos previstos no § 2º do artigo 84 e no artigo 87; e
V – pela inobservância do disposto no artigo 217.

Parágrafo único. Extinta a patente, o seu objeto cai em domínio público.

Art. 79. A renúncia só será admitida se não prejudicar direitos de terceiros.

Art. 80. Caducará a patente, de ofício ou a requerimento de qualquer pessoa com legítimo interesse, se, decorridos dois anos da concessão da primeira licença compulsória, esse prazo não tiver sido suficiente para prevenir ou sanar o abuso ou desuso, salvo motivos justificáveis.

§ 1º A patente caducará quando, na data do requerimento da caducidade ou da instauração de ofício do respectivo processo, não tiver sido iniciada a exploração.

§ 2º No processo de caducidade instaurado a requerimento, o INPI poderá prosseguir se houver desistência do requerente.

Art. 81. O titular será intimado mediante publicação para se manifestar, no prazo de sessenta dias, cabendo-lhe o ônus da prova quanto à exploração.

Art. 82. A decisão será proferida dentro de sessenta dias, contados do término do prazo mencionado no artigo anterior.

Art. 83. A decisão da caducidade produzirá efeitos a partir da data do requerimento ou da publicação da instauração de ofício do processo.

CAPÍTULO XII

DA RETRIBUIÇÃO ANUAL

Art. 84. O depositante do pedido e o titular da patente estão sujeitos ao pagamento de retribuição anual, a partir do início do terceiro ano da data do depósito.

§ 1º O pagamento antecipado da retribuição anual será regulado pelo INPI.

§ 2º O pagamento deverá ser efetuado dentro dos primeiros três meses de cada período anual, podendo, ainda, ser feito, independente de notificação, dentro dos seis meses subsequentes, mediante pagamento de retribuição adicional.

Art. 85. O disposto no artigo anterior aplica-se aos pedidos internacionais depositados em virtude de tratado em vigor no Brasil, devendo o pagamento das retribuições anuais vencidas antes da data da entrada no processamento nacional ser efetuado no prazo de três meses dessa data.

Art. 86. A falta de pagamento da retribuição anual, nos termos dos artigos 84 e 85, acarretará o arquivamento do pedido ou a extinção da patente.

CAPÍTULO XIII

DA RESTAURAÇÃO

Art. 87. O pedido de patente e a patente poderão ser restaurados, se o depositante ou o titular assim o requerer, dentro de três meses, contados da notificação do arquivamento do pedido ou da extinção da patente, mediante pagamento de retribuição específica.

CAPÍTULO XIV

DA INVENÇÃO E DO MODELO DE UTILIDADE REALIZADO POR EMPREGADO OU PRESTADOR DE SERVIÇO

▶ Dec. nº 2.553, de 16-4-1998, regulamenta este capítulo.

Art. 88. A invenção e o modelo de utilidade pertencem exclusivamente ao empregador quando decorrerem de contrato de trabalho cuja execução ocorra no Brasil e que tenha por objeto a pesquisa ou a atividade inventiva, ou resulte esta da natureza dos serviços para os quais foi o empregado contratado.

§ 1º Salvo expressa disposição contratual em contrário, a retribuição pelo trabalho a que se refere este artigo limita-se ao salário ajustado.

§ 2º Salvo prova em contrário, consideram-se desenvolvidos na vigência do contrato a invenção ou o modelo de utilidade, cuja patente seja requerida pelo empregado até um ano após a extinção do vínculo empregatício.

Art. 89. O empregador, titular da patente, poderá conceder ao empregado, autor de invento ou aperfeiçoamento, participação nos ganhos econômicos resultantes da exploração da patente, mediante negociação com o interessado ou conforme disposto em norma da empresa.

Parágrafo único. A participação referida neste artigo não se incorpora, a qualquer título, ao salário do empregado.

Art. 90. Pertencerá exclusivamente ao empregado a invenção ou o modelo de utilidade por ele desenvolvido, desde que desvinculado do contrato de trabalho e não decorrente da utilização de recursos, meios, dados, materiais, instalações ou equipamentos do empregador.

Art. 91. A propriedade de invenção ou de modelo de utilidade será comum, em partes iguais, quando resultar da contribuição pessoal do empregado e de recursos, dados, meios, materiais, instalações ou equipamentos do empregador, ressalvada expressa disposição contratual em contrário.

§ 1º Sendo mais de um empregado, a parte que lhes couber será dividida igualmente entre todos, salvo ajuste em contrário.

§ 2º É garantido ao empregador o direito exclusivo de licença de exploração e assegurada ao empregado a justa remuneração.

§ 3º A exploração do objeto da patente, na falta de acordo, deverá ser iniciada pelo empregador dentro do prazo de um ano, contado da data de sua concessão, sob pena de passar à exclusiva propriedade do empregado a titularidade da patente, ressalvadas as hipóteses de falta de exploração por razões legítimas.

§ 4º No caso de cessão, qualquer dos cotitulares, em igualdade de condições, poderá exercer o direito de preferência.

Art. 92. O disposto nos artigos anteriores aplica-se, no que couber, às relações entre o trabalhador autônomo ou o estagiário e a empresa contratante e entre empresas contratantes e contratadas.

Art. 93. Aplica-se o disposto neste Capítulo, no que couber, às entidades da Administração Pública, direta, indireta e fundacional, federal, estadual ou municipal.

Parágrafo único. Na hipótese do artigo 88, será assegurada ao inventor, na forma e condições previstas no estatuto ou regimento interno da entidade a que se refere este artigo, premiação de parcela no valor das vantagens auferidas com o pedido ou com a patente, a título de incentivo.

TÍTULO II – DOS DESENHOS INDUSTRIAIS

CAPÍTULO I

DA TITULARIDADE

Art. 94. Ao autor será assegurado o direito de obter registro de desenho industrial que lhe confira a propriedade, nas condições estabelecidas nesta Lei.

Parágrafo único. Aplicam-se ao registro de desenho industrial, no que couber, as disposições dos artigos 6º e 7º.

Capítulo II

DA REGISTRABILIDADE

Seção I

DOS DESENHOS INDUSTRIAIS REGISTRÁVEIS

Art. 95. Considera-se desenho industrial a forma plástica ornamental de um objeto ou o conjunto ornamental de linhas e cores que possa ser aplicado a um produto, proporcionando resultado visual novo e original na sua configuração externa e que possa servir de tipo de fabricação industrial.

Art. 96. O desenho industrial é considerado novo quando não compreendido no estado da técnica.

§ 1º O estado da técnica é constituído por tudo aquilo tornado acessível ao público antes da data de depósito do pedido, no Brasil ou no exterior, por uso ou qualquer outro meio, ressalvado o disposto no § 3º deste artigo e no artigo 99.

§ 2º Para aferição unicamente da novidade, o conteúdo completo de pedido de patente ou de registro depositado no Brasil, e ainda não publicado, será considerado como incluído no estado da técnica a partir da data de depósito, ou da prioridade reivindicada, desde que venha a ser publicado, mesmo que subsequentemente.

§ 3º Não será considerado como incluído no estado da técnica o desenho industrial cuja divulgação tenha ocorrido durante os cento e oitenta dias que precederem a data do depósito ou a da prioridade reivindicada, se promovida nas situações previstas nos incisos I a III do artigo 12.

Art. 97. O desenho industrial é considerado original quando dele resulte uma configuração visual distintiva, em relação a outros objetos anteriores.

Parágrafo único. O resultado visual original poderá ser decorrente da combinação de elementos conhecidos.

Art. 98. Não se considera desenho industrial qualquer obra de caráter puramente artístico.

Seção II

DA PRIORIDADE

Art. 99. Aplicam-se ao pedido de registro, no que couber, as disposições do artigo 16, exceto o prazo previsto no seu § 3º, que será de noventa dias.

Seção III

DOS DESENHOS INDUSTRIAIS NÃO REGISTRÁVEIS

Art. 100. Não é registrável como desenho industrial:

I – o que for contrário à moral e aos bons costumes ou que ofenda a honra ou imagem de pessoas, ou atente contra liberdade de consciência, crença, culto religioso ou ideia e sentimentos dignos de respeito e veneração;
II – a forma necessária comum ou vulgar do objeto ou, ainda, aquela determinada essencialmente por considerações técnicas ou funcionais.

Capítulo III

DO PEDIDO DE REGISTRO

Seção I

DO DEPÓSITO DO PEDIDO

Art. 101. O pedido de registro, nas condições estabelecidas pelo INPI, conterá:

I – requerimento;
II – relatório descritivo, se for o caso;
III – reivindicações, se for o caso;
IV – desenhos ou fotografias;
V – campo de aplicação do objeto; e
VI – comprovante do pagamento da retribuição relativa ao depósito.

Parágrafo único. Os documentos que integram o pedido de registro deverão ser apresentados em língua portuguesa.

Art. 102. Apresentado o pedido, será ele submetido a exame formal preliminar e, se devidamente instruído, será protocolizado, considerada a data do depósito a da sua apresentação.

Art. 103. O pedido que não atender formalmente ao disposto no artigo 101, mas que contiver dados suficientes relativos ao depositante, ao desenho industrial e ao autor, poderá ser entregue, mediante recibo datado, ao INPI, que estabelecerá as exigências a serem cumpridas, em cinco dias, sob pena de ser considerado inexistente.

Parágrafo único. Cumpridas as exigências, o depósito será considerado como efetuado na data da apresentação do pedido.

Seção II

DAS CONDIÇÕES DO PEDIDO

Art. 104. O pedido de registro de desenho industrial terá que se referir a um único objeto, permitida uma pluralidade de variações, desde que se destinem ao mesmo propósito e guardem entre si a mesma característica distintiva preponderante, limitado cada pedido ao máximo de vinte variações.

Parágrafo único. O desenho deverá representar clara e suficientemente o objeto e suas variações, se houver, de modo a possibilitar sua reprodução por técnico no assunto.

Art. 105. Se solicitado o sigilo na forma do § 1º do artigo 106, poderá o pedido ser retirado em até noventa dias contados da data do depósito.

Parágrafo único. A retirada de um depósito anterior sem produção de qualquer efeito dará prioridade ao depósito imediatamente posterior.

Seção III

DO PROCESSO E DO EXAME DO PEDIDO

Art. 106. Depositado o pedido de registro de desenho industrial e observado o disposto nos artigos 100, 101 e 104, será automaticamente publicado e simultaneamente concedido o registro, expedindo-se o respectivo certificado.

§ 1º A requerimento do depositante, por ocasião do depósito, poderá ser mantido em sigilo o pedido, pelo prazo de cento e oitenta dias contados da data do depósito, após o que será processado.

§ 2º Se o depositante se beneficiar do disposto no artigo 99, aguardar-se-á a apresentação do documento de prioridade para o processamento do pedido.

§ 3º Não atendido o disposto nos artigos 101 e 104, será formulada exigência, que deverá ser respondida em sessenta dias, sob pena de arquivamento definitivo.

§ 4º Não atendido o disposto no artigo 100, o pedido de registro será indeferido.

Capítulo IV
DA CONCESSÃO E DA VIGÊNCIA DO REGISTRO

Art. 107. Do certificado deverão constar o número e o título, nome do autor - observado o disposto no § 4º do artigo 6º, o nome, a nacionalidade e o domicílio do titular, o prazo de vigência, os desenhos, os dados relativos à prioridade estrangeira, e, quando houver, relatório descritivo e reivindicações.

Art. 108. O registro vigorará pelo prazo de dez anos contados da data do depósito, prorrogável por três períodos sucessivos de cinco anos cada.

§ 1º O pedido de prorrogação deverá ser formulado durante o último ano de vigência do registro, instruído com o comprovante do pagamento da respectiva retribuição.

§ 2º Se o pedido de prorrogação não tiver sido formulado até o termo final da vigência do registro, o titular poderá fazê-lo nos cento e oitenta dias subsequentes, mediante o pagamento de retribuição adicional.

Capítulo V
DA PROTEÇÃO CONFERIDA PELO REGISTRO

Art. 109. A propriedade do desenho industrial adquire-se pelo registro validamente concedido.

Parágrafo único. Aplicam-se ao registro do desenho industrial, no que couber, as disposições do artigo 42 e dos incisos I, II e IV do artigo 43.

Art. 110. À pessoa que, de boa fé, antes da data do depósito ou da prioridade do pedido de registro explorava seu objeto no País, será assegurado o direito de continuar a exploração, sem ônus, na forma e condição anteriores.

§ 1º O direito conferido na forma deste artigo só poderá ser cedido juntamente com o negócio ou empresa, ou parte deste, que tenha direta relação com a exploração do objeto do registro, por alienação ou arrendamento.

§ 2º O direito de que trata este artigo não será assegurado a pessoa que tenha tido conhecimento do objeto do registro através de divulgação nos termos do § 3º do artigo 96, desde que o pedido tenha sido depositado no prazo de seis meses contados da divulgação.

Capítulo VI
DO EXAME DE MÉRITO

Art. 111. O titular do desenho industrial poderá requerer o exame do objeto do registro, a qualquer tempo da vigência, quanto aos aspectos de novidade e de originalidade.

Parágrafo único. O INPI emitirá parecer de mérito, que, se concluir pela ausência de pelo menos um dos requisitos definidos nos artigos 95 a 98, servirá de fundamento para instauração de ofício de processo de nulidade do registro.

Capítulo VII
DA NULIDADE DO REGISTRO

Seção I

DAS DISPOSIÇÕES GERAIS

Art. 112. É nulo o registro concedido em desacordo com as disposições desta Lei.

§ 1º A nulidade do registro produzirá efeitos a partir da data do depósito do pedido.

§ 2º No caso de inobservância do disposto no artigo 94, o autor poderá, alternativamente, reivindicar a adjudicação do registro.

Seção II

DO PROCESSO ADMINISTRATIVO DE NULIDADE

Art. 113. A nulidade do registro será declarada administrativamente quando tiver sido concedido com infringência dos artigos 94 a 98.

§ 1º O processo de nulidade poderá ser instaurado de ofício ou mediante requerimento de qualquer pessoa com legítimo interesse, no prazo de cinco anos contados da concessão do registro, ressalvada a hipótese prevista no parágrafo único do artigo 111.

§ 2º O requerimento ou a instauração de ofício suspenderá os efeitos da concessão do registro se apresentada ou publicada no prazo de sessenta dias da concessão.

Art. 114. O titular será intimado para se manifestar no prazo de sessenta dias contados da data da publicação.

Art. 115. Havendo ou não manifestação, decorrido o prazo fixado no artigo anterior, o INPI emitirá parecer, intimando o titular e o requerente para se manifestarem no prazo comum de sessenta dias.

Art. 116. Decorrido o prazo fixado no artigo anterior, mesmo que não apresentadas as manifestações, o processo será decidido pelo Presidente do INPI, encerrando-se a instância administrativa.

Art. 117. O processo de nulidade prosseguirá, ainda que extinto o registro.

Seção III

DA AÇÃO DE NULIDADE

Art. 118. Aplicam-se à ação de nulidade de registro de desenho industrial, no que couber, as disposições dos artigos 56 e 57.

Capítulo VIII
DA EXTINÇÃO DO REGISTRO

Art. 119. O registro extingue-se:

I – pela expiração do prazo de vigência;

II – pela renúncia de seu titular, ressalvado o direito de terceiros;

III – pela falta de pagamento da retribuição prevista nos artigos 108 e 120; ou

IV – pela inobservância do disposto no artigo 217.

Capítulo IX

DA RETRIBUIÇÃO QUINQUENAL

Art. 120. O titular do registro está sujeito ao pagamento de retribuição quinquenal, a partir do segundo quinquênio da data do depósito.

§ 1º O pagamento do segundo quinquênio será feito durante o quinto ano da vigência do registro.

§ 2º O pagamento dos demais quinquênios será apresentado junto com o pedido de prorrogação a que se refere o artigo 108.

§ 3º O pagamento dos quinquênios poderá ainda ser efetuado dentro dos seis meses subsequentes ao prazo estabelecido no parágrafo anterior, mediante pagamento de retribuição adicional.

Capítulo X

DAS DISPOSIÇÕES FINAIS

Art. 121. As disposições dos artigos 58 a 63 aplicam-se, no que couber, à matéria de que trata o presente Título, disciplinando-se o direito do empregado ou prestador de serviços pelas disposições dos artigos 88 a 93.

TÍTULO III – DAS MARCAS

Capítulo I

DA REGISTRABILIDADE

Seção I

DOS SINAIS REGISTRÁVEIS COMO MARCA

Art. 122. São suscetíveis de registro como marca os sinais distintivos visualmente perceptíveis, não compreendidos nas proibições legais.

Art. 123. Para os efeitos desta Lei, considera-se:

I – marca de produto ou serviço: aquela usada para distinguir produto ou serviço de outro idêntico, semelhante ou afim, de origem diversa;

II – marca de certificação: aquela usada para atestar a conformidade de um produto ou serviço com determinadas normas ou especificações técnicas, notadamente quanto à qualidade, natureza, material utilizado e metodologia empregada; e

III – marca coletiva: aquela usada para identificar produtos ou serviços provindos de membros de uma determinada entidade.

Seção II

DOS SINAIS NÃO REGISTRÁVEIS COMO MARCA

Art. 124. Não são registráveis como marca:

I – brasão, armas, medalha, bandeira, emblema, distintivo e monumento oficiais, públicos, nacionais, estrangeiros ou internacionais, bem como a respectiva designação, figura ou imitação;

II – letra, algarismo e data, isoladamente, salvo quando revestidos de suficiente forma distintiva;

III – expressão, figura, desenho ou qualquer outro sinal contrário à moral e aos bons costumes ou que ofenda a honra ou imagem de pessoas ou atente contra liberdade de consciência, crença, culto religioso ou ideia e sentimento dignos de respeito e veneração;

IV – designação ou sigla de entidade ou órgão público, quando não requerido o registro pela própria entidade ou órgão público;

V – reprodução ou imitação de elemento característico ou diferenciador de título de estabelecimento ou nome de empresa de terceiros, suscetível de causar confusão ou associação com estes sinais distintivos;

VI – sinal de caráter genérico, necessário, comum, vulgar ou simplesmente descritivo, quando tiver relação com o produto ou serviço a distinguir, ou aquele empregado comumente para designar uma característica do produto ou serviço, quanto à natureza, nacionalidade, peso, valor, qualidade e época de produção ou de prestação do serviço, salvo quando revestidos de suficiente forma distintiva;

VII – sinal ou expressão empregada apenas como meio de propaganda;

VIII – cores e suas denominações, salvo se dispostas ou combinadas de modo peculiar e distintivo;

IX – indicação geográfica, sua imitação suscetível de causar confusão ou sinal que possa falsamente induzir indicação geográfica;

X – sinal que induza a falsa indicação quanto à origem, procedência, natureza, qualidade ou utilidade do produto ou serviço a que a marca se destina;

XI – reprodução ou imitação de cunho oficial, regularmente adotada para garantia de padrão de qualquer gênero ou natureza;

XII – reprodução ou imitação de sinal que tenha sido registrado como marca coletiva ou de certificação por terceiro, observado o disposto no artigo 154;

XIII – nome, prêmio ou símbolo de evento esportivo, artístico, cultural, social, político, econômico ou técnico, oficial ou oficialmente reconhecido, bem como a imitação suscetível de criar confusão, salvo quando autorizados pela autoridade competente ou entidade promotora do evento;

XIV – reprodução ou imitação de título, apólice, moeda e cédula da União, dos Estados, do Distrito Federal, dos Territórios, dos Municípios, ou de país;

XV – nome civil ou sua assinatura, nome de família ou patronímico e imagem de terceiros, salvo com consentimento do titular, herdeiros ou sucessores;

XVI – pseudônimo ou apelido notoriamente conhecidos, nome artístico singular ou coletivo, salvo com consentimento do titular, herdeiros ou sucessores;

XVII – obra literária, artística ou científica, assim como os títulos que estejam protegidos pelo direito autoral e sejam suscetíveis de causar confusão ou associação, salvo com consentimento do autor ou titular;

XVIII – termo técnico usado na indústria, na ciência e na arte, que tenha relação com o produto ou serviço a distinguir;

XIX – reprodução ou imitação, no todo ou em parte, ainda que com acréscimo, de marca alheia registrada, para distinguir ou certificar produto ou serviço idêntico, semelhante ou afim, suscetível de causar confusão ou associação com marca alheia;

XX – dualidade de marcas de um só titular para o mesmo produto ou serviço, salvo quando, no caso de marcas de mesma natureza, se revestirem de suficiente forma distintiva;

XXI – a forma necessária, comum ou vulgar do produto ou de acondicionamento, ou, ainda, aquela que não possa ser dissociada de efeito técnico;

XXII – objeto que estiver protegido por registro de desenho industrial de terceiro; e

XXIII – sinal que imite ou reproduza, no todo ou em parte, marca que o requerente evidentemente não poderia desconhecer em razão de sua atividade, cujo titular seja sediado ou domiciliado em território nacional ou em país com o qual o Brasil mantenha acordo ou que assegure reciprocidade de tratamento, se a marca se destinar a distinguir produto ou serviço idêntico, semelhante ou afim, suscetível de causar confusão ou associação com aquela marca alheia.

Seção III

MARCA DE ALTO RENOME

Art. 125. À marca registrada no Brasil considerada de alto renome será assegurada proteção especial, em todos os ramos de atividade.

Seção IV

MARCA NOTORIAMENTE CONHECIDA

Art. 126. A marca notoriamente conhecida em seu ramo de atividade nos termos do artigo 6º *bis* (I), da Convenção da União de Paris para Proteção da Propriedade Industrial, goza de proteção especial, independentemente de estar previamente depositada ou registrada no Brasil.

§ 1º A proteção de que trata este artigo aplica-se também às marcas de serviço.

§ 2º O INPI poderá indeferir de ofício pedido de registro de marca que reproduza ou imite, no todo ou em parte, marca notoriamente conhecida.

Capítulo II

PRIORIDADE

Art. 127. Ao pedido de registro de marca depositado em país que mantenha acordo com o Brasil ou em organização internacional, que produza efeito de depósito nacional, será assegurado direito de prioridade, nos prazos estabelecidos no acordo, não sendo o depósito invalidado nem prejudicado por fatos ocorridos nesses prazos.

§ 1º A reivindicação da prioridade será feita no ato de depósito, podendo ser suplementada dentro de sessenta dias, por outras prioridades anteriores à data do depósito no Brasil.

§ 2º A reivindicação da prioridade será comprovada por documento hábil da origem, contendo o número, a data e a reprodução do pedido ou do registro, acompanhado de tradução simples, cujo teor será de inteira responsabilidade do depositante.

§ 3º Se não efetuada por ocasião do depósito, a comprovação deverá ocorrer em até quatro meses, contados do depósito, sob pena de perda da prioridade.

§ 4º Tratando-se de prioridade obtida por cessão, o documento correspondente deverá ser apresentado junto com o próprio documento de prioridade.

Capítulo III

DOS REQUERENTES DE REGISTRO

Art. 128. Podem requerer registro de marca as pessoas físicas ou jurídicas de direito público ou de direito privado.

§ 1º As pessoas de direito privado só podem requerer registro de marca relativo à atividade que exerçam efetiva e licitamente, de modo direto ou através de empresas que controlem direta ou indiretamente, declarando, no próprio requerimento, esta condição, sob as penas da lei.

§ 2º O registro de marca coletiva só poderá ser requerido por pessoa jurídica representativa de coletividade, a qual poderá exercer atividade distinta da de seus membros.

§ 3º O registro da marca de certificação só poderá ser requerido por pessoa sem interesse comercial ou industrial direto no produto ou serviço atestado.

§ 4º A reivindicação de prioridade não isenta o pedido da aplicação dos dispositivos constantes deste Título.

Capítulo IV

DOS DIREITOS SOBRE A MARCA

Seção I

AQUISIÇÃO

Art. 129. A propriedade da marca adquire-se pelo registro validamente expedido, conforme as disposições desta Lei, sendo assegurado ao titular seu uso exclusivo em todo o território nacional, observado quanto às marcas coletivas e de certificação o disposto nos artigos 147 e 148.

§ 1º Toda pessoa que, de boa fé, na data da prioridade ou depósito, usava no País, há pelo menos seis meses, marca idêntica ou semelhante, para distinguir ou certificar produto ou serviço idêntico, semelhante ou afim, terá direito de precedência ao registro.

§ 2º O direito de precedência somente poderá ser cedido juntamente com o negócio da empresa, ou parte deste, que tenha direta relação com o uso da marca, por alienação ou arrendamento.

Seção II

DA PROTEÇÃO CONFERIDA PELO REGISTRO

Art. 130. Ao titular da marca ou ao depositante é ainda assegurado o direito de:

I – ceder seu registro ou pedido de registro;

II – licenciar seu uso;

III – zelar pela sua integridade material ou reputação.

Art. 131. A proteção de que trata esta Lei abrange o uso da marca em papéis, impressos, propaganda e documentos relativos à atividade do titular.

Art. 132. O titular da marca não poderá:

I – impedir que comerciantes ou distribuidores utilizem sinais distintivos que lhes são próprios, juntamente com a marca do produto, na sua promoção e comercialização;

II – impedir que fabricantes de acessórios utilizem a marca para indicar a destinação do produto, desde que obedecidas as práticas leais de concorrência;

III – impedir a livre circulação de produto colocado no mercado interno, por si ou por outrem com seu consentimento, ressalvado o disposto nos §§ 3º e 4º do artigo 68; e

IV – impedir a citação da marca em discurso, obra científica ou literária ou qualquer outra publicação, desde que sem conotação comercial e sem prejuízo para seu caráter distintivo.

CAPÍTULO V
DA VIGÊNCIA, DA CESSÃO E DAS ANOTAÇÕES
SEÇÃO I
DA VIGÊNCIA

Art. 133. O registro da marca vigorará pelo prazo de dez anos, contados da data da concessão do registro, prorrogável por períodos iguais e sucessivos.

§ 1º O pedido de prorrogação deverá ser formulado durante o último ano de vigência do registro, instruído com o comprovante do pagamento da respectiva retribuição.

§ 2º Se o pedido de prorrogação não tiver sido efetuado até o termo final da vigência do registro, o titular poderá fazê-lo nos seis meses subsequentes, mediante o pagamento de retribuição adicional.

§ 3º A prorrogação não será concedida se não atendido o disposto no artigo 128.

SEÇÃO II
DA CESSÃO

Art. 134. O pedido de registro e o registro poderão ser cedidos, desde que o cessionário atenda aos requisitos legais para requerer tal registro.

Art. 135. A cessão deverá compreender todos os registros ou pedidos, em nome do cedente, de marcas iguais ou semelhantes, relativas a produto ou serviço idêntico, semelhante ou afim, sob pena de cancelamento dos registros ou arquivamento dos pedidos não cedidos.

SEÇÃO III
DAS ANOTAÇÕES

Art. 136. O INPI fará as seguintes anotações:

I – da cessão, fazendo constar a qualificação completa do cessionário;
II – de qualquer limitação ou ônus que recaia sobre o pedido ou registro; e
III – das alterações de nome, sede ou endereço do depositante ou titular.

Art. 137. As anotações produzirão efeitos em relação a terceiros a partir da data de sua publicação.

Art. 138. Cabe recurso da decisão que:

I – indeferir anotação de cessão;
II – cancelar o registro ou arquivar o pedido, nos termos do artigo 135.

SEÇÃO IV
DA LICENÇA DE USO

Art. 139. O titular de registro ou o depositante de pedido de registro poderá celebrar contrato de licença para uso da marca, sem prejuízo de seu direito de exercer controle efetivo sobre as especificações, natureza e qualidade dos respectivos produtos ou serviços.

Parágrafo único. O licenciado poderá ser investido pelo titular de todos os poderes para agir em defesa da marca, sem prejuízo dos seus próprios direitos.

Art. 140. O contrato de licença deverá ser averbado no INPI para que produza efeitos em relação a terceiros.

§ 1º A averbação produzirá efeitos em relação a terceiros a partir da data de sua publicação.

§ 2º Para efeito de validade de prova de uso, o contrato de licença não precisará estar averbado no INPI.

Art. 141. Da decisão que indeferir a averbação do contrato de licença cabe recurso.

CAPÍTULO VI
DA PERDA DOS DIREITOS

Art. 142. O registro da marca extingue-se:

I – pela expiração do prazo de vigência;
II – pela renúncia, que poderá ser total ou parcial em relação aos produtos ou serviços assinalados pela marca;
III – pela caducidade; ou
IV – pela inobservância do disposto no artigo 217.

Art. 143. Caducará o registro, a requerimento de qualquer pessoa com legítimo interesse se, decorridos cinco anos da sua concessão, na data do requerimento:

I – o uso da marca não tiver sido iniciado no Brasil; ou
II – o uso da marca tiver sido interrompido por mais de cinco anos consecutivos, ou se, no mesmo prazo, a marca tiver sido usada com modificação que implique alteração de seu caráter distintivo original, tal como constante do certificado de registro.

§ 1º Não ocorrerá caducidade se o titular justificar o desuso da marca por razões legítimas.

§ 2º O titular será intimado para se manifestar no prazo de sessenta dias, cabendo-lhe o ônus de provar o uso da marca ou justificar seu desuso por razões legítimas.

Art. 144. O uso da marca deverá compreender produtos ou serviços constantes do certificado, sob pena de caducar parcialmente o registro em relação aos não semelhantes ou afins daqueles para os quais a marca foi comprovadamente usada.

Art. 145. Não se conhecerá do requerimento de caducidade se o uso da marca tiver sido comprovado ou justificado seu desuso em processo anterior, requerido há menos de cinco anos.

Art. 146. Da decisão que declarar ou denegar a caducidade caberá recurso.

CAPÍTULO VII
DAS MARCAS COLETIVAS E DE CERTIFICAÇÃO

Art. 147. O pedido de registro de marca coletiva conterá regulamento de utilização, dispondo sobre condições e proibições de uso da marca.

Parágrafo único. O regulamento de utilização, quando não acompanhar o pedido, deverá ser protocolizado no prazo de sessenta dias do depósito, sob pena de arquivamento definitivo do pedido.

Art. 148. O pedido de registro da marca de certificação conterá:

I – as características do produto ou serviço objeto de certificação; e
II – as medidas de controle que serão adotadas pelo titular.

Parágrafo único. A documentação prevista nos incisos I e II deste artigo, quando não acompanhar o pedido, deverá ser protocolizada no prazo de sessenta dias, sob pena de arquivamento definitivo do pedido.

Art. 149. Qualquer alteração no regulamento de utilização deverá ser comunicada ao INPI, mediante petição protocolizada, contendo todas as condições alteradas, sob pena de não ser considerada.

Art. 150. O uso da marca independe de licença, bastando sua autorização no regulamento de utilização.

Art. 151. Além das causas de extinção estabelecidas no artigo 142, o registro da marca coletiva e de certificação extingue-se quando:

I – a entidade deixar de existir; ou
II – a marca for utilizada em condições outras que não aquelas previstas no regulamento de utilização.

Art. 152. Só será admitida a renúncia ao registro de marca coletiva quando requerida nos termos do contrato social ou estatuto da própria entidade, ou, ainda, conforme o regulamento de utilização.

Art. 153. A caducidade do registro será declarada se a marca coletiva não for usada por mais de uma pessoa autorizada, observado o disposto nos artigos 143 a 146.

Art. 154. A marca coletiva e a de certificação que já tenham sido usadas e cujos registros tenham sido extintos não poderão ser registradas em nome de terceiro, antes de expirado o prazo de cinco anos, contados da extinção do registro.

Capítulo VIII

DO DEPÓSITO

Art. 155. O pedido deverá referir-se a um único sinal distintivo e, nas condições estabelecidas pelo INPI, conterá:

I – requerimento;
II – etiquetas, quando for o caso; e
III – comprovante do pagamento da retribuição relativa ao depósito.

Parágrafo único. O requerimento e qualquer documento que o acompanhe deverão ser apresentados em língua portuguesa e, quando houver documento em língua estrangeira, sua tradução simples deverá ser apresentada no ato do depósito ou dentro dos sessenta dias subsequentes, sob pena de não ser considerado o documento.

Art. 156. Apresentado o pedido, será ele submetido a exame formal preliminar e, se devidamente instruído, será protocolizado, considerada a data de depósito a da sua apresentação.

Art. 157. O pedido que não atender formalmente ao disposto no artigo 155, mas que contiver dados suficientes relativos ao depositante, sinal marcário e classe, poderá ser entregue, mediante recibo datado, ao INPI, que estabelecerá as exigências a serem cumpridas pelo depositante, em cinco dias, sob pena de ser considerado inexistente.

Parágrafo único. Cumpridas as exigências, o depósito será considerado como efetuado na data da apresentação do pedido.

Capítulo IX

DO EXAME

Art. 158. Protocolizado, o pedido será publicado para apresentação de oposição no prazo de sessenta dias.

§ 1º O depositante será intimado da oposição, podendo se manifestar no prazo de sessenta dias.

§ 2º Não se conhecerá da oposição, nulidade administrativa ou de ação de nulidade se, fundamentada no inciso XXIII do artigo 124 ou no artigo 126, não se comprovar, no prazo de sessenta dias após a interposição, o depósito do pedido de registro da marca na forma desta Lei.

Art. 159. Decorrido o prazo de oposição ou, se interposta esta, findo o prazo de manifestação, será feito o exame, durante o qual poderão ser formuladas exigências, que deverão ser respondidas no prazo de sessenta dias.

§ 1º Não respondida a exigência, o pedido será definitivamente arquivado.

§ 2º Respondida a exigência, ainda que não cumprida, ou contestada a sua formulação, dar-se-á prosseguimento ao exame.

Art. 160. Concluído o exame, será proferida decisão, deferindo ou indeferindo o pedido de registro.

Capítulo X

DA EXPEDIÇÃO DO CERTIFICADO DE REGISTRO

Art. 161. O certificado de registro será concedido depois de deferido o pedido e comprovado o pagamento das retribuições correspondentes.

Art. 162. O pagamento das retribuições, e sua comprovação, relativas à expedição do certificado de registro e ao primeiro decênio de sua vigência, deverão ser efetuados no prazo de sessenta dias contados do deferimento.

Parágrafo único. A retribuição poderá ainda ser paga e comprovada dentro de trinta dias após o prazo previsto neste artigo, independentemente de notificação, mediante o pagamento de retribuição específica, sob pena de arquivamento definitivo do pedido.

Art. 163. Reputa-se concedido o certificado de registro na data da publicação do respectivo ato.

Art. 164. Do certificado deverão constar a marca, o número e data do registro, nome, nacionalidade e domicílio do titular, os produtos ou serviços, as características do registro e a prioridade estrangeira.

Capítulo XI

DA NULIDADE DO REGISTRO

Seção I

DISPOSIÇÕES GERAIS

Art. 165. É nulo o registro que for concedido em desacordo com as disposições desta Lei.

Parágrafo único. A nulidade do registro poderá ser total ou parcial, sendo condição para a nulidade parcial o fato de a parte subsistente poder ser considerada registrável.

Art. 166. O titular de uma marca registrada em país signatário da Convenção da União de Paris para Proteção da Propriedade Industrial poderá, alternativamente, reivindicar, através de ação judicial, a adjudicação do registro, nos termos previstos no artigo 6º *septies* (1) daquela Convenção.

Art. 167. A declaração de nulidade produzirá efeito a partir da data do depósito do pedido.

Seção II

DO PROCESSO ADMINISTRATIVO
DE NULIDADE

Art. 168. A nulidade do registro será declarada administrativamente quando tiver sido concedida com infringência do disposto nesta Lei.

Art. 169. O processo de nulidade poderá ser instaurado de ofício ou mediante requerimento de qualquer pessoa com legítimo interesse, no prazo de cento e oitenta dias contados da data da expedição do certificado de registro.

Art. 170. O titular será intimado para se manifestar no prazo de sessenta dias.

Art. 171. Decorrido o prazo fixado no artigo anterior, mesmo que não apresentada a manifestação, o processo será decidido pelo Presidente do INPI, encerrando-se a instância administrativa.

Art. 172. O processo de nulidade prosseguirá ainda que extinto o registro.

Seção III

DA AÇÃO DE NULIDADE

Art. 173. A ação de nulidade poderá ser proposta pelo INPI ou por qualquer pessoa com legítimo interesse.

Parágrafo único. O juiz poderá, nos autos da ação de nulidade, determinar liminarmente a suspensão dos efeitos do registro e do uso da marca, atendidos os requisitos processuais próprios.

Art. 174. Prescreve em cinco anos a ação para declarar a nulidade do registro, contados da data da sua concessão.

Art. 175. A ação de nulidade do registro será ajuizada no foro da justiça federal e o INPI, quando não for autor, intervirá no feito.

§ 1º O prazo para resposta do réu titular do registro será de sessenta dias.

§ 2º Transitada em julgado a decisão da ação de nulidade, o INPI publicará anotação, para ciência de terceiros.

TÍTULO IV – DAS INDICAÇÕES GEOGRÁFICAS

Art. 176. Constitui indicação geográfica a indicação de procedência ou a denominação de origem.

Art. 177. Considera-se indicação de procedência o nome geográfico de país, cidade, região ou localidade de seu território, que se tenha tornado conhecido como centro de extração, produção ou fabricação de determinado produto ou de prestação de determinado serviço.

Art. 178. Considera-se denominação de origem o nome geográfico de país, cidade, região ou localidade de seu território, que designe produto ou serviço cujas qualidades ou características se devam exclusiva ou essencialmente ao meio geográfico, incluídos fatores naturais e humanos.

Art. 179. A proteção estender-se-á à representação gráfica ou figurativa da indicação geográfica, bem como à representação geográfica de país, cidade, região ou localidade de seu território cujo nome seja indicação geográfica.

Art. 180. Quando o nome geográfico se houver tornado de uso comum, designando produto ou serviço, não será considerado indicação geográfica.

Art. 181. O nome geográfico que não constitua indicação de procedência ou denominação de origem poderá servir de elemento característico de marca para produto ou serviço, desde que não induza falsa procedência.

Art. 182. O uso da indicação geográfica é restrito aos produtores e prestadores de serviço estabelecidos no local, exigindo-se, ainda, em relação às denominações de origem, o atendimento de requisitos de qualidade.

Parágrafo único. O INPI estabelecerá as condições de registro das indicações geográficas.

TÍTULO V – DOS CRIMES CONTRA A
PROPRIEDADE INDUSTRIAL

Capítulo I

DOS CRIMES CONTRA AS PATENTES

Art. 183. Comete crime contra patente de invenção ou de modelo de utilidade quem:

I – fabrica produto que seja objeto de patente de invenção ou de modelo de utilidade, sem autorização do titular; ou

II – usa meio ou processo que seja objeto de patente de invenção, sem autorização do titular.

Pena – detenção, de três meses a um ano, ou multa.

Art. 184. Comete crime contra patente de invenção ou de modelo de utilidade quem:

I – exporta, vende, expõe ou oferece à venda, tem em estoque, oculta ou recebe, para utilização com fins econômicos, produto fabricado com violação de patente de invenção ou de modelo de utilidade, ou obtido por meio ou processo patenteado; ou

II – importa produto que seja objeto de patente de invenção ou de modelo de utilidade ou obtido por meio ou processo patenteado no País, para os fins previstos no inciso anterior, e que não tenha sido colocado no mercado externo diretamente pelo titular da patente ou com seu consentimento.

Pena – detenção, de um a três meses, ou multa.

Art. 185. Fornecer componente de um produto patenteado, ou material ou equipamento para realizar um processo patenteado, desde que a aplicação final do componente, material ou equipamento induza, necessariamente, à exploração do objeto da patente.

Pena – detenção, de um a três meses, ou multa.

Art. 186. Os crimes deste Capítulo caracterizam-se ainda que a violação não atinja todas as reivindicações da patente ou se restrinja à utilização de meios equivalentes ao objeto da patente.

Capítulo II

DOS CRIMES CONTRA OS
DESENHOS INDUSTRIAIS

Art. 187. Fabricar, sem autorização do titular, produto que incorpore desenho industrial registrado, ou imitação substancial que possa induzir em erro ou confusão.

Pena – detenção, de três meses a um ano, ou multa.

Art. 188. Comete crime contra registro de desenho industrial quem:

I – exporta, vende, expõe ou oferece à venda, tem em estoque, oculta ou recebe, para utilização com fins econômicos, objeto que incorpore ilicitamente desenho industrial registrado, ou imitação substancial que possa induzir em erro ou confusão; ou

II – importa produto que incorpore desenho industrial registrado no País, ou imitação substancial que possa induzir em erro ou confusão, para os fins previstos no inciso anterior, e que não tenha sido colocado no mercado externo diretamente pelo titular ou com seu consentimento.

Pena – detenção, de um a três meses, ou multa.

Capítulo III
DOS CRIMES CONTRA AS MARCAS

Art. 189. Comete crime contra registro de marca quem:

I – reproduz, sem autorização do titular, no todo ou em parte, marca registrada, ou imita-a de modo que possa induzir confusão; ou

II– altera marca registrada de outrem já aposta em produto colocado no mercado.

Pena – detenção, de três meses a um ano, ou multa.

Art. 190. Comete crime contra registro de marca quem importa, exporta, vende, oferece ou expõe à venda, oculta ou tem em estoque:

I – produto assinalado com marca ilicitamente reproduzida ou imitada, de outrem, no todo ou em parte; ou

II – produto de sua indústria ou comércio, contido em vasilhame, recipiente ou embalagem que contenha marca legítima de outrem.

Pena – detenção, de um a três meses, ou multa.

Capítulo IV
DOS CRIMES COMETIDOS POR MEIO DE MARCA, TÍTULO DE ESTABELECIMENTO E SINAL DE PROPAGANDA

Art. 191. Reproduzir ou imitar, de modo que possa induzir em erro ou confusão, armas, brasões ou distintivos oficiais nacionais, estrangeiros ou internacionais, sem a necessária autorização, no todo ou em parte, em marca, título de estabelecimento, nome comercial, insígnia ou sinal de propaganda, ou usar essas reproduções ou imitações com fins econômicos.

Pena – detenção, de um a três meses, ou multa.

Parágrafo único. Incorre na mesma pena quem vende ou expõe ou oferece à venda produtos assinalados com essas marcas.

Capítulo V
DOS CRIMES CONTRA INDICAÇÕES GEOGRÁFICAS E DEMAIS INDICAÇÕES

Art. 192. Fabricar, importar, exportar, vender, expor ou oferecer à venda ou ter em estoque produto que apresente falsa indicação geográfica.

Pena – detenção, de um a três meses, ou multa.

Art. 193. Usar, em produto, recipiente, invólucro, cinta, rótulo, fatura, circular, cartaz ou em outro meio de divulgação ou propaganda, termos retificativos, tais como "tipo", "espécie", "gênero", "sistema", "semelhante", "sucedâneo", "idêntico", ou equivalente, não ressalvando a verdadeira procedência do produto.

Pena – detenção, de um a três meses, ou multa.

Art. 194. Usar marca, nome comercial, título de estabelecimento, insígnia, expressão ou sinal de propaganda ou qualquer outra forma que indique procedência que não a verdadeira, ou vender ou expor à venda produto com esses sinais.

Pena – detenção, de um a três meses, ou multa.

Capítulo VI
DOS CRIMES DE CONCORRÊNCIA DESLEAL

Art. 195. Comete crime de concorrência desleal quem:

I – publica, por qualquer meio, falsa afirmação, em detrimento de concorrente, com o fim de obter vantagem;

II – presta ou divulga, acerca de concorrente, falsa informação, com o fim de obter vantagem;

III – emprega meio fraudulento, para desviar, em proveito próprio ou alheio, clientela de outrem;

IV – usa expressão ou sinal de propaganda alheios, ou os imita, de modo a criar confusão entre os produtos ou estabelecimentos;

V – usa, indevidamente, nome comercial, título de estabelecimento ou insígnia alheios ou vende, expõe ou oferece à venda ou tem em estoque produto com essas referências;

VI – substitui, pelo seu próprio nome ou razão social, em produto de outrem, o nome ou razão social deste, sem o seu consentimento;

VII – atribui-se, como meio de propaganda, recompensa ou distinção que não obteve;

VIII – vende ou expõe ou oferece à venda, em recipiente ou invólucro de outrem, produto adulterado ou falsificado, ou dele se utiliza para negociar com produto da mesma espécie, embora não adulterado ou falsificado, se o fato não constitui crime mais grave;

IX – dá ou promete dinheiro ou outra utilidade a empregado de concorrente, para que o empregado, faltando ao dever do emprego, lhe proporcione vantagem;

X – recebe dinheiro ou outra utilidade, ou aceita promessa de paga ou recompensa, para, faltando ao dever de empregado, proporcionar vantagem a concorrente do empregador;

XI – divulga, explora ou utiliza-se, sem autorização, de conhecimentos, informações ou dados confidenciais, utilizáveis na indústria, comércio ou prestação de serviços, excluídos aqueles que sejam de conhecimento público ou que sejam evidentes para um técnico no assunto, a que teve acesso mediante relação contratual ou empregatícia, mesmo após o término do contrato;

XII – divulga, explora ou utiliza-se, sem autorização, de conhecimentos ou informações a que se refere o inciso anterior, obtidos por meios ilícitos ou a que teve acesso mediante fraude; ou

XIII – vende, expõe ou oferece à venda produto, declarando ser objeto de patente depositada, ou concedida, ou de desenho industrial registrado, que não o seja, ou menciona-o, em anúncio ou papel comercial, como depositado ou patenteado, ou registrado, sem o ser;

XIV – divulga, explora ou utiliza-se, sem autorização, de resultados de testes ou outros dados não divulgados, cuja elaboração envolva esforço considerável e que tenham sido apresentados a entidades governamentais como condição para aprovar a comercialização de produtos.

Pena – detenção, de três meses a um ano, ou multa.

§ 1º Inclui-se nas hipóteses a que se referem os incisos XI e XII o empregador, sócio ou administrador da empresa, que incorrer nas tipificações estabelecidas nos mencionados dispositivos.

§ 2º O disposto no inciso XIV não se aplica quanto à divulgação por órgão governamental competente para autorizar a comercialização de produto, quando necessário para proteger o público.

CAPÍTULO VII

DAS DISPOSIÇÕES GERAIS

Art. 196. As penas de detenção previstas nos Capítulos I, II e III deste Título serão aumentadas de um terço à metade se:

I – o agente é ou foi representante, mandatário, preposto, sócio ou empregado do titular da patente ou do registro, ou, ainda, do seu licenciado; ou

II – a marca alterada, reproduzida ou imitada for de alto renome, notoriamente conhecida, de certificação ou coletiva.

Art. 197. As penas de multa previstas neste Título serão fixadas, no mínimo, em dez e, no máximo, em trezentos e sessenta dias-multa, de acordo com a sistemática do Código Penal.

Parágrafo único. A multa poderá ser aumentada ou reduzida, em até dez vezes, em face das condições pessoais do agente e da magnitude da vantagem auferida, independentemente da norma estabelecida no artigo anterior.

Art. 198. Poderão ser apreendidos, de ofício ou a requerimento do interessado, pelas autoridades alfandegárias, no ato de conferência, os produtos assinalados com marcas falsificadas, alteradas ou imitadas ou que apresentem falsa indicação de procedência.

Art. 199. Nos crimes previstos neste Título somente se procede mediante queixa, salvo quanto ao crime do artigo 191, em que a ação penal será pública.

Art. 200. A ação penal e as diligências preliminares de busca e apreensão, nos crimes contra a propriedade industrial, regulam-se pelo disposto no Código de Processo Penal, com as modificações constantes dos artigos deste Capítulo.

Art. 201. Na diligência de busca e apreensão, em crime contra patente que tenha por objeto a invenção de processo, o oficial do juízo será acompanhado por perito, que verificará, preliminarmente, a existência do ilícito, podendo o juiz ordenar a apreensão de produtos obtidos pelo contrafator com o emprego do processo patenteado.

Art. 202. Além das diligências preliminares de busca e apreensão, o interessado poderá requerer:

I – apreensão de marca falsificada, alterada ou imitada onde for preparada ou onde quer que seja encontrada, antes de utilizada para fins criminosos; ou

II – destruição de marca falsificada nos volumes ou produtos que a contiverem, antes de serem distribuídos, ainda que fiquem destruídos os envoltórios ou os próprios produtos.

Art. 203. Tratando-se de estabelecimentos industriais ou comerciais legalmente organizados e que estejam funcionando publicamente, as diligências preliminares limitar-se-ão à vistoria e apreensão dos produtos, quando ordenadas pelo juiz, não podendo ser paralisada a sua atividade licitamente exercida.

Art. 204. Realizada a diligência de busca e apreensão, responderá por perdas e danos a parte que a tiver requerido de má-fé, por espírito de emulação, mero capricho ou erro grosseiro.

Art. 205. Poderá constituir matéria de defesa na ação penal a alegação de nulidade da patente ou registro em que a ação se fundar. A absolvição do réu, entretanto, não importará a nulidade da patente ou do registro, que só poderá ser demandada pela ação competente.

Art. 206. Na hipótese de serem reveladas, em juízo, para a defesa dos interesses de qualquer das partes, informações que se caracterizem como confidenciais, sejam segredo de indústria ou de comércio, deverá o juiz determinar que o processo prossiga em segredo de justiça, vedado o uso de tais informações também à outra parte para outras finalidades.

Art. 207. Independentemente da ação criminal, o prejudicado poderá intentar as ações cíveis que considerar cabíveis na forma do Código de Processo Civil.

Art. 208. A indenização será determinada pelos benefícios que o prejudicado teria auferido se a violação não tivesse ocorrido.

Art. 209. Fica ressalvado ao prejudicado o direito de haver perdas e danos em ressarcimento de prejuízos causados por atos de violação de direitos de propriedade industrial e atos de concorrência desleal não previstos nesta Lei, tendentes a prejudicar a reputação ou os negócios alheios, a criar confusão entre estabelecimentos comerciais, industriais ou prestadores de serviço, ou entre os produtos e serviços postos no comércio.

§ 1º Poderá o juiz, nos autos da própria ação, para evitar dano irreparável ou de difícil reparação, determinar liminarmente a sustação da violação ou de ato que a enseje, antes da citação do réu, mediante, caso julgue necessário, caução em dinheiro ou garantia fidejussória.

§ 2º Nos casos de reprodução ou de imitação flagrante de marca registrada, o juiz poderá determinar a apreensão de todas as mercadorias, produtos, objetos, embalagens, etiquetas e outros que contenham a marca falsificada ou imitada.

Art. 210. Os lucros cessantes serão determinados pelo critério mais favorável ao prejudicado, dentre os seguintes:

I – os benefícios que o prejudicado teria auferido se a violação não tivesse ocorrido; ou

II – os benefícios que foram auferidos pelo autor da violação do direito; ou

III – a remuneração que o autor da violação teria pago ao titular do direito violado pela concessão de uma licença que lhe permitisse legalmente explorar o bem.

TÍTULO VI – DA TRANSFERÊNCIA DE TECNOLOGIA E DA FRANQUIA

Art. 211. O INPI fará o registro dos contratos que impliquem transferência de tecnologia, contratos de franquia e similares para produzirem efeitos em relação a terceiros.

Parágrafo único. A decisão relativa aos pedidos de registro de contratos de que trata este artigo será proferida no prazo de trinta dias, contados da data do pedido de registro.

TÍTULO VII – DAS DISPOSIÇÕES GERAIS

CAPÍTULO I

DOS RECURSOS

Art. 212. Salvo expressa disposição em contrário, das decisões de que trata esta Lei cabe recurso, que será interposto no prazo de sessenta dias.

§ 1º Os recursos serão recebidos nos efeitos suspensivo e devolutivo pleno, aplicando-se todos os dispositivos pertinentes ao exame de primeira instância, no que couber.

§ 2º Não cabe recurso da decisão que determinar o arquivamento definitivo de pedido de patente ou de registro e da que deferir pedido de patente, de certificado de adição ou de registro de marca.

§ 3º Os recursos serão decididos pelo Presidente do INPI, encerrando-se a instância administrativa.

Art. 213. Os interessados serão intimados para, no prazo de sessenta dias, oferecerem contrarrazões ao recurso.

Art. 214. Para fins de complementação das razões oferecidas a título de recurso, o INPI poderá formular exigências, que deverão ser cumpridas no prazo de sessenta dias.

Parágrafo único. Decorrido o prazo do *caput*, será decidido o recurso.

Art. 215. A decisão do recurso é final e irrecorrível na esfera administrativa.

CAPÍTULO II

DOS ATOS DAS PARTES

Art. 216. Os atos previstos nesta Lei serão praticados pelas partes ou por seus procuradores, devidamente qualificados.

§ 1º O instrumento de procuração, no original, traslado ou fotocópia autenticada, deverá ser em língua portuguesa, dispensados a legalização consular e o reconhecimento de firma.

§ 2º A procuração deverá ser apresentada em até sessenta dias contados da prática do primeiro ato da parte no processo, independente de notificação ou exigência, sob pena de arquivamento, sendo definitivo o arquivamento do pedido de patente, do pedido de registro de desenho industrial e de registro de marca.

Art. 217. A pessoa domiciliada no exterior deverá constituir e manter procurador devidamente qualificado e domiciliado no País, com poderes para representá-la administrativa e judicialmente, inclusive para receber citações.

Art. 218. Não se conhecerá da petição:

I – se apresentada fora do prazo legal; ou
II – se desacompanhada do comprovante da respectiva retribuição no valor vigente à data de sua apresentação.

Art. 219. Não serão conhecidos a petição, a oposição e o recurso, quando:

I – apresentados fora do prazo previsto nesta Lei;
II – não contiverem fundamentação legal; ou
III – desacompanhados do comprovante do pagamento da retribuição correspondente.

Art. 220. O INPI aproveitará os atos das partes, sempre que possível, fazendo as exigências cabíveis.

CAPÍTULO III

DOS PRAZOS

Art. 221. Os prazos estabelecidos nesta Lei são contínuos, extinguindo-se automaticamente o direito de praticar o ato, após seu decurso, salvo se a parte provar que não o realizou por justa causa.

§ 1º Reputa-se justa causa o evento imprevisto, alheio à vontade da parte e que a impediu de praticar o ato.

§ 2º Reconhecida a justa causa, a parte praticará o ato no prazo que lhe for concedido pelo INPI.

Art. 222. No cômputo dos prazos, exclui-se o dia do começo e inclui-se o do vencimento.

Art. 223. Os prazos somente começam a correr a partir do primeiro dia útil após a intimação, que será feita mediante publicação no órgão oficial do INPI.

Art. 224. Não havendo expressa estipulação nesta Lei, o prazo para a prática do ato será de sessenta dias.

CAPÍTULO IV

DA PRESCRIÇÃO

Art. 225. Prescreve em cinco anos a ação para reparação de dano causado ao direito de propriedade industrial.

CAPÍTULO V

DOS ATOS DO INPI

Art. 226. Os atos do INPI nos processos administrativos referentes à propriedade industrial só produzem efeitos a partir da sua publicação no respectivo órgão oficial, ressalvados:

I – os que expressamente independerem de notificação ou publicação por força do disposto nesta Lei;
II – as decisões administrativas, quando feita notificação por via postal ou por ciência dada ao interessado no processo; e
III – os pareceres e despachos internos que não necessitem ser do conhecimento das partes.

CAPÍTULO VI

DAS CLASSIFICAÇÕES

Art. 227. As classificações relativas às matérias dos Títulos I, II e III desta Lei serão estabelecidas pelo INPI, quando não fixadas em tratado ou acordo internacional em vigor no Brasil.

Capítulo VII
DA RETRIBUIÇÃO

Art. 228. Para os serviços previstos nesta Lei será cobrada retribuição, cujo valor e processo de recolhimento serão estabelecidos por ato do titular do órgão da administração pública federal a que estiver vinculado o INPI.

TÍTULO VIII – DAS DISPOSIÇÕES TRANSITÓRIAS E FINAIS

Art. 229. Aos pedidos em andamento serão aplicadas as disposições desta Lei, exceto quanto à patenteabilidade dos pedidos depositados até 31 de dezembro de 1994, cujo objeto de proteção sejam substâncias, matérias ou produtos obtidos por meios ou processos químicos ou substâncias, matérias, misturas ou produtos alimentícios, químico-farmacêuticos e medicamentos de qualquer espécie, bem como os respectivos processos de obtenção ou modificação e cujos depositantes não tenham exercido a faculdade prevista nos artigos 230 e 231 desta Lei, os quais serão considerados indeferidos, para todos os efeitos, devendo o INPI publicar a comunicação dos aludidos indeferimentos.

Parágrafo único. Aos pedidos relativos a produtos farmacêuticos e produtos químicos para a agricultura, que tenham sido depositados entre 1º de janeiro de 1995 e 14 de maio de 1997, aplicam-se os critérios de patenteabilidade desta Lei, na data efetiva do depósito do pedido no Brasil ou da prioridade, se houver, assegurando-se a proteção a partir da data da concessão da patente, pelo prazo remanescente a contar do dia do depósito no Brasil, limitado ao prazo previsto no *caput* do artigo 40.

▶ Art. 229 com a redação dada pela Lei nº 10.196, de 14-2-2001.

Art. 229-A. Consideram-se indeferidos os pedidos de patentes de processo apresentados entre 1º de janeiro de 1995 e 14 de maio de 1997, aos quais o artigo 9º, alínea c, da Lei nº 5.772, de 21 de dezembro de 1971, não conferia proteção, devendo o INPI publicar a comunicação dos aludidos indeferimentos.

Art. 229-B. Os pedidos de patentes de produto apresentados entre 1º de janeiro de 1995 e 14 de maio de 1997, aos quais o artigo 9º, alíneas b e c, da Lei nº 5.772, de 1971, não conferia proteção e cujos depositantes não tenham exercido a faculdade prevista nos artigos 230 e 231, serão decididos até 31 de dezembro de 2004, em conformidade com esta Lei.

Art. 229-C. A concessão de patentes para produtos e processos farmacêuticos dependerá da prévia anuência da Agência Nacional de Vigilância Sanitária – ANVISA.

▶ Arts. 229-A a 229-C acrescidos pela Lei nº 10.196, de 14-2-2001.

Art. 230. Poderá ser depositado pedido de patente relativo às substâncias, matérias ou produtos obtidos por meios ou processos químicos e as substâncias, matérias, misturas ou produtos alimentícios, químico-farmacêuticos e medicamentos de qualquer espécie, bem como os respectivos processos de obtenção ou modificação, por quem tenha proteção garantida em tratado ou convenção em vigor no Brasil, ficando assegurada a data do primeiro depósito no exterior, desde que seu objeto não tenha sido colocado em qualquer mercado, por iniciativa direta do titular ou por terceiro com seu consentimento, nem tenham sido realizados, por terceiros, no País, sérios e efetivos preparativos para a exploração do objeto do pedido ou da patente.

§ 1º O depósito deverá ser feito dentro do prazo de um ano contado da publicação desta Lei, e deverá indicar a data do primeiro depósito no exterior.

§ 2º O pedido de patente depositado com base neste artigo será automaticamente publicado, sendo facultado a qualquer interessado manifestar-se, no prazo de noventa dias, quanto ao atendimento do disposto no *caput* deste artigo.

§ 3º Respeitados os artigos 10 e 18 desta Lei, e uma vez atendidas as condições estabelecidas neste artigo e comprovada a concessão da patente no país onde foi depositado o primeiro pedido, será concedida a patente no Brasil, tal como concedida no país de origem.

§ 4º Fica assegurado à patente concedida com base neste artigo o prazo remanescente de proteção no país onde foi depositado o primeiro pedido, contado da data do depósito no Brasil e limitado ao prazo previsto no artigo 40, não se aplicando o disposto no seu parágrafo único.

§ 5º O depositante que tiver pedido de patente em andamento, relativo às substâncias, matérias ou produtos obtidos por meios ou processos químicos e as substâncias, matérias, misturas ou produtos alimentícios, químico-farmacêuticos e medicamentos de qualquer espécie, bem como os respectivos processos de obtenção ou modificação, poderá apresentar novo pedido, no prazo e condições estabelecidos neste artigo, juntando prova de desistência do pedido em andamento.

§ 6º Aplicam-se as disposições desta Lei, no que couber, ao pedido depositado e à patente concedida com base neste artigo.

Art. 231. Poderá ser depositado pedido de patente relativo às matérias de que trata o artigo anterior, por nacional ou pessoa domiciliada no País, ficando assegurada a data de divulgação do invento, desde que seu objeto não tenha sido colocado em qualquer mercado, por iniciativa direta do titular ou por terceiro com seu consentimento, nem tenham sido realizados, por terceiros, no País, sérios e efetivos preparativos para a exploração do objeto do pedido.

§ 1º O depósito deverá ser feito dentro do prazo de um ano contado da publicação desta Lei.

§ 2º O pedido de patente depositado com base neste artigo será processado nos termos desta Lei.

§ 3º Fica assegurado à patente concedida com base neste artigo o prazo remanescente de proteção de vinte anos contado da data da divulgação do invento, a partir do depósito no Brasil.

§ 4º O depositante que tiver pedido de patente em andamento, relativo às matérias de que trata o artigo anterior, poderá apresentar novo pedido, no prazo e condições estabelecidos neste artigo, juntando prova de desistência do pedido em andamento.

Art. 232. A produção ou utilização, nos termos da legislação anterior, de substâncias, matérias ou produtos obtidos por meios ou processos químicos e as substâncias, matérias, misturas ou produtos alimentícios, químico-farmacêuticos e medicamentos de qualquer espécie, bem como os respectivos processos de obtenção ou modificação, mesmo que protegidos por patente de produto ou processo em outro país, de conformidade com tratado ou convenção em vigor no Brasil, poderão continuar, nas mesmas condições anteriores à aprovação desta Lei.

§ 1º Não será admitida qualquer cobrança retroativa ou futura, de qualquer valor, a qualquer título, relativa a produtos produzidos ou processos utilizados no Brasil em conformidade com este artigo.

§ 2º Não será igualmente admitida cobrança nos termos do parágrafo anterior, caso, no período anterior à entrada em vigência desta Lei, tenham sido realizados investimentos significativos para a exploração de produto ou de processo referidos neste artigo, mesmo que protegidos por patente de produto ou de processo em outro país.

Art. 233. Os pedidos de registro de expressão e sinal de propaganda e de declaração de notoriedade serão definitivamente arquivados e os registros e declaração permanecerão em vigor pelo prazo de vigência restante, não podendo ser prorrogados.

Art. 234. Fica assegurada ao depositante a garantia de prioridade de que trata o artigo 7º da Lei nº 5.772, de 21 de dezembro de 1971, até o término do prazo em curso.

Art. 235. É assegurado o prazo em curso concedido na vigência da Lei nº 5.772, de 21 de dezembro de 1971.

Art. 236. O pedido de patente de modelo ou de desenho industrial depositado na vigência da Lei nº 5.772, de 21 de dezembro de 1971, será automaticamente denominado pedido de registro de desenho industrial, considerando-se, para todos os efeitos legais, a publicação já feita.

Parágrafo único. Nos pedidos adaptados serão considerados os pagamentos para efeito de cálculo de retribuição quinquenal devida.

Art. 237. Aos pedidos de patente de modelo ou de desenho industrial que tiverem sido objeto de exame na forma da Lei nº 5.772, de 21 de dezembro de 1971, não se aplicará o disposto no artigo 111.

Art. 238. Os recursos interpostos na vigência da Lei nº 5.772, de 21 de dezembro de 1971, serão decididos na forma nela prevista.

Art. 239. Fica o Poder Executivo autorizado a promover as necessárias transformações no INPI, para assegurar à Autarquia autonomia financeira e administrativa, podendo esta:

I – contratar pessoal técnico e administrativo mediante concurso público;
II – fixar tabela de salários para os seus funcionários, sujeita à aprovação do Ministério a que estiver vinculado o INPI; e
III – dispor sobre a estrutura básica e regimento interno, que serão aprovados pelo Ministério a que estiver vinculado o INPI.

Parágrafo único. As despesas resultantes da aplicação deste artigo correrão por conta de recursos próprios do INPI.

Art. 240. O artigo 2º da Lei nº 5.648, de 11 de dezembro de 1970, passa a ter a seguinte redação:

"Art. 2º O INPI tem por finalidade principal executar, no âmbito nacional, as normas que regulam a propriedade industrial, tendo em vista a sua função social, econômica, jurídica e técnica, bem como pronunciar-se quanto à conveniência de assinatura, ratificação e denúncia de convenções, tratados, convênios e acordos sobre propriedade industrial".

Art. 241. Fica o Poder Judiciário autorizado a criar juízos especiais para dirimir questões relativas à propriedade intelectual.

Art. 242. O Poder Executivo submeterá ao Congresso Nacional projeto de lei destinado a promover, sempre que necessário, a harmonização desta Lei com a política para propriedade industrial adotada pelos demais países integrantes do MERCOSUL.

Art. 243. Esta Lei entra em vigor na data de sua publicação quanto às matérias disciplinadas nos artigos 230, 231, 232 e 239, e um ano após sua publicação quanto aos demais artigos.

Art. 244. Revogam-se a Lei nº 5.772, de 21 de dezembro de 1971, a Lei nº 6.348, de 7 de julho de 1976, os artigos 187 a 196 do Decreto-Lei nº 2.848, de 7 de dezembro de 1940, os artigos 169 a 189 do Decreto-Lei nº 7.903, de 27 de agosto de 1945, e as demais disposições em contrário.

Brasília, 14 de maio de 1996;
175º da Independência e
108º da República.

Fernando Henrique Cardoso

LEI Nº 9.447,
DE 14 DE MARÇO DE 1997

Dispõe sobre a responsabilidade solidária de controladores de instituições submetidas aos regimes de que tratam a Lei nº 6.024, de 13 de março de 1974, e o Decreto-Lei nº 2.321, de 25 de fevereiro de 1987; sobre a indisponibilidade de seus bens; sobre a responsabilização das empresas de auditoria contábil ou dos auditores contábeis independentes; sobre privatização de instituições cujas ações sejam desapropriadas, na forma do Decreto-Lei nº 2.321, de 1987, e dá outras providências.

▶ Publicada no DOU de 15-3-1997.
▶ Lei nº 6.024, de 13-3-1974 (Lei das Intervenções e Liquidações Extrajudiciais de Instituições Financeiras).
▶ Dec.-lei nº 2.321, de 25-2-1987, institui, em defesa das finanças públicas, regime de administração especial temporária, nas instituições financeiras privadas e públicas não federais.

Art. 1º A responsabilidade solidária dos controladores de instituições financeiras estabelecida no art. 15 do Decreto-Lei nº 2.321, de 25 de fevereiro de 1987, aplica-se, também, aos regimes de intervenção e liquidação extrajudicial de que trata a Lei nº 6.024, de 13 de março de 1974.

Art. 2º O disposto na Lei nº 6.024, de 1974, e no Decreto-Lei nº 2.321, de 1987, no que se refere à indisponibilidade de bens, aplica-se, também, aos bens das pessoas, naturais ou jurídicas, que detenham o controle, direto ou indireto das instituições submetidas aos regimes de intervenção, liquidação extrajudicial ou administração especial temporária.

§ 1º Objetivando assegurar a normalidade da atividade econômica e os interesses dos credores, o Banco Central do Brasil, por decisão de sua diretoria, poderá excluir da indisponibilidade os bens das pessoas jurídicas controladoras das instituições financeiras submetidas aos regimes especiais.

§ 2º Não estão sujeitos à indisponibilidade os bens considerados inalienáveis ou impenhoráveis, nos termos da legislação em vigor.

§ 3º A indisponibilidade não impede a alienação de controle, cisão, fusão ou incorporação da instituição submetida aos regimes de intervenção, liquidação extrajudicial ou administração especial temporária.

Art. 3º O inquérito de que trata o art. 41 da Lei nº 6.024, de 1974, compreende também a apuração dos atos praticados ou das omissões incorridas pelas pessoas naturais ou jurídicas prestadoras de serviços de auditoria independente às instituições submetidas aos regimes de intervenção, liquidação extrajudicial ou administração especial temporária.

Parágrafo único. Concluindo o inquérito que houve culpa ou dolo na atuação das pessoas de que trata o *caput*, aplicar-se-á o disposto na parte final do *caput* do art. 45 da Lei nº 6.024, de 1974.

Art. 4º O Banco Central do Brasil poderá, além das hipóteses previstas no art. 1º do Decreto-Lei nº 2.321, de 1987, decretar regime de administração especial temporária, quando caracterizada qualquer das situações previstas no art. 15 da Lei nº 6.024, de 1974.

Art. 5º Verificada a ocorrência de qualquer das hipóteses previstas nos arts. 2º e 15 da Lei nº 6.024, de 1974, e no art. 1º do Decreto-Lei nº 2.321, de 1987, é facultado ao Banco Central do Brasil, visando assegurar a normalidade da economia pública e resguardar os interesses dos depositantes, investidores e demais credores, sem prejuízo da posterior adoção dos regimes de intervenção, liquidação extrajudicial ou administração especial temporária, determinar as seguintes medidas:

I – capitalização da sociedade, com o aporte de recursos necessários ao seu soerguimento, em montante por ele fixado;
II – transferência do controle acionário;
III – reorganização societária, inclusive mediante incorporação, fusão ou cisão.

Parágrafo único. Não implementadas as medidas de que trata este artigo, no prazo estabelecido pelo Banco Central do Brasil, decretar-se-á o regime especial cabível.

Art. 6º No resguardo da economia pública e dos interesses dos depositantes e investidores, o interventor, o liquidante ou o conselho diretor da instituição submetida aos regimes de intervenção, liquidação extrajudicial ou administração especial temporária, quando prévia e expressamente autorizado pelo Banco Central do Brasil, poderá:

I – transferir para outra ou outras sociedades, isoladamente ou em conjunto, bens, direitos e obrigações da empresa ou de seus estabelecimentos;

II – alienar ou ceder bens e direitos a terceiros e acordar a assunção de obrigações por outra sociedade;
III – proceder à constituição ou reorganização de sociedade ou sociedades para as quais sejam transferidos, no todo ou em parte, bens, direitos e obrigações da instituição sob intervenção, liquidação extrajudicial ou administração especial temporária, objetivando a continuação geral ou parcial de seu negócio ou atividade.

Art. 7º A implementação das medidas previstas no artigo anterior e o encerramento, por qualquer forma, dos regimes de intervenção, liquidação extrajudicial ou administração especial temporária não prejudicarão:

I – o andamento do inquérito para apuração das responsabilidades dos controladores, administradores, membros dos conselhos da instituição e das pessoas naturais ou jurídicas prestadoras de serviços de auditoria independente às instituições submetidas aos regimes de que tratam a Lei nº 6.024, de 1974, e o Decreto-Lei nº 2.321, de 1987;
II – a legitimidade do Ministério Público para prosseguir ou propor as ações previstas nos arts. 45 e 46 da Lei nº 6.024, de 1974.

Art. 8º A intervenção e a liquidação extrajudicial de instituições financeiras poderão, também, a critério do Banco Central do Brasil, ser executadas por pessoa jurídica.

Art. 9º Instaurado processo administrativo contra instituição financeira, seus administradores, membros de seus conselhos, a empresa de auditoria contábil ou o auditor contábil independente, o Banco Central do Brasil, por decisão da diretoria, considerando a gravidade da falta, poderá, cautelarmente:

I – determinar o afastamento dos indiciados da administração dos negócios da instituição, enquanto perdurar a apuração de suas responsabilidades;
II – impedir que os indiciados assumam quaisquer cargos de direção ou administração de instituições financeiras ou atuem como mandatários ou prepostos de diretores ou administradores;
III – impor restrições às atividades da instituição financeira;
IV – determinar à instituição financeira a substituição da empresa de auditoria contábil ou do auditor contábil independente.

§ 1º Das decisões do Banco Central do Brasil proferidas com base neste artigo caberá recurso, sem efeito suspensivo, para o Conselho de Recursos do Sistema Financeiro Nacional, no prazo de cinco dias.

§ 2º Não concluído o processo, no âmbito do Banco Central do Brasil, no prazo de cento e vinte dias, a medida cautelar perderá sua eficácia.

§ 3º O disposto neste artigo aplica-se às demais instituições autorizadas a funcionar pelo Banco Central do Brasil.

Art. 10. A alienação do controle de instituições financeiras cujas ações sejam desapropriadas pela União, na forma do Decreto-Lei nº 2.321, de 1987, será feita mediante oferta pública, na forma de regulamento, assegurada igualdade de condições a todos os concorrentes.

§ 1º O decreto expropriatório fixará, em cada caso, o prazo para alienação do controle, o qual poderá ser prorrogado por igual período.

§ 2º Desapropriadas as ações, o regime de administração especial temporária prosseguirá, até que efetivada a transferência, pela União, do controle acionário da instituição.

Art. 11. As instituições financeiras cujas ações sejam desapropriadas pela União permanecerão, até a alienação de seu controle, para todos os fins, sob o regime jurídico próprio das empresas privadas.

Art. 12. Nos empréstimos realizados no âmbito do Programa de Estímulo à Reestruturação e ao Fortalecimento do Sistema Financeiro Nacional – PROER poderão ser aceitos, como garantia, títulos ou direitos relativos a operações de responsabilidade do Tesouro Nacional ou de entidades da Administração Pública Federal indireta.

Parágrafo único. Exceto nos casos em que as garantias sejam representadas por títulos da dívida pública mobiliária federal vendidos em leilões competitivos, o valor nominal das garantias deverá exceder em pelo menos vinte por cento o montante garantido.

Art. 13. Na hipótese de operações financeiras ao amparo do PROER, o Banco Central do Brasil informará, tempestivamente, à Comissão de Assuntos Econômicos do Senado Federal, em cada caso:

I – os motivos pelos quais a instituição financeira solicitou sua inclusão no Programa;
II – o valor da operação;
III – os dados comparativos entre os encargos financeiros cobrados no PROER e os encargos financeiros médios pagos pelo Banco Central do Brasil na colocação de seus títulos no mercado;
IV – as garantias aceitas e seu valor em comparação com o empréstimo concedido.

Art. 14. Os arts. 22 e 26 da Lei nº 6.385, de 7 de dezembro de 1976, passam a vigorar com as seguintes alterações:

▶ Alterações inseridas no texto da referida lei.

Art. 15. Ficam convalidados os atos praticados com base na Medida Provisória nº 1.470-15, de 17 de janeiro de 1997.

Art. 16. Esta Lei entra em vigor na data de sua publicação.

Congresso Nacional, em 14 de março de 1997;
176º da Independência e
109º da República.

Antônio Carlos Magalhães

**DECRETO Nº 2.181,
DE 20 DE MARÇO DE 1997**

Dispõe sobre a organização do Sistema Nacional de Defesa do Consumidor – SNDC, estabelece as normas gerais de aplicação das sanções administrativas previstas na Lei nº 8.078, de 11 de setembro de 1990, revoga o Decreto nº 861, de 9 de julho de 1993, e dá outras providências.

▶ Publicado no *DOU* de 21-3-1997.
▶ Arts. 55 a 60 do CDC.

Art. 1º Fica organizado o Sistema Nacional de Defesa do Consumidor – SNDC e estabelecidas as normas gerais de aplicação das sanções administrativas, nos termos da Lei nº 8.078, de 11 de setembro de 1990.

CAPÍTULO I
DO SISTEMA NACIONAL DE DEFESA DO CONSUMIDOR

Art. 2º *Integram o SNDC a Secretaria Nacional do Consumidor do Ministério da Justiça e os demais órgãos federais, estaduais, do Distrito Federal, municipais e as entidades civis de defesa do consumidor.*

▶ Artigo com a redação dada pelo Dec. nº 7.738, de 28-5-2012.
▶ Art. 105 do CDC.

CAPÍTULO II
DA COMPETÊNCIA DOS ÓRGÃOS INTEGRANTES DO SNDC

Art. 3º *Compete à Secretaria Nacional do Consumidor do Ministério da Justiça, a coordenação da política do Sistema Nacional de Defesa do Consumidor, cabendo-lhe:*

▶ *Caput* com a redação dada pelo Dec. nº 7.738, de 28-5-2012.
▶ Art. 106 do CDC.

I – planejar, elaborar, propor, coordenar e executar a política nacional de proteção e defesa do consumidor;
II – receber, analisar, avaliar e apurar consultas e denúncias apresentadas por entidades representativas ou pessoas jurídicas de direito público ou privado ou por consumidores individuais;
III – prestar aos consumidores orientação permanente sobre seus direitos e garantias;
IV – informar, conscientizar e motivar o consumidor, por intermédio dos diferentes meios de comunicação;
V – solicitar à polícia judiciária a instauração de inquérito para apuração de delito contra o consumidor, nos termos da legislação vigente;

▶ Arts. 61 a 74 do CDC.
▶ Lei nº 8.137, de 27-12-1990 (Lei dos Crimes Contra a Ordem Tributária, Econômica e Contra as Relações de Consumo).

VI – representar ao Ministério Público competente, para fins de adoção de medidas processuais, penais e civis, no âmbito de suas atribuições;
VII – levar ao conhecimento dos órgãos competentes as infrações de ordem administrativa que violarem os interesses difusos, coletivos ou individuais dos consumidores;

▶ Art. 81, parágrafo único, do CDC.

VIII – solicitar o concurso de órgãos e entidades da União, dos Estados, do Distrito Federal e dos Municípios, bem como auxiliar na fiscalização de preços, abastecimento, quantidade e segurança de produtos e serviços;
IX – incentivar, inclusive com recursos financeiros e outros programas especiais, a criação de órgãos públicos estaduais e municipais de defesa do consumidor e a formação, pelos cidadãos, de entidades com esse mesmo objetivo;

X – fiscalizar e aplicar as sanções administrativas previstas na Lei nº 8.078, de 1990, e em outras normas pertinentes à defesa do consumidor;
► Arts. 55 a 60 do CDC.

XI – solicitar o concurso de órgãos e entidades de notória especialização técnico-científica para a consecução de seus objetivos;
XII – *celebrar convênios e termos de ajustamento de conduta, na forma do § 6º do art. 5º da Lei nº 7.347, de 24 de julho de 1985;*
► Inciso XII com a redação dada pelo Dec. nº 7.738, de 28-5-2012.
► Lei nº 7.347, de 24-7-1985 (Lei da Ação Civil Pública).

XIII – elaborar e divulgar o cadastro nacional de reclamações fundamentadas contra fornecedores de produtos e serviços, a que se refere o artigo 44 da Lei nº 8.078, de 1990;
XIV – desenvolver outras atividades compatíveis com suas finalidades.

Art. 4º No âmbito de sua jurisdição e competência, caberá ao órgão estadual, do Distrito Federal e municipal de proteção e defesa do consumidor, criado, na forma da lei, especificamente para este fim, exercer as atividades contidas nos incisos II a XII do artigo 3º deste Decreto e, ainda:

I – planejar, elaborar, propor, coordenar e executar a política estadual, do Distrito Federal e municipal de proteção e defesa do consumidor, nas suas respectivas áreas de atuação;
II – dar atendimento aos consumidores, processando, regularmente, as reclamações fundamentadas;
III – fiscalizar as relações de consumo;
IV – funcionar, no processo administrativo, como instância de instrução e julgamento, no âmbito de sua competência, dentro das regras fixadas pela Lei nº 8.078, de 1990, pela legislação complementar e por este Decreto;
V – *elaborar e divulgar anualmente, no âmbito de sua competência, o cadastro de reclamações fundamentadas contra fornecedores de produtos e serviços, de que trata o art. 44 da Lei nº 8.078, de 1990 e remeter cópia à Secretaria Nacional do Consumidor do Ministério da Justiça;*
► Inciso V com a redação dada pelo Dec. nº 7.738, de 28-5-2012.

VI – desenvolver outras atividades compatíveis com suas finalidades.

Art. 5º Qualquer entidade ou órgão da Administração Pública, federal, estadual e municipal, destinado à defesa dos interesses e direitos do consumidor, tem, no âmbito de suas respectivas competências, atribuição para apurar e punir infrações a este Decreto e à legislação das relações de consumo.

Parágrafo único. Se instaurado mais de um processo administrativo por pessoas jurídicas de direito público distintas, para apuração de infração decorrente de um mesmo fato imputado ao mesmo fornecedor, eventual conflito de competência será dirimido pela Secretaria Nacional do Consumidor, que poderá ouvir a Comissão Nacional Permanente de Defesa do Consumidor – CNPDC, levando sempre em consideração a competência federativa para legislar sobre a respectiva atividade econômica.
► Parágrafo único com a redação dada pelo Dec. nº 7.738, de 28-5-2012.
► Art.15 deste Decreto.

Art. 6º As entidades e órgãos da Administração Pública destinados à defesa dos interesses e direitos protegidos pelo Código de Defesa do Consumidor poderão celebrar compromissos de ajustamento de conduta às exigências legais, nos termos do § 6º do artigo 5º da Lei nº 7.347, de 1985, na órbita de suas respectivas competências.

§ 1º A celebração de termo de ajustamento de conduta não impede que outro, desde que mais vantajoso para o consumidor, seja lavrado por quaisquer das pessoas jurídicas de direito público integrantes do SNDC.

§ 2º A qualquer tempo, o órgão subscritor poderá, diante de novas informações ou se assim as circunstâncias o exigirem, retificar ou complementar o acordo firmado, determinando outras providências que se fizerem necessárias, sob pena de invalidade imediata do ato, dando-se seguimento ao procedimento administrativo eventualmente arquivado.

§ 3º O compromisso de ajustamento conterá, entre outras, cláusulas que estipulem condições sobre:

I – obrigação do fornecedor de adequar sua conduta às exigências legais, no prazo ajustado;
II – pena pecuniária, diária, pelo descumprimento do ajustado, levando-se em conta os seguintes critérios:
a) o valor global da operação investigada;
b) o valor do produto ou serviço em questão;
c) os antecedentes do infrator;
d) a situação econômica do infrator;
III – ressarcimento das despesas de investigação da infração e instrução do procedimento administrativo.

§ 4º A celebração do compromisso de ajustamento suspenderá o curso do processo administrativo, se instaurado, que somente será arquivado após atendidas todas as condições estabelecidas no respectivo termo.

Art. 7º Compete aos demais órgãos públicos federais, estaduais, do Distrito Federal e municipais que passarem a integrar o SNDC fiscalizar as relações de consumo, no âmbito de sua competência, e autuar, na forma da legislação, os responsáveis por práticas que violem os direitos do consumidor.

Art. 8º As entidades civis de proteção e defesa do consumidor, legalmente constituídas, poderão:

I – encaminhar denúncias aos órgãos públicos de proteção e defesa do consumidor, para as providências legais cabíveis;
II – representar o consumidor em juízo, observado o disposto no inciso IV do artigo 82 da Lei nº 8.078, de 1990;
III – exercer outras atividades correlatas.

Capítulo III
DA FISCALIZAÇÃO, DAS PRÁTICAS INFRATIVAS E DAS PENALIDADES ADMINISTRATIVAS

Seção I
DA FISCALIZAÇÃO

Art. 9º A fiscalização das relações de consumo de que tratam a Lei nº 8.078, de 1990, este Decreto e as demais normas de defesa do consumidor será exercida em todo o território nacional pela Secretaria Nacional do Consumidor do Ministério da Justiça, pelos órgãos federais integrantes do Sistema Nacional de Defesa do Consumidor, pelos órgãos conveniados com a Secretaria e pelos órgãos de proteção e defesa do consumidor criados pelos Estados, Distrito Federal e Municípios, em suas respectivas áreas de atuação e competência.

▶ Artigo com a redação dada pelo Dec. nº 7.738, de 28-5-2012.

Art. 10. A fiscalização de que trata este Decreto será efetuada por agentes fiscais, oficialmente designados, vinculados aos respectivos órgãos de proteção e defesa do consumidor, no âmbito federal, estadual, do Distrito Federal e municipal, devidamente credenciados mediante Cédula de Identificação Fiscal, admitida a delegação mediante convênio.

Art. 11. Sem exclusão da responsabilidade dos órgãos que compõem o SNDC, os agentes de que trata o artigo anterior responderão pelos atos que praticarem quando investidos da ação fiscalizadora.

Seção II
DAS PRÁTICAS INFRATIVAS

Art. 12. São consideradas práticas infrativas:

▶ Art. 39 do CDC.

I – condicionar o fornecimento de produto ou serviço ao fornecimento de outro produto ou serviço, bem como, sem justa causa, a limites quantitativos;
II – recusar atendimento às demandas dos consumidores na exata medida de sua disponibilidade de estoque e, ainda, de conformidade com os usos e costumes;

▶ Art. 2º, I, da Lei nº 1.521, de 26-12-1951 (Lei dos Crimes Contra a Economia Popular).

III – recusar, sem motivo justificado, atendimento à demanda dos consumidores de serviços;
IV – enviar ou entregar ao consumidor qualquer produto ou fornecer qualquer serviço, sem solicitação prévia;

▶ Art. 23 deste Decreto.

V – prevalecer-se da fraqueza ou ignorância do consumidor, tendo em vista sua idade, saúde, conhecimento ou condição social, para impingir-lhe seus produtos ou serviços;
VI – exigir do consumidor vantagem manifestamente excessiva;
VII – executar serviços sem a prévia elaboração de orçamento e autorização expressa do consumidor, ressalvadas as decorrentes de práticas anteriores entre as partes;
VIII – repassar informação depreciativa referente a ato praticado pelo consumidor no exercício de seus direitos;
IX – colocar, no mercado de consumo, qualquer produto ou serviço:
a) em desacordo com as normas expedidas pelos órgãos oficiais competentes, ou, se normas específicas não existirem, pela Associação Brasileira de Normas Técnicas – ABNT ou outra entidade credenciada pelo Conselho Nacional de Metrologia, Normalização e Qualidade Industrial – CONMETRO;
b) que acarrete riscos à saúde ou à segurança dos consumidores e sem informações ostensivas e adequadas;
c) em desacordo com as indicações constantes do recipiente, da embalagem, da rotulagem ou mensagem publicitária, respeitadas as variações decorrentes de sua natureza;
d) impróprio ou inadequado ao consumo a que se destina ou que lhe diminua o valor.

▶ Art. 2º, III, da Lei nº 1.521, de 26-12-1951 (Lei dos Crimes Contra a Economia Popular).

X – deixar de reexecutar os serviços, quando cabível, sem custo adicional;
XI – deixar de estipular prazo para o cumprimento de sua obrigação ou deixar a fixação ou variação de seu termo inicial a seu exclusivo critério.

▶ Art. 22, parágrafo único, deste Decreto.

Art. 13. Serão consideradas, ainda, práticas infrativas, na forma dos dispositivos da Lei nº 8.078, de 1990:

I – ofertar produtos ou serviços sem as informações corretas, claras, precisas e ostensivas, em língua portuguesa, sobre suas características, qualidade, quantidade, composição, preço, condições de pagamento, juros, encargos, garantia, prazos de validade e origem, entre outros dados relevantes;

▶ Arts. 31 e 66 do CDC.

II – deixar de comunicar à autoridade competente a periculosidade do produto ou serviço, quando do lançamento dos mesmos no mercado de consumo, ou quando da verificação posterior da existência do risco;

▶ Arts. 10 e 64 do CDC.

III – deixar de comunicar aos consumidores, por meio de anúncios publicitários, a periculosidade do produto ou serviço, quando do lançamento dos mesmos no mercado de consumo, ou quando da verificação posterior da existência do risco;

▶ Arts. 10, § 1º, e 64 do CDC.

IV – deixar de reparar os danos causados aos consumidores por defeitos decorrentes de projetos, fabricação, construção, montagem, manipulação, apresentação ou acondicionamento de seus produtos ou serviços, ou por informações insuficientes ou inadequadas sobre a sua utilização e risco;

▶ Arts. 12 e 14 do CDC.

V – deixar de empregar componentes de reposição originais, adequados e novos, ou que mantenham as especificações técnicas do fabricante, salvo se existir autorização em contrário do consumidor;

▶ Arts. 21 e 32 do CDC.

VI – deixar de cumprir a oferta, publicitária ou não, suficientemente precisa, ressalvada a incorreção retificada em tempo hábil ou exclusivamente atribuível ao veículo de comunicação, sem prejuízo, inclusive nessas duas hipóteses, do cumprimento forçado do anunciado ou do ressarcimento de perdas e danos sofridos pelo consumidor, assegurado o direito de regresso do anunciante contra seu segurador ou responsável direto;

▶ Arts. 30 e 35 do CDC.

VII – omitir, nas ofertas ou vendas eletrônicas, por telefone ou reembolso postal, o nome e endereço do fabricante ou do importador na embalagem, na publicidade e nos impressos utilizados na transação comercial;

▶ Art. 33 do CDC.

VIII – deixar de cumprir, no caso de fornecimento de produtos e serviços, o regime de preços tabelados, congelados, administrados, fixados ou controlados pelo Poder Público;

▶ Art. 41 do CDC.

IX – submeter o consumidor inadimplente a ridículo ou a qualquer tipo de constrangimento ou ameaça;

▶ Art. 42 do CDC.

X – impedir ou dificultar o acesso gratuito do consumidor às informações existentes em cadastros, fichas, registros de dados pessoais e de consumo, arquivados sobre ele, bem como sobre as respectivas fontes;

▶ Art. 43 do CDC.

XI – elaborar cadastros de consumo com dados irreais ou imprecisos;

XII – manter cadastros e dados de consumidores com informações negativas, divergentes da proteção legal;

XIII – deixar de comunicar, por escrito, ao consumidor a abertura de cadastro, ficha, registro de dados pessoais e de consumo, quando não solicitada por ele;

▶ Art. 43, § 2º, do CDC.

XIV – deixar de corrigir, imediata e gratuitamente, a inexatidão de dados e cadastros, quando solicitado pelo consumidor;

▶ Art. 43, § 3º, do CDC.

XV – deixar de comunicar ao consumidor, no prazo de cinco dias úteis, as correções cadastrais por ele solicitadas;

▶ Art. 43, § 3º, do CDC.

XVI – impedir, dificultar ou negar, sem justa causa, o cumprimento das declarações constantes de escritos particulares, recibos e pré-contratos concernentes às relações de consumo;

▶ Art. 48 do CDC.

XVII – omitir em impressos, catálogos ou comunicações, impedir, dificultar ou negar a desistência contratual, no prazo de até sete dias a contar da assinatura do contrato ou do ato de recebimento do produto ou serviço, sempre que a contratação ocorrer fora do estabelecimento comercial, especialmente por telefone ou a domicílio;

▶ Art. 49 do CDC.

XVIII – impedir, dificultar ou negar a devolução dos valores pagos, monetariamente atualizados, durante o prazo de reflexão, em caso de desistência do contrato pelo consumidor;

▶ Art. 49, parágrafo único, do CDC.

XIX – deixar de entregar o termo de garantia, devidamente preenchido com as informações previstas no parágrafo único do artigo 50 da Lei nº 8.078, de 1990;

XX – deixar, em contratos que envolvam vendas a prazo ou com cartão de crédito, de informar por escrito ao consumidor, prévia e adequadamente, inclusive nas comunicações publicitárias, o preço do produto ou do serviço em moeda corrente nacional, o montante dos juros de mora e da taxa efetiva anual de juros, os acréscimos legal e contratualmente previstos, o número e a periodicidade das prestações e, com igual destaque, a soma total a pagar, com ou sem financiamento;

▶ Art. 52 do CDC.

XXI – deixar de assegurar a oferta de componentes e peças de reposição, enquanto não cessar a fabricação ou importação do produto, e, caso cessadas, de manter a oferta de componentes e peças de reposição por período razoável de tempo, nunca inferior à vida útil do produto ou serviço;

XXII – propor ou aplicar índices ou formas de reajuste alternativos, bem como fazê-lo em desacordo com aquele que seja legal ou contratualmente permitido;

▶ Art. 39, XI, do CDC.

XXIII – recusar a venda de produto ou a prestação de serviços, publicamente ofertados, diretamente a quem se dispõe a adquiri-los mediante pronto pagamento, ressalvados os casos regulados em leis especiais;

▶ Art. 39, IX, do CDC.

XXIV – deixar de trocar o produto impróprio, inadequado, ou de valor diminuído, por outro da mesma espécie, em perfeitas condições de uso, ou de restituir imediatamente a quantia paga, devidamente corrigida, ou fazer abatimento proporcional do preço, a critério do consumidor.

▶ Art. 18, § 1º, do CDC.
▶ Art. 22, parágrafo único, deste Decreto.

Art. 14. É enganosa qualquer modalidade de informação ou comunicação de caráter publicitário inteira ou parcialmente falsa, ou, por qualquer outro modo, mesmo por omissão, capaz de induzir a erro o consumidor a respeito da natureza, características, qualidade, quantidade, propriedade, origem, preço e de quaisquer outros dados sobre produtos ou serviços.

▶ Arts. 37, 67 e 68 do CDC.
▶ Art. 19 deste Decreto.

§ 1º É enganosa, por omissão, a publicidade que deixar de informar sobre dado, essencial do produto ou serviço a ser colocado à disposição dos consumidores.

§ 2º É abusiva, entre outras, a publicidade discriminatória de qualquer natureza, que incite à violência, explore o medo ou a superstição, se aproveite da deficiência de julgamento e da inexperiência da criança, desrespeite valores ambientais, seja capaz de induzir o consumidor a se comportar de forma prejudicial ou perigosa à sua saúde ou segurança, ou que viole normas legais ou regulamentares de controle da publicidade.

§ 3º O ônus da prova da veracidade (não enganosidade) e da correção (não abusividade) da informação ou comunicação publicitária cabe a quem as patrocina.

▶ Art. 38 do CDC.

Art. 15. Estando a mesma empresa sendo acionada em mais de um Estado federado pelo mesmo fato gerador de prática infrativa, a autoridade máxima do sistema estadual poderá remeter o processo ao órgão coordenador do SNDC, que apurará o fato e aplicará as sanções respectivas.

▶ Arts. 5º, parágrafo único, e 32 deste Decreto.

Art. 16. Nos casos de processos administrativos em trâmite em mais de um Estado, que envolvam interesses difusos ou coletivos, a Secretaria Nacional do Consumidor poderá avocá-los, ouvida a Comissão Nacional Permanente de Defesa do Consumidor, e as autoridades máximas dos sistemas estaduais.

▶ Artigo com a redação dada pelo Dec. nº 7.738, de 28-5-2012.

Art. 17. As práticas infrativas classificam-se em:

I – leves: aquelas em que forem verificadas somente circunstâncias atenuantes;
II – graves: aquelas em que forem verificadas circunstâncias agravantes.

Seção III
DAS PENALIDADES ADMINISTRATIVAS

Art. 18. A inobservância das normas contidas na Lei nº 8.078, de 1990, e das demais normas de defesa do consumidor constituirá prática infrativa e sujeitará o fornecedor às seguintes penalidades, que poderão ser aplicadas isolada ou cumulativamente, inclusive de forma cautelar, antecedente ou incidente no processo administrativo, sem prejuízo das de natureza cível, penal e das definidas em normas específicas:

▶ Art. 56 do CDC.

I – multa;
II – apreensão do produto;

▶ Art. 21 deste Decreto.

III – inutilização do produto;
IV – cassação do registro do produto junto ao órgão competente;
V – proibição de fabricação do produto;
VI – suspensão de fornecimento de produtos ou serviços;
VII – suspensão temporária de atividade;
VIII – revogação de concessão ou permissão de uso;
IX – cassação de licença do estabelecimento ou de atividade;
X – interdição, total ou parcial, de estabelecimento, de obra ou de atividade;
XI – intervenção administrativa;
XII – imposição de contrapropaganda.

§ 1º Responderá pela prática infrativa, sujeitando-se às sanções administrativas previstas neste Decreto, quem por ação ou omissão lhe der causa, concorrer para sua prática ou dela se beneficiar.

§ 2º As penalidades previstas neste artigo serão aplicadas pelos órgãos oficiais integrantes do SNDC, sem prejuízo das atribuições do órgão normativo ou regulador da atividade, na forma da legislação vigente.

§ 3º As penalidades previstas nos incisos III a XI deste artigo sujeitam-se a posterior confirmação pelo órgão normativo ou regulador da atividade, nos limites de sua competência.

Art. 19. Toda pessoa física ou jurídica que fizer ou promover publicidade enganosa ou abusiva ficará sujeita à pena de multa, cumulada com aquelas previstas no artigo anterior, sem prejuízo da competência de outros órgãos administrativos.

▶ Arts. 37, 67 e 68 do CDC.
▶ Art. 14 deste Decreto.

Parágrafo único. Incide também nas penas deste artigo o fornecedor que:

a) deixar de organizar ou negar aos legítimos interessados os dados fáticos, técnicos e científicos que dão sustentação à mensagem publicitária;
b) veicular publicidade de forma que o consumidor não possa, fácil e imediatamente, identificá-la como tal.

▶ Art. 36 do CDC.

Art. 20. Sujeitam-se à pena de multa os órgãos públicos que, por si ou suas empresas concessionárias, permissionárias ou sob qualquer outra forma de empreendimento, deixarem de fornecer serviços adequados, eficientes, seguros e, quanto aos essenciais, contínuos.

▶ Art. 22 do CDC.

Art. 21. A aplicação da sanção prevista no inciso II do artigo 18 terá lugar quando os produtos forem comercializados em desacordo com as especificações técnicas estabelecidas em legislação própria, na Lei nº 8.078, de 1990, e neste Decreto.

§ 1º Os bens apreendidos, a critério da autoridade, poderão ficar sob a guarda do proprietário, responsável, preposto ou empregado que responda pelo gerenciamento do negócio, nomeado fiel depositário, mediante termo próprio, proibida a venda, utilização, substituição, subtração ou remoção, total ou parcial, dos referidos bens.

▶ Art. 35, II, *i*, deste Decreto.

§ 2º A retirada de produto por parte da autoridade fiscalizadora não poderá incidir sobre quantidade superior àquela necessária à realização da análise pericial.

Art. 22. Será aplicada multa ao fornecedor de produtos ou serviços que, direta ou indiretamente, inserir, fizer circular ou utilizar-se de cláusula abusiva, qualquer que seja a modalidade do contrato de consumo, inclusive nas operações securitárias, bancárias, de crédito direto ao consumidor, depósito, poupança, mútuo ou financiamento, e especialmente quando:

▶ Art. 51 do CDC.

I – impossibilitar, exonerar ou atenuar a responsabilidade do fornecedor por vícios de qualquer natureza dos produtos e serviços ou implicar renúncia ou disposição de direito do consumidor;
II – deixar de reembolsar ao consumidor a quantia já paga, nos casos previstos na Lei nº 8.078, de 1990;
III – transferir responsabilidades a terceiros;
IV – estabelecer obrigações consideradas iníquas ou abusivas, que coloquem o consumidor em desvantagem exagerada, incompatíveis com a boa-fé ou a equidade;

▶ Art. 56 deste Decreto.

V – estabelecer inversão do ônus da prova em prejuízo do consumidor;
VI – determinar a utilização compulsória de arbitragem;
VII – impuser representante para concluir ou realizar outro negócio jurídico pelo consumidor;
VIII – deixar ao fornecedor a opção de concluir ou não o contrato, embora obrigando o consumidor;
IX – permitir ao fornecedor, direta ou indiretamente, variação unilateral do preço, juros, encargos, forma de pagamento ou atualização monetária;
X – autorizar o fornecedor a cancelar o contrato unilateralmente, sem que igual direito seja conferido ao consumidor, ou permitir, nos contratos de longa duração ou de trato sucessivo, o cancelamento sem justa causa e motivação, mesmo que dada ao consumidor a mesma opção;
XI – obrigar o consumidor a ressarcir os custos de cobrança de sua obrigação, sem que igual direito lhe seja conferido contra o fornecedor;
XII – autorizar o fornecedor a modificar unilateralmente o conteúdo ou a qualidade do contrato após sua celebração;
XIII – infringir normas ambientais ou possibilitar sua violação;
XIV – possibilitar a renúncia ao direito de indenização por benfeitorias necessárias;
XV – restringir direitos ou obrigações fundamentais à natureza do contrato, de tal modo a ameaçar o seu objeto ou o equilíbrio contratual;
XVI – onerar excessivamente o consumidor, considerando-se a natureza e o conteúdo do contrato, o interesse das partes e outras circunstâncias peculiares à espécie;
XVII – determinar, nos contratos de compra e venda mediante pagamento em prestações, ou nas alienações fiduciárias em garantia, a perda total das prestações pagas, em benefício do credor que, em razão do inadimplemento, pleitear a resilição do contrato e a retomada do produto alienado, ressalvada a cobrança judicial de perdas e danos comprovadamente sofridos;

▶ Art. 53 do CDC.

XVIII – anunciar, oferecer ou estipular pagamento em moeda estrangeira, salvo nos casos previstos em lei;
XIX – cobrar multas de mora superiores a dois por cento, decorrentes do inadimplemento de obrigação no seu termo, conforme o disposto no § 1º do artigo 52 da Lei nº 8.078, de 1990, com a redação dada pela Lei nº 9.298, de 1º de agosto de 1996;
XX – impedir, dificultar ou negar ao consumidor a liquidação antecipada do débito, total ou parcialmente, mediante redução proporcional dos juros, encargos e demais acréscimos, inclusive seguro;

▶ Art. 52, § 2º, do CDC.

XXI – fizer constar do contrato alguma das cláusulas abusivas a que se refere o artigo 56 deste Decreto;
XXII – elaborar contrato, inclusive o de adesão, sem utilizar termos claros, caracteres ostensivos e legíveis, que permitam sua imediata e fácil compreensão, destacando-se as cláusulas que impliquem obrigação ou limitação dos direitos contratuais do consumidor, inclusive com a utilização de tipos de letra e cores diferenciados, entre outros recursos gráficos e visuais;

▶ Art. 54 do CDC.

XXIII – que impeça a troca de produto impróprio, inadequado, ou de valor diminuído, por outro da mesma espécie, em perfeitas condições de uso, ou a restituição imediata da quantia paga, devidamente corrigida, ou fazer abatimento proporcional do preço, a critério do consumidor.

▶ Art. 18, § 1º, do CDC.
▶ Portarias da SDE nºs 4, de 13-3-1998, 3, de 19-3-1999, 3, de 15-3-2001, e 5, de 27-8-2002, dispõem sobre cláusulas consideradas abusivas.

Parágrafo único. Dependendo da gravidade da infração prevista nos incisos dos artigos 12, 13 e deste artigo, a pena de multa poderá ser cumulada com as demais previstas no artigo 18, sem prejuízo da competência de outros órgãos administrativos.

Art. 23. Os serviços prestados e os produtos remetidos ou entregues ao consumidor, na hipótese prevista no inciso IV do artigo 12 deste Decreto, equiparam-se às amostras grátis, inexistindo obrigação de pagamento.

▶ Art. 39, parágrafo único, do CDC.

Art. 24. Para a imposição da pena e sua gradação, serão considerados:
I – as circunstâncias atenuantes e agravantes;
II – os antecedentes do infrator, nos termos do artigo 28 deste Decreto.

Art. 25. Consideram-se circunstâncias atenuantes:
I – a ação do infrator não ter sido fundamental para a consecução do fato;
II – ser o infrator primário;
III – ter o infrator adotado as providências pertinentes para minimizar ou de imediato reparar os efeitos do ato lesivo;

Art. 26. Consideram-se circunstâncias agravantes:
I – ser o infrator reincidente;
II – ter o infrator, comprovadamente, cometido a prática infrativa para obter vantagens indevidas;
III – trazer a prática infrativa consequências danosas à saúde ou à segurança do consumidor;
IV – deixar o infrator, tendo conhecimento do ato lesivo, de tomar as providências para evitar ou mitigar suas consequências;
V – ter o infrator agido com dolo;
VI – ocasionar a prática infrativa dano coletivo ou ter caráter repetitivo;
VII – ter a prática infrativa ocorrido em detrimento de menor de dezoito ou maior de sessenta anos ou de pessoas portadoras de deficiência física, mental ou sensorial, interditadas ou não;
VIII – dissimular-se a natureza ilícita do ato ou atividade;
IX – ser a conduta infrativa praticada aproveitando-se o infrator de grave crise econômica ou da condição cultural, social ou econômica da vítima, ou, ainda, por ocasião de calamidade.

Art. 27. Considera-se reincidência a repetição de prática infrativa, de qualquer natureza, às normas de defesa do consumidor, punida por decisão administrativa irrecorrível.

Parágrafo único. Para efeito de reincidência, não prevalece a sanção anterior, se entre a data da decisão administrativa definitiva e aquela da prática posterior houver decorrido período de tempo superior a cinco anos.

Art. 28. Observado o disposto no artigo 24 deste Decreto pela autoridade competente, a pena de multa será fixada considerando-se a gravidade da prática infrativa, a extensão do dano causado aos consumidores, a vantagem auferida com o ato infrativo e a condição econômica do infrator, respeitados os parâmetros estabelecidos no parágrafo único do artigo 57 da Lei nº 8.078, de 1990.

CAPÍTULO IV

DA DESTINAÇÃO DA MULTA E DA ADMINISTRAÇÃO DE RECURSOS

Art. 29. A multa de que trata o inciso I do artigo 56 e *caput* do artigo 57 da Lei nº 8.078, de 1990, reverterá para o Fundo pertinente à pessoa jurídica de direito público que impuser a sanção, gerido pelo respectivo Conselho Gestor.

Parágrafo único. As multas arrecadadas pela União e órgãos federais reverterão para o Fundo de Direitos Difusos de que tratam a Lei nº 7.347, de 1985, e Lei nº 9.008, de 21 de março de 1995, gerido pelo Conselho Federal Gestor do Fundo de Defesa dos Direitos Difusos – CFDD.

▶ Dec. nº 1.306, de 9-11-1994, regulamenta o Fundo de Defesa de Direitos Difusos.

Art. 30. As multas arrecadadas serão destinadas ao financiamento de projetos relacionados com os objetivos da Política Nacional de Relações de Consumo, com a defesa dos direitos básicos do consumidor e com a modernização administrativa dos órgãos públicos de defesa do consumidor, após aprovação pelo respectivo Conselho Gestor, em cada unidade federativa.

Art. 31. Na ausência de Fundos municipais, os recursos serão depositados no Fundo do respectivo Estado e, faltando este, no Fundo federal.

Parágrafo único. O Conselho Federal Gestor do Fundo de Defesa dos Direitos Difusos poderá apreciar e autorizar recursos para projetos especiais de órgãos e entidades federais, estaduais e municipais de defesa do consumidor.

Art. 32. Na hipótese de multa aplicada pelo órgão coordenador do SNDC nos casos previstos pelo artigo 15 deste decreto, o Conselho Federal Gestor do FDD restituirá aos fundos dos Estados envolvidos o percentual de até oitenta por cento do valor arrecadado.

CAPÍTULO V

DO PROCESSO ADMINISTRATIVO

SEÇÃO I

DAS DISPOSIÇÕES GERAIS

▶ Lei nº 9.784, de 29-1-1999, regula o processo administrativo no âmbito da Administração Pública Federal.

Art. 33. As práticas infrativas às normas de proteção e defesa do consumidor serão apuradas em processo administrativo, que terá início mediante:

I – ato, por escrito, da autoridade competente;
II – lavratura de auto de infração;
III – reclamação.

§ 1º Antecedendo à instauração do processo administrativo, poderá a autoridade competente abrir investigação preliminar, cabendo, para tanto, requisitar dos fornecedores informações sobre as questões investigadas, resguardado o segredo industrial, na forma do disposto no § 4º do artigo 55 da Lei nº 8.078, de 1990.

§ 2º A recusa à prestação das informações ou o desrespeito às determinações e convocações dos órgãos do SNDC caracterizam desobediência, na forma do artigo 330 do Código Penal, ficando a autoridade administrativa com poderes para determinar a imediata cessação da prática, além da imposição das sanções administrativas e civis cabíveis.

SEÇÃO II

DA RECLAMAÇÃO

Art. 34. O consumidor poderá apresentar sua reclamação pessoalmente, ou por telegrama, carta, telex, *fac-símile* ou qualquer outro meio de comunicação, a quaisquer dos órgãos oficiais de proteção e defesa do consumidor.

SEÇÃO III

DOS AUTOS DE INFRAÇÃO, DE APREENSÃO E DO TERMO DE DEPÓSITO

Art. 35. Os Autos de Infração, de Apreensão e o Termo de Depósito deverão ser impressos, numerados em série e preenchidos de forma clara e precisa, sem entrelinhas, rasuras ou emendas, mencionando:

I – o Auto de Infração:

a) o local, a data e a hora da lavratura;
b) o nome, o endereço e a qualificação do autuado;
c) a descrição do fato ou do ato constitutivo da infração;
d) o dispositivo legal infringido;
e) a determinação da exigência e a intimação para cumpri-la ou impugná-la no prazo de dez dias;
f) a identificação do agente autuante, sua assinatura, a indicação do seu cargo ou função e o número de sua matrícula;
g) a designação do órgão julgador e o respectivo endereço;
h) a assinatura do autuado;

II – o Auto de Apreensão e o Termo de Depósito:

a) o local, a data e a hora da lavratura;
b) o nome, o endereço e a qualificação do depositário;
c) a descrição e a quantidade dos produtos apreendidos;
d) as razões e os fundamentos da apreensão;
e) o local onde o produto ficará armazenado;
f) a quantidade de amostra colhida para análise;
g) a identificação do agente autuante, sua assinatura, a indicação do seu cargo ou função e o número de sua matrícula;
h) a assinatura do depositário;
i) as proibições contidas no § 1º do artigo 21 deste Decreto.

Art. 36. Os Autos de Infração, de Apreensão e o Termo de Depósito serão lavrados pelo agente autuante que houver verificado a prática infrativa, preferencialmente no local onde foi comprovada a irregularidade.

Art. 37. Os Autos de Infração, de Apreensão e o Termo de Depósito serão lavrados em impresso próprio, composto de três vias, numeradas tipograficamente.

§ 1º Quando necessário, para comprovação de infração, os Autos serão acompanhados de laudo pericial.

§ 2º Quando a verificação do defeito ou vício relativo à qualidade, oferta e apresentação de produtos não depender de perícia, o agente competente consignará o fato no respectivo Auto.

Art. 38. A assinatura nos Autos de Infração, de Apreensão e no Termo de Depósito, por parte do autuado, ao receber cópias dos mesmos, constitui notificação, sem implicar confissão, para os fins do artigo 44 do presente Decreto.

Parágrafo único. Em caso de recusa do autuado em assinar os Autos de Infração, de Apreensão e o Termo de Depósito, o Agente competente consignará o fato nos Autos e no Termo, remetendo-os ao autuado por via postal, com Aviso de Recebimento (AR) ou outro procedimento equivalente, tendo os mesmos efeitos do *caput* deste artigo.

SEÇÃO IV

DA INSTAURAÇÃO DO PROCESSO ADMINISTRATIVO POR ATO DE AUTORIDADE COMPETENTE

Art. 39. O processo administrativo de que trata o artigo 33 deste Decreto poderá ser instaurado mediante reclamação do interessado ou por iniciativa da própria autoridade competente.

Parágrafo único. Na hipótese de a investigação preliminar não resultar em processo administrativo com base em reclamação apresentada por consumidor, deverá este ser informado sobre as razões do arquivamento pela autoridade competente.

Art. 40. O processo administrativo, na forma deste Decreto, deverá, obrigatoriamente, conter:

I – a identificação do infrator;
II – a descrição do fato ou ato constitutivo da infração;
III – os dispositivos legais infringidos;
IV – a assinatura da autoridade competente.

Art. 41. A autoridade administrativa poderá determinar, na forma de ato próprio, constatação preliminar da ocorrência de prática presumida.

SEÇÃO V

DA NOTIFICAÇÃO

Art. 42. A autoridade competente expedirá notificação ao infrator, fixando o prazo de dez dias, a contar da data de seu recebimento, para apresentar defesa, na forma do artigo 44 deste Decreto.

§ 1º A notificação, acompanhada de cópia da inicial do processo administrativo a que se refere o artigo 40, far-se-á:

I – pessoalmente ao infrator, seu mandatário ou preposto;
II – por carta registrada ao infrator, seu mandatário ou preposto, com Aviso de Recebimento (AR).

§ 2º Quando o infrator, seu mandatário ou preposto não puder ser notificado, pessoalmente ou por via postal, será feita a notificação por edital, a ser afixado nas dependências do órgão respectivo, em lugar público, pelo prazo de dez dias, ou divulgado, pelo menos uma vez, na imprensa oficial ou em jornal de circulação local.

SEÇÃO VI

DA IMPUGNAÇÃO E DO JULGAMENTO DO PROCESSO ADMINISTRATIVO

Art. 43. O processo administrativo decorrente de Auto de Infração, de ato de ofício de autoridade competente, ou de reclamação será instruído e julgado na esfera de atribuição do órgão que o tiver instaurado.

Art. 44. O infrator poderá impugnar o processo administrativo, no prazo de dez dias, contados processualmente de sua notificação, indicando em sua defesa:

▶ Arts. 38 e 42 deste Decreto.

I – a autoridade julgadora a quem é dirigida;
II – a qualificação do impugnante;
III – as razões de fato e de direito que fundamentam a impugnação;
IV – as provas que lhe dão suporte.

Art. 45. Decorrido o prazo da impugnação, o órgão julgador determinará as diligências cabíveis, podendo dispensar as meramente protelatórias ou irrelevantes, sendo-lhe facultado requisitar do infrator, de quaisquer pessoas físicas ou jurídicas, órgãos ou entidades públicas as necessárias informações, esclarecimentos ou documentos, a serem apresentados no prazo estabelecido.

Art. 46. A decisão administrativa conterá relatório dos fatos, o respectivo enquadramento legal e, se condenatória, a natureza e gradação da pena.

§ 1º A autoridade administrativa competente, antes de julgar o feito, apreciará a defesa e as provas produzidas pelas partes, não estando vinculada ao relatório de sua consultoria jurídica ou órgão similar, se houver.

§ 2º Julgado o processo e fixada a multa, será o infrator notificado para efetuar seu recolhimento no prazo de dez dias ou apresentar recurso.

§ 3º Em caso de provimento do recurso, os valores recolhidos serão devolvidos ao recorrente na forma estabelecida pelo Conselho Gestor do Fundo.

Art. 47. Quando a cominação prevista for a contrapropaganda, o processo poderá ser instruído com indicações técnico-publicitárias, das quais se intimará o autuado, obedecidas, na execução da respectiva decisão, as condições constantes do § 1º do artigo 60 da Lei nº 8.078, de 1990.

SEÇÃO VII

DAS NULIDADES

Art. 48. A inobservância de forma não acarretará a nulidade do ato, se não houver prejuízo para a defesa.

Parágrafo único. A nulidade prejudica somente os atos posteriores ao ato declarado nulo e dele diretamente dependentes ou de que sejam consequência, cabendo à autoridade que a declarar indicar tais atos e determinar o adequado procedimento saneador, se for o caso.

SEÇÃO VIII
DOS RECURSOS ADMINISTRATIVOS

Art. 49. Das decisões da autoridade competente do órgão público que aplicou a sanção caberá recurso, sem efeito suspensivo, no prazo de dez dias, contados da data da intimação da decisão, a seu superior hierárquico, que proferirá decisão definitiva.

Parágrafo único. No caso de aplicação de multas, o recurso será recebido, com efeito suspensivo, pela autoridade superior.

Art. 50. *Quando o processo tramitar no âmbito do Departamento de Proteção e Defesa do Consumidor, o julgamento do feito será de responsabilidade do Diretor daquele órgão, cabendo recurso ao titular da Secretaria Nacional do Consumidor, no prazo de dez dias, contado da data da intimação da decisão, como segunda e última instância recursal.*

▶ Artigo com a redação dada pelo Dec. nº 7.738, de 28-5-2012.

Art. 51. Não será conhecido o recurso interposto fora dos prazos e condições estabelecidos neste Decreto.

Art. 52. Sendo julgada insubsistente a infração, a autoridade julgadora recorrerá à autoridade imediatamente superior, nos termos fixados nesta Seção, mediante declaração na própria decisão.

Art. 53. A decisão é definitiva quando não mais couber recurso, seja de ordem formal ou material.

Art. 54. Todos os prazos referidos nesta Seção são preclusivos.

SEÇÃO IX
DA INSCRIÇÃO NA DÍVIDA ATIVA

Art. 55. Não sendo recolhido o valor da multa em trinta dias, será o débito inscrito em dívida ativa do órgão que houver aplicado a sanção, para subsequente cobrança executiva.

CAPÍTULO VI
DO ELENCO DE CLÁUSULAS ABUSIVAS E DO CADASTRO DE FORNECEDORES

SEÇÃO I
DO ELENCO DE CLÁUSULAS ABUSIVAS

Art. 56. *Na forma do art. 51 da Lei nº 8.078, de 1990, e com o objetivo de orientar o Sistema Nacional de Defesa do Consumidor, a Secretaria Nacional do Consumidor divulgará, anualmente, elenco complementar de cláusulas contratuais consideradas abusivas, notadamente para o fim de aplicação do disposto no inciso IV do caput do art. 22.*

▶ *Caput* com a redação dada pelo Dec. nº 7.738, de 28-5-2012.

▶ Art. 22, XXI, deste Decreto.

▶ Portarias da SDE nºs 4, de 13-3-1998, 3, de 19-3-1999, 3, de 15-3-2001, e 5, de 27-8-2002, dispõem sobre cláusulas consideradas abusivas.

§ 1º Na elaboração do elenco referido no *caput* e posteriores inclusões, a consideração sobre a abusividade de cláusulas contratuais se dará de forma genérica e abstrata.

§ 2º O elenco de cláusulas consideradas abusivas tem natureza meramente exemplificativa, não impedindo que outras, também, possam vir a ser assim consideradas pelos órgãos da Administração Pública incumbidos da defesa dos interesses e direitos protegidos pelo Código de Defesa do Consumidor e legislação correlata.

§ 3º A apreciação sobre a abusividade de cláusulas contratuais, para fins de sua inclusão no elenco a que se refere o *caput* deste artigo, se dará de ofício ou por provocação dos legitimados referidos no artigo 82 da Lei nº 8.078, de 1990.

SEÇÃO II
DO CADASTRO DE FORNECEDORES

Art. 57. Os cadastros de reclamações fundamentadas contra fornecedores constituem instrumento essencial de defesa e orientação dos consumidores, devendo os órgãos públicos competentes assegurar sua publicidade, confiabilidade e continuidade, nos termos do artigo 44 da Lei nº 8.078, de 1990.

Art. 58. Para os fins deste Decreto, considera-se:

I – cadastro: o resultado dos registros feitos pelos órgãos públicos de defesa do consumidor de todas as reclamações fundamentadas contra fornecedores;

II – reclamação fundamentada: a notícia de lesão ou ameaça a direito de consumidor analisada por órgão público de defesa do consumidor, a requerimento ou de ofício, considerada procedente, por decisão definitiva.

Art. 59. Os órgãos públicos de defesa do consumidor devem providenciar a divulgação periódica dos cadastros atualizados de reclamações fundamentadas contra fornecedores.

§ 1º O cadastro referido no *caput* deste artigo será publicado, obrigatoriamente, no órgão de imprensa oficial local, devendo a entidade responsável dar-lhe a maior publicidade possível por meio dos órgãos de comunicação, inclusive eletrônica.

▶ Art. 61, parágrafo único, deste Decreto.

§ 2º O cadastro será divulgado anualmente, podendo o órgão responsável fazê-lo em período menor, sempre que julgue necessário, e conterá informações objetivas, claras e verdadeiras sobre o objeto da reclamação, a identificação do fornecedor e o atendimento ou não da reclamação pelo fornecedor.

§ 3º Os cadastros deverão ser atualizados permanentemente, por meio das devidas anotações, não podendo conter informações negativas sobre fornecedores, referentes a período superior a cinco anos, contado da data da intimação da decisão definitiva.

Art. 60. Os cadastros de reclamações fundamentadas contra fornecedores são considerados arquivos públicos, sendo informações e fontes a todos acessíveis, gratuitamente, vedada a utilização abusiva ou, por qualquer outro modo, estranha à defesa e orientação dos consumidores, ressalvada a hipótese de publicidade comparativa.

Art. 61. O consumidor ou fornecedor poderá requerer, em cinco dias a contar da divulgação do cadastro e mediante petição fundamentada, a retificação de informação inexata que nele conste, bem como a inclusão de informação omitida, devendo a autoridade competente, no prazo de dez dias úteis, pronunciar-se, motivadamente, pela procedência ou improcedência do pedido.

Parágrafo único. No caso de acolhimento do pedido, a autoridade competente providenciará, no prazo deste artigo, a retificação ou inclusão de informação e sua divulgação, nos termos do § 1º do artigo 59 deste Decreto.

Art. 62. Os cadastros específicos de cada órgão público de defesa do consumidor serão consolidados em cadastros gerais, nos âmbitos federal e estadual, aos quais se aplica o disposto nos artigos desta Seção.

CAPÍTULO VII

DAS DISPOSIÇÕES GERAIS

Art. 63. Com base na Lei nº 8.078, de 1990, e legislação complementar, a Secretaria Nacional do Consumidor poderá expedir atos administrativos, visando à fiel observância das normas de proteção e defesa do consumidor.

▶ Artigo com a redação dada pelo Dec. nº 7.738, de 28-5-2012.

Art. 64. Poderão ser lavrados Autos de Comprovação ou Constatação, a fim de estabelecer a situação real de mercado, em determinado lugar e momento, obedecido o procedimento adequado.

Art.65. Em caso de impedimento à aplicação do presente Decreto, ficam as autoridades competentes autorizadas a requisitar o emprego de força policial.

Art. 66. Este Decreto entra em vigor na data de sua publicação.

Art. 67. Fica revogado o Decreto nº 861, de 9 de julho de 1993.

Brasília, 20 de março de 1997;
176º da Independência e
109º da República.

Fernando Henrique Cardoso

LEI Nº 9.482, DE 13 DE AGOSTO DE 1997

Dispõe sobre a administração do Instituto de Resseguros do Brasil – IRB, sobre a transferência e a transformação de suas ações, e dá outras providências.

▶ Publicada no *DOU* de 14-8-1997 e retificada no *DOU* de 20-8-1997.

▶ Art. 59 da Lei nº 9.649, de 27-5-1998, que altera a denominação do IRB para IRB – Brasil Resseguros S.A., com a abreviatura IRB-Brasil RE.

Art. 1º Fica o Poder Executivo autorizado a:

I – transferir para a União, mediante ressarcimento, a propriedade das ações Classe A, pertencentes ao Instituto Nacional do Seguro Social – INSS, representativas de cinquenta por cento do capital social do Instituto de Resseguros do Brasil – IRB;

▶ Art. 59 da Lei nº 9.649, de 27-5-1998, que altera a denominação do IRB para IRB – Brasil Resseguros S.A., com a abreviatura IRB-Brasil RE.

II – adotar as providências necessárias à transformação das atuais ações Classe A e Classe B, em que se divide o capital social do IRB, em ações ordinárias e ações preferenciais, respectivamente.

▶ Art. 59 da Lei nº 9.649, de 27-5-1998, que altera a denominação do IRB para IRB – Brasil Resseguros S.A., com a abreviatura IRB-Brasil RE.

Parágrafo único. Para efeito de cálculo do valor das ações a serem transferidas para a União, será considerado o valor patrimonial das ações em 31 de dezembro de 1996, corrigido pelo IGP-M até a data do efetivo pagamento.

Art. 2º Os arts. 43, 46, 47 e 48 do Decreto-Lei nº 73, de 21 de novembro de 1966, passam a vigorar com a seguinte redação:

▶ Alterações inseridas no texto do referido Dec.-lei.

Art. 3º Fica o IRB autorizado a celebrar contrato de gestão, nos termos da legislação em vigor.

▶ Art. 59 da Lei nº 9.649, de 27-5-1998, que altera a denominação do IRB para IRB – Brasil Resseguros S.A., com a abreviatura IRB-Brasil RE.

Art. 4º Para os efeitos do disposto no art. 8º dos Estatutos aprovados pelo Decreto nº 60.460, de 13 de março de 1967, serão utilizados os balanços do IRB e das seguradoras acionistas do IRB referentes ao exercício findo em 31 de dezembro de 1996.

▶ Art. 59 da Lei nº 9.649, de 27-5-1998, que altera a denominação do IRB para IRB – Brasil Resseguros S.A., com a abreviatura IRB-Brasil RE.

Parágrafo único. Para efeito de cálculo do valor das ações a serem redistribuídas entre as seguradoras, será utilizado o valor apurado na data-base de 31 de dezembro de 1996, corrigido pelo IGP-M até a data da efetiva redistribuição.

Art. 5º Ficam convalidados os atos praticados com base na Medida Provisória nº 1.578, de 17 de junho de 1997.

Art. 6º Esta Lei entra em vigor na data de sua publicação.

Art. 7º Ficam revogados os arts. 49, 50, 51, 52, 53 e 54 do Decreto-Lei nº 73, de 21 de novembro de 1966.

Congresso Nacional, em 13 de agosto de 1997;
176º da Independência e
109º da República.

Senador Antonio Carlos Magalhães

LEI Nº 9.492, DE 10 DE SETEMBRO DE 1997

Define competência, regulamenta os serviços concernentes ao protesto de títulos e outros documentos de dívida e dá outras providências.

▶ Publicada no *DOU* de 11-9-1997.
▶ Art. 73 da LC nº 123, de 14-12-2006 (Estatuto Nacional da Microempresa e da Empresa de Pequeno Porte).

CAPÍTULO I

DA COMPETÊNCIA E DAS ATRIBUIÇÕES

Art. 1º Protesto é o ato formal e solene pelo qual se prova a inadimplência e o descumprimento de obrigação originada em títulos e outros documentos de dívida.

Parágrafo único. Incluem-se entre os títulos sujeitos a protesto as certidões de dívida ativa da União, dos Estados, do Distrito Federal, dos Municípios e das respectivas autarquias e fundações públicas.
► Parágrafo único acrescido pela Lei nº 12.767, de 27-12-2012.

Art. 2º Os serviços concernentes ao protesto, garantidores da autenticidade, publicidade, segurança e eficácia dos atos jurídicos, ficam sujeitos ao regime estabelecido nesta Lei.

Art. 3º Compete privativamente ao Tabelião de Protesto de Títulos, na tutela dos interesses públicos e privados, a protocolização, a intimação, o acolhimento da devolução ou do aceite, o recebimento do pagamento, do título e de outros documentos de dívida, bem como lavrar e registrar o protesto ou acatar a desistência do credor em relação ao mesmo, proceder às averbações, prestar informações e fornecer certidões relativas a todos os atos praticados, na forma desta Lei.

CAPÍTULO II

DA ORDEM DOS SERVIÇOS

Art. 4º O atendimento ao público será, no mínimo, de seis horas diárias.

Art. 5º Todos os documentos apresentados ou distribuídos no horário regulamentar serão protocolizados dentro de vinte e quatro horas, obedecendo à ordem cronológica de entrega.

Parágrafo único. Ao apresentante será entregue recibo com as características essenciais do título ou documento da dívida, sendo de sua responsabilidade os dados fornecidos.

Art. 6º Tratando-se de cheque, poderá o protesto ser lavrado no lugar do pagamento ou do domicílio do emitente, devendo do referido cheque constar a prova de apresentação ao Banco sacado, salvo se o protesto tenha por fim instruir medidas pleiteadas contra o estabelecimento de crédito.

CAPÍTULO III

DA DISTRIBUIÇÃO

Art. 7º Os títulos e documentos de dívida destinados a protesto somente estarão sujeitos a prévia distribuição obrigatória nas localidades onde houver mais de um Tabelionato de Protesto de Títulos.

Parágrafo único. Onde houver mais de um Tabelionato de Protesto de Títulos, a distribuição será feita por um serviço instalado e mantido pelos próprios tabelionatos, salvo se já existir ofício distribuidor organizado antes da promulgação desta Lei.

Art. 8º Os títulos e documentos de dívida serão recepcionados, distribuídos e entregues na mesma data aos Tabelionatos de Protesto, obedecidos os critérios de quantidade e qualidade.

Parágrafo único. Poderão ser recepcionadas as indicações a protestos das Duplicatas Mercantis e de Prestação de Serviços, por meio magnético ou de gravação eletrônica de dados, sendo de inteira responsabilidade do apresentante os dados fornecidos, ficando a cargo dos Tabelionatos a mera instrumentalização das mesmas.

CAPÍTULO IV

DA APRESENTAÇÃO E PROTOCOLIZAÇÃO

Art. 9º Todos os títulos e documentos de dívida protocolizados serão examinados em seus caracteres formais e terão curso se não apresentarem vícios, não cabendo ao tabelião de protesto investigar a ocorrência de prescrição ou caducidade.

Parágrafo único. Qualquer irregularidade formal observada pelo tabelião obstará o registro do protesto.

Art. 10. Poderão ser protestados títulos e outros documentos de dívida em moeda estrangeira, emitidos fora do Brasil, desde que acompanhados de tradução efetuada por tradutor público juramentado.

§ 1º Constarão obrigatoriamente do registro do protesto a descrição do documento e sua tradução.

§ 2º Em caso de pagamento, este será efetuado em moeda corrente nacional, cumprindo ao apresentante a conversão na data de apresentação do documento para protesto.

§ 3º Tratando-se de títulos ou documentos de dívidas emitidos no Brasil, em moeda estrangeira, cuidará o Tabelião de observar as disposições do Decreto-Lei nº 857, de 11 de setembro de 1969, e legislação complementar que superveniente.

Art. 11. Tratando-se de títulos ou documentos de dívida sujeitos a qualquer tipo de correção, o pagamento será feito pela conversão vigorante no dia da apresentação, no valor indicado pelo apresentante.

CAPÍTULO V

DO PRAZO

Art. 12. O protesto será registrado dentro de três dias úteis contados da protocolização do título ou documento de dívida.

§ 1º Na contagem do prazo a que se refere o *caput* exclui-se o dia da protocolização e inclui-se o do vencimento.

§ 2º Considera-se não útil o dia em que não houver expediente bancário para o público ou aquele em que este não obedecer ao horário normal.

Art. 13. Quando a intimação for efetivada excepcionalmente no último dia do prazo ou além dele, por motivo de força maior, o protesto será tirado no primeiro dia útil subsequente.

CAPÍTULO VI

DA INTIMAÇÃO

Art. 14. Protocolizado o título ou documento de dívida, o Tabelião de Protesto expedirá a intimação ao devedor, no endereço fornecido pelo apresentante do título ou documento, considerando-se cumprida quando comprovada a sua entrega no mesmo endereço.

§ 1º A remessa da intimação poderá ser feita por portador do próprio tabelião, ou por qualquer outro meio, desde que o recebimento fique assegurado e comprovado através de protocolo, aviso de recepção (AR) ou documento equivalente.

§ 2º A intimação deverá conter nome e endereço do devedor, elementos de identificação do título ou documento de dívida, e prazo limite para cumprimento da obrigação no Tabelionato, bem como número do protocolo e valor a ser pago.

Art. 15. A intimação será feita por edital se a pessoa indicada para aceitar ou pagar for desconhecida, sua localização incerta ou ignorada, for residente ou domiciliada fora da competência territorial do Tabelionato, ou, ainda, ninguém se dispuser a receber a intimação no endereço fornecido pelo apresentante.

§ 1º O edital será afixado no Tabelionato de Protesto e publicado pela imprensa local onde houver jornal de circulação diária.

§ 2º Aquele que fornecer endereço incorreto, agindo de má-fé, responderá por perdas e danos, sem prejuízo de outras sanções civis, administrativas ou penais.

Capítulo VII
DA DESISTÊNCIA E SUSTAÇÃO DO PROTESTO

Art. 16. Antes da lavratura do protesto, poderá o apresentante retirar o título ou documento de dívida, pagos os emolumentos e demais despesas.

Art. 17. Permanecerão no Tabelionato, à disposição do Juízo respectivo, os títulos ou documentos de dívida cujo protesto for judicialmente sustado.

§ 1º O título do documento de dívida cujo protesto tiver sido sustado judicialmente só poderá ser pago, protestado ou retirado com autorização judicial.

§ 2º Revogada a ordem de sustação, não há necessidade de se proceder a nova intimação do devedor, sendo a lavratura e o registro do protesto efetivados até o primeiro dia útil subsequente ao do recebimento da revogação, salvo se a materialização do ato depender de consulta a ser formulada ao apresentante, caso em que o mesmo prazo será contado da data da resposta dada.

§ 3º Tornada definitiva a ordem de sustação, o título ou o documento de dívida será encaminhado ao Juízo respectivo, quando não constar determinação expressa a qual das partes o mesmo deverá ser entregue, ou se decorridos trinta dias sem que a parte autorizada tenha comparecido no Tabelionato para retirá-lo.

Art. 18. As dúvidas do Tabelião de Protesto serão resolvidas pelo Juízo competente.

Capítulo VIII
DO PAGAMENTO

Art. 19. O pagamento do título ou do documento de dívida apresentado para protesto será feito diretamente no Tabelionato competente, no valor igual ao declarado pelo apresentante, acrescido dos emolumentos e demais despesas.

§ 1º Não poderá ser recusado pagamento oferecido dentro do prazo legal, desde que feito no Tabelionato de Protesto competente e no horário de funcionamento dos serviços.

§ 2º No ato do pagamento, o Tabelionato de Protesto dará a respectiva quitação, e o valor devido será colocado à disposição do apresentante no primeiro dia útil subsequente ao do recebimento.

§ 3º Quando for adotado sistema de recebimento do pagamento por meio de cheque, ainda que de emissão de estabelecimento bancário, a quitação dada pelo Tabelionato fica condicionada à efetiva liquidação.

§ 4º Quando do pagamento no Tabelionato ainda subsistirem parcelas vincendas, será dada quitação da parcela paga em apartado, devolvendo-se o original ao apresentante.

Capítulo IX
DO REGISTRO DO PROTESTO

Art. 20. Esgotado o prazo previsto no artigo 12, sem que tenham ocorrido as hipóteses dos Capítulos VII e VIII, o Tabelião lavrará e registrará o protesto, sendo o respectivo instrumento entregue ao apresentante.

Art. 21. O protesto será tirado por falta de pagamento, de aceite ou de devolução.

§ 1º O protesto por falta de aceite somente poderá ser efetuado antes do vencimento da obrigação e após o decurso do prazo legal para o aceite ou a devolução.

§ 2º Após o vencimento, o protesto sempre será efetuado por falta de pagamento, vedada a recusa da lavratura e registro do protesto por motivo não previsto em lei cambial.

§ 3º Quando o sacado retiver a letra de câmbio ou a duplicata enviada para aceite e não proceder à devolução dentro do prazo legal, o protesto poderá ser baseado na segunda via da letra de câmbio ou nas indicações da duplicata, que se limitarão a conter os mesmos requisitos lançados pelo sacador ao tempo da emissão da duplicata, vedada a exigência de qualquer formalidade não prevista na lei que regula a emissão e circulação das duplicatas.

§ 4º Os devedores, assim compreendidos os emitentes de notas promissórias e cheques, os sacados nas letras de câmbio e duplicatas, bem como os indicados pelo apresentante ou credor como responsáveis pelo cumprimento da obrigação, não poderão deixar de figurar no termo de lavratura e registro do protesto.

§ 5º Não se poderá tirar protesto por falta de pagamento de letra de câmbio contra o sacado não aceitante.

▶ § 5º acrescido pela Lei nº 12.767, de 27-12-2012.

Art. 22. O registro do protesto e seu instrumento deverão conter:

I – data e número de protocolização;
II – nome do apresentante e endereço;
III – reprodução ou transcrição do documento ou das indicações feitas pelo apresentante e declarações nele inseridas;
IV – certidão das intimações feitas e das respostas eventualmente oferecidas;
V – indicação dos intervenientes voluntários e das firmas por eles honradas;
VI – a aquiescência do portador ao aceite por honra;
VII – nome, número do documento de identificação do devedor e endereço; e
VIII – data e assinatura do Tabelião de Protesto, de seus substitutos ou de Escrevente autorizado.

Parágrafo único. Quando o Tabelião de Protesto conservar em seus arquivos gravação eletrônica da imagem, cópia reprográfica ou micrográfica do título ou documento de dívida, dispensa-se, no registro e no instrumento, a sua transcrição literal, bem como das demais declarações nele inseridas.

Art. 23. Os termos dos protestos lavrados, inclusive para fins especiais, por falta de pagamento, de aceite ou de devolução serão registrados em um único livro e conterão as anotações do tipo e do motivo do protesto, além dos requisitos previstos no artigo anterior.

Parágrafo único. Somente poderão ser protestados, para fins falimentares, os títulos ou documentos de dívida de responsabilidade das pessoas sujeitas às consequências da legislação falimentar.

► Art. 94, § 3º, da Lei nº 11.101, de 9-2-2005 (Lei de Recuperação de Empresas e Falências).

Art. 24. O deferimento do processamento de concordata não impede o protesto.

► Lei nº 11.101, de 9-2-2005 (Lei de Recuperação de Empresas e Falências).

Capítulo X
DAS AVERBAÇÕES E DO CANCELAMENTO

Art. 25. A averbação de retificação de erros materiais pelo serviço poderá ser efetuada de ofício ou a requerimento do interessado, sob responsabilidade do Tabelião de Protesto de Títulos.

§ 1º Para a averbação da retificação será indispensável a apresentação do instrumento eventualmente expedido e de documentos que comprovem o erro.

§ 2º Não são devidos emolumentos pela averbação prevista neste artigo.

Art. 26. O cancelamento do registro do protesto será solicitado diretamente no Tabelionato de Protesto de Títulos, por qualquer interessado, mediante apresentação do documento protestado, cuja cópia ficará arquivada.

§ 1º Na impossibilidade de apresentação do original do título ou documento de dívida protestado, será exigida a declaração de anuência, com identificação e firma reconhecida, daquele que figurou no registro de protesto como credor, originário ou por endosso translativo.

§ 2º Na hipótese de protesto em que tenha figurado apresentante por endosso-mandato, será suficiente a declaração de anuência passada pelo credor endossante.

§ 3º O cancelamento do registro do protesto, se fundado em outro motivo que não no pagamento do título ou documento de dívida, será efetivado por determinação judicial, pagos os emolumentos devidos ao Tabelião.

§ 4º Quando a extinção da obrigação decorrer de processo judicial, o cancelamento do registro do protesto poderá ser solicitado com a apresentação da certidão expedida pelo Juízo processante, com menção do trânsito em julgado, que substituirá o título ou o documento de dívida protestado.

§ 5º O cancelamento do registro do protesto será feito pelo Tabelião titular, por seus Substitutos ou por Escrevente autorizado.

§ 6º Quando o protesto lavrado for registrado sob forma de microfilme ou gravação eletrônica, o termo do cancelamento será lançado em documento apartado, que será arquivado juntamente com os documentos que instruíram o pedido, e anotado no índice respectivo.

Capítulo XI
DAS CERTIDÕES E INFORMAÇÕES DO PROTESTO

Art. 27. O Tabelião de Protesto expedirá as certidões solicitadas dentro de cinco dias úteis, no máximo, que abrangerão o período mínimo de cinco anos anteriores, contados da data do pedido, salvo quando se referir a protesto específico.

§ 1º As certidões expedidas pelos serviços de protesto de títulos, inclusive as relativas à prévia distribuição, deverão obrigatoriamente indicar, além do nome do devedor, seu número no Registro Geral (RG), constante da Cédula de Identidade, ou seu número no Cadastro de Pessoas Físicas (CPF), se pessoa física, e o número de inscrição no Cadastro Geral de Contribuintes (CGC), se pessoa jurídica cabendo ao apresentante do título para protesto fornecer esses dados, sob pena de recusa.

§ 2º Das certidões não constarão os registros cujos cancelamentos tiverem sido averbados, salvo por requerimento escrito do próprio devedor ou por ordem judicial.

Art. 28. Sempre que a homonímia puder ser verificada simplesmente pelo confronto do número de documento de identificação, o Tabelião de Protesto dará certidão negativa.

Art. 29. Os cartórios fornecerão às entidades representativas da indústria e do comércio ou àquelas vinculadas à proteção do crédito, quando solicitada, certidão diária, em forma de relação, dos protestos tirados e dos cancelamentos efetuados, com a nota de se cuidar de informação reservada, da qual não se poderá dar publicidade pela imprensa, nem mesmo parcialmente.

► *Caput* com a redação dada pela Lei nº 9.841, de 5-10-1999.

§ 1º O fornecimento da certidão será suspenso caso se desatenda ao disposto no *caput* ou se forneçam informações de protestos cancelados.

§ 2º Dos cadastros ou bancos de dados das entidades referidas no *caput* somente serão prestadas informações restritivas de crédito oriundas de títulos ou documentos de dívidas regularmente protestados cujos registros não foram cancelados.

► §§ 1º e 2º com a redação dada pela Lei nº 9.841, de 5-10-1999.

§ 3º *Revogado*. Lei nº 9.481, de 5-10-1999.

Art. 30. As certidões, informações e relações serão elaboradas pelo nome dos devedores, conforme previsto no § 4º do artigo 21 desta Lei, devidamente identificados, e abrangerão os protestos lavrados e registrados por falta de pagamento, de aceite ou de devolução, vedada a exclusão ou omissão de nomes e de protestos, ainda que provisória ou parcial.

Art. 31. Poderão ser fornecidas certidões de protestos, não cancelados, a quaisquer interessados, desde que requeridas por escrito.

► Artigo com a redação dada pela Lei nº 9.841, de 5-10-1999.

Capítulo XII
DOS LIVROS E ARQUIVOS

Art. 32. O livro de Protocolo poderá ser escriturado mediante processo manual, mecânico, eletrônico ou informatizado, em folhas soltas e com colunas destinadas às seguintes anotações: número de ordem, natureza do título ou documento de dívida, valor, apresentante, devedor e ocorrências.

Parágrafo único. A escrituração será diária, constando do termo de encerramento o número de documentos apresentados no dia, sendo a data da protocolização a mesma do termo diário do encerramento.

Art. 33. Os livros de Registros de Protesto serão abertos e encerrados pelo Tabelião de Protestos ou seus Substitutos, ou ainda por Escrevente autorizado, com suas folhas numeradas e rubricadas.

Art. 34. Os índices serão de localização dos protestos registrados e conterão os nomes dos devedores, na forma do § 4º do artigo 21, vedada a exclusão ou omissão de nomes e de protestos, ainda que em caráter provisório ou parcial, não decorrente do cancelamento definitivo do protesto.

§ 1º Os índices conterão referência ao livro e à folha, ao microfilme ou ao arquivo eletrônico onde estiver registrado o protesto, ou ao número do registro, e aos cancelamentos de protestos efetuados.

§ 2º Os índices poderão ser elaborados pelo sistema de fichas, microfichas ou banco eletrônico de dados.

Art. 35. O Tabelião de Protestos arquivará ainda:

I – intimações;
II – editais;
III – documentos apresentados para a averbação no registro de protestos e ordens de cancelamentos;
IV – mandados e ofícios judiciais;
V – solicitações de retirada de documentos pelo apresentante;
VI – comprovantes de entrega de pagamentos aos credores;
VII – comprovantes de devolução de documentos de dívida irregulares.

§ 1º Os arquivos deverão ser conservados, pelo menos, durante os seguintes prazos:

I – um ano, para as intimações e editais correspondentes a documentos protestados e ordens de cancelamento;
II – seis meses, para as intimações e editais correspondentes a documentos pagos ou retirados além do tríduo legal; e
III – trinta dias, para os comprovantes de entrega de pagamento aos credores, para as solicitações de retirada dos apresentantes e para os comprovantes de devolução, por irregularidade, aos mesmos, dos títulos e documentos de dívidas.

§ 2º Para os livros e documentos microfilmados ou gravados por processo eletrônico de imagens não subsiste a obrigatoriedade de sua conservação.

§ 3º Os mandados judiciais de sustação de protesto deverão ser conservados, juntamente com os respectivos documentos, até solução definitiva por parte do Juízo.

Art. 36. O prazo de arquivamento é de três anos para livros de protesto e de dez anos para os livros de registros de protesto e respectivos títulos.

Capítulo XIII

DOS EMOLUMENTOS

Art. 37. Pelos atos que praticarem em decorrência desta Lei, os Tabeliães de Protesto perceberão, diretamente das partes, a título de remuneração, os emolumentos fixados na forma da lei estadual e de seus decretos regulamentadores, salvo quando o serviço for estatizado.

§ 1º Poderá ser exigido depósito prévio dos emolumentos e demais despesas devidas, caso em que, igual importância deverá ser reembolsada ao apresentante por ocasião da prestação de contas, quando ressarcidas pelo devedor no Tabelionato.

§ 2º Todo e qualquer ato praticado pelo Tabelião de Protesto será cotado, identificando-se as parcelas componentes do seu total.

§ 3º Pelo ato de digitalização e gravação eletrônica dos títulos e outros documentos, serão cobrados os mesmos valores previstos na tabela de emolumentos para o ato de microfilmagem.

Capítulo XIV

DISPOSIÇÕES FINAIS

Art. 38. Os Tabeliães de Protesto de Títulos são civilmente responsáveis por todos os prejuízos que causarem, por culpa ou dolo, pessoalmente, pelos substitutos que designarem ou Escreventes que autorizarem, assegurado o direito de regresso.

Art. 39. A reprodução de microfilme ou do processamento eletrônico da imagem, do título ou de qualquer documento arquivado no Tabelionato, quando autenticado pelo Tabelião de Protesto, por seu Substituto ou Escrevente autorizado, guarda o mesmo valor do original, independentemente de restauração judicial.

Art. 40. Não havendo prazo assinado, a data do registro do protesto é o termo inicial da incidência de juros, taxas e atualizações monetárias sobre o valor da obrigação contida no título ou documento de dívida.

Art. 41. Para os serviços previstos nesta Lei os Tabeliães poderão adotar, independentemente de autorização, sistemas de computação, microfilmagem, gravação eletrônica de imagem e quaisquer outros meios de reprodução.

Art. 42. Esta Lei entra em vigor na data de sua publicação.

Art. 43. Revogam-se as disposições em contrário.

Brasília, 10 de setembro de 1997;
176º da Independência e
109º da República.

Fernando Henrique Cardoso

DECRETO Nº 2.553, DE 16 DE ABRIL DE 1998

Regulamenta os artigos 75 e 88 a 93 da Lei nº 9.279, de 14 de maio de 1996, que regula direitos e obrigações relativos à propriedade industrial.

▶ Publicado no *DOU* de 20-4-1998.

Art. 1º A Secretaria de Assuntos Estratégicos da Presidência da República é o órgão competente do Poder Executivo para manifestar-se, por iniciativa própria ou a pedido do Instituto Nacional da Propriedade Industrial – INPI, sobre o caráter sigiloso dos processos de pedido de patente originários do Brasil, cujo objeto seja de interesse da defesa nacional.

§ 1º O caráter sigiloso do pedido de patente, cujo objeto seja de natureza militar, será decidido com base em parecer conclusivo emitido pelo Estado-Maior das

Forças Armadas, podendo o exame técnico ser delegado aos Ministérios Militares.

§ 2º O caráter sigiloso do pedido de patente de interesse da defesa nacional, cujo objeto seja de natureza civil, será decidido, quando for o caso, com base em parecer conclusivo dos Ministérios a que a matéria esteja afeta.

§ 3º Da patente resultante do pedido a que se refere o *caput* deste artigo, bem como do certificado de adição dela decorrente, será enviada cópia ao Estado-Maior das Forças Armadas e à Secretaria de Assuntos Estratégicos da Presidência da República, onde será, também, conservado o sigilo de que se revestem tais documentos.

Art. 2º O depósito no exterior, a exploração e a cessão do pedido ou da patente, e sua divulgação, cujo objeto tenha sido considerado de interesse da defesa nacional, ficam condicionados à prévia autorização da Secretaria de Assuntos Estratégicos da Presidência da República.

Parágrafo único. Quando houver restrição aos direitos do depositante de pedido ou do titular da patente, considerados de interesse da defesa nacional, nos termos do artigo 75, § 3º, da Lei nº 9.279, de 1996, o depositante ou titular da patente será indenizado mediante comprovação dos benefícios que teria auferido pela exploração ou cessão.

Art. 3º Ao servidor da Administração Pública direta, indireta e fundacional, que desenvolver invenção, aperfeiçoamento ao modelo de utilidade e desenho industrial, será assegurada, a título de incentivo, durante toda a vigência da patente ou do registro, premiação de parcela do valor das vantagens auferidas pelo órgão ou entidade com a exploração da patente ou do registro.

§ 1º Os órgãos e as entidades da Administração Pública direta, indireta e fundacional promoverão a alteração de seus estatutos ou regimentos internos para inserir normas que definam a forma e as condições de pagamento da premiação de que trata este artigo, a qual vigorará após publicação no *Diário Oficial da União*, ficando convalidados os acordos firmados anteriormente.

§ 2º A premiação a que se refere o *caput* deste artigo não poderá exceder a um terço do valor das vantagens auferidas pelo órgão ou entidade com a exploração da patente ou do registro.

Art. 4º A premiação de que trata o artigo anterior não se incorpora, a qualquer título, aos salários dos empregados ou aos vencimentos dos servidores.

Art. 5º Na celebração de instrumentos contratuais de que trata o artigo 92 da Lei nº 9.279, de 1996, serão estipuladas a titularidade das criações intelectuais e a participação dos criadores.

Art. 6º Este Decreto entra em vigor na data de sua publicação.

Brasília, 16 de abril de 1998;
177º da Independência e
110º da República.
Fernando Henrique Cardoso

LEI Nº 9.656, DE 3 DE JUNHO DE 1998

Dispõe sobre os planos e seguros privados de assistência à saúde.

(EXCERTOS)

▶ Publicada no *DOU* de 4-6-1998.
▶ Lei nº 10.850, de 25-3-2004, atribui competências à Agência Nacional de Saúde Suplementar – ANS e fixa as diretrizes a serem observadas na definição de normas para implantação de programas especiais de incentivo à adaptação de contratos anteriores a esta Lei.
▶ Sum. nº 469 do STJ.

Art. 1º Submetem-se às disposições desta Lei as pessoas jurídicas de direito privado que operam planos de assistência à saúde, sem prejuízo do cumprimento da legislação específica que rege a sua atividade, adotando-se, para fins de aplicação das normas aqui estabelecidas, as seguintes definições:

I – Plano Privado de Assistência à Saúde: prestação continuada de serviços ou cobertura de custos assistenciais a preço pré ou pós estabelecido, por prazo indeterminado, com a finalidade de garantir, sem limite financeiro, a assistência à saúde, pela faculdade de acesso e atendimento por profissionais ou serviços de saúde, livremente escolhidos, integrantes ou não de rede credenciada, contratada ou referenciada, visando a assistência médica, hospitalar e odontológica, a ser paga integral ou parcialmente às expensas da operadora contratada, mediante reembolso ou pagamento direto ao prestador, por conta e ordem do consumidor;

▶ Lei nº 10.185, de 12-2-2001, dispõe sobre a especialização das sociedades seguradoras em planos privados de assistência à saúde.

II – Operadora de Plano de Assistência à Saúde: pessoa jurídica constituída sob a modalidade de sociedade civil ou comercial, cooperativa, ou entidade de autogestão, que opere produto, serviço ou contrato de que trata o inciso I deste artigo;

III – Carteira: o conjunto de contratos de cobertura de custos assistenciais ou de serviços de assistência à saúde em qualquer das modalidades de que tratam o inciso I e o § 1º deste artigo, com todos os direitos e obrigações nele contidos.

▶ *Caput* e incisos I a III com a redação dada pela MP nº 2.177-44, de 24-8-2001, que até o encerramento desta edição não havia sido convertida em Lei.

§ 1º Está subordinada às normas e à fiscalização da Agência Nacional de Saúde Suplementar – ANS qualquer modalidade de produto, serviço ou contrato que apresente, além da garantia de cobertura financeira de riscos de assistência médica, hospitalar e odontológica, outras características que o diferencie de atividade exclusivamente financeira, tais como:

a) custeio de despesas;
b) oferecimento de rede credenciada ou referenciada;
c) reembolso de despesas;
d) mecanismos de regulação;

e) qualquer restrição contratual, técnica ou operacional para a cobertura de procedimentos solicitados por prestador escolhido pelo consumidor; e

f) vinculação de cobertura financeira à aplicação de conceitos ou critérios médico-assistenciais.

§ 2º Incluem-se na abrangência desta Lei as cooperativas que operem os produtos de que tratam o inciso I e o § 1º deste artigo, bem assim as entidades ou empresas que mantêm sistemas de assistência à saúde, pela modalidade de autogestão ou de administração.

§ 3º As pessoas físicas ou jurídicas residentes ou domiciliadas no exterior podem constituir ou participar do capital, ou do aumento do capital, de pessoas jurídicas de direito privado constituídas sob as leis brasileiras para operar planos privados de assistência à saúde.

§ 4º É vedada às pessoas físicas a operação dos produtos de que tratam o inciso I e o § 1º deste artigo.

▶ §§ 1º a 4º com a redação dada pela MP nº 2.177-44, de 24-8-2001, que até o encerramento desta edição não havia sido convertida em Lei.

....

Art. 9º Após decorridos cento e vinte dias de vigência desta Lei, para as operadoras, e duzentos e quarenta dias, para as administradoras de planos de assistência à saúde, e até que sejam definidas pela ANS, as normas gerais de registro, as pessoas jurídicas que operam os produtos de que tratam o inciso I e o § 1º do artigo 1º desta Lei, e observado o que dispõe o artigo 19, só poderão comercializar estes produtos se:

I – as operadoras e administradoras estiverem provisoriamente cadastradas na ANS; e

II – os produtos a serem comercializados estiverem registrados na ANS.

▶ Caput e incisos I e II com a redação dada pela MP nº 2.177-44, de 24-8-2001, que até o encerramento desta edição não havia sido convertida em Lei.

§ 1º O descumprimento das formalidades previstas neste artigo, além de configurar infração, constitui agravante na aplicação de penalidades por infração das demais normas previstas nesta Lei.

§ 2º A ANS poderá solicitar informações, determinar alterações e promover a suspensão do todo ou de parte das condições dos planos apresentados.

▶ §§ 1º e 2º com a redação dada pela MP nº 2.177-44, de 24-8-2001, que até o encerramento desta edição não havia sido convertida em Lei.

§ 3º A autorização de comercialização será cancelada caso a operadora não comercialize os planos ou os produtos de que tratam o inciso I e o § 1º do artigo 1º desta Lei, no prazo máximo de cento e oitenta dias a contar do seu registro na ANS.

§ 4º A ANS poderá determinar a suspensão temporária da comercialização de plano ou produto caso identifique qualquer irregularidade contratual, econômico-financeira ou assistencial.

▶ §§ 3º e 4º acrescidos pela MP nº 2.177-44, de 24-8-2001, que até o encerramento desta edição não havia sido convertida em Lei.

Art. 10. É instituído o plano-referência de assistência à saúde, com cobertura assistencial médico-ambulatorial e hospitalar, compreendendo partos e tratamentos, realizados exclusivamente no Brasil, com padrão de enfermaria, centro de terapia intensiva, ou similar, quando necessária a internação hospitalar, das doenças listadas na Classificação Estatística Internacional de Doenças e Problemas Relacionados com a Saúde, da Organização Mundial de Saúde, respeitadas as exigências mínimas estabelecidas no artigo 12 desta Lei, exceto:

▶ Caput com a redação dada pela MP nº 2.177-44, de 24-8-2001, que até o encerramento desta edição não havia sido convertida em Lei.

I – tratamento clínico ou cirúrgico experimental;

▶ Inciso I com a redação dada pela MP nº 2.177-44, de 24-8-2001, que até o encerramento desta edição não havia sido convertida em Lei.

II – procedimentos clínicos ou cirúrgicos para fins estéticos, bem como órteses e próteses para o mesmo fim;

III – inseminação artificial;

IV – tratamento de rejuvenescimento ou de emagrecimento com finalidade estética;

V – fornecimento de medicamentos importados não nacionalizados;

VI – fornecimento de medicamentos para tratamento domiciliar;

VII – fornecimento de próteses, órteses e seus acessórios não ligados ao ato cirúrgico;

▶ Inciso VII com a redação dada pela MP nº 2.177-44, de 24-8-2001, que até o encerramento desta edição não havia sido convertida em Lei.

VIII – Revogado. MP nº 2.177-44, de 24-8-2001, que até o encerramento desta edição não havia sido convertida em Lei. Tinha a seguinte redação: *"procedimentos odontológicos, salvo o conjunto de serviços voltados à prevenção e manutenção básica da saúde dentária, assim compreendidos a pesquisa, o tratamento e a remoção de focos de infecção dentária, profilaxia de cárie dentária, cirurgia e traumatologia bucomaxilar"*;

IX – tratamentos ilícitos ou antiéticos, assim definidos sob o aspecto médico, ou não reconhecidos pelas autoridades competentes;

X – casos de cataclismos, guerras e comoções internas, quando declarados pela autoridade competente.

§ 1º As exceções constantes dos incisos deste artigo serão objeto de regulamentação pela ANS.

§ 2º As pessoas jurídicas que comercializam produtos de que tratam o inciso I e o § 1º do artigo 1º desta Lei oferecerão, obrigatoriamente, a partir de 3 de dezembro de 1999, o plano-referência de que trata este artigo a todos os seus atuais e futuros consumidores.

▶ O STF, por unanimidade de votos, deferiu, em parte, a medida cautelar na ADIN nº 1.931-8, quanto ao pedido de inconstitucionalidade deste parágrafo, para suspender a eficácia apenas da expressão "atuais e" (DJU de 3-9-2003).

§ 3º Excluem-se da obrigatoriedade a que se refere o § 2º deste artigo as pessoas jurídicas que mantêm sistemas de assistência à saúde pela modalidade de autogestão e as pessoas jurídicas que operem exclusivamente planos odontológicos.

§ 4º A amplitude das coberturas, inclusive de transplantes e de procedimentos de alta complexidade, será definida por normas editadas pela ANS.

▶ §§ 1º a 4º com a redação dada pela MP nº 2.177-44, de 24-8-2001, que até o encerramento desta edição não havia sido convertida em Lei.

Art. 10-A. Cabe às operadoras definidas nos incisos I e II do § 1º do artigo 1º desta Lei, por meio de sua rede de unidades conveniadas, prestar serviço de cirurgia plástica reconstrutiva de mama, utilizando-se de todos os meios e técnicas necessárias, para o tratamento de mutilação decorrente de utilização de técnica de tratamento de câncer.

▶ Art. 10-A acrescido pela Lei nº 10.223, de 15-5-2001.

Art. 10-B. Cabe às operadoras dos produtos de que tratam o inciso I e o § 1º do art. 1º, por meio de rede própria, credenciada, contratada ou referenciada, ou mediante reembolso, fornecer bolsas de colostomia, ileostomia e urostomia, sonda vesical de demora e coletor de urina com conector, para uso hospitalar, ambulatorial ou domiciliar, vedada a limitação de prazo, valor máximo e quantidade.

▶ Art. 10-B acrescido pela Lei nº 12.738, de 30-11-2012, para vigorar após 180 dias de sua publicação (DOU de 30-11-2012).

Art. 11. É vedada a exclusão de cobertura às doenças e lesões preexistentes à data de contratação dos produtos de que tratam o inciso I e o § 1º do artigo 1º desta Lei após vinte e quatro meses de vigência do aludido instrumento contratual, cabendo à respectiva operadora o ônus da prova e da demonstração do conhecimento prévio do consumidor ou beneficiário.

Parágrafo único. É vedada a suspensão da assistência à saúde do consumidor ou beneficiário, titular ou dependente, até a prova de que trata o *caput*, na forma da regulamentação a ser editada pela ANS.

▶ *Caput* e parágrafo único com a redação dada pela MP nº 2.177-44, de 24-8-2001, que até o encerramento desta edição não havia sido convertida em Lei.

Art. 12. São facultadas a oferta, a contratação e a vigência dos produtos de que tratam o inciso I e o § 1º do artigo 1º desta Lei, nas segmentações previstas nos incisos I a IV deste artigo, respeitadas as respectivas amplitudes de cobertura definidas no plano-referência de que trata o artigo 10, segundo as seguintes exigências mínimas:

▶ *Caput* com a redação dada pela MP nº 2.177-44, de 24-8-2001, que até o encerramento desta edição não havia sido convertida em Lei.

I – quando incluir atendimento ambulatorial:

a) cobertura de consultas médicas, em número ilimitado, em clínicas básicas e especializadas, reconhecidas pelo Conselho Federal de Medicina;
b) cobertura de serviços de apoio diagnóstico, tratamentos e demais procedimentos ambulatoriais, solicitados pelo médico assistente;

▶ Alínea *b* com a redação dada pela MP nº 2.177-44, de 24-8-2001, que até o encerramento desta edição não havia sido convertida em Lei.

II – quando incluir internação hospitalar:

a) cobertura de internações hospitalares, vedada a limitação de prazo, valor máximo e quantidade, em clínicas básicas e especializadas, reconhecidas pelo Conselho Federal de Medicina, admitindo-se a exclusão dos procedimentos obstétricos;

▶ Súm. nº 302 do STJ.

b) cobertura de internações hospitalares em centro de terapia intensiva, ou similar, vedada a limitação de prazo, valor máximo e quantidade, a critério do médico assistente;

▶ Alíneas a e b com a redação dada pela MP nº 2.177-44, de 24-8-2001, que até o encerramento desta edição não havia sido convertida em Lei.

c) cobertura de despesas referentes a honorários médicos, serviços gerais de enfermagem e alimentação;
d) cobertura de exames complementares indispensáveis para o controle da evolução da doença e elucidação diagnóstica, fornecimento de medicamentos, anestésicos, gases medicinais, transfusões e sessões de quimioterapia e radioterapia, conforme prescrição do médico assistente, realizados ou ministrados durante o período de internação hospitalar;
e) cobertura de toda e qualquer taxa, incluindo materiais utilizados, assim como da remoção do paciente, comprovadamente necessária, para outro estabelecimento hospitalar, dentro dos limites de abrangência geográfica previstos no contrato, em território brasileiro; e

▶ Alíneas *d* e *e* com a redação dada pela MP nº 2.177-44, de 24-8-2001, que até o encerramento desta edição não havia sido convertida em Lei.

f) cobertura de despesas de acompanhante, no caso de pacientes menores de dezoito anos;

III – quando incluir atendimento obstétrico:

a) cobertura assistencial ao recém-nascido, filho natural ou adotivo do consumidor, ou de seu dependente, durante os primeiros trinta dias após o parto;
b) inscrição assegurada ao recém-nascido, filho natural ou adotivo do consumidor, como dependente, isento do cumprimento dos períodos de carência, desde que a inscrição ocorra no prazo máximo de trinta dias do nascimento ou da adoção;

▶ Alínea *b* com a redação dada pela MP nº 2.177-44, de 24-8-2001, que até o encerramento desta edição não havia sido convertida em Lei.

IV – quando incluir atendimento odontológico:

a) cobertura de consultas e exames auxiliares ou complementares, solicitados pelo odontólogo assistente;
b) cobertura de procedimentos preventivos, de dentística e endodontia;
c) cobertura de cirurgias orais menores, assim consideradas as realizadas em ambiente ambulatorial e sem anestesia geral;

V – quando fixar períodos de carência:

a) prazo máximo de trezentos dias para partos a termo;
b) prazo máximo de cento e oitenta dias para os demais casos;
c) prazo máximo de vinte e quatro horas para a cobertura dos casos de urgência e emergência;

▶ Alínea *c* com a redação dada pela MP nº 2.177-44, de 24-8-2001, que até o encerramento desta edição não havia sido convertida em Lei.

VI – reembolso, em todos os tipos de produtos de que tratam o inciso I e o § 1º do artigo 1º desta Lei, nos limites das obrigações contratuais, das despesas efetuadas pelo beneficiário com assistência à saúde, em casos de urgência ou emergência, quando não for possível a utilização dos serviços próprios, contratados, credenciados ou referenciados pelas operadoras, de acordo com a relação de preços de serviços médicos e hospitalares praticados pelo respectivo produto, pagáveis no prazo máximo de trinta dias após a entrega da documentação adequada;

▶ Inciso VI com a redação dada pela MP nº 2.177-44, de 24-8-2001, que até o encerramento desta edição não havia sido convertida em Lei.

VII – inscrição de filho adotivo, menor de doze anos de idade, aproveitando os períodos de carência já cumpridos pelo consumidor adotante.

§ 1º Após cento e vinte dias da vigência desta Lei, fica proibido o oferecimento de produtos de que tratam o inciso I e o § 1º do artigo 1º desta Lei fora das segmentações de que trata este artigo, observadas suas respectivas condições de abrangência e contratação.

§ 2º A partir de 3 de dezembro de 1999, da documentação relativa à contratação de produtos de que tratam o inciso I e o § 1º do artigo 1º desta Lei, nas segmentações de que trata este artigo, deverá constar declaração em separado do consumidor, de que tem conhecimento da existência e disponibilidade do plano referência, e de que este lhe foi oferecido.

▶ §§ 1º e 2º com a redação dada pela MP nº 2.177-44, de 24-8-2001, que até o encerramento desta edição não havia sido convertida em Lei.

§ 3º *Revogado*. MP nº 2.177-44, de 24-8-2001, que até o encerramento desta edição não havia sido convertida em Lei. Tinha a seguinte redação: "*Nas hipóteses previstas no parágrafo anterior, é vedado o estabelecimento de carências superiores a três dias úteis*".

Art. 13. Os contratos de produtos de que tratam o inciso I e o § 1º do artigo 1º desta Lei têm renovação automática a partir do vencimento do prazo inicial de vigência, não cabendo a cobrança de taxas ou qualquer outro valor no ato da renovação.

Parágrafo único. Os produtos de que trata o *caput*, contratados individualmente, terão vigência mínima de um ano, sendo vedadas:

I – a recontagem de carências;
II – a suspensão ou a rescisão unilateral do contrato, salvo por fraude ou não pagamento da mensalidade por período superior a sessenta dias, consecutivos ou não, nos últimos doze meses de vigência do contrato, desde que o consumidor seja comprovadamente notificado até o quinquagésimo dia de inadimplência; e
III – a suspensão ou a rescisão unilateral do contrato, em qualquer hipótese, durante a ocorrência de internação do titular.

▶ *Caput* e parágrafo único com a redação dada pela MP nº 2.177-44, de 24-8-2001, que até o encerramento desta edição não havia sido convertida em Lei.

Art. 14. Em razão da idade do consumidor, ou da condição de pessoa portadora de deficiência, ninguém pode ser impedido de participar de planos privados de assistência à saúde.

▶ Artigo com a redação dada pela MP nº 2.177-44, de 24-8-2001, que até o encerramento desta edição não havia sido convertida em Lei.

Art. 15. A variação das contraprestações pecuniárias estabelecidas nos contratos de produtos de que tratam o inciso I e o § 1º do artigo 1º desta Lei, em razão da idade do consumidor, somente poderá ocorrer caso estejam previstas no contrato inicial as faixas etárias e os percentuais de reajustes incidentes em cada uma delas, conforme normas expedidas pela ANS, ressalvado o disposto no art. 35-E.

▶ Art. 15, § 3º, da Lei nº 10.741, de 1º-10-2003 (Estatuto do Idoso).

Parágrafo único. É vedada a variação a que alude o *caput* para consumidores com mais de sessenta anos de idade, que participarem dos produtos de que tratam o inciso I e o § 1º do artigo 1º, ou sucessores, há mais de dez anos.

▶ *Caput* e parágrafo único com a redação dada pela MP nº 2.177-44, de 24-8-2001, que até o encerramento desta edição não havia sido convertida em Lei.

Art. 16. Dos contratos, regulamentos ou condições gerais dos produtos de que tratam o inciso I e o § 1º do artigo 1º desta Lei devem constar dispositivos que indiquem com clareza:

▶ *Caput* com a redação dada pela MP nº 2.177-44, de 24-8-2001, que até o encerramento desta edição não havia sido convertida em Lei.

I – as condições de admissão;
II – o início da vigência;
III – os períodos de carência para consultas, internações, procedimentos e exames;
IV – as faixas etárias e os percentuais a que alude o *caput* do art. 15;
V – as condições de perda da qualidade de beneficiário;

▶ Inciso V com a redação dada pela MP nº 2.177-44, de 24-8-2001, que até o encerramento desta edição não havia sido convertida em Lei.

VI – os eventos cobertos e excluídos;
VII – o regime, ou tipo de contratação:

a) individual ou familiar;
b) coletivo empresarial; ou
c) coletivo por adesão;

VIII – a franquia, os limites financeiros ou o percentual de coparticipação do consumidor ou beneficiário, contratualmente previstos nas despesas com assistência médica, hospitalar e odontológica;

▶ Incisos VII e VIII com a redação dada pela MP nº 2.177-44, de 24-8-2001, que até o encerramento desta edição não havia sido convertida em Lei.

IX – os bônus, os descontos ou os agravamentos da contraprestação pecuniária;
X – a área geográfica de abrangência;

▶ Inciso X com a redação dada pela MP nº 2.177-44, de 24-8-2001, que até o encerramento desta edição não havia sido convertida em Lei.

XI – os critérios de reajuste e revisão das contraprestações pecuniárias;
XII – número de registro na ANS.

▶ Inciso XII com a redação dada pela MP nº 2.177-44, de 24-8-2001, que até o encerramento desta edição não havia sido convertida em Lei.

Parágrafo único. A todo consumidor titular de plano individual ou familiar será obrigatoriamente entregue, quando de sua inscrição, cópia do contrato, do regulamento ou das condições gerais dos produtos de que tratam o inciso I e o § 1º do artigo 1º, além de material explicativo que descreva, em linguagem simples e precisa, todas as suas características, direitos e obrigações.

► Parágrafo único com a redação dada pela MP nº 2.177-44, de 24-8-2001, que até o encerramento desta edição não havia sido convertida em Lei.

Art. 17. A inclusão como contratados, referenciados ou credenciados dos produtos de que tratam o inciso I e o § 1º do artigo 1º desta Lei, de qualquer entidade hospitalar, implica compromisso para com os consumidores quanto à sua manutenção ao longo da vigência dos contratos.

► Caput com a redação dada pela MP nº 2.177-44, de 24-8-2001, que até o encerramento desta edição não havia sido convertida em Lei.

§ 1º É facultada a substituição de entidade hospitalar, a que se refere o caput deste artigo, desde que por outro equivalente e mediante comunicação aos consumidores e à ANS com trinta dias de antecedência, ressalvados desse prazo mínimo os casos decorrentes de rescisão por fraude ou infração das normas sanitárias e fiscais em vigor.

§ 2º Na hipótese de a substituição do estabelecimento hospitalar a que se refere o § 1º ocorrer por vontade da operadora durante período de internação do consumidor, o estabelecimento obriga-se a manter a internação e a operadora, a pagar as despesas até a alta hospitalar, a critério médico, na forma do contrato.

► §§ 1º e 2º com a redação dada pela MP nº 2.177-44, de 24-8-2001, que até o encerramento desta edição não havia sido convertida em Lei.

§ 3º Excetuam-se do previsto no § 2º os casos de substituição do estabelecimento hospitalar por infração às normas sanitárias em vigor, durante período de internação, quando a operadora arcará com a responsabilidade pela transferência imediata para outro estabelecimento equivalente, garantindo a continuação da assistência, sem ônus adicional para o consumidor.

§ 4º Em caso de redimensionamento da rede hospitalar por redução, as empresas deverão solicitar à ANS autorização expressa para tanto, informando:

I – nome da entidade a ser excluída;
II – capacidade operacional a ser reduzida com a exclusão;
III – impacto sobre a massa assistida, a partir de parâmetros definidos pela ANS, correlacionando a necessidade de leitos e a capacidade operacional restante; e
IV – justificativa para a decisão, observando a obrigatoriedade de manter cobertura com padrões de qualidade equivalente e sem ônus adicional para o consumidor.

► §§ 3º e 4º acrescidos pela MP nº 2.177-44, de 24-8-2001, que até o encerramento desta edição não havia sido convertida em Lei.

Art. 18. A aceitação, por parte de qualquer prestador de serviço ou profissional de saúde, da condição de contratado, credenciado ou cooperado de uma operadora de produtos de que tratam o inciso I e o § 1º do artigo 1º desta Lei, implicará as seguintes obrigações e direitos:

► Caput com a redação dada pela MP nº 2.177-44, de 24-8-2001, que até o encerramento desta edição não havia sido convertida em Lei.

I – o consumidor de determinada operadora, em nenhuma hipótese e sob nenhum pretexto ou alegação, pode ser discriminado ou atendido de forma distinta daquela dispensada aos clientes vinculados a outra operadora ou plano;
II – a marcação de consultas, exames e quaisquer outros procedimentos deve ser feita de forma a atender às necessidades dos consumidores, privilegiando os casos de emergência ou urgência, assim como as pessoas com mais de sessenta e cinco anos de idade, as gestantes, lactantes, lactentes e crianças até cinco anos;

► Art. 1º da Lei nº 10.741, de 1º-10-2003 (Estatuto do Idoso).

III – a manutenção de relacionamento de contratação, credenciamento ou referenciamento com número ilimitado de operadoras, sendo expressamente vedado às operadoras, independente de sua natureza jurídica constitutiva, impor contratos de exclusividade ou de restrição à atividade profissional.

► Inciso III acrescido pela MP nº 2.177-44, de 24-8-2001, que até o encerramento desta edição não havia sido convertida em Lei.

Parágrafo único. A partir de 3 de dezembro de 1999, os prestadores de serviço ou profissionais de saúde não poderão manter contrato, credenciamento ou referenciamento com operadoras que não tiverem registros para funcionamento e comercialização conforme previsto nesta Lei, sob pena de responsabilidade por atividade irregular.

► Parágrafo único acrescido pela MP nº 2.177-44, de 24-8-2001, que até o encerramento desta edição não havia sido convertida em Lei.

Art. 19. Para requerer a autorização definitiva de funcionamento, as pessoas jurídicas que já atuavam como operadoras ou administradoras dos produtos de que tratam o inciso I e o § 1º do artigo 1º desta Lei, terão prazo de cento e oitenta dias, a partir da publicação da regulamentação específica pela ANS.

► Caput com a redação dada pela MP nº 2.177-44, de 24-8-2001, que até o encerramento desta edição não havia sido convertida em Lei.

§ 1º Até que sejam expedidas as normas de registro, serão mantidos registros provisórios das pessoas jurídicas e dos produtos na ANS, com a finalidade de autorizar a comercialização ou operação dos produtos a que alude o caput, a partir de 2 de janeiro de 1999.

§ 2º Para o registro provisório, as operadoras ou administradoras dos produtos a que alude o caput deverão apresentar à ANS as informações requeridas e os seguintes documentos, independentemente de outros que venham a ser exigidos:

I – registro do instrumento de constituição da pessoa jurídica;
II – nome fantasia;
III – CNPJ;
IV – endereço;
V – telefone, fax e e-mail; e

VI – principais dirigentes da pessoa jurídica e nome dos cargos que ocupam.

§ 3º Para registro provisório dos produtos a serem comercializados, deverão ser apresentados à ANS os seguintes dados:

I – razão social da operadora ou da administradora;
II – CNPJ da operadora ou da administradora;
III – nome do produto;
IV – segmentação da assistência (ambulatorial, hospitalar com obstetrícia, hospitalar sem obstetrícia, odontológica e referência);
V – tipo de contratação (individual/familiar, coletivo empresarial e coletivo por adesão);
VI – âmbito geográfico de cobertura;
VII – faixas etárias e respectivos preços;
VIII – rede hospitalar própria por Município (para segmentações hospitalar e referência);
IX – rede hospitalar contratada ou referenciada por Município (para segmentações hospitalar e referência);
X – outros documentos e informações que venham a ser solicitados pela ANS.

§ 4º Os procedimentos administrativos para registro provisório dos produtos serão tratados em norma específica da ANS.

§ 5º Independentemente do cumprimento, por parte da operadora, das formalidades do registro provisório, ou da conformidade dos textos das condições gerais ou dos instrumentos contratuais, ficam garantidos, a todos os usuários de produtos a que alude o *caput*, contratados a partir de 2 de janeiro de 1999, todos os benefícios de acesso e cobertura previstos nesta Lei e em seus regulamentos, para cada segmentação definida no artigo 12.

§ 6º O não cumprimento do disposto neste artigo implica o pagamento de multa diária no valor de R$ 10.000,00 (dez mil reais) aplicada às operadoras dos produtos de que tratam o inciso I e o § 1º do artigo 1º.

§ 7º As pessoas jurídicas que forem iniciar operação de comercialização de planos privados de assistência à saúde, a partir de 8 de dezembro de 1998, estão sujeitas aos registros de que trata o § 1º deste artigo.

▶ §§ 1º a 7º acrescidos pela MP nº 2.177-44, de 24-8-2001, que até o encerramento desta edição não havia sido convertida em Lei.

Art. 20. As operadoras de produtos de que tratam o inciso I e o § 1º do artigo 1º desta Lei são obrigadas a fornecer, periodicamente, à ANS todas as informações e estatísticas relativas as suas atividades, incluídas as de natureza cadastral, especialmente aquelas que permitam a identificação dos consumidores e de seus dependentes, incluindo seus nomes, inscrições no Cadastro de Pessoas Físicas dos titulares e Municípios onde residem, para fins do disposto no artigo 32.

▶ *Caput* com a redação dada pela MP nº 2.177-44, de 24-8-2001, que até o encerramento desta edição não havia sido convertida em Lei.

§ 1º Os agentes, especialmente designados pela ANS, para o exercício das atividades de fiscalização e nos limites por ela estabelecidos, têm livre acesso às operadoras, podendo requisitar e apreender processos, contratos, manuais de rotina operacional e demais documentos, relativos aos produtos de que tratam o inciso I e o § 1º do artigo 1º desta Lei.

§ 2º Caracteriza-se como embaraço à fiscalização, sujeito às penas previstas na lei, a imposição de qualquer dificuldade à consecução dos objetivos da fiscalização, de que trata o § 1º deste artigo.

▶ §§ 1º e 2º acrescidos pela MP nº 2.177-44, de 24-8-2001, que até o encerramento desta edição não havia sido convertida em Lei.

Art. 21. É vedado às operadoras de planos privados de assistência à saúde realizar quaisquer operações financeiras:

I – com seus diretores e membros dos conselhos administrativos, consultivos, fiscais ou assemelhados, bem como com os respectivos cônjuges e parentes até o segundo grau, inclusive;
II – com empresa de que participem as pessoas a que se refere o inciso I, desde que estas sejam, em conjunto ou isoladamente, consideradas como controladoras da empresa.

▶ Inciso II com a redação dada pela MP nº 2.177-44, de 24-8-2001, que até o encerramento desta edição não havia sido convertida em Lei.

Art. 22. As operadoras de planos privados de assistência à saúde submeterão suas contas a auditores independentes, registrados no respectivo Conselho Regional de Contabilidade e na Comissão de Valores Mobiliários – CVM, publicando, anualmente, o parecer respectivo, juntamente com as demonstrações financeiras determinadas pela Lei nº 6.404, de 15 de dezembro de 1976.

▶ Lei nº 6.404, de 15-12-1976 (Lei das Sociedades por Ações).

§ 1º A auditoria independente também poderá ser exigida quanto aos cálculos atuariais, elaborados segundo diretrizes gerais definidas pelo CONSU.

§ 2º As operadoras com número de beneficiários inferior a vinte mil usuários ficam dispensadas da publicação do parecer do auditor e das demonstrações financeiras, devendo, a ANS, dar-lhes publicidade.

▶ §§ 1º e 2º acrescidos pela MP nº 2.177-44, de 24-8-2001, que até o encerramento desta edição não havia sido convertida em Lei.

Art. 23. As operadoras de planos privados de assistência à saúde não podem requerer concordata e não estão sujeitas a falência ou insolvência civil, mas tão somente ao regime de liquidação extrajudicial.

▶ *Caput* com a redação dada pela MP nº 2.177-44, de 24-8-2001, que até o encerramento desta edição não havia sido convertida em Lei.
▶ Lei nº 11.101, de 9-2-2005 (Lei de Recuperação de Empresas e Falências).

§ 1º As operadoras sujeitar-se-ão ao regime de falência ou insolvência civil quando, no curso da liquidação extrajudicial, forem verificadas uma das seguintes hipóteses:

I – o ativo da massa liquidanda não for suficiente para o pagamento de pelo menos a metade dos créditos quirografários;
II – o ativo realizável da massa liquidanda não for suficiente, sequer, para o pagamento das despesas

administrativas e operacionais inerentes ao regular processamento da liquidação extrajudicial; ou

III – nas hipóteses de fundados indícios de condutas previstas nos artigos 186 a 189 do Decreto-Lei nº 7.661, de 21 de junho de 1945.

§ 2º Para efeito desta Lei, define-se ativo realizável como sendo todo ativo que possa ser convertido em moeda corrente em prazo compatível para o pagamento das despesas administrativas e operacionais da massa liquidanda.

§ 3º À vista do relatório do liquidante extrajudicial, e em se verificando qualquer uma das hipóteses previstas nos incisos I, II ou III do § 1º deste artigo, a ANS poderá autorizá-lo a requerer a falência ou insolvência civil da operadora.

§ 4º A distribuição do requerimento produzirá imediatamente os seguintes efeitos:

I – a manutenção da suspensão dos prazos judiciais em relação à massa liquidanda;
II – a suspensão dos procedimentos administrativos de liquidação extrajudicial, salvo os relativos à guarda e à proteção dos bens e imóveis da massa;
III – a manutenção da indisponibilidade dos bens dos administradores, gerentes, conselheiros e assemelhados, até posterior determinação judicial; e
IV – prevenção do juízo que emitir o primeiro despacho em relação ao pedido de conversão do regime.

§ 5º A ANS, no caso previsto no inciso II do § 1º deste artigo, poderá, no período compreendido entre a distribuição do requerimento e a decretação da falência ou insolvência civil, apoiar a proteção dos bens móveis e imóveis da massa liquidanda.

§ 6º O liquidante enviará ao juízo prevento o rol das ações judiciais em curso cujo andamento ficará suspenso até que o juiz competente nomeie o síndico da massa falida ou o liquidante da massa insolvente.

▶ §§ 1º a 6º acrescidos pela MP nº 2.177-44, de 24-8-2001, que até o encerramento desta edição não havia sido convertida em Lei.

▶ Arts. 21 a 25 da Lei nº 11.101, de 9-2-2005 (Lei de Recuperação de Empresas e Falências), que dispõem sobre o administrador judicial.

Art. 24. Sempre que detectadas nas operadoras sujeitas à disciplina desta Lei insuficiência das garantias do equilíbrio financeiro, anormalidades econômico-financeiras ou administrativas graves que coloquem em risco a continuidade ou a qualidade do atendimento à saúde, a ANS poderá determinar a alienação da carteira, o regime de direção fiscal ou técnica, por prazo não superior a trezentos e sessenta e cinco dias, ou a liquidação extrajudicial, conforme a gravidade do caso.

▶ Caput com a redação dada pela MP nº 2.177-44, de 24-8-2001, que até o encerramento desta edição não havia sido convertida em Lei.

§ 1º O descumprimento das determinações do diretor-fiscal ou técnico, e do liquidante, por dirigentes, administradores, conselheiros ou empregados da operadora de planos privados de assistência à saúde acarretará o imediato afastamento do infrator, por decisão da ANS, sem prejuízo das sanções penais cabíveis, assegurado o direito ao contraditório, sem que isto implique efeito suspensivo da decisão administrativa que determinou o afastamento.

§ 2º A ANS, ex officio ou por recomendação do diretor técnico ou fiscal ou do liquidante, poderá, em ato administrativo devidamente motivado, determinar o afastamento dos diretores, administradores, gerentes e membros do conselho fiscal da operadora sob regime de direção ou em liquidação.

§ 3º No prazo que lhe for designado, o diretor-fiscal ou técnico procederá à análise da organização administrativa e da situação econômico-financeira da operadora, bem assim da qualidade do atendimento aos consumidores, e proporá à ANS as medidas cabíveis.

§ 4º O diretor-fiscal ou técnico poderá propor a transformação do regime de direção em liquidação extrajudicial.

§ 5º A ANS promoverá, no prazo máximo de noventa dias, a alienação da carteira das operadoras de planos privados de assistência à saúde, no caso de não surtirem efeito as medidas por ela determinadas para sanar as irregularidades ou nas situações que impliquem risco para os consumidores participantes da carteira.

▶ §§ 1º a 5º com a redação dada pela MP nº 2.177-44, de 24-8-2001, que até o encerramento desta edição não havia sido convertida em Lei.

Art. 24-A. Os administradores das operadoras de planos privados de assistência à saúde em regime de direção fiscal ou liquidação extrajudicial, independentemente da natureza jurídica da operadora, ficarão com todos os seus bens indisponíveis, não podendo, por qualquer forma, direta ou indiretamente, aliená-los ou onerá-los, até apuração e liquidação final de suas responsabilidades.

§ 1º A indisponibilidade prevista neste artigo decorre do ato que decretar a direção fiscal ou a liquidação extrajudicial e atinge a todos aqueles que tenham estado no exercício das funções nos doze meses anteriores ao mesmo ato.

§ 2º Na hipótese de regime de direção fiscal, a indisponibilidade de bens a que se refere o caput deste artigo poderá não alcançar os bens dos administradores, por deliberação expressa da Diretoria Colegiada da ANS.

§ 3º A ANS, ex officio ou por recomendação do diretor fiscal ou do liquidante, poderá estender a indisponibilidade prevista neste artigo:

I – aos bens de gerentes, conselheiros e aos de todos aqueles que tenham concorrido, no período previsto no § 1º, para a decretação da direção fiscal ou da liquidação extrajudicial;
II – aos bens adquiridos, a qualquer título, por terceiros, no período previsto no § 1º, das pessoas referidas no inciso I, desde que configurada fraude na transferência.

§ 4º Não se incluem nas disposições deste artigo os bens considerados inalienáveis ou impenhoráveis pela legislação em vigor.

§ 5º A indisponibilidade também não alcança os bens objeto de contrato de alienação, de promessa de compra e venda, de cessão ou promessa de cessão de direitos, desde que os respectivos instrumentos tenham sido levados ao competente registro público, anteriormente à data da decretação da direção fiscal ou da liquidação extrajudicial.

§ 6º Os administradores das operadoras de planos privados de assistência à saúde respondem solidariamente pelas obrigações por eles assumidas durante sua gestão até o montante dos prejuízos causados, independentemente do nexo de causalidade.

Art. 24-B. A Diretoria Colegiada definirá as atribuições e competências do diretor técnico, diretor fiscal e do responsável pela alienação de carteira, podendo ampliá-las, se necessário.

Art. 24-C. Os créditos decorrentes da prestação de serviços de assistência privada à saúde preferem a todos os demais, exceto os de natureza trabalhista e tributários.

Art. 24-D. Aplica-se à liquidação extrajudicial das operadoras de planos privados de assistência à saúde e ao disposto nos artigos 24-A e 35-I, no que couber com os preceitos desta Lei, o disposto na Lei nº 6.024, de 13 de março de 1974, no Decreto-Lei nº 7.661, de 21 de junho de 1945, no Decreto-Lei nº 41, de 18 de novembro de 1966, e no Decreto-Lei nº 73, de 21 de novembro de 1966, conforme o que dispuser a ANS.

▶ Arts. 24-A a 24-D acrescidos pela MP nº 2.177-44, de 24-8-2001, que até o encerramento desta edição não havia sido convertida em Lei.

Art. 25. As infrações dos dispositivos desta Lei e de seus regulamentos, bem como aos dispositivos dos contratos firmados, a qualquer tempo, entre operadoras e usuários de planos privados de assistência à saúde, sujeitam a operadora dos produtos de que tratam o inciso I e o § 1º do artigo 1º desta Lei, seus administradores, membros de conselhos administrativos, deliberativos, consultivos, fiscais e assemelhados às seguintes penalidades, sem prejuízo de outras estabelecidas na legislação vigente:

▶ Caput com a redação dada pela MP nº 2.177-44, de 24-8-2001, que até o encerramento desta edição não havia sido convertida em Lei.

I – advertência;
II – multa pecuniária;
III – suspensão do exercício do cargo;
IV – inabilitação temporária para exercício de cargos em operadoras de planos de assistência à saúde;

▶ Inciso IV com a redação dada pela MP nº 2.177-44, de 24-8-2001, que até o encerramento desta edição não havia sido convertida em Lei.

V – inabilitação permanente para exercício de cargos de direção ou em conselhos das operadoras a que se refere esta Lei, bem como em entidades de previdência privada, sociedades seguradoras, corretoras de seguros e instituições financeiras;
VI – cancelamento da autorização de funcionamento e alienação da carteira da operadora.

▶ Inciso VI acrescido pela MP nº 2.177-44, de 24-8-2001, que até o encerramento desta edição não havia sido convertida em Lei.

Art. 26. Os administradores e membros dos conselhos administrativos, deliberativos, consultivos, fiscais e assemelhados das operadoras de que trata esta Lei respondem solidariamente pelos prejuízos causados a terceiros, inclusive aos acionistas, cotistas, cooperados e consumidores de planos privados de assistência à saúde, conforme o caso, em consequência do descumprimento de leis, normas e instruções referentes às operações previstas na legislação e, em especial, pela falta de constituição e cobertura das garantias obrigatórias.

▶ Artigo com a redação dada pela MP nº 2.177-44, de 24-8-2001, que até o encerramento desta edição não havia sido convertida em Lei.

Art. 27. A multa de que trata o artigo 25 será fixada e aplicada pela ANS no âmbito de suas atribuições, com valor não inferior a R$ 5.000,00 (cinco mil reais) e não superior a R$ 1.000.000,00 (um milhão de reais) de acordo com o porte econômico da operadora ou prestadora de serviço e a gravidade da infração, ressalvado o disposto no § 6º do artigo 19.

▶ Caput com a redação dada pela MP nº 2.177-44, de 24-8-2001, que até o encerramento desta edição não havia sido convertida em Lei.

Parágrafo único. *Revogado.* MP nº 2.177-44, de 24-8-2001, que até o encerramento desta edição não havia sido convertida em Lei. Tinha a seguinte redação: "*As multas constituir-se-ão em receitas da SUSEP*".

Art. 28. *Revogado.* MP nº 2.177-44, de 24-8-2001, que até o encerramento desta edição não havia sido convertida em Lei. Tinha a seguinte redação: "*Das decisões da SUSEP caberá recurso ao CNSP, no prazo de quinze dias, contado a partir do recebimento da intimação*".

Art. 29. As infrações serão apuradas mediante processo administrativo que tenha por base o auto de infração, a representação ou a denúncia positiva dos fatos irregulares, cabendo à ANS dispor sobre normas para instauração, recursos e seus efeitos, instâncias e prazos.

▶ Caput com a redação dada pela MP nº 2.177-44, de 24-8-2001, que até o encerramento desta edição não havia sido convertida em Lei.

§ 1º O processo administrativo, antes de aplicada a penalidade, poderá, a título excepcional, ser suspenso, pela ANS, se a operadora ou prestadora de serviço assinar termo de compromisso de ajuste de conduta, perante a diretoria colegiada, que terá eficácia de título executivo extrajudicial, obrigando-se a:

I – cessar a prática de atividades ou atos objetos da apuração; e
II – corrigir as irregularidades, inclusive indenizando os prejuízos delas decorrentes.

§ 2º O termo de compromisso de ajuste de conduta conterá, necessariamente, as seguintes cláusulas:

I – obrigações do compromissário de fazer cessar a prática objeto da apuração, no prazo estabelecido;
II – valor da multa a ser imposta no caso de descumprimento, não inferior a R$ 5.000,00 (cinco mil reais) e não superior a R$ 1.000.000,00 (um milhão de reais) de acordo com o porte econômico da operadora ou da prestadora de serviço.

§ 3º A assinatura do termo de compromisso de ajuste de conduta não importa confissão do compromissário quanto à matéria de fato, nem reconhecimento de ilicitude da conduta em apuração.

§ 4º O descumprimento do termo de compromisso de ajuste de conduta, sem prejuízo da aplicação da multa a que se refere o inciso II do § 2º, acarreta a revogação da suspensão do processo.

§ 5º Cumpridas as obrigações assumidas no termo de compromisso de ajuste de conduta, será extinto o processo.

§ 6º Suspende-se a prescrição durante a vigência do termo de compromisso de ajuste de conduta.

§ 7º Não poderá ser firmado termo de compromisso de ajuste de conduta quando tiver havido descumprimento de outro termo de compromisso de ajuste de conduta nos termos desta Lei, dentro do prazo de dois anos.

§ 8º O termo de compromisso de ajuste de conduta deverá ser publicado no *Diário Oficial da União*.

§ 9º A ANS regulamentará a aplicação do disposto nos §§ 1º a 7º deste artigo.

▶ §§ 1º a 9º acrescidos pela MP nº 2.177-44, de 24-8-2001, que até o encerramento desta edição não havia sido convertida em Lei.

Art. 29-A. A ANS poderá celebrar com as operadoras termo de compromisso, quando houver interesse na implementação de práticas que consistam em vantagens para os consumidores, com vistas a assegurar a manutenção da qualidade dos serviços de assistência à saúde.

§ 1º O termo de compromisso referido no *caput* não poderá implicar restrição de direitos do usuário.

§ 2º Na definição do termo de que trata este artigo serão considerados os critérios de aferição e controle da qualidade dos serviços a serem oferecidos pelas operadoras.

§ 3º O descumprimento injustificado do termo de compromisso poderá importar na aplicação da penalidade de multa a que se refere o inciso II, § 2º, do artigo 29 desta Lei.

▶ Art. 29-A acrescido pela MP nº 2.177-44, de 24-8-2001, que até o encerramento desta edição não havia sido convertida em Lei.

Art. 30. Ao consumidor que contribuir para produtos de que tratam o inciso I e o § 1º do artigo 1º desta Lei, em decorrência de vínculo empregatício, no caso de rescisão ou exoneração do contrato de trabalho sem justa causa, é assegurado o direito de manter sua condição de beneficiário, nas mesmas condições de cobertura assistencial de que gozava quando da vigência do contrato de trabalho, desde que assuma o seu pagamento integral.

▶ *Caput* com a redação dada pela MP nº 2.177-44, de 24-8-2001, que até o encerramento desta edição não havia sido convertida em Lei.

§ 1º O período de manutenção da condição de beneficiário a que se refere o *caput* será de um terço do tempo de permanência nos produtos de que tratam o inciso I e o § 1º do artigo 1º, ou sucessores, com um mínimo assegurado de seis meses e um máximo de vinte e quatro meses.

▶ § 1º com a redação dada pela MP nº 2.177-44, de 24-8-2001, que até o encerramento desta edição não havia sido convertida em Lei.

§ 2º A manutenção de que trata este artigo é extensiva, obrigatoriamente, a todo o grupo familiar inscrito quando da vigência do contrato de trabalho.

§ 3º Em caso de morte do titular, o direito de permanência é assegurado aos dependentes cobertos pelo plano ou seguro privado coletivo de assistência à saúde, nos termos do disposto neste artigo.

§ 4º O direito assegurado neste artigo não exclui vantagens obtidas pelos empregados decorrentes de negociações coletivas de trabalho.

§ 5º A condição prevista no *caput* deste artigo deixará de existir quando da admissão do consumidor titular em novo emprego.

§ 6º Nos planos coletivos custeados integralmente pela empresa, não é considerada contribuição a coparticipação do consumidor, única e exclusivamente, em procedimentos, como fator de moderação, na utilização dos serviços de assistência médica ou hospitalar.

▶ §§ 5º e 6º acrescidos pela MP nº 2.177-44, de 24-8-2001, que até o encerramento desta edição não havia sido convertida em Lei.

Art. 31. Ao aposentado que contribuir para produtos de que tratam o inciso I e o § 1º do artigo 1º desta Lei, em decorrência de vínculo empregatício, pelo prazo mínimo de dez anos, é assegurado o direito de manutenção como beneficiário, nas mesmas condições de cobertura assistencial de que gozava quando da vigência do contrato de trabalho, desde que assuma o seu pagamento integral.

▶ *Caput* com a redação dada pela MP nº 2.177-44, de 24-8-2001, que até o encerramento desta edição não havia sido convertida em Lei.

§ 1º Ao aposentado que contribuir para planos coletivos de assistência à saúde por período inferior ao estabelecido no *caput* é assegurado o direito de manutenção como beneficiário, à razão de um ano para cada ano de contribuição, desde que assuma o pagamento integral do mesmo.

§ 2º Para gozo do direito assegurado neste artigo, observar-se-ão as mesmas condições estabelecidas nos §§ 2º, 3º, 4º, 5º e 6º do artigo 30.

▶ §§ 1º e 2º com a redação dada pela MP nº 2.177-44, de 24-8-2001, que até o encerramento desta edição não havia sido convertida em Lei.

Art. 32. Serão ressarcidos pelas operadoras dos produtos de que tratam o inciso I e o § 1º do artigo 1º desta Lei, de acordo com normas a serem definidas pela ANS, os serviços de atendimento à saúde previstos nos respectivos contratos, prestados a seus consumidores e respectivos dependentes, em instituições públicas ou privadas, conveniadas ou contratadas, integrantes do Sistema Único de Saúde – SUS.

▶ *Caput* com a redação dada pela MP nº 2.177-44, de 24-8-2001, que até o encerramento desta edição não havia sido convertida em Lei.

§ 1º O ressarcimento será efetuado pelas operadoras ao SUS com base em regra de valoração aprovada e divulgada pela ANS, mediante crédito ao Fundo Nacional de Saúde – FNS.

▶ § 1º com a redação dada pela Lei nº 12.469, de 26-8-2011.

§ 2º Para a efetivação do ressarcimento, a ANS disponibilizará às operadoras a discriminação dos procedimentos realizados para cada consumidor.

▶ § 2º com a redação dada pela MP nº 2.177-44, de 24-8-2001, que até o encerramento desta edição não havia sido convertida em Lei.

§ 3º A operadora efetuará o ressarcimento até o 15º (décimo quinto) dia da data de recebimento da notificação de cobrança feita pela ANS.

▶ § 3º com a redação dada pela Lei nº 12.469, de 26-8-2011.

§ 4º O ressarcimento não efetuado no prazo previsto no § 3º será cobrado com os seguintes acréscimos:

I – juros de mora contados do mês seguinte ao do vencimento, à razão de um por cento ao mês ou fração;
II – multa de mora de dez por cento.

▶ § 4º com a redação dada pela MP nº 2.177-44, de 24-8-2001, que até o encerramento desta edição não havia sido convertida em Lei.

§ 5º Os valores não recolhidos no prazo previsto no § 3º serão inscritos em dívida ativa da ANS, a qual compete a cobrança judicial dos respectivos créditos.

§ 6º O produto da arrecadação dos juros e da multa de mora serão revertidos ao Fundo Nacional de Saúde.

▶ §§ 5º e 6º acrescidos pela MP nº 2.177-44, de 24-8-2001, que até o encerramento desta edição não havia sido convertida em Lei.

§ 7º A ANS disciplinará o processo de glosa ou impugnação dos procedimentos encaminhados, conforme previsto no § 2º deste artigo, cabendo-lhe, inclusive, estabelecer procedimentos para cobrança dos valores a serem ressarcidos.

▶ § 7º com a redação dada pela Lei nº 12.469, de 26-8-2011.

§ 8º Os valores a serem ressarcidos não serão inferiores aos praticados pelo SUS e nem superiores aos praticados pelas operadoras de produtos de que tratam o inciso I e o § 1º do artigo 1º desta Lei.

▶ § 8º com a redação dada pela MP nº 2.177-44, de 24-8-2001, que até o encerramento desta edição não havia sido convertida em Lei.

§ 9º Os valores a que se referem os §§ 3º e 6º deste artigo não serão computados para fins de aplicação dos recursos mínimos nas ações e serviços públicos de saúde nos termos da Constituição Federal.

▶ § 9º acrescido pela Lei nº 12.469, de 26-8-2011.

Art. 33. Havendo indisponibilidade de leito hospitalar nos estabelecimentos próprios ou credenciados pelo plano, é garantido ao consumidor o acesso à acomodação, em nível superior, sem ônus adicional.

Art. 34. As pessoas jurídicas que executam outras atividades além das abrangidas por esta Lei deverão, na forma e no prazo definidos pela ANS, constituir pessoas jurídicas independentes, com ou sem fins lucrativos, especificamente para operar planos privados de assistência à saúde, na forma da legislação em vigor e em especial desta Lei e de seus regulamentos.

▶ Artigo com a redação dada pela MP nº 2.177-44, de 24-8-2001, que até o encerramento desta edição não havia sido convertida em Lei.

Art. 35. Aplicam-se as disposições desta Lei a todos os contratos celebrados a partir de sua vigência, assegurada aos consumidores com contratos anteriores, bem como àqueles com contratos celebrados entre 2 de setembro de 1998 e 1º de janeiro de 1999, a possibilidade de optar pela adaptação ao sistema previsto nesta Lei.

▶ *Caput* com a redação dada pela MP nº 2.177-44, de 24-8-2001, que até o encerramento desta edição não havia sido convertida em Lei.

§ 1º Sem prejuízo do disposto no artigo 35-E, a adaptação dos contratos de que trata este artigo deverá ser formalizada em termo próprio, assinado pelos contratantes, de acordo com as normas a serem definidas pela ANS.

§ 2º Quando a adaptação dos contratos incluir aumento de contraprestação pecuniária, a composição da base de cálculo deverá ficar restrita aos itens correspondentes ao aumento de cobertura, e ficará disponível para verificação pela ANS, que poderá determinar sua alteração quando o novo valor não estiver devidamente justificado.

▶ §§ 1º e 2º com a redação dada pela MP nº 2.177-44, de 24-8-2001, que até o encerramento desta edição não havia sido convertida em Lei.

§ 3º A adaptação dos contratos não implica nova contagem dos períodos de carência e dos prazos de aquisição dos benefícios previstos nos artigos 30 e 31 desta Lei, observados, quanto aos últimos, os limites de cobertura previstos no contrato original.

§ 4º Nenhum contrato poderá ser adaptado por decisão unilateral da empresa operadora.

§ 5º A manutenção dos contratos originais pelos consumidores não optantes tem caráter personalíssimo, devendo ser garantida somente ao titular e a seus dependentes já inscritos, permitida inclusão apenas de novo cônjuge e filhos, e vedada a transferência da sua titularidade, sob qualquer pretexto, a terceiros.

§ 6º Os produtos de que tratam o inciso I e o § 1º do artigo 1º desta Lei, contratados até 1º de janeiro de 1999, deverão permanecer em operação, por tempo indeterminado, apenas para os consumidores que não optarem pela adaptação às novas regras, sendo considerados extintos para fim de comercialização.

§ 7º Às pessoas jurídicas contratantes de planos coletivos, não optantes pela adaptação prevista neste artigo, fica assegurada a manutenção dos contratos originais, nas coberturas assistenciais neles pactuadas.

§ 8º A ANS definirá em norma própria os procedimentos formais que deverão ser adotados pelas empresas para a adaptação dos contratos de que trata este artigo.

▶ §§ 3º a 8º acrescidos pela MP nº 2.177-44, de 24-8-2001, que até o encerramento desta edição não havia sido convertida em Lei.

Art. 35-A. Fica criado o Conselho de Saúde Suplementar – CONSU, órgão colegiado integrante da estrutura regimental do Ministério da Saúde, com competência para:

I – estabelecer e supervisionar a execução de políticas e diretrizes gerais do setor de saúde suplementar;
II – aprovar o contrato de gestão da ANS;

III – supervisionar e acompanhar as ações e o funcionamento da ANS;

IV – fixar diretrizes gerais para implementação no setor de saúde suplementar sobre:

a) aspectos econômico-financeiros;
b) normas de contabilidade, atuariais e estatísticas;
c) parâmetros quanto ao capital e ao patrimônio líquido mínimos, bem assim quanto às formas de sua subscrição e realização quando se tratar de sociedade anônima;
d) critérios de constituição de garantias de manutenção do equilíbrio econômico-financeiro, consistentes em bens, móveis ou imóveis, ou fundos especiais ou seguros garantidores;
e) criação de fundo, contratação de seguro garantidor ou outros instrumentos que julgar adequados, com o objetivo de proteger o consumidor de planos privados de assistência à saúde em caso de insolvência de empresas operadoras;

V – deliberar sobre a criação de câmaras técnicas, de caráter consultivo, de forma a subsidiar suas decisões.

Parágrafo único. A ANS fixará as normas sobre as matérias previstas no inciso IV deste artigo, devendo adequá-las, se necessário, quando houver diretrizes gerais estabelecidas pelo CONSU.

Art. 35-B. O CONSU será integrado pelos seguintes Ministros de Estado:

I – Chefe da Casa Civil da Presidência da República, na qualidade de Presidente;
II – da Saúde;
III – da Fazenda;
IV – da Justiça; e
V – do Planejamento, Orçamento e Gestão.

§ 1º O Conselho deliberará mediante resoluções, por maioria de votos, cabendo ao Presidente a prerrogativa de deliberar nos casos de urgência e relevante interesse, ad referendum dos demais membros.

§ 2º Quando deliberar ad referendum do Conselho, o Presidente submeterá a decisão ao Colegiado na primeira reunião que se seguir àquela deliberação.

§ 3º O Presidente do Conselho poderá convidar Ministros de Estado, bem assim outros representantes de órgãos públicos, para participar das reuniões, não lhes sendo permitido o direito de voto.

§ 4º O Conselho reunir-se-á sempre que for convocado por seu Presidente.

§ 5º O regimento interno do CONSU será aprovado por decreto do Presidente da República.

§ 6º As atividades de apoio administrativo ao CONSU serão prestadas pela ANS.

§ 7º O Presidente da ANS participará, na qualidade de Secretário, das reuniões do CONSU.

▶ Arts. 35-A e 35-B acrescidos pela MP nº 2.177-44, de 24-8-2001, que até o encerramento desta edição não havia sido convertida em Lei.

Art. 35-C. É obrigatória a cobertura do atendimento nos casos:

▶ Caput com a redação dada pela Lei nº 11.935, de 11-5-2009.

I – de emergência, como tal definidos os que implicarem risco imediato de vida ou de lesões irreparáveis para o paciente, caracterizado em declaração do médico assistente;

II – de urgência, assim entendidos os resultantes de acidentes pessoais ou de complicações no processo gestacional;

▶ Incisos I e II com a redação dada pela Lei nº 11.935, de 11-5-2009.

III – de planejamento familiar.

▶ Inciso III acrescido pela Lei nº 11.935, de 11-5-2009.

Parágrafo único. A ANS fará publicar normas regulamentares para o disposto neste artigo, observados os termos de adaptação previstos no art. 35.

▶ Parágrafo único acrescido pela MP nº 2.177-44, de 24-8-2001, que até o encerramento desta edição não havia sido convertida em Lei.

Art. 35-D. As multas a serem aplicadas pela ANS em decorrência da competência fiscalizadora e normativa estabelecida nesta Lei e em seus regulamentos serão recolhidas à conta daquela Agência, até o limite de R$ 1.000.000,00 (um milhão de reais) por infração, ressalvado o disposto no § 6º do artigo 19 desta Lei.

Art. 35-E. A partir de 5 de junho de 1998, fica estabelecido para os contratos celebrados anteriormente à data de vigência desta Lei que:

▶ O STF, por unanimidade de votos deferiu parcialmente a medida cautelar na ADIN nº 1.931-8, no que tange à suscitada violação ao art. 5º, XXXVI, da CF, quanto ao art. 35-G, hoje, renumerado como art. 35-E pela MP nº 2.177-44, de 24-8-2001, em seus incisos I a IV, § 1º, I a V, e § 2º (DJU de 3-9-2003).

I – qualquer variação na contraprestação pecuniária para consumidores com mais de sessenta anos de idade estará sujeita à autorização prévia da ANS;

II – a alegação de doença ou lesão preexistente estará sujeita à prévia regulamentação da matéria pela ANS;

III – é vedada a suspensão ou a rescisão unilateral do contrato individual ou familiar de produtos de que tratam o inciso I e o § 1º do artigo 1º desta Lei por parte da operadora, salvo o disposto no inciso II do parágrafo único do artigo 13 desta Lei;

IV – é vedada a interrupção de internação hospitalar em leito clínico, cirúrgico ou em centro de terapia intensiva ou similar, salvo a critério do médico assistente.

§ 1º Os contratos anteriores à vigência desta Lei, que estabeleçam reajuste por mudança de faixa etária com idade inicial em sessenta anos ou mais, deverão ser adaptados, até 31 de outubro de 1999, para repactuação da cláusula de reajuste, observadas as seguintes disposições:

I – a repactuação será garantida aos consumidores de que trata o parágrafo único do artigo 15, para as mudanças de faixa etária ocorridas após a vigência desta Lei, e limitar-se-á à diluição da aplicação do reajuste anteriormente previsto, em reajustes parciais anuais, com adoção de percentual fixo que, aplicado a cada ano, permita atingir o reajuste integral no início do último ano da faixa etária considerada;

II – para aplicação da fórmula de diluição, consideram-se de dez anos as faixas etárias que tenham sido estipuladas sem limite superior;

III – a nova cláusula, contendo a fórmula de aplicação do reajuste, deverá ser encaminhada aos consumidores, juntamente com o boleto ou título de cobrança, com a demonstração do valor originalmente contratado, do valor repactuado e do percentual de reajuste anual fixo, esclarecendo, ainda, que o seu pagamento formalizará esta repactuação;

IV – a cláusula original de reajuste deverá ter sido previamente submetida à ANS;

V – na falta de aprovação prévia, a operadora, para que possa aplicar reajuste por faixa etária a consumidores com sessenta anos ou mais de idade e dez anos ou mais de contrato, deverá submeter à ANS as condições contratuais acompanhadas de nota técnica, para, uma vez aprovada a cláusula e o percentual de reajuste, adotar a diluição prevista neste parágrafo.

§ 2º Nos contratos individuais de produtos de que tratam o inciso I e o § 1º do artigo 1º desta Lei, independentemente da data de sua celebração, a aplicação de cláusula de reajuste das contraprestações pecuniárias dependerá de prévia aprovação da ANS.

§ 3º O disposto no artigo 35 desta Lei aplica-se sem prejuízo do estabelecido neste artigo.

Art. 35-F. A assistência a que alude o artigo 1º desta Lei compreende todas as ações necessárias à prevenção da doença e à recuperação, manutenção e reabilitação da saúde, observados os termos desta Lei e do contrato firmado entre as partes.

Art. 35-G. Aplicam-se subsidiariamente aos contratos entre usuários e operadoras de produtos de que tratam o inciso I e o § 1º do artigo 1º desta Lei as disposições da Lei nº 8.078, de 1990.

Art. 35-H. Os expedientes que até esta data foram protocolizados na SUSEP pelas operadoras de produtos de que tratam o inciso I e o § 1º do artigo 1º desta Lei e que forem encaminhados à ANS em consequência desta Lei, deverão estar acompanhados de parecer conclusivo daquela Autarquia.

Art. 35-I. Responderão subsidiariamente pelos direitos contratuais e legais dos consumidores, prestadores de serviço e fornecedores, além dos débitos fiscais e trabalhistas, os bens pessoais dos diretores, administradores, gerentes e membros de conselhos da operadora de plano privado de assistência à saúde, independentemente da sua natureza jurídica.

Art. 35-J. O diretor técnico ou fiscal ou o liquidante são obrigados a manter sigilo relativo às informações da operadora às quais tiverem acesso em razão do exercício do encargo, sob pena de incorrer em improbidade administrativa, sem prejuízo das responsabilidades civis e penais.

Art. 35-L. Os bens garantidores das provisões técnicas, fundos e provisões deverão ser registrados na ANS e não poderão ser alienados, prometidos a alienar ou, de qualquer forma, gravados sem prévia e expressa autorização, sendo nulas, de pleno direito, as alienações realizadas ou os gravames constituídos com violação deste artigo.

Parágrafo único. Quando a garantia recair em bem imóvel, será obrigatoriamente inscrita no competente Cartório do Registro Geral de Imóveis, mediante requerimento firmado pela operadora de plano de assistência à saúde e pela ANS.

Art. 35-M. As operadoras de produtos de que tratam o inciso I e o § 1º do artigo 1º desta Lei poderão celebrar contratos de resseguro junto às empresas devidamente autorizadas a operar em tal atividade, conforme estabelecido na Lei nº 9.932, de 20 de dezembro de 1999, e regulamentações posteriores.

▶ Arts. 35-D a 35-M acrescidos pela MP nº 2.177-44, de 24-8-2001, que até o encerramento desta edição não havia sido convertida em Lei.

▶ A Lei nº 9.932, de 20-12-1999, foi revogada pela LC nº 126, de 5-1-2007, que dispõe sobre a política de resseguro.

Art. 36. Esta Lei entra em vigor noventa dias após a data de sua publicação.

Brasília, 3 de junho de 1998;
177º da Independência e
110º da República.

Fernando Henrique Cardoso

LEI Nº 10.185,
DE 12 DE FEVEREIRO DE 2001

Dispõe sobre a especialização das sociedades seguradoras em planos privados de assistência à saúde e dá outras providências.

▶ Publicada no *DOU* de 14-2-2001.

Art. 1º As sociedades seguradoras poderão operar o seguro enquadrado no art. 1º, inciso I e § 1º, da Lei nº 9.656, de 3 de junho de 1998, desde que estejam constituídas como seguradoras especializadas nesse seguro, devendo seu estatuto social vedar a atuação em quaisquer outros ramos ou modalidades.

§ 1º As sociedades seguradoras que já operam o seguro de que trata o *caput* deste artigo, conjuntamente com outros ramos de seguro, deverão providenciar a sua especialização até 1º de julho de 2001, a ser processada junto à Superintendência de Seguros Privados – SUSEP, mediante cisão ou outro ato societário pertinente.

§ 2º As sociedades seguradoras especializadas, nos termos deste artigo, ficam subordinadas às normas e à fiscalização da Agência Nacional de Saúde – ANS, que poderá aplicar-lhes, em caso de infringência à legislação que regula os planos privados de assistência à saúde, as penalidades previstas na Lei nº 9.656, de 1998, e na Lei nº 9.961, de 28 de janeiro de 2000.

§ 3º Caberá, exclusivamente, ao Conselho de Saúde Suplementar – CONSU, nos termos da Lei nº 9.656, de 1998, e à ANS, nos termos da Lei nº 9.961, de 2000, disciplinar o seguro de que trata este artigo quanto às matérias previstas nos incisos I e IV do art. 35-A da referida Lei nº 9.656, de 1998, e no art. 4º da Lei nº 9.961, de 2000, bem como quanto à autorização de funcionamento e à operação das sociedades seguradoras especializadas.

▶ § 3º com a redação dada pela MP nº 2.177-44, de 24-8-2001, que até o encerramento desta edição não havia sido convertida em Lei.

§ 4º Enquanto as sociedades seguradoras não promoverem a sua especialização em saúde, nos termos deste artigo, ficarão sujeitas à fiscalização da SUSEP e da ANS, no âmbito de suas respectivas competências.

§ 5º As sociedades seguradoras especializadas em seguro saúde, nos termos deste artigo, continuarão subordinadas às normas sobre as aplicações dos ativos garantidores das provisões técnicas expedidas pelo Conselho Monetário Nacional – CMN.

Art. 2º Para efeito da Lei nº 9.656, de 1998, e da Lei nº 9.961, de 2000, enquadra-se o seguro saúde como plano privado de assistência à saúde e a sociedade seguradora especializada em saúde como operadora de plano de assistência à saúde.

Art. 3º A sociedade seguradora que não se adaptar ao disposto nesta Lei fica obrigada a transferir sua carteira de saúde para sociedade seguradora especializada já estabelecida ou para operadora de planos privados de assistência à saúde, que venha a apresentar o plano de sucessão segundo as normas fixadas pela ANS.

Parágrafo único. Deverá ser observado o prazo limite de 1º de julho de 2001 para a transferência da carteira de saúde de que trata o *caput* deste artigo.

Art. 4º Ficam convalidados os atos praticados com base na Medida Provisória nº 2.122-1, de 27 de dezembro de 2000.

Art. 5º Esta Lei entra em vigor na data de sua publicação.

Congresso Nacional, em 12 de fevereiro de 2001;
180º da Independência e
113º da República

Senador Antonio Carlos Magalhães

LEI Nº 10.190, DE 14 DE FEVEREIRO DE 2001

Altera dispositivos do Decreto-Lei nº 73, de 21 de novembro de 1966, da Lei nº 6.435, de 15 de julho de 1977, da Lei nº 5.627, de 1º de dezembro de 1970, e dá outras providências.

▶ Publicada no *DOU* de 16-2-2001.

Art. 1º Os arts. 20, 26, 84 e 90 do Decreto-Lei nº 73, de 21 de novembro de 1966, passam a vigorar com as seguintes alterações:

▶ Alterações inseridas no texto do referido Decreto-Lei.

▶ A Lei nº 11.941, de 27-5-2009, revogou este artigo na parte em que altera a redação do art. 84 do Dec.-Lei nº 73, de 21-11-1966.

Art. 2º Fica restabelecido o art. 33 do Decreto-Lei nº 73, de 1966, com a seguinte redação:

▶ Alteração inserida no texto do referido Decreto-Lei.

Art. 3º Às sociedades seguradoras de capitalização e às entidades de previdência privada aberta aplica-se o disposto nos arts. 2º e 15 do Decreto-Lei nº 2.321, de 25 de fevereiro de 1987, 1º a 8º da Lei nº 9.447, de 14 de março de 1997 e, no que couber, nos arts. 3º a 49 da Lei nº 6.024, de 13 de março de 1974.

Parágrafo único. As funções atribuídas ao Banco Central do Brasil pelas Leis referidas neste artigo serão exercidas pela Superintendência de Seguros Privados – SUSEP, quando se tratar de sociedades seguradoras, de capitalização ou de entidades de previdência privada aberta.

Art. 4º Aplica-se às entidades de previdência privada aberta o disposto no art. 84 do Decreto-Lei nº 73, de 1966.

Art. 5º O art. 56 da Lei nº 6.435, de 15 de julho de 1977, passa a vigorar com a seguinte redação:

▶ Alteração inserida no texto da referida Lei.

Art. 6º O art. 9º da Lei nº 5.627, de 1º de dezembro de 1970, passa a vigorar com a seguinte redação:

▶ Alteração inserida no texto da referida Lei.

Art. 7º Ficam convalidados os atos praticados com base na Medida Provisória nº 2.069-30, de 27 de dezembro de 2000.

Art. 8º Esta Lei entra em vigor na data de sua publicação.

Art. 9º Fica revogado o art. 3º da Lei nº 7.682, de 2 de dezembro de 1988.

Congresso Nacional, em 14 de fevereiro de 2001;
180º da Independência e
113º da República

Senador Antonio Carlos Magalhães

LEI Nº 10.192, DE 14 DE FEVEREIRO DE 2001

Dispõe sobre medidas complementares ao Plano Real e dá outras providências.

(EXCERTOS)

▶ Publicada no *DOU* de 16-2-2001.
▶ Lei nº 9.069, de 29-6-1995, dispõe sobre o Plano Real.
▶ Dec.-lei nº 857, de 11-9-1969, consolida e altera a legislação sobre moeda de pagamento de obrigações exequíveis no Brasil.

Art. 1º As estipulações de pagamento de obrigações pecuniárias exequíveis no território nacional deverão ser feitas em Real, pelo seu valor nominal.

Parágrafo único. São vedadas, sob pena de nulidade, quaisquer estipulações de:

I – pagamento expressas em, ou vinculadas a ouro ou moeda estrangeira, ressalvado o disposto nos artigos 2º e 3º do Decreto-Lei nº 857, de 11 de setembro de 1969, e na parte final do artigo 6º da Lei nº 8.880, de 27 de maio de 1994;

II – reajuste ou correção monetária expressas em, ou vinculadas a unidade monetária de conta de qualquer natureza;

III – correção monetária ou de reajuste por índices de preços gerais, setoriais ou que reflitam a variação dos custos de produção ou dos insumos utilizados, ressalvado o disposto no artigo seguinte.

Art. 2º É admitida estipulação de correção monetária ou de reajuste por índices de preços gerais, setoriais ou que reflitam a variação dos custos de produção ou dos insumos utilizados nos contratos de prazo de duração igual ou superior a um ano.

§ 1º É nula de pleno direito qualquer estipulação de reajuste ou correção monetária de periodicidade inferior a um ano.

§ 2º Em caso de revisão contratual, o termo inicial do período de correção monetária ou reajuste, ou de nova revisão, será a data em que a anterior revisão tiver ocorrido.

§ 3º Ressalvado o disposto no § 7º do artigo 28 da Lei nº 9.069, de 29 de junho de 1995, e no parágrafo seguinte, são nulos de pleno direito quaisquer expedientes que, na apuração do índice de reajuste, produzam efeitos financeiros equivalentes aos de reajuste de periodicidade inferior à anual.

§ 4º Nos contratos de prazo de duração igual ou superior a três anos, cujo objeto seja a produção de bens para entrega futura ou a aquisição de bens ou direitos a eles relativos, as partes poderão pactuar a atualização das obrigações, a cada período de um ano, contado a partir da contratação, e no seu vencimento final, considerada a periodicidade de pagamento das prestações, e abatidos os pagamentos, atualizados da mesma forma, efetuados no período.

§ 5º O disposto no parágrafo anterior aplica-se aos contratos celebrados a partir de 28 de outubro de 1995 até 11 de outubro de 1997.

§ 6º O prazo a que alude o parágrafo anterior poderá ser prorrogado mediante ato do Poder Executivo.

▶ Mantivemos a redação anterior dos §§ 5º e 6º à MP nº 2.223, de 4-9-2001, pois esta foi revogada pela Lei nº 10.931, de 2-8-2004.

Art. 3º Os contratos em que seja parte órgão ou entidade da Administração Pública direta ou indireta da União, dos Estados, do Distrito Federal e dos Municípios, serão reajustados ou corrigidos monetariamente de acordo com as disposições desta Lei, e, no que com ela não conflitarem, da Lei nº 8.666, de 21 de junho de 1993.

§ 1º A periodicidade anual nos contratos de que trata o *caput* deste artigo será contada a partir da data limite para apresentação da proposta ou do orçamento a que essa se referir.

§ 2º O Poder Executivo regulamentará o disposto neste artigo.

Art. 4º Os contratos celebrados no âmbito dos mercados referidos no § 5º do artigo 27 da Lei nº 9.069, de 1995, inclusive as condições de remuneração da poupança financeira, bem assim no da previdência privada fechada, permanecem regidos por legislação própria.

Art. 5º Fica instituída Taxa Básica Financeira – TBF, para ser utilizada exclusivamente como base de remuneração de operações realizadas no mercado financeiro, de prazo de duração igual ou superior a sessenta dias.

Parágrafo único. O Conselho Monetário Nacional expedirá as instruções necessárias ao cumprimento do disposto neste artigo, podendo, inclusive, ampliar o prazo mínimo previsto no *caput*.

Art. 6º A Unidade Fiscal de Referência – UFIR, criada pela Lei nº 8.383, de 30 de dezembro de 1991, será reajustada:

I – semestralmente, durante o ano-calendário de 1996;

II – anualmente, a partir de 1º de janeiro de 1997.

Parágrafo único. A reconversão, para Real, dos valores expressos em UFIR, extinta em 27 de outubro de 2000, será efetuada com base no valor dessa Unidade fixado para o exercício de 2000.

▶ O art. 29, § 3º, da Lei nº 10.522, de 19-7-2002, que dispõe sobre o Cadastro Informativo dos créditos não quitados de órgãos e entidades federais, extinguiu a UFIR.

Art. 7º Observado o disposto no artigo anterior, ficam extintas, a partir de 1º de julho de 1995, as unidades monetárias de conta criadas ou reguladas pelo Poder Público, exceto as unidades monetárias de conta fiscais estaduais, municipais e do Distrito Federal, que serão extintas a partir de 1º de janeiro de 1996.

▶ Súm. nº 643 do STF.

§ 1º Em 1º de julho de 1995 e em 1º de janeiro de 1996, os valores expressos, respectivamente, nas unidades monetárias de conta extintas na forma do *caput* deste artigo serão convertidos em Real, com observância do disposto no artigo 44 da Lei nº 9.069, de 1995, no que couber.

§ 2º Os Estados, o Distrito Federal e os Municípios poderão utilizar a UFIR nas mesmas condições e periodicidade adotadas pela União, em substituição às respectivas unidades monetárias de conta fiscais extintas.

▶ O art. 29, § 3º, da Lei nº 10.522, de 19-7-2002, que dispõe sobre o Cadastro Informativo dos créditos não quitados de órgãos e entidades federais, extinguiu a UFIR.

Art. 8º A partir de 1º de julho de 1995, a Fundação Instituto Brasileiro de Geografia e Estatística – IBGE deixará de calcular e divulgar o IPC-r.

§ 1º Nas obrigações e contratos em que haja estipulação de reajuste pelo IPC-r, este será substituído, a partir de 1º de julho de 1995, pelo índice previsto contratualmente para este fim.

§ 2º Na hipótese de não existir previsão de índice de preços substituto, e caso não haja acordo entre as partes, deverá ser utilizada média de índices de preços de abrangência nacional, na forma de regulamentação a ser baixada pelo Poder Executivo.

....

Art. 15. Permanecem em vigor as disposições legais relativas a correção monetária de débitos trabalhistas, de débitos resultantes de decisão judicial, de débitos relativos a ressarcimento em virtude de inadimplemento de obrigações contratuais e do passivo de empresas e instituições sob os regimes de concordata, falência, intervenção e liquidação extrajudicial.

▶ Lei nº 11.101, de 9-2-2005 (Lei de Recuperação de Empresas e Falências).

Art. 16. Ficam convalidados os atos praticados com base na Medida Provisória nº 2.074-72, de 27 de dezembro de 2000.

Art. 17. Esta Lei entra em vigor na data de sua publicação.

Art. 18. Revogam-se os §§ 1º e 2º do artigo 947 do Código Civil, os §§ 1º e 2º do artigo 1º da Lei nº 8.542, de 23 de dezembro de 1992, e o artigo 14 da Lei nº 8.177, de 1º de março de 1991.

Congresso Nacional, 14 de fevereiro de 2001;
180º da Independência e
113º da República.

Senador Antonio Carlos Magalhães

LEI Nº 10.198, DE 14 DE FEVEREIRO DE 2001

Dispõe sobre a regulação, fiscalização e supervisão dos mercados de títulos ou contratos de investimento coletivo, e dá outras providências.

(EXCERTOS)

► Lei nº 6.385, de 7-12-1976 (Lei do Mercado de Valores Mobiliários).
► Publicada no *DOU* de 16-2-2001.

Art. 1º Constituem valores mobiliários, sujeitos ao regime da Lei nº 6.385, de 7 de dezembro de 1976, quando ofertados publicamente, os títulos ou contratos de investimento coletivo, que gerem direito de participação, de parceria ou de remuneração, inclusive resultante de prestação de serviços, cujos rendimentos advêm do esforço do empreendedor ou de terceiros.

§ 1º Aplica-se aos valores mobiliários a que se refere este artigo a ressalva prevista no artigo 2º, parágrafo único, da Lei nº 6.385, de 1976.

§ 2º Os emissores dos valores mobiliários referidos neste artigo, bem como seus administradores e controladores, sujeitam-se à disciplina prevista na Lei nº 6.385, de 1976, para as companhias abertas.

§ 3º Compete à Comissão de Valores Mobiliários expedir normas para a execução do disposto neste artigo, podendo:

I – exigir que os emissores se constituam sob a forma de sociedade anônima;
II – exigir que as demonstrações financeiras dos emissores, ou que as informações sobre o empreendimento ou projeto, sejam auditadas por auditor independente nela registrado;
III – dispensar, na distribuição pública dos valores mobiliários referidos neste artigo, a participação de sociedade integrante do sistema previsto no artigo 15 da Lei nº 6.385, de 1976;
IV – estabelecer condições específicas para o exercício, no âmbito desse mercado, das atividades previstas no artigo 16 da Lei nº 6.385, de 1976, inclusive quanto a requisitos de idoneidade, habilitação técnica e capacidade financeira a que deverão satisfazer os administradores de sociedades e demais pessoas que atuem nesse mercado;
V – estabelecer padrões de cláusulas e condições que devam ser adotadas nos títulos ou contratos de investimento, destinados à negociação em bolsa ou balcão e recusar a admissão ao mercado da emissão que não satisfaça a esses padrões.

§ 4º Nas emissões dos valores mobiliários referidos neste artigo em que for prestada, espontaneamente ou por exigência da regulamentação específica, garantia real, serão aplicados, no que couberem, os artigos 58 a 62 e 66 a 69 da Lei nº 6.404, de 15 de dezembro de 1976, equiparando-se os títulos ou contratos de investimento coletivo às debêntures, as emissoras à companhia, e os subscritores aos debenturistas, e não se aplicando as regras relativas à garantia flutuante.

§ 5º Caberá ao agente fiduciário representar os futuros subscritores de títulos ou contratos de investimento coletivo na celebração dos instrumentos de constituição de garantia real, se houver.

§ 6º A excussão judicial das garantias a que se referem os §§ 4º e 5º deste artigo se fará na forma das leis que regulam o processo de execução singular ou coletiva, devendo, entretanto, o agente fiduciário ser notificado de qualquer execução movida por subscritor de valores mobiliários alcançados pela garantia, e proceder de imediato à comunicação do fato aos demais subscritores de valores mobiliários da mesma emissão, sem prejuízo da legitimidade do agente fiduciário de promover medidas judiciais para evitar prescrição, decadência, deterioração ou perecimento das garantias.

§ 7º A CVM poderá autorizar a emissão de certificado de contrato de investimento coletivo, nos termos da regulamentação que vier a baixar.

► §§ 4º a 7º acrescidos pela MP nº 2.181-45, de 24-8-2001, que até o encerramento desta edição não havia sido convertida em Lei.

....

Art. 4º Ficam convalidados os atos praticados com base na Medida Provisória nº 2.110-39, de 27 de dezembro de 2000.

Art. 5º Esta Lei entra em vigor na data de sua publicação.

Congresso Nacional, 14 de fevereiro de 2001;
180º da Independência e
113º da República.

Senador Antonio Carlos Magalhães

MEDIDA PROVISÓRIA Nº 2.172-32, DE 23 DE AGOSTO DE 2001

Estabelece a nulidade das disposições contratuais que menciona e inverte, nas hipóteses que prevê, o ônus da prova nas ações intentadas para sua declaração.

► Publicada no *DOU* de 24-8-2001.
► Dec. nº 22.626, de 7-4-1933 (Lei da Usura).

Art. 1º São nulas de pleno direito as estipulações usurárias, assim consideradas as que estabeleçam:

I – nos contratos civis de mútuo, taxas de juros superiores às legalmente permitidas, caso em que deverá o juiz, se requerido, ajustá-las à medida legal ou, na hipótese de já terem sido cumpridas, ordenar a restituição, em dobro, da quantia paga em excesso, com juros legais a contar da data do pagamento indevido;

► Arts. 406 e 591 do CC.
► Súm. Vinc. nº 7 do STF.

II – nos negócios jurídicos não disciplinados pelas legislações comercial e de defesa do consumidor, lucros ou vantagens patrimoniais excessivos, estipulados em situação de vulnerabilidade da parte, caso em que deverá o juiz, se requerido, restabelecer o equilíbrio da relação contratual, ajustando-os ao valor corrente, ou, na hipótese de cumprimento da obrigação, ordenar a restituição, em dobro, da quantia recebida em excesso, com juros legais a contar da data do pagamento indevido.

▶ Art. 940 do CC.

Parágrafo único. Para a configuração do lucro ou vantagem excessivos, considerar-se-ão a vontade das partes, as circunstâncias da celebração do contrato, o seu conteúdo e natureza, a origem das correspondentes obrigações, as práticas de mercado e as taxas de juros legalmente permitidas.

Art. 2º São igualmente nulas de pleno direito as disposições contratuais que, com o pretexto de conferir ou transmitir direitos, são celebradas para garantir, direta ou indiretamente, contratos civis de mútuo com estipulações usurárias.

Art. 3º Nas ações que visem à declaração de nulidade de estipulações com amparo no disposto nesta Medida Provisória, incumbirá ao credor ou beneficiário do negócio o ônus de provar a regularidade jurídica das correspondentes obrigações, sempre que demonstrada pelo prejudicado, ou pelas circunstâncias do caso, a verossimilhança da alegação.

Art. 4º As disposições desta Medida Provisória não se aplicam:

I – às instituições financeiras e demais instituições autorizadas a funcionar pelo Banco Central do Brasil, bem como às operações realizadas nos mercados financeiro, de capitais e de valores mobiliários, que continuam regidas pelas normas legais e regulamentares que lhes são aplicáveis;

II – às sociedades de crédito que tenham por objeto social exclusivo a concessão de financiamentos ao microempreendedor;

III – às organizações da sociedade civil de interesse público de que trata a Lei nº 9.790, de 23 de março de 1999, devidamente registradas no Ministério da Justiça, que se dedicam a sistemas alternativos de crédito e não têm qualquer tipo de vinculação com o Sistema Financeiro Nacional.

▶ Súm. nº 596 do STF.
▶ Súm. nº 283 do STJ.

Parágrafo único. Poderão também ser excluídas das disposições desta Medida Provisória, mediante deliberação do Conselho Monetário Nacional, outras modalidades de operações e negócios de natureza subsidiária, complementar ou acessória das atividades exercidas no âmbito dos mercados financeiro, de capitais e de valores mobiliários.

Art. 5º Ficam convalidados os atos praticados com base na Medida Provisória nº 2.172-31, de 26 de julho de 2001.

Art. 6º Esta Medida Provisória entra em vigor na data de sua publicação.

Art. 7º Fica revogado o § 3º do art. 4º da Lei nº 1.521, de 26 de dezembro de 1951.

Brasília, 23 de agosto de 2001;
180º da Independência e
113º da República.

Fernando Henrique Cardoso

LEI Nº 10.303, DE 31 DE OUTUBRO DE 2001

Altera e acrescenta dispositivos na Lei nº 6.404, de 15 de dezembro de 1976, que dispõe sobre as Sociedades por Ações, e na Lei nº 6.385, de 7 de dezembro de 1976, que dispõe sobre o mercado de valores mobiliários e cria a Comissão de Valores Mobiliários.

▶ Publicada no *DOU* de 1º-11-2001.

Art. 1º Esta Lei altera e acrescenta dispositivos na Lei nº 6.404, de 15 de dezembro de 1976, que dispõe sobre as Sociedades por Ações, e na Lei nº 6.385, de 7 de dezembro de 1976, que dispõe sobre o mercado de valores mobiliários e cria a Comissão de Valores Mobiliários.

Art. 2º Os artigos 4º, 15, 17, 24, 31, 41, 44, 47, 52, 54, 59, 62, 63, 68, 109, 115, 118, 122, 124, 133, 135, 136, 137, 140, 141, 142, 143, 146, 147, 149, 155, 157, 161, 163, 164, 165, 172, 196, 197, 202, 264, 287, 289, 291 e 294 da Lei nº 6.404, de 15 de dezembro de 1976, passam a vigorar com a seguinte redação:

▶ Alterações inseridas no texto da lei.

Art. 3º A Lei nº 6.404, de 15 de dezembro de 1976, passa a vigorar acrescida dos seguintes artigos 4º-A, 116-A, 165-A e 254-A:

▶ Alterações inseridas no texto da lei.

Art. 4º Os artigos 1º, 2º, 4º, 5º, 6º, 7º, 8º, 9º, 10, 11, 14, 15, 16, 17, 18, 22, 24, 26 e 28 da Lei nº 6.385, de 7 de dezembro de 1976, passam a vigorar com a seguinte redação:

▶ Alterações inseridas no texto da lei.

Art. 5º A Lei nº 6.385, de 7 de dezembro de 1976, passa a vigorar acrescida dos artigos 17-A, 21-A, e dos Capítulos VII-A e VII-B, com os artigos 27-A e 27-B, e 27-C a 27-F, respectivamente:

▶ Alterações inseridas no texto da lei.

Art. 6º As companhias existentes deverão proceder à adaptação do seu estatuto aos preceitos desta Lei no prazo de um ano, a contar da data em que esta entrar em vigor, devendo, para este fim, ser convocada assembleia-geral dos acionistas.

Art. 7º O disposto no artigo 254-A da Lei nº 6.404, de 1976, não se aplica às companhias em processo de desestatização que, até a data da promulgação desta Lei, tenham publicado um edital.

Art. 8º A alteração de direitos conferidos às ações existentes em decorrência de adequação a esta Lei não confere o direito de recesso de que trata o artigo 137 da Lei nº 6.404, de 1976, se efetivada até o término do ano de 2002.

§ 1º A proporção prevista no § 2º do artigo 15 da Lei nº 6.404, de 1976, será aplicada de acordo com o seguinte critério:

I – imediatamente às companhias novas;

II – às companhias fechadas existentes, no momento em que decidirem abrir o seu capital; e

III – as companhias abertas existentes poderão manter proporção de até dois terços de ações preferenciais, em relação ao total de ações emitidas, inclusive em relação a novas emissões de ações.

§ 2º Nas emissões de ações ordinárias por companhias abertas que optarem por se adaptar ao disposto no artigo 15, § 2º, da Lei nº 6.404, de 1976, com a redação que lhe é conferida por esta Lei, poderá não ser estendido aos acionistas titulares de ações preferenciais, a critério da companhia, o direito de preferência a que se refere o artigo 171, § 1º, alínea b, da Lei nº 6.404, de 1976. Uma vez reduzido o percentual de participação em ações preferenciais, não mais será lícito à companhia elevá-lo além do limite atingido.

§ 3º As companhias abertas somente poderão emitir novas ações preferenciais com observância do disposto no artigo 17, § 1º, da Lei nº 6.404, de 1976, com a redação dada por esta Lei, devendo os respectivos estatutos ser adaptados ao referido dispositivo legal no prazo de um ano, após a data de entrada em vigor desta Lei.

§ 4º Até a assembleia-geral ordinária que se reunir para aprovar as demonstrações financeiras do exercício de 2004, inclusive, o conselheiro eleito na forma do § 4º, inciso II, ou do § 5º do artigo 141, da Lei nº 6.404, de 15 de dezembro de 1976, será escolhido em lista tríplice elaborada pelo acionista controlador; e, a partir da assembleia-geral ordinária de 2006, o referido conselheiro será eleito nos termos desta Lei, independentemente do mandato do conselheiro a ser substituído.

Art. 9º Esta Lei entra em vigor após decorridos cento e vinte dias de sua publicação oficial, aplicando-se, todavia, a partir da data de publicação, às companhias que se constituírem a partir dessa data.

Art. 10. São revogados o artigo 242, da Lei nº 6.404, de 15 de dezembro de 1976, e os artigos 29 e 30, da Lei nº 6.385, de 7 de dezembro de 1976.

Brasília, 31 de outubro de 2001;
180º da Independência e
113º da República.

Marco Antonio de Oliveira Maciel

LEI Nº 10.823, DE 19 DE DEZEMBRO DE 2003

Dispõe sobre a subvenção econômica ao prêmio do Seguro Rural e dá outras providências.

▶ Publicada no DOU de 22-12-2003.
▶ Dec. nº 5.121, de 29-6-2004, regulamenta esta Lei.

Art. 1º Fica o Poder Executivo autorizado a conceder subvenção econômica em percentual ou valor do prêmio do seguro rural, na forma estabelecida em ato específico.

§ 1º O seguro rural deverá ser contratado junto a sociedades autorizadas a operar em seguros pela Superintendência de Seguros Privados – SUSEP, na forma da legislação em vigor.

§ 2º Para a concessão da subvenção econômica de que trata o caput, o proponente deverá estar adimplente com a União, na forma do regulamento desta Lei.

§ 3º As obrigações assumidas pela União em decorrência da subvenção econômica de que trata este artigo serão integralmente liquidadas no exercício financeiro de contratação do seguro rural.

§ 4º As despesas com a subvenção econômica de que trata este artigo correrão à conta das dotações orçamentárias consignadas anualmente ao Ministério da Agricultura, Pecuária e Abastecimento, observados os limites de movimentação e empenho e de pagamento.

▶ A alteração que seria introduzida neste parágrafo pela LC nº 137, de 26-8-2010, foi vetada, razão pela qual mantivemos a sua redação.

Art. 2º A subvenção de que trata o art. 1º poderá ser diferenciada segundo:

I – modalidades do seguro rural;
II – tipos de culturas e espécies animais;
III – categorias de produtores;
IV – regiões de produção;
V – condições contratuais, priorizando aquelas consideradas redutoras de risco ou indutoras de tecnologia.

Art. 3º O Poder Executivo regulamentará:

I – as modalidades de seguro rural contempláveis com o benefício de que trata esta Lei;
II – as condições operacionais gerais para a implementação, execução, pagamento, controle e fiscalização da subvenção econômica de que trata esta Lei;
III – as condições para acesso aos benefícios previstos nesta Lei, incluindo o rol dos eventos cobertos e outras exigências técnicas pertinentes;
IV – *Revogado*. LC nº 137, de 26-8-2010;
V – a composição e o regimento interno do Comitê Gestor Interministerial do Seguro Rural de que trata o art. 4º desta Lei;
VI – VETADO. LC nº 137, de 26-8-2010.

Parágrafo único. *Revogado*. LC nº 137, de 26-8-2010 (DOU de 27-8-2010 e retificado no DOU de 30-8-2010).

Art. 4º Fica criado, no âmbito do Ministério da Agricultura, Pecuária e Abastecimento, que o coordenará, o Comitê Gestor Interministerial do Seguro Rural.

§ 1º O Comitê Gestor Interministerial do Seguro Rural poderá criar Comissões Consultivas, das quais poderão participar representantes do setor privado.

§ 2º O Comitê Gestor Interministerial do Seguro Rural definirá a organização e a composição das Comissões Consultivas e regulará seu funcionamento.

§ 3º Cabe ao presidente do Comitê Gestor Interministerial do Seguro Rural designar os integrantes das Comissões Consultivas.

Art. 5º Compete ao Comitê Gestor Interministerial do Seguro Rural:

I e II – *Revogados*. LC nº 137, de 26-8-2010;
III – aprovar e divulgar:

▶ Caput do inciso III com a redação dada pela LC nº 137, de 26-8-2010.

a) os percentuais sobre o prêmio do seguro rural e os valores máximos da subvenção econômica, considerando a diferenciação prevista no art. 2º desta Lei;
b) as condições operacionais específicas;

c) as culturas vegetais e espécies animais objeto do benefício previsto nesta Lei;
d) as regiões a serem amparadas pelo benefício previsto nesta Lei;
e) as condições técnicas a serem cumpridas pelos beneficiários; e
f) a proposta de Plano Trienal ou seus ajustes anuais, dispondo sobre as diretrizes e condições para a concessão da subvenção econômica, observadas as disponibilidades orçamentárias e as diretrizes estabelecidas no Plano Plurianual;

▶ Alíneas a a f acrescidas pela LC nº 137, de 26-8-2010.

IV – implementar e operacionalizar o benefício previsto nesta Lei;
V – incentivar a criação e a implementação de projetos-piloto pelas sociedades seguradoras, contemplando novas culturas vegetais ou espécies animais e tipos de cobertura, com vistas a apoiar o desenvolvimento da agropecuária; e
VI – estabelecer diretrizes e coordenar a elaboração de metodologias e a divulgação de estudos e dados estatísticos, entre outras informações, que auxiliem o desenvolvimento do seguro rural como instrumento de política agrícola.

▶ Incisos IV a VI com a redação dada pela LC nº 137, de 26-8-2010.

Parágrafo único. O Comitê Gestor Interministerial do Seguro Rural poderá fixar limites financeiros da subvenção, por beneficiário e unidade de área.

▶ Parágrafo único acrescido pela LC nº 137, de 26-8-2010.

Art. 6º Os arts. 1º, 2º, 6º e 7º da Lei nº 10.696, de 2 de julho de 2003, passam a vigorar com a seguinte redação:

"Art. 1º Ficam autorizados a repactuação e o alongamento de dívidas oriundas de operações de crédito rural contratadas ao abrigo do Programa Especial de Crédito para a Reforma Agrária – Procera, cujos mutuários estejam adimplentes com suas obrigações ou as regularizem até 31 de maio de 2004, observadas as seguintes condições:

....

IV – os agentes financeiros terão até 31 de maio de 2004 para formalização dos instrumentos de repactuação."

"Art. 2º Os mutuários adimplentes que não optarem pela repactuação farão jus ao bônus de adimplência de 90% (noventa por cento), no caso de pagamento total de seus débitos até 31 de maio de 2004."

"Art. 6º ....

I – ....

a) em 30 de setembro de 2004, no caso dos mutuários com obrigações vencidas em anos anteriores a 2001 que não se valerem de uma das alternativas previstas no art. 4º;

....

II – informar, até 30 de setembro de 2004, à Secretaria de Agricultura Familiar do Ministério do Desenvolvimento Agrário e à Secretaria do Tesouro Nacional do Ministério da Fazenda os montantes envolvidos nas repactuações e nas liquidações de obrigações."

"Art. 7º Fica autorizada a renegociação de dívidas oriundas de operações de crédito rural contratadas por agricultores familiares, mini e pequenos produtores e de suas cooperativas e associações, no valor total originalmente financiado de até R$ 35.000,00 (trinta e cinco mil reais) em uma ou mais operações do mesmo beneficiário, cujos mutuários estejam adimplentes com suas obrigações ou as regularizem até 31 de maio de 2004, observadas as seguintes características e condições:

I – ....
....

b) bônus de adimplência de 30% (trinta por cento) sobre cada parcela da dívida paga até a data do respectivo vencimento, no caso das operações de custeio e investimento contratadas na região dos Fundos Constitucionais, e de 20% (vinte por cento) nas operações de custeio e investimentos nas demais regiões do País, sendo que, nas regiões do semiárido, Norte do Espírito Santo e nos Municípios do Norte de Minas Gerais, do Vale do Jequitinhonha e do Vale do Mucuri, compreendidos na área da atuação da Agência de Desenvolvimento do Nordeste – ADENE, o bônus será de 70% (setenta por cento) para custeio e investimento;

....

II – ....

a) os mutuários que estavam adimplentes em 3 de julho de 2003 ou que regularizaram seus débitos até 28 de novembro de 2003 terão as seguintes condições:
1. rebate de 8,8% (oito inteiros e oito décimos por cento) no saldo devedor das operações de investimento, na posição de 1º de janeiro de 2002, desde que se trate de operação contratada com encargos pós-fixados;
2. no caso das operações de investimento, o saldo devedor apurado na data da repactuação será prorrogado pelo prazo de 10 (dez) anos, incluídos 2 (dois) anos de carência, a ser liquidado em parcelas iguais, anuais e sucessivas, sendo que as operações repactuadas de custeio serão liquidadas em três parcelas anuais, iguais e sucessivas, após 1 (um) ano de carência contado da data da repactuação;
3. aplicação de taxa efetiva de juros de 3% a.a. (três por cento ao ano) a partir de 1º de janeiro de 2002;
4. nas regiões do semiárido, Norte do Espírito Santo, e nos Municípios do Norte de Minas Gerais, do Vale do Jequitinhonha e do Vale do Mucuri, compreendidos na área de atuação da Agência de Desenvolvimento do Nordeste – ADENE, será concedido um bônus de adimplência de 70% (setenta por cento) sobre cada parcela da dívida paga até a data do respectivo vencimento;
b) os mutuários que se encontravam em inadimplência e não regularizaram seus débitos até 28 de novembro de 2003 terão as seguintes condições:
1. o saldo de todas as prestações vencidas e não pagas deverá ser corrigido até a data da repactuação com base nos encargos originalmente contratados, sem bônus e sem encargos adicionais de inadimplemento;
2. para aderir à repactuação será dispensada contrapartida financeira por parte do mutuário nas regiões do semiárido, Norte do Espírito Santo, e nos Municípios do Norte de Minas Gerais, do Vale do Jequitinhonha e do Vale do Mucuri, compreendidos na área de atuação da Agência de Desenvolvimento do Nordeste – ADENE;
3. para aderir à repactuação nas demais regiões do País será exigido o pagamento do valor correspondente a 5% (cinco por cento) do somatório das prestações vencidas apuradas na forma do item 1 da alínea b quando os financiamentos forem realizados com os recursos dos Fundos Constitucionais, ou convertidos para esta fonte com base no § 3º deste artigo, e de 10% (dez por cento) do somatório das parcelas vencidas quando se tratar de contratos financiados exclusivamente por outras fontes, no ato da formalização do instrumento de repactuação;
4. sobre o saldo das parcelas vencido, apurado após o pagamento previsto nos itens 2 e 3 da alínea b, será concedido na data da repactuação um rebate de 8,2% (oito inteiros e dois décimos por cento), desde que

contratadas com encargos pós-fixados, sendo aplicada taxa efetiva de juros de 3% a.a. (três por cento ao ano) a partir da data de renegociação;

5. na parcela do saldo devedor vincendo das operações de investimento será concedido na posição de 1º de janeiro de 2002 um rebate de 8,8% (oito inteiros e oito décimos por cento) no saldo devedor, desde que se trate de operação contratada com encargos pós-fixados, passando a ter uma taxa efetiva de juros de 3% a.a. (três por cento ao ano) a partir desta data;

6. o saldo devedor total apurado nas formas dos itens 4 e 5 da alínea b das operações de investimento será consolidado na data da repactuação e prorrogado pelo prazo de 10 (dez) anos, incluídos 2 (dois) anos de carência, a ser liquidado em parcelas iguais, anuais e sucessivas, após 1 (um) ano de carência contado da data da repactuação;

7. nas regiões do semiárido, Norte do Espírito Santo, e nos Municípios do Norte de Minas Gerais, no Vale do Jequitinhonha e no Vale do Mucuri, compreendidos na área de atuação da Agência de Desenvolvimento do Nordeste – ADENE, os mutuários que vierem a adimplir-se nessas condições farão jus a um bônus de adimplência de 40% (quarenta por cento) sobre cada parcela da dívida para até a data do respectivo vencimento.

....

§ 5º Para os financiamentos de que tratam os incisos I e II, realizados na região Nordeste, no Norte do Espírito Santo e nos Municípios do Norte de Minas Gerais, no Vale do Jequitinhonha e no Vale do Mucuri, compreendidos na área de atuação da Agência de Desenvolvimento do Nordeste – ADENE, e lastreados com recursos do Fundo de Amparo ao Trabalhador – FAT em operações com recursos mistos desse Fundo e do Fundo Constitucional de Financiamento do Nordeste, ou realizadas somente com recursos do FAT sem equalização, nessa região, cujo valor total originalmente contratado não exceda a R$ 35.000,00 (trinta e cinco mil reais), prevalecem as seguintes disposições:

....

II – a parcela do saldo devedor, apurado na data de repactuação, que diz respeito ao crédito original excedente ao limite de R$ 15.000,00 (quinze mil reais), na região do semiárido, incluído o Norte do Espírito Santo, e nos Municípios do Norte de Minas Gerais, no Vale do Jequitinhonha e no Vale do Mucuri, compreendidos na área de atuação da Agência de Desenvolvimento do Nordeste – ADENE, poderá ser prorrogada pelo prazo de 10 (dez) anos, incluídos 2 (dois) anos de carência, observado o seguinte:

a) os mutuários que estavam adimplentes em 3 de julho de 2003 ou que regularizaram seus débitos até 28 de novembro de 2003 terão as seguintes condições:

1. farão jus a bônus de adimplência de 50% (cinquenta por cento) sobre a prestação ou parcela liquidada na data do vencimento;

2. aplicação de taxa efetiva de juros de 3% a.a. (três por cento ao ano) a partir de 1º de janeiro de 2002;

b) os mutuários que se encontravam em inadimplência e não regularizaram seus débitos até 28 de novembro de 2003 terão as seguintes condições:

1. para aderir à repactuação será dispensada contrapartida financeira por parte do mutuário;

2. o saldo de todas as prestações vencidas e não pagas deverá ser corrigido até a data da repactuação com base nos encargos originalmente contratados, sem bônus e sem encargos adicionais de inadimplemento, quando passam a ter uma taxa efetiva de juros de 3% a.a. (três por cento ao ano);

3. na parcela do saldo devedor vincendo das operações de investimento será aplicada uma taxa efetiva de juros de 3% a.a. (três por cento ao ano) a partir de 1º de janeiro de 2002;

4. os mutuários que vierem a adimplir-se nessas condições farão jus a bônus de adimplência de 20% (vinte por cento) sobre cada prestação ou parcela da dívida paga até a data do respectivo vencimento.

...."

Art. 7º Esta Lei entra em vigor na data de sua publicação.

Brasília, 19 de dezembro de 2003;
182º da Independência e
115º da República.

Luiz Inácio Lula da Silva

LEI Nº 10.962, DE 11 DE OUTUBRO DE 2004

Dispõe sobre a oferta e as formas de afixação de preços de produtos e serviços para o consumidor.

▶ Publicada no *DOU* de 13-10-2004.

▶ Dec. nº 5.903, de 20-9-2006, regulamenta esta Lei e dispõe sobre as práticas infracionais que atentam contra o direito básico do consumidor de obter informação clara e adequada sobre produtos e serviços.

Art. 1º Esta Lei regula as condições de oferta e afixação de preços de bens e serviços para o consumidor.

Art. 2º São admitidas as seguintes formas de afixação de preços em vendas a varejo para o consumidor:

I – no comércio em geral, por meio de etiquetas ou similares afixados diretamente nos bens expostos à venda, e em vitrines, mediante divulgação do preço à vista em caracteres legíveis;

▶ Art. 5º do Dec. nº 5.903, de 20-9-2006, que dispõe sobre a afixação de preços de bens e serviços para o consumidor em vitrines.

II – em autosserviços, supermercados, hipermercados, mercearias ou estabelecimentos comerciais onde o consumidor tenha acesso direto ao produto, sem intervenção do comerciantes, mediante a impressão ou afixação do preços do produto na embalagem, ou a afixação de código referencial, ou ainda, com a afixação de código de barras.

▶ Art. 6º do Dec. nº 5.903, de 20-9-2006, que dispõe sobre as modalidades de afixação para os preços de bens e serviços nos estabelecimentos comerciais.

Parágrafos único. Nos casos de utilização de código referencial ou de barras, o comerciante deverá expor, de forma clara e legível, junto aos itens expostos, informação relativa ao preço à vista do produto, suas características e código.

Art. 3º Na impossibilidade de afixação de preços conforme disposto no art. 2º, é permitido o uso de relações de preços dos produtos expostos, bem como dos serviços ofecidos, de forma escrita, clara e acessível ao consumidor.

Art. 4º Nos estabelecimentos que utilizem código de barras para apreçamento, deverão ser oferecidos equipamento de leitura ótica para consulta de preço pelo consumidor, localizados na área de vendas e em outras de fácil acesso.

§ 1º O regulamento desta Lei definirá, observados, dentre outros critérios ou fatores, o tipo e o tamanho do estabelecimento e a quantidade e a diversividade dos itens de bens e serviços, a área máxima que deverá ser atendida por cada leitora ótica.

▶ Art. 7º do Dec. nº 5.903, de 20-9-2006, que regulamenta esta Lei.

§ 2º Para os fins desta Lei, considera-se área de vendas aquela na qual os consumidores têm acesso às mercadorias e serviços oferecidos para consumo no varejo, dentro do estabelecimento.

Art. 5º No caso de divergência de preços para o mesmo produto entre os sistemas de informação de preços utilizados pelo estabelecimento, o consumidor pagará o menor dentre eles.

▶ Redação retificada no DOU de 16-3-2005.

Art. 6º VETADO.

Art. 7º Esta Lei entra em vigor na data de sua publicação.

Brasília, 11 de outubro de 2004;
183º da Independência e
116º da República.

Luiz Inácio Lula da Silva

LEI Nº 11.076, DE 30 DE DEZEMBRO DE 2004

Dispõe sobre o Certificado de Depósito Agropecuário – CDA, o Warrant Agropecuário – WA, o Certificado de Direitos Creditórios do Agronegócio – CDCA, a Letra de Crédito do Agronegócio – LCA e o Certificado de Recebíveis do Agronegócio – CRA, dá nova redação a dispositivos das Leis nºˢ 9.973, de 29 de maio de 2000, que dispõe sobre o sistema de armazenagem dos produtos agropecuários, 8.427, de 27 de maio de 1992, que dispõe sobre a concessão de subvenção econômica nas operações de crédito rural, 8.929, de 22 de agosto de 1994, que institui a Cédula de Produto Rural – CPR, 9.514, de 20 de novembro de 1997, que dispõe sobre o Sistema de Financiamento Imobiliário e institui a alienação fiduciária de coisa imóvel, e altera a Taxa de Fiscalização de que trata a Lei nº 7.940, de 20 de dezembro de 1989, e dá outras providências.

▶ Publicada no DOU de 31-12-2004.

CAPÍTULO I

DO CDA E DO WA

SEÇÃO I

DISPOSIÇÕES INICIAIS

Art. 1º Ficam instituídos o Certificado de Depósito Agropecuário – CDA e o Warrant Agropecuário – WA.

§ 1º O CDA é título de crédito representativo de promessa de entrega de produtos agropecuários, seus derivados, subprodutos e resíduos de valor econômico, depositados em conformidade com a Lei nº 9.973, de 29 de maio de 2000.

§ 2º O WA é título de crédito representativo de promessa de pagamento em dinheiro que confere direito de penhor sobre o CDA correspondente, assim como sobre o produto nele descrito.

▶ § 2º com a redação dada pela Lei nº 11.524, de 24-9-2007.

§ 3º O CDA e o WA são títulos unidos, emitidos simultaneamente pelo depositário, a pedido do depositante, podendo ser transmitidos unidos ou separadamente, mediante endosso.

§ 4º O CDA e o WA são títulos executivos extrajudiciais.

Art. 2º Aplicam-se ao CDA e ao WA as normas de direito cambial no que forem cabíveis e o seguinte:

I – os endossos devem ser completos;

II – os endossantes não respondem pela entrega do produto, mas, tão somente, pela existência da obrigação;

III – é dispensado o protesto cambial para assegurar o direito de regresso contra endossantes e avalistas.

Art. 3º O CDA e o WA serão:

I – cartulares, antes de seu registro em sistema de registro e de liquidação financeira a que se refere o art. 15 desta Lei, e após a sua baixa;

II – escriturais ou eletrônicos, enquanto permanecerem registrados em sistema de registro e de liquidação financeira.

Art. 4º Para efeito desta Lei, entende-se como:

I – depositário: pessoa jurídica apta a exercer as atividades de guarda e conservação dos produtos especificados no § 1º do art. 1º desta Lei, de terceiros e, no caso de cooperativas, de terceiros e de associados, sem prejuízo do disposto nos arts. 82 e 83 da Lei nº 5.764, de 16 de dezembro de 1971;

II – depositante: pessoa física ou jurídica responsável legal pelos produtos especificados no § 1º do art. 1º desta Lei entregues a um depositário para guarda e conservação;

III – entidade registradora autorizada: sistema de registro e de liquidação financeira de ativos autorizado pelo Banco Central do Brasil.

Art. 5º O CDA e o WA devem conter as seguintes informações:

I – denominação do título;

II – número de controle, que deve ser idêntico para cada conjunto de CDA e WA;

III – menção de que o depósito do produto sujeita-se à Lei nº 9.973, de 29 de maio de 2000, a esta Lei e, no caso de cooperativas, à Lei nº 5.764, de 16 de dezembro de 1971;

IV – identificação, qualificação e endereços do depositante e do depositário;

V – identificação comercial do depositário;

VI – cláusula à ordem;

VII – endereço completo do local do armazenamento;

VIII – descrição e especificação do produto;

IX – peso bruto e líquido;

X – forma de acondicionamento;

XI – número de volumes, quando cabível;

XII – valor dos serviços de armazenagem, conservação e expedição, a periodicidade de sua cobrança e a indicação do responsável pelo seu pagamento;

XIII – identificação do segurador do produto e do valor do seguro;

XIV – qualificação da garantia oferecida pelo depositário, quando for o caso;
XV – data do recebimento do produto e prazo do depósito;
XVI – data de emissão do título;
XVII – identificação, qualificação e assinatura dos representantes legais do depositário;
XVIII – identificação precisa dos direitos que conferem.

Parágrafo único. O depositante e o depositário poderão acordar que a responsabilidade pelo pagamento do valor dos serviços a que se refere o inciso XII do *caput* deste artigo será do endossatário do CDA.

Seção II

DA EMISSÃO, DO REGISTRO E DA CIRCULAÇÃO DOS TÍTULOS

Subseção I

DA EMISSÃO

Art. 6º A solicitação de emissão do CDA e do WA será feita pelo depositante ao depositário.

§ 1º Na solicitação, o depositante:

I – declarará, sob as penas da lei, que o produto é de sua propriedade e está livre e desembaraçado de quaisquer ônus;

II – outorgará, em caráter irrevogável, poderes ao depositário para transferir a propriedade do produto ao endossatário do CDA.

§ 2º Os documentos mencionados no § 1º deste artigo serão arquivados pelo depositário junto com as segundas vias do CDA e do WA.

§ 3º Emitidos o CDA e o WA, fica dispensada a entrega de recibo de depósito.

Art. 7º É facultada a formalização do contrato de depósito, nos termos do art. 3º da Lei nº 9.973, de 29 de maio de 2000, quando forem emitidos o CDA e o WA.

Art. 8º O CDA e o WA serão emitidos em, no mínimo, 2 (duas) vias, com as seguintes destinações:

I – primeiras vias, ao depositante;

II – segundas vias, ao depositário, nas quais constarão os recibos de entrega dos originais ao depositante.

Parágrafo único. Os títulos terão numeração sequencial, idêntica em ambos os documentos, em série única, vedada a subsérie.

Art. 9º O depositário que emitir o CDA e o WA é responsável, civil e criminalmente, inclusive perante terceiros, pelas irregularidades e inexatidões neles lançadas.

Art. 10. O depositante tem o direito de pedir ao depositário a divisão do produto em tantos lotes quantos lhe convenha e solicitar a emissão do CDA e do WA correspondentes a cada um dos lotes.

Art. 11. O depositário assume a obrigação de guardar, conservar, manter a qualidade e a quantidade do produto recebido em depósito e de entregá-lo ao credor na quantidade e qualidade consignadas no CDA e no WA.

Art. 12. Emitidos o CDA e o WA, o produto a que se referem não poderá sofrer embargo, penhora, sequestro ou qualquer outro embaraço que prejudique a sua livre e plena disposição.

Art. 13. O prazo do depósito a ser consignado no CDA e no WA será de até 1 (um) ano, contado da data de sua emissão, podendo ser prorrogado pelo depositário a pedido do credor, os quais, na oportunidade, ajustarão, se for necessário, as condições de depósito do produto.

Parágrafo único. As prorrogações serão anotadas nas segundas vias em poder do depositário e nos registros de sistema de registro e de liquidação financeira.

Art. 14. Incorre na pena prevista no art. 178 do Decreto-Lei nº 2.848, de 7 de dezembro de 1940 – Código Penal aquele que emitir o CDA e o WA em desacordo com as disposições desta Lei.

Subseção II

DO REGISTRO

Art. 15. É obrigatório o registro do CDA e do WA em sistema de registro e de liquidação financeira de ativos autorizado pelo Banco Central do Brasil, no prazo de até 30 (trinta) dias, contado da data de emissão dos títulos, no qual constará o respectivo número de controle do título, de que trata o inciso II do *caput* do art. 5º desta Lei.

▶ *Caput* com a redação dada pela Lei nº 11.524, de 24-9-2007.

§ 1º O registro de CDA e WA em sistema de registro e de liquidação financeira será precedido da entrega dos títulos à custódia de instituição legalmente autorizada para esse fim, mediante endosso-mandato.

§ 2º A instituição custodiante é responsável por efetuar o endosso do CDA e do WA ao respectivo credor, quando da retirada dos títulos do sistema de registro e de liquidação financeira.

§ 3º Vencido o prazo de 30 (trinta) dias sem o cumprimento da providência a que se refere o *caput* deste artigo, deverá o depositante solicitar ao depositário o cancelamento dos títulos e sua substituição por novos ou por recibo de depósito, em seu nome.

▶ § 3º com a redação dada pela Lei nº 11.524, de 24-9-2007.

Subseção III

DA CIRCULAÇÃO

Art. 16. O CDA e o WA serão negociados nos mercados de bolsa e de balcão como ativos financeiros.

Art. 17. Quando da 1a (primeira) negociação do WA separado do CDA, a entidade registradora consignará em seus registros o valor da negociação do WA, a taxa de juros e a data de vencimento ou, ainda, o valor a ser pago no vencimento ou o indicador que será utilizado para o cálculo do valor da dívida.

§ 1º Os registros dos negócios realizados com o CDA e com o WA, unidos ou separados, serão atualizados eletronicamente pela entidade registradora autorizada.

▶ Parágrafo único transformado em § 1º pela Lei nº 11.524, de 24-9-2007.

§ 2º Se, na data de vencimento do WA, o CDA e o WA não estiverem em nome do mesmo credor e o credor do CDA não houver consignado o valor da dívida, na forma do inciso II do § 1º do art. 21 desta Lei, o titular do WA poderá, a seu critério, promover a execução do penhor sobre:

I – o produto, mediante sua venda em leilão a ser realizado em bolsa de mercadorias; ou

II – o CDA correspondente, mediante a venda do título, em conjunto com o WA, em bolsa de mercadorias ou de futuros, ou em mercado de balcão organizado.

§ 3º Nas hipóteses referidas nos incisos I e II do § 2º deste artigo, o produto da venda da mercadoria ou dos títulos, conforme o caso, será utilizado para pagamento imediato do crédito representado pelo WA ao seu respectivo titular na data do vencimento, devendo o saldo remanescente ser entregue ao titular do CDA, após debitadas as despesas comprovadamente incorridas com a realização do leilão da mercadoria ou dos títulos.

§ 4º O adquirente dos títulos no leilão poderá colocá-los novamente em circulação, observando-se o disposto no *caput* deste artigo, no caso de negociação do WA separado do CDA.

▶ §§ 2º a 4º acrescidos pela Lei nº 11.524, de 24-9-2007.

Art. 18. As negociações do CDA e do WA são isentas do Imposto sobre Operações de Crédito, Câmbio e Seguro ou relativas a Títulos ou Valores Mobiliários.

Art. 19. Os negócios ocorridos durante o período em que o CDA e o WA estiverem registrados em sistema de registro e de liquidação financeira de ativos autorizado pelo Banco Central do Brasil não serão transcritos no verso dos títulos.

Art. 20. A entidade registradora é responsável pela manutenção do registro da cadeia de negócios ocorridos no período em que os títulos estiverem registrados em sistema de registro e de liquidação financeira de ativos autorizado pelo Banco Central do Brasil.

Seção III

DA RETIRADA DO PRODUTO

Art. 21. Para a retirada do produto, o credor do CDA providenciará a baixa do registro eletrônico do CDA e requererá à instituição custodiante o endosso na cártula e a sua entrega.

§ 1º A baixa do registro eletrônico ocorrerá somente se:

I – o CDA e o WA estiverem em nome do mesmo credor; ou

II – o credor do CDA consignar, em dinheiro, na instituição custodiante, o valor do principal e dos juros devidos até a data do vencimento do WA.

§ 2º A consignação do valor da dívida do WA, na forma do inciso II do § 1º deste artigo, equivale ao real e efetivo pagamento da dívida, devendo a quantia consignada ser entregue ao credor do WA pela instituição custodiante.

§ 3º Na hipótese do inciso I do § 1º deste artigo, a instituição custodiante entregará ao credor, junto com a cártula do CDA, a cártula do WA.

§ 4º Na hipótese do inciso II do § 1º deste artigo, a instituição custodiante entregará, junto com a cártula do CDA, documento comprobatório do depósito consignado.

§ 5º Com a entrega do CDA ao depositário, juntamente com o respectivo WA ou com o documento a que se refere o § 4º deste artigo, o endossatário adquire a propriedade do produto nele descrito, extinguindo-se o mandato a que se refere o inciso II do § 1º do art. 6º desta Lei.

§ 6º São condições para a transferência da propriedade ou retirada do produto:

I – o pagamento dos serviços de armazenagem, conservação e expedição, na forma do inciso XII e do parágrafo único do art. 5º desta Lei;

II – o cumprimento das obrigações tributárias, principais e acessórias, relativas à operação.

Seção IV

DO SEGURO

Art. 22. Para emissão de CDA e WA, o seguro obrigatório de que trata o art. 6º, § 6º, da Lei nº 9.973, de 29 de maio de 2000, deverá ter cobertura contra incêndio, raio, explosão de qualquer natureza, danos elétricos, vendaval, alagamento, inundação, furacão, ciclone, tornado, granizo, quedas de aeronaves ou quaisquer outros engenhos aéreos ou espaciais, impacto de veículos terrestres, fumaça e quaisquer intempéries que destruam ou deteriorem o produto vinculado àqueles títulos.

Parágrafo único. No caso de armazéns públicos, o seguro obrigatório de que trata o *caput* deste artigo também conterá cláusula contra roubo e furto.

CAPÍTULO II

DO CDCA, DA LCA E DO CRA

Seção I

DISPOSIÇÕES INICIAIS

Art. 23. Ficam instituídos os seguintes títulos de crédito:

I – Certificado de Direitos Creditórios do Agronegócio – CDCA;

II – Letra de Crédito do Agronegócio – LCA;

III – Certificado de Recebíveis do Agronegócio – CRA.

Parágrafo único. Os títulos de crédito de que trata este artigo são vinculados a direitos creditórios originários de negócios realizados entre produtores rurais, ou suas cooperativas, e terceiros, inclusive financiamentos ou empréstimos, relacionados com a produção, comercialização, beneficiamento ou industrialização de produtos ou insumos agropecuários ou de máquinas e implementos utilizados na atividade agropecuária.

Seção II

CERTIFICADO DE DIREITOS CREDITÓRIOS DO AGRONEGÓCIO

Art. 24. O Certificado de Direitos Creditórios do Agronegócio – CDCA é título de crédito nominativo, de livre negociação, representativo de promessa de pagamento em dinheiro e constitui título executivo extrajudicial.

Parágrafo único. O CDCA é de emissão exclusiva de cooperativas de produtores rurais e de outras pessoas jurídicas que exerçam a atividade de comercialização, beneficiamento ou industrialização de produtos ou insumos agropecuários ou de máquinas e implementos utilizados na produção agropecuária.

Art. 25. O CDCA terá os seguintes requisitos, lançados em seu contexto:

I – o nome do emitente e a assinatura de seus representantes legais;

II – o número de ordem, local e data da emissão;
III – a denominação "Certificado de Direitos Creditórios do Agronegócio";
IV – o valor nominal;
V – a identificação dos direitos creditórios a ele vinculados e seus respectivos valores, ressalvado o disposto no art. 30 desta Lei;
VI – data de vencimento ou, se emitido para pagamento parcelado, discriminação dos valores e das datas de vencimento das diversas parcelas;
VII – taxa de juros, fixa ou flutuante, admitida a capitalização;
VIII – o nome da instituição responsável pela custódia dos direitos creditórios a ele vinculados;
IX – o nome do titular;
X – cláusula "à ordem", ressalvado o disposto no inciso II do art. 35 desta Lei.

§ 1º Os direitos creditórios vinculados ao CDCA serão:

I – registrados em sistema de registro e de liquidação financeira de ativos autorizado pelo Banco Central do Brasil;
II – custodiados em instituições financeiras ou outras instituições autorizadas pela Comissão de Valores Mobiliários a prestar serviço de custódia de valores mobiliários.

§ 2º Caberá à instituição custodiante a que se refere o § 1º deste artigo:

I – manter sob sua guarda documentação que evidencie a regular constituição dos direitos creditórios vinculados ao CDCA;
II – realizar a liquidação física e financeira dos direitos creditórios custodiados, devendo, para tanto, estar munida de poderes suficientes para efetuar sua cobrança e recebimento, por conta e ordem do emitente do CDCA;
III – prestar quaisquer outros serviços contratados pelo emitente do CDCA.

§ 3º Será admitida a emissão de CDCA em série, em que os CDCA seriam vinculados a um mesmo conjunto de direitos creditórios, devendo ter igual valor nominal e conferir a seus titulares os mesmos direitos.

SEÇÃO III

LETRA DE CRÉDITO DO AGRONEGÓCIO

Art. 26. A Letra de Crédito do Agronegócio – LCA é título de crédito nominativo, de livre negociação, representativo de promessa de pagamento em dinheiro e constitui título executivo extrajudicial.

Parágrafo único. A LCA é de emissão exclusiva de instituições financeiras públicas ou privadas.

Art. 27. A LCA terá os seguintes requisitos, lançados em seu contexto:

I – o nome da instituição emitente e a assinatura de seus representantes legais;
II – o número de ordem, o local e a data de emissão;
III – a denominação "Letra de Crédito do Agronegócio";
IV – o valor nominal;
V – a identificação dos direitos creditórios a ela vinculados e seus respectivos valores, ressalvado o disposto no art. 30 desta Lei;
VI – taxa de juros, fixa ou flutuante, admitida a capitalização;

VII – data de vencimento ou, se emitido para pagamento parcelado, discriminação dos valores e das datas de vencimento das diversas parcelas;
VIII – o nome do titular;
IX – cláusula "à ordem", ressalvado o disposto no inciso II do art. 35 desta Lei.

Parágrafo único. Os direitos creditórios vinculados à LCA:

I – deverão ser registrados em sistema de registro e de liquidação financeira de ativos autorizado pelo Banco Central do Brasil;
II – poderão ser mantidos em custódia, aplicando-se, neste caso, o disposto no inciso II do § 1º e no § 2º do art. 25 desta Lei.

SEÇÃO IV

DISPOSIÇÕES COMUNS AO CDCA E À LCA

Art. 28. O valor do CDCA e da LCA não poderá exceder o valor total dos direitos creditórios do agronegócio a eles vinculados.

Art. 29. Os emitentes de CDCA e de LCA respondem pela origem e autenticidade dos direitos creditórios a eles vinculados.

Art. 30. A identificação dos direitos creditórios vinculados ao CDCA e à LCA poderá ser feita em documento à parte, do qual conste a assinatura dos representantes legais do emitente, fazendo-se menção a essa circunstância no certificado ou nos registros da instituição responsável pela manutenção dos sistemas de escrituração.

Parágrafo único. A identificação dos direitos creditórios vinculados ao CDCA e à LCA poderá ser feita pelos correspondentes números de registro no sistema a que se refere o inciso I do § 1º do art. 25 desta Lei.

Art. 31. O CDCA e a LCA poderão conter outras cláusulas, que constarão de documento à parte, com a assinatura dos representantes legais do emitente, fazendo-se menção a essa circunstância em seu contexto.

Art. 32. O CDCA e a LCA conferem direito de penhor sobre os direitos creditórios a eles vinculados, independentemente de convenção, não se aplicando o disposto nos arts. 1.452, *caput*, e 1.453 da Lei nº 10.406, de 10 de janeiro de 2002 – Código Civil.

§ 1º A substituição dos direitos creditórios vinculados ao CDCA e à LCA, mediante acordo entre o emitente e o titular, importará na extinção do penhor sobre os direitos substituídos, constituindo-se automaticamente novo penhor sobre os direitos creditórios dados em substituição.

§ 2º Na hipótese de emissão de CDCA em série, o direito de penhor a que se refere o *caput* deste artigo incidirá sobre fração ideal do conjunto de direitos creditórios vinculados, proporcionalmente ao crédito do titular dos CDCA da mesma série.

Art. 33. Além do penhor constituído na forma do art. 32 desta Lei, o CDCA e a LCA poderão contar com garantias adicionais, reais ou fidejussórias, livremente negociadas entre as partes.

Parágrafo único. A descrição das garantias reais poderá ser feita em documento à parte, assinado pelos representantes legais do emitente, fazendo-se menção a essa circunstância no contexto dos títulos.

Art. 34. Os direitos creditórios vinculados ao CDCA e à LCA não serão penhorados, sequestrados ou arrestados em decorrência de outras dívidas do emitente desses títulos, a quem caberá informar ao juízo, que tenha determinado tal medida, a respeito da vinculação de tais direitos aos respectivos títulos, sob pena de responder pelos prejuízos resultantes de sua omissão.

Art. 35. O CDCA e a LCA poderão ser emitidos sob a forma escritural, hipótese em que:

I – tais títulos serão registrados em sistemas de registro e de liquidação financeira de ativos autorizados pelo Banco Central do Brasil;
II – a transferência de sua titularidade operar-se-á pelos registros dos negócios efetuados na forma do inciso I do *caput* deste artigo.

Parágrafo único. A entidade registradora é responsável pela manutenção do registro da cadeia de negócios ocorridos com os títulos registrados no sistema.

Seção V

SECURITIZAÇÃO DE DIREITOS CREDITÓRIOS DO AGRONEGÓCIO

Subseção I

DO CERTIFICADO DE RECEBÍVEIS DO AGRONEGÓCIO

Art. 36. O Certificado de Recebíveis do Agronegócio – CRA é título de crédito nominativo, de livre negociação, representativo de promessa de pagamento em dinheiro e constitui título executivo extrajudicial.

Parágrafo único. O CRA é de emissão exclusiva das companhias securitizadoras de direitos creditórios do agronegócio, nos termos do parágrafo único do art. 23 desta Lei.

Art. 37. O CRA terá os seguintes requisitos, lançados em seu contexto:

I – nome da companhia emitente;
II – número de ordem, local e data de emissão;
III – denominação "Certificado de Recebíveis do Agronegócio";
IV – nome do titular;
V – valor nominal;
VI – data de vencimento ou, se emitido para pagamento parcelado, discriminação dos valores e das datas de vencimento das diversas parcelas;
VII – taxa de juros, fixa ou flutuante, admitida a capitalização;
VIII – identificação do Termo de Securitização de Direitos Creditórios que lhe tenha dado origem.

§ 1º O CRA adotará a forma escritural, observado o disposto no art. 35 desta Lei.

§ 2º O CRA poderá ter, conforme dispuser o Termo de Securitização de Direitos Creditórios, garantia flutuante, que assegurará ao seu titular privilégio geral sobre o ativo da companhia securitizadora, mas não impedirá a negociação dos bens que compõem esse ativo.

Subseção II

DAS COMPANHIAS SECURITIZADORAS DE DIREITOS CREDITÓRIOS DO AGRONEGÓCIO E DO REGIME FIDUCIÁRIO

Art. 38. As companhias securitizadoras de direitos creditórios do agronegócio são instituições não financeiras constituídas sob a forma de sociedade por ações e terão por finalidade a aquisição e securitização desses direitos e a emissão e colocação de Certificados de Recebíveis do Agronegócio no mercado financeiro e de capitais.

Art. 39. As companhias securitizadoras de direitos creditórios do agronegócio podem instituir regime fiduciário sobre direitos creditórios oriundos do agronegócio, o qual será regido, no que couber, pelas disposições expressas nos arts. 9º a 16 da Lei nº 9.514, de 20 de novembro de 1997.

Subseção III

DA SECURITIZAÇÃO DE DIREITOS CREDITÓRIOS DO AGRONEGÓCIO

Art. 40. A securitização de direitos creditórios do agronegócio é a operação pela qual tais direitos são expressamente vinculados à emissão de uma série de títulos de crédito, mediante Termo de Securitização de Direitos Creditórios, emitido por uma companhia securitizadora, do qual constarão os seguintes elementos:

I – identificação do devedor;
II – valor nominal e o vencimento de cada direito creditório a ele vinculado;
III – identificação dos títulos emitidos;
IV – indicação de outras garantias de resgate dos títulos da série emitida, quando constituídas.

Seção VI

DISPOSIÇÕES COMUNS AO CDCA, À LCA E AO CRA

Art. 41. É facultada a cessão fiduciária em garantia de direitos creditórios do agronegócio, em favor dos adquirentes do CDCA, da LCA e do CRA, nos termos do disposto nos arts. 18 a 20 da Lei nº 9.514, de 20 de novembro de 1997.

Art. 42. O CDCA, a LCA e o CRA poderão conter cláusula expressa de variação do seu valor nominal, desde que seja a mesma dos direitos creditórios a eles vinculados.

Art. 43. O CDCA, a LCA e o CRA poderão ser distribuídos publicamente e negociados em Bolsas de Valores e de Mercadorias e Futuros e em mercados de balcão organizados autorizados a funcionar pela Comissão de Valores Mobiliários.

Parágrafo único. Na hipótese do *caput* deste artigo, será observado o disposto na Lei nº 6.385, de 7 de dezembro de 1976.

Art. 44. Aplicam-se ao CDCA, à LCA e ao CRA, no que forem cabíveis, as normas de direito cambial, com as seguintes modificações:

I – os endossos devem ser completos;
II – é dispensado o protesto cambial para assegurar o direito de regresso contra endossantes e avalistas.

Capítulo III
DISPOSIÇÕES TRANSITÓRIAS E FINAIS

Art. 45. Fica autorizada a emissão do CDA e do WA até 31 de dezembro de 2009 por armazéns que não detenham a certificação prevista no art. 2º da Lei nº 9.973, de 29 de maio de 2000, mas que atendam a requisitos mínimos a serem definidos pelo Ministério da Agricultura, Pecuária e Abastecimento.

▶ Artigo com a redação dada pela Lei nº 11.524, de 24-9-2007.

Art. 46. Para os produtos especificados no § 1º do art. 1º desta Lei, fica vedada a emissão do Conhecimento de Depósito e do *Warrant* previstos no Decreto nº 1.102, de 21 de novembro de 1903, observado o disposto no art. 55, II, desta Lei.

Art. 47. O *caput* do art. 82 da Lei nº 5.764, de 16 de dezembro de 1971, passa a vigorar com a seguinte redação:

"Art. 82. A cooperativa que se dedicar a vendas em comum poderá registrar-se como armazém geral, podendo também desenvolver as atividades previstas na Lei nº 9.973, de 29 de maio de 2000, e nessa condição expedir Conhecimento de Depósito, *Warrant*, Certificado de Depósito Agropecuário – CDA e *Warrant* Agropecuário – WA para os produtos de seus associados conservados em seus armazéns, próprios ou arrendados, sem prejuízo da emissão de outros títulos decorrentes de suas atividades normais, aplicando-se, no que couber, a legislação específica.

...."

Art. 48. O art. 6º da Lei nº 9.973, de 29 de maio de 2000, passa a vigorar com a seguinte redação:

"Art. 6º ....

§ 3º O depositário e o depositante poderão definir, de comum acordo, a constituição de garantias, as quais deverão estar registradas no contrato de depósito ou no Certificado de Depósito Agropecuário – CDA.

....

§ 7º O disposto no § 3º deste artigo não se aplica à relação entre cooperativa e seus associados de que trata o art. 83 da Lei nº 5.764, de 16 de dezembro de 1971".

Art. 49. Cabe ao Conselho Monetário Nacional expedir as instruções que se fizerem necessárias à execução das disposições desta Lei referentes ao CDA, ao WA, ao CDCA, à LCA e ao CRA.

Art. 50. O art. 2º da Lei nº 8.427, de 27 de maio de 1992, passa a vigorar com as seguintes alterações:

"Art. 2º ....
§ 1º ....
....

II – no máximo, a diferença entre o preço de exercício em contratos de opções de venda de produtos agropecuários lançados pelo Poder Executivo ou pelo setor privado e o valor de mercado desses produtos.

....

§ 3º A subvenção a que se refere este artigo será concedida mediante a observância das condições, critérios, limites e normas estabelecidas no âmbito do Ministério da Agricultura, Pecuária e Abastecimento, de acordo com as disponibilidades orçamentárias e financeiras existentes para a finalidade."

Art. 51. O art. 19 da Lei nº 8.929, de 22 de agosto de 1994, passa a vigorar acrescido dos seguintes §§ 3º e 4º:

"Art. 19 ....
....

§ 3º A CPR registrada em sistema de registro e de liquidação financeira de ativos autorizado pelo Banco Central do Brasil terá as seguintes características:

I – será cartular antes do seu registro e após a sua baixa e escritural ou eletrônica enquanto permanecer registrada em sistema de registro e de liquidação financeira;

II – os negócios ocorridos durante o período em que a CPR estiver registrada em sistema de registro e de liquidação financeira não serão transcritos no verso dos títulos;

III – a entidade registradora é responsável pela manutenção do registro da cadeia de negócios ocorridos no período em que os títulos estiverem registrados.

§ 4º Na hipótese de contar com garantia de instituição financeira ou seguradora, a CPR poderá ser emitida em favor do garantidor, devendo o emitente entregá-la a este, por meio de endosso-mandato com poderes para negociá-la, custodiá-la, registrá-la em sistema de registro e liquidação financeira de ativos autorizado pelo Banco Central do Brasil e endossá-la ao credor informado pelo sistema de registro".

Art. 52. É devida pelos fundos de investimento regulados e fiscalizados pela Comissão de Valores Mobiliários – CVM, independentemente dos ativos que componham sua carteira, a Taxa de Fiscalização instituída pela Lei nº 7.940, de 20 de dezembro de 1989, segundo os valores constantes dos Anexos I e II desta Lei.

§ 1º Na hipótese do *caput* deste artigo:

I – a Taxa de Fiscalização será apurada e paga trimestralmente, com base na média diária do patrimônio líquido referente ao trimestre imediatamente anterior;

II – a Taxa de Fiscalização será recolhida até o último dia útil do 1º (primeiro) decêndio dos meses de janeiro, abril, julho e outubro de cada ano, observado o disposto no inciso I deste parágrafo.

§ 2º Os fundos de investimento que, com base na regulamentação aplicável vigente, não apurem o valor médio diário de seu patrimônio líquido, recolherão a taxa de que trata o *caput* deste artigo com base no patrimônio líquido apurado no último dia do trimestre imediatamente anterior ao do pagamento.

Art. 53. Os arts. 22, parágrafo único, e 38 da Lei nº 9.514, de 20 de novembro de 1997, passam a vigorar com a seguinte redação:

"Art. 22 ....
....

Parágrafo único. A alienação fiduciária poderá ser contratada por pessoa física ou jurídica, não sendo privativa das entidades que operam no SFI, podendo ter como objeto bens enfitêuticos, hipótese em que será exigível o pagamento do laudêmio, se houver a consolidação do domínio útil no fiduciário."

....

"Art. 38. Os atos e contratos referidos nesta Lei ou resultantes da sua aplicação, mesmo aqueles que visem à constituição, transferência, modificação ou renúncia de direitos reais sobre imóveis, poderão ser celebrados por escritura pública ou por instrumento particular com efeitos de escritura pública."

Art. 54. Revoga-se o art. 4º da Lei nº 9.973, de 29 de maio de 2000.

Art. 55. Esta Lei entra em vigor na data de sua publicação, produzindo efeitos:

I – quanto ao art. 52 e aos Anexos I e II, a partir de 3 de janeiro de 2005;

II – quanto ao art. 46, a partir de 365 (trezentos e sessenta e cinco) dias após a data de publicação desta Lei.

Brasília, 30 de dezembro de 2004;
183º da Independência e
116º da República.

Luiz Inácio Lula da Silva

ANEXO I

Valor da Taxa de Fiscalização devida pelos Fundos de Investimento
Em Reais
(Vide art. 55, I)

Classe de Patrimônio Líquido Médio	Valor da Taxa de Fiscalização
Até 2.500.000,00	600,00
De 2.500.000,01 a 5.000.000,00	900,00
De 5.000.000,01 a 10.000.000,00	1.350,00
De 10.000.000,01 a 20.000.000,00	1.800,00
De 20.000.000,01 a 40.000.000,00	2.400,00
De 40.000.000,01 a 80.000.000,00	3.840,00
De 80.000.000,01 a 160.000.000,00	5.760,00
De 160.000.000,01 a 320.000.000,00	7.680,00
De 320.000.000,01 a 640.000.000,00	9.600,00
Acima de 640.000.000,00	10.800,00

ANEXO II

Valor da Taxa de Fiscalização devida pelos Fundos de Investimento em Quotas de Fundos de Investimento
Em Reais
(Vide art. 55, I)

Classe de Patrimônio Líquido Médio	Valor da Taxa de Fiscalização
Até 2.500.000,00	300,00
De 2.500.000,01 a 5.000.000,00	450,00
De 5.000.000,01 a 10.000.000,00	675,00
De 10.000.000,01 a 20.000.000,00	900,00
De 20.000.000,01 a 40.000.000,00	1.200,00
De 40.000.000,01 a 80.000.000,00	1.920,00
De 80.000.000,01 a 160.000.000,00	2.880,00
De 160.000.000,01 a 320.000.000,00	3.840,00
De 320.000.000,01 a 640.000.000,00	4.800,00
Acima de 640.000.000,00	5.400,00

LEI Nº 11.101, DE 9 DE FEVEREIRO DE 2005

Regula a recuperação judicial, a extrajudicial e a falência do empresário e da sociedade empresária.

▶ Publicada no DOU de 9-2-2005, edição extra.

CAPÍTULO I

DISPOSIÇÕES PRELIMINARES

Art. 1º Esta Lei disciplina a recuperação judicial, a recuperação extrajudicial e a falência do empresário e da sociedade empresária, doravante referidos simplesmente como devedor.

Art. 2º Esta Lei não se aplica a:

I – empresa pública e sociedade de economia mista;
II – instituição financeira pública ou privada, cooperativa de crédito, consórcio, entidade de previdência complementar, sociedade operadora de plano de assistência à saúde, sociedade seguradora, sociedade de capitalização e outras entidades legalmente equiparadas às anteriores.

Art. 3º É competente para homologar o plano de recuperação extrajudicial, deferir a recuperação judicial ou decretar a falência o juízo do local do principal estabelecimento do devedor ou da filial de empresa que tenha sede fora do Brasil.

Art. 4º VETADO.

CAPÍTULO II

DISPOSIÇÕES COMUNS À RECUPERAÇÃO JUDICIAL E À FALÊNCIA

Seção I

DISPOSIÇÕES GERAIS

Art. 5º Não são exigíveis do devedor, na recuperação judicial ou na falência:

I – as obrigações a título gratuito;
II – as despesas que os credores fizerem para tomar parte na recuperação judicial ou na falência, salvo as custas judiciais decorrentes de litígio com o devedor.

Art. 6º A decretação da falência ou o deferimento do processamento da recuperação judicial suspende o curso da prescrição e de todas as ações e execuções em face do devedor, inclusive aquelas dos credores particulares do sócio solidário.

▶ Art. 52, III, desta Lei.

§ 1º Terá prosseguimento no juízo no qual estiver se processando a ação que demandar quantia ilíquida.

▶ Arts. 19, § 1º, e 99, V, desta Lei.

§ 2º É permitido pleitear, perante o administrador judicial, habilitação, exclusão ou modificação de créditos derivados da relação de trabalho, mas as ações de natureza trabalhista, inclusive as impugnações a que se refere o art. 8º desta Lei, serão processadas perante a justiça especializada até a apuração do respectivo crédito, que será inscrito no quadro-geral de credores pelo valor determinado em sentença.

▶ Arts. 19, § 1º, e 99, V, desta Lei.

§ 3º O juiz competente para as ações referidas nos §§ 1º e 2º deste artigo poderá determinar a reserva da importância que estimar devida na recuperação judicial ou na falência, e, uma vez reconhecido líquido o direito, será o crédito incluído na classe própria.

§ 4º Na recuperação judicial, a suspensão de que trata o *caput* deste artigo em hipótese nenhuma excederá o prazo improrrogável de 180 (cento e oitenta) dias contado do deferimento do processamento da recuperação, restabelecendo-se, após o decurso do prazo, o direito dos credores de iniciar ou continuar suas ações e execuções, independentemente de pronunciamento judicial.

▶ Art. 49, §§ 3º e 5º, desta Lei.

§ 5º Aplica-se o disposto no § 2º deste artigo à recuperação judicial durante o período de suspensão de que trata o § 4º deste artigo, mas, após o fim da suspensão, as execuções trabalhistas poderão ser normalmente concluídas, ainda que o crédito já esteja inscrito no quadro-geral de credores.

§ 6º Independentemente da verificação periódica perante os cartórios de distribuição, as ações que venham a ser propostas contra o devedor deverão ser comunicadas ao juízo da falência ou da recuperação judicial:

I – pelo juiz competente, quando do recebimento da petição inicial;
II – pelo devedor, imediatamente após a citação.

§ 7º As execuções de natureza fiscal não são suspensas pelo deferimento da recuperação judicial, ressalvada a concessão de parcelamento nos termos do Código Tributário Nacional e da legislação ordinária específica.

§ 8º A distribuição do pedido de falência ou de recuperação judicial previne a jurisdição para qualquer outro pedido de recuperação judicial ou de falência, relativo ao mesmo devedor.

Seção II

DA VERIFICAÇÃO E DA HABILITAÇÃO DE CRÉDITOS

Art. 7º A verificação dos créditos será realizada pelo administrador judicial, com base nos livros contábeis e documentos comerciais e fiscais do devedor e nos documentos que lhe forem apresentados pelos credores, podendo contar com o auxílio de profissionais ou empresas especializadas.

§ 1º Publicado o edital previsto no art. 52, § 1º, ou no parágrafo único do art. 99 desta Lei, os credores terão o prazo de 15 (quinze) dias para apresentar ao administrador judicial suas habilitações ou suas divergências quanto aos créditos relacionados.

▶ Arts. 9º, 10, 52, § 1º, III, e 99, IV, desta Lei.

§ 2º O administrador judicial, com base nas informações e documentos colhidos na forma do *caput* e do § 1º deste artigo, fará publicar edital contendo a relação de credores no prazo de 45 (quarenta e cinco) dias, contado do fim do prazo do § 1º deste artigo, devendo indicar o local, o horário e o prazo comum em que as pessoas indicadas no art. 8º desta Lei terão acesso aos documentos que fundamentaram a elaboração dessa relação.

▶ Arts. 14, 15, § 1º, 18, 22, I, e, 39 e 55 desta Lei.

Art. 8º No prazo de 10 (dez) dias, contado da publicação da relação referida no art. 7º, § 2º, desta Lei, o Comitê, qualquer credor, o devedor ou seus sócios ou o Ministério Público podem apresentar ao juiz impugnação contra a relação de credores, apontando a ausência de qualquer crédito ou manifestando-se contra a legitimidade, importância ou classificação de crédito relacionado.

Parágrafo único. Autuada em separado, a impugnação será processada nos termos dos arts. 13 a 15 desta Lei.

Art. 9º A habilitação de crédito realizada pelo credor nos termos do art. 7º, § 1º, desta Lei deverá conter:

I – o nome, o endereço do credor e o endereço em que receberá comunicação de qualquer ato do processo;
II – o valor do crédito, atualizado até a data da decretação da falência ou do pedido de recuperação judicial, sua origem e classificação;
III – os documentos comprobatórios do crédito e a indicação das demais provas a serem produzidas;
IV – a indicação da garantia prestada pelo devedor, se houver, e o respectivo instrumento;
V – a especificação do objeto da garantia que estiver na posse do credor.

Parágrafo único. Os títulos e documentos que legitimam os créditos deverão ser exibidos no original ou por cópias autenticadas se estiverem juntados em outro processo.

▶ Art. 94, § 3º, desta Lei.

Art. 10. Não observado o prazo estipulado no art. 7º, § 1º, desta Lei, as habilitações de crédito serão recebidas como retardatárias.

§ 1º Na recuperação judicial, os titulares de créditos retardatários, excetuados os titulares de créditos derivados da relação de trabalho, não terão direito a voto nas deliberações da assembleia-geral de credores.

▶ Art. 39 desta Lei.

§ 2º Aplica-se o disposto no § 1º deste artigo ao processo de falência, salvo se, na data da realização da assembleia-geral, já houver sido homologado o quadro-geral de credores contendo o crédito retardatário.

▶ Art. 39 desta Lei.

§ 3º Na falência, os créditos retardatários perderão o direito a rateios eventualmente realizados e ficarão sujeitos ao pagamento de custas, não se computando os acessórios compreendidos entre o término do prazo e a data do pedido de habilitação.

§ 4º Na hipótese prevista no § 3º deste artigo, o credor poderá requerer a reserva de valor para satisfação de seu crédito.

§ 5º As habilitações de crédito retardatárias, se apresentadas antes da homologação do quadro-geral de credores, serão recebidas como impugnação e processadas na forma dos arts. 13 a 15 desta Lei.

§ 6º Após a homologação do quadro-geral de credores, aqueles que não habilitaram seu crédito poderão, observado, no que couber, o procedimento ordinário previsto no Código de Processo Civil, requerer ao juízo da falência ou da recuperação judicial a retificação do quadro-geral para inclusão do respectivo crédito.

Art. 11. Os credores cujos créditos forem impugnados serão intimados para contestar a impugnação, no prazo de 5 (cinco) dias, juntando os documentos que tiverem e indicando outras provas que reputem necessárias.

▶ Art. 15 desta Lei.

Art. 12. Transcorrido o prazo do art. 11 desta Lei, o devedor e o Comitê, se houver, serão intimados pelo juiz para se manifestar sobre ela no prazo comum de 5 (cinco) dias.

▶ Art. 15 desta Lei.

Parágrafo único. Findo o prazo a que se refere o caput deste artigo, o administrador judicial será intimado pelo juiz para emitir parecer no prazo de 5 (cinco) dias, devendo juntar à sua manifestação o laudo elaborado pelo profissional ou empresa especializada, se for o caso, e todas as informações existentes nos livros fiscais e demais documentos do devedor acerca do crédito, constante ou não da relação de credores, objeto da impugnação.

Art. 13. A impugnação será dirigida ao juiz por meio de petição, instruída com os documentos que tiver o impugnante, o qual indicará as provas consideradas necessárias.

▶ Arts. 8º, parágrafo único, e 10, § 5º, desta Lei.

Parágrafo único. Cada impugnação será autuada em separado, com os documentos a ela relativos, mas terão uma só autuação as diversas impugnações versando sobre o mesmo crédito.

Art. 14. Caso não haja impugnações, o juiz homologará, como quadro-geral de credores, a relação dos credores constante do edital de que trata o art. 7º, § 2º, desta Lei, dispensada a publicação de que trata o art. 18 desta Lei.

▶ Arts. 8º, parágrafo único, e 10, § 5º, desta Lei.

Art. 15. Transcorridos os prazos previstos nos arts. 11 e 12 desta Lei, os autos de impugnação serão conclusos ao juiz, que:

▶ Arts. 8º, parágrafo único, e 10, § 5º, desta Lei.

I – determinará a inclusão no quadro-geral de credores das habilitações de créditos não impugnadas, no valor constante da relação referida no § 2º do art. 7º desta Lei;

II – julgará as impugnações que entender suficientemente esclarecidas pelas alegações e provas apresentadas pelas partes, mencionando, de cada crédito, o valor e a classificação;

III – fixará, em cada uma das restantes impugnações, os aspectos controvertidos e decidirá as questões processuais pendentes;

IV – determinará as provas a serem produzidas, designando audiência de instrução e julgamento, se necessário.

Art. 16. O juiz determinará, para fins de rateio, a reserva de valor para satisfação do crédito impugnado.

Parágrafo único. Sendo parcial, a impugnação não impedirá o pagamento da parte incontroversa.

Art. 17. Da decisão judicial sobre a impugnação caberá agravo.

▶ Súm. nº 25 do STJ.

Parágrafo único. Recebido o agravo, o relator poderá conceder efeito suspensivo à decisão que reconhece o crédito ou determinar a inscrição ou modificação do seu valor ou classificação no quadro-geral de credores, para fins de exercício de direito de voto em assembleia-geral.

Art. 18. O administrador judicial será responsável pela consolidação do quadro-geral de credores, a ser homologado pelo juiz, com base na relação dos credores a que se refere o art. 7º, § 2º, desta Lei e nas decisões proferidas nas impugnações oferecidas.

▶ Arts. 14 e 22, I, f, desta Lei.

Parágrafo único. O quadro-geral, assinado pelo juiz e pelo administrador judicial, mencionará a importância e a classificação de cada crédito na data do requerimento da recuperação judicial ou da decretação da falência, será juntado aos autos e publicado no órgão oficial, no prazo de 5 (cinco) dias, contado da data da sentença que houver julgado as impugnações.

Art. 19. O administrador judicial, o Comitê, qualquer credor ou o representante do Ministério Público poderá, até o encerramento da recuperação judicial ou da falência, observado, no que couber, o procedimento ordinário previsto no Código de Processo Civil, pedir a exclusão, outra classificação ou a retificação de qualquer crédito, nos casos de descoberta de falsidade, dolo, simulação, fraude, erro essencial ou, ainda, documentos ignorados na época do julgamento do crédito ou da inclusão no quadro-geral de credores.

§ 1º A ação prevista neste artigo será proposta exclusivamente perante o juízo da recuperação judicial ou da falência ou, nas hipóteses previstas no art. 6º, §§ 1º e 2º, desta Lei, perante o juízo que tenha originariamente reconhecido o crédito.

§ 2º Proposta a ação de que trata este artigo, o pagamento ao titular do crédito por ela atingido somente poderá ser realizado mediante a prestação de caução no mesmo valor do crédito questionado.

Art. 20. As habilitações dos credores particulares do sócio ilimitadamente responsável processar-se-ão de acordo com as disposições desta Seção.

Seção III

DO ADMINISTRADOR JUDICIAL E DO COMITÊ DE CREDORES

Art. 21. O administrador judicial será profissional idôneo, preferencialmente advogado, economista, administrador de empresas ou contador, ou pessoa jurídica especializada.

▶ Art. 52, I, desta Lei.

Parágrafo único. Se o administrador judicial nomeado for pessoa jurídica, declarar-se-á, no termo de que trata o art. 33 desta Lei, o nome de profissional responsável pela condução do processo de falência ou de recuperação judicial, que não poderá ser substituído sem autorização do juiz.

Art. 22. Ao administrador judicial compete, sob a fiscalização do juiz e do Comitê, além de outros deveres que esta Lei lhe impõe:

I – na recuperação judicial e na falência:

▶ Art. 22, § 2º, desta Lei.

a) enviar correspondência aos credores constantes na relação de que trata o inciso III do *caput* do art. 51, o inciso III do *caput* do art. 99 ou o inciso II do *caput* do art. 105 desta Lei, comunicando a data do pedido de recuperação judicial ou da decretação da falência, a natureza, o valor e a classificação dada ao crédito;
b) fornecer, com presteza, todas as informações pedidas pelos credores interessados;
c) dar extratos dos livros do devedor, que merecerão fé de ofício, a fim de servirem de fundamento nas habilitações e impugnações de créditos;
d) exigir dos credores, do devedor ou seus administradores quaisquer informações;
e) elaborar a relação de credores de que trata o § 2º do art. 7º desta Lei;
f) consolidar o quadro-geral de credores nos termos do art. 18 desta Lei;
g) requerer ao juiz convocação da assembleia-geral de credores nos casos previstos nesta Lei ou quando entender necessária sua ouvida para a tomada de decisões;
h) contratar, mediante autorização judicial, profissionais ou empresas especializadas para, quando necessário, auxiliá-lo no exercício de suas funções;
i) manifestar-se nos casos previstos nesta Lei;

II – na recuperação judicial:

a) fiscalizar as atividades do devedor e o cumprimento do plano de recuperação judicial;
b) requerer a falência no caso de descumprimento de obrigação assumida no plano de recuperação;
c) apresentar ao juiz, para juntada aos autos, relatório mensal das atividades do devedor;
d) apresentar o relatório sobre a execução do plano de recuperação, de que trata o inciso III do *caput* do art. 63 desta Lei;

III – na falência:

▶ Arts. 99, IX, e 186 desta Lei.

a) avisar, pelo órgão oficial, o lugar e hora em que, diariamente, os credores terão à sua disposição os livros e documentos do falido;
b) examinar a escrituração do devedor;
c) relacionar os processos e assumir a representação judicial da massa falida;
d) receber e abrir a correspondência dirigida ao devedor, entregando a ele o que não for assunto de interesse da massa;
e) apresentar, no prazo de 40 (quarenta) dias, contado da assinatura do termo de compromisso, prorrogável por igual período, relatório sobre as causas e circunstâncias que conduziram à situação de falência, no qual apontará a responsabilidade civil e penal dos envolvidos, observado o disposto no art. 186 desta Lei;

▶ Art. 22, § 4º, desta Lei.

f) arrecadar os bens e documentos do devedor e elaborar o auto de arrecadação, nos termos dos arts. 108 e 110 desta Lei;
g) avaliar os bens arrecadados;
h) contratar avaliadores, de preferência oficiais, mediante autorização judicial, para a avaliação dos bens caso entenda não ter condições técnicas para a tarefa;
i) praticar os atos necessários à realização do ativo e ao pagamento dos credores;
j) requerer ao juiz a venda antecipada de bens perecíveis, deterioráveis ou sujeitos a considerável desvalorização ou de conservação arriscada ou dispendiosa, nos termos do art. 113 desta Lei;
l) praticar todos os atos conservatórios de direitos e ações, diligenciar a cobrança de dívidas e dar a respectiva quitação;
m) remir, em benefício da massa e mediante autorização judicial, bens apenhados, penhorados ou legalmente retidos;
n) representar a massa falida em juízo, contratando, se necessário, advogado, cujos honorários serão previamente ajustados e aprovados pelo Comitê de Credores;
o) requerer todas as medidas e diligências que forem necessárias para o cumprimento desta Lei, a proteção da massa ou a eficiência da administração;
p) apresentar ao juiz para juntada aos autos, até o 10º (décimo) dia do mês seguinte ao vencido, conta demonstrativa da administração, que especifique com clareza a receita e a despesa;
q) entregar ao seu substituto todos os bens e documentos da massa em seu poder, sob pena de responsabilidade;
r) prestar contas ao final do processo, quando for substituído, destituído ou renunciar ao cargo.

§ 1º As remunerações dos auxiliares do administrador judicial serão fixadas pelo juiz, que considerará a complexidade dos trabalhos a serem executados e os valores praticados no mercado para o desempenho de atividades semelhantes.

§ 2º Na hipótese da alínea *d* do inciso I do *caput* deste artigo, se houver recusa, o juiz, a requerimento do administrador judicial, intimará aquelas pessoas para que compareçam à sede do juízo, sob pena de desobediência, oportunidade em que as interrogará na presença do administrador judicial, tomando seus depoimentos por escrito.

§ 3º Na falência, o administrador judicial não poderá, sem autorização judicial, após ouvidos o Comitê e o devedor no prazo comum de 2 (dois) dias, transigir sobre obrigações e direitos da massa falida e conceder abatimento de dívidas, ainda que sejam consideradas de difícil recebimento.

§ 4º Se o relatório de que trata a alínea e do inciso III do *caput* deste artigo apontar responsabilidade penal de qualquer dos envolvidos, o Ministério Público será intimado para tomar conhecimento de seu teor.

Art. 23. O administrador judicial que não apresentar, no prazo estabelecido, suas contas ou qualquer dos relatórios previstos nesta Lei será intimado pessoalmente a fazê-lo no prazo de 5 (cinco) dias, sob pena de desobediência.

Parágrafo único. Decorrido o prazo do *caput* deste artigo, o juiz destituirá o administrador judicial e nomeará substituto para elaborar relatórios ou organizar as contas, explicitando as responsabilidades de seu antecessor.

Art. 24. O juiz fixará o valor e a forma de pagamento da remuneração do administrador judicial, observados a capacidade de pagamento do devedor, o grau de complexidade do trabalho e os valores praticados no mercado para o desempenho de atividades semelhantes.

§ 1º Em qualquer hipótese, o total pago ao administrador judicial não excederá 5% (cinco por cento) do valor devido aos credores submetidos à recuperação judicial ou do valor de venda dos bens na falência.

§ 2º Será reservado 40% (quarenta por cento) do montante devido ao administrador judicial para pagamento após atendimento do previsto nos arts. 154 e 155 desta Lei.

§ 3º O administrador judicial substituído será remunerado proporcionalmente ao trabalho realizado, salvo se renunciar sem relevante razão ou for destituído de suas funções por desídia, culpa, dolo ou descumprimento das obrigações fixadas nesta Lei, hipóteses em que não terá direito à remuneração.

§ 4º Também não terá direito a remuneração o administrador que tiver suas contas desaprovadas.

Art. 25. Caberá ao devedor ou à massa falida arcar com as despesas relativas à remuneração do administrador judicial e das pessoas eventualmente contratadas para auxiliá-lo.

Art. 26. O Comitê de Credores será constituído por deliberação de qualquer das classes de credores na assembleia-geral e terá a seguinte composição:

▶ Art. 56, § 2º, desta Lei.

I – 1 (um) representante indicado pela classe de credores trabalhistas, com 2 (dois) suplentes;

II – 1 (um) representante indicado pela classe de credores com direitos reais de garantia ou privilégios especiais, com 2 (dois) suplentes;

III – 1 (um) representante indicado pela classe de credores quirografários e com privilégios gerais, com 2 (dois) suplentes.

§ 1º A falta de indicação de representante por quaisquer das classes não prejudicará a constituição do Comitê, que poderá funcionar com número inferior ao previsto no *caput* deste artigo.

§ 2º O juiz determinará, mediante requerimento subscrito por credores que representem a maioria dos créditos de uma classe, independentemente da realização de assembleia:

I – a nomeação do representante e dos suplentes da respectiva classe ainda não representada no Comitê; ou

II – a substituição do representante ou dos suplentes da respectiva classe.

§ 3º Caberá aos próprios membros do Comitê indicar, entre eles, quem irá presidi-lo.

Art. 27. O Comitê de Credores terá as seguintes atribuições, além de outras previstas nesta Lei:

I – na recuperação judicial e na falência:

a) fiscalizar as atividades e examinar as contas do administrador judicial;
b) zelar pelo bom andamento do processo e pelo cumprimento da lei;
c) comunicar ao juiz, caso detecte violação dos direitos ou prejuízo aos interesses dos credores;
d) apurar e emitir parecer sobre quaisquer reclamações dos interessados;
e) requerer ao juiz a convocação da assembleia-geral de credores;
f) manifestar-se nas hipóteses previstas nesta Lei;

II – na recuperação judicial:

a) fiscalizar a administração das atividades do devedor, apresentando, a cada 30 (trinta) dias, relatório de sua situação;
b) fiscalizar a execução do plano de recuperação judicial;
c) submeter à autorização do juiz, quando ocorrer o afastamento do devedor nas hipóteses previstas nesta Lei, a alienação de bens do ativo permanente, a constituição de ônus reais e outras garantias, bem como atos de endividamento necessários à continuação da atividade empresarial durante o período que antecede a aprovação do plano de recuperação judicial.

§ 1º As decisões do Comitê, tomadas por maioria, serão consignadas em livro de atas, rubricado pelo juízo, que ficará à disposição do administrador judicial, dos credores e do devedor.

§ 2º Caso não seja possível a obtenção de maioria em deliberação do Comitê, o impasse será resolvido pelo administrador judicial ou, na incompatibilidade deste, pelo juiz.

Art. 28. Não havendo Comitê de Credores, caberá ao administrador judicial ou, na incompatibilidade deste, ao juiz exercer suas atribuições.

Art. 29. Os membros do Comitê não terão sua remuneração custeada pelo devedor ou pela massa falida, mas as despesas realizadas para a realização de ato previsto nesta Lei, se devidamente comprovadas e com a autorização do juiz, serão ressarcidas atendendo às disponibilidades de caixa.

Art. 30. Não poderá integrar o Comitê ou exercer as funções de administrador judicial quem, nos últimos 5 (cinco) anos, no exercício do cargo de administrador judicial ou de membro do Comitê em falência ou recuperação judicial anterior, foi destituído, deixou de prestar contas dentro dos prazos legais ou teve a prestação de contas desaprovada.

§ 1º Ficará também impedido de integrar o Comitê ou exercer a função de administrador judicial quem tiver relação de parentesco ou afinidade até o 3º (terceiro) grau com o devedor, seus administradores, controladores ou representantes legais ou deles for amigo, inimigo ou dependente.

§ 2º O devedor, qualquer credor ou o Ministério Público poderá requerer ao juiz a substituição do administrador judicial ou dos membros do Comitê nomeados em desobediência aos preceitos desta Lei.

§ 3º O juiz decidirá, no prazo de 24 (vinte e quatro) horas, sobre o requerimento do § 2º deste artigo.

Art. 31. O juiz, de ofício ou a requerimento fundamentado de qualquer interessado, poderá determinar a destituição do administrador judicial ou de quaisquer dos membros do Comitê de Credores quando verificar desobediência aos preceitos desta Lei, descumprimento de deveres, omissão, negligência ou prática de ato lesivo às atividades do devedor ou a terceiros.

§ 1º No ato de destituição, o juiz nomeará novo administrador judicial ou convocará os suplentes para recompor o Comitê.

§ 2º Na falência, o administrador judicial substituído prestará contas no prazo de 10 (dez) dias, nos termos dos §§ 1º a 6º do art. 154 desta Lei.

Art. 32. O administrador judicial e os membros do Comitê responderão pelos prejuízos causados à massa falida, ao devedor ou aos credores por dolo ou culpa, devendo o dissidente em deliberação do Comitê consignar sua discordância em ata para eximir-se da responsabilidade.

Art. 33. O administrador judicial e os membros do Comitê de Credores, logo que nomeados, serão intimados pessoalmente para, em 48 (quarenta e oito) horas, assinar, na sede do juízo, o termo de compromisso de bem e fielmente desempenhar o cargo e assumir todas as responsabilidades a ele inerentes.

▶ Art. 21, parágrafo único, desta Lei.

Art. 34. Não assinado o termo de compromisso no prazo previsto no art. 33 desta Lei, o juiz nomeará outro administrador judicial.

Seção IV

DA ASSEMBLEIA-GERAL DE CREDORES

Art. 35. A assembleia-geral de credores terá por atribuições deliberar sobre:

I – na recuperação judicial:

▶ Art. 42 desta Lei.

a) aprovação, rejeição ou modificação do plano de recuperação judicial apresentado pelo devedor;
b) a constituição do Comitê de Credores, a escolha de seus membros e sua substituição;
c) VETADO.
d) o pedido de desistência do devedor, nos termos do § 4º do art. 52 desta Lei;
e) o nome do gestor judicial, quando do afastamento do devedor;
f) qualquer outra matéria que possa afetar os interesses dos credores;

II – na falência:

▶ Art. 99, IX, desta Lei.

a) VETADO.

b) a constituição do Comitê de Credores, a escolha de seus membros e sua substituição;
c) a adoção de outras modalidades de realização do ativo, na forma do art. 145 desta Lei;
d) qualquer outra matéria que possa afetar os interesses dos credores.

Art. 36. A assembleia-geral de credores será convocada pelo juiz por edital publicado no órgão oficial e em jornais de grande circulação nas localidades da sede e filiais, com antecedência mínima de 15 (quinze) dias, o qual conterá:

I – local, data e hora da assembleia em 1ª (primeira) e em 2ª (segunda) convocação, não podendo esta ser realizada menos de 5 (cinco) dias depois da 1ª (primeira);
II – a ordem do dia;
III – local onde os credores poderão, se for o caso, obter cópia do plano de recuperação judicial a ser submetido à deliberação da assembleia.

§ 1º Cópia do aviso de convocação da assembleia deverá ser afixada de forma ostensiva na sede e filiais do devedor.

§ 2º Além dos casos expressamente previstos nesta Lei, credores que representem no mínimo 25% (vinte e cinco por cento) do valor total dos créditos de uma determinada classe poderão requerer ao juiz a convocação de assembleia-geral.

▶ Art. 52, § 2º, desta Lei.

§ 3º As despesas com a convocação e a realização da assembleia-geral correm por conta do devedor ou da massa falida, salvo se convocada em virtude de requerimento do Comitê de Credores ou na hipótese do § 2º deste artigo.

Art. 37. A assembleia será presidida pelo administrador judicial, que designará 1 (um) secretário dentre os credores presentes.

§ 1º Nas deliberações sobre o afastamento do administrador judicial ou em outras em que haja incompatibilidade deste, a assembleia será presidida pelo credor presente que seja titular do maior crédito.

§ 2º A assembleia instalar-se-á, em 1ª (primeira) convocação, com a presença de credores titulares de mais da metade dos créditos de cada classe, computados pelo valor, e, em 2ª (segunda) convocação, com qualquer número.

§ 3º Para participar da assembleia, cada credor deverá assinar a lista de presença, que será encerrada no momento da instalação.

§ 4º O credor poderá ser representado na assembleia-geral por mandatário ou representante legal, desde que entregue ao administrador judicial, até 24 (vinte e quatro) horas antes da data prevista no aviso de convocação, documento hábil que comprove seus poderes ou a indicação das folhas dos autos do processo em que se encontre o documento.

§ 5º Os sindicatos de trabalhadores poderão representar seus associados titulares de créditos derivados da legislação do trabalho ou decorrentes de acidente de trabalho que não comparecerem, pessoalmente ou por procurador, à assembleia.

§ 6º Para exercer a prerrogativa prevista no § 5º deste artigo, o sindicato deverá:

I – apresentar ao administrador judicial, até 10 (dez) dias antes da assembleia, a relação dos associados que pretende representar, e o trabalhador que conste da relação de mais de um sindicato deverá esclarecer, até 24 (vinte e quatro) horas antes da assembleia, qual sindicato o representa, sob pena de não ser representado em assembleia por nenhum deles; e

II – VETADO.

§ 7º Do ocorrido na assembleia, lavrar-se-á ata que conterá o nome dos presentes e as assinaturas do presidente, do devedor e de 2 (dois) membros de cada uma das classes votantes, e que será entregue ao juiz, juntamente com a lista de presença, no prazo de 48 (quarenta e oito) horas.

Art. 38. O voto do credor será proporcional ao valor de seu crédito, ressalvado, nas deliberações sobre o plano de recuperação judicial, o disposto no § 2º do art. 45 desta Lei.

Parágrafo único. Na recuperação judicial, para fins exclusivos de votação em assembleia-geral, o crédito em moeda estrangeira será convertido para moeda nacional pelo câmbio da véspera da data de realização da assembleia.

Art. 39. Terão direito a voto na assembleia-geral as pessoas arroladas no quadro-geral de credores ou, na sua falta, na relação de credores apresentada pelo administrador judicial na forma do art. 7º, § 2º, desta Lei, ou, ainda, na falta desta, na relação apresentada pelo próprio devedor nos termos dos arts. 51, incisos III e IV do caput, 99, inciso III do caput, ou 105, inciso II do caput, desta Lei, acrescidas, em qualquer caso, das que estejam habilitadas na data da realização da assembleia ou que tenham créditos admitidos ou alterados por decisão judicial, inclusive as que tenham obtido reserva de importâncias, observado o disposto nos §§ 1º e 2º do art. 10 desta Lei.

§ 1º Não terão direito a voto e não serão considerados para fins de verificação do quorum de instalação e de deliberação os titulares de créditos exceptuados na forma dos §§ 3º e 4º do art. 49 desta Lei.

§ 2º As deliberações da assembleia-geral não serão invalidadas em razão de posterior decisão judicial acerca da existência, quantificação ou classificação de créditos.

§ 3º No caso de posterior invalidação de deliberação da assembleia, ficam resguardados os direitos de terceiros de boa-fé, respondendo os credores que aprovarem a deliberação pelos prejuízos comprovados causados por dolo ou culpa.

Art. 40. Não será deferido provimento liminar, de caráter cautelar ou antecipatório dos efeitos da tutela, para a suspensão ou adiamento da assembleia-geral de credores em razão de pendência de discussão acerca da existência, da quantificação ou da classificação de créditos.

Art. 41. A assembleia-geral será composta pelas seguintes classes de credores:

▶ Art. 45 desta Lei.

I – titulares de créditos derivados da legislação do trabalho ou decorrentes de acidentes de trabalho;

▶ Art. 45, § 2º, desta Lei.

II – titulares de créditos com garantia real;

▶ Art. 45, § 1º, desta Lei.

III – titulares de créditos quirografários, com privilégio especial, com privilégio geral ou subordinados.

▶ Art. 45, § 1º, desta Lei.

§ 1º Os titulares de créditos derivados da legislação do trabalho votam com a classe prevista no inciso I do caput deste artigo com o total de seu crédito, independentemente do valor.

§ 2º Os titulares de créditos com garantia real votam com a classe prevista no inciso II do caput deste artigo até o limite do valor do bem gravado e com a classe prevista no inciso III do caput deste artigo pelo restante do valor de seu crédito.

Art. 42. Considerar-se-á aprovada a proposta que obtiver votos favoráveis de credores que representem mais da metade do valor total dos créditos presentes à assembleia-geral, exceto nas deliberações sobre o plano de recuperação judicial nos termos da alínea a do inciso I do caput do art. 35 desta Lei, a composição do Comitê de Credores ou forma alternativa de realização do ativo nos termos do art. 145 desta Lei.

▶ Art. 73, I, desta Lei.

Art. 43. Os sócios do devedor, bem como as sociedades coligadas, controladoras, controladas ou as que tenham sócio ou acionista com participação superior a 10% (dez por cento) do capital social do devedor ou em que o devedor ou algum de seus sócios detenham participação superior a 10% (dez por cento) do capital social, poderão participar da assembleia-geral de credores, sem ter direito a voto e não serão considerados para fins de verificação do quorum de instalação e de deliberação.

Parágrafo único. O disposto neste artigo também se aplica ao cônjuge ou parente, consanguíneo ou afim, colateral até o 2º (segundo) grau, ascendente ou descendente do devedor, de administrador, do sócio controlador, de membro dos conselhos consultivo, fiscal ou semelhantes da sociedade devedora e à sociedade em que quaisquer dessas pessoas exerçam essas funções.

Art. 44. Na escolha dos representantes de cada classe no Comitê de Credores, somente os respectivos membros poderão votar.

Art. 45. Nas deliberações sobre o plano de recuperação judicial, todas as classes de credores referidas no art. 41 desta Lei deverão aprovar a proposta.

▶ Art. 58, caput, § 1º e II, desta Lei.

§ 1º Em cada uma das classes referidas nos incisos II e III do art. 41 desta Lei, a proposta deverá ser aprovada por credores que representem mais da metade do valor total dos créditos presentes à assembleia e, cumulativamente, pela maioria simples dos credores presentes.

§ 2º Na classe prevista no inciso I do art. 41 desta Lei, a proposta deverá ser aprovada pela maioria simples dos credores presentes, independentemente do valor de seu crédito.

▶ Art. 38 desta Lei.

§ 3º O credor não terá direito a voto e não será considerado para fins de verificação de quorum de deliberação se o plano de recuperação judicial não alterar o valor ou as condições originais de pagamento de seu crédito.

Art. 46. A aprovação de forma alternativa de realização do ativo na falência, prevista no art. 145 desta Lei, dependerá do voto favorável de credores que representem 2/3 (dois terços) dos créditos presentes à assembleia.

Capítulo III

DA RECUPERAÇÃO JUDICIAL

Seção I

DISPOSIÇÕES GERAIS

Art. 47. A recuperação judicial tem por objetivo viabilizar a superação da situação de crise econômico-financeira do devedor, a fim de permitir a manutenção da fonte produtora, do emprego dos trabalhadores e dos interesses dos credores, promovendo, assim, a preservação da empresa, sua função social e o estímulo à atividade econômica.

Art. 48. Poderá requerer recuperação judicial o devedor que, no momento do pedido, exerça regularmente suas atividades há mais de 2 (dois) anos e que atenda aos seguintes requisitos, cumulativamente:

► Art. 161 desta Lei.

I – não ser falido e, se o foi, estejam declaradas extintas, por sentença transitada em julgado, as responsabilidades daí decorrentes;
II – não ter, há menos de 5 (cinco) anos, obtido concessão de recuperação judicial;
III – não ter, há menos de 8 (oito) anos, obtido concessão de recuperação judicial com base no plano especial de que trata a Seção V deste Capítulo;
IV – não ter sido condenado ou não ter, como administrador ou sócio controlador, pessoa condenada por qualquer dos crimes previstos nesta Lei.

Parágrafo único. A recuperação judicial também poderá ser requerida pelo cônjuge sobrevivente, herdeiros do devedor, inventariante ou sócio remanescente.

Art. 49. Estão sujeitos à recuperação judicial todos os créditos existentes na data do pedido, ainda que não vencidos.

§ 1º Os credores do devedor em recuperação judicial conservam seus direitos e privilégios contra os coobrigados, fiadores e obrigados de regresso.

§ 2º As obrigações anteriores à recuperação judicial observarão as condições originalmente contratadas ou definidas em lei, inclusive no que diz respeito aos encargos, salvo se de modo diverso ficar estabelecido no plano de recuperação judicial.

§ 3º Tratando-se de credor titular da posição de proprietário fiduciário de bens móveis ou imóveis, de arrendador mercantil, de proprietário ou promitente vendedor de imóvel cujos respectivos contratos contenham cláusula de irrevogabilidade ou irretratabilidade, inclusive em incorporações imobiliárias, ou de proprietário em contrato de venda com reserva de domínio, seu crédito não se submeterá aos efeitos da recuperação judicial e prevalecerão os direitos de propriedade sobre a coisa e as condições contratuais, observada a legislação respectiva, não se permitindo, contudo, durante o prazo de suspensão a que se refere o § 4º do art. 6º desta Lei, a venda ou a retirada do estabelecimento do devedor dos bens de capital essenciais a sua atividade empresarial.

► Arts. 39, § 1º, 52, III, 71, I, e 161, § 1º, desta Lei.

§ 4º Não se sujeitará aos efeitos da recuperação judicial a importância a que se refere o inciso II do art. 86 desta Lei.

► Arts. 39, § 1º, 52, III, e 71, I, desta Lei.

§ 5º Tratando-se de crédito garantido por penhor sobre títulos de crédito, direitos creditórios, aplicações financeiras ou valores mobiliários, poderão ser substituídas ou renovadas as garantias liquidadas ou vencidas durante a recuperação judicial e, enquanto não renovadas ou substituídas, o valor eventualmente recebido em pagamento das garantias permanecerá em conta vinculada durante o período de suspensão de que trata o § 4º do art. 6º desta Lei.

Art. 50. Constituem meios de recuperação judicial, observada a legislação pertinente a cada caso, dentre outros:

► Art. 53, I, desta Lei.

I – concessão de prazos e condições especiais para pagamento das obrigações vencidas ou vincendas;
II – cisão, incorporação, fusão ou transformação de sociedade, constituição de subsidiária integral, ou cessão de cotas ou ações, respeitados os direitos dos sócios, nos termos da legislação vigente;
III – alteração do controle societário;
IV – substituição total ou parcial dos administradores do devedor ou modificação de seus órgãos administrativos;
V – concessão aos credores de direito de eleição em separado de administradores e de poder de veto em relação às matérias que o plano especificar;
VI – aumento de capital social;
VII – trespasse ou arrendamento de estabelecimento, inclusive à sociedade constituída pelos próprios empregados;
VIII – redução salarial, compensação de horários e redução da jornada, mediante acordo ou convenção coletiva;
IX – dação em pagamento ou novação de dívidas do passivo, com ou sem constituição de garantia própria ou de terceiro;
X – constituição de sociedade de credores;
XI – venda parcial dos bens;
XII – equalização de encargos financeiros relativos a débitos de qualquer natureza, tendo como termo inicial a data da distribuição do pedido de recuperação judicial, aplicando-se inclusive aos contratos de crédito rural, sem prejuízo do disposto em legislação específica;
XIII – usufruto da empresa;
XIV – administração compartilhada;
XV – emissão de valores mobiliários;
XVI – constituição de sociedade de propósito específico para adjudicar, em pagamento dos créditos, os ativos do devedor.

§ 1º Na alienação de bem objeto de garantia real, a supressão da garantia ou sua substituição somente serão admitidas mediante aprovação expressa do credor titular da respectiva garantia.

► Art. 59 desta Lei.

§ 2º Nos créditos em moeda estrangeira, a variação cambial será conservada como parâmetro de indexação da correspondente obrigação e só poderá ser afastada se o credor titular do respectivo crédito aprovar expressamente previsão diversa no plano de recuperação judicial.

SEÇÃO II
DO PEDIDO E DO PROCESSAMENTO DA RECUPERAÇÃO JUDICIAL

Art. 51. A petição inicial de recuperação judicial será instruída com:

▶ Arts. 70, § 1º, e 96, VII, desta Lei.

I – a exposição das causas concretas da situação patrimonial do devedor e das razões da crise econômico-financeira;
II – as demonstrações contábeis relativas aos 3 (três) últimos exercícios sociais e as levantadas especialmente para instruir o pedido, confeccionadas com estrita observância da legislação societária aplicável e compostas obrigatoriamente de:

▶ Art. 163, II, desta Lei.

a) balanço patrimonial;
b) demonstração de resultados acumulados;
c) demonstração do resultado desde o último exercício social;
d) relatório gerencial de fluxo de caixa e de sua projeção;

III – a relação nominal completa dos credores, inclusive aqueles por obrigação de fazer ou de dar, com a indicação do endereço de cada um, a natureza, a classificação e o valor atualizado do crédito, discriminando sua origem, o regime dos respectivos vencimentos e a indicação dos registros contábeis de cada transação pendente;

▶ Arts. 22, I, 39 e 64, IV, d, desta Lei.

IV – a relação integral dos empregados, em que constem as respectivas funções, salários, indenizações e outras parcelas a que têm direito, com o correspondente mês de competência, e a discriminação dos valores pendentes de pagamento;

▶ Art. 39 desta Lei.

V – certidão de regularidade do devedor no Registro Público de Empresas, o ato constitutivo atualizado e as atas de nomeação dos atuais administradores;
VI – a relação dos bens particulares dos sócios controladores e dos administradores do devedor;
VII – os extratos atualizados das contas bancárias do devedor e de suas eventuais aplicações financeiras de qualquer modalidade, inclusive em fundos de investimento ou em bolsas de valores, emitidos pelas respectivas instituições financeiras;
VIII – certidões dos cartórios de protestos situados na comarca do domicílio ou sede do devedor e naquelas onde possui filial;
IX – a relação, subscrita pelo devedor, de todas as ações judiciais em que este figure como parte, inclusive as de natureza trabalhista, com a estimativa dos respectivos valores demandados.

§ 1º Os documentos de escrituração contábil e demais relatórios auxiliares, na forma e no suporte previstos em lei, permanecerão à disposição do juízo, do administrador judicial e, mediante autorização judicial, de qualquer interessado.

§ 2º Com relação à exigência prevista no inciso II do caput deste artigo, as microempresas e empresas de pequeno porte poderão apresentar livros e escrituração contábil simplificados nos termos da legislação específica.

§ 3º O juiz poderá determinar o depósito em cartório dos documentos a que se referem os §§ 1º e 2º deste artigo ou de cópia destes.

Art. 52. Estando em termos a documentação exigida no art. 51 desta Lei, o juiz deferirá o processamento da recuperação judicial e, no mesmo ato:

I – nomeará o administrador judicial, observado o disposto no art. 21 desta Lei;
II – determinará a dispensa da apresentação de certidões negativas para que o devedor exerça suas atividades, exceto para contratação com o Poder Público ou para recebimento de benefícios ou incentivos fiscais ou creditícios, observando o disposto no art. 69 desta Lei;
III – ordenará a suspensão de todas as ações ou execuções contra o devedor, na forma do art. 6º desta Lei, permanecendo os respectivos autos no juízo onde se processam, ressalvadas as ações previstas nos §§ 1º, 2º e 7º do art. 6º desta Lei e as relativas a créditos excetuados na forma dos §§ 3º e 4º do art. 49 desta Lei;
IV – determinará ao devedor a apresentação de contas demonstrativas mensais enquanto perdurar a recuperação judicial, sob pena de destituição de seus administradores;
V – ordenará a intimação do Ministério Público e a comunicação por carta às Fazendas Públicas Federal e de todos os Estados e Municípios em que o devedor tiver estabelecimento.

§ 1º O juiz ordenará a expedição de edital, para publicação no órgão oficial, que conterá:

▶ Art. 7º, § 1º, desta Lei.

I – o resumo do pedido do devedor e da decisão que defere o processamento da recuperação judicial;
II – a relação nominal de credores, em que se discrimine o valor atualizado e a classificação de cada crédito;
III – a advertência acerca dos prazos para habilitação dos créditos, na forma do art. 7º, § 1º, desta Lei, e para que os credores apresentem objeção ao plano de recuperação judicial apresentado pelo devedor nos termos do art. 55 desta Lei.

§ 2º Deferido o processamento da recuperação judicial, os credores poderão, a qualquer tempo, requerer a convocação de assembleia-geral para a constituição do Comitê de Credores ou substituição de seus membros, observado o disposto no § 2º do art. 36 desta Lei.

§ 3º No caso do inciso III do caput deste artigo, caberá ao devedor comunicar a suspensão aos juízos competentes.

§ 4º O devedor não poderá desistir do pedido de recuperação judicial após o deferimento de seu processamento, salvo se obtiver aprovação da desistência na assembleia-geral de credores.

▶ Art. 35, I, d, desta Lei.

Seção III
DO PLANO DE RECUPERAÇÃO JUDICIAL

Art. 53. O plano de recuperação será apresentado pelo devedor em juízo no prazo improrrogável de 60 (sessenta) dias da publicação da decisão que deferir o processamento da recuperação judicial, sob pena de convolação em falência, e deverá conter:

▶ Arts. 71 e 73, II, desta Lei.

I – discriminação pormenorizada dos meios de recuperação a ser empregados, conforme o art. 50 desta Lei, e seu resumo;

II – demonstração de sua viabilidade econômica; e

III – laudo econômico-financeiro e de avaliação dos bens e ativos do devedor, subscrito por profissional legalmente habilitado ou empresa especializada.

Parágrafo único. O juiz ordenará a publicação de edital contendo aviso aos credores sobre o recebimento do plano de recuperação e fixando o prazo para a manifestação de eventuais objeções, observado o art. 55 desta Lei.

Art. 54. O plano de recuperação judicial não poderá prever prazo superior a 1 (um) ano para pagamento dos créditos derivados da legislação do trabalho ou decorrentes de acidentes de trabalho vencidos até a data do pedido de recuperação judicial.

Parágrafo único. O plano não poderá, ainda, prever prazo superior a 30 (trinta) dias para o pagamento, até o limite de 5 (cinco) salários mínimos por trabalhador, dos créditos de natureza estritamente salarial vencidos nos 3 (três) meses anteriores ao pedido de recuperação judicial.

Seção IV
DO PROCEDIMENTO DE RECUPERAÇÃO JUDICIAL

Art. 55. Qualquer credor poderá manifestar ao juiz sua objeção ao plano de recuperação judicial no prazo de 30 (trinta) dias contado da publicação da relação de credores de que trata o § 2º do art. 7º desta Lei.

▶ Arts. 52, § 1º, III, 53, parágrafo único, 57, 58 e 72, parágrafo único, desta Lei.

Parágrafo único. Caso, na data da publicação da relação de que trata o *caput* deste artigo, não tenha sido publicado o aviso previsto no art. 53, parágrafo único, desta Lei, contar-se-á da publicação deste o prazo para as objeções.

Art. 56. Havendo objeção de qualquer credor ao plano de recuperação judicial, o juiz convocará a assembleia-geral de credores para deliberar sobre o plano de recuperação.

§ 1º A data designada para a realização da assembleia-geral não excederá 150 (cento e cinquenta) dias contados do deferimento do processamento da recuperação judicial.

§ 2º A assembleia-geral que aprovar o plano de recuperação judicial poderá indicar os membros do Comitê de Credores, na forma do art. 26 desta Lei, se já não estiver constituído.

§ 3º O plano de recuperação judicial poderá sofrer alterações na assembleia-geral, desde que haja expressa concordância do devedor e em termos que não impliquem diminuição dos direitos exclusivamente dos credores ausentes.

§ 4º Rejeitado o plano de recuperação pela assembleia-geral de credores, o juiz decretará a falência do devedor.

▶ Art. 73, III, desta Lei.

Art. 57. Após a juntada aos autos do plano aprovado pela assembleia-geral de credores ou decorrido o prazo previsto no art. 55 desta Lei sem objeção de credores, o devedor apresentará certidões negativas de débitos tributários nos termos dos arts. 151, 205, 206 da Lei nº 5.172, de 25 de outubro de 1966 – Código Tributário Nacional.

Art. 58. Cumpridas as exigências desta Lei, o juiz concederá a recuperação judicial do devedor cujo plano não tenha sofrido objeção de credor nos termos do art. 55 desta Lei ou tenha sido aprovado pela assembleia-geral de credores na forma do art. 45 desta Lei.

▶ Art. 61 desta Lei.

§ 1º O juiz poderá conceder a recuperação judicial com base em plano que não obteve aprovação na forma do art. 45 desta Lei, desde que, na mesma assembleia, tenha obtido, de forma cumulativa:

I – o voto favorável de credores que representem mais da metade do valor de todos os créditos presentes à assembleia, independentemente de classes;

II – a aprovação de 2 (duas) das classes de credores nos termos do art. 45 desta Lei ou, caso haja somente 2 (duas) classes com credores votantes, a aprovação de pelo menos 1 (uma) delas;

III – na classe que o houver rejeitado, o voto favorável de mais de 1/3 (um terço) dos credores, computados na forma dos §§ 1º e 2º do art. 45 desta Lei.

§ 2º A recuperação judicial somente poderá ser concedida com base no § 1º deste artigo se o plano não implicar tratamento diferenciado entre os credores da classe que o houver rejeitado.

Art. 59. O plano de recuperação judicial implica novação dos créditos anteriores ao pedido, e obriga o devedor e todos os credores a ele sujeitos, sem prejuízo das garantias, observado o disposto no § 1º do art. 50 desta Lei.

§ 1º A decisão judicial que conceder a recuperação judicial constituirá título executivo judicial, nos termos do art. 584, inciso III, do *caput* da lei nº 5.869, de 11 de janeiro de 1973 – Código de Processo Civil.

▶ Súm. nº 25 do STJ.

§ 2º Contra a decisão que conceder a recuperação judicial caberá agravo, que poderá ser interposto por qualquer credor e pelo Ministério Público.

Art. 60. Se o plano de recuperação judicial aprovado envolver alienação judicial de filiais ou de unidades produtivas isoladas do devedor, o juiz ordenará a sua realização, observado o disposto no art. 142 desta Lei.

Parágrafo único. O objeto da alienação estará livre de qualquer ônus e não haverá sucessão do arrematante nas obrigações do devedor, inclusive as de natureza tributária, observado o disposto no § 1º do art. 141 desta Lei.

Art. 61. Proferida a decisão prevista no art. 58 desta Lei, o devedor permanecerá em recuperação judicial até que se cumpram todas as obrigações previstas no plano que se vencerem até 2 (dois) anos depois da concessão da recuperação judicial.

▶ Arts. 63 e 73, IV, desta Lei

§ 1º Durante o período estabelecido no *caput* deste artigo, o descumprimento de qualquer obrigação prevista no plano acarretará a convolação da recuperação em falência, nos termos do art. 73 desta Lei.

§ 2º Decretada a falência, os credores terão reconstituídos seus direitos e garantias nas condições originalmente contratadas, deduzidos os valores eventualmente pagos e ressalvados os atos validamente praticados no âmbito da recuperação judicial.

▶ Art. 100 desta Lei.

Art. 62. Após o período previsto no art. 61 desta Lei, no caso de descumprimento de qualquer obrigação prevista no plano de recuperação judicial, qualquer credor poderá requerer a execução específica ou a falência com base no art. 94 desta Lei.

Art. 63. Cumpridas as obrigações vencidas no prazo previsto no *caput* do art. 61 desta Lei, o juiz decretará por sentença o encerramento da recuperação judicial e determinará:

I – o pagamento do saldo de honorários ao administrador judicial, somente podendo efetuar a quitação dessas obrigações mediante prestação de contas, no prazo de 30 (trinta) dias, e aprovação do relatório previsto no inciso III do *caput* deste artigo;
II – a apuração do saldo das custas judiciais a serem recolhidas;
III – a apresentação de relatório circunstanciado do administrador judicial, no prazo máximo de 15 (quinze) dias, versando sobre a execução do plano de recuperação pelo devedor;

▶ Art. 22, II, *d*, desta Lei.

IV – a dissolução do Comitê de Credores e a exoneração do administrador judicial;
V – a comunicação ao Registro Público de Empresas para as providências cabíveis.

Art. 64. Durante o procedimento de recuperação judicial, o devedor ou seus administradores serão mantidos na condução da atividade empresarial, sob fiscalização do Comitê, se houver, e do administrador judicial, salvo se qualquer deles:

I – houver sido condenado em sentença penal transitada em julgado por crime cometido em recuperação judicial ou falência anteriores ou por crime contra o patrimônio, a economia popular ou a ordem econômica previstos na legislação vigente;
II – houver indícios veementes de ter cometido crime previsto nesta Lei;
III – houver agido com dolo, simulação ou fraude contra os interesses de seus credores;
IV – houver praticado qualquer das seguintes condutas:

a) efetuar gastos pessoais manifestamente excessivos em relação a sua situação patrimonial;
b) efetuar despesas injustificáveis por sua natureza ou vulto, em relação ao capital ou gênero do negócio, ao movimento das operações e a outras circunstâncias análogas;

c) descapitalizar injustificadamente a empresa ou realizar operações prejudiciais ao seu funcionamento regular;
d) simular ou omitir créditos ao apresentar a relação de que trata o inciso III do *caput* do art. 51 desta Lei, sem relevante razão de direito ou amparo de decisão judicial;
V – negar-se a prestar informações solicitadas pelo administrador judicial ou pelos demais membros do Comitê;
VI – tiver seu afastamento previsto no plano de recuperação judicial.

Parágrafo único. Verificada qualquer das hipóteses do *caput* deste artigo, o juiz destituirá o administrador, que será substituído na forma prevista nos atos constitutivos do devedor ou do plano de recuperação judicial.

Art. 65. Quando do afastamento do devedor, nas hipóteses previstas no art. 64 desta Lei, o juiz convocará a assembleia-geral de credores para deliberar sobre o nome do gestor judicial que assumirá a administração das atividades do devedor, aplicando-se-lhe, no que couber, todas as normas sobre deveres, impedimentos e remuneração do administrador judicial.

§ 1º O administrador judicial exercerá as funções de gestor enquanto a assembleia-geral não deliberar sobre a escolha deste.

§ 2º Na hipótese de o gestor indicado pela assembleia-geral de credores recusar ou estar impedido de aceitar o encargo para gerir os negócios do devedor, o juiz convocará, no prazo de 72 (setenta e duas) horas, contado da recusa ou da declaração do impedimento nos autos, nova assembleia-geral, aplicado o disposto no § 1º deste artigo.

Art. 66. Após a distribuição do pedido de recuperação judicial, o devedor não poderá alienar ou onerar bens ou direitos de seu ativo permanente, salvo evidente utilidade reconhecida pelo juiz, depois de ouvido o Comitê, com exceção daqueles previamente relacionados no plano de recuperação judicial.

Art. 67. Os créditos decorrentes de obrigações contraídas pelo devedor durante a recuperação judicial, inclusive aqueles relativos a despesas com fornecedores de bens ou serviços e contratos de mútuo, serão considerados extraconcursais, em caso de decretação de falência, respeitada, no que couber, a ordem estabelecida no art. 83 desta Lei.

▶ Art. 54, V, desta Lei.

Parágrafo único. Os créditos quirografários sujeitos à recuperação judicial pertencentes a fornecedores de bens ou serviços que continuarem a provê-los normalmente após o pedido de recuperação judicial terão privilégio geral de recebimento em caso de decretação de falência, no limite do valor dos bens ou serviços fornecidos durante o período da recuperação.

Art. 68. As Fazendas Públicas e o Instituto Nacional do Seguro Social – INSS poderão deferir, nos termos da legislação específica, parcelamento de seus créditos, em sede de recuperação judicial, de acordo com os parâmetros estabelecidos na Lei nº 5.172, de 25 de outubro de 1966 - Código Tributário Nacional.

Art. 69. Em todos os atos, contratos e documentos firmados pelo devedor sujeito ao procedimento de recuperação judicial deverá ser acrescida, após o nome empresarial, a expressão "em Recuperação Judicial".

▶ Art. 52, II, desta Lei.

Parágrafo único. O juiz determinará ao Registro Público de Empresas a anotação da recuperação judicial no registro correspondente.

SEÇÃO V
DO PLANO DE RECUPERAÇÃO JUDICIAL PARA MICROEMPRESAS E EMPRESAS DE PEQUENO PORTE

Art. 70. As pessoas de que trata o art. 1º desta Lei e que se incluam nos conceitos de microempresa ou empresa de pequeno porte, nos termos da legislação vigente, sujeitam-se às normas deste Capítulo.

▶ Art. 72 desta Lei.

§ 1º As microempresas e as empresas de pequeno porte, conforme definidas em lei, poderão apresentar plano especial de recuperação judicial, desde que afirmem sua intenção de fazê-lo na petição inicial de que trata o art. 51 desta Lei.

§ 2º Os credores não atingidos pelo plano especial não terão seus créditos habilitados na recuperação judicial.

Art. 71. O plano especial de recuperação judicial será apresentado no prazo previsto no art. 53 desta Lei e limitar-se á às seguintes condições:

I – abrangerá exclusivamente os créditos quirografários, excetuados os decorrentes de repasse de recursos oficiais e os previstos nos §§ 3º e 4º do art. 49 desta Lei;

II – preverá parcelamento em até 36 (trinta e seis) parcelas mensais, iguais e sucessivas, corrigidas monetariamente e acrescidas de juros de 12% a.a. (doze por cento ao ano);

III – preverá o pagamento da 1ª (primeira) parcela no prazo máximo de 180 (cento e oitenta) dias, contado da distribuição do pedido de recuperação judicial;

IV – estabelecerá a necessidade de autorização do juiz, após ouvido o administrador judicial e o Comitê de Credores, para o devedor aumentar despesas ou contratar empregados.

Parágrafo único. O pedido de recuperação judicial com base em plano especial não acarreta a suspensão do curso da prescrição nem das ações e execuções por créditos não abrangidos pelo plano.

Art. 72. Caso o devedor de que trata o art. 70 desta Lei opte pelo pedido de recuperação judicial com base no plano especial disciplinado nesta Seção, não será convocada assembleia-geral de credores para deliberar sobre o plano, e o juiz concederá a recuperação judicial se atendidas as demais exigências desta Lei.

Parágrafo único. O juiz também julgará improcedente o pedido de recuperação judicial e decretará a falência do devedor se houver objeções, nos termos do art. 55 desta Lei, de credores titulares de mais da metade dos créditos descritos no inciso I do caput do art. 71 desta Lei.

CAPÍTULO IV
DA CONVOCAÇÃO DA RECUPERAÇÃO JUDICIAL EM FALÊNCIA

Art. 73. O juiz decretará a falência durante o processo de recuperação judicial:

▶ Art. 61, § 1º, desta Lei.

I – por deliberação da assembleia-geral de credores, na forma do art. 42 desta Lei;

II – pela não apresentação, pelo devedor, do plano de recuperação no prazo do art. 53 desta Lei;

III – quando houver sido rejeitado o plano de recuperação, nos termos do § 4º do art. 56 desta Lei;

IV – por descumprimento de qualquer obrigação assumida no plano de recuperação, na forma do § 1º do art. 61 desta Lei.

Parágrafo único. O disposto neste artigo não impede a decretação da falência por inadimplemento de obrigação não sujeita à recuperação judicial, nos termos dos incisos I ou II do caput do art. 94 desta Lei, ou por prática de ato previsto no inciso III do caput do art. 94 desta Lei.

Art. 74. Na convolação da recuperação em falência, os atos de administração, endividamento, oneração ou alienação praticados durante a recuperação judicial presumem-se válidos, desde que realizados na forma desta Lei.

CAPÍTULO V
DA FALÊNCIA

SEÇÃO I
DISPOSIÇÕES GERAIS

Art. 75. A falência, ao promover o afastamento do devedor de suas atividades, visa a preservar e otimizar a utilização produtiva dos bens, ativos e recursos produtivos, inclusive os intangíveis, da empresa.

▶ Art. 126 desta Lei.

Parágrafo único. O processo de falência atenderá aos princípios da celeridade e da economia processual.

Art. 76. O juízo da falência é indivisível e competente para conhecer todas as ações sobre bens, interesses e negócios do falido, ressalvadas as causas trabalhistas, fiscais e aquelas não reguladas nesta Lei em que o falido figurar como autor ou litisconsorte ativo.

Parágrafo único. Todas as ações, inclusive as excetuadas no caput deste artigo, terão prosseguimento com o administrador judicial, que deverá ser intimado para representar a massa falida, sob pena de nulidade do processo.

Art. 77. A decretação da falência determina o vencimento antecipado das dívidas do devedor e dos sócios ilimitada e solidariamente responsáveis, com o abatimento proporcional dos juros, e converte todos os créditos em moeda estrangeira para a moeda do País, pelo câmbio do dia da decisão judicial, para todos os efeitos desta Lei.

Art. 78. Os pedidos de falência estão sujeitos a distribuição obrigatória, respeitada a ordem de apresentação.

Parágrafo único. As ações que devam ser propostas no juízo da falência estão sujeitas a distribuição por dependência.

Art. 79. Os processos de falência e os seus incidentes preferem a todos os outros na ordem dos feitos, em qualquer instância.

Art. 80. Considerar-se-ão habilitados os créditos remanescentes da recuperação judicial, quando definitivamente incluídos no quadro-geral de credores, tendo prosseguimento as habilitações que estejam em curso.

Art. 81. A decisão que decreta a falência da sociedade com sócios ilimitadamente responsáveis também acarreta a falência destes, que ficam sujeitos aos mesmos efeitos jurídicos produzidos em relação à sociedade falida e, por isso, deverão ser citados para apresentar contestação, se assim o desejarem.

§ 1º O disposto no *caput* deste artigo aplica-se ao sócio que tenha se retirado voluntariamente ou que tenha sido excluído da sociedade, há menos de 2 (dois) anos, quanto às dívidas existentes na data do arquivamento da alteração do contrato, no caso de não terem sido solvidas até a data da decretação da falência.

§ 2º As sociedades falidas serão representadas na falência por seus administradores ou liquidantes, os quais terão os mesmos direitos e, sob as mesmas penas, ficarão sujeitos às obrigações que cabem ao falido.

Art. 82. A responsabilidade pessoal dos sócios de responsabilidade limitada, dos controladores e dos administradores da sociedade falida, estabelecida nas respectivas leis, será apurada no próprio juízo da falência, independentemente da realização do ativo e da prova da sua insuficiência para cobrir o passivo, observado o procedimento ordinário previsto no Código de Processo Civil.

§ 1º Prescreverá em 2 (dois) anos, contados do trânsito em julgado da sentença de encerramento da falência, a ação de responsabilização prevista no *caput* deste artigo.

§ 2º O juiz poderá, de ofício ou mediante requerimento das partes interessadas, ordenar a indisponibilidade de bens particulares dos réus, em quantidade compatível com o dano provocado, até o julgamento da ação de responsabilização.

SEÇÃO II

DA CLASSIFICAÇÃO DOS CRÉDITOS

Art. 83. A classificação dos créditos na falência obedece à seguinte ordem:

▶ Arts. 67 e 149 desta Lei.

I – os créditos derivados da legislação do trabalho, limitados a 150 (cento e cinquenta) salários mínimos por credor, e os decorrentes de acidentes de trabalho;
II – créditos com garantia real até o limite do valor do bem gravado;

▶ Art. 163, § 1º, desta Lei.

III – créditos tributários, independentemente da sua natureza e tempo de constituição, excetuadas as multas tributárias;

▶ Súm. nº 192 do STF.

IV – créditos com privilégio especial, a saber:

▶ Art. 163, § 1º, desta Lei.

a) os previstos no art. 964, da Lei nº 10.406, de 10 de janeiro de 2002;
b) os assim definidos em outras leis civis e comerciais, salvo disposição contrária desta Lei;
c) aqueles a cujos titulares a lei confira o direito de retenção sobre a coisa dada em garantia;

V – créditos com privilégio geral, a saber:

▶ Art. 163, § 1º, desta Lei.

a) os previstos no art. 965, da Lei nº 10.406, de 10 de janeiro de 2002;
b) os previstos no parágrafo único do art. 67 desta Lei;
c) os assim definidos em outras leis civis e comerciais, salvo disposição contrária desta Lei;

VI – créditos quirografários, a saber:

▶ Art. 163, § 1º, desta Lei.

a) aqueles não previstos nos demais incisos deste artigo;
b) os saldos dos créditos não cobertos pelo produto da alienação dos bens vinculados ao seu pagamento;
c) os saldos dos créditos derivados da legislação do trabalho que excederem o limite estabelecido no inciso I do *caput* deste artigo;

VII – as multas contratuais e as penas pecuniárias por infração das leis penais ou administrativas, inclusive as multas tributárias;
VIII – créditos subordinados, a saber:

▶ Art. 163, § 1º, desta Lei.

a) os assim previstos em lei ou em contrato;
b) os créditos dos sócios e dos administradores sem vínculo empregatício.

§ 1º Para os fins do inciso II do *caput* deste artigo, será considerado como valor do bem objeto de garantia real a importância efetivamente arrecadada com sua venda, ou, no caso de alienação em bloco, o valor de avaliação do bem individualmente considerado.

▶ Art. 108, § 5º, desta Lei.

§ 2º Não são oponíveis à massa os valores decorrentes de direito de sócio ao recebimento de sua parcela do capital social na liquidação da sociedade.

§ 3º As cláusulas penais dos contratos unilaterais não serão atendidas se as obrigações neles estipuladas se vencerem em virtude da falência.

§ 4º Os créditos trabalhistas cedidos a terceiros serão considerados quirografários.

Art. 84. Serão considerados créditos extraconcursais e serão pagos com precedência sobre os mencionados no art. 83 desta Lei, na ordem a seguir, os relativos a:

▶ Art. 149 desta Lei.

I – remunerações devidas ao administrador judicial e seus auxiliares, e créditos derivados da legislação do trabalho ou decorrentes de acidentes de trabalho relativos a serviços prestados após a decretação da falência;

▶ Súm. nº 219 do STJ.

II – quantias fornecidas à massa pelos credores;
III – despesas com arrecadação, administração, realização do ativo e distribuição do seu produto, bem como custas do processo de falência;
IV – custas judiciais relativas às ações e execuções em que a massa falida tenha sido vencida;
V – obrigações resultantes de atos jurídicos válidos praticados durante a recuperação judicial, nos termos do art. 67 desta Lei, ou após a decretação da falência, e tributos relativos a fatos geradores ocorridos após a

decretação da falência, respeitada a ordem estabelecida no art. 83 desta Lei.

Seção III
DO PEDIDO DE RESTITUIÇÃO

Art. 85. O proprietário de bem arrecadado no processo de falência ou que se encontre em poder do devedor na data da decretação da falência poderá pedir sua restituição.

▶ Súm. nº 417 do STF.

Parágrafo único. Também pode ser pedida a restituição de coisa vendida a crédito e entregue ao devedor nos 15 (quinze) dias anteriores ao requerimento de sua falência, se ainda não alienada.

▶ Súm. nº 193 do STF.

Art. 86. Proceder-se-á à restituição em dinheiro:

I – se a coisa não mais existir ao tempo do pedido de restituição, hipótese em que o requerente receberá o valor da avaliação do bem, ou, no caso de ter ocorrido sua venda, o respectivo preço, em ambos os casos no valor atualizado;

II – da importância entregue ao devedor, em moeda corrente nacional, decorrente de adiantamento a contrato de câmbio para exportação, na forma do art. 75, §§ 3º e 4º, da Lei nº 4.728, de 14 de julho de 1965, desde que o prazo total da operação, inclusive eventuais prorrogações, não exceda o previsto nas normas específicas da autoridade competente;

▶ Arts. 49, § 4º, e 161, § 1º, desta Lei.
▶ Súmulas nºs 36 e 133 do STJ.

III – dos valores entregues ao devedor pelo contratante de boa-fé na hipótese de revogação ou ineficácia do contrato, conforme disposto no art. 136 desta Lei.

Parágrafo único. As restituições de que trata este artigo somente serão efetuadas após o pagamento previsto no art. 151 desta Lei.

Art. 87. O pedido de restituição deverá ser fundamentado e descreverá a coisa reclamada.

§ 1º O juiz mandará autuar em separado o requerimento com os documentos que o instruírem e determinará a intimação do falido, do Comitê, dos credores e do administrador judicial para que, no prazo sucessivo de 5 (cinco) dias, se manifestem, valendo como contestação a manifestação contrária à restituição.

§ 2º Contestado o pedido e deferidas as provas porventura requeridas, o juiz designará audiência de instrução e julgamento, se necessária.

§ 3º Não havendo provas a realizar, os autos serão conclusos para sentença.

Art. 88. A sentença que reconhecer o direito do requerente determinará a entrega da coisa no prazo de 48 (quarenta e oito) horas.

Parágrafo único. Caso não haja contestação, a massa não será condenada ao pagamento de honorários advocatícios.

Art. 89. A sentença que negar a restituição, quando for o caso, incluirá o requerente no quadro-geral de credores, na classificação que lhe couber, na forma desta Lei.

Art. 90. Da sentença que julgar o pedido de restituição caberá apelação sem efeito suspensivo.

Parágrafo único. O autor do pedido de restituição que pretender receber o bem ou a quantia reclamada antes do trânsito em julgado da sentença prestará caução.

Art. 91. O pedido de restituição suspende a disponibilidade da coisa até o trânsito em julgado.

Parágrafo único. Quando diversos requerentes houverem de ser satisfeitos em dinheiro e não existir saldo suficiente para o pagamento integral, far-se-á rateio proporcional entre eles.

Art. 92. O requerente que tiver obtido êxito no seu pedido ressarcirá a massa falida ou a quem tiver suportado as despesas de conservação da coisa reclamada.

Art. 93. Nos casos em que não couber pedido de restituição, fica resguardado o direito dos credores de propor embargos de terceiros, observada a legislação processual civil.

Seção IV
DO PROCEDIMENTO PARA A DECRETAÇÃO DA FALÊNCIA

Art. 94. Será decretada a falência do devedor que:

▶ Arts. 62 e 73, parágrafo único, desta Lei.

I – sem relevante razão de direito, não paga, no vencimento, obrigação líquida materializada em título ou títulos executivos protestados cuja soma ultrapasse o equivalente a 40 (quarenta) salários mínimos na data do pedido de falência;

▶ Arts. 96 e 98, parágrafo único, desta Lei.
▶ Súm. nº 361 do STJ.

II – executado por qualquer quantia líquida, não paga, não deposita e não nomeia à penhora bens suficientes dentro do prazo legal;

▶ Art. 98, parágrafo único, desta Lei.

III – pratica qualquer dos seguintes atos, exceto se fizer parte de plano de recuperação judicial:

▶ Art. 164, § 3º, II, desta Lei.

a) procede à liquidação precipitada de seus ativos ou lança mão de meio ruinoso ou fraudulento para realizar pagamentos;
b) realiza ou, por atos inequívocos, tenta realizar, com o objetivo de retardar pagamentos ou fraudar credores, negócio simulado ou alienação de parte ou da totalidade de seu ativo a terceiro, credor ou não;
c) transfere estabelecimento a terceiro, credor ou não, sem o consentimento de todos os credores e sem ficar com bens suficientes para solver seu passivo;
d) simula a transferência de seu principal estabelecimento com o objetivo de burlar a legislação ou a fiscalização ou para prejudicar credor;
e) dá ou reforça garantia a credor por dívida contraída anteriormente sem ficar com bens livres e desembaraçados suficientes para saldar seu passivo;
f) ausenta-se sem deixar representante habilitado e com recursos suficientes para pagar os credores, abandona estabelecimento ou tenta ocultar-se de seu domicílio, do local de sua sede ou de seu principal estabelecimento;
g) deixa de cumprir, no prazo estabelecido, obrigação assumida no plano de recuperação judicial.

§ 1º Credores podem reunir-se em litisconsórcio a fim de perfazer o limite mínimo para o pedido de falência com base no inciso I do *caput* deste artigo.

§ 2º Ainda que líquidos, não legitimam o pedido de falência os créditos que nela não se possam reclamar.

§ 3º Na hipótese do inciso I do *caput* deste artigo, o pedido de falência será instruído com os títulos executivos na forma do parágrafo único do art. 9º desta Lei, acompanhados, em qualquer caso, dos respectivos instrumentos de protesto para fim falimentar nos termos da legislação específica.

▶ Art. 23, parágrafo único, da Lei nº 9.492, de 10-9-1997 (Lei do Protesto de Títulos).
▶ Súm. nº 361 do STJ.

§ 4º Na hipótese do inciso II do *caput* deste artigo, o pedido de falência será instruído com certidão expedida pelo juízo em que se processa a execução.

§ 5º Na hipótese do inciso III do *caput* deste artigo, o pedido de falência descreverá os fatos que a caracterizam, juntando-se as provas que houver e especificando-se as que serão produzidas.

Art. 95. Dentro do prazo de contestação, o devedor poderá pleitear sua recuperação judicial.

Art. 96. A falência requerida com base no art. 94, inciso I do *caput*, desta Lei, não será decretada se o requerido provar:

I – falsidade de título;
II – prescrição;
III – nulidade de obrigação ou de título;
IV – pagamento da dívida;
V – qualquer outro fato que extinga ou suspenda obrigação ou não legitime a cobrança de título;
VI – vício em protesto ou em seu instrumento;
VII – apresentação de pedido de recuperação judicial no prazo da contestação, observados os requisitos do art. 51 desta Lei;
VIII – cessação das atividades empresariais mais de 2 (dois) anos antes do pedido de falência, comprovada por documento hábil do Registro Público de Empresas, o qual não prevalecerá contra prova de exercício posterior ao ato registrado.

§ 1º Não será decretada a falência de sociedade anônima após liquidado e partilhado seu ativo nem do espólio após 1 (um) ano da morte do devedor.

§ 2º As defesas previstas nos incisos I a VI do *caput* deste artigo não obstam a decretação da falência se, ao final, restarem obrigações não atingidas pelas defesas em montante que supere o limite previsto naquele dispositivo.

Art. 97. Podem requerer a falência do devedor:

I – o próprio devedor, na forma do disposto nos arts. 105 a 107 deste Lei;
II – o cônjuge sobrevivente, qualquer herdeiro do devedor ou o inventariante;

▶ Art. 107, parágrafo único, desta Lei.

III – o cotista ou o acionista do devedor na forma da lei ou do ato constitutivo da sociedade;

▶ Art. 107, parágrafo único, desta Lei.

IV – qualquer credor.

▶ Art. 107, parágrafo único, desta Lei.

§ 1º O credor empresário apresentará certidão do Registro Público de Empresas que comprove a regularidade de suas atividades.

§ 2º O credor que não tiver domicílio no Brasil deverá prestar caução relativa às custas e ao pagamento da indenização de que trata o art. 101 desta Lei.

Art. 98. Citado, o devedor poderá apresentar contestação no prazo de 10 (dez) dias.

Parágrafo único. Nos pedidos baseados nos incisos I e II do *caput* do art. 94 desta Lei, o devedor poderá, no prazo da contestação, depositar o valor correspondente ao total do crédito, acrescido de correção monetária, juros e honorários advocatícios, hipótese em que a falência não será decretada e, caso julgado procedente o pedido de falência, o juiz ordenará o levantamento do valor pelo autor.

Art. 99. A sentença que decretar a falência do devedor, dentre outras determinações:

▶ Arts. 107 e 192, § 4º, desta Lei.

I – conterá a síntese do pedido, a identificação do falido e os nomes dos que forem a esse tempo seus administradores;
II – fixará o termo legal da falência, sem poder retrotraí-lo por mais de 90 (noventa) dias contados do pedido de falência, do pedido de recuperação judicial ou do 1º (primeiro) protesto por falta de pagamento, excluindo-se, para esta finalidade, os protestos que tenham sido cancelados;
III – ordenará ao falido que apresente, no prazo máximo de 5 (cinco) dias, relação nominal dos credores, indicando endereço, importância, natureza e classificação dos respectivos créditos, se esta já não se encontrar nos autos, sob pena de desobediência;

▶ Art. 22, I, e 39, desta Lei.

IV – explicitará o prazo para as habilitações de crédito, observado o disposto no § 1º do art. 7º desta Lei;
V – ordenará a suspensão de todas as ações ou execuções contra o falido, ressalvadas as hipóteses previstas nos §§ 1º e 2º do art. 6º desta Lei;
VI – proibirá a prática de qualquer ato de disposição ou oneração de bens do falido, submetendo-os preliminarmente à autorização judicial e do Comitê, se houver, ressalvados os bens cuja venda faça parte das atividades normais do devedor se autorizada a continuação provisória nos termos do inciso XI do *caput* deste artigo;
VII – determinará as diligências necessárias para salvaguardar os interesses das partes envolvidas, podendo ordenar a prisão preventiva do falido ou de seus administradores quando requerida com fundamento em provas da prática de crime definido nesta Lei;
VIII – ordenará ao Registro Público de Empresas que proceda à anotação da falência no registro do devedor, para que conste a expressão "Falido", a data da decretação da falência e a inabilitação de que trata o art. 102 desta Lei;
IX – nomeará o administrador judicial, que desempenhará suas funções na forma do inciso III do *caput* do art. 22 desta Lei sem prejuízo do disposto na alínea *a* do inciso II do *caput* do art. 35 desta Lei;

X – determinará a expedição de ofícios aos órgãos e repartições públicas e outras entidades para que informem a existência de bens e direitos do falido;

XI – pronunciar-se-á a respeito da continuação provisória das atividades do falido com o administrador judicial ou da lacração dos estabelecimentos, observado o disposto no art. 109 desta Lei;

▶ Art. 150 desta Lei.

XII – determinará, quando entender conveniente, a convocação da assembleia-geral de credores para a constituição de Comitê de Credores, podendo ainda autorizar a manutenção do Comitê eventualmente em funcionamento na recuperação judicial quando da decretação da falência;

XIII – ordenará a intimação do Ministério Público e a comunicação por carta às Fazendas Públicas Federal e de todos os Estados e Municípios em que o devedor tiver estabelecimento, para que tomem conhecimento da falência.

Parágrafo único. O juiz ordenará a publicação de edital contendo a íntegra da decisão que decreta a falência e a relação de credores.

▶ Art. 7º, § 1º, desta Lei.

Art. 100. Da decisão que decreta a falência cabe agravo, e da sentença que julga a improcedência do pedido cabe apelação.

▶ Súm. nº 25 do STJ.

Art. 101. Quem por dolo requerer a falência de outrem será condenado, na sentença que julgar improcedente o pedido, a indenizar o devedor, apurando-se as perdas e danos em liquidação de sentença.

▶ Art. 97, § 2º, desta Lei.

§ 1º Havendo mais de 1 (um) autor do pedido de falência, serão solidariamente responsáveis aqueles que se conduziram na forma prevista no *caput* deste artigo.

§ 2º Por ação própria, o terceiro prejudicado também pode reclamar indenização dos responsáveis.

SEÇÃO V

DA INABILITAÇÃO EMPRESARIAL, DOS DIREITOS E DEVERES DO FALIDO

Art. 102. O falido fica inabilitado para exercer qualquer atividade empresarial a partir da decretação da falência e até a sentença que extingue suas obrigações, respeitado o disposto no § 1º do art. 181 desta Lei.

▶ Art. 99, VIII, desta Lei.

Parágrafo único. Findo o período de inabilitação, o falido poderá requerer ao juiz da falência que proceda à respectiva anotação em seu registro.

Art. 103. Desde a decretação da falência ou do sequestro, o devedor perde o direito de administrar os seus bens ou deles dispor.

Parágrafo único. O falido poderá, contudo, fiscalizar a administração da falência, requerer as providências necessárias para a conservação de seus direitos ou dos bens arrecadados e intervir nos processos em que a massa falida seja parte ou interessada, requerendo o que for de direito e interpondo os recursos cabíveis.

Art. 104. A decretação da falência impõe ao falido os seguintes deveres:

I – assinar nos autos, desde que intimado da decisão, termo de comparecimento, com a indicação do nome, nacionalidade, estado civil, endereço completo do domicílio, devendo ainda declarar, para constar do dito termo:

a) as causas determinantes da sua falência, quando requerida pelos credores;

b) tratando-se de sociedade, os nomes e endereços de todos os sócios, acionistas controladores, diretores ou administradores, apresentando o contrato ou estatuto social e a prova do respectivo registro, bem como suas alterações;

c) o nome do contador encarregado da escrituração dos livros obrigatórios;

d) os mandatos que porventura tenha outorgado, indicando seu objeto, nome e endereço do mandatário;

e) seus bens imóveis e os móveis que não se encontram no estabelecimento;

f) se faz parte de outras sociedades, exibindo respectivo contrato;

g) suas contas bancárias, aplicações, títulos em cobrança e processos em andamento em que for autor ou réu;

II – depositar em cartório, no ato de assinatura do termo de comparecimento, os seus livros obrigatórios, a fim de serem entregues ao administrador judicial, depois de encerrados por termos assinados pelo juiz;

III – não se ausentar do lugar onde se processa a falência sem motivo justo e comunicação expressa ao juiz, e sem deixar procurador bastante, sob as penas cominadas na lei;

IV – comparecer a todos os atos da falência, podendo ser representado por procurador, quando não for indispensável sua presença;

V – entregar, sem demora, todos os bens, livros, papéis e documentos ao administrador judicial, indicando-lhe, para serem arrecadados, os bens que porventura tenha em poder de terceiros;

VI – prestar as informações reclamadas pelo juiz, administrador judicial, credor ou Ministério Público sobre circunstâncias e fatos que interessem à falência;

VII – auxiliar o administrador judicial com zelo e presteza;

VIII – examinar as habilitações de crédito apresentadas;

IX – assistir ao levantamento, à verificação do balanço e ao exame dos livros;

X – manifestar-se sempre que for determinado pelo juiz;

XI – apresentar, no prazo fixado pelo juiz, a relação de seus credores;

XII – examinar e dar parecer sobre as contas do administrador judicial.

Parágrafo único. Faltando ao cumprimento de quaisquer dos deveres que esta Lei lhe impõe, após intimado pelo juiz a fazê-lo, responderá o falido por crime de desobediência.

SEÇÃO VI

DA FALÊNCIA REQUERIDA PELO PRÓPRIO DEVEDOR

Art. 105. O devedor em crise econômico-financeira que julgue não atender aos requisitos para pleitear sua recuperação judicial deverá requerer ao juízo sua falência, expondo as razões da impossibilidade de prosseguimento da atividade empresarial, acompanhadas dos seguintes documentos:

▶ Art. 97, I, desta Lei.

I – demonstrações contábeis referentes aos 3 (três) últimos exercícios sociais e as levantadas especialmente para instruir o pedido, confeccionadas com estrita observância da legislação societária aplicável e compostas obrigatoriamente de:
a) balanço patrimonial;
b) demonstração de resultados acumulados;
c) demonstração do resultado desde o último exercício social;
d) relatório do fluxo de caixa;
II – relação nominal dos credores, indicando endereço, importância, natureza e classificação dos respectivos créditos;

▶ Arts. 22, I, e 39, desta Lei.

III – relação dos bens e direitos que compõem o ativo, com a respectiva estimativa de valor e documentos comprobatórios de propriedade;
IV – prova da condição de empresário, contrato social ou estatuto em vigor ou, se não houver, a indicação de todos os sócios, seus endereços e a relação de seus bens pessoais;
V – os livros obrigatórios e documentos contábeis que lhe forem exigidos por lei;
VI – relação de seus administradores nos últimos 5 (cinco) anos, com os respectivos endereços, suas funções e participação societária.

Art. 106. Não estando o pedido regularmente instruído, o juiz determinará que seja emendado.

▶ Art. 97, I, desta Lei.

Art. 107. A sentença que decretar a falência do devedor observará a forma do art. 99 desta Lei.

▶ Art. 97, I, desta Lei.

Parágrafo único. Decretada a falência, aplicam-se integralmente os dispositivos relativos à falência requerida pelas pessoas referidas nos incisos II a IV do caput do art. 97 desta Lei.

▶ Súm. nº 25 do STJ.

SEÇÃO VII

DA ARRECADAÇÃO E DA CUSTÓDIA DOS BENS

Art. 108. Ato contínuo à assinatura do termo de compromisso, o administrador judicial efetuará a arrecadação dos bens e documentos e a avaliação dos bens, separadamente ou em bloco, no local em que se encontrem, requerendo ao juiz, para esses fins, as medidas necessárias.

▶ Art. 22, III, f, desta Lei.
▶ Súm. nº 305 do STJ.

§ 1º Os bens arrecadados ficarão sob a guarda do administrador judicial ou de pessoa por ele escolhida, sob responsabilidade daquele, podendo o falido ou qualquer de seus representantes ser nomeado depositário dos bens.

§ 2º O falido poderá acompanhar a arrecadação e a avaliação.

§ 3º O produto dos bens penhorados ou por outra forma apreendidos entrará para a massa, cumprindo ao juiz deprecar, a requerimento do administrador judicial, às autoridades competentes, determinando sua entrega.

§ 4º Não serão arrecadados os bens absolutamente impenhoráveis.

§ 5º Ainda que haja avaliação em bloco, o bem objeto de garantia real será também avaliado separadamente, para os fins do § 1º do art. 83 desta Lei.

Art. 109. O estabelecimento será lacrado sempre que houver risco para a execução da etapa de arrecadação ou para a preservação dos bens da massa falida ou dos interesses dos credores.

▶ Art. 99, XI, desta Lei.

Art. 110. O auto de arrecadação, composto pelo inventário e pelo respectivo laudo de avaliação dos bens, será assinado pelo administrador judicial, pelo falido ou seus representantes e por outras pessoas que auxiliarem ou presenciarem o ato.

▶ Art. 22, III, f, desta Lei.

§ 1º Não sendo possível a avaliação dos bens no ato da arrecadação, o administrador judicial requererá ao juiz a concessão de prazo para apresentação do laudo de avaliação, que não poderá exceder 30 (trinta) dias, contados da apresentação do auto de arrecadação.

§ 2º Serão referidos no inventário:

I – os livros obrigatórios e os auxiliares ou facultativos do devedor, designando-se o estado em que se acham, número e denominação de cada um, páginas escrituradas, data do início da escrituração e do último lançamento, e se os livros obrigatórios estão revestidos das formalidades legais;
II – dinheiro, papéis, títulos de crédito, documentos e outros bens da massa falida;
III – os bens da massa falida em poder de terceiro, a título de guarda, depósito, penhor ou retenção;
IV – os bens indicados como propriedade de terceiros ou reclamados por estes, mencionando-se essa circunstância.

§ 3º Quando possível, os bens referidos no § 2º deste artigo serão individualizados.

§ 4º Em relação aos bens imóveis, o administrador judicial, no prazo de 15 (quinze) dias após a sua arrecadação, exibirá as certidões de registro, extraídas posteriormente à decretação da falência, com todas as indicações que nele constarem.

Art. 111. O juiz poderá autorizar os credores, de forma individual ou coletiva, em razão dos custos e no interesse da massa falida, a adquirir ou adjudicar, de imediato, os bens arrecadados, pelo valor da avaliação, atendida a regra de classificação e preferência entre eles, ouvido o Comitê.

Art. 112. Os bens arrecadados poderão ser removidos, desde que haja necessidade de sua melhor guarda e conservação, hipótese em que permanecerão em depósito sob responsabilidade do administrador judicial, mediante compromisso.

Art. 113. Os bens perecíveis, deterioráveis, sujeitos a considerável desvalorização ou que sejam de conservação arriscada ou dispendiosa, poderão ser vendidos antecipadamente, após a arrecadação e a avaliação, mediante autorização judicial, ouvidos o Comitê e o falido no prazo de 48 (quarenta e oito) horas.

▶ Art. 22, III, j, desta Lei.

Art. 114. O administrador judicial poderá alugar ou celebrar outro contrato referente aos bens da massa falida, com o objetivo de produzir renda para a massa falida, mediante autorização do Comitê.

§ 1º O contrato disposto no *caput* deste artigo não gera direito de preferência na compra e não pode importar disposição total ou parcial dos bens.

§ 2º O bem objeto da contratação poderá ser alienado a qualquer tempo, independentemente do prazo contratado, rescindindo-se, sem direito a multa, o contrato realizado, salvo se houver anuência do adquirente.

SEÇÃO VIII
DOS EFEITOS DA DECRETAÇÃO DA FALÊNCIA SOBRE AS OBRIGAÇÕES DO DEVEDOR

Art. 115. A decretação da falência sujeita todos os credores, que somente poderão exercer os seus direitos sobre os bens do falido e do sócio ilimitadamente responsável na forma que esta Lei prescrever.

Art. 116. A decretação da falência suspende:

I – o exercício do direito de retenção sobre os bens sujeitos à arrecadação, os quais deverão ser entregues ao administrador judicial;

II – o exercício do direito de retirada ou de recebimento do valor de suas quotas ou ações, por parte dos sócios da sociedade falida.

Art. 117. Os contratos bilaterais não se resolvem pela falência e podem ser cumpridos pelo administrador judicial se o cumprimento reduzir ou evitar o aumento do passivo da massa falida ou for necessário à manutenção e preservação de seus ativos, mediante autorização do Comitê.

§ 1º O contratante pode interpelar o administrador judicial, no prazo de até 90 (noventa) dias, contado da assinatura do termo de sua nomeação, para que, dentro de 10 (dez) dias, declare se cumpre ou não o contrato.

§ 2º A declaração negativa ou o silêncio do administrador judicial confere ao contraente o direito à indenização, cujo valor, apurado em processo ordinário, constituirá crédito quirografário.

Art. 118. O administrador judicial, mediante autorização do Comitê, poderá dar cumprimento a contrato unilateral se esse fato reduzir ou evitar o aumento do passivo da massa falida ou for necessário à manutenção e preservação de seus ativos, realizando o pagamento da prestação pela qual está obrigada.

Art. 119. Nas relações contratuais a seguir mencionadas prevalecerão as seguintes regras:

I – o vendedor não pode obstar a entrega das coisas expedidas ao devedor e ainda em trânsito, se o comprador, antes do requerimento da falência, as tiver revendido, sem fraude, à vista das faturas e conhecimentos de transporte, entregues ou remetidos pelo vendedor;

II – se o devedor vendeu coisas compostas e o administrador judicial resolver não continuar a execução do contrato, poderá o comprador pôr à disposição da massa falida as coisas já recebidas, pedindo perdas e danos;

III – não tendo o devedor entregue coisa móvel ou prestado serviço que vendera ou contratara a prestações, e resolvendo o administrador judicial não executar o contrato, o crédito relativo ao valor pago será habilitado na classe própria;

IV – o administrador judicial, ouvido o Comitê, restituirá a coisa móvel comprada pelo devedor com reserva de domínio do vendedor se resolver não continuar a execução do contrato, exigindo a devolução, nos termos do contrato, dos valores pagos;

V – tratando-se de coisas vendidas a termo, que tenham cotação em bolsa ou mercado, e não se executando o contrato pela efetiva entrega daquelas e pagamento do preço, prestar-se-á a diferença entre a cotação do dia do contrato e a da época da liquidação em bolsa ou mercado;

VI – na promessa de compra e venda de imóveis, aplicar-se-á a legislação respectiva;

VII – a falência do locador não resolve o contrato de locação e, na falência do locatário, o administrador judicial pode, a qualquer tempo, denunciar o contrato;

VIII – caso haja acordo para compensação e liquidação de obrigações no âmbito do sistema financeiro nacional, nos termos da legislação vigente, a parte não falida poderá considerar o contrato vencido antecipadamente, hipótese em que será liquidado na forma estabelecida em regulamento, admitindo-se a compensação de eventual crédito que venha a ser apurado em favor do falido com créditos detidos pelo contratante;

IX – os patrimônios de afetação, constituídos para cumprimento de destinação específica, obedecerão ao disposto na legislação respectiva, permanecendo seus bens, direitos e obrigações separados dos do falido até o advento do respectivo termo ou até o cumprimento de sua finalidade, ocasião em que o administrador judicial arrecadará o saldo a favor da massa falida ou inscreverá na classe própria o crédito que contra ela remanescer.

Art. 120. O mandato conferido pelo devedor, antes da falência, para a realização de negócios, cessará seus efeitos com a decretação da falência, cabendo ao mandatário prestar contas de sua gestão.

§ 1º O mandato conferido para representação judicial do devedor continua em vigor até que seja expressamente revogado pelo administrador judicial.

§ 2º Para o falido, cessa o mandato ou comissão que houver recebido antes da falência, salvo os que versem sobre matéria estranha à atividade empresarial.

Art. 121. As contas correntes com o devedor consideram-se encerradas no momento de decretação da falência, verificando-se o respectivo saldo.

Art. 122. Compensam-se, com preferência sobre todos os demais credores, as dívidas do devedor vencidas até o dia da decretação da falência, provenha o vencimento da sentença de falência ou não, obedecidos os requisitos da legislação civil.

Parágrafo único. Não se compensam:

I – os créditos transferidos após a decretação da falência, salvo em caso de sucessão por fusão, incorporação, cisão ou morte; ou

II – os créditos, ainda que vencidos anteriormente, transferidos quando já conhecido o estado de crise econômico-financeira do devedor ou cuja transferência se operou com fraude ou dolo.

Art. 123. Se o falido fizer parte de alguma sociedade como sócio comanditário ou cotista, para a massa falida entrarão somente os haveres que na sociedade ele possuir e forem apurados na forma estabelecida no contrato ou estatuto social.

§ 1º Se o contrato ou o estatuto social nada disciplinar a respeito, a apuração far-se-á judicialmente, salvo se, por lei, pelo contrato ou estatuto, a sociedade tiver de liquidar-se, caso em que os haveres do falido, somente após o pagamento de todo o passivo da sociedade, entrarão para a massa falida.

§ 2º Nos casos de condomínio indivisível de que participe o falido, o bem será vendido e deduzir-se-á do valor arrecadado o que for devido aos demais condôminos, facultada a estes a compra da quota-parte do falido nos termos da melhor proposta obtida.

Art. 124. Contra a massa falida não são exigíveis juros vencidos após a decretação da falência, previstos em lei ou em contrato, se o ativo apurado não bastar para o pagamento dos credores subordinados.

Parágrafo único. Excetuam-se desta disposição os juros das debêntures e dos créditos com garantia real, mas por eles responde, exclusivamente, o produto dos bens que constituem a garantia.

Art. 125. Na falência do espólio, ficará suspenso o processo de inventário, cabendo ao administrador judicial a realização de atos pendentes em relação aos direitos e obrigações da massa falida.

Art. 126. Nas relações patrimoniais não reguladas expressamente nesta Lei, o juiz decidirá o caso atendendo à unidade, à universalidade do concurso e à igualdade de tratamento dos credores, observado o disposto no art. 75 desta Lei.

Art. 127. O credor de coobrigados solidários cujas falências sejam decretadas tem o direito de concorrer, em cada uma delas, pela totalidade do seu crédito, até recebê-lo por inteiro, quando então comunicará ao juízo.

§ 1º O disposto no *caput* deste artigo não se aplica ao falido cujas obrigações tenham sido extintas por sentença, na forma do art. 159 desta Lei.

§ 2º Se o credor ficar integralmente pago por uma ou por diversas massas coobrigadas, as que pagaram terão direito regressivo contra as demais, em proporção à parte que pagaram e àquela que cada uma tinha a seu cargo.

§ 3º Se a soma dos valores pagos ao credor em todas as massas coobrigadas exceder o total do crédito, o valor será devolvido às massas na proporção estabelecida no § 2º deste artigo.

§ 4º Se os coobrigados eram garantes uns dos outros, o excesso de que trata o § 3º deste artigo pertencerá, conforme a ordem das obrigações, às massas dos coobrigados que tiverem o direito de ser garantidas.

Art. 128. Os coobrigados solventes e os garantes do devedor ou dos sócios ilimitadamente responsáveis podem habilitar o crédito correspondente às quantias pagas ou devidas, se o credor não se habilitar no prazo legal.

Seção IX
DA INEFICÁCIA E DA REVOGAÇÃO DE ATOS PRATICADOS ANTES DA FALÊNCIA

Art. 129. São ineficazes em relação à massa falida, tenha ou não o contratante conhecimento do estado de crise econômico-financeira do devedor, seja ou não intenção deste fraudar credores:

I – o pagamento de dívidas não vencidas realizado pelo devedor dentro do termo legal, por qualquer meio extintivo do direito de crédito, ainda que pelo desconto do próprio título;

▶ Art. 131 desta Lei.

II – o pagamento de dívidas vencidas e exigíveis realizado dentro do termo legal, por qualquer forma que não seja a prevista pelo contrato;

▶ Art. 131 desta Lei.

III – a constituição de direito real de garantia, inclusive a retenção, dentro do termo legal, tratando-se de dívida contraída anteriormente; se os bens dados em hipoteca forem objeto de outras posteriores, a massa falida receberá a parte que devia caber ao credor da hipoteca revogada;

▶ Art. 131 desta Lei.

IV – a prática de atos a título gratuito, desde 2 (dois) anos antes da decretação da falência;

V – a renúncia à herança ou a legado, até 2 (dois) anos antes da decretação da falência;

VI – a venda ou transferência de estabelecimento feita sem o consentimento expresso ou o pagamento de todos os credores, a esse tempo existentes, não tendo restado ao devedor bens suficientes para solver o seu passivo, salvo se, no prazo de 30 (trinta) dias, não houver oposição dos credores, após serem devidamente notificados, judicialmente ou pelo oficial do registro de títulos e documentos;

▶ Art. 131 desta Lei.

VII – os registros de direitos reais e de transferência de propriedade entre vivos, por título oneroso ou gratuito, ou a averbação relativa a imóveis realizados após a decretação da falência, salvo se tiver havido prenotação anterior.

Parágrafo único. A ineficácia poderá ser declarada de ofício pelo juiz, alegada em defesa ou pleiteada mediante ação própria ou incidentalmente no curso do processo.

Art. 130. São revogáveis os atos praticados com a intenção de prejudicar credores, provando-se o conluio fraudulento entre o devedor e o terceiro que com ele contratar e o efetivo prejuízo sofrido pela massa falida.

▶ Arts. 132 e 164, § 3º, I e § 5º, desta Lei.

Art. 131. Nenhum dos atos referidos nos incisos I a III e VI do art. 129 desta Lei que tenham sido previstos e realizados na forma definida no plano de recuperação judicial será declarado ineficaz ou revogado.

▶ Art. 138 desta Lei.

Art. 132. A ação revocatória, de que trata o art. 130 desta Lei, deverá ser proposta pelo administrador judicial, por qualquer credor ou pelo Ministério Público no prazo de 3 (três) anos contado da decretação da falência.

Art. 133. A ação revocatória pode ser promovida:

I – contra todos os que figuraram no ato ou que por efeito dele foram pagos, garantidos ou beneficiados;
II – contra os terceiros adquirentes, se tiveram conhecimento, ao se criar o direito, da intenção do devedor de prejudicar os credores;
III – contra os herdeiros ou legatários das pessoas indicadas nos incisos I e II do *caput* deste artigo.

Art. 134. A ação revocatória correrá perante o juízo da falência e obedecerá ao procedimento ordinário previsto na Lei nº 5.869, de 11 de janeiro de 1973 – Código de Processo Civil.

Art. 135. A sentença que julgar procedente a ação revocatória determinará o retorno dos bens à massa falida em espécie, com todos os acessórios, ou o valor de mercado, acrescidos das perdas e danos.

Parágrafo único. Da sentença cabe apelação.

▶ Súm. nº 25 do STJ.

Art. 136. Reconhecida a ineficácia ou julgada procedente a ação revocatória, as partes retornarão ao estado anterior, e o contratante de boa-fé terá direito à restituição dos bens ou valores entregues ao devedor.

▶ Art. 86, III, desta Lei.

§ 1º Na hipótese de securitização de créditos do devedor, não será declarada a ineficácia ou revogado o ato de cessão em prejuízo dos direitos dos portadores de valores mobiliários emitidos pelo securitizador.

§ 2º É garantido ao terceiro de boa-fé, a qualquer tempo, propor ação por perdas e danos contra o devedor ou seus garantes.

Art. 137. O juiz poderá, a requerimento do autor da ação revocatória, ordenar, como medida preventiva, na forma da lei processual civil, o sequestro dos bens retirados do patrimônio do devedor que estejam em poder de terceiros.

Art. 138. O ato pode ser declarado ineficaz ou revogado, ainda que praticado com base em decisão judicial, observado o disposto no art. 131 desta Lei.

Parágrafo único. Revogado o ato ou declarada sua ineficácia, ficará rescindida a sentença que o motivou.

SEÇÃO X
DA REALIZAÇÃO DO ATIVO

Art. 139. Logo após a arrecadação dos bens, com a juntada do respectivo auto ao processo de falência, será iniciada a realização do ativo.

Art. 140. A alienação dos bens será realizada de uma das seguintes formas, observada a seguinte ordem de preferência:

I – alienação da empresa, com a venda de seus estabelecimentos em bloco;
II – alienação da empresa, com a venda de suas filiais ou unidades produtivas isoladamente;
III – alienação em bloco dos bens que integram cada um dos estabelecimentos do devedor;

IV – alienação dos bens individualmente considerados.

§ 1º Se convier à realização do ativo, ou em razão de oportunidade, podem ser adotadas mais de uma forma de alienação.

§ 2º A realização do ativo terá início independentemente da formação do quadro-geral de credores.

§ 3º A alienação da empresa terá por objeto o conjunto de determinados bens necessários à operação rentável da unidade de produção, que poderá compreender a transferência de contratos específicos.

§ 4º Nas transmissões de bens alienados na forma deste artigo que dependam de registro público, a este servirá como título aquisitivo suficiente o mandado judicial respectivo.

Art. 141. Na alienação conjunta ou separada de ativos, inclusive da empresa ou de suas filiais, promovida sob qualquer das modalidades de que trata este artigo:

▶ Art. 145, § 1º, desta Lei.

I – todos os credores, observada a ordem de preferência definida no art. 83 desta Lei, sub-rogam-se no produto da realização do ativo;
II – o objeto da alienação estará livre de qualquer ônus e não haverá sucessão do arrematante nas obrigações do devedor, inclusive as de natureza tributária, as derivadas da legislação do trabalho e as decorrentes de acidentes de trabalho.

§ 1º O disposto no inciso II do *caput* deste artigo não se aplica quando o arrematante for:

▶ Art. 60, parágrafo único, desta Lei.

I – sócio da sociedade falida, ou sociedade controlada pelo falido;
II – parente, em linha reta ou colateral até o 4º (quarto) grau, consanguíneo ou afim, do falido ou de sócio da sociedade falida; ou
III – identificado como agente do falido com o objetivo de fraudar a sucessão.

§ 2º Empregados do devedor contratados pelo arrematante serão admitidos mediante novos contratos de trabalho e o arrematante não responde por obrigações decorrentes do contrato anterior.

Art. 142. O juiz, ouvido o administrador judicial e atendendo à orientação do Comitê, se houver, ordenará que se proceda à alienação do ativo em uma das seguintes modalidades:

▶ Arts. 60, 144 e 166 desta Lei.

I – leilão, por lances orais;
II – propostas fechadas;
III – pregão.

§ 1º A realização da alienação em quaisquer das modalidades de que trata este artigo será antecedida por publicação de anúncio em jornal de ampla circulação, com 15 (quinze) dias de antecedência, em se tratando de bens móveis, e com 30 (trinta) dias na alienação da empresa ou de bens imóveis, facultada a divulgação por outros meios que contribuam para o amplo conhecimento da venda.

§ 2º A alienação dar-se-á pelo maior valor oferecido, ainda que seja inferior ao valor de avaliação.

§ 3º No leilão por lances orais, aplicam-se, no que couber, as regras da Lei nº 5.869, de 11 de janeiro de 1973 – Código de Processo Civil.

§ 4º A alienação por propostas fechadas ocorrerá mediante a entrega, em cartório e sob recibo, de envelopes lacrados, a serem abertos pelo juiz, no dia, hora e local designados no edital, lavrando o escrivão o auto respectivo, assinado pelos presentes, e juntando as propostas aos autos da falência.

§ 5º A venda por pregão constitui modalidade híbrida das anteriores, comportando 2 (duas) fases:

I – recebimento de propostas, na forma do § 3º deste artigo;

II – leilão por lances orais, de que participarão somente aqueles que apresentarem propostas não inferiores a 90% (noventa por cento) da maior proposta ofertada, na forma do § 2º deste artigo.

§ 6º A venda por pregão respeitará as seguintes regras:

I – recebidas e abertas as propostas na forma do § 5º deste artigo, o juiz ordenará a notificação dos ofertantes, cujas propostas atendam ao requisito de seu inciso II, para comparecer ao leilão;

II – o valor de abertura do leilão será o da proposta recebida do maior ofertante presente, considerando-se esse valor como lance, ao qual ele fica obrigado;

III – caso não compareça ao leilão o ofertante da maior proposta e não seja dado lance igual ou superior ao valor por ele ofertado, fica obrigado a prestar a diferença verificada, constituindo a respectiva certidão do juízo título executivo para a cobrança dos valores pelo administrador judicial.

§ 7º Em qualquer modalidade de alienação, o Ministério Público será intimado pessoalmente, sob pena de nulidade.

Art. 143. Em qualquer das modalidades de alienação referidas no art. 142 desta Lei, poderão ser apresentadas impugnações por quaisquer credores, pelo devedor ou pelo Ministério Público, no prazo de 48 (quarenta e oito) horas da arrematação, hipótese em que os autos serão conclusos ao juiz, que, no prazo de 5 (cinco) dias, decidirá sobre as impugnações e, julgando-as improcedentes, ordenará a entrega dos bens ao arrematante, respeitadas as condições estabelecidas no edital.

▶ Súm. nº 25 do STJ.

Art. 144. Havendo motivos justificados, o juiz poderá autorizar, mediante requerimento fundamentado do administrador judicial ou do Comitê, modalidades de alienação judicial diversas das previstas no art. 142 desta Lei.

Art. 145. O juiz homologará qualquer outra modalidade de realização do ativo, desde que aprovada pela assembleia-geral de credores, inclusive com a constituição de sociedade de credores ou dos empregados do próprio devedor, com a participação, se necessária, dos atuais sócios ou de terceiros.

▶ Arts. 35, II, c, e 46 desta Lei.

§ 1º Aplica-se à sociedade mencionada neste artigo o disposto no art. 141 desta Lei.

§ 2º No caso de constituição de sociedade formada por empregados do próprio devedor, estes poderão utilizar créditos derivados da legislação do trabalho para a aquisição ou arrendamento da empresa.

§ 3º Não sendo aprovada pela assembleia-geral a proposta alternativa para a realização do ativo, caberá ao juiz decidir a forma que será adotada, levando em conta a manifestação do administrador judicial e do Comitê.

Art. 146. Em qualquer modalidade de realização do ativo adotada, fica a massa falida dispensada da apresentação de certidões negativas.

Art. 147. As quantias recebidas a qualquer título serão imediatamente depositadas em conta remunerada de instituição financeira, atendidos os requisitos da lei ou das normas de organização judiciária.

Art. 148. O administrador judicial fará constar do relatório de que trata a alínea p do inciso III do art. 22 os valores eventualmente recebidos no mês vencido, explicitando a forma de distribuição dos recursos entre os credores, observado o disposto no art. 149 desta Lei.

Seção XI

DO PAGAMENTO AOS CREDORES

Art. 149. Realizadas as restituições, pagos os créditos extraconcursais, na forma do art. 84 desta Lei, e consolidado o quadro-geral de credores, as importâncias recebidas com a realização do ativo serão destinadas ao pagamento dos credores, atendendo à classificação prevista no art. 83 desta Lei, respeitados os demais dispositivos desta Lei e as decisões judiciais que determinem reserva de importâncias.

§ 1º Havendo reserva de importâncias, os valores a ela relativos ficarão depositados até o julgamento definitivo do crédito e, no caso de não ser este finalmente reconhecido, no todo ou em parte, os recursos depositados serão objeto de rateio suplementar entre os credores remanescentes.

§ 2º Os credores que não procederem, no prazo fixado pelo juiz, ao levantamento dos valores que lhes couberam em rateio serão intimados a fazê-lo no prazo de 60 (sessenta) dias, após o qual os recursos serão objeto de rateio suplementar entre os credores remanescentes.

Art. 150. As despesas cujo pagamento antecipado seja indispensável à administração da falência, inclusive na hipótese de continuação provisória das atividades previstas no inciso XI do caput do art. 99 desta Lei, serão pagas pelo administrador judicial com os recursos disponíveis em caixa.

Art. 151. Os créditos trabalhistas de natureza estritamente salarial vencidos nos 3 (três) meses anteriores à decretação da falência, até o limite de 5 (cinco) salários mínimos por trabalhador, serão pagos tão logo haja disponibilidade em caixa.

▶ Art. 86, parágrafo único, desta Lei.

Art. 152. Os credores restituirão em dobro as quantias recebidas, acrescidas dos juros legais, se ficar evidenciado dolo ou má-fé na constituição do crédito ou da garantia.

Art. 153. Pagos todos os credores, o saldo, se houver, será entregue ao falido.

Seção XII
DO ENCERRAMENTO DA FALÊNCIA E DA EXTINÇÃO DAS OBRIGAÇÕES DO FALIDO

Art. 154. Concluída a realização de todo o ativo, e distribuído o produto entre os credores, o administrador judicial apresentará suas contas ao juiz no prazo de 30 (trinta) dias.

▶ Art. 24, § 2º, desta Lei.

§ 1º As contas, acompanhadas dos documentos comprobatórios, serão prestadas em autos apartados que, ao final, serão apensados aos autos da falência.

▶ Art. 31, § 2º, desta Lei.

§ 2º O juiz ordenará a publicação de aviso de que as contas foram entregues e se encontram à disposição dos interessados, que poderão impugná-las no prazo de 10 (dez) dias.

▶ Art. 31, § 2º, desta Lei.

§ 3º Decorrido o prazo do aviso e realizadas as diligências necessárias à apuração dos fatos, o juiz intimará o Ministério Público para manifestar-se no prazo de 5 (cinco) dias, findo o qual o administrador judicial será ouvido se houver impugnação ou parecer contrário do Ministério Público.

▶ Art. 31, § 2º, desta Lei.

§ 4º Cumpridas as providências previstas nos §§ 2º e 3º deste artigo, o juiz julgará as contas por sentença.

▶ Art. 31, § 2º, desta Lei.

§ 5º A sentença que rejeitar as contas do administrador judicial fixará suas responsabilidades, poderá determinar a indisponibilidade ou o sequestro de bens e servirá como título executivo para indenização da massa.

▶ Art. 31, § 2º, desta Lei.

§ 6º Da sentença cabe apelação.

▶ Art. 31, § 2º, desta Lei.
▶ Súm. nº 25 do STJ.

Art. 155. Julgadas as contas do administrador judicial, ele apresentará o relatório final da falência no prazo de 10 (dez) dias, indicando o valor do ativo e o do produto de sua realização, o valor do passivo e o dos pagamentos feitos aos credores, e especificará justificadamente as responsabilidades com que continuará o falido.

▶ Art. 24, § 2º, desta Lei.

Art. 156. Apresentado o relatório final, o juiz encerrará a falência por sentença.

Parágrafo único. A sentença de encerramento será publicada por edital e dela caberá apelação.

Art. 157. O prazo prescricional relativo às obrigações do falido recomeça a correr a partir do dia em que transitar em julgado a sentença do encerramento da falência.

Art. 158. Extingue as obrigações do falido:

I – o pagamento de todos os créditos;
II – o pagamento, depois de realizado todo o ativo, de mais de 50% (cinquenta por cento) dos créditos quirografários, sendo facultado ao falido o depósito da quantia necessária para atingir essa porcentagem se para tanto não bastou a integral liquidação do ativo;
III – o decurso do prazo de 5 (cinco) anos, contado do encerramento da falência, se o falido não tiver sido condenado por prática de crime previsto nesta Lei;
IV – o decurso do prazo de 10 (dez) anos, contado do encerramento da falência, se o falido tiver sido condenado por prática de crime previsto nesta Lei.

Art. 159. Configurada qualquer das hipóteses do art. 158 desta Lei, o falido poderá requerer ao juízo da falência que suas obrigações sejam declaradas extintas por sentença.

▶ Art. 127, § 1º, desta Lei.

§ 1º O requerimento será autuado em apartado com os respectivos documentos e publicado por edital no órgão oficial e em jornal de grande circulação.

§ 2º No prazo de 30 (trinta) dias contado da publicação do edital, qualquer credor pode opor-se ao pedido do falido.

§ 3º Findo o prazo, o juiz, em 5 (cinco) dias, proferirá sentença e, se o requerimento for anterior ao encerramento da falência, declarará extintas as obrigações na sentença de encerramento.

§ 4º A sentença que declarar extintas as obrigações será comunicada a todas as pessoas e entidades informadas da decretação da falência.

§ 5º Da sentença cabe apelação.

§ 6º Após o trânsito em julgado, os autos serão apensados aos da falência.

Art. 160. Verificada a prescrição ou extintas as obrigações nos termos desta Lei, o sócio de responsabilidade ilimitada também poderá requerer que seja declarada por sentença a extinção de suas obrigações na falência.

Capítulo VI
DA RECUPERAÇÃO EXTRAJUDICIAL

Art. 161. O devedor que preencher os requisitos do art. 48 desta Lei poderá propor e negociar com credores plano de recuperação extrajudicial.

▶ Súm. nº 480 do STJ.

§ 1º Não se aplica o disposto neste Capítulo a titulares de créditos de natureza tributária, derivados da legislação do trabalho ou decorrentes de acidente de trabalho, assim como àqueles previstos nos arts. 49, § 3º, e 86, inciso II do caput, desta Lei.

§ 2º O plano não poderá contemplar o pagamento antecipado de dívidas nem tratamento desfavorável aos credores que a ele não estejam sujeitos.

§ 3º O devedor não poderá requerer a homologação de plano extrajudicial, se estiver pendente pedido de recuperação judicial ou se houver obtido recuperação judicial ou homologação de outro plano de recuperação extrajudicial há menos de 2 (dois) anos.

§ 4º O pedido de homologação do plano de recuperação extrajudicial não acarretará suspensão de direitos, ações ou execuções, nem a impossibilidade do pedido de decretação de falência pelos credores não sujeitos ao plano de recuperação extrajudicial.

§ 5º Após a distribuição do pedido de homologação, os credores não poderão desistir da adesão ao plano, salvo com a anuência expressa dos demais signatários.

§ 6º A sentença de homologação do plano de recuperação extrajudicial constituirá título executivo judicial, nos termos do art. 584, inciso III do *caput*, da Lei nº 5.869, de 11 de janeiro de 1973 – Código de Processo Civil.

Art. 162. O devedor poderá requerer a homologação em juízo do plano de recuperação extrajudicial, juntando sua justificativa e o documento que contenha seus termos e condições, com as assinaturas dos credores que a ele aderiram.

▶ Arts. 163, § 6º, e 164 desta Lei.

Art. 163. O devedor poderá, também, requerer a homologação de plano de recuperação extrajudicial que obriga a todos os credores por ele abrangidos, desde que assinado por credores que representem mais de 3/5 (três quintos) de todos os créditos de cada espécie por ele abrangidos.

▶ Art. 164, § 3º, I, desta Lei.
▶ Art. 180 desta Lei.

§ 1º O plano poderá abranger a totalidade de uma ou mais espécies de créditos previstos no art. 83, incisos II, IV, V, VI e VIII do *caput*, desta Lei, ou grupo de credores de mesma natureza e sujeito a semelhantes condições de pagamento, e, uma vez homologado, obriga a todos os credores das espécies por ele abrangidas, exclusivamente em relação aos créditos constituídos até a data do pedido de homologação.

§ 2º Não serão considerados para fins de apuração do percentual previsto no *caput* deste artigo os créditos não incluídos no plano de recuperação extrajudicial, os quais não poderão ter seu valor ou condições originais de pagamento alteradas.

§ 3º Para fins exclusivos de apuração do percentual previsto no *caput* deste artigo:

I – o crédito em moeda estrangeira será convertido para moeda nacional pelo câmbio da véspera da data de assinatura do plano; e

II – não serão computados os créditos detidos pelas pessoas relacionadas no art. 43 deste artigo.

§ 4º Na alienação de bem objeto de garantia real, a supressão da garantia ou sua substituição somente serão admitidas mediante a aprovação expressa do credor titular da respectiva garantia.

§ 5º Nos créditos em moeda estrangeira, a variação cambial só poderá ser afastada se o credor titular do respectivo crédito aprovar expressamente previsão diversa no plano de recuperação extrajudicial.

§ 6º Para a homologação do plano de que trata este artigo, além dos documentos previstos no *caput* do art. 162 desta Lei, o devedor deverá juntar:

I – exposição da situação patrimonial do devedor;

II – as demonstrações contábeis relativas ao último exercício social e as levantadas especialmente para instruir o pedido, na forma do inciso II do *caput* do art. 51 desta Lei; e

III – os documentos que comprovem os poderes dos subscritores para novar ou transigir, relação nominal completa dos credores, com a indicação do endereço de cada um, a natureza, a classificação e o valor atualizado do crédito, discriminando sua origem, o regime dos respectivos vencimentos e a indicação dos registros contábeis de cada transação pendente.

Art. 164. Recebido o pedido de homologação do plano de recuperação extrajudicial previsto nos arts. 162 e 163 desta Lei, o juiz ordenará a publicação de edital no órgão oficial e em jornal de grande circulação nacional ou das localidades da sede e das filiais do devedor, convocando todos os credores do devedor para apresentação de suas impugnações ao plano de recuperação extrajudicial, observado o § 3º deste artigo.

§ 1º No prazo do edital, deverá o devedor comprovar o envio de carta a todos os credores sujeitos ao plano, domiciliados ou sediados no país, informando a distribuição do pedido, as condições do plano e prazo para impugnação.

§ 2º Os credores terão prazo de 30 (trinta) dias, contado da publicação do edital, para impugnarem o plano, juntando a prova de seu crédito.

§ 3º Para opor-se, em sua manifestação, à homologação do plano, os credores somente poderão alegar:

I – não preenchimento do percentual mínimo previsto no *caput* do art. 163 desta Lei;

II – prática de qualquer dos atos previstos no inciso III do art. 94 ou do art. 130 desta Lei, ou descumprimento de requisito previsto nesta Lei;

III – descumprimento de qualquer outra exigência legal.

§ 4º Sendo apresentada impugnação, será aberto prazo de 5 (cinco) dias para que o devedor sobre ela se manifeste.

§ 5º Decorrido o prazo do § 4º deste artigo, os autos serão conclusos imediatamente ao juiz para apreciação de eventuais impugnações e decidirá, no prazo de 5 (cinco) dias, acerca do plano de recuperação extrajudicial, homologando-o por sentença se entender que não implica prática de atos previstos no art. 130 desta Lei e que não há outras irregularidades que recomendem sua rejeição.

§ 6º Havendo prova de simulação de créditos ou vício de representação dos credores que subscreverem o plano, a sua homologação será indeferida.

§ 7º Da sentença cabe apelação sem efeito suspensivo.

§ 8º Na hipótese de não homologação do plano o devedor poderá, cumpridas as formalidades, apresentar novo pedido de homologação de plano de recuperação extrajudicial.

Art. 165. O plano de recuperação extrajudicial produz efeitos após sua homologação judicial.

§ 1º É lícito, contudo, que o plano estabeleça a produção de efeitos anteriores à homologação, desde que exclusivamente em relação à modificação do valor ou da forma de pagamento dos credores signatários.

§ 2º Na hipótese do § 1º deste artigo, caso o plano seja posteriormente rejeitado pelo juiz, devolve-se aos credores signatários o direito de exigir seus créditos nas condições originais, deduzidos os valores efetivamente pagos.

Art. 166. Se o plano de recuperação extrajudicial homologado envolver alienação judicial de filiais ou de unidades produtivas isoladas do devedor, o juiz ordenará a sua realização, observado, no que couber, o disposto no art. 142 desta Lei.

Art. 167. O disposto neste Capítulo não implica impossibilidade de realização de outras modalidades de acordo privado entre o devedor e seus credores.

Capítulo VII

DISPOSIÇÕES PENAIS

Seção I

DOS CRIMES EM ESPÉCIE

Fraude a Credores

Art. 168. Praticar, antes ou depois da sentença que decretar a falência, conceder a recuperação judicial ou homologar a recuperação extrajudicial, ato fraudulento de que resulte ou possa resultar prejuízo aos credores, com o fim de obter ou assegurar vantagem indevida para si ou para outrem.

Pena – reclusão, de 3 (três) a 6 (seis) anos, e multa.

Aumento da pena

§ 1º A pena aumenta-se de 1/6 (um sexto) a 1/3 (um terço), se o agente:

I – elabora escrituração contábil ou balanço com dados inexatos;

II – omite, na escrituração contábil ou no balanço, lançamento que deles deveria constar, ou altera escrituração ou balanço verdadeiros;

III – destrói, apaga ou corrompe dados contábeis ou negociais armazenados em computador ou sistema informatizado;

IV – simula a composição do capital social;

V – destrói, oculta ou inutiliza, total ou parcialmente, os documentos de escrituração contábil obrigatórios.

Contabilidade paralela

§ 2º A pena é aumentada de 1/3 (um terço) até metade se o devedor manteve ou movimentou recursos ou valores paralelamente à contabilidade exigida pela legislação.

Concurso de pessoas

§ 3º Nas mesmas penas incidem os contadores, técnicos contábeis, auditores e outros profissionais que, de qualquer modo, concorrerem para as condutas criminosas descritas neste artigo, na medida de sua culpabilidade.

Redução ou substituição da pena

§ 4º Tratando-se de falência de microempresa ou de empresa de pequeno porte, e não se constatando prática habitual de condutas fraudulentas por parte do falido, poderá o juiz reduzir a pena de reclusão de 1/3 (um terço) a 2/3 (dois terços) ou substituí-la pelas penas restritivas de direitos, pelas de perda de bens e valores ou pelas de prestação de serviços à comunidade ou a entidades públicas.

Violação de sigilo empresarial

Art. 169. Violar, explorar ou divulgar, sem justa causa, sigilo empresarial ou dados confidenciais sobre operações ou serviços, contribuindo para a condução do devedor a estado de inviabilidade econômica ou financeira:

Pena – reclusão, de 2 (dois) a 4 (quatro) anos, e multa.

Divulgação de informações falsas

Art. 170. Divulgar ou propalar, por qualquer meio, informação falsa sobre devedor em recuperação judicial, com o fim de levá-lo à falência ou de obter vantagem:

Pena – reclusão, de 2 (dois) a 4 (quatro) anos, e multa.

Indução a erro

Art. 171. Sonegar ou omitir informações ou prestar informações falsas no processo de falência, de recuperação judicial ou de recuperação extrajudicial, com o fim de induzir a erro o juiz, o Ministério Público, os credores, a assembleia-geral de credores, o Comitê ou o administrador judicial:

Pena – reclusão, de 2 (dois) a 4 (quatro) anos, e multa.

Favorecimento de credores

Art. 172. Praticar, antes ou depois da sentença que decretar a falência, conceder a recuperação judicial ou homologar plano de recuperação extrajudicial, ato de disposição ou oneração patrimonial ou gerador de obrigação, destinado a favorecer um ou mais credores em prejuízo dos demais:

Pena – reclusão, de 2 (dois) a 5 (cinco) anos, e multa.

Parágrafo único. Nas mesmas penas incorre o credor que, em conluio, possa beneficiar-se de ato previsto no *caput* deste artigo.

Desvio, ocultação ou apropriação de bens

Art. 173. Apropriar-se, desviar ou ocultar bens pertencentes ao devedor sob recuperação judicial ou à massa falida, inclusive por meio da aquisição por interposta pessoa:

Pena – reclusão, de 2 (dois) a 4 (quatro) anos, e multa.

Aquisição, recebimento ou uso ilegal de bens

Art. 174. Adquirir, receber, usar, ilicitamente, bem que sabe pertencer à massa falida ou influir para que terceiro, de boa-fé, o adquira, receba ou use:

Pena – reclusão, de 2 (dois) a 4 (quatro) anos, e multa.

Habilitação ilegal de crédito

Art. 175. Apresentar, em falência, recuperação judicial ou recuperação extrajudicial, relação de créditos, habilitação de créditos ou reclamação falsas, ou juntar a elas título falso ou simulado:

Pena – reclusão, de 2 (dois) a 4 (quatro) anos, e multa.

Exercício ilegal de atividade

Art. 176. Exercer atividade para a qual foi inabilitado ou incapacitado por decisão judicial, nos termos desta Lei:

Pena – reclusão, de 1 (um) a 4 (quatro) anos, e multa.

Violação de impedimento

Art. 177. Adquirir o juiz, o representante do Ministério Público, o administrador judicial, o gestor judicial, o perito, o avaliador, o escrivão, o oficial de justiça ou o leiloeiro, por si ou por interposta pessoa, bens de massa falida ou de devedor em recuperação judicial, ou, em relação a estes, entrar em alguma especulação de lucro, quando tenham atuado nos respectivos processos:

Pena – reclusão, de 2 (dois) a 4 (quatro) anos, e multa.

Omissão dos documentos contábeis obrigatórios

Art. 178. Deixar de elaborar, escriturar ou autenticar, antes ou depois da sentença que decretar a falência, conceder a recuperação judicial ou homologar o plano de recuperação extrajudicial, os documentos de escrituração contábil obrigatórios:

Pena – detenção, de 1 (um) a 2 (dois) anos, e multa, se o fato não constitui crime mais grave.

SEÇÃO II

DISPOSIÇÕES COMUNS

Art. 179. Na falência, na recuperação judicial e na recuperação extrajudicial de sociedades, os seus sócios, diretores, gerentes, administradores e conselheiros, de fato ou de direito, bem como o administrador judicial, equiparam-se ao devedor ou falido para todos os efeitos penais decorrentes desta Lei, na medida de sua culpabilidade.

Art. 180. A sentença que decreta a falência, concede a recuperação judicial ou concede a recuperação extrajudicial de que trata o art. 163 desta Lei é condição objetiva de punibilidade das infrações penais descritas nesta Lei.

Art. 181. São efeitos da condenação por crime previsto nesta Lei:

I – a inabilitação para o exercício de atividade empresarial;

II – o impedimento para o exercício de cargo ou função em conselho de administração, diretoria ou gerência das sociedades sujeitas a esta Lei;

III – a impossibilidade de gerir empresa por mandato ou por gestão de negócio.

§ 1º Os efeitos de que trata este artigo não são automáticos, devendo ser motivadamente declarados na sentença, e perdurarão até 5 (cinco) anos após a extinção da punibilidade, podendo, contudo, cessar antes pela reabilitação penal.

▶ Art. 102 desta Lei.

§ 2º Transitada em julgado a sentença penal condenatória, será notificado o Registro Público de Empresas para que tome as medidas necessárias para impedir novo registro em nome dos inabilitados.

Art. 182. A prescrição dos crimes previstos nesta Lei reger-se-á pelas disposições do Decreto-Lei nº 2.848, de 7 de dezembro de 1940 – Código Penal, começando a correr do dia da decretação da falência, da concessão da recuperação judicial ou da homologação do plano de recuperação extrajudicial.

Parágrafo único. A decretação da falência do devedor interrompe a prescrição cuja contagem tenha iniciado com a concessão da recuperação judicial ou com a homologação do plano de recuperação extrajudicial.

SEÇÃO III

DO PROCEDIMENTO PENAL

Art. 183. Compete ao juiz criminal da jurisdição onde tenha sido decretada a falência, concedida a recuperação judicial ou homologado o plano de recuperação extrajudicial, conhecer da ação penal pelos crimes previstos nesta Lei.

Art. 184. Os crimes previstos nesta Lei são de ação penal pública incondicionada.

Parágrafo único. Decorrido o prazo a que se refere o art. 187, § 1º, sem que o representante do Ministério Público ofereça denúncia, qualquer credor habilitado ou o administrador judicial poderá oferecer ação penal privada subsidiária da pública, observado o prazo decadencial de 6 (seis) meses.

Art. 185. Recebida a denúncia ou a queixa, observar-se-á o rito previsto nos arts. 531 a 540 do Decreto-Lei nº 3.689, de 3 de outubro de 1941 – Código de Processo Penal.

Art. 186. No relatório previsto na alínea e do inciso III do *caput* do art. 22 desta Lei, o administrador judicial apresentará ao juiz da falência exposição circunstanciada, considerando as causas da falência, o procedimento do devedor, antes e depois da sentença, e outras informações detalhadas a respeito da conduta do devedor e de outros responsáveis, se houver, por atos que possam constituir crime relacionado com a recuperação judicial ou com a falência, ou outro delito conexo a estes.

▶ Art. 22, III, e, desta Lei.

Parágrafo único. A exposição circunstanciada será instruída com laudo do contador encarregado do exame da escrituração do devedor.

Art. 187. Intimado da sentença que decreta a falência ou concede a recuperação judicial, o Ministério Público, verificando a ocorrência de qualquer crime previsto nesta Lei, promoverá imediatamente a competente ação penal ou, se entender necessário, requisitará a abertura de inquérito policial.

§ 1º O prazo para oferecimento da denúncia regula-se pelo art. 46 do Decreto-Lei nº 3.689, de 3 de outubro de 1941 – Código de Processo Penal, salvo se o Ministério Público, estando o réu solto ou afiançado, decidir aguardar a apresentação da exposição circunstanciada de que trata o art. 186 desta Lei, devendo, em seguida, oferecer a denúncia em 15 (quinze) dias.

▶ Art. 184, parágrafo único, desta Lei.
▶ Súm. nº 564 do STF.

§ 2º Em qualquer fase processual, surgindo indícios da prática dos crimes previstos nesta Lei, o juiz da falência ou da recuperação judicial ou da recuperação extrajudicial cientificará o Ministério Público.

Art. 188. Aplicam-se subsidiariamente as disposições do Código de Processo Penal, no que não forem incompatíveis com esta Lei.

Capítulo VIII
DISPOSIÇÕES FINAIS E TRANSITÓRIAS

Art. 189. Aplica-se a Lei nº 5.869, de 11 de janeiro de 1973 – Código de Processo Civil, no que couber, aos procedimentos previstos nesta Lei.

Art. 190. Todas as vezes que esta Lei se referir a devedor ou falido, compreender-se-á que a disposição também se aplica aos sócios ilimitadamente responsáveis.

Art. 191. Ressalvadas as disposições específicas desta Lei, as publicações ordenadas serão feitas preferencialmente na imprensa oficial e, se o devedor ou a massa falida comportar, em jornal ou revista de circulação regional ou nacional, bem como em quaisquer outros periódicos que circulem em todo o país.

Parágrafo único. As publicações ordenadas nesta Lei conterão a epígrafe "recuperação judicial de", "recuperação extrajudicial de" ou "falência de".

Art. 192. Esta Lei não se aplica aos processos de falência ou de concordata ajuizados anteriormente ao início de sua vigência, que serão concluídos nos termos do Decreto-Lei nº 7.661, de 21 de junho de 1945.

§ 1º Fica vedada a concessão de concordata suspensiva nos processos de falência em curso, podendo ser promovida a alienação dos bens da massa falida assim que concluída sua arrecadação, independentemente da formação do quadro-geral de credores e da conclusão do inquérito judicial.

§ 2º A existência de pedido de concordata anterior à vigência desta Lei não obsta o pedido de recuperação judicial pelo devedor que não houver descumprido obrigação no âmbito da concordata, vedado, contudo, o pedido baseado no plano especial de recuperação judicial para microempresas e empresas de pequeno porte a que se refere a Seção V do Capítulo III desta Lei.

§ 3º No caso do § 2º deste artigo, se deferido o processamento da recuperação judicial, o processo de concordata será extinto e os créditos submetidos à concordata serão inscritos por seu valor original na recuperação judicial, deduzidas as parcelas pagas pelo concordatário.

§ 4º Esta Lei aplica-se às falências decretadas em sua vigência resultantes de convolação de concordatas ou de pedidos de falência anteriores, às quais se aplica, até a decretação, o Decreto-Lei nº 7.661, de 21 de junho de 1945, observado, na decisão que decretar a falência, o disposto no art. 99 desta Lei.

§ 5º O juiz poderá autorizar a locação ou arrendamento de bens imóveis ou móveis a fim de evitar a sua deterioração, cujos resultados reverterão em favor da massa.

► § 5º acrescido pela Lei nº 11.127, de 28-6-2005.

Art. 193. O disposto nesta Lei não afeta as obrigações assumidas no âmbito das câmaras ou prestadoras de serviços de compensação e de liquidação financeira, que serão ultimadas e liquidadas pela câmara ou prestador de serviços, na forma de seus regulamentos.

Art. 194. O produto da realização das garantias prestadas pelo participante das câmaras ou prestadores de serviços de compensação e de liquidação financeira submetidos aos regimes de que trata esta Lei, assim como os títulos, valores mobiliários e quaisquer outros de seus ativos objetos de compensação ou liquidação serão destinados à liquidação das obrigações assumidas no âmbito das câmaras ou prestadoras de serviços.

Art. 195. A decretação da falência das concessionárias de serviços públicos implica extinção da concessão, na forma da lei.

Art. 196. Os Registros Públicos de Empresas manterão banco de dados público e gratuito, disponível na rede mundial de computadores, contendo a relação de todos os devedores falidos ou em recuperação judicial.

Parágrafo único. Os Registros Públicos de Empresas deverão promover a integração de seus bancos de dados em âmbito nacional.

Art. 197. Enquanto não forem aprovadas as respectivas leis específicas, esta Lei aplica-se subsidiariamente, no que couber, aos regimes previstos no Decreto-Lei nº 73, de 21 de novembro de 1966, na Lei nº 6.024, de 13 de março de 1974, no Decreto-Lei nº 2.321, de 25 de fevereiro de 1987, e na Lei nº 9.514, de 20 de novembro de 1997.

Art. 198. Os devedores proibidos de requerer concordata nos termos da legislação específica em vigor na data da publicação desta Lei ficam proibidos de requerer recuperação judicial ou extrajudicial nos termos desta Lei.

Art. 199. Não se aplica o disposto no art. 198 desta Lei às sociedades a que se refere o art. 187 da Lei nº 7.565, de 19 de dezembro de 1986.

§ 1º Na recuperação judicial e na falência das sociedades de que trata o caput deste artigo, em nenhuma hipótese ficará suspenso o exercício de direitos derivados de contratos de locação, arrendamento mercantil ou de qualquer outra modalidade de arrendamento de aeronaves ou de suas partes.

§ 2º Os créditos decorrentes dos contratos mencionados no § 1º deste artigo não se submeterão aos efeitos da recuperação judicial ou extrajudicial, prevalecendo os direitos de propriedade sobre a coisa e as condições contratuais, não se lhes aplicando a ressalva contida na parte final do § 3º do art. 49 desta Lei.

§ 3º Na hipótese de falência das sociedades de que trata o caput deste artigo, prevalecerão os direitos de propriedade sobre a coisa relativos a contratos de locação, de arrendamento mercantil ou de qualquer outra modalidade de arrendamento de aeronaves ou de suas partes.

► §§ 1º a 3º acrescidos pela Lei nº 11.196, de 21-11-2005.

Art. 200. Ressalvado o disposto no art. 192 desta Lei, ficam revogados o Decreto-Lei nº 7.661, de 21 de junho de 1945, e os arts. 503 a 512 do Decreto-Lei nº 3.689, de 3 de outubro de 1941 – Código de Processo Penal.

Art. 201. Esta Lei entra em vigor 120 (cento e vinte) dias após sua publicação.

Brasília, 9 de fevereiro de 2005;
184º da Independência e
117º da República.

Luiz Inácio Lula da Silva

LEI COMPLEMENTAR Nº 123, DE 14 DE DEZEMBRO DE 2006

Institui o Estatuto Nacional da Microempresa e da Empresa de Pequeno Porte; altera dispositivos das Leis nºˢ 8.212 e 8.213, ambas de 24 de julho de 1991, da Consolidação das Leis do Trabalho – CLT, aprovada pelo Decreto-Lei nº 5.452, de 1º de maio de 1943, da Lei nº 10.189, de 14 de fevereiro de 2001, da Lei Complementar nº 63, de 11 de janeiro de 1990; e revoga as Leis nºˢ 9.317, de 5 de dezembro de 1996, e 9.841, de 5 de outubro de 1999.

▶ Publicada no *DOU* de 15-12-2006 e republicada no *DOU* de 31-1-2009, Edição Extra. Houve nova republicação no *DOU* de 6-3-2012, em atendimento ao disposto no art. 5º da LC nº 139, de 10-11-2011.

▶ Arts. 146, parágrafo único, e 179 da CF.

▶ Arts. 47, I, e 94 do ADCT.

▶ Lei nº 11.488, de 15-6-2007, cria o Regime Especial de Incentivos para o Desenvolvimento da Infraestrutura – REIDI; reduz para 24 (vinte e quatro) meses o prazo mínimo para utilização dos créditos da Contribuição para o PIS/PASEP e da Contribuição para o Financiamento da Seguridade Social – COFINS decorrentes da aquisição de edificações; e amplia o prazo para pagamento de impostos e contribuições.

▶ Dec. nº 6.038, de 7-2-2007, institui o Comitê Gestor de Tributação das Microempresas e Empresas de Pequeno Porte.

Capítulo I
DISPOSIÇÕES PRELIMINARES

Art. 1º Esta Lei Complementar estabelece normas gerais relativas ao tratamento diferenciado e favorecido a ser dispensado às microempresas e empresas de pequeno porte no âmbito dos Poderes da União, dos Estados, do Distrito Federal e dos Municípios, especialmente no que se refere:

I – à apuração e recolhimento dos impostos e contribuições da União, dos Estados, do Distrito Federal e dos Municípios, mediante regime único de arrecadação, inclusive obrigações acessórias;

II – ao cumprimento de obrigações trabalhistas e previdenciárias, inclusive obrigações acessórias;

III – ao acesso a crédito e ao mercado, inclusive quanto à preferência nas aquisições de bens e serviços pelos Poderes Públicos, à tecnologia, ao associativismo e às regras de inclusão.

§ 1º Cabe ao Comitê Gestor do SIMPLES Nacional (CGSN) apreciar a necessidade de revisão, a partir de 1º de janeiro de 2015, dos valores expressos em moeda nesta Lei Complementar.

▶ § 1º com a redação dada pela LC nº 139, de 10-11-2011.

§ 2º VETADO.

Art. 2º O tratamento diferenciado e favorecido a ser dispensado às microempresas e empresas de pequeno porte de que trata o art. 1º desta Lei Complementar será gerido pelas instâncias a seguir especificadas:

I – Comitê Gestor do Simples Nacional, vinculado ao Ministério da Fazenda, composto por 4 (quatro) representantes da Secretaria da Receita Federal do Brasil, como representantes da União, 2 (dois) dos Estados e do Distrito Federal e 2 (dois) dos Municípios, para tratar dos aspectos tributários; e

II – Fórum Permanente das Microempresas e Empresas de Pequeno Porte, com a participação dos órgãos federais competentes e das entidades vinculadas ao setor, para tratar dos demais aspectos, ressalvado o disposto no inciso III do *caput* deste artigo;

▶ Incisos I e II com a redação dada pela LC nº 128, de 19-12-2008.

III – Comitê para Gestão da Rede Nacional para a Simplificação do Registro e da Legalização de Empresas e Negócios, vinculado ao Ministério do Desenvolvimento, Indústria e Comércio Exterior, composto por representantes da União, dos Estados e do Distrito Federal, dos Municípios e demais órgãos de apoio e de registro empresarial, na forma definida pelo Poder Executivo, para tratar do processo de registro e de legalização de empresários e de pessoas jurídicas.

▶ Inciso III acrescido pela LC nº 128, de 19-12-2008.

§ 1º Os Comitês de que tratam os incisos I e III do *caput* deste artigo serão presididos e coordenados por representantes da União.

§ 2º Os representantes dos Estados e do Distrito Federal nos Comitês referidos nos incisos I e III do *caput* deste artigo serão indicados pelo Conselho Nacional de Política Fazendária – CONFAZ e os dos Municípios serão indicados, um pela entidade representativa das Secretarias de Finanças das Capitais e outro pelas entidades de representação nacional dos Municípios brasileiros.

§ 3º As entidades de representação referidas no inciso III do *caput* e no § 2º deste artigo serão aquelas regularmente constituídas há pelo menos 1 (um) ano antes da publicação desta Lei Complementar.

§ 4º Os Comitês de que tratam os incisos I e III do *caput* deste artigo elaborarão seus regimentos internos mediante resolução.

▶ §§ 1º a 4º com a redação dada pela LC nº 128, de 19-12-2008.

§ 5º O Fórum referido no inciso II do *caput* deste artigo, que tem por finalidade orientar e assessorar a formulação e coordenação da política nacional de desenvolvimento das microempresas e empresas de pequeno porte, bem como acompanhar e avaliar a sua implantação, será presidido e coordenado pelo Ministério do Desenvolvimento, Indústria e Comércio Exterior.

§ 6º Ao Comitê de que trata o inciso I do *caput* deste artigo compete regulamentar a opção, exclusão, tributação, fiscalização, arrecadação, cobrança, dívida ativa, recolhimento e demais itens relativos ao regime de que trata o art. 12 desta Lei Complementar, observadas as demais disposições desta Lei Complementar.

§ 7º Ao Comitê de que trata o inciso III do *caput* deste artigo compete, na forma da lei, regulamentar a inscrição, cadastro, abertura, alvará, arquivamento, licenças, permissão, autorização, registros e demais itens relativos à abertura, legalização e funcionamento de empresários e de pessoas jurídicas de qualquer porte, atividade econômica ou composição societária.

§ 8º Os membros dos Comitês de que tratam os incisos I e III do *caput* deste artigo serão designados, respectivamente, pelos Ministros de Estado da Fazenda e do Desenvolvimento, Indústria e Comércio Exterior, mediante indicação dos órgãos e entidades vinculados.

▶ §§ 6º a 8º acrescidos pela LC nº 128, de 19-12-2008.

Capítulo II

DA DEFINIÇÃO DE MICROEMPRESA E DE EMPRESA DE PEQUENO PORTE

Art. 3º Para os efeitos desta Lei Complementar, consideram-se microempresas ou empresas de pequeno porte a sociedade empresária, a sociedade simples, a empresa individual de responsabilidade limitada e o empresário a que se refere o art. 966 da Lei nº 10.406, de 10 de janeiro de 2002 (Código Civil), devidamente registrados no Registro de Empresas Mercantis ou no Registro Civil de Pessoas Jurídicas, conforme o caso, desde que:

▶ *Caput* com a redação dada pela LC nº 139, de 10-11-2011.

I – no caso da microempresa, aufira, em cada ano-calendário, receita bruta igual ou inferior a R$ 360.000,00 (trezentos e sessenta mil reais); e

II – no caso da empresa de pequeno porte, aufira, em cada ano-calendário, receita bruta superior a R$ 360.000,00 (trezentos e sessenta mil reais) e igual ou inferior a R$ 3.600.000,00 (três milhões e seiscentos mil reais).

▶ Incisos I e II com a redação dada pela LC nº 139, de 10-11-2011.

▶ Art. 16, § 1º, desta Lei Complementar.

§ 1º Considera-se receita bruta, para fins do disposto no *caput* deste artigo, o produto da venda de bens e serviços nas operações de conta própria, o preço dos serviços prestados e o resultado nas operações em conta alheia, não incluídas as vendas canceladas e os descontos incondicionais concedidos.

§ 2º No caso de início de atividade no próprio ano-calendário, o limite a que se refere o *caput* deste artigo será proporcional ao número de meses em que a microempresa ou a empresa de pequeno porte houver exercido atividade, inclusive as frações de meses.

§ 3º O enquadramento do empresário ou da sociedade simples ou empresária como microempresa ou empresa de pequeno porte bem como o seu desenquadramento não implicarão alteração, denúncia ou qualquer restrição em relação a contratos por elas anteriormente firmados.

§ 4º Não poderá se beneficiar do tratamento jurídico diferenciado previsto nesta Lei Complementar, incluído o regime de que trata o art. 12 desta Lei Complementar, para nenhum efeito legal, a pessoa jurídica:

▶ *Caput* do § 4º com a redação dada pela LC nº 128, de 19-12-2008.

I – de cujo capital participe outra pessoa jurídica;

II – que seja filial, sucursal, agência ou representação, no País, de pessoa jurídica com sede no exterior;

III – de cujo capital participe pessoa física que seja inscrita como empresário ou seja sócia de outra empresa que receba tratamento jurídico diferenciado nos termos desta Lei Complementar, desde que a receita bruta global ultrapasse o limite de que trata o inciso II do *caput* deste artigo;

IV – cujo titular ou sócio participe com mais de 10% (dez por cento) do capital de outra empresa não beneficiada por esta Lei Complementar, desde que a receita bruta global ultrapasse o limite de que trata o inciso II do *caput* deste artigo;

V – cujo sócio ou titular seja administrador ou equiparado de outra pessoa jurídica com fins lucrativos, desde que a receita bruta global ultrapasse o limite de que trata o inciso II do *caput* deste artigo;

VI – constituída sob a forma de cooperativas, salvo as de consumo;

VII – que participe do capital de outra pessoa jurídica;

VIII – que exerça atividade de banco comercial, de investimentos e de desenvolvimento, de caixa econômica, de sociedade de crédito, financiamento e investimento ou de crédito imobiliário, de corretora ou de distribuidora de títulos, valores mobiliários e câmbio, de empresa de arrendamento mercantil, de seguros privados e de capitalização ou de previdência complementar;

IX – resultante ou remanescente de cisão ou qualquer outra forma de desmembramento de pessoa jurídica que tenha ocorrido em um dos 5 (cinco) anos-calendário anteriores;

X – constituída sob a forma de sociedade por ações.

§ 5º O disposto nos incisos IV e VII do § 4º deste artigo não se aplica à participação no capital de cooperativas de crédito, bem como em centrais de compras, bolsas de subcontratação, no consórcio referido no art. 50 desta Lei Complementar e na sociedade de propósito específico prevista no art. 56 desta Lei Complementar, e em associações assemelhadas, sociedades de interesse econômico, sociedades de garantia solidária e outros tipos de sociedade, que tenham como objetivo social a defesa exclusiva dos interesses econômicos das microempresas e empresas de pequeno porte.

▶ § 5º com a redação dada pela LC nº 128, de 19-12-2008.

§ 6º Na hipótese de a microempresa ou empresa de pequeno porte incorrer em alguma das situações previstas nos incisos do § 4º, será excluída do tratamento jurídico diferenciado previsto nesta Lei Complementar, bem como do regime de que trata o art. 12, com efeitos a partir do mês seguinte ao que incorrida a situação impeditiva.

▶ § 6º com a redação dada pela LC nº 139, de 10-11-2011.

§ 7º Observado o disposto no § 2º deste artigo, no caso de início de atividades, a microempresa que, no ano-calendário, exceder o limite de receita bruta anual previsto no inciso I do *caput* deste artigo passa, no ano-calendário seguinte, à condição de empresa de pequeno porte.

§ 8º Observado o disposto no § 2º deste artigo, no caso de início de atividades, a empresa de pequeno porte que, no ano-calendário, não ultrapassar o limite de receita bruta anual previsto no inciso I do *caput* deste artigo passa, no ano-calendário seguinte, à condição de microempresa.

§ 9º A empresa de pequeno porte que, no ano-calendário, exceder o limite de receita bruta anual previsto no inciso II do *caput* fica excluída, no mês subsequente à ocorrência do excesso, do tratamento jurídico diferenciado previsto nesta Lei Complementar, incluído o regime de que trata o art. 12, para todos os efeitos legais, ressalvado o disposto nos §§ 9º-A, 10 e 12.

▶ § 9º com a redação dada pela LC nº 139, de 10-11-2011.

§ 9º-A. Os efeitos da exclusão prevista no § 9º dar-se-ão no ano-calendário subsequente se o excesso verificado em relação à receita bruta não for superior a 20% (vinte por cento) do limite referido no inciso II do *caput*.

▶ § 9º-A acrescido pela LC nº 139, de 10-11-2011.

§ 10. A empresa de pequeno porte que no decurso do ano-calendário de início de atividade ultrapassar o limite proporcional de receita bruta de que trata o § 2º estará excluída do tratamento jurídico diferenciado previsto nesta Lei Complementar, bem como do regime de que trata o art. 12 desta Lei Complementar, com efeitos retroativos ao início de suas atividades.

▶ Art. 31, III, *b*, desta Lei Complementar.

§ 11. Na hipótese de o Distrito Federal, os Estados e os respectivos Municípios adotarem um dos limites previstos nos incisos I e II do *caput* do art. 19 e no art. 20, caso a receita bruta auferida pela empresa durante o ano-calendário de início de atividade ultrapasse 1/12 (um doze avos) do limite estabelecido multiplicado pelo número de meses de funcionamento nesse período, a empresa não poderá recolher o ICMS e o ISS na forma do SIMPLES Nacional, relativos ao estabelecimento localizado na unidade da federação que os houver adotado, com efeitos retroativos ao início de suas atividades.

§ 12. A exclusão de que trata o § 10 não retroagirá ao início das atividades se o excesso verificado em relação à receita bruta não for superior a 20% (vinte por cento) do respectivo limite referido naquele parágrafo, hipótese em que os efeitos da exclusão dar-se-ão no ano-calendário subsequente.

▶ §§ 10 a 12 com a redação dada pela LC nº 139, de 10-11-2011.

§ 13. O impedimento de que trata o § 11 não retroagirá ao início das atividades se o excesso verificado em relação à receita bruta não for superior a 20% (vinte por cento) dos respectivos limites referidos naquele parágrafo, hipótese em que os efeitos do impedimento ocorrerão no ano-calendário subsequente.

§ 14. Para fins de enquadramento como empresa de pequeno porte, poderão ser auferidas receitas no mercado interno até o limite previsto no inciso II do *caput* ou no § 2º, conforme o caso, e, adicionalmente, receitas decorrentes da exportação de mercadorias, inclusive quando realizada por meio de comercial exportadora ou da sociedade de propósito específico prevista no art. 56 desta Lei Complementar, desde que as receitas de exportação também não excedam os referidos limites de receita bruta anual.

§ 15. Na hipótese do § 14, para fins de determinação da alíquota de que trata o § 1º do art. 18, da base de cálculo prevista em seu § 3º e das majorações de alíquotas previstas em seus §§ 16, 16-A, 17 e 17-A, será considerada a receita bruta total da empresa nos mercados interno e externo.

▶ §§ 13 a 15 acrescidos pela LC nº 139, de 10-11-2011.

CAPÍTULO III

DA INSCRIÇÃO E DA BAIXA

Art. 4º Na elaboração de normas de sua competência, os órgãos e entidades envolvidos na abertura e fechamento de empresas, dos 3 (três) âmbitos de governo, deverão considerar a unicidade do processo de registro e de legalização de empresários e de pessoas jurídicas, para tanto devendo articular as competências próprias com aquelas dos demais membros, e buscar, em conjunto, compatibilizar e integrar procedimentos, de modo a evitar a duplicidade de exigências e garantir a linearidade do processo, da perspectiva do usuário.

§ 1º O processo de abertura, registro, alteração e baixa do Microempreendedor Individual (MEI) de que trata o art. 18-A desta Lei Complementar, bem como qualquer exigência para o início de seu funcionamento, deverão ter trâmite especial e simplificado, preferencialmente eletrônico, opcional para o empreendedor na forma a ser disciplinada pelo CGSIM, observado o seguinte:

▶ *Caput* do § 1º com a redação dada pela LC nº 139, de 10-11-2011.

I – poderão ser dispensados o uso da firma, com a respectiva assinatura autógrafa, o capital, requerimentos, demais assinaturas, informações relativas ao estado civil e regime de bens, bem como remessa de documentos, na forma estabelecida pelo CGSIM; e

II – o cadastro fiscal estadual ou municipal poderá ser simplificado ou ter sua exigência postergada, sem prejuízo da possibilidade de emissão de documentos fiscais de compra, venda ou prestação de serviços, vedada, em qualquer hipótese, a imposição de custos pela autorização para emissão, inclusive na modalidade de avulsa.

▶ Incisos I e II acrescidos pela LC nº 139, de 10-11-2011.

§ 2º *Revogado*. LC nº 139, de 10-11-2011.

§ 3º Ficam reduzidos a 0 (zero) os valores referentes a taxas, emolumentos e demais custos relativos à abertura, à inscrição, ao registro, ao alvará, à licença, ao cadastro e aos demais itens relativos ao disposto nos §§ 1º e 2º deste artigo.

▶ § 3º acrescido pela LC nº 128, de 19-12-2008.

Art. 5º Os órgãos e entidades envolvidos na abertura e fechamento de empresas, dos 3 (três) âmbitos de governo, no âmbito de suas atribuições, deverão manter à disposição dos usuários, de forma presencial e pela rede mundial de computadores, informações, orientações e instrumentos, de forma integrada e consolidada, que permitam pesquisas prévias às etapas de registro ou inscrição, alteração e baixa de empresários e pessoas jurídicas, de modo a prover ao usuário certeza quanto à documentação exigível e quanto à viabilidade do registro ou inscrição.

Parágrafo único. As pesquisas prévias à elaboração de ato constitutivo ou de sua alteração deverão bastar a que o usuário seja informado pelos órgãos e entidades competentes:

I – da descrição oficial do endereço de seu interesse e da possibilidade de exercício da atividade desejada no local escolhido;

II – de todos os requisitos a serem cumpridos para obtenção de licenças de autorização de funcionamento, segundo a atividade pretendida, o porte, o grau de risco e a localização; e

III – da possibilidade de uso do nome empresarial de seu interesse.

Art. 6º Os requisitos de segurança sanitária, metrologia, controle ambiental e prevenção contra incêndios, para os fins de registro e legalização de empresários e pessoas jurídicas, deverão ser simplificados, racionalizados e uniformizados pelos órgãos envolvidos na abertura e fechamento de empresas, no âmbito de suas competências.

§ 1º Os órgãos e entidades envolvidos na abertura e fechamento de empresas que sejam responsáveis pela emissão de licenças e autorizações de funcionamento somente realizarão vistorias após o início de operação do estabelecimento, quando a atividade, por sua natureza, comportar grau de risco compatível com esse procedimento.

§ 2º Os órgãos e entidades competentes definirão, em 6 (seis) meses, contados da publicação desta Lei Complementar, as atividades cujo grau de risco seja considerado alto e que exigirão vistoria prévia.

Art. 7º Exceto nos casos em que o grau de risco da atividade seja considerado alto, os Municípios emitirão Alvará de Funcionamento Provisório, que permitirá o início de operação do estabelecimento imediatamente após o ato de registro.

Parágrafo único. Nos casos referidos no *caput* deste artigo, poderá o Município conceder Alvará de Funcionamento Provisório para o microempreendedor individual, para microempresas e para empresas de pequeno porte:

I – instaladas em áreas desprovidas de regulação fundiária legal ou com regulamentação precária; ou

II – em residência do microempreendedor individual ou do titular ou sócio da microempresa ou empresa de pequeno porte, na hipótese em que a atividade não gere grande circulação de pessoas.

▶ Parágrafo único acrescido pela LC nº 128, de 19-12-2008.

Art. 8º Será assegurado aos empresários entrada única de dados cadastrais e de documentos, resguardada a independência das bases de dados e observada a necessidade de informações por parte dos órgãos e entidades que as integram.

Art. 9º O registro dos atos constitutivos, de suas alterações e extinções (baixas), referentes a empresários e pessoas jurídicas em qualquer órgão envolvido no registro empresarial e na abertura da empresa, dos 3 (três) âmbitos de governo, ocorrerá independentemente da regularidade de obrigações tributárias, previdenciárias ou trabalhistas, principais ou acessórias, do empresário, da sociedade, dos sócios, dos administradores ou de empresas de que participem, sem prejuízo das responsabilidades do empresário, dos sócios ou dos administradores por tais obrigações, apuradas antes ou após o ato de extinção.

§ 1º O arquivamento, nos órgãos de registro, dos atos constitutivos de empresários, de sociedades empresárias e de demais equiparados que se enquadrarem como microempresa ou empresa de pequeno porte bem como o arquivamento de suas alterações são dispensados das seguintes exigências:

I – certidão de inexistência de condenação criminal, que será substituída por declaração do titular ou administrador, firmada sob as penas da lei, de não estar impedido de exercer atividade mercantil ou a administração de sociedade, em virtude de condenação criminal;

II – prova de quitação, regularidade ou inexistência de débito referente a tributo ou contribuição de qualquer natureza.

§ 2º Não se aplica às microempresas e às empresas de pequeno porte o disposto no § 2º do art. 1º da Lei nº 8.906, de 4 de julho de 1994.

§ 3º No caso de existência de obrigações tributárias, previdenciárias ou trabalhistas referidas no *caput*, o titular, o sócio ou o administrador da microempresa e da empresa de pequeno porte que se encontre sem movimento há mais de 12 (doze) meses poderá solicitar a baixa nos registros dos órgãos públicos federais, estaduais e municipais independentemente do pagamento de débitos tributários, taxas ou multas devidas pelo atraso na entrega das respectivas declarações nesses períodos, observado o disposto nos §§ 4º e 5º.

§ 4º A baixa referida no § 3º não impede que, posteriormente, sejam lançados ou cobrados impostos, contribuições e respectivas penalidades, decorrentes da simples falta de recolhimento ou da prática comprovada e apurada em processo administrativo ou judicial de outras irregularidades praticadas pelos empresários, pelas microempresas, pelas empresas de pequeno porte ou por seus titulares, sócios ou administradores.

▶ §§ 3º e 4º com a redação dada pela LC nº 139, de 10-11-2011.

§ 5º A solicitação de baixa na hipótese prevista no § 3º deste artigo importa responsabilidade solidária dos titulares, dos sócios e dos administradores do período de ocorrência dos respectivos fatos geradores.

§ 6º Os órgãos referidos no *caput* deste artigo terão o prazo de 60 (sessenta) dias para efetivar a baixa nos respectivos cadastros.

§ 7º Ultrapassado o prazo previsto no § 6º deste artigo sem manifestação do órgão competente, presumir-se-á a baixa dos registros das microempresas e a das empresas de pequeno porte.

§ 8º Excetuado o disposto nos §§ 3º a 5º deste artigo, na baixa de microempresa ou de empresa de pequeno porte aplicar-se-ão as regras de responsabilidade previstas para as demais pessoas jurídicas.

§ 9º Para os efeitos do § 3º deste artigo, considera-se sem movimento a microempresa ou a empresa de pequeno porte que não apresente mutação patrimonial e atividade operacional durante todo o ano-calendário.

▶ §§ 5º a 9º acrescidos pela LC nº 128, de 19-12-2008.

§ 10. No caso de existência de obrigações tributárias, previdenciárias ou trabalhistas, principais ou acessórias, o MEI poderá, a qualquer momento, solicitar a baixa nos registros independentemente do pagamento de débitos tributários, taxas ou multas devidas pelo atraso na entrega das respectivas declarações nesses períodos, observado o disposto nos §§ 1º e 2º.

§ 11. A baixa referida no § 10 não impede que, posteriormente, sejam lançados ou cobrados do titular impostos, contribuições e respectivas penalidades, decorrentes da simples falta de recolhimento ou da prática comprovada e apurada em processo administrativo ou judicial de outras irregularidades praticadas pela empresa ou por seu titular.

§ 12. A solicitação de baixa na hipótese prevista no § 10 importa assunção pelo titular das obrigações ali descritas.

▶ §§ 10 a 12 acrescidos pela LC nº 139, de 10-11-2011.

Art. 10. Não poderão ser exigidos pelos órgãos e entidades envolvidos na abertura e fechamento de empresas, dos 3 (três) âmbitos de governo:

I – excetuados os casos de autorização prévia, quaisquer documentos adicionais aos requeridos pelos órgãos executores do Registro Público de Empresas Mercantis e Atividades Afins e do Registro Civil de Pessoas Jurídicas;

II – documento de propriedade ou contrato de locação do imóvel onde será instalada a sede, filial ou outro estabelecimento, salvo para comprovação do endereço indicado;

III – comprovação de regularidade de prepostos dos empresários ou pessoas jurídicas com seus órgãos de classe, sob qualquer forma, como requisito para deferimento de ato de inscrição, alteração ou baixa de empresa, bem como para autenticação de instrumento de escrituração.

Art. 11. Fica vedada a instituição de qualquer tipo de exigência de natureza documental ou formal, restritiva ou condicionante, pelos órgãos envolvidos na abertura e fechamento de empresas, dos 3 (três) âmbitos de governo, que exceda o estrito limite dos requisitos pertinentes à essência do ato de registro, alteração ou baixa da empresa.

CAPÍTULO IV

DOS TRIBUTOS E CONTRIBUIÇÕES

SEÇÃO I

DA INSTITUIÇÃO E ABRANGÊNCIA

Art. 12. Fica instituído o Regime Especial Unificado de Arrecadação de Tributos e Contribuições devidos pelas Microempresas e Empresas de Pequeno Porte – SIMPLES Nacional.

Art. 13. O SIMPLES Nacional implica o recolhimento mensal, mediante documento único de arrecadação, dos seguintes impostos e contribuições:

I – Imposto sobre a Renda da Pessoa Jurídica – IRPJ;
II – Imposto sobre Produtos Industrializados – IPI, observado o disposto no inciso XII do § 1º deste artigo;
III – Contribuição Social sobre o Lucro Líquido – CSLL;
IV – Contribuição para o Financiamento da Seguridade Social – COFINS, observado o disposto no inciso XII do § 1º deste artigo;
V – Contribuição para o PIS/PASEP, observado o disposto no inciso XII do § 1º deste artigo;
VI – Contribuição Patronal Previdenciária – CPP para a Seguridade Social, a cargo da pessoa jurídica, de que trata o art. 22 da Lei nº 8.212, de 24 de julho de 1991, exceto no caso da microempresa e da empresa de pequeno porte que se dedique às atividades de prestação de serviços referidas no § 5º-C do art. 18 desta Lei Complementar;

▶ Inciso VI com a redação dada pela LC nº 128, de 19-12-2008.
▶ Arts. 18, § 5º-C, desta Lei Complementar.
▶ Súm. nº 425 do STJ.

VII – Imposto sobre Operações Relativas à Circulação de Mercadorias e Sobre Prestações de Serviços de Transporte Interestadual e Intermunicipal e de Comunicação – ICMS;
VIII – Imposto sobre Serviços de Qualquer Natureza – ISS.

§ 1º O recolhimento na forma deste artigo não exclui a incidência dos seguintes impostos ou contribuições, devidos na qualidade de contribuinte ou responsável, em relação aos quais será observada a legislação aplicável às demais pessoas jurídicas:

I – Imposto sobre Operações de Crédito, Câmbio e Seguro, ou Relativas a Títulos ou Valores Mobiliários – IOF;
II – Imposto sobre a Importação de Produtos Estrangeiros – II;
III – Imposto sobre a Exportação, para o Exterior, de Produtos Nacionais ou Nacionalizados – IE;
IV – Imposto sobre a Propriedade Territorial Rural – ITR;

▶ Inciso IV com a redação dada pela LC nº 128, de 19-12-2008.

V – Imposto de Renda, relativo aos rendimentos ou ganhos líquidos auferidos em aplicações de renda fixa ou variável;
VI – Imposto de Renda relativo aos ganhos de capital auferidos na alienação de bens do ativo permanente;
VII – Contribuição Provisória sobre Movimentação ou Transmissão de Valores e de Créditos e Direitos de Natureza Financeira – CPMF;
VIII – Contribuição para o Fundo de Garantia do Tempo de Serviço – FGTS;
IX – Contribuição para manutenção da Seguridade Social, relativa ao trabalhador;
X – Contribuição para a Seguridade Social, relativa à pessoa do empresário, na qualidade de contribuinte individual;
XI – Imposto de Renda relativo aos pagamentos ou créditos efetuados pela pessoa jurídica a pessoas físicas;
XII – Contribuição para o PIS/PASEP, COFINS e IPI incidentes na importação de bens e serviços;
XIII – ICMS devido:

a) nas operações ou prestações sujeitas ao regime de substituição tributária;
b) por terceiro, a que o contribuinte se ache obrigado, por força da legislação estadual ou distrital vigente;
c) na entrada, no território do Estado ou do Distrito Federal, de petróleo, inclusive lubrificantes e combustíveis líquidos e gasosos dele derivados, bem como energia elétrica, quando não destinados à comercialização ou industrialização;
d) por ocasião do desembaraço aduaneiro;
e) na aquisição ou manutenção em estoque de mercadoria desacobertada de documento fiscal;

f) na operação ou prestação desacobertada de documento fiscal;

g) nas operações com bens ou mercadorias sujeitas ao regime de antecipação do recolhimento do imposto, nas aquisições em outros Estados e Distrito Federal:

▶ *Caput* da alínea *g* com a redação dada pela LC nº 128, de 19-12-2008.

1. com encerramento da tributação, observado o disposto no inciso IV do § 4º do art. 18 desta Lei Complementar;
2. sem encerramento da tributação, hipótese em que será cobrada a diferença entre a alíquota interna e a interestadual, sendo vedada a agregação de qualquer valor;

▶ Itens 1 e 2 acrescidos pela LC nº 128, de 19-12-2008.

h) nas aquisições em outros Estados e no Distrito Federal de bens ou mercadorias, não sujeitas ao regime de antecipação do recolhimento do imposto, relativo à diferença entre a alíquota interna e a interestadual;

▶ Alínea *h* acrescida pela LC nº 128, de 19-12-2008.

XIV – ISS devido:

a) em relação aos serviços sujeitos à substituição tributária ou retenção na fonte;
b) na importação de serviços;

XV – demais tributos de competência da União, dos Estados, do Distrito Federal ou dos Municípios, não relacionados nos incisos anteriores.

§ 2º Observada a legislação aplicável, a incidência do imposto de renda na fonte, na hipótese do inciso V do § 1º deste artigo, será definitiva.

§ 3º As microempresas e empresas de pequeno porte optantes pelo SIMPLES Nacional ficam dispensadas do pagamento das demais contribuições instituídas pela União, inclusive as contribuições para as entidades privadas de serviço social e de formação profissional vinculadas ao sistema sindical, de que trata o art. 240 da Constituição Federal, e demais entidades de serviço social autônomo.

§ 4º VETADO.

§ 5º A diferença entre a alíquota interna e a interestadual de que tratam as alíneas *g* e *h* do inciso XIII do § 1º deste artigo será calculada tomando-se por base as alíquotas aplicáveis às pessoas jurídicas não optantes pelo SIMPLES Nacional.

§ 6º O Comitê Gestor do SIMPLES Nacional:

I – disciplinará a forma e as condições em que será atribuída à microempresa ou empresa de pequeno porte optante pelo Simples Nacional a qualidade de substituta tributária; e
II – poderá disciplinar a forma e as condições em que será estabelecido o regime de antecipação do ICMS previsto na alínea *g* do inciso XIII do § 1º deste artigo.

▶ §§ 5º e 6º acrescidos pela LC nº 128, de 19-12-2008.

Art. 14. Consideram-se isentos do imposto de renda, na fonte e na declaração de ajuste do beneficiário, os valores efetivamente pagos ou distribuídos ao titular ou sócio da microempresa ou empresa de pequeno porte optante pelo SIMPLES Nacional, salvo os que corresponderem a pró-labore, aluguéis ou serviços prestados.

§ 1º A isenção de que trata o *caput* deste artigo fica limitada ao valor resultante da aplicação dos percentuais de que trata o art. 15 da Lei nº 9.249, de 26 de dezembro de 1995, sobre a receita bruta mensal, no caso de antecipação de fonte, ou da receita bruta total anual, tratando-se de declaração de ajuste, subtraído do valor devido na forma do SIMPLES Nacional no período.

▶ Lei nº 9.249, de 26-12-1995, altera a legislação do Imposto de Renda das pessoas jurídicas, bem como da Contribuição Social sobre o Lucro Líquido.

§ 2º O disposto no § 1º deste artigo não se aplica na hipótese de a pessoa jurídica manter escrituração contábil e evidenciar lucro superior àquele limite.

Art. 15. VETADO.

Art. 16. A opção pelo SIMPLES Nacional da pessoa jurídica enquadrada na condição de microempresa e empresa de pequeno porte dar-se-á na forma a ser estabelecida em ato do Comitê Gestor, sendo irretratável para todo o ano-calendário.

§ 1º Para efeito de enquadramento no SIMPLES Nacional, considerar-se-á microempresa ou empresa de pequeno porte aquela cuja receita bruta no ano-calendário anterior ao da opção esteja compreendida dentro dos limites previstos no art. 3º desta Lei Complementar.

§ 1º-A. A opção pelo SIMPLES Nacional implica aceitação de sistema de comunicação eletrônica, destinado, dentre outras finalidades, a:

I – cientificar o sujeito passivo de quaisquer tipos de atos administrativos, incluídos os relativos ao indeferimento de opção, à exclusão do regime e a ações fiscais;
II – encaminhar notificações e intimações; e
III – expedir avisos em geral.

§ 1º-B. O sistema de comunicação eletrônica de que trata o § 1º-A será regulamentado pelo CGSN, observando-se o seguinte:

I – as comunicações serão feitas, por meio eletrônico, em portal próprio, dispensando-se a sua publicação no *Diário Oficial* e o envio por via postal;
II – a comunicação feita na forma prevista no *caput* será considerada pessoal para todos os efeitos legais;
III – a ciência por meio do sistema de que trata o § 1º-A com utilização de certificação digital ou de código de acesso possuirá os requisitos de validade;
IV – considerar-se-á realizada a comunicação no dia em que o sujeito passivo efetivar a consulta eletrônica ao teor da comunicação; e
V – na hipótese do inciso IV, nos casos em que a consulta se dê em dia não útil, a comunicação será considerada como realizada no primeiro dia útil seguinte.

§ 1º-C. A consulta referida nos incisos IV e V do § 1º-B deverá ser feita em até 45 (quarenta e cinco) dias contados da data da disponibilização da comunicação no portal a que se refere o inciso I do § 1º-B, ou em prazo superior estipulado pelo CGSN, sob pena de ser considerada automaticamente realizada na data do término desse prazo.

§ 1º-D. Enquanto não editada a regulamentação de que trata o § 1º-B, os entes federativos poderão utilizar sistemas de comunicação eletrônica, com regras próprias, para as finalidades previstas no § 1º-A, podendo a referida regulamentação prever a adoção desses sistemas como meios complementares de comunicação.

▶ §§ 1º-A a 1º-D acrescidos pela LC nº 139, de 10-11-2011.

§ 2º A opção de que trata o *caput* deste artigo deverá ser realizada no mês de janeiro, até o seu último dia útil, produzindo efeitos a partir do primeiro dia do ano-calendário da opção, ressalvado o disposto no § 3º deste artigo.

§ 3º A opção produzirá efeitos a partir da data do início de atividade, desde que exercida nos termos, prazo e condições a serem estabelecidos no ato do Comitê Gestor a que se refere o *caput* deste artigo.

§ 4º Serão considerados inscritas no Simples Nacional, em 1º de julho de 2007, as microempresas e empresas de pequeno porte regularmente optantes pelo regime tributário de que trata a Lei nº 9.317, de 5 de dezembro de 1996, salvo as que estiverem impedidas de optar por alguma vedação imposta por esta Lei Complementar.

▶ § 4º com redação pela LC nº 127, de 14-8-2007.
▶ A Lei nº 9.317, de 5-12-1996, foi revogada pelo art. 89 desta Lei Complementar.

§ 5º O Comitê Gestor regulamentará a opção automática prevista no § 4º deste artigo.

§ 6º O indeferimento da opção pelo SIMPLES Nacional será formalizado mediante ato da Administração Tributária segundo regulamentação do Comitê Gestor.

▶ Art. 3º, IV, do Dec. nº 6.038, de 7-2-2007, que instituí o Comitê Gestor de Tributação das Microempresas e Empresas de Pequeno Porte.

Seção II

DAS VEDAÇÕES AO INGRESSO NO SIMPLES NACIONAL

Art. 17. Não poderão recolher os impostos e contribuições na forma do SIMPLES Nacional a microempresa ou a empresa de pequeno porte:

I – que explore atividade de prestação cumulativa e contínua de serviços de assessoria creditícia, gestão de crédito, seleção e riscos, administração de contas a pagar e a receber, gerenciamento de ativos (*asset management*), compras de direitos creditórios resultantes de vendas mercantis a prazo ou de prestação de serviços (*factoring*);

II – que tenha sócio domiciliado no exterior;

III – de cujo capital participe entidade da administração pública, direta ou indireta, federal, estadual ou municipal;

IV – *Revogado*. LC nº 128, de 19-12-2008;

V – que possua débito com o Instituto Nacional do Seguro Social – INSS, ou com as Fazendas Públicas Federal, Estadual ou Municipal, cuja exigibilidade não esteja suspensa;

▶ Art. 31, IV, e § 2º, desta Lei Complementar.

VI – que preste serviço de transporte intermunicipal e interestadual de passageiros;

VII – que seja geradora, transmissora, distribuidora ou comercializadora de energia elétrica;

VIII – que exerça atividade de importação ou fabricação de automóveis e motocicletas;

IX – que exerça atividade de importação de combustíveis;

X – que exerça atividade de produção ou venda no atacado de:

a) cigarros, cigarrilhas, charutos, filtros para cigarros, armas de fogo, munições e pólvoras, explosivos e detonantes;

b) bebidas a seguir descritas:

1 – alcoólicas;

2 – refrigerantes, inclusive águas saborizadas gaseificadas;

3 – preparações compostas, não alcoólicas (extratos concentrados ou sabores concentrados), para elaboração de bebida refrigerante, com capacidade de diluição de até 10 (dez) partes da bebida para cada parte do concentrado;

4 – cervejas sem álcool;

▶ Inciso X com a redação dada pela LC nº 128, de 19-12-2008.

XI – que tenha por finalidade a prestação de serviços decorrentes do exercício de atividade intelectual, de natureza técnica, científica, desportiva, artística ou cultural, que constitua profissão regulamentada ou não, bem como a que preste serviços de instrutor, de corretor, de despachante ou de qualquer tipo de intermediação de negócios;

XII – que realize cessão ou locação de mão de obra;

XIII – que realize atividade de consultoria;

XIV – que se dedique ao loteamento e à incorporação de imóveis;

XV – que realize atividade de locação de imóveis próprios, exceto quando se referir a prestação de serviços tributados pelo ISS;

▶ Inciso XV com a redação dada pela LC nº 139, de 10-11-2011.

XVI – com ausência de inscrição ou com irregularidade em cadastro fiscal federal, municipal ou estadual, quando exigível.

▶ Inciso XVI acrescido pela LC nº 139, de 10-11-2011.

§ 1º As vedações relativas a exercício de atividades previstas no *caput* deste artigo não se aplicam às pessoas jurídicas que se dediquem exclusivamente às atividades referidas nos §§ 5º-B a 5º-E do art. 18 desta Lei Complementar, ou as exerçam em conjunto com outras atividades que não tenham sido objeto de vedação no *caput* deste artigo.

▶ *Caput* do § 1º com a redação dada pela LC nº 128, de 19-12-2008.

I a XXI – *Revogados*. LC nº 128, de 19-12-2008;
XXII – VETADO;
XXIII a XXVII – *Revogados*. LC nº 128, de 19-12-2008;
XXVIII – VETADO.

§ 2º Também poderá optar pelo SIMPLES Nacional a microempresa ou empresa de pequeno porte que se dedique à prestação de outros serviços que não tenham sido objeto de vedação expressa neste artigo, desde que não incorra em nenhuma das hipóteses de vedação previstas nesta Lei Complementar.

▶ § 2º com a redação dada pela LC nº 127, de 14-8-2007.
▶ Arts. 13, VI, e 18, § 5º, V, desta Lei Complementar.

§ 3º VETADO.

§ 4º Na hipótese do inciso XVI do *caput*, deverá ser observado, para o MEI, o disposto no art. 4º desta Lei Complementar.
► § 4º acrescido pela LC nº 139, de 10-11-2011.

Seção III
DAS ALÍQUOTAS E BASE DE CÁLCULO

Art. 18. O valor devido mensalmente pela microempresa e empresa de pequeno porte comercial, optante pelo SIMPLES Nacional, será determinado mediante aplicação da tabela do Anexo I desta Lei Complementar.
► *Caput* com a redação dada pela LC nº 128, de 19-12-2008.
► Arts. 19 e 21 desta Lei Complementar.

§ 1º Para efeito de determinação da alíquota, o sujeito passivo utilizará a receita bruta acumulada nos 12 (doze) meses anteriores ao do período de apuração.

§ 2º Em caso de início de atividade, os valores de receita bruta acumulada constantes das tabelas dos Anexos I a V desta Lei Complementar devem ser proporcionalizados ao número de meses de atividade no período.

§ 3º Sobre a receita bruta auferida no mês incidirá a alíquota determinada na forma do *caput* e dos §§ 1º e 2º deste artigo, podendo tal incidência se dar, à opção do contribuinte, na forma regulamentada pelo Comitê Gestor, sobre a receita recebida no mês, sendo essa opção irretratável para todo o ano-calendário.
► Art. 3º, V, do Dec. nº 6.038, de 7-2-2007, que institui o Comitê Gestor de Tributação das Microempresas e Empresas de Pequeno Porte.

§ 4º O contribuinte deverá considerar, destacadamente, para fim de pagamento:
I – as receitas decorrentes da revenda de mercadorias;
II – as receitas decorrentes da venda de mercadorias industrializadas pelo contribuinte;
III – as receitas decorrentes da prestação de serviços, bem como a de locação de bens móveis;
► Súm. nº 423 do STJ.

IV – as receitas decorrentes da venda de mercadorias sujeitas à substituição tributária e tributação concentrada em uma única etapa (monofásica), bem como, em relação ao ICMS, antecipação tributária com encerramento de tributação;
► Inciso IV com a redação dada pela LC nº 128, de 19-12-2008.
► Súm. nº 431 do STJ.

V – as receitas decorrentes da exportação de mercadorias para o exterior, inclusive as vendas realizadas por meio de comercial exportadora ou da sociedade de propósito específico prevista no art. 56 desta Lei Complementar.
► Inciso V com a redação dada pela LC nº 128, de 19-12-2008.

§ 5º As atividades industriais serão tributadas na forma do Anexo II desta Lei Complementar.
► § 5º com a redação dada pela LC nº 128, de 19-12-2008.

I a VII – *Revogados*. LC nº 128, de 19-12-2008.

§ 5º-A. As atividades de locação de bens móveis serão tributadas na forma do Anexo III desta Lei Complementar, deduzindo-se da alíquota o percentual correspondente ao ISS previsto nesse Anexo.
► § 5º-A acrescido pela LC nº 128, de 19-12-2008.
► Súm. nº 423 do STJ.

§ 5º-B. Sem prejuízo do disposto no § 1º do art. 17 desta Lei Complementar, serão tributadas na forma do Anexo III desta Lei Complementar as seguintes atividades de prestação de serviços:
► *Caput* do § 5º-B com a redação dada pela LC nº 128, de 19-12-2008.

I – creche, pré-escola e estabelecimento de ensino fundamental, escolas técnicas, profissionais e de ensino médio, de línguas estrangeiras, de artes, cursos técnicos de pilotagem, preparatórios para concursos, gerenciais e escolas livres, exceto as previstas nos incisos II e III do § 5º-D deste artigo;
► Inciso I com a redação dada pela LC nº 128, de 19-12-2008.
► Súm. nº 448 do STJ.

II – agência terceirizada de correios;
III – agência de viagem e turismo;
IV – centro de formação de condutores de veículos automotores de transporte terrestre de passageiros e de carga;
V – agência lotérica;
► Incisos II a V acrescidos pela LC nº 128, de 19-12-2008.

VI a VIII – *Revogados*. LC nº 128, de 19-12-2008;
IX – serviços de instalação, de reparos e de manutenção em geral, bem como de usinagem, solda, tratamento e revestimento em metais;
► Inciso IX com a redação dada pela LC nº 128, de 19-12-2008.

X a XII – *Revogados*. LC nº 128, de 19-12-2008;
XIII – transporte municipal de passageiros; e
► Inciso XIII com a redação dada pela LC nº 128, de 19-12-2008.

XIV – escritórios de serviços contábeis, observado o disposto nos §§ 22-B e 22-C deste artigo;
► Inciso XIV acrescido pela LC nº 128, de 19-12-2008.

XV – produções cinematográficas, audiovisuais, artísticas e culturais, sua exibição ou apresentação, inclusive no caso de música, literatura, artes cênicas, artes visuais, cinematográficas e audiovisuais.
► Inciso XV acrescido pela LC nº 133, de 28-12-2009.

§ 5º-C. Sem prejuízo do disposto no § 1º do art. 17 desta Lei Complementar, as atividades de prestação de serviços seguintes serão tributadas na forma do anexo IV desta Lei Complementar, hipótese em que não estará incluída no SIMPLES Nacional a contribuição prevista no inciso VI do *caput* do art. 13 desta Lei Complementar, devendo ela ser recolhida segundo a legislação prevista para os demais contribuintes ou responsáveis:
► *Caput* do § 5º-C com a redação dada pela LC nº 128, de 19-12-2008.

I – construção de imóveis e obras de engenharia em geral, inclusive sob a forma de subempreitada, execu-

ção de projetos e serviços de paisagismo, bem como decoração de interiores;
▶ Inciso I com a redação dada pela LC nº 128, de 19-12-2008.

II a V – *Revogados*. LC nº 128, de 19-12-2008;
VI – serviço de vigilância, limpeza ou conservação.
▶ Inciso VI com a redação dada pela LC nº 128, de 19-12-2008.

§ 5º-D. Sem prejuízo do disposto no § 1º do art. 17 desta Lei Complementar, as atividades de prestação de serviços seguintes serão tributadas na forma do Anexo V desta Lei Complementar:
▶ *Caput* do § 5º-D com a redação dada pela LC nº 128, de 19-12-2008.

I – cumulativamente administração e locação de imóveis de terceiros;
II – academias de dança, de capoeira, de ioga e de artes marciais;
III – academias de atividades físicas, desportivas, de natação e escolas de esportes;
IV – elaboração de programas de computadores, inclusive jogos eletrônicos, desde que desenvolvidos em estabelecimento do optante;
V – licenciamento ou cessão de direito de uso de programas de computação;
VI – planejamento, confecção, manutenção e atualização de páginas eletrônicas, desde que realizados em estabelecimento do optante;
▶ Incisos I a VI acrescidos pela LC nº 128, de 19-12-2008.

VII e VIII – *Revogados*. LC nº 128, de 19-12-2008;
IX – empresas montadoras de estandes para feiras;
▶ Inciso IX acrescido pela LC nº 128, de 19-12-2008.

X e XI – *Revogados*. LC nº 133, de 28-12-2009;
XII – laboratórios de análises clínicas ou de patologia clínica;
XIII – serviços de tomografia, diagnósticos médicos por imagem, registros gráficos e métodos óticos, bem como ressonância magnética;
XIV – serviços de prótese em geral.
▶ Incisos XII a XIV acrescidos pela LC nº 128, de 19-12-2008.

§ 5º-E. Sem prejuízo do disposto no § 1º do art. 17 desta Lei Complementar, as atividades de prestação de serviços de comunicação e de transportes interestadual e intermunicipal de cargas serão tributadas na forma do Anexo III, deduzida a parcela correspondente ao ISS e acrescida a parcela correspondente ao ICMS prevista no Anexo I.
▶ § 5º-E com a redação dada pela LC nº 128, de 19-12-2008.

§ 5º-F. As atividades de prestação de serviços referidas no § 2º do art. 17 desta Lei Complementar serão tributadas na forma do Anexo III desta Lei Complementar, salvo se, para alguma dessas atividades, houver previsão expressa de tributação na forma dos Anexos IV ou V desta Lei Complementar.

§ 5º-G. As atividades com incidência simultânea de IPI e de ISS serão tributadas na forma do Anexo II desta Lei Complementar, deduzida a parcela correspondente ao ICMS e acrescida a parcela correspondente ao ISS prevista no Anexo III desta Lei Complementar.

§ 5º-H. A vedação de que trata o inciso XII do *caput* do art. 17 desta Lei Complementar não se aplica às atividades referidas no § 5º-C deste artigo.
▶ §§ 5º-F a 5º-H acrescidos pela LC nº 128, de 19-12-2008.

§ 6º No caso dos serviços previstos no § 2º do art. 6º da Lei Complementar nº 116, de 31 de julho de 2003, prestados pelas microempresas e pelas empresas de pequeno porte, o tomador do serviço deverá reter o montante correspondente na forma da legislação do município onde estiver localizado, observado o disposto no § 4º do art. 21 desta Lei Complementar.

§ 7º A sociedade de propósito específico de que trata o art. 56 desta Lei Complementar que houver adquirido mercadorias de microempresa ou empresa de pequeno porte que seja sua sócia, bem como a empresa comercial exportadora que houver adquirido mercadorias de empresa optante pelo SIMPLES Nacional, com o fim específico de exportação para o exterior, que, no prazo de 180 (cento e oitenta) dias, contado da data da emissão da nota fiscal pela vendedora, não comprovar o seu embarque para o exterior ficará sujeita ao pagamento de todos os impostos e contribuições que deixaram de ser pagos pela empresa vendedora, acrescidos de juros de mora e multa, de mora ou de ofício, calculados na forma da legislação que rege a cobrança do tributo não pago, aplicável à sociedade de propósito específico ou à própria comercial exportadora.
▶ §§ 6º e 7º com a redação dada pela LC nº 128, de 19-12-2008.

§ 8º Para efeito do disposto no § 7º deste artigo, considera-se vencido o prazo para o pagamento na data em que a empresa vendedora deveria fazê-lo, caso a venda houvesse sido efetuada para o mercado interno.

§ 9º Relativamente à contribuição patronal previdenciária, devida pela vendedora, a sociedade de propósito específico de que trata o art. 56 desta Lei Complementar ou a comercial exportadora deverão recolher, no prazo previsto no § 8º deste artigo, o valor correspondente a 11% (onze por cento) do valor das mercadorias não exportadas nos termos do § 7º deste artigo.

§ 10. Na hipótese do § 7º deste artigo, a sociedade de propósito específico de que trata o art. 56 desta Lei Complementar ou a empresa comercial exportadora não poderão deduzir do montante devido qualquer valor a título de crédito de Imposto sobre Produtos Industrializados – IPI da Contribuição para o PIS/PASEP ou da COFINS, decorrente da aquisição das mercadorias e serviços objeto da incidência.

§ 11. Na hipótese do § 7º deste artigo, a sociedade de propósito específico ou a empresa comercial exportadora deverão pagar, também, os impostos e contribuições devidos nas vendas para o mercado interno, caso, por qualquer forma, tenham alienado ou utilizado as mercadorias.
▶ §§ 9º a 11 com a redação dada pela LC nº 128, de 19-12-2008.

§ 12. Na apuração do montante devido no mês relativo a cada tributo, o contribuinte que apure receitas mencionadas nos incisos IV e V do § 4º deste artigo terá direito a redução do valor a ser recolhido na forma do

SIMPLES Nacional calculada nos termos dos §§ 13 e 14 deste artigo.

§ 13. Para efeito de determinação da redução de que trata o § 12 deste artigo, as receitas serão discriminadas em comerciais, industriais ou de prestação de serviços na forma dos Anexos I, II, III, IV e V desta Lei Complementar.

§ 14. A redução no montante a ser recolhido do SIMPLES Nacional no mês relativo aos valores das receitas de que tratam os incisos IV e V do § 4º deste artigo corresponderá:

I – no caso de revenda de mercadorias:

a) ao percentual que incidiria sobre o montante total de receita, caso não houvesse nenhuma redução, previsto no Anexo I desta Lei Complementar, relativo à COFINS, aplicado sobre a respectiva parcela de receita referida nos incisos IV ou V do § 4º deste artigo, conforme o caso;
b) ao percentual que incidiria sobre o montante total de receita, caso não houvesse nenhuma redução, previsto no Anexo I desta Lei Complementar, relativo à Contribuição para o PIS/PASEP, aplicado sobre a respectiva parcela de receita referida nos incisos IV ou V do § 4º deste artigo, conforme o caso;
c) ao percentual que incidiria sobre o montante total de receita, caso não houvesse nenhuma redução, previsto no Anexo I desta Lei Complementar, relativo ao ICMS, aplicado sobre a respectiva parcela de receita referida nos incisos IV ou V do § 4º deste artigo, conforme o caso.

II – no caso de venda de mercadorias industrializadas pelo contribuinte:

a) ao percentual que incidiria sobre o montante total de receita, caso não houvesse nenhuma redução, previsto no Anexo II desta Lei Complementar, relativo à COFINS, aplicado sobre a respectiva parcela de receita referida nos incisos IV ou V do § 4º deste artigo, conforme o caso;
b) ao percentual que incidiria sobre o montante total de receita, caso não houvesse nenhuma redução, previsto no Anexo II desta Lei Complementar, relativo à Contribuição para o PIS/PASEP, aplicado sobre a respectiva parcela de receita referida nos incisos IV ou V do § 4º deste artigo, conforme o caso;
c) ao percentual que incidiria sobre o montante total de receita, caso não houvesse nenhuma redução, previsto no Anexo II desta Lei Complementar, relativo ao ICMS, aplicado sobre a respectiva parcela de receita referida nos incisos IV ou V do § 4º deste artigo, conforme o caso;
d) ao percentual que incidiria sobre o montante total de receita, caso não houvesse nenhuma redução, previsto no Anexo II desta Lei Complementar, relativo ao IPI, aplicado sobre a respectiva parcela de receita referida nos incisos IV ou V do § 4º deste artigo, conforme o caso.

▶ A alteração que seria introduzida neste parágrafo pela LC nº 139, de 10-11-2011, foi vetada, razão pela qual mantivemos a sua redação.

§ 15. Será disponibilizado sistema eletrônico para realização do cálculo simplificado do valor mensal devido referente ao SIMPLES Nacional.

§ 15-A. As informações prestadas no sistema eletrônico de cálculo de que trata o § 15:

I – têm caráter declaratório, constituindo confissão de dívida e instrumento hábil e suficiente para a exigência dos tributos e contribuições que não tenham sido recolhidos resultantes das informações nele prestadas; e
II – deverão ser fornecidas à Secretaria da Receita Federal do Brasil até o vencimento do prazo para pagamento dos tributos devidos no SIMPLES Nacional em cada mês, relativamente aos fatos geradores ocorridos no mês anterior.

▶ § 15-A acrescido pela LC nº 139, de 10-11-2011.

§ 16. Na hipótese do § 12 do art. 3º, a parcela de receita bruta que exceder o montante determinado no § 10 daquele artigo estará sujeita às alíquotas máximas previstas nos Anexos I a V desta Lei Complementar, proporcionalmente conforme o caso, acrescidas de 20% (vinte por cento).

▶ § 16 com a redação dada pela LC nº 139, de 10-11-2011.

§ 16-A. O disposto no § 16 aplica-se, ainda, às hipóteses de que trata o § 9º do art. 3º, a partir do mês em que ocorrer o excesso do limite da receita bruta anual e até o mês anterior aos efeitos da exclusão.

▶ § 16-A acrescido pela LC nº 139, de 10-11-2011.

§ 17. Na hipótese do § 13 do art. 3º, a parcela de receita bruta que exceder os montantes determinados no § 11 daquele artigo estará sujeita, em relação aos percentuais aplicáveis ao ICMS e ao ISS, às alíquotas máximas correspondentes a essas faixas previstas nos Anexos I a V desta Lei Complementar, proporcionalmente conforme o caso, acrescidas de 20% (vinte por cento).

▶ § 17 com a redação dada pela LC nº 139, de 10-11-2011.

§ 17-A. O disposto no § 17 aplica-se, ainda, à hipótese de que trata o § 1º do art. 20, a partir do mês em que ocorrer o excesso do limite da receita bruta anual e até o mês anterior aos efeitos do impedimento.

▶ § 17-A acrescido pela LC nº 139, de 10-11-2011.

§ 18. Os Estados, o Distrito Federal e os Municípios, no âmbito de suas respectivas competências, poderão estabelecer, na forma definida pelo Comitê Gestor, independentemente da receita bruta recebida no mês pelo contribuinte, valores fixos mensais para o recolhimento do ICMS e do ISS devido por microempresa que aufira receita bruta, no ano-calendário anterior, de até R$ 120.000,00 (cento e vinte mil reais), ficando a microempresa sujeita a esses valores durante todo o ano-calendário.

§ 19. Os valores estabelecidos no § 18 deste artigo não poderão exceder a 50% (cinquenta por cento) do maior recolhimento possível do tributo para a faixa de enquadramento prevista na tabela do *caput* deste artigo, respeitados os acréscimos decorrentes do tipo de atividade da empresa estabelecidos no § 5º deste artigo.

§ 20. Na hipótese em que o Estado, o Município ou o Distrito Federal concedam isenção ou redução do ICMS ou do ISS devido por microempresa ou empresa de pequeno porte, ou ainda determine recolhimento de valor fixo para esses tributos, na forma do § 18 deste artigo, será realizada redução proporcional ou ajuste do valor a ser recolhido, na forma definida em resolução do Comitê Gestor.

§ 20-A. A concessão dos benefícios de que trata o § 20 deste artigo poderá ser realizada:

I – mediante deliberação exclusiva e unilateral do Estado, do Distrito Federal ou do Município concedente;
II – de modo diferenciado para cada ramo de atividade.

▶ § 20-A acrescido pela LC nº 128, de 19-12-2008.

§ 21. O valor a ser recolhido na forma do disposto no § 20 deste artigo, exclusivamente na hipótese de isenção, não integrará o montante a ser partilhado com o respectivo Município, Estado ou Distrito Federal.

§ 22. *Revogado.* LC nº 128, de 19-12-2008.

§ 22-A. A atividade constante do inciso XIV do § 5º-B deste artigo recolherá o ISS em valor fixo, na forma da legislação municipal.

§ 22-B. Os escritórios de serviços contábeis, individualmente ou por meio de suas entidades representativas de classe, deverão:

I – promover atendimento gratuito relativo à inscrição, à opção de que trata o art. 18-A desta Lei Complementar e à primeira declaração anual simplificada da microempresa individual, podendo, para tanto, por meio de suas entidades representativas de classe, firmar convênios e acordos com a União, os Estados, o Distrito Federal e os Municípios, por intermédio dos seus órgãos vinculados;
II – fornecer, na forma estabelecida pelo Comitê Gestor, resultados de pesquisas quantitativas e qualitativas relativas às microempresas e empresas de pequeno porte optantes pelo SIMPLES Nacional por eles atendidas;
III – promover eventos de orientação fiscal, contábil e tributária para as microempresas e empresas de pequeno porte optantes pelo SIMPLES Nacional por eles atendidas.

§ 22-C. Na hipótese de descumprimento das obrigações de que trata o § 22-B deste artigo, o escritório será excluído do SIMPLES Nacional, com efeitos a partir do mês subsequente ao do descumprimento, na forma regulamentada pelo Comitê Gestor.

▶ §§ 22-A a 22-C acrescidos pela LC nº 128, de 19-12-2008.

§ 23. Da base de cálculo do ISS será abatido o material fornecido pelo prestador dos serviços previstos nos itens 7.02 e 7.05 da lista de serviços anexa à Lei Complementar nº 116, de 31 de julho de 2003.

▶ LC nº 116, de 31-7-2003 (Lei do ISS).

§ 24. Para efeito de aplicação do Anexo V desta Lei Complementar, considera-se folha de salários, incluídos encargos, o montante pago, nos 12 (doze) meses anteriores ao do período de apuração, a título de remunerações a pessoas físicas decorrentes do trabalho, incluídas retiradas de pró-labore, acrescidos do montante efetivamente recolhido a título de contribuição patronal previdenciária e para o FGTS.

§ 25. Para efeito do disposto no § 24 deste artigo, deverão ser consideradas tão somente as remunerações informadas na forma prevista no inciso IV do *caput* do art. 32 da Lei nº 8.212, de 24 de julho de 1991.

▶ §§ 24 e 25 com a redação dada pela LC nº 139, de 10-11-2011.

§ 26. Não são considerados, para efeito do disposto no § 24, valores pagos a título de aluguéis e de distribuição de lucros, observado o disposto no § 1º do art. 14.

▶ § 26 acrescido pela LC nº 139, de 10-11-2011.

Art. 18-A. O Microempreendedor Individual – MEI poderá optar pelo recolhimento dos impostos e contribuições abrangidos pelo SIMPLES Nacional em valores fixos mensais, independentemente da receita bruta por ele auferida no mês, na forma prevista neste artigo.

▶ Artigo acrescido pela LC nº 128, de 19-12-2008.

§ 1º Para os efeitos desta Lei Complementar, considera-se MEI o empresário individual a que se refere o art. 966 da Lei nº 10.406, de 10 de janeiro de 2002 (Código Civil), que tenha auferido receita bruta, no ano-calendário anterior, de até R$ 60.000,00 (sessenta mil reais), optante pelo SIMPLES Nacional e que não esteja impedido de optar pela sistemática prevista neste artigo.

§ 2º No caso de início de atividades, o limite de que trata o § 1º será de R$ 5.000,00 (cinco mil reais) multiplicados pelo número de meses compreendidos entre o início da atividade e o final do respectivo ano-calendário, consideradas as frações de meses como um mês inteiro.

▶ §§ 1º e 2º com a redação dada pela LC nº 139, de 10-11-2011.

§ 3º Na vigência da opção pela sistemática de recolhimento prevista no *caput* deste artigo:

▶ § 3º acrescido pela LC nº 128, de 19-12-2008.

I – não se aplica o disposto no § 18 do art. 18 desta Lei Complementar;
II – não se aplica a redução prevista no § 20 do art. 18 desta Lei Complementar ou qualquer dedução na base de cálculo;

▶ Incisos I e II acrescidos pela LC nº 128, de 19-12-2008.

III – não se aplicam as isenções específicas para as microempresas e empresas de pequeno porte concedidas pelo Estado, Município ou Distrito Federal a partir de 1º de julho de 2007 que abranjam integralmente a faixa de receita bruta anual até o limite previsto no § 1º;

▶ Inciso III com a redação dada pela LC nº 139, de 10-11-2011.

IV – a opção pelo enquadramento como Microempreendedor Individual importa opção pelo recolhimento da contribuição referida no inciso X do § 1º do art. 13 desta Lei Complementar na forma prevista no § 2º do art. 21 da Lei nº 8.212, de 24 de julho de 1991;
V – o Microempreendedor Individual recolherá, na forma regulamentada pelo Comitê Gestor, valor fixo mensal correspondente à soma das seguintes parcelas:

a) R$ 45,65 (quarenta e cinco reais e sessenta e cinco centavos), a título da contribuição prevista no inciso IV deste parágrafo;
b) R$ 1,00 (um real), a título do imposto referido no inciso VII do *caput* do art. 13 desta Lei Complementar, caso seja contribuinte do ICMS; e

c) R$ 5,00 (cinco reais), a título do imposto referido no inciso VIII do *caput* do art. 13 desta Lei Complementar, caso seja contribuinte do ISS;

▶ Incisos IV e V acrescidos pela LC nº 128, de 19-12-2008.

VI – sem prejuízo do disposto nos §§ 1º a 3º do art. 13, o MEI terá isenção dos tributos referidos nos incisos I a VI do *caput* daquele artigo, ressalvado o disposto no art. 18-C.

▶ Inciso VI com a redação dada pela LC nº 139, de 10-11-2011.

§ 4º Não poderá optar pela sistemática de recolhimento prevista no *caput* deste artigo o MEI:

I – cuja atividade seja tributada pelos Anexos IV ou V desta Lei Complementar, salvo autorização relativa a exercício de atividade isolada na forma regulamentada pelo Comitê Gestor;
II – que possua mais de um estabelecimento;
III – que participe de outra empresa como titular, sócio ou administrador; ou
IV – que contrate empregado.

▶ § 4º acrescido pela LC nº 128, de 19-12-2008.

§ 4º-A. Observadas as demais condições deste artigo, poderá optar pela sistemática de recolhimento prevista no *caput* o empresário individual que exerça atividade de comercialização e processamento de produtos de natureza extrativista.

§ 4º-B. O CGSN determinará as atividades autorizadas a optar pela sistemática de recolhimento de que trata este artigo, de forma a evitar a fragilização das relações de trabalho, bem como sobre a incidência do ICMS e do ISS.

▶ §§ 4º-A e 4º-B acrescidos pela LC nº 139, de 10-11-2011.

§ 5º A opção de que trata o *caput* deste artigo dar-se-á na forma a ser estabelecida em ato do Comitê Gestor, observando-se que:

I – será irretratável para todo o ano-calendário;
II – deverá ser realizada no início do ano-calendário, na forma disciplinada pelo Comitê Gestor, produzindo efeitos a partir do primeiro dia do ano-calendário da opção, ressalvado o disposto no inciso III;
III – produzirá efeitos a partir da data do início de atividade desde que exercida nos termos, prazo e condições a serem estabelecidos em ato do Comitê Gestor a que se refere o *caput* deste parágrafo.

§ 6º O desenquadramento da sistemática de que trata o *caput* deste artigo será realizado de ofício ou mediante comunicação do MEI.

§ 7º O desenquadramento mediante comunicação do MEI à Secretaria da Receita Federal do Brasil – RFB dar-se-á:

I – por opção, que deverá ser efetuada no início do ano-calendário, na forma disciplinada pelo Comitê Gestor, produzindo efeitos a partir de 1º de janeiro do ano-calendário da comunicação;
II – obrigatoriamente, quando o MEI incorrer em alguma das situações previstas no § 4º deste artigo, devendo a comunicação ser efetuada até o último dia útil do mês subsequente àquele em que ocorrida a situação de vedação, produzindo efeitos a partir do mês subsequente ao da ocorrência da situação impeditiva;

III – obrigatoriamente, quando o MEI exceder, no ano-calendário, o limite de receita bruta previsto no § 1º deste artigo, devendo a comunicação ser efetuada até o último dia útil do mês subsequente àquele em que ocorrido o excesso, produzindo efeitos:

a) a partir de 1º de janeiro do ano-calendário subsequente ao da ocorrência do excesso, na hipótese de não ter ultrapassado o referido limite em mais de 20% (vinte por cento);
b) retroativamente a 1º de janeiro do ano-calendário da ocorrência do excesso, na hipótese de ter ultrapassado o referido limite em mais de 20% (vinte por cento);

IV – obrigatoriamente, quando o MEI exceder o limite de receita bruta previsto no § 2º deste artigo, devendo a comunicação ser efetuada até o último dia útil do mês subsequente àquele em que ocorrido o excesso, produzindo efeitos:

a) a partir de 1º de janeiro do ano-calendário subsequente ao da ocorrência do excesso, na hipótese de não ter ultrapassado o referido limite em mais de 20% (vinte por cento);
b) retroativamente ao início de atividade, na hipótese de ter ultrapassado o referido limite em mais de 20% (vinte por cento).

§ 8º O desenquadramento de ofício dar-se-á quando verificada a falta de comunicação de que trata o § 7º deste artigo.

§ 9º O Empresário Individual desenquadrado da sistemática de recolhimento prevista no *caput* deste artigo passará a recolher os tributos devidos pela regra geral do SIMPLES Nacional a partir da data de início dos efeitos do desenquadramento, ressalvado o disposto no § 10 deste artigo.

§ 10. Nas hipóteses previstas nas alíneas *a* dos incisos III e IV do § 7º deste artigo, o MEI deverá recolher a diferença, sem acréscimos, em parcela única, juntamente com a da apuração do mês de janeiro do ano-calendário subsequente ao do excesso, na forma a ser estabelecida em ato do Comitê Gestor.

§ 11. O valor referido na alínea *a* do inciso V do § 3º deste artigo será reajustado, na forma prevista em lei ordinária, na mesma data de reajustamento dos benefícios de que trata a Lei nº 8.213, de 24 de julho de 1991, de forma a manter equivalência com a contribuição de que trata o § 2º do art. 21 da Lei nº 8.212, de 24 de julho de 1991.

§ 12. Aplica-se ao MEI que tenha optado pela contribuição na forma do § 1º deste artigo o disposto no § 4º do art. 55 e no § 2º do art. 94, ambos da Lei nº 8.213, de 24 de julho de 1991, exceto se optar pela complementação da contribuição previdenciária a que se refere o § 3º do art. 21 da Lei nº 8.212, de 24 de julho de 1991.

▶ §§ 5º a 12 acrescidos pela LC nº 128, de 19-12-2008.

§ 13. O MEI está dispensado, ressalvado o disposto no art. 18-C desta Lei Complementar, de:

▶ *Caput* do § 13 com a redação dada pela LC nº 139, de 10-11-2011.

I – atender o disposto no inciso IV do *caput* do art. 32 da Lei nº 8.212, de 24 de julho de 1991;

II – apresentar a Relação Anual de Informações Sociais (RAIS); e

III – declarar ausência de fato gerador para a Caixa Econômica Federal para emissão da Certidão de Regularidade Fiscal perante o FGTS.

▶ Incisos I a III acrescidos pela LC nº 139, de 10-11-2011.

§ 14. O Comitê Gestor disciplinará o disposto neste artigo.

▶ § 14 acrescido pela LC nº 128, de 19-12-2008.

§ 15. A inadimplência do recolhimento do valor previsto na alínea a do inciso V do § 3º tem como consequência a não contagem da competência em atraso para fins de carência para obtenção dos benefícios previdenciários respectivos.

§ 16. O CGSN estabelecerá, para o MEI, critérios, procedimentos, prazos e efeitos diferenciados para desenquadramento da sistemática de que trata este artigo, cobrança, inscrição em dívida ativa e exclusão do SIMPLES Nacional.

§ 17. A alteração de dados no CNPJ informada pelo empresário à Secretaria da Receita Federal do Brasil equivalerá à comunicação obrigatória de desenquadramento da sistemática de recolhimento de que trata este artigo, nas seguintes hipóteses:

I – alteração para natureza jurídica distinta de empresário individual a que se refere o art. 966 da Lei nº 10.406, de 10 de janeiro de 2002 (Código Civil);

II – inclusão de atividade econômica não autorizada pelo CGSN;

III – abertura de filial.

▶ §§ 15 a 17 acrescidos pela LC nº 139, de 10-11-2011.

Art. 18-B. A empresa contratante de serviços executados por intermédio do MEI mantém, em relação a esta contratação, a obrigatoriedade de recolhimento da contribuição a que se refere o inciso III do caput e o § 1º do art. 22 da Lei nº 8.212, de 24 de julho de 1991, e o cumprimento das obrigações acessórias relativas à contratação de contribuinte individual.

▶ Artigo acrescido pela LC nº 128, de 19-12-2008.

§ 1º Aplica-se o disposto no caput em relação ao MEI que for contratado para prestar serviços de hidráulica, eletricidade, pintura, alvenaria, carpintaria e de manutenção ou reparo de veículos.

▶ Antigo parágrafo único transformado em § 1º e com a redação dada pela LC nº 139, de 10-11-2011.

§ 2º O disposto no caput e no § 1º não se aplica quando presentes os elementos da relação de emprego, ficando o contratante sujeita a todas as obrigações dela decorrentes, inclusive trabalhistas, tributárias e previdenciárias.

▶ § 2º acrescido pela LC nº 139, de 10-11-2011.

Art. 18-C. Observado o disposto no art. 18-A, e seus parágrafos, desta Lei Complementar, poderá se enquadrar como MEI o empresário individual que possua um único empregado que receba exclusivamente 1 (um) salário mínimo ou o piso salarial da categoria profissional.

▶ Artigo acrescido pela LC nº 128, de 19-12-2008.

§ 1º Na hipótese referida no caput, o MEI:

▶ Antigo parágrafo único transformado em § 1º e com a redação dada pela LC nº 139, de 10-11-2011.

I – deverá reter e recolher a contribuição previdenciária relativa ao segurado a seu serviço na forma da lei, observados prazo e condições estabelecidos pelo CGSN;

II – é obrigado a prestar informações relativas ao segurado a seu serviço, na forma estabelecida pelo CGSN; e

III – está sujeito ao recolhimento da contribuição de que trata o inciso VI do caput do art. 13, calculada à alíquota de 3% (três por cento) sobre o salário de contribuição previsto no caput, na forma e prazos estabelecidos pelo CGSN.

▶ Incisos I a III com a redação dada pela LC nº 139, de 10-11-2011.

§ 2º Para os casos de afastamento legal do único empregado do MEI, será permitida a contratação de outro empregado, inclusive por prazo determinado, até que cessem as condições do afastamento, na forma estabelecida pelo Ministério do Trabalho e Emprego.

§ 3º O CGSN poderá determinar, com relação ao MEI, a forma, a periodicidade e o prazo:

I – de entrega à Secretaria da Receita Federal do Brasil de uma única declaração com dados relacionados a fatos geradores, base de cálculo e valores dos tributos previstos nos arts. 18-A e 18-C, da contribuição para a Seguridade Social descontada do empregado e do Fundo de Garantia do Tempo de Serviço (FGTS), e outras informações de interesse do Ministério do Trabalho e Emprego, do Instituto Nacional do Seguro Social (INSS) e do Conselho Curador do FGTS, observado o disposto no § 7º do art. 26;

II – do recolhimento dos tributos previstos nos arts. 18-A e 18-C, bem como do FGTS e da contribuição para a Seguridade Social descontada do empregado.

§ 4º A entrega da declaração única de que trata o inciso I do § 3º substituirá, na forma regulamentada pelo CGSN, a obrigatoriedade de entrega de todas as informações, formulários e declarações a que estão sujeitas as demais empresas ou equiparados que contratam empregados, inclusive as relativas ao recolhimento do FGTS, à Relação Anual de Informações Sociais (RAIS) e ao Cadastro Geral de Empregados e Desempregados (CAGED).

§ 5º Na hipótese de recolhimento do FGTS na forma do inciso II do § 3º, deve-se assegurar a transferência dos recursos e dos elementos identificadores do recolhimento ao gestor desse fundo para crédito na conta vinculada do trabalhador.

▶ §§ 2º a 5º acrescidos pela LC nº 139, de 10-11-2011.

Art. 19. Sem prejuízo da possibilidade de adoção de todas as faixas de receita previstas nos Anexos I a V desta Lei Complementar, os Estados poderão optar pela aplicação de sublimite para efeito de recolhimento do ICMS na forma do SIMPLES Nacional em seus respectivos territórios, da seguinte forma:

▶ Caput com a redação dada pela LC nº 139, de 10-11-2011.
▶ Arts. 20, caput e § 3º, e 21 desta Lei Complementar.
▶ Art. 3º, VIII, do Dec. nº 6.038, de 7-2-2007, que institui o Comitê Gestor de Tributação das Microempresas e Empresas de Pequeno Porte.

I – os Estados cuja participação no Produto Interno Bruto brasileiro seja de até 1% (um por cento) poderão optar pela aplicação, em seus respectivos territórios, das faixas de receita bruta anual até 35% (trinta e cinco por cento), ou até 50% (cinquenta por cento), ou até 70% (setenta por cento) do limite previsto no inciso II do *caput* do art. 3º;

II – os Estados cuja participação no Produto Interno Bruto brasileiro seja de mais de 1% (um por cento) e de menos de 5% (cinco por cento) poderão optar pela aplicação, em seus respectivos territórios, das faixas de receita bruta anual até 50% (cinquenta por cento) ou até 70% (setenta por cento) do limite previsto no inciso II do *caput* do art. 3º; e

▶ Incisos I e II com a redação dada pela LC nº 139, de 10-11-2011.

▶ Arts. 3º, § 11, 20, § 1º, e 30, III, desta Lei Complementar.

III – os Estados cuja participação no Produto Interno Bruto brasileiro seja igual ou superior a 5% (cinco por cento) ficam obrigados a adotar todas as faixas de receita bruta anual.

§ 1º A participação no Produto Interno Bruto brasileiro será apurada levando em conta o último resultado divulgado pelo Instituto Brasileiro de Geografia e Estatística ou outro órgão que o substitua.

§ 2º A opção prevista nos incisos I e II do *caput*, bem como a obrigatoriedade prevista no inciso III do *caput*, surtirá efeitos somente para o ano-calendário subsequente, salvo deliberação do CGSN.

▶ § 2º com a redação dada pela LC nº 139, de 10-11-2011.

§ 3º O disposto neste artigo aplica-se ao Distrito Federal.

▶ Art. 20, § 4º, desta Lei Complementar.

Art. 20. A opção feita na forma do art. 19 desta Lei Complementar pelos Estados importará adoção do mesmo limite de receita bruta anual para efeito de recolhimento na forma do ISS dos Municípios nele localizados, bem como para o do ISS devido no Distrito Federal.

▶ Arts. 3º, § 11, 18, § 17, 21 e 30, III, desta Lei Complementar.

▶ Art. 3º, VIII, do Dec. nº 6.038, de 7-2-2007, que institui o Comitê Gestor de Tributação das Microempresas e Empresas de Pequeno Porte.

§ 1º A empresa de pequeno porte que ultrapassar os limites a que se referem os incisos I ou II do *caput* do art. 19 estará automaticamente impedida de recolher o ICMS e o ISS na forma do SIMPLES Nacional, a partir do mês subsequente ao que tiver ocorrido o excesso, relativamente aos seus estabelecimentos localizados na unidade da Federação que os houver adotado, ressalvado o disposto nos §§ 11 e 13 do art. 3º.

▶ § 1º com a redação dada pela LC nº 139, de 10-11-2011.

§ 1º-A. Os efeitos do impedimento previsto no § 1º ocorrerão no ano-calendário subsequente se o excesso verificado não for superior a 20% (vinte por cento) dos limites referidos.

▶ § 1º-A acrescido pela LC nº 139, de 10-11-2011.

§ 2º O disposto no § 1º deste artigo não se aplica na hipótese de o Estado ou de o Distrito Federal adotarem, compulsoriamente ou por opção, a aplicação de faixa de receita bruta superior à que vinha sendo utilizada no ano-calendário em que ocorreu o excesso da receita bruta.

§ 3º Na hipótese em que o recolhimento do ICMS ou do ISS não esteja sendo efetuado por meio do SIMPLES Nacional por força do disposto neste artigo e no art. 19 desta Lei Complementar, as faixas de receita do SIMPLES Nacional superiores àquela que tenha sido objeto de opção pelos Estados ou pelo Distrito Federal sofrerão, para efeito de recolhimento do SIMPLES Nacional, redução na alíquota equivalente aos percentuais relativos a esses impostos constantes dos Anexos I a V desta Lei Complementar, conforme o caso.

§ 4º O Comitê Gestor regulamentará o disposto neste artigo e no art. 19 desta Lei Complementar.

Seção IV
DO RECOLHIMENTO DOS TRIBUTOS DEVIDOS

Art. 21. Os tributos devidos, apurados na forma dos arts. 18 a 20 desta Lei Complementar, deverão ser pagos:

I – por meio de documento único de arrecadação, instituído pelo Comitê Gestor;

II – *Revogado*. LC nº 127, de 14-8-2007;

III – enquanto não regulamentado pelo Comitê Gestor, até o último dia útil da primeira quinzena do mês subsequente àquele a que se referir;

IV – em banco integrante da rede arrecadadora do SIMPLES Nacional, na forma regulamentada pelo Comitê Gestor.

▶ Inciso IV com a redação dada pela LC nº 127, de 14-8-2007.

§ 1º Na hipótese de a microempresa ou a empresa de pequeno porte possuir filiais, o recolhimento dos tributos do SIMPLES Nacional dar-se-á por intermédio da matriz.

§ 2º Poderá ser adotado sistema simplificado de arrecadação do SIMPLES Nacional, inclusive sem utilização da rede bancária, mediante requerimento do Estado, Distrito Federal ou Município ao Comitê Gestor.

§ 3º O valor não pago até a data do vencimento sujeitar-se-á à incidência de encargos legais na forma prevista na legislação do imposto sobre a renda.

§ 4º A retenção na fonte de ISS das microempresas ou das empresas de pequeno porte optantes pelo SIMPLES Nacional somente será permitida se observado o disposto no art. 3º da Lei Complementar nº 116, de 31 de julho de 2003, e deverá observar as seguintes normas:

▶ *Caput* do § 4º com a redação dada pela LC nº 128, de 19-12-2008.

▶ Art. 18, § 6º, desta Lei Complementar.

I – a alíquota aplicável na retenção na fonte deverá ser informada no documento fiscal e corresponderá ao percentual de ISS previsto nos Anexos III, IV ou V desta Lei Complementar para a faixa de receita bruta a que a microempresa ou a empresa de pequeno porte estiver sujeita no mês anterior ao da prestação;

II – na hipótese de o serviço sujeito à retenção ser prestado no mês de início de atividades da microempresa ou empresa de pequeno porte, deverá ser aplicada pelo tomador a alíquota correspondente ao percentual de ISS referente à menor alíquota prevista nos Anexos III, IV ou V desta Lei Complementar;
III – na hipótese do inciso II deste parágrafo, constatando-se que houve diferença entre a alíquota utilizada e a efetivamente apurada, caberá à microempresa ou empresa de pequeno porte prestadora dos serviços efetuar o recolhimento dessa diferença no mês subsequente ao do início de atividade em guia própria do Município;
IV – na hipótese de a microempresa ou empresa de pequeno porte estar sujeita à tributação do ISS no SIMPLES Nacional por valores fixos mensais, não caberá a retenção a que se refere o *caput* deste parágrafo;
V – na hipótese de a microempresa ou empresa de pequeno porte não informar a alíquota de que tratam os incisos I e II deste parágrafo no documento fiscal, aplicar-se-á a alíquota correspondente ao percentual de ISS referente à maior alíquota prevista nos Anexos III, IV ou V desta Lei Complementar;
VI – não será eximida a responsabilidade do prestador de serviços quando a alíquota do ISS informada no documento fiscal for inferior à devida, hipótese em que o recolhimento dessa diferença será realizado em guia própria do Município;
VII – o valor retido, devidamente recolhido, será definitivo, não sendo objeto de partilha com os municípios, e sobre a receita de prestação de serviços que sofreu a retenção não haverá incidência de ISS a ser recolhido no SIMPLES Nacional.

▶ Incisos I a VII acrescidos pela LC nº 128, de 19-12-2008.

§ 4º-A. Na hipótese de que tratam os incisos I e II do § 4º, a falsidade na prestação dessas informações sujeitará o responsável, o titular, os sócios ou os administradores da microempresa e da empresa de pequeno porte, juntamente com as demais pessoas que para ela concorrerem, às penalidades previstas na legislação criminal e tributária.

▶ § 4º-A acrescido pela LC nº 128, de 19-12-2008.

§ 5º O CGSN regulará a compensação e a restituição dos valores do SIMPLES Nacional recolhidos indevidamente ou em montante superior ao devido.

▶ § 5º com a redação dada pela LC nº 139, de 10-11-2011.

§ 6º O valor a ser restituído ou compensado será acrescido de juros obtidos pela aplicação da taxa referencial do Sistema Especial de Liquidação e de Custódia (SELIC) para títulos federais, acumulada mensalmente, a partir do mês subsequente ao do pagamento indevido ou a maior que o devido até o mês anterior ao da compensação ou restituição, e de 1% (um por cento) relativamente ao mês em que estiver sendo efetuada.

§ 7º Os valores compensados indevidamente serão exigidos com os acréscimos moratórios de que trata o art. 35.

§ 8º Na hipótese de compensação indevida, quando se comprove falsidade de declaração apresentada pelo sujeito passivo, o contribuinte estará sujeito à multa isolada aplicada no percentual previsto no inciso I do *caput* do art. 44 da Lei nº 9.430, de 27 de dezembro de 1996, aplicado em dobro, e terá como base de cálculo o valor total do débito indevidamente compensado.

§ 9º É vedado o aproveitamento de créditos não apurados no SIMPLES Nacional, inclusive de natureza não tributária, para extinção de débitos do SIMPLES Nacional.

§ 10. Os créditos apurados no SIMPLES Nacional não poderão ser utilizados para extinção de outros débitos para com as Fazendas Públicas, salvo por ocasião da compensação de ofício oriunda de deferimento em processo de restituição ou após a exclusão da empresa do SIMPLES Nacional.

§ 11. No SIMPLES Nacional, é permitida a compensação tão somente de créditos para extinção de débitos para com o mesmo ente federado e relativos ao mesmo tributo.

§ 12. Na restituição e compensação no SIMPLES Nacional serão observados os prazos de decadência e prescrição previstos na Lei nº 5.172, de 25 de outubro de 1966 (Código Tributário Nacional).

§ 13. É vedada a cessão de créditos para extinção de débitos no SIMPLES Nacional.

§ 14. Aplica-se aos processos de restituição e de compensação o rito estabelecido pelo CGSN.

§ 15. Compete ao CGSN fixar critérios, condições para rescisão, prazos, valores mínimos de amortização e demais procedimentos para parcelamento dos recolhimentos em atraso dos débitos tributários apurados no SIMPLES Nacional, observado o disposto no § 3º deste artigo e no art. 35 e ressalvado o disposto no § 19 deste artigo.

§ 16. Os débitos de que trata o § 15 poderão ser parcelados em até 60 (sessenta) parcelas mensais, na forma e condições previstas pelo CGSN.

§ 17. O valor de cada prestação mensal, por ocasião do pagamento, será acrescido de juros equivalentes à taxa referencial do Sistema Especial de Liquidação e de Custódia (SELIC) para títulos federais, acumulada mensalmente, calculados a partir do mês subsequente ao da consolidação até o mês anterior ao do pagamento, e de 1% (um por cento) relativamente ao mês em que o pagamento estiver sendo efetuado, na forma regulamentada pelo CGSN.

§ 18. Será admitido reparcelamento de débitos constantes de parcelamento em curso ou que tenha sido rescindido, podendo ser incluídos novos débitos, na forma regulamentada pelo CGSN.

§ 19. Os débitos constituídos de forma isolada por parte do Estado, do Distrito Federal ou do Município, em face de ausência de aplicativo para lançamento unificado, relativo a tributo de sua competência, que não estiverem inscritos em Dívida Ativa da União, poderão ser parcelados pelo ente responsável pelo lançamento de acordo com a respectiva legislação, na forma regulamentada pelo CGSN.

§ 20. O pedido de parcelamento deferido importa confissão irretratável do débito e configura confissão extrajudicial.

§ 21. Serão aplicadas na consolidação as reduções das multas de lançamento de ofício previstas na legislação federal, conforme regulamentação do CGSN.

§ 22. O repasse para os entes federados dos valores pagos e da amortização dos débitos parcelados será efetuado proporcionalmente ao valor de cada tributo na composição da dívida consolidada.

§ 23. No caso de parcelamento de débito inscrito em dívida ativa, o devedor pagará custas, emolumentos e demais encargos legais.

§ 24. Implicará imediata rescisão do parcelamento e remessa do débito para inscrição em dívida ativa ou prosseguimento da execução, conforme o caso, até deliberação do CGSN, a falta de pagamento:

I – de 3 (três) parcelas, consecutivas ou não; ou
II – de 1 (uma) parcela, estando pagas todas as demais.

▶ §§ 6º a 24 acrescidos pela LC nº 139, de 10-11-2011.

SEÇÃO V

DO REPASSE DO PRODUTO DA ARRECADAÇÃO

Art. 22. O Comitê Gestor definirá o sistema de repasses do total arrecadado, inclusive encargos legais, para o:

▶ Art. 3º, XIV, do Dec. nº 6.038, de 7-2-2007, que institui o Comitê Gestor de Tributação das Microempresas e Empresas de Pequeno Porte.

I – Município ou Distrito Federal, do valor correspondente ao ISS;
II – Estado ou Distrito Federal, do valor correspondente ao ICMS;
III – Instituto Nacional do Seguro Social, do valor correspondente à Contribuição para manutenção da Seguridade Social.

Parágrafo único. Enquanto o Comitê Gestor não regulamentar o prazo para o repasse previsto no inciso II do *caput* deste artigo, esse será efetuado nos prazos estabelecidos nos convênios celebrados no âmbito do colegiado a que se refere a alínea *g* do inciso XII do § 2º do art. 155 da Constituição Federal.

SEÇÃO VI

DOS CRÉDITOS

Art. 23. As microempresas e as empresas de pequeno porte optantes pelo SIMPLES Nacional não farão jus à apropriação nem transferirão créditos relativos a impostos ou contribuições abrangidos pelo SIMPLES Nacional.

§ 1º As pessoas jurídicas e aquelas a elas equiparadas pela legislação tributária não optantes pelo SIMPLES Nacional terão direito a crédito correspondente ao ICMS incidente sobre as suas aquisições de mercadorias de microempresa ou empresa de pequeno porte optante pelo SIMPLES Nacional, desde que destinadas à comercialização ou industrialização e observado, como limite, o ICMS efetivamente devido pelas optantes pelo SIMPLES Nacional em relação a essas aquisições.

§ 2º A alíquota aplicável ao cálculo do crédito de que trata o § 1º deste artigo deverá ser informada no documento fiscal e corresponderá ao percentual de ICMS previsto nos Anexos I ou II desta Lei Complementar para a faixa de receita bruta a que a microempresa ou a empresa de pequeno porte estiver sujeita no mês anterior ao da operação.

§ 3º Na hipótese de a operação ocorrer no mês de início de atividades da microempresa ou empresa de pequeno porte optante pelo SIMPLES Nacional, a alíquota aplicável ao cálculo do crédito de que trata o § 1º deste artigo corresponderá ao percentual de ICMS referente à menor alíquota prevista nos Anexos I ou II desta Lei Complementar.

§ 4º Não se aplica o disposto nos §§ 1º a 3º deste artigo quando:

I – a microempresa ou empresa de pequeno porte estiver sujeita à tributação do ICMS no SIMPLES Nacional por valores fixos mensais;
II – a microempresa ou a empresa de pequeno porte não informar a alíquota de que trata o § 2º deste artigo no documento fiscal;
III – houver isenção estabelecida pelo Estado ou Distrito Federal que abranja a faixa de receita bruta a que a microempresa ou a empresa de pequeno porte estiver sujeita no mês da operação;
IV – o remetente da operação ou prestação considerar, por opção, que a alíquota determinada na forma do *caput* e dos §§ 1º e 2º do art. 18 desta Lei Complementar deverá incidir sobre a receita recebida no mês.

§ 5º Mediante deliberação exclusiva e unilateral dos Estados e do Distrito Federal, poderá ser concedido às pessoas jurídicas e àquelas a elas equiparadas pela legislação tributária não optantes pelo SIMPLES Nacional crédito correspondente ao ICMS incidente sobre os insumos utilizados nas mercadorias adquiridas de indústria optante pelo SIMPLES Nacional, sendo vedado o estabelecimento de diferenciação no valor do crédito em razão da procedência dessas mercadorias.

§ 6º O Comitê Gestor do SIMPLES Nacional disciplinará o disposto neste artigo.

▶ §§ 1º a 6º acrescidos pela LC nº 128, de 19-12-2008.

Art. 24. As microempresas e as empresas de pequeno porte optantes pelo SIMPLES Nacional não poderão utilizar ou destinar qualquer valor a título de incentivo fiscal.

Parágrafo único. Não serão consideradas quaisquer alterações em bases de cálculo, alíquotas e percentuais ou outros fatores que alterem o valor de imposto ou contribuição apurado na forma do SIMPLES Nacional, estabelecidas pela União, Estado, Distrito Federal ou Município, exceto as previstas ou autorizadas nesta Lei Complementar.

▶ Parágrafo único acrescido pela LC nº 139, de 10-11-2011.

SEÇÃO VII

DAS OBRIGAÇÕES FISCAIS ACESSÓRIAS

Art. 25. A microempresa ou empresa de pequeno porte optante pelo SIMPLES Nacional deverá apresentar anualmente à Secretaria da Receita Federal do Brasil declaração única e simplificada de informações socioeconômicas e fiscais, que deverá ser disponibilizada aos órgãos de fiscalização tributária e previdenciária, observados prazo e modelo aprovados pelo CGSN e observado o disposto no § 15-A do art. 18.

▶ *Caput* com a redação dada pela LC nº 139, de 10-11-2011.
▶ Art. 38 desta Lei Complementar.

§ 1º A declaração de que trata o *caput* deste artigo constitui confissão de dívida e instrumento hábil e suficiente para a exigência dos tributos e contribuições que não tenham sido recolhidos resultantes das informações nela prestadas.

▶ Antigo parágrafo único transformado em § 1º pela LC nº 128, de 19-12-2008.

§ 2º A situação de inatividade deverá ser informada na declaração de que trata o *caput* deste artigo, na forma regulamentada pelo Comitê Gestor.

§ 3º Para efeito do disposto no § 2º deste artigo, considera-se em situação de inatividade a microempresa ou a empresa de pequeno porte que não apresente mutação patrimonial e atividade operacional durante todo o ano-calendário.

▶ §§ 2º e 3º acrescidos pela LC nº 128, de 19-12-2008.

§ 4º A declaração de que trata o *caput* deste artigo, relativa ao MEI definido no art. 18-A desta Lei Complementar, conterá, para efeito do disposto no art. 3º da Lei Complementar nº 63, de 11 de janeiro de 1990, tão somente as informações relativas à receita bruta total sujeita ao ICMS, sendo vedada a instituição de declarações adicionais em decorrência da referida Lei Complementar.

▶ § 4º acrescido pela LC nº 128, de 19-12-2008.

Art. 26. As microempresas e empresas de pequeno porte optantes pelo SIMPLES Nacional ficam obrigadas a:

I – emitir documento fiscal de venda ou prestação de serviço, de acordo com instruções expedidas pelo Comitê Gestor;
II – manter em boa ordem e guarda os documentos que fundamentaram a apuração dos impostos e contribuições devidos e o cumprimento das obrigações acessórias a que se refere o art. 25 desta Lei Complementar enquanto não decorrido o prazo decadencial e não prescritas eventuais ações que lhes sejam pertinentes.

§ 1º O MEI fará a comprovação da receita bruta mediante apresentação do registro de vendas ou de prestação de serviços na forma estabelecida pelo CGSN, ficando dispensado da emissão do documento fiscal previsto no inciso I do *caput*, ressalvadas as hipóteses de emissão obrigatória previstas pelo referido Comitê.

▶ *Caput* do § 1º com a redação dada pela LC nº 139, de 10-11-2011.

I a III – *Revogados*. LC nº 128, de 19-12-2008.

§ 2º As demais microempresas e as empresas de pequeno porte, além do disposto nos incisos I e II do *caput* deste artigo, deverão, ainda, manter o livro-caixa em que será escriturada sua movimentação financeira e bancária.

§ 3º A exigência de declaração única a que se refere o *caput* do art. 25 desta Lei Complementar não desobriga a prestação de informações relativas a terceiros.

§ 4º As microempresas e empresas de pequeno porte referidas no § 2º deste artigo ficam sujeitas a outras obrigações acessórias a serem estabelecidas pelo Comitê Gestor, com características nacionalmente uniformes, vedado o estabelecimento de regras unilaterais pelas unidades políticas partícipes do sistema.

▶ Art. 3º, XIX, do Dec. nº 6.038, de 7-2-2007, que institui o Comitê Gestor de Tributação das Microempresas e Empresas de Pequeno Porte.

§ 5º As microempresas e empresas de pequeno porte ficam sujeitas à entrega de declaração eletrônica que deva conter os dados referentes aos serviços prestados ou tomados de terceiros, na conformidade do que dispuser o Comitê Gestor.

§ 6º Na hipótese do § 1º deste artigo:

▶ § 6º acrescido pela LC nº 128, de 19-12-2008.

I – deverão ser anexados ao registro de vendas ou de prestação de serviços, na forma regulamentada pelo Comitê Gestor, os documentos fiscais comprobatórios das entradas de mercadorias e serviços tomados referentes ao período, bem como os documentos fiscais relativos às operações ou prestações realizadas eventualmente emitidos;

▶ Inciso I acrescido pela LC nº 128, de 19-12-2008.

II – será obrigatória a emissão de documento fiscal nas vendas e nas prestações de serviços realizadas pelo MEI para destinatário cadastrado no Cadastro Nacional da Pessoa Jurídica (CNPJ), ficando dispensado desta emissão para o consumidor final.

▶ Inciso II com a redação dada pela LC nº 139, de 10-11-2011.

§ 7º Cabe ao CGSN dispor sobre a exigência da certificação digital para o cumprimento de obrigações principais e acessórias por parte da microempresa, inclusive o MEI, ou empresa de pequeno porte optante pelo SIMPLES Nacional, inclusive para o recolhimento do FGTS.

▶ § 7º acrescido pela LC nº 139, de 10-11-2011.

Art. 27. As microempresas e empresas de pequeno porte optantes pelo SIMPLES Nacional poderão, opcionalmente, adotar contabilidade simplificada para os registros e controles das operações realizadas, conforme regulamentação do Comitê Gestor.

Seção VIII

DA EXCLUSÃO DO SIMPLES NACIONAL

▶ Art. 3º, XXII, do Dec. nº 6.038, de 7-2-2007, que institui o Comitê Gestor de Tributação das Microempresas e Empresas de Pequeno Porte.

Art. 28. A exclusão do SIMPLES Nacional será feita de ofício ou mediante comunicação das empresas optantes.

Parágrafo único. As regras previstas nesta seção e o modo de sua implementação serão regulamentados pelo Comitê Gestor.

Art. 29. A exclusão de ofício das empresas optantes pelo SIMPLES Nacional dar-se-á quando:

▶ Art. 33 desta Lei Complementar.

I – verificada a falta de comunicação de exclusão obrigatória;
II – for oferecido embaraço à fiscalização, caracterizado pela negativa não justificada de exibição de livros e documentos a que estiverem obrigadas, bem como pelo não fornecimento de informações sobre bens, movimentação financeira, negócio ou atividade que esti-

verem intimadas a apresentar, e nas demais hipóteses que autorizam a requisição de auxílio da força pública;
III – for oferecida resistência à fiscalização, caracterizada pela negativa de acesso ao estabelecimento, ao domicílio fiscal ou a qualquer outro local onde desenvolvam suas atividades ou se encontrem bens de sua propriedade;
IV – a sua constituição ocorrer por interpostas pessoas;
V – tiver sido constatada prática reiterada de infração ao disposto nesta Lei Complementar;
VI – a empresa for declarada inapta, na forma dos arts. 81 e 82 da Lei nº 9.430, de 27 de dezembro de 1996, e alterações posteriores;

▶ Lei nº 9.430, de 27-12-1996, dispõe sobre a legislação tributária federal, as contribuições para a seguridade social e o processo administrativo de consulta.

VII – comercializar mercadorias objeto de contrabando ou descaminho;
VIII – houver falta de escrituração do livro-caixa ou não permitir a identificação da movimentação financeira, inclusive bancária;
IX – for constatado que durante o ano-calendário o valor das despesas pagas supera em 20% (vinte por cento) o valor de ingressos de recursos no mesmo período, excluído o ano de início de atividade;
X – for constatado que durante o ano-calendário o valor das aquisições de mercadorias para comercialização ou industrialização, ressalvadas hipóteses justificadas de aumento de estoque, for superior a 80% (oitenta por cento) dos ingressos de recursos no mesmo período, excluído o ano de início de atividade;
XI – houver descumprimento reiterado da obrigação contida no inciso I do *caput* do art. 26;
XII – omitir de forma reiterada da folha de pagamento da empresa ou de documento de informações previsto pela legislação previdenciária, trabalhista ou tributária, segurado empregado, trabalhador avulso ou contribuinte individual que lhe preste serviço.

▶ Incisos XI e XII com a redação dada pela LC nº 139, de 10-11-2011.

§ 1º Nas hipóteses previstas nos incisos II a XII do *caput* deste artigo, a exclusão produzirá efeitos a partir do próprio mês em que incorridas, impedindo a opção pelo regime diferenciado e favorecido desta Lei Complementar pelos próximos 3 (três) anos-calendário seguintes.

▶ § 1º com a redação dada pela LC nº 127, de 14-8-2007.

§ 2º O prazo de que trata o § 1º deste artigo será elevado para 10 (dez) anos caso seja constatada a utilização de artifício, ardil ou qualquer outro meio fraudulento que induza ou mantenha a fiscalização em erro, com o fim de suprimir ou reduzir o pagamento de tributo apurável segundo o regime especial previsto nesta Lei Complementar.

§ 3º A exclusão de ofício será realizada na forma regulamentada pelo Comitê Gestor, cabendo o lançamento dos tributos e contribuições apurados aos respectivos entes tributantes.

§ 4º *Revogado*. LC nº 128, de 19-12-2008.

§ 5º A competência para exclusão de ofício do SIMPLES Nacional obedece ao disposto no art. 33, e o julgamento administrativo, ao disposto no art. 39, ambos desta Lei Complementar.

§ 6º Nas hipóteses de exclusão previstas no *caput*, a notificação:

▶ *Caput* do § 6º com a redação dada pela LC nº 139, de 10-11-2011.

I – será efetuada pelo ente federativo que promoveu a exclusão; e
II – poderá ser feita por meio eletrônico, observada a regulamentação do CGSN.

▶ Incisos I e II acrescidos pela LC nº 139, de 10-11-2011.

§ 7º *Revogado*. LC nº 139, de 10-10-2011.

§ 8º A notificação de que trata o § 6º aplica-se ao indeferimento da opção pelo SIMPLES Nacional.

▶ § 8º com a redação dada pela LC nº 139, de 10-11-2011.

§ 9º Considera-se prática reiterada, para fins do disposto nos incisos V, XI e XII do *caput*:

I – a ocorrência, em 2 (dois) ou mais períodos de apuração, consecutivos ou alternados, de idênticas infrações, inclusive de natureza acessória, verificada em relação aos últimos 5 (cinco) anos-calendário, formalizadas por intermédio de auto de infração ou notificação de lançamento; ou
II – a segunda ocorrência de idênticas infrações, caso seja constatada a utilização de artifício, ardil ou qualquer outro meio fraudulento que induza ou mantenha a fiscalização em erro, com o fim de suprimir ou reduzir o pagamento de tributo.

▶ § 9º acrescido pela LC nº 139, de 10-11-2011.

Art. 30. A exclusão do SIMPLES Nacional, mediante comunicação das microempresas ou das empresas de pequeno porte, dar-se-á:

I – por opção;
II – obrigatoriamente, quando elas incorrerem em qualquer das situações de vedação previstas nesta Lei Complementar; ou
III – obrigatoriamente, quando ultrapassado, no ano-calendário de início de atividade, o limite proporcional de receita bruta de que trata o § 2º do art. 3º;

▶ Inciso III com a redação dada pela LC nº 139, de 10-11-2011.

IV – obrigatoriamente, quando ultrapassado, no ano-calendário, o limite de receita bruta previsto no inciso II do *caput* do art. 3º, quando não estiver no ano-calendário de início de atividade.

▶ Inciso IV acrescido pela LC nº 139, de 10-11-2011.

§ 1º A exclusão deverá ser comunicada à Secretaria da Receita Federal:

I – na hipótese do inciso I do *caput* deste artigo, até o último dia útil do mês de janeiro;
II – na hipótese do inciso II do *caput* deste artigo, até o último dia útil do mês subsequente àquele em que ocorrida a situação de vedação;
III – na hipótese do inciso III do *caput*:

▶ *Caput* do inciso III com a redação dada pela LC nº 139, de 10-11-2011.

a) até o último dia útil do mês seguinte àquele em que tiver ultrapassado em mais de 20% (vinte por cento) o limite proporcional de que trata o § 10 do art. 3º; ou

b) até o último dia útil do mês de janeiro do ano-calendário subsequente ao de início de atividades, caso o excesso seja inferior a 20% (vinte por cento) do respectivo limite;

▶ Alíneas *a* e *b* acrescidas pela LC nº 139, de 10-11-2011.
▶ Art. 36 desta Lei Complementar.

IV – na hipótese do inciso IV do *caput*:

a) até o último dia útil do mês subsequente à ultrapassagem em mais de 20% (vinte por cento) do limite de receita bruta previsto no inciso II do *caput* do art. 3º; ou
b) até o último dia útil do mês de janeiro do ano-calendário subsequente, na hipótese de não ter ultrapassado em mais de 20% (vinte por cento) o limite de receita bruta previsto no inciso II do *caput* do art. 3º.

▶ Inciso IV acrescido pela LC nº 139, de 10-11-2011.

§ 2º A comunicação de que trata o *caput* deste artigo dar-se-á na forma a ser estabelecida pelo Comitê Gestor.

§ 3º A alteração de dados no CNPJ, informada pela ME ou EPP à Secretaria da Receita Federal do Brasil, equivalerá à comunicação obrigatória de exclusão do SIMPLES Nacional nas seguintes hipóteses:

I – alteração de natureza jurídica para Sociedade Anônima, Sociedade Empresária em Comandita por Ações, Sociedade em Conta de Participação ou Estabelecimento, no Brasil, de Sociedade Estrangeira;
II – na hipótese de atividade econômica vedada à opção pelo SIMPLES Nacional;
III – inclusão de sócio pessoa jurídica;
IV – inclusão de sócio domiciliado no exterior;
V – cisão parcial; ou
VI – extinção da empresa.

▶ § 3º acrescido pela LC nº 139, de 10-11-2011.

Art. 31. A exclusão das microempresas ou das empresas de pequeno porte do SIMPLES Nacional produzirá efeitos:

I – na hipótese do inciso I do *caput* do art. 30 desta Lei Complementar, a partir de 1º de janeiro do ano-calendário subsequente, ressalvado o disposto no § 4º deste artigo;
II – na hipótese do inciso II do *caput* do art. 30 desta Lei Complementar, a partir do mês seguinte da ocorrência da situação impeditiva;
III – na hipótese do inciso III do *caput* do art. 30 desta Lei Complementar:

a) desde o início das atividades;
b) a partir de 1º de janeiro do ano-calendário subsequente, na hipótese de não ter ultrapassado em mais de 20% (vinte por cento) o limite proporcional de que trata o § 10 do art. 3º;

▶ Alínea *b* com a redação dada pela LC nº 139, de 10-11-2011.

IV – na hipótese do inciso V do *caput* do art. 17 desta Lei Complementar, a partir do ano-calendário subsequente ao da ciência da comunicação da exclusão;
V – na hipótese do inciso IV do *caput* do art. 30:

a) a partir do mês subsequente à ultrapassagem em mais de 20% (vinte por cento) do limite de receita bruta previsto no inciso II do art. 3º;

b) a partir de 1º de janeiro do ano-calendário subsequente, na hipótese de não ter ultrapassado em mais de 20% (vinte por cento) o limite de receita bruta previsto no inciso II do art. 3º.

▶ Inciso V acrescido pela LC nº 139, de 10-11-2011.

§ 1º Na hipótese prevista no inciso III do *caput* do art. 30 desta Lei Complementar, a microempresa ou empresa de pequeno porte não poderá optar, no ano-calendário subsequente ao de início de atividades, pelo SIMPLES Nacional.

§ 2º Na hipótese dos incisos V e XVI do *caput* do art. 17, será permitida a permanência da pessoa jurídica como optante pelo SIMPLES Nacional mediante a comprovação da regularização do débito ou do cadastro fiscal no prazo de até 30 (trinta) dias contados a partir da ciência da comunicação da exclusão.

§ 3º O CGSN regulamentará os procedimentos relativos ao impedimento de recolher o ICMS e o ISS na forma do SIMPLES Nacional, em face da ultrapassagem dos limites estabelecidos na forma dos incisos I ou II do art. 19 e do art. 20.

▶ §§ 2º e 3º com a redação dada pela LC nº 139, de 10-11-2011.

§ 4º No caso de a microempresa ou a empresa de pequeno porte ser excluída do SIMPLES Nacional no mês de janeiro, na hipótese do inciso I do *caput* do art. 30 desta Lei Complementar, os efeitos da exclusão dar-se-ão nesse mesmo ano.

§ 5º Na hipótese do inciso II do *caput* deste artigo, uma vez que o motivo da exclusão deixe de existir, havendo a exclusão retroativa de ofício no caso do inciso I do *caput* do art. 29 desta Lei Complementar, o efeito desta dar-se-á a partir do mês seguinte ao da ocorrência da situação impeditiva, limitado, porém, ao último dia do ano-calendário em que a referida situação deixou de existir.

▶ § 5º acrescido pela LC nº 128, de 19-12-2008.

Art. 32. As microempresas ou as empresas de pequeno porte excluídas do SIMPLES Nacional sujeitar-se-ão, a partir do período em que se processarem os efeitos da exclusão, às normas de tributação aplicáveis às demais pessoas jurídicas.

§ 1º Para efeitos do disposto no *caput* deste artigo, na hipótese da alínea *a* do inciso III do *caput* do art. 31 desta Lei Complementar, a microempresa ou a empresa de pequeno porte desenquadrada ficará sujeita ao pagamento da totalidade ou diferença dos respectivos impostos e contribuições, devidos de conformidade com as normas gerais de incidência, acrescidos, tão somente, de juros de mora, quando efetuado antes do início de procedimento de ofício.

§ 2º Para efeito do disposto no *caput* deste artigo, o sujeito passivo poderá optar pelo recolhimento do imposto de renda e da Contribuição Social sobre o Lucro Líquido na forma do lucro presumido, lucro real trimestral ou anual.

§ 3º Aplica-se o disposto no *caput* e no § 1º em relação ao ICMS e ao ISS à empresa impedida de recolher esses impostos na forma do SIMPLES Nacional, em face da ultrapassagem dos limites a que se referem os incisos I e II do *caput* do art. 19, relativamente ao estabelecimento localizado na unidade da Federação que os houver adotado.

▶ § 3º acrescido pela LC nº 139, de 10-11-2011.

Seção IX
DA FISCALIZAÇÃO

▶ Art. 3º, XXIII, do Dec. nº 6.038, de 7-2-2007, que institui o Comitê Gestor de Tributação das Microempresas e Empresas de Pequeno Porte.

Art. 33. A competência para fiscalizar o cumprimento das obrigações principais e acessórias relativas ao SIMPLES Nacional e para verificar a ocorrência das hipóteses previstas no art. 29 desta Lei Complementar é da Secretaria da Receita Federal e das Secretarias de Fazenda ou de Finanças do Estado ou do Distrito Federal, segundo a localização do estabelecimento, e, tratando-se de prestação de serviços incluídos na competência tributária municipal, a competência será também do respectivo Município.

▶ Art. 29, § 5º, desta Lei Complementar.

§ 1º As Secretarias de Fazenda ou Finanças dos Estados poderão celebrar convênio com os Municípios de sua jurisdição para atribuir a estes a fiscalização a que se refere o *caput* deste artigo.

§ 1º-A. Dispensa-se o convênio de que trata o § 1º na hipótese de ocorrência de prestação de serviços sujeita ao ISS por estabelecimento localizado no Município.

§ 1º-B. A fiscalização de que trata o *caput*, após iniciada, poderá abranger todos os demais estabelecimentos da microempresa ou da empresa de pequeno porte, independentemente da atividade por eles exercida ou de sua localização, na forma e condições estabelecidas pelo CGSN.

§ 1º-C. As autoridades fiscais de que trata o *caput* têm competência para efetuar o lançamento de todos os tributos previstos nos incisos I a VIII do art. 13, apurados na forma do SIMPLES Nacional, relativamente a todos os estabelecimentos da empresa, independentemente do ente federado instituidor.

§ 1º-D. A competência para autuação por descumprimento de obrigação acessória é privativa da administração tributária perante a qual a obrigação deveria ter sido cumprida.

▶ §§ 1º-A a 1º-D acrescidos pela LC nº 139, de 10-11-2011.

§ 2º Na hipótese de microempresa ou empresa de pequeno porte exercer alguma das atividades de prestação de serviços previstas no § 5º-C do art. 18 desta Lei Complementar, caberá à Secretaria da Receita Federal do Brasil a fiscalização da Contribuição para a Seguridade Social, a cargo da empresa, de que trata o art. 22 da Lei nº 8.212, de 24 de julho de 1991.

▶ § 2º com a redação dada pela LC nº 128, de 19-12-2008.

▶ Lei nº 8.212, de 24-7-1991 (Lei Orgânica da Seguridade Social).

§ 3º O valor não pago, apurado em procedimento de fiscalização, será exigido em lançamento de ofício pela autoridade competente que realizou a fiscalização.

§ 4º O Comitê Gestor disciplinará o disposto neste artigo.

Seção X
DA OMISSÃO DE RECEITA

Art. 34. Aplicam-se à microempresa e à empresa de pequeno porte optantes pelo SIMPLES Nacional todas as presunções de omissão de receita existentes nas legislações de regência dos impostos e contribuições incluídos no SIMPLES Nacional.

▶ A alteração que seria introduzida neste artigo pela LC nº 139, de 10-11-2011, foi vetada, razão pela qual mantivemos a sua redação.

Seção XI
DOS ACRÉSCIMOS LEGAIS

Art. 35. Aplicam-se aos impostos e contribuições devidos pela microempresa e pela empresa de pequeno porte, inscritas no SIMPLES Nacional, as normas relativas aos juros e multa de mora e de ofício previstas para o imposto de renda, inclusive, quando for o caso, em relação ao ICMS e ao ISS.

Art. 36. A falta de comunicação, quando obrigatória, da exclusão da pessoa jurídica do SIMPLES Nacional, nos prazos determinados no § 1º do art. 30 desta Lei Complementar, sujeitará a pessoa jurídica a multa correspondente a 10% (dez por cento) do total dos impostos e contribuições devidos de conformidade com o SIMPLES Nacional no mês que anteceder o início dos efeitos da exclusão, não inferior a R$ 200,00 (duzentos reais), insusceptível de redução.

▶ Artigo com a redação dada pela LC nº 128, de 19-12-2008.

Art. 36-A. A falta de comunicação, quando obrigatória, do desenquadramento do microempreendedor individual da sistemática de recolhimento prevista no art. 18-A desta Lei Complementar nos prazos determinados em seu § 7º sujeitará o microempreendedor individual a multa no valor de R$ 50,00 (cinquenta reais), insusceptível de redução.

▶ Artigo acrescido pela LC nº 128, de 19-12-2008.

Art. 37. A imposição das multas de que trata esta Lei Complementar não exclui a aplicação das sanções previstas na legislação penal, inclusive em relação a declaração falsa, adulteração de documentos e emissão de nota fiscal em desacordo com a operação efetivamente praticada, a que estão sujeitos o titular ou sócio da pessoa jurídica.

Art. 38. O sujeito passivo que deixar de apresentar a Declaração Simplificada da Pessoa Jurídica a que se refere o art. 25 desta Lei Complementar, no prazo fixado, ou que a apresentar com incorreções ou omissões, será intimado a apresentar declaração original, no caso de não apresentação, ou a prestar esclarecimentos, nos demais casos, no prazo estipulado pela autoridade fiscal, na forma definida pelo Comitê Gestor, e sujeitar-se-á às seguintes multas:

▶ Art. 3º, XXIV, do Dec. nº 6.038, de 7-2-2007, que institui o Comitê Gestor de Tributação das Microempresas e Empresas de Pequeno Porte.

I – de 2% (dois por cento) ao mês-calendário ou fração, incidentes sobre o montante dos tributos e contribuições informados na Declaração Simplificada da Pessoa Jurídica, ainda que integralmente pago, no caso de falta de entrega da declaração ou entrega após o prazo, limitada a 20% (vinte por cento), observado o disposto no § 3º deste artigo;

II – de R$ 100,00 (cem reais) para cada grupo de 10 (dez) informações incorretas ou omitidas.

§ 1º Para efeito de aplicação da multa prevista no inciso I do *caput* deste artigo, será considerado como termo inicial o dia seguinte ao término do prazo originalmente fixado para a entrega da declaração e como termo final a data da efetiva entrega ou, no caso de não apresentação, da lavratura do auto de infração.

§ 2º Observado o disposto no § 3º deste artigo, as multas serão reduzidas:

I – à metade, quando a declaração for apresentada após o prazo, mas antes de qualquer procedimento de ofício;

II – a 75% (setenta e cinco por cento), se houver a apresentação da declaração no prazo fixado em intimação.

§ 3º A multa mínima a ser aplicada será de R$ 200,00 (duzentos reais).

▶ § 3º com a redação dada pela LC nº 128, de 19-12-2008.

§ 4º Considerar-se-á não entregue a declaração que não atender às especificações técnicas estabelecidas pelo Comitê Gestor.

§ 5º Na hipótese do § 4º deste artigo, o sujeito passivo será intimado a apresentar nova declaração, no prazo de 10 (dez) dias, contados da ciência da intimação, e sujeitar-se-á à multa prevista no inciso I do *caput* deste artigo, observado o disposto nos §§ 1º a 3º deste artigo.

§ 6º A multa mínima de que trata o § 3º deste artigo a ser aplicada ao Microempreendedor Individual na vigência da opção de que trata o art. 18-A desta Lei Complementar será de R$ 50,00 (cinquenta reais).

▶ § 6º acrescido pela LC nº 128, de 19-12-2008.

Art. 38-A. O sujeito passivo que deixar de prestar as informações no sistema eletrônico de cálculo de que trata o § 15 do art. 18, no prazo previsto no § 15-A do mesmo artigo, ou que as prestar com incorreções ou omissões, será intimado a fazê-lo, no caso de não apresentação, ou a prestar esclarecimentos, nos demais casos, no prazo estipulado pela autoridade fiscal, na forma definida pelo CGSN, e sujeitar-se-á às seguintes multas, para cada mês de referência:

I – de 2% (dois por cento) ao mês-calendário ou fração, a partir do primeiro dia do quarto mês do ano subsequente à ocorrência dos fatos geradores, incidentes sobre o montante dos impostos e contribuições decorrentes das informações prestadas no sistema eletrônico de cálculo de que trata o § 15 do art. 18, ainda que integralmente pago, no caso de ausência de prestação de informações ou sua efetuação após o prazo, limitada a 20% (vinte por cento), observado o disposto no § 2º deste artigo; e

II – de R$ 20,00 (vinte reais) para cada grupo de 10 (dez) informações incorretas ou omitidas.

§ 1º Para efeito de aplicação da multa prevista no inciso I do *caput*, será considerado como termo inicial o primeiro dia do quarto mês do ano subsequente à ocorrência dos fatos geradores e como termo final a data da efetiva prestação ou, no caso de não prestação, da lavratura do auto de infração.

§ 2º A multa mínima a ser aplicada será de R$ 50,00 (cinquenta reais) para cada mês de referência.

§ 3º Aplica-se ao disposto neste artigo o disposto nos §§ 2º, 4º e 5º do art. 38.

§ 4º O CGSN poderá estabelecer data posterior à prevista no inciso I do *caput* e no § 1º.

▶ Art. 38-A acrescido pela LC nº 139, de 10-11-2011.

SEÇÃO XII

DO PROCESSO ADMINISTRATIVO FISCAL

▶ Dec. nº 70.235, de 6-3-1972 (Lei do Processo Administrativo Fiscal).

Art. 39. O contencioso administrativo relativo ao SIMPLES Nacional será de competência do órgão julgador integrante da estrutura administrativa do ente federativo que efetuar o lançamento, o indeferimento da opção ou a exclusão de ofício, observados os dispositivos legais atinentes aos processos administrativos fiscais desse ente.

▶ *Caput* com a redação dada pela LC nº 139, de 10-11-2011.

▶ Arts. 29, § 5º, e 55, § 4º, desta Lei Complementar.

§ 1º O Município poderá, mediante convênio, transferir a atribuição de julgamento exclusivamente ao respectivo Estado em que se localiza.

§ 2º No caso em que o contribuinte do SIMPLES Nacional exerça atividades incluídas no campo de incidência do ICMS e do ISS e seja apurada omissão de receita de que não se consiga identificar a origem, a autuação será feita utilizando a maior alíquota prevista nesta Lei Complementar, e a parcela autuada que não seja correspondente aos tributos e contribuições federais será rateada entre Estados e Municípios ou Distrito Federal.

§ 3º Na hipótese referida no § 2º deste artigo, o julgamento caberá ao Estado ou ao Distrito Federal.

§ 4º A intimação eletrônica dos atos do contencioso administrativo observará o disposto nos §§ 1º-A a 1º-D do art. 16.

▶ § 4º com a redação dada pela LC nº 139, de 10-11-2011.

§ 5º A impugnação relativa ao indeferimento da opção ou à exclusão poderá ser decidida em órgão diverso do previsto no *caput*, na forma estabelecida pela respectiva administração tributária.

§ 6º Na hipótese prevista no § 5º, o CGSN poderá disciplinar procedimentos e prazos, bem como, no processo de exclusão, prever efeito suspensivo na hipótese de apresentação de impugnação, defesa ou recurso.

▶ §§ 5º e 6º acrescidos pela LC nº 139, de 10-11-2011.

Art. 40. As consultas relativas ao SIMPLES Nacional serão solucionadas pela Secretaria da Receita Federal, salvo quando se referirem a tributos e contribuições de competência estadual ou municipal, que serão solucionadas conforme a respectiva competência tributária, na forma disciplinada pelo Comitê Gestor.

▶ Art. 55, § 4º, desta Lei Complementar.

Seção XIII
DO PROCESSO JUDICIAL

Art. 41. Os processos relativos a impostos e contribuições abrangidos pelo SIMPLES Nacional serão ajuizados em face da União, que será representada em juízo pela Procuradoria-Geral da Fazenda Nacional, observado o disposto no § 5º deste artigo.

▶ *Caput* com a redação dada pela LC nº 128, de 19-12-2008.

§ 1º Os Estados, Distrito Federal e Municípios prestarão auxílio à Procuradoria-Geral da Fazenda Nacional, em relação aos tributos de sua competência, na forma a ser disciplinada por ato do Comitê Gestor.

§ 2º Os créditos tributários oriundos da aplicação desta Lei Complementar serão apurados, inscritos em Dívida Ativa da União e cobrados judicialmente pela Procuradoria-Geral da Fazenda Nacional, observado o disposto no inciso V do § 5º deste artigo.

▶ § 2º com a redação dada pela LC nº 139, de 10-11-2011.

§ 3º Mediante convênio, a Procuradoria-Geral da Fazenda Nacional poderá delegar aos Estados e Municípios a inscrição em dívida ativa estadual e municipal e a cobrança judicial dos tributos estaduais e municipais a que se refere esta Lei Complementar.

§ 4º Aplica-se o disposto neste artigo aos impostos e contribuições que não tenham sido recolhidos resultantes das informações prestadas:

▶ *Caput* do § 4º com a redação dada pela LC nº 139, de 10-11-2011.

I – no sistema eletrônico de cálculo dos valores devidos no SIMPLES Nacional de que trata o § 15 do art. 18;
II – na declaração a que se refere o art. 25.

▶ Incisos I e II acrescidos pela LC nº 139, de 10-11-2011.

§ 5º Excetuam-se do disposto no *caput* deste artigo:

▶ § 5º acrescido pela LC nº 128, de 19-12-2008.

I – os mandados de segurança nos quais se impugnem atos de autoridade coatora pertencente a Estado, Distrito Federal ou Município;
II – as ações que tratem exclusivamente de tributos de competência dos Estados, do Distrito Federal ou dos Municípios, as quais serão propostas em face desses entes federativos, representados em juízo por suas respectivas procuradorias;
III – as ações promovidas na hipótese de celebração do convênio de que trata o § 3º deste artigo;

▶ Incisos I a III acrescidos pela LC nº 128, de 19-12-2008.

IV – o crédito tributário decorrente de auto de infração lavrado exclusivamente em face de descumprimento de obrigação acessória, observado o disposto no § 1º-D do art. 33;
V – o crédito tributário relativo ao ICMS e ao ISS de que trata o § 16 do art. 18-A.

▶ Incisos IV e V acrescidos pela LC nº 139, de 10-11-2011.

Capítulo V
DO ACESSO AOS MERCADOS
Seção única
DAS AQUISIÇÕES PÚBLICAS

Art. 42. Nas licitações públicas, a comprovação de regularidade fiscal das microempresas e empresas de pequeno porte somente será exigida para efeito de assinatura do contrato.

▶ Lei nº 8.666, de 21-6-1993 (Lei de Licitações e Contratos Administrativos).
▶ Dec. nº 6.204, de 5-9-2007, regulamenta o tratamento favorecido, diferenciado e simplificado para as microempresas e empresas de pequeno porte nas contratações públicas de bens, serviços e obras, no âmbito da administração pública federal.

Art. 43. As microempresas e empresas de pequeno porte, por ocasião da participação em certames licitatórios, deverão apresentar toda a documentação exigida para efeito de comprovação de regularidade fiscal, mesmo que esta apresente alguma restrição.

§ 1º Havendo alguma restrição na comprovação da regularidade fiscal, será assegurado o prazo de 2 (dois) dias úteis, cujo termo inicial corresponderá ao momento em que o proponente for declarado o vencedor do certame, prorrogáveis por igual período, a critério da Administração Pública, para a regularização da documentação, pagamento ou parcelamento do débito, e emissão de eventuais certidões negativas ou positivas com efeito de certidão negativa.

§ 2º A não regularização da documentação, no prazo previsto no § 1º deste artigo, implicará decadência do direito à contratação, sem prejuízo das sanções previstas no art. 81 da Lei nº 8.666, de 21 de junho de 1993, sendo facultado à Administração convocar os licitantes remanescentes, na ordem de classificação, para a assinatura do contrato, ou revogar a licitação.

▶ Lei nº 8.666, de 21-6-1993 (Lei de Licitações e Contratos Administrativos).

Art. 44. Nas licitações será assegurada, como critério de desempate, preferência de contratação para as microempresas e empresas de pequeno porte.

§ 1º Entende-se por empate aquelas situações em que as propostas apresentadas pelas microempresas e empresas de pequeno porte sejam iguais ou até 10% (dez por cento) superiores à proposta mais bem classificada.

§ 2º Na modalidade de pregão, o intervalo percentual estabelecido no § 1º deste artigo será de até 5% (cinco por cento) superior ao melhor preço.

▶ Art. 3º da Lei nº 8.666, de 21-6-1993 (Lei de Licitações e Contratos Administrativos).

Art. 45. Para efeito do disposto no art. 44 desta Lei Complementar, ocorrendo o empate, proceder-se-á da seguinte forma:

I – a microempresa ou empresa de pequeno porte mais bem classificada poderá apresentar proposta de preço inferior àquela considerada vencedora do certame, situação em que será adjudicado em seu favor o objeto licitado;
II – não ocorrendo a contratação da microempresa ou empresa de pequeno porte, na forma do inciso I do *caput* deste artigo, serão convocadas as remanescentes

que porventura se enquadrem na hipótese dos §§ 1º e 2º do art. 44 desta Lei Complementar, na ordem classificatória, para o exercício do mesmo direito;

III – no caso de equivalência dos valores apresentados pelas microempresas e empresas de pequeno porte que se encontrem nos intervalos estabelecidos nos §§ 1º e 2º do art. 44 desta Lei Complementar, será realizado sorteio entre elas para que se identifique aquela que primeiro poderá apresentar melhor oferta.

§ 1º Na hipótese da não contratação nos termos previstos no *caput* deste artigo, o objeto licitado será adjudicado em favor da proposta originalmente vencedora do certame.

§ 2º O disposto neste artigo somente se aplicará quando a melhor oferta inicial não tiver sido apresentada por microempresa ou empresa de pequeno porte.

§ 3º No caso de pregão, a microempresa ou empresa de pequeno porte mais bem classificada será convocada para apresentar nova proposta no prazo máximo de 5 (cinco) minutos após o encerramento dos lances, sob pena de preclusão.

Art. 46. A microempresa e a empresa de pequeno porte titular de direitos creditórios decorrentes de empenhos liquidados por órgãos e entidades da União, Estados, Distrito Federal e Município não pagos em até 30 (trinta) dias contados da data de liquidação poderão emitir cédula de crédito microempresarial.

Parágrafo único. A cédula de crédito microempresarial é título de crédito regido, subsidiariamente, pela legislação prevista para as cédulas de crédito comercial, tendo como lastro o empenho do poder público, cabendo ao Poder Executivo sua regulamentação no prazo de 180 (cento e oitenta) dias a contar da publicação desta Lei Complementar.

▶ Lei nº 6.840, de 3-11-1980, dispõe sobre títulos de crédito comercial.

Art. 47. Nas contratações públicas da União, dos Estados e dos Municípios, poderá ser concedido tratamento diferenciado e simplificado para as microempresas e empresas de pequeno porte objetivando a promoção do desenvolvimento econômico e social no âmbito municipal e regional, a ampliação da eficiência das políticas públicas e o incentivo à inovação tecnológica, desde que previsto e regulamentado na legislação do respectivo ente.

▶ Arts. 48 e 49 desta Lei Complementar.

Art. 48. Para o cumprimento do disposto no art. 47 desta Lei Complementar, a administração pública poderá realizar processo licitatório:

▶ Art. 49 desta Lei Complementar.

I – destinado exclusivamente à participação de microempresas e empresas de pequeno porte nas contratações cujo valor seja de até R$ 80.000,00 (oitenta mil reais);

II – em que seja exigida dos licitantes a subcontratação de microempresa ou de empresa de pequeno porte, desde que o percentual máximo do objeto a ser subcontratado não exceda a 30% (trinta por cento) do total licitado;

III – em que se estabeleça cota de até 25% (vinte e cinco por cento) do objeto para a contratação de microempresas e empresas de pequeno porte, em certames para a aquisição de bens e serviços de natureza divisível.

§ 1º O valor licitado por meio do disposto neste artigo não poderá exceder a 25% (vinte e cinco por cento) do total licitado em cada ano civil.

§ 2º Na hipótese do inciso II do *caput* deste artigo, os empenhos e pagamentos do órgão ou entidade da administração pública poderão ser destinados diretamente às microempresas e empresas de pequeno porte subcontratadas.

Art. 49. Não se aplica o disposto nos arts. 47 e 48 desta Lei Complementar quando:

I – os critérios de tratamento diferenciado e simplificado para as microempresas e empresas de pequeno porte não forem expressamente previstos no instrumento convocatório;

II – não houver um mínimo de 3 (três) fornecedores competitivos enquadrados como microempresas ou empresas de pequeno porte sediados local ou regionalmente e capazes de cumprir as exigências estabelecidas no instrumento convocatório;

III – o tratamento diferenciado e simplificado para as microempresas e empresas de pequeno porte não for vantajoso para a administração pública ou representar prejuízo ao conjunto ou complexo do objeto a ser contratado;

IV – a licitação for dispensável ou inexigível, nos termos dos arts. 24 e 25 da Lei nº 8.666, de 21 de junho de 1993.

▶ Lei nº 8.666, de 21-6-1993 (Lei de Licitações e Contratos Administrativos).

Capítulo VI
DA SIMPLIFICAÇÃO DAS RELAÇÕES DE TRABALHO

Seção I

DA SEGURANÇA E DA MEDICINA DO TRABALHO

Art. 50. As microempresas e as empresas de pequeno porte serão estimuladas pelo poder público e pelos Serviços Sociais Autônomos a formar consórcios para acesso a serviços especializados em segurança e medicina do trabalho.

▶ Artigo com a redação dada pela LC nº 127, de 14-8-2007.

Seção II

DAS OBRIGAÇÕES TRABALHISTAS

Art. 51. As microempresas e as empresas de pequeno porte são dispensadas:

▶ Arts. 52 e 53 desta Lei Complementar.

I – da afixação de Quadro de Trabalho em suas dependências;

II – da anotação das férias dos empregados nos respectivos livros ou fichas de registro;

III – de empregar e matricular seus aprendizes nos cursos dos Serviços Nacionais de Aprendizagem;

IV – da posse do livro intitulado "Inspeção do Trabalho"; e

V – de comunicar ao Ministério do Trabalho e Emprego a concessão de férias coletivas.

Art. 52. O disposto no art. 51 desta Lei Complementar não dispensa as microempresas e as empresas de pequeno porte dos seguintes procedimentos:

I – anotações na Carteira de Trabalho e Previdência Social – CTPS;

II – arquivamento dos documentos comprobatórios de cumprimento das obrigações trabalhistas e previdenciárias, enquanto não prescreverem essas obrigações;

III – apresentação da Guia de Recolhimento do Fundo de Garantia do Tempo de Serviço e Informações à Previdência Social – GFIP;

IV – apresentação das Relações Anuais de Empregados e da Relação Anual de Informações Sociais – RAIS e do Cadastro Geral de Empregados e Desempregados – CAGED.

Parágrafo único. (VETADO).

Art. 53. *Revogado.* LC nº 127, de 14-8-2007.

SEÇÃO III
DO ACESSO À JUSTIÇA DO TRABALHO

Art. 54. É facultado ao empregador de microempresa ou de empresa de pequeno porte fazer-se substituir ou representar perante a Justiça do Trabalho por terceiros que conheçam dos fatos, ainda que não possuam vínculo trabalhista ou societário.

▶ Art. 843, § 1º, da CLT.

CAPÍTULO VII
DA FISCALIZAÇÃO ORIENTADORA

Art. 55. A fiscalização, no que se refere aos aspectos trabalhista, metrológico, sanitário, ambiental e de segurança, das microempresas e empresas de pequeno porte deverá ter natureza prioritariamente orientadora, quando a atividade ou situação, por sua natureza, comportar grau de risco compatível com esse procedimento.

§ 1º Será observado o critério de dupla visita para lavratura de autos de infração, salvo quando for constatada infração por falta de registro de empregado ou anotação da Carteira de Trabalho e Previdência Social – CTPS, ou, ainda, na ocorrência de reincidência, fraude, resistência ou embaraço à fiscalização.

▶ IN da SIT nº 84, de 13-7-2010, dispõe sobre a fiscalização do Fundo de Garantia do Tempo de Serviço – FGTS e das Contribuições Sociais instituídas pela LC nº 110, de 29-6-2001.

§ 2º VETADO.

§ 3º Os órgãos e entidades competentes definirão, em 12 (doze) meses, as atividades e situações cujo grau de risco seja considerado alto, as quais não se sujeitarão ao disposto neste artigo.

§ 4º O disposto neste artigo não se aplica ao processo administrativo fiscal relativo a tributos, que se dará na forma dos arts. 39 e 40 desta Lei Complementar.

CAPÍTULO VIII
DO ASSOCIATIVISMO

SEÇÃO ÚNICA

DA SOCIEDADE DE PROPÓSITO ESPECÍFICO FORMADA POR MICROEMPRESAS E EMPRESAS DE PEQUENO PORTE OPTANTES PELO SIMPLES NACIONAL

▶ Denominação da Seção dada pela LC nº 128, de 19-12-2008.

Art. 56. As microempresas ou as empresas de pequeno porte optantes pelo SIMPLES Nacional poderão realizar negócios de compra e venda de bens, para os mercados nacional e internacional, por meio de sociedade de propósito específico nos termos e condições estabelecidos pelo Poder Executivo federal.

▶ *Caput* com a redação dada pela LC nº 128, de 19-12-2008.

▶ Lei nº 11.079, de 30-12-2004 (Lei de Parceria Público-Privada).

§ 1º Não poderão integrar a sociedade de que trata o *caput* deste artigo pessoas jurídicas não optantes pelo SIMPLES Nacional.

▶ § 1º com a redação dada pela LC nº 128, de 19-12-2008.

§ 2º A sociedade de propósito específico de que trata este artigo:

▶ *Caput* do § 2º com a redação dada pela LC nº 128, de 19-12-2008.

I – terá seus atos arquivados no Registro Público de Empresas Mercantis;

II – terá por finalidade realizar:

a) operações de compras para revenda às microempresas ou empresas de pequeno porte que sejam suas sócias;

b) operações de venda de bens adquiridos das microempresas e empresas de pequeno porte que sejam suas sócias para pessoas jurídicas que não sejam suas sócias;

III – poderá exercer atividades de promoção dos bens referidos na alínea *b* do inciso II deste parágrafo;

IV – apurará o imposto de renda das pessoas jurídicas com base no lucro real, devendo manter a escrituração dos livros Diário e Razão;

V – apurará a COFINS e a Contribuição para o PIS/PASEP de modo não cumulativo;

VI – exportará, exclusivamente, bens a ela destinados pelas microempresas e empresas de pequeno porte que dela façam parte;

VII – será constituída como sociedade limitada;

VIII – deverá, nas revendas às microempresas ou empresas de pequeno porte que sejam suas sócias, observar preço no mínimo igual ao das aquisições realizadas para revenda; e

IX – deverá, nas revendas de bens adquiridos de microempresas ou empresas de pequeno porte que sejam suas sócias, observar preço no mínimo igual ao das aquisições desses bens.

▶ Incisos I a IX acrescidos pela LC nº 128, de 19-12-2008.

§ 3º A aquisição de bens destinados à exportação pela sociedade de propósito específico não gera direito a créditos relativos a impostos ou contribuições abrangidos pelo SIMPLES Nacional.

§ 4º A microempresa ou a empresa de pequeno porte não poderá participar simultaneamente de mais de uma sociedade de propósito específico de que trata este artigo.

§ 5º A sociedade de propósito específico de que trata este artigo não poderá:

I – ser filial, sucursal, agência ou representação, no País, de pessoa jurídica com sede no exterior;
II – ser constituída sob a forma de cooperativas, inclusive de consumo;
III – participar do capital de outra pessoa jurídica;
IV – exercer atividade de banco comercial, de investimentos e de desenvolvimento, de caixa econômica, de sociedade de crédito, financiamento e investimento ou de crédito imobiliário, de corretora ou de distribuidora de títulos, valores mobiliários e câmbio, de empresa de arrendamento mercantil, de seguros privados e de capitalização ou de previdência complementar;
V – ser resultante ou remanescente de cisão ou qualquer outra forma de desmembramento de pessoa jurídica que tenha ocorrido em um dos 5 (cinco) anos-calendário anteriores;
VI – exercer a atividade vedada às microempresas e empresas de pequeno porte optantes pelo SIMPLES Nacional.

§ 6º A inobservância do disposto no § 4º deste artigo acarretará a responsabilidade solidária das microempresas ou empresas de pequeno porte sócias da sociedade de propósito específico de que trata este artigo na hipótese em que seus titulares, sócios ou administradores conhecessem ou devessem conhecer tal inobservância.

§ 7º O Poder Executivo regulamentará o disposto neste artigo até 31 de dezembro de 2008.

▶ §§ 3º a 7º acrescidos pela LC nº 128, de 19-12-2008.

Capítulo IX

DO ESTÍMULO AO CRÉDITO E À CAPITALIZAÇÃO

Seção I

DISPOSIÇÕES GERAIS

Art. 57. O Poder Executivo federal proporá, sempre que necessário, medidas no sentido de melhorar o acesso das microempresas e empresas de pequeno porte aos mercados de crédito e de capitais, objetivando a redução do custo de transação, a elevação da eficiência alocativa, o incentivo ao ambiente concorrencial e a qualidade do conjunto informacional, em especial o acesso e portabilidade das informações cadastrais relativas ao crédito.

Art. 58. Os bancos comerciais públicos e os bancos múltiplos públicos com carteira comercial e a Caixa Econômica Federal manterão linhas de crédito específicas para as microempresas e para as empresas de pequeno porte, devendo o montante disponível e suas condições de acesso ser expressos nos respectivos orçamentos e amplamente divulgadas.

Parágrafo único. As instituições mencionadas no caput deste artigo deverão publicar, juntamente com os respectivos balanços, relatório circunstanciado dos recursos alocados às linhas de crédito referidas no caput deste artigo e aqueles efetivamente utilizados, consignando, obrigatoriamente, as justificativas do desempenho alcançado.

Art. 59. As instituições referidas no caput do art. 58 desta Lei Complementar devem se articular com as respectivas entidades de apoio e representação das microempresas e empresas de pequeno porte, no sentido de proporcionar e desenvolver programas de treinamento, desenvolvimento gerencial e capacitação tecnológica.

Art. 60. VETADO.

Art. 60-A. Poderá ser instituído Sistema Nacional de Garantias de Crédito pelo Poder Executivo, com o objetivo de facilitar o acesso das microempresas e empresas de pequeno porte a crédito e demais serviços das instituições financeiras, o qual, na forma de regulamento, proporcionará a elas tratamento diferenciado, favorecido e simplificado, sem prejuízo de atendimento a outros públicos-alvo.

Parágrafo único. O Sistema Nacional de Garantias de Crédito integrará o Sistema Financeiro Nacional.

▶ Art. 60-A acrescido pela LC nº 127, de 14-8-2007.

Art. 61. Para fins de apoio creditício às operações de comércio exterior das microempresas e das empresas de pequeno porte, serão utilizados os parâmetros de enquadramento ou outros instrumentos de alta significância para as microempresas, empresas de pequeno porte exportadoras segundo o porte de empresas, aprovados pelo Mercado Comum do Sul – MERCOSUL.

Seção II

DAS RESPONSABILIDADES DO BANCO CENTRAL DO BRASIL

Art. 62. O Banco Central do Brasil poderá disponibilizar dados e informações para as instituições financeiras integrantes do Sistema Financeiro Nacional, inclusive por meio do Sistema de Informações de Crédito – SCR, visando a ampliar o acesso ao crédito para microempresas e empresas de pequeno porte e fomentar a competição bancária.

§ 1º O disposto no caput deste artigo alcança a disponibilização de dados e informações específicas relativas ao histórico de relacionamento bancário e creditício das microempresas e das empresas de pequeno porte, apenas aos próprios titulares.

§ 2º O Banco Central do Brasil poderá garantir o acesso simplificado, favorecido e diferenciado dos dados e informações constantes no § 1º deste artigo aos seus respectivos interessados, podendo a instituição optar por realizá-lo por meio das instituições financeiras, com as quais o próprio cliente tenha relacionamento.

Seção III

DAS CONDIÇÕES DE ACESSO AOS DEPÓSITOS ESPECIAIS DO FUNDO DE AMPARO AO TRABALHADOR – FAT

Art. 63. O CODEFAT poderá disponibilizar recursos financeiros por meio da criação de programa específico para as cooperativas de crédito de cujos quadros de cooperados participem microempreendedores, empreendedores de microempresa e empresa de pequeno porte bem como suas empresas.

Parágrafo único. Os recursos referidos no *caput* deste artigo deverão ser destinados exclusivamente às microempresas e empresas de pequeno porte.

▶ Lei nº 7.998, de 11-1-1990 (Lei do Seguro-Desemprego).

CAPÍTULO X

DO ESTÍMULO À INOVAÇÃO

Seção I

DISPOSIÇÕES GERAIS

Art. 64. Para os efeitos desta Lei Complementar considera-se:

I – inovação: a concepção de um novo produto ou processo de fabricação, bem como a agregação de novas funcionalidades ou características ao produto ou processo que implique melhorias incrementais e efetivo ganho de qualidade ou produtividade, resultando em maior competitividade no mercado;

II – agência de fomento: órgão ou instituição de natureza pública ou privada que tenha entre os seus objetivos o financiamento de ações que visem a estimular e promover o desenvolvimento da ciência, da tecnologia e da inovação;

III – Instituição Científica e Tecnológica – ICT: órgão ou entidade da administração pública que tenha por missão institucional, dentre outras, executar atividades de pesquisa básica ou aplicada de caráter científico ou tecnológico;

IV – núcleo de inovação tecnológica: núcleo ou órgão constituído por uma ou mais ICT com a finalidade de gerir sua política de inovação;

V – instituição de apoio: instituições criadas sob o amparo da Lei nº 8.958, de 20 de dezembro de 1994, com a finalidade de dar apoio a projetos de pesquisa, ensino e extensão e de desenvolvimento institucional, científico e tecnológico.

▶ Lei nº 8.958, de 20-12-1994, dispõe sobre as relações entre as instituições federais de ensino superior e de pesquisa científica e tecnológica e as fundações de apoio.

Seção II

DO APOIO À INOVAÇÃO

Art. 65. A União, os Estados, o Distrito Federal e os Municípios, e as respectivas agências de fomento, as ICT, os núcleos de inovação tecnológica e as instituições de apoio manterão programas específicos para as microempresas e para as empresas de pequeno porte, inclusive quando estas revestirem a forma de incubadoras, observando-se o seguinte:

I – as condições de acesso serão diferenciadas, favorecidas e simplificadas;

II – o montante disponível e suas condições de acesso deverão ser expressos nos respectivos orçamentos e amplamente divulgados.

§ 1º As instituições deverão publicar, juntamente com as respectivas prestações de contas, relatório circunstanciado das estratégias para maximização da participação do segmento, assim como dos recursos alocados às ações referidas no *caput* deste artigo e aqueles efetivamente utilizados, consignando, obrigatoriamente, as justificativas do desempenho alcançado no período.

§ 2º As pessoas jurídicas referidas no *caput* deste artigo terão por meta a aplicação de, no mínimo, 20% (vinte por cento) dos recursos destinados à inovação para o desenvolvimento de tal atividade nas microempresas ou nas empresas de pequeno porte.

§ 3º Os órgãos e entidades integrantes da administração pública federal atuantes em pesquisa, desenvolvimento ou capacitação tecnológica terão por meta efetivar suas aplicações, no percentual mínimo fixado no § 2º deste artigo, em programas e projetos de apoio às microempresas ou às empresas de pequeno porte, transmitindo ao Ministério da Ciência e Tecnologia, no primeiro trimestre de cada ano, informação relativa aos valores alocados e a respectiva relação percentual em relação ao total dos recursos destinados para esse fim.

§ 4º Ficam autorizados a reduzir a 0 (zero) as alíquotas dos impostos e contribuições a seguir indicados, incidentes na aquisição, ou importação, de equipamentos, máquinas, aparelhos, instrumentos, acessórios, sobressalentes e ferramentas que os acompanham, na forma definida em regulamento, quando adquiridos, ou importados, diretamente por microempresas ou empresas de pequeno porte para incorporação ao seu ativo imobilizado:

▶ *Caput* do § 4º com a redação dada pela LC nº 128, de 19-12-2008.

I – a União, em relação ao IPI, à COFINS, à Contribuição para o PIS/PASEP, à COFINS-Importação e à Contribuição para o PIS/PASEP-Importação; e

II – os Estados e o Distrito Federal, em relação ao ICMS.

▶ Incisos I e II acrescidos pela LC nº 128, de 19-12-2008.

§ 5º A microempresa ou empresa de pequeno porte, adquirente de bens com o benefício previsto no § 4º deste artigo, fica obrigada, nas hipóteses previstas em regulamento, a recolher os impostos e contribuições que deixaram de ser pagos, acrescidos de juros e multa, de mora ou de ofício, contados a partir da data da aquisição, no mercado interno, ou do registro da declaração de importação – DI, calculados na forma da legislação que rege a cobrança do tributo não pago.

▶ § 5º acrescido pela LC nº 128, de 19-12-2008.

Art. 66. No primeiro trimestre do ano subsequente, os órgãos e entidades a que alude o art. 67 desta Lei Complementar transmitirão ao Ministério da Ciência e Tecnologia relatório circunstanciado dos projetos realizados, compreendendo a análise do desempenho alcançado.

Art. 67. Os órgãos congêneres ao Ministério da Ciência e Tecnologia estaduais e municipais deverão elaborar e divulgar relatório anual indicando o valor dos recursos recebidos, inclusive por transferência de terceiros, que foram aplicados diretamente ou por organizações vinculadas, por Fundos Setoriais e outros, no segmento das microempresas e empresas de pequeno porte, retratando e avaliando os resultados obtidos e indicando as previsões de ações e metas para ampliação de sua participação no exercício seguinte.

CAPÍTULO XI

DAS REGRAS CIVIS E EMPRESARIAIS

Seção I

DAS REGRAS CIVIS

Subseção I

DO PEQUENO EMPRESÁRIO

Art. 68. Considera-se pequeno empresário, para efeito de aplicação do disposto nos arts. 970 e 1.179 da Lei nº 10.406, de 10 de janeiro de 2002 (Código Civil), o empresário individual caracterizado como microempresa na forma desta Lei Complementar que aufira receita bruta anual até o limite previsto no § 1º do art. 18-A.

► Artigo com a redação dada pela LC nº 139, de 10-11-2011.

Subseção II

VETADO.

Art. 69. VETADO.

Seção II

DAS DELIBERAÇÕES SOCIAIS E DA ESTRUTURA ORGANIZACIONAL

Art. 70. As microempresas e as empresas de pequeno porte são desobrigadas da realização de reuniões e assembleias em qualquer das situações previstas na legislação civil, as quais serão substituídas por deliberação representativa do primeiro número inteiro superior à metade do capital social.

§ 1º O disposto no caput deste artigo não se aplica caso haja disposição contratual em contrário, caso ocorra hipótese de justa causa que enseje a exclusão de sócio ou caso um ou mais sócios ponham em risco a continuidade da empresa em virtude de atos de inegável gravidade.

§ 2º Nos casos referidos no § 1º deste artigo, realizar-se-á reunião ou assembleia de acordo com a legislação civil.

Art. 71. Os empresários e as sociedades de que trata esta Lei Complementar, nos termos da legislação civil, ficam dispensados da publicação de qualquer ato societário.

Seção III

DO NOME EMPRESARIAL

► Arts. 1.155 a 1.168 do CC.

Art. 72. As microempresas e as empresas de pequeno porte, nos termos da legislação civil, acrescentarão à sua firma ou denominação as expressões "Microempresa" ou "Empresa de Pequeno Porte", ou suas respectivas abreviações, "ME" ou "EPP", conforme o caso, sendo facultativa a inclusão do objeto da sociedade.

Seção IV

DO PROTESTO DE TÍTULOS

► Lei nº 9.492, de 10-9-1997 (Lei do Protesto de Títulos).

Art. 73. O protesto de título, quando o devedor for microempresário ou empresa de pequeno porte, é sujeito às seguintes condições:

I – sobre os emolumentos do tabelião não incidirão quaisquer acréscimos a título de taxas, custas e contribuições para o Estado ou Distrito Federal, carteira de previdência, fundo de custeio de atos gratuitos, fundos especiais do Tribunal de Justiça, bem como de associação de classe, criados ou que venham a ser criados sob qualquer título ou denominação, ressalvada a cobrança do devedor das despesas de correio, condução e publicação de edital para realização da intimação;

II – para o pagamento do título em cartório, não poderá ser exigido cheque de emissão de estabelecimento bancário, mas, feito o pagamento por meio de cheque, de emissão de estabelecimento bancário ou não, a quitação dada pelo tabelionato de protesto será condicionada à efetiva liquidação do cheque;

III – o cancelamento do registro de protesto, fundado no pagamento do título, será feito independentemente de declaração de anuência do credor, salvo no caso de impossibilidade de apresentação do original protestado;

IV – para os fins do disposto no caput e nos incisos I, II e III do caput deste artigo, o devedor deverá provar sua qualidade de microempresa ou de empresa de pequeno porte perante o tabelionato de protestos de títulos, mediante documento expedido pela Junta Comercial ou pelo Registro Civil das Pessoas Jurídicas, conforme o caso;

V – quando o pagamento do título ocorrer com cheque sem a devida provisão de fundos, serão automaticamente suspensos pelos cartórios de protesto, pelo prazo de 1 (um) ano, todos os benefícios previstos para o devedor neste artigo, independentemente da lavratura e registro do respectivo protesto.

CAPÍTULO XII

DO ACESSO À JUSTIÇA

Seção I

DO ACESSO AOS JUIZADOS ESPECIAIS

Art. 74. Aplica-se às microempresas e às empresas de pequeno porte de que trata esta Lei Complementar o disposto no § 1º do art. 8º da Lei nº 9.099, de 26 de setembro de 1995, e no inciso I do caput do art. 6º da Lei nº 10.259, de 12 de julho de 2001, as quais, assim como as pessoas físicas capazes, passam a ser admitidas como proponentes de ação perante o Juizado Especial, excluídos os cessionários de direito de pessoas jurídicas.

► Lei nº 9.099, de 26-9-1995 (Lei dos Juizados Especiais).
► Lei nº 10.259, de 12-7-2001 (Lei dos Juizados Especiais Federais).

Seção II

DA CONCILIAÇÃO PRÉVIA, MEDIAÇÃO E ARBITRAGEM

► Lei nº 9.307, de 23-9-1996 (Lei da Arbitragem).

Art. 75. As microempresas e empresas de pequeno porte deverão ser estimuladas a utilizar os institutos de conciliação prévia, mediação e arbitragem para solução dos seus conflitos.

§ 1º Serão reconhecidos de pleno direito os acordos celebrados no âmbito das comissões de conciliação prévia.

► Arts. 625-A a 625-H da CLT.

§ 2º O estímulo a que se refere o *caput* deste artigo compreenderá campanhas de divulgação, serviços de esclarecimento e tratamento diferenciado, simplificado e favorecido no tocante aos custos administrativos e honorários cobrados.

SEÇÃO III

DAS PARCERIAS

▶ Seção acrescida pela LC nº 128, de 19-12-2008.

Art. 75-A. Para fazer face às demandas originárias do estímulo previsto nos arts. 74 e 75 desta Lei Complementar, entidades privadas, públicas, inclusive o Poder Judiciário, poderão firmar parcerias entre si, objetivando a instalação ou utilização de ambientes propícios para a realização dos procedimentos inerentes a busca da solução de conflitos.

▶ Artigo acrescido pela LC nº 128, de 19-12-2008.

CAPÍTULO XIII

DO APOIO E DA REPRESENTAÇÃO

Art. 76. Para o cumprimento do disposto nesta Lei Complementar, bem como para desenvolver e acompanhar políticas públicas voltadas às microempresas e empresas de pequeno porte, o poder público, em consonância com o Fórum Permanente das Microempresas e Empresas de Pequeno Porte, sob a coordenação do Ministério do Desenvolvimento, Indústria e Comércio Exterior, deverá incentivar e apoiar a criação de fóruns com participação dos órgãos públicos competentes e das entidades vinculadas ao setor.

▶ Art. 2º, II, desta Lei Complementar.

Parágrafo único. O Ministério do Desenvolvimento, Indústria e Comércio Exterior coordenará com as entidades representativas das microempresas e empresas de pequeno porte a implementação dos fóruns regionais nas unidades da federação.

CAPÍTULO XIV

DISPOSIÇÕES FINAIS E TRANSITÓRIAS

Art. 77. Promulgada esta Lei Complementar, o Comitê Gestor expedirá, em 30 (trinta) meses, as instruções que se fizerem necessárias à sua execução.

▶ *Caput* com a redação dada pela LC nº 128, de 19-12-2008.

▶ Art. 3º, XXVII, do Dec. nº 6.038, de 7-2-2007, que institui o Comitê Gestor de Tributação das Microempresas e Empresas de Pequeno Porte.

§ 1º O Ministério do Trabalho e Emprego, a Secretaria da Receita Federal, a Secretaria da Receita Previdenciária, os Estados, o Distrito Federal e os Municípios deverão editar, em 1 (um) ano, as leis e demais atos necessários para assegurar o pronto e imediato tratamento jurídico diferenciado, simplificado e favorecido às microempresas e às empresas de pequeno porte.

§ 2º A administração direta e indireta federal, estadual e municipal e as entidades paraestatais acordarão, no prazo previsto no § 1º deste artigo, as providências necessárias à adaptação dos respectivos atos normativos ao disposto nesta Lei Complementar.

▶ § 2º com a redação dada pela LC nº 128, de 19-12-2008.

§ 3º VETADO.

§ 4º O Comitê Gestor regulamentará o disposto no inciso I do § 6º do art. 13 desta Lei Complementar até 31 de dezembro de 2008.

§ 5º A partir de 1º de janeiro de 2009, perderão eficácia as substituições tributárias que não atenderem à disciplina estabelecida na forma do § 4º deste artigo.

§ 6º O Comitê de que trata o inciso III do *caput* do art. 2º desta Lei Complementar expedirá, até 31 de dezembro de 2009, as instruções que se fizerem necessárias relativas a sua competência.

▶ §§ 4º a 6º acrescidos pela LC nº 128, de 19-12-2008.

Art. 78. *Revogado.* LC nº 128, de 19-12-2008.

Art. 79. Será concedido, para ingresso no SIMPLES Nacional, parcelamento, em até 100 (cem) parcelas mensais e sucessivas, dos débitos com o Instituto Nacional do Seguro Social – INSS, ou com as Fazendas Públicas federal, estadual ou municipal, de responsabilidade da microempresa ou empresa de pequeno porte e de seu titular ou sócio, com vencimento até 30 de junho de 2008.

▶ *Caput* com a redação dada pela LC nº 128, de 19-12-2008.

▶ Art. 3º, XXVIII, do Dec. nº 6.038, de 7-2-2007, que institui o Comitê Gestor de Tributação das Microempresas e Empresas de Pequeno Porte.

§ 1º O valor mínimo da parcela mensal será de R$ 100,00 (cem reais), considerados isoladamente os débitos para com a Fazenda Nacional, para com a Seguridade Social, para com a Fazenda dos Estados, dos Municípios ou do Distrito Federal.

§ 2º Esse parcelamento alcança inclusive débitos inscritos em dívida ativa.

§ 3º O parcelamento será requerido à respectiva Fazenda para com a qual o sujeito passivo esteja em débito.

§ 3º-A. O parcelamento deverá ser requerido no prazo estabelecido em regulamentação do Comitê Gestor.

▶ § 3º-A acrescido pela LC nº 128, de 19-12-2008.

§ 4º Aplicam-se ao disposto neste artigo as demais regras vigentes para parcelamento de tributos e contribuições federais, na forma regulamentada pelo Comitê Gestor.

§§ 5º a 8º VETADOS. LC nº 127, de 14-8-2007.

§ 9º O parcelamento de que trata o *caput* deste artigo não se aplica na hipótese de reingresso de microempresa ou empresa de pequeno porte no SIMPLES Nacional.

▶ § 9º acrescido pela LC nº 128, de 19-12-2008.

Art. 79-A. VETADO. LC nº 127, de 14-8-2007.

Art. 79-B. Excepcionalmente para os fatos geradores ocorridos em julho de 2007, os tributos apurados na forma dos arts. 18 a 20 desta Lei Complementar deverão ser pagos até o último dia útil de agosto de 2007.

▶ Artigo acrescido pela LC nº 128, de 14-8-2007.

Art. 79-C. A microempresa e a empresa de pequeno porte que, em 30 de junho de 2007, se enquadravam no regime previsto na Lei nº 9.317, de 5 de dezembro de

1996, e que não ingressaram no regime previsto no art. 12 desta Lei Complementar sujeitar-se-ão, a partir de 1º de julho de 2007, às normas de tributação aplicáveis às demais pessoas jurídicas.

§ 1º Para efeito do disposto no *caput* deste artigo, o sujeito passivo poderá optar pelo recolhimento do Imposto sobre a Renda da Pessoa Jurídica – IRPJ e da Contribuição Social sobre o Lucro Líquido – CSLL na forma do lucro real, trimestral ou anual, ou do lucro presumido.

§ 2º A opção pela tributação com base no lucro presumido dar-se-á pelo pagamento, no vencimento, do IRPJ e da CSLL devidos, correspondente ao 3º (terceiro) trimestre de 2007 e, no caso do lucro real anual, com o pagamento do IRPJ e da CSLL relativos ao mês de julho de 2007 com base na estimativa mensal.

▶ Art. 79-C acrescido pela LC nº 127, de 14-8-2007.

Art. 79-D. Excepcionalmente, para os fatos geradores ocorridos entre 1º de julho de 2007 e 31 de dezembro de 2008, as pessoas jurídicas que exerçam atividade sujeita simultaneamente à incidência do IPI e do ISS deverão recolher o ISS diretamente ao Município em que este imposto é devido até o último dia útil de fevereiro de 2009, aplicando-se, até esta data, o disposto no parágrafo único do art. 100 da Lei nº 5.172, de 25 de outubro de 1966 – Código Tributário Nacional – CTN.

▶ Artigo acrescido pela LC nº 128, de 19-12-2008.

Art. 79-E. A empresa de pequeno porte optante pelo SIMPLES Nacional em 31 de dezembro de 2011 que durante o ano-calendário de 2011 auferir receita bruta total anual entre R$ 2.400.000,01 (dois milhões, quatrocentos mil reais e um centavo) e R$ 3.600.000,00 (três milhões e seiscentos mil reais) continuará automaticamente incluída no SIMPLES Nacional com efeitos a partir de 1º de janeiro de 2012, ressalvado o direito de exclusão por comunicação da optante.

▶ Artigo acrescido pela LC nº 139, de 10-11-2011.

Art. 80. O art. 21 da Lei nº 8.212, de 24 de julho de 1991, fica acrescido dos seguintes §§ 2º e 3º, passando o parágrafo único a vigorar como § 1º:

"Art. 21. ....
....

§ 2º É de 11% (onze por cento) sobre o valor correspondente ao limite mínimo mensal do salário de contribuição a alíquota de contribuição do segurado contribuinte individual que trabalhe por conta própria, sem relação de trabalho com empresa ou equiparado, e do segurado facultativo que optarem pela exclusão do direito ao benefício de aposentadoria por tempo de contribuição.

§ 3º O segurado que tenha contribuído na forma do § 2º deste artigo e pretenda contar o tempo de contribuição correspondente para fins de obtenção da aposentadoria por tempo de contribuição ou da contagem recíproca do tempo de contribuição a que se refere o art. 94 da Lei nº 8.213, de 24 de julho de 1991, deverá complementar a contribuição mensal mediante o recolhimento de mais 9% (nove por cento), acrescido dos juros moratórios de que trata o disposto no art. 34 desta Lei."

▶ Lei nº 12.470, de 31-8-2011, deu nova redação aos §§ 2º e 3º do art. 21 da Lei nº 8.212, de 24-7-1991.

Art. 81. O art. 45 da Lei nº 8.212, de 24 de julho de 1991, passa a vigorar com as seguintes alterações:

▶ O art. 45 foi revogado pela LC nº 128, de 19-12-2008.

Art. 82. A Lei nº 8.213, de 24 de julho de 1991, passa a vigorar com as seguintes alterações:

"Art. 9º ....

§ 1º O Regime Geral de Previdência Social – RGPS garante a cobertura de todas as situações expressas no art. 1º desta Lei, exceto as de desemprego involuntário, objeto de lei específica, e de aposentadoria por tempo de contribuição para o trabalhador de que trata o § 2º do art. 21 da Lei nº 8.212, de 24 de julho de 1991.
...."

"Art. 18 ....

I – ....
....

c) aposentadoria por tempo de contribuição;

§ 3º O segurado contribuinte individual, que trabalhe por conta própria, sem relação de trabalho com empresa ou equiparado, e o segurado facultativo que contribuam na forma do § 2º do art. 21 da Lei nº 8.212, de 24 de julho de 1991, não farão jus à aposentadoria por tempo de contribuição."

"Art. 55. ....
....

§ 4º Não será computado como tempo de contribuição, para efeito de concessão do benefício de que trata esta subseção, o período em que o segurado contribuinte individual ou facultativo tiver contribuído na forma do § 2º do art. 21 da Lei nº 8.212, de 24 de julho de 1991, salvo se tiver complementado as contribuições na forma do § 3º do mesmo artigo."

Art. 83. O art. 94 da Lei nº 8.213, de 24 de julho de 1991, fica acrescido do seguinte § 2º, passando o parágrafo único a vigorar como § 1º:

"Art. 94. ....
....

§ 2º Não será computado como tempo de contribuição, para efeito dos benefícios previstos em regimes próprios de previdência social, o período em que o segurado contribuinte individual ou facultativo tiver contribuído na forma do § 2º do art. 21 da Lei nº 8.212, de 24 de julho de 1991, salvo se complementadas as contribuições na forma do § 3º do mesmo artigo."

Art. 84. O art. 58 da Consolidação das Leis do Trabalho – CLT, aprovada pelo Decreto-Lei nº 5.452, de 1º de maio de 1943, passa a vigorar acrescido do seguinte § 3º:

"Art. 58. ....
....

§ 3º Poderão ser fixados, para as microempresas e empresas de pequeno porte, por meio de acordo ou convenção coletiva, em caso de transporte fornecido pelo empregador, em local de difícil acesso ou não servido por transporte público, o tempo médio despendido pelo empregado, bem como a forma e a natureza da remuneração."

Art. 85. VETADO.

Art. 85-A. Caberá ao Poder Público Municipal designar Agente de Desenvolvimento para a efetivação do disposto nesta Lei Complementar, observadas as especificidades locais.

§ 1º A função de Agente de Desenvolvimento caracteriza-se pelo exercício de articulação das ações públicas para a promoção do desenvolvimento local e territorial, mediante ações locais ou comunitárias, individuais ou coletivas, que visem ao cumprimento das disposições e diretrizes contidas nesta Lei Complementar, sob supervisão do órgão gestor local responsável pelas políticas de desenvolvimento.

§ 2º O Agente de Desenvolvimento deverá preencher os seguintes requisitos:

I – residir na área da comunidade em que atuar;
II – haver concluído, com aproveitamento, curso de qualificação básica para a formação de Agente de Desenvolvimento; e
III – haver concluído o ensino fundamental.

§ 3º O Ministério do Desenvolvimento, Indústria e Comércio Exterior, juntamente com as entidades municipalistas e de apoio e representação empresarial, prestarão suporte aos referidos agentes na forma de capacitação, estudos e pesquisas, publicações, promoção de intercâmbio de informações e experiências.

▶ Art. 85-A acrescido pela LC nº 128, de 19-12-2008.

Art. 86. As matérias tratadas nesta Lei Complementar que não sejam reservadas constitucionalmente a lei complementar poderão ser objeto de alteração por lei ordinária.

Art. 87. O § 1º do art. 3º da Lei Complementar nº 63, de 11 de janeiro de 1990, passa a vigorar com a seguinte redação:

"Art. 3º ....
§ 1º O valor adicionado corresponderá, para cada Município:

I – ao valor das mercadorias saídas, acrescido do valor das prestações de serviços, no seu território, deduzido o valor das mercadorias entradas, em cada ano civil;

II – nas hipóteses de tributação simplificada a que se refere o parágrafo único do art. 146 da Constituição Federal, e, em outras situações, em que se dispensem os controles de entrada, considerar-se-á como valor adicionado o percentual de 32% (trinta e dois por cento) da receita bruta.
...."

Art. 88. Esta Lei Complementar entra em vigor na data de sua publicação, ressalvado o regime de tributação das microempresas e empresas de pequeno porte, que entra em vigor em 1º de julho de 2007.

Art. 89. Ficam revogadas, a partir de 1º de julho de 2007, a Lei nº 9.317, de 5 de dezembro de 1996, e a Lei nº 9.841, de 5 de outubro de 1999.

Brasília, 14 de dezembro de 2006;
185º da Independência e
118º da República.

Luiz Inácio Lula da Silva

ANEXO I
ALÍQUOTAS E PARTILHA DO SIMPLES NACIONAL – COMÉRCIO

▶ Anexo I com a redação dada pela LC nº 139, de 10-11-2011.

Receita Bruta em 12 meses (em R$)	Alíquota	IRPJ	CSLL	COFINS	PIS/PASEP	CPP	ICMS
Até 180.000,00	4,00%	0,00%	0,00%	0,00%	0,00%	2,75%	1,25%
De 180.000,01 a 360.000,00	5,47%	0,00%	0,00%	0,86%	0,00%	2,75%	1,86%
De 360.000,01 a 540.000,00	6,84%	0,27%	0,31%	0,95%	0,23%	2,75%	2,33%
De 540.000,01 a 720.000,00	7,54%	0,35%	0,35%	1,04%	0,25%	2,99%	2,56%
De 720.000,01 a 900.000,00	7,60%	0,35%	0,35%	1,05%	0,25%	3,02%	2,58%
De 900.000,01 a 1.080.000,00	8,28%	0,38%	0,38%	1,15%	0,27%	3,28%	2,82%
De 1.080.000,01 a 1.260.000,00	8,36%	0,39%	0,39%	1,16%	0,28%	3,30%	2,84%
De 1.260.000,01 a 1.440.000,00	8,45%	0,39%	0,39%	1,17%	0,28%	3,35%	2,87%
De 1.440.000,01 a 1.620.000,00	9,03%	0,42%	0,42%	1,25%	0,30%	3,57%	3,07%
De 1.620.000,01 a 1.800.000,00	9,12%	0,43%	0,43%	1,26%	0,30%	3,60%	3,10%
De 1.800.000,01 a 1.980.000,00	9,95%	0,46%	0,46%	1,38%	0,33%	3,94%	3,38%
De 1.980.000,01 a 2.160.000,00	10,04%	0,46%	0,46%	1,39%	0,33%	3,99%	3,41%
De 2.160.000,01 a 2.340.000,00	10,13%	0,47%	0,47%	1,40%	0,33%	4,01%	3,45%
De 2.340.000,01 a 2.520.000,00	10,23%	0,47%	0,47%	1,42%	0,34%	4,05%	3,48%
De 2.520.000,01 a 2.700.000,00	10,32%	0,48%	0,48%	1,43%	0,34%	4,08%	3,51%
De 2.700.000,01 a 2.880.000,00	11,23%	0,52%	0,52%	1,56%	0,37%	4,44%	3,82%
De 2.880.000,01 a 3.060.000,00	11,32%	0,52%	0,52%	1,57%	0,37%	4,49%	3,85%
De 3.060.000,01 a 3.240.000,00	11,42%	0,53%	0,53%	1,58%	0,38%	4,52%	3,88%
De 3.240.000,01 a 3.420.000,00	11,51%	0,53%	0,53%	1,60%	0,38%	4,56%	3,91%
De 3.420.000,01 a 3.600.000,00	11,61%	0,54%	0,54%	1,60%	0,38%	4,60%	3,95%

ANEXO II
ALÍQUOTAS E PARTILHA DO SIMPLES NACIONAL – INDÚSTRIA

▶ Anexo II com a redação dada pela LC nº 139, de 10-11-2011.

Receita Bruta em 12 meses (em R$)	Alíquota	IRPJ	CSLL	COFINS	PIS/PASEP	CPP	ICMS	IPI
Até 180.000,00	4,50%	0,00%	0,00%	0,00%	0,00%	2,75%	1,25%	0,50%
De 180.000,01 a 360.000,00	5,97%	0,00%	0,00%	0,86%	0,00%	2,75%	1,86%	0,50%
De 360.000,01 a 540.000,00	7,34%	0,27%	0,31%	0,95%	0,23%	2,75%	2,33%	0,50%
De 540.000,01 a 720.000,00	8,04%	0,35%	0,35%	1,04%	0,25%	2,99%	2,56%	0,50%
De 720.000,01 a 900.000,00	8,10%	0,35%	0,35%	1,05%	0,25%	3,02%	2,58%	0,50%
De 900.000,01 a 1.080.000,00	8,78%	0,38%	0,38%	1,15%	0,27%	3,28%	2,82%	0,50%
De 1.080.000,01 a 1.260.000,00	8,86%	0,39%	0,39%	1,16%	0,28%	3,30%	2,84%	0,50%
De 1.260.000,01 a 1.440.000,00	8,95%	0,39%	0,39%	1,17%	0,28%	3,35%	2,87%	0,50%
De 1.440.000,01 a 1.620.000,00	9,53%	0,42%	0,42%	1,25%	0,30%	3,57%	3,07%	0,50%
De 1.620.000,01 a 1.800.000,00	9,62%	0,42%	0,42%	1,26%	0,30%	3,62%	3,10%	0,50%
De 1.800.000,01 a 1.980.000,00	10,45%	0,46%	0,46%	1,38%	0,33%	3,94%	3,38%	0,50%
De 1.980.000,01 a 2.160.000,00	10,54%	0,46%	0,46%	1,39%	0,33%	3,99%	3,41%	0,50%
De 2.160.000,01 a 2.340.000,00	10,63%	0,47%	0,47%	1,40%	0,33%	4,01%	3,45%	0,50%
De 2.340.000,01 a 2.520.000,00	10,73%	0,47%	0,47%	1,42%	0,34%	4,05%	3,48%	0,50%
De 2.520.000,01 a 2.700.000,00	10,82%	0,48%	0,48%	1,43%	0,34%	4,08%	3,51%	0,50%
De 2.700.000,01 a 2.880.000,00	11,73%	0,52%	0,52%	1,56%	0,37%	4,44%	3,82%	0,50%
De 2.880.000,01 a 3.060.000,00	11,82%	0,52%	0,52%	1,57%	0,37%	4,49%	3,85%	0,50%
De 3.060.000,01 a 3.240.000,00	11,92%	0,53%	0,53%	1,58%	0,38%	4,52%	3,88%	0,50%
De 3.240.000,01 a 3.420.000,00	12,01%	0,53%	0,53%	1,60%	0,38%	4,56%	3,91%	0,50%
De 3.420.000,01 a 3.600.000,00	12,11%	0,54%	0,54%	1,60%	0,38%	4,60%	3,95%	0,50%

ANEXO III
ALÍQUOTAS E PARTILHA DO SIMPLES NACIONAL – RECEITAS DE LOCAÇÃO DE BENS MÓVEIS E DE PRESTAÇÃO DE SERVIÇOS NÃO RELACIONADOS NOS §§ 5º-C E 5º-D DO ART. 18 DESTA LEI COMPLEMENTAR

▶ Anexo III com a redação dada pela LC nº 139, de 10-11-2011.

Receita Bruta em 12 meses (em R$)	Alíquota	IRPJ	CSLL	COFINS	PIS/PASEP	CPP	ISS
Até 180.000,00	6,00%	0,00%	0,00%	0,00%	0,00%	4,00%	2,00%
De 180.000,01 a 360.000,00	8,21%	0,00%	0,00%	1,42%	0,00%	4,00%	2,79%
De 360.000,01 a 540.000,00	10,26%	0,48%	0,43%	1,43%	0,35%	4,07%	3,50%
De 540.000,01 a 720.000,00	11,31%	0,53%	0,53%	1,56%	0,38%	4,47%	3,84%
De 720.000,01 a 900.000,00	11,40%	0,53%	0,52%	1,58%	0,38%	4,52%	3,87%
De 900.000,01 a 1.080.000,00	12,42%	0,57%	0,57%	1,73%	0,40%	4,92%	4,23%
De 1.080.000,01 a 1.260.000,00	12,54%	0,59%	0,56%	1,74%	0,42%	4,97%	4,26%
De 1.260.000,01 a 1.440.000,00	12,68%	0,59%	0,57%	1,76%	0,42%	5,03%	4,31%
De 1.440.000,01 a 1.620.000,00	13,55%	0,63%	0,61%	1,88%	0,45%	5,37%	4,61%
De 1.620.000,01 a 1.800.000,00	13,68%	0,63%	0,64%	1,89%	0,45%	5,42%	4,65%
De 1.800.000,01 a 1.980.000,00	14,93%	0,69%	0,69%	2,07%	0,50%	5,98%	5,00%
De 1.980.000,01 a 2.160.000,00	15,06%	0,69%	0,69%	2,09%	0,50%	6,09%	5,00%
De 2.160.000,01 a 2.340.000,00	15,20%	0,71%	0,70%	2,10%	0,50%	6,19%	5,00%
De 2.340.000,01 a 2.520.000,00	15,35%	0,71%	0,70%	2,13%	0,51%	6,30%	5,00%
De 2.520.000,01 a 2.700.000,00	15,48%	0,72%	0,70%	2,15%	0,51%	6,40%	5,00%

De 2.700.000,01 a 2.880.000,00	16,85%	0,78%	0,76%	2,34%	0,56%	7,41%	5,00%
De 2.880.000,01 a 3.060.000,00	16,98%	0,78%	0,78%	2,36%	0,56%	7,50%	5,00%
De 3.060.000,01 a 3.240.000,00	17,13%	0,80%	0,79%	2,37%	0,57%	7,60%	5,00%
De 3.240.000,01 a 3.420.000,00	17,27%	0,80%	0,79%	2,40%	0,57%	7,71%	5,00%
De 3.420.000,01 a 3.600.000,00	17,42%	0,81%	0,79%	2,42%	0,57%	7,83%	5,00%

ANEXO IV
ALÍQUOTAS E PARTILHA DO SIMPLES NACIONAL – RECEITAS DECORRENTES DA PRESTAÇÃO DE SERVIÇOS RELACIONADOS NO § 5º-C DO ART. 18 DESTA LEI COMPLEMENTAR

► Anexo IV com a redação dada pela LC nº 139, de 10-11-2011.

Receita Bruta em 12 meses (em R$)	Alíquota	IRPJ	CSLL	COFINS	PIS/PASEP	ISS
Até 180.000,00	4,50%	0,00%	1,22%	1,28%	0,00%	2,00%
De 180.000,01 a 360.000,00	6,54%	0,00%	1,84%	1,91%	0,00%	2,79%
De 360.000,01 a 540.000,00	7,70%	0,16%	1,85%	1,95%	0,24%	3,50%
De 540.000,01 a 720.000,00	8,49%	0,52%	1,87%	1,99%	0,27%	3,84%
De 720.000,01 a 900.000,00	8,97%	0,89%	1,89%	2,03%	0,29%	3,87%
De 900.000,01 a 1.080.000,00	9,78%	1,25%	1,91%	2,07%	0,32%	4,23%
De 1.080.000,01 a 1.260.000,00	10,26%	1,62%	1,93%	2,11%	0,34%	4,26%
De 1.260.000,01 a 1.440.000,00	10,76%	2,00%	1,95%	2,15%	0,35%	4,31%
De 1.440.000,01 a 1.620.000,00	11,51%	2,37%	1,97%	2,19%	0,37%	4,61%
De 1.620.000,01 a 1.800.000,00	12,00%	2,74%	2,00%	2,23%	0,38%	4,65%
De 1.800.000,01 a 1.980.000,00	12,80%	3,12%	2,01%	2,27%	0,40%	5,00%
De 1.980.000,01 a 2.160.000,00	13,25%	3,49%	2,03%	2,31%	0,42%	5,00%
De 2.160.000,01 a 2.340.000,00	13,70%	3,86%	2,05%	2,35%	0,44%	5,00%
De 2.340.000,01 a 2.520.000,00	14,15%	4,23%	2,07%	2,39%	0,46%	5,00%
De 2.520.000,01 a 2.700.000,00	14,60%	4,60%	2,10%	2,43%	0,47%	5,00%
De 2.700.000,01 a 2.880.000,00	15,05%	4,90%	2,19%	2,47%	0,49%	5,00%
De 2.880.000,01 a 3.060.000,00	15,50%	5,21%	2,27%	2,51%	0,51%	5,00%
De 3.060.000,01 a 3.240.000,00	15,95%	5,51%	2,36%	2,55%	0,53%	5,00%
De 3.240.000,01 a 3.420.000,00	16,40%	5,81%	2,45%	2,59%	0,55%	5,00%
De 3.420.000,01 a 3.600.000,00	16,85%	6,12%	2,53%	2,63%	0,57%	5,00%

ANEXO V
ALÍQUOTAS E PARTILHA DO SIMPLES NACIONAL – RECEITAS DECORRENTES DA PRESTAÇÃO DE SERVIÇOS RELACIONADOS NO § 5º-D DO ART. 18 DESTA LEI COMPLEMENTAR

► Anexo V com a redação dada pela LC nº 139, de 10-11-2011.

1) Será apurada a relação (r) conforme abaixo:

(r) = Folha de Salários incluídos encargos (em 12 meses) / Receita Bruta (em 12 meses)

2) Nas hipóteses em que (r) corresponda aos intervalos centesimais da Tabela V-A, onde "<" significa menor que, ">" significa maior que, "≤" significa igual ou menor que e "≥" significa maior ou igual que, as alíquotas do SIMPLES Nacional relativas ao IRPJ, PIS/PASEP, CSLL, COFINS e CPP corresponderão ao seguinte:

TABELA V-A

Receita Bruta em 12 meses (em R$)	(r)<0,10	0,10≤ (r) e (r) < 0,15	0,15≤ (r) e (r) < 0,20	0,20≤ (r) e (r) < 0,25	0,25≤ (r) e (r) < 0,30	0,30≤ (r) e (r) < 0,35	0,35≤ (r) e (r) < 0,40	(r) ≥ 0,40
Até 180.000,00	17,50%	15,70%	13,70%	11,82%	10,47%	9,97%	8,80%	8,00%
De 180.000,01 a 360.000,00	17,52%	15,75%	13,90%	12,60%	12,33%	10,72%	9,10%	8,48%
De 360.000,01 a 540.000,00	17,55%	15,95%	14,20%	12,90%	12,64%	11,11%	9,58%	9,03%
De 540.000,01 a 720.000,00	17,95%	16,70%	15,00%	13,70%	13,45%	12,00%	10,56%	9,34%
De 720.000,01 a 900.000,00	18,15%	16,95%	15,30%	14,03%	13,53%	12,40%	11,04%	10,06%
De 900.000,01 a 1.080.000,00	18,45%	17,20%	15,40%	14,10%	13,60%	12,60%	11,60%	10,60%
De 1.080.000,01 a 1.260.000,00	18,55%	17,30%	15,50%	14,11%	13,68%	12,68%	11,68%	10,68%
De 1.260.000,01 a 1.440.000,00	18,62%	17,32%	15,60%	14,12%	13,69%	12,69%	11,69%	10,69%
De 1.440.000,01 a 1.620.000,00	18,72%	17,42%	15,70%	14,13%	14,08%	13,08%	12,08%	11,08%
De 1.620.000,01 a 1.800.000,00	18,86%	17,56%	15,80%	14,14%	14,09%	13,09%	12,09%	11,09%
De 1.800.000,01 a 1.980.000,00	18,96%	17,66%	15,90%	14,49%	14,45%	13,61%	12,78%	11,87%
De 1.980.000,01 a 2.160.000,00	19,06%	17,76%	16,00%	14,67%	14,64%	13,89%	13,15%	12,28%
De 2.160.000,01 a 2.340.000,00	19,26%	17,96%	16,20%	14,86%	14,82%	14,17%	13,51%	12,68%
De 2.340.000,01 a 2.520.000,00	19,56%	18,30%	16,50%	15,46%	15,18%	14,61%	14,04%	13,26%
De 2.520.000,01 a 2.700.000,00	20,70%	19,30%	17,45%	16,24%	16,00%	15,52%	15,03%	14,29%
De 2.700.000,01 a 2.880.000,00	21,20%	20,00%	18,20%	16,91%	16,72%	16,32%	15,93%	15,23%
De 2.880.000,01 a 3.060.000,00	21,70%	20,50%	18,70%	17,40%	17,13%	16,82%	16,38%	16,17%
De 3.060.000,01 a 3.240.000,00	22,20%	20,90%	19,10%	17,80%	17,55%	17,22%	16,82%	16,51%
De 3.240.000,01 a 3.420.000,00	22,50%	21,30%	19,50%	18,20%	17,97%	17,44%	17,21%	16,94%
De 3.420.000,01 a 3.600.000,00	22,90%	21,80%	20,00%	18,60%	18,40%	17,85%	17,60%	17,18%

3) Somar-se-á a alíquota do SIMPLES Nacional relativa ao IRPJ, PIS/PASEP, CSLL, Cofins e CPP apurada na forma acima a parcela correspondente ao ISS prevista no Anexo IV.

4) A partilha das receitas relativas ao IRPJ, PIS/PASEP, CSLL, COFINS e CPP arrecadadas na forma deste Anexo será realizada com base nos parâmetros definidos na Tabela V-B, onde:

(I) = pontos percentuais da partilha destinada à CPP;

(J) = pontos percentuais da partilha destinada ao IRPJ, calculados após o resultado do fator (I);

(K) = pontos percentuais da partilha destinada à CSLL, calculados após o resultado dos fatores (I) e (J);

(L) = pontos percentuais da partilha destinada à COFINS, calculados após o resultado dos fatores (I), (J) e (K);

(M) = pontos percentuais da partilha destinada à contribuição para o PIS/PASEP, calculados após os resultados dos fatores (I), (J), (K) e (L);

(I) + (J) + (K) + (L) + (M) = 100

(N) = relação (r) dividida por 0,004, limitando-se o resultado a 100;

(P) = 0,1 dividido pela relação (r), limitando-se o resultado a 1.

TABELA V-B

Receita Bruta em 12 meses (em R$)	CPP	IRPJ	CSLL	COFINS	PIS/PASEP
	I	J	K	L	M
Até 180.000,00	$N \times 0,9$	$0,75 X (100 - I) X P$	$0,25 X (100 - I) X P$	$0,75 X (100 - I - J - K)$	$100 - I - J - K - L$
De 180.000,01 a 360.000,00	$N \times 0,875$	$0,75 X (100 - I) X P$	$0,25 X (100 - I) X P$	$0,75 X (100 - I - J - K)$	$100 - I - J - K - L$
De 360.000,01 a 540.000,00	$N \times 0,85$	$0,75 X (100 - I) X P$	$0,25 X (100 - I) X P$	$0,75 X (100 - I - J - K)$	$100 - I - J - K - L$
De 540.000,01 a 720.000,00	$N \times 0,825$	$0,75 X (100 - I) X P$	$0,25 X (100 - I) X P$	$0,75 X (100 - I - J - K)$	$100 - I - J - K - L$
De 720.000,01 a 900.000,00	$N \times 0,8$	$0,75 X (100 - I) X P$	$0,25 X (100 - I) X P$	$0,75 X (100 - I - J - K)$	$100 - I - J - K - L$
De 900.000,01 a 1.080.000,00	$N \times 0,775$	$0,75 X (100 - I) X P$	$0,25 X (100 - I) X P$	$0,75 X (100 - I - J - K)$	$100 - I - J - K - L$
De 1.080.000,01 a 1.260.000,00	$N \times 0,75$	$0,75 X (100 - I) X P$	$0,25 X (100 - I) X P$	$0,75 X (100 - I - J - K)$	$100 - I - J - K - L$
De 1.260.000,01 a 1.440.000,00	$N \times 0,725$	$0,75 X (100 - I) X P$	$0,25 X (100 - I) X P$	$0,75 X (100 - I - J - K)$	$100 - I - J - K - L$
De 1.440.000,01 a 1.620.000,00	$N \times 0,7$	$0,75 X (100 - I) X P$	$0,25 X (100 - I) X P$	$0,75 X (100 - I - J - K)$	$100 - I - J - K - L$
De 1.620.000,01 a 1.800.000,00	$N \times 0,675$	$0,75 X (100 - I) X P$	$0,25 X (100 - I) X P$	$0,75 X (100 - I - J - K)$	$100 - I - J - K - L$
De 1.800.000,01 a 1.980.000,00	$N \times 0,65$	$0,75 X (100 - I) X P$	$0,25 X (100 - I) X P$	$0,75 X (100 - I - J - K)$	$100 - I - J - K - L$
De 1.980.000,01 a 2.160.000,00	$N \times 0,625$	$0,75 X (100 - I) X P$	$0,25 X (100 - I) X P$	$0,75 X (100 - I - J - K)$	$100 - I - J - K - L$
De 2.160.000,01 a 2.340.000,00	$N \times 0,6$	$0,75 X (100 - I) X P$	$0,25 X (100 - I) X P$	$0,75 X (100 - I - J - K)$	$100 - I - J - K - L$
De 2.340.000,01 a 2.520.000,00	$N \times 0,575$	$0,75 X (100 - I) X P$	$0,25 X (100 - I) X P$	$0,75 X (100 - I - J - K)$	$100 - I - J - K - L$
De 2.520.000,01 a 2.700.000,00	$N \times 0,55$	$0,75 X (100 - I) X P$	$0,25 X (100 - I) X P$	$0,75 X (100 - I - J - K)$	$100 - I - J - K - L$
De 2.700.000,01 a 2.880.000,00	$N \times 0,525$	$0,75 X (100 - I) X P$	$0,25 X (100 - I) X P$	$0,75 X (100 - I - J - K)$	$100 - I - J - K - L$
De 2.880.000,01 a 3.060.000,00	$N \times 0,5$	$0,75 X (100 - I) X P$	$0,25 X (100 - I) X P$	$0,75 X (100 - I - J - K)$	$100 - I - J - K - L$
De 3.060.000,01 a 3.240.000,00	$N \times 0,475$	$0,75 X (100 - I) X P$	$0,25 X (100 - I) X P$	$0,75 X (100 - I - J - K)$	$100 - I - J - K - L$
De 3.240.000,01 a 3.420.000,00	$N \times 0,45$	$0,75 X (100 - I) X P$	$0,25 X (100 - I) X P$	$0,75 X (100 - I - J - K)$	$100 - I - J - K - L$
De 3.420.000,01 a 3.600.000,00	$N \times 0,425$	$0,75 X (100 - I) X P$	$0,25 X (100 - I) X P$	$0,75 X (100 - I - J - K)$	$100 - I - J - K - L$

LEI COMPLEMENTAR Nº 126, DE 15 DE JANEIRO DE 2007

Dispõe sobre a política de resseguro, retrocessão e sua intermediação, as operações de cosseguro, as contratações de seguro no exterior e as operações em moeda estrangeira do setor securitário; altera o Decreto-Lei nº 73, de 21 de novembro de 1966, e a Lei nº 8.031, de 12 de abril de 1990; e dá outras providências.

▶ Publicada no *DOU* de 16-1-2007.

Capítulo I
DO OBJETO

Art. 1º Esta Lei Complementar dispõe sobre a política de resseguro, retrocessão e sua intermediação, as operações de cosseguro, as contratações de seguro no exterior e as operações em moeda estrangeira do setor securitário.

Capítulo II
DA REGULAÇÃO E DA FISCALIZAÇÃO

Art. 2º A regulação das operações de cosseguro, resseguro, retrocessão e sua intermediação será exercida pelo órgão regulador de seguros, conforme definido em lei, observadas as disposições desta Lei Complementar.

§ 1º Para fins desta Lei Complementar, considera-se:

I – cedente: a sociedade seguradora que contrata operação de resseguro ou o ressegurador que contrata operação de retrocessão;
II – cosseguro: operação de seguro em que 2 (duas) ou mais sociedades seguradoras, com anuência do segurado, distribuem entre si, percentualmente, os riscos de determinada apólice, sem solidariedade entre elas;
III – resseguro: operação de transferência de riscos de uma cedente para um ressegurador, ressalvado o disposto no inciso IV deste parágrafo;
IV – retrocessão: operação de transferência de riscos de resseguro de resseguradores para resseguradores ou de resseguradores para sociedades seguradoras locais.

§ 2º A regulação pelo órgão de que trata o *caput* deste artigo não prejudica a atuação dos órgãos reguladores das cedentes, no âmbito exclusivo de suas atribuições, em especial no que se refere ao controle das operações realizadas.

§ 3º Equipara-se à cedente a sociedade cooperativa autorizada a operar em seguros privados que contrata operação de resseguro, desde que a esta sejam aplicadas as condições impostas às seguradoras pelo órgão regulador de seguros.

Art. 3º A fiscalização das operações de cosseguro, resseguro, retrocessão e sua intermediação será exercida pelo órgão fiscalizador de seguros, conforme definido em lei, sem prejuízo das atribuições dos órgãos fiscalizadores das demais cedentes.

Parágrafo único. Ao órgão fiscalizador de seguros, no que se refere aos resseguradores, intermediários e suas respectivas atividades, caberão as mesmas atribuições que detém para as sociedades seguradoras, corretores de seguros e suas respectivas atividades.

Capítulo III
DOS RESSEGURADORES

Seção I

DA QUALIFICAÇÃO

Art. 4º As operações de resseguro e retrocessão podem ser realizadas com os seguintes tipos de resseguradores:

I – ressegurador local: ressegurador sediado no País constituído sob a forma de sociedade anônima, tendo por objeto exclusivo a realização de operações de resseguro e retrocessão;
II – ressegurador admitido: ressegurador sediado no exterior, com escritório de representação no País, que, atendendo às exigências previstas nesta Lei Complementar e nas normas aplicáveis à atividade de resseguro e retrocessão, tenha sido cadastrado como tal no órgão fiscalizador de seguros para realizar operações de resseguro e retrocessão; e
III – ressegurador eventual: empresa resseguradora estrangeira sediada no exterior sem escritório de representação no País que, atendendo às exigências previstas nesta Lei Complementar e nas normas aplicáveis à atividade de resseguro e retrocessão, tenha sido cadastrada como tal no órgão fiscalizador de seguros para realizar operações de resseguro e retrocessão.

§ 1º É vedado o cadastro a que se refere o inciso III do *caput* deste artigo de empresas estrangeiras sediadas em paraísos fiscais, assim considerados países ou dependências que não tributam a renda ou que a tributam a alíquota inferior a 20% (vinte por cento) ou, ainda, cuja legislação interna oponha sigilo relativo à composição societária de pessoas jurídicas ou à sua titularidade.

▶ Antigo parágrafo único transformado em § 1º pela LC nº 137, de 26-8-2010.

§ 2º Equipara-se ao ressegurador local, para fins de contratação de operações de resseguro e de retrocessão, o fundo que tenha por único objetivo a cobertura suplementar dos riscos do seguro rural nas modalidades agrícola, pecuária, aquícola e florestal, observadas as disposições de lei própria.

▶ § 2º acrescido pela LC nº 137, de 26-8-2010.

Seção II

DAS REGRAS APLICÁVEIS

Art. 5º Aplicam-se aos resseguradores locais, observadas as peculiaridades técnicas, contratuais, operacionais e de risco da atividade e as disposições do órgão regulador de seguros:

I – o Decreto-Lei nº 73, de 21 de novembro de 1966, e as demais leis aplicáveis às sociedades seguradoras, inclusive as que se referem à intervenção e liquidação de empresas, mandato e responsabilidade de administradores; e
II – as regras estabelecidas para as sociedades seguradoras.

Art. 6º O ressegurador admitido ou eventual deverá atender aos seguintes requisitos mínimos:

I – estar constituído, segundo as leis de seu país de origem, para subscrever resseguros locais e internacionais nos ramos em que pretenda operar no Brasil e que tenha dado início a tais operações no país de origem, há mais de 5 (cinco) anos;

II – dispor de capacidade econômica e financeira não inferior à mínima estabelecida pelo órgão regulador de seguros brasileiro;

III – ser portador de avaliação de solvência por agência classificadora reconhecida pelo órgão fiscalizador de seguros brasileiro, com classificação igual ou superior ao mínimo estabelecido pelo órgão regulador de seguros brasileiro;

IV – designar procurador, domiciliado no Brasil, com poderes especiais para receber citações, intimações, notificações e outras comunicações; e

▶ Inciso IV com a redação dada pela LC nº 137, de 26-8-2010.

V – outros requisitos que venham a ser fixados pelo órgão regulador de seguros brasileiro.

Parágrafo único. Constituem-se ainda requisitos para os resseguradores admitidos:

I – manutenção de conta em moeda estrangeira vinculada ao órgão fiscalizador de seguros brasileiro, na forma e montante definido pelo órgão regulador de seguros brasileiro para garantia de suas operações no País;

II – apresentação periódica de demonstrações financeiras, na forma definida pelo órgão regulador de seguros brasileiro.

Art. 7º A taxa de fiscalização a ser paga pelos resseguradores locais e admitidos será estipulada na forma da lei.

CAPÍTULO IV

DOS CRITÉRIOS BÁSICOS DE CESSÃO

Art. 8º A contratação de resseguro e retrocessão no País ou no exterior será feita mediante negociação direta entre a cedente e o ressegurador ou por meio de intermediário legalmente autorizado.

§ 1º O limite máximo que poderá ser cedido anualmente a resseguradores eventuais será fixado pelo Poder Executivo.

▶ Dec. nº 6.499, de 1º-7-2008, dispõe sobre o limite máximo de cessão e retrocessão a resseguradoras eventuais de que trata este parágrafo.

§ 2º O intermediário de que trata o caput deste artigo é a corretora autorizada de resseguros, pessoa jurídica, que disponha de contrato de seguro de responsabilidade civil profissional, na forma definida pelo órgão regulador de seguros, e que tenha como responsável técnico o corretor de seguros especializado e devidamente habilitado.

Art. 9º A transferência de risco somente será realizada em operações:

I – de resseguro com resseguradores locais, admitidos ou eventuais; e

II – de retrocessão com resseguradores locais, admitidos ou eventuais, ou sociedades seguradoras locais.

§ 1º As operações de resseguro relativas a seguro de vida por sobrevivência e previdência complementar são exclusivas de resseguradores locais.

§ 2º O órgão regulador de seguros poderá estabelecer limites e condições para a retrocessão de riscos referentes às operações mencionadas no § 1º deste artigo.

§ 3º É o fundo que tenha por único objetivo a cobertura suplementar dos riscos do seguro rural nas modalidades agrícola, pecuária, aquícola e florestal autorizado a contratar resseguro, retrocessão e outras formas de transferência de risco, inclusive com pessoas não abrangidas pelos incisos I e II do *caput* deste artigo.

§ 4º É o órgão regulador de seguros autorizado a dispor sobre transferências de riscos, em operações de resseguro e de retrocessão, com pessoas não abrangidas pelos incisos I e II do *caput* deste artigo, quando ficar comprovada a insuficiência de oferta de capacidade por resseguradores locais, admitidos e eventuais.

▶ §§ 3º e 4º acrescidos pela LC nº 137, de 26-8-2010.

Art. 10. O órgão fiscalizador de seguros terá acesso a todos os contratos de resseguro e de retrocessão, inclusive os celebrados no exterior, sob pena de ser desconsiderada, para todos os efeitos, a existência do contrato de resseguro e de retrocessão.

Art. 11. Observadas as normas do órgão regulador de seguros, a cedente contratará ou ofertará preferencialmente a resseguradores locais para, pelo menos:

I – 60% (sessenta por cento) de sua cessão de resseguro, nos 3 (três) primeiros anos após a entrada em vigor desta Lei Complementar; e

II – 40% (quarenta por cento) de sua cessão de resseguro, após decorridos 3 (três) anos da entrada em vigor desta Lei Complementar.

§§ 1º a 6º VETADOS.

CAPÍTULO V

DAS OPERAÇÕES

Seção I

DISPOSIÇÕES GERAIS

Art. 12. O órgão regulador de seguros estabelecerá as diretrizes para as operações de resseguro, de retrocessão e de corretagem de resseguro e para a atuação dos escritórios de representação dos resseguradores admitidos, observadas as disposições desta Lei Complementar.

Parágrafo único. O órgão regulador de seguros poderá estabelecer:

I – cláusulas obrigatórias de instrumentos contratuais relativos às operações de resseguro e retrocessão;

II – prazos para formalização contratual;

III – restrições quanto à realização de determinadas operações de cessão de risco;

IV – requisitos para limites, acompanhamento e monitoramento de operações intragrupo; e

V – requisitos adicionais aos mencionados nos incisos I a IV deste parágrafo.

Art. 13. Os contratos de resseguro deverão incluir cláusula dispondo que, em caso de liquidação da cedente, subsistem as responsabilidades do ressegurador perante a massa liquidanda, independentemente de os pagamentos de indenizações ou benefícios aos segurados, participantes, beneficiários ou assistidos haverem ou não sido realizados pela cedente, ressalvados os casos enquadrados no art. 14 desta Lei Complementar.

Art. 14. Os resseguradores e os seus retrocessionários não responderão diretamente perante o segurado, participante, beneficiário ou assistido pelo montante assumido em resseguro e em retrocessão, ficando as cedentes que emitiram o contrato integralmente responsáveis por indenizá-los.

Parágrafo único. Na hipótese de insolvência, de decretação de liquidação ou de falência da cedente, é permitido o pagamento direto ao segurado, participante, beneficiário ou assistido, da parcela de indenização ou benefício correspondente ao resseguro, desde que o pagamento da respectiva parcela não tenha sido realizado ao segurado pela cedente nem pelo ressegurador à cedente, quando:

I – o contrato de resseguro for considerado facultativo na forma definida pelo órgão regulador de seguros;
II – nos demais casos, se houver cláusula contratual de pagamento direto.

Art. 15. Nos contratos com a intermediação de corretoras de resseguro, não poderão ser incluídas cláusulas que limitem ou restrinjam a relação direta entre as cedentes e os resseguradores nem se poderão conferir poderes ou faculdades a tais corretoras além daqueles necessários e próprios ao desempenho de suas atribuições como intermediários independentes na contratação do resseguro.

Art. 16. Nos contratos a que se refere o art. 15 desta Lei Complementar, é obrigatória a inclusão de cláusula de intermediação, definindo se a corretora está ou não autorizada a receber os prêmios de resseguro ou a coletar o valor correspondente às recuperações de indenizações ou benefícios.

Parágrafo único. Estando a corretora autorizada ao recebimento ou à coleta a que se refere o *caput* deste artigo, os seguintes procedimentos serão observados:

I – o pagamento do prêmio à corretora libera a cedente de qualquer responsabilidade pelo pagamento efetuado ao ressegurador; e,
II – o pagamento de indenização ou benefício à corretora só libera o ressegurador quando efetivamente recebido pela cedente.

Art. 17. A aplicação dos recursos das provisões técnicas e dos fundos dos resseguradores locais e dos recursos exigidos no País para garantia das obrigações dos resseguradores admitidos será efetuada de acordo com as diretrizes do Conselho Monetário Nacional – CMN.

SEÇÃO II

DAS OPERAÇÕES EM MOEDA ESTRANGEIRA

Art. 18. O seguro, o resseguro e a retrocessão poderão ser efetuados no País em moeda estrangeira, observadas a legislação que rege operações desta natureza, as regras fixadas pelo CMN e as regras fixadas pelo órgão regulador de seguros.

Parágrafo único. O CMN disciplinará a abertura e manutenção de contas em moeda estrangeira, tituladas por sociedades seguradoras, resseguradores locais, resseguradores admitidos e corretoras de resseguro.

SEÇÃO III

DO SEGURO NO PAÍS E NO EXTERIOR

Art. 19. Serão exclusivamente celebrados no País, ressalvado o disposto no art. 20 desta Lei Complementar:

I – os seguros obrigatórios; e
II – os seguros não obrigatórios contratados por pessoas naturais residentes no País ou por pessoas jurídicas domiciliadas no território nacional, independentemente da forma jurídica, para garantia de riscos no País.

Art. 20. A contratação de seguros no exterior por pessoas naturais residentes no País ou por pessoas jurídicas domiciliadas no território nacional é restrita às seguintes situações:

I – cobertura de riscos para os quais não exista oferta de seguro no País, desde que sua contratação não represente infração à legislação vigente;
II – cobertura de riscos no exterior em que o segurado seja pessoa natural residente no País, para o qual a vigência do seguro contratado se restrinja, exclusivamente, ao período em que o segurado se encontrar no exterior;
III – seguros que sejam objeto de acordos internacionais referendados pelo Congresso Nacional; e
IV – seguros que, pela legislação em vigor, na data de publicação desta Lei Complementar, tiverem sido contratados no exterior.

Parágrafo único. Pessoas jurídicas poderão contratar seguro no exterior para cobertura de riscos no exterior, informando essa contratação ao órgão fiscalizador de seguros brasileiro no prazo e nas condições determinadas pelo órgão regulador de seguros brasileiro.

CAPÍTULO VI

DO REGIME DISCIPLINAR

Art. 21. As cedentes, os resseguradores locais, os escritórios de representação de ressegurador admitido, os corretores e corretoras de seguro, ressegurador e retrocessão e os prestadores de serviços de auditoria independente bem como quaisquer pessoas naturais ou jurídicas que descumprirem as normas relativas à atividade de resseguro, retrocessão e corretagem de resseguros estarão sujeitos às penalidades previstas nos arts. 108, 111, 112 e 128 do Decreto-Lei nº 73, de 21 de novembro de 1966, aplicadas pelo órgão fiscalizador de seguros, conforme normas do órgão regulador de seguros.

Parágrafo único. As infrações a que se refere o *caput* deste artigo serão apuradas mediante processo administrativo regido em consonância com o art. 118 do Decreto-Lei nº 73, de 21 de novembro de 1966.

CAPÍTULO VII

DISPOSIÇÕES FINAIS

Art. 22. O IRB-Brasil Resseguros S.A. fica autorizado a continuar exercendo suas atividades de resseguro e de retrocessão, sem qualquer solução de continuidade, independentemente de requerimento e autorização governamental, qualificando-se como ressegurador local.

Parágrafo único. O IRB-Brasil Resseguros S.A. fornecerá ao órgão fiscalizador da atividade de seguros informações técnicas e cópia de seu acervo de dados e de quaisquer outros documentos ou registros que esse órgão fiscalizador julgue necessários para o desempenho das funções de fiscalização das operações de seguro, cosseguro, resseguro e retrocessão.

Art. 23. Fica a União autorizada a oferecer aos acionistas preferenciais do IRB-Brasil Resseguros S.A., mediante competente deliberação societária, a opção de retirada do capital que mantêm investido na sociedade, com a finalidade exclusiva de destinar tais recursos integralmente à subscrição de ações de empresa de resseguro sediada no País.

Parágrafo único. VETADO.

Art. 24. O órgão fiscalizador de seguros fornecerá à Advocacia-Geral da União as informações e os documentos necessários à defesa da União nas ações em que seja parte.

Art. 25. O órgão fiscalizador de seguros, instaurado inquérito administrativo, poderá solicitar à autoridade judiciária competente o levantamento do sigilo nas instituições financeiras de informações e documentos relativos a bens, direitos e obrigações de pessoa física ou jurídica submetida ao seu poder fiscalizador.

§ 1º O órgão fiscalizador de seguros, o Banco Central do Brasil e a Comissão de Valores Mobiliários (CVM) manterão permanente intercâmbio de informações acerca dos resultados das inspeções que realizarem, dos inquéritos que instaurarem e das penalidades que aplicarem, sempre que as informações forem necessárias ao desempenho de suas atividades.

▶ Antigo parágrafo único transformado em § 1º e com a redação dada pela LC nº 137, de 26-8-2010.

§ 2º O órgão fiscalizador de seguros poderá firmar convênios:

I – com o Banco Central do Brasil, a CVM e outros órgãos fiscalizadores, objetivando a realização de fiscalizações conjuntas, observadas as respectivas competências;

II – com outros órgãos supervisores, reguladores, autorreguladores ou entidades fiscalizadoras de outros países, objetivando:

a) a fiscalização de escritórios de representação, filiais e subsidiárias de seguradoras e resseguradores estrangeiros, em funcionamento no Brasil, e de filiais e subsidiárias, no exterior, de seguradoras e resseguradores brasileiros, bem como a fiscalização de remessas ou ingressos de valores do exterior originários de operação de seguro, resseguro e retrocessão;
b) a cooperação mútua e o intercâmbio de informações para a investigação de atividades ou operações que impliquem aplicação, negociação, ocultação ou transferência de ativos financeiros e de valores mobiliários relacionados com a prática de condutas ilícitas ou que, sob qualquer outra forma, tenham relação com possível ilicitude.

§ 3º O intercâmbio de informações entre os órgãos e entidades mencionados nos incisos I e II do § 2º deste artigo não caracteriza violação de sigilo, devendo os referidos órgãos e entidades resguardar a segurança das informações a que vierem a ter acesso.

▶ §§ 2º e 3º acrescidos pela LC nº 137, de 26-8-2010.

Art. 26. As câmaras e os prestadores de serviços de compensação e de liquidação autorizados a funcionar pela legislação em vigor bem como as instituições autorizadas à prestação de serviços de custódia pela Comissão de Valores Mobiliários fornecerão ao órgão fiscalizador de seguros, desde que por ele declaradas necessárias ao exercício de suas atribuições, as informações que possuam sobre as operações:

I – dos fundos de investimento especialmente constituídos para a recepção de recursos das sociedades seguradoras, de capitalização e entidades abertas de previdência complementar; e

II – dos fundos de investimento, com patrimônio segregado, vinculados exclusivamente a planos de previdência complementar ou a seguros de vida com cláusula de cobertura por sobrevivência, estruturados na modalidade de contribuição variável, por eles comercializados e administrados.

Art. 27. Os arts. 8º, 16, 32, 86, 88, 96, 100, 108, 111 e 112 do Decreto-Lei nº 73, de 21 de novembro de 1966, passam a vigorar com a seguinte redação:

▶ Alterações inseridas no texto do referido Decreto-Lei.

Art. 28. VETADO.

Art. 29. A regulação de cosseguro, resseguro e retrocessão deverá assegurar prazo não inferior a 180 (cento e oitenta) dias para o Instituto de Resseguros do Brasil se adequar às novas regras de negócios, operações de resseguro, renovação dos contratos de retrocessão, plano de contas, regras de tributação, controle dos negócios de retrocessão no exterior e demais aspectos provenientes da alteração do marco regulatório decorrente desta Lei Complementar.

Art. 30. Esta Lei Complementar entra em vigor na data de sua publicação.

Art. 31. Ficam revogados os arts. 6º, 15 e 18, a alínea *i* do *caput* do art. 20, os arts. 23, 42, 44 e 45, o § 4º do art. 55, os arts. 56 a 71, a alínea *c* do *caput* e o § 1º do art. 79, os arts. 81 e 82, o § 2º do art. 89 e os arts. 114 e 116 do Decreto-Lei nº 73, de 21 de novembro de 1966, e a Lei nº 9.932, de 20 de dezembro de 1999.

Brasília, 15 de janeiro de 2007;
186º da Independência e
119º da República.

José Alencar Gomes da Silva

**LEI Nº 11.598,
DE 3 DEZEMBRO DE 2007**

Estabelece diretrizes e procedimentos para a simplificação e integração do processo de registro e legalização de empresários e de pessoas jurídicas, cria a Rede Nacional para a Simplificação do Registro e da Legalização de Empresas e Negócios – REDESIM; altera a Lei nº 8.934, de 18 de novembro de 1994; revoga dispositivos do Decreto-Lei nº 1.715, de 22 de novembro de 1979, e das Leis nºs 7.711, de 22 de dezembro de 1988, 8.036, de 11 de maio de 1990, 8.212, de 24 de julho de 1991, e 8.906, de 4 de julho de 1994; e dá outras providências.

▶ Publicada no *DOU* de 4-12-2007.

Art. 1º Esta Lei estabelece normas gerais de simplificação e integração do processo de registro e legalização de empresários e pessoas jurídicas no âmbito da União, dos Estados, do Distrito Federal e dos Municípios.

CAPÍTULO I
DA REDESIM E DAS DIRETRIZES PARA SUA ESTRUTURAÇÃO E FUNCIONAMENTO

Art. 2º Fica criada a Rede Nacional para a Simplificação do Registro e da Legalização de Empresas e Negócios – REDESIM, com a finalidade de propor ações e normas aos seus integrantes, cuja participação na sua composição será obrigatória para os órgãos federais e voluntária, por adesão mediante consórcio, para os órgãos, autoridades e entidades não federais com competências e atribuições vinculadas aos assuntos de interesse da REDESIM.

Parágrafo único. A REDESIM será administrada por um Comitê Gestor presidido pelo Ministro de Estado do Desenvolvimento, Indústria e Comércio Exterior, e sua composição, estrutura e funcionamento serão definidos em regulamento.

Art. 3º Na elaboração de normas de sua competência, os órgãos e entidades que componham a REDESIM deverão considerar a integração do processo de registro e de legalização de empresários e de pessoas jurídicas e articular as competências próprias com aquelas dos demais membros, buscando, em conjunto, compatibilizar e integrar procedimentos, de modo a evitar a duplicidade de exigências e garantir a linearidade do processo, da perspectiva do usuário.

Art. 4º Os órgãos e entidades que componham a REDESIM, no âmbito de suas competências, deverão manter à disposição dos usuários, de forma presencial e pela rede mundial de computadores, informações, orientações e instrumentos que permitam pesquisas prévias às etapas de registro ou inscrição, alteração e baixa de empresários e pessoas jurídicas, de modo a prover ao usuário certeza quanto à documentação exigível e quanto à viabilidade do registro ou inscrição.

§ 1º As pesquisas prévias à elaboração de ato constitutivo ou de sua alteração deverão bastar a que o usuário seja informado pelos órgãos e entidades competentes:

I – da descrição oficial do endereço de seu interesse e da possibilidade de exercício da atividade desejada no local escolhido;

II – de todos os requisitos a serem cumpridos para obtenção de licenças de autorização de funcionamento, segundo a natureza da atividade pretendida, o porte, o grau de risco e a localização;

III – da possibilidade de uso do nome empresarial ou de denominação de sociedade simples, associação ou fundação, de seu interesse.

§ 2º O resultado da pesquisa prévia de que trata o inciso I do § 1º deste artigo deverá constar da documentação que instruirá o requerimento de registro no órgão executor do Registro Público de Empresas Mercantis e Atividades Afins ou do Registro Civil das Pessoas Jurídicas.

§ 3º Quando o nome empresarial objeto da pesquisa prévia de que tratam o caput e o inciso III do § 1º deste artigo for passível de registro pelo órgão público competente, será por este reservado em nome do empresário ou sócio indicado na consulta, pelo prazo de 48 (quarenta e oito) horas, contadas da manifestação oficial favorável.

§ 4º A pesquisa prévia de que tratam o caput e inciso III do § 1º deste artigo será gratuita.

Art. 5º Para os fins de registro e legalização de empresários e pessoas jurídicas, os requisitos de segurança sanitária, controle ambiental e prevenção contra incêndios deverão ser simplificados, racionalizados e uniformizados pelos órgãos e entidades que componham a REDESIM, no âmbito das respectivas competências.

§ 1º As vistorias necessárias à emissão de licenças e de autorizações de funcionamento poderão ser realizadas após o início de operação do estabelecimento quando a atividade, por sua natureza, comportar grau de risco compatível com esse procedimento.

§ 2º As vistorias de interesse dos órgãos fazendários deverão ser realizadas a partir do início de operação do estabelecimento, exceto quando, em relação à atividade, lei federal dispuser sobre a impossibilidade da mencionada operação sem prévia anuência da administração tributária.

Art. 6º Os Municípios que aderirem à REDESIM emitirão Alvará de Funcionamento Provisório, que permitirá o início de operação do estabelecimento imediatamente após o ato de registro, exceto nos casos em que o grau de risco da atividade seja considerado alto.

§ 1º A conversão do Alvará de Funcionamento Provisório em Alvará de Funcionamento será condicionada à apresentação das licenças ou autorizações de funcionamento emitidas pelos órgãos e entidades competentes.

§ 2º Caso os órgãos e entidades competentes não promovam as respectivas vistorias no prazo de vigência do Alvará de Funcionamento Provisório, este se converterá, automaticamente, em definitivo.

§ 3º O Alvará de Funcionamento Provisório será emitido contra a assinatura de Termo de Ciência e Responsabilidade pelo empresário ou responsável legal pela sociedade, no qual este firmará compromisso, sob as penas da lei, de observar os requisitos exigidos para funcionamento e exercício das atividades econômicas constantes do objeto social, para efeito de cumprimento das normas de segurança sanitária, ambiental e de prevenção contra incêndio.

§ 4º Do Termo de Ciência e Responsabilidade constarão informações sobre as exigências que deverão ser cumpridas com anterioridade ao início da atividade do empresário ou da pessoa jurídica, para a obtenção das licenças necessárias à eficácia plena do Alvará de Funcionamento.

Art. 7º Para os atos de registro, inscrição, alteração e baixa de empresários ou pessoas jurídicas, fica vedada a instituição de qualquer tipo de exigência de natureza documental ou formal, restritiva ou condicionante, que exceda o estrito limite dos requisitos pertinentes à essência de tais atos, observado o disposto nos arts. 5º e 9º desta Lei, não podendo também ser exigidos, de forma especial:

I – quaisquer documentos adicionais aos requeridos pelos órgãos executores do Registro Público de Empresas Mercantis e Atividades Afins e do Registro Civil de

Pessoas Jurídicas, excetuados os casos de autorização legal prévia;

II – documento de propriedade, contrato de locação ou comprovação de regularidade de obrigações tributárias referentes ao imóvel onde será instalada a sede, filial ou outro estabelecimento;

III – comprovação de regularidade de prepostos dos empresários ou pessoas jurídicas com seus órgãos de classe, sob qualquer forma, como requisito para deferimento de ato de inscrição, alteração ou baixa de empresários ou pessoas jurídicas, bem como para autenticação de instrumento de escrituração;

IV – certidão de inexistência de condenação criminal, que será substituída por declaração do titular ou administrador, firmada sob as penas da lei, de não estar impedido de exercer atividade mercantil ou a administração de sociedade, em virtude de condenação criminal;

V – VETADO.

§ 1º Eventuais exigências no curso de processo de registro e legalização de empresário ou de pessoa jurídica serão objeto de comunicação pelo órgão competente ao requerente, com indicação das disposições legais que as fundamentam.

§ 2º Os atos de inscrição fiscal e tributária, suas alterações e baixas efetuados diretamente por órgãos e entidades da administração direta que integrem a REDESIM não importarão em ônus, a qualquer título, para os empresários ou pessoas jurídicas.

Art. 8º Verificada pela fiscalização de qualquer órgão componente da REDESIM divergência em dado cadastral do empresário ou da pessoa jurídica originário de instrumento de constituição, alteração ou baixa, deverá constar do auto a que seja reduzido o ato de fiscalização a obrigatoriedade de atualização ou correção daquele, no prazo de 30 (trinta) dias, mediante registro de instrumento próprio no órgão executor do Registro Público de Empresas Mercantis e Atividades Afins ou do Registro Civil de Pessoas Jurídicas, conforme o caso.

Capítulo II

DOS SISTEMAS INFORMATIZADOS DE APOIO AO REGISTRO E À LEGALIZAÇÃO DE EMPRESAS

Art. 9º Será assegurada ao usuário da REDESIM entrada única de dados cadastrais e de documentos, resguardada a independência das bases de dados e observada a necessidade de informações por parte dos órgãos e entidades que a integrem.

§ 1º Os órgãos executores do Registro Público de Empresas Mercantis e Atividades Afins e do Registro Civil das Pessoas Jurídicas colocarão à disposição dos demais integrantes da REDESIM, por meio eletrônico:

I – os dados de registro de empresários ou pessoas jurídicas, imediatamente após o arquivamento dos atos;

II – as imagens digitalizadas dos atos arquivados, no prazo de 5 (cinco) dias úteis após o arquivamento.

§ 2º As imagens digitalizadas suprirão a eventual exigência de apresentação do respectivo documento a órgão ou entidade que integre a REDESIM.

§ 3º Deverão ser utilizadas, nos cadastros e registros administrativos no âmbito da REDESIM, as classificações aprovadas por órgão do Poder Executivo Federal designado em regulamento, devendo os órgãos e entidades integrantes zelar pela uniformidade e consistência das informações.

Art. 10. Para maior segurança no cumprimento de suas competências institucionais no processo de registro, com vistas na verificação de dados de identificação de empresários, sócios ou administradores, os órgãos executores do Registro Público de Empresas Mercantis e Atividades Afins e do Registro Civil de Pessoas Jurídicas realizarão consultas automatizadas e gratuitas:

I – ao Cadastro Nacional de Documentos Extraviados, Roubados ou Furtados;

II – a sistema nacional de informações sobre pessoas falecidas;

III – a outros cadastros de órgãos públicos.

Art. 11. O Poder Executivo Federal criará e manterá, na rede mundial de computadores-internet, sistema pelo qual:

I – será provida orientação e informação sobre etapas e requisitos para processamento do registro, inscrição, alteração e baixa de pessoas jurídicas ou empresários, bem como sobre a elaboração de instrumentos legais pertinentes;

II – sempre que o meio eletrônico permitir que sejam realizados com segurança, serão prestados os serviços prévios ou posteriores à protocolização dos documentos exigidos, inclusive o preenchimento da ficha cadastral única a que se refere o art. 9º desta Lei;

III – poderá o usuário acompanhar os processos de seu interesse.

Parágrafo único. O sistema mencionado no *caput* deste artigo deverá contemplar o conjunto de ações que devam ser realizadas envolvendo os órgãos e entidades da administração federal, estadual, do Distrito Federal e municipal, observado o disposto no art. 2º desta Lei, aos quais caberá a responsabilidade pela formação, atualização e incorporação de conteúdo ao sistema.

Capítulo III

DA CENTRAL DE ATENDIMENTO EMPRESARIAL – FÁCIL

Art. 12. As Centrais de Atendimento Empresarial – FÁCIL, unidades de atendimento presencial da REDESIM, serão instaladas preferencialmente nas capitais e funcionarão como centros integrados para a orientação, registro e a legalização de empresários e pessoas jurídicas, com o fim de promover a integração, em um mesmo espaço físico, dos serviços prestados pelos órgãos que integrem, localmente, a REDESIM.

§ 1º Deverá funcionar uma Central de Atendimento Empresarial – FÁCIL em toda capital cuja municipalidade, assim como os órgãos ou entidades dos respectivos Estados, adiram à REDESIM, inclusive no Distrito Federal, se for o caso.

§ 2º Poderão fazer parte das Centrais de Atendimento Empresarial – FÁCIL, na qualidade de parceiros, as entidades representativas do setor empresarial, em especial das microempresas e empresas de pequeno porte, e outras entidades da sociedade civil que tenham como foco principal de atuação o apoio e a orientação empresarial.

§ 3º Em cada unidade da Federação, os centros integrados de registro e legalização de empresários e pessoas jurídicas poderão ter seu nome próprio definido pelos parceiros locais, sem prejuízo de sua apresentação juntamente com a marca "FÁCIL".

Art. 13. As Centrais de Atendimento Empresarial – FÁCIL serão compostas por:

I – um Núcleo de Orientação e Informação, que fornecerá serviços de apoio empresarial, com a finalidade de auxiliar o usuário na decisão de abertura do negócio, prestar orientação e informações completas e prévias para realização do registro e da legalização de empresas, inclusive as consultas prévias necessárias, de modo que o processo não seja objeto de restrições após a sua protocolização no Núcleo Operacional;

II – um Núcleo Operacional, que receberá e dará tratamento, de forma conclusiva, ao processo único de cada requerente, contemplando as exigências documentais, formais e de informação referentes aos órgãos e entidades que integram a REDESIM.

Parágrafo único. As Centrais de Atendimento Empresarial – FÁCIL que forem criadas fora das capitais e do Distrito Federal poderão ter suas atividades restritas ao Núcleo de Orientação e Informação.

CAPÍTULO IV

DISPOSIÇÕES TRANSITÓRIAS

Art. 14. No prazo de:

I – 180 (cento e oitenta) dias, serão definidas pelos órgãos e entidades integrantes da REDESIM competentes para emissão de licenças e autorizações de funcionamento as atividades cujo grau de risco seja considerado alto e que exigirão vistoria prévia;

II – 18 (dezoito) meses, serão implementados:

a) pelo Poder Executivo federal o cadastro a que se refere o inciso I do *caput* do art. 10 desta Lei, no âmbito do Ministério da Justiça, para ser disponibilizado na rede mundial de computadores – internet;

b) pelos Municípios com mais de 20.000 (vinte mil) habitantes que aderirem à REDESIM os procedimentos de consulta prévia a que se referem os incisos I e II do § 1º do art. 4º desta Lei;

III – 3 (três) anos, será implementado pelo Poder Executivo federal sistema informatizado de classificação das atividades que uniformize e simplifique as atuais codificações existentes em todo o território nacional, com apoio dos integrantes da REDESIM.

Parágrafo único. Até que seja implementado o sistema de que trata o inciso III do *caput* deste artigo, os órgãos integrantes da REDESIM deverão:

I – promover entre si a unificação da atribuição de códigos da Classificação Nacional de Atividades Econômicas-Fiscal – CNAE-Fiscal aos estabelecimentos empresariais de uma mesma jurisdição, com a utilização dos instrumentos de apoio à codificação disponibilizados pela Fundação Instituto Brasileiro de Geografia e Estatística – IBGE;

II – buscar condições para atualização permanente da codificação atribuída aos agentes econômicos registrados.

Art. 15. VETADO.

CAPÍTULO V

DISPOSIÇÕES FINAIS

Art. 16. O disposto no art. 7º desta Lei aplica-se a todos os órgãos e entidades da União, dos Estados, do Distrito Federal e dos Municípios competentes para o registro e a legalização de empresários e pessoas jurídicas, relativamente aos seus atos constitutivos, de inscrição, alteração e baixa.

Art. 17. Os arts. 43 e 45 da Lei nº 8.934, de 18 de novembro de 1994, passam a vigorar com as seguintes alterações:

"Art. 43. Os pedidos de arquivamento constantes do art. 41 desta Lei serão decididos no prazo máximo de 5 (cinco) dias úteis, contados do seu recebimento; e os pedidos constantes do art. 42 desta Lei serão decididos no prazo máximo de 2 (dois) dias úteis, sob pena de ter-se como arquivados os atos respectivos, mediante provocação dos interessados, sem prejuízo do exame das formalidades legais pela procuradoria."

"Art. 45. O Pedido de Reconsideração terá por objeto obter a revisão de despachos singulares ou de Turmas que formulem exigências para o deferimento do arquivamento e será apresentado no prazo para cumprimento da exigência para apreciação pela autoridade recorrida em 3 (três) dias úteis ou 5 (cinco) dias úteis, respectivamente."

Art. 18. Esta Lei entra em vigor na data de sua publicação.

Art. 19. VETADO.

Brasília, 3 de dezembro de 2007;
186º da Independência e
119º da República.

Luiz Inácio Lula da Silva

LEI Nº 11.649,
DE 4 DE ABRIL DE 2008

Dispõe sobre procedimento na operação de arrendamento mercantil de veículo automotivo (leasing), e dá outras providências.

▶ Publicada no *DOU* de 7-4-2008.

Art. 1º Nos contratos de arrendamento mercantil de veículos automotivos, após a quitação de todas as parcelas vencidas e vincendas, das obrigações pecuniárias previstas em contrato, e do envio ao arrendador de comprovante de pagamento dos IPVAs e dos DPVATs, bem como das multas pagas nas esferas Federal, Estaduais e Municipais, documentos esses acompanhados de carta na qual a arrendatária manifesta formalmente sua opção pela compra do bem, exigida pela Lei nº 6.099, de 12 de setembro de 1974, a sociedade de arrendamento mercantil, na qualidade de arrendadora, deverá, no prazo de até trinta dias úteis, após recebimento destes documentos, remeter ao arrendatário:

I – o documento único de transferência (DUT) do veículo devidamente assinado pela arrendadora, a fim de possibilitar que o arrendatário providencie a respectiva transferência de propriedade do veículo junto ao departamento de trânsito do Estado;

II – a nota promissória vinculada ao contrato e emitida pelo arrendatário, se houver, com o devido carimbo de "liquidada" ou "sem efeito", bem como o termo de quitação do respectivo contrato de arrendamento mercantil (*leasing*).

Parágrafo único. Considerar-se-á como nula de pleno direito qualquer cláusula contratual relativa à operação de arrendamento mercantil de veículo automotivo que disponha de modo contrário ao disposto neste artigo.

Art. 2º O descumprimento do disposto no art. 1º sujeitará a parte infratora, sociedade de arrendamento mercantil ou arrendatário, ao pagamento de multa equivalente a dois por cento do valor da venda do bem, podendo a parte credora cobrá-la por meio de processo de execução.

Art. 3º Esta Lei entra em vigor na data de sua publicação, produzindo efeitos após decorridos sessenta dias.

Brasília, 4 de abril de 2008;
187º da Independência e
120º da República.

Luiz Inácio Lula da Silva

DECRETO Nº 6.451, DE 12 DE MAIO DE 2008

Regulamenta o art. 56 da Lei Complementar nº 123, de 14 de dezembro de 2006, que dispõe sobre a constituição do Consórcio Simples por microempresas e empresas de pequeno porte optantes pelo SIMPLES Nacional.

► Publicado no *DOU* de 13-5-2008

CAPÍTULO I

DA CONSTITUIÇÃO E COMPOSIÇÃO

Art. 1º As microempresas e as empresas de pequeno porte optantes pelo Regime Especial Unificado de Arrecadação de Tributos e Contribuições devidos pelas Microempresas e Empresas de Pequeno Porte – SIMPLES Nacional poderão constituir, nos termos do art. 56 da Lei Complementar nº 123, de 14 de dezembro de 2006, consórcio simples, por tempo indeterminado, tendo como objeto a compra e venda de bens e serviços para os mercados nacional e internacional.

§ 1º A microempresa ou empresa de pequeno porte não poderá participar simultaneamente de mais de um consórcio simples.

§ 2º O consórcio simples não poderá ser concomitantemente de venda e de compra, salvo no caso de compra de insumos para industrialização.

CAPÍTULO II

DOS REQUISITOS GERAIS DE FORMAÇÃO DO CONSÓRCIO SIMPLES

Art. 2º O consórcio simples não tem personalidade jurídica e as consorciadas somente se obrigam nas condições previstas no respectivo contrato, respondendo cada uma por suas obrigações, sem presunção de solidariedade, salvo se assim estabelecido entre as consorciadas.

Art. 3º O contrato de consórcio simples e suas alterações serão arquivados no órgão de registro público competente e deverá conter, no mínimo, cláusulas que estabeleçam:

I – a denominação, a finalidade, o endereço e o foro;

II – a identificação de cada uma das consorciadas que integrarão o consórcio simples;

III – a indicação da área de atuação do consórcio simples, inclusive se a atividade se destina a compra ou venda;

IV – a forma de deliberação sobre assuntos de interesse comum, com o número de votos que cabe a cada consorciada;

V – o direito de qualquer das consorciadas, quando adimplentes com as suas obrigações, de exigir o pleno cumprimento das suas cláusulas;

VI – a definição das obrigações e responsabilidades de cada consorciada, e das prestações específicas, observadas as disposições da legislação civil;

VII – as normas sobre recebimento de receitas e partilha de resultados;

VIII – as normas sobre administração do consórcio simples, contabilização e representação das consorciadas e taxa de administração, se houver; e

IX – a contribuição de cada consorciada para as despesas comuns, se houver.

§ 1º Os atos de formação dos consórcios simples deverão ainda especificar regras de substituição, de ingresso e de saída das microempresas e empresas de pequeno porte consorciadas, inclusive na hipótese de exclusão da consorciada do SIMPLES Nacional.

§ 2º No caso de exclusão da consorciada do SIMPLES Nacional, proceder-se-á à sua imediata retirada do consórcio simples.

§ 3º A falência ou insolvência civil de uma consorciada não se estende às demais, subsistindo o consórcio simples com as demais consorciadas; os créditos que porventura tiver a falida serão apurados e pagos na forma prevista no contrato do consórcio simples.

§ 4º À exceção da exclusão da microempresa ou da empresa de pequeno porte do SIMPLES Nacional, a exclusão de consorciada só é admissível desde que prevista no contrato do consórcio simples.

CAPÍTULO III

DA CONTABILIDADE

Art. 4º Cada consorciada deverá apropriar suas receitas, custos e despesas incorridos proporcionalmente à sua participação no consórcio simples, conforme documento arquivado no órgão de registro.

§ 1º O disposto no *caput* aplica-se para fins do recolhimento dos impostos e contribuições na forma do SIMPLES Nacional.

§ 2º O consórcio simples deverá manter registro contábil das operações em Livro Diário próprio, devidamente registrado.

§ 3º O registro contábil das operações no consórcio simples deverá corresponder ao somatório dos valores das parcelas das consorciadas, individualizado proporcionalmente à participação de cada consorciada.

§ 4º Sem prejuízo do disposto nos §§ 2º e 3º, as operações objeto do consórcio simples, relativas à participação das consorciadas, serão registradas pelas consorciadas na forma disciplinada pelo Comitê Gestor, conforme dispõe o art. 27 da Lei Complementar nº 123, de 2006.

§ 5º Os livros utilizados para registro das operações do consórcio e os documentos que permitam sua perfeita verificação deverão ser mantidos pelo consórcio simples e pelas consorciadas pelo prazo de decadência e prescrição estabelecidos pela legislação tributária.

Art. 5º O faturamento correspondente às operações do consórcio simples será efetuado pelas consorciadas, mediante a emissão de Nota Fiscal ou Fatura próprios, proporcionalmente à participação de cada uma no consórcio simples.

§ 1º Nas hipóteses autorizadas pela legislação do Imposto sobre Operações relativas à Circulação de Mercadorias e sobre Prestações de Serviços de Transporte Interestadual e Intermunicipal e de Comunicação – ICMS, a Nota Fiscal ou Fatura de que trata o *caput* poderá ser emitida pelo consórcio simples, observada a apropriação proporcional de que trata o *caput* do art. 4º.

§ 2º Na hipótese do § 1º, o consórcio simples remeterá cópia da Nota Fiscal ou Fatura às consorciadas, indicando na mesma as parcelas de receitas correspondentes a cada uma, para efeito de operacionalização do disposto no *caput* do art. 4º.

§ 3º No histórico dos documentos de que trata este artigo deverá ser incluída informação esclarecendo tratar-se de operações vinculadas ao consórcio simples.

CAPÍTULO IV

DA EXPORTAÇÃO

Art. 6º O consórcio simples de exportação deverá prever em seu contrato a exploração exclusiva de exportação de bens e serviços a ela voltados, em prol exclusivo de suas consorciadas.

CAPÍTULO V

DAS DISPOSIÇÕES FINAIS

Art. 7º Aplicam-se ao consórcio simples, quanto à substituição tributária e à retenção na fonte de impostos e contribuições, as normas relativas às microempresas e empresas de pequeno porte optantes pelo SIMPLES Nacional, proporcionalmente à sua participação no consórcio simples.

Art. 8º Este Decreto entra em vigor na data de sua publicação.

Brasília, 12 de maio de 2008;
187º da Independência e
120º da República.

Luiz Inácio Lula da Silva

LEI Nº 11.795,
DE 8 DE OUTUBRO DE 2008

Dispõe sobre o Sistema de Consórcio.

▶ Publicada no *DOU* de 9-10-2008.

CAPÍTULO I

DO SISTEMA DE CONSÓRCIOS

SEÇÃO I

DOS CONCEITOS FUNDAMENTAIS

Art. 1º O Sistema de Consórcios, instrumento de progresso social que se destina a propiciar o acesso ao consumo de bens e serviços, constituído por administradoras de consórcio e grupos de consórcio, será regulado por esta Lei.

Art. 2º Consórcio é a reunião de pessoas naturais e jurídicas em grupo, com prazo de duração e número de cotas previamente determinados, promovida por administradora de consórcio, com a finalidade de propiciar a seus integrantes, de forma isonômica, a aquisição de bens ou serviços, por meio de autofinanciamento.

▶ Art. 10 desta Lei.

Art. 3º Grupo de consórcio é uma sociedade não personificada constituída por consorciados para os fins estabelecidos no art. 2º.

§ 1º O grupo de consórcio será representado por sua administradora, em caráter irrevogável e irretratável, ativa ou passivamente, em juízo ou fora dele, na defesa dos direitos e interesses coletivamente considerados e para a execução do contrato de participação em grupo de consórcio, por adesão.

§ 2º O interesse do grupo de consórcio prevalece sobre o interesse individual do consorciado.

§ 3º O grupo de consórcio é autônomo em relação aos demais e possui patrimônio próprio, que não se confunde com o de outro grupo, nem com o da própria administradora.

§ 4º Os recursos dos grupos geridos pela administradora de consórcio serão contabilizados separadamente.

Art. 4º Consorciado é a pessoa natural ou jurídica que integra o grupo e assume a obrigação de contribuir para o cumprimento integral de seus objetivos, observado o disposto no art. 2º.

SEÇÃO II

DA ADMINISTRAÇÃO DE CONSÓRCIOS

Art. 5º A administradora de consórcios é a pessoa jurídica prestadora de serviços com objeto social principal voltado à administração de grupos de consórcio, constituída sob a forma de sociedade limitada ou sociedade anônima, nos termos do art. 7º, inciso I.

§ 1º A administradora de consórcio deve figurar no contrato de participação em grupo de consórcio, por adesão, na qualidade de gestora dos negócios dos grupos e de mandatária de seus interesses e direitos.

§ 2º Os diretores, gerentes, prepostos e sócios com função de gestão na administradora de consórcio são depositários, para todos os efeitos, das quantias que a administradora receber dos consorciados na sua gestão, até o cumprimento da obrigação assumida no contrato de participação em grupo de consórcio, por adesão, respondendo pessoal e solidariamente, independentemente da verificação de culpa, pelas obrigações perante os consorciados.

§ 3º A administradora de consórcio tem direito à taxa de administração, a título de remuneração pela formação, organização e administração do grupo de consórcio até o encerramento deste, conforme o art. 32, bem como o recebimento de outros valores, expressamente previstos no contrato de participação em grupo de consórcio, por adesão, observados ainda os arts. 28 e 35.

§ 4º VETADO.

§ 5º Os bens e direitos adquiridos pela administradora em nome do grupo de consórcio, inclusive os decorrentes de garantia, bem como seus frutos e rendimentos, não se comunicam com o seu patrimônio, observado que:

I – não integram o ativo da administradora;
II – não respondem direta ou indiretamente por qualquer obrigação da administradora;
III – não compõem o elenco de bens e direitos da administradora, para efeito de liquidação judicial ou extrajudicial;
IV – não podem ser dados em garantia de débito da administradora.

§ 6º A administradora estará desobrigada de apresentar certidão negativa de débitos, expedida pelo Instituto Nacional da Seguridade Social, e Certidão Negativa de Tributos e Contribuições, expedida pela Secretaria da Receita Federal, relativamente à própria empresa, quando alienar imóvel integrante do patrimônio do grupo de consórcio.

§ 7º No caso de o bem recebido ser um imóvel, as restrições enumeradas nos incisos II a IV do § 5º deste artigo deverão ser averbadas no registro de imóveis competente.

Seção III
DO ÓRGÃO REGULADOR E FISCALIZADOR

Art. 6º A normatização, coordenação, supervisão, fiscalização e controle das atividades do sistema de consórcios serão realizados pelo Banco Central do Brasil.

Art. 7º Compete ao Banco Central do Brasil:

I – conceder autorização para funcionamento, transferência do controle societário e reorganização da sociedade e cancelar a autorização para funcionar das administradoras de consórcio, segundo abrangência e condições que fixar;

▶ Art. 5º desta Lei.

II – aprovar atos administrativos ou societários das administradoras de consórcio, segundo abrangência e condições que fixar;
III – baixar normas disciplinando as operações de consórcio, inclusive no que refere à supervisão prudencial, à contabilização, ao oferecimento de garantias, à aplicação financeira dos recursos dos grupos de consórcio, às condições mínimas que devem constar do contrato de participação em grupo de consórcio, por adesão, à prestação de contas e ao encerramento do grupo de consórcio;
IV – fixar condições para aplicação das penalidades em face da gravidade da infração praticada e da culpa ou dolo verificados, inclusive no que se refere à gradação das multas previstas nos incisos V e VI do art. 42;
V – fiscalizar as operações de consórcio, as administradoras de consórcio e os atos dos respectivos administradores e aplicar as sanções;
VI – estabelecer os procedimentos relativos ao processo administrativo e o julgamento das infrações a esta Lei, às normas infralegais e aos termos dos contratos de participação em grupo de consórcio, por adesão, formalizados;
VII – intervir nas administradoras de consórcio e decretar sua liquidação extrajudicial na forma e condições previstas na legislação especial aplicável às instituições financeiras.

Art. 8º No exercício da fiscalização prevista no art. 7º, o Banco Central do Brasil poderá exigir das administradoras de consórcio, bem como de seus administradores, a exibição a funcionários seus, expressamente credenciados, de documentos, papéis, livros de escrituração e acesso aos dados armazenados nos sistemas eletrônicos, considerando-se a negativa de atendimento como embaraço à fiscalização, sujeita às penalidades previstas nesta Lei, sem prejuízo de outras medidas e sanções cabíveis.

Art. 9º VETADO.

Capítulo II
DO CONTRATO DE CONSÓRCIO

Art. 10. O contrato de participação em grupo de consórcio, por adesão, é o instrumento plurilateral de natureza associativa cujo escopo é a constituição de fundo pecuniário para as finalidades previstas no art. 2º.

§ 1º O contrato de participação em grupo de consórcio, por adesão, criará vínculos obrigacionais entre os consorciados, e destes com a administradora, para proporcionar a todos igual condição de acesso ao mercado de consumo de bens ou serviços.

§ 2º VETADO.

§ 3º A proposta de participação é o instrumento pelo qual o interessado formaliza seu pedido de participação no grupo de consórcio, que se converterá no contrato, observada a disposição constante do § 4º, se aprovada pela administradora.

§ 4º O contrato de participação em grupo de consórcio aperfeiçoar-se-á na data de constituição do grupo, observado o art. 16.

§ 5º É facultada a estipulação de multa pecuniária em virtude de descumprimento de obrigação contratual, que a parte que lhe der causa pagará à outra.

§ 6º O contrato de participação em grupo de consórcio, por adesão, de consorciado contemplado é título executivo extrajudicial.

Art. 11. O contrato de participação em grupo de consórcio, por adesão, implicará atribuição de uma cota de participação no grupo, numericamente identificada, nela caracterizada o bem ou serviço.

Art. 12. O contrato de participação em grupo de consórcio, por adesão, poderá ter como referência bem móvel, imóvel ou serviço de qualquer natureza.

Parágrafo único. O contrato de grupo para a aquisição de bem imóvel poderá estabelecer a aquisição de imóvel em empreendimento imobiliário.

Art. 13. Os direitos e obrigações decorrentes do contrato de participação em grupo de consórcio, por adesão, poderão ser transferidos a terceiros, mediante prévia anuência da administradora.

Art. 14. No contrato de participação em grupo de consórcio, por adesão, devem estar previstas, de forma clara, as garantias que serão exigidas do consorciado para utilizar o crédito.

§ 1º As garantias iniciais em favor do grupo devem recair sobre o bem adquirido por meio do consórcio.

§ 2º No caso de consórcio de bem imóvel, é facultado à administradora aceitar em garantia outro imóvel de valor suficiente para assegurar o cumprimento das obrigações pecuniárias do contemplado em face do grupo.

§ 3º Admitem-se garantias reais ou pessoais, sem vinculação ao bem referenciado, no caso de consórcio de serviço de qualquer natureza, ou quando, na data de utilização do crédito, o bem estiver sob produção, incorporação ou situação análoga definida pelo Banco Central do Brasil.

§ 4º A administradora pode exigir garantias complementares proporcionais ao valor das prestações vincendas.

§ 5º A administradora deve indenizar o grupo na ocorrência de eventuais prejuízos decorrentes:

I – de aprovação de garantias insuficientes, inclusive no caso de substituição de garantias dadas na forma dos §§ 1º, 2º e 3º;
II – de liberação de garantias enquanto o consorciado não tiver quitado sua participação no grupo.

§ 6º Para os fins do disposto neste artigo, o oferecedor de garantia por meio de alienação fiduciária de imóvel ficará responsável pelo pagamento integral das obrigações pecuniárias estabelecidas no contrato de participação em grupo de consórcio, por adesão, inclusive da parte que remanescer após a execução dessa garantia.

§ 7º A anotação da alienação fiduciária de veículo automotor ofertado em garantia ao grupo de consórcio no certificado de registro a que se refere o Código de Trânsito Brasileiro, Lei nº 9.503, de 23 de setembro de 1997, produz efeitos probatórios contra terceiros, dispensado qualquer outro registro público.

Art. 15. A participação de um mesmo consorciado em um grupo de consórcio, para os grupos constituídos a partir da edição desta Lei, fica limitada ao percentual de cotas, a ser fixado pelo Banco Central do Brasil.

§ 1º A administradora de consórcio pode adquirir cotas de grupo de consórcio, inclusive sob sua administração.

§ 2º A administradora de consórcio, em qualquer hipótese, somente poderá concorrer a sorteio ou lance após a contemplação de todos os demais consorciados.

§ 3º O disposto nos §§ 1º e 2º aplica-se, inclusive:

I – aos administradores e pessoas com função de gestão na administradora;
II – aos administradores e pessoas com função de gestão em empresas coligadas, controladas ou controladoras da administradora;
III – às empresas coligadas, controladas ou controladoras da administradora.

§ 4º O percentual referido no *caput* aplica-se cumulativamente às pessoas relacionadas nos §§ 1º a 3º.

CAPÍTULO III

DO FUNCIONAMENTO DO GRUPO

SEÇÃO I

DA CONSTITUIÇÃO

Art. 16. Considera-se constituído o grupo de consórcio com a realização da primeira assembleia, que será designada pela administradora de consórcio quando houver adesões em número e condições suficientes para assegurar a viabilidade econômico-financeira do empreendimento.

▶ Art. 10, § 4º, desta Lei.

Art. 17. O grupo deve escolher, na primeira assembleia-geral ordinária, até 3 (três) consorciados, que o representarão perante a administradora com a finalidade de acompanhar a regularidade de sua gestão, com mandato igual à duração do grupo, facultada a substituição por decisão da maioria dos consorciados em assembleia-geral.

Parágrafo único. No exercício de sua função, os representantes terão, a qualquer tempo, acesso a todos os documentos e demonstrativos pertinentes às operações do grupo, podendo solicitar informações e representar contra a administradora na defesa dos interesses do grupo, perante o órgão regulador e fiscalizador.

SEÇÃO II

DAS ASSEMBLEIAS

Art. 18. A assembleia-geral ordinária será realizada na periodicidade prevista no contrato de participação em grupo de consórcio, por adesão, e destina-se à apreciação de contas prestadas pela administradora e a realização de contemplações.

Art. 19. A assembleia-geral extraordinária será convocada pela administradora, por iniciativa própria ou por solicitação de 30% (trinta por cento) dos consorciados ativos do grupo, para deliberar sobre quaisquer outros assuntos que não os afetos à assembleia-geral ordinária.

Art. 20. A cada cota de consorciado ativo corresponderá um voto nas deliberações das assembleias-gerais ordinárias e extraordinárias, que serão tomadas por maioria simples.

§ 1º A representação do ausente pela administradora na assembleia-geral ordinária dar-se-á com a outorga de poderes, desde que prevista no contrato de participação em grupo de consórcio, por adesão.

§ 2º A representação de ausentes nas assembleias-gerais extraordinárias dar-se-á com a outorga de poderes específicos, inclusive à administradora, constando obrigatoriamente informações relativas ao dia, hora e local e assuntos a serem deliberados.

§ 3º Somente o consorciado ativo não contemplado participará da tomada de decisões em assembleia-geral extraordinária convocada para deliberar sobre:

I – suspensão ou retirada de produção do bem ou extinção do serviço objeto do contrato;
II – extinção do índice de atualização do valor do crédito e das parcelas, indicado no contrato;
III – encerramento antecipado do grupo;
IV – assuntos de seus interesses exclusivos.

Art. 21. Para os fins do disposto nos arts. 19 e 20, é consorciado ativo aquele que mantém vínculo obrigacional com o grupo, excetuado o participante inadimplente não contemplado e o excluído, conforme definição do art. 29.

SEÇÃO III

DAS CONTEMPLAÇÕES

Art. 22. A contemplação é a atribuição ao consorciado do crédito para a aquisição de bem ou serviço, bem como para a restituição das parcelas pagas, no caso dos consorciados excluídos, nos termos do art. 30.

§ 1º A contemplação ocorre por meio de sorteio ou de lance, na forma prevista no contrato de participação em grupo de consórcio, por adesão.

§ 2º Somente concorrerá à contemplação o consorciado ativo, de que trata o art. 21, e os excluídos, para efeito de restituição dos valores pagos, na forma do art. 30.

§ 3º O contemplado poderá destinar o crédito para a quitação total de financiamento de sua titularidade, sujeita à prévia anuência da administradora e ao atendimento de condições estabelecidas no contrato de consórcio de participação em grupo.

Art. 23. A contemplação está condicionada à existência de recursos suficientes no grupo para a aquisição do bem, conjunto de bens ou serviços em que o grupo esteja referenciado e para a restituição aos excluídos.

Art. 24. O crédito a que faz jus o consorciado contemplado será o valor equivalente ao do bem ou serviço indicado no contrato, vigente na data da assembleia-geral ordinária de contemplação.

§ 1º O crédito de que trata este artigo será acrescido dos rendimentos líquidos financeiros proporcionais ao período que ficar aplicado, compreendido entre a data em que colocado à disposição até a sua utilização pelo consorciado contemplado.

§ 2º Nos casos em que o objeto do contrato não possa ser perfeitamente identificado, o valor do crédito e a sua atualização deverão estar previstos no contrato, sem prejuízo do acréscimo dos rendimentos líquidos de que trata o § 1º.

§ 3º A restituição ao consorciado excluído, calculada nos termos do art. 30, será considerada crédito parcial.

SEÇÃO IV

DOS RECURSOS DO GRUPO E DAS OBRIGAÇÕES FINANCEIRAS DO CONSORCIADO

Art. 25. Considera-se fundo comum, para os fins desta Lei, os recursos do grupo destinados à atribuição de crédito aos consorciados contemplados para aquisição do bem ou serviço e à restituição aos consorciados excluídos dos respectivos grupos, bem como para outros pagamentos previstos no contrato de participação em grupo de consórcio, por adesão.

Parágrafo único. O fundo comum é constituído pelo montante de recursos representados por prestações pagas pelos consorciados para esse fim e por valores correspondentes a multas e juros moratórios destinados ao grupo de consórcio, bem como pelos rendimentos provenientes de sua aplicação financeira.

Art. 26. Os recursos dos grupos de consórcio, coletados pela administradora, a qualquer tempo, serão depositados em instituição financeira e devem ser aplicados na forma estabelecida pelo Banco Central do Brasil, desde a sua disponibilidade e enquanto não utilizados para as finalidades previstas no contrato de participação em grupo de consórcio, por adesão.

► Art. 35 desta Lei.

Art. 27. O consorciado obriga-se a pagar prestação cujo valor corresponde à soma das importâncias referentes à parcela destinada ao fundo comum do grupo, à taxa de administração e às demais obrigações pecuniárias que forem estabelecidas expressamente no contrato de participação em grupo de consórcio, por adesão.

§ 1º As obrigações e os direitos do consorciado que tiverem expressão pecuniária são identificados em percentual do preço do bem ou serviço referenciado no contrato de participação em grupo de consórcio, por adesão.

§ 2º O fundo de reserva, se estabelecido no grupo de consórcio, somente poderá ser utilizado para as finalidades previstas no contrato de participação, inclusive para restituição a consorciado excluído.

§ 3º É facultado estipular no contrato de participação em grupo de consórcio, por adesão, a cobrança de valor a título de antecipação de taxa de administração, destinado ao pagamento de despesas imediatas vinculadas à venda de cotas de grupo de consórcio e remuneração de representantes e corretores, devendo ser:

I – destacado do valor da taxa de administração que compõe a prestação, sendo exigível apenas no ato da assinatura do contrato de participação em grupo de consórcio, por adesão;

II – deduzido do valor total da taxa de administração durante o prazo de duração do grupo.

Art. 28. O valor da multa e de juros moratórios a cargo do consorciado, se previstos no contrato de participação em grupo de consórcio, por adesão, será destinado ao grupo e à administradora, não podendo o contrato estipular para o grupo percentual inferior a 50% (cinquenta por cento).

► Art. 5º, § 3º, desta Lei.

SEÇÃO V

DA EXCLUSÃO DO GRUPO

Art. 29. VETADO.

Art. 30. O consorciado excluído não contemplado terá direito à restituição da importância paga ao fundo comum do grupo, cujo valor deve ser calculado com base no percentual amortizado do valor do bem ou serviço vigente na data da assembleia de contemplação, acrescido dos rendimentos da aplicação financeira a que estão sujeitos os recursos dos consorciados enquanto não utilizados pelo participante, na forma do art. 24, § 1º.

► Art. 22 desta Lei.

§§ 1º a 3º VETADOS.

CAPÍTULO IV

DO ENCERRAMENTO DO GRUPO

Art. 31. Dentro de 60 (sessenta) dias, contados da data da realização da última assembleia de contemplação do grupo de consórcio, a administradora deverá comunicar:

I – aos consorciados que não tenham utilizado os respectivos créditos, que os mesmos estão à disposição para recebimento em espécie;

II e III – VETADOS.

Art. 32. O encerramento do grupo deve ocorrer no prazo máximo de 120 (cento e vinte) dias, contado da data da realização da última assembleia de contemplação do grupo de consórcio e desde que decorridos, no mínimo, 30 (trinta) dias da comunicação de que trata o art. 31, ocasião em que se deve proceder à definitiva prestação de contas do grupo, discriminando-se:

I – as disponibilidades remanescentes dos respectivos consorciados e participantes excluídos;

II – os valores pendentes de recebimento, objeto de cobrança judicial.

► Art. 5º, § 3º, desta Lei.

§ 1º Os valores pendentes de recebimento, uma vez recuperados, devem ser rateados proporcionalmente entre os beneficiários, devendo a administradora, até 120 (cento e vinte) dias após o seu recebimento, comunicar-lhes que os respectivos saldos estão à disposição para devolução em espécie.

§ 2º Prescreverá em 5 (cinco) anos a pretensão do consorciado ou do excluído contra o grupo ou a administradora, e destes contra aqueles, a contar da data referida no *caput*.

Capítulo V
DOS RECURSOS NÃO PROCURADOS

Art. 33. As disponibilidades financeiras remanescentes na data do encerramento do grupo são consideradas recursos não procurados pelos respectivos consorciados e participantes excluídos.

Art. 34. A administradora de consórcio assumirá a condição de gestora dos recursos não procurados, os quais devem ser aplicados e remunerados em conformidade com os recursos de grupos de consórcio em andamento, nos termos estabelecidos no art. 26.

Art. 35. É facultada a cobrança de taxa de permanência sobre o saldo de recursos não procurados pelos respectivos consorciados e participantes excluídos, apresentado ao final de cada mês, oriundos de contratos firmados a partir da vigência desta Lei, nos termos do contrato de participação em grupo de consórcio, por adesão.

► Art. 5º, § 3º, desta Lei.

Art. 36. As administradoras de consórcio deverão providenciar o pagamento no prazo máximo de 30 (trinta) dias corridos a contar do comparecimento do consorciado com direito a recursos não procurados.

Art. 37. VETADO.

Art. 38. Os recursos não procurados, independentemente de sua origem, devem ter tratamento contábil específico, de maneira independente dos registros contábeis da administradora de consórcio.

Capítulo VI
DA ADMINISTRAÇÃO ESPECIAL E LIQUIDAÇÃO EXTRAJUDICIAL

Art. 39. A administração especial e a liquidação extrajudicial de administradora de consórcio são regidas pela Lei nº 6.024, de 13 de março de 1974, pelo Decreto-Lei nº 2.321, de 25 de fevereiro de 1987, pela Lei nº 9.447, de 14 de março de 1997, e por legislação superveniente aplicável às instituições financeiras, observado o disposto nesta Lei.

Art. 40. A decretação da administração especial temporária ou da liquidação extrajudicial da administradora de consórcio não prejudicará a continuidade das operações dos grupos por ela administrados, devendo o conselho diretor ou o liquidante dar prioridade ao funcionamento regular dos grupos.

§ 1º No caso de administração especial, o conselho diretor poderá convocar assembleia-geral extraordinária para propor ao grupo as medidas que atendam a seus interesses, inclusive a de transferir sua administração.

§ 2º No caso de liquidação extrajudicial, o liquidante, de posse do relatório da situação financeira de cada grupo, publicará edital, em que constarão os requisitos necessários à habilitação de administradores de consórcio interessadas na administração dos grupos.

§ 3º Expirado o prazo para a habilitação, o liquidante convocará assembleia-geral extraordinária do grupo, a fim de deliberar sobre as propostas recebidas.

§ 4º Os recursos pertencentes aos grupos de consórcio, administrados por empresa submetida aos regimes especial temporário ou de liquidação extrajudicial, serão obrigatória e exclusivamente destinados ao atendimento dos objetivos dos contratos de participação em grupo de consórcio, por adesão.

Capítulo VII
DAS PENALIDADES

Art. 41. VETADO.

Art. 42. As infrações aos dispositivos desta Lei, às normas infralegais e aos termos dos contratos de participação em grupo de consórcio, por adesão, formalizados sujeitam as administradoras de consórcio, bem como seus administradores às seguintes sanções, no que couber, sem prejuízo de outras medidas e sanções cabíveis:

I – advertência;

II – suspensão do exercício do cargo;

III – inabilitação por prazo determinado para o exercício de cargos de administração e de conselheiro fiscal em administradora de consórcio ou instituição financeira e demais autorizadas a funcionar pelo Banco Central do Brasil;

IV – regime especial de fiscalização;

V – multa de até 100% (cem por cento) das importâncias recebidas ou a receber, previstas nos contratos a título de despesa ou taxa de administração, elevada ao dobro em caso de reincidência;

VI – multa de até R$ 500.000,00 (quinhentos mil reais), elevada ao dobro em caso de reincidência;

VII – suspensão cautelar imediata de realizar novas operações, se configurado riscos ao público consumidor, durante o prazo de até 2 (dois) anos;

VIII – cassação de autorização para funcionamento ou para administração de grupos de consórcio.

Parágrafo único. Considera-se reincidência a prática de nova infração de um mesmo dispositivo legal ou regulamentar, dentro de 5 (cinco) anos em que houver sido julgada procedente a primeira decisão administrativa referente à infração anterior.

Art. 43. A aplicação das penalidades previstas nesta Lei, separada ou cumulativamente, não exclui a responsabilidade e as sanções de natureza civil e penal, nos termos das respectivas legislações.

Art. 44. As multas previstas no art. 42, incisos V e VI, aplicadas à administradora de consórcio e aos seus administradores, serão graduadas em função da gravidade da violação.

Capítulo VIII
DAS DISPOSIÇÕES FINAIS

Art. 45. O registro e a averbação referentes à aquisição de imóvel por meio do Sistema de Consórcios serão considerados, para efeito de cálculo de taxas, emolumentos e custas, como um único ato.

Parágrafo único. O contrato de compra e venda de imóvel por meio do Sistema de Consórcios poderá ser celebrado por instrumento particular.

Art. 46. Ficam convalidadas as autorizações para administrar grupos de consórcio concedidas até a data da publicação desta Lei às administradoras e às associações e entidades sem fins lucrativos.

Art. 47. VETADO.

Art. 48. Revogam-se os incisos I e V do art. 7º da Lei nº 5.768, de 20 de dezembro de 1971, os incisos I e V do art. 31 do Decreto nº 70.951, de 9 de agosto de 1972, o Decreto nº 97.384, de 22 de dezembro de 1988, o art. 10 da Lei nº 7.691, de 15 de dezembro de 1988, e o art. 33 da Lei nº 8.177, de 1º de março de 1991.

Art. 49. Esta Lei entra em vigor após decorridos 120 (cento e vinte) dias de sua publicação.

Brasília, 8 de outubro de 2008;
187º da Independência e
120º da República.

Luiz Inácio Lula da Silva

LEI Nº 12.007,
DE 29 DE JULHO DE 2009

Dispõe sobre a emissão de declaração de quitação anual de débitos pelas pessoas jurídicas prestadoras de serviços públicos ou privados.

▶ Publicada no *DOU* de 30-7-2009.

Art. 1º As pessoas jurídicas prestadoras de serviços públicos ou privados são obrigadas a emitir e a encaminhar ao consumidor declaração de quitação anual de débitos.

Art. 2º A declaração de quitação anual de débitos compreenderá os meses de janeiro a dezembro de cada ano, tendo como referência a data do vencimento da respectiva fatura.

§ 1º Somente terão direito à declaração de quitação anual de débitos os consumidores que quitarem todos os débitos relativos ao ano em referência.

§ 2º Caso o consumidor não tenha utilizado os serviços durante todos os meses do ano anterior, terá ele o direito à declaração de quitação dos meses em que houve faturamento dos débitos.

§ 3º Caso exista algum débito sendo questionado judicialmente, terá o consumidor o direito à declaração de quitação dos meses em que houve faturamento dos débitos.

Art. 3º A declaração de quitação anual deverá ser encaminhada ao consumidor por ocasião do encaminhamento da fatura a vencer no mês de maio do ano seguinte ou no mês subsequente à completa quitação dos débitos do ano anterior ou dos anos anteriores, podendo ser emitida em espaço da própria fatura.

Art. 4º Da declaração de quitação anual deverá constar a informação de que ela substitui, para a comprovação do cumprimento das obrigações do consumidor, as quitações dos faturamentos mensais dos débitos do ano a que se refere e dos anos anteriores.

Art. 5º O descumprimento do disposto nesta Lei sujeitará os infratores às sanções previstas na Lei nº 8.987, de 13 de fevereiro de 1995, sem prejuízo daquelas determinadas pela legislação de defesa do consumidor.

Art. 6º Esta Lei entra em vigor na data de sua publicação.

Brasília, 29 de julho de 2009;
188º da Independência e
121º da República.

Luiz Inácio Lula da Silva

LEI Nº 12.270,
DE 24 DE JUNHO DE 2010

Dispõe sobre medidas de suspensão de concessões ou outras obrigações do País relativas aos direitos de propriedade intelectual e outros, em casos de descumprimento de obrigações do Acordo Constitutivo da Organização Mundial do Comércio.

▶ Publicada no *DOU* de 24-6-2010.

Art. 1º Esta Lei dispõe sobre medidas de suspensão de concessões ou outras obrigações do País relativas aos direitos de propriedade intelectual e outros, em casos de descumprimento de obrigações multilaterais por Membro da Organização Mundial do Comércio – OMC, quando a República Federativa do Brasil tenha sido autorizada pelo Órgão de Solução de Controvérsias da OMC a suspender a aplicação para o referido Membro de concessões ou outras obrigações sob os Acordos da OMC.

Art. 2º Para os efeitos desta Lei, considera-se:

I – Acordo Constitutivo da Organização Mundial do Comércio de 1994: o tratado que institui a Organização Mundial do Comércio, concluído em Maraqueche, em 12 de abril de 1994, constante da Ata Final que Incorpora os Resultados da Rodada Uruguai de Negociações Comerciais Multilaterais do GATT, de 12 de abril de 1994, incorporado ao ordenamento jurídico brasileiro pelo Decreto nº 1.355, de 30 de dezembro de 1994;

II – Acordo sobre Aspectos dos Direitos de Propriedade Intelectual Relacionados ao Comércio: o Acordo integrante do Anexo 1C da Ata Final que Incorpora os Resultados da Rodada Uruguai de Negociações Comerciais Multilaterais do GATT, de 1994, incorporado ao ordenamento jurídico brasileiro pelo Decreto nº 1.355, de 30 de dezembro de 1994;

III – Entendimento sobre Soluções de Controvérsias: o Entendimento Relativo às Normas e Procedimentos sobre Soluções de Controvérsias da OMC, integrante do Anexo II da Ata Final que Incorpora os Resultados da Rodada Uruguai de Negociações Comerciais Multilaterais do GATT, de 1994, incorporado ao ordenamento jurídico brasileiro pelo Decreto nº 1.355, de 30 de dezembro de 1994; e

IV – direitos de propriedade intelectual: direitos relativos à propriedade intelectual de:

a) obras literárias, artísticas e científicas;
b) artistas intérpretes ou executantes, produtores de fonogramas e organismos de radiodifusão;
c) programas de computador;
d) marcas;
e) indicações geográficas;
f) desenhos industriais;
g) patentes de invenção e de modelos de utilidade;
h) cultivares ou variedades vegetais;
i) topografias de circuitos integrados;
j) informações confidenciais ou não divulgadas; e
k) demais direitos de propriedade intelectual estabelecidos pela legislação brasileira vigente.

Art. 3º Na aplicação desta Lei, poderão ser adotadas as seguintes medidas:

I – suspensão de direitos de propriedade intelectual;
II – limitação de direitos de propriedade intelectual;
III – alteração de medidas para a aplicação de normas de proteção de direitos de propriedade intelectual;
IV – alteração de medidas para obtenção e manutenção de direitos de propriedade intelectual;
V – bloqueio temporário de remessa de *royalties* ou remuneração relativa ao exercício de direitos de propriedade intelectual; e
VI – aplicação de direitos de natureza comercial sobre a remuneração do titular de direitos de propriedade intelectual.

Parágrafo único. Para efeitos de aplicação das medidas de que trata este artigo, serão consideradas as disposições relativas aos procedimentos registrais previstos na legislação pertinente, respeitadas as atribuições do Instituto Nacional da Propriedade Industrial – INPI e do Ministério da Agricultura, Pecuária e Abastecimento.

Art. 4º As medidas previstas nesta Lei podem ser aplicadas às seguintes Partes do Acordo sobre Aspectos dos Direitos de Propriedade Intelectual Relacionados ao Comércio:

I – Parte II – sobre padrões relativos à existência, abrangência e exercício de direitos de propriedade intelectual no que concerne a:

a) direito do autor e direitos conexos;
b) marcas;
c) indicações geográficas;
d) desenhos industriais;
e) patentes;
f) topografias de circuitos integrados; e
g) proteção de informação confidencial ou proteção de informação não divulgada;

II – Parte III – sobre aplicação de normas de proteção dos direitos de propriedade intelectual; e
III – Parte IV – sobre obtenção e manutenção de direitos de propriedade intelectual e procedimentos *inter partes* conexos.

§ 1º A proteção da propriedade intelectual de programas de computador, conforme obrigações internacionais, é considerada como parte integrante da alínea *a* do inciso I do *caput* deste artigo.

§ 2º A proteção da propriedade intelectual de cultivares ou variedades vegetais, conforme obrigações internacionais, é considerada como parte integrante das obrigações decorrentes da alínea *e* do inciso I do *caput* deste artigo, nos termos da alínea *b* do parágrafo 3 do artigo 27 do Acordo sobre Aspectos dos Direitos de Propriedade Intelectual Relacionados ao Comércio.

Art. 5º As medidas de que trata esta Lei somente poderão atingir requerentes, titulares ou licenciados de direitos de propriedade intelectual que sejam:

I – pessoas naturais nacionais do Membro da OMC, na situação descrita no art. 1º, ou nele domiciliadas; ou
II – pessoas jurídicas domiciliadas ou com estabelecimento no Membro da OMC, na situação descrita no art. 1º.

Art. 6º As medidas de que trata esta Lei poderão ser aplicadas isolada ou cumulativamente, na forma aprovada em resolução do Conselho de Ministros da Câmara de Comércio Exterior – CAMEX, nos seguintes modos:

I – postergação do início da proteção a partir de data a ser definida pelo Poder Executivo, com a consequente redução do prazo de proteção, para pedidos em andamento de proteção de propriedade intelectual;
II – subtração do prazo de proteção, por prazo determinado, em qualquer momento de sua duração;
III – licenciamento ou uso público não comercial, sem autorização do titular;
IV – suspensão do direito exclusivo do titular de impedir a importação e comercialização no mercado interno de bens que incorporem direitos de patente, ainda que o bem importado não tenha sido colocado no mercado externo diretamente pelo titular dos direitos de propriedade intelectual ou com seu consentimento;
V – majoração ou instituição de adicional sobre os valores devidos aos órgãos ou entidades da administração pública para efetivação de registros de direitos de propriedade intelectual, inclusive para sua obtenção e manutenção;
VI – bloqueio temporário de remessas de *royalties* ou remuneração relativa ao exercício de direitos de propriedade intelectual dos licenciados nacionais ou autorizados no território nacional;
VII – aplicação de direitos de natureza comercial a serem deduzidos da remuneração a que fizer jus o titular de direitos de propriedade intelectual; ou
VIII – criação de obrigatoriedade de registro para obtenção e manutenção de direitos de propriedade intelectual.

§ 1º No caso de cessação das medidas de que tratam os incisos I e II do *caput* deste artigo, a retomada ou restabelecimento da proteção não importa:

I – em restituição do prazo subtraído, ainda que o direito dependa de concessão de direitos ou ato registral efetivados posteriormente à cessação; ou
II – em prorrogação do prazo de proteção.

§ 2º No caso de que trata o inciso III do *caput* deste artigo, a medida poderá ser aplicada com ou sem remuneração.

§ 3º No caso da medida de que trata o inciso VIII deste artigo, o requerimento do registro será efetuado antes da distribuição, comercialização ou comunicação ao público das obras protegidas por direitos de autor e direitos conexos protegidos em território nacional.

§ 4º O requerimento de que trata o § 3º deste artigo será efetuado pelo titular dos direitos de autor e direitos conexos, respondendo solidariamente o seu representante legal e o responsável por efetuar a remuneração dos respectivos direitos de propriedade intelectual.

§ 5º O descumprimento do disposto no § 4º deste artigo implicará, alternativa ou cumulativamente, nos termos e gradação estabelecidos na regulamentação desta Lei:

I – apreensão de exemplares;
II – suspensão da comunicação ao público;
III – suspensão da comercialização; ou
IV – multa de até 100 (cem) vezes o valor do registro.

Art. 7º A aplicação de direitos de natureza comercial de que trata o inciso VII do art. 6º será aprovada por resolução do Conselho de Ministros da CAMEX, por prazo determinado, mediante aplicação de percentual compensatório sobre o montante da remuneração a que fazem jus as pessoas mencionadas no art. 5º.

§ 1º É responsável pelo recolhimento de direitos de natureza comercial a pessoa física ou jurídica que efetuar, com recursos mantidos no País ou no exterior, por qualquer meio, o pagamento, a remessa, o crédito ou a transferência de recursos financeiros que sejam, direta ou indiretamente, destinados a remunerar os direitos de propriedade intelectual abrangidos pela resolução do Conselho de Ministros da CAMEX de que trata o *caput* deste artigo.

§ 2º O recolhimento dos direitos de natureza comercial de que trata o *caput* deste artigo independe de quaisquer ações de natureza administrativa ou tributária e será devido em reais na data do pagamento, da remessa, do crédito ou da transferência de que trata o § 1º, adotando-se para a conversão, quando aplicável:

I – a taxa de câmbio utilizada no fechamento do contrato de câmbio após a dedução do direito a ser recolhido, quando for realizado contrato de câmbio por agentes autorizados a operar no mercado de câmbio do País; ou
II – nos demais casos:

a) taxa de câmbio, para venda, da moeda estrangeira utilizada, divulgada pelo Banco Central do Brasil, referente ao dia anterior ao pagamento, à remessa, ao crédito ou à transferência; ou
b) quando a moeda estrangeira utilizada não tiver cotação divulgada pelo Banco Central do Brasil, a taxa de câmbio dessa moeda em relação ao dólar dos Estados Unidos da América, subsequentemente convertida em relação ao real, mediante a utilização da taxa de câmbio do dólar em relação ao real, obtida nos termos da alínea *a* deste inciso.

§ 3º A falta de recolhimento dos direitos de natureza comercial de que trata o *caput* deste artigo acarretará:

I – no caso de pagamento espontâneo realizado após a remessa, o pagamento, o crédito ou a transferência de que trata o § 1º, a incidência de multa de mora e de juros de mora; e

II – no caso de exigência de ofício, multa de 75% (setenta e cinco por cento) e dos juros de mora previstos no inciso I.

§ 4º A multa de mora prevista no inciso I do § 3º será calculada à taxa de 0,33% (trinta e três centésimos por cento) por dia de atraso, a partir do primeiro dia subsequente à data da remessa, do pagamento, do crédito ou da transferência de que trata o § 1º até o dia em que ocorrer o seu pagamento, limitada a 20% (vinte por cento).

§ 5º Os juros de mora previstos no inciso I do § 3º serão calculados à taxa referencial do Sistema Especial de Liquidação e de Custódia – SELIC, para títulos federais, acumulada, mensalmente, a partir do primeiro dia do mês subsequente à remessa, ao pagamento, ao crédito ou à transferência de que trata o § 1º até o último dia do mês anterior ao do pagamento e de 1% (um por cento) no mês do pagamento.

§ 6º A multa de que trata o inciso II do § 3º será exigida isoladamente quando os direitos de natureza comercial de que trata este artigo houverem sido pagos após a remessa, o pagamento, o crédito ou a transferência de que trata o § 1º às pessoas mencionadas no art. 5º, mas sem acréscimos moratórios.

§ 7º A realização da operação de câmbio para fins de remessa ao exterior ou a realização da transferência internacional em reais, na forma da legislação vigente, fica condicionada à comprovação do recolhimento dos direitos de natureza comercial de que trata o *caput* deste artigo, sujeitando a instituição integrante do Sistema Financeiro Nacional que efetuar a referida operação, nos casos de descumprimento deste parágrafo, à multa de 50% (cinquenta por cento) sobre o valor dos direitos de natureza comercial, ainda que o pagamento desses direitos tenha sido efetuado posteriormente pelas pessoas mencionadas no § 1º deste artigo.

§ 8º A exigência de ofício de direitos de natureza comercial de que trata o *caput* deste artigo, bem como dos acréscimos moratórios e das penalidades, será formalizada em auto de infração lavrado por Auditor Fiscal da Receita Federal do Brasil, observado o disposto no Decreto nº 70.235, de 6 de março de 1972, e o prazo de 5 (cinco) anos contados da data da remessa, do pagamento, do crédito ou da transferência de que trata o § 1º.

§ 9º Verificado o inadimplemento da obrigação, a Secretaria da Receita Federal do Brasil encaminhará o débito à Procuradoria-Geral da Fazenda Nacional – PGFN para inscrição em Dívida Ativa da União e respectiva cobrança, observado o prazo de prescrição de 5 (cinco) anos.

§ 10 Somente serão passíveis de ressarcimento os valores recolhidos a título de cobrança de direitos de que trata o *caput* deste artigo nos casos de pagamento indevido ou em valor maior que o devido, observados os procedimentos estabelecidos pela Secretaria da Receita Federal do Brasil.

§ 11 Os valores recolhidos a título do direito de natureza comercial de que trata o *caput* deste artigo serão registrados como receitas originárias e classificados na categoria de "Receita Decorrente de Medidas de Suspensão de Concessões dos Direitos de Propriedade Intelectual" e serão destinados ao Ministério do

Desenvolvimento, Indústria e Comércio Exterior, para aplicação em ações de comércio exterior, conforme diretrizes aprovadas e estabelecidas em resolução do Conselho de Ministros da CAMEX.

§ 12 Os valores recolhidos a título de multa de mora e de ofício, bem como os juros de mora, de que tratam os §§ 3º e 8º deste artigo, serão destinados ao Fundo Especial de Desenvolvimento e Aperfeiçoamento das Atividades de Fiscalização – FUNDAF, instituído pelo art. 6º do Decreto-Lei nº 1.437, de 17 de dezembro de 1975.

Art. 8º Durante a vigência e nos limites estabelecidos para a aplicação de quaisquer das medidas de que trata esta Lei, ficam suspensos, para as pessoas de que trata o art. 5º:

I – a aplicação do princípio do tratamento nacional e do princípio da nação mais favorecida, cabendo a aplicação de tratamento discriminatório nos termos do Entendimento Relativo a Normas e Procedimentos sobre Soluções de Controvérsias da OMC;
II – os direitos conferidos ao titular ou requerente de direitos de propriedade intelectual nos termos da legislação vigente de propriedade intelectual, de que trata o art. 4º;
III – os direitos conferidos para os beneficiários ou requerentes da proteção contra o uso comercial desleal de informações relativas aos resultados de testes ou outros dados não divulgados apresentados às autoridades competentes como condição para aprovar ou manter o registro para a comercialização de produtos; e
IV – a obtenção e manutenção de direitos de propriedade intelectual e procedimentos *inter partes* conexos.

Parágrafo único. A aplicação das medidas previstas nesta Lei não importa em qualquer tipo de remuneração ou compensação relativa ao exercício de direitos por terceiros, ressalvados os casos de licenciamento ou uso público não comercial remunerados sem autorização do titular.

Art. 9º A aplicação de medidas previstas nesta Lei será precedida de relatório preliminar da CAMEX, com minuta das medidas e respectiva fundamentação.

§ 1º As partes interessadas terão prazo de 20 (vinte) dias para apresentar manifestação, a partir da data da publicação do relatório preliminar no *Diário Oficial da União*.

§ 2º Decorrido o prazo previsto no § 1º, o Conselho de Ministros da CAMEX decidirá em caráter final, salvo se deliberar pela aplicação de medida não contida no relatório preliminar, ocasião em que deverá ser repetido o procedimento descrito neste artigo.

§ 3º Na aplicação das medidas de que trata esta Lei, poderão ser avaliadas propostas apresentadas pelos setores brasileiros que solicitaram o recurso ao mecanismo de solução de controvérsias da OMC que originou a autorização de que trata o art. 1º desta Lei.

Art. 10. As medidas de que trata esta Lei terão prazo determinado e somente poderão ser adotadas enquanto perdurar a autorização do Órgão de Solução de Controvérsias da OMC.

Parágrafo único. O restabelecimento, no âmbito da OMC, a qualquer tempo, de concessões ou de outras obrigações brasileiras suspensas:

I – não importa na restauração de direitos que tenham sido afetados pela aplicação das medidas; e
II – não prejudicará os interesses legítimos de terceiros decorrentes de contratos firmados ou de usos autorizados pelo Poder Executivo, durante a aplicação de medidas adotadas com fundamento nesta Lei.

Art. 11. O Poder Executivo estabelecerá mecanismos para monitorar a aplicação das medidas adotadas com fundamento nesta Lei.

Art. 12. Esta Lei entra em vigor na data de sua publicação.

Brasília, 24 de junho de 2010;
189º da Independência e
122º da República.

Luiz Inácio Lula da Silva

LEI Nº 12.291, DE 20 DE JULHO DE 2010

Torna obrigatória a manutenção de exemplar do Código de Defesa do Consumidor nos estabelecimentos comerciais e de prestação de serviços.

▶ Publicada no *DOU* de 21-7-2010.

Art. 1º São os estabelecimentos comerciais e de prestação de serviços obrigados a manter, em local visível e de fácil acesso ao público, 1 (um) exemplar do Código de Defesa do Consumidor.

▶ Lei nº 8.078, de 11-9-1990 (CDC).

Art. 2º O não cumprimento do disposto nesta Lei implicará as seguintes penalidades, a serem aplicadas aos infratores pela autoridade administrativa no âmbito de sua atribuição:

I – multa no montante de até R$ 1.064,10 (mil e sessenta e quatro reais e dez centavos);
II e III – VETADOS.

Art. 3º Esta Lei entra em vigor na data de sua publicação.

Brasília, 20 de julho de 2010;
189º da Independência e
122º da República.

Luiz Inácio Lula da Silva

LEI Nº 12.353, DE 28 DE DEZEMBRO DE 2010

Dispõe sobre a participação de empregados nos conselhos de administração das empresas públicas e sociedades de economia mista, suas subsidiárias e controladas e demais empresas em que a União, direta ou indiretamente, detenha a maioria do capital social com direito a voto e dá outras providências.

▶ Publicada no *DOU* de 29-12-2010.

Art. 1º Esta Lei dispõe sobre a participação de representantes dos empregados nos conselhos de administração das empresas públicas e sociedades de economia mista, suas subsidiárias e controladas e demais empresas em que a União, direta ou indiretamente, detenha a maioria do capital social com direito a voto.

Art. 2º Os estatutos das empresas públicas e sociedades de economia mista de que trata esta Lei deverão prever a participação nos seus conselhos de administração de representante dos trabalhadores, assegurado o direito da União de eleger a maioria dos seus membros.

§ 1º O representante dos trabalhadores será escolhido dentre os empregados ativos da empresa pública ou sociedade de economia mista, pelo voto direto de seus pares, em eleição organizada pela empresa em conjunto com as entidades sindicais que os representem.

§ 2º O representante dos empregados está sujeito a todos os critérios e exigências para o cargo de conselheiro de administração previstos em lei e no estatuto da respectiva empresa.

§ 3º Sem prejuízo da vedação aos administradores de intervirem em qualquer operação social em que tiverem interesse conflitante com o da empresa, o conselheiro de administração representante dos empregados não participará das discussões e deliberações sobre assuntos que envolvam relações sindicais, remuneração, benefícios e vantagens, inclusive matérias de previdência complementar e assistenciais, hipóteses em que fica configurado o conflito de interesse.

Art. 3º No caso de os representantes do acionista majoritário deixarem de totalizar a maioria dos membros do conselho de administração, em razão da modificação da composição do colegiado para fins de cumprimento ao disposto nesta Lei, fica autorizado o aumento suficiente do número de conselheiros para assegurar o direito do acionista controlador de eleger a maioria dos conselheiros.

Art. 4º Para os fins do disposto nesta Lei, fica autorizada a alteração do número máximo de membros dos conselhos de administração das empresas públicas e sociedades de economia mista federais.

Art. 5º O disposto nesta Lei não se aplica às empresas que tenham um número inferior a 200 (duzentos) empregados próprios.

Art. 6º Observar-se-á, quanto aos direitos e deveres dos membros dos conselhos de que trata esta Lei e ao respectivo funcionamento, o disposto na Lei nº 6.404, de 15 de dezembro de 1976, no que couber.

Art. 7º O Poder Executivo, por intermédio do Ministério do Planejamento, Orçamento e Gestão, editará as instruções necessárias ao cumprimento do disposto nesta Lei.

Art. 8º Observar-se-á, quanto aos requisitos e impedimentos para a participação nos conselhos de que trata esta Lei, além do disposto na legislação sobre conflitos de interesse no âmbito da administração pública federal, subsidiariamente, o disposto na Lei nº 6.404, de 15 de dezembro de 1976.

Art. 9º Esta Lei entra em vigor na data de sua publicação.

Brasília, 28 de dezembro de 2010;
189º da Independência e
122º da República.
Luiz Inácio Lula da Silva

LEI Nº 12.529, DE 30 DE NOVEMBRO DE 2011

Estrutura o Sistema Brasileiro de Defesa da Concorrência; dispõe sobre a prevenção e repressão às infrações contra a ordem econômica; altera a Lei nº 8.137, de 27 de dezembro de 1990, o Decreto-Lei nº 3.689, de 3 de outubro de 1941 – Código de Processo Penal, e a Lei nº 7.347, de 24 de julho de 1985; revoga dispositivos da Lei nº 8.884, de 11 de junho de 1994, e a Lei nº 9.781, de 19 de janeiro de 1999; e dá outras providências.

▶ Publicada no *DOU* de 1º-12-2011.

▶ Dec. nº 7.738, de 28-5-2012, aprova a Estrutura Regimental e o Quadro Demonstrativo dos Cargos em Comissão do Conselho Administrativo de Defesa Econômica – CADE.

TÍTULO I – DISPOSIÇÕES GERAIS

CAPÍTULO I

DA FINALIDADE

Art. 1º Esta Lei estrutura o Sistema Brasileiro de Defesa da Concorrência – SBDC e dispõe sobre a prevenção e a repressão às infrações contra a ordem econômica, orientada pelos ditames constitucionais de liberdade de iniciativa, livre concorrência, função social da propriedade, defesa dos consumidores e repressão ao abuso do poder econômico.

Parágrafo único. A coletividade é a titular dos bens jurídicos protegidos por esta Lei.

CAPÍTULO II

DA TERRITORIALIDADE

Art. 2º Aplica-se esta Lei, sem prejuízo de convenções e tratados de que seja signatário o Brasil, às práticas cometidas no todo ou em parte no território nacional ou que nele produzam ou possam produzir efeitos.

§ 1º Reputa-se domiciliada no território nacional a empresa estrangeira que opere ou tenha no Brasil filial, agência, sucursal, escritório, estabelecimento, agente ou representante.

§ 2º A empresa estrangeira será notificada e intimada de todos os atos processuais previstos nesta Lei, independentemente de procuração ou de disposição contratual ou estatutária, na pessoa do agente ou representante ou pessoa responsável por sua filial, agência, sucursal, escritório, estabelecimento ou escritório instalado no Brasil.

TÍTULO II – DO SISTEMA BRASILEIRO DE DEFESA DA CONCORRÊNCIA

CAPÍTULO I

DA COMPOSIÇÃO

Art. 3º O SBDC é formado pelo Conselho Administrativo de Defesa Econômica – CADE e pela Secretaria de Acompanhamento Econômico do Ministério da Fazenda, com as atribuições previstas nesta Lei.

CAPÍTULO II

DO CONSELHO ADMINISTRATIVO DE DEFESA ECONÔMICA – CADE

Art. 4º O CADE é entidade judicante com jurisdição em todo o território nacional, que se constitui em autarquia federal, vinculada ao Ministério da Justiça, com sede e foro no Distrito Federal, e competências previstas nesta Lei.

Seção I
DA ESTRUTURA ORGANIZACIONAL DO CADE

Art. 5º O CADE é constituído pelos seguintes órgãos:

I – Tribunal Administrativo de Defesa Econômica;
II – Superintendência-Geral; e
III – Departamento de Estudos Econômicos.

Seção II
DO TRIBUNAL ADMINISTRATIVO DE DEFESA ECONÔMICA

Art. 6º O Tribunal Administrativo, órgão judicante, tem como membros um Presidente e seis Conselheiros escolhidos dentre cidadãos com mais de 30 (trinta) anos de idade, de notório saber jurídico ou econômico e reputação ilibada, nomeados pelo Presidente da República, depois de aprovados pelo Senado Federal.

§ 1º O mandato do Presidente e dos Conselheiros é de 4 (quatro) anos, não coincidentes, vedada a recondução.

§ 2º Os cargos de Presidente e de Conselheiro são de dedicação exclusiva, não se admitindo qualquer acumulação, salvo as constitucionalmente permitidas.

§ 3º No caso de renúncia, morte, impedimento, falta ou perda de mandato do Presidente do Tribunal, assumirá o Conselheiro mais antigo no cargo ou o mais idoso, nessa ordem, até nova nomeação, sem prejuízo de suas atribuições.

§ 4º No caso de renúncia, morte ou perda de mandato de Conselheiro, proceder-se-á a nova nomeação, para completar o mandato do substituído.

§ 5º Se, nas hipóteses previstas no § 4º deste artigo, ou no caso de encerramento do mandato dos Conselheiros, a composição do Tribunal ficar reduzida a número inferior ao estabelecido no § 1º do art. 9º desta Lei, considerar-se-ão automaticamente suspensos os prazos previstos nesta Lei, e suspensa a tramitação de processos, continuando-se a contagem imediatamente após a recomposição do *quorum*.

Art. 7º A perda de mandato do Presidente ou dos Conselheiros do CADE só poderá ocorrer em virtude de decisão do Senado Federal, por provocação do Presidente da República, ou em razão de condenação penal irrecorrível por crime doloso, ou de processo disciplinar de conformidade com o que prevê a Lei nº 8.112, de 11 de dezembro de 1990 e a Lei nº 8.429, de 2 de junho de 1992, e por infringência de quaisquer das vedações previstas no art. 8º desta Lei.

Parágrafo único. Também perderá o mandato, automaticamente, o membro do Tribunal que faltar a 3 (três) reuniões ordinárias consecutivas, ou 20 (vinte) intercaladas, ressalvados os afastamentos temporários autorizados pelo Plenário.

Art. 8º Ao Presidente e aos Conselheiros é vedado:

I – receber, a qualquer título, e sob qualquer pretexto, honorários, percentagens ou custas;
II – exercer profissão liberal;
III – participar, na forma de controlador, diretor, administrador, gerente, preposto ou mandatário, de sociedade civil, comercial ou empresas de qualquer espécie;
IV – emitir parecer sobre matéria de sua especialização, ainda que em tese, ou funcionar como consultor de qualquer tipo de empresa;
V – manifestar, por qualquer meio de comunicação, opinião sobre processo pendente de julgamento, ou juízo depreciativo sobre despachos, votos ou sentenças de órgãos judiciais, ressalvada a crítica nos autos, em obras técnicas ou no exercício do magistério; e
VI – exercer atividade político-partidária.

§ 1º É vedado ao Presidente e aos Conselheiros, por um período de 120 (cento e vinte) dias, contado da data em que deixar o cargo, representar qualquer pessoa, física ou jurídica, ou interesse perante o SBDC, ressalvada a defesa de direito próprio.

§ 2º Durante o período mencionado no § 1º deste artigo, o Presidente e os Conselheiros receberão a mesma remuneração do cargo que ocupavam.

§ 3º Incorre na prática de advocacia administrativa, sujeitando-se à pena prevista no art. 321 do Decreto-Lei nº 2.848, de 7 de dezembro de 1940 – Código Penal, o ex-presidente ou ex-conselheiro que violar o impedimento previsto no § 1º deste artigo.

§ 4º É vedado, a qualquer tempo, ao Presidente e aos Conselheiros utilizar informações privilegiadas obtidas em decorrência do cargo exercido.

Subseção I
DA COMPETÊNCIA DO PLENÁRIO DO TRIBUNAL

Art. 9º Compete ao Plenário do Tribunal, dentre outras atribuições previstas nesta Lei:

I – zelar pela observância desta Lei e seu regulamento e do regimento interno;
II – decidir sobre a existência de infração à ordem econômica e aplicar as penalidades previstas em lei;
III – decidir os processos administrativos para imposição de sanções administrativas por infrações à ordem econômica instaurados pela Superintendência-Geral;
IV – ordenar providências que conduzam à cessação de infração à ordem econômica, dentro do prazo que determinar;
V – aprovar os termos do compromisso de cessação de prática e do acordo em controle de concentrações, bem como determinar à Superintendência-Geral que fiscalize seu cumprimento;
VI – apreciar, em grau de recurso, as medidas preventivas adotadas pelo Conselheiro-Relator ou pela Superintendência-Geral;
VII – intimar os interessados de suas decisões;
VIII – requisitar dos órgãos e entidades da administração pública federal e requerer às autoridades dos Estados, Municípios, do Distrito Federal e dos Territórios as medidas necessárias ao cumprimento desta Lei;
IX – contratar a realização de exames, vistorias e estudos, aprovando, em cada caso, os respectivos honorários profissionais e demais despesas de processo, que

deverão ser pagas pela empresa, se vier a ser punida nos termos desta Lei;

X – apreciar processos administrativos de atos de concentração econômica, na forma desta Lei, fixando, quando entender conveniente e oportuno, acordos em controle de atos de concentração;

XI – determinar à Superintendência-Geral que adote as medidas administrativas necessárias à execução e fiel cumprimento de suas decisões;

XII – requisitar serviços e pessoal de quaisquer órgãos e entidades do Poder Público Federal;

XIII – requerer à Procuradoria Federal junto ao CADE a adoção de providências administrativas e judiciais;

XIV – instruir o público sobre as formas de infração da ordem econômica;

XV – elaborar e aprovar regimento interno do CADE, dispondo sobre seu funcionamento, forma das deliberações, normas de procedimento e organização de seus serviços internos;

XVI – propor a estrutura do quadro de pessoal do CADE, observado o disposto no inciso II do caput do art. 37 da Constituição Federal;

XVII – elaborar proposta orçamentária nos termos desta Lei;

XVIII – requisitar informações de quaisquer pessoas, órgãos, autoridades e entidades públicas ou privadas, respeitando e mantendo o sigilo legal quando for o caso, bem como determinar as diligências que se fizerem necessárias ao exercício das suas funções; e

XIX – decidir pelo cumprimento das decisões, compromissos e acordos.

§ 1º As decisões do Tribunal serão tomadas por maioria, com a presença mínima de 4 (quatro) membros, sendo o quorum de deliberação mínimo de 3 (três) membros.

§ 2º As decisões do Tribunal não comportam revisão no âmbito do Poder Executivo, promovendo-se, de imediato, sua execução e comunicando-se, em seguida, ao Ministério Público, para as demais medidas legais cabíveis no âmbito de suas atribuições.

§ 3º As autoridades federais, os diretores de autarquia, fundação, empresa pública e sociedade de economia mista federais e agências reguladoras são obrigados a prestar, sob pena de responsabilidade, toda a assistência e colaboração que lhes for solicitada pelo CADE, inclusive elaborando pareceres técnicos sobre as matérias de sua competência.

§ 4º O Tribunal poderá responder consultas sobre condutas em andamento, mediante pagamento de taxa e acompanhadas dos respectivos documentos.

§ 5º O CADE definirá, em resolução, normas complementares sobre o procedimento de consultas previsto no § 4º deste artigo.

Subseção II

DA COMPETÊNCIA DO PRESIDENTE DO TRIBUNAL

Art. 10. Compete ao Presidente do Tribunal:

I – representar legalmente o CADE no Brasil ou no exterior, em juízo ou fora dele;

II – presidir, com direito a voto, inclusive o de qualidade, as reuniões do Plenário;

III – distribuir, por sorteio, os processos aos Conselheiros;

IV – convocar as sessões e determinar a organização da respectiva pauta;

V – solicitar, a seu critério, que a Superintendência-Geral auxilie o Tribunal na tomada de providências extrajudiciais para o cumprimento das decisões do Tribunal;

VI – fiscalizar a Superintendência-Geral na tomada de providências para execução das decisões e julgados do Tribunal;

VII – assinar os compromissos e acordos aprovados pelo Plenário;

VIII – submeter à aprovação do Plenário a proposta orçamentária e a lotação ideal do pessoal que prestará serviço ao CADE;

IX – orientar, coordenar e supervisionar as atividades administrativas do CADE;

X – ordenar as despesas atinentes ao CADE, ressalvadas as despesas da unidade gestora da Superintendência-Geral;

XI – firmar contratos e convênios com órgãos ou entidades nacionais e submeter, previamente, ao Ministro de Estado da Justiça os que devam ser celebrados com organismos estrangeiros ou internacionais; e

XII – determinar à Procuradoria Federal junto ao CADE as providências judiciais determinadas pelo Tribunal.

Subseção III

DA COMPETÊNCIA DOS CONSELHEIROS DO TRIBUNAL

Art. 11. Compete aos Conselheiros do Tribunal:

I – emitir voto nos processos e questões submetidas ao Tribunal;

II – proferir despachos e lavrar as decisões nos processos em que forem relatores;

III – requisitar informações e documentos de quaisquer pessoas, órgãos, autoridades e entidades públicas ou privadas, a serem mantidos sob sigilo legal, quando for o caso, bem como determinar as diligências que se fizerem necessárias;

IV – adotar medidas preventivas, fixando o valor da multa diária pelo seu descumprimento;

V – solicitar, a seu critério, que a Superintendência-Geral realize as diligências e a produção das provas que entenderem pertinentes nos autos do processo administrativo, na forma desta Lei;

VI – requerer à Procuradoria Federal junto ao CADE emissão de parecer jurídico nos processos em que forem relatores, quando entenderem necessário e em despacho fundamentado, na forma prevista no inciso VII do art. 15 desta Lei;

VII – determinar ao Economista-Chefe, quando necessário, a elaboração de pareceres nos processos em que forem relatores, sem prejuízo da tramitação normal do processo e sem que tal determinação implique a suspensão do prazo de análise ou prejuízo à tramitação normal do processo;

VIII – desincumbir-se das demais tarefas que lhes forem cometidas pelo regimento;

IX – propor termo de compromisso de cessação e acordos para aprovação do Tribunal;

X – prestar ao Poder Judiciário, sempre que solicitado, todas as informações sobre andamento dos processos, podendo, inclusive, fornecer cópias dos autos para instruir ações judiciais.

SEÇÃO III
DA SUPERINTENDÊNCIA-GERAL

Art. 12. O CADE terá em sua estrutura uma Superintendência-Geral, com 1 (um) Superintendente-Geral e 2 (dois) Superintendentes-Adjuntos, cujas atribuições específicas serão definidas em Resolução.

§ 1º O Superintendente-Geral será escolhido dentre cidadãos com mais de 30 (trinta) anos de idade, notório saber jurídico ou econômico e reputação ilibada, nomeado pelo Presidente da República, depois de aprovado pelo Senado Federal.

§ 2º O Superintendente-Geral terá mandato de 2 (dois) anos, permitida a recondução para um único período subsequente.

§ 3º Aplicam-se ao Superintendente-Geral as mesmas normas de impedimentos, perda de mandato, substituição e as vedações do art. 8º desta Lei, incluindo o disposto no § 2º do art. 8º desta Lei, aplicáveis ao Presidente e aos Conselheiros do Tribunal.

§ 4º Os cargos de Superintendente-Geral e de Superintendentes-Adjuntos são de dedicação exclusiva, não se admitindo qualquer acumulação, salvo as constitucionalmente permitidas.

§ 5º Durante o período de vacância que anteceder à nomeação de novo Superintendente-Geral, assumirá interinamente o cargo um dos superintendentes adjuntos, indicado pelo Presidente do Tribunal, o qual permanecerá no cargo até a posse do novo Superintendente-Geral, escolhido na forma do § 1º deste artigo.

§ 6º Se, no caso da vacância prevista no § 5º deste artigo, não houver nenhum Superintendente Adjunto nomeado na Superintendência do CADE, o Presidente do Tribunal indicará servidor em exercício no CADE, com conhecimento jurídico ou econômico na área de defesa da concorrência e reputação ilibada, para assumir interinamente o cargo, permanecendo neste até a posse do novo Superintendente-Geral, escolhido na forma do § 1º deste artigo.

§ 7º Os Superintendentes-Adjuntos serão indicados pelo Superintendente-Geral.

Art. 13. Compete à Superintendência-Geral:

I – zelar pelo cumprimento desta Lei, monitorando e acompanhando as práticas de mercado;

II – acompanhar, permanentemente, as atividades e práticas comerciais de pessoas físicas ou jurídicas que detiverem posição dominante em mercado relevante de bens ou serviços, para prevenir infrações da ordem econômica, podendo, para tanto, requisitar as informações e documentos necessários, mantendo o sigilo legal, quando for o caso;

III – promover, em face de indícios de infração da ordem econômica, procedimento preparatório de inquérito administrativo e inquérito administrativo para apuração de infrações à ordem econômica;

IV – decidir pela insubsistência dos indícios, arquivando os autos do inquérito administrativo ou de seu procedimento preparatório;

V – instaurar e instruir processo administrativo para imposição de sanções administrativas por infrações à ordem econômica, procedimento para apuração de ato de concentração, processo administrativo para análise de ato de concentração econômica e processo administrativo para imposição de sanções processuais incidentais instaurados para prevenção, apuração ou repressão de infrações à ordem econômica;

VI – no interesse da instrução dos tipos processuais referidos nesta Lei:

a) requisitar informações e documentos de quaisquer pessoas, físicas ou jurídicas, órgãos, autoridades e entidades, públicas ou privadas, mantendo o sigilo legal, quando for o caso, bem como determinar as diligências que se fizerem necessárias ao exercício de suas funções;

b) requisitar esclarecimentos orais de quaisquer pessoas, físicas ou jurídicas, órgãos, autoridades e entidades, públicas ou privadas, na forma desta Lei;

c) realizar inspeção na sede social, estabelecimento, escritório, filial ou sucursal de empresa investigada, de estoques, objetos, papéis de qualquer natureza, assim como livros comerciais, computadores e arquivos eletrônicos, podendo-se extrair ou requisitar cópias de quaisquer documentos ou dados eletrônicos;

d) requerer ao Poder Judiciário, por meio da Procuradoria Federal junto ao CADE, mandado de busca e apreensão de objetos, papéis de qualquer natureza, assim como de livros comerciais, computadores e arquivos magnéticos de empresa ou pessoa física, no interesse de inquérito administrativo ou de processo administrativo para imposição de sanções administrativas por infrações à ordem econômica, aplicando-se, no que couber, o disposto no art. 839 e seguintes da Lei nº 5.869, de 11 de janeiro de 1973 – Código de Processo Civil, sendo inexigível a propositura de ação principal;

e) requisitar vista e cópia de documentos e objetos constantes de inquéritos e processos administrativos instaurados por órgãos ou entidades da administração pública federal;

f) requerer vista e cópia de inquéritos policiais, ações judiciais de quaisquer natureza, bem como de inquéritos e processos administrativos instaurados por outros entes da federação, devendo o Conselho observar as mesmas restrições de sigilo eventualmente estabelecidas nos procedimentos de origem;

VII – recorrer de ofício ao Tribunal quando decidir pelo arquivamento de processo administrativo para imposição de sanções administrativas por infrações à ordem econômica;

VIII – remeter ao Tribunal, para julgamento, os processos administrativos que instaurar, quando entender configurada infração da ordem econômica;

IX – propor termo de compromisso de cessação de prática por infração à ordem econômica, submetendo-o à aprovação do Tribunal, e fiscalizar o seu cumprimento;

X – sugerir ao Tribunal condições para a celebração de acordo em controle de concentrações e fiscalizar o seu cumprimento;

XI – adotar medidas preventivas que conduzam à cessação de prática que constitua infração da ordem econômica, fixando prazo para seu cumprimento e o valor da multa diária a ser aplicada, no caso de descumprimento;

XII – receber, instruir e aprovar ou impugnar perante o Tribunal os processos administrativos para análise de ato de concentração econômica;

XIII – orientar os órgãos e entidades da administração pública quanto à adoção de medidas necessárias ao cumprimento desta Lei;
XIV – desenvolver estudos e pesquisas objetivando orientar a política de prevenção de infrações da ordem econômica;
XV – instruir o público sobre as diversas formas de infração da ordem econômica e os modos de sua prevenção e repressão;
XVI – exercer outras atribuições previstas em lei;
XVII – prestar ao Poder Judiciário, sempre que solicitado, todas as informações sobre andamento das investigações, podendo, inclusive, fornecer cópias dos autos para instruir ações judiciais; e
XVIII – adotar as medidas administrativas necessárias à execução e ao cumprimento das decisões do Plenário.

Art. 14. São atribuições do Superintendente-Geral:

I – participar, quando entender necessário, sem direito a voto, das reuniões do Tribunal e proferir sustentação oral, na forma do regimento interno;
II – cumprir e fazer cumprir as decisões do Tribunal na forma determinada pelo seu Presidente;
III – requerer à Procuradoria Federal junto ao CADE as providências judiciais relativas ao exercício das competências da Superintendência-Geral;
IV – determinar ao Economista-Chefe a elaboração de estudos e pareceres;
V – ordenar despesas referentes à unidade gestora da Superintendência-Geral; e
VI – exercer outras atribuições previstas em lei.

Seção IV
DA PROCURADORIA FEDERAL JUNTO AO CADE

Art. 15. Funcionará junto ao CADE Procuradoria Federal Especializada, competindo-lhe:

I – prestar consultoria e assessoramento jurídico ao CADE;
II – representar o CADE judicial e extrajudicialmente;
III – promover a execução judicial das decisões e julgados do CADE;
IV – proceder à apuração da liquidez dos créditos do CADE, inscrevendo-os em dívida ativa para fins de cobrança administrativa ou judicial;
V – tomar as medidas judiciais solicitadas pelo Tribunal ou pela Superintendência-Geral, necessárias à cessação de infrações da ordem econômica ou à obtenção de documentos para a instrução de processos administrativos de qualquer natureza;
VI – promover acordos judiciais nos processos relativos a infrações contra a ordem econômica, mediante autorização do Tribunal;
VII – emitir, sempre que solicitado expressamente por Conselheiro ou pelo Superintendente-Geral, parecer nos processos de competência do CADE, sem que tal determinação implique a suspensão do prazo de análise ou prejuízo à tramitação normal do processo;
VIII – zelar pelo cumprimento desta Lei; e
IX – desincumbir-se das demais tarefas que lhe sejam atribuídas pelo regimento interno.

Parágrafo único. Compete à Procuradoria Federal junto ao CADE, ao dar execução judicial às decisões da Superintendência-Geral e do Tribunal, manter o Presidente do Tribunal, os Conselheiros e o Superintendente-Geral informados sobre o andamento das ações e medidas judiciais.

Art. 16. O Procurador-Chefe será nomeado pelo Presidente da República, depois de aprovado pelo Senado Federal, dentre cidadãos brasileiros com mais de 30 (trinta) anos de idade, de notório conhecimento jurídico e reputação ilibada.

§ 1º O Procurador-Chefe terá mandato de 2 (dois) anos, permitida sua recondução para um único período.

§ 2º O Procurador-Chefe poderá participar, sem direito a voto, das reuniões do Tribunal, prestando assistência e esclarecimentos, quando requisitado pelos Conselheiros, na forma do Regimento Interno do Tribunal.

§ 3º Aplicam-se ao Procurador-Chefe as mesmas normas de impedimento aplicáveis aos Conselheiros do Tribunal, exceto quanto ao comparecimento às sessões.

§ 4º Nos casos de faltas, afastamento temporário ou impedimento do Procurador-Chefe, o Plenário indicará e o Presidente do Tribunal designará o substituto eventual dentre os integrantes da Procuradoria Federal Especializada.

Seção V
DO DEPARTAMENTO DE ESTUDOS ECONÔMICOS

Art. 17. O CADE terá um Departamento de Estudos Econômicos, dirigido por um Economista-Chefe, a quem incumbirá elaborar estudos e pareceres econômicos, de ofício ou por solicitação do Plenário, do Presidente, do Conselheiro-Relator ou do Superintendente-Geral, zelando pelo rigor e atualização técnica e científica das decisões do órgão.

Art. 18. O Economista-Chefe será nomeado, conjuntamente, pelo Superintendente-Geral e pelo Presidente do Tribunal, dentre brasileiros de ilibada reputação e notório conhecimento econômico.

§ 1º O Economista-Chefe poderá participar das reuniões do Tribunal, sem direito a voto.

§ 2º Aplicam-se ao Economista-Chefe as mesmas normas de impedimento aplicáveis aos Conselheiros do Tribunal, exceto quanto ao comparecimento às sessões.

Capítulo III
DA SECRETARIA DE ACOMPANHAMENTO ECONÔMICO

Art. 19. Compete à Secretaria de Acompanhamento Econômico promover a concorrência em órgãos de governo e perante a sociedade cabendo-lhe, especialmente, o seguinte:

I – opinar, nos aspectos referentes à promoção da concorrência, sobre propostas de alterações de atos normativos de interesse geral dos agentes econômicos, de consumidores ou usuários dos serviços prestados submetidos a consulta pública pelas agências reguladoras e, quando entender pertinente, sobre os pedidos de revisão de tarifas e as minutas;
II – opinar, quando considerar pertinente, sobre minutas de atos normativos elaborados por qualquer entidade pública ou privada submetidos à consulta pública, nos aspectos referentes à promoção da concorrência;
III – opinar, quando considerar pertinente, sobre proposições legislativas em tramitação no Congres-

so Nacional, nos aspectos referentes à promoção da concorrência;
IV – elaborar estudos avaliando a situação concorrencial de setores específicos da atividade econômica nacional, de ofício ou quando solicitada pelo CADE, pela Câmara de Comércio Exterior ou pelo Departamento de Proteção e Defesa do Consumidor do Ministério da Justiça ou órgão que vier a sucedê-lo;
V – elaborar estudos setoriais que sirvam de insumo para a participação do Ministério da Fazenda na formulação de políticas públicas setoriais nos fóruns em que este Ministério tem assento;
VI – propor a revisão de leis, regulamentos e outros atos normativos da administração pública federal, estadual, municipal e do Distrito Federal que afetem ou possam afetar a concorrência nos diversos setores econômicos do País;
VII – manifestar-se, de ofício ou quando solicitada, a respeito do impacto concorrencial de medidas em discussão no âmbito de fóruns negociadores relativos às atividades de alteração tarifária, ao acesso a mercados e à defesa comercial, ressalvadas as competências dos órgãos envolvidos;
VIII – encaminhar ao órgão competente representação para que este, a seu critério, adote as medidas legais cabíveis, sempre que for identificado ato normativo que tenha caráter anticompetitivo.

§ 1º Para o cumprimento de suas atribuições, a Secretaria de Acompanhamento Econômico poderá:
I – requisitar informações e documentos de quaisquer pessoas, órgãos, autoridades e entidades, públicas ou privadas, mantendo o sigilo legal quando for o caso;
II – celebrar acordos e convênios com órgãos ou entidades públicas ou privadas, federais, estaduais, municipais, do Distrito Federal e dos Territórios para avaliar e/ou sugerir medidas relacionadas à promoção da concorrência.

§ 2º A Secretaria de Acompanhamento Econômico divulgará anualmente relatório de suas ações voltadas para a promoção da concorrência.

TÍTULO III – DO MINISTÉRIO PÚBLICO FEDERAL PERANTE O CADE

Art. 20. O Procurador-Geral da República, ouvido o Conselho Superior, designará membro do Ministério Público Federal para, nesta qualidade, emitir parecer, nos processos administrativos para imposição de sanções administrativas por infrações à ordem econômica, de ofício ou a requerimento do Conselheiro-Relator.

TÍTULO IV – DO PATRIMÔNIO, DAS RECEITAS E DA GESTÃO ADMINISTRATIVA, ORÇAMENTÁRIA E FINANCEIRA

Art. 21. Compete ao Presidente do Tribunal orientar, coordenar e supervisionar as atividades administrativas do CADE, respeitadas as atribuições dos dirigentes dos demais órgãos previstos no art. 5º desta Lei.

§ 1º A Superintendência-Geral constituirá unidade gestora, para fins administrativos e financeiros, competindo ao seu Superintendente-Geral ordenar as despesas pertinentes às respectivas ações orçamentárias.

§ 2º Para fins administrativos e financeiros, o Departamento de Estudos Econômicos estará ligado ao Tribunal.

Art. 22. Anualmente, o Presidente do Tribunal, ouvido o Superintendente-Geral, encaminhará ao Poder Executivo a proposta de orçamento do CADE e a lotação ideal do pessoal que prestará serviço àquela autarquia.

Art. 23. Ficam instituídas as taxas processuais sobre os processos de competência do CADE, no valor de R$ 45.000,00 (quarenta e cinco mil reais), que têm como fato gerador a apresentação dos atos previstos no art. 88 desta Lei e no valor de R$ 15.000,00 (quinze mil reais) para processos que têm como fato gerador a apresentação de consultas de que trata o § 4º do art. 9º desta Lei.

Parágrafo único. A taxa processual de que trata o *caput* deste artigo poderá ser atualizada por ato do Poder Executivo, após autorização do Congresso Nacional.

Art. 24. São contribuintes da taxa processual que tem como fato gerador a apresentação dos atos previstos no art. 88 desta Lei qualquer das requerentes.

Art. 25. O recolhimento da taxa processual que tem como fato gerador a apresentação dos atos previstos no art. 88 desta Lei deverá ser comprovado no momento da protocolização do ato.

§ 1º A taxa processual não recolhida no momento fixado no *caput* deste artigo será cobrada com os seguintes acréscimos:
I – juros de mora, contados do mês seguinte ao do vencimento, à razão de 1% (um por cento), calculados na forma da legislação aplicável aos tributos federais;
II – multa de mora de 20% (vinte por cento).

§ 2º Os juros de mora não incidem sobre o valor da multa de mora.

Art. 26. VETADO.

Art. 27. As taxas de que tratam os arts. 23 e 26 desta Lei serão recolhidas ao Tesouro Nacional na forma regulamentada pelo Poder Executivo.

Art. 28. Constituem receitas próprias do CADE:
I – o produto resultante da arrecadação das taxas previstas nos arts. 23 e 26 desta Lei;
II – a retribuição por serviços de qualquer natureza prestados a terceiros;
III – as dotações consignadas no Orçamento Geral da União, créditos especiais, créditos adicionais, transferências e repasses que lhe forem conferidos;
IV – os recursos provenientes de convênios, acordos ou contratos celebrados com entidades ou organismos nacionais e internacionais;
V – as doações, legados, subvenções e outros recursos que lhe forem destinados;
VI – os valores apurados na venda ou aluguel de bens móveis e imóveis de sua propriedade;
VII – o produto da venda de publicações, material técnico, dados e informações;
VIII – os valores apurados em aplicações no mercado financeiro das receitas previstas neste artigo, na forma definida pelo Poder Executivo; e
IX – quaisquer outras receitas, afetas às suas atividades, não especificadas nos incisos I a VIII do *caput* deste artigo.

§§ 1º e 2º VETADOS.

§ 3º O produto da arrecadação das multas aplicadas pelo CADE, inscritas ou não em dívida ativa, será destinado ao Fundo de Defesa de Direitos Difusos de que trata o art. 13 da Lei nº 7.347, de 24 de julho de 1985, e a Lei nº 9.008, de 21 de março de 1995.

§ 4º As multas arrecadadas na forma desta Lei serão recolhidas ao Tesouro Nacional na forma regulamentada pelo Poder Executivo.

Art. 29. O CADE submeterá anualmente ao Ministério da Justiça a sua proposta de orçamento, que será encaminhada ao Ministério do Planejamento, Orçamento e Gestão para inclusão na lei orçamentária anual, a que se refere o § 5º do art. 165 da Constituição Federal.

§ 1º O CADE fará acompanhar as propostas orçamentárias de quadro demonstrativo do planejamento plurianual das receitas e despesas, visando ao seu equilíbrio orçamentário e financeiro nos 5 (cinco) exercícios subsequentes.

§ 2º A lei orçamentária anual consignará as dotações para as despesas de custeio e capital do CADE, relativas ao exercício a que ela se referir.

Art. 30. Somam-se ao atual patrimônio do CADE os bens e direitos pertencentes ao Ministério da Justiça atualmente afetados às atividades do Departamento de Proteção e Defesa Econômica da Secretaria de Direito Econômico.

TÍTULO V – DAS INFRAÇÕES DA ORDEM ECONÔMICA

Capítulo I

DISPOSIÇÕES GERAIS

Art. 31. Esta Lei aplica-se às pessoas físicas ou jurídicas de direito público ou privado, bem como a quaisquer associações de entidades ou pessoas, constituídas de fato ou de direito, ainda que temporariamente, com ou sem personalidade jurídica, mesmo que exerçam atividade sob regime de monopólio legal.

Art. 32. As diversas formas de infração da ordem econômica implicam a responsabilidade da empresa e a responsabilidade individual de seus dirigentes ou administradores, solidariamente.

Art. 33. Serão solidariamente responsáveis as empresas ou entidades integrantes de grupo econômico, de fato ou de direito, quando pelo menos uma delas praticar infração à ordem econômica.

Art. 34. A personalidade jurídica do responsável por infração da ordem econômica poderá ser desconsiderada quando houver da parte deste abuso de direito, excesso de poder, infração da lei, fato ou ato ilícito ou violação dos estatutos ou contrato social.

Parágrafo único. A desconsideração também será efetivada quando houver falência, estado de insolvência, encerramento ou inatividade da pessoa jurídica provocados por má administração.

Art. 35. A repressão das infrações da ordem econômica não exclui a punição de outros ilícitos previstos em lei.

Capítulo II

DAS INFRAÇÕES

Art. 36. Constituem infração da ordem econômica, independentemente de culpa, os atos sob qualquer forma manifestados, que tenham por objeto ou possam produzir os seguintes efeitos, ainda que não sejam alcançados:

I – limitar, falsear ou de qualquer forma prejudicar a livre concorrência ou a livre-iniciativa;
II – dominar mercado relevante de bens ou serviços;
III – aumentar arbitrariamente os lucros; e
IV – exercer de forma abusiva posição dominante.

§ 1º A conquista de mercado resultante de processo natural fundado na maior eficiência de agente econômico em relação a seus competidores não caracteriza o ilícito previsto no inciso II do *caput* deste artigo.

§ 2º Presume-se posição dominante sempre que uma empresa ou grupo de empresas for capaz de alterar unilateral ou coordenadamente as condições de mercado ou quando controlar 20% (vinte por cento) ou mais do mercado relevante, podendo este percentual ser alterado pelo CADE para setores específicos da economia.

§ 3º As seguintes condutas, além de outras, na medida em que configurem hipótese prevista no *caput* deste artigo e seus incisos, caracterizam infração da ordem econômica:

I – acordar, combinar, manipular ou ajustar com concorrente, sob qualquer forma:
a) os preços de bens ou serviços ofertados individualmente;
b) a produção ou a comercialização de uma quantidade restrita ou limitada de bens ou a prestação de um número, volume ou frequência restrita ou limitada de serviços;
c) a divisão de partes ou segmentos de um mercado atual ou potencial de bens ou serviços, mediante, dentre outros, a distribuição de clientes, fornecedores, regiões ou períodos;
d) preços, condições, vantagens ou abstenção em licitação pública;

II – promover, obter ou influenciar a adoção de conduta comercial uniforme ou concertada entre concorrentes;
III – limitar ou impedir o acesso de novas empresas ao mercado;
IV – criar dificuldades à constituição, ao funcionamento ou ao desenvolvimento de empresa concorrente ou de fornecedor, adquirente ou financiador de bens ou serviços;
V – impedir o acesso de concorrente às fontes de insumo, matérias-primas, equipamentos ou tecnologia, bem como aos canais de distribuição;
VI – exigir ou conceder exclusividade para divulgação de publicidade nos meios de comunicação de massa;
VII – utilizar meios enganosos para provocar a oscilação de preços de terceiros;
VIII – regular mercados de bens ou serviços, estabelecendo acordos para limitar ou controlar a pesquisa e o desenvolvimento tecnológico, a produção de bens ou prestação de serviços, ou para dificultar investimentos destinados à produção de bens ou serviços ou à sua distribuição;

IX – impor, no comércio de bens ou serviços, a distribuidores, varejistas e representantes preços de revenda, descontos, condições de pagamento, quantidades mínimas ou máximas, margem de lucro ou quaisquer outras condições de comercialização relativos a negócios destes com terceiros;
X – discriminar adquirentes ou fornecedores de bens ou serviços por meio da fixação diferenciada de preços, ou de condições operacionais de venda ou prestação de serviços;
XI – recusar a venda de bens ou a prestação de serviços, dentro das condições de pagamento normais aos usos e costumes comerciais;
XII – dificultar ou romper a continuidade ou desenvolvimento de relações comerciais de prazo indeterminado em razão de recusa da outra parte em submeter-se a cláusulas e condições comerciais injustificáveis ou anticoncorrenciais;
XIII – destruir, inutilizar ou açambarcar matérias-primas, produtos intermediários ou acabados, assim como destruir, inutilizar ou dificultar a operação de equipamentos destinados a produzi-los, distribuí-los ou transportá-los;
XIV – açambarcar ou impedir a exploração de direitos de propriedade industrial ou intelectual ou de tecnologia;
XV – vender mercadoria ou prestar serviços injustificadamente abaixo do preço de custo;
XVI – reter bens de produção ou de consumo, exceto para garantir a cobertura dos custos de produção;
XVII – cessar parcial ou totalmente as atividades da empresa sem justa causa comprovada;
XVIII – subordinar a venda de um bem à aquisição de outro ou à utilização de um serviço, ou subordinar a prestação de um serviço à utilização de outro ou à aquisição de um bem; e
XIX – exercer ou explorar abusivamente direitos de propriedade industrial, intelectual, tecnologia ou marca.

CAPÍTULO III

DAS PENAS

Art. 37. A prática de infração da ordem econômica sujeita os responsáveis às seguintes penas:

I – no caso de empresa, multa de 0,1% (um décimo por cento) a 20% (vinte por cento) do valor do faturamento bruto da empresa, grupo ou conglomerado obtido, no último exercício anterior à instauração do processo administrativo, no ramo de atividade empresarial em que ocorreu a infração, a qual nunca será inferior à vantagem auferida, quando for possível sua estimação;
II – no caso das demais pessoas físicas ou jurídicas de direito público ou privado, bem como quaisquer associações de entidades ou pessoas constituídas de fato ou de direito, ainda que temporariamente, com ou sem personalidade jurídica, que não exerçam atividade empresarial, não sendo possível utilizar-se o critério do valor do faturamento bruto, a multa será entre R$ 50.000,00 (cinquenta mil reais) e R$ 2.000.000.000,00 (dois bilhões de reais);
III – no caso de administrador, direta ou indiretamente responsável pela infração cometida, quando comprovada a sua culpa ou dolo, multa de 1% (um por cento) a 20% (vinte por cento) daquela aplicada à empresa, no caso previsto no inciso I do caput deste artigo, ou às pessoas jurídicas ou entidades, nos casos previstos no inciso II do caput deste artigo.

§ 1º Em caso de reincidência, as multas cominadas serão aplicadas em dobro.

§ 2º No cálculo do valor da multa de que trata o inciso I do caput deste artigo, o CADE poderá considerar o faturamento total da empresa ou grupo de empresas, quando não dispuser do valor do faturamento no ramo de atividade empresarial em que ocorreu a infração, definido pelo CADE, ou quando este for apresentado de forma incompleta e/ou não demonstrado de forma inequívoca e idônea.

Art. 38. Sem prejuízo das penas cominadas no art. 37 desta Lei, quando assim exigir a gravidade dos fatos ou o interesse público geral, poderão ser impostas as seguintes penas, isolada ou cumulativamente:

I – a publicação, em meia página e a expensas do infrator, em jornal indicado na decisão, de extrato da decisão condenatória, por 2 (dois) dias seguidos, de 1 (uma) a 3 (três) semanas consecutivas;
II – a proibição de contratar com instituições financeiras oficiais e participar de licitação tendo por objeto aquisições, alienações, realização de obras e serviços, concessão de serviços públicos, na administração pública federal, estadual, municipal e do Distrito Federal, bem como em entidades da administração indireta, por prazo não inferior a 5 (cinco) anos;
III – a inscrição do infrator no Cadastro Nacional de Defesa do Consumidor;
IV – a recomendação aos órgãos públicos competentes para que:

a) seja concedida licença compulsória de direito de propriedade intelectual de titularidade do infrator, quando a infração estiver relacionada ao uso desse direito;
b) não seja concedido ao infrator parcelamento de tributos federais por ele devidos ou para que sejam cancelados, no todo ou em parte, incentivos fiscais ou subsídios públicos;

V – a cisão de sociedade, transferência de controle societário, venda de ativos ou cessação parcial de atividade;
VI – a proibição de exercer o comércio em nome próprio ou como representante de pessoa jurídica, pelo prazo de até 5 (cinco) anos; e
VII – qualquer outro ato ou providência necessários para a eliminação dos efeitos nocivos à ordem econômica.

Art. 39. Pela continuidade de atos ou situações que configurem infração da ordem econômica, após decisão do Tribunal determinando sua cessação, bem como pelo não cumprimento de obrigações de fazer ou não fazer impostas, ou pelo descumprimento de medida preventiva ou termo de compromisso de cessação previstos nesta Lei, o responsável fica sujeito a multa diária fixada em valor de R$ 5.000,00 (cinco mil reais), podendo ser aumentada em até 50 (cinquenta) vezes, se assim recomendar a situação econômica do infrator e a gravidade da infração.

Art. 40. A recusa, omissão ou retardamento injustificado de informação ou documentos solicitados pelo CADE ou pela Secretaria de Acompanhamento Econômico constitui infração punível com multa diária de R$ 5.000,00 (cinco mil reais), podendo ser aumentada em até 20 (vinte) vezes, se necessário para garantir sua eficácia, em razão da situação econômica do infrator.

§ 1º O montante fixado para a multa diária de que trata o *caput* deste artigo constará do documento que contiver a requisição da autoridade competente.

§ 2º Compete à autoridade requisitante a aplicação da multa prevista no *caput* deste artigo.

§ 3º Tratando-se de empresa estrangeira, responde solidariamente pelo pagamento da multa de que trata o *caput* sua filial, sucursal, escritório ou estabelecimento situado no País.

Art. 41. A falta injustificada do representante ou de terceiros, quando intimados para prestar esclarecimentos, no curso de inquérito ou processo administrativo, sujeitará o faltante à multa de R$ 500,00 (quinhentos reais) a R$ 15.000,00 (quinze mil reais) para cada falta, aplicada conforme sua situação econômica.

Parágrafo único. A multa a que se refere o *caput* deste artigo será aplicada mediante auto de infração pela autoridade competente.

Art. 42. Impedir, obstruir ou de qualquer outra forma dificultar a realização de inspeção autorizada pelo Plenário do Tribunal, pelo Conselheiro-Relator ou pela Superintendência-Geral no curso de procedimento preparatório, inquérito administrativo, processo administrativo ou qualquer outro procedimento sujeitará o inspecionado ao pagamento de multa de R$ 20.000,00 (vinte mil reais) a R$ 400.000,00 (quatrocentos mil reais), conforme a situação econômica do infrator, mediante a lavratura de auto de infração pelo órgão competente.

Art. 43. A enganosidade ou a falsidade de informações, de documentos ou de declarações prestadas por qualquer pessoa ao CADE ou à Secretaria de Acompanhamento Econômico será punível com multa pecuniária no valor de R$ 5.000,00 (cinco mil reais) a R$ 5.000.000,00 (cinco milhões de reais), de acordo com a gravidade dos fatos e a situação econômica do infrator, sem prejuízo das demais cominações legais cabíveis.

Art. 44. Aquele que prestar serviços ao CADE ou a SEAE, a qualquer título, e que der causa, mesmo que por mera culpa, à disseminação indevida de informação acerca de empresa, coberta por sigilo, será punível com multa pecuniária de R$ 1.000,00 (mil reais) a R$ 20.000,00 (vinte mil reais), sem prejuízo de abertura de outros procedimentos cabíveis.

§ 1º Se o autor da disseminação indevida estiver servindo o CADE em virtude de mandato, ou na qualidade de Procurador Federal ou Economista-Chefe, a multa será em dobro.

§ 2º O Regulamento definirá o procedimento para que uma informação seja tida como sigilosa, no âmbito do CADE e da SEAE.

Art. 45. Na aplicação das penas estabelecidas nesta Lei, levar-se-á em consideração:
I – a gravidade da infração;
II – a boa-fé do infrator;
III – a vantagem auferida ou pretendida pelo infrator;
IV – a consumação ou não da infração;

V – o grau de lesão, ou perigo de lesão, à livre concorrência, à economia nacional, aos consumidores, ou a terceiros;
VI – os efeitos econômicos negativos produzidos no mercado;
VII – a situação econômica do infrator; e
VIII – a reincidência.

CAPÍTULO IV
DA PRESCRIÇÃO

Art. 46. Prescrevem em 5 (cinco) anos as ações punitivas da administração pública federal, direta e indireta, objetivando apurar infrações da ordem econômica, contados da data da prática do ilícito ou, no caso de infração permanente ou continuada, do dia em que tiver cessada a prática do ilícito.

§ 1º Interrompe a prescrição qualquer ato administrativo ou judicial que tenha por objeto a apuração da infração contra a ordem econômica mencionada no *caput* deste artigo, bem como a notificação ou a intimação da investigada.

§ 2º Suspende-se a prescrição durante a vigência do compromisso de cessação ou do acordo em controle de concentrações.

§ 3º Incide a prescrição no procedimento administrativo paralisado por mais de 3 (três) anos, pendente de julgamento ou despacho, cujos autos serão arquivados de ofício ou mediante requerimento da parte interessada, sem prejuízo da apuração da responsabilidade funcional decorrente da paralisação, se for o caso.

§ 4º Quando o fato objeto da ação punitiva da administração também constituir crime, a prescrição reger-se-á pelo prazo previsto na lei penal.

CAPÍTULO V
DO DIREITO DE AÇÃO

Art. 47. Os prejudicados, por si ou pelos legitimados referidos no art. 82 da Lei nº 8.078, de 11 de setembro de 1990, poderão ingressar em juízo para, em defesa de seus interesses individuais ou individuais homogêneos, obter a cessação de práticas que constituam infração da ordem econômica, bem como o recebimento de indenização por perdas e danos sofridos, independentemente do inquérito ou processo administrativo, que não será suspenso em virtude do ajuizamento de ação.

TÍTULO VI – DAS DIVERSAS ESPÉCIES DE PROCESSO ADMINISTRATIVO

CAPÍTULO I
DISPOSIÇÕES GERAIS

Art. 48. Esta Lei regula os seguintes procedimentos administrativos instaurados para prevenção, apuração e repressão de infrações à ordem econômica:

I – procedimento preparatório de inquérito administrativo para apuração de infrações à ordem econômica;
II – inquérito administrativo para apuração de infrações à ordem econômica;
III – processo administrativo para imposição de sanções administrativas por infrações à ordem econômica;

IV – processo administrativo para análise de ato de concentração econômica;
V – procedimento administrativo para apuração de ato de concentração econômica; e
VI – processo administrativo para imposição de sanções processuais incidentais.

Art. 49. O Tribunal e a Superintendência-Geral assegurarão nos procedimentos previstos nos incisos II, III, IV e VI do *caput* do art. 48 desta Lei o tratamento sigiloso de documentos, informações e atos processuais necessários à elucidação dos fatos ou exigidos pelo interesse da sociedade.

Parágrafo único. As partes poderão requerer tratamento sigiloso de documentos ou informações, no tempo e modo definidos no regimento interno.

Art. 50. A Superintendência-Geral ou o Conselheiro-Relator poderá admitir a intervenção no processo administrativo de:

I – terceiros titulares de direitos ou interesses que possam ser afetados pela decisão a ser adotada; ou
II – legitimados à propositura de ação civil pública pelos incisos III e IV do art. 82 da Lei nº 8.078, de 11 de setembro de 1990.

Art. 51. Na tramitação dos processos no CADE, serão observadas as seguintes disposições, além daquelas previstas no regimento interno:

I – os atos de concentração terão prioridade sobre o julgamento de outras matérias;
II – a sessão de julgamento do Tribunal é pública, salvo nos casos em que for determinado tratamento sigiloso ao processo, ocasião em que as sessões serão reservadas;
III – nas sessões de julgamento do Tribunal, poderão o Superintendente-Geral, o Economista-Chefe, o Procurador-Chefe e as partes do processo requerer a palavra, que lhes será concedida, nessa ordem, nas condições e no prazo definido pelo regimento interno, a fim de sustentarem oralmente suas razões perante o Tribunal;
IV – a pauta das sessões de julgamento será definida pelo Presidente, que determinará sua publicação, com pelo menos 120 (cento e vinte) horas de antecedência; e
V – os atos e termos a serem praticados nos autos dos procedimentos enumerados no art. 48 desta Lei poderão ser encaminhados de forma eletrônica ou apresentados em meio magnético ou equivalente, nos termos das normas do CADE.

Art. 52. O cumprimento das decisões do Tribunal e de compromissos e acordos firmados nos termos desta Lei poderá, a critério do Tribunal, ser fiscalizado pela Superintendência-Geral, com o respectivo encaminhamento dos autos, após a decisão final do Tribunal.

§ 1º Na fase de fiscalização da execução das decisões do Tribunal, bem como do cumprimento de compromissos e acordos firmados nos termos desta Lei, poderá a Superintendência-Geral valer-se de todos os poderes instrutórios que lhe são assegurados nesta Lei.

§ 2º Cumprida integralmente a decisão do Tribunal ou os acordos em controle de concentrações e compromissos de cessação, a Superintendência-Geral, de ofício ou por provocação do interessado, manifestar-se-á sobre seu cumprimento.

Capítulo II
DO PROCESSO ADMINISTRATIVO NO CONTROLE DE ATOS DE CONCENTRAÇÃO ECONÔMICA

Seção I

DO PROCESSO ADMINISTRATIVO NA SUPERINTENDÊNCIA-GERAL

Art. 53. O pedido de aprovação dos atos de concentração econômica a que se refere o art. 88 desta Lei deverá ser endereçado ao CADE e instruído com as informações e documentos indispensáveis à instauração do processo administrativo, definidos em resolução do CADE, além do comprovante de recolhimento da taxa respectiva.

§ 1º Ao verificar que a petição não preenche os requisitos exigidos no *caput* deste artigo ou apresenta defeitos e irregularidades capazes de dificultar o julgamento de mérito, a Superintendência-Geral determinará, uma única vez, que os requerentes a emendem, sob pena de arquivamento.

§ 2º Após o protocolo da apresentação do ato de concentração, ou de sua emenda, a Superintendência-Geral fará publicar edital, indicando o nome dos requerentes, a natureza da operação e os setores econômicos envolvidos.

Art. 54. Após cumpridas as providências indicadas no art. 53, a Superintendência-Geral:

I – conhecerá diretamente do pedido, proferindo decisão terminativa, quando o processo dispensar novas diligências ou nos casos de menor potencial ofensivo à concorrência, assim definidos em resolução do CADE; ou
II – determinará a realização da instrução complementar, especificando as diligências a serem produzidas.

Art. 55. Concluída a instrução complementar determinada na forma do inciso II do *caput* do art. 54 desta Lei, a Superintendência-Geral deverá manifestar-se sobre seu satisfatório cumprimento, recebendo-a como adequada ao exame de mérito ou determinando que seja refeita, por estar incompleta.

Art. 56. A Superintendência-Geral poderá, por meio de decisão fundamentada, declarar a operação como complexa e determinar a realização de nova instrução complementar, especificando as diligências a serem produzidas.

Parágrafo único. Declarada a operação como complexa, poderá a Superintendência-Geral requerer ao Tribunal a prorrogação do prazo de que trata o § 2º do art. 88 desta Lei.

Art. 57. Concluídas as instruções complementares de que tratam o inciso II do art. 54 e o art. 56 desta Lei, a Superintendência-Geral:

I – proferirá decisão aprovando o ato sem restrições;
II – oferecerá impugnação perante o Tribunal, caso entenda que o ato deva ser rejeitado, aprovado com restrições ou que não existam elementos conclusivos quanto aos seus efeitos no mercado.

Parágrafo único. Na impugnação do ato perante o Tribunal, deverão ser demonstrados, de forma circunstanciada, o potencial lesivo do ato à concorrência e as razões pelas quais não deve ser aprovado integralmente ou rejeitado.

Seção II
DO PROCESSO ADMINISTRATIVO NO TRIBUNAL

Art. 58. O requerente poderá oferecer, no prazo de 30 (trinta) dias da data de impugnação da Superintendência-Geral, em petição escrita, dirigida ao Presidente do Tribunal, manifestação expondo as razões de fato e de direito com que se opõe à impugnação do ato de concentração da Superintendência-Geral e juntando todas as provas, estudos e pareceres que corroboram seu pedido.

Parágrafo único. Em até 48 (quarenta e oito) horas da decisão de que trata a impugnação pela Superintendência-Geral, disposta no inciso II do *caput* do art. 57 desta Lei e na hipótese do inciso I do art. 65 desta Lei, o processo será distribuído, por sorteio, a um Conselheiro-Relator.

Art. 59. Após a manifestação do requerente, o Conselheiro-Relator:

I – proferirá decisão determinando a inclusão do processo em pauta para julgamento, caso entenda que se encontre suficientemente instruído;

II – determinará a realização de instrução complementar, se necessário, podendo, a seu critério, solicitar que a Superintendência-Geral a realize, declarando os pontos controversos e especificando as diligências a serem produzidas.

§ 1º O Conselheiro-Relator poderá autorizar, conforme o caso, precária e liminarmente, a realização do ato de concentração econômica, impondo as condições que visem à preservação da reversibilidade da operação, quando assim recomendarem as condições do caso concreto.

§ 2º O Conselheiro-Relator poderá acompanhar a realização das diligências referidas no inciso II do *caput* deste artigo.

Art. 60. Após a conclusão da instrução, o Conselheiro-Relator determinará a inclusão do processo em pauta para julgamento.

Art. 61. No julgamento do pedido de aprovação do ato de concentração econômica, o Tribunal poderá aprová-lo integralmente, rejeitá-lo ou aprová-lo parcialmente, caso em que determinará as restrições que deverão ser observadas como condição para a validade e eficácia do ato.

§ 1º O Tribunal determinará as restrições cabíveis no sentido de mitigar os eventuais efeitos nocivos do ato de concentração sobre os mercados relevantes afetados.

§ 2º As restrições mencionadas no § 1º deste artigo incluem:

I – a venda de ativos ou de um conjunto de ativos que constitua uma atividade empresarial;
II – a cisão de sociedade;
III – a alienação de controle societário;
IV – a separação contábil ou jurídica de atividades;
V – o licenciamento compulsório de direitos de propriedade intelectual; e

VI – qualquer outro ato ou providência necessários para a eliminação dos efeitos nocivos à ordem econômica.

§ 3º Julgado o processo no mérito, o ato não poderá ser novamente apresentado nem revisto no âmbito do Poder Executivo.

Art. 62. Em caso de recusa, omissão, enganosidade, falsidade ou retardamento injustificado, por parte dos requerentes, de informações ou documentos cuja apresentação for determinada pelo CADE, sem prejuízo das demais sanções cabíveis, poderá o pedido de aprovação do ato de concentração ser rejeitado por falta de provas, caso em que o requerente somente poderá realizar o ato mediante apresentação de novo pedido, nos termos do art. 53 desta Lei.

Art. 63. Os prazos previstos neste Capítulo não se suspendem ou interrompem por qualquer motivo, ressalvado o disposto no § 5º do art. 6º desta Lei, quando for o caso.

Art. 64. VETADO.

Seção III
DO RECURSO CONTRA DECISÃO DE APROVAÇÃO DO ATO PELA SUPERINTENDÊNCIA-GERAL

Art. 65. No prazo de 15 (quinze) dias contado a partir da publicação da decisão da Superintendência-Geral que aprovar o ato de concentração, na forma do inciso I do *caput* do art. 54 e do inciso I do *caput* do art. 57 desta Lei:

I – caberá recurso da decisão ao Tribunal, que poderá ser interposto por terceiros interessados ou, em se tratando de mercado regulado, pela respectiva agência reguladora;

II – o Tribunal poderá, mediante provocação de um de seus Conselheiros e em decisão fundamentada, avocar o processo para julgamento ficando prevento o Conselheiro que encaminhou a provocação.

§ 1º Em até 5 (cinco) dias úteis a partir do recebimento do recurso, o Conselheiro-Relator:

I – conhecerá do recurso e determinará a sua inclusão em pauta para julgamento;
II – conhecerá do recurso e determinará a realização de instrução complementar, podendo, a seu critério, solicitar que a Superintendência-Geral a realize, declarando os pontos controversos e especificando as diligências a serem produzidas; ou
III – não conhecerá do recurso, determinando o seu arquivamento.

§ 2º As requerentes poderão manifestar-se acerca do recurso interposto, em até 5 (cinco) dias úteis do conhecimento do recurso no Tribunal ou da data do recebimento do relatório com a conclusão da instrução complementar elaborada pela Superintendência-Geral, o que ocorrer por último.

§ 3º O litigante de má-fé arcará com multa, em favor do Fundo de Defesa de Direitos Difusos, a ser arbitrada pelo Tribunal entre R$ 5.000,00 (cinco mil reais) e R$ 5.000.000,00 (cinco milhões de reais), levando-se em consideração sua condição econômica, sua atuação no processo e o retardamento injustificado causado à aprovação do ato.

§ 4º A interposição do recurso a que se refere o *caput* deste artigo ou a decisão de avocar suspende a execução do ato de concentração econômica até decisão final do Tribunal.

§ 5º O Conselheiro-Relator poderá acompanhar a realização das diligências referidas no inciso II do § 1º deste artigo.

Capítulo III

DO INQUÉRITO ADMINISTRATIVO PARA APURAÇÃO DE INFRAÇÕES À ORDEM ECONÔMICA E DO PROCEDIMENTO PREPARATÓRIO

Art. 66. O inquérito administrativo, procedimento investigatório de natureza inquisitorial, será instaurado pela Superintendência-Geral para apuração de infrações à ordem econômica.

§ 1º O inquérito administrativo será instaurado de ofício ou em face de representação fundamentada de qualquer interessado, ou em decorrência de peças de informação, quando os indícios de infração à ordem econômica não forem suficientes para a instauração de processo administrativo.

§ 2º A Superintendência-Geral poderá instaurar procedimento preparatório de inquérito administrativo para apuração de infrações à ordem econômica para apurar se a conduta sob análise trata de matéria de competência do Sistema Brasileiro de Defesa da Concorrência, nos termos desta Lei.

§ 3º As diligências tomadas no âmbito do procedimento preparatório de inquérito administrativo para apuração de infrações à ordem econômica deverão ser realizadas no prazo máximo de 30 (trinta) dias.

§ 4º Do despacho que ordenar o arquivamento de procedimento preparatório, indeferir o requerimento de abertura de inquérito administrativo, ou seu arquivamento, caberá recurso de qualquer interessado ao Superintendente-Geral, na forma determinada em regulamento, que decidirá em última instância.

§ 5º VETADO.

§ 6º A representação de Comissão do Congresso Nacional, ou de qualquer de suas Casas, bem como da Secretaria de Acompanhamento Econômico, das agências reguladoras e da Procuradoria Federal junto ao CADE, independe de procedimento preparatório, instaurando-se desde logo o inquérito administrativo ou o processo administrativo.

§ 7º O representante e o indiciado poderão requerer qualquer diligência, que será realizada ou não, a juízo da Superintendência-Geral.

§ 8º A Superintendência-Geral poderá solicitar o concurso da autoridade policial ou do Ministério Público nas investigações.

§ 9º O inquérito administrativo deverá ser encerrado no prazo de 180 (cento e oitenta) dias, contado da data de sua instauração, prorrogáveis por até 60 (sessenta) dias, por meio de despacho fundamentado e quando o fato for de difícil elucidação e o justificarem as circunstâncias do caso concreto.

§ 10. Ao procedimento preparatório, assim como ao inquérito administrativo, poderá ser dado tratamento sigiloso, no interesse das investigações, a critério da Superintendência-Geral.

Art. 67. Até 10 (dez) dias úteis a partir da data de encerramento do inquérito administrativo, a Superintendência-Geral decidirá pela instauração do processo administrativo ou pelo seu arquivamento.

§ 1º O Tribunal poderá, mediante provocação de um Conselheiro e em decisão fundamentada, avocar o inquérito administrativo ou procedimento preparatório de inquérito administrativo arquivado pela Superintendência-Geral, ficando prevento o Conselheiro que encaminhou a provocação.

§ 2º Avocado o inquérito administrativo, o Conselheiro-Relator terá o prazo de 30 (trinta) dias úteis para:

I – confirmar a decisão de arquivamento da Superintendência-Geral, podendo, se entender necessário, fundamentar sua decisão;

II – transformar o inquérito administrativo em processo administrativo, determinando a realização de instrução complementar, podendo, a seu critério, solicitar que a Superintendência-Geral a realize, declarando os pontos controversos e especificando as diligências a serem produzidas.

§ 3º Ao inquérito administrativo poderá ser dado tratamento sigiloso, no interesse das investigações, a critério do Plenário do Tribunal.

Art. 68. O descumprimento dos prazos fixados neste Capítulo pela Superintendência-Geral, assim como por seus servidores, sem justificativa devidamente comprovada nos autos, poderá resultar na apuração da respectiva responsabilidade administrativa, civil e criminal.

Capítulo IV

DO PROCESSO ADMINISTRATIVO PARA IMPOSIÇÃO DE SANÇÕES ADMINISTRATIVAS POR INFRAÇÕES À ORDEM ECONÔMICA

Art. 69. O processo administrativo, procedimento em contraditório, visa a garantir ao acusado a ampla defesa a respeito das conclusões do inquérito administrativo, cuja nota técnica final, aprovada nos termos das normas do CADE, constituirá peça inaugural.

Art. 70. Na decisão que instaurar o processo administrativo, será determinada a notificação do representado para, no prazo de 30 (trinta) dias, apresentar defesa e especificar as provas que pretende sejam produzidas, declinando a qualificação completa de até 3 (três) testemunhas.

§ 1º A notificação inicial conterá o inteiro teor da decisão de instauração do processo administrativo e da representação, se for o caso.

§ 2º A notificação inicial do representado será feita pelo correio, com aviso de recebimento em nome próprio, ou outro meio que assegure a certeza da ciência do interessado ou, não tendo êxito a notificação postal, por edital publicado no *Diário Oficial da União* e em jornal de grande circulação no Estado em que resida ou tenha sede, contando-se os prazos da juntada do aviso de recebimento, ou da publicação, conforme o caso.

§ 3º A intimação dos demais atos processuais será feita mediante publicação no *Diário Oficial da União*, da qual deverá constar o nome do representado e de seu procurador, se houver.

§ 4º O representado poderá acompanhar o processo administrativo por seu titular e seus diretores ou gerentes, ou por seu procurador, assegurando-se-lhes amplo acesso aos autos no Tribunal.

§ 5º O prazo de 30 (trinta) dias mencionado no *caput* deste artigo poderá ser dilatado por até 10 (dez) dias, improrrogáveis, mediante requisição do representado.

Art. 71. Considerar-se-á revel o representado que, notificado, não apresentar defesa no prazo legal, incorrendo em confissão quanto à matéria de fato, contra ele correndo os demais prazos, independentemente de notificação.

Parágrafo único. Qualquer que seja a fase do processo, nele poderá intervir o revel, sem direito à repetição de qualquer ato já praticado.

Art. 72. Em até 30 (trinta) dias úteis após o decurso do prazo previsto no art. 70 desta Lei, a Superintendência-Geral, em despacho fundamentado, determinará a produção de provas que julgar pertinentes, sendo-lhe facultado exercer os poderes de instrução previstos nesta Lei, mantendo-se o sigilo legal, quando for o caso.

Art. 73. Em até 5 (cinco) dias úteis da data de conclusão da instrução processual determinada na forma do art. 72 desta Lei, a Superintendência-Geral notificará o representado para apresentar novas alegações, no prazo de 5 (cinco) dias úteis.

Art. 74. Em até 15 (quinze) dias úteis contados do decurso do prazo previsto no art. 73 desta Lei, a Superintendência-Geral remeterá os autos do processo ao Presidente do Tribunal, opinando, em relatório circunstanciado, pelo seu arquivamento ou pela configuração da infração.

Art. 75. Recebido o processo, o Presidente do Tribunal o distribuirá, por sorteio, ao Conselheiro-Relator, que poderá, caso entenda necessário, solicitar à Procuradoria Federal junto ao CADE que se manifeste no prazo de 20 (vinte) dias.

Art. 76. O Conselheiro-Relator poderá determinar diligências, em despacho fundamentado, podendo, a seu critério, solicitar que a Superintendência-Geral as realize, no prazo assinado.

Parágrafo único. Após a conclusão das diligências determinadas na forma deste artigo, o Conselheiro-Relator notificará o representado para, no prazo de 15 (quinze) dias úteis, apresentar alegações finais.

Art. 77. No prazo de 15 (quinze) dias úteis contado da data de recebimento das alegações finais, o Conselheiro-Relator solicitará a inclusão do processo em pauta para julgamento.

Art. 78. A convite do Presidente, por indicação do Conselheiro-Relator, qualquer pessoa poderá apresentar esclarecimentos ao Tribunal, a propósito de assuntos que estejam em pauta.

Art. 79. A decisão do Tribunal, que em qualquer hipótese será fundamentada, quando for pela existência de infração da ordem econômica, conterá:

I – especificação dos fatos que constituam a infração apurada e a indicação das providências a serem tomadas pelos responsáveis para fazê-la cessar;

II – prazo dentro do qual devam ser iniciadas e concluídas as providências referidas no inciso I do *caput* deste artigo;

III – multa estipulada;

IV – multa diária em caso de continuidade da infração; e

V – multa em caso de descumprimento das providências estipuladas.

Parágrafo único. A decisão do Tribunal será publicada dentro de 5 (cinco) dias úteis no *Diário Oficial da União*.

Art. 80. Aplicam-se às decisões do Tribunal o disposto na Lei nº 8.437, de 30 de junho de 1992.

Art. 81. Descumprida a decisão, no todo ou em parte, será o fato comunicado ao Presidente do Tribunal, que determinará à Procuradoria Federal junto ao CADE que providencie sua execução judicial.

Art. 82. O descumprimento dos prazos fixados neste Capítulo pelos membros do CADE, assim como por seus servidores, sem justificativa devidamente comprovada nos autos, poderá resultar na apuração da respectiva responsabilidade administrativa, civil e criminal.

Art. 83. O CADE disporá de forma complementar sobre o inquérito e o processo administrativo.

Capítulo V

DA MEDIDA PREVENTIVA

Art. 84. Em qualquer fase do inquérito administrativo para apuração de infrações ou do processo administrativo para imposição de sanções por infrações à ordem econômica, poderá o Conselheiro-Relator ou o Superintendente-Geral, por iniciativa própria ou mediante provocação do Procurador-Chefe do CADE, adotar medida preventiva, quando houver indício ou fundado receio de que o representado, direta ou indiretamente, cause ou possa causar ao mercado lesão irreparável ou de difícil reparação, ou torne ineficaz o resultado final do processo.

§ 1º Na medida preventiva, determinar-se-á a imediata cessação da prática e será ordenada, quando materialmente possível, a reversão à situação anterior, fixando multa diária nos termos do art. 39 desta Lei.

§ 2º Da decisão que adotar medida preventiva caberá recurso voluntário ao Plenário do Tribunal, em 5 (cinco) dias, sem efeito suspensivo.

Capítulo VI

DO COMPROMISSO DE CESSAÇÃO

Art. 85. Nos procedimentos administrativos mencionados nos incisos I, II e III do art. 48 desta Lei, o CADE poderá tomar do representado compromisso de cessação da prática sob investigação ou dos seus efeitos lesivos, sempre que, em juízo de conveniência e oportunidade, devidamente fundamentado, entender que atende aos interesses protegidos por lei.

§ 1º Do termo de compromisso deverão constar os seguintes elementos:

I – a especificação das obrigações do representado no sentido de não praticar a conduta investigada ou seus efeitos lesivos, bem como obrigações que julgar cabíveis;

II – a fixação do valor da multa para o caso de descumprimento, total ou parcial, das obrigações compromissadas;

III – a fixação do valor da contribuição pecuniária ao Fundo de Defesa de Direitos Difusos quando cabível.

§ 2º Tratando-se da investigação da prática de infração relacionada ou decorrente das condutas previstas nos incisos I e II do § 3º do art. 36 desta Lei, entre as obrigações a que se refere o inciso I do § 1º deste artigo figurará, necessariamente, a obrigação de recolher ao Fundo de Defesa de Direitos Difusos um valor pecuniário que não poderá ser inferior ao mínimo previsto no art. 37 desta Lei.

§ 3º VETADO.

§ 4º A proposta de termo de compromisso de cessação de prática somente poderá ser apresentada uma única vez.

§ 5º A proposta de termo de compromisso de cessação de prática poderá ter caráter confidencial.

§ 6º A apresentação de proposta de termo de compromisso de cessação de prática não suspende o andamento do processo administrativo.

§ 7º O termo de compromisso de cessação de prática terá caráter público, devendo o acordo ser publicado no sítio do CADE em 5 (cinco) dias após a sua celebração.

§ 8º O termo de compromisso de cessação de prática constitui título executivo extrajudicial.

§ 9º O processo administrativo ficará suspenso enquanto estiver sendo cumprido o compromisso e será arquivado ao término do prazo fixado, se atendidas todas as condições estabelecidas no termo.

§ 10. A suspensão do processo administrativo a que se refere o § 9º deste artigo dar-se-á somente em relação ao representado que firmou o compromisso, seguindo o processo seu curso regular para os demais representados.

§ 11. Declarado o descumprimento do compromisso, o CADE aplicará as sanções nele previstas e determinará o prosseguimento do processo administrativo e as demais medidas administrativas e judiciais cabíveis para sua execução.

§ 12. As condições do termo de compromisso poderão ser alteradas pelo CADE se se comprovar sua excessiva onerosidade para o representado, desde que a alteração não acarrete prejuízo para terceiros ou para a coletividade.

§ 13. A proposta de celebração do compromisso de cessação de prática será indeferida quando a autoridade não chegar a um acordo com os representantes quanto aos seus termos.

§ 14. O CADE definirá, em resolução, normas complementares sobre o termo de compromisso de cessação.

§ 15. Aplica-se o disposto no art. 50 desta Lei ao Compromisso de Cessação da Prática.

Capítulo VII

DO PROGRAMA DE LENIÊNCIA

Art. 86. O CADE, por intermédio da Superintendência-Geral, poderá celebrar acordo de leniência, com a extinção da ação punitiva da administração pública ou a redução de 1 (um) a 2/3 (dois terços) da penalidade aplicável, nos termos deste artigo, com pessoas físicas e jurídicas que forem autoras de infração à ordem econômica, desde que colaborem efetivamente com as investigações e o processo administrativo e que dessa colaboração resulte:

I – a identificação dos demais envolvidos na infração; e
II – a obtenção de informações e documentos que comprovem a infração noticiada ou sob investigação.

§ 1º O acordo de que trata o caput deste artigo somente poderá ser celebrado se preenchidos, cumulativamente, os seguintes requisitos:

I – a empresa seja a primeira a se qualificar com respeito à infração noticiada ou sob investigação;
II – a empresa cesse completamente seu envolvimento na infração noticiada ou sob investigação a partir da data de propositura do acordo;
III – a Superintendência-Geral não disponha de provas suficientes para assegurar a condenação da empresa ou pessoa física por ocasião da propositura do acordo; e
IV – a empresa confesse sua participação no ilícito e coopere plena e permanentemente com as investigações e o processo administrativo, comparecendo, sob suas expensas, sempre que solicitada, a todos os atos processuais, até seu encerramento.

§ 2º Com relação às pessoas físicas, elas poderão celebrar acordos de leniência desde que cumpridos os requisitos II, III e IV do § 1º deste artigo.

§ 3º O acordo de leniência firmado com o CADE, por intermédio da Superintendência-Geral, estipulará as condições necessárias para assegurar a efetividade da colaboração e o resultado útil do processo.

§ 4º Compete ao Tribunal, por ocasião do julgamento do processo administrativo, verificado o cumprimento do acordo:

I – decretar a extinção da ação punitiva da administração pública em favor do infrator, nas hipóteses em que a proposta de acordo tiver sido apresentada à Superintendência-Geral sem que essa tivesse conhecimento prévio da infração noticiada; ou
II – nas demais hipóteses, reduzir de 1 (um) a 2/3 (dois terços) as penas aplicáveis, observado o disposto no art. 45 desta Lei, devendo ainda considerar na gradação da pena a efetividade da colaboração prestada e a boa-fé do infrator no cumprimento do acordo de leniência.

§ 5º Na hipótese do inciso II do § 4º deste artigo, a pena sobre a qual incidirá o fator redutor não será superior à menor das penas aplicadas aos demais coautores da infração, relativamente aos percentuais fixados para a aplicação das multas de que trata o inciso I do art. 37 desta Lei.

§ 6º Serão estendidos às empresas do mesmo grupo, de fato ou de direito, e aos seus dirigentes, administradores e empregados envolvidos na infração os efeitos do acordo de leniência, desde que o firmem em conjunto, respeitadas as condições impostas.

§ 7º A empresa ou pessoa física que não obtiver, no curso de inquérito ou processo administrativo, habilitação para a celebração do acordo de que trata este artigo, poderá celebrar com a Superintendência-Geral, até a remessa do processo para julgamento, acordo de leniência relacionado a uma outra infração, da qual o CADE não tenha qualquer conhecimento prévio.

§ 8º Na hipótese do § 7º deste artigo, o infrator se beneficiará da redução de 1/3 (um terço) da pena que lhe for aplicável naquele processo, sem prejuízo da obtenção dos benefícios de que trata o inciso I do § 4º deste artigo em relação à nova infração denunciada.

§ 9º Considera-se sigilosa a proposta de acordo de que trata este artigo, salvo no interesse das investigações e do processo administrativo.

§ 10. Não importará em confissão quanto à matéria de fato, nem reconhecimento de ilicitude da conduta analisada, a proposta de acordo de leniência rejeitada, da qual não se fará qualquer divulgação.

§ 11. A aplicação do disposto neste artigo observará as normas a serem editadas pelo Tribunal.

§ 12. Em caso de descumprimento do acordo de leniência, o beneficiário ficará impedido de celebrar novo acordo de leniência pelo prazo de 3 (três) anos, contado da data de seu julgamento.

Art. 87. Nos crimes contra a ordem econômica, tipificados na Lei nº 8.137, de 27 de dezembro de 1990, e nos demais crimes diretamente relacionados à prática de cartel, tais como os tipificados na Lei nº 8.666, de 21 de junho de 1993, e os tipificados no art. 288 do Decreto-Lei nº 2.848, de 7 de dezembro de 1940 – Código Penal, a celebração de acordo de leniência, nos termos desta Lei, determina a suspensão do curso do prazo prescricional e impede o oferecimento da denúncia com relação ao agente beneficiário da leniência.

Parágrafo único. Cumprido o acordo de leniência pelo agente, extingue-se automaticamente a punibilidade dos crimes a que se refere o *caput* deste artigo.

TÍTULO VII – DO CONTROLE DE CONCENTRAÇÕES

CAPÍTULO I

DOS ATOS DE CONCENTRAÇÃO

Art. 88. Serão submetidos ao CADE pelas partes envolvidas na operação os atos de concentração econômica em que, cumulativamente:

I – pelo menos um dos grupos envolvidos na operação tenha registrado, no último balanço, faturamento bruto anual ou volume de negócios total no País, no ano anterior à operação, equivalente ou superior a R$ 400.000.000,00 (quatrocentos milhões de reais); e

▶ Port. Intermin. MJ/MF nº 994, de 30-5-2012, dispõe que os valores mínimos de faturamento bruto anual ou volume de negócios no país passam a ser de R$ 750.000.000,00, para a hipótese prevista neste inciso.

II – pelo menos um outro grupo envolvido na operação tenha registrado, no último balanço, faturamento bruto anual ou volume de negócios total no País, no ano anterior à operação, equivalente ou superior a R$ 30.000.000,00 (trinta milhões de reais).

▶ Port. Intermin. MJ/MF nº 994, de 30-5-2012, dispõe que os valores mínimos de faturamento bruto anual ou volume de negócios no país passam a ser de R$ 75.000.000,00, para a hipótese prevista neste inciso.

§ 1º Os valores mencionados nos incisos I e II do *caput* deste artigo poderão ser adequados, simultânea ou independentemente, por indicação do Plenário do CADE, por portaria interministerial dos Ministros de Estado da Fazenda e da Justiça.

§ 2º O controle dos atos de concentração de que trata o *caput* deste artigo será prévio e realizado em, no máximo, 240 (duzentos e quarenta) dias, a contar do protocolo de petição ou de sua emenda.

§ 3º Os atos que se subsumirem ao disposto no *caput* deste artigo não podem ser consumados antes de apreciados, nos termos deste artigo e do procedimento previsto no Capítulo II do Título VI desta Lei, sob pena de nulidade, sendo ainda imposta multa pecuniária, de valor não inferior a R$ 60.000,00 (sessenta mil reais) nem superior a R$ 60.000.000,00 (sessenta milhões de reais), a ser aplicada nos termos da regulamentação, sem prejuízo da abertura de processo administrativo, nos termos do art. 69 desta Lei.

§ 4º Até a decisão final sobre a operação, deverão ser preservadas as condições de concorrência entre as empresas envolvidas, sob pena de aplicação das sanções previstas no § 3º deste artigo.

§ 5º Serão proibidos os atos de concentração que impliquem eliminação da concorrência em parte substancial de mercado relevante, que possam criar ou reforçar uma posição dominante ou que possam resultar na dominação de mercado relevante de bens ou serviços, ressalvado o disposto no § 6º deste artigo.

§ 6º Os atos a que se refere o § 5º deste artigo poderão ser autorizados, desde que sejam observados os limites estritamente necessários para atingir os seguintes objetivos:

I – cumulada ou alternativamente:

a) aumentar a produtividade ou a competitividade;
b) melhorar a qualidade de bens ou serviços; ou
c) propiciar a eficiência e o desenvolvimento tecnológico ou econômico; e

II – sejam repassados aos consumidores parte relevante dos benefícios decorrentes.

§ 7º É facultado ao CADE, no prazo de 1 (um) ano a contar da respectiva data de consumação, requerer a submissão dos atos de concentração que não se enquadrem no disposto neste artigo.

§ 8º As mudanças de controle acionário de companhias abertas e os registros de fusão, sem prejuízo da obrigação das partes envolvidas, devem ser comunicados ao CADE pela Comissão de Valores Mobiliários – CVM e pelo Departamento Nacional do Registro do Comércio do Ministério do Desenvolvimento, Indústria e Comércio Exterior, respectivamente, no prazo de 5 (cinco) dias úteis para, se for o caso, ser examinados.

§ 9º O prazo mencionado no § 2º deste artigo somente poderá ser dilatado:

I – por até 60 (sessenta) dias, improrrogáveis, mediante requisição das partes envolvidas na operação; ou

II – por até 90 (noventa) dias, mediante decisão fundamentada do Tribunal, em que sejam especificados as razões para a extensão, o prazo da prorrogação, que será não renovável, e as providências cuja realização seja necessária para o julgamento do processo.

Art. 89. Para fins de análise do ato de concentração apresentado, serão obedecidos os procedimentos estabelecidos no Capítulo II do Título VI desta Lei.

Parágrafo único. O CADE regulamentará, por meio de Resolução, a análise prévia de atos de concentração realizados com o propósito específico de participação em leilões, licitações e operações de aquisição de ações por meio de oferta pública.

Art. 90. Para os efeitos do art. 88 desta Lei, realiza-se um ato de concentração quando:

I – 2 (duas) ou mais empresas anteriormente independentes se fundem;

II – 1 (uma) ou mais empresas adquirem, direta ou indiretamente, por compra ou permuta de ações, quotas, títulos ou valores mobiliários conversíveis em ações, ou ativos, tangíveis ou intangíveis, por via contratual ou por qualquer outro meio ou forma, o controle ou partes de uma ou outras empresas;

III – 1 (uma) ou mais empresas incorporam outra ou outras empresas; ou

IV – 2 (duas) ou mais empresas celebram contrato associativo, consórcio ou *joint venture*.

Parágrafo único. Não serão considerados atos de concentração, para os efeitos do disposto no art. 88 desta Lei, os descritos no inciso IV do *caput*, quando destinados às licitações promovidas pela administração pública direta e indireta e aos contratos delas decorrentes.

Art. 91. A aprovação de que trata o art. 88 desta Lei poderá ser revista pelo Tribunal, de ofício ou mediante provocação da Superintendência-Geral, se a decisão for baseada em informações falsas ou enganosas prestadas pelo interessado, se ocorrer o descumprimento de quaisquer das obrigações assumidas ou não forem alcançados os benefícios visados.

Parágrafo único. Na hipótese referida no *caput* deste artigo, a falsidade ou enganosidade será punida com multa pecuniária, de valor não inferior a R$ 60.000,00 (sessenta mil reais) nem superior a R$ 6.000.000,00 (seis milhões de reais), a ser aplicada na forma das normas do CADE, sem prejuízo da abertura de processo administrativo, nos termos do art. 67 desta Lei, e da adoção das demais medidas cabíveis.

Capítulo II

DO ACORDO EM CONTROLE DE CONCENTRAÇÕES

Art. 92. VETADO.

TÍTULO VIII – DA EXECUÇÃO JUDICIAL DAS DECISÕES DO CADE

Capítulo I

DO PROCESSO

Art. 93. A decisão do Plenário do Tribunal, cominando multa ou impondo obrigação de fazer ou não fazer, constitui título executivo extrajudicial.

Art. 94. A execução que tenha por objeto exclusivamente a cobrança de multa pecuniária será feita de acordo com o disposto na Lei nº 6.830, de 22 de setembro de 1980.

Art. 95. Na execução que tenha por objeto, além da cobrança de multa, o cumprimento de obrigação de fazer ou não fazer, o Juiz concederá a tutela específica da obrigação, ou determinará providências que assegurem o resultado prático equivalente ao do adimplemento.

§ 1º A conversão da obrigação de fazer ou não fazer em perdas e danos somente será admissível se impossível a tutela específica ou a obtenção do resultado prático correspondente.

§ 2º A indenização por perdas e danos far-se-á sem prejuízo das multas.

Art. 96. A execução será feita por todos os meios, inclusive mediante intervenção na empresa, quando necessária.

Art. 97. A execução das decisões do CADE será promovida na Justiça Federal do Distrito Federal ou da sede ou domicílio do executado, à escolha do CADE.

Art. 98. O oferecimento de embargos ou o ajuizamento de qualquer outra ação que vise à desconstituição do título executivo não suspenderá a execução, se não for garantido o juízo no valor das multas aplicadas, para que se garanta o cumprimento da decisão final proferida nos autos, inclusive no que tange a multas diárias.

§ 1º Para garantir o cumprimento das obrigações de fazer, deverá o juiz fixar caução idônea.

§ 2º Revogada a liminar, o depósito do valor da multa converter-se-á em renda do Fundo de Defesa de Direitos Difusos.

§ 3º O depósito em dinheiro não suspenderá a incidência de juros de mora e atualização monetária, podendo o CADE, na hipótese do § 2º deste artigo, promover a execução para cobrança da diferença entre o valor revertido ao Fundo de Defesa de Direitos Difusos e o valor da multa atualizado, com os acréscimos legais, como se sua exigibilidade do crédito jamais tivesse sido suspensa.

§ 4º Na ação que tenha por objeto decisão do CADE, o autor deverá deduzir todas as questões de fato e de direito, sob pena de preclusão consumativa, reputando-se deduzidas todas as alegações que poderia deduzir em favor do acolhimento do pedido, não podendo o mesmo pedido ser deduzido sob diferentes causas de pedir em ações distintas, salvo em relação a fatos supervenientes.

Art. 99. Em razão da gravidade da infração da ordem econômica, e havendo fundado receio de dano irreparável ou de difícil reparação, ainda que tenha havido o depósito das multas e prestação de caução, poderá o Juiz determinar a adoção imediata, no todo ou em parte, das providências contidas no título executivo.

Art. 100. No cálculo do valor da multa diária pela continuidade da infração, tomar-se-á como termo inicial a data final fixada pelo CADE para a adoção voluntária das providências contidas em sua decisão, e como termo final o dia do seu efetivo cumprimento.

Art. 101. O processo de execução em juízo das decisões do CADE terá preferência sobre as demais espécies de ação, exceto *habeas corpus* e mandado de segurança.

Capítulo II

DA INTERVENÇÃO JUDICIAL

Art. 102. O Juiz decretará a intervenção na empresa quando necessária para permitir a execução específica, nomeando o interventor.

Parágrafo único. A decisão que determinar a intervenção deverá ser fundamentada e indicará, clara e precisamente, as providências a serem tomadas pelo interventor nomeado.

Art. 103. Se, dentro de 48 (quarenta e oito) horas, o executado impugnar o interventor por motivo de inaptidão ou inidoneidade, feita a prova da alegação em 3 (três) dias, o juiz decidirá em igual prazo.

Art. 104. Sendo a impugnação julgada procedente, o juiz nomeará novo interventor no prazo de 5 (cinco) dias.

Art. 105. A intervenção poderá ser revogada antes do prazo estabelecido, desde que comprovado o cumprimento integral da obrigação que a determinou.

Art. 106. A intervenção judicial deverá restringir-se aos atos necessários ao cumprimento da decisão judicial que a determinar e terá duração máxima de 180 (cento e oitenta) dias, ficando o interventor responsável por suas ações e omissões, especialmente em caso de abuso de poder e desvio de finalidade.

§ 1º Aplica-se ao interventor, no que couber, o disposto nos arts. 153 a 159 da Lei nº 6.404, de 15 de dezembro de 1976.

§ 2º A remuneração do interventor será arbitrada pelo Juiz, que poderá substituí-lo a qualquer tempo, sendo obrigatória a substituição quando incorrer em insolvência civil, quando for sujeito passivo ou ativo de qualquer forma de corrupção ou prevaricação, ou infringir quaisquer de seus deveres.

Art. 107. O juiz poderá afastar de suas funções os responsáveis pela administração da empresa que, comprovadamente, obstarem o cumprimento de atos de competência do interventor, devendo eventual substituição dar-se na forma estabelecida no contrato social da empresa.

§ 1º Se, apesar das providências previstas no *caput* deste artigo, um ou mais responsáveis pela administração da empresa persistirem em obstar a ação do interventor, o juiz procederá na forma do disposto no § 2º deste artigo.

§ 2º Se a maioria dos responsáveis pela administração da empresa recusar colaboração ao interventor, o juiz determinará que este assuma a administração total da empresa.

Art. 108. Compete ao interventor:

I – praticar ou ordenar que sejam praticados os atos necessários à execução;

II – denunciar ao Juiz quaisquer irregularidades praticadas pelos responsáveis pela empresa e das quais venha a ter conhecimento; e

III – apresentar ao Juiz relatório mensal de suas atividades.

Art. 109. As despesas resultantes da intervenção correrão por conta do executado contra quem ela tiver sido decretada.

Art. 110. Decorrido o prazo da intervenção, o interventor apresentará ao juiz relatório circunstanciado de sua gestão, propondo a extinção e o arquivamento do processo ou pedindo a prorrogação do prazo na hipótese de não ter sido possível cumprir integralmente a decisão exequenda.

Art. 111. Todo aquele que se opuser ou obstaculizar a intervenção ou, cessada esta, praticar quaisquer atos que direta ou indiretamente anulem seus efeitos, no todo ou em parte, ou desobedecer a ordens legais do interventor será, conforme o caso, responsabilizado criminalmente por resistência, desobediência ou coação no curso do processo, na forma dos arts. 329, 330 e 344 do Decreto-Lei nº 2.848, de 7 de dezembro de 1940 – Código Penal.

TÍTULO IX – DISPOSIÇÕES FINAIS E TRANSITÓRIAS

Art. 112. VETADO.

Art. 113. Visando a implementar a transição para o sistema de mandatos não coincidentes, as nomeações dos Conselheiros observarão os seguintes critérios de duração dos mandatos, nessa ordem:

I – 2 (dois) anos para os primeiros 2 (dois) mandatos vagos; e

II – 3 (três) anos para o terceiro e o quarto mandatos vagos.

§ 1º Os mandatos dos membros do CADE e do Procurador-Chefe em vigor na data de promulgação desta Lei serão mantidos e exercidos até o seu término original, devendo as nomeações subsequentes à extinção desses mandatos observar o disposto neste artigo.

§ 2º Na hipótese do § 1º deste artigo, o Conselheiro que estiver exercendo o seu primeiro mandato no CADE, após o término de seu mandato original, poderá ser novamente nomeado no mesmo cargo, observado o disposto nos incisos I e II do *caput* deste artigo.

§ 3º O Conselheiro que estiver exercendo o seu segundo mandato no CADE, após o término de seu mandato original, não poderá ser novamente nomeado para o período subsequente.

§ 4º Não haverá recondução para o Procurador-Chefe que estiver exercendo mandato no CADE, após o término de seu mandato original, podendo ele ser indicado para permanecer no cargo na forma do art. 16 desta Lei.

Art. 114. VETADO.

Art. 115. Aplicam-se subsidiariamente aos processos administrativo e judicial previstos nesta Lei as disposições das Leis nºˢ 5.869, de 11 de janeiro de 1973 – Código de Processo Civil, 7.347, de 24 de julho de

1985, 8.078, de 11 de setembro de 1990, e 9.784, de 29 de janeiro de 1999.

Art. 116. O art. 4º da Lei nº 8.137, de 27 de dezembro de 1990, passa a vigorar com a seguinte redação:

"Art. 4º ....

I – abusar do poder econômico, dominando o mercado ou eliminando, total ou parcialmente, a concorrência mediante qualquer forma de ajuste ou acordo de empresas;

a) (revogada);
b) (revogada);
c) (revogada);
d) (revogada);
e) (revogada);
f) (revogada);

II – formar acordo, convênio, ajuste ou aliança entre ofertantes, visando:

a) à fixação artificial de preços ou quantidades vendidas ou produzidas;

b) ao controle regionalizado do mercado por empresa ou grupo de empresas;

c) ao controle, em detrimento da concorrência, de rede de distribuição ou de fornecedores.

Pena – reclusão, de 2 (dois) a 5 (cinco) anos e multa.

III – (revogado);
IV – (revogado);
V – (revogado);
VI – (revogado);
VII – (revogado)."

Art. 117. O caput e o inciso V do art. 1º da Lei nº 7.347, de 24 de julho de 1985, passam a vigorar com a seguinte redação:

"Art. 1º Regem-se pelas disposições desta Lei, sem prejuízo da ação popular, as ações de responsabilidade por danos morais e patrimoniais causados:

....

V – por infração da ordem econômica;

...."

Art. 118. Nos processos judiciais em que se discuta a aplicação desta Lei, o CADE deverá ser intimado para, querendo, intervir no feito na qualidade de assistente.

Art. 119. O disposto nesta Lei não se aplica aos casos de dumping e subsídios de que tratam os Acordos Relativos à Implementação do Artigo VI do Acordo Geral sobre Tarifas Aduaneiras e Comércio, promulgados pelos Decretos nos 93.941 e 93.962, de 16 e 22 de janeiro de 1987, respectivamente.

Art. 120. VETADO.

Art. 121. Ficam criados, para exercício na Secretaria de Acompanhamento Econômico e, prioritariamente, no CADE, observadas as diretrizes e quantitativos estabelecidos pelo Órgão Supervisor da Carreira, 200 (duzentos) cargos de Especialistas em Políticas Públicas e Gestão Governamental, integrantes da Carreira de Especialista em Políticas Públicas e Gestão Governamental, para o exercício das atribuições referidas no art. 1º da Lei nº 7.834, de 6 de outubro de 1989, a serem providos gradualmente, observados os limites e a autorização específica da lei de diretrizes orçamentárias, nos termos do inciso II do § 1º do art. 169 da Constituição Federal.

Parágrafo único. Ficam transferidos para o CADE os cargos pertencentes ao Ministério da Justiça atualmente alocados no Departamento de Proteção e Defesa Econômica da Secretaria de Direito Econômico, bem como o DAS-6 do Secretário de Direito Econômico.

Art. 122. Os órgãos do SBDC poderão requisitar servidores da administração pública federal direta, autárquica ou fundacional para neles ter exercício, independentemente do exercício de cargo em comissão ou função de confiança.

Parágrafo único. Ao servidor requisitado na forma deste artigo são assegurados todos os direitos e vantagens a que façam jus no órgão ou entidade de origem, considerando-se o período de requisição para todos os efeitos da vida funcional, como efetivo exercício no cargo que ocupe no órgão ou entidade de origem.

Art. 123. Ato do Ministro de Estado do Planejamento, Orçamento e Gestão fixará o quantitativo ideal de cargos efetivos, ocupados, a serem mantidos, mediante lotação, requisição ou exercício, no âmbito do CADE e da Secretaria de Acompanhamento Econômico, bem como fixará cronograma para que sejam atingidos os seus quantitativos, observadas as dotações consignadas nos Orçamentos da União.

Art. 124. Ficam criados, no âmbito do Poder Executivo Federal, para alocação ao CADE, os seguintes cargos em comissão do Grupo-Direção e Assessoramento Superiores – DAS: 2 (dois) cargos de natureza especial NES de Presidente do CADE e Superintendente-Geral do CADE, 7 (sete) DAS-6, 16 (dezesseis) DAS-4, 8 (oito) DAS-3, 11 (onze) DAS-2 e 21 (vinte e um) DAS-1.

Art. 125. O Poder Executivo disporá sobre a estrutura regimental do CADE, sobre as competências e atribuições, denominação das unidades e especificações dos cargos, promovendo a alocação, nas unidades internas da autarquia, dos cargos em comissão e das funções gratificadas.

Art. 126. Ficam extintos, no âmbito do Poder Executivo Federal, os seguintes cargos em comissão do Grupo-Direção e Assessoramento Superiores – DAS e Funções Gratificadas – FG: 3 (três) DAS-5, 2 (duas) FG-1 e 16 (dezesseis) FG-3.

Art. 127. Ficam revogados a Lei nº 9.781, de 19 de janeiro de 1999, os arts. 5º e 6º da Lei nº 8.137, de 27 de dezembro de 1990, e os arts. 1º a 85 e 88 a 93 da Lei nº 8.884, de 11 de junho de 1994.

Art. 128. Esta Lei entra em vigor após decorridos 180 (cento e oitenta) dias de sua publicação oficial.

Brasília, 30 de novembro de 2011;
190º da Independência e
123º da República.

Dilma Rousseff

LEI Nº 12.741, DE 8 DE DEZEMBRO DE 2012

Dispõe sobre as medidas de esclarecimento ao consumidor, de que trata o § 5º do artigo 150 da Constituição Federal; altera o inciso III do art. 6º e o inciso IV do art. 106 da Lei nº 8.078, de 11 de setembro de 1990 – Código de Defesa do Consumidor.

► Publicada no *DOU* de 10-12-2012.

Art. 1º Emitidos por ocasião da venda ao consumidor de mercadorias e serviços, em todo território nacional, deverá constar, dos documentos fiscais ou equivalentes, a informação do valor aproximado correspondente à totalidade dos tributos federais, estaduais e municipais, cuja incidência influi na formação dos respectivos preços de venda.

§ 1º A apuração do valor dos tributos incidentes deverá ser feita em relação a cada mercadoria ou serviço, separadamente, inclusive nas hipóteses de regimes jurídicos tributários diferenciados dos respectivos fabricantes, varejistas e prestadores de serviços, quando couber.

§ 2º A informação de que trata este artigo poderá constar de painel afixado em local visível do estabelecimento, ou por qualquer outro meio eletrônico ou impresso, de forma a demonstrar o valor ou percentual, ambos aproximados, dos tributos incidentes sobre todas as mercadorias ou serviços postos à venda.

§ 3º Na hipótese do § 2º, as informações a serem prestadas serão elaboradas em termos de percentuais sobre o preço a ser pago, quando se tratar de tributo com alíquota *ad valorem*, ou em valores monetários (no caso de alíquota específica); no caso de se utilizar meio eletrônico, este deverá estar disponível ao consumidor no âmbito do estabelecimento comercial.

§ 4º VETADO.

§ 5º Os tributos que deverão ser computados são os seguintes:

I – Imposto sobre Operações relativas a Circulação de Mercadorias e sobre Prestações de Serviços de Transporte Interestadual e Intermunicipal e de Comunicação (ICMS);
II – Imposto sobre Serviços de Qualquer Natureza (ISS);
III – Imposto sobre Produtos Industrializados (IPI);
IV – Imposto sobre Operações de Crédito, Câmbio e Seguro, ou Relativas a Títulos ou Valores Mobiliários (IOF);
V e VI – VETADOS;
VII – Contribuição Social para o Programa de Integração Social (PIS) e para o Programa de Formação do Patrimônio do Servidor Público (PASEP) – (PIS/PASEP);
VIII – Contribuição para o Financiamento da Seguridade Social (COFINS);
IX – Contribuição de Intervenção no Domínio Econômico, incidente sobre a importação e a comercialização de petróleo e seus derivados, gás natural e seus derivados, e álcool etílico combustível (CIDE).

§ 6º Serão informados ainda os valores referentes ao imposto de importação, PIS/PASEP/Importação e COFINS/Importação, na hipótese de produtos cujos insumos ou componentes sejam oriundos de operações de comércio exterior e representem percentual superior a 20% (vinte por cento) do preço de venda.

§ 7º Na hipótese de incidência do imposto sobre a importação, nos termos do § 6º, bem como da incidência do Imposto sobre Produtos Industrializados – IPI, todos os fornecedores constantes das diversas cadeias produtivas deverão fornecer aos adquirentes, em meio magnético, os valores dos 2 (dois) tributos individualizados por item comercializado.

§ 8º Em relação aos serviços de natureza financeira, quando não seja legalmente prevista a emissão de documento fiscal, as informações de que trata este artigo deverão ser feitas em tabelas afixadas nos respectivos estabelecimentos.

§ 9º VETADO.

§ 10. A indicação relativa ao IOF (prevista no inciso IV do § 5º) restringe-se aos produtos financeiros sobre os quais incida diretamente aquele tributo.

§ 11. A indicação relativa ao PIS e à COFINS (incisos VII e VIII do § 5º), limitar-se-á à tributação incidente sobre a operação de venda ao consumidor.

§ 12. Sempre que o pagamento de pessoal constituir item de custo direto do serviço ou produto fornecido ao consumidor, deve ser divulgada, ainda, a contribuição previdenciária dos empregados e dos empregadores incidente, alocada ao serviço ou produto.

Art. 2º Os valores aproximados de que trata o art. 1º serão apurados sobre cada operação, e poderão, a critério das empresas vendedoras, ser calculados e fornecidos, semestralmente, por instituição de âmbito nacional reconhecidamente idônea, voltada primordialmente à apuração e análise de dados econômicos.

Art. 3º O inciso III do art. 6º da Lei nº 8.078, de 11 de setembro de 1990, passa a vigorar com a seguinte redação:

► Alteração inserida no texto do referido Código.

Art. 4º VETADO.

Art. 5º O descumprimento do disposto nesta Lei sujeitará o infrator às sanções previstas no Capítulo VII do Título I da Lei nº 8.078, de 1990.

Art. 6º Esta Lei entra em vigor 6 (seis) meses após a data de sua publicação.

Brasília, 8 de dezembro de 2012;
191º da Independência e
124º da República.

Dilma Rousseff

Súmulas

SÚMULAS VINCULANTES DO SUPREMO TRIBUNAL FEDERAL

1. Ofende a garantia constitucional do ato jurídico perfeito a decisão que, sem ponderar as circunstâncias do caso concreto, desconsidera a validez e a eficácia de acordo constante de termo de adesão instituído pela Lei Complementar nº 110/2001.

- Publicada no *DOU* de 6-6-2007.
- Art. 5º, XXXVI, da CF.
- LC nº 110, de 29-6-2001, institui contribuições sociais, autoriza créditos de complementos de atualização monetária em contas vinculadas do FGTS.

2. É inconstitucional a lei ou ato normativo estadual ou distrital que disponha sobre sistemas de consórcios e sorteios, inclusive bingos e loterias.

- Publicada no *DOU* de 6-6-2007.
- Art. 22, XX, da CF.

3. Nos processos perante o Tribunal de Contas da União asseguram-se o contraditório e a ampla defesa quando da decisão puder resultar anulação ou revogação de ato administrativo que beneficie o interessado, excetuada a apreciação da legalidade do ato de concessão inicial de aposentadoria, reforma e pensão.

- Publicada no *DOU* de 6-6-2007.
- Arts. 5º, LIV, LV, e 71, III, da CF.
- Art. 2º da Lei nº 9.784, de 29-1-1999 (Lei do Processo Administrativo Federal).

4. Salvo nos casos previstos na Constituição, o salário mínimo não pode ser usado como indexador de base de cálculo de vantagem de servidor público ou de empregado, nem ser substituído por decisão judicial.

- Publicada no *DOU* de 9-5-2008.
- Arts. 7º, XXIII, 39, *caput*, § 1º, 42, § 1º, e 142, X, da CF.

5. A falta de defesa técnica por advogado no processo administrativo disciplinar não ofende a Constituição.

- Publicada no *DOU* de 16-5-2008.
- Art. 5º, LV, da CF.

6. Não viola a Constituição o estabelecimento de remuneração inferior ao salário mínimo para as praças prestadoras de serviço militar inicial.

- Publicada no *DOU* de 16-5-2008.
- Arts. 1º, III, 7º, IV, e 142, § 3º, VIII, da CF.

7. A norma do § 3º do artigo 192 da Constituição, revogada pela Emenda Constitucional nº 40/2003, que limitava a taxa de juros reais a 12% ao ano, tinha sua aplicação condicionada à edição de lei complementar.

- Publicada no *DOU* de 20-6-2008.
- Art. 591 do CC.
- MP nº 2.172-32, de 23-8-2001, que até o encerramento desta edição não havia sido convertida em lei, estabelece a nulidade das disposições contratuais que mencionam e inverte, nas hipóteses que prevê, o ônus da prova nas ações intentadas para sua declaração.

8. São inconstitucionais o parágrafo único do artigo 5º do Decreto-Lei nº 1.569/1977 e os artigos 45 e 46 da Lei nº 8.212/1991, que tratam de prescrição e decadência de crédito tributário.

- Publicada no *DOU* de 20-6-2008.
- Art. 146, III, *b*, da CF.
- Arts. 173 e 174 do CTN.
- Art. 2º, § 3º, da Lei nº 6.830, de 22-9-1980 (Lei das Execuções Fiscais).
- Art. 348 do Dec. nº 3.048, de 6-5-1999 (Regulamento da Previdência Social).

9. O disposto no artigo 127 da Lei nº 7.210/1984 (Lei de Execução Penal) foi recebido pela ordem constitucional vigente, e não se lhe aplica o limite temporal previsto no *caput* do artigo 58.

- Publicada no *DOU* de 20-6-2008 e republicada no *DOU* de 27-6-2008.
- Art. 5º, XXXVI, da CF.

10. Viola a cláusula de reserva de plenário (CF, artigo 97) a decisão de órgão fracionário de Tribunal que, embora não declare expressamente a inconstitucionalidade de lei ou ato normativo do poder público, afasta sua incidência, no todo ou em parte.

- Publicada no *DOU* de 27-6-2008.
- Art. 97 da CF.

11. Só é lícito o uso de algemas em casos de resistência e de fundado receio de fuga ou de perigo à integridade física própria ou alheia, por parte do preso ou de terceiros, justificada a excepcionalidade por escrito, sob pena de responsabilidade disciplinar, civil e penal do agente ou da autoridade e de nulidade da prisão ou do ato processual a que se refere, sem prejuízo da responsabilidade civil do Estado.

- Publicada no *DOU* de 22-8-2008.
- Art. 5º, XLIX, da CF.
- Arts. 23, III, 329 a 331 e 352 do CP.
- Arts. 284 e 292 do CPP.
- Arts. 42, 177, 180, 298 a 301 do CPM.
- Arts. 234 e 242 do CPPM.
- Arts. 3º, *i*, e 4º, *b*, da Lei nº 4.898, de 9-12-1965 (Lei do Abuso de Autoridade).
- Art. 40 da LEP.

12. A cobrança de taxa de matrícula nas universidades públicas viola o disposto no art. 206, IV, da Constituição Federal.

- Publicada no *DOU* de 22-8-2008.

13. A nomeação de cônjuge, companheiro ou parente em linha reta, colateral ou por afinidade, até o terceiro grau, inclusive, da autoridade nomeante ou de servidor da mesma pessoa jurídica investido em cargo de direção, chefia ou assessoramento, para o exercício de cargo em comissão ou de confiança ou, ainda, de função gratificada na administração pública direta e indireta em qualquer dos Poderes da União, dos Estados, do Distrito Federal e dos Municípios, compreendido o ajuste mediante designações recíprocas, viola a Constituição Federal.

- Publicada no *DOU* de 29-8-2008.
- Art. 37, *caput*, da CF.
- Dec. nº 7.203, de 4-6-2010, dispõe sobre a vedação do nepotismo no âmbito da administração pública federal.

14. É direito do defensor, no interesse do representado, ter acesso amplo aos elementos de prova que, já

documentados em procedimento investigatório realizado por órgão com competência de polícia judiciária, digam respeito ao exercício do direito de defesa.
▶ Publicada no *DOU* de 9-2-2009.
▶ Art. 5º, XXXIII, LIV e LV, da CF.
▶ Art. 9º do CPP.
▶ Arts. 6º, parágrafo único, e 7º, XIII e XIV, da Lei nº 8.906, de 4-7-1994 (Estatuto da Advocacia e da OAB).

15. O cálculo de gratificações e outras vantagens do servidor público não incide sobre o abono utilizado para se atingir o salário mínimo.
▶ Publicada no *DOU* de 1º-7-2009.
▶ Art. 7º, IV, da CF.

16. Os artigos 7º, IV, e 39, § 3º (redação da EC nº 19/1998), da Constituição, referem-se ao total da remuneração percebida pelo servidor público.
▶ Publicada no *DOU* de 1º-7-2009.

17. Durante o período previsto no § 1º do artigo 100 da Constituição, não incidem juros de mora sobre os precatórios que nele sejam pagos.
▶ Publicada no *DOU* de 10-11-2009.
▶ Refere-se ao art. 100, § 5º, com a redação dada pela EC nº 62, de 9-12-2009.

18. A dissolução da sociedade ou do vínculo conjugal, no curso do mandato, não afasta a inelegibilidade prevista no § 7º do artigo 14 da Constituição Federal.
▶ Publicada no *DOU* de 10-11-2009.

19. A taxa cobrada exclusivamente em razão dos serviços públicos de coleta, remoção e tratamento ou destinação de lixo ou resíduos provenientes de imóveis, não viola o artigo 145, II, da Constituição Federal.
▶ Publicada no *DOU* de 10-11-2009.

20. A Gratificação de Desempenho de Atividade Técnico-Administrativa – GDATA, instituída pela Lei nº 10.404/2002, deve ser deferida aos inativos nos valores correspondentes a 37,5 (trinta e sete vírgula cinco) pontos no período de fevereiro e maio de 2002 e, nos termos do artigo 5º, parágrafo único, da Lei nº 10.404/2002, no período de junho de 2002 até a conclusão dos efeitos do último ciclo de avaliação a que se refere o artigo 1º da Medida Provisória nº 198/2004, a partir da qual passa a ser de 60 (sessenta) pontos.
▶ Publicada no *DOU* de 10-11-2009.
▶ Art. 40, § 8º, da CF.

21. É inconstitucional a exigência de depósito ou arrolamento prévios de dinheiro ou bens para admissibilidade de recurso administrativo.
▶ Publicada no *DOU* de 10-11-2009.
▶ Art. 5º, XXXIV, a, e LV, da CF.
▶ Art. 33, § 2º, do Dec. nº 70.235, de 6-3-1972 (Lei do Processo Administrativo Fiscal).

22. A Justiça do Trabalho é competente para processar e julgar as ações de indenização por danos morais e patrimoniais decorrentes de acidente de trabalho propostas por empregado contra empregador, inclusive aquelas que ainda não possuíam sentença de mérito em primeiro grau quando da promulgação da Emenda Constitucional nº 45/2004.
▶ Publicada no *DOU* de 11-12-2009.
▶ Arts. 7º, XXVIII, 109, I, e 114 da CF.

▶ Súm. nº 235 do STF.

23. A Justiça do Trabalho é competente para processar e julgar ação possessória ajuizada em decorrência do exercício do direito de greve pelos trabalhadores da iniciativa privada.
▶ Publicada no *DOU* de 11-12-2009.
▶ Art. 114, II, da CF.

24. Não se tipifica crime material contra a ordem tributária, previsto no art. 1º, incisos I a IV, da Lei nº 8.137/1990, antes do lançamento definitivo do tributo.
▶ Publicada no *DOU* de 11-12-2009.
▶ Art. 5º, LV, da CF.
▶ Art. 142, *caput*, do CTN.
▶ Lei nº 8.137, de 27-12-1990 (Lei dos Crimes Contra a Ordem Tributária, Econômica e Contra as Relações de Consumo).
▶ Art. 83 da Lei nº 9.430, de 27-12-1996, que dispõe sobre a legislação tributária federal, as contribuições para a seguridade social e o processo administrativo de consulta.
▶ Art. 9º, § 2º, da Lei nº 10.684, de 30-5-2003, que dispõe sobre parcelamento de débitos junto à Secretaria da Receita Federal, à Procuradoria-Geral da Fazenda Nacional e ao Instituto Nacional do Seguro Social.

25. É ilícita a prisão civil de depositário infiel, qualquer que seja a modalidade do depósito.
▶ Publicada no *DOU* de 23-12-2009.
▶ Art. 5º, § 2º, da CF.
▶ Art. 7º, 7, do Pacto de São José da Costa Rica.
▶ Súmulas nºs 304, 305 e 419 do STJ.

26. Para efeito de progressão de regime no cumprimento de pena por crime hediondo, ou equiparado, o juízo da execução observará a inconstitucionalidade do art. 2º da Lei nº 8.072, de 25 de julho de 1990, sem prejuízo de avaliar se o condenado preenche, ou não, os requisitos objetivos e subjetivos do benefício, podendo determinar, para tal fim, de modo fundamentado, a realização de exame criminológico.
▶ Publicada no *DOU* de 23-12-2009.
▶ Art. 5º, XLVI e XLVII, da CF.
▶ Arts. 33, § 3º, e 59 do CP.
▶ Art. 66, III, *b*, da LEP.
▶ Lei nº 8.072, de 25-7-1990 (Lei dos Crimes Hediondos).
▶ Súmulas nºs 439 e 471 do STJ.

27. Compete à Justiça estadual julgar causas entre consumidor e concessionária de serviço público de telefonia, quando a ANATEL não seja litisconsorte passiva necessária, assistente, nem oponente.
▶ Publicada no *DOU* de 23-12-2009.
▶ Arts. 98, I, e 109, I, da CF.

28. É inconstitucional a exigência de depósito prévio como requisito de admissibilidade de ação judicial na qual se pretenda discutir a exigibilidade de crédito tributário.
▶ Publicada no *DOU* de 17-2-2010.
▶ Art. 5º, XXXV, da CF.
▶ Súm. nº 112 do STJ.

29. É constitucional a adoção, no cálculo do valor de taxa, de um ou mais elementos da base de cálculo

própria de determinado imposto, desde que não haja integral identidade entre uma base e outra.
▶ Publicada no *DOU* de 17-2-2010.
▶ Art. 145, § 2º, da CF.

30. ....
▶ O STF decidiu suspender a publicação da Súmula Vinculante nº 30, em razão de questão de ordem levantada pelo Ministro José Antonio Dias Toffoli, em 4-2-2010.

31. É inconstitucional a incidência do Imposto sobre Serviços de Qualquer Natureza – ISS sobre operações de locação de bens móveis.
▶ Publicada no *DOU* de 17-2-2010.
▶ Art. 156, III, da CF.
▶ LC nº 116, de 31-4-2003 (Lei do ISS).

32. O ICMS não incide sobre alienação de salvados de sinistro pelas seguradoras.
▶ Publicada no *DOU* de 24-2-2011.
▶ Art. 153, V, da CF.
▶ Art. 3º, IX, da LC nº 87, de 13-9-1996 (Lei Kandir – ICMS).
▶ Art. 73 do Dec.-lei nº 73, de 21-11-1966, que dispõe sobre o Sistema Nacional de Seguros Privados, e regula as operações de seguros e resseguros.

SÚMULAS DO SUPREMO TRIBUNAL FEDERAL

▶ As súmulas, a partir do nº 622, foram publicadas após a CF/1988.

8. Diretor de sociedade de economia mista pode ser destituído no curso do mandato.

28. O estabelecimento bancário é responsável pelo pagamento de cheque falso, ressalvadas as hipóteses de culpa exclusiva ou concorrente do correntista.

76. As sociedades de economia mista não estão protegidas pela imunidade fiscal do art. 31, V, *a*, da Constituição Federal.

94. É competente a autoridade alfandegária para o desconto, na fonte, do Imposto de Renda correspondente às comissões dos despachantes aduaneiros.

121. É vedada a capitalização de juros, ainda que expressamente convencionada.

137. A taxa de fiscalização da exportação incide sobre a bonificação cambial concedida ao exportador.

147. A prescrição de crime falimentar começa a correr da data em que deveria estar encerrada a falência, ou do trânsito em julgado da sentença que a encerrar ou que julgar cumprida a concordata.
▶ Lei nº 11.101, de 9-2-2005 (Lei de Recuperação de Empresas e Falências).
▶ Súm. nº 592 do STF.

151. Prescreve em 1 (um) ano a ação do segurador sub-rogado para haver indenização por extravio ou perda de carga transportada por navio.

153. Simples protesto cambiário não interrompe a prescrição.

161. Em contrato de transporte, é inoperante a cláusula de não indenizar.

186. Não infringe a lei a tolerância da quebra de 1% (um por cento) no transporte por estrada de ferro, prevista no regulamento de transportes.

188. O segurador tem ação regressiva contra o causador do dano, pelo que efetivamente pagou, até o limite previsto no contrato de seguro.

189. Avais em branco e superpostos consideram-se simultâneos e não sucessivos.

190. O não pagamento de título vencido há mais de 30 (trinta) dias, sem protesto, não impede a concordata preventiva.
▶ Lei nº 11.101, de 9-2-2005 (Lei de Recuperação de Empresas e Falências).

192. Não se inclui no crédito habilitado em falência a multa fiscal com efeito de pena administrativa.
▶ Art. 83, III, da Lei nº 11.101, de 9-2-2005 (Lei de Recuperação de Empresas e Falências).
▶ Súmulas nºs 417 e 495 do STF.

193. Para a restituição prevista no art. 76, § 2º, da Lei de Falências, conta-se o prazo de 15 (quinze) dias da entrega da coisa e não da sua remessa.
▶ Art. 85, parágrafo único, da Lei nº 11.101, de 9-2-2005 (Lei de Recuperação de Empresas e Falências).
▶ Súm. nº 417 do STF.

227. A concordata do empregador não impede a execução de crédito nem a reclamação do empregado na Justiça do Trabalho.
▶ Lei nº 11.101, de 9-2-2005 (Lei de Recuperação de Empresas e Falências).

246. Comprovado não ter havido fraude, não se configura o crime de emissão de cheque sem fundos.

257. São cabíveis honorários de advogado na ação regressiva do segurador contra o causador do dano.

260. O exame de livros comerciais, em ação judicial, fica limitado às transações entre os litigantes.

261. Para a ação de indenização, em caso de avaria, é dispensável que a vistoria se faça judicialmente.

265. Na apuração de haveres não prevalece o balanço não aprovado pelo sócio falecido, excluído ou que se retirou.

329. O Imposto de Transmissão *inter vivos* não incide sobre a transferência de ações de sociedade imobiliária.

341. É presumida a culpa do patrão ou comitente pelo ato culposo do empregado ou preposto.

387. A cambial emitida ou aceita com omissões, ou em branco, pode ser completada pelo credor de boa-fé, antes da cobrança ou do protesto.

390. A exibição judicial de livros comerciais pode ser requerida como medida preventiva.
▶ Súm. nº 439 do STF.

409. Ao retomante, que tenha mais de um prédio alugado cabe optar entre eles, salvo abuso de direito.

417. Pode ser objeto de restituição, na falência, dinheiro em poder do falido, recebido em nome de outrem, ou do qual, por lei ou contrato, não tivesse ele a disponibilidade.
▶ Súm. nº 193 do STF.

419. Os Municípios têm competência para regular o horário do comércio local, desde que não infrinjam leis estaduais ou federais válidas.

439. Estão sujeitos à fiscalização tributária, ou previdenciária, quaisquer livros comerciais, limitado o exame aos pontos objeto da investigação.

442. A inscrição do contrato de locação no Registro de Imóveis, para a validade da cláusula de vigência contra o adquirente do imóvel, ou perante terceiros, dispensa a transcrição no Registro de Títulos e Documentos.

476. Desapropriadas as ações de uma sociedade, o poder desapropriante, imitido na posse, pode exercer, desde logo, todos os direitos inerentes aos respectivos títulos.

486. Admite-se a retomada para sociedade da qual o locador, ou seu cônjuge, seja sócio, com participação predominante no capital social.

495. A restituição em dinheiro da coisa vendida a crédito, entregue nos 15 (quinze) dias anteriores ao pedido de falência ou de concordata, cabe, quando, ainda que consumada ou transformada, não faça o devedor prova de haver sido alienada a terceiro.

▶ Art. 86, I, da Lei nº 11.101, de 9-2-2005 (Lei de Recuperação de Empresas e Falências).

504. Compete à Justiça Federal, em ambas as instâncias, o processo e o julgamento das causas fundadas em contrato de seguro marítimo.

508. Compete à Justiça Estadual, em ambas as instâncias, processar e julgar as causas em que for parte o Banco do Brasil S.A.

▶ Súm. nº 517 do STF.

517. As sociedades de economia mista só têm foro na Justiça Federal, quando a União intervém como assistente ou oponente.

▶ Súm. nº 508 do STF.

521. O foro competente para o processo e julgamento dos crimes de estelionato, sob a modalidade da emissão dolosa de cheque sem provisão de fundos, é o do local onde se deu a recusa do pagamento pelo sacado.

▶ Súm. nº 246 do STF.

556. É competente a Justiça Comum para julgar as causas em que é parte sociedade de economia mista.

▶ Súmulas nºs 508 e 517 do STF.

564. A ausência de fundamentação do despacho de recebimento de denúncia por crime falimentar enseja nulidade processual, salvo se já houver sentença condenatória.

565. A multa fiscal moratória constitui pena administrativa, não se incluindo no crédito habilitado em falência.

▶ Art. 83, III, da Lei nº 11.101, de 9-2-2005 (Lei de Recuperação de Empresas e Falências).
▶ Súmulas nºs 191 e 192 do STF.

592. Nos crimes falimentares, aplicam-se as causas interruptivas da prescrição, previstas no Código Penal.

▶ Súm. nº 147 do STF.

600. Cabe ação executiva contra o emitente e seus avalistas, ainda que não apresentado o cheque ao sacado no prazo legal, desde que não prescrita ação cambiária.

638. A controvérsia sobre a incidência, ou não, de correção monetária em operações de crédito rural é de natureza infraconstitucional, não viabilizando recurso extraordinário.

645. É competente o Município para fixar o horário de funcionamento de estabelecimento comercial.

646. Ofende o princípio da livre concorrência lei municipal que impede a instalação de estabelecimentos comerciais do mesmo ramo em determinada área.

648. A norma do § 3º do art. 192 da Constituição, revogada pela EC nº 40/2003, que limitava a taxa de juros reais a 12% ao ano, tinha sua aplicabilidade condicionada à edição de lei complementar.

665. É constitucional a Taxa de Fiscalização dos Mercados de Títulos e Valores Mobiliários instituída pela Lei nº 7.940/1989.

725. É constitucional o § 2º do art. 6º da Lei nº 8.024/1990, resultante da conversão da Medida Provisória 168/1990, que fixou o BTN fiscal como índice de correção monetária aplicável aos depósitos bloqueados pelo Plano Collor I.

730. A imunidade tributária conferida a instituições de assistência social sem fins lucrativos pelo art. 150, VI, c, da Constituição, somente alcança as entidades fechadas de previdência social privada se não houver contribuição dos beneficiários.

733. Não cabe recurso extraordinário contra decisão proferida no processamento de precatórios.

▶ Art. 100, § 2º, da CF.

734. Não cabe reclamação quando já houver transitado em julgado o ato judicial que se alega tenha desrespeitado decisão do Supremo Tribunal Federal.

▶ Art. 156 do RISTF.

735. Não cabe recurso extraordinário contra acórdão que defere medida liminar.

736. Compete à Justiça do Trabalho julgar as ações que tenham como causa de pedir o descumprimento de normas trabalhistas relativas à segurança, higiene e saúde dos trabalhadores.

▶ Art. 114 da CF.
▶ Art. 643 da CLT.

SÚMULAS DO TRIBUNAL FEDERAL DE RECURSOS

▶ As Súmulas abaixo foram publicadas antes da Constituição Federal de 1988, que extinguiu o TFR. Foram mantidas nesta edição por sua importância histórica.

44. Ajuizada a execução fiscal anteriormente à falência, com penhora realizada antes desta, não ficam os bens penhorados sujeitos à arrecadação no juízo falimentar; proposta a execução fiscal contra a massa fa-

lida, a penhora far-se-á no rosto dos autos do processo da quebra, citando-se o síndico.
▶ Arts. 21 a 25 da Lei nº 11.101, de 9-2-2005 (Lei de Recuperação de Empresas e Falências), que dispõem sobre o administrador judicial.

49. Compete à Justiça Estadual processar e julgar as causas em que são partes instituições financeiras em regime de liquidação extrajudicial, salvo se a União Federal, suas entidades autárquicas e empresas públicas forem interessadas na condição de autoras rés, assistentes ou oponentes.

96. As companhias distribuidoras de títulos e valores mobiliários estão sujeitas a registro nos Conselhos Regionais de Economia.

132. Os fundos de reserva e os lucros suspensos, enquanto não distribuídos, integram o patrimônio da sociedade e devem ser considerados para efeito de tributação, ainda que pessoa pública detenha a maioria das ações do seu capital.

184. Em execução movida contra sociedade por quotas, o sócio-gerente, citado em nome próprio, não tem legitimidade para opor embargos de terceiro, visando livrar da constrição judicial seus bens particulares.

242. O bem alienado fiduciariamente não pode ser objeto de penhora nas execuções ajuizadas contra o devedor fiduciário.

244. A intervenção da União, suas autarquias e empresas públicas em concurso de credores ou de preferência não desloca a competência para a Justiça Federal.

252. O § 3º do artigo 125 da Constituição Federal institui hipótese de competência relativa, pelo que não elide a competência concorrente da Justiça Federal.

▶ Refere-se à CF/1969.

257. Não rendem juros os depósitos judiciais na Caixa Econômica Federal a que se referem o Decreto-Lei nº 759, de 12 agosto de 1969, artigo 16, e o Decreto-Lei nº 1.737, de 20 de dezembro de 1979, artigo 3º.

264. As cooperativas não estão sujeitas à tributação do Imposto de Renda por excesso de retirada de seus dirigentes.

265. No pagamento antecipado de débito oriundo de contrato de mútuo com garantia hipotecária, de que conste correção monetária anual, o saldo devedor será atualizado de acordo com a variação da UPC.

SÚMULAS DO SUPERIOR TRIBUNAL DE JUSTIÇA

8. Aplica-se a correção monetária aos créditos habilitados em concordata preventiva, salvo durante o período compreendido entre as datas de vigência da Lei nº 7.274, de 10 de dezembro de 1984, e do Decreto-Lei nº 2.283, de 27 de fevereiro de 1986.

▶ Lei nº 11.101, de 9-2-2005 (Lei de Recuperação de Empresas e Falências).

19. A fixação do horário bancário, para atendimento ao público, é da competência da União.

23. O Banco Central do Brasil é parte legítima nas ações fundadas na Resolução nº 1.154/1986.

25. Nas ações da Lei de Falências o prazo para a interposição de recurso conta-se da intimação da parte.

26. O avalista do título de crédito vinculado a contrato de mútuo também responde pelas obrigações pactuadas, quando no contrato figurar como devedor solidário.

27. Pode a execução fundar-se em mais de um título extrajudicial relativos ao mesmo negócio.

▶ Art. 573 do CPC.

28. O contrato de alienação fiduciária em garantia pode ter por objeto bem que já integrava o patrimônio do devedor.

29. No pagamento em juízo para elidir falência, são devidos correção monetária, juros e honorários de advogado.

▶ Art. 98, parágrafo único, da Lei nº 11.101, de 9-2-2005 (Lei de Recuperação de Empresas e Falências).

30. A comissão de permanência e a correção monetária são inacumuláveis.

36. A correção monetária integra o valor da restituição, em caso de adiantamento de câmbio, requerida em concordata ou falência.

▶ Lei nº 11.101, de 9-2-2005 (Lei de Recuperação de Empresas e Falências).

37. São cumuláveis as indenizações por dano material e dano moral oriundos do mesmo fato.

42. Compete à Justiça Comum Estadual processar e julgar as causas cíveis em que é parte sociedade de economia mista e os crimes praticados em seu detrimento.

▶ Art. 109, I e IV, da CF.

60. É nula a obrigação cambial assumida por procurador do mutuário vinculado ao mutuante, no exclusivo interesse deste.

72. A comprovação da mora é imprescindível à busca e apreensão do bem alienado fiduciariamente.

▶ Art. 2º, §§ 2º e 3º, do Dec.-lei nº 911, de 1º-10-1969 (Lei das Alienações Fiduciárias).

79. Os bancos comerciais não estão sujeitos a registro nos Conselhos Regionais de Economia.

93. A legislação sobre cédulas de crédito rural, comercial e industrial admite o pacto de capitalização de juros.

109. O reconhecimento do direito a indenização, por falta de mercadoria transportada via marítima, independe de vistoria.

133. A restituição da importância adiantada, à conta de contrato de câmbio, independe de ter sido antecipação efetuada nos quinze dias anteriores ao requerimento da concordata.

▶ Lei nº 11.101, de 9-2-2005 (Lei de Recuperação de Empresas e Falências).

143. Prescreve em 5 (cinco) anos a ação de perdas e danos pelo uso de marca comercial.

150. Compete à Justiça Federal decidir sobre a existência de interesse jurídico que justifique a presença, no processo, da União, suas autarquias ou empresas públicas.

▶ Art. 109 da CF.
▶ Súm. nº 254 do STJ.

156. A prestação de serviço de composição gráfica, personalizada e sob encomenda, ainda que envolva fornecimento de mercadorias, está sujeita, apenas, ao ISS.

163. O fornecimento de mercadorias com a simultânea prestação de serviços em bares, restaurantes e estabelecimentos similares constitui fato gerador do ICMS a incidir sobre o valor total da operação.

179. O estabelecimento de crédito que recebe dinheiro em depósito judicial, responde pelo pagamento da correção monetária relativa aos valores recolhidos.

181. É admissível ação declaratória, visando a obter certeza quanto à exata interpretação de cláusula contratual.

184. A microempresa de representação comercial é isenta do Imposto de Renda.

185. Nos depósitos judiciais, não incide o Imposto sobre Operações Financeiras.

▶ Art. 97, I, do CTN.

214. O fiador na locação não responde por obrigações resultantes de aditamento ao qual não anuiu.

219. Os créditos decorrentes de serviços prestados à massa falida, inclusive a remuneração do síndico, gozam dos privilégios próprios dos trabalhistas.

▶ Arts. 21 a 25 da Lei nº 11.101, de 9-2-2005 (Lei de Recuperação de Empresas e Falências), que dispõem sobre o administrador judicial.

233. O contrato de abertura de crédito, ainda que acompanhado de extrato da conta-corrente, não é título executivo.

▶ Súmulas nºs 247 e 258 do STJ.

237. Nas operações com cartão de crédito, os encargos relativos ao financiamento não são considerados no cálculo do ICMS.

245. A notificação destinada a comprovar a mora nas dívidas garantidas por alienação fiduciária dispensa a indicação do valor do débito.

▶ Art. 2º, § 2º, do Dec.-lei nº 911, de 1-10-1969 (Lei das Alienações Fiduciárias).

247. O contrato de abertura de crédito em conta corrente, acompanhado do demonstrativo de débito, constitui documento hábil para o ajuizamento da ação monitória.

▶ Art. 1.102-A do CPC.
▶ Súmulas nºs 233 e 258 do STJ.

248. Comprovada a prestação dos serviços, a duplicata não aceita, mas protestada, é título hábil para instruir pedido de falência.

250. É legítima a cobrança de multa fiscal de empresa em regime de concordata.

▶ Lei nº 11.101, de 9-2-2005 (Lei de Recuperação de Empresas e Falências).

258. A nota promissória vinculada a contrato de abertura de crédito não goza de autonomia em razão da iliquidez do título que a originou.

▶ Súmulas nºs 233 e 247 do STJ.

259. A ação de prestação de contas pode ser proposta pelo titular de conta-corrente bancária.

▶ Art. 914, I, do CPC.
▶ Art. 43, § 2º, do CDC.

264. É irrecorrível o ato judicial que apenas manda processar a concordata preventiva.

▶ Lei nº 11.101, de 9-2-2005 (Lei de Recuperação de Empresas e Falências).

270. O protesto pela preferência de crédito, apresentado por ente federal em execução que tramita na Justiça Estadual, não desloca a competência para a Justiça Federal.

271. A correção monetária dos depósitos judiciais independe de ação específica contra o banco depositário.

275. O auxiliar de farmácia não pode ser responsável técnico por farmácia ou drogaria.

280. O art. 35 do Decreto-Lei nº 7.661, de 1945, que estabelece a prisão administrativa, foi revogado pelos incisos LXI e LXVII do art. 5º da Constituição Federal de 1988.

▶ Dec.-lei nº 7.661, de 21-6-1945, revogado pela Lei nº 11.101, de 9-2-2005 (Lei de Recuperação de Empresas e Falências).

281. A indenização por dano moral não está sujeita à tarifação prevista na Lei de Imprensa.

282. Cabe a citação por edital em ação monitória.

▶ Art. 1.102-B do CPC.

283. As empresas administradoras de cartão de crédito são instituições financeiras e, por isso, os juros remuneratórios por elas cobrados não sofrem as limitações da Lei de Usura.

▶ Art. 4º do Dec. nº 22.626, de 7-4-1933 (Lei da Usura).
▶ Súm. nº 596 do STF.

284. A purga da mora, nos contratos de alienação fiduciária, só é permitida quando já pagos pelo menos 40% (quarenta por cento) do valor financiado.

▶ Art. 53 do CDC.
▶ Art. 3º do Dec.-lei nº 911, de 1º-10-1969 (Lei das Alienações Fiduciárias).

285. Nos contratos bancários posteriores ao Código de Defesa do Consumidor incide a multa moratória nele prevista.

▶ Art. 52, § 1º, do CDC.

286. A renegociação de contrato bancário ou a confissão da dívida não impede a possibilidade de discussão sobre eventuais ilegalidades dos contratos anteriores.

287. A Taxa Básica Financeira (TBF) não pode ser utilizada como indexador de correção monetária nos contratos bancários.

288. A Taxa de Juros de Longo Prazo (TJLP) pode ser utilizada como indexador de correção monetária nos contratos bancários.

289. A restituição das parcelas pagas a plano de previdência privada deve ser objeto de correção plena, por índice que recomponha a efetiva desvalorização da moeda.

290. Nos planos de previdência privada, não cabe ao beneficiário a devolução da contribuição efetuada pelo patrocinador.

291. A ação de cobrança de parcelas de complementação de aposentadoria pela previdência privada prescreve em cinco anos.

▶ Súm. nº 427 do STJ.

292. A reconvenção é cabível na ação monitória, após a conversão do procedimento em ordinário.

▶ Art. 1.102-C, § 2º, do CPC.

293. A cobrança antecipada do valor residual garantido (VRG) não descaracteriza o contrato de arrendamento mercantil.

▶ Lei nº 6.099, de 12-9-1974 (Lei do Arrendamento Mercantil).

294. Não é potestativa a cláusula contratual que prevê a comissão de permanência, calculada pela taxa média de mercado apurada pelo Banco Central do Brasil, limitada à taxa do contrato.

295. A Taxa Referencial (TR) é indexador válido para contratos posteriores à Lei nº 8.177/1991, desde que pactuada.

▶ Lei nº 8.177, de 1º-3-1991, estabelece regras para a desindexação da economia.

296. Os juros remuneratórios, não cumuláveis com a comissão de permanência, são devidos no período de inadimplência, à taxa média de mercado estipulada pelo Banco Central do Brasil, limitada ao percentual contratado.

297. O Código de Defesa do Consumidor é aplicável às instituições financeiras.

▶ Art. 3º, § 2º, do CDC.

298. O alongamento de dívida originada de crédito rural não constitui faculdade da instituição financeira, mas, direito do devedor nos termos da lei.

▶ Art. 187 da CF.

299. É admissível a ação monitória fundada em cheque prescrito.

▶ Art. 1.102-A do CPC.

300. O instrumento de confissão de dívida, ainda que originário de contrato de abertura de crédito, constitui título executivo extrajudicial.

▶ Art. 585 do CPC.

302. É abusiva a cláusula contratual de plano de saúde que limita no tempo a internação hospitalar do segurado.

▶ Art. 51, IV, do CDC.

304. É ilegal a decretação da prisão civil daquele que não assume expressamente o encargo de depositário judicial.

305. É descabida a prisão civil do depositário quando, decretada a falência da empresa, sobrevém a arrecadação do bem pelo síndico.

▶ Arts. 21 a 25 da Lei nº 11.101, de 9-2-2005 (Lei de Recuperação de Empresas e Falências), que dispõem sobre o administrador judicial.

▶ Súm. nº 419 do STJ.

308. A hipoteca firmada entre a construtora e o agente financeiro, anterior ou posterior à celebração da promessa de compra e venda, não tem eficácia perante os adquirentes do imóvel.

▶ Art. 1.420 do CC.

321. O Código de Defesa do Consumidor é aplicável à relação jurídica entre a entidade de previdência privada e seus participantes.

▶ Arts. 2º e 3º, § 2º, do CDC.

322. Para a repetição de indébito, nos contratos de abertura de crédito em conta-corrente, não se exige a prova do erro.

▶ Art. 877 do CC.

323. A inscrição do nome do devedor pode ser mantida nos serviços de proteção ao crédito até o prazo máximo de cinco anos, independentemente da prescrição da execução.

▶ Súmula com a redação alterada. DJE de 16-12-2009.

▶ Art. 43, §§ 1º e 5º, do CDC.

326. Na ação de indenização por dano moral, a condenação em montante inferior ao postulado na inicial não implica sucumbência recíproca.

327. Nas ações referentes ao Sistema Financeiro da Habitação, a Caixa Econômica Federal tem legitimidade como sucessora do Banco Nacional da Habitação.

328. Na execução contra instituição financeira, é penhorável o numerário disponível, excluídas as reservas bancárias mantidas no Banco Central.

▶ Art. 655, I, do CPC.

331. A apelação interposta contra sentença que julga embargos à arrematação tem efeito meramente devolutivo.

▶ Art. 520, V, do CPC.

332. A fiança prestada sem autorização de um dos cônjuges implica a ineficácia total da garantia.

▶ Art. 1.647, III, do CC.

▶ Art. 35 da Lei nº 8.245, de 18-10-1991 (Lei das Locações).

335. Nos contratos de locação, é válida a cláusula de renúncia à indenização das benfeitorias e ao direito de retenção.

339. É cabível ação monitória contra a Fazenda Pública.

344. A liquidação por forma diversa estabelecida na sentença não ofende a coisa julgada.

345. São devidos honorários advocatícios pela Fazenda Pública nas execuções individuais de sentença proferida em ações coletivas, ainda que não embargadas.

▶ Art. 20, § 4º, do CPC.

▶ Art. 1º-D da Lei nº 9.494, de 10-9-1997, que disciplina a aplicação da tutela antecipada contra a Fazenda Pública.

356. É legítima a cobrança da tarifa básica pelo uso dos serviços de telefonia fixa.

▶ Lei nº 9.472, de 16-7-1997, dispõe sobre a organização dos serviços de telecomunicações.

359. Cabe ao órgão mantenedor do Cadastro de Proteção ao Crédito a notificação do devedor antes de proceder à inscrição.
▶ Art. 43, § 2º, do CDC.
▶ Súm. nº 404 do STJ.

361. A notificação do protesto, para requerimento de falência da empresa devedora, exige a identificação da pessoa que a recebeu.
▶ Art. 94, § 3º, da Lei nº 11.101, de 9-2-2005 (Lei de Recuperação de Empresas e Falências).

362. A correção monetária do valor da indenização do dano moral incide desde a data do arbitramento.

363. Compete à Justiça estadual processar e julgar a ação de cobrança ajuizada por profissional liberal contra cliente.

369. No contrato de arrendamento mercantil (*leasing*), ainda que haja cláusula resolutiva expressa, é necessária a notificação prévia do arrendatário para constituí-lo em mora.

370. Caracteriza dano moral a apresentação antecipada de cheque pré-datado.
▶ Art. 32, parágrafo único, da Lei nº 7.357, de 2-9-1985 (Lei do Cheque).

371. Nos contratos de participação financeira para a aquisição de linha telefônica, o Valor Patrimonial da Ação (VPA) é apurado com base no balancete do mês da integralização.
▶ Art. 170, § 1º, I e II, da Lei nº 6.404, de 15-12-1976 (Lei das Sociedades por Ações).

372. Na ação de exibição de documentos, não cabe a aplicação de multa cominatória.
▶ Art. 845 do CPC.

375. O reconhecimento da fraude à execução depende do registro da penhora do bem alienado ou da prova de má-fé do terceiro adquirente.
▶ Arts. 593, II, e 659, § 4º, do CPC.

379. Nos contratos bancários não regidos por legislação específica, os juros moratórios poderão ser convencionados até o limite de 1% ao mês.
▶ Art. 406 do CC.
▶ Art. 161, § 1º, do CTN.
▶ Art. 5º do Dec. nº 22.626, de 7-4-1933 (Lei da Usura).

380. A simples propositura da ação de revisão de contrato não inibe a caracterização da mora do autor.
▶ Arts. 394 a 401 do CC.

381. Nos contratos bancários, é vedado ao julgador conhecer, de ofício, da abusividade das cláusulas.
▶ Art. 51 do CDC.

382. A estipulação de juros remuneratórios superiores a 12% ao ano, por si só, não indica abusividade.

384. Cabe ação monitória para haver saldo remanescente oriundo de venda extrajudicial de bem alienado fiduciariamente em garantia.
▶ Art. 1.102-A do CPC.

385. Da anotação irregular em cadastro de proteção ao crédito, não cabe indenização por dano moral, quando preexistente legítima inscrição, ressalvado o direito ao cancelamento.
▶ Art. 43 do CDC.

387. É lícita a cumulação das indenizações de dano estético e dano moral.
▶ Art. 5º, X, da CF.

388. A simples devolução indevida de cheque caracteriza dano moral.

389. A comprovação do pagamento do "custo do serviço" referente ao fornecimento de certidão de assentamentos constantes dos livros da companhia é requisito de procedibilidade da ação de exibição de documentos ajuizada em face da sociedade anônima.
▶ Art. 100, § 1º, da Lei nº 6.404, de 15-12-1976 (Lei das Sociedades por Ações).

391. O ICMS incide sobre o valor da tarifa de energia elétrica correspondente à demanda de potência efetivamente utilizada.

395. O ICMS incide sobre o valor da venda a prazo constante da nota fiscal.
▶ Art. 2º, I, do Dec.-lei nº 406, de 31-12-1968, que estabelece normas gerais de direito financeiro, aplicáveis aos impostos sobre operações relativas à circulação de mercadorias e sobre serviços de qualquer natureza.

400. O encargo de 20% previsto no Dec.-lei nº 1.025/1969 é exigível na execução fiscal proposta contra a massa falida.

401. O prazo decadencial da ação rescisória só se inicia quando não for cabível qualquer recurso do último pronunciamento judicial.
▶ Art. 495 do CPC.

402. O contrato de seguro por danos pessoais compreende os danos morais, salvo cláusula expressa de exclusão.

403. Independe de prova do prejuízo a indenização pela publicação não autorizada de imagem de pessoa com fins econômicos ou comerciais.
▶ Art. 5º, X, da CF.
▶ Arts. 186 e 927 do CC.

404. É dispensável o aviso de recebimento (AR) na carta de comunicação ao consumidor sobre a negativação de seu nome em bancos de dados e cadastros.
▶ Art. 43, § 2º, do CDC.
▶ Súm. nº 359 do STJ.

405. A ação de cobrança de seguro obrigatório (DPVAT) prescreve em três anos.
▶ Art. 206, § 3º, IX, do CC.
▶ Art. 8º da Lei nº 6.194, de 19-12-1974 (Lei do Seguro Obrigatório).

410. A prévia intimação pessoal do devedor constitui condição necessária para a cobrança de multa pelo descumprimento de obrigação de fazer ou não fazer.
▶ Art. 632 do CPC.

412. A ação de repetição de indébito de tarifas de água e esgoto sujeita-se ao prazo prescricional estabelecido no Código Civil.
▶ Art. 205 do CC.

414. A citação por edital na execução fiscal é cabível quando frustradas as demais modalidades.
- Art. 8º, IV, da Lei nº 6.830, de 22-9-1980 (Lei das Execuções Fiscais).

417. Na execução civil, a penhora de dinheiro na ordem de nomeação de bens não tem caráter absoluto.
- Arts. 620 e 655, I, do CPC.
- Art. 11, I, da Lei nº 6.830, de 22-9-1980 (Lei das Execuções Fiscais).

418. É inadmissível o recurso especial interposto antes da publicação do acórdão dos embargos de declaração, sem posterior ratificação.
- Art. 105, III, da CF.
- Art. 538 do CPC.
- Súm. nº 211 do STJ.

419. Descabe a prisão civil do depositário judicial infiel.
- Art. 5º, LXVII, da CF.
- Art. 652 do CC.
- Arts. 666, § 3º, 902 a 906 do CPC.
- Art. 4º, §§ 1º e 2º, da Lei nº 8.866, de 11-4-1994 (Lei do Depositário Infiel).
- Art. 4º do Dec.-lei nº 911, de 1º-10-1969 (Lei das Alienações Fiduciárias).
- Art. 11 do Dec. nº 592, de 6-7-1992, que promulga o Pacto Internacional sobre Direitos Civis e Políticos.
- Art. 7º, 7, do Pacto de São José da Costa Rica.
- Súm. Vinc. nº 25 do STF.
- Súmulas nºs 304 e 305 do STJ.

420. Incabível, em embargos de divergência, discutir o valor de indenização por danos morais.
- Art. 5º, X, da CF.
- Arts. 456 e 496, VIII, do CPC.

422. O art. 6º, e, da Lei nº 4.380/1964 não estabelece limitação aos juros remuneratórios nos contratos vinculados ao SFH.
- Lei nº 4.380, de 21-8-1964, instituiu a correção monetária nos contratos imobiliários de interesse social, o sistema financeiro para aquisição da casa própria, cria o Banco Nacional da Habitação (BNH), e Sociedades de Crédito Imobiliário, as Letras Imobiliárias, o Serviço Federal de Habitação e Urbanismo.
- Lei nº 5.741, de 1º-12-1971, dispõe sobre a proteção do financiamento de bens imóveis vinculados ao Sistema Financeiro da Habitação.
- Art. 9º da Lei nº 8.036, de 11-5-1990 (Lei do FGTS).
- Art. 10, I, do Dec.-lei nº 70, de 21-11-1966 (Lei de Execução de Cédula Hipotecária).
- Art. 1º do Dec.-lei nº 2.291, de 21-11-1986, que extingue o Banco Nacional da Habitação – BNH.

424. É legítima a incidência de ISS sobre os serviços bancários congêneres da lista anexa ao Dec.-lei nº 406/1968 e à LC nº 56/1987.
- Art. 156, III, da CF.
- A LC nº 56, de 15-12-1987, foi revogada pela LC nº 116, de 31-7-2003 (Lei do ISS).
- Art. 2º, III, da LC nº 116, de 31-7-2003 (Lei do ISS).
- Dec.-lei nº 406, de 3-12-1968, estabelece normas gerais de direito financeiro, aplicáveis aos Impostos sobre Operações relativas à Circulação de Mercadorias e sobre Serviços de qualquer Natureza.

- Súm. nº 588 do STF.

426. Os juros de mora na indenização do seguro DPVAT fluem a partir da citação.
- Arts. 405, 757 e 772 do CC.
- Art. 219 do CPC.
- Lei nº 6.194, de 19-12-1974 (Lei do Seguro Obrigatório).
- Súmulas nºs 246 e 257 do STJ.

427. A ação de cobrança de diferenças de valores de complementação de aposentadoria prescreve em cinco anos contados da data do pagamento.
- Art. 75 da LC nº 109, de 29-5-2001 (Lei do Regime de Previdência Complementar).
- Art. 103, parágrafo único, da Lei nº 8.213, de 24-7-1991 (Lei dos Planos de Benefícios da Previdência Social).
- Súm. nº 291 do STJ.

430. O inadimplemento da obrigação tributária pela sociedade não gera, por si só, a responsabilidade solidária do sócio-gerente.
- Art. 135, III, do CTN.
- Art. 158 da Lei nº 6.404, de 15-12-1976 (Lei das Sociedades por Ações).
- Art. 4º, V, da Lei nº 6.830, de 22-9-1980 (Lei das Execuções Fiscais).

435. Presume-se dissolvida irregularmente a empresa que deixar de funcionar no seu domicílio fiscal, sem comunicação aos órgãos competentes, legitimando o redirecionamento da execução fiscal para o sócio-gerente.
- Art. 127 do CTN.
- Art. 206 da Lei nº 6.404, de 15-12-1976 (Lei das Sociedades por Ações).
- Art. 4º, V, da Lei nº 6.830, de 22-9-1980 (Lei das Execuções Fiscais).

450. Nos contratos vinculados ao SFH, a atualização do saldo devedor antecede sua amortização pelo pagamento da prestação.
- Lei nº 4.380, de 21-8-1964, instituiu a correção monetária nos contratos imobiliários de interesse social, o sistema financeiro para aquisição da casa própria, cria o Banco Nacional da Habitação (BNH), e Sociedades de Crédito Imobiliário, as Letras Imobiliárias, o Serviço Federal de Habitação e Urbanismo.
- Lei nº 5.741, de 1º-12-1971, dispõe sobre a proteção do financiamento de bens imóveis vinculados ao Sistema Financeiro da Habitação.
- Art. 9º da Lei nº 8.036, de 11-5-1990 (Lei do FGTS).
- Art. 10, I, do Dec.-lei nº 70, de 21-11-1966 (Lei de Execução de Cédula Hipotecária).
- Art. 1º do Dec.-lei nº 2.291, de 21-11-1986, que extingue o Banco Nacional da Habitação – BNH.

451. É legítima a penhora da sede do estabelecimento comercial.
- Art. 1.142 do CC.
- Art. 649, V, do CPC.
- Art. 11, § 1º, da Lei nº 6.830, de 22-9-1980 (Lei das Execuções Fiscais).

452. A extinção das ações de pequeno valor é faculdade da Administração Federal, vedada a atuação judicial de ofício.

▶ Arts. 1º e 1º-A da Lei nº 9.469, de 10-7-1997, que dispõe sobre a intervenção da União nas causas em que figurarem, como autores ou réus, entes da administração indireta e regula os pagamentos devidos pela Fazenda Pública em virtude de sentença judiciária.

453. Os honorários sucumbenciais, quando omitidos em decisão transitada em julgado, não podem ser cobrados em execução ou em ação própria.

▶ Arts. 20, 463 e 535, II, do CPC.

454. Pactuada a correção monetária nos contratos do SFH pelo mesmo índice aplicável à caderneta de poupança, incide a taxa referencial (TR) a partir da vigência da Lei nº 8.177, de 1º-3-1991.

▶ Lei nº 4.380, de 21-8-1964, instituiu a correção monetária nos contratos imobiliários de interesse social, o sistema financeiro para aquisição da casa própria, cria o Banco Nacional da Habitação (BNH), e Sociedades de Crédito Imobiliário, as Letras Imobiliárias, o Serviço Federal de Habitação e Urbanismo.

▶ Art. 9º, II, da Lei nº 8.036, de 11-5-1990 (Lei do FGTS).

▶ Lei nº 8.177, de 1º-3-1991, estabelece regras para a desindexação da economia.

▶ Art. 1º do Dec.-lei nº 2.291, de 21-11-1986, que extingue o Banco Nacional da Habitação – BNH.

457. Os descontos incondicionais nas operações mercantis não se incluem na base de cálculo do ICMS.

▶ Art. 155, II, da CF.

▶ Art. 13, § 1º, II, a, da LC nº 87, de 13-9-1996 (Lei Kandir – ICMS).

458. A contribuição previdenciária incide sobre a comissão paga ao corretor de seguros.

▶ Art. 11, parágrafo único, a, da Lei nº 8.212, de 24-7-1991 (Lei Orgânica da Seguridade Social).

464. A regra de imputação de pagamentos estabelecida no art. 354 do Código Civil não se aplica às hipóteses de compensação tributária.

▶ Art. 170 do CTN.

▶ Art. 66 da Lei nº 8.383, de 30-12-1991, que instituiu a Unidade Fiscal de Referência e altera a legislação do Imposto de Renda.

▶ Art. 74, § 12, da Lei nº 9.430, de 27-12-1996, que dispõe sobre a legislação tributária federal, as contribuições para a seguridade social e o processo administrativo de consulta.

465. Ressalvada a hipótese de efetivo agravamento do risco, a seguradora não se exime do dever de indenizar em razão da transferência do veículo sem a sua prévia comunicação.

▶ Arts. 757 e 785, § 1º, do CC.

468. A base de cálculo do PIS, até a edição da MP nº 1.212/1995, era o faturamento ocorrido no sexto mês anterior ao do fato gerador.

▶ Art. 6º, parágrafo único, da LC nº 7, de 7-9-1970, que instituiu o Programa de Integração Social.

▶ Lei nº 9.715, de 25-11-1998, dispõe sobre as contribuições para os Programas de Integração Social e de Formação do Patrimônio do Servidor Público – PIS/PASEP.

▶ Lei nº 9.718, de 27-11-1998, altera a Legislação Tributária Federal.

▶ Dec. nº 4.751, de 17-6-2003, dispõe sobre o Fundo PIS-PASEP, criado pela LC nº 26, de 11-9-1975, sob a denominação de PIS-PASEP.

469. Aplica-se o Código de Defesa do Consumidor aos contratos de plano de saúde.

▶ Lei nº 8.078, de 11-9-1990 (Código de Defesa do Consumidor).

▶ Lei nº 9.656, de 3-6-1998 (Lei dos Planos e Seguros Privados de Saúde).

470. O Ministério Público não tem legitimidade para pleitear, em ação civil pública, a indenização decorrente do DPVAT em benefício do segurado.

▶ Lei nº 6.194, de 19-12-1974, dispõe sobre Seguro Obrigatório de Danos Pessoais causados por veículos automotores de via terrestre, ou por sua carga, a pessoas transportadas ou não.

472. *A cobrança de comissão de permanência – cujo valor não pode ultrapassar a soma dos encargos remuneratórios e moratórios previstos no contrato – exclui a exigibilidade dos juros remuneratórios, moratórios e da multa contratual.*

▶ Súmulas nºs 30, 294 e 296 do STJ.

473. *O mutuário do SFH não pode ser compelido a contratar o seguro habitacional obrigatório com a instituição financeira mutuante ou com a seguradora por ela indicada.*

▶ Art. 39, I, do CDC.

474. *A indenização do seguro DPVAT, em caso de invalidez parcial do beneficiário, será paga de forma proporcional ao grau da invalidez.*

▶ Arts. 3º e 5º, § 5º, da Lei nº 6.194, de 19-12-1974 (Lei do Seguro Obrigatório).

475. *Responde pelos danos decorrentes de protesto indevido o endossatário que recebe por endosso translativo título de crédito contendo vício formal extrínseco ou intrínseco, ficando ressalvado seu direito de regresso contra os endossantes e avalistas.*

▶ Arts. 13, § 4º, 14 e 25 da Lei nº 5.474, de 18-7-1968 (Lei das Duplicatas).

476. *O endossatário de título de crédito por endosso-mandato só responde por danos decorrentes de protesto indevido se extrapolar os poderes de mandatário.*

▶ Arts. 186, 662 e 917 do CC.

▶ Art. 26 da Lei nº 7.357, de 2-9-1985 (Lei do Cheque).

▶ Art. 18, anexo I, do Dec. nº 57.663, de 24-1-1966 (Lei Uniforme em Matéria de Letras de Câmbio e Notas Promissórias).

477. *A decadência do art. 26 do CDC não é aplicável à prestação de contas para obter esclarecimentos sobre cobrança de taxas, tarifas e encargos bancários.*

478. *Na execução de crédito relativo a cotas condominiais, este tem preferência sobre o hipotecário.*

479. *As instituições financeiras respondem objetivamente pelos danos gerados por fortuito in-*

terno relativo a fraudes e delitos praticados por terceiros no âmbito de operações bancárias.
▶ Art. 927, parágrafo único, do CC.
▶ Arts. 14, § 3º, II, e 17 do CDC.

480. O juízo da recuperação judicial não é competente para decidir sobre a constrição de bens não abrangidos pelo plano de recuperação da empresa.
▶ Lei nº 11.101, de 9-2-2005 (Lei de Recuperação de Empresas e Falências).

481. Faz jus ao benefício da justiça gratuita a pessoa jurídica com ou sem fins lucrativos que demonstrar sua impossibilidade de arcar com os encargos processuais.
▶ Lei nº 1.060, de 5-2-1950 (Lei de Assistência Judiciária).

482. A falta de ajuizamento da ação principal no prazo do art. 806 do CPC acarreta a perda da eficácia da liminar deferida e a extinção do processo cautelar.
▶ Arts. 806 e 808 do CPC.

484. Admite-se que o preparo seja efetuado no primeiro dia útil subsequente, quando a interposição do recurso ocorrer após o encerramento do expediente bancário.
▶ Art. 511 do CPC.

485. A Lei de Arbitragem aplica-se aos contratos que contenham cláusula arbitral, ainda que celebrados antes da sua edição.
▶ Arts. 267, VII, e 301, IX, do CPC.
▶ Lei nº 9.307, de 23-9-1996 (Lei da Arbitragem).

486. É impenhorável o único imóvel residencial do devedor que esteja locado a terceiros, desde que a renda obtida com a locação seja revertida para a subsistência ou a moradia da sua família.
▶ Arts. 1.711 a 1.722 do CC.
▶ Arts. 648 e 649 do CPC.
▶ Arts. 1º e 5º da Lei nº 8.009, de 29-3-1990 (Lei da Impenhorabilidade do Bem de Família).

487. O parágrafo único do art. 741 do CPC não se aplica às sentenças transitadas em julgado em data anterior à da sua vigência.
▶ Art. 5º, XXXVI, da CF.
▶ Lei nº 11.232, de 22-12-2005.

488. O § 2º do art. 6º da Lei nº 9.469/1997, que obriga à repartição dos honorários advocatícios, é inaplicável a acordos ou transações celebrados em data anterior à sua vigência.

489. Reconhecida a continência, devem ser reunidas na Justiça Federal as ações civis públicas propostas nesta e na Justiça estadual.
▶ Art. 109, I, da CF.
▶ Arts. 105 e 115 do CPC.
▶ Lei nº 7.347, de 24-7-1985 (Lei da Ação Civil Pública).

490. A dispensa de reexame necessário, quando o valor da condenação ou do direito controvertido for inferior a sessenta salários mínimos, não se aplica a sentenças ilíquidas.
▶ Art. 475, § 2º, do CPC.

496. Os registros de propriedade particular de imóveis situados em terrenos de marinha não são oponíveis à União.
▶ Art. 20, VII, da CF.
▶ Arts. 99 e 1.231 do CC.
▶ Arts. 1º, a, 2º, 3º e 198 do Dec.-lei nº 9.760, de 5-9-1946 (Lei dos Bens Imóveis da União).

497. Os créditos das autarquias federais preferem aos créditos da Fazenda estadual desde que coexistam penhoras sobre o mesmo bem.
▶ Art. 187, parágrafo único, do CTN.
▶ Art. 29, parágrafo único, da Lei nº 6.830, de 22-9-1980 (Lei das Execuções Fiscais).

498. Não incide imposto de renda sobre a indenização por danos morais.
▶ Art. 43 do CTN.

Índice por Assuntos

Índice por Assuntos da Legislação Complementar ao Código Comercial e Súmulas

A

AÇÃO CAMBIAL
- Arts. 49 a 53 do Decreto nº 2.044, de 31-12-1908

AÇÃO(ÕES)
- declaratória; interpretação de cláusula contratual: Súmula nº 181 do STJ
- e obrigações endossáveis: arts. 32 a 43 da Lei nº 4.728, de 14-7-1965
- Lei de Falências; prazo para interposição de recurso: Súmula nº 25 do STJ
- mercado de valores mobiliários: Lei nº 6.385, de 7-12-1976
- monitória; ajuizamento: Súmula nº 247 do STJ
- prestação de contas; titular de conta bancária: Súmula nº 259 do STJ
- sociedade; desapropriação: Súmula nº 476 do STF
- sociedade de economia mista: Lei nº 4.728, de 14-7-1965
- sociedade por ações: Lei nº 6.404, de 15-12-1976

AÇÃO DE INDENIZAÇÃO
- caso de avaria; dispensa da vistoria judicial: Súmula nº 261 do STF

AGRONEGÓCIO
- certificados; disposições: Lei nº 11.076, de 30-12-2004

ALIENAÇÃO FIDUCIÁRIA
- Lei nº 4.728, de 14-7-1965
- Decreto-Lei nº 911, de 1º-10-1969
- bem alienado; impossibilidade de ser objeto de penhora: Súmula nº 242 do TFR
- comprovação da mora: Súmula nº 72 do STJ
- comprovação de mora; notificação: Súmula nº 245 do STJ
- contrato; objeto: Súmula nº 28 do STJ

ANALISTAS
- valores mobiliários: arts. 26 e 27 da Lei nº 6.385, de 7-12-1976

ANTIDUMPING
- Decreto nº 1.602, de 23-8-1995

ASSISTÊNCIA À SAÚDE
- planos e seguros privados de; disposições: Lei nº 9.656, de 3-6-1998

AUDITORES INDEPENDENTES
- responsabilidade: Lei nº 9.447, de 14-3-1997
- valores mobiliários: arts. 26 e 27 da Lei nº 6.385, de 7-12-1976

AUTARQUIAS
- da União; interesse jurídico da presença em processos: Súmula nº 150 do STJ

AVAL
- em branco e superpostos: Súmula nº 189 do STF

AVALISTA
- título de crédito vinculado a contrato de mútuo: Súmula nº 26 do STJ

AVARIA
- ação de indenização; dispensa de vistoria judicial: Súmula nº 261 do STF

B

BANCO CENTRAL DO BRASIL
- Lei nº 4.595, de 31-12-1964
- Lei nº 9.447, de 14-3-1997
- ações fundadas na Resolução nº 1.154/1986; parte legítima: Súmula nº 23 do STJ
- mercado de capitais; atribuições: Lei nº 4.728, de 14-7-1965
- regime de administração especial temporária; instituições financeiras não federais: Decreto-Lei nº 2.321, de 25-2-1987
- responsabilidade solidária de controladores de instituições submetidas aos regimes de que tratam a Lei nº 6.024, de 13-3-1974, e o Decreto-Lei nº 2.321, de 25-2-1987: Lei nº 9.447, de 14-3-1997

BANCO DO BRASIL
- Lei nº 4.595, de 31-12-1964
- causas em que for parte; competência da Justiça Estadual: Súmula nº 508 do STF

BANCOS
- *vide*, também, BANCO CENTRAL DO BRASIL, BANCO DO BRASIL, INSTITUIÇÕES FINANCEIRAS
- conselhos regionais de economia; registro: Súmula nº 79 do STJ
- cheque falso, responsabilidade: Súmula nº 28 do STF
- fixação de horário para atendimento; competência da União: Súmula nº 19 do STJ
- política e instituições monetárias, bancárias e creditícias: Lei nº 4.595, de 31-12-1964

BOLSA DE VALORES
- Lei nº 6.385, de 7-12-1976

BÔNUS DE SUBSCRIÇÃO
- ações de companhias: Lei nº 6.404, de 15-12-1976
- ações, partes beneficiárias e debêntures; mercado de valores mobiliários: Lei nº 6.385, de 7-12-1976

BRASIL RESSEGUROS S.A.
IRB-BRASIL RE
- administração; transferência e transformação de suas ações: Lei nº 9.482, de 13-8-1997

BUSCA E APREENSÃO
- bem alienado fiduciariamente; comprovação da mora: Súmula nº 72 do STJ
- bem alienado fiduciariamente: Decreto-Lei nº 911, de 1º-10-1969

C

CAMBIAL
- emissão ou aceite com omissões, ou em branco: Súmula nº 387 do STF

CARTÕES DE CRÉDITO
- encargos relativos ao financiamento; cálculo do ICMS: Súmula nº 237 do STJ

CERTIFICADOS DE DEPÓSITO
- agropecuário; certificado de Direitos Creditórios do Agronegócio, Letra de Crédito do Agronegócio e Certificado de Recebíveis do Agronegócio: Lei nº 11.076, de 30-12-2004
- de valores mobiliários: Lei nº 6.385, de 7-12-1976

CHEQUE
- Lei nº 7.357, de 2-9-1985
- Lei Uniforme: Decreto nº 57.595, de 7-1-1966
- Decreto nº 1.240, de 15-9-1994
- ação por falta de pagamento: arts. 47 a 55 da Lei nº 7.357, de 2-9-1985
- alterações: art. 58 da Lei nº 7.357, de 2-9-1985
- apresentação e pagamento: arts. 32 a 43 da Lei nº 7.357, de 2-9-1985
- aval: arts. 29 a 31 da Lei nº 7.357, de 2-9-1985
- creditado em conta: art. 46 da Lei nº 7.357, de 2-9-1985
- cruzado: arts. 44 e 45 da Lei nº 7.357, de 2-9-1985
- emissão e forma: arts. 1º a 16 da Lei nº 7.357, de 2-9-1985

- pluralidade de exemplares: arts. 56 e 57 da Lei nº 7.357, de 2-9-1985
- prescrição: arts. 59 a 62 da Lei nº 7.357, de 2-9-1985
- transmissão: arts. 17 a 28 da Lei nº 7.357, de 2-9-1985

CLÁUSULA CONTRATUAL
- interpretação; ação declaratória: Súmula nº 181 do STJ

CÓDIGO DA PROPRIEDADE INDUSTRIAL
- vide, também, PROPRIEDADE INDUSTRIAL
- direitos e obrigações: Lei nº 9.279, de 14-5-1996
- regulamento dos artigos 75 e 88 a 93 da Lei nº 9.279/1996: Decreto nº 2.553, de 16-4-1998

CÓDIGO DE DEFESA DO CONSUMIDOR
- vide CONSUMIDOR

COMERCIANTE
- escrituração e livros mercantis: Decreto-Lei nº 486, de 3-3-1969
- escrituração e livros mercantis; regulamento: Decreto nº 64.567, de 22-5-1969
- livros de escrituração das operações mercantis: Decreto-Lei nº 305, de 28-2-1967

COMÉRCIO
- horário; município tem competência para regular: Súmula nº 419 do STF

COMISSÃO DE VALORES MOBILIÁRIOS
- Lei nº 6.385, de 7-12-1976
- arts. 5º a 14 da Lei nº 6.385, de 7-12-1976

COMITÊ GESTOR INTERMINISTERIAL DO SEGURO RURAL
- competência: art. 5º da Lei nº 10.823, de 19-12-2003
- criação: art. 4º da Lei nº 10.823, de 19-12-2003

COMPANHIAS
- vide SOCIEDADES ANÔNIMAS e SOCIEDADES POR AÇÕES

COMPANHIAS ABERTAS
- normas aplicáveis: Lei nº 6.385, de 7-12-1976

COMPETÊNCIA
- Banco do Brasil; causas em que é parte: Súmula nº 508 do STF
- bancos; horário de atendimento ao público; fixação: Súmula nº 19 do STJ
- cheque sem fundo; emissão dolosa: Súmula nº 521 do STF
- contrato de seguro marítimo: Súmula nº 504 do STF
- instituições financeiras em liquidação extrajudicial: Súmula nº 49 do TFR
- Justiça Federal; presença da União, autarquias ou empresas públicas em processo: Súmula nº 150 do STJ
- sociedade de economia mista; causas cíveis em que é parte: Súmula nº 42 do STJ
- sociedade de economia mista; causas em que é parte: Súmula nº 556 do STF

COMPOSIÇÃO GRÁFICA
- prestação de serviço; incidência de ISS: Súmula nº 156 do STJ

CONCORDATA
- adiantamento de câmbio; correção monetária: Súmula nº 36 do STJ
- cobrança de multa fiscal: Súmula nº 250 do STJ
- contrato de câmbio; restituição da importância adiantada: Súmula nº 133 do STJ
- créditos habilitados; aplicação de correção monetária: Súmula nº 8 do STJ
- do empregador; execução de crédito trabalhista: Súmula nº 227 do STF
- preventiva; ato judicial que manda processar: Súmula nº 264 do STJ
- preventiva; título vencido sem protesto: Súmula nº 190 do STF
- restituição em dinheiro de coisa vendida a crédito: Súmula nº 495 do STF

CONCORRÊNCIA DESLEAL
- Lei nº 9.279, de 14-5-1996

CONCURSO DE CREDORES
- intervenção da União, autarquias ou empresas públicas; competência: Súmula nº 244 do TFR

CONSELHO
- de administração das empresas públicas e sociedades de economia mista; participação de empregados: Lei nº 12.353/2010

CONSELHO ADMINISTRATIVO DE DEFESA ECONÔMICA – CADE
- Lei nº 12.529, de 30-11-2011
- autarquia: art. 4º da Lei nº 12.529, de 30-11-2011
- competência dos conselheiros: art. 11 da Lei nº 12.529, de 30-11-2011
- competência do plenário: art. 9º da Lei nº 12.529, de 30-11-2011
- competência do presidente: art. 10 da Lei nº 12.529, de 30-11-2011
- execução judicial das decisões: arts. 93 a 101 da Lei nº 12.529, de 30-11-2011
- finalidade: art. 1º da Lei nº 12.529, de 30-11-2011
- infrações da ordem econômica: art. 36 da Lei nº 12.529, de 30-11-2011
- intervenção judicial: arts. 102 a 111 da Lei nº 12.529, de 30-11-2011
- Ministério Público Federal: art. 20 da Lei nº 12.529, de 30-11-2011
- penalidades: arts. 37 a 45 da Lei nº 12.529, de 30-11-2011
- prescrição: art. 46 da Lei nº 12.529, de 30-11-2011
- processo administrativo no Tribunal: arts. 58 a 63 da Lei nº 12.529, de 30-11-2011
- Procuradoria Federal: arts. 15 e 16 da Lei nº 12.529, de 30-11-2011
- Secretaria de Acompanhamento Econômico: art. 19 da Lei nº 12.529, de 30-11-2011
- Sistema Brasileiro de Defesa da Concorrência: Lei nº 12.529, de 30-11-2011
- territorialidade: art. 2º da Lei nº 12.529, de 30-11-2011
- Tribunal Administrativo de Defesa Econômica: arts. 6º e segs. da Lei nº 12.529, de 30-11-2011

CONSELHO MONETÁRIO NACIONAL
- arts. 2º a 7º da Lei nº 4.595, de 31-12-1964
- mercado de capitais: Lei nº 4.728, de 14-7-1965

CONSELHO REGIONAL DE ECONOMIA
- registro; bancos comerciais: Súmula nº 79 do STJ

CONSÓRCIO
- Lei nº 11.795, de 8-10-2008
- companhias: arts. 278 e 279 da Lei nº 6.404, de 15-12-1976

CONSULTORES
- de valores mobiliários: Lei nº 6.385, de 7-12-1976

CONSUMIDOR
- Lei nº 8.078, de 11-9-1990
- ações; coisa julgada: arts. 103 e 104 da Lei nº 8.078, de 11-9-1990
- ações coletivas para defesa de interesses individuais homogêneos: arts. 91 a 100 da Lei nº 8.078, de 11-9-1990
- ações de responsabilidade do fornecedor de produtos e serviços: arts. 101 e 102 da Lei nº 8.078, de 11-9-1990
- código; obrigatoriedade em estabelecimentos comerciais e de prestação de serviços: Lei nº 12.291/2010
- convenção coletiva de consumo: art. 107 da Lei nº 8.078, de 11-9-1990
- defesa em juízo: arts. 81 a 104 da Lei nº 8.078, de 11-9-1990
- direitos básicos: arts. 6º e 7º da Lei nº 8.078, de 11-9-1990
- infrações penais: arts. 61 a 80 da Lei nº 8.078, de 11-9-1990
- oferta e afixação de preços de produtos e serviços: Leis nº 10.962, de 11-10-2004
- práticas comerciais: arts. 29 a 44 da Lei nº 8.078, de 11-9-1990
- produtos e serviços; oferta e afixação de preços; regulação: Lei nº 10.962, de 11-10-2004
- proteção contratual: arts. 46 a 54 da Lei nº 8.078, de 11-9-1990

Índice por Assuntos do Código Comercial

- qualidade de produtos e serviços: arts. 8º a 28 da Lei nº 8.078, de 11-9-1990
- sanções administrativas: arts. 55 a 60 da Lei nº 8.078, de 11-9-1990
- sistema nacional de defesa: arts. 105 e 106 da Lei nº 8.078, de 11-9-1990

CONTRATOS
- cláusula; interpretação; ação declaratória: Súmula nº 181 do STJ
- de abertura de crédito com extrato de conta corrente: Súmula nº 233 do STJ
- de câmbio; restituição de importância adiantada: Súmula nº 133 do STJ
- de investimento coletivo: Lei nº 10.198, de 14-2-2001
- de locação; inscrição em cartório de registro de imóveis: Súmula nº 442 do STF
- de locação de imóveis urbanos: Lei nº 8.245, de 18-10-1991
- de seguros marítimos; competência para julgar causas: Súmula nº 504 do STF
- de transporte; cláusula de não indenizar: Súmula nº 161 do STF
- garantia de alienação fiduciária: Decreto-Lei nº 911, de 1º-10-1969
- juros: Decreto nº 22.626, de 7-4-1933
- nulidades: Medida Provisória nº 2.172-32, de 23-8-2001

CONVENÇÃO COLETIVA DE CONSUMO
- art. 107 da Lei nº 8.078, de 11-9-1990

CONVENÇÃO INTERAMERICANA SOBRE CONFLITOS DE LEIS EM MATÉRIA DE CHEQUES
- Decreto nº 1.240, de 15-9-1994

COOPERATIVAS DE CRÉDITO
- intervenção e liquidação extrajudicial: Lei nº 6.024, de 13-3-1974

CORREÇÃO MONETÁRIA
- adiantamento de câmbio; integração: Súmula nº 36 do STJ
- concordata preventiva; aplicação: Súmula nº 8 do STJ
- controvérsia sobre a incidência: Súmula nº 638 do STF
- debêntures, letras de câmbio e notas promissórias: Lei nº 4.728, de 14-7-1965
- débitos fiscais: Decreto-Lei nº 858, de 11-9-1969
- depósitos judiciais: Súmula nº 271 do STJ
- dinheiro em depósito judicial; pagamento: Súmula nº 179 do STJ
- juros e honorários ; pagamento para elidir falência: Súmula nº 29 do STJ

CORRETOR DE SEGUROS
- regulamentação: Lei nº 4.594, de 29-12-1964

CRÉDITO TRABALHISTA
- execução; concordata do empregador: Súmula nº 227 do STF

CRIME FALIMENTAR
- ausência de fundamentação; despacho do recebimento da denúncia: Súmula nº 564 do STF
- prescrição; causas interruptivas: Súmula nº 592 do STF
- prescrição: Súmula nº 147 do STF

CRIMES
- contra mercado de capitais: arts. 27-C a 27-F da Lei nº 6.385, de 7-12-1976
- contra patentes, desenhos industriais, marcas, título de estabelecimento, sinal de propaganda e concorrência desleal: Lei nº 9.279, de 14-5-1996
- contra propriedade industrial: Lei nº 9.279, de 14-5-1996

CUPONS
- de ações, partes beneficiárias e debêntures: Lei nº 6.385, de 7-12-1976

D

DEBÊNTURES
- conversíveis em ações: Lei nº 4.728, de 14-7-1965
- emissão com cláusula de correção monetária: Lei nº 4.728, de 14-7-1965
- emissão pelas companhias: Lei nº 6.404, de 15-12-1976

- mercado de valores mobiliários: Lei nº 6.385, de 7-12-1976

DÉBITOS
- declaração de quitação anual; emissão: Lei nº 12.007, de 29-7-2009

DÉBITOS FISCAIS
- falência: Decreto-Lei nº 858, de 11-9-1969

DEPÓSITO JUDICIAL
- em dinheiro; pagamento da correção monetária: Súmula nº 179 do STJ
- imposto sobre operações financeiras: Súmula nº 185 do STJ

DESAPROPRIAÇÃO
- ações de sociedade; poder desapropriante: Súmula nº 476 do STF

DESPACHANTES ADUANEIROS
- comissões; Imposto de renda na fonte: Súmula nº 94 do STF

DEVEDOR SOLIDÁRIO
- título de crédito vinculado à contrato de mútuo; avalista: Súmula nº 26 do STJ

DINHEIRO
- em poder do falido; objeto de restituição: Súmula nº 417 do STF

DIREITOS DO CONSUMIDOR
- Código de Proteção e Defesa: Lei nº 8.078, de 11-9-1990

DIRETOR
- de sociedade de economia mista; destituição no curso do mandato: Súmula nº 8 do STF

DUPLICATAS
- Lei nº 5.474, de 18-7-1968
- arts. 1º a 5º da Lei nº 5.474, de 18-7-1968
- cobrança; processo: arts. 15 a 18 da Lei nº 5.474, de 18-7-1968
- devolução: arts. 7º e 8º da Lei nº 5.474, de 18-7-1968
- escrita especial: art. 19 da Lei nº 5.474, de 18-7-1968
- não aceita, mas protestada; instrução de pedido de falência: Súmula nº 248 do STJ
- letra de câmbio; legislação: Lei nº 5.474, de 18-7-1968
- pagamento: arts. 9º a 12 da Lei nº 5.474, de 18-7-1968
- prestação de serviços: arts. 20 a 22 da Lei nº 5.474, de 18-7-1968
- protesto: arts. 13 e 14 da Lei nº 5.474, de 18-7-1968
- remessa: art. 6º da Lei nº 5.474, de 18-7-1968

E

EMBARGOS DE TERCEIRO
- execução contra sociedade por quotas: Súmula nº 184 do TFR

EMPRESAS
- de capital estrangeiro; acesso ao sistema financeiro nacional: arts. 22 a 25 da Lei nº 4.728, de 14-7-1965
- recuperação judicial, extrajudicial e falência: Lei nº 11.101, de 9-2-2005

EMPRESAS DE PEQUENO PORTE
- Lei Complementar nº 123, de 14-12-2006

EMPRESAS MERCANTIS
- registro público: Lei nº 8.934, de 18-11-1994
- registro público: Decreto nº 1.800, de 30-1-1996

EMPRESAS PÚBLICAS
- interesse jurídico da presença em processo; competência: Súmula nº 150 do STJ

EMPRÉSTIMO
- *vide* DEBÊNTURES

ESCRITURAÇÃO
- Decreto-Lei nº 486, de 3-3-1969
- Decreto nº 64.567, de 22-5-1969

ESTABELECIMENTOS
- comerciais; penhora; legitimidade: Súm. nº 451 do STJ

- de crédito; recebimento de depósito judicial em dinheiro: Súmula nº 179 do STJ

EXAME JUDICIAL
- livros comerciais: Súmula nº 260 do STF

EXECUÇÃO
- contra emitente e avalistas de cheque; falta de apresentação no prazo legal: Súmula nº 600 do STF
- contra sociedade por quotas; citação em nome do sócio-gerente: Súmula nº 184 do TFR
- fundada em mais de um título extrajudicial do mesmo negócio: Súmula nº 27 do STJ
- protesto pela preferência de crédito apresentado por ente federal; não deslocamento de competência: Súmula nº 270 do STJ

EXECUÇÃO FISCAL
- anterior à falência; penhora de bens: Súmula nº 44 do TFR
- responsabilidade do sócio-gerente; presumida a dissolução irregular da empresa que deixa de funcionar no seu domicílio fiscal sem comunicar aos órgãos competentes: Súm. nº 435 do STJ

EXPORTAÇÃO
- seguro de crédito: Lei nº 6.704, de 26-10-1979

EXIBIÇÃO JUDICIAL
- livros comerciais: Súmula nº 390 do STF

F

FALÊNCIA
- correção monetária, juros e honorários advocatícios; pagamento em juízo: Súmula nº 29 do STJ
- correção monetária integra a restituição; adiantamento de câmbio: Súmula nº 36 do STJ
- crédito habilitado; multa fiscal; efeito de pena administrativa: Súmula nº 192 do STF
- créditos decorrentes de serviços prestados à massa falida: Súmula nº 219 do STJ
- débitos fiscais; cobrança e correção monetária: Decreto-Lei nº 858, de 11-9-1969
- do empresário e da sociedade empresária: Lei nº 11.101, de 9-2-2005
- execução fiscal ajuizada antes; bens penhorados: Súmula nº 44 do TFR
- instrução; duplicata não aceita e protestada: Súmula nº 248 do STJ
- multa fiscal moratória; pena administrativa: Súmula nº 565 do STF
- restituição de dinheiro em poder do falido: Súmula nº 417 do STF
- restituição em dinheiro da coisa vendida a crédito: Súmula nº 495 do STF

FRANQUIA EMPRESARIAL – FRANCHISING
- Lei nº 8.955, de 15-12-1994

FUNDOS DE INVESTIMENTO
- conversão em sociedade anônima: art. 50 da Lei nº 4.728, de 14-7-1965

FUNDOS DE RESERVA
- da sociedade: Súmula nº 132 do TFR

H

HABILITAÇÃO DE CRÉDITO
- vide FALÊNCIA

HAVERES
- apuração; balanço não aprovado por sócio falecido, excluído ou que se retirou: Súmula nº 265 do STF

HONORÁRIOS ADVOCATÍCIOS
- ação regressiva do segurador contra o causador do dano: Súmula nº 257 do STJ

HORÁRIO BANCÁRIO
- atendimento ao público; competência para fixação: Súmula nº 19 do STJ

I

IMPOSTO DE RENDA
- microempresa de representação comercial; isenção: Súmula nº 184 do STJ
- não incidência; indenização por danos morais: Súm. nº 498 do STJ
- retido na fonte; comissão de despachantes aduaneiros: Súmula nº 94 do STF

IMPOSTO DE TRANSMISSÃO INTER VIVOS
- transferência de ações de sociedade imobiliária: Súmula nº 329 do STF

IMPOSTO SOBRE OPERAÇÕES RELATIVAS À CIRCULAÇÃO DE MERCADORIAS E SOBRE PRESTAÇÃO DE SERVIÇOS DE TRANSPORTE INTERESTADUAL E INTERMUNICIPAL DE COMUNICAÇÃO – ICMS
- fornecimento de mercadorias com simultânea prestação de serviços em bares, restaurantes e estabelecimentos similares: Súmula nº 163 do STJ

IMPOSTO SOBRE SERVIÇOS DE QUALQUER NATUREZA – ISS
- prestação de serviços de composição gráfica; incidência: Súmula nº 156 do STJ

IMUNIDADE FISCAL
- sociedade de economia mista: Súmula nº 76 do STF

INDENIZAÇÃO
- falta de mercadoria transportada via marítima: Súmula nº 109 do STJ

INFRAÇÕES
- contra a ordem econômica: art. 36 da Lei nº 12.529, de 30-11-2011

INSTITUIÇÕES FINANCEIRAS
- vide, também, BANCO CENTRAL DO BRASIL, BANCO DO BRASIL e BANCOS
- arts. 17 a 39 da Lei nº 4.595, de 31-12-1964
- administração especial temporária: Decreto-Lei nº 2.321, de 25-2-1987
- administradores; indisponibilidade dos bens: arts. 36 a 38 da Lei nº 6.024, de 13-3-1974
- administradores; responsabilidade: arts. 39 a 49 da Lei nº 6.024, de 13-3-1974
- controladores; responsabilidade solidária: Lei nº 9.447, de 14-3-1997
- intervenção: arts. 2º a 7º da Lei nº 6.024, de 13-3-1974
- intervenção; processo: arts. 8º a 14 da Lei nº 6.024, de 13-3-1974
- liquidação extrajudicial: arts. 15 a 35 da Lei nº 6.024, de 13-3-1974
- liquidação extrajudicial; aplicação e efeitos: arts. 15 a 19 da Lei nº 6.024, de 13-3-1974
- liquidação extrajudicial; causas em que são partes: Súmula nº 49 do TFR
- liquidação extrajudicial; processo: arts. 20 a 35 da Lei nº 6.024, de 13-3-1974
- membros do conselho fiscal; indisponibilidade dos bens: arts. 36 a 38 da Lei nº 6.024, de 13-3-1974
- membros do conselho fiscal; responsabilidade: arts. 39 a 49 da Lei nº 6.024, de 13-3-1974
- penalidades: arts. 42 a 45 da Lei nº 4.595, de 31-12-1964
- privadas: arts. 26 a 39 da Lei nº 4.595, de 31-12-1964
- privadas e públicas não federais; defesa das finanças: Decreto-Lei nº 2.321, de 25-2-1987
- públicas: arts. 22 a 24 da Lei nº 4.595, de 31-12-1964
- responsabilidade solidária; controladores: Lei nº 9.447, de 14-3-1997

INTERVENÇÃO JUDICIAL
- decretação de: art. 102 da Lei nº 12.529, de 30-11-2011
- despesas resultantes da: art. 109 da Lei nº 12.529, de 30-11-2011

- duração máxima da: art. 106 da Lei nº 12.529, de 30-11-2011
- interventor; competência: art. 108 da Lei nº 12.529, de 30-11-2011
- interventor; impugnação: arts. 103 e 104 da Lei nº 12.529, de 30-11-2011
- interventor; relatório: art. 110 da Lei nº 12.529, de 30-11-2011
- interventor; remuneração: art. 106, § 2º, da Lei nº 12.529, de 30-11-2011
- interventor; responsabilidade: art. 106 da Lei nº 12.529, de 30-11-2011
- responsáveis pela administração; afastamento pelo juiz: art. 107 da Lei nº 12.529, de 30-11-2011
- revogação da: art. 105 da Lei nº 12.529, de 30-11-2011

INTERVENÇÃO E LIQUIDAÇÃO EXTRAJUDICIAL
- vide INSTITUIÇÕES FINANCEIRAS

INVENÇÕES
- vide PROPRIEDADE INDUSTRIAL

IRB – BRASIL RESSEGUROS S.A.
- administração do; disposições: Lei nº 9.482, de 13-8-1997

J

JUROS
- capitalização; vedado: Súmula nº 121 do STF
- taxa: Súmula nº 648 do STF
- títulos com vencimento em feriado, sábado ou domingo: Lei nº 7.089, de 23-3-1983

JUSTIÇA FEDERAL
- competência; interesse da presença da União, suas autarquias ou empresas públicas em processo: Súmula nº 150 do STJ

L

LEASING
- Lei nº 11.649, de 4-4-2008

LEI DE FALÊNCIAS
- vide, também, FALÊNCIA
- prazo para recurso: Súmula nº 25 do STJ

LEI DE INTRODUÇÃO ÀS NORMAS DO DIREITO BRASILEIRO
- Dec.-lei nº 4.657/1942

LEI UNIFORME
- em matéria de cheques: Decreto nº 57.595, de 7-1-1966
- em matéria de letra de câmbio e nota promissória: Decreto nº 57.663, de 24-1-1966

LETRA DE CÂMBIO
- vide, também, CAMBIAL
- Decreto nº 2.044, de 31-12-1908
- Lei Uniforme: Decreto nº 57.663, de 24-1-1966
- aceite: arts. 9º a 13 do Decreto nº 2.044, de 31-12-1908
- anulação: art. 36 do Decreto nº 2.044, de 31-12-1908
- aval: arts. 14 e 15 do Decreto nº 2.044, de 31-12-1908
- direitos cambiais: arts. 39 a 41 do Decreto nº 2.044, de 31-12-1908
- duplicatas: art. 16 do Decreto nº 2.044, de 31-12-1908
- endosso: art. 8º do Decreto nº 2.044, de 31-12-1908
- intervenção: arts. 34 e 35 do Decreto nº 2.044, de 31-12-1908
- obrigações cambiais: arts. 42 a 48 do Decreto nº 2.044, de 31-12-1908
- pagamento: arts. 20 a 27 do Decreto nº 2.044, de 31-12-1908
- protesto: arts. 28 a 33 do Decreto nº 2.044, de 31-12-1908
- protesto; serviços: Lei nº 9.492, de 10-9-1997
- ressaque: arts. 37 e 38 do Decreto nº 2.044, de 31-12-1908
- saque: arts. 1º a 7º do Decreto nº 2.044, de 31-12-1908
- vencimento: arts. 17 a 19 do Decreto nº 2.044, de 31-12-1908

LIVRE CONCORRÊNCIA
- ofensa ao princípio: Súmula nº 646 do STF

LIVROS DE ESCRITURAÇÃO
- Decreto-Lei nº 305, de 28-2-1967

LIVROS MERCANTIS
- Decreto-Lei nº 486, de 3-3-1969
- Decreto nº 64.567, de 22-5-1969
- exame judicial: Súmula nº 260 do STF
- exibição judicial; medida preventiva: Súmula nº 390 do STF
- fiscalização tributária ou previdenciária: Súmula nº 439 do STF

LIVROS SOCIAIS DAS COMPANHIAS
- arts. 100 a 105 da Lei nº 6.404, de 15-12-1976

LOCAÇÃO
- aditamento contratual; fiador: Súmula nº 214 do STJ
- contrato; inscrição no Registro de Imóveis: Súmula nº 442 do STF
- de imóveis urbanos: Lei nº 8.245, de 18-10-1991
- retomada para sociedade: Súmula nº 486 do STF
- retomante com mais de um prédio alugado: Súmula nº 409 do STF

LUCROS SUSPENSOS
- tributação: Súmula nº 132 do TFR

M

MERCADO DE CAPITAIS
- Lei nº 4.728, de 14-7-1965
- acesso: arts. 16 a 21 da Lei nº 4.728, de 14-7-1965
- acesso de empresas de capital estrangeiro: arts. 22 a 25 da Lei nº 4.728, de 14-7-1965
- ações; debêntures conversíveis: art. 44 da Lei nº 4.728, de 14-7-1965
- ações e obrigações endossáveis: arts. 32 a 43 da Lei nº 4.728, de 14-7-1965
- atribuições dos órgãos administrativos: arts. 1º a 4º da Lei nº 4.728, de 14-7-1965
- crimes contra: arts. 27-C a 27-F da Lei nº 6.385, de 7-12-1976
- debêntures conversíveis em ações: art. 44 da Lei nº 4.728, de 14-7-1965
- empresas de capital estrangeiro: arts. 22 a 25 da Lei nº 4.728, de 14-7-1965
- obrigações; cláusula de correção monetária: arts. 26 a 31 da Lei nº 4.728, de 14-7-1965
- sistema de distribuição: arts. 5º a 15 da Lei nº 4.728, de 14-7-1965
- sociedade anônima de capital autorizado: arts. 45 a 48 da Lei nº 4.728, de 14-7-1965
- sociedade de economia mista; alienação de ações: arts. 60 e 61 da Lei nº 4.728, de 14-7-1965
- sociedade imobiliária: arts. 62 a 65 da Lei nº 4.728, de 14-7-1965

MERCADO DE TÍTULOS
- Lei nº 10.198, de 14-2-2001

MERCADO DE VALORES MOBILIÁRIOS
- Lei nº 6.385, de 7-12-1976
- auditores, consultores e analistas: arts. 26 e 27 da Lei nº 6.385, de 7-12-1976
- carteiras e custódia; administração: arts. 23 a 25 da Lei nº 6.385, de 7-12-1976
- companhias abertas: art. 22 da Lei nº 6.385, de 7-12-1976
- crimes: arts. 27-C a 27-F da Lei nº 6.385, de 7-12-1976
- emissão e distribuição: arts. 19 e 20 da Lei nº 6.385, de 7-12-1976
- negociação na bolsa: arts. 21 e 21-A da Lei nº 6.385, de 7-12-1976
- negociação no mercado de balcão: arts. 21 e 21-A da Lei nº 6.385, de 7-12-1976
- sistema de distribuição: arts. 15 a 18 da Lei nº 6.385, de 7-12-1976

MICROEMPRESAS E EMPRESAS DE PEQUENO PORTE
- Lei Complementar nº 123, de 14-12-2006, e Dec. nº 6.451, de 12-5-2008
- Estatuto: Lei Complementar nº 123, de 14-12-2006
- representação comercial; isenção de imposto de renda: Súmula nº 184 do STJ

MORA
- comprovação imprescindível à busca e apreensão: Súmula nº 72 do STJ

MULTA FISCAL
- efeito de pena administrativa; crédito habilitado em falência: Súmula nº 192 do STF
- moratória constitui pena administrativa: Súmula nº 565 do STF

MUNICÍPIO(S)
- estabelecimento comercial; fixação de horário: Súmula nº 645 do STF
- regulamentação de horário do comércio local: Súmula nº 419 do STF

N

NOME COMERCIAL
- vide PROPRIEDADE INDUSTRIAL

NOTA PROMISSÓRIA
- Decreto nº 2.044, de 31-12-1908
- Lei Uniforme: Decreto nº 57.663, de 24-1-1966
- contrato de abertura de crédito; iliquidez do título que a originou: Súmula nº 258 do STJ
- emissão: arts. 54 e 55 do Decreto nº 2.044, de 31-12-1908
- emitente; equiparação ao aceitante da letra de câmbio: art. 56 do Decreto nº 2.044, de 31-12-1908

O

OPERAÇÕES MERCANTIS
- livros de escrituração: Decreto-Lei nº 305, de 28-2-1967

ORDEM ECONÔMICA
- controle de concentração: arts. 88 a 91 da Lei nº 12.529, de 30-11-2011
- infração; aplicação da pena: arts. 36 a 45 da Lei nº 12.529, de 30-11-2011
- infração; prescrição: art. 46 da Lei nº 12.529, de 30-11-2011
- infrator; desconsideração da personalidade jurídica: art. 34 da Lei nº 12.529, de 30-11-2011
- infrator; responsabilidade: arts. 31 a 35 da Lei nº 12.529, de 30-11-2011
- prevenção e repressão às infrações contra a: Lei nº 12.529, de 30-11-2011

P

PARTES BENEFICIÁRIAS
- companhias: arts. 46 a 51 da Lei nº 6.404, de 15-12-1976
- mercado de valores mobiliários: Lei nº 6.385, de 7-12-1976

PATENTES
- vide PROPRIEDADE INDUSTRIAL

PLANO REAL
- Lei nº 9.069, de 29-6-1995
- Lei nº 10.192, de 14-2-2001

PLANOS PRIVADOS
- de assistência à saúde; especialização das sociedades seguradoras: Lei nº 10.185, de 12-2-2001

POLÍTICA MONETÁRIA, BANCÁRIA E CREDITÍCIA
- Lei nº 4.595, de 31-12-1964

PRAZO
- interposição de recurso em ações da Lei de Falências: Súmula nº 25 do STJ

PRESCRIÇÃO
- ação cambial: arts. 52 e 53 do Decreto nº 2.044, de 31-12-1908
- ação do segurador sub-rogado; indenização por extravio ou perda de carga transportada por navio: Súmula nº 151 do STF
- ação relativa à sociedade por ações: arts. 285 a 288 da Lei nº 6.404, de 15-12-1976
- crime falimentar; início: Súmula nº 147 do STF
- crimes falimentares; causas interruptivas: Súmula nº 592 do STF
- infração contra a ordem econômica: art. 31 da Lei nº 12.529, de 30-11-2011
- perdas e danos por uso de marca industrial: Súmula nº 143 do STJ
- protesto cambiário; não interrupção: Súmula nº 153 do STF

PROPRIEDADE INTELECTUAL
- descumprimento de obrigações; Acordo Constitutivo da OMC: Lei nº 12.270, de 24-6-2010

PRIVILÉGIOS DE INVENÇÃO
- vide PROPRIEDADE INDUSTRIAL

PROCESSO ADMINISTRATIVO
- instauração e instrução do: arts. 48 a 52 da Lei nº 12.529, de 30-11-2011

PROPRIEDADE INDUSTRIAL
- Lei nº 9.279, de 14-5-1996
- Decreto nº 2.553, de 16-4-1998
- ação de perdas e danos; uso de marca comercial: Súmula nº 143 do STJ
- adição de invenção; certificado: arts. 76 e 77 da Lei nº 9.279, de 14-5-1996
- cessão e anotações: arts. 58 a 60 da Lei nº 9.279, de 14-5-1996
- crimes: arts. 183 a 210 da Lei nº 9.279, de 14-5-1996
- desenhos industriais: arts. 94 a 121 da Lei nº 9.279, de 14-5-1996
- empregado ou prestador de serviços; invenção e modelo de utilidade: arts. 88 a 93 da Lei nº 9.279, de 14-5-1996
- franquia; transferência: art. 211 da Lei nº 9.279, de 14-5-1996
- INPI; atos: art. 226 a Lei nº 9.279, de 14-5-1996
- licenças: arts. 61 a 74 da Lei nº 9.279, de 14-5-1996
- marcas: arts. 122 a 182 da Lei nº 9.279, de 14-5-1996
- patente; concessão e vigência: arts. 38 a 40 da Lei nº 9.279, de 14-5-1996
- patente de interesse da defesa nacional: art. 75 da Lei nº 9.279, de 14-5-1996
- patente; extinção: arts. 78 a 83 da Lei nº 9.279, de 14-5-1996
- patente; nulidade: arts. 46 a 57 da Lei nº 9.279, de 14-5-1996
- patente; pedido: arts. 19 a 37 da Lei nº 9.279, de 14-5-1996
- patente; proteção conferida: arts. 41 a 45 da Lei nº 9.279, de 14-5-1996
- patenteabilidade: arts. 8º a 18 da Lei nº 9.279, de 14-5-1996
- prazos: arts. 221 a 224 da Lei nº 9.279, de 14-5-1996
- recursos: arts. 212 a 215 da Lei nº 9.279, de 14-5-1996
- restauração: art. 87 da Lei nº 9.279, de 14-5-1996
- retribuição anual: arts. 84 a 86 da Lei nº 9.279, de 14-5-1996
- tecnologia; transferência: art. 211 da Lei nº 9.279, de 14-5-1996
- titularidade: arts. 6º e 7º da Lei nº 9.279, de 14-5-1996

PROTESTO DE TÍTULOS E DOCUMENTOS
- Lei nº 9.492, de 10-9-1997
- cambiário; não interrompe a prescrição: Súmula nº 153 do STF

R

RECUPERAÇÃO JUDICIAL
- e extrajudicial; empresário e sociedade empresária: Lei nº 11.101, de 9-2-2005

RECURSO(S)
- ação da Lei de Falências; prazo para interposição: Súmula nº 25 do STJ

REGISTRO
- simplificação e integração; legalização de empresários e pessoas jurídicas: Lei nº 11.598, de 3-12-2007

REGISTRO PÚBLICO
- empresas mercantis: Lei nº 8.934, de 18-11-1994
- empresas mercantis: Decreto nº 1.800, de 30-1-1996

RELAÇÕES DE CONSUMO
- política nacional: arts. 4º e 5º da Lei nº 8.078, de 11-9-1990

REPRESENTAÇÃO COMERCIAL
- microempresa; isenção do imposto de renda: Súmula nº 184 do STJ

REPRESENTANTES COMERCIAIS AUTÔNOMOS
- Lei nº 4.886, de 9-12-1965

RESSEGURO
- disposições: Lei Complementar nº 126, de 15-1-2007

S

SECRETARIA DE ACOMPANHAMENTO ECONÔMICO
- competência: art. 19 da Lei nº 12.529, de 30-11-2011
- cumprimento de suas atribuições: art. 19, § 1º, da Lei nº 12.529, de 30-11-2011
- relatório anual; promoção da concorrência: art. 19, § 2º, da Lei nº 12.529, de 30-11-2011

SEGURADOR
- *vide*, também, SEGURO
- ação regressiva contra causador do dano; honorários advocatícios: Súmula nº 257 do STF
- ação regressiva contra causador do dano; limite previsto no contrato: Súmula nº 188 do STF
- sub-rogado; indenização por extravio ou perda de carga transportada por navio: Súmula nº 151 do STF

SEGURO
- *vide*, também, SEGURADOR
- ação regressiva do segurador contra o causador do dano: Súmula nº 188 do STF
- contratação; sem exigência: Lei nº 6.317, de 22-12-1975
- de vida; beneficiários: Dec.-lei nº 5.384, de 8-4-1943
- marítimo; competência das causas fundadas em: Súmula nº 504 do STF

SEGURO DE CRÉDITO
- à exportação: Lei nº 6.704, de 26-10-1979

SEGURO OBRIGATÓRIO DE DANOS PESSOAIS
- causados por veículos automotores de via terrestre; disposições: Lei nº 6.194, de 19-12-1974

SEGURO RURAL
- subvenção econômica ao prêmio: Lei nº 10.823, de 19-12-2003

SISTEMA BRASILEIRO DE DEFESA DA CONCORRÊNCIA: Lei nº 12.529, de 30-11-2011

SISTEMA FINANCEIRO NACIONAL
- Lei nº 4.595, de 31-12-1964
- acesso de empresas de capital estrangeiro: arts. 22 a 25 da Lei nº 4.728, de 14-7-1965

SISTEMA INTEGRADO DE PAGAMENTO DE IMPOSTOS E CONTRIBUIÇÕES DAS MICROEMPRESAS E EMPRESAS DE PEQUENO PORTE – SIMPLES
- Lei Complementar nº 123, de 14-12-2006

SISTEMA MONETÁRIO NACIONAL
- Lei nº 9.069, de 29-6-1995

SISTEMA NACIONAL DE DEFESA DO CONSUMIDOR – SNDC
- Decreto nº 2.181, de 20-3-1997
- arts. 105 e 106 da Lei nº 8.078, de 11-9-1990
- competência dos órgãos integrantes: arts. 3º a 8º do Decreto nº 2.181, de 20-3-1997
- composição: art. 2º do Decreto nº 2.181, de 20-3-1997
- destinação das multas e administração dos recursos: arts. 29 a 32 do Decreto nº 2.181, de 20-3-1997
- elenco de cláusulas abusivas e cadastro de fornecedores: arts. 56 a 62 do Decreto nº 2.181, de 20-3-1997
- fiscalização, práticas abusivas e penalidades administrativas: arts. 9º a 28 do Decreto nº 2.181, de 20-3-1997
- organização: art. 1º do Decreto nº 2.181, de 20-3-1997
- processo administrativo: arts. 33 a 55 do Decreto nº 2.181, de 20-3-1997

SISTEMA NACIONAL DE SEGUROS PRIVADOS
- disposições: Dec.-lei nº 73, de 21-11-1966, e Lei nº 10.190, de 14-2-2001

SOCIEDADE(S)
- coligadas, controladoras e controladas: arts. 243 a 264 da Lei nº 6.404, de 15-12-1976
- distribuidoras de títulos e valores mobiliários: Súmula nº 96 do TFR
- fundos de reserva e lucros suspensos, integram o patrimônio: Súmula nº 132 do TFR

SOCIEDADE ANÔNIMA
- *vide*, também, SOCIEDADE POR AÇÕES
- Lei nº 6.404, de 15-12-1976
- alteração: Lei nº 10.303, de 31-10-2001
- de capital autorizado: arts. 45 a 48 da Lei nº 4.728, de 14-7-1965
- dependentes de autorização do governo: arts. 59 a 73 do Decreto-Lei nº 2.627, de 26-9-1940

SOCIEDADE DE ECONOMIA MISTA
- Lei nº 6.404, de 15-12-1976
- causas cíveis em que é parte; competência: Súmula nº 42 do STJ
- causas em que é parte; competência: Súmula nº 556 do STF
- diretor; destituição: Súmula nº 8 do STF
- foro na Justiça Federal; União como assistente ou oponente: Súmula nº 517 do STF
- imunidade fiscal: Súmula nº 76 do STF

SOCIEDADE EM COMANDITA POR AÇÕES
- Lei nº 6.404, de 15-12-1976

SOCIEDADE POR AÇÕES
- Decreto-Lei nº 2.627, de 26-9-1940
- Lei nº 6.404, de 15-12-1976
- Lei nº 10.303, de 31-10-2001
- acionistas: arts. 106 a 120 da Lei nº 6.404, de 15-12-1976
- acionistas: direitos essenciais: art. 109 da Lei nº 6.404, de 15-12-1976
- ações: arts. 11 a 45 da Lei nº 6.404, de 15-12-1976
- assembleia-geral: arts. 121 a 137 da Lei nº 6.404, de 15-12-1976
- balanço patrimonial: arts. 178 a 185 da Lei nº 6.404, de 15-12-1976
- bônus de subscrição: arts. 75 a 79 da Lei nº 6.404, de 15-12-1976
- capital social: arts. 5º a 10 da Lei nº 6.404, de 15-12-1976
- capital social; modificação: arts. 166 a 174 da Lei nº 6.404, de 15-12-1976
- cisão: arts. 220 a 234 da Lei nº 6.404, de 15-12-1976
- coligadas, controladoras e controladas: arts. 243 a 264 da Lei nº 6.404, de 15-12-1976
- comandita: arts. 280 a 284 da Lei nº 6.404, de 15-12-1976
- conselho de administração: arts. 138 a 160 da Lei nº 6.404, de 15-12-1976
- conselho fiscal: arts. 161 a 165-A da Lei nº 6.404, de 15-12-1976
- consórcio: arts. 278 e 279 da Lei nº 6.404, de 15-12-1976
- constituição: arts. 80 a 99 da Lei nº 6.404, de 15-12-1976

- debêntures: arts. 52 a 74 da Lei nº 6.404, de 15-12-1976
- demonstrações financeiras: arts. 176 e 177 da Lei nº 6.404, de 15-12-1976
- diretoria: arts. 138 a 160 da Lei nº 6.404, de 15-12-1976
- dissolução: arts. 206 e 207 da Lei nº 6.404, de 15-12-1976
- dividendos: arts. 201 a 205 da Lei nº 6.404, de 15-12-1976
- economia mista: arts. 235 a 241 da Lei nº 6.404, de 15-12-1976
- exercício social: art. 175 da Lei nº 6.404, de 15-12-1976
- exercício social; demonstração do resultado: art. 187 da Lei nº 6.404, de 15-12-1976
- extinção. art. 219 da Lei nº 6.404, de 15-12-1976
- fusão: arts. 220 a 234 da Lei nº 6.404, de 15-12-1976
- grupos: arts. 265 a 277 da Lei nº 6.404, de 15-12-1976
- incorporação: arts. 220 a 234 da Lei nº 6.404, de 15-12-1976
- liquidação: arts. 208 a 218 da Lei nº 6.404, de 15-12-1976
- livros sociais: arts. 100 a 105 da Lei nº 6.404, de 15-12-1976
- lucros: arts. 189 a 192 da Lei nº 6.404, de 15-12-1976
- lucros e prejuízos; demonstração: art. 186 da Lei nº 6.404, de 15-12-1976
- partes beneficiárias: arts. 46 a 51 da Lei nº 6.404, de 15-12-1976
- prescrição; prazos: arts. 285 a 288 da Lei nº 6.404, de 15-12-1976
- recursos; demonstração das origens e aplicações: art. 188 da Lei nº 6.404, de 15-12-1976
- reservas: arts. 193 a 200 da Lei nº 6.404, de 15-12-1976
- transformação: arts. 220 a 234 da Lei nº 6.404, de 15-12-1976

SOCIEDADE POR QUOTAS DE RESPONSABILIDADE LIMITADA
- embargos de terceiro; sócio-gerente citado em nome próprio: Súmula nº 184 do TFR

SOCIEDADE DE CAPITALIZAÇÃO
- disposições: Dec.-lei nº 261, de 28-2-1967

SOCIEDADES DE INVESTIMENTOS
- autorização para funcionar: art. 49 da Lei nº 4.728, de 14-7-1965

SOCIEDADES IMOBILIÁRIAS
- mercado de capitais: arts. 62 a 65 da Lei nº 4.728, de 14-7-1965
- não incidência do imposto de transmissão *inter vivos* em transferência de ações: Súmula nº 329 do STF

T

TERRENO
- de marinha: Súm. nº 496 do STJ

TÍTULO EXTRAJUDICIAL
- execução; fundamento em mais de um: Súmula nº 27 do STJ

TÍTULOS CAMBIAIS
- *vide* LETRA DE CÂMBIO, NOTA PROMISSÓRIA e TÍTULOS DE CRÉDITO

TÍTULOS DE CRÉDITO
- cancelamento de protesto: Lei nº 9.492, de 10-9-1997
- tributação: arts. 53 a 59 da Lei nº 4.728, de 14-7-1965
- vencimento em feriado, sábado ou domingo; vedação de cobrança de juros de mora: Lei nº 7.089, de 23-3-1983
- vinculado a contrato de mútuo; responsabilidade do avalista pelas obrigações pactuadas: Súmula nº 26 do STJ

TÍTULO DE CRÉDITO COMERCIAL
- pacto de capitalização de juros; admissibilidade: Súmula nº 93 do STJ

TÍTULO DE CRÉDITO INDUSTRIAL
- pacto de capitalização de juros; admissibilidade: Súmula nº 93 do STJ

TÍTULO DE CRÉDITO RURAL
- pacto de capitalização de juros; admissibilidade: Súmula nº 93 do STJ

TÍTULOS E DOCUMENTOS
- protesto: Lei nº 9.492, de 10-9-1997

TÍTULOS E VALORES MOBILIÁRIOS
- distribuidoras; registro: Súmula nº 96 do TFR
- sistema de distribuição: arts. 5º a 15 da Lei nº 4.728, de 14-7-1965

TRANSPORTE
- ferroviário; tolerância da quebra de um por cento: Súmula nº 186 do STF
- via marítima; indenização independente de vistoria: Súmula nº 109 do STJ

U

UNIÃO
- autarquias ou empresas públicas; presença em processos: Súmula nº 150 do STJ

V

VALORES MOBILIÁRIOS
- Lei nº 6.385, de 7-12-1976

VISTORIA JUDICIAL
- ação de indenização em caso de avaria: Súmula nº 261 do STF
- direito a indenização por falta de mercadoria transportada via marítima: Súmula nº 109 do STJ